12. überarbeitete Auflage

Richard Doring, Renate Loose,
Stefan Loose, Ursula Spraul-Doring

Thailand

Inhalt

Zentral-Thailand 287

Nord-Thailand 327

Thailand Die Highlights

1 Bangkok

Die vielseitige Metropole wartet mit einzigartigen kulturellen Höhepunkten auf. S. 123

2 Umgebung Kanchanaburi

Am River Kwai, den kaum erschlossene Nationalparks säumen, verkehrt die berühmte „Eisenbahn des Todes“. S. 216

3 Ayutthaya

Beeindruckende Ruinen und spannende Museen zeugen von der einst prunkvollen Königsstadt. S. 242

4 Khao Yai

Im dichten Regenwald des ältesten Nationalparks Thailands sind Wanderungen auf markierten Elefantenpfaden möglich. S. 262

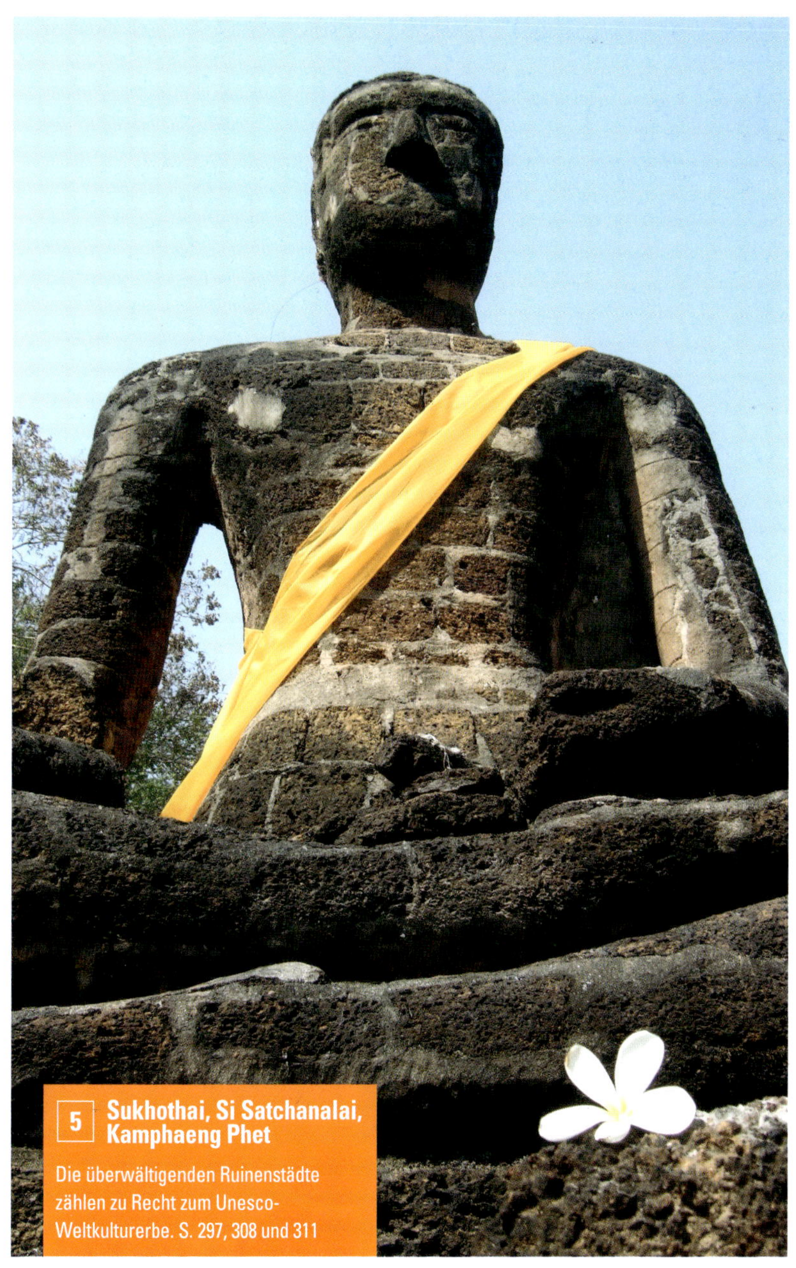

5 **Sukhothai, Si Satchanalai, Kamphaeng Phet**

Die überwältigenden Ruinenstädte zählen zu Recht zum Unesco-Weltkulturerbe. S. 297, 308 und 311

6 Chiang Mai

Auf dem Sonntagsmarkt in Chiang Mai macht das Feilschen richtig Spaß. S. 364

7 Pai

Der Erholungsort in den Bergen eignet sich hervorragend als Ausgangsbasis für abenteuerliche Trekkingtouren zu den Bergvölkern. S. 401

8 Phimai und Phanom Rung

Die faszinierenden 1000 Jahre alten Khmer-Ruinen hinterlassen tiefe Eindrücke. S. 476 und 478

9 Surin

Das Elephant-Round-Up gehört zu den spektakulärsten Festen, die man in Thailand erleben kann. S. 480

10 Mekong – von Nong Khai nach Chiang Khan

Die Fahrt auf der abwechslungsreichen Strecke eröffnet immer wieder tolle Ausblicke auf den Fluss. S. 492

11 Ko Chang und die umliegenden Inseln

Die Bilderbuchstrände der Inselwelt werden von Kokospalmen und dschungelbedeckten Bergen gesäumt. S. 538

12 Ko Samui

Die Urlaubsinsel mit den schönsten Sandstränden zum Entspannen hat das ganze Jahr über Saison. S. 601

13 Ko Tao

Die kleine Insel umgeben von Korallenriffen im kristallklaren Meer ist ein Paradies für Tauchschüler. S. 664

14 Bucht von Phang Nga

Aus dem spiegelglatten Meer erheben sich pittoreske Karstfelsen mit Wasserhöhlen und Lagunen. S. 700

15 Similan Islands

Tauchgründe von Weltklasse überzeugen mit ihrer einmaligen Unterwasserlandschaft und Artenvielfalt. S. 703

16 Khao Lak

Die schönen Sonnenuntergänge sind an den kilometerlangen Stränden das abendliche Highlight. S. 705

17 Umgebung Krabi

Faszinierende Felstürme überragen Strände, die teils nur mit dem Boot zu erreichen sind. S. 814

18 Tarutao

Die bunte Inselvielfalt des Marine National Parks eignet sich hervorragend zum Entspannen. S. 848

Reiseziele und Routen

Reiseziele

Palmenstrände mit Sonnengarantie, dschungelbedeckte Berge und glitzernde Tempelanlagen locken in grauen europäischen Wintermonaten Millionen Urlauber in das ehemalige Königreich. Sie genießen die vielfältige Küche, entspannende Thai-Massagen, luxuriöse Spas und sportliche Aktivitäten – vom Tauchen in tropischen Korallenriffen bis zum Klettern an steilen Felswänden. Für einige ist es die erste Fernreise, andere kommen Jahr für Jahr oder haben sich hier niedergelassen. In idyllischen Hütten am Meer unter Palmen, die zwar selten geworden, aber immer noch zu finden sind, oder komfortablen Resorts in tropischen Gartenanlagen lässt es sich wunderbar entspannen. Eine hervorragende Infrastruktur erleichtert das Reisen im Land, ob mit öffentlichen Verkehrsmitteln oder dem eigenen Fahrzeug. Selbst Thailand-Kenner kehren von jeder Reise wieder mit neuen Eindrücken zurück, auch wir, die Autoren, die das Land bereits seit Jahrzehnten intensiv bereisen.

Die schönsten Strände und Inseln

Die tollen Strände sind die größte Attraktion Thailands. Strandnahe Unterkünfte, hervorragendes Essen, eine entspannte Atmosphäre und herrliches Wasser halten ausländische Touristen fast 14 Tage lang auf **Ko Samui**, der Insel mit den unbestritten schönsten Stränden, die ganzjährig Saison hat. Kein Wunder, dass sie zu einer Urlaubsinsel für Mittelklasse- und Jetset-Touristen geworden ist. Wer das einfache, weniger „zivilisierte" Leben sucht, zieht die Nachbarinsel **Ko Pha Ngan** vor. Zu einem angenehmen Reiseziel für Tauchschüler hat sich **Ko Tao** entwickelt, schließlich laden das klare Wasser und die leicht erreichbaren Korallenriffe neun Monate im Jahr zum Tauchen und Schnorcheln ein.

Auch auf der Westseite der Insel **Phuket** erstrecken sich herrliche Strände, gesäumt von Resorts und Hotels, die selbst anspruchsvolle Urlauber zufrieden stellen. In vielen wird Wellness groß geschrieben. Für Strandurlauber ist Phuket von November bis Mai eines der angenehmsten, wenn auch nicht billigsten Pauschalreiseziele in Asien.

Die Region von **Khao Lak** mit dem 12 km langen Strand hat sich nach dem Tsunami vom 26. Dezember 2004 schnell erholt. Heute zieht es wieder viele alte und neue Gäste, vor allem naturliebende Paare und Familien aus Deutschland und Schweden, in die nagelneuen, schön angelegten Bungalowanlagen und Ferienhäuser direkt am Strand.

Der natürlichen Schönheit der Insel **Ko Phi Phi** hat der Bauboom auf der zentralen Landbrücke nach dem Tsunami nicht gut getan. Andere Strandabschnitte sind hingegen noch recht ursprünglich. Das besonders bei Mittel- und Nordeuropäern beliebte Urlaubsziel **Krabi** bietet neben wunderschöner Landschaft einige traumhafte Strände, die nur mit Booten erreicht werden können.

Die Traveller-Szene zieht es mittlerweile auf die weniger bekannten Inseln entlang der Westküste, z. B. **Ko Siboya**, **Ko Jum**, **Ko Kradan**, **Ko Bulon Lae**, **Ko Lipe**, **Ko Phayam** oder das „andere" **Ko Chang**. Sie sind in der Saison immer leichter zu erreichen. Auf den schönen

nen Stränden der Insel finden billig reisende junge Leute, Individualreisende und Pauschaltouristen sowie Thais aus Bangkok geeignete Anlagen von Bambusmattenhütten über einzigartige Pfahlbauten im Meer bis zu luxuriösen Boutique-Resorts. Abgeschiedener liegen die Inseln **Ko Mak, Ko Kut** und **Ko Wai**, die ihren friedlichen Charakter bewahrt haben.

Der Jetset bleibt auf ganz kleinen Privatinseln mit isolierten Luxusanlagen unter sich.

Entlang der 2600 km langen Festlandküste Thailands ziehen sich viele wunderschöne Sandstrände, die vor allem von Thais in den Ferien aufgesucht werden. Der traditionelle Badeort **Hua Hin** südlich von Bangkok hat sich auch zu einem Urlaubsziel für westliche Touristen, vor allem aus Skandinavien, entwickelt. In der Umgebung entstanden luxuriöse Strandhotels und Hochhäuser mit Eigentumswohnungen für betuchte Bangkoker und Ausländer.

Wer sich nach Einsamkeit ohne jeden Rummel sehnt, findet außerhalb der Ferienzeit in der Nähe von **Prachuap Khiri Khan**, **Ban Krut**, **Bang Saphan**, **Chumphon** und **Khanom** hübsche Bungalows zu günstigen Preisen.

Inseln Ko Hai und Ko Lanta hat bereits ein gewisser Pauschaltourismus Einzug gehalten.

Massentourismus prägt **Pattaya**, den Ferienort an der Ostküste der Bucht von Thailand, der mit einem breiten Angebot an Unterkünften, Restaurants und Freizeitmöglichkeiten sowie einem regen Nachtleben aufwartet. An Wochenenden und Feiertagen fahren Thais aus Bangkok gern nach **Ko Samet**. Es gibt hier nur noch wenige Unterkünfte für Traveller.

Die Strandhotels und Bungalowanlagen östlich von **Rayong** wurden vorwiegend für einheimische Touristen mit gut gefüllter Reisekasse gebaut. Einen rasanten Aufschwung erlebte **Ko Chang** ganz im Osten. An den schö-

Einmalige Kunst und Kultur

Bangkok allein wäre schon eine längere Reise wert, stehen hier doch auf engem Raum einige der schönsten Tempel Asiens. Allen voran der Königstempel **Wat Phra Keo** mit der unverwechselbaren Silhouette seiner so unterschiedlichen Bauwerke. Fast um die Ecke liegt das Kloster **Wat Pho** mit einem großen liegenden Buddha. Wer abends noch den wunderschön erleuchteten Prang des **Wat Arun** auf der gegenüber liegenden Flussseite bewundert hat, wird versucht sein, die anderen herrlichen Tempel von Bangkok zunächst links liegen zu lassen.

Der **Königspalast** mit seiner luftig leichten Bauweise zieht jeden in seinen Bann, und die **Dusit-Museen** tun ein Übriges, Besuchern das Leben am Königshof nahezubringen. Nicht entgehen lassen sollte man sich eine Vorstellung traditioneller **Tänze**, ob in einem Restaurant, im Theater oder an einem der berühmten Schreine.

An einem Tag lässt sich von Bangkok aus per Boot, Bahn oder Bus die einstige Königsstadt **Ayutthaya** mit ihren geschichtsträchtigen Ruinen besuchen oder in **Nakhon Pathom** einer der größten Chedis des Landes bestaunen. Oder man besichtigt die ruhige Stadt **Phetchaburi**, in der es einige schöne Tempel gibt. Auf dem Weg liegt der schon sehr touristische „Schwimmende Markt“ von **Damnoen Saduak**.

Wer etwas für Altertümer übrig hat, kann auf dem Weg in den Norden mindestens zwei Tage in **Sukhothai** Halt machen. In einem gepflegten Park liegen hier eindrucksvoll restaurierte Ruinen von Klöstern, Tempeln und Chedis. Auch die seltener besuchten Außenbezirke lohnen. Als Alternative bietet **Si Satchanalai** Ruinen in einer natürlich wirkenden Umgebung. Hier stehen zerfallene Tempel und Paläste, überragt von malerischen Chedis auf grünen Hügeln.

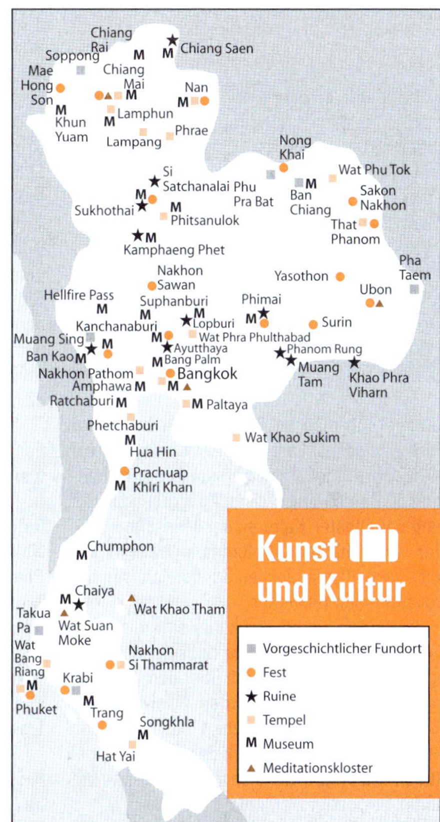

Auf dem Weg durch **Phitsanulok** kann man im Wat Phra Si Ratana Mahathat einen Blick auf die schönste Buddha-Statue von Thailand werfen. Die Ruinen von **Kamphaeng Phet** werden nur von wenigen Touristen besucht, obwohl sie wie die Nachbarorte **Si Satchanalai** und **Sukothai** zum UNESCO-Weltkulturerbe gehören.

Viele Städte im Norden glänzen durch ihre Tempel und Chedis. Allen voran **Chiang Mai** mit über 70 Wats. Hier blüht das Kunsthandwerk: Auf den Märkten und in zahllosen Läden gibt es so manches schöne Stück zu erwerben.

In **Lamphun**, **Lampang**, **Phrae** und **Nan** bietet sich die Möglichkeit, neben der Besichtigung weiterer Tempel das Leben in einer angenehmen, untouristischen Stadt kennen zu lernen. Auch im Marktflecken **Chiang Saen**, einer der ältesten Thai-Gründungen auf dem heutigen Staatsgebiet, mit vielen unbedeutenden Ruinen geht das Leben einen gemächlichen Gang. Im äußersten Nordwesten wurden bei **Soppong** archäologisch interessante Reste von Holzsärgen entdeckt, die auf 2000 Jahre alte, bisher unbekannte Völker hinweisen.

In Thailands Nordosten steckt der Tourismus noch in den Kinderschuhen. Eine wirkliche Attraktion sind die restaurierten Khmer-Ruinen in der Kleinstadt **Phimai**. Noch eindrucksvoller wirkt der auf einem Hügel errichtete Khmer-Tempel von **Phanom Rung**. Schöne Spazier-

Meditieren im Kloster

Wer tiefer in das Wesen der buddhistischen Religion eindringen will, kann Meditationskurse in Klöstern besuchen, die speziell auf die Vorkenntnisse und Bedürfnisse von Westlern eingehen. Mehrwöchige Kurse werden von vielen Wats in Bangkok und Chiang Mai, vom Wat Khao Tham auf Ko Pha Ngan, vom Wat Suan Moke in Süd-Thailand und von Wats in der Nähe von Ubon Ratchathani angeboten (Näheres s. S. 116).

gänge kann man im **Phu Pra Bat Historical Park** in hügeliger Landschaft zwischen 2000 bis 4000 Jahre alten Felszeichnungen unternehmen. In **Ban Chiang** weisen Ausgrabungen auf eine der ältesten Kulturen der Menschheit hin. Der abgeschiedene Waldtempel **Wat Phu Tok** auf einem majestätischen Sandsteinfelsen begeistert jeden Besucher.

Im fernen Osten Thailands sind die Felszeichnungen von **Pha Taem** zu bewundern, die vor über 3000 Jahren hoch über dem Mekong an glatte Kliffs gemalt wurden. Nachdem sich die politische Lage beruhigt hat, kann von Ubon Ratchathani aus auch der Khmer-Tempel **Khao Phra Viharn**, der sich in Kambodscha befindet, besichtigt werden.

In Süd-Thailand sind in **Chaiya** einige 1200 Jahre alte Ruinen aus der Sri-Vijaya-Kultur erhalten. Aus noch früherer Zeit stammen die indischen Statuen der Stadt **Takua Pa**. Das Wat Mahathat, ein hochverehrtes Kloster mit einem imposanten Chedi, steht in **Nakhon Si Thammarat**.

Den besten Überblick über die Kunstschätze des Landes vermittelt das **Nationalmuseum** von Bangkok. Doch auch in der Provinz gibt es einige lohnenswerte **Museen**. Hier sind die Schätze ausgestellt, die bei Ausgrabungsarbeiten gefunden wurden (von Ratchaburi und Chaiya bis Songkhla). Auch vielen Tempeln ist ein kleines Museum angegliedert, so lagern zahlreiche Kunstschätze im **Wat Khao Sukim** bei Chantaburi und über 5000 Jahre alte Ausgrabungsstücke im **Wat Klong Thom** bei Krabi. **Wat Bang Riang**, ein moderner Tempel mit allen traditionellen Stilelementen, erhebt sich in eindrucksvoller Berglandschaft bei Thap Phut in der Provinz Phang Nga. Über Geschichte, Architektur, Kunst und Kunsthandwerk von Süd-Thailand informiert das Folklore Museum in **Songkhla**.

Über das ganze Land verstreut trifft man in Dorftempeln häufig auf plastische Darstellungen der **Volkskunst**. So sollen lebensgroße Gipsfiguren den leseunkundigen Dorfbewohnern die buddhistischen Legenden nahebringen, grausige Höllenszenen die Gläubigen vom Sündigen abhalten oder groteske Tierfiguren die menschlichen Laster anprangern.

Ein kulturelles Erlebnis sind auch die traditionellen **Feste**, wie z. B. die Drachen- und Löwenparade in **Nakhon Sawan**, das Raketenfestival in **Yasothon**, das Kerzenfest in **Ubon Ratchathani**, das Wachstempelfest in **Sakon Nakhon** oder der Manohra Dance Contest in **Phattalung**. Bei allen religiösen Festen sind Touristen, die sich respektvoll verhalten, gern gesehene Gäste, so z. B. beim großen Tempelfest in **Nakhon Pathom** und **That Phanom**, beim Fest des zehnten Monats in **Nakhon Si Thammarat** oder beim Vegetarierfest in **Phuket** und **Trang**.

Speziell für Touristen werden eindrucksvolle Feste ausgerichtet, z. B. das Elephant Round-up in **Surin** und die Loi Krathong-Feier in **Sukhothai**, die technisch aufwändigen **Light & Sound Shows** in **Kanchanaburi, Sukhothai, Lopburi** und **Phimai** oder Musik-, Sport- und Kulturfestivals in **Bangkok, Pattaya, Phuket, Chiang Mai** und anderen Touristenzentren. Weitere unter 💻 www.tatnews.org.

Nationalparks und Naturschönheiten

Thailand besitzt einige Naturschönheiten und viele landschaftliche Anziehungspunkte, die Naturfreunde auf ihre Kosten kommen lassen. Wer Thailand besucht, will meist auch richtigen **Dschungel** erleben. Die Nationalparks und anderen Naturschönheiten sind selten ans öffentliche Verkehrsnetz angeschlossen. Ohne eigenes Fahrzeug können sie nur mühsam und zeitaufwändig oder aber kostenintensiv erreicht werden.

In allen Nationalparks sind begrenzte Gebiete rings um das Headquarter als Ausflugsziele erschlossen. Die massive Erhöhung der Eintrittspreise für Ausländer auf 400 Baht hält allerdings viele davon ab, Parks und andere Tierschutzgebiete zu besuchen. Weitere Informationen auf S. 62 und unter 💻 www.dnp.go.th.

Die wahre Schönheit der nördlichen Landschaft lässt sich am besten zu Fuß entdecken. Trekking-Agenturen in **Chiang Mai**, **Chiang Rai**, **Pai** und vielen weiteren Orten bieten Wanderungen durch die Dörfer der Bergvölker an, häufig verbunden mit Floßfahrten und Elefanten-Safaris. Wer die Dickhäuter beim Training erleben möchte, kann im Norden das **National Elephant Institute** bei Lampang oder das **Chiang Dao Elephant Training Center** besuchen oder bei *Elephant Special Tours* sogar eine Mahout-Ausbildung absolvieren.

Im Nordosten werden im Dorf **Ban Ta Klang** bei Surin die Elefanten für das *Elephant Round-up* geschult. Selbst bei Pattaya wurde ein **Elephant Village** eröffnet. Auf Phuket, Ko Samui oder bei Khao Lak verdienen Elefanten ihren relativ teuren Lebensunterhalt, indem sie Touristen durch die Wälder schaukeln. Seit dem Verbot des Holzeinschlags wären sie sonst arbeitslos.

Thais lieben die zahllosen Badeplätze am Fuße klarer, kalter **Wasserfälle** und bevölkern sie vor allem an Wochenenden. Da sie hauptsächlich in Nationalparks mit hohem Eintritt für Ausländer liegen, werden sie von diesen nur wenig frequentiert. Der größte Wasserfall des Landes, der **Ti-Lo-Su** bei Umphang, lohnt die lange Anreise. Ein Badevergnügen besonderer Art bieten **heiße Quellen**. Thermalhotels gibt es in der Provinz **Phang Nga** und in **Ranong**.

Höhlenfreaks entdecken in ganz Thailand **Tropfsteinhöhlen**. In Nord-Thailand kann man zum Beispiel zwischen Mae Hong Son und Pai einige eindrucksvolle Höhlen außerhalb von Nationalparks erkunden, darunter die Tunnelhöhle **Tham Lot** und die gigantische **Tham Nam Lang**, die zweitgrößte Höhle auf dem asiatischen Festland. Viele werden auch religiös genutzt wie die buddhistischen Grotten in Phetchaburi. Bei Ratchaburi liegt eine der schönsten Tropfsteinhöhlen Thailands, die **Tham Khao Binn**, die besonders leicht zugänglich ist. Ein fantastisches Naturschauspiel kann man jeden Abend bei der nahe gelegenen **Fledermaushöhle** miterleben, wenn Aber-

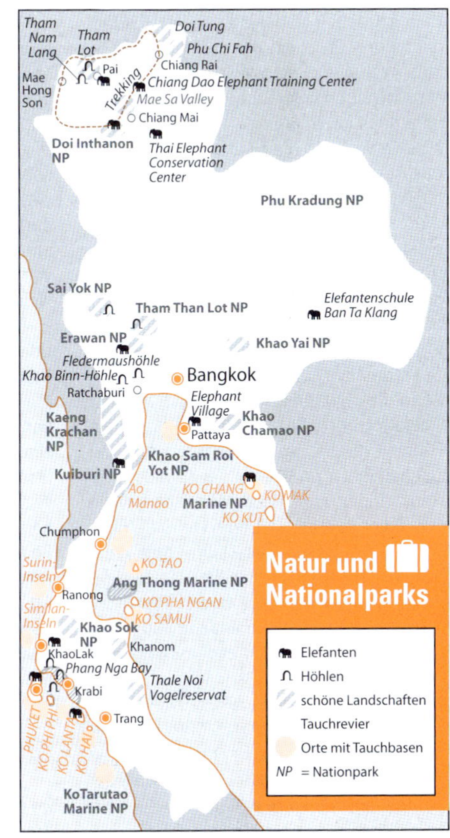

Nationalparks, die den Eintritt lohnen

Khao Yai National Park, etwa 200 km nordöstlich von Bangkok, am besten erschlossen. Wanderwege durchziehen den relativ lichten Dschungel. Mit etwas Glück lassen sich Rotwild, Affen und Nashornvögel, vielleicht sogar Elefanten beobachten.

Doi Inthanon, etwa 100 km südwestlich von Chiang Mai, der mit 2565 m höchste Berg Thailands ist mit dem PKW zu erreichen. Landschaftliche Attraktionen sind die zahlreichen Wasserfälle, die verkrüppelten, bemoosten Rhododendron-Bäume und die Wälder der kühlen Gipfelregion.

Kaeng Krachan National Park, bei Hua Hin, mit nahezu 3000 km² der größte von Thailand. Wer einen Englisch sprechenden Führer auftreibt, kann längere Trekkingtouren unternehmen. Allerdings ist Trekking in der fast weglosen Wildnis ein schweißtreibendes Abenteuer, das eine exzellente Kondition voraussetzt.

Erawan National Park, bei Kanchanaburi, ein äußerst beliebtes Ausflugsziel. In einer tropischen Dschungellandschaft rieseln malerische Wasserfälle die siebenstufigen Sinterterrassen herunter. Die Eintrittskarte gilt am selben Tag für alle Parks und Schutzgebiete in der Umgebung.

Khao Sok National Park, am H401 von Takua Pa nach Surat Thani. Einheimische Führer veranstalten Wanderungen und Dschungeltouren sowie außerhalb des Parks Tubing und Paddeln auf dem Khao Sok River. Mit etwas Glück kann die Rafflesia, die größte Einzelblüte der Welt, bestaunt werden. Auf dem Stausee des Rajjaprabha-Damms sind Bootsfahrten an turmhohen Felswänden entlang und Übernachtungen in schwimmenden Bungalows möglich.

Kuiburi National Park, 290 km südlich von Bangkok nahe der Grenze zu Myanmar. Hier haben Tierfreunde die Chance, am späten Nachmittag wild lebende Elefanten an einer natürlichen Tränke zu erleben.

millionen Flattertiere zu ihren Futterplätzen ausfliegen. Die Umgebung von Kanchanaburi wartet mit einigen Meditationshöhlen und schönen naturbelassenen Höhlen auf. Reizvoll ist die Rab Ro-Höhle bei Chumphon, spektakulär gar die Khao Khriap-Höhle weiter südlich oder die **Tham Pung Chang** in der Stadt Phang Nga – alle liegen außerhalb von Nationalparks und können auf eigene Faust oder im Rahmen preiswerter Touren besucht werden.

Der mit 2565 m höchste Berg, der **Doi Inthanon**, liegt im Norden in einem Nationalpark. Eine mautpflichtige Straße führt hoch zu den bemoosten Rhododendron-Hainen in der kühlen Gipfelregion. Faszinierende Berglandschaften erstrecken sich im äußersten Norden um den **Doi Tung** und weiter östlich um den **Phu Chi Fah** herum. Wer für Blumen und blühende Pflanzen schwärmt, sollte die Orchideen-Farmen und die schön angelegten Gärten der Resorts im **Mae Sa Valley** besuchen. Die pittoreske tropische Felsenlandschaft zwischen **Krabi** und **Phang Nga** besteht aus verwitterten Kegelkarsten und ist von vielen hundert Höhlen durchlöchert, von denen einige nur per Boot zu erkunden sind. Im Vogelreservat **Thale Noi** halten sich von Januar bis März viele große und kleine Wasservögel auf.

Um die unzähligen Inseln und die Korallenriffe zu schützen, wurden 18 **Marine National Parks** eingerichtet. Boote verkehren regelmäßig entlang der Andamanenküste zu den Nationalparks von **Ko Tarutao**, **Ko Phi Phi**, **Phang Nga Bay**, **Similan Islands** und **Ko Surin**, die allesamt aus wunderschönen Inseln bestehen. Wirklich spektakulär sind die *Hongs* (Wasserhöhlen und Lagunen) in den Karstfelsen der Phang Nga Bay. Im Golf von Thailand wird der **Ang Thong Marine National Park** täglich von Ausflugsbooten ab Ko Samui angelaufen. Dagegen ist die vielfältige Inselwelt des **Ko Chang Marine National Parks** nur mit gecharterten Booten erreichbar.

Die Unterwasserwelt

Zu den weltbesten Tauchrevieren zählen die **Similan Islands**, die von Phuket und Khao Lak angefahren werden, und die Unterwasserfelsen **Hin Daeng** und **Hin Muang**, zu denen von Ko Lanta, Ko Hai und Phuket Tauchboote ausfahren. Sie wurden vom Tsunami kaum beschädigt. Die übrigen Tauchgebiete können einem Taucher zumindest eine fantastische Bereicherung seines Thailand-Urlaubs bieten.

Mit Geräten kann man ab Pattaya, Ko Chang, Ko Mak, Ranong, Ko Chang (bei Ranong), Ko Phayam, Khao Lak, Phuket, Ko Phi Phi, Krabi, Ko Lanta, Ko Hai, Trang, Ko Lipe, Ko Samui, Ko Pha Ngan, Ko Tao, Ban Krut und Chumphon auf Tauchtour gehen. Hier gibt es lohnende Tauchgebiete, sehr gute Tauchbasen und internationale Tauchlehrer.

In den Gewässern zwischen **Chumphon** und **Ko Tao** kann man im Mai/Juni mit etwas Glück den bis zu 18 t schweren und 10 m langen **Walhai**, den größten Fisch der Erde, antreffen. Es werden Tauchausflüge zu diesen harmlosen Fischen organisiert, die zur Familie der Haie gehören, sich aber in erster Linie von

Die besten Tauchgründe

Ort	Saison	Tiefe	Attraktionen
Andamanensee			
Similan Islands	Dez–April (v. a. Feb–März)	10–40 m	Weltklasse, Korallengärten, Riffe, Felsen, riesige Artenvielfalt, Fächerkorallen, Fassschwämme, Haie, Rochen, Mantas
Ko Tachai	dito	18–40 m	Vielfältiges Meeresleben, tolle Landschaft
Surin Islands	dito	6–35 m	Weichkorallen, Steinkorallen, Haie, weniger große Tropenfische
Richelieu Rock		6–32 m	Steilabfall, Stein- und Weichkorallen, Fassschwämme, viele große Fische
Burma Banks	dito	17–46 m	Felsen unter Wasser mitten im Ozean, makellose Korallen, Drifttauchen, Ozean- und Rifffische, große Haie
Phuket	dito	6–29 m	Korallen, Rifffische, Leopardenhaie
Ko Phi Phi	ganzjährig (v. a. Dez–April)	9–24 m	Weich- und Steinkorallen, Rifffische, Muränen, Wand- und Höhlentauchen
Krabi	ganzjährig (v. a. Nov–April)	5–20 m	Stein- und Weichkorallen, Riffhaie, Leopardenhaie, Höhlen
Trang	Nov–April (v. a. Feb–März)	10–35 m	Stein- und Weichkorallen, Rifffische, Wracks, Höhlen, unberührte Riffe
Hin Muang, Hin Daeng	dito	6–40 m	absolute Spitzenklasse, Großfische, Weichkorallenfelder, Walhaie, Mantas
Ko Adang	Dez–April	5–35 m	Vielfältiges Meeresleben, Rochen, Haie wenig bekanntes Tauchrevier
Golf von Thailand			
Ko Tao	Feb–Okt	6–32 m	Korallengärten, Riffe, Felsen, über 100 Korallenarten, Fische, Schildkröten, Walhaie (ca. Mai/Juni)
Chumphon	Feb–Okt	6–23 m	Sehr viele Fische, Felsen
Pattaya	Dez–Mai	18–27 m	Korallen, tropische Fische, Wracks, Inseln
Ko Chang, Ko Mak	Dez–April	10–25 m	Korallengärten, Anemonenfische, Stachelrochen, Ammenhaie

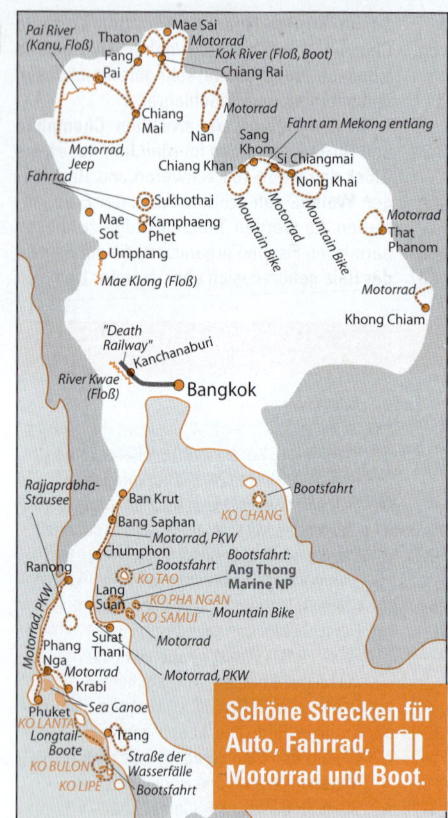

Schöne Strecken für Auto, Fahrrad, Motorrad und Boot.

Plankton ernähren. Auch in der Andamanensee ist der Walhai während der Tauchsaison an einigen kleinen Inseln anzutreffen, besonders regelmäßig am **Richelieu Rock,** bei den Felsen **Hin Muang** und **Hin Daeng** und vor **Ko Adang**.

Da viele Riffe nur wenige Meter von der Küste entfernt liegen, lassen sich auch mit Schnorchel, Maske und Flossen schöne Eindrücke von der herrlichen Unterwasserwelt sammeln. Dabei brennt allerdings die Sonne unbarmherzig auf die Waden, den Rücken und den Nacken. Es empfiehlt sich, diese Körperregionen besonders durch eine wasserfeste Sonnencreme oder Kleidung zu schützen.

Gute Schnorchelgebiete gibt es bei fast allen Touristen-Inseln, z. B. bei **Ko Samet**, **Ko Samui** (Ko Mat Sum), **Ko Tao** (Ostküste), **Ko Phi Phi** (Bamboo Islands) oder **Ko Lanta** (Ko Ha), außerdem im **Ko Tarutao** Marine National Park (Ko Adang und Ko Hin Ngam), vor der Küste von **Trang** (Ko Rok und Ko Kradan), beim **Ko Chang** Marine National Park (Ko Mak und Ko Rang) und in den Marine National Parks der **Similan** und **Surin Islands** (absolute Spitze).

Nur zwei Arten von Fischen können gefährlich werden, zum einen Steinfische, die sehr giftige Rückenstacheln besitzen und die man nur schwer vom Meeresboden unterscheiden kann, zum anderen Rochen, die bei Annäherung ihren giftigen Stachel ins Bein des Unvorsichtigen jagen, was höllische Schmerzen auslöst. Giftige Muränen, Rotfeuerfische und Seeschlangen werden seltener gefährlich. Seeigel sind zwar nicht giftig, ein eingetretener Stachel verursacht aber lang eiternde Wunden. Die Berührung von Quallen und Feuerkorallen führt zu stark brennenden Hautreizungen.

Selbst fahren auf Nebenstraßen

Wer sich ein wenig abenteuerlich betätigen möchte, kann mit einem Mietwagen, dem Motorrad oder Fahrrad dem Lande näher kommen. Im Süden gibt es herrliche Routen auf Nebenstraßen oder wenig befahrenen Hauptstraßen. Wir beschreiben detailliert die faszinierende Rundstrecke von **Krabi** nach **Phang Nga** und auf einer anderen Route zurück. Bei der „Kleinen Rundfahrt" ab **Phang Nga** kann man an einem Tag die „Leckerbissen" der Karstlandschaft genießen.

Leichte Bikes und Mopeds werden in allen Touristenorten im Süden vermietet. Auch mit Mountainbikes lassen sich von Dezember bis Mai herrliche Rundfahrten durchführen. Ein Bike mieten und auf eigene Faust losziehen

Vor dem Tauchen abklären:

Die meisten Tauchschulen arbeiten korrekt und reagieren bei Problemen kulant. Ihre Geschäftsbedingungen sind klar formuliert und gut lesbar geschrieben auch im Internet abrufbar. Falls sie nicht eindeutig sind, sollte man vor dem Buchen von Schnorchel- und Tauchfahrten klären:

- Wird Entschädigung gewährt, wenn man zum Tauchausflug nicht abgeholt wird oder einzelne Tauchgebiete nicht angefahren werden?
- Ist man damit einverstanden, bei einem anderen Veranstalter mitzufahren?
- Was wird bei Stornierung zurückerstattet (z. B. bei Erkrankung oder wegen mangelhafter Ausrüstung)?
- Garantiert der Veranstalter schriftlich, dass ein Erste-Hilfe-Koffer an Bord ist?
- Gelten die Rechte des Kunden auch bei ermäßigten Preisen?

All diese Abmachungen sollten schriftlich auf der Rechnung mit Unterschrift und Stempel festgehalten werden. Das Original sollte höchstens gegen Quittung weggegeben werden, ggf. auf einer Fotokopie quittieren lassen.

kann man z. B. in **Bangkok**, **Kanchanaburi**, **Pai**, **Sang Khom**, **Khao Lak** sowie auf **Ko Pha Ngan** und **Ko Samui**. Ein- und mehrtägige Radtouren werden auf und ab **Phuket** durchgeführt.

Motorradfahrer finden in diesem Buch ideale Rundstrecken ab **Chiang Mai** und **Chiang Rai** beschrieben. Individuell geführte Touren bieten hervorragende Landeskenner in **Chiang Mai**, **Fang** und **Mae Sai** an. Möglich sind Enduro-Fahrten für Anfänger und Experten ab **Pai**. Leichte Motorräder werden in vielen Orten im Norden vermietet. Im Nordosten lassen sich schöne Motorradfahrten über die Dörfer machen, spezielle Informationen dazu liefern z. B. die Gästehäuser in **Nong Khai**.

Auf dem Weg in den Süden können sich Abenteuerlustige auf herrlichen Beton- und Asphaltstraßen in Meeresnähe von **Ban Krut** über **Bang Saphan** und **Pathiu** nach **Chumphon** durchschlagen. Mit etwas Vorsicht sind die Nebenstraßen von **Lang Suan** nach **Surat Thani** problemlos zu bewältigen. Einfach zu befahren ist die Straße der Wasserfälle bei **Trang**.

Die Hauptstraße von **Phuket** nach **Ranong** führt durch eine schöne Landschaft; wirklich genießen kann sie nur, wer einige der zahllosen Abstecher macht.

Bootsfahrten

Selbst **Bangkok** lässt sich auf der „Mutter der Flüsse" genannten Menam Chao Phraya recht geruhsam durchqueren. Neben den beliebten Expressbooten verkehren Charterboote jeglicher Größe und abends sogar große Restaurantboote. Schön ist eine Bootsfahrt in **Thonburi**, wo noch einige dem Wasser zugewandte Holzhäuser und Tempel die Ufer säumen. Bei **Kanchanaburi** kann man mit Kanus und Longtail-Booten auf dem Kwae Noi, Kwae Yai und Mae Klong die ländliche Umgebung erkunden. Im Nordosten kann eine Fahrt am Mekong entlang sehr reizvoll sein, vor allem die Strecke von **Si Chiangmai** nach **Chiang Khan**. Im Norden sehr beliebt und immer noch abenteuerlich ist eine Fahrt mit dem Longtail-Boot auf dem Mae Kok River von **Thaton** nach **Chiang Rai**. Sehr einfach bis extrem gestaltet sich eine Fahrt mit dem Kanu, Floß oder Schlauchboot auf dem **Pai River**. Die eindrucksvollste Floßfahrt in Thailand kann man ab **Umphang** auf dem Mae Klong unternehmen. Beim Trekking bieten viele Agenturen Floßfahrten sowie mehrstündige Elefanten-Safaris an.

Ab **Phuket** starten täglich Passagierschiffe, Motor-, Longtail- und Segelboote zu den vorgelagerten Inseln. Zu empfehlen sind die Fahrten mit dem Sea Canoe in die Wasserhöhlen und Lagunen der Karstfelsen in der Bucht von Phang Nga – ein atemberaubendes Erlebnis, sofern man nicht in der Hochsaison mit hunderten anderer Kanuten unterwegs ist. Kanufahrten in den Mangrovenwäldern von **Krabi** können viel zum Verständnis dieser fragilen Ökosysteme beitragen.

Eindrucksvolle Kanutouren führen auch den **Khao Sok** hinunter. Beliebt sind die Bootstouren auf dem Stausee hinter dem **Rajjaprabha-Damm** an turmhohen Kalkfelsen entlang. Vor **Krabi** und **Trang** können Traveller, die etwas Thai sprechen, auf Versorgungsbooten mitfahren, um zu kaum besuchten Inseln zu gelangen.

Ein herrliches Abenteuer bieten die Bootstouren bei den kleinen Inseln **Ko Bulon** und **Ko Lipe** – inkl. Schnorcheln und Zelten an einsamen Stränden. Durch eine faszinierende Inselwelt fährt das neue Schnellboot von **Ko Lanta** über Ko Hai und Ko Muk nach Ko Lipe. Schöne Tagesausflüge sind die Umrundung von **Ko Tao** oder **Ko Phi Phi** mit dem Longtail-Boot, wobei mehrere Schnorchelstopps eingelegt werden.

Die beschriebenen Fahrten und Touren sollen vor allem Anregungen für **eigene Aktivitäten** liefern. In einer Gruppe von 4–8 Personen lässt sich für fast jede Tour zu einem erschwinglichen Preis ein Boot chartern.

Fahrten mit Booten können auch mal in ein unfreiwilliges **Abenteuer** ausarten. So erlebten wir in den letzten neunzehn Jahren einen Schiffbruch auf einem Riff, das Kentern eines Touristenbootes am Pier, vier Mal Motorschaden auf hoher See, plötzlichen Wassereinbruch durch eine geborstene Planke, zwei Zwangspausen wegen eines unerwarteten Sturms und eine Kenterung mit einem Longtail-Boot in den Brandungswellen. Zudem erhielten wir Briefe von Lesern, die auf Fahrten bei schwerer See Todesängste ausstanden, während sie ein leckes Boot leer zu pumpen versuchten. An diesen potenziellen Gefahren hat sich bis heute nichts geändert.

Mit welchem Verkehrsmittel?

Überlandbusse fahren alle Städte des Landes an. Die Eisenbahn verkehrt sternförmig von Bangkok aus nach Chiang Mai im Norden, Nong Khai, Ubon und Aranyaprathet im Nordosten und sogar bis Butterworth (Penang) in Malaysia. Wer es sich zutraut, kann ein Auto mieten und eine Rundfahrt unternehmen oder es in einem anderen Zielort abgeben (dann auf *one way rental* achten!). Hat man sich an den Linksverkehr gewöhnt, stellt das Verkehrschaos der Hauptstadt das größte Hindernis dar. Dem entkommt, wer am internationalen Airport Suvarnabhumi startet und in einem Bogen um Bangkok herum fährt.

Billigfluggesellschaften machen es möglich, an eine Reise durch Thailand einen Abstecher nach Kambodscha, Vietnam, Laos, Malaysia oder Myanmar anzuhängen. Auch zu diesen Ländern gibt es ein Stefan Loose Travel Handbuch.

Reiserouten

Vieles spricht dafür, sich erst einmal für einige Zeit am Strand zu erholen, denn nach einer Eingewöhnungsphase fällt es leichter, das Land zu entdecken. Die Infrastruktur der Badeorte ist auf Touristen eingestellt. Hier gibt es westliche wie lokale Restaurants, die meisten Menschen sprechen Englisch, und nach den ersten Ausflügen zum Strand ist man bereit, zunehmend größere Kreise zu ziehen. Wer nicht vorgebucht hat, wird bald, durch die Vielfalt des Angebots verführt, zum Inselhüpfer und wechselt nach einiger Zeit den Urlaubsort. Schließlich hat jeder Strand seinen eigenen Charakter.

Hingegen wird man mit Jetlag und nach einem im Winter extremen Klimawechsel einem anstrengenden Kulturprogramm, langen Rundfahrten oder einer quirligen Stadt wie Bangkok kaum etwas abgewinnen. Weißhäutige Neuankömmlinge sind zudem beliebte Opfer von Betrügereien und können sicher sein, beim Einkaufen auf den Märkten höhere Preise zu zahlen.

Die letzten Tage eignen sich dagegen hervorragend für einen Einkaufsbummel in **Bangkok**, dessen Highlight der Besuch des Chatuchak Weekend Markets am Samstag oder Sonntag ist. Zudem steht dann der Königspalast mit dem Wat Phra Keo auf dem Programm, denn wer diese kulturellen Höhepunkte gleich zu Beginn seiner Thailand-Reise ansteuert, wird vielleicht anderen Tempeln des Landes,

Touristen können Elefanten beim Training erleben

die kaum weniger schön sind, nicht mehr so viel abgewinnen können. Also besser erst am Ende der Reise auf Kultur-Trip durch Bangkok gehen und den Abschied genussvoll mit einem Cocktail in einer der schicken Bars oder auf der lebhaften Khaosan Road feiern!

Die Zeit für eine Erkundungstour zwischen dem Erholungsurlaub am Strand und dem letzten Einkaufstrip in Bangkok kann je nach Interesse kurz oder auch etwas länger sein. Wer Land und Leute kennenlernen möchte, sollte frühzeitig aus den in den vergangenen drei Jahrzehnten an den schönsten Stränden entstandenen Urlaubswelten aufbrechen, denn Einheimische sind dort in der Minderheit.

Die lokale Kultur und Lebensart erschließt sich vor allem in den Dörfern und Provinzstädten. Hier sind Farang, wie die Besucher aus dem Westen genannt werden, eine Seltenheit und werden manchmal sogar neugierig bestaunt.

Abstecher von Bangkok

Wer durch den Dschungel trekken und in Wasserfällen baden möchte, plant von Bangkok aus einen Abstecher in den **Khao Yai National Park** (S. 262) oder nach **Kanchanaburi** (S. 216) ein, von wo aus mehrere Nationalparks besucht werden können, von denen der **Erawan** den größten Zuspruch hat.

Von Bangkok in den Norden

Wer zum ersten Mal in Thailand ist und sich in kurzer Zeit einen Überblick verschaffen möchte, fährt von Bangkok nach **Chiang Mai** (S. 344), legt unterwegs in den alten Königsstädten **Ayutthaya** (S. 242) und **Sukhothai** (S. 297) einen Zwischenstopp ein und besucht bei Lampang das **National Elephant Institute** (S. 455). Die Bergwelt im Norden erschließt sich bei einer Trekking-Tour (S. 338) oder Rundfahrt über das Backpacker-Zentrum **Pai** (S. 401), **Mae Hong Son** (S. 338) und den **Doi Inthanon** (S. 380) oder durch den hohen Norden über **Chiang Rai** (S. 425) und das touristisch vermarktete **Goldene Dreieck** (S. 439).

Von Bangkok in den Nordosten

Im Nordosten ist durch die zunehmende Öffnung der Grenzen zu Laos und Kambodscha ein reger grenzübergreifender Tourismus entstanden, z. B. in **Nong Khai** (S. 492), **Mukdahan** (S. 514) und **Aranyaprathet** (S. 267).

Beliebt und landschaftlich attraktiv ist die fast 200 km lange Fahrt am Mekong entlang von **Nong Khai** (S. 492) nach **Chiang Khan** (S. 501).

Entlang der Ostküste

An der Ostküste liegen die schönsten Strände zum Relaxen auf **Ko Chang** (S. 538) und den umliegenden Inseln. Auf dem Weg von Bangkok hierher lohnt es sich, eine Übernachtung in **Chantaburi** (S. 533) einzuplanen. Wer die Kontraste liebt, fährt auf dem Rückweg nach einer Nacht in **Pattaya** (S. 274) auf dem alten Sukhumvit Highway in den Thai-Badeort **Bang Saen** (S. 272) und nach einem Besuch des Freilichtmuseums Ancient City und / oder der Krokodilfarm in **Samut Prakan** (S. 269) weiter nach Bangkok oder zum nahe gelegenen Airport.

Die Andamanenküste

Breit gestreut sind die Urlaubsmöglichkeiten auf den südlichen Inseln. Die Andamanenküste zwischen Ranong und dem Tarutao-Archipel ist am besten von Dezember bis April zu bereisen. Fähren, Charterboote und Yachten verlocken zum Inselhüpfen: Von der angenehmen Provinzstadt **Ranong** (S. 728) nach **Ko Chang** (S. 732) oder **Ko Phayam** (S. 732), von **Phuket** (S. 741) zu den Inseln in der **Phang Nga Bay**, weiter im Süden nach **Ko Phi Phi** (S. 785) und **Ko Lanta** (S. 821) sowie zu vielen kleineren Inseln. Nicht nur Taucher tummeln sich auf den Inseln der Marine National Parks von **Surin** (S. 726) und auf den **Similan-Inseln** (S. 703), die von Phuket und Khao Lak angefahren werden, sowie im **Tarutao-Archipel** (S. 848) vor Satun an der Grenze zu Malaysia.

Von einer ganz anderen Seite zeigt sich der Süden auf dem Festland. Die landschaftlich schönste Strecke verläuft durch die Karstfelsenlandschaft zwischen **Krabi** (S. 792) und **Phang Nga** (S. 698). Wer selbst fährt, kann anschließend noch die ganze Schönheit der Küstenregion von **Khao Lak** (S. 705) nach **Ranong** (S. 728) erleben: Dschungelpfade in kleinen Nationalparks, einsame Wasserfälle mit natürlichen Schwimmbecken, von Affenhorden besiedelte Mangrovenwälder, kaum bekannte Sandstrände und traditionelle Städte. Landeinwärts lockt der **Khao Sok National Park** (S. 718) mit einem herrlichen Dschungelgebiet und eindrucksvollen Stausee.

Entlang der Golfküste

Kulturell Interessierte zieht es an die Golfküste, an der von Januar bis August die geringsten Niederschläge fallen. In **Ratchaburi** (S. 210) und **Phetchaburi** (S. 564) laden buddhistische Höhlen und Tempel zur Erkundung ein. Neben interessanten Museen sind bei **Chaiya** (S. 593) Ruinen aus der Sri-Vijaya-Zeit zu besichtigen. Alte Tempelanlagen locken zudem in **Nakhon Si Thammarat** (S. 682), sofern man nicht an einem der vielen Strände hängengeblieben ist. Doch nur wenige Urlauber besuchen diese durchaus reizvollen Provinzstädte. Die meisten steuern auf dem schnellsten Weg die Inseln **Ko Samui** (S. 601), **Ko Pha Ngan** (S. 638) und **Ko Tao** (S. 664) an.

Reisezeit

Klima

Niemand plant einen Badeurlaub an der Nordseeküste im Dezember, doch viele vergessen, dass auch in Thailand Regen- und Trockenzeiten berücksichtigt werden sollten, obwohl die extremen klimatischen Schwankungen der letzten Jahre auch zu außergewöhnlichen Regenfällen und Hitzewellen geführt haben. Über das aktuelle Wetter informieren viele Thai- und Wetter-Websites sowie das Informationsministerium unter 💻 www.thaimet.tmd.go.th.

Die **Temperaturen** schwanken an der Küste im Verlauf des Tages meist zwischen 24 °C und 32 °C. Je näher der Äquator ist, umso geringer werden die Temperaturschwankungen. Hingegen klettern im kontinentaleren Klima von Nord-Thailand die Temperaturen vor der Regenzeit mittags auf über 38 °C an und können an klaren Nächten in den Bergen im November/Dezember bis auf den Gefrierpunkt sinken. Besonders die Küsten haben ihre eigenen Windsysteme und **Regenzeiten**. Normalerweise treten von Juli bis Oktober auch mehrere Regentage hintereinander auf. Dann kann an einem Tag mehr Regen fallen als in mehreren trüben europäischen Monaten. **Winde** bringen Regen, wenn sie vom Meer her kommen – kommen sie vom Festland, sind sie hingegen trocken. Von Mai bis Oktober liegt Thailand im Einflussbereich des Südwest-Monsuns, der dem Land ab Mai hohe Niederschläge beschert. Von November bis Februar bringt der Nordostmonsun der Ostküste von Prachuap Khiri Khan bis nach Malaysia Regen.

Hierdurch kommt es zu **drei Jahreszeiten**, die regional verschieden ausgeprägt sind:

Die kühle Jahreszeit (November bis Februar)

Am „kältesten" ist es im Dezember und Januar. In diesen Monaten schwankt die Temperatur in Bangkok zwischen 20 °C am Morgen und 30 °C am Nachmittag. In Nord-Thailand beträgt sie unter 10 °C frühmorgens und 28 °C nachmittags. Im Süden gibt es geringere Temperaturschwankungen. In Nord-Thailand wirkt die Landschaft ab Februar kahl und unansehnlich. An der Westküste endet die Regenzeit, sodass Touristen aus Europa von Dezember bis April Sonnenschein genießen. Im Ko Samui-Archipel bringt der Nordostmonsun in unserem Winter viel Regen. Trotzdem ist über Weihnachten/Neujahr Hauptsaison.

Die heiße Jahreszeit (März bis Mai)

Die Temperaturen steigen ab Februar ständig an. Zu den hohen Temperaturen kommt eine Wasserknappheit, die sich vor allem in Bangkok bemerkbar macht. Mittagstemperaturen von über 40 °C im Schatten sind keine Seltenheit. Angenehm ist nur der Aufenthalt an der Küste bei maximal 34 °C im Schatten, wo in den traditionellen Badeorten Hochkonjunktur herrscht. Insgesamt ist der höher gelegene Norden kühler. Dennoch sollte man bei Trekking-Touren in Nord-Thailand im April und Mai darauf achten, nicht durch abgeholzte Berge zu wandern, wo kaum ein Baum vor der intensiven Sonneneinstrahlung schützt.

Die Regenzeit (Mai bis Oktober)

Der einsetzende Südwestmonsun bringt vom Indischen Ozean Niederschläge, vor allem für die Andamanenküste von Ranong bis Tarutao. Im Landesinneren regnet es wesentlich später und weniger. Die Niederschläge nehmen bis zum September/Oktober kontinuierlich zu. Dennoch kann es im Mai bereits zu Überschwemmungen kommen.

Im Norden setzt die Regenzeit normalerweise erst Ende Juni ein, im Nordosten ist sie Ende September bereits vorbei. Von Juni bis August kann man den Norden, Nordosten und Zentral-Thailand bereisen, sofern sich die Regenfälle in Grenzen halten, und am Golf von Thailand gut Urlaub machen, an der Andamanenküste muss man mit Regenfällen rechnen. Im September und Oktober fallen fast überall hohe Niederschläge.

Wann die Regenzeit beginnt und wie lange sie dauert, ist schwer vorhersehbar. Es kann selbst Mitte November noch stark regnen, und deshalb sind unsere Angaben durchschnittliche Werte.

In Folge der Erderwärmung scheint sich auch der Monsun zu verschieben. In den letzten Jahren kam und endete er später. Vielen Gebieten brachte er weniger Regen, suchte jedoch den tiefen Süden mitten in der Trockenzeit mit schweren Überschwemmungen heim.

Reisezeit

Die ideale Reisezeit ist die **Trockenzeit** (Dezember bis März). Nur in Ko Samui und an der Ostküste regnet es im November und Dezember häufig. Am sichersten ist es, die Reise einen Monat nach dem Ende der Regenzeit zu beginnen.

Wegen der **Sommerhitze** sollte man die Monate April und Mai für Touren nach Nord- und Nordost-Thailand meiden.

Wichtig für die Planung der Reise sind auch die **Schulferien**. Während der europäischen Sommer- und Weihnachtsferien herrscht Hochsaison, doch auch während der thailändischen Universitätsferien (Mitte März–Juni) und Schulferien (Mitte Mai–Mitte Juli). Es sind kaum Zimmer frei, Fähren und Busse sind tagelang ausgebucht.

Vor allem an **Feiertagen** wie dem Chinesischen Neujahr, dem Thai-Neujahr (*Songkran*, 13.–15. April) und den Brückentagen bis zum nächsten Wochenende, aber auch in der Zeit zwischen Weihnachten und dem 1. Januar, sind die Zimmer in Badeorten und Erholungsgebieten nicht nur ausgebucht, sondern häufig sogar überbucht. Viele Bus- und Zugtickets sind ausverkauft und die Preise steigen.

Ungeeignet für Ausflüge zu Naherholungszielen sind zudem Feiertage und **Wochenenden**, denn dann sind sehr viele Thais unterwegs – häufig in großen Gruppen, Busse und Züge sind ausgebucht, viele Hotels belegt und die Naturattraktionen überlaufen.

Monsun

Der Name leitet sich von dem arabischen Wort *mausim* ab und bedeutet „Saison" oder genauer: „wiederkehrende Festzeiten". Damit bezeichneten die arabischen Seefahrer jene in Asien halbjährlich wechselnden Winde, die zwischen Mai und Oktober von Südwest nach Nordost und November bis März in umgekehrte Richtung wehen. Ursache ist ein zwischen März und Mai über Süd- und Zentralasien dominierendes umfangreiches Hitzetief, das dem Indischen Ozean feuchte Luftmassen entnimmt und zu ergiebigen Regenfällen führt. Es wird ab November von einem kräftigen Kältehoch mit trockenen Luftmassen über Sibirien abgelöst, die sich erwärmen und Richtung Südwesten wandern.

Als ab dem frühen 16. Jh. die Portugiesen die Weltmeere beherrschten, verwandelten sie den arabischen Terminus in *monção*. In seiner 1596 publizierten Reisebeschreibung „Itinerario" verwendet der holländische Seefahrer Jan Huyghen van Linschoten die Begriffe *monssoyn* und *monssoen*. Über diesen Weg fand vermutlich der „Monsun" Eingang in den allgemeinen Sprachgebrauch.

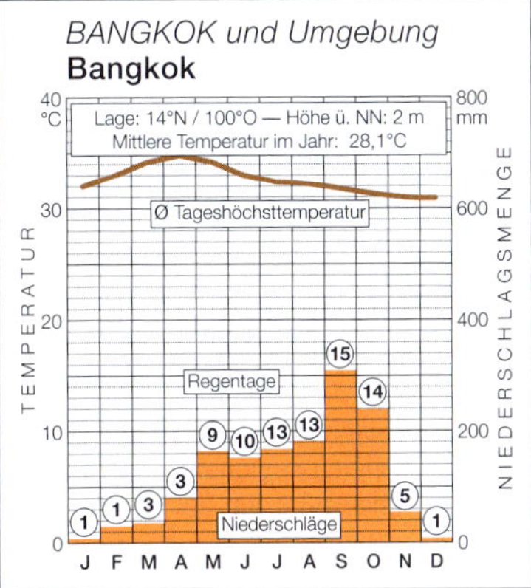
BANGKOK und Umgebung
Bangkok
Lage: 14°N / 100°O — Höhe ü. NN: 2 m
Mittlere Temperatur im Jahr: 28,1°C
Ø Tageshöchsttemperatur
Regentage
Niederschläge
TEMPERATUR
°C
NIEDERSCHLAGSMENGE
mm
1 1 3 3 9 10 13 13 15 14 5 1
J F M A M J J A S O N D

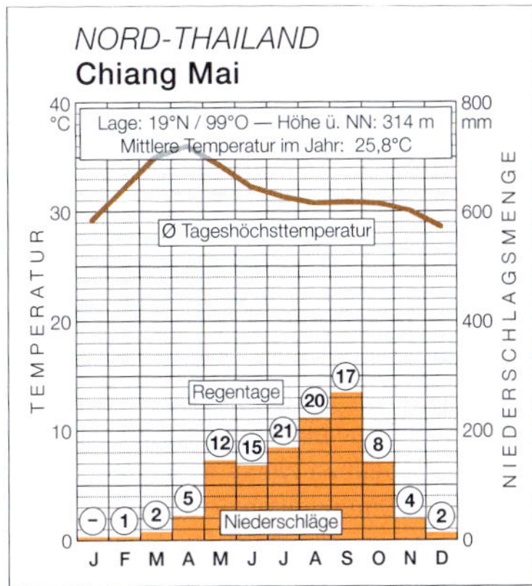
NORD-THAILAND
Chiang Mai
Lage: 19°N / 99°O — Höhe ü. NN: 314 m
Mittlere Temperatur im Jahr: 25,8°C
Ø Tageshöchsttemperatur
Regentage
Niederschläge
TEMPERATUR
°C
NIEDERSCHLAGSMENGE
mm
– 1 2 5 12 15 21 20 17 8 4 2
J F M A M J J A S O N D

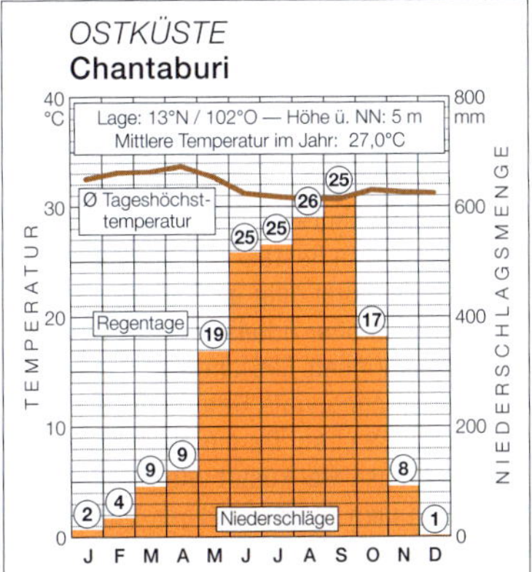
OSTKÜSTE
Chantaburi
Lage: 13°N / 102°O — Höhe ü. NN: 5 m
Mittlere Temperatur im Jahr: 27,0°C
Ø Tageshöchst-temperatur
Regentage
Niederschläge
TEMPERATUR
°C
NIEDERSCHLAGSMENGE
mm
2 4 9 9 19 25 25 26 25 17 8 1
J F M A M J J A S O N D

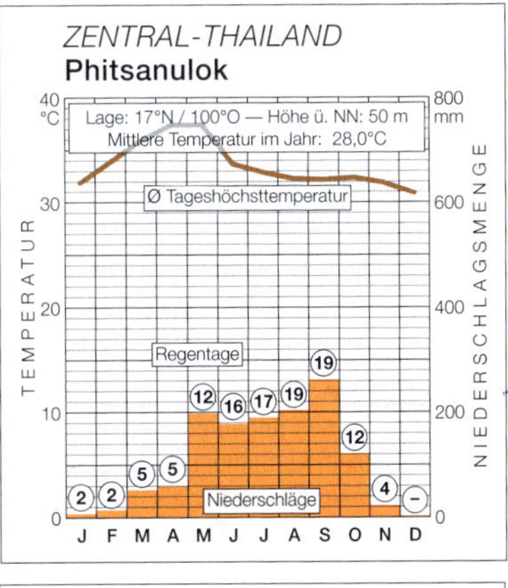
ZENTRAL-THAILAND
Phitsanulok
Lage: 17°N / 100°O — Höhe ü. NN: 50 m
Mittlere Temperatur im Jahr: 28,0°C
Ø Tageshöchsttemperatur
Regentage
Niederschläge
TEMPERATUR
°C
NIEDERSCHLAGSMENGE
mm
2 2 5 5 12 16 17 19 19 12 4 –
J F M A M J J A S O N D

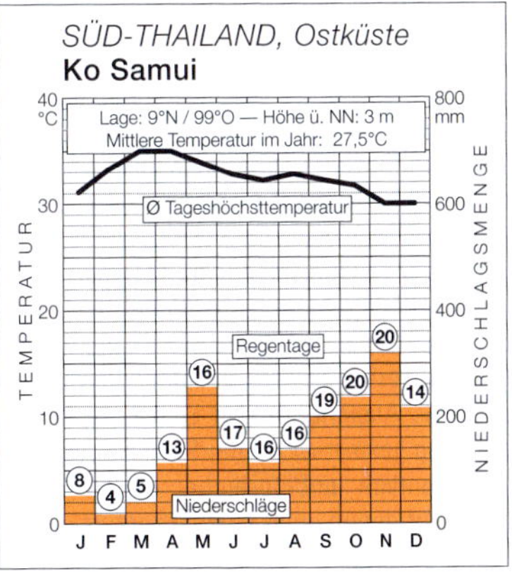
SÜD-THAILAND, Ostküste
Ko Samui
Lage: 9°N / 99°O — Höhe ü. NN: 3 m
Mittlere Temperatur im Jahr: 27,5°C
Ø Tageshöchsttemperatur
Regentage
Niederschläge
TEMPERATUR
°C
NIEDERSCHLAGSMENGE
mm
8 4 5 13 16 17 16 16 19 20 20 14
J F M A M J J A S O N D

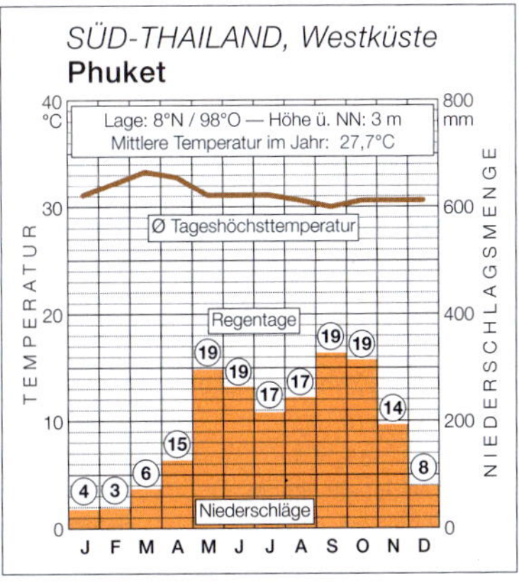
SÜD-THAILAND, Westküste
Phuket
Lage: 8°N / 98°O — Höhe ü. NN: 3 m
Mittlere Temperatur im Jahr: 27,7°C
Ø Tageshöchsttemperatur
Regentage
Niederschläge
TEMPERATUR
°C
NIEDERSCHLAGSMENGE
mm
4 3 6 15 19 19 17 17 19 19 14 8
J F M A M J J A S O N D

Reisekosten

Es ist möglich, an einem Tag in Thailand ebenso viel auszugeben wie in einem Monat. Das Angebot an Unterkünften, Restaurants, Transportalternativen, Sport- und Einkaufsmöglichkeiten ist sehr breit gefächert. Manch einer genießt es, zwischen Bambushütte und 5-Sterne-Resort zu pendeln, mit dem lokalen Bus zu fahren und sich trotzdem für einen Ausflug ein Taxi zu gönnen, die Nudelsuppe am Straßenstand ebenso zu genießen wie den Hummer am Strand und bei einem Tauchkurs nicht rechnen zu müssen. Andere wollen so lange wie möglich mit ihrem Geld reisen und haben kein Problem damit, in Schlafsälen zu übernachten und auf den Märkten zu essen, mit nicht klimatisierten Bussen zu fahren und teure Touristenzentren zu meiden.

Generell ist das allgemeine Preisniveau in Bangkok, Phuket, Ko Samui und einigen Touristenzentren wesentlich höher als in der Provinz. Außerdem gibt es neben dem Stadt-Land-Preisgefälle beachtliche regionale Unterschiede. So lebt es sich im Nordosten und Norden billiger als in vielen Regionen des Südens. In Chiang Mai, Chiang Rai, Pai, auf Ko Chang (Ranong) oder Ko Pha Ngan kann man bei anspruchsloser Lebensführung mit 500 Baht am Tag auskommen, wenn das Zimmer geteilt wird. Darin sind allerdings Souvenirs, Touren, Mieten von Motorrädern oder Autos und Foodtrips sowie Alkoholika nicht enthalten.

Wenn der Urlaub etwas komfortabler sein soll, braucht man mindestens das Doppelte. In diesem Budget sind etwas bequemere Bungalows und Essen in Restaurants enthalten. Wer regelmäßig ein Bier oder einen Cocktail trinkt, fein essen geht oder Hotels mit Pool, Spas und anderen luxuriösen Einrichtungen genießen will, braucht noch viele Baht mehr ohne Begrenzung nach oben. Da ein Zimmer für eine Person genauso viel kostet wie für zwei Personen, reist man zu zweit billiger. Unterkünfte im 4- und 5-Sterne-Bereich sind meist günstiger über Reiseveranstalter oder das Internet buchbar.

Lokale öffentliche Verkehrsmittel sind außerhalb der Urlaubsorte immer noch recht günstig. Auf Langstrecken zahlt man bei Bussen wie der Eisenbahn für zusätzliche Bequemlichkeit (Klimaanlage, Liegesitze, Essen) etwa das Doppelte. Viele Backpacker-Busse sind zwar billig, aber weder sonderlich bequem noch sicher.

Bei Eintrittsgeldern, vor allem für Nationalparks, aber auch in Thai-Restaurants, gibt es manchmal erhebliche Unterschiede zwischen dem, was Ausländern und Einheimischen in Rechnung gestellt wird. Thai-Speisekarten sind oft wesentlich umfangreicher als die englischen, auf denen dann eigenartigerweise nur die teuren Gerichte übersetzt sind.

Was kostet wie viel?

Trinkwasser (1 l)	**10–20 Baht**
Softdrinks (0,4 l)	**10–30 Baht**
Bier (0,5 l)	**50–100 Baht**
Nudelsuppe	**20–40 Baht**
Curry-Gericht	**50–150 Baht**
Benzin (1 l)	**25 Baht**
Taxifahrt (bis 2 km in Bangkok)	**35 Baht**
Mietwagen pro Tag	**1000–1500 Baht**
Eintritt Nationalpark	**400 Baht**
Eintritt Nationalmuseum	**30 Baht**
Zimmer im Gästehaus	**ab 200 Baht**
Zimmer im Mittelklasse-Hotel	**800–2000 Baht**

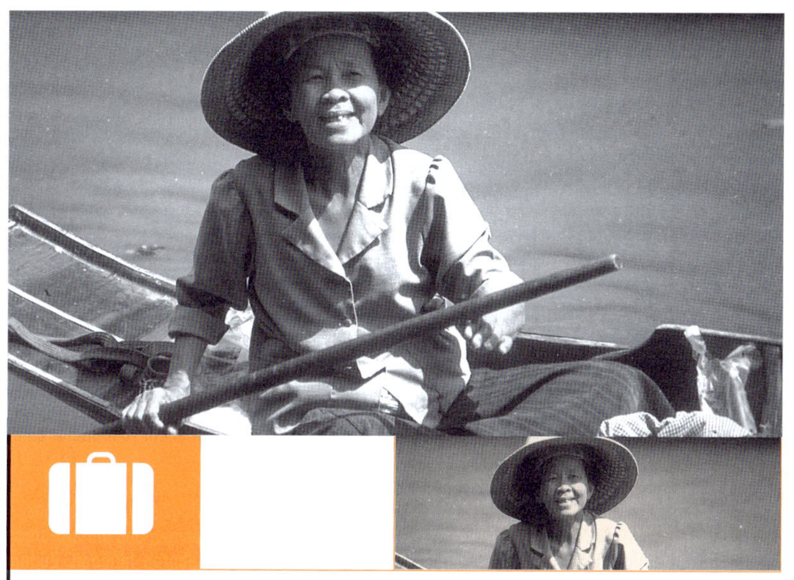

Traveltipps von A bis Z

Anreise

Europäische und asiatische Airlines (z. B. Lufthansa, Air France, Swiss, KLM, Singapore Airlines, MAS, Emirates, Etihad, Royal Brunei, Thai Airways International) fliegen von Frankfurt, Düsseldorf und München nach Bangkok, Kuala Lumpur oder Phuket für 500–900 € hin und zurück. Zudem verkaufen einige Chartergesellschaften auch nur Flüge, z. T. sogar für Einzelstrecken. Verschiedene Fluggesellschaften (Biman, China Airlines, Aeroflot) liegen mit ihren Preisen noch darunter.

Thai Airways, 60313 Frankfurt, Zeil 127, ✆ 069-92874444, 📠 92874333, 80335 München, Bayerstr. 85A, ✆ 089-24207010, 💻 www.thaiair.com.
Bangkok Airways, 60311 Frankfurt, Bethmannstr. 58, ✆ 069-13377565-6, 📠 13377567, 💻 www.bangkokair.com.

Statistiken über Flugsicherheit der Airlines finden sich unter 💻 www.aerosecure.de. Immer wieder trifft Gepäck nicht mit den Passagieren ein, zumeist wird es am nächsten Tag nachgeliefert. Während der Hochsaison sind die Sitze der billigen Buchungsklassen schnell vergeben und man muss die z. T. erheblich teureren Klassen buchen. Zudem gibt es für die Abflugtermine zum Ferienbeginn und -ende schon viele Monate im Voraus keinen freien Platz, und viele Maschinen sind überbucht. Günstigste Monate zum Fliegen sind Februar, März, Juni und Oktober. Inlandflüge können unter Umständen als günstige Anschlussflüge mitgebucht werden.

Man sollte keine *open date tickets* kaufen, da Flüge von und nach Thailand häufig schon Monate im Voraus ausgebucht sind. Geht die Reise nicht nur nach Thailand, lohnen sich vielleicht Rundflugtickets. Sie werden von vielen Reisebüros zu einem günstigen Preis angeboten.

Flugbuchung im Internet

Um Flüge online zu buchen, muss man kein Reiseexperte sein. Am besten beschränkt man sich bei der Suche auf einige der etablierten Reiseportale. Auch die Seiten der Fluggesellschaften lohnen einen Blick, da es hier oft besondere Online-Tarife gibt. Grundsätzlich sollte man darauf achten, dass Kreditkartendaten verschlüsselt übertragen werden.

In verschiedenen Tests 2006 schnitten die folgenden Reiseportale gut ab:

💻 www.weg.de
💻 www.opodo.de
💻 www.travelchannel.de
💻 www.expedia.de
💻 www.flyloco.de

In den endlosen, verwirrenden Listen hunderter Anbieter sind günstige Offerten eher selten. Auch der Service lässt zu wünschen übrig, sodass sich die Seiten vor allem zum Recherchieren eignen. Wer dann weiß, welche Airline zu welchem Preis die günstigste Route fliegt und zudem noch Plätze verfügbar hat, kann diesen Preis als Obergrenze nehmen und in Reisebüros nach günstigeren Angeboten fahnden. Zudem hat das **Reisebüro** den Vorteil, dass es dort einen Ansprechpartner gibt, der bei Problemen kontaktiert werden kann. Wer flexibel ist oder schon bald losfahren möchte, findet auch Last-Minute-Angebote oder **Sondertarife** für Flüge, Hotelzimmer oder Tickets, die teils nur im Netz von Veranstaltern, Hotels oder Airlines offeriert werden.

Botschaften und Konsulate

Thailändische Botschaften und Konsulate

... in Europa

Botschaft in Deutschland:
12163 Berlin, Lepsiusstr. 64-66
✆ 030-7948 1117, 📠 7948 1118
💻 www.thaiembassy.de
🕒 Mo–Fr 9–13 Uhr
Generalkonsulat:
60596 Frankfurt, Kennedyallee 109
✆ 069-698680, 📠 6986 8228
Visa ✆ 069-6986 8205, 069-6986 8209

Mo–Fr 9–13 (telefonisch zudem 14–17 Uhr)
www.thai-generalkonsulat-frankfurt.de
Honorargeneralkonsulate:
45130 Essen, Christopherstr. 18
0201-9597 9334, 9597 9445
Mo–Fr 9–12, Fr 14–17 Uhr
20099 Hamburg, An der Alster 85
040-2483 9118, 2483 9206
Mo–Fr 10–12 Uhr
80639 München, Prinzenstr. 13
089-168 9788, 1307 1180
Mo–Fr 9–12 Uhr
Honorarkonsulate:
40474 Düsseldorf, Cecilienallee 9
0211-491 2632, 491 2639
Mo–Do 9–12, Fr 14–17 Uhr
70499 Stuttgart, Pforzheimer Str. 381
0711-226 4844, 226 4856
Mo–Fr 9–12 Uhr
76137 Karlsruhe, Jollystr. 3
0721-203 1456, 203 1457
www.thaikonsulat.de
Mo–Fr 10–15 Uhr

Botschaft in der Schweiz:
3095 Bern-Liebefell, Kirchstr. 56
031-970 3030-34, 970 3038-39
Mo–Fr 9–11.30 Uhr
Generalkonsulate:
8001 Zürich, Löwenstr. 42
043-344 7000, 344 7001
Mo–Fr 9.30–11.30 Uhr.
www.thai-consulate.ch
1211 Geneve 13, 75, rue de Lyon
022-311 0723, 345 1208
www.thaiconsulate.ch
4010 Basel, Aeschenvorstadt 71
061-206 4565, 206 4546
Mo–Do 9–11.30 Uhr
www.thai-consulatebasel.ch/

Botschaft in Österreich:
1180 Wien, Cottagegasse 48
01-478 3335-0, 478 2907
www.thaivienna.at
Mo–Fr 9–12 Uhr.
Konsulate:
5020 Salzburg, Koch-Sternfeld-Gasse 7
0662-840 0200, 840 0201
www.thaiconsulate-salzburg.at
Mo–Fr 9–12 Uhr.
6021 Innsbruck, Bozner Platz 2
0512-580461, 577250
Mo–Fr 8.30–12.30 Uhr.
6850 Dornbirn, Riedgasse 44
05572-256146
Mo, Mi, Fr 9–12 Uhr

... in Asien
Generalkonsulat in Yunnan (VR China):
Kunming Hotel, 145 Dong Feng Dong Lu, Kunming, Yunnan
0871-316 8916, 316 6891.

Generalkonsulat in Hong Kong (VR China):
8th floor, Fairmont House, 8 Cotton Tree Drive, Central,
25216481-5, 25218629,
www.thai-consulate.org.hk/

Botschaft in Indien:
56-N Nyaya Marg, Chanakyapuri, New Delhi 110021, 011-2611 8103, 2687 2029
www.thaiemb.org.in/
Konsulate:
Malabar View, 33 Marine Drive St., Chowpatty Sea Face, Mumbai
022-2363 1404, 2363 2417
18-B Mandeville Gardens, Ballygunge, Kolkata
033-2440 7836, 2440 6251

Botschaft in Indonesien:
74 Jl. Imam Bonjol, Jakarta
021-390 4052, 310 7469

Botschaft in Kambodscha:
196 Preah Norodom Boulevard, Phnom Penh
023-726306, 726303

Botschaft in Laos:
Phonekheng Rd., Vientiane, P.O. Box 128
Visastelle: Lane Xang Ave
021-214581-3, 214580

Botschaft in Malaysia:
206 Jl. Ampang, Kuala Lumpur
03-2148 8222, 2148 6527
Mo–Fr 9.30–13 Uhr

Konsulate:
1 Jl. Ayer Rajah, Ecke Jl. Tungku Abdul Rahman, Penang
✆ 04-226 8029, ⏲ Mo–Fr 9–12 und 14–15 Uhr
4426 Jl. Pengkalan Chepa, Kota Bharu
✆ 09-7482545, ⏲ So–Do 9–16 Uhr

Botschaft in Myanmar (Burma):
73 Manawhari St., Dagon Township, Yangon (Rangoon)
✆ 224647, ℻ 225929

Botschaft in Nepal:
167/4 Ward No. 3, Bansbari-Maharajgunj Road, Kathmandu
✆ 01-437 1410, ℻ 437 1408.

Botschaft in Singapore:
370 Orchard Rd.
✆ 737 2158, ℻ 732 0778

Botschaft in Vietnam:
63-65 Hoang Dieu St., Hanoi
✆ 04-823 5092-4, ℻ 823 5088
Konsulat:
77 Tran Quoc Thao Street, District 3, Ho Chi Minh City
✆ 932 7637-8. ℻ 932 6002
🖳 www.thaiembassy.org/hochiminhcity

Botschaften und Konsulate in Thailand

Deutsche Botschaft
Bangkok 10120, 9 Sathon Tai Rd., U-Bahnhof Lumpini,
✆ 02-287 9000, ℻ 2871776,
🖳 www.german-embassy.or.th,
24-Std.-Notfallnummer (zumeist nur zu den Dienstzeiten erreichbar), ✆ 01-845 6224
⏲ Mo–Fr 8.30–11.30, Visaanträge bis 10.30 Uhr
Deutsches Konsulat in Phuket (s. S. 748).

Botschaft der Schweiz
Bangkok 10330, 35 North Wireless Rd.
✆ 02-253 0156-60, ℻ 255 4481,
🖳 www.eda.admin.ch/bangkok_emb
⏲ Mo–Fr 9–11.30 Uhr

Botschaft von Österreich
Bangkok 10121, 14, Soi Nandha, off Soi 1, Sathorn Tai Rd.
✆ 02-303 6057-59, ℻ 287 3925,
🖳 www.bmaa.gv.at
⏲ Mo–Fr 9–12 Uhr
Österreichisches Konsulat in Phuket (s. S. 784).

Einkaufen

Bangkok, Pattaya, Phuket und Chiang Mai sind **Shopping-Paradiese**. An Straßenständen, auf Märkten und Nachtmärkten wird alles verkauft, was ein Touristenherz höher schlagen lässt: Textilien, Silberschmuck, vermeintliche und „echte" Antiquitäten, Holzschnitzereien, Lackarbeiten und Keramik, Puppen und Masken, Bilder, Lederarbeiten und – nicht zu vergessen – Kopien von Markenwaren.

Bei Artikeln, die nur für Touristen hergestellt werden, sollte man sich und dem Verkäufer das Vergnügen des Feilschens gönnen. Als guter Startpreis gilt etwa die Hälfte des zuerst geforderten Preises. Auch die Provinz hat gute Orte zum Einkaufen: In der Bergregion Nord-Thailands wird Kunstgewerbe der Hilltribes verkauft, an der Küste Muschelschmuck und im Nordosten *Mat Mie*-Seide und Baumwollstoffe.

Vor allem in Bangkok lassen sich Touristen von Schleppern in Läden zum **Kauf von Edelsteinen** überreden. Das funktioniert häufig so: Seriös aussehende, hilfsbereite Thais sprechen Touristen auf dem Weg zu einer Sehenswürdigkeit an. Nachdem sie erfahren haben, wohin man will, erklären sie, dass der Tempel aus irgendeinem Grund heute ausnahmsweise geschlossen sei und bieten als Alternative eine Tour zu einem Juwelier an, in dem ausgerechnet heute ein besonders günstiges Angebot gemacht wird. Zudem kann man die Steine in Deutschland zum vielfachen Preis verkaufen, manchmal soll sogar der dort studierende Neffe der Abnehmer sein, der sich damit sein Studium finanziert ... Nichts davon stimmt!

Am Ende hat man für einen weit überhöhten Preis **minderwertige Edelsteine** gekauft, die in Europa kein Juwelier anfasst, und es ist sehr schwierig, das Geld zurückzubekommen, da es sich ja um echte Steine und keine Fälschungen handelt.

Gesprächigen Tuk Tuk- und Taxifahrern, die einen super-günstigen Preis akzeptieren und unterwegs schnell noch an einem interessanten Juweliergeschäft, Seidenladen oder Schneider vorbeisehen wollen, sollte man ebenso misstrauen. Sie wollen allerdings häufig nur eine Provision bzw. einen Benzingutschein kassieren.

Ein Gang über den **Markt** ist immer empfehlenswert. Hier werden die Waren des täglichen Bedarfs gehandelt, und man erhält einen Überblick über Angebot und Preise. Nebenbei kann man sich mit frischem Obst eindecken oder einen kleinen Snack zu sich nehmen.

Einkaufszentren und Superstores wie Tesco Lotus, Big C oder Carrefour verkaufen westliche und lokale Waren zu Festpreisen. In diesen klimatisierten Konsumtempeln haben sich preiswerte Essenmärkte, Fast Food und andere Restaurants, die von jungem Publikum bevorzugt werden, etabliert.

Prinzipiell werden **europäische Waren** in allen Touristenzentren verkauft. Wer Wegwerfwindeln, einen guten Käse oder neue Schuhe benötigt, der schaut sich am besten dort um. Selbst englisch- oder gar deutschsprachige Zeitschriften und Bücher gibt es hier.

Die **Mehrwertsteuererstattung** *(VAT Refund for Tourists)* lohnt nur bei größeren Beträgen ab 20 000 Baht, da die Mehrwertsteuer 7 % beträgt und die Bearbeitungsgebühren sowie die Bankgebühren abgezogen werden. Zudem müssen bei der Einreise Einkäufe in dieser Höhe beim Zoll wieder deklariert werden, wobei eine deutsche MwSt von 19 % fällig wird.

Handel mit Antiquitäten und geschützten Arten

Wir raten davon ab, Antiquitäten und Produkte aus geschützten Tieren zu kaufen, denn: Kultstätten werden nur geplündert, seltene Tiere nur gejagt und alte Erbstücke nur verkauft, wenn sich dafür Käufer finden.
Jeder Kauf trägt dazu bei, dass Südostasien schon bald seiner wichtigsten Kultur- und Naturschätze beraubt ist. Zudem ist der Handel mit Antiquitäten in Thailand verboten. Der Zoll beschlagnahmt alle Stücke, für die keine Exportgenehmigungen vorliegen oder die unter das Washingtoner Artenschutzabkommen fallen. Dazu gehören auch Schlangenhäute und alle Produkte aus Krokodilleder.

Essen und Trinken

Wer längere Zeit die **Thai-Küche** genossen hat, wird sie zu einer der Besten der Welt rechnen. Auf den ersten Blick hat sie viele Ähnlichkeiten mit der chinesischen Küche. Nach näherem Kennenlernen entdeckt man malaiische Einflüsse, denn vieles wird mit Kokosnussmilch gekocht. Auch die Wirkung indischer Currys ist nicht zu verleugnen. Im Allgemeinen sind Thai-Gerichte kräftig gewürzt. Nicht nur Chilis bestimmen den Geschmack, sondern die ausgewogene Zusammenstellung von frischem Gemüse, Knoblauch, Zitronengras, Currygewürzen, Shrimp-Paste, Fischsoße, Tamarinde, Koriander, Kokosmilch, Palmzucker und, nicht zu vergessen, den frischen Fischen, Shrimps, Krebsen, Langusten und Muscheln.

Grundnahrungsmittel ist Reis, *kao*, der mit verschiedenen Beilagen und Soßen gegessen wird. *Khin kao* ist auch der allgemeine Begriff für „essen", was auf die Bedeutung von Reis in Thailand schließen lässt. An Fischsoße und Glutamat wird beim Thai-Essen nicht gespart. Gute Informationen über Thai-Essen im Netz unter 💻 www.leckerbisschen.de.

Wie essen?

Normalerweise wird in Thailand mit **Löffel** (rechts) und **Gabel** (links) gegessen, wobei man mit der Gabel, entsprechend unserem Messer, die Speisen auf den Löffel schiebt, mit dem man isst. Besonders in ländlichen Regionen benutzt man dafür die rechte Hand. Die linke gilt als unrein und sollte nie das Essen berühren.

Zu Nudelsuppen, die man hauptsächlich mittags isst, werden **Stäbchen** *(chop sticks)* und ein kurzer Suppenlöffel gereicht. Man befördert die

Nudeln mit Hilfe der Stäbchen auf den Löffel. Nur in chinesischen Restaurants werden auch Reisgerichte mit Stäbchen gegessen, für Touristen werden aber immer Gabel und Löffel gebracht.

Da die meisten Frauen berufstätig sind, ist es üblich, dass die ganze Familie außer Haus isst. Vom Morgen bis zum frühen Abend nimmt man leichte Suppen und kleine Snacks zu sich. Erst nach Sonnenuntergang gibt es eine Hauptmahlzeit, die aus mehreren Gängen besteht, die zumeist ab 17 Uhr auf dem **Abendessenmarkt** zusammengestellt werden.

Um richtig Thai zu essen, geht man am besten mit mehreren Freunden in ein Restaurant und stellt verschiedene Gerichte zusammen. Es ist üblich, dass alle Gerichte gleichzeitig serviert werden und sich jeder nach Belieben in kleinen Happen bedient. Suppen isst man zum Hauptgericht und nicht vorher.

Wo essen?

Es ist selten ein Problem, zu jeder Tages- oder Nachtzeit irgendwo etwas Essbares zu bekommen. In vielen Orten werden **Essenstände** auf Straßen, großen Plätzen oder Märkten attraktiv aufgebaut. Dort sind die Gerichte am billigsten. Für wenige Baht gibt es eine klare Suppe mit Sojasprossen, Kräutern, Gemüse und Fleisch- oder Fischbällcheneinlage.

Meist werden die Gerichte vor aller Augen frisch zubereitet. Andere Stände verkaufen Getränke oder frische Fruchtsäfte.

Restaurants außerhalb der Touristenzentren

Sie haben meist keine englische Speisekarte. In einem typischen **Straßenrestaurant** empfiehlt es sich, einen Thai-Grundwortschatz (s. S. 45 und im Anhang, s. S. 858) bereit zu haben. Die rohen Zutaten wie Fleisch, Fisch und Gemüse liegen in einer Vitrine oder im Kühlschrank. Man braucht also nur darauf zu deuten und das Wort für gebraten oder gekocht zu sagen. Häufig stehen verschiedene fertige Currys in großen Töpfen oder Pfannen am Eingang, sodass man nur den Deckel zu lüften braucht, um eine Auswahl zu treffen. Nach dem Preis sollte man vor dem Essen fragen. Fast immer sind die Gerichte stark gewürzt, und die vielen kleinen Chilis sind der Grund, dass das Essen nicht schlecht wird. Wer nicht scharf essen kann oder will, deutet auf die Gerichte und fragt: *pät mai?* (ist's scharf?). Ist die Antwort *mai pät* (nicht scharf), kann nicht viel passieren. Lautet die Antwort allerdings *pät pät*, sollte man sich auf eine sehr scharfe Mahlzeit einstellen. Wer auf seine Gesundheit bedacht ist, vergewissert sich, ob die Küche einen sauberen Eindruck macht. Die Gesundheitsämter verleihen das Logo „Clean Food – Good Taste" an Restaurants, deren Küchen einen Test auf Bazillen bestanden haben – der Geschmack des Essens wird nicht geprüft.

Restaurants in Touristenzentren und großen Städten

Sie offerieren eine englische Speisekarte *(menu)* und sind, je nach Ausstattung, Lage und Qualität, manchmal etwas teurer. Zu Traveller-Unterkünften gehören meistens **einfache Restaurants**, in denen es europäisches Frühstück, gebratenen Reis, Standard-Gerichte, Traveller-Food und Softdrinks gibt. Bestellt man mehrere Gerichte oder geht mit einer Gruppe essen, kann es passieren, dass die Rechnung höher ausfällt als die Summe der Einzelgerichte. Wem es nichts ausmacht, in den Augen des Wirtes als geizig zu gelten, der kann versuchen, die Rechnung zu beanstanden.

Im Gegensatz zu den Hotels und **Restaurants der gehobenen Preisklasse**, wo zum Rechnungsbetrag 10 % Bedienung addiert wird, enthält die Rechnung in kleineren Restaurants kein Trinkgeld. Bei gutem Service sind einige Baht immer angebracht. In Traveller-Restaurants ist das jedoch nicht üblich.

Wem eine gewisse, manchmal ohrenbetäubend laute Kantinen-Atmosphäre nichts ausmacht, der kann sich in den **Food Centers** großer Kaufhäuser (meist im Ober- oder Untergeschoss) an vielen sauberen Essenständen ein billiges, mehrgängiges Menü zusammenstellen – bezahlt wird mit Coupons oder Chip-Karte.

Coffeeshops

Wer glaubt, hier ein gemütliches Café mit leckerem Kuchen gefunden zu haben, liegt völlig falsch. Kaffee und Kuchen bekommt man höchstens in einer Bakery oder in den großen Hotels, vor allem zum *high tea*.

Der **Coffeeshop** hingegen, ein großer klimatisierter Raum, der manchmal Erinnerungen an sozialistische Massenabfütterungs-Restaurants aufkommen lässt, dient unterschiedlichsten Bedürfnissen, ist Frühstücksraum, Restaurant und Bar zugleich, wobei in den so genannten „Junggesellenhotels" Letzteres überwiegt. Die dort herumsitzenden jungen Mädchen sind auch in den seltensten Fällen Hotelgäste, sondern auf der Suche nach Kundschaft.

In einigen Kaufhäusern und Einkaufszentren haben in den letzten Jahren Kaffee-Theken und Filialen internationaler und einheimischer Coffeeshop-Ketten aufgemacht, die mehrere Dutzend verschiedene Sorten Kaffee aus allen Kontinenten anbieten und frisch aufbrühen.

In Touristenorten gibt es bereits Bäckereien, die auch feinen Kuchen und Torten anbieten, dazu Kaffee in vielen Variationen.

Was essen?

Entlang der ausgetretenen Pfade zwischen Bangkok und Krabi finden sich immer Restaurants, die ihre Küche dem europäischen Gaumen angepasst haben. In den Touristenzentren Chiang Mai, Khao Lak, Ko Samui, Phuket oder Hua Hin braucht man selbst auf Pizza, Steaks oder Kartoffelsalat nicht zu verzichten. Auch wer die thailändische Küche schätzen gelernt hat, kann sich also immer mal wieder eine Abwechslung gönnen.

Der gängige Preis für ein **Thai-Gericht** liegt bei 40–80 Baht, in besseren Restaurants bei 70–100 Baht. Dafür gibt es in den meisten Fällen ausgezeichnete Gerichte und einen Super-Service. An den Straßen-Restaurants kann man sich schon für 25 Baht satt essen. Gebratener Reis mit Ei, Huhn, Schweinefleisch oder Krabben kostet in Traveller-Restaurants um 30–40 Baht.

Da das Meer, außer im Nordosten und Norden, nirgendwo weit entfernt ist, gibt es überall fantastischen **Fisch** und anderes **Seafood**. Die Palette der Zubereitung reicht von schärfsten Fisch-Curries bis zu frischen Garnelen oder delikat zubereiteten Krebsen in den Seafood-Restaurants an den Stränden. Vor allem frische Fische werden nach Gewicht bezahlt. Die einheimischen Gäste kennen die Preise. Wer sich noch nicht auskennt, fragt vorher nach dem Preis (meist 40–50 Baht pro 100 g inkl. Zubereitung und Beilagen). Auch in Thailand sind solch erlesene Köstlichkeiten wie Hummer relativ teuer. Während man einen etwa 40 cm langen Fisch bereits für 120 Baht bekommt, zahlt man für etwa 10 cm lange Langusten mindestens 40 Baht pro Stück und für einen mittelgroßen Hummer mindestens 800 Baht. Wer Fisch und Seafood mag, wird in Thailand bestimmt auf seine Kosten kommen.

Gewürze

Thais würzen ihre Speisen nach der Zubereitung selbst nach, und zwar aus den Plastikbehältern, die auf dem Tisch stehen und Zucker, zerstoßene, getrocknete, rote Chilis, Chilis in Essig und manchmal zerstoßene Erdnüsse enthalten. Frisch serviert wird **prik nam plah** – eine salzige Fischsoße mit Knoblauch, Limonensaft, Palmzucker, Sojasoße und vielen klein geschnittenen grünen oder roten Chilis. Übrigens: je kleiner die Chilis, desto schärfer sind sie.

Snacks

An Straßenständen werden viele leckere Zwischenmahlzeiten gebraten, gekocht oder gegrillt, z. B. gefüllte süße oder salzige Kuchen, **gluei tord** (gebratene Bananen) oder **kanom dschiäb** (ausgebackene Teigtaschen mit Fleisch- oder Krabbenfüllung). Nach dem Preis sollte man allerdings vorher fragen. Jede Region hat ihre eigenen Snacks. Eine Spezialität, die ursprünglich aus dem Nordosten stammt, ist **som tam** – ein scharfer Salat aus unreifen, grob geriebenen Papayas und getrockneten Shrimps.

Reis

Das Grundnahrungsmittel aller Thais, der Reis, wird in unterschiedlichen Formen serviert:

kao plao gekochter, körniger Reis (Englisch: *plain rice)* kommt als Beilage zu den meisten Gerichten

kao nieo Klebreis (Englisch: *sticky rice)* ist vor allem im Norden auf dem Land verbreitet und wird auch zu *som tam* oder im Süden als Dessert, z. B. zu frischen Mangoscheiben, gegessen.

Preiswert ist das Standardgericht vieler Traveller:

kao phat gebratener Reis (gesprochen *kao padd*, auf Englisch *fried rice*)

Es gibt Traveller, die während ihres Aufenthaltes in Thailand nichts anderes essen – und damit viel verpassen. Dieses Gericht gibt es in den verschiedensten Ausführungen, z. B. als **kao phat gung** (mit Krabben), als **kao phat gai** (mit Huhn) oder als *American Fried Rice* (mit gebratenem Ei). In einfacher Form wird z. B. **kao muh daeng** – mit kleinen Streifen Schweinefleisch, Zwiebeln und etwas Ei – gebraten.

Als Beilagen werden Gurken und die sauer-scharfe Sauce mit Chilis, **prik nam plah**, serviert.

In vielen Touristen-Restaurants ist diese nur auf speziellen Wunsch zu erhalten – stattdessen steht Ketchup auf dem Tisch.

Nudeln

gueh tiao (gespr. *göi tiao*) – weiße, ganz dünne oder breite Reisnudeln, werden hauptsächlich in die leckeren, süßsauren Suppen gegeben, die mittags an vielen Essenständen zubereitet werden.

bah mie gelbliche Weizenmehl-Nudeln, gibt es in verschiedensten Varianten.

phat thai (gespr. *padd tai*), ein sehr beliebtes, leckeres Gericht aus gebratenen Reisnudeln mit Tofu, Gemüse, Ei und Erdnüssen.

khanom chin auf einem Esstisch an Straßenständen stehen verschiedene Beilagen wie Trockenfischchen, Gurken, Pickles, rohe und eingelegte Sojasprossen, von denen sich die Gäste nach Belieben bedienen, um die Nudeln auf ihrem Teller zu garnieren. Nur ein gekochtes Ei *(khai)* als Beilage ist extra zu bezahlen. Besonders im Süden sehr beliebt.

Eier

Sie heißen *khai* (nicht zu verwechseln mit dem Eier legenden Huhn = *gai*).

khai tord gebratene Eier

khai luak weich gekochte Eier

khai tom hart gekochte Eier, die sich am Ende kaum voneinander unterscheiden, da es sich hierbei um eine typisch europäische Zubereitungsart handelt.

khai yad sai schmackhaftes Omelett mit Fleisch- oder Gemüsefüllung

Fleisch oder Fisch

Sie gehören neben Gemüse zu jeder kompletten Mahlzeit, sodass es Vegetarier, die keinen Fisch essen, schwer haben:

gai Hühnerfleisch

nüa Rindfleisch

gung Garnele, Krabben

ped Entenfleisch

gung tale Hummer

plah Fisch

muh Schweinefleisch

puh Krebse

Thai-Currys

Es gibt sie in verschiedenen Schärfegraden:

gäng garih ein mildes, indisches Curry.

gäng masaman die einheimische Variante mit Knoblauch, Ingwer, Zitronengras, Koriander, Kardamom, Muskatnuss, Muskatblüte, Zimt, Nelken, Tamarinde, Limonen, Zucker, Kokosmilch, Kartoffeln und Chilis.

gäng pät sehr scharfes Curry *(gaeng phet gai* = Hühnchencurry; *gaeng ped* ist hingegen ein mildes Entengericht).

gäng khiau wahn extrem scharf, ein grünes Curry, das zusätzlich Shrimp-Paste *(blachan)* und viele Chilis enthält.

Suppen

kao tom Reissuppe mit Fleischeinlage, die zum Frühstück gegessen wird, z. B. mit Hühnchen = kao tom gai.

tom yam besonders würzig, Thai-Suppe mit Zitronengras, Zitronenblättern, Chilis, Tamarinde und anderen Zutaten sauer-scharf gewürzt. Beliebt als *tom yam gai* (mit Hühnchen) oder *tom yam gung* (mit Krabben).

Salate

Aus gesundheitlichen Erwägungen sind Blattsalate in Thailand leider nicht zu empfehlen. Wir können allerdings auf eine unserer Lieblingsspeisen, **yam nüa** – Rindfleisch-Salat – nicht verzichten. Dieses kalte Gericht aus eingelegtem Rindfleisch, verschiedenen Salaten, Korianderblättern, Minze, Knoblauch, Chilis und einer sauren Sauce ist so scharf, dass hoffentlich keine Bakterien darin überleben.

Kleines Wörterbuch

Restaurant	*rahn ahahn*	ร้านอาหาร
essen	*gin / tahn*	กิน / ทาน
trinken	*dühm*	ดื่ม
essen gehen	*pai tahn ahahn*	ไปทานอาหาร
hungrig	*hiju*	หิว
durstig sein	*hiju nam*	หิวน
Das Essen schmeckt gut!	*ahahn a-roi*	อาหารอร่อย
Dasselbe noch einmal!	*ao ik*	เอาอีก
Ich mag ...	*pom / tschan tschoob*	ผม/ฉันชอบ
Die Rechnung, bitte!	*tschek bin khrap*	เช็คบิล
heiß	*rohn*	ร้อน
kalt	*jen*	เย็น
süß	*wahn*	หวาน
süß-sauer	*prio-wahn*	เปรี้ยวหวาน
scharf	*pät*	เผ็ด
gebraten	*tord*	ทอด
gekocht	*tom*	ต้ม
gegrillt	*yang*	ย่าง
getoastet	*ping*	ป%ง
Fisch	*plah*	ปลา
Fischküchlein	*tord man plah*	ทอดมันปลา
Garnele, Krabben	*gung*	กุ้ง
Hummer	*gung gam gram*	กุ้งก้ามกราม
Krebse	*puh*	ปู
Tintenfisch	*plahmük*	ปลาหมึก
Schweinefleisch	*muh*	หมู
Rindfleisch	*nüa*	เนื้อ
Hühnerfleisch	*gai*	ไก่
Entenfleisch	*ped*	เป็ด
Gemüse	*phak*	ผัก
gelbe Nudeln	*bah mie*	บะหมี่
weiße Nudeln	*göi tiao*	ก๋วยเต%ยว
Reis	*kao*	ข้าว
weißer Reis	*kao plao*	ข้าวเปล่า
gebratener Reis	*kao phat*	ข้าวผัด
Ei	*khai*	ไข่
Omelett	*khai dschiao*	ไข่เจียว
Wasser	*nam*	น
Tee	*tschah*	ชา
Kaffee	*gafä*	กาแฟ
Alkohol, Brandy	*lao*	เหล้า
vegetarisch	*mangsawirat*	มัง สาวิรัต
vegetarisches Restaurant	*rahn ahahn mangsawirat*	ร้านอาหารมัง สาวิรัต
vegetarische Kost	*ahahn jä*	อาหารเจ
kein Seafood	*mai gin ahahn thale*	ไม่กินอาหารทะเล
kein Fleisch	*mai sai nua*	ไม่ใส่เนื้อ
Pfannengemüse	*phat phak*	ผัดผัก
Verwenden Sie kein Glutamat!	*mai sai phong churot*	ไม่ใส่ผง ชูรส

Vegetarisch

Vegetarier haben es nicht einfach, denn die meisten Thais essen zu jedem Gericht etwas Fleisch oder Seafood. Nur an buddhistischen Feiertagen verzichten manche auf ihre geliebten Proteine. Trotzdem gibt es eine wachsende Zahl vegetarischer Restaurants *(rahn ahahn mangsawirat),* die sehr preisgünstig sind (10–20 Baht je Gericht).

Sie haben aber meistens nur bis Mittag geöffnet. Neuere vegetarische Restaurants, die sich den Wünschen der Traveller angepasst haben, verlangen auch weit höhere Preise. Überall wo Wok-Gerichte angeboten werden, kann man sich problemlos eine reine Gemüsepfanne, **phat pak**, zubereiten lassen.

Europäische und andere Gerichte

In Touristenzentren und Großstädten findet, wer sich nicht dauerhaft mit der Thai-Küche anfreunden kann, eine breite Auswahl bekannter Gerichte – von Hamburger und Pizza in Filialen internationaler Fastfood-Ketten bis zum Steak und Eisbein wie bei Muttern. Allerdings werden auch europäische Preise verlangt, denn viele Zutaten, wie Käse oder Wein, müssen importiert werden, was die Kosten erheblich in die Höhe treibt.

Getränke

Wasser und Säfte

Nam Wasser, sollte nicht aus der Leitung getrunken werden.

nam dühm Trinkwasser in recyclebaren Plastikflaschen oder in Behältern in öffentlichen Gebäuden. Beim Kauf sollte man unbedingt auf einen versiegelten Verschluss achten. Vor allem bei Kleinanbietern kann das Wasser dennoch bakterienverseucht sein. Wem dieses Wasser zu wenig Mineralstoffe enthält, kann Elektrolytpulver darin auflösen (Champa für 6 Baht).

nam räh Mineralwasser

nam yen kaltes Wasser

nam manau Zitronen- oder Limonensaft, manchmal auch Limonade

nam som Orangensaft, ebenso wie Zitronensaft, wird oft mit Salz gewürzt, was zwar dem Körper gut tut, doch vielen europäischen Gaumen nicht schmeckt. Wer die Säfte pur möchte, bestellt: *mai glüa* – ohne Salz.

nam käng Eis zum Kühlen von Getränken. Die zerschlagenen Eisbrocken sind nicht immer hygienisch einwandfrei, bedenkenlos sind die glatten Eiszylinder.

Tee

Tschah der überall im Orient verstandene Name für Tee. Er ist in Thailand jedoch fast nur in Touristenzentren erhältlich als:

tschah ron heißer, schwarzer Tee, mit Milch und Zucker serviert.

tschah dam Tee nur mit Zucker, ohne Milch

tschah dam yen kalter Tee mit Zucker

tschah manau Tee mit Zitrone (*manau* = Zitrone).

nam tschah sehr dünner Tee, der in chinesischen Lokalen überall kostenlos bereitsteht.

Kaffee

Gafä Kaffee ist das am weitesten verbreitete Getränk, mit süßer Kondensmilch und Pulverkaffee angerührt, keine Ähnlichkeit mit unserem Kaffee.

gafä dam ron Kaffee ohne Milch

gafä yen Kaffee mit Eis, gibt es überall

oh liang der schwarze, süße Eiskaffee, erfrischend.

Weitere alkoholfreie Getränke

An kalten, alkoholfreien Getränken wird eine große Auswahl angeboten. Am beliebtesten und mit ca. 7–10 Baht recht billig sind die internationalen **Softdrinks** (an Stränden häufig 10–15 Baht). Zum Mitnehmen werden sie leider in Plastiktüten umgefüllt. Daneben gibt es Sodawasser und

nam maprao die klare Kokosmilch junger, grüner oder orangefarbener Kokosnüsse, die am besten gekühlt schmeckt und sehr erfrischt. Nicht bekömmlich ist dagegen das Wasser der reifen, braunen Kokosnuss

Vitamilk eine süße Sojabohnen-Milch

nohm sot H-Milch, die häufig gesüßt oder mit Aromastoffen (z. B. Erdbeergeschmack) angereichert ist, in 0,2-l Päckchen abgepackt.

Bier und Whisky

Singha-Bier (*bia*) gibt es überall in Flaschen, es ist ein Lagerbier mit 6 Vol-% Alkohol, jedoch verhältnismäßig teuer. Den Markt erobert hat das preiswerte **Chang**, ein Lagerbier mit 6,4 % Alkoholgehalt. Seltener erhält man die neueren **Ice**-Biere. Bei Ausländern beliebt ist **Carlsberg**, das auch vom Fass gezapft wird, sowie **Heineken** und **Kloster**. Zunehmend drängen weitere Marken auf den Markt, wie **Leo Beer**, **Amstel**, **Phuket Lager** oder **Erdinger**.

Die lokale Alkoholdroge Nr. 1 ist **Mekhong**, der Thai-Whisky, der zu allen Gelegenheiten aufgetischt wird und wie akzeptabler Weinbrand schmeckt. Die Thais fordern gerne andere Gäste zum Mittrinken auf. Wir empfehlen, ihn lieber mit Wasser oder Cola zu verdünnen.

Früchte

Wie alle tropischen Länder hat Thailand ein gewaltiges, preiswertes Angebot an uns fremden tropischen Früchten. Auf jeden Fall probieren sollte man:

A-ngun – Weintrauben, die auch in den Tropen, v. a. in den Provinzen westlich von Bangkok wachsen, werden von April bis September angeboten.

Äppen – unser Apfel wird das ganze Jahr über importiert: 7–14 Baht pro Stück.

Chom-phu – der Rosenapfel, eine glockenförmige, säuerliche Frucht mit grünlicher bis roter Schale ist nur kurzzeitig von April bis Juni zu bekommen.

Durian – die Zibetfrucht, auch Stachelfrucht genannt, gilt als Königin der Früchte. Diese grüne, stachlige Frucht ist auch für Uneingeweihte nicht zu verwechseln, da sie penetrant riecht. Am besten lässt man sich von einem Kenner eine Frucht aussuchen. Auch während der Saison von April bis August sind Durian teuer. Beim Bauern kostet eine kleine etwa 20 Baht.

Farang – Guaven, die „Fremden", die ursprünglich aus Spanien kamen, erfreuen sich großer Beliebtheit. Die grüne, apfelähnliche Frucht kann reif als Obst oder grün mit Salz und Zucker gegessen werden.

Gluei – Bananen gibt es das ganze Jahr über auf den Märkten in 20 verschiedenen Größen und Geschmacksrichtungen. Auf Straßen und Busbahnhöfen werden gebackene Bananen verkauft.

Kanun – Jackbaumfrucht, riesige, grünlichgelbe Früchte mit runden Stacheln, die 30–90 cm lang und 25–50 cm breit werden. Die festen, gelben, herausgelösten Fruchtsegmente werden portionsweise auf den Straßenmärkten verkauft. Saison ist von Januar bis Mai.

Lakmut (Sawo) – der Breiapfel, eine ovale, kartoffelfarbige Frucht, die ähnlich wie Birne schmeckt, wird von Februar bis April angeboten.

Lamut – Sapodilla, kleine, ovale Frucht, süßsaurer Geschmack, von Juli bis September.

Lamyai – Longan (besonders gut in Chiang Mai), eine dünne, feste, bräun-liche Schale umgibt das weiße, leicht säuer-lich-saftige Fruchtfleisch. Die kleinen, runden Früchte werden ebenfalls büschelweise verkauft. Saison ist von Juni bis August.

Langsat – Lansat, die murmelgroßen, süß-säuerlichen Früchte mit hellbrauner Schale und bitterem Kern werden büschelweise von Mai bis Juli verkauft.

Linchi – Litschipflaumen (Lychee) sind vor allem bei Chinesen als Desserts aus der Konserve beliebt. Frisch gibt es sie von April bis Juni.

Makham wan – süße Tamarinde des Nordostens, von Dezember bis Februar.

Malakor – Papaya, die 7–60 cm langen, grünen bis orange-roten Früchte enthalten viel Vitamin A und Calcium. Sie schmecken besonders gut mit frischen Limonen zum Frühstück. Zudem sind sie – zusammen mit Bananen, Ananas und Wassermelonen – ein wesentlicher Bestandteil des Obstsalates. Grüne Papaya, in dünne Streifen geschnitten und mit Chilis, getrockneten Krabben und Knoblauch gemischt, wird als *som tam* vor allem im Nordosten gegessen. Sie reifen das ganze Jahr über.

Mamuang – Mango, länglich-ovale Früchte. In unreifem Zustand sehen sie grün aus, man isst das säuerliche, feste Fruchtfleisch als Gemüse mit einer scharfen Sauce. Reif sehen sie rötlich-gelb aus, das Fruchtfleisch ist gelb, saftig und süß. Saison von März bis Juni.

Mangkut – Mangostanenfrucht, die 6–7 cm großen, violett-roten Früchte mit weicher, dicker Schale enthalten 5–8 weiße, leicht säuerliche Frucht-Segmente (Vorsicht – sie färben stark). Von Mai bis Oktober werden sie im Süden des Landes geerntet.

Maprao – Kokosnüsse, das ganze Jahr über.

Ngoh – Rambutan, auch Zwilligspflaume genannt, etwa 5 cm große, runde, rote Früchte, deren haariges Aussehen ihnen den Namen gegeben hat. Unter der weichen Schale liegt das weiße Fruchtfleisch um einen großen Kern. Sie werden büschelweise verkauft und sind oft von Ameisen bevölkert. Saison von März bis September.

Noina – Netzanone, gibt es von Juni bis Sep.

Phutsa – Jujube, die kleine, runde Frucht aus dem Osten des Landes findet man von August bis Februar auf den Märkten. Sie ist süß und wird normalerweise ungeschält gegessen.

Sapparot – Ananas, gibt es von April bis Juli und im Dezember/Januar für wenige Baht geschält auf der Straße. Die Gegend um Hua Hin in Süd-Thailand mit seinen sandigen Böden ist eines der größten Ananas-Anbaugebiete.

Som-tra – Süßorange, eine Mischung zwischen den uns bekannten Orangen und Mandarinen, schlecht zu schälen, aber gut für Säfte. Es gibt sie das ganze Jahr über, v. a. zwischen September und November, der Kilopreis richtet sich nach der Größe.

Som-o – Pomelos, riesige Grapefruits, deren Fruchtfleisch etwas trocken und manchmal recht sauer ist. Es gibt sie vor allem von August bis November.

Strawberry – Erdbeeren, aus dem Norden von Dezember bis März.

Taeng-mo – Wassermelone, sollte nur frisch aufgeschnitten verzehrt werden, da die Schnittflächen in kürzester Zeit hochgradig von Bakterien verseucht werden.

Feste und Feiertage

Viele Feste in Thailand sind buddhistischen Ursprungs und richten sich nach dem religiösen Kalender. Da sich diese Zeitrechnung am Mondzyklus orientiert, schwankt der exakte Termin der Feiertage innerhalb von 29 Tagen. Das Jahr 2007 ist das Jahr 2550 nach Buddha, 2008 = 2551 und 2009 = 2552.

Für staatliche Feste gilt der westliche Kalender. Fällt ein gesetzlicher Feiertag auf ein Wochenende, wird am darauf folgenden Montag ein *Bank Holiday* gefeiert. Die Büros von Privatfirmen sind meist geschlossen und Behörden spärlich besetzt. Dadurch gibt es in Thailand etwa ein Dutzend lange Wochenenden pro Jahr. Die angegebenen Termine können sich um 1 bis 2 Tage verschieben. Eine schöne Website zu Thailands Festen: 💻 www.asien-feste.de.

Islamische Feiertage werden vor allem in den drei Südprovinzen, aber auch in anderen Provinzen des Südens mit einer hohen muslimischen Minderheit begangen.

Nationale Fest- und Feiertage

Januar

1.1.: Langes Wochenende, das zumeist auf die folgende Woche ausgedehnt wird, wo viele Geschäfte geschlossen bleiben.

Die Vollmondtage

(Sie können um einen Tag abweichen)

2007:	26.10.	24.11.	24.12.
2008:	22.1.	21.2.	21.3.
	20.4.	20.5.	18.6.
	18.7.	16.8.	15.9.
	14.10.	13.11.	12.12.
2009:	11.1.	9.2.	11.3.
	9.4.	9.5.	7.6.
	7.7.	6.8.	4.9.
	4.10.	2.11.	2.12.

Neumondtag zwischen 21.1. und 19.2. – Chinesisches Neujahr (7.2.2008, 26.1.2009): Das chinesische Neujahrsfest findet im Familienkreis statt. Das Fest beginnt am ersten Tag des zunehmenden Mondes im zweiten Mondmonat nach der Wintersonnenwende, dauert drei Tage und wird zu mehrtägigen Familienausflügen genutzt.

März / April

Vollmondtag im März – Makha Bucha (21.3.2008, 11.3.2009): Es finden Lichterprozessionen um die Tempel statt, die an Buddhas Predigt vor 1250 Zuhörern erinnern. Mit Blumen und Kerzen in gefalteten Händen umrunden die Gläubigen dreimal das Gebäude, im Tempel predigen Mönche die Lehre Buddhas. Große Feierlichkeiten im Marmortempel von Bangkok.

6.4. – Chakri-Tag: Inthronisation des ersten Chakri-Königs und Begründers der Königsstadt Bangkok, Feier im Wat Phra Keo.

13.–15.4. – Thai-Neujahr: Es ist besser bekannt unter dem Namen *songkran*. Wenn das ganze Land über die Hitze klagt und auf den einsetzenden Monsun wartet, beginnt für die Bauern auf dem Land das Erntejahr. Schon einige Tage vor Songkran bespritzen sich die Menschen auf den Straßen mit Wasser. Eine angenehme Erfrischung, sofern man darauf vorbereitet ist und sich nicht in Bangkok befindet, wo man ab und an mit einer Dusche Klong-Wasser rechnen muss. Zu Hause badet man die Buddha-Figuren, hält Hausputz und erweist den älteren Familienmitgliedern durch eine zeremonielle Handwaschung und kleine Geschenke seine Hochachtung. Alles pilgert nach Chiang Mai, wo das Fest vom 13. bis 15. April mit Veranstaltungen besonders prunkvoll und pudelnass begangen wird. Etwa eine Woche nach Songkran feiern die Mon in Phra Pra Daeng, südlich von Bangkok, das Fest (s. S. 269). Es finden Umzüge statt mit der Wahl einer Schönheitskönigin und mit jungen Mädchen, die Fische in Behältern zum Fluss tragen, um ihnen dort die Freiheit zurückzugeben.

Ein besonders langes Wochenende wird vom 6.–17.4. gefeiert.

Mai

1.5. – Tag der Arbeit: Nur Banken sind an diesem Tag geschlossen.

Das chinesische Neujahrsfest

Schon Tage vor dem Neujahrsfest scheint sich das ganze Land in einem Kaufrausch zu befinden. Eine Woche vor Beginn des neuen Jahres werden die Wohnungen geputzt, denn der Küchengott wird im Himmel über jede Familie berichten.

Ein besonders süßer, klebriger Kuchen aus Melasse wird gekocht, damit dem Gott nur Süßes über die Lippen kommt. Andere meinen, dass ihm durch die Kuchen der Mund so verklebt wird, dass er nichts mehr sagen kann.

Am Abend des letzten Tages des alten Jahres versammelt sich die Großfamilie zu einem Festessen. Den Kindern werden kleine, rote Umschläge mit Geldbeträgen überreicht. Bei der Größe einer durchschnittlichen chinesischen Familie können die Neujahrsfeierlichkeiten teuer werden, sodass das 13., 14. oder gar 15. Monatsgehalt, das zu diesem Zeitpunkt ausgezahlt wird, gelegen kommt. Um die Zeit des chinesischen Neujahrsfestes begrüßen auch verschiedene Bergstämme in Nord-Thailand das neue Jahr mit Tänzen, Musik und anderen Vergnügungen.

5.5. – Krönungstag: Der jetzige König Rama IX. wurde am 5.5.1950 zum König gekrönt, obwohl er bereits 1946 die Regentschaft übernommen hatte. Langes Wochenende.

Vollmondtag im Mai – Visakha Bucha (20.5.2008, 9.5.2009): Heiligstes buddhistisches Fest. Am Abend oder Vorabend finden zur Feier der Geburt, der Erleuchtung Buddhas und seines endgültigen Eintretens ins Nirvana in allen Tempeln Lichterprozessionen um den Bot statt. Zentrale Feiern im Wat Phra Keo.

Mitte Mai – Die Königliche Zeremonie des Pflügens: Ein Stellvertreter des Königs, heute meist der Landwirtschaftsminister, führt eine symbolische Aussaat auf dem Sanam Luang aus, zu der viele Bauern aus dem ganzen Land anreisen. Für sie ist es das Zeichen, mit der Feldarbeit zu beginnen. Ein Reiskorn von der Zeremonie, das der eigenen Saat untergemischt wird, soll eine gute Ernte gewährleisten.

Juli / August

Vollmondtag im Juli – Asanha Bucha, Khao Phansa (18./19.7.2008, 7./8.7.2009): Fest im Juli, das an die erste Predigt Buddhas in der Öffentlichkeit erinnert. Prozessionen mit Blumen und Kerzen um den Bot. Die Fastenzeit Khao Phansa beginnt am Tag nach Asanha Bucha und dauert drei Monate bis zum Ende der Regenzeit. Während dieser Zeit dürfen die Mönche das Kloster nachts nicht verlassen und unterliegen strengeren Regeln. Im Allgemeinen ist dieses die Zeit, während der junge Männer ins Kloster gehen. Entsprechend finden zu Beginn des Fastenmonats überall Ordinationsfeierlichkeiten statt.

12.8. – Geburtstag der Königin: Königin Sirikit ist seit 1950 First Lady in Thailand. Der Tag wird als Thai-Muttertag begangen. Langes Wochenende.

Oktober

Thot Kathin, Ok Phansa (13./14.10.2008, 3./4.10. 2009): Nach dem Ende der Fastenzeit reisen während der folgenden Wochen die Menschen aus allen Landesteilen in ihren Heimat-Tempel, um den Mönchen neue Roben und Opfergaben zu überbringen.

23.10. – Chulalongkorn-Tag: Todestag von König Rama V. (Chulalongkorn). Er gilt als der Herrscher, der das Land westlichen Einflüssen öffnete. Langes Wochenende.

November / Dezember

Vollmondtag im November – Loy Krathong (24.11. 2007, 13.11.2008, 2.11.2009): Im November, am Ende der Regenzeit, wird das große Lichterfest gefeiert. Kleine Boote, traditionell aus Bananenstrünken gefertigt und mit brennenden Kerzen, Räucherstäbchen und Blumen geschmückt, treiben auf den Flüssen, Seen und Klongs – eine Opfergabe an die Göttin des Wassers, *Mae Khingkhe*.

5.12. – Geburtstag des Königs: Nationalfeiertag. Paraden und Feiern in Bangkok und auf dem Land. Langes Wochenende.

10.12. – Verfassungstag: Langes Wochenende.

31.12. – Silvester: Langes Wochenende.

Regionale Feste und Festivals

Bei jedem Tempel in Thailand wird einmal im Jahr ein großes, **religiöses Fest** veranstaltet, das von den Einheimischen begangen wird. Einige davon haben wegen der Berühmtheit des Tempels überregionale Bedeutung erlangt. Tausende von Pilgern versammeln sich mehrere Tage lang, um gemeinsam zu feiern. Religiöse Zeremonien, farbenprächtige Prozessionen, Bootsrennen oder andere Veranstaltungen begleiten die Feierlichkeiten.

In jeder Provinzhauptstadt wird einmal im Jahr eine *fair* veranstaltet, eine Art **Volksfest** und Jahrmarkt, wo lokale handwerkliche oder landwirtschaftliche Erzeugnisse vorgestellt werden.

Weitere **Festivals** wurden erst in den letzten Jahren von der *Tourist Authority* ins Leben gerufen, um eine Region touristisch zu fördern. Für zwei oder drei Tage im Jahr überschwemmen vor allem einheimische Touristen ansonsten ruhige Provinzstädte. Die Termine der religiösen Feste variieren nach dem Mondkalender (s. S. 48), die anderen Feste und Festivals werden meist auf ein bestimmtes Wochenende in einem bestimmten Monat gelegt.

Die genauen Termine der Festtage sind in der Werbebroschüre *Major Events and Festivals* aufgelistet, die es in jedem *Tourist Office* gibt. Im Internet sind unter 💻 www.tatnews.org einige aktuelle Feste beschrieben. Informationen über die Feste von Chiang Mai und den umliegenden Provinzen stehen unter 💻 www.chiangmai-thai.com/calender.htm.

Fotografieren

Dass man die Kamera wie eine Waffe handhaben kann und sie auch wie eine solche empfunden werden kann, wissen wir nicht erst, seitdem der Tourismus die Dritte Welt entdeckt hat.

Gerade das Fotografieren von Menschen erfordert Respekt und Sensibilität. Oft genügt es schon, sich vorzustellen, wie das ist, eine Kamera auf sich gerichtet zu fühlen, noch dazu bei so privaten Tätigkeiten wie essen, schlafen, beten oder Feste feiern. Sich wegen eines guten Schnappschusses dazwischen zu drängen, ist mehr als grob und unhöflich. Die elementaren Regeln der Gastfreundschaft sollten auch hier eingehalten werden, sich diskret im Hintergrund zu halten, ist nur eine davon.

Mit Geld oder Geschenken Bilder zu erkaufen, ist eine entwürdigende Instrumentalisierung und wird auch so empfunden. Wenn man schon meint, unbedingt ganz nah herangehen zu müssen, so ist es das Mindeste, sein Gegenüber um Erlaubnis zu fragen. Und auch hier bewahrheitet sich die asiatische Regel, dass ein Lächeln und ein paar freundliche Worte die Situation enorm entspannen und viele Hindernisse aus dem Weg räumen.

Frauen

Wer in Nordafrika oder dem Vorderen Orient als Frau unterwegs war, mag vor der Anmache der Einheimischen Angst haben. Doch in Thailand sind die Frauen weder verschleiert noch müssen sie ihre Schultern bedeckt halten. Männer sind also an den Anblick weiblicher Haut gewöhnt. Die Frauen sind rechtlich gleichgestellt, wenn es auch im praktischen Leben einige Einschränkungen gibt. Das Nirvana bleibt Frauen unzugänglich. Frauen ist der Zutritt zu dem heiligen Bereich *(Bot)* einiger buddhistischer Tempelanlagen verboten oder begrenzt. Auch dürfen Frauen keine buddhistischen Mönche berühren.

Frauen werden in Thailand weitaus weniger belästigt als in vielen anderen Ländern, doch wer das kostenlose Übernachtungsangebot eines selbst ernannten Guides annimmt, spielt überall mit dem Feuer. Wer dagegen nachts bekleidet an einsamen Stränden spaziert oder durch unbelebte Stadtviertel schlendert, muss kaum etwas befürchten. Es empfiehlt sich, einen großen Bogen um Männergruppen zu machen, die betrunken oder in ausgelassener Stimmung sind. Wenn Frauen in Thailand angemacht werden, dann häufig von betrunkenen Männern.

Thais berühren gerne die Haut von Europäern und bewundern die helle Farbe oder zupfen an den Härchen. Das ist zwar keine direkte Anmache, man sollte aber wissen, dass sich einheimische Frauen solche Berührungen von fremden Männern nicht gefallen lassen würden.

Frauen, die sich „unfraulich" verhalten, z. B. rauchen und trinken, werden toleriert. Die jungen Thailänderinnen kämpfen um Selbstbestimmung und bewundern selbstbewusste, alleinreisende Touristinnen. Trotzdem trauen sich die meisten nicht, im Badeanzug oder gar Bikini am Strand zu baden. Verständnis für hüllenloses Sonnenbaden kann man auch von aufgeschlossenen Thais nicht erwarten. Ansonsten benehmen sich thailändische Frauen in Touristengegenden sehr europäisch. Traditionelles Handeln und Denken schwindet mehr und mehr.

Asiaten auf dem Land sind in ihren Ansichten oft viel konventioneller. Frauen, die nicht dem gängigen Bild von Ehefrau oder Mutter entsprechen, verunsichern thailändische Männer. Lockere Umgangsformen und allzu luftige Kleidung können einiges dazu beitragen.

Das Schönheitsideal der meisten Thai-Männer wird durch das zierliche Mädchen von Nord-Thailand bestimmt. Die große westliche Frau gilt nicht gerade als begehrenswert. Es gibt zwar einige Männer, die einsamen Westlerinnen ihre Liebesdienste anbieten, aber nur ganz wenige stehen wirklich auf Weiße. Weitaus unkomplizierter gestaltet sich der Kontakt zu männlichen Travellern. Um sich gegen lästige Typen aus dem eigenen Kulturkreis zu wehren, hat jede Touristin ihre eigenen Tricks auf Lager. Wer sich bereits in heimischen Gefilden alleine unsicher fühlt, tut sich am besten mit einer Freundin zusammen, mit der frau auch das Zimmer teilen kann. Wird man gegen seinen Willen von Fremden angemacht, genügt meist ein: *Hau ab!, Piss off!* oder auf Thai: *Bai! Bai!*

Touristinnen, die Einheimische kennen lernen möchten, haben sicher bei Frauen mehr Glück. Da in Thailand die meisten Frauen berufstätig sind und eine aktive Rolle in der Gesellschaft spielen, fällt es nicht schwer, trotz Sprachbarriere Bekanntschaften zu schließen. Hier ist das leichte gegenseitige Berühren, vor allem am Arm, durchaus üblich.

Es besteht also keinerlei Grund, sich als Frau davon abhalten zu lassen, Thailand ohne männlichen Begleitschutz zu entdecken. Viele Frauen, die allein unterwegs waren, können bestätigen, dass eine derartige Reise sehr intensiv ist und viel Spaß macht.

Geld

Bargeld

Bargeld birgt das größte Risiko, da bei Diebstahl alles weg ist. Doch mit ein paar Dollar kann man z. B. schnell ein Taxi bezahlen. Neben US$ werden zunehmend Euro-Scheine akzeptiert. 100-Dollar-Noten werden wegen zahlreicher im Umlauf befindlicher Fälschungen häufig nicht akzeptiert, Gleiches gilt für beschädigte Scheine. Bargeld immer in Plastiktüten packen, vor allem wenn sie am Körper getragen werden, um Verfärbungen durch die Einwirkung von Feuchtigkeit zu vermeiden.

Reiseschecks

Sicherheit bieten Reiseschecks (Travellers Cheques), die gegen 1 % Provision bei jeder Bank erhältlich sind. **Euro-Reiseschecks** werden überall in Thailand gewechselt. Wer nach Laos weiterreist, sollte Reiseschecks nur in US$ mitnehmen. Manche Banken wechseln nicht mehr als 300 € bzw. 500 €. Da die Gebühr beim Einlösen pro Scheck berechnet wird, sollte man lieber weniger Schecks mit einem höheren Wert mitnehmen. In Thailand ist der Wechselkurs für Schecks günstiger als für Bargeld. Es wird allerdings eine Provision von 23 Baht pro Scheck verlangt.

Bei Verlust oder Diebstahl werden sie im nächsten Vertragsbüro ersetzt. Wichtig ist, dass für den Nachweis die Kaufabrechnung an einer anderen Stelle aufbewahrt wird als die eigentlichen Schecks. Außerdem hilft eine Aufstellung aller bisher bereits eingelösten Schecks, denn diese werden nicht ersetzt. Unsere Leser hatten wiederholt Schwierigkeiten, gestohlene AMEXCO-Reiseschecks in Thailand ersetzt zu bekommen.

Seit Anfang 2007 erhält man beim Wechseln von Bargeld und beim Einlösen von Reiseschecks einen günstigeren Kurs als beim Abheben von Bargeld mit Kreditkarte oder Maestrokarte (früher EC-Karte).

Bankkarten

Mit der Bankkarte und Geheimzahl kann man an fast allen Geldautomaten mit *Maestro-* bzw. *Cirrus-*Symbol in Thailand Bargeld abheben. Umgerechnet wird zum Briefkurs, die Gebühr beträgt zumeist pro Transaktion 4,50 €, ist bei einigen Banken aber kostenlos. Der Maximalbetrag beläuft sich auf 20 000 Baht, gut 400 €. Bei einigen Automaten ist er aus technischen Gründen geringer. Laut Angaben von Maestro Card gibt es in Thailand über 10 000 Geldautomaten und etwa die gleiche Zahl von elektronischen Kassen, die die Karte akzeptieren.

Kreditkarten

Mit Kreditkarten wie *American Express, Visa, MasterCard* oder *Diner's Card* kann man im oberen Preisniveau bargeldlos bezahlen und Bargeld abheben (Inhaber der Postsparkarte mit Visa-Plus-Funktion bis zu viermal im Jahr gebühren-

Kreditkarten

Die Kreditkarte darf beim Bezahlen nicht aus den Augen gelassen werden, damit kein zweiter Kaufbeleg erstellt werden kann, auf dem später die Unterschrift gefälscht wird! Sie darf auch niemals in einem Safe, der auch anderen zugänglich ist, verwahrt werden.

Schon viele Reisende mussten zu Hause den Kontoauszügen entnehmen, dass während ihrer Abwesenheit hemmungslos „eingekauft" worden war.

Professionell werden weltweit, in Thailand v. a. in Phuket, mit Hightech-Geräten Telefonleitungen angezapft, über die Daten bzgl. einer Transaktion mit Kreditkarten ausgetauscht werden. Die Ganoven entschlüsseln die Daten, erstellen Duplikate der Kreditkarten und versuchen irgendwann und irgendwo, damit hochpreisige Waren zu kaufen. Die Kreditkartenorganisationen verweigern verdächtige Käufe und sperren die Kreditkarte. Auf Nachfrage erhält man problemlos eine neue.

frei). In Thailand sind Auszahlungs- und Akzeptanzstellen sowie Geldautomaten (ATM) weit verbreitet.

Geschäfte verlangen entgegen den Vertragsvereinbarungen oft die Verkäufergebühr (3–5 %) vom Kunden. In diesem Fall sollte man sich diesen Betrag auf der Rechnung extra ausweisen lassen und ihn beim Kreditkartenunternehmen zurückfordern.

Es ist ratsam, eine bestimmte Summe als Guthaben auf dem Kreditkarten-Konto zu deponieren, damit man nicht auf den vorgegebenen Kreditrahmen angewiesen ist, denn sobald dieser überzogen ist, wird die Karte gesperrt. Auf vielen Kreditkarten-Konten werden sogar Zinsen gezahlt.

Verlust oder Diebstahl sind sofort zu melden, um gegen den Missbrauch der Karte abgesichert zu sein. Bei Mietwagen oder Flügen, die mit der Karte bezahlt werden, ist in der Regel automatisch eine Unfallversicherung inklusive, bei einigen Karten außerdem eine Mietwagen-Vollkaskoversicherung.

Informationen und Notrufnummern:
American Express: ✆ +49-69/97971000 (auch bei Verlust für Ersatzkarten zuständig), 💻 www.americanexpress.com/germany.
Maestro Card: ✆ +49-69/740987, 💻 www.maestrocard.com.
MasterCard: ✆ +49-69/79331910, Karte sperren: ✆ 001-3142756690 (international gebührenfrei), 💻 www.mastercard.com/de/.
Thomas Cook: Für den Verlust von Schecks s. S. 189, Bangkok.
Visa: Karte sperren: 001-4105813836 (international gebührenfreies R-Gespräch), 💻 www.visa.de.
Western Union, ✆ +49-180/3030330, 💻 www.westernunion.com.
Wird in Deutschland von allen Zweigstellen der Postbank angeboten.

Währung

Währungseinheit in Thailand ist der **Baht** mit 100 **Satang**. In Umlauf sind Banknoten in Höhe von 1000, 500, 100, 50 (neu mit durchsichtigem Fenster) und 20 Baht sowie Münzen zu 10 (innen golden, außen silbrig), 5, 2 (sehr selten) und 1 Baht. Nur auf der Post werden gelegentlich 50 und 25 Satang herausgegeben und angenommen. Angekündigt wurde die Ausgabe von 10 000 Baht-Scheinen. Es gibt zudem verschiedene Sondermünzen und -scheine.

Wechselkurs

1 €	=	46,02 Baht	10 Baht	=	0,22 €
1 sFr	=	27,95 Baht	10 Baht	=	0,36 sFr
1 US$	=	34,39 Baht	10 Baht	=	0,29 US$

Aktuelle Wechselkurse unter
💻 www.oanda.com/convert/classic

Wechselkurs

Der Wechselkurs des Baht schwankt derzeit gemäß Angebot und Nachfrage zwischen 44 und 48 Baht/€.

Banken

Banken in **Thailand** sind an hohen Schildern mit den jeweiligen Symbolen zu erkennen. **Öffnungszeiten der Banken**: Mo–Fr (außer feiertags) 8.30–15.30 Uhr. In Bangkok und in den Touristenorten haben einige Schalter *(currency exchange service)* täglich von 8.30–22 Uhr geöffnet, sodass es hier keine Probleme gibt. Nachts wechseln im Notfall die *money changer* in den Hotels, meist zu schlechten Kursen.

Gepäck und Ausrüstung

Die folgende Liste dient uns als Hilfe beim Packen. Sie ist keineswegs vollständig und kann nach individuellen Bedürfnissen ergänzt werden.

Eine Fototasche sollte möglichst nicht schon von außen auf den wertvollen Inhalt schließen lassen, aus festem Material bestehen, gut ver-

Gepäck-Check

Kleidung

- Feste Schuhe (für Trekking-Touren reichen Turnschuhe meist aus)
- **Sandalen** (in die man leicht hinein und herausschlüpfen kann)
- **Gummi-*** oder **Trekkingsandalen** (unter Duschen Pilzgefahr!)
- **Hosen** bzw. **Röcke** aus Baumwolle, die nicht zu eng sitzen sollten.
- **Kurze Hosen** (bei Männern bis zum halben Oberschenkel, bei Frauen bis zum Knie)
- **Hemden*** oder **Blusen***
- **T-Shirts*** / **Polo-Shirt*** mit Ärmel (mit Kragen fürs Schnorcheln)
- **Jacke** (für die An- und Abreise, kühle Nächte in den Bergen und AC-Busse)
- **Pullover**
- **Unterwäsche** (aus Baumwolle)
- **Regenschirm** (keine Gummijacke wegen Wärmestau!)
- **Sonnenschutz**: Hut / Brille* (in unzerbrechlicher Box) / Sonnencreme
- **Socken** (für den Abend dichte, nicht allzu kurze Socken als Moskitoschutz)
- **Badekleidung**, für Frauen außerhalb der Touristenzentren einteiliger Badeanzug
- **Gummischuhe** (für Strände mit Seeigeln, Korallenschrott oder spitzen Steinen)

Hygiene und Pflege

- **Zahnbürste*, Zahnpasta*** in stabiler Tube, Zahnseide
- **Shampoo** / Haarpflegemittel
- **Nagelschere*** und Nagelfeile
- **Rasierer** (in abgelegenen Gebieten ist ein Nassrasierer zu bevorzugen)
- **Kosmetika** / Hautpflegemittel
- **Papiertaschentücher**
- **Feuchties** (zur Hygiene unterwegs und wo es kein Wasser gibt)
- **Tampons** (Nachschub in internationalen Hotels oder Supermärkten teuer)
- **Plastiktüten** (für schmutzige Wäsche und als Nässeschutz)
- **Nähzeug** (Zwirn / Nadeln / Sicherheitsnadeln)
- **Toilettenpapier*** (auf öffentlichen Toiletten oft nicht vorhanden)

Sonstiges

- **Adapter** (da manche Steckdosen Flachstecker nicht aufnehmen)
- **Taschenlampe***
- **Reisewecker** (oder Handy / Armbanduhr mit Wecker)
- **Taschenmesser** (z. B. Schweizer Messer)
- **Reiseapotheke** (s. S. 872)
- **Notizbuch*** / Stifte*
- **Reisepass** (evtl. Internationaler Studentenausweis und Personalausweis)
- **Impfpass** (oder als Kopie für den Notfall)
- **Führerschein**
- **Geld** (Bargeld / Reiseschecks / Kreditkarte)
- **Flugtickets**
- **Kopien der Dokumente** (nach der Einreise wegen Einreisestempel anfertigen)
- **Reiseführer, Landkarten**
- **Reiselektüre**
- **Kleine Geschenke** (Postkarten, Münzen, Fotos von Daheim, Murmeln oder Haargummis statt Bonbons für Kinder …)

Wer in einfachen Unterkünften wohnen wird, braucht zudem

- **Seife*** oder Waschlotion im bruchsicheren Behälter
- dünne **Handtücher***, die schnell trocknen* (in Hotels vorhanden)
- **Waschmittel** in der Tube
- **Plastikbürste*** (für Wäsche und Schuhe)
- **Kordel*** (als Wäscheleine oder zum Aufspannen des Moskitonetzes)
- **Klebeband*** (um zu packen und Löcher im Moskitonetz zu verschließen)
- **kleine Nägel*** oder Reißzwecken (zum Befestigen des Moskitonetzes)
- **Vorhängeschloss*** (und kleine Schlösser* fürs Gepäck)
- **Moskitonetz***
- **Schlafsack** (Leinenschlafsack, Bettbezug oder 2 dünne Tücher) In billigen Hotels gibt es keine Decken, und Laken werden nicht häufig gewechselt.

* Diese Gegenstände sind unterwegs preiswerter zu erwerben.

Zur Sicherheit

Alle **wichtigen Reisedokumente** zu Hause abfotografieren und an die eigene Web-Mail-Adresse schicken, evtl. auch Geheimzahlen, Telefonnummern, Reiseschecknummern, Medikamentennamen, Blutgruppe etc. So können diese im Notfall unterwegs abgerufen werden.

schließbar sein und Platz für weiteres Handgepäck haben.

Wertsachen, wie Geld, Pässe, Schecks und Tickets, lassen sich am besten nah am Körper in einem breiten Hüftgurt aus Baumwollstoff aufbewahren. Unter Hosen und locker fallenden Kleidern kann man ihn um die Hüfte gebunden unauffällig tragen. Alle Papiere – auch das Geld – werden zusätzlich durch eine Plastikhülle geschützt, denn Schweiß ist zerstörerisch, und unleserliche Bankbescheinigungen oder Flugtickets machen Ärger.

Fotos von allen Gepäckstücken im Handgepäck sind eine große Hilfe bei der Verlustmeldung, wenn bei einem Flug Gepäck verloren gegangen ist.

Gesundheit

Die gesundheitlichen Risiken sind in Thailand relativ gering. Wenn man auf die Gerichte fahrender Händler, die oft in den Slums zubereitet werden, verzichtet, ungeschältes Obst und rohe bzw. nicht ausreichend gekochte oder gebratene Speisen meidet und sich möglichst vor Mückenstichen schützt, braucht man keine Angst vor schweren Krankheiten zu haben. Ein Europäer, der in abgelegenen Grenzgebieten Hilfsprojekte betreut oder Feldforschung betreibt, sollte sich ausführlicher mit Tropenkrankheiten beschäftigen. Ein normaler Tourist, selbst ein Langzeit-Traveller, muss sich gesundheitlich auf eine Thailandreise kaum mehr vorbereiten als auf einen Europa-Urlaub.

Tipps für die Reiseapotheke und ausführliche reisemedizinische Informationen auf S. 867. Hier nur ein Überblick über die gesundheitlichen Probleme, mit denen Touristen noch am ehesten zu tun haben.

Unfälle

Die meisten Unfälle passieren ungeübten Touristen beim Motorradfahren. Hautabschürfungen, Prellungen und Brüche sind in Touristenzentren an der Tagesordnung.

Durchfallerkrankungen

Verdorbene Lebensmittel, nicht kontinuierlich gekühlte Meeresfrüchte, zu kurz gegartes Rindfleisch, ungeschältes oder schon länger aufgeschnittenes Obst, vor allem Melonen, Salate oder schlecht gekühlte Eiscreme sind oft die Verursa-

Der Wickelrock und das „gute Stück"

Das meistgetragene Kleidungsstück auf dem Land ist, neben Gummisandalen, der Wickelrock (Thai: *phasin,* malaiisch: *sarong).* Auch Touristen können ihn außer zum Baden an nicht abgeschirmten Waschplätzen als Rock im Haus oder am Strand tragen und sich damit zudecken. Als Bekleidung außerhalb der Strände ist er ungeeignet.

Während einer Reise wird man evtl. von Einheimischen eingeladen. Handelt es sich um eine Hochzeit oder ein anderes Familienfest, wird erwartet, dass Gäste sich dem Anlass entsprechend kleiden. Deshalb sollte auch ein gutes Stück im Gepäck sein, das längere Reisen unbeschadet übersteht. Bei chinesischen Festen (außer bei Begräbnissen) trägt man keine weiße, blaue oder schwarze Kleidung.

Bei der Auswahl der Kleidung empfiehlt sich eine Kombination aus lässig-bequemer und „ordentlicher" Kleidung. In Thailand beurteilt man die Menschen weit mehr als in Europa nach ihrem Äußeren. Ein schmuddeliges Outfit stößt unmerklich auf Ablehnung. Auch allzu weit ausgeschnittene und eng anliegende Kleidung wird v. a. bei Frauen als obszön angesehen. Wäsche wird fast überall innerhalb von 24 Std. für wenig Geld gewaschen und gebügelt. In vielen Traveller-Hotels gibt es zudem die Möglichkeit, selbst zu waschen.

Medizintourismus

Immer mehr Ausländer kommen nach Thailand, um sich untersuchen, nachbehandeln oder verschönern zu lassen. In den großen, internationalen Krankenhäusern Bangkoks, Chiang Mais oder Phukets gehört der medizinische Standard zur Weltklasse. Vorsorgeuntersuchungen werden nach eigener Erfahrung gründlicher und kostengünstiger durchgeführt. Die besten Resultate der Plastischen Chirurgie und Zahnmedizin sind bereits seit Jahrzehnten in Travestieshows zu bestaunen. Zudem stimmt das Preis-Leistungs-Verhältnis vor allem in Bereichen, die nicht von der heimischen Krankenkasse abgedeckt werden. Beispielsweise kostet eine Zahnreinigung maximal 1500 Baht und eine Porzellankrone etwa 10 000 Baht. Auch Angebote der traditionellen chinesischen und indischen Medizin wie Akupunktur und Ayurveda werden gern in Anspruch genommen. Beim TAT in Frankfurt ist ein umfangreicher Prospekt erhältlich, Adresse s. rechts.

cher von Diarrhöe. Am häufigsten holen sich Touristen einen Durchfall bei den sehr in Mode gekommenen Buffets.

Verstopfung

Kann durch eine große Portion geschälter Früchte, z. B. Ananas oder eine halbe Papaya (mit Kernen essen), behoben werden.

Erkältungen

Sie kommen in den Tropen häufiger vor, als man denkt. Schuld sind vor allem Ventilatoren und Klimaanlagen, die krasse Temperaturwechsel und zu viel Zugluft bescheren.

Hauterkrankungen

Durch starkes Schwitzen kann es zu Hitzebläschen kommen. Immer wieder müssen auch Hautinfektionen behandelt werden, die durch aufgekratzte Stiche, durch Barfußgehen oder durch zu engen Kontakt mit Korallen verursacht wurden. Wie überall kann es auch durch Unvorsichtigkeit zu Sonnenbrand kommen.

Pilzinfektionen

Ungepflegte Swimming Pools in den Tropen sind Brutstätten für Pilze aller Art. Frauen leiden im tropischen Klima häufiger unter Pilzinfektionen. Vor der Reise sollten sie sich entsprechende Medikamente verschreiben lassen.

Ohrenentzündungen

Bakterien in Pools können bei Empfindlichen zu Entzündungen der Ohren führen.

Tropenkrankheiten

Mit Malaria, Gelbsucht, Typhus / Paratyphus muss ein normaler Tourist in Thailand nicht rechnen und auch keine speziellen Vorkehrungen treffen. Denguefieber, eine durch die Aedes-aegypti-Mücke übertragene Viruskrankheit, kann überall epidemieartig auftreten, am ehesten während der Regenzeit. Sie verläuft meist harmlos wie eine Grippe. Wer Mückenstichen auch tagsüber vorbeugt, ist am besten geschützt. Eine Auflistung der wichtigsten Symptome dieser und anderer Krankheiten findet sich im Anhang auf S. 867.

Medikamente

Von allen regelmäßig benötigten Medikamenten sollte man einen ausreichenden Vorrat mitnehmen. In den Apotheken Thailands erhält man alle Medikamente wesentlich billiger und ohne Rezept. Wer in einem Krankenhaus oder einer Privatklinik behandelt wird, erhält die Medikamente dort passend abgezählt.

Medizinische Hilfe

Das Gesundheitswesen in Thailand ist gut entwickelt. Von allen Stellen in Thailand kommt man innerhalb von 2 Stunden in ein Krankenhaus oder ein Gesundheitszentrum, innerhalb von 4 Stunden in ein internationales Krankenhaus. Generell findet man in den Provinzhauptstädten Krankenhäuser, in vielen Dörfern Erste-Hilfe-Stationen oder Gesundheitszentren (Health Centers), wo natürlich nicht in drei 8-Stunden-Schichten gearbeitet wird. In den Gesundheitszentren sind oft nur Krankenschwestern tätig. Die Provinzkrankenhäuser sind sauber, gut ausgestattet und die Mitarbeiter hilfsbereit. Ist man ernsthaft erkrankt oder steht gar eine Operation an, ist es besser, in ein internationales Krankenhaus zu fahren. In allen Touristenorten sind sie in diesem Buch unter Medizinische Hilfe aufgeführt. Empfehlenswert sind die privaten Krankenhäuser, in denen der Patient die recht niedrigen Kosten allerdings selbst tragen muss.

Die Krankenbehandlung in staatlichen Krankenhäusern ist, bis auf eine geringe Aufnahmegebühr, frei. Die Medikamente müssen selbst bezahlt werden. In Touristenzentren finden sich viele private *clinics.* Es empfiehlt sich, bei ernsten Krankheiten ortsansässige Ausländer oder die Botschaft zu Rate zu ziehen.

Informationen

Die Fremdenverkehrsämter und diverse Websites können vor der Reise Informationen liefern. Wir bitten insbesondere darum, sich schon vor der Reise die Warnungen des TAT und der Touristenpolizei bezüglich der Betrügereien mit wertlosen Edelsteinen einzuprägen, da vor allem Neuankömmlinge zu den häufigsten Opfern der psychologisch äußerst gewieften Gauner zählen. Achtung: Gewisse betrügerische Reisebüros in Bangkok mit Namen T.A.T. haben absolut nichts mit dem TAT zu tun!

Thailändisches Fremdenverkehrsbüro (TAT)

D 60311 Frankfurt, Bethmannstraße 58
📞 069-1381390, 📠 13813950
✉ info@thailandtourismus.de
💻 www.tourismthailand.org
💻 www.thailandtourismus.de (allgemeine Infos auf Deutsch)
💻 www.tatnews.org (News Room: u. a. aktuelle Feste)

Thailand-Infos (deutsch)

💻 www.baanthai.com
💻 www.siam.de
💻 www.siam-info.de
💻 www.thailand-community.de
💻 www.thailand-interaktiv.de
💻 www.thailand2000.de/dneues.htm
💻 www.visa-express.de/thailand

Thailand-Infos (englisch)

💻 www.amazing-thailand.com
💻 www.khaosanroad.com
💻 www.thailandforvisitors.com
💻 www.travelfish.org

Thailand-Hotelbuchung (englisch)

💻 www.asiatravel.com/thailand.html
💻 www.hostelbookers.com/hostels/thailand/
💻 www.hotelstravel.com/thailand.html
💻 www.hotelthailand.com
💻 www.passplanet.com/thailand
💻 www.planetholiday.com/country/106.htm
💻 www.sawadee.com
💻 www.welcomethai.com

Weitere Adressen in den regionalen Kapiteln.

Thai lernen

💻 www.clickthai.de/_LEXIKON/lex.html (Online-Wörterbuch)
💻 www.thaitrainer111.de/index-de.html

Internet und E-Mail

Internet-Cafés und Gästehäuser, in denen auch Traveller E-Mails abfragen und versenden können, gibt es bereits in allen Städten und Touristenzentren. Vielerorts stehen für Laptops geeignete Anschlüsse zur Verfügung. Preise in Orten und auf Inseln, die ans Festnetz angeschlossen sind, betragen meist 1 bis 2 Baht pro Minute, aber auch weniger. Selbst auf abgelegenen Inseln ist es teilweise möglich, E-Mails per Satellitentelefon zu checken, was jedoch seinen Preis hat. Highspeed WLAN wird von vielen Gästehäusern als Service kostenfrei angeboten, manche Hotels bieten WLAN gegen Gebühr an.

CS-Loxinfo, Inet Easy u. a. verkaufen Karten mit PIN-Code für einige 100 Baht, mit denen man für ca. 10 Baht pro Stunde im Internet surfen kann, selbst mit Handy und Notebook. Der Zugangscode 1222 von TOT-Online gilt landesweit.

Auf der Webseite 💻 www.kropla.com findet man nützliche Infos über den Zugang ins Internet mit einem Laptop, eine weltumfassende

Auflistung der Landesvorwahlen sowie Angaben über elektrische Systeme in verschiedenen Ländern.

Kinder

Thailand eignet sich für einen Urlaub mit Kindern jeglichen Alters. Egal ob die Kleinen noch nicht selber laufen können oder bereits eifrig ihre Umgebung erkunden, ob es die Eltern eher zu kulturellen Orten, den Stränden oder in die Berge zieht. Fast überall wird sich eine Familie wohlfühlen, denn Kinder sind sehr beliebt. Thailändische Kinder sind traditionell immer dabei, auch wenn die Eltern arbeiten. Sie krabbeln durch Läden und Restaurants, werden von Eltern, Großeltern, Geschwistern und Freunden herumgetragen, die sich auch ausländischer Kinder gerne annehmen. Nahezu immer wird sich eine hilfreiche Hand und ein Kind in der Nähe des Gästehauses als Spielgefährte finden.

Kinder genießen in Thailand vor allem die **Natur**. Es gibt tropische Blumen anzuschauen, leckere Früchte zu probieren, Muscheln in allen Farben und Größen zu sammeln und Tiere zu beobachten. Sie sind fasziniert von träge kauenden Wasserbüffeln, farbenprächtigen Vögeln, Kokosnuss erntenden Affen oder den Hühnern und Enten mitsamt ihrer kleinen Küken, von Stränden und Märkten, wo Händler, Fischer und Bauern sich ihnen zuwenden und ihnen ihre Welt zeigen. Besonders für die Älteren ist ein Besuch in den Werkstätten interessant, wo sie den Handwerkern und Künstlern bei der Arbeit zusehen können. Natürlich gibt es auch in Thailand **Zoos und Vergnügungsparks**, vor allem in Bangkok und Pattaya. Und immer wieder finden im ganzen Land **Tempelfeste** statt, auf denen es viel Plastikspielzeug zu kaufen gibt und Karussells zum Mitfahren einladen.

Bereits die Wahl der Fluglinie entscheidet, wie entspannt die reisende Familie in Thailand ankommt. Für die ganz Kleinen empfiehlt sich das von vielen Airlines angebotene schwebende Kinderbettchen (für Kinder bis etwa 10 kg). Zudem bietet der dazugehörende Platz den Erwachsenen mehr Beinfreiheit. Wenn der Nachwuchs viel Bewegung braucht, empfiehlt sich ein **Flug** mit Zwischenstopp, wo sich alle die Beine vertreten können und die Waschräume sich besser für einen Kleiderwechsel eignen als die engen Flugzeugtoiletten. Eine Nachfrage lohnt, wenn Eltern und Kind Wert auf ein Kindermenü legen, denn dieses wird vor dem der Erwachsenen ausgegeben, sodass man beim Essen helfen kann. Babynahrung gibt es fast nie, daher sollte diese ebenso ins Handgepäck gehören wie Wechselkleidung und Windeln. Es empfiehlt sich, diese Ausrüstung für eine 3-tägige Reise einzupacken, um für einen unvorgesehenen Aufenthalt gewappnet zu sein.

Fast jede Airline hat Spielzeug, Bücher oder Bastelmaterial an Bord, die für Zerstreuung sorgen. Vor allem Alleinreisende mit Kind sollten sich nicht scheuen, Mitreisende oder das Flugpersonal um Hilfe zu bitten. Bewährt haben sich aufstellbare Rückentragen oder ein Maxi Cosi. Beide leisten nicht nur beim Aufenthalt im Flughafen, im Flieger selbst und beim Zu- und Aussteigen gute Dienste, sondern sind während der ganzen Reise hilfreich. Da Kinder unter zwei Jahren zwar 10–20 % der Flugkosten eines nicht reduzierten Tickets zahlen, ihnen aber kein eigener Sitzplatz zusteht, bleibt den Eltern nur die Hoffnung, dass der Flug nicht ausgebucht ist und ein Sitzplatz frei ist. Kinder zwischen 2 und 12 Jahren zahlen für einen eigenen Platz etwas mehr als die Hälfte des Flugpreises. Wer auf besondere Behandlung Wert legt, sollte eine renommierte Airline buchen, denn nur hier wird z. B. Kindern beim Zusteigen Vorrang vor allen anderen Gästen gewährt.

Die etwa 11-stündige Anreise mit dem Flugzeug, die **Zeitverschiebung** und die Klimaveränderung sind in den ersten Tagen etwas beschwerlich, doch bei ruhiger Herangehensweise gut zu meistern. Es ist empfehlenswert, sich nach der Ankunft ein ruhiges Zimmer zu nehmen und die ersten Tage keine großen Anstrengungen zu planen. Es ist aufregend genug, die nähere Umgebung zu erkunden, das fremde Essen zu probieren und die Menschen kennen zu lernen.

Viele **Unterkünfte** haben Familienzimmer, in denen eine vierköpfige Familie gut schlafen kann. Zudem gibt es Doppelbungalows oder nebeneinander liegende Hotelzimmer mit Verbindungstür, die sich für Familien mit älteren Kin-

Mobiler Spielzeugladen – nicht nur für thailändische Kinder ein Magnet

dern eignen. Auf den Inseln werden größere Bungalows mit Terrasse, Küche, Badezimmer und 1–2 Zimmern vermietet („House for rent", z. B. auf Ko Samui und Ko Pha Ngan), die sich besonders für Familien eignen, die länger an einem Ort verweilen möchten.

Gerade in den ersten Tagen haben viele Kinder Probleme mit der **Hitze** und der feuchten Luft und neigen zu Hautausschlag, der sich in Form von roten Pusteln über den ganzen Körper ausbreitet. Wickelkinder haben besonders im Windelbereich damit zu kämpfen. Dagegen hilft das Talcum-Baby-Puder „New Born", welches es in jeder Apotheke und vielen Supermärkten gibt. Das Puder hilft auch gegen vermehrtes Schwitzen. Größere und reisegewohnte Kinder kommen mit der Umstellung im Allgemeinen besser zurecht. Gegen Durst sollte in der Nacht viel zu trinken bereit stehen und in der Zeit des Jetlag vielleicht der eine oder andere Snack.

Keiner braucht sich vor Schmutz, **Krankheiten** und der fremden Sprache übermäßig zu ängstigen! Kinder haben meist gute Abwehrkräfte, finden leicht Anschluss und regeln vieles nonverbal. Meist sehen sie sehr schnell ein, dass sie sich öfter als zu Hause die Hände waschen, kein Leitungswasser trinken und kein ungeschältes Obst essen sollten. Trotzdem sollte jedes Kind vor der Reise gründlich untersucht werden und gegebenenfalls spätestens einen Monat vor der Abreise geimpft sein (einschließlich aller Kinderkrankheiten). Sollte sich das Kind einmal verletzen, muss jede offene Wunde und jeder Kratzer – sei er auch noch so klein – desinfiziert werden. Dafür eignet sich am besten alkoholfreies, farbloses Desinfektionsspray (aus der deutschen Apotheke, denn in Thailand sind sie eingefärbt, was eine Beurteilung der Wundheilung erschwert).

Gegen **Mücken** empfiehlt sich für Babys oder empfindliche Kleinkinder die in deutschen Apotheken erhältliche Bio-Lotion Zanzarin (etwa 7 €). Für die ganze Familie und Kinder ab 2 Jahren hat sich auch das in Thailand erhältliche Autan Family bewährt. Empfehlenswert ist ein Moskitonetz, vor allem in den Strandbungalows. Meist sind diese vorhanden, wenn nicht, kann man sie recht günstig erstehen. Sollte doch mal eine Mücke zugestochen haben oder auch eine

Prellung schmerzen, empfehlen erfahrene Thai-Mütter kühlenden Kräuterbalsam aus der Apotheke.

Das **Reisen in Thailand** ist einfach und gut organisiert. Kinder, die keinen eigenen Sitzplatz beanspruchen, nicht älter als vier Jahre sowie unter 1 m groß sind (Zug), reisen in Bussen, Booten und Bahnen generell umsonst. Zwischen 4 und 12 Jahren bzw. bei einer Größe bis 1,50 m zahlen sie den halben Preis. Dieser Preis beinhaltet, wenn man darauf besteht, einen Sitzplatz. In Zügen ohne Sitzplatzausgabe findet sich meist Platz für die Kleinen. Sobald aber ein Backpackerbus gebucht wird oder man in Zügen mit Sitzplatzausgabe reist, ist es ratsam, dem Kind einen eigenen Platz zu bezahlen. Im Maxi Cosi sitzt das Kleinkind nicht nur entspannter, sondern auch wesentlich sicherer als auf dem Schoß der Eltern, und jedes etwas größere Kind ist sicherlich dankbar für einen eigenen Platz. Sinnvoll ist es, im Reisegepäck immer etwas Spielzeug bereit zu halten, auch ein Walkman mit Kinderkassetten hat sich auf längeren Strecken als Zeitvertreib bewährt. Auf jeder noch so kurzen Strecke sollte im Handgepäck immer etwas zu trinken, zu essen und ein Set Wechselgarderobe mitgenommen werden. Kindern verdirbt eine unfreiwillige Hungerkur oder Durststrecke oft nachhaltig die Lust aufs Reisen.

Keine Probleme gibt es normalerweise mit dem **Essen**. Besonders in chinesischen Restaurants finden Kinder viel Leckeres auf der Karte. Hingegen sind einige Thai-Gerichte scharf, werden jedoch auf Nachfrage mild gewürzt. Kindgerecht sind vor allem das vegetarische Nudelgericht Pad Thai oder eine milde Reissuppe mit Huhn. In touristisch erschlossenen Orten werden zudem in fast allen Restaurants Burger, Pommes und Spaghetti-Gerichte zubereitet. Wenn das Kind noch zu klein zum Mitessen ist, findet sich meist ein Angestellter, ein Gast oder gleich eine ganz Gruppe, die sich des Babys annimmt und es unterhält, solange die Eltern essen. Als Mahlzeit für die ganz Kleinen kann man – außer in abgelegenen Orten – Fertig-Baby-Milch und Babynahrung kaufen. Es ist ratsam, die Packung sorgfältig zu lesen, denn vielfach wird genmanipulierter Mais beigegeben. Besser eignet sich natürlich auf Reisen Muttermilch. Lecker und nahrhaft sind Babybananen, die sich leicht zerdrücken lassen. Äpfel, Birnen, Karotten und Kartoffeln sind oft gespritzt, sodass sie auf jeden Fall geschält werden sollten. Sticky Rice *(khao niau)* ist bei Kindern besonders beliebt und unterwegs gut zu essen. Viel Spaß macht ein Picknick, vor allem wenn man vorher alles gemeinsam auf dem Markt besorgt hat.

Als Getränk eignet sich frisches kühles Wasser. Für Abwechslung sorgen eine große Auswahl an 0,2-Tetra-Packungen oder kleinen Flaschen mit Tee, Milch, Kakao, Saft oder Joghurt. Meist sind die Getränke sehr süß, doch setzt sich auch in Thailand immer mehr die Erkenntnis durch, dass zu viel Zucker schlecht für Zähne und Figur ist. Vermehrt werden daher Tees, Sojagetränke und Säfte ohne Zuckerzusatz angeboten. Generell sollte man Nahrungsmittel in Plastikdosen aufbewahren, denn nur so sind sie vor Ameisen und anderen Kleinsttieren sicher.

Wegwerfwindeln gibt es fast überall, da sich die Ketten „7-Eleven", „FamilyMart" und „Tesco / Lotus" rasant über das ganze Land ausbreiten. Alle diese Läden führen Pampers, meist in sehr kleinen Packungen à 3–4 Windeln. Beobachtet man thailändische Kinder, fällt auf, dass sie recht selten Windeln tragen. Es ist selbst im Restaurant kein Problem, wenn sich eine kleine Pfütze auf dem Boden bildet (diese wird schnell mit einem Lächeln weggewischt), und eingenässte Kleidung trocknet schnell oder kann durch mitgenommene Ersatzkleidung ersetzt werden. Am Strand braucht das Kind nur dann eine Windel, wenn es wirklich einmal kühl sein sollte (vor allem Mädchen neigen bei nass-feuchtem Sand zu Blasenentzündungen).

Sehr wichtig ist die **Einbeziehung der Kinder** bei der Planung und beim Kofferpacken. Am Familientisch kann man prima Bilder von Thailand betrachten und gemeinsam überlegen, was man sich anschauen möchte.

Eine große Reise ist ein besonderes Erlebnis für jedes Kind, denn hier finden sich Blätter so groß wie man selbst, Elefanten, die einen schüchtern beschnuppern und stolz herumtragen, hier klingen kleine Glocken in geheimnisvollen Tempeln, und nicht nur die lustig orangefarben gekleideten Mönche lächeln milde – egal was man angestellt hat.

Nicht vergessen!

- ☐ Reisepass (Kinder jeden Alters brauchen für Thailand einen eigenen Reisepass oder müssen im Pass eines Elternteils eingetragen sein)
- ☐ Impfpass
- ☐ SOS-Anhänger mit allen wichtigen Daten
- ☐ Kleidung – möglichst strapazierfähige, leichte Sachen
- ☐ Babynahrung
- ☐ Fläschchen für Säuglinge
- ☐ Walkman und Kassetten
- ☐ Spiele und Bücher
- ☐ Fotos von wichtigen Daheimgebliebenen gegen Heimweh
- ☐ Kuscheltier (muss gehütet werden wie ein Augapfel, denn ein verloren gegangener Liebling kann allen den Rest der Reise verderben – reiseerprobte Kinder beugen vor, indem sie nur das zweitliebste Kuscheltier mitnehmen)
- ☐ Sonnencreme mit hohem Lichtschutzfaktor
- ☐ Kopfbedeckung

Maße und Elektrizität

Am 17. Dezember 1923 wurde in Thailand das metrische System eingeführt. Die Länge wird überall mit Meter und Kilometer gemessen, als Raummass ist der Liter gebräuchlich, nur bei der Fläche stößt man auf Ungewohntes, den Rai: 1 Rai = 1600 Quadratmeter.

Thailand hat 220 V Wechselstrom. Europäische Stecker passen nur in modernen Gebäuden. In älteren und einfachen Hotels gehen nur amerikanische Flachstecker. Adapter sind im Handel erhältlich.

Medien

Mit dem zunehmenden Ausbau der Infrastruktur haben sich die Medien selbst die abgelegenen Bergregionen erschlossen. Der Fernseher gehört als Statussymbol zur selbstverständlichen Einrichtung fast jedes Haushalts. Zudem wuchs mit dem Anstieg der Alphabetisierungsquote (Anteil der Erwachsenen über 14 Jahre mit Lese- und Schreibkenntnissen) auf über 90 % der mögliche Leserkreis für gedruckte Medien beachtlich an. Die Konzentration auf den Großraum Bangkok ist auch in der Presse festzustellen. Fast alle Tageszeitungen werden in der Hauptstadt produziert.

Presse

Der überwiegende Teil aller Presseorgane erscheint in Thai, daneben gibt es eine chinesische Morgen- und Abendzeitung mit einer Auflage von je 60 000 Exemplaren.

Zwei englischsprachige Tageszeitungen, **The Nation** und die **Bangkok Post** (je 20 Baht), haben eine tägliche Auflage von jeweils um die 75 000 Exemplaren. Sie zeichneten sich bis vor einigen Jahren durch eine kritische Berichterstattung aus. Unter der vorangegangenen Thaksin-Regierung wurde die Pressefreiheit stark eingeschränkt und regierungskritische Journalisten der *Bangkok Post* verloren ihren Job. Seit September 2006 hat die Tradtionszeitung aber ihren Biss wieder erlangt. Leser dieser Presseorgane sind neben den zahlreichen in Thailand lebenden Ausländern vor allem Angehörige der westlich gebildeten Oberschicht, wie Intellektuelle oder Geschäftsleute. 💻 www.bangkokpost. net/ und 💻 www.nationmultimedia.com.

Thai Rath und **Daily News** sind die beiden größten thaisprachigen Tageszeitungen mit Bou-

Deutschsprachige Zeitungen in Thailand

In deutscher Sprache erscheinen wöchentlich bzw. monatlich

Der Farang (30 Baht), 💻 www.der-farang.com
Südostasien-Zeitung (50 Baht), 💻 www.suedostasien-zeitung.com/
Pattaya Blatt, 💻 www.pattayablatt.com/
Reisen in Thailand (gratis)
Tip - Zeitung für Thailand (gratis), 💻 www.tip-thailand.org
Bangkok aktuell und **Phuket aktuell**, 💻 www.thaiaktuell.com.

levardcharakter. Ereignisse der höheren Gesellschaft, Verbrechen oder andere ungewöhnliche Geschehnisse werden mit viel Werbung und großen Fotos verkauft. *Thai Rath* hat eine Auflagenhöhe von etwa 1 Mio., *Daily News* liegt etwas darunter.

Fernsehen

1955 wurde in Thailand als erstem asiatischem Land das Fernsehen eingeführt. Heute senden landesweit fünf kommerzielle Gesellschaften, Kanal 3 und iTV (privat, Thaksin-Netzwerk), Kanal 5 und 7 (Militär) und Kanal 9 (staatlich), mit viel Werbung durchsetzt japanische Zeichentrickfilme, Talk- und Spielshows sowie Serien, in denen die Probleme der modernen thailändischen Gesellschaft thematisiert werden. Aber ähnlich wie bei den Presseorganen mussten einige kritische TV-Journalisten und Talk-Show-Moderatoren bereits ihren Hut nehmen.

Alle ausländischen Filme und Serien werden in Thai synchronisiert, der Originalton ist auf UKW Radios zu empfangen: Kanal 3: 105,5 MHz; Kanal 7: 103,75 MHz; Kanal 9: 107 MHz. Das in Hongkong beheimatete StarTV und viele andere asiatische Satellitenprogramme können auch in Thailand gesehen werden. Daneben sind durch den Satelliten ASEA Sat 2 weitere internationale Fernsehprogramme zu empfangen, darunter das Programm der Deutschen Welle in Deutsch und Englisch.

Radio

480 Stationen senden landesweit, wobei lokale und internationale Nachrichtensendungen vom staatlichen Sender Radio Thailand übernommen werden müssen. Außer Radio Thailand und dem Sender des Bildungsministeriums sind es sämtlich kommerzielle Sender. Die Websites und Frequenzen findet man unter 💻 www.ithailand.com/media/radio/.

In Bangkok senden einige Radiostationen ein englisches Programm. Zudem sind die deutschen und englischen Sendungen der Deutschen Welle zu empfangen (s. rechts). Das aktuelle Radio- und Fernsehprogramm ist der *Bangkok Post* oder *Nation* zu entnehmen.

Video und DVD

Wie in anderen asiatischen Ländern sind auch in Thailand Filme aus der Konserve „in". Nach der Abfahrt wird in allen großen, klimatisierten Überlandbussen sofort ein amerikanischer B-Film, chinesischer Action-Thriller, ein Thai-Melodram oder eine indische Musik-Schnulze eingelegt. In den Gästehäusern und Restaurants der Touristenzentren wird an einem Anschlag das tägliche Film-Programm angekündigt. Durch Video und DVD, vielfach illegal kopiert, wird jede Altersgruppe erreicht, und kein Jugendschutzgesetz schreitet ein, wenn die Kinder die brutalsten Szenen auf dem Bildschirm verfolgen.

Deutsche Sender

Mit einem guten Weltempfänger ist die **Deutsche Welle** über Kurzwelle auf verschiedenen Frequenzen zu empfangen. Die aktuellen Frequenzen sind erhältlich von der Deutschen Welle, 53113 Bonn, ☎ 0228-4290, 📠 429 3000, 💻 www.dw-world.de.

Die Deutsche Welle strahlt ihr 24-stündiges Fernsehprogramm **DW TV** in Deutsch, Englisch und Spanisch sowie verschiedene Hörfunkprogramme über den Satelliten AsiaSat 2 aus. Einige Hotels speisen das Programm in das hoteleigene Netz ein. Zu jeder vollen Stunde wird ein halbstündiges Nachrichtenjournal à la CNN ausgestrahlt, zur geraden Weltzeit-Stunde in Englisch, zur ungeraden in Deutsch, außer um 21 und 2 Uhr, wo es in Spanisch läuft. Es folgen halbstündige Features mit deutschlandbezogenen Themen in der jeweiligen Sprache.

Nationalparks

Großflächige Regenwälder gibt es zwar in Thailand nicht mehr, doch die verbliebenen Reste werden ebenso wie die Laub abwerfenden Monsunwälder weiter im Norden in über 100 Nationalparks, 37 Wildschutzgebieten, 55 Nichtjagdgebieten und Waldparks in ganz Thailand geschützt. Sie bedecken knapp 12 % der Landesfläche, können aber nur auf Dauer erhalten bleiben, wenn sie „Geld einbringen", also von Touristen besucht werden. Beschreibungen von 148 Parks veröffentlicht die Nationalparkbehörde in gutem Englisch unter 💻 www.dnp.go.th/parkreserve/nationalpark.asp?lg=2.

Ausländer zahlen in allen, selbst den unattraktivsten Nationalparks 400 Baht **Eintritt**, Einheimische nur 40 Baht, Kinder die Hälfte. Vielfach lassen die Parkangestellten kräftig mit sich handeln und drücken den Besuchern Secondhand- oder Kinder-Tickets in die Hand – Korruption im Kleinen. Doch wer will den armen Park Guides diesen Zuverdienst verdenken? Wir raten vom Besuch der vielen dritt- und viertklassigen Nationalparks ab, da für diesen extrem hohen Eintrittspreis kein Gegenwert zu erkennen ist. Für einige wenige Parks wurden zwischen den Park Rangern und den lokalen Behörden Sonderabmachungen getroffen, so kann man z. B. mit einem Ticket an einem Tag mehrere Parks besuchen, oder das Ticket gilt, wie im Khao Sok National Park, für mehrere Tage.

In allen Nationalparks sind begrenzte Gebiete als Ausflugsziele für Thais erschlossen. An Wochenenden werden die Wanderwege, Picknicktische, Ruhebänke, Erfrischungsstände und Bungalows rege genutzt. Am Montag wird meistens der Abfall zusammengekehrt (Styropor-Verpackung darf nicht in Nationalparks gebracht werden!), und dann beginnt die Zeit, in der Touristen in Ruhe die Natur genießen können.

In vielen Nationalparks gibt es **Tourist Centers**, in denen eine kleine Bücherei, ein Informationsraum und eine Ausstellung über die Sehenswürdigkeiten im Park untergebracht sind (🕓 8.30–16.30 Uhr). Hier sind Erste-Hilfe-Material und ein Notfall-Sender vorhanden. Mindestens ein Englisch sprechender Ranger sollte auch ausländischen Touristen behilflich sein können. In der Praxis ist es kaum wahrscheinlich, dass ein Parkangestellter Englisch spricht oder dass ein Ausländer die Informationen entziffern kann, aber ein aufgeschlossener Naturfreund wird immer zurechtkommen.

Übernachtung in Nationalparks

In 87 der 148 Parks in Thailand werden Bungalows oder Zelte angeboten. Reservierung per Internet ist bis zu 60 Tage im Voraus möglich unter 💻 www.dnp.go.th/parkreserve/reservation.asp?lg=2, allerdings ist der Zimmerpreis innerhalb von 5 Tagen bei der Krung Thai Bank einzuzahlen. Die **Zimmer** sind zumeist kahl und nur mit Matratzen bestückt, aber geräumig und relativ teuer (von 600 bis 2000 Baht), hinzu kommt der Eintritt von 400 Baht pro Person und Tag (Studenten mit Ausweis 200 Baht pro Tag). Dafür können in einem Bungalow bis zu 10 Personen auf Matratzen übernachten – keineswegs ungewöhnlich, da Thais meist in Gruppen unterwegs sind. Allein oder zu zweit lassen sich in Nationalparks, die keine kleinen Bungalows für 2 Personen haben, für die großen Bungalows Preise von 200 Baht p. P. aushandeln. In seltener besuchten Parks kann das Erscheinen eines *farang* zu einem großen Ereignis werden und heftige Aktivität der Angestellten auslösen. Alleinreisende männliche Traveller haben den Vorteil, für einige Baht bei den Rangern privat unterkommen zu können.

Öffnungszeiten

Geschäfte in Thailand sind normalerweise tgl. von 8 bis gegen 21 Uhr geöffnet, Kaufhäuser erst ab 10 Uhr. Manche Läden öffnen sonntags etwas später. Auf den meisten Märkten herrscht kurz nach Sonnenaufgang Hochbetrieb, denn dann ist das Obst und Gemüse noch taufrisch. Gegen 10 Uhr befinden sich die meisten Marktfrauen bereits auf dem Heimweg. **Ämter und Behörden** öffnen Mo–Fr von 8.30–12 und 13–16.30 Uhr. Die Mittagspause kann allerdings variieren. Deshalb empfiehlt es sich, möglichst nicht zwischen 11.30 und 13 Uhr hinzugehen. Auch kurz vor Büroschluss ist möglicherweise niemand mehr ansprechbar.

Banken sind Mo–Fr (außer feiertags) von 8.30–15.30 Uhr geöffnet. In Bangkok und den wichtigsten Touristenorten gibt es einen *currency exchange service* täglich von 8.30 bis ca. 22 Uhr.

Post

Nach unseren Erfahrungen ist die Post zwischen Thailand und Europa recht zuverlässig.

Briefe, Karten und Faxe

Für längere Mitteilungen nach Europa sind **Aerogramme** preisgünstiger als Briefe. Urlaubsgrüße auf **Postkarten** erreichen den Empfänger in 5–10 Tagen, wenn sie mit Luftpost verschickt und dem entsprechenden Sticker versehen werden.

Wichtige Post sollte man per **Einschreiben** *(registered mail)* oder mit dem Kurierdienst der Post **EMS** versenden. Auch innerhalb von Thailand ist ein Brief mit EMS kaum länger als 2–3 Tage unterwegs.

Soll ein Brief nach Europa schnell ankommen, lohnt es sich nicht, ihn **„Express"** zu senden, da er erst im Ankunftsland bevorzugt behandelt wird. Solche Briefe sollten immer in Bangkok oder einer anderen größeren Stadt am Hauptpostamt aufgegeben und per EMS versandt werden.

Von den Postämtern und vielen Hotels aus kann man auch **faxen**, wobei nachts die Leitungen nach Europa am wenigsten belastet sind. Die Postämter haben entsprechende Vordrucke, Preise s.u.

Kurierdienste: Nicht billig, aber schnell und zuverlässig ist der Versand per Kurierdienst. Der private Kurierdienst DHL verlangt z. B. für ein bis zu 250 g schweres Päckchen nach Deutschland 1200 Baht. Er lohnt sich also nur bei ebenso wichtigen wie leichtgewichtigen Dingen.

Portogebühren

Von Thailand nach Europa	
Postkarten (Luftpost)	12 Baht
große Postkarten	15 Baht
Aerogramme	15 Baht
Briefe bis 10 g Luftpost)	24 Baht
EMS bis 250 g (Minimum)	950 Baht
bis 500 g	1050 Baht
bis 1 kg	1250 Baht
Fax (A4-Seite) erste Seite	118 Baht
jede weitere Seite	80 Baht
EMS-Gebühren innerhalb von Thailand	
bis 20 g	15 Baht
bis 100 g	17 Baht
bis 250 g	20 Baht
bis 500 g	30 Baht

Päckchen, Pakete, Fracht

Thailand ist ein Einkaufsparadies, und so dauert es nicht lange, bis Rucksäcke und Koffer aus allen Nähten platzen und beim Heimflug die Freigepäckgrenze überschritten ist. Kauft man größere Gegenstände ein, übernimmt das Geschäft häufig den Versand nach Europa. Was aber tun mit all den Souvenirs und Kleinigkeiten, die man gern mit nach Hause nehmen möchte, für die im Gepäck aber kein Platz ist?

Viele große Postämter, wie in Bangkok, bieten einen Packservice an. Entsprechend der zu versendenden Gegenstände erhält man am Schalter für 5–35 Baht einen Karton, in den hilfsbereite Postbeamte gegen eine geringe Gebühr alles fachmännisch verpacken. Nur die Zollerklärung (s.u.) muss man selbst ausfüllen. Was Zeit hat, kann auf dem Land-/Seeweg gemächlich nach Hause schippern, wobei die Pakete aus Bangkok am schnellsten ankommen, während sie aus der Provinz häufig 4 Wochen länger unterwegs sind und bis zu 16 Wochen brauchen.

Soll ein Paket möglichst schnell und sicher nach Europa gelangen, lohnt es sich, auf den Ku-

Paketgebühren nach Deutschland

(in Baht)	**Land-/ Seeweg**	**SAL**	**Luftpost**	**EMS (Paket)**
Dauer	8–12 Wo.	3–4 Wo.	1–2 Wo.	3–5 Tg.
1 kg	850	900	1100	1250
2 kg	970	1180	1450	1650
5 kg	1330	2020	2500	2850
10 kg	1930	3420	4250	4850
20 kg	3130	6220	7750	8850
30 kg	4330	9020	11250	–

rierdienst EMS der Post zurückzugreifen. Die Paketgebühren nach Österreich und in die Schweiz sind zum Teil etwas niedriger.

Bei schwereren Gegenständen benötigt man eine teure **Spedition**, falls sich nicht schon der Händler darum kümmert (in diesem Fall immer auf einer exakten Quittung bestehen). Die Speditionskosten schlüsseln sich nach Seefracht (bis zum jeweiligen Hafen) und Landfracht (Hafen – Heimatort) auf, wobei Letzteres ein Vielfaches der Seefracht betragen kann.

Eine übergewichtige Kiste kann auch bei der **Luftfracht** als *unaccompanied baggage* aufgegeben werden. In diesem Fall schickt die Fluggesellschaft, bei der das Ticket gebucht ist, sie mit der nächsten, unausgebuchten Maschine nach. *Pattaya Cargo*, 179/86 Naklua Road, Pattaya, verlangt beispielsweise dafür eine Grundgebühr von 1500 Baht plus 90 Baht pro Kilo. Die Fracht muss mindestens 4 Tage vor dem Abflug aufgegeben werden.

Post empfangen

Falls man keine feste, zuverlässige Adresse hat, kann man Post **postlagernd** an ein Postamt schicken lassen. Ein Brief müsste folgendermaßen adressiert sein:

Name (hervorgehoben!),
Vorname (ohne Herr/Frau/Mr./Mrs.)
General Post Office (G.P.O.)
Poste Restante
Stadt
Thailand

Reisende mit Behinderungen

Einfach zu bereisen ist Thailand für Behinderte sicher nicht. Nur in ganz wenigen Einrichtungen ist man auf behinderte Gäste eingerichtet. Selbst die Toiletten in den Flughäfen sind nicht nach behindertengerechten Standards gebaut. Trotzdem sind Rollstuhlfahrer, die nach Thailand reisen, meistens begeistert. Ohne Begleitung gehört viel Mut dazu, mit Begleitung ist es aber durchaus machbar.

Seit 9 Jahren veranstaltet RollOn Travel Reisen für Rollstuhlfahrer nach Asien, mit Schwerpunkt Thailand. Behinderte können sich auf ihrer Homepage www.rollontravel.de informieren.

Weitere Informationen gibt es bei Disabled Peoples' International, 15/223 Moo 2 Tivannond 54 Rd., Thasai, Muang Nonthaburi 1100, Thailand, 02-5915649, dpiapro@loxinfo.com.

Schwule und Lesben

Thais sind Homosexuellen gegenüber sehr tolerant, ob männlich oder weiblich. Gerade aus Servicebetrieben wie Hotels, Gaststätten und Bars sind Schwule nicht wegzudenken. Besonders auffällig sind die Transvestiten, die so genannten Katoeys. Ob Mannfrau oder Fraumann, sie bedienen an Bars, in Restaurants oder arbeiten im Showgeschäft.

Händchenhalten von Gleichgeschlechtlichen ist in Thailand ganz normal und hat mit Homosexualität nichts zu tun.

Sicherheit

Thailand kann insgesamt als sicheres Land angesehen werden. Es wurden nur sehr wenige Überfälle auf Touristen bekannt, diese Fälle behandelte die Presse dann immer sehr ausführlich.

Tricks und Betrügereien

Nur noch ganz selten passiert es, dass Touristen im Zug oder Bus durch freundlich angebotene **Kekse** eingeschläfert und ausgeraubt werden. Häufiger hört man über Betrügereien mit Kreditkarten, die während Ausflügen in Gästehäusern zurückgelassen werden. Auch ist Thailand dafür bekannt, dass in Restaurants und Geschäften zusätzliche **Belege für Kreditkarten** erstellt werden (s. S. 52).

Besonders oft werden in Bangkok (vor allem in der Nähe des Königspalastes) Touristen mit angeblich einmalig günstigen Angeboten von **Edel-**

steinen zum „Geschäft ihres Lebens“ verführt, was nach wie vor, trotz überall publizierter Warnungen, funktioniert (s. S. 40). Unter 💻 www.geocities.com/thaigemscamgroup/DE/Intro/Introde.html versucht eine Selbsthilfegruppe, aufzuklären und Opfern zu helfen – **bitte vor dem Kauf lesen**!

Auch mit folgender Methode zocken **Trickbetrüger** erfolgreich ab: Ein freundlicher, junger Mann spricht Touristen auf der Straße an, erkundigt sich nach deren Herkunft und vermeldet erfreut, dass seine Schwester (…) in Deutschland lebt. Bei einem Drink in einem Café kommt man sich näher, wobei der junge Mann geschickt die finanziellen Verhältnisse des Touristen auskundschaftet und ihn zu einem Spielchen überredet, das der Fremde zunächst natürlich gewinnt. Anschließend wird in einem Privathaus mit höheren Einsätzen **Black Jack** gespielt, und plötzlich ist es aus mit der Glückssträhne, und es besteht keine Möglichkeit, auszusteigen.

Selbst *farang* versuchen mit Betrügereien andere Touristen abzuzocken.

Einbruch und Diebstahl

Vor allem in Schlafsälen und billigen Gästehäusern kommt es hin und wieder zu Diebstählen, zumeist durch Mitreisende. Manchmal wird das Gepäck auch von unehrlichen Mitarbeitern durchwühlt oder Geld aus dem Safe gestohlen.

Außerhalb der Hotels besteht eine gewisse Gefahr in überfüllten Bussen sowie auf Schiffen, die regelmäßig von Touristen genutzt werden, an Stränden und in den Traveller-Zentren. Auch aus Ablagekörben von Mofas wurde während der Fahrt von überholenden Mofafahrern das Handgepäck mit allen Wertsachen entwendet.

Gepäck sollte immer beaufsichtigt werden, was in der Praxis für allein Reisende schlichtweg unmöglich ist. Die **Gepäckaufbewahrung** an Bahnhöfen ist eine billige und sichere Möglichkeit, dies gilt leider nicht für den Hauptbahnhof in Bangkok. Auch das Reisebüro, bei dem man sein Ticket kauft, verwahrt das große Gepäck bis zur Abfahrt. Ein leichtes Fahrradschloss reduziert das Risiko gegen Null.

Gegenüber Reisebekanntschaften ist eine natürliche Skepsis angebracht, besonders im Fall der *„I want to practise my English“*-Freunde. Manche nette Typen sind plötzlich samt der „gut“ bewachten Sachen verschwunden.

Wertsachen gehören auf Reisen ausschließlich ins Handgepäck. Rucksäcke und Reisetaschen sollten mit kleinen Vorhängeschlössern verschlossen sein. Nette Nachbarn im Bus oder Zug verringern das Diebstahl-Risiko.

Nach der Ankunft im Hotel können Wertgegenstände im **Hotelsafe** verschlossen oder gegen Quittung deponiert werden (Schecks einzeln mit Nummern auflisten und quittieren lassen und niemals Kreditkarten abgeben!). Bei der Rücknahme sollten alle Reiseschecks einzeln gezählt und kontrolliert werden.

Manchmal sind Türschlösser oder vorhandene Vorhängeschlösser schon mit den einfachsten Werkzeugen oder Zweitschlüsseln zu öffnen. Dann ist ein eigenes, starkes **Vorhängeschloss** als zusätzliche Sicherung von Nutzen. In Schlafsälen sollte der Rucksack mit einem leichten Fahrradschloss gesichert werden, sofern keine abschließbaren Schränke vorhanden sind.

Nächtliche, einsame Spaziergänge mit einer sichtbar umgehängten, teuren **Kamera** sind nirgends zu empfehlen. Sie gehört zumindest in eine Plastiktüte. Sicherer ist es zu zweit oder in kleinen Gruppen. Auch der Einfluss von Drogen (dazu gehört auch Alkohol!) bedeutet ein erhöhtes Risiko.

Es ist nicht ratsam, wertvollen **Schmuck** zu tragen oder mit großen Geldbeträgen zu prahlen. Schon US$500 sind für viele Menschen, denen man in Thailand begegnet, mehr als ein Jahreseinkommen.

In Handtaschen oder Portemonnaies gehört nur Kleingeld. Scheine sind besser in innen eingenähten, tiefen, vorderen Hosentaschen oder in doppelt gesicherten Brusttaschen aufgehoben. Besonders gefährdet sind dicke Bauch- oder Nierentaschen.

Die Schecks wurden gestohlen: Die Abrechnung über die Reiseschecks und die Schecks selbst sollten ohnehin stets getrennt aufbewahrt werden. Nur wer die Abrechnung bei Verlust oder Diebstahl vorzeigen kann, bekommt die Schecks ersetzt. Außerdem hilft eine Aufstellung aller bisher bereits eingelösten Schecks, denn diese werden natürlich nicht ersetzt. Soforthilfe

Im Notfall

Die landeseinheitliche Nummer der **Touristenpolizei** lautet 1699.

gibt es bei AMEXCO (American Express, s. S. 53 und 188) – Leser hatten wiederholt Schwierigkeiten, gestohlene American-Express-Reiseschecks in Thailand ersetzt zu bekommen, da in manchen Orten zu viele Schecks auf dem Schwarzmarkt verkauft werden. Reiseschecks von Thomas Cook werden in ihrer Vertretung in Bangkok ersetzt, s. S. 189).

Der Pass ist weg: Von allen wichtigen Papieren sollten schon vor der Reise Fotokopien gemacht werden oder die wichtigsten Seiten eingescannt und an die eigene E-Mail-Adrese geschickt werden, nach der Einreise auch von der Passseite mit dem Einreisestempel.

Den Reisepass muss man in Thailand nicht überallhin mitnehmen, so genügt bei Treks oder nassen Bootsfahrten durchaus eine gute Fotokopie. Zudem kann man den Personalausweis mitnehmen und ihn an einer anderen Stelle aufbewahren. Es ist damit viel leichter, im Notfall in der Botschaft die Identität zu belegen (Adressen s. S. 40). In jedem Fall kostet der Verlust dieser Papiere viel Zeit und Rennerei (Polizei (Verlustmeldung) – Botschaft (2 Passbilder + Identitätsnachweis) – Immigration). Da man Reiseschecks nur mit Pass einlösen kann, ist es ratsam, immer etwas Bargeld dabeizuhaben.

Wenn etwas passiert ist, muss auf jeden Fall die Polizei verständigt werden. Eine Reisegepäckversicherung zahlt nur, wenn ein Polizeiprotokoll vorliegt. In allen Touristenzentren gibt es eine Englisch sprechende Touristenpolizei, meist in der Nähe der *Tourist Information*, die im Notfall helfen sollte.

Drogen

Unter Abhängigen von harten Drogen herrscht in aller Welt eine hohe Beschaffungskriminalität, und Drogen sind in vielen Regionen Thailands ohne größere Probleme zu beschaffen, sie werden Touristen manchmal von Händlern geradezu aufgedrängt. Zudem ist die Polizei darauf aus, Erfolge in der Drogenszene nachzuweisen. Dabei werden nicht selten Taxifahrer angeheuert, um ahnungslosen Touristen Drogen anzubieten. Bei der Übergabe schnappt die Falle zu.

Die ausgelassene Urlaubsstimmung bewirkt vielfach ein geradezu naives Verhältnis zu Drogen, was nicht selten mit einem bösen Erwachen in Polizeihaft endet. Nach Full Moon Partys auf Ko Pha Ngan war schon manch einer gezwungen, durch finanzielle Zuwendungen für die Erstellung des Polizeiberichts und eine hohe Kaution seine Freilassung aus einem der nicht gerade gastlichen thailändischen Gefängnisse zu erwirken. Dann will auch noch der Rechtsanwalt bezahlt werden, und so sind im günstigen Fall einige Tausend Euro fällig, bevor man vom *Immigration Detention Center* in Bangkok abgeschoben wird. Weniger Zahlungskräftige dürfen ihre Strafe absitzen.

Sprache

Die **Thai-Sprache** gehört zur sino-tibetischen Sprachfamilie. Wie Chinesisch ist Thai eine einsilbige Tonsprache. In diesem für uns Europäer völlig fremden Sprachmodell liegt auch die größte Schwierigkeit.

In Thai kann theoretisch das gleiche Wort fünf verschiedene Bedeutungen haben, je nachdem, in welchem Ton es ausgesprochen wird. In der Thai-Hochsprache unterscheidet man fünf **Tonhöhen** (Tonlagen): steigend, fallend, hoch, mittel und niedrig. In Nord-Thai (Lanna) existieren 7 verschiedene Tonhöhen, und das *r* wird wie *l* ausgesprochen. In Zentral-Thailand haben viele Khmer- und Pali-Worte Eingang in die Sprache gefunden. Nur wenige Touristen schaffen es, sie einigermaßen korrekt auszusprechen. In der Praxis erkennen Thais ein falsch betontes Wort meist aus dem Sinnzusammenhang. Sie machen sich allerdings oft einen Riesenspaß daraus, einem falsch ausgesprochenen Satz einen witzigen, meist sexuellen Sinn unterzuschieben.

Die Kompliziertheit liegt aber nicht nur in der Aussprache, sondern auch in der **Schrift**. Seit

Sprachkurse

In Bangkok, Hua Hin, Chiang Mai, Nong Khai, Ko Samui und anderen Orten werden Thai-Sprachkurse für Ausländer angeboten. Da sie bei einigen Instituten zu bestimmten Zeiten beginnen, sollte man vorher eine der folgenden Adressen anschreiben:

American University Alumni Association (AUA)
179 Ratchdamri Rd., Bangkok, ✆ 02-2527067, 2528170, bietet Intensivkurse an.
Berlitz
Silom Centre, 323 United Centre Bldg., 2nd Fl., Silom Rd., Bangkok, ✆ 02-2311222,
💻 www.berlitz.co.th.
Nisa Thai Language School
2/14-16 Yen-Arkart Rd., Sathorn, Bangkok,
✆ 02-6713359-60,
💻 //nisathailanguageschool.com.
Weitere Infos und Adressen unter
💻 www.learningthai.com/schools/.

dem 13. Jh. benutzen die Thai die schwungvolle Dewanagari-Schrift, die aus dem Mon entwickelt wurde, das wiederum auf der südindischen Pali-Schrift basiert. Ein kleines Wörterbuch findet sich am Ende dieses Buches (s. S. 858).

Viel Spaß macht ein Crash-Kurs im Internet, der Grundlagen und die wichtigsten Worte vermittelt, unter 💻 www.thaisouth.com/English/LearnThai. Einzelne Lektionen eines umfangreichen Trainingskurses kann man herunterladen unter 💻 www.siam-info.de.

Im Süden Thailands werden verschiedene malaiische Dialekte gesprochen.

Telefon

Thailand

Orts- und Ferngespräche

Obwohl das Telefonnetz in Thailand gut ausgebaut ist, kann es manchmal zu Überlastungen kommen. Von öffentlichen Fernsprechern aus kostet ein 3 Minuten-Ortsgespräch 1–5 Baht, von öffentlichen Telefonen in Hotelhallen aus mehr, von privaten Apparaten aus kann unbegrenzt für 3 Baht telefoniert werden.

Von roten Telefonen sind nur Ortsgespräche möglich, während von blauen, die 1- und 5-Baht-Münzen akzeptieren, auch nationale Gespräche geführt werden können. Zudem können von grünen Kartentelefonzellen Inlandsgespräche und von gelben Auslandsgespräche geführt werden. Vor allem die grünen Telefonzellen sind häufig kaputt, sodass man sich vor dem Kauf einer **Telefonkarte** vergewissern sollte, ob sie auch einsetzbar ist. Einige Leser haben mit den Karten schlechte Erfahrungen gemacht.

Ferngespräche kosten je nach Entfernung 5–20 Baht pro Minute. Bei Münztelefonen muss, wenn sich der Teilnehmer meldet, ein Knopf gedrückt werden, um das Gespräch freizuschalten.

Internationale Gespräche

Man kann von Fernsprechämtern *(Telecommunication Centers)*, mit internationalen Telefonkarten oder mit der Thaicard internationale Ferngespräche führen. Zudem bieten private *oversea telephones* und Hotels ihre Dienste an. Am billigsten sind Gespräche übers Internet, wenn es auf die Qualität nicht ankommt.

Bei den Fernsprechämtern, den Telefonkarten und der Thaicard wird im **internationalen Selbstwähldienst** im Block zu 6 Sekunden abgerechnet, bei Telefonkarten in Blocks zu 25 Baht. In die meisten europäischen Länder kosten 6 Sekunden 4,5 Baht. Auf diesen Preis gewähren die Fernsprechämter nachts einen Abschlag: so kosten 6 Sekunden von 21–24 Uhr und 5–7 Uhr nur 80 % (3,6 Baht) sowie von 0–5 Uhr 70 % (3,2 Baht).

Die PhoneNet Card (nur in Bangkok) und die **Thaicard** für 300, 500 oder 1000 Baht sind an Postämtern und einigen Kiosken erhältlich. Sie ist ein Jahr gültig und kann auch für Gespräche aus dem Ausland nach Thailand verwendet werden. Auf der Rückseite der Karte findet sich eine genaue Gebrauchsanweisung. Nach dem Wählen einer Zugangsnummer wird die Geheimnummer eingegeben, die auf der Karte nach dem Abrubbeln einer aufgeprägten Schicht sichtbar wird, und dann die Telefonnummer. Die Kommunikationssprache ist Thai oder Englisch. Bei privaten Telefonanschlüssen berechnet die thailändische *Telecom* bereits nach dem zweiten Rufzeichen eine Einheit, selbst wenn nicht abgehoben wird. Es ist also keine Schikane von Gästehausbesitzern, wenn sie für nicht zustande gekommene Gespräche eine Gebühr verlangen.

Eine Seite nach Mitteleuropa zu faxen, kostet bei der *Telecom* etwa 118 Baht, bei privaten Anbietern auch das Doppelte.

Wer unbedingt mit einer bestimmten Person sprechen will, kann beim Fernsprechamt ein **person to person-Gespräch** führen, was für 3 Minuten 216 Baht kostet. Für ein *collect call* (**R-Gespräch** = der Gesprächspartner bezahlt) nach Deutschland wählt man ✆ 001-999-49-1000 und erreicht eine Telefonvermittlung in Frankfurt, die das Gespräch weitervermittelt. Für diesen Service kassiert die Deutsche Telekom eine heftige Zusatzgebühr. In vielen Unterkünften ist dieser *Home Direct Service* nicht zugelassen, da er das Telefon blockiert, ohne den Besitzern etwas einzubringen.

Die privaten **oversea telephones** in vielen Touristenorten haben völlig unterschiedliche Preise. Einige verlangen zusätzlich eine nicht unerhebliche *service charge* (Preise vorher schriftlich geben lassen). Andere nutzen das Internet (ab 15 Baht, manchmal schlechte Verbindungen) oder preiswerte Anbieter. Ab und an wird falsch abgerechnet oder auf die nächste volle Minute aufgerundet.

Wer von seinem **Hotelzimmer** aus telefonieren möchte, muss diesen Luxus teuer bezahlen, denn die Hotels berechnen pro Minute 100 Baht und mehr, wobei sie häufig eine Mindestgesprächsdauer zugrunde legen, die auch dann bezahlt werden muss, wenn kürzer telefoniert wird.

Mobiltelefone

In Thailand kann man mit dem eigenen Handy telefonieren. Alle modernen Handys sind dafür geeignet. Alle deutschen Mobilfunkanbieter kooperieren mit zahlreichen Netzbetreibern in der ganzen Welt. Wer sein Mobiltelefon mitnehmen möchte, sollte sich vor der Reise bei seiner Telefongesellschaft erkundigen, ob der Handy-Vertrag „International Roaming" einschließt und über welches Netz das Mobiltelefon vor Ort betrieben werden kann. Für Handys mit Prepaid-Karten gelten Sonderregelungen.

Internationale Vorwahlen

Deutschland	00149
Indonesien	00162
Malaysia	09
Niederlande	00131
Österreich	00143
Schweiz	00141

Von D, A und CH ist die Vorwahl nach Thailand 0066 + Ortsvorwahl ohne 0, z. B. Bangkok: 0066 2

Beim **Roaming** fallen auch bei eingehenden Anrufen aus Europa sehr hohe Gebühren für den Handy-Besitzer an, daher kauft man sich besser eine geeignete SIM-Card von DTAC (Happy) oder 1-2-call für ca. 200 Baht in einem der vielen Telefon-Shops. Das Installieren und Anmelden ist eine selbstverständliche Service-Leistung. Nutzt man die günstigen Sondervorwahlen, z. B. 009, kann man schon für unter 9 Baht pro Min. (ca. 18 Cent) nach Europa telefonieren. Innerhalb von Thailand kostet eine Minute je nach Prepaid-Tarif 1,5 bis 5 Baht pro Minute. Weitere Prepaid-Karten zum Auffüllen bekommt man überall, z. B. bei 7eleven, die Verkäufer aktivieren die neue Karte gern.

Mit der International Calling Card von CatPhoneNet haben Leser schlechte Erfahrungen gemacht. Sie mussten die Anrufe mit ihrer Handy-Rechnung als Auslandsgepräche teuer be-

Wichtige Telefonnummern in Thailand

Vor allem in Bangkok gültig:

Notruf (Polizei)	191
Notruf (Feuerwehr)	199
Tourist Service Line	1155
Touristenpolizei (landeseinheitlich)	1699
Vermittelte Ferngespräche innerhalb Thailands	101
Vermittelte Ferngespräche (Ausland)	100
Informationen national	183
Informationen international	100
Internationaler Selbstwähldienst	001
Zeitansage	181

zahlen. Durch die interessanten Tarife der konkurrierenden Telefongesellschaften in Deutschland kann es für Anrufe in die Heimat unter Umständen am preiswertesten sein, sich zurückrufen zu lassen. Da die Tarife ständig wechseln, informiert man sich am besten vor der Abreise über den günstigsten Anbieter, z. B. über 💻 www.teltarif.de. Zurzeit kann man mit 01066 oder 010012 schon für 2,5 Cent pro Minute ein Handy in Thailand anrufen. In Thailand muss die **Vorwahl** immer mitgewählt werden, also auch bei Ortsgesprächen. Wir geben die Vorwahl bei jeder Telefonnummer mit an, was das lästige Blättern erspart.

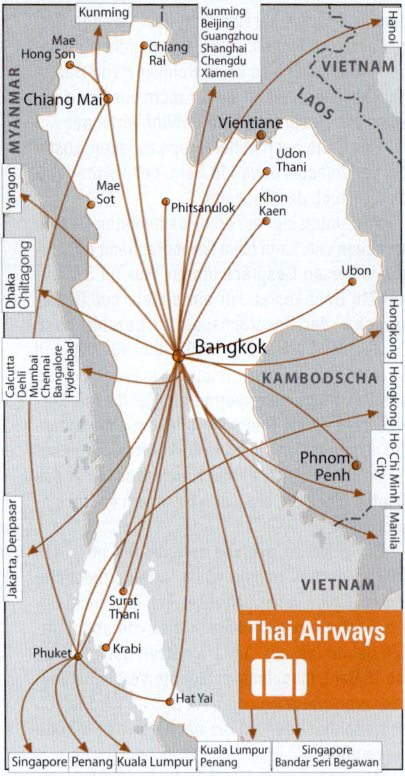

Transport

Thailand ist insgesamt verkehrstechnisch gut erschlossen. Besonders das Eisenbahnnetz ist auf den Knotenpunkt Bangkok ausgerichtet. Das Straßennetz im Großraum Bangkok ist autobahnmäßig ausgebaut, die Metropole selbst wird von mehreren mautpflichtigen Stadtautobahnen durchzogen. Die wichtigsten Fernstraßen nach Norden (Chiang Mai, Mae Sai), in den Nordosten (Nong Khai), in den Osten (Trat) und in den Süden sind fast durchweg vier- bis sechsspurig ausgebaut worden.

Flüge

Das Inlandsflugnetz der **Thai Airways** (TG), 💻 www.thaiair.com (mit Online-Buchung), ist zentral auf Bangkok (DMK) ausgerichtet. Internationale Flüge in der Region führen nach Yangon, Vientiane, Hanoi, Saigon, Phnom Penh, Singapore, Penang und Kunming. Auf allen Flügen gilt Rauchverbot. Ticket-Änderungen kosten eine geringe Gebühr. Bei verspäteter Ankunft in Bangkok kann man problemlos auf einen anderen als den gebuchten Flug wechseln. An vielen Provinzflughäfen besteht ein Zubringerservice im Auftrag von Thai Airways zwischen Airport und Stadt-Büro (meist 40–80 Baht, nicht in Bangkok), sodass man nicht auf teure Taxen angewiesen ist. Thai Airways bietet den Airpass „Discover Thailand" an, nähere Infos unter 💻 www.thaiair.de.

Bangkok Airways (PG), 💻 www.bangkokair.com (mit Online-Buchung), fliegt mit Boeing 717 von Bangkok (BKK) u. a. nach Sukhothai und Chiang Mai, nach Trat und Ko Samui sowie von Ko Samui nach Phuket, Hong Kong und Singapore. In der Nebensaison von April bis Oktober wird mit *Special Fares* geworben, die einen relativ geringen Abschlag gewähren und nur auf wenigen Flügen gelten. Bangkok Airways bietet einen *Discovery Airpass* an, bei dem man 3 bis 6 Coupons für Inlandsflüge zu je US$55 und für Auslandsflüge zu je US$90 kaufen kann (2 Monate gültig).

Die folgenden Billigflieger werben mit variablen Discount-Preisen. Es kommen aber zumeist noch Gebühren bis zu 700 Baht hinzu. Buchun-

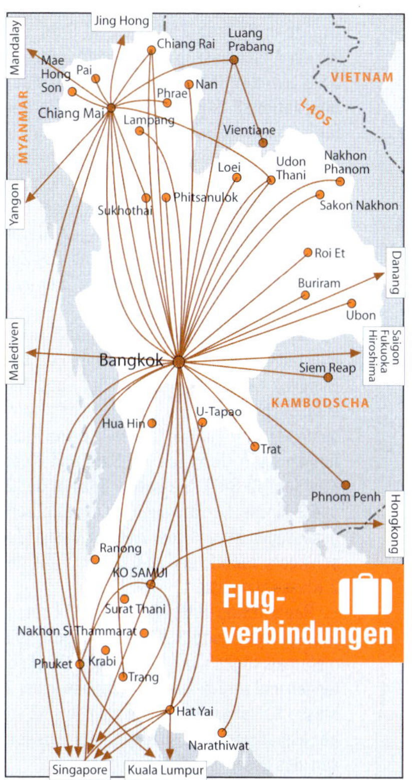

gen übers Internet sind problemlos möglich, das e-Ticket druckt man selbst aus.

Nicht vergessen!

Die **Airport Tax** von 50 Baht bei Inlandsflügen sowie von 700 Baht bei Auslandsflügen wird beim Ticketkauf mitbezahlt. Inland-Tickets sind 90 Tage gültig. Flugpreise sind bei den Abflugsorten angegeben.
Gebuchte Flüge müssen bei einigen wenigen Airlines noch spätestens drei Tage vor Abflug **rückbestätigt** werden, was auch telefonisch geschehen kann. Es empfiehlt sich, rechtzeitig am Flughafen zu erscheinen.

Thai Air Asia (FD), www.airasia.com, fliegt mehrmals täglich von Bangkok (BKK) nach Chiang Mai und Chiang Rai im Norden, nach Udon Thani und Ubon im Nordosten sowie nach Surat Thani, Phuket, Krabi, Nakhon Si Thammarat, Hat Yai und Narathiwat im Süden. Zu den annoncierten Preisen kommen Zuschläge von ca. 700 Baht hinzu. Das aufgegebene Gepäck darf nur 15 kg wiegen. Bei Übergepäck werden heftige 160 Baht/kg berechnet. Wegen häufiger Verspätungen ist Air Asia für knappe Verbindungen nicht geeignet. Die Änderung eines Tickets ist nicht möglich. Ab Phuket und Bangkok gibt es Verbindungen in viele andere Orte Südostasiens.

Nok Air (DD), www.nokair.com, die billige Tochtergesellschaft von Thai Airways, fliegt mehrmals täglich von Bangkok (DMK) nach Chiang Mai, Udon Thani, Phuket, Krabi, Trang, Nakhon Si Thammarat und Hat Yai. Zudem 2x pro Woche nach Loei und täglich von Chiang Mai nach Mae Hong Son und Udon Thani. Preise ab 950 Baht, Freigepäck 15 kg. Der Tarif „Nok Plus" kostet 500 Baht mehr, Freigepäck 30 kg.

Orient Thai (one-two-go) (OX), www.fly12go.com, fliegt mehrmals täglich von Bangkok (DMK) nach Chiang Mai, Chiang Rai, Surat Thani, Phuket, Krabi, Nakhon Si Thammarat und Hat Yai für den Festpreis von derzeit 1750 Baht, Freigepäck 20 kg.

SGA (5E), www.sga.co.th, fliegt mit einer 12-sitzigen Cessna 1x täglich von Chiang Mai nach Chiang Rai und Pai sowie 4x täglich von Bangkok nach Hua Hin.

Eisenbahn

Die thailändische Eisenbahn ist ein zuverlässiges und sicheres Verkehrsmittel, das sich gerade auf längeren Strecken lohnt. Das einspurige Streckennetz der *State Railway of Thailand (SRT)* umfasst 4487 km. Sämtliche Eisenbahnlinien gehen sternförmig von Bangkok aus Richtung Norden, Nordosten, Osten, Süden und Westen bis in die äußersten Landesteile. Die Züge unterscheiden sich nach Komfort und Geschwindigkeit.

Express Diesel Railcar (EXP. DRC., auch *Sprinter*): Teurer und schneller als alle anderen Züge. Sie verkehren tags und nachts Richtung Süden zwischen Bangkok und Surat Thani (2x tgl., 9 Std.), Richtung Norden nach Chiang Mai (2x tgl., ca. 12 Std.), Udon Thani (2x tgl., 10 Std.), Surin (2x tgl., ca. 8 Std) und Ubon (1x tgl., 9 Std). In den klimatisierten Großraumwaggons können die bequemen Sitze wie im Flugzeug zurückgeklappt werden. Die Stewardess verteilt zu Mittag Fertiggerichte in Pappschachteln und Wasser mit Eis, am Nachmittag Kaffee und Gebäck Die Züge sind oft ausgebucht, Reservierung empfehlenswert.

Special Express Trains (EXP. SP.): Schnellzüge. Zwei Züge verkehren einmal täglich in beiden Richtungen von Bangkok nach Sungai Golok an der Grenze zu Malaysia (ca. 21 Std.) bzw. bis zur Grenze in Padang Besar (ca. 17 Std.), von wo ein Anschlusszug nach Butterworth (ca. 3 Std.) weiterfährt (dieser Zug heißt auch **International Express**). Richtung Norden fahren zwei luxuriöse, recht neue Züge in beiden Richtungen zwischen Bangkok und Chiang Mai (ca. 13 Std.). Sie haben klimatisierte und nicht klimatisierte 1. Klasse- und 2. Klasse-Abteile mit Schlafwagen, deren Sitze bzw. untere Liegen intakt sind. Der Zug nach Sungai Golok verfügt zudem über eine 3. Klasse.

Express Trains (EXP.): Schnellzüge. Je ein Zug fährt täglich in beide Richtungen von Bangkok nach Trang (ca. 14 Std.) und Nakhon Si Thammarat (ca. 15 Std). In den Nordosten verkehrt ein Zug täglich in beide Richtungen nach Ubon (ca. 11 Std.) und Nong Khai (ca. 12 Std.). Sie haben Sitze in der 2. und 3. Klasse, Schlafwagen mit etwas durchgesessenen Sitzen in der zweiten Klasse (Zuschläge s. rechts) und sind in einem Teil der 2. Klasse klimatisiert.

Rapid Trains (RAP.): Eilzüge. Recht betagte Züge mit 2. und 3. Klasse-Waggons, die mehrmals täglich von Bangkok in alle Richtungen und zurück fahren. Sie haben in der 2. Klasse Schlafwagen, einige wenige sind sogar klimatisiert. Die Sitze sind durchgesessen, das Essen ist billiger.

Ordinary Trains (ORD.): Bummelzüge, die an jeder Haltestelle anhalten. Sie haben nur 3. Klasse-Waggons z. T. mit Holzbänken und sind zur Hauptverkehrszeit meist überfüllt. Auf dem englischsprachigen Fahrplan sind sie nicht aufgeführt. Verspätungen sind relativ häufig, da sie anderen Zügen Platz machen müssen.

Diesel Railcars (DRC.): Diese langsamen Triebwagen (nur 3. Klasse mit Holzbänken) verkehren in Richtung Kanchanaburi und Nam Tok (River Kwae) sowie nach Aranyaprathet an der Grenze zu Kambodscha und auf kürzeren Strecken im Nordosten.

In der 1. (nur in Express-Zügen) und 2. Klasse entsprechen die **Nachtzüge** einem rollenden Hotel. Das 2-Personen-Abteil der 1. Klasse ist etwas schmaler als die 6er-Abteile in deutschen Zügen und besteht aus einer Sitzbank, die in ein oberes und ein unteres Bett umgewandelt wird, und ei-

Bahnzuschläge

- ☐ Special Express Trains um 80 Baht (von Februar–Mai von Fr–So um 100 Baht)
- ☐ Special Express 35, 36, 37, 38 um 100 Baht (120 Baht)
- ☐ Express Trains um 60 Baht (80 Baht)
- ☐ Rapid Trains um 40 Baht (60 Baht)
- ☐ AC in der 2. / 3. Klasse um 50–80 Baht
- ☐ Schlafwagenzuschläge pro Bett oben / unten im Special Express Train 2. Klasse um 130–150 / 200–240 Baht, im Rapid 2. Klasse um 100 / 150 Baht
- ☐ AC in der 2. Klasse mit Stewardess + 100–130 Baht
- ☐ AC in der 2. Klasse Sleeper + 120–140 Baht
- ☐ 1. Klasse ac pro Kabine für 2 Pers. 400 Baht, für 1 Pers. 300 Baht

Unsere in den regionalen Kapiteln angegebenen Fahrpreise enthalten zumeist alle Zuschläge.

nem Mini-Handwaschbecken. Bettwäsche und ac sind vorhanden, das Fenster ist nicht zu öffnen. Morgens kommen Kellner/-innen und verkaufen Kaffee.

In der 2. Kl. werden ab 20 Uhr die Betten heruntergeklappt (ca. 1,85 m lang in Fahrtrichtung), mit sauberer, weißer Bettwäsche bezogen und mit Vorhängen abgeteilt. In Express-Zügen sind die teureren unteren Betten 75 cm breit (oben nur 60 cm), bieten volle Sitzhöhe, und es rotiert kein Fan neben dem Kopf. Da in den älteren Rapid-Zügen die Sitze häufig durchgesessen sind, kann unten kaum eine ebene Fläche entstehen. Die **Sitze** der 2. Klasse ohne Schlafwagen sind zwar gepolstert, ansonsten aber miserabel – nur für den Notfall ratsam. Waschgelegenheiten sind ausreichend vorhanden, in einigen Wagen sogar eine Dusche, sie werden jedoch nicht immer geputzt.

Das **Essen** ist dürftig und nicht besonders gut, die Preise variieren mit der Zugklasse – am billigsten im Rapid, am teuersten im Special Express. Neben der freundlich überreichten Menükarte (im Express z. B. Abendessen für 120 bzw. 150 Baht, Frühstück für 75 Baht) verbirgt der Kellner evtl. auch eine Speisekarte mit billigeren Einzelgerichten (ab 25 bzw. 60 Baht). Von jedem Menü bleibt viel Plastikmüll zurück. Zwischen den Mahlzeiten werden die Fahrgäste tagsüber von zwei Stewardessen mittels kleiner Wägelchen (wie im Flugzeug) am Platz mit Getränken und Imbissen versorgt.

Nur wenige Züge führen einen Speisewagen (rechtzeitig reservieren!), ansonsten wird das Essen am Sitzplatz serviert. Hierfür wird extra ein Tisch aufgeklappt. Zur Essenszeit bieten auf vielen Bahnhöfen Verkäuferinnen einfache Currys oder gebratene Hähnchenteile mit Klebreis sehr preiswert an. **Getränke** werden von fliegenden Händlern tagsüber laufend angeboten. Trinkwasser aus großen Plastikflaschen steht in vielen Wagen zur Verfügung.

In allen Zügen besteht **Rauchverbot**. Die erste und ein Teil der zweiten Klasse ist mit dichten Fenstern und Klimaanlage versehen, die aber häufig viel zu kalt ist. In Waggons mit Fan stehen tagsüber die Fenster offen, was dem Fahrgast bei vielen Stunden Fahrt zu einer dicken Staubschicht verhilft.

Leider ist die Bahn nicht sehr schnell, was bei nächtlichen Langstreckenfahrten aber kaum ins Gewicht fällt. Ihr großer Vorteil ist wie überall: sie ist bequemer und sicherer. Motorradtransport ist möglich.

Die aktuellen englischsprachigen Eisenbahnfahrpläne für die wichtigsten Züge erhält man umsonst an vielen Bahnhofsschaltern oder gegen eine geringe Gebühr vom **Fahrplancenter**, S. Rachdi, Tellstr. 45, CH-8400 Winterthur, ☏/📠 0041-52-2131220, 💻 www.fahrplancenter.com. In unserem Anhang (s. S. 882–887) finden sich

Thailand Rail Pass

Für ausländische Touristen wird für 1100 Baht (*Pass A*, ohne Zuschläge) bzw. 2000 Baht (*Pass B*, inkl. Schlafwagen und Zuschläge) ein 20 Tage für die 2. Klasse gültiger **Thailand Rail Pass** angeboten. Schon bei 3 Langstreckenfahrten lohnt sich der Kauf des *Pass B*.
Infos unter 💻 www.amazing-thailand.com/SRT.html und im Bahnhof von Bangkok, ☏ 02-2237 010, 2237020.

die Fahrpläne von unseren Autoren überarbeitet.

Unter 💻 http://www.railway.co.th/English/Time_PDF.asp kann man die Fahrpläne herunterladen und ausdrucken. Unter 💻 www.thailand2000.de/kursbuch werden die für Traveller interessanten Fahrpläne von einem unserer Autoren regelmäßig überarbeitet.

Es ist ratsam, Tickets für längere Strecken einige Tage im Voraus zu buchen, denn die Nachtzüge sind häufig voll. Mit dem **Computerreservierungssystem** geht das ganz einfach: An jedem größeren Bahnhof werden alle Tickets bis zu 60 Tagen im Voraus verkauft. Allerdings wird bei Stornierungen nur der halbe Fahrpreis erstattet.

Bereits aus dem Heimatland kann man Tickets für AC-Züge über die Firma **Asia Discovery** per Internet unter 💻 www.asia-discovery.com/train.htm bestellen. Gegen Vorkasse werden die Tickets besorgt und gegen eine Servicegebühr von 200 Baht pro Ticket zu einem Hotel der Wahl innerhalb Bangkoks gebracht. Versand ins Ausland per DHL kostet extra.

Windige Reisebüros haben schon Sitzplätze reserviert, die es im Zug gar nicht gab (berüchtigt sind vor allem Reisebüros auf Ko Samui). Wer sichergehen will, sollte deshalb rechtzeitig an einem Bahnhof reservieren. Es ist besser, das Gepäck (vor allem Handgepäck) immer im Auge zu behalten, da es schon zu Diebstählen gekommen ist. Mit einem einfachen Fahrrad-Ringschloss lässt sich das Gepäck leicht an den Metallleitern und Gepäcknetzen festschließen.

Wer bereit ist, mindestens 1680 € für die 2000 km lange Fahrt von Bangkok nach Singapore auszugeben, kann einen Platz im nostalgischen **Eastern & Oriental Express** buchen, der einmal wöchentlich 130 betuchten Gästen eine Luxusreise im Stil von Somerset Maugham ermöglicht. Informationen und Buchungen über 💻 www.orient-xpress.com/web/eoe/eoe_c1a_home.jsp.

Der **International Express** verkehrt zwischen Bangkok und Butterworth (Penang), der Ekspres Langkawi zwischen Kuala Lumpur und Hat Yai. Man kann 30 Tage für die 1., 2. und 3. Klasse im Voraus das Ticket buchen, wenn eine Platz- bzw. Bett-Reservierung vorgenommen wird. Unterbrechungen sind nur bei Reisen über 200 km möglich.

Busse

Das System der **öffentlichen Verkehrsmittel** auf der Straße ist in Thailand hervorragend ausgebaut. Vom Luxusbus mit 24 Sitzen bis zum Motorradtaxi greifen alle Transportmittel nahtlos ineinander über. Selbst wer mitten in der Nacht auf dem Busbahnhof einer Provinzstadt aussteigt, kann darauf vertrauen, dass ihn eine Rikscha zu einem freien Hotelzimmer bringt, wenn auch nicht unbedingt zum gewünschten. Einen Anschlussbus in die nächste Stadt bekommt man schon ab spätnachmittags nur noch selten.

Non-AC-Busse (Normal-Busse, no-air, Thammada oder Standard 3): Zumeist rote Busse der staatlichen *Transport Co.*, seltener Busse privater Konzessionäre, fahren zum Festpreis von ca. 0,41 Baht/km (kürzere Strecken bis 0,45 Baht/km) nahezu jede Stadt des Landes an. Zu festen Zeiten fahren sie in unterschiedlicher Anzahl von den Bus Terminals ab, werden jedoch immer häufiger durch 2. Klasse AC-Busse ersetzt. Für Personen über 1,70 m sind sie meist ein Gräuel, weil die Beine nicht zwischen die Sitze passen, die nur einen Abstand von 60 cm haben. Die hinterste Sitzbank sollte man meiden.

AC-Busse (Klimatisierte Busse, Aircon-Busse, Air 1, Bus air oder Standard 1B): Vorwiegend blaue, klimatisierte Busse mit Toilette und etwa 40 Sitzen. Sie sind mit ca. 0,72–0,78 Baht/km nicht ganz doppelt so teuer wie non-ac Busse und verkehren auf längeren Strecken. Die Preise können aufgrund unterschiedlicher Serviceleistungen, Routen und der Konkurrenzsituation um 10–20 % variieren. Für Unterhaltung mit Videos ist während der Fahrt gesorgt. Getränke und kleinere Mahlzeiten sind häufig im Preis inbegriffen. Die AC-Busse fahren entweder von den Büros der privaten Bus-Companies oder den staatlichen Bus Terminals ab. Manchmal werden die Passagiere von privaten Bus-Companies sogar vom Hotel abgeholt.

Wer in einem privaten Nachtbus einschläft, muss damit rechnen, professionell bestohlen zu werden, Wachsamkeit ist also angebracht! Bei der ständig laufenden Klimaanlage wird es v. a. nachts sehr kalt. Nur wenige Busse haben Decken, und viele AC-Düsen lassen sich nicht abstellen. Da hilft viel Klopapier oder ein breites

Klebeband und warme Kleidung, sonst droht trotz Tropen und Sonne eine Erkältung.

Die orangen **2. Klasse AC-Busse** (2.Kl. AC-Bus, Air 2, second class AC-Bus oder Standard 2) ohne Toilette und Essen sind mit ca. 0,56 Baht/km billiger als die blauen Varianten. Sie besitzen 47 engere Sitze und werden immer häufiger anstelle von non-AC-Bussen eingesetzt.

VIP-Busse (gesprochen: wie-ei-pie; VIP-32, Bus air, Standard 1 B, Standard 1 C): Vorwiegend blaue, neuere AC-Busse der privaten Gesellschaften mit 32 bzw. 40 bequemen Sitzen. Sie sind mit ca. 0,85 Baht/km etwas teurer als AC-Busse und können bei den Busgesellschaften und in den jeweiligen Busbahnhöfen gebucht werden. Sie fahren zu festen Zeiten ab, die Toiletten im Bus funktionieren, eine Stewardess reicht Getränke und Snacks, ein Essengutschein ist im Preis enthalten. Die etwas übertriebene Bezeichnung VIP führt häufig zu (gewollten!) Verwechslungen mit den echten VIP-24 Bussen.

Die ausschließlich staatlichen **VIP-24 Busse** (999-Busse, VIP-24, Standard 1A) mit 24 Sitzen (8 Reihen à 3 Sitze) fahren von Bangkok in viele Städte im Norden, Nordosten und Süden in 7–16 Std., überwiegend nachts. Sie sind sehr bequem und mit 1,13 Baht/km ca. 50 % teurer als AC-Busse. Tickets kann man nur in den Büros an den Bus Terminals kaufen, ab 3 Tage vor Abfahrt. Die Sitze haben ausreichend Platz für lange Beine und lassen sich, mit Ausnahme der letzten Reihe, so weit wie im Flugzeug zurückstellen. Es werden häufig Decken gegen die kühle AC-Brise ausgeteilt. Viele Passagiere kommen ausgeschlafen an.

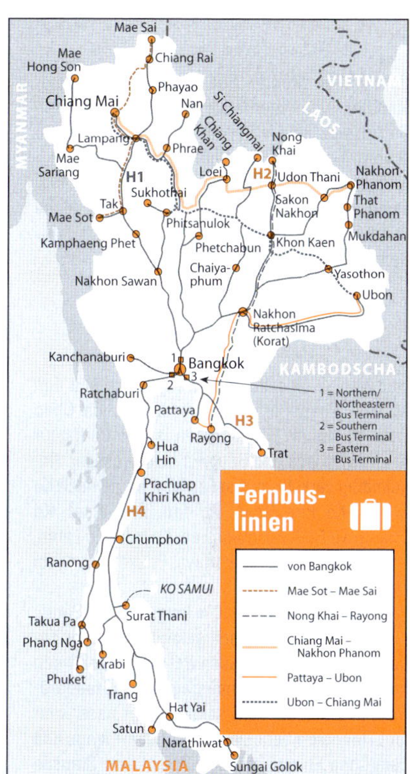

Minibusse

In verschiedenen Provinzhauptstädten haben Privatunternehmer einen Liniendienst mit klimatisierten, 16-sitzigen Minibussen (auch: *Microbus*, *Minivan* oder *Microvan*) aufgezogen. Sie fahren alle ein bis zwei Stunden, zumeist zur vollen Stunde, von bestimmten Stellen in der Stadt zu benachbarten Provinzhauptstädten und anderen festen Zielen. Tickets gibt es an einem Tisch am Straßenrand, nur wenig teurer als für AC-Busse. Sind alle Fahrgäste da, wird auch früher abgefahren. Der Fahrstil der Fahrer ist dem Verkehr angemessen.

Für Traveller interessante Routen sind z. B. Sukhothai – Mae Sot, Chumphon – Ranong, Chumphon – Surat Thani, Trang – Ko Lanta, Krabi – Ko Lanta, Trang – Pakbara, Hat Yai – Pakbara.

Achtung

Aufgrund der fluktuierenden Diesel-Preise können die Preise der Busse etwas steigen.

Sammeltaxis

In manchen Städten Süd-Thailands sind Sammeltaxis eine Alternative zum Bus. Die alten Benz-Limousinen fahren los, sobald 6 Passagiere (2 vorn, 4 hinten) zum selben Ziel wollen.

Sie sind etwa 50 % teurer als die weit langsameren Busse und haben für unterschiedliche Richtungen verschiedene Startplätze am Straßenrand.

Boote

Nur wenige Flussboote fahren in Thailand den Menam Chao Phraya (auch: Mae Nam Chao Phraya) hinauf. Für Touristen ist die Bootstour nach Ayutthaya und Bang Pa In interessant. Regelmäßig verkehren vom Festland Boote nach Ko Samui, Ko Pha Ngan, Ko Tao, Ko Samet, Ko Chang, Ko Mak, Ko Bulon Lae, Ko Lipe, Ko Lanta, Ko Phi Phi und auf die Pattaya, Phuket und Krabi vorgelagerten Inseln.

Longtail-Boote – 5–10 m lange, offene Boote, die von einem beweglich gelagerten Motor angetrieben werden, dessen Schraube weit nach hinten übers Boot hinausragt. Das Standard-Boot in Thailand: sehr schnell, sehr nass, sehr laut. Touristen benutzen sie auf den Klongs und dem Chao Phraya in Bangkok, auf dem Stausee im Khao Sok National Park sowie zwischen vielen Inseln.

Passagierboote – umgebaute Fischkutter mit Sitzbänken und Sonnendach. Bedienen zu festen Zeiten an wenigen Tagen der Woche die größeren Dörfer auf Inseln, um den Bewohnern die Fahrt zum Markt zu ermöglichen, und transportieren vor allem Waren. Zudem werden sie von Tauchbasen verwandt und an Touristen für Ausflüge auf die vorgelagerten Inseln vermietet.

Nachtboote – mehrstöckige, langsame Schiffe, die nachts zwischen Surat Thani und Ko Samui, Surat Thani und Ko Pha Ngan sowie Surat Thani und Ko Tao verkehren. Sie sind bei Travellern als „schwimmende Jugendherberge" sehr beliebt, hatten aber schon mehrere schwere Zusammenstöße mit dem Gegenboot. Keine Unfälle hatte dagegen das Nachtboot von Chumphon nach Ko Tao, das nur manchmal umdreht, wenn dem Kapitän die Wellen vor der Flussmündung zu hoch erscheinen.

Expressboote – schnelle Passagierboote, die zwischen Surat Thani, Ko Samui, Ko Pha Ngan, Ko Tao und Chumphon eingesetzt werden. Sie sind bei normalen Witterungsverhältnissen recht sicher, aber nicht absolut pünktlich. Das Ko Samui-Boot wird häufig gnadenlos überladen. Das Ko Tao-Boot bringt bei Wellengang von über 2 m die Fahrgäste, die nicht auf die Fahrt verzichten wollen, in echte Lebensgefahr. Eine gute Alternative ist auf dieser Strecke der kentersichere Lomprayah-Katamaran, der bei Wellengang aber auch Probleme hat. Daneben bedienen mehrere Gesellschaften in hartem Wettbewerb die Routen zwischen Krabi, Phuket, Ko Phi Phi und Ko Lanta. Auch Tagesausflüge zu den Similan-Inseln werden mit Expressbooten durchgeführt.

Speedboote – große, schnelle Außenborderboote, die Gäste von teuren Inselhotels nach Bedarf befördern oder von Tauchschulen zu entfernteren Tauchgebieten eingesetzt werden. Einige verkehren regelmäßig zwischen Pakbara bzw. Satun und Ko Lipe sowie zu den Inseln des Ko Chang-Archipels. Ein großer Erfolg ist die neue Linie von Ko Lanta über Ko Hai und Ko Muk nach Ko Bulon und Ko Lipe. Sie führt durch eine herrliche Inselwelt. Bei kräftigem Wind wird die Fahrt über Land von Pakbara nach Trang per Minibus durchgeführt.

Autofähren – transportieren Fahrzeuge und Passagiere zwischen Ko Samui bzw. Ko Pha Ngan und Don Sak, zwischen Chumphon und Ko Tao sowie zwischen dem Festland und Ko Chang (Trat). Sie sind sehr sicher und zuverlässig, erfordern manchmal allerdings lange Wartezeiten.

Motorräder und Mopeds

Humpelt in Phuket oder auf Ko Samui ein braun gebrannter *farang* mit dem Arm in der Schlinge über die Straße, dann handelt es sich meist um ein Motorrad-Unfallopfer – leider kein seltener Fall. Allein in Pattaya verunglückt während der Hochsaison fast täglich ein Motorradfahrer tödlich.

In fast allen Touristenorten und vielen Provinzstädten gibt es **Motorräder** (ab 250 Baht) und

Mopeds (ab 180 Baht) zu mieten. Die kleinen Hondas sind zwar für Tagesausflüge bestens geeignet, aber keinesfalls für lange Strecken, zu zweit oder mit Gepäck. Die Verkehrssicherheit vieler Leihmotorräder lässt zu wünschen übrig. Es besteht **Helmpflicht**, und Helme sind in vielen Verleihstellen auch zu haben, denn das Fehlen des Sturzhelms wird inzwischen fast überall mit 500 Baht Geldstrafe geahndet und strikt kontrolliert. Da aber Handschuhe und Brille nicht gebräuchlich sind, und sich so mancher (wegen der Bräune) gern nur mit Shorts und Gummisandalen bekleidet in den Sattel schwingt, kommt es selbst bei leichten Stürzen zu bösen Hautabschürfungen. Gelegentlich wird der Internationale Führerschein und häufig die Hinterlegung des **Passes** verlangt, wovon in Ko Samui abzuraten ist, da so mancher Verleiher schon beim kleinsten Kratzer den Pass nicht mehr herausrückt. Besser ist es dort, nur den **Personalausweis** abzugeben.

Wer vorhat, öfter Motorräder zu leihen, sollte auch den Jethelm von zu Hause mitbringen, da die geliehenen häufig nicht passen. Mit eingeschaltetem Scheinwerfer wird man nicht so leicht übersehen. Vor allem in Kurven gilt es, so weit wie möglich links zu fahren. Die Tasche oder der Tagesrucksack im Korb sollte immer befestigt werden, da es einige motorisierte Langfinger gibt.

Haftpflichtversicherungen für Leihmotorräder decken in Thailand nur Personenschäden bis max. 50 000 Baht ab, jedoch keine Sachschäden. Auch als Motorradfahrer sind Ausländer bei einem Unfall zur Zahlung einer Entschädigung verpflichtet. Der Unfallgegner wird praktisch niemals zahlen können. An jedem vierten Verkehrsunfall in Thailand ist ein Motorrad beteiligt.

Wer sein **eigenes Bike** nach Thailand mitnehmen will, sollte sich bei *Lufthansa* nach den speziellen Motorradbedingungen erkundigen. Das Bike kann voll beladen auf eine Palette gefahren werden. Am Flughafen in Bangkok kommt es mit derselben Maschine an und kann sofort benutzt werden.

Wer 6 Wochen Zeit mitbringt, kann von Ubon im fernen Osten immer an der thailändischen Grenze entlang bis Mae Sai im Norden und Umphang im Westen fahren und dabei herrliche Erfahrungen mit dem ländlichen Thailand machen. Überall gibt es Unterkünfte oder zumindest Nationalparks, in denen man sein Zelt aufschlagen kann.

Motorradtouren ab Chiang Mai bietet *Off-Road Tours* jetzt mit thailändischer Zulassung an, weitere Infos unter 💻 www.Off-RoadTours.de. Überaus hilfreich für den Motorradneuling in Nord-Thailand ist die *General Touring Information* von David Unkovich in Chiang Mai, 💻 www.gt-rider.com.

Fahrräder

In vielen Tourismuszentren kann man **Fahrräder** mieten, die meist jedoch nicht verkehrssicher und wenig komfortabel sind. Auch **Mountainbikes** vergammeln beim Vermieten schnell. Wer vorhat, nicht nur am Strand entlang zu radeln, sollte sich besser ein Rad mitbringen oder kaufen. Mit einer guten Karte und unseren Kurzbeschreibungen können engagierte Biker vorwiegend auf verkehrsarmen Routen von Bangkok in den Norden, Nordosten und Süden fahren. Unsere Kartenskizzen verdeutlichen die empfohlenen Bikerouten, i.b. die Nebenstraßen von Kanchanaburi nach Ratchaburi, von Phetchaburi über Cha-am und Hua Hin nach Kuiburi, von Ban Krut über Bang Saphan bis Chumphon sowie von Lang Suan nach Surat Thani oder über die Berge an die Andamanensee nach Takua Pa. Detailliert beschreiben wir Routen für Biker im Loose-Führer „Thailand – Der Süden". Im Internet stehen Fahrradinfos unter 💻 www.radfahren.mynetcologne.de/rad_thai.htm.

Man kann für kürzere Strecken ein Pickup chartern oder das Bike im Gepäckwagen eines Zuges abgeben (nicht in *Express* und *Special Express*). Auch einige Busse nehmen unverpackte Bikes im Gepäckraum oder auf dem Dach mit,

Mekong Challenge Tour

In Chiang Khong startet jedes Jahr in der 3. Oktoberwoche die Mekong Challenge Tour. Sie führt in zwei Wochen nach China, Laos und Kambodscha.

sofern ausreichend Platz ist. Notfalls müssen sie zerlegt werden.

Nur die ärmeren Thais auf dem Land fahren Rad. Wer es sich leisten kann, kauft sich ein Motorrad oder gar ein Auto. Ein Rad fahrender Tourist wird entsprechend geringschätzig betrachtet und ohne weiteres von einem heranbrausenden LKW rücksichtslos von der Fahrbahn gedrängt.

Generell eignen sich die Großstädte, besonders Bangkok, nicht zum Rad fahren, da die Straßen gefährlich und die Bürgersteige belebt und voller Fallstricke sind. Am meisten Spaß macht eine Tour während der kühlen Jahreszeit (Nov–Feb) abseits der Hauptstraßen, z. B am Mekong entlang von Chiang Khan über Nong Khai, Bung Kan, Nakhon Phanom und Mukdahan nach Ubon Ratchathani. In vielen Gästehäusern wird zum Leihfahrrad auch eine Routenskizze für schöne Tagestouren mitgeliefert. Brauchbare **Mountainbikes** gibt es in Pai und Chiang Khong zu mieten. Vorgeplante **Touren** werden in Chiang Mai und Nong Khai angeboten. In einigen Provinzen (z. B. Phang Nga) gibt es aktive Radsportler, die exzellente Rundstrecken empfehlen können.

Mietwagen

Um ein Auto in **Thailand** zu mieten, benötigt man nur den internationalen Führerschein und etwas Geld. Es ist aber nicht ratsam, die ersten Erfahrungen im asiatischen Straßenverkehr in Bangkok zu machen.

Außer dem obligatorischen **Linksverkehr** gibt es noch andere **Verkehrsregeln**, die aber nicht sehr ernst genommen werden. Das Chaos von Bangkok ist nur der Anfang. Auf dem Land haben große Fahrzeuge wie Busse und Lastwagen immer Vorfahrt, und man muss immer bereit sein, das Fehlverhalten anderer zu akzeptieren. Der Seitenstreifen wird von langsamen Verkehrsteilnehmern und zum Ausweichen bei entgegenkommenden überholenden Fahrzeugen genutzt. Die Geschwindigkeit ist auf den Highways auf 90 km/h begrenzt, auf den Autobahnen darf bis zu 120 km/h gefahren werden. Thais, die von der Polizei bei einem Verkehrsvergehen erwischt werden, kommen oft mit 200 Baht davon. Auch der Papierkrieg kann häufig durch kleinere Zuwendungen beschleunigt werden. Wenn Verkehrspolizisten behaupten, das Radar hätte eine überhöhte Geschwindigkeit gemessen, sollte man die geforderte Strafe bezahlen. Normalerweise sind es bei Geschwindigkeitsübertretungen 200 Baht. Eine Quittung erhält man natürlich nicht.

Eine hilfreiche Ausschilderung der Highways und Hauptstraßen mit lateinischen Buchstaben ist in abgelegenen Regionen nicht vorhanden. Dann hilft eine **Straßenkarte**, auf der die Orte in Thai- und lateinischen Buchstaben bezeichnet sind. Brauchbar fanden wir die *Thailand Highway Map A to Z Atlas*, ein Atlas mit zweisprachigen Karten im Maßstab 1 : 1,1 Mio. und zahlreichen Stadtplänen.

Normalbenzin kostet an großen Tankstellen ca. 25–27 Baht pro Liter. Bis zu 30 Baht verlangen kleine Tankstellen, wo das Benzin aus Fässern gepumpt wird.

Mietwagen der Mittelklasse sind landesweit für ca. 1500–2200 Baht pro Tag zu haben, ab 7 Tagen Mietdauer für 1300–1900 Baht. Die preiswerten lokalen Autovermietungen in Phuket verlangen nur 1000–1500 Baht. In den Touristenzentren werden auch Jeeps (ca. 1000 Baht pro Tag) und Pickups (800 Baht, gut für Kleingruppen bis 10 Personen) vermietet. Zumeist kann bei längerer Mietdauer um den Preis gehandelt werden. Von der Kreditkarte wird häufig ein Blankobeleg als Sicherheit hinterlegt, was bei renommierten Firmen kein Problem darstellt. Seinen Pass zu hinterlegen gilt jedoch als grob fahrlässig.

Avis (💻 www.avisthailand.com) und Hertz bieten *one way rental service* zwischen Phuket, Ko Samui, Bangkok, Pattaya und Chiang Mai an, Budget (📞 1800-283438, gebührenfrei, 💻 www.budget.co.th) zwischen allen Niederlassungen ab sieben Tagen Mietdauer ohne Aufpreis. Adressen der Autovermietungen im lokalen Teil unter „Sonstiges".

Eine Probefahrt empfiehlt sich auf alle Fälle, keinesfalls sollte man den gesamten Preis im Voraus bezahlen, sondern lieber eine Sicherheit hinterlegen. Falls das Fahrzeug unterwegs zusammenbricht, hat man so eine günstigere Ausgangsposition. Eine Haftpflichtversicherung ist gesetzlich vorgeschrieben. Internationale Versicherungsunternehmen bieten auch Touristen die

Möglichkeit, Autos mit einer geringen Selbstkostenbeteiligung zu versichern. Nach thailändischem Recht müssen Unfallverursacher bei Personenschäden an die Betroffenen Entschädigungen von 10 000–200 000 Baht bezahlen, je nach Schwere der Verletzungen. Ein Ausländer muss immer damit rechnen, bei einem Unfall als der allein Schuldige zu gelten. Wird eine Rechtsberatung benötigt, kann man sich an den von der Deutschen Botschaft empfohlenen **Rechtsanwalt** wenden:

Mr. Bhuttree Kuwanon, ✆ 02-2368790-1,
Sataporn Building Suite 304, 70 Pan Rd. Silom;
eine Beratungsstunde (auf Englisch) kostet
1500 Baht.

Nahverkehr

Das Verkehrswesen zeichnet sich durch eine Vielzahl billiger, konkurrierender Nahverkehrsmittel aus. Wer passend zahlt, umgeht Probleme mit dem Wechselgeld. Nach 18 Uhr ist es praktisch unmöglich, aus kleinen Orten wegzukommen. Dann muss man teuer chartern.

Samlor – ein dreirädriges Fahrrad-Taxi (auch: Fahrradrikscha) mit überdachter Sitzbank für 2 Personen für kurze Strecken. Der Fahrpreis muss vorher ausgehandelt werden.

Tuk Tuk – ein dreirädriger Motorroller (Vespa) mit überdachter Sitzbank, manchmal auch *samlor* genannt. Mit mehr als 2 Personen oder mit Gepäck wird es in dem kleinen Aufbau recht eng. Tuk Tuks fahren nicht auf langen Strecken. Der Fahrpreis muss vorher ausgehandelt werden (3 Finger ausgestreckt = 30 Baht, 4 Finger = 40 Baht etc.). Eingesetzt in Bangkok, Chiang Mai, Trang und in vielen weiteren Städten, in Phuket abgelöst durch einen viersitzigen, umweltfreundlichen Viertakter.

Motorradtaxi – normales Motorrad oder Moped, das bis zu 2 Fahrgäste zu beliebigen Zielen mitnimmt. Der Fahrpreis ist recht niedrig, muss aber vorher ausgehandelt werden. Sieht im Stadtverkehr äußerst gefährlich aus, besonders wenn Damen freihändig und quer auf dem Sozius sitzen. Eingesetzt in vielen Städten, auf Inseln ohne PKWs und in ländlichen Gegenden.

Taxi – klimatisierter PKW, in Bangkok überwiegend mit, ansonsten ohne Taxameter. Auf Ko Samui und in einigen anderen Touristenorten gibt es jetzt auch Taxameter-Taxen, doch die Fahrer sind nur schwer dazu zu bewegen, den Taxameter auch einzuschalten. Der Fahrpreis beträgt bei Taxameter-Taxen für die ersten beiden Kilometer 35 Baht, ansonsten muss er vorher ausgehandelt werden. Ein unbedarfter Tourist bezahlt für ein Flughafen-Taxi häufig überhöhte Preise. Taxifahrer sprechen meist kein Englisch. Sie erhalten normalerweise kein Trinkgeld, außer für besondere Gefälligkeiten.

Songthaew (gesprochen: *song-täo)* – ein privat betriebener Kleinlaster (manchmal sogar ein großer LKW, der auch Minibus heißt) mit zwei niedrigen Sitzbänken, auf denen sich die Passagiere gegenübersitzen. Das Dach ist nicht ganz heruntergezogen, sodass es vor allem bei schneller Fahrt stark zieht. Sie haben feste Preise, für Sitz- wie für Stehplätze dieselben. Nach Sonnenuntergang kann man das Fahrzeug in der Regel nur für mehrere hundert Baht chartern. Songthaews fahren nach unterschiedlichen Prinzipien:

- ☐ In größeren Städten bedienen sie relativ feste Routen zu einem Einheitstarif (5–20 Baht), bringen jedoch in der Zielgegend die Passagiere bis vor die Tür. Für *farang,* die kein Thai sprechen, ist es schwierig, ihren Zielort zu erfahren. Anzutreffen in Bangkok und Chiang Mai (auch vom Flughafen zur Unterkunft).
- ☐ In mittleren Städten kurven sie ständig durch die Stadt auf der Suche nach Fahrgästen. Man nennt das Ziel und erhält ein Handzeichen, einzusteigen oder zu warten. Wer viel Zeit hat und ganz hinten sitzt, kann so die halbe Stadt kennen lernen. Fahrpreis meist 5–7 Baht.
- ☐ In vielen Städten fahren Songthaews in regelmäßigen Abständen zu bestimmten Orten in der Umgebung. Sie haben einen festen Startplatz am Straßenrand. Der Tarif richtet sich nach der Entfernung und ist auch für Touristen fest. In Ko Samui und Phuket sind die Strände angeschrieben.
- ☐ Zweigt von einer großen Straße eine kleinere ab, die nicht von großen Bussen bedient wird, übernehmen Songthaews die Verteilung der Fahrgäste in die kleinen Orte. Dasselbe gilt für Bahnhöfe auf dem Land. Die Preise sind fest.

Pickup – ein Songthaew, der überall Passagiere mitnimmt.

Minibus (auch: Microbus oder Microvan) – eine komfortablere Einrichtung auf dem Lande anstelle der halboffenen Songthaews. In Bangkok werden sie zusätzlich zu den festen Buslinien eingesetzt und bedienen einige Busstrecken in der Nacht. In manchen Städten werden auch ganz normale Songthaews modisch Minibus genannt.

Stadtbus – normaler, farblich gekennzeichneter Bus mit Nummer, der eine bestimmte Route befährt. Eine beliebige Strecke kostet je nach Stadt 2–5 Baht. In Korat gibt es etwa 10 Routen, in Bangkok über 170.

Nur in der Metropole gibt es klimatisierte Busse (6–16 Baht) und Microbusse (20 Baht).

Personenfähren, **Klongboote** und **Expressboote** übernehmen speziell in Bangkok auf dem Menam Chao Phraya einen Teil des öffentlichen Nahverkehrs.

Übernachtung

Hütten, Gästehäuser und Bungalows

Die romantischen **Hütten** am Strand von Ko Pha Ngan, Ko Tao, Ko Lanta, Ko Phayam, Ko Samet oder Ko Chang und die modernen **Gästehäuser** in Chiang Mai, Krabi oder Bangkok sind sehr einfach ausgestattet und überwiegend billiger als die preiswertesten thailändischen Hotels. Ihre Ausstattung beschränkt sich meist auf eine dünne Matratze, eine Lampe und (wichtig, aber selten!) ein Moskitonetz. Wenn der Strom von einem Generator erzeugt wird, herrscht oft schon ab 22 Uhr Dunkelheit. Um Duschen und Toiletten aufzusuchen, braucht man eine gute Taschenlampe.

Besonders hellhörig sind Holzhäuser mit dünnen Bretterwänden, wie sie in der Khaosan Road in Bangkok und an vielen Stränden üblich sind.

Die allereinfachste Bambushütte ist auf Ko Pha Ngan schon für 100 Baht zu haben, auf Ko Chang (bei Ranong) kostet der gleiche Standard 200 Baht, auf Ko Phi Phi mindestens 180 Baht. In Nord-Thailand kostet die billigste Hütte mit eigener Dusche und WC zumeist ab 100–150 Baht, in Süd-Thailand je nach Lage mindestens 120–250 Baht.

Für einen **Bungalow** aus festen Materialien, mit Glasfenstern und guten Matratzen sind 300 Baht und mehr fällig. Kommen ein Ventilator (englisch *fan*, auf Thai *patlom*) und einige Möbelstücke dazu, werden es über 400 Baht. Liegt die Hütte in einem teuren Gebiet (Ko Phi Phi, White Sand Beach auf Ko Chang, Klong Dao Beach auf Ko Lanta) oder an Stränden, die nur am Wochenende von Thai-Touristen frequentiert werden, zahlt man für denselben Standard einige hundert Baht mehr. Ein Touristen-Bungalow mit Klimaanlage (ac) kostet ab 600 (auf Ko Samui ab 800 Baht).

Das Personal der Bungalowanlagen und Gästehäuser sorgt auch für das leibliche Wohl der Gäste. Tee und Kaffee gibt es fast überall, häufig auch ein Frühstück, oder es befindet sich gleich nebenan ein Restaurant mit Frühstück, Getränken und gutem Thai-Essen. Das Diebstahlrisiko, vor allem in Schlafsälen, verringert ein eigenes Vorhängeschloss oder ein abschließbarer Rucksack. Immer häufiger monieren unsere Leser den unangenehmen Geruch, der von unzulänglicher Abwasserentsorgung durch Resorts, Restaurants und ganze Touristenorte herrührt, was die Verursacher natürlich nicht gern hören. Dezente Hinweise auf preiswerte alternative Technologien, die es in Thailand durchaus gibt, können vielleicht einen Denkprozess in Gang setzen.

Ferienwohnungen und -häuser werden nur selten angeboten, zzt. in Pattaya, Ban Krut, Ko Samui, Phuket, Khao Lak und Sichon. Der Standard entspricht internationalem Niveau, die Preise liegen niedriger. Die voll ausgestatteten Küchen werden zumeist nur fürs Frühstück oder zur Zubereitung von Babynahrung genutzt, da das Essen außerhalb bekannt billig und schmackhaft ist.

Hotels

Internationalem Standard entsprechende **Luxushotels** gibt es u. a. in Bangkok, Pattaya, Cha-am, Hua Hin, Khao Lak, Phuket, Ko Phi Phi und Ko Samui. Das *Oriental* in Bangkok, das zu den fünf besten Hotels der Welt gehört, verlangt Zimmerpreise von US$200–2000 für die *Author's Residence* pro Nacht.

Wer in **mittleren Hotels** (ab 600 Baht aufwärts) nach einem *discount* fragt, erhält häufig Rabatt. Immer populärer wird es, die Unterkunft von zu Hause oder unterwegs per Internet zu buchen, direkt beim Hotel oder über Vermittler. Thailandweite Buchungsdienste offerieren nur teure Hotels. Viele lokale oder regionale Buchungsdienste, zumeist von Ausländern gemanagt, bieten auch Unterkünfte im mittleren Preisbereich an. Eine Anzahlung von ca. 30 %, per Überweisung oder mit Kreditkarte, sichert den gewünschten Bungalow, was vor allem zur Hochsaison vorteilhaft sein kann.

In der Provinz werden Hotels mit ordentlichem Standard recht billig angeboten. Für 150–250 Baht bekommt man ein meist sauberes Doppelzimmer mit Dusche und Fan, Einzelzimmer (Zimmer mit nur einem, aber großen Bett) sind etwa 30–40% billiger. Vielfach gibt es inzwischen die *New Generation Hotels,* die aufgelockert gebaut und angenehm eingerichtet sind und nur 400 bis 600 Baht kosten.

Provinz-Hotels, oft nur in Thai-Schrift gekennzeichnet, werden meist auch stundenweise vermietet. Abseits der Touristenpfade gibt es zu diesen lauten Unterkünften kaum Alternativen. Wer relativ ungestört schlafen will, besorgt sich am besten ein Zimmer nach hinten (wegen des Straßenverkehrs) und im obersten Stockwerk (wegen des anderen Verkehrs). Der Preis richtet sich nach der Art des Zimmers und nicht nach der Anzahl der Personen, die dort übernachten.

Preise der Unterkünfte

Wir haben die Unterkünfte in acht Kategorien unterteilt, wobei die Preise jeweils für ein Doppelzimmer *(double room)* gelten:

❶	**bis**	**150 Baht**
❷	**bis**	**300 Baht**
❸	**bis**	**600 Baht**
❹	**bis**	**1200 Baht**
❺	**bis**	**2400 Baht**
❻	**bis**	**3600 Baht**
❼	**bis**	**4800 Baht**
❽	**über**	**4800 Baht**

In den gehobenen Kategorien wird in Thailand auf den Zimmerpreis 10 % Government Tax und 7 % Service Charge aufgeschlagen.

Reservierung und Vorausbuchung

Normalerweise ist immer ein freies Zimmer zu bekommen. Schwierig wird es nur in den Urlaubsorten an Feiertagen, vor allem Weihnachten, zum westlichen, chinesischen und thailändischen Neujahr (Songkran). Auch während der europäischen Sommer- und Weihnachtsferien sind viele Zimmer ausgebucht. Abends kann es schwierig sein, in dem gewünschten Gästehaus noch einen Platz zu bekommen. Wer sicher gehen will, ruft selbst am Vormittag im Zielort an und reserviert ein Zimmer. Wer einen Reisebüroangestellten telefonieren lässt, muss damit rechnen, dass dieser das gewünschte Zimmer für ausgebucht erklärt und ein anderes vermitteln will. Wer während der Hochsaison anreist, kann für die ersten Nächte bereits zu Hause über Reisebüros, bei Veranstaltern oder im Internet Zimmer buchen. Die thailändische Jugend zieht es in den Universitätsferien (Mitte März – Juni) und Schulferien (Mitte Mai – Mitte Juli) vorwiegend an Strände, die bei ausländischen Touristen weniger beliebt sind. In der Nebensaison kann man ab Mitte April immer nach einem Off-Season-Discount fragen.

Spartipp: Touristenhotels mittleren und gehobenen Standards lassen sich wesentlich günstiger vor der Abreise über Reiseveranstalter buchen, die komfortable Zimmer zu Preisen um 30–50 € p. P. anbieten, nur in der Luxuskategorie (Sukhothai, Shangri-La und natürlich Oriental) sind sie teurer. Günstigere Preise erhält häufig auch, wer direkt per Internet oder vor Ort über Reisebüros bucht.

Weitere Übernachtungsmöglichkeiten

Klöster bieten Männern einen einfachen Schlafplatz (gegen eine Spende in Höhe des Übernachtungspreises im Gästehaus), während sie Frauen überwiegend verschlossen bleiben. Sie sind keine Hotels, Service oder nennenswerter Komfort kann dort nicht erwartet werden.

In den Dörfern der Bergvölker (und in anderen Dörfern) leben die Bewohner höchstwahrscheinlich unter dem Existenzminimum. Man sollte sich daher mit einem Schlafplatz auf der Veranda (Männer und Frauen zumeist getrennt) begnügen. Vor dem Betreten des Hauses zieht man die Schuhe aus. Selbstverständlich wird ein angemessener Betrag für Unterkunft und Verpflegung erwartet (zusätzlich zum Essen 50–100 Baht p. P.).

Zelten ist nicht nur in Nationalparks sehr beliebt, sondern auch bei Gästehäusern am Strand sehr gut möglich, wenn man freundlich fragt.

Toiletten

WCs *(hong nahm)* gibt es fast überall, v. a. in Tankstellen, Busbahnhöfen, Kaufhäusern, an Piers und in der Nähe von Restaurants und Essenständen, wo sich oft mehrere eine Toilette teilen. Sie sind überwiegend sauber und kostenlos, aber oft fehlt Toilettenpapier und Seife (für Notfälle im Handgepäck mitnehmen). Edle öffentliche Toiletten mit Warmwasser, guter Seife und Musikbeschallung, wie an der Taksin-Brücke in Bangkok, verlangen bis zu 5 Baht.

Verhaltenstipps

Sitten und Gebräuche in Thailand

Der **Kopf** gilt als heilig und sollte nie, auch nicht in europäisch-freundschaftlicher Geste, berührt werden. Der **Fuß** ist der unedelste Körperteil und darf deshalb nie einem anderen Menschen oder gar einer Buddhastatue entgegengestreckt werden, was bei der asiatischen Sitzweise manchem Europäer Schwierigkeiten bereitet.

Die **linke Hand** gilt als unrein; deshalb benutzt man die rechte Hand, um zu essen, etwas zu geben oder in Empfang zu nehmen. Große Achtung und so manches strahlende Lächeln erwirbt sich ein Ausländer, der beim Geben oder Überreichen die typische „Gebe-Geste" der Thai anwendet: Während die rechte Hand den Gegenstand übergibt, berührt die linke Hand leicht den rechten Unterarm, um anzudeuten, dass man mit ganzem Herzen gibt.

Thais **begrüßen** sich normalerweise nicht per Handschlag, sondern mit einer Geste, bei der die (eigenen) Handinnenflächen gegeneinander gelegt werden: dem *wai*. Doch ist ein *wai* nicht nur eine Begrüßung, sondern auch ein Zeichen des Respekts, das zuerst dem höher gestellten Menschen dargeboten wird, der es zurückgibt. Ausländer können sich durchaus mit einem Kopfnicken aus der Affaire ziehen oder zumindest darauf achten, dass sie kein falsches *wai* benutzen. Es existieren bestimmte Regeln, wie ein *wai* anzuwenden ist: Mönche: gefaltete Hände vor der Stirn; Ältere: Hände vor der Nase; eindeutig niedriger gestellte Person (Kinder, Hausangestellte, Kellner usw.): Hände vor der Brust; Höhergestellte: Hände vor dem Mund.

Wenn Thais jemanden **heranwinken**, wird das von Europäern oft gegenteilig verstanden, denn das Winken mit der abgewinkelten Handfläche ähnelt stark unserer „Hau ab"-Geste.

Wenn ein Thai im Haus oder Tempel zwischen stehenden oder hockenden Menschen hindurchgehen muss, beugt er leicht den Oberkörper nach vorn und hält den rechten Arm schräg nach unten gestreckt, als ob er die Verbindung zwischen den anderen durchschneiden wolle. Wendet ein Ausländer diese respektvolle Geste an, so erntet er viele freundliche Blicke.

Man beurteilt Fremde weitgehend nach der **Kleidung** – sehr lässige Kleidung oder gar Badekleidung wird außerhalb der Strände nicht geschätzt. Das gilt vor allem für den Besuch von religiösen Stätten. Vor dem Betreten eines Hauses zieht man die Schuhe aus ebenso wie in buddhistischen Tempeln. Besonders während religiöser Zeremonien sollte man sich zurückhalten und um Erlaubnis fragen, ehe man fotografiert.

Es gilt als unhöflich, vor betenden Gläubigen herumzulaufen, sich über ihre Köpfe zu erheben oder religiöse Statuen und Anlagen erklimmen.

Natürlich kann ein Tourist nicht alle sozialen Verhaltensweisen und religiösen Sitten der Einheimischen praktizieren, und das wird auch nicht erwartet. Aber schon das Bemühen und das Interesse, das traditionelle Leben der Menschen zu verstehen, wird freundlich aufgenommen und honoriert. Eine Hilfestellung zum richtigen Verhalten kann der Band *Land und Leute, Thailand,* von Polyglott sein.

Vom Umgang mit Geld

In Touristenläden und an Souvenirständen gehört zum Einkaufen auch das **Handeln**. Wer größere Mengen kauft, kann am ehesten mit Preisnachlässen rechnen. Vor allem in Chiang Mai, Bangkok und Phuket werden häufig höhere Touristenpreise verlangt. Nicht gehandelt wird in Kaufhäusern (hier ist evtl. ein *discount* möglich), Hotels, Restaurants und in öffentlichen Verkehrsmitteln mit festen Preisen. Unsinnig ist es etwa, den Preis eines Essens vorher herunterzuhandeln – es kann dadurch viel schlechter werden. Wer Obst zu billig einkauft, findet schnell ein paar weniger gute oder unreife Stücke in seinem Einkauf.

Jeder Tourist gilt als reich. Wie sonst könnte er sich diese weite Reise leisten? Dennoch sieht man es nicht gern, wenn die westlichen Besucher allzu freigebig ihr Geld verteilen, denn nur gezielte, langfristige Hilfen, und nicht einige Münzen in einer ausgestreckten Hand, können die Lebenssituation der Menschen verändern.

Betteln sollte nicht gefördert werden. Eine Ausnahme sind körperbehinderte Bettler und alte Menschen. Wenn an den Tempeltoren um eine Spende gebeten wird oder in buddhistischen Ländern morgens die Mönche durch die Straßen ziehen, um die Gaben der Gläubigen entgegenzunehmen, sollte man das nicht mit Betteln gleichsetzen. Denn es ist für die Gläubigen eine besondere Gunst, sich durch die freiwillige Gabe einen Verdienst erwerben zu können, wofür sie sich bei den Mönchen bedanken.

Hilfreicher ist es, durch Spenden Projekte in Thailand zu unterstützen. *Terre des hommes* unterstützt z. B. Kindergärten in burmesischen Flüchtlingslagern, politische Flüchtlinge in Chiang Mai sowie Schulen für Shan-Kinder. Zudem erhalten verschiedene Organisationen finanzielle Hilfe. Im Norden versucht *Econorth* der Zerstörung der Lebensgrundlagen in den Dörfern und der Landflucht entgegenzuwirken und betreut eine Vielzahl von Projekten im ländlichen Raum, z. B. Ausbildungsprojekte für Mädchen als Vorbeugung gegen die Prostitution oder Bauernkooperativen für ökologischen Landbau. In Bangkok kümmert sich die „Stiftung für menschenwürdiges Wohnen" um die Verbesserung der Lebensbedingungen der Slumbewohner und die „Stiftung für ein besseres Leben von Kindern" um Straßenkinder. SOS-Kinderdörfer befinden sich in Bangkok, Hat Yai und Nong Khai.

Trinkgeld

Normalerweise wird kein Trinkgeld erwartet. In Hotels und besseren Restaurants addiert man auf den Rechnungsbetrag ein Trinkgeld von 10 %. Ansonsten gibt man ein Trinkgeld, dessen Höhe vom Rechnungsbetrag und dem Standard des Restaurants abhängen sollte. In einfachen Restaurants braucht man nichts zu geben oder lässt einige Münzen vom Wechselgeld liegen, in besseren Häusern sollten mind. 10 Baht gegeben werden. Taxifahrer und Hotelpersonal sollten für besondere Dienstleistungen entlohnt werden, z. B. mit 10 Baht pro getragenem Gepäckstück, in teueren Hotels mehr.

Versicherungen

Reiserücktrittskostenversicherung

Bei einer Pauschalreise ist eine Rücktrittskostenversicherung meist im Preis inbegriffen (zur Sicherheit nachfragen). Wer individuell plant, muss sich um die Absicherung dieses Risikos selbst kümmern. Reiserücktrittskostenversicherungen müssen in der Regel bis 14 Tage nach der Reisebuchung abgeschlossen werden. Bei Krankheit oder Tod eines Familienmitglieds oder Reisepartners ersetzt die Versicherung die Stornokosten der Reise. Eine Reiseunfähigkeit wegen Krankheit muss ärztlich nachgewiesen werden.

Die Kosten der Versicherung liegen in der Regel bei 15–90 € pro Person. Zum Teil gibt es eine Selbstbeteiligung.

Reisegepäckversicherung

Viele Versicherungen bieten die Absicherung des Verlustes von Gepäck an, einige haben sich sogar darauf spezialisiert (z. B. Elvia, ✆ 089-624240, 🖳 www.elvia.de). Die Bedingungen, unter denen das Gepäck abhanden kommen „darf", sind sehr eng gefasst. Bei vielen Versicherungen ist z. B. das Gepäck in unbewacht abgestellten Kraftfahrzeugen zu keinem Zeitpunkt versichert. Kameras oder Fotoapparate müsssen wegen möglicher Mopedräuber am Körper befestigt sein, sonst zahlt die Versicherung nicht (so Gerichtsurteile). Ohnehin sind sie meist nur bis zu einer bestimmten Höhe oder bis zu einem bestimmten Prozentsatz des Neuwertes versichert, auch Schmuck unterliegt Einschränkungen, ebenso wie Bargeld. Für eine wertvolle Fotoausrüstung kann eine Fotoversicherung abgeschlossen werden. Diese ist zwar relativ teuer, aber die Geräte sind so gegen alle möglichen Risiken versichert. Die Kosten richten sich nach dem Wert der Ausrüstung bzw. der Versicherungssumme. Bei der Victoria beläuft sich der Jahresbeitrag bei einem Neuwert von 2500 € auf 130 €.

Eine Reisegepäckversicherung sollte Weltgeltung haben, die gesamte Dauer der Reise umfassen und in ausreichender Höhe abgeschlossen sein. Tritt ein Schadensfall ein, muss der Verlust sofort bei der Polizei gemeldet werden. Eine **Checkliste**, auf der alle Gegenstände und ihr Wert eingetragen sind, ist dabei hilfreich. Ansonsten sollte alles, was nicht ausreichend versichert ist, im Handgepäck transportiert werden. Eine Reisegepäckversicherung mit einer Deckung von rund 2000 € kostet für 24 Tage ca. 30 €, als Jahresvertrag etwa 60–70 €.

Reisekrankenversicherung

Es ist ratsam, eine Reisekrankenversicherung abzuschließen. Nur wenige private Krankenkassen schließen den weltweiten Schutz im Krankheitsfall ein. Die meisten Reisebüros und Kreditkartenorganisationen bieten derartige Versicherungen an. Bei Krankheit – speziell Krankenhausaufenthalten – kann sehr schnell eine erhebliche Summe zusammenkommen, die aus eigener Tasche bezahlt werden müsste. Ist man versichert, kann man die Kosten gegen Vorlage der Rechnungen zu Hause geltend machen. Einschränkungen gibt es besonders bezüglich Zahnbehandlungen (nur Notfallbehandlung) und chronischen Krankheiten (Bedingungen durchlesen).

Die später bei der Versicherung einzureichende **Rechnung** sollte folgende Angaben enthalten:

- Name, Vorname, Geburtsdatum, Behandlungsort und -datum
- Diagnose
- erbrachte Leistungen in detaillierter Aufstellung (Beratung, Untersuchungen, Behandlungen, Medikamente, Injektionen, Laborkosten, Krankenhausaufenthalt)
- Unterschrift und Stempel des behandelnden Arztes

Wer im Ausland schwer erkrankt, wird zu Lasten der Versicherung mit Linienmaschinen oder auch mit eigens losgeschickten Ambulanzflugzeugen heimgeholt, aber nur, wenn er plausibel darlegen kann, dass am Urlaubsort keine ausreichende Versorgung gewährleistet ist. Die meisten Versicherungen haben den Passus „wenn medizinisch notwendig" in das Kleingedruckte aufgenommen. Aber gerade die medizinische Notwendigkeit ist nicht immer leicht zu beweisen. Ist der Passus „wenn medizinisch sinnvoll und vertretbar" formuliert, kann man wesentlich besser für eine Rückholung argumentieren.

Die Universa versichert Reisende auf allen Auslandsreisen, die nicht länger als zwei Monate dauern, zu einem Preis von 8 € p. P. bzw. 17,80 € ab Eintrittsalter 60 pro Jahr. Die Auslands-Krankenschutz-Versicherung des ADAC gilt ein Jahr lang für Reisen von jeweils maximal 45 Tagen und kostet für Mitglieder 11,70 €, Nicht-Mitglieder zahlen 12,80 €. Weitere Anbieter sind u. a. Debeka, Europa und HUK-Coburg. Wer länger verreisen möchte, sollte nach Langzeittarifen für bis zu 3 Jahren fragen.

Versicherungspakete

Sie schließen neben der Reisekrankenversicherung eine Gepäck-, Reiserücktrittskosten- und Reise-Notruf- (oder Rat&Tat-) Versicherung ein. Mit Letzterer erhält man über eine Notrufnummer Soforthilfe während der Reise. Krankenhauskosten werden sofort von der Versicherung beglichen, und bei ernsthaften Erkrankungen übernimmt sie den Rücktransport. Ist der Versicherte nicht transportfähig und muss länger als 10 Tage im Krankenhaus bleiben, kann eine nahe stehende Person auf Kosten der Versicherung einfliegen. Auch beim Verlust der Reisekasse erhält man über den Notruf einen Vorschuss.

Die Pakete sind jedoch auf maximal 5–8 Wochen begrenzt. Da bei längeren Reisen bis zu einem Jahr nur Einzelversicherungen möglich sind und der Versicherungsschutz teurer wird, sollte man in diesem Fall die Leistungen verschiedener Unternehmen vergleichen. Wer sich optimal absichern möchte, schließt eine separate Kranken-, Reise-Notruf- (Rat & Tat-), Unfall- und Gepäckversicherung ab. Bei häufigen Auslandsreisen können die Einzelversicherungen oder das Paket auch für ein ganzes Jahr abgeschlossen werden. Dann besteht auf allen Reisen Versicherungsschutz, sofern diese nicht länger als 6 Wochen dauern. Versicherungspakete lassen sich über Reisebüros abschließen, wobei die Kosten von der Dauer und dem Wert der Reise abhängen.

Visa

Für **deutsche, österreichische und Schweizer Touristen** ist die Visumerteilung bei Ankunft („Visa on Arrival") auf dem Flughafen für einen Aufenthalt bis maximal 30 Tage kostenfrei möglich. Voraussetzungen: Gültiger Reisepass (mind. 6 Monate gültig), Nachweis eines Rück- oder Weiterreisetickets mit bestätigter Flugbuchung, Nachweis ausreichender Geldmittel für den Aufenthalt (10 000 Baht). Normalerweise wird die Aufenthaltsgenehmigung bei der Einreise problemlos in den Pass gestempelt (Stempeldatum kontrollieren). Für einen längeren Aufenthalt wird ein **Touristenvisum** von einer thailändischen diplomatischen Vertretung im Ausland ausgestellt. Für bis zu 60 Tage kostet es 30 € (90 Tage gültig), für zwei / drei Einreisen 60 / 90 € (180 Tage gültig).

Mit Thailändern verheiratete Ehepartner und Rentner können ein **Non-Immigrant-Visum „O"** und Geschäftsreisende ein **Non-Immigrant-Visum „B"** beantragen. Sie gelten entweder für eine einmalige Einreise von 90 Tagen (50 €) oder für mehrere Einreisen innerhalb von 365 Tagen jeweils für max. 90 Tage (120 €). Die Konsulate verlangen unterschiedliche Belege.

Das für den **Visum-Antrag** erforderliche Antragsformular ist auf der Website der Botschaft (💻 www.thaiembassy.de oder 💻 www.mfa.go.th) oder des Konsulats (💻 www.thaikonsulat.de) herunterzuladen oder wird nach schriftlicher Anforderung zusammen mit einem frankierten Rückumschlag (3,49 €) vom jeweils zuständigen Konsulat oder der Botschaft zugeschickt. Für die Beantragung benötigt man ein Passbild (manchmal auch zwei), den Reisepass, der bei der Einreise noch mindestens sechs Monate gültig sein muss, und eine Reisebestätigung oder eine Kopie des Tickets. Kinder benötigen einen eigenen EU-Reisepass, der deutsche Kinderausweis wird nicht anerkannt. Vom Ausstellungsdatum an muss innerhalb von 90 Tagen die Einreise erfolgt sein. In begründeten Fällen wird die Frist um weitere 90 Tage verlängert. Wer nicht mindestens US$500 und ein Ausreiseticket besitzt, dem kann die Einreise verweigert werden (das Personal der Airlines ist beim Einchecken verpflichtet, das Ausreiseticket zu prüfen). Auch sind allzu nachlässig gekleidete Besucher nicht gern gesehen.

Es ist möglich, das 60-Tage-Touristenvisum bei jedem Immigration Office in Thailand für 1900 Baht um 30 Tage zu **verlängern**, ein weiteres Mal um 14 Tage und ein letztes Mal um 7 Tage. Dabei sollte man ordentlich gekleidet sein und ggf. einen größeren Geldbetrag vorweisen können. Die 30 Tage gültige visafreie Aufenthaltsgenehmigung kann normalerweise nur im Falle von Krankheit um max. 7 Tage verlängert werden. Mit einem **Double-Entry-Visum** kann man in die Nachbarländer ausreisen und problemlos innerhalb von Minuten nach Thailand zurückkehren. Das „Visa on Arrival" wird max. 3 Mal hintereinander ausgestellt, danach müssen mindestens 90 Tage im Ausland verbracht werden, bevor wieder ein „Visa on Arrival" ausgestellt wird. Wer wieder ein Visum für 60 oder 90 Tage benötigt, kann bei den konsularischen Vertretungen in den Nachbarländern ein neues beantragen.

Wer von Bangkok in ein Nachbarland fliegen möchte, kann mit einem noch nicht abgelaufenen Touristenvisum in der Abflugshalle für 500 Baht ein Re-Entry-Permit erhalten, das jedoch das 60-Tage-Touristenvisum nicht verlängert.

Immigration Office
Soi Suanphlu, Sathon Tai Rd., Bangkok 10120, 📞 02-2873101-9, 📠 2871310.

Das Visum nicht überziehen!

Wird die Aufenthaltsgenehmigung oder das Visum um wenige Tage überzogen (bei Maschinen, die erst nach Mitternacht abfliegen, zählt auch der Abflugtag!), ist bei der Ausreise für den zweiten überzogenen Tag eine Geldstrafe von 1000 Baht und für jeden weiteren Tag 500 Baht in einheimischer Währung fällig. Es sind vor der Abreise von einem Grenzbeamten mehrere Formulare auszufüllen, was einige Zeit dauern kann, daher rechtzeitig am Immigrationsschalter erscheinen. Das Visum zu überziehen, wird nicht als Bagatelle angesehen und kann schon nach mehreren Tagen zu gravierenden Problemen führen. Bei längerem Aufenthalt ohne Visum kommt es zur Gerichtsverhandlung, und wer dann seine Strafe nicht zahlen kann, muss ins Gefängnis.

One-Stop Service Center
Krisda Plaza 207, 3rd Floor, Rachadapisek Rd., Bangkok 10310, ✆ 02-6939333-9.

Zeit und Kalender

Zeitverschiebung

Die Zeitverschiebung zur Mitteleuropäischen Zeit (MEZ) beträgt in Thailand 6 Std., zur Sommerzeit 5 Std.

MEZ	17	20	23	2	5	8	11	14
Sommerzeit	18	21	24	3	6	9	12	15
Thailand	23	2	5	8	11	14	17	20

Kalender

Thais kennen drei Kalender: den westlichen, den buddhistisch-thailändischen und den chinesischen. So feiern sie auch dreimal im Jahr Neujahr, und jedes Mal recht ausführlich. Am 1. Januar (Geschäftsneujahr), am 13. April (Songkran, Thai-Neujahr) und am Neumondtag im Januar oder Februar (Chinese New Year). Im täglichen Leben wird der **westliche Kalender** benutzt.

Das Jahr 543 v. Chr. ist das 1. Jahr des **thailändischen Kalenders**. Da dieser sich nach dem Mond richtet, muss alle 4–5 Jahre ein Monat eingeschoben werden. Das Jahr 2007 ist das Jahr 2550 nach Buddha, 2008 = 2551 und 2009 = 2552.

Im **chinesischen Kalender** wird das Jahr im Rhythmus von 12 Jahren jeweils nach einem Tier benannt, dem bestimmte Eigenheiten zugeschrieben werden. So ist 2007 das Jahr des Schweins, 2008 das Jahr der Ratte, dann folgen die Tiere Büffel, Tiger, Hase (Katze), Drachen, Schlange, Pferd, Ziege, Affe, Hahn, Hund und wiederum Schwein.

Zoll

Zollfrei sind neben den üblichen Gegenständen des täglichen Bedarfs 200 Zigaretten bzw. 250 g Tabak, 1 l Wein oder 1 l Spirituosen, ein Fotoapparat, eine Film- oder Video-Kamera und 5 Filme. Alle weiteren Dinge müssen bei der Einreise nach Thailand deklariert und verzollt werden. Für unbelichtetes Filmmaterial beträgt der selten erhobene Satz 40 % des Gesamtwertes.

Verboten ist die Einfuhr von Waffen, Porno-Literatur und Drogen bzw. die Ausfuhr von Buddhastatuen und echten Antiquitäten. Der Handel mit Antiquitäten ist in Thailand verboten. Gelegenheit macht auch Drogen-Schmuggler. Es sitzen bereits viele Touristen wegen Drogenbesitz in den Gefängnissen Thailands.

Ausländische Währung darf in beliebiger Höhe ohne Deklaration ein- und ausgeführt werden. Die Ein- und Ausfuhr thailändischer Währung ist auf 50 000 Baht p. P. begrenzt. Bei der Ausreise nach Malaysia, Myanmar, Laos, Kambodscha und Vietnam können 500 000 Baht mitgenommen werden.

Wer am Flughafen von Bangkok, Phuket oder Hat Yai Waren im Wert von mindestens 5000 Baht (pro Quittung ab 2000 Baht) gekauft hat, erhält die Mehrwertsteuer von z. Zt. 7 % gegen Vorlage der Quittungen in bar zurück. Bei der Einreise nach Deutschland gilt für Waren eine Freigrenze von 175 € p. P.

Land und Leute

Geografie

Beim Anflug auf Bangkok erblickte man einst ein Mosaik aus Reisfeldern, das je nach Jahreszeit in hellem Grün, sattem Gelb oder lehmigem Braun leuchtete. Die Ebene, durchzogen von einem schimmernden Netz von Kanälen und Flüssen, an deren Ufern die Dörfer wie Perlen an einer Schnur lagen, ist mittlerweile mit endlos scheinenden Reihenhaussiedlungen für die neue Mittelschicht und riesigen Fabrikhallen bebaut. Rings um Bangkok, vor allem im Norden und Südosten, hat sich der weitaus größte Teil der verarbeitenden Industrie Thailands angesiedelt. Bei einer Reise in den Norden oder Süden zeigt sich das Land von einer ganz anderen Seite.

Thailand, mit 514 000 km² um 43 % größer als Deutschland, liegt südlich des nördlichen Wendekreises, zwischen 6° und 20° nördlicher Breite und 97° und 106° östlicher Länge. Vom Norden bis in den südlichen „Rüssel" des so genannten „Elefantenkopfes" beträgt die Entfernung über 1800 km, was der Entfernung Kopenhagen – Rom entspricht, von Westen nach Osten sind es 800 km, fast so weit wie von Paris nach Berlin. Hingegen ist das Land an seiner schmalsten Stelle nur 15 km breit.

Das gesamte Flussnetz von Thailand ist 3 Millionen Kilometer lang. Davon sind etwa 10 000 km schiffbar. Durch Wasserkraft wird mehr als ein Drittel des Energiebedarfs gedeckt.

Die Zentralregion

Die weite, ebene Landschaft ist vom Menam Chao Phraya, dem mit 365 km größten Fluss des Landes, seinen Nebenflüssen und dem weiten Delta geprägt. Der *Menam* (= Mutter des Wassers / Fluss) *Chao Phraya* (= hoher Adelstitel) windet sich durch ein Tiefland, das weniger als 80 m über dem Meeresspiegel liegt. Sand, Kies und andere verwitterte Materialien wurden von den Wassermassen im Laufe der Jahrmillionen in der Ebene Schicht für Schicht abgelagert. Jahr für Jahr werden weitere Mengen an Sedimentgestein und fruchtbaren Mineralstoffen aus den Bergen des Nordens in Richtung Meer transportiert. Mit dem Einsetzen der Regenzeit steigen die Wassermassen der Flüsse bis auf das Hundertfache an und überfluten weite Landstriche.

Viele Staudämme haben die Flüsse im Oberlauf gebändigt. Doch noch immer stehen monatelang weite Gebiete des Kernlandes unter Wasser. Diese fruchtbare alluviale Ebene, die – sofern nicht bebaut – intensiv für den Reisanbau genutzt wird, geht in ihren Randbereichen in eine hügelige Landschaft über, die zum Teil aus älteren Gesteinsablagerungen besteht.

Die Nordregion

Die in Nord-Süd-Richtung verlaufenden Höhenketten sind Ausläufer des Himalaya. Der große Gebirgszug erstreckt sich von Indien über Myanmar, China und Thailand weiter Richtung Süden entlang der Westgrenze des Landes bis zur Malaiischen Halbinsel. Nur selten erreicht das Gebirge in Thailand Höhen über 2000 m. Mit 2565 m ist der Doi Inthanon, 60 km südwestlich von Chiang Mai, der höchste Berg des Landes.

Zwischen den durch Faltung und Hebung entstandenen Gebirgszügen haben die Flüsse tiefe Täler gegraben. Außer den Nebenflüssen des Mekong im Osten (z. B. der Mae Kok, an dem Chiang Rai liegt) und des Salween im Westen (z. B. Menam Pai – bei Mae Hong Son) fließen vor allem die Quellflüsse des Menam Chao Phraya durch die breiten Täler des Nordens: im Westen der Ping (Chiang Mai), der sich nördlich von Tak mit dem Wang (Lampang) vereinigt, im Osten der Yom (Phrae, Sukhothai), der flussabwärts in den Nan (Nan, Phitsanulok) mündet. Bei Nakhon Sawan entsteht am Zusammenfluss dieser Ströme der Menam Chao Phraya. Die alluvialen Flusstäler werden landwirtschaftlich intensiv genutzt und waren bereits besiedelt, als die Thai aus Yünnan kommend hier eintrafen.

Die Nordostregion

Das Zentrum bildet eine 100–300 m über dem Meeresspiegel sich schalenförmig erhebende, leicht hügelige Ebene, das so genannte Korat-Plateau, das von Höhenzügen und Flüssen begrenzt wird: die bis zu 1700 m hohe Petchabun-

Kette im Westen, die Phanom Dongrak-Kette im Süden, der Mekong im Osten und Norden. Im Erdmittelalter (Mesozoikum) lagerten sich hier Sedimente eines urzeitlichen Meeres ab, die später gehoben und gefaltet wurden. Die nährstoffarmen Böden können Wasser nur schlecht speichern, sodass sie landwirtschaftlich nicht intensiv genutzt werden können. Während der Regenzeit, wenn der Menam Mun mit seinen Nebenflüssen die Wassermassen kaum fassen kann, kommt es zu großen Überflutungen. Nur wenige Monate später leidet das Land unter Trockenheit und Dürre.

Die Südregion

Thailand besitzt eine über 2600 km lange Küste, überwiegend am Golf von Thailand und zu einem geringeren Teil am Indischen Ozean (Andamanensee). Im Südosten erstrecken sich die Ausläufer der Bilauktaung-Bergkette bis zum Meer. In der frühen Erdneuzeit (Tertiär) hatte sich hier Sandstein abgelagert, den später basaltische Laven, die aus dem Erdinneren nach oben drangen, überlagerten. Auf der Malaiischen Halbinsel im Süden trennen staffelförmig versetzte Bergketten (Tenasserim-, Phuket-, Nakhon- und Kalakiri-Kette) die West- und Ostküste. Während an der Westküste die schroffen Karstfelsen steil ins Meer abfallen und Inselgruppen aus bizarren Kalkformationen (Bucht von Phang Nga) bilden, läuft das Gebirge im Osten in eine weite Küstenebene aus.

Natur

Elefanten und Teakwälder, die beiden typischsten Vertreter der thailändischen Fauna und Flora, werden die meisten Besucher des Landes kaum noch in ihrem natürlichen Umfeld sehen können. Das Bild des Landes prägen stattdessen Felder, Gärten und domestizierte Tiere.

Flora

Während im Süden immergrüne Wälder einen Teil des Landes bedecken, muss sich die Pflanzenwelt weiter im Norden an eine deutlich zunehmende Trockenperiode und stärkere Temperaturschwankungen anpassen. In den Bergregionen, wo Temperaturen bis in die Nähe des Gefrierpunktes absinken können, findet man eine völlig andere, kälteren Temperaturen angepasste Pflanzenwelt.

Immergrüne Regenwälder

Immergrüne Regenwälder findet man in Thailand nur im Süden (etwa ab Chumphon) vor, wobei Primärwälder nur noch etwa 3 % der Landesfläche bedecken. In bis zu 70 m Höhe erstreckt sich das dichte Blätterdach ihrer höchsten Bäume, das die anderen Pflanzen vor direktem Sonnenlicht, Temperaturschwankungen und Änderungen der Luftfeuchtigkeit schützt. Andererseits müssen sich die niedrigeren Bäume, in der Konkurrenz um das Licht, dem Himmel entgegenstrecken. Im Dämmerlicht zwischen den breiten Brettwurzeln und herabhängenden Lianen wachsen verschiedene Büsche und Sträucher, die eine hohe Luftfeuchtigkeit benötigen, aber mit wenig Licht auskommen. Das Laub und andere organische Stoffe werden am Boden von Kleinstlebewesen zersetzt und in Humus umgewandelt. Er bildet auf dem zumeist unfruchtbaren, tropischen Lehmboden eine dünne Auflage und ist die überwiegende Nährstoffquelle der Pflanzen.

In Bodennähe wird das Grün der Wälder nur selten von farbigen Blumen unterbrochen. Viele Orchideenarten sind Epiphyten und leben wie Schmarotzerpflanzen auf anderen Pflanzen in den oberen Stockwerken des Waldes. An einer Lichtung, wo die Sonne bis auf den Boden vordringen kann, ändert sich die Vegetation. Lianen, Sträucher und andere Pflanzen wachsen im Überfluss und bilden ein undurchdringliches Dickicht.

Sobald dieser Wald abgeholzt wird, fehlt es an organischen Stoffen für den natürlichen Kreislauf von Pflanzenwachstum und Humusproduktion. Zudem ist der lockere Humusboden durch das Wurzelwerk der Pflanzen nicht mehr geschützt und rasch ausgewaschen. Wird das Land nicht bebaut, entwickelt sich nach langer Zeit ein Sekundärwald, der weitaus weniger Artenfülle aufweist und aus niedrigen Bäumen, Büschen und Lianen besteht.

Monsunwälder

Ausgeprägte Trockenzeiten bestimmen den Pflanzenwuchs in den meisten Landesteilen. Wie in unserem Winter werfen die Bäume in der regenarmen Zeit ihre Blätter ab. Bereits im Dezember und Januar leuchten die Blätter in herbstlichen Farben. Bis zum Einsetzen der Regenzeit im Mai sind sie unbelaubt mit Ausnahme einiger Bäume, die gerade jetzt in kräftigen Farben blühen.

Da während der heißen Jahreszeit kein Schatten spendendes Blätterdach die untere Bodenregion der Wälder vor direkter Sonneneinstrahlung schützt, überleben dort nur Pflanzen, die sich dem jahreszeitlichen Klimawechsel angepasst haben. Mit dem Einsetzen der Regenzeit entwickelt sich dann wieder eine üppige Belaubung. Im Gegensatz zu vielen Bäumen werfen die niedrigen Büsche und Pflanzen ihre Blätter nicht ab, da diese durch eine verdunstungshindernde Schicht vor zu starkem Austrocknen geschützt sind.

Die Artenvielfalt der Monsunwälder ist wesentlich geringer und der Bestand ist lichter als im immergrünen Regenwald. In trockenen Monsunwäldern überwiegen die *Dipterocarpaceen,* lichte Bäume mit immergrünen, ledrigen Blättern, deren Blüten und Harz einen aromatischen Duft verbreiten.

Ein typischer Vertreter der Laub abwerfenden Wälder ist der **Teakbaum** *(Tectona grandis),* dessen hartes, haltbares Edelholz bereits seit Jahrhunderten geschätzt wird. Er zeichnet sich sogar unter tropischen Bedingungen durch extreme Langlebigkeit aus. Auf wasserdurchlässigen Böden in den unteren Bergwäldern (bis zu 900 m Höhe) von Indien bis Thailand beheimatet, gedeiht er am besten bei einer mittleren Jahrestemperatur von 24–27 °C und einer jährlichen Niederschlagsmenge um 1500 mm. In Plantagen werden die spärlich Samen tragenden Bäume mit den bis zu einem halben Meter großen Blättern kultiviert. Dabei erreichen unter optimalen Bedingungen die geraden, hohen Stämme bereits in 15 Jahren eine Höhe von nahezu 20 Metern, während sie unter natürlichen Bedingungen hierfür bis zu 200 Jahre benötigen.

Bambuswälder

In einigen Flusstälern Nord-Thailands stehen Bambuswälder von unterschiedlicher Dichte und Höhe. Die den Gräsern zugehörigen bis zu baumhohen Pflanzen wachsen extrem schnell und sind universell nutzbar. Wie kaum eine andere Pflanze werden sie in allen Ländern Ost- und Südostasiens sowohl als Nahrungsmittel als auch für den Hausbau und die Herstellung verschiedenster Gegenstände im praktischen wie ästhetischen und religiösen Bereich genutzt.

Mangrovenwälder

An den flachen Küsten im tropischen Süden bilden Mangrovenwälder manchmal einen kilometerlangen, nur schwer durchdringlichen, schmalen Saum.

Die unterschiedlichen Baumarten dieser bis zu 20 m hohen Wälder haben sich an das Leben im Salzwasser angepasst und finden mit ihren Stelzwurzeln Halt im Schlick und Schlamm der Gezeitenzone. Häufig bilden sich vor den Mangroven Sandbänke im Meer, wodurch die Sümpfe verlanden. Vor allem dort, wo Mangroven abgeholzt wurden, wachsen in ausgedehnten, sumpfigen Deltagebieten Nipapalmen *(Nypa fruticans),* deren große Palmwedel zum Dach decken und für Matten verwendet werden und aus deren Früchten eine Art Bier für den Eigenbedarf gebraut wird.

In einem halben Jahrhundert ist bereits die Hälfte aller Mangrovenwälder verschwunden. Immer noch werden Mangroven zu Holzkohle verarbeitet. Zudem belastet die zunehmende Zersiedlung aber vor allem die Anlage von Shrimp-Farmen das Ökosystem der Küste (s. S. 95). Das Gleichgewicht wird dadurch nachhaltig gestört, und der Ufersaum ist schutzlos der Meeresbrandung ausgesetzt, sodass das Land vom Meer überspült wird.

Wasserhyazinthen

Viele Flüsse und Klongs sind mit großen Inseln dickblättriger, tiefgrüner Wasserpflanzen bedeckt, die den Schiffsverkehr behindern. Erst 1901 wurden die Wasserhyazinthen aus Java nach Thailand eingeführt, wo sie sich rasant vermehrten. Nach vergeblichen Versuchen, die Ausbreitung der zählebigen Pflanze zu verhindern, hat man ihre Vorteile erkannt. Die Wasserhyazinthe kann nicht nur – wie eine natürliche Kläranlage – das Wasser sauber halten, sondern auf Grund ihres hohen Proteingehalts auch als Futter, Dünger und auf andere Art wirtschaftlich genutzt werden. Sogar Möbel werden mittlerweile aus ihren Fasern hergestellt.

Der Gummibaum (Hevea brasiliensis)

Er war ursprünglich am Amazonas beheimatet und hatte den Kautschukbaronen der brasilianischen Urwaldstadt Manaus einen beispiellosen Boom beschert. Um das Monopol zu schützen, war die Ausfuhr der wild wachsenden Pflanze bei Todesstrafe verboten. Dennoch kamen 70 000 Samen 1876 auf dunklem Wege nach London, wo sie im Kew Garden Früchte trugen, die den Grundstein von Malaysias Kautschukindustrie bildeten. Henry Nicholas Ridley, Leiter der Forstverwaltung des Straits Settlements und des Botanischen Gartens in Singapore, führte viele Experimente durch, entwickelte eine neue Zapfmethode und propagierte den Plantagenanbau des Gummibaums unter den britischen Pflanzern. Bereits 1896 entstanden die ersten Kautschukplantagen, und schon bald hatte der billigere Malaya-Kautschuk den brasilianischen vom Weltmarkt verdrängt.

Vor allem Dunlops Erfindung des pneumatischen Fahrradreifens und die Einführung der Fließbandproduktion bei Automobilen durch Henry Ford ließen den Bedarf an Naturkautschuk in die Höhe schnellen, sodass in Gebieten mit entsprechenden Klima- und Bodenverhältnissen immer mehr Plantagen entstanden (s. S. 883, Trang). Fast 40 % der Weltproduktion an Kautschuk wird mittlerweile in Thailand erzeugt. Ein Gummibaum muss fünf bis sechs Jahre alt sein, um zum erstenmal angezapft werden zu können. Dabei wird mit einem besonderen Messer ein spiralförmig nach unten laufender Schnitt in die Baumrinde geritzt. In einer Schale wird der milchige Kautschuksaft aufgefangen und später vom Zapfer in einen Sammelbehälter gegossen. Unter Zusatz von Chemikalien wird der frisch gezapfte Latex zu dünnen Fladen verarbeitet, anschließend mit einer Handmangel zu Fußabstreifern ähnelnden Lappen ausgewalzt, getrocknet und in größeren Betrieben verarbeitet.

Fauna

Im Übergangsbereich zwischen China und der malaiischen Halbinsel verfügt Thailand über eine besonders artenreiche Fauna. Durch den Menschen sind aber 37 Säugetierarten von der Ausrottung bedroht. Obwohl seit 1961 zum Schutz der Tiere immer mehr Naturparks eingerichtet werden, sind vor allem die Großsäugetiere der tropischen Wälder stark gefährdet – so das Sumatra-Nashorn (das nur noch im Umphang Distrikt in der Provinz Tak vorkommen soll), Tapir, Leopard und Tiger.

Raubtiere oder anderes Großwild bekommt man in den seltensten Fällen tatsächlich zu Gesicht. Neben der Jagd und dem illegalen Tierfang wurde durch das Abholzen der Wälder der Lebensraum der Tiere eingeengt. Auch die Meeresfauna ist durch die gnadenlose Überfischung massiv gefährdet.

Die Welt-Artenschutz-Konferenz CITS, die im Oktober 2004 in Bangkok stattfand, hat in Thailand die Wahrnehmung des Naturschutz-Gedankens gestärkt.

Säugetiere

Kleinere Tiere, die noch relativ häufig auftreten, sind die Wildrinder **Banteng** und **Kating**. Die Monsunwälder sind der Lebensraum der Hirsche, des **Sambar** (Cervus unicolor), ein dunkelbraunes, verhältnismäßig großes Tier, und des Schweinshirsches.

Oft sind auch Affen zu hören und zu sehen, vor allem **Gibbons** und **Makaken**. Von einer rotbraunen Makakenart mit kurzem Schwanz, die überwiegend auf dem Dschungelboden lebt, werden junge, männliche Tiere gefangen, gezähmt und in den Dörfern bei der Kokosnuss-Ernte (z. B. auf Ko Samui) eingesetzt.

Im immergrünen Regenwald sind relativ häufig so genannte Gleiter zu sehen. Das größte unter ihnen, das **Riesenflughörnchen**, erreicht voll ausgestreckt eine Länge von beinahe einem Meter, wobei der Rumpf etwa 50 cm lang ist. Daneben gibt es **Flattermakis** *(flying lemur)*, die zur Familie der Halbaffen gehören und etwa die Größe einer Hauskatze erreichen.

In vielen dunklen Höhlen leben Schwärme von bis zu mehreren Millionen **Fledermäusen**, die

Elefanten

Selbst der von den Thais seit Jahrhunderten verehrte und wegen seiner Kraft geschätzte Elefant ist gefährdet. Man nimmt an, dass wilde Elefanten, sofern man sie nicht stärker schützt, in 30–40 Jahren ausgerottet sein werden. In ganz Thailand leben laut WWF etwa 1200–1500 wilde Elefanten, überwiegend im Tenasserim-Gebirge entlang der burmesischen Grenze. Zudem wurden etwa 3000 gezähmte Elefanten für den Abtransport der Bäume aus dem Dschungel gehalten (1955 waren es noch über 13 000). Mit dem 1989 ausgesprochenen Verbot, Bäume für kommerzielle Zwecke zu fällen, wurden viele Elefanten in Thailand arbeitslos. Einige sind jetzt in Shows im Einsatz, unterhalten Touristen oder ziehen bettelnd durch Bangkok und die Touristenzentren.

Doch die Tage der Dickhäuter sind gezählt, da auch Bambus und andere einheimische Pflanzen, von denen sie sich ernähren, mehr und mehr von Eukalyptusplantagen verdrängt werden.

Ein ausgewachsenes, kräftiges Tier von 16–40 Jahren hebt mit den Stoßzähnen bis zu 400 kg und zieht bis zu 1,5 Tonnen. Die Stoßzähne des asiatischen Elefanten sind zwar kleiner als die des afrikanischen, dennoch wird ein Paar der bis zu 80 cm langen und 24 cm starken Zähne für 20 000 Baht und mehr verkauft. Seit dem weltweiten Verbot des Elfenbeinhandels ist der Markt weitgehend zusammengebrochen. Ein ausgewachsener Arbeitselefant, der ein 6-jähriges Training hinter sich hat, wird mit 400 000 Baht gehandelt.

Wer einen Eindruck von der Arbeitsleistung dieser Tiere erhalten möchte, kann ein Trainingscamp für junge Elefanten besuchen oder sogar in Lampang im National Elephant Institute oder am Doi Inthanon im Camp von Bodo Förster, www.elephant-tours.de/, eine Kurzausbildung zum Mahout machen. Verschiedene Organisationen in Thailand engagieren sich für Elefanten, z. B.:

Friends of the Asian Elephant,
www.elephants-soraida.com.

abends fast gleichzeitig aufbrechen, um auf Insektenfang zu gehen oder sich an reifen Früchten gütlich zu tun. Die 1,5 bis 2 g schwere Hummel-Fledermaus *(Craseonycteris thonglongyai)*, die erst 1973 entdeckt wurde, gilt als das kleinste Säugetier der Welt.

Amphibien und Reptilien

Thailands Gewässer sind nicht nur die Heimat zahlloser Fische und Frösche, sondern auch die von Schildkröten und Krokodilen. Das größte Reptil, das bis zu 10 m lange **Leistenkrokodil**, ist jedoch ebenso wie das weniger seltene, kleine Siamesische Krokodil zumeist nur in Krokodilfarmen zu sehen.

Unter den über 100 Schlangenarten Thailands gibt es sechzehn giftige, aber nur sechs, deren Biss tödlich sein kann – die **Königskobra** *(Naja hannah)*, **Kobra** *(Naja naja)*, **Russel's Viper** *(Vipera russelli)*, die **Gestreifte Krait** *(Bungarus fasciatus)*, die **Malaiische Viper** *(Ancistrodon rhodostoma)* und die **Grüne Pit Viper** *(Trimeresurus popeorum)* sowie einige Arten von **Seeschlangen**. Während die Kobra beim Biss ein Nervengift überträgt, wirkt das Gift der Vipern auf Blut und Blutgefäße.

Auch die längste Schlange Asiens, der **Netz-Python**, kommt in Thailand vor. Pythons können bis zu 10 m lang werden und bei dieser Länge etwa 140 kg wiegen. Sie umschlingen und erdrücken ihre Beute, die aus kleineren Säugetieren, Affen oder Vögeln besteht. Mitunter verirren sich Pythons sogar in Städte.

Zu den besonders exotischen Reptilienarten gehören **Flugdrachen** *(flying lizard)* und **Flugfrösche**, die eine enorme Gleitfähigkeit entwickelt haben, die es ihnen erlaubt, sich im Blätterdach des Dschungels schnell fortzubewegen.

Weitere Wassertiere

In den Mangrovensümpfen leben **Schlammspringer**, etwa 15 cm lange Knochenfische, die auch auf dem Land leben können. Sie stellen die Atmung auf Hautatmung um und benutzen ihre Brustflossen, die wie Arme ausgebildet sind, um sich durch den Schlamm zu bewegen.

In den Gewässern zwischen Chumphon und Ko Tao und in der Andamanensee treffen Taucher häufig den größten Fisch der Erde, den

Walhai, an. Er kann bis zu 18 m lang werden und über 10 Tonnen wiegen. Der Fisch gehört zur Familie der Haie und ernährt sich hauptsächlich von Plankton. (Wale sind bekanntlich Säugetiere.)

Die sehr seltenen **Seekühe**, Dugong genannt, sind walzenförmige Säugetiere, die das Wasser nie verlassen. Sie können bis zu 4 m lang und 400 kg schwer werden. Schätzungen gehen von einer Population von etwa 40–60 Exemplaren aus, die zwischen den Inseln vor Trang leben.

Insekten

Unüberschaubar ist die Vielfalt an Insekten – Grillen, Grashüpfer und Gottesanbeterinnen gibt es ebenso wie die weniger angenehmen oder sogar gefährlichen Ameisen, Anopheles-Mücken, Wespen, Hornissen, Hundertfüßler und Tausendfüßler. Allein von den **Schmetterlingen** kommen in Thailand 500 verschiedene Arten in allen Größen und Farben vor.

Beeindruckend ist der **Nashornkäfer**, der bis zu 5 cm lang werden kann. Unter der Vielzahl an Käferarten existieren auch winzige Käfer, die mit Ameisen in ihren Nestern zusammenleben und mit ihnen eine Symbiose eingegangen sind. Die **Riesenameise**, der man häufig auf Dschungelpfaden begegnet, wird über 2,5 cm lang. Die **Rote Baumameise** baut Nester aus Blättern oder Blattstücken, die durch ein fadenähnliches Sekret zusammengefügt werden. Wenn man durch Zufall an eines ihrer Nester stößt, reagiert diese Ameisenart äußerst aggressiv.

Vögel

In Thailand wurden über tausend Vogelarten gezählt, Zugvögel eingeschlossen. Während man an den Stränden vergebens nach Seevögeln Ausschau hält, kann man an den flachen Binnenseen Süd-Thailands viele asiatische Wasservögel beobachten. Auch auf wenig besiedelten Inseln oder an Dschungelflüssen und -lichtungen kommt der Vogelfreund auf seine Kosten. Im Urlaub kann so mancher Birdwatcher mehr als hundert Vögel abhaken.

Vögel, die sich vor allem in den oberen Baumkronen der Wälder aufhalten, sind am ehesten frühmorgens in der Nähe Früchte tragender Bäume zu beobachten. Schon von weitem ist das laut klatschende Fluggeräusch der **Nashornvögel** zu hören, deren Flügel Spannweiten bis zu drei Metern erreichen.

An den Flussläufen huschen die grünblau schillernden **Eisvögel** auf ihrer Jagd nach Insekten und kleinen Fischen entlang, während die weißen **Reiher** auf dem Rücken der Wasserbüffel und in den Reisfeldern ihre Nahrung suchen. Auch **Kraniche** und **Störche** leben in dieser offenen, überschaubaren Landschaft. Vogelparadiese sind vor allem die Feuchtgebiete, die mit über 250 000 km^2 knapp 5 % der Landesfläche bedecken, wie z. B. das Vogelschutzgebiet Thale Noi.

Haustiere

Neben dem Wasserbüffel, dem Rückgrat der südostasiatischen Landwirtschaft, werden in

Leben im Korallenriff

Die Riffe sind ein wichtiges Ökotop der tropischen Meere, der Lebensraum mit der größten Artenvielfalt an Meeresfauna und -flora. Die Grundlage dieser Tierstöcke wird vor allem von Steinkorallen gebildet. Ein einzelnes dieser Kleinstlebewesen, das sich auf einem Felsen oder Stein festsetzt und langsam heranwächst, liefert die Grundlage für das Entstehen einer Kolonie. An der Unterseite des zylindrischen Körpers produziert das Tier mit seinen Ausscheidungen eine Kalkplatte, durch die es auf der Unterlage haftet. Dann werden von weiteren Kalkausscheidungen strahlenförmig auf der Platte stehende Leisten ausgebildet, deren Außenwände wiederum miteinander verbunden sind.
Durch fortgesetztes Knospen und Ausscheiden des Kalks entsteht im Laufe der Jahrhunderte ein **Korallenriff**, das etwa 0,5–2,8 cm pro Jahr wächst und zu kilometerlangen „Gärten" zusammenwachsen kann. Die lebenden Korallen nehmen, im Gegensatz zu dem weißen, abgestorbenen Skelett, die verschiedensten Farben an. Im Riff finden zahllose Korallenfische, Muscheltiere, Krebse, Quallen, Seeanemonen, Seesterne und Kleinstlebewesen ihren Lebensraum. Korallen und Algen leben nicht in dunklen Meerestiefen, sondern nur in einer Tiefe von etwa 3–50 m.

dem überwiegend buddhistischen Land viele Tiere für die Fleischproduktion gehalten. Traditionell leben unter den auf Stelzen errichteten Häusern und in den umliegenden Gärten Schweine, Enten und Hühner. Vereinzelt grasen auf den Weiden höher gelegener, kühlerer Regionen große Rinderherden. Um den Fleischbedarf zu decken, ist auch in Thailand Massentierhaltung erforderlich. In den Tempeln finden Dutzende herrenloser Hunde und Katzen Zuflucht, die durchaus wohlgenährt sind, aber überall, auch am Strand, als gefährliche Überträger von Tollwut, Hakenwürmern und anderen z. T. lebensgefährlichen Krankheiten gelten. Ganz ungefährlich hingegen sind die Geckos, kleine Eidechsen, die mit Vorliebe abends an den Zimmerdecken rings um die Lampen Insekten auflauern, um sie zu verspeisen.

Landschaften

In den abwechslungsreichen Landschaften Thailands zeigen und verbergen sich überaus viele Naturschönheiten, wie überwucherte Kalksteinfelsen, herrliche Tropfsteinhöhlen und vielfältige Wasserfälle.

Kalksteinfelsen

Vor allem in Süd-Thailand ragen die subtropischen **Kegelkarstfelsen** aus der Ebene auf. Diese Landschaftsform kommt ansonsten nur noch in Malaysia, Vietnam und Südchina vor. Sie entstanden während einer regenreichen Kaltzeit (Pluvialzeit) durch Lösungsverwitterung (Korrosion) einer ehemals zusammenhängenden Kalktafel. An der Grenze von Kalkgestein zu undurchlässigem Nebengestein blieben diese steilwandigen Türme als Reste der ehemals höhergelegenen Landoberfläche erhalten.

Im Meeresnationalpark von Phang Nga und in der Gegend von Krabi sind die bizarren, von wild wuchernder Strauchvegetation und einzelnen Schirmbäumen überzogenen Felsen am leichtesten zugänglich.

Höhlen

Durch Auswaschung wurde das Kalkgestein durchlöchert und bildete Höhlen, in denen stetig tropfendes Wasser Stalagmiten (von unten) und Stalaktiten (von oben) formt. Manche dieser Höhlen besitzen mehrere Ausgänge, einige werden von Bächen oder sogar Flüssen durchflossen. Viele Höhlen im ganzen Land enthalten buddhistische Heiligtümer oder dienen als Meditationsklausen.

Wasserfälle

Die Thais lieben Wasserfälle, ob sie steile Felswände herunterrauschen, hundertfache **Kaskaden** bilden oder **Sinterterrassen** herunterrieseln. Fast immer gibt es Badeplätze oder sogar Swimming Pools, in denen sich die Einheimischen vor allem am Wochenende vergnügen.

Das Wasser ist meistens völlig klar und rein, da es aus unbewohnten Wäldern stammt. Nur in der Regenzeit nimmt es eine erdbraune Farbe an. Die freie Fallhöhe der Wasserfälle beträgt nur selten mehr als 20 m. Doch die Thais messen die Höhe einschließlich aller Zwischenstufen, dadurch kursieren gewaltige Werte. So mancher Tourist ist deshalb enttäuscht von den Wasserfällen und übersieht ihre Reize.

In vielen Restaurants hängen Poster der schönsten Wasserfälle, die ihr Aussehen zumeist bizarren Kalktuffen verdanken. Sie entstehen durch Kalkablagerung auf feinen Pflanzenhaaren der im kalkhaltigen Wasser wachsenden Algen, Moose und Blütenpflanzen. Durch das Entweichen der Kohlensäure bilden sich poröse **Kalktuffe**, die nachträglich durch Kalksubstanz ausgefüllt werden. Die festen Kalknasen werden vom Moos überwuchert und bilden Barrieren, auf denen weiterer Kalk abgelagert wird und so kleine, poröse Terrassen ausbildet, die pro Jahr 2–3 cm wachsen können.

Strände

Thailand ist berühmt für seine wunderschönen Sandstrände. Entlang der 2600 km langen Küste und auf Hunderten von Inseln wurden in Jahrtausenden Muschelkalk, Korallengestein oder Sandstein zerrieben. So entstanden mannigfaltige Strände, die einheimische und westliche Touristen anziehen.

Thais lieben vor allem sehr flache, feste Strände, an denen sie bis über die Knöchel im Wasser flanieren können. Sie sammeln Muscheln, Krebse, Seesterne und anderes Meeresgetier, rasten unter den Schatten spendenden Kasuarinen *(Casuarina equisetifolia)* und vertilgen große Mengen von Mekhong Whisky zu scharfen Snacks. Westliche Touristen ziehen rasch abfallende Badestrände vor, über die sich Kokospalmen neigen. So kommt man sich nur selten ins Gehege.

Ein seltsames Phänomen stellen die **Gezeiten** im Golf von Thailand dar. Sie verlaufen völlig anders als etwa an der Nordsee, vor allem scheint es nur einmal am Tag eine Flut zu geben. Es kann viel Spaß bereiten, sich die jeweiligen lokalen Erklärungen anzuhören.

Umwelt

Die Vernichtung der Wälder

Mit der Ausweitung der landwirtschaftlichen Anbaufläche seit Beginn der 60er-Jahre von knapp 8 Millionen Hektar auf über 20 Mill. Hektar nahm die **Waldfläche** Thailands von nahezu 30 Mill. Hektar auf etwas mehr als 10 Mill. Hektar ab. Jährlich wurden 2 Mill. m^3 Holz geschlagen. Hierdurch verlor das Land seine wasserspeichernden und klimatisch ausgleichend wirkenden Wälder – die Folgen sind überall zu erkennen. Das unkontrollierte Abholzen von Bergregionen im Süden des Landes führte 1988 zu Erdrutschen, bei denen über 700 Menschen starben.

Ein königliches Dekret stoppte daraufhin 1989 alle kommerziellen Holzfällerarbeiten. Seither wird mehr als zuvor Holz aus Laos und Myanmar importiert. Dennoch geht die **Waldvernichtung** weiter, illegal und mit höheren Kosten, aber fast unvermindert. Durch das Fehlen der natürlichen Wasserspeicher kommt es zu Beginn der Trockenzeit zu ungewöhnlich frühem **Wassermangel**, die künstlichen Wasserspeicher füllen sich nur noch selten, und die Bevölkerung ist gezwungen, verstärkt Grundwasser anzuzapfen. Zudem hat der Boden durch das fehlende Wurzelwerk der Bäume keinen Halt mehr und wird von den Wassermassen während der Regenzeit weggespült. **Bodenerosion**, Überschwemmungen und lange Dürreperioden sind das Ergebnis, denn Lalang-Gräser und Nutzpflanzen können weitaus weniger Wasser speichern als der Wald und den Boden kaum vor Erosion schützen.

Shrimp-Farmen

Im vergangenen Jahrzehnt setzte eine Art Wettlauf um das große Geld ein, ohne Rücksicht auf die Umwelt, auf gewachsene Sozialstrukturen und die technischen Voraussetzungen. So wurden im Süden Tausende von Hektar Land zu Shrimp-Farmen umgewandelt, die kurzfristig zwar Gewinne abwarfen, aber nach wenigen Jahren vergiftet waren. Die Reisfelder in der weiteren Umgebung können nicht mehr genutzt werden, das Grundwasser ist mit Pestiziden belastet und das abgepumpte Wasser aus den Teichen schädigt die Ökologie der Uferzonen und verunreinigt Badestrände. Der Schlamm in den Teichen ist hochgradig verseuchter Sondermüll, der von niemandem entsorgt werden kann.

Kein Thai fühlt sich für die Beseitigung der Schäden zuständig oder gar verantwortlich – und schon kommen ausländische Entwicklungshilfeorganisationen, die an einigen Symptomen herumkurieren wollen. Die Verursacher dieser Katastrophen legen derweil weitere Shrimp-Farmen in bisher intakten Gebieten an, z. B. in unmittelbarer Nähe von Badestränden, in den gefährdeten Mangrovenwäldern oder gar in Nationalparks, die eigentlich unter besonderem Schutz internationaler Verbände stehen.

Weitere Informationen zum Thema unter www.heureka.clara.net/gaia/shrimps.htm.

Die Folgen der Industrialisierung

Mit zunehmender Industrialisierung und steigendem Lebensstandard nehmen die **Umweltprobleme** dramatisch zu. Die so genannten Schwellenländer weisen bereits Züge unserer Wegwerfgesellschaft auf. Man entledigt sich des Mülls auf die bequemste Weise – Bahndämme, Strände, Picknickplätze, Nationalparks und Wanderwege zeugen davon. Aus Wohnhäusern, Fabriken und Hotels werden bedenkenlos Abfälle ungeklärt in die Flüsse und ins Meer gekippt – in Bangkok werden die Klongs zu Kloaken und verschwinden unter Straßen.

Organische Abfallstoffe brauchen den Sauerstoff des Wassers auf, der Fluss kippt um, und die Fische verenden im faulig stinkenden Wasser. Besonders die Lebensmittel-Industrie belastet bei der Verarbeitung von Tapioka und Zuckerrohr die Gewässer, ebenso die petrochemische, Leder- und Papierindustrie. Der zunehmende Einsatz von Pestiziden und Düngemitteln fördert diese Entwicklung. Hinzu kommt die Belastung mit Schwermetallen, vor allem im relativ flachen Golf von Thailand.

Umweltbewusstsein

Doch auch ein gegenläufiger Trend ist zu erkennen. Während der letzten Jahre ist das Umweltbewusstsein in verschiedenen Kreisen der Bevölkerung gestiegen. Mittlerweile sind 13 % der Landesfläche unter **Naturschutz** gestellt worden. Man beginnt, sich gegen die Zerstörung der Natur durch die zunehmende Industrialisierung ohne umweltschützende Auflagen zu wehren. Es entstehen Netzwerke, die gemeinsam gegen industrielle Großprojekte und Staudämme aufbegehren wie jüngst die Bewegung gegen den Pak Moon-Damm. Auch die Umweltschäden durch Staudammprojekte und Sprengungen von Stromschnellen im Oberlauf des Mekong in China sowie in Laos und Thailand werden nicht mehr unwidersprochen hingenommen. Beispiele hierfür finden sich im Inernet, z. B. Foundation for Ecological Recovery, 💻 www.terraper.org, Southeast Asia Rivers Network, 💻 www.searin.org oder Mekong Info, 💻 www.mekonginfo.org.

Bereits 1986 stürmten in Phuket aufgebrachte **Demonstranten** die erste Tantalum-Fabrikationsstätte und brannten sie nieder. Tantalum wird u. a. aus Rückständen der Zinn-Produktion gewonnen und bei der Herstellung von Kondensatoren, im Maschinenbau, in der Chemie und bei der Reaktor-Herstellung benötigt.

In den Jahren 1988/89 verhinderten engagierte Studenten den Bau eines weiteren Staudammes nördlich von Kanchanaburi. Auch das einzigartige Gesetz zum Schutz der Wälder wurde durch den massiven Protest der Bevölkerung erstritten. 1990 gründete Phoruthep Phoruprapha (Siam Motors) das Projekt Think Earth, das ein Bewusstsein für die Erhaltung der natürlichen Ressourcen fördern und entsprechende Projekte unterstützen möchte, um der kommenden Generation eine grüne Welt zu hinterlassen. Bisher wurden über eine halbe Million Bäume gepflanzt, Schildkröten gerettet und die Dugongs vor Trang vor dem Aussterben bewahrt.

Auch im touristischen Bereich haben einige Hotelbesitzer damit begonnen, Abwässer umweltschonend mit biologischen Kläranlagen zu reinigen und in den natürlichen Kreislauf zurückzuführen (s. Kasten), Müll getrennt zu entsorgen und Zimmer durch bessere Dämmung und standortangepasste Solararchitektur mit geringerem Energiebedarf zu kühlen. Die Basis für mehr Umweltschutz hat die Regierung mit entsprechenden Gesetzen geschaffen. Es mangelt allerdings vielfach noch an der Umsetzung.

Um die Zunahme von Ödland zu stoppen, fördert die thailändische Regierung, und vor allem der König, Aufforstungsprogramme. Die regenerierten Waldflächen sind allerdings wesentlich kleiner als die gerodeten Flächen, doch neue Gesetze beschleunigen diese Projekte, um einen großen Teil der verlorenen Wälder in den nächsten Jahren zurückzugewinnen. So verschenken die lokalen Forstbehörden Stecklinge von Bäumen, Gebüsch und Leguminosen. Gleichzeitig hat

Abwasserentsorgung

Besonders in der **Tourismusindustrie** liegt das Umweltbewusstsein im Argen, vor allem bei Hoteliers und Restaurantbesitzern. Nur ganz wenige Hotels, Resorts und Bungalowanlagen entsorgen ihre Abwässer ökologisch unbedenklich. An einem der attraktivsten Strände werden z. B. Abwässer ohne ausreichende Klärung in die dahinter liegende Lagune geleitet, von wo sie über einen Klong wieder am Strand verteilt werden. Der zeitweilig unerträgliche Gestank wird von den Anrainern hilflos hingenommen.

Restaurants am Strand werden meistens auf kurzzeitig gepachtetem Land gebaut, fast immer unter unzulänglichen sanitären und ökologischen Bedingungen, da sich der Bau von Kläranlagen und Filtern angeblich nicht rechne. Gesetze, die strikte Auflagen verlangen, gelten bisher nur für große Unternehmen, werden häufig umgangen und berücksichtigen nur unzureichend neue Technologien.

Wie wir einen Beitrag zur Erhaltung der Umwelt leisten können

- Generell gilt im Dschungel wie am Strand der Grundsatz: *take nothing but pictures, leave nothing but footprints* – und in dieser Hinsicht können Touristen Vorbilder sein. Dass die Thais selbst sich häufig nicht an diese Devise halten, ist keine Entschuldigung. Guides und Bootsleute kann man durchaus darum bitten, nicht kompostierbaren Müll von einer Tour mit zurückzunehmen.
- Für manche Völker ist die Jagd lebensnotwendig – für uns ist sie ein unnützes Vergnügen, das nur Schaden anrichtet.
- Souvenirs von bedrohten Pflanzen und Tieren (z. B. Schildkröten, Krokodile) werden nur hergestellt, wenn sich dafür auch Abnehmer finden. Der Import nach Europa ist auf Grund des Washingtoner Artenschutzabkommens verboten!
- Taucher, die sich auf Korallen stellen oder sie gar abbrechen, haben bereits ganze Riffe zerstört. Auch für Schmuck und andere Souvenirs wurden viele Korallenbänke abgetragen, wodurch der Lebensraum zahlloser Fische, Krebse und anderer Weichtiere zerstört wurde.
- Wer bei Touren in entlegene Gebiete feststellen muss, dass noch irgendwo Holz geschlagen wird, sollte dieses Wissen nicht für sich behalten, sondern Forstbehörden, Zeitungen oder engagierte Umweltschutzgruppen darüber informieren.
- Soft Drinks und Wasser gibt es auch in Pfandflaschen, Restaurantbesitzer kann man gezielt danach fragen. Auf Plastiktüten und überflüssige Verpackungen kann man verzichten. Auch unterwegs sollte man darauf achten, dass Müll nicht achtlos in die Landschaft geworfen wird.
- Touristen gelten in den Tropen als die größten Wasserverschwender. Da der Wassermangel in Thailands Touristenzentren von Jahr zu Jahr dramatischer wird, sollte sich jeder bemühen, sorgsam mit dem kostbaren Nass umzugehen.
- Wer mit der Entsorgung von Abwasser nicht einverstanden ist, kann die Besitzer und Betreiber von Resorts und Restaurants darauf ansprechen: *Steter Tropfen höhlt den Stein.*

man den Bergvölkern andere Anbaumethoden nähergebracht und den auf Brandrodungsfeldbau basierenden Mohnanbau durch das Anpflanzen von Blumen, Gemüse und anderen Nahrungsmitteln abgelöst.

Einige schwere Niederlagen mussten Umweltschützer allerdings hinnehmen. Beim Bau der 700 km langen Gasleitung von der Küste Myanmars bis nach Ratchaburi wurde in den ursprünglichen Waldgebieten in der Provinz Kanchanaburi auf fast 300 km Länge eine breite Schneise gerodet. Trotz aktiver Proteste mehrerer Umweltschutzgruppen wurde damit der Wald für Wilderer und illegale Holzfirmen geöffnet. Weitere Proteste konnten auch den Bau der neuen Gas-Pipeline nach Malaysia nicht stoppen.

Einige Staudammprojekte im Nordosten endeten trotz jahrelanger Proteste in sozialen, finanziellen und ökologischen Katastrophen, alles gut dokumentiert – aber von den Verursachern rundweg abgestritten.

Bevölkerung

Bevölkerungsstruktur

In Thailand leben etwa 65 Mio. Menschen. Waren 1970 noch 16,5 % der Bevölkerung jünger als 5 Jahre, sind es mittlerweile weniger als 9 %. Die Lebenserwartung liegt in Thailand bei 73 Jahren (1960: 52 Jahre, in Westeuropa heute etwa 78 Jahre).

Vor allem in den ländlichen Räumen lebt etwa ein Drittel der Bevölkerung unter dem Existenzminimum, in Gesamt-Thailand sind es ca. 10 %. Entgegen der populären staatlichen Familienplanungspolitik sind die **Bergvölker** noch immer in traditionellem Denken verhaftet. Man wünscht sich viele Kinder, denn sie steigern das soziale Ansehen und sind die einzige Alterssicherung. Hingegen praktizieren die meisten Thai-Familien auch auf dem Land Geburtenplanung. Noch leben 69 % der Bevölkerung auf dem Land. Dennoch ist die **Verstädterung**, wie überall auf der Welt, nicht zu übersehen. Die Bevölkerung der Metropole Bangkok hat sich während der letzten 20 Jahre mehr als verdoppelt. Die Stadt wirkt wie ein Magnet auf die junge, arbeitslose Landbevölkerung. Die Träume von einem besseren Leben enden nicht selten in menschenunwürdigen Fabriken oder Massagesalons.

Die Bevölkerungsdichte der städtischen Region Bangkok liegt bei 5111 Einwohnern pro km^2, was über dem Wert entsprechender europäischer Großstädte liegt. Im Gegensatz zu den westeuropäischen Städten leben die meisten Menschen in Bangkok allerdings in ein- bis zweistöckigen Häusern – ähnlich wie in den Kleinstädten. Neben der Hauptstadt Bangkok (inkl. Umland je nach Schätzungen 9–12 Millionen Einwohner) gibt es keine weiteren Millionenstädte.

Die Thai

75 % der Gesamtbevölkerung Thailands sind Thai, sodass das Land relativ homogen ist. Über Jahrhunderte wanderte das Volk der Thai aus Yünnan Richtung Süden. Während die „großen Thai", die heutigen Shan, ins östliche Birma zogen, ließen sich die „kleinen Thai" im Gebiet des heutigen Nord-Thailands nieder.

Von den alten Hochkulturen der Mon und Khmer übernahm man die Grundzüge für eine eigene Schrift, aus dem ceylonesischen Raum brachten Mönche den Theravada-Buddhismus und aus China kamen Handwerker und Künstler ins Land. Da die Thai niemals kolonisiert wurden, haben sie ihre eigene kulturelle Identität bis heute weitgehend bewahrt.

Während der Ayutthaya-Periode festigte sich die Rolle des Königs als Staatsoberhaupt. Obwohl Thailand 1932 in eine konstitutionelle Monarchie umgewandelt wurde, kommt dem vom ganzen Volk verehrten König noch immer eine große Bedeutung zu. Ebenso wie die prunkvollen Tempel das Bild der Städte und Dörfer bestimmen, prägt der Buddhismus das gesellschaftliche Leben der Thai. Wenn auch staatliche Schulen mittlerweile die meisten Kinder ausbilden, so gehen doch viele männliche Thai mindestens einmal in ihrem Leben als Mönch ins Kloster. Neben buddhistischen Traditionen haben zahllose Riten und Bräuche hinduistischen oder animistischen Ursprungs einen festen Platz im Leben der Menschen.

Ethnische Minderheiten

Vor allem in den südlichen und nördlichen Provinzen leben ethnische Minderheiten. Die Südprovinzen an der Grenze zu Malaysia (Pattani, Yala, Narathiwat und Satun) werden von **islamischen Malaien** bewohnt, die dort bis zu 80 % der Bevölkerung ausmachen. Aber auch in den anderen südlichen Provinzen bis hinauf nach Ranong stellen Moslems eine beachtliche Minderheit dar, allein 30 % in der Provinz Phuket.

In den Nordprovinzen leben als weitere ethnische Minderheit des Landes etwa 550 000 **Angehörige der Bergvölker**. Ihre Zahl nimmt zu, da einerseits die Lebenserwartung steigt und andererseits viele Menschen über die Grenze aus Myanmar nach Thailand kommen. Die sieben größten Völker sind die sino-tibetischen Karen, Hmong, Yao, Lahu, Lisu und Akha sowie die zur Mon-Khmer Gruppe gehörenden Lawa. Während die Lawa bereits im 11. und 12. Jh. von den einwandernden Thai in die Berge gedrängt wurden, sind die Karen wahrscheinlich im 17. und 18. Jh. aus Nord-China über das südöstliche Birma in ihr heutiges Siedlungsgebiet gezogen (s. S. 337).

Andere Völker folgten verstärkt seit der Mitte des 19. Jhs. Innenpolitische Wirren in Süd-China waren einer der Gründe für die Wanderungsbewegungen in Richtung Süden. 1880 gelangten die ersten Akha-Stämme in das heutige thailändische Staatsgebiet, 1920 waren Hmong bereits bis in die Provinz Tak vorgedrungen. Nach dem Ende des 2. Weltkriegs verstärkte sich die Einwanderung. Jetzt kamen Truppenreste der geschlagenen Kuomintang aus Süd-China. Man schätzt ihre Zahl heute auf etwa 10 000. Ein ähnlicher Schub erfolgte nach 1975 aus Laos, als vor allem Yao und Hmong das Land verließen.

Die alteingesessenen Völker (Lawa, Karen) siedeln weitgehend in den Tälern, wo sie sich in festen Dorfverbänden organisiert haben und überwiegend vom Nassreis-Anbau leben. Hingegen sind die Berghänge in 800–1200 m Höhe der Lebensraum später zugewanderter Völker, die Brandrodungsfeldbau betreiben und vom Bergreis- wie Opiumanbau leben. Eine staatliche Politik gegenüber den Bergvölkern wurde erst in den

50er-Jahren in Bangkok formuliert. Heute geht es um den Ersatz von Opium durch *cash crops* (Kaffee, Blumen, Gemüse, Obst), die Verfeinerung der Anbaumethoden von Bergreis, Mais usw. sowie um die Verhinderung der Bodenerosion. Der von den Bergvölkern und zugewanderten Thais bevorzugte Brandrodungsfeldbau hat unermessliche Schäden angerichtet.

Zudem leben in Thailand hunderttausende illegaler **Immigranten** aus Myanmar und Indochina. Während seit Mitte der 70er-Jahre vor allem billige Arbeitskräfte aus Myanmar in den Süden des Landes strömen, haben sich viele Vietnamesen im Osten und Nordosten niedergelassen. Die illegalen Arbeitskräfte waren die ersten, die aufgrund der Wirtschaftskrise ihren Job verloren und ausgewiesen wurden.

Eine andere, wirtschaftlich einflussreiche Minderheit sind die ca. 9 Mill. **Chinesischstämmigen** in Thailand. Obwohl die wirtschaftlichen Beziehungen zwischen Thailand und China bis ins 13. und 14. Jh. zurückreichen, sind die meisten Chinesen erst in jüngerer Zeit eingewandert. Zwischen dem Beginn des 19. Jhs. und 1950 flüchteten etwa 4 Mill. Chinesen aus ihrer krisengeschüttelten Heimat nach Thailand, wo ihre Arbeitskraft geschätzt wurde und sie in Handel und Wirtschaft zu Wohlstand gelangten. Eine Untersuchung der Thammasat-Universität stellte fest, dass 63 der 100 größten Industriebetriebe von Chinesen kontrolliert werden. Zudem sind 23 der 25 einflussreichsten Männer der Wirtschaft chinesischstämmige Thais.

Die moslemische Minderheit

Seit dem 13. Jh., als die Herrscher Sukhothais die malaiischen Sultanate im Süden der Halbinsel zu Vasallenstaaten erklärten, war diese Region zwar unter der formalen Oberhoheit Siams, aber praktisch blieb sie sich selbst überlassen. Mit der Ausbreitung des Islam im indonesischen Raum wurde auch die malaiische Bevölkerung der Halbinsel bis hinauf nach Chumphon islamisiert.

1909 mussten unter britischem Druck die Sultanate Kedah, Perlis, Kelantan und Terengganu abgetreten werden. In den verbleibenden malaiischen Gebieten Süd-Thailands begann eine radikale Assimilierungspolitik, die von Unverständnis, Vorurteilen und kulturellem Chauvinismus gekennzeichnet war und die bis zum heutigen Tag die Beziehungen zwischen dem Staatsvolk der Thai und den Thai-Moslems, wie sie von Bangkok euphemistisch genannt werden, bestimmt.

Von den über 3 Mill. Moslems des Landes leben drei Viertel im Süden des Landes, vor allem in den Provinzen Yala, Narathiwat, Pattani und Satun. Immer wieder gibt es Auseinandersetzungen zwischen Moslems und den von Bangkok eingesetzten Verwaltungsbeamten um eine regionale Autonomie.

In Bangkok hat man nicht vergessen, dass über Jahrzehnte kommunistische und separatistische Guerilla (neben ganz gewöhnlichen Banditen) den Süden mit Überfällen, Entführungen und Morden terrorisierten. Leekpai, der aus Trang stammt und mit der Situation im Süden vertraut ist, hatte während seiner Regierungszeit wichtige und mutige Schritte in allen politischen Bereichen unternommen oder zumindest in die Wege geleitet, um die politische, kulturelle und wirtschaftliche Situation der malaiischen Minderheit zu verbessern. Hingegen war in der ersten Amtszeit seines Nachfolgers Thaksin die Situation in den südlichen Provinzen von Untätigkeit, Thai-Chauvinismus und militärischen Lösungsversuchen geprägt. Man verhängte in den Provinzen Yala, Narathiwat und Pattani das Kriegsrecht, verlagerte starke Militärverbände in den Süden und regierte mit harter Hand. Diese Politik bewirkte nur eine weitere Radikalisierung der Separatisten. Bombenanschläge, Überfälle auf Polizei- oder Militärposten und Mordanschläge auf buddhistische Thai in den Südprovinzen sind fast schon an der Tagesordnung. Auch nach dem Sturz von Thaksin und der Machtergreifung der Militärs im September 2006 ist, trotz diverser Deeskalationsversuche der Regierung, die Spirale der Gewalt nicht aufzuhalten. Wie es scheint, sind auch Verbindungen zur islamistischen *Jemaah Islamiyah* nicht mehr ausgeschlossen.

Weitere Informationen über die Entstehung und den Verlauf der Unruhen im Süden unter 💻 www.saag.org oder www.globalsecurity.org/military/world/war/thailand2.htm. Aktuelle Berichte über die Situation in den Südprovinzen findet man täglich in einer der beiden englischen Tageszeitungen *The Nation* und *Bangkok Post*.

Thailand besser verstehen

Natürlich kann man sich während einer Reise durch Thailand damit begnügen, am Strand zu liegen, Landschaften und Bauwerke zu bestaunen, und die Menschen, die hier leben, nur am Rande als Kellner, Dienstmädchen, Schalterbeamte oder Hotelpersonal wahrzunehmen. Aber die bleibenden Eindrücke, die unser Leben bereichert und unseren Horizont erweitert haben, sind in der Rückschau oft ganz andere gewesen. Meistens sind es Begegnungen, Situationen mit anderen Menschen, mit neuen, ungewohnten, unbekannten, vielleicht auch extremen Verhaltensweisen, an die wir uns am besten erinnern und von denen wir am liebsten erzählen.

Die **Religion** spielt im täglichen Leben der Menschen eine bedeutende Rolle – so der Buddhismus bei den Thais und Chinesen und der Islam bei den Malaien im Süden von Thailand. Daneben ist selbst bei den Anhängern der „Hochreligionen" der Glaube an hinduistische Schutzgötter, Naturgeister, Hexen und Magie immer noch lebendig.

In den **Städten** haben sich die Traditionen vermischt und sind von westlichen Einflüssen überlagert worden, während sie auf dem Lande noch weitgehend ihre Eigenheiten bewahren konnten. In den Großstädten prallen die Kontraste zwischen westlicher und östlicher Kultur, aber auch zwischen Armut und Reichtum aufeinander.

Traditionell bietet der **Familienverband** jedem Sicherheit und Geborgenheit und ist die Grundlage der Gesellschaft. Die jüngeren Mitglieder werden angehalten, die ältere Generation zu ehren und zu unterstützen. Wer gegen ihre traditionellen Regeln verstößt, schließt sich aus der Gemeinschaft aus und verliert damit jede soziale Absicherung. Der Bau von Tempeln und die Vorbereitung der großen Feste ist, wie die Wahrnehmung anderer übergeordneter Interessen, Aufgabe der ganzen Dorfgemeinschaft. Das zumeist auch räumlich enge Familienzusammenleben lässt – völlig im Gegensatz zur westlichen Gesellschaft – keinen Platz für **individuelle Bedürfnisse**, Absonderung und Ruhe.

Körperkontakt ist normal und selbstverständlich, und selbst fremden Besuchern gegenüber scheut man davor nicht zurück. Es ist ein Zeichen enger Freundschaft, wenn Männer oder Frauen Hand in Hand durch die Straßen bummeln. **Körperkontakte zwischen Männern und Frauen** in der Öffentlichkeit sind in traditionellen Gesellschaften tabu, trotz der scheinbaren Freizügigkeit in den Touristenzentren. Nach den überlieferten Verhaltensmustern gilt es als äußerst unschicklich, Gefühle zwischen Mann und Frau in der Öffentlichkeit zu zeigen.

Kinder werden einerseits besonders liebevoll umsorgt, andererseits zu Pflicht und Gehorsam den Eltern gegenüber angehalten. Sie sind bei unzureichender Renten- und Krankenversorgung die einzige Absicherung und Stütze im Alter. Ebenso wie die Eltern genießen auch Lehrer, religiöse und politische Oberhäupter, oft auch Vorgesetzte in Betrieben, unumstößliche Autorität. Kinder aus ärmlichen und zumeist kinderreichen Familien sind oft schon in jungen Jahren gezwungen, die Schule zu verlassen und zum Familieneinkommen beizutragen.

Wo viele Menschen auf engem Raum aufeinander angewiesen sind, ist das Streben nach **Harmonie** eine mehr oder weniger zentrale Grundlage des Gesellschaftssystems. Konflikte werden, so weit es geht, vermieden. Wer Auseinandersetzungen in der Öffentlichkeit austrägt, gilt als rüde und verliert Gesicht. Das gilt auch für Touristen, die allzu leicht ihren Ärger zeigen oder ihre Gastgeber kritisieren. Direkte Ablehnung zu vermeiden ist eine Höflichkeitsgeste, die Europäer oft falsch deuten.

Wer Thai um etwas bittet, wird zum Beispiel selten eine Absage bekommen, selbst wenn es nicht möglich ist, der Bitte zu entsprechen. Statt „nein" sagt man aus **Höflichkeit** lieber „vielleicht" und zeigt durch zögerndes Verhalten seine Ablehnung. Auch die Frage nach dem Weg wird eher falsch als gar nicht beantwortet, was zu einer Odyssee oder völliger Ratlosigkeit führen kann. Ein Lächeln hilft, manche problemati-

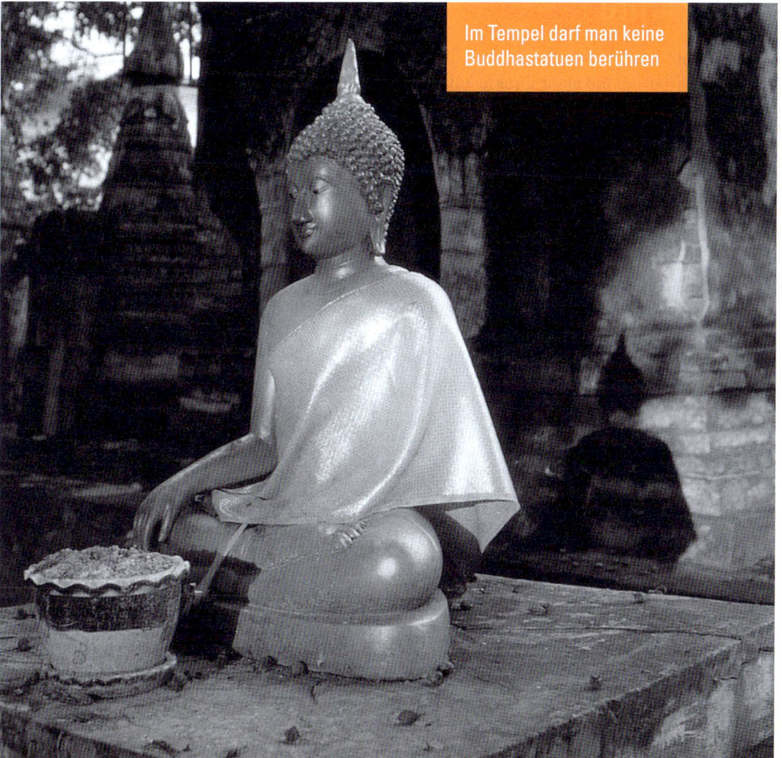

Im Tempel darf man keine Buddhastatuen berühren

sche oder unsichere Situation zu überstehen, ebenso wie die häufig verwandte Formel *mai pen rai* – was so viel heißt wie „das macht nichts!". Ein anderes Phänomen, das Reisenden vor allem in ländlichen Regionen deutlich wird, ist, dass die Menschen mit einem völlig anderen **Zeitbegriff** arbeiten. Planung und Vorausdenken sind nicht so wichtig, wie in der Gegenwart zu leben. Es spielt keine Rolle, ob ein Bus in fünf Minuten oder später abfährt. Geduld ist eine der wichtigsten Tugenden. Was sich hier und jetzt abspielt, ist von größerer Bedeutung – selbst wenn es nur das Warten am Busbahnhof ist – als ein imaginäres Ziel in der Zukunft. Die Zukunft ist genauso wenig real wie die Vergangenheit, also schenkt man beiden wenig Aufmerksamkeit.

Um so unverständlicher erscheint es uns lärmgeplagten Europäern, dass für den Thai auch noch so großer **Lärm** nicht als unangenehm empfunden wird. Schon um 5 Uhr morgens dröhnen die Dorflautsprecher und senden bis 7 Uhr Nachrichten und Musik. Bei Festen und Feierlichkeiten wird das gesamte Dorf bis tief in die Nacht beschallt, ohne dass sich ein Thai darüber beschwert. Im Gegenteil: Ruhe und Dunkelheit gelten als unheimlich und werden vermieden.

Viele Fischer glauben, dass die laut knatternden Motoren der Longtail-Boote die bösen Geister des Meeres vertreiben, je lauter je wirkungsvoller.

Geschichte

Im Gegensatz zu allen anderen Staaten Südostasiens kam Thailand **nie unter direkte koloniale Herrschaft**. Zwischen den Einflussgebieten Großbritanniens im Westen und Süden (Britisch-Indien, Birma, Malaya) und den französischen Kolonien im Osten (Laos, Kambodscha, Vietnam) gelegen, musste Thailand einer vorsichtigen **Balance-Politik** zwischen den Großmächten folgen, und vor allem im 19. Jh. große Gebiete abtreten.

1896 garantierten beide rivalisierenden Großmächte die immer währende Neutralität des zentralen Teils Siams, wie die damalige offizielle Staatsbezeichnung lautete, ohne dabei zu vergessen, sich gegenseitig wirtschaftliche und strategische Einfluss- und Interessensphären zuzuschanzen. Militärisch aber wurde das Land nie unterworfen.

Bis zum 13. Jahrhundert

Archäologische Keramik- und Waffenfunde in Ban Chiang und in der Nähe von Kanchanaburi weisen eine **Besiedlung** des Landes vor über 7000 Jahren nach. Nach neueren Funden in Grotten bei Krabi lebten sogar schon vor 43000 Jahren viele Menschen als Sammler und Jäger im Süden Thailands.

Die eigentliche Herkunft der Thai-Völker ist wissenschaftlich umstritten. Historisch nachweisbar sind ihre **Wanderungsbewegungen** seit Beginn unserer Zeitrechnung. Im 8.–11. Jh. waren die Thai-Siedler bereits aus dem heutigen Süd-China in ein Gebiet vorgedrungen, das sich von Assam im äußersten Westen bis nach Vietnam erstreckte. Häufig traten sie dabei in Kontakt mit bereits hinduisierten Bevölkerungsgruppen. Andererseits besaßen sie genügend sozialen Zusammenhalt und politische Ordnung, um kleine Fürstentümer zu gründen. Weiter im Süden erstreckte sich das Khmer-Reich von Angkor (Kambodscha) vom 10.–13. Jh. bis weit in das heutige Thai-Staatsgebiet hinein.

Die ersten **Reiche der Thai** entstanden in Chiang Mai und Chiang Rai, aber auch in Nord-Birma und Yünnan. Im 13. Jh. wuchs die Bedeutung mehrerer dieser Staaten, da sie als Vasallen der Mongolen an deren Siegen über Birma und dem Reich Champa (in Vietnam) teilhatten.

Gäste in einem fremden Land

Schon seit Jahrhunderten sind Weiße in Thailand bekannt. In der Königsstadt Ayutthaya lebten Europäer, Chinesen und Japaner im 17. und 18. Jh. in eigenen Stadtvierteln. Europäische Missionare, Händler, Politiker und Ingenieure dienten den Königen Thailands als Berater und Geschäftspartner. Die Könige Rama IV. und V. waren westlichen Einflüssen gegenüber aufgeschlossen. Da Thailand niemals unter Kolonialherrschaft geriet, lernten die Thai Europäer nur als Gäste in ihrem Land kennen. Es ist daher nicht erstaunlich, dass auch Touristen in traditionell strukturierten Gebieten als Gäste betrachtet werden, während in den Urlaubsgebieten das kommerzielle Interesse überwiegt. Ehen werden nicht selten als Versorgungsgemeinschaft angesehen, was einige Ausländer, die einheimische Frauen heiraten, oft schmerzhaft erfahren müssen.

13. / 14. Jh.: Unter der Herrschaft von Sukhothai

Im Zentrum der indochinesischen Halbinsel waren zwei Völker vom Einfluss Indiens geprägt. Die Khmer im Mekong-Delta und die Mon in Zentral-Thailand und Nieder-Birma hatten mächtige Reiche und hoch entwickelte Kulturen geschaffen. Der Einfluss beider Völker war jedoch im 13. Jh. stark zurückgegangen. In diesem Macht-Vakuum gelang es den Thai, den Mon-Staat Haripunchai (Lamphun) zu besiegen und 1296 Chiang Mai zu gründen. Nachdem schon 1220 die Khmer aus der zentralen Ebene verdrängt worden waren, wurde 1228 Sukhothai gegründet.

Beide Thai-Fürstentümer übernahmen viele Kulturelemente der Mon und Khmer. Die wichtigsten waren die Annahme des Theravada-Buddhismus aus Ceylon, in den viele Elemente des Hinduismus und des alten animistischen Glaubens eingingen, und die Übernahme der Schrift.

Sukhothai gelangte zum Ende des 13. Jhs. unter **König Ramkhamhaeng** zu kultureller Blüte. Er verband die Fähigkeit einer effizienten Herrschaft mit militärischer Stärke und trat gleichzeitig als Befürworter des Buddhismus und der Künste auf. Heute wird er als „Vater Thailands" betrachtet.

15.–18. Jh.: Unter der Herrschaft von Ayutthaya

Der Nachfolgestaat Sukhothais war das um 1350 entstandene Königreich Ayutthaya im Zentrum der fruchtbaren Chao Phraya-Ebene. Zum Beginn des 15. Jhs. wurde Sukhothai unterworfen und das Khmer-Reich besiegt bzw. zum Vasallen degradiert. Gegen die nördlichen Kleinstaaten Laos und Chiang Mai führten König Trailoks Truppen zahlreiche Kriege. Um die militärische Position gegenüber dem nördlichen Nachbarn zu verbessern, wurde vorübergehend die Hauptstadt nach Phitsanulok verlegt. Chiang Mai konnte jedoch nicht unterworfen werden, da es sich zeitweise mit dem Königreich Birma verbündete, das zum Erzrivalen des Ayutthaya-Reiches wurde. Erst zum Ende des 18. Jhs. gelang die Eroberung Chiang Mais.

Waren die Sukhothai-Könige noch volksverbunden, so wurden jetzt am Hof Zeremonien eingeführt, die dem Herrscher göttliche Eigenschaften zusprachen. Damit war die absolute Monarchie geboren. Am weitesten gingen die Veränderungen in der Administration des Reiches. Mitglieder der königlichen Familie, die bisher die verschiedenen Landesteile als quasi eigene Ländereien verwalteten, wurden durch ernannte Adlige ersetzt. Eine Rangordnung der Mitglieder des Königshauses und des Adels wurde festgelegt und die gesellschaftliche Funktion jedes Einzelnen definiert. An der Spitze der Hierarchie stand der König. Die Masse der Menschen, die Bauern, waren in zwei Klassen unterteilt: Freie und Sklaven. Freie hatten das Recht, Land bis zu einer Größe von 25 rai (1 rai = 1600 m^2) zu bestellen. Durch ein hierarchisches Abgabenrecht bekam jeder Bürger Ayutthayas eine „soziale Wertigkeit" *(sakdi na)*, die durch den Landbesitz definiert war. Die des Königs war unendlich, die eines durchschnittlichen freien Bauern war 25 *sakdi na*, die des Thronfolgers 100 000 usw.

Stärkster Rivale Ayutthayas war das benachbarte Königreich Birma. 1569 wurden die Thai besiegt, burmesische Garnisonen eingerichtet und ein neuer König ernannt, der die Oberhoheit Birmas anerkannte. 15 Jahre war Ayutthaya ein Vasall Birmas, bis es dem Prinzen Naresuan in fünf Kriegszügen zwischen 1584 und 1592 gelang, die burmesische Herrschaft abzuschütteln. Die Außenbeziehungen Ayutthayas mit den meisten anderen asiatischen Staaten waren durch intensiven Handel geprägt. Handelsschiffe segelten nach Malacca, zu Häfen in Indien, China und Java. Besondere Beziehungen bestanden mit China, das als „älterer Bruder" angesehen wurde.

Bedeutsam waren die Kontakte Ayutthayas mit den europäischen Großmächten. Seit im Jahr 1511 das Sultanat Malacca von Portugal erobert worden war, kamen portugiesische Händler, Missionare und Diplomaten auch nach Ayutthaya, portugiesische Söldner dienten im Heer. Im 17. Jh. trafen Holländer und Engländer ein, die Handelsstützpunkte nahe der Hauptstadt und in den Häfen des Südens einrichteten. 1664 erzwang Holland unter der Androhung militärischer Gewalt den Abschluss eines Vertrags, der ihm ein Monopol in den wichtigsten Bereichen des Außenhandels einräumte. Um den holländischen Einfluss zu vermindern, wurden zwischen 1665 und 1690 diplomatische Kontakte zwischen Ayutthaya und Frankreich aufgenommen. 1687 traf eine französische Gesandtschaft mit mehr als 600 gut ausgerüsteten Soldaten ein. **König Narai**, beraten durch den griechischen Abenteurer Konstantin Phaulkon, geriet in den Augen des Thai-Adels und der königlichen Familie mehr und mehr unter europäischen Einfluss. 1688 gelang eine Palast-Revolte, Phaulkon wurde geköpft und die französischen Soldaten wurden vertrieben. Damit begann für 150 Jahre eine Politik der Abschottung gegenüber den westlichen Großmächten.

Mitte des 18.–19. Jhs.: Der Beginn der Chakri-Dynastie

Nachdem 1767 Ayutthaya vom Erzfeind des Reiches, Birma, völlig niedergebrannt und dem Erdboden gleichgemacht worden war, versank das Land im Chaos. Wie bei damaligen Kriegen üblich, wurden alle qualifizierten Handwerker, die noch am Leben gebliebene königliche Familie und weitere 106000 Bewohner Ayutthayas nach Birma verschleppt. Der Provinz-Gouverneur Taksin sammelte die verbliebenen Soldaten und versuchte, das Land politisch wiederzuvereinigen, da sich Provinzen und Vasallenstaaten nach der Invasion Birmas losgesagt hatten. 1768 wurde er in der neuen Hauptstadt Thonburi zum König ausgerufen. Im Zeitraum von 14 Jahren gelang es ihm in zahlreichen Kriegen, das Land wieder zusammenzufügen. Wichtigster Heerführer wurde General Chakri, der Taksin entmachtete und sich zum König Rama I. krönen ließ. Damit war er der erste König der noch heute herrschenden Dynastie.

Die Chakri-Könige verfolgten bis zur Mitte des 19. Jhs. eine Politik der Restauration. Der vergangene Glanz Ayutthayas sollte wieder hergestellt werden. Für die neuen Tempel und Paläste in Bangkok verwendete man sogar Ziegelsteine aus den Ruinen der alten Hauptstadt. Veränderungen sozialer und wirtschaftlicher Natur wurden unumgänglich, als sich die Handelsbeziehungen zu China ausweiteten und die europäischen Großmächte neues Interesse an Ostasien zeigten. Chinesische Einwanderer, meist Händler oder Unternehmer, siedelten sich vor allem in Bangkok an. Mitte des 19. Jhs. waren mehr als die Hälfte der 400 000 Einwohner der Stadt Chinesen.

Ende des 19. Jhs.: Reformen unter Mongkut und Chulalongkorn

König Mongkut wird als Erneuerer und Reformer des Reiches angesehen. Seine Außenpolitik war von der Vormachtstellung der westlichen Großmächte bestimmt. Deshalb wurden England, den Vereinigten Staaten, Frankreich und anderen Ländern Handels-Privilegien eingeräumt und Territorien abgetreten. Das Schicksal Birmas – nach drei Kriegen vollständig Britisch-Indien einverleibt – war für Siam eine traumatische Erfahrung.

Sein Sohn **Chulalongkorn** führte diese Politik fort. Französische Kanonenboote auf dem Menam Chao Phraya ließen Chulalongkorn keine andere Möglichkeit, als territoriale Konzessionen an Frankreich und Großbritannien zu machen. Alle laotischen Vasallenstaaten und große Gebiete in Kambodscha fielen an Frankreich. Diese Beschwichtigungspolitik wurde ergänzt durch ein innenpolitisches Reformprogramm, dessen Durchsetzung auf große Schwierigkeiten stieß, da es alte Privilegien des Adels und der königlichen Familie beschnitt. 1909 mussten die nordmalaiischen Sultanate Perlis, Kedah, Terengganu und Kelantan an das britische Kolonialreich abgegetreten werden.

Die Verwaltung wurde zentralisiert. An der Spitze standen Ministerien nach europäischem Vorbild. Steuergesetze ersetzten die alte hierarchische Abgabenstruktur, und mit der entscheidenden Verbesserung der Infrastruktur entstanden die Eisenbahnlinien nach Malaya und Chiang Mai. Im Rahmen der Umgestaltung des Erziehungssystems wurden Universitäten nach westlichem Vorbild gegründet.

Unter Chulalongkorn wurde ein Dekret erlassen, dass niemand mehr als Sklave geboren werden könne, was die Abschaffung der Sklaverei einleitete. Der König öffnete das Land europäischen Nationen und beschäftigte in seiner zivilen und militärischen Verwaltung Briten, Belgier und Italiener. Deutsche projektierten die Eisenbahnlinie nach Norden.

Zweck aller Reformen war es, Thailand innen zu stärken, um der westlichen Herausforderung standzuhalten. Chulalongkorn veränderte die althergebrachte Gesellschaftsordnung, hielt aber gleichzeitig an bestimmten Traditionen fest und gilt dadurch als Begründer des modernen **Siam**.

Die 30er- und 40er-Jahre: Konstitutionelle Monarchie

1932 wurde Siam, wie die offizielle Staatsbezeichnung bis dahin lautete, durch einen unblutigen Staatsstreich eine konstitutionelle Monarchie. Westlich ausgebildete Intellektuelle und

Die wichtigsten Könige

? –1317	Mengrai (Lanna)
1275–1317	Ramkhamhaeng
1350–1369	U-Thong
1388–1395	Ramesuan
1590–1605	Naresuan
1630–1656	Prasat Thong
1657–1688	Narai
1767–1782	Taksin
1782–1809	Rama I. (General Chakri)
1809–1824	Rama II. (Phra Phutthalaetla Naphalai)
1824–1851	Rama III. (Phra Nangklao)
1851–1868	Rama IV. (Mongkut)
1868–1910	Rama V. (Chulalongkorn)
1910–1925	Rama VI. (Vichiravudh)
1925–1935	Rama VII. (Prajadhipok)
1935–1946	Rama VIII. (Anand Mahidol)
seit 1946	Rama IX. (Bhumipol)

große Teile des Bürgertums waren mit der Herrschaft König Prajadhipoks unzufrieden, da er, im Gegensatz zu seinem Großvater Chulalongkorn, kaum Interesse an der Erneuerung des Landes zeigte und sich Vettern- und Misswirtschaft ausbreitete. Pridi Phanomyong, ein in Frankreich ausgebildeter Rechtsanwalt, war der politische Kopf der radikaldemokratischen Bewegung, die, zusammen mit den mehr konservativen Militärs, den Coup durchführte. **Pibul Songgram**, Führer des konservativen Flügels, wurde bald zum stärksten Mann der Nation, die nun Thailand hieß.

1940 war das Land Alliierter der Achsenmächte Nazi-Deutschland, Japan und Italien. Mit japanischer Unterstützung annektierte Thailand Teile von Laos, Kambodscha und Malaya. 1944 wurde Pibul Songgram gestürzt, und Thailand verbündete sich mit seinen ehemaligen Gegnern. **Pridi Phanomyong**, der Führer der antijapanischen Bewegung während des Krieges, arbeitete mit seinen Freunden eine neue Verfassung aus. Er wurde 1947 durch einen Militärputsch unter der Führung von Songgram gestürzt und ging ins Exil. Später wurde er Sprecher der Bewegung Freies Thailand in der Volksrepublik China.

Die 50er- und 60er-Jahre: Diktatur

Unter der Führung Songgrams wurde das Land streng antikommunistisch und Mitglied in der SEATO (South East Asia Treaty Organization), dem asiatischen Gegenstück zur NATO. 1957 stürzten Militärs unter Marschall Sarit die Ein-Mann-Diktatur. Sarit, eine umstrittene Figur der neueren Geschichte, war beim Volk beliebt, während viele Landeskenner ihn als korrupten Diktator einstufen. Feldmarschall Thanom Kittikachorn wurde neuer Premier und führte Thailand noch enger in die Arme der USA. Während des Vietnamkrieges war das Land von einem Netz von US-Militärstützpunkten überzogen. Von Udon Thani, Ubon Ratchathani oder U-Tapao aus wurden viele verheerende B52-Bombereinsätze in Vietnam und Laos geflogen. Nach den Wahlen von 1969 wurde zwar ein Parlament gebildet, doch die Macht lag weiterhin in den Händen von Kittikachorn und seinen Generälen.

Die 70er-Jahre: Demokratische Erneuerung

Die fortwährenden Auseinandersetzungen zwischen dem Parlament und den Militärs führten im November 1971 zur Auflösung der Nationalversammlung, Aufhebung der Verfassung und Erklärung des Kriegsrechts. Fast zwei Jahre lag die eigentliche Macht in den Händen der Armee- und Polizeioffiziere, die sich durch Korruption auszeichneten.

Im Oktober 1973 protestierten Hunderttausende gegen die Verhaftung oppositioneller Studentenführer. 71 Menschen wurden wahllos erschossen und mehrere Hundert verletzt; erbitterte Straßenkämpfe folgten. Das Ende der herrschenden Militärclique war gekommen, als Kittikachorn, Prapas und Narong ins Ausland flohen. König Bhumipol verkündete den Rücktritt des Militärregimes und die Einsetzung des Rektors der Thammasat-Universität, **Sanya Dharmasakti**, als neuen Premier, was man als Sieg der Studentenbewegung verstand.

Sanya hatte die undankbare Aufgabe, das dem Ruin zustrebende Land zu regieren. Streiks,

Kriminalität, Inflation und die sich zuspitzenden Auseinandersetzungen mit kommunistischen Guerillas im Norden und Nordosten sowie die militante Bewegung der Moslem-Minderheit im Süden waren nur einige Probleme.

In der folgenden Zeit wechselten sich die Parteien mit der Bildung von Regierungen ab, bis im Oktober 1976 das Militär wiederum die Macht übernahm. Ab 1977 war General Kriangsak Premier, der sich durch eine Reformpolitik nach innen und eine realistische Ausgleichspolitik von seinen Vorgängern unterschied.

Die 80er-Jahre: Wirtschaftsboom

Im Frühjahr 1980 wurde Kriangsak gestürzt, und das Parlament bestimmte **General Prem Tinsulanond** zu seinem Nachfolger, der das Land mit einer demokratisch legitimierten Mehrparteienkoalition regierte. Thailand wurde wiederum streng antikommunistisch, die Auseinandersetzungen an der Grenze zu Kambodscha waren Anlass für verstärkte Waffenlieferungen und gemeinsame Manöver mit den USA. Viele innenpolitischen Reformen verliefen im Sande. Die moslemische Separatistenbewegung im Süden verlor 1987 durch die Kapitulation von 650 Guerillas stark an Einfluss.

1988 ging die Chart Thai-Partei aus allgemeinen Parlamentswahlen als Sieger hervor. Ihr Vorsitzender, **Chatichai Choonhavan**, führte als Ministerpräsident eine 7-Parteien-Koalition. Daneben hatte die Armee großen Einfluss. Durch populäre Anordnungen (z. B. Amnestie für politische Gefangene, Erhöhung der Gehälter der Staatsangestellten und des Reispreises für die Bauern) und den wirtschaftlichen Boom konnte die Regierung die anfängliche Skepsis in der Bevölkerung überwinden. Doch schon bald kam es durch den Anstieg der Verbraucherpreise, die ungleiche Einkommensentwicklung, Bodenspekulation und Korruption zu Spannungen, die vor allem im Militär zu Unmutsäußerungen führten.

Die 90er-Jahre: Politisierung der Massen

Es überraschte nicht, als im Februar 1991 die Armee in einem unblutigen Putsch Chatichai Choonhavan absetzte. Ein *National Peace Keeping Council* (NPKC) übernahm die Macht und beauftragte Zivilisten unter der Leitung von Premierminister Anand Panyarachun mit der Ausarbeitung einer neuen Verfassung.

Im März 1992 wurden wiederum Wahlen abgehalten, bei denen die den Militärs nahe stehenden Parteien vor allem im ländlichen Raum die Mehrheit der Stimmen erhielten oder kauften. Als im Mai der Anführer des Putsches, General Suchinda Kraprayoon, der nicht dem Parlament angehörte, zum Ministerpräsidenten ernannt wurde, kam es zu **Massendemonstrationen**. Sie gipfelten in gewalttätigen Auseinandersetzungen mit zahlreichen Toten und der Verhaftung des charismatischen Leiters der Palang Dharma-Partei, Chamlong Srimuang, sowie 4000 seiner Anhänger. Nach der Intervention des Königs wurden die Gefangenen freigelassen, und General Suchinda („Big Su") musste zurücktreten.

Unter dem Druck der Straße kam es im September 1992 zu Neuwahlen, aus denen eine 5-Parteien-Koalition unter dem demokratischen Premierminister **Chuan Leekpai** hervorging. Viele gut gemeinte Reformversuche der Regierung scheiterten am Widerstand der Opposition und einiger Mitglieder aus den eigenen Reihen. Auch die Palang Dharma-Partei verlor 1994 durch innerparteilichen Streit an Ansehen. Auf der anderen Seite hatten die Mai-Unruhen zu einem verstärkten demokratischen Bewusstsein geführt, sodass außerparlamentarische Gruppen die Politiker unter Druck setzten, die **Reformen** fortzuführen und vor allem die Lebensbedingungen auf dem Land zu verbessern.

Aufgrund von Korruptionsvorwürfen im Zusammenhang mit einer Landreform zerbrach die 5-Parteien-Koalition im Mai 1995, Premierminister Chuan Leekpai verlor die Neuwahlen, bei denen viel über Stimmenkäufe in den ländlichen Regionen gemunkelt wurde. Der Führer der Chart Thai-Partei, Banharn Silpa-archa, wurde zum 21. Premierminister Thailands ernannt. Aber auch diese 7-Parteien-Koalition ging schnell in die

Brüche, sodass bereits Ende 1996 wieder Neuwahlen anstanden, aus denen Chavalit Yongchaiyudh, ein ehemaliger General, als Sieger hervorging. Die überwältigende Mehrheit der Wähler in Bangkok stimmte jedoch für die Opposition. Die wankelmütige Palang Dharma-Partei wurde nahezu aufgerieben.

Zu dieser Zeit kündigte sich bereits mit dem Verfall der Immobilienpreise und dem Zusammenbruch einiger Grundstücksgesellschaften die **Wirtschaftskrise** an. In der ersten Jahreshälfte 1997 begann sie sich auch in anderen Bereichen bemerkbar zu machen. Die Regierung, die sich bislang mehr um die Verteilung persönlicher Pfründe als um eine solide Wirtschaftspolitik gekümmert hatte, reagierte anfangs panisch mit Steuererhöhungen, die kurz darauf jedoch wieder zurückgenommen werden mussten. Der Rücktritt zweier Finanzminister, ein rapider Währungsverfall und der Vertrauensverlust beim IWF wie bei der Bevölkerung zwangen Chavalit schließlich, im November 1997 sein Amt niederzulegen.

In dieser schwierigen Situation wurde der ehemalige demokratische Ministerpräsident Chuan Leekpai vom König mit der Bildung einer neuen Koalition beauftragt, die mit einer dünnen Mehrheit wichtige Reformen durchsetzen musste. Im Zentrum der Politik des Premiers stand die Bekämpfung von Pleiten, Arbeitslosigkeit und sozialen Problemen. Im Gegensatz zur boomenden Exportwirtschaft konnte sich in den folgenden Jahren die Binnennachfrage aufgrund des niedrigen Lohnniveaus nicht erholen.

Aufstieg und Fall der Thaksin-Regierung

Unter diesen Bedingungen fand **Thaksin** von der neu gegründeten Partei Thai Rak Thai *(Thais lieben Thais)* mit seinen großzügigen finanziellen Versprechungen und offener Polemik gegen westliche Ausländer und Minderheiten Gehör und gewann am 6.1.2001 mit einer überwältigenden Mehrheit die Wahlen. Thaksin bildete eine Drei-Parteien-Koalition, um mit einer 2/3-Mehrheit Gesetze schnell verabschieden zu können, und berief in sein Kabinett viele alte Gesichter aus mehreren gescheiterten Regierungen. Als eine der ersten, vom Wahlvolk kaum wahrgenommenen Maßnahmen, wurden Firmen mit ausländischer Beteiligung unter die Lupe genommen und die Arbeitsgenehmigungen von tausenden von Ausländern, die zum Großteil im Tourismusgewerbe arbeiten, nicht oder nur unter verschärften Bedingungen erneuert.

Im Februar 2005 gelang es Thaksin dennoch, mit einer absoluten Mehrheit wiederum die Regierung zu bilden. *Thais lieben Thais* schien bei fast 2/3 der Bevölkerung immer noch gut anzukommen, wobei man nicht vergessen sollte, dass in vielen ländlichen Regionen der Kauf von Wählerstimmen Tradition hat. Nach den Wahlen verstärkte sich hauptsächlich in der städtischen Bevölkerung der Widerstand gegen die zunehmend autokratischer und diktatorischer herrschende Thaksin-Regierung. Die Einschränkung der Pressefreiheit, die persönliche Bereicherung des Thaksin-Clans und das selbstherrliche Herrschaftssystem waren Anlässe, um auf die Straße zu gehen und die Wiederherstellung der Demokratie zu fordern. Nach monatelangen Protesten kam es im April 2006 zu Neuwahlen, die allerdings von allen wichtigen Oppositionsparteien boykottiert wurden. In vielen Wahlkreisen wurden nicht genügend Stimmen abgegeben, sodass trotz des Wahlsiegs der Thai Rak Thai deren Abgeordnete als nicht gewählt galten. Der Oberste Gerichtshof Thailands erklärte die Wahlen im Mai für ungültig und legte einen neuen Wahltermin im Oktober 2006 fest.

Thaksins Fall begann mit dem Verkauf seines Telefonkonzerns Shin Corp. an die staatliche Singapurer Temasek Holdings Ltd. Thaksins Familie hatte knapp 50 % der Firma für fast 2 Milliarden Dollar verkauft und musste dabei, dank entsprechend geänderter Gesetze, keine Steuern zahlen. Seine Firma hatte beim Aufbau der Mobilfunknetze von staatlichen Zuschüssen profitiert. Das war dann für den größten Teil der Mittelklasse doch zu viel und so wurden die Militäreinheiten, die am 19. September 2006 unter General **Sonthi Boonyaratkalin** in Bangkok gegen das Thaksin-Regime putschten, freundlich begrüßt. Aller Wahrscheinlichkeit nach geschah der unblutig verlaufene **Staatsstreich** mit Duldung des Kronrats unter dem früheren Ministerpräsidenten Prem. Der König bestätigte ebenfalls in einer im

Radio übertragenen Rede Sonthi als Vorsitzenden des neuen **Rates für demokratische Reformen**. Er erklärte das Parlament, die Regierung und das Verfassungsgericht für aufgelöst und die Verfassung für außer Kraft gesetzt. Schon im Oktober wurde von Sonthi eine zivile Regierung eingesetzt. Verschiedene Ausschüsse befassen sich seitdem mit Korruptionsfällen, Steuerhinterziehung und persönlicher Bereicherung des Thaksin-Clans und anderer Regierungsmitglieder. Eine neue Verfassung soll ausgearbeitet und Neuwahlen vorbereitet werden. Thaksin befindet sich seit dem Putsch im Ausland und seine Thai Rak Thai-Partei wurde per Gerichtsbeschluss im Mai 2007 aufgelöst.

Regierung

Die Verfassung

Nach der Revolution von 1932 wurde die erste Verfassung des Landes in Kraft gesetzt. Danach liegt die oberste Gewalt in der Hand des Volkes. Der Monarch, die Nationalversammlung, der Staatsrat und die Gerichte üben die **Staatsgewalt** im Namen des Volkes aus. War damit die Souveränität des Volkes gegeben, so wurden außerdem die Gleichheit vor dem Gesetz wie auch die allgemeinen Grundfreiheiten westlicher Verfassungen garantiert. Seit 1932 sind zwar 16 neue Verfassungen erstellt worden, die aber alle diese Grundsätze beibehielten. In der ersten Jahreshälfte 1997 arbeitete eine **verfassunggebende Versammlung** (*CDA = Constitution Drafting Assembly*) aus 99 indirekt gewählten Persönlichkeiten wieder einmal eine neue Verfassung für Thailand aus, die aber erst unter massivem Druck der Öffentlichkeit und des Militärs im September 1997 vom Parlament gebilligt wurde. Sie soll das politische Leben reformieren, Machtmissbrauch des Staates verhindern und die Korruption in der Politik und Verwaltung eindämmen. Nach dem Putsch im September 2006 wurde auch diese wieder außer Kraft gesetzt und eine weitere neue Verfassung ist seitdem in Arbeit. Das wäre dann immerhin die 18. seit 1932.

Die Königsfamilie

Obwohl die Revolution von 1932 das Ende der absoluten Monarchie bedeutete, verehrt die Bevölkerung in hohem Maße die Königsfamilie und sieht in ihr ein die Nation einigendes Element.

Der König ist Staatsoberhaupt, Oberbefehlshaber der Streitkräfte und religiöses Oberhaupt zugleich. Die Intensität der Verehrung der königlichen Familie ist für Europäer kaum nachvollziehbar. Das Portrait von **König Bhumipol** und der Königin findet sich in jedem Haus, in jedem Laden, selbst in den einfachsten Hütten armer Bauern, in den Büros der Staatsangestellten ebenso wie in Restaurants oder Coffeeshops. Der König steht über dem politischen Tagesgeschehen, und so hat Bhumipol seit seinem Amtsantritt 1946 insgesamt 19 Militärputsche oder gewaltsame Regierungswechsel erlebt. Das Königshaus wirkte in all den Wirren immer als stabilisierende Kraft. Entsprechend prunkvoll wurden sein 50-jähriges Thronjubiläum und alle Geburtstage der Königsfamilie gefeiert.

König Bhumipol und Königin Sirikit haben einen Sohn, **Kronprinz Maha Vajrakingkorn**, und drei Töchter, Prinzessin Chulabhorn, Prinzessin Sirindhorn und Ubol Ratana, die bis 1998 mit einem Amerikaner verheiratet war und keine repräsentativen Funktionen mehr wahrnimmt.

Vor allem **Prinzessin Sirindhorn**, die bei der Bevölkerung große Beliebtheit genießt, unterstützt unermüdlich die Arbeit ihres Vaters, wofür sie den neuen Titel Maha Chakri erhielt. Zudem wurde 1974 zum erstenmal in der Geschichte des Landes die Thronfolge dahingehend geändert, dass unter bestimmten Bedingungen auch königliche Töchter die Nachfolge übernehmen können.

Die Königsfamilie gibt sich volksverbunden und besucht selbst abgelegene Provinzen. In vielen königlich initiierten und unterstützten **Projekten** werden vor allem in der Land- und Forstwirtschaft neue Maßstäbe gesetzt. Auf dem Gelände des Chitralada Palastes, in dem die königliche Familie residiert, wurde eine Experimentier-Milchfarm errichtet, in der bestimmte, klimageeignete Rinderarten für die Milchproduktion gezüchtet werden. Ebenfalls bekannt ist die Fischzuchtstation. Die sich schnell vermehrenden Tilapia-Fische ernähren sich von Unkraut und Insektenlarven und können in den Reisfeldern zu einer Verringerung des Einsatzes von Chemikalien beitragen. Gleichzeitig wird der Landbevölkerung dadurch proteinhaltige Nahrung zur Verfügung gestellt.

Die in den Gebirgen des Nordens ansässigen Bergvölker sind ein besonderes Ziel **königlicher Entwicklungshilfe**. Beispiel dafür ist die Ersetzung des bisher traditionellen Mohnanbaus im Hmong-Dorf auf dem Doi Inthanon durch so genannte *cash crops* wie Blumen, Pfirsiche, Äpfel, Kaffee oder Erdbeeren.

Die ausgeprägte Verehrung des Königs kommt zum Beispiel im täglichen Abspielen der Königshymne zum Ausdruck. Morgens um 8 Uhr steht die Nation still, wenn aus öffentlichen Lautsprechern die Königshymne erklingt. Ähnliches geschieht im Kino – vor dem Beginn der Vorstellung erscheinen die Fahne und der König auf der Leinwand, die Hymne wird abgespielt und alle Kinobesucher erheben sich von ihren Stühlen.

Die Innenpolitik

Der größte Teil der Bevölkerung lebt auf dem Land, allerdings drängen immer mehr, wie überall auf der Welt, in die Städte. Die Einwohnerzahl der Metropole Bangkok hat sich seit Beginn der 60er-Jahre mehr als verdoppelt. Die Stadt wirkt wie ein Magnet auf die Landbevölkerung. In früheren Jahrzehnten suchten die Bauern nur während der Regenzeit zusätzliche Verdienstmöglichkeiten in den Städten. Seit den 90er-Jahren siedeln sich immer mehr Arbeitskräfte vom Land dauerhaft im Großraum Bangkok und den angrenzenden Industriezentren an, die während des wirtschaftlichen Aufschwungs entstanden sind. In vielen Dörfern des Nordostens und den nicht-touristischen Gebieten des Südens, wo die Armut landesweit am größten ist, haben sich die Lebensbedingungen kaum geändert. Insbesondere im Nordosten vergreisen die Dörfer. Um der **Abwanderung** entgegenzuwirken, sind rings um einige Provinzhauptstädte wie Korat oder Khon Kaen neue Fabrikanlagen v. a. der Lebensmittel verarbeitenden Industrie entstanden, die das Arbeitskräftepotenzial des Nordostens nutzen. Im Süden hat die Umorientierung auf den Tourismus zumindest einigen Regionen einen beachtlichen Wohlstand, aber auch nicht zu übersehende Probleme beschert.

Mitte der 80er-Jahre kam es durch den Preisverfall bei traditionellen Agrarprodukten, wie Tapioka, Kautschuk, Kopra und Schweinefleisch, und gleichzeitigen Misserfolgen bei der Einführung neuer Erzeugnisse wie Cashewnüsse und Maulbeerbäume zu Einkommensverlusten, was zu **Unruhen unter den Bauern** führte. Als dann noch die Lebensmittelpreise stiegen und große Staudammprojekte die Existenz ganzer Dörfer bedrohten, kam es 1993/94 zu massiven Protestaktionen.

Seither wehrt sich die ländliche Bevölkerung gegen Ungerechtigkeiten bei der Landreform oder beim **Bau von Staudämmen**, wenn das überspülte fruchtbare Ackerland durch minderwertige Böden kompensiert werden soll. Während die Auseinandersetzungen um die neue Verfassung noch breite Bevölkerungsschichten mobilisierten, kamen unter Thaksin die basisdemokratischen Bewegungen fast zum Erliegen. Er führt den Kampf um die Moral des Landes mit harten Bandagen. So starben 2001/02 während des 10-monatigen Kriegszugs gegen Drogen über 2000 Menschen, was ausländische Regierungen wie Menschenrechtsorganisationen zu Protesten veranlasste. Im Land wurde es kritischen Stimmen in den Medien zunehmend schwer gemacht, zu Wort zu kommen, und die einst freie Presse wird von der internationalen Organisation *Freedom House* nur noch als „teilweise frei" eingestuft.

Nach jahrelanger Arbeit zeigt seit den 90er-Jahren die staatlich propagierte **Familienplanung** Erfolge und kann anderen asiatischen Ländern als Vorbild dienen, denn das Bevölkerungswachstum von einstmals über 3 % ist mittlerweile bei nur 1 % angelangt. Aufklärungskampagnen und Maßnahmen gegen Aids (Meldepflicht, Verpflichtung der Prostituierten zum Gebrauch von Kondomen) sind zwar im Vergleich zu anderen Ländern Asiens vorbildlich, wurden allerdings zu spät initiiert und können das rasant wachsende Problem nicht an der Wurzel packen.

Die Außenpolitik

In der Außenpolitik war Thailand seit dem Ende des 2. Weltkriegs bis in die 70er-Jahre auf streng antikommunistischem Kurs und mit den USA militärisch verbündet. Thai-Soldaten kämpften in Korea und Vietnam. Unter Kriangsak begann eine vorsichtige Annäherung an die Nachbarn im Osten: Vietnam, Laos und Kambodscha. Damit wurde dem traditionellen Ziel der Außenpolitik Thailands, die Unabhängigkeit durch realistische Beziehungen zu den drei wichtigen Großmächten Sowjetunion, China und den USA zu bewahren, Rechnung getragen.

Zudem ist Thailand Mitglied in der Bewegung der Blockfreien Staaten und im südostasiatischen Staatenverband ASEAN. Die Auflösung des Ostblocks erleichterte in den 90er-Jahren den Ausbau der Wirtschaftsbeziehungen zu den ehemals sozialistischen Nachbarstaaten. 1994 konnte die erste Mekong-Brücke zwischen Thailand und Laos eröffnet werden, 2007 folgte die zweite Brücke zwischen den beiden Ländern. Zudem wurden in den vergangenen Jahren die Beziehungen zu China ausgebaut.

Wirtschaft

Spätestens während der Wirtschaftskrise 1997/98 wurde vielen Menschen in Thailand die Bedeutung der internationalen finanziellen Verflechtungen deutlich. Die hohe **Auslandsverschuldung** von 1999 noch 86 Milliarden US$, strikte Auflagen des IWF und zahlreiche Pleiten machten sich auch im Alltag bemerkbar. Nicht nur zahlungsunfähige Reiche mussten ihre Mercedes-Karossen und Landhäuser abstoßen, auch die weniger Begüterten schnallten den Gürtel enger. Viele Restaurants blieben leer, und Luxusboutiquen schlossen ihre Pforten.

Die Auslöser für die Wirtschaftskrise 1997 waren bereits 1996 zu erkennen, als einige Immobiliengesellschaften auf Grund fallender Preise und unverkäuflicher Bauprojekte Konkurs anmelden mussten. Durch ausstehende fällige Kredite und die Flucht von ausländischem Kapital kam es zu finanziellen Engpässen bei Banken und Finanzierungsgesellschaften. Kreditzinsen und Auslandsverschuldung stiegen so rapide an wie die Börsenkurse fielen, sodass im August 1997 der IWF mit Kreditzusagen in Höhe von 17,2 Milliarden US$ und strikten Auflagen eingreifen musste. Zum Jahresende wurden von der Regierung 56 Finanzierungsgesellschaften geschlossen. Anderen Forderungen des IWF stand die Regierung kritisch gegenüber, war aber generell bemüht, sie zu erfüllen.

Um die Kassen der Banken und Firmen zu füllen, offerierte man einerseits finanzkräftigen internationalen Unternehmen Beteiligungen, wollte aber andererseits die Kontrolle und Entscheidungsgewalt behalten. Die Folge waren Pleiten, zunehmende Arbeitslosigkeit und höhere Preise. Ein Großteil der Menschen, die ihre Arbeitsplätze in der Industrie verloren hatten und aus den armen ländlichen Regionen stammen, kehrte in die Dörfer zurück, wo ein Fleckchen Land auch eine größere Familie wenigstens notdürftig ernähren kann.

2002 kam die Wirtschaft wieder in Schwung und erreichte schnell imposante Zuwachsraten – 2003 stieg das Bruttoinlandsprodukt bereits um 6,7 %, und auch im folgenden Jahr kam es zu weiteren Zuwächsen. Dies ist einem verstärkten Binnenkonsum, öffentlichen und privaten Investitionen sowie einem starken Anwachsen der Exporte zu verdanken.

Hingegen schwanken die Zahlen im **Tourismus**, einer der wichtigsten Devisenquellen. 2003 gingen die Einnahmen um 7 % zurück. Maßgebliche Ursachen hierfür waren der Irak-Krieg, Warnungen vor Anschlägen und SARS. 2004 gingen sie um mehr als 16 % nach oben, um 2005 wieder abzufallen. Der Tsunami mit seinen Folgen hatte in der Hauptsaison viele potenzielle Besucher von einer Thailandreise abgehalten. Weitere Gründe waren Unruhen in den überwiegend moslemischen Südprovinzen und die Hühnergrippe. Bereits in der Saison 2006/07 aber waren die Strände selbst in den vom Tsunami betroffenen Regionen so voll wie noch nie.

Knapp die Hälfte der thailändischen Bevölkerung lebt von der **Landwirtschaft**. Neue Arbeitsplätze werden seit Jahren aber nur von der Industrie geschaffen, in der etwa 15 % arbeiten. Mittlerweile liegt der Anteil der industriellen Produktion am Bruttoinlandsprodukt bei 45 %. Während das Bruttoinlandsprodukt 1990 bei US$2000 pro Person lag, betrug es 2006 bereits US$9100 (zum Vergleich: Indien US$3700, Deutschland US$31 400) – ein Resultat des durchschnittlichen jährlichen Wirtschaftswachstums von 8 % zwischen 1990 und 1996. Nach dem Rückgang bzw. Nullwachstum Ende der 90er-Jahre stieg es danach wieder um 4–6 % an.

In der Landwirtschaft werden nur 10 % des Bruttoinlandsproduktes erwirtschaftet. Landwirtschaft heißt in Thailand hauptsächlich Feldbau. Fleischproduktion wird nur in relativ kleinem Umfang betrieben. Andererseits ist die Zahl kommerziell betriebener Tierzuchtbetriebe im letzten Jahrzehnt enorm gestiegen. Noch bis in die 50er-Jahre wurde in erster Linie Nassreis angebaut, das Haupt-Nahrungsmittel in Thailand. Um die rasch anwachsende Bevölkerung zu ernähren, wurden nach dem 2. Weltkrieg Berghänge und schlechte Böden kultiviert, die sich nicht für den Reisanbau eignen. Hier pflanzte man neue Kulturpflanzen mit geringeren Ansprüchen an Bodenqualität an wie Zuckerrohr, Mais, Cassava, Tapioka und Kenaf. In der Umgebung der Städte stieg die Produktion von Obst und Gemüse. Vor allem im Süden erstrecken sich riesige Ananas- und Gummibaumplantagen. Mittlerweile ist Thailand der weltgrößte Kautschukproduzent.

Zwischen 1985 und 1994 verdoppelte sich das **durchschnittliche Einkommen** der Thai auf 2321 Baht pro Haushalt im Monat. Mittlerweile liegt es im Durchschnitt bei 12 500 Baht pro Monat, wobei die Preissteigerungen der vergangenen Jahre und erheblichen regionalen Unterschiede zu berücksichtigen sind. Dank der Maßnahmen der von den Demokraten geführten Regierung von 1992–94, die den Wohlstand aus dem Zentrum aufs Land verteilen sollten, halbierte sich von 1988–94 der Anteil der unter der Armutsgrenze lebenden Menschen. Dennoch gibt es vor allem auf dem Land noch Menschen, die sich nicht ausreichend ernähren können.

Über die Hälfte der **industriellen Produktionsstätten** konzentriert sich im Großraum Bangkok, einer Region, deren Ausläufer bis Ayutthaya und Pattaya reichen und die den neuen Tiefseehafen Laem Chabang an der Ostküste umfasst. Die bedeutendsten Zweige stellen die Computer- und Halbleiterindustrie, die arbeitsintensive Textilindustrie sowie die Verarbeitung von Nahrungsmitteln und anderer agrarischer Erzeugnisse dar. So erreichte Thailand innerhalb weniger Jahre die Weltspitze als Exporteur von Schalentieren. Relativ neu ist die Zement- und Automobilindustrie, die hauptsächlich im Ausland gefertigte Teile montiert.

Die zunehmende Industrialisierung lässt den **Energiebedarf** des Landes ansteigen. Nur ein Viertel des Bedarfs kann das Land aus eigenen Öl- und Gasvorkommen im Golf von Thailand und dem Indischen Ozean decken. Der Vertrag mit dem Regime in Yangon über die Lieferung von Gas aus den Vorkommen bei Yetagun ist bei Menschenrechtlern und Umweltschützern auf Kritik gestoßen. Durch eine 700 km lange Pipeline, davon 346 km in Thailand, die über das Tenasserim-Gebirge und Kanchanaburi nach Ratchaburi verlegt wurde, soll Thailand 30 Jahre lang mit Gas aus dem Nachbarland versorgt werden.

Arbeitslöhne

Der staatlich festgelegte Mindestlohn eines Industriearbeiters beträgt seit 2004 im Großraum Bangkok 175 Baht pro Tag, in anderen Landesteilen noch weniger – und das bei einer offiziellen 48–54-Stunden-Woche! Bauarbeiter können hier über 200 Baht verdienen. Insgesamt sind die Einkommen in der Hauptstadt wesentlich höher als in den Provinzen. Laut der Tageszeitung *Bangkok Post* zahlt man hier im Durchschnitt neunmal so viel Lohn wie im Nordosten, wo viele Bauern gerade einmal 40 Baht am Tag verdienen.

Die Mindestlöhne gelten nur für gewerbliche Arbeitnehmer und werden von der Industrie häufig unterlaufen. Vor allem Frauen und Kinder beschäftigt man gleichermaßen zu Hungerlöhnen. Zum Vergleich: Pro Tag gibt ein Durchschnittstourist fast 4000 Baht aus.

Trotz steigender Konsumgüterpreise sind aus Angst vor Arbeitslosigkeit Forderungen nach Lohnerhöhungen nur selten zu vernehmen. Stattdessen vertraut man aufs Glück, was der Lotteriegesellschaft stattliche Gewinne beschert und den Staatshaushalt erheblich aufbessert.

Reis

Der Reisanbau bildete seit der Einwanderung der Thai-Stämme die Grundlage der Gesellschaft. Im Laufe der Jahrhunderte wurden die Flussniederungen kultiviert, die durch die alljährlich über die Ufer tretenden Flüsse neue Nährstoffe erhielten. Mitte des 19. Jhs. begann Siam Reis zu exportieren, was zu einer Umstrukturierung der auf Selbstversorgung orientierten Landwirtschaft führte. Anbau, Transport und Verarbeitung von Reis bestimmte das wirtschaftliche Geschehen der 20er- und 30er-Jahre. Der Handel ließ in Bangkok einige Reisbarone chinesischen Ursprungs zu Wohlstand gelangen. Obwohl sich das Land rasch zu einem der größten Reisexporteure der Welt entwickelte, behielt man die überlieferten landwirtschaftlichen Anbaumethoden bei. Investitionen in die Intensivierung der Landwirtschaft hielten sich in Grenzen, sodass die Hektarerträge gleich blieben oder gar sanken, was zwangsläufig zu einer Ausdehnung der Anbauflächen führte. Vor allem im Nordosten, wo das Land durch fehlende Niederschläge zunehmend versteppt, gingen die Hektarerträge zurück. Bauern, die durch den Einsatz von Düngemitteln und Pestiziden diese Entwicklung aufzuhalten versuchten, verschuldeten sich zunehmend. Die sich verschärfenden Probleme wurden besonders von der *Thai Rice Foundation under Royal Patronage* erkannt und es werden Lösungsmodelle erarbeitet. Weitere umfangreiche Informationen unter 💻 www.thairice.org/eng/.

Exporte spielen für die thailändische Wirtschaft eine große Rolle. Weit mehr als die Hälfte des Bruttosozialproduktes wird ausgeführt, wobei ein Wandel von Rohstoffen und Nahrungsmitteln zu Fertigwaren und Industrieprodukten festzustellen ist. 1980 kam noch der überwiegende Teil aller Exporte aus dem agrarischen Bereich, hingegen produziert seit Mitte der 1990er-Jahre der industrielle Sektor die Mehrheit aller ausgeführten Güter. Reis, bis 1986 auf Platz eins, ist mittlerweile weit zurückgefallen und von Computerteilen (mit dem stärksten Wachstum), Textilien, Edelsteinen, integrierten Schaltkreisen, Schuhen, Elektroartikeln, Konserven und Garnelen überrundet worden.

Tourismus

Über 13 Millionen Touristen kamen 2006 nach Thailand. Da etwa 56 % der Touristen auf eigene Faust reisen (bei den Deutschen sind es sogar 73 %), fließt nur ein geringer Teil der Einnahmen ins Ausland zurück. Der größte Teil der Einnahmen von ca. 9 Milliarden € bleibt als Devisenreserve im Land und macht den Tourismus zur größten Deviseneinnahmequelle. Mit diesem Geld wird der Import vieler Güter finanziert, die für die wirtschaftliche Stabilisierung des Landes benötigt werden, vor allem elektronische Bauteile, Maschinen, Chemikalien, Stahl und Öl.

Ein internationaler Tourismus im größeren Maßstab begann während des Vietnamkriegs, als viele US-Soldaten ihren R&R (*rest and recuperation*) Urlaub in Thailand verbrachten. Bisheriges Ziel der thailändischen Tourismuspolitik war es, neue Gebiete zu erschließen und mit touristischer Infrastruktur auszustatten. Ein Vorteil für jeden Besucher, der nicht wie ein Thai leben will oder kann. Mittlerweile gibt es viele Reiseziele, deren Hotels und Restaurants sich auf die Bedürfnisse der fremden Gäste eingestellt haben.

Priorität haben seit 1994 die Bewahrung der Umwelt und der Ausbau der Infrastruktur von touristischen Zielen, die vor allem durch den Massentourismus an ihre Grenzen gestoßen sind. Im Kampf um den Touristen-Dollar hat Thailand den anderen Mitbewerbern im asiatischen Raum den Rang abgelaufen. Da auch zunehmend Umwelt-Kriterien bei der Auswahl des Reiseziels eine Rolle spielen, verabschiedete der Innenminister bereits 1989 eine strenge Regelung für Gebäude an den Stränden. So dürfen Neubauten, die bis zu 75 m vom Strand entfernt liegen, nur noch 6 m hoch sein. Bis zu 200 m vom Strand beträgt die maximale Höhe 12 m, also niedriger als die Kokospalmen. Von der Lücke, die zwischen Gesetz und Realität klafft, kann sich jeder Tourist selbst überzeugen.

Zudem sieht sich Thailand als ideale Drehscheibe für Touristen, die Indochina, Südchina oder Myanmar besuchen wollen. Es gilt allerdings noch, das schlechte Image aufzupolieren, das durch Schlagzeilen über Kinderprostitution, Kriminalität oder Aids im Ausland entstanden ist. Dabei kann Thailand auf ein großes Plus verweisen: Dank der ausreichenden Kapazitäten bietet es Hotels und andere touristische Dienstleistungen zu einem äußerst guten Preis-Leistungs-Verhältnis an. Für Anspruchsvolle lässt der Service jedoch in manchen Bereichen durch einen Mangel an qualifizierten Arbeitskräften zu wünschen übrig. Während der Wirtschaftskrise lockte der günstige Wechselkurs v. a. europäische Urlauber an. Der Aufwärtstrend von 2003 zu 2004 von 16 % war 2005 auf ein leichtes Minus von 1,5 % gesunken. Da allerdings Reisende nach Laos, Kambodscha und Myanmar doppelt und dreifach gezählt werden, verfälschen sie die Statistik.

Der Anteil von Touristinnen liegt bei 42 % und ist damit am höchsten von allen Reisezielen in Asien. Etwa die Hälfte aller Besucher kam nicht zum ersten Mal nach Thailand.

Buddhismus

Thailand gehört neben Myanmar, Sri Lanka, Kambodscha und Laos zu den buddhistischen Ländern der Theravada-Richtung, die der ursprünglichen, manchmal abwertend „kleines Fahrzeug" genannten Lehre zugehören. Während der Mahayana-Buddhismus (das „große Fahrzeug") der nördlichen Länder China, Japan, Korea und Vietnam viele Wege zur Erlösung akzeptiert, orientieren sich die Lehren des Theravada-Buddhismus streng an den überlieferten Pali-Schriften.

Obwohl in Thailand die Freiheit der Religionsausübung garantiert wird, ist der Buddhismus eine Art Staatsreligion. In Thailand bekennen sich 85 % der Bevölkerung zum Buddhismus, darunter eine konfuzianistische, chinesische Minderheit. Vor allem im Süden konzentriert sich die moslemische Minderheit, während Christen und Animisten überwiegend bei den Bergvölkern im Norden zu finden sind.

Buddha

Um 563 vor unserer Zeitrechnung wurde in Lumbini (heute Süd-Nepal), am Fuße des Himalaya, ein Prinz geboren – Siddhartha Gautama. Seine Mutter Mahamaya, die sieben Tage nach der Geburt starb, hatte während ihrer Schwangerschaft einen Traum, dass ein silber-weißer Elefant seitlich in ihren Körper eingedrungen war. Hindu-Priester interpretierten ihn als Hinweis auf die Geburt eines großen Herrschers oder Buddhas. Sein Vater erzog ihn zu seinem Nachfolger und umgab ihn mit allem Luxus.

Im Alter von 16 Jahren heiratete er seine Cousine, eine hübsche Prinzessin, die einen Sohn bekam. Dennoch blieb ihm das menschliche Leid nicht verborgen. Die Legende berichtet, dass er nach dem Anblick eines alten, eines kranken und eines toten Mannes an seinem 29. Geburtstag beschloss, den irdischen Genüssen zu entsagen und als Bettelmönch durch Nord-Indien zu ziehen. Nach sechs Jahren der Meditation und Selbstkasteiungen erlangte er während einer Vollmondnacht 528 v. Chr. während einer Meditation unter einem Bodhi-Baum *(Ficus religiosa)* in dem heutigen Bodh Gaya die Erleuchtung, das Erwachen *(bodhi)*.

Er begann, im Hirschpark Isipatana nahe Varanasi, den ersten fünf Jüngern seine Erkenntnis von den **Vier Edlen Wahrheiten**: vom Leiden *(dhukha)*, seiner Ursache *(samudaya)*, der Aufhebung des Leidens *(nirodha)* und dem Weg dorthin darzulegen.

Seine Lehre

Die Überwindung des menschlichen Leidens erreicht man weder durch Selbstkasteiung noch durch ein ausschweifendes Leben, sondern auf dem „Mittleren Weg". Da sich die Welt in ständiger Veränderung befindet, kann nichts von Dauer sein. Entsprechend gibt es keine unveränderlichen Dinge – aus Altem entspringt ständig etwas Neues, das durch das Vorangegangene bedingt ist. Die menschliche Wirklichkeit beginnt schon mit der Geburt als ein schmerzhaftes Dasein, und Leiden bestimmt das weitere Leben bis zum Tod. Mit dem Tod ergibt sich die Möglichkeit

Buddhismus im Alltag

Kurz nach Sonnenaufgang ziehen die in safrangelben Roben gekleideten Mönche durch die Straßen, um Opfergaben von den Gläubigen – meist in Form von Lebensmitteln – entgegenzunehmen. Mit ihren Spenden erwerben sich die Geber Verdienste für ihr zukünftiges Leben, sodass sie sich ehrfürchtig und wortlos bei den Mönchen für die erwiesene Gunst bedanken. Ist ein Haus fertig gestellt oder wird ein Geschäft eröffnet, lädt man eine Gruppe von Mönchen ein, die durch ihre Anwesenheit und Gebete Glück bringen sollen. Für die Ausstattung der Tempel ist die Bevölkerung bereit, große finanzielle Opfer zu bringen. Zumindest für einige Monate nehmen die meisten Männer, einschließlich des Königs, und einige Frauen freiwillig das entbehrungsreiche, strenge Klosterleben auf sich. Auch außerhalb der Klostermauern prägt der Buddhismus das Leben.

der Wiedergeburt, die einen neuen Leidenszyklus einleitet. Nur die Erkenntnis vom Ursprung des Leidens und den Möglichkeiten seiner Veränderung ermöglicht es dem Menschen, sich aus diesem Daseinskreislauf *(samsara)* zu befreien.

Der Ursprung allen Leidens liegt in der Begierde nach weltlichen Genüssen und der Unzulänglichkeit, Egoismus und Stolz, die Schwächen seines eigenen Ich, zu beherrschen. Wer ausschließlich nach weltlichen Genüssen strebt, wird die zerstörerischen Kräfte von Hass, Gier, Begehren und Verblendung erfahren. Menschen sind ein Produkt ihrer Umwelt. Da sie durch individuelle Erfahrungen und Handlungen geprägt sind, sollten sie die Entwicklung der eigenen Persönlichkeit nicht dem Zufall überlassen, sondern selbst in die Hand nehmen. Das Ziel des geistigen Reifeprozesses liegt im **Nirvana**, in dem man sich von allen Voreingenommenheiten befreit hat. Mit der Loslösung von weltlichen Genüssen und egoistischen Bedürfnissen und dem Bemühen, geduldig, liebevoll, wohltätig, mitfühlend und gütig zu sein, wird man zufrieden und erreicht einen emotional positiven Zustand. Damit ist jeder Mensch in der Lage, zu einem höheren Wissen über den Zustand der Welt zu gelangen und sein Karma zu verbessern.

Dem Ziel nähert man sich durch ständiges Einüben der acht Regeln vom **Edlen Achtfältigen Pfad**: **Richtige Erkenntnis** – indem man seine geistigen Fähigkeiten nutzt, um die wahren Probleme der menschlichen Existenz zu verstehen. **Rechtes Denken** – ohne Hass, Zorn, Begierde, Grausamkeit und Stolz. **Rechte Rede** – bei der man Lügen und eitle Selbstdarstellung meidet. **Rechte Tat** – Mönche unterliegen strengeren Verhaltensregeln als Laien, die nicht töten, lügen und stehlen sowie Drogen und sexuelle Ausschweifungen meiden sollten. **Rechter Lebenserwerb** – man soll sein Geld verdienen ohne anderen Menschen zu schaden. **Rechte Anstrengung** – um mit seinem Willen und seiner Selbstbeherrschung eine unheilvolle geistige Verfassung zu überwinden. **Rechte Achtsamkeit** – um durch Vertiefung und Meditation Selbsterkenntnis zu erlangen. **Rechte Konzentration** – damit man lernt, sich in Gedanken zu vertiefen ohne abzuschweifen.

Nur so nähert man sich dem Nirvana, dem vollendeten Zustand der Ruhe und des Glücks im Leersein jenseits der erfahrbaren räumlichen wie zeitlichen Realität. Die Legende berichtet, dass Buddha 500 Lebenszyklen benötigte, um als **Shakyamuni Buddha** das Nirvana, die letzte Realität, zu erreichen. Diese Lehre von der Wahrheit (*dharma*) gab Buddha, der Erleuchtete, an seine Mönchsgemeinde (*sangha*) weiter, was im Buddhismus als die **Drei Kostbarkeiten** bezeichnet wird. Er verbreitete zusammen mit seinen Jüngern in vielen Städten des Ganges-Tales seine Erkenntnis, bis er im Alter von 80 Jahren starb.

Buddhismus in Thailand

256 Jahre nach Buddhas Tod nahm der über den indischen Kontinent herrschende, mächtige Kaiser Ashoka die Lehre an. Er sorgte für ihre Verbreitung weit über Indien hinaus. Die mündlich überlieferten Regeln wurden erst 400 Jahre nach Buddhas Tod schriftlich auf Palmblätter in der Pali-Schrift festgehalten. Diese Aufzeichnungen sind als *Tripitaka*, Dreikorb, bekannt, da sie in drei Körben aufbewahrt wurden. Bereits wäh-

rend der ersten 300 Jahre nach Verkündung der Lehre spaltete sich der Buddhismus in die so genannten 18 Schulen. Als Überlieferer der alten Schule gilt der **Theravada-Buddhismus**.

Buddhistische Mönche verbreiteten ihre Lehre des Mahayana-Buddhismus bei den Mon, deren Reiche sich von Süd-Birma bis in die Gegend von Nakhon Pathom erstreckten. Im 8. Jh. entstand in Lamphun das buddhistische Mon-Königreich Haripunchai, weitere große Zentren befanden sich in Thaton und Pegu.

In Thailand erlangte der Buddhismus erst Bedeutung unter König Ramkhamhaeng. Der König ließ Mönche aus Ceylon kommen, um die reine buddhistische Lehre der Theravada-Richtung zu verbreiten. Während der folgenden Jahrhunderte waren die Könige bedeutende Förderer des Buddhismus, und noch heute bestehen enge Verbindungen zwischen dem Staat und der Sangha. Der thailändische König ernennt das religiöse Oberhaupt des Landes, wobei der Patriarch allerdings zuvor von Vertretern der beiden buddhistischen Sekten des Landes, Mahanikaya und Dhammayuttika-Nikaya, gewählt wird. Auch bei den großen religiösen Festen kommt dem König eine wichtige Rolle zu.

Geisterglaube

Neben der streng an den Pali-Schriften orientierten Lehre wurden vom Volksglauben Geister, mystische Einflüsse, Erzählungen und Legenden aus vorbuddhistischer Zeit mit übernommen, was besonders in der religiösen Kunst und Literatur zum Ausdruck kommt. Nats, die als Verkörperung unheilverbreitender Seelen von Verstorbenen gelten, findet man in vielen Tempeln. Neben jedem Haus wird für die Schutzgeister ein eigenes kleines „Geisterhäuschen" errichtet. Sogar in buddhistischen Tempeln haben Amulett-Verkäufer und Handleser ihren festen Platz.

Das Klosterleben

Doch noch immer stellt die Gemeinschaft der Mönche *(sangha)* die Verkörperung der reinen Lehre dar. Viele männliche Thai treten mindestens einmal in ihrem Leben ins Kloster ein. Mit Beginn der Regenzeit bereiten sich die jungen Männer, die im Idealfall das 20. Lebensjahr vollendet haben, auf das Klosterleben vor. Für sie ist die mit der Ordination beginnende dreimonatige Zeit als Mönch der symbolische Übergang in die Welt der Erwachsenen. In 40 000 Tempeln leben über 240 000 Mönche und 100 000 Novizen (junge,

Buddhismus und Tourismus

- Prinzipiell sollte jeder die Religion seines Gastlandes respektieren, egal welche Meinung man selbst darüber hat. Es sollte selbstverständlich sein, dass man einen Tempel nur ordentlich bekleidet betritt und die Schuhe auszieht.
- Buddha ist immer heilig, und es gilt als äußerst unschicklich, eine Buddhastatue an einem ihr nicht angemessenen Ort zu platzieren.
- Im Tempel darf man keine Buddhastatuen berühren und schon gar nicht für Erinnerungsfotos darauf posieren.
- Es ist üblich, dass Besucher eines Tempels eine Spende für den Erhalt der Anlage hinterlassen.
- Mönche werden verehrt. Man grüßt sie mit einem besonders höflichen, tiefen *wai*, lässt ihnen den Vortritt, bietet ihnen im voll besetzten Bus seinen Sitzplatz an und geht nicht neben, sondern einen Schritt hinter ihnen.
- Frauen sollten Mönchen gegenüber zurückhaltend sein, ihnen nichts direkt überreichen, sie nicht berühren, sich nicht neben sie setzen oder mit ihnen fotografieren lassen.
- Während morgens zur Zeit des Sonnenaufgangs die Mönche durch die Straßen ziehen, um Opfergaben einzusammeln, sollte man sie nicht stören.
- Gibt man einem Kloster oder einem Mönch eine Spende, sollte man sie mit beiden Händen geben. Einen Dank darf man nicht erwarten. Normalerweise danken die Gläubigen für die Annahme der Spende, da ihnen so eine gute Tat ermöglicht wurde.
- Für Buddhisten ist der Kopf (im Gegensatz zum Fuß) ein heiliger Körperteil. Deshalb sollte man nie einem erwachsenen Thai an den Kopf fassen, ihm die Füße entgegenstrecken, die Füße aufs Armaturenbrett im Bus legen oder Gepäckstücke ins Gepäcknetz über die Köpfe der Mitreisenden wuchten, ohne sie vorher zu fragen.

noch nicht volljährige Mönche) und unterwerfen sich den 227 strengen buddhistischen Regeln. Sie verzichten unter anderem auf jedes Eigentum, dürfen weder Menschen noch Tiere verletzen, nicht in bequemen Betten schlafen, singen oder tanzen, kein Parfüm benutzen und müssen ein striktes Zölibat befolgen.

Ihre Mahlzeiten, die sie nur vor 12 Uhr mittags einnehmen dürfen, erhalten sie am frühen Morgen von den Gläubigen. Mönche sollen sich von allen irdischen Verlockungen lösen, so durften sie ursprünglich nicht einmal mit einer Frau sprechen.

Dorfklöster sind nicht nur religiöse Zentren, sondern auch kostenlose Herbergen für die Alten, Waisen und Reisenden. Zudem stellen sie eine Alternative zum öffentlichen Schulsystem dar. Viele Bauernsöhne werden Novizen, um neben der 4–6-jährigen Grundschulzeit eine weiterführende Bildung zu erhalten. Gerade im 20. Jh. ist es zu einer zunehmenden Verschulung des Mönchsordens gekommen. Die Sangha unterhält in Bangkok zwei buddhistische Universitäten, wo auch weltliche Studienkurse angeboten werden, so weit sie mit dem Leben der Mönche in irgendeinem Zusammenhang stehen. So macht man zum Beispiel die Mönche mit den sozialen Problemen der ländlichen Entwicklung vertraut.

Mit der Ordination zum Mönch wird jeder Thai zu einer respektierten Persönlichkeit, und es entspricht selbst der Würde des Königs, einem Bauernsohn als Mönch Respekt zu bezeugen. Das beruht auf der Tatsache, dass der Mönch nicht als Individuum, sondern als Vertreter des buddhistischen Ideals angesehen wird. Um ihre individuellen Züge zu verbergen, halten Mönche bei bestimmten Ritualen fächerartige Schirme vor ihr Gesicht.

Das Klosterleben steht Frauen nur eingeschränkt offen. Buddhistische Nonnen gehören weder einem Orden an noch können sie Rechte und Privilegien beanspruchen. Während es im ursprünglichen Buddhismus dafür keinerlei Rechtfertigung gibt, ist zu späteren Zeiten versucht worden, die Lehre entsprechend zu interpretieren.

Buddhismus im modernen Thailand

In der modernen großstädtischen Gesellschaft spielt Religion eine immer geringere Rolle. Wenige Jugendliche lassen sich ordinieren. Man schätzt die philosophische Komponente des Buddhismus, die Meditation als geistige Erneuerung, die den Alltagsstress leben hilft, und charismatische Mönche für ihre geistige Macht. In der schnelllebigen Gesellschaft bleibt wenig Zeit

Tempel für Ausländer

Die folgenden Klöster in Thailand nehmen Ausländer auf. Jeder der Tempel hat unterschiedliche Unterkünfte, Gerichte und verschiedene Restriktionen im Tagesablauf – alle besitzen ein Vipassana-Meditationszentrum.

Wat Mahathat: Bangkok (Sanam Luang)
Wat Dharma Mongkol, Wat Vajira Dharma Sathit: Bangkok (Sukhumvit Soi 101)
Wat Bovonives (Wat Bovorn): Bangkok (Banglampoo)
Wat Pak Nam Phasi Charoen: Thonburi (Therdai Rd.)
Wat Pleng Vipassana: Thonburi (Charoen Sahitwong Rd.)
Wat Sanghathan: Thonburi (🖳 www.vimokkha.com)
Wat Cholaphratan Rangsarit: Pak Kret, Provinz Nonthaburi
Wat Vivekasrom: Chonburi
Wat Bunkanjanaram: Pattaya
Wat Asokaram: Samut Prakan
Wat Trai Ngaam: Don Masang, Suphanburi
Wat Muang Mang, Wat Umong, Wat Ram Poeng: Chiang Mai
Wat Pah Ban Tart: Ban Tart in der Nähe von Udon Thani
Wat Paa Nanachat, Wat Nong Pa Pong u. a.: Warin, in der Nähe von Ubon
Wat Suan Moke: bei Chaiya (🖳 www.suanmokkh.org/)
Wat Sukontawas: Nasan, in der Nähe von Surat Thani
Wat Khao Tham: Ban Tai auf Ko Pha Ngan (🖳 www.watkowtahm.org/)

Zudem werden Meditationskurse in verschiedenen Zentren angeboten, s. S. 181. Bangkok. Detaillierte Infos: 🖳 www.retreat-infos.de oder 🖳 www.hdamm.de/buddha/mdtctr01.htm.

für Tempelbesuche, man verlässt sich lieber auf religiöse Amulette, die neben Buddha oder berühmten Mönchen auch König Chulalongkorn – den westlich orientierten Reformer – darstellen. Die Verbesserung des Karmas tritt dabei häufig hinter der Aufstockung des Bankkontos zurück.

Kunst und Kultur

Kunstepochen

Die traditionelle Kunst und Kultur Thailands ist vom Buddhismus geprägt. Daneben haben animistische und hinduistische Überlieferungen aus früherer Zeit ebenso die Entwicklung der Künstler beeinflusst wie die alten chinesischen und indischen Kulturreiche. Künstler waren in erster Linie für die Ausschmückung der Tempel zuständig. Entsprechend bestehen die Sammlungen der Museen aus religiösen Gegenständen. Vieles ist im Laufe der Geschichte dem zersetzenden tropischen Klima, Bränden oder Kriegen zum Opfer gefallen, vor allem Holzschnitzereien, Textilien und Holzgebäude, während steinerne Tempel und aus Metall gefertigte Buddha-Figuren überlebt haben.

Daneben wurden zu allen Zeiten alte Bauwerke und Skulpturen wieder bearbeitet und dem Zeitgeschmack angepasst oder verblichene Wandmalereien übermalt. Nicht selten wurden mehrere Chedis übereinander errichtet, denn mit der Produktion von Neuem erwarb man sich einen größeren Verdienst als mit dem Restaurieren verfallener Werke. Dennoch zeugen zahlreiche Skulpturen und Tempelruinen von dem ästhetischen Empfinden der Menschen vergangener Jahrhunderte und beeindrucken die Betrachter durch ihre hohe künstlerische Qualität und Ausdruckskraft.

Kunstepochen in Thailand

1.–6. Jh.	Indische Einflüsse
6.–11. Jh.	Dvaravati / Mon
8.–13. Jh.	Srivijaya
8.–13. Jh.	Srivijaya (Süden)
8.–14. Jh.	Lopburi / Khmer (8.–10. Jh. früh; 11.–13. Jh. mittel; 13.–14. Jh. spät)
13.–15. Jh.	Sukhothai (13.–14. Jh. früh, 14.–15. Jh. spät)
? –14. Jh.	Haripunchai (Norden)
? –13. Jh.	Lanna (Norden)
14.–16. Jh.	Chiang Saen (Norden)
14.–15. Jh.	U Thong (A: Lopburi-Stil, B: verfeinerter Lopburi-Stil, C: Sukhothai-Einfluss)
14.–18. Jh.	Ayutthaya
18.–20. Jh.	Bangkok / Ratanakosin

Vor der Gründung des Thai-Reiches

Früheste **steinzeitliche Funde,** die bis zu 1 Million Jahre alt sind, wurden in der Provinz Kanchanaburi gemacht. Nahe dem Dorf Ban Chiang im Nordosten Thailands entdeckte man bis zu 7000 Jahre alte Tonscherben, Waffen, Schmuck und andere Hinterlassenschaften einer der ältesten Siedlungen Südostasiens. Bereits vor 4500 Jahren, früher als in China und Indien, stellte man hier Werkzeuge und Waffen aus Bronze her.

Im ersten Jahrtausend unserer Zeitrechnung hatten sich bereits kulturell hoch stehende Reiche entwickelt. Der Süden Thailands stand im 8. Jh. unter dem Einfluss des **Srivijaya**-Reiches von Palembang (Süd-Sumatra), eines der ersten buddhistischen Reiche, dessen Kunst stark von indischen Einflüssen geprägt war. Bereits früher hatten sich in Zentral-Thailand (Nakhon Pathom, Lopburi, U Thong), im Irrawaddy-Delta und Tenasserim-Gebirge zahlreiche Mon-Fürstentümer zu einem lockeren Verband im **Dvaravati**-Reich zusammengeschlossen. Die Skulpturen und Bauwerke aus jener Zeit sind durch eine klare Linienführung sowie symmetrische, stark stilisierte Muster gekennzeichnet. Die Buddhastatuen, überwiegend in stehender Haltung, wirken recht massiv und breitflächig. Typisch sind die spiralenförmigen, großen Locken der Köpfe sowie die zusammenlaufenden, wellenförmig geschwungenen Augenbrauen.

Die erstarkenden **Khmer** in Kambodscha begannen im 9. Jh. ihren Machtbereich zu festigen und nach Westen hin auszudehnen. Sie verdrängten die Mon und beherrschten die Flussebene des Menam Chao Phraya, bis sie im 13. Jh.

von den Thai zurückgedrängt wurden. In Phimai, Lopburi, Sukhothai und an anderen Orten sind Zeugnisse der vom Mahayana-Buddhismus beeinflussten Khmer-Architektur erhalten geblieben, die als **Lopburi**-Stil bezeichnet wird. Typisch sind reich dekorierte, phallusförmige Tempeltürme, die Prangs, die auf einem rechteckigen Unterbau sitzen und in deren Nischen Buddha-Figuren stehen. Türstürze und Fenster sind mit figürlichen Darstellungen reich dekoriert. Die Buddha-Bildnisse aus jener Epoche weisen, ebenso wie die Bildnisse anderer Gottheiten, stark individuelle Züge auf. Häufig tragen sie Hals- und Armketten sowie einen kegelförmigen Kopfschmuck, dessen Abschluss am Haaransatz parallel zu den fast geraden Augenbrauen verläuft. Die wulstigen, großen Lippen und flachen, breiten Nasen geben dem rechteckig geformten Gesicht einen strengen Ausdruck.

Parallel dazu entwickelte sich im nördlichen **Lanna**-Reich ein eigener Kunststil. Bereits vor der Gründung von Sukhothai hatten die Thai in der Gegend von **Chiang Saen** unter dem Einfluss der benachbarten Burmesen und des Mon-Reiches **Haripunchai** einen indisch beeinflussten Stil entwickelt.

Sukhothai-Periode

Mit der Gründung von Sukhothai durch den Thai-König Ramkhamhaeng war die Grundlage für die Entwicklung einer eigenen Thai-Kultur geschaffen. Typisch für die Tempelarchitektur der Sukhothai-Zeit ist der Lotosknospen-Turm. Die Buddha-Skulpturen vollziehen einen deutlichen Wandel, wobei der Khmer-Stil fast völlig umgekehrt wird. Die Gesichter erhalten einen fast weiblichen, verklärten Gesichtsausdruck. Die spiralförmigen Haarlocken türmen sich über dem ovalen Gesicht in Form eines Stupa und enden in einer stilisierten Flamme. Über einer langen, spitzen Nase vereinigen sich die hochgeschwungenen Augenbrauen, die Lider sind halb geschlossen, während die Mundwinkel leicht nach oben gezogen sind. Die harmonisch fließenden Linien zwischen Kopf und Körper werden durch die langen, nach außen geformten Ohrläppchen unterstützt.

U-Thong- und Ayutthaya-Periode

Nach dem Zerfall von Sukhothai übernahm vom 14.–18. Jh. das Königreich Ayutthaya im zentralen und südlichen Thailand auch in der Kunst die führende Rolle. In der frühen Ayutthaya-Periode bis zum 15. Jh., auch U-Thong-Periode genannt, nahm man Elemente des Khmer- und Sukhothai-Stils wieder auf, die aber mit dem Erstarken der Großmacht in den Hintergrund traten. Deutlich wirkte sich der Einfluss des Königshofs auf die buddhistische Kunst in einem prunkvollen Stil aus. Zudem griff man europäische Einflüsse auf. Tempel wurden mit überdimensionalen Wandmalereien ausgestattet. Ornamente, Gold und Edelsteine schmückten die Buddha-Skulpturen, die im 18. Jh. sogar in kopierte Königsgewänder gekleidet wurden. Sie veränderten ihren Ausdruck von der religiösen Entrücktheit der Sukhothai-Periode zu einer majestätischen, erhabenen Distanz. Allerdings wurden Kunstwerke vielfach bereits in großen Mengen hergestellt und verloren an künstlerischer Ausdruckskraft.

Bangkok-Periode

Nach der Zerstörung von Ayutthaya durch die Burmesen 1767 wurden nicht nur viele Kunstwerke und Schätze, sondern auch Handwerker und Künstler nach Birma verschleppt, die dem Land zu einer erneuten Blüte verhalfen. Die Chakri-Dynastie in Siam begann damit, der neuen Hauptstadt Bangkok wieder etwas Pracht der zerstörten Königsstadt zu verleihen. 1785 begann man mit dem Bau des Königstempels, Wat Phra Keo. Chinesische und europäische Einflüsse werden seit der Mitte des 19. Jhs. aufgenommen und wie selbstverständlich integriert. Gutes Beispiel ist der Königspalast von Bangkok – ein Bauwerk in neoklassizistischer Bauweise mit einem gestaffelten Dach im typischen Ratanakosin-Stil, dem Bangkok-Stil der vergangenen 200 Jahre.

Buddhistische Tempel

Der buddhistische Tempel hat verschiedene Funktionen zu erfüllen: Er dient den Gläubigen als Ort für Meditationen, religiöse Zeremonien, Feierlichkeiten und Gebete, den Mönchen als Wohnbereich und Bibliothek, der Dorfbevölkerung als Versammlungsort, Wanderern als Ruhestätte und Übernachtungsmöglichkeit. Die Anlage steht

Mudra – Handhaltungen Buddhas

Dhyana: Der in Meditation versunkene Buddha. Im Schoß ineinander verschränkte Hände mit nach oben weisenden Handflächen.
Abhaya: Der furchtlose, segen- und Schutz spendende Buddha. Die rechte in Schulterhöhe erhobene offene Hand mit der nach außen gekehrten Handfläche.
Bhumisparsa: Der die Erdgöttin als Zeugin anrufende Buddha. Die offene herabhängende Hand bei nach innen gekehrter Handfläche.
Vara: Der segengewährende, barmherzige Buddha. Die gleiche Handhaltung wie bei bei Bhumisparsa mit nach außen gekehrter Handfläche.
Vitarka: Die erklärende, argumentierende Handhaltung. Die Handfläche zeigt nach außen, die Finger sind leicht gebeugt, wobei sich der Daumen und Zeigefinger berühren und einen Kreis bilden.
Dharmacakra: Buddha dreht das Rad der Lehre, des endlosen kosmischen Zyklus, womit an seine erste Predigt im Hirschpark von Isipatana erinnert wird. Beide Hände sind in ähnlicher Haltung wie bei Vitarka vor der Brust mit nach innen gekehrten Handflächen ineinander verschränkt.

Frauen und Männern, Gläubigen wie Ungläubigen offen, sofern sie die religiöse Stätte respektieren.

Entsprechend der vielfältigen Funktion besteht normalerweise eine Tempelanlage, in Thailand **Wat** genannt, aus mehreren Gebäuden, die von einer Mauer umschlossen sind: Schon von weitem erkennt man einen Tempel an dem glockenförmigen, spitz zulaufenden Turm, dem **Chedi** (Thailand) – je nach Region und Kultur-Epoche auch **Pagode** (Birma), **Dagoba** (Sri Lanka), **Stupa** (Indien, Nepal) oder **Prang** (Khmer) genannt. Er geht auf hinduistische Ursprünge zurück und beherbergt häufig eine Reliquie Buddhas. Man umschreitet ihn immer im Uhrzeigersinn. Manche Tempeltürme sind begehbar, wo-bei Frauen in bestimmten Bereichen oft nicht zugelassen sind.

Das religiöse Zentrum bildet die Gebetshalle **Bot**. Der weite Innenraum ist mit vielen, kleineren Skulpturen dekoriert, und die Wände schmücken häufig Wandmalereien oder Ornamente. Im Mittelpunkt dieses heiligen Bezirkes steht eine große Buddhastatue. Im Bot werden religiöse Zeremonien abgehalten. Die Gläubigen sitzen dabei auf dem Boden, die Füße weisen respektvoll nach hinten. In Nord-Thailand gilt ein Bot manchmal als so heilig, dass er von Frauen nicht betreten werden darf. Daneben gibt es eine oder mehrere Seitenkapellen, **Viharn**, in denen sich Mönche versammeln und die Gläubigen beten sowie ein kleines Bibliotheksgebäude, **Mondhop** genannt, das zum Schutz häufig auf einem hohen Unterbau steht und **Sala**, offene Pavillons, die Tempelbesuchern einen schattigen Rastplatz und Schutz vor Regen bieten. Der Klosterbezirk, in dem die Mönche leben, ist von diesen Gebäuden abgetrennt oder grenzt an sie an.

Während man in Myanmar bereits die Schuhe auszieht, wenn man eine Tempelanlage betritt, wird das in Thailand erst notwendig, wenn man in ein Tempelgebäude geht.

Buddhastatuen

Jahrhundertelang wurden Buddhastatuen in Stein gemeißelt, aus Holz geschnitzt, aus Ziegelstein gefertigt und mit Gips überzogen, aus Bronze, Kupfer oder Gold gegossen. Daneben wurden auch hinduistische Götter und animistische Geister in Plastiken und Reliefs dargestellt, blieben jedoch zweitrangig.

Obwohl sich die künstlerischen Stilrichtungen und technischen Möglichkeiten im Laufe der Jahrhunderte gewandelt haben, ist die Darstellung von Buddha, dem Erleuchteten, an strengen Prinzipien aus der überlieferten indischen Kunst orientiert. Mit den Buddha-Bildnissen will man, entsprechend der Theravada-Lehre, nicht die Person darstellen, sondern an die Lehre erinnern.

Von besonderer Bedeutung ist hierbei **Asana**, die Körperhaltung, und **Mudra**, die Handhaltung, als Ausdruck bestimmter Ereignisse und Lebenssituationen Buddhas.

Traditionell werden vier Körperhaltungen dargestellt: sitzend, liegend, stehend und schreitend, wobei die erste am weitesten verbreitet ist und in verschiedenen Variationen vorkommt. Die symbolischen Handhaltungen haben unterschiedliche Bedeutungen.

Mythologische Figuren

In einigen Plastiken wird der meditierende Buddha auf einer siebenköpfigen Schlange sitzend dargestellt, die ihn mit ihren fächerartig angereihten Köpfen vor einem Unwetter schützt. Die buddhistische Lehre erscheint häufig im Gewand der hinduistischen Mythologie.

Naga, Diener Buddhas, sind halbgöttliche Schlangenwesen, die eine Zwischenwelt bewohnen, ein prächtiges, unterirdisches Königreich. Sie können sich mit ihren magischen Kräften in Menschen verwandeln und mit ihnen Kinder zeugen, die stark und mächtig werden. Schlangen, manchmal auch Krokodile (das Naga-Symbol der Mon), schmücken Treppenaufgänge und Tempeldächer.

Manchmal werden sie in den Klauen ihres erbitterten Erbfeindes, des **Garuda**, abgebildet. Die in Südostasien und Indien verbreitete Darstellung des Königs der Vögel hat die Flügel, Klauen und den Kopf eines Raubvogels, aber den Körper eines Menschen. Er ist das Reittier des Gottes Vishnu und daher auch das königliche Wappentier, denn die thailändischen Könige gelten als Inkarnation Vishnus auf Erden. Entsprechend findet man den Garuda auf Geldscheinen und im thailändischen Wappen.

Ein weiteres königliches Tier ist **Erawan**, der dreiköpfige Elefant, Reittier von Gott Indra und gleichzeitig der hinduistische Gott der Künste und Wissenschaft. Am siamesischen Hof wurden weiße Elefanten als Symbole der königlichen Macht gehalten. Auch der jetzige König besitzt elf weiße Elefanten, die sich überwiegend in Lampang aufhalten. Aus Teakholz geschnitzte Elefanten wer-den an Schreinen und in Tempeln als Opfergaben dargebracht.

Weitere mythologische Figuren dienen als Tempelwächter, so die **Yaksha**, riesige Figuren mit grimmigen Gesichtern, **Kinnara** und **Kinnari,** himmlische Vogelmenschen, oder **Singha,** die zähnefletschenden, burmesischen Löwen, die vor allem in Nord-Thailand die Tempeleingänge bewachen.

Geisterhäuschen

Außerhalb der Tempelbezirke huldigt die thailändische Bevölkerung Schutzgeistern, den Nats. So besitzt jede Stadt einen eigenen Tempel, den **Lak Muang,** in dem der Schutzgeist des Ortes verehrt wird. Jedes Haus hat sein eigenes **Chao Thi,** ein Geisterhäuschen, in dem der Hausgeist wohnen kann. Es wird nach bestimmten Riten errichtet, so darf es beispielsweise niemals im Schatten des zu beschützenden Hauses stehen. Auf einem kleinen Vorbau werden regelmäßig Opfergaben niedergelegt. Je nach Wohlstand und Schutzbedürfnis der Hausbesitzer kann das Geisterhäuschen beachtliche Formen annehmen. So ist der Haustempel des Erawan Hotels in Bangkok (s. S. 147) zu einer Wallfahrtsstätte für die gesamte Bevölkerung geworden. Zudem werden für die Ahnen kleine Tempel erbaut.

Kunsthandwerk

Viele künstlerische Fähigkeiten wurden von Generation zu Generation weitergegeben. Während alte Lackarbeiten, Seidenstoffe oder Seladonporzellan kaum erhalten blieben, hat sich die Methode ihrer Fertigung in einer ungebrochenen Tradition bis heute bewahrt. Von den Einheimischen werden diese handgefertigten Einzelstücke keineswegs ausschließlich als Souvenirs gekauft, sondern finden noch immer bei Festen und im Alltag Verwendung. Die meisten Formen des Kunsthandwerks, die ursprünglich nicht in Süd-Thailand verbreitet waren, wurden von der Tourismusindustrie dorthin importiert. In einigen Touristenzentren können Besucher die Handwerker bei ihrer Arbeit beobachten.

Seidenweberei

Vor allem in den ärmeren ländlichen Regionen des Nordens und Nordostens weben die Frauen in den Dörfern auf einfachen Webstühlen Seidenstoffe, die für besondere Festgewänder oder als Geschenke der Ehrerbietung verwendet werden.

Die Seidenraupen werden mit Blättern von Maulbeerbäumen gefüttert, bis sie sich in Kokons einspinnen. Nachdem die Reisernte eingebracht ist, beginnt die Zeit zum Weben, und in einigen Dörfern ist dann noch immer das monotone Schlagen der Webstühle zu hören. Die Frauen sitzen im Schatten ihrer Häuser und spinnen die feinen Seidenfäden, die anschließend bunt eingefärbt werden. Jim Thompson, ein Amerikaner (s. S. 146), begann mit der industriellen Seidenproduktion und der weltweiten Vermarktung.

Naturfarben werden nur noch selten benutzt, das Blau der Indigo-Pflanze, Rot aus dem Sekret eines Insektes und Gelb aus einer Wurzel. Besonders kostbar ist die thailändische „Mut-Mee"-Seide, deren Muster entstehen, indem man die Fäden spannt, abbindet und mehrfach einfärbt, bevor sie gewoben werden.

Silberarbeiten

Burmesische Handwerker, die bereits seit dem 13. Jh. Silber bearbeiteten, brachten diese Kunst auch nach Nord-Thailand, wo neben Schmuck und modernen Gegenständen noch immer die traditionellen Schalen und Gefäße für den religiösen Gebrauch hergestellt werden. Das Silber schmilzt man zusammen mit alten, überwiegend indischen Münzen ein. Die ausgekühlten, dünnen Silberplatten werden anschließend mit Meißeln verschiedenster Größe bearbeitet, bis die entsprechende Form und Dicke erreicht ist. Die feinen Reliefs und Ornamente der Schalen und Gefäße werden anschließend in wochenlanger Arbeit mit feinen Meißeln über einer hölzernen Form herausgearbeitet.

Holzschnitzereien

Schon vor Jahrhunderten wurden die Fassaden und das Innere der Tempel und Wohnhäuser mit plastischen Holzschnitzereien verziert. Besonders schöne Arbeiten findet man an den Giebeln, Türen und Fenstern der Tempel. Monatelang arbeiten Frauen und Männer aus einzelnen Holzstämmen tiefe Reliefs heraus, unter ihren Händen entstehen dreidimensionale Bilder, die von Buddhas Leben oder alten Heldenepen berichten. Für wertvolle Dekorationen, wie die berühmten Elefanten, und für Möbel wird das harte Teak-Holz verwendet, das einige Jahre ablagern muss, bevor es bearbeitet werden kann.

Sawankhalok-Keramik

Die Technik des unter hohen Temperaturen gebrannten Steinguts war in Nord-China bereits vor 2000 Jahren bekannt. König Ramkhamhaeng von Sukhothai brachte 1294 von einem Besuch in China dreihundert chinesische Töpfer mit. Sie produzierten in den Brennöfen von Sukhothai Sawankhalok-Keramik, die bis in den Vorderen Orient exportiert wurde. Mit dem Untergang von Sukhothai ging auch die Herstellung der Keramik zurück. Nach einem Krieg zwischen Ayutthaya und Lanna wurden alle Künstler aus Sukhothai, einschließlich der Töpfer, nach Chiang Mai gebracht, wo sich noch heute das Zentrum der Keramik-Produktion befindet. Noch immer verwendet man für die Keramik mit der grünlich schimmernden, eisenhaltigen Glasur keine chemischen Zusätze, sondern nur Material aus der Erde und dem Dschungel.

Lackarbeiten

Die Yun oder Kern aus den nördlichen Bergen Myanmars sollen diese Kunst auch nach Nord-Thailand (Chiang Mai) gebracht haben, wo sie noch heute praktiziert wird. Die Herstellung von Schalen, Dosen und anderen Gegenständen erfolgt in einem langwierigen Prozess. Zuerst wird eine Grundform hergestellt, die entweder aus Holz oder bei qualitativ hochwertigeren Gegenständen aus geflochtenem Bambus besteht. Diese wird mit einem Lack bestrichen, der aus Asche, Kalk und dem Saft des so genannten Schwarzen-Lack-Baumes *(Melanorrhoea usitatissima)* besteht. Nachdem er getrocknet und glatt geschliffen ist, werden weitere Lackschichten aufgetragen, wobei sich dieser Vorgang bis zu fünfzehnmal wiederholen kann. Einige Lackarbeiten werden mit Goldfarbe dekoriert, andere Arbeiten sind mehrfarbig verziert, wobei die Muster durch das Anbringen farbiger Lackschichten oder -ornamente entstehen, die anschließend graviert oder abgeschliffen werden.

Tanz, Theater und Musik

Tanz und Theater

Die Heldenepen Ramayana (in Thailand Ramakien) und Mahabharata liefern den Stoff für zahllose klassische Tanz- und Theateraufführungen.

Dem thailändischen Maskentanz der Götter und Dämonen, **Khon,** liegt das Ramakien zu

Grunde. Bei den regelmäßig stattfindenden Aufführungen zeigen die farbenprächtig kostümierten und maskierten Tänzer nur einzelne Episoden aus dem großen Heldenepos, einer dramatischen Liebesgeschichte zwischen dem tapferen Prinzen Rama, seiner anmutigen Frau Sita und dem ewigen Kampf gegen den heimtückischen Widersacher Ravana. Besonders beim Khon sind Theater, Tanz und Musik auf das Engste miteinander verbunden, denn die klassischen Vorlagen erfordern ein gutes Zusammenspiel von Orchester, Tänzern und Rezitatoren.

Während der Maskentanz in früheren Zeiten nur am Königshof aufgeführt wurde, unterhielt man mit weniger stilisierten, humorvollen und lebensnahen **Lakon-Nok**-Aufführungen im Freien bei Dorf- und Tempelfesten die gesamte Bevölkerung. Aus dem Lakon Nok entwickelte sich im 18. Jh. der **Lakon Nai,** ein höfisches Tanztheater, das von den Frauen des Königs in graziösen, anmutigen, Bewegungen getanzt wurde. Sie wurden von Orchestern, Sängern und Rezitatoren begleitet, die in getragener Form romantische Epen vortrugen. Das beliebteste Motiv war das von Rama II. geschaffene, 20 000 Verse umfassende Epos Inao.

Die älteste Form des Tanztheaters, **Lakon Jatri**, entstammt aus dem Süden Thailands und wurde ursprünglich nur von Männern getanzt. Beliebtestes Motiv ist die Geschichte der liebreizenden Vogelprinzessin Manohra, in die sich Prinzen Suton verliebt, und der sie mit Hilfe des Schlangenkönigs an den Hof des Königs Atityawong entführt.

Traditionelle Musik

Schon immer gab es vielfältige Anlässe, um Menschen mit Musik und Tanz zu unterhalten – zu religiösen Feierlichkeiten gehört eine musikalische Umrahmung ebenso wie zu Staatszeremonien, Dorf- und Familienfesten. Die ersten bekannten Musikinstrumente aus frühester Zeit sind Bronze-Gongs, die sowohl in Thailand als auch in Indonesien und Vietnam ausgegraben wurden. Bronze-Gongs gehören neben Trommeln, Becken, Oboe, Bambus-Flöte und Bambus-Xylophon zu den wichtigsten Musikinstrumenten in Thailand.

Man unterscheidet drei Orchester-Typen: Am Königshof wird bei Zeremonien und Theateraufführungen das **Pi Phat** gespielt, das aus Gongs, Xylofonen, Metallophonen und Oboe oder Flöte besteht. In Süd-Thailand kann man es heute auch häufig bei Tempelfesten hören und sehen. Im **Mahori-Orchester,** das Solo- und Chorgesänge begleitet, kommen Laute, Zither und andere Saiteninstrumente hinzu. Das **Kruang Sai** hingegen, das ländliche Orchester, verwendet ausschließlich Saiten- und Blasinstrumente.

Populäre Musik

Da fast jeder Haushalt einen Kassettenrecorder besitzt, sind die populären Songs der Hitparade im ganzen Land bekannt. Viele Texte bringen das Lebensgefühl der jungen Generation zum Ausdruck, das noch in den 80er-Jahren stark von den ländlichen Wurzeln und der Musik des Nordostens bestimmt war. Die berühmteste Band Carabao griff 1985 mit ihrem Lied „Made in Thailand" die Situation der Jugendlichen vom Lande auf, die, mit den Werten der Großstadt konfrontiert, auf der Suche nach ihrer eigenen Identität sind.

In den 90er-Jahren wandelte sich das Bild, und die neue Generation der Stars unterscheidet sich kaum von ihren Kollegen in Hong Kong oder den USA. Besonders erfolgreich sind bei der urbanen Jugend Musiker mit europäischen Zügen, deren Lieder von individuellen Problemen der städtischen Jugend handeln, die sich kaum noch von denen anderer Jugendlicher im Westen unterscheiden.

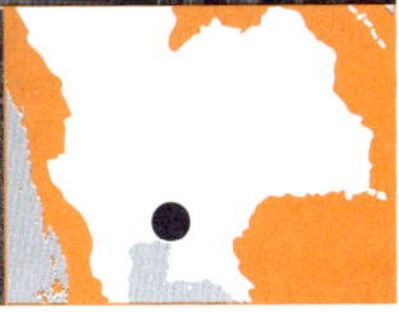

Bangkok

Stefan Loose Traveltipps

Wat Phra Keo und Nationalmuseum Den prachtvollen Königstempel und die Schätze des größten Museum Thailands bewundern. S. 125, 129

Chinatown Sich durch das Gewühl der schmalen Gassen treiben lassen. S. 139

Siam Paragon Durch das gigantische Einkaufszentrum bummeln. S. 146

Baiyoke II Tower Bei klarem Wetter das Häusermeer der Millionenstadt überblicken. S. 147

Chatuchak Weekend Market Auf dem Wochenendmarkt außergewöhnliche Souvenirs erstehen. S. 152

Restaurantboot Beim Abendessen durch die erleuchtete Stadt schippern. S. 176

Bangkok กรุงเทพฯ

Erst 220 Jahre alt ist diese lebendige 7-Millionen-Stadt, deren Ballungsgebiet über 10,8 Mill. Menschen umfasst. In kaum einer anderen Stadt treten die Gegensätze, die sich im Spannungsfeld zwischen einer traditionellen asiatischen und modernen westlichen Gesellschaft aufbauen, deutlicher hervor. Dicht beieinander liegen Armut und Reichtum, Hektik und Ruhe, Glanz und Elend. In den Straßen pulsiert das Leben: Mitten im Verkehrsgewimmel wird gekauft und verkauft, Bürgersteige werden zu Märkten, Menschenmassen strömen zu den Bussen und in die Geschäfte, während in den schmalen Gassen nebenan Kinder unbehelligt spielen. Nur noch gedämpft dringt der Verkehrslärm in die von Mauern umgrenzten Tempelanlagen, deren prunkvoll dekorierte Bauten im Schatten weit ausladender Bäume Oasen der Ruhe sind, sofern ihre Freiflächen nicht als Parkplätze vermietet werden.

Die Stadt scheint endlos, es gibt viele Zentren, hier das Touristenviertel (Sukhumvit Road), dort das historische Zentrum (Sanam Luang), in einem ganz anderen Gebiet die Einkaufs- und Verwaltungszentren. Eine unübersichtliche Stadt, in der die meisten Ziele nicht zu Fuß zu erreichen sind. Entsprechend wälzt sich ein Strom laut hupender Taxis, qualmender Busse, knatternder Tuk Tuks und Motorräder sowie anderer Fahrzeuge durch die Stadt und verleiht der Luft von Bangkok das typische „Aroma".

Bangkok ist das Zentrum, aber auch der Wasserkopf Thailands. Über diese Stadt läuft 90 % des Außenhandels, hier wird die Hälfte des Bruttosozialproduktes des Landes erwirtschaftet, hier konzentrieren sich Industrie, Administration und die Hoffnungen vieler Thais auf ein besseres Leben. Mittlerweile lebt bereits jeder achte Thai in der Metropole. Daneben gibt es das andere Bangkok, das kulturelle und religiöse Zentrum. Nirgendwo sonst sprechen so viele Thais Englisch, erhält man so viele Informationen über die Geschichte und Kultur der Nation. Über 400 Tempel gibt es in der Stadt, viele Märkte und ein interessantes Nationalmuseum. Die Restaurants sind international, und nach Sonnenuntergang wird sich niemand langweilen – selbst wenn man keine Hostessen sucht –, denn die Musikkneipen, Discos, Kinos und Biergärten haben durchaus Weltstadt-Niveau, was von der Theaterszene nicht behauptet werden kann.

Orientierung

Bangkok hat sich entlang der 4–6-spurigen, stark befahrenen Ausfallstraßen weit ins Land hinaus ausgedehnt. Die wichtigsten Verkehrsadern verlaufen in Nord-Süd-Richtung, u. a. der Menam Chao Phraya, die Eisenbahn und zwei Expressways.

Im Zentrum werden diese Trassen von breiten, in West-Ost-Richtung verlaufenden Straßen und Expressways gekreuzt. Zwischen Bangkok und der Schwesterstadt **Thonburi** im Westen stellt der breite Menam Chao Phraya eine natürliche Barriere dar. Die sieben Brücken sind während der Rushhour ständig verstopft. Ein Großteil des Personenverkehrs wird von Fähren und Booten bewältigt.

Einen Kontrast zur modernen Stadt mit ihren Hochhäusern und Baustellen bildet die **Altstadt** mit dem Königspalast am großen, ovalen Platz Sanam Luang. Nördlich davon liegt das Traveller-Zentrum **Banglampoo**. Im **indischen Viertel** und der **Chinatown** bietet die Charoen Krung Road, die ehemalige New Road, die parallel zum Fluss verläuft, eine Orientierungshilfe. Die modernen Geschäftszentren mit internationalen Hotels, Restaurants und Geschäften konzentrieren sich rings um die **Silom Road** im Südosten und um die **Ploenchit** und **Sukhumvit Road** im Osten.

Der erste Tag in Bangkok

- Erst mal ankommen, sich an einen Essenstand, in einen Tempel oder ein Restaurant in der Khaosan Road setzen und das Treiben beobachten.
- Sich einen Überblick verschaffen vom Expressboot (s. S. 194) oder einem Aussichtspunkt (s. S. 148) aus.
- Den Besuch vom Wat Phra Keo und Einkäufe auf später verschieben.
- Schlepper am Königspalast und Bahnhof abweisen und sich nicht übers Ohr hauen lassen.

Von den Hauptstraßen zweigt ein verwirrendes Netz von schmalen Wegen ab, die so genannten **Sois**, zum großen Teil Sackgassen, die vielfach nur von Fußgängern genutzt werden können. Sie sind meist nach der Hauptstraße, von der sie abgehen, benannt und durchnummeriert. Bei Adressen wie 236/1–5 Soi 29 Sukhumvit Rd. sorgen neben der Nummer der Soi (29) zudem Blocknummern (236) und Hausnummern (1–5) für Verwirrung.

Königspalast und Wat Phra Keo

Wer für Bangkok nicht viel Zeit hat, wird direkt zum Sanam Luang fahren, dem kulturellen Zentrum der Stadt. Der Bereich südlich des Platzes bis zum Fluss beherbergt die Bauten des Königspalastes und des Königstempels Wat Phra Keo, die von hohen, weißen Mauern umgeben sind. Eine ungeheure, märchenhafte Prachtentfaltung erwartet den Besucher. Schon allein deswegen gilt das Palastgelände für jeden Thailandreisenden als Muss, denn etwas Vergleichbares gibt es im ganzen Land nicht noch einmal.

Als 1782 der Königspalast nach Bangkok verlegt wurde, wählte man dafür das am höchsten gelegene Gebiet, da es vor Überschwemmungen sicher war. Die hier siedelnden chinesischen Händler mussten in die heutige Chinatown weichen. Der Palast wurde mehrfach erweitert und mit Bauten in verschiedenen Stilrichtungen ergänzt. Nur der nördliche Bereich des Palastes und das königliche Wat Phra Keo können besichtigt werden. Während offizieller Staatsempfänge bleibt der gesamte Palastbereich geschlossen.

Das bewachte Eingangstor zum Palast, der von einer hohen Mauer umgeben ist, befindet sich am südlichen Ende des Sanam Luang. 🕓 tgl. 8.30– 15.30 Uhr, Führung in Englisch um 10, 10.30, 11, 13, 13.30 und 14 Uhr, 250 Baht inkl. Informationsbroschüre in Deutsch oder Englisch sowie Eintritt innerhalb von einer Woche zum Dusit-Palast mit dem Vimanmek Teakwood Mansion (s. S. 150, dorthin mit Bus 70), zum Tempelmuseum sowie zu den Königlichen Münzsammlungen und Dekorationen. Ein Audio-Guide kostet für 2 Std. 200 Baht, bei längerer Nutzung +100 Baht. Die Wachen am Eingang lassen Besucher in Hosen, die nicht knöchellang sind, kurzen Röcken, schulterfreier Kleidung, hinten offenen Sandalen (!) u. Ä. nicht hinein bzw. verpassen ihnen gegen Hinterlegung des Passes oder einer Leihgebühr angemessene Kleidung.

In den ersten Gebäuden hinter der Kasse sind die **Königlichen Kroninsignien, Münzsammlungen und Dekorationen** in 12 Zimmern untergebracht – juwelenbesetzte Orden, Fahnen, Münzen vom 11. Jh. bis heute, Wappen u. a. Interessant sind die prächtigen Gewänder aus Gold und Edelsteinen für den Jadebuddha, die zum Beginn der Regenzeit, der heißen und der kalten Jahreszeit gewechselt werden, und die königliche Wiege. 🕓 Mo–Fr 8.30–16 Uhr, 10 Baht, im Eintritt für den Königspalast enthalten. Führung in Englisch um 10 Uhr.

Wat Phra Keo

Hinter diesem Gebäude liegt das herrliche Wat Phra Keo. Durch die Eingangstore, die von riesigen Dämonen, den *Yaks*, bewacht werden, gelangt man in den Tempelbezirk. Er ist von einem überdachten **Wandelgang** umgeben, der mit besonders schönen **Wandmalereien** geschmückt ist, die auf 178 Bildern Szenen aus dem thailändischen Ramayana-Epos, dem Ramakien, darstellen. Die in Thai durchnummerierte Bildgeschichte beginnt hinter dem Viharn Yot.

Im Zentrum der Anlage erhebt sich der über und über dekorierte **Bot** des Jadebuddhas. Ordner sorgen dafür, dass man die Schuhe vor dem Eingang abstellt und sich im Inneren des Bot (Fotografieren verboten!) auf den kühlen Boden setzt, wobei die Füße nach hinten zeigen sollten.

Die Wandmalereien, die den gesamten Innenraum bedecken, stellen das Leben Buddhas dar. Auf einem mehrstufigen Altar thront die mit einem goldenen Gewand bekleidete, 66 cm hohe Buddhastatue aus Nephrit, einer Jadeart. Sie gilt als Beschützerin des Landes und der Dynastie.

Gegenüber dem Haupteingang zum Bot stehen auf einer hohen Marmor-Plattform verschiedene Gebäude. In wohl keinem Bildband fehlt das von zwei vergoldeten Chedis umgebene Königliche Pantheon, dessen mehrfach gestaffeltes Dach von einem Prang gekrönt wird. Goldene Kinaras, mythische Wesen, halb Vogel, halb Mensch, bewachen das Gebäude. Daneben ragt

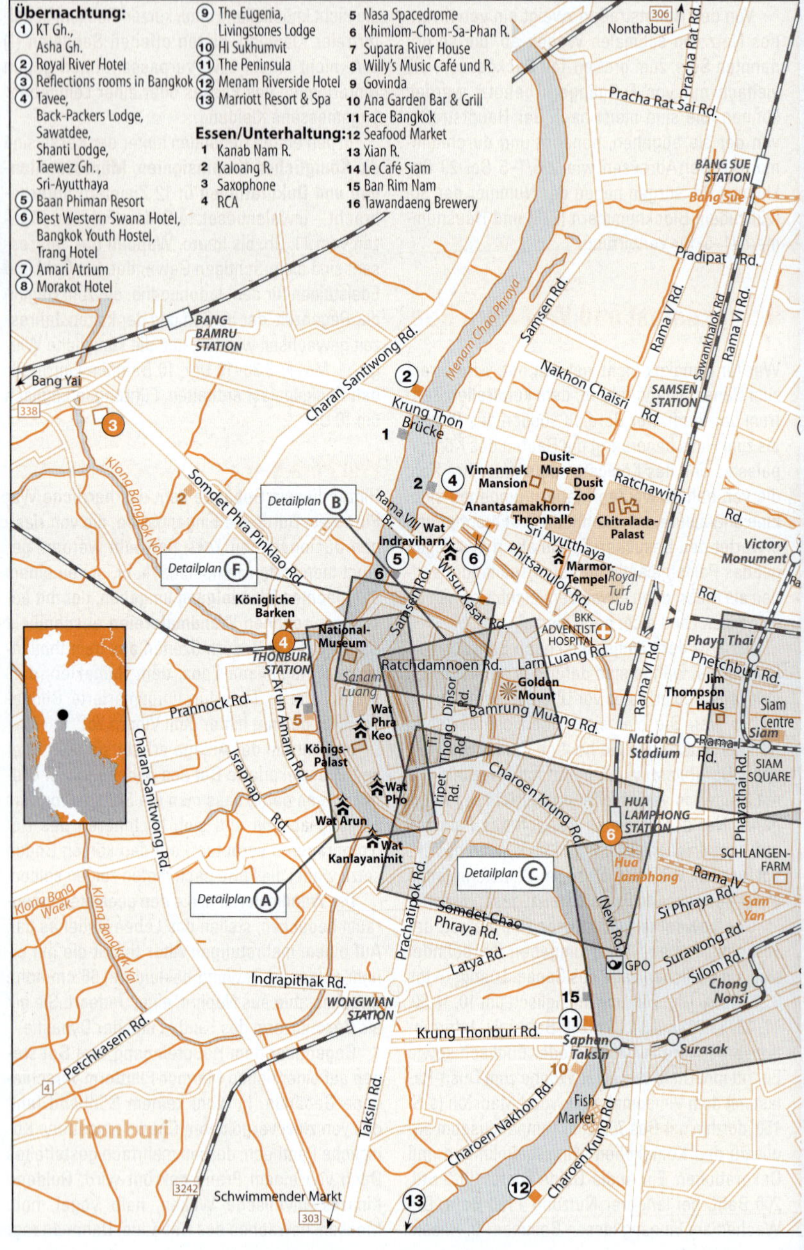
Übernachtung:
1 KT Gh., Asha Gh.
2 Royal River Hotel
3 Reflections rooms in Bangkok
4 Tavee, Back-Packers Lodge, Sawatdee, Shanti Lodge, Taewez Gh., Sri-Ayutthaya
5 Baan Phiman Resort
6 Best Western Swana Hotel, Bangkok Youth Hostel, Trang Hotel
7 Amari Atrium
8 Morakot Hotel
9 The Eugenia, Livingstones Lodge
10 HI Sukhumvit
11 The Peninsula
12 Menam Riverside Hotel
13 Marriott Resort & Spa
Essen/Unterhaltung:
1 Kanab Nam R.
2 Kaloang R.
3 Saxophone
4 RCA
5 Nasa Spacedrome
6 Khimlom-Chom-Sa-Phan R.
7 Supatra River House
8 Willy's Music Café und R.
9 Govinda
10 Ana Garden Bar & Grill
11 Face Bangkok
12 Seafood Market
13 Xian R.
14 Le Café Siam
15 Ban Rim Nam
16 Tawandaeng Brewery
Nonthaburi
Pracha Rat Rd.
Pracha Rat Sai Rd.
BANG SUE STATION
Bang Sue
Pradipat Rd.
Samsen Rd.
Menam Chao Phraya
Rama V Rd.
Sawankhalok Rd
Rama VI Rd.
BANG BAMRU STATION
Bang Yai
Charan Santiwong Rd.
Nakhon Chaisri Rd.
SAMSEN STATION
Krung Thon Brücke
Klong Bangkok Noi
Somdet Phra Pinklao Rd.
Vimanmek Mansion
Dusit-Museen
Dusit Zoo
Ratchawithi Rd.
Anantasamakhorn-Thronhalle
Chitralada-Palast
Detailplan B
Rama VIII Br.
Wat Indraviharn
Sri Ayutthaya
Victory Monument
Detailplan F
Wisut Kasat Rd.
Phitsanulok Rd.
Marmor-Tempel
Royal Turf Club
Königliche Barken
National-Museum
THONBURI STATION
BKK. ADVENTIST HOSPITAL
Phaya Thai
Phetchburi Rd.
Samsen Rd.
Ratchdamnoen Rd.
Larn Luang Rd.
Sanam Luang
Golden Mount
Jim Thompson Haus
Siam Centre
Siam
Arun Amarin Rd.
Prannock Rd.
Dinsor Rd.
Bamrung Muang Rd.
Rama VI Rd.
Wat Phra Keo
Ti Thong Rd.
National Stadium
Rama I Rd.
SIAM SQUARE
Charan Sanitwong Rd.
Israphap Rd.
Königs-Palast
Wat Pho
Tripet Rd.
Charoen Krung Rd.
Phayathai Rd.
HUA LAMPHONG STATION
Wat Arun
Wat Kanlayanimit
Hua Lamphong
SCHLANGEN-FARM
Detailplan C
Rama IV
Detailplan A
Prachatipok Rd.
Si Phraya Rd.
Sam Yan
Klong Bang Waek
Klong Bangkok Yai
Somdet Chao Phraya Rd.
(New Rd.)
Surawong Rd.
Latya Rd.
GPO
Silom Rd.
Chong Nonsi
Indrapithak Rd.
WONGWIAN STATION
Petchkasem Rd.
Krung Thonburi Rd.
Saphan Taksin
Surasak
Thonburi
Taksin Rd.
Charoen Nakhon Rd.
Fish Market
Charoen Krung Rd.
Schwimmender Markt
306
338
4
3242
303

Bangkok
N
0 1000 m
Sonstiges:
1 Royal Forestry Department
2 Central Pinklao Department Store
3 Thailand Cultural Centre
4 Phoebus Amphitheatre Complex
5 Patravadi Theatre
6 Elite Books, Villa Market
7 Washington Square
8 Mambo Cabaret
9 Queen Sirikit Convention Centre
10 Chao Phraya Cultural Centre
Detailpläne:
A Rings um d. Sanam Luang (S. 131)
B Rings um d. Golden Mount (S. 137)
C Indisches Viertel und Chinatown (S. 141)
D Rings um die Silom Road (S. 145)
E Siam Square, Ploenchit Rd. und Umgebung (S. 149)
F Banglampoo (S. 157)
G Sukhumvit Rd. (S. 161)
Transport:
1 Don Muang Airport
2 Northern Bus Terminal
3 Southern Bus Terminal
4 Bahnhof Thonburi
5 Suvarnabhumi Airport
6 Hauptbahnhof Hua Lamphong
7 Eastern Bus Terminal
Queen Sirikit Park
Children's Museum
Chatuchak Weekend Market
Mo Chit
Chatuchak Park
Kamphaeng Phet
Kamphaeng Phet Rd.
Saphan Khwai
Phahon Yothin
Lat Phrao Rd.
Lat Phrao
Ratchadaphisek Rd.
Kuan-in-Palast
Lad Phrao Rd.
Ratchadaphisek
Suthisarn Rd.
Winit Chai Rd.
Sutthisan
Kasemsuk Rd.
Prachasuk Rd.
Paholyothin Rd.
Sena Ruam
Ari
Sanam Pao
Wiphawadi Rangsit Rd.
Expressway
Huai Khwang
Pracha U Thit Rd.
Pracha Rd.
Thailand Cultural Centre
Victory Monument
Rangnam Rd.
Ratchaprarop Rd.
Dindaeng Rd.
Ratchadaphisek Rd.
Rama 9
Rama IX Rd.
Klong Samsen
Rama Kamhaeng Rd.
MAKKASAN STATION
Suan Pakkard-Palast
Detailplan E
HQ TOURIST OFFICE
Phetchaburi
New Phetchburi Rd.
Klong Saen Saeb
Chit Lom
Ploenchit Rd.
Ploenchit
Nana
Asoke
Soi 21 (Asoke)
Ratchadamri Rd.
Ratchdamri
Sukhumvit
SAMITIVEJ HOSPITAL
Phrom Phong
Soi 55 (Thong Lo)
Soi 63 (Ekamai)
Soi 71
Lumpini Park
Silom
Witthayu (Wireless) Rd.
Suan Lum Night Bazaar
LUMPINI STADIUM
New Ratchadaphisek Rd.
Queens Park
Sukhumvit Rd.
Thong Lo
PLANETARIUM
Ekkamai
Sala Daeng
Sathon Nua Rd.
Sathon Tai Rd.
Lumpini
Khlong Toei
Queen Sirikit National Convention Centre
Rama IV Rd.
Thang Rotfai Rd.
Phra Khanong
Detailplan D
Menam Chao Phraya
On Nut

Die Geschichte des Smaragd-Buddhas

Um den Smaragd-Buddha, oft auch Jadebuddha genannt, ranken sich zahlreiche Legenden. Man vermutet, dass er aus Indien stammt. 1434 schlug ein Blitz in den Chedi eines Tempels in Chiang Rai ein. Dabei kam unter einer Hülle aus Gips die grüne Figur zum Vorschein. Da Chiang Rai damals von Chiang Mai aus regiert wurde, wollte man die von der Bevölkerung verehrte Statue dem König übergeben. Doch der Elefant, der die Statue in die Hauptstadt bringen sollte, lief nach Lampang. Als sich dies mehrfach wiederholte, beließ man den Smaragd-Buddha 32 Jahre lang dort. Erst 1468 wurde er nach Chiang Mai gebracht und in der östlichen Nische des Chedi Luang aufgestellt. 1551 nahm ihn der befreundete König von Laos mit nach Luang Prabang, und als die Hauptstadt unter dem Druck der angreifenden burmesischen Truppen nach Vientiane verlegt wurde, transportierte man die Buddhastatue dorthin. 1778 brachten die Thais den Jadebuddha als Kriegsbeute nach Thonburi und sechs Jahre später an ihren jetzigen Platz im Wat Phra Keo.

die Bibliothek für die Heiligen Schriften des Therawada-Buddhismus (Triptaka) mit pyramidenförmigem Mondhop-Dach empor.

Der große, goldene **Chedi** hinter der Bibliothek enthält eine Reliquie Buddhas. Das steinerne **Modell des Tempels von Angkor Wat** nördlich der Bibliothek entstand zu einer Zeit, als Kambodscha ein Vasallenstaat Siams war.

Dahinter, auf der unteren Ebene, steht die mit glasierten Ton-Blumen verzierte Gebetshalle **Viharn Yot**. In der **Viharn Phra Nak**, im Nordwesten, wird die Asche der verstorbenen Angehörigen der Chakri-Dynastie aufbewahrt. Das Gebäude **Ho Monthien Dhamma**, in der nordöstlichen Ecke der Anlage, diente zur Aufbewahrung heiliger Schriften.

Die Palastbauten

Zum Königspalast gelangt man durch das südwestliche Tor hinter dem Bot. Das erste Gebäude im Thai-Stil, die **Amarin Winitchai-Thronhalle**, ließ Rama I. als Gerichtshalle erbauen, später wurde sie für Krönungsfeierlichkeiten und Empfänge genutzt. In einer feierlich wirkenden rotgoldenen Halle steht ein Thron mit dem neunstufigen, weißen Schirm des Herrschers sowie ein Thron mit einem mehrfach gestaffelten Dach, in dem noch heute Buddhastatuen bei religiösen Zeremonien ausgestellt werden. Beide sind reich dekorierte Herrschaftssymbole und wurden von König Rama I. genutzt.

Am großen Platz erhebt sich der **Chakri Maha Prasad-Palast**, dessen Fassade im Renaissance-Stil so gar nicht zu den siamesischen Spitzdächern und Türmen passt. Die großen Empfangshallen im ersten Stock und die zentralen Räume, in denen die Urnen der letzten Könige verwahrt werden, sind ebenso wie alle anderen Räume nicht zugänglich.

Der kleine, graziöse **Umkleidepavillon** nebenan gilt als typisches Beispiel thailändischer Architektur. Dahinter steht der von Rama I. als Krönungshalle geplante **Dusit Maha Prasad-Palast**, der seit dem Tod dieses Königs nur für Totenfeiern genutzt wird.

Im westlichen Bereich wird im **Tempelmuseum** eine interessante Ausstellung über die Restaurierungsarbeiten Anfang der 1980er-Jahre gezeigt. Im 1. Stock sind steinerne Buddhastatuen aus Java und andere Votivgaben, ein großer, gelackter Wandschirm und der Manangasila-Thron zu sehen.

Das Königshaus

Obwohl 1932 die absolute Monarchie abgeschafft wurde, genießt König Bhumipol immer noch hohes politisches Ansehen. Er erfüllt nicht nur repräsentative Funktionen, sondern ist auch das religiöse Oberhaupt des Landes. Der König wird hoch verehrt, und überall hängen Bilder der königlichen Familie, deren Geburtstage von der gesamten Nation gefeiert werden. Wenn täglich um 8 und 18 Uhr die Königshymne auf öffentlichen Plätzen, im Radio und Fernsehen ertönt, halten die Menschen inne. Man erwartet von Touristen, dass sie respektvoll über die Königsfamilie reden und ihre Bilder ehren.

Nationalmuseum

Ein Rundgang durch das größte Museum Thailands vermittelt einen guten Überblick über die Geschichte des Landes – von prähistorischen Funden bis zur jüngeren Bangkok-Periode. Ursprünglich stand hier der Palast des „Zweiten Königs", der eine Art Stellvertreterfunktion hatte. Teile dieser Anlage, zu der auch der Tempel am Eingang gehört, sind erhalten geblieben.

Mi–So außer feiertags 9–16 Uhr, 40 Baht, 02-2241370, ausführliche Infos unter www.thailandmuseum.com. Fotografieren verboten. Am Eingang ist eine Broschüre erhältlich, die durch die Ausstellung leitet. Kostenlose einstündige deutschsprachige Führung zur Thai-Kunst und -Kultur sowie englischsprachige Führungen zur Thai-Kunst und zum Buddhismus am Mi und Do um 9.30 Uhr. Ein kleines, ruhig gelegenes Restaurant mit preiswerten Getränken und leckeren Gerichten befindet sich hinter dem Haus Nr. 17 mit den Wagen für Verbrennungszeremonien. Eine Gepäckaufbewahrung und ein kleiner Laden, der Bücher und Souvenirs verkauft, sind links vom Eingang hinter dem Informationsschalter angesiedelt. In der Trockenzeit werden So um 17 Uhr im Museumsgarten traditionelle Tanzvorführungen dargeboten, Eintritt 20 Baht.

Die **Buddhaisawan-Kapelle** rechts vom Eingang wurde für eine der am meisten verehrten Buddhastatuen, Phra Buddha Singh, errichtet. Die über 200 Jahre alten restaurierten Wandmalereien stellen 28 Szenen aus Buddhas Leben dar. Im hinteren Tempelbereich stehen einige schöne, alte Bücherschränke.

In der ehemaligen **Audienzhalle** links von der Kapelle führen Bilder in die Thai-Geschichte ein. In dem so genannten **Roten Haus** links von der Kapelle lebten mehrere Prinzessinnen und Konkubinen. Das gut erhaltene Gebäude im traditionellen Thai-Stil ist mit Gegenständen aus der frühen Bangkok-Periode eingerichtet.

Der zentrale Bau des Museums, das **alte Palastgebäude** des 2. Königs, beherbergt dekorative Kunst aus der jüngeren Bangkok-Periode und eine ethnologische Sammlung. Der ehemalige Thronsaal des jüngeren Bruders von Rama I. bietet Platz für wechselnde Ausstellungen und Gegenstände aus der königlichen Sammlung. Dahinter sind prunkvoll dekorierte Sänften und Elefantensättel (Howdah) ausgestellt. Von hier ist der 1. Stock mit den königlichen Insignien und dekorative Objekte aus Elfenbein zu erreichen. Im Erdgeschoss nach links gelangt man zu Khon-Masken, Puppen und Spielen, dahinter enthalten drei kleinere Räume Keramiken und Silber aus Thailand, Japan und China, Porzellan, Sawankhalok-Keramik, Muscheln und Modelle.

Von dem im Erdgeschoss angrenzenden Waffensaal geht es links zum Perlmuttraum, geradeaus zu den Holzschnitzereien, u. a. einer Tür aus dem Wat Suthat und Wat Phra Keo, und rechts zu Steininschriften. Der nächste Saal vermittelt einen guten Überblick über die thailändischen Textilien (Brokat, Ikat, Chintz, Stickereien) und die Entwicklung der Mode. Im 1. Stock sind buddhistische Objekte ausgestellt. Im Erdgeschoss gelangt man weiter zum Saal mit Musikinstrumenten.

Der alte Bereich wird von neuen Museumsgebäuden umrahmt. Der Rundgang beginnt im **Mahasurasinghanat Building** links vom Eingang. Die Kunstgegenstände in beiden Stockwerken stammen aus der Zeit vor der Einwanderung der Thais in diese Region: Die prähistorische Sammlung enthält unter anderem ein neolithisches Grab, das bei Kanchanaburi gefunden wurde, und schöne Exemplare der Ban Chiang-Keramik. Zudem umfasst dieser Bereich Lopburi- und Khmer-Kunst aus dem 10.–13. Jh., frühe Hindu-Skulpturen aus dem thailändischen Gebiet, Dvaravati- / Mon-Kunst , u. a. das große, steinerne „Rad der Lehre", javanische hinduistische Skulpturen aus dem 7.–11. Jh. , darunter ein schöner Ganesha (der Elefantengott), sowie brahmanische und buddhistische Kunst des Srivijaya-Reiches aus Chaiya, im Süden Thailands, aus dem 13. Jh.

In den Sälen im Erdgeschoss des nördlichen **Prapat Phiphitthaphan Buildings** sind u. a. Skulpturen, Keramik, Textilien und Münzen der Bangkok-Periode untergebracht. Im 1. Stock gelangt man zu Kunstobjekten aus Chiang Saen und Chiang Mai. Der angrenzende Saal beherbergt Kunst aus Sukhothai. Zudem sind Skulpturen und Sawankhalok-Keramiken aus der Sukhothai-Periode und Kunstobjekte aus der Ayutthaya-Periode sowie der vorangegangenen U-Thong

(Mon-)Periode zu sehen, u. a. Lackarbeiten und mit Schnitzereien verzierte Bücherschränke. Wer nach diesem Rundgang noch aufnahmefähig ist, kann sich im benachbarten Gebäude die prunkvollen Sänften und Trauerkutschen für Verbrennungsfeierlichkeiten und einige hübsche Pavillons ansehen.

Rings um den Sanam Luang

Auf dem ovalen Phra Mane-Platz vor dem Königspalast, bekannt als Sanam Luang (= Königswiese), finden in der Trockenzeit **Drachenwettkämpfe** und an großen Feiertagen zentrale Veranstaltungen statt.

Nationaltheater und Nationalgalerie

Im Nationaltheater werden **klassische Tänze**, aber auch populäre Khon-Dramen aufgeführt. Programminformationen Mo–Fr 8.30–16.30 Uhr unter ✆ 02-2241342. Von November bis Mai finden Sa und So ab 16.30 Uhr im Garten des Nationalmuseums Aufführungen statt, Eintritt 40 Baht.

Die **Nationalgalerie** (National Gallery of Art), 4 Chao Fa Road, im Gebäude der ehemaligen königlichen Münze, stellt Werke moderner Künstler aus und beherbergt das nationale Filmarchiv. Die ständige Ausstellung vermittelt auf zwei Stockwerken einen Einblick in die Entwicklung der Darstellenden Kunst Thailands während der vergangenen hundert Jahre und der religiösen und höfischen Malerei. Daneben ist Raum für Sonderausstellungen. ⏲ Mi–So 9–16 Uhr, 30 Baht, 💻 www.thailandmuseum.com, ✆ 02-2822639.

Silpakorn-Universität

In den alten Universitätsgebäuden neben dem Palast wird u. a. Kunst unterrichtet und ausgestellt. Besuchern zugänglich sind das **Silpakorn Art Centre** ⏲ Mo–Fr 9–19 Uhr, ✆ 02-2213 841, 💻 www.art-centre.su.ac.th, sowie die **Art Gallery** in der Faculty of Painting, ⏲ Di–So 9–16.30 Uhr, die **Gallery of Art and Design** in der Faculty of Decorative Arts, ⏲ Mo–Sa 10–18 Uhr, und die **Phraprompijit Gallery** in der Faculty of Architecture, ⏲ Mo–Sa 10–18 Uhr.

> **„Guter" Rat kann teuer werden**
>
> Besonders am Sanam Luang wird man von Taxi- und Tuk-Tuk-Fahrern, seriös aussehenden Einheimischen und sogar von Europäern zum Kauf von Edelsteinen oder überteuerter Seide sowie von überteuerten Reisen und Visa bei „TAT" überredet. Da bereits seit Jahren viele Touristen auf diese Tricks hereinfallen und große Mengen Geld verlieren, möchten wir noch einmal eindringlich vor solchen Schleppern warnen (s. S. 40). Es ist kein Fehler, resolut aufzutreten und mit der Polizei zu drohen.

Thammasat-Universität

Die Thammasat-Universität, ✆ 02-6133333, eine der größten Universitäten der Stadt, wurde 1976 als Zentrum des politischen Widerstands von Polizei und Militär mit Waffengewalt gestürmt. Auf dem Campus kann man Englisch sprechende Studenten kennen lernen. In regionalen Fachbereichen für den Norden und Nordosten wird von Studenten unter anderem die Kultur dieser Regionen (z. B. die Musik auf traditionellen Instrumenten) gepflegt. Die meisten Studenten werden auf dem neuen Campus weit außerhalb, nahe dem alten Don Muang Airport, unterrichtet.

Wat Mahathat

In der schmalen Seitenstraße hinter der Nationalbibliothek, gegenüber der Universität, liegt Wat Mahathat, die buddhistische **Mahachulalongkorn University**, ⏲ tgl. 8–17 Uhr. An dieser Stelle stand bereits vor der Gründung von Bangkok ein Tempel, der von Rama I. ausgebaut und zu einem der wichtigsten religiösen Zentren umgestaltet wurde. Das Wat, eines der größten von Thailand, ist das Zentrum für Studien der Pali-Schriften und alter religiöser Überlieferungen. Es beherbergt in seinem abgegrenzten Klosterbereich zwischen 300 und 400 Mönche. Im Wandelgang, der das Heiligtum umgrenzt, stehen zahlreiche Buddhastatuen. In die dahinter liegenden Wände sind die Urnen Verstorbener eingelassen.

Das auf Englisch ausgeschilderte **Meditationszentrum** (Section 5), ✆ 02-2226011, 💻 www. Section-5.org (nur Thai), im südwestlichen Tempelbereich steht auch ohne Voranmeldung Ausländern und Ausländerinnen (!) offen. Täglich um 7, 13 und 18 Uhr beginnen zwei- bis dreistündige Meditationsübungen mit einer kurzen Einführung, die sich auch für Anfänger eignen. Von 20–21 Uhr kann man zudem an religiösen Unterweisungen in Englisch teilnehmen. An der Rezeption erhält man überdies Informationen über Meditationszentren und -kurse.

In den Läden in der Phra Chan Road und in einem überdachten Markt in der Mahatat Rd. hinter dem Tempel werden Heilkräuter, Schutz- und Glücksamulette sowie andere Dinge für religiöse Zeremonien, wie Buddhastatuen, Götterbilder aus dem hinduistischen Pantheon sowie Fotos der beliebten Könige verkauft (Handeln nicht üblich). Vom Phra Chan Pier hinter dem Wat fahren Fähren zum Bahnhof in Thonburi ab. Vom Chang Pier, noch weiter im Süden, legen neben den Expressbooten (nördlicher Pier) auch Klongboote nach Thonburi (südlicher Pier) ab (s. S. 134.).

Lak Muang

Nordöstlich vom Wat Phra Keo, jenseits des Verteidigungsministeriums (mit Kanonen im Garten), wurde am 21.4.1782 um 6.54 Uhr, dem astronomisch berechneten „Geburtstermin" der neuen Königsstadt, der Grundstein Bangkoks gesetzt. Er markiert nicht nur das Zentrum des Landes, von dem aus alle Entfernungen gemessen werden, sondern ist auch Sitz des Schutzgeistes der Stadt. Den phallusförmigen, aus Holz geschnitzten Grund„stein" schützt ein neues Gebäude, dessen Dach von einem Prang gekrönt wird. Auch der Lak Muang von Thonburi hat hier seit dem Zusammenschluss der beiden Städte seinen Platz gefunden.

Besucher bekleben Repliken des Grundsteins mit Goldplättchen, umwickeln sie mit bunten Tüchern und stellen Kerzen und Blumen auf. Zu Ehren des Schutzgottes werden Opfergaben dargebracht und zum Dank für erfüllte Wünsche auf einer kleinen Bühne **traditionelle Tänze** aufgeführt. Besonders Lotteriespieler und kinderlose Paare bitten um das große Glück, dem zudem mit der Freilassung von Vögeln und Schildkröten, die auf der Straße verkauft werden, nachgeholfen werden kann.

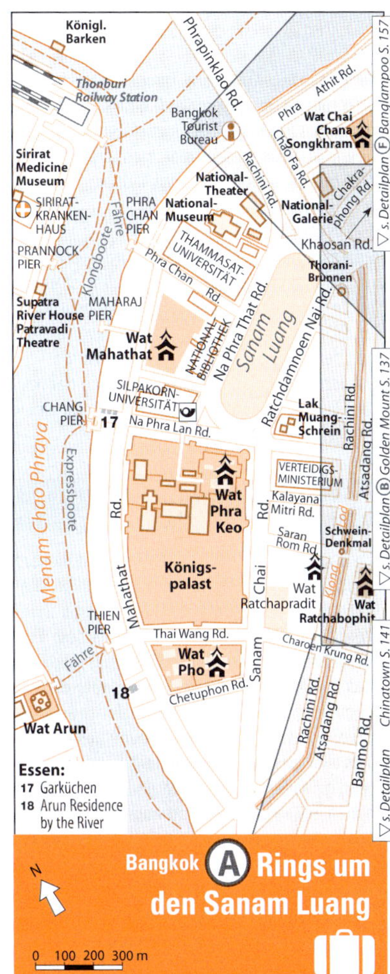

Weniger interessant ist der **Thorani-Brunnen** im Nordosten des Platzes. Die indische Göttin der Erde wringt ihr Haar aus, sodass das Wasser herausfließt. Sie soll, nach einer Legende, durch die Wasserfluten, die sich aus ihrem Haar ergossen, Buddhas Feinde vertrieben haben.

Banglampoo

Wer genug von Kultur und Tempeln hat, kann die Chakraphong Road hinauflaufen und in Banglampoo, einem traditionellen Einkaufsbezirk, stöbern gehen, in dessen Zentrum sich die Khaosan Road zum Taveller-Treff entwickelt hat.

Wat Bovonives

In diesem berühmten Tempel wurde von Kronprinz Mongkut 1827 das Zentrum der strengen Regeln folgenden Dhammayuti-Sekte gegründet. Der Kronprinz lebte 14 Jahre hier, bevor er 1851 nach dem Tod seines Bruders König wurde.

Auch Rama VI. und Rama VII. sowie der heutige König verbrachten vor ihrer Krönung einige Zeit als Mönche in diesem Kloster.

Im Tempel befindet sich das Studienzentrum für Heilkräuter sowie die Pali-Schule, die Mahamonkut Buddhist University. 🕒 tgl. 8–21 Uhr.

Im Bot, 🕒 tgl. 8–8.40 Uhr, steht eine berühmte, 4 m hohe bronzene Buddhafigur aus der Sukhothai-Periode. Die Wandmalereien berichten von den Verfehlungen der Menschen, ihrer zunehmend besser werdenden Lebensführung unter dem Einfluss des Buddhismus, bis sie am Ende die gelbe Robe tragen. Es ist interessant, dass hier die europäischen Einflüsse positiv dargestellt werden – westliche Gebäude, Pferderennen, Schiffe mit Missionaren, ja sogar Kirchgänger in westlicher Kleidung.

Die beiden Viharn und der Bot sind nur an besonderen Festtagen geöffnet.

Khaosan Road

Zu Beginn des Filmes *The Beach* streift Richard alias Leonardo di Caprio durch die quirlige Khaosan Road und macht sie weltberühmt. Zwar wird man hier das Guesthouse aus dem Film vergeblich suchen, denn es handelt sich um das On On Hotel in Phuket Town, aber die voll gepackten Straßenstände, Zöpfchenflechter, Straßencafés und exotisch-bunt gekleideten Traveller aus dem Film wiedererkennen. Während sich hier noch vor Jahren selten Urlauber sehen ließen und die internationale Rucksacktouristen-Szene unter sich blieb, ist die Khaosan Road mittlerweile eine etablierte Sehenswürdigkeit.

Bis 1980 unterscheidet sich diese belebte Gegend mit vielen Stoffgeschäften durch Nichts von anderen Altstadtstraßen. Dann eröffnen die ersten beiden Gästehäuser in den schmalen Seitengassen, und schon bald kommen weitere hinzu. Es folgen Musik- und Bücherläden, Reisebüros, Geldautomaten, Restaurants, Schmuckgeschäfte und andere Läden, die den aktuellen Bedürfnissen der Traveller Rechnung tragen. Nur illegale Drogengeschäfte sind unter den aufmerksamen Blicken der Polizei, deren Zentrale mitten im Geschehen liegt, weniger offensichtlich.

Hunderte von Gästehäusern füllen sich Abend für Abend mit Neuankömmlingen, die mit ihren Rucksäcken und Rollkoffern auf Zimmersuche gehen.

Ab 17 Uhr wird die Khaosan Road für den Durchgangsverkehr gesperrt und zur Flaniermeile. Dann kommen auch Einheimische, um die bunte, exotische Traveller-Welt zu bestaunen. Selbst Modedesigner sollen sich hier Anregungen holen. Mutige lassen sich Zöpfchen und bunte Strähnen ins Haar flechten oder ein mehr oder weniger permanentes Tatoo machen. Zudem lockt das einst verrufene Backpacker-Quartier mit immer schickeren Restaurants, Gästehäusern und Einkaufszentren, wie Buddy. Edel präsentiert sich auch die kleine Seitengasse Sunset Street mit einigen chromglänzenden Bars und Cafés.

Nicht weniger gut besucht sind die Gassen rings um das Wat Chana Songkhram. Hinter der Tempelmauer werden Essenstände aufgebaut und in einem umgebauten VW-Bus Cocktails gemischt. Auch in einer ehemaligen Tankstelle auf der Hauptstraße schlürft man mittlerweile Cocktails oder lässt sich massieren.

Weitere Infos über die Khaosan Road auf der Website 💻 www.khaosanroad.com.

Wat Indraviharn

Ein Abstecher zum Thewet-Markt, nördlich von Banglampoo (s. S. 184), lässt sich mit einem Besuch von Wat Indraviharn verbinden. Eingang über die Wisut Kasat Road oder von der Samsen Road über Soi 10 Trok Wat In. Durch diese schmale Gasse gelangt man nach etwa 100 m auf einen kleinen, freien Platz mit einem restaurierten Tempel, der von einer 32 m hohen, stehenden Buddhastatue überragt wird. ⌚ tgl. 8.30–17 Uhr, ✆ 02-2811406. Die großen Füße, auf denen Gläubige Blumen niederlegen, sind ein beliebtes Fotomotiv.

An der Einmündung des Klong Banglampoo in den Menam Chao Phraya stehen Reste der Stadtmauer und das achteckige **Phra Sumen Fort**. Rama I. ließ die neue Stadt mit einer Mauer, 14 Forts und Kanonen befestigen. Bis auf zwei Forts wurden die Mauern unter Rama V. geschleift und an ihrer Stelle Straßen errichtet. Rings um das Fort lädt ein kleiner **Park** mit Bänken, Sitzterrassen und dem kleinen **Santichaiprakarn Pavillon** zum Ausruhen ein. Über die neue Fußgängerpromenade gelangt man am Flussufer entlang zur Phrapinklao-Brücke.

Wat Pho

Südlich vom Königspalast gelangt man über die Sanam Chai Road zum Wat Pho oder Wat Phra Chetuphon, dem Tempel mit dem liegenden Buddha, einem der wichtigsten Tempel des Landes. Bereits 1789 begann man unter Rama I. mit dem Bau dieses Klosters auf dem Areal eines Wats, das aus dem 16. Jh. stammen soll. Rama III. ließ die Anlage renovieren und für die schreibunkundige Bevölkerung das Allgemeinwissen jener Zeit an den Tempelwänden bildhaft darstellen.

In den weitläufigen östlichen Tempelbezirk mit dem Bot gelangt man durch den Eingang in der Chetuphon Road. Die meisten Touristen, die nur den Viharn mit dem ruhenden Buddha sehen wollen, werden vor den nordwestlichen Eingang in der Thai Wang Road gefahren. ⌚ tgl. 9–17 Uhr, ✆ 02-2229595, 💻 www.watpho.com/index_e.html.

Der Viharn mit dem **ruhenden Buddha**, Eintritt 50 Baht, nimmt den nordwestlichen Bezirk ein. Die vergoldete, 45 m lange, liegende Statue symbolisiert Buddha bei seinem Eingang ins Nirwana. An den Fußsohlen stellen 108 Tafeln aus Perlmutt-Einlegearbeiten die Tugenden eines wahrhaften Buddhisten dar. Es bringt Glück, in jede der 108 Almosenschalen vor der Statue 25 Satang zu werfen.

Südlich des Viharn, hinter dem chinesischen Pavillon, steht die Bibliothek, an die ein Teich mit einem kleinen Aussichtsberg angrenzt. Östlich davon umschließt ein Wandelgang mit Buddhastatuen die vier großen, mit farbigen Kacheln bedeckten **Chedis** in Grün, Orange, Gelb und Blau. Durch zwei von Tempelwächtern bewachte Tore erreicht man den westlichen Tempelbezirk.

Gleich dahinter stehen zwei kleine **Pavillons**. Die Innenwände des nördlichen Gebäudes sind mit medizinischen Motiven bemalt. Hier befindet sich seit 1955 die **Massageschule,** ✆ 02-2254771, 2212974, 💻 www.watpomassage.com und www.watpho.com/mas_study_e.html, ⌚ tgl. 8–18 Uhr. Während der Regentschaft von Rama III. wurde im Wat Pho eine Medizinschule gegründet, in der bereits vor 150 Jahren die ersten Studenten unterrichtet wurden. Noch heute werden die traditionellen Methoden gelehrt (verschiedene, meist 30-stündige Kurse für 8500 Baht) und in zwei Pavillons beiderseits des Eingangs von der Sanam Chai Rd. Massagen durchgeführt (220 Baht für 30 Min., 360 Baht für 1 Std., Fußmassage 45 Min. für 360 Baht. Man bekommt nach der Anmeldung eine Nummer und wird dann aufgerufen, professionelle Massenabfertigung). Etwa 20 steinerne Figuren im Hof zeigen Positionen dieser von indischen „Rischi" verbreiteten Massageart.

In den Galerien, die an den Kardinalpunkten von vier **Viharn** unterbrochen werden, sind etwa 400 Buddhafiguren aus unterschiedlichen Epochen hinter schützendem Glas untergebracht. Die Eingänge zum zentralen **Bot** werden von Bronzelöwen bewacht. Die 152 Marmor-Reliefs auf dem Sockel und die mit Intarsienarbeiten verzierten Eingangstore stellen detailliert Episoden aus dem Ramayana dar. Szenen aus dem Leben Buddhas zieren die Innenwände.

Das südlich der Chetuphon Road an die Sakralbauten angrenzende Kloster ist mit über 300 Mönchen das größte von Bangkok. Auch außerhalb des Klosters Richtung Fluss werden professionelle Massagen angeboten.

Thonburi

Die Schwesterstadt westlich des Flusses wurde 1767 nach der Zerstörung von Ayutthaya die erste Zufluchtsstätte der zersprengten Armee unter König Taksin, bis Rama I. 1782 nach Bangkok übersiedelte. Seither konzentriert sich nicht nur das politische Leben, sondern auch Handel und Industrie am östlichen Flussufer. Auch wenn heute die beiden Millionenstädte zu einem dicht besiedelten Großraum mit gemeinsamer Verwaltung zusammengewachsen sind, scheint die Verstädterung in Thonburi noch nicht so weit fortgeschritten zu sein wie in Bangkok. Da mittlerweile ständig verstopfte Schnellstraßen die Stadt durchziehen, bewegt sich nur noch ein geringer Teil des Verkehrs auf den **Klongs**.

Empfehlenswert ist die Tour mit dem Linienboot vom Chang Pier hinter dem Königspalast nach **Bang Yai** (s. S. 195). Allerdings fahren mittlerweile die Boote fast nur noch morgens rein und von 16–18.30 Uhr raus, aber man kann für die Rückfahrt auch den Bus nehmen. Es geht den breiten Klong Bangkok Noi hinauf, vorbei am Bahnhof von Thonburi und den Königlichen Barken. Hinter dem Chao Phraya Hospital passiert man mehrere Autobahnbrücken sowie eine Eisenbahnbrücke. Beide Ufer des Klongs sind noch von einigen Holzhäusern gesäumt, zwischen denen vereinzelt Tempel stehen. Der erste Ort in der Provinz Nonthaburi ist **Bang Kruai**. Linienboote fahren bis zum Wat an der Gabelung des Klong Bangkok Noi und Klong Bang Kruai. Nach 14 km ist nach einer knappen Stunde die Endstation in Bang Yai erreicht, hier kann man etwas essen und von den Brücken herab das Treiben auf dem Klong beobachten.

Die Königlichen Barken

Am Klong Bangkok Noi sind vor der Arun-Amarin-Brücke in einer Bootshalle am Nordufer die Königlichen Barken untergebracht, 51 Boote, die mit Holzschnitzereien und Lackarbeiten kunstvoll verziert sind. Allerdings können nur einige der prunkvollsten besichtigt werden. Aus einem einzigen Teakbaum ist die 46 m lange, graziöse königliche Barke *Suwana Hongsa* gearbeitet, deren Bug der kampfbereit aufgerichtete Kopf des *Hamsa* (mythischer Vogel, Transportmittel des Gottes Brahma) ziert und die in einem hoch aufgerichteten Schwanz endet. Die zweite königliche Barke ist die 45 m lange *Ananta Nagaraj* mit dem siebenfachen Schlangenkopf, dem Symbol des Wassers. In ihr befand sich während der letzten Prozessionen eine heilige Buddhastatue. Das älteste dritte Boot *Anekajati Bhujong*a, das aus der Zeit von König Rama V. stammt, ist mit filigranen Nagaschlangen verziert. Diese großen Boote werden von zahlreichen kleineren Barken eskortiert, die mit Hanumanfiguren, grimmigen Wächtern, Tigerköpfen, gehörnten Drachen und anderen mythischen Fabelwesen geschmückt sind. Einige transportieren das Orchester, andere sind mit Kanonen bestückt.

Zu den Königlichen Barken gelangt man auf zwei verschiedenen Wegen: zum einen über einen schmalen Weg nach der Brücke hinter dem Bahnhof in Thonburi (leicht zu übersehender Wegweiser), zum anderen vom Wat Dusitaram hinter der Phrapinklao-Brücke aus. Beide sind mit Hinweisschildern markiert. Von der Endstation des AC-Busses 3 ist es nicht weit zu den Königlichen Barken (Royal Barges). An der Brücke hält auch der non-AC-Bus 19 ab Sanam Luang. Zudem fährt ein Shuttleboot vom Phra Athit Pier von 10–16 Uhr für 20 Baht, hin und zurück 40 Baht. ◷ tgl. 9–16.30 Uhr, 30 Baht, Fotoerlaubnis 100 Baht, Videoerlaubnis 200 Baht, ✆ 02-4240004, 💻 www.thailandmuseum.com.

Gerichtsmedizinisches Institut

An der Mündung des Klong Bangkok Noi in den Menam Chao Phraya ist der alte **Bahnhof von Thonburi** ab dem Phra Chan Pier zu erreichen.

Das **Siriraj Hospital** südlich vom Bahnhof, das über 100 Jahre alte, erste westliche Krankenhaus des Landes, hat im **Sirirat Medicine Museum** etwas makabre Ausstellungsstücke zusammengetragen. Im Gerichtsmedizinischen Institut im 2. Stock des Adulayadejvikrom Building sind im Songkran Niyomsane Forensic Medicine Museum Skelette, konservierte Organe und Körper von Mördern und deren Opfern einschließlich der Mordwerkzeuge zur Besichtigung freigegeben. Das Ellis Pathological Museum umfasst 4000 Präparate von Kranken und alte Laboreinrichtungen. Im Parasitology Museum sind tropische Parasiten und Tiere zu sehen, die für

Bootsprozessionen

Diese Tradition geht bis ins 14. Jh. zurück, als Flüsse die einzigen Transportwege und Kriegsschiffe die wichtigsten Waffen waren. Kunstvoll ausgestaltete Boote wurden während religiöser und königlicher Zeremonien sowie bei Reisen des Königs eingesetzt. Während der Ayutthaya-Herrschaft soll es, laut Überlieferung, 200 000 Boote gegeben haben, und es fanden königliche Prozessionen mit 300–400 Booten und bis zu 14 000 Mann Besatzung statt. Seit zur 200-Jahr-Feier Bangkoks 1982 die königlichen Barken restauriert und erstmals wieder eingesetzt wurden, werden zu allen großen Feierlichkeiten wieder Bootsprozessionen abgehalten.
Anlässe sind seither die wichtigen Geburtstage des Königs und der Königin sowie das 50-jährige Thronjubiläum des Königs im November 1996 gewesen. An den heutigen Prozessionen sind immer noch über 2000 Mann Besatzung beteiligt. Eine kleine Ausstellung in der Bootshalle vermittelt allen, die nicht dabei sein konnten, einen kleinen Eindruck von der prunkvollen Prozession.

den Menschen gefährlich werden können. In einer neuen Ausstellung Siriraj And Tsunami, die in Zusammenarbeit mit dem Krankenhaus in Takua Pa entstanden ist, wird von der Katastrophe, der Arbeit der Forensiker und den Hilfsleistungen berichtet. Ein Video über den Tsunami wird jede halbe Stunde außer mittags gezeigt. Zudem sind weiter südlich im Anatomy Building im 3. Stock des 1927 gegründeten Congdon Anatomical Museums allerlei Präparate, missgebildete Föten, in Streifen geschnittene oder auf einzelne Aspekte reduzierte komplette Körper, Organe und Skelette zu bewundern. Die angestaubte prähistorische Sammlung im Erdgeschoss ist hingegen weniger interessant ebenso wie die Abteilung über die Geschichte der Thai-Medizin im Ouay Ketusingh Museum of History of Thai Medicine, da die Modelle nur auf Thai beschriftet sind. ⌚ Mo–Sa 9–16 Uhr, Eintritt 40 Baht, ✆ 02-4197000, 💻 www.si.mahidol.ac.th/museums.

Wat Arun

Vom Thien Pier fahren Fähren für 3 Baht zum Wat Arun, dem Tempel der Morgenröte. Die aufgehende Sonne lässt die mit chinesischem Porzellan bedeckten Prangs in vielen Farben erstrahlen. Die verschieden hohen Türme symbolisieren das buddhistische Universum, in der Mitte der heilige Berg Meru, den die Weltmeere umgeben. Innerhalb der Tempelmauern stehen steinerne Figuren – unter anderem ein europäischer Kapitän –, die als Schiffsballast aus China nach Thailand gelangten. Sie sind auch in anderen Tempeln zu finden. Immer steiler werdende Treppen führen den höchsten Prang (86 m) hinauf. Die oberen Plattformen sind Touristen nicht mehr zugänglich.

Auch der Bot lohnt einen Besuch. Ist der Zugang vom Tempel aus geschlossen, gelangt man über einen weiteren Eingang von der Gasse nördlich des Tempels in den Hof. Hier sind steinerne chinesische Statuen ähnlicher Art in großer Zahl aufgereiht. Der Wandelgang ist mit bunten Blumenmotiven bemalt, und auch das Innere des Bot ist mit Wandmalereien bedeckt. Rings um den Tempel lauern Fotografen und Souvenirhändler auf Touristen. Eintritt 20 Baht, ✆ 02-8911149, ⌚ 8.30–17.30 Uhr.

Das südliche Thonburi

Das riesige **Wat Kanlayanimit** steht 500 m südlich vom Wat Arun, am Ende der Soi Wat Kanlaya, zu erreichen über die Israphap und Thetsaban Sai 1 Road. Von Bangkok fahren einige Fähren ab Rachini Pier hierher – vom selben Pier verkehren auch Fähren zur Santa Cruz-Kirche (s. u.).

Im Glockenturm im Hof hängt die größte Bronzeglocke Thailands. Weit beeindruckender ist die riesige sitzende Buddhafigur im höchsten Viharn der Stadt, vor der die überwiegend chinesischen Besucher winzig wirken. Die verblichenen Wandgemälde weisen starke chinesische Einflüsse auf. Nur wenige Touristen kommen hierher, und alles macht einen etwas verwahrlosten Eindruck. ⌚ tgl. 6–18 Uhr.

800 m weiter im Süden (zurück zur Thetsaban Sai 1 Road und nach links zur Soi Kuti Cheen) erreicht man die **Santa Cruz-Kirche** (Wat Kuti Cheen) inmitten des ehemaligen portugiesischen

Die Klongs

Schnellboote transportieren am späten Nachmittag adrett gekleidete Büroangestellte und Schulkinder nach Hause, auf breiten Lastkähnen werden Zement und Holzkohle selbst durch die schmalsten Kanäle manövriert, und der schwimmende Supermarkt versorgt die Daheimgebliebenen mit dem Notwendigsten.
Noch vor einer Generation orientierte sich alles zum Wasser hin, sogar Geschäfte, die ihre Waren am Ufer feilboten. Jedes Haus hat seine eigene Anlegestelle, die gleichzeitig der ganzen Familie als Bade- und Waschplatz diente. Die Toilette befindet sich hingegen an Land.
Dennoch verwunderte manchen europäischen Besucher der Anblick fröhlich badender Kinder im trüben, träge dahinfließenden Wasser. Man muss schon weit hinausfahren, bis in den Außenbezirken die Bebauung lichter wird, Bäume die Kanäle überschatten, und kleine, intensiv genutzte Gärten der Stadt ein ländliches Gepräge geben.
Im Gegensatz zu den erholsamen Fahrten auf den Klongs von Thonburi ist man während einer Tour auf den Abwässerkanälen von Bangkok ständig besorgt, möglichst nicht mit dem Wasser in Berührung zu kommen oder gar zu kentern, was bei den hohen Wellen der entgegenkommenden Boote durchaus passieren kann. Die Fahrt auf den stinkenden Kanälen durch die Hinterhöfe der Stadt lohnt nicht als Sightseeing-Tour, sondern nur, um während der Rushhour schneller voranzukommen.
Auf einigen Routen wird der Verkehr während der Regenzeit eingestellt, wenn das Wasser so hoch ist, dass die Boote die Brücken nicht passieren können.
Zudem werden immer mehr Klongs mit Schnellstraßen oder der Hochbahn überbaut, und es wird nicht mehr lange dauern, bis neue Straßen die alten Wasserwege in Vergessenheit geraten lassen.

Viertels, des ersten europäischen Geschäftszentrums, von dem kaum noch etwas zu sehen ist. Seit dem 16. Jh. lebten portugiesische Diplomaten, Händler und Missionare im Land. Nach der Zerstörung von Ayutthaya ließen sie sich hier nieder und errichteten eine kleine Kirche, die 1913 durch das heutige Bauwerk ersetzt wurde, ⌚ tgl. 6–20 Uhr. In der Kirche finden tgl. um 6 und 19 Uhr Gottesdienste statt. Die Grotte neben der Kirche wird von Gläubigen mit Jasminkränzen geschmückt. Von der Anlegestelle, wenige Meter östlich der Kirche, legen die Fähren zum Rachini Pier ab.

In Richtung Memorial-Brücke liegt nach 400 m etwas versteckt ein weiterer kleiner Tempel aus der Zeit von Rama III., **Wat Prayun Wong Sawat**. Im östlichen Bereich, nahe der Memorial-Brücke, erhebt sich eine bizarre, künstliche Felseninsel, die mit Miniaturhäusern, -tempeln und -pagoden bebaut ist. Sogar eine Grotte mit Buddhastatue und der Nachbau einer gotischen Kirche finden sich darunter. Die Gebäude wurden zum Gedenken an zahlreiche Verstorbene errichtet, deren Namen auf Plaketten verewigt sind. In dem Teich werden Schildkröten, Symbol für ein langes Leben, von Besuchern mit Früchten und anderen Leckereien fast zu Tode gefüttert. ⌚ tgl. 6–18 Uhr.

Am jenseitigen Bangkok-Ufer erstreckt sich die Halle des Lebensmittel- und Blumen-Großmarktes **Pak Klong Talaat**, in dem früh am Morgen am meisten los ist.

Der ehemalige große **Schwimmende Markt** nahe Wat Sai hat so sehr unter den anstürmenden Touristenmassen gelitten, dass mittlerweile die angeblichen Marktfrauen mit 30 Booten nur für die Kameras der Touristen ihr Gemüse auf und ab paddeln. Abfahrt der Touristenboote jederzeit ab Oriental Hotel Pier.

Die Bootstouren, die gegen 7 Uhr beginnen und 400 Baht kosten, halten auch an der **Thonburi Snake and Crocodile Farm**. Besuchern wird eine Schlangenshow geboten, außerdem befindet sich auf dem Gelände ein kleiner Zoo mit traurigen Tieren, ⌚ tgl. 8.30–17 Uhr, 100 Baht.

Lohnenswerter ist die Fahrt zum Schwimmenden Markt nach Damnoen Saduak und Amphawa.

Rings um den Golden Mount

Ratchdamnoen Road

Zu Beginn dieses Jahrhunderts wurde die Ratchdamnoen Klang und Ratchdamnoen Nok Road angelegt, ein prunkvoller, breiter Boulevard vom Sanam Luang zur ehemaligen Thronhalle (s. S. 150), der von Regierungs- und Verwaltungsgebäuden gesäumt ist. An der Ecke Tanao Road erinnert das **14. Oktober 1973 Memorial** mit Fotos und Zeitungsausschnitten an die blutigen Auseinandersetzungen an jenem Tag. Inmitten eines Kreisverkehrs erhebt sich das **Demokratie-Denkmal**, das an den Staatsstreich im Jahre 1932 und das Ende der absoluten Monarchie erinnert. Wer die Reliefs aus der Nähe bewundern möchte, muss jedoch erst durch den dichten Verkehr kommen, was fast unmöglich ist.

Einstmals umgrenzte eine **Stadtmauer** entlang des Klong Banglampoo und Klong Ong Ang das Stadtgebiet. Ein Teil davon ist an der Brücke restauriert worden. Vom dahinter liegenden Phanfa Pier legen Boote ab, die durch den Klong Saen Saeb in die östlichen Vororte fahren.

Die von Queen Sirikit geförderte **Queen's Gallery**, 101 Ratchdamnoen Klang Rd., stellt in ihren hellen, klimatisierten Räumen moderne Gemälde und Skulpturen zeitgenössischer einheimischer Künstler aus. Ihr ist ein kleiner Shop und ein Café angeschlossen. 🕓 tgl. außer Mi 10–19 Uhr, 20 Baht, ✆ 02-2815360-1, 💻 www.queengallery.org.

Jenseits der Mahachai Road wurde ein kleiner Park mit einer **Gedenkstätte für König Rama III.** und einem Pavillon errichtet. Dahinter erheben sich mehrere Tempel.

Loha Prasat und Wat Ratchanatda

Hinter dem Park erhebt sich 36 m hoch der eigentümliche Metallpalast **Loha Prasat**, der eher an indische Tempelbauten erinnert. Viele kleine Türmchen sind auf drei quadratischen Ebenen pyramidenförmig angeordnet. 🕓 tgl. 9–17 Uhr. Manchmal ist es möglich, über die zentrale Wendeltreppe zur obersten Plattform hinaufzusteigen.

Hinter der Gedenkstätte für Rama III. steht **Wat Ratchanatda**. 🕓 tgl. 9–17 Uhr, ✆ 02-2248807. Sein Viharn ist allerdings nur gegen 16 Uhr zum Gebet geöffnet. Die Anlage wurde für eine Nichte Ramas III. errichtet. Im Viharn befindet sich eine Statue des Königs. Im angrenzenden Astrologiezentrum lassen sich Besucher aus der Hand

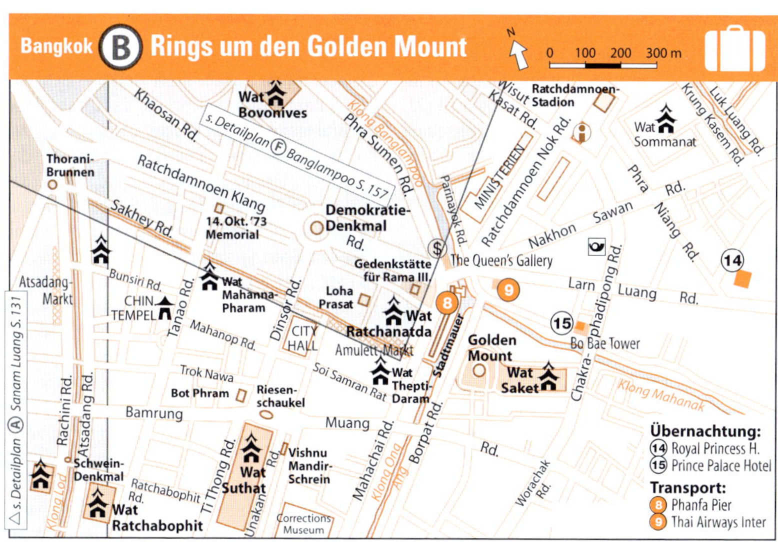

lesen. Im südlichen Vorhof sowie in der Gasse jenseits des überbauten Klongs vor Wat Theptidaram (s. u.) werden an zahlreichen Ständen eines **Amulettmarktes** religiöse Statuen und Glücksbringer sowie Aphrodisiaka verkauft. Vor einem zerfallenen, überwucherten Mondhop neben dem Markt bringt man Opfergaben dar.

Golden Mount

Den Zusammenfluss der drei Klongs überragt der 79 m hohe, von 1782–1800 künstlich aufgeschüttete **Golden Mount** mit dem goldglänzenden Chedi von **Wat Saket**. Der Chedi enthält eine Reliquie Buddhas, die hoch verehrt wird – vor allem während des Tempelfestes im November. Zum Golden Mount gelangt man durch den Eingang an der südlichen Borpat Road, östlich des Klongs, sowie an der Chakraphadipong Road durch eine schmale Palmenallee zwischen einer kleinen Schule und dem Wat Saket. Vor dem Aufgang zur oberen Plattform des Chedi, von der sich eine schöne Aussicht bietet, sind 10 Baht Eintritt zu zahlen. ◷ tgl. 7.30– 17.30 Uhr, ✆ 02-2334561.

Südlich des Klongs steht ein weiterer großer, aber einfacher Tempel, **Wat Theptidaram**. Der Bot und die Prangs sind mit Mosaiken geschmückt. Im Hof stehen Figuren, die als Schiffsballast aus China hierherkamen. Inmitten der Mönchsquartiere kann das Wohnhaus des berühmten thailändischen Dichters **Sunthon Phu** besichtigt werden. Es ist weitaus angenehmer, die ruhige Gasse zwischen den Mönchsquartieren hindurch nach Süden zu laufen als auf der belebten Mahachai Road entlang der Stadtmauer.

Wat Suthat und Umgebung

Anschließend geht es auf der Bamrung Muang Road Richtung Westen. In mehreren Geschäften wird eine faszinierende Sammlung von vergoldeten Buddhastatuen, Almosenschalen und anderem Tempelzubehör verkauft. In einem Kreisverkehr auf der verkehrsreichen Straße steht die restaurierte, etwa 25 m hohe **Riesenschaukel** *(giant swing)*. Bei einem hinduistisch-brahmanischen Fest wurden lebensgefährliche Schaukel-Wettkämpfe ausgetragen, bis sie unter Rama VII. 1933 verboten wurden.

Südlich der Schaukel erhebt sich **Wat Suthat**. Dieser Tempel, dessen besonders schöne **Wandmalereien** zu den bedeutendsten Zeugnissen thailändischer Kunst gehören, entstand vor etwa 150 Jahren. Bronzepferde, Pagoden und steinerne Figuren im chinesischen Stil umgeben den großen Viharn, auf dessen wunderschönen, mit Schnitzereien verzierten Teakholztüren Themen aus dem Ramayana dargestellt sind. Die Innenwände sind bemalt mit Szenen aus den Leben der legendären 28 Buddhas, während die Motive auf den acht Säulen der hinduistisch-buddhistischen Kosmologie entnommen sind. Sie wurden vor einigen Jahren aufwändig restauriert, sind aber bereits wieder dabei zu bröckeln. Im Zentrum des Raumes steht die große **Buddhastatue Sri Sakyamuni** aus der Sukhothai-Periode. Den Viharn umgrenzt ein Wandelgang mit 156 Buddhastatuen. Auch der **Bot**, weiter südlich, beeindruckt durch seine Größe und hübsche Wandmalereien. König Rama VIII., dessen **Bronzestatue** im Vorhof steht, wurde im Tempel beigesetzt. Ihm zu Ehren findet alljährlich am 9. Juni eine königliche Zeremonie statt. ◷ tgl. 9–21 Uhr, 20 Baht.

Östlich vom Tempel auf dem Mittelstreifen der Unakan Road steht der kleine **Hinduschrein Vishnu Mandir** unter Schatten spendenden Bäumen, die mit Glöckchen behängt sind. Der Gottheit Vishnu opfern Gläubige Teller mit Opfergaben und Blumenkränze. Zudem steht nordwestlich von Wat Suthat etwas versteckt in der Dinsor Road der **brahmanische Bot Phram**. Zu den mit gelben Blumenkränzen geschmückten Schreinen der Gottheiten Vishnu vor dem Tempel, Shiva, der schwarzen Statue im Tempel, Ganesha (Elefantengott) und Skanda (Kriegsgott, kleiner Schrein links vom Eingang) kommen Thai-Brahmanen, um zu beten. Die ursprünglich aus Südindien stammenden Mitglieder der obersten Hindukaste sind für die Durchführung von überlieferten brahmanischen Riten am Königshof zuständig.

Wat Ratchabophit

Die Bamrung Muang Road führt weiter im Westen durch einen alten, fast unzerstörten Stadtteil. Auf der Atsadang Road geht es am Klong Lod entlang zum Sanam Luang zurück, vorbei an vielen Läden, die Musikinstrumente und Outdoor-

Ausrüstung verkaufen. Zuvor sollte man sich einen Abstecher zum hübschen Wat Ratchabophit am Ostufer des Klong Lod nicht entgehen lassen. Er wird von einem 43 m hohen, mit goldfarbenen Keramikkacheln bedeckten Chedi überragt. Die Eingangstore sind mit geschnitzten Soldaten unterschiedlicher Einheiten verziert. 🕒 tgl. 5–18 Uhr.

In der südöstlichen Ecke des Tempelareals befindet sich das Grab der Frau Ramas V. und im Tempelbereich an der Atsadang Road, der meist nur von der Straße aus zu besichtigen ist, die Gräber der königlichen Familie, die zum Teil gotischen Kirchen nachempfunden sind.

Westlich des Tempels, jenseits der Fußgängerbrücke über den Klong, steht ein **Schwein-Denkmal**. Das vergoldete Tier wurde zur Erinnerung an die im Jahr des Schweins geborene Ehefrau Ramas V. errichtet.

Chinatown

Die endlos lange Straße vom Wat Pho Richtung Osten, die New Road oder **Charoen Krung Road**, wurde als erste Straße der Stadt unter Rama IV. 1851–1868 entlang eines ehemaligen Elefantenpfades gebaut. Zu dieser Zeit wurde in Bangkok noch alles auf dem Wasser transportiert. Europäische Händler, die ihre Lagerhallen am Fluss hatten, forderten vom König eine Straße, um einen besseren Warentransport zu gewährleisten. Europäischer Einfluss ist im zentralen Bereich rings um das Hauptpostamt noch immer zu spüren.

Im Block, der von der Charoen Krung Road, Pahurat, Tripet und Burapha Road umgrenzt wird, wurde der ehemalige Ming Muang-Markt zum **Old Siam Plaza** umgebaut, einem fünfstöckigen Einkaufszentrum. Viele Geschäfte, die v. a. Textilien, Porzellan, Waffen und Schmuck anbieten, sind rings um drei überglaste Innenhöfe angeordnet. In einem der Höfe lockt ein Foodmarket vor allem mit einheimischen Süßigkeiten. Sala Chalerm Krung an der Tripet Rd., Ecke Charoen Krung Rd., war in den 1930er-Jahren das größte und modernste Kino des Landes. Es ist nun zum **Königlichen Khon-Theater** umgebaut worden, das Gastspielen traditioneller und moderner Künstler einen gediegenen Rahmen bietet.

Amulette

Nicht wenige Thais glauben an die starke Kraft von Schutzamuletten, wie sie auf vielen Amulettmärkten und sogar in Einkaufszentren angeboten werden. Die Preise sind hoch, und entsprechend kritisch nehmen potenzielle Käufer die Amulette unter die Lupe. Die Anhänger aus verschiedenen Materialien sind teils von beachtlicher Größe und stellen nicht nur Buddha dar, sondern auch ehemalige Könige, berühmte Mönche und hinduistische Gottheiten, die in ihrer stärkeren Weltzugewandtheit manche Wünsche besser erfüllen können. Einige dienen dem körperlichen Schutz, andere erhöhen die sexuelle Potenz oder vermehren den Reichtum. Der Preis eines Amuletts richtet sich nach seiner Wirksamkeit, aber auch nach Angebot und Nachfrage. Es gibt mehrere Zeitschriften, die diesen Markt bedienen und Modetrends aufgreifen. Derzeit hoch gehandelt wird Jatukam, ein Prinz des Srivijaya-Reichs, der in unsicheren wirtschaftlichen Zeiten den Reichtum mehrt – zumindest den der Verkäufer dieser Amulette, deren Erstauflagen im sechsstelligen Bereich gehandelt und die in hunderten von Versionen für mehrere tausend Baht angeboten werden.

Entlang der Pahurat Road und in den schmalen Gängen zwischen den alten Holzhäusern werden auf dem **Pahurat-Markt** Textilien, von Saris bis zu Brokatstoffen für Tempeltänzer, Schmuck, Kurzwaren in ungekannter Vielfalt und vieles mehr angeboten – günstig, aber ohne viel Exotik. Dazwischen verkaufen Essenstände indische Currys und Snacks.

Die Wohn- und Geschäftshäuser hinter dem indischen Markt überragt die goldene Kuppel des Gurdwara Siri Guru Singh Sabha **Sikh-Tempels**. Besucher, die sich in dem modernen, sehr sauberen, etwas kühl wirkenden Gebäude umsehen wollen und um Erlaubnis fragen, sind willkommen und bekommen das erforderliche Kopftuch ausgeliehen.

Östlich von Pahurat erstreckt sich die quirlige Chinatown. Etwa 6 Millionen Chinesen leben in Thailand, zum Teil schon seit mehreren Generationen. Weitaus stärker als in anderen Ländern haben sie sich in die Thai-Gesellschaft integriert oder wurden assimiliert. Besonders interessant ist die Chinatown während großer chinesischer Feste (Fest der hungrigen Geister im 7. Monat des chinesischen Jahres, Mondkuchenfest Mitte des 8. Monats) und der Neujahrsfeierlichkeiten. Dann wandelt sich die Yaowarat Road zu einer riesigen Festmeile mit Verkaufs- und Essenständen, Küchenchefs zeigen ihre Künste, und es finden Umzüge mit Löwentänzen, Chinesische Opernaufführungen und andere kulturelle Veranstaltungen statt.

Von der Pahurat Road Richtung Osten gelangt man in die 1 km lange und nur 4–5 m breite **Sampeng Lane** (Soi Wanit 1), durch die sich Lastkarren, Motorräder und Einkäufer drängen. In dem einstigen verruchten Hafenviertel voller Opiumhöhlen, Spielsalons und Bordelle quellen die kleinen offenen Läden über mit preiswerten Artikeln, von Knöpfen und Modeschmuck bis zu Textilien und Schuhen. Da die Häuser eng zusammenstehen und zum Teil durch ein hohes Dach vor der Sonne abgeschirmt sind, ist es selbst mittags relativ kühl.

Auf der Chakrawat Road lohnt ein Abstecher zum etwas von der Straße zurückversetzten **Wat Chakrawat**, dessen ergrauter Prang den Tempel überragt. Zwischen dem Prang und dem sanierungsbedürftigen Bot leben seit einem halben Jahrhundert Krokodile in einem kleinen Becken, seit eines, das einen Menschen attackiert hatte, im Fluss gefangen wurde. Heute blicken zwei dieser gigantischen Leistenkrokodile ausgestopft auf ihre letzten beiden Nachkommen herab.

Weniger interessant als sein viel versprechender Name „Diebesmarkt" ist der Block **Nakhon Kasem** südlich der Charoen Krung Road, zwischen Chakrawat und Boriphat Road, denn hier haben sich keine Hehler, sondern vor allem Maschinenhändler angesiedelt.

In den parallel verlaufenden Hauptstraßen, der **Yaowarat** und **Charoen Krung Road**, wo sich ein Geschäft an das nächste reiht, bauen fliegende Händler auf den schmalen Bürgersteigen ihre Stände auf und verkaufen Kleinkram, wie Süßigkeiten, Batterien und Scheren. Welch ein Kontrast zu den dahinter liegenden, mit Gold und Jade voll gepackten Schmuckläden und den großzügigen, klimatisierten Verkaufsräumen für aphrodisische Antilopengeweihe und wertvolle Schwalbennester! Allein in der Yaowarat Rd. konzentrieren sich auf 1430 m Länge 132 lizenzierte Goldgeschäfte. Exotische Düfte weisen den Weg zu traditionellen chinesischen Apotheken, die jedem Kunden die passende Medizin aus ungewöhnlichen Bestandteilen zusammenmixen. Auf den Bürgersteigen östlich vom großen **Wat Chaichana Songkhram** hat sich der Elektro- und Elektronikmarkt ausgebreitet, auf dem sowohl Uhren, Taschenrechner und Batterien als auch Musik- und Videokassetten feilgeboten werden.

Erholsamer ist ein Spaziergang durch die parallel zum Fluss verlaufende **Songwat Road**, vorbei an kleinen Tempeln und den mit Reis, Nelken, Pfeffer und anderen Produkten voll gepackten alten Lagerhäusern der Großhändler. Von Frachtkähnen werden die Waren auf Lkw verladen. Am **Ratchawong Pier** legen die Expressboote an.

Auf dem chinesischen Markt in der **Soi Itsara Nuphap**, zwischen Charoen Krung und Yaowarat Rd., werden exotische Zutaten für die chinesische Küche verkauft, von denen Hühnerfüße und Seegurken noch die harmloseren zu sein scheinen.

Ein besonders schöner chinesischer Mahayana-Tempel, der **Leng Noi Yee** (Thai-Name: Wat Mangkon Kamalawat), steht an der Charoen Krung Road zwischen Mangkon und Phlapphla Chai Road. Durch ein hohes, prächtiges Tor betritt man einen ausgedehnten Hof, der von der 1871 erbauten Tempelanlage begrenzt wird. Hinter dem aufwändig dekorierten Haupttempel liegen mehrere kleinere Räume, in denen auch Wahrsager und Heilkräuterverkäufer ihren Geschäften nachgehen.

Der massiv goldene Buddha im **Wat Traimit** wiegt etwa 5 Tonnen. Die aus dem 14. Jh. stammende eindrucksvolle Statue wurde erst 1955 durch Zufall entdeckt: Als ein vermeintlicher „Stuck"-Buddha aus einer Tempelruine in diesen neuen Tempel gebracht werden sollte, fiel er zu Boden, und unter den Rissen kam die versteckte Goldstatue zum Vorschein. Für sie soll demnächst ein neues Gebäude errichtet werden. Unter einem Banyan-Baum im Vorhof wird dem

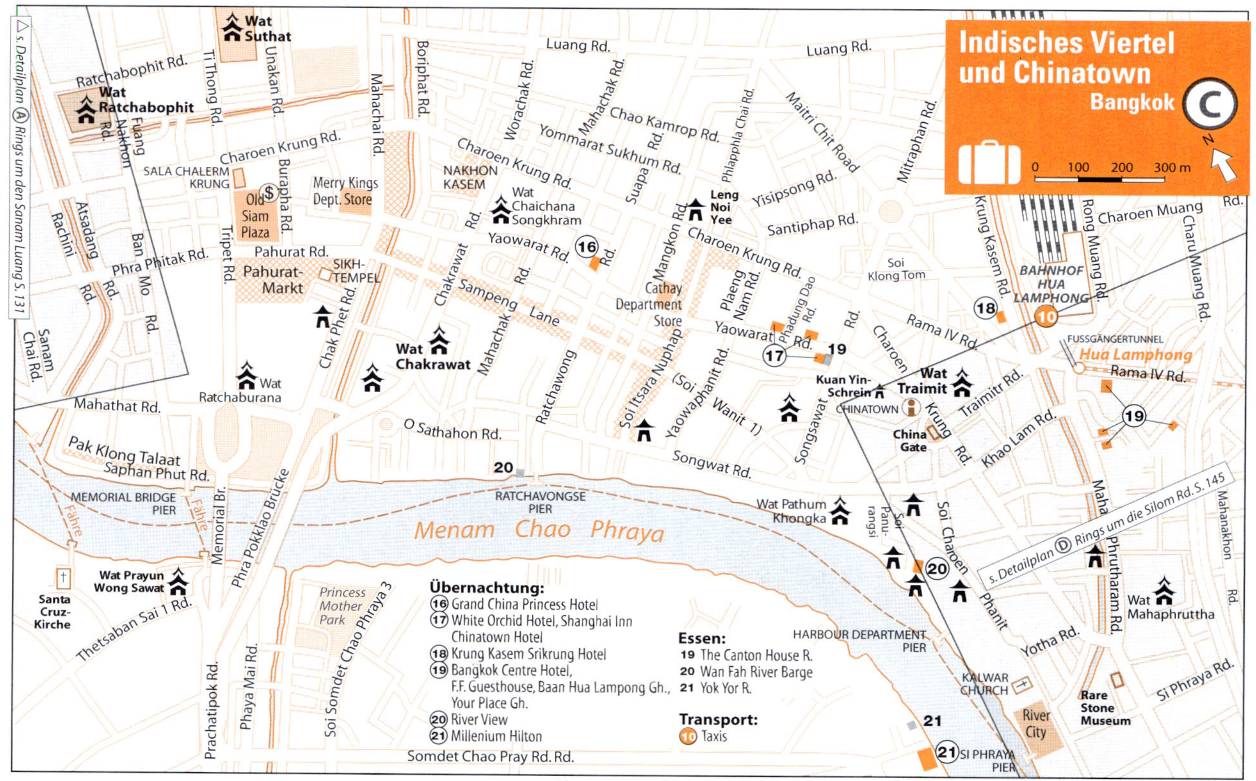
Indisches Viertel und Chinatown
Bangkok
C
N
0 100 200 300 m
Wat Suthat
Luang Rd.
Luang Rd.
Ratchabophit Rd.
Wat Ratchabophit
Ti Thong Rd.
Unakan Rd.
Mahachai Rd.
Boriphat Rd.
Worachak Rd.
Mahachak Rd.
Chao Kamrop Rd.
Yommarat Sukhum Rd.
Phlapphla Chai Rd.
Maitri Chit Road
Mitraphan Rd.
Fuang Nakhon Rd.
Charoen Krung Rd.
SALA CHALERM KRUNG
Old Siam Plaza
Burapha Rd.
Merry Kings Dept. Store
NAKHON KASEM
Charoen Krung Rd.
Wat Chaichana Songkhram
Suapa Rd.
Leng Noi Yee
Yisipsong Rd.
Santiphap Rd.
Charoen Muang
Krung Kasem Rd.
Rong Muang Rd.
Charu Muang Rd.
Rachini
Atsadang
Ban Mo Rd.
Phra Phitak Rd.
Rd.
Rd.
Tripet Rd.
Pahurat Rd.
Pahurat-Markt
SIKH-TEMPEL
Yaowarat Rd.
16
Mangkon Rd.
Charoen Krung Rd.
Soi Klong Tom
BAHNHOF HUA LAMPHONG
10
18
Cathay Department Store
Plaeng Nam Rd.
Phadung Dao Rd.
Yaowarat Rd.
17
19
Rama IV Rd.
FUSSGÄNGERTUNNEL
Hua Lamphong
Rama IV Rd.
Sanam Chai Rd.
Chak Phet Rd.
Wat Chakrawat
Chakrawat Rd.
Sampeng Lane
Mahachak Rd.
Wat Ratchaburana
Ratchawong
Soi Itsara Nuphap
Yaowaphanit Rd.
(Soi Wanit 1)
Charoen Rd.
Kuan Yin-Schrein
Wat Traimit
CHINATOWN
Traimitr Rd.
19
Mahathat Rd.
O Sathahon Rd.
Songsawat
Krung Rd.
China Gate
Khao Lam Rd.
Pak Klong Talaat
Saphan Phut Rd.
20
Songwat Rd.
MEMORIAL BRIDGE PIER
Fähre
Fähre
Memorial Br.
Phra Pokklao Brücke
RATCHAVONGSE PIER
Menam Chao Phraya
Wat Pathum Khongka
Soi Panurangsi
Soi Charoen Phanit
20
s. Detailplan D Rings um die Silom Rd. S. 145
Maha Phrutharam Rd.
Mahanakhon Rd.
Wat Mahaphruttha
Wat Prayun Wong Sawat
Santa Cruz-Kirche
Thetsaban Sai 1 Rd.
Princess Mother Park
Soi Somdet Chao Phraya 3
Prachatipok Rd.
Phaya Mai Rd.
Übernachtung:
16 Grand China Princess Hotel
17 White Orchid Hotel, Shanghai Inn Chinatown Hotel
18 Krung Kasem Srikrung Hotel
19 Bangkok Centre Hotel, F.F. Guesthouse, Baan Hua Lampong Gh., Your Place Gh.
20 River View
21 Millenium Hilton
Somdet Chao Pray Rd. Rd.
Essen:
19 The Canton House R.
20 Wan Fah River Barge
21 Yok Yor R.
Transport:
10 Taxis
HARBOUR DEPARTMENT PIER
KALWAR CHURCH
21
21 SI PHRAYA PIER
River City
Rare Stone Museum
Yotha Rd.
Si Phraya Rd.
s. Detailplan A Rings um den Sanam Luang S. 131

Hindugott Brahma geopfert. ◷ tgl. 8.30–17 Uhr, 20 Baht, ✆ 02-6231279.

Die chinesische Gemeinde hat 1999 zu Ehren von König Bhumipol zu dessen 72. Geburtstag am südlichen Ende der Yaowarat Road ein gigantisches **China Gate**, ein Eingangstor zur Chinatown, errichtet. Es ist im nordchinesischen Stil mit traditionellen Drachenmotiven und anderen glücksbringenden Symbolen geschmückt und soll ein günstiges Feng Shui bewirken. An der kleinen Information erhält man eine gute Karte mit Vorschlägen für Rundgänge durch die Chinatown.

Im Osten endet die Chinatown am **Bahnhof Hua Lamphong**, der 1890 nach dem Vorbild von Manchester errichtet wurde. Der Kopfbahnhof mit seiner großen, überdachten Halle ist an das U-Bahnnetz angeschlossen. Auf zwei Stockwerken beiderseits der Wartehalle bieten mehrere Restaurants Reisenden Stärkung, im Erdgeschoss ein Food Court. Ein Hauch von Luxus breitet sich aus, wenn vom linken Gleis der Eastern & Oriental Express abfährt, dessen Passagiere in einem separaten Wartesaal abgefertigt werden.

Rings um die Silom Road

Über die Charoen Krung Road (New Road) gelangt man weiter im Süden in das älteste Banken- und Geschäftsviertel der Stadt. Wer sich nicht dem Lärm und den Abgasschwaden des dichten Verkehrs aussetzen möchte, kann mit dem Expressboot bis zum Central oder Oriental Pier fahren (s. S. 194).

Kaum zu übersehen sind das beliebte **River City-Einkaufszentrum** und das angrenzende **Royal Orchid Sheraton**, eines der größten Hotels der Stadt, am Flussufer nördlich vom Central Pier. Von hier starten viele Restaurant- und Ausflugsboote.

Inmitten dieser modernen Bauten wirkt die **Portugiesische Botschaft** südlich des Piers wie ein Relikt aus der Vergangenheit. Leider umgibt sie eine hohe Mauer, sodass das schöne Gebäude und der Garten nur vom Fluss aus zu sehen sind.

Nördlich des Piers erheben sich die Türme der **Rosenkranz-Kirche**, auch Wat Galawan genannt. Bereits nach der Zerstörung von Ayutthaya errichteten Portugiesen hier eine katholische Kirche. Das heutige Gebäude mit schönen Bleiglasfenstern stammt allerdings aus dem Jahre 1897. ◷ tgl. 6– 21 Uhr.

Das **Rare Stone Museum**, 1048-1054 Charoen Krung Rd., südlich der Brücke zwischen Soi 26 und 28, ✆ 02-2456397, stellt über 10 000 Stücke aus, von denen einzelne tonnenschwer sind. Auch das Ashtray Museum im 3. Stock enthält einige interessante Objekte. ◷ tgl. 10–17 Uhr, Eintritt 100 Baht.

Vom Fluss her nicht zugänglich ist das große **Hauptpostamt** an der Charoen Krung Road. König Rama V., dessen Denkmal vor dem Hauptgebäude steht, führte 1883 das Postsystem in Thailand ein und wenig später auch das Telefon.

Vom Oriental nach Süden

Das traditionelle **Oriental Hotel** zählt zu den Hotel-Legenden Asiens und hat nach wie vor seinen Platz unter den Weltbesten. Wer einen Blick in den alten Flügel (Garden Wing) werfen möchte, sollte sich ordentlich anziehen und den Nebeneingang über die Einkaufspassage oder durch den Garten benutzen, denn die Portiers wimmeln Gäste, die nicht im Hotel wohnen, ab. Im Hotel ist fast alles noch so wie zu der Zeit, als Joseph Conrad, Somerset Maugham oder Noel Coward hier abstiegen. Bei einem *Sundowner* auf der Terrasse hat man einen herrlichen Blick auf den Sonnenuntergang über dem Fluss.

Vorbei am kolonialen Gebäude der **East Asiatic Company**, das zur Jahrhundertwende von einem dänischen Geschäftsmann errichtet wurde, gelangt man zu einem freien Platz, der von den Schulgebäuden des Assumption College und einer der größten Kirchen der Stadt, der katholischen **Assumption Cathedral** (Mariae Himmelfahrts-Kathedrale) im englischen Kolonialstil umgeben ist. Durch bunte Bleiglasfenster wird das in Ockertönen gehaltene Innere der Kirche erleuchtet. Der Altar ist aus französischem Marmor. Sonntags um 10 Uhr findet ein englischsprachiger Gottesdienst statt. Das kirchliche College gilt als eines der besten des Landes.

Weiter im Süden bietet sich von der Lobby des **Shangri-La Hotels**, eines hellen, großzügigen Luxushotels, ein schöner Ausblick auf den Fluss.

Moderne Architektur

In dieser Stadt ist nichts unmöglich. Bereits 1877 ließ König Chulalongkorn den Chakri Maha Prasad-Palast im italienischen Renaissance-Stil errichten und krönte ihn mit einem traditionellen Tempeldach – obwohl Tempel und Königspaläste üblicherweise in einem nur diesen vorbehaltenen, repräsentativen Thai-Stil mit mehrfach gestaffelten, mit Naga-Schlangen geschmückten Dächern und symbolträchtigen Dekors gebaut wurden.

Ende der 1960er-Jahre war das **Narai Hotel** in der Silom Road das einzige Hochhaus der Stadt. 1970 folgte das 23-stöckige, 82 m hohe **Dusit Thani Hotel** am östlichen Ende der Silom Road. Im Vergleich zur jüngeren Hochhausgeneration, die 1983 das 134 m hohe **Bangkok Bank Building** in der Silom Road nahe Soi Phipat einleitete, wirken sie alle recht schmächtig.

Der Höhenrekord wurde Ende der 1980er-Jahre vom 44-stöckigen und 140 m hohen bunten **Baiyoke I Tower** in der Ratchaprarop Road gehalten, und in den 1990er-Jahren vom 97-stöckigen **Baiyoke II Tower** (s. S. 147) mit 304 m Höhe erheblich überboten. Während des Baubooms Ende der 1990er-Jahre veränderte Bangkok sein Gesicht und zählt derzeit über 920 Hochhäuser (www.emporis.com).

Vor allem in der Sathorn und unteren Silom Road konzentrieren sich die neuen Giganten, wie der 2001 fertig gestellte 247 m hohe **State Tower**, das zweithöchste Gebäude der Stadt. Auf dem schlammigen Untergrund müssen die Hochhäuser extrem tief verankert werden. Das führt zu einer zunehmenden Verdichtung der Böden und einer Verkleinerung der Absorptionsfläche, wodurch die Absenkung des Landes und die Überschwemmungsgefahr erhöht werden.

Die traditionellen, auf Stelzen errichteten Wohnhäuser aus Teakholz konnten nicht als Vorbilder für moderne, repräsentative Gebäude dienen. So suchte man nach einer Alternative und fand sie im Ausland. Ionische und dorische Säulen werden in moderne Hochhaus-Fassaden integriert, dazwischen stehen chinesische Geschäftshäuser, viktorianische Landhäuser und Apartmenthäuser im pseudo-spanischen Stil. Die jüngeren Bauwerke scheinen manchmal Fantasy-Filmen entsprungen zu sein. Dr. Sumet Jumsai, einer der zeitgenössischen, eigenwilligen Architekten, entwarf beispielsweise das „Robotergebäude" der **Bank of Asia** in der Sathorn Tai Road und das „Legohaus" westlich vom Expressway, hinter der Abzweigung der Suthisarn Road, in Richtung Weekend Market. Doch auch die Anhänger der traditionellen Architektur finden immer mehr Zuspruch. Wer es sich leisten kann, bewohnt heutzutage ein Teakhaus im traditionellen Stil à la Jim Thompson (s. S. 146).

Hinter der Taksin-Brücke steht der eigenartige Tempel **Wat Yannawa**. Zwischen den beiden Chedis liegt ein 43 m langes und 17 m hohes, massives Zementboot, Sinnbild des Lebens, das ebenso wie das Boot Höhen und Tiefen überwinden muss. 🕓 tgl. 5–23 Uhr. Auf dem **Fischmarkt**, noch weiter südlich, in der Soi 58, herrscht gegen 2 Uhr morgens am meisten Betrieb.

Silom Road

Mehrere Straßen verlaufen von der Charoen Krung Road unter dem neuen Highway hindurch Richtung Osten. Die interessanteste ist die belebte Silom Road, die Hauptgeschäftsstraße. Hier findet sich ein Heiligtum ganz besonderer Art, der **Sri Mariamman-Tempel**, ein Hindutempel der Shakti-Sekte, der 1879 von südindischen Tamilen erbaut wurde (Fotografierverbot). Neben der Urmutter Uma Devi, Krishna, Kali, Rasmi, Khandakumara, einem Shiva-Lingam, Ganesha und anderen hinduistischen Gottheiten hat auch Buddha hier seinen Platz. Während des größten Hindufestes Thaipusam Ende Januar / Anfang Februar steht der Tempel im Mittelpunkt des Geschehens. Gäste sind gern gesehen. Gegenüber in der Soi 20 erhebt sich hinter der Markthalle die **Masjid Mirasuddeen**, eine der fast hundert Moscheen der Stadt im orientalischen Baustil. 🕓 tgl. 6–20 Uhr, 📞 02-2384007. Die Straße ist von zahlreichen Essenständen gesäumt.

Am östlichen Ende der Silom Road liegt eine der berühmt-berüchtigten Amüsiermeilen, die **Patpong Road**. Auf den ersten Blick wirkt sie mit ihrem touristischen Straßenmarkt ab 17 Uhr fast wie eine Flaniermeile. Die Go-go-Bars im Erdgeschoss werden sogar von Reisegruppen angesteuert, denn Patpong gehört zu den „Sehenswürdigkeiten" der Stadt (s. S. 178).

Die über 100 Jahre alte, kleine anglikanische **Christ Church** in der Convent Road, Ecke Sathorn Nua Road, liegt in einem großen Garten mit altem Baumbestand.

Lumpini-Park

Am Ende der Silom Road erstreckt sich eine der wenigen Grünflächen der Stadt, der Lumpini-Park, der vor allem am Sonntag ein beliebtes Familien-Ausflugsziel ist. Vor dem Park steht das **Denkmal von König Rama VI.** Im Schatten der Bäume halten Angestellte aus den benachbarten Büros ihr Mittagsschläfchen, und am frühen Morgen (5.30–7.30 Uhr) praktiziert man Schattenboxen, Tai Chi. Während Kinder auf den Spielplätzen und über den Rasen toben, zieht es andere ins Fitnesscenter, auf den Fitness Parcours, die Fußball- oder Takraw-Plätze. An den Kanälen kann man große Warane bestaunen, die sich in der Sonne aufwärmen. Während der Trockenzeit finden So von 15–17 Uhr im zentralen Pavillon klassische Konzerte statt. Tretboote können für 30 Baht / 30 Min. gemietet werden. Gegen Abend öffnet der Food Court am südlichen Rand des Parks gegenüber dem Senior Citizen Club. Allerdings sind nach Einbruch der Dunkelheit auch viele zwielichtige Gestalten unterwegs, und es ist besser den Park zu meiden. Von der nordöstlichen Ecke des Parks führt ein Fußgänger-Hochweg mit Spielplätzen über den Slum hinweg in die Sukumvit-Gegend.

Der **Suan Lum Night Bazaar**, Rama IV, Ecke Witthayu Rd., muss leider einem weiteren Bürohochhaus weichen. Es bleibt zu hoffen, dass das hervorragende **Joe Louis-Puppentheater** an seinem jetzigen Standort bleiben kann. Dies ist der einzige Ort, an dem traditionelles thailändisches Puppenspiel aufgeführt wird (s. S. 182). Etwas weiter sind im großen **Lumpini-Boxstadion** Thai-Boxkämpfe zu sehen (s. S. 180). U-Bahn Lumpini.

Schlangenfarm

Das Königin Saorapha Memorial Institute an der Rama IV, Ecke Henri Dunant Road, beherbergt die Schlangenfarm. Das Institut wurde 1922 gegründet, um die Tollwut-Epidemien zu bekämpfen. In den Räumen ist eine kleine Ausstellung über Schlangen aufgebaut.

Angeboten werden Impfungen und Informationen über Tropenkrankheiten. Außerdem kann man sich ansehen, wie verschiedenen Arten südostasiatischer Schlangen Gift entnommen wird, um daraus Serum herzustellen.

Übernachtung:
22 Mandarin H.
23 T.T. Gh.
24 Royal Orchid Sheraton
25 Manohra
26 New Road Gh.
27 Oriental
28 Shangri-La
29 Holiday Inn
30 Silom Village Inn
31 Unico, Triple Two Silom H., Sofitel Silom
32 La Residence
33 Tawana Ramada H.
34 Montien Hotel
35 Pan Pacific H.
36 Dusit Thani
37 Bangkok Christian, The Swiss Lodge
38 Sukhothai, Banyan Tree, YWCA, Metropolitan
39 Pinnacle
40 Honey House, Malaysia
41 Sala Thai

Transport:
11 Thai Airways

Essen:
22 Whole Earth Restaurant
23 Thang Long R., Metal Zone
24 Brown Sugar
25 Neil's Tavern
26 Sala Thai
27 Harmonique
28 Indian Hut
29 All Gaengs
30 Großer Essensmarkt
31 The Mango Tree
32 Coca R.
33 Radio City
34 La Fiesta R.
35 Charuvan Duck Shop
36 O'Reilly's Irish Pub
37 The Dome, Skybar, Destil, breeze
38 Maria Pizzeria & R.
39 Ta-Ling-Pling R.
40 Ban Chiang
41 Bussaracum
42 Irish Xchange
43 Chinoisérie
44 Blue Elephant R.
45 Moon Bar & Vertico Grill
46 Ratsstube
47 Just One
48 Le Café Siam

Sonstiges:
11 Botschaft USA
12 AUA Language Center
13 Probike Shop
14 Relax one hour
15 Utopia
16 Jim Thompson Shop
17 Botschaft Myanmar
18 Botschaft Australien
19 Alliance Francaise
20 Deutsche Botschaft
21 Goethe-Institut
22 Österreichische Botschaft
23 Immigration

Rings um die Silom Rd.
Bangkok
D
0
100
200
300
400 m
N
Bangkok
Lumpini Park
Royal Bangkok Sports Club
Ratchdamri
Ratchadamri Rd.
Lang Suan Rd.
Soi Lang Suan 1
Soi Tonson
Witthayu (Wireless) Rd.
Soi Ruam Rudee
Redeemer Church
FUSS- UND RADWEG →Sukhumvit Rd, Soi 12
POLIZEI
Sarasin Rd.
Suan Lum Night Bazaar
LUMPINI-STADION
Lumpini
Rama IV Rd.
Denkmal für Rama IV.
Silom
Soi Atthakan Prasit
Soi Saphankhu
Soi Sawansawat
Soi Sri Bamphen
Soi Ngam Duphli
Yen Akat Rd.
Soi Nantha
Thai Wah Towers
Christ Church
Saladaeng Rd.
Silom Complex
Sala Daeng
Silom Center
Chulalongkorn Hospital
Henri Dunant Rd.
Charn Issara Towers
Wall Street Tower
Schlangen-Farm
Thaniya Plaza
PATPONG
Convent Rd.
Liberty Square
CP Tower
United Ctr.
Soi Phipat 3
Bangkok Nursing Home
Bkk Christian Hospital
Bkk Bank Bldg.
Soi Phipat 2
Soi Suanphlu
Soi Suanphlu 1
Soi Phra Phinij
Sam Yan
Phaya Thai Rd.
Soi Chulalongkorn 42
Soi 15
Soi 11
Sap Rd.
Anuman Ratchthon Rd.
Silom Plaza
Chong Nonsi
Pan Rd.
St Xavier-Kirche
Sathon Nua Rd.
Sathon Tai Rd.
Bangrak Hospital
Roboter-Gebäude
Soi St. Louis 3
Soi St. Louis 2
St Louis Hospital
Suksa Witthaya
Soi Santiphap
Decho Rd.
Naret Rd.
Silom Rd.
Sri Mariamman-Tempel
Soi Chulalongkorn 9
Soi Chulalongkorn 5
Soi Chulalongkorn 22
Banthat Thong Rd.
Si Phraya Rd.
POLIZEI
Surawong Rd.
Gem & Jewelry Tower
Masjid Mirasuddeen
Silom Village
Vorawat Bldg.
Pramuan Rd.
Central Dept. Store
TheSilom Galleria
Soi Phra Nakharet
Soi Kaeo Fa
Wat Kaeo Fa
Thanon Sawang
Rong Muang Rd.
Maha Nakhon Rd.
Soi Phutta O Sot
Mahesak Rd.
Surasak Rd.
Wang Rd.
Surasak
BAHNHOF HUA LAMPHONG
Hua Lamphong
Wat Maha-Phruttha
Maha Phruttharam Rd.
s. Detailplan Ⓒ S. 141 Indisches Viertel und Chinatown
Rama IV Rd.
Traimitr Rd.
Kao Lan Rd.
Krung Kasem Rd.
Yaowarat Rd.
Songwat Rd.
Charoen Krung Rd.
Charoen Phanit
Rare Stone Museum
River City
SI PHRAYA PIER
Telecom Bldg.
GPO
Wat Muang Kae
WAT MUANG KAE PIER
Custom House Lane
Assumption-Kathedrale
State Tower
ORIENTAL PIER
East Asiatic Company
Wat Suan Phlu
Si Rd.
Saphan Taksin
Centre Point
Taksin-Brücke
Thonburi
Wat Yannawa
Charoen Krung

Vorführung tgl. um 10.30 und 14 Uhr, Sa und So nur vormittags, außerdem anschließend ein informativer Vortrag. ⌚ Mo–Fr 8.30–16, Sa, So und feiertags 8.30–12 Uhr. 70 Baht, ✆ 02-2520161-4.

Siam Square, Sukhumvit Road und Umgebung

Gläserne, chromglitzernde Einkaufspaläste, Hotel- und Bürokomplexe haben sich in den ehedem so beschaulichen Wohngegenden östlich des alten Stadtkerns ausgebreitet.

Zwischen **Siam Square** und **Siam Center**, einem eher traditionellen Einkaufszentrum der Büroangestellten und Jugendlichen, liegt über der Rama I Road der quirlige Umsteigebahnhof der Hochbahn, die sich vor dem Erawan-Schrein verzweigt. Zwischen der Central und Chit Lom Station kann man unter der Hochbahn über der verkehrsreichen Straße über den **Skywalk** flanieren, eine Fußgängerzone mit direktem Zugang zu den großen Einkaufszentren und dem Skytrain.

Jim Thompson-Haus

Das hübsche, traditionelle Jim Thompson-Haus liegt eingequetscht zwischen modernen Allerwelts-Fassaden etwas versteckt am Ende der Soi Kasemsan 2 direkt am Klong, Zugang ab Rama I Road, BTS-Station National Stadium. In seinem ehemaligen Wohnhaus, das aus sechs bis über 200 Jahre alten Teakhäusern besteht, hat Jim Thompson südostasiatische Kunstschätze zusammengetragen. Die kleineren Häuser, teils ehemalige Reisspeicher, können auch ohne Guide besichtigt werden. Sie enthalten u. a. chinesisches Porzellan und Gemälde aus der Ayutthaya-Periode. Die wahren Schätze verbergen sich jedoch im Haupthaus, das nur im Rahmen einer hervorragenden Führung zugänglich ist. ⌚ tgl. 9–17 Uhr, letzter Einlass um 16.30 Uhr, die freundlichen, englisch- und französischsprachigen halbstündigen Führungen beginnen alle 10 Min., 100 Baht, Studenten bis 25 Jahre 50 Baht, ✆ 02-2167368, 6328100. Ein deutschsprachiges Buch über das Haus für 250 Baht ist an der Kasse erhältlich. Im Inneren der Häuser darf nicht fotografiert werden.

Jim Thompson

Kurz vor dem Ende des Zweiten Weltkriegs setzte der amerikanische Geheimdienst den ehemaligen Architekten Jim Thompson als Verbindungsmann zur „Bewegung der freien Thai" ein. Er blieb nach dem Krieg in Bangkok, managte das Oriental Hotel und gründete 1948 die Thai Silk Company. Damit erweckte er die vom Aussterben bedrohte Seidenweberei in Thailand zu neuem Leben. In den 1950er-Jahren ließ er alte Teakhäuser nach Bangkok bringen und als Wohnhaus umbauen. Ostern 1967 verschwand der 61-Jährige spurlos im Dschungel der Cameron Highlands (Malaysia).

Siam Paragon

An der Stelle des einstigen Siam Intercontinental Hotels mit dem königlichen Park wurde Ende 2005 das 500 000 Quadratmeter große, exklusive Einkaufszentrum Siam Paragon eröffnet. Außer dem Siam Paragon Department Store und zahlreichen Boutiquen locken eine Luxus-Autogalerie, der größte Buchladen Thailands, Kinokuniya, mit einer guten deutschsprachigen Abteilung, 14 Kinos mit bis zu 1100 Plätzen, ein IMAX mit 500 Plätzen, ein großes Theater, eine Bowlingbahn und ein Fitnessclub sowie ein Messe- und Veranstaltungszentrum. ⌚ tgl. 10–22 Uhr, Restaurants bis 23 Uhr, 💻 www.siamparagon.co.th.

Eine besondere Attraktion ist **Siam Ocean World** im 2. Untergeschoss, das größte Aquarium Südostasiens mit 4000 Spezies und 30 000 Tieren, darunter Mantras, Tintenfische, Haie und Pinguine. In das größte Becken mit einem Korallenriff steigen Taucher hinab. Besucher können es durch gläserne Tunnel oder mit dem Glasbodenboot erkunden. Ein künstlicher Regenwald beheimatet Süßwasserfische und Wasserratten. Alles ist auch auf Englisch beschriftet. ⌚ tgl. 9–22 Uhr, letzter Einlass um 21 Uhr, Eintritt 450 Baht, Fahrt mit einem Glasbodenboot und Audioguide extra. Lohnend ist zudem die Gourmet-Etage darüber, in deren Restaurants und Food Centre westliche und östliche Delikatessen teils vor den Augen der Gäste frisch zubereitet werden und deren großer Lebensmittel-Supermarkt kaum Wünsche offen lässt.

Erawan-Schrein

An der Ecke Ratchadamri Road steht vor dem Erawan Bangkok umrahmt von massigen Skytrain-Trassen der kleine Erawan-Schrein (Thao Maha Brahma), der sich seit seinem Bau 1956 großer Beliebtheit erfreut. Er ist einer von vielen Haustempeln der Stadt. Gott Brahma ist vor allem nach Geschäftsschluss das Ziel vieler Verehrer. Sie opfern Räucherstäbchen, Früchte und Kerzen, behängen die Statue mit Blumenkränzen und erbitten den Segen der Götter, oder sie engagieren Tänzerinnen, die begleitet von traditioneller Musik klassische Tänze vorführen. Ist ein Wunsch in Erfüllung gegangen, opfert man einen Teakholz-Elefanten – den herumstehenden Tieren nach zu urteilen, müssen es einige wahrhaft große Wünsche gewesen sein. Besonders lebhaft geht es am 9. November, dem Jahrestag der Einweihung, zu.

Schräg gegenüber dem Erawan-Schrein erhebt sich der massive Block des **Central World**, nach seinem Umbau das größte Einkaufszentrum des Landes mit dem Zen Department Store, das vor allem die Bedürfnisse der wohlhabenden Schicht befriedigt. Allerdings ist in den riesigen Hallen noch viel Platz.

Beiderseits der Phetchaburi Road

Im quirligen Stadtviertel **Pratunam** rings um das Amari Watergate und Indra Regent Hotel wird ein Großteil des Textilhandels abgewickelt. Entlang der Bürgersteige, in den überdachten Markthallen und schmalen Sois drängen sich die Verkaufsstände. Auch in vielen Geschäften und selbst im Untergeschoss des Baiyoke II Tower stapeln sich bunte Kleidungsstücke. Inmitten der T-Shirts, Jeans, Tücher und Kleider werden Kleidungsstücke nach Maß gefertigt und Pailettenkleider aufwändig bestickt.

Der **Baiyoke II Tower** ist mit 309 m Gebäudehöhe plus 34 weiteren Antennen-Metern zurzeit das höchste Gebäude des Landes. Zudem schmückt es sich mit dem Superlativ, das höchste Hotel der Welt zu sein. Für das 84-stöckige Hochhaus mussten Pfeiler 65 m tief in die Erde gerammt werden. Etwa tausend Besucher pro Tag fahren von 10–22 Uhr zur Aussichtsplattform im 83. Stock hinauf. Theoretisch ist diese auch über Treppenstufen nach einem über einstündigen Aufstieg zu erreichen. Eintritt 200 Baht, ✆ 02-6563000, 🖳 www.baiyokehotel.com. Wer ein Buffet in einem der Restaurants auf den beiden oberen Etagen genießen möchte, zahlt mittags 700 Baht und abends 900 Baht inkl. Aufzugfahrt. Zudem kann man sich bei einem Drink an der Bar den Eintrittspreis anrechnen lassen. Ein weiterer Aufzug fährt aufs Dach hinauf. Bei guten Wetterverhältnissen liegt einem Bangkok zu Füßen – im Westen die von Tempeltürmen überragte Altstadt (bestes Licht vormittags) und im Osten und Süden die modernen Hochhäuser der Geschäftsviertel (bestes Licht nachmittags). Ein Gewirr von Straßen und Expressways durchzieht das Häusermeer, breite Ausfallstraßen verlieren sich Richtung Norden am Horizont. Das rapide Wachstum Bangkoks verdeutlicht eine kleine Ausstellung anhand von Statistiken und Reproduktionen historischer Stadtansichten.

Suan Pakkard-Palast

Der Suan Pakkard-Palast in der Sri Ayutthaya Road, BTS Phayathai, enthält die private Kunstsammlung einer Prinzessin. Einige Ausstellungsstücke sind in traditionellen Thai-Häusern untergebracht, die 1952 aus Chiang Mai hierher transportiert wurden. Zudem steht hier ein Lackpavillon aus der Ayutthaya-Periode, dessen Innenwände mit Szenen aus dem Ramakien-Epos und Buddhas Leben geschmückt sind. Der hohe Eintritt wäre nicht gerechtfertigt, gäbe es hier nicht einen schönen subtropischen Garten. 🕓 tgl. 9–16 Uhr, ✆ 02-2454934, 80 Baht, Studenten 50 Baht, Fotografierverbot. Die angrenzende **Marsi Gallery** wartet mit wechselnden archäologischen und Kunstausstellungen auf, 🕓 tgl. 9–16 Uhr, ✆ 02-2461775-6.

Ban Kamthieng

Wie eine kleine Oase zwischen den Zweckbauten aus Glas und Beton wirkt der subtropische Garten der **Siam Society**, 131 Soi Asoke, mit einem 1848 erbauten Teakhaus aus dem Norden, **Ban Kamthieng**. Die ethnologische Sammlung vermittelt in zeitgemäßem Stil einen guten Einblick in das Alltagsleben der Menschen im abgeschiedenen nördlichen Lanna im 19. Jh. und in ihren traditionellen Geisterglauben, der ihre Beziehungen zur Natur und Umwelt definierte und das soziale Gefüge dieser matrilinearen Kultur bestimmte. Während des Rundgangs durch die fünf Bereiche erklingt traditionelle Musik, teils animierte Filme zeigen Tänze, die Zubereitung von Hausmannskost und das Leben im Dorf – vom Hausbau bis zu Ritualen.

In dem hinzugekommenen Holzhaus **Ban Sangaroon** ist Kunstgewerbe ausgestellt, das von einem Architekten gesammelt wurde, aber nur Mitgliedern zugänglich ist. Im Vorgarten ein Café.

🕓 Di–Sa 9–17 Uhr, Eintritt 100 Baht, 💻 www.siam-society.org, 📞 02-6616470-7, BTS Asoke und U-Bahn Sukhumvit, Ausgang 1.

Sukhumvit Road

Nach Osten geht die Ploenchit Road in die Sukhumvit Road über, eine 400 km lange Straße, die an der kambodschanischen Grenze bei Trat endet. Der Skytrain (BTS), der von On Nut weitergebaut werden soll, gleitet über den dichten Straßenverkehr hinweg. Hinter den modernen Einkaufszentren liegen in den Seitenstraßen, den durchnummerierten Sois, kleine Geschäfte, Hotels und Restaurants. In dieses enge Gewirr schlägt die ausgebaute **Soi Asoke** (Soi 21) eine breite Schneise, die von modernen Hochhäusern gesäumt wird.

Die besten Aussichtspunkte

1. Baiyoke II Tower
2. State Tower nahe Oriental Pier (ab 18 Uhr zur Aussichtsplattform mit Restaurant, Skybar und der Bar Destil im 63. Stock, Kleiderordnung)
3. Dachterrasse des Grand China Princess Hotel, Yaowarat Rd., Chinatown
4. Golden Mount
5. Skytrain

Zudem bieten sich schöne Ausblicke von weiteren Hotels: Shangri-La, Oriental Hotel oder River View (Blick auf Fluss), Tiara Restaurant im Dusit Hotel, Bai Yun Restaurant im Westin Banyan Tree und Rang Mahal im Rembrandt.

Inmitten des Großstadtgetümmels lädt der **Queen's Park**, auch Benjasiri Park, zwischen Soi 22 und 24, mit seinen künstlichen Seen, Schatten spendenden Bäumen, modernen Skulpturen und Blumenrabatten zu einer Ruhepause ein. Kinder vergnügen sich auf der Rollerskate-Bahn oder dem Basketballplatz. Im Süden grenzt an den Park das Gebäude der **World Fellowship of Buddhists** und im Osten das große Einkaufszentrum **Emporium**.

In einer weiteren Durchgangsstraße, der **Thong Lo** (Soi 55), konzentrieren sich viele japanische und koreanische Restaurants, Apartmenthäuser, Friseure, Optiker und diverse medizinische Einrichtungen, die sich auf ausländische Kunden spezialisiert haben.

Das **Planetarium** zwischen Soi 40 und dem Ekamai-Busbahnhof und das **Science-Museum** werden von einer weitläufigen Gartenanlage umgeben, die neben dem lauten, geschäftigen Busbahnhof eine Oase der Ruhe ist. Zum Komplex gehören naturwissenschaftliche Ausstellungen, ein Aquarium und Planetarium. 🕓 tgl. außer Mo und feiertags 8.30–16.30 Uhr, 40 Baht, 📞 02-3925951-9, BTS Ekamai.

Wat Thammamongkhon

Im Wat Thammamongkhon, Punnawitthi 20, Soi 101 Sukhumvit Road, steht Bangkoks größter, fast 100 m hoher Chedi. Die Menschen kommen nicht wegen seiner zu vernachlässigenden äußeren Form hierher, sondern wegen anderer Schätze. Das Erdgeschoss des Chedi, das einem Bürogebäude ähnelt, vereint scheinbar Widersprüchliches wie eine Designschule und künstliche Meditationshöhle. Auf der äußeren Plattform im 2. Stock stehen einige hübsche Buddhastatuen. Ein Aufzug fährt zu den oberen Stockwerken hinauf, wo neben weiteren Büros auch eine Radiostation untergebracht ist. Die letzten Stockwerke darüber sind Meditationshallen und Museum zugleich. Hier stapeln sich Buddhastatuen, Ban Chiang-Keramiken, chinesisches Porzellan und andere Keramiken sowie eine Reliquie Buddhas in der Spitze des Chedi. Die größte Attraktion ist ein Jadebuddha, für den ein neuer

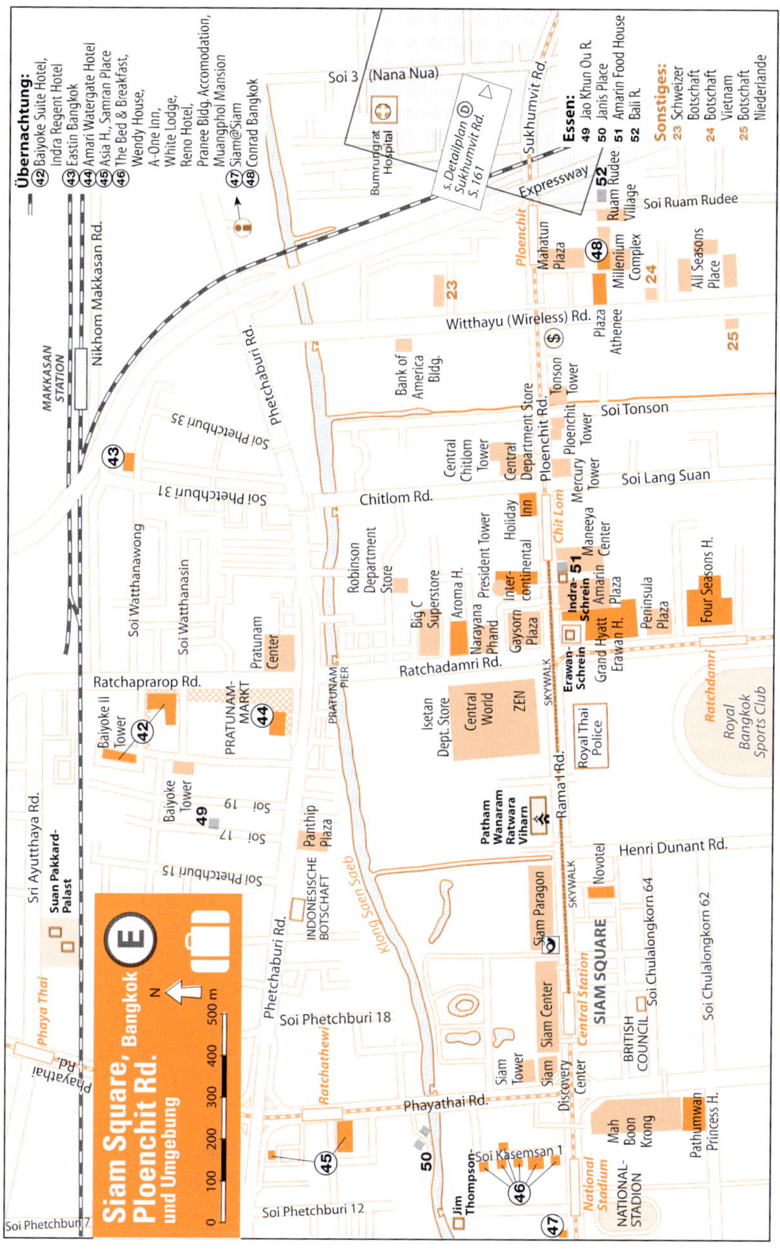

Siam Square, Bangkok
Ploenchit Rd.
und Umgebung
E
N
0 100 200 300 400 500 m
Übernachtung:
42 Baiyoke Suite Hotel, Indra Regent Hotel
43 Eastin Bangkok
44 Amari Watergate Hotel
45 Asia H., Samran Place
46 The Bed & Breakfast, Wendy House, A-One Inn, White Lodge, Reno Hotel, Pranee Bldg. Accomodation, Muangphol Mansion
47 Siam@Siam
48 Conrad Bangkok
Essen:
49 Jao Khun Ou R.
50 Janis Place
51 Amarin Food House
52 Bali R.
Sonstiges:
23 Schweizer Botschaft
24 Botschaft Vietnam
25 Botschaft Niederlande
s. Detailplan D Sukhumvit Rd. S. 161

Bot neben dem Chedi gebaut wird. Er gilt mit einer Länge von 2,20 m, einer Breite von 1,70 m und einem Gewicht von 15 t als weltweit größter seiner Art. Eine moderne Begräbnisstätte verbirgt sich unter der domförmigen Kuppel. ◷ tgl. 8–18 Uhr. Informationen und Broschüren über das Willpower Institute, Meditationskurse und den Gründungsabt Luangphor Viriyang an der Information im Erdgeschoss.

Von der BTS-Endstation On Nut mit einem der Busse, die die Sukhumvit Road hinauffahren (non-AC-Bus 25 ab Hauptbahnhof, 48 ab Wat Pho), bis zur Soi 101/1. In der Soi verkehren ab der Schule kleine Silor. Ansonsten läuft man durch dieses völlig untouristische Bangkok, vorbei an vielen preiswerten Friseurläden und Restaurants, 1 km bis zum „Lotos-Minimarkt" an der Soi 19 und folgt rechts der Ausschilderung „Wat Dhammamongkol" und „Willpower Institute".

Dusit

König Chulalongkorn (Rama V.) und sein Vater König Mongkut waren die ersten Herrscher, die europäischen Einflüssen offen gegenüberstanden. Nach einer Europareise ließ sich der König von westlichen Architekten Straßen, Brücken und Paläste errichten. Als Verlängerung der Ratchdamnoen Klang Road in nordöstlicher Richtung entstand so die **Ratchdamnoen Nok Road**, eine breite Prachtstraße, die der König 1904 jeden Nachmittag mit einem der ersten Automobile Südostasiens entlangtuckerte. Hier finden am Nationalfeiertag und zum Geburtstag des Königs die großen Paraden statt. Der Boulevard endet am **Denkmal von König Rama V**. Noch heute lebt die Königsfamilie im weitläufigen, von einer Mauer umgrenzten **Chitralada-Palast**, der nicht besichtigt werden kann.

Nördlich der Kreuzung mit der Wisut Kasat Road finden im **Ratchdamnoen-Stadion** Thai-Boxkämpfe statt, bei denen nicht nur mit den Fäusten gekämpft wird (s. S. 180).

Vimanmek-Palast

Das Highlight der Anlage. König Rama V. residierte 1901–7 in diesem luftigen, sehenswerten Teakholzpalast, der ursprünglich auf Ko Si Chang vor Si Racha stand. In den 1930er-Jahren wurde er nur kurzzeitig von einer der Nebenfrauen des Königs bewohnt und aus Anlass der 200-Jahr-Feier Bangkoks 1982 wieder hergerichtet. Der Rundgang durch einige der 31 im originalen Stil eingerichteten Zimmer und Galerien vermittelt einen guten Eindruck von den Lebensverhältnissen am königlichen Hof. Historische Fotos von der langen Europareise des Königs, Möbel, Porzellan und Kristall aus Europa und China sowie die erste westliche Schreibmaschine und Badewanne des Landes zeugen von der weltoffenen Haltung des Monarchen. Das kleine Gästehaus hinter dem Palast wurde in einer Bauzeit von nur 7 Monaten aus Teakholz errichtet, wobei nur für den Fußboden Nägel verwendet wurden.

Die lohnenden Innenräume können nur im Rahmen einer Führung besichtigt werden. Englische Touren beginnen zwischen 9.45 und 15.15 Uhr jede halbe Std. und dauern ca. 90 Min. Es gilt die gleiche Kleiderordnung wie für den Königspalast (s. S. 125). Taschen und Kameras müssen in Schließfächern verstaut werden.

Anantasamakhom-Thronhalle

Im Auftrag von König Rama V. wurde von italienischen Architekten ein Kuppelbau im neo-venezianischen Renaissance-Stil als Thronhalle entworfen. Das Deckengemälde im Inneren des Doms stellt historische Ereignisse dar. Als 1932 die absolute Monarchie abgeschafft wurde, zog in das neue Gebäude das Parlament ein. Einige Räume sind zudem buddhistischen Zeremonien vorbehalten. Mittlerweile ist ein neues Parlamentsgebäude errichtet worden, und die ehemalige Thronhalle dient ausschließlich repräsentativen Zwecken. So fanden hier Ende 1996 die prächtigen Feierlichkeiten zum 60. Thronjubiläum von König Bhumipol statt. Die Räumlichkeiten können, sofern keine Veranstaltungen stattfinden, im Rahmen einer Führung besichtigt werden. Frauen in Hosen und Männer in kurzen Hosen bekommen einen Wickelrock.

Weitere Museen

Textil- und Muschelmuseum (HRH Princess Orathai Thep-kanya Residential Hall): Die qualitativ hochwertigen, größtenteils weit über hundert Jahre alten **Textilien** stammen aus königlichem

Dusit-Museen

Inmitten einer weitläufigen, gepflegten Parkanlage mit altem Baumbestand liegen der Vimanmek-Palast, die Anantasamakhom-Thronhalle und 15 weitere als Museen umgestaltete historische Gebäude. Sie vermitteln einen guten Überblick über die Zeit der Herrschaft der Bangkok-Könige und lohnen einen mehrstündigen Besuch. ◷ tgl. außer feiertags 9.30–16 Uhr, Einlass bis 15.15 Uhr. Die Eintrittskarte zum Königspalast und Wat Phra Keo berechtigt auch zum Besuch aller Museen in diesem Komplex und bleibt eine Woche lang gültig, 💻 www.vimanmek.com, ✆ 02-6286300 ext. 5119–21. Wer nur die Museen sehen will, zahlt 100 Baht. Kleiderordnung beachten! Mehrere Selbstbedienungs-Restaurants sorgen für das leibliche Wohl. Eine Karte des Parks gibt es auch auf Deutsch.

Taxi ab BTS-Station Victory Monument ca. 40 Baht, ab Khaosan Road ca. 50 Baht. Eingänge gegenüber dem westlichen Zoo-Eingang und von der Ratchawithi Road. Verbindungen vom östlichen Sanam Luang mit non-AC-Bus 3, 30–33 oder 64 bis Ratchawithi Road. Dort umsteigen in den non-AC-Bus 18 oder 28 Richtung Victory Monument.

Besitz. Das breite Spektrum umfasst Mut Mee-Seidenstoffe aus dem Nordosten und Kambodscha, Songket-Stoffe von der malaiischen Halbinsel, die mit Gold- und Silberfäden durchwirkt sind, farbenfrohe indische Stoffe sowie feine Stempelbatiken und einen großen Bettüberwurf. Fotos von überwiegend weiblichen Mitgliedern des Hofes in traditioneller Kleidung schmücken die Wände. Ausführliche Beschreibungen auch in englischer Sprache machen diese Ausstellung zu einem Muss für Textilfans. Im Nachbargebäude, das durch einen Übergang zu erreichen ist, sind in Vitrinen und Glastischen **Muscheln** aus aller Welt ausgestellt – sehr dekorativ, aber ohne Erläuterungen.

Royal Elephant National Museum: Das kleine Museum befindet sich in zwei unter Rama V. und Rama VII. errichteten ehemaligen Ställen für königliche weiße Elefanten. Diese sind nun unter besseren Bedingungen in Lampang, Sakhon Nakhon und Hua Hin untergebracht. Fotos, Modelle, Elfenbeinschnitzereien, Ganesha-Statuen und andere Gegenstände belegen, dass Elefanten nicht nur als Wappentier Thailands eine große Bedeutung beigemessen wird.

Abhisek Dusit Thronhalle: Hier sind kunsthandwerkliche Produkte ausgestellt, darunter Mut Mee-Seide, Niellowaren und fein geflochtene Körbe, die in vom König iniriierten Projekten entstanden sind.

Suan Bua Residenz: Es lohnt sich, zwischen vielen historischen Fotos, Bootsmodellen und Buddhastatuen nach dem Stammbaum von Chulalongkorn Ausschau zu halten.

Fotogalerie (HRH Princess Bussaban Buaphan Residential Hall und **HRH Princess Arunwadi Residential Hall):** In den beiden Häusern sind Fotos des Königs zu sehen, der ein leidenschaftlicher Hobbyfotograf war. Interessant sind einige Privatfotos, aber auch Fotos von seinen Reisen durch das Land, die aus seiner Perspektive einen ganz neuen Blick vermitteln. Weitere Fotos vom König ergänzen die Ausstellung.

Old Clock Museum (HRH Princess Puang Soi Sa-ang Residential Hall): In der ehemaligen Residenz von König Chulalongkorn, die später von Offizieren bewohnt wurde, zeigt das Museum Standuhren und andere königliche Souvenirs aus Europa und Amerika sowie Präsente.

Krom Luang Vorased Thasuda Residential Hall: Sie beherbergt eine prähistorische Ausstellung, darunter ausgezeichnet erhaltene Ban Chiang-Keramik aus dem Besitz der Prinzessin Maha Chakri Sirindhorn.

Marmortempel (Wat Benchamabopitr)

Südöstlich des Museumsbereichs steht Wat Benchamabopitr, allgemein als Marmortempel bekannt, da er unter König Chulalongkorn weitgehend aus weißem Carrara-Marmor erbaut wurde. Er liegt in einem hübschen Park mit einem Kanal, in dem zahlreiche Schildkröten leben. Der Haupteingang zum Bot, der von zwei weißen Marmorlöwen bewacht wird, ist nur an Festtagen geöffnet. Ansonsten gelangt man durch einen Seiteneingang in den Innenraum, in dem eine große Buddhastatue steht. Der mit Marmorplatten gepflasterte Innenhof ist von einer Galerie umgeben, in der 52 lebensgroße Buddhastatuen stehen, die man zu den schönsten des Landes zählt. ⌚ tgl. 8–17 Uhr, 20 Baht, ✆ 02-2813277.

Dusit-Zoo

Der Zoo wartet nicht gerade mit großen Sensationen auf. Am späten Nachmittag bummeln junge Thais durch die Parkanlage und genießen einen der wenigen ruhigen, erholsamen Gärten der Stadt. Im Restaurant am See werden in einer angenehm ruhigen Umgebung zu akzeptablen Preisen Seafood- und andere Thai-Gerichte serviert. ⌚ tgl. 8–18 Uhr, 30 Baht, ✆ 02-2812000.

Im Norden

Mit dem Skytrain und der U-Bahn kommen vor allem am Wochenende tausende von Touristen in diese ansonsten kaum besuchte Gegend der Stadt und erliegen einem Kaufrausch, der seinesgleichen sucht.

Suan Chatuchak Weekend Market (auch Jatujak oder JJ Market)

Bereits am Freitagnachmittag, aber vor allem am Samstag oder Sonntag zwischen 7 und 18 Uhr drängen sich bis zu 400 000 Besucher auf dem quirligen Wochenendmarkt am Suan Chatuchak, nördlich des Zentrums. Zudem findet am Mi und Do im hinteren Bereich ein Pflanzenmarkt statt. Wer sich auf dem 18 ha großen, L-förmigen Platz mit 15 000 Ständen zurechtfinden möchte, orientiert sich anhand der Karte, die es manchmal beim Tourist Office (Sektion 27) nahe dem Eingang 1 gibt, oder der Market Map von Nancy Chandler, die es in Buchhandlungen gibt. Der Platz ist zur besseren Orientierung in 27 Sektionen (S1–S27) aufgeteilt. Eingang 1 ist an der Kamphaengphet 2 Rd., nahe der U-Bahn-Station Kamphaeng Phet, Eingang 2 im Norden an der Kamphaengphet 3 Rd. und Eingang 3 am Busstopp und nahe der BTS-Station Mo Chit an der Paholyothin Rd. Vorsicht vor Taschendieben! Anreise mit dem Skytrain oder der U-Bahn (s. S. 191), ✆ 02-2724440-1, 💻 www.jatujakguide.com (Thai).

Durch die Eingänge gelangt man auf den Platz, der von Ständen mit Büchern und Amuletten (S1), Pflanzen, Blumen, Gartenutensilien (S3+4), dekorativen Haushaltsgegenständen (S2+7+8), Schmuck und Textilien (S5+6) umrahmt wird. Der zentrale Bereich scheint überzuquellen von Textilien und Taschen (S10–21+23), Vögeln, Fischen (Do großer Zierfischmarkt), Hunden, Küken und anderen Tieren (S9–15). Lädt dieser Teil des Marktes mehr zum Schauen und Fotografieren ein, so fällt es im südwestlichen Bereich nicht schwer, Geld auszugeben. Kunstgewerbe aus allen Landesteilen stapelt sich neben Stickereien aus Myanmar (Burma), Sarongs aus Indonesien, Lackarbeiten, Holzschnitzereien, Keramiken und T-Shirts mit ausgefallenen Motiven (S22–25) sowie Antiquitäten (S26). Selbst sperrige Möbel oder schwere Keramiken (S17+19) können gleich vor Ort Speditionen übergeben werden, die ebenfalls auf dem Platz vertreten sind. Zudem kann man sich mit frischen Früchten oder an zahllosen Essenständen (v. a. S17+19) stärken und an den Geldautomaten (S27) mit Nachschub versorgen. Auch die Tourist Police (S27) hat hier Sa und So von 9–17 Uhr einen Stand besetzt. Wer etwas nicht gleich kauft, wird Schwierigkeiten haben, den Laden später wiederzufinden.

Nach dem Einkaufen bietet sich der angrenzende **Queen Sirikit Park** für eine Rast an. Im **Children's Museum** können Kinder die Bereiche Natur und Umwelt, Wissen und Technik, Kultur und Gesellschaft sowie Körper erkunden und dabei vieles anfassen und selbst ausprobieren. ⌚ Di–So 9.30–17.30 Uhr, Eintritt für Ausländer 150 Baht, Kinder 120 Baht, ✆ 02-6186509.

Kuan-Im-Palast (Chao Mae Kuan Im)

Dieser fantastische chinesische Tempel mit einer 12-stöckigen Pagode wurde für über 500 Mill. Baht zu Ehren der Göttin der Barmherzigkeit errichtet. Er ist mit zahllosen farbigen Buddhastatuen geschmückt, von denen eine sogar das Dach ziert. Daneben finden sich Schreine im chinesischen und thailändischen Stil, hohe, mit bunten Schnitzereien verzierte Säulen, Verbrennungsöfen, Ruhepavillons, ein Souvenirladen und mehr. ⌚ tgl. 7–21 Uhr. Während der chinesischen Neujahrsfeiern und des Vegetarierfestes kommen viele Besucher hierher. Von der Endstation des Skytrain Mo Chit oder der U-Bahn mit dem

Taxi Richtung Norden, nach 1,5 km rechts in die Latphrao Rd. abbiegen, nach 4,5 km links in die Soi 53 und nach weiteren 2 km links in die Soi Suk San 7.

Safari World

In Minburi, nordöstlich vom Zentrum, jenseits der Ring Road H9, ca. 1 Std. Fahrt mit dem Taxi vom Zentrum, erstreckt sich dieser Vergnügungspark mit einem großen **Freigehege**, in dem Tiger, Nashörner, Büffel, Bären und andere Tiere aus aller Welt leben. Zahlreiche Vogelarten können in mehreren Vogelfreifluggehegen aus der Nähe betrachtet werden. Im **Marine Park** führen stündlich Delphine, Seelöwen, Elefanten, Affen oder Vögel ihre Kunststücke vor. Zudem gibt es Bootstouren durch eine künstliche Dschungelwelt, Wasserski-Darbietungen, eine Adventure Show und eine Stunt Show in Wild-West-Umgebung. Die Orang-Utan-Box-Show ist allerdings ein zweifelhaftes Vergnügen und sollte boykottiert werden. ⌚ tgl. 9–16.30 Uhr, 700 Baht, ✆ 02-5181 000-19, 💻 www.safariworld.com.

Ko Kret Ban und Bua Thong

Nördlich der Stadt wurde vor über 200 Jahren eine Flussschleife des Menam Chao Phraya durch den Bau eines Kanals begradigt. Auf der kleinen Flussinsel, die dadurch entstand, siedelten sich Mon an. Viele nutzten die feine Tonerde für die Produktion von Wasserkrügen und anderen Töpferwaren. Getöpfert wird hier noch immer, allerdings wird der Ton mittlerweile aus anderen Gegenden hierher gebracht. Wegen ihrer ländlichen Atmosphäre, die sie sich bis heute bewahrt hat, ist die Insel ein beliebtes Ausflugsziel. Nahe dem Pier steht der größte Tempel der Insel, **Wat Paramai Yikawat**. Das kleine **Töpfereimuseum** in einem Holzhaus 150 m weiter westlich ist nur auf Thai ausgeschildert, ⌚ tgl. bis gegen 15 Uhr. Expressboote fahren bis Pak Kret. Südlich der dortigen Anlegestelle fahren vom Pier am Wat Sanam Nuea Fähren für 3 Baht auf die Insel.

Weiter westlich am Klong werden in **Bang Bua Thong** morgens zwischen 9 und 10 Uhr traditionelle Süßigkeiten für den Verkauf auf dem Großmarkt hergestellt. In das Dorf gelangt man mit einem gecharterten Boot ab Pak Kret.

Übernachtung

Bei der Wahl der Bleibe sollte in erster Linie die Lage entscheiden, denn jedes Viertel hat seine eigene Atmosphäre. Zudem ist man bei den großen Entfernungen und dem zähen Verkehr lange unterwegs. Mittelklasse- und Luxushotels können günstiger übers Internet oder über Reisebüros gebucht werden (Preise vergleichen, da einige Reisebüros in Bangkok überhöhte Preise verlangen). Die Websites einiger großer Hotels sind über 💻 www.bangkok.com erreichbar.
Die Unterkünfte sind auf den Stadtplänen verzeichnet. Nr. 1–13 s. S. 126/127, Nr. 14, 15 s. S. 137, Nr. 16–21 s. S. 141, Nr. 22–41 s. S. 145, Nr. 42–48 s. S. 149, Nr. 49–89 s. S. 157, Nr. 90–104 s. S. 161.

Banglampoo

Rings um die Khaosan Rd. konzentrieren sich Gästehäuser und ein breites Angebot an Restaurants, Reisebüros, Geldautomaten, Wäschereien, Internet-Cafes und anderen Versorgungseinrichtungen. Die Einkaufsmöglichkeiten und anderen Angebote für Backpacker – vom Zöpfchenflechten bis zu Tatoos – sind überwältigend und die Hauptsehenswürdigkeiten leicht zu Fuß zu erreichen. In der Khaosan Road sind einige zwielichtige Gestalten auf der Suche nach leichtgläubigen Touristen unterwegs und bieten sich als Geldwechsler, Visabeschaffer oder „Retter in der Not" an, um ihre Kunden um die Reisekasse zu erleichtern.
Expressboote auf dem Menam Chao Phraya sind eine Alternative zu den verstopften Straßen. Der Weg Richtung Ekamai (Eastern) Bus Terminal erfordert tagsüber viel Geduld. Traveller-Busse fahren zum Airport und zu anderen Zielen in Thailand, Taxi zum Airport ca. 350 Baht. Weitere Infos unter 💻 www.khaosanroad.com.

Gästehäuser

In der Umgebung der Khaosan Rd. wurden viele Wohn- und Geschäftshäuser zu Gästehäusern umgewandelt, wobei neuere Häuser Hotelstandard aufweisen und viel teurer sind als die alten. Eine Übersicht über die Unterkünfte mit Adresse und Telefonnummer bietet die Karte. Nur einige sind hier beschrieben. In der Saison ist es schwer, abends ein freies Zimmer zu finden.

Rings um Wat Chanasongkhram
Hier ist es etwas weniger turbulent. Der Durchgang durch das Wat wird abends geschlossen.
Rambuttri Village Inn (53), 95 Soi Rambuttri, ✆ 02-2829162-3, 🖥 www.khaosan-hotels.com, im neueren Einkaufszentrum. Saubere Zi mit Du/WC, z. T. mit Fan oder mit AC, TV und Warmwasser, einige mit Balkon. Pool auf dem Dach. ❸–❹
Lamphu House (54), 75-77 Soi Rambuttri, ✆ 02-6295861, 🖥 www.lamphuhouse.com, Guesthouse in einem etwas zurückversetzten und daher ruhig gelegenen Haus. Mit modernen Bambusmöbeln eingerichtete Zi mit Fan oder AC und Du/WC, einige mit Balkon. Billige Zi mit Gemeinschafts-Du/WC und Fan. ❸–❹
Sawasdee House (55), 147 Soi Rambuttri, ✆ 02-2818138, ✉ sawasdee_house@hotmail.com, kleine, stickige Zi mit Fan oder AC und Du/WC, z. T. mit Balkon, in einem vierstöckigen Haus, dem eine Renovierung gut täte. Internationaler Telefonservice, großes, rund um die Uhr geöffnetes Restaurant mit netter Terrasse zur Straße hin, gut zum Ausruhen und Lesen, Verkauf von Secondhand-Büchern. ❷–❸
New Siam 1 (57), 21 Soi Chana Songkhram, in der nächsten Seitengasse etwas weiter nördlich, ✆ 02-2824554, ℻ 2817461, 🖥 www.newsiam.net, helle Zi auf drei Stockwerken mit und ohne Du/WC, die Fan-Zi können sehr heiß sein, zudem AC, nach vorn laut. Im offenen Restaurant im Erdgeschoss gutes Essen, ⏲ ab 6 Uhr. ❷–❺
Erawan House (57), 17/1-2 Soi Chana Songkhram, ✆ 02-6292121, 🖥 www.erawanhouse.net, neues, ruhiges Guesthouse im modernen Stil über einem Internet-Café. Kleine und größere Zi mit AC, Du/WC und TV. Nette Sitzecken im Treppen- und Flurbereich. ❹
Gecko (57), 25/3 Soi Chana Songkhram, ✆ 02-2816888, 9 sehr saubere Zi mit Gemeinschafts-Du/WC, entspannte Atmosphäre, nettes Management. ❷
Merry V. (58), 33 Soi Chana Songkhram, ✆ 02-2829267-8, ✉ merryV@loxinfo.co.th. 20 neue Zi mit AC und Du/WC und 20 etwas laute, enge, ältere DZ und 3-Bett-Zi mit Etagen-Du/WC, unfreundliche Rezeption. Beliebtes Restaurant, Schließfächer. ❷–❸
New My House (58), 37 Soi Chana Songkhram, ✆ 02-2829263-4, schmuddelig, manchmal sehr überfüllt und das Personal unfreundlich. Zimmer mit Du/WC und Fan oder AC sowie mit Fan und Gemeinschafts-Du/WC, mit Hinterhofblick ruhiger. Gemütliches Restaurant mit Liegen, manchmal etwas laut eingestellter Fernseher, leckere Currys, Wäscherei. ❷–❸
Roofgarden (60), 62 Soi Rambuttri, ✆ 02-6290626, ℻ 2824724, 30 saubere, neue Zi mit AC oder Fan und Du/WC, freundliches Personal. ❷–❸
Mango Lagoon Place (60), 30 Soi Rambuttri, ✆ 02-2814783, ℻ 2814783, 4-stöckiges Haus mit Hotelstandard, alle Zimmer mit AC, Du/WC, Teppichboden und Balkon, gutes Restaurant. ❹
Four Son's Village (60), 54/1 Soi Chana Songkhram, ✆ 02-6295390, 🖥 www.fs-hotel.com, 40 AC-Zi mit Warmwasser-Du/WC, zur Straße hin mit Balkon, nach hinten ruhig. Die billigen Zi lohnen nicht. Hotelatmosphäre. ❸–❹
Bella Bella House (60), 74 Soi Chana Songkhram, ✆ 02-6293090-1, 5-stöckiges Haus, günstige Zi mit Fan, teurer mit AC und Du/WC, freundlich und sauber, dürftiges Frühstück. Blick auf den Tempel. ❷–❸
Wild Orchid Villa (60), 8 Soi Chana Songkhram, ✆ 02-6294378, 🖥 www.wildorchid-villa.com, helle, teils renovierungsbedürftige Zi mit Fan oder AC, Du/WC teils mit kleinem Balkon, geflieste Böden. Große, gemütliche, rund um die Uhr geöffnete Lobby, großzügiges Restaurant mit mäßigem Essen, überteuerte Bar und von mehreren Lesern beklagter unfreundlicher Service. Gepäckaufbewahrung. ❷–❹
Happy House (60), 46 Soi Chana Songkhram, ✆ 02-2803301, sauberes, kleines Guesthouse in relativ ruhiger Lage. Einige Zi mit Balkon, über den man das eigene Bad erreicht. Restaurant im Erdgeschoss. ❸
New Siam 2 (62), 50 Trok Rongmai, ✆ 02-6290101, 🖥 www.newsiam.net, Geschäftiges Kleinhotel mit Aufzug, Pool mit eingeschränkten Öffnungszeiten und vielen Verbotsschildern. Saubere, funktional gestaltete Zimmer mit AC oder Fan, gefliesten Böden und kleinem Balkon, TV, Safe und Telefon. Restaurant mit großen Sandwiches. Übers Internet buchbar. ❸–❹
Sawasdee Krungthep Inn (62), 30 Soi Rongmai, ✆/℻ 6290072, 🖥 www.sawasdee-hotels.com, Zi mit Fan oder AC und winziger Du/WC, auch Familienzimmer. Frühstück inkl. ❸

O-Bangkok (73), 28/1 Soi Rambuttri, ✆ 02-2814777, ✉ o_bangkok05@yahoo.com, neues Nichtraucher-Guesthouse mit netten Zi mit Du/WC und AC oder Fan, Thai-Restaurant und Pizzeria, Frühstück inkl. ❸–❹

Baan Sabai (74), 12 Soi Rongmai, ✆ 02-6291599, ℻ 6291595, angenehmes Guesthouse mit hilfsbereitem Personal und einem netten Pub im chinesischen Kolonialstil. Ordentliche, saubere Zimmer mit Fan oder AC und Du/WC, manche etwas hellhörig. Hübscher Innenhof mit Sitzgelegenheiten. ❷–❸

Sawasdee Smile Inn (74), 35 Soi Rongmai, ✆/℻ 02-6292340, 🖥 www.sawasdee-hotels.com, Massenquartier mit kleinen, teils muffigen Zimmern mit Fan oder AC, z. T. mit Du/WC und TV, großes Restaurant. ❸

Welcome Sawasdee Inn (75), 5-7 Soi Rongmai, ✆/℻ 6292321, 🖥 www.sawasdee-hotels.com, Gästehaus der Sawasdee-Kette. Über 70 kleine, ruhige, teils etwas stickige Zi unterschiedlicher Kategorie mit Fan und Gemeinschafts-Du/WC oder AC, Du/WC und TV in einem Neubau. Reservierungen klappen nicht immer. ❷–❸

Sitdhi (76), 2/3 Soi Rambuttri, ✆ 02-2823090, 60 einfache Zi mit Fan und Du/WC sowie 6 AC-Zi in ruhiger Lage. ❷–❸

An der verkehrsreichen Phra Athit Road

Four Son's House (52), 100 Phra Athit Rd., ✆ 02-2805910, 🖥 www.foursonshouse.com, rund um die Uhr geöffnetes Haus, kleine, teils dunkle, aber saubere Zi mit Fan, Warmwasser-Du/WC, Satelliten-TV und Telefon. ❸

Phra Athit Mansion (61), 22 Phra Athit Rd., ✆ 02-2800744-8, ✉ praarthit@hotmail.com. Sehr ruhig nach hinten gelegene AC-Zi mit großem Bad, TV und Kühlschrank. ❹

New Merry V. (61), 18-20 Phra Athit Rd., ✆ 02-2803315, 6290462. Saubere, kleine Zi in unterschiedlicher Ausstattung, teure mit AC, TV und Warmwasser-Du/WC, günstige mit Fan und Etagen-Du/WC, hellhörig und vorn viel Straßenlärm, aber gutes Preis-Leistungs-Verhältnis. Preiswertes, offenes Restaurant. ❶–❸

Östlich der Chakraphong Rd.

In den nördlichen Parallelstraßen zur Khaosan Rd. liegen:

Thai Cozy House (56), Tani Rd., ✆ 02-6295870-4, 🖥 www.thaicozyhouse.com, 54 Zi mit AC, TV, Warmwasser-Du/WC, Frühstück inkl., Dachgarten, im Erdgeschoss ein Restaurant. ❹

Orchid (63), 323/3 Soi Rambuttri, ✆ 02-2802691-2, neueres Haus, saubere Zi mit Balkon, Du/WC, Fan oder AC, nur die teuren mit Fenster. ❸

Four Son's Inn (63), 327/2-4 Soi Rambuttri, ✆ 02-6295812, 🖥 www.foursonsinn.com. Alle Zi mit AC, Warmwasser-Du/WC und Satelliten-TV, nur die teureren mit Fenster. ❸–❹

Pannee (P.) Gh. (64), 150 Soi Rambuttri, ✆ 02-2825576, 4-stöckiges Haus nahe dem Platz. Zi mit Fan und Gemeinschafts-Du/WC, Restaurant. ❷

Tuptim Bed & Breakfast (65), 82 Soi Rambuttri, ✆ 02-6291535, 🖥 www.tuptimb-b.com, kleines Haus mit 24 sauberen, sehr ruhigen AC-Zi und Gemeinschafts-Du/WC. Frühstück im kleinen Restaurant im Erdgeschoss inkl. ❹

Star Dome Inn (67), 104/1 Soi Rambuttri, ✆ 02-6291136, 🖥 www.stardomegroup.com, neues Guesthouse in einem 5-stöckigen Neubau über einem Restaurant, Zi mit Fan oder AC und Du/WC, die billigen ohne Fenster. ❸–❹

Khaosan Road

Khaosan Palace Hotel (70), 139 Khaosan Rd., ✆ 02-2820578. Kleine, helle Zi mit Fan oder AC, TV und Warmwasser-Du/WC, sauber, plastiküberzogene Matratzen, wegen der angrenzenden Kneipen laut, Neubau, winziger Pool, Schließfach. ❸–❺

Center Point Plaza (70), 183/185 Khaosan Rd., ✆ 02-6293232, 🖥 www.centerpointplaza.co.th, neues Backpacker-Hotel im modernen Stil mit rund um die Uhr geöffneter Rezeption. Alle Zi mit AC, Du/WC, TV, Safe und Internet-Zugang. Sitzecken im Treppen- und Flurbereich. Frühstück inkl. ❹

Marco Polo (71), 108/10 Khaosan Rd., ✆ 02-2811 715, über dem Pub, dessen laute Musik bis 2 Uhr überall zu hören ist, Zi mit AC oder Fan und Du/WC, z. T. Warmwasser. ❷–❸

VS (72), 136 Khaosan Rd., ✆ 02-2812078,einfaches kleines Gh. in einem alten Haus, familiäre Atmosphäre. ❷

Shambara Boutique Hostel (72), 138 Tanao Rd., ✆ 02-2827968, 🖥 www.shambarabangkok.com.

Nr.	Name	Preis	Adresse	Telefon
49	Twin, Three O, Jungle News / Blue, Bamboo Gh.	❷		
50	De Moc Hotel	❺	78 Prachathipathai Rd.	✆ 02-2822831
51	New World Lodge	❹	Soi Samsen 2	✆ 02-2822831
52	Four Son's House	❸	100 Phra Athit Rd.	✆ 02-2805910
53	Rambuttri Village Inn	❸–❹	95 Soi Rambuttri	✆ 02-2829162-3
53	Banglumpoo	❷	37 Soi Rambuttri	✆ 02-2820636
54	Thai Thai (Tuk)	❷	5 Soi Rambuttri	✆ 02-2807435
54	Lamphu House	❸–❹	75-77 Soi Rambuttri	✆ 02-6295861
55	Sawasdee House	❷–❸	147 Soi Rambuttri	✆ 02-2818138
56	Thai Cozy House	❹	Tani Rd.	✆ 02-6295870
57	New Siam 1	❷–❺	21 Soi Chana Songkhram	✆ 02-2824554
57	Erawan House	❹	17/1-2 Soi Chana Songkh.	✆ 02-6292121
57	Gecko	❷	25/3 Soi Chana Songkhram	✆ 02-2816888
58	Green	❷	27 Soi Chana Songkhram	✆ 02-6293025
58	Merry V.	❷–❸	33 Soi Chana Songkhram	✆ 02-2829267
58	New My House	❷–❸	37 Soi Chana Songkhram	✆ 02-2829263-4
59	Siam Riverside	❹–❺	21 Phra Athit Rd.	✆ 02-6293535
60	Roofgarden	❷–❸	62 Soi Rambuttri	✆ 02-6290626
60	Mango Lagoon Place	❹	30 Soi Rambuttri	✆ 02-2814783
60	Four Sons Village	❸–❹	54/1 Soi Chana Songkhram	✆ 02-6295390
60	Bella Bella House	❷–❸	74 Soi Chana Songkhram	✆ 02-6293090-1
60	Wild Orchid Villa	❷–❹	8 Soi Chana Songkhram	✆ 02-6294378
60	Happy House	❸	46 Soi Chana Songkhram	✆ 02-2803301
61	Phra Athit Mansion	❹	22 Phra Athit Rd.	✆ 02-2800744-8
61	New Merry V	❶–❸	18–20 Phra Athit Rd.	✆ 02-2803315
61	Peachy	❷–❸	10 Phra Athit Rd.	✆ 02-2816471
62	New Siam 2	❸–❹	50 Trok Rongmai	✆ 02-6290101
62	Place Inn	❶	28/2 Trok Rongmai	✆ 02-2821114
62	Sawas. Krungthep Inn	❸	30 Soi Rongmai	✆ 02-6290072
63	Viengtai Hotel	❺	42 Tani Rd.	✆ 02-2805434
63	Orchid	❸	323/2–3 Soi Rambuttri	✆ 02-2802691-2
63	Four Son's Inn	❸–❹	327/2–4 Soi Rambuttri	✆ 02-6295812
64	Pannee	❷	150 Soi Rambuttri	✆ 02-2825576
65	Au-Thong	❷	78 Soi Rambuttri	✆ 02-6292172
65	Tuptim Bed & Breakf.	❹	82 Soi Rambuttri	✆ 02-6291535
66	Green House	❷–❸	88/1 Soi Rambuttri	✆ 02-2819572
67	Star Dome Inn	❸–❹	104/1 Soi Rambuttri	✆ 02-6291136
68	Hello	❷–❸	63–65 Khaosan Rd.	✆ 02-2818579
69	Lek	❷	125–127 Khaosan Rd.	✆ 02-2818441
70	Khaosan Palace H.	❸–❺	139 Khaosan Rd.	✆ 02-2813272
70	Center Point Plaza	❹	183/185 Khaosan Rd.	✆ 02-6293232
70	Wally House	❷	189/1–2 Khaosan Rd.	✆ 02-2827067
71	Nat	❷	217–219 Khaosan Rd.	✆ 02-2826401
71	Marco Polo	❷–❸	108/7–10 Soi Rambuttri	✆ 02-2811715
72	Classic Inn	❷–❸	259 Khaosan Rd.	✆ 02-2817129
72	Buddy Lodge	❺	265 Khaosan Rd.	✆ 02-6294477
72	VS	❷	136 Khaosan Rd.	✆ 02-2812078
72	Shambara Boutique H.	❸	138 Khaosan Rd.	✆ 02-2827968
72	Harn	❷	140/1 Khaosan Rd.	✆ 02-2802129
73	O-Bangkok	❸–❹	28/1 Soi Rambuttri	✆ 02-2814777
74	Baan Sabai	❷–❸	12 Soi Rongmai	✆ 02-6291599
74	Sawasdee Smile Inn	❸	35 Soi Rongmai	✆ 02-6292340
75	Welcome Sawas. Inn	❷–❸	5–7 Soi Rongmai	✆ 02-6292321
75	Chai's House	❷	49/4–8 Soi Rongmai	✆ 02-2814901-2
76	U.T.C. Gh.	❷–❸	45 Soi Rambuttri	✆ 02-2826858
76	Sitdhi	❷–❸	3 Soi Rambuttri	✆ 02-2823090
77	Sugar	❷	45 Chakraphong Rd.	✆ 02-6293902
78	Chart	❷–❸	62 Khaosan Rd.	✆ 02-2820171
79	D&D Inn	❺	68–70 Khaosan Rd.	✆ 02-6290526-8
80	Kawin Place	❸	86 Khaosan Rd.	✆ 02-2817512
80	Mom Gh.	❸	98 Khaosan Rd.	✆ 02-2827191
81	Sawas. Bangkok Inn	❸–❹	126/2 Khaosan Rd.	✆ 02-2801251
81	Sawas. Banglump. Inn	❹	162 Khaosan Rd.	✆ 02-6292526
82	Siam Oriental Inn	❸–❹	190 Khaosan Rd.	✆ 02-6290312-3
83	Sawas. Khaosan Inn	❸–❹	18 Chakraphong Rd.	✆ 02-6294798-9
84	New Joe	❸	81 Trokmayom Chakraph. Rd.	✆ 02-2812948
85	Nana Plaza Inn	❹	202 Khaosan Rd.	✆ 02-28164 02
86	C.H. 1	❷	216 Khaosan Rd.	✆ 02-2825619
86	7 Holder	❷	216/2–3 Khaosan Rd.	✆ 02-2813682-3
86	Chada	❷	216/6 Khaosan Rd.	
87	First	❷–❸	149–151 Tanao Road	✆ 02-6293201
88	Sweety	❷	49 Ratchdamnoen Klang Rd.	✆ 02-2802191
88	CH II	❷	85–87 Soi Damn. Klang Nua	✆ 02-2806284
88	Nat II	❷	91–95 Soi Damn.Klang Nua	✆ 02-2820211
89	Royal Hotel	❹–❺	2 Ratchdamnoen Rd.	✆ 02-2229111

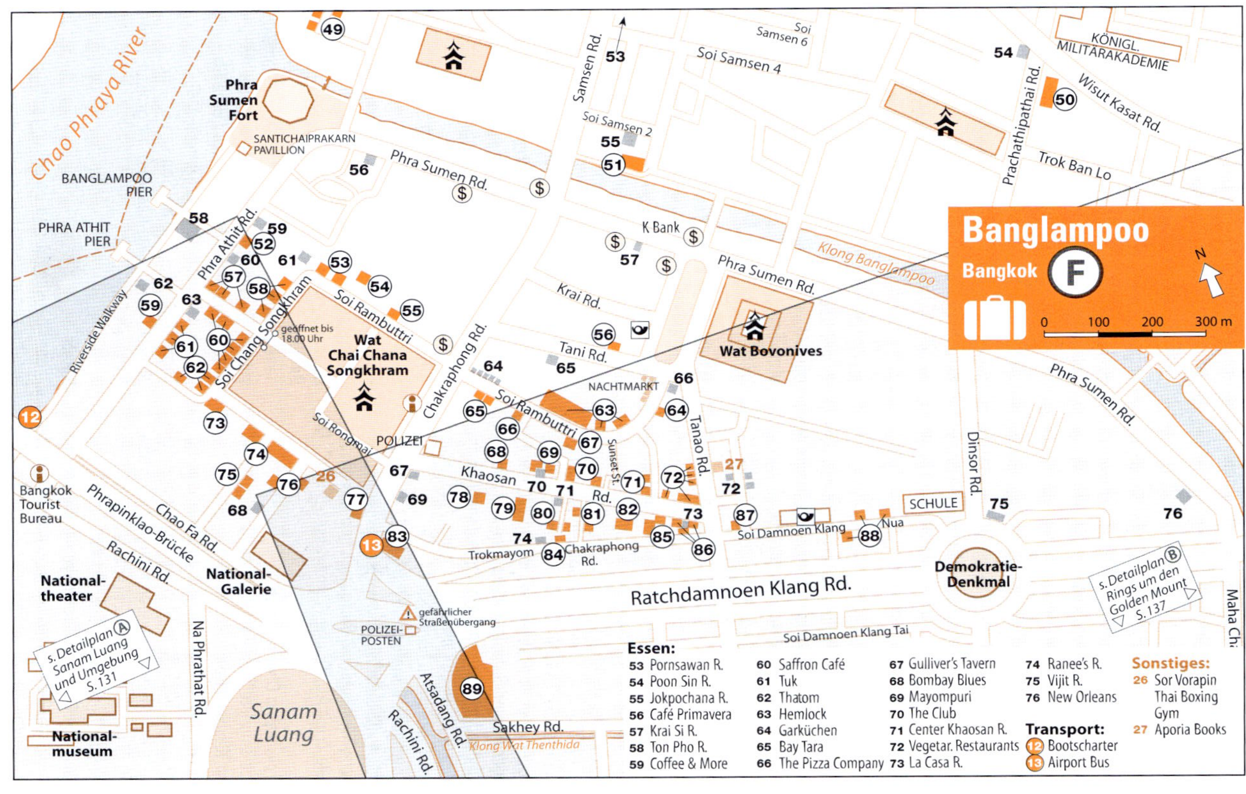

Banglampoo
Bangkok
F
N
0 100 200 300 m
Chao Phraya River
Phra Sumen Fort
SANTICHAIPRAKARN PAVILLION
BANGLAMPOO PIER
PHRA ATHIT PIER
Riverside Walkway
Phra Athit Rd.
Soi Chang Songkhram
geöffnet bis 18.00 Uhr
Wat Chai Chana Songkhram
Soi Rambuttri
Soi Rongmai
POLIZEI
Chakraphong Rd.
Phra Sumen Rd.
Samsen Rd.
Soi Samsen 2
Soi Samsen 4
Soi Samsen 6
K Bank
Krai Rd.
Tani Rd.
NACHTMARKT
Khaosan Rd.
Sunset St.
Tanao Rd.
Trokmayom
Chakraphong Rd.
Soi Damnoen Klang Nua
Wat Bovonives
Klong Banglampoo
Prachathipathai Rd.
Trok Ban Lo
Wisut Kasat Rd.
KÖNIGL. MILITARAKADEMIE
Dinsor Rd.
SCHULE
Demokratie-Denkmal
Ratchdamnoen Klang Rd.
Soi Damnoen Klang Tai
s. Detailplan B Rings um den Golden Mount S. 137
Maha Chai
Bangkok Tourist Bureau
Phrapinklao-Brücke
Chao Fa Rd.
Rachini Rd.
National-theater
National-Galerie
gefährlicher Straßenübergang
POLIZEI-POSTEN
Na Phrathat Rd.
s. Detailplan A Sanam Luang und Umgebung S. 131
National-museum
Sanam Luang
Atsadang Rd.
Rachini Rd.
Sakhey Rd.
Klong Wat Thenthida
Essen:
53 Pornsawan R.
54 Poon Sin R.
55 Jokpochana R.
56 Café Primavera
57 Krai Si R.
58 Ton Pho R.
59 Coffee & More
60 Saffron Café
61 Tuk
62 Thatom
63 Hemlock
64 Garküchen
65 Bay Tara
66 The Pizza Company
67 Gulliver's Tavern
68 Bombay Blues
69 Mayompuri
70 The Club
71 Center Khaosan R.
72 Vegetar. Restaurants
73 La Casa R.
74 Ranee's R.
75 Vijit R.
76 New Orleans
Transport:
12 Bootscharter
13 Airport Bus
Sonstiges:
26 Sor Vorapin Thai Boxing Gym
27 Aporia Books

Mit etwas historischem Flair eingerichtetes Gh. mit kleinem Restaurant im Vorhof. 9 Zi mit Fan oder AC, freundliches Management. ❸

Harn Gh. ⑫, 140/1 Tanao Rd., ✆/℻ 2802129-30, am östlichen Ende der Khaosan Rd. in der ersten Gasse Richtung Norden. Sehr saubere, renovierte und ruhige Zi mit Fan und Du/WC, freundliches, hilfsbereites Personal, gutes Preis-Leistungs-Verhältnis. ❷

D&D Inn ⑲, 68-70 Khaosan Rd., ✆ 02-6290526-8, 💻 www.khaosanby.com, etwas kühles Hotel, in 3 Gebäuden 150 Zi mit plastiküberzogenen, harten Matratzen, Du/WC, AC, TV, Telefon, teure Suiten und billige Zi ohne Fenster, zur Straße hin laut. Auf dem Dach kleiner Pool mit Bar, guter Ausblick. Der Service könnte aufmerksamer sein. Frühstücksbuffet im angenehm gestalteten Gartenrestaurant mit kleinem Lotosteich, das an die Trokmayom Chakraphong grenzt. ❺

Kawin Place ⑳, 86 Khaosan Rd., ✆ 02-2817512, ✉ kawinplace@yahoo.com, sehr sauberes Kleinhotel zurückversetzt in einer ruhigen Gasse, hellhörige Zi mit Fan oder AC, einige mit Gemeinschafts-Du/WC. Rezeption rund um die Uhr. Gesellige Atmosphäre. ❸

Sawasdee Bangkok Inn (81), 162/2 Khaosan Rd., ✆ 02-28012, 💻 www.sawasdee-hotels.com, mehrstöckiges Haus in einer schmalen Gasse südlich der Khaosan Rd., Zi mit Du/WC und Fan oder AC und Safe, fast alle gehen von umlaufenden Innenbalkons im Südstaatenstil ab. Im Innenhof Restaurant mit Fernseher, der gut in den Zimmern zu hören ist. ❸–❹

Sawasdee Banglumpoo Inn (81), 162 Khaosan Rd., ✆ 02-6292526, 💻 www.sawasdee-hotels.com, Kleinhotel mit Biergarten und Restaurant. Alle Zi mit AC, TV und Warmwasser-Du/WC. ❹

Trokmayom Chakraphong

Die schmale Gasse verläuft im Süden parallel zur Khaosan Rd.

Sawasdee Khaosan Inn (83), 18 Chakraphong Rd., ✆ 02-6294798-9, 💻 www.sawasdee-hotels.com, Ecke Ratchdamnoen Klang Rd. 70 große AC-Zi mit TV und Kühlschrank, teils ohne Fenster oder laut, Restaurant. ❸–❹

New Joe Gh. (84), 81 Trokmayom Chakraphong, ✆ 02-2812948, 💻 www.newjoe.com, Kleinhotel, teils renovierte Zi mit Fan oder AC und Du/WC, einige mit Warmwasser, Restaurant mit vielen vegetarischen Gerichten und Bar, kompetente Mitarbeiter. ❸

In einer Gasse östlich der Tanao Rd.

Hier liegen einige einfache Gästehäuser. In einigen warten Mädchen auf Kunden. Von der nahen Moschee wird man morgens geweckt.

First Guest House (87), 149-151 Tanao Rd., ✆ 02-6293201, sauberes Haus, Zimmer mit Gemeinschafts-Du/WC und AC. ❷–❸

Sweety (88), 49 Ratchdamnoen Klang Rd., ✆ 02-2802191, Eingang auch von der Ratchdamnoen Rd. Einfache Zi mit Fan oder AC, z. T. mit Du/WC, Dachgarten. ❷

Nat II (88), 91-95 Soi Damnoen Klang Nua (Soi Post Office), ✆ 02-2820211, saubere Zi mit Fan oder AC, einige mit Du/WC, die preiswerteren ohne Fenster, Schließfächer. Im Erdgeschoss Restaurant mit Bar. ❷

Nördlich vom Klong Banglampoo, nahe dem Fluss, 10–20 Fußminuten von der Khaosan Rd.

Baan Phiman Resort ⑤, 123 Soi Samsen 5, ✆ 02-2825594, ✉ baanphiman@hotmail.com, am Fluss hinter Wat Samphraya nahe dem Pier Rama VIII in völlig untouristischer Umgebung. 17 Zi mit Gemeinschafts-Du/WC und einfache A-frame-Hütten am Fluss, Hängematten, etwas laut wegen dem Bootsverkehr und der nahen Brücke, hochwassergefährdet. Sehr freundliche, hilfsbereite Besitzer. ❷

Twin (49), 20/2 Soi Samsen 1, ✆ 02-2815757, ✉ twinguesthouse@thaimail.com, 14 saubere, kleine, hellhörige Zimmer mit Fan in ruhiger Umgebung, Gemeinschafts-Du/WC, familiäre Atmosphäre, geleitet von Usanee und Emon. ❷

Bamboo Gh. (49), 67 Soi Samsen 1, ✆ 02-2823412, nettes Haus im Thai-Stil, Zi mit Fan und Gemeinschafts-Du/WC, großer Aufenthaltsraum. ❷

In der Nähe liegen **Jungle News / Blue Gh.**, unter koreanischer Leitung, sowie das **Three O Gh.** (49), 20/5 Soi Samsen 1, ✆ 02-2818888, ruhiges, kleines Haus mit großen, komfortablen Fan-Zi. ❷

Hotels

In der Khaosan Rd. und Umgebung entstehen zunehmend teurere Unterkünfte:

Siam Riverside ⑤⑨, 21 Phra-Athit Rd., ✆ 02-6293535, 💻 www.newsiam.net, neues Kleinhotel am Fluss, sehr schöne AC-Zi mit Du/WC, TV, Kühlschrank und Safe, teils mit Flussblick, sowie preiswertere Standard-Zi. Trotz zentraler Lage ruhig gelegen. Übers Internet buchbar. ❹–❺

Viengtai Hotel ⑥③, 42 Tani Rd., ✆ 02-2805434-5, 💻 www.viengtai.co.th, älteres Mittelklassehotel mitten in Banglampoo, 200 renovierte Zi, Frühstücksbuffet inklusive. Einfacher, sauberer Pool im Innenhof im 3. Stock. ❺

Buddy Lodge ⑦②, 265 Khaosan Rd., ✆ 02-6294477, 💻 www.buddylodge.com. Das große Hotel in der Einkaufspassage, die einen großen Teil der nordöstlichen Khaosan Rd. einnimmt, wirkt wie absoluter Luxus. Alles entspricht dem Hotelstandard, von der Lobby bis zu den 76 Zi mit AC, Bad, Minibar und Safe, z. T. mit Balkon. Pool, Spa, Fitnesscenter, gutes Frühstück inkl. In der Einkaufspassage McDonald's, Restaurants und eine riesige Bar im Kolonialstil. Einen Blickfang am Eingang bilden mehrere alte Triumph-Motorräder, Oldtimer oder ein neuer BMW, die aus der Sammlung des Besitzers Taifah, des „Königs der Khaosan Rd.", stammen. ❺

Royal Hotel ⑧⑨, 2 Ratchdamnoen Rd., ✆ 02-2229111-26, 📠 2242083, ✉ reservation@rattanakosin-hotel.com. Sein größtes Plus ist die zentrale Lage am Sanam Luang, 140 renovierungsbedürftige, zweckmäßig eingerichtete Zi, Pool, mehrere Restaurants, angenehme, belebte Lobby, Rabatt bei längerem Aufenthalt. ❹–❺

Thewet

Weiter nördlich zwischen Banglampoo und Ratchawithi Rd. wohnt man in einer ruhigen, zentralen Wohngegend nahe dem Fluss mit viel Lokalkolorit. Außer einigen billigen Gästehäusern locken farbenprächtige Märkte. Der Sanam Luang ist mit Bussen und Expressbooten gut zu erreichen, die Anfahrt zu den Busbahnhöfen ist hingegen mühsam.

Gästehäuser

Mehrere nette Gästehäuser hinter der Nationalbibliothek.

Tavee Gh. ④, 83 Soi 14 Sri Ayutthaya Rd., ✆ 02-2801447, saubere Zi, Gemeinschafts-Du/WC, geräumiges Haus mit gutem Restaurant und angenehmem Aufenthaltsraum, nettes Personal. ❷–❸

Back-Packers Lodge ④, 85 Soi 14 Sri Ayutthaya Rd., ✆ 02-2823231, am Ende der Soi, Haus mit 12 Zimmern, Gemeinschafts-Du/WC, nette familiäre Atmosphäre. ❷–❸

Sawatdee ④, 71 Sri Ayutthaya Rd., ✆ 02-2810757, dunkle Zi mit Fan oder AC, mit und ohne Du/WC, kleiner Vorhof. ❷–❸

Shanti Lodge ④, 37 Sri Ayutthaya Rd., ✆ 02-2812497, saubere, stilvoll und nett eingerichtete Zi in allen Kategorien, vom Schlafsaalbett für 100 Baht über kleine Zi mit Fan bis zu größeren mit AC, mit kleinem Garten, viele Stammgäste. Angenehmer Aufenthaltsraum im Erdgeschoss. Im Restaurant gibt es gutes Essen, auch vegetarisch. Freundliches, kompetentes Management. ❷–❹

Taewez Gh. ④, 23/12 Sri Ayutthaya Rd., ✆ 02-2808856, in einem einfachen Wohnhaus Zi mit Fan oder AC, Etagen-Du/WC, Bett im Schlafsaal 150 Baht. ❷–❸

Sri-Ayutthaya ④, 23/11 Sri Ayutthaya Rd., ✆ 02-2825942, Zimmer mit Fan und einige mit AC, Restaurant im Erdgeschoss. ❸

Bangkok Youth Hostel (BYH) ⑥, 25/2 Phitsanulok Rd., ✆ 02-2820950, 💻 www.tyha.org, Ermäßigung mit Jugendherbergsausweis, Schlafsaalbetten 120 Baht (+ 50 Baht für Nicht-Mitglieder), sterile, ungemütliche Zi mit Du/WC und AC, die sich nicht ausstellen lässt, nach vorn hin ziemlich laut. Dafür sicher, freundliches Management. ❷–❸

Hotels

Vor allem in dieser Gegend gibt es einige Curtain-Hotels, die stundenweise von einheimischen Männern besucht werden – zu erkennen an den Autoparkplätzen mit Vorhang.

Best Western Swana Hotel ⑥, 332 Wisut Kasat Rd., ✆ 02-2828899, 💻 www.swanabangkok.com. Neues Hotel mit relativ kleinen AC-Zi, alles sehr stylish und trotzdem relativ günstig, eher mäßiges Frühstück, schöner Innenhof. ❺–❻

Trang ⑥, 99/1 Wisut Kasat Rd., ✆ 02-2822141-4, 📠 2803610, günstig übers Internet. Ein älteres, einfaches, aber ordentliches Hotel in einer ruhigen Sackgasse. Zi mit Du/WC, AC, Telefon, TV, teilweise Kühlschrank, guter Zimmerservice.

Großes chinesisches Restaurant mit Terrasse, Frühstücksbuffet, Pool im Innenhof. ❺

Royal Princess Hotel ⑭, 269 Larn Luang Rd., ✆ 02-2813088, 🖥 www.royalprincess.com, das beste zur Dusit-Gruppe gehörige 4-Sterne-Hotel im historischen Stadtkern mit stilvollen Zimmern liegt etwas versteckt abseits der lauten Straße. Gutes Restaurant, Pool. ❻

Prince Palace Hotel ⑮, 488/800 Tamrongrak Rd., im Bo Bae Tower, ✆ 02-6281111, 🖥 www.princepalace.co.th. In einem Neubaublock im 11.–32. Stock 310 luxuriöse Zi in hellen Farbtönen mit allen Annehmlichkeiten, schöner Pool im 11. Stock mit toller Aussicht und ein gutes Textilien-Angebot im Untergeschoss. ❺–❻

De Moc Hotel ㊿, 78 Prachathipathai Rd., ✆ 02-2822831-3, 📠 2801299, kostenloser Tuk Tuk-Shuttle in die Khaosan Rd. Ordentliches Mittelklassehotel aus den 1960er-Jahren, 100 AC-Zi mit TV und Minibar, Frühstück inkl., Pool an der Straße und Biergarten. ❺

Sukhumvit Road und Umgebung

In dieser Gegend sind die meisten Europäer zu Hause – Touristen wie Geschäftsleute. Entsprechend groß ist die Auswahl an Hotels der mittleren und gehobenen Kategorie. Hier braucht man auf nichts zu verzichten, internationale Restaurants und vielfältige Einkaufsmöglichkeiten machen das Geldausgeben zum Vergnügen. Während der Hauptverkehrszeit wird die Sukhumvit Rd. zu einem kilometerlangen Parkplatz, über den man mit dem Skytrain problemlos hinübergleitet. Über den Expressway sind die Verkehrsanbindungen zum Flugplatz im Norden recht gut, und auch der Ekamai (Eastern) Bus Terminal liegt vor der Tür.

In der Preisklasse bis 800 Baht ist das Angebot mäßig. Hingegen werden in der Soi 9 sowie in den Sois 11 und 13 von vielen Kleinhotels für 800–1000 Baht zweckmäßig eingerichtete Zi mit AC, Du/WC, TV und Kühlschrank offeriert. Teure Hotels sind günstiger über Internet, Reisebüros und Veranstalter zu buchen.

Kleinhotels und Gästehäuser

HI Sukhumvit (YHA) ⑩, 23 Soi 38 Sukhumvit Rd., ✆ 02-23919338, 🖥 www.tyha.org, 150 m von der Skytrain-Station Thong Lo, Exit 4. Neues Hostel, Betten in nach Geschlechtern getrennten und gemischten AC-Schlafsälen für 300 Baht, saubere AC-Zi mit und ohne Du/WC, Küchenbenutzung, Waschmaschine, Gepäckaufbewahrung und Internetzugang, familiäre Atmosphäre. ❹

Thai House Inn ⑨①, 1/1 Soi 7 Sukhumvit Rd., ✆ 02-2554698, 📠 2531780. In einem alten Haus 24 saubere Zi mit Du/WC, Kühlschrank und Teppichböden. ❹

World Inn ⑨①, 131/5-7 Soi 9 Sukhumvit Rd., ✆ 02-2535391-2, 📠 2537728, etwas ältere, abgewohnte Zi mit AC, Bad/WC, TV und Kühlschrank. ❹

Star Inn Hotel ⑨①, 131/40-41 Soi 9 Sukhumvit Rd., ✆ 02-6510760, über dem Havanna Club Room, einem Zigarrenclub. 33 ruhige,neue Zi mit Bad, Satelliten-TV, DVD-Player, gefliesten Böden und viel Holz, unter belgischer Leitung. ❺

Maxim's Inn ⑨①, 131/21-23 Soi 9 Sukhumvit Rd., ✆ 02-2529911-2, ✉ maximinn@loxinfo.co.th, Zi mit Du/WC und AC, inkl. Frühstück, zweckmäßige Ausstattung, ruhig gelegen, von einigen Zimmern blickt man neidisch auf den Pool des benachbarten Luxushotels. ❹

City Lodge ⑨②, 137/1-3 Soi 9 Sukhumvit Rd., ✆ 02-2537705, 🖥 www.amari.com, 28 saubere Zi mit AC, Bad/WC, Telefon, TV und Kühlschrank an der Sukhumvit (Schallschutzfenster). Weitere 35 Zimmer in der etwas ruhigeren Soi 19, ✆ 02-2544783, 📠 2557340. Dort auch das italienische Restaurant La Gritta mit Mittagsbuffet. ❺

Suk 11 Hostel ⑨②, 1/33 Soi 11 Sukhumvit Rd., ✆ 02-2535927, 🖥 www.suk11.com, nur mit kleinen Schildern versehen, aber am Restaurant und Souvenirshop im Holzhaus zu erkennen. Familiäres Gästehaus für Nichtraucher in zwei im traditionellen Stil restaurierten Geschäftshäusern. In einem Block AC-Zi mit Gemeinschafts-Du/WC sowie Dorm-Betten für 300 Baht, im anderen Haus AC-Zi mit Du/WC, hübsch gestalteter Innenhof, Dachterrasse und Aufenthaltsräume, Wäscheservice, Gepäckaufbewahrung, Internet, Frühstück inkl. ❹

Bangkok Inn ⑨④, 155/12-13 Soi 11 Sukhumvit Rd., ✆ 02-2544834-7, 🖥 www.bangkok-inn.com, 18 saubere Zi mit AC, Du/WC, Safe, Satelliten-TV, Kühlschrank, unter Leitung von Franziska aus Deutschland, aufmerksamer Service, ruhig. ❹

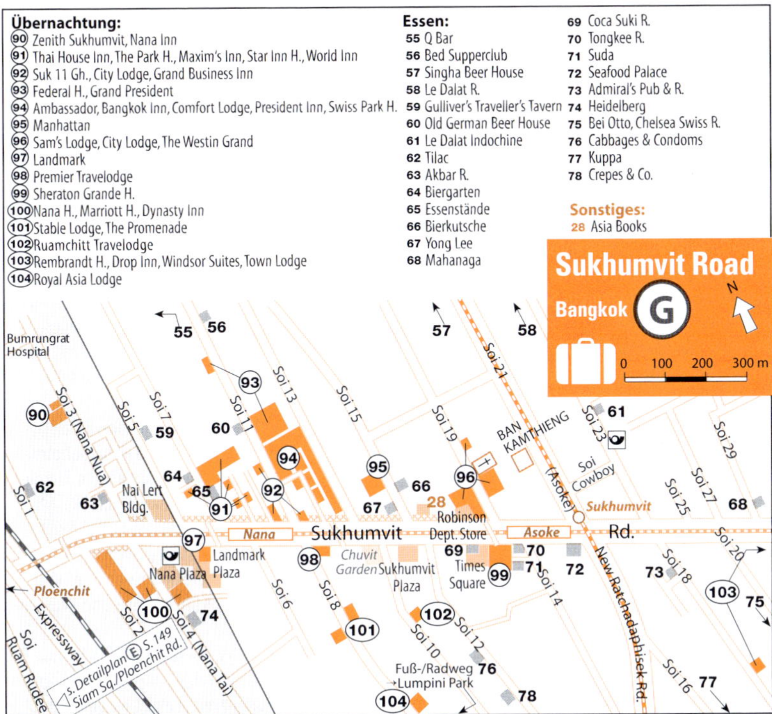

President Inn (94), 155/14-16 Soi 11 Sukhumvit Rd., ✆ 02-2554230-4, 💻 www.cv100.com, ruhig und relativ preiswert, AC-Zi mit Du/WC, TV und Safe, freundliches indisches Management. ❹

Comfort Lodge (94), 153/11-14 Soi 11 Sukhumvit Rd., ✆ 02-2519250, 📠 2543562, in die Jahre gekommenes Kleinhotel, Zi mit AC, TV und Kühlschrank. ❹

Sam's Lodge (96), 28-28/1 Soi 19 Sukhumvit Rd., ✆ 02-22532993, 💻 www.samslodge.com, neue Zi mit Fan und dicken Matratzen, Gemeinschafts-Du/WC, Dachterasse. ❹

Stable Lodge (101), 39 Soi 8 Sukhumvit Rd., ✆ 02-6530017-9, 💻 www.stablelodge.com, nettes Kleinhotel unter dänischer Leitung. Relativ kleine Zi mit AC, Du/WC, z. T. mit Balkon, Pool in kleinem Garten. Restaurant mit abendlichem Bar-B-Q. ❺

Ruamchitt Travelodge (102), 11/1 Soi 10 Sukhumvit Rd., ✆ 02-6531314, ✉ rcbangkok@hotmail.com, einfaches Haus in einer ruhigen Soi mit zweckmäßigen AC-Zi mit kleiner Du/WC, schattenloser Pool im Vorhof und Café. ❺

Drop Inn (103), 392/28-31 Soi 20 Sukhumvit Rd., ✆ 02-2580071-4, 💻 www.dropinnbangkok.com. Kleines, freundliches Haus in guter Lage, saubere, gut eingerichtete Zi mit AC und Du/WC, Frühstück inkl. ❹–❺

Einfache Hotels

Livingstones Lodge (9), 7 Soi 33 Sukhumvit Rd., ✆ 02-2612800, 💻 www. living stones.co.th, BTS-Station Phrom Phong, 31 nett eingerichtete, komfortable Zi mit TV, Internet-Zugang, Safe und Minibar, teils zudem mit Jacuzzi-Wanne und Balkon. Steakhouse, Restaurant, Biergarten und Pub. Rattan und Bambus sorgen rings um den Pool für Urlaubsatmosphäre. ❺

Nana Inn (90), 13/9 Soi 3 Sukhumvit Rd., ✆ 02-255 4404-5, 📠 2544317, Kleinhotel, alle Zi mit AC, Du/ WC und TV. Die niedrige Decke in der Lobby wirkt auf große Europäer etwas beklemmend. ❹

Federal Hotel (93), 27 Soi 11 Sukhumvit Rd., ✆ 02-2530175-6, 💻 www.federalbangkok.com, etwas abseits der Hauptstraße, ruhig gelegenes, älteres Hotel mit Pool, gepflegte Zimmer mit AC, Bad/WC, Satellitenfernsehen, Minibar. Gutes Preis-Leistungs-Verhältnis. Günstiges Restaurant mit langsamem Service. Vorbuchung empfehlenswert. ❹

Premier Travelodge (98), 170-170/1 Soi 8 Sukhumvit Rd., ✆ 02-2513031, ✉ premierlodge@yahoo.com, einfache Zi mit Du/WC, AC, TV und Kühlschrank nahe der Sukhumvit Rd., daher etwas laut. ❹–❺

Nana Hotel (100), Soi 4 Sukhumvit Rd., ✆ 02-2552525, 💻 www.nanahotel.co.th, älterer Hotelblock mitten im Trubel, dessen 349 Zimmer mit AC, Bad, TV und Kühlschrank von vielen Stammgästen gebucht werden, Pool, 24-Std.-Bar vor dem Hotel. ❺–❻

Dynasty Inn (100), 5/4-5 Soi 4 Sukhumvit Rd., ✆ 02-6568100-6, 💻 www.dynastyinn.com, etwas älteres, sauberes Hotel, 50 komplett ausgestattete Zi, einige an der lauten Straße im Zentrum des Nachtlebens, 24-Std.-Coffeeshop mit vielen Mädchen. ❹–❺

The Promenade (101), 18 Soi 8 Sukhumvit Rd., ✆ 02-2534309, 💻 www.psi-promenade.com, teils renovierte AC-Zi mit Minibar. ❹

Town Lodge (103), 106 Soi 18 Sukhumvit Rd., am Ende der Soi, ✆ 02-6637712, ✉ townlodge@gmail.com, neues, aufgemöbeltes Kleinhotel am Ende der Soi mit moderner Einrichtung. Zi mit AC, kleiner Du/WC, TV, DVD-Player und Minibar u. a. mit Alka Seltzer sowie einer Auswahl an Kondomen. Frühstück inkl. Kleine, nette Bar. ❺

Royal Asia Lodge (104), 91 Soi 8 Sukhumvit Rd., ✆ 02-2515514-6, 💻 www.royalasialodge.com, fast am Ende der Soi, rund um die Uhr kostenloser, hoteleigener Tuk-Tuk-Transport zur Sukhumvit Rd., angenehmes Hotel unter hilfsbereiter indischer Leitung, Zi mit Du/WC und AC, winziger Pool auf dem Dach. Günstiger übers Internet zu buchen. ❺

Hotels mit gehobenem Standard

The Eugenia (9), 267 Soi 31, Sukhumvit Rd., ✆ 02-2599017-9, 💻 www.theeugenia.com, ein besonders schönes Boutique-Hotel. Die 12 Suiten sind ganz im Stil des neokolonialen Hauses stimmungsvoll mit vielen Antiquitäten eingerichtet. Im Innenhof ein Pool, zudem ein Café. Der Service ist dem Preis entsprechend perfekt. ❽

Zenith Sukhumvit (90), 29/117 Soi 3 Sukhumvit Rd., ✆ 02-6554999, 💻 www.zenith-hotel.com, Hotel in den oberen Stockwerken eines Neubaus mit Executive Floor für Geschäftsleute. 160 kleine, nett eingerichtete Zimmer, freundlicher Service, Pool auf dem Dach mit toller Aussicht, Frühstück inkl. ❻

The Park Hotel (91), 6 Soi 7 Sukhumvit Rd., ✆ 02-2554300, 📠 2554309, Mittelklassehotel, das von außen mehr verspricht als die Zimmer halten können. Frühstück inkl., Pool. ❺–❻

Grand Business Inn (92), 2/4 Soi 11 Sukhumvit Rd., ✆ 02-2547981-4, 💻 www.awgroup.com, neues Mittelklasse-Hotel mit zweckmäßiger Ausstattung inkl. TV, Kühlschrank und Wasserkocher. ❺

Grand President (93), 14-16 Soi 11 Sukhumvit Rd., ✆ 02-6511200, 💻 www.grandpresident.com. In den 3 Hochhäusern mit jeweils eigenem Pool und Fitnesscenter können 437 Studios und Suiten gemietet werden, die sich vor allem für Familien lohnen, die länger bleiben wollen. Auch Suiten mit 2 Zimmern, Kochecke und Wohnzimmer. ❺–❼

Swiss Park Hotel (94), 155/23 Soi 11 Sukhumvit Rd., ✆ 02-2540228-9, 💻 www.swissparkhotelbangkok.com. 18-stöckiges Business-Hotel mit über 100 etwas abgenutzten, aber sauberen Zimmern der Mittelklasse. Pool im 7. Stock. Freundlicher Service. Frühstück inkl. ❺–❻

Manhattan (95), 13 Soi 15 Sukhumvit Rd., ✆ 02-2550166, 💻 www.hotelmanhattan.com, etwas älteres Hotel mit japanischem Restaurant und Urlaubern wie Langzeitgästen, Pool. ❺

Landmark (97), 138 Sukhumvit Rd, ✆ 02-2540404, 💻 www.landmarkbangkok.com, 31-stöckiges Luxushotel, 415 elegant eingerichtete Zimmer und Suiten mit allem Komfort, Pool, Jacuzzi, Sauna und Massage, großes Frühstücksbuffet inkl., 5 Restaurants und zahlreiche Geschäfte. ❽

Rembrandt (103), 19 Soi 18 Sukhumvit Rd., ✆ 02-2617100, 🖳 www.rembrandtbkk.com. 4-Sterne-Hotel mit über 400 Zi und Suiten auf 26 Stockwerken. Aufmerksamer Service. Pool im 4. Stock, Frühstücksbuffet, indischer Brunch So. Das indische Restaurant ist das beste Thailands. ❻–❽
Windsor Suites (103), 8-10 Soi 20, Sukhumvit Rd., ✆ 02-2621234, 🖳 www.windsorsuiteshotel.com, über Veranstalter buchbar, 460 Minisuiten auf 32 Stockwerken, sehr guter Service, Frühstück mit Körnerbrot, netter Pool. ❽

Siam Square und Umgebung

In diesem Gebiet gibt es einige günstige Kleinhotels etwas abseits vom Trubel und dennoch verkehrsgünstig am Skytrain und in der Nähe vieler Restaurants und guter Einkaufsmöglichkeiten.

Kleinhotels

Muangphol Mansion (46), 931/9 Rama I Rd., ✆ 02-2194445, ✉ mpm@loxinfo.co.th, einfaches Hotel über einem 24 Std. geöffneten Restaurant, Zi mit AC, Warmwasser-Du/WC und Kühlschrank, zur Straße hin laut. ❹
Pranee Bldg. Accommodation (46), 931/12 Soi Kasemsan 1, Ecke Rama I Rd., ✆ 02-2163181, 📠 2150364, einfache Zi mit Du/WC und AC, zur Hauptstraße hin laut. ❸
White Lodge (46), 36/8 Soi Kasemsan 1, ✆ 02-2168867, 📠 2168228, kleine Zi mit Warmwasser-Du/WC und AC. Die Zimmer im Erdgeschoss können wegen der angrenzenden Waschküche sehr laut sein. Im Vorhof ein einfaches Restaurant, das zum Frühstück und Abendessen öffnet. ❸
A-One Inn (46), 25/13-15 Soi Kasemsan 1, ✆ 02-2153029, 🖳 www.aoneinn.com, ältere Zi mit AC, Du/WC, TV und Telefon. ❸
Wendy House (46), 36/2 Soi Kasemsan 1, ✆ 02-2141149-50, 🖳 www.wendyguesthouse.com, die AC-Zi mit Du/WC, TV und Kühlschrank werden auch langfristig vermietet. Im EG ein Café. ❹–❺
The Bed & Breakfast (46), 36/42-43 Soi Kasemsan 1, ✆ 02-2153004, 📠 2152493, kleine Zi mit einem oder 2 Betten, AC und Warmwasser-Du/WC, inklusive Frühstück. ❸

Hotels

Amari Atrium (7), 1880 New Phetchaburi Rd., ✆ 02-7182000, 🖳 www.amari.com, großes Hotel mit 568 Zi, das manchmal mit attraktiven Sonderangeboten aufwartet. ❽
Morakot Hotel (8), 2802 New Phetchaburi Rd., ✆ 02-3140761-3, 📠 3191461, etwas außerhalb gelegen, kleines Hotel mit gutem Preis-Leistungs-Verhältnis, Zi mit AC, Swimming Pool, Disco. ❺–❽
Eastin Bangkok (43), 1091/343 New Phetchaburi Rd., ✆ 02-6517600, 🖳 www.eastinbangkokhotel.com, günstig über Reisebüros zu buchendes, etwas abseits gelegenes Mittelklasse-Hotel nahe Pratunam-Markt mit 299 Zi, schöner Pool, Restaurant mit mäßigem Essen. ❻
Samran Place (45), 302 Phetchaburi Rd., ✆ 02-6111245-54, 🖳 www.samran.com, 78 saubere Zi mit AC, zur Straße hin sehr laut. Gutes Essen, unbedingt Tom Yam probieren. Freundlicher Service. ❺
Reno Hotel (46), 40 Soi Kasemsan 1, ✆ 02-2150026-7, 🖳 www.renohotel.co.th, hübsche Lobby und relativ große, geflieste Zi mit AC, teurere mit TV, Kühlschrank und Safe, einige mit durchgelegenen Matratzen und abgenutzter Einrichtung, im Hinterhof Pool mit kleiner Sonnenterrasse, kleines Frühstück inkl., ansonsten teures Restaurant, Parkplatz. Gutes Preis-Leistungs-Verhältnis. ❹–❺
Siam@Siam (47), 865 Rama I Rd., ✆ 02-2173000, 🖳 www.siamatsiam.com, Designerhotel mit 203 in kräftigen Farben gestalteten Zi mit allen technischen Raffinessen. In gleicher Art sind das Restaurant mit Pub sowie die Lobby Bar, zudem ein Pool, Spa und Fitnesscenter. ❼
Conrad Bangkok (48), 87 Witthayu Rd., ✆ 02-6909999, 🖳 www.conradbangkok.com. Großes 5-Sterne-Hotel mit allen Einrichtungen im Hochhauskomplex des All Seasons Place. ❽
Baiyoke Sky Hotel (49), im Baiyoke II Tower, 222 Ratchaprarop Rd., ✆ 02-6563000, 🖳 www.baiyokehotel.com, 673 großzügige, saubere Zi vom 22.–74.Stock in einem der höchsten Hotels der Welt, übertroffen vom Burj Al Arab, dem Super-Luxushotel in Dubai. Die Preise steigen mit der Geschosszahl. Frühstücksbuffet im Baiyoke Sky Restaurant im 78.Stock, von 18–22.30 Uhr riesiges Buffet mit über 100 Gerichten für etwa 500 Baht, 🕓 bis 22 Uhr. Weitere Zi im Baiyoke Suite Hotel (42) im älteren Baiyoke I Tower, Ratchaprarop Rd., ✆ 02-2557755. ❻–❼

Chinatown

Neben den Billighotels im „Bahnhofsviertel" rings um den Hauptbahnhof Hua Lamphong gibt es einige gute chinesische Mittelklassehotels in der Yaowarat Rd. Touristen sind zumeist froh, das Viertel, in dem die Konzentration von Lärm und Luft verpestenden Verkehrsmitteln ein unerträgliches Ausmaß angenommen hat, schnell wieder zu verlassen. Die Nähe zum Hauptbahnhof, der U-Bahn und Menam Chao Phraya sind allerdings Gründe, hier zu wohnen.

Gästehäuser

Baan Hua Lampong Gh. ⑲, 336/20, 21 Soi Chalong Krung, Rama IV Rd., in einer Gasse gegenüber vom Bahnhof nahe Expressway, ✆ 02-6398054, 💻 www.baanhua lampong.com. Saubere, nette Zi mit Fan, schöne Gemeinschafts- Du/WC, Aufenthaltsraum mit TV, Internet, Gemeinschaftsküche, Waschmaschinen, Dachterrasse, freundliches Personal, Deutsch sprechender Manager. ❸–❹

Your Place Gh. ⑲, gegenüber, 336/17 Soi Chalong Krung, Rama IV Rd., ✆ 02-6398034, 💻 www. yourplaceguesthouse.com, hat 15 saubere Zi mit Fan und Gemeinschafts-Du/WC oder AC und Warmwasser-Du/WC. Frühstück inkl. Zudem Wäscheservice und Gepäckaufbewahrung. Beliebt bei japanischen Backpackern. ❷–❹

F.F. Guesthouse ⑲, 340/1 Trok La-O, Rama IV Rd., ✆ 02-2334168. 10 ruhig gelegene, preiswerte Zi mit Gemeinschafts-Du/WC in einem kleinen Haus am Ende der Soi, lockere, familiäre Atmosphäre. ❷

River View ⑳, 768 Soi Panunrangsi Songwat Rd., südwestlich vom Wat Traimit, 8 Min. vom Harbour Department Pier, ✆ 02-2345429, ✉ riverviewbkk@hotmail.com, Eingang auch über die Soi Duang Rawang weiter südlich. 45 schöne Zi mit Telefon, TV, Fan und kleinem Balkon mit Flussblick, aber ohne Du/WC, oder auf der Rückseite mit AC und Du/WC, Zi am lauten Aufzug meiden – bei der Buchung auf die richtige Zimmerkategorie achten. Das Dachrestaurant im 8. Stock wartet von 7–22 Uhr mit mäßigem Essen aber einem schönen Ausblick auf den Fluss und einer kühlen Brise auf. ❸–❹

Hotels

Grand China Princess Hotel ⑯, 215 Yaowarat Rd., ✆ 02-2249977, 💻 www.royalprincess.com, gutes, 22-stöckiges 4-Sterne-Hotel der Dusit-Gruppe, 155 Zi im modernen chinesischen Stil, traumhafter Ausblick von der Dachterrasse mit einem kleinen Pool, die ab 19 Uhr geschlossen ist. ❻–❽

White Orchid Hotel ⑰, 409-421 Yaowarat Rd., ✆ 02-2260026, 📠 2218101, im 1. Stock renovierte, saubere AC-Zimmer, Frühstück inkl. ❹–❺

Shanghai Inn ⑰, 479-481 Yaowarat Rd., ✆ 02-6780101, 💻 www.shanghai-inn.com. Boutique-Hotel mit 55 Zi und Suiten im etwas schrillen traditionell-chinesischen Stil eingerichtet und mit moderner Technik ausgestattet, kostenloser Internet-Zugang. ❺–❼

Chinatown Hotel ⑰, 526 Yaowarat Rd., ✆ 02-2250204-6, 💻 www.chinatownhotel.co.th, mitten in Chinatown liegt dieses chinesisch gestaltete Mittelklassehotel. Billige Zi ohne Fenster, bessere im 5. Stock, Frühstück inkl. Freundlicher Service. ❹

Krung Kasem Srikrung Hotel ⑱, 1860 Krung Kasem Rd., ✆ 02-2250132, 📠 2254705. Der größte Vorteil dieses Hotels ist seine Lage gegenüber dem Bahnhof. Etwas vergilbte, aber akzeptable Zi mit AC, Du/WC, Coffeeshop. ❸–❹

Bangkok Centre Hotel ⑲, 328 Rama IV Rd., ✆ 02-2384848-57, 💻 www.bangkokcentrehotel.com, großes, von der Straße zurückversetztes Hotel, große Zi, Preis inkl. Frühstücksbuffet, langsamer Service. Nichtraucher-Etage, aus den oberen Stockwerken Blick über die Chinatown. Überwiegend asiatische Reisegruppen, Pool. ❺

In Flussnähe und an der Silom Road

Am Ufer des Menam Chao Phraya erheben sich einige der teuersten Hotels der Stadt. Die Mittelklassehotels in der unteren Silom und Surawong Rd. werden von asiatischen Geschäftsleuten, Kurzzeitkunden und Reisegruppen bevorzugt. Die Lage in der Nähe des Flusses und des Skytrains ist das größte Plus. Vor allem in der schmalen Charoen Krung Rd. stauen sich Lärm und Abgase, aber auch Spaziergänge durch die Surawong und Silom Rd. stellen eine gesundheitliche Belastung dar.

Gästehaus

T.T. Gh. ㉓, 516-518 Soi Sawang, Si Phraya Rd., 10 Min. südlich vom Bahnhof, 02-2362946, 236 3054, etwas versteckt in einer Nebenstraße. 25 kleine, saubere Zi mit Fan, Etagen-Du/WC. Das Restaurant serviert Traveller-Food. Viele Bücher, Gepäckaufbewahrung. Ab Mitternacht geschlossen. ❷

Hotels

Manohra ㉕, 412 Surawong Rd., 02-2345070-88, 2377662, sanierungsbedürftiges 1960er-Jahre- Hotel mit winzigem Pool neben der Lobby. Überwiegend einheimische Geschäftsleute. Dachterrasse, Bäckerei und Restaurant, einfaches Frühstück inkl. ❺

New Road.Gh. ㉖, 1216/1 Soi Charoen Krung, 02-2371094, 2371102, dreistöckiges, relativ ruhig gelegenes Haus, Zi mit AC, Telefon und TV, nachträglich eingebaute Du/WC hinter einer Falttür, Restaurant, skandinavisches Reisebüro. ❺

Silom Village Inn ㉚, 286/1 Silom Rd., im Silom Village, 02-6356810-6, 6356817, www.silomvillage.co.th, 34 kleine Zi mit Kühlschrank, moderner AC, Safe und Bad/WC, nett eingerichtet, was für den wenig begeisternden Ausblick entschädigt. Mittelklasse, Rabatt möglich. Restaurant im 2. und Weinbar im 3. Stock. ❺

Unico ㉛, 533 Silom Rd., www.towerinnbangkok.com, 02-2378300-4. In dem gepflegten Hochhaus werden im 7.–11. Stock komfortable Mittelklasse-Zimmer und im 12.– 18. Stock Luxusapartments angeboten. Alle Gäste können das Fitnesscenter, die Sauna und den Pool auf dem Dach (gute Sicht!) nutzen. Guter Service. ❻

La Residence ㉜, 173/8-9 Surawong Rd., 02-2665400, www.laresidencebangkok.com. Neues, in farbenfrohen Tönen gestaltetes Hotel, dessen 23 großzügige, gepflegte Zimmer unterschiedlich eingerichtet sind und sich für Langzeitaufenthalte anbieten. Im Erdgeschoss ein Thai-Curry-Restaurant. ❻

Hotels mit gehobenem Standard

The Peninsula ⑪, 333 Charoennakorn Rd., auf der Thonburi-Seite, 02-8612888, www.peninsula.com, 39-stöckiges Luxushotel in erstaunlich ruhiger Lage mit ausgezeichnetem, unaufdringlichem Service. Sehr gut eingerichtete Zimmer und Flussblick, großer Pool und Spa. Restaurants, sehr gute Dim Sum im chinesischen Restaurant, traditioneller Afternoon Tea, Shuttle-Boote zur Skytrain, River City und Oriental Pier. ❽

Millenium Hilton ㉑, 1213 Charoen Nakhon Rd., 02-4422000, www1.hilton.com, neues Hochhaus jenseits vom Fluss mit großzügigen Zi und einem hervorragenden Steakhouse. ❽

Luxx ㉒, 6/11 Dencho Rd., 02-6358800, www.staywithluxx.com, modernes, 5-stöckiges Boutique-Hotel mit 13 unterschiedlich großen AC-Zi im minimalistischen Zen-Stil, hölzernen Badezubern und moderner Technik wie Flachbildschirm, DVD-Player und Internet-Zugang. ❻–❽

Mandarin Hotel ㉒, 662 Rama IV Rd., nahe Einmündung Si Phraya Rd., 02-2380230, www.mandarin-bkk.com, in die Jahre gekommenes Hotel, gepflegte Zi und üppiges Frühstücksbuffet. Gutes Preis-Leistungs-Verhältnis. ❻

Royal Orchid Sheraton ㉔, 2 Captain Bush Lane, Si Phraya Rd., 02-2660123, www.royalorchidsheraton.com. Großes 4-Sterne-Hotel am Fluss, 742 Zi mit Flussblick, besonders empfehlenswert die luxuriösen, teureren Zi im Tower Wing, 2 Pools in einer Gartenanlage am Fluss, abends klassische Thai-Tänze. ❽

Oriental ㉗, 48 Oriental Ave., 02-6599000, www.mandarinoriental.com. Man zählt es zu den besten Hotels der Welt. Aufmerksamer, etwas elitärer Service, Gartenterrasse mit 2 Pools und Blick auf den Fluss. Zimmer im River Wing mit Flussblick, sehr teure Zi im historischen Garden Wing im Kolonialstil. Seafood-Restaurant Lord Jim's mit großem Aquarium. Auf der anderen Flussseite kann man sich in einem der besten Spas verwöhnen lassen. Shuttleboot zum River City. ❽

Shangri-La ㉘, 89 Soi Wat Suan Plu, Charoen Krung Rd., 02-2367777, www.shangri-la.com. Großes 5-Sterne-Luxushotel am Fluss, das in seinen besseren Zi selbst verwöhnte Gäste zufrieden stellt. Sehr gutes Essen, abends Thai-Tänze, Shuttleboot zum River City. ❽

Holiday Inn ㉙, 981 Silom Rd., 02-2384300, www.holidayinn.bangkok.ichotelsgroup.com, 726 komfortable Zi im Plaza und neueren Crowne Tower, am besten nicht zur Schnellstraße hin wohnen. Mehrere Restaurants, großes Frühstücksbuffet. Überdachter Pool. ❻

Triple Two Silom Hotel ㉛, 222 Silom Rd., ✆ 02-6272222, 💻 www.tripletwosilom.com, schickes Boutique-Hotel neben dem Narai unter gleichem Management, zuvorkommender Service, DVD-thek, empfehlenswertes Dhara-Spa. ❻–❼

Sofitel Silom ㉛, 188 Silom Rd., ✆ 02-2381991, 💻 www.sofitel.com. Das gläserne Hochhaus des modern und kühl gestalteten 5-Sterne-Hotels bietet vor allem Geschäftsleuten jeglichen Service. Hervorragendes Frühstücksbuffet, kleiner Pool, Fitnesscenter, Filiale der Feinkostkette Lenôtre Paris mit exzellentem Kuchen. ❻

Montien Hotel ㉞, 54 Surawong Rd., ✆ 02-2337060-9, 💻 www.montien.com, 475 Zi gegenüber der Patpong. Angenehmer Service und gutes Frühstücksbuffet. Pool im 3. Stock, u. a. ein chinesisches Restaurant und gute Bäckerei. Schwesterhotel im Süden am Fluss, mit dem Shuttleboot ab River City zu erreichen. ❼

Winzige Boutique-Hotels am Fluss

Ibik Resort, 256 Soi Wat Rakhang, nahe dem Patravadi Theatre, ✆ 02-8489220, 💻 www.ibrikresort.com. ❻–❼

Arun Residence, 36-38 Soi Pratoo Nok Yoong am Ende der Soi Chetuphon südlich vom Wat Pho, ✆ 02-2219158, 💻 www.arunresidence.com. ❻–❼

Südlich des Lumpini Parks

Vor allem Stammkunden und Langzeitgäste bewohnen seit den 1970er-Jahren die meisten Gästehäuser in der Soi Sri Bamphen rings um das Malaysia Hotel. Sie scheinen sich an den mittlerweile heruntergekommenen Räumlichkeiten nur wenig zu stören, solange Drogen und Prostituierte zu haben sind. Aufgrund der Drogenszene ist mit häufigen Razzien zu rechnen. Welch ein Kontrast zu den luxuriösen Hotels und christlich geführten Gästehäusern in der Nähe! Rings um die Patpong konzentrieren sich nicht nur Go-go-Bars und andere Nachtclubs, sondern auch gute Restaurants und Einkaufsmöglichkeiten. Der Airport ist über den Highway schnell zu erreichen, und zum Bahnhof geht es mit der U-Bahn.

Gästehäuser

Bangkok Christian Gh. ㊲, 123 Saladaeng Soi 2, nahe Convent Rd., ✆ 02-2336303, 💻 www.bcgh.org, zweckmäßig eingerichtete, saubere, überteuerte Zi mit AC und Du/WC. Wer sich an der christlich geprägten Umgebung nicht stört, kann sich im ruhigen Idyll mit großem grünem Garten, einem Relikt aus dem alten Bangkok, wohl fühlen. Frühstück inkl., zudem wird mittags und abends ein europäisches, relativ geschmackloses Essen gekocht, das von Lesern aber auch gelobt wurde. ❺

YWCA ㊳, 13 Sathorn Tai Rd., ✆ 02-2861936, 💻 www.ywcabangkok.com, auf seinem einstigen großen Grundstück steht nun das Hochhaus einer Versicherungsgesellschaft, in dem sich das YWCA-Restaurant befindet. Zudem erhielt das alte Gebäude eine neue Fassade. Die Zimmer sind allerdings noch so einfach und klein wie zuvor. ❹–❺

Honey House ㊵, 35/1-4 Soi Ngam Duphli, ✆ 02-6798112-3, 📠 2872035, 5 kleinere Zi mit Fan und 43 etwas teurere, größere mit Du/WC, Fan oder AC, Preisnachlass bei längerer Mietdauer. ❸

Sala Thai ㊶, 15 Soi Sri Bamphen, ✆ 02-2871436, von einer netten Familie werden 18 sehr ruhige, saubere Zimmer mit Gemeinschafts-Du/WC und Fan v. a. an Dauergäste vermietet, auch Familienzimmer. ❷

Weitere Gästehäuser nahe dem Malaysia Hotel sind abgewirtschaftet und nicht zu empfehlen.

Hotels

Tawana Ramada ㉝, 80 Surawong Rd., ✆ 02-2360361, 💻 www.tawanahotel.com, angenehmes 4-Sterne-Hotel nahe Patpong, saubere, hübsch eingerichtete Zi, kleiner Pool, sehr gutes Frühstücksbuffet. Günstig über deutsche Reiseveranstalter buchbar. ❼

Dusit Thani ㊱, 946 Rama IV Rd., ✆ 02-2360450-9, 💻 www.dusit.com, das gepflegte Hotel der Luxusklasse war noch in den 1970er-Jahren das höchste Haus der Stadt. Nun wirkt es in seiner Nachbarschaft winzig. ❽

The Swiss Lodge ㊲, 3 Convent Rd., ✆ 02-233 5345, 💻 www.swisslodge.com, geschmackvoll eingerichtetes kleines First-Class-Hotel, das umweltbewusst ausgestattet, aber auch recht teuer ist. Rabatt bei Buchungen über Reisebüros. ❽

Sukhothai ㊳, 13/3 Sathorn Tai Rd., www.sukhothai.com, 02-3448888, gleich daneben. Im Gegensatz zu dem angrenzenden kühlen Riesen besitzt dieses modern und sachlich gestylte Hotel asiatisches Flair. Das Luxushotel ist eine der exklusivsten Unterkünfte der Stadt. ❽

Westin Banyan Tree ㊳, 21/100 Sathorn Tai Rd., 02-6791200, 6791052, www.banyantree.com, modernes Luxushotel mit Suiten in einem schmalen, zerbrechlich wirkenden 64-stöckigen Hochhaus, im 60. Stock das noble chinesische Bai Yun Restaurant und die Vertigo Moon Bar. Über mehrere Stockwerke erstreckt sich eines der größten Wellness Center mit europäischen und asiatischen Massagen, Themenbädern und Saunen. ❽

Metropolitan ㊳, 27 Sathorn Tai Rd., 02-6253333, www.metropolitan.como.bz, Designerhotel im west-östlichen Mix mit 171 modernen, komfortablen Zi und einem Fusion-Restaurant mit Bio-Lebensmitteln. ❽

Pinnacle ㊴, 17 Soi Ngam Duphli, 02-2870111-31, www.pinnaclehotels.com, anonymes Mittelklassehotel mit 170 komfortablen AC-Zimmern mit Kühlschrank und TV. Günstige Preise über Reisebüros. Reichhaltiges Frühstücksbuffet inklusive, Jacuzzi. ❺

Malaysia ㊵, 54 Soi Ngam Duphli, 02-6797127-36, www.malaysiahotelbkk.com, traditionelles Travellerhotel, das seine Popularität der Nostalgie ehemaliger Gäste und zahlreichen leichten Jungen und Mädchen verdankt, die auch den 24-Std.-Coffeeshop bevölkern. Wen das nicht stört, der bekommt relativ saubere Zimmer mit einem guten Preis-Leistungs-Verhältnis. Außerdem 4 Restaurants. ❹

In den Außenbezirken

Im Norden der Stadt

Diese Umgebung ist wenig touristisch.

Asha Gh. ①, 4 Soi Intamara 3, Suthisarn Rd., südlich vom Chatuchak Weekend Market, 10 Min. von der BTS-Station Saphan Khwai, 02-2711417, 2714811, www.ashaguesthouse.com. Gepflegtes, nettes Guesthouse in ruhiger Seitenstraße, 60 Zi mit Fan oder AC und Gemeinschafts-Du/WC, kleiner Pool und Garten, DVD, Büchertausch, Waschmaschinen, Internet, Fitnessraum, Parkplätze, Airport Pick-up, gutes, nicht ganz billiges Restaurant, thai-europäisches Management. ❸

KT Gh. ①, Sutthisan Rd., 02-2763462. www.ktguesthouse.com, nahe Suan Chatuchak Weekend-Markt und Mo Chit (Northern Bus) Terminal. 30 geräumige, saubere Zi mit AC und Du/WC. Freundliches Personal, gutes, preiswertes Essen. ❸

Reflections – rooms in Bangkok ③, 81-85 Soi Ari, Paholyothin 7 Rd., 02-2703344, www.reflections-thai.com, westlich der BTS-Station Ari, in einer Umgebung mit viel Lokalkolorit. Das Designerhotel lenkt von seiner unspektakulären Aussicht mit einer fantasievollen Inneneinrichtung ab. Im Internet kann man sich eines der von Designern fantasievoll gestalteten 28 AC-Zi mit Satelliten-TV, DVD-Player, Internet-Zugang, Wasserkocher und Minibar aussuchen und buchen, sofern man keine Scheu vor schrillen Farben und Plastik hat. Beim Dinner am Pool fühlt man sich wie in einer grünen Oase. ❻

Thonburi

Hier sind Hotelzimmer der gehobenen Preisklasse häufig günstiger als in Bangkok zu bekommen. Einige liegen sogar verkehrsgünstig.

The Artists' Place, 61-63 Soi Tiem Boon Yang, ab Soi Krung Thonburi 1, Krung Thonburi Rd., westlich der Taksin-Brücke, 02-8620056, www.geocities.com/theartistsplace. Kleines Haus mit 12 Zi. ❷–❸

Royal River Hotel ②, 219 Charan Santiwong Rd., jenseits der Krung Thon-Brücke, 02-4330300, 4335880, www.royalrivergroup.com. 436 Zi mit Flussblick, günstiger übers Internet, hilfsbereites Personal. 2 gute Restaurants am Fluss. Durch das Expressboot sehr gut zu erreichen, Shuttleboot zum River City. ❺

Menam Riverside Hotel ⑫, 2074 Charoen Krung Rd., 02-6881000, www.menamriverside-hotel.com, großes 711-Zi-Hotel am Fluss. Hellhörige Zi, teils mit wunderbarer Aussicht über den Fluss auf die Stadt, freundlicher Service, opulentes Frühstücksbuffet, mehrere Restaurants, Pool, nahe dem Expressboot-Pier 2 Stationen südlich der Taksin-Brücke, unzuverlässiges Shuttleboot zum River City. ❺

Marriott Resort & Spa ⑬, 257 Charoen Nakhorn Rd., 02-4760022, www.marriotthotels.com, bei Buchungen über Veranstalter noch bezahlbarer 5-Sterne-Luxus am Fluss in einer großzügigen Gartenanlage mit Pool unter Palmen, abends Thai-Tanzshow zum Buffet, sehr gutes Essen, alle 15 Min. kostenloser Shuttle zum Skytrain an der Taksin-Brücke. ❽

The Thai House, siehe Umgebungsplan, 32/4 Moo 8, Tambol Bang Muang, Bang Yai, Nonthaburi, ✆ 02-9039611, 9975161, 💻 www.thaihouse.co.th. Übernachtung bei einer liebenswerten Familie in einem wunderschönen, traditionellen Teakhaus, in dem man sich schnell wie zu Hause fühlt. Zi im Thai-Stil mit moderner Gemeinschafts-Du/WC, Frühstück und Transport inkl. Das Haus am Klong ist von Bangkok aus sowohl mit dem Boot (ca. 1 1/2 Std.) als auch mit dem AC-Bus 516 zu erreichen. Letzterer fährt alle 15 Min. ab Sanam Luang bis Bang Buatong, hinter dem Mitsubishi-Gebäude und der Brücke aussteigen und 10 Min. laufen oder ein Motorradtaxi für 10 Baht nehmen. Wer möchte, kann bei Pip die Geheimnisse der Thai-Küche erkunden. Der ideale Ort zum Ankommen, Relaxen und um das Leben auf dem Land kennen zu lernen. Frühstück inkl. ❺

Essen

Aus kulinarischer Sicht ist Bangkok ein wahrhaft kosmopolitisches Paradies. Neben den asiatischen Küchen von Japan bis zum Vorderen Orient gibt es deutsche, französische, italienische und spanische Restaurants. Essen zu gehen kostet kein Vermögen, denn auch die meisten Einheimischen gehen außerhalb essen, zumeist an Straßenständen. Hier gibt es schon ab 20 Baht eine kräftige Suppe, in Restaurants zahlt man für ein Thai-Gericht meist um 100 Baht, in Hotels und Touristenvierteln mehr. Westliche Gerichte können viel teurer sein. In AC-Restaurants darf nicht geraucht werden. Infos unter: 💻 www.bangkok post.com/entertainment/ restaurants.

Banglampoo und Thewet

Zu den Traveller-Restaurants in der Khaosan Rd. und ihrer Umgebung gibt es auch Alternativen. Das Essen an einigen Garküchen und in diversen Restaurants kann richtig gut sein. Allerdings ändert sich die Szene schnell.

Straßenküchen

Ein Einkaufsbummel ist eine gute Gelegenheit, Snacks zu probieren, die an Straßenständen, auf Märkten und in Supermärkten überwiegend frisch zubereitet werden. Die beliebtesten Gerichte für Einsteiger sind beispielsweise Klebreis mit Mango und gefüllte Pancakes oder etwas deftiger gegrillte Hähnchenspieße sowie Fische in Salzkruste.

Fast Food und Essenstände

Den Traveller-Bedürfnissen tragen mehrere Fastfood-Restaurants in der Khaosan Road und ihrer Umgebung Rechnung. Mehrere Garküchen in der Soi Rambuttri, nahe der Chakraphong Rd. Beliebt ist der Nachtmarkt am östlichen Ende der Tani Rd., die sich zunehmend zu einer Schlemmermeile entwickelt.

Tim, ein witziger, freundlicher Thai, grillt auf dem Bürgersteig in der Tani Rd. von 18–24 Uhr sehr guten gesalzenen Fisch für 80–100 Baht und Shrimps für 10 Baht pro Stück. Auch eiskaltes Bier.

Nach dem Besuch im Königspalast sitzt man an den Garküchen am Chang Pier ruhig unter Bäumen. Hier gibt es leckeren Saft und gutes, preiswertes Essen.

Buffet Lunch

Große Hotels bieten Buffet Lunch um 500 Baht an, bei dem man so viel essen kann wie man will. Häufig gibt es neben Thai-Gerichten auch europäische, chinesische oder japanische Spezialitäten. Spitzenqualität bei entsprechenden Preisen bietet in stilvoller Atmosphäre das **Royal Princess Hotel**, 269 Larn Luang Rd., ✆ 02-2813088, das beste Hotel der Gegend mit einem empfehlenswerten Mittagsbuffet.

Cafés: Ricky's Coffeeshop, Phra Athit Rd., unter dem Pra Athit Mansion, ein winziges Café, geschmackvoll im chinesischen Kolonialstil gestaltet, mit sehr gutem Kaffee und einer großen Auswahl an Käse-Sandwiches sowie Baguettes.

Saffron, Phra Athit Rd., kleines Café mit leckeren westlichen Kuchen (v. a. Schwarzwälder-Kirschtorte) und gutem Kaffee. 🕓 tgl. 8–21 Uhr.

Coffee & More, Phra Athit Rd., weiter südlich, großes Café im Seitenflügel des alten, von Mauern und Wächtern abgeschirmten Gebäudes.
Coffee World in der Buddy Lodge, 265 Khaosan Rd. Im modernen amerikanischen Stil eingerichtetes Café mit klassischer, entspannender Hintergrundmusik. Espresso-, verschiedene Kaffee- und Teesorten, zudem leckere Kuchen, Torten, Pasta und Salate. Internet-Terminals. Ein Ableger der internationalen Kette. ⌚ tgl. 7.30–2 Uhr.
Starbuck's ist ebenfalls mit einer Filiale in der Sunset Street in die Gegend vorgedrungen.

Chinesisch

Poon Sin, 460 Prachathipathai Rd., ✆ 02-2822728, einfaches, etwas steriles Restaurant gegenüber dem De Moc Hotel, berühmt für leckere chinesische geröstete Enten- und Schweinefleisch-Gerichte, die traditionell kalt serviert werden, aber auch aufgewärmt zu bekommen sind.

Indisch

Bombay Blues, Soi Rambuttri, nahe der Nationalgalerie, ✆ 02-6293590. In dem gemütlichen, nett eingerichteten Restaurant kann man auf Kissen sitzend leckeres Chicken Tandoori oder anderes kosten und danach eine Shisha rauchen. ⌚ tgl. 15–1 Uhr.

Italienisch

Café Primavera, 56 Phra Sumen Rd., nettes, zweistöckiges italienisches Restaurant unter österreichischer Leitung, das zu Jazzmusik, Pizza und eine große Auswahl an Nudelgerichten sowie italienisches Eis und leckeren Apfelstrudel serviert. ⌚ tgl. 9–23 Uhr.
Ranee's Restaurant, 77 Trokmayom Chakraphong, ✆ 02-2824072, in einem teils überdachten, ruhigen Innenhof werden hausgemachte Nudeln in leckeren Soßen, Pizza und Thai-Gerichte ohne Glutamat zubereitet, auch Vegetarisches, Baguette aus der eigenen Bäckerei sowie guter Kaffee.
La Casa, 210 Khaosan Rd., hier schmeckt es wie beim Italiener um die Ecke, Gerichte von guter Qualität mit teils original italienischen Zutaten zu einem günstigen Preis. ⌚ tgl. 12–24 Uhr.

Japanisch

Wer japanisches Essen liebt, kommt in Bangkok ganz bestimmt auf seine Kosten. Frische Zutaten aus dem nahen Meer machen die Tempura, Sushi und Sashimi besonders schmackhaft. Zudem sind sie verhältnismäßig preiswert.
Taketei, im 1. Stock des Nana Plaza Inn, 202 Khaosan Rd., hübsch ausgestattetes japanisches Restaurant. Leckere Gerichte von hervorragender Qualität zu günstigen Preisen. Der gegrillte Aal ist ein Gedicht. Gute Fruchtsäfte und andere Getränke. ⌚ tgl. 11.30–24 Uhr.
Krai Si, 214 Phra Sumen Rd., bietet Nudelsuppen und anderes japanisches Essen zu akzeptablen Preisen. Es schließt allerdings bereits gegen 19 Uhr.

Thai

Im **Pannee Gh.**, 150 Soi Rambuttri, wird lecker gekocht. Abends sind die Plätze im Freien hoch begehrt.
Baan Pla Sod, 114 Phra Athit Rd., ✆ 02-6293339, hier stehen Fisch- und Pilzgerichte sowie Kräutergetränke auf der Karte. ⌚ tgl. 11–14 und 17–23 Uhr.
Center Khaosan Restaurant und das gegenüber liegende **Lucky Beer**, im Zentrum der Khaosan Road, eignen sich bestens, um sich inmitten des Trubels auszuruhen und das Treiben zu beobachten. Das Essen im Center ist mäßig.
Mayompuri, 22 Chakraphong Rd., ✆ 02-6293883, 💻 www.mayompuri.com, die edle Khaosan-Alternative. Schickes Restaurant mit Wasserfall, guten, etwas teureren westlichen und Thai-Gerichten sowie gepflegten Cocktails.
Bay Tara, Tani Rd., etwas versteckt gelegenes, ganz in Weiß gehaltenes Restaurant mit Pool.
New Orleans, 522 Phra Sumen Rd., ✆ 02-2826 800, großes Haus im Südstaaten-Stil mit unterschiedlich dekorierten Räumen. Das Essen ist asiatisch-international und die Musik überwiegend Thai. Am besten sind die Thai-Gerichte um 100 Baht, günstige Mittagsmenüs. ⌚ tgl. 11–1 Uhr.

Angenehme Restaurants, die v. a. von einheimischen Studenten besucht werden, haben sich in kleinen Geschäftshäusern rings um das Phra Sumen Fort niedergelassen. Viele sind nur abends geöffnet.

Bangkok

Hemlock, 56 Phra Athit Rd., ✆ 02-2827507, mit winzigem Schild, 10 m nördlich vom Phra Athit Mansion, Treffpunkt von Intellektuellen und Künstlern, fast 200 z. T. traditionelle Thai-Gerichte – wahre geschmackliche Abenteuer – zu günstigen Preisen in gepflegter Atmosphäre, französische und kalifornische Weine, klassische Musik. ⌚ Mo–Fr 16–24, Sa ab 17 Uhr.
Vijit Restaurant, 77/2 Ratchdamnoen Klang Rd., am Demokratie-Denkmal, ✆ 02-2816472, sei Mutigen empfohlen. Großes, beliebtes, lautes Restaurant mit Thai-Live-Musik. Bebilderte Karte mit vielen Gerichten von 80–250 Baht, die alle superscharf sind.
Jokpochana, Talad Nana, Ecke Soi Samsen 2, Restaurant, das Seafood und preiswertes Bier verkauft. ⌚ 18–4 Uhr.

Menam Chao Phraya

Unterhaltsam ist ein Essen am Ufer des Flusses oder in einem schwimmenden Restaurant.
Ton Pho, 43 Phra Athit Rd., ✆ 02-2800452, ⌚ bis 22 Uhr. Restaurant mit Blick auf den Fluss.
Thatom, südlich vom Phra Athit Pier, authentisches Thai-Essen, aber nicht so gut wie im Ton Pho, Blick auf den Fluss.
Khimlom-Chom-Sa-Phan, 11/6 Soi Samsen 3, ✆ 02-6288382-3, am Fluss hinter Wat Samphraya, neues, großes, beliebtes Szene-Restaurant mit einer großen Auswahl an Seafood-Gerichten um 200 Baht, kein Glutamat, englische Karte, aber noch wenige Touristen. Kleine Bäckerei mit leckeren Kuchen. Der Name bedeutet übersetzt: „Frischluft schnuppern und die Brücke bewundern".
Kaloang, in Thewet, am Flussufer zwischen Bootsschuppen am absoluten Ende der Sri Ayutthaya Rd., ✆ 02-2819228, Seafood und Isan-Küche, überwiegend Einheimische und westliche Familien, ruhige Atmosphäre. ⌚ tgl. 11–23 Uhr.
Kanab Nam, ✆ 02-4336611, weiter nördlich auf der Thonburi-Seite, an der Krung Thong-Brücke. Von 20–22.30 Uhr tuckern Restaurantboote den Fluss hinauf, wofür 70 Baht Zuschlag berechnet wird. Gutes Essen zu günstigen Preisen, die Kellner sprechen kaum Englisch, sind aber sehr aufmerksam.
Arun Residence by the River, am Ende der Soi Chetuphon südlich vom Wat Pho direkt am Fluss, ✆ 02-2219158, 💻 www.arunresidence. com, gegenüber von Wat Arun mit traumhaftem Blick auf das erleuchtete Wat am Abend. Ein romantisches Restaurant mit hervorragendem Essen und trotz weißer Tischdecken und fantastischer Lage relativ günstigen Preisen. ⌚ tgl. 11–22 Uhr.
River Bar, Soi Chao Phraya Siam, Ratchawithi Rd., ✆ 02-8791747, 💻 www.riverbar.com. Etwas versteckt, aber sehr schön liegt diese Bar direkt am Fluss nahe der Krung Thon-Brücke. Leckere Flusskrebse, Thai-Live-Musik, lockere Atmosphäre, kostenloser Internet-Zugang.
Auf der Thonburi-Seite direkt am Fluss:
Ban Rim Nam, 723 Charoen Nakhon Rd., ✆ 02-8604500, die Auswahl an Thai-Gerichten ist so groß, dass die Speisekarte so dick wie ein Kochbuch ist. ⌚ tgl. 10.30–24 Uhr.
Supatra River House, 226 Soi Wat Rakhang, Arun Amarin Rd., ✆ 02-4110305, stilvoll restauriertes Thai-Haus mit Garten und Bühne. Im angrenzenden Theater sind Fr–So abends klassische Tänze, Theaterstücke oder Musikaufführungen zu sehen. Es ist von einem Kulturzentrum mit dem Patravadi Theatre umgeben. Gehobenes Preisniveau, ordentliche Kleidung erwünscht, keine Sandalen. Kostenlose hauseigene Fähren ab Maharaj Pier von 11–14 und 17.30–23 Uhr.

Vegetarisch

Im **Sor Nor Banglumpoo**, 179-181 Soi Rambuttri, werden auch günstige vegetarische Gerichte aufgetischt, preiswerter Internetzugang.
Pornsawan, 80 Samsen Rd., neben Soi 4, kleines, nettes Restaurant, das preiswerte Gerichte mit braunem Bergreis serviert. ⌚ tgl. 7–18.30 Uhr.
May Kaidee Vegetarian Restaurant, östlich der Tanao Rd. und in der Samsen Rd., nördlich des Klong Banglampoo, ✆ 02-2817137, 💻 www.maykaidee.com. Gesunde, vegetarische Kost, lecker der schwarze Klebreis, preiswerte vegetarische Sandwiches und andere Snacks, bebilderte Speisekarte, Kochkurse von 9–13 Uhr für 1000 Baht. ⌚ tgl. 9–21 Uhr.
Weitere vegetarische Restaurants am östlichen Ende der Khaosan Rd., über die Tanao Rd. geradeaus und links in eine kleine Gasse abbiegen. Sie sind alle ok, aber nichts Besonderes.

Gourmet-Paradies

Die Leidenschaft der Thais fürs Essen kommt im Untergeschoss des **Siam Paragon** in einer Vielfalt zum Ausdruck, die ihresgeichen sucht. Internationale Ketten sind ebenso vertreten wie lokale Nudelküchen. In lupenrein sauberem Edelstahl-Ambiente wird an den Essenständen gekocht und gebraten. Im Essbereich sorgen Aquarien für Abwechslung. Zudem umwerben Delis und Restaurants mit asiatischen wie europäischen Küchen die Kunden. Die leckeren Kuchen von Lenôtre aus Paris kann man sogar draußen auf einer Terrasse genießen.
Im großen Gourmet-Supermarkt entdeckt man so manche ausgefallene Spezialität, und die klimatisierte Weinabteilung birgt einige Schätze.

Siam Square und Umgebung

Fast Food und Essenstände

Internationale Ketten sind nahezu komplett am Siam Square, im Mah Boon Krong Shopping Center, Discovery Center, Siam Paragon und Siam Center vereint. Wer sich für etwas anderes entscheidet, findet verschiedene Alternativen, z. B. Steakhäuser, japanische, vietnamesische, chinesische und italienische Restaurants.
Mah Boon Krong Shopping Center, Phayathai Rd., Ecke Rama I Rd., östlich vom Siam Square, 💻 www.mbk-center.co.th, 🕓 tgl. bis 22 Uhr. The Fifth Food Avenue im 5. Stock ist besser als das Food Center im 6. Stock. Beide offerieren eine breite und preiswerte Auswahl an asiatischen Gerichten. Außerdem Filialen mehrerer internationaler Ketten sowie Restaurants.
Central World, Ratchadamri, Ecke Rama I Rd., Food Center und diverse Restaurants in unterschiedlichen Preislagen.

Chinesisch

Coca Suki Restaurant, 416/3-8 Henri Dunant Rd. am Siam Square, ✆ 02-2516337, 🕓 tgl. 11–22 Uhr. Relativ preiswerte, beliebte chinesische Kette. Spezialität Steamboat: Alle Zutaten werden separat bestellt und in einer kochenden Brühe am Tisch gegart. Filialen in vielen Einkaufszentren.

Indonesisch

Bali, 15/3 Soi Ruam Rudee, ✆ 02-2500711, im netten, kleinen Haus gegenüber dem Ruam Rudee Village wird sehr gut indonesisch gekocht. Leckere Saté oder Fisch in Bananenblättern gegrillt. Gutes Preis-Leistungs-Verhältnis. 🕓 Mo–Sa 11–22, So ab 17 Uhr.

Thai u. a.

Curries & More by Baan Khanitha, 63/3 Soi Ruam Rudee, ✉ curriesandmore@hotmail.com, ✆ 02-253 54 08-9. In einem Designerlokal mit schönem Garten, bewässertem Glasdach und Brunnen werden viele leckere Curry-Gerichte und einige Kreationen der Fusion-Küche angeboten, mittlere Preisklasse, sehr netter Service.
Janis Place, 334 Soi Thamasarot, nahe Phayathai Rd., nördlich vom Klong Saen Saeb, ✆ 02-6111122, 🕓 tgl. 11–23 Uhr. In geschmackvoller Umgebung sitzt man vor dem alten viktorianischen Haus im verglasten Pavillon oder am Seerosenteich. Die Auswahl einheimischer und westlicher Gerichte umfasst auch ungewöhnliche Angebote sowie Kuchen.
Jao Khun Ou-Gallery Restaurant (Once upon a time), 32 Soi 17, Petchaburi Rd., ✆ 02-2528629, 💻 www.onceuponatimeinthailand.com, in der Soi gegenüber dem Pantip Plaza, ein gutes Thai-Restaurant, das auch vietnamesische Gerichte anbietet. In drei hübsch gestalteten alten Häusern, eines mit AC und dunklen Holzmöbeln, ein anderes mit historischen Fotos, kann man ebenso wie im tropischen Garten und auf der Terrasse auf niedrigen Kissen sitzend ein fantastisches Dinner genießen, Mückenmittel mitnehmen. 🕓 tgl. 11–23, Mo ab 17 Uhr.
Pisces, 36 Soi Kasemsan 1, neben Wendy House. Familiäres, freundliches Restaurant mit 10 kleinen Tischen auf einer überdachten Terrasse. Gute Thai-Gerichte für unter 100 Baht sowie günstiges Frühstück. 🕓 tgl. 8–13 und 17–22.30 Uhr.

Sukhumvit Road

Viele Cafés und internationale Restaurants haben sich sowohl auf Touristen als auch auf die hier lebenden Europäer eingestellt. In den meisten werden für kleine Portionen hohe Preise verlangt, und der Service in der billigen Kategorie zeugt vom Stress des Personals. Ein Abendessen in einem Restaurant kann 80 aber auch 1800 Baht kosten, wobei in den Hotels und Restaurants der gehobenen Preisklasse noch Steuer und Bedienung aufgeschlagen werden. Dafür bieten sie neben einem einmaligen Ambiente auch eine hervorragende Küche. Einige Spitzenköche großer Hotels haben sich von der europäischen und thailändischen Küche anregen lassen und neue, überraschend schmackhafte Gerichte kreiert. Die Umgebung der Sukhumvit Rd. eignet sich zudem sehr gut für eine Reise durch die Küchen der asiatischen Nachbarländer.

Fast Food und Essenstände

Am preiswertesten sind die Straßenküchen und Essensmärkte, von denen viele in die Einkaufszentren verlagert wurden. In der Soi 7 locken überdachte Essenstände mit frischem Seafood und bebilderten Speisekarten v. a. Touristen an.

Robinson Department Store, Sukhumvit Rd., zwischen Soi 19 und 21. Der Food Court im Untergeschoss findet guten Zuspruch. Zahlreiche Stände verkaufen Nudelsuppen, Enten- und andere Thai-Gerichte, außerdem Steamboat, japanisches, vietnamesisches und westliches Essen sowie Kuchen und Eiscreme. ⏲ tgl. 11–24 Uhr.

Im **Emporium**, 622 Sukhumvit Rd., am (Benjasiri) Queen's Park, wartet tgl. von 10–22 Uhr die Food Hall im 5. Stock mit einem fantastischen Angebot und einer guten Sicht auf die City auf. Zudem eine Filale von **Fuji**, einer guten japanischen Restaurant-Kette.

Cafés

Eine Alternative zu den Hotels und internationalen Ketten ist:

Crepes & Co., 18/1 Soi 12, Sukhumvit Rd., ✆ 02-6533990, 🖳 www.crepes.co.th, kinderfreundliches Restaurant mit Terrasse und einem großen Angebot an Crêpes sowie anderen mediterranen Spezialitäten.

Chinesisch

Yong Lee, Sukhumvit Rd., Ecke Soi 15, seit Jahrzehnten eine Institution. Allerdings sollte man keine Ansprüche an die Sauberkeit stellen, keine Preise auf der Speisekarte, aber die meisten Gerichte um 120 Baht.

Xian Restaurant, 10/3 Soi 40, Sukhumvit Rd., ✆ 02-7135288, die chinesischen Spezialitäten sind nicht teuer, der Service ist freundlich, ⏲ tgl. 11–14 und 16–22 Uhr.

Coca Suki Restaurant, 246 Sukhumvit Rd., zwischen Soi 12 und 14, im Untergeschoss des Times Square. Günstige chinesische Restaurant-Kette. Steamboat u. a. asiatische Spezialitäten, ⏲ tgl. 11.30–14 und 17–20 Uhr.

Im **Tongkee** an der Abzweigung der Soi 14 von der Sukhumvit Rd., ✆ 02-2294420, einem alteingesessenen China-Restaurant, werden von 11–14 Uhr chinesische Teigtaschen, Dim Sum, frisch zubereitet serviert. Das sonstige Essen ist eher mäßig.

Deutsch u. a. mitteleuropäische Küchen

In den europäischen Restaurants wird zumeist wohl bekannte Kost serviert, wobei das Preis-Leistungs-Verhältnis nach europäischen Maßstäben stimmt. Vor allem in der Sukhumvit Rd. konzentrieren sich mehrere kleinere deutsche Restaurants, z. B.: die bayerisch angehauchte **Bierkutsche** in Soi 15 sowie **Heidelberg**, Soi 4, kleine Kneipe, in der reichhaltiges Frühstück serviert wird. Auch das Fondue und die Bratkartoffelgerichte sind bei Stammgästen beliebt. ⏲ tgl. 8–24 Uhr.

Tilac, 38 Soi 1 Sukhumvit Rd., ✆ 02-2556881, gepflegtes, freundliches, klimatisiertes Restaurant mit deutschen und einheimischen Gerichten. Die Auswahl reicht von der Schweinshaxe bis zu belegten Broten. Bei Kaffee und Kuchen kann man in aktuellen deutschen Zeitschriften schmökern. ⏲ tgl. 8–24 Uhr.

Old German Beer House, Grand President Tower III, 11 Soi 11 Sukhumvit Rd., 🖳 www.old-german-beerhouse.com, modernes, etwas hochpreisigeres Restaurant mit verschiedenen lokalen und deutschen Biersorten sowie deutschen Gerichten.

Bei Otto, 1 Soi 20 Sukhumvit Rd., ✆ 02-2620892, 📠 2581496, 🖳 www.beiotto.com, seit 1984 eine Institution in Bangkok. Neben dem Restaurant mit deutschen Gerichten (⏲ tgl. 11–24 Uhr) und der Schwarzwaldstube, einer großzügigen Gaststätte mit Tischen und Bänken im Freien sowie Bier vom Fass verkauft ein Laden Brot und Wurst aus eigener Herstellung sowie ande-

re deutsche Spezialitäten und Zeitungen. Filiale in Penny's Balcony, Thong Lo (Soi 55).
Chesa Swiss Restaurant, 5 Soi 20 Sukhumvit Rd., hinter Otto, ✆ 02-2616650, 📠 6634376, 💻 www.chesa-swiss.com, in der Küche dieses Schweizer Restaurants steht der ehemalige Küchenchef des Rembrandt Thomas Nowak. Günstige Tagesmenüs, auch Raclette für 480 Baht.
Schnurrbart, 128/46 Soi 23 Sukhumvit Rd., am Rong Phak rechts abbiegen. In der Seitengasse wird österreichisch gekocht.
Admiral's Pub, 20 Sukhumvit Soi 18, ✆ 02-6634396-7, skandinavisches Restaurant, auch Thai-Küche von gehobenem Niveau, entsprechende Preise, maritime Innenausstattung, hervorragender Service, toller Bambusgarten.

Fusion Cuisine
Face Bangkok, 29 Soi 38 Sukhumvit Rd., ✆ 02-7136048, 💻 www.facebars. com, wunderschön gestalteter Komplex in verschiedenen asiatischen Stilrichtungen mit dem Thai-Restaurant Lan Na, 🕓 tgl. 11.30–14.30 und 18.30–23.30 Uhr, dem indisch-afghanischen Hazara, 🕓 tgl. 18.30–23.30 Uhr, der französischen Visage Bakery, 🕓 tgl. 8–24 Uhr, und der mit Anklängen an die Seidenstraße eingerichteten Face Bar mit klassischen Cocktails, 🕓 tgl. 17–2 Uhr.
Mahanaga, 2 Soi 29 Sukhumvit Rd., ✆ 02-6623060, 💻 www.mahanaga.com, kostümierte Kellner servieren einem trendbewussten Publikum Thai-Gerichte mit westlichem Einschlag in einem mit Plüsch und chinesischen Fliesen in Rot und Orange eingerichteten Neubau im Kolonialstil. Weitere Tische stehen im ruhigen Garten unter mit Lampen und Bändern dekorierten Bäumen. Vegetarisches, Fisch und Steaks 400–1000 Baht. 🕓 tgl. 11.30–14.30 und 17.30–23 Uhr.

Indisch
Rang Mahal, im obersten Stock des Rembrandt Hotels, das beste nordindische Restaurant des Landes. Eine fantastische Speisekarte, hervorragende Menüzusammenstellungen, prachtvolle Räumlichkeiten mit guter Aussicht und die Live-Musik machen das Essen zu einem Erlebnis, das aber auch seinen Preis hat. Reservierung empfohlen, ✆ 02-2617100, 🕓 tgl. 11.30–14.30 und 18.30–22.30 Uhr.

Mexikanisch
Señor Pico im hinteren Flügel des Rembrandt Hotels, 19 Soi 18 Sukhumvit Rd., ✆ 02-2617100, gilt derzeit zu Recht als der beste Mexikaner Bangkoks. Selbst Mitglieder des Königshauses waren hier zu Gast. Abends Live-Musik aus Mittelamerika. Reservierung erforderlich, 🕓 tgl. 17–1 Uhr.

Seafood
Teuer ist der Fisch im **Seafood Palace** an der Sukhumvit, Ecke New Ratchadaphisek Rd., ✆ 02-6531145-8, dafür darf man in palastähnlichen Räumen mit Kristalllüstern dinieren.
Seafood Market, 89 Soi 24 Sukhumvit Rd., etwa 1 km südlich der Sukhumvit, von dort mit dem Motorradtaxi oder Tuk Tuk, ✆ 02-2612071-4, 🕓 tgl. ab 11 Uhr. Ein einmaliges Einkaufs- und Essenserlebnis, sofern man bereit ist, gehobene Touristenpreise zu bezahlen. Nachdem die Zutaten, vor allem frischer Fisch und anderes Seafood, aber auch Gemüse und Getränke, in einer Art Supermarkt eingekauft und bezahlt sind, werden sie nach individuellen Wünschen in einer von außen einsehbaren Küche zubereitet.

Thai u. a.
Suda, 6 Soi 14 Sukhumvit Rd., nahe der Sukhumvit Rd., ✆ 02-2294664, in dem einfachen, familiären thai-chinesischen Restaurant werden seit Jahrzehnten jeden Abend große Portionen zu günstigen Preisen serviert, z. B. leckeres Hühnchen in Palmblättern. Es ist fast immer voll mit Touristen. 🕓 zum Mittag- und Abendessen, So erst ab 16 Uhr.
Cabbages & Condoms, Soi 12 Sukhumvit Rd., 200 m von der Sukhumvit Rd., ✆ 02-2294611-28. Mit viel Humor hat Meechai Virayaidya Methoden zur Geburtenkontrolle im ganzen Land populär gemacht. Hier eröffnete er ein Restaurant mit dschungelartigem Biergarten, aber weniger attraktivem Innenbereich, das kreative einheimische und westliche Gerichte zu hohen Preisen serviert. Dem Namen entsprechend werden an der Kasse statt Bonbons Kondome kostenlos ausgegeben, und im Andenkenladen finden sich einige kuriose Souvenirs. 🕓 tgl. 11–22 Uhr.
Ana Garden Bar & Grill, Soi 55 Sukhumvit Rd., ✆ 02-3911762, 💻 www.anagarden.com, in der

von japanischen und koreanischen Restaurants dominierten Straße lockt dieses hübsche, überdachte Gartenrestaurant mit moderner Thai-Küche. Auf einem Grill werden im hinteren Gartenbereich auch frische Fische zubereitet. Auf der Karte stehen weitere innovative Gerichte und knackige Salate. Hauptgerichte 200–300 Baht. ◷ tgl. 17–24 Uhr, zudem ein Pub, das ab 21 Uhr öffnet.

Vegetarisch

Govinda, 65-66 Soi 22 Sukhumvit Rd., ✆ 02-6634971, italienisch-vegetarisches Restaurant in einer ruhigen Soi, das bei Fami-lien beliebt ist. ◷ tgl. außer Di 11.30–15 und 18–23.30 Uhr.

Vietnamesisch

Le Dalat Indochine, 14 Soi 23 Sukhumvit Rd., ✆ 02-6617967-8, das geschmackvoll eingerichtete Holzhaus in einem tropischen Garten, die französische Musik und gepflegte Atmosphäre machen das Essen zum Vergnügen. Englische Speisekarte mit Fotos von allen Gerichten, leckere Rippchen in Zitronengras, Hauptgerichte 100–200 Baht. ◷ tgl. 11.30–14.30 und 18–22 Uhr.
Le Dalat, 47/1 Soi 23 Sukhumvit Rd., ✆ 02-2584 192, auf der gegenüberliegenden Seite 300 m weiter die Soi hinein, das ältere und größere Schwester-Restaurant im Kolonialstil, mit Antiquitäten eingerichtet.

Westliche Küche u. a.

Bourbon Street, 29/4-6 Soi 22 Sukhumvit Rd., am Ende des Washington Square, ✆ 02-2590328, 💻 www.bourbonstbkk. com, Cajun-Küche mittlerer Preisklasse, von einer sättigenden Gumbo für 150 Baht bis zu leckeren Pecan Pies, in Südstaaten-Atmosphäre mit entsprechender Musik und Sportprogramm auf den Bildschirmen. Das als bestes amerikanisches Restaurant der Stadt ausgezeichnete Lokal bietet Hungrigen dienstags einen Cajun Brunch mit unbegrenztem Nachschlag. ◷ tgl. 7–1 Uhr. Manchmal ist die Bedienung allerdings überfordert.
Stable Lodge, Soi 8 Sukhumvit Rd., bietet von 18–22 Uhr ein Barbecue am Pool des Hotels mit viel Fleisch, bei dem man so viel essen kann, wie man will. Es ist aber ziemlich teuer. Auch gutes Frühstück und ein breites Angebot an belegten Broten sowie anderen Gerichten, die im Garten oder Restaurant serviert werden.

Rings um die Silom Rd.

Vor allem in der Silom Rd. dürfte es kein Problem sein, ein Restaurant zu finden. Viele sind auf das flanierende Touristenpublikum eingestellt und entsprechend teuer.

Fast Food und Essenstände

In den Nebenstraßen finden sich noch einige Essenstände, z. B. östlich der Moschee, zwischen der Silom und Anuman Raichon Rd., neben dem Bangkok Bank Bldg. und vom Fluss kommend in den ersten Gassen links der Silom Rd. Es gibt Suppen für 20–25 Baht, gegrillten Fisch, Meeresfrüchte u. a. Sehr gute Nudelgerichte an den Ständen am Beginn der Soi Convent.
Auch die westliche Küche ist vor allem mit Fastfood-Ketten in der oberen Silom Rd. und rings um die Patpong Rd. vertreten, v. a. im Untergeschoss des Silom Complex und im CP Tower. Neben zahlreichen Hamburger-Läden hat sich hier die amerikanische Kette **Sizzler's** mit einer fantastischen Salatbar und gutem Blick auf das Treiben in der Patpong Rd. niedergelassen.

Chinesisch

Charuvan Duck Shop, offenes Restaurant in der Silom Rd., nahe Patpong Rd., das preiswerte, einfache Entengerichte anbietet.
Hai Tien Lao, Pan Pacific Hotel, 22. Stock, 952 Rama IV Rd., ✆ 02-6329021, gutes und teures kantonesisches Essen, mittags Dim Sum. ◷ tgl. 11.30–14.30 und 18.30–22.30 Uhr.
Coca Suriwongse, Soi Tantawan, Surawong Rd., ✆ 02-2369323, das größte Restaurant und die Zentrale der Kette. Relativ preiswertes, beliebtes Steamboat und andere chinesische Gerichte.
Chinoisérié, 142 Sathon Nua Rd., ✆ 02-6345398, BTS Surasak. Shanghai-Spezialitäten und exquisite Weine werden in einem renovierten chinesischen Kolonialhaus von 1910 serviert. Die luxuriöse Umgebung im 1920er-Jahre-Stil bietet viel Privatsphäre. Hauptgerichte ab 200 Baht. ◷ tgl. 11–14 und 18–23 Uhr.

Deutsch u. a.

Ratsstube im Goethe-Institut, Soi Goethe, ✆ 02-

2864258, das nett eingerichtete, etablierte Restaurant serviert ein breites Angebot an europäischen und Thai-Gerichten. ⌚ tgl. 10–22 Uhr.

Französisch

Le Café Siam, 4 Soi Sri Akson, ✆ 02-6710030-1, in der originalgetreu restaurierten, alten Villa werden in stilvoller Atmosphäre Thai- und französische Gerichte serviert und Antiquitäten zum Verkauf angeboten, teuer. ⌚ tgl. 18–1 Uhr.

Indisch

Indian Hut, 311/2-5 Surawong Rd., gegenüber dem Manohra Hotel, ✆ 02-6357876. Wie die weißen Tischdecken und das edle Ambiente signalisieren ist dies kein Billig-Inder, doch das preisgekrönte Restaurant mit Gerichten von 100–350 Baht lohnt die Geldausgabe. Auf der Karte stehen neben vielen lokalen, mit frischen Gewürzen abgeschmeckten Spezialitäten auch ausgefallene Gerichte, wie Jain Food. Abends ist es fast immer voll, aber es gibt auch Essen zum Mitnehmen. ⌚ tgl. 11–22.30 Uhr.

Italienisch

Maria Pizzeria & Restaurant, 907 Silom Rd., nicht weit vom Holiday Inn, modernes, geschmackvoll gestaltetes Restaurant mit großer Fensterfront. Breites Pizza- und Weinangebot, Internet-Zugang.

Mexikanisch

La Fiesta, Silom Rd, Ecke Patpong, ✆ 02-6327898-9, mexikanisches Restaurant im modernen Design, Tortillas, Steaks, Enchiladas und mehr, Gerichte 200–400 Baht, abends Live-Musik, ⌚ tgl. 11–2 Uhr.

Thai

Bussaracum, 135 Pan Rd., zwischen Silom Rd. und Sathorn Nua Rd., ✆ 02-2666312-8. Erstklassiges Thai-Restaurant, vornehm und teuer. ⌚ tgl. 11–14 und 17–22 Uhr.

Ta-Ling Pling, 60 Pan Rd., ✆ 02-2344872, authentische Thai-Küche, die meisten Gerichte um 100 Baht, geschmackvolle, moderne Einrichtung. ⌚ tgl. 11–22 Uhr.

Blue Elephant, 233 Sathorn Tai Rd., 💻 www.blueelephant.com, ✆ 02-6739353, schönes, stilvoll eingerichtetes Haus einer internationalen Kette mit viel Atmosphäre. Hervorragende, mehrfach ausgezeichnete, moderne königliche Thai-Küche, aufmerksamer Service. Vorspeisen ab 200 Baht, Hauptgerichte um 500 Baht. Auch Kochschule. ⌚ tgl. 11.30–14.30 und 18.30– 22.30 Uhr.

Harmonique, 22 Soi 34 Charoen Krung Rd., Richtung Wat Muang Kae Pier, ✆ 02-2378175, Lokal in einem alten, geschmackvoll und gemütlich eingerichteten Haus, eine Oase der Ruhe. Im schmalen Innenhof und drinnen gibt es Mo–Sa von 11–22 Uhr Thai-Gerichte. Bebilderte Karte, Menüs 200–450 Baht. Außerdem werden Antiquitäten verkauft.

All Gaengs, im La Residence Hotel, 173/8-9 Surawong Rd., wie der Name verspricht, werden im kleinen, mit schwarzen und weißen Kacheln gefliesten Restaurant nur Gaeng, Thai-Currys, serviert, ⌚ tgl. abends, Mo–Fr auch mittags.

Ban Chiang, Si Wang Rd., ✆ 02-23670445, in einem alten Thai-Haus kann man in ungezwungener Atmosphäre preiswert essen.

Hotel-Buffets

Das abendliche Buffet auf der Flussterrasse des **Oriental Hotels** ist ein besonderes Erlebnis.

Marriott Resort & Spa, **Sunday Jazzy Brunch**, 257 Charoen Nakhorn Rd., ✆ 02-4760022, etwas weiter im Süden am Fluss in einer großen Gartenanlage. In gepflegter, entspannter Atmosphäre kann man für 1000 Baht vom Buffet mit europäischen und asiatischen Gerichten so viel essen, wie man kann.

Thai-Dinner mit Tänzen

In der endlosen Liste der Thai-Restaurants gibt es weitere, in denen klassische Thai-Tänze bei traditionellem Dinner vorgeführt werden. Sie sind allerdings recht teuer, aber auch entsprechend stilvoll, wie z. B.:

Thai Pavilion im Holiday Inn, Silom Rd., ✆ 02-2384300. Sehr gute Thai-Gerichte in großer Auswahl, ab 20 Uhr Khon-Tänze. Eine preiswerte Alternative ist das fast ausschließlich von Touristen besuchte Gartenrestaurant im **The Mango Tree**, 37 Soi Tantawan, Surawong Rd., ✆ 02-2362820, in dem nahe der Patpong gelegenen Restaurant in einem älteren Haus werden Mi–Sa ab 20 Uhr traditionelle Tänze aufgeführt

Ein schönes Souvenir: Kochen à la Thai

Was gibt es Schöneres, als nach der Rückkehr aus Thailand Freunde zu einem selbst gekochten Thai-Essen einzuladen? Wer das vorzügliche Thai-Essen auch zu Hause selbst zubereiten möchte, dem bieten Hotels, Restaurants und andere Organisationen Kochkurse an, u. a.: **The Thai House**, 💻 www.thaihouse.co.th, ✆ 02-9039611, 9975161, Kochkurs inkl. Unterkunft, s. S. 168, Transport, Vollverpflegung und Marktbesuch 5000 Baht, ohne Übernachtung 3500 Baht, auch mehrtägige Kurse. Pip, die Chefin, bringt ihren Schülern auf liebenswerte Art die lokale Küche nahe.

Gut sind zudem die 4-tägigen Kurse der **Thai Cooking School** im Oriental Hotel, ✆ 02-4376211, die aus 12 Einheiten bestehende **Benjarong Cooking Class** des Dusit Thani, ✆ 02-2366400, und der 7-tägige Kurs im **Nipa Restaurant** im Landmark Hotel, ✆ 02-2540404.

Zudem im **Modern Women Institute** (Mae Baan Tan Samai), nahe dem Samsen-Bahnhof, ✆ 02-2792831, 9-tägige Kurse, und in der **UFM Baking & Cooking School**, Soi 33 Sukhumvit Rd., ✆ 02-2590620, jeden 2. Monat 10-tägige Kurse.

(dann reservieren). Die Terrasse ist bei Touristen beliebt. Gerichte um 200 Baht. 🕓 tgl. 11.30–23.30 Uhr.

Silom Village, 286 Silom Rd., ✆ 02-2339447, 💻 www.silomvillage.co.th, 🕓 tgl. 10–22 Uhr, die meisten Gerichte 150–300 Baht, gute Auswahl, leckere Speisen und professioneller Service. Abends zwischen 19.30 und 20.30 Uhr (Anfangszeiten schwanken etwas) werden im Garten kostenlos etwa 1 Std. klassische Thai-Tänze mit Musik vorgeführt. Danach treten die Tänzer im Restaurant **Ruen Thep** im 1. Stock des gleichen Komplexes für Gruppen auf, Dinner ab 19 Uhr, Show von 20.30–21.30 Uhr. Die Restaurants sind von einem Einkaufskomplex umgeben.

Chao Phraya Cultural Centre, 94 Soi Charoen Nakorn 21, Charoen Nakorn Rd., ✆ 02-4393477, das zur Yok Yor-Gruppe gehört, offeriert abends ein Menü, das von klassischen Thai-Tänzen begleitet wird.

Vegetarisch

Whole Earth Restaurant, 93/3 Soi Lang Suan, Ploenchit Rd., ✆ 02-2525574, 🕓 tgl. 11.30–14 und 17.30–23.30 Uhr, ist das größte, nicht ausschließlich vegetarische Restaurant. In verschiedenen Räumen werden Thai-, indische und vegetarische Gerichte serviert, Di–Sa 19.30–22.30 Uhr bei klassischer Gitarrenmusik. Sehr touristische Atmosphäre, am Eingang ist es nicht so kalt wie hinten.

Vietnamesisch

Thang Long, 82/5 Soi Lang Suan, ✆ 02-2513504, nördlich vom Lumpini Park, ein angesagtes vietnamesisches Restaurant im Stil des modernen Minimalismus, gutes Essen und angenehme Musik. 🕓 tgl. 11–14 und 17–23 Uhr.

Restaurantboote

Mehrere starten abends zwischen 18 und 19 Uhr ab River City Pier, z. B. **Chao Phraya Chartered**, ✆ 02-6390704, **Chao Phraya Princess**, ✆ 02-4379667, **Pearl of Siam**, ✆ 02-2256179, von 19.15-21.30 Uhr ab River City, 1300 Baht.

Manohra, 💻 www.manohracruises.com, ✆ 02-4760770, ab dem Marriott Resort & Spa fährt diese umgebaute Reisbarke, auf der um 18 Uhr einstündige Cocktail Cruises für 740 Baht und von 19.30–22 Uhr Dinner Cruises für 1600 Baht möglich sind. Zusteigen am Taksin und Oriental Pier möglich.

Yok Yor, 885 Somdej Chao Phraya 17 Rd., ab der Marina auf der Thonburi-Seite, schräg gegenüber dem River City, 💻 www.yokyor.co.th, ✆ 02-8630565, ist bekannt für scharfes Essen. Das Restaurantboot legt um 20 Uhr ab und kostet 800–1100 Baht inkl. Seafood-Dinner. Die Filiale im Chao Phraya Cultural Centre liegt weiter im Süden, zu erreichen mit dem Shuttleboot ab River City.

Wan Fah, ✆ 02-6227657-61, tgl. von 19–21 Uhr, Menü auf einer umgebauten Reisbarke für 1300 Baht inkl. Thai-Tänze, Getränke extra. Restaurant am Ratchavongse Pier.

Chinatown

The Canton House, 526 Yaowarat Rd., neben dem Chinatown Hotel, großes, modernes Dim Sum-Restaurant. 🕓 tgl. 11–22 Uhr.

In der Gegend um das GPO und östlich vom

Sikh-Tempel gibt es einige einfache **indische Restaurants**.

Unterhaltung und Nachtleben

Am Abend gibt es mittlerweile außerhalb der internationalen Hotels weit interessantere Ziele als die Etablissements, die einheimischen und ausländischen Männern das Geld aus der Tasche ziehen. Neben den schummrigen Tanzbars mit und ohne Go-go-Tänzerinnen, finsteren, unterkühlten Thai-Nachtclubs und Massagesalons findet sich in Bangkok eine große Auswahl an Kneipen, Veranstaltungsorten mit Live-Musik, Bars, Biergärten, Kinos und Discotheken, die einen Vergleich mit Europa nicht zu scheuen brauchen. Jedes Stadtviertel hat abends seinen völlig eigenen Charakter. So verbringt man in Banglampoo den Abend in den Restaurants bei aktuellen Videos oder Hits der letzten Jahre, plaudert mit anderen Travellern, surft im Internet oder schreibt Postkarten und beobachtet das Treiben. Auch viele junge Thais kommen hierher, um Farangs zu beobachten und sich zu vergnügen, denn auch bei Einheimischen ist die Khaosan Rd. angesagt. Hingegen zieht in der Silom Rd.-Gegend die Patpong Nachtschwärmer magisch an, während man in der Sukhumvit Rd. bis zum späten Abend die sehr guten Einkaufsmöglichkeiten nutzt.

Bars

„Bar" ist ein weitläufiger Begriff in einer Stadt, die für ihr Nachtleben berühmt ist. Allerdings wird seit 2002 strikt darauf geachtet, dass alle Bars und Restaurants spätestens um 2 Uhr schließen und nur Gäste, die älter als 20 Jahre sind, eingelassen werden. Da Ausweispflicht besteht, sollte man zumindest immer eine Passkopie dabeihaben.

Wer nicht in irgendwelchen zwielichtigen Spelunken landen möchte, kann die Bars der internationalen Hotels aufsuchen, was vor allem für allein reisende Frauen die beste Alternative ist. Allerdings sind dort Drinks kaum unter 150 Baht zu bekommen, zudem werden 17 % *tax* und *service charge* aufgeschlagen. Günstige Getränke während der Happy Hour, meist zwischen 17 und 20 Uhr. Bars ohne Anmache sind:

Bamboo Bar, Oriental Hotel, 48 Oriental Avenue. Das Image, eines der besten Hotels der Welt zu sein, pflegt man mit hohen Preisen, gute Live-Musik Mi–So 17.30–1 Uhr, Fr ab 21.30 Uhr.

Lobby Lounge, Shangri-La Hotel, 89 Soi Wat Suan Plu. Der ideale Platz für einen Drink zum Sonnenuntergang mit Blick auf den Menam Chao Phraya. Wer etwas früher ankommt, kann sich auch zum high tea buffet in der Lobby Lounge einfinden, deren hohe Fenster ebenfalls einen wunderbaren Ausblick auf den Fluss ermöglichen.

The Dome, im State Tower, 1055 Silom Rd., 💻 www.thedomebkk.com, im 64. Stock befindet sich die **Skybar**, angeblich die höchste Freiluftbar der Welt. Die schicke Bar mit spektakulärem Ausblick auf die Stadt und den Fluss ist der beste Platz, um sich zum Sonnenuntergang bei Lounge-Musik zu entspannen. 🕓 ab 18 Uhr, Cocktails um 380 Baht, zum Essen ist eine Reservierung erforderlich. Bereits früher öffnet **Destil**, die Bar gegenüber mit einem etwas weniger spektakulären Außenbereich mit breiten Sitzkissen. Zudem das edle Open-air-Restaurant **breeze** im 51. und 52. Stock, www.breezebkk.com. Männer mit Sandalen und ärmellosen Shirts werden nicht eingelassen, auch Daypacks sind nicht erlaubt.

Moon Bar & Vertico Grill, im 61. Stock des Luxushotels Banyan Tree Hotels, 21/100 Sathorn Tai Rd., 📞 02-6791200, 💻 www.banyantree.com. Schicke Freiluftbar mit leckeren Cocktails, ab 18.30 Uhr BBQ. 🕓 tgl. 17–23 Uhr.

Huntsman Pub, Landmark Plaza, 138 Sukhumvit Rd., gutes Essen bei angenehmer Musik in einer gemütlichen Kneipe. In der Piano Bar im 31. Stock des Hotels gute Cocktails und ein noch besserer Ausblick. 🕓 11.30–2 Uhr, Musik ab 21 Uhr.

Informationen über Veranstaltungen

Am besten ist das Guru Magazine, die Freitagsbeilage der Bangkok Post. The Nation publiziert am Freitag die Beilage Best of the Week. Aktuelle Infos über Konzerte, sportliche Veranstaltungen und mehr unter 💻 www.thaiticketmaster.com.

Patpong

Ein Patpong-Besuch gehört mittlerweile zum Programm der meisten Reisegruppen. Seit hier abends einer der größten Touristenmärkte aufgebaut wird, scheint die Gasse nicht nur für Männer attraktiv. Die verspiegelten, dunklen Go-go-Bars mit bis zu 100 Tänzerinnen sind von Ständen mit Seidentüchern und -krawatten, DVDs, Designertaschen und -sonnenbrillen fast völlig verdrängt worden, und es gibt nur noch wenige Bars im Erdgeschoss. Nicht zu ignorieren sind die Schlepper, die Touristen mit Sex-Shows in die oberen Stockwerke locken. Dort werden viele Gäste übervorteilt und mit saftigen Getränkerechnungen konfrontiert. Vor allem die Transvestiten-Szene ist bekannt dafür zu übervorteilen. Die Touristenpolizei rät, auf einer Quittung zu bestehen und sie anschließend zu benachrichtigen. Die Gegend um die Patpong hat auch einige akzeptable Restaurants und Pubs aufzuweisen.

Die **Soi Cowboy** parallel zur Sukhumvit Rd., zwischen Soi 21 und 23, ist voll gepackt mit Go-go-Bars wie früher die Patpong, weniger touristisch und origineller. Auch im **Nana Plaza**, Soi 4, konzentrieren sich die Bars, wobei Letztere alle Vorurteile zu bestätigen scheinen, die gegen dieses Gewerbe bestehen. Bevor Mann sich ins Vergnügen stürzt, sollte er bitte S. 768 lesen.

Bobby's Arms, über dem Parkhaus in Patpong 2, ✆ 02-2336828, englisches Pub mit typischen Gerichten wie Fish 'n' Chips oder diverse Pies und Biersorten von der Insel. Billardtische, überwiegend Stammpublikum.

Irish Xchange, Sivadon Bldg., 1 Convent Rd., ✆ 02-2667160, angesagter irischer Pub, kommunikationsfreundlicher Treffpunkt der Expats in Schlips und weißem Hemd, mittags Buffet, Happy Hour Mo–Fr 17–21 Uhr, Live-Musik ab 21.30 Uhr, im Obergeschoss Pool-Billard, auch Essen, Gerichte um 300 Baht. ⌚ tgl. 11.30–2 Uhr.

O'Reilly's Irish Pub, 62 Silom Rd., ✆ 02-6327515, irisches Pub, Gerichte 150–350 Baht, All-you-can-eat-BBQ und diverse Biersorten, Happy Hour von 16–21 Uhr, ab und an Live-Musik, ⌚ 11–2 Uhr.

Neil's Tavern, 58/4 Soi Ruam Rudee, zwischen Ploenchit und Witthayu Rd., ✆ 02-2566875, 💻 www.neil.co.th, BTS Ploenchit. Im englischen Landhausstil eingerichtet, ⌚ tgl. 11.30–14 und 17.30–22.30 Uhr. Neben dem Pub auch ein Restaurant gehobener Preisklasse und eine Bäckerei, ⌚ Mo–Sa 9–19 Uhr.

In der **Royal City Avenue**, kurz RCA, einer gewundenen Straße zwischen Rama IX und Phetchaburi Rd. (U-Bahn Rama IX), ist das Angebot an Pubs und Discos breiter gestreut. In den zahlreichen Bars trifft man v. a. junge Thai, die gesehen werden wollen.

Pranakorn Bar & Art Gallery, 58/2 Soi Ratchdamnoen Klang Tai, in der ersten Gasse westlich der Tanao Rd. Im 1. Stock des klimatisierten Gebäudes Poster und Musik der 50er- und 60er-Jahre, im 2. Stock monatlich wechselnde Ausstellungen, im 3. Stock Billard und Darts, zudem Techno-Musik, Jazz und gute Aussicht vom Dach. Überwiegend Einheimische erfreuen sich der günstigen Preise und der Auswahl an Essen.

Pubs mit Musik

In Bangkok gibt es auch mehrere Pubs, in denen man einen Drink nehmen und Musik hören kann. Da meist kein Eintritt verlangt wird, sind die Getränkepreise mit beispielsweise 100–150 Baht pro Bier höher als in den normalen Kneipen.

Banglampoo und Thewet

In der Khaosan Rd. und ihren schmalen Gassen finden sich diverse preiswerte Pubs, die vor allem von Travellern besucht werden und sich auf deren Musikgeschmack eingestellt haben. Allerdings ändert sich diese Szene recht schnell.

Brick Bar, Khaosan Rd., große Bar im hinteren Teil der Buddy Lodge, ab 20 Uhr Live-Jazz und -Blues.

Gulliver's Traveller's Tavern, 2/2 Khaosan Rd., gegenüber der Polizei, große AC-Kneipe mit Musikbox und Großbildschirmen für Fußballübertragungen, serviert auch westliches und einheimisches Essen, besonders günstig zur Happy Hour von 15–21 Uhr. Filiale in der Soi 5, Sukhumvit Rd., großes Pub mit Terrasse, englischen und einheimischen Gerichten, ⌚ tgl. 11–1 Uhr.

Siam Square, **Sukhumvit Rd.**
Kneipen und Biergärten für Männer aller Nationen finden sich entlang der Sois der Sukhumvit Rd. Bundes-liga-Ergebnisse, Blasmusik, Bratwurst und (Boulevard-)Zeitung – hier gibt es alles, was Mann so braucht, inklusive Thai-Mädels, versteht sich. Alternativen dazu sind:
Hard Rock Cafe, 424/3-6 Soi 11, Siam Square, ✆ 02-2540830-1, 💻 www.hardrockcafe.co.th. Eine amerikanische Idee, die begeistert angenommen wird, 3 Stockwerke voller Musik-Memorabilien, ab 22 Uhr meist recht professionelle Live-Bands, zumeist Popmusik, am Wochenende sogar 2 Bands. Teure Tagesgerichte und Snacks, wie wäre es mit Elvis Presley's Apple Pie oder Madonna's Shake? 🕓 tgl. 11–2 Uhr.
The Living Room, im Sheraton Grande, 250 Sukhumvit Rd., gegenüber Soi 19, ✆ 02-6530333. Die offene Bar im 1. Stock ist eine gute Adresse für Jazz-Fans. Live-Musik ab 21 Uhr.

Rund um den Lumpini Park, **Patpong**
Brown Sugar, 231/19-20 Sarasin Rd., ✆ 02-2500103, der Klassiker nördlich vom Lumpini Park. Jazz, Country oder Rhythm & Blues, Live-Bands ab 21.30 Uhr, nette, gemütliche Musikkneipe, kein Eintritt, dafür sind die Getränke etwas teurer. In der Straße und um die Ecke gibt es weitere Musikkneipen und Pubs, deren Namen und Besitzer häufig wechseln.
Metal Zone, Lang Suan Rd., ✆ 02-2551913, hier wird zu Heavy Metal getanzt. 🕓 Mo–Sa 21–2 Uhr.
Radio City, 76/1-6 Patpong, kleine, im 60er-Jahre-Stil eingerichtete Musikkneipe mit Oldies live, der abendliche Höhepunkt ist Mo–Sa von 23–1 Uhr der Auftritt einer Elvis- und Tom Jones-Kopie. 🕓 tgl. 18–1 Uhr.
Im Norden: Saxophone, 3/8 Victory Monument, Phayathai Rd., ✆ 02-2465472, ein gemütlich mit viel Holz und Ziegeln eingerichtetes Pub mit großer Bar südöstlich vom Victory Monument. 🕓 tgl. 18–3 Uhr, ab 21 Uhr treten hier jede Nacht einige der besten Jazz-, Rock- und Bluesmusiker auf. Gute Atmosphäre.

Discos / Clubs

Discos gibt es in jedem größeren Hotel. Vor 22 Uhr ist meist nicht viel los. Voll wird es Fr und Sa nachts. Neben westlichen Hits wird auch Thai-Pop zum Mitsingen gespielt. Meist ist kein Eintritt zu zahlen, dafür sind die Getränke teuer.
The Club, 123 Khaosan Rd., ✆ 02-6292255, ein neuer Club im Herzen der Khaosan Rd., in dem House, Hip Hop, Trance und Tribal House Music aufgelegt wird. 🕓 So–Do 22–1, Fr, Sa 20–1 Uhr.
Bed Supperclub, 26 Soi 11 Sukhumvit Rd., ✆ 02-6513537, 💻 www.bedsupperclub.com, atmosphärisch und architektonisch schicker, kühler Club mit einer Lounge-Bar wie aus einem Stanley Kubrick-Film, Events mit internationalen DJ's, Gourmet-Restaurant, wo man im Liegen essen kann. Je nach Programm bis zu 1000 Baht Eintritt, keine kurzen Hosen, 🕓 abends.
Q Bar, 34 Soi 11 Sukhumvit Rd., ✆ 02-2523274, 💻 www.qbarbangkok.com, 🕓 tgl. 19–1 Uhr, kleiner Club, in dem internationale DJs bevorzugt schwarze Musik auflegen. Angeschlossen ist die Sushi-Bar Wasabi. Alles ist ziemlich dunkel.
Concept CM2, im Novotel, Soi 6 Siam Square, ✆ 02-2098888, 💻 www.cm2bkk.com, 🕓 tgl. 19–2 Uhr, neben Live-Musik auch Karaoke, Themenbars, viele Prostituierte, ordentliche Kleidung erforderlich (Schuhe, Hemd ...). Eintritt.
Barsu, im Sheraton Grand, 250 Sukhumvit Rd., ✆ 02-6498888. Neue, modern gestaltete Hotelbar. Pop-Rock der 70er- und 80er-Jahre.
La Lunar, 38/1-2 Soi 26, Sukhumvit Rd., ✆ 02-2613991-4, in diesem Komplex ist neben einem Pub und Thai-Restaurant auch eine Disco untergebracht, teure Drinks, 🕓 ab 18 Uhr.
Weitere Clubs in der Royal City Avenue (kurz: RCA), Rama IX Rd., die allerdings von einem überwiegend jugendlichen einheimischen Publikum frequentiert werden, z. B. in Block C **Jazz It** und **Club Astra**, 💻 www.club-astra.com, oder die Lesben-Bar **Zeta**, Soi Soonvijai.

Schwule und Lesben

Neben der Prostitutionsszene finden sich in der Stadt auch einige Clubs und Bars, die bei toleranten Menschen keinen Anstoß erregen, und einige schwulenfreundliche Restaurants und Unterkünfte. Informationen über ganz Thailand erteilt **Utopia**, Tarntawan Place Hotel, 119/5-10 Surawong Rd, 💻 www.utopia-tours.com, ✆ 02-2383227. 🕓 tgl. 10–18 Uhr.
Anjaree Group, die lesbische Organisation ist zu erreichen über ✆ 086-677-9009, 💻 www.

utopia-asia.com/womthai.htm, zudem die Internet-Plattform 💻 www.lesla.com.

Travestieshows

Calypso Cabaret, im Asia Hotel, 294/1 Phayathai Rd., zwischen 9 und 18 Uhr an der Theaterkasse oder Reservierungen unter ✆ 02-6533960-2, danach unter ✆ 02-2168937, für die Shows um 20.15 oder 21.45 Uhr, 💻 www.calypsocabaret.com. Travestie-Revue der gehobenen Klasse für 1000 Baht inklusive eines Drinks (außerhalb der Saison günstiger, Rabattcoupons in Zeitungen). In diesem Theater, das kleiner ist als die Bühnen in Pattaya, treten u. a. verblüffende Kopien berühmter Stars auf.

Mambo, im Washington Theatre, Washington Square, ✆ 02-2595128, 2595715, Travestieshow um 20.30 und 22 Uhr für 650 und 850 Baht.

Biergärten und Brauhäuser

Singha Beer House, Soi 21 Sukhumvit Rd., in dem Biergarten zwischen den Höchhäusern wird das lokale Bier von Thais im Dirndl v. a. an Angestellte aus den umliegenden Büros ausgeschenkt.

Just One, Soi Ngam Duphli, Ecke Soi Atthakan Prasit, einfaches Gartenrestaurant und Musikpub, Essenstände und Tische unter Schatten spendenden Bäumen.

Tawandaeng Brewery, 462/61 Rama III Rd., ✆ 02-6781114-6. Trotz der 1600 Sitzplätze kann das Brauhaus am Wochenende nach 21 Uhr so voll werden, dass sich draußen eine Schlange bildet. Gute Live-Musik sowie leckere einheimische und deutsche Gerichte ziehen ein überwiegend einheimisches Publikum an, was vielleicht an der Lage abseits der Touristenmeilen liegt. 🕓 tgl. 11–2 Uhr.

Kinos

Amerikanische Blockbuster, chinesische Action-Filme und einheimische Produktionen stehen auf dem Programm. Viele Filmimporte sind in Thai synchronisiert, einige mit englischen Untertiteln versehen. Große Kinos im Zentrum von Bangkok und in den Einkaufszentren zeigen häufig englischsprachige Filme. Das aktuelle Programm ist in der *Bangkok Post* und in der *Nation* abgedruckt sowie im Internet überwiegend auf Thai unter 💻 www.majorcineplex.com und 💻 www.egv.com für die entsprechenden Kinos zu finden. Generell sind Kinos stark gekühlt, sodass ein Pullover nicht schaden kann. Die Eintrittspreise liegen zwischen 80 Baht (in alten Häusern) und 200 Baht (in Multiplex-Kinos). Vor dem Film ertönt die Königshymne. Es wird erwartet, dass alle Zuschauer als Zeichen des Respekts aufstehen.

APEX am Siam Square, zu ihnen gehören das Lido Multiplex, Siam und Scala.

EGV im Siam Discovery Centre zeigt viele aktuelle englischsprachige Filme. Zudem warten die großen, kühlen Säle der gold class mit einem wahrhaft luxuriösen Kinoerlebnis auf. Hier kann man es sich in paarweise aufgestellten Liegesitzen mit Decken, Kissen und Socken bequem machen und zuvor in der Lounge einen teuren Drink oder Snack einnehmen oder sogar etwas ordern, das vor dem Film am Platz serviert wird, allerdings ist der Preis um einiges teurer als eine normale Kinokarte.

Major Cineplex, z. B. im Central World (Vorführungen nur tagsüber) oder in der Sukhumvit Rd., BTS-Station Ekamai (Exit 1), ✆ 02-5115555,wartet ebenfalls mit komfortablen Sitzen auf.

Dem **Paragon Cineplex** im Siam Paragon ist auch ein **IMAX-Theater** angeschlossen.

Krung Thep IMAX-Theater mit 600 Sitzplätzen, Großleinwand und 3D-Technologie im 6. Stock des Major Cineplex, Ratchayothin Rd., nahe dem Mo Chit (Northern Bus) Terminal, ✆ 02-5115810, 💻 www.imaxthai.com, für Touristen 300 Baht inkl. Popcorn und Drink, 🕓 tgl. 11–22 Uhr.

Deutsche Filme zeigt einmal wöchentlich das **Goethe-Institut**, englische der **British Council** und französische die **Alliance Française** (s. u.).

Thai-Boxen

Kampf-Atmosphäre mit Begeisterung und viel Wetten, ein thailändisches Männervergnügen. Hinten auf der Tribüne ist am meisten los. Freundliche Ticketverkäufer lassen Touristen schon mal reingehen, um die Plätze in Augenschein zu nehmen. Ausländern werden in den Touristenflügel verwiesen, wo sie angeblich vor möglichen Schlägereien sicher sind, die Sicht auf den Ring und die Wetten abschließenden Thai aber nicht gut ist.

Ratchdamnoen Stadium, Ratchdamnoen Nok Rd., 02-2814205. Kämpfe So, Mo, Mi 18, Do 17 und 21 Uhr, Eintritt 500 / 1000 Baht, am Ring 1500 Baht.
Lumpini Stadium, östlich des Lumpini Parks, 02-2514303. Kämpfe Di, Fr 18.30, Sa 14 und 18.30 Uhr, Eintritt 800 Baht im Touristenflügel und am Ring 1500 Baht, bei berühmten Boxern noch mehr. Ac-Loge im 3. Stock. Die besten Kämpfer treten erst gegen 21 Uhr auf.
Wer selbst Thai-Boxen erlernen möchte, wendet sich an: **Sor Vorapin Thai Boxing Gym**, 13 Trok Kasap, am Ende der Soi südlich vom Wat Chai Chana Songkhram, gegenüber der Khaosan Rd., www.thaiboxings.com. Übungsstunden tgl. 7.30–9.30 und 15–17 Uhr. Weitere Trainings-camps außerhalb in Taling Chan. Sie sind auf Ausländer eingestellt und verlangen 400 Baht pro Trainingseinheit, 30 Einheiten für 8000 Baht.

Vergnügungszentren

Fast jedes Einkaufszentrum beherbergt unter seinem Dach einen Vergnügungspark, eine Mischung aus Spielsalon und Rummelplatz.
Dream World, 02-5331152, liegt noch weiter außerhalb, nördlich des Don Muang Airports an der Nakhon Nayok Rd., dem H305, zwischen H1 und Outer Ring Road. Riesige Wasserrutsche und vieles mehr. Auf dem Klong schwimmen zahlreiche Restaurantboote. www.dreamworld-th.com, tgl. 10–17 Uhr, 450 Baht.

Kunst und Kultur

Buddhistische Meditation

Informationen über buddhistische Zentren in Thailand sowie aktuelle Infos über Retreats und Unterweisungen hat die:
World Fellowship of Buddhists, 616 Benjasiri (Queen's) Park, Soi 24 Sukhumvit Rd., www.wfb-hq.org, 02-6611284-9, an. Infos über Buddhismus, Einführung in die Meditation und Meditation jeden ersten So im Monat von 13–16 Uhr.
Das **International Buddhist Meditation Center**, House of Dhamma, Wat Mahathat, 02-2226 011, www.Section-5.org (nur Thai), offeriert neben Vipassana-Meditationen auch Seminare zum Buddhismus in Englisch. Im selben Tempel werden in der Section 5, den blauen Schildern folgen, tgl. um 7, 13 und 18 Uhr 2–3-stündige Vipassana-Meditationen und um 20 Uhr 2-stündige Unterweisungen angeboten (s. S. 130), Retreats sind möglich. Im Mahachula Bldg. Zi 105 finden an jedem 2. und 4. Sa im Monat buddhistische Unterweisungen statt. Die Englisch sprechende Nonne Tipsuda ist unter 02-6235685 zu erreichen. Weitere Infos unter www.mcu.ac.th/IBMC.
House of Dhamma, 26/9 Soi 15, Lat Prao, nahe Chatuchak, www.houseofdhamma.com, 02-5110439.
Mehr über buddhistische Meditationen s. S. 113ff.

Konzerthallen

Viele große Musikkonzerte, aber auch Theater- und Tanzaufführungen, Ausstellungen und Festivals finden in der **Impact Arena** im Norden von Bangkok, www.impact.co.th, statt.
Weitere Veranstaltungsorte:
Thailand Cultural Centre, Ratchadaphisek Rd., 02-2470028, www.thaiculturalcenter.com. Das Kulturzentrum liegt von der gleichnamigen U-Bahn-Station 1 km entfernt und umfasst ein Theater mit 2000 Plätzen, eine Freilichtbühne für 1000 Zuschauer, eine Bücherei und ein Sprachlabor.
Royal Paragon Hall, im 5. Stock des Siam Paragon, Rama I Rd., www.royalparagonhall.com.

Kulturinstitute

Goethe-Institut (German Cultural Institute), 18/1 Soi Goethe, Sathorn Tai Rd., nahe dem Malaysia Hotel, 02-2870942-4, 2871829, www.goethe.de/bangkok, U-Bahn Lumpini. Bibliothek mit deutschsprachigen Büchern (auch Kinderbücher), aktuellen Zeitungen (Süddeutsche, FAZ, Die Zeit) und diversen Magazinen (Spiegel, Stern, Brigitte), Di, Mi 9.30– 18, Do 9.30–17, Fr 9.30–13, Sa, So 8–13 Uhr. Außerdem ein Restaurant, eine Cafeteria und die Clubräume der Thai-Deutschen Gesellschaft. Einmal wöchentlich werden deutsche Filme gezeigt und andere kulturelle Veranstaltungen angeboten. In der 6x jährlich veröffentlichten Broschüre sind alle Veranstaltungen aufgelistet.
Alliance Française, 29 Sathorn Tai Rd., 02-6704200, www.alliance-francaise.or.th, Mo–Fr 8–18.30, Sa 8.30–17, So 8.30–12.30 Uhr.

British Council, 254 Chula Soi 64, hinterer Siam Square, gegenüber ECC, ✆ 02-2526136, 💻 www.britishcouncil.org/th.

Kunstausstellungen

Aktuelle Informationen und Adressen von Galerien in den Freitagsbeilagen der Tageszeitungen. Wechselnde Ausstellungen zudem in den Kulturinstituten, im Nationalmuseum und in der Nationalgalerie.

Theater und Tanz

Karten können über **Thai Ticket Master**, ✆ 02-2623456, 💻 www.thaiticketmaster.com, bestellt werden.

Im **Nationaltheater**, Na Phratat Rd., am Sanam Luang, werden moderne Stücke und die bei Touristen beliebten klassischen Shows gezeigt, Reservierungen unter ✆ 02-2241342.

Weitere Theater- und Tanzaufführungen im **Thailand Cultural Centre,** Ratchadaphisek Rd., 💻 www.thaiculturalcenter.com, und im Winter im **Salachalermkrung**, Old Siam Plaza, 66 Charoen Krung Rd., ✆ 02-22244499, Fr und Sa um 20.30 Uhr, Khon-Maskentanz von der Acme of Thai Dramatic Arts, 1000 und 1200 Baht.

Im **Joe Louis Theatre (Lakhon Khon Lek)**, auf dem Gelände des ehemaligen Suan Lum Night Bazaar, 1875 Rama IV Rd., ✆ 02-2529683-4, 📠 2529685, 💻 www.thaipuppet.com. U-Bahn Lumpini, werden historische Epen und andere Stücke als thailändisches Puppenspiel aufgeführt. Vor der Aufführung werden die traditionellen Figuren vorgestellt. Drei Künstler agieren mit bunten, aufwändig bestickten Stabpuppen, die vom Familienoberhaupt Sakorn Yanghiawsod (Joe Louis) seit über 50 Jahren angefertigt werden. Der Ausstellungsraum neben der Kasse in der Lobby ist immer zugänglich. Shows tgl. 19.30–20.45 Uhr. Eintritt für Nicht-Thais 600 Baht.

Patravadi Theatre, auf der Open-Air-Bühne neben dem Supatra River House, 69/1 Soi Wat Rakhang, Arun Amarin Rd., ✆ 02-4127287-8, 💻 www.patravaditheatre.com, wird in der Trockenzeit ab 19 Uhr ein interessantes Kulturprogramm geboten, Eintritt je nach Show 200–500 Baht. Vor der Bühne werden an den Ständen des Lan Hin Tak-Theaterrestaurants preiswerte Snacks verkauft. Auch Kunstausstellungen.

Siam Niramit, Ratchada Theatre, 19 Tiam Ruammit Rd, ✆ 02-6499222, 💻 www.siamniramit.com. In dem 2000 Zuschauer fassenden Theater wird von 150 Darstellern auf einer 65 m breiten Panorama-Bühne ein Spektakel dargeboten, das die Geschichte Thailands, seine Mythologie und Feste thematisiert. 🕓 tgl. 18–22 Uhr, Showbeginn um 20 Uhr. Vom U-Bahnhof Thailand Cultural Centre, Ausgang 1, kostenloser Shuttlebus, als Sonderangebot 1500 Baht inkl. Dinner.

In verschiedenen Restaurants werden klassische Thai-Tänze zu einem festen Menü aufgeführt. Kostenlos sind die Vorführungen am Lak Muang-Schrein am Sanam Luang sowie am Erawan-Schrein an der Ratchadamri, Ecke Ploenchit Rd. Auch im Garten des Nationalmuseums werden traditionelle Tänze aufgeführt.

Einkaufen

Besonders Straßenhändler vor teuren Hotels, in der Patpong, Khaosan und vor einigen Einkaufszentren, die Touristen gefälschte Markenwaren, Kunsthandwerk und andere Souvenirs offerieren, verlangen häufig total überhöhte Preise. Hingegen sind die meisten Preise in der Sukhumvit Rd., auf dem Pratunam-Markt und außerhalb der Touristenhochburgen realistischer. Während man hier um das Handeln nicht herumkommt, ist es in den Geschäften, in denen Thais einkaufen, kaum üblich zu feilschen.

Shopping Center

Wahre Konsumtempel konzentrieren sich in der unteren Sukhumvit Rd., der Ploenchit Rd. und Silom Rd. In ihnen sind Boutiquen, Dienstleistungsunternehmen, Büros, Restaurants, Kinos, Internet-Terminals, Supermärkte und Kaufhäuser untergebracht. Weitere Einkaufspaläste, die zu den größten der Welt zählen, liegen an den Ausfallstraßen außerhalb, z. B. **Seacon Square** und **Seri Center** in der Srinakarin Rd. östlich des Zentrums, 💻 www.seaconsquare.com.

Chinatown

Old Siam Plaza, 66 Charoen Krung Rd., eine restaurierte Markthalle, die noch etwas hist[illegible]sches Flair ausstrahlt, was sie vor allem ihren überglasten Höfen, den im traditionellen Design gefliesten Böden und dem sparsamen Einsatz von Klimaanlagen verdankt. Eine Augenweide ist der Food Market in einem der Höfe.

River City am Menam Chao Phraya, neben dem Royal Orchid Sheraton Hotel, 💻 www.rivercity.co.th. Rings um eine weite Halle, in der offene Stände Kunsthandwerk anbieten, reihen sich kleine Läden, u. a. viele Antiquitäten- und Seidengeschäfte. In der Halle finden monatlich wechselnde Ausstellungen statt. Die Qualität der in den Läden angebotenen Waren ist so hoch, dass man sich in ein Museum versetzt fühlt. Ein Shuttleboot verkehrt zum Oriental Hotel.

Nahe Siam Square

Mah Boon Krong Center, Rama I Rd., Ecke Phayathai Rd. Großer Block, viele kleine Läden bieten eine breite Palette von Waren zu günstigen Preisen an, außerdem der Tokyu Department Store und im Obergeschoss ein Food Center, Internet im 4. und 7. Stock und ein Postamt im 2. Stock. 🕓 tgl. 10– 20 Uhr.

Siam Square, hier gehen vor allem junge Leute aus den benachbarten Sprachenschulen und nahe gelegenen Büros einkaufen. Entsprechend besteht das Angebot aus preiswertem Modeschmuck, Taschen und anderen Accessoires sowie Textilien in kleinen Größen.

Siam Discovery, der Komplex ist durch eine überdachte Brücke mit dem Siam Center verbunden. Im 4. Stock Asia Books. Runde Formen und der Einsatz von Chrom und Glas geben dem Gebäude eine futuristische Note und den Geschäften internationaler Möbeldesigner einen eleganten Rahmen. Zudem mehrere Kinos. Dahinter erhebt sich der **Siam Tower**.

Siam Center, Shopping Center für Jugendliche mit vielen Modeboutiquen, 3 Kinos, dem British Council, Restaurants und Essenständen.

Siam Paragon, ein Shopping-Paradies der jüngeren Generation, das aufgrund seiner Architektur und einmaligen Läden eine Sehenswürdigkeit ist (s. S. 146). Hier gibt es auch Ausgefallenes wie Luxusautos, Kunstgalerien und den größten Buchladen der Stadt. 🕓 Geschäfte: tgl. 10–22 Uhr, Restaurants: bis 23 Uhr.

Central World, Ratchadamri, Ecke Rama I Rd., ein mondäner Gebäudekomplex mit dem Zen und Isetan Department Store sowie zahlreichen Geschäften. Er wurde 2006 komplett umgebaut zum flächenmäßig größten Einkaufszentrum in Südostasien und Hongkong, hat aber noch viel Luft und freien Flächen. Gegenüber weitere Einkaufszentren.

Gaysorn Plaza, mit Edelboutiquen internationaler Designer, vielen interessanten Geschäften mit Kunsthandwerk im 3. Stock.

Narayana Phand, das große Handicraft Center mit einer großen Auswahl, im Untergeschoss ein Souvenirmarkt für alle, die nicht gern an den Straßenmärkten handeln, und **Amarin Plaza**, Ploenchit Rd., beherbergt viele Seidengeschäfte und im 3. Stock den Sogo Department Store.

Peninsula Plaza, Ratchdamri Rd., viele Luxusboutiquen. Hier gibt es die originalen Gucci-, Louis Vuitton-, Lacoste- oder Ellesse-Markenwaren, außerdem Asia Books.

Sukhumvit Rd.

Times Square, 246 Sukhumvit Rd., zwischen Soi 12 und 14, beherbergt zahlreiche Boutiquen, ein kleines Postamt, Restaurants sowie Asia Books.

Emporium, 622 Sukhumvit Rd., am Queen's (Benjasiri) Park, elegantes Einkaufszentrum mit Designer-Boutiquen, dem Emporium Department Store, dem Kinokuniya Bookshop im 3. Stock, Internet-Terminals und einer Food Hall im 5. Stock mit tollem Ausblick über den Park auf die Silhouette der Stadt.

Tesco Lotus Super Center, an der BTS On-Nut, der Endstation des Skytrain in der Sukhumvit Rd., die landesweite Kette hat viele günstige Waren, aber keine Edelmarken-Artikel im Angebot. Sogar Air Asia ist hier vertreten.

Nahe Silom Rd.

Silom Complex, nahe Dusit Thani Hotel, wird überwiegend vom Central Department Store eingenommen. Im Tiefgeschoss einige Fastfood-Restaurants.

Silom Centre, gegenüber, am nördlichen Ende der Silom Rd., beherbergt den Robinson Department Store, eine weitere Filiale in der Sukhumvit Rd. im The Westin Grand Sukhumvit Hotel, zwischen Soi 17 und 19.

Thaniya Plaza, nahe Patpong, zwischen Silom und Surawong Rd., kleiner Komplex mit mehreren Kunsthandwerksläden, Asia Books, einer Filiale des Silom Village und einem Kaffeehaus.
Silom Village, kleines Einkaufszentrum mit Restaurant, Hotel und einem guten Angebot an Kunsthandwerk.
Central Department Store, das älteste Kaufhaus Bangkoks in der Ploenchit Rd. Filialen u. a. im Silom Plaza und der unteren Silom Rd.

Im Norden
Panthip Plaza, Phetchaburi Rd., gigantischer Einkaufskomplex für Computerfans, Hardware und legale wie kopierte Software (immer erst mit einem aktuellen Virusprogramm checken!).
Suan Chatuchak Weekend Market, s. u.

Märkte

In der Millionenstadt Bangkok haben einige Märkte mit ländlichem Charakter überlebt, auf denen frisches Obst und Gemüse, Fisch und Fleisch angeboten wird. Die legendären schwimmenden Märkte gibt es allerdings nur noch außerhalb der Metropole. Auf den meisten Märkten Bangkoks werden vor allem Textilien und Drogerieartikel verkauft und natürlich Souvenirs.
Weekend Market, Suan Chatuchak. Jeden Sa und So von 7–18 Uhr lockt der große, interessante Markt über 200 000 Besucher und auch einige Diebe an. An 15 000 Ständen gibt es Textilien (kreative T-Shirts), Souvenirs und Kunsthandwerk aus allen Landesteilen, Schmuck, Porzellan, Haushaltswaren, Lebensmittel, Tiere, Musik, Bücher (auch in Englisch), Elektroartikel, Pflanzen und sogar Wechselstuben, Geldautomaten und einen Stand der Tourist Police, wo es manchmal einen Plan vom Markt gibt. Mi und Do werden überwiegend Pflanzen verkauft.
Thewet-Blumenmarkt, am nördlichen Ende der Luk Luang Rd., an der Mündung des Klong Phadung Krung Kasem. Hier werden täglich Blumen und Pflanzen verkauft. Auf der anderen Seite des Klong erstreckt sich ein Obst- und Gemüsemarkt, der sich in der Samsen Rd. fortsetzt. Textilien und Essenstände gibt es auf der gegenüber liegenden Straßenseite.
Pak Klong Talaat, nahe der Memorial-Brücke findet täglich am frühen Morgen in der großen Halle am Fluss ein sehenswerter Großmarkt statt, auf dem mit Obst und Gemüse, Fisch und Fleisch gehandelt wird.
Sampeng Lane, von der Pahurat Rd. über den Klong Richtung Südosten und in den Seitengassen. In der schmalen Gasse wird in offenen Geschäften eine Vielfalt von Waren angeboten.
Pahurat-Markt, südlich der Pahurat Rd. Dieser überdachte Markt, auf dem vor allem Textilien angeboten werden, weist einen indischen Einfluss auf. Hier findet man alles, von Saris bis zu Brokatstoffen für Tempeltänzer, Schmuck, Betelnüsse, Kurzwaren, Schreibwaren u. a. Feilschende Touristen sind nicht gern gesehen.
Pratunam-Markt, entlang der Ratchaprarop Rd sowie im und um den Baiyoke II Tower. Unzählige Stände v. a. mit Textilien und Souvenirs zu sehr günstigen Preisen. Nichts für Leute mit Platzangst. Die Verkäufer lassen mit sich handeln.
Amulettmarkt, neben dem Wat Ratchanatda, westlich vom Golden Mount, Schutz- und Glücksamulette und religiöse buddhistische und hinduistische Statuen sowie Abbildungen der Könige werden hier verkauft. Handeln nicht üblich.
Soi Bank Market, hinter der Bangkok Bank in der Silom Rd. werden Mo–Fr mittags auf dem quirligen Markt Blumen, Textilien und andere Alltagsgegenstände verkauft. Vorsicht, die Soi hat auch den Beinamen „Gasse, die das Geld hinwegschmelzen lässt".

Antiquitäten

Der Handel mit echten Antiquitäten ist in Thailand seit 1989 **verboten**. Deshalb lebt eine ganze Branche von der Produktion täuschend echter Antiquitäten. Informationen erteilt das Fine Arts Department unter ✆ 02-2241370.

Brillen

Mit einer Sehstärken-Bestimmung eines Augenarztes kann man sich günstig neue Gläser in eine vorhandene Brille einsetzen lassen. Auch Fassungen sind billiger, Handeln möglich. Empfehlenswert die Kette **Charong Krung Optical Shop**, Filiale in der Chakraphong Rd., etwas nördlich der Einmündung der Khaosan Rd.

Bücher und Landkarten

Eine große Auswahl hat **Kinokuniya**, 💻 www.

kinokuniya.com, die große japanische Kette hat 3 Filialen in Bangkok. Die größte im 3. Stock des Siam Paragon, Siam Square, ✆ 02-6109500, 💻 www.siamparagon.co.th, mit einer großen fremdsprachigen Abteilung, vielen Reiseführern und anderen Büchern zu Thailand und Südostasien sowie zu anderen Sachgebieten. In der deutschsprachigen Abteilung gibt es sogar die Loose-Bücher. Hier findet man fast alles! Weitere Filialen im Isetan Department Store, 6. Stock, Central World, ✆ 02-2559834, und im Emporium Shopping Complex, 3. Stock, 622 Sukhumvit Rd, ✆ 02-6648554.

Aporia Books, 131 Tanao Rd., ✆ 02-6292919, der kleine Laden in Banglampoo überrascht mit einer guten Auswahl an englischsprachigen Reiseführern, Kunstbänden und Romanen.

Asia Books, 💻 www.asiabooks.com, 221 Sukhumvit Rd., außer dem Mutterhaus zwischen Soi 15 und 17 Filialen u. a. im 1. und 3. Stock des Landmark Plaza zwischen Soi 4 und 6 Sukhumvit Rd., im Times Square, zwischen Soi 12 und 14, im Peninsula Plaza, Ratchadamri Rd., Central World, im Siam Discovery Center und vielen anderen Einkaufszentren. Alle sind bis 20 Uhr, das Central World sogar bis 21 Uhr geöffnet.

Bei Otto, Soi 20, ein kleiner Buchladen mit vielen deutschsprachigen Titeln, auch An- und Verkauf von Secondhandbüchern.

Bookazine, Siam Square, der kleine zweistöckige Laden hat eine gute Auswahl an Reiseführern und Karten. Filialen im Sogo Department Store im 3. Stock, Ploenchit Rd., Silom Complex im 2. Stock, CP Tower im 1. Stock, nahe Patpong und All Seasons Place, Witthayu Rd.

White Lotus, 💻 thailine.com/lotus, hat sich auf Bücher über Thailand und Südostasien in Englisch und Deutsch spezialisiert und verschickt Kataloge.

In Secondhand-Buchläden in der Khaosan Rd. und Umgebung, z. B. im **Shaman Bookstore**, 71 Khaosan Rd., oder **Moonlight Bookshop**, 46/1 Khaosan Rd., werden neben englischsprachigen Romanen auch gebrauchte Reiseführer verkauft.

Computer Software

Im **Panthip Plaza**, Phetchaburi Rd., auf 5 Stockwerken zahllose Läden mit Hard- und Software, legalen wie kopierten Programmen, Musik-CDs und Film-DVDs zu günstigen Preisen. An Computern kann gecheckt werden, ob es sich um lizenzierte Software handelt.

Edelsteine

Bangkok ist das weltweite Zentrum für die Aufarbeitung minderwertiger und die Herstellung synthetischer Steine. Relativ gering sind die im eigenen Land geförderten Saphire und Rubine, das meiste wird importiert.

Potenzielle Käufer sollten bedenken, dass zurzeit auf dem Weltmarkt eine Saphirschwemme herrscht, die angebotene Ware zumeist nur von minderer Qualität ist und man fast jeden Stein künstlich herstellen kann. Der Verkauf von Ramsch ist schließlich nicht verboten. Wer kein Experte ist, lässt besser die Finger von lukrativ erscheinenden Geschäften. Ansonsten sollten Schmuckstücke immer mit einer Echtheitsbescheinigung versehen sein, mit der Angabe von Größe, Gewicht und Preis sowie einer Rückgabegarantie (innerhalb von 30 Tagen ohne Einschränkungen) und einer Quittung.

Die **Thai Gem & Jewellery Traders' Association**, 942/152 Chan Issara Tower, Rama IV Rd., ✆ 02-2353039, schätzt gegen eine Gebühr Schmuckstücke und Edelsteine.

Wer Betrügern auf den Leim gegangen ist, wendet sich an die Tourist Police. Weitere Tipps für Geschädigte enthält ein Merkblatt der Deutschen Botschaft. Die Verarbeitung der Steine ist kostenlos in einigen Gem Cutting Factories zu beobachten.

Kameras / Filme

Sie sind teurer als in Deutschland. Offiziell dürfen nur 5 Filme importiert werden, was nicht kontrolliert wird. Papierabzüge kann man an jeder Straßenecke machen lassen. Diafilme sind selten. Papierabzüge von digitalen Speichermedien werden überall sofort gemacht. Kamerareparaturen bei **VIMON**, 835 Sukhumvit Rd., zwischen Soi 45 und 47, ✆ 02-2587402.

Kopien von Markenartikeln

Beliebte Souvenirs sind Hemden, Socken, Uhren, Lederwaren und viele weitere Markenartikel, die eines gemeinsam haben – sie sind gefälscht, nicht immer von guter Qualität, aber billig. Obwohl der Verkauf illegal ist, interessiert sich die Polizei kaum dafür. Allerdings ist es verboten, Raubkopien nach Deutschland einzuführen. Zwischen 17 und 23 Uhr bauen fliegende Händler ihre Stände in der Patpong Rd. und der angrenzenden Silom Rd. sowie in der unteren Sukhumvit Rd. auf. Relativ günstige Preise bieten die Händler an Straßenständen in der Khaosan Road. Die Atmosphäre in den Geschäften und an den Ständen ist allerdings manchmal ziemlich aggressiv.

Kunsthandwerk

Auf dem Chatuchak Weekend Market gibt es fast alles.
Von allen Einkaufszentren hält der staatliche Verkaufsraum **Narayana Phand**, Ratchadamri Rd., 💻 www.naraiphand.com, gegenüber dem Central World, das größte Angebot bereit. 🕓 tgl. 10–21 Uhr.
Der **Thai Craft Museum Shop** im 2. und 3. Stock des Gaysorn Plaza offeriert in einer ansprechenden Umgebung hübsches Kunsthandwerk aus allen Landesteilen. 🕓 tgl. 10–21 Uhr.

Musik

Vor allem CDs und DVDs aus internationaler und einheimischer Produktion werden in den großen Musikläden und in der Khaosan Rd. angeboten. Die größten sind die Filialen von **Tower Records** im Emporium.

Schmuck

Moderner Silber-Modeschmuck in großer Auswahl in Banglampoo in der östlichen Trokmayom Chakraphong, der Gasse südlich der Khaosan Rd. Siehe auch Kasten.

Schneider

Schneider, die alle Englisch, wenn nicht sogar Deutsch sprechen, nähen nach Vorlage (Katalogbilder reichen aus, die eigene Lieblingshose ist aber besser!) Hemden, Kleider oder gar Anzüge. Selbst wenn die Kleidung innerhalb von 24 Stunden fertig sein könnte, lohnt es sich, 3 Tage und mehrere Anproben zu investieren, Details genau abzusprechen, nicht auf superschnelle, superbillige Sonderangebote hereinzufallen, Änderungen zu verlangen und dafür genügend Zeit einzuplanen. Einige Leser haben sich über Betrügereien beschwert (falsche Stoffe, schlechte Verarbeitung, Drohungen bei Änderungswünschen), andere empfahlen:
Arena's Fashion, 292/3 Silom Rd., nahe Silom Village, ✆ 02-2681112, ✉ arena_007@yahoo.com.
Aria Fashion, Shop 3 Khaosan Rd., ✆ 02-28173700, wo man auch Deutsch spricht.
Esquire, 1 Soi 11 Sukhumvit Rd., ✆ 02-2534648.
Handsome, 312 Silom Rd., alteingesessener Herrenschneider.
Jackie's, 137 Sukhumvit Rd, Ecke Soi 9, ✉ jacktailor@yahoo.com.
Pierre Boutique, Viengtai Hotel, 42 Tani Rd., ✆ 02-6291516, 💻 www.pierreboutique.com.
President Tailor, 147 Sukhumvit Rd., nahe Soi 11, 💻 www.presidenttailor.com.
Sunny Fashion, 70 Khaosan Rd., ✆ 02-6292585, 📠 6290137, ✉ sunnyfashions@hotmail.com.
Toms Fashion, 19 Soi 8 Sukhumvit Rd., ✆ 02-22533301, 💻 www.tomsfashion.com, alteingesessener, auch Deutsch sprechender Schneider.
Auch hier ist Handeln angebracht. Je nach verarbeitetem Material variieren die Kosten. Als Anhaltspunkt könnten folgende Preise dienen:

Es ist nicht alles Gold, was glänzt!

Besonders beim Kauf von Edelsteinen werden viele Ausländer übers Ohr gehauen – so geschickt, dass man es kaum glaubt! Die meisten Betroffenen werden auf der Straße von Tuk Tuk-Fahrern, selbst ernannten Guides, angeblichen Polizisten, uniformierten Frauen oder netten Studenten und seit kurzem auch von weißen Travellern angesprochen, mit fadenscheinigen Gründen (besonderer Feiertag, Sehenswürdigkeiten geschlossen, nur begrenzte Einkaufsmöglichkeit) zu einer Edelsteinschleiferei gelockt und mit dem Versprechen, die Steine zum Vielfachen des Einkaufspreises zu Hause wieder verkaufen zu können, zum Kauf überredet (die falschen Adressen werden sogar mitgeliefert).
Wir erhalten trotz dieser Warnung immer noch jedes Jahr Briefe von Betroffenen, die zum Teil mehrere tausend Dollar verloren haben.

3-teiliger Nadelstreifenanzug inkl. maßgeschneidertem Hemd oder Hosenanzug plus Rock und Bluse 5000–9000 Baht.

Seide

Seide wird in vielen Geschäften in verschiedenen Qualitäten und Farben angeboten – als Kissen, Krawatten, Kleider usw. oder am laufenden Yard (1 Yard = 91,44 cm) in einer Breite von meist 1 m. Jim Thompson, 💻 www.jimthompson. com, ist das führende Geschäft in der 9 Surawong Rd., nahe Rama IV Rd., 🕒 tgl. 9–21 Uhr, Filiale u. a. im Isetan-Kaufhaus im Central World, 🕒 tgl. 10–21 Uhr, im Emporium und in vielen Luxushotels. Preiswerte Seide gibt es auf dem Wochenendmarkt. Allerdings wird viel Kunstseide oder eine Mischung mit hohem Kunstfaseranteil als angeblich echte Seide angeboten.

Textilien

Kleidung, vor allem T-Shirts, gibt es nicht nur auf dem Chatuchak Weekend Market, sondern auch auf Straßenmärkten. Eine große Auswahl in der Sukhumvit Rd., in Patpong und in Banglampoo, dem traditionellen Textilzentrum der Stadt. Großhändler kaufen auf dem Pratunam-Markt, wo die Auswahl am größten und die Preise am niedrigsten sind. Auch im Untergeschoss des **Bo Bae Tower**, 488/800 Tamrongrak Rd., in der Chinatown, kann man günstig Jeans, T-Shirts und andere Textilien einkaufen.
Bangkoker (CRXDBKKER), 113 Samsen Rd., 📞 02-6289722, 💻 www.bkker.com, der freundliche Bangkoker Designer und seine Mutter verkaufen einzigartige, kreativ bedruckte Shirts.

Sonstiges

Autovermietungen

Es ist kein Vergnügen, einen Wagen durch Bangkok zu steuern. Neben der großen Verkehrsdichte und dem ungewohnten Linksverkehr fordert ein verwirrendes System von Einbahnstraßen und Busspuren, die zu unterschiedlichen Zeiten in Betrieb sind, die ganze Aufmerksamkeit des Fahrers. Wer das Verkehrschaos umgehen will, kann sein Auto am Suvarnabhumi Airport mieten und von dort gleich auf der Ring Road weiterfahren. Auch sind Sonntage gut zum Fahren, da v. a. vormittags wenig los ist. Informationen über Mietwagen s. S. 78. Expressways in Bangkok kosten pro Abschnitt 30–40 Baht Gebühren. In der günstigen Preisklasse kosten Autos je nach Firma und Mietdauer 1000–2000 Baht pro Tag:
Avis, 22 Witthayu Rd., 📞 02-2555300-4, 📠 2546 718-9, 💻 avisthailand.com. Filialen u. a. im Dusit Thani und Grand Hyatt Erawan Hotel sowie außerhalb von Bangkok in Chiang Mai, Chiang Rai, Udon Thani, Khon Kaen, Phitsanulok, Hua Hin, Pattaya, Phuket, Ko Samui und Hat Yai.
Budget, 19/23 New Phetchaburi Rd., 📞 02-2030250 📠 2030249, 💻 www.budget.co.th. Filialen in Chiang Mai, Chiang Rai, Phitsanulok, Hua Hin, Phuket, Ko Samui, Krabi und anderen Orten. Nach Tarifen für *one-way-rental* aus den Provinzstädten nach Bangkok fragen. Bei Vorlage unseres Buchs bekommt man Rabatt.
Grand Car Rent, Asoke Din Daeng, 📞 02-2482991.
Hertz, Thai Tower, 87 Witthayu Rd., 📞 02-6541 105, 📠 6541110, Büros in Chiang Mai, Pattaya, Ko Samui und Phuket.
Klong Toey Car Rent, 1921 Rama IV Rd., 📞 02-2519856.
National, 727 Srinakarin Rd., 📞 02-7228487, 📠 7228492, 💻 www.smtrentacar.com.

Botschaften

Adressen und Öffnungszeiten ausländischer Botschaften in Bangkok im Praktischen Teil, s. S. 38ff. Visa für Laos, Vietnam, Myanmar und Kambodscha sind manchmal in Bangkok preiswerter und schneller zu bekommen als in Europa. Sie können über Reisebüros organisiert werden, die zudem Visa für China, Indien, Nepal und Indonesien besorgen. Ein Visum für Myanmar ist so kompliziert zu beantragen, dass es lohnt, eine Agentur für ca. 1100 Baht einzuschalten. Ansonsten sollte man bereits um 8 Uhr bei der Botschaft sein, obwohl sie erst um 9 Uhr öffnet, denn es werden nicht mehr als 30 Anträge pro Tag bearbeitet. Am besten gleich in die Stuhlreihe setzen und den Antrag erst dann ausfüllen. Die Bearbeitungsdauer beträgt 4–5 Tage.

Christliche Kirchen

Deutschsprachige Gemeinden:
Evangelisch, 💻 www.die-bruecke.net,
katholisch, 💻 www.gemeinde-bangkok.com.

Fahrräder

Für Bangkok ist ein eigenes Rad auf keinen Fall zu empfehlen. Selbst „Radwege" wie der vom Lumpini Park zur Sukhumvit Soi 12 mit seinen Treppen und Steigungen sind kein Vergnügen.

Bike & Travel, 802/756 River Park, Moo 12, Kookot, Lamlookka, Pratumthani, ✆ 02-9900274, ✆ 9900900, 💻 www.cyclingthailand.com. 1–12-tägige Fahrradtouren ab 2 Teilnehmern in ländlichen Regionen Thailands, die unterschiedliche Anforderungen an die Fitness der Teilnehmer stellen.

Velo Thailand, 88 Soi Samsen 2, ✆ 089-2017782, 💻 velothailand.com, organisiert für maximal 6 Pers. je nach Fitness 2–4-stündige Touren durch Bangkok und Thonburi. Sie starten tgl. um 13 Uhr für 800 Baht und um 18 Uhr für 900 Baht. Die ordentlichen Fahrräder werden auch vermietet (50 Baht pro Std. bzw. 300 Baht pro Tag).

Pro Bike, Sarasin Rd., ✆ 02-2533384, 💻 www.probike.co.th, großer Fahrradladen mit Werkstatt. ⏲ Mo–Fr 10–19, Sa 8.30–19, So 8.30–17 Uhr. Informationen für Biker s. S. 77.

Feste und Festivals

Staatliche Feiertage und große religiöse Feste werden in Bangkok besonders prunkvoll begangen: Zum Geburtstag der Königin oder des Königs finden Paraden und Umzüge in den geschmückten Straßen statt. Bei großen Festen werden sogar die Königlichen Barken zu Wasser gelassen. Auch das chinesische Neujahrsfest ist Anlass zu 3-tägigen Feierlichkeiten in der Chinatown (s. S. 49).

Visakha Bucha, das größte buddhistische Fest, wird im Wat Phra Keo und auf dem Sanam Luang begangen. Bereits ab 8 Uhr ziehen 30–40 liebevoll dekorierte Wagen mit Statuen, die Szenen aus dem Leben Buddhas darstellen, durch die Ratchdamnoen Rd. zum Königspalast.

Während der kühlen Jahreszeit von Mitte Februar bis Ende März finden auf dem Sanam Luang **Drachenwettkämpfe** statt.

Zur **Pflugzeremonie** auf dem Sanam Luang Mitte Mai strömen Bauern aus dem ganzen Land nach Bangkok.

Während der **Songkran**-Feiern werden in Bangkoks Straßen wahre Wasserschlachten ausgetragen, wobei Touristen ein beliebtes Ziel darstellen. Wer nicht ständig bis auf die Haut nass werden und mit schmierigem Wasser übergossen werden möchte, sollte die Stadt während dieser Zeit meiden. Zudem führen zahlreiche Absperrungen zum Verkehrschaos, vor allem in der Altstadt, hingegen ist es in der Chinatown ruhig.

Fitnesscenter / Yoga

Fitnessstudios sind generell relativ teuer, bieten aber auch einiges, wie eigene DJs und ein breites Spektrum an Kursen von Pilates bis Yoga. Auch kürzere Mitgliedschaften sind möglich bei **California Wow**, Filialen in mehreren Einkaufszentren, wie Siam Paragon, und in der Sukhumvit Rd., nahe Soi 23, 💻 www.californiaWOWX.com, ✆ 02-7893222. ⏲ Mo–Fr 8.30–20.30, Sa, So 10–19 Uhr. Eine Woche Mitgliedschaft 1500 Baht.

Buddy Health Center, im 3. Stock der Buddy Lodge, 265 Khaosan Rd., ✆ 02-6294477.

Iyemgar Yoga Studio, 55th Plaza Bldg., Soi 55, Sukhumvit Rd., 💻 www.iyengar-yoga-bangkok.com, ✆ 02-7149924.

Yoga Elements Studio, 1/18 Patpong, Kitpanit Bldg., ✆ 02-6343095, 💻 www.yogaelements.com, hier wird Vinyasa- und Ashtanga-Yoga gelehrt.

Frisöre

Ein Besuch beim Frisör ist wegen der entspannenden Kopf- und Nackenmassage äußerst angenehm und kostet um 150 Baht, in Einkaufszentren mehr. Beim Haareschneiden müssen vor allem Männer darauf achten, dass ihnen nicht der Thai-Einheitsschnitt verpasst wird. Für komplizierte Schnitte, Dauerwellen, Färben/Tönen sollte man in größere, teure Läden gehen. Die Haare werden mit kaltem Wasser gewaschen.

Geld

Der Nachschub an Bargeld ist durch zahlreiche Geldautomaten und Wechselstuben in den Touristenvierteln gesichert.

Kreditkartenorganisationen: **American Express**, 388 Paholyothin Rd., ✆ 02-2735544, ⏲ Mo–Fr 8.30–17 Uhr, Vertretung: Sea Tours, Suite 88-92 Phayathai Plaza, 128 Phayathai Rd., ✆ 02-2165 934, 2165783, ⏲ Mo–Fr 8.30–17, Sa 8.30–12 Uhr, kein Einlösen von Schecks.

Visa, Bank of America Building, 2/2 Witthayu Rd., ✆ 02-2737448-9, ⏲ Mo–Fr 8.30–12.30 Uhr.

Außerdem bei Filialen der Kasikorn Bank, der Siam Commercial Bank und der Bank of America.
Master, bei den Filialen der Bank of Ayutthaya, Bank of America, Siam Commercial Bank, Thai Military Bank und Kasikorn Bank.
Diners Club, 191 Silom Rd., während der Bürozeiten Mo–Fr 8–17 Uhr ✆ 02-2383660, ansonsten ✆ 02-2335775-6, bei Verlust ✆ 02-2313500.
Thomas Cook, 12.Stock, Sathorn City Tower, 175 Sathorn Tai Rd., ✆ 02-6795521.

Immigration

507 Soi Suanphlu, Sathorn Tai Rd., ✆ 02-2873 101-10, ⌚ Mo–Fr 8.30–16 Uhr, zudem am Airport. Das 60-Tage-Visum kann für 500 Baht um 14 Tage verlängert werden (es wird ein Foto benötigt), die Aufenthaltsgenehmigung für 30 Tage jedoch nur in Ausnahmefällen. Wird das Visum überzogen, müssen bei der Ausreise ab dem zweiten Tag 500 Baht pro Tag bar bezahlt werden. In diesem Fall rechtzeitig am Airport erscheinen! Besucher mit einem gültigen, aber noch nicht abgelaufenen Visum können am Airport eine Wiedereinreise-Genehmingung erhalten, die allerdings die Visadauer nicht verlängert oder verkürzt. Für eine Reise sind 500 Baht, für mehrere 1000 Baht zu zahlen, zudem ist der *boarding pass* des internationalen Fluges vorzulegen. Die meisten Ausländer, die sich über längere Zeit in Thailand aufhalten, bevorzugen den so genannten **Visa Run**, der sogar von Reisebüros organisiert wird: Von Bangkok fährt man meist nach Aranyaprathet, dort kurz über die Grenze nach Kambodscha und mit einem neuen Visum gleich wieder zurück nach Bangkok.

Informationen

Einige „Touristeninformationen" werden privat betrieben und verdienen sich eine Provision durch die Vermittlung von Hotels und Touren im Zielgebiet. Als angebliche TAT-Reisebüros ködern sie Kunden mit der falschen Behauptung, Lizenzunternehmen des staatlichen Fremdenverkehrsamtes zu sein. Besonders vor dem Königspalast und am Bahnhof sprechen sie Ausländer an, um ihnen überteuerte Reisen, Visa und Geldwechsel zu schlechten Kursen anzudrehen.
Tourist Authority of Thailand (TAT), nahe dem Demokratie-Denkmal, 4 Ratchdamnoen Nok Avenue, ✆ 02-2829773-6, ⌚ tgl. 8.30–16.30 Uhr. Am Informationsschalter gibt es einen Stadtplan und aktuelle Publikationen. Weitere Informationen geben die Angestellten auf Anfrage heraus. Die Zentrale befindet sich in der New Phetchaburi Rd., ✆ 02-2505500, 📠 2505511, ✉ center@tat.or.th, 💻 www.tourismthailand.org, ⌚ Mo–Fr 8.30–16.30 Uhr.
Auch im Untergeschoss des Airport, gegenüber der Polizeistation am westlichen Ende der Khaosan Rd., vor dem Ambassador Hotel, Soi 11, Sukhumvit Rd., und am Chatuchak Weekend Market, ⌚ Sa, So 9–17 Uhr, verteilen TAT-Filialen Infomaterial und Stadtpläne.
Bangkok Tourist Bureau, 17/1 Phra Athit Rd., 💻 www.bangkoktourist.com, ✆ 02-2257612-5, 📠 2257616, nordwestlich vom Sanam Luang, am Treppenaufgang zur Phrapinklao-Brücke, informiert nur über Bangkok, ⌚ tgl. 9–19 Uhr. Falls vorhanden, gibt es am Counter gute Straßen-, Bus- und Klongkarten. Das Büro organisiert Veranstaltungen und Aktivitäten, wie geführte Fahrradfahrten (4–5 Pers.) durch die Altstadt. Vor dem Robinson Department Store in der Silom Rd., nahe Rama IV, zudem kleine Stände, die ein paar allgemeine Broschüren verteilen.
Tourist Service Line, touristische Infos und Hilfe in Englisch, ✆ 1672. Im Internet: 💻 www.bangkok.com, 💻 www. bangkokmag.infothai.com.

Internet

Zahlreiche Internet-Cafés in den Gästehäusern in Banglampoo und viele weitere kleine Läden in den Nebenstraßen bieten für 30–60 Baht pro Std. (min. 10 Baht) an überwiegend recht schnellen Rechnern die günstigste Möglichkeit, eine Mail zu versenden oder zu surfen. In anderen Stadtvierteln gibt es in Restaurants, Cafés und Einkaufszentren auch zahlreiche Anbieter. Sie sind aber oft etwa doppelt so teuer. Einige Restaurants und Hotels werben mit WLAN-Zone oder Hotspots. **KSC**, 💻 www.ksc.net, z. B. bei Starbucks, verlangt allerdings 250 Baht pro Tag bzw. 150 Baht pro Std.

Massagen / Spas

Traditionelle Thai-Massage für 200 Baht pro Stunde im Wat Pho und dessen Umgebung. Im Tempel selbst finden Massage-Kurse statt.

Bangkok

Entspannen in Bangkok

- Im nächstgelegenen Tempel (außer dem Wat Phra Keo)
- Bei einem Spaziergang durch die Parkanlage der Dusit-Museen oder den Lumpini Park
- Bei einer Fahrt mit dem Expressboot bis zur Endhaltestelle und zurück
- Im Kino
- Bei einer Massage

Fast alle internationalen Hotels verfügen über Wellnesscenter mit einem breiten Angebot an Massagen und Behandlungen.
Auch in der Khaosan Rd. und ihren Seitengassen, v. a. in der Soi Rambuttri und rings um das Viengtai Hotel, und in anderen Straßen bieten Masseure ihre teils unprofessionellen Dienste an. 1 Std. kostet hier etwa 200–300 Baht. Einige Massage-Salons dienen mehr sexuellen Vergnügungen mit (möglicherweise) weniger gesunden Nachwirkungen.
The Sense of Spa, 323 United Center Bldg., 1. Stock, Silom Rd., Ecke Soi Pipat 3, ✆ 02-6355488-9. Blitzsauberes, gut eingerichtetes Spa, exzellente Massagen ab 500 Baht und Kosmetikbehandlungen, gutes Preis-Leistungs-Verhältnis.
Relax one hour, 173 Surawong Rd., 💻 www.relaxonehour.com, ✆ 02-6349500, wurde im April 2007 von drei Berliner Spa-Spezialisten eröffnet. Auf drei Stockwerken wird eine kreative Mixtur aus europäischen und asiatischen Anwendungen geboten, die in gediegenem Ambiente ab 1200 Baht pro Std. zu genießen sind.

Medizinische Hilfe

Ein großes Krankenhaus ist das **Bangkok Christian Hospital**, 124 Silom Rd., ✆ 02-2336981-9, Dr. Yuthana Budsayavith spricht Deutsch.
Auf europäische Patienten eingestellt sind das **Samitivej Hospital**, 133 Soi 49 Sukhumvit Rd., ✆ 02-3920010-9, und **Bangkok Hospital**, 2 Soi Soonvijai 7, nahe Soi 47, New Phetchburi Rd., ✆ 02-310300, 💻 www. bangkokhospital.com, viele Spezialisten und eine neue Zahnklinik.
BNH Hospital, 9 Convent Rd., zwischen Silom und Sathorn Nua Rd., ✆ 02-2332610-9, 💻 www.bnhhospital.com, neues Gebäude, zuverlässiges, freundliches, Englisch sprechendes Personal.
Bangkok Adventist Hospital, 430 Phitsanulok Rd., ✆ 02-2811422, 💻 www.mission-hospital.org, ist gut, aber relativ teuer. Wird von Missionaren geleitet. Im 4. Stock ein vegetarisches Restaurant.
St. Louis Hospital, 215 Sathorn Tai Rd., ✆ 02-2120033-48, 💻 www.saintlouis.or.th, ein katholisches Krankenhaus.
Bumrungrat Hospital, 33 Soi 3 Sukhumvit Rd., ✆ 02-2667-1000, 💻 www.bumrungrad.com, kurzfristig Terminvereinbarung unter -1234 (internationale Patienten) oder -1555 (ambulant). In Asiens größtem und modernstem Krankenhaus werden jährlich etwa 700 000 Ausländer behandelt und effektiv bedient. Einge der 700 Ärzte sprechen auch Deutsch. Der größte Teil der Angestellten spricht Englisch.
Saorapha Memorial Institute, besser bekannt als Schlangenfarm, Rama IV, Ecke Henri Dunant Rd., informiert über Tropenkrankheiten und Impfungen.
In allen Krankenhäusern praktizieren auch **Zahnärzte**, die mit ihren Patienten wesentlich sanfter umgehen, als diese es von zu Hause gewohnt sind.
Allerdings behandelt man Patienten nur, wenn sie genügend Bargeld haben oder die Kreditkartennummer hinterlassen. Notfalls wird der Pass als Pfand einbehalten!

Müll

Die Sauberkeit der Stadt ist hart erkämpft worden, sodass Schilder, die für die Verunreinigung der Straßen drastische Strafen von bis zu US$100 androhen, ernst zu nehmen sind. Schon viele Touristen hatten für eine weggeworfene Zigarettenkippe 200 oder gar 2000 Baht zu zahlen.

Nationalparks

Royal Forestry Department, 61 Paholyothin Rd., in der Straße Richtung Don Muang Airport, ✆ 02-5791151/60. Hier ist auch die National Parks Division untergebracht, die unter ✆ 02-5620760, zu erreichen ist. Sie erteilt Informationen über die Parks und nimmt Reservierungen für Übernachtungsmöglichkeiten vor. Infos unter 💻 www.dnp.go.th.

Post

General Post Office (GPO) in der 1160 Charoen Krung Rd. (New Rd.), ✆ 02-2331050-9, ⏲ Mo–Fr 8–20, Sa, So und feiertags bis 13 Uhr. Packing service im Hauptpostamt, ⏲ Mo–Fr 8–16.30 und Sa 9–12 Uhr. Im Telecom Bldg. langsamer Internet-Service für 1 Baht pro Min. von 7–22 Uhr. Andere Postämter ⏲ Mo–Fr 8.30–16.30, Sa 9– 12 Uhr.

In den Touristenzentren befinden sie sich:

- in Banglampoo am großen Platz nördlich der Tani Rd. und in der Soi Damnoen Klang Nua, schräg gegenüber dem Sweety Gh., Packing service Mo–Fr 8.30–16.30, Sa 9–12 Uhr.
- am Hauptbahnhof links vom Haupteingang,
- versteckt im östlichem Siam Center am Parkhaus, im Mah Boon Krong Center, 2.Stock,
- in der Sukhumvit Rd. nahe Soi 4, ⏲ Mo–Fr 8.30–17.30, Sa 9–12 Uhr,

Außer dem Express-Postservice EMS gibt es folgende Kurierdienste: **DHL**, Grand Amarin Tower, 1550 New Phetchaburi Rd., ✆ 02-2070636, **TNT**, 599 Chong Non Si Rd., ✆ 02-2490242-6.

Radio

Eine englischsprachige Radiostation sendet auf der Frequenz 95,5 FM überwiegend Popmusik und informiert über aktuelle Veranstaltungen. Die aktuellen Frequenzen anderer englischsprachiger Sender (u. a. BBC, Voice of America, Radio Australia) und der Deutschen Welle sind der *Nation* zu entnehmen.

Rauchen

Verstöße gegen das Rauchverbot werden mit einem Bußgeld von 2000 Baht geahndet. Es gilt für alle AC-Restaurants, AC-Wartehallen, AC-Geschäfte und AC-Einkaufszentren, öffentlichen Verkehrsmittel (Busse, Taxis, AC-Eisenbahnwagen, Fähren, Flugzeuge), Tempel, Aufzüge, öffentliche Toiletten und Fähranlegestellen und mit wenigen Ausnahmen auch für alle öffentlichen Gebäude, Banken und Flughäfen.

Telefonieren

Auslandsgespräche sind möglich von Telefonzellen, die mit Telefonkarten betrieben werden (nicht immer zuverlässig), Münzfernsprechern und privaten Telefonbüros (Preis schriftlich geben lassen). In der Khaosan Rd. werden günstig Auslandsgespräche übers Internet angeboten. Eine Thai-SIM-Card fürs Handy und Telefonkarten gibt es in allen 7 Eleven und anderen Läden. Die Gebühren für Auslandsgespräche vom Thai-Handy sind niedrig und ändern sich laufend.

Touristenpolizei

Tourist Police, Hotline ✆ 1155, 💻 www.tourist.police.go.th (Thai), Zentrale im 23. Stock des TPI Tower, 26/56 Chan Tat Mai Rd., ✆ 02-6786800, 📠 6786 869. Eine Außenstelle befindet sich an der Rama IV Rd., Ecke Ratchadamri Rd., am Lumpini Park, ✆ 02-2539560, und neben dem Tourist Office nahe dem Demokratiedenkmal. Zudem steht abends ein Auto an der Patpong.

Wäschereien

Wäsche wird in nahezu allen Hotels und Guesthouses innerhalb von 24 Stunden kalt gewaschen. In den Wäschereien der Gästehäuser wird sie allerdings nur selten gebügelt. Der Preis beginnt bei 25 Baht pro Kilo und steht in direktem Verhältnis zum Zimmerpreis.

Zeitungen

Tgl. erscheinen drei englischsprachige Zeitungen, die Bangkok Post und die empfehlenswerte The Nation, beide 20 Baht, sowie eine thailändische Ausgabe der Herald Tribune. Touristeninfos sind diversen Anzeigenblättern zu entnehmen.

Nahverkehr

Das Verkehrschaos während der Rushhour (6–9 und 16–20 Uhr) ist bekannt. In den 70er-Jahren haben Stadtplaner versucht, das Übel mit modernen Brückenkonstruktionen zu beseitigen. In den 80er-Jahren wurde ein Einbahnstraßensystem eingerichtet. Schließlich sollte der Skytrain und die U-Bahn Abhilfe schaffen – vergeblich.

Skytrain (BTS)

Die Hochbahn, ✆ 02-6176000, 💻 www.bts.co.th, ist schnell, sauber und zuverlässig. Beide Linien kreuzen sich am Umsteigebahnhof Central Station am Siam Square, Umsteigemöglichkeit in die U-Bahn in Mo Chit / Chatuchak Park, Asoke /

Sukhumvit und Sala Daeng / Silom. Die 6,5 km lange **Silom Line** führt vom National Stadium über den Siam Square, die Ratchdamri Rd., obere Silom Rd. und untere Sathorn Rd. bis Saphan Taksin (= Taksin-Brücke nach Thonburi), die **Sukhumvit Line** 17 km von der Endstation Mo Chit am Weekend Market über die Paholyothin Rd., am Victory Monument vorbei, über Phayathai Rd., Ploenchit und Sukhumvit Rd. bis zur Endstation On Nut an der Soi 77. Der weitere Ausbau zum Flughafen und über den Fluss hinüber nach Thonburi ist geplant.

Tickets gibt es am Automaten. Sie kosten je nach Anzahl der Stopps 15–40 Baht, der Tourist Pass für 1 Tag 120 Baht, 30-Tage-Pässe mit 20/30 Fahrten 440/600 Baht. Züge fahren tgl. von 6–24 Uhr, Ansagen in den klimatisierten Wagen erfolgen in Thai und Englisch. In einigen Gegenden verkehren kostenlose Zubringerbusse, deren Routen auf der BTS Map eingezeichnet sind. Hierfür werden kostenlose Coupons benötigt, die an den Schaltern der Stationen zu bekommen sind.

U-Bahn (MRT)

Neben dem Skytrain wird ein eigenständiges U-Bahnsystem ausgebaut. Fertig gestellt ist die 20 km lange Strecke vom Hauptbahnhof Hua Lamphong nach Norden über die Ratchadaphisek Rd. bis Bang Sue. Tickets kosten je nach Entfernung 15–39 Baht. Die insgesamt 19 von Siemens gebauten Züge verkehren alle 2–6 Min. von 5–24 Uhr und halten an 18 Bahnhöfen. Umsteigemöglichkeit in den Skytrain an den Stationen Silom (Exit 2 + Fußweg), Sukhumvit (direkt) und Mo Chit (Exit 4 + Fußweg). Die Geschichte des U-Bahn-Baus wird auf Infotafeln in der Passage in der Station Hua Lamphong, Exit 2 zum Bahnhof, auch mit englischen Beschriftungen dargestellt.

Stadtbusse

Stadtbusse sind je nach Komfort unterschiedlich teuer und zunehmend mit Automaten ausgestattet, also Fahrgeld passend bereithalten!

Fahrpreise für Stadtbusse

non-AC-Busse	8 Baht
AC-Busse	10–20 Baht
Micro-Busse	20 Baht

Einen **Stadtplan** mit Buslinien, den *Latest Tour Guide to Bangkok and Thailand,* erhält man für 50 Baht am Bahnhof, in einigen Reisebüros, Buchhandlungen und Gästehäusern. Da die Zielorte nur in Thai auf den Stadtbussen stehen, orientiert man sich an den Nummern. Dabei ist zu beachten, dass man nicht in die falsche Richtung fährt. Infos unter 💻 www.bmta.co.th.

Non-AC-Stadtbusse haben blaue Schilder. Stadtbusse mit rotem Schild weichen von der normalen Route ab. Die wichtigsten non-AC-Busse (+ Busse verkehren rund um die Uhr.):

2 Ekamai (Eastern) Bus Terminal – Ratchdamnoen Klang Rd. +

3 Bangkampoo (Phra Athit Rd.) – Mo Chit (Northern Bus) Terminal

25 Samut Prakan – Sukhumvit Rd. – Hauptbahnhof – Sanam Luang +

30 Nonthaburi – Banglampoo – Sanam Luang – Southern Bus Terminal (–21.30 Uhr)

40 Ekamai (Eastern) Bus Terminal – Hauptbahnhof – Southern Bus Terminal (–21.45 Uhr)

47 Ratchadamnoen Rd. nahe Khaosan Road – Silom / Patpong.

53 Hauptbahnhof – Khaosan Road.

136 Mo Chit (Northern Bus) Terminal – Soi 21 Sukhumvit Rd. (Soi Asoke) Klong Toei

Ac-Stadtbusse haben geschlossene Türen und Fenster sowie zwei Buchstaben vor der Busnummer. Die wichtigsten AC-Busse (bis gegen 20 Uhr):

501 Minburi – Ekamai (Eastern) Bus Terminal – Hauptbahnhof

503 Rangsit – nahe Suan Chatuchak (Weekend Market) – Banglampoo Phra Athit Rd.) – Nationalmuseum

507 Rama IV Rd. – Hauptbahnhof – Sanam Luang – Southern Bus Terminal

508 Samut Prakan – Ekamai (Eastern) Bus Terminal – Chinatown – Sanam Luang (–20.30 Uhr)

511 Samut Prakan – Sukhumvit Rd. – Banglampoo – Southern Bus Terminal

Mercedes-Micro-Busse sind vor allem für Pendler gedacht und verkehren von 5–22 Uhr zwischen den Vororten und dem Zentrum. Die

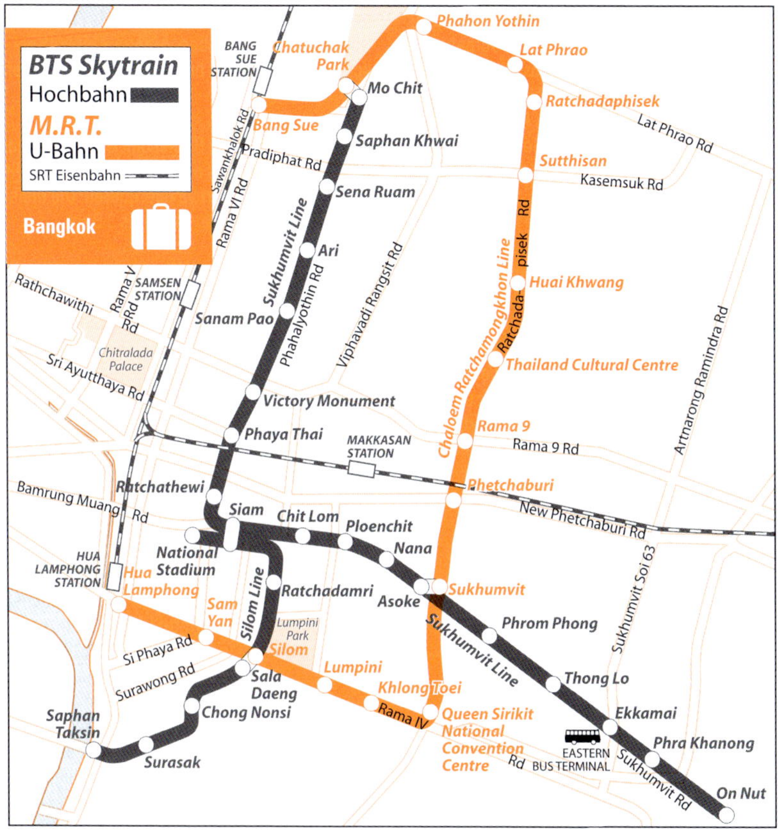

wichtigsten Micro-Busse (Route nicht auf Busplänen verzeichnet):

- **4** Southern Bus Terminal – Krung Thon Brücke – Zoo – Rama IX Rd.
- **5** Petchkasem Rd (Thonburi) – Hauptbahnhof – Phayathai Rd. – Victory Monument – Mo Chit (Northern Bus) Terminal
- **6** Pak Nam – Ekamai (Eastern) Bus Terminal – Phayathai Rd. – Siam Square – River City
- **8** Taling Chan – Southern Bus Terminal – Ratchdamnoen Rd. – Khaosan Rd. – Victory Monument – Suan Chatuchak (Weekend Market)
- **10** Khaosan Rd. – Rama Khamhaeng Rd.

Taxis

Durch Bangkok fahren viele Taxis auf der Suche nach Fahrgästen. Sie sind mit Taxameter ausgestattet. In den meisten Touristenzentren sind Taxifahrer nicht bereit, die Uhr einzuschalten, und verlangen häufig überhöhte Festpreise oder behaupten, der Tempel am Ziel sei geschlossen, und versuchen ihre Gäste zu teuren Touren oder Einkäufen zu überreden. Man sollte darauf bestehen, dass das Taxameter eingeschaltet wird, oder ein anderes Taxi nehmen. Manchmal wird auch kurz vor dem Ende der Fahrt oder beim Gepäckausladen das Taxameter ausgeschaltet und ein überhöhter Preis verlangt. Für derartige Fälle

Kleingeld passend bereithalten. Nachts sind einige illegale Fahrer im Einsatz, also aufpassen, wo man einsteigt. Da viele Autos mit Gas fahren, ist der Kofferraum oft zu klein für viel Gepäck. Die Einschaltgebühr beträgt 35 Baht (beim Einsteigen darauf achten) einschließlich der ersten 2 km, jeder folgende Kilometer kostet bis zu 12 km 4,5 Baht, danach 5,5 Baht, zudem werden bei Stau (Geschwindigkeit unter 6 km/h) 1,25 Baht pro Minute fällig. Am besten während der Rushhour gar nicht erst losfahren.
Vom Airport ist ein Aufschlag von 50 Baht zu zahlen. Die Gebühren für die Benutzung der Expressways, pro Strecke 30 oder 40 Baht, sind von den Passagieren zu bezahlen. Wenn ein Fahrer das Fahrziel nicht versteht, hilft eine Straßenkarte mit thailändischer Beschriftung, eine Postkarte von der Sehenswürdigkeit, die Visitenkarte des Hotels, oder man lässt sich vorher das Ziel in Thai aufschreiben.
Radio Taxis können rund um die Uhr unter ✆ 1681, 02-8800888 für zusätzliche 20 Baht telefonisch bestellt werden. Beschwerden über Taxis unter Angabe des Datums, der Uhrzeit und der Registrierungsnummer unter ✆ 1661.

Motorradtaxis

Die Fahrer, an den farbigen Westen mit Nummern zu erkennen, warten an den Abzweigungen der Sois. Kurze Strecken kosten 20 Baht. Auf Hauptstraßen und für längere Strecken sind sie nicht zu empfehlen, da sie sehr gefährlich sind. Sie dürfen nur eine Person befördern. Es besteht Helmpflicht.

Tuk Tuks

Die offenen Motorroller mit Sitzbank verlangen mindestens 30 Baht, sind meist teurer als Taxis und im dichten Verkehr ein Gesundheitsrisiko. Zudem sind viele Fahrer nicht mehr bereit, Touristen zu einem fairen Preis zu befördern, oder versuchen, mit falschen Behauptungen ihre Passagiere zu „Einkaufstouren" zu überreden, um eine entsprechende Provision in Form von Benzingutscheinen zu kassieren, sodass Touren für 10 Baht unter Garantie den Besuch von Geschäften mit einschließen. Auch an Betrügereien mit Edelsteinen (s. S. 186) sind einige Tuk-Tuk-Fahrer beteiligt. Sprechen die Fahrer kein Englisch, sollte man sich vergewissern, dass sie das Fahrtziel richtig verstanden haben. Aufgrund vieler Beschwerden raten wir, besser ein Taxi zu nehmen.

Personenfähren

Mit den relativ hohen Booten mit Dach kann man von zahlreichen Piers aus zwischen 8 und 18 Uhr den Menam Chao Phraya überqueren. Die meisten Passagiere stehen. Fahrpreis 3 Baht.

Expressboote

Die langen Boote mit vielen Sitzplätzen verkehren auf dem Menam Chao Phraya über 18 km zwischen Nonthaburi (Norden) und Rajburana (Süden) von 6–18.40 Uhr alle 20 Min. Nicht an allen Piers halten Expressboote mit roten und blauen Flaggen, die Mo–Sa zur Rushhour (6–9 und 15–19 Uhr)im Einsatz sind, sowie mit gelben Flaggen, die Mo–Fr alle 10–20 Min. verkehren. Boote mit grünen Flaggen fahren flussaufwärts über Nonthaburi hinaus bis Pak Kret und die mit gelber im Süden bis Rajburana.
Fahrpreis, je nach Bootsflagge und Entfernung, 9–32 Baht. Tickets aufheben, da sie an manchen Piers bei der Ankunft kontrolliert werden.
Das **Chao Phraya Tourist Boat**, ✆ 02-6177340, 💻 www.chaophrayaboat.co.th, das halbstündlich von 9.30–15 Uhr zwischen Sathon und Phra Athit mit Zwischenstopps an 7 touristisch interessanten Piers pendelt, kostet 18 Baht und ist etwas komfortabler. Die englischsprachigen Erläuterungen sind teils fehlerhaft und unverständlich. Das Tourist- Tagesticket für 100 Baht p. P. für unbegrenzte Fahrten lohnt nicht. An den Piers informieren Schautafeln über die Boote.

Linienboote auf den Klongs

Rua hang yao – schmale Boote mit Sitzplätzen für etwa 15 Personen, die von einem Außenborder an einer langen Stange angetrieben werden – verkehren immer seltener auf einigen Klongs. Sie werden vor allem von Pendlern genutzt, um in die Vororte zu gelangen. Bei Ausflugsfahrten lohnt es sich, erst nach 9 Uhr loszufahren. Vor Spritzwasser schützt eine Plane oder ein Schirm.
In Thonburi: Die Boote fahren in Bangkok von separaten Anlegestellen neben den Expressboot-Stopps meist dann ab, wenn sie voll sind. Während der Fahrt setzen die Boote die Passa-

giere einzeln an privaten Bootsstegen ab, auf die diese zuvor gewiesen haben. Der Fahrpreis variiert je nach Boot, Tageszeit und Entfernung, von Ausländern werden 40–60 Baht verlangt. Da diese Boote von Pendlern genutzt werden, verkehren sie morgens stadteinwärts, spät nachmittags stadtauswärts und nicht am Sonntag.

Ab **Chang Pier** auf dem Klong Bangkok Noi und Klong Bangkok Yai fahren Boote ab 16 Uhr je nach Bedarf mit Pendlern nach Bang Kruay oder weiter ins ländliche Bang Yai für 50 Baht (einfach), am besten vorn im Boot sitzen. Tickets links auf der Plattform des Piers (zum versteckt liegenden Schalter vom linken Eingang geradeaus und rechts um den Tourstand herum gehen). Bang Yai selbst ist ohne Reiz, man kann sich aber mit dem Taxiboot durch die Kanäle fahren lassen. Da die Boote nur morgens zurück in die Stadt fahren, nimmt man für den Rückweg ein Taxi oder einen Bus vom 200 m entfernten Busstopp nach Nonthaburi. Von dort mit der Fähre über den Fluss setzen und mit dem Expressboot (vor 18 Uhr!) zurück.

Ab **Thien Pier** vor allem während der Rushhour für Pendler auf dem Klong Mon entlang.

Ab **Phibul 1 Pier** auf dem Klong Om, während der Rushhour bis Bang Yai.

In Bangkok: Vom **Phanfa Pier** an der Ratchdamnoen Rd. am Golden Mount verkehren Boote auf dem **Klong Saen Saeb** in die östlichen Vororte und halten z. B. am Jim Thompson House, an der Phayathai Rd. nördlich vom Siam Square, der Ratchadamri Rd. am Pratunam-Markt, der Chitlom und Witthayu Rd. und in der Soi 3 und 23 Sukhumvit Rd. Sie kosten je nach Entfernung 10–30 Baht. Mit glitschigen Stegen, Gedränge und wegen des dreckigen Spritzwassers seitlich hochgezogenen Planen rechnen.

Ein Shuttleboot fährt von 10–16 Uhr vom Phra Athit Pier zu den **Königlichen Barken** für 20 Baht einfach.

An der Endstation der Linienboote auf den Klongs können kleine Taxiboote für bis zu 5 Personen gechartert werden.

Charterboote

Rua hang yao, die großen Klongboote, in denen 6–10 Personen Platz haben, werden ab 800 Baht für die erste Stunde und 500 Baht für jede wei-

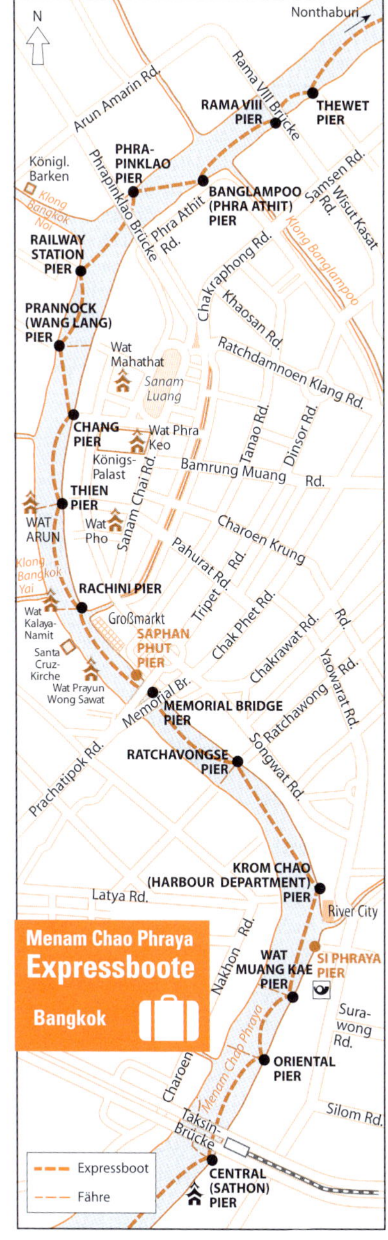

tere, Expressboote ab 1200 Baht, an verschiedenen Piers vermietet, unter anderem an der Phrapinklao-Brücke (Bangkok-Seite), Tha Chang (hinter dem National Museum, große Auswahl), Tha Thien (hinter Wat Pho), Central Pier (River City Pier, am Royal Orchid Sheraton, teure Charterboote), Oriental Pier (viele Touristen und Schlepper, Touren zur Snake and Crocodile Farm in Thonburi und zum Schwimmenden Touristenmarkt am Wat Sai) und Central Pier (Shangri-La). Allerdings versuchen auch Bootsfahrer, Touristen während der Tour zu Restaurantbesuchen, Einkaufstouren und anderen Fahrtpausen zu überreden. Beim Anlegen an den Expressboot-Piers wird eine Landegebühr von 20 Baht p. P. verlangt.

Touren

Bustouren

In vielen Gästehäusern, Hotels und Reisebüros werden Tagesfahrten mit dem Bus angeboten. Bei diesen Touren erhält man nur einen flüchtigen Eindruck, denn die Fahrt selbst dauert recht lange, sodass wenig Zeit für Sehenswertes bleibt. Zudem hält der Fahrer auf dem Rückweg meist vor einer Orchideenfarm, einem Juwelenladen oder einer „Fabrik", um mit der Provision sein Gehalt aufzubessern. Von den preiswerten Touren der Reisebüros in der Khaosan Rd. sollte man nicht viel erwarten.

Bootstouren

Einen Überblick über fast alle Touren mit Buchungsmöglichkeit: www.thairivercruise.com.

Chao Phraya Express Boat Service, 78/24-29 Maharat Rd., www.chaophrayaboat.co.th, 02-6236001, fährt So um 8 Uhr ab Mahathat Pier (8.05 Uhr ab Phra Athit Pier) auf dem Menam Chao Phraya zum Royal Folk Arts & Crafts Center in Bang Sai, nach Bang Pa In und zum Wat Phailom für 390 Baht, Rückkehr gegen 18 Uhr. Sa und So fährt ein anderes Boot nach Ko Kred, zu zwei Tempeln mit schönen Wandmalereien, dem Wat Poramaiyikawas aus der Ayutthaya-Periode und dem jüngeren Wat Chalermprakiet, einer Töpferei in einem Mon-Dorf und zum Ban Khanom (Süßigkeitenhaus) für 300 Baht, Abfahrt um 9 Uhr am Central Pier und 9.30 Uhr am Maharaj Pier.

Tgl. gegen 8 Uhr fahren folgende Luxusschiffe zu einer Tagestour nach Ayutthaya ab, wobei der Transfer ab Bang Pa In mit dem Bus erfolgt. Die Bootsfahrt ist entweder als Hin- oder Rückfahrt buchbar. Rückkehr gegen 16.30 Uhr. Im relativ hohen Preis um 2000 Baht ist ein kaltes Buffet auf dem Schiff enthalten:

River Sun Cruise, 02-2669316, ab River City Shopping Complex.

New Horizon Cruise, 02-2369952, ab Shangri-La Hotel.

Weitere Möglichkeiten für Flusstouren bieten die Restaurant- und großen Ausflugsboote, die meist auf dem Menam Chao Phraya flussaufwärts fahren.

A Chao Phraya Chartered Co., 2 Ratchawong Rd., 02-6227657-61, veranstaltet tgl. von 14.30–16.30 Uhr für 450 Baht Touren ab River City mit dem Speedboot zu einer Reisbarke, auf der Früchte und Drinks serviert werden.

Mekhala, 02-6519101, 6519766, www.ewsiam.com, Fahrt auf einer der umgebauten Reisbarken der Mekhala-Flotte für max. 42 Passagiere inkl. einer Übernachtung auf dem Schiff und Essen ab 5680 Baht.

Transport – Anreise

Busse und Eisenbahn

Nähere Infos am Abfahrtsort sowie im Abschnitt Weiterreise.

Flüge

(Weiterreise s. S. 202).

Der neue **Suvarnabhumi Airport** (ausgesprochen: Su-wanna-puhm, Abkürzung BKK), www.airportthai.co.th, allgemeine Auskunft 02-1321888, Help Desk 02-1323888, Fluginformation 02-132000, hat 2006 seinen Betrieb aufgenommen. Er liegt 32 km außerhalb des Zentrums, östlich der Outer Ring Road zwischen Buraphawithi Expressway (H34 nach Chonburi) und dem Motorway H7 in der Provinz Samut Prakan, 55 km vom bisherigen Airport entfernt. Das US$3,7 Milliarden teure Großprojekt ist für 45 Mill. Passagiere pro Jahr und 76 Flüge pro Stunde ausgelegt. Um das architektonisch interessante, mit Shops und Restaurants vollgepackte mehrstöckige Terminalgebäude von 444 m Länge und 111 m Breite zu durchqueren, sollte ausreichend Zeit eingeplant werden. Lange Schlangen bilden sich während der belebten Stunden vor den Immigration-Schaltern und vor allem am internationalen Transfer Counter. Eine Aussichtsplattform findet man auf Level 7, Restaurants auf Level 6, Airline-Büros auf Level 5, die Abflughalle auf Level 4, Shops und noch mehr Restaurants auf Level 3, die Ankunftshalle, Shops, Geldautomaten und am äußersten Ende (wenn man ankommt, links) eine TAT-Information auf Level 2, eine preiswerte Kantine, Bushaltestellen und Taxis auf Level 1 und die zukünftige Bahnstation im Untergeschoss. Vor dem Terminal ist über einen 300 m langen Fußgängertunnel das Novotel Suvarnabhumi Airport Hotel mit 612 Zimmern zu erreichen.

Weiterreise vom neuen Suvarnabhumi Airport

Das teuerste Transport-Angebot sind private Limousinen, die Ankommenden direkt am Ausgang aufgedrängt werden. Sie verlangen ein Vielfaches dessen, was ein Bus oder selbst ein Taxi kostet, und man kann sie getrost ignorieren. Taxis ab Level 1 fahren mit Meter und verlangen ab dem Airport 50 Baht Zuschlag.

Zudem fährt der **Airport Express Bus** für 150 Baht ab Level 1 vor Gate 8. AE 1 fährt über die Ratchadamri Rd. zur Silom Rd., AE 2 nach Banglampoo (Khaosan Rd.), AE 3 in die untere Sukhumvit Rd., Soi 3, und AE 4 über den Siam Square zum Hauptbahnhof.

Weitere Busse vom Bus Terminal (kostenloser 5–10-minütiger Shuttle vom Level 1 vor Gate 3): Am Bus Terminal gibt es einen Infoschalter mit Englisch sprechendem Personal. Nach Bangkok fahren für 35 Baht u. a. Nr. 551 zum Victory Monument in knapp 1 Std. (Haltestelle im Nordosten des Platzes), Nr. 552 nach On Nut (Endstation Skytrain), Nr. 553 nach Samut Prakan, Nr. 554 zum alten Airport und Nr. 556 zum Southern Bus Terminal. Zudem Nr. 825 nach NONG KHAI um 21 Uhr für 448/569 Baht, Nr. 389 und 9905 nach PATTAYA 9x tgl. für 112/130 Baht. Auch einige Busse vom Mochit (Northern) Bus Terminal zur Ostküste halten hier, z. B. nach CHANTABURI 6x tgl. überwiegend nachmittags für 161/242 Baht oder TRAT 8x tgl. für 311 Baht.

Die 28 km lange Skytrain-Verbindung nach Bangkok soll 2008 fertig sein. Dann wird der Airport Express non-stop in 14 Min. zum Makkasan Terminal, östlich der jetzigen Skytrain-Station Phaya Thai, fahren, wo für die Weiterreise auch das Gepäck eingecheckt werden kann. Zudem wird ein langsamerer Zug der City Line an 8 Stationen entlang der Strecke halten.

Wegen der durch Konstruktionsmängel erforderlichen Reparaturarbeiten am neuen Flugplatz werden vorübergehend einige Inlandsflüge von Thai Airways, Nok Air und one-two-go am **Don Muang Airport** (Abkürzung DMK) abgefertigt. Diese Thai Airways-Flüge erkennt man an der Flugnummer (TG 1xxx).

Der Check-in erfolgt im Inlandsterminal, Ebene 2, Ankunft am Inlandsterminal, Ebene 1.

Zur U-Bahnstation Lat Phrao verkehrt ein kostenloser Bus ab Don Muang Airport. Zum neuen Airport braucht der Bus etwa 1 1/2 Std.

Von der Bushaltestelle an der Hauptstraße (ca. 400 m links vom Hauptausgang der Internationalen Ankunftshalle) fahren Stedtbusse in die Innenstadt. Nr. 29 fährt zum Hauptbahnhof, Nr. 59 zum Sanam Luang, AC-Bus Nr. 4 zur Silom Rd. und Nr. 13 zum Eastern Bus Terminal.

Bequemer und preiswert ist die Eisenbahn ab dem Don Muang-Bahnhof gegenüber dem Internationalen Airport. Taxis verlangen 50 Baht Aufschlag.

Evtl. wird der Airport Express Bus wieder eingesetzt (Infos s. neuer Airport).

Transport – Weiterreise

Backpacker-Busse

Reisebüros verkaufen Bustickets zu beliebten Touristenzielen. Einige Traveller fühlten sich bei diesen Touren abgezockt, da ihnen z. B. am Zielort eine Unterkunft oder eine Tour aufgedrängt wurde. Andere fanden es sehr bequem, abgeholt zu werden und sich damit die Fahrt zum Busbahnhof zu ersparen sowie das auf Touristen abgestellte Videoprogramm statt der ansonsten üblichen Horrorstreifen zu genießen. Die Busse über Surat Thani auf die Inseln haben oft „Verspätung". Zudem sind sie wegen Diebstahlgefahr nicht zu empfehlen. In einigen Hotels werden überteuerte VIP-Bustickets verkauft, die den Mehrpreis nicht lohnen.

Folgende Preise können als Anhaltspunkt dienen.
CHIANG MAI 350–500 Baht
HAT YAI 600–700 Baht
HUA HIN 250–400 Baht
KANCHANABURI 150–200 Baht
KO CHANG 300–400 Baht
KO LANTA 600–800 Baht
KO SAMET 400 Baht
KO SAMUI 400–700 Baht
KO PHA NGAN 500–800 Baht
KO PHI PHI 700–800 Baht
KO TAO 500–800 Baht
KRABI 350–600 Baht
PHUKET 500–600 Baht
SUKHOTHAI 400 Baht
Kombi-Tickets Bus + Katamaran bis Ko Samui, Ko Pha Ngan und Ko Tao bei 💻 www.lomprayah.com.
Minibusse in die Nachbarländer:
KUALA LUMPUR 1200–1600 Baht
PENANG (Butterworth) 800–1300 Baht
SINGAPORE 1200–1800 Baht
VIENTIANE (Laos) um 7 Uhr ab Khaosan Rd. für 500 Baht in 14 Std.
SIEM REAP (Angkor, Kambodscha) morgens ab Khaosan Rd. für 250–400 Baht über Aranyaprathet in 10–12 Std. oder über Kap Choeng/O'Smach in 12–17 Std. Billiganbieter meiden, da sie auf andere Art zu Geld zu kommen versuchen. Auf der thailändischen Seite werden zumeist recht komfortable Busse eingesetzt. In Kambodscha sind allerdings bisher nur wenige richtige Busse im Einsatz. Leser berichten von „rostzerfressenen Seelenverkäufer(n) jenseits jeglicher (auch kambodschanischer) Sicherheitsstandards". Es scheint, dass vielfach unerfahrene Busfahrer eingesetzt werden. Viele Busse kommen erst abends an, sodass man gezwungen ist, im Gästehaus des Busunternehmens zu übernachten. In jedem Fall ist mit langen Wartezeiten und einer unbequemen Reise zu rechnen, und man sollte sich überlegen, nur bis Aranyaprathet zu fahren und dort die Weiterfahrt zu organisieren (s. S. 267). Visa können bereits in Bangkok organisiert oder zum gleichen Preis an der Grenze beantragt werden. Billiganbieter zwingen ihre Passagiere vor der Grenze zum Kauf überteuerter Visa zum Preis von bis zu US$30.

Busse

Mit Ausnahme einiger AC- und Minibusse fahren die meisten von 3 Busbahnhöfen ab. Die Busse verschiedener privater Companies fahren alle zum gleichen Preis zu den ausgehängten Abfahrtszeiten ab. Bereits 30 Min. vor Abfahrt dort sein, da Busse, die voll sind, früher losfahren.

Richtung Ostküste

Ekamai (Eastern) Bus Terminal, Sukhumvit Rd., gegenüber Soi Ekamai, ✆ 02-3912504, 3918097. Gepäckaufbewahrung: 35 Baht pro Gepäckstück, ⌚ So–Fr 8–20 Uhr, Sa bis 18 Uhr. Anreise mit dem Skytrain oder Stadtbussen, s. S. 191f. Einige Busse an die Ostküste halten auch am Airport Bus Terminal.
1.Kl. AC-Busse / 2.Kl. AC-Busse / andere Busse nach:
BAN PHE, 189 km, Fährhafen für Ko Samet, etwa stdl. von 7–10, 12–17, 18.30 und 20.30 Uhr für 157 Baht / – in 3 1/2 Std.
CHANTABURI, 239 km, alle 30 Min. bis 24 Uhr für 187 Baht / stdl. von 6–15 Uhr für 146/183 Baht in 4 Std.
LAEM NGOP, 331 km, Fähre nach Ko Chang, um 7.45 und 9.45 Uhr für 250 Baht / – in 5 Std.
PATTAYA, 141 km, alle 30 Min. von 5–23 Uhr für 113/121 Baht / alle 15 Min. bis 21 Uhr für 94 Baht in 2 Std. Weitere AC-Busse ab Mo Chit (Northern) und Southern Bus Terminal, ab Airport und den großen Hotels.
TRAT, 317 km, von 6–8 und 9.30–23.30 Uhr für 230/248 Baht / etwa stdl. von 5–9, 11–17.30 und 24 Uhr für 188/225 Baht / non-AC um 5.30, 8, 9 und 14.30 Uhr für 161 Baht in 5 Std.

Richtung Norden und Nordosten

Mo Chit (Northern Bus) Terminal, Kamphaengphet 2 Rd., westlich der Straße zum Don Muang Airport, ✆ 02-9362841-8. BTS Mo Chit (Exit 4), U-Bahn Kamphaeng Phet oder Stadtbus bis Suan Chatuchak (Weekend Market) und weiter mit dem Taxi oder Motorradtaxi zum Mo Chit für unter 50 Baht. Busse zum Terminal s. S. 192.
Am Busbahnhof Restaurants, eine Information, die ihren Namen nicht verdient, und eine Gepäckaufbewahrung (20 Baht pro Stück und Tag).
1.Kl. AC-Busse / 2.Kl. AC-Busse / andere Busse nach:

ARANYAPRATHET (Grenzübergang nach Kambodscha), 269 km, etwa stdl. bis 18 Uhr für 207/229 Baht / etwa stdl. von 4–8.30 und 11.30–16.30 Uhr für 161/178 Baht in 4 Std.
AYUTTHAYA, 75 km, alle 20 Min. von 5.40–20.40 Uhr für 65 Baht / alle 15 Min. bis 19.30 Uhr für 50 Baht in 1 1/2–2 Std. – einige fahren auch über Bang Pa In.
CHIANG KHONG (Grenzübergang nach Laos), 875 km, um 7 und 7x von 19.15–20.30 Uhr für 634 Baht / um 8, 16.30 und 7x von 18.40–20.10 Uhr für 493 Baht / non-AC um 18 Uhr für 352 Baht / VIP-24 um 20.40 Uhr für 985 Baht / VIP-32 um 19 Uhr für 739 Baht in 13 Std.
CHIANG MAI, 713 km, alle 30 Min. von 6.30–10.40 und 13–22 Uhr für 518 Baht / 15x tgl. von 6–22.10 Uhr für 403 Baht / non-AC um 5.25, 9.10 und 13.35 Uhr für 288 Baht / VIP-24 um 9, 19 und 4x von 20–21.30 Uhr für 805 Baht / VIP-32 um 6.45, 9.15, 9.30, 10x von 19–21 und um 22.30 Uhr für 605 Baht in 10 Std.
CHIANG RAI, 844 km, 14x von 7–21 Uhr für 581/610 Baht / 3x von 7–8.30 und 4x von 15.30–17.40, um 19.10 und 21.30 Uhr für 452/475 Baht / non-AC um 11.30, 18.30, 19 und 20 Uhr für 323/339 Baht / VIP-24 4x von 19.15–20.30 Uhr für 900 Baht in 11 Std.
KHON KAEN, 444 km, alle 30 Min. von 8–23 Uhr für 329 Baht / um 10.30, 14.30, 15.30, 19.30, 21 und 22.30 Uhr für 256 Baht / non-AC um 8.40, 20.45 und 21.45 Uhr für 183 Baht / VIP-32 häufig von 8–11 und 20.30–23.30 sowie um 14, 15 und 16 Uhr für 384 Baht in 6 1/2 Std.
KORAT, Nakhon Ratchasima, 256 km, alle 30 Min. bis 24 Uhr für 198 Baht / alle 30 Min. rund um die Uhr für 154 Baht / non-AC um 6.50, 8.50, 9.50, 11.50, 15.30 und 16.30 Uhr für 110 Baht in 3 1/2 Std.
LAMPANG, 610 km, 4x von 8–9.15, um 11.30, 12 und 7x von 19–21.10 Uhr für 446 Baht / um 15.30, 18.50 und 21.40 Uhr für 347 Baht / non-AC um 6.25, 13.05, 20 und 22.05 Uhr für 248 Baht / VIP-32 um 20 und 20.50 Uhr für 521 Baht in 8–9 Std.
LOPBURI, 153 km, alle 20 Min. bis 20.30 Uhr für 126 Baht / alle 20 Min. bis 20.50 Uhr für 98 Baht in 3 Std.
MAE HONG SON, 928 km, um 18 Uhr für 718 Baht / um 20.50 Uhr für 559 Baht in 14 Std.
MAE SAI, 857 km, um 8, 17.30 und 6x von 19–20.10 Uhr für 621 Baht / um 18.05 und 20.30 Uhr für 483 Baht /–, VIP-24 um 7.30, 19, 19.30, 19.45 und 20 Uhr für 965 Baht, VIP-32 um 19 und 19.30 Uhr für 725 Baht in 11–12 Std.
MAE SOT, 520 km, um 9, 21 und 22.15 Uhr für 394 Baht / um 18.05, 20.30 und 22.20 Uhr für 307 Baht / non-AC um 20.20 und 21 Uhr für 219 Baht / VIP-24 um 20.45, 22 und 22.30 Uhr für 610 Baht in 8 Std.
NAKHON PHANOM (Grenzübergang nach Laos), 727 km, um 8.30 und 5x von 18.15–20.15 Uhr für 529/592 Baht / um 6, 9, 10, 15, 16.30, 17.30, 19, 20.30 und 22 Uhr für 412/461 Baht / non-AC-Bus um 18 Uhr für 294 Baht / VIP-32 um 19.15 und 20.15 Uhr für 617 Baht / VIP-24 um 7.30, 18.15, 19, 20.15 und 20.45 Uhr für 820 Baht in 11 Std.
NAKHON SAWAN, 237 km, etwa stdl. von 5.30–18.10 Uhr für 185 Baht / um 8, 9.30, 10.10, 11, 13 und 15 Uhr für 144 Baht / non-AC 9x von 6–20.30 Uhr für 103 Baht in 3 1/2 Std.
NAN, 677 km, um 8.30, 9.45 und 6x von 20.15–21 Uhr für 499/545 Baht / um 6, 7.40, 8.50, 18.20 und 21 Uhr für 388/424 Baht / non-AC um 18.40 Uhr für 303 Baht / VIP-24 um 19, 30 und 20.40 Uhr für 775 Baht in 8 1/2 Std.
NONG KHAI (Grenzübergang nach Laos), 614 km, um 8.30, 20.30, 21 und 21.45 Uhr für 450 Baht / um 6.20, 8, 8.30, 9.30, 11.05, 19.45 und 20.40 Uhr für 350 Baht / non-AC um 7.05 und 17.35 Uhr für 250 Baht / VIP-24 um 20.15 und 20.30 Uhr 700 Baht in 9–10 Std.
PAK CHONG (Khao Yai), 170 km, um 7.10, 9.15, 10.05, 12.15, 17.20, 18.20 und 19.10 Uhr für 139 Baht / – in 3 Std.
PATTAYA, 141 km, alle 30–40 Min. von 4.30–22 Uhr für 121 Baht in 2 Std. Weitere AC-Busse ab Ekamai (Eastern) Bus Terminal, ab Airport und den großen Hotels.
PHANOM RUNG, 360 km, um 9.30 Uhr für 272 Baht / um 21.30 Uhr für 211 Baht in 5 Std.
PHITSANULOK, 368 km, etwa stdl. von 7–14, 15.15–17 und 7x von 20.30–23.30 Uhr für 277 Baht / um 6.40, 8.10, 11, 12.30, 14 und 22.50 Uhr für 216 Baht / VIP-24 um 23.50 Uhr für 430 Baht in 5 1/2 Std.
SUKHOTHAI, 440 km, 10x von 7–22.30 Uhr für 328 Baht / um 7, 9.20, 12, 14, 21, 22 und 22.40 Uhr für 253/326 Baht / non-AC um 7.55, 13.25, und 21.10 Uhr für 182 Baht in 7 Std.

Direkt nach Alt-Sukhothai zum gleichen Preis um 9.30, 10, 12.30, 14 und 20 Uhr.
SURIN, 428 km, um 8.30 sowie häufig von 10.20–13 und 21.45–23 Uhr für 324 Baht / 4x von 7–8.30, stdl. von 10–14, 7x von 19.30–22.15, um 17, 23.15 und 23.50 Uhr für 252 Baht / VIP-24 um 22 Uhr für 495 Baht in 6–7 Std.
TAK, 420 km, um 13, 22, 22.10 und 22.30 Uhr für 313 Baht / um 10.10, 22.30 und 22.50 Uhr für 244 Baht / non-AC um 6.45, 7 und 7.40 Uhr für 174 Baht in 6 1/2 Std.
UBON, 614/675 km, ständig von 8.30–9.30 und 19.45–22.15 Uhr für 441/495 Baht / ständig von 4.30–11.50 und 16–22.40, um 13.50 und 23.40 Uhr für 343/385 Baht / VIP-32 um 8.15, 9.30 und 8x von 19.30–21.30 Uhr für 552/533 Baht / VIP-24 um 8.30, 20 und 21.30 Uhr für 685/735 Baht, in 10 Std.
UDON THANI, 561 km, etwa stdl. außer gegen 19 Uhr bis 23 Uhr für 412 Baht / um 14.25, 17.05, 18.10, 20.35 und 22.30 Uhr für 321 Baht / non-AC um 6.50, 9, 16.05 und 20.35 Uhr für 229 Baht / VIP-24 10, 21.30 und 22 Uhr für 640 Baht in 9 Std.

Richtung Süden und Westen

Southern Bus Terminal (Thai: Sai Tai) am Hwy 338 zieht 5 km weiter in die Nähe der Outer Ring Road um, ✆ 02- 4385605. Anreise mit dem Stadtbus s. S. 192. 1.Kl. AC-Busse / 2.Kl. AC-Busse / weitere Busse nach:
BANG SAPHAN, 367 km, um 7.30, 9.30, 11.30, 12.30, 15.30, 17 und 22.30 Uhr für 290 Baht / um 11.05 und 14.30 Uhr für 214 Baht in 5 1/2 Std.
CHUMPHON, 468 km, um 14, 21, 21.40 und 22 Uhr für 347 Baht / um 5, 6.50, 8 und 14.15 Uhr je nach Strecke für 270/281 Baht / VIP-32 um 14 und 22 Uhr für 405 Baht / VIP-24 um 21.40 Uhr für 540 Baht in 9 Std.
DAMNOEN SADUAK, 96 km, alle 30 Min. von 8.30–21 Uhr für 81 Baht / alle 20 Min. von 5.40–21 Uhr für 60 Baht in 2 Std.
HAT YAI, 954 km, häufig von 6.30–7.30 und 15.30–20.30 Uhr für 731 Baht / um 5.30, 7, 17 und 21.45 Uhr je nach Strecke für 535/568 Baht / VIP-32 um 5.30, 15.30, 17.30, 19 und 20 Uhr, 802 Baht / VIP-24 um 7 und 5x von 17–20 Uhr, 1065 Baht in 14–15 Std.
HUA HIN, 201 km, etwa stdl. bis 15.40, um 17.40, 19.40 und 21 Uhr für 160 Baht in 3 Std.
KANCHANABURI, 149 km, alle 20 Min. von 5–22 Uhr für 99 Baht / alle 20 Min. bis 18 Uhr für 84 Baht in 2 1/2–3 Std.
KO PHA NGAN, VIP-24 um 19.50 Uhr für 844 Baht.
KO SAMUI, über Surat Thani (s.u.) oder direkt um 8.30, 19.30 und 20 Uhr für 551 Baht / um 7, 19.30 und 20.30 Uhr für 430 Baht / VIP-24 um 7.30, 19, 19.30 und 20.20 Uhr für 849 Baht in 13 Std.
KRABI, 867 km, um 7, 17.30 und 4x von 19–20.20 Uhr je nach Strecke für 592/626 Baht / um 7.30, 16.40, 17, 19, 19.30, 20 und 21 Uhr je nach Strecke für 461/487 Baht / VIP-24 4x von 18.10–19.30 Uhr für 920 Baht in 12 Std.
NAKHON PATHOM, 56 km, alle 15 Min. bis 20.30, alle 20 Min. bis 23.20 Uhr je nach Strecke für 41/49 Baht / alle 15 Min. bis 20.30 Uhr für 30 Baht in 1 1/2 Std.
NAKHON SI THAMMARAT, 805 km, 12x von 7–20.50 Uhr für 583 Baht / um 6.40, 12.30, 16.30, 18, 22 und 23 Uhr für 454 Baht / VIP-32 5x von 17–20.30 Uhr für 680 Baht, VIP-24 um 18.50 und 19 Uhr für 905 Baht in 12 Std.
PADANG BESAR, 1020 km, um 18.20 und 19.40 Uhr für 734 Baht in 14 Std.
PATTAYA, 141 km, alle 30–40 Min. um 5.30, 7 und alle 2 Std. bis 19.30 Uhr für 117 Baht in 2 Std.
PHANG NGA, 815 km, 4x von 18.10–20 Uhr für 569/607 Baht / um 6.30, 7.30, 16.30 und 19 Uhr für 442 Baht / VIP-24 um 18.45 und 19.30 Uhr für 880 Baht in 12 Std.
PHETCHABURI, 135 km, bis 21 Uhr alle 30 Min. für 112 Baht / alle 30 Min. bis 18 Uhr für 92 Baht in 2 Std.
PHUKET, 891 km, um 7 und 11x von 17.30–20 Uhr für 626–644 Baht / stdl. von 5–7 und 14–18, um 9.30, 20, 21.30 und 22 Uhr für 487 Baht / VIP-32 um 19.45 Uhr für 731 Baht / VIP-24 um 7.30, 17.30, 18, 18.30 und 19 Uhr für 970 Baht in 13 Std.
PRACHUAP KHIRI KHAN, 292 km, etwa stdl. bis 20.30 und um 22 Uhr für 223 Baht / alle 30 Min. von 5–18 und um 20 Uhr für 174 Baht in 5 Std.
RANONG, 583 km, um 9, 9.30, 20.20, 21 und 21.10 Uhr für 428 Baht / um 7.10, 8.40, 10.30, 13.50, 15.30 und etwa stdl. von 18.50–21.45 Uhr für 333 Baht / VIP-32 um 20.20 Uhr für 500 Baht / VIP-24 um 20 und 21 Uhr für 665 Baht in 10 Std.
RATCHABURI, 96 km, alle 20 Min. bis 22.30 Uhr für 83 Baht / alle 20 Min. bis 20 Uhr für 66/71 Baht in 1 1/2 Std.

SUNGAI GOLOK (malaysische Grenze), 1227 km, um 17, 18 und 18.30 Uhr für 880 Baht / um 21 Uhr für 706 Baht / VIP-24 um 17.15 Uhr für 1365 Baht in 15 Std.
SURAT THANI, 668 km, häufig von 8.15–10 und 19.30–20.20 und um 13 Uhr für 488 Baht / um 9.20, 10.50 und 20.45 Uhr für 379 Baht / VIP-32 um 19 und 20.20 für 569 Baht / VIP-24 um 20 Uhr für 755 Baht in 10 Std.
TAKUA PA (umsteigen nach Khao Lak oder Khao Sok), 757 km, um 19 Uhr für 551 Baht in 11 Std.
THREE PAGODA PASS (via Sangkhlaburi und Thong Pha Phum), um 6 und 8 Uhr für 302 Baht / um 5 und 9.30 Uhr für 224 Baht in 6–7 Std.
TRANG, 862 km, von 19.30–20.10 Uhr für 623 Baht / um 7.10, 7.30, 16, 17 und 19 Uhr für 484 Baht / VIP-32 um 19.30 Uhr für 727 Baht / VIP-24 um 19, 19.30 und 20 Uhr für 965 Baht in 12 Std.

Eisenbahn

Von **Hua Lamphong**, dem Hauptbahnhof, ✆ 02-2237010, fahren die meisten Züge Richtung Norden, Nordosten, Osten und Süden. Verbindungen mit der U-Bahn sowie mit Stadtbussen s. S. 192. Richtung Kanchanaburi / River Kwae sowie langsame Züge in den Süden ab Bahnhof in **Bangkok Noi**. Dort starten die Züge von der New Station, 2 km westlich vom alten Bahnhofsgebäude, zu der ein kostenloser Shuttle in 5 Min. ab dem alten Bahnhofsgebäude fährt. Frühzeitig da sein, denn in Thonburi können Tickets nur am Abfahrtstag gekauft werden.
Tickets erhält man bis zu 60 Tage vor der Abreise im **Advance Booking Office** im Hauptbahnhof Hua Lamphong, ✆ 02-2220175, 2204272, 2204268, ⏲ tgl. 8.30–16 Uhr, danach sind Buchungen an den Schaltern möglich. Schalter 2 ist für Ausländer reserviert. Kreditkarten werden akzeptiert. Tickets gibt es auch in jedem anderen thailändischen Bahnhof mit Computer-Reservierungssystem. Aus dem Ausland können sie u. a. über ✉ reservation@royal-exclusive.com gebucht werden.
Für zurückgegebene, nicht genutzte Tickets werden 50 % und ab dem 5. Tag nur 20 % des Fahrpreises zurückerstattet, Umbuchungen kosten 100 Baht. Wer vorhat, viele Langstrecken mit der Bahn zurückzulegen, kann sich den Thailand Rail Pass besorgen (s. S. 73).
Reservierungen sind vor allem für den Zug nach Butterworth zu empfehlen und aus dem Ausland per Brief mit Bankscheck möglich. Sitzplätze werden nur bis zur Grenze reserviert. Adresse: **Passenger Division**, Bangkok Railway Station, Bangkok 10330, Thailand.
An einem Informationsschalter vor der Bahnhofshalle sind, falls vorhanden, Fahrpläne erhältlich, **Fahrplanauskunft** rund um die Uhr ✆ 02-2204334 und unter 🖳 www.railway.co.th. Die englischsprachigen Anzeigetafeln in der Haupthalle erleichtern die Orientierung.
Mehrere Restaurants im 1. Stock und ein Food Court im Erdgeschoss sorgen für das leibliche Wohl. Am besten lässt sich das Treiben vom Balkon von Annas Restaurant aus bei einem guten Thai-Essen beobachten, ⏲ tgl. 11–21 Uhr, Gerichte um 100 Baht. Weiterhin gibt es im Bahnhof einen Schalter der Tourist Police, Geldautomaten, eine Gepäckaufbewahrung, ⏲ tgl. 4–23 Uhr, pro Gepäckstück und Tag je nach Größe 20–80 Baht (keine Wertsachen im Gepäck lassen), und ein Postamt mit Pack- und Faxservice, ⏲ tgl. 7–19 Uhr. Kalte Duschen können für 10 Baht in der Bahnhofshalle neben dem Reservierungsbüro genutzt werden.
Die Abfahrtszeiten und Haltepunkte der vier Linien sind den **Fahrplänen** auf S. 882–887 zu entnehmen. Die Pläne sind allerdings nicht immer zuverlässig, da sich die Abfahrtszeiten kurzfristig ändern können.
Fahrpreis in der 1. Klasse Sleeper / 2. Klasse Sitzplatz Fan (AC +70–180 Baht, Bett oben/unten +100/150 Baht) / 3. Klasse Fan (AC, falls vorhanden, +60–100 Baht):
ARANYAPRATHET, 255 km, (nur 3. Kl.) 48 Baht
AYUTTHAYA, 71 km, – / 40 / 20 Baht
BUTTERWORTH, 1230 km, (nur Sleeper oben / unten) 1120 / 1210 Baht
CHIANG MAI, 751 km, 11–14 1/2 Std., 1353 / 431 / 271 Baht
CHUMPHON, 485 km, 7–8 Std., 1134 / 380 / 272 Baht
HAT YAI, 945 km, 16 Std., 1494 / 535 / 339 Baht
HUA HIN, 229 km, 3–4 Std., 922 / 292 / 234 Baht
KANCHANABURI, 133 km, (nur 3. Kl.) 100 Baht
KHON KAEN, 450 km, 8 Std., 1068 / 329 / 227 Baht
KORAT (Nakhon Ratchasima), 264 km, 5–6 Std., 910 / 265 / 200 Baht

LAMPANG, 642 km, 9–12 Std., 1272 / 394 / 256 Baht
LAMPHUN, 729 km, 11–13 1/2 Std., 1335 / 423 / 268 Baht
LOPBURI, 133 km, 2–3 Std., – / 80 / 40 Baht
NAKHON PATHOM, 64 km, ca. 1 Std., – / 181 / 164 Baht
NAKHON SAWAN, 246 km, 3 1/2–5 Std., 938 / 260 / 198 Baht
NAKHON SI THAMMARAT, 832 km, 15 Std., 1412 / 498 / 323 Baht
NAM TOK (nur 3. Kl.) 100 Baht
NONG KHAI, 624 km, 10 1/2–11 1/2 Std., 1217 / 388 / 258 Baht
PADANG BESAR, 990 km, 17 Std., 1527 / 550 / 346 Baht
PAK CHONG, 170 km, 3 1/2–4 1/2 Std., 841 / 232 / 186 Baht
PATTAYA, 155 km, (nur 3. Kl.) 31 Baht
PHETCHABURI, 167 km, 3 Std., – / 228 / 184 Baht
PHITSANULOK, 389 km, 5–9 Std., 1064 / 309 / 219 Baht
PRACHUAP KHIRI KHAN, 318 km, 4 1/2–5 1/2 Std., 992 / 325 / 248 Baht
RATCHABURI, 117 km, 2–3 Std., – / 207 / 175 Baht
SUNGAI GOLOK, 1159 km, 20 Std., 1653 / 607 / 370 Baht
SURAT THANI, 651 km, 9–11 Std., 1279 / 438 / 297 Baht

Skepsis ist angebracht

Im und um den Bahnhof gibt es neben den mit Namensschildern versehenen hilfsbereiten Hostessen auch selbst ernannte Tourist Guides privater Reisebüros, die vorgeben, Lizenznehmer der staatlichen Tourist Information zu sein. Mit der Begründung, die Züge seien ausgebucht, verkaufen Reisebüros im und um den Bahnhof überteuerte Bustickets, Trekkingtouren und Zimmer. Zudem hat es in einem Reisebüro gegenüber dem Bahnhof Betrügereien mit Kreditkarten gegeben, und ein anderes Büro in der Rong Muang Rd. hat völlig überhöhte Preise für Zimmerbuchungen verlangt. Bei Problemen wendet man sich an die Tourist Police, die im Wartesaal patrouilliert.

SURIN, 420 km, 6–9 1/2 Std., 1046 / 319 / 223 Baht
UBON, 575 km, 10–13 Std., 1180 / 371 / 245 Baht
UDON, 569 km, 8–10 1/2 Std., 1177 / 369 / 245 Baht

Da alle Züge Richtung Süden auch in Nakhon Pathom halten, kann man dort umsteigen, ohne nach Bangkok fahren zu müssen. Nach Ko Samui und Ko Pha Ngan bis Surat Thani. Hier warten am Bahnhof auch Anschlussbusse nach Krabi. Nach Ko Tao bis Chumphon.

Der Luxuszug **Eastern & Oriental Express** verkehrt mehrmals monatlich zwischen Bangkok, Singapore, Nam Tok (Brücke am Kwai) und Chiang Mai. Informationen in Bangkok ✆ 02-2168661, in Deutschland unter ✆ 02-0221-3380300, 💻 www.orient-express.com. Er kostet nach Chiang Mai mindestens 1000 € und nach Singapore 1500 €.

Flüge

Informationen über die Airports siehe Anreise.

Transport zum Airport

Ein **Taxi** aus der Innenstadt kostet zu beiden Flughäfen etwa 250–300 Baht plus Gebühr für die beiden Expressways (25+40 Baht). Es empfiehlt sich, auch außerhalb der Rushhour etwa 1 1/2 Std. für die Anfahrt einzukalkulieren. Wer nahe dem Skytrain oder der U-Bahn wohnt, kann nach Don Muang bis Mo Chit bzw. Kamphaeng Phet fahren und dort für knapp 100 Baht ein Taxi nehmen. Zum Suvarnabhumi Airport führt die günstigste Verbindung über Victory Monument (siehe Anreise), solange die Skytrain-Verbindung noch nicht fertig ist. Zudem fährt der Airport Express Bus etwa alle 30–60 Min. von verschiedenen Haltestellen in der Stadt (s. Anreise).

Wer Großeinkäufe getätigt hat (mind. 5000 Baht und 2000 Baht pro Rechnung) kann sich in der Abflughalle gegen eine Gebühr von 100 Baht die Mehrwertsteuer zurückerstatten lassen. Geld spart man auch, wenn Übergepäck vor Gate 8, ✆ 02-1342090, als unbegleitetes Gepäck eingecheckt wird.

Inlandsflüge

Man kann schon Wochen im Voraus Flüge reservieren lassen und später die Tickets in jedem Reisebüro kaufen. Am Stand-By-Schalter im Domestic Terminal des Airports werden freie Plätze

Wichtig

Die **Airport-Tax** von 60 Baht bei nationalen Flügen (Bangkok Airways 200 Baht) und 700 Baht bei internationalen Flügen ist normalerweise im Flugpreis enthalten. Flüge müssen meist nicht mehr rückbestätigt werden.

auf den nächsten Maschinen verkauft. Private Reisebüros versuchen Hotels und Touren am Zielort zu vermitteln – ignorieren!
Thai Airways fliegt häufig nach: CHIANG MAI 2570 Baht, CHIANG RAI 3340 Baht, HAT YAI 3390 Baht, KHON KAEN 2300 Baht, KRABI 3360 Baht, PHITSANULOK 2180 Baht, PHUKET 3025 Baht, SURAT THANI 3140 Baht, UBON 2695 Baht, UDON 2585 Baht, teils ab Don Muang Airport.
Die private Fluggesellschaft **Bangkok Airways** fliegt nach: CHIANG MAI 1–2x tgl. 2820 Baht, 1x über Sukhothai, KO SAMUI sehr häufig und dennoch oft voll, 4000 Baht, PHUKET 3x tgl. 3270 Baht, SUKHOTHAI 2x tgl. 2500 Baht, TRAT 2–3x tgl. 3070 Baht, manchmal Sonderangebote.
P.B. Air fliegt nach: LAMPANG für 2015 Baht, NAN für 2530 Baht, NAKHON PHANOM für 2270 Baht, SAKON NAKHON für 2105 Baht, ROI-ET und BURIRAM für 1705 Baht.
Orient Thai Airlines (one-two-go) fliegt vorübergehend ab Don Muang nach: CHIANG MAI 6–7x tgl., CHIANG RAI 1x tgl., PHUKET 2–3x tgl., SURAT THANI 1–2x tgl., KRABI 2x tgl., NAKHON SI THAMMARAT 1–3x tgl., CHIANG RAI 2x tgl. und HAT YAI 2x tgl. Aktuelle Preise im Internet.
Air Asia fliegt nach: CHIANG MAI 4x tgl., CHIANG RAI 3x tgl., KRABI 3x tgl., HAT YAI 6x tgl., PHUKET 5x tgl., UBON, 1x tgl., UDON 2x tgl., SURAT THANI 1x tgl. jeweils meist ab 400 Baht und NARATHIWAT für 700 Baht. Frühzeitig buchen, da nur eine begrenzte Zahl von günstigen Plätzen im Internet angeboten wird. Ähnliches gilt für **Nok Air.** Sie fliegt vorübergehend ab Don Muang nach CHIANG MAI 6x tgl., UDON THANI und weiter nach LOEI 3x wöchentl., PHUKET 3x tgl., TRANG 1x tgl., NAKHON SI THAMMARAT 2–3x tgl. und HAT YAI 5x tgl. **SGA**, ✆ 02-6646099, 💻 www.sga.co.th, Büro am Airport, in der Saison 3x tgl. nach Hua Hin für 3400 Baht.

Flüge in die Nachbarländer

Besucher mit einem gültigen, aber noch nicht abgelaufenen Visum erhalten am Schalter Re-Entry-Permit eine Wiedereinreise-Genehmigung. Die von Billig-Büros reservierten Plätze sollte man bei den Airlines selbst noch einmal checken, da manche Reisebüros Tickets für ausgebuchte Flüge mit Bestätigung (OK) verkaufen.
Vietnam: Thai Airways, Air France, Air Asia, Bangkok Airways und Vietnam Airlines fliegen nach Ho Chi Minh City, Danang und Hanoi. Die Flüge sind häufig auf lange Zeit ausgebucht.
Myanmar (Burma): Es bestehen Verbindungen mit Thai Airways, Myanmar Airways International, Bangkok Airways und Air Asia nach Yangon.
Kambodscha: Cambodia Airlines, Thai Airways, Air Asia, Siem Reap Airways und Bangkok Airways fliegen nach Phnom Penh, Bangkok Airways bietet 6–9x tgl. Flüge nach Siem Reap an.
Laos: Lao Airlines und Thai fliegen nach Vientiane, Bangkok Airways auch nach Luang Prabang.
China: Nach KUNMING tgl. mit Thai Airways, teils über Chiang Mai, nach JINGHONG (via Chiang Mai), SHENZEN, HANGZHOU und XI'AN mit Bangkok Airways, weitere Flüge mit Yunnan Airlines. Zudem direkte Verbindungen nach Peking und Shanghai. Nach Hong Kong und Guangzhou (Kanton) fliegen auch die Billigfluggesellschaften Orient Thai Airlines (one-two-go) und Air Asia, die auch nach Xiamen verkehrt.
Malaysia / Singapore: Nach Penang 1–2x tgl. für 700–900 Baht, Langkawi 3x wöchentl. für 700–1000 Baht sowie zu anderen Zielen werden Tickets von Air Asia im Internet angeboten. Weitere Billigairlines fliegen nach Singapore, z. B. Jetstar, 💻 www.jetstarasia.com, und Tiger Airways, ✆ 001-800-656752, 💻 www.tiger airways.com.
Europa: Wer kein Rückflugticket hat, kann in Reisebüros und im Internet die Preise vergleichen. Im Winter fliegt auch LTU nonstop nach Düsseldorf, Berlin und München.
Unter den **Reisebüros** in der Khaosan Rd. und in der Soi 4 Sukhumvit Rd. gibt es auch schwarze Schafe, die Anzahlungen kassieren, das Büro schließen und anschließend unter anderem Namen wieder eröffnen.

Fluggesellschaften in Bangkok

Hier können auch Flüge rückbestätigt werden.

Aeroflot, Regent House, 183 Ratchadamri Rd., 02-22541180-2, www.aeroflot.ru/eng
Air Asia, 02-5159999, www.airasia.com
Air France, Vorawat Bldg., 849 Silom Rd., 02-6351191, www.airfrance.co.th
Air India, 1 Pacific Place, 140 Sukhumvit Rd., 02-2350557-8, www.airindia.com
Austrian Airlines, 33/90 Wall Street Tower, Surawong Rd., 02-2670873-9, www.aua.com
Bangkok Airways, 99 Moo 14, Wiphawadi Rangsit Rd., 02-2265 5555, www.bangkokair.com
British Airways, Abdulrahim Place, 990 Rama IV Rd., 02-6361747, www.britishairways.com
Cathay Pacific, Ploenchit Tower, 898 Ploenchit Rd., 02-2630606, www.cathaypacific.com
China Airlines, Peninsula Plaza, 153 Ratchadamri Rd., www.china-airlines.com, 02-253 4242, 2535733
China Southern Airlines, Silom Plaza, 491/35-37 Silom Rd., 02-2667888, www.cs-air.com/en/
Egypt Air, CP Tower, 313 Silom Rd., 02-2310 504-8, www.egyptair.com.eg
Emirates, Bangkok Bank Building, 54 Soi Asoke, Sukhumvit Rd., 02-6641040, www.emirates.com
EVA Airways, Green Tower, 3656/4-5 Rama IV Rd., 02-3673388, 2400890, www.evaair.com
Garuda, Lumpini Tower, 1168 Rama IV Rd., 02-6797371, www.garuda-indonesia.com
Gulf Air, Maneeya Center, 518/5 Ploenchit Rd., 02-2547931-4, www.gulfairco.com
Indian Airlines, S.S. Bldg., 10/12-13 Convent Rd., 02-2334038, 2355534-5, indian-airlines.nic.in
KLM, Thai Wah Tower II, 133-4 Sathorn Tai Rd., 02-6791100-11, www.klm.com
Kuwait Airways, R.S. Tower, 121I50-51 Ratchadapisek Rd., www.kuwait-airways.com, 02-6412864-7
Lao Airlines, 491/17 Silom Plaza, Silom Rd., 02-2369822-3, 5353786, www.laoairlines.com
LTU, Vorawat Bldg., 849 Silom Rd., 02-2671202-4, ext. 501/502, www.ltu.de
Lufthansa, Q-House Asoke Bldg., 66 Soi 21 Sukhumvit Rd., 02-2642400, www.lufthansa.de
Mahan Air, Gem and Jewellery Towers, Surawong Rd., 2631 4561-5, www.mahan-air.de
Malaysia Airlines, Ploenchit Tower, 898 Ploenchit Rd., 02-2630520, 2630565-71, www.malaysia-airlines.com.my
Myanmar Airways, 919/298 Jewelry Trade Center Bldg., Silom Rd., 6300334, www.maiair.com
Nok Air, 1318, 02-9009955, www.nokair.co.th
Orient Thai Airline (one-two-go), 18 New Ratchadapisek Rd., 1126, www.orient-thai.com, www.fly12go.com
Pakistan Airlines, Chongolnee Bldg., 56 Surawong Rd., 02-2342961-5, www.piac.com.pk
P.B. Air, UBC II Bldg., 591 Sukhumvit Rd., 02-2610220-5, www.pbair.com
Qatar Airways, P.S. Tower, 36/74 Soi Asoke (21), Sukhumvit Rd., 02-259 2701-5, www.qatarairways.com
Quantas Airways, Charn Issara Towers 1, 942/160–163 Rama IV Rd., 02-6361747, www.qantas.com
Royal Brunei, U Chu Liang Bldg., 968 Rama IV Rd., 02-6375151, www.bruneiair.com
Royal Air Cambodge, 17/F Pacific Place Bldg., 142 Sukhumvit Rd., 02-6532261
Royal Jordanian, C.P. Tower, 313 Silom Rd., 02-6382960, www.rja.com.jo
Royal Phnom Penh Airways, Two Pacific Place, 142 Sukhumvit Rd., 02-5354849, royalpnhair.com
SAS (Scandinavian Airlines), Glas Haus Bldg., 1 Soi 25 Sukhumvit Rd., 02-2600444, www.flysas.com
SIA (Singapore Airlines), Silom Center Bldg., 2 Silom Rd., 02-2365301, 2360440, www.singaporeair.com
Swiss Intern. Airlines, Abdulrahim Place, 990 Rama IV Rd., 02-6362150, www.swiss.com
Thai Airways Head Office, 89 Wiphawadi Rangsit Rd., 02-5453690, Reservierungen unter 1566 (in Bangkok ohne 02 wählen), www.thaiair.com und www.thaiair.de. Weitere Büros: 485 Silom Rd., 02-2328000, Mo–Sa 8–17, feiertags 9–16 Uhr, und 6 Larn Luang Rd., 02-2887000 (für Rückbestätigung in Engl.).
Turkish Airlines, CP Tower, 313 Silom Rd., 02-2310300-7, www.thy.com
Turkmenistan Airlines, Saha Thai Building, Bamrung Muang Rd., 02-2244401.
Uzbekistan Airways, CTI Tower, 191/68 Ratchadapisek Rd., 02-2615084, www.uzairways.com
Vietnam Airlines (Hang Khong Vietnam), Wave Place Bldg., 55 Witthayu Rd., 02-6554420, www.vietnamairlines.com

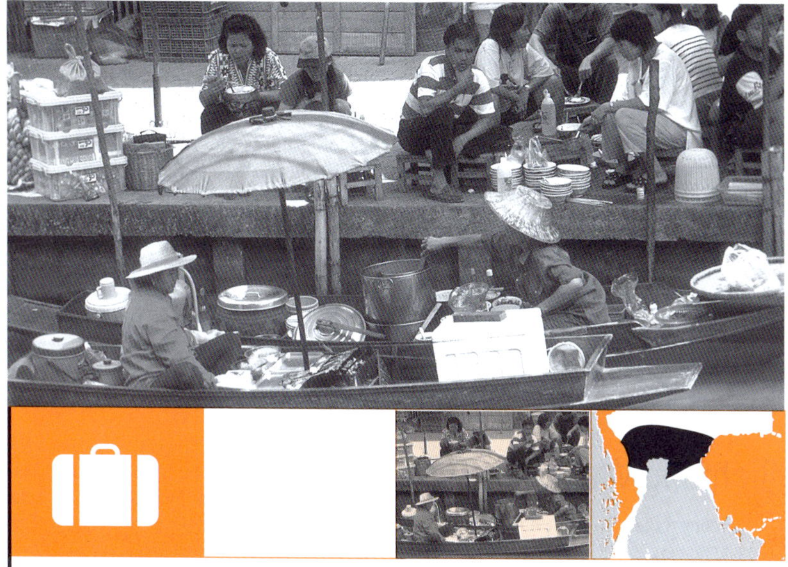

Die Umgebung von Bangkok

Stefan Loose Traveltipps

Damnoen Saduak Auf dem Schwimmenden Markt ein zweites Frühstück einnehmen. S. 208

Wat Khao Chong Pran Bei Ratchaburi das Ausschwärmen der Fledermäuse am Abendhimmel bestaunen. S. 213

2 **Kanchanaburi** Am River Kwai, den noch kaum erschlossene Nationalparks säumen, verkehrt die berühmte Eisenbahn des Todes. S. 216

Bang Pa In Im vielfältig gestalteten, weitläufigen Sommerpalast mit der Kamera auf Motivsuche gehen. S. 240

3 **Ayutthaya** Beeindruckende Ruinen und spannende Museen zeugen von der einst prunkvollen Königsstadt. S. 242

4 **Khao Yai National Park** Im dichten Regenwald des ältesten Nationalparks Thailands sind Wanderungen auf markierten Elefantenpfaden möglich. S. 262

Viele in diesem Kapitel beschriebenen Ziele eignen sich für einen Tagesausflug. Da es aber nicht selten zwei Stunden dauert, aus dem Großraum Bangkok heraus oder wieder hinein zu kommen, lohnt es sich, Übernachtungen außerhalb der Stadt einzuplanen und in Kanchanaburi, Ayutthaya, im Khao Yai oder in Pattaya einige angenehme Tage zu verbringen.

An Wochenenden und Feiertagen sind viele Großstädter auf der Suche nach Grün und frischer Luft, sodass dann das Verkehrschaos auch das Umland erreicht und viele gute Hotels ausgebucht sind.

Im folgenden Kapitel fehlen „Sehenswürdigkeiten", die auf einheimische Touristen ausgerichtet sind.

Richtung Westen

Eine schöne Tagestour führt am Morgen zum schwimmenden Markt von Damnoen Saduak, von wo es weiter nach Nakhon Pathom und Kanchanaburi geht. Reisebüros in Bangkok bieten Tagestouren an. Es lohnt sich, in Kanchanaburi zu übernachten und von dort aus einige Touren zu unternehmen. Alternativ kann man nach dem morgendlichen Besuch des schwimmenden Marktes die Umgebung erkunden oder nach Ratchaburi weiterfahren, die eindrucksvollen Höhlen besichtigen und am Abend den Flug der Fledermäuse beobachten.

Im Gegensatz zur industrialisierten Küste westlich von Thonburi birgt das von Klongs durchzogene Hinterland einige reizvolle Ziele. Der so genannte „Garten Thailands", ein großes Obst- und Gemüseanbaugebiet, versorgt die städtische Bevölkerung mit frischen Nahrungsmitteln. Entlang der Klongs erstrecken sich noch wahrhaft idyllische Plätze, die in starkem Kontrast zu den dicht bebauten Ausfallstraßen, weiten Salinenfeldern rings um Samut Songkhram und gigantischen Fabriken der Lebensmittelindustrie stehen. Während einer Tour erahnt man etwas von der Ruhe und Abgeschiedenheit dieser grünen Gärten und kühlen, von Obstbäumen und Palmen überwachsenen Kanäle.

Samphran สามพราน

Jenseits der Außenbezirke von Bangkok erstreckt sich südlich vom H338 das riesige Parkgelände des **Wat Phuttamonthon**. Das größte buddhistische Zentrum des Landes beherbergt Repliken verschiedener Bauwerke, die für den Buddhismus von großer Bedeutung sind, ein kleines Museum, eine Sammlung von Pali-Schriften, Meditationshallen sowie im Zentrum eine über 15 m hohe Buddhastatue aus Bronze. In einem Teil des Parks wachsen über hundert Bambusarten, in einem anderen über hundert verschiedene Mangobäume. Zudem ein Palmenhain und Kräutergarten. An buddhistischen Feiertagen finden sich Tausende von Gläubigen zum Gebet ein.

38 km westlich von Bangkok, am H4 nach Nakhon Pathom, liegt vor der Brücke über den Mae Nam Nakhon Chai Si der **Rose Garden**, eines der touristischen Ausflugsziele, das auf dem Programm vieler Pauschalurlauber steht, die hier in einer Stunde Thailand in Instant-Form erleben können. Inmitten eines Parks mit künstlichen Seen, Restaurants u. a. steht das so genannte *Thai Village*. Hier werden traditionelle Handwerkskünste demonstriert. Um 14.45 Uhr beginnt die einstündige Show (300 Baht). ◷ tgl. 8–18 Uhr, ✆ 034-322588-93. Den Park, Eintritt 10 Baht, kann man mit gemieteten Fahrrädern erkunden.

Etwa 1 km vor dem Rose Garden werden im **Samphran Elephant Ground & Zoo** um 12.45 und 14.20 Uhr eine Krokodil-Show, um 13.15 und 15 Uhr eine Zaubershow und um 13.45 und 15.30 Uhr eine Elefanten-Show gezeigt (außerhalb der Saison seltener, am Wochenende und feiertags zusätzliche Shows). Als Sensation wartet die Farm mit einem Albino-Krokodil auf. Zudem ein Orchideengarten und Restaurant. ◷ tgl. 8.30–17.30 Uhr, 400 Baht, ✆ 02-2952938, 💻 www.elephantshow.com.

Vom Markt in **Samphran** werden verschiedene Bootstouren auf dem Jeen-Fluss angeboten. **Don Waai Travel**, ✆ 081-446856, fährt zu verschiedenen Tempeln, **Wat Klang Bang Kaew Cruises**, ✆ 081-4821107, zu einem Museum und **Sri Sawat Yan Yook Tours**, ✆ 081-6595805, 034-393637, mit einer ehemaligen Reisbarke zu Tempeln und zum Rose Garden. Die 1 1/2–2-stündigen Touren kosten 100 Baht.

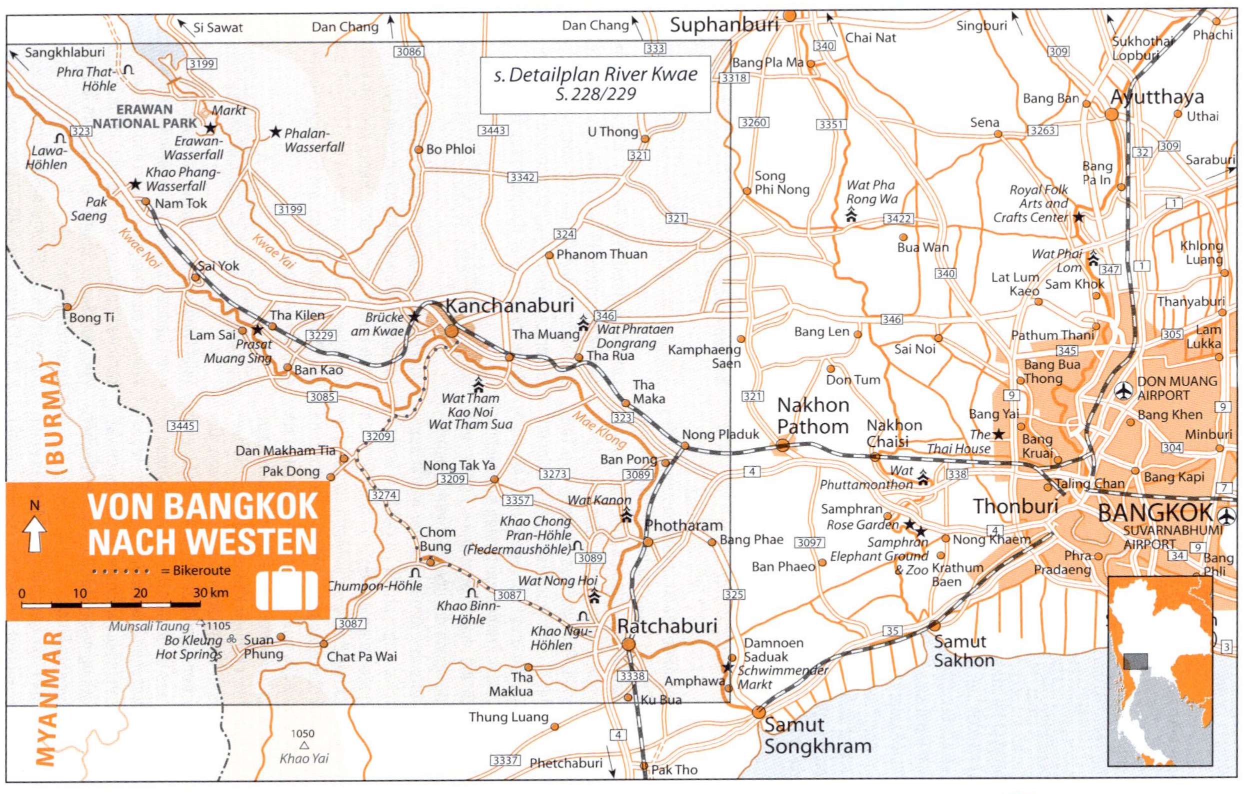
VON BANGKOK NACH WESTEN
N
= Bikeroute
0 10 20 30 km
s. Detailplan River Kwae S. 228/229
Suphanburi
Ayutthaya
BANGKOK
Thonburi
Kanchanaburi
Nakhon Pathom
Ratchaburi
Samut Sakhon
Samut Songkhram
Nakhon Chaisi
Photharam
(BURMA)
MYANMAR
ERAWAN NATIONAL PARK
Si Sawat
Dan Chang
Chai Nat
Singburi
Sukhothai Lopburi
Phachi
Uthai
Saraburi
Sangkhlaburi
Phra That-Höhle
Markt
Erawan-Wasserfall
Phalan-Wasserfall
Khao Phang-Wasserfall
Lawa-Höhlen
Pak Saeng
Nam Tok
Kwae Noi
Kwae Yai
Sai Yok
Bong Ti
Lam Sai
Prasat Muang Sing
Tha Kilen
Ban Kao
Brücke am Kwae
Bo Phloi
U Thong
Phanom Thuan
Tha Muang
Wat Phrataen Dongrang
Tha Rua
Kamphaeng Saen
Tha Maka
Wat Tham Kao Noi
Wat Tham Sua
Mae Klong
Nong Pladuk
Ban Pong
Dan Makham Tia
Pak Dong
Nong Tak Ya
Chom Bung
Wat Kanon
Khao Chong Pran-Höhle (Fledermaushöhle)
Chumpon-Höhle
Khao Binn-Höhle
Wat Nong Hoi
Khao Ngu-Höhlen
Munsali Taung
1105
Bo Kleung Hot Springs
Suan Phung
Chat Pa Wai
Tha Maklua
Ku Bua
Thung Luang
1050
Khao Yai
Phetchaburi
Pak Tho
Amphawa
Damnoen Saduak
Schwimmender Markt
Bang Phae
Ban Phaeo
Bang Pla Ma
Song Phi Nong
Wat Pha Rong Wa
Bua Wan
Bang Len
Don Tum
Sai Noi
Wat Phuttamonthon
Samphran
Rose Garden
Samphran Elephant Ground & Zoo
Krathum Baen
Nong Khaem
Bang Yai
The Thai House
Bang Kruai
Taling Chan
Phra Pradaeng
Bang Phli
SUVARNABHUMI AIRPORT
Bang Kapi
Minburi
Bang Khen
DON MUANG AIRPORT
Bang Bua Thong
Pathum Thani
Lam Lukka
Thanyaburi
Khlong Luang
Sam Khok
Lat Lum Kaeo
Wat Phai Lom
Royal Folk Arts and Crafts Center
Bang Pa In
Bang Ban
Sena
3086
3199
333
3318
340
309
323
3443
3342
321
324
3260
3351
3263
32
1
3422
347
3229
346
3085
3445
3209
323
3273
3089
3357
3274
3087
3338
4
3337
325
35
3097
338
9
345
305
304
7
34
3

Übernachtung

Riverside Hotel, 21 Moo 2, Phetchkasem Rd., ✆ 034-322588-93, 💻 www.rose-garden.com. Komfortable Zi in einem Hotelblock und teure alte Thai-Häuser. Ab ❻

Transport

Am Wat Phuttamonthon halten alle Busse von BANGKOK nach Nakhon Pathom.
Der AC-Bus 84 fährt von Bangkok, gegenüber dem Peninsula Hotel, für 20 Baht in 40 Min. nach Samphran.
Der Rose Garden und Samphran Elephant Ground & Zoo am H4, 37 bzw. 38 km westlich von Bangkok, werden überwiegend im Rahmen von organisierten Touren besucht.

Damnoen Saduak ดำเนินสะดวก

Der **schwimmende Markt** im ansonsten uninteressanten Ort Damnoen Saduak in der Provinz Ratchaburi ist ein Touristenmagnet. Den ganzen Vormittag werden Reisegruppen durch die Kanäle und über die Brücken des Marktes von **Tonkem** geschleust. Zum Schutz der „Händlerinnen" wurden Brücken und Fußwege erbaut, von denen aus sich das Treiben am besten beobachten lässt. Durch die vielen Souvenir-, Essen- und Kaffeestände sowie die unattraktiven Ladenzeilen beiderseits des Kanals hat der Markt seine einst ländliche Atmosphäre eingebüßt. Vorteilhaft ist hingegen die Regelung, dass im Bereich des Marktes nur Boote ohne Motor fahren dürfen. Es sind überwiegend Touristen, die Obst und Gemüse, Snacks und Souvenirs kaufen. Ein Hit sind Hüte, die vor der prallen Sonne schützen. Vor allem Tourgruppen können sich der Souvenirhändler und Fotografen kaum erwehren. Die beste Zeit, den Markt zu besuchen und eine frisch auf dem Boot zubereitete Nudelsuppe zu essen, ist zwischen 7 und 9 Uhr, bevor die Touristenmassen ankommen. Einige Händlerinnen verlassen den Klong gegen 13 Uhr, doch es bleiben genügend für gute Fotos.

Sobald man vom geschäftigen Markt in einen Seitenkanal abbiegt, findet man sich in ruhigen

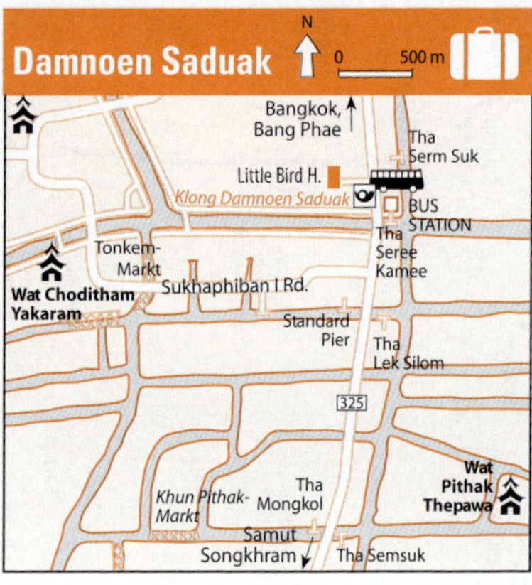

Gegenden mit hübschen Holzhäusern wieder und kann die liebenswürdige Seite des Landes kennenlernen.

Übernachtung und Essen

Little Bird Hotel (Nok Noi), ✆ 032-254382, in einer Seitengasse, 100 m von der Hauptstraße, große Zi mit Du/WC und Fan oder lauter AC, viele Kurzzeitgäste. Essenstände und einfache Restaurants an der Hauptstraße. ❷–❸

Nahverkehr

Vom Busterminal zum 1,8 km entfernten schwimmenden Markt von Tonkem fahren nach Bedarf Songthaew. Boote können von verschiedenen Anlegestellen für 150–400 Baht pro Std. je nach Saison und Bootsgröße gechartert werden.

Transport

Talat Nam, der schwimmende Markt von Damnoen Saduak, liegt 97 km westlich von Bangkok. Wer mit einem eigenen Fahrzeug unterwegs ist, kann den gut ausgeschilderten, 18 km langen Weg von Samut Songkhram aus zum Markt nicht verfehlen.
Von BANGKOK, Southern Bus Terminal, 1. und 2.Kl. AC-Busse von 5.40–21 Uhr alle 15–30 Min.

für 81/60 Baht in 2 Std., zurück bis 18 Uhr. Es werden organisierte Touren ab 400 Baht angeboten.
Von KANCHANABURI zuerst nach BANG PHAE mit gelbem Bus Nr. 461 alle 15 Min. für 35 Baht in 90 Min. Weiter nach Damnoen Saduak mit Bus 78 für 30 Baht in 20 Min.
Von und nach NAKHON PATHOM mit AC-Bus 78 ab 6 Uhr alle 20 Min. für 30/50 Baht in 1 Std.
RATCHABURI gelber Minibus ab 6 Uhr in gut 1 Std. über BANG PHAE, 50 Baht.
Von PHETCHABURI über Samut Songkhram nach Damnoen Saduak.

Von Damnoen Saduak nach Samut Songkhram

Durch die Obstgärten Thailands geht es mit einem eigenen Fahrzeug am **Mae Klong** entlang von Amphawa über Bang Konthi (5 km) nach Samut Songkhram. Die Wasserwege säumen Mango- und Zitrusbäume, Kokospalmen und Bananenstauden. Der Agrotourismus lockt vor allem Städter hierher, die das üppige Grün genießen, in Homestays übernachten und im **Agro Tourism Visiting Centre** in **Bang Phrom** das frisch geerntete Obst kosten.

In **Bang Konthi**, 5 km nördlich von Amphawa, überrascht eine große katholische **Kathedrale** im neogotischen Stil. Sie wurde 1890 von französischen Missionaren am ältesten Bischofssitz von Siam anstelle einer ehemaligen Holzkirche erbaut und besitzt noch die originalen, aus Frankreich importierten Bleiglasfenster. Südlich der Kirche überspannt eine neue Brücke den Mae Klong.

Amphawa ist eine von der Abwanderung bedrohte, landwirtschaftlich orientierte Kleinstadt. Sie wurde als Geburtsort von König Rama II. auf Initiative des Königshofes hin touristisch entwickelt. Überwiegend Einheimische besuchen den ihm gewidmeten **Tempel** und den **Rama II Park**, in dem ein kleines Museum in einem traditionellen Thai-Haus den Werken des Dichterkönigs gewidmet ist. Park ⌚ tgl. 9–18 Uhr, Eintritt 20 Baht, Museum ⌚ Mi–So 9–16 Uhr. Interessant ist ein Besuch während des großen Volksfestes im Februar. Auch zu anderen Zeiten lohnen die alten Holzhäuser und kleinen Geschäfte entlang der Kanäle sowie der Fr, Sa und feiertags von 18–21 Uhr stattfindende **schwimmende Nachtmarkt** vor dem Wat Amphawa. Er ist weit weniger touristisch als der in Damnoen Saduak. Weitere schwimmende Morgenmärkte finden in der Umgebung in **Ban Tha Ka** 6x monatlich (abhängig von den Gezeiten, und damit vom Mondkalender) statt.

Weiter Richtung Bangkok, in der Nähe von Samut Sakhon, kann im Rahmen einer Führung die **Siam Winery**, ein Weingut mit schwimmenden Weingärten besichtigt werden. Auskunft unter ✆ 02-5335600.

Übernachtung und Essen

Homestays, Ban Tha Ka, ✆ 034-766208, wohnen bei Familien in einem von Kanälen durchzogenen Dorf nördl. von Amphawa. Allerdings wird nur sehr wenig Englisch gesprochen. ❷–❸
Riverside Resort, 2,5 km nördl. von Bang Konthi, ✆ 089-1031033, 💻 www.aumpornriverside.com, hübsche Holzbungalows in einem Garten am Fluss, Bootstouren. ❹
Baan Amphawa Resort & Spa, 22 Bangkapom–Kaewfah, am Ufer des Mae Klong, südl. von Amphawa, ✆ 034-752222, 💻 www.baanamphawa.com. Die zweistöckigen Holzhäuser sind ebenso wie die Einrichtung im traditionellen Thai-Stil gehalten. AC-Zi mit allen Annehmlichkeiten inkl. Safe und Internet-Zugang. Die teuersten Suiten mit eigenem Pool. Restaurant, Pool und Spa, Fahrradvermietung und Touren. ❻–❽

Nahverkehr

Boote können von den Resorts und an den Piers in Amphawa und den anderen Orten gechartert werden.

Transport

Von BANGKOK, Southern Bus Terminal, nach SAMUT SONGKHRAM 2. Kl. AC-Busse bis 17.30 Uhr alle 30 Min. für 60 Baht in 2 Std., zurück bis 20.30 Uhr. Von der Bus Station nahe dem Markt fahren Songthaew und lokale Busse weiter nach AMPHAWA, 6 km, und in die anderen Orte.

Ratchaburi ราชบุรี

Die Provinzhauptstadt mit 95 000 Einwohnern liegt 96 km westlich von Bangkok in der fruchtbaren Mündungsebene des 520 km langen Mae Klong. Archäologen entdecken bei Ausgrabungen und Restaurierungsarbeiten immer wieder Zeugnisse einer tausend Jahre alten Kultur, z. B. im **Wat Mahathat** (Wat Na Phratat) mit seinem hohen Prang, der mit Stuckornamenten verziert ist, und der Dvaravati-Stadt **Ku Bua**, von der nur noch Fundamente innerhalb eines Wallgrabens zu sehen sind.

Das lohnende **National Museum** präsentiert in 12 Räumen des ehemaligen Rathauses mit englischen Schrifttafeln einen kurzen Abriss der Natur, Tier- und Pflanzenwelt sowie Geschichte der Region. Interessant ist die Ausstellung über die verschiedenen ethnischen Gruppen. ⌚ Mi–So außer feiertags 9–16 Uhr, 30 Baht. Der zu einem Tempel umgewidmete ehemalige Königspalast **Khao Wang**, auf einem Hügel 3 km südwestlich des Zentrums, wurde 1871 für Rama V. gebaut und ist noch gut erhalten; ⌚ tgl. 5.30–18 Uhr. Pickup ab Polizeistation 7 Baht.

Ratchaburi ist für die riesigen irdenen **Wassertöpfe** mit Drachenmotiven bekannt, die auch im Museum stehen. Sie werden in Handarbeit in vielen Manufakturen hergestellt, z. B. am H4 Richtung Süden, am H3087 Richtung Chom Bung und neben dem Westin Grand Hotel. Interessierte können den Handwerkern zuschauen.

Übernachtung

Golden City ①, außerhalb am H4, 2 km östl. der Abzweigung des H3087, ✆ 032-338444, 317140-4, kein Hinweisschild in lateinischer Schrift. Der 7-stöckige Neubaublock lockt mit guten, relativ preiswerten Zi, Restaurant und Pool. ❹
Numsin Hotel ②, 2-16 Kraipet Rd., ✆ 032-337551, 📠 337633, Zi mit Fan oder AC und TV, bestes Hotel in der Innenstadt mit einem guten Preis-Leistungs-Verhältnis, häufig voll. Die angebotenen Touren sind überteuert. ❸
Araya Hotel ③, 187/1-12 Kraipet Rd., ✆ 032-337781-2, 📠 338022, ✉ k-suthvanich@yahoo.com, große, saubere Zi mit Fan, AC und TV, z. T. mit Warmwasser-Du/WC. ❷–❸

Leckere Nudeln!

Das große **Food Center** neben dem Uhrturm betört die Sinne mit einer fantastischen Auswahl an Gemüse, Obst, Snacks und Leckereien; ⌚ 24 Std. Vor allem am frühen Abend herrscht dichtes Gedränge, und die Tische an vielen Ständen sind gut belegt. Die leckeren Nudeln am **Stand Nr. 100** sollte sich niemand entgehen lassen. Allein schon die Geschwindigkeit der Zubereitung ist sehenswert.

Western Grand Hotel ④, 105/1 Old Petchkasem Rd., ✆ 032-337777, 💻 www.westerngrandhotel.com. Ein neues 5-stöckiges Businesshotel mit 75 komfortablen AC-Zi und Thai-Restaurant. WLAN in der Lobby, Frühstück inkl. ❹

Essen

Im Café der **Nice Bakery** in der Ratsadonyindee Rd. wird ab 9 Uhr Kuchen verkauft, ebenso im **Ban Kanom**, 187/27-28 Kraipet Rd., ✆ 032-322923, von 7–21 Uhr.
Im **Ratchaburi 100 km Coffeeshop**, Kraipet Rd., servieren junge Leute Milchshakes, Kaffee und Snacks.

Nahverkehr und Touren

Rikschas gibt es fast nur noch in der Amarin Road, der Chinatown. **Motorradtaxis** verkehren in der Stadt ab 20 Baht, **Tuk Tuks** 30 Baht. Eine Fahrt zu den in der Nähe gelegenen Höhlen kostet 70–100 Baht.
In den Hotels werden abendliche Touren zur Fledermaushöhle ab 700 Baht angeboten. Wer ein **Tuk Tuk** oder **Songthaew** chartert, zahlt je nach Tour 100–200 Baht pro Std.
P.Y. Travel, ✆ 081-7948511, offeriert Rundfahrten zu Attraktionen in der Umgebung.

Transport

Busse

Der neue **Busbahnhof** im Süden der Stadt wird kaum genutzt. Stattdessen halten die Busse

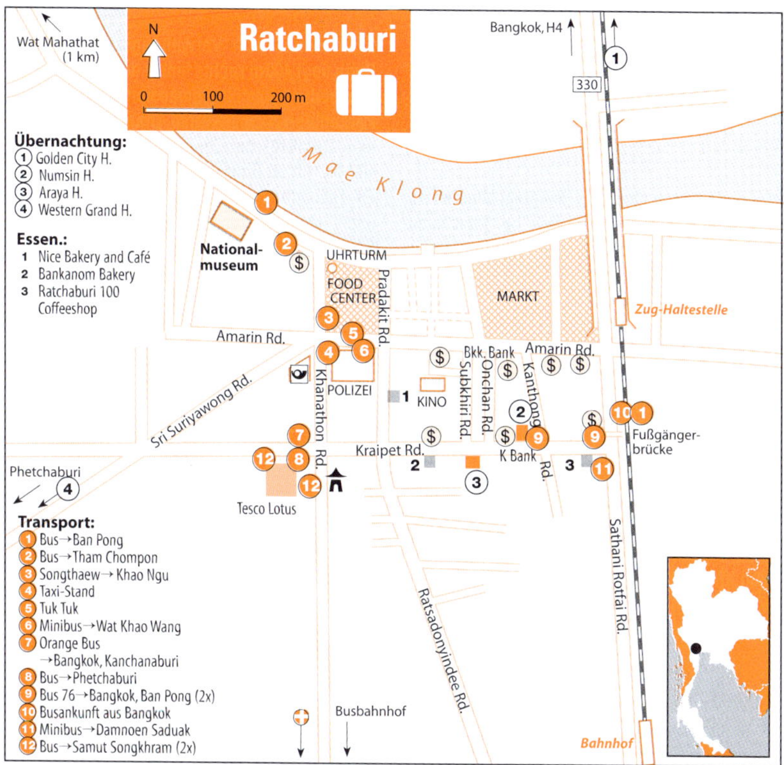

weiterhin im Zentrum. Die Abfahrtsstellen sind auf dem Ortsplan eingezeichnet.
Von BANGKOK (Southern Bus Terminal) AC-Bus von 7–22.30 Uhr alle 20 Min, 83 Baht, 2 Kl. AC-Bus von 9.50–16.20 Uhr alle 30–60 Min., 71 Baht, in 1 1/2 Std.
Nach Bangkok fährt der AC-Bus bis 20.30 Uhr vor dem Büro neben dem Namsin Hotel ab, hält aber auch an der Fußgängerbrücke in der Sathani Rotfai Rd., nördlich der Einmündung der Kraipet Rd. Hier hält auch zu jeder Std. Bus 8154 nach BAN PONG, Bus 8154 Abfahrt zu jeder vollen Std. (1 1/2 Std.) für 20 Baht. Er passiert nach 45 Min. den Fledermaustempel.
Nach:
NAKHON PATHOM AC-Bus 76 für 40 Baht in 45 Min.
DAMNOEN SADUAK gelber Minibus ab 6 Uhr in gut 1 Std. über BANG PHAE, 50 Baht. Man kann sich direkt am Markt absetzen lassen.
SAMUT SONGKHRAM AC-Bus 415 und Songthaew für 30 Baht.
PHETCHABURI AC-Bus 73 alle 20 Min. in 1 Std. für 40 Baht.
KANCHANABURI laufend bis 18 Uhr 2. Kl. AC-Bus 41 für 54 Baht in 2 Std. ab Kraipet Rd.
Mit dem Bus 8161 nach CHOM BUNG (20 Baht, 40 Min.) erreicht man die Chompon-Höhle (2 km zu Fuß) und passiert die Zufahrt zur Khao Binn-Höhle (1,7 km zu Fuß).

Eisenbahn

Fahrplan s. S. 886. Der Bahnhof liegt 1 km südlich der Innenstadt. Hier halten alle Züge zwischen Bangkok und dem Süden. An der Haltestelle bei der Brücke halten zudem lokale Züge.

Die Umgebung von Ratchaburi

Am einfachsten sind die Höhlen im Westen der Stadt und der Fledermaustempel bei einer Rundfahrt mit einem gecharterten Minibus, Tuk Tuk oder Taxi zu besuchen. Man sollte jedoch nicht nach 14 Uhr starten, um rechtzeitig an der Kang Khao-Höhle anzukommen. Für eine Tagestour mit dem Songthaew werden etwa 1000 Baht verlangt. Mit langen Fußwegen und Wartezeiten verbunden sind Touren mit lokalen Bussen. Da alles gut ausgeschildert ist, werden Selbstfahrer keine Probleme haben.

Tham Khao Binn

Am KM 20 des H3087 zweigt die 1,7 km lange Zufahrtstraße zur besonders schönen Tham Khao Binn ab, die in einem gepflegten Park mit Souvenir- und Essenständen liegt, ◷ tgl. 8.30–20 Uhr, 10 Baht. An der Abzweigung an der Hauptstraße hält der Bus Richtung Chom Bung. Über einen 300 m tief in den Berg hineinführenden Gang sind 8 Kammern der 800 m² großen Höhle zugänglich. Auch an Wochenenden ist ein Besuch trotz des Massenansturms zu empfehlen, da die Gruppen recht schnell durch die Höhle hasten und genügend Ruhe zum genüsslichen Betrachten bleibt. Die kleinen und großen Stalaktiten, eleganten Säulen, durchbrochenen „Gardinen" und Tropfsteinwasserfälle in riesigen Hallen werden von z. T. farbigen Lampen dezent, zuweilen etwas kitschig ausgeleuchtet. Überaus eindrucksvoll wirken der Schatten der „fliegenden Gans" und die „Muräne". Am Ende des 300 m langen, leicht begehbaren Weges wartet eine feuchtheiße Grotte mit kleinen Teichen und ewigem, deshalb heiligem Wasser. Leider schlagen Touristen immer wieder Tropfsteine ab, weshalb bei suspekten Besuchern ein uniformierter Führer mitgeht.

Chompon-Höhle bei Chom Bung

2 km hinter dem Verwaltungszentrum **Chom Bung** liegt 400 m rechts hinter dem Teacher College südlich vom überdimensionierten H3087 die Parkanlage mit der Höhle **Tham Chompon**. Mit dem Bus 8161 bis Chom Bung, 28 km, in etwa 40 Min. für 20 Baht und dann etwa 2 km laufen. Ein Taxi oder Tuk Tuk sollte um 200 Baht kosten und eine halbe Stunde warten. Unter schattigen Bäumen und zwischen schönen Bonsais laden Suppen-, Snack- und Obststände zu einem Imbiss ein. Viele, normalerweise nicht aggressive Affen baden in kleinen Teichen und warten auf ein paar Leckerbissen, sollten aber nicht gefüttert werden. In der Höhle ist Essen, Trinken und Rauchen nicht gestattet.

Über 57 Stufen erreicht man durch einen schmalen Eingang die 240 m lange, bis 25 m hohe und 30 m breite Halle. Den Abschluss bildet ein Dom mit einem Loch, durch das malerisch das Mittagslicht fällt. Ein ruhender Buddha und der bärtige Heilige Phra Russi mit seinem seltsamen Hut sind die am meisten verehrten Statuen. Geringer Eintritt, ◷ 9–16.30 Uhr.

Khao Ngu-Berge

Der **Steingarten** Ruesikhao Ngu in den Khao Ngu-Bergen (Schlangen-Bergen) mit seinen Seen und Pavillons ist ein schönes Beispiel für die gelungene Rekultivierung eines riesigen Steinbruchs. Von der Stadt geht es 7 km auf dem H3087 Richtung Westen und dann auf dem H3089 1 km Richtung Nordosten, Songthaew 15 Baht, das letzte fährt um 18 Uhr zurück.

Auf schmalen, kurvenreichen Straßen gelangt man durch die Felsenlandschaft zu vier **Khao Ngu-Höhlen: Ta Tho**, **Chin**, **Cham** und der Eremitenhöhle **Tham Russi**, die über eine steile Treppe zu erreichen, aber meist geschlossen ist. Beim Eintreten sollte man auf keinen Fall die Schuhe stehen lassen, da die zahllosen Affen schlimme Räuber sind. Die zentrale Figur, ein auf europäische Art sitzender Buddha als Basrelief, stammt aus der Dvaravati-Periode (10. Jh.) und weist Einflüsse aus dem indischen Gupta-Reich (5. Jh.) auf. Die Buddhastatue wird hoch verehrt und von vielen Pilgern aufgesucht.

Klettern in den Khao Ngu-Bergen

Im **Khao Ngu Adventure Park** in den südlichen Bergen am See kann man in den steilen Felsen Sa und So von 9–16.30 Uhr Geübten beim Abseilen und Freiklettern auf 15 verschiedenen Routen zusehen und beobachten, wie sie auf einem Drahtseil das Tal überqueren oder am 170 m langen Flying Fox durch die Lüfte gleiten. Wer teilnehmen will, meldet sich bei **Pro Climber Adventure**, 💻 www.proclimbingthai.com, ✆ 02-2115053. Tagestouren ab Bangkok ab 2000 Baht.

Wat Nong Hoi

Auf einem Hügel, weitere 4,4 km auf dem H3089 Richtung Norden, steht dieser Tempel, der der chinesischen Gottheit Kuan Yin (auch Kuan Im) geweiht ist. Auf dem folgenden Hügel erhebt sich eine überdimensionale Buddhastatue.

Wat Khanon

Alte, hohe Laubbäume umgeben das Wat Khanon, ✆ 032-233386, eine weitläufige Klosteranlage, deren schöne, alte Teakhäuser für eine besondere Atmosphäre sorgen. Eines davon beherbergt ein **Museum** mit wunderschönen, großen Nang Yai-Schattenspielfiguren, die nur am königlichen Hof gespielt werden durften. Die prächtigsten, aus Büffelleder ausgestanzten Figuren werden in großen Schaukästen ausgeleuchtet und beschrieben. Ein Faltblatt informiert über die Tradition des Schattenspiels und die Herstellung der Figuren. Anfahrt von Photharam auf dem H3090, den Fluss überqueren und hinter der Brücke rechts auf einer schmalen Landstraße 2,5 km bis zum Tempel. Das Wat kann im Rahmen einer Rundfahrt mit einem gecharterten Pickup besucht werden. Eintritt frei, eine Spende wird erwartet.

Fledermaus-Höhle am Khao Chong Pran

Aus der Kang Khao-Höhle am Fledermaustempel **Wat Khao Chong Pran**, die mit anderen durch Gänge verbunden ist, quillt jeden Abend, sobald die Sonne untergeht, ein endloses, dunkles Band heraus, zieht sich in die Breite und verwirbelt sich. Schon bald bedecken den dunklen Abendhimmel in etwa 50 m Höhe flatternde Punkte, ein hohes Zirpen liegt in der Luft, und man glaubt, sie riechen zu können: etwa 600 Millionen kleiner Fledermäuse, die sich auf den Weg zu den Obstbäumen im „Garten Thailands" an der Küste machen. Das Schauspiel soll zwei bis drei Stunden bis tief in die Dunkelheit andauern. Diese Zeit nutzen in der Höhe kreisende Raubvögel für einen Festschmaus. Noch vor dem Morgengrauen kehren die Flattertiere ab etwa 4 Uhr wieder in die Höhle zurück. Links vom Tempel führen Stufen auf den Berg hinauf. Nach einem 20-minütigen Aufstieg bietet sich ein schöner Ausblick. Es ist auch möglich, in die Höhle hinein zu gehen, sofern es einem nicht den Atem verschlägt.

Die Höhle liegt 24 km nordwestlich von Ratchaburi am H3089 Richtung Bang Phae hinter der Abzweigung des H3357 und ist mit dem Ban Pong-Bus zu erreichen. Man sollte den Beginn des Schauspiels zwischen 17 und 18 Uhr (bei dunklem Himmel eher früher) nicht versäumen und sich am besten vor dem großen Parkplatz postieren, an dem Essenstände und Restaurants die wartenden Touristen bedienen. Zurück nach Ratchaburi gelangt man nur mit etwas Glück mit dem letzten Bus gegen 18.15 Uhr, am So bereits um 17.20 Uhr. Danach fahren weder Taxis noch Tuk Tuks zurück. Wem es gelingt, ein Fahrzeug zu finden, der zahlt etwa 400 Baht.

Ku Bua

Die für Amateurarchäologen interessante Ruinenstadt **Muang Boran Ku Bua**, etwa 8 km südlich, ist am besten mit dem Tuk Tuk oder Motorradtaxi für 50 Baht zu erreichen. Die ausgegrabenen Figuren aus der späten Dvaravati-Periode (10.–11. Jh.) sind im National Museum in Bangkok und Ratchaburi zu bewundern. Zu besichtigen sind die bis zu 2 m hohen Grundmauern von Stupen und Tempelmauern des Wat Klong und Wat Ku Bua.

Nakhon Pathom นครปฐม

Vor über 2000 Jahren zogen Mönche aus dem buddhistischen Ceylon nach Osten und errichteten den ersten buddhistischen Tempel dieser Region an der Stelle, wo heute **Phra Pathom Chedi**, eine der größten Pagoden des Landes, steht. Wegen der beeindruckenden Konstruktion der frühen Bauten nimmt man an, dass Mönche aus Ceylon hier das erste Zentrum des Theravada-Buddhismus auf thailändischem Boden gründeten. Archäologen entdeckten unter der heutigen Pagode einen 39 m hohen Chedi aus dem 4. Jh. im Mon-Stil. Im 11. Jh. errichteten die Khmer über diesem Heiligtum einen Prang, der wiederum vor über 100 Jahren mit einem prunkvollen, über 127 m hohen Chedi überbaut wurde. Er gilt als eines der höchsten buddhistischen Bauwerke der Welt.

König Mongkut unternahm während seiner Zeit als Prinz mehrere Pilgerfahrten zu der Tempelruine im Dschungel. Nachdem er zum König gekrönt worden war, beschloss er, einen mächtigen Chedi über der Ruine errichten zu lassen. Als die Pagode nach 17-jähriger Bauzeit 1870 fertig gestellt war, siedelte man Menschen aus dem 20 km weiter östlich gelegenen Ort Nakhon Chaisi rings um die Anlage an. Um den zentralen Chedi sind auf einer Plattform in allen vier Himmelsrichtungen Viharn errichtet worden, die neben anderen Kunstwerken jeweils eine Buddhafigur in unterschiedlichen Positionen beherbergen (N: stehender Buddha, S: Buddha wird von der Schlange geschützt, O: Buddha unter dem Bodhi-Baum, W: ruhender Buddha). Vom Haupteingang im Norden führt eine Treppe hinauf bis zur zweiten Plattform. Hier steht eine große Buddhastatue umgeben von zahlreichen Pflanzen, Ruhebänken, chinesischen Tempelfiguren u. a. Eintritt ins **Tempelmuseum** im Inneren des Chedi (Eingang im Norden) 40 Baht.

Tempelfest am Chedi

Im November, nach dem Loi Krathong-Fest, findet rings um die Pagode ein zehntägiges, großes **Tempelfest** statt. Die Stände auf dem großen Markt offerieren ein buntes Sortiment von Textilien, Schuhen, Haushaltswaren und Möbeln, aber auch Leckereien wie Pizza, Hamburger, geröstete Wasserkäfer und Heuschrecken.

Im angeschlossenen **National Museum**, ⌚ Mi–So 9–16 Uhr, 30 Baht, sind einige Funde von 1934 durchgeführten Ausgrabungsarbeiten im Tempelbezirk ausgestellt. Die Ausstellungsstücke aus der Dvaravati-Periode geben einen Einblick in das Alltagsleben der Menschen vor über tausend Jahren, ihre Religion, Kunst und Architektur. Ein steinernes Rad, das die Lehre Buddhas symbolisiert, wurde auf 150 v. Chr. datiert. An der Kasse ist ein guter zweisprachiger Museumskatalog erhältlich.

Sanam Chandra-Palast

Während der Bauarbeiten wohnte König Mongkut in einem kleinen Palast östlich des Chedi, der heute jedoch weitgehend zerstört ist. Auch sein Nachfolger, **König Rama VI.**, hielt sich oft in Nakhon Pathom auf, um dem Training seiner hier stationierten paramilitärischen Einheit beizuwohnen. Er ließ sich 2 km westlich der Pagode 1902–11 den kleinen Sanam Chandra-Palast erbauen. Dieser liegt in einem gepflegten Park mit Pavillons, Teichen und kleinen Brücken sowie dem Denkmal seines Lieblingshundes Yalae und des Elefantengottes Ganesha aus dem hinduistischen Pantheon. 2003 wurde die Anlage auf Wunsch einer Tochter von Rama VI. restauriert und der Öffentlichkeit zugänglich gemacht.

In der **Chaleemongkolasana-Residenz**, einem zweistöckigen Gebäude nahe dem Kreisverkehr, das wie ein zu klein geratenes Märchenschloss wirkt und vor dem das Denkmal des Hundes steht, ist ein Museum mit Fotografien und persönlichen Gegenständen aus dem Besitz König Ramas VI. untergebracht.

Ebenfalls besichtigt werden können die **Bhimarn Prathom-Residenz** im westlichen Kolonialstil mit den einstigen Privatgemächern des Königs sowie die **Samakkeemukamartaya-Halle**, die für Theatervorstellungen und Empfänge genutzt wurde.

⌚ tgl. 9–16 Uhr, ✆ 034-244236-7. Eintritt in den Park frei, in die Museen 50 Baht. Es gilt die Kleiderordnung wie im Königspalast in Bangkok (s. S. 125). In einer kleinen Kantine werden einfache Thai-Gerichte und Getränke verkauft. Am Wochenende um 13.30 Uhr klassische Tanzvorführungen.

Übernachtung

Mitpaisal ①, am Bahnhof, 120-30 Phaya Phan Rd., ✆ 034-255444, ✉ mitpaisal@hotmail.com, hellhörige Zi mit AC oder Fan sowie Du/WC in einem älteren Hotelblock mit Aufzug und einer museumsreifen Telefonanlage. Einziger Vorteil ist die Nähe zum Bahnhof. ❷–❸

Whale ②, 151/79 Ratchavithi Rd. Soi 19, ✆ 034-253855-63, 💻 www.whale.co.th, das größte Hotel des Ortes, etwa 1 km westlich der Pagode, etwas abseits der Hauptstraße, aber von dort leicht zu sehen. Gute Zi mit Fan und AC, Nightclub, am Wochenende Disco. Das chinesische Restaurant lässt zu wünschen übrig. Frühstück inkl. Mit dem Bus von Kanchanaburi kommend an der Thai Bank und ab Bangkok vor der Siam Bank aussteigen. ❹

Nakhorn Inn Hotel ③, 55 Ratchavithi Rd. Soi 3, ✆ 034-251152-4, 📠 254998, nahe der Pagode am Ende der Sackgasse. In einem zurückversetzten Hotelblock 70 nicht mehr ganz neue Zi mit AC, TV und Kühlschrank. ❸

Essen und Nahverkehr

Auf dem tollen Markt zwischen Bahnhof und Chedi gibt es leckeren *kao larm,* Klebreis, der mit Kokos und Palmzucker gesüßt in Bambus gebacken wird. Vor allem abends laden viele Essenstände zum Schlemmen ein.

Das beste und günstigste Transportmittel innerhalb der Stadt sind Motorradtaxis.

Transport

Busse

Sie fahren auf dem Weg zu den außerhalb gelegenen Busbahnhöfen durchs Zentrum und lassen Touristen an der Pagode ein- oder aussteigen. Überlandbusse halten südlich des Zentrums am Highway, lokale Busse, z. B. nach Damnoen Saduak, an der Bus Station im Süden der Stadt oder in einer der Straßen rings um die Pagode. Ortsunkundige sollten sich bei Einheimischen nach den Bus Stops im Zentrum erkundigen, da diese nicht ausgezeichnet sind.

Von BANGKOK, 56 km, ab Southern Bus Terminal, 1. und 2. Kl. AC-Busse von 6–20.30 Uhr alle 15 Min. für 30–49 Baht, zurück bis gegen 21 Uhr.

Minibusse ab der Straße vor der Silpakorn Universität nach Bangkok (Phrapinklao Brücke nahe Banglampoo) für 40 Baht.
Ab der Polizeistation südlich des Chedi nach KANCHANABURI AC-Bus Nr. 81 aus Bangkok kommend alle 20 Min. für 55 Baht in 2 Std.
DAMNOEN SADUAK (Talat Nam) AC-Bus 78 ab 6.30 Uhr alle 30 Min. für 30/50 Baht in 1 Std.
RATCHABURI Bus Nr. 76 für 40 Baht in 45 Min.

Eisenbahn

Fahrplan s. S. 882ff. Der Bahnhof liegt 500 m nördlich des Chedi. Gepäckaufbewahrung hinter dem Ticketschalter.
Vom Hauptbahnhof in BANGKOK fahren ein Dutzend Züge in 1–1 1/2 Std., die wegen der Zuschläge überwiegend teurer sind als Busse. Günstig der DRC um 9.20 Uhr für 14 Baht. Ab Thonburi und weiter nach KANCHANABURI kosten alle Züge trotz 3. Kl. für Touristen 100 Baht.

2 HIGHLIGHT

Kanchanaburi กาญจนบุรี

Nicht nur die weltberühmte Brücke am Kwai, die Vorlage zu Pierre Boulles Roman und dem gleichnamigen Film, zieht einheimische wie ausländische Touristen in diese Provinzhauptstadt mit 67 000 Einwohnern, die häufig nur Kan oder Kanburi genannt wird. Japanische und alliierte Kriegsveteranen kommen wegen der Kriegsmuseen, Soldatenfriedhöfe und anderen Spuren, die der 2. Weltkrieg hinterlassen hat. Thailändische Familien flüchten am Wochenende aus der Metropole, um in den luxuriösen Resorts flussaufwärts von Kanchanaburi aufzutanken. Traveller schließlich finden hier ausgesprochen preiswerte Gästehäuser und Restaurants sowie vielfältige Möglichkeiten für Touren, die weit günstiger sind als ähnliche Angebote in Touristenhochburgen.

Die Stadt hat viele Gesichter: Rings um den Busbahnhof liegt das planmäßig angelegte neue Geschäftszentrum. Es wird von der vierspurigen Fernstraße, die als Schneise mitten durch die Stadt verläuft, vom alten, chinesisch geprägten, quirligen Kern getrennt. Am Fluss konzentrieren sich die Touristen, südlich der neuen Brücke frequentieren asiatische Reisegruppen die schwimmenden Karaoke-Restaurants, während sich die Farangs in den Gästehäusern weiter nördlich in der ruhigeren, ländlichen Umgebung wohl fühlen. Dazwischen liegen weit verstreut die Sehenswürdigkeiten – die Friedhöfe, die Brücke und die Museen.

Die berühmte **Brücke am Kwae**, besser bekannt als „River Kwai Bridge" bzw. „Brücke am Kwai", liegt 4 km nordwestlich des Busbahnhofs. Sie wird von Zügen überquert, die durch das Tal des Kwae Noi bis zur heutigen Endstation Nam Tok fahren. Sie machen durch lautes Pfeifen auf

Die Eisenbahn des Todes

415 km war die Strecke lang, die die Japaner während des Krieges zur Sicherung des Nachschubs als Verbindung zwischen dem thailändischen und burmesischen Eisenbahnnetz durch die Wildnis treiben ließen. Innerhalb von 17 Monaten, von Juni 1942 bis Oktober 1943, hatten 200 000 asiatische Zwangsarbeiter und 62 000 Kriegsgefangene unter großen Opfern die Trasse durch den Dschungel, die noch immer lakonisch Death Railway genannt wird, fertig gestellt. Zwangsarbeiter aus Thailand, Birma, China, Indonesien und Malaysia sowie alliierte Kriegsgefangene lebten und arbeiteten unter unmenschlichen Bedingungen im Dschungel. Allein von den Kriegsgefangenen starben über 12 000 durch Unfälle, Unterernährung und Krankheiten, bei den Zwangsarbeitern waren es sogar über 80 000. Die meisten fielen der noch heute weit verbreiteten Malaria zum Opfer. Die Gleise führten am River Kwae entlang, über den Three Pagodas Pass (Chedi Sam Ong) bis nach Thanbyuzayat in Birma und wurden 21 Monate bis zum Juni 1945 benutzt. Die Briten demontierten später einen Teil der Bahnlinie in Birma und entlang der Grenze. Die restliche Strecke hinter Nam Tok wurde nach dem Krieg von der Eisenbahnbehörde stillgelegt. Heute ist die Grenze nach Birma geschlossen, und der Dschungel hat die Trasse ab Nam Tok überwuchert.

sich aufmerksam, sodass sich Passanten rechtzeitig in Sicherheit bringen können. Die Bahnlinie über die 1943 errichtete Brücke am Kwae stellte für die Japaner eine strategisch wichtige Verbindung nach Birma dar und wurde im Juni 1945, am Ende des Krieges, von amerikanischen Bomben teilweise zerstört, nach dem Krieg jedoch wieder repariert. Die schlichte Stahlträgerkonstruktion sieht ganz und gar nicht so aus wie im Film und Roman beschrieben. Dennoch wird sie von zahllosen Touristen fotografiert. Auf dem von Souvenirständen umgebenen Platz vor der Brücke stehen neben einer Informationstafel eine alte Draisine und zwei historische Lokomotiven.

Von dem privaten **World War II Museum** südlich der Brücke, ✆ 034-512596, ⌚ tgl. 8–18 Uhr, 30 Baht, sollte man keine historische Aufarbeitung der Kriegsereignisse erwarten. Die Sammlung reicht von prähistorischen Faustkeilen bis zu Gebrauchsgegenständen aus jüngster Vergangenheit. Neben einer Galerie der Helden Thailands („Unsere Grenzen werden von den Gebeinen Gefallener geschützt.") haben auch die des 2. Weltkriegs, von Stalin bis Einstein, ihren Platz – kurzum: bizarr und voller Fehler!

Wesentlich kleiner, aber angenehmer ist das **JEATH-Kriegsmuseum** (JEATH = die in den Krieg verwickelten Länder: Japan, England, Australien, Amerika, Thailand und Holland) im Wat Chai Chumphon am Mae Klong-Fluss, das Ende der 1970er-Jahre vom damaligen Abt in der rekonstruierten Unterkunftsbaracke eines Kriegsgefangenenlagers eingerichtet wurde. Anhand von Fundstücken, Fotos und anderen Dokumenten vermittelt es einen Eindruck vom Leben der Gefangenen und der asiatischen Zwangsarbeiter, die 1942/43 am Bau der Eisenbahnlinie beteiligt waren. ⌚ tgl. 8–18 Uhr, 30 Baht, Fotografierverbot.

Ein Teil der Toten wurde auf den beiden **Soldatenfriedhöfen** *(war cemetery)* beigesetzt. Der größte, auf dem 6982 Soldaten begraben sind, befindet sich etwa 300 m südlich vom Bahnhof. An ihn grenzt ein chinesischer Friedhof. Der zweite, auf dem 1750 Soldaten begraben sind, liegt 2 km südlich der Stadt in **Kao Pun**, am Westufer des Kwae Noi, inmitten einer schönen Landschaft.

Wer an einer guten Aufarbeitung der Geschichte interessiert ist, sollte unbedingt zum Museum am Hellfire Pass fahren (s. S. 231).

Im **Thailand Burma Railway Centre,** ⌚ tgl. 9–17 Uhr, ✆ 034-510067, 💻 www.tbrconline.com, einem informativen, mit ausländischer Hilfe aufwändig erbauten Museum, wird der Bau der Death Railway und der Kriegsverlauf in Asien in vielen Details und durch Videofilme dargestellt. Im Erdgeschoss wird aus der japanischen Expansion im 2. Weltkrieg die Notwendigkeit des Eisenbahnbaus abgeleitet und den Besuchern die mühsamen Bauarbeiten und das Lagerleben vor Augen geführt. Die Ausstellungen im Obergeschoss widmen sich den Angriffen der Aliierten, der Zerstörung der Brücke und der nach Kriegsende erfolgten Repatriierung der Kriegsgefangenen sowie dem Bau der Friedhöfe. Eintritt 60 Baht.

Übernachtung

Kanchanaburi überrascht mit zahlreichen guten, preiswerten Gästehäusern. Die meisten Besitzer vermieten Fahrräder und Motorräder und bieten einen Wäscheservice. Kleine Restaurants sorgen für das leibliche Wohl der Traveller.
Samlorfahrer erhalten von einigen Unterkünften eine Provision für neue Gäste, sodass sie nur diese Gästehäuser anfahren und falsche Informationen über die anderen erteilen. Vor dem Einchecken sollte man in den Häusern am Fluss sichergehen, dass das Wasser im Badezimmer nicht aus dem Fluss gepumpt wird. Zudem machen nahe gelegene Restaurants und auf dem Fluss vor allem am Wochenende vorbeibrausende Ausflugsboote viel Lärm, weshalb in hellhörigen Häusern an Schlaf kaum zu denken ist.

Gästehäuser

Die meisten Gästehäuser konzentrieren sich südlich der berühmten **Brücke**: Die Lage am Fluss mit Blick auf das Wasser ist sehr beruhigend, wären da nicht die Boote, die den ganzen Tag über Touristen zwischen Brücke, Friedhof, Museum und Höhlen hin und her befördern.
Auch die ungeklärten Abwässer der Bewohner der schwimmenden Bambusrafts verschmutzen den Fluss. Überwiegend von Prostituierten und ihren Kunden werden einige der so genannten Gästehäuser auf der dem Fluss abgewandten Straßenseite hinter den Bars genutzt.

Bamboo House ①, 5 Soi Vietnam, Maenam Kwae Rd., ✆ 034-624470, 300 m südlich der Brücke, in einem Garten drei hellhörige, einsehbare, „schwimmende" Bambushütten und hübsche Doppelbungalows mit Du/WC und Terrasse, im Haupthaus auch einige Zi mit AC. Kleines Restaurant. ❷–❹

Sugar Cane II ②, 7 Soi Cambodia, ✆ 034-514988, 💻 www.sugarcaneguesthouse.com, Zi im Reihenhaus nahe dem Fluss mit Fan, AC-Zi in steinernen Bungalows mit Warmwasser-Du/WC und geräumige Hütten mit AC, die leider etwas dicht aneinander stehen. Auch schwimmende AC-Zi mit Warmwasser-Du/WC. Restaurant am Fluss mit schönem Ausblick und Traveller-Food. ❷–❸

Tard Tong ②, vor Sugar Cane II, ✆ 034-624836, lässt Atmosphäre missen. ❸

Camelia Resort ②, 9 Soi Cambodia, ✆ 034-624884, schickes, größeres Resort nahe dem Fluss, das gar nicht in die ansonsten ländliche Umgebung passt. Oberhalb einer großen Wiese mit Pool stehen 7 dreistöckige Häuser mit jeweils 6 komfortablen AC-Zi mit Balkon. Zudem ein Spa und Restaurant, dessen Speisekarte mit koscheren Gerichten auf Gäste aus Israel abzielt. ❹

Mister Tee Gh. ③, 12 Soi Laos, Maenam Kwae Rd., ✆ 034-624074, 1 km südlich der Brücke. Auf einem ziemlich kahlen Grundstück einstöckige Reihenhäuser mit AC und zweistöckige Bambusreihenhäuser am Fluss, Zi im Erdgeschoss mit und oben ohne Du/WC. Einfaches Restaurant mit Raft. ❷–❸

C&C River Kwai Gh. ④, 265/2 Soi England, Maenam Kwae Rd., ✆ 034-624547, 📠 624548, 100 m von der Straße stehen unter Kokospalmen auf einem weitläufigen Grundstück mit Teichen und vielen Fröschen etwas abgewohnte Häuschen mit Fan und Moskitonetz. Restaurant, Boots- und andere Touren. ❶–❷

Der in Ufernähe von Wasserhyazinthen bedeckte Fluss bietet im folgenden Abschnitt einen wunderschönen Anblick.

Blue Star ⑤, 241 Mae Nam Kwae Rd., ✆ 034-512161, ✉ bluestar_guesthouse@yahoo.com, ältere aber saubere, einfache Doppelbungalows und Reihenhaus beiderseits eines kleinen Gartens. Zi mit Fan oder AC, Du/WC und TV, urige, teils 2-stöckige Bungalows mit Veranda auf Stelzen im Fluss. Traveller-Restaurant auf einer Bambusplattform mit Blick in den Garten. Freundliche, hilfsbereite Familie, entspannte Atmosphäre. ❷–❹

Sam's House ⑥, 14/2 Moo 1, Maenam Kwae Rd., 💻 www.samsguesthouse.com, ✆ 034-515956, 📠 512023, in einem Garten mit vielen Pflanzen und Steinfiguren gruppieren sich einstöckige Reihenhäuser nahe dem Restaurant mit Flussblick. Wenige einfache, kleine Zi und etwas größere mit Fan und Du/WC. Am Fluss komfortable Holzhäuser auf Stelzen mit AC und Du/WC oder Fan. ❶–❸

Pong Phen (P. P.) Gh. ⑦, 5 Soi Bangklated, ✆ 034-512981, 💻 www.pongphen.com, hoch über dem Fluss L-förmig angeordnete Reihenhäuser mit kleinen, hellhörigen, sauberen Zi mit Fan oder AC und Terrasse, die teuren mit AC und Warmwasser, günstige mit Gemeinschafts-Du/WC. Neues 3-stöckiges Haus mit sehr großen, teuren AC-Zi mit Warmwasser-Du/WC und TV (ohne 50 Baht weniger) für 2–3 Pers. Zudem AC-Bungalows. Zum Fluss hin ein Garten mit vielen Orchideen, eine Terrasse mit Tischen, Stühlen und Liegen. Restaurant, freundliches Personal. ❶–❹

Ploy River Kwai ⑧, ✆ 034-515804, 081-8077475, 💻 www.ploygh.com, geschmackvolle, kleine Anlage im modernen Thai-Stil. Hinter dem Restaurant mit Dachterrasse stehen senkrecht zum Fluss ein 1- und 2-stöckiges Reihenhaus. AC-Zi mit kleinen, privaten Gärten und nicht einsehbarer Warmwasser-Du/WC im Freien, im 1. Stock etwas preiswerter ohne Garten. Einfaches Frühstück inkl. Übers Internet günstiger. ❹

Sugar Cane Gh. ⑩, 22 Soi Pakistan, Maenam Kwae Rd., 💻 www.sugarcaneguesthouse.com, ✆ 034-624520, einfache größere und kleine Bungalows mit Du/WC, 2 große Rafts mit großen AC-Zi und Warmwasser-Du/WC, Sonnenterrasse. Gutes Essen, vom Restaurant Blick auf den Fluss. ❷–❸

Tamarind Gh. ⑩, 29/1 Maenam Kwae Rd., ✆ 034-518790, 089-8377256, auf einem schmalen Grundstück am Fluss in einem 2-stöckigen Reihenhaus 15 Zi mit Warmwasser-Du/WC und Fan oder AC und TV gegenüber dem Restaurant, in

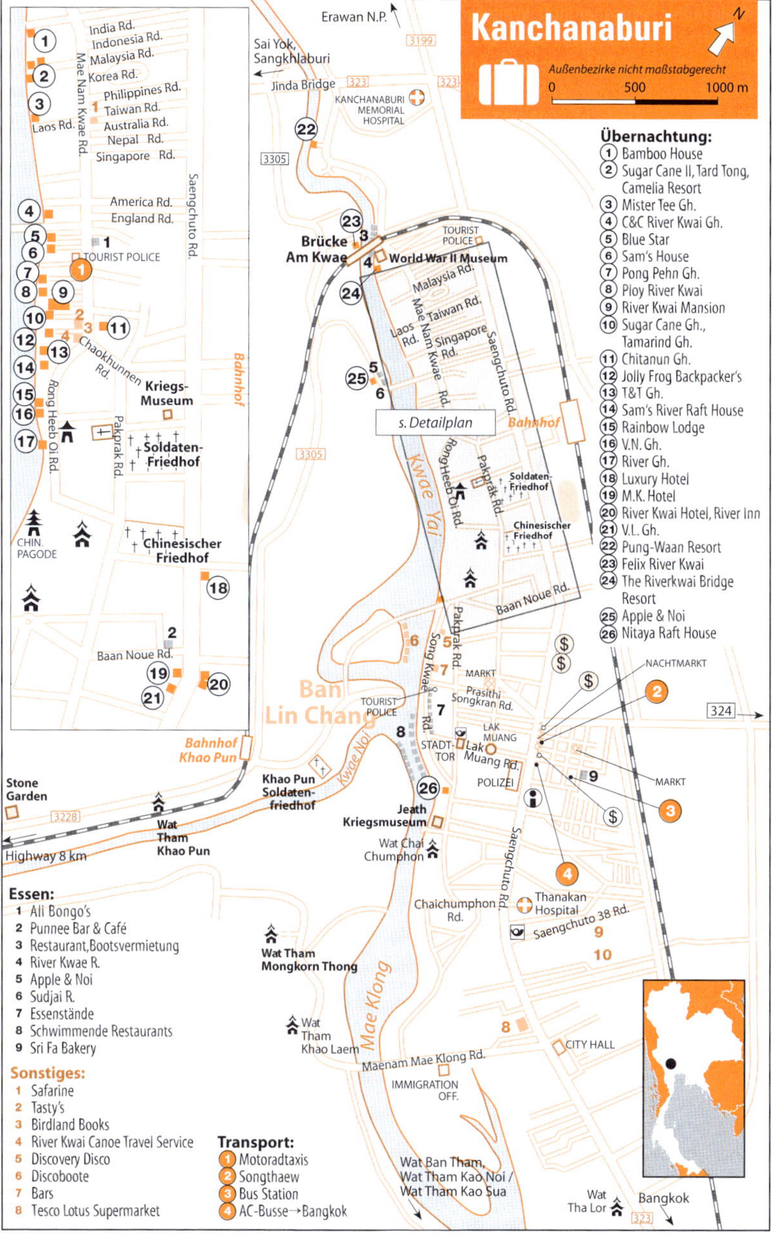

Die Umgebung von Bangkok

dem ein lauter Fernseher läuft. Weitere Zi auf einer Raft. Alles wirkt etwas steril. ❸
Chitanun Gh. ⑪, 47/3 Menam Kwae Rd., ✆ 034-624785, 089-7439223, von der Straße zurückversetzte große, solide 4-Zi-Bungalows mit und ohne AC, Warmwasser-Du/WC und größerer Terrasse sowie Reihenhäuser mit kleineren Zi mit Fan, Du/WC und kleinen Terrassen. Gepflegter Garten. Restaurant an der Straße. ❷–❹
T&T Gh. ⑬, 1/14 Menam Kwae Rd., ✆ 034-514846, 081-8562400, in einem doppelstöckigen Reihenhaus 12 Zi mit AC, Du/WC und TV sowie Fan-Zi mit TV. 4 weitere Zi auf einer Raft. Großer Garten und Restaurant mit Terrasse. ❶–❸
Sam's River Raft House ⑭, 48/1 Rong Heeb Oil Rd., ✆ 034-624231, 💻 www.samsguesthouse.com, 2 Rafthäuser auf dem Fluss, Zi mit Fan oder AC und Warmwasser-Du/WC. Rechnungen im Restaurant überprüfen. ❷–❸
Rainbow Lodge ⑮, 48/5 Rong Heeb Oil Rd., ✆ 034-513976, 9 in unterschiedlichen Farben gestrichene, kleine AC-Häuser mit Fan oder AC, 3 VIP-Zi mit großen Fenstern und eigener Terrasse am Fluss. Restaurant mit schönem Ausblick, Internet, Abholservice vom Busbahnhof. ❸–❹
V.N. Gh. ⑯, 44 Rong Heeb Oil Rd., ✆ 034-514082, 4 Zi mit Du/WC und AC in Reihenhäusern, zudem Zi mit AC oder Fan und TV in einem soliden Haus und 3 Zi auf der Raft mit Fan und Du/WC. ❶–❸
Folgende Gästehäuser liegen in einer kleinen Bucht, in die der Unrat aus dem Fluss treibt.
River Gh. ⑰, 46 Rong Heeb Oil Rd., ✆ 034-511637, 💻 www.riverguesthouse.net, Bambusmattenhäuser auf Stelzen im Fluss mit Fan oder AC und Du/WC. Restaurant, Internet, Sonnenterrasse. ❷–❸

Stadtzentrum

Aus dem Zentrumsind seit dem Bau der neuen Brücke fast alle Gästehäuser verschwunden.
V.L. Gh. ㉑, 277/45 Saengchuto Rd., ✆ 034-513546, beliebtes, 3-stöckiges Kleinhotel gegenüber dem River Kwai Hotel, Zi mit AC, sehr sauber, nach hinten ruhig. Restaurant an der Straße, gutes Essen, 🕓 bis 22 Uhr. ❸
Apple & Noi ㉕, 153/4 Moo 4 Thamakham, ✆ 034-512017, 081-9484646, 💻 www.applenoi-kanchanaburi.com, www.guesthousekanchanaburi.com. Sind mit ihrem Restaurant und den Bungalows umgezogen. Jenseits der Straßenbrücke in ländlicher Umgebung neue Bungalows mit 16 Zi (s. auch „Essen"). ❷–❸
Nitaya Raft House ㉖, 27/1 Pakprak Rd., ✆ 034-514521, südlich des Zentrums, 4 Pfahlhäuser auf dem trüben Fluss, Zi mit Moskitonetz und Du/WC, preiswertes Essen. ❷

Beliebte Backpacker-Unterkunft

Jolly Frog Backpacker's ⑫, 28 Soi China, Mae Nam Kwae Rd., ✆ 034-514579, größere Unterkunft unter Leitung der Deutschen Christa und ihres Mannes. 50 einfache, gemütliche Zi mit dicken Matratzen, Fan oder AC mit und ohne Du/WC, die billigsten auf Rafts, andere in zweistöckigen Reihenhäusern in einem netten Garten. Auch Familien-Zi und günstige EZ. Liegewiese mit Liegestühlen und Hängematte, hübscher Flussblick und Badeplattform. Günstige Tagestouren. Restaurant. ❶–❸

Hotels

River Kwai Mansion ⑨, 77 River Kwai Rd., ✆ 034-625335-6, 💻 www.riverkwaimansionhotel.com, 📠 625313, 6-stöckiger Betonklotz am Fluss, 50 Zi mit Fan oder AC und TV, winziger, über den Balkon zu erreichender Du/WC. Neubau am Fluss mit 9 teuren Luxus-Zi. ❸–❹

Entlang der Hauptstraße

Hier gibt es einige billige Hotels, die vor allem von Einheimischen frequentiert werden.
Luxury Hotel ⑱, 284/1 Saengchuto Rd., ✆ 034-511168, Fax 512494, kleines Hotel in einem etwas von der Straße zurückversetzten Neubau. Sehr saubere Zi mit Fan oder AC und TV. ❹
M.K. Hotel ⑲, 277/41 Saengchuto Rd., ✆ 034-621143, 📠 513233, Neubau, preiswerte Zi mit AC und Du/WC, im EG Restaurant mit Karaoke. ❸
River Kwai Hotel ⑳, 284/3-16 Saengchuto Rd., ✆ 034-511565, 💻 www.riverkwai.co.th, großes, renoviertes Mittelklassehotel in einem Block, guter Service, häufig Sonderangebote mit Frühstück inkl.; Disco, Pool, Spa. ❺–❻
Das **River Inn** nebenan ist ein Stundenhotel.
The Riverkwai Bridge Resort ㉔, 8 Vietnam Rd.,

unterhalb der Brücke, ☏ 034-514522, ☏ 624395, die 34 AC-Zi in großen, soliden Einzel- und Doppelbungalows sind mit modernen, dunklen Holzmöbeln recht hübsch eingerichtet. Leider fehlt es an Sitzgelegenheiten drinnen wie auf der Terrasse. Edles Restaurant am Fluss. ❹

Nördlich der Brücke am Kwai
Resorts und Bungalows für Einheimische sowie zwei schöne Hotelanlagen, die am günstigsten im Internet gebucht werden können:
Pung-Waan Resort ㉒, 72/1 Moo 2, Thamakham Rd., 🖳 www.pungwaanriverkwai.com, ☏ 034-625270-5. Resort 2 km nördlich der Brücke in einem weitläufigen Park östlich des Flusses. 110 großzügige Zi mit allem Komfort, Landschaftspool, Sauna und Spa. Schwesterresort am Kwae Noi bei Nam Tok. ❺–❻
Felix River Kwai ㉓, 91/1 Moo 3, Thamakham, ☏ 034-551000, 🖳 www.felixriverkwai.co.th, in Sichtweite der Brücke am jenseitigen Flussufer. 255 komfortable, große Zi, Restaurants, 2 Pools. Der Service lässt zu wünschen übrig. ❺–❻

Essen

Den meisten Gästehäusern ist ein kleines Restaurant angegliedert, in dem es Frühstück und Traveller-Food gibt. An der Song Kwae Rd. werden abends **Essenstände** aufgebaut, die ein gutes Angebot bereithalten. Hier kann man preiswert essen, z. B. gegrillte Hähnchenschenkel oder die leckere Reissuppe *choke*.
In zahlreichen **schwimmenden Restaurants** im Zentrum und beiderseits der Brücke kann man abends in der Gesellschaft der Reisegruppen essen und bei Sonnenuntergang die tolle Atmosphäre genießen. Die **Essenstände** an der Song Kwae Rd. werden vor allem von Thais besucht.
Apple & Noi, 153/4 Moo 4 Thamakham, ☏ 034-512017, 081-9484646, 🖳 www.applenoi-kanchanaburi.com, www.guesthousekanchanaburi.com. Neues, gemütliches Gartenrestaurant jenseits der Brücke am Fluss in ländlicher Umgebung, 500 m von der geschäftigen Straße entfernt. Apple und Noi servieren ordentliche Portionen sehr schmackhafter einheimischer und europäischer Gerichte, großes vegetarisches Angebot, freundlicher Service. Wer mehr über Apples Kochkünste erfahren möchte, kann an einem eintägigen Kochkurs teilnehmen.
Sudjai Restaurant, nebenan, Moo 4 Thamakham, serviert gutes Essen und wird vor allem am Wochenende von Thais besucht.
Jolly Frog Backpacker's, 28 Mae Nam Kwae Rd., großes, gut besuchtes Restaurant mit Video. Gutes Frühstück, billiges Bier, selbst gebackenes Brot und preiswerte Thai- und europäische Gerichte, die ein geteiltes Echo finden.
Ali Bongo's, 232 Mae Nam Kwae Rd., ☏ 081-1944858, das einzige indische Restaurant mit Curry, Tandoori-Gerichten und leckerem Nan, auch Vegetarisches für 80–200 Baht. Nach dem Essen kann man in einer Sitzecke gemütlich zu Shakes, Lassi und indischem Tee eine Shisha rauchen (150 Baht) und bei Hindi-Musik entspannen. Das offene, nett eingerichtete Restaurant dient auch als Kunstgalerie. ⏲ tgl. 11.30–23.30 Uhr.
Sri Fa Bakery, die große, sehr gute Bäckerei verkauft sogar richtige Baguettes.
Rings um den **Busbahnhof** bestehen mehrere Möglichkeiten zu essen. Am preiswertesten sind die Stände und Nudelläden südlich und westlich des Busbahnhofs. Neben dem Bahnhof findet jeden Abend von 18–22 Uhr ein Nachtmarkt statt.

Sonstiges

Die Uferstraße in der Nähe der Gästehäuser säumen Bars, Wäschereien, Internet-Cafés, Motorrad- und Fahrradvermietungen, Büros der Tourveranstalter, Massage-Angebote und Bars.

Autovermietungen
U. a. **Wisut**, Menam Kwae Rd., ☏ 089-8009225.

Einkaufen
Ein **Tesco Lotus Supermarket** erstreckt sich unübersehbar 2,1 km südlich vom Tourist Office, ⏲ tgl. 9–23 Uhr. Secondhand-Bücher kaufen und tauschen einige Bars, das Jolly Frog und **Birdland Books** nahe dem Jolly Frog.

Fahrräder
Sie werden von und in der Nähe von Gästehäusern für 50 Baht pro Tag, Mountainbikes 80 Baht vermietet. Kostenlose Beförderung auf der Fähre.

Kochen in Kanchanaburi

Vergnügliche englischsprachige Tageskurse für 950 Baht von 10.30–15 Uhr bei **Apple & Noi**, ✉ applesguesthouse@hotmail.com, bei denen alle gemeinsam über den Markt streifen, 5 Gerichte kochen und essen.
Weitere Kochkurse bei **Tasty's**, neben dem Tamarind Gh.

Feste

Ende Nov / Anfang Dez findet das einwöchige **River Kwai Bridge Festival** statt. Höhepunkt ist die bombastische Sound-and-Light-Show über die Geschichte der Brücke, die trotz der vielen Darsteller und dem Feuerwerk wenig fasziniert. Tickets über 💻 www.thaiticketmaster.com. Zu dieser Zeit fährt sogar der legendäre Eastern & Orient Express nach Kanchanaburi.

Geld

Bangkok Bank an der Saengchuto, Ecke U-Thong Rd., nördlich vom Markt, ✆ 034-511111. **K Bank** an der Haltestelle der Busse nach Bangkok. **Siam Commercial Bank** südlich des River Kwae Hotels, alle mit Geldautomaten.

Immigration

100/22 Mae Klong Rd., ✆ 034-564265, in Pak Praek, 3,5 km Richtung Bangkok, an der City Hall (bis dorthin mit dem Stadtbus) 800 m nach rechts, neues Haus links. Eine Visumverlängerung geht schnell. ⏲ Mo–Fr 8.30–16.30 Uhr.

Informationen

Tourist Office, Saengchuto Rd., ✆ 034-623 691, 512500, 📠 511200, ⏲ tgl. 8.30–16.30 Uhr. Die deutsche Website 💻 www.kanchanaburi-info.com/de von Edgar König informiert über Sehenswertes in der Stadt und die angrenzenden Provinzen. Ebenso die englischsprachige Site 💻 www.kanchanaburiguide.com.

Internet

In Kanchanaburi bieten zahlreiche Internet-Cafés für 30–50 Baht pro Std. die Möglichkeit, Mails zu verschicken und zu surfen.

Massagen

Mehrere Läden in der Maenam Kwae Rd. verlangen 200 Baht pro Behandlung. **Suan Nanachaat**, ✆ 034-633356, 081-6999052 (Ms. Helen), 💻 www.suan-nanachaat.com, etwas teurer, aber ein wunderbarer Luxus. Massagen mit einheimischen Produkten in einem schönen Thai-Haus etwas außerhalb. Abholung inklusive.

Medizinische Hilfe

Kanchanaburi Memorial Hospital, am H323, der Hauptstraße, im Norden der Stadt, ✆ 034-624184-93, Songthaew 40 Baht, sehr sauber und freundlich. Englisch sprechende Ärzte, trotzdem sehr preiswert.
Thanakan Hospital an der Straße nach Bangkok, ✆ 034-622366, ist ebenfalls gut.

Motorräder

In mehreren Gästehäusern und vielen Läden in der Gästehaus-Gegend werden kleinere Maschinen für 150–250 Baht vermietet.

Polizei

Ein Stand der **Tourist Police** nahe der Brücke, der Bus Station und in der Song Kwae Road. Büro nördlich des Zentrums in der Saengchuto Rd., nahe dem Isuzu Building, ✆ 034-512795, ⏲ rund um die Uhr. **Polizeizentrale** an der zentralen Kreuzung nahe dem Tourist Office.

Post

Hauptpostamt 1 km südlich vom Tourist Office Richtung Bangkok.

Schwimmen / Tennis

Im **Felix River Kwai Hotel** können auch Nichtgäste für 300 Baht den Pool benutzen. Zudem im **Club House Phruek-Sa-Kann**, 3–4 km nördlich der Brücke hinter der Tankstelle in einem Sportzentrum. Pool 40 Baht, außerdem Tennisplatz für 100 Baht / Std. ⏲ tgl. 10–20 Uhr.

Nahverkehr

Da es weder Taxis noch Tuk Tuks gibt, ist man bei größeren Entfernungen oder bei schwerem Gepäck auf eines der folgenden Transportmittel angewiesen:

Samlor

Die Fahrrad-Rikschas kosten für kurze Strecken mindestens 30 Baht, zu den zentralen Gästehäusern 50 Baht, zur Brücke 80 Baht. Zum Felix besser mit einem Songthaew, ansonsten 200 Baht.

Stadtbusse

Entlang der Hauptstraße verkehren zwischen 6 und 19 Uhr alle 15 Min. orangefarbene Stadtbusse für 8 Baht, die an festen Haltestellen stoppen, z. B. gegenüber der Einmündung der U-Thong Rd. Bus Nr. 2 fährt an der Brücke vorbei. Zu den Gästehäusern bis zum Friedhof mitfahren und dann laufen.

Songthaew

Innerhalb des Stadtgebietes kostet eine Strecke zu chartern 50 Baht. Eine Kleingruppe kann mit einem Songthaew für max. 100 Baht zur Brücke fahren.

Motorradtaxis

Im Stadtgebiet 20–30 Baht, vom Tourist Office zur Brücke 60 Baht.

Touren

Etwa 20 Veranstalter unterbieten sich mit preiswerten Tagestouren zur Brücke, den Höhlen und in die nähere Umgebung. Zudem werden Bahn- und Bootsausflüge, Trekkingtouren mit Elefantenreiten und Bambus-Rafting-Trips angeboten, teilweise alles an einem Tag, sodass zwischen den Fahrten kaum Zeit bleibt, die schöne Natur zu erleben. Nach der Erhöhung der Eintrittspreise für die Nationalparks wurden einige Ziele wie der Tham Than Lot National Park und die Saphirminen kaum noch angeboten. Einfache Tagestouren kosten um 600 Baht, 2-tägige Touren mit Elefanten und Rafting um 2000 Baht.

Hinweis zu den Nationalparks

Der **Nationalpark-Eintritt** von 400 Baht ist für die 7 Parks in der Kanchanaburi-Region beim Besuch mehrerer Parks nur einmal täglich zu entrichten.

A.S. Mixed Travel, ✆ 034-512017, 📠 514958, 💻 www.applenoi-kanchanaburi.com, Tagestouren mit guter Betreuung.

R.S.P. Jumbo Travel Center, 3/13 Chaokhunnen Rd., 💻 www.jumboriverkwai.com, ✆ 034-514906, 512280; bis zu 3-tägige Trekkingtour mit Elefantenritt, Bootsfahrt, Rafting, Schwimmen, Jeepfahrten, Besuch einer Höhle und von Wasserfällen.

Good Times Travel, 63/1 Mae Nam Kwae Rd., ✆ 034-624441, 💻 www.good-times-travel.com, günstige Preise und gute Betreuung.

Toi's Tours, 45/3 Rong Heeb Oil Rd., ✆ 034-514209, Touren in Englisch und Französisch.

Bootstouren

Hinter den schwimmenden Restaurants und an der Eisenbahnbrücke werden Boote vermietet. Sie lohnen sich für eine Stadtrundfahrt auf dem Kwae Noi, dem Kwae Yai und flussabwärts auf dem Mae Klong (= Zusammenfluss von Kwae Yai und Kwae Noi). Eine zweistündige Tour ab der Brücke zur Höhle, dem Friedhof und Museum kostet etwa 500 Baht pro Boot, eine einstündige Rundfahrt 200 Baht, kurze Touren 150 Baht.

Kanutouren

Folgende Veranstalter organisieren Tagestouren auf dem Kwae Yai und Kwae Noi in Stadtnähe inkl. Ausrüstung, Boote, Mittagessen, Guides und Transfer.

Safarine, 4 Taiwan Rd., ✆ 034-624140, 💻 www.safarine.com, 🕒 Mo–Sa 8–17 Uhr.

River Kwai Canoe Travel Services, 13 Mae Nam Kwae Rd., ✆ 034-512346, 087-0019137, ✉ riverkwaicanoe@yahoo.com, ein ehemaliger Mitarbeiter von Safarine organisiert ähnliche Touren. Die kürzesten Touren gehen in 1 1/2 Std. von der Jinda zur River Kwae Bridge und kosten 300 Baht p. P., 3 Std. ab Nongbua Bridge 350 Baht, Tagestouren inkl. Besuch eines Elefantencamps oder Nationalparks ab 1000 Baht. Individuelle und mehrtägige Touren ab 2 Pers. um 1500 Baht pro Tag.

Rafting

Kurze Rafting-Trips sind Bestandteil vieler Touren und werden von Elefantencamps in Verbindung mit Ausritten auf Elefanten organisiert.

Das Rafting mit großen Bambusflößen auf dem Mae Klong hat an Beliebtheit eingebüßt. Vor allem durch die Staudämme hat sich die Wasserqualität verschlechtert, sodass ein Bad im Fluss nicht immer empfehlenswert ist.

Transport

Ankommende Touristen werden von Samlor-Fahrern abgepasst, die nachher von den Gästehäusern eine Provision verlangen und daher nicht jedes gewünschte Gästehaus gern anfahren.

Busse

In Kanchanaburi halten die Busse an der Bus Station nördlich vom Tourist Office. Busse Richtung Norden stoppen auf Wunsch an der Hauptstraße zur Brücke. Busse nach Nordwesten kann man am Friedhof anhalten.

Von BANGKOK (Southern Bus Terminal), 149 km, 2.-Kl.-AC-Bus 81 alle 20 Min. von 5–18 Uhr für 84/88 Baht in 3 Std., 1. Kl. AC-Bus alle 20 Min. von 5–22 Uhr für 99/106 Baht in 2 1/2 Std., zurück bis 20 Uhr.

Backpacker-Minibusse in die Khaosan Rd. gegen 13 Uhr für 120–150 Baht. Sie sind nicht immer zuverlässig, daher besser den AC-Bus nehmen.

Nach NAKHON PATHOM mit dem Bangkok-Bus für 55 Baht in 2 Std. Von dort weiter nach DAMNOEN SADUAK (Floating Market). Schneller über BANG PHAE, gelber Bus 461 alle 15 Min. für 35 Baht.

RATCHABURI 2. Kl. AC-Bus 41 von 5–18 Uhr etwa alle 15 Min. für 54 Baht in 2 Std. Von dort weiter nach Süden.

AYUTTHAYA non-AC-Bus bis SUPHANBURI alle 20 Min. bis 18.10 Uhr für 45 Baht in 1 1/2 Std. Von dort nach Ayutthaya Bus 703 für 50 Baht in 1 1/2 Std. Backpackerbus um 13.30 Uhr für 350 Baht in 2 1/2 Std.

In die Umgebung

BO PHLOI, 50 km, Bus 325 alle 25 Min. bis 18.30 Uhr in 1 Std. für 30 Baht, weiter zum THAM THAN LOT NATIONAL PARK (Ban Nong Pru) für 45 Baht in 2 Std.

ERAWAN NATIONAL PARK, 65 km, Bus 8170 alle 50 Min. bis 17.20 Uhr (zurück bis 16 Uhr) in 1 1/2 Std. für 40 Baht.

SAI YOK YAI, 104 km, Bus 8203 alle 30 Min. bis 18.30 Uhr (zurück bis 16.30 Uhr) in 2 Std. für 48 Baht. Weiter nach THONG PHA PHUM, 147 km, in 3 Std. für 70 Baht.

SANGKHLABURI, 220 km, von der Haltestelle hinter der Bus Station non-ac Bus um 6, 8.40, 10.20 und 12 Uhr in 5 Std. für 100 Baht, zurück um 6.45, 8.15, 10.15 und 13.15 Uhr. AC-Minibus oder VIP-24-Bus etwa stdl. bis 16.30 Uhr in 3 1/2 Std. für 146 / 180 Baht; zurück bis 15.30 Uhr.

Eisenbahn

Fahrplan s. S. 882ff. Beliebt ist die gemächliche Fahrt mit dem Zug nach Nam Tok, die für Touristen unabhängig von der Strecke 100 Baht kostet. An den Vormittagszug wird ein Touristenwaggon angehängt, in dem weitere 200 Baht für Essen und Getränke gezahlt werden müssen. Einheimische bezahlen vom Bahnhof in THONBURI nach Kanchanaburi 28 Baht und NAM TOK 39 Baht. Allerdings dauert der interessanteste Teil der Fahrt über das Wang Po-Viadukt kurz vor Nam Tok nur wenige Minuten, die restliche Zeit geht es durch eine eher eintönige Landschaft. An der Brücke wird ein kurzer Stopp eingelegt. In der Hochsaison sind die Züge manchmal so überfüllt, dass man nichts sieht. Ein gelber Zug fährt manchmal nur für Touristen über die Brücke für 20 Baht, ein weiterer über das Viadukt für 50 Baht. Weitere Infos unter ✆ 02-620699-700 oder am Bahnhof in Kanchanaburi, ✆ 034-511285.

Richtung Süden steigt man am besten in NAKHON PATHOM um. Plätze im Schlafwagen Richtung Süden frühzeitig reservieren.

Die Umgebung von Kanchanaburi

Folgende Touren verlaufen überwiegend auf Straßen mit befestigten Seitenstreifen und sind gut mit dem Zweirad zu fahren. Mit Fahrrädern sind die Touren zwar machbar, aber wegen der Hitze sehr anstrengend. Besser eignen sich Motorräder. Die Strecke auf dem H3228 nördlich des Kwae Noi: Kanchanaburi – Kao Pun (Friedhof) – Wat Tham Kao Pun – Stone Garden und zurück beträgt ca. 22 km, die Tour zwischen Kwae Noi und Mae Klong: Kanchanaburi – Wat Tham Mongkorn Thong – Wat Ban Tham – Kao Noi – Tham Sua – Kanchanaburi ist ca. 38 km lang. Frauen sollten aus Gründen der Sicherheit nicht alleine fahren. Während der Zuckerrohrernte im Dez / Jan können voll beladene Lkw vor allem Radfahrern gefährlich werden.

Wat Tham Kao Pun

Die Tempelanlage liegt auf einem Berg am KM 55,8 des wenig befahrenen H3228 etwa 4 km südwestlich von Kanchanaburi hinter dem Friedhof. In einigen der sechs Kammern der **Kao Pun-Höhle** versammelt sich ein Kaleidoskop von brahmanischen, chinesischen und buddhistischen Gottheiten, Heiligen und Buddha-Statuen sowie viele Rinder, Hirsche und anderes Viehzeug. Trotz elektrischer Beleuchtung ist eine Taschenlampe empfehlenswert. Vom Hügel vor dem Tempel schaut ein riesiger Buddha auf den Fluss und die dahinter liegende Bergwelt herab. Man erreicht ihn, wenn man gegenüber vom Höhleneingang am kleinen chinesischen Pavillon vorbei eine kleine Anhöhe hinaufgeht.

Stone Garden (Somdechphrasrinaka)

Der Steingarten am KM 51,1 des H3228 ist kaum mehr als ein netter Picknickstopp auf einer Fahrradtour, etwa 9 km südwestlich von Kanchanaburi. 3 km vom Eingangstor des Parks kommt man hinten links zu einem sehr lichten Hain mit Tausenden urig geformter Steine, zwischen die Pflanzen gesetzt wurden.

Wat Tham Mongkorn Thong

Diese Tempelanlage liegt 9 km außerhalb der Stadt an einem Kalkfelsen. 3,4 km südlich des Tourist Office zweigt man vom H323 Richtung Bangkok hinter der großen Klinik nach rechts auf eine breite Straße ab und überquert nach 1 km auf einer Brücke den Fluss. Links geht es zum Wat Tham Kao Noi und Wat Tham Sua (s.u.). Weiter geradeaus liegt nach 2 km 500 m links der Straße der kleine, ruhige Höhlentempel **Khao Laem**. Fährt man weiter geradeaus, taucht links hinter einer Schule das weiße Eingangstor zum **Wat Tham Mongkorn Thong** auf. 700 m hinter diesem Tor erhebt sich die Tempelanlage zum Teil auf einem Berg. In einem kleinen überdachten Pool am Fuß des Berges zeigt eine Nachfolgerin der bekannten, verstorbenen *floating nun* gegen eine Spende von 200 Baht (ab 10 Pers. 20 Baht p. P.) ihre Fähigkeit, meditierend auf dem Wasser zu schweben.

Eine steile Treppe führt zum Höhlentempel hinauf, von dessen Eingang aus sich ein schöner Ausblick bietet. Gegen eine Spende für die Beleuchtung der Höhle kann man durch die teils enge, niedrige Höhlenpassage klettern. Am Ende führt eine Leiter ins Freie und zu einem weiteren kleinen Heiligtum hinter der Haupthöhle. Zurück geht es dann auf dem einfacheren Weg durch einen Bambushain hinab zum Kloster mit vielen Tieren rechts vom Eingang zum Höhlentempel.

Die Straße verläuft weiter am Fluss entlang an mehreren Ausflugsrestaurants vorbei zum H3209, der nicht nach Kanchanaburi führt. Vom Wat Tham Mongkorn Thong geht es daher zurück bis zur großen Brücke. Vor der Brücke zweigt eine schmale, teilweise von Schlaglöchern übersäte Straße Richtung Südosten ab und führt 5,5 km parallel zum Fluss an Steinbrüchen, chinesischen Friedhöfen (nach 3 km) und mehreren Tempeln vorbei.

Wat Ban Tham

Bemerkenswert ist der Höhlentempel Wat Ban Tham nach 5,8 km. Nach 115 Stufen ist der Eingang durch das 3 m hohe Maul eines riesigen Drachen erreicht, der sich den Berg hinabzuschlängeln scheint. Nach weiteren 40 Stufen durch seinen „Körper" erstreckt sich eine halb offene, natürlich erleuchtete Haupthöhle mit einer großen Buddhastatue und der Statue einer Frau, die als Mrs. Bua Khlee bekannt ist und als wundertätig angesehen wird. Körbe voller Spielzeug und Kleidung sollen sie günstig stimmen. Steigt man die Wendeltreppe am Höhleneingang weiter hinauf, gelangt man durch einen Bambushain zu einer hübschen Tropfsteinhöhle und nach einer halbstündigen Wanderung zum Gipfel.

Wat Tham Kao Noi / Wat Tham Sua

Nach weiteren 2 km auf der Uferstraße überquert man einen Kanal und erblickt bereits in der Ferne die roten und goldenen, mehrfach gestaffelten Tempeldächer des Bot im modernen, dekorativen Thai-Stil. Eine überdimensionale

Buddhafigur blickt auf das Land hinab. Es geht 2 km weiter zum Teil am Fluss entlang und durch das Dorf bis zu einem schmalen Zufahrtsweg, der nach 500 m am großen Parkplatz am Fuß der beiden Tempel **Wat Tham Kao Noi** und **Wat Tham Sua** endet. Alternative Anreise: Vom H323 Richtung Bangkok in Tha Muang am KM 115,5 rechts abbiegen und hinter einer Brücke nach 1,3 km rechts über den Damm und nach weiteren 3 km nochmals nach rechts weitere 2,5 km auf einer schmalen Landstraße und durch ein Dorf zum Tempel.

Die beiden großen buddhistischen Tempel liegen auf zwei Hügeln und sind nur separat zugänglich. Von den kleinen Tempeln am Fuße des Berges führt eine steile, dreigeteilte Treppe über 158 Stufen schnurgerade zum Thai-Tempel hinauf, oder man kann für 15 Baht die kleine Seilbahn in Betrieb setzen lassen. Auf halber Höhe zum Thai-Tempel befindet sich rechts der Treppe ein kleiner Höhlentempel, dessen Eingang jedoch meist verschlossen ist. Von oben eröffnet sich ein fantastischer Ausblick über die Reisfelder und die Flusslandschaft. Neben dem Bot und gigantischen Buddha des Thai-Tempels erhebt sich ein riesiger, brauner Chedi. In den Fensternischen stehen zahlreiche Buddhastatuen. Der südliche taoistische Tempel ist ganz im chinesischen Stil gehalten und wird ständig erweitert. Löwen bewachen das mit chinesischen Schriftzeichen verzierte Eingangstor, dahinter begrüßt ein lächelnder chinesischer Buddha die Besucher. Die Dächer sind mit rot glänzenden Ziegeln gedeckt und die kahlen Betonwände an einigen Stellen mit Mosaiken geschmückt. Treppenaufgänge führen durch die Anlage hinauf zur runden, siebenstöckigen Pagode, deren Innenwände mit Hunderten von Votivtafeln bedeckt sind.

Ban Nong Khao

11 km nordöstlich der Stadt am H324 nach U-Thong werden von einigen Dorfbewohnern von Ban Nong Khao Baumwollstoffe mit traditionellen Mustern gewebt und verkauft.

Andere haben sich auf die Produktion von Schmuck aus Halbedelsteinen spezialisiert und verarbeiten auch Saphire und Onyxe aus Bo Phloi (s. S. 236).

Von Kanchanaburi zum Sai Yok National Park

Mit einem eigenen Fahrzeug bieten sich mehrere Möglichkeiten für interessante Abstecher vom breit ausgebauten H323. Mehrere Abzweigungen, die von öffentlichen Verkehrsmitteln nicht befahren werden, führen nach Süden Richtung Kwae Noi-Fluss. Am H3305, der am KM 2 hinter der Brücke links zum H3305 hinab führt, liegen verschiedene Resorts, die vor allem von Thai-Familien bewohnt werden.

Ban Kao

Auf dem H3229, 18 km von Kanchanaburi am KM 0 des H323 nach links, erreicht man nach insgesamt 34 km Ban Kao. Etwas schöner, aber länger ist die Strecke über den H3228 vorbei am Wat Khao Pun und Dan Makham Tia. Auf diese biegt man vom H323 bereits hinter der Bahnlinie links auf den H3228 ab. Die 1 km lange Abzweigung zum lohnenswerten **Ban Kao National Museum am** Fluss ist ausgeschildert. Hierher verirrt sich nur selten ein Tourist. Ein holländischer Archäologe hatte als Kriegsgefangener einige bedeutsame Funde gemacht, die er allerdings bis zum Ende des Krieges geheim hielt. Weitere Ausgrabungen förderten menschliche Skelette, Tonscherben und andere Gegenstände zu Tage, die beweisen, dass dieses Gebiet schon vor über 5000 Jahren besiedelt war. Das Museum zeigt Ausgrabungen von 44 menschlichen Skeletten, Waffen, Werkzeugen, Schmuck, Keramiken und vielen Grabbeigaben, den Fundorten in der Nähe und in entfernteren Höhlen, die u. a. den Jägern und Sammlern der steinzeitlichen Hoabinhian-Kultur (1000–400 v.Chr.) als Wohnung dienten. Interessant sind auch der Kopf einer Brahma-Statue und andere Funde aus Muang Sing, die nur auf Thai beschriftet sind. ⌚ tgl. außer feiertags 9–16 Uhr, 30 Baht.

Muang Sing

6,5 km weiter auf dem H3228 am Fluss entlang Richtung Nordwesten zweigt 500 m hinter dem Bahnhof Tha Kilen der Weg zu den verwitterten **Khmer-Ruinen** der „Löwenstadt" Muang Sing ab. In einer Flussschleife ließ im 13. Jh. ein Nachfahre des Khmer-Königs Yayavaraman VII. zu Ehren

Der Tigertempel Wat Pa Luangta Maha Bua Yannasampanno

Seit Bilder des Abtes Phra Acharn Phoosit Khanthidaro und seiner Mönche mit ihren Tigern auch in der europäischen Presse zu sehen waren, ist der Tempel ein begehrtes Ziel. Viele Veranstalter bieten Ausflüge für 100–120 Baht plus 300 Baht Eintritt p. P. für den Tempel an sowie Kombi-Touren in Verbindung mit dem Besuch des Sai Yok National Parks. Vom H323, 40 km nordwestlich von Kanchanaburi, weist am KM 21 rechts ein Schild (nur aus Richtung Kanchanaburi kommend zu sehen!) auf die 3 km lange unbefestigte Abzweigung zum Tempel hin.

Das Feedback ist extrem widersprüchlich und reicht von totaler Begeisterung bis Ablehnung. Besucher müssen eine Haftungsausschlusserklärung unterschreiben, sodass sie bei einem Unfall keine Ansprüche an den Tempel geltend machen können. Die Tiger werden zwischen 15 und 17 Uhr von Mönchen und freiwilligen Helfern in eine Schlucht geführt. Bis zu 100 Besucher können sich gegen eine weitere Spende mit ihnen fotografieren lassen. Zeitweise werden einige Tiger von der Leine befreit und toben im hinteren Bereich der Schlucht im Wasser herum. Wer sie fotografieren will, braucht ein gutes Teleobjektiv. 🕓 tgl. 13–17 Uhr, ✆ 034-531557, 💻 www.tigertemple.org.

Der Kommerzialisierung sind keine Grenzen gesetzt, und so können als Souvenirs sogar Tigerzähne erworben werden.

seines Vaters in dieser rechteckigen Befestigungsanlage eine bedeutende Bodhisattva-Statue aufstellen. Der Wassergraben und die 880 m langen Befestigungsmauern sind noch zu erkennen. Mit riesigen Steinen gepflasterte Wege führen durch vier hohe Eingangstore zum zentralen Prang, der ebenso wie die anderen Gebäude aus Lateritgestein errichtet wurde. Bei Ausgrabungsarbeiten wurden Buddha- und Bodhisattva-Skulpturen, Keramiken und andere Kunstwerke im Lopburi-Stil sowie prähistorische Gräber mit Beigaben freigelegt, die teilweise in einem kleinen Museum rechts des Prangs ausgestellt sind, allerdings meist als Kopien. Schilder weisen den Weg zur prähistorischen Ausgrabungsstätte am Flussufer, einem Begräbnisplatz mit freigelegten Skeletten.

🕓 tgl. 8–16.30 Uhr, Eintritt zu dieser gepflegten, unspektakulären Anlage 40 Baht, Autos 50 Baht, Motorräder 20 Baht und Fahrräder 10 Baht. Vom H3228 gelangt man über den nördlich der Ruinenstadt rechts abzweigenden H3455 nach 6 km zurück zur Hauptstraße am KM 15,6. Von der Bahnstation Ban Tha Kilen sind es 1,4 km zu Fuß bis zum Eingang.

Sai Yok

Am KM 29,2 geht es auf einer kurvenreichen Strecke 5 km steil in den Ort hinab und 1 km südlich des winzigen Bahnhofs hinter dem Verwaltungsgebäude rechts über eine Brücke. 1 km weiter im **Sai Yok Elephant Park** am Fluss leben 20 Elefanten, auf denen Besucher reiten können. 🕓 tgl. 8–16.30 Uhr, ✆ 034-591255, 081-8789979.

Bong Ti

Über den Bong Ti und Three Pagoda Pass im schwer zugänglichen Tenasserim-Gebirge zogen in der Ayutthaya-Periode die Heere der miteinander verfeindeten Nachbarländer Birma und Siam in den Kampf. Noch ist der Grenzübergang geschlossen. Die 28 km lange Fahrt von Sai Yok in den Grenzort Bong Ti führt durch Bambuswälder, Obstplantagen, Gemüsefelder und vereinzelte Karen-Dörfer. Das **Karen Cultural Centre** in Bong Ti leidet sichtlich unter Besuchermangel. Oberhalb der Straße werden handgewebte Baumwollstoffe und Holzarbeiten aus Myanmar verkauft.

Wang Po-Viadukt (Tham Krasae)

Kurz vor Nam Tok führt die *Death Railway* auf einer zum Teil abenteuerlichen Strecke von 500 m zwischen steilen Felsen und dem Fluss entlang. Höhepunkt der Eisenbahnfahrt ist die Überquerung des Wang Po-Viadukts, einer Holzbrücke, die sich eng an die steilen Felswände schmiegt und über die die Bahn im Schritttempo fährt.

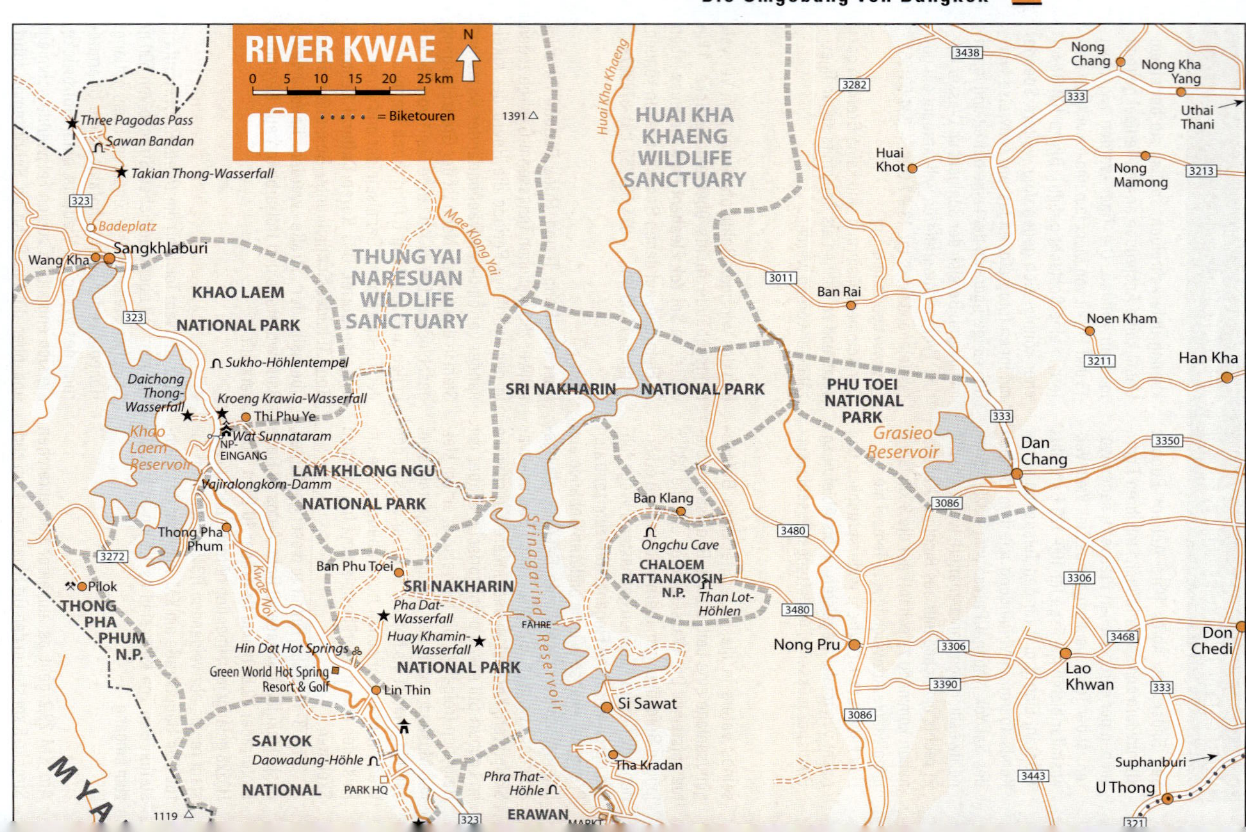

RIVER KWAE
N
0 5 10 15 20 25 km
= Biketouren
1391
Three Pagodas Pass
Sawan Bandan
Takian Thong-Wasserfall
323
Badeplatz
Wang Kha
Sangkhlaburi
KHAO LAEM
NATIONAL PARK
THUNG YAI NARESUAN WILDLIFE SANCTUARY
Mae Klong Yai
Huai Kha Khaeng
HUAI KHA KHAENG WILDLIFE SANCTUARY
Sukho-Höhlentempel
Daichong Thong-Wasserfall
Kroeng Krawia-Wasserfall
Thi Phu Ye
Wat Sunnataram
NP-EINGANG
Khao Laem Reservoir
LAM KHLONG NGU
Vajiralongkorn-Damm
NATIONAL PARK
SRI NAKHARIN
NATIONAL PARK
PHU TOEI NATIONAL PARK
Grasieo Reservoir
Thong Pha Phum
3272
Pilok
THONG PHA PHUM N.P.
Kwae Noi
Ban Phu Toei
SRI NAKHARIN
Pha Dat-Wasserfall
Huay Khamin-Wasserfall
NATIONAL PARK
Hin Dat Hot Springs
Green World Hot Spring Resort & Golf
Lin Thin
SAI YOK
Daowadung-Höhle
NATIONAL
PARK HQ
1119
MYA
Srinagarind Reservoir
FÄHRE
Si Sawat
Tha Kradan
Phra That-Höhle
ERAWAN
Ban Klang
Ongchu Cave
CHALOEM RATTANAKOSIN N.P.
Than Lot-Höhlen
Nong Pru
3011
Ban Rai
3282
3438
Huai Khot
Nong Chang
Nong Kha Yang
333
Uthai Thani
Nong Mamong
3213
Noen Kham
3211
Han Kha
Dan Chang
3350
3086
3480
3306
3390
3468
Lao Khwan
Don Chedi
3443
Suphanburi
U Thong
321

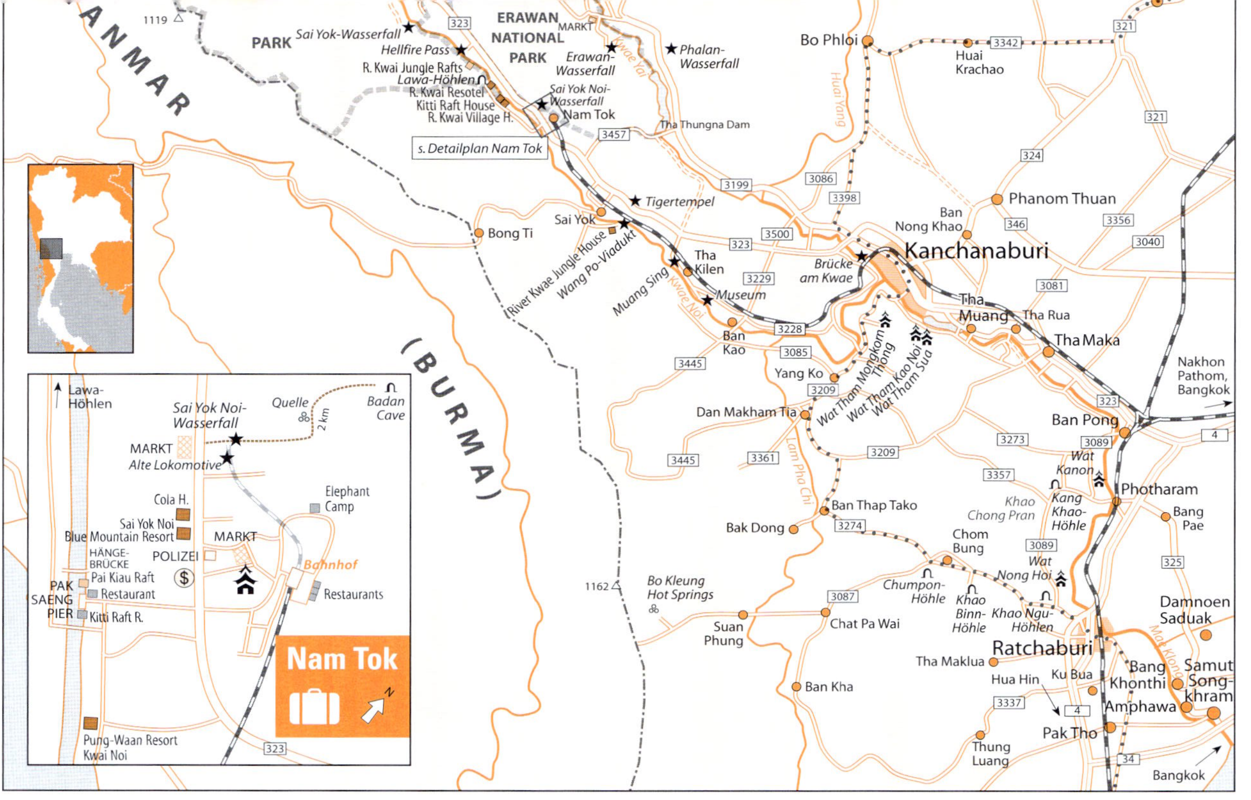
ANMAR
1119
PARK
Sai Yok-Wasserfall
Hellfire Pass
R. Kwai Jungle Rafts
Lawa-Höhlen
R. Kwai Resotel
Kitti Raft House
R. Kwai Village H.
ERAWAN NATIONAL PARK
MARKT
Erawan-Wasserfall
Kwae Yai
Sai Yok Noi-Wasserfall
Nam Tok
s. Detailplan Nam Tok
Phalan-Wasserfall
Tha Thungna Dam
Bo Phloi
Huai Krachao
Huai Yang
Tigertempel
Sai Yok
Bong Ti
River Kwae Jungle House
Wang Po-Viadukt
Tha Kilen
Muang Sing
Kwae Noi
Museum
Ban Kao
Phanom Thuan
Ban Nong Khao
Kanchanaburi
Brücke am Kwae
Tha Muang
Tha Rua
Tha Maka
Nakhon Pathom, Bangkok
Yang Ko
Dan Makham Tia
Wat Tham Mongkorn Thong
Wat Tham Kao Noi
Wat Tham Sua
Lam Pha Chi
Ban Pong
Wat Kanon
Photharam
Bang Pae
Kang Khao-Höhle
Khao Chong Pran
Ban Thap Tako
Bak Dong
Chom Bung
Wat Nong Hoi
Damnoen Saduak
(BURMA)
1162
Bo Kleung Hot Springs
Suan Phung
Chumpon-Höhle
Khao Binn-Höhle
Khao Ngu-Höhlen
Chat Pa Wai
Ratchaburi
Mae Klong
Tha Maklua
Hua Hin
Ku Bua
Bang Khonthi
Samut Song-khram
Amphawa
Ban Kha
Pak Tho
Thung Luang
Bangkok
323
3457
3199
3086
3398
3342
321
324
3356
3040
346
3500
3229
3081
3228
3085
3445
3209
3361
3273
3089
4
3357
3274
3087
325
3337
34
Lawa-Höhlen
Sai Yok Noi-Wasserfall
Quelle
2 km
Badan Cave
MARKT
Alte Lokomotive
Elephant Camp
Cola H.
Sai Yok Noi
Blue Mountain Resort
MARKT
HÄNGE-BRÜCKE
POLIZEI
Bahnhof
PAK SAENG PIER
Pai Kiau Raft
Restaurant
Kitti Raft R.
Restaurants
Nam Tok
Pung-Waan Resort Kwai Noi

Kaum vorstellbar, unter welchen unsäglichen Anstrengungen dieser Streckenabschnitt von Kriegsgefangenen mit einfachsten Werkzeugen erbaut wurde. Wer am Viadukt an der Haltestelle Tham Krasae aussteigt, kann über die Holzbrücke laufen und die tolle Aussicht genießen, die sich vor allem von der kleinen **Krasae-Höhle** in der Felswand bietet, in der ein großer Buddha steht. In den Restaurants kann man sich bis zur Ankunft des Zuges stärken. Mit dem eigenen Fahrzeug geht es von Sai Yok über die Brücke und dann nach links.

Nam Tok

Die Endstation der Eisenbahnlinie, 77 Bahn- und 58 Straßenkilometer von Kanchanaburi, hat als Versorgungszentrum der Dorfbewohner im Hinterland an Bedeutung eingebüßt. Viele Holzhäuser sind unbewohnt, und selbst der Markt und die kleinen Läden haben wenig zu bieten. Der verschlafene Ort erwacht nur zum Leben, wenn der Touristenzug einfährt und Guides, Händler, Busse, Taxis und Elefanten mit ihren Mahouts zum Bahnhof strömen.

Von Nam Tok führt ein beliebter Ausflug zum **Sai Yok Noi-Wasserfall.** Man läuft die Gleise entlang vorbei an einer **alten Lokomotive**, die von den Japanern im 2. Weltkrieg für Truppentransporte in Thailand gebaut und bis 1976 im Passagierverkehr genutzt wurde. Am H323 geht es von der Polizeistation 800 m Richtung Norden. Am großen Parkplatz verkaufen mehrere Stände gesalzene Tamarinde, die hier besonders gut sein soll, und andere Snacks. Der am Wochenende gut besuchte Wasserfall am eingefassten Pool (Baden verboten!) ist nur während der Regenzeit (Juni–Okt) wirklich schön. Wer der Ausschilderung zur „Water Source" folgt, kommt nach 900 m zu einer **Quelle** an einem Felsen, aus dem kristallklares Wasser sprudelt. In den von hohen Bäumen, Picknickplätzen und einem Getränkestand umgebenen Strudellöchern kann man herumwaten und sich abkühlen. Oberhalb der Quelle am Headquarter beginnt ein 1350 m langer Nature Trail durch ein kleines Tal zur großen **Badan Cave** (auch *Wang Ba Dahl).* Parkranger kassieren am Beginn des Fußpfads manchmal 50 Baht Eintritt und führen Besucher mit einer starken Lampe durch die Höhle. An steilen Stellen sind Bambusleitern angebracht, die sehr schlüpfrig sind, an anderen Stellen muss man sich durch enge Passagen zwängen. Vor allem während der Regenzeit sind die Wände sehr feucht. Auf alle Fälle sind feste Schuhe mit gutem Profil und alte Kleidung angeraten.

Vom **Pak Saeng Pier**, 2 km südwestlich vom Bahnhof, am KM 44,5, werden Boote für eine 2-stündige Tour zu den größten Tropfsteinhöhlen in dieser Gegend, den **Lawa-Höhlen**, für 900–1000 Baht hin und zurück vermietet. Sie sind auch auf der Straße zu erreichen. Der Weg über den 16 km langen H6037 jenseits des Flusses ist ausgeschildert. Es geht beim Pak Seng Pier über eine Brücke und nach 1,5 km nach rechts, vorbei am **Somnuk Elephant Camp**, ✆ 034-565131. Eintritt wegen der Lage der Höhlen im Nationalpark 400 Baht. Trotzdem eine lohnende Tour, vor allem am frühen Morgen, wenn noch keine Reisegruppen unterwegs sind. Vom Pier sind es 200 m bis zur Treppe, auf der es 140 Stufen hinauf zur 485 m langen Höhle geht. Essen und Getränke gibt es im nahen Resotel.

Übernachtung

Am H323

Cola Hotel, 241 Moo 3, Tha Sao, ✆ 034-634380, einfaches Hotel an der lauten Hauptstraße für Notfälle. Zi mit Fan oder AC. ❷

Sai Yok Noi Blue Mountain Resort, 3/2 Moo 3, Tha Sao, ✆ 034-565123, die Alternative hält nicht, was der Name suggeriert. AC-Zi in 4-stöckigem Block sowie Bungalows dahinter. ❸

Pai Kiau Raft am Pak Seng Pier, ✆ 034-634172, 07-9219228, einfache Unterkünfte auf Flößen mit Fan oder AC. ❸

Weiter nördlich

River Kwai Village Hotel, ✆ 034-9184562-3, 634454, 📠 8805206, Zufahrt am KM 54. 69 km nördlich von Kanchanaburi gelegenes, komfortables Resort für westliche Reisegruppen, auch Einzelreisende sind willkommen. 190 klimatisierte, große Zi im 3-stöckigen Haupthaus mit Balkon, in Bungalows am Fluss und auf Rafts. Restaurant, Pool. Zu erreichen über die Straße. Touren ab Bangkok, Buchungen unter ✆ 02-2517552, 📠 2552350. ❺

Kitti Raft House, ✆ 034-516130, nahe dem River Kwae Village Hotel. 14 Zi mit AC und Du/WC. Vom schwimmenden Restaurant am Pak Saeng Pier fahren kostenlos Boote in 20 Min. ❹

River Kwai Resotel, in Bangkok ✆ 02-6425497, 💻 www.riverkwairesotel.com, kurz vor den Lawa-Höhlen am Hang, 40 Min. vom Pak Seng Pier, Boot 900–1000 Baht, Gäste werden kostenlos von einem eigenen Pier weiter nördlich, 5 Min. vom Resort, abgeholt. Einzel- und Doppel-Bungalows, 81 Zi mit AC, TV, Du und separatem WC. Hübscher Pool, Restaurant mit abgemilderten, leckeren Thai-Gerichten, Frühstück inkl. Boots- und Kanutouren zum Schwesterresort River Kwae Jungle Raft. Der 20 km lange Mountainbike-Rundkurs eignet sich nur für geübte Geländefahrer. ❺

River Kwae Jungle Rafts, gleiche Besitzer wie das Resotel. s. o., 10 Min. von dort. Buchungen nur in Bangkok. Ruhig gelegene Rafts auf dem Fluss hinter den Lawa-Höhlen, 100 Zi mit Petroleumlampen, keine Elektrizität, Restaurant. ❹–❺

Weiter südlich

Pung-Waan Resort Kwai Noi, südlich vom Pak Seng Pier, 💻 www.pungwaan-riverkwai.com, Buchungen über ✆ 034-634295. Unterschiedliche komfortable Bungalows in einem weitläufigen Garten und Reihenhäuser am Fluss sowie Rafts, 3 Restaurants, großer Pool und diverse Aktivitäten wie Rafting, Elefantenreiten, Radfahren und vor allem zur Vogelbeobachtung. Es wird kaum Englisch gesprochen. ❺

River Kwae Jungle House, gegenüber dem Wang Po-Viadukt, 20 km südlich vom Pak Saeng-Pier, ist über eine Stichstraße zu erreichen. ✆ 034-591071, 💻 www.banrimkwae.com. Die Rafts sind auf einheimische Großgruppen ausgerichtet. Zi für 4 Pers. mit Fan und Gemeinschafts-Du/WC auf dem Land. Sa und So nur Übernachtung mit Vollpension (Thai-Buffet). Mo–Fr günstige Preise. Zudem AC-Zi in einem Neubaublock, Frühstück inkl. Aktivitäten und Touren. Bootsshuttle ab Bahnstation am Viadukt. ❸+❺

Essen und Sonstiges

Gegenüber vom Bahnhof in Nam Tok sorgen offene Restaurants für das leibliche Wohl der Touristen. Viele einheimische Gäste und günstige Preise. Auch am Pier gibt es einige Restaurants, wo Reisegruppen essen (müssen). Ansonsten ist die Auswahl außerhalb der Resorts sehr begrenzt.

Krung Thai Bank in Nam Tok am Highway mit Geldautomat.

Transport

Bahnfahrplan s. S. 882ff.

Von KANCHANABURI brauchen die Züge bis Nam Tok 2 Std. Die Fahrt kostet für Touristen 100 Baht, im Touristenwaggon 300 Baht.

Der Bus 8203 nach Kanchanaburi für 35 Baht hält jede halbe Stunde bis 17 Uhr an der Polizeistation an der Hauptstraße und vor dem Sai Yok Noi-Wasserfall.

Hellfire Pass

Aufgrund einer Initiative ehemaliger australischer Kriegsgefangener wurde Mitte der 1980er-Jahre der Grundstein für diese Gedenkstätte gelegt. Sie befindet sich am KM 64,8, westlich des H323 an der ehemaligen Bahnstrecke. Der Parkplatz vor dem Museum ist über die gut ausgeschilderte Zufahrt zur National Security Command Livestock Farm nach 500 m zu erreichen. Allein schon das informative **Museum** lohnt die Fahrt, 🕓 tgl. 9–16 Uhr, Spende. Ein informatives Buch wird im Museum für 200 Baht verkauft. Es stellt anhand von Fotos, Skizzen, Funden und ausführlichen englischen Beschreibungen die Geschichte der Zwangsarbeiter dar. Berichte Überlebender und historische Aufnahmen sind in einem siebenminütigen Video zusammengefasst. Am Modell des Hellfire Passes lässt sich der Verlauf der Schneise gut nachvollziehen. An dieser Stelle mussten etwa 1000 Kriegsgefangene für die Bahnlinie unter großem Zeitdruck selbst nachts bei Holzfeuerbeleuchtung eine 10 m tiefe Schneise in einen Hügel schlagen, was etwa 400 Menschen das Leben kostete.

Beim 4,5 km langen Rundweg durch Bambuswälder mit schönen Ausblicken, der u. a. zur 500 m entfernten Schneise **Konyu Cutting** führt, kann man erahnen, unter welch schwierigen Lebensbedingungen die Zwangsarbeiter mit einfachsten Geräten ihrer Arbeit nachgingen. Der

Fußweg führt weiter zu anderen Schneisen, Bombenkratern, ehemaligen Camps und temporären Brücken. Wer den 4 km langen Weg auf dem Schotterbett bis Hintok laufen will, sollte für den Rückweg ein Fahrzeug an der Hintok Road organisieren. Zwischen KM 61 und 65 bieten mehrere Stände entlang der Straße Orchideen, Obst und Tamarinde an.

Sai Yok National Park

Dieser 958 km² große Nationalpark erstreckt sich im Grenzgebiet zu Myanmar und ist über die 3 km lange Zufahrt, die am KM 80,8 abzweigt, zu erreichen. An der Kontrollstelle nach 700 m sind 200 Baht Eintritt zu entrichten, ◷ tgl. 6–18 Uhr, ✆ 034-516163. Neben dem Headquarter informiert eine Ausstellung im Visitor Center über die Topografie, die Höhlen und ihre Bewohner sowie den Bau der Eisenbahn.

Die Attraktion des Parks ist der 10 m hohe **Sai Yok Yai-Wasserfall**, der durch die Einmündung eines Nebenflusses in den Kwae Noi entsteht. Durch die Ableitung des Nebenflusses wurde ein zweiter Wasserfall künstlich geschaffen, der **Sai Yok Lek-Wasserfall**. Während der Trockenzeit entfalten beide ihre ganze Schönheit, denn dann ist der Wasserspiegel des Kwae Noi wesentlich niedriger als während der Regenzeit. Von der **Hängebrücke**, die 300 m hinter dem Headquarter zum Westufer führt, hat man den besten Blick. Am Westufer lädt ein Pool zum Baden ein.

Auf dem Parkgelände wurden **prähistorische Ausgrabungen** gemacht, u. a. fand man das Skelett einer Frau aus dem Neolithikum. In jüngerer Vergangenheit befand sich in einem mittlerweile vom immergrünen tropischen Dschungel überwucherten Areal nahe dem Wasserfall 400 m vom Headquarter ein japanisches Militärcamp, das an der Bahnlinie stand und von dem noch die Feuerstellen zu sehen sind. Dort abzweigende Wanderwege, die teils als Waldlehrpfad ausgebaut sind, enden an verschiedenen Höhlen. Der insgesamt 2 km lange Hauptweg führt zur **Fledermaushöhle** *(Bat Cave)*, in der das kleinste Säugetier der Welt lebt – die Hummel-Fledermaus *(Craseonycteris thonglongyai)*. Sie ist 2,5–3 cm lang, wiegt nur 1,5–2 g und wurde erst 1973 entdeckt, nachzulesen auf einigen Schautafeln. Im Headquarter werden Fahrräder für 30 Baht pro Std. für den Besuch der **Daowadung-Höhle** vermietet, die 10 km nördlich vom Headquarter über die Hauptstraße zu erreichen ist. In ihren 8 Räumen beeindrucken die Stalaktiten und Stalagmiten.

Der Nationalpark ist kaum besiedelt und nur schwer zugänglich. In dem zum Tenasserim-Gebirge gehörenden Gebiet mit bis zu 1327 m hohen Bergen, ca. 30 km westlich vom Headquarter hinter dem **Checkpoint Nr. 5**, leben noch Tiger und wilde Elefanten. Bis zum 15 km entfernten Checkpoint gelangt man auf einer Straße. Von dort aus muss man in Begleitung eines Rangers weitere 10 km auf einer Straße und 5 km zu Fuß zurücklegen.

In den Läden am Parkplatz werden **Rafts** angeboten, mit denen man kürzere und längere Touren inkl. Übernachtung unternehmen kann. Sie bieten etwa 10 Personen Platz und kosten 300 Baht pro Std. bzw. 1200–2000 Baht pro Nacht.

Übernachtung und Essen

Bungalows von unterschiedlicher Größe mit Fan und Du/WC hinter dem Parkeingang, 1 km abseits des Headquarters in Flussnähe, buchen in Bangkok bei der National Park Division, ✆ 02-5620760, 🖳 www.dnp.go.th, Mo–Fr außerhalb der Feiertage bei freiem Platz auch direkt. ❹–❺

Zudem Zelte für 270 Baht und Schlafsäcke, mit denen man auch bei den 9 Checkpoints im Dschungel übernachten kann.

Essenstände am Ende der Straße beim Visitor Center.

Transport

Mit dem Bus 8203 bis zur Abzweigung an der Hauptstraße, 48 Baht, auf den letzten 3 km fahren manchmal Songthaew.

Auf dem Weg nach Sangkhlaburi

Direkt neben der Straße und dem nahen Fluss erhebt sich am KM 90,6 ein buddhistisch-hinduistischer **Tempel** mit einer großen Ganesha-Figur. Die Abzweigung am KM 103,4 führt nach 12 km zum **Pha Dat-Wasserfall**. Am KM 105,6 liegen 400 m rechts der Straße die **Hin Dat Hot Springs**, zwei Wasserbecken mit warmem Wasser. Auch das **Green World Hot Spring Resort** am KM 106,1 jenseits der Straße speist seine Bäder aus heißen Quellen. Tagesbesucher zahlen für die Nutzung der gepflegten Bäder 100 Baht.

An der Abzweigung jenseits der Brücke am KM 125 nach **Thong Pha Phum** erhebt sich auf einem steilen Kalkfelsen über dem Fluss ein hübscher kleiner Thai-Tempel. Im Ort lohnt der große, bunte Markt und der beeindruckende, riesige **Buddha** vor dem Tempel oberhalb des Ortes, der vor der Kulisse der bizarren Felsformationen thront.

7 km nördlich staut seit 1984 der 1019 m lange, 92 m hohe **Vajiralongkorn-Damm** den riesigen See. Er ist über den H3272 zu erreichen. Der Damm und das Kraftwerk sind von einer Parkanlage und einem Golfplatz umgeben – ein beliebtes Wochenendausflugsziel. Das Gebiet rings um den Stausee wurde 1991 zum Nationalpark erklärt. Die anfangs gut ausgebaute Straße endet nach 63 km in nahezu 1000 m Höhe nahe der Grenze an der stillgelegten **Pilok Mine**, in der einst Wolfram und Zinn gefördert wurden.

Die schmale, kurvenreiche Straße nach Sangkhlaburi führt durch eine schöne Landschaft östlich des Reservoirs. Am KM 28 passiert man die Zufahrtstraße zum **Lam Khlong Ngu National Park**, die nach ca. 130 km am Erawan National Park endet und nur in der Trockenzeit von erfahrenen Fahrern mit Geländewagen befahren werden sollte. Die ersten 12 km bis **Thi Phu Ye** sind asphaltiert. Dann geht es auf Pisten über **Ban Huay Suea** (15 km), **Ban Phu Toei** (25 km) und vorbei an der Abzweigung zur Fähre nach Si Sawat (30 km) zum Erawan National Park (45 km). Abzweigungen führen zum siebenstufigen **Pha Sawan-** (22 km) und **Huay Khamin-Wasserfall** nahe dem Si Nakharin-Stausee, 400 Baht Eintritt.

Auf dem H323 passiert man am KM 32,5 das Waldkloster **Sunnataram**. 200 m weiter fällt rechts der Straße der **Kroeng Krawia-Wasserfall** malerisch über kleine Lehmterrassen. Gegenüber zweigt eine 600 m lange, unbefestigte Straße zum Parkplatz ab, wo der 600 m lange Fußweg am Bach entlang zum 25 m hohen **Daichong Thong-Wasserfall** beginnt. Während der Woche ist es hier einsam, und Autoknacker treiben ihr Unwesen!

Auf der folgenden Strecke eröffnen sich ab dem KM 34 immer wieder Ausblicke auf Buchten, Inseln und schwimmende Dörfer. Vom Eingang zum **Khao Laem National Park** am KM 39,3 führt die Straße durch schönen Dschungel zu einigen unspektakulären Wasserfällen. Der Park soll seit 1987 die dichten Wälder rings um den Stausee schützen. An ihn schließt im Süden der Lam Khlong Ngu National Park und weiter westlich der **Thong Pha Phum National Park** an, der die Bergregion bis zum Sai Yok National Park und zur Grenze nach Myanmar umfasst und wild lebenden Tieren wie Elefanten oder Tigern, die große Bewegungsräume benötigen, das Überleben sichert.

Auch nach Norden hin ist zumindest offiziell die Natur geschützt durch das ebenfalls gebührenpflichtige **Thung Yai Naresuan Wildlife Sanctuary**. Zusammen mit dem weiter östlich angrenzenden **Huai Kha Khaeng Wildlife Sanctuary** gehört das über 600 000 ha große Gebiet der **Thungyai-Huai Kha Khaeng Wildlife Sanctuaries** wegen seiner großen Vielfalt an Tieren und relativ intakten Wäldern seit 1991 zum UNESCO-Weltnaturerbe, 💻 whc.unesco.org/en/list/591 und 💻 www.unep-wcmc.org/sites/wh/thungyai.html.

Der buddhistische **Sukho-Höhlentempel** liegt am KM 42,2 direkt neben der Straße. Hinter der Brücke über den Runtee-Fluss zweigt rechts eine 26 km lange Straße in das Karen-Dorf **Kong Mong Tha** ab. Zu dem kleinen Karen-Dorf **Ban Sane Pong** führt 6 km vor Sangkhlaburi eine 9 km lange unbefestigte Straße, die nur mit Geländewagen in der Trockenzeit befahrbar ist.

Übernachtung

Green World Hot Spring Resort & Golf, am KM 106,1, ✆ 034-531382-3, großer Block abseits der Straße mit 135 AC-Zi, Golfplatz, Pool, Fitnesscenter, Sauna und von heißen Quellen gespeisten Bädern, die nach Geschlechtern getrennt und für 100 Baht auch von Tagesbesuchern genutzt werden können. So–Do nur wenige Gäste und Sonderpreise. ❹–❺

So Boonyong Hotel, in Thong Pha Phum, oberhalb des Busbahnhofs, schräg gegenüber der Krung Thai Bank, ✆ 034-599441, neue Zi im Haupthaus über dem Restaurant mit AC oder Fan und Du/WC. ❷–❸

Viele Resorts für einheimische Touristen am Ufer des Stausees sind über die gut ausgebaute Straße nach Pilok zu erreichen.

Sangkhlaburi สังขละบุรี

Das Khao Laem Reservoir prägt das Gesicht des neuen Sangkhlaburi, das sich am nördlichen Seeufer erstreckt. Die ursprüngliche Stadt weiter im Südosten wurde durch den Stausee 1984 überflutet und an ihrer jetzigen Stelle neu errichtet. Nur die Reste einer alten Pagode sind noch im See zu erkennen. Einer der besten Ausblicke eröffnet sich von dem überdimensionierten Aussichtspunkt jenseits der großen Straßenbrücke. Von der ethnischen Vielfalt zeugen an der Hauptstraße vor der Brücke ein chinesischer Tempel, ein Wat mit neun vergoldeten Buddhas und eine Moschee.

In dem geruhsamen Ort in wunderschöner Lage leben Thai und Karen, die für ihr geflutetes Land entschädigt wurden. Hingegen waren die ohne Landtitel hier siedelnden Mon-Flüchtlinge plötzlich heimatlos. Sie fanden auf den Ländereien des Mon-Klosters eine neue Bleibe. Heute erstreckt sich zu Füßen der großen Klosteranlage das Dorf **Wang Kha** am Ufer des Sees rings um den großen **Obst- und Gemüsemarkt**, in dem etwa tausend Mon-Familien leben. Eine 400 m lange, für den Verkehr gesperrte **Holzbrücke** verbindet das Dorf mit Sangkhlaburi. Die Holzplanken sind bereits verrottet, sodass einige Fußgänger eingebrochen sind.

Von den Karen-Dörfern in der Umgebung lässt sich am einfachsten das 17 km entfernte **Huay Malai** besuchen, zu dem Busse ab der Bus Station alle 40 Minunten für 40 Baht fahren. Zu Fuß gelangt man vorbei am Christian Mission Hospital und der Kirche zum 6 km entfernten Karen-Dorf **Ban Wia Kadi**.

Wat Wang Wiwekaram

Oberhalb der Siedlung erhebt sich auf einem Hügel das Mon-Kloster Wat Wang Wiwekaram, das vom hoch verehrten Abt Luang Pho Uttama entworfen wurde. Die relativ neue, große Anlage vereint unterschiedliche Baustile. 700 m unterhalb der Klosteranlagen steht die vergoldete, eckige **Pagode** im Stil von Bodh Gaya (Indien) und eine große Buddhastatue. Auf dem **Markt** im langen Gang, der die Pagode begrenzt, werden bis 18 Uhr Kunstgewerbe, Souvenirs, Textilien und Waren aus Myanmar, Indien und China verkauft.

Three Pagoda Pass

In Sangkhlaburi fahren Pickups von 6–18 Uhr alle 40 Min. vom Busbahnhof für 40 Baht auf einer 22 km langen Straße in 35 Min. zur Grenze (von Thais *Ban Chedi* genannt). An der Brücke am KM 5,4 liegt ein hübscher überschatteter **Badeplatz**. Gummireifen werden als Schwimmhilfen für 20 Baht verliehen, man kann überdachte Plattformen für ein Picknick mieten oder gegenüber im Restaurant essen. Hinter dem Militär-Kontrollposten zweigt am KM 12,4 eine Straße zum Thung Yai Wildlife Sanctuary und dem **Takian Thong-Wasserfall** (9 km) ab. Der Eintritt ist manchmal verhandelbar.

Am KM 16 geht es nach rechts 700 m zur schönen Höhle **Sawan Bandan**. Zur eigenen Sicherheit sollte man sich von einem Mönch mit einer Lampe begleiten lassen, wofür eine Spende von mindestens 50 Baht angebracht ist.

Auf den letzten Kilometern verläuft die Grenze nur wenige dutzend Meter neben der Straße. Der Hügel, an dessen Hang sich das überwiegend leer stehende Three Pagodas Resort am KM 17,2 erstreckt, ermöglicht einen guten Überblick.

Die Straße endet am Kreisverkehr, in dem die drei kleinen, weißen **Stupas** (daher Drei-Pagoden-Pass) stehen, die daran erinnern, dass während der Ayutthaya-Periode die feindliche burmesische Armee bevorzugt über diesen Pass nach Siam einfiel. Viele Thais kaufen auf dem **Markt** günstig Stoffe, Möbel aus Teakholz und andere Gegenstände. Neben den Geschäften oberhalb der Pagode sind noch Reste der einstigen Bahnlinie zu erkennen, neben denen ein kleiner **Border Peace Tempel** erbaut wurde.

Übernachtung und Essen

Die meisten Resorts liegen 1–2 km vom Busbahnhof entfernt oberhalb des Sees mit Blick auf die Mon-Siedlung und die Holzbrücke, Motorradtaxi 10 Baht, Pickup 50 Baht. Von allen Unterkünften werden fast ausschließlich die ersten beiden von Ausländern aufgesucht, da diese auf Einzelreisende eingestellt sind und auch Englisch gesprochen wird.

P. Gh. & Country Resort, 82/1 Nong Lu, ✆ 034-595061, 💻 www.pguesthouse.com. Kleine, solide Doppelbungalows mit Fan, geräumige Häuser mit AC nahe dem See und Zelte, schöner Blick auf das Mon-Dorf. Nettes, großes Restaurant mit weniger gutem Essen. Mountainbikes, Motorrad und Boote zu vermieten. Tourenangebot, u. a. Tagestouren mit Elefantenreiten, Rafting und Bootsfahrten. ❷–❹

Burmese Inn, 52/3 Moo 3, Nong Lu, ✆/📠 034-595146, 💻 www.sangkhlaburi.com, 1,2 km vom Zentrum entfernt in ruhiger Lage nahe dem See, 18 Zi im Reihenhaus oder in Doppelbungalows mit AC oder Fan und Du/WC oder Gemeinschafts-Du/WC. Die freundlichen Besitzer, Armin aus dem österreichischen Knittelfeld und Meo aus Kanchanaburi, geben Tipps für Touren in die umliegenden Karen-Dörfer, organisieren Bootsfahrten und halten gutes Informationsmaterial bereit. ❷–❹

Forget Me Not Resort, 80 Moo 1, Nong Lu, ✆ 034-595015-6, in Bangkok ✆ 02-4571448, 📠 02-4571739, zweistöckiges Haus und Bungalows mit AC oberhalb des Sees in einem schattigen Garten mit vielen Vögeln, Restaurant. ❹

Ponnatee Resort, 84 Moo 1, Nong Lu, nebenan, ✆ 034-595134, 📠 595270, 15 AC-Zi am Hang, von den Terrassen Blick auf den See, Zi mit AC und Warmwasser-Du/WC für Gruppen. Restaurant. ❹

Sam Pra Sob Resort, 122 Moo 3 Ban Nong Lu, ✆ 034-595050, 💻 www.samprasob.com, 900 m unterhalb der Hauptstraße an der alten Brücke, nur in Thai ausgeschildert. Kleine Bungalows mit Fan oder AC, schöner Ausblick. ❷–❹

Songkalia Resort, 34/1 Moo 3 Ban Nong Lu, ✆ 034-595023, links vor der neuen Brücke. Von Mon geleitete, große, nette Anlage, 44 Zi in Bungalows mit Fan oder AC und TV, die für denselben Preis bis 5 Pers. fassen. 4 Rafts. Großes Restaurant, Autovermietung, Elefantenausritte. ❸–❺

Phornphailin Hotel, 134 Moo 3 Ban Nong Lu, ✆ 034-595088, 📠 595026, 300 m von der Bus Station, neben einfachen Zi mit Fan und Du/WC auch einige mit AC sowie mit TV und Warmwasser, gutes Restaurant. ❷–❹

Phornphailin Riverside Resort, 60/3 Moo 3 Ban Nong Lu, ✆ 034-595355, 💻 www.ppailin.com, neues, riesiges Resort etwas außerhalb des Ortes am See. AC-Zi im Haupthaus mit 1–2 großen Betten und Du/WC, 5 Rafts. ❹–❺

Rings um den Markt und gegenüber der Bus Station konzentrieren sich die wenigen Restaurants und Garküchen. Die meisten Touristen essen jedoch im Resort.

Ein Abstecher über die Grenze

Es ist möglich, über die Grenze nach Myanmar zu gelangen. Man benötigt eine Kopie vom Pass und ein Passfoto auf der Thai-Seite, zahlt an der Myanmar-Grenze US$10 für den Grenzübertritt und kann von 8–18 Uhr am neuen, großen **Tempel** vorbei 1,5 km in das kleine Dorf **Payathonzu** auf der burmesischen Seite laufen, wo auf einem **Markt** Holzschnitzereien, Lackarbeiten und andere Waren aus Myanmar, China und Indien verkauft werden.

Allerdings lohnen der Markt und Tempel den Aufwand nicht. Der Besuch des Wasserfalls **Kroeng Tho**, 12 km weiter, ist aus Sicherheitsgründen nicht möglich.

Sonstiges

Bootsfahrten

In den Gästehäusern, an der Pagode und an der Brücke können Boote für eine 1 1/2-stündige Rundfahrt über den See gemietet werden. Sie kosten für 1–2 Pers. 400 Baht, größere Boote für bis zu 5 Pers. 500 Baht. Ab 4 Pers. werden auch Raftingtrips für 500 Baht p. P. angeboten, bei mehr Teilnehmern 400 Baht.

Geld
In Sangkhlaburi befindet sich nahe dem Markt eine **Siam Commercial Bank**.

Internet
Kleiner Laden am Markt nahe der Resorts.

Medizinische Hilfe
Hospital gegenüber dem Phornphailin Hotel.

Post
200 m neben dem Hospital.

Touren
Das **P. Gh.** (s. o.) veranstaltet ab 2 Pers. von 8.30–16.30 Uhr Touren, die eine Bootsfahrt, den Besuch des Mon-Dorfes, Elefantenreiten und Rafting einschließen.
Karen Tour, ✆ 034-595061, am besten zu kontaktieren über das Burmese Inn. Der ehemalige Lehrer, ein Karen, der etwas Englisch spricht, organisiert Trekking- und Rafting-Touren. Tagestouren mit Rafting kosten 650 Baht, 2 Tage 1400 Baht und 3 Tage 2100 Baht inklusive Unterkunft im Zelt im Dschungel, in der Regenzeit im Dorf.
Für Selbstfahrer hat Armin vom Burmese Inn tolle Karten gezeichnet.

Transport

Von BANGKOK zum Three Pagoda Pass via Thong Pha Phum und Sangkhlaburi 2. Kl. AC-Bus um 5 und 9.30 Uhr für 224 Baht, zurück um 7 und 13 Uhr, 1. Kl. AC-Bus um 6 und 8 Uhr für 302 Baht, zurück um 8 und 15 Uhr in 6–7 Std.
Von KANCHANABURI, 220 km, 4 non-AC-Busse für 100 Baht in 5 Std., zurück um 6.45, 8.15, 10.15 und 13.15 Uhr (THONG PHA PHUM, 147 km, von 6–18.30 Uhr alle 30 Min. für 70 Baht, zurück bis 16 Uhr).
Minibusse und VIP-24-Busse etwa stdl. bis 16.30 Uhr für 151 Baht, zurück bis 15.30 Uhr in 3 1/2 Std. Sie halten auch in Thong Pha Phum (gleicher Preis). Für ein kleines Aufgeld werden Passagiere bis vor die Tür gefahren.

Von Kanchanaburi zum Tham Than Lot Park

Bo Phloi
Bei Bo Phloi, 48 km nördlich von Bangkok, lagern rings um den Ort in einer Tiefe von 10–15 m Saphire und Halbedelsteine wie Onyx. Früher gruben hier Bauern tiefe, enge Brunnen, um Korb für Korb des steinigen Materials heraufzubefördern und auszuwaschen. Mittlerweile fördern acht **Saphir-Minengesellschaften** die Edelsteine im industriellen Stil mit riesigen Baggern und Waschanlagen. Im **Jewellery Handicraft Centre** an der Hauptstraße kann man sich zeigen lassen, wie die Steine vorbereitet, geschnitten und poliert werden. Eine interessante kleine Ausstellung informiert u. a. über die traditionellen Förder- und Bearbeitungsmethoden, Qualitätsmerkmale und die geologischen Bedingungen.

Ein schöner **Safaripark** am KM 21 hinter **Ban Nong Krathum** mit vielen Tieren, darunter Giraffen, Kamele, Tiger, Strauße, Zebras und Papageien, lockt einheimische Besucher an, lohnt aber auch für Selbstfahrer einen Abstecher. In einem gepflegten Botanischen Garten können Schmetterlinge bewundert werden, zudem wird eine Elefanten- und Krokodil-Show geboten. Wer keinen eigenen Wagen hat, kann sich mit einem Bus herumfahren lassen. ◷ tgl. 9–17 Uhr, ✆ 034-628270-1, Eintritt 120 Baht.

Tham Than Lot National Park
Dieser wunderschöne, 59 km² große Nationalpark heißt auch Chaloem Rattanakosin National Park und liegt 97 km nördlich von Kanchanaburi, 50 km von Bo Phloi entfernt, Eintritt 400 Baht. Für die Tour sind feste Schuhe erforderlich, in der Regenzeit sind zudem viele Furten zu überqueren, sodass sich die Mitnahme von Gummisandalen empfiehlt.

Vom Eingang aus erreicht man in 10 Minuten die eindrucksvolle, 400 m lange Tropfsteinhöhle **Tham Than Lot Noi**, die tgl. von 8–16 Uhr beleuchtet wird. Ein flacher Bach durchfließt die geräumige Höhle, die wuchtige, weiße Tropfsteinüberhänge enthält. Am anderen Ende führt ein Weg von 1 1/2 Stunden am Bach entlang durch eine schöne Dschungellandschaft mit Baumriesen, Brettwurzelbäumen, Dschungelpalmen und vielen Schmetterlingen. Weiter geht es an drei bis zu 20 m hohen Wasserfällen vorbei. Nach dem ersten Wasserfall (1,5 km) wird der Pfad schwieriger und in der Regenzeit gefährlich. Am Ende des Tales (2,5 km) erhebt sich die etwa 60 m lange und 50 m hohe Naturbrücke **Tham Than Lot Yai**, die als prähistorische Begräbnisstätte genutzt wurde. Nur 10 Minuten weiter liegt ein Waldtempel. Die Wege sind gut gekennzeichnet. Wer durch die vordere Höhle bei Licht zurückkehren will, sollte um 15.30 Uhr am Ausgang sein.

Übernachtung und Essen

Bungalows der Nationalparkverwaltung für bis zu 4 Pers., zu buchen in Bangkok, ✆ 02-5620760, 💻 www.dnp.go.th, zudem mehrere kleine Restaurants. ❹

Transport

Der Bus Nr. 325 fährt von 6.15–18.30 Uhr alle 20 Min. auf dem H3086 von Kanchanaburi über BO PHLOI, 1 Std., 30 Baht, nach NONG PRU, 2 Std., 45 Baht. Von Nong Pru geht es die restlichen 20 km zum Tham Than Lot Park nur noch mit dem Pickup weiter.

Von Kanchanaburi nach Nordwesten

Beliebt ist der Ausflug zum Erawan National Park, 64 km nordwestlich von Kanchanaburi. Da der H3199 nur wenig befahren ist, eignet sie sich auch für eine Motorradtour. Am KM 4 passiert man den Chon Kai Mountain mit einem kleinen Tempel. Vorbei an Resorts für Thai-Familien und dekorativen, bizarren Steinen, die als Gartenschmuck verkauft werden, gelangt man am KM 24 zum **Nine Army Battle Historic Park**. Hier wird der Sieg der siamesischen Truppen über den Erzfeind Birma gefeiert. Hinter der Abzweigung des H3457, der Verbindungsstraße nach Sai Yok und Nam Tok, am KM 25 und dem Thatungna-Staudamm (KM 26) geht es am Ostufer des Stausees entlang durch eine zunehmend bewaldete Berglandschaft. Der kleine Phalan-Wasserfall ist über eine 3 km lange Abzweigung am KM 47 zu erreichen. Der weitere Weg über den Markt mit vielen Essenständen und den Parkeingang zum Headquarter ist gut ausgeschildert. Danach geht es nur zu Fuß 720 m zum Beginn des Wasserfalls.

Erawan National Park

Der attraktive, bereits 1975 gegründete Nationalpark erstreckt sich entlang eines schmalen, bewaldeten Tals beiderseits eines Nebenflusses des Kwae Yai. Er bildet eine Reihe von sieben sehr schönen **Wasserfällen** mit Sinterterrassen, an denen man weit hinauflaufen kann. Am schönsten sind die zweite, dritte und fünfte Stufe, die dritte eignet sich am besten zum Baden. Nach einem 1 1/2-stündigen, schweißtreibenden Aufstieg bis zur 7. Stufe, die nur Trittfesten zu empfehlen ist, kehren alle Wanderer um. Es ist nicht möglich, weiter hinauf zu klettern. Zwei interessante Naturlehrpfade verlaufen beiderseits des Wasserfalls vom Campingplatz und Parkplatz zur zweiten Stufe, der erste durch immergrünen Monsunwald und der zweite durch Bambushaine. Weitere Touren von bis zu 4 km Länge sind nur in Begleitung von Rangern nach Voranmeldung unter ✆ 034-574222, möglich.

Eine Nacht im Park

Die beste Übernachtungsalternative sind die Bungalows im Erawan National Park. So kann man abends und morgens vor dem Eintreffen der Besuchermassen den Park genießen. Wer tagsüber andere Nationalparks besucht hat und nachmittags zum Übernachten hier eintrifft, braucht nur einmal Eintritt zu zahlen.

Im Park gibt es **Bungalows** unterschiedlicher Größe ab 2 Pers., günstige Bambushütten nahe dem Campingplatz ohne Du/WC,. Zelte für 90–225 Baht je nach Größe. Matten, Kissen und Decken extra. Buchungen über die National Park Division in Bangkok, ✆ 02-5620760, evtl. auch direkt unter ✆ 034-574222, 💻 www.dnp.go.th. ❸–❹

Das Restaurant mit guter Thai-Küche hat von 7–20 Uhr geöffnet.

Lebensmittel dürfen nur bis zur ersten Stufe mitgenommen werden, wo sich auch Toiletten und Umkleidekabinen befinden. Der Morgen ist die beste Zeit, um gleich ganz hinaufzuklettern und dann langsam hinabzuwandern. Am Wochenende wird es sehr voll. Die meisten Besucher kommen von 11–14 Uhr. Ab 16 Uhr sind die Wasserfälle oberhalb der zweiten Stufe und ab 17 Uhr auch die unteren geschlossen. 🕓 Parkeingang tgl. 8–16.30 Uhr. Eintritt 400 Baht, Auto 50 Baht. Im Headquarter werden Schlauchboote für 100 Baht / Std. vermietet.

Die **Phra That-Höhle** ist vom Park über eine 11 km lange Schotterstraße nur mit einem eigenen Fahrzeug oder einem gecharterten Bus zu erreichen. Man braucht eine starke Taschenlampe und etwas Vorsicht, um die Höhle zu erkunden.

Sri Nakharin National Park (Srinagarind National Park)

Oberhalb des Erawan National Parks erhebt sich der riesige Staudamm des **Srinagarind Reservoirs**, der im Nationalpark liegt, Eintritt 400 Baht. Das Park Headquarter, ✆ 034-516667, befindet sich am Westufer des Stausees. Es kann bei Trockenheit über eine 40 km lange Erdstraße mit dem Motorrad oder Geländewagen erreicht werden. Ansonsten fährt man vom Staudamm 24 km bis Tha Kradan und mietet sich dort ein Boot. Die einstündige Fahrt für max. 12 Personen kostet mindestens 1500 Baht. Zudem verkehrt 2x tgl. eine Fähre über den See nach Si Sawat und weiter in den Nationalpark hinein.

Eine etwa 140 km lange, kaum beschilderte, sehr schlechte Straße, für die man mit Stopps 7 Std. Fahrtzeit einrechnen sollte, führt am 7-stufigen **Huay Khamin-Wasserfall** vorbei durch das **Thung Yai Naresuan Wildlife Sanctuary** und endet am H32 nach Sangkhlaburi. Hier sollen noch Tapire leben. Für die Fahrt durch das Sanctuary ist ein Permit des Forestry Departments notwendig. Man sollte mindestens eine Übernachtung im Zelt einplanen. Zuerst geht es geradeaus bis zum Headquarter, dann muss man sich an der folgenden Kreuzung links halten und an der nächsten geradeaus weiterfahren. Sobald man an die Schranke kommt, biegt man links ab und orientiert sich auf der letzten Strecke zum H32 an den Strommasten.

Übernachtung und Essen

Erawan Resort, 140 Moo 4,5 km vor dem Park, ✆ 034-574098, 081-8387360, kleine Bungalows am Hang in einem Dorf mit Du/WC, Fan oder AC. Nebenan ein Restaurant. ❹
Auf dem Stausee kann man auf Flößen herumfahren und übernachten. Die meisten liegen in Tha Kradan. ❸–❺

Transport

Durch die Verbindungsstraße zwischen dem H323 und H3199 ist es möglich, mit einem eigenen Fahrzeug von Nam Tok direkt zum Erawan National Park zu fahren.
Von KANCHANABURI, 65 km, Bus 8170 von 8–17.20 Uhr alle 50 Min. für 40 Baht in 1 1/2 Std. bis zum Markt im Dorf vor dem Erawan National Park und weiter zum Wasserfall. Die Busse um 12, 14, 15 und 16 Uhr zurück fahren vom Parkplatz vor dem Eingang zum National Park ab.

Suphanburi

Wer auf dem Weg zwischen Kanchanaburi und Ayutthaya hier einen Zwischenstopp einlegt, kann sich etwa 2 km westlich vom Bus Terminal im **Chalerm Phatara Rachini Park** erholen. Eintritt 10 Baht, ab 18 Uhr 40 Baht 🕓 Di–Fr 10–19, Sa, So 10–20.30 Uhr. Zwischen den in Tierformen getrimmten Büschen, Springbrunnen und einem künstlichen Wasserfall erhebt sich der 123 m hohe Banharn Tower, von dem sich eine gute Aussicht bietet. Eintritt 30 Baht, ab 18 Uhr 40 Baht, 🕓 wie Park. Am H340 Richtung Norden sind im **National Museum** im modernen Western Art and Cultural Centre Exponate aus der langen Geschichte und von verschiedenen Bevölkerungsgruppen dieser Region zu sehen. 🕓 Mi–So 9–16 Uhr.

Transport

Nach AYUTTHAYA gelber non-AC-Bus 703 für 50 Baht in 1 1/2 Std.
KANCHANABURI non-AC-Bus 411 für 45 Baht, 1 1/2 Std.
NAKHON SAWAN non-AC-Bus 487 für 70 Baht in 3 Std. Von dort nach Sukhothai.

Bueng Chawak

Nahe dem H340 Richtung Chainat liegt an den Ufern eines großen Sees ein **Zoo**, dessen interessanteste Teile das riesige Aquarium mit über 50 Becken sowie die Sumpflandschaft mit Krokodilen sind. Er macht vor allem Kindern Freude, ist aber am Wochenende wegen zahlreicher Tagesausflügler nicht zu empfehlen. ✆ 035-439208-9, ◷ Mo–Fr 10–17, Sa, So 9–18 Uhr, Eintritt 30 Baht. Von Suphanburi mit dem Bus bis Duembang Nangbuat, 50 km nördlich, weitere 12 km mit dem Motorradtaxi für 100 Baht. Autofahrer folgen der Ausschilderung vom H340 am KM151, am Ende der Straße nach rechts und kurz darauf wieder nach links abbiegen.

Richtung Norden

Vier- bis achtspurige Highways durchqueren nördlich der Metropole die fruchtbare Menam-Ebene, die „Reiskammer" des Landes. Allerdings werden bis weit über Ayutthaya hinaus immer mehr Felder mit Industrieanlagen und neuen Wohngebieten bebaut. In den verbliebenen ländlichen Regionen durchziehen Dämme und baumgesäumte Kanäle die Ebene. Zahlreiche Wasservögel finden reichlich Nahrung.

Vom 10. bis 13. Jh. wanderte das Volk der Thai von Norden in dieses Gebiet, das bereits von den Mon und Khmer besiedelt war. Vor allem für Kulturinteressierte lohnt sich ein Besuch der Ruinenstädte Ayutthaya, Lopburi und der weiter im Norden liegenden Städte Sukhothai, Si Satchanalai und Kamphaeng Phet.

Wat Phailom วัดไผ่ ล้อม

Die Attraktion dieses Klosters in ländlicher Umgebung am Ostufer des Menam Chao Phraya in der Nähe von Phatum Thani ist eine riesige **Klaffschnabel-Storchkolonie**, die in einem zum Tempel gehörenden Wald lebt. Alljährlich kommen im November / Dezember etwa 30 000–40 000 Störche aus Pakistan hierher, um während der Wintermonate zu brüten und pro Paar etwa drei Junge aufzuziehen. Tagsüber sind die Vögel bis hinauf nach Ang Thong auf Futtersuche. Sie ernähren sich von den Apfelschnecken aus den Reisfeldern. Am späten Nachmittag kehren sie zu ihren Nistplätzen zurück. Wenn die Jungen geschlüpft sind, wacht ein Elterntier beim Nest. Nach 6–8 Wochen sind die Jungtiere flugfähig und kehren im April / Mai vor dem Einsetzen des Monsuns wieder zurück. Manchmal bleiben sie aber auch das ganze Jahr über. Zu den Vögeln haben sich einige tausend Flughunde gesellt, die nach Sonnenuntergang in großen Schwärmen auf Nahrungssuche gehen.

Transport

Ab BANGKOK werden Touren angeboten, z. B. mit dem Chao Phraya Express Boat Service, s. S. 196, oder man chartert ein Taxi. Mit öffentlichen Verkehrsmitteln dauert die Fahrt sehr lange und ist nicht zu empfehlen.
Selbstfahrer nehmen auf der Outer Ring Road H9 die Abfahrt kurz vor der Menam-Brücke, ca. 14 km westlich vom großen Autobahnkreuz mit dem H1, und fahren auf der Landstraße H3309 parallel zum Fluss 6,3 km Richtung Süden. 1 km hinter dem Dorf zweigt am KM 28,7 eine 500 m lange Stichstraße zum Tempel ab.

Bang Sai บาง ไทร

Der Grundstein für das Ausbildungszentrum für traditionelles Kunsthandwerk bei Bang Sai wurde 1976 durch die Gründung der Stiftung „Support" unter der Schirmherrschaft der Königin gelegt, um vom Aussterben bedrohtes Kunsthandwerk zu retten. Etwa 500 junge Leute aus ländlichen Regionen werden hier in 30 verschiedenen Handwerkskünsten unterrichtet, deren traditionelle Formen sie entsprechend den Bedürfnissen des modernen Marktes weiter entwickeln. Nach der Ausbildung, die 6 Monate bis 3 Jahre dauert, gehen die jungen Leute zurück in ihre Dörfer und eröffnen kleine Betriebe. Das Zentrum unterstützt die Handwerker finanziell bei der Betriebsgründung und der Anschaffung von Maschinen und Geräten und schult sie in kaufmännischem Grundwissen.

Die Gebäude liegen in einer weitläufigen Parklandschaft. Im **Arts and Crafts Village**, dessen Häuser verschiedene Baustile des Landes repräsentieren, werden Glasarbeiten, Möbel, Flechtarbeiten, Seidenstoffe und Textilien gefertigt. Die besten Produkte werden in den *Chitralada Handicraft Shops* (z. B. am Airport oder im Königspalast hinter der Kasse) verkauft.

Für die Königsfamilie wurden einige Gebäude im traditionellen Stil, darunter ein **Elefantenhaus**, errichtet. Zur Anlage gehören u. a. ein buddhistisches Zentrum, eine Krankenstation, der **Bananengarten** mit 300 verschiedenen Sorten, der **Vogelpark** (Eintritt 20 Baht), das große **Süßwasseraquarium Wang-Pla** mit riesigen Welsen und anderen einheimischen Fischen (◷ Di–Fr 10–16.30, Sa, So und feiertags 10–18 Uhr), ein Restaurant und natürlich Souvenirshops. Was wie ein großer Tempel aussieht, entpuppt sich als Einkaufszentrum. Von 17.30–20 Uhr werden kulturelle Shows dargeboten mit traditioneller Musik, Schwertkämpfen und anderen Wettbewerben.

Zum westlichen, chinesischen und Thai-Neujahr, zu Loi Krathong und an anderen Feiertagen finden Veranstaltungen statt.

◷ Di–So 9–17 Uhr, Mo keine Vorführungen, kostenlose Kleinbahn auf dem Gelände. ✆ 035-366252-4, 💻 www.bangsaiarts.com, Eintritt ins Dorf für Ausländer 100 Baht. Kombi-Ticket inklusive Kulturshow, Aquarium, Mittagessen und Transport ab Bangkok 950 Baht.

Transport

Selbstfahrer nehmen auf der Outer Ring Road H9 die Abfahrt kurz vor der Menam-Brücke, ca. 14 km westlich vom großen Autobahnkreuz mit dem H1, und fahren auf dem ausgeschilderten H3309 parallel zum Fluss 5,4 km Richtung Norden.
Vom Backpackerzentrum Banglampoo in BANGKOK (78 km) mit AC-Stadtbus 503 bis Rangsit (nahe Chatuchat-Wochenendmarkt) und von dort mit Bus Nr. 383 bis Bang Sai für 15 Baht. Ab AYUTTHAYA zuerst mit dem Bus bis Bang Pa In, von wo aus alle 15–30 Min. Songthaew für 15 Baht zum Ausbildungszentrum fahren.

Bang Pa In – Der Sommerpalast พระราชวังบางปะอิน

Im 17. Jh. wurde dieser Sommerpalast der Könige von Ayutthaya auf einer Insel im Menam Chao Phraya erbaut. Er geriet in Vergessenheit, als Bangkok Königsstadt wurde. Erst König Mongkut nutzte ihn wieder und baute ihn aus. Damals entstand die Mischung verschiedener Baustile aus China, Europa und Siam. Im 2. Weltkrieg erfuhr der Palast eine dritte Blüte, als sich die Königsfamilie hierher zurückzog.

Für den Rundgang durch die gepflegte Gartenlandschaft mit ihrer vielseitigen Bebauung sollte man sich mindestens 2 Std. Zeit lassen. Durch den Haupteingang betritt man einen weitläufigen Park. Rechts am Flussufer steht ein kleiner Schrein in Form eines Khmer-Prangs, der **Ho Hem Monthian Thewat**. Er enthält die Statue des Königs Prasat Thong von Ayutthaya, des „Königs des Goldenen Palastes". Am gegenüberliegenden Ufer steht **Saphakhan Ratchprayun**, das eine textlastige Ausstellung über die Geschichte des Palastes und seiner Bewohner enthält. Nachzulesen ist u. a. die Geschichte von der ertrunkenen Königin (s. S. 242). ◷ 8.30–15.30 Uhr.

In zahlreichen Prospekten abgebildet ist der Wasserpavillon **Aisawan Thippa-at**, eine Holzkonstruktion aus dem Jahr 1876 inmitten eines Teiches. Besonders fotogen ist das dem Umkleidepavillon im Königspalast von Bangkok nachempfundene Gebäude in der Nachmittagssonne, wenn es sich im Wasser spiegelt und der im Inneren als Bronzestatue verewigte König Chulalongkorn in die Kamera blickt.

In der Thronhalle **Warophat Phiman**, links vom Pavillon, finden noch immer königliche Zeremonien statt. Die Halle des neoklassischen Gebäudes, die mit Wandmalereien geschmückt ist, die Szenen aus der thailändischen Geschichte und Literatur darstellen (Ramakien, I-nau u. a.), ist nur in angemessener Kleidung zugänglich. Fotografieren ist verboten. Einige der Zimmer werden vom König bei dessen Besuchen genutzt und sind nicht geöffnet. Eine überdachte Brücke führt zum **Thewarat Khanlai**, dem Tor zum Inneren Palast.

In der Gartenanlage des Inneren Palastes stehen verschiedene Bauwerke. Am interessantesten ist das von Chinesen gestiftete zweistö-

ckige Gebäude **Wehat Chamrun**, das 1889 im Stil einer ihrer Herrscherresidenzen errichtet wurde. Es ist mit Möbeln mit Perlmutt-Einlegearbeiten und prächtigen Knochen- und Holzschnitzereien ausgestattet, u. a. dem Bett von König Chulalongkorn.

Die **Uthayan Phumisathian Residential Hall** mit ihren Jungendstilelementen könnte durchaus in einem noblen Ostseebad stehen. Sie ist ein Nachbau des 1938 abgebrannten Originals und dient heute als königliche Residenz und Audienzhalle.

Auf einer kleinen Insel steht der Aussichtsturm **Ho Withun Thatsana**, den Chulalongkorn 1881 errichten ließ. Von oben bietet sich ein schöner Blick über die Gartenanlage. Im hinteren

Bereich können einige der im europäischen Stil eingerichteten Bungalows ehemaliger Prinzessinnen und Königinnen besichtigt werden. Zwei **Gedenksteine** neben einem Pavillon erinnern an Königin Sunanda Kumariratanas (1860–1880), die erste Frau von Chulalongkorn und Tochter von Mongkut, sowie an deren Tochter. Sie ertranken auf dem Weg von Bangkok in die Sommerresidenz in einem gekenterten Boot vor den Augen ihrer Begleiter, denen es verboten war, die Königin und Prinzessin zu berühren.

tgl. 8–16 Uhr, 100 Baht (inkl. Infobroschüre). 035-261548. Im Palastbereich herrscht eine strikte Kleiderordnung: Frauen müssen ihre Schultern und Knie bedecken, im Thronsaal dürfen sie keine Hosen tragen. Bei Männern sind kurze Hosen nicht angebracht. Angemessenes Outfit wird ausgeliehen.

Hinter dem Parkplatz verkehrt eine von Mönchen betriebene einfache, kleine Seilbahn auf die **Flussinsel**. Hier steht ein Wat im Stil einer europäischen Kirche, auf dessen Glasfenstern König Chulalongkorn zu sehen ist. Nebenan im Klostermuseum wird eine bunte Sammlung aufbewahrt. Auch die Mönchsquartiere sind im neoklassizistischen Stil erbaut.

Transport

Selbstfahrer

Mit einem eigenen Fahrzeug fährt man von Bangkok aus (61 km) auf dem H32 Richtung Norden und biegt 22 km südlich von Ayutthaya nach links ab. Vom Bahnhof in Bang Pa In führt eine schmale Straße zwischen Fluss und Eisenbahn zum Palast. Minibusse können am Bahnhof für 250 Baht pro Std. gechartert werden. Nach Ayutthaya kosten sie 150 Baht.
Viele Tagesausflüge ab Bangkok schließen neben Ayutthaya auch Bang Pa In ein.

Busse

Vom Mo Chit (Northern Bus) Terminal in BANGKOK fahren 2.Kl. AC-Busse alle 20 Min. bis 20 Uhr für 50 Baht in 2 Std., zurück bis 19.30 Uhr.
Von AYUTTHAYA fahren Songthaew über die Straße / den Highway für max. 30 Baht in ca. 1 Std.

Eisenbahn

Fahrplan s. S. 882ff. Alle lokalen Züge halten am kleinen Bahnhof, 1,7 km nördlich des Palastes. Mit dem Samlor weiter für 30 Baht.

Boote

Am schönsten ist die Fahrt nach Bang Pa In mit dem Boot. **Chao Phraya Express Boat Service**, 78/24-29 Maharat Rd., www.chaophrayaboat.co.th, 02-6236001, fährt So um 8 Uhr ab Mahathat-Pier und um 8.05 Uhr ab Phra Athit-Pier in BANGKOK zum Royal Folk Arts & Crafts Center in Bang Sai, nach Bang Pa In und zum Wat Phai Lom für 390 Baht, Rückkehr gegen 18 Uhr. Weitere Boote s. S. 196.

Ayutthaya อยุธยา

Die historische Stadt Ayutthaya (gesprochen: Ayut-tha-ja), mit vollem Namen Phra Nakhon Si Ayutthaya, gehört seit 1991 zum UNESCO-Weltkulturerbe, whc.unesco.org. Sie erstreckt sich über ein weites Areal innerhalb und außerhalb der heutigen Stadt, die durch den Zusammenfluss dreier Flüsse umgrenzt wird. Die Ruinen wurden ausgegraben und die meisten von ihnen restauriert. Viele haben dabei an Charakter eingebüßt, vor allem die großen Tempel mit ihren gepflegten Rasenflächen und asphaltierten Parkplätzen. Fast alle Tempelruinen 8–18.30 Uhr, Einlass bis 18 Uhr.

Das Zentrum der neuen 83 000 Einwohner zählenden Stadt Ayutthaya östlich der Ruinenstadt ist nicht sonderlich attraktiv, eignet sich jedoch gut als erstes Reiseziel, denn hier ist es weitaus ruhiger als im chaotischen Bangkok. Im Schatten der Ruinen und im weitläufigen Rama Park kann man sich entspannt akklimatisieren.

Ayutthaya Historical Study Center

Zu Beginn einer Rundfahrt durch die historische Stadt sei ein Besuch im Ayutthaya Historical Study Center empfohlen. Das moderne Gebäude, das von japanischen und thailändischen Architekten entworfen wurde, dient dem Studium der Ayut-

Die Königsstadt von Siam

417 Jahre lang war Ayutthaya die Königsstadt des siamesischen Reiches, bis sie 1767 von burmesischen Truppen zerstört wurde. Hier regierten 33 Könige. Auf dem Höhepunkt ihrer Macht hatten die absoluten Monarchen im 17. Jh. eine Stadt errichten lassen, die es mit allen europäischen Metropolen ihrer Zeit aufnehmen konnte. 375 prunkvolle Tempel, 29 Festungen und 94 Tore zählte man auf dem riesigen Areal, dessen Ausmaße sich heute zwischen Wohnhäusern, Feldern und Gärten nur noch erahnen lassen. Ein umfangreicher Beamtenapparat, geschützt von einer einflussreichen Militärmacht, verwaltete die im Reich eingetriebenen Steuern und pflegte regen internationalen Handel. Schiffe aus aller Welt segelten den Menam Chao Phraya hinauf, und Europäer, Chinesen und Japaner siedelten in eigenen Stadtvierteln. Die Pracht bei Hofe und die Ausstattung der Heiligtümer waren legendär – was davon heute noch zu sehen ist, sind nur kümmerliche Überreste.
Die Zerstörung Ayutthayas haben die Thais den Burmesen bis heute nicht verziehen. Das Gold von Ayutthaya, so heißt es, bedeckt seitdem die Shwedagon-Pagode in Yangon. Was von den Bauten nicht zerstört wurde, verfiel. Die Könige kehrten nicht an den Ort der Niederlage zurück – die neue Hauptstadt hieß Bangkok.

thaya-Periode und beherbergt ein lohnenswertes Museum sowie eine Bibliothek. Im Museum wird die Vergangenheit mit Hilfe von Modellen, Schautafeln und Dioramen zum Leben erweckt. Vier Themenschwerpunkte zeigen Ayutthaya als Hauptstadt, als Handelszentrum, als zentralistischen Staat sowie das traditionelle Dorfleben. Der fünfte Bereich, der die Beziehungen Ayutthayas zum Ausland darstellt, ist in einer Außenstelle in der japanischen Siedlung zu sehen (s. S. 246). ✆ 035-245123, ⌚ Mo–Fr 9–16.30, Sa, So 9–17 Uhr, 100 Baht, Studenten 50 Baht.

Chao Sam Phya National Museum

Das traditionell gestaltete Chao Sam Phya National Museum ist in mehreren Gebäuden in einem kleinen Park untergebracht; der Eingang befindet sich in der Rotchana Rd.

Im Erdgeschoss werden Funde aus verschiedenen Epochen gezeigt, die in den 1950er-Jahren ausgegraben wurden. Beeindruckend sind die Goldschätze aus dem Wat Ratburana im 1. Stock, darunter goldene Amulette, Statuen, Schmuck und ein königliches Schwert. Ein weiterer Raum enthält Votivgaben aus dem Wat Mahathat. Im zweiten Gebäude sind Funde aus verschiedenen Regionen und Epochen zu sehen. In den Thaihäusern werden Alltagskunst und Gebrauchsgegenstände ausgestellt. ⌚ Mi–So außer feiertags 9–16 Uhr, ✆ 035-241587, 30 Baht.

Tourist Information Center

Eine modern gestaltete Ausstellung im Obergeschoss des Tourist Information Center (TIC) informiert über Ayutthayas Geschichte, seine Architektur und das Alltagsleben der früheren Bewohner. Zudem eine Kunstgalerie. Lohnend ist das Einführungsvideo, das manchmal am Informationsschalter gestartet wird. ⌚ tgl. außer Mi 8.30–16.30 Uhr, Eintritt frei.

Rings um den Rama Park

Der Rama Park mit seinem kühlenden See, über den sich steile Brücken spannen, stellt die ihn umgebenden Tempel in einen ansprechenden Rahmen. Südwestlich des Parks erhebt sich der hohe Prang des **Wat Phra Ram**, das 1369 unter dem zweiten König Ramesuan als Begräbnisstätte für dessen Vater, U-Thong, den Gründer von Ayutthaya, erbaut wurde. Eintritt 30 Baht.

Östlich des Parks erstreckt sich die weitläufige Anlage von **Wat Mahathat**, einem 1374 gegründeten und mehrfach erweiterten Tempel. Aus der frühen Zeit sind Grundmauern erhalten. Die Ruine des zentralen Prangs, der 250 Jahre später erbaut wurde und 44 m hoch war, lässt seine ursprüngliche Größe nur noch erahnen. An seinem Fuß sitzt ein großer, steinerner Buddha. Die Umgrenzung des Prangs zieren zahlreiche kopflose, ursprünglich dreiteilige Buddhafiguren, die in „Massenproduktion" gefertigt wurden. Im südöstlichen Bereich findet man den viele Prospekte und Postkarten zierenden, in einen Feigenbaum eingewachsenen Buddhakopf. Eintritt 30 Baht.

Gegenüber überragt ein stark restaurierter Prang die große Halle des **Wat Ratburana** (auch Ratchaburana). 1424 ließ der 7. König von Ayutthaya diesen Tempel als Begräbnisstätte für seine beiden älteren Brüder bauen. Es lohnt, die steilen Treppen zu erklimmen (rückwärts hinuntergehen!). Oben sind Fotos der geraubten Königsinsignien und Goldbuddhas sowie anderer Goldschätze zu sehen, die in den Krypten unter dem Prang entdeckt und im Obergeschoss des Museums ausgestellt sind. Durch einen schmalen Gang geht es hinab in die Grabkammer, wo noch die originalen Wandgemälde zu erkennen sind. ◷ tgl. 7.30–18.30 Uhr, Eintritt 30 Baht.

Diese drei Wats werden zwischen 19 und 21 Uhr angestrahlt und bei einer Nachttour angefahren.

Nördlich des Rama Parks an der Ostseite des Palastes befindet sich **Wat Thammikarat**. Die erhaltenen Löwenskulpturen deuten darauf hin, dass dieses Wat in der frühen Ayutthaya-Periode entstanden ist. Auch die hier gefundene Bronzestatue, die heute im Phraya National Museum ausgestellt ist, wird dem U-Thong-Stil zugeordnet. ◷ tgl. 6–18 Uhr.

Der Palastbereich

Nordwestlich des **U-Thong Memorials** mit einer Statue des ersten Königs von Ayutthaya sind auf einem weitläufigen, baumbestandenen Gelände die Mauerreste seines ehemaligen Palastes zu besichtigen. Er war 1350 erbaut worden, wurde aber bereits 100 Jahre später vom 8. König aufgegeben, als dieser seine Residenz weiter nach Norden verlegte. Die zweistöckige **Suriyat Amarin-Halle** nutzte König Narai zur Beobachtung der Prozession königlicher Barken auf dem Fluss. Die angrenzende **San Phet Prasat-Halle**, von der nur die Fundamente erhalten sind, wurde 1448 als Empfangsgebäude für Staatsgäste erbaut. Eine nach alten Plänen gestaltete Kopie kann in Muang Boran/Ancient City (s. S. 270) besichtigt werden.

Unter dem 24. König von Ayutthaya entstand Anfang des 17. Jhs. die Zeremonienhalle **Viharn Somdet** und die **Chakravatphaichayon-Halle** am östlichen Ende des Palastes, von der aus der König Paraden und Umzüge abnahm. Der offene, hölzerne **Trimuk Pavillon**, westlich der San Phet Prasat-Halle, wurde erst 1907 unter König Chulalongkorn errichtet.

Im Süden erstreckt sich **Wat Phra Si San Phet**. Mit dem Bau der prunkvollen Tempelanlage wurde 1448 begonnen. Sie wurde mehrfach erweitert, bis die burmesischen Eroberer sie 1767 niederbrannten. Der 16 m hohe vergoldete Bronzebuddha Phra Sri San Phet, der im Viharn stand, wurde dabei zerstört. Die Anlage mit ihren vielen halb verfallenen Tempeltürmen wird von drei großen, restaurierten Chedis dominiert, die die Asche verstorbener Könige und eine Reliquie Buddhas enthalten. Rechts davon ragen die Säulen des früheren Viharn in den Himmel. ◷ tgl. 7–18.30 Uhr, Einlass bis 18 Uhr, Eintritt 30 Baht.

Der Innenraum des rekonstruierten **Viharn Phra Mongkol Bophit** wird von einem der größten Bronzebuddhas Thailands ausgefüllt – die Rekonstruktion einer Statue aus dem 15. Jh. Der Viharn wurde 1956 originalgetreu nachgebaut, die Figur 1991/92 anlässlich des 60. Geburtstags der Königin vergoldet. ◷ Mo-Fr 8.30–16.30, Sa, So, feiertags bis 17.30 Uhr, Eintritt frei. Am Wochenende ist hier viel los. Um den Tempel herum warten zahlreiche Souvenir- und Getränkehändler auf Kunden.

Im Westen der Stadt

Etwas versteckt liegt **Wat Lokayasutha**. Hier blieb eine der größten liegenden Buddha-Figuren aus Stuck erhalten, die nun, nachdem das Kloster abgebrannt ist, unter freiem Himmel ruht.

Im Südwesten steht am anderen Flussufer **Wat Chai Wattanaram**, eine große Anlage im Khmer-Stil mit einem zentralen Prang, der von einem Kreuzgang mit acht kleineren Prangs umgeben ist. In ihnen stehen große Buddhas aus Ziegel und Stuck, deren Holzgerüste noch zu erkennen sind. Auch einige bemalte Deckenpaneele sind gut erhalten. Das Wat wurde als zeitweilige Residenz von König Prasat Thong um 1690 erbaut. Der Tempel wird von 19–21 Uhr angeleuchtet. Eintritt 30 Baht.

Chandra Kasem-Palast und Wat Senatsanaram

Im Nordosten der Insel befindet sich der rekonstruierte Palast des Kronprinzen Naresuan aus dem Jahre 1577. Den zerstörten Palast ließ König

Mongkut neu erbauen, um zeitweise hinter den hohen Mauern zu leben. Den großen Platz umgeben mehrere Gebäude; das erste Gebäude links vom Eingang, der **Chantura Mukh-Pavillon**, enthält das kleine **Chandra Kasem-Nationalmuseum**, u.a. mit Keramiken, Buddhafiguren und Holzschnitzereien aus dem Besitz von König Mongkut. Im dahinter liegenden **Piman Rajaja Pavillon**, der ehemaligen königlichen Residenz, sind weitere Buddhastatuen und andere Gegenstände ausgestellt. Den **Pisai Salak-Turm** hinter der Residenz ließ sich Mongkut für seine astronomischen Studien erbauen. 🕓 Mi–So außer feiertags 9–16 Uhr, 📞 035-251586, 30 Baht.

Im Südosten

Südöstlich des Zentrums erstreckt sich zwischen Fluss und Straße das weitläufige **Wat Phanan Choeng**, das in früheren Jahren als Exerzierplatz diente. Möglicherweise gab es den Tempel bereits vor der Gründung von Ayutthaya, denn die 20 m hohe Buddha-Statue Phra Chao Phananchoeng (Luang Po To) im hinteren hohen Viharn soll bereits 1325 gefertigt worden sein. Sie gilt als Beschützerin der Seeleute und wird vor allem von Chinesen verehrt. Im ruhigen Bot steht eine aus der frühen Ayutthaya-Periode stammende Buddha-Statue im Sukhothai-Stil. Sie wurde 1357 angefertigt, aber erst 1965 unter Stuck, der sie vor Plünderungen schützen sollte, entdeckt. Die Wandmalereien wurden aufwändig restauriert. Direkt daneben geben sich diverse Statuen Buddhas und chinesischer Gottheiten ein Stelldichein. Hinter dem großen Gebäude im Thai-Stil werden in einem großen Tempel im chinesischen Stil sowie in zwei weiteren Schreinen verschiedene Schutzgottheiten mit Blumen, Kerzen und Geld günstig gestimmt und nach der Zukunft befragt. Das Wat wird von zahlreichen Gläubigen besucht; es herrscht ein reges Treiben. 🕓 tgl. 8–17 Uhr, 20 Baht. Von der Bootsanlegestelle hinter dem Wat verkehren Fähren über den Fluss.

Am anderen Ufer, im **Wat Suwandararam** (früher: Wat Thong), ist ein kleiner Teil der Wandmalereien, die unter anderem den 1592 stattgefundenen Kampf zwischen den beiden verfeindeten Herrschern darstellen, 1931 unter König Rama VII. restauriert worden. Die Tore zum Bot und Viharn sind allerdings meist verschlossen, evtl. hat man während der Gebetszeit gegen 16 Uhr die Gelegenheit, einen Blick hineinzuwerfen.

Wat Yai Chai Mongkol

Wat Yai Chai Mongkol liegt südöstlich des historischen Stadtkerns und lohnt einen Besuch (bestes Fotolicht am Morgen). Der Tempel in seiner heutigen Form mit einem 62 m hohen Chedi, den zahlreichen Buddha-Statuen und der gepflegten Gartenanlage wurde unter Naresuan zur Erinnerung an den historischen Sieg über seinen burmesischen Widersacher umgestaltet. Naresuan hatte 1592 bei Nong Sarai (Provinz Saraburi) in einem Zweikampf auf dem Rücken eines Kriegselefanten eigenhändig den burmesischen Herrscher Phra Maha Uparacha besiegt. Ihm zu Ehren wurde neben dem Tempel ein über Betonbrücken zugänglicher Park angelegt. In seinem Zentrum erhebt sich ein großer gläserner Schrein mit einer von Hähnen und Kunstblumen umgebenen, überlebensgroßen Statue des Herrschers. 🕓 tgl. 8–18.30 Uhr, Einlass bis 17 Uhr, 20 Baht.

An der Einmündung des Klong in den Menam Chao Phraya, etwas weiter westlich, wurden 1959 Teile der bereits unter U-Thong errichteten alten **Stadtbefestigung** rekonstruiert. Die Ziegel der ursprünglichen Anlage waren auf Frachtkähne verladen und beim Aufbau der neuen Hauptstadt Bangkok verwendet worden.

Weiter außerhalb

Nördlich des ehemaligen Königspalastes erhebt sich jenseits des Klong Sabua **Wat Na Phra Meru** (auch: Wat Narh Pramain) eine wahrscheinlich bereits 1504 gegründete Tempelanlage. Dieser Tempel diente den angreifenden Burmesen als Basislager und verdankt diesem Umstand, dass er nicht zerstört wurde. Der mit schönen Holzschnitzereien geschmückte, imposante Bot mit dem mehrfach gestaffelten Dach wurde restauriert. Er enthält einen 6 m hohen, vergoldeten Bronzebuddha, der im Stil eines Ayutthaya-Herrschers gekleidet ist. Das Innere des daneben liegenden kleinen Viharn, dessen Wände mit verblichenen Wandmalereien bedeckt sind, wird von einem aus

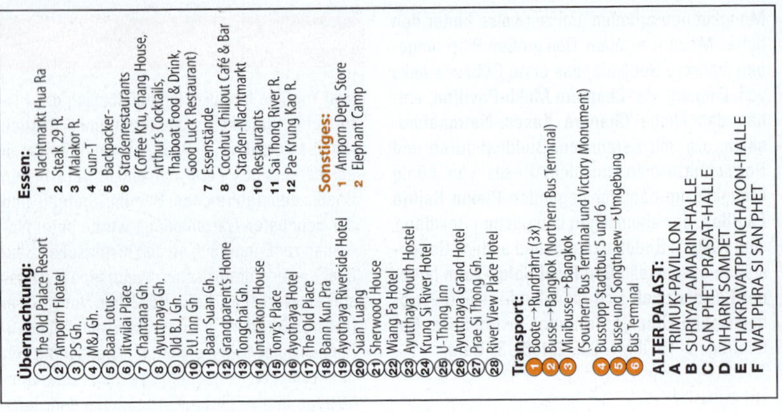

schwarzem Stein gehauenen Buddha im Dvaravati-Stil dominiert. Wahrscheinlich stammt die im europäischen Stil sitzende Statue ursprünglich aus Nakhon Pathom. Die eindrucksvollen Skulpturen, die prunkvolle Ayutthaya-Architektur der Tempelanlage und ihre landschaftlich reizvolle Umgebung machen einen Besuch lohnenswert. 🕓 Mo–Fr 8–17, Sa, So 8–18 Uhr, Eintritt 20 Baht.

2,5 km nordwestlich der Stadt liegt **Chedi Phu Khao Thong**. Der 80 m hohe Chedi ist – im Gegensatz zu den anderen Bauten – im burmesischen (Mon-)Stil erbaut. Als die Burmesen 1569 erstmals Ayutthaya eingenommen hatten, errichteten sie diesen Tempel zur Erinnerung an ihren Sieg auf einer bereits 1387 erbauten Anlage. 15 Jahre später wurden sie wieder vertrieben, und der Chedi erhielt ein neues Äußeres im Thai-Stil. Aus Anlass des 2500-jährigen Bestehens des Buddhismus wurde 1956 eine 2,5 kg schwere Goldkugel auf der Spitze der Pagode angebracht. Vor dem Chedi befinden sich ein **Monument** zu Ehren von König Naresuan und eine große Parkanlage.

6 km außerhalb, nördlich der historischen Stadt, steht der **Elefantenkraal** (Paniad). Innerhalb der Umzäunung aus Teakpfosten wurden die königlichen Elefanten gezähmt. Heute sind hier wieder 30–40 Elefanten untergebracht, die gefüttert und geritten werden können.

Südlich von Wat Phanan Choeng befand sich die **japanische Siedlung**. Hier ist die Außenstelle des Ayutthaya Historical Study Center untergebracht. 🕓 tgl. 8–17 Uhr, Eintritt 20 Baht.

Die ehemalige **portugiesische Siedlung**, in der die ersten Europäer lebten, kann ebenfalls besichtigt werden. Bis auf die Reste der Sankt-Petrus-Kirche, einige Skelette, Münzen und chinesisches Porzellan ist kaum etwas erhalten.

Schiffsmuseum

Einen weiteren Blick in die Geschichte erlaubt dieses private Museum, das das Herz jedes Modellbauers höher schlagen lässt. Äußerst aufwändig gestaltete Modelle mittelalterlicher Königsbarken und vieler anderer traditioneller Schiffe sind in einem stilvollen Thai-Haus untergebracht. 🕓 8.30–17 Uhr, es wird eine Spende erwartet. ✆ 035-241195.

Übernachtung

Gästehäuser

The Old Palace Resort ①, 1/25 Moo 5, Klong Srabua Tavasukree, ✆ 035-251572, nördlich der Altstadt in einer Nebenstraße liegt die von drei hilfsbereiten Schwestern geleitete, sehr ruhige Anlage. Auf einem großen Grundstück stehen Einzel- und Doppel-AC-Bungalows. Insgesamt 9 kleinere und größere Zi mit AC, Warmwasser-Du/WC, Kühlschrank, großer Fensterfront und Terrasse. Einfaches Frühstück inkl. Auf Wunsch wird auch Abendessen zubereitet. ❸–❹

Amporn Floatel ②, Floating House, 76 U-Thong Rd., ✆ 035-251570, ✉ amporn_floatel@yahoo.com, das Floatel besteht aus vier einfach mö-

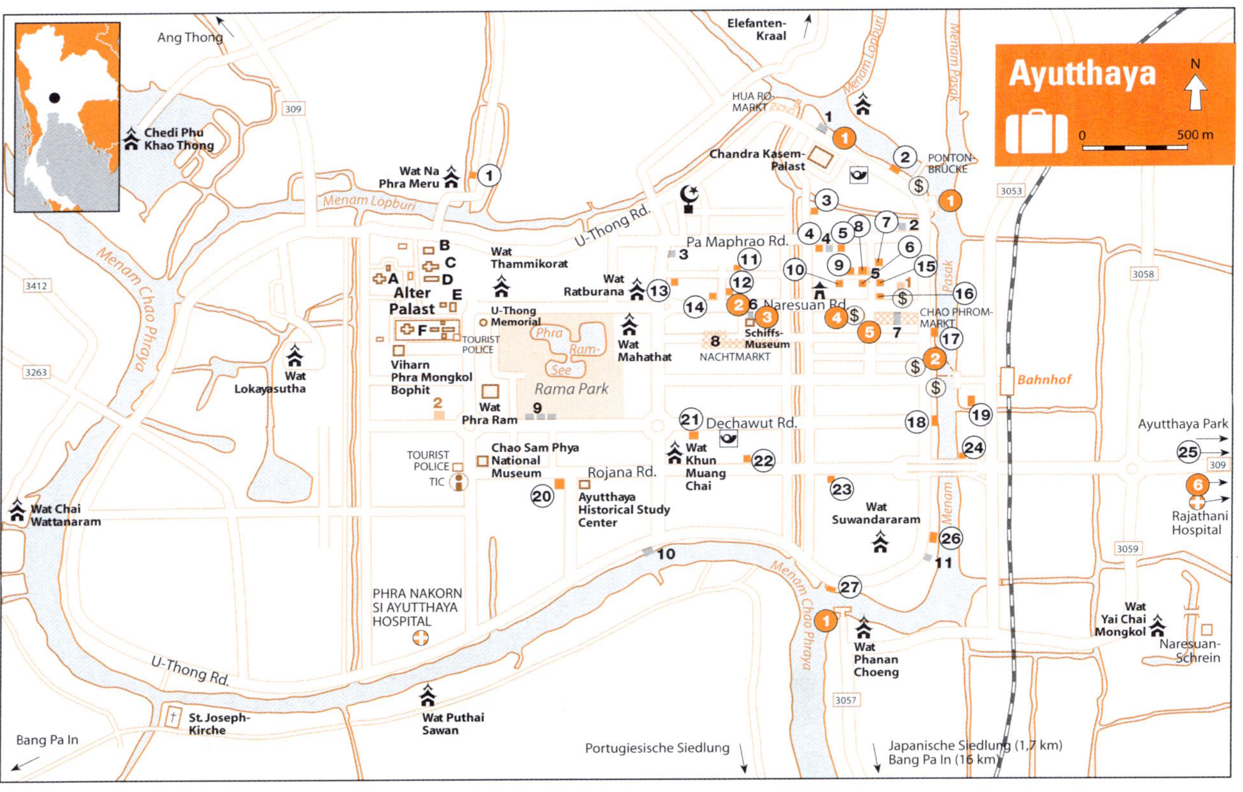

Ayutthaya
N
0
500 m
Ang Thong
Elefanten-Kraal
Chedi Phu Khao Thong
HUA RO-MARKT
Chandra Kasem-Palast
PONTON-BRÜCKE
Wat Na Phra Meru
Menam Lopburi
Menam Pasak
U-Thong Rd.
Pa Maphrao Rd.
Naresuan Rd.
Wat Thammikorat
Wat Ratburana
Alter Palast
U-Thong Memorial
TOURIST POLICE
Phra Ram-See
Rama Park
Wat Mahathat
Schiffs-Museum
NACHTMARKT
CHAO PHROM-MARKT
Bahnhof
Viharn Phra Mongkol Bophit
Wat Phra Ram
Wat Lokayasutha
Menam Chao Phraya
Dechawut Rd.
Ayutthaya Park
TOURIST POLICE
TIC
Chao Sam Phya National Museum
Rojana Rd.
Wat Khun Muang Chai
Ayutthaya Historical Study Center
Wat Suwandararam
Rajathani Hospital
Wat Chai Wattanaram
PHRA NAKORN SI AYUTTHAYA HOSPITAL
Wat Phanan Choeng
Wat Yai Chai Mongkol
Naresuan-Schrein
U-Thong Rd.
Wat Puthai Sawan
St. Joseph-Kirche
Bang Pa In
Portugiesische Siedlung
Japanische Siedlung (1,7 km)
Bang Pa In (16 km)
309
3053
3058
3059
3057
3412
3263

blierten, sauberen Zi auf einem Hausboot, 2 DZ und 2 EZ Gemeinschaftsbad, Terrasse mit Blick auf den Fluss (Moskitoschutz nicht vergessen). ❷–❸

PS Gh. ③, in einer Soi nördlich der Pa Maphrao Rd., altes Haus mit 5 billigen EZ, 3 DZ und Gemeinschafts-Du/WC für Billigreisende. Geleitet von einer pensionierten Lehrerin. ❶

M&J Gh. ④, Jakrapard Rd., ✆ 035-252175, 10 Zi mit Fan und Gemeinschafts-Du/WC in 2-stöckigem Holzhaus abseits der Straße hinter einer Bar. ❷

Baan Lotus ⑤, 20 Pa-Maphrao Rd., ✆ 035-251988, restauriertes, großzügiges, aber etwas hellhöriges Thai-Holzhaus mit zwei 3-Bett-Zi und 7 DZ mit Fan, teils mit Du/WC, teils eine Du/WC für 2 Zi. Sehr schön die Zi nach hinten raus und im 1. Stock. Nebenan in einem neuen 3-stöckigen Haus im traditionellen Stil 10 Zi mit AC und Du/WC. Veranda mit Tischen und Stühlen zum Frühstücken und großer Garten mit Palmen und Lotosteich. Sehr nette, geschäftstüchtige Vermieterin. Touren und Fahrradverleih. ❸

In der Naresuan Rd. konzentrieren sich die einfachen Gästehäuser. Daneben haben Internet-Cafés und Restaurants eröffnet, die abends ihre Tische auf die Straße stellen.

Chantana Gh. ⑦, 12/22 Naresuan Rd., ✆ 035-323200, 089-8850257, ✉ chantanahouse@yahoo.com, neueres Haus für nichtrauchende, ruhebedürftige Traveller. Saubere Zi mit Fan und Du/WC oder 3 mit AC und Warmwasser-Du/WC, dicke Matratzen. In den Zi hinten rechts stört der Lärm einer Wasserpumpe. Große, überdachte Terrasse im 1. Stock. Frühstücken möglich. ❸

Ayutthaya Gh. ⑧, 12/34 Naresuan Rd., ✆ 035-232658, ✉ayutthaya_guesthouse@yahoo.com. 30 saubere Zi, nach vorn hin laut. Ältere mit Fan und Gemeinschafts-Du/WC, neuere mit teils offenem Bad und AC. Gutes Restaurant im EG, Fahrrad- und Mopedvermietung. Internet. Die Besitzer vermieten auch Zi in den Nachbarhäusern, vormals **Toto** und **T.M.T. Gh.**, mit einfachen, z. T. hellhörigen und dunklen Zi. ❷–❸

Old B.J. Gh. ⑨, 16/7 Naresuan Rd., ✆ 035-251526, in der Seitengasse links des Ayuthhaya Gh. 8 sehr einfache Zi mit Gemeinschafts-Du/WC, Zi mit Fan und Du/WC, Schlafsaalbetten 90 Baht. Freundliche Besitzer. Fahrradvermietung. ❷

P.U. Inn Gh (Ubonpon Gh.) ⑩, 20/1 Moo 4, ✆ 035-251213, ausgebautes, auf japanische Backpacker ausgerichtetes Gästehaus. 22 Zi mit Warmwasser-Du/WC und Fan oder AC, Familienzimmer, klimatisiertes Restaurant mit thailändischer und japanischer Küche, Schließfächer, Fahrradvermietung, Waschservice. Geleitet von der geschäftstüchtigen Ubonpon, die viele Informationen bereithält und Touren anbietet. Gäste, die nicht im Haus gefrühstückt hatten, wurden vor die Tür gesetzt. ❷–❸

Baan Suan Gh. ⑪, 23/1 Jakrapard Rd., ✆ 035-242394, 💻 www.baansuanguesthouse.com, in einem Garten hinter einer Bar in einem 2-stöckigen, renovierten Holzhaus einfache Zi mit Fan oder AC und Gemeinschafts-Du/WC sowie Bungalows im Garten mit Fan oder AC, Schlafsaalbetten 100 Baht. Internet. ❷–❸

Grandparent's Home ⑫, 22/6 Soi Mantana, Naresuan Rd., ✆ 035-231480, 086-3834791, ✉ Grandparent_1@yahoo.com. Die in 4 Häusern lebende, freundliche Großfamilie vermietet 7 Zi mit und ohne Du/WC. Frühstücken möglich, Wäscheservice. Abgesehen vom Haushund ist es in der kleinen Soi sehr ruhig. Das Eingangstor schließt um 21.30 Uhr. ❷

Tongchai Gh. ⑬, 9/6 Maharaj Rd., ✆ 035-245210, einfache Zi in Reihenhäusern und schmuddlige Bungalows mit Fan oder AC und Du/WC in einem kleinen Garten. ❷

Intarakorn House ⑭, 19/29 Naresuan Rd., ✆ 035-251774, 8 einfache Zi mit Gemeinschafts-Du/WC und Fan an der lauten Straße hinter einer Bar. Fahrrad- und Mopedverleih. ❷

Tony's Place ⑮, 12/18 Naresuan Rd., ✆ 035-252578, 081-6418646, große Zi mit Gemeinschafts-Du/WC, andere mit Du/WC und Fan oder AC und Du/WC, die teuren mit Balkon und Kühlschrank. Das teils überdachte Restaurant mit Bar und einer großen Auswahl an Traveller- und vegetarischen Gerichten wirkt etwas ungepflegt. ❷–❹

The Old Place ⑰, 102 U-Thong Rd., ✆ 035-211161, 💻 www.theoldplaceguesthouse.com. In kleinem Haus am Fluss Zi mit Fan oder AC neben einem großen Gartenrestaurant mit lauter Musik und preiswerten Alkoholika. ❸

Bann Kun Pra ⑱, 48 Moo 3 U-Thong Rd., ☏ 035-241978, 💻 www.bannkunpra.com. Ein Komplex aus fast hundert Jahre alten Thai-Häusern am Fluss mit Blick auf einen neueren Tempel, der liebevoll im traditionellen Stil restauriert und eingerichtet wurde. 4 Zi mit Flussblick und teils eigener großer Terrasse, 6 preiswertere nach hinten, alle mit Fan, 4 Gemeinschafts-Du/WC. Großes, stilvolles Restaurant mit Flussterrasse, Thai-Gerichte mit westlichem Touch bis 100 Baht. Nichts für Geräuschempfindliche. Der Eingang schließt um 22.30 Uhr. ❸

Sherwood House ㉑, 21/25 Dechawut Rd., ☏ 086-6660813, ✉ sherwoodmm@yahoo.com, Stadthaus unter englischer Leitung mit 3 sauberen, freundlich eingerichteten Zi mit AC, 2 nach hinten mit Fan, Du/WC außerhalb. Kleines Restaurant mit mäßigem Essen bis 20 Uhr und Bar; sauberer Swimming Pool, der von 9–20 Uhr auch von Nicht-Gästen gegen Entgelt genutzt werden kann. Motorräder und Fahrräder zu vermieten, Internet, viele Tipps. ❷–❸

Ayutthaya Youth Hostel (Ayutthaya Place) ㉓, 7 Moo 2, Rochana Rd., 200 m westlich der Brücke, ☏ 035-210941, 081-3668161, 💻 www.tyha.org. 2-stöckiges Teakhaus in einem Garten. Einfach eingerichtete Zi mit Fan oder AC und Du/WC. Sauber, aber etwas ungemütliche Gemeinschaftseinrichtungen: Internet, TV, Küchenbenutzung (Toast, Kaffee und Tee kostenlos), Waschmaschinen, Touren. ❸

Prae Si Thong Gh. ㉖, 8/1 U-Thong Rd., ☏ 035-246010, kleines, etwas abseits am Fluss gelegenes Haus, 10 Zi mit Du/WC und AC, Terrasse am Fluss. ❸

Hotels

Jitwilai Place ⑥, 38/7 U-Thong Rd., ☏ 035-328177, in 4-stöckigem Neubaublock Standard-Hotel-Zi mit AC und Du/WC, günstigere mit einem großen Bett. ❸

Ayothaya Hotel ⑯, 12/4 Tessabarn Sai 2 Rd., ☏ 035-232855, 📠 251018, 5-stöckiges Hotel in zentraler Lage. 100 kleine, saubere Standard- und größere Deluxe-Zi mit AC, Frühstück inkl. Restaurant und Bar mit Karaoke und Sängerinnen, Pool im Innenhof. ❹–❺

Ayothaya Riverside Hotel ⑲, Ex-Tevaraj Tanrin, 91 Moo 10, Wat Pako Rd., ☏ 035-234873-7, 📠 244139, ✉ ayuriverside@maildozy.com, nahe dem Bahnhof. 102 AC-Zi mit TV und Minibar, z. T. mit schönem Blick auf den Fluss. Business-Center, Konferenzräume, gutes schwimmendes Restaurant (🕒 11–15 und 17–21 Uhr), freundlicher Service. Auch im angegliederten Nachtclub gutes Essen. ❹–❻

Suan Luang ⑳, gegenüber dem Ayutthaya Historical Study Center, ☏ 035-245537, 📠 322076, da das Hotel in einem gesichtslosen Block zu einem Job Training Center gehört, ist der Service sehr freundlich, aber nicht immer perfekt. DZ mit AC, 6-Bett-Zi mit AC oder Fan. ❸

Wiang Fa Hotel ㉒, 1/8 Rojana Rd., ☏ 035-241353, 📠 321572, ✉ wiangfa@hotmail.com, in 2-stöckigem Haus im Motelstil mit Innenhof AC-Zi mit Du/WC und TV, z. T. mit Kühlschrank und Warmwasser, sauber und recht ruhig, freundliche Leute, Internet, mäßiges Frühstück möglich. ❸

Krung Si River Hotel ㉔, 27/2 Moo 11, Rojana Rd., ☏ 035-244333, 📠 243777, westlich der Brücke am Fluss, angenehmes, gepflegtes Hotel. Komfortable Zi mit Marmorbad, großes Frühstücksbuffet inkl. Im beliebten Restaurant mit Flussterrasse und vorwiegend westlicher Live-Musik leckere einheimische und italienische Gerichte, gehobenes Preisniveau. Zudem Bowlingbahn, Pub und Pool. ❺

U-Thong Inn ㉕, 210 Rojana Rd., ☏ 035-242236, 📠 242235, 💻 www.uthonginn.com, 1 1/2 km östlich vom Fluss links der Straße zum Highway, großes Mittelklasse-Hotel mit 200 guten AC-Zi, Blick auf Wat Ratburana. Viele Reisegruppen. Gutes Essen im Malakor-Restaurant. ❹–❺

Ayutthaya Grand Hotel ㉕, 55/5 Rojana Rd., ☏ 035-335483, 📠 335492, der Betonklotz des Mittelklassehotels hinter dem Busbahnhof, 4 km östlich der Stadt, lohnt nicht die hohen Zimmerpreise. Der Pool kann von Nicht-Gästen für 50 Baht genutzt werden. ❹–❺

River View Place Hotel ㉗, 35/5 U-Thong Rd., ☏ 035-241444, 📠 241110, spartanisch eingerichtete Apartments und Zi mit Balkon, z. T. Blick auf Fluss und Tempel, asiatisches Frühstück inkl. Vorwiegend asiatische Reisegruppen und Tagungsteilnehmer. Mäßiges Restaurant mit angenehmer Flussterrasse, wo man bei einem Drink den Sonnenuntergang genießen kann. Kleiner Pool. ❺

Essen

Weitere Essenstände vor dem **Bahnhof** und dem **Amporn Department Store**. In diesem älteren Einkaufszentrum und seiner Umgebung haben sich Filialen internationaler Fastfood-Ketten und ein Supermarkt eingemietet.

Im **Rama Park** laden offene Restaurants mittags zu einer Pause ein. Die Preise sind moderat. Nette Atmosphäre inmitten von Blumen und Palmen, hinter denen die Tempeltürme hervorschauen.

Malakor Restaurant, nordöstlich vom Wat Ratburana, in einem kleinen Holz- und Bambushaus mit Terrasse und einigen Sitzkissen werden Thai- und europäische Gerichte serviert. Manchmal längere Wartezeiten. Alle Speisen auf Wunsch mit Tofu statt Fleisch. Nebenan tagsüber Essenstände.

Sai Thong River Restaurant, 45 Moo 1, U-Thong Rd., ✆ 035-241449, 087-1213936, auf dieses große, hervorragende Restaurant weist eine Leuchtreklame nur in Thai-Schrift hin. Die englische Speisekarte listet eine große Auswahl leckerer, teils ungewöhnlicher Thai- und Isarn-Gerichte. Einige Tische auf einer Terrasse im Freien am Fluss. Von hier legt tgl. um 13.30 und 19 Uhr die umgebaute Reisbarke Siam Thanee ab (s. u.). ◷ tgl. 10.30–22 Uhr. In der Umgebung weitere ähnliche Thai-Restaurants ohne Boot.

Pae Krung Kao Restaurant, südlich der Brücke, ist z. T. klimatisiert. Schöner ist es draußen auf der Terrasse oder dem schwimmenden Restaurant. Englische, etwas schwer verständlich geschriebene Speisekarte.

Steak 29, Pa Maphrao Rd., leckere Thai-Gerichte und Steaks in allen Variationen, aber nichts für Vegetarier. Angenehme Atmosphäre, viele thailändische Gäste, freundlicher Service und reelle Preise. ◷ tgl. 17–22.30 Uhr.

Fuji, Filiale der guten, günstigen japanischen Kette im Ayutthaya Park im Eingangsbereich zum Tesco Lotus, die auch bei Einheimischen sehr beliebt ist. Im Einkaufszentrum zudem diverse Fastfood-Restaurants. Endstation des grünen Stadtbusses Nr. 5.

Rund um den Busbahnhof gibt es zahlreiche Isarn-Restaurants, z. B. das **Roi Et 2 Restaurant**.

Abendessen an Straßenständen

Wer in Ayutthaya übernachtet, sollte sich den abendlichen Bummel über den **Nachtmarkt Hua Ra** am Fluss gegenüber dem Chandra Kasem-Palast oder den abendlichen **Straßenmarkt** östlich vom Rama Park direkt südlich vom hohen Sendemast nicht entgehen lassen. An zahlreichen Ständen wird von 18–23 Uhr gekocht und gebraten. Frische Zutaten stehen bereit, die nach Wunsch zubereitet werden – zum Mitnehmen oder an Tischen serviert.

Unterhaltung

Coffee Kru, Chang House, Arthur's Cocktails, Thaiboat Food & Drink sowie das **Good Luck Restaurant**, die kleinen Backpacker-Straßenrestaurants, Open-Air-Cafés und Bars in der Naresuan Rd. in der Umgebung der Gästehäuser haben ihr Angebot auf das westliche Publikum eingestellt. Bei Reggae und anderen angesagten Klängen oder Sportübertragungen auf dem Großbildschirm schlürft man mit Blick auf die Vorbeiflanierenden einen Cocktail oder italienischen Kaffee. Die Atmosphäre ist lässig-locker, das Essen eher mäßig, aber die Preise sind niedrig. Zudem werden Fahrräder vermietet und Touren angeboten.

Cocohut Chillout Café & Bar, 1/1 Moo 1, Naresuan Rd., an der Abfahrtstelle der Minibusse zum Victory Monument in Bangkok. Kleine Bar im balinesischen Stil mit Cocktails, Thai-Gerichten und Chill-out-Musik.

Gun–T, 22 Pa Maphrao Rd., neben dem Gästehaus Baan Lotus, ✆ 089-227-9913, Open-Air-Bar mit freundlichem englischsprachigem Personal. Frische Shakes und Cocktails werden stilvoll in einem kleinen Urwald serviert.

Weitere Pubs, Discos und Karaoke-Bars überwiegend für Einheimische hinter dem Busbahnhof gegenüber dem Ayutthaya Grand Hotel, z. T. mit Live-Musik. In derselben Straße Essenstände, die rund um die Uhr geöffnet sind. Am Wochenende findet hier ein **Straßenmarkt** statt.

Sonstiges

Autovermietungen

Tanayut, ✆ 086-3802970, und **Atipat Tour**, ✆ 035-232517-9, 252104, vermieten Autos. Viele Straßen im Ort sind neu ausgebaut, es herrscht viel weniger Verkehr als in Bangkok, aber die Vorfahrtsregelung ist ziemlich chaotisch.

Einkaufen

Auf dem **Chao Phrom-Markt** werden Lebensmittel und Haushaltswaren verkauft. Der **Amporn Department Store**, ein Warenhaus gegenüber dem Markt, erhielt durch ein riesiges Einkaufszentrum östlich der Stadt an der Umgehungsstraße Konkurrenz. Der große **Ayutthaya Park**, 126 Moo 3, Asia Rd., ✆ 035-229234, am H32, südlich der Abzweigung des H309, beherbergt den Robinson Department Store, einen Tesco Lotus, eine große Elektronikabteilung, Kinos und viele Restaurants. Stadtbus Nr. 5 für 7 Baht fährt gegenüber dem Ayothaya Hotel ab.

Elefanten

Elefanten mit kostümierten Mahouts stehen im **Elephant Camp**, ✆ 035-211001, im ausgebauten östlichen Bereich des Rama Parks, um vor allem japanische Touristen zum alten Palast und Wat Phra Ram zu bringen. Eine Besichtigung der zentralen Tempel auf dem Elefantenrücken mag zwar sehr romantisch sein und hilft den Mahouts, ihre Tiere zu ernähren, aber man kommt nicht weit. 20 Min. kosten 400 Baht.

Fahrräder

Fahrräder kann man u. a. in Gästehäusern für 30–50 Baht und bei der Touristenpolizei für 50 Baht pro Tag mieten. Eine schöne Radtour führt von der Altstadt Richtung Westen und dann nach Süden zum Wat Chai Wattanaram, einer großen Ruinenanlage mit Prangs im Khmer-Stil. Weiter am Fluss entlang geht es dann nach Südosten, wo man kurz vor dem Wat Phanan Choeng mit der Fähre übersetzen kann. **Vorsicht**: Diebe stehlen Taschen aus Fahrradkörben, und es empfiehlt sich, die weiter außerhalb gelegenen Tempel nur in Gruppen zu besuchen. Es wird von Überfällen und Betrügereien berichtet, in denen Touristen Geld verloren haben.

Feste und Feiertage

Am **chinesischen Neujahrstag** findet am Wat Phanan Choeng im Süden der Stadt ein großer Jahrmarkt mit Musik und Tanz statt.
Songkran (13. April) wird mit einem Umzug in der Nähe des Haupt-Wats gefeiert.
Ayutthaya – World Heritage Site Celebrations, 10.–25. Dezember, Markt und verschiedene Veranstaltungen, darunter eine empfehlenswerte Light & Sound Show über die Geschichte der Stadt. Während der Festtage kostenloser Eintritt zu allen Tempeln. Die Veranstaltung, die sich hauptsächlich an Thais richtet, kann auch mit englischer Übersetzung angesehen werden. Eintritt 200 Baht.
Loi Krathong, im November, wird besonders prächtig im und um den Rama Park begangen.

Geld

Nahe beim Busbahnhof mehrere Banken. Zudem überall in der Stadt Geldautomaten.

Informationen

TAT-Tourist Office, ✆ 035-3227301, ⏲ 8.30–16.30 Uhr. In der ehemaligen Stadthalle Infoschalter mit Broschüren, einem Stadtplan, aber wenigen weiteren Infos. Die Englischkenntnisse der Angestellten lassen Wünsche offen.

Medizinische Hilfe

Phra Nakorn Si Ayutthaya Hospital, Neubau im Süden in der U-Thong Rd., ✆ 035-242987, 241027. **Rajathani Hospital**, Rojana Rd., östlich des Zentrums, ✆ 035-355555-61.

Motorräder

Ab 250 Baht pro Tag in einigen Gästehäusern zu mieten, z. B. im **Sherwood House** oder im **Ayutthaya Gh.** Auch am Bahnhof oder bei **Zin Pol Suzuki**, 90/1-3 U-Thong Rd., ✆ 035-252678, 252505.

Post

Nahe dem Chandra Kasem-Palast und in der Dechawut Rd.

Schwimmen

Der Pool im **Sherwood House** kann auch von Nichtgästen besucht werden, ⏲ tgl. 9–20 Uhr, Eintritt 45 Baht, Kinder 30 Baht.

Touren

Die Gästehäuser organisieren **Rundfahrten** ohne Guide morgens und abends durch die von 19–21 Uhr ausgeleuchteten Ruinen. Die Fahrt dauert 2–2 1/2 Std. und kostet mit dem Bus 100–150 Baht, mit dem Auto 400 Baht. Obwohl die Tempel nur von außen zu sehen sind, lohnt es. Insektenschutz nicht vergessen! **Bootstouren** ab Wat Na Phra Meru oder Wat Phanan Choeng zu 6 Tempeln am Fluss von verschiedenen Anbietern für 250–300 Baht p. P. 2-stündige Bootstouren der Gästehäuser für 200 Baht.

Tourist Police

Am Wat Phra Si San Phet und neben dem Tourist Information Center, ✆ 035-241446, 035-242352.

Nahverkehr

Tuk Tuks, Motorradrikschas, Songthaew

Innerhalb des Stadtgebietes kostet eine Kurzstrecke mit dem Tuk Tuk oder Songthaew 20 Baht, vom Bus Terminal am Highway in die Stadt 60 Baht. Motorradrikschas 10–30 Baht. Für ein Besichtigungsprogramm des weitläufigen historischen Ayutthaya benötigt man mit einem Tuk Tuk oder Songthaew etwa einen Tag. Touren kosten ca. 200 Baht pro Stunde. Fahrer, die am Zug- oder an den Busbahnhöfen Touristen als Kunden zu gewinnen suchen, haben meist wenige Informationen. Besser lässt man sich vom Gästehaus einen Fahrer empfehlen.

Stadtbusse

Der AC-Stadtbus Nr. 5 pendelt für 7 Baht zwischen dem großen Einkaufszentrum Ayutthaya Park, der Bus Station und dem Zentrum und hält ebenso wie Bus Nr. 6 am Markt. Letzterer fährt von der City Hall und dem Tourist Office zum Hua Ro-Markt und Chandra Kasem-Palast.

Fähren

Vom Bahnhof kann man mit 2 Fähren für 3 Baht in die Stadt übersetzen. Zudem verkehren Fähren über den Fluss zum Wat Phanan Choeng.

Boote

An der Bootsanlegestelle hinter dem Wat Phanan Choeng und gegenüber dem Chandra Kasem-Palast werden Boote für 6–10 Pers. für Rundfahrten vermietet; sie kosten ca. 300–400 Baht pro Std. Nur die kleinen können den flachen Menam Lopburi befahren.
Vom Sai Thong River Restaurant legt tgl. um 13.30 und 19 Uhr die umgebaute Reisbarke **Siam Thanee** zu einer einstündigen Rundfahrt ab, 100 Baht p. P. Sie kann auch gechartert werden.

Transport

Busse

Expressbusse halten am **Bus Terminal** westlich vom Highway, an der Einmündung der Rojana Rd., ca. 4 km östlich der Stadt, ✆ 035-355304. Plätze für die Weiterfahrt sollten in 1. Kl. AC- und VIP-Bussen mindestens 1 Tag im Voraus gebucht werden. Von hier aus fahren Stadtbusse etwa alle 15 Min. für 7 Baht ins Zentrum. Busse Richtung Norden sind häufig voll, wenn sie aus Bangkok kommen.
Ab BANGKOK, 75 km, Mo Chit (Northern Bus) Terminal 2. Kl. AC-Bus teils über Bang Pa In alle 15 Min. bis 19.30 Uhr für 50 Baht in 1 1/2 Std., 1. Kl. AC-Bus direkt alle 20 Min. bis 20.40 Uhr für 56 Baht. Zurück ab **Bus Stop** in der Naresuan Rd. bis gegen 19 / 20.30 Uhr.
Schräg gegenüber Minibusse für 50 Baht nach Bangkok bis 17.30 Uhr etwa stdl. zum Southern Bus Terminal. Von dort weiter nach Kanchanaburi. Weitere etwa alle 20 Min. zum Victory Monument.
Vom Bus Terminal nach SUKHOTHAI (keine Vorbuchung möglich) 2. Kl. AC-Bus 9x tgl. von 7–20.30 Uhr für 216 Baht, 1. Kl. AC-Bus um 11.30 und 21 Uhr für 308 Baht in 5 1/2 Std. Alternative: bis Kamphaeng Phet fahren und dort umsteigen.
PHITSANULOK 2. Kl. AC-Bus 10x tgl. von 7–19 Uhr für 178 Baht in 5 Std.
NAN 2. Kl. AC-Bus um 7, 8.45, 19, 20.20 und 21.20 Uhr für 344 Baht, 1. Kl. AC-Bus um 9.30 und 21.30 Uhr für 499 Baht, VIP-24 um 21 Uhr für 775 Baht in 8 Std.
CHIANG MAI 2. Kl. AC-Bus 11x tgl. von 6.30–20.50 Uhr für 365 Baht, 1. Kl. AC-Bus um 19.30 Uhr für 605 Baht, VIP-24 um 21 Uhr für 805 Baht in 9 Std.
Ab **Bus Stop am Chao Phrom-Markt** in der Naresuan Rd. Songthaew nach BANG PA IN für max. 30 Baht. Von dort weiter nach BANG SAI.

LOPBURI, grüner Bus 607 bis 17 Uhr in 2 1/2 Std. für 40 Baht. Auf der Landstraße H3057 nach Bang Pa In, die 16 km am Fluss entlangführt, verkehren auch Songthaew. Ein Taxi kostet für diese Strecke 500 Baht, Minibus 150 Baht.
KANCHANABURI: Minibus zum Southern Bus Terminal in Bangkok und von dort mit dem AC-Bus oder über SUPHANBURI, gelber non-AC-Bus 703 für 50 Baht in 1 1/2 Std. Von dort weiter mit Bus 411 nach Kanchanaburi, 45 Baht, 1 1/2 Std. Direkter Minibus von den Gästehäusern um 9.30 Uhr in 3 1/2 Std. für 350 Baht.
Richtung Nordosten zuerst mit dem roten Bus 1001 vom Markt bis zur Kreuzung in WANG NOI, alle 30 Min., 20 km, 14 Baht.

Eisenbahn

Fahrplan s. S. 882ff. Ab dem Bahnhof, ✆ 035-241521, fahren Songthaew zu den Ruinen. Für Tagesbesucher Gepäckaufbewahrung am Bahnhof 10 Baht.
Von BANGKOK etwa 20 Züge ab Hauptbahnhof Hua Lamphong für 40 / 20 Baht in der 2. / 3. Kl. in 90 Min. Nach LOPBURI für 40 / 20 Baht. Für die kurzen Strecken sind wegen der ansonsten hohen Zuschläge nur die ORD-Züge zu empfehlen.
Nach CHIANG MAI sind die Nachtzüge sehr beliebt. Da Züge Richtung Nordosten ebenfalls in Ayutthaya halten, kommt man gut nach PAK CHONG (Khao Yai National Park) in 2–3 Std. und KORAT in 3–4 Std.

Boote

Von BANGKOK bieten verschiedene Gesellschaften Tagestouren mit dem Boot nach Bang Pa In und weiter mit dem Bus nach Ayutthaya an (s. S. 196).

Lopburi ลพบุรี

Die 58 000 Einwohner zählende Stadt gibt sich selbst den Beinamen „Affenstadt" – und das zu Recht, denn eine Horde von über 300 Makaken bevölkert das Zentrum am Ufer des Lopburi-Flusses. Entlang der Ausfallstraßen erstreckt sich über mehrere Kilometer die weitläufige Neustadt. Kasernen und Militärakademien lassen auf die strategische Bedeutung der Stadt schließen.

Die Sehenswürdigkeiten in der überschaubaren Altstadt, in der noch viele Holzhäuser stehen, lassen sich gut zu Fuß erkunden. Der **Sarn Phra Karn-Schrein** am Bahnübergang auf den verfallenen Ruinen eines Khmer-Heiligtums enthält eine Steinskulptur von Vishnu mit einem Buddhakopf. Ihm zu Ehren treten manchmal Tänzerinnen auf. Seit Menschengedenken leben Affen in den heiligen Banyan-Bäumen am Schrein (die aber nicht mehr gefüttert werden dürfen): Eine Attraktion für Besucher, die staunend dabeistehen, wenn Affen-Großfamilien mal hektisch, mal seelenruhig die viel befahrene Straße zum nahe gelegenen **Prang Sam Yod** überqueren. Dessen drei Laterit-Prangs ragen jenseits der Bahnlinie empor: Die Khmer-Anlage im Bayon-Stil stammt aus dem 11. Jh. und ist das Wahrzeichen der Stadt. König Narai ließ an die ursprünglich den Hindu-Gottheiten Brahma, Vishnu und Shiva gewidmeten Prangs einen Viharn anbauen, der eine Buddhastatue aus der Ayutthaya-Periode beherbergt. ⏲ tgl. 8–18 Uhr, 30 Baht.

Gegenüber dem Bahnhof liegt das mehrfach umgebaute und restaurierte **Wat Mahathat**, eine große buddhistische Tempelanlage, die von einem Prang im Lopburi-Stil überragt wird. Bereits vor dem Erscheinen der Khmer befand sich hier ein Heiligtum. Die meisten Gebäude, die zu sehen sind, stammen aus der Zeit von König Narai. ⏲ Mi–So 7–17 Uhr, 30 Baht.

Wat Sao Thong Thong am Fluss wurde während der Ayutthaya-Zeit in westlichem Stil erbaut

Mon-, Khmer- und Thai-Herrscher

Lopburi war bereits im 7. Jh. ein bedeutendes religiöses und politisches Zentrum eines unabhängigen Mon-Reiches. Vom 10. Jh. an standen weite Teile des Menam-Gebietes unter dem Einfluss des östlichen Khmer-Reiches. Dessen Kultur wurde z. T. von den Thai übernommen, als sie im 13. Jh. von Norden her in dieses Gebiet vordrangen. Danach verlor Lopburi an Bedeutung, bis König Narai von Ayutthaya im 17. Jh. in Lopburi eine zweite Hauptstadt errichtete. Sein Denkmal steht inmitten eines Kreisverkehrs 3 km östlich des Stadtkerns.

und diente europäischen Gesandten als Gotteshaus. Heute steht es hinter einem modernen Tempel neben einem Amulettmarkt. Ein Europäer, der Grieche Konstantin Phaulkon, den es als Abenteurer an den königlichen Hof verschlug, hatte großen Einfluss auf König Narai. Ein Areal, in dessen Zentrum die **katholische Kirche** und die Wohnräume der Jesuiten stehen, kann besichtigt werden. Flankiert wird die Kirche links von der ehemaligen **Residenz von Phaulkon** und rechts von der **Empfangshalle und Residenz des ersten französischen Gesandten**, die 1685 unter Narai erbaut wurde. Allerdings lassen die Ruinen nur noch erahnen, wie es einmal ausgesehen haben könnte. 🕓 tgl. 8.30–16.30 Uhr, 30 Baht.

Der **Prang Khaek**, gleich südlich von hier, stammt etwa aus dem 10. Jh. und weist die typischen Merkmale der Khmer-Architektur auf.

Narai Raja Niwet-Palast

Der Palast am Menam Lopburi im Zentrum der Stadt, dessen Gebäude zwischen dem 17. und 19. Jh. errichtet wurden, lohnt einen Besuch. Hohe Mauern mit wuchtigen Toren umgeben das etwa 7 ha große Areal, das durch weitere Mauern in einen äußeren, zentralen und inneren Bereich gegliedert ist. 🕓 tgl. 8.30–16.30 Uhr, 30 Baht.

Im äußeren Bereich erheben sich die Ruinen der **Empfangshalle für ausländische Gesandte**, vor denen noch eine Reihe von Lagerhallen und der Wassertank erkennbar sind. Die Ruine an der Südmauer, die **Phra Chao Hao-Halle**, war wahrscheinlich einmal ein Tempel. Vor dem zweiten Tor, das in den zentralen Bereich führt, befanden sich links die Elefantenställe.Hinter dem Tor stehen links die Ruinen der **Dusit-Halle**, deren vorderer Teil im islamischen und deren hinterer Teil im Thai-Stil erbaut wurde. Auf einer erhöhten Plattform sitzend empfing König Narai ausländische Würdenträger. Die zentrale **Phiman Mongkut-Halle** ließ König Mongkut als Refugium erbauen. Sie beherbergt im Erdgeschoss eine umfangreiche Sammlung von prähistorischen Funden, schönen Buddhastatuen der Dvaravati-Kultur und hinduistischen Schutzgöttern aus Terracotta. Im 1. Stock sind Kunstwerke im Khmer- und Lopburi-Stil aus anderen Landesteilen, dekorative Kunst, Sawankhalok-Keramik, Porzellan, Lackarbeiten und Textilien ausgestellt. Das Obergeschoss ist König Mongkut gewidmet und enthält Fotos und Gegenstände aus seinem Besitz. Im Folkloremuseum sind Werkzeuge und Produkte von Töpfern, Webern, Schmieden und anderen traditionellen Handwerkern zu sehen. Der Museumsshop verkauft u. a. schöne Mut Mee-Seide aus lokaler Produktion.

Die **Chanthara Phisan-Halle** ließ König Mongkut restaurieren. Sie enthält eine Ausstellung über König Narai und die Gesandten am Hof sowie mehrere Bücherschränke und alte Handschriften. Im inneren Palastbereich sind kleinere, weniger interessante Ausstellungen über Kunsthandwerk und chinesisches Porzellan zu sehen. 🕓 Mi–So außer feiertags, 8.30–16 Uhr.

Im klimatisierten **Hor Sophom Silp Museum**, das zum Wat Choeng-Tha gehört, finden Buddhismus-Interessierte auf zwei Etagen religiöse Artefakte, eine Sammlung buddhistischer Schriften, Textilien, Keramiken und Gemälde; englische Beschriftungen vorhanden. 📞 036-618388 🕓 8.30-16.30 Uhr. Falls der Eingang nicht besetzt ist, findet sich im angrenzenden Kloster jemand, der das Licht einschaltet.

Übernachtung

Das überschaubare Zentrum der Provinzstadt rings um den Bahnhof ist ideal für einen Zwischenstopp.

Gästehäuser

Noom Gh. ⑦, 15-17 Payakamjad Rd., 📞 036-427693, 081-6065836, in einem alten Haus in der Altstadt vermietet Noom, der hervorragend Englisch spricht, 5 Zi mit Fan und Gemeinschafts-Du/WC hinter einem netten Straßencafé mit Bar. ❶

Hotels

Lopburi Inn ②, 28/9 Narai Maharat Rd., 800 m östl. vom Sarn Phra Karn-Schrein, 📞 036-412300, 📠 412457, 💻 www.lopburiinnhotel.com. Saubere AC-Zi mit Warmwasser-Du/WC, Minibar, TV. ❸–❹

Lopburi Inn Residence ③, 180 Cholpatan Cannel Rd., Rim Khlong Chon, 500 m südlich des Busbahnhofs, 📞 036-613410, 📠 613404. Modernes 5-stöckiges 123-Zi-Hotel. Kleiner Pool. ❹

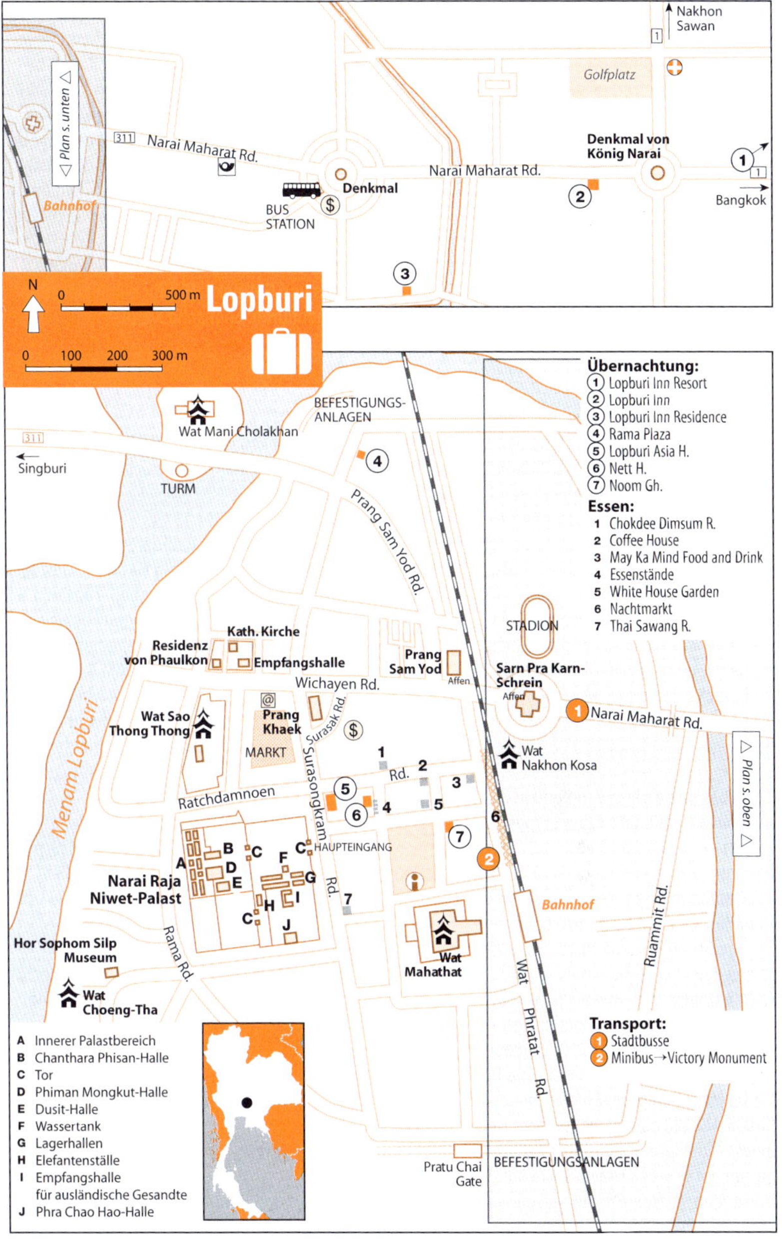
Lopburi
N
0 500 m
0 100 200 300 m
Nakhon Sawan
Golfplatz
Narai Maharat Rd.
Denkmal
BUS STATION
Bahnhof
Denkmal von König Narai
Bangkok
Plan s. unten
Wat Mani Cholakhan
BEFESTIGUNGS-ANLAGEN
Singburi
TURM
Prang Sam Yod Rd.
Kath. Kirche
Residenz von Phaulkon
Empfangshalle
Prang Sam Yod
Affen
Wichayen Rd.
Sarn Pra Karn-Schrein
STADION
Wat Sao Thong Thong
Prang Khaek
MARKT
Surasak Rd.
Surasongkram Rd.
Ratchdamnoen Rd.
Wat Nakhon Kosa
Menam Lopburi
HAUPTEINGANG
Narai Raja Niwet-Palast
Hor Sophom Silp Museum
Wat Choeng-Tha
Rama Rd.
Wat Mahathat
Wat Phratat Rd.
Ruammit Rd.
Plan s. oben
Pratu Chai Gate
BEFESTIGUNGSANLAGEN
Übernachtung:
1 Lopburi Inn Resort
2 Lopburi Inn
3 Lopburi Inn Residence
4 Rama Plaza
5 Lopburi Asia H.
6 Nett H.
7 Noom Gh.
Essen:
1 Chokdee Dimsum R.
2 Coffee House
3 May Ka Mind Food and Drink
4 Essenstände
5 White House Garden
6 Nachtmarkt
7 Thai Sawang R.
Transport:
1 Stadtbusse
2 Minibus→Victory Monument
A Innerer Palastbereich
B Chanthara Phisan-Halle
C Tor
D Phiman Mongkut-Halle
E Dusit-Halle
F Wassertank
G Lagerhallen
H Elefantenställe
I Empfangshalle für ausländische Gesandte
J Phra Chao Hao-Halle

Rama Plaza ④, 4 Bam Pom Rd., ✆ 036-411663, 617947, 📠 413968, nördlich der Altstadt, 5-stöckiges, ruhig gelegenes Thai-Hotel. Große, einfache Zi mit AC, freundliches Personal. ❷

Lopburi Asia Hotel ⑤, 1/7-8 Surasak Rd., ✆ 036-618894, gegenüber dem Palast, 100 einfache, saubere Zi mit gefliesten Böden, Fan oder AC und Du/WC, einige mit Blick auf den Palast. ❷

Nett Hotel ⑥, 17/1-2 Ratchdamnoen Rd., ✆ 036-411738, ein ähnliches, aber kleineres Hotel hinter dem Asia Hotel. 29 recht saubere Zi mit Fan oder AC und Warmwasser-Du/WC, relativ ruhig. An der Rezeption, einem Schalter neben einem als Garage und Wohnzimmer dienenden Raum, hängen die aktuellen Fahrpläne aus. ❷–❸

Für Selbstfahrer

Lopburi Inn Resort ①, 114 Paholyothin Rd., 8 km außerhalb, vom H1 stadteinwärts hinter Tesco Lotus am KM 151 ca. 500 m Richtung Norden, ✆ 036-420777, 💻 www.lopburiinnresort.com. Beliebt bei Selbstfahrern und Reisegruppen. Auf einem weitläufigen, mit überlebensgroßen Affen geschmückten Grundstück stehen 76 solide Häuser mit AC, Bad, Kühlschrank, TV, Terrasse und eigenem Parkplatz rings um einen großen Pool und ein überdimensioniertes Restaurant. Frühstücksbuffet inkl. ❹

Essen

Tagsüber gibt es am Markt und in den Gassen gegenüber viele gute **Essenstände**.
Weitere u. a. vor dem Nett Hotel und am Busbahnhof. Abends öffnet entlang des Bahndamms ein **Nachtmarkt** mit vielen Essenständen.

Chokdee Dimsum Restaurant, Ratchdamnoen Rd., im Zentrum, verkauft von 8.30–22 Uhr gefüllte chinesische Teigtaschen.

Coffee House, in dem kleinen, modern eingerichteten Laden mit englischer Karte wird italienischer Kaffee zubereitet. Dazu gibt es hervorragende Nudelsuppen, aber kleine Portionen.

White House Garden, Phraya Kamchat Rd., ✆ 036-413085, hübsch gestaltetes Restaurant in einem renovierten Thai-Haus mit großem Vorgarten. Im 1. Stock sitzen Gäste auf dem alten Holzboden im Thai-Stil auf Kissen. Von den Plätzen auf dem Balkon überblickt man den Garten und die belebte Straße. Abends sorgen Lampions in den Bäumen und Musiker für eine angenehme Atmosphäre. Auf dem Grill wird frischer Fisch zubereitet. Auch andere Seafood-Gerichte ab 200 Baht. Günstiger die Ente aus den Reisfeldern, Suppen und Gemüsegerichte.

Thai Sawang, Sorasak Rd., an der südöstlichen Ecke des Palastes, ist ein sauberes vietnamesisches AC-Restaurant mit englischer Speisekarte. 🕓 tgl. 6–20 Uhr.

May Ka Mind Food & Drink, tagsüber gibt es Snacks und Getränke. Gut für einen Eiskaffee zwischendurch. Englische Karte.

Sonstiges

Geld

Mehrere Banken rings um die Bus Station, beim Prang Khaek und unter dem Lopburi Asia Hotel.

Feste

Jedes Jahr wird Mitte Februar in großem Stil das **Fest zu Ehren von König Narai** mit Umzügen in historischen Kostümen, Lopburi-Tänzen u. a. begangen. Während des 3-tägigen Festes sind alle Hotels ausgebucht, daher empfiehlt sich eine rechtzeitige Reservierung. Am letzten Sonntag im November wird für die Makaken am Phra Karn-Schrein ein üppiges, aufwändig dekoriertes **Chinesisches Buffet** angerichtet – ein Riesen-Fest nicht nur für die Affenhorde.

Informationen

Tourist Office, ✆ 036-422 768-9, 📠 424089, hinter dem Wat Mahathat. Broschüren und ein Stadtplan sind erhältlich. 🕓 tgl. 8.30–16.30 Uhr.

Mietwagen / Motorräder

Im Noom Gh. kosten 100 / 125cc-Motorräder 150 / 250 Baht, ein Minivan 1800 Baht pro Tag.

Post

Hauptpostamt in der Narai Maharat Rd., zwischen dem 1. und 2. Kreisverkehr.

Nahverkehr

Stadtbusse und Songthaew für 10 Baht halten u. a. am Palast und Busbahnhof. Zudem stehen

Touren abseits der Touristenmassen

Nature Adventure, neben dem Noom Gh., organisiert von Mitte Sep–Mitte Juni Tagestouren ins touristisch kaum erschlossene Sublangka-Tierschutzgebiet und Fr–So Kletterkurse mit Ausrüstung für 1800 Baht / Tag.

Motorradtaxis bereit, z. B. vor dem Lopburi Asia Hotel, während Fahrradrikschas auch hier im Aussterben begriffen sind.

Transport

Busse

Der Busbahnhof liegt am 2. Kreisverkehr, 2 km außerhalb des Zentrums. Hier halten auch Stadtbusse und Songthaew, die in die Altstadt zum Palast fahren. Die Plattformen sind nur auf Thai ausgeschildert.

Von BANGKOK, Mo Chit (Northern Bus) Terminal, 153 km, 2. Kl. AC-Busse alle 20 Min. bis 20.50 Uhr für 98 Baht, zurück bis 19 Uhr. 1. Kl. AC-Busse alle 20 Min. hin und zurück bis 20.30 Uhr für 126 Baht in 3 Std.

Minibusse zum Victory Monument ab dem Büro nördlich vom Wat Mahathat von 5–20 Uhr alle 30–60 Min. für 100 Baht.

Nach SARABURI, 45 km, Bus 104 alle 20 Min. bis 18 Uhr für 21 Baht in 1 Std. Hier steigt man in den Bus nach PAK CHONG (Khao Yai National Park) um oder nimmt den AC-Bus 108 nach KORAT, 212 km, bis 10.30 Uhr für 112 Baht in 3 1/2 Std.

Nach KANCHANABURI Bus 411 alle 20 Min. bis 17 Uhr für 40 Baht in 1 Std.

Nach AYUTTHAYA 2. Kl. AC-Bus 607 alle 20 Min. von 5.30–17.45 Uhr in 2 Std. für 37 Baht.

Nach PHITSANULOK non-AC-Bus 572 um 10, 12.30 und 14.30 Uhr für 120 Baht, AC 146 Baht, in 4 Std. Von dort weiter nach Sukhothai.

Eisenbahn

Fahrplan s. S. 882ff. Bahnhof, ✆ 036-411022. Die Fahrt von BANGKOK dauert 2–3 Std. und kostet in der 2. / 3. Kl. 80 / 40 Baht. In den lokalen Zügen steigen auf dieser Strecke Händler mit sehr guten Snacks zu.

Die Umgebung von Lopburi

Wat Phra Phutthabad

Der Legende zufolge wurde hier, 17 km südöstlich von Lopburi, 1606 ein Fußabdruck Buddhas entdeckt, woraufhin der König einen Tempel erbauen ließ. Die Anlage auf einem Hügel ist das Ziel vieler Pilger. Sie werfen Geld als Opfergaben in die Vertiefung des Fußabdrucks im Mondhop, kleben Goldblättchen darauf und läuten die 93 Glocken, die über der Marmorplattform hängen. Es heißt, dass man so alt wird wie die Anzahl der Schläge, die man richtig gezählt hat. In Höhlen in der Umgebung leben zahlreiche Mönche. Den Weg unterhalb des Tempels flankieren Souvenir-, Essen- und Verkaufsstände, an denen lokale Spezialitäten, wie leckere Klebreis-Kokoskuchen und anderes Gebäck sowie Tamarinde, angeboten werden. Wer mit dem eigenen Fahrzeug auf dem H1 unterwegs ist, gelangt 28 km nördlich von Saraburi zwischen KM 124 und 125 zur 1 km langen, breiten Zufahrtstraße Richtung Westen zum Wat Phra Phutthabad, das von 2 hohen weißen Türmen flankiert wird. Bus 104 Richtung Saraburi hält an der Abzweigung.

Rund um Ban Mee

Rings um Lopburi erstreckt sich eine von Reisfeldern bedeckte Ebene, aus der kahle Kalkfelsen emporragen. Einige bilden ganze Bergketten, andere stehen wie Schachfiguren in der Landschaft. Manche werden von Buddhastatuen gekrönt und sind von Höhlen durchzogen, die teils religiös genutzt werden oder in denen Fledermäuse nisten. Bislang ist die Gegend touristisch kaum erschlossen. Noom vom gleichnamigen

Sonnenblumenfelder

Ende November bis Anfang Januar blühen östlich und nördlich von Lopburi Sonnenblumen. Sie locken einheimische Touristen an, die unter schützenden Sonnenschirmen auf den Feldern spazieren gehen, sie in kleinen Bähnchen befahren oder auf dem Rücken eines Elefanten durchqueren. Am Straßenrand, z. B. am H21, werden Essen- und Souvenirstände aufgebaut.

Guest House organisiert Touren in abgelegenere Gebiete. Mit einem Motorrad oder Mietwagen empfiehlt sich eine kleine Tour durch die nordwestliche Umgebung von Lopburi.

Zwischen der Bahnlinie und einem Entwässerungskanal geht es auf dem ausgebauten H3196 Richtung Norden. Nach 18 km, nahe der Bahnstation Ban Nong Tao, steht 300 m abseits der Straße **Wat Nong Tao**, dessen Gebetshalle auf dem Rücken einer gigantischen, aus Zement gefertigten Schildkröte steht. Der Tempel in dem abgelegenen Dorf mit seinen Schatten spendenden Bäumen ist ein Ort der Ruhe.

Östlich der Kreuzung des H3196 und H205 verkauft in **Ban Kluai**, 300 m hinter der Brücke, ein OTOP-Laden Mut Mee-Seide, die in den umliegenden Dörfern gewebt wird. Westlich der Kreuzung geht es weiter nach **Ban Mee**.

4 km südlich des Ortes erhebt sich östlich des H3028 **Khao Wong Khot**. In diesem Tempelberg nisten in einer Höhle Millionen von Fledermäusen, die bei Sonnenuntergang gegen 18 Uhr in einem schier endlosen Band ausfliegen und auf Nahrungssuche gehen. Dieses bis zu 2-stündige Spektakel kann von der Straße aus beobachtet werden. Wer auf dem H3028 zurück nach Lopburi fährt, kann einige nette Abstecher auf schmalen Dorfstraßen zu weiteren interessanten Tempeln unternehmen. Nach einigen Kilometern erhebt sich 2,5 km abseits der Straße der Tempelberg **Khao Samo Khon**, an dessen Fuß ein kleines Kloster mit einer Meditationshöhle liegt. Zurück auf dem H3028 geht es hinter der Brücke über einen Kanal, 5–6 km nördlich der Einmündung auf den H205 auf zwei verschiedenen Zufahrtsstraßen Richtung Westen zum **Wat Lai**. Man fährt an Essenständen vorbei und biegt an einem neuen Tempel am Fluss nach links ab, wo 300 m weiter der Tempel aus der frühen Ayutthaya-Periode mit hübschen Wandreliefs und einer alten Buddhastatue steht. Ein Besuch lohnt. Bus Nr. 2202 fährt von Lopburi für 20 Baht in 1 Std. 18 km auf dem H311 und dann auf dem H3028 nach Ban Mee.

Richtung Osten

Die Metropole Bangkok hat sich ins Mündungsgebiet des Menam Chao Phraya und in Richtung Osten bis weit über den neuen Tiefseehafen Laem Chabang hinaus ausgedehnt. Immer mehr Arbeitskräfte siedeln sich rings um die Industrieparks an, wodurch Chonburi und der älteste internationale Badeort Pattaya zu Großstädten herangewachsen sind und selbst traditionelle Fischer- und Badeorte wie Bang Saen ihr Gesicht verändert haben. Auch der neue Airport östlich von Bangkok fördert die Industrialisierung dieser Region.

Lohnend ist eine Tour in den ältesten Nationalpark Thailands, den Khao Yai.

Von Saraburi nach Pak Chong

Vom mehrspurigen Highway 1 nach Norden zweigt am Ortseingang von Saraburi der so genannte „Friendship-Highway" H2 nach Osten ab. Hinter KM 133 am großen, weißen sitzenden Buddha von Klang Dong, an gigantischen Zementwerken und Chemiefabriken vorbei, beginnt der Aufstieg auf das Plateau. Restaurants und Resorts inmitten großer Gärten, Gärtnereien sowie Obstplantagen und Gemüsefarmen, deren Produkte an der Straße verkauft werden, locken Wochenendausflügler aus Bangkok an. Der angebotene Wein, der ebenfalls hier angebaut und verkauft wird, ist durchaus trinkbar.

Abseits des H2 lädt auf halber Höhe am KM 142 der kleine **Muak Lek-Wasserfall** zu einer Pause ein. 10 km vor Pak Chong befindet sich südlich der Straße ein buddhistischer **Meditationstempel** in einer Tropfsteinhöhle, der im Rahmen von Tagestouren ab Khao Yai besucht wird. Auf dem H2 ist am KM 165 die Abfahrt erreicht, auf der man nach 5 km ins Zentrum von Pak Chong gelangt. Die Abzweigung in die andere Richtung führt nach 40 km zum Khao Yai National Park (s. S. 262).

Pak Chong ปากช อง

Die Provinzstadt nördlich des ausgebauten Friendship Highway mit einem kleinen Bahnhof ist Ausgangspunkt für einen Besuch des Khao Yai National Parks. Lohnend sind ein Besuch auf dem großen **Markt**, der in und um die zentrale

VON BANGKOK NACH OSTEN
0 10 20 30 km
N
BANGKOK
Lopburi
Wat Phra Putthabat
Pak Chong
Korat
Sap Setthi
Khao So
807
Lam Phra Phleong Reservoir
Kaeng Khoi
Muak Lek
Pa Sak
Tha Rua
Saraburi
Bang Pahan
s. Detailplan Khao Yai S. 265
KHAO YAI NATIONAL PARK
Khao Kaeo
1017
1351
Khao Laem
Ban San Chao Po
THAP LAN N.P.
Bang Ban
Ayutthaya
Phachi
Uthai
Nong Khae
Bang Pa In
Bang Sai
Ban Na
Nakhon Nayok
Nang Rong-Wasserfall
Narok-Wasserfall
Royal Folk Arts and Crafts Ctr.
Wat Phai Lom
Khlong Luang
Ongharak
Pak Phli
Prachinburi
Prachantakam
Sam Khok
Thanyaburi
Pathum Thani
Lam Lukka
Bang Sang
Kabin Buri
Tha Makok
Si Mahaphot
DON MUANG AIRPORT
Bang Nam Pried
Bang Pakong
Aranyaprathet
Bang Khek
Minburi
Nong Chok
Bang Kapi
Lat Kabang
Phanom Sarakham
Ban Khla
SUVARNABHUMI AIRPORT
Chachoengsao
Sanam Chai Khet
Phra Pradaeng
Bang Phli
Bang Pakong
Samut Prakan (Pak Nam)
Ancient City
Bang Bo
Phan Thong
Phanat Nikhom
Chonburi
Ang Sila
Ban Bung
Bang Saen
Khao Khiew Open Zoo
Nong Yai
Si Racha
Bang Phra
KO SI CHANG
Laem Chabang
Thung Yai Kong
Naklua
Phuak Daeng
KO SAK
KO PAI
KO LARN
Pattaya
Yang Ngam
Jomtien Beach
Noong Noch Village
Nam Pen
Ban Chang
Ban Khai
Klaeng
KO KHRAM
Sattahip
Rayong
Chantaburi
U-TAPAO
Ban Nam Tok
Ban Takuan
Phrak Klong
Mae Rom Phung
Ban Phe
Nong Mapring
Ban Tha Sala
KO KHAM
KO SAMAESAN
KO SAMET
21
1
3276
2
2311
2090
329
309
3222
33
32
222
347
305
3293
33
3096
319
304
359
9
304
304
304
3141
M7
34
315
331
3
3
315
349
344
M7
3241
3
3138
3245
331
344
36
3191
3138
3471
3
3077

Halle stattfindet, und ein abendlicher Bummel über den **Nachtmarkt**, dessen Markt- und Essenstände ab 16 Uhr an der Hauptstraße östlich der Ampel aufgebaut werden.

An der Straße zum Khao Yai

Die meisten Ausländer übernachten außerhalb des Ortes an der Straße zum Khao Yai, die von Farmen, Obstplantagen und Golfplätzen gesäumt wird. Außer zahlreichen Resorts gibt es in dieser Gegend mit einem für Thailand angenehm kühlen Klima internationale Schulen und andere Bildungseinrichtungen, Golfplätze und einige Vergnügungseinrichtungen für einheimische Touristen. Unter dem Thema „Cowboys“ geht man Bogenschießen, Reiten, Planwagen fahren, hört die von verblüffend echt wirkenden Thai-Cowboys dargebotene Country-Musik oder schaut beim Hundetraining zu, z. B. auf der Chok Chai Farm. Die Verbindung zu den Cowboys stammt aus den 1960er-Jahren, als während des Vietnamkriegs US-Amerikaner in dieser Region die Milchwirtschaft einführten.

Übernachtung

Fast alle Hotels erhöhen am Fr und Sa ihre Preise. Dann kommen viele Gäste aus Bangkok herauf und belegen die Zi der teuren Resorts.

In Pak Chong

Pakchong Landmark Hotel ①, 151/1 Mitraphap Rd., am KM 168, 2 km vor Pak Chong, ☏ 044-280047-54. Das beste Hotel im Ort hat 140 komfortable Zi, Frühstück inkl., mit Pool und Karaoke Lounge. ❹

Rim Tarn Inn ②, 430 Mitraphap Rd., ☏ 044-313364-8, ℻ 312933, in einem fünfstöckigen Bau, 37 Zi mit Du/WC, TV und Kühlschrank, kleiner Pool, Restaurant, Frühstück inkl. ❸–❹

Wan Chai Hotel ③, 434 Mitraphap Rd., ☏ 044-280141, Hotel für Anspruchslose, Zi mit Fan oder AC und Du/WC. ❷

Phubade Hotel ④, 9 Tesaban 15 Rd., ☏ 044-314964-5, etwas zurückversetztes 5-stöckiges Haus im Zentrum, einfache, abgewohnte Zi mit Fan oder AC und Warmwasser-Du/WC. ❷–❸

Phuphaya Hotel ⑤, 733 Mitraphap Rd., ☏ 044-313489-98, ℻ 312623. Der moderne, mehrstöckige Hotelblock hat 102 Zi mit AC und Du/WC oder Bad, Frühstück inkl. Am Wochenende 200 Baht Zuschlag. ❸–❹

An der Straße zum Khao Yai

Khao Yai Garden Lodge, KM 7, 135 Thanon Thanarat, Pak Chong, ☏ 044-365178, ℻ 365179, 💻 www.khaoyai-garden-lodge.com; Pickup-Service 3x tgl. 50 Zi, von preiswerten, etwas lauten Zi mit Gemeinschafts-Du/WC und Fan nahe der Straße bis zu riesigen AC-Zi im Thai-Stil mit Terrasse in einer weitläufigen Gartenanlage. Kleiner Pool. Im Restaurant Thai- und europäische Gerichte sowie Bier vom Fass. ❷–❺

Greenleaf Travel, KM 7,5, 52 Moo 6, Thanon Thanarat, ☏ 044-365073 oder 089-4248809 (Mr. Nine), 💻 www.greenleaftour.com. 18 einfache, saubere Zi mit Du/WC, nette, familiäre Atmosphäre. Preiswertes einheimisches Essen. Kostenloser Transport vom / zum Bahnhof oder Busbahnhof, wenn Touren gebucht werden. ❷

Juldi's Khao Yai Resort, KM 17, 54 Moo 4, Thanon Thanarat, ☏ 044-297297, ℻ 297291, 💻 www.khaoyai.com; die komfortable, luxuriöse Anlage mit 95 Zi und Bungalows wird vor allem am Wochenende von Gästen aus Bangkok besucht. Frühstück inkl. Pool in gepflegter Gartenanlage, Massage und Spa. Im Country Pub im englischen Landhausstil abends Live-Musik. Reitunterricht möglich. ❺–❽

The Jungle House, KM 19,5, 215 Moo 5, Thanon Thanarat, ☏ 044-297183, 297307, ℻ 044-297183, Reihenhäuser, Baumhaus, 2-stöckige Bungalows und Holzhäuser in unterschiedlicher Ausstattung und Lage für 2–6 Pers., kleiner Zoo, nettes Restaurant mit steinernen Buddhafiguren. Elefanten werden für Ausritte den Berg hinauf und zurück durch das Flussbett vermietet. Am Straßenrand oder an der Rezeption können sie gefüttert werden. Ausritte 300 Baht p. P. für 30 Min. Zudem Fahrradvermietung, Klettern und in der Regenzeit Rafting-Touren. Sa 200–300 Baht Zuschlag. ❸–❹

The Greenery Resort, KM 19,7, 188/1 Thanon Thanarat, 1 km westlich der Straße, ☏ 044-297224-5, 💻 www.greeneryresort.com. Modernes Boutique-Hotel, das für Konferenzen und Incentive Tours gern gebucht wird, im Gegensatz zum älteren Golden Valley Resort direkt dahin-

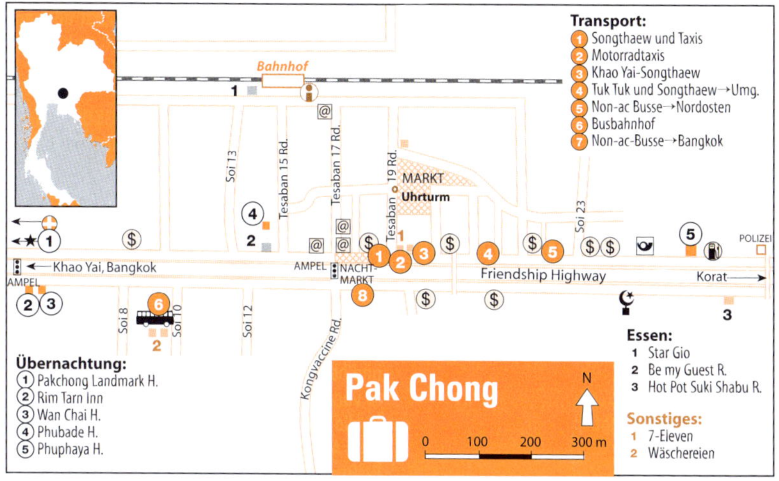

ter. Komfortable Zi im modernen Thai-Stil in 2–3-stöckigen Häusern, die in eine nette Gartenanlage eingebettet sind. Pool, Spa, Restaurant und Karaoke-Bar. Angeboten werden zudem diverse Aktivitäten wie Bogenschießen. Mit Mastercard 40 % Rabatt. ❼

Khaoyai Guesthouse, KM 21, Thanon Thanarat, ✆ 085-8450260, 8374939. Kleiner Familienbetrieb mit 3 Doppelbungalows mit Fan und Du/WC sowie 4 AC-Zi in einem Reihenhaus. Auf Wunsch Frühstück und Thai-Gerichte. ❸

Khao Yai Purin Resort, KM 21,8, ✆ 044-297394-5, Bungalows mit AC, TV, Kühlschrank, großem Bad und Terrasse, die während der Woche meist leer stehen. Garten mit kleinem Restaurant. ❸

Essen

Ein Abendessen auf dem großen **Nachtmarkt** östlich der Ampel ist nicht nur preiswert, sondern wegen der vielen ungewöhnlichen Gerichte wie Wasserwanzen und Frösche, auch eine interessante Erfahrung.

Be my Guest, an der Hauptstraße, modern eingerichtetes, kleines AC-Café. Auf der englischen Karte stehen Frühstück und günstige Thai- sowie westliche Gerichte. ⌚ nur tagsüber.

Star Gio, gegenüber dem Bahnhof, Mr. Pong bereitet hier italienische Pizza und Lasagne zu.

Hot Pot Suki Shabu Restaurant, östlich vom Zentrum, gegenüber der Shell-Tankstelle. Hier kann man sich das Essen am Tisch in einer brodelnden Brühe selbst garen.

Zwischen KM 4 und 5 an der Straße zum Khao Yai liegen mehrere Thai-Restaurants und Essenstände. Gegenüber dem Golfplatz zwischen KM 11,5 und 12 mehrere große Restaurants und Steakhäuser mit einheimischen, italienischen Gerichten und Steaks. In mehreren Minimärkten entlang der Straße können sich Wanderer mit Verpflegung eindecken.

Im **Fabb Fashion Café** unterhalb Juldis, KM 16,5, wird außer Thai-Essen auch richtiger Kaffee gekocht.

Aber auch im Park selbst gibt es Essenstände.

Sonstiges

Einkaufen

Fly Now, ein groß ausgeschildertes Factory Outlet am H2 Richtung Bangkok, westlich der Abzweigung der Straße zum Khao Yai. Waren internationaler Designer, die im Nordosten produziert werden, u. a. Warner Brothers, Esprit, Clark und Rossini. Die meisten Textilien gibt es allerdings nur in kleinen Größen. ⌚ tgl. 9–22 Uhr.

Geld
Zahlreiche Banken entlang der Hauptstraße wechseln Traveller's Cheques und haben Geldautomaten.

Informationen
Eine Infotafel am Bahnhof.

Internet
Einige Anbieter in der Tesaban 17 Rd. und an der Hauptstraße nahebei für 20 Baht pro Std.

Post
Neben der Shell-Tankstelle.

Wäschereien
Neben dem Busbahnhof.

Nahverkehr

Pickups, Taxis und Songthaew in den Khao Yai müssen abends den Platz für den Nachtmarkt räumen.

Songthaew, Tuk Tuks
Sie fahren von der Haltestelle östlich der Ampel ab. Zum Eingang des KHAO YAI NATIONAL PARK fährt Songthaew Nr. 1317 für 18 Baht von 6–17 Uhr alle 30 Min. von der Haltestelle vor dem Telefon-Büro ab, zurück bis 16 Uhr. Sie eignen sich nicht zum Besuch des Parks, da die interessantesten Landschaften 14 km weiter im Süden liegen. Ein Tuk Tuk oder Songthaew zu den Resorts zu chartern kostet zur Garden Lodge oder Greenleaf 150 Baht, zum Nationalpark-Eingang 500–600 Baht.

Taxis, Motorradtaxis
Neben den Songthaew stehen an der gleichen Haltestelle auch Taxis, deren Preis ausgehandelt werden muss. Zum Parkeingang verlangen sie 300–400 Baht. Motorradtaxis kosten zu den meisten Resorts 60 Baht und warten vor dem 7-Eleven auf Kunden.

Transport

Busse
Einige Busse halten in Pak Chong an verschiedenen Haltestellen entlang der Hauptstraße, andere am Busbahnhof zwischen Soi 8 und 10. Ankommende Touristen werden von Schleppern umworben.

Vom Northern Bus Terminal in BANGKOK 1. Kl.-AC-Bus laufend Richtung Korat, zudem nur bis Pak Chong um 7.10, 9.15, 10.05, 12.15, 17.20, 18.20 und 19.10 Uhr für 139 Baht, 2. Kl. AC-Bus Richtung Korat 108 Baht. AC-Busse halten bis 18.30 Uhr am Busbahnhof, danach an der Hauptstraße.

In den Nordosten über KORAT, 1. Kl. AC-Bus 74 Baht rund um die Uhr, tagsüber alle 20 Min., nachts stdl. Weitere 2. Kl. AC-Busse alle 30 Min. für 57 Baht. Die meisten kommen aus Bangkok und halten an der Hauptstraße (s. Karte). Weitere von 8.20–18.30 Uhr ab Busbahnhof.

In alle anderen Orte im Norden mit dem Zug über Ayutthaya oder non-AC-Bus über SARABURI ab Busbahnhof alle 15 Min. für 35 Baht. Von dort weiter nach Kanchanaburi, Ayutthaya, Aranyaprathet oder Chantaburi.

Busse von Bangkok in den Nordosten legen neben der Shell-Tankstelle einen Essenstopp ein. Wenn Sitzplätze frei sind, kann man zusteigen.

Eisenbahn
Fahrplan s. S. 882ff. Ab dem Bahnhof Hua Lamphong in BANGKOK am besten mit dem frühen ORD-Zug über Ayutthaya für 60 Baht in der 3. Kl. Nach KORAT mit dem ORD-Zug Richtung Ubon in 1 3/4 Std.

Khao Yai National Park
วนอุทยานเขาใหญ่

205 km nordöstlich von Bangkok wurde bereits 1962 der erste und mit 2168,75 km² drittgrößte Nationalpark des Landes in der gebirgigen Region der Dongrak-Bergkette eingerichtet. Er schützt den westlichen Teil eines der letzten Monsunwald-Gebiete, das sich über 230 km bis zur kambodschanischen Grenze erstreckt und als **Dong Phayayen-Khao Yai Forest Complex** seit 2005 zum UNESCO-Weltnaturerbe gehört, 💻 whc.unesco.org/en/list/590/. Der Park ist leicht zu erreichen

und wird Jahr für Jahr von etwa 1 Mill. Menschen besucht – vor allem am Wochenende. Die Landschaft auf dem 600–1000 m hohen Plateau wechselt zwischen immergrünem Monsunwald und grasbewachsener Steppe mit kleinen Seen. Allerdings gibt es nur noch sehr wenige ursprüngliche Dschungelgebiete. Höchste Erhebung ist mit 1328 m der Khao Laem.

Über die Fauna und Flora des Parks und die Möglichkeit, Tiere zu beobachten, informiert das **Visitor's Center** in einer kleinen Ausstellung. Tagsüber sieht man kaum Tiere, höchstens die bettelnden Kurzschwanzmakaken (z. B. am KM 31), einige Vögel und die mehr oder weniger angenehme Insektenwelt des Waldes. Nachts an den Salzstellen (z. B. KM 30,3, 36,2 und 35) und im offenen Grasland ist vor allem Rotwild zu beobachten. Mit geschultem Blick und etwas Glück sichtet man auch Wildschweine, Stachelschweine, Wildochsen, Zwergrehe, Mungos oder Zibetkatzen. Selten sind Tiger, Bären und Elefanten. Insgesamt leben noch über 200 Elefanten in mehreren Herden rings um das Headquarter.

Schön sind die Ausflüge zu verschiedenen Wasserfällen. Da die Flüsse im Park die meiste Zeit des Jahres kaum mehr als seichte Rinnsale sind, können sie ohne größere Schwierigkeiten überquert werden. Ein kurzer Spazierweg führt vom Visitor's Center über eine Hängebrücke zum **Kong Kaeo-Wasserfall**. Es lohnt sich, den markierten **Kong Kaeo Nature Trail** zu begehen, ein 1 km langer, etwa einstündiger Rundweg durch den immergrünen Regenwald. Zur Vogelbeobachtung eignet sich am frühen Morgen der blau markierte **Pfad 10**, der 1,3 km am Nordufer des Flusses entlang bis zur gesperrten Straße verläuft. Nach Regenfällen kann er allerdings teils überschwemmt sein.

Der 8 km lange, mit roten Markierungen gekennzeichnete **Pfad 1** führt in 3–4 Std. vom Kong Kaeo Richtung Osten zum Parkplatz am Haew Suwat-Wasserfall. Der nach ca. 3 km abzweigende gelbe **Pfad 2** Richtung Süden endet nach weiteren 3 km am Pha Kluai Mai Camp. Nach insgesamt 5,2 km auf dem roten Pfad 1 gelangt man auf einer weiteren Abzweigung nach links zum **Haew Prathun-Wasserfall**. Pfad 1 führt an zwei weiteren Wasserfällen vorbei, dem **Haew Sai-Wasserfall** und knapp 1 km weiter dem **Haew Suwat-Wasserfall**, an dem einzelne Szenen der Filmversion des Traveller-Romans *Der Strand* gedreht wurden. Pfad 1 endet an der nordöstlichen Stichstraße. Der Weg von dort zurück auf der Straße ist landschaftlich recht schön, aber weit. Am besten organisiert man sich am Parkplatz am Ende der Straße eine Mitfahrgelegenheit. Am landschaftlich reizvoll gelegenen Parkplatz mit Picknickstellen verkauft ein Laden Snacks und Getränke an müde Wanderer.

Der Haew Sai-Wasserfall und der Haew Suwat-Wasserfall lassen sich von hier aus auch gut in umgekehrter Richtung erwandern. Unterhalb des Parkplatzes beginnt am Hinweisschild der kurze Fußweg zum Haew Suwat-Wasserfall.

Der leicht begehbare, rot markierte **Pfad 3** führt vom Parkplatz 3,1 km am Bach entlang in knapp 2 Std. zum Pha Kluai Mai Camp. Am Flussbett wimmelt es in der Trockenzeit von Schmetterlingen in allen Formen und Farben. Etwa auf halbem Weg passiert man den **Pha Kluai Mai-Wasserfall** (Orchideen-Wasserfall). Seinen Namen verdankt er den wilden Orchideen, die auf einem Baum wachsen, der den Bach überschattet. Der weitere Weg am Bach entlang ist sehr schön, doch der Wasserfall selbst ist während der Trockenzeit kaum mehr als ein Rinnsal.

Mehrere Wanderwege verlaufen durch den Wald westlich vom Headquarter. Der rot markierte, 4,5 km lange **Pfad 5** beginnt südlich des Verwaltungsgebäudes und endet nach ca. 3 Std. am Beobachtungsturm Nong Pak Chi. Weiter oben im Wald kreuzt er andere Wanderwege: Nach 1,7 km führt der gelb markierte **Pfad 7** Richtung Süden 2,7 km durch ein savannenartiges Grasland zum **Sai Sorn-Reservoir** hinab, sodass man nach 1 1/2 Std. die Straße erreicht. Der kleine See dient als Trinkwasser-Reservoir und Feuerlöschteich, weshalb man nicht darin baden kann.

Nach weiteren 350 m auf Pfad 5 ist der rosa markierte **Pfad 8** Richtung Südwesten erreicht, auf dem man nach 6,8 km in 4 Std. zur Straßengabelung an einem anderen Reservoir gelangt. Vorsicht, nicht auf den schwierigen, blauen Pfad 15 abbiegen! Pfad 5 läuft hingegen weiter Richtung Norden. An einer kleinen Lichtung beginnt nach 500 m rechts der blaue **Pfad 6**, auf dem man nach 4,4 km in 2–3 Stunden die Hauptstraße beim KM 36 erreicht, 1 km vom Visitor's Center entfernt. Pfad 5 endet nach einer abenteuerlichen Flussdurchquerung am Beobachtungsturm **Nong Pak Chi** an einer Salzstelle hinter dem See in einem weiten, gut überschaubaren Grasland. Allerdings ist der hohe, solide Turm nachts gesperrt. Auf einem Feldweg kommt man nach einem weiteren Kilometer durch das Grasland zurück zur Straße, 2 km nördlich vom Headquarter.

Die Pfade zu den Aussichtstürmen Klong Ethao und Bung Phai sind gesperrt, weil sich hier Touristen verlaufen haben. Der 3,4 km lange, blau markierte **Pfad 9** von Nong Pak Chi Richtung Norden zum KM 33 durch eine abwechslungsreiche Landschaft ist auch ohne Guide in knapp 2 Std. begehbar. Es geht jenseits des Beobachtungsturms hinter dem Bach nach rechts und an der Salzstelle vorbei etwa 30 Min. durch hohes Gras und dann in den Wald hinein. Auf der zweiten Hälfte der Wanderung durch den Wald kommt man an einigen schönen Würgefeigen und hohen, alten Bäumen vorbei.

Südlich der Stichstraße zu den Wasserfällen (KM 41) führt eine schmale, steile Asphaltstraße, der H3182, den Berg hinauf zu einer Radarstation. Da es sich um militärisches Gelände handelt, sind nur 10 km der Straße bis zum Schlagbaum befahrbar, entlang derer es einige **Aussichtspunkte** gibt.

Touristen, die mit einem eigenen Fahrzeug von Süden anreisen, können am KM 18,4 einen Aussichtspunkt oberhalb der Straße besuchen und einen Stopp am schönen **Haew Narok-Wasserfall** bei KM 21,8 einlegen. In einem Pavillon neben dem Parkplatz sind Fotos von den wilden Elefanten, die im Park leben, ausgestellt. Neben dem Restaurant beginnt der asphaltierte Fußweg zum Fluss hinab. Nach der Überquerung des Flusses Huai Samor Pun (KM 22,5) eignet sich am KM 25,8 (**Dong Rong**) der kleine Parkplatz mit einer Infotafel über Tropenbäume (Dipterocarpaceen) und einem Aussichtspunkt für einen weiteren Stopp.

Fledermaushöhlen

Vor dem nördlichen Parkeingang kann man abends an zwei Plätzen ein beeindruckendes Naturereignis beobachten. Einige Höhlen in den steil abfallenden Kalkfelsen werden von hunderttausenden kleiner Fledermäuse, den Hufeisennasen-Fledermäusen, bewohnt. Zum Sonnenuntergang verlassen die Tiere in einem nicht enden wollenden Schwarm die Höhle und gehen auf Nahrungssuche. Sie fressen nicht nur die lästigen Insekten, sondern bestäuben zahlreiche seltene Dschungelpflanzen. Zudem sorgen sie für die Verbreitung der Samen von bis zu 95 % der Pflanzen des tropischen Regenwaldes, sodass es ohne diese Tiere wohl kaum noch einen Wald gäbe.

Am KM 20,8 vor der Einfahrt zum National Park biegt man kurz vor dem Wat rechts in einen Feldweg ab. An der nächsten Gabelung hält man sich rechts und erreicht am Ende des insgesamt 2,5 km langen Weges, der nur mit einem Geländewagen befahrbar ist, eine Hütte und die Talstation einer primitiven Seilbahn, mit der Guano aus der Höhle transportiert wird. Für Klettertouren sind feste Schuhe erforderlich, allerdings sollte man die Höhle selbst nicht betreten, um die Tiere nicht zu stören.

Wer kein eigenes Fahrzeug hat oder den zweiten, besseren Schauplatz besuchen will, sollte sich einer Tour anschließen. Sie führt zu einer anderen Höhle westlich der Hauptstraße, aus der ebenfalls viele Fledermäuse fliegen, die aber auf eigene Faust nur schwer zu erreichen ist.

Dschungeltouren

Markierte Wege mit unterschiedlichen Schwierigkeitsgraden bieten die Möglichkeit, im Khao Yai zu wandern. Die Wege sind nicht überall gut markiert, sodass man sich vorher im Headquarter über die Strecke erkundigen sollte. Wichtig ist es, genügend Wasser und Essen mitzunehmen und außerhalb der ausgetretenen Pfade niemals allein zu gehen – selbst erfahrene Trekker können sich ein Bein brechen.
Die meisten Dschungel-Trails sind ausgetretene Elefantenpfade; umgestürzte Baumstämme oder kreuzende Tierpfade erschweren die Orientierung. Zudem bahnen sich die großen Tiere auch neue Wege.

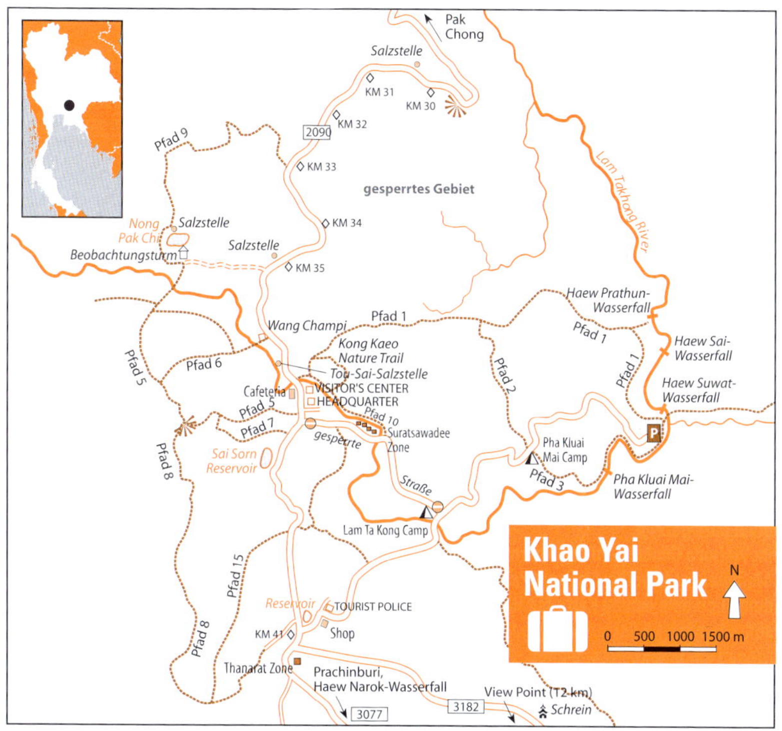

Übernachtung und Essen

Innerhalb des Nationalparks

Es gibt Übernachtungsmöglichkeiten in Bungalows für 2 und 4 Pers. Die großen, teuren stehen direkt hinter dem Headquarter. Günstiger sind die Häuser für 2–10 Personen in der **Suratsawadee-** (Zone 3) und **Thanarat-Zone** (Zone 4). ❹ Zudem Massenquartiere auf den Campingplätzen **Lam Ta Kong Camp** und **Pha Kluai Mai Camp** an der Straße zum Haew Suwat-Wasserfall, 3–6 km vom Headquarter, die v. a. von Gruppen belegt werden und Einzelreisenden möglicherweise schlaflose Nächte bereiten. Sie kosten 50 Baht p. P. Für 100 Baht können Laken, Schlafsack und Kissen gemietet werden. Zu buchen in Bangkok bei der National Park Division, ✆ 02-5620760, 💻 www.dnp.go.th, 🕓 Mo–Fr 8.30–16.30 Uhr. Während dieser Öffnungszeiten kann man auch über die Angestellten im Headquarter vor Ort die Unterkünfte buchen.

Besser übernachtet man außerhalb des Parks. Schräg gegenüber vom Headquarter werden in einer großen Cafeteria einfache Gerichte und Getränke zu akzeptablen Preisen angeboten.

Südlich vom Nationalpark **Kao Yai Grandview Resort**, 150 m vor dem südlichen Parkeingang, ✆ 037-279410-2. Neues Hotel mit 80 AC-Zi mit Balkon, in denen überwiegend einheimische Gäste wohnen. Pool, Restaurant und Tennisplätze, Fahrradvermietung, Frühstück inkl. ❺

Palm Garden Lodge, 6 km vom südlichen Parkeingang entfernt in Ban Kon Khuang, Prachinburi, ✆ 037-403391, 📠 403390, 💻 www.palmgalo.de, eignet sich gut für Leute, die nach Kambodscha wollen. Zi mit Fan und etwas teurere

Bungalows für bis zu 4 Pers. Familiäre Atmosphäre. Die Busse 60 und 921 von Bangkok nach Aranyaprathet halten vor der Lodge am H33. ❸–❹

Sonstiges

Eintritt

Für den Nationalpark 400 Baht pro Ausländer plus 50 Baht pro PKW pro Tag. Die Gebühren werden selbst dann fällig, wenn man den Park nur durchfahren will. Der Park ist von 21–6 Uhr für den Durchgangsverkehr gesperrt.

Informationen

Im **Headquarter** am KM 37, tgl. 8–16.30 Uhr, 037-319002, 297406, gibt es kaum Infos. Hier werden die Parkunterkünfte verwaltet und Autos für Nachtfahrten vermittelt. Tgl. um 18.30 und 19.30 Uhr wird eine Diashow über den Nationalpark gezeigt.
Im **Visitor's Center** wird das informative Buch *Mammals of Khao Yai National Park* verkauft, dem auch eine exakte Karte mit Routenbeschreibungen beiliegt, die sich gut für Wanderungen auf eigene Faust eignet.

Reisezeit

Im Park regnet es ab Mai, am stärksten von Juli bis Mitte Oktober. In der Regenzeit machen die vielen Blutegel zu schaffen. Die beste Zeit ist November / Dezember, denn dann kommen nachts häufig die Elefanten aus dem Dschungel. Abends kann es kühl werden. Von Freitagnachmittag bis Sonntagvormittag sind die leicht zugänglichen Wanderrouten von Wochenendausflüglern überlaufen.

Touren

Mit einem eigenen Fahrzeug kann man viele Touren auf eigene Faust organisieren. Am Wochenende vergnügen sich viele Städter im Park und machen einen Riesenlärm. Die meisten Veranstalter offerieren 1 1/2-tägige Touren mit Englisch sprechenden Guides für 1200 Baht inkl. Eintritt (kurze Wanderung, Besuch eines Höhlentempels und der Fledermaushöhle, am 2. Tag nach dem Stopp am Headquarter Dschungeltrekking) sowie Tagestouren für 850 Baht inkl. Eintritt. Diese beginnen mit der Fahrt zum Headquarter, dann 3 Std. Dschungeltrekking, Mittagessen am Haew Suwat-Wasserfall mit der Möglichkeit zu baden und zum Haew Sai-Wasserfall zu klettern, anschließend mit dem Auto zum Aussichtspunkt. Halbtägige Touren zum Höhlentempel und zur Fledermaushöhle sowie die Nachttour durch den Park kosten 500 Baht ohne Eintritt.
Khao Yai Garden Lodge, 044-365178, www.khaoyai-garden-lodge.com, 1 1/2-tägige Touren mit guten Guides, wie Djip. Unterhaltsam und informativ sind Touren mit dem deutschen Biologen und Archäologen Peter Boy, dem Schmetterlings- und Mottenspezalisten, die auf Anfrage organisiert werden. Wer fit ist und sich für die Dschungelwelt interessiert, kann eine 11–16 km lange Trekkingtour mit ihm buchen. Sie kostet alles inkl. bei 2 Pers. 2000 Baht p. P., normale Tagestouren 1200 Baht inkl. Eintritt.
Greenleaf Travel, www.greenleaftour.com, 081-6575454, von Lesern wurden die guten Kenntnisse, das große Engagement und die zuvorkommende Art des Guides „bird man" gelobt.
Wildlife Safari, 39 Pakchong Subsanun Rd., 044-312922, 089-6288224, wildlifesafari@

Blutegel (Leeches)

Sie sind recht harmlose, aber aggressive Tierchen, die im Dschungel vor allem während der Regenzeit auf Warmblüter warten und auch menschliche Wesen nicht verschmähen. Meist kriechen sie in Stiefel oder Schuhe, aber auch die Beine hinauf, saugen sich an der Haut fest und nehmen Blut auf. Dabei wird ein Enzym abgegeben, das die Blutgerinnung für eine Zeit stoppt. Erst wenn sie sich vollgesaugt haben, fallen sie ab. Vorbeugende Maßnahme: leech socks (dichte Stulpen, die keine Egel eindringen lassen, werden von Veranstaltern gestellt). Auch ein schnelleres Marschtempo reduziert das Risiko. Solange die Blutegel sich noch nicht festgesaugt haben, kann man sie wegschnippen. Ansonsten sollten sie durch die Berührung mit ätherischen Ölen abgelöst und die blutenden Einstiche gut desinfiziert werden.

bigfoot.com, von Mark und Noy Read gegründet. Das **Headquarter** bietet ebenfalls Touren für 1300 Baht an, die aber von wenig engagierten und kaum Englisch sprechenden Guides durchgeführt werden. Es verkauft zudem Tickets für einstündige Rundfahrten mit Suchscheinwerfern, die uninteressante Massenveranstaltungen sind. Bei diesen Touren sind außer Rotwild nur wenige Tiere zu sehen. Sie beginnen um 19.30 Uhr am Headquarter und kosten 40 Baht. Auch Veranstalter haben diese Nachtsafari in ihrem Programm.

Transport

Anreise von Norden über PAK CHONG (s. S. 262). Vom H2 sind es 40 km bis zum Eingang. Songthaew von Pak Chong bis zum Gate, 14 km nördlich vom Headquarter, 18 Baht, letzter Bus zurück um 16 Uhr. In den Nationalpark selbst fahren keine öffentlichen Verkehrsmittel, daher sollte man sich einer Tour anschließen oder ein Auto mieten. Mit einem eigenen Fahrzeug kann man auch von Süden über den H3077 zum Nationalpark fahren. Die ausgeschilderte Abzweigung vom H33 liegt wenige Kilometer nordöstlich von Prachinburi.

Aranyaprathet อรัญประเทศ

Seit der Öffnung der kambodschanischen Grenze kommen immer mehr Traveller und Langzeittouristen hierher, die über Land von Thailand nach Kambodscha reisen oder jenseits der Grenze ihr Touristenvisum erneuern wollen. Denen, die aus dem Westen kommen, erscheint die Stadt wie eines der vielen langweiligen Provinznester, denen aus dem Osten hingegen wie ein quirliger Konsumtempel voller Motorräder, Essenstände, von Waren überquellender Geschäfte und Märkte. Im Süden der Stadt stehen dicht beieinander ein hübscher zweistöckiger **chinesischer Tempel** und ein **Thai-Tempel**, vor dem abends ein Nachtmarkt aufgebaut wird.

Die größte Attraktion ist der **Thai Cambodian Border Friendship Market**, auch Golden Gate Plaza genannt. Auf einem riesigen Areal nördlich des Grenzübergangs treffen Händler und Schieber, reiche Thais, Kriegskrüppel und bettelnde Kinder aus dem Nachbarland aufeinander. Angeboten werden vor allem Secondhand-Kleidung, Billigwaren aus Thailand und China sowie land- und forstwirtschaftliche Produkte aus Kambodscha.

Die Grenze teilt zwei Lebenswelten, die kaum verschiedener sein könnten – ein Resultat der Machtpolitik der vergangenen Jahrzehnte. Dennoch vereint die Menschen im Grenzgebiet eine gemeinsame Kultur, die bis auf die großen Khmer-Könige zurückgeht, die auf beiden Seiten der heutigen Grenze Tempelanlagen (Phrae auf Khmer, Prasat auf Thai) errichten ließen. Das einst prunkvolle Khmer-Reich ist tausend Jahre später zu einem Armenhaus der Welt geworden, in dem es noch großer Anstrengungen bedarf, um die Straßen zu asphaltieren, feste Häuser zu bauen und Menschen mit mehr als dem Notwendigsten auszustatten. An der Trennlinie zwischen dieser armen und der wohlhabenden Welt Thailands konzentrieren sich Geldgier und Leid, Korruption und Neid. Riesige Handkarren und voll beladene LKW schieben sich über den chaotischen Grenzübergang, und die Besucher der prunkvollen Kasinos bilden einen deutlichen Kontrast zu den Müllbergen der Wohlstandsgesellschaft, die hinter der Grenze auf die Weiterverwertung warten.

Übernachtung

Wer erst spät hier ankommt, sollte besser auf der Thai-Seite der Grenze übernachten, sofern er in Poipet nicht im **Princess Hotel**, das einem der beiden Kasinos angeschlossen ist, bleiben möchte. Oder man kann in Kambodscha versuchen, bis Sisophon zu kommen, denn die billigen Unterkünfte in Poipet sind nicht zu empfehlen. Nur wenige Durchreisende verbringen mehr als eine Nacht in Aranyaprathet. Es gibt insgesamt 13 Hotels, die billigen im alten Zentrum.

Arau Garden 1 Hotel, 59/1-7 Rat Uthit Rd., östlich vom chinesischen Tempel, ✆ 037-231105, einfaches, lautes Stadthotel mit ordentlichen Zi mit Fan und Du/WC, hilfsbereites Personal. ❷

Inter Hotel, 108/7 Chataning Rd., südlich vom alten Zentrum, ✆ 037-231291, 📠 232352, neueres Stadthotel, große, gute Zi mit AC, Teppichboden und Warmwasser-Du/WC. ❸

Arau Mermaid Hotel, 33 Tanavitee Rd., ✆ 037-223655, das beste Hotel direkt an der Bus Station, 200 m vom Bahnhof, gut eingerichtete Zimmer mit Kühlschrank und TV. Karaoke im Haus. ❹–❺

Market Motel, 1 km vom Uhrturm, ✆ 037-232302, saubere Zi mit Fan oder AC in Reihenhäusern mit Garage, ungewöhnliche Gartenanlage mit Pool, relativ ruhig. ❷–❸

Aran Garden Hotel 2, 8 Min. zu Fuß zum Busbahnhof, ✆ 037-231070, 4-stöckiges Hotelgebäude, einfache Zi mit Fan oder AC und Du/WC, Entlüftung zum offenen Flur, im EG AC-Zi., etwas zurückversetzt, deshalb nicht so laut. ❸

Wer motorisiert ist, übernachtet angenehmer in den Anlagen an der Straße zur Grenze. Es gibt mehrere Dutzend Unterkünfte, einige sind auf Englisch beschriftet.

Maneeburapa Garden & Resort, 3,5 km vor der Grenze rechts, ✆ 037-230072, schöne Einzelbungalows in großem Garten, die hinteren ruhig. ❹

Aran Gh., 2,5 km vor der Grenze links, ✆ 037-230076, Reihenhaus mit einfachen Zi. ❷

Ban Suan Resort, 2,2 km vor der Grenze rechts, ✆ 037-231325, Reihenhaus, schöner Garten. ❸

Essen

Auf zwei **Märkten** am Busbahnhof und in der östlichen Altstadt kann man preiswert Obst kaufen und eine Kleinigkeit essen. In den **Foodstalls** im Busbahnhof gibt es leckere Gerichte ab 20 Baht. Abends öffnet ein großer **Essenmarkt** im alten Zentrum in der zweiten Straße südöstlich des Kreisverkehrs, auf dem außer Suppen, Seafood und Crêpes auch Maden und Käfer-Snacks probiert werden können.

Auch nördlich der Krung Thai Bank werden abends an Tischen auf dem Bürgersteig leckere Thai-Gerichte und eisgekühlte Getränke serviert. Es gibt sogar eine englische Speisekarte.

Phat Thai, großes Restaurant am Highway nördlich vom Zentrum; auf der Karte stehen thailändische, vietnamesische und chinesische Gerichte.

Khrua Pla, gegenüber Arau Garden 2 Hotel, von älteren Damen geführtes Restaurant, ruhige Atmosphäre.

Sonstiges

Geld

Direkt vor der Grenze auf der Thai-Seite ein Geldautomat. **Siam City Bank** an der Bus Station ohne Geldautomat. Im alten Zentrum die **Krung Thai Bank** mit Automat, die **K Bank** und **Bangkok Bank**.

Transport

Busse

Die Bus Station befindet sich 500 m westlich des alten Zentrums in einem Neubauviertel.

Richtung BANGKOK, 269 km, 1.-Kl.-AC-Busse alle 1–2 Std. zwischen 4 und 12 sowie um 17 Uhr für 207/229 Baht in 4 Std., 2.-Kl.-AC-Busse stdl. von 5.30–8.30 sowie um 11.30, 13, 14.30 und 15.30 Uhr für 161/178 Baht.

Von und nach PATTAYA oder an die Ostküste mit dem Bangkok-Bus bis KABINBURI fahren und dort in einen der Busse umsteigen, die aus dem Nordosten kommend nach Pattaya fahren. Zudem mehrmals tgl. AC-Busse nach Chantaburi.

Richtung Norden und Nordosten über SARABURI, AC-Bus 5x tgl. für ca. 200 Baht in 3 1/4 Std.

Eisenbahn

Fahrplan s. S. 882ff. Der Bahnhof liegt 1 km nördlich vom alten Zentrum. Hier enden die Züge. Auf der kambodschanischen Seite ist Sisophon, 35 km entfernt, der nächste Bahnhof. Die beiden Züge, die für 48 Baht in über 5 Std. nach BANGKOK zuckeln, sind unbequemer und langsamer als die Busse und nicht zu empfehlen.

Nach Kambodscha

Im Ort werden Bustickets von POIPET nach SIEM REAP für 300 Baht angeboten. Die Straße von Poipet nach Siem Reap, und vor allem die Brücken, sind nicht im besten Zustand. Von der Bushaltestelle am Kreisverkehr, ca. 500 m hinter der Grenze, starten die offenen Pickups und klapprigen Busse, die für 150–300 Baht in 5 Std. bis Siem Reap fahren, sofern sie nicht unterwegs liegen bleiben oder in Sisophon einen stundenlangen Zwischenstopp einlegen. Für eine Gruppe von 4 Personen sind die weißen Toyota-Camry-Taxis, die hinter der Grenze warten, eine gute Alternati-

Grenzübergang Thailand – Kambodscha

Von Aranyaprathaet fahren Tuk Tuks in 15 Min. zur Grenze, 6 km östlich der Stadt, für 60 Baht. Der Grenzübergang ist von 7–19 Uhr geöffnet. Der Grenzübertritt erfolgt zu Fuß. Es empfiehlt sich, spätestens um 16 Uhr dort zu sein. Visa für Kambodscha werden an einem separaten Schalter an der Grenze für 1200 Baht / US$20 ausgestellt, ein Passbild ist erforderlich. Die Abfertigung dauert in der Regel 30 Min. Vor allem am Wochenende ist ab 8 Uhr viel los und mit Wartezeiten von bis zu 3 Std. ist zu rechnen. Anfahrt mit einem Tuk Tuk oder Motorradtaxi von der Bus Station nahe dem Markt im Neubauviertel für 60 bzw. 30 Baht. Weiter nach Poipet s. u.

ve. Sie brauchen nur 3 Std. und kosten US$35. Leser waren mit den Minibussen von *Sara Tour* zufrieden, die 150 Baht kosten und im Büro in Poipet, links auf der Hauptstraße, 500 m von der Grenze entfernt, gebucht werden können. Die meisten Minibusse starten gegen 14 Uhr.

Auf der Sukhumvit Road nach Südosten

Von Bangkok Richtung Südosten scheint die Stadt kein Ende zu nehmen. Bis Pattaya gehen die Küstenstädte Samut Prakan (390 000 Einw.), Chonburi (230 000 Einw.) und Si Racha (200 000 Einw.) fast nahtlos ineinander über. Auf dem alten H3 gelangt man in das Mündungsgebiet des Menam Chao Phraya, das sich immer weiter nach Süden verschiebt. Die letzten Mangrovengebiete und traditionellen Holzhäuser an schmalen Kanälen werden von gigantischen Industriekomplexen umrahmt, die sich trotz der häufigen Überschwemmungen hier ansiedeln.

Der gebührenpflichtige Motorway M7 und der Buraphawithi Expressway (H34 / H3), eine kreuzungsfreie Hochstraße von Bang Na nach Chonburi, verkürzen die Fahrtzeit an die Ostküste erheblich. Zwischen ihnen erstreckt sich 30 km vom Zentrum von Bangkok entfernt, östlich der Outer Ring Road, der neue Suvarnabhumi Airport. Dahinter verläuft der Motorway M7 durch das dünn besiedelte Hinterland vorbei an gigantischen neuen Industrieparks. Etwas überdimensioniert wirkt der Rastplatz mit zahlreichen Restaurants und Läden hinter der großen Brücke zwischen KM 49 und 50.

Samut Prakan (Pak Nam)

สมุทรปราการ

An der Flussmündung hatten sich lange vor den Thais bereits die Mon niedergelassen. Inmitten der geschäftigen Straßen und Wohnsiedlungen sind die Reste einer einst bedeutenden Befestigungsanlage kaum noch zu erkennen. Um 1600 lag Samut Prakan direkt am Meer und war von großer strategischer Bedeutung. Seit dem frühen 17. Jh. ließen die Könige von Ayutthaya von hier aus den Schiffsverkehr auf dem Menam Chao Phraya kontrollieren. 1767 wurde die Stadt von den Burmesen zerstört. Als Bangkok die neue Hauptstadt wurde, ließen die Chakri-Könige die Flussmündung durch mehrere **Forts** befestigen. Durch die Öffnung des Landes und neue Verkehrsmittel wurden die Anlagen überflüssig und zerfielen.

Wat Chedi Klang Nam (Phra Samut Chedi), das eine hoch verehrte Reliquie Buddhas enthält, war 1826 von König Rama III. auf einer Insel mitten im Fluss errichtet worden. Der Chedi sollte die eintreffenden Schiffe auf die Bedeutung des Buddhismus in Siam hinweisen. Nun liegt er am Westufer in **Phra Pra Daeng** und ist über die Suksawat Road von Thonburi aus zugänglich. Vom Ostufer hat man den besten Blick auf den Chedi von dem Tempel mit dem Big Ben nachempfundenen Uhrturm aus.

Im Oktober / November wird mit einem großen Jahrmarkt, Prozessionen und Bootsrennen das berühmte **Tempelfest** des Wat Chedi Klang Nam gefeiert. In Phra Pra Daeng begehen Mon im April das **Songkran-Fest** besonders feierlich.

Erawan Museum

Im Ort hat der Gründer von Muang Boran (s. S. 270) Khun Lek Viriyapant das Elefanten-Museum erbauen lassen, das von der 29 m hohen Statue

Muang Boran (Ancient City)

Etwa 6 km südlich der Krokodilfarm liegt das über 100 ha große, lohnende Freilichtmuseum Ancient City, ein Thailand in Miniaturausgabe, das sogar die Form des Landes hat. In dem weitläufigen Gelände, das hervorragend mit dem Fahrrad zu erkunden ist, sind 116 sehr fotogene Modelle in 1/3 der Originalgröße mit englischen Erläuterungen versehen. Sie repräsentieren typische Baustile, Szenen aus der Literatur sowie berühmte oder typische Gebäude. In einem kleinen Museum sind Kunstgegenstände ausgestellt und ein Garten der Götter informiert über die verschiedenen Religionen. In diesem schönen, keineswegs überlaufenen Areal kann man inmitten von viel Grün, an kleinen Wasserfällen und Seen vorbei, all die Sehenswürdigkeiten erkunden, die man während einer Thailand-Reise verpasst hat. Fahrräder können am Eingang gemietet werden. Zudem gibt es dort ein informatives Buch in Englisch für 300 Baht. ⌚ tgl. 8–17 Uhr, ✆ 02-3239253, 💻 www.ancient-city.com, Ausländer zahlen inkl. Fahrrad oder Bahnfahrkarte und Thai-Guide 300 Baht (englischsprechender Guide + 75 Baht, Vorbuchung empfehlenswert), wer mit dem Auto herumfahren will, zahlt dafür 50 Baht, Taxi kostenlos.

des dreiköpfigen Elefanten Airavata, Reittier des hinduistischen Gottes Indra, gekrönt wird. Auch das Innere des ungewöhnlichen Gebäudes ist aufwändig mit mythologischen Figuren ausgeschmückt und voller Symbolik. Es soll der Kultur und den Kulturschätzen des Landes einen würdigen Rahmen bieten. Aus dem Untergeschoss, der Unterwelt (Möbel), geht es durch die menschliche Welt (Antiquitäten aus aller Welt) und den Elefantenkörper (Buddhastatuen) auf eine Aussichtsplattform. Das Innere ist nur im Rahmen einer Führung zugänglich. Für englischsprachige Guides sind 300 Baht extra zu zahlen. Schön ist die kleine Gartenanlage, die das Museum umgibt. ⌚ tgl. 8–17 Uhr, Eintritt (so lange es noch nicht fertig ist) 150 Baht, Außenanlagen ohne Museum 50 Baht, 💻 www.erawan-museum.com, ✆ 02-3713135-6.

Samutprakarn Crocodile Farm & Zoo

Von Samut Prakan geht es weiter nach Süden. Beim KM 28 führt eine Abzweigung rechts zur weltgrößten Krokodilfarm mit über 100 000 Reptilien. Eigentlich werden die 21 einheimischen und importierten Arten wegen ihres Leders gezüchtet. Doch auch lebendig bringen sie eine Menge Geld, wie etwa tausend Besucher pro Tag unter Beweis stellen. Schautafeln und Ausstellungen informieren über die Reptilien. Neben Krokodilen (darunter das weltweit größte) werden viele andere Tiere in einem weitläufigen Areal gehalten und gezüchtet, darunter weiße Tiger, Flusspferde, Elefanten, Kamele und Pythons. Auf das Foto „Ich und der kleine Puma" kann man sicherlich verzichten. In einem **Dinosaurier-Museum** sind Skelette und lebensgroße Modelle zu besichtigen. Wer Krokodilleder kauft, erhält ein CITES-Zertifikat, dass es aus einem Zuchtbetrieb stammt. Die Einfuhr dieser Produkte in die EU ist dennoch genehmigungspflichtig, s. 💻 www.zoll.de, Stichwort „Artenschutz". ⌚ tgl. 8–18 Uhr, 💻 www.cro codilesworld.com, ✆ 02-7035144-8, Eintritt 300 Baht, Thais 60 Baht, Fütterung etwa stdl. Krokodilshow, die Europäer meist nicht sonderlich begeistert, Mo–Fr stdl. zwischen 9 und 11 sowie 13 und 17 Uhr, zudem Sa und So um 12 Uhr. 30 Min. später gibt es eine Elefanten- und Affenshow.

Transport

Nach Samut Prakan (Pak Nam)

Von BANGKOK AC-Bus 508 ab Sanam Luang über den Hauptbahnhof und Southern Bus Terminal bis Pak Nam, Endstation an der Krokodilfarm. Zudem Bus 511 ab Demokratie-Denkmal, der auch am Erawan Museum hält. Vom und zum nahe gelegenen Airport mit Bus 553.

Nach Muang Boran (Ancient City)

Von Paknam Market fährt der Minibus 36 für 7 Baht, Tuk Tuk 50 Baht. Der Bus hält nach Bedarf, deshalb muss man klingeln, wenn links der große, rote Torbogen erscheint. Ein Taxi für einen Tagesausflug ab Bangkok inkl. Rundfahrt durch den Park kostet 1200 Baht. Mit dem eigenen Fahrzeug verlässt man an der Ausfahrt Samut Prakan den Ostküsten-Highway und fährt

Muang Boran – Thailand in Miniaturausgabe

auf der alten Sukhumvit Road Richtung Bang Pu bis zum KM 33.

Nach Phra Pra Daeng
Von BANGKOK mit dem Stadtbus 82 ab Banglampoo über die Memorial Brücke und die Suk Sawat Rd. hinab bis zur Abzweigung, die links zu dem Ort in der Flussschleife führt. Vom Northern Bus Terminal fährt der Stadtbus 138 über den Expressway.

Chonburi ชลบุรี

Diese boomende, laute Industriestadt an der Küste wartet mit keinerlei touristischen Attraktionen auf. Im Stadtzentrum erhebt sich **Wat Yai Intraram**, das König Taksin erbauen ließ. Sein Denkmal steht am Eingang des Tempels. Im Inneren sind schöne Wandmalereien zu sehen. Vom H3 fährt man an der Kreuzung mit dem H344 nach Westen und dann in die nächste Straße nach rechts.

Transport

Bus Terminal im südl. Zentrum an der Gabelung des H3 und H3131. Vom Eastern Bus Terminal in BANGKOK, 85 km, 1. Kl. AC-Bus alle 30–40 Min. bis 23.30 Uhr, 68–72 Baht in 1 1/2 Std. Zurück bis 17.30 Uhr. 2. Kl. AC-Bus alle 20 Min. bis 20 Uhr für 53 Baht. Non-AC-Bus alle 20 Min. für 38 Baht. Ab Suwarnabhumi Airport um 9.10, 10.40, 13.30, 15.30 und 18.30 Uhr.
Lokale Busse fahren weiter nach Ang Sila, Bang Saen und Pattaya.

Rund um Ang Sila 

Im Süden von Chonburi führen verschiedene Straßen zur Küste hinab, z. B. beim KM 100, wo der H3134 nach Ang Sila abzweigt. Der traditionelle Fischerort westlich der Hauptstraße, auch Zentrum der Baumwollweberei, bietet ideale Voraussetzungen für die Austern- und Muschelzucht, denn das Meer ist ruhig.

Entlang der 4 km langen Straße vom H3 zur Küste kann man Steinmetzen beim Meißeln von Skulpturen für Gärten und Mörsern, die in Thai-Küchen zum Zerstampfen von Gewürzen benötigt werden, zusehen. An der Küstenstraße werden Mörser und Trockenfisch verkauft. An der Hauptstraße Richtung Bang Saen erhebt sich auf einer Hügelkuppe der riesige chinesische **Nha Ja Sa Tai Jue-Schrein** („Das Haus aller Götter"), der mit vielen bunten Drachen verziert ist.

Essenstände mit frischem Seafood direkt am Meer und die Seafood-Restaurants im Dorf sind das Ziel zahlreicher Ausflügler. Von der Küstenstraße führt südlich von Ang Sila auf der felsigen Halbinsel eine schmale Abzweigung am KM 9 über einen Hügel zum **Sri Samuk Ground** mit dem Schrein der Göttin Samuk. Hier werden zahlreiche Makaken von Touristen mit Früchten gefüttert. Von einem Aussichtspunkt blickt man über die von Austernfarmen bedeckte Bucht Richtung Norden, von einem weiteren in die andere Richtung.

Über eine Treppe gelangt man hinab zum **Wat Saensuk** an der Küstenstraße, das von der überdimensionalen Statue der Götting Kuan Yin überragt wird. Bizarre, bunt angemalte buddhistische, hinduistische und konfuzianistische Skulpturen, Himmel- und Höllendarstellungen zieren den Park.

Bang Saen บางแสน

Schon seit Jahrzehnten verbringen Familien aus Bangkok die Wochenenden am kilometerlangen Strand und genießen das Essen in den zahlreichen Fischrestaurants. Die freundliche Atmosphäre lockt auch einige westliche Urlauber an. Beim Bummel über die kilometerlange, gepflegte **Strandpromenade** erhält man einen Einblick in thailändisches Urlaubsvergnügen. Im Schatten zahlloser Kokospalmen und bunter Sonnenschirme haben kleine Souvenir- und Essenstände ihr Angebot ausgebreitet. Am sauberen Sandstrand stehen Liegestühle und Tische für ein Picknick unter Palmen bereit. Das Wassersportangebot beschränkt sich auf Autoreifen als Schwimmhilfe und Bananenboote. Kinder vergnügen sich im seichten Wasser, das die meiste Zeit des Jahres überraschend sauber ist. Im Sommer nimmt allerdings das Meer aufgrund des starken Algenwachstums periodisch eine bräunliche Farbe an und stinkt zum Himmel.

Die Promenade endet an der felsigen Küste im Norden der Stadt, wo Pavillons zu einer Rast einladen. Vorbei an kleinen chinesischen Tempeln und Austernzuchtbetrieben geht es hinauf zu einem weiteren **Aussichtspunkt**, von dem man Bang Saen überblickt. Aufgrund der Umweltbelastung durch die chemische Industrie ist Seafood aus strandnahen Gewässern allerdings mit Schwermetallen und Giften belastet.

In der südlichen Stadt liegt etwa 1 km landeinwärts am H3137 auf dem Campus der Burapha-Universität im Institute of Marine Science ein **Aquarium**, zur Orientierung kann der große, gegenüberliegende Einkaufskomplex dienen. Vom H3 kommend fährt man 41 km nördlich von Pattaya auf dem H3137 1,2 km Richtung Küste. Das Aquarium mit einem großen und vielen kleinen Becken beherbergt tropische Nutzfische, Korallenfische, Seeigel, Schildkröten, Krebse, Langusten, Schildkröten und einige seltene sowie kuriose Meeresbewohner. Ihm ist ein **Marine Museum** angeschlossen. ◷ Di–So 8.30–16.30 Uhr, ✆ 038-391671-3, Eintritt 20 Baht.

Übernachtung und Essen

S.S. Bangsaen Beach Hotel, 68 Bangsaen Rd., ✆ 038-381670, 📠 381963, gepflegtes 3-stöckiges Hotel im nördlichen Zentrum an der Küstenstraße. AC-Zi mit Minibar, TV, Kühlschrank und kleinem Balkon, teurere mit Meerblick. Die hohen Fensterfronten zum Meer hin geben dem Restaurant und Pub ein mediterranes Flair, kein Pool. ❺

Bangsaen Resort, 325 Bangsaen Rd., ✆ 038-383221, ruhig gelegenes Hotel hinter dem Kreisverkehr am Strand mit Restaurant und Pool in einem kleinen Garten. Kleine Zi mit AC, Bad, TV und Kühlschrank, etwas teurere mit Seeblick, auch einige Bungalows. ❺

The Tide Resort, 44/1 Bangsaen Rd., ✆ 038-383221, 💻 www.thetide-resort.com. Großes, neues Hotel im Zentrum. Komfortable Zi im modernen Thai-Stil mit Balkon. Großer Pool mit Liegen, Fitnesscenter, Spa und Restaurant mit Fusion-Küche. Bar und Bäckerei. Rabatte möglich. ❼–❽

An der Strandpromenade verkaufen viele Stände Fisch vom Grill und Som Tam. Weitere Essenstände und kleine Restaurants an der Strandstraße, v. a. zwischen Soi 1 und 2.

Sonstiges

Einkaufen

Am Sukhumvit Highway verkaufen viele Läden und Stände Fischprodukte: Fischpaste, Fischsauce, Trockenfisch und Krabbenchips. Ein großes Einkaufszentrum gegenüber dem Aquarium.

Geld

Geldautomat an der Strandstraße nahe Soi 1 und 500 m östlich vom Bangsaen Resort und am zentralen Kreisverkehr.

Informationen

Tourist Office an der Küstenstraße zwischen Soi 2 und 3. In dem wunderbaren, modernen Gebäude ist leider nur eine allgemeine Broschüre erhältlich, und das Personal spricht kaum Englisch.

Transport

Von BANGKOK, 97 km, mit Bussen, die auf dem H3 Richtung Pattaya verkehren, bis zur Abzweigung nach Bang Saen, 10 km hinter Chonburi. Von hier fahren Songthaew 2,5 km bis zur Küste. Direkt vom Eastern Bus Terminal 1. Kl AC-Busse alle 2 Std. von 7–17 Uhr für 81 Baht in 1 1/2 Std.

Khao Khiew Open Zoo

18 km östlich des Highway erstreckt sich am südwestlichen Hang des gleichnamigen Berges der Khao Khiew Open Zoo, der 1974 als Ableger des Zoos von Bangkok gegründet wurde. Er ist flächenmäßig mit 8 km² zwar der größte Zoo Asiens, aber nicht der mit den meisten Tieren. Im zentralen Bereich sind Gehege mit insgesamt 8000 Tieren aus allen Kontinenten zu sehen (Bisons, Antilopen, Gibbons, Bären, Flusspferde, Hirsche, Wasserbüffel, Tapire), die aus dem zu engen Dusit Zoo von Bangkok umziehen mussten. Sechs Bengalische Tiger wurden zur Paarung aus den USA hierher gebracht, und auch Nebelparder werden unter gemeinsamer wissenschaftlicher Aufsicht gezüchtet.

Am interessantesten ist das große Gehege mit etwa 6800 asiatischen Vögeln. Zwei Drittel des Parks dienen einheimischen wilden Tieren als Refugium zum Zweck der Fortpflanzung und sind nicht zugänglich. ✆ 038-338390, ⏲ tgl. 8–18 Uhr, Eintritt 50 Baht, Auto 50 Baht, Nachtsafari 100 Baht. Fahrräder können gemietet werden. Zudem fährt ein Shuttlebus über das Gelände.

Transport

Es gibt keine öffentlichen Transportmittel. Vom H3 in Bang Phra, 35 km nördlich von Pattaya, Richtung Bang Phra Golf Club und am nördlichen Ufer des Reservoirs entlang sind es 18 km zum Zoo.

Si Racha ศรีราชา

Die Handelsstadt 24 km südlich von Chonburi hat sich im Sog des neuen Tiefseehafens und Industriezentrums **Laem Chabang** am KM 128, auf einer Landzunge südlich des Ortes, zu einem modernen Versorgungszentrum mit einem großen Krankenhaus, Apartmenthäusern und Banken entwickelt. Der Tiefseehafen ist eines der ehrgeizigsten Industrialisierungsprojekte des Landes. Um die Hafenanlagen mit einer Werft sind zahlreiche Großbetriebe, v. a. der chemischen Industrie, angesiedelt worden.

Auf einer Abzweigung vom H3 (ausgeschildert: Samitivej Hospital und Ko Si Chang) geht es hinab zur Küste. Vom **Koh Loy Park** eröffnet sich ein schöner Blick auf die Felseninsel **Ko Loy** mit dem **Wat Sri Maharaja** und einem kleinen chinesischen Tempel, zu der ein Damm hinaus führt. Der Felsen diente früher Mönchen als Meditationsinsel. Eine der Frauen von König Chulalongkorn, die von ihrem Anwesen am Strand auf dem Festland die Mönche mit aller Regelmäßigkeit hinüber- und herüberpaddeln sah, beschloss, den Damm anzulegen und einen Tempel zu errichten. Von oben bietet sich eine schöne Aussicht auf Bang Saen im Norden, Si Racha und die gebirgige Insel Si Chang.

Unterhalb des Tempels liegen Boote vor Anker. Hier legen 6x tgl. von 8–17 Uhr Ausflugsboote ab, die für 40 Baht auf die Insel **Si Chang** fahren, letztes Boot zurück um 16 Uhr. Auf der gebirgigen Insel 12 km vor der Küste liegen ein Fischerdorf und ein Resort. Rama V. ließ hier eine kleine Villa für seinen kranken Sohn errichten. Auf einem Felsen im Norden erhebt sich ein kleiner Tempel mit einer schönen Aussicht. Zudem ein kleiner Höhlentempel.

2 km weiter auf dem H3 Richtung Osten ist der alte Ortskern am Meer erreicht (Abzweigung Thanon Surasak 3 gegenüber der Jet-Tankstelle). Hier sind viele Geschäfte nur mit chinesischen Zeichen beschriftet. Am Ende der Soi 14 ist nach 500 m der **alte Fischereihafen** erreicht, vom Busbahnhof oder Bahnhof mit dem Tuk Tuk für 20–30 Baht.

Im **Si Racha Tiger Zoo**, einer privaten Forschungs- und Aufzuchtstation, werden ca. 200 Königstiger und viele Krokodile gehalten. Zudem Kamele, Kängurus, Strauße und andere Vögel sowie von 9–17 Uhr diverse Shows. Zum Zoo, 341 Moo 3, Nongkham, Si Racha, ✆ 038-296556-8, 💻 www.tigerzoo.com, vom Hwy 36 am KM 21 auf den H3241 Richtung Norden abbiegen. ⏱ tgl. 9–18 Uhr, Eintritt 250 Baht, Thais 80 Baht.

Transport

Vom Eastern Bus Terminal in BANGKOK, 104 km, mit AC-Bussen ständig bis 21 Uhr bis zur Abzweigung am Sukhumvit Highway für 70 Baht, 2.Kl. AC-Bus bis 19.50 Uhr 55 Baht. Zurück bis 20 Uhr.

Pattaya พัทยา

Entlang der Bucht von Pattaya und der angrenzenden Strände erstreckt sich eines der größten Urlaubszentren Südostasiens. Die internationale Schlemmer-, Shopping-, Strand-, Spaß- und Sport-Metropole lockt jährlich über 4 Mill. einheimische und ausländische Touristen. Trotzdem scheiden sich an dieser Stadt die Geister: Aufgrund unzähliger Schmuddelberichte, ihres Rufs als Sex-Paradies und Verbrecher-Fluchtburg bleibt sie für viele Touristen eine No-Go-Area. Einige machen sogar Pattaya-Urlaub, ohne daheim davon zu erzählen. Immer mehr Deutsche, Österreicher und Schweizer (auch Ehepaare) jedoch kehren jedes Jahr zum Überwintern in das offiziell 101 378, aber in Wirklichkeit längst über 300 000 Einwohner zählende Seebad zurück.

Das Image mag strittig bleiben, der Boom ist es nicht: Mit atemberaubender Geschwindigkeit verdichtet sich der Küstenort mit neuen Hotels (auch renommierte Ketten), Apartment-Häusern, Restaurants, Geschäften und Einkaufszentren, während sich die Vororte immer weiter ins Hinterland ausdehnen. Unmengen an Geld sind in Infrastrukturmaßnahmen und die Verschönerung des Stadtbildes geflossen: Eine Großkläranlage hat das Meer sauberer werden lassen und eine Vielzahl neuer Straßen den Verkehrsfluss verbessert. Eine gediegene Strandpromenade mit Sitzbänken und einer Fülle an Skulpturen erfreut das Auge genauso wie bunt gepflasterte Bürgersteige, der umgestaltete Busbahnhof, bunte Blumenrabatten oder der 200 m lange **Bali Hai-Pier** mit dem ansehnlichen Passagier-Terminal im Thai-Stil.

Bizarr geht es im amerikanischen Museum **Ripley's Believe it or not** im Royal Garden Plaza zu, ✆ 038-710294-8, 💻 www.ripleysthailand.com, ⏱ 11–23 Uhr: mit 250 unterhaltsamen Kuriositäten, einer Dinosaurier- und Hai-Galerie, faszinierenden optischen Täuschungen und einer DC 3 aus Zeiten des Vietnamkriegs, Eintritt 380 Baht, Kinder 280 Baht. Dazu gehören auch die angrenzenden avantgardistischen Erlebniswelten **Moving Theater** (4-D-Filme mit Spezialeffekten), **Infinity Maze** (bizarre Spiegelwelten) und **Haunted Adventure** (Gruselkabinett). Alle Attraktionen für 670 Baht, Kinder 550 Baht. Zu den Attraktionen der neuesten Generation zählt ein 48-sitziges **U-Boot**, mit dem man 3x tgl. bei der vorgelagerten Insel Ko Sak in die Tiefen des Meeres hinabtauchen kann. ✆ 038-415234, 💻 www.thaisubmarine.com, 1800 Baht, Kinder 1350 Baht.

Am Südende der Stadt führt eine Serpentinenstrecke auf den Berg **Phra Tamnak**, die um einige hübsche Panorama-Straßen erweitert

Das höchste Holzbauwerk der Welt

Von besonders spektakulärer Baukunst zeugt das **Sanctuary of the Truth** (Heiligtum der Wahrheit) als Schmelztiegel asiatischer Kulturen. Das höchste aus Holz errichtete Bauwerk der Welt liegt malerisch auf einer Landzunge im Stadtteil Naklua. Über zwei Jahrzehnte haben mehr als 250 Handwerker an dem über 100 m hohen Pavillon gebaut und ihn mit Schnitzereien, religiösen und weltlichen Motiven sowie riesigen Skulpturen versehen. Das viele Jahre abgelagerte Tropenholz muss ständig befeuchtet werden. ⌚ 8–17 Uhr, Eintritt 500 Baht, Kinder 250 Baht.

wurde. Am Westhang des Hügels erstreckt sich der bei Joggern beliebte **Rama IX Memorial Park**. Von einem Tempel auf der Spitze eröffnet sich ein eindrucksvoller Panoramablick auf das einstige Fischerdorf Pattaya, dessen Name sich mit „Südwestwind" übersetzen lässt. Vom **Wat Phra Yai** auf dem benachbarten Hügel blickt ein riesiger sitzender Buddha auf das Treiben von Pattaya hinab. Der Weg dorthin führt an einem **Skulpturengarten** mit Kuan Yin, der Göttin der Barmherzigkeit, und dem Philosophen Lao-tze vorbei.

Den besten Ausblick bietet jedoch der 240 m hohe **Pattaya Park Tower**, ☏ 038-364110-20, 💻 www.pattayapark.com, mit seinen beiden Dreh-Restaurants in der 52. und 53. Etage, ⌚ 9–22 Uhr. Für 200 Baht (inkl. Dinner-Buffet 550 Baht) kann man mit dem Lift nach oben gelangen und dann ohne Aufpreis über Seilzüge mit dem **Sky Shuttle** (8 Personen), dem **Space Shuttle** (2 Personen) oder dem **Tower Jump** (allein am Flaschenzug) wieder nach unten gelangen. Schon bald könnte dieser Turm als Miniatur erscheinen, denn der Kulisse Pattayas steht Großes bevor: Megaprojekte wie der **Ocean one Tower** z. B., der mit 611 Apartments und 327 m das höchste Wohngebäude der Welt werden soll.

Hinsichtlich der Horizontale kann Pattaya nach wie vor alle Vorurteile bestätigen: Wenn das südliche Ende der **Beach Road**, auch Walking Street, Strip oder Goldene Meile genannt, von 19–2 Uhr zur Fußgängerzone wird, stürzen sich betagte Männer mit jungen „Liebesdienerinnen" in ein Nachtleben, das ihre Kräfte zu übersteigen scheint, und machen der Stadt als Vergnügungshochburg für allein reisende Männer alle (zweifelhafte) Ehre. Ständig eröffnen neue Freiluft-Barcenter, aber auch stilvolle Szene-Pubs mit Live-Musik, die dem Nachtleben mehr Vielfalt und Niveau verleihen. Trotz häufiger Klagen über das Sex-Geschäft, wilde Müllkippen, angeschwemmten Dreck, Fäkaliengeruch oder aggressive Anmache von Mopedtaxi- und Baht-Bus-Fahrern können sich die zahlreichen Unterkünfte einer recht guten Auslastung erfreuen. Das ist nicht zuletzt den neuen Urlauberscharen aus den Ländern der ehemaligen Sowjetunion zu verdanken. Sie landen mit Chartermaschinen auf dem Flughafen U-Tapao, von dem amerikanische B-52-Bomber einst zu Kampfeinsätzen nach Vietnam starteten und mit dem die Geschichte des Seebads als *Rest & Recreation Center* begann.

In den entlegenen Sois des Stadtteils **Naklua**, wo einige alte Holzhäuser überlebt haben, geht es ruhiger zu. Der schöne **Wongamat Beach** mit vielen kleinen Seafood-Restaurants, wenigen Scootern und relativ sauberem Wasser ist fest in der Hand deutschsprachiger Urlauber. Südlich von Pattaya lädt der lang gestreckte **Jomtien Beach** (Chomtien-Strand) zum Sonnenbad oder Windsurfen ein. Hier finden sich weniger Bierbars und Massagesalons, doch Südseeträume kommen angesichts der Hochhäuser trotzdem nicht auf.

Übernachtung

Derzeit gibt es in Pattaya rund 350 Hotels mit etwa 40 000 Zi. Die starke Konkurrenz drückt so sehr auf die Preise, dass komfortable Unterkünfte bereits ab 300 Baht zu haben sind (Monatsmieten schon ab 6000 Baht).

Im Norden (Pattaya Naklua)

The Cottage ④, 78/36 Second Rd., nahe Soi 2, ☏ 038-425660, 📠 425650. Beliebtes Bungalow-Resort mit 70 Zi in bester Lage. Angenehme anachronistische Atmosphäre mit zwei Pools in altem, tropischem Garten, viele Stammgäste. ❹

BJ Holiday Lodge ⑤, 115/7 Moo 9, Beach Rd. Soi 3, ☎ 038-488572-3, 📠, 488574, 💻 www.bjpattaya.com. 50 recht schön eingerichtete Zi, einige mit Meerblick. ❹

Moonlight on Sea ⑩, 207 Moo 5, Soi Naklua 12, ☎ 038-225251, 📠 225253. Mit rund 50 Jahren die älteste Bungalow-Anlage der Stadt. 9 etwas muffige Zi und 12 betagte Bungalows, abgelegen und ruhig am Strand zwischen altem Baumbestand. ❹

Siam City Park Hotel ⑪, 119/102 Naklua Rd., ☎ 038-421678, 📠 426304. Hell, sauber aber gelegentlich etwas laut. Gutes Preis-Leistungs-Verhältnis. ❸

Sawasdee Place ⑫, 272/75 Moo 5 Naklua Rd., ☎ 038-225480-2, 📠 225616. Nettes, ruhiges Hotel. 60 geräumige Zi, die schönsten zum Innenhof mit Balkon. ❸

The Beach Garden Resort ⑬, 164/9 Moo 5, Soi Naklua 20, ☎ 038-371200-4, 📠 371205. 💻 www.thebeachgarden.com. Nette, ruhige Anlage mit 56 Zi, Pool, Restaurant und freundlichem Personal. ❹

Thai Garden Resort ⑭, 179/168 Moo 5, North Rd., ☎ 038-426009, 📠 426198, 💻 www.thaigarden.com. 182 komfortable, saubere Bungalows und Zi mit allen Annehmlichkeiten in weitläufiger, hübscher Gartenanlage mit 2 Pools. ❺

In der Mitte (Pattaya Klang)

Palm Garden Hotel ②, 204/1 Moo 9, Second Rd., ☎ 038-429386, 📠 429188. In den 115 Zi quartieren sich besonders gern deutsche Gäste ein. ❸–❹

Flipper Lodge ⑥, 520/1 Soi 8, Beach Rd., ☎ 038-411655-6, 📠 426403, 💻 www.flippergroup.com. Beliebt und mitten im Geschehen mit 100 guten Zi. ❸–❺

Sawasdee Sea View ⑦, 302/1 Moo 10, Beach Rd. Soi 10, ☎ 038-711079, 📠 711078, 💻 www.sawasdee-hotels.com. 150 Zi in zwei Flügeln in Meeresnähe. Recht gutes Preis-Leistungs-Verhältnis wie auch bei den anderen 4 Unterkünften der Sawasdee-Gruppe im Innenstadtbereich. ❹

Apex Hotel ⑧, 216/1 Moo 10, Second Rd., nahe Soi 11, ☎ 038-428281-2, 📠 421184. Beliebtes Hotel mit 109 zuweilen etwas abgewohnten Zi.

Übernachtung:

① Dusit Resort
② Palm Garden H.
③ Amari Orchid Resort
④ The Cottage
⑤ BJ Holiday Lodge
⑥ Flipper Lodge
⑦ Sawasdee Sea View
⑧ Apex Hotel
⑨ The Penthouse
⑩ Moonlight on Sea
⑪ Siam City Park H.
⑫ Sawasdee Place
⑬ The Beach Garden Resort
⑭ Thai Garden Resort
⑮ Radi Mansion I und II
⑯ Royal Cliff Beach Hotel
⑰ Sheraton Pattaya Resort
⑱ Cabbages & Condoms
⑲ Koenig Mansion
⑳ Rabbit Resort
㉑ Eurostar

Essen:

1 Mantra
2 Mum Aroi 1
3 P.I.C. Kitchen
4 Ali Baba
5 Leng Kee
6 Ruen Thai R.
7 Ice Café Berlin
8 Mum Aroi 2
9 Alt Düsseldorf
10 Paradise Garden
11 Bon Café
12 Pizza Big
13 Bei Otto
14 Bei Gerhard
15 Thai House
16 Foodland
17 Le Saigon Bayview
18 Captain's Corner
19 Bar Non

Unterhaltung:

1 Tiffany Show
2 Henry J. Beans and Grill
3 Cottage
4 Kum Punn Pub
5 Green Tree Pub
6 Slim
7 Alcazar Show
8 Hard Rock Café
9 Hopf Brew House
10 Malibu Bar & Show
11 Shenanigans
12 Green Bottle Pub
13 Lucifer Disco
14 Marine Disco
15 The Blues Factory
16 Tony`s Entertainment
17 Star Disco
18 Moon River Pub
19 Xzyte Disco
20 Dolce Vita

Sonstiges:

1 Tourist Police
2 Paradise Scuba Divers
3 Mike Shopping Mall
4 Best Supermarket
5 Lotus II
6 Carrefour
7 Tukcom Center
8 Friendship Supermarket
9 Lotus I
10 The Dive Site
11 Immigration

Transport:

1 Arare Travel
2 Sea Air Land Tours
3 Lee Tours
4 Koh Chang Travel
5 Malibu Travel
6 Bus-Terminal / Roong Reuang Coach →Bangkok, Nordosten (Mukdahan)
7 Bell Travel Service→Airport
8 Bus-Station / Sri Mong Kon→Nordosten
9 Busstation / 407→Nordosten
10 Bus-Terminal / Nakhonchai Air→Nordosten, Norden
11 Busstop→Rayong, Chantaburi
12 Busstation Jomtien

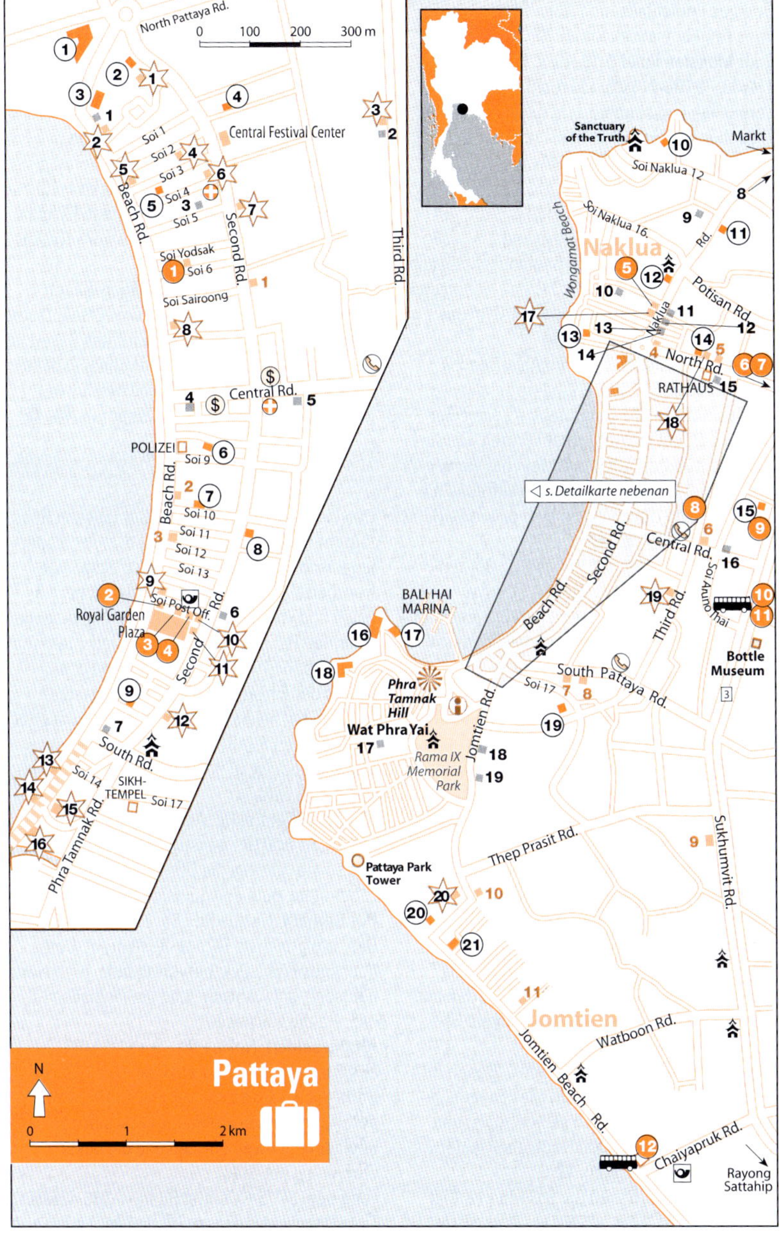
Pattaya
North Pattaya Rd.
Central Festival Center
Beach Rd.
Second Rd.
Third Rd.
Soi Yodsak
Soi Sairoong
Central Rd.
POLIZEI
Royal Garden Plaza
Soi Post Off.
South Rd.
SIKH-TEMPEL
Phra Tamnak Rd.
BALI HAI MARINA
Phra Tamnak Hill
Wat Phra Yai
Rama IX Memorial Park
Jomtien Rd.
Pattaya Park Tower
Thep Prasit Rd.
Sukhumvit Rd.
Jomtien
Watboon Rd.
Jomtien Beach Rd.
Chaiyapruk Rd.
Rayong Sattahip
Sanctuary of the Truth
Markt
Soi Naklua 12
Soi Naklua 16
Wongamat Beach
Naklua
Potisan Rd.
North Rd.
RATHAUS
s. Detailkarte nebenan
South Pattaya Rd.
Soi Arunothai
Bottle Museum

Üppiges Frühstücks- und Abendbuffet (ähnliches Angebot im Lek Hotel). ❸

Radi Mansion I und II ⑮, 10/50 Moo 9, ✆ 038-424608, 📠 038-716386, 150 recht komfortable, geräumige und saubere Zi in ruhiger Lage und mit schönem Pool. Chef Radi entpuppt sich als agiler Deutsch-Jugoslawe. ❷–❸

Im Süden (Pattaya Tai und Jomtien-Strand)

The Penthouse ⑨, Soi Pattayaland 2, ✆ 038-429639, 📠 421747, 💻 www.penthousehotel.com. Mit 56 plüschigen Party-Zi, Babylon-Suiten und einem originellen Exotic-Spa-Pool-Gym das urigste Hotel der Stadt. ❹–❺

Cabbages & Condoms ⑱, am Asia-Beach, ✆ 038-250035, 📠 250034. Kinderfreundliches, ruhiges Hotel mit 57 komfortablen Zi an einer schönen Bucht mit tropischem Garten. Die Anlage des früheren Ministers Meechai Viravaidya (Spitzname: Mr. Condom) ist umweltfreundlich konzipiert. Die Gewinne kommen teilweise Hilfsprojekten zugute. ❺–❻

Koenig Mansion ⑲, 568/18 Moo 10, Soi Yensabai, ✆ 038-713636, 📠 713637, 💻 www.hotelkoenig.com. 25 saubere, geräumige Komfort-Zi. Der deutsche Besitzer Eddy überlässt nichts dem Zufall. ❸–❹

Eurostar ㉑, Jomtien Beach Rd., 152 Soi 1, ✆ 038-233333, 📠 233332, 💻 www.eurostarhotel.com. 32 Komfort-Zi, schönes Restaurant und gutes Preis-Leistungs-Verhältnis nahe Strand. Besitzer aus Österreich. ❹

Luxus-Anlagen

Die Resorts mit schönen Gartenanlagen und allem Komfort gibt es über Internet und Agenturen oft erheblich günstiger:

Dusit Resort ①, 240/2 Beach Rd., ✆ 038-425-611-7, 📠 428239, 💻 www.pattaya.dusit.com. 472 Zi mit schönem, riesigem Tropengarten und Wasserfall im Innenhof sowie beliebtem Fitnesscenter. ❽

Amari Orchid Resort ③, 240 Moo 5, Beach Rd., ✆ 038-428161, 📠 428165. Stilvolles Foyer und 228 Zi. Hat durch Abholzen seiner tropischen Gartenanlage und diverse Neubauten leider viel von seinem Flair verloren. ❼

Royal Cliff Beach Resort ⑯, 353 Moo 12, Cliff Rd., ✆ 038-250421-30, 📠 250511, 💻 www.royalcliff.com. Das größte Resort mit 1200 Zi in 4 Komplexen, 10 Restaurants und Bars, 7 Tennisplätzen, 3 Pools und etwa 1500 Angestellten wurde mehrfach zum besten Beach-Resort der Welt gewählt. ❽

Sheraton Pattaya Resort ⑰, 437 Pratamnak Rd., ✆ 038-259888, 📠 259899, 💻 www.sheraton.com/Pattaya. Mit herrlicher Architektur und 153 Zi die edelste Herberge der Stadt. Es lohnt sich, zumindest zu einem Sundowner vorbeizuschauen. ❽

Rabbit Resort ⑳, Dongtan/Jomtien-Beach, ✆ 038-303303-4, 📠 251628, 💻 www.rabbitresort.com. Charmantes, tropisch begrüntes Resort im Stil eines Thai-Dorfes mit 49 durchdacht dekorierten Villen und Suiten, stilvoll geführt von Khun Paisan und seiner Frau Deborah. ❼–❽

Essen

Das vielfältige Angebot der über tausend Restaurants überrascht. Chinesisch, indisch oder japanisch kann man hier ebenso essen wie französisch, italienisch, libanesisch, mexikanisch und vor allem: deutsch! Ob in gediegenen Gourmet-Tempeln, typischen Filialen internationaler Fastfood-Ketten, weitläufigen Food-Courts der Einkaufszentren und Aussteiger-Kneipen mit heimatlicher Hausmannskost oder an einfachen Straßengrills und Garküchen: Das Angebot ist so üppig und günstig, dass jeder fündig wird.

Foodland, Central Rd. Am Bistro-Imbiss-Tresen gibt es bis 8.30 Uhr günstiges American Breakfast sowie rund um die Uhr jede Menge frisch zubereitete, gute und günstige Speisen.

Bei Gerhard, Naklua Rd., Soi 33 ✆ 038-370 698. Das erfolgreichste Farang-Restaurant. Gutes, günstiges Frühstück, hervorragende, preiswerte deutsche, schwäbische und thailändische Küche. Häufig voll besetzt.

Alt Düsseldorf, Naklua Rd., Soi 14, ✆ 038-367031. Kleines Restaurant (Gerichte 110–140 Baht) mit bester deutscher Hausmannskost. Bei der westfälischen Frohnatur Willy gibt es u. a. Rouladen, Schweinebraten und die beste Currywurst der Stadt.

Leng Kee, 341/3-6 Central Road, ✆ 038-426290-1. Trotz Neonlicht-Atmosphäre und der Lage an

Tipp

Mantra, Moo 5, Beach Rd., 🖳 mantra-pattaya.com, ✆ 038-429591, 📠 428165. Schönstes, edelstes und originellstes Erlebnis- und Lifestyle-Restaurant der Stadt. Überaus kreative Speisekarte mit angemessenem Preis-Leistungs-Verhältnis. 🕒 tgl. 17–1, So zudem 11–15 Uhr.

der Straße ist es mit guten Seafood- und Enten-Gerichten etabliert.
Ruen Thai, Second Rd., ✆ 038-425911. Von 19.30–23 Uhr mit klassischer Musik und Thai-Tanz in einer tropischen Gartenanlage. Spektakuläres Flambieren.
Mum Aroi, 15/14 Third Rd., ✆ 038-414801-2, ausgezeichnete, relativ preisgünstige Thai-Küche in einer romantischen, landestypischen Garten-Oase. Eine reizvolle Lifestyle-Filiale am Ende von Naklua am Meer, ✆ 038-233252.
Pizza Big, 668/9 Moo 5, Naklua Rd., ✆ 038-427314. Hier lockt Roberto mit den besten Pizzen und leckeren Seafood-Spaghettis.
Bar Non, 162/204 Thappraya Rd., ✆ 038-364136, unscheinbarer, aber hervorragender, preiswerter Italiener. Spartanisches Laden-Ambiente, aber günstige Spaghetti, exzellente Lasagne und das Glas Wein ab 80 Baht.
Captain's Corner, Jomtien Rd., ✆ 038-364314, 🕒 12–24 Uhr, stilvolles Restaurant mit gediegener Atmosphäre. 18–23 Uhr tolles Barbecue-Buffet mit Meeresfrüchten, Steaks, Spießchen und Salaten im texanischen Stil für 350 Baht.
Ali Baba, 1/13-14 Central Rd, ✆ 038-429262, hervorragende, preiswerte indische Küche.
Thai House, 171/1 North Rd., neben der City Hall, ✆ 038-370579-81, gehört mit rund 800 Plätzen zu den größten Restaurants, 🕒 19–24 Uhr eindrucksvolle, traditionelle Tanzshow.
P.I.C. Kitchen, Soi 5, ✆ 038-428374, stilvolle, romantische Oase mit tropischem Grün. Gutes, aber nicht billiges Essen. Gelegentlich auch klassischer Thai-Tanz oder Jazz- Abende. 🕒 tgl. 8–24 Uhr. Ein Ableger namens **Sugar Hut** befindet sich am Jomtien Beach.
Bon Café, Naklua Rd., serviert guten Kaffee und Kuchen in klimatisierter Bistro-Atmosphäre.
Bei Otto, Naklua Rd., Windmill-Plaza. Otto Duffners Pattaya-Filiale mit Backwaren, Süßem und Speisen für den deutschen Gaumen.
Paradise Garden, Naklua Rd. Soi 16/2, ✆ 038-422871. Lauschiger kann man in Pattaya kaum speisen. Der Schweizer Hans Bänziger tischt in seinem Garten-Restaurant besonders gern exotische Gerichte aus Australien, aber auch leckere Schweizer Kost auf.
Ice Cafe Berlin, South Rd., Ecke Beach Rd., deutsche Bäckerei mit frischem Kuchen und hausgemachter Eiscreme, Steaks und Salaten.
Le Saigon Bayview, im 23. Stock des Pattaya Hill Resorts, Pratamnak Rd., Ecke Soi 2, ✆ 038-250329, wunderbarer, mit dezenter Musik untermalter Rundblick über Jomtien, die Stadtkulisse, die vorgelagerten Inseln und das Hinterland. Kostenloser Abholservice.

Unterhaltung

Typisch für Pattaya sind die offenen, durch eine Überdachung geschützten Bierbar-Center, wo käufliche Mädchen auf Kundschaft warten. Aufgrund der großen Konkurrenz relativ preiswerte Getränke. Auch wer sich nur umschauen möchte, wird meist freundlich behandelt.

Diskotheken

In den meisten Tanzschuppen geht es erst ab Mitternacht richtig los.
Xzyte, Third Rd. Moderne Mega-Diskothek mit Live-Konzerten bekannter Stars, Shows und Video-Wänden.
Star Dice, Naklua Rd. Landestypisches, lautstarkes Programm aus Live-Musik, Show-Einlagen und Disco. Stets gut besucht.
Marine Disco, Walking St. Seit Jahrzehnten legendärer Ruf wegen der ausgelassenen Tanz-Stimmung (ab 1 Uhr nachts garantiert) sowie dem lasziv bis bizarren Publikum.
Tony's, Walking St. Etablierter, oft seine Aufmachung wechselnder Tanzschuppen, in dem die penetrante Kommerzialisierung schon fast Kult ist. Gehört dem agilen Thai-Amerikaner Tony.
Lucifer, Walking St., beliebtester und daher auch stets voller Szene-Treff. Urig als Höhle durchgestylter Tanzschuppen mit Live-Musik. Zweite Band im Eingangsbereich.

Kinos

Im obersten Stockwerk des **Pattaya Festival Centers**, ✆ 038-361500-1, finden sich 6 moderne Kinosäle (tgl. 5–7 Vorstellungen von überwiegend westlichen Filmen, 100–120 Baht).
Im ebenfalls an der Second Rd. gelegenen **Royal Garden Plaza**, ✆ 038-428057, werden in zwei Kinosälen aktuelle internationale Streifen gezeigt (80 Baht).

Live-Musik

In den meisten Etablissements wird die Musik mit hervorragenden Speisen garniert.
The Blues Factory, Beach Rd. Soi Lucky Star, gegenüber der Marine Bar. Beste Unterhaltung für Blues-, Oldie- und Rockmusik-Fans – allein schon wegen Thailands Rock-Legende und Gitarren-König Lam Morrison, ◷ tgl. außer Mo ab 21 Uhr.
Kum Punn, Soi 2. Empfehlenswerter Szene-Pub im typisch thailändischen Musikkneipen-Stil. Fetzige Bands, leckeres Essen und stets gute Stimmung.
Slim, Second Rd. Neuer, angesagter Fashion-Club mit Hip-Hop-DJs, fetzigen Live-Bands und Coyote-Tänzerinnen. Bier und Cocktails 250 Baht.
Cottage, Third Rd. (am Mum Aroi), beliebter Trend-Schuppen im Bangkok-Stil mit Auftritten bekannter Bands.
Moon River Pub, am Thai Garden Resort, North Rd., hier spielen Bands Country-Musik, internationale Hits, Evergreens und populäre Thai-Musik. Gelegentlich treten legendäre Thai-Musiker wie Lek oder Ed Carabao auf. Stilechtes Western-Ambiente. ◷ ab 18 Uhr.
Hopf Brew House, Beach Rd., Ecke Soi Yamato, seit 1997 die erste Mikrobrauerei Pattayas mit exzellentem Bier, deftigen Gerichten und sehr guter Musik sowie Auftritten eines beliebten italienischen Tenors.
Shenanigans, Second Rd., Höhe Soi Post Office, 💻 www.shenanigans-pattaya.com. Stilechter, irischer Pub mit Dunkelbieren und landestypischer Speisekarte. ◷ tgl. 9–1 Uhr.
Green Tree Pub, nördliche Beach Rd., bunte Mischung aus Thai-Songs, Jazz und Rock. Gute Stimmung in romantischem, bunt beleuchtetem Garten mit Bühne, Meerblick und Grill.

Man spricht Deutsch

Da Pattaya bei deutschsprachigen (Langzeit)-Touristen, Aussteigern und Rentnern beliebt ist, reicht das Angebot deutschsprachiger Dienstleistungen von Zahnbehandlungen und Brillen-Anfertigungen über Schneider, Zeitungen und Videotheken bis hin zu Anwaltskanzleien und sogar ganzen Wohnanlagen.

Green Bottle Pub, südliche Second Rd., bietet seit vielen Jahren eine gediegene Atmosphäre und ein gutes, gekühltes Ambiente.
Henry J. Beans and Grill, am Amari Orchid Resort, Beach Rd., stilvoller, gediegener Pub, Meerblick, Live-Musik und gehobene Preise, ◷ tgl. ab 17 Uhr.
Hard Rock Cafe, Beach Rd. Heiße Live-Rhythmen bei eisgekühltem, leider etwas teurem Bier.

Travestie-Shows

Selbst Thai-Familien mit Kind und Kegel besuchen die sehenswerten, farbenprächtigen Travestieshows. Sie sind nicht billig, haben aber ein relativ hohes Niveau:
Alcazar Show, Second Rd., ✆ 038-410225-7, 📠 424939, tgl. 18.30, 20 und 21.30, Sa auch um 23 Uhr, reservierte Plätze 500–600 Baht.
Tiffany Show, Second Rd., ✆ 038-421700-5, 📠 421711, tgl. 18, 19.30 und 21 Uhr, 500–700 Baht, VIP 800 Baht.
Dolce Vita, Jomtien-Komplex, Thappraya Rd. ✆ 087-0587734. Unter Schweizer Leitung, keine Reisegruppen und gemütliche Atmosphäre. Travestie-Cabaret um 22.30 Uhr. 200 Baht inkl. Freigetränk.
Malibu Bar, Second Rd., Ecke Soi Post Office, kleinere, weniger durchorganisierte Travestieshows – wie sie auch auf Bühnen in so manchem Bar-Center dargeboten werden.

Sport

Der Urlaubsort bietet vielfältige Sportmöglichkeiten wie Tauchen, Segeln, Bungy Jumping, Sky Diving, Go-Kart-Rennen, Fallschirmsegeln,

Windsurfen, Taekwondo, Reiten, Bowling, Minigolf, Schießen usw.

Boxen

Muay Thai-Boxen für Anfänger und Fortgeschrittene im **Sitpholek Muaythai Sportscenter**, 217/10 Moo 6 Sukhumvit Rd., ✆ 086-5610838, 089-9345001, ✉ sitpholek_frank@hotmail.com, ◷ 9–24 Uhr, oder im **Yodthong Senanan Thai Boxing Camp**, Nongprue, ✆ 038-249018.

Bungy Jumping

Jomtien Rd., Soi 14, ✆ 086-3783880, 💻 www.thaibungy.com, ◷ tgl. 9–18 Uhr, an einem hübschen See wird von Neuseeländern betrieben, Sprunghöhe 50 m.

Fitness

Gut ausgestattet sind die Fitness-Clubs in den Hotels Dusit, Montien, Royal Garden oder Hard Rock. Neueste Geräte, ein großes Schwimmbad und Box-Training bietet **Tony's Gym** an der Third Rd., ✆ 038-414058-9.

Reiten

Horseshoe Point Resort & Country Club, 100 Moo 9, Tambon Pong, nahe Pattaya, ✆ 038-253500, 📠 735051, 💻 www.horseshoepoint.com. Reiterhof von Weltklasse. Unterricht, Dressur-Wettbewerbe, Springen, Polo und Military sowie Shows, Reitausflüge, Kutschfahrten und Pony-Reiten. Leitung durch Willi Netzer.
Outdoor Stables Pattaya, ca. 18 km östl. der Stadt, ✆ 081-3020814, 💻 www.horsepattaya.com. Seit 1988 älteste Reitfarm, Unterricht für 1200 Baht pro Std.

Segeln

Entlang des Jomtien Beach werden Laser, Hobie Cats oder Optimists für 400–800 Baht pro Std. angeboten, z. B. vom **Pattaya Sailing Center**. Interessenten sollten mal für einen Drink im legendären, 1957 gegründeten **Royal Varuna Yacht Club** (in eigener Bucht nahe Grand View Hotel) vorbeischauen, ✆ 038-306290, 💻 www.royal-varuna-yacht-club.com, oder im gediegenen **Ocean Marina Yacht Club**, 15 km östlich der Stadt, ✆ 038-247310, 💻 www.oceanmarinayachtclub.com.

Tauchen

Mehrere Tauchbasen bieten Kurse und Touren nach Ko Larn, Ko Sak und Ko Khrok an. Sehr schön ist das in 27 m Tiefe gelegene, mit Korallen bewachsene Wrack *Harddeep* mit vielen Fischen. 4-tägiger Open-Water-Kurs mit Zertifikat ab 14 500 Baht. Für zwei Tauchgänge mit Ausrüstung, Boot und Guide zahlt man um 3000 Baht.
Paradise Scuba Divers, Siam Bayview Hotel, 310/2 Soi 10, Second Rd., ✆/📠 038-710567, 💻 www.tauchen-thailand.de. Etablierte Tauchschule des Deutschen Leander Salinski.
The Dive Site, 315/166-167 Thappraya Rd., Jomtien, ✆ 038-303333, 📠 252120, 💻 www.divesiteasia.com. Professionell geleitet von Paul Guthrie.

Wassersport

Pattaya ist nach Phuket das größte Wassersportzentrum Thailands. Internationale Wettbewerbe und ideale Bedingungen zum Windsurfen, Parasailing oder Wasserskifahren gibt es am Jomtien Beach, wo höchstens mal zwischen November und Januar mit stärkeren Winden und hohen Wellen zu rechnen ist.
Sailing Center (5 Std. Equipment-Verleih inkl. 2 Std. Unterricht für 1800 Baht) von Thailands Surf-Legende Amara Wichithong (seit 23 Jahren im Geschäft) am Pattaya Park Beach Hotel, ✆ 081-8629958, 038-233276, 💻 www.windsurfing-thailand.com. Zu den Alternativen zählt der **Blue Lagoon Water Sport Club**, Richtung Sattahip, ✆ 038-255115-6, 💻 www.clubloongchat.com. Es werden aber auch nervtötende Waterscooter und Jetskis angeboten, deren Wucherpreise leider nicht alle abschrecken.

Sonstiges

Autovermietungen

An der Beach Rd. werden Jeeps ab 600 Baht pro Tag vermietet. Diese haben aber manchmal nur eine Zulassung für die Stadt bzw. Provinz Chonburi. Wagen mit ausreichendem Versicherungsschutz gibt es ab 1000 Baht.
Yao Service & Car Rent, 25/63 Central Park 4, Sukhumvit Rd., ✆ 086-3221785, 086-1134566, ✉ mekdaeng@hotmail.com. Neue Autos

ab 1000 Baht pro Tag, 6300–7700 Baht pro Woche.
Budget, Tipp Plaza, Beach Rd., ✆ 038-710717, 💻 www.budget.co.th. Große Auswahl an Neuwagen mit Bring- und Abholservice.
Avis, Dusit Resort, ✆ 038-361627-8, 💻 www.avisthailand.com.

Einkaufen

Die meisten Läden haben tgl. von 11–23 Uhr geöffnet. Überall bieten Schneider und Porträtmaler ihre Dienste an. Souvenirstände und fliegende Händler versuchen vor allem an der Beach Rd., ihr üppiges Angebot – von Sonnenbrillen bis zu Film- und Musik-CDs – an den Kunden zu bringen.
Zudem entstehen immer mehr große Einkaufszentren wie:
Royal Garden Plaza, zwischen Beach und Second Rd., gilt mit seinen vielen Boutiquen als edelstes Einkaufszentrum.
Central Festival Center (Big C), an der nördlichen Second Rd., mit großem Supermarkt, Kino, vielen Geschäften und Restaurants. Big C-Filiale an der Sukhumvit Rd. Anfang 2009 eröffnet die Gruppe an der Beach Rd. das riesige **Central Grand Festival**.
Lotus Supercenter, Sukhumvit Rd. und North Rd.
Carrefour Center, Central Rd., Ecke Soi Solakpet. Riesig, das größte Thailands.
Best Supermarket North Rd., 🕒 8–1 Uhr, gutes Sortiment, beliebt bei Ausländern.
Foodland, Central Rd., 🕒 rund um die Uhr mit gutem Warenangebot und hervorragendem, preiswertem Bistro-Restaurant.
Friendship, South Rd., 🕒 tgl. 7.30–2.30 Uhr, u. a. ein erstaunliches Sortiment an Importwaren.
Mike Shopping Mall, Beach Road. Beliebtes und ältestes Einkaufszentrum der Stadt.
Tukcom Center, South Rd., 🕒 bis ca. 21 Uhr, alles rund um die Computertechnik.
Outlet Mall, Sukhumvit, Ecke Thepprasit-Rd., gut für den Kauf von günstigen Marken-Klamotten, wie auch das **Factory Outlet** an der Sukhumvit in Höhe Naklua.
Sonntags findet ein großer **Markt** in Naklua, nahe Postamt, statt. Genauso bunt und lebendig ist der am Di und Fr stattfindende Markt in der South Rd., Ecke Soi Bokao oder der große, lohnende Wochenendmarkt am Fr, Sa, So an der Thepprasit Rd.

Feste

Zu den wichtigsten, offiziell organisierten zählen der **Pattaya Marathon** im Juli und das **Pattaya International Music Festival** im März.

Geld

Wechselstuben v. a. in der Beach Rd. 🕒 meist bis 22 Uhr. Für kompliziertere Transaktionen empfehlen sich die Haupt-Niederlassungen der **Bangkok Bank**, Second Rd., **Kasikorn Bank**, Central Rd., und **Siam Commercial Bank**, Second Rd.

Immigration

Jomtien Beach Rd., Soi 5, ✆ 038-252750-1, die Verlängerung des 60-Tage-Visums kostet 1900 Baht. Ausländer, die sich über längere Zeit in Thailand aufhalten, machen den *Visa-run* über die kambodschanische Grenze, der von den örtlichen Reisebüros für rund 2000 Baht inkl. Gebühren komfortabel organisiert wird.

Informationen

Die besten Infos gibt es in den vielfältigen örtlichen Publikationen und unter der Hotline ✆ 1337 des **Pattaya City Call Centers**, das über 32 (teilweise deutschsprachige) Mitarbeiter verfügt.
Das **TAT Office** versteckt sich mit seinen etwas ahnungslosen Praktikanten in einem abgelegenen Haus am Rama IX Memorial Park, 609 Moo 10, Pratamnak Rd., ✆ 038-428750, 📠 038-423990, ✉ tatchon@tat.or.th, 🕒 Mo–Fr 8.30–16.30 Uhr.

Medien

Pattaya, wo es sogar stundenweise deutsche Fernseh-Unterhaltung gibt, 💻 www.pattaya-radio.de, hat sich zum wichtigsten Zentrum deutschsprachiger Thailand-Medien entwickelt. Hier erscheinen jeden Di das **Pattaya Blatt**, 💻 www.pattayablatt.com, und die **Südostasien Zeitung**, alle zwei Wochen **Der Farang**, 💻 www.der-farang.com, und monatlich **Pattaya Focus**, **Hallo** und das Spaßmagazin **Eiermann**, 💻 www.hallo-das-magazin.de. Zudem gibt es eine Unmenge englischsprachiger Gratis-Broschüren und dicker Immobilienmagazine. Deutsche Secondhand-Bücher kauft und tauscht das **Swan Book House**, Soi Buakaow, ✆ 038-720402.

Medizinische Hilfe

Große Privat-Krankenhäuser:
Bangkok Pattaya Hospital, Sukhumvit Rd., ✆ 038-427777, Notfall-Nr. 038-259911, 💻 www.pattayahospital.com, moderne Klinik mit über 200 Betten, allen Fachrichtungen und 24-stündigem Übersetzungsdienst.
Pattaya Memorial, ✆ 038-429422-4, und **Pattaya International Clinic** (P.I.C), ✆ 038-428374.
Deutschsprachig ist unter anderem die Praxis des Schweizers **Dr. Olivier Meyer**, Soi LK Pavillon, Third Rd., Ecke South Rd., ✆ 038-723521, Notfall: ✆ 377463.
Pattaya hat sich zum preisgünstigen Zentrum für chiropraktische Behandlungen und Schönheitsoperationen entwickelt. Mehrere Betriebe, viele unter deutscher Leitung, haben sich auf Zahnpflege und Zahnersatz oder Brillen spezialisiert. Unter anderem:
Euro Dental Clinic, ✆ 038-966811, 💻 www.travel-dental.com, mit den deutschen Zahnärzten / Implantologen Dr. Ramin und Robert Fischer.
Dental Clinic, ✆ 038-370213, ✉ pdc_pattaya@hotmail.com, 4 Filialen in Naklua.
Pattaya Dental Clinic, ✆ 038-252670, 💻 www.pdclinic.com, 3 Filialen.
Dental Care Center, Central Rd., ✆ 038-720079. Der freundliche, gute und günstige einheimische Zahnarzt Dr. Warin Leekpai ist empfehlenswert.
Central Optic, Central Rd., ✆ 038-421822.
Euro Optic, Second Rd. gegenüber dem Royal Garden Plaza, ✆ 038-426275.

Motorräder

100er Hondas oder Suzukis werden ab 120 Baht pro Tag oder 3000 Baht pro Monat vermietet. Keiner fragt nach einem Motorrad-Führerschein, obwohl er offiziell erforderlich ist. Die Fahrzeuge sind nur haftpflichtversichert. Tödliche Motorrad-Unfälle gehören leider zum Alltag. Die Anbieter stehen entlang der Beach Rd. Neuere Maschinen hat das bewährte **Radi Mansion**, ✆ 038-424608, 716386.

Polizei

Beach Rd., Ecke Soi 9, ✆ 038-420802, 424186, Notruf 191. **Tourist Police** an der Second Rd., nahe Soi 6, ✆ 038-425937, 429371, **Notruf**: 1155. Bei Problemen hilft eine Hilfstruppe aus 15 westlichen Freiwilligen der Tourist Police.

Post

Hauptpost in der Soi Post Office, ✆ 038-429340. Weniger überlaufene Filialen in Naklua, nahe dem Markt, und am Jomtien Beach, Soi Chaiyapruk.

Reisebüros

Achtung – die billigsten sind nicht immer die besten! **Lee Tours**, 183/40 Soi Post Office, ✆ 038-423253, 429738, 📠 410014. Reisebüro mit Erfahrung und Einsatzfreude, Mrs. Su spricht gutes Deutsch, der freundliche Khun Boon Englisch.
Sea-Air-Land-Tours, 183/3 Soi Post Office, 💻 www.sal-thailand-tours.de, ✆ 038-710829-30, 📠 710831, hat sich als Spezialist für Abstecher nach Kambodscha und Myanmar etabliert. Der Deutsche Joe Hoffmann bietet kompetente Beratung.
Arare Tavel, 437/37 Moo 9, Soi 6, ✆ 038-361696, 081-9305469, ✉ araretra@loxinfo.co.th, Mrs. Siriluck (Khun Muu) ist engagiert, zuverlässig und spricht gutes Englisch. Tickets, Touren und komfortable Charter-Taxis für Flughafen-Transfers.

Nahverkehr

Sammeltaxis / Motorradtaxis

Mehr als 500 blaue Baht-Busse verstopfen die Straßen von Pattaya. Die offenen Sammeltaxis mit zwei durchgehenden Bänken auf der Ladefläche kosten 5–20 Baht, wenn sie auf ihrer festen Route entlang der Hauptstraßen fahren, oder bis zu 100 Baht, wenn sie im Stadtgebiet gechartert werden. Es gibt häufig Beschwerden über Wucherpreise und unfreundliche Fahrer. Zwischen SI RACHA und SATTAHIP verkehren entlang der Sukhumvit Rd. weiß-hellblaue Baht-Busse, die als preisgünstige Sammeltaxis für 10–20 Baht überall angehalten werden können.

Motorrad-Taxis kosten im Stadtgebiet rund 20–60 Baht.

Linienbusse

Zwischen 7 und 24 Uhr rollen klimatisierte Kleinbusse der *Red Line* und *Green Line* quer durch die Stadt. Einzelfahrten 20 Baht, Tagestickets 90 Baht.

Boote

Vom Bali Hai-Pier starten Boote nach Ko Larn. Die offizielle Fähre verkehrt von 7–18.30 Uhr ca. alle 1–2 Std. für 20 Baht. Pickup- oder Moped-Taxis vom Anleger über den Hügel zum Samae Beach 30–50 Baht. Schnellboote lassen sich ab 2000 Baht chartern. Ein Platz auf größeren Charterbooten, die unterwegs Inselstopps zum Baden, Schnorcheln oder Angeln einlegen, gibt es ab 600 Baht. Empfehlenswert sind Tagestouren des freundlichen Hamburgers Hermann Hansen, ✆ 08-47795456, für 999 Baht inkl. aller Mahlzeiten und Getränke.

Transport

Bangkok ist in knapp 2 Std. über den Bang Na–Trat Highway und den Motorway 7 erreichbar, der neue Suvarnabhumi-Airport in 1 1/2 Std.

Busse

Richtung Bangkok

141 km ab Busterminal von **Rong Reuang Coach**, ✆ 038-429877, North Rd., nahe Sukhumvit Rd. Da die hier wartenden Fahrer meist überhöhte Charter-Preise verlangen, halten Ankommende am besten außer Sichtweite vorbeifahrende Baht-Busse oder Moped-Taxis an. Busse zum Eastern Busterminal (Ekamai) und Northern Bus Terminal (Morchit) von 5–21 bzw. 20 Uhr je nach Andrang alle 10–40 Min. in gut 2 Std. für 113–121 Baht. Zum Southern Busterminal (Sai Tai) von 6–18 Uhr alle 2 Std. für 113 Baht. Wer in Chonburi aussteigen will, muss es vorher anmelden, da die Busse sonst die Autobahn benutzen.

Entlang der Ostküste

Nach RAYONG über Sattahip non-AC-Bus von 3.30–10 Uhr für 50 Baht, AC-Bus 75 Baht und VIP 24-Bus 90 Baht ab dem Unterstand mit dem grünen Dach, 50 m vom Nakhonchai Air-Terminal. Einige Busse fahren bis nach Chantaburi und Trat.
Nach BAN PHE, dem Fährhafen für KO SAMET, mit dem Minibus von **Malibu Travel**, 158/4 Soi 16, Naklua Rd., ✆ 038-370259, 📠 415104, ⏲ tgl. 7–23 Uhr. Tagesausflüge 580 Baht nur für Bus und Boot plus 400 Baht Nationalpark-Eintritt oder alles zusammen plus Mittagessen am Wonduan Beach für 900 Baht. Start um 7.30, 11.30 und 15.30 Uhr, zurück um 8.30, 12 und 16 Uhr.
Nach LAEM NGOP, dem Fährhafen für KO CHANG, mit dem Minibus von **Koh Chang Travel**, 183/72 Soi Post Office, ✆ 038-710145-8, 📠 421343, ⏲ 7.30–22 Uhr. Hin und zurück für 1200 Baht inkl. Minibus und Fähre oder für 1400 Baht inkl. Transfers auf Koh Chang. Start um 7.30 Uhr, zurück um 10 Uhr.

Richtung Norden und Nordosten

Ab Nakhonchai Air-Terminal, Sukhumvit Rd., Richtung Rayong, kurz hinter der Einmündung Central Rd., ✆ 038-424871, Hotline ✆ 02-9363355.
Nach CHIANG MAI über Phitsanulok, Uttaradit und Lampang AC-Bus um 14.45 und 18.15 Uhr für 517–668 Baht sowie VIP 24-Bus um 14.30, 17.25, 18.30 und 19 Uhr für 710 Baht.
Nach MAE SAI über Uttaradit, Phrae, Phayao und Chiang Rai AC-Bus um 15.15 Uhr für 760 Baht oder VIP 24-Bus um 15 und 17 Uhr für 832 Baht.
Nach UBON RATCHATHANI über Korat, Buriram, Surin und Si Saket AC-Bus um 7.45, 16.45, 17.45, 18 und 19.45 Uhr für 500 Baht oder VIP 24-Bus um 17.15, 18.35, 20.15, 20.30 und 20.45 Uhr für 584 Baht.
Sri Mong Kon, 245/82-83 Third Rd., ✆ 038-424085, fährt von der unscheinbaren Townhouse-Busstation mit schicken VIP-Bussen nach KORAT um 7, 10 und 20 Uhr für 290 Baht, der letzte fährt bis UBON für 500 Baht. 1. und 2. Kl. AC-Busse um 7.30, 9 Uhr, 17, 18, 19 und 20 Uhr über Korat (200 Baht) nach Ubon (390 Baht).
407, ✆ 038-421535, fährt ab Petronas-Tankstelle, Sukhumvit Rd., Richtung Bangkok, kurz hinter der Einmündung der Central Rd., mit 1. Kl. AC um 8.10, 14.40, 19, 19.35, 20.10, 20.40, 20.50, 21, 21.30 und 22 Uhr, mit 2.Kl AC um 7.40, 14.10, 15.40, 16,40, 18, 18.20, 18.55, 19.50, 20.45 und 21.40 Uhr

nach NONG KHAI (393–506 Baht) über KORAT (199–356 Baht), KHON KAEN (301–387 Baht) und UDON THANI (365–470 Baht).
Über Chonburi, Chachoengsao, Kabinburi, Sakaeo, Aranyaprathet, Buriram, Surin (228 Baht) und Yasothon nach MUKDAHAN mit *Rong Reuang Coach* (s. o.) um 7.30 Uhr, 17.30 und 19.45 Uhr für 576 Baht sowie VIP 24-Bus um 20.30 Uhr mit weniger Zwischenstopps für 657 Baht in 13–14 Std.

Eisenbahn

Fahrplan s. S. 882ff.
Von BANGKOK nach Pattaya in rund 3 1/2 Std. für 31 Baht. Der winzige Bahnhof von Pattaya ist mit einem Computer ausgestattet und kann Bahntickets landesweit ausstellen, ⏲ tgl. 8–16 Uhr, ✆ 038-429285.

Flüge

Der ehemalige Militär-Flugplatz U-Tapao, rund 40 km südlich von Pattaya, wird vorwiegend für Flüge nach Koh Samui und Phuket genutzt.
Bangkok Airways, 75/8 Second Rd., gegenüber Montien-Hotel, ✆ 038-412382, 📠 411965, ⏲ 8–17 Uhr. 1x (in der Hochsaison 2x) tgl. Flug nach KO SAMUI in 1 Std., Rückflugticket ca. 7500 Baht. Zum gleichen Preis 4x wöchentlich (in der Hochsaison tgl.) nach PHUKET. Minibus-Service vom und zum Flughafen U-Tapao für 250 Baht, ✆ 038-722290.
Thai Airways International, am nördlichen Beginn der Beach Rd., ⏲ 9–17, So und feiertags 9–16 Uhr, ✆ 038-420995-7, 📠 420998.
Zum Suvarnabhumi Airport: Die Strecke vom/zum Flughafen wird von **Bell Travel Service**, ✆ 089-4498843 (Airport), ✆ 038-370055-6 (Pattaya), bedient. Nach Pattaya von 8–18 Uhr alle 2 Std. bis zum gewünschten Hotel, um 6, 9, 11, 13, 15, 17 und 19 Uhr vom Hotel zum Flughafen. Charter-Taxis inkl. Autobahngebühren ab 900 Baht (meist zurückfahrende Meter-Taxis) bis 1300 Baht (neuere Limousinen, s. Arare Travel).

Die Umgebung von Pattaya

Nicht weit vom Stadtzentrum finden sich jenseits des Sukhumvit Highway etliche Touristen-Attraktionen wie das **Bottle Museum** des Holländers Pieter mit mehr als 300 originellen Miniaturen in Flaschen, ✆ 038-422957, ⏲ 8–20 Uhr, Eintritt 150 Baht; das **Monkey Trainings Center**, ✆ 038-756570, mit 5 Shows zwischen 9 und 17 Uhr, Eintritt nur mit Monkey-Show 250 Baht, Sammel-Ticket für alles 650 Baht; die **Snake Show**, ✆ 038-731586, ⏲ 8–18 Uhr, mit ständigen Vorführungen, Eintritt 200 Baht; **Mini Siam**, ✆ 038-727333, mit seinen Parkanlagen und Miniaturen thailändischer und internationaler Sehenswürdigkeiten, ⏲ 7–22 Uhr, Eintritt 250 Baht.

Alangkarn Show

Diese atemberaubende Extravaganza-Show zählt mit ihrer 70 m langen Bühne und vielfältigen Spezialeffekten – darunter ein simulierter Vulkan-Ausbruch und monumentale Prozessionen – zu den imposantesten Attraktionen. Das 2000 Besucher fassende Unterhaltungs-Zentrum, zu dem auch Geschäfte und Handwerksbetriebe gehören, liegt an der Sukhumvit Rd. vor dem Ambassador Hotel, ✆ 038-256000, 💻 www.alangkarnthailand.com, Show tgl. außer Mi um 18.30 Uhr, 1000 Baht, inkl. Gala-Dinner ab 17.30 Uhr für 1200 Baht, Abholservice 100 Baht.

Underwater World

An der Sukhumvit-Rd. Richtung Sattahip steht das architektonisch auffällige Aquarium. Über 4500 Meereslebewesen sind aus gläsernen Unterwassertunneln zu beobachten. ✆ 038-756879, ⏲ tgl. 9–18 Uhr, Eintritt 400 Baht, Kinder 200 Baht.

Elephant Village

Bei diesem rund 7 km außerhalb Pattayas gelegenen Touristen-Spektakel, 💻 elephant-village-pattaya.com, ✆ 038-249818, Abholservice gratis, führen Mahouts schon seit 1973 ihre einst in der Holzindustrie ausgebildeten, arbeitslosen Dickhäuter vor. Zudem gibt es 1 1/2-stündige Ausritte auf Elefanten für 900 Baht und 3 1/2-stündige Touren mit Trekking, Rafting und Ochsenkarren-Fahrt für 1800 Baht. Show von 14.30–16 Uhr 500 Baht.

The Million Years Stone Park & Crocodile Farm

Zwischen hübschen weißen Felsformationen leben in Gehegen Tiere, die in Südostasien fast ausgestorben sind, u. a. Elefanten, Tiger, Bären, der große Mekong-Fisch Pla Buk sowie tausende Krokodile in allen Größen. Sieben Krokodil-Shows am Tag. 💻 www.thaistonepark.org, ✆ 038-249347-9, ⏲ tgl. 8–18 Uhr, 350 Baht inkl. Abholservice.

Baan Sukhawadee

Zwischen Blumenbeeten, Teichen und Springbrunnen lockt eine einzigartige Sammlung von Kitsch, Kunst und Kultur, die in eine Orgie an Formen und Farben ausartet. Der illustre Phantasie-Park im Stadtteil Naklua am Meer wurde von einem der größten Hühner-Farmer Thailands gegründet. ✆ 038-425598, ⏲ tgl. 9–20 Uhr.

Wat Yansangwararam

Kurz vor dem Nong Nooch Tropical Garden, ca. 11 km südlich von Pattaya, zweigt von der Sukhumvit Road links eine ausgeschilderte Straße ab, auf der man nach 4 km die Anlage erreicht. Auf einem riesigen Gelände wurden – und werden noch immer – buddhistische Tempelanlagen zu Ehren von König Bumiphol errichtet. In einem See spiegeln sich einige Wasserpavillons im Stil der jeweiligen Stifterländer Indien, Korea, Japan, China und der Schweiz (eine Art Bergkirche). Die chinesische Gemeinde hat eine riesige Palastanlage gestiftet. Auf einem Hügel erhebt sich eine buddhistische Pagode im modernen Stil, die Buddhas Fußabdruck enthält. Von hier öffnet sich ein weiter Blick bis zum Meer. Spektakulär ist das 130 m hohe Buddhabildnis (Khao Chee Chan Image), das mithilfe von Lasertechnik an einer Felswand entstand.

Nong Nooch Tropical Garden

Er zählt nicht zuletzt wegen seines wunderschönen Parks zu den beliebtesten Attraktionen. In gezähmter, exotischer Natur kann man Affen, Wild und Pfaue beobachten und sich mit ruhig gestellten Raubtieren fotografieren lassen, was oft kritisiert wird. Außerdem gibt es eine beeindruckende Orchideenzucht und eine der größten Kakteen- und Palmensammlungen Asiens. Die Kulturshow um 9.45, 10.30, 15 und 15.45 Uhr, in der Nebensaison nur zwei Aufführungen, ist extrem touristisch. Die anschließende Elefantenshow zeigt dressierte Dickhäuter beim Fußballspielen, Radfahren oder Tauziehen. Auf dem Sukhumvit Highway sind es 14 km nach Süden, dann am KM 163 auf einer Abzweigung nach links weitere 3,5 km. ✆ 038-709358-62, 💻 www.nongnoochtropicalgarden.com, ⏲ tgl. 8–18 Uhr. Eintritt 400 Baht inkl. Show, Kinder unter 12 Jahren 200 Baht. Pattaya-Büro im Hotel Nova Lodge, ✆ 038-429321, 422958, 4-stündige Touren ab Pattaya um 8.30 und 13.15 Uhr für 650 Baht (Kinder die Hälfte).

Vorgelagerte Inseln

Besonders beliebt sind Schiffstouren nach Ko Larn oder zu kleinen, unbewohnten Inseln wie Ko Pai oder Ko Sak. Die meisten unterstehen dem Militär und dürfen nur tagsüber besucht werden. Bei **Ko Larn** (Coral Island) ist das Wasser weitaus klarer als in der Bucht von Pattaya. Wer jedoch ein Tropenparadies erwartet, wird zumindest in der Hochsaison vom Lärm zahlloser Jetski und Boote sowie den saftigen Preisen in den Strandrestaurants enttäuscht. Am schönsten ist der weiße **Samae Beach** an der Westküste, wo das Meer türkisblau schimmert. Der nördliche **Tha Waen Beach** ist zumeist von asiatischen Reisegruppen überlaufen.

Ruhiger ist die Atmosphäre auf **Ko Pai** – einer unter Naturschutz stehenden Insel mit einem hohen Kalkfelsen, etwa 1 1/2 Std. vor der Küste. Östlich von Ko Pai wurde das 1945 von der US-Navy gebaute, 60 m lange Landungsschiff *HTMS Kram* versenkt, um Taucher anzulocken. Die besten Tauchgebiete liegen vor **Ko Krok**. Leider sind viele weitere kleine Koralleninseln militärisches Sperrgebiet.

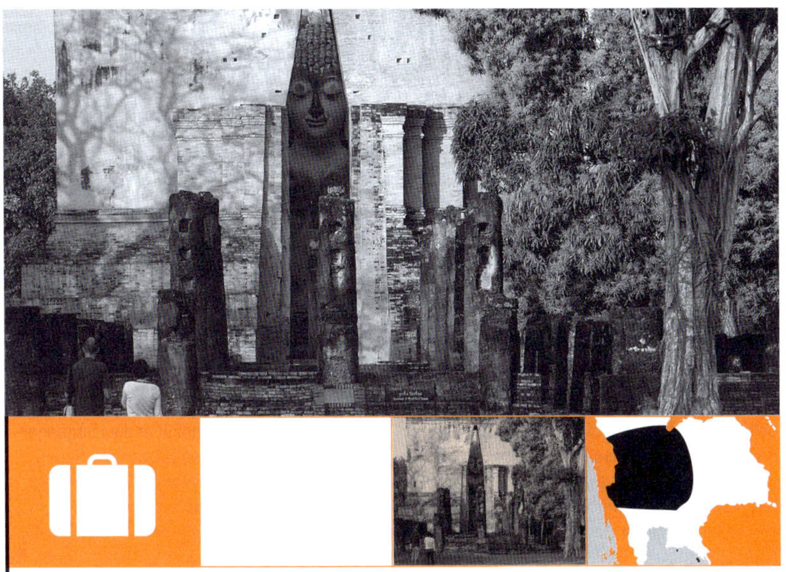

Zentral-Thailand

Stefan Loose Traveltipps

Phitsanulok Den vergoldeten Buddha im Wat Phra Si Rattana Mahathat bestaunen. S. 290

H12 Den gut ausgebauten Highway abseits der ausgetretenen Pfade erkunden. S. 295

5 **Sukhothai** In einem Gästehaus der Kleinstadt Traveller-Atmosphäre schnuppern. S. 297

5 **Si Satchanalai** Früh morgens oder nachmittags durch die Ruinen radeln. S. 308

5 **Kamphaeng Phet** Im Historical Park durch die teils schon wieder überwucherten Tempelruinen spazieren. S. 311

Umphang Aus auf dem Mae Klong durch urwüchsige Natur raften und im schönsten Wasserfall Thailands baden. S. 324

Der Weg nach Norden führt durch die weite Ebene des Menam Chao Phraya und seiner Nebenflüsse. Wer selber fährt, kann auf schmalen Straßen entlang der Kanäle und Flüsse zahllose Dörfer inmitten endloser Reisfelder erkunden. Die größten Attraktionen sind die Ruinenstädte Sukhothai und Si Satchanalai. Wer sich für Thai-Kultur und Geschichte interessiert, sollte zudem Kamphaeng Phet besuchen.

Nakhon Sawan นครสวรรค์

Zu Beginn des 20. Jahrhunderts wurden riesige Wälder in Zentral- und Nord-Thailand abgeholzt und die Baumstämme über die Flüsse zum Meer geflößt. Am Zusammenfluss des Ping und Nan River zum Menam Chao Phraya entstand 240 km nördlich von Bangkok eine große Verladestation. Hier ließen sich zahlreiche chinesische Händler nieder, die bis heute die Stadt prägen.

Im Zentrum der 100 000 Einwohner zählenden chinesisch geprägten Provinzstadt erstreckt sich rings um den großen See mit einer kleinen Insel der 50 ha große **Uthayan Sawan-Park**, der nach Feierabend ein beliebter Picknickplatz ist. Am Eingang zum Park wurde ein riesiges **chinesisches Eingangstor** errichtet.

Auf dem Berg **Khao Kop** im Norden der Stadt steht neben der Fernsehstation das **Wat Woranat Banphot**, das bereits während der Sukhothai-Periode entstanden sein soll. Eine riesige Buddhastatue scheint die Aussicht über die Stadt und die grüne, von Kanälen und Flüssen durchzogene Umgebung zu genießen.

Eine herrliche Aussicht über die Stadt bietet sich vom **Wat Chom Kiri Nakphrot** auf einem anderen Hügel südlich vom Chao Phraya am Highway 1. Bemerkenswert ist die große sitzende Buddhastatue in dem von Burmesen erbauten Tempel.

Ein großer **chinesischer Tempel** erhebt sich unterhalb des Zusammenflusses am südöstlichen Ufer des Chao Phraya. Er ist mit einer Fähre zu erreichen, die am Ende der Chulamanee Rd. ablegt. Hier können auch Boote für eine Fahrt auf dem Fluss für ca. 150 Baht pro Std. gemietet werden. Am nördlichen Flussufer bietet täglich ein **Markt** eine große Auswahl an frischem Obst, Gemüse, Textilien und anderen preiswerten Waren. Am Chinesischen Neujahrstag zieht eine große *Dragon and Lion Parade* mit riesigen Drachen und Löwen durch die Straßen und auf der Hauptstraße wird ein großer Markt aufgebaut.

Übernachtung

Pimarn, 605/244 Asia Rd., ✆ 056-312217-36, 📠 221 253, am Busbahnhof, etwas abgewohntes Hotel mit 284 AC-Zi mit Du/WC und kleinem Balkon, der Lärm der Disco und vom Busbahnhof stört in vielen Zi die Nachtruhe; Swimming Pool, freundlicher Service, einfaches Frühstück inkl. ❸–❹

Baan Suan Resort, 1016/175 Moo 9, Nakhon Sawan Tok, vom Busbahnhof über die Fußgängerbrücke über den H1, etwa 300 m nach Süden, dann 50 m rechts und hinter dem ersten Block nach links weitere 150 m, ✆ 056-333400-3, 📠 333399, saubere einstöckige Bungalows um einen Garten, ruhige Lage. Gutes Restaurant. ❸

Beverly Hill Park Hotel, 156/4 Amarinvithee Rd., ✆ 056-336809-10, 💻 www.beverlyhillhotelsite.com, etwas außerhalb am Nordhang des Berges gelegen. Ein viers töckiger großer Block mit DZ mit AC und Du/WC, guter Service, Gartenrestaurant. ❸

Sumatho Gh. ✆ 085-7308230, 💻 www.sumatho.com, an der Straße 117 Richtung Phitsanoluk, hinter KM 29 und der Fußgängerüberführung 1 km nach links. Inmitten von Reisfeldern vermietet Theo Morf aus der Schweiz 2 Zi mit Du/WC. Gut für Selbstfahrer geeignet. ❸

Essen

Hervorragende, preiswerte Gerichte werden im Food Center im **Fairyland Department Store** (4. Stock) angeboten; große Auswahl. Auch das Restaurant im Baan Suan Resort (s.o.) ist empfehlenswert. An der Straße, die um den See führt, bieten mehrere Restaurants Thai-BBQ an.

Transport

Busse

Busbahnhof am H1 (aus der Innenstadt mit dem Songthaew, 9 Baht).

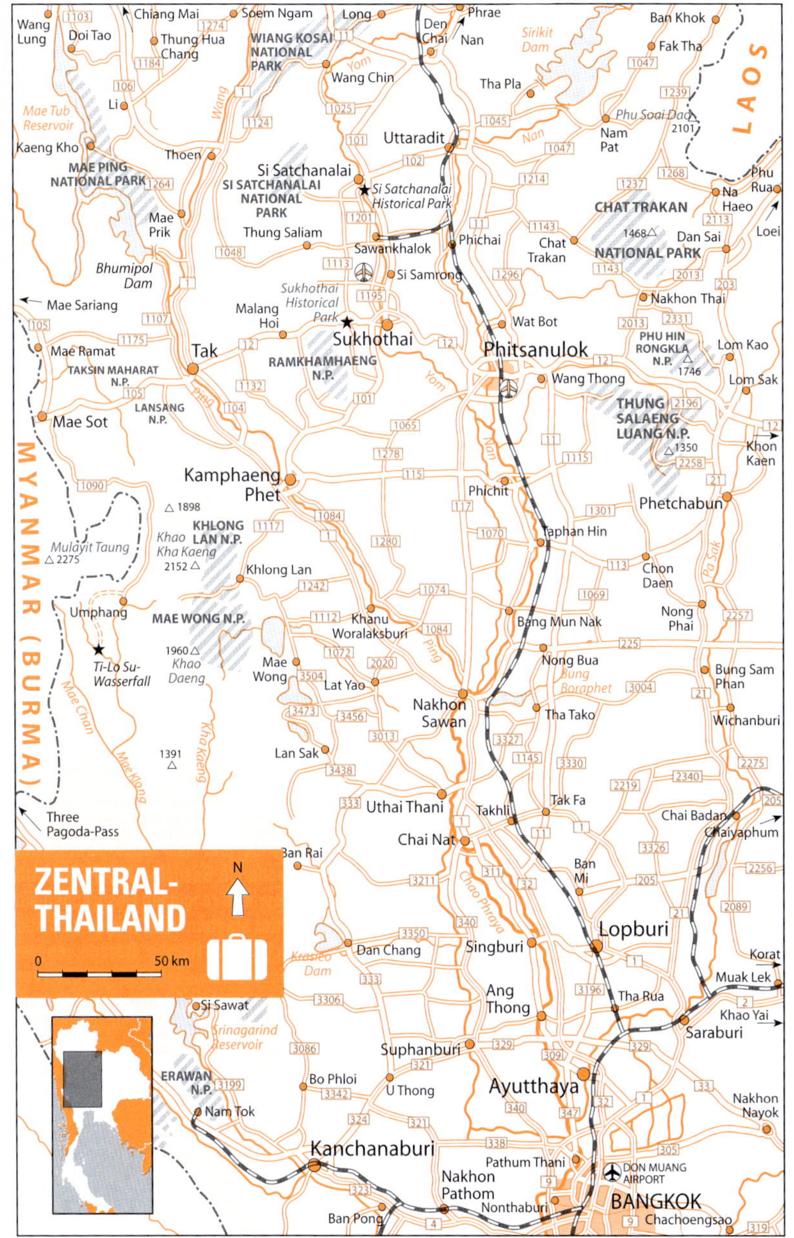
ZENTRAL-THAILAND
N
0
50 km
LAOS
MYANMAR (BURMA)
Chiang Mai
Soem Ngam
Long
Phrae
Den Chai
Nan
Ban Khok
Fak Tha
Wang Lung
Doi Tao
Thung Hua Chang
WIANG KOSAI NATIONAL PARK
Wang Chin
Sirikit Dam
Tha Pla
Li
Mae Tub Reservoir
Phu Soai Dao
2101
Nam Pat
Uttaradit
Kaeng Kho
Thoen
MAE PING NATIONAL PARK
Si Satchanalai
SI SATCHANALAI NATIONAL PARK
Si Satchanalai Historical Park
Phu Rua
Na Haeo
Loei
CHAT TRAKAN NATIONAL PARK
1468
Dan Sai
Mae Prik
Thung Saliam
Sawankhalok
Phichai
Chat Trakan
Bhumipol Dam
Si Samrong
Sukhothai Historical Park
Nakhon Thai
Mae Sariang
Malang Hoi
Wat Bot
Sukhothai
Phitsanulok
PHU HIN RONGKLA N.P.
1746
Lom Kao
Mae Ramat
Tak
TAKSIN MAHARAT N.P.
RAMKHAMHAENG N.P.
Wang Thong
Lom Sak
LANSANG N.P.
Mae Sot
THUNG SALAENG LUANG N.P.
1350
Khon Kaen
Kamphaeng Phet
Phichit
Phetchabun
1898
KHLONG LAN N.P.
Khao Kha Kaeng
2152
Mulayit Taung
2275
Taphan Hin
Khlong Lan
Chon Daen
Umphang
MAE WONG N.P.
Khanu Woralaksburi
Bang Mun Nak
Nong Phai
Ti-Lo Su-Wasserfall
1960
Khao Daeng
Mae Wong
Nong Bua
Bung Boraphet
Bung Sam Phan
Lat Yao
Nakhon Sawan
Tha Tako
Wichanburi
Mae Chan
Kha Kaeng
Mae Klong
1391
Lan Sak
Uthai Thani
Takhli
Tak Fa
Three Pagoda-Pass
Chai Badan
Chaiyaphum
Chai Nat
Ban Rai
Ban Mi
Chao Phraya
Lopburi
Dan Chang
Krasieo Dam
Singburi
Korat
Muak Lek
Ang Thong
Tha Rua
Khao Yai
Si Sawat
Saraburi
Srinagarind Reservoir
Suphanburi
ERAWAN N.P.
Bo Phloi
U Thong
Ayutthaya
Nakhon Nayok
Nam Tok
Kanchanaburi
Pathum Thani
DON MUANG AIRPORT
Nakhon Pathom
BANGKOK
Nonthaburi
Ban Pong
Chachoengsao
Yom
Wang
Nan
Ping
Pa Sak

Von / nach BANGKOK (237 km) mit dem 1.Kl. AC-Bus jede Std. von 6–18 Uhr für 185 Baht in knapp 4 Std. Seltener fahren 2.Kl. AC-Busse für 144 Baht, Non-AC-Busse bis gegen 20 Uhr für 103 Baht.
PHITSANULOK etwa stdl. von 6–16 Uhr 1.Kl AC-Bus für 84 Baht in 2 1/2 Std. Von dort weiter nach Sukhothai und Kamphaeng Phet.
SUKHOTHAI 6x tgl. ab 6.30 Uhr non-AC-Bus für 89 Baht, 1.Kl. AC-Bus 160 Baht.

Eisenbahn

Fahrplan s. S. 882ff.
Alle Züge von Bangkok nach Norden halten am Bahnhof, 6 km südlich der Stadt. Mit dem roten Songthaew ins Zentrum, 9 Baht.
Die Fahrt nach BANGKOK kostet in der 1. / 2. / 3. Klasse 938 / 260 / 198 Baht ohne Schlafplatz und dauert 4–5 Std.

Die Umgebung von Nakhon Sawan

Bung Boraphet

Ein Teil des 200 km² großen Sumpfgebietes Bung Boraphet im Osten von Nakhon Sawan, des größten natürlichen Süßwassersees des Landes, wurde zum **Vogelschutzgebiet** erklärt. Am Ufer des seichten Sees nisten mehr als 34 Vogelarten. Südlich von Nakhon Sawan ist die Stichstraße vom H1 ausgeschildert.

Khao Nor, Khao Kaeo

42 km nördlich von Nakhon Sawan ragen 1,5 km östlich des H1 Kalksteinmassive fast 300 m steil aus der Ebene empor. Die Abzweigung ist am KM 278 ausgeschildert. In den bewaldeten, zerklüfteten Bergen leben zahlreiche Affen und in den Höhlen Millionen Fledermäuse und Fliegende Hunde, die während der Dämmerung ausschwärmen und in den Obstplantagen auf Futtersuche gehen. Am großen Parkplatz befindet sich ein OTOP-Laden mit lokalen Snacks und handgewebten Baumwollstoffen, dahinter ein überdachter Pavillon zum Beobachten von Fledermäusen. Für einen Ausflug kostet ein Taxi ab Nakhon Sawan 700 Baht.

Phitsanulok

Phitsanulok (gesprochen Pi-sanu-loh oder kurz Pi-loh) ist eine geschäftige Stadt mit 108 000 Einwohnern, einem überschaubaren Zentrum, viel Atmosphäre und einer großen Anzahl von Studenten, die an der Naresuan-Universität studieren. König Naresuan, auch der Große genannt, war der mächtigste Herrscher des frühen Ayutthaya-Reiches und befreite das Land aus der Abhängigkeit von Burma. Die meisten historischen Bauten und viele ältere Wohnhäuser wurden in den 1950er-Jahren bei einem Brand zerstört. Wichtig ist Phitsanulok als Verkehrsknotenpunkt. Der Ort bietet sich auch als Ausgangspunkt für Besuche der historischen Stätten von Sukhothai und Si Satchanalai oder für das Erkunden der Berg- und Dschungelgebiete weiter östlich an.

Vom großen Brand verschont blieb **Wat Phra Si Rattana Mahathat**, auch Wat Yai genannt, mit seinem teils vergoldeten Prang. Im Haupttempel, dessen Innenwände mit Wandmalereien geschmückt sind, steht der hochverehrte vergoldete Bronze-Buddha Phra Chinnarat aus dem 14. Jh. Er gilt als eine der wichtigsten Buddha-Darstellungen Thailands und beispielhaft für den ausgereiften Sukhothai-Stil. Eine Kopie steht im Marmortempel von Bangkok, eine weitere im Thai-Tempel in Bodh Gaya (Indien). Im Tempel sind lange Hosen erforderlich (Verleih am Eingang). Links vom Wat steht ein kleines Museum, in dem Votivgaben ausgestellt sind. Souvenirstände bieten günstig Handarbeiten an. Ebenfalls auf dem Gelände lädt das **Monk Chat Centre** Englisch sprechende Besucher Mo–Fr 9–17 Uhr zum Smalltalk wie zu religiösen Gesprächen ein.

Etwas weiter stadteinwärts erhebt sich südlich der Brücke **Wat Ratcha Burana**, dessen Chedi aus der Ayutthaya-Periode teilweise zerstört ist. Im Bot sind Wandmalereien mit Szenen aus dem Ramakien zu sehen.

Zwei weitere Tempel stehen nordöstlich der Stadt. Restauriert wurde **Wat Chedi Yot Thong** in der Soi 4. Sein Chedi aus Ziegelstein mit der typischen Lotosknospen-Spitze stammt aus dem 15. Jh. Die Straße endet nach 1 km am **Wat Aranyik**, dem Waldkloster, das von einem Wassergraben umgeben ist. Der singhalesische Chedi ist allerdings stark zerstört.

Nur noch außerhalb des Stadtgebietes leben auf dem Nan-Fluss und in den angrenzenden Sumpfgebieten Menschen in **Hausbooten** (Ruan Phae). Mit dieser traditionellen Wohnform hatten sie sich optimal dem stark schwankenden Wasserspiegel angepasst. Da die Ufer befestigt wurden, wird der Lebensraum der Hausboot-Bewohner immer enger.

Am westlichen Ufer des Nan-Flusses werden seit 2005 Ausgrabungen durchgeführt, um die Grundmauern des alten **Wang Chan-Palastes** freizulegen. In diesem Palast wurde 1555 König Naresuan geboren. Ein Denkmal erinnert an den König, der von der Bevölkerung immer noch verehrt wird. In einem kleinen Museum sind Bilder und andere Erinnerungsstücke ausgestellt.

Im Zentrum der Stadt, gegenüber der Polizeiwache, erhebt sich ein gewaltiges **Denkmal** für den ersten König der Chakri-Dynastie, Rama I. Der heutige König Bhumiphol ist der 9. Herrscher dieser Dynastie, daher sein Beiname Rama IX.

Weitere Sehenswürdigkeiten liegen im Süden der Stadt an der Wisutkasat Road. Sie wurden von Sgt. Maj. Thawee, einem ehemaligen Militärkartografen, gegründet. Das **Folk Museum** in einem Komplex von Thaihäusern vermittelt mit seiner Sammlung von über 10 000 Gebrauchsgegenständen aus dem thailändischen Alltag einen Einblick in das Leben der Landbevölkerung während der vergangenen Jahrzehnte. Im EG kann man sich eine traditionelle Küche mit ungewöhnlichen Utensilien ansehen, wie z. B. Kokosschabern in Hasenform, aber auch eine Zuckerrohrpresse aus Holz und diverse Werkzeuge zum Reisanbau. Englische Erklärungen. 🕓 Di–So 8.30–16.30 Uhr, Eintritt 50 Baht. Bus 8 ab Bahnhof. Schräg gegenüber werden hinter dem grünen Tor Nr. 26/43 in der **Buranathai Buddha Casting Factory** Buddhastatuen im Sukhothai-Stil in verschiedenen Größen gegossen. Man kann sich ganz ungestört umsehen. Hinter der Fabrik werden in einem **Bird Garden** in vielen Käfigen teils seltene Vögel der Region, z. B. Nashornvögel, gehalten. 🕓 tgl. 8–17 Uhr, Eintritt zum Vogelpark 50 Baht.

Am Ortsausgang Richtung Sukhothai stehen zwei rekonstruierte, mit Kanonen bestückte **Wachtürme**, denen skurrile Metallhüte aufgesetzt wurden.

Das **Textilmuseum** liegt auf dem Gelände der Naresuan Universität, 12 km südlich der Stadt am H117 nach Nakhon Sawan zwischen KM 118 und 119, 💻 www.thaitextilemuseum.com. Am Eingang zum Universitätsgelände hält der Stadtbus Nr. 12. Von dort sind es 900 m geradeaus bis zu dem ausgeschilderten modernen Gebäude. Im Mittelpunkt stehen traditionelle und moderne von Studenten gestaltete Baumwoll- und Seiden-Textilien. Ein Raum enthält gewebte und in Mud Mee-Technik hergestellte Stoffe der aus Laos eingewanderten Tai Khrang, ein anderer Wickelröcke (Pha Sin) aus verschiedenen Regionen und ein weiterer Kleidung der Königin. Im Erdgeschoss werden Textilien und Stoffe verkauft. Auf dem Universitätsgelände befindet sich auch eine **Art & Culture Galerie**, 📞 055-302109 mit Arbeiten thailändischer Künstler. Studienzwecken dient eine Datenbank, die über klassischen Tanz und Musik informiert. 🕓 Mo–Fr 9–15 Uhr.

Übernachtung

Gästehäuser

Lithai Gh. ⑦, 73/1-5, Phaya Lithai Rd., 📞 055-219626, zentrale Lage, ruhig. Saubere, möblierte Zi mit Fan oder AC und Kühlschrank, Warmwasser-Du/WC, TV, Teppichboden. Im 3. Stock einfache, kleine Zi mit einfachen Matratzen, aber TV und sauberen Gemeinschafts-Du/WC. Die teureren Zi inkl. Frühstück und unbegrenztem Kaffee im Steak Cottage. ❷–❸

Bon Bon Gh. ⑧, Phaya Lithai Rd., 📞 055-219058, 081-7077649, wenige Meter neben dem Lithai Gh. Kleines, nach hinten versetztes, ruhiges und sauberes Haus. Zi mit Fan oder AC, Du/WC und TV, billigere mit Gemeinschafts-Du/WC. ❸

London Hotel ⑥, Soi 1 Buddha Bucha Rd., 📞 055-225145, einfaches, etwas aufgefrischtes altes chinesisches Hotel in einem bunt bemalten Holzhaus. 8 kleine Zi für Traveller mit Fan und Gemeinschafts-Du/WC, teilweise ohne Fenster, aber sauber. ❶

Hotels

Die meisten der etwa 20 Hotels liegen in einer Preisklasse von unter 800 Baht. Einige neue Hotels bieten komfortable Zi ab 1000 Baht. Die billigeren sind nur in Thai beschriftet.

Topland Hotel ①, 68/33 Ekathotsarot Rd., 🖳 www.toplandhotel.com, ☎ 055-247800-9, ℻ 247815. 17-stöckiges, etwas in die Jahre gekommenes Hotel mit direkter Verbindung zum Shopping Center, chinesisches Restaurant, Pub, Fitnesscenter, Pool. Kostenloser Shuttlebus zum Airport. ❹–❺

Pailyn Hotel ②, 38 Boromtra Lokkanat Rd., ☎ 055-252411-5, ℻ 225237, große, saubere AC-Zi mit Minibar, TV, Bad und Balkon, inkl. Frühstücksbuffet, im Restaurant gibt's Pizza. Disco. ❹

Petchpailyn ③ 4/8 Athitayawong Rd., ☎ 055-219433-4, das günstigere Schwesterhotel liegt um die Ecke; große, Zi mit AC. ❸

Amarin Nakorn Hotel ④, 3/1 Chao Phraya Rd., ☎ 055-219069-78, ℻ 219044, im Zentrum, saubere AC-Zi mit TV und Kühlschrank aber vorn störendem Straßenlärm. Schöne Lobby, freundliches Personal. Im EG neben dem Eingang 24-Stunden-Coffeeshop mit englischer Karte. ❸–❹

Grand Riverside ⑤, 59 Praraung Rd., ☎ 055-216420, ℻ 232789, ✉ grand_riverside@asiavoyage24.com, neueres Hotel westlich des Flusses, 81 komfortable Zi, Frühstück inkl., Restaurant, Pool. ❹–❼

Thep Nakorn Hotel ⑨, 43/1 Sri Thamtraipidok Rd., ☎ 055-244070-4, ℻ 241075, Zi mit AC, TV, Kühlschrank. Nachtclub. ❸

Essen

Viele Straßenstände bieten das regionale Nudelgericht *mie sueh*, z. B. in der Gasse westlich vom Amarin Nakhon Hotel. In der Nachbarschaft des Lithai und Bon Bon Gh. gibt es **Curry-Restaurants**. Auch gebratener Fisch ist im Angebot.

Auf dem **Nachtmarkt** am Nan-Fluss wird von 18–3 Uhr gekocht. Durch die neue Betonpromenade ist er zwar sauberer, aber auch steriler geworden. Die meisten Stände verkaufen Textilien. Am südlichen Ende haben einige Restaurants Tische in Flussnähe aufgestellt und besitzen eine englische Speisekarte. Eine Attraktion ist der Flying Vegetable-Stand, dessen Künste ab 21 Uhr, bei Buchungen durch Reisegruppen auch früher, bestaunt werden können. Am 25. eines jeden Monats bleibt der Markt geschlossen. Tagsüber findet hier ein normaler Markt statt und von 4–7 Uhr der **Morgenmarkt**.

Im **Topland Plaza** sind die Filialen der Fastfood-Ketten zu finden. Im Obergeschoss ein preiswerter Essensmarkt. ⏱ bis 21.30 Uhr.

Steak Cottage, im EG des Lithai Gh., AC-Restaurant mit englischer Speisekarte. Thai- und Continental-Frühstück, abends auch Schweinefleisch mit Sauerkraut. ⏱ 7–14 Uhr und 17–21 Uhr.

Das **Mangklar** im Pailyn Hotel hat ein Open-Air-Restaurant und eine Bar. Hier gibt es zum BBQ frisch gezapftes Bier.

Sor Lert Ros, an der Ecke neben dem Pailyn Hotel, nur in Thai ausgeschildert, serviert gutes thai-chinesisches Essen (leckere Hähnchen). Der erste Stock ist klimatisiert. Viele Gerichte sind nicht auf der englischen Speisekarte gelistet – auf den Nachbartischen umsehen.

Ban Khun Phor, gegenüber dem Amarin Nakorn Hotel, ein nett eingerichtetes AC-Restaurant mit traditioneller Thai-Küche. ⏱ tgl. 10–14 Uhr und 17–23 Uhr.

Im Norden der Stadt am Flussufer ist am Abend das **Riverside Pub** eine gute Adresse für einen Drink. Mittags kann man die angrenzende **Kantine** besuchen, wo sich Angestellte aus der Umgebung auf dem Boden sitzend und die Beine im Freien baumelnd ihre *mie sueh* schmecken lassen.

Song Kwae, das Hausboot-Restaurant, ☎ 055-242167, ist am Ufer vertäut. Hier speist man unter freiem Himmel. Mückenmittel mitnehmen! ⏱ 11–23 Uhr.

Daneben liegt das Hausboot-Restaurant **Phae Fah Thai**, ☎ 055-242743. Ab 19 Uhr schwimmt es den Fluss auf und ab. Das Essen fanden einige Leser etwas geschmacklos und teuer.

Fah Thai Farm, am KM 121, 9 km südlich der Stadt am H117 Richtung Nakhon Sawan, ☎ 055-245199. Spezialität des in Thai ausgeschilderten Gartenrestaurants sind Prawns, ⏱ 10–22 Uhr.

Liebhaber von Kuchen und Gebäck finden zahlreiche **Bäckereien** in der Stadt, z. B. am Uhrturm im Café **In Love** oder nahe dem Tourist Office im **Coffee Lovers**.

Unterhaltung

Rings um das Paylin Hotel konzentrieren sich mehrere Pubs und in der Diskothek **Signature** dieses Hotels wird getanzt. Im **Phitsanulok Bazaar**, einem Viertel mit zahlreichen Bars jenseits

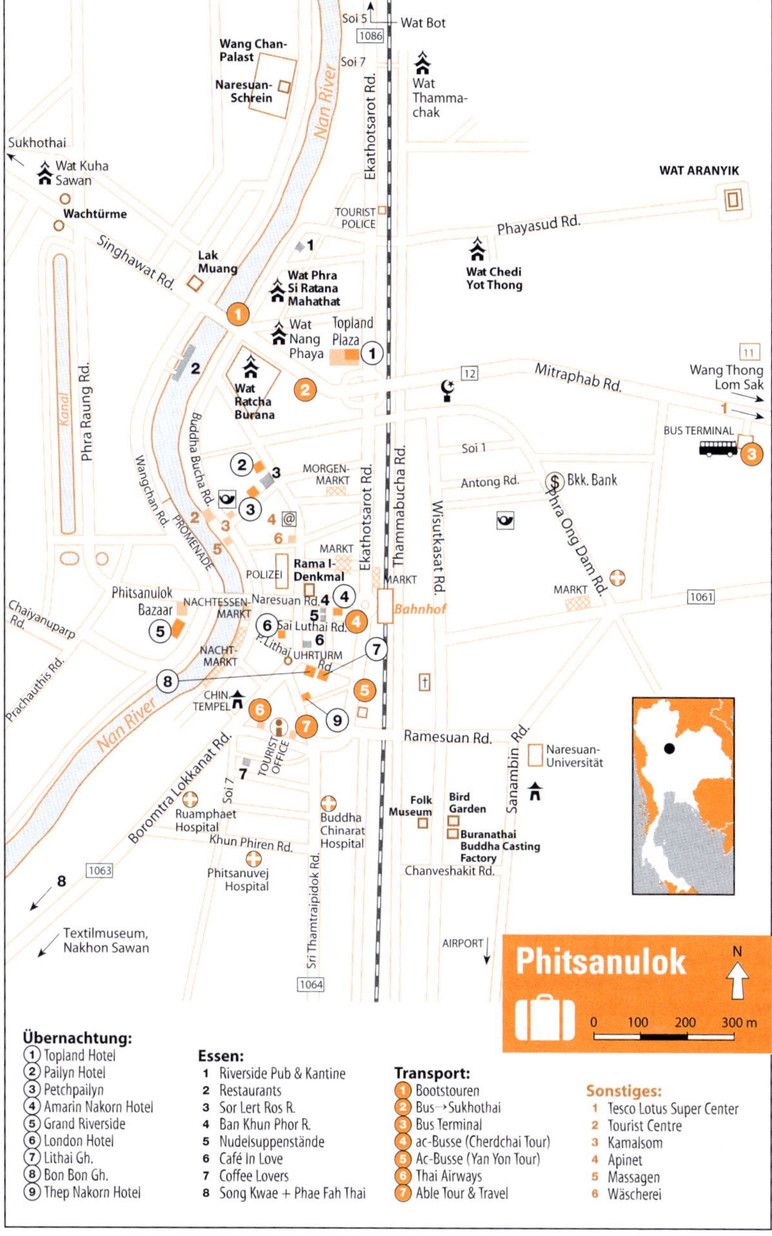
Phitsanulok
N
0 100 200 300 m
Wat Bot
Soi 5
1086
Soi 7
Wang Chan-Palast
Naresuan-Schrein
Nan River
Ekathotsarot Rd.
Wat Thamma-chak
Sukhothai
Wat Kuha Sawan
Wachtürme
WAT ARANYIK
TOURIST POLICE
Phayasud Rd.
Singhawat Rd.
Lak Muang
Wat Phra Si Ratana Mahathat
Wat Chedi Yot Thong
Wat Nang Phaya
Topland Plaza
11
Wang Thong Lom Sak
12
Mitraphab Rd.
Wat Ratcha Burana
Phra Raung Rd.
Kanal
BUS TERMINAL
Soi 1
Buddha Bucha Rd.
Wangchan Rd.
MORGEN-MARKT
Antong Rd.
Bkk. Bank
Thammabucha Rd.
Wisutkasat Rd.
Phra Ong Dam Rd.
PROMENADE
MARKT
Rama I-Denkmal
POLIZEI
MARKT
MARKT
1061
Phitsanulok Bazaar
NACHTESSEN-MARKT
Naresuan Rd.
Bahnhof
Chaiyanuparp Rd.
Sai Luthai Rd.
P. Lithai Rd.
UHRTURM
NACHT-MARKT
Prachauthis Rd.
CHIN. TEMPEL
Ramesuan Rd.
Sanambin Rd.
Naresuan-Universität
TOURIST OFFICE
Boromtra Lokkanat Rd.
Soi 7
Ruamphaet Hospital
Buddha Chinarat Hospital
Folk Museum
Bird Garden
Buranathai Buddha Casting Factory
Khun Phiren Rd.
Phitsanuvej Hospital
Chanveshakit Rd.
1063
Sri Thamtraipidok Rd.
Textilmuseum, Nakhon Sawan
AIRPORT
1064
Übernachtung:
1 Topland Hotel
2 Pailyn Hotel
3 Petchpailyn
4 Amarin Nakorn Hotel
5 Grand Riverside
6 London Hotel
7 Lithai Gh.
8 Bon Bon Gh.
9 Thep Nakorn Hotel
Essen:
1 Riverside Pub & Kantine
2 Restaurants
3 Sor Lert Ros R.
4 Ban Khun Phor R.
5 Nudelsuppenstände
6 Café In Love
7 Coffee Lovers
8 Song Kwae + Phae Fah Thai
Transport:
1 Bootstouren
2 Bus→Sukhothai
3 Bus Terminal
4 ac-Busse (Cherdchai Tour)
5 Ac-Busse (Yan Yon Tour)
6 Thai Airways
7 Able Tour & Travel
Sonstiges:
1 Tesco Lotus Super Center
2 Tourist Centre
3 Kamalsom
4 Apinet
5 Massagen
6 Wäscherei

der Brücke, öffnen ab 19 Uhr Restaurants und Discos.

Sonstiges

Autovermietungen

Budget, im Airport, ✆ 055-301020.
Able Tour & Travel, 55/45 Boromtra Lokkanat Rd., nahe dem Tourist Office, ✆ 055-246438, 📠 242206, vermietet PKW und Minibusse.
Jumpron Car for Rent, 35/7-5 Ekathotsarot Rd., ✆ 055-214720, 081-6746395.

Einkaufen

Lohnend ist ein Bummel über den großen Markt nördlich vom Uhrturm oder durch die Läden in der Ekathotsarot Rd. Beliebt ist der **Nachtmarkt** beim Fluss, ⌚ bis 22 Uhr.
Im **Topland Plaza** gibt es Markenwaren und einen Supermarkt. **Tesco Lotus Super Center**, am H12 am östlichen Stadtrand, Bus 1, ⌚ 9–23 Uhr.

Feste

Am 6. Tag des zunehmenden Mondes im 3. Mondmonat (meist Ende Februar) findet **The Phra Buddha Chinarat Fair** statt. Zu Ehren der verehrten Buddhastatue im Wat Mahathat gibt es Theater, Tänze und einen Jahrmarkt.
Am dritten Septemberwochenende werden auf dem Nan River **Bootsrennen** veranstaltet.

Informationen

Hilfreiche Informationen im **Tourist Office**, 209/7-8 Boromtra Lokkanat Rd., ✆ 055-252742–3, 📠 231063, ✉ tatphlok@tat.or.th; ⌚ tgl. 8.30–16.30 Uhr. Sie sind auch für Sukhothai zuständig. Stadtpläne, Broschüren, ein lokaler Busfahrplan und eine Karte vom H12 sind hier erhältlich.
Tourist Centre, das städtische Informationszentrum, in einem großen hölzernen Pavillon am Fluss hat zwar weniger Informationen, doch das hübsche Haus mit historischen Fotos lohnt einen Besuch.

Internet

Einige Internet-Cafés gibt es im Vergnügungsviertel auf der anderen Flussseite. **Apinet** in der Nähe des Pailyn Hotels und neben dem Topland Plaza.

Massagen

Kamalasom, Zentrum für traditionelle Massage und Medizin, gegenüber dem städtischen Tourist Centre, ✆ 055-252052, ⌚ 8.30–16.30 Uhr. Hier kosten 1 1/2 Std. Thai-Massage 200 Baht.
Auch im kleinen Park neben dem Tourist Centre und auf dem Nachtmarkt kann man sich unter freiem Himmel massieren lassen.

Medizinische Hilfe

Buddha Chinarat Hospital an der Sri Thamtraipidok Rd. (H1064), staatliches Krankenhaus, ✆ 055-219844–52.
Phitsanuvej Hospital, Khun Phiren Rd., ✆ 055-219941-50.
Ruamphaet Hospital, Boromtra Lokkanat Rd., ✆ 055-219307-16.

Motorräder

PN Motor Shop, 834/271 Mitrapab Rd., ✆ 055-242424, 211880, 06-5919159 (engl.), am Busterminal. ⌚ tgl. außer So 8.30–20 Uhr.

Post

Das Hauptpostamt liegt an der Uferstraße.

Touren

Bootstouren auf dem Nan River bis zur Mündung des Khwae Noi, zum Songkhwae Floating Market und den Hausbooten für 100 Baht p. P. Sie legen um 12, 15 und 17 Uhr an der Anlegestelle neben der Brücke am Wat Phra Si Ratana Mahathat ab. Buchungen ✆ 081-9714071.

Tourist Police

Hilfsbereite Polizisten im Stand am Busbahnhof. Büro in der Ekathotsarot Rd., ✆ 055-245357-8, Notruf ✆ 1699.

Nahverkehr

Fahrradrikschas

Sie sind in der Stadt noch weit verbreitet und werden teilweise sogar von Frauen gefahren.

Samlor / Sielor

Zudem verkehren Samlor und Sielor, 3- und 4-rädrige Tuk Tuks. Viele stehen am Bahnhof. 45-minütige Touren durch die Stadt für 250 Baht

(2 Pers.) werden von den Hotels vermittelt. Ansonsten zahlt man für mittlere Strecken 30 Baht – handeln erforderlich. Eine Fahrt zwischen Busbahnhof und Stadt kostet max. 80 Baht.

Stadtbusse
In der Stadt 5 Baht (AC 5–15 Baht). Bus Nr. 1 fährt zum Busbahnhof, Bahnhof und Topland Plaza, Nr. 8 zum Bus Terminal, außerdem zur Buddha Casting Factory und dem Folk Museum, Nr. 12 vom Busbahnhof zum Textilmuseum.

Stadtrundfahrten
Mit der **Phitsanulok Tour Tramway** für 30 Baht von 9–15 Uhr etwa alle 30 Min. ab Wat Mahathat (Wat Yai). Erläuterungen aber nur auf Thai.

Transport

Busse
Vom Busbahnhof im Nordosten der Stadt fährt u. a. der Stadtbus Nr. 1AC für 14 Baht zum Bahnhof und in die City. Viele Überlandbusse halten am Bahnhofsvorplatz, dem zentralen Bus Stop der lokalen Busse.
Private AC-Busse von und nach Bangkok, Chiang Mai und Chiang Rai halten an den Büros der Busgesellschaften südlich vom Bahnhof, **Yan Yon Tour**, Thammabucha Rd., ✆ 055-258647, 258941, und **Cherdchai Tour**, Ekathotsarot Rd.

Nach Bangkok
1.Kl. AC-Bus 6x von 8–10.30 und 20–24 Uhr für 277 Baht in 5 Std.; 2.Kl. AC-Busse um 7.30, 8.45, 10 und 10.30 Uhr für 216 Baht. VIP-24 Bus tgl. um 23.30 Uhr für 430 Baht.

Richtung Norden
über Tak oder auf der kürzeren Route über den H11
Nach CHIANG MAI über Tak 2.Kl. AC-Bus 6x von 5.40–14 Uhr für 267 Baht, über Uttaradit mit 2.Kl. AC-Bus für 227 Baht in 6 Std.
Nach CHIANG RAI, 2.Kl. AC-Bus um 5.30, 8, 9.30 und 10.30 Uhr in 8 Std. für 295 Baht.

Richtung Nordosten
Nach KORAT 2.Kl. AC-Bus um 8.30 und 11 Uhr für 281 Baht, 8 Std. Nach LOEI 2.Kl. AC-Bus um 11.30, 13.30 und 14.30 Uhr für 55 Baht.
Nach KHON KAEN 1.Kl. AC-Bus 8x tgl. für 259 Baht in 6 Std.; 2.Kl. AC-Bus 11x tgl. für 202 Baht.

In Zentral-Thailand
Nach SUKHOTHAI 2.Kl.
AC-Bus 16x tgl. von 7.20–18.30 Uhr für 42 Baht in 1 Std. Nach TAK non-AC-Bus etwa stdl. für 68 Baht; 2.Kl. AC-Bus für 95 Baht in 2 1/2 Std.
Nach MAE SOT Minibus 9x tgl. (über Sukhothai) für 167 Baht in 5 Std.
Nach KAMPHAENG PHET non-AC-Bus 9x tgl. für 57 Baht, 2.Kl. AC-Bus 4x tgl. für 80 Baht in 3 Std.
Weitere 2.Kl. AC-Busse nach NAKHON SAWAN für 84 Baht, PHRAE für 123 Baht und in andere Orte.

Eisenbahn
Fahrplan s. S. 882ff. Der Bahnhof, ✆ 055-258005, ist eines der wenigen Gebäude, das den Brand von 1959 unbeschadet überstanden hat. Gepäckaufbewahrung 10 Baht. Nach BANGKOK in der 1. / 2. / 3. Kl. 1064 / 309 / 219 Baht.

Flüge
Tuk Tuks für max. 200 Baht und ein Shuttlebus, ✆ 055-252258, für 50 Baht fahren zum Fluplatz. **Thai Airways** fliegt 2x tgl. nach BANGKOK für 2180 Baht. Thai-Büro neben dem TAT-Office, ⏲ Mo–Fr 8–17 Uhr.

Auf dem Highway H12 nach Osten

Eine schöne Route führt von Phitsanulok auf dem gut ausgebauten H12 nach Osten. Mit einem eigenen Fahrzeug lassen sich viele Naturattraktionen aufsuchen. Auch mit Überlandbussen oder mit Touren ab Phitsanulok kann man einige Orte erreichen. Die Wasserfälle sind während und kurz nach der Regenzeit am schönsten, aber auch nicht spektakulär. Die Straße führt durch ein Tal mit mehreren Wasserfällen, z. B. am KM 33 im Botanischen Garten Sakunothayan der **Wang Nok Aen-Wasserfall** und am KM 45, 1 km abseits der Hauptstraße, der **Kaeng Song-Wasserfall** mit einem großen Parkplatz und Essenständen.

Camper und Picknickfreunde können am KM 49 auf dem Markt und in Läden von **Bang Sap**

Prahai Wan einkaufen. Nach Norden geht es auf einer Stichstraße zum **Dhamma Abha Vippassana Meditation Centre**.

Beim KM 59,8 führt rechts eine 2 km lange Straße bis zum **Poi-Wasserfall**, einem beliebten Picknick- und Autowaschplatz. Bei Niedrigwasser kann man auf die andere Seite des Flusses waten.

Beim KM 68 zweigt die Straße H2013 Richtung Norden nach Nakhon Thai ab (29 km). Etwa stündlich fahren Busse. An der Abzweigung liegen einige Restaurants. Nach 24 km zweigt vom H2013 die asphaltierte Straße H2331 zum **Phu Hin Rongkla National Park** ab (31 km, 400 Baht Eintritt, siehe Kasten). Vor dem Eingang zum Nationalpark liegen einige Hmong-Dörfer, deren Bewohner entlang der Straße Stickereien verkaufen. Der **Rom Klao Paradon-Wasserfall** liegt 600 m von der **Hin Nam-Höhle** entfernt. Der 32-stufige **Man Daeng-Wasserfall** ist schwieriger zu erreichen. Dort wachsen wilde Orchideen und Ahornbäume, die sich im November und Dezember rot und gelb färben.

Vom H12 führt beim KM 71 eine 2,4 km lange Straße zum **Kaeng Sopha-Wasserfall**, dem größten Wasserfall des Flusses. Hinter den Essenständen am Parkplatz geht ein Fußweg 200 m hinab zum dreistufigen Fall. Beim KM 79,4 liegt das Headquarter des **Thung Salaeng Luang National Park**, ✆ 055-268019, Eintritt 400 Baht, in dem eine nur in Thai beschriftete Ausstellung über Fauna und Flora informiert. Ein 3,7 km langes Sträßchen führt durch den lichten Hochlandwald zu einem Picknickplatz am Fluss. Vom Eingang aus zweimal rechts und dann an der Gabelung nach links. Andere Bereiche des 1262 km² großen Parks sind mit Grasland, Kiefern und Bambus bewachsen.

Der H12 führt weiter über brandgerodete Berge Richtung Osten nach Lom Sak. Bei KM 100,5 an der großen Ampelkreuzung zweigt der H2196 Richtung Süden zum höchsten Berg, dem **Khao Kho,** ab. Nach 21 km liegt auf einem Hügel das Pendant zum Phu Hin Rongkla National Park, eine große **Artilleriestellung** der Regierungstruppen, von der aus die umliegenden Stellungen der PLAT unter Feuer genommen wurden. Auch hier wurde ein kleines Museum eingerichtet. Ab und an läuft ein aufschlussreiches Video über die Kämpfe Anfang der 1980er-Jahre. Für die toten Regierungssoldaten wurde ein Obelisk aufgestellt. Auf der gegenüber liegenden Hügelkette liegt der **Khao Kho Palace** (34 km), eine moderne, gut bewachte königliche Residenz, die nicht

Kommunistischer Widerstand in den Bergen

Das Hochplateau um den Khao Kho, 40 km von der laotischen Grenze entfernt, war seit Ende der 1950er-Jahre das politische und militärische Zentrum der Kommunistischen Partei Thailands (CPT) und ihres bewaffneten Arms, der PLAT (Peoples Liberation Army of Thailand). Die ersten Kämpfer waren fast ausschließlich Hmong. 1973–76 kam es als Reaktion auf die brutale Unterdrückung der linken Opposition in Bangkok mit allein 400 toten Studenten zu einer Fluchtbewegung von Intellektuellen, Künstlern und Gewerkschaftsführern. Viele kamen in die Berge und ins Hauptquartier der CPT. Nach dem Sieg der kommunistischen Pathet Lao in Laos im Sommer 1975 konnte der Nachschub aus Laos und China fast ungehindert in die Regionen Thailands fließen, die unter der Kontrolle der CPT standen. Eine zweite Welle von Flüchtlingen erreichte die Berge im Oktober 1976, als das Militär gegen die demokratische Regierung putschte. Zeitweise lebten bis zu 6000 Menschen hier, errichteten Schulen, Reismühlen und Verteidigungsanlagen. Nach vielen misslungenen Versuchen gelang es Regierungstruppen 1982, das Hochplateau zu erobern. Ausschlaggebend war ein Amnestieangebot und die Tatsache, dass viele nach Jahren im Untergrund von der kommunistischen Partei desillusioniert waren. Heute durchwandern Thai-Familien auf einem 3,5 km langen Rundweg die Schützengräben und Stellungen. Von einigen Felsen blickt man weit über die Ebene hinweg.

Nach dem Ende der Kampfhandlungen und der Auflösung der PLAT erklärte die pragmatische Regierung das Gebiet zum Nationalpark. Historisch Interessierte können unter der Führung einstiger PLAT-Angehöriger (leider ohne Englischkenntnisse) die alten Gebäude besichtigen. Zudem wurde ein kleines Museum eingerichtet.

besichtigt werden kann. Leider kommt man ohne eigenes Transportmittel nicht in die Bergwelt des Khao Kho. Auch die Übernachtungsmöglichkeiten sind auf Thai-Urlauber ausgerichtet, wie die gigantischen Resorts am KM 104. Danach geht es steil hinab. Einige letzte Aussichtspunkte mit Obst-, Gemüse- und Blumenmärkten gibt es bis zum KM 108.

Nun bieten sich zwei Möglichkeiten: den H12 weiter Richtung Nordosten oder über das uninteressante Verwaltungszentrum **Phetchabun** auf dem H21 durch eine agrarisch geprägte untouristische Region nach Lopburi zu fahren.

Übernachtung

Das kühle Hochlandklima, die Wälder und Wasserfälle wirken wie ein Magnet auf einheimische Urlauber. Ausländer verirren sich selten hierher, sodass in den Ferienanlagen nur selten Englisch gesprochen wird.

Rain Forest Resort, beim KM 44, Mittaphap Rd., ✆ 055-293085-6, 💻 www.rainforestthailand.com, eine gepflegte, empfehlenswerte Anlage, die sich gut zum Entspannen eignet. An einem Hang in einem üppigen Garten stehen schöne, mit Naturstein und viel Holz individuell gestaltete ein- und zweistöckige, teils etwas kleine AC-Bungalows mit Balkon und Du/WC. Die Mehrausgabe für die größeren und hübscher eingerichteten Deluxe-Bungalows lohnt. Auch ein Haus für Gruppen mit eigenem Fitnessraum. Am Fluss ein Badeplatz mit Pavillons und komfortablen Liegen. Gutes Restaurant mit Thai-Küche. Von Juni–Okt. Rafting-Touren auf dem Khek River für 1550 Baht p. P. Die englischsprachige Managerin Khun Panee führt die kleine Anlage sehr professionell. So–Do 30 % Rabatt. ❹–❺

Sappraiwan Grand Hotel & Resort, beim KM 53, ✆ 055-293293, 💻 www.resort.co.th, komfortable Bungalows in einer weitläufigen Parkanlage. Die 1 km lange Zufahrtsstraße wird gesäumt von gewaltigen Elefanten und Dinosauriern aus Beton. Pool. ❺

Nationalpark-Bungalows im Phu Hin Rongkla National Park beim Headquarter, ✆ 055-233527, ✆ 02-5620760, 💻 www.dnp.go.th, etwa 500 m unterhalb des kommunistischen Camps, mit Zeltplatz und Restaurant. ❸–❹

> **Tipp**
>
> **Khaokho Talaypu Natural Farm**, 137 Moo 5, Toongsmoh Khao Kho, ✆ 056-750061, 💻 www.khaokhonaturalfarm.com. 7 km südlich vom H12 am H2196. In fast 1000 m Höhe werden auf dieser ganzheitlich orientierten Farm Gemüse, Kräuter, Obst, aber auch verschiedene Reissorten ohne Einsatz von Pestiziden oder Herbiziden angebaut und natürliche Öle gewonnen. Im kleinen Restaurant mit englischer Karte kann man einiges davon probieren und in einem Laden die hauseigenen Produkte kaufen. Zudem werden Massagen und Bäder angeboten. Auf dem weitläufigen Gelände sind Häuser verschiedener Ausstattung zu mieten, von Zelten und kleinen Hütten für 2 Pers. mit Du/WC (Piney Wood Homes) bis zum zweistöckigen Country Lake Home mit Kamin und Teakholz-Badewannen. Während der Woche Rabatt. ❸–❻

Weitere Bungalows rings um das Headquarter des Thung Salaeng Luang National Parks am KM 79,4. Sie bieten 5–12 Personen Platz und sind an Wochenenden und in den Ferien meist ausgebucht. ❸–❹

5 HIGHLIGHT

Sukhothai

Die Stadt Neu-Sukhothai (41 000 Einw.) eignet sich hervorragend für eine Verschnaufpause, während die seit 1991 zum Weltkulturerbe erklärten Ruinen von Alt-Sukhothai, Si Satchanalai und Kamphaeng Phet Kulturinteressierte über mehrere Tage hinweg fesseln können, siehe 💻 whc.unesco.org. Wer in Alt-Sukhothai wohnt, kann die kühlen Morgen- und Abendstunden besser nutzen, um die Tempel zu besuchen.

Sukhothai gilt als die Wiege Thailands. Als die Thai aus dem Norden einwanderten, eroberten sie im Jahre 1238 auch das Gebiet um die Khmer-Siedlung, aus der das spätere Sukhothai entstand. Mit Hilfe einer schlagkräftigen Armee und geschickter Diplomatie brachten sie weite Landstriche unter ihren Einfluss. Der „Vater Thailands", König Ramkhamhaeng (1275–1317), entwickelte hier aus der Mon-Schrift das heute noch gebräuchliche Thai-Alphabet. Ceylonesische Mönche, die der König ins Land holen ließ, sorgten für die Verbreitung der buddhistischen Lehre (Theravada-Buddhismus) und verdrängten die kulturellen Einflüsse der Khmer. Die im typischen Khmer-Stil errichteten religiösen Heiligtümer wurden umgebaut und dem Geschmack der Zeit angepasst.

Ramkhamhaeng verstand es geschickt, aus vielfältigen kulturellen Einflüssen ein einheitliches Staatsgebilde zu formen. Sukhothai wurde zum ersten großen Machtzentrum der Thai – eine prächtige, schwer befestigte Stadt mit zahlreichen Tempeln und einer imposanten Palastanlage. Doch der mächtige Stadtstaat zerfiel unter Ramkhamhaengs Nachfolgern und unterlag Mitte des 14. Jhs. dem aufstrebenden Ayutthaya.

Alt-Sukhothai

Wer Interesse an der Geschichte Thailands hat, sollte sich Alt-Sukhothai nicht entgehen lassen. Hierher kommen längst nicht so viele Touristen wie nach Ayutthaya. Die Ruinenstadt wird heute **Old Sukhothai Historical Park** genannt, 🕒 tgl. 6–21 Uhr. Die Anlage ist in vier Gebiete eingeteilt. In jedem äußeren kostet der Eintritt für Ausländer 30 Baht, im Zentrum 40 Baht. Fahrräder, in diesem weitläufigen Gelände sehr zu empfehlen, und Mopeds kosten jeweils 10 bzw. 20 Baht, PKW 50 Baht. Ein lohnendes Kombi-Ticket für 150 Baht schließt den Eintritt in Si Satchanalai mit ein und ist 30 Tage gültig. Nach 16 Uhr finden kaum noch Ticketkontrollen statt.

Im Zentrum

Eine **Stadtmauer** mit einem Graben im Rechteck von 1810 x 1400 m umgibt das Stadtgebiet, in dem die Relikte von 16 Tempeln und vier Hinduschreinen stehen. Hinzu kommen etwa 70 weitere Ruinen außerhalb der Stadtmauer.

Die Ausstellungsstücke im Erdgeschoss des **Ramkhamhaeng National Museum** vermitteln einen guten Überblick über die Kunst der Sukhothai-Periode (s. S. 118). Im Zentrum des Hauptgebäudes ist ein für den Sukhothai-Stil typischer **schreitender Buddha aus dem 14. Jh.** ausgestellt, zudem zahlreiche Buddhaköpfe, Hindustatuen, Stuckfriese, Keramiken und andere frühe Funde. Überdies sind die Bilder aus dem geschlossenen, schmalen Treppenaufgang im Wat Sri Chum zu sehen. Im ersten Stock sind Kunstwerke aus anderen Epochen sowie Alltagsgegenstände und Waffen ausgestellt. 🕒 tgl. 8.30–16 Uhr, Eintritt 30 Baht.

Im Zentrum der Stadt liegt **Wat Mahathat**, der königliche Tempel. Er war seinerzeit das größte religiöse Heiligtum des Landes. Auf einer Fläche von 240 x 280 m wurden seit 1953 neben dem zentralen Chedi, dem Unterbau der Ordinationshalle und dem Viharn noch 209 kleine Chedis und viele andere Gebäude ausgegraben. Im Mittelpunkt erhebt sich auf einem hohen, quadratischen Sockel der **zentrale Chedi**, der von 4 kleineren Stupas und Vorhallen umgeben ist. Viele der kleineren Bauwerke weisen Merkmale des Khmer-Stils auf, z. B. tanzende Frauen, Fragmente kambodschanischer Apsaras, die auch die Tempel von Angkor schmücken.

Der Hauptchedi ist jedoch bereits ein typisches Beispiel für den **Sukhothai-Stil**. Der runde, untere Teil des Chedi wird von einer Lotosknospen-Spitze gekrönt. Der Sockel ist mit Reliefs geschmückt – die andächtig schreitenden Figuren stellen Buddhas Jünger dar. Richtung Osten

Das Weltkulturerbe per Fahrrad erkunden

Sofern die Hitze nicht allzu groß ist, eignen sich die alten Ruinenstädte Sukhothai, Si Satchanalai und Kamphaeng Phet bestens für Radtouren. An den Eingängen zu allen historischen Parks werden Fahrräder günstig vermietet. Da im Gebiet um Sukhothai, das zum Weltkulturerbe gehört, keine Industrie angesiedelt werden darf, ist dies eine der wenigen Regionen in der zentralen Tiefebene, wo man abseits der wenigen Hauptstraßen auf schmalen Landstraßen durch eine wunderschöne Kulturlandschaft, an Kanälen und Flüssen entlang zu ursprünglichen Dörfern radeln kann. In Neu-Sukhothai werden interessante geführte Radtouren in die Umgebung angeboten.

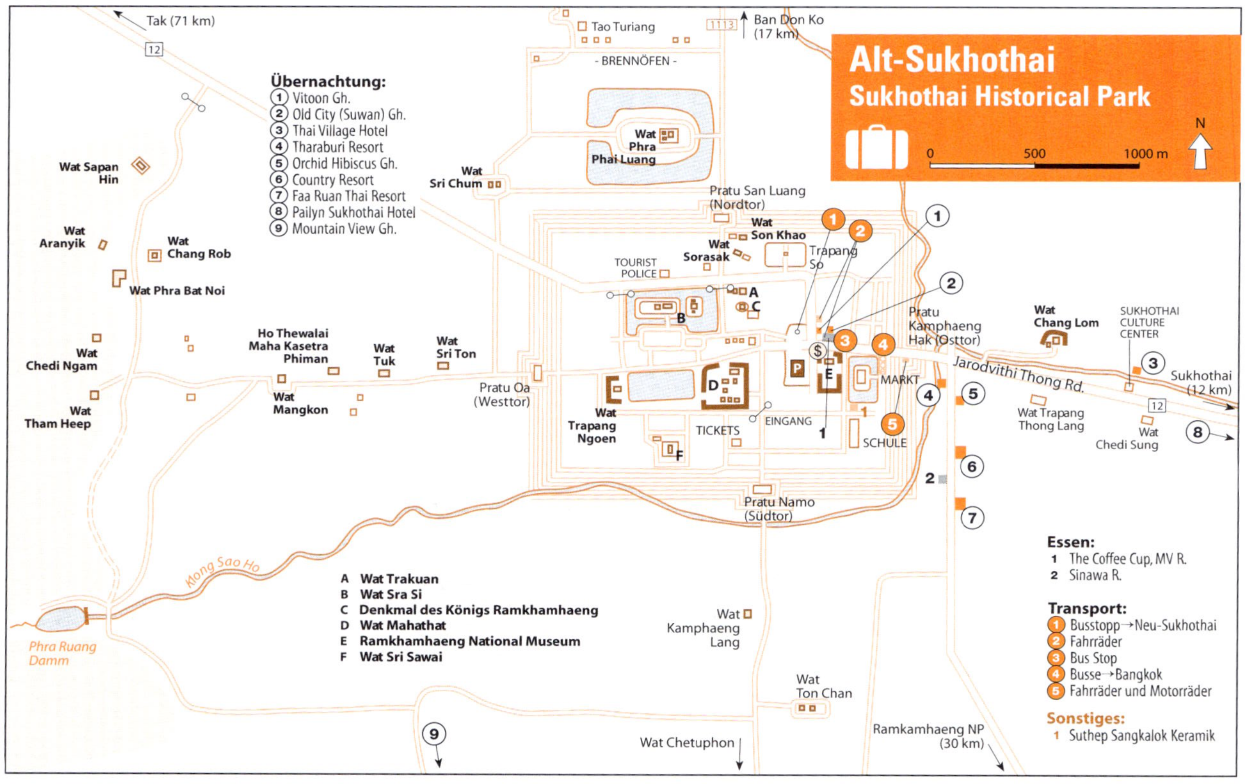
Alt-Sukhothai
Sukhothai Historical Park
0 500 1000 m
N
Übernachtung:
1 Vitoon Gh.
2 Old City (Suwan) Gh.
3 Thai Village Hotel
4 Tharaburi Resort
5 Orchid Hibiscus Gh.
6 Country Resort
7 Faa Ruan Thai Resort
8 Pailyn Sukhothai Hotel
9 Mountain View Gh.
Essen:
1 The Coffee Cup, MV R.
2 Sinawa R.
Transport:
1 Busstopp→Neu-Sukhothai
2 Fahrräder
3 Bus Stop
4 Busse→Bangkok
5 Fahrräder und Motorräder
Sonstiges:
1 Suthep Sangkalok Keramik
A Wat Trakuan
B Wat Sra Si
C Denkmal des Königs Ramkhamhaeng
D Wat Mahathat
E Ramkhamhaeng National Museum
F Wat Sri Sawai
Tak (71 km)
12
Tao Turiang
1113
Ban Don Ko (17 km)
- BRENNÖFEN -
Wat Phra Phai Luang
Wat Sri Chum
Wat Sapan Hin
Wat Aranyik
Wat Chang Rob
Wat Phra Bat Noi
Pratu San Luang (Nordtor)
Wat Son Khao
Wat Sorasak
Trapang So
TOURIST POLICE
Ho Thewalai Maha Kasetra Phiman
Wat Tuk
Wat Sri Ton
Wat Chedi Ngam
Wat Mangkon
Wat Tham Heep
Pratu Oa (Westtor)
Wat Trapang Ngoen
TICKETS
EINGANG
SCHULE
MARKT
Pratu Kamphaeng Hak (Osttor)
Wat Chang Lom
SUKHOTHAI CULTURE CENTER
Sukhothai (12 km)
Jarodvithi Thong Rd.
Wat Trapang Thong Lang
Wat Chedi Sung
Pratu Namo (Südtor)
Klong Sao Ho
Phra Ruang Damm
Wat Kamphaeng Lang
Wat Ton Chan
Wat Chetuphon
Ramkamhaeng NP (30 km)

schließt der große Bot an, dessen sechs Säulenreihen früher einmal das hölzerne Dach trugen. Die Buddhafiguren sind restauriert und an ihrem alten Platz aufgestellt worden.

Weiter im Süden erheben sich die drei Laterit-Prasat von **Wat Sri Sawai**. Sie waren im 13. Jh. als ein brahmanischer Schrein im Khmer-Stil erbaut worden. Später wurde das hinduistische Heiligtum in einen buddhistischen Tempel umgewandelt. Bei Ausgrabungsarbeiten fand man neben Buddha- Figuren auch Shiva-Statuen. Die Stuckdekorationen wurden während der jüngsten Restaurierungsphase nicht immer sehr gelungen restauriert.

Nördlich des königlichen Tempels liegt **Wat Sra Si** auf einer Insel in einem See. Der Stupa im ceylonesischen Stil ist gut erhalten, während vom Bot nur Ruinen übrig geblieben sind. Hier wird alljährlich im November das große Lichterfest Loi Krathong gefeiert. Das **Denkmal** in der Nähe stellt König Ramkhamhaeng dar, dem das Land u. a. die Thai-Schrift verdankt. Einheimische Besucher drücken ihre Verehrung mit zahlreichen Blumengaben aus.

Vom **Wat Trakuan** blieb nur der große Chedi in Glockenform übrig.

Im Norden

Zu den Ruinen im Norden nimmt man am besten den nordwestlichen Ausgang. Knapp 1 km entfernt erhebt sich **Wat Sri Chum** mit dem riesigen sitzenden Buddha Phra Atchana aus dem 14. Jh. Der quadratische, nach oben offene **Mondop** mit einer Seitenlänge von 30 m, einer Höhe von über 11 m und einer Wandstärke von 3 m war ursprünglich von einem Wassergraben umgeben. Das Innere wird fast vollständig von der imposanten **Buddhafigur** eingenommen. Leider ist der schmale Gang innerhalb der Mauer auf den Tempel hinauf gesperrt.

700 m weiter im Nordosten liegt **Wat Phra Phai Luang**, das bereits zu Khmer-Zeiten im 12. Jahrhundert ein bedeutendes hinduistisches Heiligtum, wenn nicht gar das Zentrum der Khmer-Hauptstadt, gewesen sein soll. Nur der nördliche der drei Türme ist erhalten geblieben. Die Reste der gesamten Anlage mit dem quadratischen **Stupa**, mehreren Klostergebäuden, dem Mondop und einer Kapelle, die einen ruhenden Buddha beherbergt, wurden vollständig restauriert. Bei diesen Arbeiten fand man in den zugemauerten Nischen des Chedi zahlreiche Buddhafiguren.

Nördlich davon liegen verstreut unter Schutthügeln verfallene und restaurierte **Kilns** (Tao Turiang), ca. 6 m lange und 3 m breite Brennöfen aus Ziegelstein, in denen die berühmte Sawankhalok-Keramik *(= Seladon)* hergestellt wurde. Ende des 13. Jhs. wurde diese feine Keramik hier bereits von chinesischen Handwerkern produziert und in den gesamten südostasiatischen Raum exportiert (s. S. 121). Anfangs wurden vier verschiedene Seladon-Arten produziert: cremefarbige Keramik ohne Design und solche mit Sonnen-, Fisch- und Blumen-Motiven.

Im Westen

Wem die Ruinenanlage innerhalb der Stadtmauer zu stark restauriert vorkommt, der sollte sich die auf einem weitläufigen Areal verstreuten **Westlichen Ruinen** nicht entgehen lassen.

Die ersten Ruinen hinter dem ehemaligen Westtor, dem Pratu Oa, mitten in den Feldern sind stark zerfallen. Besser erhalten ist **Wat Mangkon** mit einem **Chedi** im ceylonesischen Stil. Die Ruinen am Berghang erfordern schweißtreibende Aufstiege. Besonders lohnend ist das **Wat Sapan Hin** mit einer 12,5 m großen, stehenden **Buddhastatue** auf dem 50 m hohen Hügel – der beste Platz zum Sonnenaufgang.

Am verschmutzten Stausee vorbei lässt sich auf Fahrwegen Richtung Osten zu den südlichen Ruinen die Rundfahrt komplettieren.

Im Süden

Durch das südliche Stadttor, Pratu Namo, kommt man nach etwa 1,5 km auf einer ruhigen Landstraße zum **Wat Chetuphon**. Am wuchtigen **Mondop** ist auf zwei Seiten je eine Buddhafigur in stehender und schreitender Haltung angebracht. Auf den beiden anderen Seiten sind nur noch Körperreste der hohen Stuckfiguren erhalten, die einst einen sitzenden und einen ruhenden Buddha darstellten.

New Sukhothai

Die heutige Stadt Sukhothai mit über 20 000 Einwohnern liegt 12 km von den Ruinen von Old Sukhothai entfernt. In Neu-Sukhothai halten die meisten Busse, und hier befindet sich die Mehrzahl der Gästehäuser. Ein ruhiger, netter Ort – viele Reisende bleiben wegen der guten Atmosphäre länger als geplant. Ein königliches Dekret verbietet die Ansiedlung von Industrie im Umkreis von 12 km um die Ruinen, daher wird Sukhothai seinen ländlichen Charakter hoffentlich bewahren.

Der große **Lebensmittelmarkt** mit einem breiten Angebot eignet sich gut zum Bummeln. Er dient zudem als Großmarkt, auf dem bis in die späten Abendstunden LKW-Ladungen voller Tabak, Obst und Gemüse, die von den Feldern in der Umgebung stammen, umgeschlagen werden. Viele Verkäufer leben zwischen Bergen von Melonen, Frühlingszwiebeln und Kohlköpfen. Im Hintergrund läuft ein Fernseher, Babys werden gefüttert und abends die Pritschen zum Schlafen aufgebaut.

Eine Keramikausstellung im **Sangkhalok Museum** lohnt einen Besuch. Das große, klimatisierte Gebäude steht in Neu-Sukhothai, 1,5 km außerhalb des Zentrums, nahe der Kreuzung der Singhawat Rd. und der ersten Umgehungsstraße, Tuk Tuk 40 Baht. Auf zwei Stockwerken ist eine umfangreiche Ausstellung zu sehen, die einen hervorragenden Überblick über die Geschichte der Sawankhalok-Keramik, die Fundgebiete, ihre Verwendung und Verbreitung vermittelt. ✆/℻ 055-614333, ◷ Mo–Fr 8–17 Uhr, Eintritt 100 Baht.

Wat Thawet

An der Straße zum Airport, dem H1195, steht 10 km nordwestlich der Stadt, 300 m rechts hinter der Schule das Wat Thawet, das seit dem Tod des Erbauers von dessen Sohn Banthoeng gepflegt wird. Abt Long Po Som Rong hat im Garten lebensgroße Figuren aus Beton formen und bunt anmalen lassen, die leseunkundigen Dorfbewohnern die buddhistischen Legenden nahebringen sollen. Für Touristen liegt an der Donation-Box eine Mappe mit Erläuterungen in Englisch aus.

Hinter dem Tempel ist ein Einbaum aufgestellt, der aus dem Fluss geborgen wurde. Dorfbewohner versuchen, in den Maserungen Glückszahlen für die Lotterie zu entdecken.

Hier führt eine lange Hängebrücke über den Yom-Fluss. Das Wat lässt sich in einem schönen Ausflug per Fahrrad oder Motorrad besuchen. Es geht direkt am Fluss entlang auf Feldwegen durch kleine Dörfer. Tuk Tuk ab New Sukhothai 150 Baht hin und zurück.

Übernachtung

Sowohl im alten als auch im neuen Sukhothai gibt es viele nette Gästehäuser. Das Angebot ist so groß, dass immer irgendwo ein Zimmer frei ist. Viele Gästehäuser schicken Schlepper an den Busbahnhof und holen nach telefonischer Anmeldung Gäste kostenlos ab.
Die Hotels kann man in beiden Orten links liegen lassen, denn sie sind nicht nur unpersönlich, sondern oft schmuddelig und ohne guten Service.

Old Sukhothai

Karte S. 299.

Vitoon Gh. ①, 49 Moo 3, Jarodvithi Thong Rd., ✆ 055-697045, ℻ 055-633397, kleine Zi in 2 Häusern mit Fan und Du/WC sowie 8 größere mit AC, TV und Warmwasser-Du/WC hinter dem Shop, geflieste Bäder und Böden. Etwas unpersönlich, da es keinen Aufenthaltsraum gibt. Fahrräder. ❷–❸

Old City (Suwan) Gh. ②, 28/7 Moo 3, Jarodvithi Thong Rd., ✆ 055-697515, 081-8864886, nette, kleine Zi ohne Bad in einem schönen Haus, 50 m zurückversetzt nahe der zentralen Kreuzung. Im angrenzenden Reihenhaus mit traditionell gestalteter Fassade Zi mit AC, Warmwasser-Du/WC und TV. ❶–❸

Thai Village Hotel ③, 214 Jarodvithi Thong Rd., 🖳 www.thaivillagehotel.com, ✆ 055-697249, ℻ 697583, im Sukhothai Culture Center, 1 km vor der alten Stadt. Etwas vernachlässigte, große Holz-Bungalows im traditionellen Stil mit AC und Badewanne, Moskitogaze und Kühlschrank. ❸–❹

Tharaburi Resort ④, 11/3 Srisomboon Rd., ✆ 055-697132, 🖳 www.tharaburiresort.com. In einem großen Holzhaus im Lanna-Stil im 1. Stock über der Rezeption geschmackvoll mit Thai-Möbeln, Textilien und Porzellan eingerichtete AC-Zi mit Gemeinschafts-Du/WC, einige mit TV, sowie 13 Suiten und Deluxe-Zi mit Du/WC. Kochkurse. Kleiner Pool. Frühstück im hauseigenen Restaurant inkl. ❹–❻

Orchid Hibiscus Gh. ⑤, ✆/✆ 055-633284, ✉ orchid_hibiscus_guest_house@hotmail.com, ✆ 081-9627698, vor dem östlichen Stadttor. Gepflegte Gartenanlage. Solide, geschmackvoll eingerichtete AC-Bungalows mit Du/WC, hohe Betten mit harten Karpok-Matratzen und Baumwollnetzen. Familienbungalows mit Terrasse auf der anderen Straßenseite. Frühstück inklusive, ansonsten kein Restaurant. Geleitet von Paolo und seiner Frau Pin Ton. Den Swimming Pool können auch Nicht-Gäste für 80 Baht nutzen. Der in einem Pavillon platzierte Whirlpool bleibt Gästen für 300 Baht p. P. vorbehalten. WLAN kostenlos. Fahrradvermietung. ❹

Country Resort ⑥, 9/9 Moo 3, ✆ 055-633333, 081-9723274, neues Resort mit großen Häusern in schattenlosem Garten. 5 Zi mit Schiebetüren und Glasfront sowie ein Bungalow mit AC, Du/WC, Warmwasser und Kühlschrank. Die im Aufbau befindliche Ferienanlage lässt noch etwas Wohnlichkeit missen. ❹–❺

Faa Ruan Thai Resort ⑦, 9/13 Jarodviteethong Rd., ✆ 055-633469, neue Anlage vor den Toren Old Sukhothais mit 4 Doppelbungalows, 1 Einzelbungalow und einem Familienhaus mit 2 Zi. Alle Holzhäuser mit AC und Fan, Warmwasser, Du/WC, ein Swimming Pool ist geplant. ❹

Pailyn Sukhothai Hotel ⑧, 10/2 Moo 1 Jarodvithi Thong Rd., ✆ 055-613310-5, 💻 www.pailynhotel.com. 2 km vor der alten Stadt. Pool. Service und Essen sind mittelmäßig. Reisegruppen-Unterkunft. Gegenüber gibt es ein kleines, hervorragendes und preiswertes Restaurant. ❹

Mountain View Gh. ⑨, 23/3 Moo 8, Maung Kao, 💻 www.mountainviewguesthouse.com, ✆ 081-7404449, 4 km südlich von Alt-Sukhothai vermieten ein Engländer und seine thailändische Frau 4 liebevoll eingerichtete Zi mit AC oder Fan, Swimming Pool, Rad- und Motorradvermietung. Frühstück inkl. Kontakt über das M.V. Restaurant. ❸–❹

New Sukhothai

Karte rechts.

Gästehäuser

Phuaroon Gh. ①, 81/5 Soi Phuaroon, Thanee Rd., nahe dem chinesischen Tempel am Flussufer, ✆ 055-620911, neuere Doppelbungalows mit jeweils 2 Zi, winzige Du/WC, kleiner Vorraum und Terrasse, einige mit TV und Kühlschrank. Wegen der großen Fensterfront heizen die Räume stark auf. Wenig Atmosphäre. ❷–❸

Lotus Village ②, 170 Rajthanee Rd., ✆ 055-621484, 💻 www.lotus-village.com. Großer, ruhiger Garten mit Bungalows an Lotusteichen; geleitet vom agilen Franzosen Michel Hermann und seiner Frau Tan. 6 Bungalows aus altem Holz mit Du/WC und Fan, einer mit Warmwasser-Du/WC und AC, zwei 2-stöckige Häuser mit 5 AC- und 5 Fan-Zi. Aufenthaltsraum mit Bibliothek, überdachter Garten, Internet-WLAN. Gutes Frühstück mit echtem Kaffee, ansonsten kein Essen. Spa in einem der 4 über hundert Jahre alten Thai-Häusern, die anderen werden als Familienhaus vermietet. Transport zum Airport 100 Baht. ❹–❺

Thai Gh. ③, 25/4 Rajuthit Rd., ✆ 055-612853, Holzhaus mit 4 sehr einfachen Zi mit Gemeinschafts-Du/WC. Die Besitzerin bietet auch Thai-Massage an. ❶

Sukhothai Gh. ⑤, 68 Vichien Chamnong Rd., ✆ 055-610453, ✉ sukhogh@yahoo.com, 💻 www.sukhothaiguesthouse.com, 12 saubere Zi in dicht stehenden Bungalows, jeder mit eigener kleiner Terrasse, Zi mit AC, Warmwasser-Du/WC. Leckeres Essen im Restaurant. Thai-Massage, Internet-Zugang, Wäscheservice, Mopedvermietung für 200 Baht. Sehr rührige Besitzerin. ❸–❹

No. 4 Gh. ⑥, 140/4 Soi Klong Mae Lampan, Jarodvithi Thong Rd., ✆ 055-610165, 500 m nördlich des Bus Stops inmitten der Felder. Um einen kleinen Garten mit Blumen und vielen Moskitos stehen 9 einfache Hütten mit Moskitonetzen, sauberen Du/WC, auf der Terrasse Ruheliegen. Im Bambuslanghaus 3 einfache EZ mit Du/WC. Gemütliches Restaurant mit überwiegend vegetarischen Gerichten, empfehlenswert die *family meals*. In der Regenzeit ist das gesamte Areal häufig überflutet. Die Tante Na der Besitzerin Neung vermietet zudem 2 Zi im nahen **Ninety Nine Gh.** ⑥. 2-tägiger Kochkurs. ❷

J & J Gh. ⑦, 122/1 Soi Mae Lampan Rd., ✆ 055-620095, ✉ jjguest@hotmail.com, ruhig gelegene Bungalows zwischen Kanal und Feldern. 8 neue, großzügige Bungalows nahe dem Pool mit Terrasse und Tischen, AC, Du/WC, Warmwasser und Kabel-TV, 12 Zi mit Fan oder AC in Doppelbungalows ohne Terrasse, 4 Zi in zweistöckigem

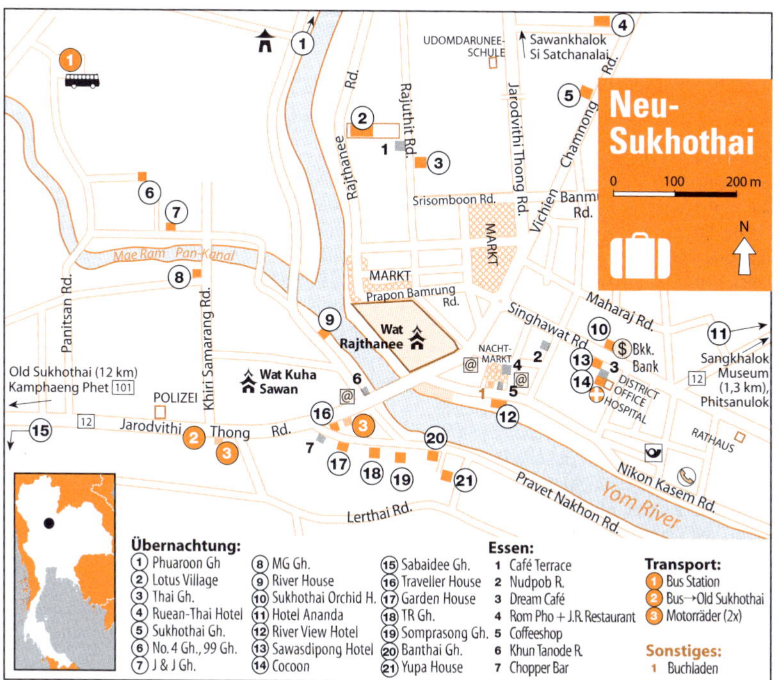

Haus ohne Terrasse. Das kleine Restaurant im Eingangsbereich lockt mit guter thailändischer und europäischer Küche. Frisches selbstgebackenes Baguette und Brot, empfehlenswerte Joghurt-Shakes und leckeres Müsli. Jim, ihr belgischer Mann Jacqui und deren Sohn James sorgen für gute Laune und eine freundliche Atmosphäre. Touren zum Si Satchanalai und Ramkhamhaeng National Park. ❸–❹

MG Gh. ⑧, 295/16 Sirisamarang Rd., ✆ 055-620707, Bungalows mit warmer Du/WC und AC um einen Garten gereiht. 2 Doppelbungalows mit Verbindungstür. Freundliches Personal, aber ohne Atmosphäre. ❸

River House ⑨, 7 Soi Wat Kuhasawan, ✆ 055-620396, 089-4605904, ✉ riverhouse_7@hotmail.com, am Westufer des Flusses. Traditionelles sauberes Thai-Holzhaus auf Pfählen. Zi mit Fan und Gemeinschafts-Du/WC, 1 Zi mit AC, Du/WC. Restaurant. ❷–❸

Cocoon ⑭, 86/1 Singhawat Rd., ✆ 055-612081, 📠 622157, 50 m entfernt von der dicht befahrenen Hauptstraße hinter dem Dream Café, ein Ort der Stille. 4 kleine Zi mit Fan oder AC und Du/WC, rustikales Ambiente, z. T. etwas düster. ❸

Sabaidee Gh. ⑮ 81/7 Jarodvithi Thong Rd., ✆ 055-616303, 089-9883589, 💻 www.sabaidee-guesthouse.com. Ab der Straße nach Old Sukhothai 100 m vor der Ring Road 300 m Richtung Süden, dann den schmalen Weg rechts bis zum Ende gehen. Ruhig gelegene Anlage mit nett eingerichteten Zi. 3 Zi in einem Holzhaus mit Fan und Gemeinschafts-Du/WC oder AC und Du/WC, 4 Bungalows mit AC, große Du/WC mit Warmwasser oder nur Fan. Restaurant, Abholservice von der Busstation. Internet, TV und DVD mit Filmausleihe, Motorradverleih. ❶–❷

Garden House ⑰, 11/1 Pravet Nakhon Rd., ✆ 055-611395, ✉ tuigardenhouse@yahoo.com, Haupthaus mit günstigen Zi und einem Restaurant im Erdgeschoss. Dahinter einfache Bungalows mit Fan oder AC, Warmwasser-Du/WC und Balkon in einer schmalen, langen Gartenzeile. Die Bambuswände sind hellhörig. Restaurant an der Soi. Mopedverleih, hilfsbereite Besitzer, die auch das gegenüber liegende **Traveller House** ⑯ managen. Hier einfache Zi, von denen manche an der lauten Hauptstraße liegen. ❶–❸

T.R. Gh. ⑱, 27/5 Pravet Nakhon Rd., ✆ 055-611663-4, 084-0499445, ✉ guesthouse_tr@yahoo.com, 20 saubere Zi mit Fan oder AC und Warmwasser-Du/WC. Frühstück, Thai- und chinesische Gerichte, Wäscheservice, Mopedverleih und Parkplatz. ❷

Banthai Gh. ⑳, 38 Pravet Nakhon Rd., ✆ 055-610163, ✉ banthai_guesthouse@yahoo.com, sauberes Haupthaus mit einfachen Zi mit Fan und Warmwasser-Gemeinschafts-Du/WC, 8 gemütliche, saubere Holzhütten unterschiedlichen Jahrgangs, einige mit Fan und Du/WC, andere mit AC und Warmwasser. Offenes Restaurant mit leckeren Gerichten und Shakes, abends Thai-Dinner für 130 Baht. Guter Service, angenehme Atmosphäre, Fahrradtouren. ❶–❸

Hotels

Ruean-Thai Hotel ④, ✆ 055-612444, www.rueanthaihotel.com, kleines, zweistöckiges Hotel um einen Pool, das von dem liebenswerten Hoy und seiner Schwester betrieben wird. Große, romantische Zi mit schönen Betten, AC, großem Kabel-TV, Kühlschrank und Du/WC. Zudem Restaurant, Massage, Internetzugang und Touren durch Alt-Sukhothai. Sonderangebote ❸, ansonsten ❹–❺

Sukhothai Orchid Hotel ⑩, ✆ 055-6111934, 📠 055-612038, saubere Standard-Zi. Thai-Restaurant mit kleiner Terrasse. ❸

Ananda ⑪, 10 Moo 4, ✆ 055-622428-30, 💻 www.anandasukhothai.com, 32 gut ausgestattete Zi mit AC, TV, Kühlschrank und Minibar. Die Hälfte der Zi im modernen, zweistöckigen Neubau neben dem Sangkhalok Museum hat allerdings keine Fenster. Spa, Frühstück inkl. ❺–❻

River View Hotel ⑫, 92 Nikon Kasem Rd., ✆ 055-611656, Zi mit großem Bett oder 2 Einzelbetten, AC und Du/WC, z. T. mit Blick auf den Fluss. Coffeeshop. Zi werden auch stundenweise vermietet. ❸

Sawasdipong ⑬, 56 Singhawat Rd., ✆ 055-611567, 📠 612268, große Zi mit AC, die für 2 Pers. reichen, Restaurant. ❸

Essen

Old Sukhothai

Ein paar kleine Restaurants haben sich wenige Meter vor dem Eingang zum Historical Park angesiedelt.

The Coffee Cup, offeriert Shakes und eine große Auswahl an Thai- und europäischen Gerichten. Die Portionen sind recht klein. **The Coffee Cup 2** gleich neben dem Eingang zum Old City Guest House.

M.V. Restaurant, wenige Schritte weiter, bietet eine ähnliche Auswahl. Motorradvermietung. Einige Garküchen haben englische Speisekarten und preiswertes, ordentliches Essen. Abendessen auf dem **Nachtmarkt**.

Das **Sinawa Restaurant**, kurz vor Old-Sukhothai, wird gern von Gästen der nahe gelegenen Unterkünfte besucht. Das Restaurant bietet viel Platz und eine recht gute Thai-Küche. Empfehlenswert ist das grüne Curry mit Palmherzen, Gerichte um 100 Baht, englische Karte.

New Sukhothai

Zu vielen **Gästehäusern** gehört ein meist gutes Restaurant mit thailändischen Gerichten und Traveller-Food, sodass nur wenige auswärts essen gehen. Auf dem unspektakulären, überdachten **Nachtmarkt** gibt es neben Kleidung, Haushaltswaren und Spielzeug auch Stände mit günstigem Essen.

Die offenen, sauberen Restaurants **Rom Pho** und **J.R.** am nördlichen Ende des Nachtmarkts locken mit englisch- und sogar deutschsprachigen Speisekarten und „no MSG" (kein Glutamat).

Nudpob, 4/5 Ramkamhaeng Rd., ✆ 055-612507, das teils klimatisierte Restaurant mit einigen Tischen auf dem abgeschirmten Bürgersteig, eignet sich prima für eine kleine Rast während eines Stadtbummels.

Die **Chopper Bar**, Jarodvithi Ecke Pravet Nakhon Rd., bietet Hot Pot und andere leckere Thai-Gerichte im 1. Stock.

Khun Tanode Restaurant, hinter der Brücke direkt am Fluss. Akzeptables Essen in kleinem

Holzhaus bei schummriger Beleuchtung und ständig laufendem Fernseher.
Café Terrace, vor dem Lotus Village, der Service und die Qualität des Essens schwanken sehr stark. Erst ab 15 Uhr geöffnet.
Dream Cafe, 86/1 Singhawat Rd., ✆ 055-612081, ⌚ 10.30–23 Uhr. Kleines, verwinkeltes AC-Restaurant mit gemütlicher Atmosphäre und antiken Kostbarkeiten. Trotz relativ hoher Preise empfehlenswerte Thai-chinesische Gerichte. Große Auswahl an Eisbechern und Milchshakes. Rechnung kontrollieren. Gegenüber dem River View Hotel gibt es in einem einfachen **Coffeeshop** frischen Kaffee und Frühstück.

Einkaufen

Die Geschäfte rings um den Lebensmittelmarkt haben sich u. a. auf Textilien, Devotionalien, Dekorationsartikel und Anglerbedarf spezialisiert. Die Anglerläden verkaufen auch Outdoor-Ausrüstung und Moskitonetze.
In allen historischen Parks werden Souvenirs verkauft, die in Sukhothai und Umgebung gefertigt werden, u. a. Holzschnitzereien, Keramik.
Suthep Sangkalok, 357/1 Moo 3, in Alt-Sukhothai, an der östlichen Stadtmauer, ✆ 055-633058, 081-9537604. In der großen Keramikwerkstatt wird sowohl grüne Keramik im Sawankhalok-Stil als auch blau-graue im chinesischen Stil in Auftragsarbeit produziert. Ausgemusterte Teile werden günstig verkauft. Weitere Keramik-Werkstätten im Südosten von Alt-Sukhothai.
Im **Buchladen** gegenüber dem River View Hotel gibt es eine Auswahl englischsprachiger Bücher über Thailand.

Sonstiges

Fahrräder

In Old Sukhothai schräg gegenüber dem Haupteingang vermieten Läden Fahrräder, auch Kinderräder, für 20 Baht – ideal für eine Rundfahrt durch die Ruinen, wenn es nicht zu heiß ist.
Von 16–18 Uhr werden von Mem oder Ronny empfehlenswerte geführte Radtouren durch die Umgebung von Neu-Sukhothai für 250 Baht angeboten. Auf schmalen Feldwegen sowie kaum befahrenen Landstraßen radelt man durch traditionelle Dörfer und eine wundervolle Landschaft. Mem ist eine hervorragende Infoquelle und kann viel über die Landwirtschaft und das dörfliche Leben berichten. Zudem eine halbtägige *Dharma & Karma Tour* zum Wat Tawet für 550 Baht. Ihr Büro **Cycling Sukhothai (CS)** liegt nicht weit vom Sabaidee GH, ✆ 055-612519 oder 085-0831864, ✉ cycling_sukhothai@yahoo.com. Es werden auch mehrtägige Radtouren organisiert.

Feste

Loi Krathong, das große Lichterfest im November, soll seinen Ursprung in Sukhothai haben. Es wird in Old Sukhothai drei Tage lang besonders prächtig begangen mit allabendlichem Feuerwerk, Umzügen, Theater, Disco und Freiluftkinos auf einem riesigen Jahrmarkt zwischen den Ruinen sowie einer Light-and-Sound-Show.

Geld

In der Singhawat Rd. gibt es mehrere Banken, u. a. die **Bangkok Bank** hinter dem Northern Palace Hotel. **K Bank**, Jarodvithi Thong Rd., an der Brücke mit Geldautomaten (ATM). In Alt-Sukhothai können Sa/So auch an einem Wechselschalter Travellers Cheques eingelöst werden.

Internet

In Old-Sukhothai Internet-Zugang im **The Coffee Cup** (40 Baht pro Std.). In Neu-Sukhothai bietet der **Cool Net Club**, Jarodvithi Thong Rd. nahe der Brücke, einen schnellen und günstigen Zugang.

Massagen

Sehr gute Massagen in Alt-Sukhothai in der Schule neben dem Museum. Außerdem **Sirapat Phirun Massage** neben dem Lotus Village und weitere entlang der Straße.

Motorräder

Viele Gästehäuser vermieten Motorräder. Ein Tag kostet 150 Baht, 24 Std. 200 Baht. In Old Sukhothai werden ebenfalls Motorräder angeboten – gut für Touren zu den außerhalb der Stadtmauer gelegenen Tempeln. In Neu-Sukhothai kann man den Motorradverleih **Daeng** neben der Chopper Bar versuchen oder den Shop am Poo Restaurant, 100 m weiter außerhalb Richtung Alt-Sukhothai.

Schwimmen

Government Swimming Pool im Rural Development Center an der nordwestlichen Umgehungsstraße neben dem Betonwerk südlich der Bus Station. Eintritt 20 Baht. Nichtgäste können für 100 Baht den Pool im **Pailyn Hotel**, für 80 Baht den im **Orchid Hibiscus** oder für 50 Baht den im **J & J Gh.** benutzen.

Touren

Einige Gästehäuser, wie Lotus Village und J. & J. Gh., vermitteln Guides und Fahrzeuge für Ausflüge in die Umgebung. Neben Old Sukhothai stehen u. a. Si Satchanalai und Sawankhalok auf dem Programm. Ein Guide kostet 1000 Baht pro Tour, ein Auto mit Fahrer 1800–2300 Baht. Manche Gästehäuser offerieren geführte Touren ab 800 Baht p. P. (Historical Park), 990 Baht (Si Satchanalai) und 1650 Baht für beide Ziele. J.& J. Gh. hat zudem Tagestouren zu einem See, der Tham Khang Khao-Höhle (Heimstatt vieler Fledermäuse) und einem Wasserfall für insgesamt 1200 Baht inkl. Verpflegung im Programm. Auch mit dem Motorrad kann man die Umgebung erkunden. Die Fahrt nach Si Satchanalai dauert etwa 1 1/2 Std.

Nahverkehr

Nach Old Sukhothai fährt alle 20 Min. von 6–18 Uhr in 20 Min. ein Songthaew für 15 Baht vom Bus Stop an der Hauptstraße, 300 m östlich der Brücke. Touristen zahlen häufig 20 Baht. Zurück bis spätestens 18 Uhr.

Motorradrikschas

Die Fahrer der *samlor daeng* sind relativ unaufdringlich, Kurzstrecke ab 20 Baht bzw. eine Std. 100 Baht. Zum Historical Park kostet 100 Baht.

Tuk Tuks, Taxis

Fahrten im Stadtgebiet max. 100 Baht. Eine 4-stündige Rundfahrt mit dem Taxi oder Tuk Tuk etwa 800 Baht.

Transport

Busse

Die Bus Station liegt an der Bypass Road, 1,5 km nördlich der Abzweigung nach Old Sukhothai gegenüber vom HomeMart. Schlepper und Taxifahrer spekulieren auf die von Gästehäusern üblicherweise gezahlte Provision. Sie bieten kostenlosen Transport an. Wer sie umgehen will, nimmt ein Tuk Tuk oder eine Motorradrikscha für 20–40 Baht. Pink-violette Minibusse fahren ab Plattform 1 für 8 Baht bis 18 Uhr alle 10–15 Min. bis zum Markt. Sie halten entlang der Hauptstraße und bringen zu später Stunde die Ankommenden zum Gästehaus ihrer Wahl. Zurück am besten an der Brücke zusteigen. Viele Gästehäuser bieten auch einen kostenlosen Abholservice, wenn man vorher anruft.

Von Bangkok

Viele staatliche und private Busse befahren diese Strecke. Ab Mo Chit (Northern Bus) Terminal via Ayutthaya nach SUKHOTHAI, 440 km, 1. Kl. AC-Busse 10x von 7–22.30 Uhr für 328 Baht, 2. Klasse um 7, 9.20, 12, 14, 21, 22 und 22.40 Uhr für 253/326 Baht, non-AC um 7.55, 13.25 und 21.10 Uhr für 182 Baht in 7 Std. Direkt nach Alt-Sukhothai zum gleichen Preis um 9.30, 10, 12.30, 14 und 20 Uhr. Zudem verkehren Touristenbusse ab der Khaosan Road für ca. 400 Baht.

Nach Bangkok

Die Abfahrtszeiten nach Bangkok hängen im Büro aus. 2. Kl. AC-Busse 15x tgl. von 7.50–23 Uhr, 1. Kl. AC-Bus von 8–22.40 Uhr. Ab Alt-Sukhothai, ✆ 055-697200, etwas seltener in 7 Std. Nach AYUTTHAYA 1. Kl. AC-Bus 10x tgl. von 8.45–22.40 Uhr für 326 Baht, 2. Kl. AC-Bus um 20 Uhr für 218 Baht.

Richtung Norden

Nach CHIANG MAI über Lampang um 7.15 und 10.10 Uhr oder über Tak non-AC-Bus um 12 Uhr für 167 Baht, 2. Kl. AC-Bus 15x tgl. von 7.15–1.30 Uhr für 234 Baht, 1. Kl. AC-Bus um 2.30 Uhr 301 Baht in 5 Std. Weitere Busse ab Alt-Sukhothai.
Nach CHIANG RAI über Phrae, Uttaradit und Si Satchanalai AC-Bus um 6.40, 9, 10.30 und 11.30 Uhr für 260 Baht in 8 Std.
Nach NAN mit Chiang Rai-Bus über PHRAE oder direkt mit dem 2. Kl. AC-Bus um 14.30 und 15 Uhr für 185 Baht in 5 Std.

In Zentral-Thailand
Nach PHITSANULOK (58 km) mit non-AC-Bus alle 30 Min. zwischen 6 und 18 Uhr für 28 Baht in 1 Std., AC-Bus für 39 Baht.
Nach SI SATCHANALAI zum KM 17,6 (53,3 km von Sukhothai) mit dem AC-Bus Richtung Chiang Rai stdl. für 45 Baht in 80 Min. Letzter Bus zurück um 16.30 Uhr.
Nach MAE SOT mit dem Minibus etwa stdl. von 8.15–17.15 Uhr für 132 Baht in 4 Std. Besser über TAK, etwa stdl. von 8–18.20 Uhr für 53 Baht und dort in den großen Bus umsteigen.
Nach NAKHON SAWAN 2. Kl. AC-Bus für 125 Baht, 1. Kl. AC-Bus 160 Baht um 6.10, 7.50, 8.40, 10.30, 12 und 13 Uhr in 3 Std. Von dort bis 14 Uhr nach Suphanburi in 2 1/2 Std. und weiter nach Kanchanaburi.
Weitere Busse u. a. nach SAWANKHALOK um 8.30, 12, 14.30 und 16.30 Uhr für 27 Baht, KAMPHAENG PHET jede Std. 36 Baht, AC 55 Baht, UTTARADIT um 9.30, 10.30, 14 und 15.30 Uhr für 45 / 69 Baht, LAMPANG 2. Kl. AC-Bus 162 Baht, KHON KAEN non-AC um 9.30 für 179 Baht, 1. Kl. AC um 12.45 Uhr für 322 Baht, 2. Kl. AC 5x tgl. 251 Baht in 7 Std. Weitere Busse in den Nordosten und Norden ab Phitsanulok.

Eisenbahn
Der nächste Bahnhof ist in Phitsanulok. Wer einen späten Zug nimmt, kann den Abend hier auf dem Nachtmarkt verbringen. Morgens und nachmittags dauert die Fahrt von Sukhothai nach Phitsanulok etwas länger als eine Stunde, da viele Schulkinder zu- und aussteigen. Taxi-Transfer für 750–1200 Baht.

Flüge
Der preisgekrönte Flughafen, 99 Moo 4, Klongkrajong, Sawankhalok, 20 km nördlich, ✆ 055-647225, 📠 647226, mit seiner luftigen, offenen Abfertigungshalle, ist sehenswert. In der weitläufigen Parkanlage kann man die private Keramik-Kollektion des Airline-Besitzers, ein Modell von Angkor Wat, einen Garten mit über 30 000 Orchideen sowie einen nachgebauten Brennofen besichtigen und an Essenständen oder im Café zwischen Lotusteichen und Blumenbeeten eine Nudelsuppe verzehren. Die Abfertigung erinnert an die Rezeption in einem 5-Sterne-Hotel.
Bangkok Airways, 💻 www.bangkokair.com, ✆ 055-647224. BANGKOK 1x tgl. für 2500 Baht und CHIANG MAI 1x tgl. für 2100 Baht.
Motorradrikschas 250 Baht. Airporttax 200 Baht. Weitere Flüge ab Phitsanulok.

Sawankhalok สวรรคโลก

Trotz des Namens stammt die Sawankhalok-Keramik nicht aus diesem Ort, sondern aus Si Satchanalai. In der an sich uninteressanten Stadt kann das **Sawan Waranayok National Museum** besichtigt werden. Das Gebäude enthält im 1. Stock Buddhastatuen aus verschiedenen Epochen und im Erdgeschoss Porzellan und Sawankhalok-Keramik aus der Sukhothai-Periode. Ein separater Aufgang führt zur Privatsammlung eines Abtes mit chinesischem Porzellan und vielen anderen Objekten. Vom Muang Inn (s. u.) geht man 800 m die Kasemrat Rd. hinab, an der Post vorbei, über den Fluss und am Ende der Straße nach rechts. Nach weiteren 700 m liegt das Museum auf der linken Seite. 🕓 Mi–So außer feiertags 9–16 Uhr, Eintritt 30 Baht. 22 km nördlich von Sukhothai erinnert westlich der Straße kurz hinter dem Airport eine große **Buddhastatue** im Sukhothai-Stil an die kulturelle Blütezeit dieser Region.

Übernachtung

Allen Unterkünften fehlt Flair, und sie eignen sich höchstens als Notquartier.
Muang Inn, 21 Kasemrat Rd., ✆ 053-641722, 600 m südlich vom Bahnhof am H101 an der Abzweigung zum Museum. Betonbau mit Restaurant. ❷–❸
Suphalai Palace Hotel, 31/2 Moo 4, Naimuang, ✆ 053-641627, 📠 641772, neueres Hotel am Ortsausgang Richtung Sukhothai, 1 km südlich der Abzweigung zum Museum. ❸

Transport

Nach SUKHOTHAI, 36 km, für 27 Baht, SI SATCHANALAI für 11 Baht.
Von PHITSANULOK fährt tgl. auf einer Stichlinie ein Bummelzug um 16.06 Uhr in 2 Std., zurück um 19.40 Uhr.

5 HIGHLIGHT

Si Satchanalai ศรีสัชนาลัย

Sukhothai ist ein guter Ausgangspunkt für den Besuch einer landschaftlich wunderschön gelegenen historischen Stätte: Si Satchanalai, etwa 55 km weiter nördlich, war vom 14. bis zum 16. Jh. eine Art Zwillingsstadt von Sukhothai. Zeitweilig residierte der König hier. Als die Hauptstadt des Thai-Reiches nach Ayutthaya verlegt wurde, verlor auch Si Satchanalai, das dann Sawankhalok genannt wurde, an Bedeutung. Während der Burmesischen Kriege wurde die Stadt so stark zerstört, dass ihre Bewohner unter Rama I. weiter nach Süden in das heutige Sawankhalok umsiedeln mussten. Der Rundgang beginnt südlich der Ruinenstadt. Wer mit dem Bus kommt, kann am rosafarbigen Eingangstor am KM 16,4 des H101 aussteigen und über die Brücke laufen (Maut 10 Baht), ansonsten geht es am KM 17,6 nach links und an der Kreuzung hinter der Brücke 800 m nach Süden.

Wat Phra Si Ratana Mahathat und Wat Chom Choen

In einer Schleife des Yom-Flusses liegt das Wat Mahathat (Wat Phra Si Ratana Mahathat Chaliang). Die Mauer aus riesigen Lateritblöcken ließ König Ramkhamhaeng rings um den Tempelbezirk errichten. Durch den eigenwillig gestalteten Osteingang fällt der Blick auf die Säulen des ehemaligen Viharn. Im Hintergrund erhebt sich der zentrale **Prang** aus dem 15. Jh., vor dem eine große **Buddhafigur** im Sukhothai-Stil sitzt und dessen steile Treppen man hinaufsteigen kann. An der Südwand befindet sich das Original des **Schreitenden Buddhas**, dessen Kopie im Museum von Sukhothai ausgestellt ist.

Etwa 300 m weiter nördlich steht **Wat Chom Choen**, eine im Khmer-Stil erbaute und im Sri Lanka-Stil umgestaltete Tempelanlage, unter der ein kleines **archäologisches Museum** errichtet wurde. In verschiedenen Tiefen sind teils am originalen Platz prähistorische Skelette und Keramikfunde zu sehen, die bis ins 4. Jh. zurückgehen. An den Wänden hängen Fotos von den Ausgrabungsarbeiten.

Alt-Si Satchanalai

Etwa 1,5 km weiter nördlich erstreckt sich der weitläufige **Historical Park** von Alt-Si Satchanalai, für den ein eigenes Fahrzeug von Nutzen ist. Eintritt für die Tempel innerhalb der Stadtmauer 40 Baht, Auto 50 Baht, Fahrrad 10 Baht, Kombi-Ticket, das 30 Tage lang für alle Sehenswürdigkeiten in Sukhothai und Si Satchanalai gültig ist, 150 Baht. ⏲ tgl. 8–17 Uhr. Im Park kann es sehr heiß werden; Wasser mitnehmen.

Die Stadtgründung aus der ersten Hälfte des 13. Jhs. war durch den Yom-Fluss im Nordosten sowie durch 7 m hohe und 1,5 m breite Mauern aus Lateritstein geschützt. Mehrere große Wälle und Gräben verstärkten die Befestigung. Sie sind nur bruchstückhaft erhalten. Bei Restaurierungsarbeiten wurden 39 Monumente innerhalb und 75 weitere außerhalb der Stadtmauer freigelegt.

Links der **Königspalast**, von dem noch die Tempelruinen stehen. Dahinter die restaurierten, zentralen Tempel.

Eine Mauer, durch die vier Tore führen, umgibt den Tempel **Wat Chang Lom**. Im Mittelpunkt steht der runde, im singhalesischen Stil errichtete Chedi, der sich auf einem hohen, quadratischen Sockel erhebt. In den Sockelnischen stehen im oberen Bereich Buddhafiguren und unten Elefanten, denen meist die Köpfe fehlen.

Wat Chedi Chet Thaew, der Hauptchedi mit der Lotosknospen-Spitze im Sukhothai-Stil, ist die Begräbnisstätte von Sukhothai-Prinzen, die in Si Satchanalai regierten. Im westlichen Bereich sind die Reste der ehemaligen Ordinationshalle zu erkennen.

Bäume und Sträucher verdecken den schönen Blick von den beiden Hügeln im Norden. Eine breite Treppe führt hinauf zum **Wat Khao Phanom Phloeng** mit seinem großen Stupa, der bereits Stilelemente der nördlichen Lanna-Kunst aufweist. Über den Grat kommt man von hier aus zu den Ruinen von **Wat Khao Suwankiri**.

Center for Study and Preservation of Sangkalok Kiln

Zu diesem kleinen Museum vor der neuen Stadt am Fluss in Ban Ko Noi führt eine ca. 5 km lange Landstraße vom Historical Park durch eine ländliche Gegend. Das kleine Kiln-Museum informiert über die Verbreitung und Herstellung von Sa-

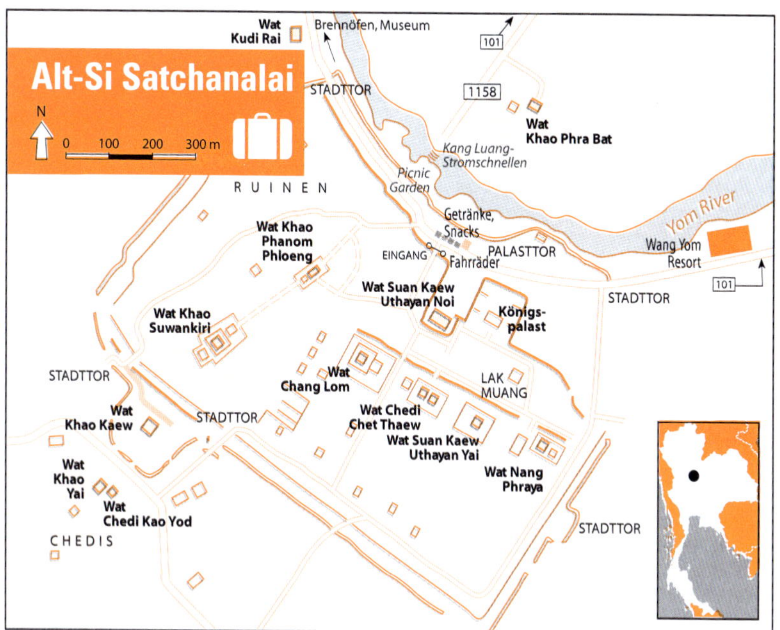

wankhalok-Keramik sowie über die Kilns. Im 2. Gebäude steht ein ausgegrabener Brennofen. Etwa 1 km weiter sind einige gut erhaltene der insgesamt 200 Kilns freigelegt worden. 🕓 9–16 Uhr, 30 Baht.

Si Satchanalai National Park

Der Park liegt in den westlichen, von subtropischem Dschungel bedeckten Bergen. Attraktionen sind die Wasserfälle **Tat Dao** und **Tat Duan** (500 m bzw. 3 km vom Headquarter entfernt), eine **heiße Quelle** und die Höhlen **Tham Khang Khao**, in der viele Fledermäuse wohnen, und **Tham Thara Wasan**. Eintritt 400 Baht.

Unterkunft in vier Bungalows für 3–11 Personen, 250–1000 Baht. Vom H1201 am KM 11,5 (5 km südlich vom Si Satchanalai Historical Park) nach Westen auf die Straße abbiegen, oder 51 km auf der Straße fahren, die nördlich der Kilns nach Westen führt. Einige Gästehäuser und Veranstalter in Sukhothai bieten geführte ein- oder zweitägige Touren in den Park an.

Ban Hat Sung (Hadsiao Village)

Der Ort erstreckt sich nördlich von Si Satchanalai am H101. Gegenüber vom Polizeiposten am KM 30 können im **Gold Textile Museum**, 477/2 Hartsaew Sisatchanalai, ✆ 055-671143, handgewebte Textilien aus allen Landesteilen, mit Gold- oder Silberfäden durchwirkte Stoffe für religiöse Zeremonien ebenso wie Ikat-Arbeiten aus dem Nordosten und bis zu 200 Jahre alte, feine Baumwollwebereien bewundert werden. Noch immer werden im Ort auf Handwebstühlen Baumwoll- und Seidenstoffe nach überlieferten Mustern gefertigt und im *Saathon Shop* vor dem Museum verkauft. Jedes Jahr am 7. April werden während des **Buat Chang Festivals** viele Jungen zu Novizen ordiniert und von reich geschmückten Elefanten zum Tempel getragen.

Übernachtung und Essen

Wang Yom, ✆ 055-631380, 081-2834220, 78/2 Moo 6, Resort am Fluss in der Nähe der Ruinen,

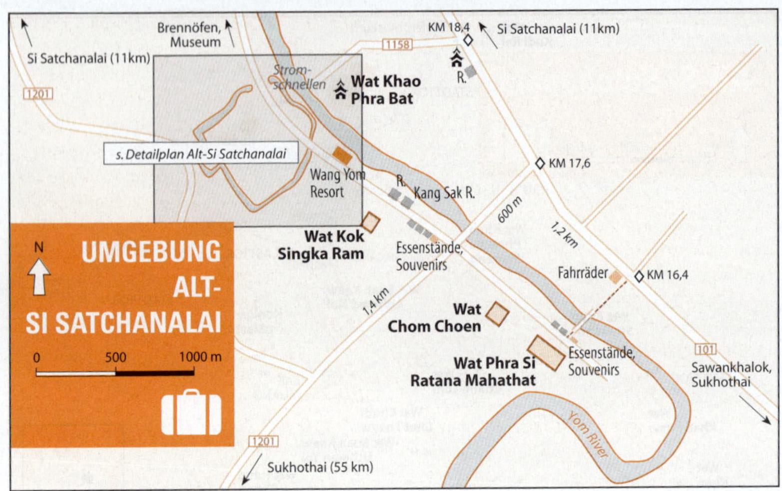

Bungalows in einer Gartenanlage, großes, 2-stöckiges Restaurant mit gehobenen Preisen. Mittags werden hier und in den Pavillons im Garten Reisegruppen verpflegt. ❹
Preiswerte Getränke- und Essenstände finden sich am Parkplatz vor dem Eingang zum Park, entlang der Straße zum und neben dem Wat Mahathat.
Zudem kann man im teuren Wang Yom und im Biergarten des **Kang Sak Restaurants**, gegenüber vom Wat Kok Singka Ram, essen. Das große Restaurant, in dem ebenfalls Reisegruppen mittags essen, erhebt sich schön über dem Fluss.

Sonstiges

Fahrräder

Gegenüber dem Eingang zum Historical Park werden Räder für 20 Baht pro Tag vermietet.

Keramiken

In einigen Manufakturen in der Gegend wird nach traditionellen Methoden Keramik im Sawankhalok-Stil gebrannt, die in kleinen Souvenirläden an der Straße, an Ständen vor Wat Mahathat und im Kiln-Museum verkauft wird.

Transport

Von SUKHOTHAI, 53 km, stdl. für 27 Baht in 2 Std. (evtl. umsteigen in Sawankhalok). Aussteigen an der Abzweigung zum Historical Park am KM 17,6. Zurück spätestens um 16.30 Uhr. Man kann auch einen der Busse nehmen, die für 45 Baht stdl. zwischen Uttaradit und Sukhothai verkehren, und unterwegs aussteigen. Nach Chiang Mai in Uttaradit umsteigen.
Sinnvoller ist es, Si Satchanalai auf einem Tagesausflug von Sukhothai aus zu besuchen. Mit dem Motorrad oder Auto lässt es sich auf dem H1195 und anschließend auf dem H1201 geruhsam durch die landwirtschaftlich intensiv genutzte Ebene fahren.

Ramkhamhaeng National Park วนอุทยานรามคำแหง

Südlich der Ruinenfelder von Old Sukhothai erhebt sich ein Gebirgszug, der zwischen dem H12 nach Tak und dem H101 nach Kamphaeng Phet zum Nationalpark erklärt worden ist, Eintritt 400 Baht. Seinen höchsten Berg, den **Khao Luang** (1185 m), kann man besteigen. Vom Park-

Hauptquartier am Osthang führen steile Fußwege durch den immergrünen Regenwald zum Gipfel. Man benötigt etwa 2 1/2 Stunden für den mühsamen Aufstieg und sollte daher früh aufbrechen. Die Wege sind markiert, aber in der Regenzeit sehr schlüpfrig. Von der spärlich bewaldeten Gipfelregion aus bietet sich ein fantastischer Blick über die Ebene von Sukhothai. Da es oben recht windig und kühl ist, braucht man zum Übernachten ein Zelt, das nach Voranmeldung von den Rangern aufgebaut wird. Vorsicht vor Denguefieber übertragenden Mücken!

Eine weitere, selten besuchte Attraktion des Parks ist der **Sai Rung-Wasserfall**, der mit seinen vier Fällen in der Regenzeit eindrucksvoll wirkt. Nach ca. 90 Minuten Aufstieg wird man an einem herrlichen Wasserfall mit einer tollen Dusche und schöner Aussicht belohnt. In der Trockenzeit lohnt der weite Weg zum westlichen Berghang kaum.

Übernachtung

Am Park-Hauptquartier werden Bungalows für bis zu 6 Personen vermietet, Reservierungen über die *National Park Division* in Bangkok, ✆ 02-5620760. ❸
Zudem kann man auf dem Gipfel in Zelten übernachten.

Transport

Um in den Park, 35 km von Sukhothai, zu gelangen, benötigt man ein Auto oder Motorrad. Das J. & J. Gh. in Neu-Sukhothai z. B. bietet die Fahrt im Pickup bei zwei Personen für 400 Baht p. P. an, im Lotus Village kostet ein PKW 1000 Baht. Zuerst auf dem H101 20 km Richtung Kamphaeng Phet bis Kili Mat fahren, wo rechts an der Abzweigung zum Park ein Hinweisschild steht. Zum Wasserfall Sai Rung zweigt 37,7 km hinter Sukhothai eine Straße ab, nach 9,8 km geht es nach rechts (4 km).

Kamphaeng Phet กำแพงเพชร

Kamphaeng Phet (gesprochen Kamm-päng Pätt) ist eine historisch interessante, touristisch kaum entwickelte, freundliche Provinzstadt mit 63 000 Bewohnern. Die 1347 gegründete Siedlung war die westliche Garnisons- und Grenzstadt des Sukhothai-Reiches. Von hier führte eine alte Handelsstraße über den Moi River durch das heutige Myanmar bis zu den Häfen am Golf von Bengalen. Trotz ihrer langen Geschichte und zahlreichen verfallenen Tempelanlagen, die zum UNESCO-Weltkulturerbe gehören, wird die Stadt von Touristen kaum besucht. Das historische Kamphaeng Phet zieht sich über einige Kilometer am Ostufer des Ping River entlang.

Im Norden der Stadt befindet sich der Kamphaeng Phet Historical Park und noch weiter nördlich der Bereich der Waldtempel (Aranyik), die einen längeren Ausflug oder eine Radtour lohnen.

5 HIGHLIGHT

Kamphaeng Phet Historical Park

Aranyik – Die Waldtempel

Der Haupteingang zum Bereich der Waldtempel (Aranyik) liegt 1,8 km nördlich der Stadtmauer am H101. ◷ tgl. 8–17 Uhr. Eintritt 40 Baht, Auto 50 Baht, Fahrrad 10 Baht, Motorrad 20 Baht. Am östlichen Eingang am H101 wurde ein neues **Museum** errichtet, das über die Geschichte, die Architektur der Tempel und die World Heritage Sites Thailands informiert. Auf vielen Monitoren kann man sich interaktiv von Sehenswürdigkeit zu Sehenswürdigkeit klicken. ◷ tgl. 8.30–16.30 Uhr, Eintritt frei.

Eine breite asphaltierte Straße führt durch Laub abwerfenden Monsunwald zu den Haupttempeln, die von Bougainvilleen umgeben sind. Auf schmalen Straßen gelangt man zu kleineren Tempelruinen, auf die oft nur Namensschilder hinweisen. Viel ist bereits wieder von der Vegetation überwuchert – eine schöne Atmosphäre.

Von dem ehemaligen Tempel **Wat Chang Rop** ist bis auf den Unterbau des Chedi kaum etwas erhalten. Er ist rings herum mit 68 Elefantenstatuen dekoriert. Die etwa 1,50 m hohen Figuren wurden aus Laterit gemauert und mit Stuck verkleidet. Etwa ein Dutzend Tiere kann man samt ihrem Schmuck noch bewundern, die anderen sind unvollständig. Auf dem Weg nach Süden erreicht man **Wat Singh** mit einem großen, sitzenden Buddha.

Im **Wat Phra Si Iriyabot** stand auf dem Unterbau aus Laterit früher ein großer Viharn. An dem viereckigen Bau im Hintergrund waren einstmals vier Buddhastatuen in verschiedenen Positionen aufgestellt. Wer die Anlage umrundet, kann am hinteren Teil einen gut erhaltenen stehenden Buddha sehen. Im kleinen Tempel **Wat Phra Non** befand sich einst ein großer, ruhender Buddha, dessen Unterbau im einstigen Viharn noch zu erkennen ist. Auch beim **Wat Pha Meud** ist nur noch die Basis erhalten.

Wat Phra Keo und Nationalmuseum

Am nördlichen Ortseingang der neuen Stadt liegt innerhalb der noch gut erkennbaren Stadtbefestigung, die aus einer 5,3 km langen Mauer und einem 30 m breiten Graben besteht, ein zweiter Bereich mit städtischen Tempeln. Am besten ist die alte Stadtmauer im nordwestlichen Bereich erhalten. Der H101 verläuft mitten durch das alte Zentrum am **Lak Muang**, dem Schrein für den Schutzgeist der Stadt, vorbei, an dem viele Menschen beten und Blumen niederlegen. Schon von der Straße aus kann man die großen Buddhastatuen des restaurierten **Wat Phra Keo** erkennen. Der hintere Chedi steht auf einem mit Löwenfiguren verzierten Unterbau. In den leeren Nischen standen einmal kleine Buddha-Skulpturen. Ein Teil der Chedis ist in jüngster Zeit rekonstruiert worden. In diesem Wat soll früher der Smaragd-Buddha aufbewahrt worden sein, der heute im Wat Phra Keo von Bangkok zu sehen ist. Eintritt 40 Baht. 🕓 tgl. 8–18 Uhr. Vom Haupteingang aus kommt man am **Wat Phra Tat** vorbei.

Das **Nationalmuseum** ist kein großes touristisches Highlight. Außen stehen zwei schöne originale Stuckelefanten vom Wat Chang Rob. Im ersten Stock befinden sich viele Funde aus Kamphaeng Phet, im Erdgeschoss sind Kunstwerke aus anderen Epochen ausgestellt, vor allem Werke der Mon. 🕓 Mi–So außer feiertags 9–12 und 13–16 Uhr, 30 Baht. Das **Provincial Museum** nebenan ist meist geschlossen.

Der **Shiva-Schrein** neben dem Provincial Museum ist 1510 während der Ayutthaya-Periode errichtet worden und die einzige bisher entdeckte hinduistische Statue in Kamphaeng Phet. Das Original der Bronzefigur befindet sich heute im Nationalmuseum.

Das Stadtzentrum und Nakhon Chum

Südwestlich der Museumsanlage konzentrieren sich am zentralen Kreisverkehr zahlreiche Geschäfte und Restaurants. Weiter südlich erstreckt sich parallel zum Fluss die neue, weitläufige Stadt. Im Westen führt die neue Uferstraße an einigen Sport- und Freizeiteinrichtungen, einem großen Park mit einer Freiluftbühne und Spielplätzen sowie dem großen **Nachtmarkt** vorbei. Weiter im Osten erstreckt sich hinter dem **Obst- und Gemüsemarkt** die geschäftige Chinatown. Bei einem Stadtbummel wird man westlich vom Wat Khu Yang noch einige alte Holzhäuser entdecken.

Im Westen führt eine große Brücke über den Ping-Fluss nach **Nakhon Chum**. In der Gegend rings um das **Wat Phra Boromathat**, das hinter der Schule und den Mönchsquartieren verborgen liegt, gab es bereits vor der Gründung von Kamphaeng Phet eine Befestigungsanlage. An der großen Ausfallstraße nach Westen zum H101 findet man die rekonstruierten Reste des **Thung Seethi Fort**, ebenfalls Teil der befestigten Stadt. Für eine Radtour ist Nakhon Chum besonders geeignet. Autos haben die Straßen hier noch nicht vollständig in Besitz genommen. Vorbei am Wat Phra Boromathat gelangt man auf die Hauptgeschäftsstraße, in der noch viele alte ein- oder zweistöckige Holzhäuser stehen. Über eine Brücke geht es weiter zum **Wat Sawagarom** mit einem hübschen Holzturm. Auf einem Fußpfad, der hinter dem Wat am Kanal entlangführt, erreicht man ein etwa 100-jähriges **Holzhaus im burmesischen Stil**, das früher einem reichen Kaufmann gehörte, aber langsam verfällt.

Übernachtung

Three J. Gh. ①, 79 Ratchavitee Rd., ✆ 055-713129, 📠 720383, ✉ threejguest@hotmail.com, in einem alten Holzhaus mit großem Garten. Wie in einem kleinen Dorf sind mehrere Bungalows unterschiedlicher Ausstattung und Größe auf dem Grundstück angeordnet. Bungalows und Zi mit Fan oder AC sowie Du/WC. Aufent-

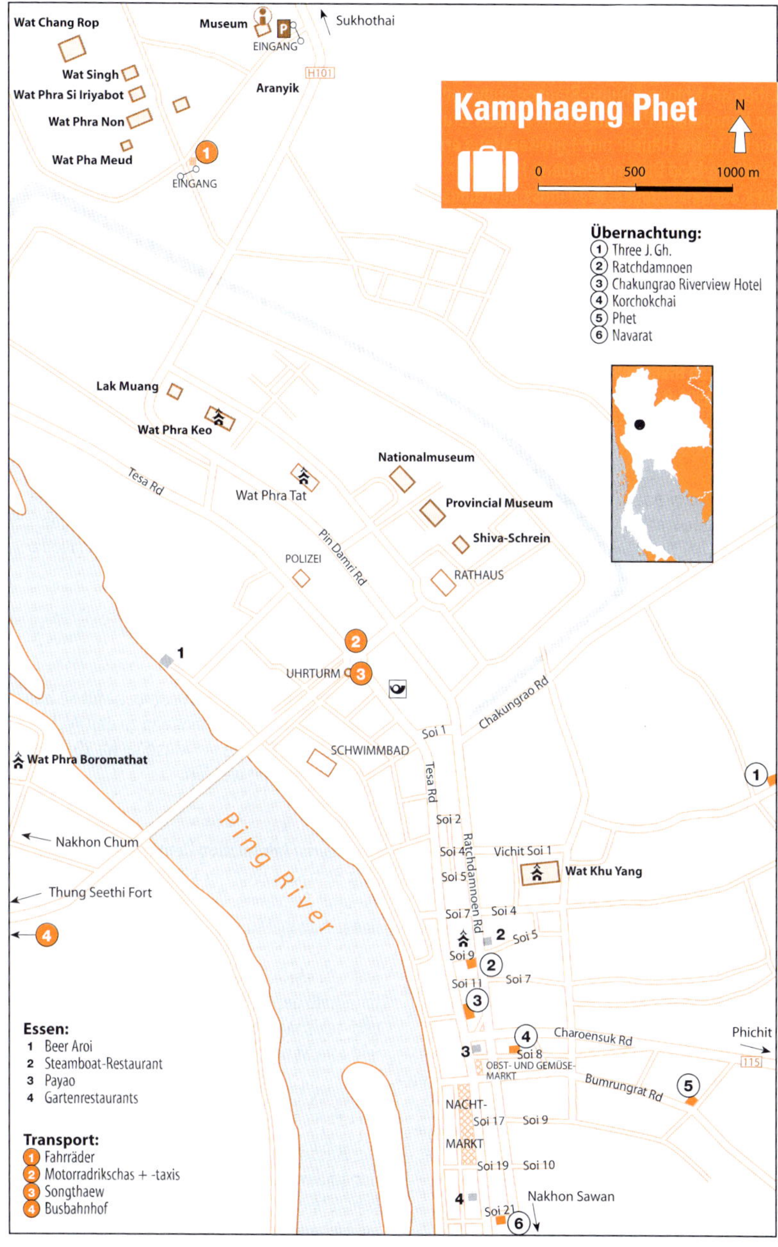
Kamphaeng Phet
N
0
500
1000 m
Übernachtung:
1 Three J. Gh.
2 Ratchdamnoen
3 Chakungrao Riverview Hotel
4 Korchokchai
5 Phet
6 Navarat
Essen:
1 Beer Aroi
2 Steamboat-Restaurant
3 Payao
4 Gartenrestaurants
Transport:
1 Fahrräder
2 Motorradrikschas + -taxis
3 Songthaew
4 Busbahnhof
Wat Chang Rop
Museum
EINGANG
Sukhothai
H101
Wat Singh
Wat Phra Si Iriyabot
Aranyik
Wat Phra Non
Wat Pha Meud
EINGANG
Lak Muang
Wat Phra Keo
Nationalmuseum
Tesa Rd
Wat Phra Tat
Provincial Museum
Shiva-Schrein
Pin Damri Rd
POLIZEI
RATHAUS
UHRTURM
Chakungrao Rd
Soi 1
SCHWIMMBAD
Wat Phra Boromathat
Tesa Rd
Ping River
Soi 2
Nakhon Chum
Soi 4
Vichit Soi 1
Ratchdamnoen Rd
Wat Khu Yang
Soi 5
Thung Seethi Fort
Soi 7
Soi 4
Soi 5
Soi 9
Soi 11
Soi 7
Charoensuk Rd
Phichit
Soi 8
OBST- UND GEMÜSE-MARKT
115
Bumrungrat Rd
NACHT-
MARKT
Soi 17
Soi 9
Soi 19
Soi 10
Nakhon Sawan
Soi 21

haltsraum mit TV und Internet. Motorrad- und Fahrradvermietung. Touren in die nahe gelegenen Nationalparks. Khun Charin und seine Frau haben am Khlong-Khlung-Stausee südwestlich von Kamphaeng Phet auf einem großen Grundstück 8 kleine Häuser und 1 großes Haus errichtet (Klong Mod Dhaeng Garden). Herrlicher Blick auf den Stausee. Man muss allerdings den Transport selbst organisieren. Am Wochenende nimmt Khun Charin schon mal Traveller mit hinauf. Empfehlenswert. ❷–❸

Ratchdamnoen ②, 114 Ratchdamnoen Rd., ✆ 055-711029, 60 einfache Zi mit Gemeinschafts-Du/WC, einige mit AC, Nachtclub. ❷

Chakungrao Riverview Hotel ③, 149 Tesa 1 Rd., ✆ 055-714900-8, 🖳 www.chakungraoriverview.com. Neuer, moderner Hotelblock, Zi mit AC, Du/WC, Kühlschrank, Kabel-TV, Balkon, Holzböden und komfortabler Einrichtung. Frühstück inkl. Geschmackvoll gestaltetes Restaurant und Spa. Freundlicher, wenig professioneller Service. ❹

Korchokchai Hotel ④, 19-43 Soi 8 Ratchdamnoen Rd., ✆ 055-711247, große, saubere Zi mit Warmwasser-Du/WC. Ein Teil des Hotels wurde renoviert. Die freundlichen Empfangsdamen können kein Englisch. ❷

Phet ⑤, 189 Bumrungrat Rd., ✆ 055-712810-5, 🖳 www.phethotel.com. Zu dem 8-stöckigen, etwas zurückversetzten Haus, dem größten der Stadt, bringen Taxis und Tuk Tuks Ankommende oft ungefragt. 220 saubere Zi mit Du/WC, AC, TV und Kühlschrank, gutes Restaurant, Biergarten, Pub und Pool. Nebenan ein Nachtclub. ❸–❹

Navarat ⑥, 2 Soi 15, Tesa 1 Rd., ✆ 055-711106, 📠 711961, ✉ navarathotel@kpp.inet.co.th, 5-stöckiges Haus nahe dem Fluss im Süden der Stadt. Einfache, ruhige Zi mit AC, Du/WC und TV sowie alten Teppichböden. ❸

Essen

Die regionale Spezialität sind kleine, ovale Bananen (*gluai khai*, „Eierbanane"). Ihnen zu Ehren findet Ende Sep/Anfang Okt ein großes Volksfest statt, bei dem auch eine „Miss Egg Banana" gewählt wird. 15 km südlich von Kamphaeng Phet liegt am H1 ein großer Bananenmarkt.

Der große, aktive **Nachtmarkt** ist die beste Adresse am Abend. Einige Stände verkaufen nur Essen zum Mitnehmen, andere haben Tische und Stühle aufgebaut. Hier sitzt man zwischen brutzelnden Köchinnen. Speisekarten gibt's nur auf Thai, sodass man am besten etwas aus den Auslagen auswählt oder sich von jemandem, der Englisch spricht, helfen lässt. In der südwestlichen Ecke des Marktes gibt es auch einige **Gartenrestaurants** mit Bierausschank und Isan-Food. Hier treffen sich die wenigen Farang, die in der Gegend leben.

Beer Aroi, ein großes, offenes Restaurant mit Live-Musik, liegt wunderschön am Fluss am nördlichen Ende der Uferstraße. Wir fanden die englische Karte recht teuer. Die Thai-Karte soll preiswerter sein. Der Service ist unfreundlich.

Ein **Steamboat-Restaurant** unter freiem Himmel öffnet abends in der Ratchdamnoen Rd. nahe Soi 5.

Im **Payao**, Tesa Rd. nahe Soi 15, einem kleinen AC-Restaurant, bekommt man Thai- und japanische Gerichte, Pizza und Eiscreme, Kaffee und Kuchen. Englische Karte und freundlicher Service.

Sonstiges

Fahrräder

Sie können im *Three J. Guesthouse* für 50 Baht pro Tag oder am Haupteingang zu den Waldtempeln (Aranyik) sowie am Museum für 20 Baht pro Std. gemietet werden.

Informationen

Das **Tourist Information Center** am Eingang zum Wat Phra Keo zeigt nur einige alte Fotos und verkauft Souvenirs. Weit mehr Informationen findet man im Museum in Aranyik.

Nahverkehr

Innerhalb der Stadt kosten Motorradrikschas und -taxis max. 50 Baht. Zudem verkehren grüne und rote Songthaew für 10 Baht.

Transport

Der Busbahnhof liegt 1,5 km westlich der Stadt. Songthaew für 10 Baht pendeln zum Kreisverkehr. Wer von Sukhothai kommt, kann bereits am Eingang zum Historical Park aussteigen oder

sich am Kreisverkehr vor der Brücke absetzen lassen. Nach BANGKOK (358 km) AC-Bus um 9.45, 10.30, 23.10 und 23.30 Uhr für 270 Baht, 2. Kl. AC-Bus um 21 Uhr für 210 Baht in 6 Std. Nach PHITSANULOK stdl. non-AC-Bus für 53 Baht und 2.Kl. AC-Bus für 74 Baht über SUKHOTHAI 55/70 Baht in 3 Std.
TAK ab Busbahnhof stdl. für 42 Baht, AC 54 Baht, NAKHON SAWAN 101 / 78 Baht in 5–6 Std.

Klong Lan National Park

วนอุทยานคลองลาน

12 km südlich von Kamphaeng Phet zweigt vom Highway Nr. 1 die Straße 1117 Richtung Westen nach **Ban Klong Lan** (56 km) ab. Von hier sind es weitere 5 km bis zum Eingang des Nationalparks. Nach 1 km gelangt man zum Park Headquarters und nach 300 m zum sehenswerten **Klong Lan-Wasserfall**, der eine 95 m hohe Steilwand herabstürzt. Gegenüber vom Headquarter beginnt jenseits des Baches ein 500 m langer schmaler Wanderweg, der am Hang entlang durch den Wald zum Wasserfall führt. Leider ist der Prospekt, der die botanischen Details auf 11 Stationen erläutert, nur in Thai. Eintritt 400 Baht p. P. In der Gegend gibt es zahlreiche Dörfer der Hmong, Yao und Karen. Sie verkaufen auch an der Zufahrtsstraße Souvenirs und andere lokale Produkte.

Übernachtung

Beim Headquarter, 200 m vom Klong Lan-Fall, können die Unterkünfte gebucht werden. Vorbuchungen über 💻 www.dnp.go.th. Die **Bungalows** für bis zu 3 Pers. stehen oberhalb des Parkplatzes nahe dem Wasserfall am Hang. ❸
Camping am Bach unterhalb der Zufahrtsstraße. Die Essen- und Getränkestände am Headquarter sind bis 18 Uhr geöffnet.

Transport

Minibusse fahren von KAMPHAENG PHET zum 57 km entfernten Markt in Klong Lan. Für die folgenden 6 km kann man nur auf eine Mitfahrgelegenheit hoffen.

Tak

ตาก

Als das Ayutthaya-Reich seine weiteste Ausdehnung hatte, war Tak (gesprochen Taag) eine der nördlichen Grenzstädte zu dem unter burmesischer Herrschaft stehenden Lanna Thai. Hier wurde 1734 Taksin geboren, der nach der Zerstörung des Ayutthaya-Reiches eine neue Thai-Hauptstadt in Thonburi gründete und zum König gekrönt wurde.

Ihrem berühmten Helden hat seine Heimatstadt ein Denkmal errichtet, das **Sala Taksin Maharat**. Vor seiner vergoldeten Statue in einem Schrein auf einem Marmorsockel bitten die Menschen den König um Beistand. Aus Dankbarkeit werden dem im chinesischen Jahr des Pferdes geborenen König Statuen seines Geburtstieres in allen Größen geopfert, die wie eine wilde Mustangherde den Schrein umrunden.

Nur wenig weiter westlich steht das **Wat Bot Mani Si Bunruang**, das 1859 ganz aus Teak erbaut wurde und dessen Bot mit Wandmalereien geschmückt ist. Hinter der Pagode im Mon-Stil steht im Viharn ein hochgeachteter Bronze-Buddha aus dem 13. Jh.

Ansonsten hat die Stadt nicht viel zu bieten. Kurz vor der Abzweigung des H1175 nach Mae Ramat in Ban Tak steht am Westufer des Ping River **Wat Phra Borommathat**, ein prunkvoller Tempel aus dem 12. Jh. im Stil der Shwedagon-Pagode in Yangon (Myanmar). Der Tempel beherbergt eine berühmte, wundertätige Buddhastatue in meditierender Haltung. Die Giebel, Fenster und Türen des Viharn sind mit aufwändigen Holzschnitzereien geschmückt.

Übernachtung

The Viang Tak Hotel ①, 25/3 Mahat Thai Bamrung Rd., ✆ 055-511910, 💻 www.viangtakhotel.com, großes, ruhiges, aber in die Jahre gekommenes Hotel, 100 Zi mit AC, einige mit Ausblick auf den Fluss. Freundlicher Service. Pool, Restaurant, Biergarten und Nachtclub. Frühstück inkl. ❹
Sanguan Thai Hotel ②, 619 Taksin Rd., ✆ 055-511153, Rezeption in einem einfachen Teakhaus, daneben in einem gesichtslosen Anbau etwas abgewohnte, einfache AC-Zi mit Du/WC und

Kühlschrank. Die billigeren Fan-Zi werden nicht an Ausländer vermietet. ❷

The Viang Tak Riverside Hotel ③, 236 Chomphol Rd., 💻 www.viangtakhotel.com, ✆ 055-512 507-8, wesentlich besser als das Schwesterhotel. 3-stöckiger Altbau ohne Aufzug mit größeren AC-Zi, teils mit Flussblick. Nebenan im 7-stöckigen Neubau 150 etwas teurere AC-Zi mit allem Komfort. Große Flussterrasse, Restaurant, Nachtclub und Internet. ❹

Suansin Lanna Garden Hotel ④, 8/7 Phaholyothin Rd., ✆ 055-517777, 💻 www.suansin.com. Etwas außerhalb am H104 nahe der Abzweigung des H105 nach Maesot. Neues, ruhiges Hotel mit Restaurant, 58 komfortable AC-Zi. Die beste Alternative für Selbstfahrer. ❸

Essen

Auf dem sauberen, schönen Nachtmarkt an der Uferpromenade wird preiswertes und gutes Essen angeboten. Südlich der Fußgängerbrücke wetteifern die Restaurants um die Gunst der Esser. Empfehlenswert das **Korean BBQ**.
Sonst bietet sich die große **Terrasse des Viang Tak Riverside Hotels** für ein kühles Bier und einen Snack an.

Sonstiges

Informationen

Das TAT-Büro in Tak, ✆ 055-514341-4, ✉ tattak @tat.or.th, ist für Tak, Kamphaeng Phet und Phichit zuständig. Wenig Material und nicht sehr kompetente Mitarbeiter. 🕓 tgl. 8.30–16.30 Uhr.

Klima

Tak gilt als heißeste Provinz in Thailand. Von März bis Mai können die Temperaturen auf 41–43 °C steigen. Die kühlsten Monate sind November bis Januar.

Transport

Überlandbusse kommen am Busbahnhof an der Straße nach Sukhothai an, ins Zentrum fahren Songthaew für 10 Baht. Busse aus der Umgebung halten in der Stadt.

Nach BANGKOK (420 km) 2.Kl. AC-Bus häufig von 6.30–24 Uhr für 244 Baht, 1.Kl AC-Bus um 8.45 und 21.45 Uhr für 313 Baht in 6 1/2 Std.
Nach CHIANG MAI 2.Kl. AC-Bus häufig von 6.30–15 Uhr für 175 Baht, 1.Kl. AC-Bus von 8–12.15 Uhr für 180 Baht in 3 1/2 Std.
Nach CHIANG RAI 2.Kl. AC-Bus um 13, 16 und 19 Uhr für 246 Baht, 1.Kl. AC-Bus um 12.30 Uhr für 300 Baht in 6 Std.
Nach MAE SOT 2.Kl. AC-Bus um 11.30, 13.30 und 15 Uhr für 74 Baht, Minibus und non-AC-Bus alle 30 Min. von 6.15– 20 Uhr für 50/53 Baht in 1 1/2 Std.

Nach KHON KAEN 2. Kl. AC-Bus häufig von 8.30–21.15 Uhr für 277 Baht in 8–9 Std.
Nach PHITSANULOK 2. Kl. AC-Bus stdl. von 6–17 Uhr für 90 Baht in 2 Std.
SUKHOTHAI, AC-Bus zwischen 7.30 und 18 Uhr für 53 Baht in 1 Std. KAMPHAENG PHET stdl. für 42 Baht (Songthaew 50 Baht), LAMPANG 2. Kl. AC-Bus Richtung Chiang Mai bis gegen 15 Uhr für 118 Baht in 2 1/2 Std.

Auf dem Pan Asian Highway nach Mae Sot

Fährt man mit einem eigenen Fahrzeug von Tak nach Mae Sot, bieten sich zwei Nationalparks mit Übernachtungsmöglichkeiten für einen Besuch an. Allerdings lohnen sie die 400 Baht Eintritt kaum.

Lansang National Park

Der Lansang National Park liegt 20 km westlich von Tak am H105 nach Mae Sot. Am KM 12,3 zweigt die 1,2 km lange Straße zum Lansang National Park ab. Vom Headquarter, ✆ 055-500905, rechts hinter der Schranke, führt ein Weg in 10 Min. zum **Lansang-Wasserfall** und in 15 Min. zum **Pha Phung-Wasserfall**, die sich zum Baden, aber nicht zum Schwimmen eignen.

Der Pan Asian Highway

In naher Zukunft soll der Pan Asian Highway von Istanbul über den Iran, Pakistan, Indien und Myanmar bis nach Saigon führen. Alle Abschnitte in Thailand sind vollständig ausgebaut und mit A1 oder A2 gekennzeichnet. Eine durchgehende Straßenverbindung existiert bereits von Europa bis zur indisch-burmesischen Grenze. Obwohl die Straße nicht überall Highway-Standard hat, ist es doch möglich, von Europa aus bis zum indisch-burmesischen Checkpoint Tamu zu fahren (sofern die politische Lage dies zulässt). Nur die Behörden in Myanmar scheinen es mit dem Ausbau der Straße von Tamu über Mandalay, Bago bis nach Mae Sot nicht eilig zu haben.

Der Weg zum **Phathe-Wasserfall** (1400 m entfernt) führt in 40 Min. über eine kurvenreiche, steil ansteigende Straße durch nachwachsenden Wald und Bambushaine. Westlich vom Park leben Bergvölker, überwiegend Lahu, Lisu und Hmong. Auf dem Straßenmarkt am KM 28,2 und 29,3 des H105 verkaufen sie Obst, Gemüse, Pflanzen und Souvenirs. Übernachten kann man im Park in kleinen Bungalows für 400 Baht. Eintritt 400 Baht p. P. Die Kantine ist von 7–17 Uhr geöffnet. Kontakt über ✆ 040-810878 oder ✉ reserve @dnp.go.th.

Taksin Maharat National Park

Die Hauptattraktion des Taksin Maharat National Parks, 26 km von Tak, kurz hinter dem Doi Musoe Pass, 2 km rechts des H105, ist der größte Krabak-Baum Thailands, der über 700 Jahre alt sein soll. Er steht unscheinbar am Grunde eines Tales inmitten des Dschungels und ist nach einem äußerst steilen Abstieg von 400 m zu erreichen. Der **Baumriese** der Spezies *Anisoptera* wirkt mit 16 m Umfang und 50 m Höhe durchaus eindrucksvoll. Wie beim neuseeländischen Kauri-Baum steigt der Stamm 35 m glatt nach oben und verzweigt sich dann mit mächtigen Ästen. Der 2,5 km lange Pfad (ausgeschildert: „Giant Tree") vom Visitors Centre bzw. Headquarters zum Krabak-Baum ist als Waldlehrpfad angelegt. Die 11 Stopps sind in einem Faltblatt auf Thai und Englisch beschrieben.

Zu einigen Wasserfällen im Park verlaufen Wanderwege. Sie sind auf einer Karte eingezeichnet, die im Headquarter erhältlich ist. Übernachten beim Headquarter in Bungalows für 1000 Baht. Auch Camping. Kontakt über ✆ 055-511429 oder ✉ krabakyai@hotmail.com.

Zurück auf dem H105 hat man am KM 32,5 von einem Aussichtspunkt Richtung Norden einen guten Blick auf die Berge. Hinter dem KM 34 fährt man auf der kurvenreichen, teilweise recht steilen Straße über einen weiteren Pass, auf dessen Abfahrt man grandiose Ausblicke über die Berge bis nach Myanmar genießen kann. Am KM 42 taucht die erste Siedlung mit einem großen Polizei-Kontrollpunkt auf. Hier werden Fahrzeuge auf illegale Einwanderer aus Myanmar und Schmuggelgut kontrolliert. Am KM 62,5 ragen malerisch steile Kalkfelsen aus der Landschaft.

Nördlich der Straße stoppen viele Passanten am buddhistischen **Phra Waw (Pawo) Schrein** mit einer mächtigen, von einer Naga geschützten Buddhastatue. Die Wände der darunter liegenden kleinen, runden Halle sind mit Bildern von Schlachten zwischen Burmesen und Thai geschmückt. Am KM 68 kann man sich am **Magic Hill** von einem Naturphänomen beeindrucken lassen. Stellt man seinen Wagen ab, ohne den Gang einzulegen und die Handbremse anzuziehen, rollt er scheinbar nach oben. Am KM 71,2 gibt es einen weiteren Polizeikontrollpunkt. Am KM 75,5 ist der große Kreisverkehr und die Stadt Mae Sot erreicht.

Mae Sot แม่สอด

Die aufstrebende Stadt mit 46 000 Bewohnern auf 200 m Höhe im Grenzgebiet zu Myanmar lebt vor allem vom Handel und Schmuggel. Nur 5 km westlich der Stadt überquert der Pan Asia Highway über die 1998 errichtete **Thai-Myanmar Friendship Bridge** den Mae Nam Moei. Bislang ist die Trennlinie zwischen beiden Ländern noch für den internationalen Verkehr gesperrt.

Der 4-spurige Highway umgeht im Norden die geruhsame Stadt. Auf ihren Märkten und in Läden treffen sich Menschen unterschiedlicher Herkunft – Karen von beiderseits der Grenze, Birmanen, Thais, Inder und Chinesen. Viele Westler arbeiten in den Flüchtlingslagern der Umgebung. Lukrativ scheint der Edelsteinhandel an den Ständen nahe dem Siam Hotel.

Der goldene Chedi im **Wat Chumphon** wurde im Jahre 1993 im Stil der Shwedagon-Pagode in Yangon erbaut. Eine Sehenswürdigkeit besonderer Art ist das **Khao-Mao Khao-Fang Restaurant** am KM 2 des H1085 nach Norden. Die Dekoration mit vielen Dschungelpflanzen, Teichen und kleinen Wasserfällen ist selbst für Thailand etwas Ungewöhnliches.

An der Grenze zu Myanmar (Burma)

Dunkelblaue Pickups fahren von der Haltestelle für 10 Baht die letzten 4 km zur Grenze nach Rim Moei, ⏲ tgl. 6–18 Uhr.

Entlang der Straße beiderseits der Brücke und auf dem großen überdachten Markt am Westufer des Moei haben Thais wie Burmesen viele Stände errichtet, in denen u. a. Teakholzmöbel, Halbedelsteine und Textilien aus Myanmar, Mopeds und Kosmetika aus Thailand, indonesische Batikstoffe sowie Elektroartikel und Lebensmittel aus China verkauft werden. Unter der Brücke sind Schmuggel-Zigaretten von schlechter Qualität der Renner.

Ausflug nach Myanmar

Nicht-Thais können die Grenze für einen Tagesausflug nach **Myawaddy** gegen eine Gebühr von 500 Baht oder US$10 überqueren, Pass und 1 Passbild erforderlich, Thais zahlen 10 Baht. Bei Wiedereinreise nach Thailand bekommt man einen neuen 30-Tage-Stempel. Im ärmlich wirkenden Myawaddy gibt es außer einem Stupa nicht viel zu sehen. Die burmesischen Waren sind kaum billiger als auf dem Markt auf der Thai-Seite.

Übernachtung

Gästehäuser

Pin Gh. ②, 102 Asia Rd., ✆ 04-8128796, 081-6884610. 27 große AC-Zi mit Warmwasser-Du/WC, TV und Kühlschrank in einem neuen Haus an der Umgehungsstraße. Die hinteren Zi sind ruhiger. Kleines Frühstück im Vorgarten inkl. Leider gibt es zur Straße hin keinen Sicht- und Lärmschutz. ❸

Baan Mai ③, 59/11 Asia Rd., ✆ 055-533091, 081-9712861. Solides, 2-stöckiges Teakhaus. 12 kleine, schöne Zi mit AC, guten Betten und Warmwasser-Du/WC, größere AC-Zi mit TV. Internet, Terrasse, Frühstücksrestaurant, Parkplatz. ❸

Ban Thai Gh. ④, 740/1 Intharakiri Rd., ✆ 081-7327563, 2-stöckiges, sehr sauberes Holzhaus in einem von der Straße zurückversetzten Garten. Große überdachte Terrasse mit Sitzecke, Getränken und WLAN. Großzügige Zi mit und ohne Du/WC sowie kleine Bungalows. Fahrrad- und Motorradvermietung für 50/150 Baht pro Tag. Angenehme Atmosphäre, empfehlenswert. ❷–❸

No. 4 Gh. ⑤, 736 Intarakiri Rd., ✆ 055-544976, 081-7852095, ✉ no4guesthouse@yahoo.com,

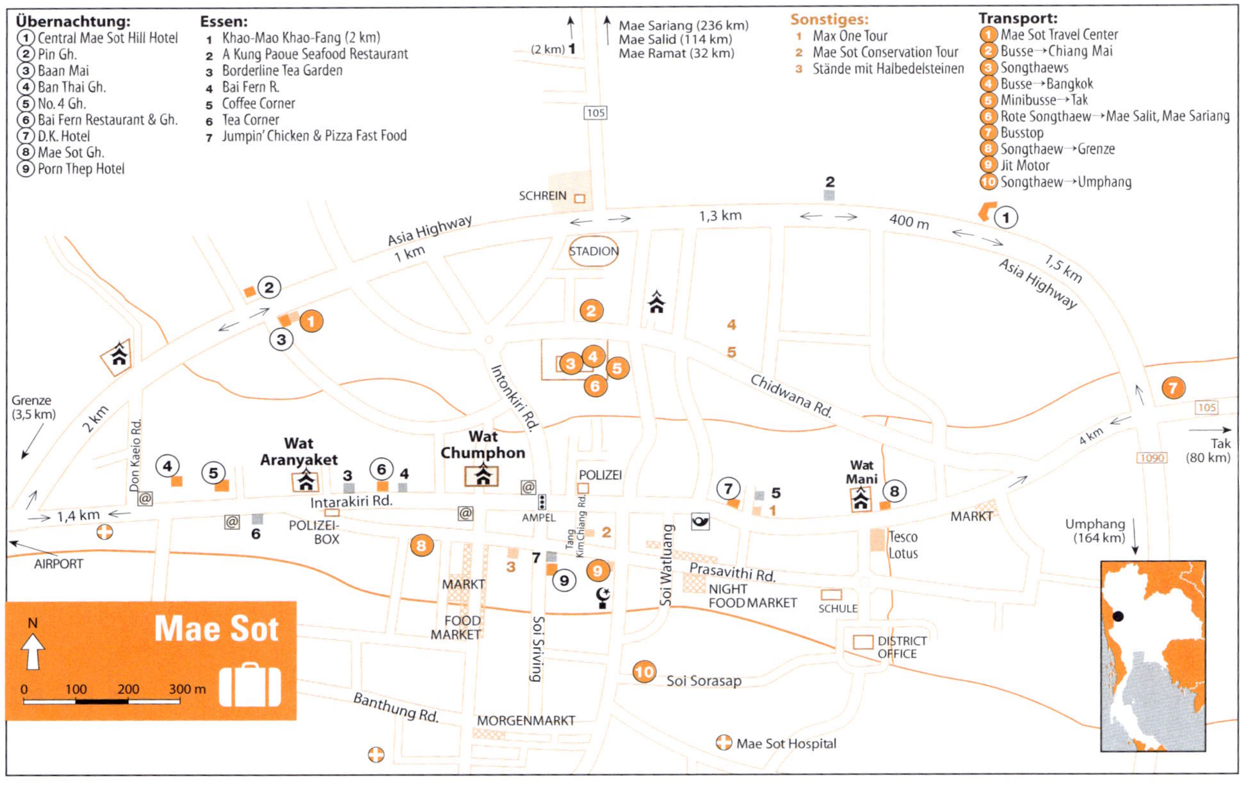
Übernachtung:
1 Central Mae Sot Hill Hotel
2 Pin Gh.
3 Baan Mai
4 Ban Thai Gh.
5 No. 4 Gh.
6 Bai Fern Restaurant & Gh.
7 D.K. Hotel
8 Mae Sot Gh.
9 Porn Thep Hotel
Essen:
1 Khao-Mao Khao-Fang (2 km)
2 A Kung Paoue Seafood Restaurant
3 Borderline Tea Garden
4 Bai Fern R.
5 Coffee Corner
6 Tea Corner
7 Jumpin' Chicken & Pizza Fast Food
Sonstiges:
1 Max One Tour
2 Mae Sot Conservation Tour
3 Stände mit Halbedelsteinen
Transport:
1 Mae Sot Travel Center
2 Busse→Chiang Mai
3 Songthaews
4 Busse→Bangkok
5 Minibusse→Tak
6 Rote Songthaew→Mae Salit, Mae Sariang
7 Busstop
8 Songthaew→Grenze
9 Jit Motor
10 Songthaew→Umphang
(2 km) 1
Mae Sariang (236 km)
Mae Salid (114 km)
Mae Ramat (32 km)
105
SCHREIN
Asia Highway
1 km
1,3 km
400 m
1,5 km
STADION
Chidwana Rd.
Intonkiri Rd.
Grenze
(3,5 km)
2 km
Don Kaeio Rd.
Wat
Aranyaket
Wat
Chumphon
Intarakiri Rd.
1,4 km
POLIZEI-
BOX
AMPEL
POLIZEI
Tang
Kim Chiang Rd.
Soi Watluang
Prasavithi Rd.
NIGHT
FOOD MARKET
SCHULE
Wat
Mani
MARKT
Tesco
Lotus
4 km
Tak
(80 km)
1090
Umphang
(164 km)
AIRPORT
MARKT
FOOD
MARKET
Soi Sriving
DISTRICT
OFFICE
Soi Sorasap
Banthung Rd.
MORGENMARKT
Mae Sot Hospital
Mae Sot
N
0
100
200
300 m

www.geocities.com/no4guesthouse/, das älteste Gh. in Mae Sot in einem alten, zurückversetzten Teakhaus. Einfache Zi, Schlafsaal 50 Baht, Gemeinschafts-Du/WC mit Warmwasser, Aufenthaltsraum mit TV, viele Infos, es werden auch Trekking-Touren organisiert. ❶

Bai Fern Restaurant & Gh. ⑥, 660/2 Intarakiri Rd., 055-533343, rungrapee@hotmail.com, 13 einfache Zi mit Gemeinschafts-Du/WC. Nettes Restaurant, WLAN, Auto-, Motorrad- und Fahrradvermietung. ❷

Mae Sot Gh. ⑧, 208/4 Intarakiri Rd., 055-542634, vernachlässigte Anlage hinter einem Neubaublock. 6 Zi mit AC und Du/WC im Reihenhaus; 6 Zi in einem Bambusmatten-Reihenbungalow ohne Du/WC. ❷

Hotels

Central Mae Sot Hill Hotel ①, 100 Asia Rd., 055-532601-8, www.centralhotelsresorts.com, an der Umgehungsstraße 1,5 km vom östlichen Kreisverkehr. Das beste Hotel im Ort, mit 113 Zi, beheiztem Swimming Pool, Massage, Disco und Nachtclub. Frühstück inkl. ❺

D.K. Hotel ⑦, 298 Intarakiri Rd., 055-531699, neueres riesiges Gebäude in Billigbauweise. Sehr saubere, große Zi mit Fan oder AC und Warmwasser-Du/WC, Steinboden. Rezeption über der Buchhandlung im 1. Stock. Gutes Preis-Leistungs-Verhältnis. ❷–❸

Porn Thep Hotel ⑨, 25/4 Soi Sriving, 055-532590, sehr saubere, komfortable AC-Zi mit TV und Warmwasser, gute Matratzen. Sehr günstige Fan-Zi. Frühstück inkl. ❶–❹

Essen

Eine riesige Auswahl an Lebensmitteln der Region wird auf dem **Food Market** vor den Käufern aufgetürmt. Ab 17.30 Uhr werden Stände in einer Seitenstraße der Prasavithi Rd. aufgebaut – gutes, billiges Essen.

Restaurants, Pubs und laute Karaoke-Bars in der Intarakiri Rd.

Bai Fern Restaurant, Intharakiri Rd., mit einer dekorativen Wasserfall-Fassade. Das bei Travellern beliebte, große Restaurant bietet Kaffee, Kuchen, westliche, thailändische, burmesische und vegetarische Gerichte sowie Pizza. Das Essen ist allerdings nicht so gut wie die Werbung suggeriert. Zudem eine Bar.

Borderline Tea Garden, Intharakiri Rd., hinter der Galerie mit dem Laden, in dem eine Fraueninitiative Textilien und anderes Kunsthandwerk verkauft, werden in einem netten, kleinen Gartencafé Snacks, Kaffee, Tee (auch Kräutertee) angeboten. Auch Kochkurse. Di–Fr 9–19, Sa, So 8–19 Uhr.

Coffee Corner, gegenüber vom D.K. Hotel neben Max One Tour. Kleines Café mit einfachen Gerichten und gutem Kaffee.

Tea Corner, Intarakiri Rd., schräg gegenüber vom No. 4 Gh., kleines Café mit gutem Frühstück, Kaffee sowie Thai- und westlichen Gerichten.

Jumpin' Chicken & Pizza Fast Food, Prasavithi Rd., beliebtes Fastfood-Restaurant.

A Kung Paoue Seafood Restaurant, 100/7 Asia Rd., zu erkennen an der kleinen Leuchtreklame und einer roten Garnele. Bunt blinkende Lampen weisen abends den Weg zu diesem Gartenrestaurant. Vorbei an Tanks mit lebenden Fischen und Garnelen geht es zu den Pavillons. Ausgezeichnetes Seafood zu vernünftigen Preisen. Das Essen ist wirklich scharf! tgl. 9–23 Uhr.

Khao-Mao Khao-Fang (auch Boa Pla genannt), am KM 2 des H1085 Richtung Norden, 055-532483. Das fantastisch dekorierte Restaurant mit malerischen Baumpilzen, Waben von wilden Bienen und Wespen, gewundenen Baumstämmen, einem Gerüst von Würgefeigen und natürlich anmutenden Wasserfällen ist eine wahre Sehenswürdigkeit. Für das Gebotene sind Speisen und Getränke gar nicht teuer!

Sonstiges

Einkaufen

Nicht nur auf dem Grenzmarkt, auch auf mehreren Märkten und in Geschäften der Stadt werden Waren aus Myanmar verkauft. An vielen Ständen werden **Halbedelsteine** gehandelt. Die Stadt wird auch von Grenzgängern zum Einkaufen genutzt, z. B. im **Tesco Lotus** im östlichen Zentrum.

Motorräder u. a.

Jit Motor, 127/4–6 Prasavithi Rd., 055-532099, neben der Bangkok Bank, vermietet Motorräder für 150 Baht pro Tag. Vorsicht: Viele Schrottmühlen! Im **Bai Fern Gh.** kosten Fahrräder 50 Baht, Motorräder 150 Baht, PKWs 1200 Baht und Geländewagen 1500 Baht. Auch das **Ban Thai** vermietet zum gleichen Preis Motor- und Fahrräder.

Touren

Die Gästehäuser und Reisebüros bieten Ausflüge zu Wasserfällen und Höhlen, Grenzmärkten und Dörfern der Karen an.
Tagestouren nach Myawaddi auf der Myanmar-Seite des Moei River werden für 400 Baht p. P. inkl. Transport von **Mr. Tongchai** angeboten. Infos unter ✆ 081-8883542.
Bei Umphang-Touren darauf achten, ob die Anfahrt in einem unbequemen öffentlichen Songthaew oder mit dem eigenen Fahrzeug erfolgt, die Rafting-Tour mit Schlauchbooten oder langsameren Bambusflößen durchgeführt wird, ausreichend Zeit am Wasserfall eingeplant ist, zusätzliche Leistungen wie Elefantenreiten inbegriffen sind und wo übernachtet wird. Da sich die Preise zudem nach der Gruppengröße richten, lohnt es, sich vor der Buchung nach Gleichgesinnten umzusehen.
Max One Tour, 269/2 Intarakiri Rd., 💻 www.maxyonetour.com, ✆ 055-542942, offeriert Tagestouren in die Umgebung für 1500–2000 Baht sowie mehrtägige Trips zu den Naturattraktionen bei Umphang inkl. Floß- und Kanufahrten, z. B. 3 Tage / 2 Nächte für 3000–6000 Baht p. P. Der Besitzer ist der Sohn des Captain Daeng vom Umphang Hill Resort. Weitere Informationen s. S. 323.
Mae Sot Travel Centre, 14/21 Asia Rd., ✆ 055-531409, 📠 561065, hat ein ähnliches Angebot.
Mae Sot Conservation Tour, 415/17 Tang Kim Chiang Rd., ✆/📠 055-532818, ✉ maesotco@cscoms.com, hat wenige Informationen.
🕒 Mo–Fr 9–18 Uhr.
No. 4 Gh., s.o., der Besitzer Mr. Oom war einer der Ersten, der gute Trekking-Touren organisierte, bekommt in der Nebensaison aber nur selten eine Gruppe zusammen. Daher sollte man ihn rechtzeitig kontaktieren.

Transport

Die neue zentrale Bus Station westlich des Zentrums kurz vor dem Airport wird von den Busgesellschaften weitgehend ignoriert. Sie fahren weiterhin von innerstädtischen Abfahrtsstellen ab, siehe Stadtplan. Zudem halten viele am H105 Richtung Tak hinter der Umgehungsstraße.
Nach BANGKOK (520 km) non-AC-Bus um 19.30 Uhr für 188 Baht, 2.Kl. AC-Bus 5x tgl. für 263 Baht, 1. Kl. AC-Bus um 8, 21 und 22 Uhr für 338 Baht und VIP-24 Bus um 21.15, 21.30 und 21.45 Uhr für 525 Baht in 8–9 Std.
Nach CHIANG MAI 2. Kl. AC-Bus um 8 Uhr für 263 Baht, non-AC-Bus um 18 Uhr für 146 Baht in 5 Std.
Nach MAE SALIT rote Songthaew stdl. bis 17 Uhr für 90 Baht in 3 Std. über MAE RAMAT (30 Baht) und THA SONG YANG (60 Baht).
Nach MAE SARIANG (236 km) rote Songthaew stdl. von 6–12 Uhr für 180 Baht in 6 Std.
Nach TAK non-AC-Bus alle 30 Min. von 6–18 Uhr für 53 Baht, AC-Bus um 9 und 15 Uhr für 74 Baht in 1 1/2 Std. Außerdem Minibusse für 50 Baht.
Nach PHITSANULOK stdl. von 7–15 Uhr für 136 Baht über SUKHOTHAI für 110 Baht in 4 Std.
Nach UMPHANG (167 km) Songthaew etwa stdl. von 7.30–15 Uhr für 120 Baht in 4 Std.
Zur GRENZE Songthaew von 8–17 Uhr für 10 Baht in 15 Min.

Von Mae Sot nach Norden

Die asphaltierte Straße H105 Richtung Norden nach Mae Sariang (236 km, in Mae Sot volltanken!) führt nahe an der burmesischen Grenze entlang und sollte aus Sicherheitsgründen nur tagsüber befahren werden. Mit geländegängigen Fahrzeugen lassen sich einige Abstecher machen. Am KM 12,5 zweigt ein schlechter 7 km langer Fahrweg nach rechts zur **Mae Kasa Hot Spring**, 2 km außerhalb des Dorfes, ab. Die Quellen sind von Essenständen und Picknickplätzen umgeben.

Der Marmor-Buddha im **Wat Don Keao** am KM 31, kurz vor **Mae Ramat**, lohnt einen Abstecher.

Tausende von Hütten stehen dicht an dicht zwischen KM 55 und 62 entlang der Straße, das Flüchtlingscamp **Mae La**. Etwa 60 000 Flüchtlinge vegetieren hier unter bedrückenden Bedingungen dahin. Durchfahrende Touristen werden gründlich kontrolliert.

Dann steigt die Straße in schönes Bergland an. Beim KM 82 geht es nach links in den Ort **Tha Song Yang**, wo der Moei-Fluss eine große Schleife nach Nordosten macht. Am KM 94,2 biegt nach links ein schlechter Fahrweg ab, der durch ein Karen-Dorf zu einem Forest Park führt. Er gehört zum **Mae Moei National Park.** Dort fließt ein Fluss in die große Durchbruchshöhle **Tham Mae Usu** und verschwindet in zwei Felsspalten. Die mit Stalaktiten und Stalagmiten dekorierte Höhle ist etwa 150 m lang und endet an einem Aussichtshang. Der mittlere der drei Ausgänge führt durch Tropfsteine hinunter zur Austrittsöffnung des Flusses. Am Fluss entlang und über die Baumstammbrücke kann man nach links um den Berg herum in etwa 20 Min. zum Ausgangspunkt zurückwandern.

Bei **Mae Salit** (KM 114), einem Marktort, zweigt die Asphaltstraße H1267 nach Osten ab Richtung Mae Ramoeng (32 km), einem Dorf, in dem Sgaw-Karen leben.

Nach der schönen Fahrt am tiefgrünen Moei River entlang steigt die Straße hinter **Ban Tha Song Yang** beim KM 138 in immergrünes Dschungelbergland an. 34 km vor Mae Sariang (KM 202) fällt die schmale, aber wenig befahrene Straße ins fruchtbare Tal des Mae Yuam ab.

Übernachtung

Chao Doi House (Kontaktadresse: Mr. Narong Chamchand, 44/13 Sawanwithi Rd., Mae Sot, ✆ 055-531782), liegt 15 km östlich von Mae Salit in eindrucksvoller Berglandschaft. Zi in einfachen Bambus- und Teakblatthütten inkl. Essen, Transport und einigen Ausflügen. Wer sich bei der Police Box in Mae Salit meldet, wird abgeholt. ❷

Monkrating Resort, 1 km weiter, ✆ 02-5737942, wirkt gepflegter. Große Bungalows und Schlafsaal in einer Gartenanlage. Schöne Aussicht vom Sunrise Point (10 km). Essen inkl., Abholung extra. ❹

B.P. Resort, 30 km südlich von Mae Salit am H105, ✆ 055-589098, Holzbungalows in schönem Garten, offenes Restaurant. ❸

Pa-Pa Valley Resort, 37 Moo 1, ✆ 055-519040, ✉ singkeng2000@hotmail.com, am KM 143 des H105 (5 km hinter Ban Tha Song Yang) in immergrünem Bergwald, an der Brücke links. In einem Garten am Fluss 7 Holzbungalows im Teich auf Pfählen mit Fan, Warmwasser-Du/WC und Terrasse, Restaurant, Camping, guter Rundumservice. ❷–❸

Von Mae Sot nach Umphang

Von Mae Sot führt der H1090 zunächst 50 km nach Süden durch landwirtschaftlich genutztes Hügelland. Dann wird er schmaler, und auf den nächsten 114 km bis Umphang sind 1100 steile Kurven zu bewältigen. Wer nicht reisekrank wird, kann die Berg- und Talfahrt durch eine sehr schöne Landschaft mit über 1800 m hohen Bergen genießen. An den großteils vom Dschungel gerodeten Hängen werden Wiederaufforstungsprojekte durchgeführt. Selbstfahrer sollten beachten, dass es zwischen KM 47 und dem Karen-Dorf Mae Kaphong (KM 140) keine Tankstelle gibt.

36,5 km hinter Mae Sot lädt der **Namtok Pacharoen National Park**, 700 m abseits der Straße, zu einer Rast ein. Der 97-stufige Pacharoen-Wasserfall nur nach der Regenzeit interessant. In den Nationalpark-Bungalows kann man übernachten. ❹ Bislang kein Eintritt. Informationen unter ✆ 055-500906.

Nach dem Überqueren der ersten Bergkette legen Busfahrer hinter dem Hmong-Dorf **Ban Rom Kao** am Rastplatz (KM 86), wo Getränke und Snacks verkauft werden, eine Pause ein. Kurz darauf erstreckt sich neben der Straße ein riesiges Flüchtlingslager, in dem tausende von Karen und anderen Minoritäten aus Myanmar bereits seit Jahren leben müssen. Hinter **Ban Mae Klong Noi** windet sich die Straße bis zum Pass in 1111 m Höhe hinauf (Aussichtspunkt am KM 127) und dann hinab ins Tal, das von ausgewaschenen Kalksteinformationen übersät zu sein scheint, nach **Mae Klong Kee** (KM 132). Am KM 140 sind der Umphang Checkpoint und die erste Tankstelle erreicht.

Umphang อุ้มผาง

Das Dorf Umphang (gesprochen: Um-paang) wartet mit kleinen Märkten, vielen Läden und kleinen Touristenrestaurants auf. Im Ort leben Thai, während die Dörfer im Tal von Karen besiedelt sind, die Tabak, Zitrusfrüchte, Gemüse, Mais und Reis anbauen. Die ursprüngliche Umgebung mit zahlreichen Naturschönheiten zieht einheimische Naturfreunde in Scharen an. Abertausende bevölkern vor allem über Weihnachten und Neujahr sowie während des Chinesischen Neujahrsfestes und an allen langen Wochenenden die Wege, Flüsse und Wasserfälle. Für ausländische Touristen, die weniger Wert auf feuchtfröhlichen *Sanuk* legen, ist daher die Zeit außerhalb der Feiertage besser geeignet, um in Ruhe die herrliche Natur zu genießen. Ab März blühen viele weiße und gelbe Orchideen aus der Gattung *Dendrobium*.

Die **Takobi-Höhlen**, 7 km vor den Toren der Stadt in Ban Mae Klong Mai sollen die längsten Höhlen des Landes sein. Einige Gänge und eine hohe Kammer stehen Besuchern offen. Eine gute Lampe ist erforderlich. Nördlich von Umphang biegt man von der Straße nach Mae Sot auf den H1167 ab und folgt nach 3,5 km der Ausschilderung links 300 m auf einer unbefestigten Abzweigung.

Übernachtung

Einige Resorts nehmen nur thailändische Reisegruppen auf.

Country Huts ①, 141 Moo 1, ✆ 055-561079, 2 km vor Umphang rechts (Einfahrt am Buddha), 800 m von der Straße, ruhige Blockhütten in 2 Etagen am Flusshang, die obere Etage ist nicht muffig und die Mehrausgabe wert; großes Restaurant. Die Anlage soll abgerissen werden. ❷–❸

The Trekker Hill ②, ✆ 055-561090, ✉ trekker hill@hotmail.com, 4 sehr einfache, saubere, kleine Hütten und größere Bungalows, Schlafsaal 100 Baht. Schöner, kleiner Garten, preiswertes Restaurant, Internet und WLAN. Es ist bei Travellern beliebt und organisiert Touren mit Englisch sprechenden Guides. ❷

Phudoi Camp Site ③, 637 Ban Phudoi, ✆ 055-561049, ℻ 561279, 🖳 www.phudoi.com, schöne Anlage am Hang, sehr saubere Holzbungalows mit Warmwasser-Du/WC, Touren, aber kaum Englisch sprechenden Guides. Gutes Restaurant. ❷–❸

Umphang House ④, 443 Moo 1, ✆ 055-561073, große Zi für 4 Pers. mit Du/WC und Fan im Reihenhaus, teurere Holzbungalows mit Fan, TV und Warmwasser-Du/WC, Restaurant, weitläufiger Garten; Touren. Niemand spricht Englisch. ❷

Garden Huts ⑤, ✆ 055-561093; in einer gepflegten Gartenanlage am Fluss direkt vor der Brücke. Ruhig gelegene, saubere Holzbungalows mit Du/WC und TV. Einfache Zi in einem Doppelbungalow mit Gemeinschafts-Du/WC und in einem großen Haus. Das offene Restaurant öffnet, wenn Gruppen kommen. ❷–❸

Umphang Hill Riverside Resort ⑥, 53 Moo 6, 🖳 www.umphanghillresort.com, ✆ 055-561063-4, 081-8866599. Schöne, große Anlage südlich der Brücke beidseits der Straße, 65 Zi mit Warmwasser, TV, Kühlschrank, Fan, sehr gutes Essen im Restaurant (🕒 tgl. 6–11 und 18–23 Uhr), Internet. Chef ist Captain Daeng (Sombat Panarong), der seit vielen Jahren die internationalen Besucher betreut. Frühstück inkl. ❷–❹

Aing Doi Resort ⑦, ✆ 055-561176, jenseits der Brücke, etwas von der Straße zurückversetzt, Holzbungalows mit Du/WC und Reihenhaus mit Schlafsälen. Ungepflegtes Massenquartier mit Matratzen auf dem Boden. Niemand spricht Englisch. ❶–❷

Tu Ka Su Cottage ⑧, 40 Moo 6, ✆ 055-561295, 081-8258238, jenseits der Brücke. Unterschiedlich große, nette, sehr saubere Bungalows aus Naturmaterialien mit Fan, TV, großen Betten, hübscher Du/WC und Terrasse in einem weitläufigen Garten mit Feuerstelle. Sie sind mit viel Liebe zum Detail gestaltet und gut für Familien oder Gruppen geeignet. Günstiger sind die etwas älteren Häuser. Ooty (Suchart Chanhormhual) organisiert Touren und seine Frau leitet das Resort. Sie spricht gut Englisch und bereitet auf Wunsch Frühstück zu. ❸–❹

Suan Ruen Kaew Resort ⑨, ✆ 055-561119-20, an der Straße nach Pa-la-tha, mehrere Stein-Holzbungalows am Hang im großen Garten mit Blick auf den Fluss, Restaurant, Touren, meist Thai-Gruppen. ❷

Essen

Die Gästehäuser servieren in der Saison preiswertes Essen. Billiges Essen in mehreren einfachen Touristenrestaurants. Echte Thai-Küche im Restaurant hinter dem Wat.

Ein offenes, einfaches **Restaurant** direkt am Fluss (schräg gegenüber vom Umphang Hill Riverside Resort), hat eine kleine englische arte mit recht preiswerten Fisch-, Fleisch- und Tofu-Gerichten.

Ein weiteres empfehlenswertes **Restaurant** vor den Garden Huts. Untergebracht in einem großen Holzhaus, am Eingang die offene Küche. Auch viele Einheimische essen hier.

Phukong Daeng, an der Einmündung der Zufahrtsstraße zum Trekker Hill Gh. Hier werden die besten Nudel-, aber auch andere Gerichte zubereitet. In einer kleinen **Coffee Bar** im Garten hinter dem Ban Kru Sun Souvenir Shop hat die Kaffeekultur Einzug gehalten.

Sonstiges

Bootsfahrten

Von den Gästehäusern und weiteren Anbietern werden gemütliche Floß- und Schlauchboottouren durch eine herrliche Schlucht des Mae Klong veranstaltet. Eine Tagestour ohne Besuch des Wasserfalls kostet bei 2 Teilnehmern etwa 2500 Baht. Besonders beim Rafting in der Regenzeit auf Schwimmwesten achten.

Geld

Der einzige Geldautomat steht am District House. Weder Unterkünfte noch Veranstalter akzeptieren Kreditkarten.

Transport

Von MAE SOT fahren Songthaew von 7.30–15 Uhr etwa stdl. für 120 Baht in 4 Std. (inkl. Pause auf halbem Weg). Für die Rückfahrt ab 7 Uhr wird man nach Anmeldung am Morgen beim Gästehaus abgeholt. Sitzplätze neben dem Fahrer lohnen die 20 Baht Mehrausgabe.

In Richtung Südwesten fahren morgens von der Bus Station Songthaew für 100 Baht auf der größtenteils asphaltierten Straße 81 km bis PUENG KUENG. Die weitere Piste nach Sangkhlaburi ist definitiv für Ausländer gesperrt, da sie vorwiegend durch Myanmar verläuft und von der Armee kontrolliert wird.

Richtung Süden führt eine 32 km lange Asphaltstraße über PA-LA-THA nach ZEPALA und geht als Staubpiste bis KHA NGAE KI weiter. Beide Strecken werden regelmäßig von Songthaews befahren.

Die auf vielen Karten eingezeichnete Straße von Kamphaeng Phet nach Umphang existiert nicht und wird auch nicht gebaut.

Die Umgebung von Umphang

Die meisten landschaftlichen Attraktionen in den unberührten Wäldern südlich von Umphang lassen sich auf eigene Faust nur schwer erkunden. Gästehäuser sowie zahlreiche Tourveranstalter bieten Ausflüge, Trekkingtouren, Floß- und Schlauchbootfahrten an.

Ti Lo Su-Wasserfall

Dieser etwa 100 m hohe Wasserfall südwestlich von Umphang gilt als einer der schönsten Thailands. Je nach Jahreszeit fallen die Wassermassen 40–170 m breit in bis zu 90 Rinnen aufgefächert über vier Stufen herunter und bieten selbst in der Trockenzeit ein beeindruckendes Schauspiel. Der Wasserfall wird jedes Jahr von Tausenden von Touristen besucht und lohnt die lange Anreise.

Ein Pickup für eine Tagestour ab Umphang kostet max. 3000 Baht pro Wagen. Zunächst geht es 15 km auf einer guten Straße und weitere 27 km auf einem sehr schlechten Weg, der nur an besonders steilen Steigungen asphaltiert ist (insgesamt 1 1/2 Std.). Diese Strecke ist während der Regenzeit zwischen Juni und November häufig gesperrt. Dann muss man die letzten 12 km von **Pha Luad** in 3 Std. laufen. Die Straße endet am Parkplatz vor einem großen Campingplatz, der für max. 300 Besucher ausgelegt ist, und wo der Eintritt von 200 Baht zu entrichten ist. Am Zeltplatz hat jeder Veranstalter seine eigene Küche, es gibt überdachte Essplätze, Toiletten und Kübelduschen. Da der Kiosk nur Snacks verkauft, sollten Camper ausreichend Essen mitbringen. Zum Wasserfall, 🕒 tgl. 8–17 Uhr, dürfen weder Lebensmittel noch Plastikflaschen oder Taschenmesser mitgenommen werden. Der 20-minütige betonierte Waldlehrpfad durch den Ti Lo Su National Park zum Fuß des Wasserfalls ist

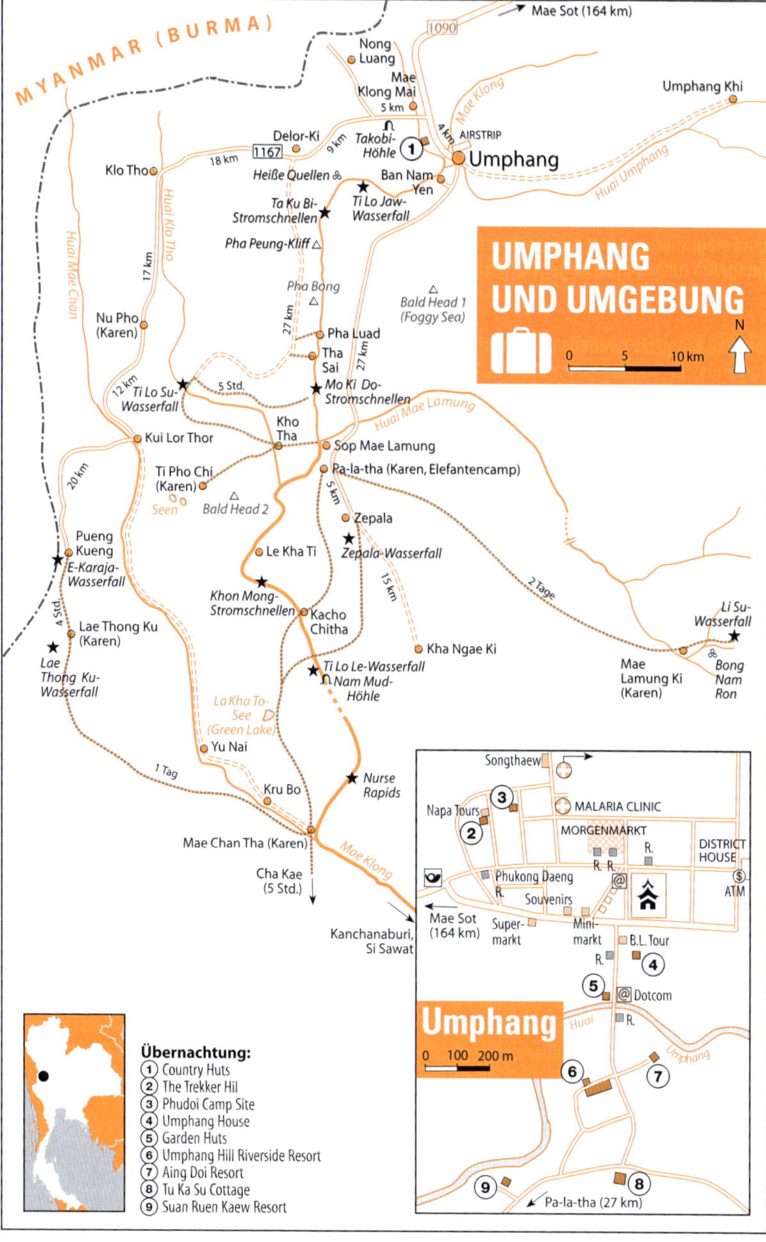
UMPHANG UND UMGEBUNG
0 5 10 km
N
MYANMAR (BURMA)
Mae Sot (164 km)
1090
Nong Luang
Mae Klong Mai
5 km
Umphang Khi
Mae Klong
4 km
AIRSTRIP
Delor-Ki
9 km
Takobi-Höhle
Umphang
1167
18 km
Klo Tho
Heiße Quellen
Ban Nam Yen
Huai Umphang
Ta Ku Bi-Stromschnellen
Ti Lo Jaw-Wasserfall
Huai Klo Tho
Huai Mae Chan
17 km
Pha Peung-Kliff
Pha Bong
Bald Head 1 (Foggy Sea)
27 km
Nu Pho (Karen)
Pha Luad
Tha Sai
27 km
12 km
Ti Lo Su-Wasserfall
5 Std.
Mo Ki Do-Stromschnellen
Huai Mae Lamung
Kho Tha
Kui Lor Thor
Sop Mae Lamung
Ti Pho Chi (Karen)
Pa-la-tha (Karen, Elefantencamp)
20 km
5 km
Seen
Bald Head 2
Zepala
Pueng Kueng
Zepala-Wasserfall
Le Kha Ti
E-Karaja-Wasserfall
15 km
2 Tage
Khon Mong-Stromschnellen
Kacho Chitha
Li Su-Wasserfall
4 Std.
Lae Thong Ku (Karen)
Kha Ngae Ki
Lae Thong Ku-Wasserfall
Ti Lo Le-Wasserfall
Nam Mud-Höhle
Mae Lamung Ki (Karen)
Bong Nam Ron
La Kha To-See (Green Lake)
Yu Nai
1 Tag
Nurse Rapids
Kru Bo
Mae Chan Tha (Karen)
Mae Klong
Cha Kae (5 Std.)
Kanchanaburi, Si Sawat
Songthaew
MALARIA CLINIC
Napa Tours
MORGENMARKT
R.
DISTRICT HOUSE
Phukong Daeng
ATM
Souvenirs
Mae Sot (164 km)
Super-markt
Mini-markt
B.L. Tour
Dotcom
Umphang
0 100 200 m
Huai Umphang
Pa-la-tha (27 km)
Übernachtung:
1 Country Huts
2 The Trekker Hil
3 Phudoi Camp Site
4 Umphang House
5 Garden Huts
6 Umphang Hill Riverside Resort
7 Aing Doi Resort
8 Tu Ka Su Cottage
9 Suan Ruen Kaew Resort

einfach und endet 10 m über dem ersten Pool. Entlang der Strecke weisen informative Hinweistafeln in Thai und Englisch auf Naturschönheiten hin, wie den hohen Bambuswald, Würgefeigen und *Dipterocarpaceen*. Auf einer Tafel wird der Ti Lo Su-Wasserfall mit 300 m Breite und bis zu 400 m Höhe als der sechstgrößte der Welt angepriesen – wer's glaubt! In allen Becken kann man im sauberen, erfrischenden Wasser schwimmen. Zum Fotografieren eignet sich am besten der Vormittag. Am ruhigsten ist es gegen Mittag.

Floßfahrt auf dem Mae Klong

Der Mae Klong ist zweifellos der schönste Fluss Thailands. Er entspringt im Distrikt Umphang, fließt durch unberührte Landschaftsschutzgebiete in das Srinagarind Reservoir, legt als Kwae Yai ein kurzes Stück bis Kanchanaburi zurück und mündet wieder als Mae Klong nach 520 km bei Samut Songkhram in den Golf von Thailand.

Der wunderschöne, etwa 50 km lange Abschnitt zwischen Umphang und der Höhle **Nam Mud**, in der er für ein paar Kilometer verschwindet, lässt sich am besten auf einer mehrtägigen Floßfahrt entdecken. Bis zu 50 Boote lassen sich pro Tag den Mae Klong hinuntertreiben. Einsam ist es nur früh am Morgen, aber in den Wintermonaten ist es dann auch entsprechend kalt. Tagestouren gehen in der Regenzeit normalerweise bis **Tha Sai**, in der Trockenzeit in 2 1/2 Std. bis **Pha Luad**. Auf halber Strecke laden **Thermalquellen** mit lauwarmem Wasser zu einer vergnüglichen Badepause ein. Zudem kann man die überdachten Picknickplätze und Toiletten benutzen und sich in der Saison an kleinen Ständen mit Snacks und Getränken versorgen. Dann geht es weiter vorbei an steil aufragenden Felsen, verschiedenen Wasserfällen und Sinterterrassen. Von der Anlegestelle am Ende der Bootsfahrt fährt ein Pickup zurück nach Umphang oder bei einer Kombi-Tour mit Besuch des Ti Lo Su-Wasserfalls in 30 Min. zum Headquarter des Nationalparks.

Eine der besten Wildwasserstrecken des Landes, die über 40 km weiter flussabwärts von dem Karendorf **Pa-la-tha** mit Elefantencamp über einige Stromschnellen zum **Thi Lo Le-Wasserfall** führt, kann von Oktober bis Dezember bei ausreichendem Wasserstand in 5–6 Std. befahren werden. Von **Umphang Khi** am **Huai Umphang** im Osten werden zwischen August und Oktober White Water Rafting Trips angeboten, z. B. von **Napa Tours** und **B.L. Tours** (Büros s. Karte).

Das Forestry Department gestattet es nur, den Fluss bis **Mae Chan Tha** zu befahren. Bambusflöße sind mittlerweile sehr selten, da das Schneiden von Bambus nicht gestattet ist. Zudem sind sie langsamer als die Gummiboote.

Trekking in der Grenzregion

Zahlreiche Gästehäuser und Reisebüros offerieren Touren durch die fast unberührte Natur in der Umgebung. Allerdings können die Laub abwerfenden Wälder während der Trockenzeit enttäuschen, und nur wenige Guides sprechen Englisch. Bei längeren Touren in die Wälder der Umgebung sind mit Sicherheit Gibbons zu sehen.

Trekking-Touren sind mit 500–1000 Baht pro Tag ohne Unterkunft, Rafting und Elefantenreiten weitaus teurer als in Nord-Thailand, dafür aber echte Treks in recht abgelegenen Gebieten. Eine 3-tägige Tour ab Umphang inkl. Rafting, Elefantenreiten und Übernachtung in Karen-Dörfern bzw. Dschungelhütten kostet um 4000 Baht p. P.

Für einen 3-stündigen Ausritt im Elefantencamp **Ban Pa-la-tha** bezahlt man pro Elefant 1000 Baht.

In Verbindung mit einer Rafting-Tour kann man in 3 Std. von **Mae Lamung** ins Karendorf **Kho Tha** wandern. Mehrtägige Treks führen z. B. nach **Mae Lamung-Ki** (hin 2 Tage, sehr steil) oder zum Eremitendorf **Lae Thong Ku** (hin 4 Std. Fahrt mit Trekking zum Pueng Kueng-Wasserfall und 4 Std. Wandern mit geringem Schwierigkeitsgrad).

Der Trek vom zweiten Endpunkt der Floßfahrt, den **Mo Ki Do-Stromschnellen**, zum Ti Lo Su-Wasserfall ist sehr steil und dauert 4–5 Std. (ab März sehr heiß, dann besser schon bei **Tha Sai** aussteigen und mit dem Pickup zum Wasserfall fahren).

Captain Daeng vom Umphang Hill Resort organisiert Touren in den Nationalpark und anstrengende Treks auf thailändischem Grenzgebiet in 7 Tagen nach Sangkhlaburi bei max. 8 Personen für 15 000 Baht p. P. Dieser Trek ist nur zwischen Januar und März möglich.

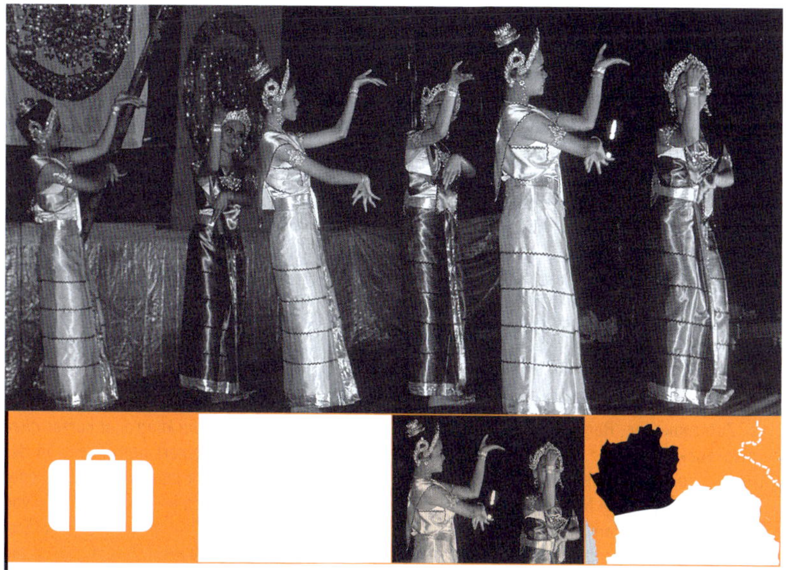

Nord-Thailand

Stefan Loose Traveltipps

6 **Chiang Mai** Auf dem Sonntagsmarkt macht das Feilschen richtig Spaß. S. 364

Samoeng Im Thermalwasser der Hot Springs Pongkwao baden. S. 378

Doi Inthanon Den höchsten Berg Thailands ersteigen und durch die Rhododendron-Haine wandern. S. 380.

Soppong Die Tropfsteinhöhle Tham Lot erforschen. S. 400

7 **Pai** Der Erholungsort in den Bergen eignet sich hervorragend als Ausgangsbasis für abenteuerliche Trekkingtouren zu den Bergvölkern. S. 401

Mae Sai Mit einem Motorrad entlegene Bergstrecken erkunden. S. 412

Thaton Durch die Dörfer der Bergvölker um Thaton trekken. S. 419

Kok River Mit einem Longtail-Boot den Fluss hinunter düsen. S. 422

Lampang Im Elephant Conservation Center bei einem Mahout leben und am Training der Elefanten teilnehmen. S. 455

Die Nordprovinzen gehören zu den faszinierendsten Regionen des Landes. Hier gibt es eine abwechslungsreiche Landschaft, die höchsten Berge (Doi Inthanon, 2565 m) und breite, fruchtbare Täler. Doch die größte Faszination geht von den vielen Völkern aus, die z. T. erst seit wenigen Jahrzehnten in den Bergen leben. Das Grenzgebiet zu Myanmar ist unsicher. Noch heute ziehen Schmuggler über die Grenze. Noch immer bauen einige Bergvölker Opium an, und Opium bedeutet Geld, was besonders zur Erntezeit Banditen und die thailändische Armee auf den Plan ruft. Es gibt also viele Gründe, ein Gewehr zu tragen, von der vorsintflutlichen Steinschlossflinte bis zur modernen M16.

Chiang Mai, zweitgrößte Stadt Thailands, ist das Zentrum der Region und touristischer Schwerpunkt mit einer entsprechenden Infrastruktur. Touristisch entwickelt sind außerdem Chiang Rai im „Hohen Norden" und Mae Hong Son im „Wilden Westen". Auch in vielen anderen Orten und auf dem Land entstanden Hotels und Gästehäuser. Vor allem der Trekking-Tourismus hat gewaltige Dimensionen angenommen. Fast alle in Frage kommenden Gebiete werden von organisierten Touren aufgesucht. Durch den Bau von Straßen und die Verbesserung der Sicherheit ziehen auch viel mehr Traveller auf eigene Faust los, zu Fuß, mit Bussen und Pickups oder mit dem gemieteten Motorrad oder Jeep.

Die touristische Vermarktung der Bergvölker ist in vollem Gange. Wer jedoch meint, dass hier auch die Ursachen für die unübersehbaren Veränderungen in den Dörfern der Bergvölker liegen, überschätzt seinen Einfluss gewaltig: Es ist die systematische Thaiisierung der Bergbauern und die Zerstörung ihrer wirtschaftlichen Grundlagen, die diese schwer wiegenden Umwälzungen bewirken. Man findet kaum ein Dorf, in dem nicht an prägnanter Stelle eine Schule ins Auge sticht. Hier müssen die Kinder nicht nur die thailändische Sprache lernen, sondern auch die thailändische Tradition und Weltanschauung absorbieren.

Die Christianisierung tut ein Übriges, um die ursprünglichen Traditionen zu zerstören. In vielen kleinen Dörfern staunt man über drei oder mehr Kirchtürme. Die Missionare der verschiedensten Glaubensrichtungen toben sich hier aus, denn die Bergvölker lassen sich bereitwillig christianisieren, vor allem, wenn sie dadurch finanzielle Vorteile haben.

Wer sich Zeit nimmt und mit offenen Augen durch die immer noch schöne Landschaft wandert, kann vielfältige Einblicke in das Leben der Bergvölker gewinnen und viel darüber erfahren, vor welche Probleme die Landbevölkerung in der Dritten Welt gestellt ist.

Bergvölker

Die **sechs Gruppen** der zurzeit in Nord-Thailand lebenden Minoritäten der Hmong, Yao, Lahu, Lisu, Akha und Karen werden von der Thai-Regierung als *chao thai phu khao* oder kürzer *chao khao* (wörtlich: Bergvölker) bezeichnet. In der Umgangssprache nennt man sie *hilltribes* oder Bergstämme. Tatsächlich lebten jedoch viele von ihnen ursprünglich in fruchtbaren Tälern. Erst durch andere stärkere Völker wurden sie in die unwirtlichen Gebirge verdrängt. All diese Stämme kennen weder eine Stammesorganisation mit einem Stammesführer noch soziale Klassen. Nur die Dorfgemeinschaft mit dem Dorfoberhaupt spielt eine Rolle.

Ethnologisch gehören alle Bergvölker zur sino-tibetischen Sprachfamilie, genauso wie die Thai. Wesensmerkmal dieser Sprachen ist die Einsilbigkeit der Worte, deren Bedeutung durch die Tonhöhe und durch die Stellung im Satz bestimmt wird. Dennoch sind die Unterschiede zwischen den Sprachen der Bergvölker größer als etwa zwischen Englisch und Russisch.

Die meisten Bergvölker betreiben traditionell **Brandrodungsfeldbau**, wie übrigens auch noch sehr viele Thai-Bauern. Ein Stück Dschungel, heute zumeist nur Sekundärbusch, wird grob gerodet, der Rest wird abgebrannt. Von Februar bis April sind ganze Landstriche in Rauch gehüllt. Viele kahle Berghänge in Nord-Thailand zeugen von dieser verschwenderischen Anbaumethode. Das neu gewonnene Feld wird solange bestellt, bis es ausgelaugt ist, denn Düngung des Bodens ist bei den Hilltribes unbekannt.

Einige Bergvölker lassen das Feld nur einige Jahre ruhen, damit es sich ein wenig regenerieren kann. Brach liegende Felder werden jedoch

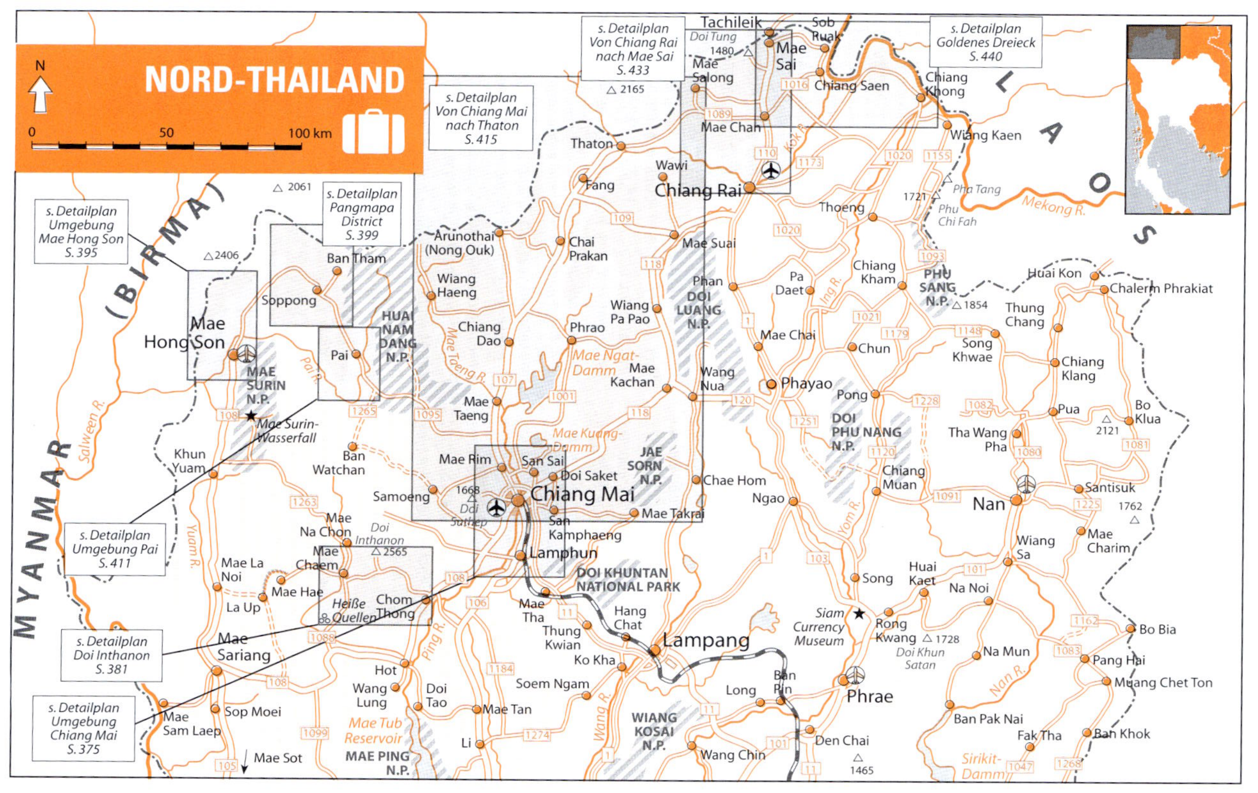
NORD-THAILAND
N
0
50
100 km
s. Detailplan Von Chiang Rai nach Mae Sai S. 433
s. Detailplan Goldenes Dreieck S. 440
s. Detailplan Von Chiang Mai nach Thaton S. 415
s. Detailplan Pangmapa District S. 399
s. Detailplan Umgebung Mae Hong Son S. 395
s. Detailplan Umgebung Pai S. 411
s. Detailplan Doi Inthanon S. 381
s. Detailplan Umgebung Chiang Mai S. 375
L A O S
MYANMAR (BIRMA)
Mekong R.
Salween R.
Yuam R.
Pai R.
Mae Taeng R.
Ping R.
Wang R.
Yom R.
Nan R.
Ing R.
Kok R.
Tachileik
Sob Ruak
Doi Tung
Mae Sai
Mae Salong
Chiang Saen
Chiang Khong
Wiang Kaen
Mae Chan
Thaton
Wawi
Chiang Rai
Fang
Pha Tang
Phu Chi Fah
Thoeng
Arunothai (Nong Ouk)
Chai Prakan
Mae Suai
Ban Tham
Soppong
Wiang Haeng
Phan
Doi Luang N.P.
Pa Daet
Chiang Kham
Phu Sang N.P.
Huai Kon
Chalerm Phrakiat
Thung Chang
Mae Hong Son
Mae Surin N.P.
Pai
Huai Nam Dang N.P.
Chiang Dao
Wiang Pa Pao
Phrao
Mae Ngat-Damm
Mae Kachan
Mae Chai
Chun
Song Khwae
Chiang Klang
Wang Nua
Phayao
Pong
Pua
Bo Klua
Mae Surin-Wasserfall
Mae Taeng
Doi Phu Nang N.P.
Tha Wang Pha
Khun Yuam
Ban Watchan
Mae Kuang-Damm
Mae Rim
San Sai
Doi Saket
Jae Sorn N.P.
Chae Hom
Chiang Muan
Santisuk
Samoeng
Doi Suthep
Chiang Mai
Ngao
Nan
Mae Takrai
San Kamphaeng
Mae Na Chon
Doi Inthanon
Wiang Sa
Mae Charim
Lamphun
Mae La Noi
Mae Chaem
Doi Khuntan National Park
Song
Huai Kaet
Na Noi
Mae Hae
La Up
Heiße Quellen
Chom Thong
Mae Tha
Thung Kwian
Hang Chat
Siam Currency Museum
Rong Kwang
Doi Khun Satan
Bo Bia
Mae Sariang
Lampang
Na Mun
Pang Hai
Hot
Ko Kha
Soem Ngam
Ban Pin
Long
Phrae
Muang Chet Ton
Wang Lung
Doi Tao
Mae Sam Laep
Sop Moei
Mae Tan
Wiang Kosai N.P.
Ban Pak Nai
Mae Tub Reservoir
Fak Tha
Ban Khok
Li
Den Chai
Mae Sot
Mae Ping N.P.
Wang Chin
Sirikit-Damm

zunehmend von der Regierung zur Aufforstung konfisziert.

Die Bergvölker kamen als **Flüchtlinge** nach Thailand. Über 90 % sind bereits in Thailand geboren. Die Thai-Regierung bemüht sich seit 1953 um die Hilltribes. Sie erlaubt ihnen, in den Bergen zu siedeln und richtet Hilfsprogramme auf den Sektoren Gesundheit, Landwirtschaft und Unterricht ein. Den Bergvölkern wird das Recht auf eigene Sprache und Kultur zugestanden. Doch in der Praxis muss die Thai-Regierung nationale und internationale Interessen vorziehen. Sie kann natürlich nicht dulden, dass diese Bergvölker auch noch den letzten Rest der Wälder abbrennen, auch wenn der Brandrodungsfeldbau einen wesentlichen Teil der Stammes-Kultur ausmacht. Ebenso muss die Regierung auf internationalen Druck hin und wegen des zunehmenden Drogenproblems im eigenen Land den Anbau von Mohn untersagen.

Bei den **Hilfsprogrammen** geht es also darum, den Bergvölkern die traditionellen Techniken ihrer Landwirtschaft abzugewöhnen und durch andere zu ersetzen. Verschiedene ausländische Organisationen unterstützen mehr oder weniger die Ziele der Regierung. Auch die Königsfamilie finanziert vorbildliche Projekte. Ihr Hauptanliegen besteht neben der Aufforstung eigentlich darin, den Stämmen eine Alternative zum Mohnanbau zu geben. Als so genannte *cash crops* (verkaufbare Produkte) werden Kaffee, Gummi, Nüsse, Obst und Gemüse angeboten. Aber keines dieser Produkte kann mit Opium konkurrieren, denn der Mohn gedeiht relativ unproblematisch, das Rohopium bringt für wenig Volumen viel Geld, wird von den Händlern direkt beim Erzeuger abgeholt und kann ohne Einbuße transportiert werden. Mit den neu eingeführten *cash crops* haben die Hilltribes nur Ärger. Sobald ein Projekt ausgelaufen ist, sind sie mit ihrem Produkt sich selbst überlassen: Der Transport klappt nicht mehr, die Zwischenhändler bieten nur Spottpreise, die Bauern im Tiefland steigen auf dasselbe Produkt ein und verkaufen es zudem billiger.

Viele Bergvölker fühlen sich in ihrer Existenz bedroht und sind keineswegs dankbar, dass sie „entwickelt" werden. Ihre Bergreis-Felder, von denen sie sich gerade noch ernähren konnten, werden durch Aufforstung und Gesetze gravierend beschnitten, und ihre Bargeldeinnahmen nehmen drastisch ab. Ihre ökonomische Basis ist also mehr oder weniger zerstört, Fehlernährung greift dramatisch um sich.

Dörfer, in denen sich die Königsfamilie um die Bergvölker kümmert, sehen dagegen schmuck und sauber aus – ein Haus gleicht dem anderen. Die Bewohner wirken gut ernährt, die Kinder

Bergvölker und Touristen

Für uns **Touristen** stellen die Bergvölker eine große Attraktion dar. Von Reiseorganisationen und Trekking-Unternehmen werden sie mit oft übertriebenen Adjektiven belegt: faszinierend, malerisch, farbenfroh, unberührt von der Zivilisation, ursprünglich, unverdorben, nur schwer zugänglich, fast unbekannt, neu entdeckt oder gar halb-primitiv. Wir sollten uns davor hüten, sie als Primitive zu betrachten, ihren Geisterglauben zu belächeln und uns überlegen zu fühlen. Tatsächlich besitzen diese Völker eine hoch entwickelte, wenn auch völlig andersartige und z. T. noch nicht erforschte Kultur. In manchen Bereichen haben sie uns einiges voraus. So haben sie ihre Ängste beispielsweise als Geister personifiziert, und wissen mit ihnen bestens umzugehen.

Begegnung mit Bergvölkern: Heutzutage ist es nicht mehr so einfach, die einzelnen Stämme rein äußerlich zu unterscheiden. Denn die typische Kleidung, den auffälligen Kopfputz und den traditionellen Schmuck kann man fast nur noch auf Postkarten oder in Büchern bewundern. Einige Souvenirverkäufer haben die Hilltribe-Kleidung als verkaufsfördernd entdeckt und tragen sie nicht nur in ihren Dörfern, sondern auch auf Nachtmärkten in den Städten.

Dank des Tourismus entstanden in einigen Gegenden Visitor Centers, in denen sich jugendliche Hilltribes auf ihre Traditionen besinnen, alte Handwerkskünste wieder aufleben lassen, Tänze einüben und traditionelle Kleidung tragen. Natürlich soll hier der Besucher durch Spenden und Kauf von Souvenirs zur Finanzierung dieser Zentren beitragen.

werden in der Schule zu ordentlichen Thais erzogen und die Erwachsenen kleiden sich wie Thai-Bauern.

Ein dramatisches Übel hat **Aids** über die Bergvölker gebracht. Wenn die Bauern in die Täler fahren, um ihre Feldfrüchte zu verkaufen, infizieren sie sich bei Prostituierten mit dem HIV-Virus, der dann im Dorf grassiert.

Wir wollen bei der Beschreibung der einzelnen Bergvölker vor allem auf die Dinge eingehen, die man als sporadischer Besucher beobachten kann. Auf viele interessante Themen wie Geburt, Tod, Heirat, Krankenheilung müssen wir in diesem Rahmen verzichten und auf Sachbücher und wissenschaftliche Abhandlungen verweisen (Bücherliste s. S. 874).

Hmong (Meo)

Die Hmong („freie Menschen") werden von Thais häufig Meo (aus dem Chinesischen: „Barbaren") genannt. Es wird angenommen, dass sie vor einigen tausend Jahren von Tibet über Sibirien und die Mongolei nach China einwanderten. Noch heute lebt der größte Teil dieses Volkes in Süd-China, aber auch in Vietnam, Laos und Birma findet man ihre Dörfer. Ende des 19. Jhs. wurden ihre ersten Siedlungen in Thailand gegründet. Heute bilden die Hmong mit ca. 118 000 Menschen nach den Karen die zweitgrößte Gruppe der Bergvölker. Ihre Dörfer sind weit verstreut über mindestens 13 Provinzen in Nord- und Zentral-Thailand.

Nach der Kleidung der Frauen unterscheidet man die Blauen und die Weißen Hmong. Als „Rote Meo" kamen sie in Thailand in Verruf, weil viele in den 60er- und 70er-Jahren gemeinsam mit den Kommunisten gegen die Thai-Armee kämpften.

Kleidung und Schmuck: Mit Indigo-Farbe gebatikte kurze Plissee-Röcke, reichlich mit Kreuzstichen bestickt, kennzeichnen die Frauen der Blauen Hmong. Oben tragen sie eine schwarze Bluse, oft aus Samt und ebenfalls bestickt. Ihr Haar wird in einem großen Knoten auf dem Kopf drapiert. Der schwere Silberschmuck und die kunstvoll bestickte Schürze gehören nicht überall zur Alltagskleidung. Die Frauen der Weißen Hmong tragen einen blau-schwarzen Turban, dunkle Hosen und eine schmale, bestickte Schürze in leuchtenden Farben.

Familie, Haus und Dorf: Die Hmong wohnen in Großfamilien in ebenerdigen Häusern, von denen jedes über einen großen Aufenthaltsraum und verschiedene Schlafabteile verfügt. Nur Angehörige einer Sippe leben in einem Dorf zusammen. Eine eingeheiratete Frau wird in die Sippe des Mannes aufgenommen. Vorzugsweise errichten die Hmong ihre Dörfer in einer Höhe von 1000–1200 m im Schutz der Berge. Zur Selbstversorgung bauen sie Reis und Mais und zum Verkauf Opium an. Sie halten Schweine, Hühner und Ponys in separaten Ställen mit einigem Abstand zu den Häusern.

Religion: Die Religion der Hmong ist eine Kombination aus Pantheismus und Schamanismus mit Schwergewicht auf Ahnenverehrung. Der chinesische Einfluss auf ihre religiösen Praktiken ist unübersehbar. Jedes Haus hat zumindest einen Altar gegenüber vom Eingang, auf dem z. B. am Neujahrstag ein Huhn geopfert wird. Das zu Girlanden gestanzte Geistergeld spielt eine wichtige Rolle bei jeder Zeremonie. Es wird auf dem Boden in einer bestimmten Form ausgelegt und später in den Ecken des Hauses verbrannt. Das

Touristen in Hmong-Dörfern

Die Hmong lassen sich von den Fremden wenig beeinflussen. Sie beobachten sie kurz und gehen dann wieder ihrer Beschäftigung nach. Sie sind sehr gastfreundlich, aber nicht geldgierig. Es verstößt gegen die guten Sitten, wenn Fremde ein Hmong-Haus unaufgefordert betreten. Am besten ist es, sich von außen bemerkbar zu machen und die Einladung eines männlichen Hausbewohners abzuwarten. Wenn nur Frauen zu Hause sind, kann man eintreten.

Einige Wörter in der Hmong-Sprache:

Hallo	*no-dschong*
Wohin des Wegs?	*mo-dagih*
Danke	*what-dschauh*
Bitte	*tor*

wichtigste Fest der Hmong ist das Neujahrsfest, das in den Dezember oder Januar fällt.

Konfrontation mit der Gegenwart: Die Hmong haben schon immer die Sprachen ihrer unmittelbaren Nachbarn und Handelspartner beherrscht. So ist es nicht verwunderlich, dass einige neben Thai auch ein leicht verständliches Englisch sprechen. Viele Hmong geben dem Druck der Thai nach, siedeln weiter unten im Tal an und bestellen Nassreisfelder. Traditionelle Opiumbauern stellen sich auf Kaffee, Soyabohnen oder Obst als *cash crops* um.

Nicht wenigen gelingt es, sich den technischen Errungenschaften unserer Zivilisation zu bedienen. Die Frauen nähen ihre Kleider auf Nähmaschinen, und manche Männer betreiben ein florierendes Transportunternehmen mit eigenem Pickup. Die Hmong legen Wert darauf, dass ihre Kinder in Thai-Schulen unterrichtet werden. Trotzdem scheinen sie es zu schaffen, ihrer alten Kultur weitgehend treu zu bleiben und mit Stolz Hmongs zu sein.

Yao

Die Yao nennen sich selbst *Mien*. Die ersten Yao kamen Mitte des 19. Jhs. aus Laos, sie stammen wahrscheinlich aus Süd-China. Heute leben Yao in Süd-China, Vietnam, Laos, Birma und ca. 42 000 in Nord-Thailand. Hier siedeln sie hauptsächlich in den Provinzen Chiang Rai, Phayao und Nan.

Die Legende von der Entstehung der Yao

Die Yao haben eine lange, von Legenden umwobene Geschichte. Ein chinesischer Kaiser hatte demjenigen seine Tochter versprochen, der seinen ärgsten Widersacher besiegen würde. Ein Hund, Pan Kou genannt, war der Held, der den Kopf des Feindes dem Kaiser vorlegte. Nun, der Kaiser war ein ehrenwerter Mann und löste sein gegebenes Versprechen ein. Pan Kou und die Prinzessin wurden ein Paar. Aus der erfolgreichen Ehe entstammten die ersten Yao. Die vollständige Legende wird in einem Epos der Yao besungen.

Touristen in Yao-Dörfern

Auf Touristen wirkt die anerzogene Höflichkeit der Yao eher abweisend. Wer Kinder fotografieren will, sollte immer vorher fragen, da man sie auf keinen Fall erschrecken darf.

Viele Wörter ihrer Sprache haben die Yao aus dem Chinesischen übernommen. Sie sind auch das einzige Bergvolk Thailands, das sich einer Schrift bedient, und zwar der chinesischen. Sie haben damit ihre Lieder, Legenden, Geschichten und die Namen ihrer Vorfahren festgehalten. Entweder bringen die Väter ihren Söhnen das Schreiben bei, oder das Dorf engagiert einen chinesischen Lehrer. Nicht nur die Schrift, auch viele chinesische Bräuche wurden von den Yao übernommen.

Kleidung und Schmuck: Die traditionelle Kleidung der Yao-Frauen besteht aus einem schwarzen Turban, einer weiten, überreich bestickten Hose und einem blau-schwarzen Mantel. Am meisten fällt jedoch ihre aus dunkelroter Wolle geknüpfte Schärpe auf, die sie wie einen Pelzkragen um den Halsausschnitt tragen. Kleine, schwere Silberohrringe und silberne Armreifen gehören zum Alltagsschmuck der Yao-Frauen.

Familie: Die Yao leben in Großfamilien zusammen. Die polygame Ehe ist möglich. Der junge Yao muss sich seine Braut außerhalb der Sippe suchen. Nach der Hochzeit, die eine zentrale Rolle im Leben der Yao spielt, zieht das junge Paar ins elterliche Haus des Mannes. Voreheliche Kinder der Frau werden automatisch adoptiert. Falls der junge Mann arm, oder das Mädchen die einzige Tochter ist, kann der Mann entscheiden, ob er vorübergehend oder für immer in die Familie der Frau ziehen will.

Religion: Die Yao werden als Pantheisten und Ahnenverehrer betrachtet und sind stark vom Taoismus, der alten chinesischen Hochreligion des Laotse, beeinflusst. Ihr Neujahrsfest findet am gleichen Tag wie das chinesische Neujahr statt, also im Januar / Februar.

Konfrontation mit der Gegenwart: Es ist für die Yao ein großes Anliegen, den Forderungen der Regierung nachzukommen und im Einklang mit ihrer sozialen Umgebung zu leben. Die alten Männer machen sich Sorgen um das Fortleben ihrer Kultur, da die Jungen mehr Thai als Chinesisch lernen.

Lahu

Die Thai und Shan nennen diese Stammesgruppe *Musur* oder *Musoe*. Man glaubt, dass die Lahu aus dem südwestlichen China, eventuell aus Tibet stammen und über Jahrhunderte südwärts nach Birma, Laos und Thailand gezogen sind. Seit 1891 wird von Lahu-Dörfern in Thailand berichtet. Heute leben ca. 84 000 Lahu vorwiegend in der Provinz Chiang Rai sowie im Norden der Provinzen Chiang Mai und Mae Hong Son. Bei den Lahu unterscheidet man verschiedene Untergruppen, wovon sich in Thailand hauptsächlich vier angesiedelt haben: Lahu Na (schwarz), Lahu Nyi (rot), Lahu She Leh und Lahu Shi (gelb).

Kleidung und Schmuck: Viele Lahu kleiden sich wie gewöhnliche Thai-Bauern, nur manche Lahu Na und viele Lahu She Leh tragen noch täglich ihre eigene Tracht. Alle anderen kann man nur noch an Festtagen traditionell gekleidet sehen. Alle Gruppen verzieren ihre Kleidung mit Borten. Die Lahu She Leh zum Beispiel tragen schwarze Mäntel mit weißen Rändern und bunten Ärmeln aus applizierten Stoffstreifen. Kurze Hosen und bunte Wadenstrümpfe vervollständigen die Kleidung. Der Alltagsschmuck bei Frauen wie Männern besteht aus grob bearbeiteten Silberarmspangen und geflochtenen Armreifen aus acht Grashalmen.

Familie, Haus und Dorf: Die Lahu leben in Kleinfamilien zusammen. Nur für eine gewisse Zeit nach der Hochzeit zieht der Schwiegersohn mit Frau ins Haus der Schwiegereltern, um den Brautpreis abzuarbeiten. Die relativ kleinen Häuser der meisten Lahu stehen auf Pfählen. Auf einem eingekerbten Baumstamm balanciert man zur teilweise überdachten Terrasse hinauf, auf der Gäste empfangen und allerlei Hausarbeiten verrichtet werden. Wände und Böden des Hauses bestehen aus flachgeklopftem Bambus wie bei den meisten Bergvölkern. Die Lücken im Boden sind so weit, dass man durchspucken kann. Das ist wichtig, denn die Lahu-Frauen sind unentwegte Betelkauer. Unter dem Haus leben die Schweine, die den Abfall, der durch die Lücken fällt, gleich verwerten. Ponys und Hühner haben einen eigenen Stall. Das Wasser wird aus nahe liegenden Quellen über Bambusrohre ins Dorf geleitet. Traditionell lebten Lahu in einer Höhe über 1000 Meter. Doch mit Ausnahme der She Leh sind sie in niedere Lagen gezogen. Die Lahu pflanzen Trockenreis und Mais für ihre tägliche Nahrung an sowie Melonen, Chilies, Hirse, Bohnen und Gemüse zum Verkauf. Opiumanbau stellt in manchen Dörfern eine wichtige Erwerbsquelle dar.

Religion: Die Religion der Lahu wird als theistischer Animismus bezeichnet. Sie beten einen höchsten Gott Guisha an, glauben aber auch an gute und böse Geister sowie an Seelenwanderung. Die Lahu Nyi halten 14-tägig eine Zeremonie im Dorftempel ab, der an hohen Bambusstangen mit ausgebleichten Fahnen zu erkennen ist. Die Lahu She Leh haben einen eingezäunten Platz für rituelle Tänze. Viele Lahu Shi und Lahu Na wurden zu Christen bekehrt. Das Neujahrsfest ist das wichtigste Ereignis für traditionelle Lahu. Es findet zwischen Januar und März statt, wird aber nicht von allen Dörfern zur gleichen Zeit gefeiert.

Konfrontation mit der Gegenwart: Die Lahu pflegen viele Kontakte mit der Thai Bevölkerung in den Tälern, treiben regen Handel, und einige

Einige Wörter in der Lahu-Sprache

Hallo	*abudadscha (auch okupüwai)*
Tschüs	*atscha*
Mag nicht	*mähe-i*
Danke	*dailo dawiiyo* (auch *abodschi-jah)*
Gut	*luup*
Essen	*odscha*
Müde	*zztga*
Schlafen	*zzmkyo*
Haus	*luu*
Tee	*tscha*
Bus	*lu*
Wohin?	*hok kai lee?*
Nach	*kai lö*
Ich weiß nicht	*naa maa sö*

Dörfer haben einen von der Regierung ernannten Führer als Kontaktmann zur Distriktverwaltung. In manchen Lahu Siedlungen entstehen buddhistische Klöster, die jungen Männer können als Novizen eintreten und eine Ausbildung erhalten. Die Jugend saugt die Thai-Kultur gierig auf.

Lisu

Die Lisu werden von den Thai *Lisaw* genannt. Linguistisch gehören sie zum tibeto-birmanischen Zweig der sino-tibetischen Sprachfamilie. Viele Wörter (bis zu 30 %) sind aus dem Yunnanesischen übernommen. Die ursprüngliche Herkunft der Lisu wird in Süd-China vermutet. 1921 wanderten die ersten nach Thailand ein, über Birma, wie alle nachfolgenden auch. Heute leben ca. 31 000 Lisu in Thailand. Sie haben ihre Dörfer in 9 verschiedenen Provinzen, die meisten leben in den Provinzen Chiang Mai, Chiang Rai und in der Gegend von Pai.

Kleidung und Schmuck: Die Lisu ziehen sich gern bunt an und statten ihre Kleidung mit vielen modischen Accessoires aus. Heutzutage sind grelle Nylonstoffe in Grün und Blau besonders begehrt. Diese werden zu Jacken verarbeitet, vorne knie-, hinten wadenlang und seitlich bis zur Hüfte geschlitzt. Oberärmel, Halsausschnitt und Schulterteil sind dicht mit schmalen, bunten Borten besetzt. Ein schwarzes Band wird eng um die Taille geschlungen. Von den Hüften bis zu den Kniekehlen hängen zwei Bündel aufwändig gefertigter Kordeln, am Ende mit kleinen Wollbällchen verziert. Der Turban, der zu festlichen Gelegenheiten getragen wird, ist einfach unbeschreiblich. Er wird von den jungen Mädchen mit Plastikblumen und Geschenkbändern verziert, alles was glitzert ist erlaubt, der Fantasie scheinen keine Grenzen gesetzt. Auch viele Männer tragen gern weite Hosen aus grünem oder blauem Nylonstoff.

Familie, Haus, Dorf: In der patriarchalischen Lisu-Familie gebührt dem Vater absoluter Gehorsam. Konflikte innerhalb der Familie und zwischen Familien werden offen ausgetragen und enden oft gewalttätig. Für die sozialen Beziehungen spielen die Sippen eine große Rolle. Die meist recht großen Häuser der Lisu sind ebenerdig oder stehen auf Pfählen. Immer sind sie am Hang gebaut. Der Ahnenaltar ist an der Hangseite platziert, genau gegenüber der Tür. Die Lisu siedeln vorzugsweise im gebirgigen, schwer zugänglichen Hinterland auf einer Höhe von ca. 1000 m, gern haben sie zwecks Sicherheit und Unterhaltung andere Lisu-Dörfer in der Nähe. Ein Dorf liegt meist auf einer Seite eines Bergkammes, auf dessen anderer Seite ein Bach fließt. Das Wasser wird in meisterhaften Bambus-Aquädukten um den Berg herum in ihr Dorf geleitet. Die Lisu betreiben Wechselfeldbau und pflanzen Reis, Mais und Gemüse für den Eigenverbrauch an. Sie verrichten nicht alle anfallenden Arbeiten selbst, sondern stellen Karen oder Lahu als billige Arbeitskräfte ein. Schweine und Rinder werden zum Verkauf gezüchtet, doch ihr Haupteinkommen beziehen die Lisu durch Opiumanbau. Chinesische Händler kaufen das Opium auf und heiraten auch gern Lisu-Frauen. Lisu-Dörfer mit einer Mehrheit von chinesischen Männern sind keine Seltenheit. Aus

Touristen in Lisu-Dörfern

Gäste werden im Hauptraum des Hauses empfangen und sollten niemals das Schlafgemach betreten. Auf der Türschwelle darf man nicht sitzen oder stehen. Der Ahnenaltar ist für Fremde tabu, die Füße dürfen niemals in seine Richtung deuten, er darf nicht fotografiert werden. Niemand sollte mit dem Kopf Richtung Feuer schlafen, das heilig ist. Männer und Frauen sollten in Lisu-Dörfern keine Zuneigung zeigen und getrennt schlafen. Auch der Schrein für den Schutzgeist des Dorfes ist tabu. Manche Lisu haben etwas dagegen, fotografiert zu werden.

Einige Wörter in der Lisu-Sprache:

Hallo	*a kö cha; ho chwa*
Wohin?	*a la dschi-ya*
Danke	*a kö boo moo*
Tschüs	*ho chwa gii*
Bitte	*die-ou-nie*
Ja	*mm*
Nein	*ma nga*

sozialen, ökonomischen und politischen Gründen siedeln Lisu ihre Dörfer oft um.

Religion: Die Lisu sind hauptsächlich Animisten und Ahnenverehrer, glauben aber auch an ein höchstes Wesen, Wu Sa. Jedes Dorf hat einen Schrein für den Schutzgeist Apa Mu, der oberhalb des Dorfes unter einem Laubbaum steht. Das wichtigste Fest ist das Neujahrsfest. Es wird ungefähr zur gleichen Zeit wie das chinesische Neujahr gefeiert, also im Januar / Februar.

Konfrontation mit der Gegenwart: Die meisten Lisu integrieren alle nützlich erscheinenden Produkte der modernen Welt begeistert in ihren Alltag. Dennoch lassen sie sich von den Thai nicht so leicht unterbuttern. Selbst beim Opiumanbau gelingt es ihnen immer wieder, sich mit den lokalen Beamten zu arrangieren.

Akha

Die Thai nennen sie *Kor* oder *I-gor*, was die Akha nicht gerne hören. Wahrscheinlich stammen die Akha aus dem tibetischen Hochland und wanderten im Laufe der Jahrhunderte über Yunnan, wo noch heute die meisten leben, über Nord-Birma und Laos in den Norden Thailands.

Um 1900 sollen sich hier die ersten Akha (die Ulo-Akha) angesiedelt haben. Heute leben ca. 36 000 Akha in Thailand, auf sechs Provinzen verteilt. Die meisten Dörfer stehen in der Provinz Chiang Rai und im Norden der Provinz Chiang Mai.

Kleidung und Schmuck: Akha-Frauen sind mit ihrem faszinierenden Kopfputz und Silberschmuck unverkennbar. Ihren Kopfputz tragen sie nur noch selten, manchmal in reduzierter Form oder von einer Kapuze bedeckt. Er besteht aus Silberknöpfen, Silberkugeln, Münzen, gefärbten Hühnerfedern und Affenhaar, aus bunten Perlen und roten Wollquasten und Wollbommeln. Er umrahmt das ganze Gesicht, hängt oft bis auf die Brust und wird bei den Loimi von einer silbernen, ca. 20 cm hohen Platte am Hinterkopf gekrönt. Bei den Ulo türmt sich der Kopfschmuck kegelförmig nach oben. Die typischen schwarzblauen Miniröckchen werden unterhalb des Bauchansatzes getragen und reichen nur bis knapp übers Knie. Setzt sich die Frau hin, bedeckt eine Schärpe, mit Knöpfen, Münzen und Perlen bestickt, züchtig ihren Schritt. Die aus bunten Stoffen applizierten Beinstulpen sieht man noch häufig, während das traditionelle Oberteil oft durch ein T-Shirt ersetzt wird. Die Bambuspfeife, mit oder ohne Tabak, ist bei Jung und Alt beliebt. Viele Akha-Frauen spinnen ihr Garn selbst und verweben es auf komfortablen Tretwebstühlen.

Familie, Haus, Dorf: Die Häuser der Akha sind meistens auf Pfählen gebaut. Unterm Haus leben die Tiere, außerdem wird dieser Raum zum Lagern von Holz genutzt. Die Häuser sind mit weit heruntergezogenen Dächern aus Gras bedeckt und besitzen keine Fenster. Männer und Frauen schlafen in separaten Räumen innerhalb des Hauses. Nur in den ersten Jahren nach der Heirat schläft das junge Paar gemeinsam in einem Häuschen auf dem Grundstück seines Vaters. Die Akha errichten ihre Dörfer vorzugsweise auf luftigen Bergkämmen in 1000 m Höhe. Sie pflanzen auf wechselnden Feldern Trockenreis, Mais, Hirse, Chilies, Knoblauch, Sesam und verschiedene Gemüse an. Oft ist es zu wenig, um alle richtig zu ernähren. Schweine, Wasserbüffel, Rinder und Geflügel werden für Feste, Opfer und zum Verkauf gehalten. Die Wasserquelle befindet sich unterhalb des Dorfes, und die Frauen tragen das Wasser in Bambusgefäßen zu ihren Häusern. Sie waschen sich selbst und ihre Kinder zweimal täglich.

Ein Akha-Dorf besitzt am oberen und unteren Ende je ein Tor aus massiven Baumstämmen. Die Tore sind offen und nicht mit einem Zaun verbunden. Sie bilden eine symbolische Grenze gegen alles Böse und Zerstörerische, ob Krankheit, Räuber, Vampire oder wilde Tiere. Auf dem Querbalken sitzen geschnitzte Vögel, sie sollen verhindern, dass zu viele Küken von Falken erjagt werden. Vor jedem Tor stehen dicht beieinander zwei grob geschnitzte Figuren aus Holz, ein Mann und eine Frau mit betonten Geschlechtsmerkmalen. Es ist nicht ganz klar, ob diese Figuren Fruchtbarkeitssymbole darstellen oder gefährliche Eindringlinge erschrecken sollen. Jedes Jahr werden neue Tore und Figuren aufgestellt. Besucher müssen diese Tore nicht benützen, sie sollen nicht berührt werden.

Zu jedem Dorf gehört ein ebener Platz, an dem sich allabendlich die Jugend trifft. Die Mädchen singen und tanzen, die Burschen schauen zu und machen später auch mit. In absoluter Dunkelheit ziehen sich die Jugendlichen, oft paarweise, zurück.

Religion: Der Glaube der Akha basiert auf alten chinesischen Philosophien. Ihre Religion ist im weitesten Sinn zu sehen, sie umfasst das ganze Leben und wird als *Akhazang* (die Lebensweise der Akha) bezeichnet. Die Texte des *Akhazang* werden von Generation zu Generation mündlich weitergegeben. Der *Akhazang* beschreibt alle religiösen Rituale, Zeremonien und Feste, aber er regelt auch die Beziehung zwischen den Menschen, mit den Tieren, der Natur und ihren Kräften. Er bestimmt, wie ein Haus gebaut oder der Wald gerodet werden muss. Wenn alles auf die richtige Art, zur rechten Zeit und am richtigen Platz ausgeführt wird, bleibt die Harmonie mit der Natur des Universums ungestört, bleibt die Balance erhalten. Die Ahnen der väterlichen Linie werden verehrt, und die Akha können ihre Namen bis zu 64 Generationen zurück aufsagen. In jedem Haus steht ein Ahnenaltar. Zwischen August und September halten die Akha ein fröhliches Fest ab, das Schaukelfest. Das Datum ihres Neujahrs variiert von Dorf zu Dorf, gewöhnlich findet es im Dezember statt.

Konfrontation mit der Gegenwart: Vor allem in Dörfern im Einflussbereich staatlicher Instanzen verarmen die Akha sichtbar, insbesondere nördlich des Kok-Flusses. Über viele Jahrhunderte hinweg, auf der Wanderung durch unwirtliche Länder und bei der Begegnung mit übermächtigen Völkern, bot ihnen der *Akhazang* Schutz und Halt. Heute wirkt der *Akhazang* eher wie eine Fessel, die sie daran hindert, die vielschichtigen Probleme zu bewältigen. Immer mehr Akha greifen in der hoffnungslosen Situation zum Opium, obwohl sie traditionell keine Opiumraucher sind.

Für die Thai-Behörden gelten die Akha als das primitivste Bergvolk, das stur an seiner Tradition klebt und am schwierigsten zu entwickeln ist. Den Entwicklungsbeamten ist es fast unmöglich, die hochentwickelte Kultur des *Akhazang* und seine Interpretationsmöglichkeiten zu verstehen. Die Akha sind in großer Gefahr, ihre traditionellen Werte zu verlieren und unter dem Druck von außen unterzugehen. Immer mehr Akha nehmen begierig die christliche Religion an, da sie am leichtesten zu praktizieren ist. Einige Akhas haben die verkaufsfördernde Wirkung ihrer Tracht erkannt und betätigen sich nicht nur in ihren Dörfern erfolgreich als Souvenirverkäufer, sondern auch auf den Nachtmärkten von Chiang Mai und Chiang Rai und bei touristischen Attraktionen.

Touristen in Akha-Dörfern

Akha halten grundsätzlich nichts von Fremden. Daher imitieren sie auch Touristen nicht so ohne weiteres, sie benützen sie nur gern als Entschuldigungsgrund für eigenes Fehlverhalten, z. B. Opium rauchen. Wer sich in einem Akha-Dorf ausgenommen vorkommt, kann sich damit trösten, dass dies schon dem Völkerkundler Bernatzik vor 60 Jahren so erging, also nicht unbedingt eine tourismusbedingte Neuerscheinung ist. Beim Durchqueren eines Akha-Dorfes sollte man stets bereit sein, der von der Sitte diktierten Einladung in ein Haus zu folgen (Männer niemals unaufgefordert ins Frauenabteil). Dort muss man mindestens einen Schluck des angebotenen Wassers oder Tees annehmen. Wer keine Zeit oder keine Lust hat, sich an diese Regel zu halten, nimmt lieber den Weg ums Dorf herum.

Einige Wörter in der Akha-Sprache:

Wohin des Wegs, jüngerer Bruder?	*aga itee a-dschö-o?*
Wohin des Wegs, älterer Bruder? (anstatt „hallo", zu einem Mann)	*aga itee a-nii-o?*
Hallo	*galah-guma*
Danke	*galah-guma-dee* (auch *gö-lo-höö*)
Tschüs	*roi ma-dee*
Mann	*ali*
Frau	*abu*
Vater	*ada*
Mutter	*ama*

Karen

Die Karen, von den Thai Kariang oder Yang genannt, stellen mit 352 000 Menschen (48 %) die größte Stammesgruppe in Thailand. Ihr Ursprung ist unklar. Viele Jahrhunderte lebten sie in Birma, und schon im 18. Jh. übersiedelten einige nach Thailand.

Heute leben hauptsächlich Weiße Karen in Thailand, konzentriert entlang der burmesischen Grenze von Mae Hong Son bis Kanchanaburi, aber auch verstreut in weiteren Provinzen von Nord- und Zentral-Thailand. Jenseits der Grenze befinden sich die Karen schon seit Jahrzehnten in einem Guerillakrieg gegen die burmesische Zentralregierung, der jedes Jahr in der Trockenzeit wieder aufflammt. Man unterteilt die Weißen Karen in Skaw Karen und Pwo Karen, die fälschlich auch Rote Karen genannt werden.

Kleidung: Die Karen-Frauen sind als gute Weber bekannt. Auf einfachen Webstühlen mit Rückenband weben sie, auf dem Boden sitzend, schmale Streifen, die mit buntem Faden zu Gewändern zusammengenäht werden. Die jungen, unverheirateten Mädchen tragen ein langes, ursprünglich weißes Gewand. Ansonsten hat jede Untergruppe ihren eigenen Stil.

Familie, Haus, Dorf: Als einziges der Bergvölker Thailands haben die Karen eine mutterrechtlich orientierte Gesellschaft. Sie leben in Kleinfamilien, und die Familie bildet die wichtigste ökonomische Einheit in allen häuslichen Angelegenheiten. Die Karen siedeln sowohl in den Bergen als auch in den Ebenen, ziehen jedoch niedere Lagen von ca. 500 m vor. Wird ein Dorf zu groß, spaltet sich ein Satellitendorf ab, das aber weiterhin enge Beziehungen zum Mutterdorf unterhält. Die traditionellen Karen-Häuser stehen auf Pfählen. Der große Innenraum ist nicht in Zimmer unterteilt, nur manchmal wird für die heranwachsende Tochter ein Eckchen abgetrennt. Das Leben spielt sich tagsüber auf der geräumigen, überdachten Veranda ab, auf der auch Gäste übernachten können.

Die Karen sind äußerst sesshaft, was man an ihren Gärten erkennen kann, in denen Jackfrucht-, Zitrus- und Mangobäume wachsen. Ihre Dörfer sind eingezäunt und sauber angelegt. Ein ausgeklügeltes System des Wechselfeldbaus ermöglichte ihnen immer gute Ernten und verhinderte Erosion auf den brachliegenden Feldern. Heute können sie diese Praxis nicht mehr anwenden. Hauptsächlich bauen sie Reis und Gemüse an, nur ganz gelegentlich Opium. Die Karen züchten Hühner, Schweine, Wasserbüffel, Rinder und Elefanten. Sie verkaufen ihre überschüssigen Produkte und verdienen Geld durch Lohnarbeit. Die Karen, die in der Ebene leben, haben sich ihren Thai-Nachbarn mehr oder weniger angepasst.

Religion: Die Karen verehren einen „Herrn von Land und Wasser" und verschiedenste Geister. Sie haben weder einen Altar im Haus noch einen bestimmten Zeremonienplatz im Dorf. Einige Karen sind Christen, andere, vor allem im Tiefland, Buddhisten. Ihr traditionelles Neujahrsfest findet im Februar statt.

Konfrontation mit der Gegenwart: Die Karen leiden sozial und ökonomisch unter dem Bevölkerungsdruck und den Gesetzen der Thai-Regierung, wodurch ihnen ihr Wechselfeldbau und das Bilden von Satellitendörfern nicht mehr möglich ist. Sie verlieren ihre traditionellen Werte und passen sich immer mehr den Thai an. Wohlhabende und ausgebildete Karen, die in den Städten leben, beeinflussen die Wertvorstellungen und Zukunftshoffnungen des gesamten Stammes nicht unwesentlich.

Touristen in Karen-Dörfern

Besucher werden von den Karen ausschließlich auf der Veranda empfangen. Auch übernachten dürfen Gäste in traditionellen Karen-Häusern nur dort, und zwar nach Männern und Frauen getrennt.

Lawa

Die *Lua*, wie die Nord-Thailänder sie nennen, werden offiziell nicht zu den Bergvölkern gerechnet. Sie gehören zur Urbevölkerung des Landes und siedelten seit dem 7. Jh., wesentlich früher als die Thai, im Flusstal des Ping. Sie sind austro-asiatischen Ursprungs und gehören zur

Mon-Khmer-Gruppe. Die meisten wurden von der Thai-Gesellschaft absorbiert.

Etwa 17 000 Personen, die ihre Stammesidentität bewahrt haben, leben auf dem Bo Luang Plateau zwischen Hot und Mae Sariang sowie in den Bergen südöstlich von Mae Hong Son. Im Gegensatz zu anderen Stämmen zerstören sie weniger Bergwald, da sie mit viel Geschick Reisterrassen anlegen und in einem rotierenden System dieselben Felder immer wieder bebauen. Die Lawa sind Animisten und Ahnenverehrer. Wie die Thai verbinden sie ihren traditionellen Glauben mit dem Buddhismus.

Thins

Die Thins gehören zu den weniger bekannten Stämmen und werden von der Regierung nicht als „Bergvolk" bezeichnet. Man trifft sie in der Nan-Provinz bei Pua und am Doi Phukha.

Familie, Haus, Dorf: Nach der Heirat zieht der Ehemann in die Familie seiner Frau. Gewöhnlich leben drei Generationen zusammen, im Durchschnitt sieben Personen in einem Haushalt. Die Thins wohnen auf Hügeln oder in Tälern, möglichst ohne Kontakt zu anderen Menschen. Ihre Häuser bauen sie aus Naturmaterial, wie Holz, Bambus, Gras und Rattan. Metall für den Hausbau zu benutzen, würde gegen ein Tabu verstoßen. Durch Jagen, Sammeln und den Anbau von Klebereis erwerben sie ihren kärglichen Lebensunterhalt. Einige können Salz aus unterirdischem Wasser gewinnen. Viele verdingen sich temporär als Lohnarbeiter.

Religion: Die Thins werden als Animisten bezeichnet. Sie bitten Geister um ihre Hilfe. Ihr Glaube spielt eine wichtige Rolle beim Zusammenleben, vor allem übt er die Funktion sozialer Kontrolle aus.

Mabri

Die Mabris kommen ursprünglich aus Laos, wo heute noch die meisten von ihnen leben. Im letzten Jahrhundert wanderten einige von ihnen nach Nordost-Thailand aus. Heute leben nur noch wenige Gruppen von ihnen in den Wäldern von Phrae und Nan. Sie werden auch *Yambri* oder *Malabri* genannt. Die Thai bezeichnen sie als *Phi-Thong-Luang*, Gelbe-Bananenblätter-Menschen.

Familie, Haus, Dorf: Die Mabris leben in Großfamilien von bis zu zwanzig Personen zusammen. Nur noch wenige leben traditionell, bleiben nur so lange an einem Platz, bis die Blätter ihres Schutzdaches gelb werden, ernähren sich vom Jagen und Sammeln und tauschen Waldprodukte wie wilden Honig gegen Reis, Salz und Stoffe ein. Von den Hmong haben sie das Weben, Schmieden und Korbflechten gelernt. Heute arbeiten sie vorwiegend als Wanderfeldarbeiter auf den Feldern der Hmong. Für Touristen wird häufig eine Show abgezogen. Anschließend ziehen sie wieder T-Shirts und Jeans an.

Trekking zu den Bergvölkern

Die meisten Besucher Nord-Thailands wollen einige Dörfer der dort lebenden Bergvölker besuchen und einen Hauch von dem Abenteuer spüren, das sie umweht. Vielen macht es Spaß, aus den Städten herauszukommen und sich in der freien Natur zu bewegen. Weitaus die meisten Treks werden von Chiang Mai aus veranstaltet. Wer die touristische Vermarktung der Bergvölker ablehnt, sollte auf Trekking-Touren verzichten oder weiter im Süden trekken gehen.

Wann kann man trekken?

Von **November bis Januar** ist es tagsüber angenehm warm, nachts kühl, in den Bergen kalt, es regnet fast nie – dies ist die beste Trekking-Zeit und Saison. Ab Februar führen viele Flüsse kaum noch Wasser, die Luft erscheint wegen vieler Feuer sehr dunstig.

Im **März und April** wird es heiß (mittags 32 °C bis 35 °C), nachts kühlt es um ca. 12 °C ab, es ist trocken und staubig – trekken macht keinen Spaß.

Von **Mai bis Oktober** regnet es an 15 bis 25 Tagen im Monat, häufig jedoch nur am Abend

Kosten einer Trekking-Tour

Für eine 3-tägige Tour (2 Nächte) ohne Elefantenritt muss man mit 2200 Baht rechnen. Wer nicht will, dass sein Guide oder die besuchten Hilltribes ausgebeutet werden, muss auch bereit sein, einen angemessenen Betrag für seine Trekking-Tour zu bezahlen.

und in der Nacht, die Landschaft strahlt in frischem Grün – Trekking-Touren arten oft in Schlammschlachten aus und müssen manchmal abgebrochen werden. Regenzeit-Treks können aber auch viel Spaß machen.

Von wo aus kann man trekken?

Weitaus die meisten Treks werden von Chiang Mai aus veranstaltet. Hier gibt es weit über 100 Trekking-Agenturen. Außerdem organisieren fast alle Gästehäuser Treks. Die Treks führen hauptsächlich in die Gebiete um den Chiang Dao und zum Mae Taeng Fluss. Auch Richtung Mae Hong Son und Mae Sariang werden viele Treks angeboten. Die An- und Rückfahrt dauert meist mehrere Stunden. Auch in Chiang Rai, Mae Hong Son und Pai gibt es gute Trekking-Organisationen, in Nan ein kleines Trekking-Office. In Mae Sariang, Soppong, Fang und Thaton werden individuellere Treks in kleineren Gruppen von Gästehäusern organisiert. Dabei liegt der Ausgangspunkt näher an den Trekking-Gebieten.

Besichtigungstour (1/2–1 Tag)

Besichtigungstouren werden hauptsächlich von Reisebüros in Chiang Mai und Chiang Rai angeboten. Bei solchen Touren werden Touristen zu Dörfern gefahren, die ganz auf den Sightseeing-Tourismus eingestellt sind, und deren Bewohner auch davon leben. Die Frauen sind immer schön gekleidet, verkaufen Handarbeiten und sind gewohnt, fotografiert zu werden. Wenn sie erwarten, dass ein Tourist für ein Foto eine kleine Gebühr bezahlt oder ihnen etwas abkauft, ist das ihr gutes Recht. Wer unbedingt Portrait-Aufnahmen schießen möchte, ist in diesen Dörfern wesentlich besser aufgehoben als in den so genannten „unverdorbenen", in denen die Einwohner durch Fremde verunsichert werden. Ein typisches „Touristendorf" nahe Chiang Mai ist das abstoßende Meo-Dorf Doi Pui (Hmong); nördlich von Chiang Rai sind es Phadua (Yao) und Sam Yaek (Akha).

Exkursion (2–3 Tage)

Exkursionen laufen die Dörfer auf Standardrouten an, die jeden Tag von vielen Gruppen begangen werden. Auch Pauschaltouristen wird ein solcher Ausflug angeboten. Man darf also keine „unberührten Hilltribes" erwarten. Gewöhnlich muss man nicht länger als ein bis zwei Stunden pro Tag wandern, meist sind eine Bootsfahrt und ein kurzer Elefantenritt („Safari"!) im Preis inbegriffen.

Eine ab Chiang Mai angebotene Exkursion von 3 Tagen geht etwa so: 4 Std. mit Bus (nach Thaton), 3 1/2 Std. mit Boot (auf dem Mae Kok) zu einem Karen-Dorf (Ruam Mitr), Übernachtung; 2 1/2 Std. Elefantenritt zum Yao-Dorf (Huai Mae Sai), 1 Std. Wanderung zum Wasserfall und 1 1/2 Std. zum Akha-Dorf (Aboo), Übernachtung; 1 1/2 Std. Wanderung zum Shan-Dorf (Huai Khom), Rückfahrt nach Chiang Mai 4 Std.; das Ganze (inkl. 7 Mahlzeiten) ab ca. 2400–3000 Baht pro Person, aber auch für 4000–6000 Baht. Ab Chiang Rai wird die gleiche Route in zwei Tagen begangen, für einen entsprechend niedrigeren Preis. Eine „2 days 1 night" Tour beginnt bei etwa 1050 Baht, kann aber auch locker 2800 Baht kosten.

Trekking-Tour (3–4 Tage)

Wer sich in Chiang Mai oder einem anderen Ort für einen Trek eingeschrieben hat, muss eine Kopie seines Passes abgeben, damit der Guide die Tour bei der Polizei anmelden kann. Meistens kann der Trek schon am nächsten oder übernächsten Tag losgehen. Der Veranstalter stellt einen kleinen, meist miserablen Rucksack, eine Wasserflasche und eine Decke.

Man startet zwischen 9 und 13 Uhr und fährt mit einem Pickup 1–4 Stunden, je nach Ausgangsort. Ob das erste Mittagessen im Preis inbegriffen ist, sollte man schon vorher erfragen. Am ersten Tag wird 2 bis 4 Stunden gewandert.

Gegen Abend läuft man ein Hilltribe-Dorf an und wird in einer Hütte der Einheimischen oder einer separaten Touristenhütte untergebracht. Die Gebühr bezahlt der Guide. Während der Guide ein schmackhaftes Essen aus den mitgebrachten Vorräten kocht, kann man ihm zusehen oder helfen, oder aber draußen herumschlendern, um das abendliche Treiben zu beobachten. Überall laufen Hunde, Schweine und Hühner herum. Hier und dort erledigen die Dorfbewohner ihre letzten Geschäfte und die Kinder spielen Ball-über-die-Schnur. Man schläft auf dem Boden der Hütte, meist auf Matten. Toiletten dürfen Trekker hier nicht erwarten und sich nicht genieren, Hof oder Garten als solche zu benutzen. Die Schweine sorgen für Sauberkeit, meist schneller als manchem lieb ist. Häufig gibt es nur eine Quelle, eine Pumpe oder einen Bach, um sich zu waschen.

An den nächsten Tagen wird 2–8 Stunden marschiert, einige Hilltribe-Dörfer werden passiert, eine Floßfahrt oder ein Elefantenritt durchgeführt (falls gebucht). Die Floßfahrt ist nichts für Wasserscheue, denn auf den einfachen Bambusflößen steht oder sitzt man die meiste Zeit im Wasser. In der zweiten Nacht haben die Teilnehmer schon etwas mehr Erfahrung und können vielleicht etwas besser schlafen. Am letzten Tag wird nur noch wenige Stunden bis zu einer Straße gewandert, und mit Pickup oder Bus geht es zum Ausgangspunkt zurück. Für die meisten Trekker ist eine solche Tour ein großes Erlebnis.

Ob sich Trekker in einem Hilltribe-Dorf wie in einem Zoo fühlen, hängt von ihrer Einstellung ab. Bei einigen scheint das koloniale Gedankengut noch tief im Unterbewusstsein verankert zu sein, und sie plagt ein schlechtes Gewissen, wenn sie Menschen, die unter einfacheren Bedingungen naturnah leben, nicht als gleichwertig, sondern als so etwas wie Tiere im Zoo sehen. Naturromantiker möchten die Angehörigen der Bergvölker so bewahren, wie sie noch vor einigen Jahrzehnten waren. Sie gestehen ihnen keine Entwicklung zu und wollen nicht wahrhaben, dass in einem eng begrenzten Staatsgebiet wie Thailand Subsistenzwirtschaft und Wanderfeldbau nicht mehr möglich sind.

Die Bergvölker benötigen heutzutage Geld, und was sie durch die Übernachtung von Trekkinggruppen (10–50 Baht / Person) oder durch den Verkauf von Handarbeiten (5–10 Baht pro Armband) verdienen, trägt zu ihrem Lebensunterhalt und der schulischen Ausbildung ihrer Kinder wesentlich bei.

Längere Trekking-Touren

5- bis 10-Tage-Touren werden nur selten angeboten, aber wer einige Tage warten kann oder schon in einer kleinen Gruppe reist, kann eine solche Tour bei jeder Organisation arrangieren lassen. Die Chancen, in abgelegene Gebiete zu kommen und ursprüngliche Dörfer kennen zu lernen, sind wesentlich größer als bei kurzen Touren.

Trekking Guide

Ob Trekker von ihrer Tour begeistert sind oder nicht, hängt von der Gruppe, hauptsächlich aber vom Guide ab. Die schlechtesten Erfahrungen machen Trekker mit einem rauschgiftabhängigen Guide. Er will nur in die Berge, um an Stoff zu kommen, die ihm anvertrauten Trekker sind ihm egal. Außerdem versucht dieser Guide, die Trekker zum Opium rauchen zu animieren, ja, das Rauchen als Pflicht des Gastes hinzustellen. Schließlich verdient er an jeder Pfeife 10 Baht. Wer am Wandern, an Natur und Bergvölkern interessiert und nicht aufs Opium rauchen aus ist, sollte versuchen, einen rauschgiftfreien Trek zu buchen. Man kann fragen, oder die Fotoalben der Trekking-Organisation anschauen. Der Informationsgehalt einer Tour hängt nicht zuletzt davon ab, ob das Englisch des Guides verständlich ist. Erfahrene Guides sprechen ein brauchbares Englisch und mehrere Sprachen der Hilltribes. Alle Guides müssen eine Lizenz vorweisen können, die sie nach erfolgreichem Absolvieren eines Kurses erhalten haben. Es ist vernünftig, sich die Lizenz zeigen zu lassen und das Foto zu vergleichen, da schon häufig unlizenzierte Guides mit „ausgeliehenen" Lizenzen einen Trek abbrechen mussten.

Die Guides müssen während der Treks selbstständig wirtschaften und organisieren. Der Überschuss stellt ihren Lohn dar. Wer mit den Leistungen nicht zufrieden ist, sollte sich nicht scheuen, es der Agentur zu melden. Am leichtesten geht alles natürlich mit dem Guide eines Gästehauses.

Trekken mit Privat-Führer

Einen sprachkundigen Guide zu engagieren, der eine Tour nach den eigenen Wünschen ausarbeitet und führt, ist kein Problem. Wahrscheinlich kann man so die Menschen der Bergvölker am besten kennen lernen und Einblick in ihr Leben bekommen. Außerdem ist die Gefahr des Verirrens und Fehlverhaltens geringer. Der Preis ist natürlich höher als bei einer Gruppentour, ca. 1600 Baht pro Tag in Chiang Mai. In anderen Orten bekommt man einen Guide auch für weniger, in Pai z. B. für ca. 1400 Baht. Zu erfragen in den Gästehäusern.

Trekken auf eigene Faust

Die Touristenorganisation von Thailand (TAT) empfiehlt Touristen nicht, das Hilltribe-Gebiet selbst zu erforschen, denn es handelt sich um weites, raues Bergland, und für die Sicherheit kann nicht garantiert werden. Trotzdem zieht es immer mehr Trekker, die glauben, sie könnten sich mit einigen Worten Thai in einem Akha- oder Lisu-Dorf verständigen, alleine in die Berge.

Auf **Standardrouten** geht keiner so leicht verloren. Es ist kaum mit Schwierigkeiten zu rechnen, vor allem bei eigenen Essensvorräten. Unterkunft zu finden ist leicht, die Menschen sind an Touristen gewöhnt und haben sich bestimmte Umgangsformen angeeignet. Ob man sich in diesen Dörfern wohl fühlt und z. B. das Betteln der Kinder erträgt, ist eine andere Sache.

In **abgelegene Gebiete** auf eigene Faust zu trekken, erfordert gute Vorbereitung, Ausrüstung und möglichst auch einige Erfahrung. Wer Pech hat, findet nicht ein einziges Dorf auf seiner Tour, wer Glück hat, kommt voller intensiver Erlebnisse zurück. Zunächst ist es wichtig, bei Englisch sprechenden Einheimischen in Erfahrung zu bringen, wie gefährlich die Gegend zurzeit ist.

Eine Gefahr besteht darin, aus Versehen die burmesische Grenze zu überqueren und am Ende von dort nicht mehr zurückzukommen. Übernachten kann man in Schulen (falls vorhanden), oder in der Hütte des Dorfchefs, zumindest auf der Veranda.

Eine Übernachtung sollte bezahlt werden (ca. 100 bis 200 Baht), ebenso das Essen (ca. 60 Baht). Besser bringt man Lebensmittel für die ganze Familie mit, z. B. Sardinen in der Dose, Schweinefleisch, Gemüse und Reis. Leider nutzen immer wieder Freaks die Gastfreundschaft aus und erbringen keine Gegenleistung. Wer Probleme mit dem Essen vermeiden will, nimmt nur gekochten Reis und abgekochtes Wasser an. Ein Gastgeschenk für das Familienoberhaupt ist angebracht (z. B. Tabak, Zucker, Tee, Salz), ansonsten sollte man seine Gaben aber nicht wahllos verteilen.

Wir empfehlen, unsere Hinweise für Touristen besonders gründlich zu lesen. Gestik und Mimik der Gastgeber verraten oft von selbst, wo die Grenzen liegen. Schließlich sind Fremde nicht überall willkommen. Wer sich jedoch freundlich und rücksichtsvoll verhält, wird auch bei den Bergvölkern auf viel Entgegenkommen treffen. Ein paar Worte in der jeweiligen Sprache zu lernen, schafft Sympathie. Die Einheimischen haben oft viel Geduld, den Gästen etwas beizubringen, und riesigen Spaß dabei.

Pfade und Wege in den Bergen sind nur selten gekennzeichnet. Exakte Karten existieren nicht. In Chiang Mai gibt es noch einige Exemplare der veralteten topografischen Karten im Maßstab 1 : 250 000 und Trekking-Karten über das Gebiet südlich von Fang und am Mae Kok River.

Ausflüge von Gästehäusern in den Bergen

Sogar inmitten von Tribal-Gebieten wurden Gästehäuser eröffnet. Sie bieten die Möglichkeit, sich in den Bergen zu erholen, Spaziergänge und Wanderungen zu unternehmen, sich lange Zeit in einem Tribal-Dorf aufzuhalten und sich intensiv mit den Problemen der Bergvölker zu befassen. Die Gästehausbesitzer oder die Boys können in der Regel gute Informationen geben und Führer vermitteln.

Ratschläge zum organisierten Trekken

Auswahl des Veranstalters: Man sollte sich keinesfalls in eine Trekking-Tour pressen lassen oder unüberlegt in eine Liste einschreiben, sobald man mit dem billigen Khaosan-Bus in Chiang Mai angekommen ist (Gute Ausrede: „Ich will 10 Tage trekken gehen!"). Der Zeitaufwand für die Auswahl der Trekking-Agentur lohnt sich. Die Erfahrungen anderer Traveller mit Veranstaltern und bestimmten Guides, deren Namen man sich merken sollte, können die Entscheidung erleichtern. Am einfachsten geht das in den Gästehäusern. Wenn die Besitzer einen verantwortungsvollen Eindruck machen und sich um das Wohl ihrer Gäste kümmern, sind sie im Normalfall auch an einem guten Trek mit ordentlichen Guides interessiert. Dafür bezahlen sie ihre Guides meist auch besser als reine Trekking-Agenturen.

Die Gruppe sollte keinesfalls mehr als 8–10 Teilnehmer umfassen, was man sich evtl. auf der Quittung bestätigen lassen sollte. Alle Trekking-Agenturen müssen bei TAT (Touristenbüro) registriert sein, eine Unfallversicherung bieten und eine Garantiesumme von 50000 Baht hinterlegt haben.

Gestellte Ausrüstung und Verpflegung: Man sollte unbedingt versuchen, auf Ausrüstung und Essensvorräte Einfluss zu nehmen. In kleinen Orten wie Pai oder Soppong geht das leichter als in Chiang Mai. Im Winter müssen Teilnehmer einer Tour auf 2–3 Decken bestehen. Die Kälte (häufig knapp über dem Gefrierpunkt) wird von den Veranstaltern und den Guides immer heruntergespielt, und die Decken in den Dörfern brauchen die Einheimischen selbst, wenn es richtig kalt wird. In der Regenzeit ist es wichtig, nur bei solchen Agenturen eine Floßfahrt zu buchen, die auch Schwimmwesten zur Verfügung stellen. Kentern kann bei Hochwasser ansonsten lebensgefährlich werden. Der Umwelt zuliebe sollte man sich versichern lassen, dass kein Wegwerfgeschirr (z.B. Styroporschachteln) verwendet wird. Wichtig ist auch, welche Nahrungsmittel mitgenommen werden. Die Vorbildwirkung in den Dörfern darf nicht unterschätzt werden. (Manche Mütter gaben ihren Kindern schon Weißbrot, weil sie es bei den Trekkern sahen und dachten, davon bekommt man weiße Haut.) Wer bestimmte Dinge nicht essen kann (z.B. Vegetarier), sollte das dem Guide rechtzeitig mitteilen.

Private Ausrüstung: Feste Schuhe und Sandalen, möglichst eigener Rucksack (nicht den der Trekking-Agentur), Kleidung einmal zum Wechseln, Sonnenhut, Wasserflasche, Wasserentkeimungstabletten, Mückenmittel und Sonnenschutz, Toilettenpapier, Taschenlampe und Streichhölzer, persönliche Toilettenartikel und Medizin, Ohrenstöpsel und etwas Kleingeld. November bis Februar/März: zusätzliche warme Kleidung (für etwa 5 °C), warmer Schlafsack und Isoliermatte. Wer keinen Schlafsack hat, sollte **unbedingt** darauf bestehen, dass die Organisation eine zweite Decke stellt. Viele Trekker kommen mit einer Erkältung zurück. Mai bis Mitte November: Regenschutz und hohe Schuhe.

Kondition: Jeder Teilnehmer muss im Voraus abschätzen, wie viele Stunden er pro Tag marschieren kann. Dabei ist zu bedenken, dass es oft steil bergauf und bergab geht und zumeist ohne jeden Schatten (der Dschungel ist ja abgebrannt). Für die Ausflüge ab 3 Tagen ist nicht nur eine gute Kondition Voraussetzung. Es gehört auch Abenteuerlust dazu. Schwitzen, frieren, nass werden, seine Notdurft hinter einem Strauch verrichten, auf hölzernem Boden auf einer Matte schlafen ist nicht jedermanns Sache. Man sollte sich zuvor die Tour genau erklären lassen: besuchte Bergvölker, Anreise (womit, wie lange), Wanderzeit, Gelände, zu erwartendes Wetter, Übernachtungsplätze, maximale Teilnehmerzahl, Mahlzeiten, gestellte Ausrüstung, was muss jeder Teilnehmer tragen …

Geschenke: Bei einer organisierten Tour ist es nicht notwendig, Geschenke zu bringen. Das Dorf (zumindest der *village headman*) wird vom Guide bezahlt. Wer den Bergbewohnern trotzdem eine kleine Freude machen möchte, kann Zigaretten, Salz, Verbandszeug, Wundpflaster

oder Nähzeug mitnehmen. Die Guides raten häufig zu Bonbons für die Kinder.
Sinnvoller ist es, eine Spende für das Dorf oder die Schule zu hinterlassen. Mit Luftballons und Seifenblasen bringt man Spaß und Freude ins Dorf.

Wertsachen: Schecks, Bargeld, Reisepapiere (Kopie vom Pass mitnehmen) gehören gegen genaue Quittung in den Safe der Unterkunft. Kreditkarten darf man nicht in der Unterkunft lassen. Missbrauch ist möglich und gar nicht selten, und der Geprellte merkt es erst viel zu spät! Gute Gästehäuser geben sich viel Mühe, Wertsachen missbrauchsicher zu verpacken.

Opium rauchen: Oft wird Ausländern von den Bewohnern der Bergdörfer oder von einem schlechten Guide Opium angeboten, weil sie wissen, dass das Rauchen für viele Trekker die Hauptattraktion ist. Da die meisten Trekker die Wirkung von Opium wahrscheinlich noch nicht am eigenen Leib ausprobiert haben, ist Maß und Vorsicht geboten: Opium ist eine suchterzeugende Droge. Schon nach einer Woche regelmäßigen Genusses können beim Absetzen schwere Entzugserscheinungen auftreten. Niemals Opium nach Alkohol oder gleichzeitig nehmen! Wer versucht, Drogen aus den Bergen mit nach Chiang Mai oder gar nach Europa zu nehmen, geht ein sehr hohes Risiko ein. In Thailand ist Opium rauchen illegal und es stehen 1–10 Jahre Gefängnis drauf. Traditionell wurde Opium nur von Alten und Kranken geraucht, um die Beschwerden erträglicher zu machen. Erst in jüngerer Zeit verfielen auch jüngere Bergbewohner dem Opium und als Folge sogar dem Heroin.

Warnung: Wegen sporadischer Auseinandersetzungen im Grenzgebiet zu Myanmar sollten Reisen an die Grenze oder in die unmittelbare Grenznähe nicht oder allenfalls nur mit sachkundiger Führung und als Gruppenreise unternommen werden.

Motorrad-Trekking

Das Motorrad bietet die Möglichkeit, in einem weiten Umkreis landschaftliche Schönheiten und Hilltribe-Dörfer in relativ kurzer Zeit kennen zu lernen. Abseits der Hauptstraßen gibt es viele befahrbare Wege, die aber voraussetzen, dass man seine Maschine beherrscht. Oft sind sie ausgewaschen oder sehr eng und im Regen teilweise nicht befahrbar. Wer will, kann Motorräder mit Fahrern mieten oder auch selbst fahren und einen Guide mitnehmen. Selbstfahrer bekommen zwar meist ein selbstgemaltes Landkärtchen vom Vermieter mit, besser ist aber die Berndtson & Berndtson-Karte „Chiang Mai & Thailand North". Gebiete, die als gefährlich bezeichnet werden, sind unbedingt zu meiden. Es kam im Grenzgebiet schon vor, dass einzelne Motorradfahrer abgeschossen wurden. Also auch niemals allein in die Berge fahren! Motorräder oder Mopeds mieten kann man in Chiang Mai, Chiang Rai, Mae Hong Son, Pai, Mae Sai und Chiang Saen für 120 bis 200 Baht pro Tag.

Verhalten in einem Dorf der Bergvölker

Bei den Hilltribes sehen sich Besucher mit einer Kultur und Gesellschaftsform konfrontiert, die den Horizont eines Mitteleuropäers sprengt. Deshalb werden an Anpassungsbereitschaft und Toleranzfähigkeit große Anforderungen gestellt.

Fremde sind in erster Linie Gäste in dem betreffenden Dorf und sollten sich vorher über dort herrschende Sitten und Tabus informieren. Die Höflichkeit gebietet, dass man nicht überall herumschnüffelt, sondern sich auf das beschränkt, was die Dorfbewohner zeigen wollen. Das Beobachten der Menschen erfordert Takt und darf nicht in Belästigung ausarten. Fotos zu schießen, ohne die Erlaubnis eingeholt zu haben, ist mehr als ein grober Verstoß gegen die guten Sitten.

Schild an einem Akha-Dorf

Visitors
Please do not give money or candy
to the children. They skip school to beg.
The Donation Box is for better
benefit of all village children.
Thank you, the parents

Manchmal erweisen sich Begegnungen als aufschlussreicher, wenn man die Kamera in der Tasche lässt und stattdessen mehr zuhört und beobachtet. Unangemessenes Verhalten schadet vor allem den nachfolgenden Gästen. Das kann so weit führen, dass ausländische Besucher in einem Dorf der Bergvölker nicht mehr willkommen sind. Da jetzt viele Kinder Englisch lernen, haben sie gern Ausländer im Dorf, um die Fremdsprache zu praktizieren.

Bringen wir Touristen ungewollt negative Einflüsse in die Dörfer der Bergvölker? Tragen wir gar dazu bei, den Untergang ihrer Traditionen zu beschleunigen? Augenfällig ist, dass Hilltribe-Dörfer, die regelmäßig von verantwortungsvollen Trekking-Organisationen besucht und unterstützt werden, eher ihre Traditionen beibehalten als solche, die sich selbst überlassen sind oder von einer Entwicklungsorganisation betreut werden.

Chiang Mai und Umgebung

Chiang Mai เชียงใหม่

Chiang Mai liegt in einem breiten, fruchtbaren Tal etwa 300 m über dem Meer, im Westen und Osten umgeben von bis zu 2000 m hohen Bergen. Sie wurde 1296 von König Mengrai als Hauptstadt des Reiches Lanna Thai („Königreich der

Millionen Reisfelder") gegründet. Mengrai war ein Thai-Lao-Prinz aus Chiang Saen. Es gelang ihm, mehrere Thai-Stämme zu einigen und seinen Einfluss über den gesamten Norden Thailands auszudehnen. 1262 gründete er Chiang Rai, und nachdem er das Mon-Reich Haripunchai (heute Lamphun) unterworfen hatte, machte er Chiang Mai zur Hauptstadt.

Das 15. Jh. war das Goldene Zeitalter von Lanna Thai. 1478 wurde das 8. Buddhistische Weltkonzil in Chiang Mai abgehalten. Nur die Beziehungen mit dem aufstrebenden Ayutthaya waren für fast 100 Jahre von Konkurrenz und kriegerischen Auseinandersetzungen geprägt. 1515 wurde Lampang von den Heeren Ayutthayas eingenommen. 1556 wurde Lanna Thai zum Vasallen des mächtigen burmesischen Königs Bayinnaung.

In den folgenden 220 Jahren war Chiang Mai, abgesehen von kurzen Zeitspannen der Unabhängigkeit, unter burmesischer Vorherrschaft. Erst 1775 gelang es General Taksin, die nördlichen Gebiete dem neuen Thai-Reich einzuverleiben. Bis 1938 regierte im Norden ein halbautonomer Prinz aus dem Fürstengeschlecht von Lampang, danach erst wurde Chiang Mai zur Provinzhauptstadt.

Die „Rose des Nordens", wie man Chiang Mai auch nennt, hat sich mittlerweile zu einer modernen Großstadt mit über 200 000 Einwohnern und allen Attributen westlicher Zivilisation entwickelt: Hochhäuser, Autobahnen, Verkehrsstaus, Luftverpestung, Abfallprobleme, Lärm, Bettelei und professionelle Kriminalität. Von der ländlichen Ruhe und Beschaulichkeit der 70er-Jahre künden fast nur noch die vielen friedlichen, uralten Tempelanlagen. Die Universitätsstadt hat sich aber auch als kulturelles und kulinarisches Zentrum einen Namen gemacht. Im ganzen Land gilt Chiang Mai als Einkaufsparadies. Und nicht zuletzt spielt es als Ausgangspunkt für Trekkingtouren eine führende Rolle.

Die Altstadt

Von den 79 Tempeln Chiang Mais liegen 33 im alten Teil der Stadt. Sie sind am besten zu Fuß oder mit dem Fahrrad zu erkunden. Der Grundriss der eigentlichen Altstadt ist ein Quadrat von ca. 1500 m Seitenlänge. Teile der im frühen 19. Jh. erbauten **Stadtmauer** und des **Wassergrabens** sind noch erhalten. Das östliche Stadttor Tapae Gate wurde erst 1986 errichtet und wirkt mehr wie eine Filmkulisse. Ansonsten erinnert kaum noch etwas an eine Altstadt: zwischen dreigeschossigen Betonbauten ducken sich einige niedrige Holzhäuser, die von Gärten umgeben und nur über schmale Gassen zu erreichen sind. Mehr als einen Besuch lohnt der Park **Suan Buak Had** im Südwesten der Altstadt. Man kann in der friedlichen Atmosphäre herrlich ausruhen und picknicken.

Unter den vielen Wats mit ihrer typisch nordthailändischen Architektur verdient das aus dem 14. Jh. stammende **Wat Phra Sing** besondere Beachtung. Das religiöse Zentrum in der westlichen Altstadt wirkt recht belebt. Schöne Holzschnitzereien zieren den Giebel und Wandmalereien das Innere des Tempels. Die reizvolle Lai Khan Kapelle beherbergt eine sehr verehrte Buddha-Statue im Sukhothai-Stil. Gegen 18 Uhr kommen die Novizen zum Abendgebet. Vor dem Wat werden Touristen von psychologisch ungemein geschickten Schleppern angemacht, um schließlich (manchmal erst nach vielen Stunden) in einem Schneidergeschäft zu landen, in dem qualitativ minderwertige Stoffe verarbeitet werden. Also keiner Geschichte Glauben schenken!

Am ältesten ist das **Wat Chiang Man** im Nordosten der Altstadt. Nach einer Legende soll König Mengrai um 1300 hier residiert haben, während die Stadt aufgebaut wurde. Auf dem Gelände findet man zwei Viharn, wobei sich im rechten zwei der berühmtesten Buddha-Figuren Chiang Mais befinden, die allerdings wohl verwahrt werden. Die Marmor-Figur im Flach-Relief soll aus dem 8. Jh. stammen und aus Indien kommen. Die andere, *Phra Sai Tang Kamani*, wurde vor über 1000 Jahren aus Bergkristall geschnitten, sie besitzt goldene Haare und gehörte einer Königin des Haripunchai Reiches. Beide werden bei der Bevölkerung als Regenspender verehrt und bei den Songkran Festlichkeiten Mitte April in einer Prozession durch die Stadt getragen. Die Gebäude öffnen evtl. nur an Sonntagen und buddhistischen Feiertagen von 9–17 Uhr.

Am **Schrein für König Mengrai** werden Blumen niedergelegt. Ein Wandfries berichtet von seinen Taten.

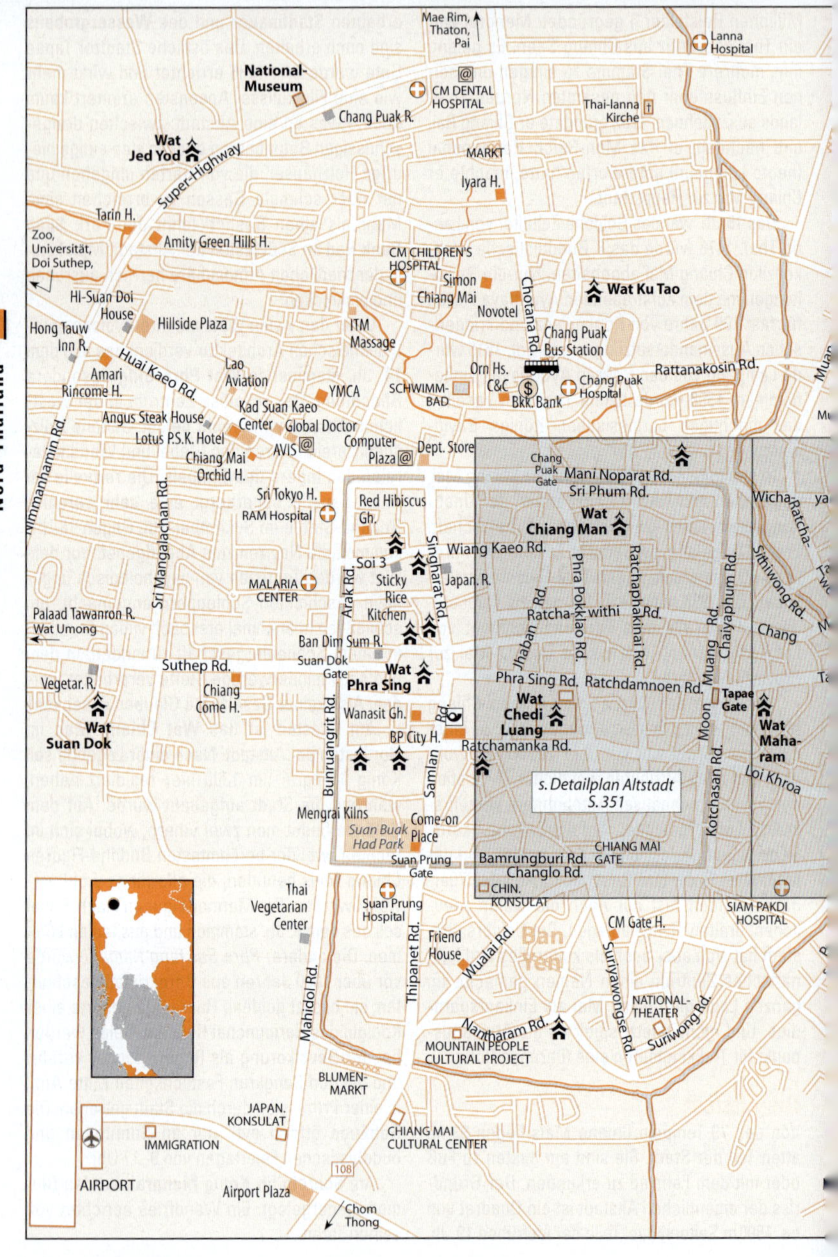

Mae Rim, Thaton, Pai
Lanna Hospital
National-Museum
CM DENTAL HOSPITAL
Chang Puak R.
Thai-lanna Kirche
Wat Jed Yod
Super-Highway
MARKT
Iyara H.
Tarin H.
Amity Green Hills H.
Zoo, Universität, Doi Suthep,
CM CHILDREN'S HOSPITAL
Simon
Chiang Mai
Novotel
Wat Ku Tao
Chotana Rd.
HI-Suan Doi House
Hillside Plaza
ITM Massage
Chang Puak Bus Station
Hong Tauw Inn R.
Huai Kaeo Rd.
Amari Rincome H.
Lao Aviation
YMCA
SCHWIMM-BAD
Orn Hs.
C&C
Bkk. Bank
Chang Puak Hospital
Rattanakosin Rd.
Kad Suan Kaeo Center
Global Doctor
Angus Steak House
Lotus P.S.K. Hotel
Chiang Mai Orchid H.
AVIS
Computer Plaza
Dept. Store
Nimmanhamin Rd.
Chang Puak Gate
Mani Noparat Rd.
Sri Phum Rd.
Sri Tokyo H.
RAM Hospital
Red Hibiscus Gh.
Wicha-Ratcha-
Wat Chiang Man
Soi 3
Sticky Rice Kitchen
Singharat Rd.
Wiang Kaeo Rd.
Japan. R.
Phra Pokklao Rd.
Ratchaphakinai Rd.
Sithiwong Rd.
Chaiyaphum Rd.
MALARIA CENTER
Sri Mangalachan Rd.
Arak Rd.
Jhaban Rd.
Ratcha-withi Rd.
Palaad Tawanron R.
Wat Umong
Ban Dim Sum R.
Chang
Suan Dok Gate
Muang Rd.
Suthep Rd.
Wat Phra Sing
Phra Sing Rd.
Ratchdamnoen Rd.
Tapae Gate
Vegetar. R.
Chiang Come H.
Wat Chedi Luang
Moon
Wat Maha-ram
Wat Suan Dok
Bunruangrit Rd.
Wanasit Gh.
BP City H.
Ratchamanka Rd.
Loi Khroa
Samlan Rd.
Kotchasan Rd.
s. Detailplan Altstadt S. 351
Mengrai Kilns
Suan Buak Had Park
Come-on Place
CHIANG MAI GATE
Suan Prung Gate
Bamrungburi Rd.
Changlo Rd.
CHIN. KONSULAT
Thai Vegetarian Center
Suan Prung Hospital
SIAM PAKDI HOSPITAL
CM Gate H.
Friend House
Wualai Rd.
Ban Yen
Mahidol Rd.
Thipanet Rd.
Suriyawongse Rd.
NATIONAL-THEATER
Suriwong Rd.
Nantharam Rd.
MOUNTAIN PEOPLE CULTURAL PROJECT
BLUMEN-MARKT
JAPAN. KONSULAT
CHIANG MAI CULTURAL CENTER
IMMIGRATION
108
AIRPORT
Airport Plaza
Chom Thong

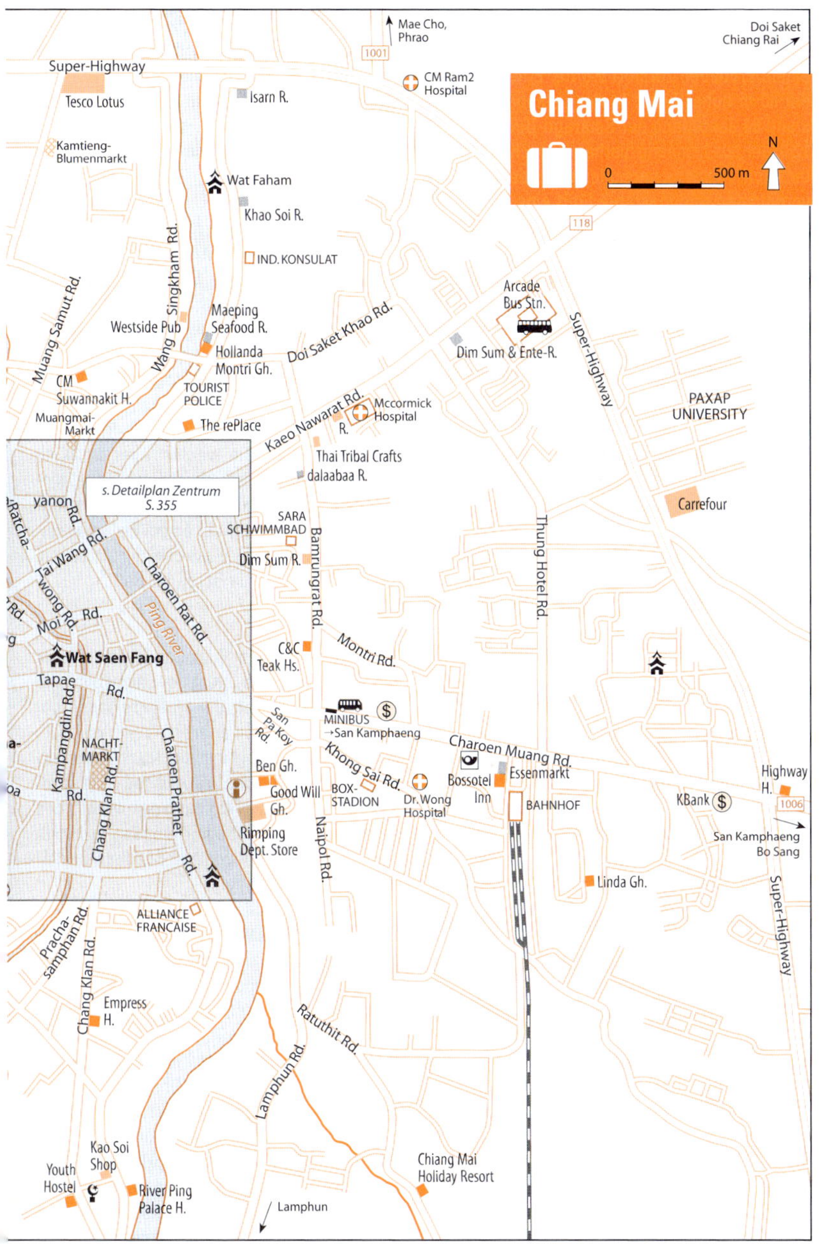
Chiang Mai
0
500 m
N
Mae Cho,
Phrao
1001
Doi Saket
Chiang Rai
Super-Highway
Tesco Lotus
Isarn R.
CM Ram2
Hospital
Kamtieng-
Blumenmarkt
Wat Faham
Khao Soi R.
118
IND. KONSULAT
Muang Samut Rd.
Singkham Rd.
Wang
Westside Pub
Maeping
Seafood R.
Hollanda
Montri Gh.
Doi Saket Khao Rd.
Arcade
Bus Stn.
Super-Highway
Dim Sum & Ente-R.
CM
Suwannakit H.
TOURIST
POLICE
Muangmai-
Markt
The rePlace
Kaeo Nawarat Rd.
Mccormick
Hospital
R.
Thai Tribal Crafts
dalaabaa R.
PAXAP
UNIVERSITY
Carrefour
s. Detailplan Zentrum
S. 355
yanon
Rd.
Ratcha-
Tai Wang Rd.
wong Rd.
Moi Rd.
Charoen Rat Rd.
Ping River
SARA
SCHWIMMBAD
Dim Sum R.
Bamrungrat Rd.
Thung Hotel Rd.
Wat Saen Fang
Tapae
Rd.
C&C
Teak Hs.
Montri Rd.
Kampangdin Rd.
NACHT-
MARKT
Chang Klan Rd.
Charoen Prathet
Rd.
San
Pa Koy
Rd.
MINIBUS
→San Kamphaeng
Charoen Muang Rd.
Khong Sai Rd.
Ben Gh.
Good Will
Gh.
BOX-
STADION
Dr. Wong
Hospital
Bossotel
Inn
Essenmarkt
BAHNHOF
Highway
H.
1006
KBank
San Kamphaeng
Bo Sang
Rimping
Dept. Store
Naipol Rd.
Linda Gh.
ALLIANCE
FRANCAISE
Pracha-
samphan Rd.
Chang Klan Rd.
Empress
H.
Super-Highway
Ratuthit Rd.
Lamphun Rd.
Kao Soi
Shop
Youth
Hostel
River Ping
Palace H.
Lamphun
Chiang Mai
Holiday Resort

Wat Chedi Luang soll 1454 einen 90 m hohen Chedi besessen haben, der allerdings 1545 bei einem Erdbeben zerstört wurde. Erhalten blieb die 60 m hohe Ruine. In der östlichen Nische stand 84 Jahre lang der Smaragd-Buddha (s. S. 128), der aus Lampang hierher gebracht und später nach Vientiane verschleppt wurde. Zu einer vergoldeten Buddhastatue führt eine zerfallene Treppe hinauf. Im Januar 1993 wurden die jahrelangen Restaurierungsarbeiten durch das *Fine Arts Department* abgeschlossen. Das Ergebnis ist allerdings umstritten, da neue Elemente aus dem zentralen Thailand stammen sollen, i. b. der Glockenturm. Links vom Haupteingang steht der Schrein des Schutzgeistes der Stadt (Lak Muang).

Nebenan zeigt das **Stadtmuseum** Chiang Mai City Arts & Cultural Centre auf 2 Etagen in 15 Sälen Artefakte und Modelle zur Geschichte der Stadt und Region. ◷ Di–So außer feiertags 8.30–17 Uhr, ✆ 053-217793.

Die City

Der City-Bereich der heutigen Stadt liegt etwa zwischen Tapae Gate im Westen und Ping River im Osten. Entlang der Tapae Road gibt es einige interessante Tempel, z. B. das **Wat Saen Fang** oder das **Wat Maharam**. Das **Wat Bupharam** (der östliche Tempel) wurde vor 500 Jahren erbaut. Es enthält unter anderem den angeblich größten aus Teak geschnitzten Buddha, über 100 Jahre alte Wandmalereien und schöne geschnitzte Holztüren.

Im Westen

Die Sehenswürdigkeiten außerhalb der Altstadt lassen sich am besten per Fahrrad, Motorrad oder Fahrrad-Rikscha aufsuchen.

Im Westen in der Suthep Road liegt 1 km westlich des gleichnamigen Tors **Wat Suan Dok**. Die zahlreichen kleinen, weißen Chedis sind Begräbnisstätten früherer Herrscher von Chiang Mai. Schön wirkt die Anlage nur bei Sonnenuntergang.

Fährt man auf der Straße etwa 1,2 km weiter nach Westen und biegt dann nach links ab, erreicht man nach 1,2 km **Wat Umong**, einen Waldtempel. Dieses nach der Legende von König Mengrai um 1300 gegründete Kloster ist allerdings weitgehend zerstört. Die Wandgemälde in den Grüften sind kaum noch zu erkennen. An den Bäumen sind Tafeln mit Inschriften angebracht, z. B.: *„Today is better than two tomorrows"* oder *„Do good tomorrow, says the fool – the wise man did good yesterday"*. Ein friedlicher Ort, um sich zu erholen und den Vogelstimmen zu lauschen.

Universität und Zoo

Auf der Huai Kaeo Road 5 km nach Nordwesten kommt man zur **Universität**, wo es auch eine deutsche Abteilung gibt. Gegenüber vom Eingang liegt ein superbilliges Internet-Café.

Nach weiteren 600 m gelangt man zum **Zoo**. Die ungewöhnlich weitläufige, schöne Anlage an einem Hang ist ideal zum Entspannen. Die meisten Tiere werden artgerecht gehalten, so leben etwa die Gibbons auf einer eigenen Insel. Eine Besonderheit sind die weißen Tiger, absolute Stars die Pandas, eine Leihgabe von China. Kinder können sich auf dem Spielplatz und im Kinderzoo vergnügen oder auf einem Elefanten reiten. ◷ tgl. 8–18 Uhr, 💻 www.chiangmaizoo.com, Eintritt 100 Baht, Panda Bären 100 Baht.

Nördlich der Altstadt

300 m hinter der Chang Puak Bus Station in einer rechten Seitenstraße, steht der ungewöhnliche Chedi des **Wat Ku Tao**, der an übereinandergestapelte Bettelschalen erinnert. Weiter nördlich, am Superhighway, liegt inmitten frisch ausgegrabener Tempelruinen das **Wat Jed Yod**, eine schöne Anlage. Es wurde 1455 nach dem Vorbild des nordindischen Mahabodhi-Tempels in Bodh Gaya (dem Ort der Erleuchtung Buddhas) in kleinerem Maßstab errichtet.

300 m nordöstlich davon am Superhighway befindet sich das **National Museum**. In den beiden Stockwerken sind überwiegend religiöse Kunstwerke verschiedener Epochen und Kunsthandwerk aus jüngerer Zeit zu sehen. Im Vorhof hat man Kilns aufgebaut, Brennöfen, in denen das berühmte Thai-Seladon hergestellt wurde. ◷ Mi–So außer feiertags 9–16 Uhr, Eintritt 10 Baht.

Das **Tribal Museum**, ✆ 053-210872, 💻 www.chmai.com/tribal, befindet sich 2 km nördlich des Super Highways im Ratchamangkla Park an der Chotana Road neben der Pferderennbahn. Im dreigeschossigen Rundpavillon auf einer kleinen Insel stellt eine umfangreiche Sammlung die Kultur und die sich wandelnde Lebensweise der Bergvölker dar. Trekking-Touren werden nicht vermittelt. ⌚ Mo–Fr 9–16 Uhr (außer feiertags), Eintritt frei; sehenswert die Videoshow (1 Std. für 50 Baht) und die Diashow (15 Min. für 20 Baht), Shop. Wer sich ernsthaft für die Bergvölker interessiert, sollte die kleine, aber gute Bibliothek aufsuchen. Empfehlenswerte Bücher in der Bücherliste, s. S. 874.

Im Süden

Einen weiteren Rundgang lohnt das Stadtviertel südlich vom Chiang Mai Gate. Hier gibt es in den Seitensträßchen noch einige Handwerksbetriebe, die nach traditioneller Methode Silberschmuck, Holzschnitzereien, Keramik und Lackarbeiten herstellen. Die Produktion der schwarzen Lack-Dosen, -Flaschen und -Schachteln ist besonders interessant. Grundlage ist ein Geflecht aus Bambusfasern, auf die der schwarze Lack in mehreren Schichten aufgetragen wird. Jede einzelne Schicht wird mit einer Mischung aus Tonerde und Asche poliert.

Vor einigen Jahren wurde 5 km südlich von Chiang Mai neben einer Mönchsschule mit pompösen Wats eine Ruinenstadt ausgegraben. Archäologen meinen, dass **Wiang Kum Kam** vor 700 Jahren von König Mengrai gegründet und vor ca. 450 Jahren nach einer meterhohen Flut unter Schlamm begraben wurde. Erst danach wurde Chiang Mai an der heutigen Stelle erbaut. In einem weitläufigen Park mit riesigen Bäumen sind über 30 Fundamente und Chedis aus Backsteinen zu sehen. Ein Minibus fährt vom Bus Stop nördlich vom Tourist Office für 20 Baht hin.

Übernachtung

Gästehäuser

In Chiang Mai gibt es über 150 Gästehäuser in allen Preisklassen mit insgesamt 5000 Zimmern. Die Gästehäuser werden von Familien, von jungen Männern oder jungen Frauen geleitet, die (fast!) alle als sehr freundlich, nett und hilfsbereit gelten. Die meisten Gästehäuser können Trekking-Touren vermitteln, die wenigsten haben ihre eigenen Guides. Sie besorgen Tickets aller Art für alle Reiseziele. Manche verleihen Fahrräder, einige sogar kostenlos. Wer in der Saison (Dez–Feb und Juli–Aug) am Nachmittag auf Anhieb kein Zimmer findet, ruft am besten von einem Gästehaus reihum an. Bei Anruf holt einen fast jedes Gästehaus vom Bahnhof, Busbahnhof oder Flughafen ab. Außerhalb der Saison kann man die Preise manchmal herunterhandeln.

Das Zentrum der Traveller-Szene befindet sich links und rechts des östlichen Wallgrabens.

Im Umkreis von 800 m um das Tapae Gate kann man unter etwa 80 Gästehäusern mit Zimmern unter 300 Baht wählen. Neben den ausführlicher beschriebenen Gästehäusern sind weitere bei den Stadtplänen aufgelistet.

Altstadt, südliches Viertel

In diesem Viertel liegt das Preisniveau bei 100–300 Baht.

Somwang Gh. ㊱, 2 Ratchamanka Rd. Soi 2, ✆ 053-278505; 3-stöckiges Reihenhaus mit sauberen Zi mit Warmwasser-Du/WC, betonierter Hof. ❷

Smile House ㊲, 5 Ratchamanka Rd. Soi 2, ✆ 053-208661, 💻 www.smilehousechiangmai.com, Reihenhaus und großes Haus mit nettem Ess- und Aufenthaltsraum, saubere Zi, kleiner Pool im engen Garten; Frühstücksbuffet für 80 Baht von 8–11 Uhr; Kochkurs 800 Baht/Tag, Motorrad 150 Baht, Fahrrad 30 Baht. Ein Bahnhof-Gästehaus. ❸, AC ❹

Gap's House ㉜, 3 Ratchdamnoen Soi 4, ✆ 053-278140, 💻 www.gaps-house.com; schöne, Teak- und Steinhäuschen in einem grünen Garten voller Antiquitäten, eine Oase der Ruhe, einige der komfortabel ausgestatteten Zi mit AC, Fan und heißer Du/WC sind groß, die vorderen klein und laut; Frühstück inklusive; Kochkurse; nicht kinderfreundlich, gewöhnungsbedürftige Managerin. Ein Bahnhof-Gästehaus. ❸

Top North Gh. ㊹, 15 Moon Muang Rd. Soi 2, ✆ 053-278900, ✉ topnorth@hotmail.com; eine beliebte Unterkunft, 4-stöckiger Betonbau mit 91 großen Zi, im neuen Flügel mit AC recht gut; Restaurant, Pool (für Nicht-Gäste 100 Baht). ❸

North Star House ㊼, 38 Moon Muang Rd. Soi 2, ✆ 053-278190, beliebt, 34 saubere Zi mit Fenstern zum Gang. ❷

Mandalay Gh. ㊺, 7/18 Moon Muang Rd., 3-stöckiges Gebäude im Hinterhof zwischen Soi 1 und Soi 2, saubere Verschläge, nachts sehr laut. ❶

Chiang Mai
Altstadt

0 100 200 300 400 500 m

N

Übernachtung:

Nr.	Name	Preis	Adresse	Telefon
1	Duang Dee House	❷-❸	14/23 Mani Noparat Rd. Soi Insoun	053-219361
2	S. House	❸	Sri Phum Rd. Soi 6	053-219956-7
3	Mountain View Gh.	❷-❸	105 Sri Phum Rd.3 053-212866	
4	Western Hs. Hotel	❸	7 Sri Phum Rd. Soi 5	053-215961
5	Supreme House	❶-❷	44/1 Moon Muang Rd. Soi 9	053-222480
6	OK Gh.	❶-❷	10/2 Moon Muang Rd. Soi 9	053-219587
7	S.K. House	❸	30 Moon Muang Rd. Soi 9	053-210690
8	Libra Gh.	❷	28 Moon Muang Rd. Soi 9	053-210687
9	Future Hs.	❷-❸	17/3 Moon Muang Rd. Soi 9	053-213787
10	Vista Hotel	❹	252/19 Phra Pokklao Rd.	053-210663-4
11	Grace Hs.	❷-❸	27/5 Moon Muang Rd. Soi 9	053-418161
12	Moonlight Gh.	❶-❸	2/3-4 Moon Muang Rd. Soi 8	053-418111
13	Lamchang Hs.	❶	24 Moon Muang Rd. Soi 7	053-210586
14	Sri Pat Gh.	❹	16 Moon Muang Rd. Soi 7	053-218716-7
15	Northlands Hs. Hotel	❸	2 Moon Muang Rd. Soi 7	053-218860
16	Eurana Boutique Hotel	❺	7 Moon Muang Rd. Soi 7	053-214522
17	Aree Center Place Gh.	❶	Ratchawithi Rd. Soi 2	053-224648
18	Fam. Tribal Trekking Gh.	❷	9 Moon Muang Rd. Soi 7	053-210620
19	Sumit H.	❸	198 Ratchaphakinai Rd.	053-211033
20	Jo Nadda Gh.	❷	23/1 Ratchawithi Rd. Soi 2	053-227281
20	Your House 2	❷	19 Ratchawithi Rd. Soi 2	053-217492
21	Your House	❷-❸	8 Ratchawithi Rd. Soi 2	053-217492
22	Eagle House 2	❷	26 Ratchawithi Rd. Soi 2	053-210620
23	Rama Gh.	❷-❸	8 Moon Muang Rd. Soi 5	053-216354
24	CM Kristi	❷	14/2 Ratchdamnoen Rd. Soi 5	053-418165
24	The White House	❷-❸	12 Ratchdamnoen Rd. Soi 5	053-357130
25	Kavil House	❷-❸	10/1 Ratchdamnoen Rd. Soi 5	053-224740
25	Ampawan Hs.	❷	Ratchdamnoen Rd. Soi 5	053-210584
26	Rendezvous Gh.	❷-❸	3/1 Ratchdamnoen Rd. Soi 5	053-213763
27	Five Stars House	❶-❷	7/3 Ratchdamnoen Rd. Soi 1	053-213329
28	Awanasleep Gh.	❸	7 Ratchdamnoen Rd. Soi 1	053-419005
29	D.N. Hs.	❷	2 Ratchdamnoen Rd. Soi 1	053-213153
30	Moon Muang G. Court	❷	95 Moon Muang Rd.	053-212779
31	Montri H.	❸	2-6 Ratchdamnoen Rd.	053-211069
32	Gap's House	❸	3 Ratchdamnoen Rd. Soi 4	053-278140
33	Top North H.	❸-❹	41 Tapae Rd.	053-279632-5
34	Grüne Oase	❸	Phra Pokklao Rd. Soi 8	053-209112
35	CM Garden Gh.	❷-❸	82 Ratchamanka Rd.	053-815069
36	Somwang Gh.	❷	2 Ratchamanka Rd. Soi 2	053-278505
37	Smile House	❸-❹	5 Ratchamanka Rd. Soi 2	053-208661
38	Seven Suns Gh.	❹	155 Ratchamanka Rd.	053-814325
39	Rose Gh.	❶	87 Ratchamanka Rd.	053-273869
40	Nat Hs.	❶	7 Phra Pokklao Rd. Soi 6	053-277878
41	Coconut Gh.	❷	22 Moon Muang Soi 2	053-278344
42	Julie Gh.	❶	7/1 Phra Pokklao Rd. Soi 5	053-274355
43	Thapae Gate Lodge	❷	38/7 Moon Muang Soi 2	053-207134
44	Top North Gh.	❸	15 Moon Muang Soi 2	053-278900
45	Mandalay Gh.	❶	7/18 Moon Muang	
46	Mr. Whisky House	❶-❷	31 Phra Pokklao Rd. Soi 3	053-278455
47	North Star House	❷	38 Moon Muang Soi 2	053-278190
48	Bann Manee	❷	31/1 Moon Muang Soi 2	089-7563472
49	Thailand Gh.	❷	38/1 Moon Muang Soi 2	053-274592
50	Welcome House	❷	48/4 Moon Muang Soi 2	053-278447
51	Phathai Gh.	❸	48/1 Ratchaphakinai Rd.	053-278013
52	Banana Gh.	❶	4/9 Ratchaphakinai Rd.	053-206285

Essen:

1 Lanna Corner R.
2 Indian Vegetar. R.
3 Blue Diamond Bakery & R.
4 The Amazing Sandwich
5 Ban Rai Steak Hs.
6 Nice Kitchen
7 Crusty Loaf Bakery, U.N. Irish Pub
8 Kafé
9 Si Pen R.
10 The Food R.
11 Herb Garden
12 Mint Coffee Hs.
13 La Villa R.
14 AUM R.
15 Jerusalem Falafel R.
16 Grüne Oase R.
17 Bierstube
18 Mint House R.
19 Huen Phen R.
20 Oasis Pub & R.
21 The Wok R.
22 Nice Sweet Place, The Corner R.
23 Il Forno R.
24 Trattoria Pum Pui
25 Supannika R.

Sonstiges:

1 Mithai Armeeladen
2 Thai Kitchen Cookery
3 Denchai Photo
4 Baan Thai Cookery School
5 AUA
6 Lek Chaiya Massage
7 CM Thai Cookery School
8 Smoonprai
9 The Lost Bookshop, Beerhouse
10 Panda
11 Self Serve Laundry
12 Pooh Eco-Trekk
13 Blue Moon Night Club
14 Terracotta-Manufaktur
15 Chiang Saen Art

Transport:

1 Minibus→Doi Suthep
2 Thai Airways
3 Pornchai Motor Bike
4 North Wheels
5 Jaguar
6 Mr. Beer Motorcycle
7 Mr. Mechanic
8 Mechanic Motorcycle
9 Lung Gaew Mountain Bike
10 Boss Car Rent
11 A Rent a Car
12 T.N.T. Motorbike for Rent
13 Auan Motorcycle
14 Queen Bee
15 Bus→Chom Thong

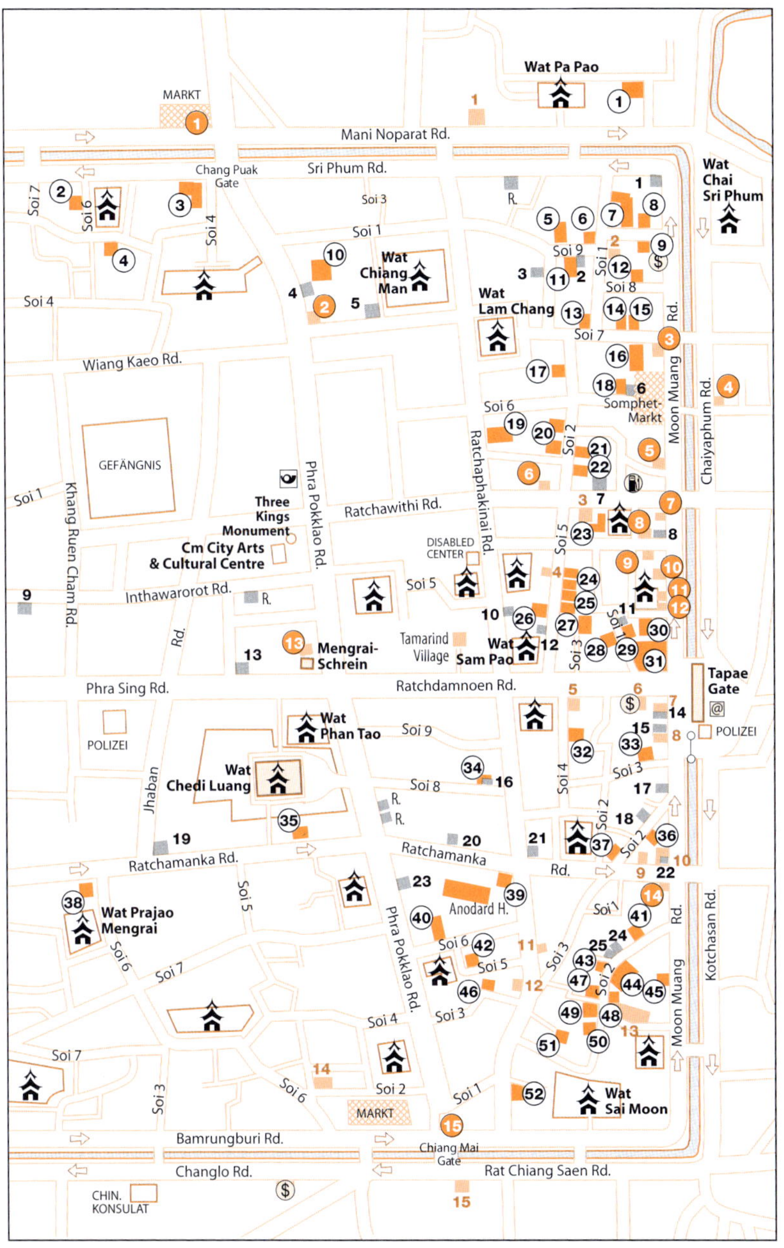
Wat Pa Pao
MARKT
Mani Noparat Rd.
Chang Puak Gate
Sri Phum Rd.
Wat Chai Sri Phum
Soi 7
Soi 6
Soi 4
Soi 3
Soi 1
Soi 9
Soi 8
R.
Wat Chiang Man
Wat Lam Chang
Soi 4
Wiang Kaeo Rd.
Soi 7
Somphet-Markt
Moon Muang Rd.
Chaiyaphum Rd.
Soi 6
Soi 2
GEFÄNGNIS
Soi 1
Khang Ruen Cham Rd.
Three Kings Monument
Cm City Arts & Cultural Centre
Phra Pokklao Rd.
Ratchawithi Rd.
Ratchaphakinai Rd.
DISABLED CENTER
Inthawarorot Rd.
Soi 5
Tamarind Village
Wat Sam Pao
Mengrai-Schrein
Phra Sing Rd.
Ratchdamnoen Rd.
Tapae Gate
POLIZEI
Wat Phan Tao
Soi 9
Wat Chedi Luang
Jhaban
Soi 8
Ratchamanka Rd.
Wat Prajao Mengrai
Anodard H.
Kotchasan Rd.
Soi 7
Soi 2
MARKT
Chiang Mai Gate
Bamrungburi Rd.
Changlo Rd.
Rat Chiang Saen Rd.
CHIN. KONSULAT
Wat Sai Moon
Nord-Thailand

Der Kampf um das Geld der Traveller

Der scharfe Konkurrenzkampf unter den Gästehäusern hat zu seltsamen Auswüchsen geführt – hier ein paar Beispiele:
Eine Gruppe von Gästehäusern chartert jeden Tag AC- oder VIP-Busse, deren Tickets in der Khaosan Rd. in Bangkok für Spottpreise (30–100 Baht) an Traveller verkauft werden. Bei der Ankunft in Chiang Mai am Morgen, weit außerhalb, wird man per Pickup in die „**Khaosan-Bus-Gästehäuser**" verfrachtet, die für jeden „Gast" mehrere 100 Baht an die Organisation bezahlen. Mit der Aussicht auf eine Gratis-Übernachtung unterschreiben übermüdete Traveller dann für einen relativ überteuerten Trek. Damit kommen die vorfinanzierten Kosten für das Gästehaus mit einem satten Gewinn wieder herein. Wer nicht unterschreibt, findet sich schnell auf der Straße wieder.
Die „**Bahnhof-Gästehäuser**" haben sich das Recht erkauft, die mit dem Zug ankommenden Traveller innerhalb der Absperrung in Uniform anwerben zu dürfen. Selbst Traveller, die telefonisch den Abholer eines anderen Gästehauses vorbestellt haben, lassen sich umgarnen und abwerben.
Die „**Commission-Gästehäuser**", i. b. Lai Thai und Galare, bezahlen an die Tuk Tuk- und Taxifahrer Prämien von bis zu 400 Baht, um an die restlichen Traveller von Bahnhof, Busbahnhof und Airport zu gelangen. Dass ein geköderter Fahrer ein als Ziel genanntes Gästehaus kurzerhand für voll, diebstahlgefährdet oder abgebrannt erklärt, ist leicht verständlich. Es hilft, zu behaupten, man habe bereits gebucht.
Die „**TAT-Gästehäuser**" arbeiten mit unseriösen Reisebüros im und beim Bahnhof von Bangkok zusammen, die sich als staatliches TAT-Reisebüro ausgeben und überteuerte Zimmer und Treks gegen Vorkasse buchen. Freundliche Mitarbeiter derselben Reisebüros haben einen neuen Trick ersonnen: Sie rufen für Traveller, die etwas hilflos im Bahnhof herumhängen, gratis an ihr Wunsch-Gästehaus in Chiang Mai an, sprechen ein paar belanglose Sätze und erklären das Gästehaus für voll. Da hilft nur, flink sein und selbst mit dem Angerufenen sprechen.
Viele Besitzer von Gästehäusern bemühen sich aber, durch tollen Service, ordentliche Zimmer und verantwortungsvoll organisierte Treks bei der Mund-Propaganda gut abzuschneiden. Dazu gehören fast alle von Ausländern geleiteten Gästehäuser. Da hier kein Tuk Tuk-Fahrer absahnen kann, werden gerade diese guten Gästehäuser übel diffamiert.

Banana Gh. ㊷, 4/9 Ratchaphakinai Rd., ✆ 053-206285; einfache, große, saubere, hellhörige Zi und Schlafsaal (60 Baht), Du/WC außen; Sombat veranstaltet 3-tägige Treks, bei denen das Wandern nicht zu kurz kommt. ❶
Phathai ㊶, 48/1 Ratchaphakinai Rd., ✆ 053-278013; eine Oase am Ende einer ruhigen Gasse, solides Gebäude, unten hellhörig, 14 saubere Zi mit Warmwasser-Du/WC; freundl. Service. ❸
Mr. Whisky House ㊻, 31 Phra Pokklao Rd. Soi 3, ✆ 053-278455; ein Khaosan-Bus-Gh., das Treks mit sehr großen Gruppen (bis 30 Pers.) durchzieht; geräumige, spartanische, schmuddelige Zi, ganztags Video, nettes Personal. Ein Bahnhof-Gästehaus. ❶–❷
Julie Gh. ㊷, 7/1 Phra Pokklao Rd. Soi 5, ✆ 053-274355, 🖳 www.julieguesthouse.com, ruhig, 3 Häuser mit 42 sauberen, gemütlich eingerichteten Zi mit Fan, vorwiegend mit Warmwasser-Du/WC, Schlafsaal; grüner Hof zum Relaxen, gutes, günstiges Essen, kompetentes Reisebüro, Gepäckaufbewahrung; kumpelhafte Atmosphäre, viel gelobt. Engagierter Thai-Schweizer Leitung (Sai und Steffen). Ein Bahnhof-Gästehaus. ❶–❷
Grüne Oase ㉞, Phra Pokklao Rd. Soi 8, ✆ 053-209112, 086-9115976, 🖳 www.chiang-mai-urlaub.de, neues, preiswertes deutsches Gästehaus, 9 Fan-Zi mit Toiletten deutschen Standards, gutes Restaurant, kostenloses Internet, Fahrräder, Mopeds, Bikes und Shopper sowie PKWs zu vermieten. Khun Toi und Michael sind bestrebt, ihren Gästen besten Service zu bieten. ❸
Seven Suns ㊳, 155 Ratchamanka Rd., ✆ 053-814325, 🖳 www.sevensuns.net; Stadthaus,

12 schöne, saubere Zi mit AC, Minibar, kleine Warmwasser-Du/WC; nette Dachterrasse, Restaurant, Bar, Outdoor–Café, beliebt. ❹

Come-On Place, 15/7 Bamrungburi Rd., ✆ 053-278936, beim Suan Buak Had Park. Modernes, ruhiges Gästehaus, saubere, ihren Preis werte AC-Zi mit TV, Mini-Bar, Telefon und Du/WC; Restaurant und Internet-Zugang. Hier fühlen sich auch Schwule und Lesben wohl. ❹

Altstadt, nordöstliches Viertel

In diesem Viertel liegen Gästehäuser mit Zimmerpreisen von 120–350 Baht.

Awanasleep & Swim Gh. ㉘, 7 Ratchdamnoen Rd. Soi 1, ✆ 053-419005, 💻 www.awanasleep.com; neues 3-stöckiges Stadthaus mit Dachterrasse, ruhig gelegen, 16 saubere Zi mit Fan oder AC, Telefon, TV, Kühlschrank, Warmwasser-Du/WC, kleiner Balkon; Matratze auf dem Panoramadach 120 Baht p. P.; Swimming Pool am Eingang, Restaurant, Internet, für Rollis geeignet. Thai-holländ. Leitung. ❸

Rendezvous Gh. ㉖, 3/1 Ratchdamnoen Rd. Soi 5, ✆ 053-213763, ruhig gelegen, 22 saubere Zi mit Telefon, TV, Kühlschrank, Warmwasser-Du/WC, Fenster z. T. zum Restaurant; Video auf Großschirm; guter Service. ❷, AC ❸

CM Kristi ㉔, 14/2 Ratchdamnoen Rd. Soi 5, ✆ 053-418165, 4-stöckiges Stadthaus, gute Zi mit Du/WC, beliebt bei Italienern; nette Besitzerin. Ein Bahnhof-Gästehaus. ❷

Kavil House ㉕, 10/1 Ratchdamnoen Rd. Soi 5, ✆ 053-224740, sehr sauber und ruhig, kleiner, gemütlicher, mit Pflanzen umrankter Restaurant-Bereich. ❷–❸

Rama House ㉓, 8 Moon Muang Rd. Soi 5, ✆ 053-216354, Restaurant an der lauten Ratchawithi Rd., 18 saubere Zi im 3-stöckigen Stadthaus am ruhigen Garten; Trekking. Ein Bahnhof-Gästehaus. ❷, AC ❸

Eagle House No. 2 ㉒, 26 Ratchawithi Rd. Soi 2, ✆ 053-210620, 💻 www.eaglehouse.com, ✉ mail@eaglehouse.com, 3-stöckiges Stadthaus, 21 große, ordentliche Zi, mit Warmwasser-Du/WC, Fan oder AC, Schlafsaal; Restaurant. Sehr beliebtes Gästehaus, Abholservice. Viel gelobter Kochkurs im Chilli Club. Ähnliche Angebote wie im Eagle House No. 1 ㊽. ❷

Gästehaus und Guides

Chiang Mai Garden Gh. ㉟, 82 Ratchamanka Rd., ✆ 053-815069, 278881. Viel gelobtes Gästehaus, 14 einfache, saubere Zi mit Fan oder AC und Du/WC, 3 Familienräume. Pissamorn, die freundliche, engagierte Besitzerin, spricht u. a. Deutsch und bucht fachmännisch Tickets aller Art. Ihre kompetenten Guides (i. b. Mr. Chan oder Piroon) leiten verantwortungsvoll sehr individuelle, viel gelobte 3-Tage-Treks für 2200 Baht. Zi werden für die Tage nach der Tour reserviert. Telefonische Reservierung empfehlenswert, unbedingt selbst mit Pissamorn sprechen. Tuk Tuk- und Taxi-Fahrer tricksen fantasievoll, um potenzielle Gäste woanders hinzubringen. ❷, AC ❸

Your House ㉑, 8 Ratchawithi Rd. Soi 2, ✆ 053-217492, älteres Teakhaus in ruhiger Gasse, 9 große Zi, einige mit Du/WC, fast immer voll; gutes Essen; die freundliche, rührige Besitzerin spricht gut Englisch und Französisch, angenehme, fröhliche Atmosphäre. Ein Bahnhof-Gästehaus. ❷

Lamchang House ⑬, 24 Moon Muang Rd. Soi 7, ✆ 053-210586, Thaihaus mit etwas düsteren, gemütlichen Bambusmattenzimmern im EG, nach hinten recht ruhig, einfache Du/WC außen, Restaurant im Garten. ❶

Sri Pat Gh. ⑭, 16 Moon Muang Rd. Soi 7, ✆ 053-218716, 💻 www.sri-patguesthouse.com; schönes Kleinhotel, gepflegte, komfortable Zi mit AC, Kühlschrank, Warmwasser-Du/WC. ❹

Libra Gh. ⑧, 28 Moon Muang Rd. Soi 9, Kleinhotel, freundliches Personal. Ein Bahnhof-Gästehaus. ❷

S.K. House ⑦, 30 Moon Muang Rd. Soi 9, ✆ 053-210690, ✉ skhouses@hotmail.com; schöne, große Gebäude, 57 saubere Zi mit Fan oder AC, Restaurant, Pool, Internet, Reisebüro. Hier schickt das „TAT"-Reisebüro vom Bahnhof in Bangkok seine Gäste hin. ❸–❹

Supreme House ⑤, 44/1 Moon Muang Rd. Soi 9, ✆ 053-222480, saubere Zi mit Warmwasser-Du/WC, nach hinten ruhiger, Familienzimmer mit 3 und 4 Betten, Dachterrasse; Bücherei mit vielen deutschen Büchern, An-, Verkauf, Tausch,

Chiang Mai
Zentrum

0 100 200 300 400 500 m

Essen:
26 Thai Orchid R.
27 Escape R.
28 Brasserie R.
29 The Gallery R.
30 The Good View Bar & R.
31 The Riverside R.+ Bar
32 Old Inn
33 Libernard Cafe
34 Home R.
35 Daret's R.
36 Da Stefano R.
37 Art Café
38 Aroon Rai R.
39 JJ Bakery
40 Honey BBQ Chicken R.
41 Beer Garden
42 Antique House R.
43 Royal India R.
44 The White Orchid R.
45 Gia Tong Heng R.
46 Crazy Cakes R.
47 Whole Earth R.

Übernachtung:

Nr.	Name	Preis	Adresse	Telefon
53	Je T'aime Gh.	❷	247/9 Charoen Rat Rd.	053-241912
54	Cowboy Gh.	❷	233 Charoen Rat Rd.	053-241314
55	Marlboro House	❷-❸	138 Sithiwong Rd.	053-232598
56	Baan Orapin	❺	150 Charoenrat Rd.	053-243677
57	Prince H.	❹	3 Tai Wang Rd.	053-252025
58	Eagle House 1	❶-❷	16 Chang Moi Kao Rd. Soi 3	053-874126
59	Chiangmai Inn	❷-❸	15/1 Chaiyaphum Rd. Soi 2	053-251400
60	Paocome Gh.	❶	9 Chang Moi Rd. Soi 3	053-252377
61	Lek Hs.	❶	22 Chaiyaphum Rd.	053-252686
62	Amora Rydges H.	❺	22 Chaiyaphum Rd.	053-251351
63	V.K. Gh.	❶	22/2 Chang Moi Kao Rd.	053-252559
64	Happy House	❸	11/1 Chang Moi Kao Rd.	053-252619
65	Daret's Gh.	❶-❷	4/5 Chaiyaphum Rd.	053-235440
66	Roong Ruang H.	❸	398 Tapae Rd.	053-234746
67	CM International Gh.	❷	2/10 Kotchasan Rd.	053-282448
68	Orchid House	❷	4 Tapae Rd. Soi 5	053-275370
69	Tapae Gh.	❷	2/2 Tapae Rd. Soi 4	053-271591
70	Midtown House	❷	7 Tapae Rd. Soi 4	053-273191
71	Born	❷	2/2 Tapae Rd. Soi 6	053-276011
72	Home Place	❷-❸	9 Tapae Rd. Soi 6	053-276468
73	Chiang Mai Thai House	❸-❹	5/1 Tapae Rd. Soi 5	053-904110
74	Tawan Gh.	❷	4 Tapae Rd. Soi 6	01-6811335
75	Fang Gh.	❷	46-48 Kampangdin Rd. Soi 1	053-282940
76	Galare Gh.	❹	7/1 Charoen Prathet Rd.	053-821011
77	River View Lodge	❻	25 Charoen Prathet Rd.	053-271110
78	Thana Gh.	❶	27/8 Tapae Rd. Soi 4	053-279794
79	Boonmee Mansion	❷-❸	9 Tapae Rd. Soi 6	053-208200
80	Inter Inn	❶-❷	17 Tapae Rd. Soi 5	053-272512
81	Nam Khong Gh.	❸	47 Tapae Rd. Soi 4	053-274823
82	Sri Prakat H.	❷	33 Chiang Mai–Lamphun Rd.	
83	Sarah Gh.	❷-❸	20 Tapae Rd. Soi 4	053-208271
84	Nice Place	❷	77/1 Kampaengdin Rd. Soi 1	053-272919
85	Little Home Gh.	❷-❸	1/1 Kotchasan Rd. Soi 3	053-206939
86	Night Bazaar Inn	❸-❹	9 Charoen Prathet Rd. Soi 6	053-818096
87	Riverside House	❸	101 CM-Lamphun Rd.	053-302121
88	Green Lodge	❸	60 Charoen Prathet Rd.	053-279188
88	Kim House	❸	62 Charoen Prathet Rd.	053-282441
89	Oriental House	❷-❸	69 Loi Khroa Rd.	053-276742
90	Traveller Inn H.	❸	40 Loi Khroa Rd.	053-208484
90	Chiang Mai Gh.	❷	1 Loi Khroa Rd. Soi 2	053-208158
91	HI Center Place Gh.	❷-❸	17/2 Loi Khroa Rd. Soi 1	053-271169
92	Phucome Inn H.	❹	64/2 Loi Khroa Rd.	053-281324
93	Downtown Inn	❹	172/1 Loi Khroa Rd.	053-270662
94	Lannathai Gh.	❷-❸	41/8 Loi Khroa Rd. Soi 6	053-275563
95	The Royal Gh.	❷-❸	5 Kotchasan Rd. Soi 4	053-282460
96	Souvenir Gh.	❷	118 Charoen Prathet Rd.	053-282335
97	Park Inn Tana H.	❹	Charoen Prathet Rd. Soi 8	053-270191
97	People Place Lodging	❸	9 Charoen Prathet Rd. Soi 8	053-282487
98	Lai Thai Gh.	❸	111/4 Kotchasan Rd.	053-271725
99	Baan Kaew Gh.	❸	142 Charoen Prathet Rd.	053-271606

Sonstiges:
16 Neramit Tailor
17 Laundromat
18 Nuan Rat Massage
19 Backstreet Books, Gecko Books
20 Namkhong Travel, Thapae Samoonprai Massage, Travel Shoppe
21 Bookzone
22 Tea House Siam Celadon
23 K&K Business Center
24 Shaman Bookshop
25 TMT College
26 Sunset Pub
27 CM B.I.S. Travel
28 Loi Khroh Bazaar
29 D.K. Book House
30 Hard Rock Cafè
31 Suriwong Book Center

Transport:
16 Lek Big Bike
17 North Wheels
18 Joe's Bike Team
19 CM Green Tour
20 Bus'Lampang, Elephant Ctr.
21 Minibus→Wiang Kumkam
22 C&P Service
23 Mau Tour Service
24 C.V.A. Suzuki
25 Avis
26 Malaysia Airline
27 Ac-Bus→Bangkok
28 Air Mandalay
29 Hertz
30 River Cruise

Nord-Thailand

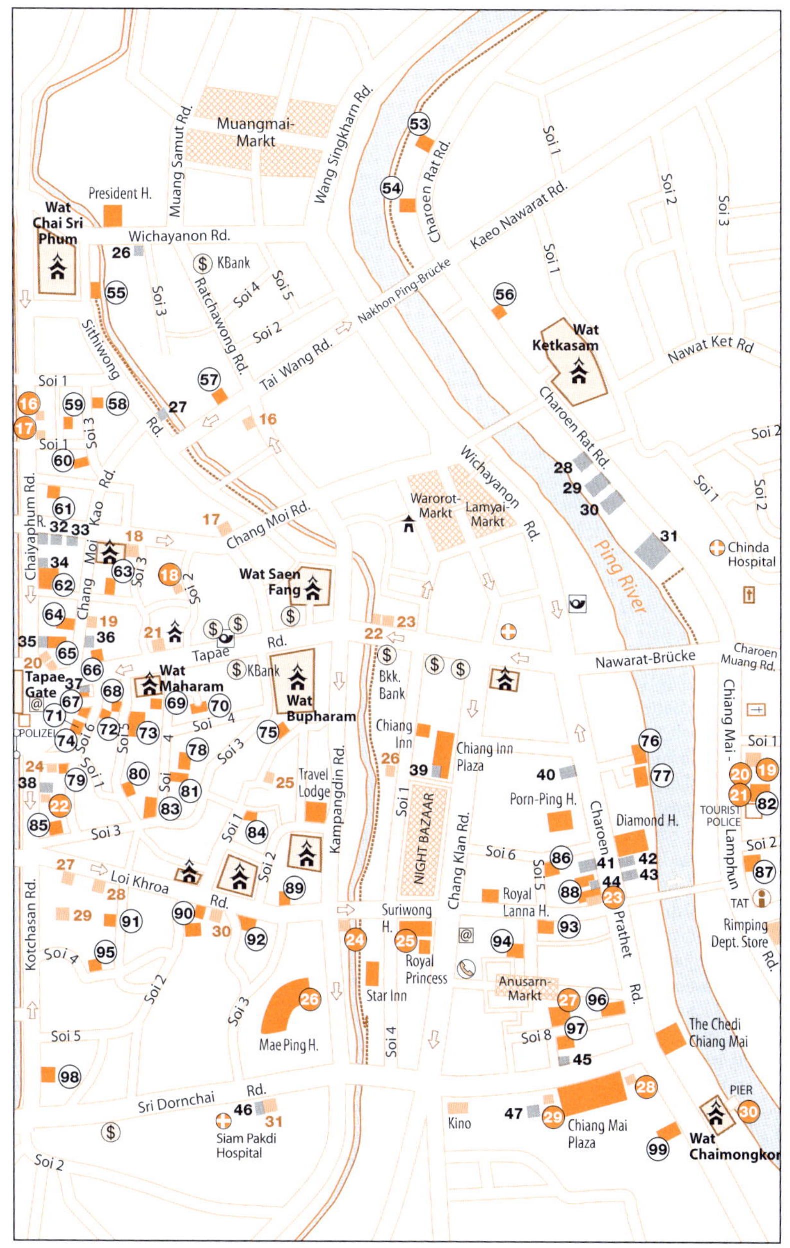
Muangmai-
Markt
Wat
Chai Sri
Phum
President H.
Wichayanon Rd.
Muang Samut Rd.
Wang Singkharn Rd.
Charoen Rat Rd.
Kaeo Nawarat Rd.
KBank
Ratchawong Rd.
Soi 4
Soi 5
Soi 2
Soi 3
Sithiwong
Nakhon Ping-Brücke
Tai Wang Rd.
Wat
Ketkasam
Nawat Ket Rd
Chang Moi Rd.
Chaiyaphum Rd.
Chang Moi Kao Rd.
Warorot-
Markt
Lamyai-
Markt
Wichayanon Rd.
Ping River
Chinda
Hospital
Wat Saen
Fang
Tapae Rd.
Tapae
Gate
Wat
Maharam
KBank
Wat
Bupharam
Bkk.
Bank
Nawarat-Brücke
Charoen
Muang Rd.
POLIZEI
Chiang
Inn
Chiang Inn
Plaza
Travel
Lodge
Kampangdin Rd.
NIGHT BAZAAR
Chang Klan Rd.
Porn-Ping H.
Diamond H.
TOURIST
POLICE
Chiang Mai - Lamphun Rd.
Loi Khroa Rd.
Kotchasan Rd.
Suriwong
H.
Royal
Lanna H.
Royal
Princess
Star Inn
Anusarn-
Markt
Charoen Prathet Rd.
TAT
Rimping
Dept. Store
Mae Ping H.
The Chedi
Chiang Mai
Sri Dornchai Rd.
Siam Pakdi
Hospital
Kino
Chiang Mai
Plaza
PIER
Wat
Chaimongkol
Soi 1
Soi 2
Soi 3
Soi 4
Soi 5
Soi 6
Soi 8

Leihe; sehr freundlicher, hilfsbereiter deutscher Manager Peter. Wer ein Bus- oder Zugticket besitzt, kann bis abends im Zi bleiben. Empfehlenswert. ❶–❷

Neustadt, nördlich der Tapae Rd.
Hier liegen einige der beliebtesten billigen Gästehäuser. In den älteren gibt es noch Zimmer um 100 Baht.

Daret's Gh. ㊸, 4/5 Chaiyaphum Rd., ✆ 053-235440, mit großem Freiluft-Restaurant. Saubere Zi, meist voll, sehr laut, nettes Personal, Trekking mit sehr großen Gruppen; Motorräder schlecht gewartet. ❶–❷

V.K. Gh. ⑥③, 22/2 Chang Moi Kao Rd., ✆ 053-252559, ruhig gelegen, genießt einen sehr guten Ruf, daher in der Saison fast immer voll. ❶

Lek House ⑥①, 22 Chaiyaphum Rd., ✆ 053-252686, alte Gebäude mit 21 Zi, grünes Gartenrestaurant; Lärm aus der Nachbarschaft. ❶

Paocome Gh. ⑥⓪, 9 Chang Moi Rd. Soi 3, ✆ 053-252377, ruhiges Apartmenthaus, saubere, einfache Zi, neue Bäder, freundliche Besitzerin. ❷

Eagle House No. 1 ⑤⑧, 16 Chang Moi Kao Rd. Soi 3, ✆ 053-874126, 053-235387, 🖳 www.eaglehouse.com; bescheidenes, älteres, schwer sauber zu haltendes Gästehaus mit gemütlichem, preiswertem Gartenrestaurant in untouristischer Nachbarschaft, 22 einfache, billige Zi mit Du/WC, mit Fan oder AC, fast alle mit Warmwasser; sehr angenehme, friedliche Stimmung. Unaufdringlich geleitet von Pon und seiner irischen Frau Annette, die u. a. perfekt Deutsch spricht. Pon & Annette Trekking organisieren empfohlene 3- und 4-Tage-Treks, bei denen sie ein Konzept des „bewussten Trekkings" realisieren. Sie sind nur hier oder im Eagle House No. 2 zu buchen. Sehr gute Informationen, gute Touren, Mopeds, Jeeps, Buchung von Flug-, Bus-, Bahntickets, Büchertausch und vieles mehr. Abholservice. Nicht jeder Traveller kommt mit Annettes offener, engagierter Art klar. ❶–❷

Neustadt, südlich der Tapae Rd.
Die Kleinhotels in diesem Viertel sind neuer. Die meisten Zimmer kosten ab 150 Baht aufwärts. Das dörflich anmutende Leben beginnt hier ziemlich geräuschvoll schon am frühen Morgen.

Ein Haus zum Wohlfühlen

Duang Dee House ①, 14/23 Mani Noparat Rd. Soi Insoun, ✉ duangdee@iname.com, ✆ 081-6025624; viel gelobtes 4-stöckiges Stadthaus, außerhalb der nordöstlichen Ecke der Altstadt; 20 große, saubere Zi mit Du/WC und Fan (AC auf Wunsch); gutes Restaurant (◷ bis 20 Uhr), beliebte Bar, Hilltribe-Kaffee; gute Infos über private Gästehäuser bei Phrao, kein Trekking. Hervorragendes Preis-Leistungs-Verhältnis. ❷–❸

Home Place Hotel ⑦②, 9 Tapae Rd. Soi 6, ✆ 053-276468, Kleinhotel, nette, etwas düstere Zi mit Warmwasser-Du/WC, Balkon zum Sonnenbaden im 3. Stock, etwas überteuert. Ein Khaosan-Bus-Gästehaus. ❷, AC ❸

Tawan House ⑦④, 4 Tapae Rd. Soi 6, ✆ 081-6811335, schönes, einfaches Gästehaus, 12 Zi, Du/WC meist außen, sehr hübscher Garten mit Kochkursen (ab 400 Baht für 1/2 Tag), viele Sitzgruppen, gutes Essen, sympathische Leute. ❷

Boonmee Mansion ⑦⑨, 9 Tapae Rd. Soi 6, ✆ 053-208200, Kleinhotel im Stadthaus und Teakhaus, 30 saubere Zi mit Fan oder AC, z. T. Warmwasser, Frühstücksrestaurant. ❷–❸

Orchid House ⑥⑧, Tapae Rd. Soi 5, ✆ 053-275370, saubere Zi mit Warmwasser-Du/WC, relativ ruhig, freundliche Leitung. Ein gutes Khaosan-Bus-Gästehaus. ❷

Chiang Mai Thai House ⑦③, 5/1 Tapae Rd. Soi 5, ✆ 053-904110, 🖳 www.chiangmaithaihouse.com, neues, gepflegtes Guesthouse, luxuriöse Zi mit Fan oder AC, vorn wegen Wasserpumpe etwas lauter. ❸, AC ❹

Nam Khong Gh. ⑧①, 47 Tapae Rd. Soi 4, ✆ 053-274823, 28 sehr schöne, saubere, komfortable Zi mit warmer Du/WC, z. T. mit AC, sauberes Restaurant, gepflegte Anlage, neue Besitzer. Ein Khaosan-Bus-Gästehaus. ❸

Fang Gh. ⑦⑤, 46-48 Kampangdin Rd. Soi 1, ✆ 053-282940; renoviertes Kleinhotel, ordentliche Zi mit Fan oder AC, freundliches Personal. ❷

Little Home Gh. ⑧⑤, 1/1 Kotchasan Rd. Soi 3, ✆ 053-206939, schönes, neueres Gebäude im Thaistil; 12 saubere Zi mit Fan und Du/WC, kein Moskitonetz. ❷–❸

Oriental House ⑧⑨, 69 Loi Khroa Rd., ✆ 053-276742; 6 große, saubere Zi mit Du/WC, mit und ohne AC und TV; hübscher Garten, nette Leute; Restaurant, Bar, Antiquitätenladen. ❷, AC ❸
The Royal Gh. ⑨⑤, 5 Kotchasan Rd. Soi 4, ✆ 053-282460, 6-stöckiges Khaosan-Bus-Gästehaus, 70 saubere Zi mit Fan oder AC, Bar, Restaurant, kleiner Pool. Ein Khaosan-Bus-Gästehaus. ❷–❸
Lai Thai Gh. ⑨⑧, 111/4 Kotchasan Rd., ✆ 053-271725, 💻 www.laithai.com; ein großes Haus im Nord-Thailand-Stil, mit vielen Glühlämpchen illuminiert, 120 schöne, geräumige Zi mit modernem Bad (Warmwasser von Solaranlage), TV mit Deutscher Welle, z. T. ohne Fenster, im hinteren Seitenflügel recht ruhig; gutes, lautes Restaurant, Pool; Schließfächer zu mieten. Bezahlt hohe Provision an Schlepper. Ein Bahnhof-Gästehaus. ❸

Nähe Nachtmarkt

Die Gästehäuser zwischen dem Nachtmarkt und dem Ping-Fluss haben durchweg ein gehobenes Niveau. Komfort-Traveller finden Zimmer mit Fan für 250–300 Baht und mit AC für 350–400 Baht. Da auch nachts starker Verkehrslärm zu hören ist, haben wir einige ruhigere ausgewählt.
Lannathai Gh. ⑨④, 41/8 Loi Khroa Rd. Soi 6, ✆ 053-275563, 2-stöckiges Reihenhaus im modernen Thai-Stil in einer ruhigen Seitenstraße, 28 saubere Zi mit Fan oder AC; freundlich und hilfsbereit. ❷–❸
Galare Gh. ⑦⑥ (gesprochen Galäh), 7/1 Charoen Prathet Rd., ✆ 053-821011, direkt am Fluss. Gebäude im Thai-Stil mit 35 komfortablen, relativ teuren Zi, z. T. AC; in der Saison immer voll. ❹
Souvenir Gh. ⑨⑥, 118 Charoen Prathet Rd., ✆ 053-818786, 💻 www.souvenir-guesthouse.com; saubere Zi mit und ohne Du/WC, tropischer Garten. ❷–❸
Baan Kaew Gh. ⑨⑨, 142 Charoen Prathet Rd., ✆ 053-271606, sehr ruhig, 20 gute, große Zi, z. T. mit AC, Warmwasser mit Sonnenkollektoren; schöner Garten; freundliche Besitzer. ❸

Am Fluss

An der östlichen Seite des Ping liegen mehrere Gästehäuser im alten Stil mit familiärer Atmosphäre, die Zimmerpreise liegen bei 80–200 Baht.
Hollanda Montri Gh., Charoen Rat Rd., bei der Brücke, frisch gestrichenes Haus, Zi mit Fan oder AC, unter Thai-holländ. Leitung, Ausflüge, Thai-Unterricht, Internet inklusive, Bar mit holländischem Rundfunk. ❷
Baan Orapin, ⑤⑥, 150 Charoenrat Rd. ✆ 053-243677, 💻 www.baanorapin.com, 6 gut eingerichtete AC-Gästezimmer in einem neueren Thai-Stil-Haus. Das 90 Jahre alte Lanna-Stil-Teakhaus im gleichen Garten mit herrlichen Bäumen wird von der sehr freundlichen Familie bewohnt. ❺
Ben Gh., 4/4 CM-Lamphun Rd. Soi 2, ✆ 053-244103; großes, 2-stöckiges Steinhaus in ruhiger Lage hinter der Tourist Information, einbruchgesichert, saubere Zi mit Warmwasser-Du/WC; Restaurant; sehr freundlich; Motorrad, Fahrrad. Ein Bahnhof-Gästehaus. ❷
Riverside House ⑧⑦, 101 CM-Lamphun Rd., ✆ 053-302121, 💻 www.riversidehousechiangmai.com; neben TAT, Bed & Breakfast, Stadthaus, 12 saubere AC-Zimmer mit Warmwasser-Du/WC, schöner Garten. Transfer 150 Baht. Die Besitzer sprechen Englisch und Deutsch. ❸

Beim Bahnhof

Sehr gelobt wird das **Linda Gh.**, 454/67 Soi Banditpatana, Charoen Muang Rd., ✆ 053-246915, 💻 www.lindaguesthouse.com; geleitet von einer deutsch-thailändischen Familie. Es liegt sehr ruhig etwa 400 m östlich vom Bahnhof in einer Seitengasse. Saubere Zi mit Warmwasser-Du/WC; sehr gutes Preis-Leistungs-Verhältnis; Thedda kümmert sich liebevoll um ihre Gäste und freut sich über deutsche Zeitungen. Sie veranstaltet gute Treks ohne zu drängen. Abholservice unter ✆ 081-7645475 ratsam. ❷
C&C Teak House, 39 Bamrung Rat Rd., ✆ 053-246966; zwischen Brücke und Bahnhof (1300 m). Gemütliches, sauberes Haus, z. T. sehr enge Zi, atmosphärischer Innenhof, leckeres Essen, Thai-franz. Management; viele Franzosen. ❷

Im Süden

Youth Hostel, 21/8 Chang Klan Rd., ✆ 053-276737; 2 km südlich vom Nachtmarkt, sehr ruhig. Modernes Gebäude, 16 Zi mit Warmwasser-Du/WC und Fan oder AC, Schlafsaal; großer Innenhof. Ermäßigung mit Jugendherbergs-

Ganz besondere Gästehäuser

Wer etwas Ausgefallenes sucht, sollte sich einmal die folgenden Anlagen anschauen.

Tha-Nam Gh. (auch **Riverfront**), 43/3 Chang Klan Rd., ☏ 053-275125; großes, klassisches Thai-Teak-Haus am Ping-Fluss, 1,5 km südlich des Stadtzentrums. 10 Zi z. T. mit AC und Heißwasser, aber fensterlos; Fenster besitzt das schöne, aber laute Zi Nr. 1 ❹. Unter Einheimischen sehr beliebtes Restaurant; Garten mit üppigem Pflanzenwuchs, Brunnen und vielen Antiquitäten. Die Band in einer Bar nebenan spielt laut bis 2 Uhr nachts. ❸

The Red Hibiscus Gh., 1 Arak Rd. Soi 2, ☏ 053-217631, 🖳 www.redhibiscus.com; 3-stöckiges, einfaches Haus, 10 saubere, modern eingerichtete AC-Zi mit Warmwasser-Du/WC, eine Mini-Suite; Frühstücksterrasse; Ausflüge und Treks; Schweizer Besitzer. Reservierung empfehlenswert. ❹

River Ping Palace, 385/2 Charoen Prathet Rd., ☏ 053-274932, schönes Teakhouse (**kein** Palast) am Ufer des Ping Flusses, 1 km südlich des Stadtzentrums. Die 12 traditionell möblierten Räume bewahren trotz moderner Ausstattung (AC, Bad mit Heißwasser) ihren romantischen Charme, besonders schön die Zi im 2. Stock. Restaurant mit Thai-Essen in vielen Variationen. ❹–❻

Baan Song Thai Farang, 23/1 Moo 4, Namprae, Hang Dong, 🖳 www.northtouralacarte.com, ☏ 087-1921965; parkähnliches Grundstück mit mehreren Holzhäusern im traditionellen Thaistil für max. 8 Pers., große Terrassen; umfangreiche Bibliothek; der Übernachtungspreis von 50 € für 2 Pers. umfasst Vollpension; geleitet von einem ehemaligen deutschen Anwalt und seiner thailändischen Ehefrau Duan, die individuelle Touren durch den Norden durchführt. Anmeldung erforderlich, kostenlose Abholung von Bus, Bahn, Flughafen. ❹

The Field Village, 261 Moo 3 Wangtan Village (5A soi 1), Chiang Mai–Hang Dong Rd., ☏ 053-279371, ✉ info@thefieldvillage.com, 10 km südlich von Chiang Mai, neues Boutique-Resort mitten in der Natur, 10 ein- und zweistöckige, komfortable AC-Teakhäuser in Pfahlbauweise mit herrlicher Sicht über Reisfelder auf die Berge, großer Balkon, Restaurant, Pool, WLAN, Petong-Feld, See zum Angeln. Organischer Gemüseanbau. ❻

Joy's House, 114 Moo 9, Sanpreesrue Village, ☏ 053-854213, 🖳 www.joyshouse.net; dieses kleine Gästehaus in den nördlichen Außenbezirken versucht, eine ganz persönliche Beziehung zwischen den Gästen und Gastgebern aufzubauen, daher ist ein Aufenthalt nur nach persönlicher Voranmeldung möglich. 9 Zi (besser die teuren buchen), Essen extra, Koch- und Tanzkurse, Massage, Transportservice, Fahrräder und Ausflüge zu befreundeten Karen in den Bergen. Verschiedenartige Kritiken. ❺–❻

oder Studentenausweis. An den 4-tägigen, verantwortungsvoll durchgeführten Treks nehmen Thais und Touristen teil. ❷

Weniger empfehlenswerte Gästehäuser

Die meisten Gästehäuser, die dem **Khaosan-Bus-Unternehmen** angeschlossen sind, eignen sich weniger für einen gemütlichen Aufenthalt, da die meisten Gäste nur eine Nacht bleiben können (falls sie einen Trek gebucht haben).

Ansonsten (wenn man nicht mit dem Khaosan-Bus kommt) sind einige dieser Gästehäuser durchaus gute Unterkünfte.

Zu den **Khaosan-Bus-Gästehäusern** gehörten Mitte 2007 u. a.: BMP Backpackers Meeting Place, Holiday Garden, Center Place Gh, Chiang Mai Gh, Chiang Mai Inn, CM Kristi, Family Gh., Home Place, Jakawan Gh., Five Star Gh., Golden, Lanna Gh., Midtown Gh., Nam Khong Gh, Nat Gh., Nice Place, Panda Gh, Red Brick Gh., Rose Gh., S.K. House, Thana Gh., The Royal Gh., Visaj House, Welcome Gh., Mr. Whisky House, Wiriya Gh, World Story Agentur.

Zu den **Bahnhof-Gästehäusern** gehörten Mitte 2007 u. a.: Banana Gh., BMP Backpackers Meeting Place, Ben Gh., Chiang Mai Gh., Chiang Mai Gate, Family Gh., Five Stare Galare, Gap's House,

Jakawan Gh., Julie, Kristi, Lai Thai, Libra, Nat, Rama, Royal, Rux Thai, Smile, S.K. House, Travelodge, Traveller Inn, Your House.

Hotels

In Chiang Mai gibt es etwa hundert Hotels aller Kategorien mit über tausend Zimmern.

Untere Mittelklasse

Ein gutes Preis-Leistungs-Verhältnis bieten:
Anodard Hotel, 57 Ratchamanka Rd., ☎ 053-270755, Betonklotz ohne Charme mit großen, sehr preiswerten Zimmern. Öffentlicher Swimming Pool, ⌚ 9–21 Uhr, 80 Baht. ❸, AC ❹
Roong Ruang Hotel (66), 398 Tapae Rd., ☎ 053-234746, am Tapae Gate, preiswerte, saubere Zi mit Fan und Du/WC, bessere AC-Zi mit TV, Telefon und Warmwasser-Du/WC, hinten ruhig. ❸
Top North Hotel (33), 41 Tapae Rd., ☎ 053-279632-5, ✉ topnorth@hotmail.com, preisgünstiges, ordentliches Hotel mit Pool. ❸–❹
Montri (31), 2-6 Ratchdamnoen Rd., ☎ 053-211070, ✉ montri_hotel@hotmail.com, Familienhotel am Tapae Gate, mit Aufzug, vollkommen rollstuhlgerecht, geräumige AC-Zi mit TV, Kühlschrank und Warmwasser-Du/WC. Gepäckaufbewahrung 20 Baht pro Stück und Tag. ❸–❹

Obere Mittelklasse

Diese Hotels können es durchaus mit den Luxushotels aufnehmen, zu einem weitaus günstigeren Preis.
Eurana Boutique Hotel (16), 7 Moon Muang Rd. Soi 7, ☎ 053-214522, 💻 www.euranahotel.com, in der Altstadt beim Somphet-Markt, ein Stadthotel der neuen Generation, luxuriöse, vornehme AC-Zi in tollem Design, Restaurant „The Violet“, Pool, Spa. Sehr freundlich. ❹–❺
Prince H. (57), 3 Tai Wang Rd., ☎ 053-252026, gutes Hotel, guter Service, Pool (80 Baht für Nichtgäste). ❹
Pornping Tower, 46-48 Charoen Prathet Rd., ☎ 053-270099, Nähe Nachtmarkt, die Single-Zi in diesem Hochhaus sind durchaus ihr Geld wert. ❺
BP Chiang Mai City Hotel, 154 Ratchamanka Rd., ☎ 053-270710, jüngst renoviertes, sauberes Hotel in der Altstadt, 134 komfortable AC-Zi, Pool. ❹
River View Lodge (76), 25 Charoen Prathet Rd., ☎ 053-271109, schönes Hotel am Fluss, sauber und geschmackvoll. ❻
Amora Rydges Hotel (67), 22 Chaiyaphum Rd., ☎ 053-251351, 💻 www.rydges-chiangmai.com; Hochhaus mit toller Sicht über die Stadt, großzügig und elegant ausgestattet. ❺

Luxushotels

Chiang Mai verfügt über 20 Hotels mit etwa 5000 Zimmern mit internationalem Standard. Sie werden zu 75 % von Thais sowie von Pauschaltouristen belegt. Alle verfügen über AC, Telefon, TV, Restaurants und einen Pool. Doppelzimmer kosten 2000–5000 Baht, eine Suite bis 28 000 Baht.
Tamarind Village, 50/1 Ratchdamnoen Rd., 💻 www.tamarindvillage.com, ☎ 053-418896-9, schöne, ruhige Oase im Designer-Thai-Stil mitten in der Altstadt, 40 geschmackvoll eingerichtete, kleine Zi, gute Küche, Pool. ❽
The Chedi Chiang Mai, 123 Charoenprathet Rd., ☎ 053-253333, 💻 www.ghmhotels.com, schickes 5-Sterne-Hotel mit nostalgischem Flair direkt am Fluss und nahe am Nachtmarkt, beste Preise über Airtours, Restaurant mit indischer Küche, guter Afternoon Tea, auch für Nichtgäste. Ab 10 400 Baht. ❽

Essen

Chiang Mai ist, wie auch Bangkok, ein wahres Essens-Paradies. Restaurants für Touristen bereiten neben Thai-Gerichten auch Speisen aus aller Herren Länder zu. Zu jeder Tages- und Nachtzeit kann man hervorragende, billige Mahlzeiten oder Snacks bekommen. Die wenigsten Gästehäuser in der Altstadt haben richtige, eigene Restaurants.
Man isst daher meistens außerhalb in einem der zahllosen festen oder temporären Restaurants oder an den Essenständen, die zu unterschiedlichen Tageszeiten Suppen, Currys oder Pfannengerichte zubereiten und nach eigenen Wünschen variieren. Billige Buffet-Angebote sind in Mode gekommen, aber Vorsicht, nicht immer sind die Zutaten einwandfrei.
Die Angebote der teuren Spezialitäten- und Hotel-Restaurants kann man bei Bedarf in den Touristenbroschüren nachlesen.

Traveller Food

Die Traveller-Szene in Chiang Mai isst z. Zt. vegetarisch (s. u.).

Das hat der Beliebtheit von **Daret's House** in der Chaiyaphum Rd. keinen Abbruch getan. In diesem preiswerten Open-Air-Restaurant ist es, trotz unfreundlicher, lahmer Bedienung, immer voll.

Art Café, gegenüber vom Tapae Gate, klimatisiertes Restaurant mit großen Glasfronten, Rauchertische im Freien, gutes Essen von 8–23 Uhr, u. a. Pizza, mexikanisches Essen und Kuchen. Sehr freundlich.

Thai

Fantastisches, super-billiges Thai-Essen kann man sich nach eigenen Wünschen selbst zusammenstellen, wenn man zwischen 16 und 17 Uhr auf einem der **Märkte** (z. B. am Chiang Mai Gate) mehrere kleine Portionen bei den Hausfrauen kauft. Vorsicht bei den roten Gerichten, die sind meist sehr scharf! Man fragt einfach immer: *„Pät mai?"* und wartet auf die Antwort: *„Mai pät!"* = („Nicht scharf!")

Essenstände gibt es z. B. auf dem Chang Puak Market oder auf dem Anusarn Market in einer Seitenstraße südöstlich vom Nachtmarkt, wo man Seafood, thailändische und chinesische Gerichte essen kann.

Der **Sonntagsmarkt** bietet in einer Seitenstraße der Ratchdamnoen Rd. sowie auf einem großen Parkplatz gleich am Anfang in der Nähe des Tapae Gate wunderbares Essen an, für das wir nachdrückliche Empfehlungen erhielten.

Herb Garden, Ratchdamnoen Rd. Soi 1, schönes, kleines Restaurant, mit viel Liebe gekochtes, leckeres Essen, betrieben von einem Thai-englischen Pärchen.

The Riverside, 9-11 Charoen Rat Rd., ✆ 053-243239, 200 m nördlich der Nawarat-Brücke, serviert auf zwei Flussterrassen neben europäischem auch Thai-Essen; die Speisekarte umfasst hunderte von Gerichten und Getränken zu relativ gehobenen Preisen; am frühen Abend lässt sich schön am Fluss bei Live-Pianomusik dinieren, ab 21.30 Uhr unterhalten 3 Bands mit Rock und Pop aus aller Welt; ⌚ 10–1.30 Uhr; in der Saison abends immer voll, sehr atmosphärisch. Das beliebte *Dinner Boat* fährt von 20–21.15 Uhr (70 Baht extra).

The Gallery, ✆ 053-248601, 200 m weiter nördlich. Etwas besonders Edles, wo man auf der Flussterrasse eines alten Teakhauses stimmungsvoll und sehr gut speisen kann; ⌚ 12–1 Uhr. Im Vorderhaus eine sehenswerte Kunstgalerie lokaler Künstler.

Brasserie, 37 Charoen Rat Rd., ✆ 053-241665, daneben, gutes Essen; ⌚ 11–3 Uhr.

The Wok, 44 Ratchamanka Rd., ✆ 053-208287, Thai-Gerichte, in der Darreichungsform der europäischen Nouvelle Cuisine nachempfunden, werden im Garten eines alten Holzhauses serviert, einzeln zubereitet von Köchen der Chiang Mai Thai Cookery School, ⌚ 15–22 Uhr.

Honey Barbeque Chicken, neben dem Porn Ping Hotel, Charoen Prathet Rd., leckere, billige Hähnchen *(Grilled Chicken with Honey)*.

Antique House, 71 Charoen Prathet Rd., ✆ 053-276810, schönes Teakhaus mit antiken Möbeln und Statuen, gemütliches Gartenrestaurant mit gutem Thai-Essen, große Auswahl, serviert von nettem Personal, ⌚ 11–24 Uhr; von 18–23 Uhr dezente Live-Musik: Gitarre oder klassischer Thai-Stil. Es lohnt, das ganze Haus anzuschauen.

The White Orchid Restaurant, schräg gegenüber, Leser loben das exzellente Essen und die freundliche Bedienung.

Gia Tong Heng, 3-stöckiges, sehr beliebtes chinesisches Restaurant, auch engl. Speisekarte.

Sticky Rice Kitchen, Singharat Rd. Soi 3, Nähe Wat Phra Sing, reizendes Restaurant mit traditionellen Gerichten aus dem Isarn. Probieren sollte man Tom Saep, eine Variante der Tom Yam-Suppe.

Hong Tauw Inn, 95/17 Nimmanhamin Rd., ✆ 053-218333, schräg gegenüber dem Amari Rincome Hotel, mit alten europäischen Stilmöbeln ausgestattet. Das internationale Publikum speist hervorragend zu moderaten Preisen.

Empfohlen wurden die beiden **Thai-Restaurants** westlich vom McCormick Hospital wegen des authentischen, preiswerten Essens. Es kann vorn in den Töpfen begutachtet werden. Im linken Restaurant ist das *Radna Taleh* für 25 Baht sehr gut, im anderen die gegrillte rote Ente.

Besonders gut und relativ frisch ist **Seafood** auf dem Anusarn Market, eine Offenbarung nicht nur für die Augen; die Preise sind dort in allen Lokalen identisch.

Erstklassige Küche, tolle Aussicht

Palaad Tawanron Restaurant, 053-216039, www.palaadtawanron.com, oberhalb von Chiang Mai gelegenes, großes Lokal oberhalb des Zoos, mit Sitzplätzen auf verschiedenen Etagen, an einem See, am Palaad-Wasserfall oder mit Blick auf die Stadt und die Berge, umweltfreundlich gebaut und in die Natur integriert. Hier werden erlesene Gerichte serviert, die nicht nur hochrangigen Thais munden. Im Jahr 2006 als bestes Restaurant ausgezeichnet. Abends Reservierung empfehlenswert. Erreichbar über die Suthep Rd., hinter der Chiang Mai University an der letzten Kreuzung rechts abbiegen, oder über den Zoo.

Nordthailändisch

Nicht verpassen sollte man die Nudelsuppe *Kao Soi* (15–30 Baht), die mit Huhn, Rindfleisch oder vegetarisch *(jay)* serviert wird. In **Faham** jenseits des Flusses, 150 m nördlich vom indischen Konsulat, schmeckt sie ganz ausgezeichnet.

Huen Phen Restaurant , an der Ratchamanka Rd., Ecke Jhaban Rd.; tagsüber einfaches Open-air-Lokal mit gehobenem Thai-Publikum. Am Abend (17–22 Uhr) gestaltet sich das Speisen im eindrucksvoll dekorierten Holzhaus dahinter zu einem Erlebnis. Spezialität: Grilled pickled pork (erinnert an Sülze). Relativ kleine Portionen. Engl. Speisekarte.

Saen Kham Lanna Terrace, 053-838990, über dem Deutschen Konsulat, schöner Blick über Reisfelder. Ausgezeichnetes Essen zu sehr günstigen Preisen.

Khum Khantoke, 053-304121-3, das traditionelle nordthailändische Khantoke-Dinner inklusive Tanzvorführung ist empfehlenswert. Die Anlage ist schick und teuer gebaut, man sitzt recht bequem auf einer Plattform mit vertieftem Fußraum, die Musik klingt angenehm, die Tänzer sind vom College of Dramatic Arts und das Essen ist von typischer Lanna-Art. Besonders schön ist der Tanz von Hanuman aus dem Ramakien. Die Tänze dauern von ca. 19.45–21.20 Uhr, anschließend gibt es ein Feuerwerk und *Kom Loy*, nordthailändische Luftballons. Alles kostet 350 Baht p. P., einschließlich Transport.

Old Chiang Mai Cultural Center, 185/3 Wualai Rd., www.oldchiangmai.com, Aufführungen tgl. 19–21.30 Uhr für 320 Baht, 053-202993-5. Sehr touristisch.

Europäisch

Die **Bierstube** in der südlichen Moon Muang Rd. hat gutes Bier vom Fass, gutes deutsches und Thai-Essen, sowie im Winter leckeres Eis mit Erdbeeren.

Grüne Oase, Phrapokklao Road Soi 8, www.chiang-mai-urlaub.de. Der Niederlausitzer Hobbykoch hat von seiner Mutter nicht nur deutsche Hausmannskost gelernt, sondern auch exquisite Gerichte, wie Gebratener Eisfisch mit Dillcremesoße. Empfehlenswert.

Chiang Mai German Brewery, am Superhighway, große Auswahl an billigen Bieren, nicht gerade schmackhafte, überteuerte deutsche Gerichte, gute Live-Band; vorwiegend Thai-Besucher.

German Hofbräuhaus, 115/1 Loi Kroa Rd., 053-276989, neben deutscher Küche werden auch italienische, spanische und thailändische Gerichte serviert. Bayerische Thai-Bedienung.

U.N. Irish Pub, 24/1 Ratchawithi Rd., schattiges Gartenrestaurant, Satelliten-TV.

Pizza findet man in vielen Restaurants. Besonders gut gelingt sie im **Art Café** gegenüber vom Tapae Gate, und im Holzofen von **La Villa**, sehr gemütlich (nach Redaktionsschluss: umgezogen in die Ratchapakinai Rd.).

Da Stefano, Chang Moi Kao Rd., hat preiswertes italienisches Essen.

Das **Il Forno**, 142 Phra Pokklao Rd., serviert ganz dünne Pizza. Teuer, aber extrem lecker und freundlich. Der schwerbehinderte italienische Besitzer beschäftigt behinderte Angestellte.

Trattoria Pum Pui, Moon Muang Rd. Soi 2, schönes Gartenrestaurant mit wirklich gutem italienischen Essen.

Backwaren

In Chiang Mai gibt es sehr viele gute Bäckereien, z. B. **Crusty Loaf Bakery**, 24/1 Ratchawithi Rd., 053-214554.

Pie Sabai, 053-283166, 50 m östlich vom Wat Umong, Café, Kuchen, Frühstück, Mittagessen.

Es werden nur Zutaten bester Qualität benutzt, vom Königsprojekt Doi Kham, preisgünstig. ◷ tgl. 8–17 Uhr.

Frühstück

Nice Sweet Place in der südlichen Moon Muang Rd. ist ein freundlicher Thai-Laden mit gutem Frühstück, Thai-Gebäck und leckerem Traveller-Food, ◷ 6.30–20 Uhr.

The Corner, gleich nebenan, Restaurant mit gutem, preiswertem Frühstück und sehr gutem Service, zum drinnen und draußen Sitzen.

Das **Kafé** an der belebten Moon Muang Rd. ist recht ruhig, es gibt Frühstück, Eiscreme und eine Bar.

Im **Blue Diamond**, 35/1 Moon Muang Rd. Soi 7A, ✆ 053-217120, gibt es sehr gutes Frühstück mit Hilltribe-Kaffee, frischen, selbstgemachten Vollkornbrötchen, Avocadocreme und süßen Stückchen, große Auswahl. ◷ nur bis 20.30 Uhr. Es sind einige Fan-Zi, ❶–❷, zu mieten, Du/WC außen.

The Amazing Sandwich, 252/3 Phra Pokklao Rd., nettes AC-Restaurant mit Frühstück, Sandwiches, Baguettes und Subs, 40–60 Baht.

Nice Kitchen, hinterm Somphet Market, bei Nid und Hom, u. a. sehr gutes Frühstück, Joghurt, Croissants, Baguettes, große Portionen, gute Tees.

Mint Coffee House, Ratchdamnoen Rd. Soi 5, gutes Frühstück mit Mehrkornbrot, sehr nette Leute mit guten Englischkenntnissen.

Black Canyon Coffee, eine gute und billige thailändische Franchise-Kette, die auch kleine Filialen an Tankstellen hat. Besonders empfehlenswert sind die „frozen Coffee".

Auch andere Kaffee-Franchise-Ketten, wie **Wawee, Doi Tung, Café Mong Pearl** oder **Doi Chaang**, sind recht gut.

Vegetarisch / Biodynamisch

Vegetarisch ist „in". Weit über 100 vegetarische Restaurants machten in den letzten Jahren an fast jeder Ecke auf. Zudem bietet beinahe jedes Restaurant vegetarische Gerichte an. Die Qualität der Speisen in diesen Mode-Restaurants kann in keiner Weise mit den alteingesessenen vegetarischen Restaurants mithalten, die zumeist nur zum Mittagessen geöffnet sind.

Zu den traditionell **guten** Restaurants gehören:

Thai Orchid, Wichayanon Rd., 300 m östlich vom Wat Chai Sri Phum, sehr gutes Essen, das um 13 Uhr ausverkauft ist.

Mangsavirat, Khang Ruen Cham Rd., im Zentrum der Altstadt, ist billiger: um 15 Baht pro Mahlzeit, aber nicht sehr einladend, große Auswahl.

Thai Vegetarian Center, Mahidol Rd., südwestlich der Altstadt, ◷ Di–Sa bis 14 Uhr; für ein Ticket von 40 Baht kann man sich satt essen.

Raan Mangsavirat, Suthep Rd., im Westen beim Wat Suan Dok Mok, ist gut und preiswert.

Nicht so toll ist das elegante **Whole Earth Restaurant**, Sri Dornchai Rd., ✆ 053-282463, ◷ 11–22 Uhr, wo es indische und Thai-Gerichte gibt; man geht vor allem wegen der Atmosphäre hin.

Unterhaltung

Bars und Discos

The Riverside am Fluss (s. o.) hat eine angenehme Bar mit Live-Musik (Piano, Folk, Country, Blues), z. T. zwei Bands gleichzeitig in verschiedenen Räumen. Unter holländischer Leitung; ◷ bis 2 Uhr.

Am „Chiang Mai Strip" entlang der südlichen Moon Muang Rd. liegen einige Bars, die bis nach Mitternacht geöffnet haben. Ein Rotlichtviertel hat sich in der Loi Khroa Rd. etabliert.

Im Biergarten vom **Rydges** gibt es tgl. frisch gezapftes Bier, bis 15 Uhr 40 Baht, danach 70 Baht, und typische Thai-Naschereien für 40 Baht.

Studentenkneipen liegen entlang der Straße zur Uni.

Discos gibt es in vielen Luxushotels (Anzeigen in den Touristenbroschüren).

Kinos

Englischsprachige Filme im **Vista** im obersten Stockwerk des Central Department Store in der Huai Kaeo Rd mit 8 Kinos, außerdem 2 **Vista**-Kinos gegenüber im 12 Huai Kaeo (kalte Klimaanlage, Pullover nötig) und im Airport Plaza der **Major Cineplex** mit 7 Kinos.

Kultur

In Chiang Mai finden laufend kulturelle Veranstaltungen statt: klassische Konzerte, Jazz,

Blues, Hip Hop, Pop, Chor, Reggae, Musicals, thailändische Musik, Ballett, Puppentheater, Theateraufführungen und Ausstellungen. Infos aus den Touristen-Broschüren, vom TAT, von Anschlägen und in guten Gästehäusern. Klassische und Tribal-Tänze werden jeden Abend im **Galare Food Center** gegenüber vom Night Bazaar aufgeführt.

Live-Musik

Von 23–2 Uhr spielt der Wahnsinns-Gitarrist Tuk in der **Brasserie**, 37 Charoen Rat Rd., ✆ 053-241665, 250 m hinter dem Riverside am Fluss, Rock und Western Music; gutes Essen, gehobene Getränkepreise. ⌚ 16.30–2 Uhr.

Travestieshows

Simon Chiang Mai Cabaret Show, 💻 www.simonchiangmai.com, ✆ 053-410321, empfehlenswerte Travestie-Show zwei Mal am Abend, 19.30 und 21.30 Uhr, Eintritt 500 Baht. Die „Damen" singen Playback und sehen täuschend echt aus. Neben Tanz und schönen Bühnenbildern gibt´s zwischendurch auch lustige Einlagen, für die man die Sprache nicht verstehen muss.

Einkaufen

Hier weisen wir noch einmal auf die „Tipps zum Einkaufen" im allgemeinen Teil (s. S. 40) und auf die Warnungen vor Edelsteinverkäufern im Bangkok-Kapitel (s. S. 185) hin. Die betrügerischen Verkäufe von wertlosen Edelsteinen sind in Chiang Mai allerdings zurückgegangen. Dafür blüht jetzt das Geschäft mit drittklassigen Schneidereien.
Als zuverlässiger Spediteur hat sich die **Star Ship Export Agency**, 34/7 Soi Kai Kaew, Huai Kaeo Rd., ✆ 053-281608, erwiesen.

Bücher

In Nord-Thailand sind nur die Buchhandlungen in Chiang Mai gut sortiert.
Suriwong Book Center, 54 Sri Dornchai Rd., hat auch viele Titel aus unserer Bücherliste vorrätig. ⌚ 9–19 Uhr, So 8–12.30 Uhr,
D.K. Book House, Kotchasan Rd., große Auswahl, ⌚ bis 21 Uhr.
Bookzone, Tapae Rd., tolle Buchhandlung, ⌚ bis 22 Uhr.
The Lost Bookshop, 34/3 Ratchamanka Rd., „gute" gebrauchte und neue Bücher zum Leihen, u. a. deutsche Bücher und Gedichtbände, ⌚ 9–14 und 17–20 Uhr.
Eine gut sortierte **deutschsprachige** Bücherei in Chiang Mai verwaltet Peter im **Supreme House**: An- und Verkauf, Tausch, Ausleihe von gebrauchten Büchern (20 Baht).
Backstreet Books, Chang Moi Kao Rd. (das Gässchen gegenüber vom Art Cafe), gemütlicher Laden mit gebrauchten Büchern aller Sparten, Philosophie, Medizin, Kunst etc., auch deutsche Bücher.

Dschungel-Boots

Boots aus Armeebeständen sowie Rucksäcke, Wasserflaschen bei vielen Läden, die Armeezeug verkaufen, z. B. bei **Mithai**, Mani Noparat Rd.

Einkaufszentren

Im **Airport Plaza** gehen Touristen gern shoppen. Beim **Export Shop** im 2. Stock findet man Kleidung in Größen bis XXXL. ⌚ 10.30–22 Uhr. Das riesige Einkaufszentrum **Carrefour** liegt am Superhighway im Osten, **Tesco Lotus** im Norden und Richtung Hang Dong beim **Airport Plaza**.

Holzarbeiten

Im **Banyen**, 500 m südlich des Stadttores, werden in mehreren alten Holzhäusern Holzschnitzereien verkauft und produziert. Viele Läden verkaufen kitschig bemalte und lackierte Holzarbeiten. Sehr schöne, unbehandelte Stücke lagern oft in hinteren Räumen oder in verstaubten Lagerhallen.
Das größte Angebot halten zahlreiche Läden in Ban Tawai bereit.

Keramik

Ausgezeichnetes Thai-Celadon findet man bei **Mengrai-Kilns**, 79/2 Araks Rd., Soi Samlarn 6, am Suan Buak Had-Park im Südwesten der Altstadt.
Thai Celadon Kilns, 62 Chotana Rd., jenseits des Superhighways an der Ausfallstraße nach Norden, ⌚ 8–17 Uhr.

Ban Phor Liang Muen, 36 Phra Pokklao Rd. Soi 2, beim Chiang Mai Gate, Terracotta-Manufaktur, Ausstellung und Verkauf.

Sonstiges Kunsthandwerk

Die meisten Läden gibt es in der Tapae Rd. und in der unteren Loi Khroa Rd. Wie auch auf dem Markt, muss man hier unbedingt handeln. Da die Stadt nicht so weitläufig ist, kann man sich dafür mehrere Tage Zeit nehmen, auf seinen Rundgängen immer mal wieder vorbeischauen und nach einem günstigeren Preis fragen. Chiang Mai ist ein Shopping-Paradies für Liebhaber von Kunstgewerbe aus Nord-Thailand und China.

Hilltribe Products Foundation, 21/17 Suthep Rd., links vor Wat Suan Dok, ◷ tgl. 9–17 Uhr, steht unter der Schirmherrschaft des Königs. Man kann schöne Sachen kaufen, deren Erlös direkt den Hilltribes zugute kommt.

Chiang Saen Antiques, gegenüber vom Chiang Mai Gate, hat sehr schöne, fast echte Antiquitäten zu angemessenen Preisen.

Landkarten

Bei weitem am besten sind die B&B-Straßenkarten *Thailand North Road Map* (1 : 750 000) und *Chiang Mai* (1 : 13 000), die aber nur noch in Secondhandbuchläden zu finden sind.

Für die „Entdeckungsreise in den Westen" ist David Unkovichs Karte *The Mae Hong Son Loop* (1 : 375 000) für 175 Baht ideal. Die aktualisierte Karte *Chiang Mai* von Nancy Chandler (200 Baht) mit vielen Spezialtipps für das Stadtgebiet ist empfehlenswert. Die übrigen in Cellophan verpackten, einheimischen Karten sind ihr Geld nicht wert.

Märkte

Warorot und **Lamyai Market,** nördlich der Tapae Rd. an der Wichayanon Rd. Hier kaufen vor allem Thais Lebensmittel, Haushaltswaren und Textilien ein.

Somphet Market entlang der nördlichen Moon Muang Rd. Hier gibt es ab dem frühen Morgen Obst, Gemüse, Fleisch und Fisch.

Nachtmarkt, ein großer *Night Bazaar,* auch *Night Market,* ohne orientalische Atmosphäre findet tgl. zwischen 18 und 23 Uhr (z. T. auch tagsüber) in mehreren eigens hierfür errichteten, großen Gebäuden in der Chang Klan Rd. und in den Straßen davor statt. Sehr gut kauft man Textilien, T-Shirts, Hosen, Batik-Wickelröcke, Taschen, Fächer, Parfüm, Schmuck, Hilltribe-Kunstgewerbe, „neue" Antiquitäten und Kassetten. Auch Lackarbeiten, Holzschnitzereien, Holzspiele, Holzspielzeug, Seide und Sa-Papier sind günstig zu haben. Vielen europäischen Besuchern kommt der Nachtmarkt wie ein touristischer Rummelplatz vor.

Der **Sonntagsmarkt** erstreckt sich von der Ratchdamnoen Rd. über die ganze südliche Altstadt. Man findet fast alles, meist billiger als auf dem Nachtmarkt, es kommen Kunsthandwerker und Masseusen aus den Dörfern, und es wird Musik gemacht.

Wua Lai Bazar oder **Saturday Market**, ◷ 17–22 Uhr, entlang der Wua Lai Rd., bietet Essens- und Getränkestände, Kunstgewerbe, Souvenirs und Textilien.

Pfandleihen

Es gibt sie gleich westlich neben Mithai. Hier findet man vielleicht seine verloren gegangenen Habseligkeiten wieder (teure Kameras aber nur in Bangkok).

Schneider

Neramit, 91/2 Ratchawong Road, ✆ 053-234353, wurde uns mehrfach empfohlen. Auch **Empress Collection**, 189/11 Changklan Road, gilt als seriös. Mit den Schneidern auf dem Nachtmarkt haben einige Leser schlechte Erfahrungen gemacht, i. b. mit **Soni Fashion** und **Chiangmai Tailor**, aber auch mit anderen.

Silberarbeiten

In der Wualai Rd. verkaufen viele Händler Silberarbeiten, die Silberläden an der Straße nach San Kamphaeng sind überteuert.

Textilien

Sehr preiswerte Gebrauchstextilien und Stoffe aus den Dörfern gibt es auf dem Warorot-Markt und in den westlichen Gassen.

Der Laden **Yang Phing Phing** im Anusarn Market verkauft tolle Textilien aus Thailand, China, Laos und Indonesien. Die Besitzerin ist eine Akha-Thai Frau, die auch Englisch spricht.

Aktivitäten

Fliegen

Mit Ultralight, Ballon und am Bungy-Seil: Infos in den Werbebroschüren.

Klettern

Mit **Rock Climbing Adventures**, 36 km außerhalb, 💻 www.thailandclimbing.com; an echten Felsen über 70 gesicherte Routen. In der Stadt haben sie eine Kletterwand unter einem Zeltdach. Eintritt 200 Bath.

Kochkurse

Sie sind der große Renner. Viele Leser berichteten uns über ihre durchweg positiven Erfahrungen mit fast allen Kochschulen. Wir brauchen nicht alle einzeln zu beschreiben, da sich alle an der hohen Qualität der erfahrensten Kochschule von Chiang Mai orientieren.

Die **Chiang Mai Thai Cookery School**, 1-3 Moon Muang Rd., ✆ 053-206388, ✉ nabnian@loxinfo.co.th, 💻 www.thaicookeryschool.com, begann 1993. Inzwischen wurde ein Standard erreicht, der auch im internationalen Vergleich überzeugt. Jeder Kurs führt von 10–16 Uhr ins Thai-Kochen ein, in gutem Englisch wird die Zubereitung der Speisen demonstriert, an individuellen Kochplätzen Schritt für Schritt geübt und in gemütlicher Runde gegessen, in kleinen und großen Gruppen. Die 5 unterschiedlichen Programme mit je 6 Gerichten kosten jeweils 990 Baht p. P. einschließlich einem erstklassigen Rezeptbuch.

Einige Empfehlungen unserer Leser: **The Chilli Club**, im Eagle House, www.chilliclubthaicooking.com oder www.eaglehouse.com, ✆ 053-874126: jeder Kochschüler bereitet selbst gewählte Gerichte zu und bekommt ein eigenes Kochbuch auf Deutsch, kleine Gruppen, 800 Baht pro Tag.

Baan Thai Cookery School, 11 Ratchdamnoen Rd. Soi 5, ✆ 053-357339, 💻 www.cookinthai.com, mit Foto auf der Homepage und Rezeptbuch.

Gap'sSchool of Thai Culinary Art, in Gap's House (s. o. ㉜), 💻 www.thai-culinary-art.info thai.com.

Massage-Unterricht

Unterricht in traditioneller Thai-Massage (Standard-Preis 3000 Baht/Woche p. P.):

Chiang Mai Center For Traditional Thai-Massage, 33/30 Sirimungklajan Rd., ✆ 053-221122 ext. 5422. Mr. Sombat Tapanya, M.S., bietet 6 Lektionen Einzelunterricht sowie 2 Tage à 7 Std. Gruppenunterricht am Wochenende; leider total überlaufen.

Lek Chaiya, 25 Ratchdamnoen Rd., ✉ tanavid@loxinfo.co.th, 💻 www.nervetouch.com, ✆ 053-278325; 3- bis 5-tägiger Kurs (5–6 Std. tgl.) in Jap Sen Massage bei Mama Lek, die 40 Jahre Erfahrung hat. Der Kurs kostet 4000 Baht, macht viel Spaß und endet mit Prüfung und Zertifikat.

ITM (Institute of Thai Massage), 17/7 Morakot Rd., Hah Yaek Santitham, ✆ 053-218632; 4 Kurse à 5 Tage à 6 Std.; der Leiter John spricht gut Englisch und ist ein guter Lehrer, kann sich bei den Massen aber nicht jedem widmen, daher unterrichten z. T. ausländische Kursabsolventen.

Meditation

Für einen Meditationsaufenthalt wird eine Spende von 100 Baht oder mehr erwartet.

International Buddhism Center, Wat Doi Suthep, 💻 www.chedi5000.com, doisuthep.sirimangalo.org, ✆ 053-295012, bis zu 21-tägige Vipassana-Meditationskurse, tgl. Infos und Kurzmeditationen.

Northern Insight Meditation Center, im Wat Rampoeng, westlich vom Flughafen, ✆ 053-278620, macht 26-tägige Meditationskurse; min. 10 Tage vorher anmelden. Im Winter zu kalt.

Sri Chinmoy Meditation Centre, 62/2 Soi Wat Umong, nahe Wat Umong, Di, Do und Fr um 17.30 Uhr gratis Yoga- und Meditationsklassen.

Wat Prathat Sri Chomthong südlich von Chiang Mai ist zurzeit besonders populär.

Schwimmen

Einen sauberen öffentlichen Swimming Pool gibt es in der Altstadt im **Anodard Hotel**, 57 Ratchamanka Rd., ✆ 053-211055, (80 Baht, 🕓 9–18 Uhr).

Ein gutes Bad liegt 1 km westlich vom Youth Hostel, ein weiteres nördlich der Altstadt, 200 m nördlich der Singharat Rd. (20 Baht, 🕓 8.30–19.30 Uhr). Im **700 Jahre Stadion** (auch Jet Roi Pi Stadium), Richtung Mae Rim, gibt es einen 50-m-Pool (50 Baht, 🕓 tgl. außer Mo 9–12 und 14–20 Uhr). In den Hotels Orchid, PSK und Prince dürfen Nichtgäste gegen Gebühr den Pool benutzen.

Trekking

Weit über 100 Trekking-Agenturen in Chiang Mai vermarkten Treks zu den Bergvölkern mit reißerischer Werbung. Auch viele Gästehäuser versuchen, ihre Gäste mehr oder weniger sanft zu Trekking-Touren zu überreden. Viele Traveller sind davon so abgestoßen, dass sie ganz auf einen Trek verzichten. Es gibt jedoch durchaus Anbieter, die sich bemühen, sozial verträgliche Treks unter aktiver Einbeziehung der Bergvölker durchzuführen. Eine Liste über registrierte Trekking-Agenturen sowie ein informatives Faltblatt über „Hilltribe-Trekking in Northern Thailand" gibt es beim TAT Tourist Office. Individuelle Touren sind eher in den kleinen Orten möglich (Trekking, s. S. 338ff.). Einige Gästehäuser spiegeln ihren Gästen vor, sie nähmen an den bekannt „guten" Treks anderer Gästehäuser teil. Wer den Betrug erst bei der Abfahrt merkt, bekommt kaum sein Geld zurück.
Immer wieder empfehlen uns engagierte Leser die 4-Tage-Treks des **Eagle House**, z. B. Herr Malik Assmann, der im WWF (World Wide Fund for Nature) aktiv tätig ist: „Ihr Konzept des bewussten Trekking hebt sie weit über das Niveau anderer Trekkingveranstalter hinaus". Ungeeigent, wenn man nur Spaß oder Abenteuer sucht.
Wer an echtem Öko-Trekking interessiert ist, sollte sich die Homepage 💻 www.poohecotrekking.com ansehen und bei **Pooh Eco Trekking**, 59 Ratchaphakinai Rd., ✆ 053-208538, vorbeischauen, auch wenn die Preise wesentlich höher sind als bei Standard-Touren. Nicht auf ähnlich klingendes, aber rein kommerzielles „Eco-Trekking" hereinfallen!
Massive Beschwerden (inkl. Polizeibericht) schickten uns Leser zu **Panda Tour**.

Sonstiges

Autovermietungen

Zu viert lohnt sich ein Mietwagen oder Jeep, der am Tag ab ca. 800 Baht zu haben ist. Man sollte sich dabei den Wagen vorher genau ansehen und checken. Viele kleinere Firmen wollen absolute Schrott-Autos vermieten. Ist der Wagen überprüft, beginnt der Handel. 10–25 % sind möglich. **Avis, Budget** und **Hertz** bieten einen *One Way Rental Service*, bei dem das Auto ohne Aufpreis bei jeder anderen Agentur im Land abgegeben werden kann, sofern es mindestens 5 Tage gemietet wurde. Kreditkarten werden akzeptiert.
Avis, 112 Chang Klan Rd., im Royal Princess Hotel, ✆ 053-281033-6, 💻 www.avisthailand.com, jeweils 🕒 tgl. 8–20 Uhr, und am Flughafen.
Budget, Flughafen, ✆ 053-202871, 081-9808723, 💻 www.budget.co.th.
Hertz, 90 Sri Dornchai Rd., ✆ 053-279474, und 100 Chang Klan Rd., im Chiang Inn Hotel, ✆ 053-270070, 💻 www.hertz.com.
Jaguar, 131 Moon Muang Rd., Mr. Chair vermietet Jeeps absolut korrekt.
North Wheels, 70/4-8 Chaiyaphum Rd., ✆ 053-874478, 💻 www.northwheels.com; sehr preiswert PKWs ab 1000 Baht/Tag, in der Nebensaison billiger, z. B. 4-türiger Toyota Soluna für 1300 Baht/Tag. Herr Kajohnwit, der freundliche Besitzer, bietet die beste Versicherung, hat 24 Std. Straßendienst, beschäftigt einen eigenen Mechaniker, tauscht im Falle von Unfall oder Panne schnell aus. Auf Wunsch wird das Auto kostenlos zur Unterkunft gebracht (gegen Aufpreis sogar nach Mae Hong Son!) und dort abgeholt. Abholservice vom Bahnhof, vom Flughafen in Bangkok für 3000 bzw. 4000 Baht. Neue Zweigstelle in Chiang Rai, ✆ 053-740585, One-Way-Rental ohne Zusatzkosten.

Bergvölker

Das **Tribal Museum** befindet sich 2 km nördlich des Superhighways.
Wer an den Bergvölkern und ihrem schwierigen Weg in die moderne Welt interessiert ist, kann **The Mountain People Culture & Development Educational Project** besuchen und in der ausgezeichneten Bibliothek schmökern. Es wird Original-Kleidung verschiedener Bergvölker verkauft, aber keine Trekking-Tour oder persönliche Beratung geboten. Adresse: 137/1 Nantharam Rd., im Süden der Stadt, ✆ 053-236194.

Elefanten

Elephant Nature Park, 💻 www.elephantnaturepark.org, 60 km nördlich von Chiang Mai, Office im Night Bazaar bei Gem Travel, ✆ 053-818754. Das viel gelobte Elefantenschutzprojekt nimmt nur angemeldete Besucher auf.
Elephant Conservation Center in Lampang (s. S. 455).

Esoterik

In Chiang Mai hat sich eine Szene mit Yoga, Massage, Reiki, Meditation, Healing, Tai Chi etc. etabliert. Infos mit neuesten Terminen für Kurse hängen bei manchen Gästehäusern aus.

Fahrräder

Einige Gästehäuser und die Läden an der Moon Muang Rd. haben Fahrräder von 50–250 Baht pro Tag zu vermieten. Da der Verkehr in der Stadt auf Autofahrer ausgelegt ist, sollten sich Fahrradfahrer besonders angepasst verhalten. Mountainbikes gibt es an vielen Stellen zu mieten, Helme nirgends. Das Gepäck sollte immer angebunden und nicht nur lose in den Korb gelegt werden.

Feste und Feiertage

Auch in Nord-Thailand wird kaum eine Gelegenheit ausgelassen, mit Jahrmärkten, Umzügen und der Wahl von Schönheitsköniginnen irgendein Fest zu feiern. Man muss schon ein besonderes Faible für solche Dinge besitzen, um dem etwas abzugewinnen.
Aber wichtig ist: Zu diesen Gelegenheiten ist es oft schwieriger, ein Zimmer in den überfüllten Hotels und Gästehäusern zu finden. Daher hier die Termine:
Winter-Messe (ca. 30.12.–8.1.; besonders voll zu Silvester und Neujahr);
Flower Festival (meistens am 2. Februar-Wochenende).
Songkran Festival (12.–17.4.; ein herrliches Volksfest in den Straßen der Stadt mit einer wilden, durchaus nicht ungefährlichen Wasserspritzerei).
Cultural Festival (Anfang April; Musik, Tanz, Vorträge, Theater, auch für Touristen interessant).
Yi Peng Loy Krathong (zu Vollmond im November), farbenprächtige Heißluftballons steigen in den Himmel auf, Schiffchen aus Bananenblättern mit Blumen, Kerzen und Räucherstäbchen erleuchten den Fluss.

Foto und Film

Ein Laden, der auch fachgerecht Kameras repariert, befindet sich am Anfang der Ratchawithi Rd. Digitalfotos entwickelt am besten **Photobug**, 42 Chaiyaphum Rd., ✆ 053-232458.

Freiwillige Arbeit

Wer ernsthaft daran interessiert ist, in sozialen Projekten mitzuarbeiten, sollte Englisch sprechen. Er/sie kann sich z. B. bei Annette im **Eagle House 1** erkundigen. Bisher vermittelte sie Freiwillige jeden Alters u. a. an das Vieng Ping Childrens Home, an WEAVE, ans Burmese Relief Centre, ins Agape Aids Home und ans buddhistische Nonnenprojekt. Auch Spenden jeder Art für bedürftige Projekte, vor allem saubere Kleider, Schuhe, Baby- und Kindersachen werden gern angenommen und zuverlässig weitergeleitet.
Im **Disabled Center**, 133/1 Ratchaphakinai Rd., ✆ 053-213941, können sich Interessierte melden, die mind. 3 Monate als Freiwillige arbeiten möchten.

Geld

Automaten gibt es überall, ebenso Wechselstuben der Banken, die oft bis 22 Uhr geöffnet haben.

Immigration

Sanambin Rd., an der Straße zum Airport, ✆ 053-277510. ⏲ Mo–Fr 8.30–12 und 13–16 Uhr. Visumverlängerung ist (bei dezentem Auftreten) in 1 Std. möglich: 1 Monat für das Touristen-Visum, 15 Tage für das Non-Immigrant Visum. Man braucht je 1 Kopie von der Namensseite und der Visumseite im Pass, 1 Passfoto, die weiße Einreisekarte und 1900 Baht.

Informationen

Tourist Office, 105/1 Chiang Mai – Lamphun Rd., ✆ 053-248604, 248607, ✉ tatchmai@tat.or.th, informative Webseite (auf Englisch): 💻 www.tatchiangmai.org; östlich der Nawarat-Brücke 500 m nach rechts, ⏲ 8.30–16.30 Uhr. Hier gibt es manchmal Listen der Verkehrsmittel, der legalen Reisebüros, der Hotels und Gästehäuser.

Informationen (auf Englisch) z. B. unter 💻 www.chiangmai-online.com.
Recht brauchbare Informationsquellen sind die Touristenbroschüren, i. b. das monatlich erscheinende, 100-seitige Heft *Welcome to Chiang Mai & Chiang Rai* (englisch), das auch gut illustrierte Karten enthält, und *„Guidelines"*. An vielen Stellen in der Stadt liegen kostenlose Stadtpläne mit Anzeigen aus, die einander ergänzend gar nicht so schlecht sind.

Internet

Internet Shops sind überall zu finden und nicht zu übersehen.

Nord-Thailand

Konsulate

Indisches Konsulat, 344 Charoen Rat Road, ✆ 053-243066, 242491, ⏲ Mo–Fr 9.30–12 Uhr.
Chinesisches Generalkonsulat, 111 Changlo Rd., ✆ 053-276125, ⏲ für Visa Mo–Fr 9–11.30 Uhr, das 1-Monat-Visum kostet 1100 Baht und wird in 4 Tagen ausgestellt.
Deutsches Honorar-Konsulat, Mr. Hagen Dirksen, 199/63 Moo 3, Ban Nai Fun, Klong Chon Prathan Rd. (Richtung Hang Dong, in der Nähe des Automuseums direkt am Kanal), ✆/📠 053-838735, ⏲ Mo–Fr 9–11.30 Uhr.
Österreichisches Konsulat, 15 Moo 1 Huai Kaeo Rd., ✆ 053-400231.

Kunst

Viele Maler auf dem Sonntags- und Nachtmarkt. Ein guter Maler: Anan Sutthaluang, 42 Dibuk Rd., in der Nähe vom Tamarind Village. Malt hauptsächlich Bilder von Tempeln und Buddhas in Öl.

Medizinische Hilfe

Die meisten Krankenhäuser sind modern ausgestattet, verwenden z. B. frische Nadeln, und haben Englisch sprechende Ärzte und einen 24-Std.-Service.
Lanna Hospital, am Superhighway, ✆ 053-357234, ein privates Krankenhaus.
Chang Puak Hospital, 1/7 Chang Puak Rd. Soi 2, ✆ 053-220022, ist nicht zu teuer. Sehr zu empfehlen.
McCormick Hospital, Kaeo Navarat Rd., ✆ 053-241311, ein christliches Krankenhaus.
Außerdem gelten unter ortsansässigen Europäern als sehr gut:
Chiangmai Ram Hospital, 8 Boonruangrit Rd., ✆ 053-224861, 💻 www.chiangmairam.com, entspricht gehobenem europäischem Standard.
Chiang Mai Children's Hospital (Dr. Torpong ist ein Deutsch sprechender Arzt).
In schwierigen Fällen sollte man die entsprechenden Universitätskliniken aufsuchen, i. b. das **Suan Dok Hospital** an der Suthep Rd.
Informationen zu **Malaria** gibt es auf einem Merkblatt vom **Malaria Center**, 18 Boonruangrit Rd., ✆ 053-221529 (hinter dem Westtor 300 m nach rechts, dann links).
Bei schweren Unfällen kann der 24-stündige **Notdienst** des Bangkok Hospitals, ✆ 053-02310-3456, gerufen werden. Hier stehen Hubschrauber und Flugzeuge mit ausgebildetem Rettungspersonal zur Verfügung.

Motorräder

Sie sind im Norden ein herrliches Fortbewegungsmittel: gute Straßen, befahrbare Wald- und Feldwege, außerhalb der Städte geringer Verkehr, gutes Klima. Beste Infos zum Motorradfahren in Nord-Thailand bietet David Unkovich im Web unter 💻 www.gt-rider.com und im Message Board unter 💻 http://board.gt-rider.com. Die Top-Biker von Chiang Mai treffen sich im Kafe und in Rudi's Jazz Sax Pub.
Hondas von 125–750 ccm werden in den Läden an der Moon Muang Rd., in den Gästehäusern und in vielen anderen Läden in der Stadt vermietet. Die Maschinen sind (außer bei Daret) meist gut in Schuss, sollten aber gründlich gecheckt werden (Reifenprofil, Bremsen). Auch ein gut befestigtes Nummernschild und einen funktionierenden Kilometerzähler sollten sie haben. Kleine Maschinen sind pro Tag für 100–200 Baht, 250–400 ccm-Motorräder für 400–600 Baht und Enduros für 550–700 Baht zu haben. Bei längerer Miete gibt es Ermäßigung. In der Saison (Weihnachten usw.) sind alle größeren Bikes meistens ausgebucht. Der **Pass** muss hinterlegt werden (bisher keine Probleme). Der Internationale **Führerschein** wird bei seriösen Vermietern verlangt, die Polizei kontrolliert gelegentlich. **Haftpflichtversicherungen** für Mietmotorräder decken nur Personenschäden bis 50 000 Baht

ab. Die „Insurance", die einige clevere Vermieter teuer verkaufen, beinhaltet eigentlich nur selbstverständliche Service-Leistungen, hat aber nichts mit einer Versicherung zu tun. Bei einem Unfall ist der Mieter zunächst immer selbst schuld! Evtl. kann die Tourist Police vermitteln. Am besten defensiv fahren! Wenn die Maschine mit Normal-Benzin nicht richtig läuft, Super probieren.

Warnung: Motorrad-Fahren in Thailand ist gefährlich! Unbedingt einen Sturzhelm und entsprechende Kleidung tragen. Viele Zweiradfahrer landen im Krankenhaus – die meisten, weil sie auf Kies oder Matsch ins Schleudern geraten sind. Viele MTX brechen zusammen, weil sie inzwischen zu alt werden. Am besten bewährt hat sich auf den Pisten in Nord-Thailand die Honda XR250 Baja. Die folgenden Läden wurden seit Jahren von den Motorradexperten David Unkovich, Uwe Bellmann und Harry Clusen getestet:

Joe's Bike Team, 26/1 Chang Moi Rd., Soi 2, ✆ 053-251186, gut gewartete Hondas, große Enduros werden gut repariert, exzellenter Service, Integralhelme, ⌚ Mo–Sa 8–17 Uhr. Die Nummer 1 in Chiang Mai.

C&P Service, 51 Kotchasan Rd., ✆ 053-273161, gute Honda Dream und Honda Baja, faire Preise, freundlicher Service, die Frau spricht gut Englisch.

Mr. Mechanic, Moon Muang Rd., ✆ 053-214708, wurde uns mehrfach empfohlen.

Jaguar Motorcycle Hire, 131 Moon Muang Rd., ✆ 053-214694, Honda Dream für 150 Baht, Honda MTX 125 und Honda Baja 250, ganz in Ordnung.

C.V.A. Suzuki, 85/1 Kampangdin Rd., ✆ 053-273515, Mopeds und Mountainbikes.

AUAN, 113 Phra Pokklao Rd., ✆ 053-210964. Seit der beste Mechaniker, Mr. Zell, weg ist, werden die Maschinen nicht mehr ordentlich gewartet.

Bei **Marble** und **Queen Bee** muss die Maschine zuvor besonders gut gecheckt werden.

Pop arbeitet u. a. mit dem Trick, bereits zuvor vorhandene, z. T. verdeckte Schäden bei der Rückkehr in Rechnung zu stellen.

Gebrauchte Motorräder zu **kaufen** gibt es u. a. bei **Zell-Moto**, 84 Moo 2, Chom Thong, im Zentrum am H108, gegenüber dem großen Wat; leider spricht Mr. Zell kaum Englisch. Neuere Modelle gibt es bei Lek Big Bike und Joe's Bike Team (s. o.).

Motorrad-Rundfahrten ab Chiang Mai

Schöne Tagestour zum Eingewöhnen: Hang Dong – Samoeng – Mae Sa Valley – Chiang Mai (110 km, 4 Std.). Empfehlenswert ist die neue Mae Sa Valley-Karte von David Unkovich.

Nordwesten: Mae Malai – Pai (Ü) – Mae Hong Son (Ü) – Khun Yuam – Mae Chaem (Ü) – Doi Inthanon – Chiang Mai (530 km, mind. 4 Tage)

Norden: Chiang Mai – Mae Kachan – Wang Nua – Phayao – Chun – Chiang Kham – Phu Chi Fah – Chiang Khong – Chiang Saen – Mae Sai – Mae Salong – Thaton – Chiang Mai (mind. 5 Tage)

Harte Tagestour auf Asphalt mit großen Maschinen (über 150 ccm): Hot – Mae Chaem (Ü möglich) – Doi Inthanon – Chom Thong – Chiang Mai (300 km, mind. 7 Std.).

Wer eine Motorradtour im Norden vorhat, sollte sich die **Straßenkarte** *Thailand North Road Map* von B&B besorgen (wird nicht mehr gedruckt). David Unkovichs Büchlein *A Motorcycle Guide to the Golden Triangle* sowie die Karten *The Mae Hong Son Loop* (1 : 375 000) und *The Samoeng Loop* sind sehr zu empfehlen.

Post

Hauptpostamt an der Charoen Muang Rd., kurz vor dem Bahnhof (PLZ 50000). Postlagernde Sendungen (Poste Restante) werden hier in einem Buch registriert. Vor dem Postamt verpackt ein „Packing Service" fachmännisch Pakete (150 Baht).

Auch zum **Phra Sing Post Office**, Samlan Rd. (PLZ 50200) und Mae Ping Office kann man Poste Restante schicken lassen (PLZ 50300). Weitere Postämter in der Altstadt an der Phra Pokklao Rd. (mit Packing Service), an der Wichayanon Rd. und am Flughafen sowie einige Lizenzunternehmen.

Postämter ⌚ Mo–Fr 8.30–16.30, Sa, So und feiertags 9–12 Uhr.

Rechtsbeistand

Annette im Eagle House, ✆ 053-235387, besorgt im Notfall einen guten Anwalt. In schwerwiegenden Fällen hilft auch der deutsche Konsul (s. o.).

Reisebüros

Flugtickets weltweit bieten:
K&K Business Center, 168 Tapae Rd., ✆ 053-252388, 081-9921384, Mr. Kanit, und
Travel Shoppe, 2/2 Chaiyaphum Rd., Tapae Gate, ✆ 053-874091, ✉ trvshop@loxinfo.co.th.
Chiang Mai B.I.S. Travel, 12/1 Loi Khroa Rd., ✆ 053-206738, der Inhaber Boni ist auf Reisen in die Nachbarländer spezialisiert.

Reisezeit

Die **kühle Jahreszeit** dauert von Ende Okt bis Feb. Die Temperatur beträgt 10–28 °C, durchschnittlich 21 °C (nachts empfindet man es als sehr kalt). Am kältesten ist es im Dez und Jan, in den Bergen kann es Minusgrade geben.
Die **heiße und trockene Jahreszeit** dauert von März bis Mai. Die Temperaturen betragen 25–40 °C, durchschnittlich 30 °C. Am heißesten ist es im April. Die Luft ist staubig und dunstig.
Die **Regenzeit** geht von Juni bis Okt. Am meisten Regen fällt im September (zumeist mit Tropengewittern von 1/2–2 Std. Dauer). Im Juli und August regnet es meist nachts (es kann aber auch ein oder zweimal mehrere Regentage hintereinander geben). Die Temperaturen betragen 20–35 °C, durchschnittlich 25 °C. Viele Bewohner von Chiang Mai halten die Regenzeit für die schönste Zeit.
Hochsaison ist von Nov bis März und im Juli / Aug. Wer in dieser Zeit erst abends ankommt, wird im Zentrum nur schwer ein Zimmer finden.

Telefon

In einigen Internet Shops kann man billig internationale Gespräche führen für 20 Baht/Min., manchmal sogar 10 Baht/Min.
Teuer sind dagegen die *Oversea Telephone*-Kabinen für IODC-Service und die gelben Lenso-Telefone für Karten (je nach Land). Internet-Shops können billiger sein, aber oft ist die Verbindung schlecht.

Tourist Police

✆ 1699, Faham Rd., an der Flussseite. Außenstellen: Arcade Bus Station, ✆ 053-242660, Airport 053-922191 und Night Bazaar (19–24 Uhr). Diebstähle sollten der Polizei möglichst sofort gemeldet werden. Auch wenn die Chance gering ist, etwas zurückzubekommen, so muss die Polizei doch für die Versicherung ein Protokoll anfertigen.

Traditionelle Massagen

Rinkaew Phovech in der Wualai Rd. hinter dem Chiang Mai Cultural Center, ist chiropraktisch orientiert. Hier werden in separaten Räumen Männer und Frauen in zur Verfügung gestellten Anzügen von ausgebildetem Personal behandelt. ⏲ 8–2 Uhr, Kosten pro Stunde 200 Baht.
Mr. Suan Samoonprai, 8 Wang Singkham Rd.; 1 Std. Massage 100 Baht.
Chiang Mai Anatomy Thai Massage & Beauty Salon, 1 Chang Moi Kao Rd., ✆ 053-251407, 1 Std. traditionelle Massage 200 Baht, Ölmassage 200 Baht, Gesichtsreinigung 80 Baht; sehr sauber und richtig zum Wohlfühlen. Nicht alle Masseusen sind qualifiziert, nur ausländische Kunden.
T. T. T. C. Massagesalon, 63/3 Loi Khroa Rd., ✆ 053-274681, recht groß, sauber, kompetentes Personal. Geleitet von einem Holländer.
Disabled Center, 133/1 Ratchaphakinai Rd., ✆ 053-213941, 💻 www.disabled.infothai.com; erstklassige Thai-Massage für 150 Baht/Std., Öl-Massage 300 Baht/Std., Fußmassage 200 Baht/Std. Zudem Internet für 20 Baht/Std. (bei 1 Std. Massage ist 1 Std. Internet gratis). Fahrradverleih, Wäscherei (20 Baht/kg), Thai-Sprachkurse und Coffeebar. Sehr zu empfehlen.
Kalavek (mit Spa), Nimmanhamin Rd., ✆ 053-894552, 100 m südlich vom Amari Rincome Hotel, 200 Baht/2 Std.
Northern School for The Blind, sehr zu empfehlen, hinter Wat Phra Singh, direkt an der Schule. Unterricht in Thai-Massage s. Aktivitäten.

Wäschereien

Gibt es in fast jeder Straße mit Traveller-Unterkünften. Einige berechnen den Preis nach Kilo (ab 30 Baht/kg), andere für Einzelteile (5–30 Baht pro Teil inkl. Bügeln). Der Münzwaschsalon

Jiaranai Laundromat, 178 Chang Moi Rd., wäscht und trocknet in 1 Std.

Nahverkehr

Fahrrad-Rikschas

Die Samlor-Fahrer verlangen gern Fantasiepreise, der normale Preis liegt bei 40 Baht für mittlere Strecken.

Tuk Tuks (Motor-Samlor)

Sie kosten 40–50 Baht pro Fahrzeug (längere Strecken bis 80 Baht, zum Flugplatz 100 Baht), aber die Fahrer verlangen oft überhöhte Preise. Bei einer Einkaufstour mit dem Tuk Tuk kann es aber sein, dass die Fahrt fast nichts kostet, denn die Fahrer erhalten von den Verkäufern eine ordentliche Provision. Unter gar keinen Umständen sollte man sich mit ihnen auf Drogen-Deals einlassen! Viele Käufer sitzen heute im Knast. Auch durch sie vermittelte Edelsteinkäufe sind absolut suspekt.

Sielor (Kleinbusse)

Die roten Vierrad-Songthaew kosten im Zentrum 15–20 Baht p. P. Man nennt am besten ein Hotel, Gästehaus oder Wat in der Nähe des Zieles (das ist besser als der Namen einer kleinen Straße), und wird, evtl. auf Umwegen, hingebracht, wenn sie ungefähr in dieses Gebiet fahren. Ab 30 Baht kann man für kürzere Strecken auch ein leeres Fahrzeug chartern, längere kosten ca. 100 Baht. Auf Anfrage machen sie auch günstige Tagestouren (ab 600 Baht/halber Tag, 800 Baht/Tag).

Busse

Der rosa Bus Nr.10 fährt durch die ganze Stadt und kostet 15 Baht.

Stadtrundfahrten

Sightseeingtouren mit Fahrrad-Rikscha oder Tuk Tuk werden überall von freischaffenden Fahrern angeboten, eine zufällige Auswahl von Tempeln und mindestens eine „Fabrik" (=Souvenirladen) gehören dazu.

Taxis

Airport-Taxi 120 Baht pro Auto.

Taxi-Meter, grün-gelbe PKW mit gelbem Dachbalken, kosten 40 Baht für die ersten 2 km und 4 Baht für jeden weiteren Kilometer, die Wartezeit beträgt 1 Baht/Min. Mit Flughafenzuschlag von 50 Baht kostet die Fahrt vom Airport in die Altstadt ca. 115 Baht. Zentrale ✆ 053-279291.

Transport – Anreise

Busse

Vom Northern Bus Terminal in BANGKOK (713 km) fahren viele AC-Busse von 6.30–22 Uhr für 454–662 Baht, VIP-24-Busse um 9 und von 19.30–21.30 Uhr für 881 Baht. Zudem fahren viele private AC-Busse. Traveller benutzen vorwiegend die berüchtigten Khaosan-Busse, denn sie sind bequemer zu erreichen und erscheinen zunächst billiger. Wer mit einem solchen Bus weit außerhalb der Stadt an einer Tankstelle ankommt, sollte unbedingt seine Wertsachen überprüfen, dann den im Preis enthaltenen Transport in die Stadt in Anspruch nehmen. In der Hochsaison ist es von Bangkok aus empfehlenswert, einen Nachtbus zu nehmen, um am Morgen leichter eine Bleibe zu finden.

Eisenbahn

Fahrplan „Northern Line" s. S. 882f.

Die Nachtzüge aus BANGKOK, die zwischen 14.30 und 22 Uhr starten, sind sehr zu empfehlen. Sie kommen nach 13–15 Std. an. Bei der Ankunft Vorsicht vor unlauteren Schleppern, viele sogar in Uniform oder mit Ausweis!

Flüge

Thai Airways fliegt direkt von BANGKOK, **Bangkok Airways** von BANGKOK über SUKHOTHAI, **Nok Air** von BANGKOK (DMK), UDON THANI, CHIANG RAI und MAE HONG SON, **Thai Air Asia** von BANGKOK und KUALA LUMPUR, **Orient Thai** von BANGKOK (DMK).

LTU fliegt im Winter direkt aus Düsseldorf, Berlin, Frankfurt und München.

Lao Airlines fliegt Di und Fr um 10 Uhr, So um 13 Uhr ab VIENTIANE für US$80, über LUANG PRABANG für US$60.

Tiger Air fliegt direkt von SINGAPORE.

Vom Airport zur Stadt gibt es **Sammeltaxis** (Limousinen) für 120 Baht pro Auto zu jedem gewünschten Ziel in der Stadt (in der Ankunftshalle bei Thai Airways buchen, deren Auskünften über Gästehäuser leider nicht zu trauen ist). Viele Fahrer versuchen, ihre Passagiere trickreich in ein anderes Hotel zu schleusen, das ihnen eine hohe Kopfprämie bezahlt.
Die **Tuk Tuks** vor der Halle sind nicht billiger und zudem weniger zuverlässig. Wer auf die Straße vor geht und dann nach rechts, kann ein reguläres Tuk Tuk besteigen.
Ein **Taxi** kostet 120 Baht; nur wer massiv auftritt, landet im gewünschten Gästehaus.
Alle ankommenden roten **Sielors** dürfen eigentlich keine Passagiere zur Stadt mitnehmen, fahren aber auf jeden Fall bis zur nächsten Ampelkreuzung, wo man ggf. recht leicht umsteigen kann, ca. 90 Baht.
Per Bus kostet es 15 Baht p. P. zur Stadt.
Achtung: Es gibt keinen TAT-Schalter am Airport, nur Reiseveranstalter, die vorgaukeln, TAT zu sein.

Transport – Weiterreise

Busse

Der Busbahnhof **Arcade Station** für alle Orte außerhalb der Provinz und nach Chiang Rai, Mae Hong Son, Mae Sariang, Pai, Lampang und Nan befindet sich am Superhighway an der Kaeo Nawarat Rd., ✆ 053-242664 (Tuk Tuk ab Altstadt ca. 40 Baht, ab Busbahnhof Chang Puak 20 Baht). Die aktuellen Abfahrtszeiten sind im Terminal auf eine große Wand gepinselt und anhand der Busnummer leicht zu verifizieren. Gute Gästehäuser haben die neuesten Busfahrpläne und –preise parat.

Richtung Bangkok

AC-Busse fahren laufend von 6.30–21.30 Uhr für 442–662 Baht in 10 Std. Der staatliche VIP-24 Bus 999 (blau) fährt um 9 und von 19–21 Uhr für 881 Baht (Reservierung unter ✆ 053-241449, Tickets in der Ladenzeile gegenüber).
In vielen Gästehäusern und Reisebüros erhält man Tickets für den Khaosan-Bus. Gegen 18 Uhr wird man am Gästehaus abgeholt. Die Busse fahren manchmal erst 3–4 Std. später von einer Tankstelle ab. Von diesen Bussen raten wir ab, der unnötige Ärger und die Gefahr, bestohlen zu werden, sind das gesparte Geld nicht wert.

Nach Zentral-Thailand

SUKHOTHAI 2.Kl. AC-Bus 5x tgl. für 241 Baht in 5 Std. (über TAK für 172 Baht in 4 Std.).
PHITSANULOK (389 km) Bus 132 (orange) 15x tgl. für 304 Baht, VIP 355 Baht in 6 Std. (über Uttaradit).
MAE SOT (393 km) Bus 672 (grün) um 11 Uhr für 213 Baht, AC-Bus um 13.10 Uhr für 340 Baht in 6 Std. (über Tak).

In den Nordosten

KORAT (Nakhon Ratchasima, 762 km) Bus 635 (blau) 8x tgl. für 616 Baht; VIP-32-Bus um 18.45 und 20.30 Uhr für 718 Baht.
KHON KAEN (683 km) non-AC-Bus 175 (orange) und 633 (orange) 9x tgl. für 348–555 Baht.
UDON THANI (712 km) Bus 636 (orange) um 7.30, 12.20 und 19 Uhr für 321 Baht, 12 Std.; VIP-40-Bus 636 (blau) um 20.30 Uhr für 578 Baht.

Zur Ostküste

RAYONG (990 km) Bus 659 (blau): AC-Bus um 5, 13.30 und 14.45 Uhr für 789 Baht, VIP-Bus um 13.15, 16.10, 17.45 und 18.30 Uhr für 923 Baht in 17 Std. (über PATTAYA für 733 / 852 Baht in 16 Std.).

Nach Süd-Thailand

Reisebüros bieten auch kombinierte Tickets in den Süden Thailands an. Da man sowieso in Bangkok umsteigen muss und z. T. über 12 Std. Aufenthalt hat, kann man die Anschlusstickets auch erst dort kaufen, was meist billiger kommt.

Im Norden

MAE HONG SON (355 km) über MAE SARIANG (110 Baht, 4 Std.) Bus 170 (orange) um 8, 20 und 21 Uhr für 204 Baht in 8 1/2 Std. (der Bus um 13 Uhr fährt nur bis Khun Yuam, um 15 Uhr nur bis Mae Sariang, 110 Baht); AC-Bus um 6.30, 11 und 21 Uhr für 368 Baht in 8 1/2 Std. (bis Mae Sariang 197 Baht). Die Nachtbusse sind nicht zu empfehlen.
PAI Bus 612 (orange) um 7, 9, 10.30, 12.30 und 16 Uhr für 118 Baht in 4 Std. (mit Stehplatz kann die spektakuläre Fahrt zu einem Horror-Trip aus-

arten!); AC-Minibus um 8 und 10 Uhr für 275 Baht in 2 1/2 Std. Die Busse von 7–12.30 Uhr fahren über SOPPONG weiter nach MAE HONG SON für 204 Baht in 8 Std.; ebenso der AC-Minibus um 8 Uhr.

CHIANG RAI (194 km) Bus 166 (grün) laufend von 6–17.30 Uhr in 3 Std., non-AC-Bus für 108 Baht, AC- und VIP-40-Bus 169–196 Baht, VIP-Bus 307 Baht.

LAMPANG Bus 152 von 5.40–17.30 Uhr alle 20–30 Min. für 70 Baht; bis THUNG KWIAN (Elephant Institute) braucht der Bus etwa 100 Min., 48 Baht. Die Busse 148 und 152 halten zum Zusteigen auch an der Nawarat-Brücke vor dem Sri Prakat Hotel.

MAE SAI (256 km) non-AC-Bus 619 (grün) um 6 und 10.30 Uhr für 134 Baht; VIP-40-Bus um 7.45, 9.15, 11.30, 15.30 und 17 Uhr für 249 Baht in 5 Std.

GOLDEN TRIANGLE (256 km) um 12 Uhr für 134 Baht, AC-Bus um 12.15 Uhr für 241 Baht in 4 Std.

CHIANG KHONG (337 km) Bus 671 tgl. 8x von 6.15–13.30 Uhr in 7 Std., non-AC-Bus für 170 Baht, 2.Kl. AC-Bus 238 Baht, VIP-40-Bus 307 Baht; jeweils über Phayao. Privater Minibus von Namkhong Travel, 6 Chaiyaphum Rd., ✆ 053-874321, neben Darets, für 270 Baht.

PHAYAO (160 km) Bus 198 (grün) 12x tgl. von 6–17.30 Uhr in 3 Std., non-AC-Bus für 94 Baht, 2.Kl. AC-Bus 132 Baht, AC-Bus um 8 Uhr 170 Baht.

NAN (348 km) über Phayao Bus 113 um 9 und 10 Uhr für 165 Baht in 6 Std., 2.Kl. AC-Bus um 13.30 Uhr für 252 Baht. Auf der *Old Route* über Phrae (338 km) mit Bus 169 (grün) um 6.30 und 9.30 Uhr für 165 Baht in 6 Std., 2.Kl. AC-Bus um 10.15, 12.30, 17 und 22 Uhr für 231 Baht, AC-Bus um 7.30, 10.30 und 14.30 Uhr für 297 Baht, VIP-Bus um 8.30, 15.30 und 22.30 Uhr für 462 Baht. Die Busse halten auch in PHRAE (216 km) für 111 / 156 / 200 Baht, 4 Std.

Vom **Busbahnhof Chang Puak** in der Chotana Rd. (500 m nördlich des Altstadtgrabens), ✆ 053-211586, kommt man nach Thaton, Fang, Wiang Haeng, Lamphun und Chom Thong.

LAMPHUN Bus 181 (blau, 35 Sitze) und 182 (weiß) alle 10 Min. zwischen 6 und 18 Uhr für 25 Baht, 60 Min. Weiter nach PA SANG, 21 Baht, 90 Min. Die Busse 181 und 182 halten zum Zusteigen an der Nawarat Brücke vor dem Sri Prakat Hotel. Am Wochenende fahren die Busse nur jede Stunde.

CHOM THONG (für den Doi Inthanon) Bus 1232 (blau-weiß) alle 20 Min. von 6–18 Uhr für 32 Baht in 1 Std. Die Busse 1232 halten zum Zusteigen am Chiang Mai Gate, dem südlichen Tor.

THATON über Chiang Dao non-AC-Bus 1231 (orange, 56–70 Sitze) um 6, 7.20, 9, 11.30, 13.30 und 15.30 Uhr für 90 Baht, 4 Std. (mit den ersten beiden erreicht man noch die Boote auf dem Kok-Fluss nach Chiang Rai).

FANG non-AC-Bus 1231 (orange, 56–70 Sitze) alle 20 Min. von 5.30–17.30 Uhr für 79 Baht (bis Chiang Dao 41 Baht), AC-Bus stdl. von 7.30–16.30 Uhr für 141 Baht; mit AC-Minibus alle halbe Std. von 7.30–16.30 Uhr für 86 Baht in 3 1/2 Std. (Reservierung unter ✆ 053-211577). In Fang besteht Anschluss nach THATON mit dem Minibus in 40 Min.

Eisenbahn

Fahrplan „Northern Line" s. S. 882f.

Der Bahnhof liegt im Osten der Stadt in der Charoen Muang Rd., ✆ 053-242094, 244795; Gepäckaufbewahrung tgl. 6–22 Uhr, 10 Baht pro Stück (ab 6. Tag 15 Baht pro Stück).

Hier kann man von 5–21 Uhr links beim *Advance Booking* Züge reservieren und beliebige Tickets kaufen (beim Eintreten eine Nummer ziehen!). Die Computerreservierung klappt hervorragend.

Tgl. fahren 6 durchgehende Züge nach BANGKOK. Der *Special Express* um 16.30 Uhr, der *Nakorn Ping Special Express* um 17.50 Uhr (Ank. 6.40 und 7 Uhr), der *Express* 52 um 15.40 Uhr (Ank. 6.15 Uhr) und ein *Rapid* (nur 2. und 3. Kl.) um 6.45 Uhr (Ank. 21.10 Uhr). Außerdem zwei *Sprinter* um 21 Uhr (Ank. 9.10 Uhr) und 8.45 Uhr (Ank. 20.25 Uhr).

Alle Züge halten in PHITSANULOK (ca. 7 Std., außer *Special Express* Nr. 2), in AYUTTHAYA (12–13 Std., außer *Sprinter)* und am DON MUANG AIRPORT (11–14 Std.).

Ein *Ordinary Train* fährt um 9.20 Uhr über den DOI KHUNTAN NATIONAL PARK (ca. 11 Uhr) und PHITSANULOK (16.52 Uhr) bis NAKHON SAWAN (19.45 Uhr).

Fahrpreise nach BANGKOK in der 1. / 2. / 3. Kl. mit Zuschlägen z. B. für 1.Kl. Sleeper 1353 Baht, 2. Kl. Sleeper 531–881 Baht, *Sprinter:* nur 2. Kl. AC Sitz 611 Baht, 3.Kl. Sitz 271 Baht.

Flüge

Thai Airways, 240 Phra Pokklao Rd., ✆ 053-210210 (Inland), 270222-34 (International), Reservierung ✆ 053-221044-6, 211044, ⌚ tgl. 8–17 Uhr. Nach BANGKOK 7x tgl. für 2570 Baht, 2x tgl. nach MAE HONG SON für 1465 Baht, tgl. um 12.50 Uhr direkt nach PHUKET für 5335 Baht (2 Std., Fensterplatz links ist super). Die Airport Tax von 50 Baht ist beim Ticketkauf zu bezahlen. Über Weihnachten sind die Flüge nach Süd-Thailand absolut überbucht, rechtzeitig einchecken!
Thai Airways fliegt am Do und So Nachmittag nach KUNMING in Yunnan (China) für 8500 Baht. Visa gibt es innerhalb von 24 Std. im chinesischen Konsulat.
Bangkok Airways, ✆ 053-281519-20, fliegt 1–3x tgl. nach BANGKOK für 2320 Baht plus Gebühren von ca. 500 Baht sowie Di, Do und Sa nach JING HONG (China). Es werden auch Tickets bis KO SAMUI verkauft.
Orient Thai, ✆ 1141, fliegt 4x tgl. nach BANGKOK (DMK) für 1750 Baht (häufig Sonderangebote).
Air Asia, ✆ 02-5159999, fliegt 5x tgl. nach BANGKOK für 399–750 Baht plus Gebühren von ca. 700 Baht, geringe Kontingente für die Sonderangebote.
Nok Air, ✆ 1318, fliegt 5x tgl. nach BANGKOK für 800 Baht, 1x tgl. nach UDON THANI für 700 Baht, 1x tgl. nach MAE HONG SON für ca. 400 Baht, jeweils plus Gebühren von ca. 700 Baht, sowie 1x tgl. nach CHIANG RAI für 1900 Baht.
SGA, ✆ 02-6646099, fliegt mit einer 12-sitzigen Cessna tgl. um 8 Uhr nach Chiang Rai für 2100 Baht und um 10.55 Uhr nach Pai für 1450 Baht.
Tiger Airways, 💻 www.tigerairways.com, fliegt Mo, Mi, Fr, So nach SINGAPORE für ca. 265–3065 Baht plus Gebühren von 1400–1800 Baht.
Air Mandalay, 148 Charoen Prathet Rd., ✆ 053-818049, 💻 www.airmandalay.com; fliegt mit ATR72-210s zurzeit am So um 14.20 Uhr nach YANGON für 3200 Baht und am Do um 14.25 Uhr nach MANDALAY für 3700 Baht.
Lao Airlines, 2/107 Ratchapruek Rd., ✆ 053-223400, 💻 www.laoairlines.com, fliegt Di, Do, Fr und So um 15.50 Uhr über LUANG PRABANG (2950 Baht) nach VIENTIANE (Laos) für 3850 Baht sowie 1x tgl. direkt nach LUANG PRABANG; rechtzeitig buchen.
LTU, 16/3 Huai Kaeo Rd., ✆ 053-218715-20.

Die Umgebung von Chiang Mai

Bo Sang und San Kamphaeng

An der Straße nach Bo Sang haben sich Dutzende Manufakturen und Läden für **Kunsthandwerk** angesiedelt: Lackarbeiten, Silberwaren, Holzschnitzereien, Seide, Keramik und Halbedelsteine. Man kann die Preise bis zu 50 % herunterhandeln. Es kann jedoch sehr interessant sein, die Arbeiter und Arbeiterinnen bei der mühevollen Arbeit zu beobachten. Die meisten schließen gegen 16 Uhr.

In den Betrieben von Bo Sang werden in Handarbeit **Schirme** aus Papier und Seide hergestellt und bemalt. Aus einem Katalog kann man ein spezielles Muster auswählen. Die fertigen Schirme können nach Hause geschickt werden, für einen geringen Aufschlag auf die Post-Tarife (Pakete nach Europa dürfen bis 20 kg wiegen). Ein farbenfrohes, lohnenswertes „Schirm-Fest" findet im Januar statt.

In San Kamphaeng werden **Baumwoll- und Seidenstoffe**, zum Teil noch auf traditionellen Webstühlen, hergestellt. Bei Piankusol lässt sich der traditionelle Produktionsprozess verfolgen. Eine Weberin verdient etwa 24 Baht pro Meter und schafft bis zu 5 m am Tag. Typische geometrische Muster und kräftige Farben kennzeichnen die Seidenstoffe, die neben den Baumwollstoffen hier (überteuert!) und in den Läden entlang der Hauptstraße verkauft werden. Bekannt ist der Ort für seine heißen Quellen, in der Nähe ist auch eine Tropfsteinhöhle.

Weiße Songthaews nach San Kamphaeng, 13 km östlich der Stadt, fahren regelmäßig am Warorot-Markt und im Osten der Stadt an der Charoen Muang Road, Ecke Bamrung Rat Road ab und kosten 10 Baht. Tuk-Tuks fahren zu einem symbolischen Preis von 20 Baht diese Einkaufsstraße entlang, denn die Fahrer erhalten überall Provision, auch wenn die Gäste nichts kaufen. Wer ohne Kaufzwang stöbern will, bucht den Ausflug am besten im Gästehaus (ca. 100 Baht).

Wat Doi Suthep

Das **Kloster** auf dem Berg, der Chiang Mai überragt, ist das Wahrzeichen der Stadt und unbedingt sehenswert. Wat Doi Suthep, 1080 m hoch, liegt 16 km nordwestlich. Sein goldener Chedi

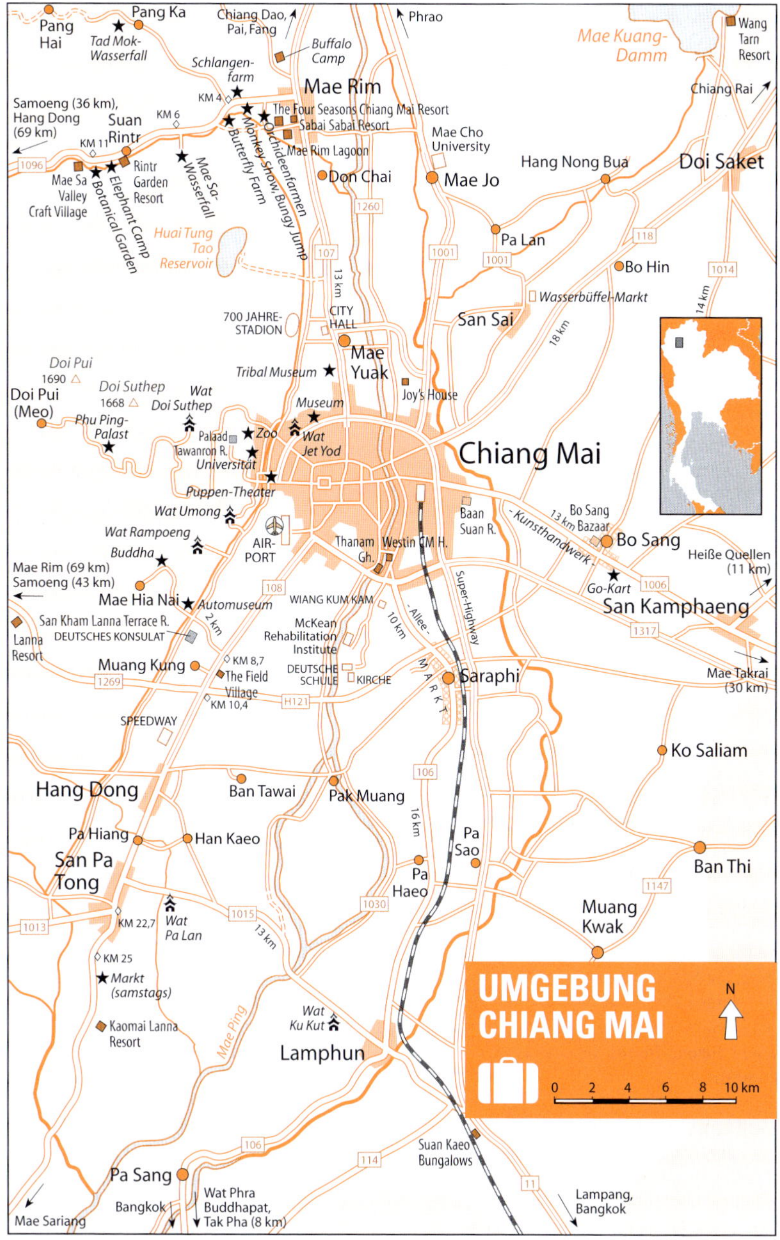

Nord-Thailand

aus dem 16. Jh. enthält Buddha-Reliquien. Nach einer alten Legende wurde der Tempel 1383 unter König Guena erbaut. Der König hatte den ceylonesischen Mönch Sumana eingeladen, damit er seine Lehre des Buddhismus (Theravada) im Königreich Lanna verbreite. Als Gastgeschenk brachte Sumana eine Reliquie mit. Als diese im Wat Suan Dok einen Platz erhalten sollte, spaltete sie sich in zwei Teile. Um einen angemessenen heiligen Platz für die zweite Hälfte der Reliquie zu finden, befestigte man sie auf dem Rücken eines weißen Elefanten. Freigelassen, marschierte das Tier in die Berge hinauf bis an die heutige Stelle des Doi Suthep, wo daraufhin die Tempelanlage errichtet wurde.

Rote Minibusse fahren von 6 bis 15.30 Uhr laufend (ab 4 Fahrgästen) ab Chang Puak Gate an der Mani Noparat Road und ab dem Zoo für 50 Baht die kurvenreiche Bergstrecke hinauf und für 40 Baht hinunter. Taxis kosten ca. 200 Baht hin und zurück und warten ca. 1 Stunde. Eine 290 Stufen hohe Treppe führt nach oben. Die Zahnradbahn fährt für 20 Baht p. P. nach oben. Der Tempel wird gegen 16.30 Uhr geschlossen. Am Wochenende ist der Besuch nicht ratsam. Die Preise auf dem Souvenirmarkt sind viel zu hoch, es geht zu wie auf einem Jahrmarkt.

Doi Pui

5 km weiter oberhalb vom Wat Doi Suthep befindet sich der **Phu Ping-Palast**, eine Winterresidenz des Königs, mit europäischen Blumen in einer schönen Gartenanlage. 🕓 Fr–So 8.30–16.30 Uhr, Eintritt 50 Baht, falls niemand von der königlichen Familie anwesend ist. Der Doi Pui, an dessen Hängen der Palast und das Wat liegen, ist 1690 m hoch und könnte bestiegen werden, wenn der Nationalpark-Eintritt von 400 Baht nicht wäre. Die Entfernungen in der Karte sind viel zu kurz dargestellt. Ein Minibus fährt vom Wat für ca. 20 Baht. Den Besuch des extrem touristischen **Hmong-Dorfes** Doi Pui kann man sich schenken.

McKean Rehabilitation Institute

Der amerikanische Arzt Dr. McKean (gesprochen: Mäk Kehn) von der Presbyterianischen Mission gründete 1897 auf der Insel Ko Klang am Ping-Fluss das McKean Rehabilitation Institute für Leprakranke, das noch heute als Modelleinrichtung einen guten Ruf genießt. Die Insel Ko Klang liegt etwa 7 km südlich von Chiang Mai. Die Fahrt geht von der Nawarat-Brücke die Lamphun Road 2,7 km nach Süden, am Nong Hoi Markt schräg nach rechts in den H1008 und 4,4 km immer geradeaus – vorbei an den Ruinen von **Wiang Kum Kam** (1 km links, s. S. 349) und am schönen Chedi des **Wat Chedi Si Liam**.

Besucher sind im Institut willkommen und können in einem Laden handgemachte Souvenirs kaufen. Ein Faltblatt (im *Administration Office* erhältlich) und ein interessantes Video (15 Min., englisch) verschaffen einen Einblick in die Arbeit. Außerdem darf man die Klinik besichtigen und sehen, wie die Patienten mit Physiotherapie und Arbeitstherapie wieder auf ein selbständiges Leben vorbereitet werden. Da die Lepra in Thailand weitgehend besiegt ist, werden vor allem Patienten aus Myanmar, Laos und Kambodscha sowie einheimische Unfallopfer und Drogenabhängige behandelt.

Ein Minibus fährt stündlich vom Bus Stop vor dem Markt nördlich der Nawarat-Brücke (Westufer). 🕓 Mo–Fr 8–12 und 13–16 Uhr, 📞 053-241190. Mittagessen gibt es gegen einen Unkostenbeitrag. Eine 3 km lange Ringstraße führt um die Insel.

Wasserbüffel-Markt

Am Freitag findet früh morgens bis max. 10 Uhr im Dorf Sansai (östlich vom H1001, 15 km nach Nordosten) ein Markt für **Wasserbüffel** und **Zeburinder** statt. Anfahrt per Pickup für 20 Baht.

Mae Wang-Tal

Der Ausflug in dieses Tal lohnt besonders für früh aufstehende Selbstfahrer. Ab dem späten Vormittag übernehmen organisierte Tagestouren mit allerlei Action die Szene.

Zu erreichen auf dem H108 bis San Pa Tong. Im Ortszentrum rechts auf den H1013 nach Mae Wang abbiegen. Hinter Mae Wang steigt die Straße in schönen Kurven an und führt vorbei an dschungelbewachsenen Bergen, durch Reisterrassen oder Zwiebelfelder. Der Fluss lädt an manchen Stellen zum Baden oder Schlauchtreiben ein. Am KM 25,8, im Dorf Mae Win, geht es links runter zur Abfahrtsstelle der **Bamboo Rafts**.

Die Flöße treiben auf einem malerischen Fluss und passieren Stromschnellen, bei denen, zumindest bei gutem Wasserstand, keiner trocken bleibt. Ein **Elephant Camp** liegt direkt an der Straße am KM 30. Für 300 Baht kann man 1 Std. reiten. Nach weiteren 4 km führt ein Abzweig zum **Maesapok-Wasserfall**, den man nach 2 km auf der Straße und 200 m Fußweg erreicht. Er stürzt in mehreren Fällen in die Tiefe und wird gerne zum Duschen und Massieren genutzt. Auf dem Weg passiert man nach 1 km das **Mae Wang Elephant Camp**.

Im **Elefantencamp** von Elephant Special Tours werden Kurse von 14, 7, 3 und 2 Tagen unter deutscher Leitung angeboten. Der Schwerpunkt liegt auf dem direkten Umgang mit den Elefanten und auf der Elefantenhaltung in Asien. Interessenten müssen sich über 💻 www.elephant-tours.de, ✆ 086-1903077, oder bei ✉ bodo.foerster@gmx.de anmelden, da die Gruppenstärke nicht mehr als 6 Pers. umfasst. Übernachtet wird in der eigenen Lodge White House, 60 km südwestlich von Chiang Mai.

Lamphun (Nakorn Haripunchai)

Lamphun (gesprochen: *Lam-puhn*) ist eine der ältesten Städte in Thailand. Sie wurde im Jahre 660 als Hauptstadt des Haripunchai-Königreichs gegründet. Erste Regentin war die auch heute noch hochverehrte Königin Chama Devi. Erst König Mengrai unterwarf 1281 die Dynastie von Chama Devi und gliederte Lamphun in das Königreich **Lannathai** ein.

Busse in das 26 km südlich von Chiang Mai liegende Lamphun (häufig auch: Lampoon) fahren alle 10 Minuten für 25 Baht an der Chang Puak Bus Station ab, am Wochenende nur jede Std., zusteigen ist in der Nähe der Nawarat-Brücke möglich. Der letzte Bus nach Chiang Mai fährt bereits um 18 Uhr. Halbtagstouren kosten um 300 Baht p. P.

Auf dem ersten Teil der Strecke passiert man eine Allee mit schönen, alten Bäumen. Da der Superhighway Richtung Süden um die Stadt herumführt, hat Lamphun viel von seinem Charme bewahren können. Das alte Zentrum ist von einem Stadtgraben umgeben.

Sehenswert ist das **Wat Phra That Haripunchai** mit seinem 46 m hohen, vergoldeten Chedi, der eine heilige Reliquie enthält. Mit dem Bau dieses Chedi wurde im Jahr 897 begonnen, das Wat stammt aus dem Jahr 1157. In einem kleinen Gebäude rechts am Eingang sollte man sich nicht die hervorragenden Wandmalereien entgehen lassen, die Szenen aus Himmel und Hölle darstellen. Bemerkenswert sind auch der riesige Bronze-Gong und in der Nordwestecke der baufällige Suwana Chedi im Dvaravati Stil. Das Innere der Gebäude ist nur an Werktagen zugänglich. Eintritt 20 Baht.

Gegenüber steht ein kleines, lohnenswertes **National Museum**. 🕓 Mi–So außer feiertags 9–12 und 13–16 Uhr, Eintritt 30 Baht. Hervorragendes Essen gibt es auf dem **Markt** ab 16 Uhr (Sa ab 17.30 Uhr): Dutzende von Hausfrauen bieten in Schüsseln ihre besten Gerichte an. Am ersten Wochenende im August findet das Fest der Lamyai-Früchte (engl. Longans) statt. Etwa 1 km außerhalb der Stadt Richtung Westen liegt das **Wat Ku Kut**, manchmal auch Wat Chama Devi genannt. In den Nischen eines pyramidenförmigen Chedi stehen zahlreiche Buddhafiguren. Ein **Weekendmarket** findet auf der überdachten Brücke gegenüber statt.

Wat Phra Buddhapat Tak Pha

Die große Anlage beherbergt sehr viele Mönchsquartiere und wird von einem schönen **Chedi** auf dem Hügel dahinter gekrönt. Den Tempel erreicht man von Pa Sang, wenn man auf dem H106 nach Süden fährt und nach 7 km in die schnurgerade Straße nach Osten (1 km) einbiegt.

Übernachtung

Supamitre Holiday Inn, Jammathevi Rd., ✆ 053-534865, 5-stöckiges Stadthotel. ❷–❸

Lamphun Mansion Inn, ✆ 053-534687, 4-stöckiges Appartmenthaus mit ordentlichen, großen AC-Zi, 150 m zurückversetzt, ruhig, gegenüber vom Hospital. ❸

Mae Sa Valley แม่สาวัลเล่ย์

Das landschaftlich reizvolle Mae Sa Valley wurde zu einem Erholungsgebiet für die Bangkoker Oberschicht ausgebaut. Alles, was die thailändische Seele an den Garten Eden erinnert, wurde hier angesiedelt, angelegt, erschlossen oder marktgerecht betont: angenehmes Klima, schöne Parks, seltene Orchideen, duftende Rosen, plätschernde Wasserfälle, Fische zum Angeln, Elefanten zum Reiten, malerische Hilltribe-Dörfer, teure Restaurants und gepflegte Resorts.

Auf dem teilweise zur Autobahn ausgebauten Highway 107 zweigt hinter Mae Rim die Samoeng-Straße (H1096) ins Mae Sa Valley ab. (Alternativ kann man bereits hinter der Polizeistation auf die unbeschilderte Nebenstraße Old Road abbiegen.) Nach 1,5 km zweigt die Old Road nach links ab, auf der man nach 600 m zur großen **Sainamphung Orchid Farm**, ✆ 053-298771-2, mit wunderschönen Exemplaren kommt, gut zum Fotografieren geeignet. Hier werden Orchideen auch präpariert und als Schmuck vergoldet. ⌚ tgl. 7.30–17 Uhr, Eintritt 50 Baht.

Vom Besuch der **Schlangenfarm** am KM 3 bleibt fast nur ein schaler Nachgeschmack übrig, Eintritt 200 Baht. Gleiches gilt für die **Monkey Show**, schräg gegenüber, an der Abzweigung zum Bungy Jump.

Nach 4,3 km biegt rechts eine Straße zu den **Wasserfällen** Tad Mok (9 km) und Wang Hung (12 km) ab. Die **Mae Rim Orchid & Butterfly Farm** am KM 5,8 besser links liegen lassen. Beim KM 6 führt eine Straße nach links zum **Mae Sa-Wasserfall** (Eintritt 400 Baht), der aus verschiedenen kleinen Kaskaden und Pools besteht, die durch Wege erschlossen sind. Empfehlenswert sind feste Schuhe. Am Parkplatz (Gebühr) haben Essenverkäufer ihre Buden aufgebaut. Ein Tourist Center informiert über die Sehenswürdigkeiten in der Umgebung, ⌚ 8.30–16.30 Uhr.

Am KM 10,5 liegt das **Elephant Camp**, ✆ 053-206247, 💻 www.elephantcamps.com, das von vielen Tourbussen angesteuert wird. Täglich zwischen 8 und 9.40 Uhr demonstrieren zwei Dutzend Elefanten und drei Babys für 45 Min. ihr Können vor einem Massenpublikum, Eintritt 120 Baht (zusätzliche Show von Nov bis Juli um 13.30 Uhr). Für 500 Baht können zwei Personen eine Stunde auf einem der über 50 Elefanten in Straßennähe am Fluss entlang reiten, 30 Min. kosten pro Elefant (max. 2 Pers.) 600 Baht, 1 Std. 1200 Baht.

700 m dahinter erstrecken sich die bunten Blumenbeete und ausgedehnten Gewächshäuser der **Queen Sirikit Botanical Gardens** über eine große Fläche (fast zu groß für Wanderungen); ✆ 053-298171, 💻 www.qsbg. thaigov.net; ⌚ tgl. 8.30–17 Uhr; Eintritt 20 Baht. Naturliebhaber können hier auf schönen Pfaden durch Themenabschnitte (Arboretum, Schlingpflanzen usw.) wandern. Auf der Bergkuppe sind nochmals riesige Gewächshäuser thematisch geordnet (Dschungel, Kakteen usw.). Nimmt man den Minibus für 30 Baht, sieht man mehr.

Ein weiteres, ganz untouristisches **Elephant Camp** wurde beim Dorf Pongyang (KM 18,4) eingerichtet. Eine schöne Tour von 1 Std. kostet 1200 Baht für 2 Pers. Während das untere Tal noch ein ähnliches Klima wie Chiang Mai hat, wird es hier schon deutlich frischer. Der Pass mit etwa 1100 m Höhe ist beim KM 24 erreicht. Hier oben wird es am Abend richtig kalt.

Samoeng

Kaum zu glauben, dass nur 12 km weiter in 530 m Höhe einer der heißesten Orte Nord-Thailands liegt. In Samoeng beträgt die durchschnittliche Höchsttemperatur im April 42 °C. In den freundlichen Restaurants Supanee und Samerng Garden gibt es recht gutes und billiges Essen. Ansonsten ist der Ort eine Oase der Ruhe ohne besondere Infrastruktur. Von hier aus kann man in verschiedene Hilltribe-Dörfer fahren, aber ohne Führer oder zumindest den genauen Namen in Thai-Schrift sind sie kaum zu finden. 3 km nördlich befindet sich bei einem Kloster eine tolle **Tropfsteinhöhle** mit Fledermäusen. Schlecht ist der Weg zu den schönen **Mae Khan-Stromschnellen** (7 km südlich), die sich selbst während der Trockenzeit zum Schwimmen eignen. Die **Hot Springs Pongkwao** (23 km, schlechte Straße, rosa Hinweisschilder) bieten zwei große Thermalwasserbecken und viele kleine, lauschige 2er-Becken, Handtücher und witzige Badebekleidung werden gestellt. ⌚ 9–18 Uhr, Eintritt 150 Baht.

Mit eigenem Fahrzeug kann man bei Trockenheit die staubige, in Steilstellen schwierige Erd-, Schotter- und Klinkerstraße nach Westen zum Karen-Dorf **Ban Watchan** fahren (93 km, 3 Std.). Im Januar werden im großen Dorf **Borkaew** (nach 27 km) leckere Erdbeeren verkauft. Weiter bis Pai (insgesamt ermüdende 148 km) ist die steinige Schotterstraße H1265 (43 km, 2 Std.) zu packen.

Alternativ können gute Enduro-Fahrer die breite, steile und teilweise sehr schwierige Piste von Ban Watchan nach Westen (85 km, 5 Std.) testen. Sie ist teilweise im Bau und führt durch ein von schönem Wald bedecktes Bergland und fünf Dörfer. 5 km südlich von Mae Hong Son trifft sie am KM 260,3 auf den H108. Wer sich diese Off-Road-Piste zumuten will, erkundigt sich am besten vorher in Chiang Mai bei David Unkovich (s. S. 368).

Fährt man jedoch von Samoeng die asphaltierte Ringstraße um den Doi Pui weiter, sie heißt nun H1269 und beginnt mit KM 0, sind nur wenige steile Strecken zu überwinden. Hinter dem Krisda Doi Pass liegt rechts unterhalb eines kleinen Wasserfalls das **Krisda Doi Resort** (Eintritt 20 Baht), ein großes Teakhaus in einem herrlichen Garten. Nach 14 km erreicht man wieder die Hauptstraße H108 (KM 38) und nach weiteren 12 km Chiang Mai (insgesamt ca. 110 km).

Übernachtung

Mae Sa Valley

In diesem Tal liegen nur Resorts in schön angelegten Parks. Sie bieten relativ einfach ausgestattete Bungalows für zumeist 4–20 Pers. Gute Restaurants und Lagerfeuerromantik inkl. Einige Resorts verlangen Eintritt. Die Schreibweise der Namen variiert bei einigen Anlagen sehr.

An der Old Road (Taxi ab Chiang Mai 300 Baht) liegen:

Sabai Sabai Resort, ✆ 087-9254355, 🖳 www.sabaisabairesort.com, 200 m vom H107, 7 komfortable, toll eingerichtete Zi in Reihenbungalows, schöne Gartenanlage, freundliches Personal. ❺

Mae Rim Lagoon Hotel, ✆ 053-297288, 🖳 www.maerimlagoon.com, 1,5 km vom H107, saubere Zi mit AC, einfacher Schlafraum mit 4 und 10 Betten, herrliche Sicht, Internet gratis. ❺

The Four Seasons, ✆ 053-298181, 🖳 www.fourseasons.com/chiangmai, 2 km vom H107, luxuriöse Suiten, kreativ gestaltete Gebäude, tolle Gärten, herrliche Landschaftsarchitektur. ❽

Die folgenden Kilometerangaben beziehen sich auf den **H1096**:

KM 3,5: **Mae Sa Resort**, ✆ 053-298095, ordentliche, kleine Bungalows im Wald, preiswert; 9-Loch Golfplatz. ❸–❺

KM 9: **Rintr Garden Resort**, nicht zu empfehlen. ❸–❹

KM 12: **Mae Sa Valley Craft Village**, ✆ 053-290051-2, 36 Cottages mit Fan, 10 mit AC, Restaurant, Koch-, Batik- und andere Kurse, freundlicher Manager, Transport nach Chiang Mai 300 Baht. ❺–❻

KM 14: **Pong Yang Garden Resort**, ✆ 053-879151, schöne Anlage im engen Tal, kleines Haus. ❺

KM 18,5: **Kangsadarn Resort**, ✆ 053-879163, romantische Anlage am sehr steilen Hang, Restaurant, Camping ❷–❺

Am H1269: KM 19: **Belle Villa**, ✆ 053-365318, 🖳 www.bellevillaresort.com; bei Europäern sehr beliebte Anlage mit schöner Aussicht. ❻

KM 22: **Suan Bua Hotel & Resort**, ✆ 053-365270, 120 Luxus-Zimmer und Thai-Häuser. ❺–❻

KM 24: **Baan Klang Doi Hotel Resort & Spa**, ✆ 053-365306, sehr schöne Anlage im Thai-Stil mit einigen echten Thai-Häusern. Preise relativ günstig: ab 1700 Baht; empfehlenswert. ❺

KM 24,7: **Krisda Doi Resort**, ✆ 053-248419, Gartenanlage mit vielen Blumen, Bungalows und große Häuser für Thai-Gruppen. ❻

Samoeng

Samoeng Gh., ✆ 053-487052, 600 m westlich an der Straße Richtung Ban Watchan, neben dem Wat; Garten mit schönen Bungalows aus Backstein mit Du/WC. ❷

Samoeng Resort, ✆ 053-487074, 2 km westlich des Ortes, gute Anlage mit hübschen Häuschen im irischen Stil in großem Garten; 10 Zelte für 150 Baht auf schönem Campingplatz; Restaurant ⏲ 8–20 Uhr, wenige Gerichte; nette, hilfsbereite Leute, wenig Gäste. ❹

Transport

Viele organisierte Tagestouren führen ins Mae Sa Valley, auch einige Treks beginnen oder enden hier. Schon ab 350 / 500 Baht kann man in Chiang Mai einen Sielor für einen halben bzw. ganzen Tag mieten und neben dem Mae Sa Valley z. B. auch den Doi Suthep besuchen.

Die gut ausgebaute Straße eignet sich für den ersten Motorradausflug. Mit öffentlichen Verkehrsmitteln ist das Mae Sa Valley nur schwer zu erkunden. Mit dem Bus 1231 oder Minibus kommt man von der Chang Puak Bus Station in Chiang Mai für 15 Baht (AC 20 Baht) nach Mae Rim. Von dort aus kann man nur noch laufen (nach der Polizeistation die erste Abzweigung in die Old Road rein), trampen oder auf einen der seltenen Minibusse warten, die zum Wasserfall fahren (25 Baht). Von SAMOENG startet der letzte Pickup nach CHIANG MAI um 16 Uhr.

Doi Inthanon ดอยอินทนนท์

Der mit 2565 m höchste Berg Thailands liegt südwestlich von Chiang Mai. Ein Gebiet von etwa 1000 km² ist hier zum Nationalpark erklärt worden – eine unspektakuläre, verhältnismäßig offene, wenig bewaldete Landschaft, in der Bergvölker der Hmong und Karen leben. Landschaftliche Attraktionen sind die zahlreichen Wasserfälle, die verkrüppelten, bemoosten Rhododendron-Bäume und die Wälder der kühlen Gipfelregion. Jagd und Abholzung haben den Lebensraum für Großwild stark eingeschränkt. Tiger, Elefant und Gaur sind ausgestorben, Nebelparder und Schwarzbär sind nur noch in kleinen Populationen vorhanden.

1 km vor Chom Thong zweigt die Straße H1009 zum Doi Inthanon (46 km) und nach Mae Chaem (59 km) ab. Nach 8 km führt links eine Straße zu den viel besuchten **Mae Klang-Wasserfällen** (500 m); Eintritt 400 Baht p. P., gilt auch für den Doi Inthanon. Rechts kommt gleich der Eingang zum Nationalpark. Hier zahlen auch Durchreisende den Eintritt von 400 Baht (Kinder 200 Baht) und eine Maut (Auto 30 Baht, Motorrad 20 Baht, Pickup 50 Baht). Das **Visitor Center** am KM 9,1 informiert über die Attraktionen im Park und verkauft ein informatives Faltblatt mit Lageplan. ⏱ 8.30–16.30 Uhr. Hier beginnt ein Plankenweg durch den Wald.

Einen Stopp am KM 20,5 lohnt der **Vachirathan-Wasserfall** (500 m). Mit dem Geländemotorrad kann man am KM 23,1 nach rechts auf die Karen Village Circuit Road, einen schmalen, in der Trockenzeit gut befahrbaren Erdweg, abbiegen. Nach 15 km Umweg erreicht man beim KM 30,4 wieder den H1009. Nach rechts, vorbei am Park Headquarter (KM 30,8), geht's weiter zum Doi Inthanon.

Am KM 37,4 zweigt direkt hinter einem Checkpoint der Air Force auf 1740 m Höhe der H1192 nach Mae Chaem (22 km) ab. Die folgenden Kilometer zieht sich der H1009 steil den Berg hoch, ohne eine Möglichkeit zu parken. Erst am KM 41,5 kann man bei den beiden neuen **Chedis** anhalten und die herrliche Aussicht genießen. Auch die ausdrucksstarken Flachreliefs aus Tonkacheln sind einen Rundgang wert.

Auf dem Gipfel ohne Aussicht ragt eine riesige Radarstation der Luftwaffe in den Himmel. Nicht fotografieren, da es sich hier um militärisches Sperrgebiet handelt. Gleich neben dem Parkplatz befindet sich das Grab des letzten Königs von Chiang Mai, Inthawichayanon, dessen letzter Wunsch es war, hier oben begraben zu werden. Die einfache Grabstätte wird im Jahr von Tausenden besucht. Die tiefste jemals gemessene Temperatur auf dem Berg betrug –8 °C. Selbst gegen Mittag ist es recht kühl.

Etwa 400 m vor dem Gipfel weist ein Hinweisschild in Thai zu einem wildromantischen Rhododendron-Hain und einem kleinen Hochmoor. Ornithologen können hier viele Vogelarten beobachten, die sonst kaum in Thailand zu finden sind.

Auf dem schönen H1192 Richtung Mae Chaem gibt es nach 6,5 km eine Abzweigung zum **Mae Pan-Wasserfall** (2,8 km), der eiskalte Pools bildet. Eine Rundwanderung ist mit und ohne Führer möglich (30 Min.).

Übernachtung

KM 6,8: **Little Home**, ✆ 081-2243446, kurz vor dem Parkeingang, Steinhäuschen. ❷, AC ❸
KM 7,3: **Touch Star Resort**, ✆ 081-9938743, 💻 www.touchstarresort.com, 1 km die Stichstraße hinein, idyllisches Resort mitten in der Natur, komfortable Zi. ❹

Die beste Zeit für einen Besuch

Die beste Zeit zum Besichtigen der Wasserfälle ist die Regenzeit von Mai bis November. Die Blumen und Blüten, insbesondere der in Thailand seltene Rote und Weiße Rhododendron, sind am schönsten von Dezember bis Februar. Vögel lassen sich am besten von Februar bis April beobachten, wenn die meisten Arten brüten.

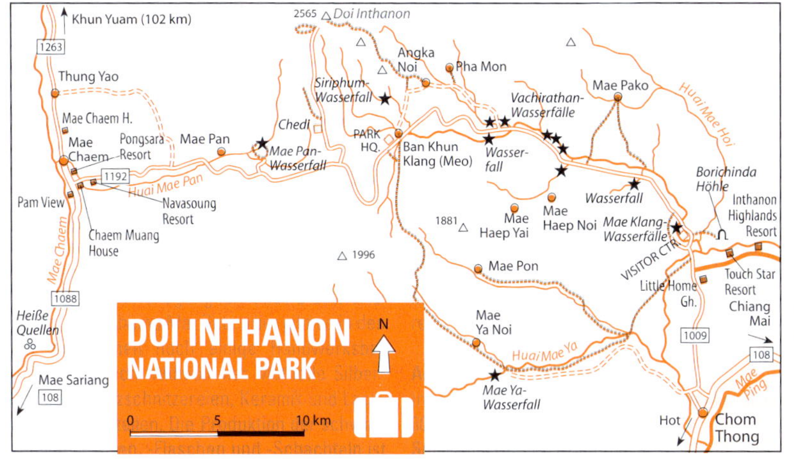

Am Parkausgang vor Mae Chaem liegen am H1192 mehrere empfehlenswerte Resorts (s. S. 382f).

Transport

Ab Chiang Mai nach CHOM THONG mit Bus 1232 (blau-weiß) alle 20 Min. von 5–18 Uhr für 34 Baht in 1 Std. Zusteigen ist am Chiang Mai Gate, dem südlichen Tor der Altstadt, möglich. Gelbe Pickups befahren die direkte Straße H1009 nach MAE CHAEM (80 Baht), unterwegs kann man aber nur an einer Attraktion aussteigen. Wie dann weiter?

Neben dem Tempel in Chom Thong werden Pickups für 700–1000 Baht für eine Fahrt auf den Gipfel vermietet – es gibt dorthin keine öffentlichen Verkehrsverbindungen.

Alternative dazu ist ein in Chiang Mai für einen Tag gemieteter PKW (1500–1700 Baht, ohne Benzin) oder ein starkes Motorrad (über 150 ccm). Damit kann man auch die Bergstraße hinunter nach Mae Chaem fahren. Kurz vor dem Ort zweigt der gut ausgebaute H1088 in Richtung Süden zum H108 ab. Über Hot erreicht man nach dieser Rundfahrt von 292 km wieder Chiang Mai. Organisierte Touren wer-den in Chiang Mai für 800–900 Baht p. P. (plus 400 Baht Eintritt) angeboten.

Entdeckungsreise in den Westen

Auf der landschaftlich eindrucksvollen Route durch die nordwestliche Ecke Thailands können Interessierte noch sehr viel Ursprüngliches kennen lernen. Neben einsamer Berglandschaft, Savanne, unerschlossenem Sekundärdschungel, Teak- und Kiefernwäldern entdecken Reisende auch fruchtbare Täler, üppig grüne Felder und reizvolle Reisterrassen. Wirklich genießen kann man diese Strecke von 600 km jedoch nur mit einem eigenen Fahrzeug: Wie auf einer Berg- und Talbahn geht es zunächst nach Mae Sariang, durch Hunderte von Kurven bis Mae Hong Son, dann auf der Bergstraße mit herrlichen Ausblicken nach Pai und über eine fantastische Bergstrecke zurück nach Chiang Mai. Wer nach einer geeigneten Route für eine Jeep- oder Motorradreise sucht – das könnte sie sein. Dafür möglichst David Unkovichs Karte mitnehmen. Die Strecke ist mit PKW in 3 bis 4 Tagen machbar, aber durchaus 6 Tage wert. Für einige Abstecher empfiehlt sich ein Jeep.

Von den vielen möglichen Abstechern haben wir einige besonders lohnenswerte herausgesucht und genauer beschrieben. Aber auch mit dem Bus lassen sich die Etappenziele erreichen und von dort herrliche Ausflüge unternehmen: zu den Dörfern von Karen, Hmong, Lahu und Lisu, zu heißen Quellen und zu Tempeln auf Berggipfeln oder durch wunderschöne Höhlen hindurch. Auch Floß- und Bootsfahrten, Elefantenritte oder Jeep-Touren sind möglich. Motorräder, Jeeps und PKWs werden in Chiang Mai vermietet, Mopeds für Ausflüge aber auch in Mae Hong Son und Pai. Drei Busse fahren tagsüber nach Mae Sariang und weiter nach Mae Hong Son. Die Nachtbusse sind für diese kurvenreiche Strecke nicht geeignet. Drei Busse und ein AC-Minibus fahren von Mae Hong Son über Pai nach Chiang Mai zurück. Wer wenig Zeit hat, kann eine Strecke zwischen Chiang Mai und Mae Hong Son fliegen, das dauert nur 40 Minuten und ist relativ preiswert.

Von Chiang Mai nach Mae Sariang

Von Chiang Mai geht es nach Südwesten auf dem stark befahrenen, mehrspurigen H108, der ab KM 14 für 16 km durch sehr lange Straßendörfer führt. Von **Hang Dong** nach **Ban Tawai**, dem einstigen Holzschnitzerdorf, geht es am KM 15,5 nach links ab, nach 3 km weitere 2 km nach rechts. Beiderseits dieser Straße und in mehreren Nebenstraßen hat sich eines der größten Kunstgewerbezentren des Landes etabliert. In exklusiven Geschäften, einfachen Werkstätten und offenen Ständen entlang schmaler Gassen türmt sich eine Fülle an Kunsthandwerk, darunter Möbel und Holzschnitzereien. Neben Massenware sind viele qualitativ hochwertige Prachtstücke ausgestellt. Großhändler lassen sich von den hier ansässigen Speditionen die Einkäufe gleich verpacken und verschicken.

Wer an einem Samstagvormittag unterwegs ist, sollte hinter **San Pa Tong** am KM 25,5 einen der größten Wochenmärkte im Norden besuchen. Hier werden u. a. gebrauchte Motorräder angeboten. Die fruchtbare Ebene ist bedeckt von Reisfeldern. Bald taucht rechts in der Ferne, nicht gerade beeindruckend, der Bergrücken des **Doi Inthanon** auf. Beim KM 57 zweigt die Straße H1009 zum Gipfel ab. Für Traveller mit genügend Zeit ist dies eine interessante, aber nicht berauschende Alternative.

Abkürzung über Mae Chaem nach Khun Yuam

Über den Doi Inthanon führen der H1009 und H1192 in sehr steilen, engen Kurven nach **Mae Chaem** (59 km), schon von Weitem sieht man das Dorf und das Pongsara Resort mit den blauen Dächern unten liegen.

In der Umgebung des geruhsamen Ortes können engagierte Off-Road-Fans herrliche Naturstraßen befahren, z. B. die 46 km nach **Mae Hae**. Einige hundert Meter vor Mae Hae zweigt eine Straße nach links zum kleinen Karen-Dorf Se Do Sa (48 km) ab. Der Motorrad-Trail führt weiter nach La Ang (51 km), Du La Poe (59 km) und am großen, hoch in den Bergen liegenden Lawa-Dorf La Up (68 km) vorbei ins Tal hinunter nach Mae La Noi (86 km). Von dort sind es auf dem H108 Richtung Süden noch 31 km Asphalt bis Mae Sariang.

Von Mae Chaem Richtung Norden erreicht man zunächst Mae Na Chon (am KM 77,6 liegt das Hot Coffee, ein kleines Gästehaus, ❷, mit Restaurant mit schöner Sicht, Karen-Besitzer). 5 km weiter geht es nach Westen auf dem neuen, herrlichen H1263 über steile, tolle Bergpässe (Viewpoint am KM 55) zum H108 bei Khun Yuam (102 km). Von dort sind es nur noch 66 km bis Mae Hong Son. Wird es hier bereits dunkel, sollte man sich die Gruselstunde dorthin besser schenken, lieber 1 km nach Süden abbiegen und in Khun Yuam übernachten (s. S. 386).

Übernachtung und Essen

Mae Chaem

In diesem abgelegenen Ort fanden wir die Unterkünfte mit dem besten Preis-Leistungs-Verhältnis von ganz Nordthailand. Ob das lange so bleiben wird?

Mae Chaem Gh., 500 m nördlich vom Markt, 20 m von der Straße im Hinterhof, 4 Zi im Reihenhaus aus Stein und Bambusmatten mit Bad/Thai-WC, Restaurant. ❷

Mae Chaem Hotel, ✆ 053-828025, 400 m nördlich vom Markt. Ordentliche Zi mit Du/WC im Hotel, dahinter am Reisfeld 7 putzige Bungalows, schöne Zi mit TV, Minibar, sauberem Bad, Warmwasser, die AC-Bungalows haben 2 große Betten; großer Pool mit separatem großem Kin-

derbecken, Restaurant, Shop, Massageraum, Fitnessraum, Dampfkabine. ❷, AC ❸
Chaem Muang House, ✆ 053-828397, 2,5 km vom Ort an der Abzweigung zum Doi Inthanon, 4 besonders schöne Zimmer in Holz-Stein-Bungalows mit AC, Himmelbetten, schönem Bad, sehr gepflegter Garten. ❹
Navasoung Resort, ✆ 053-828477, 3,7 km vom Ort, von Blumen überwucherte Anlage rechts am H1192 in Richtung Doi Inthanon, 14 kleine, saubere Bungalows mit Fan und Du/WC; Frühstücksrestaurant mit guter Küche und gehobenen Preisen, schöner Blick ins Tal; freundliche Thai-finnische Leitung. ❸
Essen gibt es an Nudelständen und am Markt, auf dem einige Verkäufer Englisch sprechen. Ein kleines Gh. an der Hauptstraße (Schild „Tourist Information") hat gutes Essen und einige Informationen.

Chom Thong

In Chom Thong fährt man direkt auf den Chedi des **Wat Phra That Si Chom Thong** zu. Er datiert aus dem Jahr 1451. Ein Viharn aus dem 16. Jh. mit einer sehr schönen Fassade enthält einen reich verzierten Mondop (einem Altar ähnlich) sowie Buddha-Statuen aus Holz und schön geschnitztes Elfenbein. Die Stützen unter den Ästen des Bodhi-Baums im Hof haben Gläubige gestiftet, um sich Verdienste zu erwerben. Gegenüber vom Tempel liegt die hervorragende Motorradwerkstatt Zell Moto, 84 Moo 2. Mr. Zell verkauft auch gebrauchte Maschinen, spricht aber kaum Englisch.

Zum **Mae Klang-Wasserfall** fährt alle 20 Min. ein Minibus für 17 Baht. Wer in Chom Thong an der Kreuzung vor dem Wat (KM 58,1) nach rechts abbiegt, gelangt zu den **Mae Ya-Wasserfällen** (13 km, Pickup kostet ca. 500 Baht pro Trip). Etwa 250 m stürzt das Wasser in der Regenzeit fächerartig in vielen Stufen die Felsen herunter – ein beliebtes Fotomotiv. Schwimmen ist möglich.

Hot

Ab dem KM 64 fließt links der Ping River. An seinem Ufer sind Resorts für Wochenendausflügler entstanden. Nach 87 km erreicht man die kleine Stadt Hot. Sie lag ursprünglich 15 km weiter südlich am Ping River. Nach dem Bau des Bhumipol-

Schöne Bungalows

Pongsara Resort, ✆ 053-485011, 1,6 km vom Ort, kleine Bungalowanlage mit auffallend blauen Dächern, perfekt ausgestattete Steinbungalows mit Fan, Minibar, Telefon, Kühlschrank, Terrasse, 4 Zi in schönen Holzbungalows; gepflegter Garten, guter Kaffee. Sehr preiswert. ❸

Damms wurde sie hier neu errichtet, völlig unattraktiv.

Übernachtung und Essen

Vatchara Hotel, in Hot, am Straßenknick beim Uhrturm, relativ teure, einfache Zi mit Du/WC und Fan, nach hinten weniger laut. ❷
Gut essen kann man abends an den Essenständen, die gegenüber vom Hotel aufgebaut werden.
Hod Resort, ✆ 053-461070, beim KM 4 Richtung Westen, gepflegte Anlage, 16 Bungalows und Zi, Restaurant. ❸–❹

Transport

Bus 1232 fährt von CHIANG MAI alle 20 Min. nach CHOM THONG für 34 Baht in 1 1/2 Std., nach HOT für 54 Baht in 3 Std.

Abstecher Richtung Mae Ping-See

Der H1012 führt 16 km nach Süden, vorbei an den Ruinen der Chedis des alten Hot, nach **Wang Lung**, das eigentlich ein Fischerdorf am Stausee sein sollte, der jedoch erst viele Kilometer weiter südlich anfängt. Eine Piste führt 5 km weiter zu dem großen Karendorf **Ban Huai Fang** mit etwa 600 Einwohnern, die hier in rund 100 Pfahlhäusern wohnen.

Ob Luang Canyon

Hinter Hot schwenkt der H108 scharf nach Westen, die Kilometerzählung beginnt wieder bei KM 0. Nach 500 m steht links ein Wat mit martialischen Höllengemälden.

Vom KM 11 folgt die Straße 5 km einem herrlichen Flussbett mit schönen, ausgewaschenen

Felsen. Dann beginnt die Schlucht des **Ob Luang Canyon**, wo eine Felsbarriere von 40 m Höhe vom Chaem-Fluss durchschnitten wird (ein beliebtes Ausflugsziel am Wochenende).

Am KM 16,9 (Schild: „Land of Prehistoric Human") kann man zur Brücke hinuntersteigen und sich die hübsche Szenerie zu Gemüte führen. Jenseits der Brücke weisen Schilder zu einem Aussichtspunkt und einem prähistorischen Grab. Einige landschaftlich schöne Pfade laden zu Spaziergängen ein, vor dem Schwimmen wird gewarnt. Am KM 17,2 passiert man einen Campingplatz. Man kann Zelte mieten (100 Baht) oder ein eigenes Zelt aufstellen (10 Baht); Erfrischungsstände.

Auf dem H1088 kann man am KM 21,8 einen Abstecher zu den heißen Quellen von **Thep Phranom** machen, die nach 8,8 km erreicht sind. Kochend heißes Wasser läuft dampfend in einen Bach, der weiter unten zum Baden einlädt. Die Badehäuschen sind verwahrlost. Der schön geschwungene H1088 verläuft weiter nach Norden durch trostloses, karges Neusiedlerland bis Mae Chaem (47 km).

Beim KM 39 zweigt der H1099 nach **Om Koi** ab (41 km). Auf dem weiteren Weg nach **Mae La Noi** liegt das Om Koi Resort, ❸, an einem klaren Fluss und etwas weiter ein schönes Meo-Dorf.

Auf dem Hochplateau

Der H108 steigt mit vielen Kurven langsam auf ein hügeliges Hochplateau an, sehr schöne Aussicht auf die Berge. Einst hatten die Lawa und die Karen die Hügel entwaldet, um Bergreis anzubauen. Seit einigen Jahren versucht die Forstverwaltung, mit dem Anpflanzen von Kiefern den Humus vor den Regengüssen zu schützen – im ständigen Kampf mit den Karen, die nicht einsehen können, dass ihre Brachfelder für die Aufforstung konfisziert werden. Wie sollen sie denn überleben, wenn sie keine neuen Felder für ihren Bergreis anlegen dürfen? Wer sich für diese Problematik interessiert: Am KM 51 befindet sich rechts das **Thai Danish Pine Improvement Project**. Mit etwas Glück ist vielleicht jemand da, der einiges auf Englisch erklären kann.

Ab KM 73 fällt die hervorragend ausgebaute Straße über einige Haarnadelkurven ins Tal hinunter, sehr schöne Ausblicke, u. a. auf schmale Terrassenfelder, die mit Reis und Gemüse bestellt sind. Beim KM 84 zweigt ein Weg zum **Tribal Development and Assistance Center** auf dem Doi Mae Ho ab; hier werden Blumen angebaut. Wilde Sonnenblumen blühen ungefähr am KM 85–86 von November bis Dezember. Unterhalb des Wat Chom Thong-Hügels knickt der H108 nach Norden ab. Geradeaus führt die Wiang Mai Road in den Ortskern von Mae Sariang (198 km von Chiang Mai).

Mae Sariang แม่สะเรียง

Eine kleine, saubere, ruhige Marktstadt, geprägt von den schönen alten und neuen Holzhäusern und mehreren Tempeln im burmesischen Stil: im Zentrum **Wat Utthayan Rom** und **Wat Sri Bunruang**. 1 km südlich schaut von einem Hügel **Wat Chom Chaeng** herab. Im **Wat Kittiwong** im Zentrum der Stadt werden alte Manuskripte aufbewahrt, in denen die historischen Beziehungen zwischen dem Lanna-Königreich und Birma dokumentiert sind.

Bis 1965, als die Straße 108 eröffnet wurde, war der abgelegene Ort nur schwierig zu erreichen. Über den Yuam River hinweg zeigen sich über den Bergen von Birma häufig romantische Sonnenuntergänge. Mitte November wird das **Blooming Flower Festival** gefeiert, ein Volksfest aus Anlass der Sonnenblumenblüte.

Übernachtung

Ruangtara Gh. ①, 147 Laeng Phanit Rd., ✆ 053-681107, 14 große, sehr saubere Zi mit großen Betten, ordentlichen Möbeln und Du/WC im 2-stöckigen Reihenhaus, ruhig, kein Service. ❷, AC ❸

Die folgenden 3 Gästehäuser gehören demselben Besitzer:

Riverside Gh. & Resort ②, 85/1 Laeng Phanit Rd., ✆ 053-681188, hellhöriges Teak-Haus mit großer Terrasse, Aussicht über den Yuam River; 9 z. T. riesige Zi, Du/WC außerhalb, einige neue, kleine Zi mit Warmwasser-Du/WC, AC oder Fan, Kühlschrank, eigene Terrasse, Restaurant, Fahrrad 50 Baht, Infos. ❷–❸

North-West Gh. ③, ✆ 053-681956, schräg gegenüber, Holzhaus auf Pfählen, 8 saubere Zi

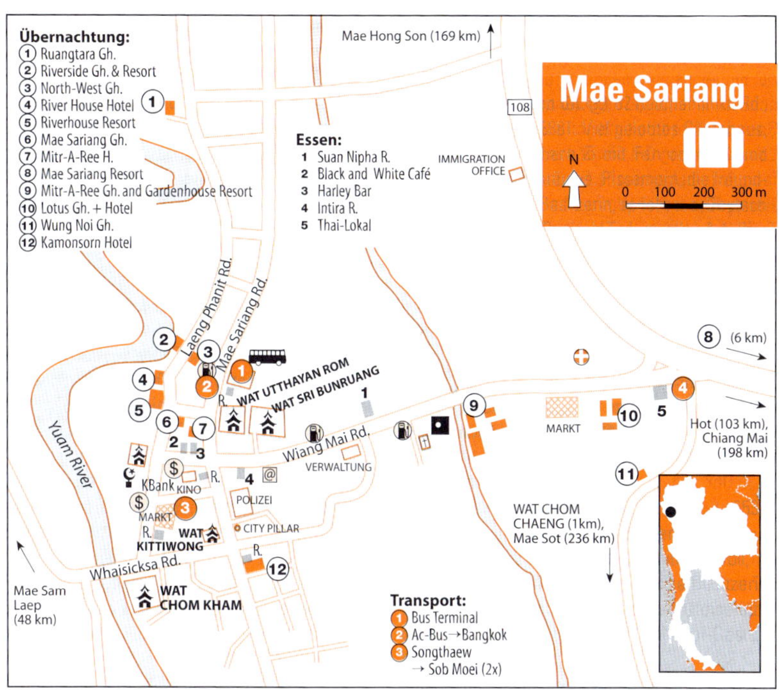

mit Fan und Gemeinschafts-Du/WC. Ab 6 Uhr wird es sehr laut. ❷

River House Hotel ④, 77 Laeng Phanit Rd., ✆ 053-621201, schönes Holzhaus mit Veranda und Flussblick auf engem Grundstück. Sehr saubere Zi mit Fan oder AC und Du/WC, ruhig und freundlich, gutes Restaurant. ❸–❹

Riverhouse Resort ⑤, 6/1 Moo 2, Mae Sariang ✆ 053-683066, 💻 www.riverhousehotels.com, neuestes und bestes Hotel der Stadt, 44 gute AC-Zi mit Blick auf den Fluss. ❹–❺

Mitr-A-Ree Hotel (auch Mitaree) ⑦, 158 Mae Sariang Rd., ✆ 053-681110, im Zentrum, unterschiedliche Zi im Haupt- und Nebengebäude mit Fan oder AC, freundliches Personal. ❷–❸

Mitaree Gh. and Gardenhouse Resort ⑨, 34 Wiang Mai Rd., www.mitareehotel.com, ✆ 053-681109, großes Hotel, 2 Reihenhäuser und große Doppelbungalows im Thai-Stil, saubere Zi mit Fan oder AC und Warmwasser-Du/WC; gepflegter Garten. ❷–❸, AC ❹

Mae Sariang Resort ⑧, 107 Ban Mai Wang Yao, ✆ 053-681279, beim KM 98 des H108 zum Resort abbiegen (1 km); 10 große, einfache Matten-Bungalows am Ufer des Mae Sariang-Flusses, kein Restaurant. Schöner Blick auf Reisfelder. ❸

Kamonsorn Hotel ⑫, Mae Sariang Rd., ✆ 053-681524, 24 gute Zi mit Fan oder AC und Warmwasser-Du/WC; netter Besitzer. ❸

Baan Nam Ngao, 46 km südlich am H105, in Nam Ngao, romantische Holzhäuser am Fluss, Trekking-Stützpunkt des Riverside Gh., dort bei Interesse anfragen.

Essen und Unterhaltung

Mehrere Restaurants mit ordentlichem, günstigem Essen liegen nahe an der zentralen Kreuzung.

Preiswerter Nachtessenmarkt am Bus Terminal. Das Gartenrestaurant **Suan Nipha** ist abends bei Einheimischen beliebt, Fremde werden anscheinend nicht gern bedient.
Sehr gute nordthailändische Spezialitäten wie Lab und Gaeng Om bietet das Lokal am Ortsanfang. Nur einheimische Gäste und Preise.
Harley Bar an der Wiang Mai Rd., gemütlicher Treff. Der Chef spielt abends Gitarre.

Transport

AC-Bus nach BANGKOK um 16 und 19 Uhr für 631 Baht.
Von CHIANG MAI non-AC-Bus um 8, 13.30, 15 und 20 Uhr für 110 Baht in 4 Std., AC-Bus um 6.30, 11 und 21 Uhr für 197 Baht. Zurück non-AC-Bus um 7, 9 und 12.30 Uhr, AC-Bus um 10.30 und 15.30 Uhr, zudem einige nicht empfehlenswerte Nachtbusse.
Von MAE HONG SON non-AC-Bus um 8 und 14 Uhr für 110 Baht, AC-Bus um 6 und 10.30 Uhr für 197 Baht in 4 Std. Zurück non-AC-Bus um 7 und 12.30 Uhr, AC-Bus um 10.30 und 15.30 Uhr.
Nur bis KHUN YUAM um 17.30 Uhr für 61 Baht in 2 1/2 Std.
Von MAE SOT mit dem Pickup stdl. von 6–12 Uhr für 210 Baht in 5 Std. Zurück stdl. von 7.30–12.30 Uhr.

Die Umgebung von Mae Sariang

Wer eine Floßfahrt auf dem Yuam oder geführte Trekking-Touren zu den Dörfern der Lawa (z. B. Ban La Up) oder Karen (z. B. Ban Huai Hom oder Ban Mae Sakua) unternehmen möchte, fragt am besten im Gästehaus nach.

An den Salween

Über die Brücke im Westen des Ortes führt die Straße H1194 an den Salween-Fluss zum Schmugglerdorf **Mae Sam Laep** (48 km), das durch seine mannigfachen Kulturen begeistert. Allerdings sind die Häuser auf Stelzen abgebrannt, und die Uferstraße ist betoniert. Achtung: Mit eigenem Fahrzeug muss man kurz vor Erreichen des Dorfes rechts abzweigen. Eine zweite

Flussfahrten

Auf dem Grenzfluss zu Myanmar lassen sich tolle Bootsausflüge zu Sandstränden, einem Wasserfall, der am Westufer ins Wasser stürzt, und zu bemoosten Klippen machen. In der Trockenzeit von Dezember bis April sind sie sehr zu empfehlen, 300 Baht pro Boot für 1 Std. Beliebt sind die Floßfahrten auf dem Salween bis zum Zufluss des Moei River. Interessant sind auch der Grenzverkehr und das buddhistische Kloster.
Warnung: Wegen der immer wieder gefährlichen Grenzsituation sollte man in Mae Sariang nachfragen.

Abzweigung führt hinunter zum Salween, von wo das Dorf in wenigen Minuten Fußmarsch erreicht werden kann. Die gut ausgebaute Straße endet oberhalb des Dorfes auf der anderen Talseite. Mehrmals täglich fahren Pickups für 50 Baht hin, am Nachmittag bis 16 Uhr wieder zurück.

Von Mae Sariang nach Mae Hong Son

Der 166 km lange H108 von Mae Sariang nach Mae Hong Son ist ausgebaut und eine tolle Motorradstrecke, weist aber auch Schlaglöcher auf. Beim KM 121 liegt das gepflegte Karen-Dorf **Ban Mae Tia**. Die Bauern verstehen sich auf den Anbau von Nassreis. Am KM 152 kommt das Dorf **Mae La Luang** mit einigen Essenständen.

Beim KM 174 liegen viele Terrassenfelder unten im Tal, dahinter ein Dorf in hübscher Lage. In der fruchtbaren Talebene von **Muang Pon** (KM 186) grüßen einige Wats mit schönen Chedis.

Khun Yuam

Im lang gestreckten Shan-Dorf Khun Yuam (KM 198–200) steht an der Straße ein großer heiliger Banyan-Baum. Am KM 199,5 fallen die hübschen, schlanken Chedis des **Wat Muai Tho** ins Auge, eine große Holzhalle lädt zum Verweilen ein.

Etwas weiter wurde ein interessantes **Heimatmuseum** eingerichtet, in dem japanische

Werkzeuge und Waffen aus dem 2. Weltkrieg sowie alte Gerätschaften zu sehen sind. Die Beschriftung der Fundstücke ist nur auf Thai. Mehrere Souvenirläden warten auf Kundschaft. Im zumeist nicht besetzten Informationsstand hängt eine gute Karte der Umgebung mit einem 40 km langen Rundweg aus.

Übernachtung

Mitr Khun Yuam Hotel, 115 Ratburana Rd., ✆ 053-691057, im Ortszentrum, einfache Zi mit und ohne Du/WC, schöne, saubere Bungalows mit 2 oder 3 Betten, z. T. Warmwasser, 2 AC-Zi. Die freundliche Besitzerin spricht sehr gut Englisch. ❶–❸
Ban Farang Gh., ✆ 053-622086, am Ortsende links (KM 199,9), vollständig renoviert, saubere Zi mit großen Betten, Fan und Warmwasser-Du/WC im Reihenhaus und in Doppelbungalows, schöne, neue AC-Zimmer; vorzügliches Essen. Nette Leute. ❸, AC ❹
Zur Zeit der Sonnenblumenblüte im November sind alle Zimmer im Ort und in der Umgebung von einheimischen Touristen überbelegt.

Sonstiges

Feste

Im November veranstaltet Khun Yuam das bei Thais beliebte 10-tägige **Festival der Bua Tong-Blüte** (eine Sonnenblumenart) mit einem großen Markt.

Geld

Die einzige Bank im Ort wechselt weder Geld noch Reiseschecks.

Transport

Die Bus Station liegt am Ortsende am KM 200,2. Nach MAE HONG SON mit dem non-AC-Bus um 9.30 und 14.30 Uhr in 2 Std. für 49 Baht.; AC-Bus um 13 und 17.30 Uhr für 106 Baht. Zudem zwei Nachtbusse.Nach CHIANG MAI um 6.30, 8, 10 und 12.30 Uhr in 6 1/2 Std.

Abstecher zum Mae Surin-Wasserfall

Beim KM 201,5 zweigt die Straße H1263 nach rechts zu mehreren Wasserfällen ab. Zum Mae Surin Fall kann man in Khun Yuam auch ein Pickup chartern (ca. 1200 Baht), ein normaler PKW schafft diese Strecke nicht. Man passiert nach 10 km das Waisenhaus „Buddhakaset", in dem Kinder der Bergvölker aufgenommen werden, finanziert vom Wat Chedi Luang in Chiang Mai.

Nach 12,2 km muss man nach links auf die Betonstraße abbiegen. Ca. 2 km weiter lockt ein Abstecher (zu Fuß 900 m) zum schönen, aber vermüllten **Kaskadenwasserfall Mae Yuam Luang** mit Badepools (nur bis Dezember). Weiter geht es zu einem landwirtschaftlichen Entwicklungsprojekt und nach 13 km zum Hmong-Dorf **Mae Aukhore**, in dem Souvenirs (Silber, Stickereien, etc.) verkauft werden. Nur im November, wenn auf den Hügeln in der Umgebung zwei Wochen lang die wilden *Bua Tong* blühen, werden auch Essenstände aufgestellt. Die erst kürzlich erkannte Insekten abweisende Eigenschaft dieser Sonnenblumen hat sie vor der Ausrottung bewahrt.

Nach insgesamt 36 km ist das Ziel erreicht: ein hübscher Rastplatz unter Bäumen. Von dort führen Pfade zum Aussichtspunkt und hinunter auf halbe Höhe. Der **Mae Surin-Wasserfall** ist mit etwa 200 m Fallhöhe, davon ca. 60 m freier Fall, einer der höchsten in Thailand, wirkt aber irgendwie langweilig. Zum Fuß des Wasserfalls kann man nicht hinabsteigen. Weitere Wasserfälle in der Umgebung lohnen einen längeren Aufenthalt für Naturfreunde, da das gesamte Gebiet noch sehr schön ist. So empfiehlt ein Leser eine angenehme, einfach zu erreichende Wanderung um den Stausee herum. Naturgenießer werden viele Schönheiten im Detail erkennen.

Die Straße H1263 führt noch 90 km über viele Berge nach Mae Chaem.

Von Khun Yuam nach Mae Hong Son

Wer sich in Khun Yuam mit einem Imbiss eingedeckt hat, kann ihn beim KM 206 am **Mae Surin Arboretum** bei einem kleinen Stausee einnehmen. Von einem Abstecher am KM 234,9 zum *Meo Microwave* hinauf (einem Sendemast bei einem Meo-Dorf) ist abzuraten. Beim KM 249,1 kommt rechts eine *Scenic Area* mit wirklich schöner Aussicht über das Tal des Mae Ra Mat-Flusses mit dem Pha Bong-Damm. Gleich darauf schwingt sich die Straße in engen Kurven in die Ebene von Mae Hong Son hinab.

Hinter dem Dorf Pha Bong (KM 256) liegen links die **Pha Bong Hot Springs**, die sich wirklich nicht lohnen. Nach den Abzweigungen zu den Resorts beim KM 258,3, KM 260,3 (85 km Allradpiste nach Ban Watchan) und KM 265,2 erreicht man Mae Hong Son beim KM 267.

Mae Hong Son แม่ฮ่องสอน

Zu welchem Zeitpunkt die abgelegene Provinzhauptstadt tatsächlich gegründet wurde, ist schwer festzustellen. Ursprünglich war der Ort eine traditionelle burmesische Siedlung. Erst 1832 wurde eine Expedition des Prinzen von Chiang Mai in das abgelegene Tal geschickt, um wilde Elefanten einzufangen. Vor allem Shan und einige Lawa lebten hier, aber auch Hmong und Karen kamen damals auf ihren Wanderungen in die unzugängliche Grenzregion. Wahrscheinlich wurde das Hauptlager der Expedition, das zuerst beim heutigen Pang Moo lag, später weiter nach Süden verlegt. Aus dem Lager entwickelte sich ein kleines Dorf, fast ausschließlich von Shan bewohnt. 1874 erklärte der Herrscher von Chiang Mai die Ansiedlung zur Stadt, und Mae Hong Son war geboren.

Etwa die Hälfte der Bewohner der Provinz sind Angehörige der Bergvölker, die andere Hälfte Shan, und nur in der Stadt Mae Hong Son gibt es 2 % Thais. Bis in die 50er-Jahre lag die Provinz noch in friedlichem Tiefschlaf. Einzige Verbindung zur Außenwelt waren Elefantenpfade, und eine Reise nach Chiang Mai auf dem Rücken der Dickhäuter konnte mehrere Wochen dauern. Dann kam das Flugfeld und 1968 die Allwetterstraße über Mae Sariang. Seit 1991 ist auch die Nordroute über Pai asphaltiert. Die Zahl der Fluggäste stieg seit 1989 kontinuierlich. Der Verkehr hat stark zugenommen. Inzwischen wirkt die Stadt ein bisschen wie ein romantischer europäischer Kurort: vorwiegend ältere Touristen flanieren auf der zentralen Khunlum Prapas Road an vielen Souvenirläden und Restaurants entlang. Auch Reisebüros, Trekkingveranstalter und Vermieter von Mopeds und Jeeps bieten hier ihre Dienste an.

Der Reiz der Stadt liegt zum einen in der Anreise, zum anderen in ihrer Abgeschiedenheit inmitten einer ursprünglichen, bewaldeten Berglandschaft. Dazu kommt die prickelnde Nähe zu Myanmar, zu dem zwar kein offizieller Grenzübergang besteht, aber viele Schmuggelpfade hinüberführen.

Mae Hong Son hat den Beinamen *Muang Sam Mork* (Stadt des Nebels der drei Jahreszeiten), und immerhin ist es durchschnittlich an 104 Tagen neblig. Die Stadt liegt auf 330 m Höhe, doch im Dezember und Januar wird es in den Nächten empfindlich kühl. Im November / Dezember kommen Thais in Scharen, um in der Umgebung von Mae Hong Son die Hänge mit blühenden Sonnenblumen zu bewundern – ein herrlicher Anblick. Wer wilde Orchideen blühen sehen will, muss im März / April kommen.

Zwischen der Bus Station und dem Markt, im unscheinbar wirkenden **Wat Hua Wiang**, befindet sich eine hoch verehrte, bronzene Buddhastatue, die in Birma gegossen und über Gebirgspfade und -flüsse hierher transportiert wurde. Sie ist einem Buddha in Mandalay nachempfunden.

Die Ufer des kleinen Sees mitten in der Stadt wurden schön angelegt: Mini-Park, Fitness-Parcours, Ruhebänke und ein Spazierweg. Im Wasser spiegeln sich zwei im burmesischen Stil errichtete Chedis, die des **Wat Chong Kham** und des **Wat Chong Klang**. Im letzteren werden in einem Raum hinten links über 30 interessante hölzerne Statuen ausgestellt, die Figuren aus dem Vessantara Jataka (Buddhas frühere Existenzen) darstellen. Sie wurden vor 130 Jahren aus Birma herübergebracht.

Das Wat Chong Kham wurde 1827 als erster Tempel der Stadt gebaut, der Viharn im Thai-Stil in den Jahren 1932–36. Es ist Ziel der **Poi Sang Long-Prozession**. Jedes Jahr Ende März / Anfang April werden in ganz Thailand 10- bis 16-jährige Knaben zu Novizen geweiht. In Mae Hong Son wird diese traditionelle buddhistische Ordinierungsfeier besonders farbenfroh im Shan-Stil begangen: Unter Musikbegleitung reiten die kahlgeschorenen Knaben auf den Schultern eines Verwandten zum Tempel, wo sie das Mönchsgewand empfangen und ihr erstes Gelübde ablegen.

Schön ist ein Spaziergang zum **Wat Doi Kong Moo**, dessen Chedis die Stadt überragen. Erbaut wurde die Anlage 1874 vom ersten Gouverneur,

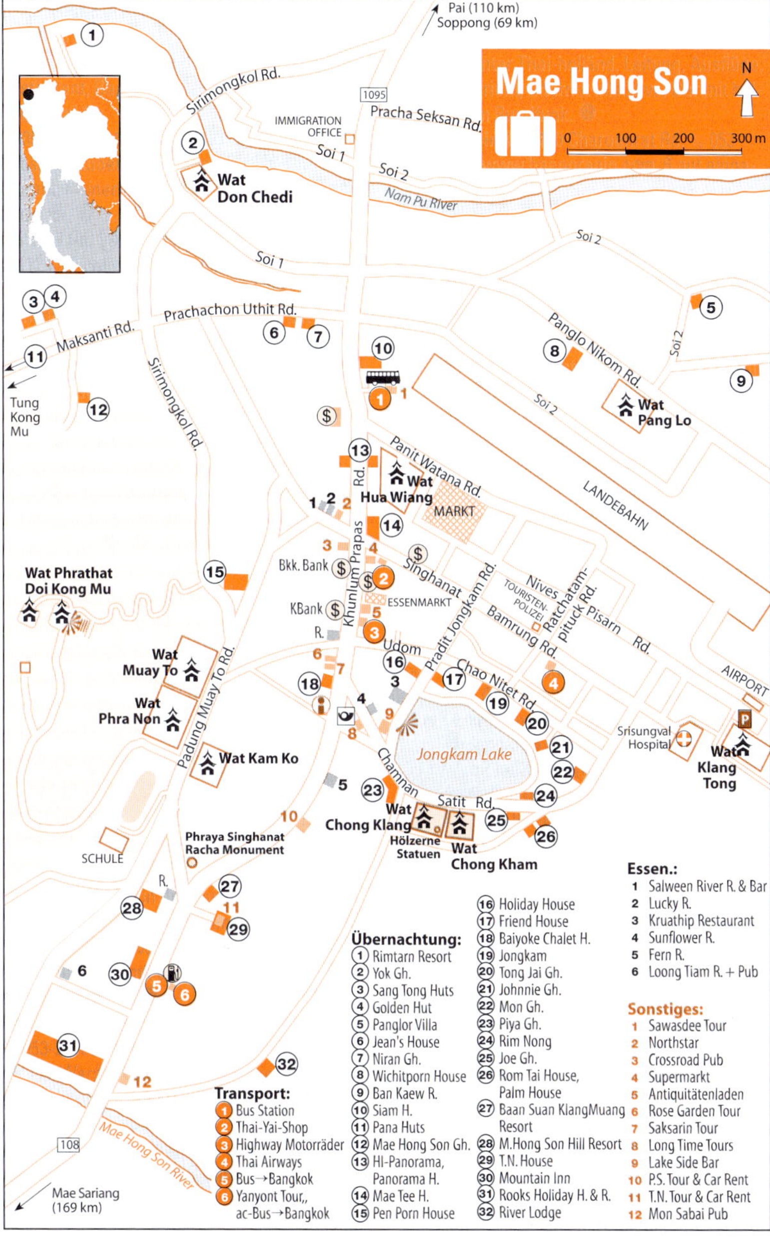

Mae Hong Son
N
0
100
200
300 m
Pai (110 km)
Soppong (69 km)
1095
Sirimongkol Rd.
IMMIGRATION OFFICE
Pracha Seksan Rd.
Soi 1
Soi 2
Nam Pu River
Wat Don Chedi
Soi 1
Soi 2
Prachachon Uthit Rd.
Maksanti Rd.
Tung Kong Mu
Sirimongkol Rd.
Panglo Nikom Rd.
Soi 2
Soi 2
Wat Pang Lo
LANDEBAHN
Panit Watana Rd.
Wat Hua Wiang
MARKT
Khunlum Prapas Rd.
Bkk. Bank
KBank
ESSENMARKT
R.
Singhanat
Nives
Ratchatam-pituck Rd.
Pisarn Rd.
TOURISTEN-POLIZEI
Bamrung Rd.
Pradit Jongkam Rd.
Udom
Chao Nitet Rd.
AIRPORT
Wat Phrathat Doi Kong Mu
Wat Muay To
Wat Phra Non
Padung Muay To Rd.
Wat Kam Ko
Jongkam Lake
Chamnan
Satit Rd.
Srisungval Hospital
Wat Klang Tong
Wat Chong Klang
Hölzerne Statuen
Wat Chong Kham
Phraya Singhanat Racha Monument
SCHULE
R.
108
Mae Hong Son River
Mae Sariang (169 km)
Übernachtung:
1 Rimtarn Resort
2 Yok Gh.
3 Sang Tong Huts
4 Golden Hut
5 Panglor Villa
6 Jean's House
7 Niran Gh.
8 Wichitporn House
9 Ban Kaew R.
10 Siam H.
11 Pana Huts
12 Mae Hong Son Gh.
13 HI-Panorama, Panorama H.
14 Mae Tee H.
15 Pen Porn House
16 Holiday House
17 Friend House
18 Baiyoke Chalet H.
19 Jongkam
20 Tong Jai Gh.
21 Johnnie Gh.
22 Mon Gh.
23 Piya Gh.
24 Rim Nong
25 Joe Gh.
26 Rom Tai House, Palm House
27 Baan Suan KlangMuang Resort
28 M.Hong Son Hill Resort
29 T.N. House
30 Mountain Inn
31 Rooks Holiday H. & R.
32 River Lodge
Essen.:
1 Salween River R. & Bar
2 Lucky R.
3 Kruathip Restaurant
4 Sunflower R.
5 Fern R.
6 Loong Tiam R. + Pub
Sonstiges:
1 Sawasdee Tour
2 Northstar
3 Crossroad Pub
4 Supermarkt
5 Antiquitätenladen
6 Rose Garden Tour
7 Saksarin Tour
8 Long Time Tours
9 Lake Side Bar
10 P.S. Tour & Car Rent
11 T.N. Tour & Car Rent
12 Mon Sabai Pub
Transport:
1 Bus Station
2 Thai-Yai-Shop
3 Highway Motorräder
4 Thai Airways
5 Bus→Bangkok
6 Yanyont Tour,, ac-Bus→Bangkok

Nord-Thailand

Phraya Singhanat Racha. Der steile Aufstieg wird durch die herrliche Aussicht über das Tal, über die von dichten Wäldern bedeckten grünen Berge im Westen und über die Stadt belohnt, manchmal sogar durch einen tollen Sonnenuntergang. Störend kann das Geschäftsgebaren der Mönche wirken.

Übernachtung

Gästehäuser

Viele Gästehäuser sind noch sehr einfach, haben nur Matratzen auf dem Boden und sanitäre Gemeinschaftseinrichtungen. Doch immer mehr schaffen sich einen Durchlauferhitzer für eine warme Dusche an oder bauen Zimmer mit Bad, viele bieten einen Tisch-Fan. Fast alle Gästehäuser organisieren Trekking-Touren. Morgens wird man vom Krähen vieler Hähne aus dem Bett geworfen.

Die Gästehäuser **um den See herum** sind besonders beliebt. Ab Mitternacht schallt allerdings oft die Musik der am See feiernden Thais bis in die hellhörigen Zimmer. In der Saison ist telefonische Zimmerreservierung ratsam.

Friend House ⑰, 20 Pradit Jongkam Rd., ✆ 053-620119, 2-stöckiges Haus in einem ruhigen Hinterhof, saubere Zi mit Matratzen, mit und ohne Du/WC, die teuren sind für 4 Pers. geeignet; nettes, freundliches Personal. ❷

Jongkam Gh. ⑲, 7 Udom Chao Nitet Rd., ✆ 053-613818, heruntergekommene Hütten und ordentliche Zi im Haus. ❶–❷

Tong Jai Gh. ⑳, 38 Udom Chao Nitet Rd., ✆ 081- 482806, großes Holzhaus, renovierte Zimmer mit Fan, Seeblick. ❷

Johnnie Gh. ㉑, 5/2 Udom Chao Nitet Rd., ✆ 053-611667, zurückversetzt in einer Gasse, Holzhaus mit 8 kleinen, einfachen Zi, z. T. mit Warmwasser-Du/WC, kein Seeblick. ❶–❷

Piya Gh. ㉓, 1/1 Chamnan Satit Rd., ✆ 053-611260, 14 gut eingerichtete, schöne AC-Bungalows in einem großen, grünen Garten, Frühstücksterrasse mit Blick auf den See. Studen-ten bekommen 20 % Rabatt. Fahrrad 50 Baht. In der Nebensaison geschlossen. AC ❸–❹

Rim Nong ㉔, 4/1 Chamnan Satit Rd., ✆ 053-613991, etwas heruntergekommene Bretterverschläge auf engem Grundstück, Seeblick, Restaurant. ❶

Joe Gh. ㉕, 3 Chamnan Satit Rd., ✆ 053-612417, wenige saubere Reihenzimmer, z. T. mit Warmwasser-Du/WC. ❷

Rom Tai House ㉖, 22 Chamnan Satit Rd, ✆ 053-612 437, 089-9544794, neuere, große Zi, auch Familien-Zi, freundliches, Englisch sprechendes Personal. ❷–❸

Palm House ㉖, 22/1 Chamnan Satit Rd., ✆ 053-614022, neues Gästehaus in Seenähe, saubere, geflieste Zi mit Du/WC, im OG mit AC und Balkon. ❸, AC ❹

In der Nähe des Busbahnhofs

Jean's House ⑥, 6 Prachachon Uthit Rd., ✆ 053-611662, ✉ jeanshouse@yahoo.com, Reihenhäuser mit 10 sehr einfachen Zi mit Warmwasser-Du/WC; Frühstücksrestaurant, beliebt bei Bikern. Engagierter Besitzer. ❷

Niran Gh. ⑦, 30/1 Khunlum Prapas Rd., ✆ 053-611227, einfache Unterkunft. ❶–❷

HI-Panorama ⑬, 51 Khunlum Prapas Rd., ✆ 053-611757, 081-3098894, ✉ panorama@tyha.org, neue Jugendherberge in einem Teakhaus, etwas zurückversetzt von der Hauptstraße, 20 kleine, saubere Zi mit Fan. ❷ Gehört zum Panorama Hotel gegenüber.

Im Nordwesten

An der Maksanti Rd. haben sich einige nette, ruhige Gästehäuser angesiedelt. Sie sind in 15–20 Min. zu Fuß vom Zentrum aus zu erreichen oder mit dem Tuk Tuk für 30 Baht. Der nächtliche Heimweg kann wegen streunenden Hunden unangenehm werden.

Mae Hong Son Gh. ⑫, Nr. 295, ✆ 053-612510, 086-9239985, schöner, großer Blumengarten am Hang, nach hinten Wald, Reihenhaus und Bungalows mit Fan oder AC, Moskitonetz und Du/WC, gemeinsame Warmwasser-Du, offener Aufenthaltsraum, kein Restaurant; freundliche Leute, die gut Englisch sprechen. ❷, AC ❸

Pana Huts ⑪, 💻 www.panahuts.com/index.htm, ✆ 053-614 331, wenige neue, liebevoll gebaute Bungalows mit ansprechendem offenem Bad im dschungeligen Garten, Restaurant und Feuerstelle, unter Leitung der freundlichen Miss Srithai. ❸

Golden Hut ④, Nr. 253, ✆ 053-611544, schlechte, einfache Zimmer und teure, Steinbungalows, unter schattigen Laubbäumen am Hang. ❸, AC ❺

Sang Tong Huts ③, ✆ 053-620680, 💻 www.sangtonghuts.com; idyllische Anlage mit Garten, 8 luftdurchlässige Bambusbungalows, eine große, sehr schöne Hütte, gute Küche. Bei Anruf wird man abgeholt. ❸–❺

Etwas außerhalb

Rimtarn Resort ①, 18/4 Pangmoo, ✆ 053-613404, 081-6712248, schöne, ruhige Anlage nördlich des H108, unterschiedliche Bambushütten, Bungalows und Reihenhäuser mit Fan oder AC und Warmwasser-Du/WC, Frühstücksrestaurant; gut für Traveller mit Fahrzeug, in den Thai-Semesterferien oft ausgebucht. ❸, AC ❹–❺

Yok Gh. ②, 14 Sirimongkol Rd., ✆ 053-611532, 089-635441, Reihenhaus hinter dem Wat, ruhig am Bach gelegen, saubere Zi mit Fan/AC und Du/WC, z. T. Warmwasser, Restaurant mit einfachen Gerichten; freundliche, hilfsbereite Besitzerinnen, keine Trekking-Anmache. ❷–❸

Ban Kaew Resort ⑨, 14/1 Panglo Nikom Rd., ✆ 053-613007, 💻 www.maehongsontravel.com/bkresort; ruhige Anlage mit 5 Teakholzbungalows im alten Stil, auch für Familien, sowie saubere Zi mit Fan oder AC im Reihenhaus. ❹

Pen Porn House ⑮, ✆ 053-611577, Reihenhaus am westlichen Hang an lauter Straße, saubere Zi mit Du/WC, Heißwasser, ordentliche Einrichtung. ❷

T.N. House ㉚, 107/18 Khunlum Prapas Rd., ✆ 053-620059, am südlichen Ende der Stadt, Reihenhaus in schön angelegtem Garten, Sicht über die Reisfelder, 10 große, saubere AC-Zi mit guten Matratzen, urige, große Bäder; Autovermietung mit Fahrer über T.N. Tour (s. u.), guter Service, freundliche Leute. AC ❸–❹

Baan Thai House, 196 Moo 8 Sob Pong Rd., ✆ 053-611833; 2,5 km südlich der Stadt, traditionelles Thai-Haus inmitten vieler Pflanzen; 4 urig eingerichtete, große Zi mit Fan oder AC und Du/WC; nebenan unterm Wohnhaus beliebtes, angenehm kühles Restaurant, gutes, sehr preiswertes Essen; freundliche Besitzerin. ❸

Panglor Villa ⑤, 13/3 Soi 4 Panglor Nikom Rd., ✆ 053-611572, 053-612190, sehr saubere, ruhige Anlage am Ortsrand inmitten von Blumen und Bäumen, 4 große Zi im Steinhaus und 8 im Reihenbungalow, z. T. mit AC. Gutes Preis-Leistungs-Verhältnis. ❷, AC ❸

Mae Nam Guesthouse, ✆ 053-611945, schönes, altes Thai-Teakhaus am Ufer des Pai sowie Holzbungalows mit Blick über den Fluss auf Reisfelder, großes, friedliches Grundstück, ca 15 Min. außerhalb der Stadt, Abholservice. ❷

Sawasdee Place, ✆ 053-620 255, 086-676 5922, 3 km südlich der Stadt, ganz neues Gästehaus mit 44 großen, einfachen Zi mit Fan oder AC, Biergarten. Die Managerin Tim spricht gutes Englisch. Discount möglich. ❹, AC ❹

Hotels

An der Hauptstraße Khunlum Prapas liegen von Nord nach Süd u. a. folgende Hotels

Siam Hotel ⑩, Nr. 23, ✆ 053-612148; älteres Stadthotel, i. b. für Thais, saubere Zi mit Du/WC, die riesigen Betten des Single Room reichen für 2 Pers. ❷, AC ❸

Baiyoke Chalet Hotel ⑱, Nr. 90, ✆ 053-611536, ✉ baiyoke1864@yahoo.com; Zi mit AC, Minibar; kompetentes Personal; unten im Haus das Chalet Cafe, Musik und Tanz von 21–2 Uhr, Live-Bands. Gutes Trekking. ❹

Mountain Inn ㉚, Nr. 122, ✆ 053-611309, 💻 www.mhsmountaininn.com, modernes Hotel mit geschmackvoll eingerichteten Zi mit AC, Kühlschrank; freundliches Personal; schöner Garten im Innenhof, unten Thai-Restaurant mit Cabaret. ❺

Rooks Holiday Hotel & Resort ㉛, Nr. 114/5, ✆ 053-612324, Luxushotel mit 112 Zi in üblicher Ausstattung, Pool, größtes Unterhaltungsangebot der Stadt. ❻

Imperial Tara Hotel, Nr. 149, ✆ 053-611021, 💻 www.imperialhotels.com, gepflegtes Luxushotel mit Pool. ❻

Resorts

In der Nähe von Mae Hong Son gibt es einige Resorts, die hauptsächlich von Thais in den Ferien und an Wochenenden frequentiert werden. Alle bieten kostenlosen Transfer vom Airport und relativ teure Ausflüge an. Transport zur Stadt erfolgt z. T. mit eigenen Bussen oder Tuk Tuk Charter (ca. 100 Baht). Am KM 265,2 zweigt der H1250 ab, der zu einigen Resorts im Süden führt.

Rim Nam Glang Doi Resort, 108 Ban Huai Dua, ✆ 053-612142, 6 km südwestlich, Häuser und Bungalows in verschiedenen Größen und Qualitäten mit Fan oder AC in schöner, weitläufiger Anlage am Fluss; Feuerstellen, Camping, Schlafsaal, hervorragendes Restaurant; während der Saison am Wochenende und in den Ferien fast immer voll. ❸, AC ❹

Elephantlodge, 73 Moo 3 Huai Dua, ✆ 053-614304, www.elefantenlodge.de; 8,7 km südwestlich, deutsches Gästehaus, 10 modern eingerichtete Zi im Bungalowstil, DW-TV, Terrassenrestaurant mit Thai und deutscher Küche, gute Informationen, kostenloser Transfer-Service, Ausflüge mit Minibus oder Pickup, Elefantenreiten ab der Lodge; freundlich geleitet von einem deutschen Arzt und seiner Thai-Frau. ❹

Golden Pai & Suite Resort, 285 Moo 1 Pongmu, www.goldenpai.com, ✆ 053-612265, 6,4 km nördlich, 1,5 km vom H1095 entfernt, sehr ruhig am Pai-Fluss gelegen, hübsche, klimatisierte Komfort-Bungalows, großer Pool (für Nichtgäste 30 Baht); Tuk Tuk ab Markt 90 Baht. Spa und kosmetische Behandlungen, Pferdereiten. ❺

The Dai, ✆ 053-613964, 4 km nördlich. Geräumige AC-Holz-Bambus-Bungalows in einem grünen Garten am Hang, harte Betten, Warmwasser-Du/WC, Terrasse. Die freundliche Besitzerin spricht gut Englisch. AC ❹

Essen

Viele Restaurants mit westlichem Essen, kleine, einfache Thai-Restaurants, Suppenküchen und gemütliche Bars gibt es entlang der Khunlum Prapas Rd. Sehr populär ist das Thai-Fondue *Mukata*.

Am Markt in der Panit Wattana Rd. wird am Abend Essen aus Töpfen zu Reis verkauft, preiswert und gut sind gegrillte Fische und Hähnchen.

Lucky Restaurant, gute Curries und Yam Nüa, koreanisches BBQ, nette Leute, preiswert.

Im **Foodstall-Center** an der Hauptstraße ist das Essen gut, aber überteuert, mit Dauer-TV.

Am Abend werden vor der Bangkok Bank an einem Stand mittelmäßige Pancakes gebacken.

Ein Juwel inmitten der Natur

Fern Resort, 64 Ban Hua Nam Mae Sakut, ✆ 053-686110, www.fernresort.info, 8 km südöstlich am KM 260,3 auf die Piste nach Ban Watchan abbiegen. Schön angelegter Garten mit 30 kleinen und großen Holzbungalows im Shan-Stil, Pool. Ein Naturpfad durch den Mae Surin National Park zu einem Wasserfall beginnt gleich hinter dem Öko-Resort. ❺

Kruathip Restaurant, ✆ 053-620337, großes Thai-Restaurant auf 2 Etagen am See, Speisekarte mit über 200 Gerichten für 50–80 Baht, besonders beliebt bei Thai-Gruppen, ⌚ bis 22 Uhr.

Sunflower Cafe, ✆ 053-620549, westliche, Thai- und vegetarische Gerichte, Pizza, Müsli, frisches Vollkornbrot, Filterkaffee und guter Kuchen, Rotwein; nicht ganz billig.

Lake Side Bar, Restaurant / Bar in einem Wohnhaus und Garten, direkt an der Straße, jedoch mit schönem Blick auf den See. Super Thai-Fondue 69 Baht, Bier vom Fass 99 Baht/Liter, häufig Live-Musik, ⌚ bis 1 Uhr.

Fern Restaurant, ✆ 053-611374, wer meint, schon alle Thai-Gerichte durchprobiert zu haben, sollte einmal hier speisen (nicht billig). Aber Vorsicht: Es wird z. T. extrem scharf gewürzt! Wenn Gruppen kommen, kann der Abend lang werden.

Salween, ✆ 053-612050, beliebt bei Expats, großer Fernsehschirm mit vorwiegend Sportprogrammen, Shan- und internationales Essen, Hilltribe-Kaffee und gute Desserts, freundliche Besitzer, gute Infos.

Aktivitäten

Nature Walks

Für kleine Gruppen mit dem lizenzierten Guide Chan. Er spricht sehr gut Englisch. Voranmeldung: ✆ 053-611040, 089-5526899, ✉ natural_walks@yahool.com, www.maehongsontravel.com/nature_walks.

Schwimmen

Im **Golden Pai Resort**, 8 km nördlich, schöner, großer Pool, Eintritt für Nichtgäste 30 Baht.

Touren

Viele Agenturen an den Hauptstraßen, vor allem in der Nähe der Post, bieten **Tagesausflüge** an (auch Adventure Tour genannt) zu Dörfern der Bergvölker (vor allem zu den Longneck Villages) sowie Elefantenreiten, Floßfahrten und Bootsfahrten an die Grenze. Die Programme unterscheiden sich wenig, die Preise sind gehoben.

Als seriös empfanden wir **T.N. Tour**, 107/17 Khunlum Prapas Rd., ✆ 053-620059, ✉ tntour @hotmail.com, 💻 www.maehongsontravel.com/ tn; mehrtägige Ausflüge mit individuellem Programm, Englisch sprechende Guides mit TAT-Lizenz, alle mit Funk ausgerüstet, sehr flexibel.

Trekking

Im Gebiet von Mae Hong Son leben nur wenige Bergvölker in leicht erreichbaren Dörfern. Deshalb gehen Treks fast nur in Dörfer von Karen. Auch Dörfer der Shan (auch Thai Yai genannt) und der Kuomintang (auch KMT) werden aufgesucht, die natürlich nicht zu den Bergvölkern gehören.
Bei mehrtägigen Treks kehrt die Gruppe am Abend zumeist nach Mae Hong Son zurück. **Treks** von 3 Tagen Dauer kosten zumeist 600–800 Baht p. P. pro Tag (bei 4 Pers.), hochklassigere Touren bis 1600 Baht. Der 7-tägige Trek nach Chiang Mai ist nicht zu empfehlen, da er auf und in der Nähe von Pisten verläuft.
Empfohlen wurde uns **Long Time Tours**, ✆ 089-8386865, ✉ long-time-tours@myway.com, dessen Inhaber Long es versteht, sein Wissen zu vermitteln; gut geführte Touren mit gutem Preis-Leistungs-Verhältnis.

Sonstiges

Antiquitäten

Sie können im Laden gegenüber der Bangkok Bank bestaunt werden.

Autovermietungen

P.S. Tour, ✆ 053-611831, Toyota Caribian für 1300 Baht/Tag.
T.N. Tour, 107/17 Khunlum Prapas Rd., ✆ 053-620059, Jeeps und Pickups in sehr gutem Zustand mit Fahrer.
Highway, u. a. Jeeps um 1200 Baht/Tag.

Feste

Neben der **Poi Sang Long-Prozession** (s. S. 388) Anfang April finden im Januar oder Februar noch die Winterfestspiele **Misty City Fair** statt (Eintritt 20 Baht). Zum **Ok Phansa** im Oktober wird das einzigartige **Shan Candle Festival** veranstaltet, bei dem riesige Lampen und Kerzen aus Pinienholz durch die Straßen getragen werden. In Mae Hong Son steigen an **Loy Krathong** mehrere Nächte lang die kleinen Krathongs an Luftballons in den Himmel auf.

Geld

Wechselschalter bei der **Bangkok Bank**, 🕓 tgl. 8.30–19 Uhr.

Informationen

TAT Office an der Khunlum Prapas Rd., neben Baiyoke.

Internet

Viele Internet-Shops, 40–60 Baht/Std.

Immigration

Am nördlichen Ortsausgang, ✆ 053-612106, 🕓 8.30–16.30 Uhr.

Märkte

Markthalle im Stadtzentrum: Obst, Gemüse und spottbilliges, gutes Essen. Morgens kaufen Hmong oder Karen gelegentlich in ihrer Tracht ein. 🕓 6–18 Uhr.
Sunday Market, sonntagmorgens auf der rechten Seite der Straße nach Mae Sariang.
Nachtmarkt jeden Abend in der für den Verkehr geperrten Singhanat Bamrung Rd., wo auch Hilltribes, einschließlich Lisu und Hmong, ihre Waren verkaufen.

Medizinische Hilfe

Srisungval Hospital, ✆ 053-611378, am östlichen Stadtrand, kompetentes Personal. Vor allem während der Regenzeit tritt Malaria (auch die tödliche Malaria tropica) in der Umgebung gehäuft auf.
Einige kleine Privatkliniken in der Nähe des Busbahnhofs, 🕓 ab 17 Uhr.

Mopedtaxis

Innerhalb der Stadt 30 Baht.

Motorräder

125er-Maschinen gibt es an mehreren Stellen entlang der Hauptstraße für 150–300 Baht pro Tag. **Highway** vermietet gute Honda Dream (150 bzw. 200 Baht); rechtzeitig vorbuchen.

Post

Am südlichen Ende der Hauptstraße, ⌚ Mo–Fr 8.30–16.30, Sa 9–12 Uhr. Auch telefonieren und faxen kann man hier von 7–23 Uhr.

Tourist Police

Singhanat Bamrung Rd., ✆ 053-611812; hilfsbereite Leute.

Transport

Busse

Neben der Shell-Tankstelle, 200 m südlich vom Monument, fahren die Busse nach Bangkok ab. Tuk Tuks ins Zentrum 40 Baht. Alle anderen Busse halten an der zentralen Bus Station.

Nach BANGKOK (928 km) über Mae Sariang, Hot, Tak AC-Bus um 15 Uhr für 802 Baht, 2.Kl. AC-Bus um 16 Uhr für 482 Baht in 12 Std., non-AC-Bus um 11.30 Uhr für 445 Baht in 14 Std. (Buchung bei Yanyont Tour, ⌚ 9–15 Uhr, ✆ 053-611514. Zurück 4x tgl.

Von CHIANG MAI (Arcade Bus Station) nehmen Busse die **Südroute** (362 km) über Mae Sariang um 6.30, 8 und 11 Uhr in 8 1/2 Std. und die **Nordroute** (242 km) über Pai um 7, 9, 10.30 und 12.30 Uhr in 7 Std. Von Nachtbussen ist abzuraten.

Nach CHIANG MAI über Khun Yuam (49 Baht) und Mae Sariang (110 Baht) non-AC-Bus um 8, 14, 20 und 21 Uhr für 204 Baht, AC-Bus um 6, 10.30 und 21 Uhr für 368 Baht in 8 1/2 Std.

Nach PAI über SOPPONG (46 Baht) non-AC-Bus um 7, 8.30, 10.30, 12 und 16 Uhr für 75 Baht in 3 1/2 Std. (Busse bis 12 Uhr fahren weiter nach Chiang Mai für 148 Baht in 7 Std.), AC-Minibus um 8 und 9 Uhr für 150 Baht in 3 Std. (Chiang Mai für 300 Baht in 6 Std.).

Von PAI (110 km) mit non-AC-Bus 5x tgl. von 7–16 Uhr, AC-Minibus um 10.30 Uhr.

Von MAE SOT fahren Pickups bis Mae Sariang, wo man um 12.30 und 15.30 Uhr in den Bus nach Mae Hong Son umsteigen kann. Nach MAE AW fahren keine öffentlichen Pickups.

Flüge

Von / nach CHIANG MAI fliegt **Thai Airways** 2x tgl. nachmittags für 1465 Baht in 40 Min., **Nok Air** 1x tgl. für ca. 400 Baht zzgl. Gebühren von ca. 700 Baht.

Thai Airways Office, 71 Singhanat Bamrung Rd., ✆ 053-612220, am Airport ✆ 053-611367, ⌚ 8.30– 16.30 Uhr; frühzeitig buchen, da die Flüge oft voll sind.

Langhals-Frauen

Frauen des Padaung-Stammes wurden aus Myanmar in drei Dörfern im Gebiet von Mae Hong Son angesiedelt. Sie sind bekannt für ihren mit Hilfe von Messingringen künstlich verlängerten Hals und werden total touristisch vermarktet. Das südliche *Longneck Village* jenseits von Ban Nam Phiang Din erreicht man nur per Boot mit einer geführten Gruppe. Das nördliche Dorf kann man mit Motorrad oder Jeep auf eigene Faust erreichen, auch Songthaew fahren hin. Selbstverständlich wird es auch im Allround-Programm von Reiseveranstaltern und Trekking-Agenturen angeboten. In beiden Dörfern wird 300 Baht Eintritt verlangt. Nur der geringste Teil des Geldes verbleibt im Dorf. Die Langhals-Frauen werden nur mit dem Lebensnotwendigsten versorgt.

Eine menschenunwürdige Touristenattraktion, bei der die deformierten Frauen wie Tiere im Zoo begafft werden. Doch Tausende von Touristen kommen her, um diesen Zirkus mitzumachen.

Die Umgebung von Mae Hong Son

Von Mae Hong Son gibt es mehrere Möglichkeiten für 1- oder 2-Tages-Ausflüge auf eigene Faust, mit Guides der Gästehäuser oder mit den Trekking-Agenturen.

Pha Sua-Wasserfall, Pang Tong, Napapaek, Mae Aw

Ein schöner Trip führt nach Nordwesten bis zur Grenze in das Hmong-Dorf Napapaek. Von der Straße Richtung Pai kann man bereits am KM 199 oder erst am KM 192,1 abbiegen. Die Betonstraße führt über Mok Cham Pae (gutes Restaurant Sweet Corn, einige Bungalows gegenüber) nach Huai Khan (15 bzw. 7 km). Zum **Huai Khan-Wasserfall** geht es ca. 1 km hinter dem Ort links hoch (ohne Führer kaum zu finden), dann den blauen Wasserleitungen nach rechts zum oberen Teil eines netten Wasserfalls folgen. Nach weiteren 6 km auf Asphalt mit einem sehr steilen Anstieg ist der malerische **Pha Sua-Wasserfall**, ein siebenstufiger Katarakt, erreicht. Hier schwirren viele Arten von Libellen und Schmetterlingen umher. Links vom Fall wurde ein neuer, herrlicher Rundweg flussabwärts angelegt, der mehrfach den Fluss kreuzt und an tollen Felsen vorbei zu einem noch tiefer hinabstürzenden Wasserfall führt. In der Nähe liegt das Karen-Dorf Huai Mak. Nach dem Wasserfall (rechts halten) kommen wieder ein paar steile Steigungen, wo Mopeds häufig schlapp machen. Vom Parkplatz des Hilltribe Center führt ein 500 m langer Fußweg zum **Pang Tong-Königspalast**. Am Eingang passiert man einen Checkpoint (Eintritt 20 Baht p. P.) und geht dann ca. 1 km durch den gepflegten Park zum Palast. Nett ist die Aufzuchtstation für Rehe und Hirsche.

Nach 38 km ab Mae Hong Son ist **Napapaek** erreicht. Hier zweigt die breite Straße nach **Mae Aw** ab, einem Dorf der **Kuomintang** (KMT), das auch **Lak Thai** genannt wird. Es liegt an einem schönen See, umgeben von Teeplantagen. In einer Hütte am Ende des Sees kann man den Tee verkosten und kaufen. Zudem ein einfaches, aber gutes Restaurant. Von Napapaek geht die Straße nach Westen weiter nach **Roum Thai**, einem schmucken Musterdorf von ehemaligen burmesischen Flüchtlingen. Im ersten Haus links kann selbst gerösteter Kaffee verkostet werden, der Besitzer spricht Englisch. In seiner Bungalowanlage (ohne Strom) kann man übernachten. Am Ende eines Stausees liegt eine gepflegte königliche Forststation.

Von Mae Hong Son nach Soppong

Die Straße H1095 führt über sechs Pässe mit vielen Aussichtspunkten nach Soppong (69 km), eine nicht zu steile Superstrecke für Biker. Am KM 192 liegt links in einem gepflegten, kleinen Park die Grotte **Tham Pla** (Fish Cave) mit halbzahmen Fischen. Ein unterirdischer Bach fließt in den kleinen Pool. Futter für die Fische gibt es am Parkplatz. Thais kommen gerne hierher zum Picknick, ausländische Touristen finden diesen Platz dagegen nicht besonders interessant. Schräg gegenüber liegt eine Meditation Cave. Sonntags kommen viele Einheimische in das zugehörige Wat.

Gleich darauf liegt links das große Dorf **Huai Pha** (KM 191–190). Letzte Hütten und Felder, dann geht es durch schöne Waldlandschaft aufwärts zum zweiten Pass (769 m) und recht steil durch Terrassenfelder und Einzelgehöfte wieder 300 m tiefer zum Dorf **Mae Suya** (KM 171).

Tham Wua Sunnata Forest Monastery

Beim KM 169,5 kann man einen Abstecher nach links machen zum Tham Wua Sunnata Forest Monastery (1,5 km). In sehr schöner Felsenlandschaft steht in einem bewaldeten Tal ein **Tempel** mit freundlichen Mönchen, einigen Meditationshütten mit Laufstegen sowie mehreren Höhlen und Grotten mit Buddha-Statuen. In der rechten Höhle hinter den Figuren sind rechts hinten an der Wand beim genauen Hinschauen alte Wandmalereien zu sehen.

Ausflüge von der Wilderness Lodge

Wer am KM 165,4 nach links abbiegt oder hier aus dem Bus aussteigt, erreicht nach 1,5 km auf schlechter Staubpiste (in der Dunkelheit für Biker gefährlich!) die Wilderness Lodge. Hier können Traveller, denen nichts an Komfort liegt, ausgezeichnet entspannen oder herrliche Tagesausflüge unternehmen, z. B. zur Nam Lang Cave (2 Std. hin) oder zu den Susa Falls & Cave (3 Std. hin).

Die Ausflüge sind im Restaurant genau beschrieben, trotzdem sind die Susa Falls nicht leicht zu finden. Bei den Zeitangaben sollte man etwa 50 % Zugabe machen, wenn niemand dabei ist, der den Weg genau kennt. Die **Nam Lang Cave** soll eine der größten Höhlen Asiens sein. Ihre Eingangshalle ist über 100 m hoch. Nur mit Gaslampen sind ihre Dimensionen zu erfassen. Selbst die besten Taschenlampen reichen allenfalls aus, um sich in der Höhle zu bewegen. Nach 300 m und 1400 m trifft man auf spektakuläre **Kristallwasserfälle**. Von November bis Mai ist die Höhle 9 km weit begehbar, häufig bis zur Brust im Wasser. In anderen Ländern wäre sie wohl eine absolute Touristenattraktion. Hier in Thailand ist sie noch ganz den Travellern und wenigen Höhlenforschern überlassen. Sie ist schwer erreichbar und wegen Gefährlichkeit manchmal gesperrt.

Übernachtung

Wilderness Lodge, auf einer großen Lichtung oberhalb des Flusses stehen ein Haupthaus mit Restaurant, offener Feuerstelle und offener Schlafsaal sowie einige einfache Bungalows. Das Essen muss bis 18 Uhr vorbestellt sein, morgens gibt es leckere Vollkornbrötchen, Getränke sind teuer. Für die Höhlen kann man Batterien kaufen und Taschenlampen mieten. ❶

Nam Khong

Am KM 165 überquert der H1095 den Nam Khong. Von dieser Brücke beginnen zweitägige Fahrten mit dem Bambusfloß oder dem Schlauchboot bis nach Mae Hong Son (Infos bei Thai Adventure Rafting in Pai). Nun steigt die Straße kontinuierlich auf 990 m an. Beim KM 158 kann man einen kurzen Blick nach rechts in ein Tal mit Dorf und steilen Bergen dahinter werfen. Vom Aussichtspunkt beim sechsten Pass am KM 157,4 bieten sich herrliche Ausblicke über markante Berge bis nach Myanmar! Lisu-Frauen haben hier Verkaufsstände aufgebaut. Beim KM 156 zweigt ein 5 km langer Weg nach rechts ab Richtung Lu Kao Lamm zum **Spirit Well** *(Nam Bo Pi)*, einem tiefen Loch, zu dem man zu Fuß gehen kann. Der Aufstieg ist teilweise recht anstrengend, der Anblick aber sensationell. Nach Sonnenuntergang wird der Weg gefährlich.

Abstecher ins Tal von Mae Lana

Am KM 152,2 ist die Mae Lana Junction erreicht, der halbe Weg nach Pai. Hier zweigt der H1226 ab, eine Schotterstraße, die mit einigen steilen Passagen bis fast an die Grenze zu Myanmar führt. Wer nach Mae Lana will, muss an der Mae Lana Junction aus dem Bus steigen und 5,5 km steil bergauf und bergab gehen oder ca. 30 Min. warten, bis ein Pickup vorbeikommt (15 Baht). Nach 3 km passiert man das Dorf **Ban Jabo** (Schwarze Lahu), das malerisch zwischen steilen Felsen liegt. Nach 4,5 km führt rechts eine Straße ins weite Tal von **Mae Lana**. Weite Reisfelder werden von einem Fluss durchschnitten, der geradewegs gegen eine Felswand fließt – und in einer Höhle verschwindet. In 1 1/2 Stunden kann man diese 12 km lange **Mae Lana Cave** (oder auch *Diamond Cave)* erreichen, aber nur wenig auf eigene Faust entdecken. Guides stehen nicht zur Verfügung. Der Dorf-Chef von Mae Lana betreibt das Top Hill Gh. ❶. Im Homestay Mae Lana Garden Home gibt es Shan-Essen, ✆ 053-619028, 081-7066021, ❶. Hinter Mae Lana wird der Weg sehr schlecht, einige Baumstamm-Brücken und große Steigungen sind zu überwinden. Dann ist **Yapanae** erreicht, ein Dorf der Roten Lahu. Von hier sind es 11 km bis zum hinteren Ausgang der Tham Lot (s. u.), doch nur befahrbar für Jeeps und geländegängige Motorräder (in der Trockenzeit schaffen es Könner auch mit normalen Motorrädern). Bei Gabelungen rechts halten. Wer nicht gar zu viel Gepäck hat, kann auf diesem Weg auch zur Cave Lodge wandern (16 km).

Der H1226 zieht sich weitere 22 km auf einem Bergkamm mit fantastischen Ausblicken hin, vorbei am Lahu-Dorf Ban Mai Hung bis **Ban Papuek**, wo man eine Höhle besichtigen kann. Anschließend wird die Straße wegen der nahen Grenze zu gefährlich – besser umkehren. 4 km vor dem Endpunkt **Ban Pangkam** muss man einen Kontrollposten passieren, der die Durchfahrt manchmal verwehrt.

Weiter nach Soppong

Kurz hinter der Mae Lana Junction geht es 6 km ins Tal von Soppong. Am KM 144,6 führt nach links ein dünner Fußpfad in den lichten Wald hoch (Straßenpfahl „Coffin Caves"). Wer ein wenig in der durchlöcherten Steilwand herumklettert, wird in vielen Grotten seltsam behauene Holzbalken auf Stützpfosten entdecken. Das waren einmal **Särge**. Diese sind als einzige in der Gegend geschützt.

Soppong สบป่อง

Die Busse von Pai und Mae Hong Son machen in Soppong 15 Minuten Zwischenstopp. Das neue Dorf am KM 142 ist Hauptort und Versorgungszentrum des Distrikts Pangmapa. Soppong hat sich zu einem angenehmen Ausgangspunkt für Ausflüge in die Umgebung entwickelt, sodass ein paar Tage Aufenthalt lohnen. Hier ist man an allem näher dran als von Pai aus. Die Übernachtungsmöglichkeiten sind durchaus attraktiv geworden. Zum Markt am Dienstag von 7–12 Uhr bei der Post kommen viele Bergbewohner. Der bisherige Ort Soppong heißt jetzt Old Village *(Ban Khao)*. Auf Wanderungen kann man Dörfer der Lisu, Lahu und Karen besuchen. Wer den wenig befahrenen Fahrwegen folgt, wird sich kaum verlaufen können. Es ist ratsam, sich zuvor im jeweiligen Gästehaus zu erkundigen, ob es irgendwelche Probleme geben könnte.

Das Jahrhunderthochwasser vom 12. August 2005 überschwemmte in Soppong die ganze Uferregion, riss Häuser mit sich und zerstörte auch einige Gästehäuser am Fluss. Mindestens zehn Einheimische verloren ihr Leben. In der Zwischenzeit ist alles wieder aufgebaut, aber die Angst vor der Flut sitzt jeden Sommer im Nacken.

Übernachtung

Wo es durch die Ritzen zieht, kann es nachts sehr kalt werden.

Lemon Hill Gh., ✆ 089-2612299, schräg gegenüber vom Bus Stop; 9 nette Hütten z. T. mit einfacher Du/WC und Veranda; toll ist der 4-Pers.-Bungalow mit Matratzen über dem steilen Flussufer. Günstiger Transport zur Tham Lot. ❷–❸

Jungle House, ✆ 053-617099, 081-6810718, 300 m westlich vom Bus Stop, von der Straße zurückversetzt hinter einem kleinen Bach; Stein-Holzhütten am Hang in weitläufiger Anlage und Schlafsaal; Restaurant mit Feuerstelle und bequemen Stühlen; Nuai, die Besitzerin, kocht ausgezeichnet und backt sogar Vollkornbrot; ist sie abwesend, wird der Service mies. ❷

Schützt die Wälder in Thailand

Wer auf Treks in den Wäldern zerstörten Wald entdeckt, sollte nicht nur schimpfen. Umweltschutzgruppen benötigen Fotos mit genauer Lagebeschreibung, damit sie etwas unternehmen können. In Pai nimmt Guy von Thai Adventure Rafting Informationen entgegen. Der Einfluss von Touristen ist nicht zu unterschätzen!

Soppong River Inn, ✆ 053-617107, 081-2508425, 💻 www.soppong.com; sehr schöne Anlage aus Naturmaterialien am Lang River, tolle Terrasse gegenüber von eindrucksvollen Uferfelsen, verschiedenartige Bungalows und Häuser, alle Zi sehr attraktiv und durchdacht eingerichtet, ein offenes Zi im Bali-Stil mit Moskitonetz und offener Du/WC, Betten mit besten Matratzen; Frühstücksrestaurant, Internet-Zugang, Thai-westliche Leitung. Vermittelt Treks und Ausflüge mit dem Guide Sunny (s. u.). Minibus-Transfer von / nach Mae Hong Son, 600 m westlich vom Bus Stop. ❷–❹

Northern Hill Gh., ✆ 053-617136, 081-0309188, am östl. Ortsende, 7 Bungalows, davon zwei recht schöne aus Stein mit herrlichem Blick von der Terrasse übers Tal und Reisfelder. ❹

Baan Cafe Resort, ✆ 053-617081, am KM 143, kleine, überraschend schöne Bambus- und Holzbungalows mit Warmwasser-Du/WC und Terrasse überm Lang River, Matratzen auf dem Boden. Sehr gutes Restaurant mit gutem Kaffee. ❸

Kuschelige A-frames und tolle Zimmer

Little Eden, ✆ 053-617054, 💻 www.littleeden-guesthouse.com, gepflegte Gartenanlage am östlichen Ortsende; 8 kuschelige, saubere A-frame-Bungalows mit Warmwasser-Du/WC, tolle Zimmer in verschiedenen, außergewöhnlichen Häusern, schöner Pool, Terrasse mit Flussblick; gutes Essen, Bar, Kaminfeuer, Internet, Massage. Die freundliche, gut Deutsch sprechende Phen ist Trekking-Führerin mit Lizenz. Transport und Privattouren aller Art. ❸–❺

Rim Doi Bungalows, 💻 www.yellowthailand.com/rimdoi, Steinbungalows und 1 Familienbungalow mit 2 Zi in landschaftlich schöner Lage direkt am Fluss mit guter Möglichkeit zum Schwimmen, Restaurant mit thailändischer und internationaler Küche, unter Leitung von Ralf und seiner Frau Lek. ❸

Lisu Mountain Lodge, in Nong Pa Jam, ✆ 087-1758581, Bungalows und eine Art Schlafsaal im Lisu-Stil sowie fest stehende Kuppelzelte in einem abgeschiedenen Bergdorf, geleitet vom Engländer Andy und seiner Frau Boo. Touren, auch mit Mulis, werden arrangiert. Restaurant und Bar. 3,6 km südwestlich von Soppong an fester Straße. ❶–❷

Essen

Alle Gästehäuser bieten sehr gute Gerichte. Essenstände entlang der Straße und Restaurants beim Bus Stop servieren einfaches Essen, u. a. bereitet die Frauengruppe des Dorfes Mae Baan originale Shan-Gerichte zu. In **Sunny's Kao Soi Shop** schmeckt die Egg Noodle Soup with Coconut and Chicken besonders lecker.

Suchit's Sala, neben River Inn, hat leckere, einfache Thai-Gerichte, englische Speisekarte.

Sonstiges

Geld

Automat an der Polizeistation.

Informationen

Über die Umgebung von Soppong kann man sich im Jungle House und bei Sunny (s. o.) informieren, der alle interessanten Plätze in der Gegend kennt; Kontakt ✉ info@soppong.com, 💻 www.soppong.com.

Medizinische Hilfe

Gutes, kompetentes Hospital, ✆ 053-617153-4, 2 km westlich.

Mopeds

Gegenüber vom Little Eden für 200 Baht/ 24 Std.

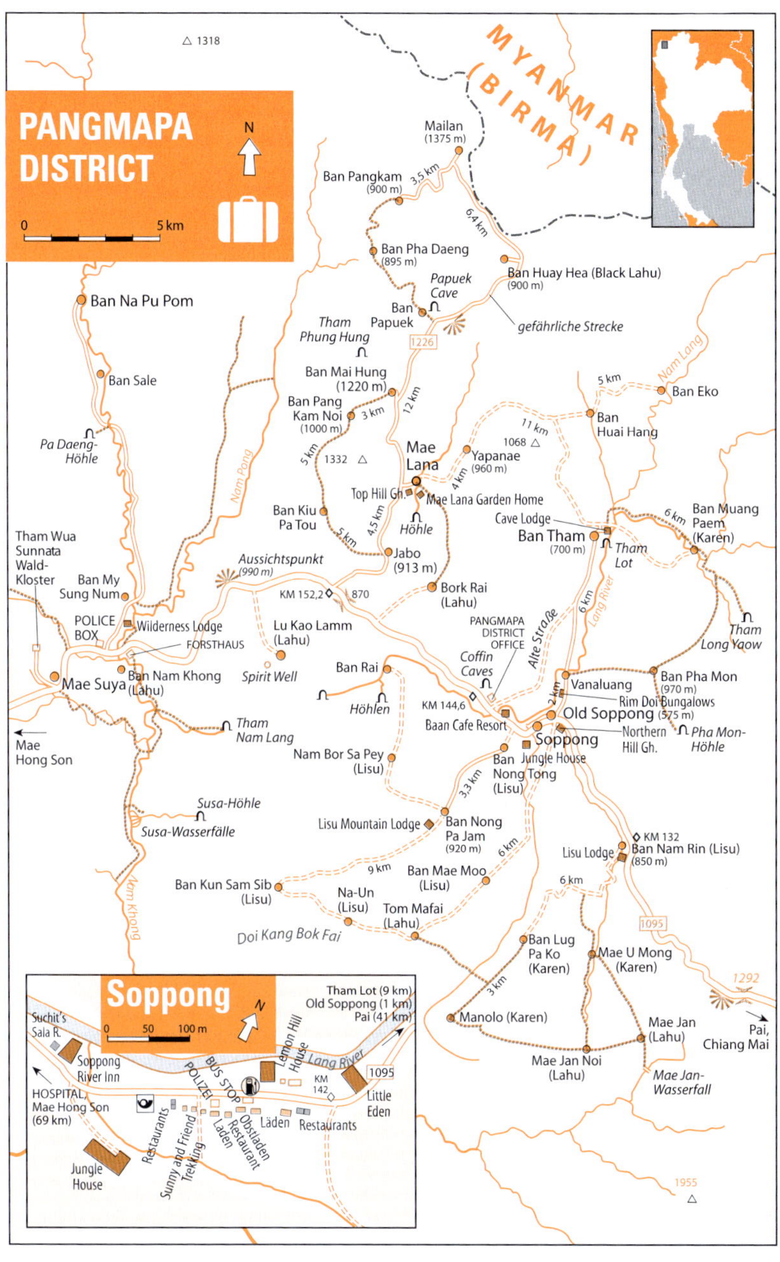
PANGMAPA DISTRICT
N
0
5 km
MYANMAR (BIRMA)
Mailan (1375 m)
Ban Pangkam (900 m)
3,5 km
6,4 km
Ban Pha Daeng (895 m)
Ban Huay Hea (Black Lahu) (900 m)
Papuek Cave
Ban Papuek
gefährliche Strecke
Tham Phung Hung
1226
Ban Na Pu Pom
Ban Sale
Ban Mai Hung (1220 m)
Ban Pang Kam Noi (1000 m)
3 km
12 km
Nam Lang
5 km
Ban Eko
Ban Huai Hang
11 km
1068
Pa Daeng-Höhle
Mae Lana
Yapanae (960 m)
4 km
1332
5 km
Nam Pong
Top Hill Gh.
Mae Lana Garden Home
Ban Kiu Pa Tou
4,5 km
Höhle
Cave Lodge
Ban Tham (700 m)
Tham Lot
6 km
Ban Muang Paem (Karen)
Tham Wua Sunnata Wald-Kloster
5 km
Jabo (913 m)
Aussichtspunkt (990 m)
Ban My Sung Num
KM 152,2
870
Bork Rai (Lahu)
6 km
Lang River
POLICE BOX
Wilderness Lodge
FORSTHAUS
Lu Kao Lamm (Lahu)
PANGMAPA DISTRICT OFFICE
Coffin Caves
Alte Straße
Tham Long Yaow
Mae Suya
Ban Nam Khong (Lahu)
Spirit Well
Ban Rai
Höhlen
KM 144,6
2 km
Vanaluang
Rim Doi Bungalows
Old Soppong (575 m)
Ban Pha Mon (970 m)
Baan Cafe Resort
Northern Hill Gh.
Pha Mon-Höhle
Tham Nam Lang
Mae Hong Son
Nam Bor Sa Pey (Lisu)
Soppong
Ban Nong Tong (Lisu)
Jungle House
3,3 km
Susa-Höhle
Susa-Wasserfälle
Lisu Mountain Lodge
Ban Nong Pa Jam (920 m)
6 km
KM 132
Ban Nam Rin (Lisu) (850 m)
Lisu Lodge
9 km
Ban Mae Moo (Lisu)
Ban Kun Sam Sib (Lisu)
6 km
Na-Un (Lisu)
Tom Mafai (Lahu)
Nam Khong
1095
Doi Kang Bok Fai
Ban Lug Pa Ko (Karen)
Mae U Mong (Karen)
1292
3 km
Manolo (Karen)
Mae Jan (Lahu)
Pai, Chiang Mai
Mae Jan Noi (Lahu)
Mae Jan-Wasserfall
1318
1955
Soppong
Tham Lot (9 km)
Old Soppong (1 km)
Pai (41 km)
N
0
50
100 m
Suchit's Sala R.
Soppong River Inn
Lemon Hill House
Lang River
1095
BUS STOP
POLIZEI
KM 142
HOSPITAL, Mae Hong Son (69 km)
Little Eden
Restaurants
Sunny and Friend Trekking
Laden
Restaurant
Obstladen
Läden
Restaurants
Jungle House

Trekking

Der viel gelobte, humorvolle Sunny (s. o.) organisiert Tagesausflüge (z. B. zum Spirit Well, 6–7 Std., 500 Baht), individuelle 3-tägige Treks sowie Elefantenausritte (2 Std., 500 Baht). Im Little Eden 1100 Baht/Tag inkl. Tham Lot und Elefantenritt.

Transport

Werden die Busse in Pai oder Mae Hong Son nicht voll, warten sie oft bis zum nächsten Abfahrtstermin. Nach PAI 5x tgl. von 9–18 Uhr in 1 1/2 Std. für 42 Baht, Busse bis 14 Uhr fahren weiter nach CHIANG MAI in ca. 6 Std.
Nach MAE HONG SON 5x tgl. von 9–18 Uhr in 2 Std. für 46 Baht. Zur THAM LOT Motorradtaxi ab Bus Stop 90 Baht (mit schwerem Rucksack nicht ratsam), Jeep-Charter 500 Baht (4–5 Pers.) von Jungle House, billiger bei Lemon Hill. Pickup 550 Baht (Little Eden).
Wer mit dem Bus von Chiang Mai kommt und zur Tham Lot wandern will, steigt am besten beim alten Dorf am KM 141 aus.
Abholung vom Airport Mae Hong Son 800 Baht.

Tham Lot-Tropfsteinhöhle ถ้ำลอด

Am Ende des Shan-Dorfes Ban Tham (auch: Tumlord). befindet sich der Eingang zur **Tham Lot Nature Education Station**, ◷ tgl. 9–18 Uhr. Die Essenstände am Parkplatz bieten Suppen, Reisgerichte und Getränke. An der Schranke erhält jede Besuchergruppe für 100 Baht einen der 80 Guides mit hell leuchtender Gaslampe zugeteilt (dem Guide bleiben max. 50 Baht). Eine zusätzliche starke Taschenlampe ist nützlich. Um Gas zu sparen, zeigen manche Guides nur einen kleinen Teil der schönen Höhle. Um dem armen Dorf eine (wenn auch geringe) Einnahmequelle zu schaffen, wurde die Höhle touristisch voll erschlossen. Während der Ferien kommen sehr viele Thais, um die Höhle auf ihre Art zu genießen.

Zum Eingang der Tham Lot sind es noch 500 m durch schönen Wald. Der Nam Lang fließt von Nordost nach Südwest ca. 400 m durch die große, sehenswerte Höhle. Einen Teil der Strecke geht es nur per Floß weiter (100 Baht pro Floß). In der Regenzeit ist der Fluss häufig unpassierbar. Hauptattraktionen sind die eindrucksvolle **Big Column Cave** (nach 50 m rechts), die schöne **Doll Cave** (nach 100 m links) und hoch oben die **Coffin Chamber** (50 m vor dem Ausgang links). Die Überreste von alten Särgen mit Deckeln wurden vor einigen Jahren entdeckt und mit der C-14-Methode auf 1200 bzw. 1600 Jahre datiert. Sie sind 4,30 m lang, 60 cm breit und erinnern an Einbäume. Ähnliche, bis 2200 Jahre alte und bis zu 9 m lange **Särge** auf Holzgerüsten befinden sich in etwa 50 weiteren Höhlen in der Umgebung.

Vom Ausgang führt ein Pfad in 20 Minuten über die Höhle hinweg zum Parkeingang zurück. Vom Höhlenausgang lassen sich flussabwärts schöne Wanderungen unternehmen, bei denen man mehrfach den Nam Lang durchwaten muss. Nach etwa 15 km verschwindet der Fluss in einer weiteren Höhle und tritt später in der Tham Nam Lang wieder ans Tageslicht.

Erst in jüngster Zeit konnte das Interesse von Archäologen an dieser Gegend geweckt werden. Dabei ergab sich, dass die Tham Lot schon vor 12 000 Jahren von Jägern und Sammlern benutzt wurde. Sie brachten bereits vor 9000 Jahren Wildreis hierher. In der Umgebung wurden nun viele weitere archäologische Fundstellen entdeckt, die 400 bis 11 500 Jahre alt sind. An etwa 26 Plätzen haben vor ca. 13 000 Jahren Jäger und Sammler gelebt. Die Särge sind dagegen nur 1200–2200 Jahre alt, die meisten 1600–1700 Jahre. Unter Leitung von John Spies fanden Forscher in der Umgebung weitere höchst interessante archäologische Stätten.

Mauersegler und Fledermäuse

Nicht zu verfehlen ist am Höhlenausgang der Dung, den Millionen **Mauersegler** hier hinterlassen. Am späten Nachmittag (ca. 17.30–18.30 Uhr) bieten sie bei der Rückkehr von ihren mehrere hundert Kilometer entfernten Futterplätzen ein fantastisches Schauspiel. Wenn es ganz dunkel geworden ist, verlassen Abertausende von **Fledermäusen** die Höhle. Eine Taschenlampe für den Rückweg nicht vergessen!

Übernachtung

Cave Lodge, ✆ 053-617203, 💻 www.cavelodge.com; liegt 700 m vom Eingang zur Tham Lot entfernt. Sie wird von dem Höhlenforscher John Spies (Australier) und seiner Frau geführt. Ein großes, nach vorn offenes Haus mit Feuerstelle und Matratzenlager und mehrere einfache, renovierungsbedürftige Bambushütten stehen über dem Steilhang des Nam Lang-Flusses, auch einige bessere und Deluxe-Bungalows mit Du/WC sowie ein Haus für 4–5 Pers.; offenes Restaurant. John bietet eine tolle eintägige Höhlentour an (450 Baht). Guides für schwierigere Ausflüge stehen zur Verfügung. Die Wildwasser-Kajak-Tour auf dem Nam Lang ist besonders in der Regenzeit interessant (6 km, 2 Std. für 490 Baht, 4 Std. für 990 Baht). Wegen der täglichen Tourgruppen laut und unruhig, morgens und nachmittags verkaufen Hilltribes ihre Souvenirs. ❶–❸

Lang River Lodge, 400 m von der Höhle entfernt, nach der Flut wieder aufgebaut, Hütten aus Naturmaterialien, besonders freundliche Leute, wurde uns sehr empfohlen. ❷

Von Soppong nach Pai

Hinter Soppong steigt der H1095 durch ein grünes Tal mit vielen Reisterrassen an. Nach 8 km (am KM 132) liegt rechts unten das viel besuchte Lisu-Dorf **Nam Rin** mit dem kleinen, sehr guten Lisu-Museum (Eintritt 30 Baht, Souvenirverkauf, Rundgang 15 Min.). Es gibt ein gutes, sensibel geschriebenes und sehr informatives Infoheftchen zum Dorf. Man kann einen Ausflug zum Karen-Dorf Lug Pa Ko (6 km) und zum **Mae Yan-Wasserfall** unternehmen. Tagesausflüge sind auch zum **Spirit Well** und zur **Spirit Cave** möglich.

Auf den folgenden 8 km windet sich der H1095 über 400 m zum Pass auf 1292 m hoch. Schöne Aussicht! An einer überdachten Karte können sich Selbstfahrer über die Provinz Mae Hong Son orientieren. Nach 8 km Steilabstieg mit einigen Haarnadelkurven erreicht der H1095 wieder das Tal des Pai-Flusses, das er kurz hinter Mae Hong Son verlassen hat. Am KM 113,8 liegt rechts oben am steilen Hang das Lisu-Dorf **Pang Paek** (950 m hoch).

Am KM 109,5 weist auf der linken Seite ein Schild auf das uninteressante „Lum Nam Pai Wildlife Sanctuary" hin. Durch Hügel, Reisterrassen und landwirtschaftlich genutzte, weite Täler führt die Straße weiter nach Pai, 41 km von Soppong entfernt.

Übernachtung

Lisu Lodge, in Nam Rin, ✆ 089-9534243, 7 A-frame-Bungalows mit Moskitonetz, Mini-Balkon und schöner Sicht, Warmwasser-Du/WC außerhalb, Holz-Stein-Bungalow mit Bad. Das Lisu-Dinner (45 Baht) wechselt täglich. Geleitet von Amee und dem freundlichen Deutschen Rudi, der verwaiste Affenbabys großzieht. Rudi gibt seinen Gästen gern Informationen und vermittelt 1- bis 4-tägige individuelle Treks mit Lisu-Führern (300 Baht/Tag für den Guide, 100 Baht p. P. für jede Übernachtung und Essen in den Dörfern). Sehr empfehlenswert. ❶ und ❸

Lisu Adventures Gh., in Pang Paek, das erste Teakhaus rechts, ist eine saubere Unterkunft, 3 ordentliche Zi und Schlafsaal, Warmwasser-Du/WC außerhalb, gutes Essen, eigenes Brot, Filterkaffee; unter Lisu-dänischer Leitung von Yosinaa und Tomas, 🕓 Mitte Nov bis Mitte März. Am besten im lokalen Laden unter ✆ 053-619118 nach Tomas fragen, dann 10 Min. später nochmals anrufen. ❶–❷

Pai ปาย

Lange Zeit war Pai von der Außenwelt isoliert, umgeben von hohen Bergen mit engen Tälern. Der Ort liegt zwar nur 560 m hoch, doch von November bis Februar wird es nachts ziemlich kalt. Der H1095 brachte neben vielen nützlichen Dingen den Zivilisationsmüll und die Traveller in diesen sauberen Ort.

Obwohl in den letzten Jahren über 200 Gästehäuser und ca. 50 Restaurants aufmachten, konnte der Ort seinen angenehmen Eindruck bewahren. Das Preisniveau ist dank dem Konkurrenzkampf immer noch günstig. Die Opiumfreaks verabschieden sich und machen Rucksacktouristen und Hippies Platz.

Viele, die nur ein paar Tage bleiben wollten, bleiben für Monate hängen. Und nicht wenige Ausländer entscheiden sich, hier ihr Dauerdomizil aufzuschlagen. Doch auch Individualreisende mit höheren Ansprüchen, die abseits der Pauschalurlauberströme reisen, finden eine geeignete Unterkunft. Viele Thai-Touristen kommen an langen Wochenenden, um den Nebel in den Bergen zu bewundern und die kühlen Nächte zu genießen.

Die Bevölkerung besteht zum Großteil aus Shan, auch *Thai Yai* genannt. Sie sprechen einen eigenen Dialekt, und ihre Tempel unterscheiden sich von den anderen in Thailand. Auffallend viele Moslems gehören zum Stadtbild. **Wat Klang** (im Zentrum) und **Wat Luang** lohnen eine Stippvisite. Auch die hübsche **Moschee** in der Ortsmitte ist einen Besuch wert. Pai ist bestens geeignet als Ausgangsbasis für Wanderungen, Floßfahrten und mehrtägige Ausflüge zu Dörfern der Bergvölker. Aber auch im Ort selbst kann man oft Karen, Lahu und vor allem Lisu treffen, die hier in ihrem Sonntagsstaat Einkäufe erledigen, Gemüse oder Handarbeiten verkaufen, den Arzt oder Fotografen aufsuchen. Wer ursprüngliches Thai-Leben erwartet, ist im falschen Ort, denn es drängen sich schon mehr Touristen auf den Straßen als Einheimische.

Übernachtung

Die beliebten, billigen Unterkünfte nehmen keine Buchungen an, sind aber oft schon gegen Mittag voll. In den Räumen kann es nachts im Winter bitterkalt werden. An vielen Stellen gibt es allabendlich Lagerfeuer, es wird gesungen, geschwatzt und getrunken.
Viele der Anlagen direkt am Ufer des Pai fielen dem Jahrhunderthochwasser im August 2005 zum Opfer. Einige haben wieder aufgebaut, andere sind umgezogen.

Im Zentrum

Ban Sangheuan ⑯, ✆ 053-699859, hufeisenförmig angeordnete kleine, nette Bungalows mit Du/WC und Heißwasser, in einem Hof mit großem Bambus, relativ ruhig. ❷

Das Jahrhunderthochwasser

Neben vielen anderen Gebieten Thailands wurde auch Pai im Sommer 2005 vom „Jahrhunderthochwasser" heimgesucht. Der Pai-Fluss, für gewöhnlich eher ein beschauliches größeres Rinnsal, wuchs weit über sein Bett hinaus und verwüstete zahlreiche in Ufernähe gelegene private Unterkünfte und Gästehäuser. (Touristen kamen dabei aber nicht ums Leben.) Weite Teile der Stadt, insbesondere das Gebiet um den Nachmittagsmarkt, versanken zeitweise in den Fluten des normalerweise winzigen Baches, der aus Richtung Ban Nam Hoo nach Pai fließt und dort in den Pai-Fluss mündet. Der gesamte Marktbereich sowie etliche Geschäfte und Privathäuser wurden von der reißenden Strömung und der von ihr ausgelösten Lawine aus Schlamm und Baumstämmen zerstört. Drei Einheimische verloren bei der Katastrophe ihr Leben und viele Geschäftsinhaber ihre Lebensgrundlage. Die Stadt begann unmittelbar nach Rückgang des Wassers mit den Aufräumarbeiten, und mittlerweile ist Pai wieder für die Ankunft von Besuchern und Touristen gerüstet. Die Besitzer zerstörter Einrichtungen in Ufernähe stehen vor der Entscheidung, am alten Platz wieder aufzubauen oder nicht, da solche Überflutungen jedes Jahr wieder passieren können. Die Kommunalverwaltung befindet sich ebenfalls in einem Dilemma: Soll der Bau von Touristen-Unterkünften am Fluss auch in Zukunft erlaubt sein? Das Pai-Tal ist eine Ebene, und es hatte nicht einmal besonders lange geregnet, bevor der Fluss über seine Ufer trat. Überschwemmungen dieser und schlimmerer Größenordnung werden wohl auch in Zukunft nicht ausbleiben.

Family House Gh. ⑮, ✆ 089-7002362, 💻 www.thai.to/familyhouse, sehr einfache A-frame-Hütten, meistens mit Gemeinschafts-Du/WC, sowie ein besserer Bungalow, freundliches Personal. ❶–❷
Breeze of Pai ⑬, ✆ 081-9984597, Guesthouse mit ordentlich eingerichteten Zi sowie gute A-frame-Bungalows, unter Thai-britischer Leitung. ❸

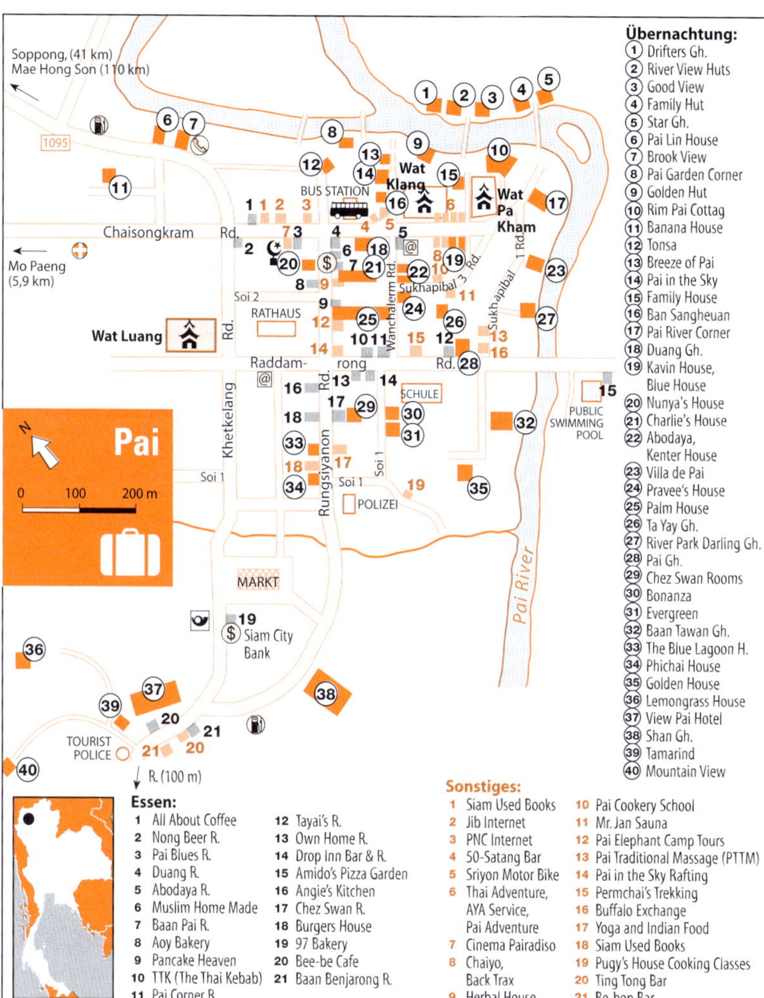

Pai Garden Corner ⑪, ✆ 089-6357556, neue, nette Holzbungalows in gepflegtem Garten, ein besserer mit AC. ❸, AC ❹

Pai in the Sky Gh. ⑭, ✆ 053-698145, hinter der Bus Station, 9 DZ und 3 Dreibett-Zi im Reihenhaus, Restaurant, großes Tourenangebot, unter erfahrener Leitung von Mr. Vinai. ❷

An der Hauptstraße Rungsiyanon Rd.

Duang ⑱, Nr. 5, ✆ 053-699101, gegenüber der Bus Station, kleines Grundstück, voll gepackt mit verschiedensten Haustypen, der Komfort reicht vom einfachen Schlafsaalbett bis zu gut möblierten Zimmern mit Du/WC und Kühlschrank, warme Dusche außerhalb; gute

Schöne Bungalowanlage zum Wohlfühlen

Shan ㊳, Nr. 86, ✆ 053-699162, 100 m von der Straße entfernt, verschiedene Bungalows mit Du/WC sowie 3 komfortable mit Kühlschrank und 2 Betten, um einen runden See gruppiert, in dessen Mitte malerisch die Bar auf einer Insel steht. Schöne Sicht auf Reisfelder und Berge. ❶–❷

Betten, guter Service; Mountainbikes zu vermieten. Seit Jahren gute Treks (s. u.). ❶–❸

Nunya's House ⑳, ✆ 053-399395, 2-stöckiges Reihenhaus im Hinterhof, unten Zi mit Du/WC, oben ohne, dicke Matratzen, kleine Sitzgruppen im Hof, relativ ruhig, freundliches Personal. Verkauft handgefertigte Hängematten aller Art. ❶–❷

Charlie's House ㉑, Nr. 9, ✆ 053-699039; im schön angelegten, aber lauten Hinterhof stehen Reihenhäuser mit sauberen, renovierten Zimmern und Schlafsaal, möblierte Bungalows mit westlicher Toilette, manche mit AC. Gute Touren. ❶–❷, AC ❸

Palm House ㉕, Nr. 3, ✆ 053-699074; kleinere und größere Bungalows mit Warmwasser und z.T. AC, relativ ruhig in schönem Blumengarten, willkürliche Preise. ❷, AC ❸

The Blue Lagoon Hotel ㉝, 3 053-699998, 2-stöckiges Kleinhotel, große, saubere Zi mit Heißwasser, offene Bar und Restaurant, um einen hübschen Pool herum angelegt. Der schottische Besitzer Bobby kümmert sich nach Möglichkeit um die Unterhaltung der Gäste. ❸–❹

In der Gasse dahinter

Pravee's House ㉔, ✆ 053-699368, schöne, saubere Bungalows und Zi mit Du/WC im Reihenhaus sowie VIP-Zi mit AC, TV und Kühlschrank, sehr viel Grün, guter Service. Morgens wird kostenlos Kaffee oder Tee auf der Terrasse serviert. Gutes Preis-Leistungs-Verhältnis. ❷, AC ❸

Bonanza Guest House ㉚, kleine, aber feine Anlage, 5 Zi mit originellen Etagenbetten, unten Doppel-, oben Einzelbetten, kleiner gemütlicher Garten mit Fischteich und Springbrunnen, deutscher Besitzer. ❷–❸

Evergreen Gh. ㉛, ✆ 053-699882, eng beieinander stehende Holzhäuschen mit Warmwasser, das Geld wert. ❶–❷

Außerhalb

Alle Bungalowanlagen sind nett und ruhig gelegen, z. T. mit guter Aussicht. Die meisten Bungalows sind fast identisch: sehr einfache Bambusmattenhütten auf Pfählen mit kleiner Terrasse, zumeist mit Blätterdach, Warmwasser-Du/WC außen in einem Steinhäuschen, in einige Bungalows integriert. Alle haben ein offenes Restaurant mit einfachen Sitzmöbeln und preiswertem Essen.

Am Fluss

(in der heißen Jahreszeit ein wenig kühler)

Tonsa ⑫, ✆ 053-698229, sauberes Gästehaus an versumpfter Flussschleife, sehr beliebt bei Israelis. ❷

Golden Hut ⑨, ✆ 053-699949, ältere, z. T. vergammelte Holzhütten und neuere gute Bungalows direkt am Fluss und im Garten, außergewöhnlich gutes Restaurant am Wasser. ❸

Drifters Gh. ①, ✆ 087-8280356, schöne Anlage des netten Besitzers Oak mit vielen Pflanzen, jedes Jahr vom Hochwasser bedroht. 10 einfache Hütten mit kleiner Terrasse, 3 schöne Bäder außerhalb mit Bambusdusche. Gutes Essen und große Portionen. ❶

Rim Pai Cottage ⑩, ✆ 053-699133, 💻 www.rimpaicottage.com; hübsche Anlage der gehobenen Klasse mit gemütlichen Zimmern in unterschiedlichen Bungalows, von der einfachen Hütte bis zu bestausgestatteten AC-Bungalows, auch große Familienhäuser. Offenes Restaurant für Frühstück und Drinks, beliebt bei Thais und Reisegruppen. ❹, AC ❺–❻

Idyllische Lage, gutes Essen

Farmer Home, ✆ 089-9533617, Holzbungalows, z. T. mit Wohnzimmer und AC, idyllische Lage inmitten von Reisfeldern, jeden Abend Thai-Live-Musik, gutes Essen; organischer Anbau, schöner Swimming Pool (Eintritt für Nicht-Gäste 50 Baht). ❷–❸, AC ❹

Pai River Corner Gh. ⑰, ✆ 053-699049, 💻 www. pairivercorner.com, in der Flussbiegung, hochpreisige, große, geschmackvolle Häuser, mit gut eingerichteten AC-Zi, Warmwasser, z.T. mit eigenem Fischteich oder Jacuzzi. Die Managerin Pi Cheng ist äußerst entgegenkommend. ❻–❽
Villa de Pai ㉓, ✆ 053-699109, 💻 www.villadepai.com; 20 aufgerüstete und neue Holzbungalows mit Flussblick, 11 Zi mit Computer mit High Speed Internet, einige billige Hütten, jeden Abend wird ein Film gezeigt. Sehr gutes Preis-Leistungs-Verhältnis. ❹
Ta Yay Gh. ㉖, ✆ 053-699554, einige verstreute Bungalows in schönem Bambus- und Kräutergarten. Burmese Sauna und Massage (s. u.). ❷
River Park Darling Gh. ㉗, ✆ 089-5596267, einfache Bambusmattenhütten im alten Stil und Holzbungalows liegen u-förmig um eine große Wiese am Pai-Fluss, Doppelmatratzen auf dem Boden, Moskitonetz, Du/WC, Hängematten auf der Terrasse, Lagerfeuer. ❶–❹
Baan Tawan Gh. ㉜, ✉ baantawan@yahoo.com, ✆ 053-698117; direkt am Fluss, unterschiedliche Holzbungalows mit Warmwasser-Du/WC sowie Zi mit Gemeinschafts-Du/WC; Lagerfeuer. ❷–❹

Im Osten hinter der Brücke
Rainbow House, ✆ 086-9186737, 9 Bungalows aus Stein und Bambus ohne Atmosphäre, mit und ohne Du/WC, hübsche Anlage mit Bächlein und Fischteich, umgeben von Reisfeldern, kein Restaurant, Abholdienst. ❷
Pai Highlands Resort, ✆ 053-699316, 💻 www. paihighlandsresort.com, saubere Anlage, kleine Holzbungalows mit Fan, große mit AC, TV, Warmwasser, 7 geräumige Zi im Reihenhaus mit Du/WC, schöner Blick auf die Berge, kein Restaurant. ❸, AC ❹
The Sun Hut, ✆ 053-699730, ✉ pai_thesunhut@ yahoo.com, verschiedenartige, nette Bungalows, alle mit Moskitogaze an den Fenstern und Warmwasser, auch Familienbungalows, unqualifiziertes Personal, angenehme Lage im Pai-Tal, Pool. ❸
Eden Gh., ✆ 053-699112, ✉ atchariya_deenoi@ yahoo.com, lauschiger Garten, 5 Hütten aus Bambusmatten, Du/WC halb offen, Sala im tropischen Garten, freundliche Leitung. ❷

Gut geeignet für Familien

Pai Radise Gh., 💻 www.pairadise.com, ✆ 089-8387521; sehr schöne, weitläufige Anlage auf einem Hügel. 11 sehr saubere, geschmackvoll eingerichtete Bungalows aus Teak und Stein, schönes Bad; gutes Frühstück. Naturschwimmbad mit durchlaufendem Bergwasser, professionelle Thai-deutsche Leitung. ❸–❹

Shangrila Gh., ✆ 081-9510101, in Ban Mae Yen am Hang, wenige einfache, aber bequeme Holzbungalows mit Heißwasser, Balkon mit toller Aussicht, vegetarisches Restaurant und Gemeinschaftsküche. Günstige Monatstarife. Hier fühlen sich ältere Langzeit-Traveller wohl. ❷
Mae Yen House, ✆ 053-699321, am Rand von Mae Yen, einige solide, komfortable Holzhäuser mit Terrasse und schönem Blick über Reisfelder, nette, hilfsbereite Besitzerin. ❷

Am Weg nach Wiang Nua
The Countryside Bungalows, ✆ 087-1726632, ungewöhnliche, saubere Bungalows mit Heißwasser und Dachterrasse inmitten von Reisfeldern, Thai-holländische Besitzer. ❸
Suan Doi Resort, ✆ 053-699031, sehr kleine Hüttchen und große Familienbungalows, Pool, der mit Gebirgswasser gespeist wird. ❷–❸

Im Süden am Pai River
Gasalong River Lodge, ✆ 089-9991235, 3 km südlich von Pai am Fluss, 15 einfache, kleine, saubere Bambushütten mit Du/WC, Hängematten; Restaurant, Fahrräder; Thai-englische Leitung. ❷
Michel Bungalow, ✆ 086-1186999, 7 km südlich von Pai am Fluss, großer, schön angelegter Garten, 6 geschmackvolle Zi in gut ausgestatteten Steinbungalows, DVD Player, deutsche Bücher, einige Schweizer Gerichte; sehr sauberer Pool (40 Baht für Nichtgäste). ❷–❹

An den Hot Springs
Durch das heiße Quellwasser, das durch die Gärten fließt, liegt immer ein leichter, angenehmer Schwefelgeruch über den Anlagen.

Einfach schön

Belle Villa Resort, ✆ 053-698226-7, 💻 www.bellevillaresort.com; 400 m vom H1095 an der Brücke nach Wiang Nua, ungewöhnlich schöne Anlage in Reisfeldern, viele Papyruspflanzen, 23 hübsche Teakbungalows mit großem Bett, AC, Fan, Minibar, großes originelles Bad; Restaurant, Internet, Pool. Stadtrundfahrten mit resorteigenem Luxus-Tuk-Tuk oder mit Ponykutsche. ❺–❻

Thapai Spa Camping, ✆ 053-218583, auf der östlichen Flussseite, 7 km von Pai; sehr großer, gepflegter Garten mit mehreren Teichen, nette Badelandschaft mit warmem, mineralhaltigem Wasser (Eintritt 50 Baht), kleine, luftige Holzbungalows, Gruppenräume, Restaurant. Angeboten werden Wechselbäder, Kräutersauna und *Herbal Inhalation Therapy*. ❹, Camping ❷.

Spa Exotic Home, ✆ 053-698088, direkt hinter Thom's Elephant Camp; großer, gepflegter Garten, unterschiedliche kleine Bungalows aus Naturmaterialien, Bad mit warmem, mineralhaltigen Wasser; Restaurant mit authentischer Thai-Küche. ❹, Camping ❷

Cafe del Doi, ✆ 089-8519621, 💻 www.cafedeldoi.com; 9 km von Pai, 500 m vom H1095; schön im Grünen, tief unten 7 Holzbungalows mit Bad, großer Wanne und Wasser von den heißen Quellen, Restaurant oben mit fantastischem Blick über den Fluss und Reisfelder, schöner Sonnenuntergang; unter Thai-holländischer Leitung. ❸–❹

Im Norden von Pai

Hier sind Unterkünfte entstanden, die sich für einen Erholungsaufenthalt eignen.

Suan Mon Gh., ✆ 053-698275, neuere Bungalows in ordentlicher Größe auf einem Baumgrundstück in der Nähe des Flughafens, hauptsächlich Thai-Touristen. ❸

Sipsongpanna Bungalows (Artist Home Stay), ✆ 081-7351786, 2 km nördlich von Pai am Rand eines Tai Yai-Dorfes, am Fluss in herrlicher Lage, 7 große, einfache, relativ teure Hütten, sehr dünne Matratzen, schön angelegter Garten mit Feuerstelle und vielen Ruheplätzchen, relativ teures vegetarisches Restaurant. ❸–❹

Pai Hillside Resort, ✆ 053-699189, 💻 www.paihillside.com, 4,3 km Richtung Mae Hong Son am KM 102,3. Gepflegte Anlage am Hang, Bungalows mit Fan und sehr schöne Doppel-Bungalows mit Kühlschrank, TV und AC, Restaurant an der Straße, unter Leitung von Noy, die gut Deutsch spricht. Gutes Preis-Leistungs-Verhältnis. ❺

Hut Ing Pai, ✆ 053-699781, 4 km von Pai in Ban Mae Na Toeng Richtung Süden, schöne, kleine Häuschen in einer Gartenanlage am Hang mit See; saubere Zi mit Du/WC, freundliche Leute, Frühstück inkl.; viele Reisegruppen. ❺

Pai Mountain Lodge, ✆ 053-699995, 8 km Richtung Mae Hong Son am KM 102,8 nach links abbiegen, nach 3,6 km liegt die Lodge hinter dem Shan-Dorf. Zu Fuß eignet sich der 6,5 km lange Weg über Nam Hu besser. Auf dem großen Gelände mit kleinem Teich stehen große, gemauerte Schweden-Häuser mit 1–2 Schlafzimmern, kleinem Bad und offenem Kamin sowie ein großes Haus. Tagsüber kehren im weniger empfehlenswerten Restaurant Touristen auf dem Weg zum Mo Paeng-Wasserfall ein, abends ist man mit den Verwaltern allein. ❹–❺

Muang Pai Resort, ✆ 053-699988, 💻 www.muangpairesort.infothai.com, 8 km von Pai beim Shan-Dorf Mo Paeng, große Bungalows im Thai-Stil in gepflegtem Garten, komfortable Zi mit Warmwasser-Du/WC und Terrasse, hübscher Pool. ❹–❺

Essen

Es ist kaum zu glauben, dass man in diesem abgelegenen Ort die Qual der Wahl hat. Neben den Restaurants einiger Gästehäuser und einfachen bis exklusiven Thai-Restaurants haben sich einige Köche auf die Bedürfnisse der Traveller eingestellt. Selbst an Brötchen, Vollkornbrot und Kuchen ist kein Mangel. Die Restaurants ziehen häufig um und schließen schon früh.

Nong Beer, einfaches Thai-Restaurant. Die Chefin kocht ausgezeichnet und serviert große Portionen. Man kann problemlos zeigen, welche Zutaten man haben will. Gut ist z. B. *Tom Kha Gai* und gebratenes Schweinefleisch mit Pilzen.

Pfannkuchen vom Pancake Man

Pancake Heaven, von Sonnenuntergang bis spät in die Nacht backt Mr. Mozib, bekannt als „Pancake Man", leckere, sehr preiswerte Pfannkuchen mit Bananen oder Ei in über 20 Variationen. Er steht vor dem ehemaligen Markt, hat immer Betrieb und sorgt für Unterhaltung, manchmal lässt er sich von seiner Frau vertreten.

Baan Benjarong Restaurant, ✆ 053-698010, hervorragendes, preiswertes Thai-Essen, schöne Sicht über die Reisfelder, freundlicher Besitzer.
All about Coffee, ✆ 053-699429, gutes Frühstück, hausgemachtes Brot, Cappuccino und Kuchen; Kunstgalerie, nur tagsüber geöffnet.
Pai Blues, ✆ 089-1576997, lokale Shan- und westliche Küche, sehr beliebt, unter Thai-schwedischer Leitung.
Abodaya, ✆ 053-699041, empfehlenswertes Essen, leckeres Frühstück, hervorragender Kaffee, freundlicher Service.
Baan Pai, in zentraler Lage, mittelmäßiges Essen.
Pai Corner Restaurant, ✆ 081-0303195, serviert nicht nur Schnitzel und Pizza, sondern auch Thai-, internationale und vegetarische Gerichte, angenehme Atmosphäre, günstige Preise, sehr populär. ◷ Ende Okt bis nach Songkran ab 12 Uhr mittags.
Amido's Pizza Garden, hervorragende italienische Pizza zu korrekten Preisen, betrieben vom belgisch-algerischen Amido. Angenehm unaufdringliche Atmosphäre, meistens mit guter Hintergrundmusik.
Drop Inn Bar & Restaurant, winzig kleiner Laden unter schwedisch-thailändischer Leitung. Der Schwede ist gelernter Koch, der das Essen sehr professionell anrichtet. Große Portionen und gutes Preis-Leistungs-Verhältnis.
TTK (The Thai Kebab), echtes Kebab im Fladenbrot, gutes Falafel sowie andere Gerichte aus dem Nahen Osten, nicht ganz billig, aber das Geld wert. Israelisch-thailändisches Management. Der Israeli ist sehr nett und umgänglich.
Muslim Home Made, bietet nicht nur Kaffee mit Ziegenmilch, sondern auch vegetarische Gerichte, Kuchen und Brot.
Aoy Bakery, gutes Brot, tolle Kuchen und anderes hervorragendes Gebäck; große Auswahl an importierten Produkten wie Weine, Käse, Wurstsorten, Müsli und mehr.
Burgers House, erstklassige Burger vom echten Amerikaner Edward.

Unterhaltung

Bars

Die eindrucksvolle, klimatisierte, aber verrauchte **Bebop Bar**, ✆ 053-698046, am südlichen Ortsende ist ein guter Treff mit alternativer Atmosphäre, guten Drinks, Live-Musik mit wechselnden Bands. ◷ 22–1 Uhr.
Bamboo Bar, auf dem Weg zu den Thapai Hot Springs, bekannt für häufige Schlägereien.
Ting Tong, ✆ 084-8073781, große, moderne Bar am Ortsausgang.
Fu Bar, ✆ 081-7266638, auf dem Weg zu den Thapai Hot Springs, wunderschön auf einem Hügel gelegen mit toller Aussicht. Öffnet, wenn das Bebop schließt. Angenehmere Klientel, der englische Betreiber schaut nach dem Rechten.
50-Satang Bar, bei der Bus Station, spielt Klassiker der 60er, preisgünstige Getränke.
Buffalo Exchange, heimelig und billig, abends akustische Live-Musik, falls Musiker verfügbar sind, manchmal sehr gut!

Kinos

Cinema Pairadiso bietet in 5 Räumen für 1–7 Pers. Filme zum Aussuchen. 1 Pers. zahlt 150 Baht, 3–4 Pers. 250 Baht. Sehr beliebt, besonders in der Regenzeit.

Kultur

Pai Cultural Centre, hinterm Wonderland House in Ban Mae Yen, fördert die Kultur der Hilltribes. Samstags gegen 9 Uhr findet ein Markt statt, wo Leute aus den Dörfern ihre Waren verkaufen. Manchmal werden Khantoke Dinner, Thai-Musik oder Tanzvorführungen organisiert. Auf Vorankündigungen achten.

Sonstiges

Bücher

Siam Used Books, ✆ 053-699075, führt auch deutsche Bücher und Reiseführer.

Einkaufen

Wer für die kühlen Winterabende nicht richtig ausgestattet ist, kann sich in verschiedenen Läden mit warmer Kleidung eindecken.

Fahrräder

An verschiedenen Stellen für 50 Baht pro Tag, in der Saison reservieren; gute, für große Menschen viel zu kleine Mountainbikes, 80–100 Baht/24 Std. Bikes kontrollieren!

Feste

Zur Zeit des Chinesischen Neujahrs feiern auch die **Lisu** ihr 3-tägiges **Neujahrsfest**. Mit einem kundigen Guide sind Gäste in den meisten Dörfern durchaus willkommen, vor allem, wenn sie ihren finanziellen Beitrag leisten. Die Anweisungen des Begleiters sollten aber befolgt werden, um kein Tabu zu brechen, das Unheil bringen könnte. Im Lisu-Dorf Nam Hu, 6 km westlich von Pai oder in Ban Pang Paek, 15 km Richtung Soppong, kann man die Tänze sehen.

Im Januar oder Februar feiern auch die **Lahu** in der Umgebung ihr **Neujahrsfest**. Fremde sind meist, z. B. in Ban Payang, gern gesehen, sollten aber Gastgeschenke mitbringen. Infos bei den Trekking-Agenturen.

Zu Songkran sind viele Geschäfte, Restaurants etc. geschlossen.

Geld

Mehrere Banken und Geldautomaten in zentraler Lage.

Informationen

Ein kleines Buch von mehr als 100 Seiten mit Karten und Stadtplan informiert ausführlich über Pai: *The Paioneer*, von Thomas Kasper, erhältlich im Pai Corner Restaurant, 199 Baht.

Internet

Viele Internet Shops, 1 Baht/Min.

Karten

Tauglich ist die *Tourist Map* (20 Baht), die alle 3 Jahre erscheint und nur zahlende Kunden aufnimmt.

Klettern

No Limit Climbing Centre, ✆ 089-5202898, ✉ nolimitclimbing@hotmail.com, bietet verschiedene Kletterkurse an.

Kochkurse

Pugy's House Cooking Classes, 3 053-699476, hinter der Polizei Station, freundliche Atmosphäre, Pugy spricht Deutsch.

Bebe's Wok 'n Roll, ✆ 086-1149921, gegenüber Villa de Pai, Tee gibt die Rezepte ihrer Großmutter weiter.

Massagen

Es gibt ca. 20 Massage-Läden in Pai, die alle so ungefähr das Gleiche zum gleichen Preis anbieten.

Mr. Jan, burmesische Sauna und Massage (150 Baht), alteingesessene Institution.

PTTM, ✆ 053-699121, Kräutersauna und traditionelle Massage bei ausgebildeten Masseuren, 150 Baht/Std. Auch 3-tägige Kurse.

Medizinische Hilfe

300 m westlich des Ortes liegt das saubere **Hospital**, ✆ 053-699031.

Privatpraxis 1, der Chefarzt des Krankenhauses praktiziert abends im Ort (günstige Preise).

Privatpraxis 2, gegenüber von All about Coffee. Der Arzt arbeitet ebenfalls im Hospital, spricht sehr gutes Englisch und macht einen kompetenten Eindruck.

In den letzten Jahren trat die tödliche *Malaria tropica* anscheinend in Pai nicht mehr auf, aber in den Bergen häufig unter den Einheimischen. Bei sofortiger Behandlung kann ein Infizierter völlig geheilt werden.

Der ständige Rauch von Waldbränden von Februar bis April im Talkessel von Pai kann bei anfälligen Menschen zu Atemproblemen führen.

Motorräder

Unbedingt die Maschinen auf Fahrtüchtigkeit überprüfen, da sie hart gefordert werden.

AYA Service, der größte Motorradladen, vermietet 100ccm Honda Dreams für 80 Baht.
Sriyon Motorbike, neben der Bus Station, vermietet eine große Auswahl an Maschinen. 80–100 Baht pro Tag für ein Kickstart 100ccm, 300 Baht für eine Vollautomatik oder 400 Baht für eine Phantom 200ccm.
Duan-Ne (20 m unterhalb von AYA) hat ein ähnliches Angebot.

Polizei

in der Rungsiyanon Rd., ✆ 191.
Tourist Police etwas außerhalb, Richtung Chiang Mai, rechts, ✆ 1155, 053-611812.

Post

Am südlichen Ende der Hauptstraße beim neuen Markt, 🕓 Mo–Fr 8–15.30, Sa 8.30–11.45 Uhr.

Reisebüros

P.M. Travel, in der Chaisongkram Rd., Hauptbüro in Chiang Mai, arrangiert relativ zuverlässig Flugtickets, Joint-Tickets, Visa-Service für Nachbarländer, Zugtickets, Bustickets, Hotelbuchungen.
AYA Service, ✆ 053-699940, hat auch ein Reisebüro.

Schwimmen

Public Swimming Pool and Gym, öffentliches Bad direkt hinter der Brücke, gepflegt, nette Umgebung, Musikberieselung. 🕓 10–18 Uhr, 50 Baht.
Blue Lagoon Hotel, super für Kinder, stark gechlort, 50 Baht.
Farmer Home, schöner Pool, chlorarm und trotzdem sauber, 50 Baht.
Michel Bungalow, 7 km außerhalb und lange kalt, 40 Baht.
Thapai Spa, angenehmer Schwefelgeruch, 50 Baht.
Phaem Bok-Wasserfall, gratis, aber oft schmutzig.

Wäschereien

Ab 20 Baht/kg.

Yoga

Yoga and Indian Food, ✆ 089-9544981, eine ältere Hindu-Lady unterrichtet Kleingruppen in Hatha Yoga.

Elefanten

Thom's Pai Elephant Camp and Tours, ✆ 053-699286, 💻 www.geocities.com/pai-tours/; wird von der netten Thom geleitet. Sie bietet u. a. einen tollen Tagestrip an: Schlauchbootfahren auf dem Pai River, Mittagessen und gemütliches Elefantenreiten auf gepflegten Tieren für 1000 Baht p. P. Auch die Halbtagsfahrt mit dem wieder verwendbaren Bambusfloß für 500 Baht p. P. wird gelobt. Elefantenreiten kann im Office gebucht werden: 1 Std. 600 Baht, 90 Min. 700 Baht, 3 Std. 1100 Baht (jeweils für 2 Pers.), auf Wunsch auch ohne Sitz. Größte Attraktion ist das Baden und Schwimmen mit diesen verspielten Elefanten und dem Elefantenbaby Joy, einzigartig in Thailand.
Mindestens 3 weitere Unternehmer an derselben Straße bieten Ausritte auf Elefanten an:
Noi's Elephant Camp, ✆ 081-9608568,
Joy Elephant Camp, ✆ 081-8813923,
Twin Elephant Camp, ✆ 081-9518008.

Touren

Allradtouren

Thai Adventure Rafting (s. „Schlauchboote") macht Tagesfahrten mit dem Landrover zu einem Karendorf. Auch **Pai Elephant Camp Tours** bietet Tagesausflüge zu Wasserfällen, Höhlen u. a. an.

Floßfahrten

Gästehäuser, Trekking-Agenturen und das Pai Elephant Camp organisieren Fahrten mit einem einfachen Bambus-Raft auf dem Pai River, der jedoch sehr vermüllt ist. Auch Tubing, das Treiben in Autoschläuchen, wird immer populärer.

Schlauchboote

Thai Adventure Rafting, 13 Moo 4 Rangsiyanun Rd., ✆ 053-699111, 💻 www.activethailand.com/rafting; organisiert Schlauchbootfahrten vom 1. Juli bis 31. Januar. Eine anstrengende Fahrt dauert 2 Tage und kostet 2000 Baht p. P. (alles inkl.). Befahren wird der mittlere Pai River auf 70 km bis Mae Hong Son, insgesamt 40 Strom-

schnellen bis Kategorie 4. Guys Befahrung des Pai-Flusses bei gefährlichem Hochwasser fürs Fernsehen hat ihn in ganz Thailand bekannt gemacht.
Maehongson Adventure Rafting bietet 1–2-tägige Schlauchbootfahrten auf dem Khong- und Pai-Fluss. Büro gegenüber der Bus Station. Die weiteren 4 Rafting-Veranstalter können nicht dieselben Sicherheitsvorkehrungen und denselben Standard bieten.

Trekking

Jedes Gästehaus und viele kleine Agenturen bieten Trekking an. Das Angebot wechselt ständig, neue Touren werden ausprobiert, und es macht Sinn, sich vor Ort umzuschauen.
Pai ist als Ausgangspunkt sehr angenehm, da lange Anfahrtswege entfallen. Es geht noch recht persönlich zu. Man kann in kleinen Gruppen oder zu zweit trekken und die gewünschte Wanderzeit und die Ziele mit dem Guide besprechen. Auf Wunsch wird ein Rasttag in einem Hilltribe-Dorf eingelegt. Treks kosten pro Tag und Person etwa 600–700 Baht, bei nur 2 Pers. etwas mehr. Guides verharmlosen die beißende Kälte in den Wintermonaten, ein guter Schlafsack oder mehrere Decken und warme Kleidung sind dringend anzuraten. Beim Elefantentrekking ist davon abzuraten, direkt auf den Tieren zu sitzen. Weniger gut gepflegte Tiere sind von einer Milbenart befallen, die ihre Eier in nackten Beinen ablegt, was zu eitrigen Entzündungen führen kann. Wer negative Erfahrungen mit einem unverantwortlichen Guide gemacht hat, sollte dies der Touristenpolizei oder dem TAT melden. Dann kann einzelnen drogenabhängigen Guides vielleicht die Lizenz entzogen werden.
Duang Gh. hat die längste Erfahrung mit Trekking und ist weiterhin empfehlenswert. Die Guides gehen mit Gruppen ab 5 Pers. auf Standardrouten, mit Bambus-Rafting plus 250 Baht.
Über **Permchai's Trekking** erhielten wir mehrere negative Berichte und Warnungen.

Transport

Von CHIANG MAI (Arcade Bus Station) non-AC-Bus um 7, 9, 10.30, 12.30 und 16 Uhr für 118 Baht in 3 1/2 Std., AC-Minibus von 7 bis 16 Uhr für 280 Baht in 3 Std. Gecharterte Sielor für 800 Baht/4 Pers. Zurück non-AC-Bus um 8.30, 10.30, 12, 14 und 16 Uhr, AC-Minibus etwa stdl. von 7 bis 16.30 Uhr in 3 Std.
Von MAE HONG SON um 7, 8.30, 10.30, 12.30 und 16 Uhr für 75 Baht in 3 1/2 Std., AC-Minibus um 8 und 9 Uhr für 150 Baht in 3 Std.Zurück um 7, 8.30, 11, 13 und 16 Uhr (oft voll besetzt), AC-Minibus ca. stdl. von 10 bis 16.30 Uhr.
Nach THATON per Bus in Mae Malai in Bus 1231 (orange) umsteigen, 66 Baht bis FANG.
Minivans (vom Duang Gh.) fahren in der SAison nach CHIANG MAI um 9 und 15 Uhr für 220 Baht, nach CHIANG KHONG um 9 Uhr für 680 Baht in 8 Std.
Minivans (von AYA Service) fahren in der Saison um 9.30, 10.30, 14.30 und 15.30 Uhr nach THATON für 430 Baht, CHIANG RAI 500 Baht, MAE SAI 640 Baht.
Bei geringer Nachfrage fallen Fahrten aus, in der Nebensaison auch alle.

Ausflüge von Pai

Es macht Spaß, in der Gegend von Pai zu wandern oder Rad zu fahren, auch wenn die Ziele nicht spektakulär sind. Nach Westen und Norden kann man Dörfer der Lisu, Shan, Red Lahu und Kuomintang-Chinesen besuchen, ohne sich zu verlaufen. Beliebte Ziele sind die **Wasserfälle** (ca. 10 km) am Ende schlechter Wege. Der **Mo Paeng-Wasserfall** ist nicht mehr vermüllt, aber die Anfahrt durch das Dorf Yapo unangenehm.

Schöner ist der **Phaem Bok-Wasserfall**, zu dem es am KM 93,3 abgeht – zunächst auf eine gute Betonstraße bis Ban Phaem Klang (1,5 km), dahinter in einen ausgewaschenen Feldweg (3 km). Vom Sala am Parkplatz führt ein 200 m langer, recht abenteuerlicher Pfad an der Felswand entlang zu einer klammähnlichen Schlucht. Der 20 m hohen Kessel, wo der Hauptfall in mehreren Stufen herabstürzt und sich viele Schmetterlinge tummeln, ist zurzeit nicht zu erreichen. Unterhalb liegen weniger spektakulär nicht geradere saubere Bade- und Schwimmbecken, darunter ein 8 m langes Strömungsbecken, zum Abkühlen im kalten Wasser. Einige Felsüberhänge und glatte Felsen laden zum Rasten ein. Bei geringem Was-

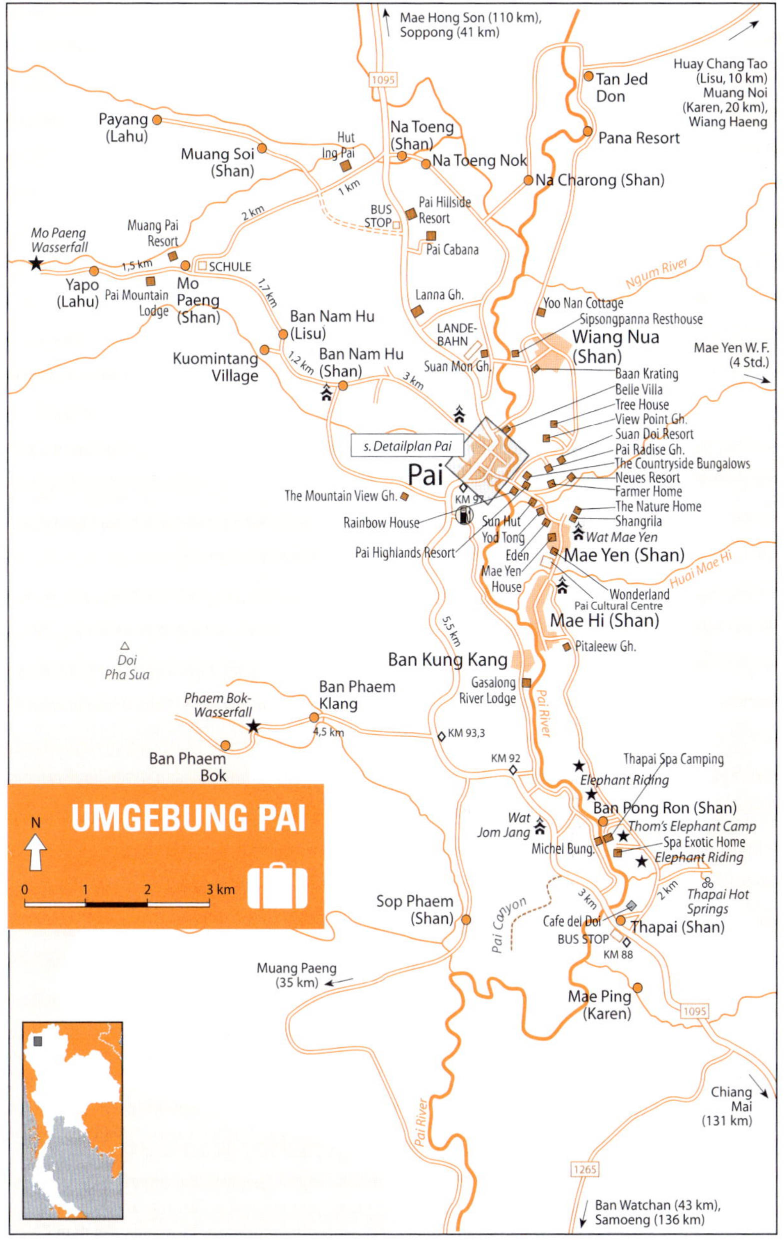

UMGEBUNG PAI
Mae Hong Son (110 km), Soppong (41 km)
1095
Tan Jed Don
Huay Chang Tao (Lisu, 10 km) Muang Noi (Karen, 20 km), Wiang Haeng
Payang (Lahu)
Muang Soi (Shan)
Hut Ing Pai
Na Toeng (Shan)
Na Toeng Nok
Pana Resort
Na Charong (Shan)
1 km
2 km
BUS STOP
Pai Hillside Resort
Pai Cabana
Mo Paeng Wasserfall
Muang Pai Resort
1,5 km
SCHULE
Yapo (Lahu)
Pai Mountain Lodge
Mo Paeng (Shan)
1,7 km
Ngum River
Lanna Gh.
Yoo Nan Cottage
Sipsongpanna Resthouse
Ban Nam Hu (Lisu)
LANDEBAHN
Wiang Nua (Shan)
Mae Yen W. F. (4 Std.)
Kuomintang Village
1,2 km
Ban Nam Hu (Shan)
Suan Mon Gh.
3 km
Baan Krating
Belle Villa
Tree House
View Point Gh.
Suan Doi Resort
s. Detailplan Pai
Pai Radise Gh.
The Countryside Bungalows
Pai
Neues Resort
Farmer Home
The Mountain View Gh.
KM 97
The Nature Home
Rainbow House
Sun Hut
Shangrila
Yod Tong
Wat Mae Yen
Pai Highlands Resort
Eden
Mae Yen (Shan)
Mae Yen House
Huai Mae Hi
Wonderland
Pai Cultural Centre
Mae Hi (Shan)
5,5 km
Doi Pha Sua
Pitaleew Gh.
Ban Kung Kang
Gasalong River Lodge
Ban Phaem Klang
Phaem Bok-Wasserfall
Pai River
4,5 km
KM 93,3
Ban Phaem Bok
KM 92
Thapai Spa Camping
Elephant Riding
Ban Pong Ron (Shan)
Wat Jom Jang
Thom's Elephant Camp
Michel Bung.
Spa Exotic Home
Elephant Riding
N
0 1 2 3 km
2 km
Thapai Hot Springs
3 km
Pai Canyon
Sop Phaem (Shan)
Cafe del Doi
Thapai (Shan)
BUS STOP
KM 88
Muang Paeng (35 km)
Mae Ping (Karen)
1095
Chiang Mai (131 km)
Pai River
1265
Ban Watchan (43 km), Samoeng (136 km)

Nord-Thailand

serstand lohnt der Ausflug weniger. Achtung: Die Pai-Karte zeigt den Wasserfall zu nah am H1095.

Ein netter Ausflug führt vom KM 89,9 (ausgeschildert) zum **Pai Canyon**. Vom Hügel überblickt man eine rötliche Hügelkette. Über den mittleren Bergkamm und durch ein trockenes Bachbett schlängelt sich ein Wanderpfad zu einem Dorf, wo man am besten umkehrt.

Im Osten (3 km) thront auf einem Hügel mit schöner Aussicht **Wat Mae Yen**.

Sehr schön und sauber ist der **Mae Yen-Wasserfall**, den man zu Fuß in einem tollen Tagesausflug (4 Std. pro Weg) erreicht: Nach 3 Std. Wanderung, vielfach durchs Wasser, geht es vor dem Fluss links hoch (30 Min.). Das Wasser fließt ganzjährig ca. 12 m über 3 Stufen herunter in einen knietiefen Pool. Prächtige Bäume, viele Vögel und Schmetterlinge sorgen für einen angenehmen Aufenthalt. Schön ist auch der Rückweg am Nachmittag.

Die **Thapai Hot Springs** (8 km) gehören zu einem Nationalpark und kosten 400 Baht Eintritt – für´s Eierkochen ein zu hoher Preis. Wer baden will, sollte es am Abend in den runden Becken des Thapai Spa Camping (s. o.). tun. Im Süden lohnt sich eine Fahrt durch die Dörfer am Pai-Fluss entlang. An der P.T.-Tankstelle (KM 96,2) beginnt die 3,3 km lange Asphaltstraße mit malerischen Fluss- und Dorfszenen. Danach geht sie in eine holprige Schotterstraße über. Ein beliebter Tagesausflug mit dem Motorrad führt über den 1292 m hohen Pass nach Soppong und zur Tham Lot.

Eine anspruchsvolle, tolle Strecke für erfahrene Off-Road-Biker verläuft über das Karen-Dorf **Sala Muang Noi** (an der Telefonzelle im Wald rechts auf die extrem harte Piste abbiegen) nach **Kong Lom** (s. S. 416) und in den Norden.

Von Pai nach Chiang Mai

Diese Berg- und Talstrecke von 131 km gehört zu den schönsten Landschaften Thailands. Interessante Abstecher sorgen zusätzlich für Abwechslung.Knapp 3 km hinter der Brücke, am KM 85, zweigt nach rechts die staubige Schotterstraße H1265 zum Karen-Dorf **Ban Watchan** ab (44 km). Auf weiteren 97 km können Off-Road-Fahrer nach Samoeng fahren (s. S. 378), min. 4 Std. Der H1095 steigt auf den nächsten 9 km kontinuierlich von 600 m auf über 1100 m an. Vor allem im Januar schmückt leuchtende Herbstfärbung die Hänge. Eine Kammstraße erlaubt schöne Ausblicke nach beiden Seiten. Am zweiten Pass (1250 m) beim KM 65,5 bietet sich ein Abstecher zum **Huai Nam Dang National Park** (6 km) an, lohnt aber bei 400 Baht Eintritt nicht.

Mae Sae

Vom KM 60 bis zum KM 54 fällt der H1095 steil ab bis zum Dorf Mae Sae, wo der Bus eine Pause macht und die Fahrgäste sich in einem der Restaurants stärken. In diesem kleinen Ort sind die Unterkünfte eigentlich unzumutbar. Zur Not kann man im ungepflegten Mae Sae Gh., ❷–❸, übernachten, einem großen Haus mit einfachen Zimmern mit und ohne Du/WC. Ebenso verwahrlost und laut sind die bei Radlern beliebte Unterkunft über dem Restaurant am Bus Stop (200 Baht p. P.) und das Air Hill Gh., ❷.

Am östlichen Dorfende führt ein Weg links etwa 4 km weit zu den heißen Quellen (s. u.). Mae Sae eignet sich auch als Startpunkt für Mountainbiker, die nach Pai hinüberradeln, aber die strapaziöse Anfahrt (vier haarsträubende Spitzkehren) lieber mit dem Bus machen wollen. Nach dem nächsten Pass windet sich die Straße vom KM 49,5 bis zum KM 45 mit vier haarsträubenden Spitzkehren 350 m den steilen Berg hinunter.

Pong Duet Hot Springs

Am KM 42 zweigt nach links eine 6,6 km lange Straße zu den schönen **Pong Duet Hot Springs** ab, die zum Huai Nam Dang National Park gehören. Sie sind jedoch keine 400 Baht Eintritt wert.

Weiter nach Chiang Mai

Ein 1 km langer Fußweg führt vom KM 36 bergauf durch schönen, grünen Wald zum kostenlosen **New Waterfall**. Die zwei kleinen Fälle sind ganz nett, erlauben aber kein Schwimmen. Eine herrliche Straße von 10,8 km Länge zweigt am KM 33,2 nach rechts ab und steigt steil zum Fernsehturm hoch. Tolle Aussicht! Über mehrere kleine Pässe mit folgenden Steilabfahrten erreicht man das Ende des bewaldeten Berglands. Ab dem KM 19 führt die Straße durch dicht besiedeltes Hügelland mit vielen Gärten, Feldern und Resorts.

Lohnend ist der Abstecher zum **Mokfa-Wasserfall** (auch Mork Fah) nur, wenn ein zuvor bezahltes Ticket für einen anderen Nationalpark auch hier gilt. Am KM 18,6 nach rechts abbiegen (1,5 km). Vom Parkplatz sind es 600 m auf einem sehr schönen Fußweg am Bach entlang unter einem Bambusblätterdach hindurch. Ein Arm des Wasserfalls stürzt aus etwa 30 m Höhe in freiem Fall in einen Kessel. Ein netter Platz für ein Picknick. Für Fotos am besten am Vormittag.

Nach 102 km ist im Marktflecken **Mae Malai** auf einem unscheinbaren Sträßchen direkt neben dem Markt der H107 erreicht (KM 36,9). Am KM 36,8 gibt es im Restaurant mit der Hausnummer 197 exzellente Dim Sum, Sala Pao, Nudelsuppe etc. Auf dem H107 geht es bis zur Kreuzung mit dem Super Highway flott voran (Bus 1231 für 17 Baht nach Chiang Mai, für 66 Baht nach Fang).

Entdeckungsreise in den Norden

Zwei gut ausgebaute Straßen führen von Chiang Mai nach Norden. Bis Thaton sind es auf dem H107 ohne Abstecher 179 km. Über Thaton hinaus kann man mit eigenem Fahrzeug und öffentlichen Verkehrsmitteln auf der Straße H1089 über Mae Chan oder auf dem herrlichen H1234 über Mae Salong nach Chiang Rai weiterfahren. Der weniger interessante H118 verbindet Chiang Mai direkt mit Chiang Rai (182 km) und wird jede halbe Stunde von einem öffentlichen Bus befahren.

Für engagierte Motorrad- oder Jeepfahrer lohnt es sich, einige Seitenstraßen oder die Straßen entlang der Grenze zu Myanmar zu testen, wobei der kleine Suzuki SJ schnell an seine Grenzen stößt. Das Buch *Around Lan-Na* aus unserer Bücherliste (s. S. 879) ist ein hervorragender Begleiter.

Beide Routen können zu einer schönen, mehrtägigen Rundtour kombiniert werden.

Abstecher zum Mae Ngad-Stausee

Am KM 41,3 weist ein großer Wegweiser aus Beton nach rechts zum Mae Ngad-Staudamm (14 km) und einem kleinen Hafen (weitere 1,3 km). Er gehört zum Sri Lanna National Park. Zahlreiche Bambus-Restaurants bieten Snacks und Übernachtungsmöglichkeiten, ❶, an. Eine Bootsfahrt von 10 Min. führt zu den Hausbooten am anderen Ende des Stausees – fotografieren, schwimmen, gut essen und trinken ist angesagt. Man kann auch angeln, windsurfen, Boot fahren und im Wald wandern.

Von Chiang Mai Richtung Thaton

Der H107 verläuft vorwiegend in flachem Gelände, aber dort, wo er an zwei der höchsten Berge Thailands vorbeiführt, wird die Landschaft streckenweise spektakulär. Zu fantastischen Abstechern laden die neuen, unwahrscheinlich steilen Straßen zur burmesischen Grenze ein. Unterwegs kann man bei einer Elefanten-Show zusehen, buddhistische Höhlen besichtigen, Dorfentwicklungsprojekte anschauen und Dörfer der Bergvölker besuchen. Traveller fahren meistens mit dem Bus nach Thaton (s. S. 419) und setzen ihre Route problemlos mit einem Boot oder Floß auf dem Mae Kok River bis Chiang Rai fort.

Die Reise beginnt am Nordtor Chang Puak in Chiang Mai. Bis Mae Rim ist der H107 vierspurig ausgebaut. Nach 13,4 km zweigt am Ortsende von Mae Rim der H1096 zum Mae Sai Valley ab (s. S. 377) und nach 36,9 km im Marktflecken Mae Malai der H1095 nach Pai und Mae Hong Son (s. o.).

Am KM 41 kann man nach rechts abbiegen und nach 2,7 km am **Mae Faek-Stausee** in einem hübsch angelegten Park einen Snack einnehmen.

Eine Alternative nach Norden bietet die schmale, kurvige Straße H1001 durch Palmen und Reisfelder am östlichen Ufer des Ping entlang, sie erfordert jedoch mehr Zeit. Wer nicht „rechtzeitig" eine Verbindungsstraße nach links zum H107 erwischt, macht über den H1001 nach Phrao (108 km) und auf dem H1150 nach Ping Khong (32 km) einen – durchaus lohnenden – Umweg von 57 km (2 Std.).

Elefantencamps

Nach 49 km verlässt die Straße die fruchtbare Ebene und kurvt durch bewaldete Berge hinunter in die Schlucht des Ping-Flusses, wo am KM 53,7 das **Mae Ping Elephant Village** liegt.

Am KM 56 (Bus 1231 von Chiang Mai für 34 Baht, 1 1/2 Std.) befindet sich rechts am Ping-Fluss das **Chiang Dao Elephant Training Center**, in dem junge Elefanten trainiert werden, mit Ausnahme der heißen Monate März bis Mai. Busse voller Touristen erscheinen zu den 30-minütigen Shows um 9 und 10 Uhr (Eintritt 60 Baht). Dennoch recht interessant und amüsant, besonders wenn ganz junge Elefantenkinder dabei sind. Im Anschluss an die Show reiten Touristen auf dem Rücken eines Elefanten in den Wald.

Für das vielfach ausgezeichnete Elefantenschutzprojekt beim KM 60 im **Elephant Nature Park**, 💻 www.elephantnaturepark.org, muss man sich in Chiang Mai im Night Bazaar bei Gem Travel, 📞 053-818754, anmelden. Eine Ganztagstour kostet 2500 Baht, 2 Tage und 1 Nacht 5700 Baht, längere Aufenthalte 12 000 Baht pro Woche.

Abstecher in die Chiang Dao-Berge

Beim KM 61,1 biegt eine Straße nach links ab und windet sich 8 km hoch zum **Hilltribe Development and Welfare Center**. Es ist zuständig für die zahlreichen Dörfer an den Hängen des Doi Chiang Dao und in den umliegenden Bergen. Hier wird versucht, neue Produkte in der Landwirtschaft einzuführen, die medizinische Versorgung zu verbessern und insgesamt den Lebensstandard zu erhöhen. In einer landwirtschaftlichen Versuchsstation wird vor allem mit Tee- und Kaffeepflanzen experimentiert. Etwa 1 km entfernt liegt ein Lahu-Dorf. Öffentliche Verkehrsmittel fahren nicht hinauf. Ab und zu kommt ein Motorrad oder ein LKW vorbei, die u. U. jemanden mitnehmen. Am besten geht's natürlich mit einem guten Motorrad. Die Straße ist für PKW nicht geeignet.

Chiang Dao und seine Höhlen

Das große Dorf Chiang Dao am eindrucksvollen Doi Chiang Dao, mit 2175 m der dritthöchste Berg Thailands, ist Ausgangspunkt für den Ausflug zu den Höhlen. Dienstags findet ein Markt statt, bei dem auch viele Hilltribes anzutreffen sind. Busse ab Chiang Mai (6x tgl.) kosten 39 Baht und brauchen 1 1/2 Stunden für die 72 km.

Am nördlichen Ende des Dorfs Chiang Dao führt am KM 72,5 eine Straße zu den **Chiang Dao-Höhlen** (6 km, mit Motorradtaxi 20 Baht). Von den 4 Höhlen lohnt sich allenfalls die 735 m lange Tham Ma (Hot Cave). Wer schon andere Höhlen gesehen hat, findet die Tropfsteine nicht besonders beeindruckend. In dieser Höhle entspringt nach der Legende der Mae Nam Ping (die Mutter des Wassers). Eintritt 10 Baht, Führer mit Lampe (100 Baht) bieten sich an – lohnt aber kaum. Vorsicht, man kann sich leicht die Füße verstauchen! Sehenswert sind dagegen die riesigen Goldfische in einem Teich vor der Höhle sowie der große **Markt** mit Heilkräutern und Blumensamen. 1300 m weiter liegen die beiden Bungalowanlagen.

Übernachtung und Essen

Chiang Dao Inn, 📞 053-455132, AC-Hotel am Ortsende links, 40 Zi. ❹

Malee's Nature Lovers Bungalows, 📞 081-9618387, ✉ maleenature@hotmail.com, 💻 www. maleenature.com; 1,3 km hinter den Höhlen links halten. Schöner Garten unterhalb des Chiang Dao-Massivs in ländlich-klösterlicher Nachbarschaft; große Bungalows mit Du/WC, warme Dusche außen und z. T. innen; Haupthaus mit Essterrasse (gemeinsames Abendessen), Lagerfeuer, Zelte. Die freundliche, geschäftstüchtige Malee, eine Ex-Travellerin, organisiert und leitet eindrucksvolle Ausflüge (i. b. für Vogelkundler). Auch bestens geeignet für Familien mit Kindern. Längerfristig wird ein großes Familienhaus mit Küche vermietet. Anfahrt mit Yellow Taxi für 80 Baht. ❷–❹

Chiang Dao Nest 1 + 2, 📞 053-456242, ✉ nest @chiangdao.com, 💻 www.chiangdao.com; Nr.1 direkt hinter Malee. 6 einfache, saubere Bungalows, schöne Aussicht von der Terrasse, Warmwasser-Du/WC außerhalb. Restaurant; angenehme Atmosphäre, Thai-englische Familie. Nr. 2 im Tal mit weiter Sicht, sehr einfach eingerichtete Bungalows mit Warmwasser-Du/WC; etwas teures Essen. ❸

Mon and Kurt's Restaurant, 📞 053-388011, 💻 www.chiangdao.org, das beste deutsche

Nord-Thailand

Essen weit und breit, aber auch gute, günstige Thai-Gerichte. Kurt bietet auch Gästezimmer an, ❷. 2,5 km hinterm 7eleven auf der rechten Seite Richtung Fang.

Abstecher zur Grenze

6 km nördlich von Chiang Dao (KM 78,5) zweigt der von der Armee angelegte H1178 nach links Richtung Norden ab. Links herum gelangen erfahrene Off-Road-Spezialisten über Wiang Haeng bis Pai, rechts herum können auch weniger erfahrene Biker eine tolle Biketour auf guter Straße über den Doi Angkhang machen. Nach 1,6 km kommt links das Rimdoy Resort, ❷–❸, ✆ 053-261459, vorn Karaoke-Bar und Restaurant, hinten Bungalows und Zimmer mit Du/WC, einige mit AC, schöne Anlage, keiner spricht Englisch.

Etwa 5 km sind es bis zu dem kleinen Dorf **Ban Muang Ngai**. Um das Jahr 1594 hatte hier König Naresuan ein großes Heerlager errichten lassen, um einen Kriegszug gegen Birma vorzubereiten. Um an den großen König zu erinnern, wurden hier ein hölzernes Fort von etwa 35 x 35 m und *The Memorial Stupa of King Naresuan the Great* gebaut.

5 km weiter biegt am KM 9,8 der H1322 ins fruchtbare Tal des Nam Mae Taeng ab. Über bis zu 1200 m hohe Berge mit herrlicher Aussicht gelangt man auf dieser fantastischen Straße nach **Wiang Haeng** (55 km) und 18 km weiter nach **Piang Luang**, dem Schmugglerdorf, wo tgl. um 18 Uhr ein Markt stattfindet (Gästehaus, 16 Zimmer, ❷).

Ab Busbahnhof Chang Puak fährt ein Bus für 124 Baht hin. Erfahrene Off-Road-Biker können (natürlich mindestens zu zweit) bei **Kong Lom** auf eine sehr schöne, aber extrem harte Naturstraße zum Karen-Dorf **Sala Muang Noi** (28 km) abbiegen – so mancher wollte das Bike hier schon wegwerfen. Die Lisu-Dörfer unterwegs nimmt kaum jemand wahr. Auf weniger kraftraubender Piste geht es weiter bis Pai (27 km).

Geradeaus führt der asphaltierte H1178 zum großen Dorf **Muang Na** (KM 44), durch das man auf einer herrlichen, teils asphaltierten Bergstrecke nach weiteren 64 km ebenfalls nach Wiang Haeng gelangt. Hält man sich 7 km hinter Na Wai rechts, erreicht man nach 7 km das große, authentische KMT-Dorf **Ban Arunothai** (Nong Ouk), 6 km vor Myanmar. Am Minikreisel im Dorf, einen Stopp wert, zweigt die Asphaltstraße H1340 nach rechts ab. Sie wurde vom Militär parallel zur Grenze in gewagter Streckenführung gebaut und weist keinerlei Beschilderung auf.

Nach 14 km muss man in **Sinchai** links halten (rechts könnte man über das Chinesendorf **Ban Mai Nong Bua** zum H107 zurückfahren). Besser fährt man auf der fantastischen, einsamen Militärstraße mit herrlichen Ausblicken und ohne extreme Steigungen durch die KMT-Dörfer **Tam Ngop** und **Ban Luang** 28 km weiter, bis man die direkte Straße H1249 zum Doi Angkhang (s. rechts) erreicht, auf der man auch wieder zum H107 (24 km) fahren kann.

Abstecher nach Phrao

Am KM 83,1 zweigt vom H107 die Straße H1150 ab und kurvt 32 km durch eine bizarre Felslandschaft nach **Phrao** (Bus ab Chiang Dao 30 Baht). In gerader Linie durchquert sie das fruchtbare Tal, in dem Jasminreis, Soja, Kartoffeln und anderes Gemüse (Frühlingszwiebeln, Bohnen, Tomaten …) sowie Gewürze (Knoblauch, Ingwer, Chili …) und Mais angebaut werden, während an den trockeneren Hängen Erdnüsse gedeihen. Die atemberaubende Straße H1150 nach **Wiang Pa Pao** (Pickup 60 Baht) führt in vielen Kurven immer an den Hängen entlang über eine von dichtem Wald bedeckte Bergkette und passiert zwei Lisu-Dörfer sowie einige Hinweisschilder, die zu Dörfern in 2–3 km Entfernung weisen. Nach 53 km trifft sie auf den H118, der Chiang Mai mit Chiang Rai verbindet. 💻 www.nordthailand.de informiert auf Deutsch sehr gut und aktuell über diese kaum bekannte Gegend.

Die **Thai Horsefarm,** ✆ 053-474399, 💻 www.thaihorsefarm.com, in Phrao bietet unter deutschem Management Abenteuertouren in kleinen Gruppen auf asiatischen Bergpferden, individuell abgestimmtes Reiten für ein paar Stunden oder auch mehrere Tage abseits der üblichen Touristenpfade.

Übernachtung

Ein Hotel, ❷, im Ort (Geldautomat bei einer Bank). Am östlichen Ortsrand lebt Werner, der einige Bungalows vermietet (Infos und Anmeldung über Duang Dee Gh. in Chiang Mai).

Doi Farang Bungalow Resort, ☏ 053-474392, 💻 www. doifarangbungalow.com; 5 km nördlich des Ortes am Fuß einer Hügelkette. Wunderschöne Bungalows aus roten Ziegelsteinen, Reihenhäuser und urig umgebaute Reisspeicher für 2–4 Personen, Restaurant und Pool, Motorradtouren. Eine Oase in freier Natur zum Erholen und eine in vielfacher Hinsicht erstaunliche Anlage. Unter Leitung des Deutschen Michael. ❹–❺
Lanna Farm, ☏ 053-281789, 💻 www.east-west.com, südlich von Phrao, zu buchen über East West Siam; Rachet Wapeetha hat in einem großen Teakhaus in ländlicher Umgebung 4 komfortable DZ mit Warmwasser-Du/WC gebaut. Viele Infos über die Landwirtschaft im Tal, Fahrradverleih, Touren u. a. zur Lisu Lodge (s. S. 401).

Von Ping Khong nach Norden

Am KM 87 lohnt das Seeufer-Restaurant einen Stopp. Malerische Felsenhügel säumen ab dem KM 90 den H107. Am KM 95,2 kommt ein weiteres Restaurant mit Seeterrasse. Nebenan werden an Verkaufsständen landwirtschaftliche Produkte aus den Royal Projects angeboten. Obwohl das Hmong-Dorf **Huay Luk** (am KM 95,5) direkt an der Straße liegt, hat es sich erstaunlich viel von seiner Identität bewahrt.

Das Chiang Dao Hill Resort, ☏ 053-236995, 💻 www.chiangdaohillresort.com, ❹–❺, 27 km nördlich von Chiang Dao am KM 100,5 ist ein Musterbeispiel für die Resort-Hotels in Nord-Thailand. In der herrlichen Anlage erholen sich vor allem Familien aus Bangkok; Eintritt 10 Baht. Bis zum KM 109 steigt die Straße an. Hier verläuft die Wasserscheide zwischen den Einzugsgebieten von Mae Nam Chao Phraya und Mekong.

Der große Beton-Buddha am KM 109,6 schaut auf die fruchtbare Ebene von Fang herab. Hier wird während der Regenzeit Nassreis angebaut, anschließend vor allem Zwiebeln und Knoblauch.

Abstecher zu den Tubtao-Höhlen und nach Ban Mai Nong Bua

Am Ende der Gefällstrecke (beim KM 117,7) biegt links vor der Tankstelle eine Straße zu den Tubtao-Höhlen ab (3 km). In der Light Cave fallen Sonnenstrahlen durch das Höhlendach auf eine große Statue des liegenden Buddha (nur der Legende nach 1000 Jahre alt) und auf Buddha-Statuen, die echte Volkskunst repräsentieren. Die rechte Dark Cave ist verwahrlost.

Fährt man 8 km weiter nach Norden und biegt an der Kreuzung nach links ab, so erreicht man **Ban Mai Nong Bua**. In diesem 2 km langen Dorf fühlt man sich wie nach China versetzt: Hua-Chinesen, die vor über 100 Jahren aus der chinesischen Südwest-Provinz Yünnan vertrieben wurden, haben sich hier niedergelassen und ihre Kultur bewahrt. Ihr Fleiß lässt sich an den ungewöhnlich gepflegten Feldern erkennen.

Ziel könnte das **Thermalbad** (Nam Rae) am Ortsende in einer Nebenstraße sein. Für ein paar Baht darf man das öffentliche Badehaus benutzen. Auf dem Hügel daneben steht ein chinesischer **Tempel** mit einem lachenden Buddha, dem historischen Buddha Sakyamuni und der Goddess of Mercy, alles in grellen Farben.

Die Hauptstraße zweigt im Ort nach rechts ab und kurvt weiter durch die Berge. Sie erreicht bei **Sinchai** die fantastische Bergstrecke entlang der Grenze, die nicht gar so steil zum Doi Angkhang hinauf führt (s. u.).

Abstecher zum Doi Angkhang

Beim KM 137 biegt der H1249 nach Westen zum Doi Angkhang (1935 m) ab. Wir empfehlen Selbstfahrern, diese Straße besser in Gegenrichtung zu befahren, vorausgesetzt das Fahrzeug hat gute Bremsen. Pickup-Taxis lassen sich für die 26 km für 700 Baht chartern. Zunächst passiert man einige langgezogene Dörfer und ausgedehnte Obstplantagen. Nach 9 km beginnt der Aufstieg auf der steilsten Straße des Nordens, der nur schwer mit einem normalen PKW zu schaffen ist. Eine mit zwei Personen besetzte MTX 125 wird sicher überhitzen.

An betonierten Hängen folgen mehrere Haarnadelkurven. Kurz vor dem Pass kontrolliert die Polizei Pässe und Führerschein, erste Souvenirstände bieten den üblichen Kram an. Nach 24 km zweigt die weniger steile Militärstraße nach links hinten Richtung Sinchai (28 km) ab – unsere Empfehlung für die Anreise mit weniger steigungsfreudigen Fahrzeugen. Geradeaus sind es noch 2 km nach **Ban Khum**.

In dem engen, vom **Doi Angkhang** überragten Hochtal liegt ein vom König gegründetes landwirtschaftliches Entwicklungszentrum. Hier werden vor allem Gemüse und Früchte aus temperierten Klimazonen auf ihre Verwendbarkeit in Nord-Thailand untersucht. Viele Blumen, Erdbeerfelder, Lamyai-, Apfel-, Birnen- und Pfirsichbäume fallen ins Auge. Ein Schmuckstück ist der Bonsai-Garten. Im Januar sinkt die Temperatur häufig bis auf den Gefrierpunkt.

In Ban Khum wohnen vorwiegend Hua-Chinesen, an den Hängen verstreut Lahu, Akha und Tai (bzw. Shan) aus Myanmar. Viele Resorts und einige Gästehäuser warten auf Pauschalreisende. In drei Läden mit Restaurant gibt es einfache Mahlzeiten. Getrocknete und eingelegte Früchte werden von Thais gekauft, die mit Minibussen kommen, um die kalte Luft zu genießen. Dagegen finden Traveller den Ort nicht besonders attraktiv.

Wer nach der anstrengenden Fahrt noch Energie verspürt, das Palaung-Dorf **Nor Lae** (7 km) zu besuchen, fährt auf dem H1249 etwa 1 km zurück und biegt nach links auf die gute Straße ab, von der sich herrliche Ausblicke ins Tal von Fang bieten. Hinter Nor Lae fällt die Straße, auf der man in 30 Minuten Fang erreicht, über 4 km unglaublich steil ins Tal ab.

Übernachtung

Sehr einfache **Bungalows**, ❶, am Hang, viele neue Gästehäuser, ❸, Gruppen zelten auf dem Sportplatz. Sein eigenes Zelt kann man kurz vor Ban Khum auf einem schönen Campingplatz unter Kiefern aufschlagen (20 Baht p. P.).

Angkhang Nature Resort, ✆ 053-450110, 💻 www.amari.com/angkhang; am Eingang zum Entwicklungszentrum, 76 Zi und Luxus-Bungalows. ❻

Weiter Richtung Fang

Schier endlos erstrecken sich die Siedlungen entlang der Hauptstraße. Am KM 143,4 liegt im Dorf Nong Yao links in einer Gasse das Fang Garden Gh. (s. u.). Auf gut ausgebauten Schotterstraßen kann man von hier zu den heißen Quellen und weiter nach Fang fahren. Am KM 144 zweigt nach rechts die Straße H109 nach Mae Suai (67 km) ab. Von hier fahren Pickups hin (jede Std. von 7.30–16.30 Uhr, 60 Baht).

Fang

Die Nähe zu Myanmar und der damit verbundene Opium- und Waffenschmuggel charakterisierten einst den Ort. Heute ist es ein verschlafenes Nest mit ein paar angenehmen Restaurants.

Die schwefelhaltigen **heißen Quellen** (gut 90 °C) von Bo Nam Ron im **Mae Fang National Park** (10 km westlich) lohnen sich nicht. Der gefasste Geysir wurde zugunsten eines Dampfbades abgestellt. Motorrad-Taxis kosten von Fang 90 Baht (hin und zurück mit 30 Min. Wartezeit 150 Baht).

Übernachtung

Fang Garden Gh., 562/249 Soi 4 (N), Ban Nong Yao, ✆ 053-453220, 9 km südlich von Fang am KM 143,6 (Schild), 500 m vom H107, hinter dem verwahrlosten Haus am Eingang. Großes Gartengrundstück, 3 hübsche, große, saubere Bungalows aus Holz und Ziegeln mit Fan, großem Bad und überdachter Terrasse, gutes, preiswertes Essen (ein billiges Restaurant 100 m entfernt); bestes Preis-Leistungs-Verhältnis; hervorragend zum Ausspannen geeignet. Amara, die freundliche, engagierte Besitzerin, spricht gut Englisch. Als Crocodile Dundee Trek & Tour Service (mit Lizenz) veranstaltet Amara individuelle, empfehlenswerte, hochgelobte Treks (500 Baht p. P. und Tag) zu vielen Bergvölkern (z. T. mit Rafting). Auf Wunsch führt sie Motorrad- und Jeepfahrer auf schwierigen Pisten durch die Wälder. Von Fang mit dem gelben Songthaew (ab Buchladen) für 6 Baht, von Chiang Mai kommend kann man direkt in Ban Nong Yao, Soi 4, am KM 143,6 aussteigen. ❷

Chok Thani, 425 Chotana Rd., ✆ 053-451353, unübersehbarer kastenförmiger Bau nahe der Bus Station. Etwas spartanisch, aber sauber und gut. ❸

Wiengfang Hotel, links nach dem Straßenknick, für Liebhaber von Holzhotels im alten Thai-Stil; mit Restaurant. ❷

Nai Phun Hotel (=Nai Fan), ✆ 053-451121, Motelstil, 1 km nördlich am H1089 auf der linken Seite. Saubere Zi mit großen Betten. ❷–❸

Essen

Non-Tree, Chotana Road, 100 m nördlich vom Chotana Hotel und Uhrturm, 30 m zurückversetzt, schöner Blick auf Reisfelder und Berge, Familienrestaurant mit gutem, preiswertem Essen, billige, leckere Eisbecher, dezente Hintergrundmusik.
Koo Charoen Chai, Chotana Road, 200 m vor dem Straßenknick rechts, Thai und chinesische Küche.
Ritzy, AC-Restaurant mit gutem Essen, abends Live-Folkmusik.

Transport

Die Bus Station liegt am Ortsanfang links.
Nach CHIANG MAI (Chang Puak Bus Station) mit non-AC-Bus 1231 alle 20 Min. bis 17.30 Uhr für 79 Baht in 3 1/2 Std., AC-Bus stdl. für 141 Baht, AC-Minibus alle 30 Min. von 9–16 Uhr für 86 Baht.
Nach CHIANG DAO für 45 Baht in 2 Std.
Nach THATON mit dem gelben Minibus alle 10 Min. für 30 Baht in 40 Min., doch beim Aufsammeln der Fahrgäste vergeht viel Zeit.
Nach MAE SAI mit non-AC-Bus über Thaton und Mae Chan um 14.30 Uhr (69 Baht). Zurück um 7 Uhr.
Nach MAE SUAI mit dem Pickup ab dem Markt (neben Chok Thani Hotel) jede Std. bis 16.30 Uhr für 60 Baht.

Weiter Richtung Thaton

Der H1089 verlässt Fang Richtung Norden. Beim KM 12,4 biegt nach links eine Straße zum zweithöchsten Berg Thailands ab, dem **Doi Pha Hom Pok** (2285 m). Auf ihr erreicht man nach 14 km ein landwirtschaftliches Entwicklungszentrum, das auch Bungalows vermieten soll. Beim KM 12,8 führt ein Sträßchen noch 18 km Richtung Gipfel, dann ein harter Pfad von ca. 8 km auf den Gipfel des Berges. Gegenüber von der Schule im Dorf Mae Ai (KM 16) zweigt ein hervorragendes Bergsträßchen Richtung Doi Larng ab, das bei klarem Wetter herrliche Ausblicke über das Tal, die Berge und den Mae Kok River bietet. Vor der Schranke nach 5,4 km muss man nach rechts abbiegen. Sehr steil fällt sie ins Tal ab. Bis man in Thaton wieder die Hauptstraße erreicht, sind 13,6 tolle Kilometer zurückgelegt.

Thaton ท่าตอน

Der ruhige, kleine Ort Thaton liegt am Mae Kok River und ist Ausgangspunkt für eine Bootstour – eine der schönsten Flussfahrten, die Thailand zu bieten hat. Und mit dem Floß kann sie geradezu romantisch abenteuerlich werden. Es lohnt sich, bereits am Tag vor der Flussfahrt in den Ort zu reisen.

Thaton wird überragt von der Monumentalstatue einer gewaltigen goldenen Buddha-Statue, die von einer Naga vor dem Regen geschützt wird. Weiter unterhalb ragt der Kopf eines weißen, sitzenden Buddhas im Chiang Saen-Stil und die Statue der Göttin der Barmherzigkeit heraus. Das **Wat Thaton** zieht sich mit seinen hübschen Mönchshäusern weit den Hügel hinauf bis zur Residenz des höchsten Mönchs von Nord-Thailand; ⌚ 5–21 Uhr, Eintritt 20 Baht p. P. Auf dem Hügel dahinter steht ein riesiger Chedi, nebenan ein Hotel. Das Bergsträßchen steigt weiter an zu einem kleinen Tempel und endet bei einem vergoldeten stehenden Buddha mit Opferschale (2,6 km). Hier ist die Aussicht über das Mae Kok-Tal nach Osten und in die Schlucht Richtung Myanmar einfach grandios. Im Bot stehen schöne bronzene Buddhas im Sukhothai- und Chiang Saen-Stil. Ein tatkräftiger Abt lässt diese Tempelanlage von vielen jungen Mönchen zu einem Schmuckstück ausbauen. Vom weißen Buddha hat man eine herrliche Aussicht über die Ebene und den Fluss bis hin zu den Bergen. Besonders stimmungsvoll ist es am frühen Morgen, wenn die Nebelschleier nach und nach das Land ins Licht entlassen.

Hinter der Brücke nach links darf man nur noch 2–3 km gehen (nicht besonders interessant). Danach umkehren, denn es wird zu gefährlich! Die Grenze zu Myanmar ist sehr nahe.

Übernachtung

Kwan's Gh. ⑥, ✆ 053-459312. Billige, abgewohnte Zi mit Du/WC an der Pickup-Haltestelle,

Restaurant an der Straße, gutes Frühstück, Touren. Thai-deutsche Leitung. ❷

Apple Gh. ⑦, ✆ 053-373144, ordentliche Zi mit fan oder AC im OG des Restaurants am Fluss. ❸

Chankasem Gh. ⑧, ✆ 053-499313, Bungalows und Reihenhaus, unterschiedliche einfache Zi, z. T. mit Fan, Bad und Warmwasser, wenig einladend, die Tore werden Punkt 22 Uhr abgesperrt; großes Restaurant direkt am Fluss, in den der Abfall entsorgt wird. ❶–❸

Naam Waan Gh. ⑨, ✆ 053-459403, Reihenhaus an der hinteren Straße, 10 saubere Zimmerchen mit Du/WC. ❷

Maekok River Village Resort ⑩, ✆ 053-459355, 💻 www.maekok-river-village-resort.com, ruhige Komfortanlage aus Naturmaterialien in schönem Garten, 29 geräumige Bungalows und Zi mit AC, auch für Familien, Pool, Restaurant am Fluss, Freiluft-Bar, Track of the Tiger Tours. ❻–❼

Thaton Garden Riverside ④, ✆ 053-459286, Einzel- und Doppelbungalows direkt am Fluss und billigere mit wenig Atmosphäre in einem asphaltierten Hof, romantischer Garten, Restaurant am Fluss; organisiert Bootsfahrten. ❸

Baan Suan Riverside Resort ②, ✆ 053-373214, gepflegte, relativ teure Anlage in der Flussschleife, schön angelegter Garten, hübsche, dicht stehende Holz-Bambusbungalows mit AC und Warmwasser-Du/WC, schlichte, saubere Zi im Reihenhaus, Restaurant mit großer Terrasse am Fluss. ❹

Thaton River View ①, ✆ 053-459289, 400 m flussaufwärts sehr ruhig gelegen; große, gediegene Anlage, schöner, gepflegter Garten, tolle Aussicht, 33 große AC-Bungalows mit Warmwasser-Du/WC und Balkon; große Restaurantterrasse direkt am Fluss, sehr gutes, relativ preiswertes Essen; Kräutersauna, Feuerstelle; Auto mit Fahrer zu mieten. ❺

Khum Phu Kham Gh. ⑪, kleine Hütten an den Reisfeldern, 1 km südlich des Ortes zweigt die Zufahrtstraße nach Osten ab. ❷

Für Romantiker

Huai Khum Resort, Ban Huai Khum (20 km), ✆ 053-918254, 💻 www.huaikhum.idv.tw; 40 Min. flussabwärts per Boot (100 Baht p. P.), traumhaft romantisches Resort in einem stillen Tal in reiner Natur, großer tropischer Garten am Fluss, 20 luxuriöse Bungalows aus Bambus am Hang mit schöner Sicht; gutes Restaurant, großer Pool, ab 22 Uhr nur Kerzenlicht; guter Ausgangspunkt für Trekkingtouren; umweltbewusstes Management, bei Anruf aus Thaton Abholung durch den Besitzer, Mr. Chia Lin. ❺

Tolle Lage am Fluss

Garden Home Nature Resort ③, ✆ 053-373015, außergewöhnlich schöne, ruhige Anlage in einem Obstgarten, 10 große Bambusmatten- und Steinbungalows mit Bad und Warmwasser stehen weit verteilt, 3 Bungalows liegen herrlich am Fluss, 4 kleine Zi mit Du/WC im Reihenhaus. Restaurant. ❷–❹

Essen

Die **Thaton Kitchen** bietet billiges, gutes Essen, auch vegetarische Gerichte; hier sind Auslandsgespräche möglich.

Das **Apple Restaurant** hat Blick zum Fluss, die Besitzerinnen bereiten leckere Gerichte.

Im **Chez Aree** gibt es guten Kaffee.

Sonstiges

Motorräder

Sie werden neben dem Bootshaus von Thaton Tour für 200 Baht/24 Std. vermietet. Häufig Ärger wegen der Auslegung der Zeit! Besser in Chiang Rai mieten. Auch die Burschen im Frühstücks-Restaurant (s. Plan), vermieten ihre Motorräder.

Tourist Police

An der Hauptstraße, ✆ 053-459033, kann ein wenig helfen, wenn Schwierigkeiten mit Veranstaltern der Floßtouren auftreten. Bei Problemen während der Floßtour muss man leider zur Tourist Police nach Thaton zurück und hier eine schriftliche Beschwerde einreichen.

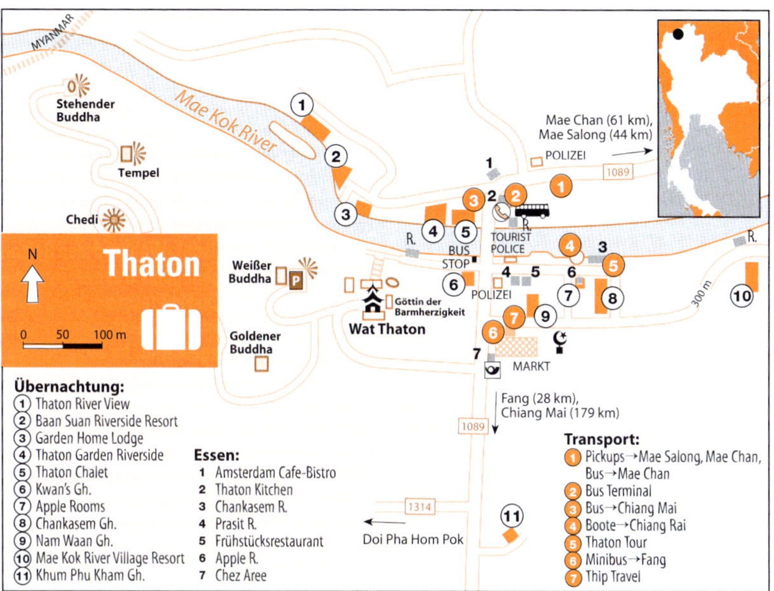

Touren

In jedem Gästehaus werden Trekking-Touren in die Umgebung von Thaton angeboten, z. B. eine Tagestour mit 6 Std. Wandern, die ungefähr jede Stunde an einem Dorf der Karen, Lahu oder Akha vorbeikommt. **Chankasem (Thaton Tour)**, 209 Moo 3, ✆ 053-459313, organisiert eine 2–3-tägige Boots- und Floßfahrt (1500–2500 Baht p. P. ab 4 Pers.). Als Guides werden junge Männer aus der Umgebung eingesetzt. Alle Abmachungen sollten schriftlich festgehalten, Stopps in der Flusskarte eingetragen werden.

Transport

Busse

Von CHIANG MAI (Chang Puak Bus Station) mit dem Direktbus 1231 um 6, 7.20 (reicht gerade noch fürs Boot), 9, 11.30, 13.30 und 15.30 Uhr für 90 Baht in knapp 4 Std. Nach CHIANG MAI Direktbus um 8, 9.25, 11.30, 13.30, 14.25 und 16.15 Uhr für 90 Baht in 3 1/2 Std. (über Fang).

Nach MAE SALONG über Kai Sadai (Pickup s. u.), von dort um 7.30, 10.30, 12 und 13.30 Uhr für 30 Baht in 30 Min.

Nach MAE CHAN über Kai Sadai, von dort per Pickup für 30 Baht.

Nach CHIANG RAI über Mae Chan um 15 Uhr für 38+18 Baht in 3 Std.

Direkt nach BANGKOK (890 km) AC-Busse um 6, 16, 16.30 und 17 Uhr für 547 / 703 bzw. 820 Baht in 12 Std; von Bangkok zu ähnlichen Zeiten.

Pickups

Nach MAE SALONG mit gelben Pickups für 60 Baht (bis Kai Sadai 30 Baht) in 2 Std. auf der Bergstraße mit herrlicher Aussicht. Sie fahren von der Haltestelle jenseits der Brücke alle 30 Min. ab, auch in die östlichen Dörfer, z. B. nach BAN MUANG NGAM für 20 Baht. Meistens fahren Thai, Chinesen, Akha, Karen, Lahu, Lisu und Yao mit. Mit geringem Gepäck kann man leicht aussteigen, ein nahes Dorf besuchen und später das nächste Pickup nehmen.

Flussboote

Von CHIANG RAI um 10 Uhr für 350 Baht in 3–6 Std.

Nach CHIANG RAI mit dem *Public Boat* um 10.30 und 12.30 Uhr für 350 Baht in 4–5 Std.
An ca. 12 Haltestellen kann man unterwegs aussteigen, z. B. bis BAN MAI für 70 Baht, MAE SALAK für 80 Baht, RUAM MITR für 200 Baht.

Flussfahrt auf dem Mae Kok

Mit dem Schnellboot

Ab 9–10 Uhr fahren Longtail-Boote (ohne Sitze!) am Bootshaus ab. Die Fahrt auf dem Mae Kok River bis Chiang Rai dauert, wenn keine Pannen auftreten, 3 1/2–4 Std. und kostet 350 Baht pro Person. Zur Sicherheit fahren streckenweise 1–3 Polizisten mit. Während der Fahrt sitzt man quer zur Fahrtrichtung auf Kunstlederkissen auf dem Boden des Bootes und kann halb entspannt liegen. Unterwegs kommt man nicht an sein Gepäck, deshalb sollte man rechtzeitig für weitere Polsterung sorgen. Plastikbeutel für Fotoapparat (häufig kommt Wasser über), Sonnenhut und Sonnenbrille (gegen den Fahrtwind) nicht vergessen.

Leider rast das Boot zu schnell und zu laut durch schöne Landschaft: zuerst fruchtbare Ebenen und malerische Ortschaften, nach jeder Kurve ein neuer Ausblick auf den alles überragenden Buddha von Thaton, später hohe Berge mit dichtem Wald, Bambuswildnis und vielen jungen Teakbäumen, ab und zu ein Hilltribe-Dorf (Akha, Lahu, Lisu) und aufregende Stromschnellen.

Wenn keine Fahrgäste unterwegs zu- oder aussteigen wollen, hält das Boot nur zur Registrierung der Passagiere (Pass oder Kopie mit Visa-Nummer wird benötigt) und ca. 15 Min. in Ruam Mitr. Hilltribe-Frauen biedern sich zum Fotografieren an.

Zu etwa 10 anderen Anlegestellen kann man Fahrkarten lösen und von dort am Fluss entlang oder in Dörfer wandern. Das Boot legt am nächsten Tag wieder an, wenn man sich entsprechend bemerkbar macht.

Wer unabhängiger sein und nach Belieben anhalten will, muss ein eigenes Boot chartern (ca. 1600 Baht für 6–8 Personen). Am Fluss entlang bestehen Übernachtungsmöglichkeiten. Nach 2 Std. kommt das empfehlenswerte My Dream (s. S. 431).

Mit dem Floß

Weniger Eilige können in 2 Tagen mit einem Bambusfloß den Fluss hinuntertreiben (nach Ende der Regenzeit kann die Strömung so stark sein, dass die Reise nur 1 1/2 Tage dauert). Die Preise und Angebote sind bei allen Veranstaltern ähnlich, man sollte jedoch von den Versprechungen einige Abstriche machen (insbesondere können die Guides entgegen der Abmachung zumeist fast kein Englisch). Während der Saison finden sich täglich genügend Traveller, und die Floße liegen bereit. Ein Floß fasst bis zu 6 Personen und ist mit einem Hüttenaufbau und einem „WC"-Verschlag ausgestattet. Im Preis von ca. 6000 Baht pro Floß (für 4 Personen) sind zwei Bootsführer, Matten, Decken, Kocher und 4x Essen sowie der Elefantenritt enthalten. Übernachtet wird auf dem Floß oder am Ufer im Freien (Moskito-Netz oder zumindest Coils sind wichtig).

Es kann auch ein ganzes Programm, wie der Besuch von Akha- oder Lisu-Dörfern und eine Wanderung zu heißen Quellen, mitgebucht werden (ca. 2000 Baht p. P., 1 Tag zusätzlich). Handelt man den Preis zu sehr herunter, sodass die Guides nicht auf ihre Kosten kommen, lassen sie einfach einen Teil des Programms ausfallen.

Wegen einiger tragischer Unfälle ist es nicht mehr erlaubt, sich ein ganzes Floß zu kaufen und alleine zu steuern. Die Polizei von Thaton verlangt, dass pro Floß zwei erfahrene Floßführer mitfahren. Besonders gefährlich kann es am 2. Tag bei den Stromschnellen in der Höhe vom Forest Development Center werden! Viele Flöße kenterten hier.

Auf der Bergstraße nach Mae Salong

Auf dem H1089 verlässt man Thaton (KM 23,6) Richtung Nordosten. Die Straße führt zunächst 19 km durch das weite Tal des Mae Kok bis zum Karen-Dorf **Muang Ngam** (KM 38,7). In **Reinato's Bamboo House Gh.** ✆ 087-1856172, 800 m vom H1089, kann man in einem echten, urigen Bambushaus in einfachen Zi mit Matratze auf dem Boden übernachten; schöner Blick vom kleinen Sala über den Bach auf die Reisfelder; der liebenswürdige Besitzer veranstaltet Touren zu

Bergdörfern (Akha, Lahu, Shan, Karen, Yao), bietet *Jungle Trekking* und *Bamboo Cooking*. ❷

Weiter geht es durch schönes Hügelland mit intensiv bebauten Feldern, vorbei an Dörfern der Bergvölker sowie der KMT, Wa und Shan. Am KM 40 liegt das absolut touristische „Three Hilltribe Village" von Karen, Yao und Long Necks, 10 Min. zu Fuß, 250 Baht Eintritt.

Im Dorf **Li Ching** (Santisuk) am KM 51 leben viele christliche Wa. Gut 3 km weiter steht rechts eine traditionelle Akha-Schaukel. Dort errichteten die Dorfbewohner als Gemeinschaftsprojekt das **Ban Lorcha Living Museum**, in dem man für 40 Baht Eintritt traditionelle Aktivitäten sehen kann. Damit unterstützt man ein vorbildliches Dorfentwicklungsprojekt und trägt zur Bewahrung der Akha-Kultur bei, auch wenn die Silberschmuckimitate nur noch angelegt werden, wenn Touristen im Anmarsch sind. Beim Checkpoint am KM 54,8 gabelt sich die Straße: Nach rechts führt der H1089 weiter durch das Tal des Chan nach Mae Chan (30 km), nach links geht es auf dem H1234 nach Mae Salong (13 km). Die herrliche Straße, ein „Leckerbissen" für Motorradfahrer und Liebhaber schöner Landschaften, führt über zwei haarige Pässe hoch in die steilen Berge. An den Berghängen bauen die Bergvölker in mühevoller Handarbeit Feldfrüchte an. Bei klarem Wetter ist die Aussicht fantastisch. Nach etwa 2 Std. Fahrt ist Mae Salong (s. S. 434) erreicht. Von dort geht es auf einer weiteren herrlichen Bergstrecke noch 67 km bis Chiang Rai.

Von Chiang Mai nach Chiang Rai

Auf der direkten Straße H118 benötigt man für die Strecke von Chiang Mai nach Chiang Rai (182 km) nur 3 1/2 Stunden mit dem Auto oder Motorrad, knappe 4 Stunden mit dem Bus. Unterwegs laden einige hübsche Rest Areas zu einem Picknick ein, abenteuerliche Nebenstraßen führen tief in die Wälder, und man kann in einem einfachen Gästehaus in den Bergen übernachten. Entlang der von üppigem Grün gesäumten Straße entstanden auch einige bessere Resort-Hotels, die häufig nur in Thai beschriftet sind.

Wenn man die Ausläufer der Stadt hinter sich gelassen hat, dehnen sich Reisfelder auf beiden Seiten der Straße aus. Am KM 17 auf der Abzweigung nach links 7 km zum Wangtarn Resort, ❹, 35/1 Ruang Nua, ✆ 053-865655, nahe am Mae Kuang Damm; 62 Zi ab 600 Baht, Camping, Pool. Anschließend geht es auf einer kurvenreichen Straße vorbei an einigen privaten Resorts durch Hügelland und Wälder. An einer kaum erkennbaren Abzweigung am KM 42 biegt der H1252, der für Motorräder und Jeeps befahrbar ist, nach rechts zum Jae Sorn National Park ab (54 km, s. S. 457). Hinter dem Pass beim KM 53 („Khunchae National Park") beginnt die überaus fruchtbare Provinz Chiang Rai, die nördlichste in Thailand.

Weiter nach Norden

Am KM 64,7 werden an den Essenständen und unzähligen Souvenirläden Körbchen mit Wachtel- und Hühnereiern für 10 Baht verkauft, die man in den über 90 °C heißen **Hot Springs** kochen kann. Gegenüber gibt es vier Bungalows für 200 Baht (beim Restaurant fragen). In **Ban Pang Ai** (KM 71) kann man sich mit Besen aus Naturborsten und mit Korbwaren eindecken und im lang gestreckten Dorf **Mae Kachan** (= Mae Khajan) billig übernachten.

Am Ortsende biegt am KM 78,4 der H120 nach rechts ab. Er führt über eine schöne Bergstrecke

Abstecher zur Trekker Lodge

Am KM 63,5 weist ein Schild nach rechts. Dann geht's 7 km auf einem ordentlichen Fahrweg bergauf (selten Pickups) und durch ein Dorf der Lahu Sheh Leh.

Hinter dem Thai-Dorf **Ban Muang Noy** liegt rechts am Hang die Trekker Lodge, ✆ 089-5539795, ❷, 🖳 www.trekker-lodge. com, 5 einfache Bungalows aus Holz, jeder im Stil eines anderen Bergvolks gebaut; Restaurant mit gutem Essen, Kräuter- und Gemüsegarten, Yoga-Plattform, freundliche Besitzerin. Trekking Guides bieten sich an. In unmittelbarer Umgebung liegen zwei Dörfer der Lahu Sheh Leh. Dörfer der Lisu, KMT (Kuomintang), Hmong, Yao und Weißen Karen können auf 1- bis 3-tägigen Wanderungen erreicht werden.

durch dichte Wälder und vorbei am eindrucksvollen Wasserfall **Nam Tok Tarn Thong** (32 km) bis in die Ebene von Phayao (68 km).

Am KM 91 biegt in der Ebene von **Wiang Pa Pao** der kurvenreiche H1150 nach links ab Richtung Phrao und Chiang Dao.

Übernachtung

Thaiyakorn Hotel, KM 77,6, befindet sich gegenüber vom Wat, ✆ 053-789113, einfache Zi mit Warmwasser-Du/WC in Reihenbungalows im Hinterhof. ❷

Cabbages & Condoms Inn & Restaurant, KM 84,5, ✆ 053-952312, empfehlenswert. ❸

Chai Warit, KM 95, Wiang Pa Pao, ❶, und **Pimpa** am KM 94 in einer Seitenstraße, ❶–❷, sind nur Notunterkünfte.

Suan Thip Vana Resort, KM 107, 49 Ban Pa Hieng, Moo 14, 💻 www.suanthipresort.com, ✆ 053-724226; 36 Luxus-Zi; Restaurant, Café, großer Pool, Sauna. Leser: „Ein idealer Ort, um mitten im tropischen Urwald Nord-Thailands auszuspannen." ❽

Mae Suai

Nach einer weiteren Hügelstrecke mit hübschen Rastplätzen fällt der H118 in die weite Ebene von Chiang Rai ab. Das Dorf Mae Suai wird überragt von einem Hügel, auf dem ein Tempel steht. Von oben bietet sich eine schöne Aussicht auf die Umgebung.

Von Mae Suai kann man durch schöne Wälder auf dem H109 nach Fang (76 km) fahren. Pickups fahren stündlich in ca. 90 Min. und kosten 60 Baht. Nach Chiang Rai stündlich Pickups für 30 Baht.

Übernachtung

Charin Garden Resort (= Suan Jarin Resort), 83 Moo 1 Phaholyothin Rd., 8 km nördlich am H118 Richtung Chiang Rai, ✆ 053-717272, 10 nette Bungalows jenseits des Flusses in schön angelegtem Garten, Coffeeshop mit frischem Kaffee, leckeren Pies und schöner Sicht über den Fluss. ❹

Wawi-Distrikt

2 km hinter Mae Suai zweigt in der weit geschwungenen Straßenkurve eine gute Straße in den Wawi-Distrikt ab (zwischendurch 24 km Schotter), in dem sich viele Lisu, Lahu, Karen und Akha angesiedelt haben. Einige neue Pisten zweigen von der Straße ab.

Die Ortschaft **Wawi** (KM 50) liegt malerisch am Hang in den Bergen und wird überwiegend von moslemischen Chinesen bewohnt. Hier befindet sich die größte Teeplantage Thailands mit Teefabriken, in denen man chinesischen Tee testen kann. Zum Morgenmarkt kommen die Angehörigen verschiedener Bergvölker. Pickups fahren ab Mae Suai von 7–17 Uhr für 70 Baht, zurück 6.30–15.20 Uhr alle 50 Min., nach Fang nur um 6.30 Uhr für 70 Baht. Noch kein öffentlicher Transport nach Mae Salak.

Weitere 17 km Piste ziehen sich durch prachtvolle Berglandschaft bis **Mae Salak** am Kok River. Eine kurze Sackgasse führt zu einem Restaurant über dem Fluss: schöne Ausblicke! Nach weiteren 5 km ist der H1089 am KM 34,1 erreicht.

Übernachtung

Wawi Gh., 2-stöckiges Steinhaus in exponierter Lage 200 m über dem Markt, direkt unterhalb der chinesischen Schule; wenig einladende, überteuerte Zi ohne Aussicht. ❷

Laulee Resort, ✆ 053-609150, 5 km nördlich vom Dorf Wawi an der Piste nach Salak, hoch über dem Tal an einem Hang, 18 z. T. grasgedeckte Bungalows mit warmer Dusche, Restaurant mit herrlicher Sicht über Teeterrassen, schön angelegter Garten mit vielen Blumen. ❹

Huai Khum Resort, ✆ 053-918254, am Mae Kok River bei Mae Salak (s. oben). ❺

Weiter nach Chiang Rai

Nach 24 km trifft der H109 am KM 806,4 auf den Highway H1. In Sichtweite der Abzweigung ist es auch möglich, kurz vorher nach links auf den guten, wenig befahrenen H1211 abzubiegen und Chiang Rai von Westen her anzufahren.

Am KM 816 lädt nochmals eine Abzweigung nach links („Nam Tok Khun Kon 20 km") zu einem Abstecher zu einem schönen Wasserfall ein. Der H1 erreicht Chiang Rai am KM 829.

Chiang Rai เชียงราย

Die nördlichste Provinz Thailands hat fast 1 Million Einwohner, und obwohl nur ein knappes Drittel ihrer Fläche landwirtschaftlich genutzt wird, hat sie in der Reisproduktion die höchsten Erträge aller Provinzen. Es herrscht eine durchschnittliche Jahrestemperatur von 25 °C, im Winter 13 °C, in der heißen Jahreszeit (März bis Mai) 35 °C. Am meisten regnet es im August und September. Die Stadt Chiang Rai wurde bereits 1262 von König Mengrai als Zentrum seines Reiches gegründet. Chiang Mai folgte erst 34 Jahre später. Dennoch gibt es hier keine historischen Bauten oder Ruinen, die als Attraktion dienen könnten. In den letzten Jahren erlebte die Stadt einen Bauboom, der immer noch anhält.

Viele Traveller nutzen die Stadt Chiang Rai (61 000 Einwohner) als Basis für längere Trips in den Norden. Der Großraum Chiang Rai wird zu einem zweiten touristischen und industriellen Zentrum im Norden Thailands ausgebaut. Die ruhige, entspannte Atmosphäre verliert sich, zumindest im Zentrum, immer mehr. Ein Dutzend Ampeln mit roter Welle auf dem Superhighway sorgen für weltstädtische Staus.

Im Chedi des **Wat Phra Kaeo** wurde 1436 der berühmte Smaragd-Buddha entdeckt. Nach einer Legende soll ein Blitz den Chedi beschädigt, und so die Statue freigelegt haben, die aber damals noch unter einer Gipsschicht verborgen war. Später sprang der Gips ab, und der grüne Buddha kam zum Vorschein. Das tatsächliche Material ist übrigens Jaspis.

Lohnend ist ein Besuch des zentral gelegenen **Wat Klang Wiang**, Rattanaket Rd., das 1992 komplett restauriert wurde. Hier steht, von Yaksha bewacht, der neue Grundstein der Stadt. Der alte liegt verborgen unter dem Chedi, der mit Elefanten und anderen mythologischen Tieren geschmückt ist. Der angrenzende kleine Bot und große Viharn im Lanna-Stil ist reich mit Nagaschlangen und vergoldeten Holzschnitzereien verziert, die unter anderem die 12 Tierzeichen des chinesischen Kalenders darstellen. Im kleinen, hübschen Garten wurden Tafeln mit kurzen Zitaten und Statuen aufgestellt, die den Mönchen des angrenzenden Klosters Anregungen bei ihren Meditationen geben sollen.

Sehr gute Informationen über Bergvölker erhält man im **Hilltribe Museum**, Tanalai Rd., ✆ 740088, ✉ crpda@hotmail.com. Es bietet Einblick in die Tradition der Hilltribes durch eine nette Ausstellung, die Dia-Show (50 Baht) bringt nicht viel. ◷ tgl. 9–12 und 13–20 Uhr, Sa/So ab 10 Uhr, Eintritt 20 Baht. Es werden auch 1- und 2-Tages-Touren sowie Treks durchgeführt, deren Erlös direkt für die Hilltribes verwendet werden soll. Mit Restaurant, ◷ 11–24 Uhr.

Besonders sehenswert ist in Chiang Rai der schöne, angenehme **Night Bazaar**. In der Stadt herrscht sonntags Ruhe.

Übernachtung

Gästehäuser

Fast alle Gästehäuser bieten Fan und Duschen mit Warmwasser, die meisten allerdings nur als Gemeinschaftseinrichtung. Alle betreiben eine Trekking-Organisation oder vermitteln Trekking-Touren. Fahrräder (50 Baht), Mopeds (150–250 Baht), Motorräder und Jeeps (800 Baht) werden verliehen oder vermittelt.

In Flussnähe

Chat House ⑪, 3/2 Sang Kaew Rd. Soi 1, ✆ 053-711481, 💻 www.chattour.com; ruhige Seitengasse, saubere, gut in Stand gehaltene Zi, gute Betten und besonders heiße Duschen, angenehme Atmosphäre; hübsches Restaurant mit gutem Essen. ❶–❷, AC ❸

Kae's B and B ⑨, 1/9 Thanon Trairat, ✆ 053-602169, ✉ kaesinternetcafe@yahoo.com; 4 saubere Fan-Zi über dem Internet-Café (30 Baht/Std.), AC 150 Baht extra, Gemein-

Ruhige Lage, gute Atmosphäre

Chian House ④, 172 Sibunruang Rd., ✆ 053-713388, 💻 www.chiangraiprovince.com/htl/chian; auf der Insel; 12 saubere, große Zi im Reihenhaus mit Du/WC, einige große Bungalows mit Warmwasser-Du/WC, Hof mit sauberem Pool; gutes, preiswertes Essen, große Portionen; nettes, junges Personal; Fahrräder 50 Baht / 24 Std. Gute Treks. ❷, AC ❸

schafts-Du/WC; reichhaltiges Frühstück, guter Kaffee. ❷

Maekok Villa ⑩, 445 Singhakai Rd., ✆ 053-711766, alte Villa auf einem kleinen, gepflegten Grundstück, riesige Schlafsäle, dahinter ruhige Bungalows und Reihenhäuser mit komfortablen Zi. ❷, AC ❷

Jitaree Gh., ⑦, 246/3 Singhakai Rd., ✆ 053-719348, 💻 jitaree.house.tripod.com, neues, zweistöckiges Haus mit 12 sehr sauberen Zi, familiäre Atmosphäre. ❷

Mae Hong Son Gh. ⑧, 126 Singhakai Rd., ✆ 053-715367, am Ende der ruhigen Sackgasse, schönes, altes Teakhaus in einem urigen, kleinen Garten, 9 Zi mit und ohne Du/WC. ❶–❷

Pintamorn Gh. 1 ⑤, 199/1 Singhakai Rd., ✆ 053-714161, auf der Insel; Reihenhaus mit 18 sauberen Zimmern. ❶–❷, AC ❷

Akha River House, ③, 423/25 Soi 1, 3 089-997505, 💻 www.akha.info, saubere Zi und Schlafsaal in verschiedenartigen Häuschen in traditioneller Bauweise aus Bambus und Erde direkt am Flussarm, schöner Garten. Apae, auch Besitzer des Akha Hill House, arrangiert gute Treks. ❷–❸

Im Westen (Chiang Mai Gate)

Pa-Tim House ⑳, 166/5 Banphaprakan Rd., ✆ 053-713368; 2-stöckiges Stadthaus in ruhiger Gasse, große, kahle Zi mit guten, großen Betten und Du/WC, originelle Bar unterm Wassertank im Betonhof; freundliche, erfahrene Trekking Guides. ❷

Ben Gh. ㉚, 350/10 Sankhongnoi Rd. Soi 4, ✆ 053-716775, 081-0279470; beliebte Anlage in einer ruhigen Wohngegend; gehört dem Englisch und etwas Deutsch sprechenden, freundlichen Thai Patrick; im hellhörigen Teakhaus Zi mit und ohne Du/WC und Warmwasser (z. T. für 3 Pers.); neueres, schönes Thaistil-Haus mit guten, großen Zimmern (3 Betten) mit Warmwasser-Du/WC; Essecke, viele Infos, angenehme Atmosphäre. Abholservice von Boot und Bus, gute Treks, Motorräder, Jeeps. Gutes Preis-Leistungs-Verhältnis. ❷, AC ❸

Im Zentrum

Pintamorn Gh. 2 ⑮, 509/1 Rattanaket Rd., ✆ 053-715427, Stadthaus an einer lauten Hauptstraße, 40 große, saubere Zi mit Fan oder AC und Warmwasser-Du/WC; Restaurant, umfassender Service; Mountainbikes (100 Baht), Mopeds, Jeeps (800 Baht) und PKWs (1000 Baht). ❷

Baan Bua Gh. ㉗, 879/2 Jet Yod Rd., ✆ 053-718880, ruhiges Reihenhaus in schönem, schattigem Garten, große, saubere Zi, etwas hotelmäßig, gut zum Entspannen vom City-Stress; rücksichtsvolle Thai-englische Leitung. ❷

Tourist Inn ㉛, 1004/4 Jet Yod Rd., ✆ 053-714682, kleiner, guter Familienbetrieb, saubere, große Zi, ruhig. ❷–❸

Golden Triangle Inn ⑰, 590 Phaholyothin Rd., ✆ 053-711339, hinter dem zugehörigen Café und Reisebüro; Reihenhäuser in einer hübschen Anlage; geschmackvolle AC-Zi, hellhörig, sehr gute sanitäre Anlagen. ❸–❹

Prima House ⑯, 697/4 Phaholyothin Rd., ✆ 053-716306, ruhiges Hotel in einer Seitenstraße, saubere AC-Zi, nur der Manager spricht Englisch. ❹

Jansom House ㉛, 897-2 Jet Yod Rd., ✆ 053-714779, neues Gästehaus auf 3 Etagen um einen schönen, schmalen Innenhof, 30 AC-Zi mit TV und Warmwasserdusche, nettes Personal. Von 7.30–10.30 Uhr Kaffee frei. AC ❸

Außerhalb

HI-Sabun Nga ㉞, 226/50 Sankhongnoi Rd., ✆ 053-712290, ✉ chiangrai@tyha.org; saubere Zi mit Fan oder AC, freundliche Leute; Fahrräder, Restaurant, Pub. ❷–❸

Paenklet Villa (auch Buffalo Hill Gh.) ㊱, 481 Moo 4, Doi Kaokwai, ✆ 053-717552; am Büffel-

Traditionelles Akha-Haus

Akha Hill House, 97/7 Doi Hang (Apae's Akha Village), ✆ 081-4607450, 💻 www.akhahill.com, 26 km westlich in der Nähe des Huai Kaeo-Wasserfalls auf 1500 m Höhe; traditionelles Akha-Haus am Ende des Dorfes, einfache Zi, saubere Du/WC sowie Bambusbungalows mit Warmwasser-Du/WC, Essen; schöne Sicht übers Tal, Wanderwege zu Hilltribe-Dörfern, Tages- und Zweitage-Treks (400 bzw. 1000 Baht). Der Besitzer Apae ist Village Chief und Trekking Guide. Freier Transport um 16.30 Uhr vom Akha Hill Tour Office beim Wat Prasing. ❶–❸

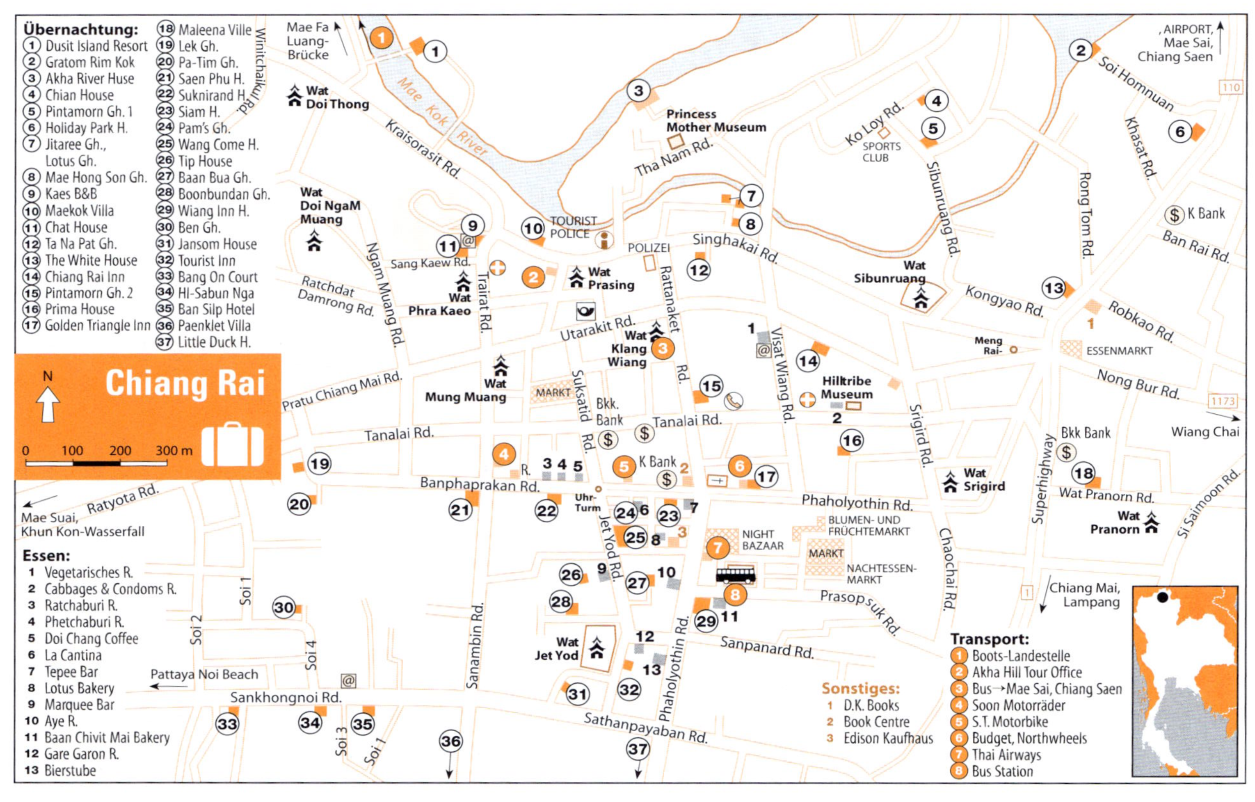
Chiang Rai
N
0 100 200 300 m
Übernachtung:
1 Dusit Island Resort
2 Gratom Rim Kok
3 Akha River Huse
4 Chian House
5 Pintamorn Gh. 1
6 Holiday Park H.
7 Jitaree Gh., Lotus Gh.
8 Mae Hong Son Gh.
9 Kaes B&B
10 Maekok Villa
11 Chat House
12 Ta Na Pat Gh.
13 The White House
14 Chiang Rai Inn
15 Pintamorn Gh. 2
16 Prima House
17 Golden Triangle Inn
18 Maleena Ville
19 Lek Gh.
20 Pa-Tim Gh.
21 Saen Phu H.
22 Suknirand H.
23 Siam H.
24 Pam's Gh.
25 Wang Come H.
26 Tip House
27 Baan Bua Gh.
28 Boonbundan Gh.
29 Wiang Inn H.
30 Ben Gh.
31 Jansom House
32 Tourist Inn
33 Bang On Court
34 HI-Sabun Nga
35 Ban Silp Hotel
36 Paenklet Villa
37 Little Duck H.
Essen:
1 Vegetarisches R.
2 Cabbages & Condoms R.
3 Ratchaburi R.
4 Phetchaburi R.
5 Doi Chang Coffee
6 La Cantina
7 Tepee Bar
8 Lotus Bakery
9 Marquee Bar
10 Aye R.
11 Baan Chivit Mai Bakery
12 Gare Garon R.
13 Bierstube
Sonstiges:
1 D.K. Books
2 Book Centre
3 Edison Kaufhaus
Transport:
1 Boots-Landestelle
2 Akha Hill Tour Office
3 Bus→Mae Sai, Chiang Saen
4 Soon Motorräder
5 S.T. Motorbike
6 Budget, Northwheels
7 Thai Airways
8 Bus Station
Mae Fa Luang-Brücke
, AIRPORT, Mae Sai, Chiang Saen
Mae Kok River
Wat Doi Thong
Winitchaikul Rd.
Kraisorasit Rd.
Princess Mother Museum
Tha Nam Rd.
Ko Loy Rd.
SPORTS CLUB
Sibunruang Rd.
Soi Homnuan
Khasat Rd.
Rong Tom Rd.
K Bank
Ban Rai Rd.
110
Wat Doi NgaM Muang
TOURIST POLICE
POLIZEI
Singhakai Rd.
Sang Kaew Rd.
Wat Prasing
Wat Sibunruang
Kongyao Rd.
Robkao Rd.
Ratchdat Damrong Rd.
Ngam Muang Rd.
Wat Phra Kaeo
Trairat Rd.
Utarakit Rd.
Wat Klang Wiang
Rattanaket Rd.
Visat Wiang Rd.
Meng Rai-
ESSENMARKT
Nong Bur Rd.
1173
Wiang Chai
Pratu Chiang Mai Rd.
Wat Mung Muang
MARKT
Suksatid Rd.
Bkk. Bank
Tanalai Rd.
Hilltribe Museum
Srigird Rd.
Bkk Bank
K Bank
Banphaprakan Rd.
Uhr-Turm
Phaholyothin Rd.
Wat Srigird
Superhighway
Wat Pranorn Rd.
Wat Pranorn
Si Saimoon Rd.
Ratyota Rd.
Mae Suai, Khun Kon-Wasserfall
Jet Yod Rd.
NIGHT BAZAAR
BLUMEN- UND FRÜCHTEMARKT
MARKT
NACHTESSEN-MARKT
Chaochai Rd.
Chiang Mai, Lampang
Prasop suk Rd.
Soi 1
Soi 2
Soi 4
Soi 3
Soi 1
Sanambin Rd.
Wat Jet Yod
Sanpanard Rd.
Pattaya Noi Beach
Sankhongnoi Rd.
Sathanpayaban Rd.

hügel im Südwesten, schöne, ruhige Anlage mit Holzbungalows unter Bäumen, günstiges Restaurant; gutes Preis-Leistungs-Verhältnis; zum Erholen bestens geeignet. ❷–❹

The White House ⑬, 789 Phaholyothin Rd., ✆ 053-713427, 💻 www.chiangraiprovince.com/htl/whitehouse; an der belebten Ausfallstraße, Stadthaus mit sauberen Zi mit Kühlschrank, Du/WC; Restaurant, Café im Freien, Internet, Pool mit Jacuzzi; sehr freundliche Besitzer, die viel über den Norden wissen. ❷–❹

Hotels

Die billigen Hotels sind kaum ihr Geld wert.

Mittelklasse

Suknirand Hotel ㉒, 424/1 Banphaprakan Rd., ✆ 053-711955, ordentliches Stadthotel. ❸

Saen Phu Hotel ㉑, 390 Banphaprakan Rd., ✆ 053-717300-9, 7-stöckiges Gebäude, sehr gute, große Zi mit Minibar, TV, AC, Bad; lohnt den Preis. ❸–❺

Chiang Rai Inn ⑭, 661 Utarakit Rd., ✆ 053-717700-3, gutes Hotel mit Restaurant (mit Sing-Sing) und Coffeeshop. ❺–❻

Wang Come Hotel ㉕, 869 Pemawibhata Rd., ✆ 053-711800, gutes Hotel, Restaurant, Coffeeshop, Pool. ❺

YMCA Inter House, 70 Phaholyothin Rd., ✆ 053-713785-6; 4 km nördlich der Brücke am H101 rechts, modernes Gebäude. ❸

Luxushotel

Dusit Island Resort ①, 1129 Kraisorasit Rd., ✆ 053-715777-9, ✉ chiangrai@dusit.com, auf der Insel im Kok River, wirkt wie das Verwaltungsgebäude eines Chemieunternehmens. Gute Aussicht von der Dachbar im 11. Stock. ❽

Essen und Unterhaltung

Auf mehreren **Nachtmärkten** kann man günstig essen.

Food Court, auf dem Nachtmarkt im Stadtzentrum, viele Stände mit verschiedenem, frischem, günstigem Essen. Unterhaltungsprogramm auf zentraler Bühne.

Westlich vom Uhrturm liegen zwei äußerst beliebte, nur in Thai beschriftete **Restaurants**, das **Phetchaburi** und das **Ratchaburi**. Auch die fertigen Gerichte sehen sehr lecker aus und schmecken ganz hervorragend.

Empfohlen wurde das 3-stöckige **Ratanakosin Restaurant** am Night Bazaar.

Cabbages and Condoms, 620/25 Tanarai Rd, ✆ 053-719167, amüsantes Restaurant mit dem Ziel, Safer Sex zu unterstützen, große Auswahl an typischen Thai-Gerichten, etwas teurer als der Durchschnitt.

Bierstube, ✆ 053-714195. Gut bürgerliche Küche (z. B. Steak und selbst gebackenes Graubrot), Bier vom Fass, Frühstück mit frischen Brötchen und Thai-Essen, 🕓 9–24 Uhr.

Teepee Bar, am Knick der Phaholyothin Road, urige Kneipe und Shop mit selbst produzierten Lederwaren; westliche Rockmusik, gute Atmosphäre.

Surapee Vegetarian Restaurant, 621/6 Visat Wiang Rd., hat sehr gutes vegetarisches Essen in freundlicher Atmosphäre.

Baan Chivit Mai Bakery, ✆ 053-712357, unter schwedischer Leitung, bietet eine große Kuchenauswahl, 🕓 8–22 Uhr.

Flussrestaurants liegen beidseitig des Flusses an der Brücke Richtung Mae Sai, z. B. **Lahn Tong Restaurant**, ✆ 053-715345, gut für Mittag- oder Abendessen.

Sonstiges

Autovermietungen

Jeeps werden von vielen Reisebüros für ca. 800–1200 Baht vermietet.

Avis hat ein Büro im Dusit Island Resort, ✆ 053-715779.

Budget, 590 Phaholyothin Rd., ✆ 053-202871, 💻 www.budget.co.th.

Northwheels, 591 Phaholyothin Rd., ✆ 053-740585, 📠 740588; 💻 www. northwheels.com, nebenan, neuer Ableger des beliebten Vermieters aus Chiang Mai, One-Way-Rental ohne Zusatzkosten.

Bücher

Eine große Auswahl an Büchern und Karten hat das Chiang Rai Book Centre.

Kunsthandwerk

4 km nördlich am H110 im Handicraft Center (zu erkennen am riesigen Schöpflöffel vor dem Eingang); sehr große Auswahl im Verkaufsraum mit angeschlossenem Restaurant. Die Werkstätten können tgl. 8–20.30 Uhr besichtigt werden.

Feste
Mitte Mai wird die Lychee Fair veranstaltet, ein Volksfest zur Lychee-Ernte.

Geld
Es gibt mehrere Geldautomaten. Viele Banken haben einen *Exchange Service,* ⌚ 8.30–21 Uhr.

Informationen
TAT Tourist Office, 448/16 Singhakai Rd., ✆ 053-744674-5, ✉ tatchrai@tat.or.th, von einigen Angestellten gibt es gute Informationen und Karten über Chiang Rai, Phayao, Phrae und Nan. ⌚ tgl. 8.30–16.30 Uhr.
Recht brauchbare Informationen im Heft *Welcome to Chiang Mai & Chiang Rai.*

Internet
Happytime Internet, 621/5 Visat Wiang Rd., hat Superspeed Connection für 15 Baht/Std., gute Screens.

Medizinische Hilfe
Overbrook Hospital, Singhakai Rd., ✆ 053-711366.
Im **Sri Burin Hospital** nahe Little Duck Hotel im Süden, ✆ 053-717499, praktizieren auch westliche Ärzte.
Empfehlenswert ist die **Aerztliche Praxis Huai Kian** mit dem Arzt Sukrit Tongprasroeth (M.D.), ✆ 053-660868, der in Hamburg als Facharzt für Chirurgie praktiziert hat und gut Deutsch spricht, 24 km nördlich von Chiang Rai beim KM 849,6 (Schild „Arzt" am linken Straßenrand, 8 km vor Mae Chan).

Motorräder
Soon Motorcycle, Trairat Rd., hat über 40 Maschinen von 100–250cc für 150–500 Baht.
S.T. Motorbike, Banphaprakan Rd., ✆ 053-713652, gilt als sehr zuverlässig und freundlich, hat auch große Bikes und Jeeps, günstige Preise.

Reisebüros
Melody Air Travel, 867/87-89 Pemawibhata Rd., am Wang Come Hotel, ✆ 053-752549, ✉ meltrvl @ksc.th.com, wurde uns empfohlen.

Tourist Police
Beim Tourist Office in der Singhakai Rd., ✆ 053-711779, 1155; soll sehr hilfsbereit sein.

Touren
Die Preise für **Trekking-Touren** liegen höher als in Chiang Mai (ab 2300 Baht für 3 Tage / 2 Nächte). Wegen der kahlen Berge wirken einige Treks recht eintönig.
Abzuraten ist vom Standard-Trek zum Karen-Dorf Ruam Mitr und zum Wasserfall Huai Mae Sai.
Nine Tour (Ben Trekking & Tours): Gute 3-Tages-Treks und Ausflüge (500–800 Baht); 100cc bis 250cc-Motorräder (200 Baht pro Tag für eine ordentliche 125er MTX) und Suzuki-Jeeps (800 Baht ohne, 1200 Baht mit Versicherung).

Nahverkehr

Innerhalb von Chiang Rai per Songthaew, jede Strecke kostet 20 Baht, mit Tuk Tuk oder Fahrrad-Rikscha 20–40 Baht.

Transport

Busse
Alle AC-Busse, VIP-Busse und lokalen Busse halten am zentralen Busbahnhof.
Busse nach Mae Sai und Chiang Saen stoppen zudem in der Rattanaket Rd. vor der Polizeistation. Wer an einem langen Wochenende fahren will, sollte zuvor reservieren.

Bangkok
Nach BANGKOK (805 km) AC-Busse laufend ab 8 Uhr für 494 / 521 / 637 / 669 Baht in 12 Std., VIP-24 um 8 Uhr und am Abend für 986 Baht in 11 Std. Zurück 28x tgl. Busse aller Art.

Im Norden
Von und nach CHIANG MAI jede halbe Std. von 6–17.30 Uhr: non-AC-Bus 166 (grün) für 108 Baht, VIP-40 Bus für 196 Baht, VIP-Bus für 307 Baht in 3 1/2 Std.
Nach LAMPANG non-AC-Bus alle 30 Min. bis 16.30 Uhr für 114 Baht, AC 241 Baht.
In alle Städte in der Provinz Chiang Rai fahren ab 6 Uhr non-AC-Busse bis 17.30 Uhr. Alle 15 Min. fahren sie nach CHIANG SAEN für 35 Baht, MAE SAI für 35 Baht, MAE CHAN für 18 Baht, PA SANG für 20 Baht (weiter mit Pickup nach MAE SALONG 90 Baht), BAN HUAI KHRAI für 25 Baht (weiter mit dem Pickup zum DOI TUNG 90 Baht).
Nach MAE SUAI zu jeder vollen Std. bis 17 Uhr für 30 Baht und nach WIANG PA PAO für 51 Baht.
Nach CHIANG KHONG alle 45 Min. bis 17.45 Uhr für 59 bzw. 72 Baht.
Nach CHIANG KHAM alle 30 Min. bis 18 Uhr für 49 Baht, mit AC-Bus um 7.45, 10.30, 12.45, 13.30 und 16.30 Uhr für 70 Baht.
Nach PHAYAO alle 20 Min. bis 15 Uhr für 49 Baht, AC für 69 Baht.
Nach PHRAE AC-Bus um 7, 10.30, 12.15 und 15.15 Uhr für 166 Baht.
Nach NAN fährt abwechselnd jeden 2. Tag ein non-AC- und jeden 2. Tag ein AC-Bus auf der äußerst kurvigen Route durch eine schöne Berglandschaft um 9.30 Uhr für 134 Baht bzw. 183 Baht in 5 Std., zurück um 9 Uhr.
Zum PHU CHI FAH um 7 und 13 Uhr für 92 Baht, 4 Std., Minibus für 120 Baht.

Nach Zentral-Thailand
Nach PHITSANULOK AC-Bus von 6–10 Uhr für 274 bzw. 387 Baht in 6 bzw. 7 Std. (je nach Route über UTTARADIT für 134 / 187 Baht bzw. SUKHOTHAI für 192 / 268 Baht).
Nach MAE SOT AC-Bus um 7.45 und 8.25 Uhr für 358 bzw. 459 Baht in 11 Std., über TAK für 246 bzw. 313 Baht.

In den Nordosten
Nach UDON THANI (für Nong Khai) AC-Busse um 12.30, 15.30 und 17 Uhr für 487 bzw. 627 Baht.
Nach KHON KAEN AC-Busse um 9, 14, 16, 18 und 19.30 Uhr für 472 bzw. 606 Baht in 12 Std.
Nach KORAT (Nakhon Ratchasima) AC-Busse um 6.15, 11.15, 13.15, 15.30 und 19 Uhr für 665 bzw. 775 Baht in 12 Std.

Boote
Bei Touristen besonders beliebt ist die Fahrt mit dem Longtail-Boot von THATON auf dem Mae Kok River flussabwärts nach Chiang Rai in 4–5 Std. Von der Landestelle, die sich jenseits der Mae Fa Luang-Brücke im Nordwesten der Stadt befindet, fährt man am besten mit einem Schlepper zu einem Gästehaus.
Flussaufwärts nach THATON starten die lauten, nassen Boote von derselben Landestelle gegen 10.30 Uhr für 350 Baht. Sie brauchen 4–6 Std. und stoppen zur Registrierung an 2 Checkposten (Pass oder Kopie mit Visa-Nummer nötig). Unterwegs kann man an ca. 10 Stellen aussteigen, z. B. Ruam Mitr und Mae Salak.
In der Regenzeit (Juli–Okt) kann es aufgrund der zahlreichen Strudel und Stromschnellen sehr nass und sogar gefährlich werden.

Flüge
Ein „internationaler" Airport mit provinziellem Ambiente wurde 8 km nordöstlich der Stadt eröffnet, Taxi zur Stadt 250 Baht. Der kostenlose Abholservice der Gästehäuser gilt normalerweise nicht für den Flughafen.
Nok Air fliegt 1x tgl. nach CHIANG MAI für 1900 Baht.
Orient Thai fliegt 3x tgl. nach BANGKOK (DMK) für 1750 Baht, **Air Asia** 3x tgl. nach BANGKOK ab 400 Baht plus Gebühren von ca. 700 Baht.
Thai Airways 1x tgl. nach BANGKOK für 4340 Baht.
Thai Airways Office, 870 Phaholyothin Rd., ✆ 053-711179, 715207.

Die Umgebung von Chiang Rai

Chiang Rai eignet sich gut als Ausgangsbasis für Ausflüge in den Norden, vor allem für Abstecher in die Berge zwischen Mae Chan und Mae Sai. Mit eigenem Fahrzeug, mit Bussen oder Pickups kommt man leicht nach Mae Salong (67 km), auf den Doi Tung (60 km), nach Chiang Saen (62 km) und zum Goldenen Dreieck (73 km). Alle Gästehäuser veranstalten Ausflüge, beraten über lohnende Ziele, verteilen Kartenskizzen, stellen Guides zur Verfügung und vermieten Fahrräder, einige auch Motorräder, Jeeps oder PKWs.

Khun Kon-Wasserfall

Ein Ausflug zum 50 m hohen, schmalen Wasserfall, 27 km südwestlich der Stadt, ist wochentags am Vormittag zu empfehlen; gut als Tagestrip per Moped geeignet. Ein kühler Pool in einer tollen Tropenlandschaft mit riesigen Bananenstauden lädt zu geruhsamem Verweilen ein. Auf der Ratyota Road, die in den H1211 übergeht, fährt man immer geradeaus. Die Abzweigung nach rechts auf die Landstraße H1208 ist nach ca. 15 km ausgeschildert. Der Fußweg dauert 25 Min.

Karen-Dorf Ruam Mitr

Auf einem Trek sollte man dieses Dorf meiden, mit dem Motorrad kann es jedoch am frühen Morgen ein lohnendes Ziel bedeuten. Hinter der Mae Kok-Brücke den H1207 nach links nehmen, nach 7 km in Ban Dong nach links zum Dorf Ban Rim Kok und am hölzernen Hinweisschild („Karen Village") nach rechts abbiegen. Nach einer leichten Fahrt von 10 km am Fluss entlang erreicht man das Karen-Dorf Ruam Mitr, wo am frühen Morgen noch keine Pauschaltouristen warten.

Man kann viele Elefanten beim Bade sehen. Geübte Motorradfahrer können am Fluss entlang weiterfahren bis zum Forest Development Center (17 km) bei den Pha Kwang-Stromschnellen. Hier gibt es einen Nudel-Shop und Getränke. Abenteuerlustige Geländefahrer können sich an Akha-Dörfern vorbei zum H1089 bei Huai Hin Fon durchfragen und durchschlagen (ca. 40 km Piste).

500 m westlich der **Pong Hot Springs** hat das Hot Spring Elephant Camp, ✆ 053-740032, aufgemacht. 6 Bungalows ❶, 10 Elefanten und Kajaks warten auf Gäste.

Sehr ruhig und nett ist das viel gelobte **My Dream Gh.**, ✆ 081-6720943, im Karen-Dorf Khwae Wua Dam am Mae Kok River, ❷–❸. Es gibt 5 große Zi mit Warmwasser-Du/WC, 7 Bungalows z. T. mit warmer Du/WC am Fluss. Bestens geeignet als Ausgangspunkt für Treks mit dem kenntnisreichen Nan.

Der Hohe Norden

Eine schöne Rundfahrt von 3–5 Tagen verbindet die interessantesten Orte im Hohen Norden miteinander. Von Mitte November bis Mitte Februar ist die Strecke am angenehmsten. Die folgende Streckenbeschreibung soll zur ersten Orientierung für Selbstfahrer dienen. Gesamtstrecke 470 km (alles Asphalt).

Zunächst geht es von Chiang Rai auf dem H110 nach Norden. Vor Mae Chan (29 km, Homestay) nach links auf den H1089 (30 km) abbiegen, dann nach rechts durch kahle Berge mit herrlicher Aussicht nach Mae Salong (13 km, Gästehäuser). Auf dem H1234 auf toller Berg- und Talstrecke nach Ban Thoed Thai (24 km, Gästehäuser) und über Samakee auf einer herrlichen, wenig befahrenen Straße direkt auf den Doi Tung (38 km). Alternativ rollt man auf dem H1130 wieder hinunter in die Ebene nach Pa Sang (36 km), fährt auf dem H110 geradewegs nach Norden (10 km) und auf einer Panoramastraße hoch zum Doi Tung (18 km). Falls es die Grenzsituation zulässt, geht es auf der neuen Bergstraße direkt an der Grenze entlang hinunter nach Mae Sai (22 km, Gästehäuser). Über das Goldene Dreieck (32 km) fährt man weiter nach Chiang Saen (9 km, Gästehäuser) und auf dem schönen H1129 oder 13 km länger am Mekong entlang nach Chiang Khong (53 km, Gästehäuser). Nach 15 km auf dem H1020 ist es weitaus interessanter, auf den H1155 abzubiegen, auf dem man 90 km auf einer herrlichen Bergstrecke Richtung Thoeng fahren und unterwegs den Abstecher zum Phu Chi Fah (40 km) machen kann. Über den H1021, den H1020 und H1152 geht es zurück nach Chiang Rai, wobei zwischen Pa Bong und Pong Luang nochmals eindrucksvolle Berge mit einzelnen Felsnadeln gen Himmel ragen (74 km).

Von Chiang Rai nach Mae Salong

Die ersten 29 km bis Mae Chan verlaufen auf dem vierspurigen H110 immer geradeaus durch das üppige Reisanbaugebiet. Einige Stände verkaufen kleine, süße Ananas.

Der kleine Handelsort **Mae Chan** ist für die Bergvölker, die in diesem Distrikt die Mehrheit der Bevölkerung stellen, der am nächsten gelegene Einkaufsort. Bekannt ist Mae Chan auch für die ausgezeichnete Qualität seiner Lychees. Im Zentrum hat das Restaurant Maria eine englische Speisekarte mit Thai-Essen und einigen westlichen Gerichten sowie viel Patisserie und selbst gebackenes Brot. Der saubere Markt eignet sich bestens zum Mitnehmen von frischem Essen.

Mit dem Pickup kann man ab der Polizeistation in Mae Chan von 9 bis 17 Uhr auf der breiten Straße H1089 ins **Mae Chan-Tal** fahren. Nach 2 km kann man bei Dub Kamm in kleinen Hütten an Garnelenteichen spottbillig frisch gefangene Garnelen schlemmen. Heiße Quellen (unattraktiv) liegen am KM 7. Die Straße verläuft nun durch ein schönes Tal mit grünen Hügeln. Der Vergnügungspark Laan Thong Village, ✆ 053-772127, liegt links an der Straße (Eintritt 40 Baht, aber alle Aktivitäten kosten extra, ◷ 8–18 Uhr). An der Abzweigung bei Kai Sadai ist zu entscheiden, ob man rechts hoch nach Mae Salong (31 km) oder weiter nach Thaton (49 km) fahren will.

Übernachtung

Namchong Garden Home Stay, 477 Mu 7, Ban Nang Lae Nai, 💻 www.namchong-garden.com, ✆ 053-706343; balinesisch anmutendes Teakhaus mitten in Reisfeldern mit schöner Sicht auf Berge, saubere Zi im Reihenhaus mit Warmwasser-Du/WC, Holzbungalow mit Openair-Dusche, vielseitige Küche; Wanderungen zu Hilltribe-Dörfern; Thai-deutsche Leitung. ❹

Rim Chan Resort, 17 Phaholyothin Rd., ✆ 053-771022-4; an der Umgehungsstraße in Mae Chan, kurz bevor der H1016 nach Chiang Saen abzweigt, 33 Zi, sehr gutes Restaurant, Pool. Ab ❹

Nutri Home Stay, 334 Radburana Rd., ✆ 053-771981; im Zentrum in der Nähe des Nachtmarkts, 3 blitzsaubere Zi mit AC und Du/WC, Wohnzimmer- und Küchenbenutzung, tolles Frühstück inklusive; geleitet von einem freundlichen, hilfsbereiten Ehepaar; sehr zu empfehlen als Standort für Motorradtouren im Norden. ❷–❸

Ake Bungalow (gesprochen Äki), 110/2 Moo 12, ✆ 053-710725; 8 km westlich von Mae Chan, Restaurant vorn am H1089, dahinter 6 große, saubere Bungalows mit Warmwasser-Du/WC am Fluss, Lagerfeuer, nette Leute, die kein Englisch sprechen. ❸

Von Pa Sang nach Mae Salong

Im Dorf **Pa Sang** am KM 860, 2,3 km nördlich von Mae Chan, beginnt die 36 km lange Straße (H1130 und H1234) nach Mae Salong. Pickups fahren bis 18 Uhr an der Abzweigung los, sobald 7 Passagiere beisammen sind, sie kosten 90 Baht, Charter für das Fahrzeug 400 Baht. Für die lohnenswerten Abstecher ist man aber mit einem eigenen Fahrzeug besser beraten.

Nach 12 km Fahrt durch ein grünes, fruchtbares Tal erreicht man das **Hilltribe Center**. Diese staatliche Institution versucht, die Angehörigen der Bergvölker sozial und ökonomisch zu unterstützen. *Cash Crops* wie Sojabohnen, Blumen, Erdbeeren, Lychees, Mais oder Kaffee werden propagiert, um den traditionellen Opiumanbau, der hier radikal ausgerottet wurde, zu ersetzen. Einmal pro Monat wird von und mit Darstellern von acht Bergvölkern eine *Mini Light & Sound Show* auf Englisch präsentiert (250 Baht, Beginn 20 Uhr).

Am KM 15 zweigt nach links eine Straße ab, die über das Yao-Dorf **Lao Sib** (5 km) und über die Berge zum H1089 führt. Die Hauptstraße beginnt als H1234 wieder mit KM 0. Am KM 3 liegt unterhalb der Straße das Yao-Dorf **Phadua**, das vorwiegend von Ausflugstouristen zu leben scheint: Souvenir-Stände ziehen sich die Dorfstraße hinunter. Dennoch haben die Bewohner ihre feine, höfliche Art noch nicht verloren. Die Straße schlängelt sich den Berg hoch, herrliche Aussicht über das Tal. Am KM 8,8 ist der Pass erreicht.

Neben dem Akha-Dorf **Sam Yaek** steht eine kleine zeremonielle Schaukel. Nähert sich eine Touristengruppe, eilen junge Dorfbewohner herbei, bereit für das *action photo* (selbstverständlich gegen Bezahlung).

In Sam Yaek zweigt auch die Straße nach **Ban Thoed Thai** (12 km, Pickup 30 Baht) ab. Am Ortsende zweigt eine Straße nach rechts ab nach **Mae Mo** an der Grenze (12 km). Geradeaus

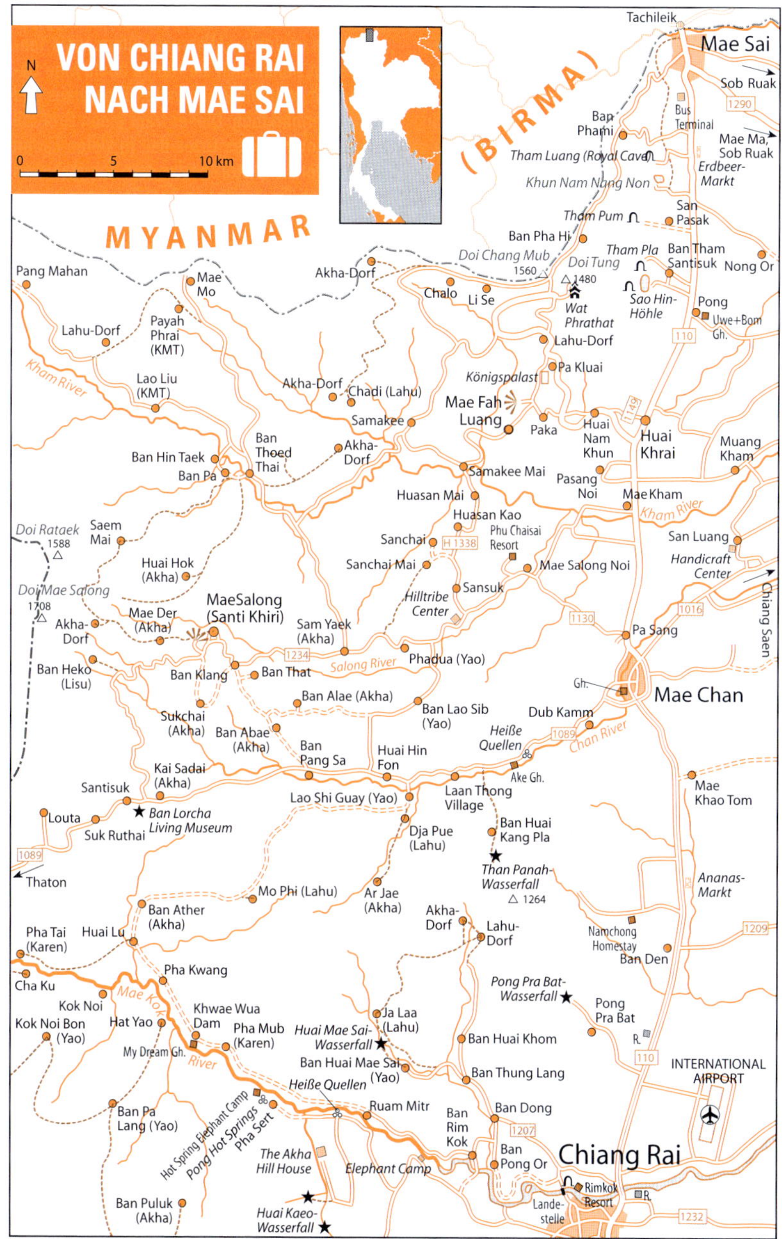
VON CHIANG RAI NACH MAE SAI
N
0
5
10 km
MYANMAR
(BIRMA)
Tachileik
Mae Sai
Sob Ruak
Bus Terminal
Ban Phami
Mae Ma, Sob Ruak
Tham Luang (Royal Cave)
Erdbeer-Markt
Khun Nam Nang Non
San Pasak
Tham Pum
Ban Pha Hi
Tham Pla
Ban Tham Santisuk
Nong Or
Doi Chang Mub 1560
Doi Tung 1480
Chalo
Li Se
Wat Phrathat
Sao Hin-Höhle
Pong
Uwe+Bom Gh.
Akha-Dorf
Pang Mahan
Mae Mo
Payah Phrai (KMT)
Lahu-Dorf
Kham River
Lao Liu (KMT)
Chadi (Lahu)
Königspalast
Pa Kluai
Mae Fah Luang
Paka
Huai Nam Khun
Huai Khrai
Muang Kham
Samakee
Ban Hin Taek
Ban Pa
Ban Thoed Thai
Samakee Mai
Pasang Noi
Huasan Mai
Mae Kham
Huasan Kao
Doi Rataek 1588
Saem Mai
Sanchai
Phu Chaisai Resort
San Luang
Handicraft Center
Huai Hok (Akha)
Sanchai Mai
Mae Salong Noi
Sansuk
Doi Mae Salong 1708
Hilltribe Center
Chiang Saen
MaeSalong (Santi Khiri)
Mae Der (Akha)
Sam Yaek (Akha)
Pa Sang
Phadua (Yao)
Salong River
Ban Heko (Lisu)
Ban Klang
Ban That
Gh.
Mae Chan
Ban Alae (Akha)
Ban Lao Sib (Yao)
Dub Kamm
Sukchai (Akha)
Ban Abae (Akha)
Heiße Quellen
Chan River
Ban Pang Sa
Huai Hin Fon
Ake Gh.
Kai Sadai (Akha)
Santisuk
Laan Thong Village
Mae Khao Tom
Lao Shi Guay (Yao)
Louta
Ban Lorcha Living Museum
Suk Ruthai
Dja Pue (Lahu)
Ban Huai Kang Pla
Thaton
Than Panah-Wasserfall 1264
Ananas-Markt
Mo Phi (Lahu)
Ar Jae (Akha)
Ban Ather (Akha)
Pha Tai (Karen)
Huai Lu
Namchong Homestay
Ban Den
Pha Kwang
Cha Ku
Pong Pra Bat-Wasserfall
Pong Pra Bat
Kok Noi
Mae Kok River
Khwae Wua Dam
Ja Laa (Lahu)
Kok Noi Bon (Yao)
Hat Yao
Pha Mub (Karen)
Huai Mae Sai-Wasserfall
Ban Huai Khom
My Dream Gh.
Ban Huai Mae Sai (Yao)
Ban Thung Lang
INTERNATIONAL AIRPORT
Heiße Quellen
Ruam Mitr
Ban Dong
Ban Pa Lang (Yao)
Hot Spring Elephant Camp
Pong Hot Springs
Pha Sert
Ban Rim Kok
Ban Pong Or
Chiang Rai
The Akha Hill House
Elephant Camp
Rimkok Resort
Ban Puluk (Akha)
Lande-stelle
Huai Kaeo-Wasserfall
1290
110
1149
1338
1130
1016
1234
1089
1209
1207
1232
R.

geht es zum multi-ethnischen Grenzort **Huai Mae Kham** (32 km, Pickup 150 Baht, Dok Buatong Gh. ❶). Mit einem ortskundigen Guide wie Uwe aus Mae Sai (s. S. 438), der auch die Grenzsituation abschätzen kann, können Biker in der Umgebung auf anspruchsvollen Pisten interessante Dörfer erkunden.

4 km vor Ban Thoed Thai zweigt nach Norden eine tolle Straße ab, über die man nach 35 km den Doi Tung erreicht.

Die Straße H1234 windet sich hinter Sam Yaek 6 km zum Mae Salong-Fluss hinunter. Auf weiteren 6 km klettert sie ständig mit zwei sehr steilen Passagen durch eine herrliche Landschaft nach Mae Salong. Unterwegs kann man am KM 16,1 die Teefabrik 101 besichtigen.

Übernachtung und Essen

Phu Chaisai Resort & Spa, ✆ 053-771745, 💻 www.phu-chaisai.com; 7,5 km vom H110, naturnahes, gestyltes Luxus-Resort am Hang mit toller Sicht. Gutes Restaurant mit fairen Preisen. ❼–❽

In Ban Thoed Thai

Gred Petch, ✆ 081-9800743; zurückversetzter Garten, 4 einfache Steinbungalows, ein besserer mit TV. ❸

Rimtaan Gh., ✆ 081-9616961; direkt am Fluss, 12 sehr schöne Bungalows aus Naturmaterialien, davon 2 Apartments mit Küche. ❸–❹. Gegenüber das **Tasty Restaurant** in schöner Lage.

Mae Salong แม่สลอง

Am Abhang des Doi Mae Salong wurde dieser Ort (auf Thai: Santi Khiri) von ehemaligen Soldaten einiger Kuomintang-Armeen gegründet, die nach dem Sieg Mao Tse Tungs 1949 nach Birma geflohen waren und 1961 in Thailand eine neue Heimstatt suchten.

In den Läden an der Hauptstraße werden chinesische Spezialitäten verkauft: Heilkräuter und Medizin, Tabak, Reisnudeln und Senjii, der gelbliche Schnaps mit chinesischen Kräutern und Wurzeln. Unter Thais ist Mae Salong für die weißen Blüten der japanischen Sakura-Kirsche bekannt, die im Januar / Februar blühen. Viele Teeplantagen ziehen sich die Hänge hoch. Mae Salong steht heute im Zeichen des Teeanbaus und seiner Vermarktung. Dieser trägt einen Großteil zum Einkommen des Ortes bei. In vielen Läden entlang der Hauptstraße kann man Tee probieren und kaufen. Tausende von Thai-Touristen lassen sich in Bussen nach Mae Salong hochschaukeln, um hier genüsslich einzukaufen.

Zum traditionellen **Markt** kommen frühmorgens ab 5 Uhr viele Loimi Akha-Frauen und bringen Gemüse in ihrem Tragekorb mit dem typischen Trageholz. Fast alle möchten nicht fotografiert werden (einige verlangen Geld): Bitte respektieren! Auf dem Pass Richtung Thaton verkaufen Thais und Chinesen an festen Ständen u. a. getrocknete Früchte und Pilze, Blüten und Arzneien, süßen Lychee-Wein, Reiswein und Schnaps aus China. Tee ist hier billiger als in der Teefabrik.

Von vielen Stellen hat man eine schöne Aussicht über das Bergland, z. B. vom **Grabmal von General Duan**, des Kommandeurs der 5. Armee der KMT, am Khum Naiphol Resort. Eine herrliche Rundsicht bietet sich von der malerischen Pagode **Wat Santi Khiri**, in der Asche des Buddha aufbewahrt ist. Man kommt auf einer steilen Panoramastraße (4 km) vom Pass aus hoch.

Übernachtung

Wer hier übernachtet, muss sich im europäischen Winter auf sehr kalte Nächte einstellen.

Shin Sane Gh. (gesprochen: Schin Sähn), 32 Moo 3, ✆ 053-765026; bei Travellern beliebtes, sauberes Holzhaus mit freundlicher, familiärer Atmosphäre. Im Garten stehen Steinbungalows mit Warmwasser-Du/WC; gutes Essen, auch vegetarisch. ❶–❷

Akha Gh., 45 Moo 1, ✆ 053-765103, gegenüber, Betonhaus mit großen Zimmern, billigere Zi , ❶, im Keller ohne Fenster, reparaturbedürftige Gemeinschafts-Du/WC; Pferde-Trekking. ❷

Little Home Gh., neu und sauber, sehr hilfsbereit. ❷

Mae Salong Central Hills Hotel, ✆ 053-765113, großes Gebäude im Zentrum, komfortable Zi. ❸–❹

Mae Salong Resort (Discount möglich), ✆ 053-765014, am oberen Ortsrand, 400 m links hinter dem Wat; gepflegte Anlage mit Bungalows und Reihenhäusern um einen Blumengarten mit Kirschbäumen. Sehr gutes Restaurant, etwas gehobene Preise. An Festtagen chinesisches Folkloreprogramm. ❸–❹

Homestay & Viewpoint, ✆ 053-765496-7, am KM 16,9, 4 saubere, ordentlich eingerichtete Zi, sauberes Bad mit Warmwasser; ein billiges Akha-Haus: Matratzen, Kissen und Decken auf einer Schlafplattform, offene Feuerstelle; super Aussicht. ❷–❸

Flower Hills Resort, ✆ 053-765496-7, am KM 18,8, 10 Zi mit Terrasse im Hauptgebäude, 7 schöne Bungalows mit und ohne Aussicht, z. T. 2-stöckige Bambusbungalows auf Stelzen am Hang, Aussicht auf Teeplantagen, ruhige Lage, Restaurant mit Yunnan-Spezialitäten. ❸–❹

Ban Heko, 7 km südwestlich am H1234 Richtung Thaton, 1 km zu Fuß, Unterkunft in einem recht authentischen Lisu-Dorf. ❶

Essen

Am Steilstück der Hauptstraße gibt es in einigen Nudel-Restaurants hervorragende chinesische Reisnudelsuppe.

Mini Restaurant and Ice Cream Shop, von einer Leserin empfohlen, die dort fantastisches Thai-Curry bekam, große Portionen, günstige Preise. Der Nudelstand beim Morgenmarkt serviert leckere Nudelsuppe zum Frühstück.

Sonstiges

Geld

Bank gegenüber vom Khum Naiphol Resort.

Horse-Trekking

Für 400 Baht p. P./5 Std., z. B. im Akha Gh., besonders bei Thai-Touristen beliebt.

Transport

Von CHIANG RAI mit dem Bus in Richtung MAE SAI für 20 Baht bis zur Abzweigung bei PA SANG (2 km nördlich von MAE CHAN). Von hier fährt ein Pickup für 90 Baht die Bergstrecke hoch, sobald 7 Passagiere da sind.

Nach THATON (44 km) vom Dorfzentrum bis 16 Uhr mit dem Pickup in 2 Std. für 60 Baht (ab 4 Pers.), ein billiges Abenteuer. Evtl. muss man an der Kreuzung bei KAI SADAI umsteigen.

Doi Tung ดอยตุง

Von Mae Chan auf dem H110 durch die fruchtbare Ebene nach Norden tauchen auf der linken Seite immer imposantere Berge auf. Am KM 867,2 beginnt nach rechts eine sehr schöne Mountainbike-Strecke über Muang Kham und Ban Dai nach Ba Thon (ca. 18 km).

Am KM 870,5 zweigt nach links die breite Asphaltstraße zum alles überragenden Doi Tung (18 km) ab. 600 m weiter in **Huai Khrai** (19 km vor Mae Sai) beginnt die „Old Road" H1149 zum Doi Tung. Es ist ratsam, aufwärts die „New Road" zu wählen, da die alte Straße einige sehr steile Passagen aufweist. Allein wegen der herrlichen Ausblicke ist diese Fahrt vor allem bei klarem Wetter sehr empfehlenswert, und auch für Motorrad-Neulinge geeignet. Hier gilt ganz besonders: „Der Weg ist das Ziel". Der Bus kostet von Mae Sai bis zur Abzweigung 15 Baht, der Minibus bis hoch 90 Baht (min. 5 Pers.).

Im Shan-Dorf **Huai Nam Khun** vereinen sich die beiden Straßen. Geradeaus geht es auf der neuen Straße in die Berge, vorbei an einigen hübsch angelegten Projekten. Nach 11 km kommt ein großer Parkplatz mit sehr schöner Aussicht. Links oben liegt das Akha-Dorf **Pa Kluai**, das durch eine gepflasterte Dorfstraße mit Souvenirständen vor jedem Haus glänzt. Nach 12 km vereinen sich die beiden Straßen wieder. Kurz darauf taucht in einer Kurve ein modernes Lahu-Dorf auf. Nach 13 km stehen links viele Verkaufsstände der Loimi-Akha. Ein Pavillon bietet schöne Aussicht. Kurz darauf geht es nach links auf der neuen, weniger steilen Straße weiter.

Beim KM 15 zweigt die neue Straße nach Mae Sai ab (s. u.). Am KM 16,2 liegt der Sattel mit einem Tempel, vielen Verkaufsständen, Toiletten und einfachen Restaurants. Die letzten 300 m zum **Wat Phrathat Doi Tung** sind noch einmal sehr steil. Besser parken und an den Souvenirständen vorbei die Treppe hochsteigen zum Pilger-Tempel auf 1420 m Höhe. In den zwei Chedis sollen im Jahre 911 von König Achutaraj aus Chiang Saen Reliquien von Buddha niedergelegt worden sein. Bei klarem Wetter sieht man über das weite Tal und die Hügel bis tief nach Myanmar hinein.

Wenn es die Grenzsituation erlaubt, kann man nach Mae Sai die neue Straße (22 km) über den **Doi Chang Mub** nehmen. Auf 1512 m Höhe wurde ein schöner Park (Arboretum Mae Fahluang, 50 Baht) mit mehreren Aussichtsplattformen angelegt. Einige große, heilige Bäume, die im Tiefland dem Straßenbau im Wege standen, wurden herauftransportiert und eingepflanzt.

Die schöne Straße führt entlang der Grenze am östlichen Hang, fast ohne Ausblicke nach Myanmar, z. T. sehr steil ins Tal hinab, vorbei an den Dörfern **Ban Pha Hi** (2 km Pflastersträßchen) und **Ban Phami**, die heute kaum noch als Akha-Dörfer zu erkennen sind, aber durch die landwirtschaftliche Vielfalt bestechen (Kühe, Schweine, Gänse, Fischzucht, Pilzzucht) und mit Stromanschluss, Wasserleitung, Toiletten und Garagen glänzen.

Alternativ fährt man auf der alten Straße nach Ban Huai Khrai hinunter. Dazu am KM 12 nach rechts abbiegen. Nach 1,5 km gibt es im großen Gebäude einen Passierschein (70 Baht) zum Besuch des **Royal Palace**, in dem die Mutter des Königs lebte. Im ehemaligen Bediensteten-Flügel, ✆ 767001, 711870, werden komfortable Zimmer für 2400 Baht vermietet. In der Kurve davor liegt der wunderschön angelegte **Mae Fah Luang Garden**, ein beliebtes Ziel einheimischer Touristen (Eintritt 50 Baht, Kombinationsticket für Park und Villa 100 Baht).

Beim KM 8,8 führt eine schmale Straße 600 m zu Hubschrauberlandeplätzen, von denen man eine schöne Rundumsicht genießt. Gleich anschließend zweigt eine steile Straße ins Tal ab zum Distriktshauptort **Mae Fah Luang**.

Mae Sai แม่สาย

Der nördlichste Ort Thailands hat 21 000 Einwohner. Er lebt vom kleinen Grenzverkehr mit der Union of Myanmar, bis 1989 Burma genannt. Selbst aus Kengtung (172 km nördlich, auf Thai *Chiang Tung*) kommen Shan und Burmesen in ihren Trachten angereist, um die in Myanmar unerschwinglichen Waren zu erstehen. Eine Straßenbrücke führt über den Grenzfluss. Hier lassen sich die hin und her eilenden Menschen beobachten. Viele Thai kaufen in Tachilek ein, dem burmesischen Ort auf der anderen Seite des Mae Sai River, vor allem chinesische Waren. China liegt schließlich nur 120 km Luftlinie nördlich. Auch Touristen können für einen Tagesausflug über die Grenze nach Myanmar.

In den vielen Läden vor der Brücke können sich Touristen preiswert mit burmesischen Souvenirs eindecken. An der Hauptstraße gibt es eine **Jade-Fabrik**, die man besichtigen kann (Mo geschlossen, überteuert). Vom **Wat Doi Wao** auf dem Hügel links vor dem Fluss hat man von einem kleinen Aussichtsturm eine schöne Aussicht über den Ort und die burmesische Grenze. Am **Spirit Tree** bringen Gläubige Opfer dar, wenn sie Hilfe benötigen. Im November und Dezember kann es schon ab dem späten Nachmittag sehr kalt werden.

Übernachtung

Gästehäuser

Wer mit Blick auf die burmesische Grenze übernachten möchte, geht bis 50 m vor den Fluss und biegt nach links ab. Diese Gästehäuser scheinen aber ihre Blüte hinter sich zu haben.

Beim Top-North-Experten

Uwe Homestay ⑰, 11/2 Moo 9, Ban Pong Ngam, ✆ 081-0305672, ✉ banpong2001@yahoo.com; 14 km südlich von Mae Sai in einem typischen Thai-Dorf, am KM 876 in der Seitenstraße nach Osten (120 m bis zur deutschen Fahne); 3 Bungalows im Garten, hervorragendes Thai-Essen für Gäste; detaillierte Karten und Infos zur Umgebung. Der charmante Uwe lässt Gäste an seinem reichen Erfahrungsschatz teilhaben, unterrichtet auch Thai (s. u.), führt auf Anfrage in die Thai-Küche ein und macht jeden erdenklichen Jeep- und Motorradtrek im hohen Norden. ❶–❷

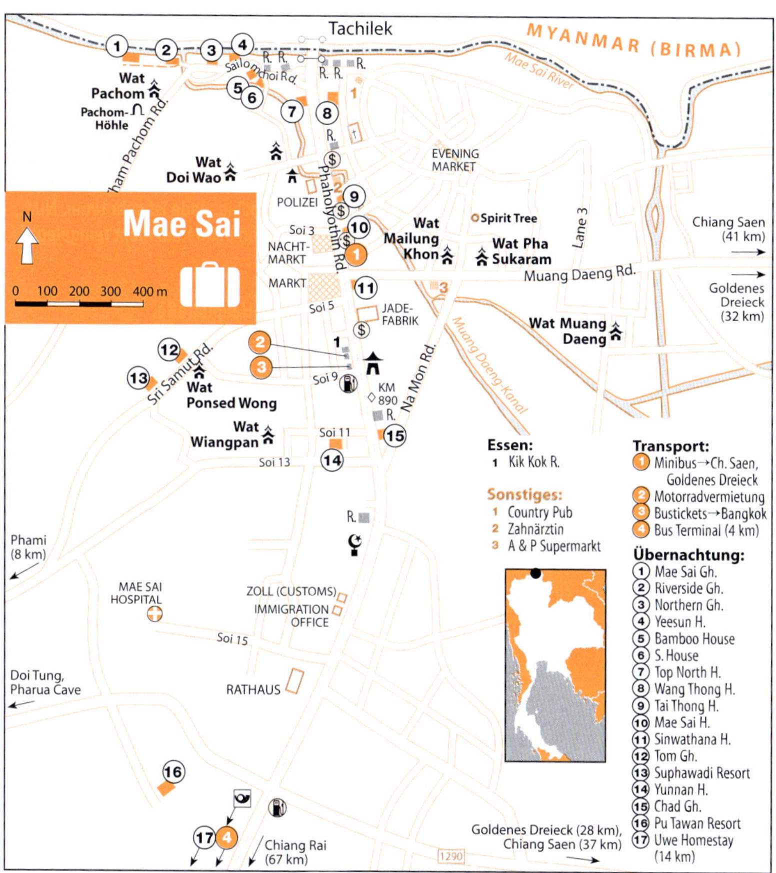

S. House Hotel ⑥, 384 Sailomchoi Rd., ✆ 053-733811, empfehlenswertes Stadthaus, sehr saubere, gut eingerichtete Zi mit Fan oder AC. ❸

Yeesun Hotel ④, Sailomchoi Rd., ✆ 053-733455, ruhig und sauber, ca. 20 geräumige, gut möblierte AC-Zi mit Warmwasserdusche und Kühlschrank. Gutes Preis-Leistungs-Verhältnis. AC ❸

Northern Gh. ③, 402 Tham Pachom Rd., ✆ 053-731537, unterschiedliche 1- und 2-stöckige Bretter- und Bambusmattenhütten, z. T. mit Du/WC, heruntergekommen und muffig; ein 3-stöckiges Steinhaus am Fluss, mit Bambus dekorierte Zi mit Badewanne/WC; netter Garten; Restaurant. ❶–❸

Maesai Gh. ①, ✆ 053-732481, hübsche Bambusbungalows in schöner Gartenanlage am Fluss, gepflegte Räume, Zapfenstreich um 22.30 Uhr; zurückhaltende Familie, die Tochter spricht gut Englisch. ❸

Riverside Gh. ②, ✆ 053-732554, direkt über der Uferböschung; annehmbare Zi mit Warmwasser-Du/WC; Aussicht auf das lebhafte Treiben am und im Fluss. ❷

Bamboo House ⑤, 135 Sailomchai Rd., ✆ 053-733055, zweistöckiges Stadthaus, geräumige Zimmer mit Warmwasser-Du/WC, freundliches Personal. Bevorzugt wochenweise Vermietung. ❷

Tom Gh. ⑫, ✆ 053-731021, 600 m westlich der Hauptstraße, sehr einfach, Bambusmattenzimmer im hinteren Gebäude, Du/WC außen, und Zi im Steinhaus. ❷

Chad Gh. ⑮, 52/1 Soi Wiangpan, ✆ 053-732054; vorn am Ortsanfang, in der Gasse zum Wat; 10 kleine, einfache Zi in traditioneller Bauweise, Warmwasser; Familienbetrieb. ❶–❷

Pu Tawan Resort ⑯, ✆ 053-640727, 18 wunderschöne, geschmackvoll eingerichtete, geräumige Bungalows mit AC (ohne Fan Rabatt), Terrasse mit Ausblick; Restaurant mit sehr guter Sicht auf die Berge von Myanmar, günstige Speisen; bestes Preis-Leistungs-Verhältnis. ❸

Hotels

Mae Sai Hotel ⑩, ✆ 053-731462; 50 preiswerte Zi mit Fan oder AC, abschließbares Tor. ❷–❸

Top North ⑦, 306 Phaholyothin Rd., ✆ 053-731955; 45 verwohnte AC-Zimmer. ❸

Tai Thong ⑨, 6 Phaholyothin Rd., ✆ 053-731975-6; 47 saubere, preiswerte Zi mit AC und Warmwasser. ❸–❹

Wang Thong ⑧, 299 Phaholyothin Rd., ✆ 053-733389-95; 7-stöckiges Hotel, alle 150 Zi mit AC und Balkon, verwohnt; Restaurant, bietet abends *Steam Boat*, Disco, Pool. ❹

Essen

In den Restaurants links der Brücke können Gäste auf der Aussichtsterrasse sitzen und den Grenzverkehr beobachten. Allerdings ist das Essen im Restaurant rechts besser und billiger, auch vegetarische Gerichte. Abends geschlossen.

Entlang der Hauptstraße gibt es viele Restaurants.

Im **Kik Kok Restaurant**, schräg gegenüber der Bangkok Bank, wird gutes, billiges Essen flink zubereitet, freundliche Besitzer.

Das AC-Restaurant **Rabieng Kaew** an der Hauptstraße, westliche Seite, hat gutes Thai-Essen und angenehme Atmosphäre am Abend.

Essenstände sind auf dem **Nachtmarkt** zu finden.

Sonstiges

Einkaufen

Viele Edelsteine stammen angeblich aus Myanmar. Nach Meinung von Insidern verkaufen die meisten Läden Glas. Nur eine Edelsteinschleiferei verarbeitet echte Ware – Tourmaline aus Namibia. Jade ist sehr teuer. Nur Experten werden beim Kauf nicht reingelegt.

Geld

Banken an der Hauptstraße.

Immigration

An der Brücke, 🕓 8–18 Uhr (Einreise muss vor 17.30 Uhr erfolgen).

Motorräder

Sehr zuverlässig und professionell ist **Pornchai**, der Honda-Laden gegenüber vom Chinesischen Tempel; 150 Baht pro Tag.

Post

4 km vor der Brücke 100 m links rein.

Sprachkurse

Anfänger und Fortgeschrittene können die Umgangssprache des Nordens und die Thai-Schrift ganz individuell, unterhaltsam und höchst effizient bei Uwe (im Uwe+Bom Homestay) lernen.

Touren

Sie werden von Gästehäusern für 800–1200 Baht p. P. und Tag angeboten, sind aber überwiegend für das Gebotene zu teuer. Besser und billiger macht es Uwe (im Uwe+Bom Homestay). Auch hervorragende, preiswerte Motorradtouren für abenteuerlustige Traveller.

Zahnärztin

Dr. Supuk Dental Clinic, gegenüber der Polizei, modern eingerichtet, billig.

Transport

Der Bus Terminal befindet sich 4 km südlich der Stadt, 400 m vom Highway. Pickup zur Stadt für 5 Baht. Tickets für AC-Busse nach Bangkok

Ausflüge nach Myanmar (Birma)

Ausländische Touristen können Mo–Fr von 8–18 und Sa, So und feiertags von 6–21 Uhr den burmesischen Grenzort **Tachilek**, der sich auch „The City of Golden Triangle" nennt, in einem Umkreis von 5 km besuchen. Viele kehren allerdings enttäuscht zurück.

Die Ausreise erfolgt mit Stempel in den Pass, bei der neuerlichen Einreise nach Thailand gibt es ein neues 30-Tage-Visum, sofern den Beamten der vorgezeigte Geldbetrag ausreicht (bis zu 15 000 Baht). In Myanmar sind US$10 oder 500 Baht für das Tagesvisum zu zahlen. Diese Regelungen ändern sich häufig. Zeitweise wurde die Grenze sogar ohne Ankündigung für mehrere Wochen geschlossen.

In Tachilek kann man ein paar schöne **Wats** besichtigen. Ein Besuch bei Langhals-Frauen wird angeboten. Von einem Chedi, gegenüber vom Riverside Gh., hat man eine gute Aussicht über die beiden Grenzorte. Allerdings führt nur ein steiler Pfad bzw. eine endlos scheinende Treppe hinauf. Lohnend ist vielleicht ein Gang durch die Nebenstraßen zur goldenen Pagode, interessant der Lebensmittelmarkt. Zum Einkaufen lohnt sich der Ort nur, wenn man gut handeln kann. Wirklich billiger sind CDs und DVDs aus chinesischer Lizenz. Die superbilligen Markenzigaretten sind ungenießbar.

Die Trophäen geschützter Tiere, die auf dem Markt angeboten werden, dürfen nicht nach Europa eingeführt werden. In Tachilek wird mit Baht bezahlt, Kyat sind schwer zu bekommen.

(561 Baht) gibt es auch bei **Siam First Tour** neben der Shell-Tankstelle.

Bangkok

Nach BANGKOK (857 km) AC-Busse um 7 und von 16–18 Uhr für 527 / 678 bzw. 790 Baht, VIP-24-Bus um 7, 16.20, 17.40 und 18 Uhr für 1050 Baht in 12 Std. Zurück 14x tgl. Busse aller Art.

Im Norden

Nach CHIANG MAI non-AC-Bus und AC-Bus laufend bis 15.30 Uhr für 134 / 249 Baht in 4 Std.

Nach CHIANG RAI non-AC-Bus alle 15 Min. bis 18 Uhr für 35 Baht (AC 75 Baht) in 1 1/2 Std.

Richtung Chiang Rai bis 17.30 Uhr über BAN HUAI KHRAI (10 Baht, weiter mit Pickup zum DOI TUNG für 90 Baht), PA SANG (17 Baht, weiter mit Pickup nach MAE SALONG für 90 Baht).

Nach FANG non-AC-Bus um 7 Uhr für 69 Baht über MAE CHAN (18 Baht) und THATON (56 Baht).

Nach SOB RUAK zum „Goldenen Dreieck" von 9–15 Uhr Minibus für 50 Baht in 40 Min., zurück bis 16 Uhr, weiter nach CHIANG SAEN für 60 Baht.

Die Umgebung von Mae Sai

Mae Sai ist sehr gut geeignet, um die Ausflüge nach Mae Salong (68 km), auf den Doi Tung (37 km), nach Chiang Saen (41 km), zum Goldenen Dreieck (32 km) und in Bergdörfer zu machen. Hinweise für Wanderungen erhält man in den Gästehäusern. Wer schon andere schöne Höhlen in Thailand gesehen hat, kann die in der Nähe von Mae Sai links liegen lassen. Zu beachten ist die momentane Lage an der Grenze – nicht immer ist es ungefährlich. Versehentlich nach Myanmar zu geraten, kann böse enden!

Goldenes Dreieck

สามเหลี่ยมทองคำ

Der Nimbus des berüchtigten Goldenen Dreiecks (Sob Ruak), eines Gebiets, das viele hundert Quadratkilometer umfasst, und in dem wohl drei Viertel des Weltopiums produziert werden, wird für den Touristen auf einen Punkt konzentriert: das Dreiländereck von Laos, Myanmar und Thailand an der Stelle, wo der Mae Sai River (Ruak River) in den Mekong fließt. Dieser einstmals geruhsame Ort hat eine absurde Popularität gewonnen – totaler Touristen-Nepp.

Nicht Opiumpflanzen sprießen aus dem Boden, sondern hunderte überteuerte Souvenirstände. Von der schattenlosen Uferpromenade, von der man in der Ferne das Thai-Casino in Myanmar erspähen kann, flüchten die Besucher schnell in die kühleren Restaurants.

Im Rahmen eines königlichen Projekts wurde der **Golden Triangle Park** mit der **Hall of Opium**

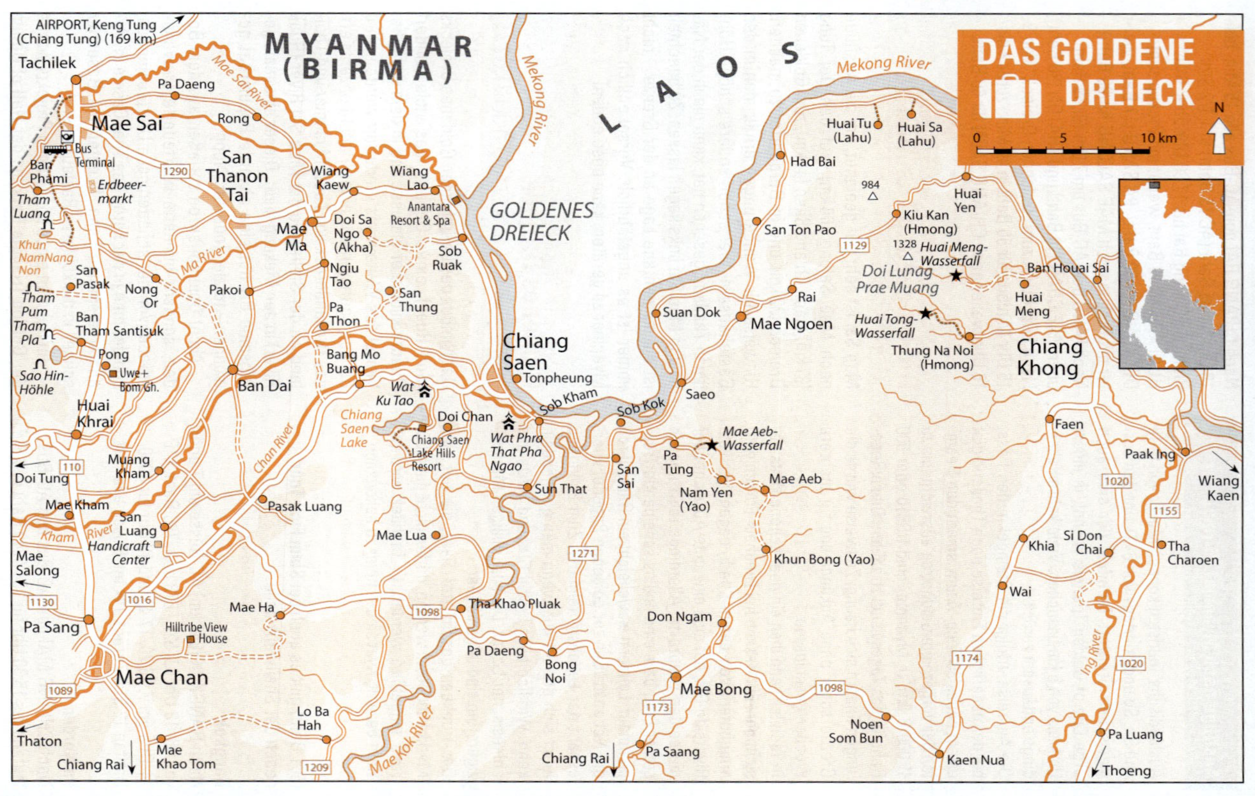
DAS GOLDENE DREIECK
0 5 10 km
N
MYANMAR (BIRMA)
LAOS
GOLDENES DREIECK
Mekong River
Mae Sai River
Ma River
Chan River
Kham River
Mae Kok River
Ing River
AIRPORT, Keng Tung (Chiang Tung) (169 km)
Tachilek
Pa Daeng
Rong
Mae Sai
Bus Terminal
Ban Phami
Erdbeer-markt
Tham Luang
Khun NamNang Non
San Pasak
Tham Pum
Tham Pla
Ban Tham Santisuk
Pong
Uwe + Bom Gh.
Sao Hin-Höhle
Huai Khrai
Doi Tung
Muang Kham
Mae Kham
San Luang
Handicraft Center
Mae Salong
Pa Sang
Mae Chan
Thaton
Chiang Rai
Mae Khao Tom
San Thanon Tai
Wiang Kaew
Wiang Lao
Anantara Resort & Spa
Mae Ma
Doi Sa Ngo (Akha)
Sob Ruak
Ngiu Tao
San Thung
Nong Or
Pakoi
Pa Thon
Bang Mo Buang
Ban Dai
Wat Ku Tao
Chiang Saen Lake
Chiang Saen Lake Hills Resort
Doi Chan
Wat Phra That Pha Ngao
Chiang Saen
Tonpheung
Sob Kham
Sun That
Pasak Luang
Mae Lua
Mae Ha
Hilltribe View House
Lo Ba Hah
Tha Khao Pluak
Pa Daeng
Bong Noi
Sob Kok
San Sai
Pa Tung
Mae Aeb-Wasserfall
Nam Yen (Yao)
Mae Aeb
Khun Bong (Yao)
Don Ngam
Mae Bong
Pa Saang
Chiang Rai
Noen Som Bun
Kaen Nua
Saeo
Suan Dok
Mae Ngoen
Rai
San Ton Pao
Had Bai
Huai Tu (Lahu)
Huai Sa (Lahu)
984
Huai Yen
Kiu Kan (Hmong)
1328
Huai Meng-Wasserfall
Doi Lunag Prae Muang
Huai Tong-Wasserfall
Thung Na Noi (Hmong)
Ban Houai Sai
Huai Meng
Chiang Khong
Faen
Paak Ing
Wiang Kaen
Khia
Si Don Chai
Tha Charoen
Wai
Pa Luang
Thoeng
1290
110
1130
1016
1089
1209
1098
1271
1173
1129
1174
1020
1155

geschaffen. Im hervorragenden Museum werden die Geschichte des Opiums und der Einfluss illegaler Drogen auf die Menschheit dargestellt. Ein Informationszentrum für Forschung und Ausbildung ist angegliedert. Weitere Informationen unter 💻 www.tatnews.org/new_products/1620.asp. 🕓 Di–So 8.30–16 Uhr, Eintritt 200 Baht. Geführte Touren auf Englisch finden alle 30 Min. statt.

In Sob Ruak gibt es für eine 30-minütige Tour ins Grenzgebiet Speedboote zu mieten. Die Kosten pro Boot, in dem maximal 10 Personen Platz haben, betragen 700 Baht (für 2 Pers. evtl. 400 Baht, Inselzuschlag 20 Baht p. P.). Man kann bei den laotischen Dörfern anlegen und kurz aussteigen, muss aber um 19 Uhr wieder in Thailand sein.

Übernachtung

Pu One Guest House, 43 Moo 1, 📞 053-784168, gutes Gästehaus mit großen, ruhigen, sauberen Zimmern mit Fan, freundliches Personal. ❷

Greater Mekong Lodge, im Golden Triangle Park, 📞 053-784450, ✉ gml@doitung.org, 13 Zi in Villas am steilen Hang und 54 im Hauptgebäude. ❺

Imperial Golden Triangle Resort, 222 Golden Triangle, 📞 053-784001, Luxusanlage am Hügel, direkt am Goldenen Dreieck. ❻

Anantara Resort & Spa, 229 Golden Triangle, 📞 053-784084, 💻 goldentriangle.anantara.com, 1 km nördlich vom Goldenen Dreieck, Luxusanlage zwischen Straße und Fluss. ❽

Transport

Wer in einem Gästehaus in Chiang Saen übernachtet, kann dort ein Fahrrad für einen Tagesausflug mieten. Ansonsten Minibus von CHIANG SAEN (9 km) für 15 Baht.

Von MAE SAI (32 km) mit dem Minibus von 9–15 Uhr für 50 Baht, zurück bis 14 Uhr.

Ein Longtail-Boot kostet ab Chiang Saen 700 Baht für 6 Pers.

Chiang Saen เชียงแสน

Während der Wanderungsbewegungen der Thai nach Süden waren um das Jahr 750 n. Chr. verschiedene Thai-Heerführer ins Mekong-Tal gelangt und hatten Gebiete um das heutige Luang Prabang und Vientiane unter ihren Einfluss gebracht. Einer von ihnen, Chaiyapongse, zog in das heutige Nord-Thailand und gründete wahrscheinlich Chiang Saen. Zwischen 1000 und 1100 müssen kriegerische Auseinandersetzungen mit den Khmer oder aber ein gewaltiges Erdbeben die alte Stadt zerstört haben.

1328 wird in alten Chroniken von der Neugründung Chiang Saens geschrieben. Seitdem stand es unter der Oberhoheit der Lanna Thai-Könige, die in Chiang Mai residierten. Chiang Saen ist heute ein ruhiger Marktflecken, der nicht allzu viel bietet und fast jeden Traveller enttäuscht.

Am westlichen Stadttor befindet sich das **Museum**. Es enthält u. a. Funde aus der neolithischen Zeit und eine repräsentative Sammlung von Buddha-Figuren im typischen Chiang Saen-Stil. 🕓 Mi–So außer feiertags 9–16 Uhr, Eintritt 30 Baht.

Nebenan, in einem Park mit hohen Bäumen, liegt das **Wat Chedi Luang** mit dem 27 m hohen, achteckigen Chedi (häufig mit 88 m Höhe angegeben). Gleich außerhalb des Stadttores steht die Stufenpyramide des **Wat Pa Sak**, die auch von Westen her einen guten Eindruck vermittelt. Eintritt: 20 Baht. Das **Wat Phra That Chom Kitti** im Norden erklimmt man über 300 Treppenstufen, um die schöne Sicht über die Stadt, den Mekong und die Ebene zu genießen.

Übernachtung

Chiang Saen Gh. ③, 📞 053-650196, an der lauten Uferstraße Richtung Norden; 3 einfache, winzige A-frame-Holzbungalows im Garten, Du/WC außerhalb, Restaurant. ❶

Gin's Gh. ①, 📞 053-650847, 1 km flussaufwärts in einem Lychee-Garten; 9 gut möblierte, renovierte Zi im Haupthaus, Bambusbungalows mit Du/WC, Cowboy Pub & Restaurant; die Besitzer sprechen Englisch. Bei Kauf des China-Boot-Tickets ist eine Nacht in Gin's Gh. frei. ❷–❹

Baan Suan House ②, 📞 053-650907, an der Umgehungsstraße, herrlich zwischen Lycheebäumen gelegene Anlage, 10 gut eingerichtete Steinbungalows mit Bad/WC, TV, Kühlschrank

und Terrasse, Schlafsaal, ❶, für 10 Leute; Restaurant, Karaoke. ❸–❹

Chiang Saen Lake Hills Resort ④, 110 Moo 3, ✆ 053-650599, auf einem Hügel am See, Doppel- und A-frame-Bungalows, relativ kleine, saubere Zi, Zelte, Terrassenrestaurant; sehr gut zum Beobachten von Vögeln (i. b. Jan–Feb). ❸–❹

Essen

Billige, hervorragend zubereitete Thai-Gerichte gibt es mittags in der Markthalle.

Das **Restaurant Keaw-Varee** öffnet von 7–20 Uhr, gutes Essen.

In der chinesischen Hafenkneipe **Giau Siang Hai** am Fluss pendelt die Qualität des Essens

je nach Koch zwischen einfach und hervorragend.
Das **Rim Khong Restaurant** am KM 33,6 bietet Aussicht über den Fluss; laotische, vietnamesische, chinesische und Thai-Küche.
Das **Maekong Balcony Restaurant** liegt etwas näher am Goldenen Dreieck, einige Bungalows.

Sonstiges

Fahrräder

U. a. in **Gin's Gh.** für 70 Baht/Tag.

Geld

Siam Commercial Bank, Mo–Fr 8.30–15 Uhr.

Laos

Der Grenzübergang zum Dorf Tonpheung ist nur für Thais geöffnet.

Touren

A.P. Tour, 053-784328, aptour1@hotmail.com, Mr. Panya organisiert Besichtigungstouren, Elefanten- und Boottrips, vermietet Autos mit und ohne Fahrer und organisiert Homestays. Wer an einem solchen Homestay-Programm teilgenommen hat, möge uns bitte berichten.

Nahverkehr

Von der Uferstraße fahren Minibusse nach SOB RUAK zum „Goldenen Dreieck" (9 km) für 15 Baht. Hier werden auch Bootsfahrten für 700 Baht pro Boot (ab 6 Pers.) angeboten.

Transport

Busse

Nach BANGKOK AC-Bus um 16.20 Uhr für 717 Baht in 12 1/2 Std.; Tickets links neben der Siam City Bank.
Nach CHIANG RAI non-AC-Bus alle 15 Min. bis 18 Uhr für 35 Baht in 1 1/2 Std. Zurück bis 17.20 Uhr.
Nach MAE SAI Pickup für 50 Baht.
Nach CHIANG KHONG direkter non-AC-Bus um 15 Uhr für 70 Baht, Pickup stdl. bis 15 Uhr für 35 + 35 Baht (umsteigen in Had Bai).

Boote

Gin's Tour, 053-651053, Office im Kiosk Gin's Boat Trip am Fluss, vermittelt verschiedene Bootstouren: Nach CHIANG KHONG fahren 3-mal wöchentlich Speedboote für 1500 Baht für 6 Pers. (hin und zurück 2400 Baht). Tagestrip zum Golden Triangle 2x tgl. (lohnt nicht), Tour nach China im **Cargo-Boot**, 2700 Baht, 3 Tage, 2 Nächte bis Sipsongpanna, in privater Kabine mit 3 Mahlzeiten pro Tag. Das China-Visum wird von Mr. Gin besorgt.

Die Umgebung von Chiang Saen

Chiang Saen Lake

Beim KM 27 geht eine Straße vom H1016 Richtung Süden ab, auf der man nach 1,3 km hinter dem **Wat Ku Tao** zum wenig besuchten See gelangt. Man kann hier schöne Sonnenuntergänge genießen, von eigens geschaffenen Ausguckposten Vögel beobachten oder ein Boot mieten.

Wat Phra That Pha Ngao

Gute 4 km sind es nach Süden am Mekong entlang zu einer modernen, ca. 30 m hohen, weiß gekachelten **Pagode**, die auf einem Hügel steht. Durch das Wat Phra That Pha Ngao steigt man auf einem geteerten Weg hinauf (1,5 km), vorbei an einem kleinen Chedi, der kunstvoll auf einem großen, runden Felsen steht, und am eindrucksvollen, neuen Teakholztempel Uposatha Hall, der Basreliefs aus Teak mit Geschichten aus Buddhas Leben besitzt, mit englischer Beschriftung. Vom Glockenturm bietet sich ein toller Blick über den Mekong bis weit nach Laos hinein.

Das moderne Gebäude auf dem Gipfel wurde von einem amerikanischen Architekten im „Bunker-Stil" mit vier Bastionen entworfen. Es beherbergt einen uralten Backstein-Chedi und einen Chiang-Saen-Buddha aus Bronze. Zu erreichen mit einem Charter-Tuk-Tuk für ca. 150 Baht (inkl. Wartezeit). Bei einem Bummel durch die Gassen des Dorfes **Sob Kham** sieht man Reismühlen, Tabaköfen, weitere Ruinen und viele Familien, die im Hinterhof Zigarren drehen, Matten weben oder Hähne kämpfen lassen.

Auf dem H1129 nach Chiang Khong

Die durchgehend asphaltierte Straße H1129, eine ideale Strecke für Selbstfahrer, verläuft zunächst in der Nähe des Mekong durch eine landwirtschaftlich genutzte, schöne Landschaft. Reis-, Gemüse- und Tabakfelder wechseln sich ab. Nach 26,6 km (beim KM 29,2) biegt die Hauptstraße nach rechts ab. Geradeaus verläuft die 13 km längere Flussroute am Mekong entlang: unzählige Klippen und Inseln schauen während der Trockenzeit aus dem Wasser heraus. Am Weg liegen Dörfer der Thai Lue, Seitenstraßen führen nach 17 bzw. 19 km zu den Lahu-Dörfern **Huai Tu** und **Huai Sa.**

Die Bergroute steigt auf den nächsten 11 km zum Hmong-Dorf **Kiu Kan** an. Das Flusspanorama vom Aussichtsberg ist wirklich klasse. Anschließend kurvt die Straße wieder 5 km zum Mekong hinunter. Unterwegs wird mit dem Schild „The Best View Point" eine *Scenic Area* auf dem Pass am KM 11 angekündigt. Der Blick auf eine große Schleife des Mekong ist tatsächlich eindrucksvoll. Nach insgesamt 55 km erreicht man die angenehme Kleinstadt Chiang Khong.

Chiang Khong เชียง ชยฎูอง

Die saubere Kleinstadt Chiang Khong am Mekong ist als Schmuggler-Ort bekannt, in dem viele Waren aus Laos zu kaufen sind, vor allem Textilien und Schmuck. Ein breiter Fußweg erlaubt, am Mekong entlang zu flanieren. Viele Traveller nutzen diesen angenehmen, lebhaften Ort mit seinem traditionellen Flair und seinen freundlichen Menschen als Ausgangspunkt für die Reise nach Laos. Die meisten bleiben – völlig zu Unrecht – nur eine Nacht, da es sie nach Laos in den Ort Houai Sai zieht, der aber bedeutend weniger zu bieten hat.

Sehenswert sind vielleicht das alte Chedi am **Wat Phra Kaew** (neben der Post) und das **Wat Sob Som**. Zum Morgenmarkt von 5–7 Uhr kommen viele Hmong und Yao in die Stadt. Sehr belebt und interessant ist der Wochenmarkt an jedem Freitag, zu dem Hmong in ihren herrlich bestickten Trachten kommen.

Ein Platz zum Verweilen

Tam-Mi-La Gh. ⑩, ✉ baantammila@hotmail.com, ✆ 053-791234; ein Holzbungalow und 8 Zi im Holzreihenhaus (z. T. Warmwasser) in einem urigen, tropischen Garten am steilen Ufer des Mekong. Gemütliches Restaurant mit bester Sicht, Brot und Kuchen werden selbst gebacken. ❷–❸

Übernachtung

In den letzten Jahren entstanden 25 Gästehäuser. Die Konkurrenz ist so groß, dass sich die Tuk Tuk-Fahrer 20–30 Baht p. P. Kommission zahlen lassen. Da es das Laos-Visum nun auch in Ban Houai Sai gibt, verweilen die Traveller nicht mehr lange in Chiang Khong.

SP Gh. ①, ✆ 053-791767, 🖳 www.spguesthouse.com; am nördlichen Ortsrand, 500 m vom Pier, 6 strohgedeckte A-frame-Hütten mit Klappbetten und Du/WC, Reihenhaus aus Stein, einfache Zi mit Warmwasser-Du/WC, Preise einschließlich Frühstück; Schlafsaal (60 Baht); Restaurant, Internet, Tickets für Boots- und Busfahrten in Laos. Toller Aussichtspunkt auf dem Hügel dahinter, 198 Stufen (Symbol für beständige Gemeinschaft). Simon wird sehr gelobt. ❶–❷

Namkhong Gh. ⑤, ✆ 053-791801, 300 m vom Pier, nette Bungalows und Zi, außen Warmwasser-Du/WC; Internet-Service, tolle Aussichtsterrasse mit teurem Restaurant, Reisebüro, Mountainbikes ab 100 Baht/Tag, Transport zum Pier. ❶

Bamboo Riverside Gh. ⑧, ✆ 053-791621, ✉ saweepatts@hotmail.com; 1500 m vom Pier, schöne, gepflegte Anlage am Fluss unter schattigen Bäumen, Bambushütten am Hang mit Warmwasser-Du/WC, 2-stöckige Bungalows, Du/WC außerhalb, Schlafsaal (70 Baht); im gemütlichen Restaurant mit Flussblick gibt es u. a. Vollkornbrot (selbst gebacken von Dao), tolles Müsli, hervorragende Gerichte (u. a. mexikanisch), guten Kaffee und super Currys, 🕒 7–12 und 18–21 Uhr, also **kein** Mittagessen; freundliches, engagiertes Ehepaar. ❶–❷

Ruan-Thai Sopaphan Resort ⑪, ✆ 053-791234, Gästehaus für gehobenere Ansprüche, großes

Übernachtung:
(1) SP Guesthouse
(2) Tharua Resort
(3) Baanthip Gh.
(4) Chiang Khong Resort
(5) Namkhong Gh.
(6) Orchid Gh.
(7) Boom Hs.
(8) Bamboo Riverside Gh.
(9) Chiang Khong H.
(10) Tam-Mi-La Gh.
(11) Ruan-Thai Sopaphan Resort
(12) Border Gh.
(13) Wiang Kaew Gh.
(14) Green Tree Gh.
(15) Ban Fai Gh.
(16) Baanpuan H.
(17) Rimkhong Gh.
(18) Rim Nam Gh.
(19) Chomkhong Gh.
(20) Ingkhong Hotel
(21) River View Hotel
(22) The Riverside Jungle Resort
(23) Baan-Rim-Ta-Ling
(24) Mekong Riverside Hotel
(25) Nomads Gh.
(26) Baan Rimkhong Gh.

Essen:
1 Schwimmendes R.
2 Orchid R.
3 Chai Khong R.
4 Bakery
5 Ban Rim Ta Ling R.

Sonstiges:
1 Traveller Corner
2 Ban Rim Ta Ling Massage

Transport:
1 Chiangkhong Tour
2 Eakaluck Tour
3 Namkong Travel
4 Thai-Lao Travel
5 Ann Tour
6 Pickup→Chiang Saen
7 Pickup→Thung Na Noi
8 Bus→Bangkok
9 Bus→Chiang Mai
10 Bus→Bangkok
11 Bus→Chiang Rai
12 Bus→Wiang Kaen, Pha Tang

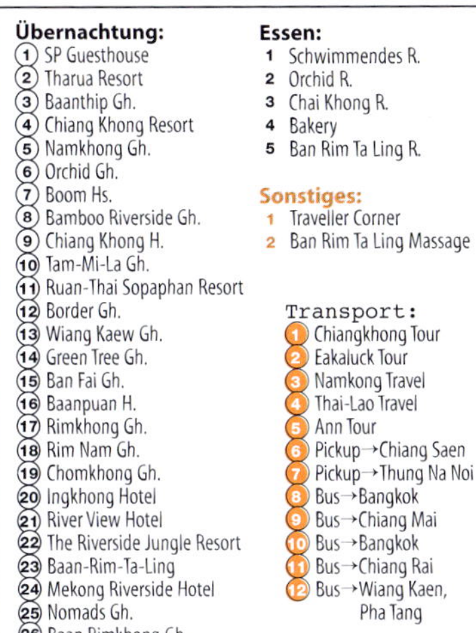

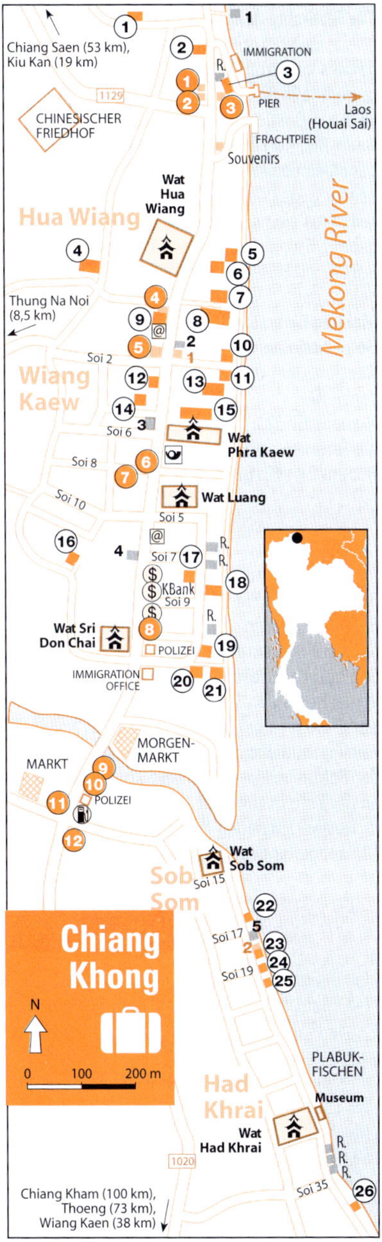

Thai-Teakhaus im Lanna-Stil mit schönen, nicht besonders sauberen Zimmern mit Du/WC, z. T. starker Geruch, unten relativ kühl; traditionell dekorierte Terrassen mit schöner Aussicht nach Laos hinüber; offenes, teures Restaurant mit guter Sicht; sehr agile Besitzerin. ❹

Ban Fai Gh. (15), ✆ 053-791394, einfaches, älteres Holzhaus, saubere, spärlich möblierte Zi, harte Matratzen, mit und ohne Du/WC; Terrasse mit Blick auf den Fluss. ❷

Chiang Khong Resort (4), 364 Moo 1, ✆ 053-655647, Reihenhäuser mit 16 Zimmern mit Warmwasser-Du/WC, in einem verwilderten Garten im Hinterland, sauber und ruhig, kein Restaurant. ❷–❸

Rim Nam Gh. (18), 16 geräumige, gut durchlüftete Zi, nett eingerichtet, sauberes Bad, oben mit Fan, unten mit AC, Restaurant und Terrasse mit Sicht über den Fluss. ❸

River View Hotel (21), ✆ 053-791375, 3-stöckiges Steinhaus, Zi mit Fan oder AC und Bad/WC, beste Sicht über die Promenade zum Fluss. ❸, AC ❹

Ingkhong Hotel, (20), ✆ 053-791659, 💻 www.geocities.com/ingkhong, neueres, vierstöckiges Hotel direkt hinterm River View Hotel, große, saubere Zi mit Fan oder AC, manche mit etwas Flusssicht. ❸

The Riverside Jungle Resort ㉒, ✆ 053-791348, ✉ vongsuwan_itiya@hotmail.com, 8 Holzbungalows mit Strohdach, z. T. mit Du/WC, vom Restaurant tolle Sicht. Geleitet von Uncle Bob. Verkauf von Bustickets für Laos. ❶–❷
Baan-Rim-Ta-Ling ㉓, ✆ 053-791613, 💻 www.geocities.com/baanrimtaling; neben dem gleichnamigen Massagehaus wurde aus einem alten Teakhaus ein neues, 3-stöckiges Gästehaus aufgebaut, 5 kleine Zi mit Du/WC, stilvoll möbliert, Balkon mit Flussblick, ein schöner großer Bungalow; nachts sehr ruhig; Restaurant. ❷
Mekong Riverside Hotel ㉔, neues 4-stöckiges Hotel direkt am Fluss, helle, freundliche Zi mit Aussicht über den Mekong, Internet, nettes Personal. ❸
Nomads Gh. ㉕, ✆ 053-655537, Holzreihenhaus mit Terrasse am Hang, 6 Zi mit Matratze auf dem Boden, Du/WC; Bistro-Restaurant. ❷–❸

Nord-Thailand

Essen und Unterhaltung

Preiswerte Gerichte serviert das schwimmende Restaurant am Pier, nebenher kann man das Be- und Entladen der Boote beobachten.
Mehrere Restaurants liegen direkt über dem Steilufer des Mekong; besonders gut sitzt man in den Restaurants im südlichen Ortsteil Had Khrai, wo man das Treiben der Fischer und ihrer Familien mitbekommt, im Flussrestaurant hinter der Polizei und im hübschen Gartenrestaurant an der Zufahrt zum Pier.
Im Restaurant neben Nomads Gh. stehen 13 Fischgerichte auf der Speisekarte.

Bootsfahrten

Ein Bootstrip auf dem Mekong beginnt am Pier (400 Baht/Std., max. 8–10 Pers. pro Boot). Vor allem in der Trockenzeit lohnt eine Fahrt flussaufwärts, um die großen Felsen und Strände im Mekong zu sehen; z. B. mit der Corporation am Pier (1500 Baht nach Chiang Saen).
Möglich ist auch ein Bootstrip flussaufwärts nach Chiang Kok (5 Std., 800–1000 Baht) und weiter auf guter Erdstraße mit dem Pickup nach Muang Sing (ca. 3 Std., 150 Baht).

Hängematten

Die patentierte Siam-Hammock gibt es für 1250 Baht beim Erfinder und Produzenten Wat im Tam-Mi-La Gh.: sehr leicht, multifunktional und ideal für die Reise.

Im Restaurant **Nang Nual** in Had Khrai sind die Speisen besonders scharf. Im **Green Tree** gibt es Fassbier. Es treten Sängerinnen auf.
Beliebt ist **Madam Pub** mit Disco und Live-Musik.

Sonstiges

Autovermietungen

PKW mit Fahrer bei **Anntour** (s. u.) und **Thai-Lao Travel** für 1200 Baht/Tag. Pickups bei allen Reiseagenturen und in den Gästehäusern für 800–1000 Baht.

Fahrradtouren

Die **Mekong Challenge Tour** beginnt jedes Jahr in der 3. Oktoberwoche und dauert 2 Wochen. Sie kostet 14 000 Baht und führt nach China, Laos und Kambodscha und zurück nach Chiang Khong (Infos von Wat im Tam-Mi-La Gh.).
Im Tam-Mi-La Gh. gibt es eine gute Skizze für eine schöne Fahrradtour Richtung Süden.

Feste

Mitte Februar zur Zeit der Baumblüte finden in den Hmong-Dörfern um Rom Pho Thai (96 km südlich am H1093) farbenfrohe Feste statt.
Das noch junge Fahrrad-Festival findet in der 3. Woche im Oktober statt.

Fitness

Nine's Gym ist von 6–22 Uhr geöffnet.

Geld

Mehrere Banken haben einen Wechselschalter, 🕒 8.30–15 Uhr, und einen Geldautomaten.

Informationen

Im Internet unter 💻 www.spguesthouse.com, i. b. über die Grenzformalitäten und Trips in Laos.

Internet
Internetshops sind nicht zu verfehlen, 20–50 Baht/Std.

Motorräder
Vermietung für 200 Baht/Tag, aber nur tagsüber, da die Maschinen bei Nacht schnell in Laos landen.

Mountainbikes
Vermietet das Tam-Mi-La Gh. an Gäste (150 Baht/Tag).

Reisebüros
Es gibt 5 Reisebüros mit TAT-Lizenz, u.a.:
Chiangkhong Tour, ✆ 053-791299, Bootstouren, Taxi-Service.
Ann Tour, 166 Moo 8 Saiklang Rd., ✆ 053-655198, Repräsentant für teure Gruppentouren nach Laos. Macht neben Bootstouren eine Off-Road-Tour über Laos nach China. Besorgt Laos-Visa innerhalb einer Stunde.

Traditionelle Massagen
Ban-Rim-Ta-Ling, ein sehr schönes Haus hoch über dem Fluss mit Sicht über Gemüsegärten und die Insel nach Laos; eine engagierte, junge Frau bietet neben Massage auch Kräutersauna, Internet sowie Essen und Getränke; ⏲ 10–23 Uhr.

Über die Grenze nach Laos

Grenzübergang Chiang Khong–Houai Sai, ⏲ 8–18 Uhr. Das 30-Tage-Visum „Visa on Arrival" bekommt man bei der Einreise für 1500 Baht und 1 Passfoto. Nach 16 Uhr und an Wochenenden und Feiertagen werden auf beiden Seiten Overtime-Gebühren verlangt.
In Chiang Khong zum Ausreiseschalter am Mekong gehen. Mit dem Fährboot für 20 Baht nach Laos übersetzen. In Laos zum erhöht liegenden Grenzposten gehen. Das Visa on Arrival ausstellen lassen. Einreisestempel kontrollieren. Gleich neben dem Grenzposten ist eine Bank.
Empfehlenswertes Gästehaus in Houai Sai:
Armid Gh., 200 m nördlich vom Bootsanleger, komfortable Bungalows. ❷, AC ❸
Die Hotels und Gästehäuser kosten dasselbe wie in Chiang Khong, liegen aber weniger schön mitten im Ort.

Transport

Busse
Nach BANGKOK mit AC-Bussen um 7 Uhr sowie von 15–16.30 Uhr für 538 bzw. 692–817 Baht in 13 Std.
Nach CHIANG MAI non-AC-Bus um 6.10 Uhr für 170 Baht, 2. Kl. AC-Bus um 11.40 Uhr für 238 Baht, VIP-40-Bus um 9 Uhr für 307 Baht in ermüdenden 7 Std. (besser über Chiang Rai fahren); Minibus um 7 und 10 Uhr in 5 Std. für 310 Baht.
Nach CHIANG RAI Busse und Pickups alle 40 Min. bis 15.45 Uhr für 59 bzw. 76 Baht in 2 bis 3 Std. (3 Routen).
Von CHIANG RAI fahren die Busse an 3 verschiedenen Bus-Steigen ab: an Nr. 9 für 2 Std., an Nr. 19 für 2 1/2 Std., an Nr. 13 für 3 Std. Fahrt.
Nach CHIANG SAEN Minibus um 7 Uhr bzw. Pickup jede Std. von 8–12 Uhr für 70 Baht (umsteigen in Had Bai).
Nach PHA TANG großes Pickup um 9 und 15.30 Uhr für 90 Baht ab Esso-Tankstelle.
Nach CHIANG KHAM non-AC-Bus 5x tgl. von 6.15–11 Uhr für 85 Baht.

Boote
Die Personenfähre nach BAN HOUAI SAI (Laos) kostet 20 Baht, ein Motorradtaxi von der Stadt zum Pier 20 Baht.

Die Umgebung von Chiang Khong

In der Umgebung gibt es viele Dörfer der Weißen Hmong (White Hmong). Mit dem Motorrad sind sie gut zu erkunden. Mehrere Wasserfälle in schönem Wald lohnen eine Wanderung, z. B. der Huai Meng (in der Trockenzeit wenig Wasser).

8,5 km westlich der Stadt liegt das Hmong-Dorf **Thung Na Noi**, das ganz bewusst seine Kultur bewahren will. Gäste sind eingeladen, gegen eine Spende einen jungen Guide aus der Schule zu engagieren, der sie im Dorf herumführt. Er zeigt auch den Weg (45 Min.) zum schönen **Huai Tong-Wasserfall**, der in der Trockenzeit wenig

Wasser führt. Von Chiang Khong kommt man am besten per Motorrad auf einem steilen, schlechten Erdweg durch **traditionelle Dörfer** und durch Ananas- und Orangenplantagen (Früchte von Nov bis Jan) zum Hmong-Dorf. Wer kein Fahrzeug hat, kann am Morgen von 9–11 Uhr mit einem vom Markt zurückkehrenden Hmong-Pickup von Soi 8 nach Thung Na Noi mitfahren (25 Baht) und am späten Nachmittag zurückwandern.

Von Chiang Khong nach Chiang Kham

Zu den Höhepunkten einer Rundfahrt in Nord-Thailand zählt von Mitte November bis Mitte Februar die Route von Chiang Khong entlang der Grenze zu Laos nach Süden bis Chiang Kham (178 km).

Auf dem H1020 geht es von Chiang Khong 13 km nach Süden in das Thai Lue-Dorf **Sri Don Chai**. Dort weben Frauen auf einfachen Webstühlen Stoffe mit komplizierten Mustern und Farbkombinationen.

Gleich hinter der Brücke zweigt vom H1020 das schmale Sträßchen H1155 ab und führt einige Kilometer am Mekong entlang. Im Dorf Ban Chompong findet jeden Di und Mi von 8–16 Uhr ein Grenzmarkt statt, zu dem viele Laoten über den Fluss kommen und ihre Naturprodukte anbieten. Nach 24 km ist **Wiang Kaen** erreicht (38 km von Chiang Khong). Hier lohnt eventuell ein Abstecher zum Mekong, wo ein kleines Lokal am Fluss mit schöner Aussicht einfaches Essen bietet.

Danach führt der H1155 durch ein Tal mit vielen Hmong- und Yao-Dörfern und hinauf in die Berge, wo frisch angesiedelte Hmong und Akha den Dschungel rodeten, um Felder für Mais anzulegen. Am KM 52 in Ban Pang Hud zweigt ein schönes, durchgehend asphaltiertes, z. T. sehr steiles Sträßchen nach **Ban Pha Tang** ab (13 km). Auf dem Pass gibt es auch einfache Restaurants und ein Gästehaus. Gleich hinter den Häusern führt eine 2 km lange Stichstraße zum **Doi Pha Tang** hoch. Vom Aussichtspunkt Gate of Siam (Chinesischer Pavillon) sieht man weit nach Laos hinein bis zum Mekong.

Übernachtung

Khoomluang Hotel, Wiang Kaen, am KM 67,5 des H1155, hübsche, kleine Bambusbungalows, Du/WC mit Vorhang abgetrennt, Balkon mit Sicht in die Natur; Schlafsaalbetten 40 Baht, Steinbungalows und ein VIP-Room mit Badewanne. Teures Restaurant mit Karaoke bis spät in die Nacht. ❷–❸

Phatang House, Ban Pha Tang, ✆ 053-719153, 20 Zi oben am Berg. ❸–❹

Essen

Im netten **Wasan Restaurant** vor der Straßeneinmündung links gibt es hervorragendes, preiswertes Essen. Auch im **Kid Tueng Restaurant** beim Gästehaus kann man ganztägig essen. Tagsüber bieten einige Restaurants entlang der Straße Nudel- und Curry-Gerichte.

Transport

Von CHIANG KHONG nach Pha Tang an der Esso-Tankstelle mit großem Pickup-Bus um 9 und 15.30 Uhr für 90 Baht. Nach Wiang Kaen jede Std. mit dem Songthaew für 50 Baht.

Phu Chi Fah

Auf dem H1093 sind es noch 27 km bis zum Grenzberg Phu Chi Fah, gesprochen: Pu Tschi Fah, fälschlich auch Pha Chee Fah geschrieben.

Der H1155 überquert einige herrliche Pässe. Die Strecke zum Phu Chi Fah ist gut ausgeschildert. 10 km südlich vom Dorf Nang Tan (KM 27,1) fährt man auf der guten Verbindungsstraße zur Bergstraße H1093 hoch, unterwegs liegt ein Meo-Dorf mit einem **Meo-Museum**. Oben sind es nach rechts noch 1,6 km bis zur Abzweigung zum neuen Parkplatz (weitere 2 km). Im Morgengrauen steigt man auf dem gut sichtbaren Pfad etwa 760 m in 20 Min. zum markanten Grenzberg zu Laos hoch. Bei klarem Wetter bietet sich bei Sonnenaufgang eine herrliche Aussicht aus 1400 m Höhe nach Laos hinein. Der Phu Chi Fah heißt zu Recht „Der Berg, der zum Himmel zeigt". Thais lieben vor allem die Nebelbänke in den Tälern am frühen Morgen, daher wandern sie bereits um 4.30 Uhr los.

Übernachtung

In Ban Rom Fah Thai gibt es am KM 64 massenhaft kleine **Bungalows** mit Matratzen, 500 Baht pro 6 Pers. ❷
Phu Chi Fah Dok View Gh., KM 64,4, ✆ 081-6731836, an der Abzweigung, 10 Hütten mit Matratzenlager für jeweils 8 Pers., mit Warmwasser-Du/WC, 100 Baht p. P. ❷
Phu Chi Fah Lodge, KM 56,4, Ban Rom Pho Thong, ✆ 081-4727883, oberhalb der Straße, 10 geräumige Bungalows mit schöner Sicht, Restaurant. ❸

Transport

Von CHIANG RAI mit non-AC-Bus um 7 und 13 Uhr für 92 Baht in 4 Std., Minibus für 120 Baht.

Phu Sang National Park

Nach Süden schlängelt sich der H1093 noch 77 km bis Chiang Kham. Man passiert das *Doi Phamon Highland Agricultural Extension Center* mit Villen in tollen Gartenanlagen und das Dorf Rom Pho Thai (21 km). Mitte Februar blühen hier viele Bäume hellrosa. Nach weiteren 24 km finden sich in **Ban Huak** günstige Stoffläden und eine Tankstelle. Hier zweigt eine Straße nach Ban Kiuk (2,2 km) zum offiziellen Grenzübergang für Einheimische ab. Am 10. und 30. jeden Monats findet ein interessanter **Grenzmarkt** statt.

Nach weiteren 4 km lädt der **Phu Sang-Wasserfall** direkt am KM 23,5 zur Rast ein.

Chiang Kham

Nach weiteren 28 km auf dem H1093 und dem H1021 ist das Marktstädtchen Chiang Kham erreicht. Beim Bus Terminal ist das **Wat Saen Muang Ma** mit seinen tollen Wandgemälden sehenswert. Auch **Wat Nantaram**, 500 m rechts vom Hotel, verdient einen kurzen Besuch.

Übernachtung und Essen

Chiang Kham Hotel, 243 Moo 13, ✆ 054-481893, an der Hauptstraße neben der Kasikorn Bank, altes, aber sauberes Haus, 40 einfache Zi, die hinteren sind ruhiger; freundliches Personal. ❷, AC ❸
Gh. 88 (Chiangkham Gh.), 279 Moo 4, ✆ 054-451588; 400 m von der Umgehungsstraße (am blauen Schild abbiegen), 1 km vom Busbahnhof (ab dem Wat gut ausgeschildert), einfache, schöne Anlage, bietet 24-Std.-Service und am linken Ende für Traveller die sauberen, preiswerten Häuschen Air01 und Air02 mit TV und Du/WC, Kühlschrank im Vorraum; freundlicher Manager. ❷–❸
Chiang Kham Garden Resort, 88 Moo 2, Ban Yuan, ✆ 054-451946, am KM 73,7 der Umgehungsstraße, 20 Doppelbungalows mit Garage, komfortable AC-Zi, Restaurant. ❸
In der Ortsmitte gibt es diverse Garküchen.
Nong New Food, 51/6 Yeun Rd., ✆ 054-415243, die Chefin spricht gut Englisch.
Neben dem 7eleven gibt es drei **Open-Air-Restaurants**, die alle gutes Essen servieren.

Transport

Der Bus Terminal liegt im Zentrum der Stadt.
Nach CHIANG RAI alle 30 Min. bis 16.30 Uhr für 49 Baht, AC-Bus 4x tgl. für 70 Baht.
Nach NAN non-AC-Bus bzw. AC-Bus um 11.15 Uhr für 85 Baht bzw. 120 Baht.
Nach CHIANG KHONG 5x tgl. von 11–16 Uhr für 70 Baht.

Östlich von Chiang Mai

Phayao พะเยา

Die kleine Provinzhauptstadt, 20 000 Einwohner, liegt am Ufer eines 6 km langen und etwa 4 km breiten Sees, des **Kwan Phayao**, über den immer eine erfrischende Brise zu wehen scheint. Dahinter erhebt sich eine Bergkette bis auf 1856 m. Im flachen See gibt es Fische *(pla nin)* und viele Wasserhyazinthen. In der Regenzeit schwillt der See so an, dass viele Felder in der Umgebung überflutet werden. Ausländische Touristen verirren sich kaum nach Phayao. Dagegen machen unzählige Touristenbusse mit Thais einen Stopp am See, abends veranstalten sie fröhliche Picknicks im Park. Ansonsten ist Phayao sehr ruhig und ideal zum Ausspannen.

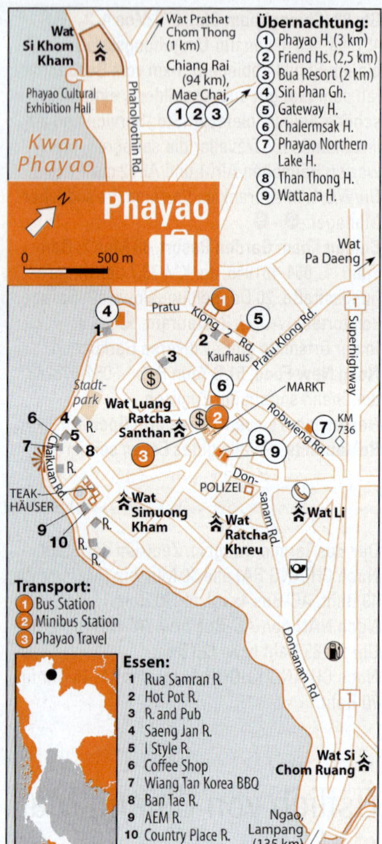

Sehenswert sind zwei alte Tempel. **Wat Luang Ratcha Santhan** liegt in der Nähe des Markts gegenüber der Bangkok Bank. Die zwei Chedis sollen im 12. Jh. erbaut worden sein. Sehr alt ist auch der Viharn, dessen Dach auf riesigen Teaksäulen ruht.

Das **Wat Si Khom Kham** liegt im Norden der Stadt direkt am See. Ein über 400 Jahre alter, 17 m hoher Buddha thront in der riesigen Tempelhalle. Gleich dahinter tummeln sich in einem Statuengarten greuliche Darstellungen der Hölle, Buddhas, zwei Dinosaurier und sogar eine E.T.-ähnliche Figur. Etwas südlich von diesem Wat wurde ein neuer Tempel mit geschmackvollen Innenmalereien erstellt. Von dessen Seeterrasse hat man vor allem in der Abenddämmerung eine schöne Aussicht auf die gegenüberliegende Bergkette.

Eindrucksvoll ist der schöne Marmortempel **Wat Analayao** am Westufer des Sees, dessen Architektur sich harmonisch in die Landschaft einpasst. Die interessante **Phayao Cultural Exhibition Hall**, ein Stadtmuseum mit englischer Beschriftung, erreicht man in einem 10-minütigen Spaziergang am Seeufer entlang.

Übernachtung

Wattana ⑧, 69 Donsanam Rd., ✆ 054-431203, einige Zi mit AC, besser im neuen Flügel. ❷–❸
Tharn Thong ⑦, 55 Donsanam Rd., ✆ 054-431302, einige gute Zi im 5. Stock mit Seeblick. ❷, AC ❸
Phayao Northern Lake Hotel, ✆ 054-411123, angemessene AC-Zi, nicht am See. ❸–❹
Gateway Hotel ⑧, 7/36 Pratu Klong 2 Rd., ✆ 054-411330, großes Hotel, sehr gut ausgestattete Zimmer, Pool im 4. Stock. ❺
Am Super Highway H1 zwischen KM 738 und 739, etwa 3 km nördlich vom Zentrum:
Bua Resort ③, 262 Super Highway, ✆ 054-481855, große, gepflegte Anlage mit gut ausgestatteten AC-Bungalows, wenige Gäste, kein Restaurant. ❸
Phayao Hotel (30% Discount) ①, 445 Super Highway, ✆ 054-481970, Motelstil. ❹

Essen

Viele kleine, z. T. englisch beschriftete Restaurants auf der Landseite der Uferstraße bieten günstiges, hervorragendes Thai-Essen, z. B. das **AEM**.
Ab dem Vormittag kann man am See gegrillten Fisch (ca. 180 Baht) und Hähnchen verspeisen, dabei sitzt man auf Sitzkissen an niedrigen Tischen.
Ban Tae, kleines gemütliches thai-chinesisches Restaurant am See, das auch Dim Sum serviert.
Im **I Style** speist man im OG mit Sicht über den See.

Gegenüber vom Wat Luang Ratcha Santhan wurde uns eine gute **Bäckerei** empfohlen, bei der man sich fürs Frühstück eindecken kann, dazu braut der **Coffee Shop** am See einen exzellenten Cappuccino. Gut ist auch die französische Bäckerei **OH!**, 549 Phaholyothin Rd., in der es Baguettes und Kuchen geben soll.

Sonstiges

Reisebüros

Phayao Travel an der Donsanam Rd., vermietet u. a. Motorräder und Autos, So geschlossen.

Rikschas

Im Ort für 10–20 Baht.

Transport

Busse

Nach BANGKOK (712 km) AC-Bus von 18.30–20.45 Uhr für 440 bzw. 565 Baht, VIP-24-Bus um 8.30, 19.20, 19.30 und 20.30 Uhr für 873 Baht in 10 Std.

An der Straße H1 von LAMPANG (127 km, 61 Baht) nach CHIANG RAI (87 km, 49 Baht, AC 69 Baht) kommen bis 16.30 Uhr alle 20 Min. Busse in beiden Richtungen durch.

Nach CHIANG MAI 13x tgl. non-AC- und AC-Busse von 8–17.30 Uhr für 94 / 132 Baht in 3 Std., ein AC-Bus um 12 Uhr für 170 Baht.

Nach CHIANG KHAM non-AC-Bus alle 40 Min. bis 17.30 Uhr für 42 Baht.

Nach DENCHAI zum Bahnhof 2.Kl. AC-Bus für 110 Baht.

Nach NAN non-AC-Bus um 13.30 Uhr für 100 Baht, 2.Kl. AC-Bus um 8 Uhr für 139 Baht in 4 Std. (tolle Strecke!).

Selbstfahrer

Wer mit eigenem Fahrzeug unterwegs ist, kann die Strecke nach NAN auf dem tollen H1251 abkürzen: 47 km Asphalt, davon 25 km in schönem Wald durch den Doi Phu Nang National Park (bisher kein Eintritt, Abstecher von 5 km nach rechts zum Dorf Ban Bo Bia und zum Tansawan-Wasserfall), schließlich 10 km durch einsamen Wald. Die Straße trifft bei Sra, 8 km nördlich von Chiang Muan, auf den H1120.

Die Umgebung von Phayao

Doi Luang National Park

38 km nordwestlich von Phayao biegt vom H1 am KM 773,4 die Straße zum Park nach Westen ab (8,6 km), gegenüber ein Polizeigebäude.

Auf 1,3 km Länge bildet ein Bach in neun Stufen den **Pu Kaeng-Wasserfall**. Ein ausgetretener Pfad führt 1 km bergan durch lichten subtropischen Wald mit viel Bambus. Schön sind die Sinterterrassen der Fälle 4 und 5, Picknickplätze und Müll deuten darauf hin, dass hier am Wochenende viel los ist. Die Fälle 7 und 8 sind schon hoch, doch den krönenden Abschluss bildet ein „Amphitheater der Wasserspiele" am Fall 9! Einen Swimming Pool gibt es nicht, nur einen kleinen Badepool am Fuß von Fall 1. Für Fotos eignet sich am besten der Vormittag. Es gibt ein Visitor Center, ein einfaches Restaurant (8–17 Uhr) und einen Zeltplatz. Eintritt 400 Baht (für Wasserfall-Freunde durchaus lohnend). Informationen, auch zu weiteren Wasserfällen im Park, unter www.dnp.go.th/parkreserve/asp/style1/default.asp?npid=143&lg=2.

Tarn Thong-Wasserfall

8 km südlich von Phayao biegt am KM 727 der H120 nach Westen ab. Dichter Wald bedeckt die Berge. Der Aussichtspunkt nach 20 km (891 m hoch) erlaubt einen schönen Rundblick über die Ebene von Phayao mit dem See (abends besonders beeindruckend). Hinter dem Pass rieselt nach 9 km der Tarn Thong-Wasserfall ca. 20 m die steilen Sinterterrassen herunter, ohne einen Pool zu bilden. Beste Fotozeit ist ab 14 Uhr. Mit festen

Holzelefanten

30 km südlich von Phayao liegt am KM 699,5 ein **Handicraft Center**, bei dem sich alles um geschnitzte Elefantenkunstwerke dreht. Schon die Gebäude sind ungewöhnlich. Als Blickfang dient ein aus kleinen Elefanten zusammengesetzter großer Holzelefant. Angeboten werden fünf Zimmer in Form eines Elefanten, ein Restaurant und ein 14-tägiger Holzschnitzerkurs. Keine Kaufanmache, freundliche Leute.

Schuhen kann man den Fall hochklettern, dem Bach folgen und schon bald die Quelle entdecken, die allerdings in der Trockenzeit versiegt.

Nach weiteren 17 km erreicht die Straße den Ort **Wang Nua**. Hier führt der H1035 im weiten Tal über Chae Hom (54 km) nach Lampang (105 km) im Süden (von dort kommt ab 8 Uhr alle 30 Min. ein Bus).

Der H120 trifft nach 15 km bei Mae Kachan auf den H118, der Chiang Mai (81 km) mit Chiang Rai (101 km) verbindet.

Lampang ลำปาง

Die Provinzhauptstadt mit 148 000 Einwohnern, 100 km südöstlich von Chiang Mai, war vor der Herrschaft der Khmer und Thai Sitz eines Mon-Königreiches. Bei Ausgrabungsarbeiten wurden Reste hinduistischer Stuckarbeiten entdeckt. Von der alten Stadtmauer ist noch ein achteckiger Ziegelturm erhalten. Lampang ist bekannt für Keramiken aus weißer Erde, bemalt vor allem in blauen und braunen Farbtönen.

Ein schöner, mit Holzschnitzereien verzierter Tempel im burmesischen Stil ist **Wat Si Rong Muang**, Tha Krao Noi Road. Einige der schönsten Tempelanlagen Nord-Thailands liegen ein paar Kilometer außerhalb von Lampang. In allen Tempeln wird eine Spende von ca. 10 Baht erwartet. Es ist auch in Lampang ratsam, die Kleidervorschriften beim Tempelbesuch strikt einzuhalten.

Am rechten Ufer des Wang, 1 km nordöstlich der zentralen Rasada Brücke, liegt **Wat Phra Kaeo Don Tao**, in dem einstmals der berühmte Smaragd-Buddha des Königstempels von Bangkok aufbewahrt wurde. Hier stehen ein mächtiger Chedi, eine prächtige Kapelle im burmesischen Stil und ein schöner Tempel im Thai-Stil. Auch ein kleines Museum ist zu besichtigen. 3 km weiter Richtung Nordosten liegt der „Tempel der 20 Chedis" **Wat Chedi Sao**; besonders schön in der Regenzeit, wenn die Reisfelder in sattem Grün strahlen.

Lohnenswert ist ein Ausflug zur schönsten und berühmtesten Tempelanlage in der Umgebung von Lampang, **Wat Phra That Lampang Luang**.

Übernachtung

Gästehäuser

The Riverside Gh. ③, 286 Talad Gao Rd., ✆ 054-227005, 3 große, alte Holzhäuser in schöner, ruhiger Lage am Fluss, saubere Zi mit Fan oder AC und Warmwasser-Du/WC, z. T. mit Balkon, gut eingerichtete Familienzimmer. Frühstück, kleine Gartenterrasse, gute Atmosphäre; Moped zu mieten, zugehöriges Restaurant in der Talad Gao Rd. geführt von der Italienerin Lorenza. ❸

Boonma Gh. ①, 256 Talad Gao Rd., ✆ 054-322653, 90 Jahre altes, schönes Teakhaus, sauber und ruhig, obere Zi geräumig, unten eng, sowie Zi in separatem Hinterhaus. ❷–❸

Hotels

Sieben im Umkreis von 200 m um die Kreuzung Boonyawat Rd. / Suan Dok Rd.:

Kim ④, 168 Boonyawat, ✆ 054-217588, sehr gute Zi mit AC. ❸

Sri Sanga ⑨, 213 Boonyawat, ✆ 054-217070, große, saubere Zi mit Bad. ❶–❸

Khe Lang Nakorn ⑧, 719 Suan Dok Rd., ✆ 054-222846-7, gutes Hotel, preiswert. ❷–❸

Asia Lampang ⑦, 229 Boonyawat, ✆ 054-227844, bestens, preiswert, sehr gutes Teak-Restaurant. ❸

Pin Hotel, 8 Suan Dok Rd, ✆ 054-221509, neueres Hotel mit ordentlichen AC-Zi. ❸–❹

Teakhaus im Thai-Stil

Bann Fai ⑮, 206/2 Moo 2 Highway, ✆ 054-335238, 5,5 km außerhalb Richtung Chiang Rai am KM 605,5. Mit Antiquitäten ausgestattetes Teakhaus, im OG 7 sehr einfache Zi, Matratzen auf dem Boden, große, saubere Du/WC auf dem Flur, der von einem einzigartigen Teppich bedeckt ist. Neueres Reihenhaus weiter hinten im Garten, nette Zi, Du/WC außen. Edles Ambiente, auch im Gartenrestaurant, moderate Preise. Töpferei im Hintergarten. Freundlicher, hilfsbereiter und engagierter Besitzer. Fahrrad- und Motorradvermietung; Infos und detaillierte Karten für Ausflüge. Sielor vom Bus Terminal 50 Baht, zurück 20 Baht. ❷

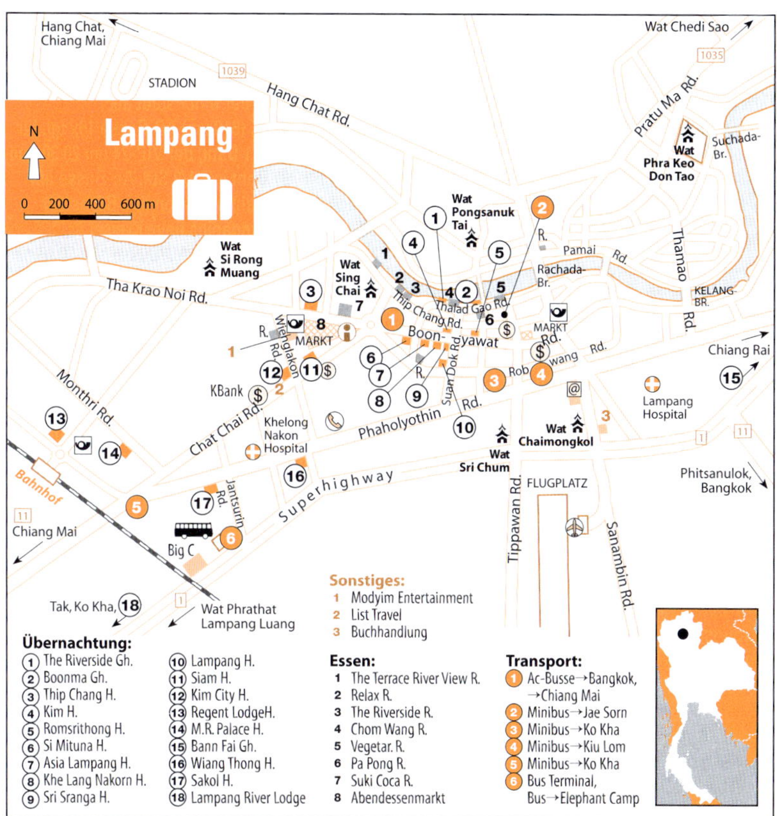

Siam Hotel ⑪, 260/29 Chat Chai Rd., ✆ 054-217472, renoviert. ❹

Lampang River Lodge ⑱, 330 Moo 11, Tambon Chompu, ✆ 054-226922; 6 km südlich am Wang River, tropischer Garten, schöne, große, z. T. modrig riechende Holzhäuser mit 60 AC-Zi, Restaurant. ❹

Essen und Unterhaltung

Neben unzähligen Garküchen und *Food Center* in den Kaufhäusern gibt es auch viele Restaurants westlicher Ketten.

Pa Pong Restaurant, nordthailändische Gerichte in Tontöpfen gekocht und serviert, bis 20 Baht.

Im **Riverside Restaurant**, ✆ 054-221861, am Fluss sitzt man gemütlich. Es gibt auch vegetarisches Essen. Nettes Personal. Auf der Terrasse spielt abends eine Live-Band. Auch das **Relax Restaurant** daneben bietet vor allem einen schönen Blick auf das Wat gegenüber.

Chom Wang, Flussrestaurant mit gepflegtem Ambiente und gehobenen Preisen.

Sehr gut ist das Restaurant des **Asia Lampang Hotels** mit seiner schönen Teak-Terrasse, zwar direkt an der Straße, aber fabelhafte Thai- und chinesische Küche.

Kam Wan Restaurant, Suan Dok Rd., Holzgebäude mit Museum-Ambiente, serviert authentische Nordthai-Gerichte.

Bann Fai Restaurant, am KM 605,5 des H1 (s. o.), etwas zurückversetzt. Angenehmes Gartenrestaurant mit Sitzmöbeln, die aus alten Ochsenkarren gefertigt sind. Sehr gutes, preiswertes Essen. Das zugehörige Souvenirgeschäft mit erstklassigen kunsthandwerklichen Stücken lädt zum Stöbern ein.
Das **Modyim Entertainment** bietet verschiedene Shows und Disco.

Sonstiges

Feste

Anfang Februar findet beim Elephant Institute die Elephant Satok Fair mit Umzügen, kulturellen Veranstaltungen, Elefantenshow und Elefanten-Dinner statt (Eintritt 150 Baht).

Geld

Geld wechseln außerhalb der Bank-Öffnungszeiten bei der Kasikorn Bank im Big C Supermarket, 1. Stock.

Informationen

Ein Tourist Office hat westlich vom Clock Tower aufgemacht.

Medizinische Hilfe

Sehr gut ist das private Khelang Nakhon Hospital nahe dem Busbahnhof.

Motorräder

Im **Bann Fai** am KM 605,5 des H1 (s. o.) für 150 Baht/Tag; dazu gute Infos und einige exakte Karten für Ausflüge in der Umgebung.

Nahverkehr

Innerhalb der Stadt verkehren Fahrrad-Rikschas und die in Thailand seltenen **Pferdekutschen** (1 Std. für 400 Baht, kleine Rundfahrt 200 Baht, z. B. ab Hauptpost). **Pickups** in der Stadt kosten 15–20 Baht. **Sielor** zum Bann Fai Restaurant 50 Baht, eine 2-stündige Tempelrundfahrt 200 Baht.

Transport

Busse

Lampang ist der Knotenpunkt für alle Busse vom Süden nach Chiang Mai und Chiang Rai, daher halten viele am Bus Terminal. Die Minibusse zu Zielen in der Umgebung fahren an unterschiedlichen Stellen in der Innenstadt ab.
Nach BANGKOK (610 km) AC-Busse 16x tgl. für 380 / 489 bzw. 571 Baht, der VIP-24 um 20.30 und 21 Uhr für 761 Baht in 8 1/2 Std. Ac-Busse am Abend für 571 Baht auch von den Büros der privaten Bus Companies beim Kreisel.
Nach CHIANG MAI non-AC-Busse alle 30 Min. bis 21.30 Uhr für 70 Baht (Stopp beim Elephant Institute nach 30 Min. Fahrt, 30 Baht).
Nach CHIANG RAI alle 45 Min. bis 17 Uhr für 114 Baht.
Nach NAN non-AC-Bus alle 30 Min. von 8–22.30 Uhr für 121 Baht, AC-Busse für 169 bzw. 217 Baht (über PHRAE für 65 / 90 / 117 Baht).
Nach SUKHOTHAI non-AC-Bus jede Std. bis 21.30 Uhr für 128 Baht, AC-Busse für 179 bzw. 231 Baht in 4 1/2 Std.
Nach MAE SAI non-AC-Bus um 10.30 Uhr für 139 Baht.

Eisenbahn

Fahrplan „Northern Line“ s. S. 882f.
Der Bahnhof ist eine Sehenswürdigkeit.
Von BANGKOK fahren tgl. 4 Nachtzüge zwischen 14.30 und 22 Uhr und ein Tageszug um 5.50 Uhr in 11–13 Std. ab 394 Baht in der 2. Kl. Außerdem 2 *Sprinter* um 8.30 und 19.20 Uhr in 9 Std. für 574 Baht. Zurück fahren 5 Züge am Abend, der *Rapid* 102 um 9.10 und der *Sprinter* 12 um 10.43 Uhr. Alle halten auch in AYUTTHAYA.
Nach PHITSANULOK eignen sich die beiden Vormittagszüge und der *Ordinary* 408 um 11.32 Uhr (5 1/2 Std.).
Von und nach CHIANG MAI fahren 7 Züge in gut 2 Std. ab 25 Baht auf der einsamen, schönen Strecke durch den Khun Tan National Park.
Nach CHIANG MAI sind nur die Züge um 7, 9.57, 17.44 und 18.11 Uhr praktikabel, nur die ersten beiden halten am Bahnhof Khun Tan (zum Khun Tan National Park).

Flüge

PB Air, ✆ 054-230401-2, fliegt 1–2x tgl. von/nach BANGKOK, 2015 Baht plus Gebühren von ca. 700 Baht.

Die Umgebung von Lampang

Wat Phra That Lampang Luang

Das Wat Phra That Lampang Luang ist mindestens 1300 Jahre alt. Wer etwas für Tempel übrig hat, kann hier leicht mehrere Stunden verbringen. Es liegt erhöht und ist von dicken Mauern umgeben, da es früher auch als Festung genutzt wurde.

Man betritt den Tempel, indem man zwischen zwei modernen chinesischen Tempeln links vom Haupttor hindurchgeht (Spende 10 Baht). Die Zweige des alten Bodhi-Baumes werden von vielen Stützen, die von Gläubigen gespendet wurden, am Abbrechen gehindert. Im **Museum** am Ende des Vorhofs steht ein Smaragd-Buddha, der aus dem gleichen Material (nämlich Jade) wie der viel berühmtere in Bangkok sein soll. Weitere schöne Buddha-Statuen sind hier leider völlig unattraktiv angehäuft. 🕓 Mi–So außer feiertags 9–12 und 13–17 Uhr (am frühen Morgen noch recht wenige Tourbusse). Der Innenhof wird beherrscht von einem wuchtigen, 45 m hohen **Chedi**. Sechs Viharn und Kapellen mit zum Teil prachtvoll geschnitzten Fassaden enthalten Buddha-Statuen und einen herrlichen **Reliquienschrein**. Die meisten sind 500–700 Jahre alt.

Transport

Von Lampang mit dem Minibus nach KO KHA (15 km) für 35 Baht (Abfahrt im Zentrum oder am Eisenbahnübergang beim Bahnhof). Alternativ mit dem Bus ab dem Bus Terminal um 7.30, 9, 10.30, 12, 14 und 16 Uhr für 17 Baht. Von Ko Kha hinter der Wang-Brücke nach rechts 3 km zum Kloster gehen (Motorradtaxi 30 Baht, Songthaew 10 Baht, aber selten). Gecharterte Songthaews ab Lampang verlangen 90–120 Baht pro Person, hin und zurück.
Von CHIANG MAI kommend biegt man vom H11 bereits am KM 13 nach rechts Richtung Ko Kha ab und fährt 12 km auf dem H1034 nach Süden. Auf dem H1 von Süden kann man schon am KM 587,6 nach links abbiegen, es sind dann noch 5 km zum Tempel.

The National Elephant Institute

1992 wurde das Thai Elephant Conservation Center 28 km hinter Lampang am H11 (KM 28) nach Chiang Mai beim Dorf **Thung Kwian** eröffnet, im Jahre 2002 umbenannt in **The National Elephant Institute**. Da die Elefanten in Thailand zu den zehn am meisten bedrohten Tierarten zählen (es gibt noch etwa 1500–2000 Arbeitselefanten), soll dieses Zentrum dem **Schutz der Elefanten** dienen und die Tradition der Arbeitselefanten bewahren. In dem 60 ha großen Waldgebiet gibt es ein Wasserreservoir, ein Trainingsareal, einen Vorführplatz, ein Dorf für die Mahouts sowie Zuckerrohr- und Grasfelder für das Futter der Elefanten. Außerdem wurden ein kleines Museum, eine Fortbildungsstätte für Mahouts und Informationszentren für Fachleute und Elefantenhalter aufgebaut. Ein **Elefantenhospital** wurde mit moderner medizinischer Technik und mit akademisch ausgebildetem Personal ausgestattet. Die Elefanten werden artgerecht gehalten und liebevoll betreut. Seit das Abholzen der Wälder offiziell verboten ist, gibt es für die Elefanten keine traditionelle Arbeit mehr. Den Elefantenhaltern wird empfohlen, die Tiere durch Shows für Touristen und als Reittiere beim Trekking über Wasser zu halten.

Im Elephant Institute erhalten **junge Elefanten** die traditionelle Ausbildung, bei der sie lernen, nebeneinander und hintereinander zu laufen, Baumstämme zu rollen, zu ziehen und aufeinander zu stapeln, und vor allem ihrem Mahout zu gehorchen. Elefantenliebhaber können einen Elefanten adoptieren. Sie finanzieren dann sein Futter und erhalten einen regelmäßigen Bericht

Leben mit Elefanten

Wer sich intensiv auf das **Leben mit den Elefanten** einlassen will, kann 3 Tage/2 Nächte bei einem Mahout zu Hause wohnen (Home Stay, 4000 Baht p. P., 💻 www.thailandelephant.org), am anspruchsvollen Training teilnehmen, mit den Elefanten in die Wälder reiten und zum krönenden Abschluss in der Show auftreten. Für sportliche Naturfreunde ein einmaliges Erlebnis! Ein Zimmer ist auch für 500 Baht pro Nacht zu mieten, Restaurants schließen um 16 Uhr, Selbstverpflegung ist angesagt. Ein 3-tägiges Trekking kostet 5000 Baht p. P.

über das Wachstum und Wohlergehen ihres Lieblings. Schon ab 500 Baht kann man Mitglied bei den Friends of the Asian Elephant, 36/15 Moo 2 Ram-Indra Rd. (KM 4), Bangkhen, Bangkok 10220, werden.

Die meisten Touristen werden sich auf die interessanten **Vorführungen** beschränken, die auch viel Spaß machen. Sie werden ganzjährig täglich um 9.45 (Elefantenbaden und Mahout-Training), 10 und 11 Uhr abgehalten, am Wochenende auch um 13.30 Uhr (30 Min., Eintritt 50 Baht). Es lohnt sich, schon früh da zu sein und die Elefanten beim Bade zu beobachten. Zehn Minuten Elefantenreiten kostet 50 Baht p. P., 60 Min. 800 Baht. Hinter den Souvenirläden gibt es eine Manufaktur für (absolut geruchfreies) Papier aus Elefantendung.

Transport

Die Busse von LAMPANG nach CHIANG MAI kommen nach etwa 75 Min. am Institute vorbei (30 Baht), dann geht es noch 20 Min. zu Fuß zum Camp. Ein Taxi kostet ab Lampang etwa 300 Baht. Von Chiang Mai fährt man am besten mit dem Bus 148 (grün) um 7.40 Uhr von der Arcade Bus Station oder etwas später vom Bus Stop beim Tourist Office in etwa 100 Min. für 48 Baht zum Elephant Institute (weitere Busse alle 25 Min.).

Märkte

Jeden Donnerstag findet in Thung Kwian (s. o.) ein **Vieh- und Motorradmarkt** statt. Am KM 21,4 des H11 wird jeden Tag ein großer Markt für **Kunsthandwerk** und lokale Produkte (u. a. frittierte Maden und panierte Käfer) und am KM 33,4 ein Markt für **Blumen** und Orchideen abgehalten.

Tham Pha Thai-Höhle

Wer mit eigenem Fahrzeug Richtung Chiang Rai unterwegs ist, kann sich die Höhle Tham Pha Thai anschauen (mit Taschenlampe). Zwischen 10 und 13 Uhr gibt es schöne Lichteffekte auf dem riesigen Stalagmiten in der Halle am Ende der 400 m langen Höhle.

Zu erreichen über einen Waldweg, der 64 km nördlich von Lampang vom H1 am KM 665,3 nach links abzweigt. Nach 800 m beginnen dann die 336 Stufen zum Eingang der Höhle. Markierte Pfade laden zu Wanderungen durch den Bergwald ein.

Ausflüge für Entdecker

Im Bann Fai-Gästehaus bei Lampang gibt der Besitzer, Khun Poj Sirisumbhand, beste Tipps für weitere Ausflüge, z. B. zum erloschenen Vulkan Champa Dao (16 km), zum Braunkohletagebau (Lignite Mine) bei Mae Moh (weitere 10 km) und eine detailliert aufgezeichnete Rundfahrt um das Kiu Lom Reservoir und zum Jae Sorn National Park.

Doi Khun Tan National Park
วนอุทยานดอยขุนตาน

Der 225 km² große Park ist normalerweise nur mit der Eisenbahn zu erreichen – trotz 400 Baht Eintritt ein Muss für Bergwanderer und Naturfreaks. Ein Pfad steigt vom Bahnhof 1,3 km zum Park Headquarter hoch. Beim Steilaufstieg (2,5 km) zu den Bungalows kann man die Ruhe der Berge, die kühle Luft und die herrliche Sicht über Hügel und weite Täler genießen. Durch Monsun-Regenwald führt ein Halbtagesausflug 5 km hoch zum unbewaldeten Gipfel des Doi Khun Tan – schöne Aussicht, aber keine spektakulären Sonnenuntergänge. Nur äußerst selten sind größere Tiere zu sehen. Am Wochenende kommen viele einheimische Ausflügler. Von November bis Februar wird es gelegentlich unter 5 °C kalt.

Übernachtung

Übernachten kann man in Park-Bungalows, Buchung unter www.dnp.go.th/parkreserve/asp/style1/default.asp?npid=46&lg=2, etwas dahinter in Eisenbahn-Bungalows, die über die Thailändische Eisenbahn in Chiang Mai oder Bangkok gebucht werden können, und in privaten Hütten, ❶ (Essen verfügbar). Außerdem existieren mehrere Campingplätze für Selbstverpfleger.

Transport

Von CHIANG MAI mit dem *Ordinary Train* 408 um 9.20 Uhr oder dem *Express* 52 um 15.40 Uhr in 85 Min. zum kleinen Bahnhof Khun Tan (578 m ü. M.).
Von LAMPANG mit dem *Express* 51 um 9.57 Uhr oder dem *Ordinary* 407 um 12.41 Uhr in 75 Min. Der letzte Zug nach CHIANG MAI ist der *Rapid* 101 um 18.36 Uhr, nach LAMPANG der *Special Express* 2 um 19.18 Uhr.

Jae Sorn National Park วนอุทยานแจ้ซ้อน

Ein schön angelegter Park um einige heiße Quellen (66–73 °C), sowie der Jae Sorn-Wasserfall mit 6 Stufen sind die Hauptattraktionen in diesem 1988 eingerichteten Nationalpark (auch Chae Son, Eintritt 400 Baht). Naturpfade von 1 und 5 km Länge führen durch urigen Wald zu weiteren Wasserfällen. Eine schöne Badeanlage mit 10 sehr sauberen Badehäuschen (20 Baht) mit gekachelten Sitzbecken lädt von 8–17 Uhr ins 39 °C warme Mineralwasser ein.

Der H1252 führt geradeaus weiter und um den Nationalpark herum, geht bald in eine Erdstraße und später in eine etwas schwierig zu befahrende Piste über – nur noch mit Motorrad oder Jeep möglich (in der Regenzeit nicht empfehlenswert). Mehrere Lisu- und Karen-Dörfer liegen am Wege. Nach 54 km mündet er beim KM 42 auf den H118 ein.

Übernachtung

Nationalpark-Bungalows, ❹, für 4 Pers., kein Warmwasser. Zelte zu mieten. Zu buchen unter 🖳 www.dnp.go.th/parkreserve/asp/style1/default.asp?npid=141&lg=2.
Im Ort **Chae Hom** abseits der Hauptstraße gibt es einen **Bungalow**, ❹, und ein kleines **Hotel**, ❶, 70 m vom Markt in der Geschäftsstraße rechts, Schild auf Thai. Holzhaus im Thai-Stil, Du/WC außerhalb.
Das saubere **Motel Santisuk** mit Restaurant liegt 4 km nördlich am H1035. ❷

Transport

Von LAMPANG fahren direkte Busse nach BAN JAE SORN um 11 und 12 Uhr, 61 Baht. Dann sind es noch 5 km zu Fuß zum Park. Zurück fahren die Busse nur morgens um 6 Uhr.
Von LAMPANG fährt alle 30 Min. ein Bus über CHAE HOM (34 Baht) und WANG NUA (54 km, weitere 34 Baht) nach CHIANG RAI und zurück. Nach CHAE HOM fahren auch Songthaews ab einer kleinen Seitenstraße östlich vom Uhrturm von Lampang bei einem Markt für 49 Baht. Songthaew-Charter zum Jae Sorn National Park kostet in Chae Hom ca. 500 Baht.
Mit eigenem Fahrzeug fährt man von Lampang auf dem H1035 nach Norden, biegt am KM 58,7 nach links auf die Zufahrtstraße H1287 ab, folgt der Ausschilderung 17 km weit und biegt nach links zum Eingangstor ein.

Phrae แพร่

Phrae ist eine der ältesten Städte Thailands. Ursprünglich hieß die Stadt Wiang Kosai, was „Seidenstoff" bedeutet. Sie wurde vor mehr als 800 Jahren gegründet, kurz nachdem die Thai von China her einwanderten. Zeitweise war Phrae ein eigenes Königreich, zeitweise ein Teil des großen nördlichen Königreiches. Im Laufe der Geschichte war die Stadt in viele Kriege verwickelt.

Die quirlig-beschauliche Stadt hat 40 000 Einwohner. Obwohl Phrae einiges zu bieten hat, zieht es eigentlich nur Touristen an, die schon häufiger den Norden Thailands besuchten. Nicht jeder fühlt sich hier als einziger Ausländer wohl. Einige Thai-Kenntnisse sind auf jeden Fall hilfreich.

Das neue Geschäftszentrum entstand außerhalb der alten Stadt, so dass deren Ruhe bewahrt blieb. Die **Altstadt** wird von einem fast vollständig erhaltenen Wall umschlossen, auf der Ostseite existiert auch noch der Wallgraben. Die Altstadt ist so klein, dass man an einem halben Tag hindurchschlendern kann, um sich an den traditionellen Teakhäusern zu erfreuen und die wichtigsten Tempel zu besichtigen. Das schöne, alte **Governor's House** im Zentrum der Altstadt wurde als Museum eröffnet.

Die Tempel weisen laotischen und burmesischen Einfluss auf. Im **Wat Luang**, das mit der Gründung der Stadt entstanden sein soll, rezitieren Mönche aus Palmblattbüchern. Der Viharn wird von Teaksäulen getragen, sein Dach schmücken Hamsa-Vögel. Im Museum daneben werden Antiquitäten, 5000 Jahre alte Faustkeile und ein Buddha-Kopf aus massivem Gold ausgestellt; voluminöse Palmblattbücher, in Bolan geschrieben, sind in Stoff gehüllt und aufgestapelt. Die schönsten kann man in Vitrinen bewundern.

Gleich außerhalb der Stadtmauer liegt in einer gepflegten Anlage das **Wat Sra Bo Kaew**. Ins Auge fällt der gut erhaltene Chedi im burmesischen Stil, der von exotischen Wächterfiguren beschützt wird.

Sehr schön ist das **Wat Chom Sawan** an der Ausfallstraße. Dieser Tempel wurde vor knapp 100 Jahren von Shan errichtet, die für die East Asiatic Company als Holzfäller tätig waren. Er ist überwiegend aus Teakholz erbaut und mit Holzschindeln gedeckt. Der monumentale Chedi wird von einer aus Kupfer getriebenen Spitze gekrönt. Bewundern kann man zudem buddhistische Schriften, eine wurde aus Elfenbein geschnitzt, alte Waffen, Almosenschalen und ein Buddha im burmesischen Stil.

Als der berühmteste Tempel gilt unter Thais das **Wat Phra That Cho Hae**, 8 km östlich der Stadt, auf einem Hügel gelegen. Die mit Blattgold bedeckte Pagode soll ein Haar Buddhas enthalten. Bei einem Spaziergang durch Dörfer mit engen Gassen erreicht man 2 km weiter südlich im Wald das interessante **Wat Chom Chaeng**, das im Jahre 788 erstmals erbaut wurde. Es beherbergt viele Statuen (u. a. Darstellungen von Himmel und Hölle), zwei unterschiedliche Chedis von 10 und 15 m Höhe, einen 8 m hohen stehenden und einen 31 m langen ruhenden Buddha sowie ein kleines Museum im Pavillon.

Aus verschiedensten Richtungen ist das **Pra Tub Jai House** ausgeschildert, anfänglich auf Englisch. Es stellt sich als sehr großes, altes Teakhaus heraus, das eine Verkaufsausstellung für Teakmöbel und Souvenirs sowie eine Familiensammlung beherbergt. ◷ tgl. 8–17 Uhr, Eintritt 20 Baht. Sehr schön ist auch das 100 Jahre alte **Wongburi House**, in dem man für 20 Baht die Privatsammlungen besichtigen kann. ◷ tgl. 8–17 Uhr.

Übernachtung

Die meisten Hotels sind nur in Thai oder Chinesisch ausgeschildert.

Thep Vong Place Hotel ⑧ 346 Charoen Muang Rd., ✆ 054-521985, Zi mit Bad und kleinem Balkon. ❷

Hofa Hotel ⑤, 194 Charoen Muang Rd., ✆ 054-511140, ein Chinesenhotel mit ruhigen Zi im rückwärtigen Gebäudeteil. ❶–❷

Nakorn Phrae Hotel ⑦, 69 Rasdamnern Rd., ✆ 054-511122, altes Hotel, günstige, aber feuchte Zi, z. T. mit AC. ❸–❹

Thung Sri Phaibun (Toong Sri Phaibool) ③, 84 Yantarakitkosol Rd., ✆ 054-511011, gute Zi im 3. Stock in der Mitte zum Hof, z. T. AC, freundliche Leute. ❶–❷

Maeyom Palace Hotel ①, Nr. 181/6, ✆ 054-521028, in der Nähe der Bus Station, sehr gutes Mittelklasse-Hotel, das wesentlich teurer aussieht, als es ist; komfortable Zi, Pool für Nicht-Gäste 60 Baht. ❹

Essen

Abends werden Essenstände auf dem Platz vor der Markthalle aufgebaut, an denen überwiegend Nudelsuppen verkauft werden.

Nakorn Phrae Coffeeshop, gegenüber vom gleichnamigen Hotel, kein englisches Schild. Hier kann man gut essen. Das **Suki Coca Restaurant** ist gut und preiswert. Im **Ban Kanom** gibt es ausgezeichneten Kuchen und Kaffee.

Lovers & Moon, ein nettes, offenes Restaurant mit englischer Karte, bietet Thai-Gerichte zu angenehmer Musik. Ab 20 Uhr Live-Musik und viele junge Leute. Auch im Restaurant vorn an der Ecke wird gut gekocht.

Sonstiges

Anfang März findet am Wat Phra That Cho Hae ein **Tempelfest** statt, im Mai am Wat Chom Chaeng.

Transport

Busse und Minibusse

Nach BANGKOK AC-Bus von 18.30–21 Uhr für

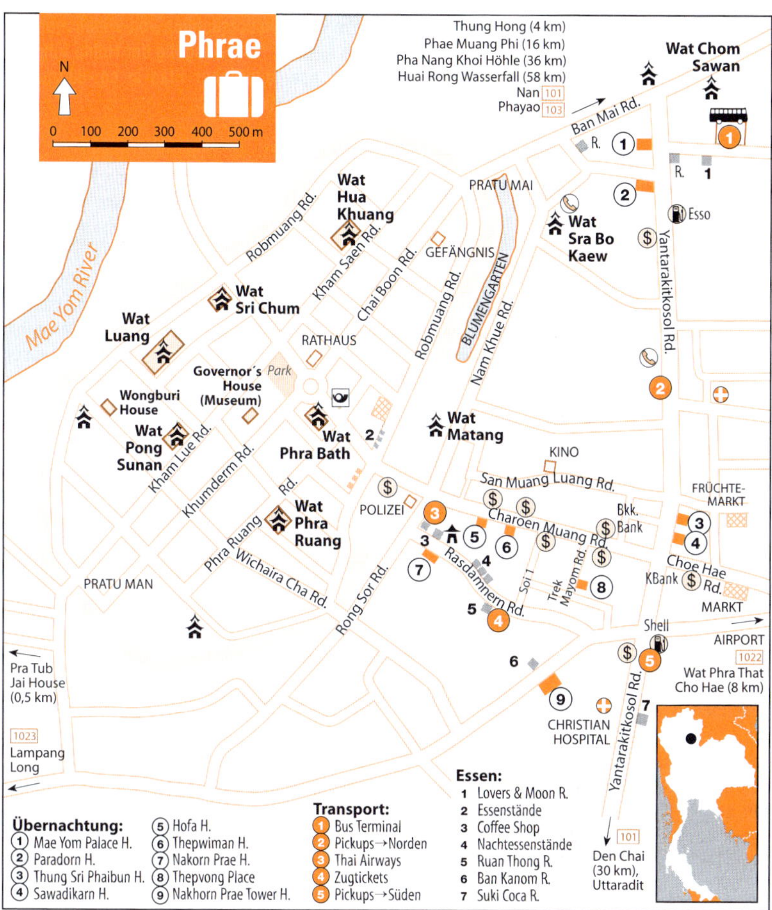

349 bzw. 449 Baht, VIP-24-Bus um 20.30 Uhr für 697 Baht in 8 1/2 Std.

Nach CHIANG MAI (216 km) non-AC-Bus um 11.50 und 13.50 Uhr für 111 Baht, AC-Busse um 8, 9.20, 10.20, 13.30, 14.50 und 16.50 Uhr für 156 bzw. 200 Baht in 4 Std. (über LAMPANG für 65 / 90 / 117 Baht).

Nach NAN laufend non-AC-Busse für 66 Baht und AC-Busse für 93–120 Baht in 2 Std.

Nach DEN CHAI laufend Minibusse für 30 Baht mit Anschluss nach Sukhothai und Phitsanulok.

Weitere Busse aller Art nach PHAYAO 79–142 Baht, CHIANG RAI 112–214 Baht und MAE SAI 145–258 Baht.

Eisenbahn

Im Getränkegroßhandel in der Rasdamnern Rd. gibt es Zugtickets für die Strecke von Den Chai nach Bangkok, Tickets nach Chiang Mai dagegen nur in Den Chai.

Die Bahnstation DEN CHAI liegt 30 km südlich von Phrae. Hier halten alle Züge der Linie

BANGKOK–CHIANG MAI. Weiter mit dem Minibus (20 Baht). Außerdem enden hier der *Rapid* 111 von BANGKOK (Abf. 7 Uhr, Ank. 17.20 Uhr) und der *Rapid* 107 (Abf. 20.10 Uhr, Ank. 6.15 Uhr). Nach BANGKOK ist der *Express* 14 um 21.25 Uhr (Ank. 6.40 Uhr, ab 450 Baht für den 2. Kl. Sleeper) zu empfehlen.

Die Umgebung von Phrae

Handwerker-Dörfer

4 km nördlich Richtung Nan wird im Dorf **Thung Hong** der bekannte blaue Mohom-Baumwollstoff hergestellt und verarbeitet. Einige Schmiede leben im Dorf **Rong Fong** (von Phae Muang Phi ausgeschildert: „Home Made Industrial"), 7 km nordöstlich der Stadt. 7 km südlich entlang der Straße nach Den Chai liegt das Teak-Dorf **Hua Dong**, in dem Teak- und andere **Holzmöbel** produziert und verkauft werden.

Phae Muang Phi

Ein kleines, nur einige hundert Quadratmeter großes Erosionstal, mit drei 3–4 m hohen **Lehmpilzen**, die von einer 30–50 cm hohen Lavaschicht bedeckt sind. Einige schöne **Randauswaschungen**, ein oder zwei Fotomotive, die an Wildwest erinnern, ansonsten ein netter, aber nicht gerade spektakulärer Ausflug. Am Eingang mehrere Essenstände. Auf dem H 101 Richtung Nan, am KM 142,7 nach rechts auf den H1134 abbiegen, nach 3 km wieder nach rechts, und noch 2,5 km bis zur „Stadt der Geister".

Pha Nang Khoi Cave

Auf dem H101 erreicht man 35 km nördlich von Phrae am KM 168 die Abzweigung zur **Pha Nang Khoi Cave**. Treppen führen nach oben zum Höhleneingang (rechts halten). Wer schon nach 100 m einen Ausgang erreicht, hat die falsche Höhle erwischt. Nach einem Gebetsplatz mit Buddha-Statue führt die Höhle tunnelartig etwa 500 m weit. Der feste Lehmboden ist leicht zu begehen, aber eine Taschenlampe ist nötig. Am Ende stößt man auf ein großes Gewölbe mit alten Tropfsteinen. Dies ist ein Gebetsplatz mit einem verehrten Stalagmiten im Zentrum. Die Thais sehen in ihm eine Mutter mit Baby. Deshalb wird diese Höhle hauptsächlich von weiblichen Pilgern besucht. Vom Ausgang der Höhle führt ein etwas abenteuerlicher Pfad in ca. 800 m zum Ausgangspunkt zurück.

Huai Rong-Wasserfall

Am KM 186,7 (54 km nördlich von Phrae) geht links eine holprige Straße ab zum Huai Rong Wasserfall. Nach 4 km und einigen kleinen Dörfern kommt ein naturnah angelegter Park (das *Huai Rong Arboretum*), durch den, über viele **Sinterterrassen**, ein lieblicher Bach plätschert. Nach ca. 500 m krönt ein größerer Wasserfall das Ende des Parks. Die Bäume sind lateinisch beschriftet, Picknickbänke laden zum Rasten ein. Ein herrlicher Platz zum Meditieren.

Nan น่าน

Das kleine Königreich Nan wurde im 13. Jh. gegründet, die Stadt selbst im Jahre 1368. Durch geschickte Beziehungen mit den jeweils mächtigen benachbarten Herrschern konnte sich die regierende Dynastie bis zum Jahre 1931 als halbautonomes Königreich behaupten. Schöne, aber in den leicht erreichbaren Gebieten schlimm entwaldete Berglandschaften ziehen Reisende in diese entlegene Provinz. Die Provinzhauptstadt Nan hat 22 000 Einwohner. Sie liegt am rechten Ufer des Nan-Flusses. Hier existiert keine Traveller-Szene. Nan ist eine gute Stadt, um Thailanderfahrungen abseits der Touristenpfade unter freundlichen, hilfsbereiten Menschen zu machen. Sie entwickelt sich auch langsam zum Ausgangspunkt für Trekkingtouren. Die Stadtväter tun einiges, um die Stadt zu verschönern. Auch Tempel-Enthusiasten kommen auf ihre Kosten.

Das berühmte **Wat Phumin** wurde 1596 erbaut und im späten 19. Jh. vollständig restauriert. Es liegt im Zentrum der Stadt und ist an den vier orangen Löwen auf den Toren zu erkennen. Der kreuzförmige Bot im Lanna-Stil scheint von den außergewöhnlich schönen Schlangen an den Treppenaufgängen getragen zu werden. Er enthält einen zentralen Reliquienschrein mit vier Buddha-Statuen. Die alten, bereits stark zerfallenen Wandmalereien zeigen interessante Szenen aus dem täglichen Leben. Die Holztüren sind mit

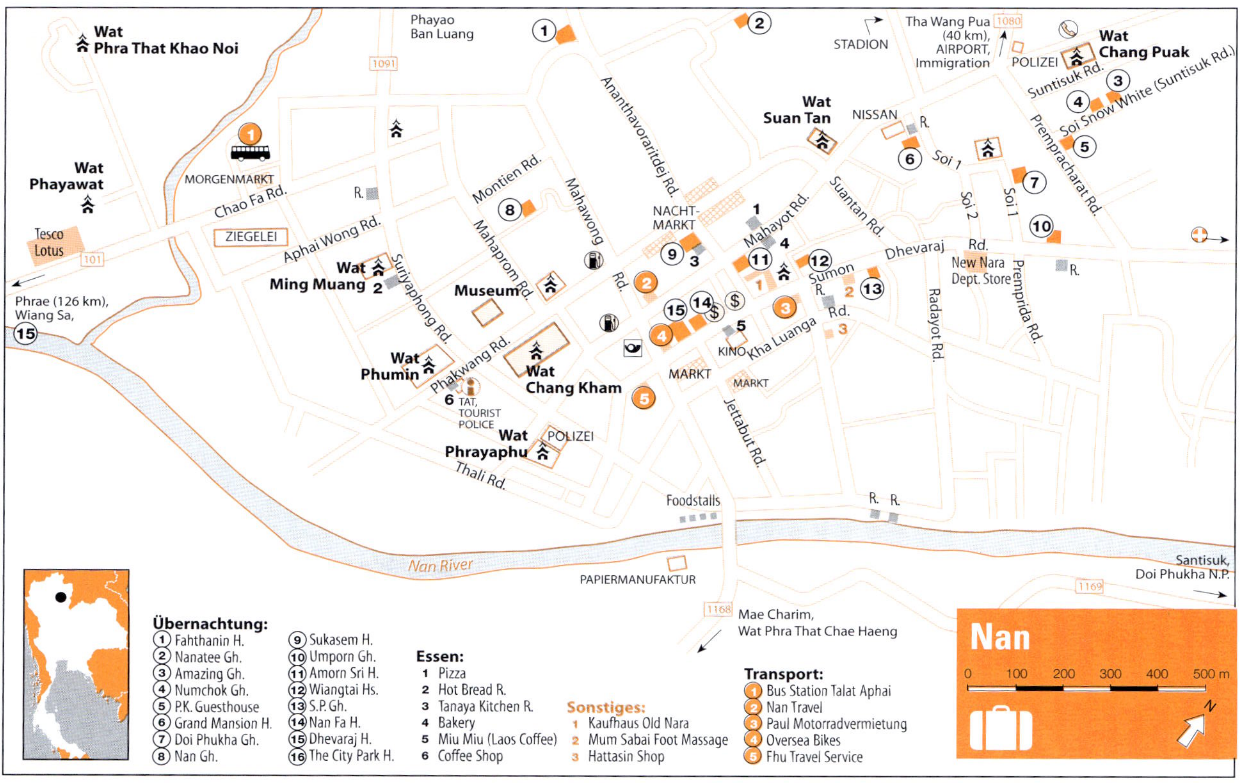
Nan
0 100 200 300 400 500 m
N
Wat Phra That Khao Noi
Wat Phayawat
Tesco Lotus
101
Phrae (126 km), Wiang Sa,
15
MORGENMARKT
Chao Fa Rd.
ZIEGELEI
Aphai Wong Rd.
Wat Ming Muang
2
Suriyaphong Rd.
Wat Phumin
Phakwang Rd.
6 TAT, TOURIST POLICE
Wat Phrayaphu
POLIZEI
Thali Rd.
Museum
Mahaprom Rd.
Montien Rd.
8
Mahawong Rd.
Wat Chang Kham
Phayao Ban Luang
1091
1
Ananthavoraritdej Rd.
NACHT-MARKT
9
3
1
Mahayot Rd.
4
11
12
Sumon Rd.
13
15
14
5
KINO
Kha Luanga
MARKT
Jettabut Rd.
Foodstalls
Nan River
PAPIERMANUFAKTUR
1168
Mae Charim, Wat Phra That Chae Haeng
2
Wat Suan Tan
NISSAN
R.
6
Soi 1
Soi 2
Suantan Rd.
Dhevaraj Rd.
New Nara Dept. Store
Radayot Rd.
Premprida Rd.
10
7
Prempracharat Rd.
5
Soi Snow White (Suntisuk Rd.)
4
3
Suntisuk Rd.
POLIZEI
Wat Chang Puak
STADION
Tha Wang Pua (40 km), AIRPORT, Immigration
1080
Santisuk, Doi Phukha N.P.
1169
Übernachtung:
1 Fahthanin H.
2 Nanatee Gh.
3 Amazing Gh.
4 Numchok Gh.
5 P.K. Guesthouse
6 Grand Mansion H.
7 Doi Phukha Gh.
8 Nan Gh.
9 Sukasem H.
10 Umporn Gh.
11 Amorn Sri H.
12 Wiangtai Hs.
13 S.P. Gh.
14 Nan Fa H.
15 Dhevaraj H.
16 The City Park H.
Essen:
1 Pizza
2 Hot Bread R.
3 Tanaya Kitchen R.
4 Bakery
5 Miu Miu (Laos Coffee)
6 Coffee Shop
Sonstiges:
1 Kaufhaus Old Nara
2 Mum Sabai Foot Massage
3 Hattasin Shop
Transport:
1 Bus Station Talat Aphai
2 Nan Travel
3 Paul Motorradvermietung
4 Oversea Bikes
5 Fhu Travel Service

schönen Schnitzereien verziert. Bei diesem Tempel paßt alles zusammen.

Der Viharn im **Wat Chang Kham** wurde schon im 15. Jh. restauriert. Er enthält u. a. eine große sitzende Buddha-Statue und einige Wandmalereien. Der schöne, alte Chedi wird von Elefanten getragen. Am nördlichen Ortsende liegt **Wat Suan Tan**, das von einem 40 m hohen, weiß getünchten Prang überragt wird. Der Tempel beherbergt eine schöne Buddha-Statue im Sukhothai-Stil.

In ungewöhnlich kreuzförmigem Grundriss angelegt ist das neuere **Wat Ming Muang**. Der Viharn ist außen mit filigranen Stuckfiguren und feinen Stuckornamenten verziert. Innen stellen farbenfrohe Wandgemälde das frühere lustbetonte Leben in Dorf, Wald und Palästen sowie historische Ereignisse dar. Auf dem Tempelgelände steht auch der Lak Muang, der Grundstein der Stadt.

2 km jenseits der Brücke liegt das 600 Jahre alte **Wat Phra That Chae Haeng** auf einem Hügel hinter hohen Bäumen. Der hochverehrte, über 50 m hohe, elegante Chedi Phra That Chae Hang im Innenhof ist mit Platten aus Kupfer bedeckt. Der **Zoo** neben dem Wat befindet sich in einem erbärmlichen Zustand.

Eine schöne Aussicht hat man vom Berg des **Wat Phra That Khao Noi**, 2 km im Westen der Stadt, auch der Skulpturengarten ist besonders schön. Unterwegs kommt man am **Wat Phayawat** mit einem Chedi in der Form einer steilen Stufenpyramide vorbei.

Einen guten Eindruck von der Stadt und ihrer Geschichte vermittelt ein Besuch im **Museum**, Phakwang Road, das in einem Palast aus dem Jahre 1903 im Zentrum von Nan untergebracht ist. Besonders interessant sind die Darstellungen der verschiedenen ethnischen Gruppen in der Nan-Provinz mit informativen Schrifttafeln in Englisch. ⌚ tgl. 9–16 Uhr, Eintritt 30 Baht.

Übernachtung

Gästehäuser

Nan Gh. ⑧, 557/16 Mahaprom Rd., ✆ 054-771849; angenehmes Gästehaus, möblierte Zi, Warmwasser-Du/WC. Geleitet von freundlichen Frauen. ❶, AC ❷

S.P. Gh. ⑬, 233 Sumon Dhevaraj Rd., ✆ 054-774897, neueres, 2-stöckiges Gebäude hinter einer Ladenfront, ordentliche Zi. ❷, AC ❸

Doi Phukha Gh. ⑦, 94/5 Sumon Dhevaraj Rd. Soi 1, ✆ 054-751517; sehr einfache Zi, gute Atmosphäre. ❶

P.K. Gh. ⑤, 33/12 Suntisuk Rd., ✆ 054-771999; saubere, etwas enge Bungalowanlage, großer Garten, 11 Zi mit Fan oder AC, mit und ohne Du/WC, 2 originelle Hütten auf Ochsenkarren, ❶; offenes, kleines Restaurant mit nettem Ambiente. Moped 200 Baht/Tag. Freundliche Besitzerin, die Englisch spricht. ❷, AC ❸

Amazing Gh. ③, 25/7 Suntisuk Rd., ✆ 054-710893; sauberes Haus mit vielen Möbeln, 5 große, saubere Zi mit großen Betten, und Fan, Gemeinschafts-Du/WC; 2 kleine, gemütliche Bungalows mit ordentlichem Bad, Terrasse; 3 große, saubere Reihenbungalows, nach oben offenes Bad; Fahrräder (30 Baht/Tag); nette Lehrer-Familie, Abholung vom Bus bei Anruf, nicht kostenlos. ❷

Numchock Gh. ④, Suntisuk Rd., ✆ 081-9981855; kleines Reihenhaus mit 3 Zi, sauber, gut eingerichtet, Fan oder AC. ❷

Hotels

Grand Mansion Hotel ⑥, 71/1 Mahayot Rd., ✆ 054-750514-5; 53 komfortabel eingerichtete, sehr saubere AC-Zi mit guten Betten, Warmwasser-Du/WC, Satelliten-TV, Kühlschrank; Fan-, AC- und 4 große VIP-Zi mit Badewanne und Balkon; großer, bewachter Parkplatz. Gute Alternative zu den Gästehäusern. ❸

Dhevaraj ⑮, 466 Sumon Rd., ✆ 054-710212; großes Hotel, nette, ordentliche Zi, AC-Zi mit Teppich, z.T. etwas muffig, freundliches Personal; großes Restaurant. ❸, AC ❹–❺

Nan Fa ⑭, 440 Sumon Dhevaraj Rd., ✆ 054-710284, renoviertes altes Holzhotel, 40 gute Zi mit kleiner Du/WC (hinten ruhiger), nettes Restaurant, Pub mit lauter Live-Musik bis 24 Uhr. AC ❸

Sukasem Hotel ⑨, 29-31 Ananthavoraritdej Rd., ✆ 054-710141, schräg gegenüber vom Markt, große Empfangshalle. ❷–❸

The City Park Hotel ⑯, 99 Moo 4 Yantrakitkosol Rd., ✆ 054-751343, 2 km außerhalb am H101 Richtung Phrae; modernes Gebäude, komfortable AC-Zi mit TV, Telefon, Kühlschrank und Du/WC; Coffeeshop ⌚ 6–1 Uhr, gutes Essen, laute Live-Musik; Swimming Pool. ❹

Nan Valley Resort, ✆ 054-773019, 15 km nördlich von Nan; Reihenbungalows in gestylter Parklandschaft. ❹ (in der Nebensaison billiger)

Essen

Viele Restaurants gibt es im Zentrum an den modernen Straßen, einen **Nacht-Essenmarkt** in der Phakwang Road (20 Baht pro Gericht), günstige Food Stalls an der Brücke (einige mit engl. Speisekarte, gute Atmosphäre am Abend), gute Restaurants am Nan-Fluss und ein größeres Barbecue-Restaurant vor dem Grand Mansion Hotel.

Hot Bread, Suriyaphong Rd., kleines Restaurant mit 2 Tischen, das von 2 netten Schwestern geleitet wird, die gut Englisch sprechen. Frühstück mit gutem Kaffee, u. a. Müsli, vegetarische Gerichte. ⏲ tgl. 7–20 Uhr.

Tanaya Kitchen hat gutes Thai-, chinesisches und vegetarisches Essen.

Sonstiges

Apotheken

Schräg gegenüber vom Dhevaraj Hotel, gut geführt, man spricht Englisch.

Autovermietungen

Paul, 331-333 Sumon Dhevaraj Rd., ✆ 054-772680.

Oversea Shop , 488 Sumon Dhevaraj Rd., ✆ 054-710258, vermietet einen geschlossenen Pickup mit Fahrer / Guide.

Einkaufen

Bekannt ist Nan für seine handgewebten Stoffe. Die kann man z. B. im **Ban Fai** in der Khaluang Rd. oder im **Jhang Trakul**, 304-306 Sumon Dhevaraj Rd., kaufen. Der neue **Nara Department Store** ist ein großes, gut sortiertes, preisgünstiges Warenhaus, im OG ein Food Center.

Im **Hattasin Shop**, einem Dorfentwicklungsprojekt, werden Stickereien der Mien und Hmong, Webstoffe der Thai Lue und Korbwaren der Htin und Khmu verkauft; ⏲ tgl. 9–18 Uhr.

Chomphu Phukha, am H1091 Richtung Phayao, verkauft günstige Silberwaren und andere Hilltribe-Produkte.

Fahrräder

Für 50 Baht vom Oversea Shop (s. o.).

Feste

An den **Lanna Boat Races** auf dem Nan-Fluss am Ende der buddhistischen Fastenzeit nehmen 40 Mannschaften aus den umliegenden Dörfern mit langen, farbenprächtigen Booten teil.

Geld

Am Wochenende kein Geldwechsel möglich.

Immigration

An der Ausfallstraße H1080 Richtung Norden am KM 0,3, gegenüber der Flughafenpiste links. ⏲ Mo–Fr 8.30–16 Uhr.

Informationen

In den Gästehäusern gibt es (z. T. veraltete) Stadtpläne, Umgebungskarten und viele weitere Informationen über die Nan-Provinz. Das Buch „Around Lan-Na" beschreibt detailliert die Straßen und Dörfer entlang der Laos-Grenze und in der Umgebung von Nan. Die Tourist Information im Stadtzentrum lohnt kaum, ⏲ tgl. 8.30–16.30 Uhr. Neueste Informationen bekommt man bei Fhu Travel (s. u.).

Massagen

Mum Sabai, 69 Baht/Std, macht auch Fußmassage.

Motorräder

Der **Oversea Shop** (s. o.) vermietet uralte Mopeds für 150 Baht.

Vor dem Honda-Laden gegenüber vom Dhevaraj Hotel wurden wir mehrfach wegen mangelhafter Maschinen gewarnt.

Reisebüros

Fhu Travel Service, 453/4 Sumon Dhevaraj Rd., ✆ 054-710636, 🖳 www.fhutravel.com, ⏲ tgl. außer So nachmittags 8–19 Uhr. Ein rühriges, freundliches Ehepaar, Mr. Fhu und Ung, bietet Informationen, Jeep-Touren, Jungle-Hiking, Trekking-Touren (s. u.), Elefantenreiten (4 Std. Ritt durch Dörfer, inkl. An- und Abreise), Kurztouren in die Umgebung und Laos-Visa.

Reisezeit
Von Nov bis Feb ist es kühl und trocken, von Feb bis April sieht der Wald zumeist wie verdorrt aus, die Reisfelder sind kahl und unansehnlich; von Mai bis Oktober regnet es stark.

Telefon
Im **Nan Telecommunications Office** im Norden der Stadt, internationaler Telefon und Fax-Service ⌚ Mo–Fr 7–20, Sa, So 8.30–16.30 Uhr.

Tourist Police
Beim TAT Office, ✆ 054-710216.

Trekking
Fhu Travel Service (s. o.) führt 1- bis 3-tägige Treks mit 2–6 Pers. zu 4 Dörfern der Bergvölker durch (u. a. zu den Mabri, s. u.). Die Treks im gebirgigen Osten hinter Mae Charim können mit Rafting oder einer Bootsfahrt verbunden werden.

Transport

Busse
Busse und Songthaews fahren ab Bus Station **Talat Aphai**. Motorradtaxi in die Stadt 20–30 Baht, Songthaews 15 Baht.
Nach BANGKOK (677 / 747 km) AC-Bus für 424–599 Baht (um 8.30 Uhr über Sukhothai 204 Baht), VIP-24 für 838 Baht in 9 Std.
Nach CHIANG MAI non-AC-Bus um 7.30, 11.30 und 13.30 Uhr für 165 Baht in 6 Std., AC-Busse um 7.15, 9.30, 10.30, 11, 15 und 22 Uhr für 231 bzw. 297 Baht, VIP-Bus um 8.30, 12.30 und 22.30 Uhr 462 Baht. Die Busse fahren über PHRAE (66 / 93 / 120 Baht) und LAMPANG (121 / 169 / 217 Baht) oder auf der schönen *New Route* über Phayao mit dem *Green Bus* um 7.30 Uhr für 180 Baht in 6 Std., mit 2.Kl. AC-Bus um 12.30 Uhr für 252 Baht.
Nach CHIANG RAI fährt um 9 Uhr abwechselnd ein non-AC- bzw. AC-Bus über Tha Wang Pha und Chiang Kham auf der kurvigen Strecke durch eine schöne Berglandschaft für 134 Baht bzw. 183 Baht in 5 Std., zurück um 9.30 Uhr; ansonsten über Phayao.
Nach PHAYAO non-AC-Bus um 8 Uhr für 100 Baht, 2.Kl. AC-Bus um 13.30 Uhr für 139 Baht.
Nach PHRAE *Red Bus* zu jeder halben Std. bis 17 Uhr für 66 Baht (AC-Bus 77–155 Baht) und weiter nach DENCHAI für 77 Baht.
Nach PHITSANULOK 2.Kl. AC-Bus um 9.45, 11.45 und 13.45 Uhr für 206 Baht.
Songthaews nach WIANG SA, 15 Baht, und weiter nach NA NOI sowie alle 45 Min. Richtung Norden nach THA WANG PHA, PUA (34 Baht, dort weiter nach BO KLUA um 8.30, 10.30 und 13 Uhr für 70 Baht), CHIANG KLANG, THUNG CHANG und BAN PON (weiter nach HUAI KON für 45 Baht, dort kein öffentlicher Transport nach Bo Klua); der letzte Bus zurück jeweils um 16 Uhr.

Flüge
PB Air fliegt am Mo, Mi, Fr und So von / nach BANGKOK für 2530 Baht plus Gebühren von ca. 700 Baht.

Die Umgebung von Nan

Nan eignet sich hervorragend für Ausflüge mit dem Motorrad oder PKW. Die Gästehäuser beraten über lohnende Ziele. Brauchbare Kartenskizzen und detaillierte Beschreibungen gibt es im Nan Guesthouse. Sehr empfehlenswert ist der Routenführer „Around Lan-Na".

Papierherstellung
Gleich hinter der Brücke rechts sind die großen Siebe zu sehen, in denen handgeschöpftes Papier getrocknet wird. Auch am KM 238 kann man den Arbeitsprozess verfolgen.

Zu Hängebrücken über den Nan River
Mit dem Fahrrad oder Motorrad auf dem H1080 nach Norden knapp vor dem KM 4 nach rechts abbiegen, nach 4,5 km links halten und 4 km bis zur Abzweigung der Stichstraße nach links ins Dorf **Had Pha Khon** (1 km) fahren. Im Dorf rechts halten. An der malerischen Hängebrücke hoch über dem Fluss ist ein guter Platz zum Schwimmen, Fischefüttern und Picknicken auf Bambusflößen (Essen mitbringen!).

Wer statt ins Dorf auf der Asphaltstraße weiterfährt, erreicht bald **Ban Muang Chang**. Hinter dem Dorf zweigt man vor dem Sala links ab, überquert eine weitere schöne Hängebrücke und fährt auf dem H1169 zurück nach Nan.

Tham Pa Tup Forest Park

Auf dem H1080 nach Norden geht es am KM 9,6 etwa 300 m nach links zu der kleinen buddhistischen **Höhle Pa Tup** (auch Pha Toob). Hinter dem Hügel liegen zwei riesige, interessante Höhlen, deren unzählige Kammern einige Stunden zum Entdecken erfordern. Im umgebenden Wald flattern viele Schmetterlinge. Songthaews fahren gegenüber vom Sukasem Hotel alle 20 Min. Richtung Pua (10 Baht).

Auf dem H1080 nach Pua

Der Doi Phukha National Park selbst hat außer der hervorragenden, fast leeren Bergstraße und der schönen, aber abgeholzten Landschaft nichts Spektakuläres zu bieten. Doch die gesamte Rundfahrt von 215 km mit den Dörfern entlang der Straße und den Abstechern ist ein schönes Erlebnis. Unbedingt einen ganzen Tag einplanen. Bei Bedarf kann man unterwegs am KM 29,1 im Waterside Resort übernachten.

Auf dem H1080 nach Norden zweigt nach 30 km vor der Brücke über den Nan-Fluss eine Straße nach links ab. Sie führt vorbei am **Wat Don Mun** im laotischen Stil (KM 6,4) zu zwei großen Bodhi-Bäumen (KM 10), bei denen Tausende von geschützten Fischen im Nan-Fluss gefüttert werden. Am KM 10,3 liegt das **Wat Nong Bua** (schöne Wandmalereien) im Weberdorf **Ban Nong Bua**, das von Thai Lue bewohnt wird. Diese Minderheit, die vor über 200 Jahren nach Nord-Thailand einwanderte, kleidet sich vorwiegend blau. In die Röcke der Frauen sind horizontal bunte Streifenmuster eingewebt. Das Material ist Baumwolle, Seide oder 50/50, von Hand gesponnen. Es werden nur Naturfarben verwandt, vorwiegend Rot, Schwarz und Blau, die nicht auslaufen. Jede Frau webt ihr Leben lang genau die gleichen Muster im selben Stil. Nach *Chansom Cloth Weave* fragen.

Über **Tha Wang Pua** geht es auf dem H1080 flott weiter nach **Pua** (auftanken). Von Pua sind Abstecher nach Norden möglich zu weiteren Weberdörfern (Thung Chang, Lai Tung), zum **Tad Man-Wasserfall** (nur in der Regenzeit schön, 34 km) und zum Hmong-Dorf **Ban Tam** (H1097).

Auf dem H1081 nach Süden kann man das Yao-Dorf **Ban Pha Klang** (ca. 7 km) mit einem berühmten Silberladen besuchen, der faire Preise hat. Zu einer Rast lädt der wenig eindrucksvolle **Sila Phet-Wasserfall** (11 km) ein. Besser fährt man zum **Tad Luang-Wasserfall** (zum KM 19,8 plus 1,5 km Erdstraße) weiter und schwimmt in einem der mindestens fünf schönen Pools, deren größter ca. 20 m lang ist und oberhalb des Hauptfalls liegt.

Übernachtung und Essen

In Pua gibt es mehrere Unterkünfte:
Corner Resort, über der Polizei, Steinbungalows mit AC, TV, Warmwasser. ❸
Parichat Gh., gegenüber der Polizei, ✆ 054-756122, ordentliche Zimmer im Stadthaus mit Fan oder AC und Warmwasser. ❷–❸
Papua Bhuka Hotel, ✆ 054-791156, etwas exklusiver, 25 kleine, teure Zi. ❹
Sehr gut und preiswert isst man im **Chomphu Phu Kha** über der Polizei.
27 km von Ban Pua entfernt liegt das Gästehaus **Bamboo Huts** im Dorf Ban Toey (4 km vom H1256), inmitten eines Blumengartens mit Blick auf die Berge; 5 einfache, saubere Bambushütten, Du/WC außerhalb. Die Anlage wird hervorragend geleitet vom erfahrenen, freundlichen Lua-Guide William und seiner Frau Phon. Er spricht gut Englisch und leitet Treks zu tollen Wasserfällen und Höhlen (500 Baht p. P. und Tag, inkl. Essen und Unterkunft). Anreise ab Pua per Songthaew um 11.30 und 12 Uhr für 35 Baht. ❶

Doi Phukha National Park

Von Ban Pua führt der H1256 in herrlicher Straßenführung nach Osten hoch in die Berge des **Doi Phukha** (1980 m), auch Songthaews fahren hinauf. Bis Bo Klua gilt diese Strecke unter Bikern als eine der besten in Thailand. Der Park wird seit einigen Jahren für den Tourismus erschlossen (Eintritt 400 Baht, nur bei Durchfahrt von Westen her!).

Am Headquarter des National Parks, das gute Tipps bereit hält, beginnt ein 2-stündiger Rundweg. Ein Englisch sprechender Guide (ca. 150 Baht pro Tag) ist im Headquarter oder auf dem Campingplatz zu finden. Von Halbtagswanderungen zu einer Höhle bis zu 4-Tagestouren zum Wasserfall sind möglich. Die Höhlen im Park sollten nur mit Führer besucht werden, die Wasserfälle sind kaum der Mühe wert. Einige Dörfer der Hmong und der Htins liegen verstreut in den Bergen. Erst nach 26 km beginnt der dichte Wald. Übernachtung in Zelten, A-frame-Hütten oder einer 6-Betten-Lodge, sowie Essen im Restaurant. Von Juli bis Februar kann es empfindlich kalt werden. Weitere Informationen unter 💻 www.dnp.go.th/park reserve/asp/style1/default.asp?npid=220&lg=2.

Bo Klua

Die neue Asphaltstraße hinunter nach Bo Klua (46 km) bietet schöne Ausblicke nach Laos hinüber. Nach der Brücke über den Nam Yao-Fluss führt die erste Piste rechts zu einer **Salzmine**. Ca. 6 km nordöstlich von Bo Klua liegt am Ende einer 2 km langen Erdstraße hinter Ban Huai Thon der besonders schöne **Sapan-Wasserfall**.

Von Bo Klua zurück nach Nan fährt man am schnellsten nach Südwesten über den H1081 (51 km) und den H1169 (40 km, sehr schöne Achterbahn-Straße durch liebliche Landschaft). Alternativ bietet sich die 21 km längere, aber ebenso schöne Strecke nach Süden über den H1257 (bis 3 km vor Santisuk, sehr bergig, viele Bäume), den H1225 (26 km Richtung Mae Charim, viele Dörfer und Felder) und den H1168 (viele Teakplantagen) bis Nan an.

Huay Kon

Als dritte Alternative ist der H1081 nach Norden bis Huay Kon (79 km) in schlechtem Zustand, aber für geübte Biker durchaus befahrbar. Er führt durch ein schönes, abgelegenes Tal mit vielen Dörfern. Beim Htin-Dorf **Thiuchan** (61 km) wirkt die Berglandschaft besonders reizvoll. Jeden Samstag findet am Grenzübergang zu Laos (7 km hinter Huay Kon) von 8 bis 12 Uhr ein kleiner Grenzmarkt statt, in bunte Trachten gekleidete Dorfbewohner aus Laos decken sich hier mit Waren aus Thailand ein und bieten schöne, handgewebte Stoffe zum Kauf an.

Übernachtungsmöglichkeit in Huay Kon im Chom View Gh., ❷, 2 Bungalows mit 6 Zimmern am Hang unter Lychee-Bäumen. Ein lohnender Ausflug führt auf einem steilen Fußpfad zum **Huay Kon-Wasserfall** am Nan River. Im Dorf **Ban Na Pha**, 13 km südlich von Huay Kon, fasziniert eine tolle Auswahl an Seide im Suphitsara-Shop, ✆ 054-741720.

Von Nan nach Chiang Kham

Die 169 km lange Strecke von Nan nach Chiang Kham (s. S. 449) führt im mittleren Teil auf 50 km durch eine schöne Berglandschaft mit herrlichen Ausblicken. Der H1148 wurde in spektakulärer Linienführung ausgebaut und ist nun für Biker ab Tha Wang Pha **die Top-Straße** im Norden, i. b. die Achterbahn von Sakoen nach Pha Lak (KM 47). Die Yao- und Hmong-Dörfer entlang der Route sind nicht besonders malerisch. Am KM 7,4 geht es links ab zur **Pha Luk Cave**, am KM 15,5 zu einem Wasserfall und heißen Quellen. Am KM 33,2 zweigt eine Straße zum **Thai-Lao-Markt** an der Grenze bei Song Khwae (20 km) ab; jeden 1., 5., 10., 15., 20. und 25. des Monats werden Waldprodukte verkauft.

Wer etwas Abenteuergeist und ausreichend Zeit mitbringt, kann beim Dorf **Sakoen** (KM 64,6) zwei Höhlen aufsuchen. Zu beiden fährt man an der Mini-Tankstelle scharf rechts in den Ort hinein und nach 1 km über die Brücke. Dahinter teilt sich der Weg. Nach links geht es zum **Tham Sakoen National Park** (kein Eintritt). In der Felswand voraus zeigt sich im Park wiederum nach 1 km die nette, kleine Einsiedlerhöhle **Tham Sakoen** – einige Stalagmiten glitzern wie neu. Hinter der Brücke nach rechts können Entdeckertypen auf dem rauen Weg 1 km bis zur Furt fahren. Links oben, ca. 150 m über dem Tal, erkennt man in einer Felswand die ca. 20 m breite Öffnung der **Tham Luang**. Der steile, schweißtreibende Aufstieg geht an den 2 Drahtseilen entlang. Nach Fotos scheint die Höhle innen einen Durchmesser von weit über 100 m zu besitzen. Ohne Führer kann sie wohl nicht begangen werden.

Hinter dem View Point am KM 70 liegt erhöht das Phu Lang Kha Resort ❸, 20 Hütten aus Bambusmatten mit Warmwasser, harten Matratzen und Terrasse mit fantastischer Aussicht; in der Saison von Oktober bis April gibt es auch Essen. Am KM 90 geht es rechts ab zum **Phu Lang Kha Forest Park** (17 km), nach

5 km guter Straße wird es ein abwechslungsreicher Bergweg (Allrad empfohlen), vom Parkplatz sind es 15 Min. zum Gipfel. Das Doi Nang Ban Suan ❷, am KM 95,5, hat einen Beer Garden und kleine Bungalows am Hang mit schöner Aussicht.

Sao Din

Sao Din ist ein kleines, aber schönes Erosionstal. Die ausgewaschenen Felsformationen in Kleinformat erinnern ein wenig an den Bryce Canyon in Utah, sie bilden hier die Kulisse für viele Thai-Filme. Auf dem H101 geht es von Nan mit dem Minibus, 15 Baht, 23 km nach Süden bis zum Marktflecken **Wiang Sa**. Dort umsteigen bzw. abbiegen auf den schönen H1026 nach **Na Noi** (36 km). Zu Fuß sind es noch 5,6 km nach Sao Din: hinter der Polizeistation den Weg nach links.

Der H1216 von Na Noi zum **Doi Khun Sathan** (1728 m) wurde in spektakulärer Linienführung neu gebaut und ist durchgehend asphaltiert. Die Gemüseplantagen an den steilen Berghängen rund um das schön gelegene Hmong-Dorf **Khun Sathan** (38 km) zeugen vom Fleiß der Bergbewohner. Ein Wasserfall mit Swimming Pool lädt zum Bade ein. An klaren Tagen bietet die Strecke herrliche Ausblicke. Sie trifft nach insgesamt 62 km bei Huai Kaet auf den H101. Geländefahrer können eine Piste südlich um den Doi Sathan herum testen (80 km bis Huai Kaet, 88 km bis Phrae).

Zum Fischerdorf **Ban Pak Nai** am Sirikit-Stausee geht es von Na Noi zunächst 20 km auf dem H1016 nach Süden bis Na Muen, wo man links in eine kleine Teerstraße abbiegt (weitere 30 km). Von Wiang Sa fährt ein Bus um 6 und 13.30 Uhr (zurück nur um 9.30 Uhr).

Übernachtung

Übernachten kann man im nicht gerade sauberen **Thong Tha La Resort** auf einem Floß mit 2 Zi für 100 Baht p. P., in den Bungalows mit grünem Dach für 150 Baht oder bei anderen Fischern auf der Plattform für 50 Baht.
Im guten Fischrestaurant auf dem Bambusfloß gibt es frischen Fisch aus dem See zu essen (ca. 150 Baht pro Gericht). Man kann fischen und schwimmen, Bootstouren sind ab 10 Baht möglich.

Entlang der Grenze nach Süden und in den Nordosten

Vom Sao Din-Tal bei Na Noi führt eine fast durchgehend asphaltierte Straße östlich um den Sirikit-Stausee herum nach Süden bis Uttaradit. Für die 274 km von Nan nach Na Haeo sind mit Motorrad oder Auto mindestens 6 Std. reine Fahrtzeit nötig, und das auch nur in der Trockenzeit! Es ist durchaus möglich, auf Straßen in der Nähe der Grenze bis nach Loei oder Chiang Khan zu fahren, aber an nur einem Tag wäre das eine Tortur für Mensch und Maschine.

Uttaradit อุตรดิตถ์

Die Innenstadt wurde 1967 durch ein Feuer vollständig zerstört. Heute besteht die Stadt aus zwei Teilen, der wieder aufgebauten alten Stadt zwischen dem Bahnhof und dem Nan-Fluss, wo die meisten Geschäfte und Hotels liegen, sowie der neuen Stadt 2 km westlich in der Nähe der Bus Station. Insgesamt hat sie 52 000 Einwohner. Im **Wat Thatanon**, gegenüber vom Bahnhof, verehren viele Gläubige die sitzende Buddha-Statue Luang Po Phet aus der Chiang Saen-Periode (11.–13. Jh.).

In der Umgebung können Archäologie- und Tempel-Enthusiasten eine ganze Reihe von „Leckerbissen" entdecken, einige noch nicht vollständig ausgegraben. Wat Phra Boromathat Thung Yang liegt 5 km westlich am H102, Wat Phra Thaen Sila-At, 500 m weiter, ⏲ 9–11 und 13–17 Uhr, Wat Phra Yun Phutthabat Yukhon, daneben auf demselben Hügel und Wat Don Sak, 9 km östlich.

Ein Ausflug (60 km) zum **Sirikit-Damm**, dem größten Erdwall Thailands, lohnt sich eigentlich nicht, da der See nie voll wird. Wen es dennoch hierhin verschlägt, könnte die gegrillten Karpfen probieren (ca. 100 Baht). Die **Floßhäuser** auf dem Stausee in Ban Pak Nai sind am besten von Nan über Na Noi zu erreichen.

Ein Leser empfiehlt Uttaradit als Ausgangspunkt für eine lohnende **Faltbootfahrt** auf dem Nan River, ca. 320 km bis zur Mündung in den Chao Phraya bei Nakhon Sawan. Nur ein Stauwerk ist zu umtragen. Zeltmöglichkeiten gibt es überall. Nicht während oder kurz nach der Regenzeit fahren.

Übernachtung

Seeharaj, 163 Borom-Asana Rd., ✆ 055-414184-5, 1 km nördlich vom Bus-Terminal; ein Prunkbau, AC-Zi, Restaurant, Swimming Pool. ❹

Wiwat, Borom-Asana Rd., ✆ 055-411778, 1 km westlich vom Bus-Terminal, 110 Zi mit Fan und AC. ❷–❸

Thano Thai Hotel, ✆ 055-411669, 400 m östlich vom Bahnhof in der alten Stadt, englisches Schild. Zi mit Bad; von oben Blick auf den Fluss. Einige Zi mit AC. ❷–❸

Transport

Das Bus Terminal liegt im Süden der neuen Stadt.

Nach BANGKOK (488 / 546 km) mit AC-Bussen 22x tgl. für 344, 393 bzw. 441 Baht in 8 Std., VIP-24-Bus um 21 Uhr für 606 Baht in 8 Std.
Nach CHIANG MAI Busse für 116 Baht (AC 221 Baht) in 3 Std. über LAMPANG (70 Baht).
Nach SUKHOTHAI für 79 Baht (AC 103 Baht) in 2 Std. über SI SATCHANALAI (AC 70 Baht).
Zum SIRIKIT-STAUDAMM Busse von 6–17 Uhr für 30 Baht vor dem Wat Thatanon an der Uferstraße, ca. 1 Std. Fahrt.
Fast alle Züge von BANGKOK nach CHIANG MAI halten in Uttaradit.

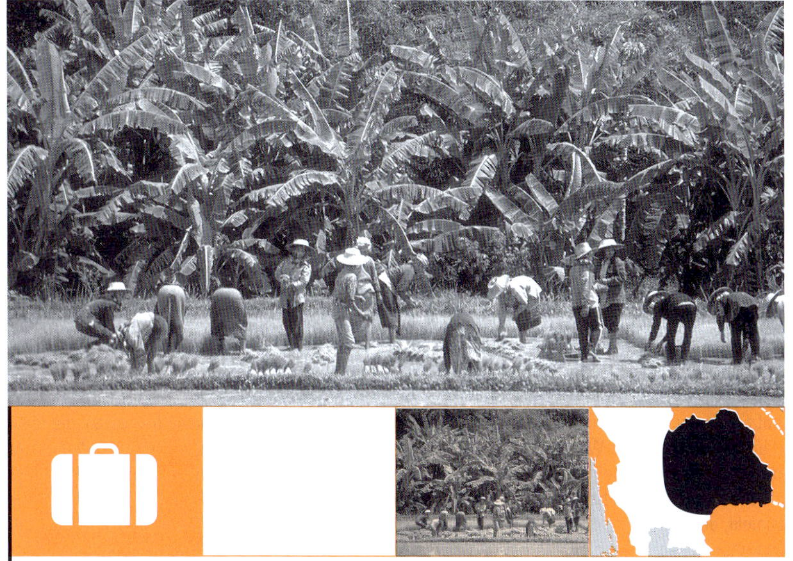

Nordost-Thailand

Stefan Loose Traveltipps

8 **Phimai und Phanom Rung** Die faszinierenden 1000 Jahre alten Khmer-Ruinen hinterlassen tiefe Eindrücke. S. 476ff

9 **Surin** Das Elephant Round-Up gehört zu den spektakulärsten Festen, die man in Thailand erleben kann. S. 480

Khon Kaen Sich auf dem Nachtmarkt in Khon Kaen die Spezialitäten von sieben verschiedenen Essenständen servieren lassen. S. 484

10 **Mekong – von Nong Khai nach Chiang Khan** Die reizvolle Fahrt auf der landschaftlich abwechslungsreichen Strecke eröffnet immer wieder tolle Ausblicke auf den Fluss. S. 492

Nong Khai Auf einer Dinner Cruise mit der Nagarina den Sonnenuntergang über dem Mekong genießen. S. 495

That Phanom Über den malerischen Laos-Markt in That Phanom bummeln. S. 511

Die überwiegend einförmige Landschaft des Nordostens, von den Einheimischen Isan oder Isarn genannt, hat nur wenige Sehenswürdigkeiten im eigentlichen Sinn zu bieten. Ausnahmen sind die Khmer-Ruinen von Phimai und Phanom Rung, die Ausgrabungsstätten von Ban Chiang bei Udon Thani und die Felszeichnungen von Pha Taem bei Ubon Ratchathani.

Der Nordosten umfasst eine Fläche von 170 000 km², was ungefähr der Fläche der alten Bundesländer ohne Bayern entspricht. Die Menschen dieser dicht besiedelten Region sind arm. Häufige Trockenperioden dörren das Land aus, das mit dem Eintritt des Monsuns wiederum überflutet wird. Die Wälder, die einmal zur Wasserregulierung beitrugen, sind weitgehend abgeholzt. Nun versucht man, mit dem Bau von Staudämmen und anderen Wasserregulierungs-Projekten größere Schäden zu verhindern.

Die Bewohner von Isan sprechen einen Thai-Dialekt, der dem Laotischen sehr ähnlich ist. Ihre Kultur ist geprägt von der jahrhundertelangen Zugehörigkeit zum Khmer-Reich – viele Baudenkmäler erinnern an jene Epoche. Aus dieser ärmsten Region des Landes stammen viele Bewohner von Bangkok. Wer das Glück hat, jemanden kennen zu lernen, der Englisch spricht und ausländische Besucher mit nach Hause nehmen will, sollte diese Gelegenheit wahrnehmen, um einen kleinen Einblick in das traditionelle, ländliche Leben dieser Region zu erhalten.

Nach dem Ende der Regenzeit (ab Sep / Okt) kann man am besten in den Nordosten reisen. Insgesamt fallen hier geringere Niederschläge als im Tiefland. Hingegen steigt am Ende der Trockenzeit die Temperatur zur Mittagszeit auf Werte um 40 °C im Schatten, und ein ständiger Dunstschleier liegt über dem ausgetrockneten Land.

Korat (Nakhon Ratchasima) โคราช

Nakhon Ratchasima – kurz Korat (auch: Khorat) – ist mit 208 000 Einwohnern eine der größten Städte im Nordosten, bedeutsamer Verkehrsknotenpunkt und Handelszentrum zwischen dem Hochland im Nordosten und Bangkok, aber gewiss keine Schönheit. Die Amerikaner hatten hier ihre Air Force stationiert; Relikte aus jener Zeit sind die zahlreichen Nachtclubs und Bars der Stadt. Die Stadt ist der erste Ort auf dem Hochplateau und ein guter Ausgangspunkt für Ausflüge.

Im Zentrum der lauten, geschäftigen Altstadt sind noch Reste der früheren **Stadtbefestigungsanlage** zu erkennen. Die ehemalige Stadtmauer von 1700 m Länge und 1500 m Breite, der Wassergraben und einige Ruinen innerhalb der Befestigung lassen darauf schließen, dass sich hier bereits im 8.–10. Jh. eine bedeutende Stadt befunden haben muss.

Vor dem Stadttor, zwischen Ratchdamnoen und Chumphon Road, steht das **Denkmal von Khun Ying Mo** (Thao Suranari). Sie leitete 1826 den Kampf gegen laotische Invasoren, die Korat überfielen, während die meisten Männer im Krieg gegen Burma waren. Das 1934 errichtete Bronzedenkmal enthält die Asche der hoch verehrten Frau. Die lokale Bevölkerung schmückt es ständig mit Blumen und Kränzen und bringt Opfergaben dar.

Im **Museum Maha Wirawong** im Hof des Wat Suthachinda befindet sich eine gute Sammlung von Khmer-Kunstgegenständen und Ausgrabungsfunden früherer Epochen. 🕓 Mi–So 9–16 Uhr, Eintritt 10 Baht. Neben dem Schrein der Stadt (Lak Muang) im Zentrum an der Chomphon Road, Ecke Prachak Road, ist an einer Hauswand ein **Bas-Relief** aus Tonkacheln angebracht, das von weitem sehr beeindruckend aussieht.

Im **Wat Sala Loi** (ca. 500 m östlich der Nordostecke der Stadtmauer) hat der Bot eine gewisse Ähnlichkeit mit der Form einer antiken Dschunke, die Fassade ist ein Bas-Relief aus Metall-Keramik.

18 km außerhalb können im **Zoo** auf einem großen, natürlich gestalteten Areal fast alle Tiere Thailands besichtigt werden. Es werden Fahrräder vermietet. Zu erreichen mit Bus Nr. 14 vor dem Wat Sakae in der Suranari Rd.

Übernachtung

Gästehäuser

Doctor's Gh. ㉗, 78 Sueb Siri Rd., Soi 4, ✆ 044-255846; ist leider das einzige Gästehaus. Zi mit Fan und AC, warme Duschen; Aufenthaltsraum

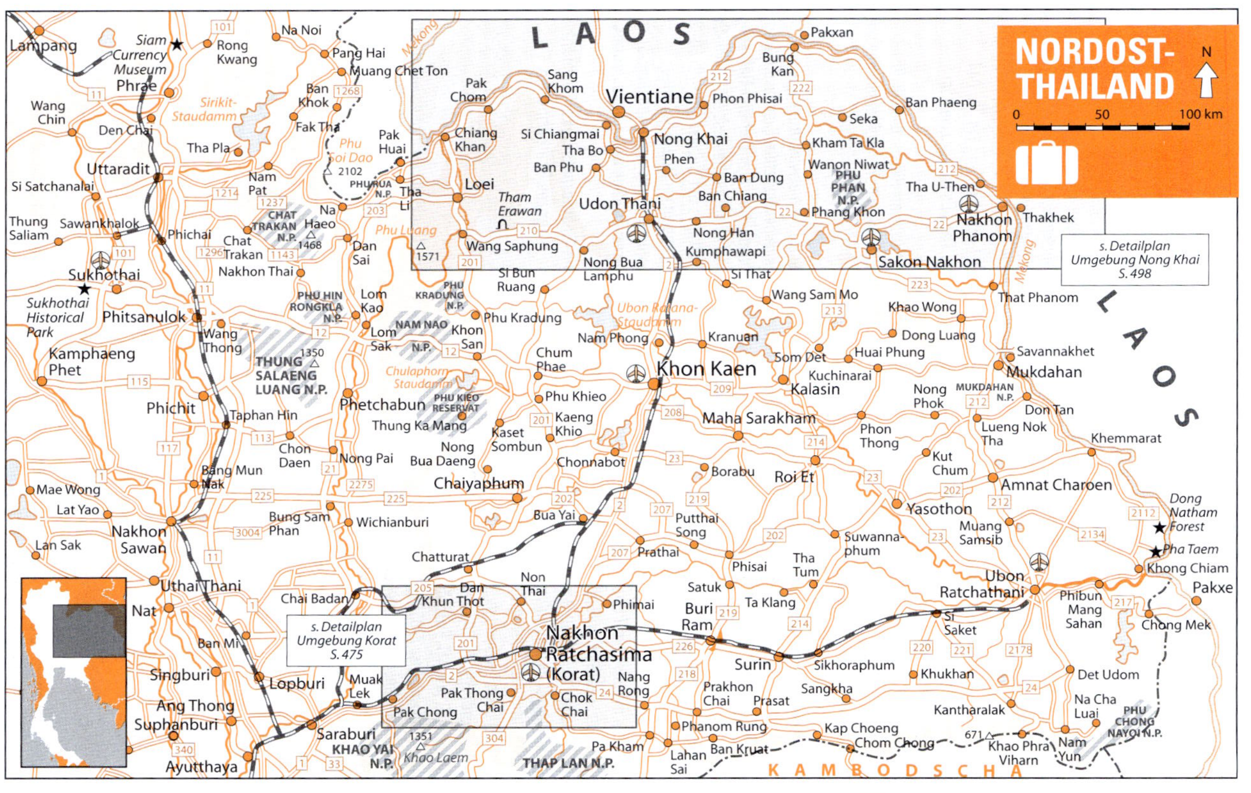

NORDOST-THAILAND
N
0
50
100 km
s. Detailplan Umgebung Nong Khai S. 498
s. Detailplan Umgebung Korat S. 475
LAOS
KAMBODSCHA
Mekong
Vientiane
Nong Khai
Udon Thani
Khon Kaen
Nakhon Ratchasima (Korat)
Ubon Ratchathani
Sakon Nakhon
Nakhon Phanom
Thakhek
That Phanom
Savannakhet
Mukdahan
Kalasin
Maha Sarakham
Roi Et
Yasothon
Amnat Charoen
Khemmarat
Pakxe
Khong Chiam
Phibun Mang Sahan
Det Udom
Si Saket
Surin
Buri Ram
Sikhoraphum
Phimai
Chaiyaphum
Loei
Chiang Khan
Pak Chom
Sang Khom
Si Chiangmai
Tha Bo
Ban Phu
Nong Bua Lamphu
Ban Chiang
Kumphawapi
Nong Han
Phon Phisai
Bung Kan
Pakxan
Seka
Ban Phaeng
Tha U-Then
Phang Khon
Wanon Niwat
Kham Ta Kla
PHU PHAN N.P.
Wang Sam Mo
Kuchinarai
Huai Phung
Dong Luang
Khao Wong
Nong Phok
Phon Thong
Kut Chum
Muang Samsib
Suwanna-phum
Tha Tum
Ta Klang
Phisai
Satuk
Putthai Song
Prathai
Borabu
Chonnabot
Phu Khieo
Kaeng Khio
Kaset Sombun
Chum Phae
Nam Phong
Ubon Ratana-Staudamm
Phu Kradung
Si Bun Ruang
Wang Saphung
Tham Erawan
Dan Sai
Na Haeo
Tha Li
Pak Huai
Lom Kao
Lom Sak
Khon San
Phetchabun
Thung Ka Mang
Nong Bua Daeng
Nong Pai
Wichianburi
Bua Yai
Non Thai
Dan Khun Thot
Chatturat
Chok Chai
Nang Rong
Pak Thong Chai
Pak Chong
Muak Lek
Saraburi
Lopburi
Chai Badan
Ban Mi
Singburi
Ang Thong
Suphanburi
Ayutthaya
Uthai Thani
Nakhon Sawan
Nat
Lat Yao
Mae Wong
Lan Sak
Bung Sam Phan
Chon Daen
Bang Mun Nak
Taphan Hin
Phichit
Wang Thong
Phitsanulok
Phichai
Nakhon Thai
Chat Trakan
Uttaradit
Den Chai
Phrae
Siam Currency Museum
Rong Kwang
Nam Pat
Tha Pla
Sirikit-Staudamm
Lampang
Wang Chin
Si Satchanalai
Sawankhalok
Sukhothai
Sukhothai Historical Park
Thung Saliam
Kamphaeng Phet
Na Noi
Pang Hai
Muang Chet Ton
Ban Khok
Fak Tha
Phu Soi Dao
THUNG SALAENG LUANG N.P.
PHU HIN RONGKLA N.P.
NAM NAO N.P.
PHU KRADUNG N.P.
PHU KIEO RESERVAT
Chulaphorn-Staudamm
CHAT TRAKAN N.P.
PHU RUA N.P.
Phu Luang
KHAO YAI N.P.
Khao Laem
THAP LAN N.P.
Pa Kham
Lahan Sai
Ban Kruat
Phanom Rung
Prakhon Chai
Prasat
Kap Choeng
Chom Chong
Sangkha
Khukhan
Kantharalak
Khao Phra Viharn
Nam Yun
Na Cha Luai
PHU CHONG NAYOI N.P.
Chong Mek
Pha Taem
Dong Natham Forest
Don Tan
Lueng Nok Tha
MUKDAHAN N.P.
Som Det
Kranuan
Si That
Ban Dung
Phen

in der Wohnküche. Der Besitzer ist nicht immer einfach. Zapfenstreich gegen 22 Uhr. Nicht mehr zu empfehlen. Wer findet Alternativen? ❶–❷

Hotels

Sakol ⑮, 46-48 Asdang Rd., ✆ 044-241260, 5-stöckiges Stadthaus mit Lift in der Altstadt, ordentliche, saubere Zi, die gern von Travellern genutzt werden. Warnung vor Zi 501: Daneben ist die laute Wasserpumpe. ❷, AC ❸
Siri Hotel ⑲, 688 Phoklang Rd., ✆ 044-242831, modernes Gebäude mit schön ausgestatteten Zi, nach hinten ruhig. Gutes Preis-Leistungs-Verhältnis. ❷, AC ❸
San Sabai Hotel ⑩, Suranari Rd., ✆ 044-255144, gut gelegen beim alten Busbahnhof, neues, sauberes Stadthotel, AC-Zi mit TV, Kühlschrank und Warmwasser. Der Rezeptionist spricht kein Englisch. Sehr gutes Preis-Leistungs-Verhältnis. ❸
Sri Rattana ⑭, 7 Suranari Rd., ✆ 044-243116, der 3. Eingang ab der Kreuzung (kein engl. Schild); kleine, abgewohnte Zi mit Du/WC und Fan, AC-Zi mit TV und Warmwasser, nach hinten heraus im obersten Stockwerk ruhiger; Dachterrasse mit Sicht auf das Treiben auf dem großen Platz; nettes Personal. ❷, AC ❸
Sri Pattana ⑱, 346 Suranari Rd., ✆ 044-255349, großes Hotel, relativ ruhig, große, saubere Zi mit Du/WC und AC, Restaurant, Nachtclub, schöner Pool (20 Baht), keine Liegestühle. ❸–❹
Korat Hotel ⑱, 191 Asdang Rd, ✆ 044-242260, saubere Zi mit AC, Frühstücksbuffet, Disco. ❸
Chom Surang ㉙, 2701/2 Mahattai Rd., ✆ 044-257088, großes, schönes Hotel, gute Zi. ❹–❺
Sima Thani ㉘, 2114 Mittraphap Rd., ✆ 044-213100, 🖳 www.simathani.com, neben dem Tourist Office, 265 elegant möblierte Zi. ❺–❽
Raya Grand ㉘, 2173/2 Sueb Siri Rd., ✆ 044-354966, ✉ rayagrand@mail.com, neues, gutes Spitzenhotel mit 79 Zimmern. ❹–❺
Royal Princess ①, 1137 Suranarai Rd., ✆ 044-256629, 🖳 korat.royalprincess.com, 1 km außerhalb, ruhig gelegen, 186 AC-Zi, Swimming Pool. Ein Hotel der Dusit-Gruppe. ❺–❽

Essen

Gutes, preiswertes Essen findet man in Korat an fast jeder Straßenecke, besonders lecker wird es auf dem **Night Bazaar** präsentiert.
Auf dem Tagesmarkt **Mae Kim Haeng** kann man sich bis 18 Uhr ein Essen zusammenstellen.
Steak Jim Jaew, Restaurant im Western Look mit guten Steaks und Thai-Gerichten, aufmerksamer Service.
Suan Phak, Chomphon Rd., schräg hinter dem Khunying Mo-Denkmal: AC-Restaurant mit gediegener Atmosphäre, ausgezeichnetes Essen, sehr freundliche Kellner und zivile Preise.
Prik Dang, 1327/1 Chomsurang Rd., ✆ 044-255999, leckeres Thai-Essen, serviert im schönen Garten.
Pizza Shop, 430 Suranari Rd., ✆ 044-261251, 🖳 www.koratpizzashop.com, Treffpunkt der hier lebenden Ausländer, wurde vielfach ausgezeichnet.
Balu's, Mahattai Rd., ein etwas teures Restaurant mit hübsch bepflanztem Biergarten und eigener Wurstproduktion. Der Berliner Ralf serviert schmackhaftes deutsches Essen. ◷ Mi–So.
Klang Plaza, Kaufhaus mit Supermarkt, ◷ 10–21 Uhr, und Essenständen im Obergeschoss.
In der **Sweet Home Bakery** und anderen Bäckereien wird leckeres Gebäck und französisches Brot angeboten.
In den **Hähnchen-Restaurants** bekommt man sehr preiswert ein ganzes Brathähnchen.

Sonstiges

Einkaufen

Viele T-Shirts und Copy-Uhren gibt es auf dem Night Bazaar im Stadtzentrum in der Manat Rd. Das Essen, Obst und viele Leckereien, werden verführerisch präsentiert.

Feste

Ende März zu Ehren der Nationalheldin Thao Suranari: Umzug, historische Ausstellung, Jahrmarkt.

Informationen

TAT Tourist Office, 2102-2104 Mittraphap Rd, ✆ 044-213666-7, ✉ tatsima@tat.or.th, ◷ tgl. 8.30–16.30 Uhr, am Highway H2 direkt an der Abzweigung der Hauptstraße H2066 in das Stadtzentrum (4 km): guter Stadtplan.

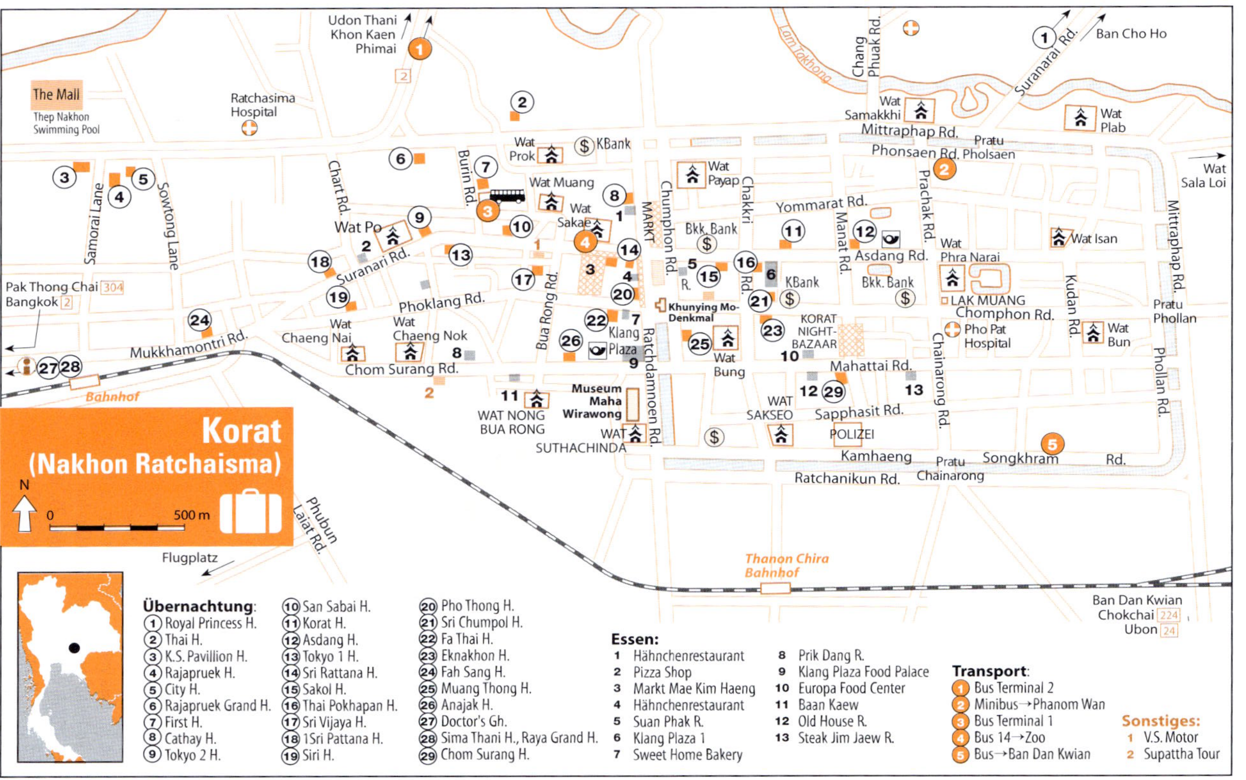
Korat
(Nakhon Ratchaisma)
N
0
500 m
Flugplatz
Übernachtung:
1 Royal Princess H.
2 Thai H.
3 K.S. Pavillion H.
4 Rajapruek H.
5 City H.
6 Rajapruek Grand H.
7 First H.
8 Cathay H.
9 Tokyo 2 H.
10 San Sabai H.
11 Korat H.
12 Asdang H.
13 Tokyo 1 H.
14 Sri Rattana H.
15 Sakol H.
16 Thai Pokhapan H.
17 Sri Vijaya H.
18 1Sri Pattana H.
19 Siri H.
20 Pho Thong H.
21 Sri Chumpol H.
22 Fa Thai H.
23 Eknakhon H.
24 Fah Sang H.
25 Muang Thong H.
26 Anajak H.
27 Doctor's Gh.
28 Sima Thani H., Raya Grand H.
29 Chom Surang H.
Essen:
1 Hähnchenrestaurant
2 Pizza Shop
3 Markt Mae Kim Haeng
4 Hähnchenrestaurant
5 Suan Phak R.
6 Klang Plaza 1
7 Sweet Home Bakery
8 Prik Dang R.
9 Klang Plaza Food Palace
10 Europa Food Center
11 Baan Kaew
12 Old House R.
13 Steak Jim Jaew R.
Transport:
1 Bus Terminal 2
2 Minibus→Phanom Wan
3 Bus Terminal 1
4 Bus 14→Zoo
5 Bus→Ban Dan Kwian
Sonstiges:
1 V.S. Motor
2 Supattha Tour
Udon Thani
Khon Kaen
Phimai
The Mall
Thep Nakhon Swimming Pool
Ratchasima Hospital
Ban Cho Ho
Suranarai Rd.
Chang Phuak Rd.
Lam Takhong
Wat Samakkhi
Mittraphap Rd.
Pratu Pholsaen
Phonsaen Rd.
Wat Plab
Wat Sala Loi
Samorai Lane
Sowtong Lane
Chart Rd.
Burin Rd.
Wat Prok
KBank
Wat Payap
Chakkri Rd.
Wat Muang
Wat Sakae
MARKT
Chumphon Rd.
Yommarat Rd.
Manat Rd.
Prachak Rd.
Wat Isan
Mittraphap Rd.
Wat Po
Suranari Rd.
Bkk. Bank
Asdang Rd.
Wat Phra Narai
KBank
Bkk. Bank
LAK MUANG
Chomphon Rd.
Kudan Rd.
Pratu Phollan
Pak Thong Chai 304
Bangkok 2
Phoklang Rd.
Bua Rong Rd.
Khunying Mo-Denkmal
Klang Plaza
KORAT NIGHT-BAZAAR
Pho Pat Hospital
Wat Bun
Phollan Rd.
Mukkhamontri Rd.
Wat Chaeng Nai
Wat Chaeng Nok
Chom Surang Rd.
Ratchdamnoen Rd.
Wat Bung
Mahattai Rd.
Chainarong Rd.
Bahnhof
WAT NONG BUA RONG
Museum Maha Wirawong
WAT SUTHACHINDA
WAT SAKSEO
Sapphasit Rd.
POLIZEI
Kamhaeng
Pratu Chainarong
Songkhram Rd.
Ratchanikun Rd.
Phubun Laiat Rd.
Thanon Chira Bahnhof
Ban Dan Kwian
Chokchai 224
Ubon 24

Internet

Viele Shops, 15–20 Baht/Std.

Mopeds

Vermietet **V.S. Motor** (Schild *„Motorbike for rent")*, 245 Suranari Rd., zwischen einem großen ATM-Schild und einem Suzuki-Laden.

Schwimmen

50-m-Becken und Riesenrutschen gibt es im Schwimmzentrum in **The Mall** (80 Baht), einen schönen Pool im **Sri Pattana Hotel** (s. o.).

Tourist Police

✆ 044-213333 oder 1699. Ein Posten in der Nähe des Denkmals.

Nahverkehr

Stadtbusse kosten 10 Baht und verkehren innerhalb der Stadt auf 4 Routen: Nr. 1, 2, 3 und 6 fahren im Wesentlichen in Ost-West-Richtung. **Rikschas** und **Tuk Tuks** sind ein brauchbares Transportmittel. Eine kurze Strecke kostet 40 Baht. Nachts kostet es vom Bus Terminal zum Hotel bis zu 100 Baht.

Transport

Busse

Vom Bus Terminal am H2, 2 km nördlich der Stadt, fahren alle Busse ab. Dorthin mit dem Songthaew laufend für 10 Baht.
Nach BANGKOK (256 km) rund um die Uhr alle 10 Min., non-AC-Bus für 123 Baht in 4 1/2 Std., AC-Busse für 172 / 221 Baht in 4 Std., VIP-32 etwa stdl. von 8–23.30 Uhr für 425 Baht.
Nach UDON THANI AC-Bus jede halbe Std. für 259 Baht in 5 Std. über KHON KAEN (169 Baht in 3 Std.).
Nach NONG KHAI AC-Bus um 10, 12 und 14.30 Uhr für 299 Baht in 6 Std.
Nach SURIN (für Prasat Phanom Rung bis Ban Tako) non-AC-Bus 274 jede halbe Std. für 97 Baht, AC-Bus von Rin Kam Tour um 10 und 11 Uhr, von Nakhon Chai um 13.30 Uhr für 162 Baht.
Nach UBON AC-Bus um 13.30 und 23.30 Uhr für 289 Baht, VIP-Bus um 23 Uhr für 479 Baht in 5 Std.
Nach SI CHIANGMAI 2.Kl. AC-Bus 5x tgl. von 17–22 Uhr für 180 Baht.
Nach PHIMAI mit Bus 1305 jede halbe Stunde bis 22 Uhr für 34 Baht in 90 Min.
Nach CHANTABURI non-AC-Bus 340 ungefähr alle 45 Min. bis 16 Uhr für 166 Baht, AC-Bus 8x tgl. von 8.30–21 Uhr für 296 Baht in 5 Std. (dort weiter nach Trat für Ko Chang).
Nach PAK THONG CHAI Bus 1303 alle 30 Min. für 20 Baht.
Nach PAK CHONG (Khao Yai National Park) Bus 1302 alle 20 Min. für 50 Baht (AC 85 Baht) in 2 Std. oder mit dem Bangkok-Bus 21 alle 10 Min.
Nach PHANOM WAN Minibus 4139 ab Pratu Nam, Phonsaen Rd. um 7.10 und 7.50 Uhr und jede Std. von 10–17 Uhr für 17 Baht.
Nach BAN DAN KWIAN Bus Nr.1307 ab Pratu Pi, Kamhaeng Songkhram Rd., alle 30 Min. bis 18 Uhr für 15 Baht.
Weitere Busse u. a. nach CHAIYAPHUM 85 Baht (AC 114 Baht), MUKDAHAN 199 Baht (AC 341 Baht), CHIANG MAI AC 616–718 Baht und CHIANG RAI AC 665–775 Baht.

Eisenbahn

Fahrplan s. S. 882ff. Alle Fernzüge zwischen Bangkok und Ubon halten am Bahnhof Korat und alle außer dem *Express* 77 an der zentraler liegenden Thanon Chira Station. Die Busse Nr. 1, 2 und 3 halten am Bahnhof.
11x tgl. fahren Züge von BANGKOK nach Korat für 265 Baht / 200 Baht (2./3. Kl.) in 5–6 Std. Tagsüber eignet sich der Dieselzug 71 um 10.05 Uhr (Ank. 14.27 Uhr). Alle übrigen Züge fahren zu ungünstigen Zeiten.
Nach UBON fahren tagsüber 2 Züge um 10.02 und 12.12 Uhr über SURIN (32 Baht), Ank. um 14.10 und 17.55 Uhr.

Die Umgebung von Korat

Wer die Ausflugsziele zeitsparend und unabhängig erreichen will (auch Phimai und Phanom Rung), kann am Busbahnhof ein Songthaew für einen ganzen Tag chartern – kräftig handeln. Für bis zu 8 Personen sind ca. 1000 Baht fällig.

Prasat Phanom Wan

15 km nordöstlich von Korat biegt vom H2 die Straße zum **Wat Phanom Wan Sanctuary** ab (7 km; wenn man Glück hat, mit Songthaew). Der zentrale Tempel wurde Anfang des 10. Jhs. gebaut, Teile der kleinen Anlage existierten bereits 100 Jahre früher. Im stark beschädigten Tempel werden noch heute Buddhastatuen aus verschiedenen Epochen Opfergaben dargebracht. Die total zerfallene Galerie, die z. T. mit meterhohem Schutt und Wurzelwerk aufgefüllt war, wurde restauriert. Prasat Phanom Wan ist nicht mit den eindrucksvollen Dimensionen und herrlichen Reliefs von Phimai zu vergleichen, es wirkt eher wie ein friedvolles Kleinod. Die Minibusse 4139 nach Phanom Wan für 12 Baht fahren vom Pratu Nam im Norden der Altstadt ab.

Ban Prasat

Nordöstlich von Korat (KM 44), 1,5 km vom H2, wurden im Dorf Ban Prasat vom Fine Arts Department Ausgrabungen durchgeführt. Dabei kamen Funde aus prähistorischer Zeit (vor 3000 Jahren), aus der Dvaravati-Periode (vor 1600–1800 Jahren) und im Khmer-Stil (vor 600 Jahren) ans Tageslicht. An zwei Ausgrabungsstätten können die Funde am Originalplatz besichtigt werden. Ein kleines Museum informiert über Ausgrabungsarbeiten, ländliche Zeremonien in Verbindung mit Geisterhaus und Reisgöttin, über Fischen und Weben, alles mit englischen Erklärungen. Eintritt frei, Spende, Souvenirstände mit lokalen Produkten.

Leicht zu erreichen mit einem Bus nach Khon Kaen bis Ban Prasat für 15 Baht, weiter mit Motorradtaxi für 15 Baht. Alternativ ab Phimai mit dem Korat-Bus für 10 Baht.

Wat Paa Lack Roi

24 km nördlich von Korat finden an Himmel-und-Hölle-Darstellungen Interessierte ein riesiges, ungeheuer eindrucksvolles Areal mit Figuren in Lebensgröße, das ständig erweitert wird. Zu erreichen mit einem Bus Richtung Chaiyaphum auf dem H205 bis zum KM 379 für 10 Baht, dann durch den Torbogen 1,5 km weiter laufen.

Lam Phra Phuong-Damm

Den vom Tourist Office empfohlenen Ausflug zu den Wasserfällen empfanden Leser als wunderschön. Über Pak Thong Chai (35 km, 15 Baht, umsteigen) geht es per Bus 28 km zum Staudamm (12 Baht, insgesamt ca. 90 Min.), von dort auf dem Stausee 23 km durch eine fantastische Landschaft zum nicht gerade eindrucksvollen **Pak Thong Chai-Wasserfall** am Ende des Sees (Boot 200 Baht, Charter 400 Baht, 90 Min.). Leser hatten Schwierigkeiten, ein Boot aufzutreiben.

Das Töpferdorf Ban Dan Kwian (= Kwien)

Vor dem Töpferdorf wird am Fluss eine rostrote Tonerde gefunden, die zu schönen, unwahrscheinlich billigen Töpferwaren verarbeitet wird. Die Gegenstände sind entlang der Straße aufgebaut, sodass das Dorf nicht zu verfehlen ist. Mit einfachen Werkzeugen stellen die Töpfer weiter im Hinterland Krüge, Vasen, Hocker, Fliesen, Lampenschirme, Reliefs und Skulpturen her, die in Erdöfen gebrannt werden. Allerdings sind die meisten Gegenstände für den Rucksack zu groß und zu schwer. Aber man kann sich die Waren auch preiswert schicken lassen, da die Fracht nach Kubikmaß, nicht nach Gewicht berechnet wird. 🖳 www.koratpottery.com. Auch ein Bummel durch die Nebengassen lohnt. Gleich rechts am Ortseingang kann man sich unter freiem Himmel Drechsel-Waren und zahlreiche asiatische Fuhrwerke anschauen. Diesen empfehlenswerten Ausflug zum Töpferdorf am KM 15 des H24 unternimmt man am besten mit dem Bus Nr. 1307, der alle 30 Minuten ab Pratu Pi fährt.

Phimai พิมาย

59 km nordöstlich von Korat befindet sich an einer Nebenstraße die kleine Stadt Phimai. Im Ort und in der Umgebung wurden mehrere Khmer-Ruinen aus dem 11. bis 13. Jh. entdeckt. Während jener Zeit hatten die Khmer ihren Einflussbereich weit nach Westen ausgedehnt. Die große Tempelanlage, Prasat Hin Phimai, ist nach der (teilweise unprofessionellen) Restaurierung eine der schönsten Khmer-Anlagen in Thailand und wurde zum **Phimai Historical Park** erklärt. Die buddhistisch-hinduistische Tempelanlage im typischen Khmer-Stil beweist, dass sich in Phimai ein bedeutendes Zentrum befand. Der zentrale Prang symbolisiert den heiligen Berg und Sitz der Götter, zu dem man über vier Wege aus allen Himmelsrichtungen gelangt. Vier steinerne Eingangstore ermöglichen hier den Zugang zum Heiligtum, das von einer rechteckigen Mauer umgeben ist. Selbst während der Feiertage ist die schöne, ruhige Anlage nicht überlaufen. Genießer können alles in Ruhe auf sich wirken lassen. ⌚ tgl. 7.30–18 Uhr, Eintritt 40 Baht. Außerhalb des südlichen Stadttores **Pratu Chai** liegen einige kleinere Ausgrabungsstätten.

Ein Teil der Funde, darunter zahlreiche Buddhastatuen, Lingams und besonders schöne, mit Steinmetzarbeiten verzierte Türstürze sind im großen **Museum** an der Brücke ausgestellt. Es bietet einen guten Überblick über die Kunstgeschichte. Sein Prunkstück ist eine Steinstatue von König Jayavarman VII. von Angkor Thom, die im Prasat Phimai gefunden wurde. ⌚ tgl. 9–16 Uhr; Eintritt: 30 Baht.

Übernachtung und Essen

The Old Phimai Gh. (auch Youth Hostel) ②, 214 Chomsudasadet Rd., ☎ 044-471918, 100 m von den Ruinen entfernt; 2, alte Teakhäuser, einfache Zi mit Fan und AC, warme Gemeinschafts-Du/WC; Schlafsaal, gute Infos und Karten, Fahrräder (50 und 80 Baht). Empfehlenswerte Touren (s. u.). ❷, AC ❸

S&G Gh, ②, schräg gegenüber, beim Old Phimai anmelden, Schlafsaal, heruntergekommen. ❶

J&B Gh. ①, einfache Verschläge in einem Holzhaus. ❶

Boonsiri Gh. ③, 228 Moo 2, ☎ 044-471159, 086-6485228, neues Haus in zentraler Lage, verschiedenartige Zi , am besten sind die AC-Zi im 2. Stock, Gemeinschafts-Open-Air-Sitzecke im 2. Stock. Fahrräderverleih. ❸, AC ❹

Phimai Hotel ④, 305 Haruthairom Rd., ☎ 044-471306; saubere, einfache Zi mit AC, im 4. und 5. Stock gibt es billige Zi ohne Du/WC und mit AC; freundliche Gastgeber. ❸, AC ❸–❹

Phimai Inn ⑤, 33/1 By-Pass Rd., ☎ 044-471175; an der Umgehungsstraße, 500 m von der zentralen Kreuzung, 500 m vom Bus- und Songthaew-Bahnhof, schräg gegenüber der PTT-Tankstelle, leicht zu erkennen an dem großen Schild auf dem Dach, 4-stöckiges Hotel mit guten Zimmern, 79 Zi mit Du/WC und Fan oder AC; gutes, preiswertes Restaurant am großen Pool

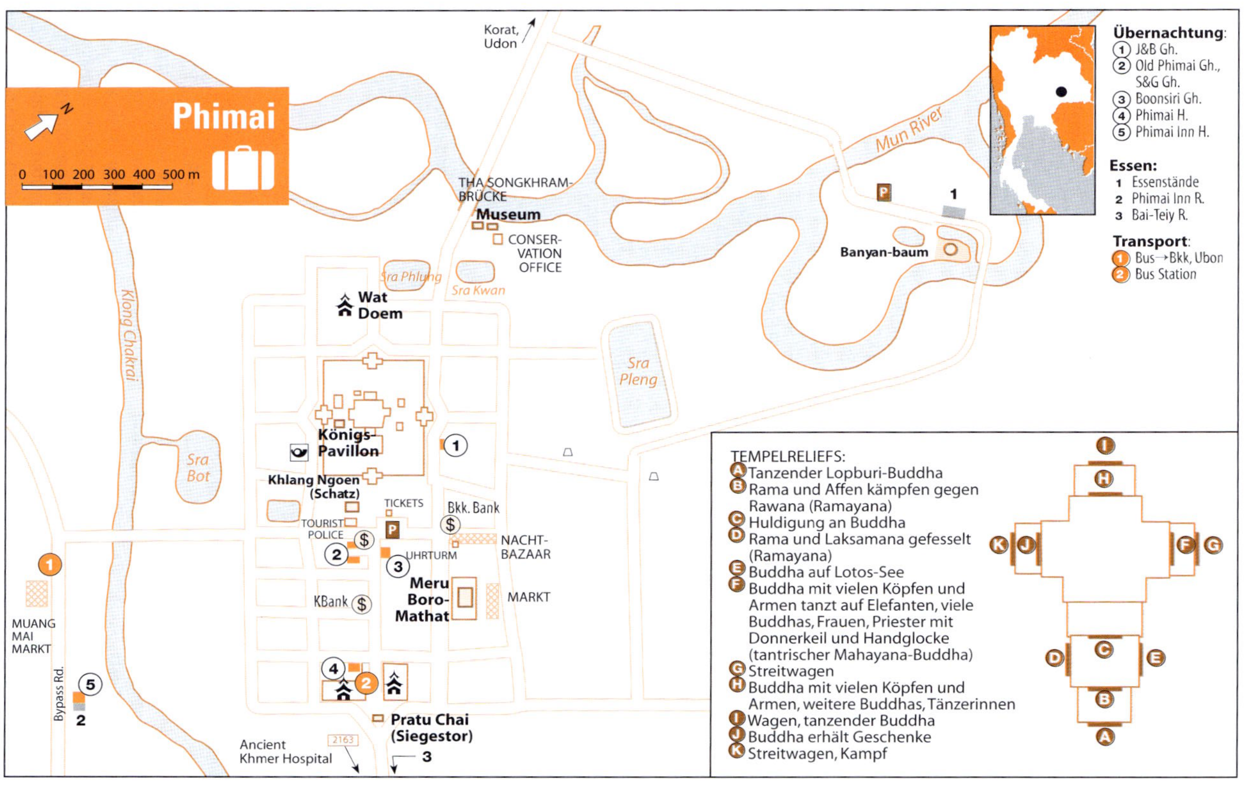
Phimai
N
0 100 200 300 400 500 m
Korat, Udon
THA SONGKHRAM-BRÜCKE
Museum
CONSER-VATION OFFICE
Mun River
Banyan-baum
Sra Phlung
Sra Kwan
Sra Pleng
Sra Bot
Klong Chakrai
Wat Doem
Königs-Pavillon
Khlang Ngoen (Schatz)
TICKETS
TOURIST POLICE
Bkk. Bank
NACHT-BAZAAR
UHRTURM
Meru Boro-Mathat
MARKT
KBank
Pratu Chai (Siegestor)
Ancient Khmer Hospital
2163
MUANG MAI MARKT
Bypass Rd.
Übernachtung:
1 J&B Gh.
2 Old Phimai Gh., S&G Gh.
3 Boonsiri Gh.
4 Phimai H.
5 Phimai Inn H.
Essen:
1 Essenstände
2 Phimai Inn R.
3 Bai-Teiy R.
Transport:
1 Bus→Bkk, Ubon
2 Bus Station
TEMPELRELIEFS:
A Tanzender Lopburi-Buddha
B Rama und Affen kämpfen gegen Rawana (Ramayana)
C Huldigung an Buddha
D Rama und Laksamana gefesselt (Ramayana)
E Buddha auf Lotos-See
F Buddha mit vielen Köpfen und Armen tanzt auf Elefanten, viele Buddhas, Frauen, Priester mit Donnerkeil und Handglocke (tantrischer Mahayana-Buddha)
G Streitwagen
H Buddha mit vielen Köpfen und Armen, weitere Buddhas, Tänzerinnen
I Wagen, tanzender Buddha
J Buddha erhält Geschenke
K Streitwagen, Kampf

Picknick unterm Banyan-Baum

Ein schöner Banyan-Baum *(Ficus bengalensis)*, dessen Äste und zahlreiche Luftwurzeln eine große Fläche von etwa 50 m im Durchmesser bedecken, steht im Nordosten von Phimai, 1,5 km entfernt. Der 350 Jahre alte, weit ausladende Baum ist herrlich zum Picknicken, vor allem mit Kindern. Im kühlen Schatten unter seinem riesigen Blätterdach steht ein kleiner Tempel, das Sai Ngam Spirit House, neben dem einige Wahrsager (Handleser) arbeiten. Gegenüber gibt es einen großen, überdachten Essensmarkt.

(für Nicht-Gäste 30 Baht). Internet 30 Baht/Std. Gutes Preis-Leistungs-Verhältnis. ❷, AC ❸

Bai-Teiy Restaurant an der Hauptstraße, 500 m südlich der Stadtmauer, nettes, schattiges Gartenrestaurant.

Auf dem kleinen, guten **Nachtmarkt** gibt es u. a. fantastische Gluei Tord (gebackene Bananen).

Sonstiges

Fahrräder
Vermietet das **Boonsiri Guest House**.

Fahrradrikschas
Im Ort ab 10 Baht.

Feste
Am 2. Wochenende im Nov wird bei den Ruinen das Wasserfest **Phimai Fair** mit einem Laternenumzug und einem internationalen Bootsrennen auf dem Mun River veranstaltet. Zu empfehlen ist die *Light and Sound*-Präsentation, bei der das Tanz-Drama *Wimaya Nattakan* (20–21 Uhr, Eintritt 100 und 200 Baht) aufgeführt wird.

Informationen
Stadtpläne gibt es im **Boonsiri Guest House** und im **Phimai Hotel**.

Internet
Günstig im **Phimai Inn** (30 Baht/Std.) und im **Agfa Shop** nahe Old Phimai Gh. (20 Baht/Std.).

Touren
Ausflüge zum Prasat Phanom Rung und Prasat Muang Tam werden vom Old Phimai Gh. für 700 Baht p. P. (ab 4 Pers.) durchgeführt.

Transport

Busse
Vom H2 zweigt 49 km nördlich von Korat die Straße nach Phimai ab. Von der Bus Station im Ort fährt Bus 1305 nach Korat und Chomruang, von der Bus Station am Muang Mai Market an der Umgehungsstraße fahren AC-Busse nach BANGKOK für 199/256 Baht.

Von KORAT (59 km) Bus 1305 alle 30 Min. für 34 Baht, AC 47 Baht in 90 Min. Letzter Bus zurück um 19 Uhr.

Nach UBON non-AC-Bus um 11.30 und 14.30 Uhr für 149 Baht in 5 1/2 Std., AC-Bus um 5, 14, 16 und 23 Uhr für 269 Baht.

Richtung NONG KHAI an der Abzweigung (10 km) umsteigen.

Es kann in ein Abenteuer ausarten, sich von hier über Hin Dat, Lam Plai Mat, Nang Rong und Ban Tako mit Bussen zur Tempelanlage PHANOM RUNG durchzuschlagen, leichter geht es ab Korat.

Eisenbahn
Zum nächsten Bahnhof Hin Dat (25 km) fahren rechtzeitig zu den Zügen Richtung BURIRAM, SURIN und UBON Songthaews ab (30 Baht). Bei der Zugankunft warten Songthaews.

Prasat Phanom Rung
ปราสาทพนมรุ้ง

Die Tempelanlage Phanom Rung (auch Phanomrung Historical Park) ist ein sehr gut restauriertes Denkmal der Khmer-Kunst. Wer sich für Khmer-Bauwerke interessiert, sollte auch einen größeren Umweg für diesen herrlich gelegenen Tempel nicht scheuen. Die meisten Traveller sind von dieser Anlage begeistert. Richtig lebendig wird es in den toten Ruinen, wenn sie am Wochenende von Thai-Familien besucht werden. Entlang der Zufahrtstraße zum Prasat Phanom Rung gibt es Dutzende von Ständen mit Essen, Getränken und Souvenirs (z. B. hübsche Ketten aus Tonperlen). ⌚ tgl. 6–18 Uhr, Eintritt 40 Baht.

Der hinduistische **Shiva-Tempel** steht auf dem Hügel Phanom Rung, einst der Rand eines Vulkankraters. Er gestattet einen weiten Blick ins Land. Von 1971–89 wurde die zerfallene Anlage vom Fine Arts Department mit der Technik Anastylose restauriert, bei der jeder Stein an seiner ursprünglichen Position platziert wird. Eine monumentale Treppe, begrenzt von vielen riesigen Naga-Schlangen im Angkor Wat-Stil, führt eindrucksvoll zum Heiligtum hinauf, das von Galerien (66 x 88 m) in allen vier Richtungen eingefasst ist. Die fein ausgearbeiteten Reliefs an den Fenstern, Türen und Simsen der aus Sandstein gebauten Prangs sind noch gut erhalten. Die dargestellten Szenen entstammen überwiegend der hinduistischen Mythologie: im Osten ein tanzender Shiva und ein liegender Vishnu, im Norden die Entführung von Sita durch Ravana (kaum zu erkennen) und weitere Szenen aus dem Ramayana, außerdem Darstellungen von Zeremonien. Der Grundriss der Anlage wurde so gewählt, dass man am 3. April eines jeden Jahres von Westen her durch alle 15 Türen des Heiligtums im Osten die Sonne aufgehen sehen kann. Um diesen Tag herum findet jedes Jahr ein Fest mit einem Light and Sound Festival statt.

Durch viele Inschriften in Sanskrit und in der Khmer-Sprache, die bei den Ausgrabungen gefunden wurden, lassen sich die meisten Gebäude recht genau datieren. Zwei Gebäude aus Ziegeln stammen bereits aus dem 10. Jh., der kleine Prang mit den schönen Ornamenten über dem Tor wurde um das Jahr 1000 errichtet. Der zentrale Prang entstand zwischen 1050 und 1150; die dargestellten Gottheiten sind nach der Sitte der Baphuan-Periode (1010–80) gekleidet. Ursprünglich stand ein Shiva-Lingam im Zentrum des Heiligtums. Die Türfriese enthalten, wie auch bei Hindu-Tempeln in Java und Bali, den Kopf der Kala. Sie repräsentiert die Sonnen- und Mondfinsternis, die mächtigste der Planeten-Gottheiten, und wird noch heute in den Dörfern Thailands verehrt. In einer späteren Epoche wurde in dem kleinen Prang ein Fußabdruck Buddhas eingelassen.

In dem kleinen **Tourist Information Centre**, ⌚ tgl. 9–16.30 Uhr, werden u. a. einige informative Fotos von den Restaurierungsarbeiten gezeigt. Archäologisch Interessierte können hier das hervorragende Büchlein *The Sanctuary Phanom Rung* kaufen (20 Baht).

Prasat Muang Tam

Ein weiterer sehenswerter Khmer-Tempel aus der Baphuan-Periode, **Prasat Muang Tam**, liegt 7 km weiter östlich in der Ebene neben einem Dorf. Der wunderschöne, ummauerte Tempelkomplex (ca. 100 x 100 m) wurde restauriert und zum Historical Park erklärt: eine kleine, zentrale Tempelruine, von 4 L-förmigen Seerosenteichen und 4 Chedis umgeben. Viel Rankenwerk schmückt die rekonstruierten Gebäude. Von den wenigen Figuren sind Shiva und Parvati auf einem Stier am besten erhalten. Viele Steinmetzarbeiten sehen aus wie nicht fertig gestellt. Noch herrscht eine romantische Atmosphäre. ⌚ 7.30–18 Uhr, Eintritt 30 Baht. 58 km südöstlich liegt der Tempel **Ta Muan Tom** nahe an der Grenze zu Kambodscha.

Satuk

In der 40 km nördlich der Provinzhauptstadt Buriram gelegenen Kleinstadt steht die große, hochverehrte Buddhastatue **Phra Puttharup Yai** am Ufer des Mun. Hier finden am ersten Wochenende im November farbenprächtige Bootsrennen statt. Besonders spektakulär sind ein Elefantenumzug durch die Stadt und ein Schwimmwettbewerb mit Elefanten.

Nang Rong

Die Kleinstadt Nang Rong in der Provinz Buriram eignet sich sehr gut als abwechslungsreicher Ausgangspunkt für Touren im südlichen Isan, i. b. zu den Khmer-Ruinen. Sie verfügt über gute Busverbindungen, viele Läden und Märkte, sowie zwei gute Krankenhäuser.

Übernachtung

Nang Rong

Nang Rong, 243 Pradit Pana Rd., ✆ 044-631014, 19 Zi. mit Fan und AC. ❷

Honey Inn, 8/1 Soi Srikoon, ✆ 044-622825, ✉ honey_inn_thai@hotmail.com, hinter der Ban

Nongree School, Zi mit Fan oder AC, geleitet von der Englisch sprechenden Mrs. Phanna, gutes Abendessen; Motorrad und Auto zu mieten, Minibus und Guide nach Phanom Rung und Khao Phra Viharn verfügbar. ❷

P.California Inter Hostel, 59/11 Sangkhakrit Rd., ☏ 044-631277, ✉ california8gh@yahoo.com, 300 m südöstlich der Post beim Nang-Rong-Kanal am Rand der Felder. 30 saubere Zi mit Fan oder AC in einem großen Haus mit Terrasse und Blumengarten. Günstiges Frühstück, Internet, Fahrrad 100 Baht/Tag, Moped 250 Baht/Tag, Auto 700 Baht/Tag, Transfer nach Phanom Rung 120 Baht p. P. ab 3 Pers.; gute Informationen. Der Besitzer spricht fließend Englisch. ❸–❹

Nordost-Thailand

Buriram

In der Stadt gibt es viele Hotels ❶–❹.

Thai Hotel, 38/1 Romburi Rd., ☏ 044-611112, 96 Zi mit Fan und AC. ❷–❹

Vongthong Hotel, Jira Rd., ☏ 044-612540, saubere res Stadthotel. ❹

Transport

Busse u. a.

Von BANGKOK nach Nang Rong mit dem AC-Bus um 9.30 bzw. 21.30 Uhr für 299/232 Baht in 5 Std., zurück um 9.30 bzw. 21 Uhr.

Mit dem Bus stdl. von KORAT (118 Baht, 2 Std.) oder SURIN (75 Baht, 1 1/2 Std.) nach BAN TAKO, von dort fahren Motorradtaxis für ca. 350 Baht zu beiden Tempeln, warten (Dauer aushandeln) und fahren wieder zum Bus zurück (insgesamt 40 km, 3–4 Std.). Oder von Ban Tako mit dem Songthaew weiter bis Ban Tapek und von der Abzweigung trampen.

Alternativ fährt man zunächst per Bus nach PRAKHON CHAI (ca. 20 km weiter östlich), dann weiter mit dem blauen Minibus (17 Baht), der auf dem H2075 nach Südwesten fährt (Schild: „17 km Muang Tam"). Von Muang Tam ist es allerdings nicht leicht, nach Phanom Rung zu gelangen, denn zwischen den beiden Tempeln verkehren keine öffentlichen Transportmittel.

Selbstfahrer

Mit dem eigenen Fahrzeug geht es auf dem H24 in Richtung Osten bis BAN TAKO (14 km östlich von Nang Rong), nach rechts abbiegen auf den H2117 und nach 5,4 km in Ban Tapek nach links auf den H2221 zum Berg mit den Sendemasten (7 km), auf dem Prasat Phanom Rung steht. Weiter zum Prasat Muang Tam fährt man Richtung Süden 2,3 km hinunter in die Ebene, biegt nach rechts ab (kein Schild) und nach weiteren 4,2 km nach links.

Surin

Die Provinzhauptstadt Surin mit ihren 41 000 Einwohnern, 450 km von Bangkok entfernt, erlebt jährlich am dritten Wochenende im November eine Touristeninvasion zum **Elephant Round-Up** (Eintrittspreis auf der Tribüne im Schatten: 500 Baht). Über 100 Elefanten werden für das große Spektakel aufgeboten. In Umzügen und Wettkämpfen zeigen sie sich von ihrer besten Seite und demonstrieren Kraft und Geschicklichkeit. Seit dem 11. Januar 1989, als das Gesetz über das Verbot, Bäume zu fällen, verkündet wurde, werden diese Tiere kaum noch als Arbeitselefanten beim Abtransport von Baumstämmen im Dschungel eingesetzt. Dadurch haben sich große wirtschaftliche Probleme für ihre Besitzer ergeben und manche ziehen fort.

Das örtliche **Museum** liegt 5 km südlich der Stadt am H214 und ist keinen Besuch wert.

34 km östlich in Sikoraphum (kurz: Sikhor) liegt das **Wat Ra Ngeng** mit fünf Khmer-Prangs, genannt **Prasat Sikoraphum**, in einem schönen, kleinen Park (Eintritt: 20 Baht). Es entstand in der Baphuan-Periode im 11.–12. Jh. und wurde im 16. Jh. zu einem buddhistischen Heiligtum umgestaltet. Vor allem die Osttür des zentralen, ca. 15 m hohen Prangs beweist die hohe künstlerische Fertigkeit der Steinmetze. Den Türrahmen zieren zwei Devates im Angkor-Stil und zwei Wächterfiguren, auf dem Türsturz tanzt ein Shiva mit 10 Armen. Das Wat liegt außerhalb des Ortes Richtung Si Saket etwa 500 m links der Hauptstraße, Motorradtaxi vom Bahnhof 80 Baht hin und zurück.

Berühmt ist Surin für seine handgewebte **Seide**. Den vollständigen Prozess der Seidenproduk-

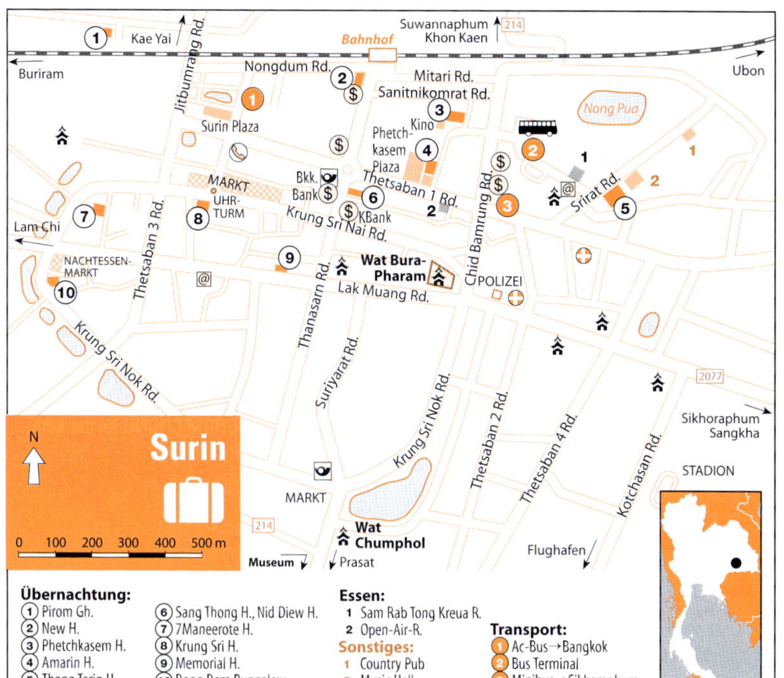

tion kann man u. a. in den Dörfern **Khwao Sinarin** und **Jomran** verfolgen.

Die meisten Elefanten vom *Round-Up* werden im Dorf **Ban Ta Klang** ausgebildet, 58 km nördlich von Surin. Am Sa findet von 9.30–11 Uhr eine Vorstellung mit 10–20 Elefanten statt, Eintritt: 50 Baht. Ein kleines **Museum** ist Elefanten gewidmet. Man fährt zunächst 36 km nach Norden (Höhe Ban Krapo), dann 22 km nach Westen.

6 km südlich von Surin (H214) links, erreicht man nach 2 km das große Reservoir **Huai Saneng**, das sich gut zum Schwimmen eignet, aber wenig Schatten bietet. Kilometerlange Wege führen um den Stausee. Eine Auswahl an exotischem Essen kostet 10 Baht je Teller.

Übernachtung

Zum Elephant Round-Up sind natürlich alle Hotels ausgebucht und verlangen 50 % Zuschlag. Wer nicht mit einer organisierten Tour kommt, wird kaum ein Zi bekommen. Zu anderen Zeiten ist die Stadt ziemlich ausgestorben.

Gästehäuser

Pirom Gh. ①, 1 km vom Bahnhof entfernt jenseits der Gleise im Nordwesten, schönes Stein-Holzhaus inmitten vieler Pflanzen, 8 Zi mit Fan, 2 Gemeinschafts-Du/WC, freundliche Mama, die gut Englisch spricht; viele Informationen, gute Touren. ❷

Rong Rem Bungalow ⑪, Krung Sri Nok Rd., mehrere Reihensteinbungalows, große Zi mit Fan oder AC und Du/WC, gut für Biker, ansonsten eigentlich nicht akzeptabel. ❷, AC ❸

Hotels

Sang Thong ⑥, 279 Thanasarn Rd., ✆ 044-512099, beim Kreisverkehr, große, alte Zi mit vielen Möbeln, Du/WC und Fan oder AC, im Anbau etwas dunkel. Das freundliche Empfangspersonal spricht Englisch. ❸.

Nid Diew ⑥, Neubau hinter Sang Thong mit 100 besseren Zimmern; empfehlenswert. ❸–❹

Phetchkasem Hotel ③, 104 Chid Bamrung Rd., ✆ 044-511274, ✉ PKhotel@cscoms.com; groß, sehr gut, komfortable AC-Zi, Coffeeshop, Disco. ❹

Thong Tarin ⑤, 60 Srirat Rd., ✆ 044-514281-8, ✉ hotel@thongtarin.co.th, größtes Hotel der Stadt, ordentliche Zi, Restaurant, Pool, Disco. ❹–❺

Maneerote Hotel ⑧, ✆ 044-539477, 💻 www.maneerotehotel.com, modernes Hotel, ansprechende Zi mit Minibar, rühriger Manager, der gut Englisch spricht. Für das Elephant Round-Up mind. 3 Monate im Voraus reservieren, die Preise verdoppeln sich zu dieser Zeit. AC ❹

Essen und Sonstiges

Im stilvoll angelegten **Sam Rab Tong Kreuang Restaurant** (kein englisches Schild, aber leicht zu erkennen) isst man hervorragend vegetarische Gerichte, 🕓 11–24 Uhr.

Auf dem **Markt** im Zentrum kann man billig frühstücken oder zu Abend essen.

Farang Connection am non-AC-Busbahnhof. Der Besitzer Martin spricht Englisch und Deutsch und serviert leckeres Essen.

Coffee, Icecream and more, in der Nähe des Bahnhofes, mit dem besten Kaffee der Stadt.

Motorräder werden wegen der nahen Grenze zu Kambodscha nicht vermietet.

Transport

Wer zum großen Elefantenspektakel im November fahren will, für den bieten viele Reisebüros eine organisierte Tour an. Von der Bus Station zum Gästehaus mit der Rikscha für 15–25 Baht.

Busse

Nach BANGKOK (452 km) 2. Kl. AC-Bus 19x tgl. bis 22 Uhr für 287 Baht, AC-Bus 8x tgl. morgens und abends für 352 Baht, VIP-24-Bus um 21.30 Uhr für 542 Baht in 7 Std.

Nach KORAT non-AC-Bus alle 30 Min. bis 18 Uhr für 97 Baht in 3 1/2 Std.

Nach KORAT 2. Kl. AC-Bus um 6, 7, 13 und 15 Uhr für 137 Baht mit Sri Mongkhol Tour und abends mit Nakhon Chai Air, ✆ 044-51515, für 162 Baht in 3 Std.

Nach UBON non-AC-Bus für 85 Baht in 3 1/2 Std., AC-Bus um 16.30 Uhr für 155 Baht in 2 1/2 Std.

Nach SIKORAPHUM alle 30 Min. zwischen 8 und 17 Uhr für 30 Baht. Weiter nach SRI SAKET für 56 Baht.

Nach PRASAT PHANOM RUNG ist es am bequemsten, mit dem Bus 274 Richtung Korat nach BAN TAKO (75 Baht, 1 1/2 Std.) zu fahren und dort ein Motorradtaxi zu nehmen (ca. 240 Baht). Weitere Busse u. a. nach KHON KAEN für 131 Baht, PATTAYA 268 Baht (AC 479 Baht, VIP 704 Baht), CHIANG MAI 387 Baht (AC 704 Baht, VIP 965 Baht) und CHOM CHONG an der kambodschanischen Grenze.

Eisenbahn

Fahrplan „Northeastern Line" s. S. 884.

Am besten kommt man mit einem der 10 Züge von BANGKOK nach Surin. Schlafwagen hat nur der Express Nr. 67, der um 20.30 Uhr abfährt, Ank. 4.07 Uhr. Tagsüber geht es am schnellsten mit dem Dieselzug 71 um 10.05 Uhr, Ankunft 17.06 Uhr. Die einfache Fahrt in der 2./3. Klasse kostet ab 319/223 Baht, ab KORAT 81 Baht in der 3. Kl.

Nach BANGKOK eignen sich tagsüber beide *Rapid*-Züge, nachts mit Schlafwagen der *Express* Nr. 68 um 20.59 Uhr, Ankunft 5.25 Uhr, und der *Rapid* 140 um 21.48 Uhr, Ankunft 6.05 Uhr.

Nach UBON mit dem *Rapid* 135 um 15.07 Uhr, Ankunft 17.55 Uhr, mit dem *Special Express* 21 um 12.14 Uhr in 2 Std., mit dem *Rapid* 143 um 8.25 Uhr in 3 Std. für 85 Baht.

Grenzübergang Chom Chong – O'Smach

Der 70 km südlich von Surin gelegene Grenzübergang ist auch für Ausländer geöffnet. Das Visum gibt es an der Grenze. In den dortigen Bungalows bekommt man auch ein Sammeltaxi nach Samrong für 250 Baht p. P. (Charter 2000 Baht). Unterwegs liegen mehrere Khmer-Ruinen und eine alte Brücke.

Chaiyaphum ชัยภูมิ

Diese Provinzhauptstadt am Rand des Plateaus hat 58 000 Einwohner. Sie liegt 342 km von Bangkok entfernt und 118 km nördlich von Korat, ungefähr auf halbem Weg zwischen Bangkok und Nong Khai. Nach Chaiyaphum verirren sich nur selten Touristen, die Einwohner sind freundlich, aber nicht aufdringlich. Die Stadt selbst hat bis auf den täglichen **Obst- und Gemüsemarkt** nicht viel zu bieten. Der neue **chinesische Tempel** entfaltet eine unwahrscheinliche Farbenpracht.

1,5 km östlich vom Zentrum steht in einem Park die kleine Khmer-Ruine **Prang Ku**, Reste eines Krankenhauses aus dem 12. Jh. Hoch verehrt wird eine Buddhastatue aus der Dvaravati-Periode, die Gesundheit bringen soll. An Vollmond im April werden hier Badezeremonien und ein lautes Volksfest veranstaltet.

Chulaphorn-Stausee

Naturliebende Selbstentdecker können eine eindrucksvolle, insgesamt 172 km lange Tour auf dem H2366 und H2055 über Nong Bua Deng (H2159, 44 km) und Kaset Sombun (H2037, 35 km) zum **Chulaphorn-Stausee** machen. Das parkartige Gelände am Damm ist sehr gepflegt. Auf schönen Wanderwegen in unberührter Natur sieht man u. a. viele Arten von Wasservögeln. Übernachtet wird auf dem Campingplatz (100 Baht/Zelt) oder in Bungalows (400–3000 Baht), ein gutes Restaurant ist vorhanden.

Übernachtung

Sirichai ④, 565 Nonmuang Rd., ✆ 044-811543, modernes, 5-stöckiges Gebäude, große, saubere Zi mit Du/WC und Fan oder AC, Coffeeshop, Restaurant. ❷–❹

Chaiyaphum Inn ⑤, Burapa Rd., neueres Stadthotel mit Seafood-Restaurant und Live-Musik, Zi mit Du/WC und AC. ❸

Lert Nimit ②, 447 Niwet Rat Rd., ✆ 044-811523, „besseres" Hotel, gute Zi mit Fan oder AC, Restaurant. ❷–❹

Transport

Staatliche AC-Busse kommen in der AC-Bus Station im Süden an.

Nach BANGKOK (332 km) non-AC-Bus alle 35 Min. für 155 Baht, 2.Kl. AC-Bus 18x tgl. für 217–228 Baht, AC-Bus 27x tgl. für 279 bzw. 325 Baht in 5 Std.

Nach KHON KAEN alle 70 Min. für 65 Baht.

Weitere Busse nach KORAT 85 Baht (AC

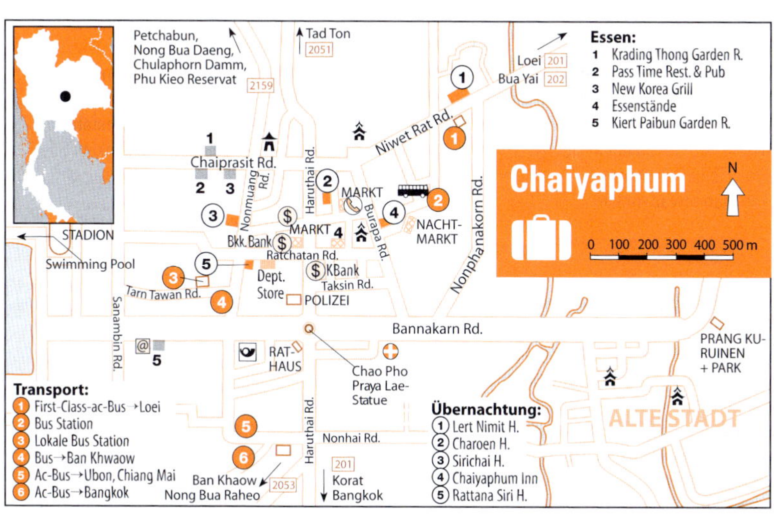

114 Baht), BUA YAI (Eisenbahnknotenpunkt, 51 km) 30 Baht, CHATTURAT (nächster Bahnhof, 39 km) 21 Baht, CHUM PHAE 54 Baht und LOEI 110 Baht (AC 200 Baht).

Khon Kaen ขอนแก่น

Die lebhafte Provinzhauptstadt, 150 000 Einwohner, liegt 444 km nordöstlich von Bangkok verkehrsgünstig an der Kreuzung des Friendship Highway mit der Nationalstraße Nr. 12 nach Tak und Phitsanulok. Zudem ist sie durch ihren Flugplatz zu einem wichtigen Verkehrsknotenpunkt in Nordost-Thailand geworden. Hochhäuser, Universität, Hospitäler und eine zehnspurige Hauptstraße mit großen Werbeschildern unterstreichen den modernen Charakter der Stadt.

Im **National Museum** im Nordosten der Stadt sind verschiedene prähistorische Funde ausgestellt. Sie wurden bei Ausgrabungen nahe Ban Chiang und in anderen Orten der Provinzen Kalasin und Mahasarakham entdeckt. Im hinteren Teil des Erdgeschosses sind Werkzeuge und Gegenstände zu sehen, die von den Bewohnern des Isan zum Weben, Fischen und beim Reisanbau verwendet werden. Das Obergeschoss enthält u. a. buddhistische und hinduistische Statuen, darunter ein schöner Shiva (mit dem dritten Auge auf der Stirn) und ein vierarmiger Vishnu (ohne Kopf) aus Sandstein. 🕓 Mi–So 9–12 und 13–17 Uhr, Eintritt 30 Baht.

Etwas Abkühlung verschafft ein Spaziergang am **Kaen Nakhon-See**, im Südosten der Stadt. In seinem Wasser spiegeln sich zwei Tempel. In einigen kleinen Restaurants am nordöstlichen Ufer kann man etwas trinken.

Übernachtung

Europe Gh ㉓, 23/5 Nikon Samran Rd., ✆ 043-271083, 💻 www.europe-khonkaen.com. 5 Zi in der Nähe des Sees, kostenloses Internet, Motorradvermietung, hier wird Englisch, Niederländisch und Französisch gesprochen. ❸

Roma Hotel ⑦, 50/2 Klang Muang Rd., ✆ 043-236276, verwinkeltes, altes Hotel, ein Flügel renoviert und geschmackvoll eingerichtet; Schwesterhotel vom Khon Kaen Hotel. Im Coffeeshop Musik bis Mitternacht, die Zimmer darüber daher besser meiden. Günstige Preise. ❷, AC ❸

San Samran ⑥, 55-9 Klang Muang Rd., ✆ 043-239611; älteres Gebäude, 52 große, einfache, saubere Zi mit Bad. ❷

Chaipat ⑨, Na Muang Rd., kleine, saubere Zi, ältliches Bad, freundliches Personal, Karaoke-Bar. Sehr gutes Preis-Leistungs-Verhältnis. ❸

Lawan Place ⑪, Soi 5 Chatapadung Rd., ✆ 043-338353, 💻 www.lawanplace.com, ruhig gelegenes, neues Hotel mit sauberen Zi, sehr netter Besitzer Khun Suksamran, Restaurant nicht billig. In die 6. Gasse (600 m) hinterm Khon Kaen Hospital 100 m rein, englisches Schild, mit Bus zum Hospital leicht erreichbar. Gutes Preis-Leistungs-Verhältnis. AC ❸

Khon Kaen Hotel ⑤, 43/2 Pimpasut Rd., ✆ 043-244881-5; 130 kleine, durchschnittliche Zi. mit Teppichboden, WLAN im Foyer. AC ❹

Kosa Hotel ⑯, 250 Sri Chan Rd., ✆ 043-320320, 💻 www.kosahotel.com, traditionsreiches, 17-stöckiges Hotel mit 120 Zi, Saunen, Pool. AC ❹

Kaen Inn ⑧, 56 Klang Muang Rd., ✆ 043-237744; Geschäftshotel, große Zi; freundliches Personal, Coffeeshop mit guter Abendunterhaltung. ❸–❹

Charoen Thani Princess ⑰, Sri Chan Rd., ✆ 043-220400-14; 19-stöckiges Luxushotel, 320 Zi, Pool im 4. Stock, Fitnesscenter. Hoher Rabatt möglich. ❺–❻

Sofitel Raja Orchid ⑮, 260 Sri Chan Rd., ✆ 043-322155; Luxushotel, fantastisch ausgestattete Zi, u. a. ein deutsches Restaurant, Kleinbrauerei, in der helles und dunkles Bier gebraut wird; große Disco mit Super-Lichtanlage. AC ❺

The Greenery Resort ①, ✆ 043-334181, 💻 www.greenerykhonkaen.com, Reihenhäuser im Grünen, nicht weit vom Flughafen, kostenloser Abholservice, unter holländischer Leitung. AC ❸

Castle Howchow Beach Resort, 429 Howchow Rd., Amphoe Kranuan, ✆ 043-252619, 089-4178504, 💻 www.castle-howchow.com, ruhig gelegenes Landresort an einem See beim Dorf Kranuan, ca. 65 km von Khon Kaen, mit 23 ansprechenden Bungalows am See, am Pool oder im Obstgarten, umgeben von einer 1,5 km

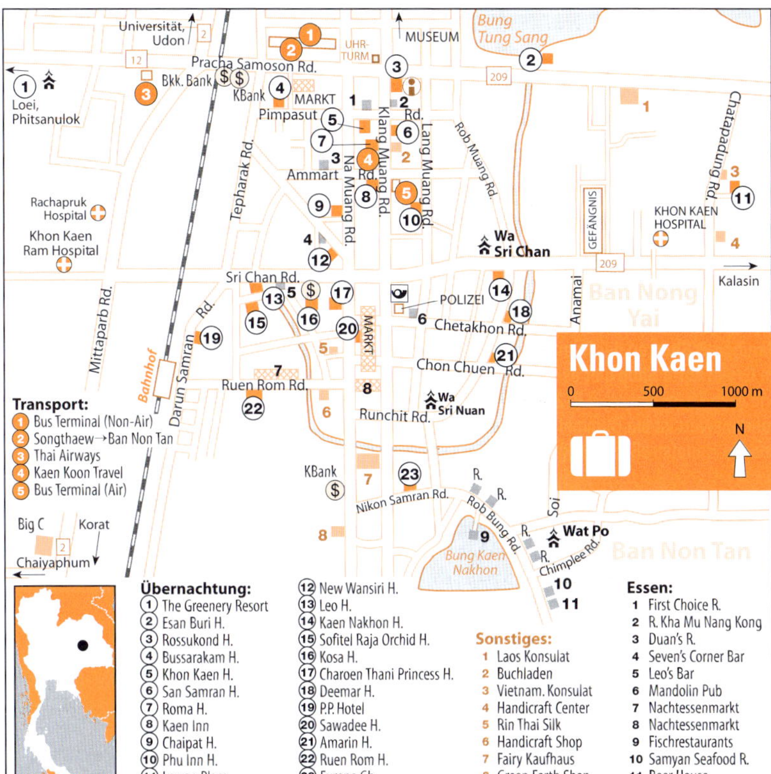

langen Schlossmauer. Restaurant mit guter Küche und Live-Musik. Hier hat sich Howard Roscoe seinen Traum erfüllt. AC ❹

Essen und Unterhaltung

Auf dem großen **Nachtessenmarkt** werden von freundlichen Leuten hunderte von leckeren Gerichten zubereitet.

Gegenüber dem Roma Hotel gibt es ein beliebtes Thai-**Frühstücksrestaurant**. 🕓 4–14 Uhr.

Im Selbstbedienungsrestaurant im **Fairy-Kaufhaus** findet man tagsüber ein reichhaltiges Angebot an Thai-Gerichten, sauber angerichtet und schmackhaft, ebenso im **Big C** und **Lotus Supercenter**.

Duan's Restaurant, ✆ 081–9438528, 💻 www.duans-restaurant.com, geleitet von Johann und seiner Frau Duan. Hier gibt es nicht nur original deutsche Gerichte, sondern auch günstiges Thai-Essen.

Die Fischrestaurants am Bua Luang-See sollen ganz gut sein, z. B. **Samyan Seafood**, 🕓 11–23 Uhr, oder **Beer House**.

First Choice, gutes Thai-, vegetarisches und europäisches Essen, gegenüber vom Khon Kaen Hotel.

Mandolin Pub, schöne, ruhige Atmosphäre.

Seven's Corner, eine angenehme Bar zum Entspannen.

Leo's Bar, beliebter Treffpunkt von Expats.

Sonstiges

Autovermietungen

Bei **Kaen Koon Travel** ab 1200 Baht.
Budget in der Ankunftshalle des Flughafens.

Motorräder

Restaurant345, ✆ 089-5757398, in der Airport Rd. 345, vermietet gute Motorräder, 200 und 350 Baht.

Einkaufen

Eine gute Auswahl an **Stoffen** sowie andere Souvenirs aus dem Nordosten finden sich im **Handicraft Shop** an der Ruen Rom Rd.
Im **Green Earth Shop** gibt es lokale Produkte und eine Espressobar, ⌚ 9–21 Uhr.
Lohnenswert ist ein Bummel über die Märkte und die Hauptstraßen entlang.

Feste

An Songkhran findet das **Dok Khun Siang Khaen Festival** um den See Bung Khaen Nakhon herum statt (13.–15. 4.). Am Morgen wird den Mönchen Essen gespendet, und die Buddha-Statuen werden mit Wasser besprengt. Anschließend fährt eine Blumen-Prozession durch die Stadt. Tagelang wird ausgelassen gefeiert und alles mit Wasser übergossen.
Ende November / Anfang Dezember wird in der Stadt das **Seidenfest** und das **Fest der Freunde** gefeiert. Dann finden im Bereich der City Hall Tänze und am 1. Tag ein Umzug statt, bei denen die besten Seidenwebereien zur Schau gestellt werden.

Informationen

Im **TAT Tourist Office**, 15/5 Pracha Samoson Rd., ✆ 043-244498, ✉ tatkhkn@tat.or.th, gibt es sehr gute Informationen und Karten über die Stadt und die Umgebung. Kartenskizzen helfen bei Ausflügen. ⌚ 8.30–16.30 Uhr. Englische Homepage 💻 www.khonkaen.com.

Internet

Viele Shops für 15 Baht/Std.

Konsulate

Konsulat von Laos, Pothisarn Rd., ✆ 043-221961, in Ban Non Tan.
Konsulat von Vietnam, Chatapadung Rd., ✆ 043-242190.

Medizinische Hilfe

Das Universitätskrankenhaus **Sri Nakarin**, ✆ 043-237606, gilt als das beste im Nordosten.
Khon Kaen Ram Hospital, ✆ 043-333800, privates Krankenhaus mit westlichem Standard.

Schwimmen

Weit außerhalb an der Sri Chan Rd. Richtung Kalasin, beim Stadion, gegenüber der Techno-Thai-German-Universität, 30 Baht/Tag, sehr sauber, mit Tuk Tuk erreichbar.

Nahverkehr

20 Songthaew-Linien durchqueren die Stadt, 8 Baht. Infoblatt beim Tourist Office.
Fahrradrikschas verlangen 20–30 Baht für Kurzstrecken, Tuk Tuks fahren für 40–100 Baht.

Transport

Busse

Der AC-Bus Terminal (Air) liegt im Zentrum der Stadt, der non-AC-Bus Terminal (Non-Air) 1 km nordwestlich an der Pracha Samoson Rd., wo auch einige AC-Busse abfahren.
Nach BANGKOK (444 km) non-AC-Bus von 20–21.30 Uhr für 166 / 203 Baht, AC-Bus etwa alle 50 Min. für 299 / 365 Baht, VIP-32-Bus 21x tgl. für 425 Baht, VIP-24-Bus um 21.30 Uhr für 564 Baht in 6 1/2 Std.
Nach PHITSANULOK über den H12 (s. S. 290) non-AC-Bus morgens und mittags für 223 Baht (AC 34 Baht) in 7 Std., weiter nach SUKHOTHAI 200 Baht (AC 282 Baht).
Nach NONG KHAI AC-Bus um 13, 15.30 und 17 Uhr für 155 Baht (mit non-AC-Bus in Udon umsteigen).
Nach UDON non-AC-Bus alle 30 Min. für 62 Baht, AC-Bus alle 45 Min. für 87 Baht.
Nach KORAT non-AC-Bus für 94 Baht, AC-Bus 169 Baht, VIP-Bus 24x tgl. 197 Baht.
Weitere Busse nach CHAIYAPHUM alle 20 Min. für 65 Baht, LOEI alle 30 Min. für 101 Baht (AC 186 Baht), NAKHON PHANOM 139 Baht (AC 254 Baht), MUKDAHAN jede Std. für 166 Baht,

UBON 139 Baht (AC 245 Baht), SURIN 131 Baht, CHIANG MAI 309–616 Baht und CHIANG RAI 472–606 Baht.
Zum PHU WIANG NATIONAL PARK und UBON RATANA-STAUDAMM fahren Busse alle 30 Min. für 34 bzw. 31 Baht in 1 Std., zum PHU KRADUENG alle 30 Min. für 65 Baht.

Eisenbahn

Fahrplan „Northeastern Line" s. S. 884.
Von BANGKOK fahren tgl. 5 Züge in 9 Std. ab 329/227 Baht in der 2./3. Kl. (davon nur der Dieselzug 77 über Korat). Am besten geeignet ist der klimatisierte *Sprinter* 75 um 8.20 Uhr (Ankunft 16.20 Uhr). Zurück am besten mit dem *Sprinter* 76 um 8.29 Uhr in 8 1/2 Std. oder mit dem Express um 21.05 Uhr in 9 Std.
Nach KORAT fahren 2 lokale Züge um 7.55 und 15.54 Uhr in 3 1/2 Std.
Von NONG KHAI fahren 5x tgl. Züge in etwa 3 Std. für 145 / 85 Baht in der 2./3. Klasse. Hin mit dem lokalen Zug 415 um 9.40 Uhr oder mit dem *Rapid* 137 um 15.21 Uhr für 145 Baht in 3 Std.

Flüge

Zum Flugplatz, 8 km westlich der Stadt, fahren Minibusse für 25–40 Baht.
Von und nach BANGKOK (DMK) mit Thai Airways 3x tgl. für 2300 Baht.
Thai Airways, 183/6 Maliwan Rd., ✆ 043-334112-3.

Mat Mie

Bei der traditionellen Webtechnik Mat Mie werden die langen Bündel feiner Fäden vor dem Weben in unterschiedlichen Abständen mit Plastikschnüren umwickelt und anschließend von den Männern in grellen Farbtönen gefärbt. Da die abgebundenen Stellen die Farbe nicht annehmen, entsteht nach dem Weben das unregelmäßige Muster. Die traditionelle Grundfarbe für Baumwollstoffe ist Indigoblau. Das Abbinden und Färben kann mehrmals wiederholt werden, normalerweise trägt man jedoch auf die weiß gebliebenen Stellen nachträglich die Farbe mit einem Pinsel auf.

Die Umgebung von Khon Kaen

Wer sich längere Zeit in der Umgebung von Khon Kaen aufhalten will, kann viele Ausflüge unternehmen, z. B. zu mehreren Nationalparks mit Seen, Wasserfällen und Höhlen, zu Resten von Khmer-Heiligtümern und zu außergewöhnlichen Tempeln (z. B. zur Phra That Kham Kaen-Pagode). Auch Floßfahren auf dem Gutong River ist möglich. Im Tourist Office gibt es sehr gute Informationen dazu. Allerdings sind die Verbindungen mit öffentlichen Verkehrsmitteln sehr schwierig. Besser mietet man ein Tuk Tuk für ca. 800 Baht pro Tag.

Chonnabot

Die traditionelle Webtechnik *Mat Mie* (auch: *Mut Mee*) wird vor allem von den Frauen in Chonnabot, etwa 60 km südwestlich der Stadt, angewendet. Nach der Erntesaison (ab Dezember) kann man zusehen, wie die Frauen und Kinder in einigen Manufakturen des Ortes Seide und Baumwolle spinnen und weben. Nach Chonnabot geht es auf dem H2 46 km bis Ban Phai (KM 399) nach Süden, dann ca. 16 km weiter nach Westen. Die Webereien sind im Ortszentrum wegen der monotonen Geräusche der Webstühle leicht zu finden. Einige kleine Geschäfte an der Hauptstraße verkaufen Baumwoll- und Seidenstoffe.

Ubon Ratana-Staudamm

Der große Ubon Ratana-Staudamm ist ein beliebtes Ausflugsziel der einheimischen Touristen, die am Ufer des Stausees picknicken und die kühle Brise genießen. Die 800 m lange und 32 m hohe Staumauer kann bis zu 2550 Mill. Kubikmeter Wasser auf über 40 000 ha stauen. Der Weg führt von Khon Kaen nach Norden und beim KM 27 die Abzweigung nach Westen, auf der nach 24 km der Staudamm erreicht ist. Am Ende der Straße steht ein Selbstbedienungsrestaurant mit Ausblick über den Staudamm und den See. Neben dem Damm wurde ein Golfplatz angelegt, außerdem Chalets. Eine schöne Aussicht über den Phu Phan Kum National Park und den See hat man – am besten vormittags – vom **Wat Phra Bhat** auf dem Phu Phan Kum-Berg, das über eine Straße oder eine kräftezehrende Treppe links vor dem Parkeingang zu erreichen ist. Hier steht auch ein Marmor-Buddha.

Udon Thani อุดรธานี

Die bedeutende Handelsstadt ist mit 220 000 Einwohnern die größte Stadt im Nordosten. Sie liegt nahe der Grenze zu Laos. Während des Vietnamkrieges waren zahlreiche amerikanische Soldaten hier stationiert. Noch immer erstreckt sich südlich der Stadt, beiderseits des Highway 2, ein riesiges Militärgelände bis zum Flugplatz.

Abgesehen von dem großen **chinesischen Tempel** in der Sisatar Road und dem kleinen **Zoo** hat die Stadt keine Sehenswürdigkeiten im eigentlichen Sinn. Schön ist ein Bummel über den **Markt** an der Straße Richtung Norden gegenüber der Bushaltestelle. Am Wochenende findet westlich vom Tung Sri Muang, einem großen Platz, ein **Wochenendmarkt** statt. Für Golfspieler ist die Stadt wegen ihrer fünf Golfplätze attraktiv.

Übernachtung

King ⑤, 57 Pho Sri Rd., ✆ 042-241444, schöne, saubere, gut ausgestattete Zi mit Fan oder AC und Du/WC nach hinten heraus. ❷
Sri Sawat (Srisawasd)⑧, 123 Prajak Rd., ✆ 042-243586, liegt recht ruhig im Hinterhof in der 1. Querstraße, 200 m vom Uhrturm, einfache Zi mit Du/WC, sehr freundliche Leute. ❷–❸
The City Lodge ⑨, 83 Wattana Rd., ✆ 042-224439, 💻 www.udonmap.com/thecitylodge, in der Nähe vom Bahnhof, 9 große, gut eingerichtete Zi, in denen hauptsächlich ordentliche, alleinreisende Männer wohnen. Unter englischer Leitung. Klimatisiertes Restaurant mit Holzofenpizza, Bäckerei, Internet. AC ❸–❹
Silver Reef B & B ⑮, 338/8 Prajak Rd., ✆ 042-344081, 💻 www.SilverReefudon.com, neues Hotel mit 20 modern eingerichteten AC-Zi, WLAN, DVD Player zu mieten, kanadisches Management. ❹
Ban Chiang Hotel ④, 5 Mukmontri Rd., ✆ 042-327911, 💻 www.banchianghotel.com; luxuriöses Hotel, hohe Rabatte übers Internet. AC ❹
N.B. Hotel ⑲, 626 Nittayo Rd, ✆ 042-321999, 💻 www.nbhotelthai.com, modernes Hotel mit 97 ansprechend eingerichteten Zi. AC ❹
Charoensri Grand Royal Hotel ⑩, 271/5 Prajak Rd., ✆ 042-343555, sehr gutes 14-stöckiges Hotel mit komfortablen Zimmern; angeschlossen das Einkaufszentrum Charoen Plaza. AC ❺
Chuchai Apartment ㉓, 477/4 Soi Prachasunti, Nittayo Rd., ✆ 042-230333, gut ausgestattete Zi, freundlicher, Englisch sprechender Besitzer. ❷, AC ❸
Top Mansion ⑪, 35/3 Samphanthamit Rd, ✆ 042-345015, ✉ topmansion@yahoo.com, Apartmenthaus, ruhig gelegen hinter dem Hospital, mit, sauberen, gefliesten AC-Zi, im 3. Stock. Automiete 1000 Baht pro Tag. AC ❸

In der Umgebung

Udon Thai House - Thomas Resort ㉒, 💻 www.udonthaihouse.com, ✆ 042-204014, 086-2353663, von der Straße nach Sakon Nakhon 1,7 km nach der Kreuzung mit dem H2 (oder 1800 m hinter Big C) die 1. Straße nach dem Militärcamp nach links in eine Gasse einbiegen. Nach 200 m ist das Resort erreicht. Ruhig gelegene Anlage, große, gediegen eingerichtete Zimmer sowie Suiten in Reihenhäusern, Restaurant mit Thai-Küche und deutscher Hausmannskost, Pool. Kostenloser Taxiservice in die Stadt und zum Flughafen, Autos, Motorräder (180 Baht) und Golfschläger zu mieten. Thomas führt Interessierte auch gern durch das ländliche Isan, zeigt das Leben auf dem Land und die Dorfschule seiner Frau. Hier fühlen sich Expats wohl, die neben einer Einkaufstour in die Stadt in angenehmer Atmosphäre etwas ausspannen möchten, sowie Touristen, die mehr von Land und Leuten kennen lernen wollen. AC ❸–❹

Essen

Nachtmarkt, am Ende der Prajak Rd, zahlreiche Essensstände, Hallen laden zum Shoppen ein, viel los, Treffpunkt von Jugendlichen.
Mandarin, neben dem Chaiyaporn Hotel, ein gutes Restaurant auf 2 Stockwerken mit preiswertem Thai Essen. Zu empfehlen.
Das gute Food Center im oberen Geschoss des **Charoensri Plaza** bietet große Auswahl.
Im 1. und 3. Geschoss des **Charoensri Complex** gibt es mehr oder weniger gute westliche Restaurants und einen Supermarkt.
Harry´s Bar & Restaurant, an der westlichen Ring Road, bei Expats beliebter Treffpunkt mit

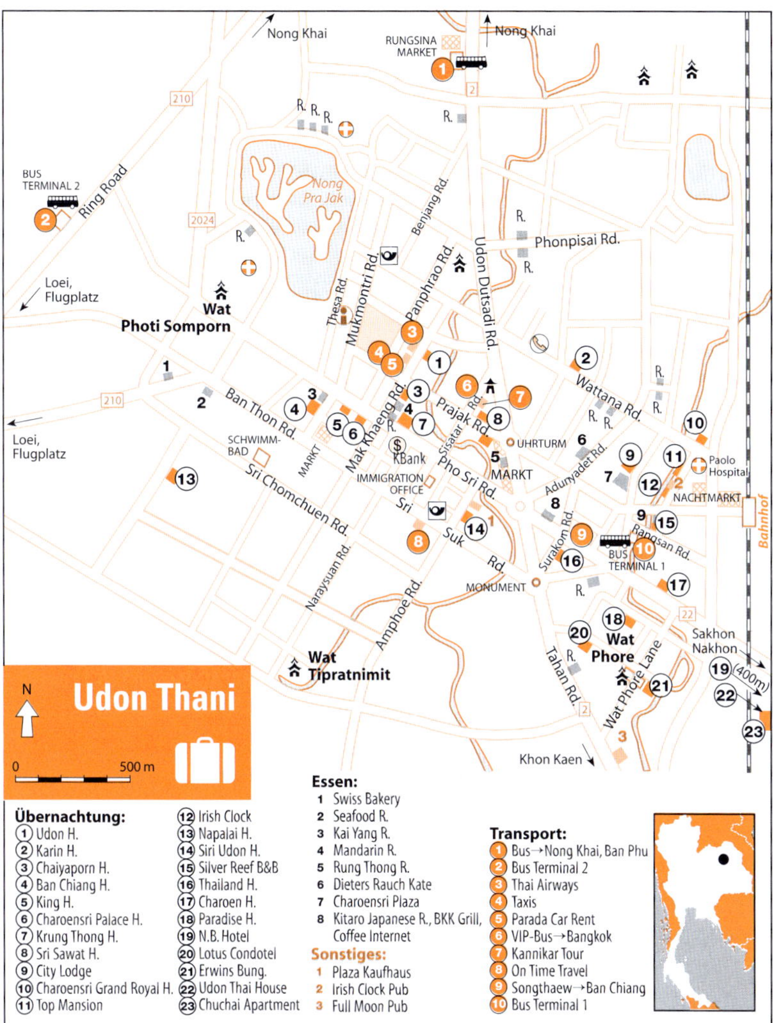

besten Hamburgern und Steaks, gekonnte Mischung aus gediegener Bar für Pärchen und Girlie-Bar, unter holländischer Leitung.

Kitaro Japanese Restaurant, Prajak Rd, das Essen am Buffet Chabu ist ein einzigartiges Erlebnis, 120 Min. kann man sich für 120 Baht die Leckereien vom laufenden Band nehmen.

BKK Grill, sauberes Fastfood-Restaurant mit AC-Raum, neben Kitaro wie auch **Coffee Internet**, bester Kaffee und WLAN.

Dieters Rauch Kate, 27/32 Adunyadet Rd, ✆ 081-2639011, ✉ rauchkate@yahoo.de. Restaurant und Delikatessengeschäft, gutes Frühstück, nicht nur für Wurstliebhaber.

Beung Samran Garden, beliebtes Thai-Open-Air-Restaurant, vor dem Big C, ◷ 11–23 Uhr.

Sonstiges

Autovermietungen

Parada Car Rent, 78/1 Mak Khaeng Rd., ✆ 042-248680, Nähe Thai Airways, PKWs ab 1300 Baht. Für Tagesausflüge sind die **Taxis** in der Panphrao Rd. besser geeignet und billiger (ab 800 Baht).
Budget, am Airport.
Mali Thai, ✆ 089-4195108, am Airport, ab 999 Baht/Tag.
Udon Kwanjai Car Rental Center, ✆ 042-241298, im Top Mansion oder Charoensri Grand Royal Hotel, ab 1000 Baht.

Einkaufen

Tesco/Lotus-Supermarkt an der Ring Rd., Nähe nördl. Bus Station.
Big C, an der Straße nach Sakon Nakon.
Charoensri Shopping Complex, mit Läden aller Art, im Zentrum.
Nachtmarkt, am Ende der Prajak Rd., helle Hallen laden zum Shoppen ein.

Informationen

TAT, 16/5 Mukmontri Rd., ✆ 042-325406-7, ✉ tatudon@tat.or.th.
Gute Homepage: 💻 www.udonmap.com, ausführliche Infos über Udon, immer auf dem neuesten Stand.

Medizinische Hilfe

Wattana Hospital ✆ 042-325999, mit 24 Std. geöffnetem Ambulanz-Center, allen gängigen Abteilungen und Internationalem Center.

Reisebüros

Kannikar Tour, 36/9 Sisatar Rd., ✆ 042-241378, 💻 www.kannikatour.com, Touren nach Laos und Vietnam, sehr zuverlässig.

Nahverkehr

Innerhalb des Stadtgebietes verkehren bis 20 Uhr **Minibusse** (Songthaews mit groß aufgemalten Nummern) für 10 Baht. **Samlor** verlangen z. T. sehr hohe Preise.
Vom Zentrum zur nördl. Bus Station (Richtung Nong Khai) 60 Baht.

Transport

Busse

Terminals
Vom Bus Terminal 1 zwischen Bahnhof und Zentrum fahren alle Busse Richtung Osten, AC- und VIP-Busse nach Bangkok sowie einige private AC-Busse nach Chiang Rai ab. Der Bus Terminal 2 liegt 3 km westlich der Stadt an der Umgehungsstraße, zu erreichen mit Minibus Nr. 2, 6, 9 und 23 für 5 Baht oder mit Samlor für 60 Baht. Von hier fahren die Busse in alle anderen Richtungen sowie die non-AC-Busse nach Bangkok ab. Der Bus Stop für Busse nach NONG KHAI liegt im Norden der Stadt, 10 Min. Fahrt mit der Rikscha.

Bangkok
Nach BANGKOK (561 km) laufend für 225 Baht, AC für 354–454 Baht, VIP-24-Bus um 20 Uhr für 704 Baht in 9 Std.

Nach Nord- und Zentral-Thailand
Nach CHIANG MAI AC-Bus um 7.30, 19 und 20.30 Uhr für 578 Baht in 14 Std. (über PHITSANULOK für 241 Baht).
Nach CHIANG RAI AC-Busse um 16.15 und 19 Uhr für 487 / 627 Baht in 13 Std.

Im Nordosten
Nach NONG KHAI non-AC-Bus 221 laufend bis 17 Uhr für 25 Baht, 2.Kl. AC-Bus 35 Baht.
Nach LOEI non-AC-Bus alle 30 Min. bis 18 Uhr in 3 1/2 Std. für 77 Baht, AC-Bus um 7.30, 17, 19 und 20.30 Uhr für 106 Baht.
Nach BAN CHIANG mit Bus von Terminal 1 oder mit Songthaew (s.u.).
Nach NAKHON PHANOM direkt alle 30 Min. für 144 Baht, mit Bus Nr.224 durchs Mekong-Tal jede Std. bis 11 Uhr für 172 Baht.
Weitere Busse nach KORAT 144 Baht (AC 259 Baht), KHON KAEN 62 Baht (AC 87 Baht), SAKON NAKHON 79 Baht (AC 113 Baht), THAT PHANOM 120 Baht (AC 204 Baht) und UBON 182–200 Baht (AC 265–327 Baht).

Laos
Nach VIENTIANE um 7, 9.30, 15 und 17 Uhr für 80 Baht.

Eisenbahn

Der Bahnhof liegt im Osten der Stadt.
Von BANGKOK fahren tgl. 5 Züge in ca. 10 Std. für 369/245 Baht in der 2./3. Klasse (davon 4 nicht über Korat). Am besten geeignet ist der Dieselzug 75 um 8.20 Uhr in 9 1/2 Std. Zurück am besten mit dem *Rapid* um 9.16 Uhr in 12 Std. oder mit dem *Express* 70 (mit Schlafwagen) um 19.12 Uhr in 10 1/2 Std.
Von NONG KHAI fahren 3x tgl. geeignete Züge um 8.15, 18.10 und 19.05 Uhr, knapp 1 Std. Fahrzeit. Zurück am besten um 7.26 oder 17.28 Uhr.

Flüge

Der Flugplatz, ✆ 042-246567, liegt ca. 5 km südwestlich, Airport-Limousine 40 Baht, nach Nong Khai 100 Baht (zur Unterkunft).
Von und nach BANGKOK (DMK) mit **Thai Airways** 3x tgl. für 2585 Baht, ✆ 042-042-411530, mit **Air Asia** 1x tgl. für 399–650 Baht plus Gebühren von ca. 700 Baht.
Nok Air fliegt 3x tgl. für 1229–1529 Baht von und nach BANGKOK und 1x tgl. für 808–1228 Baht plus Gebühren von ca. 700 Baht von und nach CHIANG MAI.

Ban Chiang

In den 70er-Jahren fand man nahe dem Dorf Ban Chiang bei groß angelegten Ausgrabungen Tonscherben, die schön mit eleganten Bändern bemalt waren, so genannte Bandkeramik. Man konnte sie auf ein Alter von 7000 Jahren datieren. Auch Waffen und andere Gerätschaften wurden ausgegraben. Sie bewiesen, dass diese erhöhte Stelle, auf der das heutige Dorf steht, von 3600 v. Chr. bis 200 n. Chr. besiedelt war und danach verlassen wurde. Das Gebiet wurde zur *World Heritage Site* erklärt.

Die heutige Bevölkerung des Dorfes geht auf Einwanderer zurück, die erst vor etwa 200 Jahren aus dem heutigen Laos kamen. Das Volk, das hier ursprünglich lebte, aß Reis und benutzte seit 1700 v. Chr. Bronzewerkzeuge, die in Sandsteinformen gegossen wurden. Dies war eine archäologische Sensation, hatten die Wissenschaftler doch bis dahin angenommen, dass die älteste Kultur Asiens und vielleicht sogar die „Wiege der Menschheit" in China liege. Seit diesen Funden weiß man mit ziemlicher Sicherheit, dass in Thailand ein noch älteres Kulturvolk gelebt hat.

Ein Teil der Funde ist in einem hervorragenden **Museum** ausgestellt, das sehr informativ aufgebaut und sogar in Englisch beschriftet ist. Im Erdgeschoss erhält man einen Überblick über die Ausgrabungsfunde, insbesondere die Bronzearbeiten sowie die Entwicklung der Keramik, ihre Verwendung (in der frühen Periode u. a. als Begräbnisurnen für Kinder und als Grabbeigaben) und die Methoden der Dekoration und Bearbeitung. Im 1. Stock informiert eine Ausstellung über die Geschichte der Ausgrabungen. Ihr wird eine Ausstellung über „Ban Chiang heute" als Beispiel eines traditionellen Dorfes im Nordosten gegenübergestellt. In einem Nebengebäude werden weitere Ausgrabungsfunde aus anderen Orten gezeigt, die jedoch weniger interessant dargestellt sind. In der Saison ◷ tgl. 8.30–17 Uhr, Eintritt 30 Baht.

Eine überdachte Ausgrabungsstätte ist auf dem Gelände von **Wat Po Sri Nai** zu besichtigen. Auf verschiedenen Ebenen liegen noch die Keramiken, Tier- und Menschenknochen an ihrem ursprünglichen Platz. Eintritt 30 Baht.

Keramik aus Ban Kham-Oo

Lohnend ist auf dem Weg nach Ban Chiang ein Zwischenstopp in **Ban Kham-Oo** beim KM 49 an der Hauptstraße nach Sakon Nakhon. Hier werden nach traditionellen Methoden ohne Töpferscheibe große Krüge, Kannen und Vasen hergestellt, die an der Straße zum Trocknen stehen. In mühevoller Arbeit wird der Ton mit einem Holzschlegel in die entsprechende Form geschlagen.
Diese Keramik wird in **Ban Omdaew**, dem Ort vor Ban Chiang, bunt bemalt.

Übernachtung

Lakeside Sunrise Gh., ✆ 042-208167, 💻 www.banchianglakeside.com, Ban Chiang, Nonghan, am See, 5 Min. zu Fuß vom Museum. Großes Haus im Thai-Stil mit offenen, schattigen Veranden, 6 Zi mit schöner Aussicht; im Café gibt es u. a. echten Kaffee. Geleitet vom Australier Alex Ovenden und Tong. ❷

Transport

Von UDON THANI (Bus Terminal 1) entweder alle 25 Min. mit Bus 225 bzw. 230 Richtung Sakon Nakhon bzw. Nakhon Phanom (42 Baht) bis zur Abzweigung von Ban Pulu (KM 49,9), wo Tuk Tuks (60 Baht, 6 km) warten.
Alternativ mit dem direkten Songthaew Nr.1371 für 50 Baht, das alle 30 Min. die Pho Sri Rd. entlang nach Osten fährt und 1 Std. benötigt.
Zurück mit dem Songthaew alle 30 Min. von 5.30–12 Uhr, später mit dem Tuk Tuk zur Hauptstraße, wo laufend Busse vorbeifahren.
Von SAKON NAKHON mit non-AC-Bus alle 20 Min. für 65 Baht.
Von Nong Khai dauert die Anfahrt mit zweimaligem Umsteigen recht lang.

10 HIGHLIGHT

Nong Khai หนองคาย

Die schnell wachsende Stadt (63 000 Einwohner) am Grenzfluss Mekong hat sich seit der Erleichterung der Visabestimmungen wieder zur Durchgangsstation auf dem Weg von und nach Laos entwickelt. Die Hauptstadt Vientiane liegt nur 24 km entfernt. Deshalb trifft man in Nong Khai sehr viele in Thailand lebende Ausländer, die zur Visumverlängerung kurz über die Grenze gehen. Immer mehr Individualtouristen lockt auch die Route durch Laos nach Südchina.

Die 1774 m lange **Friendship Bridge**, die erste Brücke über den Mekong, wurde 1994 eingeweiht. Samstags und sonntags ist die Brücke für Spaziergänger freigegeben. Ausländische Touristen müssen über diese Brücke nach Laos einreisen, das Boot ab dem Pier in Nong Khai bleibt Thais und Laoten vorbehalten. Irgendwann soll auch die Eisenbahnlinie über die Brücke fertig gestellt sein. Der französisch angehauchte, laotische Einfluss ist in Nong Khai bereits deutlich spürbar.

Bei einem Bummel über den überdachten **Tha Sadet Market**, auch als Indochina Market bekannt, kann man den preiswerten Waren aus Laos und China kaum widerstehen. Überhaupt ist Nong Khai eine der angenehmsten Städte im Nordosten, die ein paar Tage Aufenthalt lohnt. Das Traveller-Viertel hat sich an der Rimkong Rd. etabliert. In den vielen Bars bekommt man neben kühlem Bier auch neueste Insider-Infos.

Der bekannteste Tempel ist **Wat Pho Chai**, in dem die massiv goldene Buddhastatue Luang Pho Phra Sai verehrt wird. In diesem Tempel wird im Juni zur Zeit des Vollmondes das Raketenfest gefeiert.

Wat Nernpa Nao liegt in einem Wald am östlichen Stadtrand neben dem Highway. 60 Mönche und Nonnen leben in diesem Meditationszentrum inmitten zahlreicher buddhistischer und chinesischer Gräber.

In der Ho Road steht **Wat Putaugongmaa**, ein farbenfroher chinesischer Tempel mit bunten Drachen und anderen mystischen Tieren. Er lohnt einen Besuch.

Unterhalb und westlich der Freundschaftsbrücke zieht sich in der Trockenzeit ein kilometerlanger Strand, der **Jom Manee Beach**, mit sauberem, feinem Sand hin. Einheimische baden hier gerne im Mekong, lassen sich auf Autoschläuchen treiben oder sitzen an einem der un-

Am Mekong entlang

Wunderschön ist eine Fahrt nach Westen am **Mekong** entlang (28 km bis Tha Bo). Die Straße ist zwar schmal und stellenweise schlecht, aber landschaftlich super: rechts der Mekong, links Tabakfelder. Einige alte Holzhäuser stehen direkt an der Straße. Auch mit einem der gelben non-AC-Busse nach Tha Bo ist die Strecke ein Erlebnis. Die schöne Strecke setzt sich bis Chiang Khan fort.

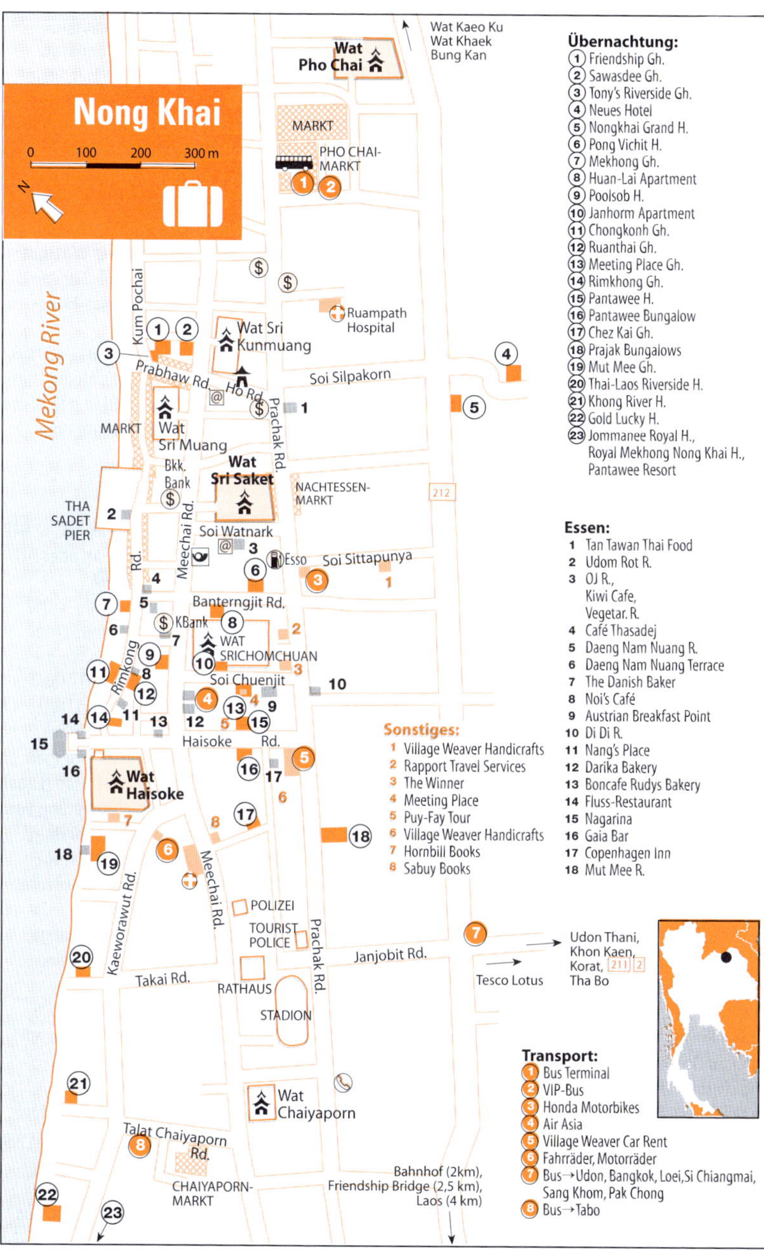
Nong Khai
0 100 200 300 m
N
Mekong River
Wat Kaeo Ku
Wat Khaek
Bung Kan
Wat Pho Chai
MARKT
PHO CHAI-MARKT
Kum Pochai
Prabhaw Rd.
Ho Rd.
Wat Sri Kunmuang
Ruampath Hospital
Soi Silpakorn
Prachak Rd.
MARKT
Wat Sri Muang
Bkk. Bank
Wat Sri Saket
NACHTESSEN-MARKT
212
THA SADET PIER
Meechai Rd.
Soi Watnark
Esso
Soi Sittapunya
Banterngjit Rd.
KBank
WAT SRICHOMCHUAN
Rimkong Rd.
Soi Chuenjit
Haisoke Rd.
Wat Haisoke
Meechai Rd.
Kaeworawut Rd.
POLIZEI
TOURIST POLICE
Prachak Rd.
Janjobit Rd.
Takai Rd.
RATHAUS
STADION
Tesco Lotus
Udon Thani, Khon Kaen, Korat, 211 2 Tha Bo
Wat Chaiyaporn
Talat Chaiyaporn Rd.
CHAIYAPORN-MARKT
Bahnhof (2km), Friendship Bridge (2,5 km), Laos (4 km)
Übernachtung:
1 Friendship Gh.
2 Sawasdee Gh.
3 Tony's Riverside Gh.
4 Neues Hotel
5 Nongkhai Grand H.
6 Pong Vichit H.
7 Mekhong Gh.
8 Huan-Lai Apartment
9 Poolsob H.
10 Janhorm Apartment
11 Chongkonh Gh.
12 Ruanthai Gh.
13 Meeting Place Gh.
14 Rimkhong Gh.
15 Pantawee H.
16 Pantawee Bungalow
17 Chez Kai Gh.
18 Prajak Bungalows
19 Mut Mee Gh.
20 Thai-Laos Riverside H.
21 Khong River H.
22 Gold Lucky H.
23 Jommanee Royal H., Royal Mekhong Nong Khai H., Pantawee Resort
Essen:
1 Tan Tawan Thai Food
2 Udom Rot R.
3 OJ R., Kiwi Cafe, Vegetar. R.
4 Café Thasadej
5 Daeng Nam Nuang R.
6 Daeng Nam Nuang Terrace
7 The Danish Baker
8 Noi's Café
9 Austrian Breakfast Point
10 Di Di R.
11 Nang's Place
12 Darika Bakery
13 Boncafe Rudys Bakery
14 Fluss-Restaurant
15 Nagarina
16 Gaia Bar
17 Copenhagen Inn
18 Mut Mee R.
Sonstiges:
1 Village Weaver Handicrafts
2 Rapport Travel Services
3 The Winner
4 Meeting Place
5 Puy-Fay Tour
6 Village Weaver Handicrafts
7 Hornbill Books
8 Sabuy Books
Transport:
1 Bus Terminal
2 VIP-Bus
3 Honda Motorbikes
4 Air Asia
5 Village Weaver Car Rent
6 Fahrräder, Motorräder
7 Bus→Udon, Bangkok, Loei, Si Chiangmai, Sang Khom, Pak Chong
8 Bus→Tabo

zähligen BBQ-Restaurants und genießen frisch gegrillten Fisch.

Übernachtung

Gästehäuser

Mut Mee Gh. ⑲, 1111/4 Kaeworawut Rd., ✆ 081-2612646, 💻 www.mutmee.net; kleine Häuser und Bambushütten, viele saubere Zi mit und ohne Warmwasser-Du/WC und 2 Schlafsäle, mit Moskitonetz. Geleitet vom Briten Julian und seiner Frau Pao. Gutes Restaurant direkt am Mekong in einem schattigen, tropischen Garten; es wird auf gesunde Kost Wert gelegt; so gibt es u. a. selbstgemachten Joghurt und gute vegetarische Gerichte. Verleih von Fahrrädern. Gute Infos für Aktivitäten in der Umgebung und Meditations-Tempel in der Nähe im *Mut Mee Guide Book*. Es werden Yoga-Kurse, Reiki und ayurvedische Massage angeboten (s. u.). ❶–❸

Rimkhong Gh. ⑭, ✆ 042-460625, Reihenhaus mit sehr kleinen, einfachen Zi mit Gemeinschafts-Du/WC; angenehmer Garten. ❷

Chongkonh Gh. ⑪, ✆ 042-460548, großes Holzhaus, 14 Zi mit Fan und Gemeinschafts-Du/WC mit Warmwasser, einige große Zi mit Blick auf den Mekong; großer Aufenthaltsraum mit Sessel und TV; netter, älterer Besitzer. ❷, AC ❸

Ruanthai Gh. ⑫, ✆ 042-412519, großes Holzhaus am Mekong, 16 kleine Zi, oben etwas hellhörig, Coffeeshop für Frühstück, Manager spricht Französisch, Englisch und Niederländisch. ❷, AC ❸

Mekhong Gh. ⑦, 519 Rimkong Rd., ✆ 042-460689, ganz neues Holzhaus mit 17 sauberen Zi mit Du/WC, schöne Flussterrasse mit guter Sicht und teurem Restaurant. ❷, AC ❸–❹

Sawasdee Gh. ②, 402 Meechai Rd., ✆ 042-412502, 2-stöckiges, hellhöriges Holzhaus an der lauten Straße mit sehr einfachen Zi, manche mit Fan und Gemeinschafts-Du/WC, andere mit AC und warmer Dusche, angenehmes Atrium zum geselligen Beisammensitzen; Restaurant. ❷, AC ❸

Friendship Gh. ①, 538 Soi Srikumnang, ✆ 042-9175767, 081-6612507, schön eingerichtetes Holzhaus im traditionellen Isarn-Stil, 5 saubere Zi mit Fan und Gemeinschafts-Du/WC. ❸

Meeting Place Gh. ⑬, 1117 Soi Chuenjitt, ✆ 042-421223, einfache Zi, Du/WC separat, Restaurant und bei Expats beliebte Bar, viele Infos über Laos. ❷

Huan-Lai Apartment ⑧, 823 Banterngjit Rd., ✆ 042-413596, große, gut ausgestattete Zi, im 4. und 5. Stock Blick auf den Mekong, freundliche Besitzer. AC ❸

Janhorm Apartment ⑩, 479 Soi Srichomchuan, ✆ 042-460293, ruhiges Haus hinterm Wat, gut ausgestattete Zi mit Kühlschrank, Zi 250 im 2. Stock hat weiche Matratzen. Gutes Preis-Leistungs-Verhältnis. AC ❸

Tony´s Riverside Gh., ③, Moo 1, ✆ 042-460958, ✉ tony_rayfield@msn.com, nur durch die Uferstraße vom Mekong getrennt, in Blau gehaltene Zi mit DVD Player, Minibar, Restaurant und Fitnessraum. ❸, AC ❹

Hotels

Prajak Bungalows ⑱, 1178 Prachak Rd., ✆ 042-411116, gute Reihenhäuser, Zi mit Fan oder AC, enger Hof, freundliche Leute. ❷–❸

Pantawee Hotel ⑮, 1049 Haisoke Rd., ✆ 042-411568-9, 💻 www.pantawee.com; modernes Stadthotel mit 120 unterschiedlichen, sauberen Zi, von komfortabel bis luxuriös; IT-Hotel mit PC, freiem Internet-Anschluss und DVD-Player in jedem Zi ab ❹, riesige Videothek. Internationale Küche. Viele Dienstleistungen wie Health and Beauty Spa, Visa Service (Laos), Tickets für Bus, Bahn und Flug, Vermietung von Fahrrädern (50 Baht/Tag), Mopeds (200 Baht/Tag) und Autos mit Fahrern (1200 Baht/Tag), Internet und Shop. Sehr engagierte Besitzerin. ❸, AC ❹

Pantawee Bungalow ⑯, gegenüber, ruhige, sehr saubere Reihensteinbungalows, kein Garten. ❸, AC ❹–❺

Phantawee Resort ㉓, 210 Jommanee Soi 5, ✆ 042-411008; 1- und 2-stöckige Gebäude am Fluss, relativ kleine AC-Zi mit Du/WC, z. T. Flussblick. ❸–❹

Royal Mekhong Nong Khai Hotel ㉓, 222 Jommanee Beach, ✆ 042-420024, 💻 www.welcome.to/royal_mekong/, 600m hinter der Brücke am Fluss, 9-stöckiges Luxushotel, über 50 % Discount möglich; Swimming Pool im Garten, das Personal spricht Englisch. AC ❺

Dinner auf dem Mekong

Auf dem Restaurantschiff *Nagarina* kann man ab 17 Uhr bei einer Dinner Cruise den Sonnenuntergang über dem Mekong genießen. Bis zu 70 Personen, vorwiegend Thais, delektieren sich an originalen Thai-Gerichten. Spezialität sind die Gerichte mit verschiedenen Fischen aus dem Mekong. Fahrtkosten 100 Baht. Wer dieses vorzügliche Essen ohne Schiffsfahrt vorzieht, kann es im Flussrestaurant an der Anlegestelle genießen, ⏲ 10–21 Uhr.

Jommanee Royal ㉓, 220 Jommanee Beach, ✆ 042-420042, 5-stöckiges Gebäude mit Lift, hübsch eingerichtete, sehr saubere AC-Zi mit TV und Kühlschrank, 50 % Discount möglich; ausgezeichnetes, scharfes Thai-Essen im Coffeeshop. Das Personal spricht kein Englisch. AC ❺

Nongkhai Grand Hotel ⑤, 589 Moo 5 Nongkhai-Ponpisai Rd, 💻 www.nongkhaigrandhotel.com, ✆ 042-420033, 9-stöckiges Hotel mit allen Annehmlichkeiten, Innenpool. AC ❺

Ein Gästehaus für Radfahrer (und andere Selbstfahrer), die den Mekong entlang nach Nakhon Phanom radeln, befindet sich in Phon Phisai (s. S. 508).

Essen und Unterhaltung

Nachtessenmarkt, hinter Wat Sri Saket.
Pantawee, beliebtes Thai-Restaurant.
Tan Tawan Thai Food, modern eingerichtetes, günstiges Mittagsrestaurant.
Di Di Restaurant, tolles Essen zu niedrigen Preisen.
Darika Bakery, preiswertes Frühstückslokal, nicht nur für Frühaufsteher, und gutes Mittagessen für wenig Geld. ⏲ 5–14 Uhr.
The Danish Baker, in der Saison von 8–12 Uhr Frühstücksbuffet für 100 Baht, sonst Hamburger, Sandwiches oder Thai-Gerichte.
Meeting Place, 1117 Soi Chuen Jitt, ✆/📠 042-421223, amerikanisches und australisches Essen.
Rimkong Restaurant, bei Thais beliebt, 2 km außerhalb.
Daeng Nam Nuang Terrace, Vietnam-Restaurant mit großer Terrasse am Mekong, hervorragendes Essen.
Cafe Thasadej, Carsten bietet Bienenstich, Pflaumen- oder Apfelkuchen, auf Wunsch mit Sahne, sowie die besten Drinks der Stadt.
Rudy's Bakery, gute süße Stückchen nach deutscher Art für 15 Baht.
Die romantische **Gaia Bar** auf dem Floß am Mekong hat sich zu einem kulturellen Treffpunkt der Stadt entwickelt. Hochklassige Darbietungen von Musikern und darstellenden Künstlern aus aller Welt erfreuen die Gäste jeden Abend bis 23 Uhr. Neben alkoholischen Drinks gibt es eine ungewöhnliche Vielfalt an nichtalkoholischen Getränken.
The Winner, Prachak Rd., hier spielt von 21–1 Uhr eine Live-Band.
Mittapap Pub, preisgünstiger, typisch thailändischer Pub.
Noi's Cafe und **Nang's Place**, bei Ausländern beliebte Bierbars.
Surreal, die besten Cocktails, freundlicher Besitzer, Bücher und Billardtisch, nette Terrasse am Mekong.

Sonstiges

Autovermietungen

Jeeps vermietet **Village Weaver Car Rent**, Prachak Rd., Ecke Haisoke Rd., ✆ 042-411236, gute Autos ab 1000 Baht/Tag (nicht immer verfügbar), Auto mit Fahrer 1200 Baht/Tag plus Benzin. **Budget-Filiale** im Pantawee Hotel.

Bücher

Am Weg zum Mut Mee Gh. liegt der **Hornbill Bookshop**, ✆ 042-460272, ✉ hornbill_11@yahoo.com; u. a. viele esoterische Bücher. Auch Ankauf und Tausch von Büchern.

Einkaufen

Zahlreiche Souvenirshops und Stände auf dem **Tha Sadet Market** verkaufen Stickereien, Silberschmuck, Baumwoll- und Seidenstoffe, viele Waren aus Vietnam und China sowie optische Geräte von der russischen Armee; an einigen Ständen wird französisches Brot verkauft.
Der **Chaiyaporn-Markt** hat ein großes Angebot

an Gemüse und Obst; er ist angenehm ruhig ohne extremes Feilschen, zudem gibt es keine überzogenen Preise!

Village Weaver Handicrafts, Prachak Rd. In diesem katholischen Selbsthilfeprojekt arbeiten vor allem laotische Mädchen. Große Auswahl an Seidenstoffen, Mat Mie-Produkten (s. S. 487) und anderen Textilien von guter Qualität, aber zu entsprechendem Preis.

Nisachon Restaurant und **Nisachon Arts & Crafts**, in Nong Song Hong am H2, 12 km südlich von Nong Khai, auf der östlichen Straßenseite.

Wer länger in der Stadt bleibt, kann sich im **Tesco Lotus-Supermarkt** gut eindecken.

Nachtmarkt, Mi und Sa, in der Nähe von Tesco Lotus, schöne Klamotten, Schmuck, Essen.

Fahrräder

Gut und günstig an der Straße vor dem Mut Mee Gh.

Feste

Das **Songkran-Fest** am 13. April wird in Nong Khai besonders ausgiebig (nass) gefeiert.

Im Mai und Juni finden an fast allen Wochenenden in irgendeinem Dorf der Umgebung traditionelle **Raketen-Feste** statt, eine Gelegenheit zum ausgiebigen Wetten. Ende Oktober werden die **Bootsrennen** auf dem Mekong veranstaltet; es kann am Fluss unerträglich laut werden. An **Loy Krathong** im November schwimmen viele Kerzen auf dem Fluss, besonders schön am Wat Meechai.

Geld

Am Wechselschalter der **Bangkok Bank** kann tgl. bis 17 Uhr Geld gewechselt werden.

Immigration

1,3 km südl. der Brücke am Highway, ⏲ 8–17 Uhr.

Informationen

Am besten im **Mut Mee Gh.**

Kinderdorf

Im **SOS Kinderdorf** 4 km südlich der Stadt werden gern Spenden angenommen.

Grenzübergang Nong Khai – Vientiane

⏲ 8–18 Uhr, Visa on Arrival (s. S. 85). Nach 16 Uhr sowie an Wochenenden und Feiertagen werden auf beiden Seiten Overtime-Gebühren verlangt.

Die staatseigene thailändische Transport Co. führt gemeinsam mit der staatlichen laotischen Busgesellschaft einen grenzüberschreitenden Busverkehr durch. In **Nong Khai** startet der *Thai-Lao International Bus* um 7.30, 10.30, 15 und 18 Uhr. Ein Ticket für eine einfache Fahrt kostet 30 Baht. Der Bus hält am Grenzposten an der Freundschaftsbrücke an. Beim Grenzübertritt sind 10 Baht zu bezahlen. Einreisestempel von Laos kontrollieren!

Ein empfehlenswertes Gästehaus in Vientiane ist **Joe Gh.**, gegenüber der Mekong-Promenade. ❶, AC ❸

Motorräder

Am Stand gegenüber vom Mut Mee Gh.

Reisezeit

In dieser Region beginnt die Regenzeit mit kurzen Schauern im Juni und endet normalerweise bereits Mitte September. Hauptsaison ist von Ende Oktober bis Februar.

Reisebüros

Rapport Travel Services, Prachak Rd., ✆ 042-460567, bucht freundlich und zuverlässig Thai Airways-Flüge, Airport-Transfer etc.

Puy-Fay Tour im Pantawee Hotel bietet u. a. Express Transfer zur Grenze und zurück (1500 Baht).

Schwimmen

Kleiner Pool im **Grand Hotel**, 100 Baht, im **Royal Mekhong Nong Khai Hotel** 90 Baht inkl. Handtuch.

Telefon

Internationale Ferngespräche vom Postamt in der Meechai Rd. (7–22 Uhr).

Yoga

Im Mut Mee Gh. Kurse für Anfänger und Fortgeschrittene.

Nahverkehr

Tuk Tuks fahren offiziell zu festen Preisen, verlangen aber von Touristen häufig Mondpreise. Ab Bahnhof kosten sie offiziell: zum Chaiyaporn-Markt, zur Polizei und zum Krankenhaus 30 Baht, zum Maekhong Gh., zum Bus Terminal und zum Wat Pho Chai 40 Baht, zur Laosgrenze 60 Baht. Bus über die Freundschaftsbrücke 10 Baht p. P.

Transport

Busse

Nong Khai liegt am Ende des Friendship Highway – 616 km von Bangkok entfernt.
Nach BANGKOK mit 2. Kl. AC-Bus 11x tgl. für 385 Baht, AC-Bus um 7.30 Uhr und von 19.30–20.45 Uhr für 495 Baht, VIP-24-Bus um 20 Uhr für 770 Baht in 10 Std.
Nach LOEI non-AC-Bus 507 um 6, 7, 9.35 und 10.35 Uhr für 118 Baht in 7 Std. über SI CHIANGMAI (31 Baht), SANG KHOM (52 Baht, knapp 3 Std.) und PAK CHOM (80 Baht); nur bis PAK CHOM fahren die Busse um 11.35, 12.35 und 13.35 Uhr (umsteigen nach Loei möglich).
Nach CHIANG KHAN in Pak Chom umsteigen in ein Songthaew (35 Baht), insgesamt ca. 6 Std.
Nach SI CHIANGMAI auch mit Bus Nr. 223 bis 16 Uhr (Sa und So nur bis 12.40 Uhr) in 2 1/2 Std.
Nach BUNG KAN alle 40 Min. bis 17 Uhr non-AC-Bus 4193, 224 oder 288 für 65 Baht (AC 100 Baht) in 3 Std., nach BAN PHAENG weiter mit Bus Nr. 288 bis 16 Uhr für 130 Baht.
Nach NAKHON PHANOM um 6.30 und 9.30 Uhr für 150 Baht, AC-Bus um 7 Uhr für 195 Baht.
Nach UDON THANI non-AC-Bus 221 alle 25 Min. bis 18 Uhr für 25 Baht (AC 35 Baht).
Nach KORAT mit dem Bangkok-Bus für 166 Baht (AC 299 Baht) über KHON KAEN für 86 Baht (AC 155 Baht).

Eisenbahn

Fahrplan „Northeastern Line" s. S. 884. Der neue Bahnhof liegt 2 km westlich der Stadt und ca. 1 km vom Grenzposten an der Brücke entfernt.
Nach BANGKOK fahren die *Rapid* 138 und 134 um 8.15 bzw. 19.05 Uhr ab 388/258 Baht in der 2./3. Klasse in ca. 12 Std (im Nachtzug Zuschlag für Betten 100 bzw. 150 Baht). Der *Express* 70 um 18.10 Uhr hat Schlafwagen und kostet in der 2.Kl. oberes Bett 488 Baht, unteres Bett 538 Baht (mit AC 220 bzw. 240 Baht mehr), in der 1. Kl. 1217 Baht. Der *Express* 76 um 5.40 Uhr hat nur Sitzplätze, Ankunft 17 Uhr. Die Züge sind häufig eine Woche im Voraus ausgebucht.
Von BANGKOK fahren tgl. 2 *Rapid* um 6 und 18.40 Uhr, der *Express* 69 mit Schlafwagen um 20.45 Uhr in ca. 12 Std. und der *Express* 77 mit Sitzen um 18.30 Uhr, Ankunft 4.15 Uhr.
Nach KORAT um 12.55 Uhr für 64 Baht, Ankunft 19.25 Uhr.

Flüge

Der nächste Flughafen ist in Udon Thani, s. S. 488. Fahrt mit Limousine für 120–150 Baht (inkl. Zubringer zum Gästehaus).

Die Umgebung von Nong Khai

Wat Kaeo Ku

Die hinduistisch-buddhistische Anlage wird auch *Sculpture Parc* genannt. Auf einem riesigen Gelände stehen neben dem neuen, herrlichen **Tempel** inmitten hunderter Topfpflanzen eigenwillige menschliche und tierische Figuren. Die bis zu 20 m hohen **Statuen** sind aus Beton geformt: ein Schlangengott, der die Erdkugel verschlingt; zehnarmige Krieger, die die abgeschlagenen Köpfe ihrer Feinde in den Händen halten; eine aggressive Hundemeute, die einen friedvollen Elefanten attackiert (das zugehörige Thai Sprichwort lautet: „Ein gerechter Mensch braucht sich nicht um Gerüchte zu scheren, genauso wenig wie ein Elefant um kläffende Hunde."). Hunde verhalten sich wie Menschen, fahren Auto oder Motorboot, sind als Marktfrauen oder mit erigiertem Penis dargestellt, tragen Brillen und Maschinengewehre, lesen, rauchen und trinken – eine „Parodie der menschlichen Gesellschaft". Long Pu Bun Lua, der 1996 verstorbene Gründer der Anlage, kam 1975 aus Laos hierher. Mit den Figuren wollte er auf die hinduistischen Wurzeln des Buddhismus verweisen. Ein absolut lohnenswerter Trip! Sehr nützlich ist die Zeichnung vom Mut Mee Gh.

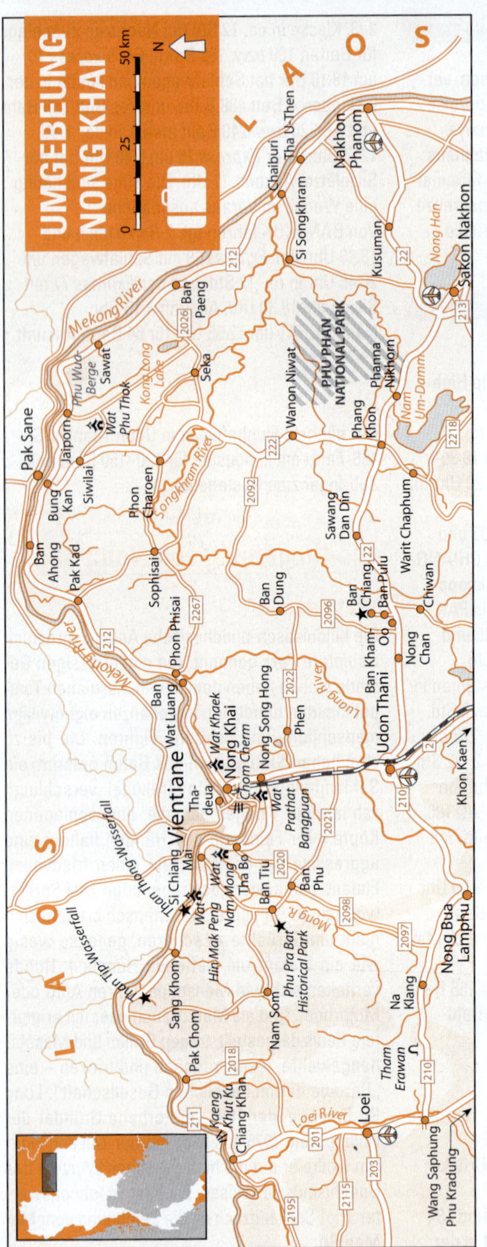

Zum Fotografieren ist es besser am späten Nachmittag. Wat Kaeo Ku ist leicht mit dem Fahrrad zu erreichen. Vom H212 biegt man am KM 4,3 östlich der Stadt hinter der St. Paul's School gegenüber vom gold-roten Tor nach rechts ab (600 m).

Eintritt 20 Baht, Fahrradparkplatz 5 Baht. Mit Tuk Tuk ca. 50–70 Baht.

Phu Pra Bat Historical Park

Dieser Park liegt in einer Felslandschaft mit merkwürdigen Sandsteinformationen und lockerem Baumbestand. Er wird von vielen Fußwegen durchzogen und eignet sich ausgezeichnet zum Wandern oder Spazierengehen.

Zunächst erreicht man den Eingang zum Historical Park mit Visitor Center, Schautafeln, Toiletten und Erfrischungsständen, ⏲ 9–16 Uhr, Eintritt 30 Baht. Wer keine Karte ausgehändigt bekommt, kann sich die Attraktionen in gewünschter Reihenfolge (mit Namen!) von der Schautafel abschreiben und die Lage skizzieren. Der Park ist in neun Wandergebiete eingeteilt. Wer alles sehen möchte, benötigt mehrere Tage Zeit. Trotz vieler Schilder auf Thai und Englisch können Besucher sich leicht verlaufen, da es viel mehr Wege gibt, als markiert sind. Am interessantesten ist das Gebiet Nr. 3, direkt am Parkeingang. Man benötigt mindestens eine Stunde, um die Attraktionen zu sehen: Fantastische Felsformationen, oft in Pilzform; natürliche Felsüberhänge, die in der Dvaravati-Periode (7.–10. Jh.) als Tempeldächer dienten; Felszeichnungen, auf denen Männer und Ochsen noch gut zu erkennen sind, 2000–4000 Jahre alt. Von einem Picknickplatz am Ende des Parks hat man einen guten Blick auf die Berge von Laos. Für längere Erkundungen muss unbedingt Trinkwasser mitgebracht werden.

Transport

Von NONG KHAI nach BAN PHU (65 km, Hotel ❶) mit Bus 294 von 8.30–14 Uhr alle 30 Min. für 42 Baht in 2 Std. (letzter Bus zurück schon gegen 15.30 Uhr). Von der Bus Station mit dem Songthaew über BAN TIU zur Abzweigung vor dem Park (10 km, 15 Baht). Von hier sind es noch 4 km zu Fuß bis zum Parkeingang bzw. 3 km bis zum Wat. Wer Glück hat, kann trampen. Ansonsten bereits in Ban Phu ein Motorradtaxi (50 Baht) oder Tuk Tuk (ca. 150 Baht) chartern. Einfacher geht es mit dem Motorrad: ab Nong Khai (79 km) oder kürzer ab Si Chiangmai (52 km).
Von UDON THANI ab Bus Station Rungsina Market für 35 Baht in ca. 1 1/2 Std.

Von Nong Khai nach Si Chiangmai

Richtung Westen führt die Straße H211 etwa 200 km am Mekong entlang, zunächst durch intensiv landwirtschaftlich genutzte Ebenen, dann durch eine abwechslungsreiche Flusslandschaft. Wenn der Wasserspiegel in der Trockenzeit um 8–14 m abfällt, bilden sich überall Inseln, Sandbänke und Stromschnellen. Die Szenerie wirkt dann insgesamt nicht so beeindruckend. Die Busse nach Pak Chom nehmen zunächst nicht die neue, landschaftlich herrliche Uferstraße (28 km), sondern fahren weiter südlich über den H2 und den H211. Erst nach 41 km treffen sie beim Ort Tha Bo auf den Mekong.

Tha Bo

Rechts und links vom H211 (ab KM 12) hat ein Künstler Büsche originell zugeschnitten. Neben Tierformen lassen sich Hubschrauber, Boote mit Ruderern oder Jäger mit Pfeil und Bogen ausmachen. In der Umgebung der 33 000 Einwohner zählenden Stadt Tha Bo wird auf Nebenflüssen mit Booten gefischt, an denen Netze an 8 m langen Stangen befestigt sind. Auch Wasserräder sind noch zu sehen sowie ein farbenprächtiger Markt und einige interessante Wats mit jungen Mönchen. 8 km hinter Tha Bo (KM 39,5) kommt der Höhepunkt der Baumschneidekunst, ein ganzer Park voller Buschtiere, vor allem fantasievolle Elefanten.

Si Chiangmai

Von Si Chiangmai aus (KM 45) hat man den besten Blick nach Laos hinein; denn genau gegenüber liegt die Hauptstadt Vientiane. Hier wird von einigen Familien Teig für Frühlingsrollen hergestellt und getrocknet. Ab 16 Uhr duftet es vom Bread Workshop nach frischem Baguette. Am Samstag wird bei Fischkämpfen (in der Regenzeit) bzw. Hahnenkämpfen (während der Trockenzeit) kräftig gewettet. Ein großer Spaß ist das Fest der „Miss Tomato" im Februar. Ende September/Anfang Oktober finden auf dem Fluss **Bootsrennen** statt. Der angenehme, ansonsten langweilige Ort eignet sich sehr gut als Basis für Ausflüge ins Hinterland.

Übernachtung

Tha Bo

Isan Orchid Guest Lodge, 87 Kaeworawut Rd., ✆ 042-431665, im Dorf, 6 komfortable, schön eingerichtete Zi mit Fan, AC-Speiseraum; telefonische Anmeldung bei Mr. Thom erwünscht. ❹
Tha Bo Bungalow, 98 Choradon Sawan Rd., ✆ 042-431196, 10 Zi mit Fan oder AC. ❷

Si Chiangmai

Tim Gh., 553 Rim Khong Rd., ✆ 042-451072, ✉ blackjack132@hotmail.com; 150 m vom Bus Stop entfernt an der Uferstraße. 3-stöckiges Steinhaus mit 8 einfachen Zimmern. Von der Dachterrasse bietet sich eine schöne Sicht auf Vientiane. Traveller Food, Internet, Karten und Infos, Wäscheservice; Fahrräder 30 Baht/Tag, Motorrad 200 Baht. ❷
Sithisuwan, 35 Rim Khong Rd., ✆ 042-451127, nebenan, 10 Zi mit Fan und AC. ❶–❸

Transport

Nach BANGKOK (646 km) AC-Bus um 7.30 Uhr sowie von 17–20.30 Uhr für 520 Baht in 9 1/2

Std., 2.Kl. AC-Bus 8x tgl. für 404 Baht.
Von NONG KHAI Bus Nr. 223 für 31 Baht in 1 1/2 bis 2 1/2 Std. über Tha Bo (24 Baht) und die schnelleren Loei-Busse Nr. 507 alle 30 Min., zurück von 7.30–17.30 Uhr.
Nach SANG KHOM 25 Baht, PAK CHOM 63 Baht, LOEI 111 Baht und KHON KAEN 101 Baht.
Nach UDON alle 30 Min. von 5.15–13.45 Uhr für 46 Baht. Von / nach KORAT 2.Kl. AC-Bus 5x tgl. von 17–22 Uhr für 180 Baht.

Von Si Chiangmai nach Chiang Khan

Wat Hin Mak Peng

Nach Westen hin führt die Straße langsam aus der Ebene in die Berge hinauf, und der Verkehr nimmt spürbar ab. Am KM 64 des H211 steht auf felsigem Gelände am Steilufer in einem Bambuswald ein Meditationskloster mit einem neuen Chedi. Es ist kein Touristenziel. Nur wirklich Interessierte sollten diesen Tempel (respektvoll und ordentlich gekleidet) besuchen.

Am KM 67 eröffnen sich erste schöne Ausblicke auf den Fluss, die Sandbänke und die Gemüsegärten, vor allem Tomaten, am Steilufer. Die Straße geht steil bergauf und bergab und ist für Radfahrer anstrengend, aber landschaftlich sehr reizvoll.

Nam Tok Than Thong

Am KM 73 fällt der Than Thong-Wasserfall über viele Felsplatten direkt in den Mekong. Während der Trockenzeit versiegt er allerdings zu einem Rinnsal. Unten am Fluss ist es friedlich, während weiter oben Richtung Straße einige Essenstände stehen.

800 m weiter kommt ein Aussichtspunkt, von dem man einen sehr schönen Blick über den Fluss hat.

Sang Khom

Am KM 84 liegt das kleine Straßendorf Sang Khom mit vielen Holzhäusern und einer ruhigen, gemütlichen Atmosphäre. Einige Jahre nahm der Mekong in der Regenzeit 3–5 m Land mit. Daher wurde im Dorfzentrum ein Uferstreifen befestigt und eine Uferpromenade angelegt, dahinter liegen die neue Markthalle, ein traditionelles Rennboot und ein Minipark.

Than Thip-Wasserfall

12 km weiter nach Westen (KM 97) biegt eine Straße zum Than Thip-Wasserfall ab. Vom Parkplatz nach 2,2 km kommt man an Ständen entlang (nur So) zu den beiden Stufen, über die das Wasser herunterrinnt. Die Pools sind nicht tief, voller scharfer Steine und voller Müll. Den Weg hierher kann man sich eigentlich schenken.

Pak Chom

In dem fast 2 km langen, ruhigen Ort Pak Chom (KM 146–147) kann man in Gästehäusern (s. u.) an beiden Ortsenden übernachten. Der Bus hält am östlichen Ortsende, wo sich ein uriger Markt befindet.

Kaeng Khut Ku

Nach 37 km, am KM 183,6, geht es an den vielen Schildern nach rechts zu den Stromschnellen Kaeng Khut Ku. Nach 2,5 km erreicht man einen Platz mit großen Bäumen, der von vielen Essenständen und einem exzellenten Flussrestaurant umgeben ist. Unterhalb des befestigten Steilufers macht der Mekong zwischen den Stromschnellen eine große Schleife, in der Fischer von fest vertäuten Bambusflößen ihre Netze auswerfen oder sich am Ufer entlangtreiben lassen. Der Platz wird am Wochenende gerne von Thais besucht, die die schöne Aussicht auf das laotische Ufer, die Sandbänke, die Felsen und die Berge genießen. Bei hohem Wasserstand sind die Stromschnellen vollständig überspült.

Übernachtung und Essen

Sang Khom

Die meisten Gästehäuser liegen am Fluss.
Siam Bungalow, ✆ 042-441399, Vierer-Bungalows mit AC am Fluss sowie einfache Hütten im tropischen Garten. ❷, AC ❸
Wanda Gh, ✆ 042-441579, neue Steinbungalows am Nebenfluss sowie Vierer-Bungalows. AC ❹
Bouy Gh. (gesprochen: Buhi), 60/4 Sang Khom, ✆ 042-441065, am Bus Stop am Ende des Dorfes (KM 84,8). Großes, ruhiges Gartengrundstück auf der Insel im Mekong, mit dem Restaurant

am Ufer mit einer Holzbrücke verbunden; einfache Bambusmattenhütten, sehr sauber, angenehm zum Relaxen; schönes Restaurant mit großer Terrasse, preiswertes Essen, auch vegetarisch; hervorragende Massage für 200 Baht/Std.; Motorrad 200 Baht/Tag; engagierte, freundliche Besitzer, Mr. und Mrs. Toy. Sie haben Infos für eine tolle Tour zum Wat Tham Dinpiang und zu den Dinpiang-Höhlen (ca. 30 km). Pickup für Touren 1200 Baht/Tag. ❷

River Huts, 239 Sang Khom, ✆ 042-441012, neben Bouy Gh., schön gelegen am Fluss, einfache Mattenhütten mit Fan und Balkon am Fluss, sehr ruhig und gemütlich; Restaurant über dem Steilufer, tolle Sicht; Fahrradvermietung. ❶

Mama's Bungalows, kein Tel., 6 ruhige Bambushütten mit Fan auf der Insel neben Bouy Gh., Restaurant mit Thai-Lao und westlichem Essen, Bananen und Papayas aus dem Garten gratis; sehr freundliche Mama. Ob sie es schafft, zu Saisonbeginn zu öffnen, ist immer fraglich. ❶

Cake Resort, ✆ 087-2199184, Doppelbungalows hinter der Brücke im tropischen Garten am Mekong. ❷, AC ❸

Poo Pae Restaurant, hervorragendes Essen zu angenehmen Preisen. Der abendliche Blick über den Mekong ist einfach super.

Pak Chom

Pak Chom Resort, 315/1 Soi 1, ✆ 042-881033, am östlichen Ortseingang; sauberes, schattiges Grundstück, mehrere Steinbungalows mit Fan oder AC und Warmwasser-Du/WC; beliebt bei Thais. ❸

Pak Chom Gh., Soi 1, ✆ 042-881332, am westlichen Ortseingang am KM 147. Stein- und Holzbungalows am Ufer, 300 m von der Hauptstraße, sehr ruhig. ❷

Transport

Der grüne Bus 507 befährt die Strecke NONG KHAI–SI CHIANGMAI (31 Baht)–SANG KHOM (25 Baht)–PAK CHOM (42 Baht)–LOEI (49 Baht) in 7 Std.

Von Pak Chom nach LOEI von 7.50–13.50 Uhr sowie um 15.50 Uhr.

Der letzte Bus von Sang Khom nach NONG KHAI fährt gegen 16.30 Uhr, der letzte Bus nach Pak Chom gegen 16.20 Uhr.

Nach CHIANG KHAN muss man in Pak Chom am Markt in ein Songthaew (30 Baht) umsteigen.

Chiang Khan

Ein ruhiger, schön gelegener und wirklich angenehmer Grenzort am Mekong. Viele Häuser sind noch aus Holz gebaut. Von den Straßen am Steilufer des Flusses und vom Uferweg hat man einen guten Blick über den Fluss bis nach Laos. Gemächlich tuckern Passagierschiffe über den Mekong. Neben dem Passagierschiff, das zwischen der laotischen Hauptstadt Vientiane (Viangchan) und der alten Königstadt Luang Prabang verkehrt, jagen zunehmend laute Schnellboote über das Wasser. Zwischen der Soi 3 und Soi 16 lädt eine Promenade am befestigten Ufer zum Spazieren oder Joggen ein. Der Ort eignet sich sehr gut für Ausflüge auf eigene Faust in der ländlichen Umgebung.

Das **Wat Sri Khun Muang** enthält einen Fußabdruck Buddhas und einen Viharn im nordthailändischen Stil mit 80 Jahre alten Wandgemälden an der Außenwand über dem Eingangstor. Im Garten versucht sich ein begabter Mönch in der Baumschneidekunst.

Übernachtung

Alle Gästehäuser sind relativ einfach, sie verfügen über Zimmer mit Gemeinschafts-Du/WC, nur wenige Zi haben ein eigenes Bad. Besitzer und Personal sind sehr freundlich.

Sams Gh. ①, Rimkong Rd., ✆ 087-2333797, Holzhaus am Fluss, 8 Zi mit Fan, davon 2 mit Bad, schöne Terrasse zum Sitzen mit Blick auf den Mekong. ❷–❸

Chiang Khan Gh. ②, 282 Rimkong Rd., ✆ 042-821691, 💻 www.thailandunplugged.com; Holzhaus am Fluss, 13 Zimmer mit Fan; Restaurant mit vielen Grünpflanzen zur Straße, Terrasse mit toller Sicht; Kochkurs, Fahrrad 60 Baht/Tag, Motorrad 200 Baht/Tag; individuelle Touren, sehr viele gute Infos. Phi Pim spricht gut Englisch, ist freundlich, aber auch allzu geschäftstüchtig und sehr redselig. Sie veranstaltet Tanz- und Musik-

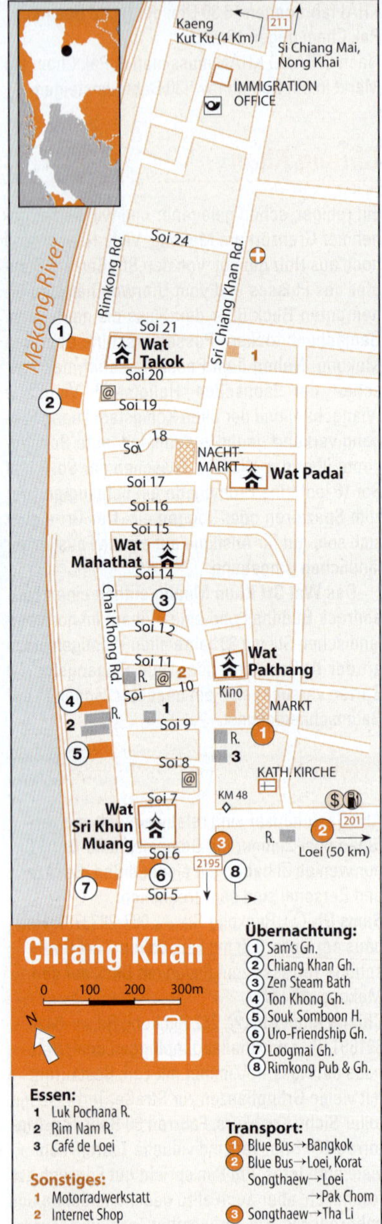

vorstellungen (Ponglang-Orchester) mit Kindern der Schule, um sie zu unterstützen. ❷

Ton Khong Gh. ④, 299/3 Chai Khong Rd., ✆ 089-7116493, neueres Haus am Fluss, 8 einfache, saubere, hellhörige Zi, warme Dusche, ein AC-Zi mit Bad; vegetarische Gerichte; Thai-Massage 150 Baht, Kräuterbad 150 Baht, Motorrad 200 Baht/Tag, Fahrrad 50 Baht/Tag, Kochkurs 300 Baht, Bootstrip 250 Baht/2 Std.; sehr freundliche, Englisch sprechende Besitzer, gute Infos. ❷

Souk Somboon ⑤, 243/3 Rimkong Rd., ✆ 042-821064, Holzhaus am Fluss, einfache, saubere Fan-Zi, im neuen Flügel AC-Zi mit Du/WC, 2 Zimmer mit toller Sicht; Restaurant mit Flussblick. ❸, AC ❸–❹

URO Friendship Gh. ⑥, Chai Khong Rd., ✆ 081-2639068, großes Holzhaus, 8 kleine und große Zi mit Terrasse oder Balkon zum Garten, Fahrrad 50/80 Baht/Tag, Motorrad 200 Baht/Tag, Auto zu vermieten. ❷

Loogmai Gh. ⑦, 112 Chai Khong Rd., ✆ 042-822334, ✉ loogmaiguest@thaimail.com, altes Steinhaus im französischen Kolonialstil am Fluss. Der Besitzer, ein Künstler, hat in Mün-chen studiert. Sehr große und kleinere Zi, alle mit Schreibpult und Leselampe sowie Originalbildern des Künstlers. ❸

Rimkhong Pub & Gh. ⑧, ✆ 087-9513172, ✉ rimkhongchk@hotmail.com, der freundliche Franzose Pascal und seine Frau Liang haben neue Bungalows in einem Blumengarten in der Soi 4 gebaut, ruhig gelegen, weit ab vom Schuss. Viele Informationen, auch in Büchern aufgezeichnet, zudem werden Touren und Bootstrips veranstaltet, Motorrad 200 Baht/Tag, Minibus-Service. ❶–❷

Chiang Khan Hill Resort, 5 km vor Chiang Khan bei Kaeng Khut Ku, schöne, komfortable Einzel- und Doppelbungalows bei den Stromschnellen am Mekong, gepflegter Garten mit Ochsenkarrenmöbeln, wird hauptsächlich von Thai-Familien am Wochenende frequentiert, Restaurant in herrlicher Lage. AC ❸–❹

Essen

Im **Luk Pochana Restaurant** wird Wok-Essen zubereitet, sehr gutes Thai-Menü.

Viele Restaurants liegen an der Rimkong Rd. zwischen Soi 7 und 11.
Das **Cafe de Loei** hat Kaffee-Spezialitäten und Cappuccino, freundliches Ehepaar.
Rim Nam Restaurant, süßes, kleines Restaurant am Fluss, Französisch sprechende Besitzerin.

Sonstiges

Bootsausflüge

Bootstrips von 3–5 Std. kosten im Rimkong Pub 150–250 Baht ab 3–7 Pers. Feste Ausflüge führen nach Kaeng Khut von 11–14 Uhr, ab 3 Pers. 150 Baht p. P., oder zum Huang River ab 3 Pers. 210 Baht p. P. Beliebt ist der *Sunset Trip* auf dem Mekong für 1 Std., 110 Baht p. P. ab 2 Pers.

Fahrräder

Für 50 Baht (pauschal), in der Rimkong Rd.

Geld

Geldautomat für Visa-Karte bei der Government Savings Bank. Das Chiang Khan Gh. wechselt Bargeld (€ und US$) in Thai Baht.

Immigration

Visaverlängerung geht unkompliziert vonstatten.

Markt

Am 1. und 16. eines jeden Monats findet beim Immigration Office ein interessanter Markt statt.

Transport

Nach BANGKOK (609 km) 2.Kl. AC-Bus um 8.30 und 18.30 Uhr für 380 Baht, AC-Bus um 8, 18.30, 19 und 19.30 Uhr für 489 bzw. 523 Baht, VIP-24 Bus um 18.30 Uhr für 761 Baht in 9 Std.
Nach KORAT um 6, 7, 9, 11 und 14 Uhr für 266 Baht.
Nach PAK CHOM Songthaews bis 17 Uhr alle 30 Min. für 30 Baht in 1 Std., weiter mit non-AC-Bussen nach NONG KHAI ca. jede Std. bis 15.30 Uhr für weitere 82 Baht, insgesamt 5 Std.
Nach LOEI mit Songthaew alle 15 Min. bis 17 Uhr für 30 Baht.

Mit dem eigenen Fahrzeug nach Nan

Man kann direkt am Mekong und an der Laos-Grenze entlang auf Asphaltstraßen durch herrlich unberührte Landschaft von Chiang Khan bis nach Nan in Nord-Thailand (388 km) fahren. Es kostet viel Zeit, immer wieder nach dem Weg zu fragen. Alternativ kann man die Route Loei – Dan Sai – Chat Trakan – Uttaradit durch eine weitgehend naturbelassene Landschaft fahren.

Zunächst geht es von Chiang Khan auf dem mit Schlaglöchern übersäten H2195 bis **Tha Li** (54 km) durch landwirtschaftlich genutztes Hügelland und Bambusbusch, davon die ersten 15 km schön am Mekong entlang und am Big Buddha vorbei. In **Na Haeo** (weitere 60 km) sammelt man im netten **Na Haeo Resort** ❷ direkt am H1268 am besten für eine Nacht frische Energie. Auf einem herrlichen Grundstück stehen hier in weiten Abständen, mitunter am Hang, romantische Holzbungalows mit Terrasse, sehr guten Matratzen, Moskitonetz und Du/WC. Es gibt ein Restaurant, aber das freundliche Personal erlaubt auch, selbst zu kochen. Ein anstrengender Ausflug führt auf z. T. sehr steiler Straße (18 km) zum eindrucksvollen Wasserfall **Ta Huang** an der laotischen Grenze, der von einer 15 m hohen und 35 m breiten Felswand stürzt und einen großen Pool bildet.

Am nächsten Tag geht es auf dem H1268 nach Westen, mehrere Schilder verweisen in Thai auf Wasserfälle. Der **Khring-Wasserfall** ist nach 12 km direkt unterhalb der Straße zu sehen. Nach 64 km liegt rechts an der Straße der fünfstufige, undramatische **Phu Soi Dao-Wasserfall**. Man kann eine schöne Dschungelwanderung unternehmen oder in einem der vielen Pools schwimmen.

Durch schöne Wälder mit vielen Kurven und Steigungen geht es 47 km weiter nach **Ban Khok** und **Muang Chet Ton** (23 km, Ende des H1268). Hier zweigt der H1047 nach Südwesten Richtung Uttaradit (131 km) ab. Auf dem beschilderten H1241 sind es noch 12 km bis **Pang Hai**. Dort nach links abbiegen und nach 200 m am Kontrollposten rechts auf den H1083 einbiegen. An der Abzweigung steht ein Restaurant. Nach 38 km erreicht man die Nan-Brücke und nach weiteren 30 km **Na Noi** (s. S. 467), 60 km von Nan entfernt.

Loei เลย

Die kleine Provinzhauptstadt mit ihren 31 000 Einwohnern liegt in einer bergigen Region am Rande des Nordostens, die viele Parallelen zur Landschaft in Nord-Thailand aufweist.

Nach Sehenswürdigkeiten im herkömmlichen Sinn sucht man im tristen Straßenbild des modernen Stadtzentrums vergeblich – eine Stadt zum Durchfahren? Wer noch ein bisschen unverdorbenes Thailand erleben möchte, trifft mit dieser Kleinstadt keine schlechte Wahl. Am Abend bietet sich ein Bummel über den Nachtmarkt im Zentrum an.

Den Tag genießen kann man z. B. auf dem **Huay Krating Lake**, auch **Nam Man-See** genannt (18 km, am KM 13,9 des H203 abbiegen): Auf einem Bambusfloß mit Schattendach in der Mitte des Sees lässt man sich ein kühlendes Windchen um die Nase blasen, für das leibliche Wohl wird gesorgt.

Auf dem kühlen Hochland am Phu Rua haben sich Betriebe auf Weinbau und Blumenzucht spezialisiert. Resorts im teils rustikalen Landhausstil bieten relativ teure Zimmer an.

Übernachtung

Sugar Guesthouse ①, 4/1 Wisuttitep Soi 2, ✆ 042-812982, sehr preiswertes, angenehmes Gästehaus in ruhiger Lage, saubere, gut eingerichtete Zi mit Fan oder AC, Du/WC auf dem Flur. Freundliche Besitzerin. ❷, AC ❸

A.P. Court Hotel ⑤, 31/29 Ruamchai Rd., ✆ 042-861627, neues, modernes Hotel mit sehr günstigen, hervorragend ausgestatteten Zi für Nachtschwärmer, denen der gemischte Sound der umliegenden Pubs nicht den Schlaf raubt. ❸

Loei Orchid Hotel ⑥, 1/41 Sathon Chiang Khan Rd., ✆ 042-861888, neues, modernes Hotel mit günstigen, gediegen ausgestatteten Zi in einem Apartmenthaus. ❸

King Hotel ⑧, 11/8 Chumsai Rd., ✆ 042-811701, moderner Bau, saubere, angenehme, große AC-Zi, die teureren recht komfortabel. Gutes Preis-Leistungs-Verhältnis. ❸

Loei Palace Hotel ⑨, 167/4 Charoen Rat Rd., ✆ 042-815668-73, First-Class-Hotel direkt am Fluss. AC ❺

Baan Fadow Family Resort, 141 Mu 8, ✆ 042-835788, 💻 www.baanfadow.com, sehr schönes Resort 8 km nördlich von Loei in ländlicher Umgebung. ❹–❺

Essen und Unterhaltung

Sehr schöner, lebendiger **Tagesmarkt**. Essenstände mit vorzüglichem Essen am **Nachtmarkt** und westlich vom Brunnen (ab 17 Uhr).

Laeng R., bietet ein großes Buffet mit Grill, 79 Baht p. P., 🕓 ab 17 Uhr.

Ban Thai, sauberes, klimatisiertes Restaurant mit Tischdecken und Erdinger Bier.

Chumpae, Gartenlokal, das schön am See liegt und ein Korean BBQ Buffet für 79 Baht p. P. bietet.

Light House, nebenan, kleines, gemütliches Pub & Coffee mit schönem Blick über den See.

Steak House, am anderen Ende des Sees, hat neben besten Steaks auch gutes Thai-Essen.

Coff & Cake, kleines AC-Lokal mit Nähmaschinentischen und Außentisch, serviert verschiedenste Kaffees und Eis. Daneben eine gut sortierte Bäckerei.

Can Can, eigenständiges Restaurant im King Hotel, u. a. gutes Schnitzel, bestes Kaffee-Angebot, moderate Preise.

In der Ruam Pattana Rd. hat sich ein reges und lautes Nachtleben etabliert: Western-Pubs mit Fassbier und mehrere Discos, auch mit Live-Auftritten.

Sonstiges

Autovermietungen

Autos, Pickups und Motorräder vermietet **Loei Carrent**, ✆ 081-7681677, Taxi-Service unter ✆ 084-7939678.

Informationen

TAT im alten District Office hat gute Infos, 🕓 Mo–Fr 9.30–16.30 Uhr. Gute Informationen und einen schönen Stadtplan mit allen Attraktionen bekommt man im **Chill Out**, ✆ 081-9646516, in der Soi Ratutit.

Laos

Über die neue Thali Thai-Laos Freundschaftsbrücke (52 km von Loei können auch Ausländer nach Laos einreisen – der kürzeste Weg nach Luang Prabang. Näheres zum Grenzübertritt s. S. 514.

Transport

Nach BANGKOK (560 km) vom Bus Terminal südlich der Stadt laufend für 351–697 Baht in 8–11 Std.

Nach NONG KHAI non-AC-Bus 6–10 Uhr jede Std. für 118 Baht über PAK CHOM (49 Baht), SANG KHOM (79 Baht) und SI CHIANGMAI (101 Baht).

Nach UDON non-AC-Bus alle 20 Min. von 4–17 Uhr für 77 Baht, nach KORAT 2.Kl. AC-Bus jede Std. bis 16 Uhr für 227 Baht.

Von Loei sind es 82 km zum PHU KRADUENG NATIONAL PARK, non-AC-Bus 41 Baht, AC-Bus 73 Baht. Weitere Busse über Dan Sai nach LOM SAK für 82 Baht.

Nach CHIANG KHAN fahren Songthaew alle 15 Min. bis 18 Uhr für 30 Baht, AC-Bus 8x tgl. von 11–22.30 Uhr für 39 Baht.

Nach THALI fahren Songthaew alle 30 Min. bis 17.30 Uhr für 30 Baht.

Tha Li ท่าลี่

Einen Eindruck vom bergigen Grenzland bekommt man bei einem Ausflug von Loei über den schönen, kurvenreichen H2115 nach Tha Li (55 km). Busse ab Loei für 30 Baht. Der Ort liegt in einem fruchtbaren Talkessel, umgeben von lieblichem Hügelland. 5,5 km weiter westlich verläuft die Grenze, über die nun die **Thai-Lao-Friendship Namhueng Bridge** führt, ein **internationaler Grenzübergang** (🕓 ca. 8–18 Uhr, Visa on Arrival). Auf sehr schlechter Straße schaffen es gute Fahrer, mit einem geeigneten Fahrzeug in 10–12 Std. die 363 km bis Luang Prabang zurückzulegen. Bis Chaiya Buri sind es 229 km.

Im Grenzfluss **Huang** zu Laos kann man angenehm schwimmen. Eine schöne Straße (H2195) führt nach Na Haeo (65 km). In anstrengender Fahrt geht es von Na Haeo sogar weiter bis Nan (274 km) im Norden (s. o.).

Herrliche Aussichtspunkte bietet die Fahrt von Tha Li über die neue, steile Passstraße H2339 (24 km) Richtung Süden zum Phu Rua National Park (ausgeschildert).

Übernachtung

Sikhat Gh. Meheug River, ✆ 089-9417101, in Ban Pak Huay (8 km von Tha Li), 700 m von der Kreuzung entfernt, ausgeschildert, direkt am 20 m breiten Grenzfluss zu Laos, 6 angenehme, renovierte Bungalows im Garten. Sehr freundlicher Besitzer. ❷

Jai Dee Keng Ton Resort & Gh., ✆ 089-9417101, in Ban Pak Huay, an den Stromschnellen direkt am Fluss, 6 Bungalows und ein Haus, schöne Sicht. ❸–❹

300, 1000 Baht

Asawin Resort, ✆01-8734655, in Tha Li, nette Stein- und Holzbungalows, AC-Zi im Reihenhaus, 6 km zur Grenze. ❷, AC ❸

Von Loei nach Lom Sak

Auf dem H203 fährt man nach Westen durch eine schöne Berglandschaft. Am KM 13,9 geht es 4 km ab zum Huay Krating Lake (s. S. 504).

Phu Rua National Park

Der **Phu Rua National Park** (Eintritt 400 Baht), 49 km westlich von Loei, bietet eine gute Gelegenheit für einen schönen Bergspaziergang mit großartigen Aussichten. Im Headquarter zu übernachten ist nicht empfehlenswert. Bekannt wurde der Park, als im Jahre 1981 hier die tiefste Temperatur von Thailand gemessen wurde: -4 °C.

Am KM 60,1 geht es 1,5 km ab zum Weingut **Chateau de Loei**; kostenlose Probe guter, preiswerter Weine, wenn man sich einer Gruppe anschließen kann; 💻 www.ChateaudeLoei.com.

Übernachtung

Phuphet Hill Resort, ✆ 042-899157, 800 m vom H203 auf dem Weg zum Park, einige gut ausgestattete Zimmer in verschachtelt gebauten Einzelbungalows. ❷, AC ❸

Waranya Resort, 💻 www.waranyaresort.com, ✆ 042-899020, 1,2 km vom H203 auf dem Weg zum Park, Bungalows in weitläufiger, gepflegter Parkanlage. ❸

Loei Leela Wadee Resort, am KM 68,7, ✆ 042-801277, 💻 www.Loeileelawadee.com, 2 km vom H203 auf einer riesigen Farm, einmaliges Design: tonnenförmige Adobe-Häuser unter strohgedecktem Schattendach, innen traditionelle Wandmalereien und rustikale Dekoration. Pool, Mountainbikes, Fitnessraum. In der Nebensaison 40 % Rabatt. ❺–❼

Phu Pha Nam Resort, am KM 12,5 des H2013, 3 km vom H203 entfernt, außerhalb von Dan Sai, ✆ 042-892005, 💻 www.phuphanamresort.com, schön in die Natur eingebettete Anlage mit großartigem Blick, edle Teakholzbungalows, heiße Quelle mit japanischem Spa, Pool, Mountainbikes. AC ❼

Dan Sai

In einem tiefen Talkessel liegt der Marktflecken Dan Sai. Im Ort gibt es hinter der Krung Thai Bank ein **Gästehaus**, das sieben saubere, kühle Zimmer vermietet. ❷

Von Dan Sai verläuft der H2113 nach **Na Haeo** (33 km) an der Grenze zu Laos. Der H2013 führt nach Südwesten nach Nakhon Thai.

Das Geisterfest von Dan Sai

In Dan Sai wird im Juni/Juli das **Phi Tha Khon-Fest** gefeiert, bei dem zwei Tage lang Geister mit gruseligen Masken und phallusförmigen Schwertern durch den Ort spuken. Im Laufe des Festes werden die besten Masken prämiert. Das Fest beginnt vor Sonnenaufgang mit einer Prozession, bei der eine Buddhastatue, umgeben von Geistern und überdimensionalen Phalli, zur 28 m hohen, weißen **Stupa Phra That Sri Song Rak** im Ortszentrum getragen wird, wo eine Zeremonie folgt. In der Stupa residieren keine Mönche, sondern spiritistische Medien, die das Datum für dieses Fest bestimmen. Sie nehmen auch an der großen Prozession am folgenden Tag teil. Nach dem Abfeuern von Raketen, die um Regen bitten sollen, werden die gruseligen Kostüme ins Wasser geworfen, als Symbol für die Überwindung des Bösen.

Lom Sak

Weitere 50 km führt die Straße H203 durch ein schönes Tal nach Lom Sak. Hier gibt es Banken und viele Geschäfte. Der Marktort selbst ist nicht sonderlich interessant, aber aufgrund seiner Hotels eignet er sich durchaus als Zwischenstopp auf einer Rundreise.

Das Lomsak Nattirat Grand Hotel, ✆ 056-745022, bietet alle Annehmlichkeiten für einen sehr günstigen Preis, AC ❹. Das frisch renovierte Hotel New Sawang, AC ❸, ist ein 4-stöckiges Gebäude an der zentralen Kreuzung von H203 und H21, nahe der Bus Station.

Busse ab Loei über Dan Sai zum großen Busterminal an der Kreuzung in Lom Sak 120 Baht. Von hier u. a. Busverbindungen nach Phitsanulok und Bangkok.

Chum Phae ชุมแพ

Auf beinahe halbem Weg zwischen Khon Kaen und Lom Sak liegt am H12 der Verkehrsknotenpunkt Chum Phae. Er hat sich zu einer überraschend modernen Stadt mit 44 000 Einwohnern entwickelt.

Übernachtung

Chewin Palace Hotel, 333 Maliwan Rd., ✆ 043-311577, Aufschrift kaum sichtbar in Augenhöhe. Das große, gute Hotel steht am H12 auf der nördlichen Straßenseite. Restaurant im Haus und viele kleine Restaurants und Stände an der Straße. ❸

Gloria Hotel, nahe dem Busbahnhof, preiswerter. ❶

Transport

Wer aus PHITSANULOK in Zentral-Thailand kommt und direkt zum Phu Kradueng National Park will, nimmt einen AC-Bus nach Chum Phae für 170 Baht, 5 Std. Von Chum Phae fahren Busse bis zum Dorf PHU KRADUENG für 31 Baht. Motorrad-Samlor kosten in der Stadt 20 Baht.

Phu Kradueng National Park ภูกระดึง

Die Berge rings um Loei gelten als die kühlste Region in Thailand. Durch extreme Temperaturschwankungen von bis zu 40 °C hat sich – vom Fuße des 348 km² großen Nationalparks bis zum Plateau – eine abwechslungsreiche Vegetation herausgebildet, die teilweise an europäische Landschaften erinnert. Während im Tiefland die Laub abwerfenden, trockenen Monsunwälder vorherrschen, findet man auf der Höhe des Plateaus Pinien-, Eichen- und Ahornbäume, deren Blätter sich im März und April leuchtend rot verfärben. Hinzu kommt während dieser Zeit die bunte Blütenpracht der von Rhododendron-Hainen und Azaleen-Büschen bewachsenen Felsenlandschaft. Für wahre Naturfreunde können sich die 400 Baht Eintritt lohnen. Weitere Infos unter 💻 www.dnp.go.th/parkreserve/asp/style1/default.asp?npid=11&lg=2.

Bung Kan บึงกาฬ

Der kleine Ort Bung Kan (gesprochen *Büng Gaan*) liegt am Mekong gegenüber der laotischen Stadt Pak Xan (Pak Sane) an der Mündung des Nam Xan. Während der Trockenzeit wird das sandige Flussufer für den Gemüseanbau genutzt. Abends treffen sich die Jugendlichen des Dorfes am Ufer zum Trinken. Bis auf den Uhrturm am Kreisverkehr besitzt der Ort keinerlei Sehenswürdigkeiten. Bung Kan ist jedoch der einzige Übernachtungsort für den sehenswerten Felsen Phu Tok und für das Drachenfest in Ban Ahong (s. u.).

Übernachtung

Mae Nam, relativ neues, schön ausgestattetes Hotel, sehr große Zi, z. T. mit Balkon zum Fluss, großes Restaurant. ❸

Wangkam River View, ✆ 081-7496471, schöne Anlage am Flussufer des Wang Kam, einsam gelegen. Am KM 110,7 vom H213 abbiegen, 800 m. ❷, AC ❸

Sai Ngoen Resort, ✆ 042-491833, gut ausgestattete Bungalows in großzügiger Anlage, Restaurant mit Karaoke, beliebt bei Ausländern. Am KM 48,7 vom H212. AC ❸–❹

Transport

Von NONG KHAI (136 km) 16x tgl. mit non-AC-Bus 4193 oder mit Bus 224 für 70 Baht in 3 Std.
Von NAKHON PHANOM jede Std. von 6–11 Uhr für 89 Baht in 4 Std.
Nach AHONG für 15 Baht.

Die Umgebung von Bung Kan

Ban Ahong

19 km westlich von Bung Kan sind zwischen eindrucksvollen, großen Felsen viele Fischer an den Stromschnellen von Ban Ahong tätig (neueres Hotel direkt daneben ❸). Zu Vollmondnächten im Oktober strömen Tausende von Menschen hierher, um das Licht zu sehen, das aus dem Mekong leuchtet und dem Volksmund nach von einem Drachen stammen soll *(Bang Fai Phi Anah)*. Realistischer sieht es wie kleine rosa Lichter aus, die aus dem Wasser kommen und zum Himmel steigen. In derselben Nacht wird in **Phon Phisai**, wo dasselbe Phänomen auftritt, ein tolles *Illuminated Boat Festival* veranstaltet, zu dem das Mut Mee Gh. von Nong Khai einen Trip arrangiert. Übernachten kann man vor Phon Phisai im Big Snake Gh., in Ban Wat Luang, 43 km östlich von Nong Khai, 💻 www.bigsnakeguesthouse.com, in 4 Apartments mit je 1–3 Zi. und Pool. ❸–❹

Wat Phu Tok

Sehr eindrucksvoll ist der Waldtempel Wat Phu Tok (auch: Chetiya Kiri Viharn) in einem 3000 ha großen Gelände am Rande einer trockenen Ebene, aus der der doppelte Sandsteinfelsen **Phu Tok** herausragt. Über in Felsen gehauene Treppen, Brücken und Tunnel führt der anstrengende Weg zur Spitze siebenmal um den majestätischen Felsen herum. Drei oder vier Umrundungen können Unerschrockene noch begehen, auf verrottenden Holzstegen unter Felsüberhängen in ca. 100 m Höhe, sonst nimmt man die breiten Holztreppen. Auf der vierten Ebene gibt es einen schönen Aussichtspunkt nach Osten hin. Hier wohnen die Nonnen des Klosters, darüber die Mönche. Auf der fünften Ebene steht die große Gebetshalle, die sechste wartet beim Umrunden des Felsen noch einmal mit toller Aussicht auf. Der nur mühsam zu erklimmende Gipfel ist von einem schattigen Wald bedeckt. Für den Rückweg kann man den Tunnel mit Treppen benutzen.

Für manche Traveller ist dieser Ausflug *das* Highlight ihrer Thailand-Reise.

Transport

Zum Wat Phu Tok nimmt man zuerst den Bus von BUNG KAN nach SIWILAI (27 km) für 16 Baht. Von hier fahren frühmorgens Songthaews für 20 Baht zum Tempel (20 km). Ein Tuk Tuk zu chartern kostet ca. 150 Baht. Das einzige Songthaew zurück fährt morgens um 6.30 Uhr, deshalb müssten Touristen hier übernachten, was aber nicht mehr erlaubt ist.
Evtl. mit Thai-Pilgern zurückfahren oder werktags mit dem Schulbus bis Seka, wo Busse nach Bung Kan fahren, sonst trampen.

Nakhon Phanom นครพนม

Die lebhafte Provinzhauptstadt Nakhon Phanom, 34 000 Einwohner, liegt gegenüber der laotischen

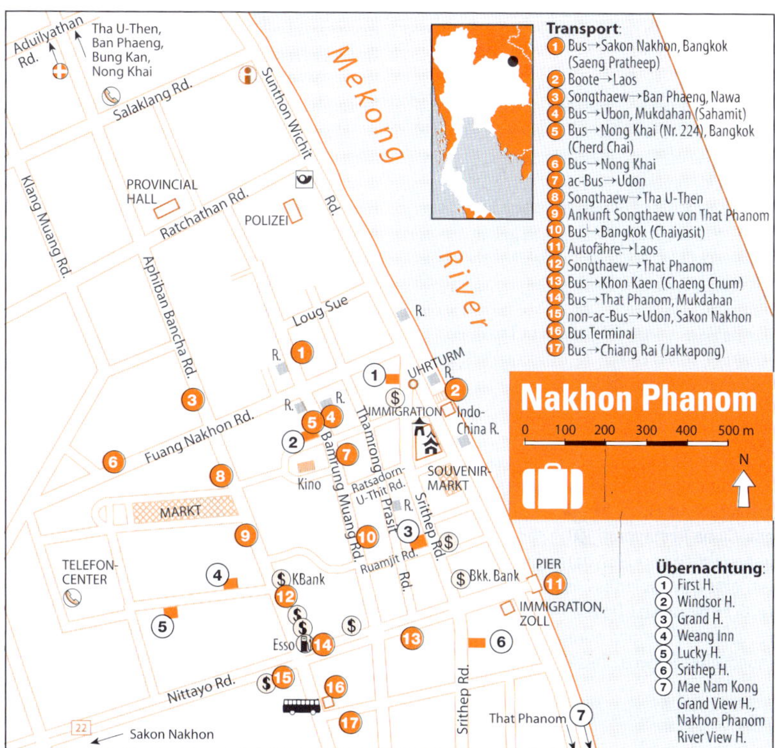

Stadt Thakhek am kaum 1 km breiten Mekong. Richtung Norden erheben sich recht spektakulär steile Hügel- und Felsenketten. In der Provinz Nakhon Phanom leben 30 000 Vietnamesen.

Die Stadt hat außer schönen Wandmalereien im **Wat Srithep** nicht viel zu bieten. Gegen eine kleine Spende öffnen die Mönche den Bot mit den Malereien. Ganz nett ist der Park im Norden der Stadt. Ein **Souvenirmarkt** erstreckt sich 150 m südlich vom Uhrturm zwischen Fluss und Srithep Rd. Ansonsten ist die Stadt nicht schön, aber die Menschen sind sehr freundlich.

Nach Norden verläuft die Straße H212 durchweg in größerem Abstand vom Mekong. Auf der laotischen Seite schlängelt sich eine zweite, kaum befahrene Straße an den wilden Bergformationen entlang. Sehr schön liegt der interessante Ort **Tha U-Then** (30 km) am Fluss. Auf dem wenig befahrenen H212 über Ban Phaeng (weitere 70 km, liegt nicht am Mekong) bis Bung Kan (80 km) fährt es sich recht angenehm, aber ohne landschaftliche Höhepunkte. Traveller kommen nur nach Nakhon Phanom, wenn sie hier über die Grenze nach Laos wollen. Zum Übernachten aber bevorzugen viele That Phanom.

Übernachtung und Essen

Grand ③, 210 Srithep Rd., ✆ 042-511526, 300 m südlich vom Uhrturm, hübsch dekoriertes, gutes Hotel; ordentliche, preiswerte Zi. ❷, AC ❸
Windsor ②, 272 Bamrung Muang Rd., ✆ 042-511 946, komfortables Hotel, einfache, saubere Zi, superweiche Matratzen, freundliches Personal. ❸
Mae Nam Khong Grand View Hotel ⑦, 527 Sunthon Wichit Rd., ✆ 042-513564, am südlichen

Grenzübergang nach Laos

Nakhon Phanom – Thakhek, Visa on Arrival (s. S. 85), ⏲ 8–18 Uhr. An Wochenenden und Feiertagen werden auf beiden Seiten Overtime-Gebühren verlangt.
Mit dem Fährboot für 60 Baht nach Laos übersetzen. In Laos zum Grenzposten gehen. Einreisestempel kontrollieren. Geldwechsel in einer Zweigstelle der Lao Development Bank, ⏲ 8–15 Uhr.
Empfehlenswertes Gästehaus in Thakhek: Thakhek Travel Lodge, 30 m nördlich des Sooksomboon Marktes. ❶, AC ❷

Ortseingang am Mekong, luxuriöse Zi, mit Discount für einen Super-Preis; hervorragendes Restaurant am Fluss. ❸–❹
Indo-China Restaurant, 100 m südl. vom Immigration Office am Fluss, herrliche Aussicht und sehr gutes, preiswertes Essen.
North by Northeast Travel, 746/1 Sunthon Wichit Rd., serviert Thai- und europäische Snacks, freundlicher Service, Reisebüro.

Sonstiges

Feste
An **Ok Phansa**, dem Ende der Regenzeit-Klausur, werden hübsch dekorierte, kleine Boote mit einer Kerze bestückt und bei Einbruch der Nacht auf dem Mekong ausgesetzt. Außerdem finden Bootsrennen und ein Umzug statt, bei dem kleine Tempel aus Bienenwachs mitgeführt werden. Den Abschluss bildet die Prozession der beleuchteten Boote (ca. 12./16.10.2008, 2./6.10.2009).

Informationen
TAT, 184/1 Sunthon Wichit Rd., ✆ 042-513490, ✉ tatphnom@tat.or.th, im Norden an der Uferstraße, zuständig für Nakhon Phanom, Sakon Nakhon und Mukdahan; das Personal spricht gut Englisch; ⏲ tgl. 8.30–16.30 Uhr.

Motorräder
Sie werden von Honda-Shops vermietet.

Reisebüros
North by Northeast Travel, 746/1 Sunthon Wichit Rd., ✆ 042-513572, 💻 www.thaitourism.com, führen Touren nach Laos durch, aber nicht billig.

Transport

Im Stadtbereich fahren *Skylap* (dreirädrige Motorräder) für 20–50 Baht.

Busse
Vom Bus Terminal
Nach BANGKOK (727 km) fahren Busse 26x tgl.: 2.Kl. AC 449 Baht, VIP-32 für 675 Baht, VIP-24 um 7.30 und 18 Uhr für 895 Baht in 11 Std.
Weitere Busse nach KHON KAEN 139 Baht (AC 254 Baht), MUKDAHAN 55 Baht, SAKON NAKHON 51 Baht (AC 70 Baht), UBON 139 Baht, KORAT 265 Baht (AC 461 Baht) und CHIANG RAI AC 640 bzw. 821 Baht.

Von den Büros der privaten Companies
Nach UBON AC-Bus von Sahamit um 7 und 14 Uhr für 239 Baht über THAT PHANOM (51 Baht) und MUKDAHAN (101 Baht).
Nach NONG KHAI non-AC-Bus 224 von Cherd Chai jede Std. von 6–11 Uhr für 144 Baht am Mekong entlang über BUNG KAN (89 Baht) und AHONG (99 Baht) in ca. 7 1/2 Std. Dieser Bus fährt weiter nach UDON für 165 Baht.
Nach UDON direkt über Sakon Nakhon alle 30 Min. bis 12 Uhr für 118 Baht ab Nittayo Rd., AC-Bus 6x tgl. für 241 Baht.
Nach THA U-THEN Songthaew alle 20 Min. für 18 Baht.
Nach THAT PHANOM Songthaew alle 10 Min. bis 18 Uhr für 35 Baht ab Aphiban Bancha Rd. Seltener fahren Busse in der Nittayo Rd. ab.

Flüge
P.B. Air, ✆ 042-516300, fliegt tgl. von/nach BANGKOK für 2270 Baht. Der Flugplatz liegt 16 km westlich am H22.

Selbstfahrer
Im Mekongtal kann man in beiden Richtungen fahren. Nach Süden gibt es geeignete Unterkünfte in That Phanom (54 km), Mukdahan (50 km), Khemmarat (109 km, Simunkon Gh., ❶)

und Khong Chiam (105 km), nach Norden in Ban Phaeng (100 km, 2 Hotels, ❶–❷, Wang Kaew Gh., ❷), Bung Kan (80 km) und auf halbem Weg (66 km) nach Nong Khai. Allerdings sieht man von der schattenlosen Straße nur selten den Fluss und kaum einmal spektakuläre Landschaft.

That Phanom ธาตุพนม

Der knapp 4000 Einwohner zählende Wallfahrtsort, der im Volksmund auch *Raadu* genannt wird, liegt am Steilufer des Mekong. Auf dem großen Markt und in vielen Geschäften werden Seidenstoffe und Kopien aus Laos angeboten. Viele Traveller fühlen sich in diesem kleinen Ort schnell heimisch und nutzen ihn als Basis für Ausflüge im ganzen Nordosten. Die 57 m hohe Stupa des **Wat Phra That Phanom** beherbergt eine in Thailand und Laos hochverehrte Reliquie, ein Brustbeinsplitter des Buddha. Nach archäologischen Schätzungen wurde ihre Basis im 6. Jh. aus Ziegeln gebaut und mehrfach restauriert. Der ursprüngliche Turm im laotischen Stil stürzte während heftiger Regenfälle 1975 ein und wurde von 1976–78 neu errichtet. Der 5-stufige ornamentale Schirm ist mit 16 kg Gold belegt. Entsprechend der hohen Verehrung, die dieser Tempel bei der Bevölkerung des Nordostens genießt, fällt das siebentägige Tempelfest im Februar besonders prunkvoll aus. Im **Museum** werden viele Buddha-Statuen verwahrt, ◷ 8.30–16 Uhr, evtl. nur Sa und So. Neben dem Tempel erstreckt sich ein großer Park. Die einzige größere Straße zwischen Tempel und Fluss wird von einem 1926 erbauten Bogen überspannt, der von zwei Wächterfiguren flankiert wird.

Interessant ist der **Lao Market** am Fluss, der jeden Montag und Donnerstag von 6–11 Uhr stattfindet.

Trotz der geringen Entfernungen innerhalb des Ortes gibt es hier an die 200 Rikschas und Tuk Tuks, die für 8 Baht fahren. Ein Songthaew fährt für 12 Baht nur 8 km zur Abzweigung nach **Renu Nakhon**, 15 km nördlich der Stadt; weiter mit Motorradtaxi für 70 Baht. Aus fast jedem Haus klingt das Klappern der Webstühle. Die Frauen des Ortes sind für ihre Schönheit und die

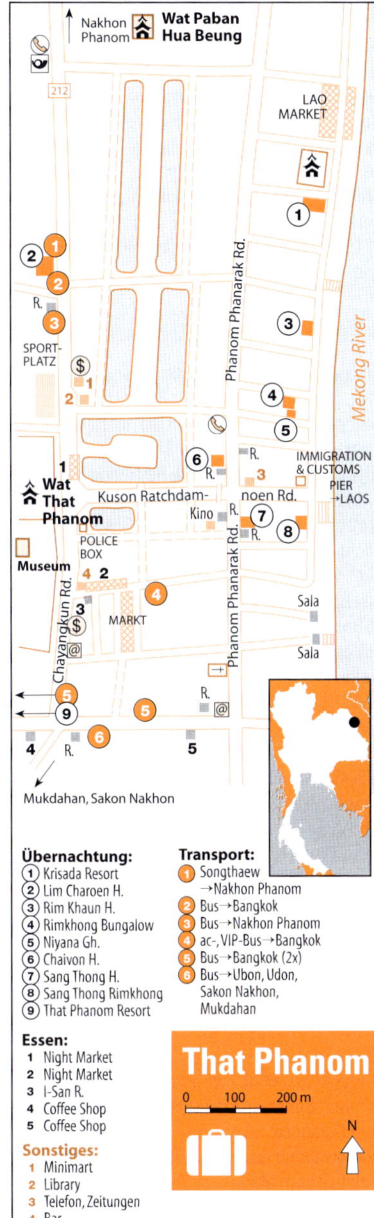

meisterhaft gefertigten *Mat Mie*-Stoffe berühmt. Bei der *Mat Mie*-Technik entstehen die Muster durch mehrmaliges Abbinden und Färben der Fäden, bevor sie gewoben werden. Im Ort werden Baumwoll- und Seidenstoffe, Decken und andere Textilien zum Verkauf angeboten, auch erdfarbene. Ein auffallend bunt bemalter Turm schmückt **Wat Raadu Renu**. Rings um den Tempel sind viele Verkaufsstände aufgebaut. Jeden Samstag um 12 Uhr findet ein Konzert mit traditioneller Musik und Tanz statt, Eintritt frei.

Übernachtung

Krisada Resort ①, am Fluss gegenüber vom Wat, gut ausgestattete Zi, z. T. mit kleiner Küche, sehr schön die Zi 5 und 6 im OG mit Balkon und Flussblick, Restaurant. AC ❸

Niyana Gh. ⑤, 110 Moo 14, Rimkhong Rd., ✆ 042-541450; typische Traveller-Unterkunft mit großem Aufenthaltsraum; Frühstück. Niyana kocht auch vorzüglich, wenn man ihr rechtzeitig sagt, was man haben möchte; gute Informationen, Bücher und Karten, gute Fahrräder 50 Baht/Tag. Die Besitzerin Niyana ist eine außergewöhnliche Frau. Sie bemalt die Zi mit Liebe, vernachlässigt allerdings die Sauberkeit und lässt viel Gerümpel herumliegen. Zeitweise geschlossen. ❶

Rim Khaun Hotel ③, 425 Rimkhong Rd., ✆ 042-540048; direkt am Mekong, 6 saubere Reihenbungalows aus Stein mit Du/WC, staubiger Hof. ❷, AC ❸

Sang Thong Rimkhong ⑧, ✆ 042-525614, 9 gemauerte, saubere Reihenbungalows am Fluss. ❷, AC ❸

That Phanom Resort ⑨, ✆ 042-541047, ca. 1 km westlich an der Umgehungsstraße Richtung Ubon. ❷–❸

Essen und Sonstiges

Vorzügliches *Phat Thai* bereitet eine Wirtin auf dem Gehsteig vor ihrem Restaurant südlich vom Bogen zu.

Hervorragend isst man im **Isan Restaurant** westlich vom Markt.

In mehreren Restaurants gibt es sehr scharfe Currys, die mit Wild zubereitet werden.

Der **Nachtmarkt** an der Kreuzung H212 und Kuson Ratchadamnoen Rd. bietet die üblichen Gerichte, schließt aber schon um 21 Uhr.

Traditionelle **Massage** bei einem alten Mann und einer älteren Frau für 100 Baht (ca. 1 1/2 bis 2 Std.); Infos im Gästehaus.

Transport

Nach BANGKOK (692 km) mit 2. Kl. AC-Bus 7x tgl. für 430–438 Baht, AC-Bus von 16.45–19 Uhr für 552–645 Baht.

Nach UDON 4x tgl. von 10.15–12.30 Uhr für 120 Baht in 5 Std. (AC 204 Baht).

Nach UBON 10x tgl. von 7–14.30 Uhr für 108 Baht in 4 Std. (AC für 196 Baht in 3 Std.).

Nach MUKDAHAN und SAKON NAKHON zu jeder vollen Std. bis 16 Uhr für 31 bzw. 41 Baht (AC 58 Baht).

Nach NAKHON PHANOM mit Songthaew alle 10 Min. bis 17 Uhr für 35 Baht in fast 2 Std.

Nach KORAT und PHIMAI mit dem Bangkok-Bus.

Sakon Nakhon สกลนคร

Im Gegensatz zu den trockenen, steppenartigen Landschaften des Nordostens prägen zahllose kleine und größere Seen und Teiche das Bild dieser Provinz, in der kein Wassermangel herrscht. Die Hauptstadt Sakon Nakhon (auch: Sakhon Nakhon und Sakon Nakorn), mit dem ehemaligen Namen Sakalanagara hat 76 000 Einwohner. Sie liegt am Ufer des größten natürlichen Sees Thailands, Nong Han, der aber keineswegs malerisch ist. Mit gemieteten Booten kann man auf die Inseln im See hinausfahren, zum Baden ist der See nicht geeignet.

Sehenswert, aber nicht besonders schön, ist der Tempel **Wat Choeng Chum** im Osten der Stadt. Er besitzt einen 24 m hohen, weißen Prang aus dem 18. Jh., der über einem Sandstein-Monument aus dem 11. Jh. errichtet ist. Ein bunt glitzernder Bot ist mit herrlich geschnitzten Holztüren und -fenstern geschmückt.

Gegenüber der Stadthalle steht **Wat Pa Suthawat**, in dem der im ganzen Land verehrte Abt Luang Pu Man lebte. Seine Besitztümer und eine

Statue des Heiligen sind in einem kleinen Museum in einem modernen Gebäude auf dem Tempelgelände ausgestellt.

6 km nordwestlich von Sakon Nakhon, am H22, Minibus 8 Baht, steht in Ban That das **Wat Narai Cheng Weng** (oder Phra That Naweng), eine ca. 900 Jahre alte, 12 m hohe Khmer-Ruine aus Laterit-Stein. Sie weist einige schöne Reliefs aus dem 12. Jh. mit Szenen aus der Hindu-Mythologie auf. Die ca. 3000 Jahre alten Felszeichnungen von **Phu Phayon** (52 km) liegen östlich der Straße nach Kalasin. Sie zeigen vor allem Menschen bei der Arbeit.

Übernachtung

Charoensuk ⑤, 645/2 Charoen Muang Rd., ✆ 042-712916, abgewohnte Zi mit Fan oder AC, freundliches Personal. ❷, AC ❸

Somkait ⑧, 1348 Kamchadphai Rd., ✆ 042-711740, Hotelblock und 22 Bungalows um einen Parkplatz. ❷, AC ❸

Imperial ⑩, 1892 Sukkasem Rd., ✆ 042-711119, sehr gut ausgestattete Zi; Coffeeshop; großer Stadtplan neben der Rezeption. AC ❸–❹

M.J. Majestic Hotel ⑪, ✆ 042-733771, bestes Hotel der Stadt, luxuriöse Zi und Suiten. AC ❹–❺

Essen

Viele Restaurants liegen an der Prempridа Rd. Das **Green Corner**, gegenüber vom Bus Terminal, ist ein sehr gutes AC-Restaurant, das freundliche Personal serviert auch Backwaren, Eis und echten Kaffee, 🕓 7–22 Uhr.
Gutes vegetarisches Restaurant an der Charoen Muang Rd. 🕓 7–14 Uhr, Gerichte um 10 Baht.
Das **Suan Luek** und das **Sanom Aek** am See westlich der Stadt sind bei Einheimischen besonders beliebt.

Sonstiges

An Vollmond im Oktober findet das **Fest der Wachstempel** (Wax Castle Festival) statt. Höhepunkte sind eine Kerzenprozession und die Vorführung antiken Boxens (ca. 25.10.2007, ca. 14.10.2008, ca. 4.10.2009).

Transport

Busse

Nach BANGKOK (633 km) AC-Bus um 8.30, 19, 19.30 und 19.45 Uhr für 507 bzw. 592 Baht, VIP-24-Bus um 19.30 und 20.30 Uhr für 789 Baht in 10 Std. (Tickets gegenüber vom Bus Terminal). Private AC-Busse auch bei den Büros von Saeng Prathit, Chaiyasit und Cherd Chai.
Nach UDON THANI non-AC-Bus alle 20 Min. bis 17 Uhr für 79 Baht (für Ban Chiang in BAN PALU am KM 49,9 aussteigen, 65 Baht), AC-Bus um 8.10, 12.30 und 16.10 Uhr für 113 Baht.
Nach Bung Kan und Siwilai fährt man mit dem Udon-Bus bis Phang Khon und steigt um.
Weitere Busse vom Terminal nach THAT PHANOM für 41 Baht (AC 58 Baht), NAKHON PHANOM 51 Baht (AC 70 Baht), UBON 134 Baht (AC 245 Baht) und KHON KAEN ca. alle 2 Std. für 116 Baht (AC 176 Baht).

Flüge

P.B. Air, 📞 042-715179, fliegt tgl. von/nach BANGKOK für 2105 Baht. Der Flugplatz liegt 6 km außerhalb der Stadt.

Mukdahan มุกดาหาร

33 000 Einwohner leben in der wenig aufregenden Grenzstadt am Mekong, 743 km von Bangkok entfernt. Gegenüber liegt die laotische Stadt Savannakhet, von der aus einmal pro Woche ein Passagierschiff nach Viangchan (Vientiane) fährt. Die neue, 1600 m lange zweite **Thai-Lao Friendship Bridge** über den Mekong nach Savannakhet wurde am 9.1.2007 eröffnet. Sie schafft die Straßenverbindung über Laos nach Vietnam und bringt mehr Leben in die Stadt.

Das **Wat Yot Kaeo Siwichai**, direkt am Fluss, hat schöne Wandmalereien. Der gläserne Bot mit der großen Buddha-Statue sticht besonders ins Auge. Ein zweiter Tempel am Fluss, **Wat Si Mongkon Nua**, wurde in einem thailändisch-chinesisch-vietnamesischen Mischstil von vietnamesischen Flüchtlingen erbaut. Ausgezeichnet ist der Nachtmarkt in Mukdahan. Vom **Mukdahan-Turm** südlich der Stadt überblickt man die Gegend, 🕓 8–18 Uhr, Aufzug 20 Baht.

In vielen Dörfern der Umgebung wird noch auf traditionelle Art gewebt. Kleinere Ausflüge zu

Grenzübergang nach Laos

Mukdahan – Savannakhet, 🕓 8–18 Uhr, Visa on Arrival (s. S. 85).
Nach 16 Uhr und an Wochenenden und Feiertagen werden auf beiden Seiten Overtime-Gebühren verlangt. Wer das Auto / Motorrad mitnehmen will, sollte zuvor den Immigration Checkpoint in Mukdahan, 📞 042-611074, kontaktieren.
Die staatseigene Transport Co führt gemeinsam mit der staatlichen laotischen Busgesellschaft einen grenzüberschreitenden Busverkehr durch. In **Mukdahan** startet der Thai-Lao International Bus 8–12-mal pro Tag zwischen 7 und 17.30 Uhr. Ein Ticket für eine einfache Fahrt auf der 17 km langen Strecke kostet 45 Baht. Der Bus hält am Grenzposten an der Freundschaftsbrücke an. Beim Grenzübertritt sind 10 Baht zu bezahlen. Einreisestempel von Laos kontrollieren.
Ein empfehlenswertes **Gästehaus** in Savannakhet ist das Saisouk Gh., Phetsarad Rd., in einem stimmungsvollen, alten Holzhaus. ❶, AC ❷

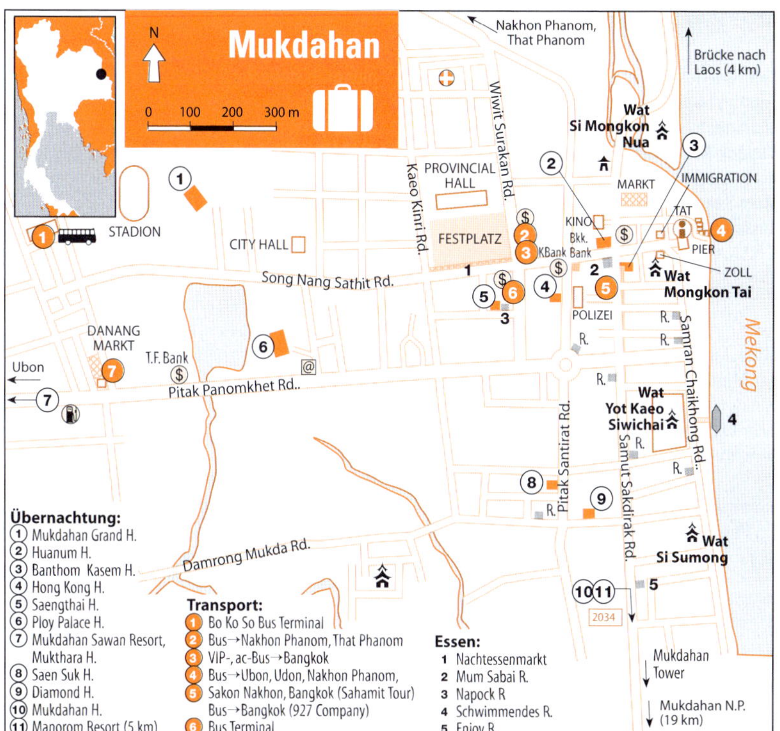

den Aussichtspunkten auf den bewaldeten, felsigen Hügelketten rings um die Stadt sind möglich, z. B. zum **Phu Muu** (7 km) oder **Phu Manorom** (4,5 km südlich), von dem aus sich eine gute Sicht auf die Stadt und den Fluss bietet.

Zu den Mekong-Stromschnellen **Kaeng Ka Bao** fährt ein Songthaew für 15 Baht ca. 19 km auf dem H212 nach Norden.

Übernachtung

Huanum (gesprochen: Hua Nahm) ②, 36 Samut Sakdarak Rd., ✆ 042-611137, 30 große Zi mit Fan mit oder ohne Du/WC, AC-Zi mit Warmwasser-Du/WC, Mountainbikes zu mieten, Internet-Café, freundliches Personal. Gutes Preis-Leistungs-Verhältnis für die AC-Zi. ❷, AC ❸

Banthom Kasem ③, 25/2 Samut Sakdarak Rd., ✆ 042-611235, das Haus mit den 2 Löwen und der Erdkugel, 14 saubere, große, möblierte Zi mit Du/WC und Fan oder AC. Billigste Unterkunft. ❶, AC ❷

Saen Suk Hotel ⑧, 2 Pitak Santirat Rd., ✆ 042-611294, 200 m südlich vom großen Kreisel, kleine, saubere, einfach möblierte Bungalows mit Warmwasser. Parkplatz im Hof. Empfehlenswert. AC ❷–❸

Ploy Palace ⑥, 40 Pitak Panomkhet Rd., ✆ 042-612190, 💻 www.ploypalace.com, 10-stöckiges Luxushotel, 160 sehr noble AC-Zi (nach Discount fragen), Pool, Sauna und Restaurant auf dem Zwischendach im 4. Stock, Restaurant im obersten Stock mit schöner Aussicht und gutem Essen; Flugbuchungen. Zum Ausspannen hervorragend geeignet. ❹–❺

Essen

Mehrere Restaurants liegen an der Flussstraße Samran Chaikhong, einige bieten eine schöne Sicht nach Laos.
Napock Restaurant, neben dem Saengthai Hotel, bietet reichhaltiges Thai-Essen.
Mum Sabai, gegenüber vom Huanum, AC-Restaurant mit guten, günstigen Gerichten.

Sonstiges

Feste
Mitte Januar wird eine Woche lang das **Festival der Minoritäten** gefeiert, das einen Eindruck von der vielfältigen Kultur der Minderheiten, ihrer Volkskunst und ihrem Kunsthandwerk vermittelt.

Informationen
Ein Pavillon des **TAT** steht gleich nördlich vom Pier.

Transport

Busse
Nach BANGKOK (671 km) AC-Busse um 8 Uhr und von 17–21.45 Uhr bei den Busgesellschaften für 533 bis 647 Baht, VIP-24-Bus um 8.30, 20 und 20.15 Uhr neben dem Festplatz für 831 Baht in 10 1/2 Std.
Weitere AC-Busse von Sahamit Tour nach UBON für 147 Baht, nach UDON für 242 Baht, nach NAKHON PHANOM für 101 Baht (über That Phanom für 51 Baht), nach SAKON NAKHON für 108 Baht.
Non-AC-Bus vom Bus Terminal nach NAKHON PHANOM für 55 Baht (über That Phanom für 31 Baht), nach KHON KAEN bis 15.25 Uhr für 166 Baht, nach UBON bis 15.30 Uhr für 85 Baht und nach DON TAN (15 Baht).

Yasothon ยโสธร

In den Geschäften der Stadt (21 000 Einwohner) werden handgewebte Stoffe angeboten. Sie stammen aus dem Weberdorf **Ban Tha Tong**, das 7 km außerhalb an der Straße nach Udon inmitten von Reisfeldern liegt. Minibusse kosten 6 Baht. Bei archäologischen Ausgrabungen fand man hier prähistorische Skelette und Keramik ähnlich der in Ban Chiang. Die Buddha-Figur in der quadratischen, laotisch geprägten Stupa **That Gong Khao Noi** wird alljährlich im fünften buddhistischen Monat (April/Mai) mit Wasser begossen, um damit die Regenzeit herbeizuführen.

Viele Thai-Touristen kommen am 2. oder 3. Wochenende im Mai zum Raketenfest **Bung Fai**, wenn bunte Raketen in den Himmel geschossen werden, um den ersehnten Regen auszulösen. Am zweiten Tag des Festes werden in einer farbenprächtigen Prozession die riesigen Raketen und viele andere Sexsymbole, begleitet von Musikern und Tänzern, zum Lak Muang-Schrein gebracht, um dem Schutzgeist der Stadt die Referenz zu erweisen. Anschließend werden die Raketen vor dem Rathaus feierlich abgefeuert. Begleitet wird das Fest von Volkstänzen, Umzügen von Schönheitsköniginnen und recht derber Ausgelassenheit. Ein Leser: „Außerhalb der Raketenzeit ist Yasothon eigentlich verschwendete Urlaubszeit."

Übernachtung und Essen

An der Chang-Sanit Rd. liegen 4 kleine Stadthotels, ❶.
Yot Nakorn, 141-143 Utairamrit Rd., ✆ 042-711476, Zi mit Fan oder AC und Du/WC. ❷–❸
RP Mansion Park, ✆ 042-712235, gut ausgestattete, große Zi, günstig, großes Restaurant. ❸
J.P. Emerald, ✆ 045-724847, 36 Prapa Rd., das größte Hotel, mit komfortablen Zi. AC ❹
Night Bazar mit vielen Restaurants, gegenüber Sony.

Transport

Busse fahren u. a. nach KORAT 134 Baht (AC 237 Baht), UBON 55 Baht und BANGKOK 424–595 Baht.

Ubon Ratchathani อุบลราชธานี

Ubon (nur die Kurzform wird gesprochen) ist die zweitgrößte Provinz im Nordosten mit über

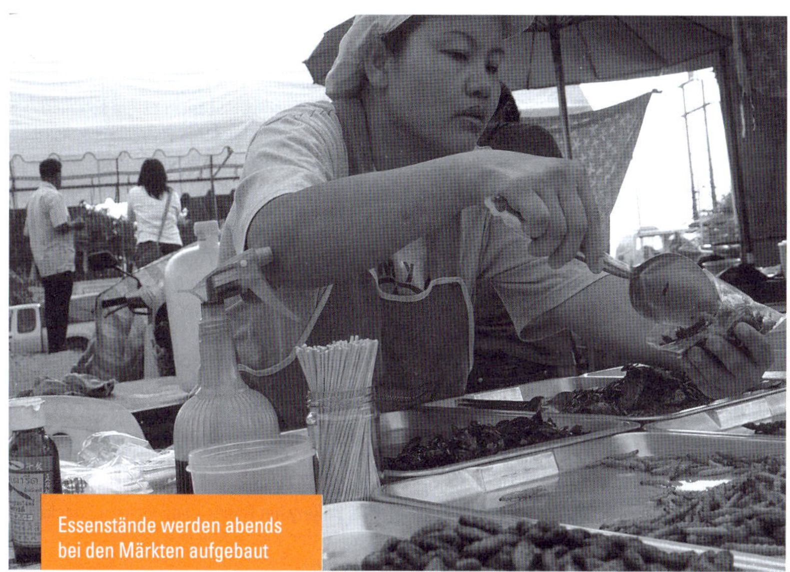
Essenstände werden abends bei den Märkten aufgebaut

1,8 Mill. Einwohnern. Die Provinzhauptstadt hat 122 000 Einwohner. Sie liegt 629 km von Bangkok und 370 km von Korat entfernt. Das Zentrum von Ubon Ratchathani (=Lotus-Stadt) liegt nördlich des Mun, des größten Flusses im Nordosten. Mit Fertigstellung des neuen Flughafens soll Ubon ein Touristenzentrum werden, und zwar das Tor zu den Nachbarländern Laos, Kambodscha und Vietnam. Bis jetzt sind nur 4 % aller Touristen Ausländer. Die saubere Stadt Ubon ist jederzeit eine Reise wert, was man vom Gegenüber **Warin** (37 000 Einwohner) nicht sagen kann. Die Ausflüge nach Khong Chiam, Pha Taem und Prasat Khao Phra Viharn (Kambodscha) sind sehr zu empfehlen.

Das **Wat Supattanaram** liegt am Mun-Fluss, nicht weit vom Zentrum. Es wurde 1853 als erstes Kloster der Dhammayuti-Sekte im Nordosten gegründet. Es beherbergt die sehr verehrte Statue des Mönchs Phra Sapphanyu Chao, einige alte Reliefs im Khmer-Stil und die angeblich größte Holzglocke der Welt. Der Bot weist drei verschiedene Stile auf. Der **Tuan Si Muang Park** im Zentrum ist inmitten des städtischen Trubels eine Oase der Ruhe.

An der Ausfallstraße nach Norden liegt links in einer Stichstraße nach 500 m das **Wat Nong Bua** (erbaut 1957) mit einer großen Stupa im Stile des Mahabodhi-Tempels von Bodh Gaya (Indien), wo Buddha die Erleuchtung fand. Das **National Museum** gleicht, mit Ausnahme der prähistorischen Abteilung, eher einem Heimatmuseum. 🕓 Mi–So 9–16 Uhr.

Übernachtung

Sri Isan Hotel ⑲, 62 Ratchaboot Rd., ☎ 045-261 011, 💻 www.sriisanhotel.com, neues, 4-stöckiges Hotel ohne Aufzug mit kleinen, hellen, sauberen Zi. Bestes Preis-Leistungs-Verhältnis. AC ❹

New Nakhon Luang Hotel ⑱, 84-88 Yutthapan Rd., ☎ 045-254768, 56 Zi mit Du/WC, in Ordnung; nettes Personal, spätes Auschecken bis 18 Uhr ohne Extrakosten. ❷, AC ❷–❸

Racha Hotel ⑤, 19 Chayangkun Rd., ☎ 045-254155, ruhig gelegenes Hotel im Norden, sehr saubere, große, ordentlich eingerichtete Zi mit Du/WC und Fan; guter Zimmerservice, freundliches Personal; empfehlenswert. ❷, AC ❸

P.V. Tower ⑬, Palochai Rd., ✆ 045-244703, 100 saubere, preiswerte Zi mit Du/WC und Balkon, ruhige Lage in einer Seitenstraße. ❷, AC ❸

Ratchathani ⑯, 229 Kuan Thani Rd., ✆ 045-244388, 5-stöckiges Gebäude mit Aufzug, 90 gute, sehr saubere Zi, zur Straße sehr laut; aufmerksames, freundliches Personal; guter Coffeeshop; bei Ausländern beliebt.. ❹, AC ❹

Sri Kamol ⑰, 26 Ubonsak Rd., ✆ 045-244039, 42 gute AC-Zi mit Warmwasser-Du/WC; Restaurant in 2. Etage. Macht einen guten Eindruck. ❸

Regent Palace Hotel ③, 265-271 Chayangkun Rd., ✆ 045-262920, 1 1/2 km nördlich vom Zentrum; gutes Hotel, große Zi, Restaurant, Coffeeshop und Musikbar; freundlicher Empfang. Gutes Preis-Leistungs-Verhältnis. ❸

Ubonburi Resort ⑳, ✆ 045-266777, sehr schönes, gepflegtes Luxusresort, großer Park mit Teichen und Pool, sehr saubere, geräumige AC-Zi mit Kühlschrank und Du/WC, Familien-Bungalows, kein Verkehrslärm; Restaurant, kleiner Shop, sauberer Pool. Für das Gebotene sehr günstig. ❹

Warin

River Moon Gh. ㉑, 21 Sisaket 2 Rd., Warin, ✆ 045-286093, das einzige Guesthouse weit und breit, allerdings in die Jahre gekommen, 400 m vom Bahnhof, 5 Holzhäuser mit je 4 Zimmern und 1 Du/WC, schattiger Hof, gute Traveller-Atmosphäre, Sauberkeit gerade noch ok; Frühstück, Wäscheservice, Internet, viele Infos, großes Tourenangebot; freundlicher Besitzer, spricht gut Englisch, gibt viele Tipps für Tripps nach Laos und Kambodscha. Minibus (Warin–Ubon) hält vor dem Haus. ❶

Sri Kuhlab Hotel Warin ㉒, 1-23 Kasaemsuk, Warin, ✆ 045-266442, 39 Zi mit Du/WC, nicht besonders sauber. ❷, AC ❸

Essen und Unterhaltung

In Ubon gibt es viele Restaurants mit sehr gutem, preiswertem Essen. Gute **Essenstände** werden am Abend am Markt beim Sri Isan Hotel, beim **Municipal Market** im Norden bei den Hotels und beim Park aufgebaut.

Beste Entengerichte serviert das **Sam Chai Restaurant**, zudem Kaffee und Frühstück, 🕓 bis 18 Uhr.

Das **Indochine Restaurant** in einem schönen Holzhaus serviert leckeres vietnamesisches Essen, vor allem zur Mittagszeit, 🕓 bis 18 Uhr.

Das **Kai Dee Restaurant** soll das beste chinesische Restaurant der Stadt sein.

Das kleine **Sincere Restaurant** hat nur 4 Tische, der Chef hat in Pattaya gelernt, französische und andere europäische Gerichte zu kochen, 🕓 bis 22 Uhr. Im **GJ Pizza Restaurant** gibt es neben Pizza auch Eis.

Das Gartenrestaurant **Pon Yang Kam** serviert u. a. Steaks und ist besonders für Familien mit Kindern geeignet; es liegt 4 km nördlich der Stadt in der Nähe des Bus Terminals.

Das **Eiscafé** in der Chawalanai Rd. ist sehr sauber und preiswert (gelbes Thai-Schild mit Kuh).

Tops Bakery hat Gebäck und leckere Snacks, 🕓 ab 10 Uhr; Kaffee holt man oben.

Swensen's macht super Eisbecher.

Abends wird im Stadtpark für die Einheimischen Tanz, Musik etc. geboten.

Sonstiges

Feste

Zu Vollmond im Juli/Aug wird 3 bis 4 Tage lang das **Candle Festival** gefeiert. Künstlerisch gestaltete, etwa 2 m hohe Kerzen und weitere religiöse und mythische Figuren aus Bienenwachs werden in nächtlichen Prozessionen durch die Stadt getragen oder gefahren und schließlich in die Tempel gebracht. Begleitet wird das Fest durch religiöse Zeremonien, Theateraufführungen, Volkstänze und Miss-Wahlen. Es findet um den 16.8.2008 und 6.8.2009 statt.

Geld

Geldwechsel ist am Wochenende möglich bei **Asia Souvenir** (bzw. bei **Otani** daneben), 🕓 8–20 Uhr, So bis 16 Uhr.

Informationen

TAT Tourist Office, 264/1 Kuan Thani Rd., ✆ 045-243770, ✉ tatubon@tat.or.th, 🕓 tgl. 8.30–16.30 Uhr. Hilfsbereites Personal. Die grüne

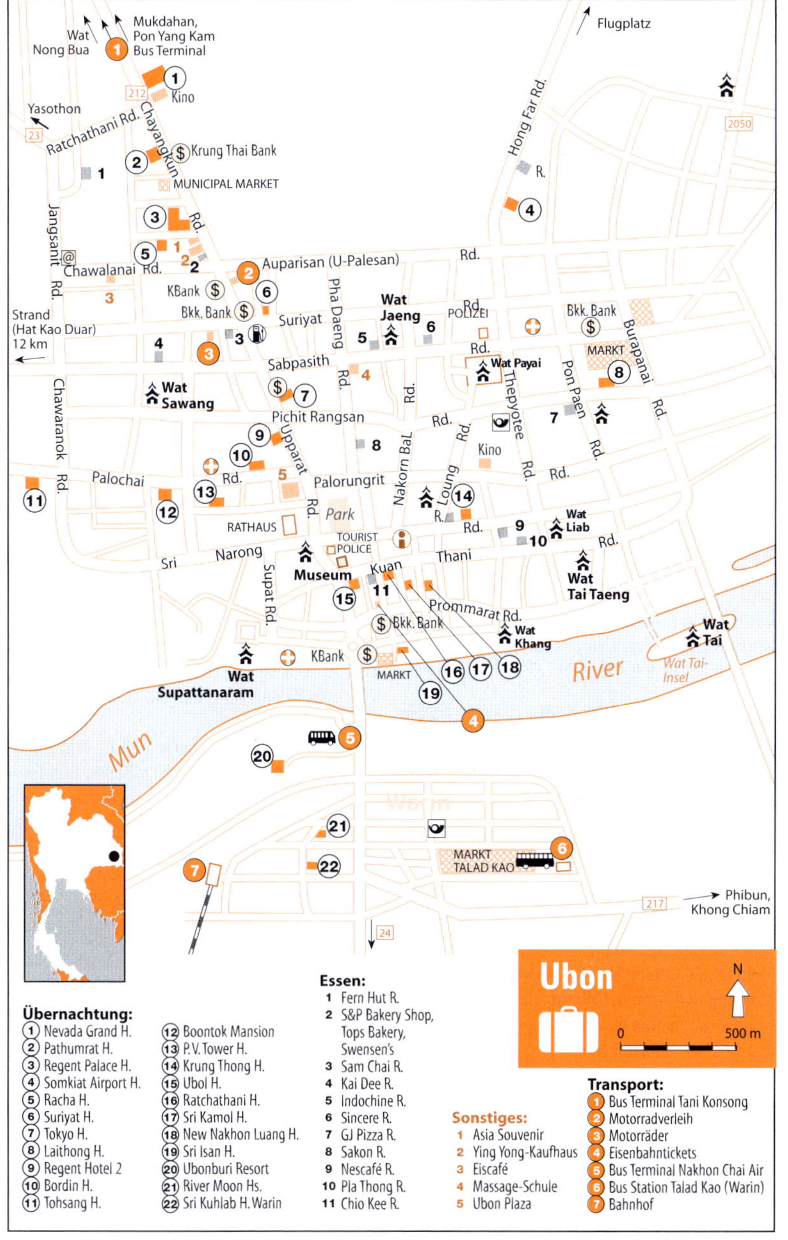
Ubon
N
0
500 m
Wat Nong Bua
Mukdahan, Pon Yang Kam Bus Terminal
Flugplatz
Yasothon
Ratchathani Rd.
Chayangkun Rd.
Kino
Krung Thai Bank
MUNICIPAL MARKET
Hong Far Rd.
R.
Jangsanit Rd.
Chawalanai Rd.
Auparisan (U-Palesan) Rd.
KBank
Bkk. Bank
Strand (Hat Kao Duar) 12 km
Suriyat Rd.
Pha Daeng Rd.
Wat Jaeng
POLIZEI
Bkk. Bank
Burapanai Rd.
MARKT
Sabpasith Rd.
Wat Payai
Thepyotee Rd.
Pon Paen Rd.
Wat Sawang
Chawaranok Rd.
Pichit Rangsan Rd.
Upparat Rd.
Kino
Palochai Rd.
Palorungrit Rd.
Nakorn BaL Rd.
Loung Rd.
Park
RATHAUS
TOURIST POLICE
Wat Liab
Sri Narong
Thani Rd.
Supat Rd.
Museum
Kuan
Wat Tai Taeng
Prommarat Rd.
Bkk. Bank
Wat Khang
Wat Tai
KBank
MARKT
Wat Supattanaram
River
Wat Tai-Insel
Mun
Warin
MARKT TALAD KAO
Phibun, Khong Chiam
212
23
2050
217
24
Übernachtung:
1 Nevada Grand H.
2 Pathumrat H.
3 Regent Palace H.
4 Somkiat Airport H.
5 Racha H.
6 Suriyat H.
7 Tokyo H.
8 Laithong H.
9 Regent Hotel 2
10 Bordin H.
11 Tohsang H.
12 Boontok Mansion
13 P.V. Tower H.
14 Krung Thong H.
15 Ubol H.
16 Ratchathani H.
17 Sri Kamol H.
18 New Nakhon Luang H.
19 Sri Isan H.
20 Ubonburi Resort
21 River Moon Hs.
22 Sri Kuhlab H. Warin
Essen:
1 Fern Hut R.
2 S&P Bakery Shop, Tops Bakery, Swensen's
3 Sam Chai R.
4 Kai Dee R.
5 Indochine R.
6 Sincere R.
7 GJ Pizza R.
8 Sakon R.
9 Nescafé R.
10 Pla Thong R.
11 Chio Kee R.
Sonstiges:
1 Asia Souvenir
2 Ying Yong-Kaufhaus
3 Eiscafé
4 Massage-Schule
5 Ubon Plaza
Transport:
1 Bus Terminal Tani Konsong
2 Motorradverleih
3 Motorräder
4 Eisenbahntickets
5 Bus Terminal Nakhon Chai Air
6 Bus Station Talad Kao (Warin)
7 Bahnhof

Karte der Stadt und Umgebung mit Buslinien ist super.

Internet

Der Shop an der Kreuzung Chawalanai Rd. und Jangsanit Rd. hat einen Wachmann, der aufs Bike aufpasst.

Massagen

In der Schule für traditionelle Massage, an der Ecke Sabpasith Rd. und Pha Daeng Rd., wird für 120 Baht/Std. gut massiert.

Motorräder

Bei **Chow Watana**, 269 Suriyat Rd., ✆ 045-242202, für 250 Baht/Tag plus 500 Baht Kaution gegen Hinterlegung des Passes, Pickups und PKWs für 1000–1500 Baht/Tag plus 5000 Baht Kaution (evtl. Visa-Card); 24 Std. Service.

Post

Auslandsgespräche sind bis 21 Uhr möglich.

Schwimmen

Der Hat Koo Duar-Strand liegt 12 km flussaufwärts am Mun River (Nordseite), zu erreichen mit Minibus Nr. 9 für 10 Baht.

Nahverkehr

Stadtbusse kosten 10 Baht, nach Warin etwas mehr, je nach Fahrtziel.

Transport

Busse

Terminals

Die Busse von Nakhon Chai Air nach Bangkok, Rayong und Chiang Mai fahren ab Terminal **Tani Konsong** und Terminal **Warin**, gleich nach der Brücke rechts. Die lokalen Busse Richtung Khong Chiam starten von der Bus Station **Talad Kao**, Warin. Diese ist ohne Thai-Kenntnisse nicht ganz einfach zu erreichen (z. B. mit Bus 3, dann durch den großen Markt gehen, dabei etwas rechts halten, oder mit Bus 9). Vom Bus Terminal Warin mit Tuk Tuk 70 Baht, Motorradtaxi 50 Baht. Vom neuen Bus Terminal **Tani Konsong**, 4 km nördlich der Stadt (mit Samlor oder Bus Nr. 2 = weiß und 3 = rosa zu erreichen), fahren alle anderen Busse ab.

Nach Bangkok

(679 km) 2.Kl. AC-Bus auf 3 Routen 33x tgl. für 385–423 Baht in 8–10 Std., AC-Busse auf 5 Routen 17x am Morgen und am Abend für 485 bis 607 Baht, VIP-24-Bus um 20 Uhr für 754 bzw. 803 Baht in 10–11 Std.
Weitere 9 VIP-Busse von Nakhon Chai ab Warin um 8.15 und 9.30 Uhr sowie von 19.30–21.30 Uhr für 607 Baht.

Nach Nord-, Zentral-Thailand und zur Ostküste

Nach Chiang Mai (1055 km) und Phitsanulok sowie Pattaya fahren AC-Busse von Nakhon Chai, 💻 www.nca.co.th.

Im Nordosten

Nach MUKDAHAN non-AC-Bus um 11, 12 und 13 Uhr für 85 Baht, AC-Bus von Sahamit Tour um 7.30 Uhr für 147 Baht.
Nach KORAT nachmittags mit non-AC-Bus für 162 Baht, AC-Bus für 289 Baht, VIP-Bus für 479 Baht.
Nach NANG RONG (für Prasat Phanom Rung) non-AC-Bus 98 für 118 Baht.
Nach KANTHARALAK non-AC-Bus stdl. für 42 Baht.
Nach KHONG CHIAM zuerst mit Bus 1459 (fährt alle 30 Min. bis 16 Uhr) bis zum Bandu Bus Ter-

Grenzübergang nach Laos

Chong Mek (bei Ubon) – Vangtao, 🕓 8–16 Uhr, Visa on Arrival (s. S. 85). An Wochenenden und Feiertagen werden auf beiden Seiten Overtime-Gebühren verlangt.
Die staatseigene Transport Co. führt gemeinsam mit der staatlichen laotischen Busgesellschaft einen grenzüberschreitenden Busverkehr durch. Von **Ubon** nach **Pakse** fährt der *Thai-Lao International Bus* 4x tgl. Ein Ticket für die 138 km lange einfache Fahrt kostet 200 Baht. Am laotischen Grenzposten den Einreisestempel kontrollieren. Empfehlenswertes **Gästehaus** in Pakse: Sabaydy 2 Gh., schönes Kolonialhaus. ❶, AC ❷

minal in Phibun für 35 Baht, zur anderen Bus Station an der Brücke mit Tuk Tuk für 25 Baht, wo große Songthaews bzw. Bus 4328 alle 30 Min. bis 15 Uhr nach Khong Chiam (34 Baht) abfahren. Der direkte non-AC-Bus um 9, 12 und 13 Uhr für 62 Baht fährt nicht immer (sicherer ab Warin).

Von PHIBUN nach CHONG MEK an der Laos-Grenze alle 30 Min. bis 16 Uhr für 34 Baht.

Weitere Busse nach SAKON NAKHON für 134 Baht (AC 245 Baht), UDON THANI für 182 bzw. 200 Baht (AC 255 bzw. 330 Baht), NAKHON PHANOM für 144 Baht (AC 239 Baht), THAT PHANOM für 108 Baht (AC 196 Baht), YASOTHON für 55 Baht, KHON KAEN für 139 Baht (AC 245 Baht).

Eisenbahn

Fahrplan „Northeastern Line" s. S. 884.

Der Bahnhof liegt 5 km südlich auf der anderen Seite des Flusses, mit Bus Nr. 2 zu erreichen (10 Baht).

7 Züge tgl. von BANGKOK über Korat in 10–13 Std. ab 371 / 245 Baht in der 2. / 3. Klasse, Schlafwagen führt nur der *Express* 67 mit den neueren koreanischen Wagen um 20.30 Uhr (Ankunft 6.35 Uhr), der als *Express* 68 um 18.30 Uhr zurück nach Bangkok fährt, Ankunft 5.25 Uhr.

Von KORAT eignet sich am besten der *Rapid* 135 um 12.12 Uhr, nach Korat die *Rapid* um 8.45 und 15.05 Uhr (Ankunft 14.50 bzw. 20.46 Uhr).

Flüge

Von und nach BANGKOK (DMK) mit **Thai Airways** 3x tgl. für 2695 Baht.

Air Asia fliegt 1x tgl. von/nach BANGKOK für 399–999 Baht plus Gebühren von ca. 700 Baht.

Die Umgebung von Ubon

Im Südwesten von Ubon liegt das berühmte Waldkloster **Wat Nong Pa Pong**. Auf dem H2178 etwa 15 km fahren, dann 2 km nach rechts. Zu erreichen mit dem rosa Stadtbus Nr. 3.

Ebenfalls im Südwesten, näher am Mun-Fluss, liegt das **Wat Pa Nana Chart**. Das von einem Abt aus Australien geleitete und von westlichen Mönchen bewohnte Kloster wird auch Wat Farang genannt. Die mönchischen Vorschriften werden hier äußerst genau eingehalten. Auf dem H226 geht es nach etwa 12 km gegenüber vom Dorf Bung nach rechts.

Eine der beiden Busrouten nach Si Saket führt vorbei; in Bung Wai aussteigen (7 Baht) und 2 km zu Fuß weiter. Oder mit dem gelben Stadtbus Nr. 7 bis zur Kreuzung hinter dem Warin Hospital (6 Baht), dann weiter mit Songthaew (ca. 10 Baht).

Khong Chiam โขงเจียม

Die kleine, saubere Stadt liegt am Zusammenfluss von Mekong und Mun. Besonders schön sieht der „zweifarbige Fluss" vom Aussichtspavillon hinter dem Tempel vor Sonnenuntergang aus: lehmig-braun der Mekong, grünlich-klar der Mun.

Aus dem Mun schauen bei Niedrigwasser malerisch Felsen heraus. Bootfahren auf den Flüssen ab 20 Baht.

Das **Wat Tham Khuha Sawan** neben dem Aussichtspunkt (2,5 km Richtung Phibun), der alten Buddhastatue und der 3-stöckigen Pagode mit der herrlichen Aussicht wirkt zunächst unscheinbar, entpuppt sich aber als Kleinod. In der Vorhalle des Tempels sitzen unter überhängenden Felsen 8 vergoldete Buddhastatuen. Das Tempelinnere ist dem Mönch Long Pu Kam Kanung gewidmet, der 1988 mit 92 Jahren verstarb. Sein einbalsamierter und vergoldeter Körper liegt in einem hoch aufgebahrten, gläsernen Schrein. Von hier kann man zur **Haew Sin Chai-Höhle** beim gleichnamigen Wat (2,6 km) und zum **Kaeng Tana Rapids National Park** wandern (3,3 km, wenig berauschender Blick auf die Stromschnellen).

Per Mietmotorrad für 150 Baht lassen sich nette Ausflüge in der Umgebung machen. Mit dem Tagesausflug nach **Pha Taem** lohnt sich Khong Chiam durchaus für mehrere Tage.

Übernachtung

Mangkhon Gh., ✆ 081-3120249, ✉ komanee@yahoo.com, 30 günstige, saubere Zi mit Fan oder AC in einem großen Holzgebäude in der Nähe

Ein Abstecher nach Laos

Longtail-Boote setzen Thais und Ausländer für 100 Baht über den Mekong nach Laos über. An der laotischen Polizeistation zahlen Ausländer 50 Baht. Auf dem Markt in dem kleinen Dorf kann man u. a. billige Zigaretten, gepanschten Whisky und süßen chinesischen Wein kaufen. Fotografieren und Filmen ist offiziell nicht erlaubt.

der Bus Station, freundliches, Englisch sprechendes Personal, Fahrräder und Motorräder zu vermieten. ❷, AC ❸–❹

Pio Gh., ✆ 045-351194, 50 m von der Bus Station; großes Stein-Holz-Haus, in dem vor allem Thais übernachten; gute, große Zi mit Matratzen und Fan, unten mit Du/WC; der freundliche Besitzer spricht Englisch. Motorrad 150 Baht. ❷

Ban Rim Khong Resort, ✆ 045-351101, 600 m von der Bus Station; oberhalb der schwimmenden Restaurants, gepflegte Anlage mit 6 schönen AC-Holzbungalows zwischen üppigen Büschen, große Terrassen, z. T. mit Blick auf den Mekong. Restaurant nur mit Thai-Essen, Bestellungen nur auf Thai möglich. Schön zum Ausspannen. AC ❹

Khong Chiam Marina Resort, an der Abzweigung des H2222 vom H2134, ✆ 045-351011, 9 Zi mit Du/WC und Fan im Reihenhaus, 5 Bungalows mit AC, alle mit schöner Sicht auf den Mekong; Restaurant mit Aussicht auf den Zusammenfluss. ❸

Ban Mae Fa Pu Mun, ✆ 045-351326, einige wunderschöne Holzhäuschen auf Pfählen am Fluss, rechts neben der Brücke. AC ❹

Außerhalb

Tohsang Khongjiam Resort, 68 Mu 7 Ban Huai Mak Thai, ✆ 045-351174, 💻 www.tohsang.com; südlich vom Mun am Mekong, Zi mit Flusssicht. ❻–❽

Sanam Chai Gh., Warin–Phibun Rd., Phibun Mangsahan, ✆ 045-441289, am H217, 22 Zi, Restaurant. ❷–❸

Essen

Baan Rim Khong, Restaurant direkt am Zusammenfluss der beiden Flüsse. Seafood und Isarn-Essen bester Qualität zu nicht überhöhten Preisen.
Weitere Flussrestaurants an der gleichen Stelle und Floating Restaurants zu etwas höheren Preisen auf dem Fluss. Die Restaurants an der Promenade ragen nicht heraus.
Im **Samsaeng Restaurant** rechts von der Polizei an der Uferpromenade wird gut chinesisch gekocht.

Transport

Busse von UBON ab der Bus Station Warin nach PHIBUN (35 Baht), mit Tuk Tuk zur Songthaew-Station (25 Baht), umsteigen nach Khong Chiam (34 Baht) bis 15 Uhr. Zurück nach UBON alle 30 Min. bis 15.30 Uhr.
Direkt nach BANGKOK AC-Bus um 7 Uhr und von 16–19 Uhr für 438 bzw. 564 Baht in 11 Std.
Wer ein eigenes Fahrzeug hat, kann mit der Fähre südlich des Ortes über den Mun setzen (eine Brücke ist im Bau) und eine alternative Strecke nach PHIBUN (30 km) fahren.

Pha Taem ผาแต้ม

Eindrucksvolle prähistorische Felszeichnungen liegen im Osten Thailands hoch über dem Mekong im **Pha Taem National Park** (400 Baht Eintritt, die sich lohnen). Die Straße von Khong Chiam (23 km) endet am Parkplatz am Rand der kahlen Kliffs.

Von oben hat man eine schöne Aussicht über den Mekong nach Süd-Laos. In 10 Minuten steigt man zunächst über Stufen nach Pha Taem (auch *Patam*) hinunter. Unter überhängenden Felsen sind auf 100 m Länge und 3 m Höhe etwa 300 Zeichnungen in braunen und roten Farben (eine Art Hämatit) gemalt, darunter 10 Menschen, 31 Tiere, 32 Werkzeuge und Gefäße (Reusen) sowie 200 Hände (vorwiegend als Negativ). Der Elefant gleich am Anfang beeindruckt sehr.

Recht realistisch gemalt ist der *Pla Beg*, der riesige Wels aus dem Mekong, der mit über

200 kg als größter asiatischer Süßwasserfisch gilt. Die Gemälde sollen 3000–4000 Jahre alt sein. Sie sind eingezäunt und am besten von Podesten aus zu betrachten. Am Morgen liegen die Zeichnungen in der Sonne, sodass die Farben schlecht zu erkennen sind.

Nach weiteren 10 Minuten Spaziergang Richtung Süden erreicht man die Gemälde von **Pha Mon**. An der zweiten, kleinen „Gemäldegalerie" sind 12-mal Menschen dargestellt (sie sehen wie Tänzer aus) und einmal ein Mensch zwischen zwei Tieren (ein Bauer?), außerdem wieder Hände (als Positiv). Auf den Felsen an der Schlucht sollten nur Schwindelfreie herumklettern.

Vom Aussichtspunkt über dem Mekong ist das Fotografieren nach 14.30 Uhr am besten. Sehr schön ist der Campingplatz unter schattigen Bäumen, wo auch Tische und Sitze stehen; sauberes WC.

Auf der Zufahrtsstraße 1,5 km zurück liegen rechts die pilzförmigen Felsen von **Sao Chaliang.**

Nördlich von Pha Taem (beim Dorf Na Phoklang vom H2112 nach rechts abbiegen) findet der Naturfreund den **Dong Natham Forest**. Schöne Wasserfälle (Sept–Dez), Aussichtspunkte über den Mekong, Felsskulpturen, Höhlen und weitere prähistorische Felszeichnungen lassen sich bei einer 1- bis 2-Tages-Wanderung durch den vielfältigen Wald entdecken. Zuvor in Ubon beim TAT das Faltblatt besorgen.

14 km weiter den H2360 entlang, im Dorf **Na Pho Klang**, fährt man zweimal rechts und gelangt zur Höhle **Par Tiharn** sowie nach 11 km zum Wasserfall **Tung Na Muang**.

Gleich davor führt rechts eine Piste 3 km zum Wasserfall **Saeng Chan**. Auch hier ist die Beschilderung sehr spärlich und nur auf Thai. Zudem ändert sich der Name des letzten Falls je nach Schild: erst *Saeng Chan,* dann *Ru Phan Daem* und schließlich *Tha Lang* – im Volksmund heißt er *Lai Long Ru.*

Um diese Attraktionen zu finden, braucht es etwas Spürsinn.

Mit dem eigenen Fahrzeug nach Norden

Mit dem eigenen Fahrzeug folgt man immer dem kaum befahrenen H2112 bis **Khemmarat** (105 km), unterwegs gibt es kein Essen und keinen Sprit, aber im Ort das Simunkon Gh. (Schild in Thai) gegenüber vom Internet-Shop, ❶.

Weiter geht es auf dem H2034 bis Mukdahan (109 km).

Wer mit Bussen diese ländliche Route bis That Phanom nehmen will, sollte so früh wie möglich abfahren, da die Anschlussbusse nur vormittags fahren.

Transport

Von UBON nach Pha Taem sind es 91 km:

Auf dem H217 nach Osten (43 km), bei Phibun Mangsahan über die Brücke und auf dem H2222 nach Khong Chiam (30 km).

Ab KHONG CHIAM ist Pha Taem gut ausgeschildert (20 km). An der letzten Abzweigung hält gegen 15 Uhr ein Bus Richtung Khong Chiam.

Am einfachsten mietet man sich in KHONG CHIAM ein Motorrad (150 Baht) oder Tuk-Tuk (600 Baht).

Mit dem Fahrrad sollte man 1 1/2 Std. Anfahrt einplanen, da es ab und zu bergauf geht.

Prasat Khao Phra Viharn
ปราสาทเขาพระวิหาร

Die gut erhaltenen und wirklich sehenswerten Khmer-Ruinen (auf Khmer: Preah Vihear) liegen 600 m von der Thai-Grenze entfernt in Kambodscha auf einem Felsen, der jedoch von Thailand aus besser zugänglich ist. Der ehemalige **Shiva-Schrein** aus dem 9. Jh. ist weitgehend zerstört, enthält aber herrliche Steinmetzarbeiten und Gebäude aus dem 11. Jh., zum Teil im Angkor-Stil. Er wird von den Thais als Wallfahrtsort vor allem an Wochenenden in Scharen besucht. An klaren Tagen kann man von den 500 m hohen Felsen **Poey Ta Di** weit bis nach Kambodscha hinein auf eine ernüchternde, brandgerodete Landschaft blicken.

Ein Visum oder Pass ist nicht notwendig. Der Eintritt für Ausländer beträgt US$5 = ca. 200 Baht, zahlbar am Tempel. 🕒 ab 7 Uhr. Schlitzohrig haben die Thais einen winzigen Nationalpark kurz davor angelegt, für dessen Durchquerung sie 400 Baht verlangen.

Man benötigt mindestens 2 Std. für einen vollständigen Rundgang, möglichst die kühlen Morgenstunden nutzen. Getränke gibt es unterwegs zu kaufen. Die Grenze ist bis 16 Uhr geöffnet. Auf eigene Faust kostet der gesamte Ausflug ab Ubon ca. 700 Baht p. P. Nachdem die Minen geräumt sind, wird ein neuer Zugang von der Provinz Si Saket her geschaffen. Die Anreise ist wegen der guten Infrastruktur weiterhin ab Ubon zu empfehlen. Die Kasikorn Bank in der Kleinstadt Kantharalak (33 000 Einwohner) wechselt Geld.

30 km vor Khao Phra Viharn liegt im netten, kleinen Ort Khun Han der Tempel **Wat Laan Khwad** (vom Kreisverkehr 3 Min. Richtung Westen gehen). Nicht nur die Mauer und die Tempelgebäude, sondern auch der Glockenturm, die Verbrennungsöfen und sogar Toiletten wurden aus alten Flaschen und Flaschendeckeln errichtet. Sehr sehenswert!

3 km nördlich von Kantharalak liegt ein **Sri Sa Asoke Buddhist Temple** (Schild an der Straße, 1 km zu gehen). An seiner Einfahrt steht eine Miniatur-Nachbildung vom Khao Phra Viharn.

Übernachtung

In Kantharalak gibt es ein in Englisch beschriftetes **Hotel** mit sehr niedrigem Standard, aber für eine Nacht ok, ❷; sowie das **Kantaluk Palace Hotel**, ✆ 045-661085, mit 10 guten, geräumigen Zimmern, nach hinten ruhig, Frühstück im Restaurant gegenüber, ❸.
Ein weiteres billiges Hotel ist nicht zu empfehlen.

Transport

Direkt aus BANGKOK mit 2. Kl. AC-Bus um 21.30 Uhr für 345 Baht, zurück um 20.30 Uhr.
Busse fahren stdl. aus UBON (42 Baht) und aus SI SAKET (23 Baht, Hotels ❷–❹) nach Kantharalak. Ab Kantharalak-Markt (50 m neben der Bus Station) mit dem Songthaew direkt bis KHAO PHRA VIHARN (42 Baht), zurück per Motorradtaxi (150 Baht). Eine Strecke dauert ca. 2 Std.
Alternativ ab Kantharalak Bus Station gleich mit dem Motorradtaxi für 300 Baht (dafür wartet der Fahrer etwa 2 Std.).

Die Ostküste

Stefan Loose Traveltipps

Chantaburi Beim Schleifen von Edelsteinen zusehen. S. 533

11 Ko Chang und die umliegenden Inseln Die Bilderbuchstrände der Inselwelt werden von Kokospalmen und dschungelbedeckten Bergen gesäumt. S. 538

Bang Bao Das Leben in einem Pfahldorf miterleben. S. 554

Ko Mak In einer Hängematte die Seele baumeln lassen. S. 557

Die Ostküste Thailands erstreckt sich über die Provinzen Rayong, Chantaburi und Trat bis hinunter nach Hat Lek an der kambodschanischen Grenze. Da die Strände der Ostküste am nächsten zu Bangkok liegen, wurden sie hauptsächlich für den einheimischen Wochenend-Tourismus entwickelt. Westliche Reisende trifft man fast nur auf der Durchreise nach Kambodscha, beim Visa-Run oder im Ko Chang-Archipel. Ko Chang, die zweitgrößte Insel Thailands, hat für jeden etwas zu bieten, von der einfachsten Bambushütte bis zum luxuriösen Hotelschiff. Doch das richtige Insel-Feeling vermitteln die kleineren Inseln an der Peripherie.

Touristisch erschlossen, aber noch kaum von Westlern entdeckt, sind die unter der Woche recht einsamen Strände der Provinz Chantaburi. Auch das Hinterland mit seinen Nationalparks und Wasserfällen hat einiges zu bieten. Ausführlichere Informationen zu diesem Gebiet findet man im Stefan Loose Travel Handbuch *Thailand der Süden*.

Wer ein beschauliches Städtchen sucht, in dem man einiges besichtigen, bummeln oder stilvoll essen gehen kann, wird sich in Trat wohlfühlen.

Ban Phe บ้านเพ

Von dem geschäftigen Fischerort Ban Phe, 18 km östlich von Rayong, fahren die Boote nach Ko Samet, Ko Thalu und Ko Kudee ab. Hier gibt es einige Restaurants, Hotels und viele Geschäfte mit Muschelschmuck. An den Obstständen sollte man sich vor der Überfahrt eindecken, denn auf Ko Samet ist das Essen sehr teuer.

Bungalowanlagen ❸ stehen für Touristen bereit, die das letzte Boot nach Ko Samet verpasst haben. In der Seitenstraße der Reisebüros gibt es einige Gästehäuser ❶ und Hotels ❷ für den Notfall.

Transport

Busse

Nach BANGKOK (196 km) fahren AC-Busse jede Std. von 8–18 Uhr für 175 Baht in 3 1/2 Std. Die Rückfahrt am besten gleich nach Ankunft in Ban Phe reservieren. Von der Khaosan Rd. Minibusse um 8.30, 9.30 und 14.30 Uhr für 250 Baht (inkl. Boot). Achtung: Vom Minibus von Sea Horse ist abzuraten, die Rückfahrt ist nur ab Ao Wongduan möglich.

Von PATTAYA mit dem Minibus von **Malibu Travel** um 7.30, 11.30 und 15.30 Uhr, zurück um 8.30, 12 und 16 Uhr für 580 Baht (Bus und Boot plus 400 Baht Nationalpark-Eintritt) oder alles zusammen plus Mittagessen am Wongduan Beach für 900 Baht.

Nach LAEM NGOP (für Ko Chang) in der Saison ein Minibus um die Mittagszeit für 340 Baht (Tickets bei den Reisebüros).

Songthaews ab RAYONG 25 Baht.

Boote

Ab Ban Phe fahren von 8–17 Uhr jede Std. Passagierboote nach KO SAMET zum Na Dan-Pier und zu den Stränden für 70–150 Baht. Sie warten aber, bis ausreichend Passagiere da sind.

Ko Samet เกาะเสม็ด

Die Insel gehört zum Khao Laem Ya-Samet National Marine Park und kostet 400 Baht Eintritt. Sie ist etwa 6 km lang und zwischen 400 m und 1000 m breit, die Hügelkette erreicht Höhen bis zu 125 m. Entlang der Ostküste zieht sich eine Reihe langer, weißer Sandstrände, die durch flache Granitbänke und baumbestandene Felsenkaps unterteilt werden. Bei Flut und hohen Wellen wird manchmal der ganze Strand überspült. Nach Süden hin verdrängen Steine immer mehr den Sand, die Felsenküste wird unterbrochen von halbmondförmigen Buchten. Am südlichen Ende tritt man aus dem Buschwald auf eine ziemlich kahle Landspitze, vor der viele Felsen aus dem Wasser ragen.

Die Westküste besteht vor allem aus Klippen, die sich dem Wind und den Wellen entgegenstellen, von der Sonne gebleichtes Treibholz sammelt sich in Felsnischen. Nur ganz im Norden locken ein paar Sandstrände. An Wochenenden und in den Ferien wird Ko Samet geradezu überschwemmt von bis zu 10 000 Ausflüglern aus Bangkok, die allerdings vorwiegend im Nordosten der Insel bleiben. Ausländer, die in Thailand

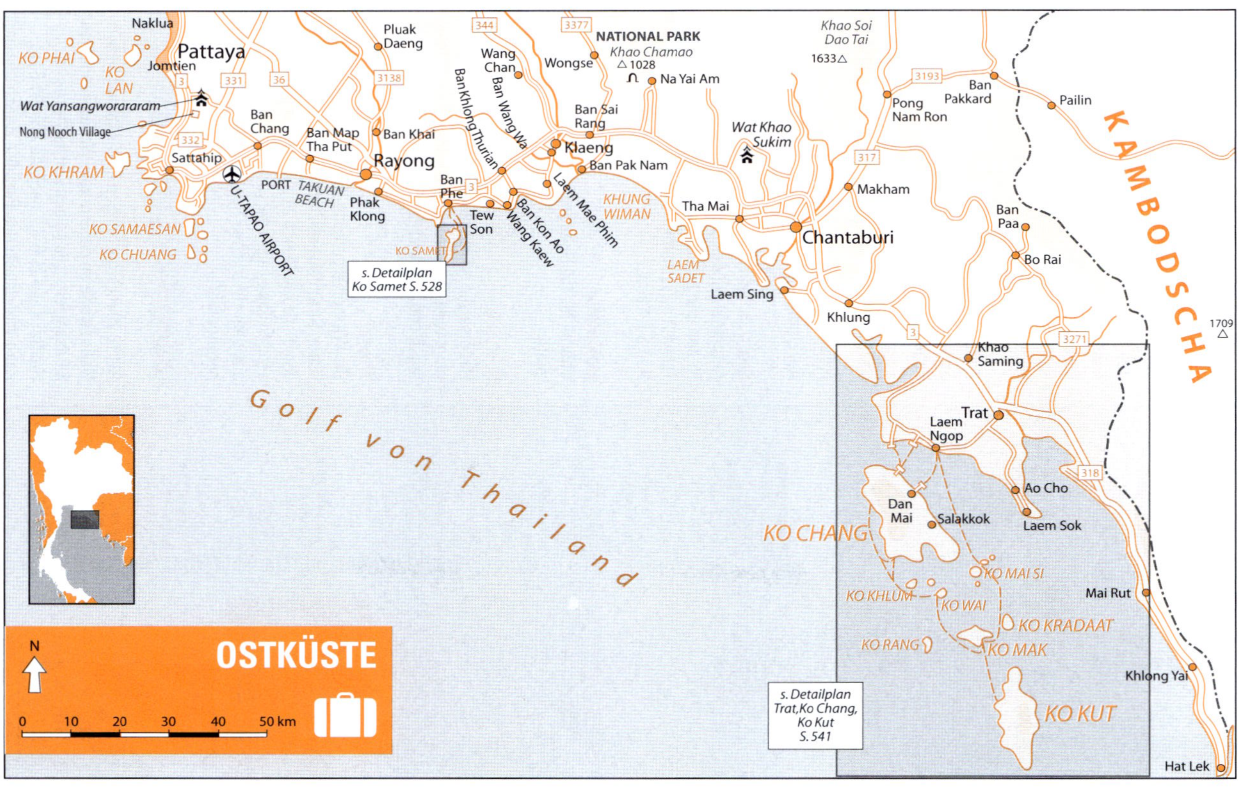
OSTKÜSTE
N
0 10 20 30 40 50 km
KAMBODSCHA
Golf von Thailand
Naklua
Pattaya
Jomtien
KO PHAI
KO LAN
Wat Yansangwoararam
Nong Nooch Village
KO KHRAM
Sattahip
KO SAMAESAN
KO CHUANG
U-TAPAO AIRPORT
PORT
TAKUAN BEACH
Ban Chang
Ban Map Tha Put
Pluak Daeng
Ban Khai
Rayong
Phak Klong
Ban Phe
KO SAMET
s. Detailplan Ko Samet S. 528
Tew Son
Ban Khlong Thurian
Ban Wang Wa
Wang Chan
Ban Kon Ao
Wang Kaew
Laem Mae Phim
Wongse
Klaeng
Ban Sai Rang
Ban Pak Nam
NATIONAL PARK
Khao Chamao
1028
Na Yai Am
KHUNG WIMAN
Tha Mai
LAEM SADET
Wat Khao Sukim
Khao Soi Dao Tai
1633
Chantaburi
Laem Sing
Makham
Khlung
Pong Nam Ron
Ban Pakkard
Pailin
Ban Paa
Bo Rai
1709
Khao Saming
Trat
Laem Ngop
Dan Mai
Salakkok
Ao Cho
Laem Sok
KO CHANG
KO MAI SI
KO KHLUM
KO WAI
KO KRADAAT
KO RANG
KO MAK
KO KUT
Mai Rut
Khlong Yai
Hat Lek
s. Detailplan Trat, Ko Chang, Ko Kut S. 541
3
331
36
332
3138
344
3377
3
317
3193
3
3271
318

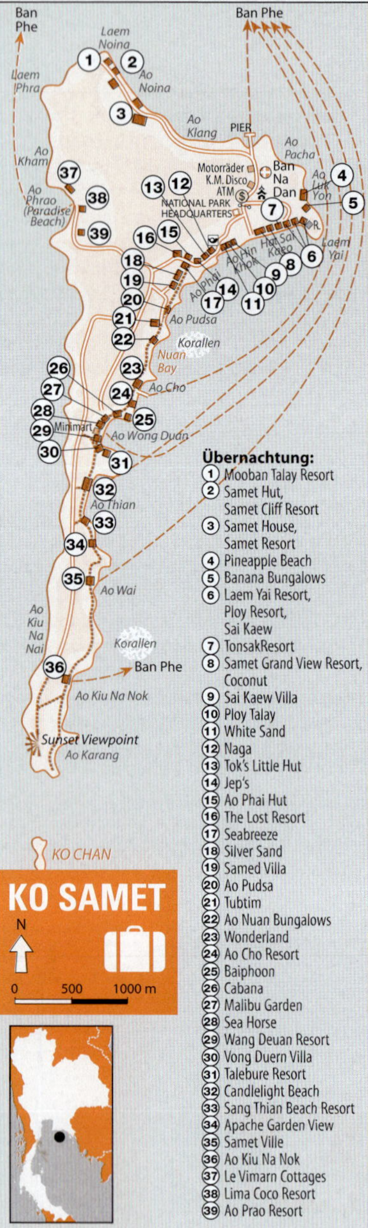

leben und arbeiten, kommen gern für ein paar Tage hierher.

Die meisten Boote kommen am Pier im Norden an, wo sich der Hauptort **Ban Na Dan** befindet. Hinter dem Wat steht die Statue eines 12 m hohen, sitzenden Buddha. In 10 Minuten kommt man leicht zu Fuß zum Hat Sai Kaeo. Weitere Informationen unter 💻 http://www.dnp.go.th/park reserve/asp/style1/default.asp?npid=205&lg=2.

Ausflüge werden zu den Nachbarinseln Ko Kudee (400 Baht Eintritt) und Ko Thalu sowie zum Schnorcheln an Korallenriffen oder zum Fischen angeboten.

Sonstiges

Eintritt

Am Eingang zum Nationalpark 400 Baht.

Geld

Automaten finden sich am 7eleven am Pier in Nadan und zwei andere in der Nähe von 7eleven außerhalb des Nationalparkeingangs in Had Sai Kaew.

Motorräder

Überall für 150 Baht/Std. oder 500 Baht/Tag zu mieten.

Reisezeit

Hauptsaison ist von Nov bis März. Völlig überrannt wird der Nordosten der Insel an den Feiertagen und während der Ferien von Nov bis Mai.

Wasser

Die Wasserversorgung ist nur an den nördlichen Stränden gesichert, die über die Straße vom Paradise Beach zum Ao Hin Khok mit rasenden Tankwagen versorgt werden. Es wird aus dem künstlichen See in der Mitte der Insel herangefahren.

Nahverkehr

Bis zu 70 Pickups bringen die Gäste auf 3 km Naturstraße an die Strände. Wollen mindestens 8 Passagiere zum selben Ziel, kostet es nach Hat Sai Kaeo 25 Baht, nach Ao Phai 30 Baht, nach Wongduan, zum Paradise Beach und nach

Ao Thian 60 Baht. Charter kostet 170–300 Baht, zu den südlichen Stränden bis 700 Baht.

Transport

Ab BAN PHE (Anfahrt siehe dort) fahren Boote von Nuanthip von 8–17 Uhr jede Std. für 70 Baht zum Pier von Ban Na Dan, zurück jede Std. von 8–18 Uhr.
Nach WONGDUAN fahren Boote (mind. 7 Pers.) ab 8 Uhr für 85 Baht (plus 10 Baht für die Anlandung), zurück alle 2 Std. von 8.30–16.30 Uhr.
Weitere Boote (mind. 7 Pers.) fahren in der Saison zu den einzelnen Stränden, zurück alle 2 Std., z. B. AO WAI (150 Baht, letztes Boot zurück um 16 Uhr), AO KIU (150 Baht, letztes Boot zurück um 15.30 Uhr) und AO PHRAO (80 Baht, zurück nur um 9.30, 13.30 und 16.30 Uhr).
Ein Boot zu chartern kostet je nach Strand zwischen 1000 und 2000 Baht.

Ao Noina (Ao Wiang Wan)

Dieser nette Strand im Norden der Insel ist noch recht ruhig, aber auch sehr abgelegen. Die Aussicht geht aufs Festland. Für den Transport ist man auf Taxis angewiesen.

Übernachtung

The Beach House ①, ✆ 038-644205, 6 saubere Zi in einem großen Haus, manche mit Blick übers Wasser, freundliche Besitzer, steiniger Strand. ❺
Mooban Talay Resort ①, ✆ 081-8388682, ✉ info@moobantalay.com, 24 ästhetisch eingerichtete Luxus-Bungalows mit Open-Air-Dusche, teilweise direkt am Strand, angenehmes Pool-Areal. ❼

Hat Sai Kaeo

Der schöne, 1 km lange Strand im Norden der Ostküste wurde für Tages- und Wochenendausflügler hergerichtet. Hier soll es den weißesten Sand von ganz Thailand geben. Viele Thai-Gruppen schlemmen unter Palmen an langen Tischreihen in den Seafood-Restaurants. Auf dem Sand stehen Liegestühle in Viererreihen hintereinander. Teilweise wird der Strand völlig zugebaut. Während sich die Erwachsenen in Discos, auf Surfbrettern und Wasserscootern austoben, vergnügen sich die Kinder in Strandnähe mit zu Schwimmringen umfunktionierten Autoschläuchen. Während der Ferienzeit schlagen junge Thais ihre Zelte unter den Palmen am Strand auf.

Auf Fußwegen durch Müllkippen, Sperrmüll und giftigen Sondermüll erreicht man die Felsenbucht **Ao Luk Yon** am nordöstlichen Zipfel. Er erlaubt eine schöne Sicht auf die nördliche Küste und auf Inseln.

Hinter einer Felsenbarriere schließt sich nach Süden der 400 m lange Sandstrand **Ao Hin Khok**, einer der schönsten Ko Samets, an den Hat Sai Kaeo an. Schrottreife Tankwagen missbrauchen die Straße durch den Wald zwischen Strand und Bungalowanlagen als Rennstrecke.

Übernachtung und Essen

In **Ao Luk Yon**: **Pineapple Beach Resort** ④, ✆ 038-995505, 💻 www.pineappleresort.com, einsam gelegenes, nettes Resort mit großen Steinbungalows, Felsstrand mit kleinem Sandfleck. ❸, AC ❺
In **Ao Hin Khok** mischen sich Traveller und Bangkok-Studenten zu einem fröhlichen Party-Volk.
Naga ⑫, ✆ 038-644035, sehr einfache Bambusbungalows mit und ohne Fan und Gemeinschafts-Du/WC; eng am Hang jenseits der Straße hinter der Post, Videos den ganzen Tag. Bei gewissen Travellern recht beliebt. Kurse in Kickboxing. ❸
Tok's Little Hut ⑬, ✆ 038-644072, 38 eng stehende, recht geräumige Hütten mit Fan und Du/WC, Restaurant, Strandbar und Tische am Strand, freundliches Personal, keine Buchung möglich. ❸–❹
Jep's ⑭, ✆ 038-644112, 💻 www.jepbungalow.com, beliebteste Anlage am Strand, 50 verschiedenartige Bungalows am Hang, vorzügliches Restaurant und Bar am Strand, gute Musik, meistens Jazz. ❸, AC ❺

Ao Phai

Die Bucht von Ao Phai wird auch Bamboo Bay genannt. An dem mit vielen Kokospalmen bestandenen Strand mit dem feinsten Sand der Insel kann man Surfbretter und Segelboote mieten.

In fast allen Anlagen stehen die überteuerten Bungalows viel zu dicht aufeinander (gesetzlicher Mindestabstand ist 4 m). Jet-Skis flitzen am Strand entlang, gefährden die Schwimmer und verpesten die Luft.

An den Klippen entlang sind es 100 m zur **Pudsa-** und **Tubtim-Bucht**. An dem 100 m langen, feinen, weißen Sandstrand stehen viele Palmen und Laubbäume.

Vom **Ao Tubtim** führt ein schmaler Pfad über das Kap zum von Felsen durchsetzten, kleinen Sandstrand **Ao Nuan**. Hier liegt noch eine echte Travellerunterkunft.

Übernachtung

Die Resorts von **Ao Phai** sind nicht direkt am Strand, mittlerweile recht teuer und werden mit Disco-Musik beschallt.

Samed Villa ⑲, ✆ 038-644094, 081-4948090, 💻 www.samedvilla.com, am südlichen Ende des Strandes hinter dem Bach, schöne, komfortable Doppelbungalows mit Fan oder AC, einige Familienbungalows, Restaurant ohne Video; viele Infos und Preise für Touren hängen aus, Speedboot-Service, Schnorchelausrüstung 100 Baht; unter engagierter Schweizer Leitung, für Ko Samet günstige Preise. ❺

Ao Pudsa (Ao Tubtim): Tubtim Resort ㉑, ✆ 038-644025, 💻 www.tubtimresort.com, alteingesessenes Resort am südlichen Ende des Strandes, ältere Bungalows weiter hinten und schöne neue weiter vorn, beliebt bei Europäern und Thais aus Bangkok. Freundliches Management. ❹, AC ❺

Nuan Bay: Ao Nuan Bungalows ㉒, schöne, saubere und ruhige Anlage am Hang mit einer kleinen Badebucht, einfache, aber gute Holzbungalows mit und ohne Du/WC. Die freundliche Besitzerin spricht gut Englisch. Ein echter Lichtblick für Traveller. ❸–❹

Ao Wongduan

Die halbkreisförmige Bucht, in der zu viele Boote ankern, wird auch Full Moon Bay genannt. Am feinen Sandstrand wird tagsüber eine Liegestuhlparade aufgebaut, um die Bedürfnisse des gehobenen Publikums zu befriedigen. Restaurants, Souvenirläden und Imbissstände komplettieren den Eindruck eines ziemlich überlaufenen Strandes.

Eine Tauchbasis bietet Kurse und Tauchfahrten bis Ko Chang an, Windsurfer kosten 100 Baht pro Stunde. Eine Straße führt durch das Landesinnere zu den übrigen Stränden der Insel.

Über einen schmalen Felsrücken erreicht man von Ao Wongduan auf einem gut ausgetretenen Fußpfad den nördlich anschließenden Strand **Ao Cho**. In der südlichen Hälfte ist er mit Steinen übersät, der schönere Sandstrand im Norden ist recht schattig.

Übernachtung

Ao Wongduan

Malibu Garden Resort ㉗, ✆ 038-644020, ausgedehnte Anlage im Hinterland, hauptsächlich große Bungalows für Familien oder Gruppen, Pool. ❺–❻

Vong Duern Villa ㉚, ✆ 038-644260, 💻 www.vongduernvilla.com, geschmackvoll eingerichtete Bungalows in guter Lage am südlichen Ende des Strandes, Restaurant mit freundlichem Personal am Strand. ❹–❻

Ao Cho

Wonderland ㉓, ✆ 081-9968477, am nördlichen Strand, riesige Anlage mit 70 Bungalows, manche schmuddlig, manche renoviert, und 2 Restaurants; auf Touren und Thai-Gruppen eingerichtet; laute Gruppen und Barmusik. Am sonst sauberen Strand wird über Nacht viel Plastikmüll angespült. ❹, AC ❺–❻

Ao Cho Resort ㉔, ✆ 038-644070, 081-8654676, am südlichen Steinstrand, Anlage mit Hütten und Doppelbungalows, nicht sehr einladend; beeindruckende Rezeption und Bar; Speedboot-Service. ❹, AC ❺

Transport

Ab BAN PHE fahren Boote von Nuanthip (mind. 7 Pers.) ab 8 Uhr für 60 Baht (plus 10 Baht für Anlandung), zurück alle 2 Std. von 8.30–16.30 Uhr. Der Speedboot-Service von Ao Cho bietet Insel- und Schnorcheltouren für 180–250 Baht sowie *Sunset Tours* ab 16 Uhr, Transport nach Ban Phe für 50 Baht.

Die südlichen Strände

Ein 300 m langer Fußweg führt von Ao Wongduan über die Klippen zum großen Sandstrand **Ao Thian** (Lung Dam Beach). Der saubere Strand ohne Palmen wird von Felsbändern unterteilt. Das Wasser wird entweder aus Tiefbrunnen hoch gepumpt und ist brackig oder muss in Kanistern gekauft werden. Über den mit niedrigen Gehölzen bewachsenen Bergrücken gelangt man zum Sunset Point an der Westküste.

Der halbmondförmige Strand **Ao Wai** hat feinen, weißen Sand und urige Bäume, an den Seiten Felsen mit Korallen, schön zum Schnorcheln.

Am **Ao Kiu Na Nok** ist Ko Samet so schmal, dass man den Sonnenaufgang vom feinen Sandstrand, den Sonnenuntergang von der Felsenküste genießen kann. Beliebtes Ausflugsziel der Thais am Wochenende.

Am **Ao Karang** (Coral Bay) an der Südspitze gibt es vor allem schöne Felsen. Die Sicht beim Schnorcheln am nördlichen Riff beträgt nur 3–5 m. Malerisch wirkt die vorgelagerte Insel **Ko Chan** (Moon Island) mit den kahlen Granitflanken und den windzerzausten Bäumen.

Übernachtung

Ao Thian

Beide Anlagen gehören nicht zu den besten der Insel, haben aber eine gemütliche Atmosphäre.

Candlelight Beach ㉜, ✆ 081-2186934, große Anlage im Zentrum der Bucht, geräumige Holz- und Steinbungalows mit Fan oder AC, direkt am Strand, freundliches Personal. Restaurant. ❹, AC ❺

Sang Thian Beach Resort ㉝, ✆ 081-2959567, nette Bungalows mit Fan oder AC hoch oben in den Bäumen am Hang. ❹, AC ❺

Ao Wai

Samet Ville ㉟, ✆ 081-9495394, 💻 www.sametville.com; unterschiedlichste Unterkünfte für jeden Geschmack, sogar Zi in einem Boot. Management nicht zuvorkommend. AC ❺

Transport

Vormittags fährt ein Boot von Ao Thian nach BAN PHE und gleich wieder zurück.

Ab BAN PHE fahren Boote von Nuanthip (mind. 7 Pers.) zum Ao Wai und zum Ao Kiu, zurück alle 2 Std., letztes Boot um 16 bzw. 15.30 Uhr.

Paradise Beach (Ao Phrao)

An der Westküste gibt es nur diesen einen 250 m langen, schönen Sandstrand in einer von Felsen begrenzten, palmenbestandenen Bucht. Bei Ebbe kann er allerdings mit den Stränden an der Ostküste nicht mithalten, da er stark mit Steinen und Korallen durchsetzt ist. Hier treffen sich die VIPs Bangkoks in den luxuriösesten Resorts. Für Tagesgäste ist Ao Phrao am besten mit dem Boot oder zu Fuß von Ao Phai über den Berg (30 Min.) zu erreichen.

Übernachtung

Le Vimarn Cottages ㊲, ✆ 038-644104, Luxusanlage, Bungalows mit Meersicht; 50 m zum Riff, unter der Woche fast leer. ❽

Lima Coco Resort ㊳, ✆ 089-1057080, 💻 www.limacoco.com, 26 renovierte, gut ausgestattete Bungalows am Hang mit Meerblick; Restaurant. ❻

Ao Prao Resort ㊴, ✆ 038-644100, 💻 www.aopraoresort.com; Tauchresort am sauberen Strand, sehr gepflegte Anlage mit bestem Rundumservice; den Hang hoch ziehen sich Bungalows und einige Reihenhäuser, gepflegtes Restaurant, u. a. deutsche Speisekarte, Bar, Shop, Internet; gut geschultes Personal mit Niveau; Fr und Sa Live-Musik. Ao Prao Tauchschule, PADI 5 Sterne. Mountainbikes ab 100 Baht/Std. ❽

Transport

Ab BAN PHE fahren Boote von Nuanthip (mind. 7 Pers.) zum Ao Phrao für 70 Baht, zurück nur um 9.30, 13.30 und 16.30 Uhr.

Von Ban Phe nach Laem Mae Phim

Wer ein eigenes Fahrzeug und etwas Zeit hat, sollte hinter Ban Phe nicht auf den H3 zurückkehren, sondern an der Küste entlangfahren und erst bei Klaeng wieder auf den Highway stoßen.

Gleich hinter Ban Phe führt der H3145 durch einen 1500 m langen, schönen „Tunnel" von Kasuarinen *(Suan Son)*. Picknicktische und Imbissstände laden zum Verweilen ein, Spezialität ist gekochte Kokosnuss. Auf der 29 km langen Strecke nach Laem Mae Phim gibt es über 40 Bungalowdörfer und Hotels an verschiedenen, schön gelegenen Stränden. Thai-Kenntnisse sind von Vorteil. An Wochentagen ist ein Rabatt möglich.

Die meisten Strände werden nur von einheimischen Urlaubern besucht. Etwa 10 km hinter Ban Phe macht der H3145 einen Bogen durch ein Dorf. An der anschließenden Kreuzung mit dem H3192 nach rechts kommt man nach einem knappen Kilometer rechts zu einigen Reihenhauscondos an einem schönen Strand. Der berühmteste Strand ist **Wang Kaeo** (auch Vang Kaew, *Kristallpalast*), Eintritt 20 Baht, 17 km östlich von Ban Phe. Weiter östlich wird das Meer zunehmend sauberer. Hier entstanden mehrere luxuriöse Anlagen.

Am **Laem Mae Phim** gibt es für lange Zeit die letzte Gelegenheit, direkt am Meer zu essen. Viele nette Restaurants bieten Seafood an. Man kann Pferde mieten und am Strand entlang reiten. Boote fahren zu den vorgelagerten **Mun-Inseln** und zum Raya Island Resort. Dort gibt es eine Schildkrötenfarm. Der Laem Mae Phim-Strand ist bei Thais sehr beliebt. Am Wochenende kommen Tourbusse mit Jugendgruppen und viele Familien mit Kind und Kegel.

Übernachtung und Essen

Etwa 10 km östlich von Ban Phe: **Ban Phe Cabana**, ✆ 081-2114888, eine allgemein bekannte Luxusanlage.

Ban Tew Son, originelle Bungalows und Baumhütten, hübsch unter Kasuarinen verteilt; sehr harte Betten, herzliches Personal. Reservierung: ✆ 038-662725. ❸–❹

Wang Kaeo

17 km östlich von Ban Phe:

Suan Wang Kaeo, 204 Moo 2, Charkpong, Klaeng, ✆ 01-2111527. Auf einem weitläufigen, parkähnlichen Areal stehen an 3 kleinen Stränden sehr viele Bungalows mit 2–6 Betten und Fan oder AC. Ausgezeichnetes, teures Seafood!

Ruhige Anlage bei Ban Phe

Souan-Son-Beach-Resort, ✆ 038-647561, 081-8381781, 🖳 www.souan-son-beach.com, sehr angenehme, liebevoll gestaltete Anlage in ruhiger Umgebung, 1,1 km von der Straße entfernt, 28 Räume in Reihenhäusern und Bungalows um den Pool oder im Garten, Restaurant mit Thai- und exquisiten französischen Gerichten, Fahrräder vorhanden, Touren zum Fischen und Schnorcheln werden organisiert, geleitet vom engagierten Franzosen Eric und seiner Frau Sopha. AC ❺

Pickups fahren um 6, 8, 10 und 14.15 Uhr für 17 Baht von Ban Phe nach Wang Kaeo, ansonsten per Motorradtaxi oder Charter-Pickup für 150 Baht. ❹–❻

Hinsuei Namsai Resort, Hochhäuser auf dem Berg, schon von weitem erkennbar. Pool mit super Sicht auf Ko Thalu. ❹–❻

2 km östlich von Wang Kaeo, 7 km östlich von Ban Phe:

Pat Lodge, ✆ 038-638100, relativ preiswerte Bungalows im Dschungel am Meer in ruhiger Anlage. Unter der Woche kein Restaurantbetrieb. Empfehlenswert für Selbstversorger mit eigenem Fahrzeug während der Woche. ❸–❹

Ban Sai Kaew, 1 km weiter, Schild nur in Thai-Schrift, schöne, von Rhododendron überwachsene Häuser in gepflegtem Umfeld. ❹

Khung Wiman, Laem Sadet und Chao Lao Beach
คุ้ง วิมานแหลมเสด็จ

Die Küste in der Provinz Chantaburi ist durch tiefe Meeresarme zerklüftet, weshalb noch keine durchgehende Straße an ihr entlangführt. Einige Brücken sind jedoch schon errichtet, andere im Bau. Der nördlichste der erschlossenen Strände, der hellsandige **Khung Wiman**, ist ca. 100 m lang. Vom H3 geht es am KM 301,9 nach rechts auf den H3399, danach folgt man den Wegweisern etwa 18 km. 3 km vor Khung Wiman biegt ein Weg nach links zum Strand **Laem Sadet** ab, der noch weitgehend von Schatten spendenden Kasuarinen gesäumt ist. Eine Brücke verbindet ihn mit dem nächsten Strand, dem palmenbestandenen **Chao Lao Beach**.

Wer genug von westlichen Touristen hat und sich lieber unter Thais bewegt, ist an diesen Stränden bestens aufgehoben. Alle Anlagen sind auf Familien eingestellt. Kleine europäische Kinder werden hier sicher verhätschelt. Am Wochenende kann es recht betriebsam und auch teuer werden, umso ruhiger und billiger ist es unter der Woche. Die Gegend eignet sich hervorragend zum Fahrradfahren.

Wat Khao Sukim วัดเขาสุกิม

Wat Khao Sukim ist ein modernes Kloster von riesigen Dimensionen. Ein vierstöckiges Klostergebäude, viele Museums- und Versammlungshallen, wertvolle Antiquitäten, unglaublich lebensechte Nachbildungen ehemaliger Äbte, ein kleiner Zoo, ein Teich mit riesigen Schildkröten und Fischen und eine schöne Aussicht in die grüne Ebene machen den Abstecher lohnenswert. Liebhaber von Keramik finden in vier Sälen viele 2–3 m hohe Vasen. Viele Thais aus dem ganzen Land besuchen dieses Kloster wegen seines berühmten Abtes, dem übernatürliche Kräfte zugeschrieben werden. Im Hof steht mittags kostenloses Essen und kaltes Wasser zur Selbstbedienung bereit.

Interessierte Besucher müssen vom H3 am KM 305,8 nach links auf den H3322 abbiegen und ihm 13 km folgen. Eine kostenlose Bergbahn erspart den Aufstieg zum Hügel. Angemessene Kleidung erforderlich.

Chantaburi จันทบุรี

In der interessanten Stadt mit 86 000 Einwohnern herrscht ein reges Treiben. Ein großer Markt, schöne Holzhäuser, einige Wats und repräsentative Gebäude sind sehenswert. Zahlreiche Villen entlang der Zufahrtsstraße zeugen von einem gewissen Wohlstand. Chantaburi ist in Thailand berühmt für sein Obst. Saison für Durian ist von Mai bis August, für Rambutan und Mangosteen von Mai bis September und für Mango von März bis Juni.

Edelsteine

Viele Ausländer und Thais kommen nach Chantaburi, um in den Juweliergeschäften entlang der Hauptstraße Edelsteine, vor allem den Roten Saphir *(Thapthim Siam)*, zu kaufen. Überall kann man beim Schleifen oder Sortieren der winzigen Steine zuschauen. Das **Chantaburi Gem and Jewelry Center** wurde 2003 in einem modernen Gebäude etabliert. Hier sind mehr als 40 Händler registriert und Qualität wird garantiert. Ansonsten sollten nur wirkliche Experten kaufen: Echte Steine zum halben Preis gibt es in ganz Thailand nicht.

Übernachtung

The River Gh. ⑪, 3/5-8 Srichan, ✆ 039-328211, mehrstöckiges, sauberes Gebäude direkt an der Flussbrücke zum Edelsteinmarkt, günstige Zi mit Etagendusche, freundliches Personal, Internet, internationale Traveller, trotz Verkehrslärm empfehlenswert. ❷–❸.

Chantra Hotel ③, 248 Sukha Phiban Rd., ✆ 039-312310, einige Zi renoviert, die besseren mit Flussblick. ❶–❷

Muangchan ⑩, 257-9 Sri Chan Rd., ✆ 039-321037, an der Hauptstraße in einem Hintergebäude, macht einen gepflegten Eindruck, Personal spricht Englisch, relativ ruhig; ordentliche Zi. ❷, AC ❸

Eastern Hotel ⑭, 899 Tha Chalaeb Rd., ✆ 039-312218-20, 📠 311985, saubere, gute Zi; empfehlenswert, aber etwas weit außerhalb. ❹–❻

PM Boutique Serviced Apartment ⑬, 30/31 Tri Rat Rd., ✆ 039-321916, Apartmenthaus mit Blick auf Fluss und Park, hübsch dekorierte AC-Räume. ❹

Essen

Es gibt viele leckere Straßenrestaurants und ein auffallend gutes Gemüseangebot.

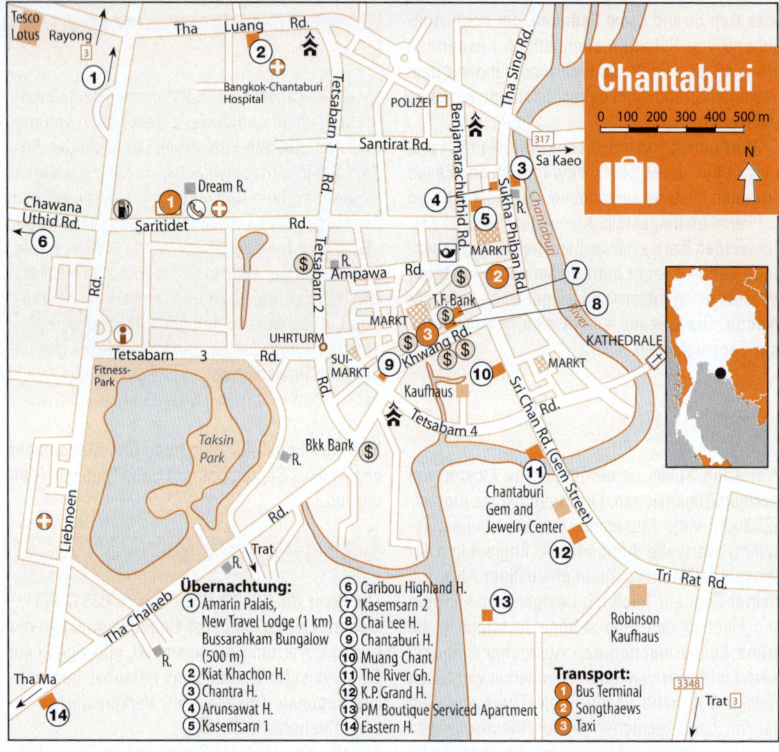

Rings um den großen See im Taksin Park liegen eine Reihe netter Seafood-Restaurants, entlang der Tha Chalaeb Rd. mehrere gute Restaurants.

Dream Restaurant, neben dem Bus Terminal hinter der Tankstelle, bietet gutes Essen an sauberen Tischen.

Im **Sui Market** beim Clock Tower werden abends leckere Gerichte zubereitet.

Transport

Wesentlich schneller als über den Sukhumvit Highway entlang der Küste ist die 70 km kürzere Straße H344 von Chonburi via Ban Bung und Klaeng nach Chantaburi.

Nach BANGKOK (Eastern Bus Terminal) non-AC-Busse um 7.30 und 13 Uhr für 145 Baht in 5 Std. (309 km), AC-Busse alle 30 Min. bis 24 Uhr für 209 bzw. 216 Baht in 3 1/2 Std. (239 km), 2.Kl. AC-Bus 9x tgl. für 162 bzw. 203 Baht.

Zum North Eastern Bus Terminal (günstig zum Umsteigen nach Nord-Thailand) AC-Busse 7x tgl. für 216 Baht in 3 1/2 Std.

Nach RAYONG AC-Busse ab 10.30 Uhr für 77 Baht in 2 Std.

Nach TRAT non-AC-Bus 59 Baht, AC-Busse bis 14 Uhr für 82 Baht in 90 Min.

Zur kambodschanischen Grenze entweder mit Songthaew (50 Baht, 80 Min.) und Motorradtaxi (30 Baht, 10 Min.) oder mit dem Minibus, z. B. von Pailin Group, ✆ 081-9826282 (150 Baht hin und zurück, 1 Std.).

Krating-Wasserfall

Leicht zu erreichen (28 km) ist der Nam Tok Krating. Ein steiler Pfad schlängelt sich durch üppiges Bambusdickicht den Berg hinauf, vorbei an vielen Kaskaden und kleinen Pools. Der Fall Nr. 8 stürzt ca. 50 m über 4 Stufen in einen großen, hüfttiefen Badepool. An Wochenenden sitzen viele Bewohner Chantaburis in voller Bekleidung in den Wasserbecken und picknicken. Eindrucksvoller sollen die Fälle Nr. 9 und 10 sein. Auf dem H316 stadtauswärts erreicht man den H3 beim KM 324 und überquert diesen auf den H3249, auf dem es weitergeht bis zum KM 21,6. Hier noch 800 m nach rechts zum Eingang des **Kitchakut National Parks**, ⌚ 6–18 Uhr, Eintritt. Übernachtungsmöglichkeit in Park-Bungalows, ❹. Zelte sind für 40 Baht zu mieten, Aufstellen des eigenen kostet 5 Baht. Songthaew vom Markt in Chantaburi für 25 Baht in 1 Std., plus 20 Min. zu Fuß.

Trat ตราด

Die Provinzhauptstadt Trat (20 000 Einwohner) liegt 317 km von Bangkok entfernt in der Nähe der kambodschanischen Grenze. Schon in der Ayutthaya-Zeit galt Trat als wichtiger Seehafen. Im 19. Jh. war die Stadt kurzzeitig von Franzosen besetzt. Heute präsentiert sich die Marktstadt modern und wohlhabend, die Geschäfte mit Kambodscha bringen viel ein. Kaum ein Reisender würde sich nach Trat verirren, wäre die Stadt nicht der Ausgangspunkt für die vorgelagerte Inselwelt und für den Grenzübergang nach Kambodscha.

So mancher Traveller bleibt in Trat hängen oder kommt jedes Jahr wieder, weil man in dem ruhigen, beschaulichen Städtchen mit seinen liebenswürdigen Menschen sehr preisgünstig leben und trotzdem mit Stil essen gehen kann. Wer in der Regenzeit hier ist, sollte sich das Schauspiel der Fireflies in den Mangroven nicht entgehen lassen. Auf dem neuen, 2 km langen **River Walkway**, einem ins Flussufer gebauten Betonsteg, lässt es sich abends und morgens gut joggen oder promenieren. Vor der Markthalle wird eine goldene Statue in einem Schrein vor allem abends mit vielen Opfergaben verehrt.

Schräg gegenüber liegt das **Wat Chai Mongkol** mit malerischen alten Chedis, die von drei Schweizern frisch gestrichen wurden, und einem Museum, das einem die Mönche gern zeigen. An der Ampel nach Westen kommt man nach 2 km zum 350 Jahre alten **Bupharam-Tempel**, der Asche Buddhas beherbergt.

Auch in der Provinz Trat wachsen auf fruchtbarem Boden Durian, Rambutan, Langsat und Mangosteen, große Flächen werden für Gummiplantagen genutzt.

Übernachtung

Gästehäuser

Fast alle Gästehäuser liegen in einem Umkreis von 2 Min. zu Fuß um das N.P. Gh. Alle sind sehr einfach und haben Du/WC außen.

Jame Gh. ④, 45-1 Lak Muang Rd., ✆ 039-530458, ✉ Jamegh@hotmail.com, zurückversetzt von der Straße, schönes Holz- und Bambushaus, saubere Zi mit Moskitonetz, gutes Essen, freundliche Familie; Internet. ❶

N.P. Gh. ⑪, Lak Muang Rd., 10 Soi Yai On, ✆ 039-512270, Stadthaus mit 12 einfachen, sauberen Zi, Du/WC außen, Schlafsaal mit 3 Betten; angenehme Atmosphäre, viele Informationen. Die freundliche Managerin spricht gutes Englisch. ❶

Trat Gh. ⑨, ✆ 039-511152, Soi Khunpoka, Lakmuang Rd., in kleiner Seitenstraße, sehr ruhig, saubere Gemeinschafts-Du/WC, kleine Zi. ❶

Pop Gh.1 ⑫, Thana Charoen Rd., ✆ 039-512392, ✉ popson1958@hotmail.com, saubere Zi, Warmwasser-Du/WC. Im Biergarten gibt es europäisches Frühstück und Thai-Essen in kleinen Portionen, unter Leitung der geschäftstüchtigen Sunny. ❶

Pop Gh.2 ⑫, Thana Charoen Rd., ✆ 086-3743003, gegenüber Pop 1, hellhörige Reihenhäuser in einem ruhigen Garten und am Fluss, beste Lage, auf Sauberkeit wird kein großer Wert gelegt. ❷, AC ❸

Windy Gh. ⑬, 64 Thana Charoen Rd., liegt schön am Fluss, traditionelles, ältliches Haus mit Veranda, 8 hellhörige Zi mit Moskitonetz, relaxte Atmosphäre. ❶–❷

Guy Gh. ⑭, Thana Charoen Rd., ✆ 039-524556, 081-7821007, ✉ guy_gh2001@gmail.com, saube-

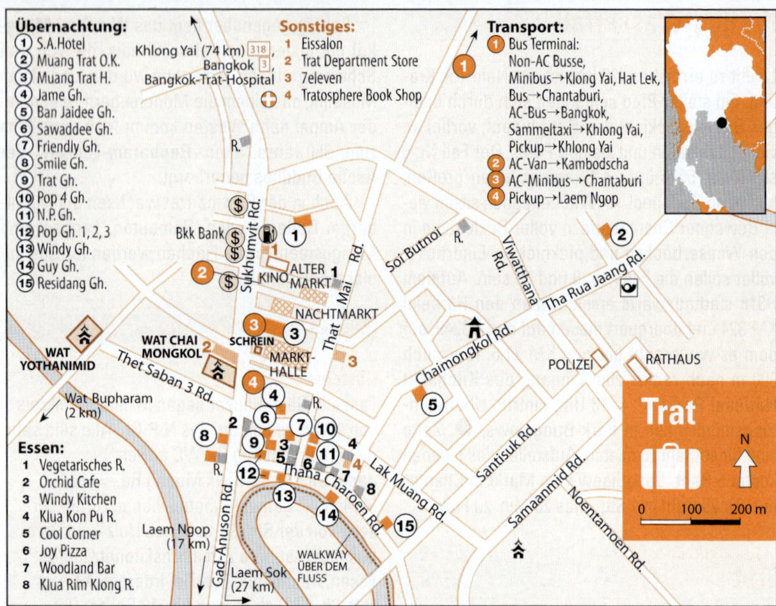

re, helle Zi bei freundlicher Familie, Warmwasser; Internet. ❶–❷, AC ❸

Residang House ⑮, Thana Charoen Rd., ✆ 039-530103, modernes, vierstöckiges Steinhaus, verschiedenartige, saubere, luftige Zi, mit und ohne Du/WC, z. T. mit Balkon, freundliches Thai-deutsches Management. ❷, AC ❸

Hotels

S.A.-Hotel ①, ✆ 039-524572, Zi mit guten Betten, AC, Kabel-TV, Warmwasser und Kühlschrank. ❷, AC ❸–❹

Muang Trat Hotel ③, 24 Vijijanya Rd., ✆ 039-511091, zwischen Markthalle und Nachtessen-Markt, einfache, saubere Zi, ruhig im 4. Stock Richtung Innenhof, Parkmöglichkeiten. ❷, AC ❸

Essen und Unterhaltung

Abends isst man am besten und billigsten auf dem **Nachtessen-Markt**, genannt Trat Food Safety Street, neben dem Muang Trat Hotel. Exzellent sind hier die Varianten von Nachtisch, sehr gut schmeckt *tao tung,* eine Eisspezialität.

Im **Trat Department Store** gibt es im 2. Stock ein AC-Restaurant mit Blick auf die Markthalle und die Hauptstraße.

Die **Cool Corner** ist eine beliebte Bar zum Relaxen mit Restaurant und gutem Kaffee.

Die **Woodland Bar** hat gute Musik und billiges Bier.

Bei **Joy Pizza** herrscht eine gute Atmosphäre.

Das **Klua Rim Klong Restaurant** serviert sehr gute und auch ungewöhnliche Gerichte in einem gepflegten, klimatisierten Raum oder in einem idyllischen Garten.

Sonstiges

Bücher

Tratosphere Book Shop, ✉ tratospherebookshop@yahoo.fr, guter Platz zum Kaufen, Tauschen und Verkaufen von Büchern. Hier wird auch das in Trat produzierte *Yellow Oil* verkauft, ein ätherisches Öl, das bei Wunden, Verbrennungen, Übelkeit und Seekrankheit Wunder wirkt.

Medizinische Hilfe

Bangkok-Trat Hospital, am Highway, ✆ 039-532735.
Government Hospital, ✆ 039-511040.

Mopeds

Sie werden rechts vom Markt, gegenüber dem Schrein, ab 150 Baht vermietet.

Nahverkehr

Motorradtaxis

Sie fahren ab 15 Baht, Mini-Pickups (genannt Mazda) können bis zu 5 Passagiere befördern (ab 50 Baht).

Pickups und Taxis

Zu den Ko Chang-Piers bei LAEM NGOP (30 km) fahren Pickups, die auf 6–8 Passagiere warten, bis 17 Uhr für 40 Baht, danach 60 Baht, Charter bis 1000 Baht.
Blaue Taxis zu den Piers kosten 170 Baht pro Wagen.

Transport

Busse

Der neue Bus Terminal mit einem kleinen Food Center liegt 2 km außerhalb der Stadt. 4 große Busgesellschaften verkehren zu identischen Preisen zwischen Trat und Bangkok. Nach BANGKOK zum **Eastern Bus Terminal**, 317 km, und **Northern Bus Terminal**, 387 km, fahren AC-Busse laufend zwischen 6.30 und 24 Uhr für 207 / 266 / 273 Baht, VIP-32-Bus für 311 Baht, in 5 Std., genauso von Bangkok nach Trat.
Nach CHANTABURI im AC-Bus Richtung Bangkok für 82 Baht (non-AC 59 Baht) in 1 1/2 Std., blaue Taxis zwischen 6 und 18 Uhr für 500 Baht.

Minibusse

Nach KHLONG YAI (75 km) Songthaew für 80 Baht in 1 Std.
Nach BAN HAT LEK (Kambodscha-Grenze, 90 km) Songthaew alle 45 Min. von 6–18 Uhr für 110 Baht in 70–90 Min.

Hinweis

Nach 17 Uhr lohnt es sich nicht, nach Ko Chang aufzubrechen, weil der Transport im Dunkeln sehr teuer werden kann. Besser eine Nacht in Trat bleiben, Shops anschauen, in netten Restaurants relaxen und Infos einholen.

Flüge

Nach BANGKOK fliegt **Bangkok Air**, ✆ 039-525299, je nach Saison 4x wöchentl. bis 3x tgl. für ca. 1960 Baht, Informationen unter 💻 www.bangkokair.com.

Von Trat in den Ostzipfel Thailands

Auf dem schmalen Landstreifen zwischen dem Golf von Thailand und dem Khao Bantal-Gebirgszug, der die Grenze zu Kambodscha bildet, gibt es mehrere Strände, an denen einige Unterkünfte entstanden sind. Unter der Woche ist es hier absolut ruhig. Nur an langen Wochenenden verwandeln sie sich in Picknickplätze für Einheimische. Auf dem gut ausgebauten H318 sind es noch 90 km bis zur Grenze nach Kambodscha. Wer die Strände entdecken will, braucht ein eigenes Fahrzeug. Die Straße nach **Khlong Yai**, ein sehenswertes Fischerdorf mit wackeligen Holzstegen, biegt beim KM 74 nach rechts ab.

In dem Grenzort **Ban Hat Lek** (KM 85) kann man auf dem *Border Market* vietnamesische, russische oder chinesische Produkte kaufen, aber auch französischen Wein. Grenzübergang nach Kambodscha s. S. 561.

Transport

Von Trat nach KHLONG YAI mit dem Songthaew für 80 Baht in 1 Std.
Von Trat nach BAN HAT LEK (90 km) am besten mit dem ersten Minibus um 6 Uhr für 110 Baht, zurück alle 45 Min. von 7–17 Uhr (umsteigen in Khlong Yai). Charter-Pickup 500 Baht.
Von Khlong Yai nach BAN HAT LEK mit dem Songthaew für 30 Baht in 25 Min.

Laem Ngop แหลมงอบ

17 km südwestlich von Trat liegt Laem Ngop. Der Ort wirkt wie ein schmuddeliges, billiges Amüsierdörfchen, in dem sich viele Thais vergnügen. Von drei Piers westlich von Laem Ngop fahren die Boote nach Ko Chang und auf die anderen Inseln. Traveller übernachten hier nur noch, wenn sie das letzte Boot um 19 Uhr verpasst haben.

Übernachtung

Laem Ngop Inn, ✆ 039-597044, 31 gut eingerichtete Bungalows mit Fan und AC. ❸–❹
Paradise Hotel, ✆ 039-597031, am Dorfeingang links, saubere Bungalows mit Bad und AC (auf Wunsch ohne Benützung der AC); an einem künstlichen Wasserbecken. ❷–❸

Transport

Von TRAT mit dem Songthaew für 20 Baht in 30 Min. zu einem der 4 Piers.

Busse

Über Trat zurück nach BANGKOK zunächst mit dem Songthaew nach Trat, dort umsteigen in den non-AC- bzw. AC-Bus (148–311 Baht) nach Bangkok zum Eastern Bus Terminal (6 bzw. 4 1/2 Std.).
Minibusse fahren ab 10.30–11.30 Uhr nach Bangkok und ARANYAPRATHET.

Boote nach Ko Chang

Von 4 Piers fahren laufend Boote nach Ko Chang: Krom Luang Pier, Center Point Pier, dem Pier von Koh Chang Ferry und dem Pier von Ferry Koh Chang.
Vom **Krom Luang-Pier** (=New Laem Ngop Pier) starten jeden Werktag um 13 Uhr Passagierboote nach DAN MAI (30 Min., 50 Baht), zurück werktags um 16 Uhr.
Vom **Center Point Pier**, ✆ 039-538196, fährt die Autofähre von 6–19 Uhr ca. jede Std. in 45 Min. zum Dan Kao Pier für 90 Baht p. P. (hin und zurück 140 Baht), der PKW ist frei.
Von **Thammachat Bay** fahren von zwei Piers **Koh Chang Ferry**, ✆ 039-518588, und **Ferry Koh Chang**, ✆ 039-518528, von 6.30–19 Uhr jede Std. zum Ao Sapparot Pier. Beide verlangen 60 Baht p. P., 100 Baht fürs Motorrad und 150 Baht pro PKW, sie benötigen ca. 30 Min.
Einige Resorts von Ko Chang haben eigene Boote für den Transport. Dieser sollte bei Vorbuchung der Übernachtung kostenlos sein.
Vom **Laem Ngop-Pier** fahren nur noch Fischerboote ab.

Boote zu den anderen Inseln

Vom **Krom Luang-Pier** (=New Laem Ngop Pier) fahren regelmäßig Transportboote (ohne Verpflegung) zu den südlichen Inseln: von Nov bis Juni um 15 Uhr u. a. nach KO WAI (250 Baht), KO KHAM (300 Baht) und KO MAK (300 Baht) in 2 1/2 bzw. 3 1/2 Std. Sie fahren um 8 Uhr zurück.
Nach KO KUT fährt das 150-sitzige Seatrans-Boot, ✆ 083-9597646, jeden Di, Fr, Sa um 9 Uhr zum Hin Dam Pier in 3 Std. für 500 Baht, zurück Do, Sa und So um 11 Uhr.
Einige Resorts von den vorgelagerten Inseln haben eigene Boote für den Transport. Dieser sollte bei Vorbuchung der Übernachtung kostenlos sein.
Weitere Speedboote fahren zu allen möglichen Inseln für ca. 400–500 Baht.

11 HIGHLIGHT

Ko Chang เกาะช้าง

Ko Chang (Elefanten-Insel), die zweitgrößte Insel des Landes, liegt im Südosten des Golfs von Thailand, im Grenzgebiet zu Kambodscha. Sie ist 30 km lang, 8 bis 13 km breit und bis zu 744 m hoch. Der Regenwald im Inneren wirkt wild und undurchdringlich, Wolken durchwabern ihn häufig. In den Bergen leben Wildschweine, Affen und Schlangen. Der Wald gilt als einer der am besten erhaltenen in Südostasien. Nur an den Küsten und in den Tälern liegen einige kleine Dörfer, deren Bewohner (ca. 3000) vom Fischfang oder vom Anbau von Kokosnüssen und Gummibäumen leben.

1982 wurden das gesamte Bergland von Ko Chang und 46 kleinere Inseln zum Ko Chang National Marine Park erklärt. Bis 1987 kamen nur wenige Touristen auf die Insel. Aber in jüngster Vergangenheit hat eine rasante touristische Entwicklung stattgefunden, deren Höhepunkt noch längst nicht erreicht ist.

Nach dem wirtschaftlichen Aufschwung in Thailand leisten sich seit der Jahrtausendwende immer mehr Thais einen Wochenend- oder Kurzurlaub. Gern fahren sie mit dem eigenen Wagen auf die Insel, die von drei Autofähren bedient wird. An den Feiertagen wird Ko Chang geradezu überrannt, v. a. über Silvester. Thais haben eine etwas andere Vorstellung von Urlaub als westliche Touristen und genießen ihre wenigen Urlaubstage mit lautstarker Geselligkeit.

Die Regierung erschließt die Inseln systematisch für den First-Class-Tourismus. Viele Resortbetreiber wurden mit günstigen Krediten animiert, ihre alten Hütten abzureißen und zu einem vielfachen Preis Komfortübernachtungen zu schaffen. Der ehemalige Ministerpräsident, der im Süden von Ko Chang angeblich selbst ein Resort besitzt, hat einige hundert Millionen Baht für die Infrastruktur locker gemacht. So wurde Ko Chang ans Stromnetz angeschlossen, ein Pier gebaut und ein gut funktionierender Fährbetrieb eingerichtet. Die Uferstraße ist zweispurig asphaltiert, und ein Seekabel fürs Telefon wurde gelegt. Der östliche Teil der Insel wurde speziell für Thai-Urlauber erschlossen. Neben vielen Plazas (Einkaufspassagen), Bars und Restaurants wurde auch ein Flughafen auf dem Festland gebaut. Er ist optisch stark an den schönen Flughafen auf Ko Samui angelehnt.

Die Strände

Die Insel wird hauptsächlich ihrer Strände wegen besucht. Die fünf Hauptstrände, White Sand Beach, Pearl Beach, Klong Prao Beach, Kai Bae Beach und Lonely Beach liegen an der Westküste. Der **White Sand Beach** ist der geschäftigste und bietet neben Strandleben auch jede Menge Unterhaltung. Am **Pearl Beach** geht es noch recht ruhig zu, aber der Strand ist eher steinig. Am **Klong Prao Beach** liegen die Resorts für europäische und thailändische Pauschaltouristen, am **Kai Bae Beach** fühlen sich nicht nur Thai-Touristen wohl. **Lonely Beach** und **Bailan Beach** haben sich zu Party-Stränden mit unterschiedlichem Publikum entwickelt. Die **Salak Phet-Bucht** ist noch ein echter Geheimtipp. Hier und in der **Bang Bao-Bucht** kann man noch unerschlossene Traumstrände finden. Die Ostküste hat zwar keine weißen Sandstrände zu bieten, lohnt aber mit ihren Mangrovenwäldern und ursprünglichem Dorfleben durchaus einen Besuch.

Übernachtung und Essen

Unsere Preise beziehen sich auf die Hochsaison (etwa Nov–April). In der Low Season sind die Preise in der Regel 50 % billiger, wenn nicht anders vermerkt. Noch immer gibt es Hütten mit sanitären Gemeinschaftsanlagen. Sie sind im Hinterland oder am Thanam Beach (Lonely Beach) zu finden. Eine Hütte kostet in der Regel unter 300 Baht. Die meisten Bungalows sind mit eigener Du/WC und elektrischem Licht ausgestattet, bei Preisen von 400–800 Baht. Ab 800 Baht kann man ein nettes Zimmer mit Klimaanlage bekommen. Nach oben sind keine Grenzen gesetzt. Für eine Luxus-Suite kann man schon 20 000 Baht hinlegen.

Wenn Thais an den Festtagen auf die Insel strömen, steigen die Preise, viele Unterkünfte sind bereits ab dem späten Vormittag belegt, und an den Stränden werden Zelte aufgestellt.

Fast alle Anlagen haben ein Restaurant, das europäische Küche und dank der vielen Thai-Touristen auch echtes Thai-Essen bietet. Super und günstig isst man in den Garküchen am Straßenrand. Entlang der Küstenstraße und an den Zufahrten haben sich neben Shops auch kleine Restaurants angesiedelt, doch nicht alle sind gut.

Aktivitäten

Bootstouren

Fast alle Resorts bieten Boots- und Schnorcheltouren an. Am Ende des Pfahldorfes Bang Bao gibt es Bootstickets für die vorgelagerten Inseln.
Island Hopper Tours (mit Captain Graham), ✆ 081-8650610, 🖳 islandhopper-kochang.com, ebenfalls ab Bang Bao (s. S. 554).

Schnorcheln

An allen Stränden werden Ausflüge mit dem Boot angeboten. Die besten Inseln zum Schnorcheln sind Ko Khlum (Ko Kum) und Ko Kra (nördlich von Ko Rang). Vorsicht: An einigen

Strömungen

In der Monsunzeit, in unseren Sommermonaten, können an den Stränden gefährliche Strömungen auftreten. Am White Sand Beach und Thanam Beach ertrinken jedes Jahr Touristen. Deshalb wird mit Schildern am Strand gewarnt: „Bei hohen Wellen Baden verboten".

Stellen werden allein fürs Schnorcheln 200 Baht verlangt!

Segeltouren

Ko Chang Island View Resort, in der Salak Phet-Bucht, ✆ 089-1552669. Hier kann man nicht nur das Segeln lernen, sondern auch ganze Segeltörns auf privaten Jachten buchen.
Auch **Ko Chang Marina**, ✆ 039-237374, und **Salak Phet Seafood**, ✆ 039-553099, bieten segeln an.

Tauchen

Auf Ko Chang operieren viele Tauchschulen. Sie unterscheiden sich nur wenig in den Angeboten und haben an jedem Strand ihre Stützpunkte, z. B.:
Atlantis Adventures, ✉ Qatartime@hotmail.com, ✆ 086-0939346, an der Salak Phet Bucht.
Dive Point Ko Chang, Lonely Beach, ✆ 087-142 2948, ✉ arnhelm@gmx.de, geleitet vom deutschen Arni, bietet auch Behindertentauchen an.
Eco-Divers, ✆ 081-9836486, hat ein eigenes Resort südlich des White Sand am Hang mit Meersicht.
Koh Chang Divers im Bamboo Bungalow, White Sand Beach, 💻 www.wintinet.ch/kcd, wird von Willy aus der Schweiz betrieben, zuverlässiger Betrieb, entspannte und doch seriöse Atmosphäre.
Paradise Scuba Divers, ✉ kaybrunkau@yahoo.com, ✆ 081-2914732, am White Sand Beach, Pickup von jedem Resort.
Scubadive-Thailand, ✆ 039-558028, 💻 www.koh-chang-divers.com, ist ein englisch geführtes PADI- und BSAC-Tauchcenter, das Tauchkurse und Tauchtrips mit Speedboot von Bang Bao aus anbietet.
Seahorse, ✆ 089-9967147, 💻 www.ede.ch/seahorse, im Kai Bae Hut, hat schon über 1500 Taucher ausgebildet.
Gutes Tauchen ermöglichen einige korallenüberzogene Unterwasserfelsen in Tiefen von 10–25 m, insbesondere: Hin Luk Bat, Hin Rap, Hin Kaduang.

Vogelbeobachtung

Mongkol Wongkalasin bietet für interessierte Touristen *Birdwatching* im Innern der Insel und in den Mangroven an. Oft werden Hornbills gesehen. Tagestour ab 1000 Baht. Tickets verkauft **Trekkers of Koh Chang**, ✆ 039-525029, 089-1647940.

Sonstiges

Bikes

Es gibt überall gute, oft relativ neue Bikes zu mieten. Am Ende von White Sand sogar Shopper und Offroad-Bikes. Fast jedes Resort vermietet eigene Bikes, überwiegend 110- bzw. 125ccm-Viertakter für 200–250 Baht, bei Langzeitmiete Rabatt. Viele Vermieter verlangen nach einem Unfall zu dem Reparaturpreis noch einen Unfall-Obulus von ca. 1000 Baht. Werkstätten sind ausreichend vorhanden und auch bis in den späten Abend geöffnet.

Motorradfahren auf Ko Chang

Vor dem Mieten das Bike genauestens ansehen und möglichst aus jeder Perspektive fotografieren. Manche Vermieter verdienen gut an immer demselben Kratzer, den sie sich von jedem Mieter bei der Rückgabe mit 500–2000 Baht bezahlen lassen.
Die Warnungen vor schwierig zu befahrenden Straßen, rücksichtslosen Fahrern und ungewohntem Linksfahren sollte man ernst nehmen. Die Zahl der tödlichen Motorradunfälle in Ko Chang nimmt erschreckend zu.
Wer nicht rechtzeitig eine Tankstelle findet, kann in vielen Geschäften an der Strandstraße Sprit in Getränkeflaschen kaufen.

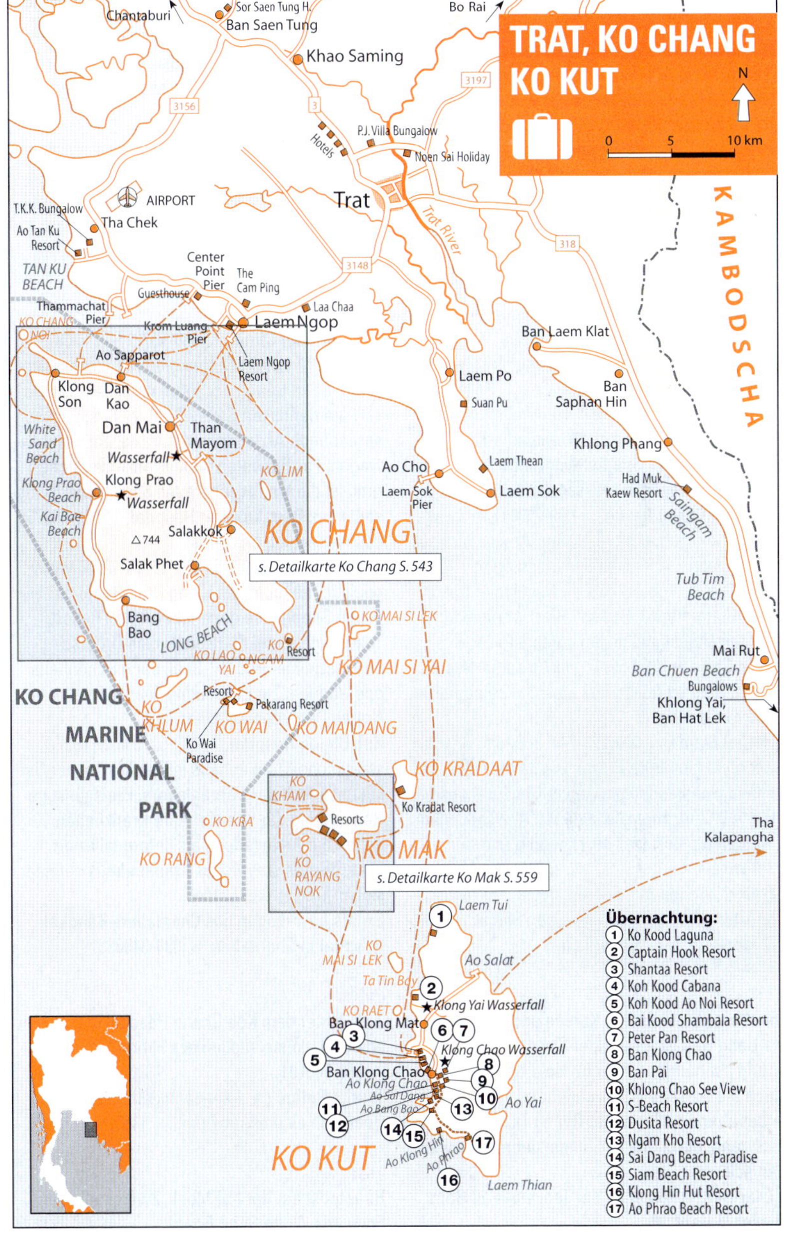
TRAT, KO CHANG
KO KUT
N
0 5 10 km
Chantaburi
Sor Saen Tung H.
Ban Saen Tung
Khao Saming
Bo Rai
3197
3156
3
Hotels
P.J. Villa Bungalow
Noen Sai Holiday
AIRPORT
Trat
Trat River
T.K.K. Bungalow
Tha Chek
Ao Tan Ku Resort
TAN KU BEACH
Center Point Pier
The Cam Ping
3148
318
Guesthouse
Thammachat Pier
Laa Chaa
KO CHANG NOI
Krom Luang Pier
Laem Ngop
Laem Ngop Resort
Ban Laem Klat
Ao Sapparot
Klong Son
Dan Kao
Laem Po
Ban Saphan Hin
Suan Pu
KAMBODSCHA
White Sand Beach
Dan Mai
Than Mayom
Wasserfall
Khlong Phang
Klong Prao Beach
Klong Prao
Wasserfall
KO LIM
Ao Cho
Laem Thean
Laem Sok Pier
Laem Sok
Had Muk Kaew Resort
Saingam Beach
Kai Bae Beach
744
Salakkok
KO CHANG
s. Detailkarte Ko Chang S. 543
Salak Phet
Tub Tim Beach
Bang Bao
LONG BEACH
KO MAI SI LEK
KO Resort
KO LAO NGAM YAI
KO MAI SI YAI
Mai Rut
Ban Chuen Beach Bungalows
Khlong Yai, Ban Hat Lek
KO CHANG MARINE NATIONAL PARK
Resort
Pakarang Resort
KO KHLUM
KO WAI
KO MAI DANG
Ko Wai Paradise
KO KRADAAT
KO KHAM
Ko Kradat Resort
Resorts
KO KRA
KO RANG
KO RAYANG NOK
KO MAK
s. Detailkarte Ko Mak S. 559
Tha Kalapangha
Laem Tui
KO MAI SI LEK
Ao Salat
Ta Tin Bay
Klong Yai Wasserfall
KO RAET
Ban Klong Mat
Klong Chao Wasserfall
Ban Klong Chao
Ao Klong Chao
Ao Sai Dang
Ao Bang Bao
Ao Yai
KO KUT
Ao Klong Hin
Ao Phrao
Laem Thian
Übernachtung:
1 Ko Kood Laguna
2 Captain Hook Resort
3 Shantaa Resort
4 Koh Kood Cabana
5 Koh Kood Ao Noi Resort
6 Bai Kood Shambala Resort
7 Peter Pan Resort
8 Ban Klong Chao
9 Ban Pai
10 Khlong Chao See View
11 S-Beach Resort
12 Dusita Resort
13 Ngam Kho Resort
14 Sai Dang Beach Paradise
15 Siam Beach Resort
16 Klong Hin Hut Resort
17 Ao Phrao Beach Resort

Wellness auf Ko Chang

Entspannende Massagen und andere Spa-Anwendungen werden in Thailand immer beliebter. Auch in Ko Chang haben sich einladende, fein ausgestattete Spas mit qualifizierten, gut ausgebildeten Angestellten etabliert. Die meisten sind an ein Hotel angeschlossen, manche operieren in eigenen Läden. Eine Behandlung kostet zwischen 800 und 3500 Baht.

Eine kleine Auswahl von Unternehmen, von denen wir nichts Schlechtes gehört haben:
Bodiwork Spa, ✆ 039-557221, im Paradise Resort in Klong Prao und Koh Chang Hillside in White Sand Beach. Sie bieten neben den üblichen Anwendungen auch Lymphdrainage an. In der **Bodiwork Spa Academy** im V.J. Plaza in Chai Chet kann man Massagekurse belegen.
Spa Koh Chang Resort, ✆ 039-553091, in Salakkok offeriert neben den Spa-Anwendungen auch Cleansing, Fasten und Meditieren.
Sita Spa, ✆ 039-551033, im Ramayana Resort am Klong Phrao Beach. Hier werden auch Schönheitsbehandlungen durchgeführt.
Aiya Spa, ✆ 039-555111, im Aiyapura Resort, Klong Son, ist besonders stolz auf seine Ruhe und Gediegenheit.
Herbal Sauna, ✆ 086-2524744, in Bailan Beach, hat recht moderate Preise. Die Sauna selbst, in einem wunderschönen Adobe-Gebäude, kostet nur 100 Baht, auch alle anderen Anwendungen werden professionell durchgeführt und sind erschwinglich.
Freischaffende Masseusen bieten ihre Dienste an allen Stränden oder in kleinen Shops an den Straßen für 200–250 Baht an.

Die Westseite mit ihren Kurven und Steigungen bis Bang Bao ist eine super Strecke und zweispurig asphaltiert. Vorsicht: viele enge Kurven! Auch die Ostseite ist durchgehend asphaltiert, endet aber am Pier hinter Ruang Tan an einer Felswand, durch die ein Tunnel gebrochen werden soll.
1 Liter Benzin kostet an der Tankstelle 27 Baht, Diesel 25 Baht.

Geld

Am White Sand Beach gibt es mehrere Banken direkt an der Straße und ausreichend Geldautomaten. In Bang Bao gibt es zwei Geldautomaten.

Immigration

Sprechstunde immer mittwochs im Ban Phu Resort.

Internet

Gibt es überall für ca. 1 Baht pro Min.

Medizinische Hilfe

International Clinic, ✆ 039-557211-2, ✆ 081-8633609, 💻 www.kohchanginterclinic.com, am White Sand Beach ca. 500 m nach dem Top Resort auf der linken Seite, 🕓 tgl. 24 Std., Englisch sprechende Ärzte, Zahnarztpraxis, ein Krankenwagen. Für Patienten ohne Krankenversicherung ist die Klinik recht teuer. Sie ist eine Zweigstelle des **Bangkok Trat Hospital**, ✆ 039-532735, das wesentlich besser ist.
Clinic international, ✆ 039-551151-2, 💻 www.ppclinicinter.com, am Klong Prao Beach in einem Shophouse gegenüber Amari Resort, Tagesklinik 🕓 tgl. 9–18.30 Uhr mit Untersuchungszimmer und OP-Saal, auch Schönheitsoperationen. Ein Evacuation Team begleitet im Notfall Patienten aufs Festland.
Koh Chang Hospital, ✆ 039-521660, 521657, staatliches Krankenhaus in Dan Mai an der Ostküste südlich des Fähranlegers. Preisgünstige Behandlung, für schwierigere Krankheiten gelten die Ärzte jedoch als unterqualifiziert.
Ein größeres staatliches **Krankenhaus** befindet sich in Trat, ✆ 039-511040.
Expats bevorzugen das **Chantaburi-Bangkok Hospital** in Chantaburi, ✆ 039-319888.

Polizei

2 km hinter dem Koh Chang Hospital in Dan Mai an der Ostküste südlich des Fähranlegers, ✆ 039-586191.
Tourist Police ca. 1 km nach dem Kai Bae Beach an einem Viewpoint, ✆ 1155.

Post

Hauptpost am Hat Kai Mook, Zweigstelle am Ende des White Sand Beach.

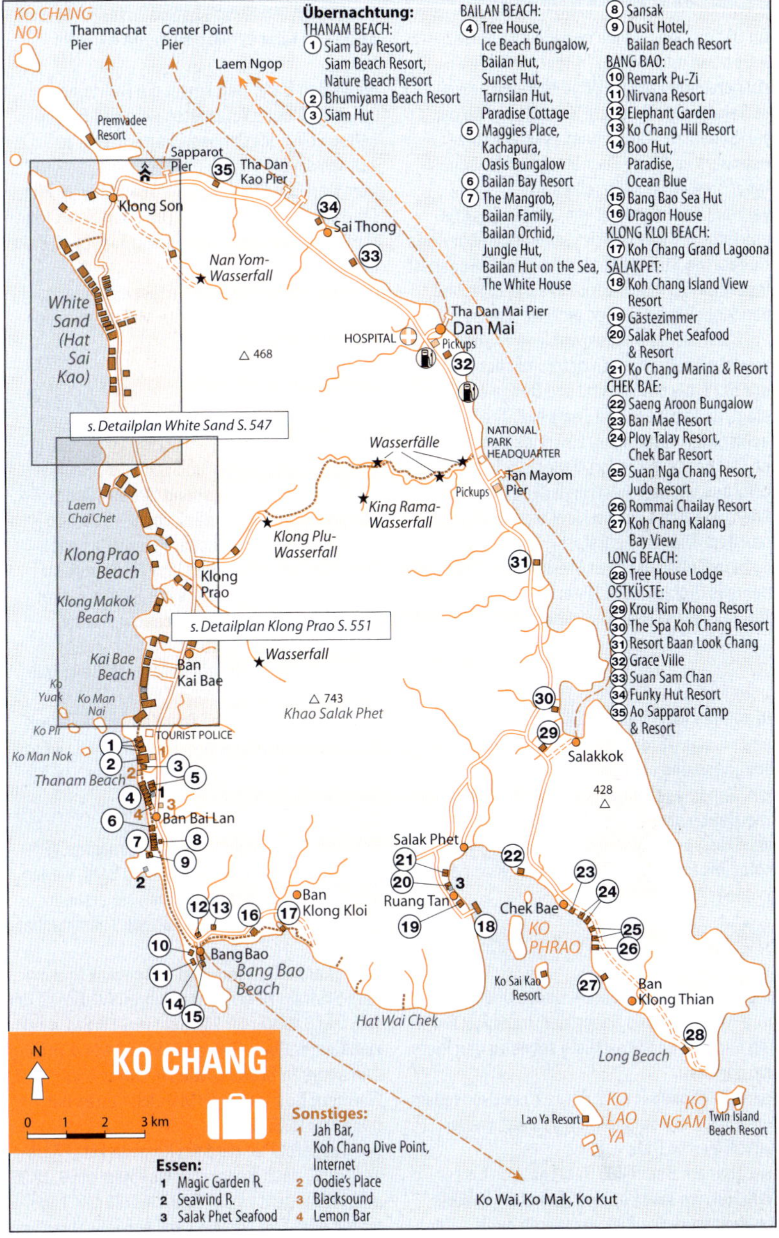

KO CHANG
Übernachtung:
THANAM BEACH:
1 Siam Bay Resort, Siam Beach Resort, Nature Beach Resort
2 Bhumiyama Beach Resort
3 Siam Hut
BAILAN BEACH:
4 Tree House, Ice Beach Bungalow, Bailan Hut, Sunset Hut, Tarnsilan Hut, Paradise Cottage
5 Maggies Place, Kachapura, Oasis Bungalow
6 Bailan Bay Resort
7 The Mangrob, Bailan Family, Bailan Orchid, Jungle Hut, Bailan Hut on the Sea, The White House
8 Sansak
9 Dusit Hotel, Bailan Beach Resort
BANG BAO:
10 Remark Pu-Zi
11 Nirvana Resort
12 Elephant Garden
13 Ko Chang Hill Resort
14 Boo Hut, Paradise, Ocean Blue
15 Bang Bao Sea Hut
16 Dragon House
KLONG KLOI BEACH:
17 Koh Chang Grand Lagoona
SALAKPET:
18 Koh Chang Island View Resort
19 Gästezimmer
20 Salak Phet Seafood & Resort
21 Ko Chang Marina & Resort
CHEK BAE:
22 Saeng Aroon Bungalow
23 Ban Mae Resort
24 Ploy Talay Resort, Chek Bar Resort
25 Suan Nga Chang Resort, Judo Resort
26 Rommai Chailay Resort
27 Koh Chang Kalang Bay View
LONG BEACH:
28 Tree House Lodge
OSTKÜSTE:
29 Krou Rim Khong Resort
30 The Spa Koh Chang Resort
31 Resort Baan Look Chang
32 Grace Ville
33 Suan Sam Chan
34 Funky Hut Resort
35 Ao Sapparot Camp & Resort
Essen:
1 Magic Garden R.
2 Seawind R.
3 Salak Phet Seafood
Sonstiges:
1 Jah Bar, Koh Chang Dive Point, Internet
2 Oodie's Place
3 Blacksound
4 Lemon Bar
KO CHANG NOI
Thammachat Pier
Center Point Pier
Laem Ngop
Premvadee Resort
Sapparot Pier
Tha Dan Kao Pier
Klong Son
Sai Thong
Nan Yom-Wasserfall
White Sand (Hat Sai Kao)
△ 468
Tha Dan Mai Pier
Dan Mai
HOSPITAL
Pickups
s. Detailplan White Sand S. 547
Wasserfälle
NATIONAL PARK HEADQUARTER
Tan Mayom Pier
Pickups
King Rama-Wasserfall
Klong Plu-Wasserfall
Laem Chai Chet
Klong Prao Beach
Klong Prao
Klong Makok Beach
s. Detailplan Klong Prao S. 551
Wasserfall
Kai Bae Beach
Ban Kai Bae
Ko Yuak
Ko Man Nai
△ 743
Khao Salak Phet
Ko Pli
TOURIST POLICE
Ko Man Nok
Thanam Beach
Ban Bai Lan
Salakkok
428
Salak Phet
Ruang Tan
Chek Bae
KO PHRAO
Ban Klong Kloi
Bang Bao
Bang Bao Beach
Ko Sai Kao Resort
Ban Klong Thian
Hat Wai Chek
Long Beach
N
0 1 2 3 km
KO LAO YA
Lao Ya Resort
KO NGAM
Twin Island Beach Resort
Ko Wai, Ko Mak, Ko Kut

Die Ostküste

Reisezeit

Von Okt bis Jan ist eine angenehme Reisezeit. Im Dez/Jan muss man 2–4-mal mit Kälteeinbrüchen und heftigem Wind rechnen (jeweils 4–5 Tage lang). Die beste Zeit ist von Feb bis Mai. Schon ab März regnet es öfters kurz, besonders im Südteil der Insel, im Mai schon täglich und es ist sehr schwül!

Während der Regenzeit von Juli bis Sep/Okt kann man, mit etwas Glück, wunderschöne Tage erleben. Die Strände sind nicht so voll, Baden ist eingeschränkt möglich, nur Wassersport und Islandhopping sollte man nicht im Voraus planen. Die meisten Bungalowanlagen haben geöffnet und gewähren einen beträchtlichen Rabatt.

Vom 20.12. bis ca. 5.1. sind alle Bungalows belegt, da Europäer und Thais hier ihre Weihnachtsferien verbringen. Ein freies Bett zu finden, ist fast aussichtslos, daher möglichst schon im Voraus buchen. Auch an langen Wochenenden, wie zum Chinese New Year und zu Songkran, dem Thai-Neujahrsfest (13. bis 15. April) kommen Einheimische in Massen, dann kann es ebenfalls Probleme mit Unterkünften geben. Im April/Mai, wenn es in Bangkok unerträglich heiß wird, ist Thai-Saison, ab Juni wird es ruhig.

Sandfliegen und Quallen

Sie können an einigen Stränden zu bestimmten Zeiten lästig werden. Es kann zu starken Entzündungen und allergischen Reaktionen kommen. Sandfliegen sind besonders am Klong Prao Beach eine echte Plage, dagegen hilft evtl. Skin-So-Soft von Avon, gegen Quallenausschlag als Erste-Hilfe-Maßnahme Essig oder Zitronensäure.

Nahverkehr

Umgebaute weiße Pickups, Jeeps und relativ teure Motorradtaxis haben den Transport entlang der Ost- und Westküste sowie zu den Piers übernommen.

Das volle **Pickup** (ca. 12 Pers.) kostet von jedem Pier zum White Sand Beach 40 Baht, weiter südlich 50–100 Baht p. P.

Zum Thanam Beach (80 Baht) geht es bis zur Siam Hut, wo man von den südlichen Resorts abgeholt wird. Die Pickups fahren auch in der Dunkelheit von Strand zu Strand für 30–50 Baht, ab 20 Uhr kann es 100 bis heftige 400 Baht kosten.

Nach Ban Bang Bao kostet die Fahrt gegen 16 Uhr 100 Baht. Ansonsten wird das Pickup selten voll, sodass hohe Charterpreise zu zah-len sind.

Vom Dan Mai Pier bzw. vom Than Mayom Pier fährt das Pickup gegen 14 Uhr nach Salak Phet für 40 bzw. 30 Baht, nach Ruang Tan für 10 Baht mehr.

Vorsicht: Schwarze Schafe gibt es immer noch, dann besser auf die nächste Mitfahrgelegenheit warten!

Transport

Boote

Vom Center Point Pier und von den Thammachat Piers auf dem Festland fahren 3 **Autofähren** alle 30 Min., zurück von 8–18.30 Uhr.

Achtung: Am Thammachat Pier gibt es nach 18 Uhr keine öffentlichen Verkehrsmittel. Im Notfall helfen Bedienstete der Fähren weiter. Schnellboote, die überall gebucht werden können, sind etwas teurer.

Zu den **südlichen Inseln** geht es ab Bang Bao (s. S. 554).

Nach KO KUT fährt von **Dan Kao** tgl. das Mark House Speedboot, ✆ 086-1330402, um 9 Uhr in 90 Min. für 500 Baht, zurück um 13 Uhr.

Busse

Von der **Khaosan Rd.** fahren so genannte VIP-Busse von 7.30–8 Uhr für 250–350 Baht, wegen langer Zwangspausen kommen sie erst um 15 Uhr an, zurück um 11.30 Uhr ab Thammachat Pier.

Vom **Ekamai Bus Terminal** in Bangkok (gut mit dem Skytrain zu erreichen) fahren AC-Busse um 7.45 und 9.45 Uhr für 280 Baht in 5 1/4 Std. direkt zum Center Point-Pier, zurück um 14 und 16 Uhr.

Alle anderen Busse sowie die Busse vom Northern Bus Terminal (Morchit) fahren nur nach Trat (s. S. 535).

Am Sapparot Pier wird ein Kombiticket „Fähre-Taxi-Bus" nach Bangkok angeboten: um 8, 10.30 und 14 Uhr geht es per Fähre los (30 Min.), weiter mit dem Taxi (30 Min.) und schließlich ab Trat mit dem Big Bus (AC, Drink, Snack, Toilette) in 5 Std. zum Bus Terminal **Morchit** (ca. 320 Baht). Dasselbe geht um 9, 12.30 und 15.30 Uhr zum Bus Terminal **Ekamai**.

Minibusse

Von BANGKOK fahren viele Traveller direkt von der Khaosan Rd. (Nähe Vieng Tai Hotel) um 8 Uhr mit einem Ko Chang AC-Minibus für 500 Baht bis zum Pier am Festland in ca. 5–6 Std., zurück um 11 Uhr. Ein AC-Minibus fährt von PATTAYA (7.30 Uhr, 600 Baht) und BAN PHE (Anleger für Ko Samet, 11 Uhr, 400 Baht) in 4 bzw. 2 1/2 Std. bis auf die Insel und gegen Mehrkosten sogar zum Resort, zurück um 13 Uhr.

Flüge

Von BANGKOK zum Flugplatz Trat fliegt **Bangkok Air**, ✆ 039-525299, mit Propellermaschinen je nach Saison 1–2x tgl. für 2700 Baht (plus ca. 400 Baht Gebühren).
Der schöne Flugplatz, ✆ 039-525767, ist eine Attraktion. Er liegt nahe an den Fähren. Transfer per Flughafen-Minibus für 200 Baht inkl. Fähre zu allen Resorts auf Ko Chang. Abholung für die Rückfahrt mindestens einen Tag vorher vereinbaren.

Klong Son

Das typische Thai-Dorf liegt am nördlichsten Ende der Insel in einer tiefen Bucht, die als Fischerhafen dient. Durch die Palmen hindurch kann man das Meer auf der östlichen Seite der schmalen Halbinsel sehen. Am Sapparot-Pier gibt es frischen Fisch zu kaufen.

Im Ort findet man einige Nudelstände und ein kleines Hospital, mehrere Restaurants und einen 7eleven. Vom Dorf führt eine schöne Wanderung zum **Nan Yom-Wasserfall** (1/2 Tag).

Ban Klong Son ist vom Pier mit dem Taxi in etwa 15 Min. für 30 Baht zu erreichen.

In den schön angelegten **Orchid Gardens** in der Nähe des Fähranlegers kann man kostenlos herumspazieren und natürlich Orchideen kaufen.

Übernachtung

Aiyapura Resort & Spa ⑥, ✆ 039-555111, 💻 www.aiyapura.com; sehr ruhig gelegene Luxusanlage mit herrlichem Blick auf die Klong Son-Bucht, künstlich angelegter Strand. ❼
Jungle Way Restaurant & Bungalows ⑩, ✆ 089-2234795, beim Elefantencamp, an der Kreuzung Richtung Wasserfall abbiegen, Pick-up-Transport frei. ❸

Elefantenreiten

Auf dem Rücken eines Elefanten durch den Dschungel zu schaukeln ist ein großartiges Erlebnis, das sich niemand entgehen lassen sollte. Das Elefantencamp **Ban Kwan Chang**, ✆ 081-9193995, bietet 1 Std. Reiten für 500 Baht. Der Ritt führt durch ein romantisches Tal. Auch Baden mit den Elefanten (1000 Baht, 3 Std.) ist möglich. Das Camp erreicht man nach 3 km auf einer Seitenstraße von Klong Son.

White Sand Beach (Hat Sai Kao)

Der gut 2 km lange, schöne Sandstrand wird durch einige Felsen im Norden aufgelockert. Im Hinterland ragen steile Berge mit dichtem Regenwald auf, der teilweise bis ans Meer reicht.

Der immer noch schöne Strand wurde im Zentrum fast völlig zugebaut, viele Palmen mussten weichen, aber nach wie vor sorgen große Laubbäume für natürlichen Schatten. Im mittleren und südlichen Teil stehen die Bungalows dicht auf dicht. Auch in zweiter Reihe hinter der Straße stehen schon Anlagen und Apartmenthäuser. Der Geräuschpegel hat zugenommen, vor allem am Wochenende sind Ruhesuchende vor Techno-Gedröhn nicht sicher. Discos und Amüsierbars finden hier ihr Publikum. Leute, die das Nachtleben lieben oder abends gern noch etwas bummeln gehen, fühlen sich hier wohl.

Auch am Strand, der bei Flut recht schmal werden kann, herrscht reges Leben. Bei Ebbe ist er breit genug zum Fußball spielen. Strandverkäufer, Masseusen, Nagelpflegerinnen und Zöpfchenflechter bieten ihre Dienste an. Bei Ebbe und Flut kann man im klaren Wasser gut schwimmen. In der Monsunzeit lässt es sich prächtig in den Wellen hüpfen.

Aber Vorsicht, es können sich gefährliche Strömungen bilden. Das Wasser kann in dieser

Zeit bei Flut bis an die Gebäude kommen, sodass ein Strandspaziergang nur bedingt möglich ist. Das Sonnenbad wird nur selten von Sandfliegen verleidet.

Die Straße vom Pier windet sich über den steilen Hügel, von dem man am chinesischen Tempel eine tolle Aussicht hat, in die Ebene herunter und kommt auf 40–100 m an den Strand heran.

Übernachtung

In den 50 Anlagen gibt es nur noch wenige einfache Bungalows. Immer mehr bessere Unterkünfte entstehen, die einige Möbel, Klimaanlage und TV bieten. In der Regenzeit von Juli bis Nov gewähren die meisten Anlagen bis 50 % Rabatt. Auch bei längerem Aufenthalt sollte man einen Rabatt gewährt bekommen. Die Anlagen hinter der Straße haben z. T. doppelt so guten Service zum halben Preis.

Von Nord nach Süd liegen am Strand entlang:

White Sand Beach Resort ⑦, ✆ 081-8637737, riesige Anlage mit über 100 Bungalows am schönen, 600 m langen, ideal abfallenden Sandstrand. Unterschiedliche Bungalows aller Kategorien in zwei Reihen parallel zum Strand, viele recht schäbig, aber beliebt, in 2. Reihe neuere Bungalows. Obwohl die Anlage recht ungepflegt wirkt, fühlen sich hier Traveller und Familien aus aller Welt wohl, die das Ursprüngliche suchen. ❹–❺

Maylamean Bungalow ⑧, ✆ 089-5192204, ✉ neung08@hotmail.com, wenige gemütliche Holzbungalows, manche mit Meerblick, durch Holztreppen miteinander verbunden, Hängematten; Musikbar. Zufahrt über White Sand Beach, bei Flut im Monsun schwer erreichbar. ❸

Rock Sand Bungalow ⑧, ✆ 039-551456, urig gestaltete Anlage mit 15 bunten, renovierten Holzbungalows, in die Felsen gebaut.

Im Restaurant kann man zwar nicht gut und günstig essen, aber herrlich auf einer Terrasse überm Meer sitzen. Bei Flut im Monsun schwer erreichbar. Europäischer Besitzer. Musikbar. ❸–❺

K.C. Grande Resort ⑪, ✆ 081-8331010, 💻 www.kcresortkohchang.com; große Anlage mit 3 Arten von Bungalows, gemischtes Publikum verschiedener Nationen, kinderfreundliches Personal, überhöhte Preise. ❻–❽

Yakah ⑫, ✆ 081-2193897, schmuddelige Anlage unter Palmen am Strand, 8 eng gebaute, einfache Bambushütten mit Veranda, mit und ohne Du/WC; kein Essen; geleitet von einem Thai und einer Engländerin; familiäre Atmosphäre; nachts Techno-Sound von der KC Bar. ❷–❸

Cookies Hotel ⑮, ✆ 039-551105-6, 551463, ✉ cookieshotel@yahoo.com, Hotelgebäude diesseits und jenseits der Straße, Pool am Strand. ❺–❻

Sabay Entertainment Resort ⑯, ✆ 039-551098, kleine, saubere Bungalows in engem Compound, hier werden Partys gefeiert bis 2 Uhr nachts, besonders beliebt ist die Full Moon Party. ❺

Der folgende, sehr schöne Strandabschnitt weist feinen, hellen Sand auf. Die Straße verläuft bis zu 100 m entfernt im Landesinneren.

Koh Chang Lagoon Resort ⑰, ✆ 081-8631530, gut ausgestattete AC-Zi im Haupthaus und z. T. renovierungsbedürftige Häuschen; Restaurant zurückversetzt, Minimarkt, Autovermietung. ❹–❺

Sang Arun ⑱, ✆ neue, dicht beieinander stehende Shera-Bungalows mit AC und alte Bambushütten in nettem Garten. ❹, AC ❺

Bamboo Bungalow ⑱, ✆ 081-9454106, holzverkleidete, nett angeordnete Bungalows direkt am Strand und dahinter, Restaurant. AC ❺

Apple Resort ⑱, ✆ 039-551228, 081-3740944, 30 eng stehende Bungalows mit Fan oder AC, 5 Zi im Haus, wirkt etwas heruntergekommen, Steinrestaurant am Strand, Beachbar. ❹, AC ❺

Koh Chang Kacha Resort & Spa ㉑, ✆ 039-551421-5, www.kohchangkacha.com, Bungalows im Garten und am steinigen Strand, Hotelgebäude weiter hinten, Deluxe-Villen mit Außenbadewanne, Pool mit Meersicht, Nebensaison 20 % Rabatt, familienfreundlich, europäische Pauschaltouristen. ❺–❼

Jenseits der Straße

Sai Rung ⑳, ✆ 081-8296721, 💻 www.Kohchang-Hotels.com, 7 nette Bambusbungalows mit Fan und Du/WC, z. T. für Familien, am Hügel in einem kleinen Tal, unter Leitung von Klaus Schmidt-

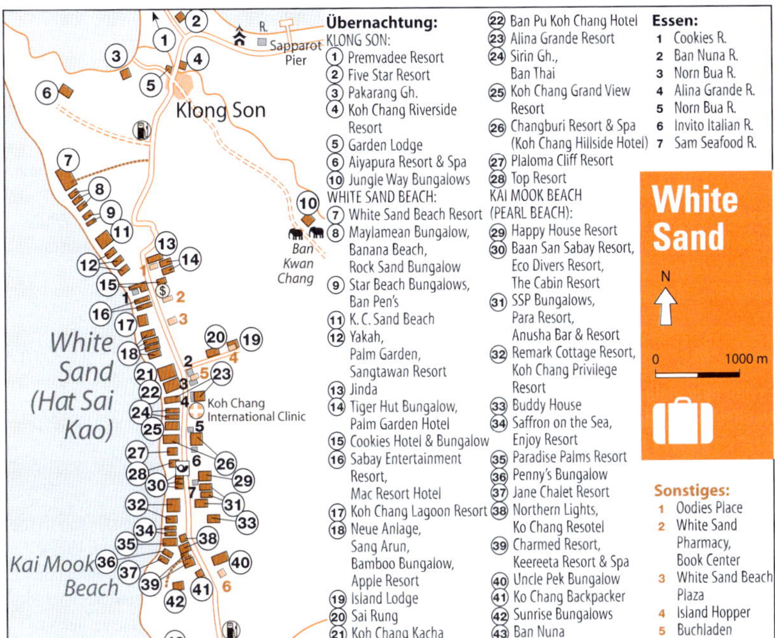

peter und seiner Frau. Gutes Essen, auch deutsche Schnitzel. ❸

Island Lodge ⑲, ✆ 081-8650610, ✉ islandlodge@hotmail.com, neue Anlage ca. 250 m von der Straße am steilen Hang, 10 Hütten und 9 Cabins mit Gemeinschafts-Du/WC, ganz oben AC-Deluxe-Räume und Familienzimmer mit toller Sicht. Unter Leitung von Mr. Graham und Fon vom Island Hopper. ❸, AC ❹

Am steinigen Strand

Ban Pu Koh Chang Hotel ㉒, ✆ 081-8637314, 💻 www.banpuresort.com, viele Bungalows aus Naturmaterialien und Hotelgebäude in sehr gepflegter Anlage mit vielen Blumen, kleiner Pool; beliebt bei älteren Touristen. Kein Sandstrand, bei Ebbe schaut man auf Steine, und es kann unangenehm riechen. Europäische Pauschaltouristen. ❻

Alina Grande Hotel & Resort ㉓, ✆ 039-551135, 💻 www.alinaresort.com; großes Haus mit 20 AC-Zimmern sowie 13 Bungalows mit Fan oder AC in unterschiedlichen Größen, eine große Wohnung mit Kühlschrank und TV ❻, alles sauber und gepflegt. Restaurant mit sehr gutem, preiswertem Essen, nettes Personal, geleitet von Ek & Dave und ihrer Tochter Alina. Beiderseits der Straße. AC ❺

Ban Thai ㉔, ✆ 039-551108, 11 kleine, nett eingerichtete Räume in einem Gebäude mit viel Thai-Dekoration; Restaurant mit Terrasse zur See. AC ❺

Koh Chang Grand View Resort ㉕, ✆ 081-8637802, mit Steinen und Beton befestigter Strand, Steinbungalows in breiter, recht großzügiger Anlage unter jungen Palmen und Laubbäumen; Restaurant (🕓 6–22 Uhr), Bootsausflüge, Schnorcheln; freundlicher Betreiber Mr. Pook. ❸–❺

Chang Buri Resort (Koh Chang Hillside) ㉖, ✆ 039-551242, www.changburi.com, 2- und 3-stöckige Hotelgebäude um den Pool herum,

AC-Zi mit Balkon und z. T. Meerblick, beiderseits der Straße, großes Pauschaltouristenhotel. ❺–❼

Plaloma Cliff Resort ㉗, 039-551119, www.plaloma-cliff.com, sehr sauberer, gepflegter Garten über den Klippen, kein Sandstrand, 29 große, gemauerte Doppel-Bungalows sowie 2- und 3-stöckiges Reihenhaus mit kieselsteinbesetzten Außenmauern, schöne Zi; Rund-Restaurant und Swimming Pool mit Blick aufs Meer, gutes Personal. Motorradvermietung, Geldwechsel, Schweizer Management. ❺–❻.

Essen und Unterhaltung

Es gibt sehr viele Restaurants, deren Qualität wechselt. Für jeden Geschmack und Geldbeutel lässt sich etwas Passendes finden. Beliebt sind die kleinen Fisch-Restaurants am Strand.

Im **Alina Grande** gibt es außer günstigen, leckeren moslemischen Gerichten auch billiges Bier.

Ban Nuna, 081-8214202, Open-Air-Restaurant direkt an der Straße. Thai-deutsches Essen sowie Pizza.

Oodie's Place, alteingesessen und immer noch beliebt, mit Thai- und französischem Essen. Ab ca. 18 Uhr läuft ein Video, später gibt's Live-Musik.

Cookies Restaurant, beim gleichnamigen Hotel, gediegen und preiswert, beliebt bei Thais und Ausländern, schöner Blick aufs Meer.

Norn Bua Restaurant, gegenüber Ban Pu Hotel und Chang Buri Resort, einfache, saubere Straßenlokale mit günstigen Thai-Gerichten, chinesischem Schweinefleisch und leckerem Dim Sum.

Es gibt einige **Bars** am Strand und an der Straße, die Bars vor den nördlichen Felsen sind nur zu Fuß erreichbar.

Sonstiges

Apotheken

White Sand Pharmacy, gegenüber vom Mac Resort.

Bücher

Gut sortierter Buchladen im **Book Center** gegenüber vom Mac Resort oder im kleinen Laden gegenüber vom Ban Pu Hotel, auch Ankauf von gelesenen Büchern.

Einkaufen

Minimärkte und mehrere etwas größere Shopping Centers.

Wochenmarkt jeden Sa schräg gegenüber vom Plaloma Cliff Resort.

White Sand Beach Plaza, Sabai Plaza, White Sand Plaza mit Läden aller Art sowie Restaurants und Bars.

Informationen

Im Web unter www.whitesandsthailand.com.

Wassersport

Einige Anlagen vermieten Kajaks und Windsurfer.

Nahverkehr

Die Taxifahrer haben das lukrative Geschäft fest in der Hand. Wer von außerhalb nach White Sand Beach will, muss für Hin- und Rückfahrt 500 Baht bezahlen, dafür wird man auch wieder abgeholt. Eine Einzelfahrt ist kaum zu bekommen.

Hat Kai Mook (Pearl Beach)

An diesem ca. 1 km langen, steinigen Strandabschnitt liegen einige nette, kleine Resorts, 500 m von der Straße entfernt. Hier fühlen sich Menschen wohl, die etwas abseits vom Massentourismus Urlaub machen wollen. Teilweise wurde Sand für Sonnenliegen aufgeschüttet. Fürs Baden sind Badeschuhe ratsam. Entlang der Straße oder an den Stichstraßen liegen einfachere Unterkünfte.

Übernachtung

Remark Cottage Resort ㉜, 039-551261, www.remarkcottage.com, 7 schöne, kleine Bungalows aus Naturmaterialien, nettes Restaurant, kleiner Pool, schöner Palmengarten, sauber, Strand aufgeschüttet, im Wasser Steine, bei Ebbe Baden nicht möglich, deutsche Bücher im Office. ❺–❻

Paradise Palms Resort ㉞, 089-0946023, 4 komfortable Bungalows in kleinem, schattigem

Garten direkt am Meer in ruhiger Lage; UBC TV mit 60 Programmen, unter Leitung des Engländers Matt. Steinstrand, etwas Sand wurde aufgeschüttet, gut zum Schwimmen und Schnorcheln. Kaffee, Tee und Schnorchelausrüstung frei. AC ❺

Penny's Bungalow & Resort ㉞, ✆ 081-5959750, 039-551122, 💻 www.penny-thailand.com, große AC-Doppel- und Einzelbungalows mit TV, Pool mit Blick aufs Meer, familiäre Anlage in gepflegtem Garten, kein Sandstrand, unter deutscher Leitung. AC ❺–❻

Jane Chalet Resort ㉞, ✆ 086-6010199, ✉ Janes_chalet@hotmail.com, 20 originelle, halbe A-Frame-Bungalows, mit offener oder wassergekühlter Glasterrasse in tropischem Garten, Holzterrasse überm Meer, unter Leitung des Franzosen Stephane und seiner Thai-Partnerin Jane, Pool, kein Sandstrand. AC ❺

Sunrise Restaurant & Bungalows ㊷, ✆ 081-8615540, wenige Bungalows unter Thai-deutscher Leitung, Bar, gute Bikes. ❷–❸

Ban Nuna Apartment Haus ㊸, ✆ 081-8214202, 💻 www.koh-chang.de; mehrere 30-m²-Apartments, Terrasse mit Meerblick, sehr ruhig und abgeschieden, kein Strand, geleitet von Nuna und Harald. Im Ban Nuna Restaurant melden. ❹

Entlang der Straße:

Buddy House ㉝, 100 m von der Straße auf der Landseite, einige Bungalows auf Stelzen am Hang mit Fan und Du/WC, relativ einfach und preiswert. Der Besitzer spricht gut Englisch. ❷–❸

Northern Lights ㊳, ✉ northernlights@thailand.com, Komfortbungalow mit DVD an einer Stichstraße zum Strand, Motorrad zu mieten. ❸–❺

Charmed Resort ㊴, an einer Stichstraße zum Strand, originelle, schwemmholzverkleidete Container. AC ❸

Ko Chang Backpacker ㊶, an der Straße, Strandseite, nette, einfache Zi, Minipool. ❸

Nahverkehr

Pickups fahren von 7–17.30 Uhr bis zum Kai Bae Beach Pier für 40 Baht in etwa 25 Min. Ab Sonnenuntergang ist es etwas teurer.

Klong Prao Beach

Der 4 km lange Sandstrand (oft auch: Klong Plao) wird durch zwei Flussmündungen in drei Teile gespalten und im Norden vom Felsvorsprung Laem Chai Chet begrenzt. Vor allem im mittleren Teil ist der Strand extrem flach und das Wasser nicht so sauber. Eine echte Plage sind die aggressiven Sandfliegen von Chai Chet bis Fisherman's Camp an der Flussmündung. Im mittleren Teil der halbkreisförmigen Bucht herrscht noch eine ruhige Atmosphäre.

Am südlichen Klong Prao Beach (oft auch Klong Makok Beach genannt) liegt ein Resort am andern. Hier verbringen hauptsächlich Pauschaltouristen ihren Urlaub, auch Thai-Touristen mieten sich an langen Wochenenden ein. Dann wird auch am Strand gezeltet. Doch findet man zwischen den First-Class-Resorts noch einige Unterkünfte mit Traveller-Atmosphäre.

Zum **Klong Prao-Wasserfall** (auch: Klong Plu-Wasserfall) führt eine Betonstraße. Sie endet an der Zahlstelle des Nationalparks (Eintritt 400 Baht).

Übernachtung

Laem Chai Chet

Thai Garden Hill Resort ①, ✆ 039-551573-5, ✉ thai-gardenhillresort@hotmail.com, neue, zweistöckige Bungalows am Hang mit großen, Suite-artigen Zimmern, Pool. ❺

Coconut Beach Resort ⑤, ✆ 081-9493838, 💻 www.webseiten.thai.Li/coconut, ansprechende Anlage, Bungalows und Hotelgebäude mit geschwungenen, grünen Dächern, Raumdekoration in authentischem Thai-Stil, in tropischem Garten, Pool. ❹, AC ❺–❻

The Royal Coconut Resort ④, ✆ 039-551175, 081-7817078, Bungalows am Strand sowie 2-stöckiges Hotelgebäude an der Landseite, großes Restaurant. AC ❺

Chai-Chet Bungalows (**Chai-Chet Resort**) ③, ✆ 081-8623430, www.kochangchaichet.com, über eine 300 m lange Stichstraße zu erreichen, schöne Anlage auf der Felsnase unter Palmen, kein Sandstrand, hübsche Bungalows in weitläufigem Gelände im Tal und am Hang, großzügig angelegt, Blick auf Fischerboote, Seekajaks zu mieten. ❹, AC ❺

Die Ostküste

Ko Chang Paradise Resort ⑥, ✆ 039-551100, 💻 www.kohchangparadise.com, sehr saubere Anlage mit großen und kleineren Bungalows, für Pauschaltouristen, freundliches Personal. Am Strand hohe Palmen und ein Restaurant, 🕓 7–22 Uhr. ❻

Klong Prao Beach

Koh Chang Resort & Spa ⑦, ✆ 039-551080-2, 💻 www.kohchangresortandspa.com, schöne Anlage mit Hotel und romantisch überwucherten Bungalows mit AC, TV und Mini-Bar, diesseits und jenseits der Straße, gutes Restaurant, 2 kleine Pools. ❻

Aana Resort & Spa ⑨, ✆ 663-9551539, 💻 www.aanaresort.com, attraktive Anlage im Kerala-Stil am Klong Prao-Fluss, umgeben von Mangrovenwäldern, Villas mit großen Balkonen, ca. 250 m vom Strand, 2 Pools, europäische Pauschaltouristen. ❼–❽

Tale Bungalow ⑪, Palmblattbungalows im älteren Stil ohne Du/WC, in gepflegtem Palmengarten, unter Leitung von sympathisch lockeren Typen. Bis 2008 ist die Existenz der Anlage gesichert. ❷

Panviman Kohchang Resort ⑫, ✆ 039-551290-6, www.panviman.com, ✉ reservation@panviman.com, exklusive First-Class-Anlage im Thai-Stil, luxuriös eingerichtete Bungalows ohne Meerblick, Pool mit kleinem Wasserfall und Jacuzzi direkt am Strand, Restaurants. Kochschule. Vorwiegend Pauschaltouristen. Davor feiner, grauer Sand. Daneben eine kleine Strandbar. ❽

Tiger Hut ⑬, ✆ 084-1099660, ganz neue Bambusmatten-Bungalows, vorn am Strand stehen noch alte. Freundliche Mama. ❷–❸

K.P. Huts ⑭, ✆ 084-0995100, große, naturbelassene Anlage mit viel Freiraum unter Palmen, 34 Hütten und bessere Bungalows, 2 große Bungalows für 4–8 Pers. ❷–❸

Barali Beach Resort ⑯, ✆ 039-557238, 💻 www.barali-beach-resort.th66.com; sehr gepflegte Anlage mit modernem Ambiente, viele exotische Blütenpflanzen, Poollandschaft mit Überlauf zum Strand, zuvorkommendes und hilfsbereites Management, üppiges Frühstücksbuffet, europäische Pauschaltouristen. ❼–❽

Ko Chang Tropicana ⑰, ✆ 039-551184-5, ein- und zweistöckige palmblattgedeckte Luxusbungalows, üppiger tropischer Garten, schöne, rustikale Anlage, Pool mit Jacuzzi, europäische Pauschaltouristen. ❻–❽

Blue Lagoon ⑱, 💻 www.kohchangcookery.com, ✆ 081-9400649, Bungalows mit Fan oder AC und Du/WC, schön gelegen an der nicht gerade einladenden Lagune. Schattiger Garten mit vielen Moskitos, Restaurant, Kochkurse; Traveller-Atmosphäre; zum Strand geht es über einen langen Steg. ❹

Amari Emerald Cove Resort ㉑, ✆ 039-552000, edel gestaltete Holzkästen mit thailändischen Stilelementen, mit soliden Holzmöbeln eingerichtet, 50 m langer Pool, separater Poolbereich für Kinder, europäische Pauschaltouristen. ❼

V.J. Hotel & Health Spa ⑳, ✆ 039-557163-5, 💻 www.vjkohchang.com, Hotelgebäude und Pool direkt am Strand, für Thai- und europäische Touristen. ❼

Essen

The Taj, ✆ 039-551450, an der Hauptstraße bei den Plazas, exquisite nordthailändische Gerichte in passendem Ambiente. Kostenlose Abholung vom Hotel.

Phu Talay Restaurant, an der Lagune, 400 m von der Hauptstraße, Gerichte um 80–100 Baht.

Iyara Seafood Restaurant, an der Lagune, 500 m von der Hauptstraße, Gerichte um 100 Baht, gehobenes Preisniveau, erlesene Weine, exklusiver Service, offene Terrasse, schöne Sicht über die Lagune aufs Meer, am Wochenende viele Thais.

Sonstiges

Elefantenreiten

Das **Elephant Jungle Trekking Camp** (Chang Chutiman), ✆ 089-9396676, veranstaltet viel gelobte Touren in die Berge, 1 Std. 500 Baht, Wasser, Fernglas, Obst inkl. Auch Baden mit Elefanten im Fluss ist möglich.

Baan Changthai neben der Brücke, bietet 1- oder 2-stündiges Elefantenreiten für 500 und 900 Baht, inkl. Baden mit Elefanten.

Kochkurse

KA-TI Culinary, ✆ 081-9030408, bietet Kochkurse an.

Motorräder

In den meisten Resorts werden Motorräder vermietet, Werkstätten im Dorf.

Kai Bae Beach

Der bei mittlerem Wasserstand optisch ansprechende, fast 2 km lange Strand, wird von z. T. überhängenden Palmen und Laubbäumen gesäumt. Die Hügel im Hinterland bedeckt dichter Dschungel. Drei Inseln sind malerisch vorgelagert. Am nördlichen und südlichen Ende ist bei Flut vom Strand nichts mehr zu sehen, bei tiefer Ebbe zieht sich das Wasser hingegen weit zurück (bis zu 300 m). Beim Versuch, Schwimmtiefe zu erreichen, hat sich so mancher an Korallenschrott und spitzen Steinen schon die Füße aufgerissen. Schnorcheln kann man hervorragend bei der Insel Ko Man Nai, die man bei Niedrigwasser zu Fuß erreichen kann. Gegen die zeitweiligen Sandfliegenattacken am Strand kann man mit Kokosnussöl vorbeugen. An diesem Strand trifft man auf viele Thai-Touristen, aber auch europäische Pauschal- und Individualtouristen verbringen in einigen Anlagen ihren Urlaub.

Entlang der Straße gibt es Bars und Restaurants, Internet-Cafés, Tankstellen, Massage- und Souvenirshops sowie Supermärkte.

Der zum Kai Bae Beach gehörende **Wasserfall** ist nicht leicht zu finden, besser einen Guide anheuern. Nach Süden führt ein kaum noch begangener Dschungelpfad in 30 Minuten über einen grünen Hügel zum **Thanam Beach**.

Übernachtung

Koh Chang Cliff Beach Resort ㉕, ✆ 081-9455827, 💻 www.kohchangcliffbeach.com; 33 große Luxusvillas am nördlichen Hang mit toller Meersicht; kastellartiges Restaurant mit Bar und Pub auf dem Hügel mit fantastischer Aussicht, gediegene Atmosphäre, formale Kleidung nach 18 Uhr; guter Pool, Schnorcheln direkt vor der Anlage möglich. Bei Voranmeldung Transfer vom Bangkok Airport. ❼–❽

Chang Park Resort & Spa ㉖, ✆ 081-8532572, 💻 www.changpark.co.th, um eine Lagune herum gebaute, gestylte Anlage mit schönen Gärten bis zum Meer, saubere Bungalows, Villen mit eigenem Pool und Hotelgebäude, große Häuser mit mehreren Schlafzimmern. Camping, großes Restaurant. An der Straße davor viele Restaurants und Bars. ❻–❽

Coral Resort ㉘, ✆ 039-557136, ✉ coralresort@hotmail.com, viele große, pinkfarbene Bungalows am steinigen Ufer mit Fan und Du/WC, einige Palmen, Camping, Pool; Restaurant mit französischen Gerichten, Internet, unter Thai-französischer Leitung. Schöne Aussicht, der Strand wurde mit Steinen aufgeschüttet und durch eine hohe Mauer begrenzt. ❸–❺

Nang Nual ㉛, ✆ 087-1477064, 12 ältliche Bungalows mit Fan mit und ohne Du/WC, z. T. Warmwasser, sowie Luxusbungalows mit AC; Restaurant. Richtet sich mit diversen Shows an langen Wochenenden vor allem an Thai-Touristen. ❷–❸, AC ❺

Kai Bae Hut Resort ㉜, ✆ 081-8628426, 039-557142, direkt südlich vom Hafen, 25 feste, nicht gerade hübsche Bungalows mit Fan und Du/WC, aber ohne Moskitonetz, sowie Komfort-Bungalows aus Stein. Restaurant mit Barbecue, hauptsächlich Thai-Touristen. Steiniger Strand. ❸–❹, AC ❺

K.B. Resort ㉜, ✆ 039-557125, 💻 www.kbresort.com, 46 verschiedene, eng stehende Bungalows; schmaler, teils mit Steinen aufgeschütteter Strand. Hier gefällt es einheimischen Wochenendtouristen. ❺, AC ❻

Kai Bae Beach Bungalows ㉜, ✆ 081-9177704, 💻 www.kaibaebeach.com, Holz- und Steinbungalows mit großer Glasfront und unterschiedlicher Ausstattung, auch Familienbungalows ❺, großes Restaurant, Motorrad 250 Baht. ❹, AC ❺

An der folgenden Küste gibt es kaum Sandstrand:

Mam Kai Bae Beach Resort ㉜, ✆ 039-557060, 💻 www.mankaibae.com, einfache und bessere Bungalows sowie Hotelgebäude. ❹, AC ❺

Porn's Bungalow ㉝, ✆ 089-0998757, 20 alte Matten-Bungalows mit Thai-WC, Bar mit Aussichtsplattform, ungepflegtes Restaurant. ❸

Allseits beliebte Ferienhäuser im Grünen

Sea View Resort Spa ㉜, 💻 www.seaviewkohchang.com, ✆ 039-552888, von Mäuerchen geschützter Strand, große, gepflegte Anlage mit vielen Pflanzen und schönem Rasen, Bungalows und große Familienhäuser, die teuren Räume sind mit privatem Spa ausgestattet; gutes Restaurant am Wasser, Pool. Minibus-Service, Ausflüge, Buchausleihe. Bei Thais, Pauschaltouristen und Individualreisenden gleichermaßen beliebte Anlage. ❻–❽

An der Straße liegen:

Casamarina Gh. ㉗, ✆ 039-557027, auf der Landseite neben 7eleven, saubere Zi mit Terrasse in gepflegtem Innenhof. Ed und sein Personal geben sich viel Mühe. ❸, AC ❹

New Tar Bungalow ㉙, ✆ 039-557171, neue, kleine Doppelbungalows, zurückversetzt, hinter Coral.

Garden Resort ㉚, ✆ 039-557260, www.gardenresortkohchang.com, hinter der Ladenzeile, Zimmerservice auf Knopfdruck. Hier bekommt man auch dann noch ein gepflegtes Zimmer, wenn es am Strand voll ist. ❺

Mai Pen Lai, 039-557115, zweistöckiges Gästehaus, saubere Zi mit Balkon. ❸

Essen und Unterhaltung

Entlang der Straße und an den Zufahrtsstraßen gibt es ausreichend Restaurants und Bars, z. B.:

Happy Elephant Restaurant, mit Speiseeis, Snacks, Cocktails und echtem Kaffee, unter holländischer Leitung.

Kai Bae Marina, internationales Restaurant mit deutschem Frühstück und deutschen Filmen.

Lanna Cafe, am Ende des Strandes, mit Fair Trade-Kaffee und -Tee.

Zudem haben die meisten Bungalowanlagen ein offenes Restaurant.

Noname Bar, originell gestaltet, zwischen den Coral Bungalows.

Paradise Bar mit Live-Musik.

Sonstiges

Bootstouren

Ganztägige Schnorcheltrips zu drei unbewohnten Inseln (u. a. Ko Yuak mit ziemlich zerstörten Korallen und wenig Fischen) werden von fast allen Resorts angeboten (Start 7 Uhr). Am Hafen ist die Miete einer Schnorchelausrüstung genauso teuer wie ein Schnorcheltrip mitsamt Ausrüstung, ca. 200–300 Baht.

Plaza

Kai Bae Plaza mit Koh Chang Wine Gallery, Bars und Läden.

Thanam Beach (Lonely Beach)

Dieser etwa 1 km lange Strand ist im Norden bei Ebbe und Flut gut zum Schwimmen geeignet. In der Monsunzeit können gefährliche Strömungen auftreten. An diesem früher einsamen Bilderbuchstrand entstanden viele Bungalowanlagen. Abends herrscht am Strand eine tolle Atmosphäre mit lauter Musik und vielen Partys, tagsüber wirkt er häufig verschmutzt. Urlauber, die hier in einem Pauschaltouristenhotel Ruhe suchen, sind fehl am Platz. Wer sich unter partybegeisterten Engländern wohlfühlt, ist hier genau richtig.

Im südlichen Teil ist der Strand steinig und von Mangroven durchsetzt. Die Straße nach Süden verläuft steil und kurvenreich durch den Dschungel, ist aber zweispurig asphaltiert und mit Leitplanken versehen. Die Zufahrtswege zu den Resorts sind teilweise schlecht bis gefährlich. Die Straße führt am Bailan Beach und an schönen Buchten vorbei nach Bang Bao.

Übernachtung

Nature Beach Resort ①, 039-558027, am schönen Strand unter Palmen, stabile, saubere Holzhütten mit Du/WC, Nature Bar mit heißer Musik schon am Nachmittag; viele Bücher, gutes Restaurant am Strand. Beliebt bei Leuten, die gern feiern. Unter Leitung von Arnold Kübler. ❸–❹, AC ❺

Bhumiyama Beach Resort ②, 039-558067, www.bhumiyama.com, luxuriöses Hotel und komfortable Bungalows in großer Anlage mit Pool, davor Steinstrand, meistens Pauschaltouristen. Leidet unter Lärmpegel von nebenan. ❻–❼

Siam Hut ③, 089-8334747, 77 Bungalows aus Naturmaterialien im schattenlosen Garten und am Strand, alles recht alt, eng, aber ordentlich, das Personal ist langsam, aber bemüht. ❷–❹

Unterhaltung

Die schöne **Jah Bar** am Hang ist nach wie vor beliebt. Jeden Abend Party mit Rock, Reggae und Pop.

Oodie's Place, am Ende des Strandes, urige Bar mit urigen Leuten, wo abends bis spät nachts Live-Musik (Pop, Oldies, Blues, Reggae) in wechselnder Besetzung gespielt wird. Der nette Chef spielt selbst E-Gitarre.

Bailan Beach

Diese Bucht sieht weniger attraktiv aus. Ein steiniger Strand und einige schmale Sandabschnitte bestimmen das Bild. Zum Baden ist der Strand auch bei Flut kaum geeignet. Die älteren Anlagen wirken z. T. verwahrlost, die unbefestigten Anfahrtswege sind versandet. Es entstanden aber auch neue Billigunterkünfte. Immer wieder gibt es Bestrebungen, die kleinen Anlagen auszumerzen und durch bessere zu ersetzen, aber noch scheint sich Bailan als Partystrand für junge Leute halten zu können.

Nur im Süden, und vom Partygewimmel abgeschirmt, entstanden teure Pauschaltouristenanlagen.

An der Straße befinden sich einige kleine Restaurants, Bars und eine Motorradvermietung.

Übernachtung

Tree House ④, www.tree-house.org, 081-88478215, verschiedenartige, einfache Bambushütten, z. T. zweistöckig, Gemeinschafts-WC mit Kübeldusche, Restaurant überm Wasser; beliebt bei Travellern und jungen Familien, gute Party-Atmosphäre, *Kidscorner*, Familienausflüge. Motorrad 400 Baht/Tag. Der Pachtvertrag des beliebten Resorts wurde bis Sommer 2008 verlängert. Wie es weitergeht, ist der Webseite zu entnehmen. ❶–❸

Bungalows für Traveller

Bailan Hut ④, ✆ 070-280796, wenige eng stehende Mattenbungalows in familiärer Traveller-Anlage ohne Strand. Restaurant auf Pfählen im Wasser mit viel gelobten Thai- und westlichen Gerichten, Bar mit guter Musik. Tik und ihr Rasta-Mann kümmern sich liebevoll um die Gäste. Abholservice vom Taxihalteplatz bei Siam Hut, ansonsten nicht leicht zu finden. Es werden Schnorchel- und Dschungeltouren angeboten. ❷

Sunset Hut ④, ✆ 081-8187042, verschiedenartige Bungalows mit und ohne Du/WC, vorn am Strand sehr einfach, ohne Strom, weiter hinten etwas solider. Restaurant auf Stelzen mit toller Sicht; beliebt bei jungen Travellern, gute Atmosphäre. Motorrad 400 Baht/Tag. ❷–❸

Paradise Cottage ④, ✆ 081-7739377, sehr einfache Bungalows am Steinstrand mit Moskitonetz, freundliches Personal, stimmungsvolles Restaurant mit niedrigen Tischen und Sitzpolstern. ❶–❷

Bailan Bay Resort ⑥, palmblattgedeckte Holzbungalows am Strand und am Hang in gepflegtem Garten. Restaurant oben am Berg mit atemberaubendem Ausblick über die Bucht. ❸

Bailan Family ⑦, ✆ 089-0512701, saubere Räume und familiäre Atmosphäre. Fischen, Schnorcheln und Elefantenreiten wird angeboten. ❸, AC ❹

Bailan Orchid ⑦, ✆ 084-7439798, 💻 www.kohchangorchid.com, Bungalows aus Naturmaterialien in tropischem Garten, kleiner Sandstrand über Privatpfad zu erreichen. Es wird Englisch, Deutsch, Französisch und Thai gesprochen. ❸

Jungle Hut ⑦, ✆ 084-0051008, Bretterhütten mit und ohne Du/WC, gut unterhaltene, ruhige Anlage mit Restaurant überm Wasser. ❷

Bailan Hut on the Sea ⑦, ✆ 087-0280769, ganz neue Mattenbungalows mit Du/WC am befestigten Ufer. ❷

The White House, ⑦ ✆ 039-558112, weiße Häuschen am Strand und am Pool sowie Zi im Haupthaus am Parkplatz mit Balkon. ❸, AC ❹–❺

Bailan Beach Resort ⑨, ruhig gelegene, familiäre Anlage, Hütten mit breiter Matte und Warmwasser. Mr. Khai bietet Bootstouren und Angeln an. ❸

Essen und Unterhaltung

In allen Anlagen gibt es Restaurants, häufig auch Bars. Es werden zwar noch keine Wucherpreise verlangt, aber besonders billig ist es auch hier nicht.

Magic Garden, Restaurant and Chillspace, Liegerestaurant.

Lemon Bar & Restaurant, hier finden die Full Moon Partys statt.

Blacksound, hier finden zu Neumond die Black Moon Partys statt.

Seawind Restaurant, nettes Lokal unten auf der Halbinsel.

Sonstiges

Motorräder

In den meisten Resorts werden Motorräder vermietet.

Kochkurse

Chilli Garden Cooking School, am Weg zum Tree House.

Nahverkehr

Von den Piers ist der Bailan Beach mit dem Songthaew für 80 Baht in ungefähr 1 Std. zu erreichen. Das Bootstaxi fährt von 8–9 Uhr und von 11–14 Uhr.

Bang Bao Bay

Im Südwesten Ko Changs liegt gut geschützt die halbkreisförmige Bucht Bang Bao. Bei Ebbe läuft sie zu einem großen Teil trocken. Bekannt ist sie vor allem durch das Pfahldorf, **Fisherman's Village** genannt. Es ist weit in die Bucht hinein gebaut und hat sich zu einem beliebten Ausflugsziel entwickelt. Besonders die Seafood-Restaurants mit ihren fangfrischen Meeresfrüchten locken Thais und Ausländer an. Aber auch Unterkünfte, Tauchbasen, Souvenirshops, eine Bäckerei und andere Läden haben sich hier etabliert.

Am Ende des Piers warten viele Boote, die zu den vorgelagerten Inseln oder zum Tauchen fahren.

Dieser kleine Ort im Südwesten ist auf der Asphaltstraße gut zu erreichen. Schon allein die Fahrt durch Berge und Täler ist eine Reise wert. An der **Landzunge**, die die Bucht im Westen begrenzt, sind einige Unterkünfte entstanden. Die Strände auf beiden Seiten sind steinig oder schlammig und nicht zum Baden geeignet.

Etwas östlich liegt hinter einer Lagune ein Bilderbuchstrand. Er ist recht schmal, einige 100 m lang und über eine Brücke erreichbar. Direkt am Strand gibt es nur eine Snack-Bar. Zwischen Lagune und Berg entstehen Unterkünfte.

Der **Klong Kloi Beach** am östlichen Ende der Bucht ist ein Privatstrand, für dessen Betreten man 100 Baht Eintritt bezahlen muss.

Übernachtung

Fisherman's Village

Ocean Blue ⑭, großes neues Haus am Ende des Stegs, saubere Räume mit Du/WC, Matratzen auf dem Boden, große Gemeinschaftsterrasse. ❸

Bang Bao Sea Hut ⑮, ✆ 081-2850570, 💻 www.bangbaoseahut.com, am Ende des Stegs, grüne, sehr geschmackvoll eingerichtete Designer-Holzbungalows, mit Stegen verbunden. AC ❹–❺

Bang Bao-Bucht

Elephant Garden ⑫ ✆ 087-1432286, neue Anlage links an der Straße, große Bungalows mit Du/WC in exotischem Obstgarten, DVDs, Bücher, Playstation, entspannte Atmosphäre, schottische Leitung. Gutes Preis-Leistungs-Verhältnis. ❷

Dragon House ⑯, ✆ 081-9450498, 21 Bambushütten mit und ohne Du/WC, Terrassen-Restaurant mit Thai-Essen. Sehr ruhige Lage abseits vom Strand, steiler Anfahrtsweg. Hier fühlen sich Traveller und alleinreisende Frauen wohl; Schnorcheltouren. ❷–❸

Bang Bao-Landzunge

Nirvana Resort ⑪, ✆ 039-558061, 💻 www.nirvanakohchang.com, umweltfreundliche Luxusanlage auf einer Halbinsel und somit an 2 Buchten gelegen, Häuschen mit 1 und 2 Zi, Felspool und Normalpool, Mangroven, Stein- und Felsufer, Jungle Walk, Cliff Walk, Restaurants auf Stelzen im Wasser. ❼–❽

Remark Pu-Zi ⑩, ✆ 039-558166, remarkpuzihut@yahoo.com, einfachste neue Palmblatthütten im Palmenhain mit Blick auf die Bucht und Fischerboote. ❷

Essen

Chowlay Bang Bao Restaurant in Bang Bao, auf Stelzen gebautes Lokal mit guter Aussicht, bei Einheimischen und ansässigen Europäern sehr beliebt. Man kann lebende Fische aus Aquarien aussuchen und nach Wunsch zubereiten lassen. Frischer geht es nicht.

Das **Kruwa Bang Bao** hat ein ähnliches Angebot, Cocktailbar, Sonnendeck.

Im Chai Shop gibt es Tee aus aller Welt.

Tauchen

Ploy Scuba Diving, ✆ 086-1551331.

BB Diver, ✆ 086-1556212, 💻 www.bbdivers.com.

Nahverkehr

Nach Bang Bao von den Piers mit dem Pickup um 16 Uhr entlang der Westküste für 100 Baht in 1–1 1/2 Std. Während der Saison häufiger.

Das Pickup zum Dan Kao Pier fährt tgl. um 7 Uhr für 100 Baht, recht unzuverlässig.

Transport

Der Island Hopper von **Captain Graham**, ✆ 081-8650610, ✉ islandhopper@koh-chang.ch, fährt tgl. um 8 und 12 Uhr nach KO WAI für 300 Baht, KO MAK 400 Baht und KO KUT für 700 Baht. Zubringer mit dem grün-gelben Taxi für 50 Baht.

Im Fischerdorf gibt es Boote zu mieten, ein kleines kostet 300 Baht für 3 Std., ein größeres mit Dach 500 Baht.

Die Südküste

Am hervorragenden **Hat Wai Chek** gibt es keine Unterkunft und kein Essen. Hier leben nur einige Kokosnuss-Farmer.

Die **Salak Phet-Bucht** im Südosten der Insel entwickelt sich zum Ausgangspunkt zu den vorgelagerten Inseln des Ko Chang National Parks. Hier liegt das Dorf **Ruang Tan**, auch Homestay Village genannt. Familien bieten in ihren Häusern, die z. T. auf Stelzen im Wasser stehen, Fremdenzimmer an. Beliebt ist die Bay, dank ihrer Lage, bei Seglern. Draußen in der Bucht steht ein komfortables Resort mitten im Wasser, das Ko Chang Island View Resort. Das letzte Stück der Ringroad von Salak Phet nach Bang Bao über Ruang Tan und Hat Wai Chek wird in Kürze fertiggestellt.

Im traditionellen Fischerdorf **Salak Phet**, am Anfang der Bucht, gibt es hervorragendes Seafood.

Chek Bae (auch Jek Bae) ist ein Fischerdorf, in dem ebenfalls Kokosnuss- und Kautschukfarmer leben und einige Resorts angesiedelt sind.

Am idyllischen **Long Beach** kann man zeitweise schwimmen. Bei Ebbe zieht sich das Meer einige hundert Meter zurück. Leider ist der Strand oft verschmutzt. Hier gibt es die Tree House Lodge. Die Fahrt auf der abenteuerlichen Straße über teils unbefestigte Abschnitte sollten nur Schwindelfreie mit dem Motorrad wagen.

Tantawan erreicht man auf der neu gebauten Straße zum Südostzipfel. Dort gibt es einige Stellen, die gut zum Schnorcheln geeignet sind.

Übernachtung und Essen

Salak Phet

In der tiefen Bucht gibt es nur wenige Unterkünfte:

Homestay ⑲, verschiedene Häuser in **Ruang Tan** vermieten Gästezimmer, sie werden in den Shops und Restaurants angeboten. ❷–❹

Ko Chang Marina & Resort ㉑, ✆ 039-237374, 081-7826040, sterile Steinbungalows am Hang mit Blick auf die Marina, jedes Zimmer mit VCD Player, Seafood-Restaurant und Segelbootverleih. ❹–❼

Salak Phet Seafood & Resort ⑳, ✆ 039-553099, am Ende der Straße, Restaurant und sehr einfache Zi auf einer Plattform im Wasser; die Bungalows am Hang sind besser, Shop, Bootsausflug zu Stränden auf vorgelagerten Inseln möglich. ❹, AC ❺–❻

Ein Resort auf dem Wasser

Ko Chang Island View Resort ⑱, ✆ 089-1552669, 🖳 www.erlebnisreisen-thailand.de, außergewöhnliches Resort mitten in der malerischen Bucht von Salak Phet, auf massiven Stelzen gebaut, durch einen 100 m langen Steg mit dem Land verbunden. 10 komfortable AC-Zi mit traumhaftem Blick auf die vorgelagerten Inseln, Restaurant mit frischen Meeresfrüchten und internationaler Küche. Vermietung von Segeljollen und Seekanus; Sportfischen, Tauchen, Segeltörns, Segelschule, Inseltouren. Liegeplatz für Segeljachten, kostenloser Transfer zu einsamem Sandstrand auf unbewohnter Insel, Abholservice vom Pier. Unter Thai-deutscher Leitung, sehr gutes Preis-Leistungs-Verhältnis. ❹

Chek Bae

Ban Mae Resort ㉓, verschiedenartige Bungalows im Garten, an einem kleinen See und am Meer, auch Familienbungalows mit Matratzen; gleich hinter dem Dorf Ban Chek Bae. Gutes Restaurant über dem See. Zum Baden ist der Strand nicht geeignet, Kajaks zu vermieten. AC ❺

Rommai Chailay Resort & Seafood ㉖, ✆ 081-8657424, ältere Fan-Bungalows mit Gemeinschaftsbad im hübschen Garten und bessere AC-Bungalows um das beliebte Seafood-Restaurant, am Ende der Bucht von Chek Bae; Schnorchelausrüstung zu vermieten. ❸, AC ❺

Long Beach

Tree House Lodge ㉘, ✆ 081-7617655, 🖳 www.tree-house.org, Ableger des bekannten Tree House beim Lonely Beach, mit 1 km langem, weißem Sandstrand, ca. 150 einfache Bambus- und Palmblatthütten ohne Fan, schön gestaltete Gemeinschafts-Du/WC, gemütliches Restaurant auf Holzplattform, Sonnenterrasse, viele Bücher, Strom ab 18 Uhr. Die beliebten Besitzer vom Lonely Beach verbreiten auch hier echte Traveller-Atmosphäre. Taxiservice 100 Baht pro Std., tgl. zum Lonely Beach um 8 Uhr, zurück um 10 Uhr. ❶–❷

Mangrove Walkway

Bei einem 15-minütigen Spaziergang durch die Mangroven in der Salakkok-Bucht bekommt man Einblick in dieses besondere Ökosystem. Dass der Weg aus Beton ist, stört so manchen, aber dadurch hält er länger.

Transport

Minibusse fahren vom Dan Kao Pier und Ao Sapparot für ca. 100 Baht nach Salak Phet. Es gibt Boote zu den Stränden und Inseln zu chartern, was um die 2000 Baht pro Tag kosten dürfte.

Die Ostküste

Salakkok ist ein originales Thai-Dorf mit einem der besten Mangrovenwälder in Thailand. Zwischen den Häusern kann man sich nur per Boot fortbewegen. Die nächste Unterkunft liegt in Chek Bae.

Übernachtung

Die **Strände** an der Ostküste wirken auf westliche Touristen wenig attraktiv. Die Unterkünfte werden hauptsächlich von Thai-Touristen an Wochenenden und Feiertagen frequentiert. Es gibt ca. 10 Bungalowanlagen, bei einigen kann man auch campen, z. B.:

Suan Sam Chan ㉝, ✆ 039-586028, AC-Bungalows unter hohen Bäumen am privaten Watt-Strand, für Naturliebhaber. Am Dan Kao Beach, 2,7 km von Center Point Ferry. Trotz deutscher Leitung hauptsächlich Thai-Touristen. ❹

The Spa Koh Chang Resort ㉚, ✆ 039-553091, 💻 www.kohchangresortandspa.com, hier werden nicht nur alle Arten von Spa-Anwendungen durchgeführt, hier kann man auch sehr ruhig übernachten, hervorragend vegetarisch speisen und in der Salakkok-Bucht Kajak fahren. ❻

Ko Mak เกาะหมาก

Die „Betelnuss-Insel" ist eine flache Insel mit seichten Buchten und schönen, weißen, aber schmalen Stränden. Eigentlich besteht sie aus vier Halbinseln, die sich von Ost nach West über 7 km, von Nord nach Süd über 5,5 km ausdehnen.

Auf der westlichen Halbinsel erhebt sich ein Höhenzug mit zwei Gipfeln. Rotbraunes Lavagestein tritt an vielen Stellen zu Tage und bildet im Meer schöne „Badewannen". Auf der Insel werden Kokospalmen und Gummibäume angebaut. Im Zentrum der Insel befindet sich ein Dorf mit Schule, Minimärkten, kleinen Restaurants und einer Gesundheitsstation. Ständig leben ca. 800 Menschen auf der Insel. An der Südostseite ragt der Ao Nid Pier in die Bucht. Fußpfade und betonierte Fahrwege (für Pickups und Jeeps) durchziehen die Insel.

Die Strände vor den Bungalowanlagen sind zwar sehr schön, aber es gibt zeitweise angeschwemmten Müll, hauptsächlich von Fischerbooten. Der Müll wird leider nicht vor allen Anlagen jeden Morgen entsorgt. Die saisonal auftretenden Sandfliegen können das Sonnenbaden am Strand unmöglich machen. Schnorcheln und Tauchen ist im Südwesten und Norden gut bis akzeptabel. Mehrere ganz kleine Inseln sind vorgelagert. Noch immer finden nicht allzu viele Touristen auf diese entspannende Insel. In der Regenzeit bleiben die meisten Anlagen offen. Da sich Koh Mak zu 95 % in Familienbesitz befindet, kann man fast ausschließen, dass sich hier Massentourismus entwickelt. Seit 2006 ist Ko Mak ans Stromnetz angeschlossen.

Ko Kham

Diese herrliche, private Südseeinsel mit tollem Sandstrand und herrlichen Felsen hängt westlich vor der Nordspitze von Ko Mak. Bei tiefer Ebbe ist sie über eine Sandbank mit Ko Mak verbunden. Ein Denkmal erinnert an einen französischen Arzt, der hier wirkte. Vom Sunset Point kann man schöne Sonnenuntergänge erleben. Die tiefen Brunnen liefern für intensiven Tourismus zu wenig Wasser.

Ko Rayang

Die in Privatbesitz befindliche hügelige Insel **Ko Rayang Nok** liegt vor der Südwestküste Ko Maks und ist ca. 400 x 200 m groß. Der wunderschöne, steil abfallende Hauptstrand liegt im Norden. Der kleine Sandstrand an der Ostküste ist nur mit dem Boot zu erreichen. Im glasklaren Wasser lässt es sich herrlich schwimmen, schnorcheln und tauchen. Wasser wird von Ko Mak hergeschafft, Strom von einem Generator ab 18 Uhr geliefert.

Übernachtung

Ko Mak

Ko Mak Resort ②, ✆ 039-597296, 💻 www.KohMakResort.com, schöne Anlage im Nordwesten. Viele unterschiedliche Bungalows mit Du/WC am Strnd entlang, großes Restaurant, Minimarkt, Tauchschule. ❹–❺

Ko Mak Cococape Resort ③, ✆ 081-8102679, schöne, aus Naturmaterialien gebaute, aber weniger beliebte Bungalows am und im Meer zwischen Mangroven, Schlafsäle in umgebauten Dschunken am Hang (ab 2300 Baht), angenehme Umgebung. Boots-Restaurant, Bootssteg. ❹, AC ❺

Holiday Beach Resort ⑦, ✆ 081-8185943, 02-3196714, 💻 www.kohmakholiday.com, neue, weiße Bungalows in 2 Größen mit Fan und Du/WC, Terrasse mit Hängematte, angenehme, sehr ruhige Gartenanlage, schöne Sicht auf die vorgelagerten Inseln; gutes, aber nicht billiges Essen im Thai-Stil-Restaurant; flacher Strand mit vielen Steinbrocken. Als Paket viel teurer. ❹

T.K. Hut ⑧, ✆ 039-521631, qualitativ gute Bungalows aus Stein und Naturmaterialien mit Fan und Du/WC. Naturbelassener Strand, gut zum Baden. Restaurant mit gutem, etwas teurerem Essen, deutsches Frühstück, guter Kaffee, Fassbier, Internet, unter Leitung eines Berliners. ❸–❹

Makathanee Resort ⑨, ✆ 081-8639400, 💻 www.makathanee.com, neue, großzügige, weiße Holzbungalows mit tiefen Fenstern und Terrasse, TV, AC und Warmwasser-Du/WC, halbkreisförmig um eine Wiese direkt am Meer. ❻

Baan Ko Mak ⑩, ✆ 039-524028, 💻 www.baan-koh-mak.com, 18 bunte, saubere Bungalows mit Fan oder AC, schönes Bad, freundliche Leute. Gutes Preis-Leistungsverhältnis. ❹, AC ❺

Monkey Island Resort ⑪, ✆ 087-6921001, 💻 www.monkeyislandkohmak.com, 29 Bungalows im balinesischen Stil, Fan-Zi mit und ohne Bad, wenig Schatten; Tauchschule unter Palmen, Internet. Hier fühlen sich Alt-Hippies wohl. ❸–❹, AC ❺

Sun Set Resort ⑯, wenige Bungalows mit und ohne Du/WC an einer einsamen Felsen- und Mangrovenküste, kleines Restaurant; kein Strand aber Badeplattformen im Meer; Internet, Mopeds. Hippie-Atmosphäre. ❷–❸

Kooh Mak Buri Hut Natural Resort ⑭, ✆ 089-7525285, 💻 www.koohmakburihut.com, nördlich vom Pier, keine Sandfliegen am Strand, sehr nette Häuschen im afrikanischen und im Bali-Stil. ❹

Little Moon Resort ⑮, ✆ 089-7525285, nordöstlich vom Pier, im Wald am herrlichen Sandstrand, schöne Baumhäuser mit Hängematten, fantastisches Essen bei Mum. ❷

Schöne Anlage unter Palmen

Ao Kao Resort ⑬, ✆ 039-501000, 💻 www.kohmaak.com, neue, hübsche Bungalows mit Fan und Du/WC, die teureren sehr schön und komfortabel, bei längerem Aufenthalt Rabatt. Gutes, rundes Restaurant am Meer, gemütliche Bar; Somchai und sein freundliches Personal schaffen eine familiäre Atmosphäre. Der Strand eignet sich bei Flut zum Schwimmen, am Hausriff lässt es sich nett schnorcheln, Tauchschule. ❹–❺

Ko Kham

Ko Kham Resort ①, ✆ 081-3031229, 039-501144, 💻 www.kohkhamisland.com. 19 Hütten aus Naturmaterialien mit Du/WC, Moskitonetze über den Matratzen, gut für Familien geeignet, freundliche Leute, gut Englisch sprechender, hilfsbereiter Manager Khun Toti, Generatorstrom ab 19 Uhr; das Wasser für die sanitären Anlagen kommt täglich per Boot von Ko Mak; gutes Essen, allerdings nicht immer ausreichend verfügbar, Schnorchelausrüstung und Kajaks werden vermietet. Geöffnet von Nov–April, in der Regenzeit vorher anrufen.
Wer vorbucht, wird mit Privatboot vom Festland abgeholt, Fähre 70 Baht hin und zurück, Landegebühr 60 Baht inkl. Softdrink. ❹–❺

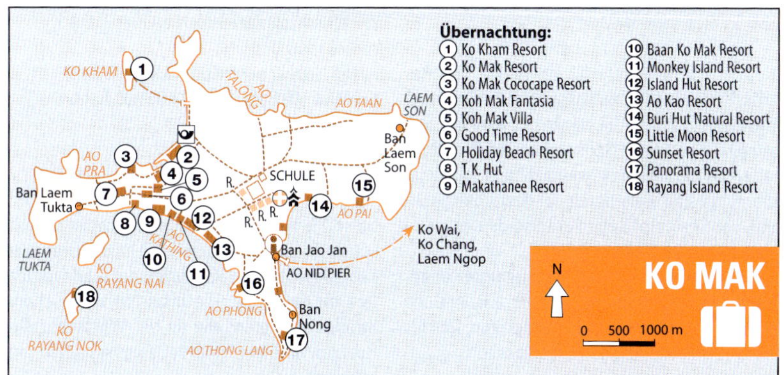

Ko Rayang Nok

Rayang Island Resort ⑱, www.rayang-island.com, 15 renovierte Ein- und Zwei-Zimmer-Bungalows aus Holz. ❺–❻

Sonstiges

Bäckerei, **Boutique** und **Souvenirs** von Jens & Lutz 1 km westl. vom Ao Kao Resort.

Fahrräder und Motorräder

Im **Ko Mak Resort** u. a. Motorräder für 350 Baht, Fahrräder für 150 Baht.

Internet

In verschiedenen Resorts für 2–3 Baht/Min.

Post

Beim **Ko Mak Resort**, auch Telefon- und Faxservice – Verbindung ist nicht sicher.

Sandfliegen

Sie sind an manchen Strandabschnitten eine Plage. Dagegen hilft evtl. Skin-So-Soft von Avon oder das lokale Kokosöl, das in allen Anlagen verkauft wird.

Tauchen

Ploy Scuba Diving, 039-558033, www.ployscuba.com, im Monkey Island Resort, u. a. Kurse zum Open Water Diver.

Paradise Divers, www.komak-divers.com, beim Ao Kao Resort, Schnuppertauchen, unter deutscher Leitung.

Wassersport

Fast jedes Resort vermietet Kanus und bietet Touren und Schnorcheltrips an.

Transport

Mit dem Fischerboot von LAEM NGOP um 15 Uhr (und evtl. um 8 Uhr) in ca. 3 1/2 Std. für 300 Baht, zurück um 7.30 Uhr (und evtl. um 14 Uhr).

Vom KROM LUANG PIER mit dem Taxi-Speedboot um 9, 10.30, 16 und 16.30 Uhr in 1 Std. für 450 Baht, zurück von 7.45–14 Uhr.

Am Ao Nid Pier von Ko Mak warten die Pickups oder Jeeps der Resorts – da heißt es schnell entscheiden, in welcher Anlage man die erste Nacht verbringen will.

Vom Krom Luang Pier zum **Koh Mak Pier** mit dem Taxi-Speedboot um 10.20 und 16.20 Uhr in 1 Std., zurück um 8 und 13 Uhr.

Vom Bang Bao Pier auf KO CHANG zum **Koh Mak Pier** mind. 3x tgl. von 8–12 Uhr in 2–2 1/2 Std.

Zurück mit dem **Island Hopper**, 081-8650610, um 10.30 und 14.30 Uhr für 400 Baht, nach KO WAI und KO KUT für 300 Baht.

Ko Wai เกาะหวาย

Die recht große Insel mit vier Hügeln, vier Resorts, Kokos- und Gummiplantagen besitzt mehrere kleine Strände. Sie eignet sich sehr gut zum Entspannen und zum Schnorcheln auf der Nordseite. Die Korallen wachsen schon in 6 m Tiefe, allerdings sind viele bereits abgestorben. Achtung vor Seeigeln! Beim Paradise gibt es einen Weg auf die Südseite.

Ko Wai ist noch nicht ans Stromnetz angeschlossen. Es gibt Internet-Zugang, z. B. im Good Feeling nach 18 Uhr für 5 Baht/Min. Von Juni bis Oktober sind alle Anlagen geschlossen.

Übernachtung

Koh Wai Paradise, ✆ 039-597031, 081-7622548, Bungalows auf Stelzen, größere für Familien, an einem 800 m langen, schönen Strand, am westlichsten Ende der Insel, zum Schnorcheln nicht so gut; viel gelobtes Restaurant ohne Musik und kleiner, teurer Laden, idyllische Anlage in der Nähe des 1. Piers, viele Verbotsschilder und lästige Hunde. ❷

Good Feeling Gh., ✆ 081-8503410, einfache, saubere Hütten ohne Fan am Strand und am Hang, Familienhaus, preiswertes Essen, freundliches Personal; direkt am Hauptpier. Strand davor vermüllt, aber sehr gutes Schnorcheln. ❷

Pakarang Resort (Ko Wai Resort), ✆ 084-1138945, im Osten der Insel am Hügel, in der Nähe von Pier Nr. 2, 50 gut eingerichtete Holz- und Steinbungalows mit Glasfenstern, Moskitonetz, Fan, Strom von 18–24 Uhr, preiswertes Essen; der Strand davor ist nicht sehr schön, besonders bei Ebbe, aber gut zum Schnorcheln. Unter Thai-französischer Leitung. ❸–❹

Ao Yai Ma (Grandma Resort), ✆ 081-8413011, einfache Bungalows ohne Fan am Hügel an der östlichsten Spitze der Insel, nettes Restaurant. Hier fühlen sich Leute wohl, die Ruhe und Abgeschiedenheit suchen und gern schnorcheln. ❸

Transport

Ab LAEM NGOP um 15 Uhr in 2 1/2 Std. für 250 Baht zum Hauptpier auf Ko Wai mit Zwischenstopp bei Bedarf an Pier 2 und 3, zurück um 8 Uhr.
Island Hopper nach KO CHANG 300 Baht, KO MAK 100 Baht und KO KUT 400 Baht.

Ko Kut (auch Koh Kood, Ko Kud)

Diese 130 km² große, gebirgige Insel ist die östlichste Thailands, am nächsten an der Grenze zu Kambodscha. Die 1500 Einwohner leben in Dörfern an der Küste. Die Insel hat viele schöne Strände zu bieten, alle an der Westküste. Die Buchten im Osten sind tief eingeschnitten und schlammig.

Es gibt insgesamt über 30 Bungalowanlagen. Die meisten sind relativ teuer und werden von Thai-Gruppen als Paket gebucht. Doch auch für Individualtouristen entstanden die ersten netten Bungalowanlagen, denn immer mehr Europäer verirren sich hierher.

Übernachtung

Von Nord nach Süd liegen an der Westküste u. a.:

Bai Kood Shambala Resort ⑥, ✆ 087-1477055, 💻 www.kohkood.com, 33 luxuriöse Bungalows im Thai- und Bali-Stil, fast alle mit AC (20 Std. pro Tag), alle mit fantastischem Blick auf die Lagune. Open-Air-Restaurant am weißen Sandstrand, Asian Fusion und Seafood-Spezialitäten (🕒 7–22 Uhr). Wird meist als Paket verkauft. ❹, AC ❺–❻

Khlong Chao Sea View ⑩, sehr einfache, billige Bungalows mit offenem Bad, keine Meersicht, aber nicht weit vom Strand. Restaurant mit geringer Auswahl. ❷

Dusita Resort ⑫, ✆ 081-8643351, hübsche Holzbungalows mit Fan oder AC in einem Palmengarten am Sandstrand, an Wochenenden meist ausgebucht. ❹, AC ❺

Ngamkho–Koh Kood Resort ⑬, ✆ 084-6534644, 5 nette Hütten und Bungalows mit Bambusmatten sowie Zelte im Palmengarten am Hang über dem Strand, netter Besitzer Uncle Jo. Speedboot zu mieten. ❸–❹

Siam Beach Resort ⑮, ✆ 081-9455789, große Holzbungalows mit Fan oder AC an einem weißen Sandstrand. Kajaks und Schnorchelausrüstung zu mieten. Hier fühlen sich auch Individualreisende wohl. ❸, AC ❺

Transport

Boote

Vom LAEM SOK PIER (auch Siriwhite Pier), ✆ 086-1267860,, fahren tgl. um 13 Uhr Taxiboote (30 Passagiere) über KO MAK (40 Min.) nach Ko Kut (Klong Mat Pier, 70 Min.) für 400 bzw. 500 Baht, von Ko Mak nach Ko Kut 300 Baht, zurück um 10 bzw. 10.30 Uhr.
Vom KROM LUANG PIER (Laem Ngop) fährt das Seatrans-Boot jeden Di, Fr, Sa um 9 Uhr zum Hin Dam Pier an der Westküste in 3 Std. für 500 Baht, zurück Do, Sa und So um 11 Uhr.
Von DAN KAO (Ko Chang) fährt tgl. das Mark House Speedboot, ✆ 086-1330402, um 9 Uhr in 90 Min. für 500 Baht, zurück um 13 Uhr.
Von BANG BAO (Ko Chang) fährt der Island Hopper tgl. um 8 und 12 Uhr über Ko Wai und Ko Mak für 700 Baht, zurück um 14 Uhr.
Vom AO NID PIER (Ko Mak) fährt ein Speedboot (falls sich ausreichend Passagiere einfinden) um 11.45 Uhr in 30 Min.
Alle diese Boote fahren nur in der Saison von Nov–April.

Flüge

Einen privaten Flugplatz baut die Evason-Hotelgruppe auf der kleinen Insel Ko Mai Si Lek.

Weitere Inseln vor Trat

Die folgenden Inseln sind touristisch erschlossen. Übernachten in den teuren Anlagen ist nur möglich, wenn man die Unterkunft zuvor bucht und die Besitzer ein Boot bereitstellen. In der Regel logieren hier nur Thai-Gruppen. Auf allen Inseln wird über Stechmücken, Sandfliegen und Quallen geklagt.

Ko Phrao Nai – Ko Phrao Nok

Zwei kleine, geschützt gelegene Inseln in der Bucht von Salak Phet; Wasser kommt in einer Leitung von Ko Chang. Beide Inseln sind bewohnt. Auf Ko Phrao Nok gibt es einen kleinen Sandstrand an der nördlichen Spitze und ein Resort, das hauptsächlich von Thai-Touristen besucht wird.

Ko Lao Ya

Die kleine, attraktive Insel mit kristallklarem Wasser und schönen Korallen liegt so geschützt, dass sie ganzjährig besucht werden kann. An der Ostküste gibt es einen etwa 200 m langen, wunderschönen Sandstrand. Zwei kleinere Inseln, **Ko Lao Ya Klang** mit fantastischen Korallen und **Ko Lao Ya Nok** liegen direkt davor. Für 200 Baht kann man in Salak Phet ein Boot hierher chartern. Es gibt ein Resort, das hauptsächlich von Thai-Touristen besucht wird.

Ko Ngam

Die kleine Insel liegt an der Südostspitze von Ko Chang. Die sehr tiefe Bucht im Süden sieht sehr schön aus, ist aber zum Baden nicht gut geeignet, dafür soll Schnorcheln vor der Südspitze möglich sein. Es gibt eine First-Class-Anlage.

Ko Kradaat (Papier-Insel)

Eine sehr flache, fast vollständig mit Kokospalmen bewachsene und von Korallen umgebene Privat-Insel. Gutes Schnorcheln vor allem im Süden und Westen. Außer den Plantagenarbeitern wohnen keine Einheimischen hier. Es gibt eine First-Class-Anlage.

Ko Rang

Auf der steilen, unbewohnten Insel ohne Trinkwasser, mit mehreren Buchten und vielen Inselchen drum herum werden Schwalbennester geerntet, Schildkröteneier und Fledermauskot gesammelt. Ausflügler angeln am Wochenende gerne vor der Insel. Eindrucksvolle Felsformationen unter Wasser und Korallen in größeren Tiefen bilden ein fantastisches Schnorchel- und Tauchrevier, das mit den Tauchschulen zu erreichen ist.

Nach Kambodscha

Grenzübergang Ban Hat Lek – Koh Kong

Von Trat führt der H318 bis Ban Hat Lek. Die Grenze zu Kambodscha ist von 7–20 Uhr geöffnet. Für Ausländer kostet das 30-tägige Kambodscha-Visum direkt an der Grenze derzeit US$20 oder 1000 Baht. Dollars werden in Kambodscha gern genommen. Über eine gebührenpflichtige Brücke gelangt man zur angrenzenden Inselprovinz Koh Kong.

In Kambodscha geht es 8 km per Taxi (60–80 Baht) oder Motorradtaxi (50 Baht) weiter, vorbei an Casinos und Vergnügungsvierteln, nach Koh Kong. Ein großes Speedboot fährt tgl. um 8 Uhr in 4 Std. für 600 Baht nach **Sihanoukville** (gern wird behauptet, das Boot sei kaputt, man müsse ein Taxi nehmen), von wo man auf guter Straße per Bus oder Sammeltaxi bis **Phnom Penh** fahren kann.

Auf dem Landweg kommt man jetzt über **Sre Ambel** nach Sihanoukville. Wer hängen bleibt, findet in **Koh Kong** leicht eine Unterkunft. Traveller können in Otto's Gh. übernachten.

Für Visaverlängerungen ab Trat ist der Grenzübergang Ban Hat Lek am besten geeignet.

Für die direkte Anreise nach **Siem Reap** und **Angkor Wat** empfiehlt sich der nördlichere Grenzübergang **Poi Pet**.

Grenzübergang Pak Kard (Chantaburi Province) – Psah Prum (Pailin)

Ein weiterer Grenzübergang befindet sich in der Provinz Chantaburi. Von Chantaburi auf dem H317 nach Norden bis Wat Nam Khao. Dort auf den H3210 abbiegen und über den H3193 zur Grenze. Immer dem Schild Thai Cambodian Market folgen. Die Grenze zu Kambodscha ist von 7–20 Uhr geöffnet. Die Visagebühr beträgt US$20 oder 1000 Baht. Man sollte vor 16 Uhr an der Grenze sein. Auf thailändischer Seite gibt es keinen Ort und keine Übernachtungsmöglichkeit. Nach der Passkontrolle fährt man mit dem Taxi (200 Baht pro Auto) oder Motorradtaxi (US$2/80 Baht) ca. 20 km nach Pailin. Übernachten kann man im **Kim Young Heng Gh.**, ✆ 016-727343, neues, ordentliches Hotel in Marktnähe, Zi z. T. ohne Fenster. US$5.

Die Golfküste

Stefan Loose Traveltipps

Phetchaburi Einen Bummel durch die Tempelstadt unternehmen. S. 564

Kuiburi National Park Im Kuiburi National Park Elefanten beim Abendtrunk beobachten. S. 576

12 **Ko Samui** Mit dem Motorrad die schönste Küstenstraße der Insel befahren. S. 601

Chaweng Im Reggae Pub von Chaweng eine heiße Nacht durchfeiern. S. 623

Hat Rin Beach Die Full Moon Party am Hat Rin Beach von Ko Pha Ngan mitmachen. S. 649

13 **Ko Tao** Vor Ko Tao in glasklarem Wasser das Gerätetauchen lernen. S. 664

Khanom In Khanom einsame Buchten und menschenleere Strände erkunden. S. 680

Songkhla In Songkhla das beste Folklore-Museum Südthailands besuchen. S. 687

An der Küste des Golfes von Siam können Traveller fast alles finden, was Thailand zu bieten hat. Einen Einblick in die kulturelle Vielfalt des Landes gewährt die stark buddhistisch geprägte Stadt **Phetchaburi**. Im Umkreis der typisch thailändischen Badeorte **Cha-am** und **Hua Hin** haben sich auch viele Pauschalhotels für westliche Touristen angesiedelt. Weniger bekannt, aber umso attraktiver, sind die langen, von Palmen gesäumten Sandstrände von **Prachuap Khiri Khan**, **Ban Krut**, **Bang Saphan** und **Chumphon**.

Ko Samui, die berühmteste der Inseln im Golf, fehlt gewiss in keinem Reisekatalog. Sie bietet nicht nur herrliche Strände, sondern auch eine gute Infrastruktur und ein buntes Freizeitprogramm. Wem die Insel zu touristisch ist, der weicht auf die Nachbarinsel **Ko Pha Ngan** aus oder mietet sich auf der Insel **Ko Tao** in einen Strandbungalow ein und lernt nebenher das Tauchen.

Je weiter man nach Süden kommt, desto untouristischer wird es. Wer hier an der scheinbar endlosen und von vielen Muschelschalen überzogenen Küste entlang wandert, kann Bilder in sich aufsaugen oder Motive fotografieren, die kein Touristenstrand hergibt.

Im Landesinneren erhebt sich eine lange, bis zu 1500 m hohe, dschungelbedeckte Gebirgskette. Am Fuße der Berge lassen sich viele Naturschönheiten entdecken: **Wasserfälle**, **Tropfsteinhöhlen** und eine üppige Vegetation, in der sogar Affen und wilde Elefanten zu finden sind.

Das Flachland zwischen Küste und Gebirge wird intensiv landwirtschaftlich genutzt. Hier verlaufen auch die Verkehrswege in den Süden, die einspurige Eisenbahnlinie von Bangkok nach Singapur und eine vierspurig ausgebaute Autobahn.

Die nördliche Golfküste

Phetchaburi เพชรบุรี

Eine traditionelle, wenig besuchte Stadt mit 40 000 Einwohnern ist Phetchaburi (auch Phetburi, Bhetchaburi), 135 km südlich von Bangkok. Wer auf Englisch sprechende Guides und europäisches Essen verzichten kann und kulturell interessiert ist, kann hier einige anregende Tage verbringen. Auch als Tagesausflug von Hua Hin bietet sich diese Stadt der vielen Wats an.

Im Stadtzentrum

In der Stadt selbst gibt es an die 30 Tempelanlagen zu erkunden. Im Zentrum erhebt sich **Wat Mahathat**, ein über tausendjähriger Tempel, der in jüngerer Zeit restauriert und erweitert wurde. Von außen beeindruckt der Prang mit seinen fünf

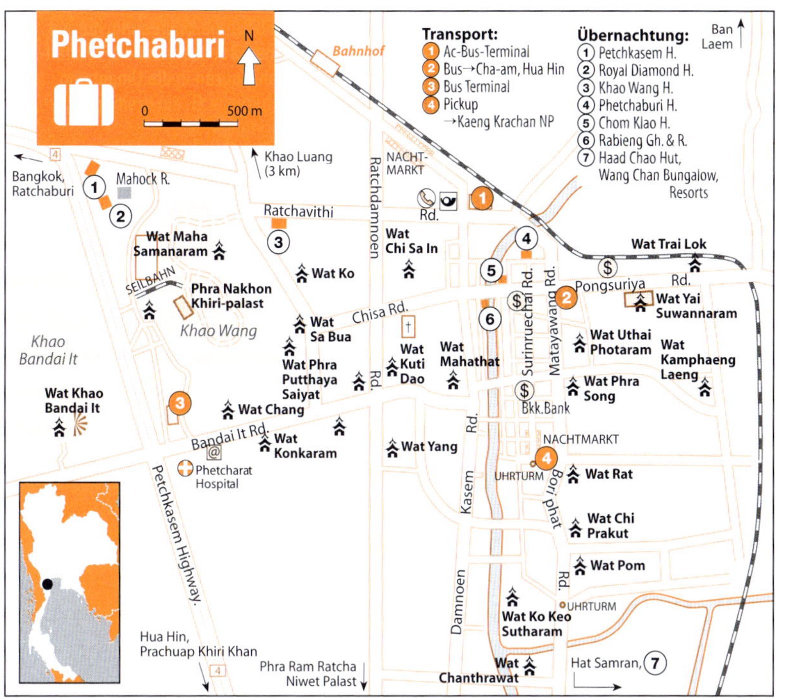

hohen, maiskolbenförmigen Stupas sowie der Chedi mit dem vierfachen Brahma-Kopf. In der mit Szenen aus dem Ramayana ausgemalten Hauptkapelle wird eifrig gebetet und geopfert. Vor diesem Gebäude werden fast täglich vormittags von verschiedenen Gruppen Tempeltänze aufgeführt. Dem Tempelbezirk sind ein großer Klosterbereich und eine Schule angeschlossen.

Im **Wat Yai Suwannaram**, das aus der Ayutthaya-Periode stammt, stehen schöne Holzgebäude. Den zentralen, fensterlosen Bot, dessen Innenwände mit über 300 Jahren alten Wandmalereien geschmückt sind, die u. a. mythische Fabelwesen darstellen, kann man sich aufschließen lassen. Der Viharn besitzt besonders schöne Eingangstore, die mit vergoldeten, aus Holz geschnitzten Blumenmotiven geschmückt sind.

Die fünf Prangs in **Wat Kamphaeng Laeng** wurden während der Khmer-Herrschaft 1157–1207 errichtet. Jeder der vier erhalten gebliebenen Türme beherbergte eine brahmanische Gottheit, vermutlich Indra, Narain, Brahma sowie Uma, deren Statue man 1956 in dem zerstörten Prang fand. Die aus Sandstein errichtete alte Anlage wurde zu einem buddhistischen Tempel umgestaltet.

Khao Wang

Im Westen liegt der 92 m hohe, von aggressiven Affenhorden bevölkerte Hügel **Khao Wang**, ein *National Historical Park*. Im Jahre 1860 ließ König Mongkut auf dem Gipfel den königlichen Sommerpalast **Phra Nakhon Khiri** bauen. In der Haupthalle befindet sich das kleine **Museum**. Von der Observationsstation, die dem König zu astronomischen Beobachtungen diente, eröffnet sich eine gute Sicht auf die Stadt und ihre Umgebung. Der Eintritt in den Park beträgt 40 Baht, mit der Seilbahn 70 Baht inkl. Museum, Kinder 10 Baht. ⌚ tgl 9–16 Uhr.

Buddhistische Grotten

Die bedeutende Tropfsteinhöhle **Khao Luang** liegt 3 km nördlich der Stadt Phetchaburi. Auf steilen Treppen steigt man zunächst hinab in den großen, zentralen Dom, in dem viele Buddhafiguren und Chedis zwischen malerischen Tropfsteinen stehen. Weitere Statuen verbergen sich in zahlreichen Nischen und Nebenhöhlen. In der Sonnen- und Mondhöhle fällt das Tageslicht jeweils durch entsprechend geformte Öffnungen, die den Höhlen die Namen gaben. ◷ 9–15 Uhr, Eintritt frei, Führer verlangen 100 Baht. Zwischen 11 und 14 Uhr wird die Szenerie besonders eindrucksvoll von der Sonne beleuchtet.

Am Eingang wartet eine Affenhorde auf Bananen. Rikschas ab der Stadt kosten ca. 50 Baht, Motorradtaxis 30 Baht.

Der Höhlentempel **Khao Yoi** liegt ca. 20 km nördlich der Stadt direkt am H4. Die Haupthöhle beherbergt eine liegende Buddhastatue und einen Fußabdruck Buddhas. Weiter unten stehen in einer weiteren Höhle zahlreiche Statuen von Buddha, der chinesischen Göttin der Barmherzigkeit Kuan Yin und von König Rama VIII.

Übernachtung

Rabieng Gh. ⑥, 1 Chisa Rd., ✆ 032-425707, angenehmes 2-stöckiges, traditionelles Haus, sehr schöne, saubere, etwas teure, z. T. kleine Zi ohne und mit Bad, Moskitonetz notwendig, wegen der Straße ziemlich laut; gutes Restaurant; Infos über die Umgebung, nur mit der freundlichen Besitzerin ist die Verständigung einfach. Touren in die Umgebung werden angeboten, z. B. ein dreitägiges Nature-Exploring. ❷

Chom Klao Hotel ⑤, Pongsuriya Rd., ✆ 032-425398, am Fluss, relativ ruhiges Hotel, abgewohnte Zi, schlechte Matratzen, Fan, mit/ohne Du/WC; vom Balkon z. T. schöne Sicht. Die nette, hilfsbereite Managerin spricht gut Englisch und liebt Hunde. ❷

Royal Diamond Hotel ②, 555 Petchkasem Rd., ✆ 032-411062-9, am Highway, sehr saubere AC-Zi mit Teppichboden, TV und großem Bad; Restaurant mit Musik ab 19 Uhr. ❹

Alltag im Dorf erleben

8 km nördlich der Stadt in Ban Krog liegt an einem Nebenfluss des Phetchaburi River die **Dato Farm**, 84 Moo 4, ✆ 032-450295, 087-1164504, 💻 www.datofarm.com; eine Fisch- und Kokosnussfarm in einem kleinen Thai-Dorf, geleitet von Thomas Krey; 4 Zi mit Moskitonetz und Fan im Teakhaus inmitten der Großfamilie; Rundumversorgung. Man kann Fische fangen und füttern, wilden Honig suchen, Bootstouren auf dem Fluss unternehmen, in der Küche beim Kochen helfen, und vor allem am Alltagsleben des Dorfes teilnehmen. ❸–❹

Nahverkehr

Rikschas fahren ab 20–30 Baht, Songthaews ab 10 Baht p. P.

Transport

Busse

Das AC-Bus Terminal (Rot Tour) liegt direkt am neuen Nachtmarkt gegenüber der Post.
Nach BANGKOK (150 km) mit AC-Bus 977, 72 und 74 alle 30 Min. bis 20 Uhr für 92/112 Baht.
Nach CHA-AM 2. Kl. AC-Busse laufend für 30 Baht, HUA HIN 45 Baht, ab Phetcharat Hospital oder BIG C-Kaufhaus am H4.
Weiter nach Süden (Chumphon, Surat Thani, Phuket etc.) ganztägig 2. Kl. AC-Busse ab dem Busbahnhof am Khao Wang (Nähe H4). Von dort auch nach Kanchanaburi zunächst mit Bus Nr. 73 nach RATCHABURI für 50 Baht in 1 Std. und umsteigen in Bus Nr. 461 für 47 Baht.
Auch im Anschluss an den Besuch des Schwimmenden Marktes in DAMNOEN SADUAK kann man über SAMUT SONGKHRAM (Bus 12 Baht) nach Phetchaburi (2.Kl. AC-Bus 50 Baht) fahren.

Eisenbahn

Fahrplan „Southern Line“ s. S. 886f.
Der *Sprinter* 43 fährt um 8.05 Uhr ab BANGKOK für 250 Baht, Ank. 10.28 Uhr. Er fährt weiter nach SURAT THANI (Ank. 16.20 Uhr, 2.Kl. AC 480 Baht).

Aus BANGKOK fahren 4 weitere Tageszüge zwischen 9.20 und 15.35 Uhr ab, die nach gut 3 Std. ankommen. Sie kosten ab 184 Baht (3. Kl. *Rapid*). Zurück fahren tagsüber nur die Bummelzüge Nr. 252 und 254 um 7.29 und 12.37 Uhr nach BANGKOK NOI (Ank. 11.10 und 15.45 Uhr) sowie der Dieselzug Nr. 262 um 15.02 Uhr nach BANGKOK (Ank. 18.45 Uhr).
Nach Süden eignet sich nachts der *Express* 85 um 22.24 Uhr, der Chumphon um 3.44 Uhr und Surat Thani um 6.11 Uhr erreicht (mit Anschluss an die Busse zu den Fähren).

Kaeng Krachan National Park วนอุทยานแก่งกระจาน

Vom Highway H4 zweigt kurz hinter Tha Yang der H3175 ab zum größten thailändischen Nationalpark (2920 km^2), der im Westen bis zur burmesischen Grenze reicht. Dort, in einer bergigen, schwer zugänglichen Region leben im dichten, subtropischen Regenwald noch 40 Säugetierarten, darunter etwa 200 wilde Elefanten, wenige Tiger, Malaien-Bären und Banteng (Wildrinder), sowie kleinere Dschungelbewohner wie Fischotter, Riesenwarane, Gibbons, Makaken und sogar das Siamesische Krokodil. Über 250 Vogelarten sind hier beheimatet, darunter mehrere gefährdete Arten. Mit etwas Glück sieht man Nashornvögel, aber auch Schlangenadler, Pfauen und Fasanen, am Bangkrang Camp sogar Stachelschweine und die Zibetkatze *(Masced Palm Civet)*. Die gefährlichen Großtiere lassen sich am ehesten im Panoen Thong Camp beobachten. Weitere Informationen unter 💻 www.dnp.go.th/parkreserve/asp/style2/default.asp?npid=113&lg=2. Hilfreiche Infos gibt auch Thomas Krey von der Dato Farm bei Phetchaburi, s. Kasten links.

Zum 760 m langen und 58 m hohen **Kaeng Krachan-Staudamm**, der hier das La-u Reservoir auf ca. 25 km Länge staut, führt eine gut ausgebaute Straße. Wer richtigen Dschungel erleben möchte, fährt zunächst zum Headquarter am Stausee. Das Eintrittsticket gibt es ab 5 Uhr morgens bzw. 15 Uhr am Vortag. Es kostet für Ausländer happige 400 Baht, für dieses echte Naturerlebnis aber durchaus gerechtfertigt, zudem fürs Fahrzeug 30 Baht. Ein Mietfahrzeug mit Fahrer kommt auf ca. 1500 Baht (Allrad-Pickup, bis 10 Pers.). Eine Straße führt nach 20 km zum Eingang des Parks. Dann geht es einspurig noch 36 km weiter (Einfahrt morgens nur von 5–8 Uhr, am Wochenende ist die Anzahl der Fahrzeuge limitiert, Ausfahrt 16–17 Uhr). Die Piste ist in sehr schlechtem Zustand und ganzjährig nur mit Allradfahrzeug passierbar.

Tipp für eine Tagestour

In einem der Resorts rund um den Stausee übernachten, nachmittags im Headquarter alle Details für den Tages-Trek erfragen (u. a. ob ein Guide zur Verfügung steht). Zwischen 5 und 6 Uhr ab Headquarter losfahren, da der 1. Kontrollpunkt nach 20 km vor 8 Uhr passiert sein muss.

Es empfiehlt sich, im *Headquarter*, ✆ 032-459293, einen Guide (200 Baht/Tag) zu organisieren. **Trekking-Touren** zu Höhlen und schönen Wasserfällen (z. B. Tho Thip-Wasserfall, 3 Std. ab KM 33 am Fahrweg) sowie Floß- oder Bootsfahrten sind möglich, wenn Essen und Getränke (ein Kanister Wasser 30 Baht) – auch für den Guide – mitgebracht werden. Allerdings haben Englisch sprechende Mitarbeiter der Forstbehörde, die im *Headquarter* anzutreffen sind, nicht immer Zeit, Touristen zu begleiten. Eine Karte und ein Leuchtkasten mit Fotos der Highlights eines Treks hängen dort an der Wand.

Von März bis Mai, am Ende der Trockenzeit, ist die Landschaft völlig ausgetrocknet, und der Wasserspiegel des Stausees sinkt beträchtlich ab. Beste Besuchszeit ist von November bis Mai, Mitte August bis Mitte November ist der Park geschlossen.

Übernachtung und Essen

Übernachten kann man 100 m hinter dem *Headquarter* in den **Nationalpark-Bungalows**, ❹, nach vorheriger Reservierung im Web (s. o.). **Zelten** ist auf einer schattenlosen Wiese beim *Headquarter* gegen eine geringe Gebühr möglich, Mietzelte kosten 100 Baht pro Nacht.

Kaeng Krachan Resort, schwimmende Häuser, die an den Inseln im Stausee liegen. Reservierungen in Bangkok, ✆ 02-5133238. ❹

Das Restaurant unten am See ist die ganze Woche geöffnet, mit Fernglas gut zum Beobachten von Vögeln geeignet.

Im Nationalpark sind zwei **Zeltplätze** eingerichtet, im Bang Krang Camp nur mit Naturdusche. Feuerholz ist von den Wildhütern erhältlich. Beim Trekking ist freies Zelten erlaubt. Trinkwasser kann aus den Bächen entnommen werden.

Transport

Von BANGKOK mit Bus 977 oder 72 jede volle Std. bis THA YANG, 18 km südlich von Phetchaburi, und weiter per Pickup für 40 Baht bis zum Kontrollpunkt.

Von PHETCHABURI (ac-Busbahnhof) direkt für 30 Baht.

Vom Kontrollpunkt aus führt eine ca. 3 km lange Straße zum Damm hinauf.

Zum *Headquarter* geht es kurz vor dem Damm auf der linken Abzweigung und dann, vorbei an der Siedlung der Angestellten, zum westlichen Ende des Staudamms. Motorradtaxis verlangen 50 Baht für die 3 km zum *Headquarter*.

Cha-am ชะอำ

Dieser verschlafene, typisch thailändische Badeort liegt 40 km südlich von Phetchaburi und 25 km nördlich von Hua Hin. König Mongkut, so heißt es, wurde hier einst von blutrünstigen Moskitos vertrieben. Er hatte sich einen Sommerpalast erbauen lassen. Als er die erste Badesaison darin verbringen wollte, wurde er samt seinem Gefolge von Mückenschwärmen überfallen. Selbst der Einsatz aller einheimischen Kinder zur Insektenbekämpfung konnte den Badeort nicht mehr retten. Cha-am wurde in großem Stil zu einem Erholungszentrum für Familien aus Bangkok ausgebaut. Davon zeugen riesige Apartmentsiedlungen, Geschäftsstraßen, große Hotelanlagen und die neue Umgehungsautobahn.

Vom Bahnhof aus führt die Narathip Road, an der sich ein kleines Vergnügungszentrum mit Go-

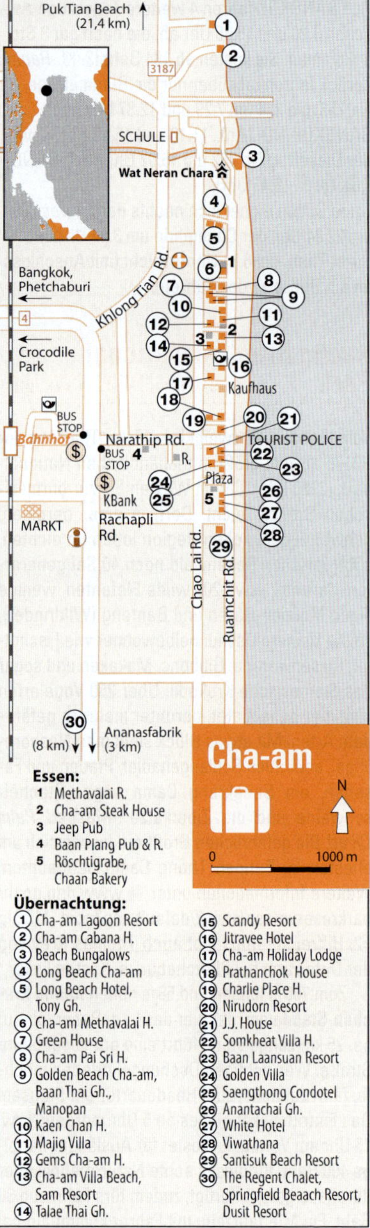

Go-Bars und anderen Einrichtungen der Sexindustrie entwickelt hat, bis zum Strand hinunter. Sie trifft auf die schmale Uferstraße Ruamchit Road, die parallel zum kilometerlangen Sandstrand verläuft. An der Landseite stehen dicht an dicht kleinere Hotels, private Wochenend-Villen, Souvenir- und Lebensmittel-Geschäfte, Essenstände und Restaurants.

Nördlich des Fischerdorfes mit dem weit hinausreichenden Pier stehen weitere Hotelanlagen. Recht isoliert liegen auch die großen Hotelanlagen südlich des Flusses, ca. 15 km vor Hua Hin, die über Stichstraßen von der Hauptstraße aus zu erreichen sind.

Übernachtung

Beach Bungalows ③, ✉ kjelle@cha-am-beach.com, 💻 www.cha-am-beach.com; am nördlichen Strandende beim Pier, mehrere unterschiedliche, saubere Bungalows mit AC, Kühlschrank, Bad/WC und Terrasse mit Meersicht, Stranduschen, Restaurant am Strand. Hilfsbereite Besitzer. ❹–❺

Baan Laan Suan Resort ㉓, ☎ 032-433171, gefällige, 2–3-stöckige Reihenhäuser, neue, geschmackvolle Zi, empfehlenswert. ❹

Saeng Thong Condotel ㉕, ☎ 032-471462, Hochhaus mit Pool, einige sehr gute Zi zu vermieten, vor Einzug am besten mehrere anschauen, gutes Preis-Leistungs-Verhältnis. ❸ ❹

Richtung Süden stehen erstklassige Hotel- und Bungalowanlagen für Pauschaltouristen am langen Sandstrand, u. a.:

The Regent Chalet ㉚, 849/21 Petchkasem Rd., ☎ 032-508140–3, 💻 www.regent-chaam.com; 8 km südlich von Cha-am am Regent Beach, 18 km von Hua Hin; eine friedvolle Öko-Anlage, 142 rustikale, nett eingerichtete Holzbungalows für größere Familien; 2 Restaurants am Strand und am Pool mit internationaler und Thai-Küche, Internet, Massage, Fahrräder. Umweltbewusstes Management. ❼–❽

Im Landesinneren

Thai Bamboo Guesthouse, 100 Moo 9 Bankhaopong, ☎ 032-470616, 💻 www.thai-bamboo.de; 5 km vom Strand, großer, gepflegter Garten mit vielen Bäumen, 4 saubere Bungalows mit AC, Safe, Kühlschrank, Bad/WC und Terrasse; Pool mit Kinderbecken. Thai-deutsche Besitzer. ❺

Essen

Es gibt zahlreiche Essenstände, aber keines der Thai-Restaurants entlang der Strandstraße ist wirklich zu empfehlen.

Am Plaza hat das Schweizer Restaurant **Röschtigrabe** aufgemacht, daneben die **Chaan Bakery** von einem Norweger. Sehr gut isst man zu gehobenen Preisen im **Methavalai Restaurant**.

Transport

Alle direkten Busse halten am Bus Stop am Plaza, 300 m südlich der Straßeneinmündung. Nach BANGKOK (175 km) mit AC-Bus um 8, 10, 12, 13.45, 16 und 17.30 Uhr für 145 Baht in 3 Std. Nur AC-Busse nach PHETCHABURI für 30 Baht und HUA HIN für 35 Baht. Alle Busse von Bangkok in den Süden halten bei Bedarf in Cha-am am H4; zum Strand per Motorradtaxi für 20–30 Baht oder mit Pickup für 10 Baht.

Hua Hin หัวหิน

Die Stadt Hua Hin mit über 50 000 Einwohnern liegt nur 188 km von Bangkok entfernt an der südlichen Eisenbahnlinie. Als diese Strecke fertig gestellt war, ließ der Direktor der Eisenbahn, Prinz Purachatra, ein Sohn des damals regierenden Königs, 1921 das **Railway Hotel** errichten. Direkt am Strand entstand nach europäischen Vorbildern ein modernes Resort mit Tennis-Anlagen und dem ersten Golfplatz des Landes. Während der heißen Jahreszeit kam die High Society angereist, um den kühlen Seewind zu genießen.

Wer heute palmenumsäumte, einsame Strände erwartet, sollte lieber weiter Richtung Süden fahren, auch ein Nachtleben à la Pattaya wird hier (noch) nicht geboten, ebenso wenig exotische Tempel und andere traditionelle Sehenswürdigkeiten. Der älteste Badeort Thailands hat sich zu einem Ort des (nicht nur Wochenend-) Massentourismus entwickelt, den auch in der Nebensaison Billigtouristen überschwemmen. Deutsche Individualreisende werden nur noch

Übernachtung:		**Vorwahl 032**
① Top Mark's Hotel	❹–❺	✆ 530404
② Cha-Le-Larn Hotel	❹	✆ 531288
③ Damrong H.	❷–❸	✆ 511574
④ Pattana Gh.	❷–❹	✆ 513393
⑤ Karoon Hut	❷–❸	✆ 511429
⑥ Chat Chai H.	❷	✆ 511461
⑦ All Nations Gh.	❸	✆ 512747
⑧ Rom Ruen Gh.	❷–❸	✆ 530300
⑨ Memory Gh.	❷–❸	✆ 511816
⑩ Fulay Gh.	❷–❸	✆ 513145
⑪ 21 Gh.	❷	✆ 531243
⑫ Fulay Hotel	❹	✆ 513670
⑬ Mod Gh.	❷–❹	✆ 512296
⑭ Bird Gh.	❸	✆ 511630
⑮ K. Place Gh.	❹	✆ 511396
⑯ Siripetchkasem H.	❸	✆ 511394
⑰ Sand Inn H.	❸–❹	✆ 533667
⑱ Subhamitra H.	❷–❹	✆ 511208
⑲ Fresh Inn	❹	✆ 511389
⑳ Sukwilai Gh.	❷–❹	✆ 513523
㉑ Ban Pak Hua Hin	❷–❸	✆ 511653
㉒ The Appletree Gh.	❸	✆ 531103
㉓ Cha-ba Chalet	❹	✆ 521181
㉔ Tanawit H. & Condo	❹	✆ 530420
㉕ HI-Hua Hin	❹	✆ 513130
㉖ Thipurai City	❺–❻	✆ 533555
㉗ Lucky	❷	✆ 532062
㉘ Som Waan Gh.	❷	✆ 532062
㉙ Ban Boosarin	❸–❹	✆ 512076
㉚ Srichan H.	❸	✆ 513130
㉛ Sirin H.	❹	✆ 511150
㉜ Mercure Resort	❽	✆ 512036
㉝ Golf Inn	❹–❺	✆ 512473
㉞ Jed Pee Nong H.	❹	✆ 512381
㉞ Baanjedpeenong H.	❹	✆ 516163
㉟ Puangpen Villa H.&Gh.	❹	✆ 533785
㉟ P. P. Villa Hotel	❺	✆ 533785
㊱ All Seasons Gh.	❹	✆ 515151
㊲ Patchara House H.	❹	✆ 511788
㊳ Baan Somboon	❸, AC ❹	✆ 511538
㊴ Soontree Gh.	❸	✆ 513265
㊵ Peony Hotel	❻	✆ 533491
㊶ Noodles H.	❸–❹	✆ 512687
㊷ Royal Beach Gh.	❹	✆ 532210
㊷ Leng Gh.	❹	✆ 513546
㊷ A&B Gh.	❹	✆ 513271
㊷ Nilawan Gh.	❹	✆ 512751
㊷ Chanphen Beach Gh.	❹	✆ 533406
㊷ New Beach Gh.	❹	✆ 532635
㊷ Jinning Beach Gh.	❹	✆ 513950
㊷ Thipurai Gh.	❺	✆ 532731
㊷ OK	❹	✆ 532825
㊷ Sunshine Gh.	❹	✆ 515309
㊷ Janchai Bungalow	❹	✆ 511461
㊸ Baan Bayan	❼–❽	✆ 533544
㊸ Sailom	❺–❻	✆ 5118901
㊸ Chiva Som	❽	✆ 536536
㊹ Royal Asia Lodge	❺	✆ 533778
㊹ Prinz Garden Villa	❺	✆ 511720

selten gesichtet. Wer in dieser relativ teuren Stadt Urlaub macht, findet sowohl gute Seafood-Restaurants als auch am westlichen Geschmack orientierte Restaurants, viele laute Bars und Biergärten vor. Von November bis April bewegt man sich vorwiegend unter skandinavischen Paaren. Da die neue Autobahn weiträumig um Hua Hin herumführt, ist der lokale Verkehr auf der Hauptstraße durchaus erträglich. 2 km südlich der Stadt hat sich an einem schöneren Strandabschnitt eine kleine Traveller-Enklave gebildet. Noch weiter südlich liegen die Luxushotels, die nur über Reiseveranstalter gebucht werden.

Der 6 km lange, von Felsen durchsetzte, mit Liegen und Sonnenschirmen bestückte Sandstrand ist bis zu 100 m breit. Erst ab dem Sofitel Hotel Richtung Süden eignet er sich zum Baden. Er wird nur einmal pro Woche gereinigt und dafür stellenweise abgesperrt. Ein tropisches Flair verbreiten die auf dem Strand eingepflanzten Palmenhaine. Zu manchen Zeiten des Jahres verleiden Quallen das Badevergnügen. In der Thai-Saison von Juni bis Oktober kann man noch thailändisches Strandleben beobachten. Dazu gehört auch ein Ausritt auf einem der 30 Ponys am Strand entlang (200 Baht/halbe Stunde). Entsprechend verschmutzt sieht der Strand aus – eine echte Gesundheitsgefährdung für die vielen Kinder. Nach Süden wird der Strand von einer Landzunge begrenzt, auf der sich mehrere buddhistische Tempel an die Spitzen felsiger, kleiner Hügel schmiegen.

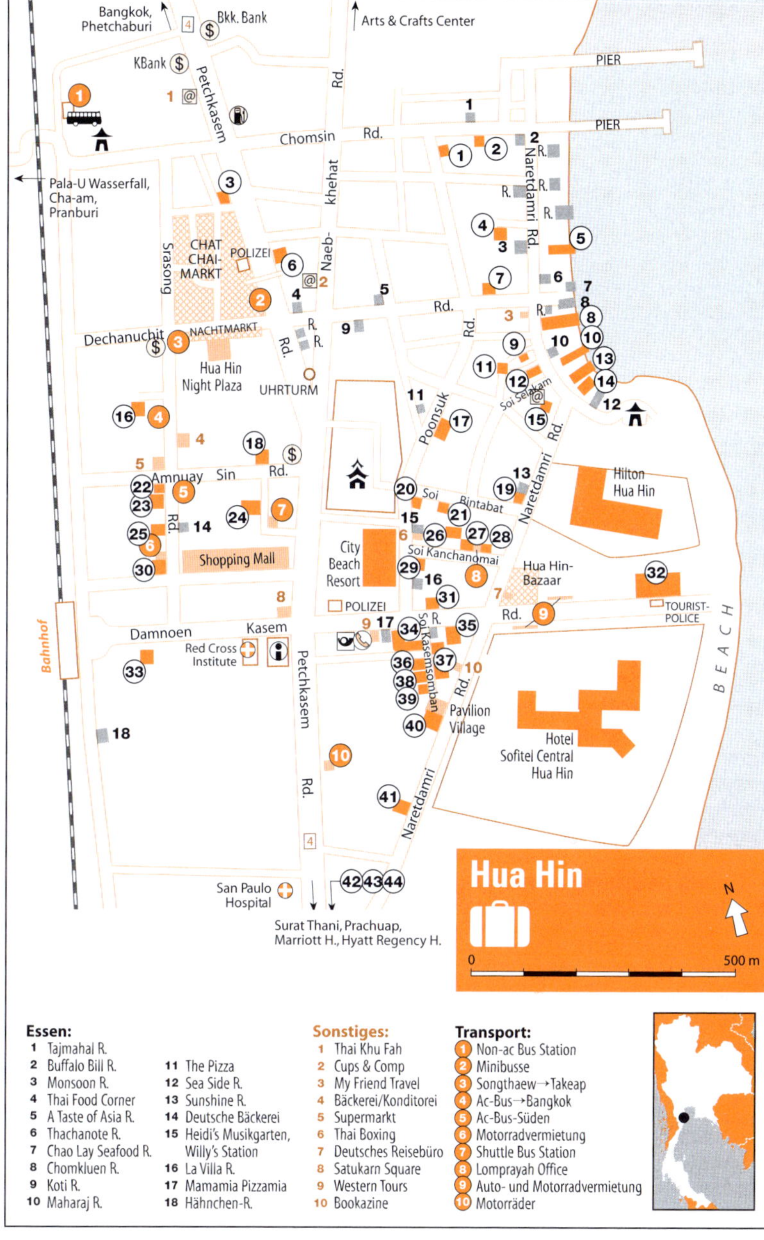

Die Golfküste

Sommerpälaste der Königsfamilie

2 km nördlich vom Hafen liegt die **Sommerresidenz Klai Kangwon** („ohne Sorgen"), die Rama VI. errichten ließ. Noch heute ist die königliche Familie hier zu Gast. Die Residenz kann besichtigt werden, ⏲ tgl. 9–16 Uhr, Ticketverkauf bis 15.15 Uhr.
Auch die Bungalows anderer Mitglieder der königlichen Familie stehen in und um Hua Hin. Der **Sommerpalast der Königin** *(Rampaiphani)* liegt etwas landeinwärts, ca. 3 km Richtung Süden.

Morgens von 7–8 Uhr und abends kommen die Fischer mit ihren Booten in den **Hafen** zurück, um den Fang zu entladen, der sofort verkauft wird. In den schmalen Gassen um den Hafen prägt noch immer der Fischfang das Leben der Menschen.

Übernachtung

Gästehäuser

Nur noch wenige preiswerte Gästehäuser liegen am schmalen Streifen zwischen der Poonsuk Road und der Naretdamri Road. Gehobene Gästehäuser, bevorzugt von alleinreisenden Herren, überwiegen. Nur in diesem Stadtviertel dürfen auch Bars für Ausländer öffnen. Da Go-Go-Bars noch nicht zugelassen sind, produzieren sich die Damen an Billardtischen.

All Nations Gh. ⑦, 10 Dechanuchit Rd., ✆ 032-512747, ✉ cybercafehuahin@hotmail.com; 12 kleine und sehr große Zi mit Fan oder AC, z. T. Balkon, Gemeinschafts-Du/WC für 3 Zi; recht laut; Restaurant mit Thai und europäischen Gerichten, Bar mit Bier vom Fass, Cyber-Café. Vermietet billigere Zi (❷) in einem weiteren Gästehaus nahebei. ❸

Pattana Gh. ④, 52 Naretdamri Rd., ✆ 032-513393, altes Thai-Teakhaus in einer sehr ruhigen Gasse, 13 Zi mit und ohne Du/WC; gemütliche Pergola. ❷–❹

Südlich der Damnoen Kasem Rd.
In der ruhigen **Soi Kasemsomban** liegen einige angenehme Gästehäuser mit sauberen Zimmern für 400 bis 1200 Baht:

All Seasons Gh. ㊱, Nr. 77/18, ✆ 032-515151, ✉ allseasons_thai@hotmail.com, in der Gasse gleich rechts, angenehme AC-Zi mit Du/WC, freundliche Besitzerin. ❹

Baan Somboon ㊳, Nr. 13/4, ✆ 032-511538, sehr schöne, saubere Zi (außer Nr. 2), mit Liebe eingerichtet, mit Fan oder AC; gemütlicher Innenhof, Restaurant. Viel gelobt und preiswert. ❹

Patchara House Hotel ㊲, Nr. 13/5, ✆ 032-511787, Stadthaus mit AC-Zi, freundliche Besitzerin. ❹

Soontree Gh. ㊴, Nr. 13/2, ✆ 032-513265, im letzten Haus der Gasse, einfache, saubere Zimmer mit Fan, freundliche Familie, Prostituierte verboten. ❸

2 km südlich des Zentrums (am KM 232,7)
In der **Soi 67** der Petchkasem Rd. (nach dem Marriott Hotel) hat sich eine neue Gästehaus-Szene etabliert. Alle verlangen Preise zwischen 1000 und 1300 Baht, bieten saubere Zi mit Du/WC, ähnlichen Service, haben ein Restaurant, Zugang zum Swimmingpool am Anfang der Gasse, gewähren 30–40 % Rabatt in der Nebensaison und liegen nahe am ziemlich zugebauten, aber durchaus schönen Strand, u. a.:

Leng Gh. ㊷, Nr. 113/14-15, ✆ 032-513546, 💻 www.lenghotel.com, unterschiedliche AC-Zi, WLAN, Dachterrasse mit Sala, Familienbetrieb. Thai-schwedisches Management. ❹

Thipurai Gh. ㊷, Nr. 113/27-29, ✆ 032-532731, 💻 www.thipurai.com; geräumige AC-Zi mit Du/WC, auch Vierbettzimmer. Garten, Pool, Restaurant, Bar. ❺

Jinning Beach Gh. ㊷, Nr. 113/25-26, ✆ 032-513950, 💻 www.jinningbeachguesthouse.com, 100 m vom Strand, AC-Zi in verschiedenen Größen, alle mit Kabel-TV, einige mit Balkon. Dach-Restaurant mit Blick auf Berge und Meer. ❹

Hotels

Thipurai City Hotel ㉖, 8/5-7 Poonsuk Rd, ✆ 032-533555, 💻 www.thipuraicityhotel.com, großes Hotel mit Pool, z. T. sehr geräumige AC-Zimmer. ❺–❻

Top Mark's Hotel ①, 100/4-6 Poonsuk Rd., ✆ 032-530404, 💻 www.topmarkshotelhuahin.com; neues Kleinhotel, sehr saubere, gut eingerichtete Zi mit Fan oder AC, Restaurant, Bar,

Internet. Thai-britische Leitung. ❹ ❺
Jed Pee Nong Hotel ㉞, 17 Damnoen Kasem Rd., 💻 www.jedpeenonghotel-huahin.com, ✆ 032-512381, AC-Zi mit Bad/WC, sauber und ruhig; Pool; Seafood-Restaurant; freundliches Personal. Handeln ist möglich. ❺
Baanjedpeenong Hotel ㉞, 13/7 Damnoen Kasem Rd., ✆ 032-516163, ✉ baanjedpeenong@thaimail.com, direkt neben Jed Pee Nong Hotel, im Hinterhof, AC-Zi über offenen Flur zugänglich, kleiner Pool. ❹
Siripetchkasem Hotel ⑯, 7/5-8 Srasong Rd., ✆ 032-511394, etwas zurückversetzt, saubere Zi mit Fan oder AC. Sehr gutes Preis-Leistungs-Verhältnis. ❸
Tanawit Hotel & Condo ㉔, 64/1 Amnuay Sin Rd., ✆ 032-530420, im Zentrum der Stadt, 71 schöne, komfortable Zi mit AC, Pool. ❹
Prinz Garden Villa ㊹, 8/30 Soi 98, 💻 www.prinz-garden-villa.de, ✆ 032-511720, kleines Hotel im Süden, 8 saubere Zi und 4 Familienzimmer sowie 2 Apartments, alle mit AC, nettes Terrassenrestaurant, Pool. Thai-deutsche Leitung. ❺

Luxushotels

Im Stadtbereich liegen 20 Luxushotels, die über Veranstalter gebucht werden können. Von Nord nach Süd u. a.:
Hilton Hua Hin, 33 Naretdamri Rd., ✆ 032-512 888, 💻 www.hilton.com; das kontroverse Hochhaushotel, das mit dem traditionellen Stadtbild von Hua Hin Schluss machte. 296 Luxuszimmer, sonnenüberfluteter Pool, tolle Aussicht vom 17. Stock. ❽
Hotel Sofitel Central Hua Hin, 1 Damnoen Kasem Rd., ✆ 032-512021-38, 💻 www.sofitel.co.th; stilvolles Luxus-Resort direkt am Strand in einem sehenswerten Parkgelände mit Bäumen in Tierform. Es hat riesige, komfortable AC-Zimmer in viktorianischer Architektur mit Balkon/Terrasse und Blick aufs Meer. 3 Restaurants, Elephant Bar, gepflegter Garten mit 3 Swimming Pools, Kinderbecken, Terrassen, Liegewiese. Wer auf gediegene Atmosphäre Wert legt, sollte wenigstens um 17 Uhr in der offenen Teehalle einen Tee einnehmen. ❽
Royal Asia Lodge ㊹, 120/22 Soi 78, ✆ 032-533778, 💻 www.royalasiahuahin.com, neues Hotel mit 50 komfortablen Zi, Restaurant, kleiner Pool auf dem Dach, WLAN gratis. Für den gebotenen Luxus recht günstig. ❺

Essen

Billige, leckere **Thai-Gerichte** bekommt man auf dem erstaunlich sauberen, bei Touristen beliebten **Nachtmarkt** (bis ca. 24 Uhr) und kann sie geruhsam an Tischen mit Stühlen verzehren. Besonders gut sind Fischgerichte (i. b. vor dem kleinen 7eleven), aber auch andere Snacks, wie Sate, sowie frisches Obst. Das Angebot wird immer mehr den Wünschen der Touristen angepasst. Wer echt Thai essen möchte, hält sich am westlichen Ende der Straße rechts und entdeckt weitere Essenstände, die überwiegend an einheimische Kunden verkaufen.
Günstig sind die chinesischen Restaurants, z. B. das **Khoung Seng** an der Hauptstraße.
In den Restaurants direkt am Meer ist Seafood gut, aber teuer. Schön sitzt man auf der Terrasse des **Sea Side** über dem Strand, die Familie ist sehr freundlich, das Essen schmeckt lecker, aber die Rechnung lautet der Lage entsprechend.
Viele Restaurants wurden in den letzten Jahren von Europäern, zumeist Deutschen, Skandinaviern und Briten, eröffnet. Sie inserieren im *Observer*.
Willy's Station (auch: Ban Lan Sao), ✆ 081-9875768, deutsche Küche, jeden Abend Live-Musik von 20–2 Uhr, beliebt bei älteren Herren, ein Abend pro Woche Thai-Boxen.
Pasta Factory, 129/5 Petchkasem Rd., Soi 73, ✆ 089-9181827, stilvoll und hübsch gestaltet, sehr gute Gerichte, Schweizer Management.
In der **Deutschen Bäckerei**, Srasong Rd., gibt es täglich frisches Brot, Kuchen, Wurstwaren und bestes deutsches Frühstück sowie europäische Küche, 🕓 8–22 Uhr.

Sonstiges

Autovermietungen

Avis, ✆ 032-512021-38, ❶ www.avisthailand.com, im Hotel Sofitel und im Chiva Som Resort.
Mr. Somsak Jaroenphon, 4/21 Hua Hin Bazar, ✆ 032-513614, vermietet Jeeps, PKWs und Motorräder.

Einkaufen

Auf dem interessanten **Nachtmarkt** wird alles verkauft, von Obst und Fischen bis zu T-Shirts und Souvenirs. Tagsüber findet in mehreren Straßen des Stadtzentrums ein großer **Markt** statt. Über 100 Schneider bieten ihre Dienste an.

Fahrräder / Motorräder

Beim Souvenir-Markt und gegenüber (besonders zuverlässig) werden für einen Tag Fahrräder (70 Baht) und Motorräder (200 Baht) vermietet, ✆ 081-8034606. Für eine Stunde kostet eine Honda in der 87/7 Petchkasem Rd. z. B. 50 Baht, von 10–19 Uhr 150 Baht. Schwere Maschinen kosten 500–1200 Baht pro Tag, Jeeps ab 800–1000 Baht.

Informationen

Ein städtisches **Tourist Office** an der Damnoen Kasem Rd., Ecke Petchkasem Rd., ✆ 032-512120, 532433; hier auch das neueste *Official Guide Book*; ◷ tgl. 8.30–20 Uhr.

Die meisten Webseiten über Hua Hin sind veraltet und werden nicht regelmäßig aktualisiert. Handverlesene Informationen und viel Werbung unter 💻 www.huahin-tourist-information.com, besser www.webtravelhuahin.net.

Internet

Anfang 2007 gab es über ein Dutzend Internet-Shops, zumeist 1 Baht/Min.

Reisebüros

My Friend Travel, 98 Naretdamri Rd., ✆ 032-512439, setzt abends direkte VIP 32-Busse zu den Touristenorten im Süden ein (s.u.) und hat gute Halbtags- und Tages-Touren in der Umgebung im Programm (i.b. mit Mr. Varee).

Ken Diamond Tour Travel, 162/6 Naretdamri Rd., ✆ 032-513870, 💻 www.travel-huahin.com; deutsches Reisebüro, bietet neben normalen Reisebüro-Diensten viele Touren ab 4 Pers. sowie Transfers nach Bangkok (690 Baht p. P.), BKK Airport (1190 Baht p. P.). ◷ tgl. 9–22 Uhr.

Saison

Von Juni bis Okt sowie während der Feiertage ist Hochsaison der Thais, von Nov bis April Hochsaison der Ausländer.

Seide

An der Naebkhehat Rd., 2 km nördlich vom Uhrturm, ist eine **Seidenfabrik**, in der man bei einer Führung die Seidenherstellung von der Raupe bis zum Tuch erklärt bekommt – gratis. Kauf ist möglich, aber man wird nicht gedrängt.

Nahverkehr

Fahrrad-Rikschas

Für kürzere Strecken zahlt man 20–30 Baht, für längere, z. B. vom Bahnhof zum Strand, 40–50 Baht. Viele Fahrer verlangen für die Fahrt zum Gästehaus von Touristen 80 Baht und vom Besitzer nochmals 150 Baht. Wer diese Abzockerei nicht mitmachen will, geht besser zu Fuß.

Songthaew

Sie fahren von 6–17.45 Uhr von der Petchkasem Rd., gegenüber Chat Chai Hotel, für 7–10 Baht p. P. in die nähere Umgebung der Stadt, zum Takeap-Felsen 20 Baht.

Taxis

Ein Taxi kostet für eine Tagestour etwa 800 Baht, in der Saison mehr – zum Khao Sam Roi Yot 800–1200 Baht, mit dem Tuk Tuk 800 Baht.

Transport

Busse

Die non-AC- und 2.Kl. AC-Busse halten am Busbahnhof an der Bahnlinie, AC-Busse vor dem Siripetchkasem Hotel (Ticketkauf bis 24 Std. im Voraus). Busse von Bangkok in den Süden stoppen zwischen 19 und 24 Uhr.

Nach BANGKOK (201 km) fahren AC-Busse alle 30 Min. bis 21 Uhr für 124 bzw. 160 Baht in 3 1/2 Std. AC-Busse fahren bis 17.30 Uhr nach CHA-AM für 35 Baht und PHETCHABURI für 45 Baht; jede Std. nach PRANBURI für 30 Baht und PRACHUAP KHIRI KHAN für 65 Baht in 1 1/2 Std.

Weitere AC- und VIP-Busse nach Chumphon, Surat Thani, Phuket und Krabi.

VIP-32-Busse von My Friend Travel (s. Reisebüros) fahren um 21.30 Uhr direkt in alle Touristenorte im Süden für 700 bis 1000 Baht (auf die Inseln inkl. Speedboot).

Taxis

Nach Cha-am 200 Baht, nachts 250 Baht. Zum neuen Flughafen Bangkok (224 km, 3 Std.) 1300–1500 Baht (z. B. an einem Straßenstand an der Ecke Damnoen Kasem Rd./Naretdamri Rd.), 1190 Baht p. P. bei Ken Diamond (s. Reisebüros).

Eisenbahn

Fahrplan „Southern Line" s. S. 886f.

Der *Sprinter* 43 fährt um 8.05 Uhr ab BANGKOK, Ank. 11.11 Uhr. Weitere 10 Züge fahren zwischen 13 und 22.50 Uhr in ca. 4 Std. nach Hua Hin (ab 292 / 234 Baht in der 2./3. Kl.).

Von BANGKOK NOI um 7.25, 13.05 und 19.15 Uhr für 44 Baht in der 3.Kl., Ank. um 11.50, 17.44 und 22.32 Uhr.

Nach BANGKOK fahren die Schnellzüge in der Nacht ab, tagsüber nur der *Sprinter* 40 um 16.01 Uhr (Ank. 19.45 Uhr).

Nach BANGKOK NOI fährt ein lokaler Zug um 11.28 Uhr (Ank. 15.45 Uhr), nach BANGKOK der Dieselzug 262 um 14.10 Uhr (Ank. 18.45 Uhr).

Wer **aus dem Süden** bei Tag fahren möchte, nimmt von SURAT THANI den *Sprinter* 40 um 10.40 Uhr für 234 Baht (Ank. 16.01 Uhr), von CHUMPHON und PRACHUAP den lokalen Zug 254 um 6.42 bzw. 9.46 Uhr für 49 / 19 Baht (Ank. 11.28 Uhr).

Richtung Süden

Tagsüber am besten mit dem *Sprinter* 43 um 11.11 Uhr über CHUMPHON (14.19 Uhr) nach SURAT THANI, Ank. 16.30 Uhr. Nachts am besten mit dem *Rapid* 167 um 22.02 Uhr oder dem *Express* 85 um 23.19 Uhr, bei deren Ankunft in SURAT THANI bereits die Busse zu den Fähren nach Ko Samui und Ko Pha Ngan warten.

Ein Bummelzug fährt um 11.50 Uhr bis CHUMPHON für 49 Baht (3.Kl.), Ank. 16.54 Uhr.

Die Schnellzüge rechtzeitig reservieren.

Flüge

Vom neuen Flughafen im Norden der Stadt fliegt **SGA** 3x tgl. mit 12-sitzigen Cessnas nach BANGKOK (BKK) für 3400 Baht in 45 Min. (5800 Baht hin und zurück).

Selbstfahrer

Anstatt nach Süden den stark befahrenen H4 zu nehmen, kann man Hua Hin auf der Chomsin-Thu Rd. nach Westen verlassen und sich auf ländlichen, aber asphaltierten Straßen Richtung Süden durchschlagen.

Mit etwas Glück kommt man nur 400 m von der Einmündung des H4 auf die Autobahn heraus (KM 251). Nun sind es noch wenige Kilometer bis Pranburi, wo man am KM 254,3 abbiegt, um zum Khao Sam Roi Yot National Park zu fahren (60 km ab Hua Hin).

Die Umgebung von Hua Hin

6 km am Strand entlang nach Süden kommt man zu den **Takeap-Felsen** am südlichen Ende der Bucht. Direkt am Meer steht eindrucksvoll auf der Klippe ein Tempel mit aggressiven Affen. Vom Fuße des Felsens blickt ein riesiger stehender Gold-Buddha aufs Meer. Daneben liegen im Schatten eines Hochhaus-Condominiums ein paar Seafood-Restaurants sowie Essenstände, in denen fast überall Blue Crabs gedämpft und Tintenfische gegrillt werden. Über 128 Treppenstufen kann man den Krilas-Felsen erklimmen und viele kleine Höhlen und Felsmalereien sowie Buddhafiguren entdecken. Sofern es nicht dunstig ist, hat man von oben eine gute Aussicht, auch auf die 18 Hochhäuser. Die Bungalows entlang der Straße zum Strand sind ohne Charakter und relativ teuer. Zurück in die Stadt geht es per Minibus für 20 Baht.

Khao Sam Roi Yot National Park วนอุทยานเขาสามร้อยยอด

Südlich von Pranburi erheben sich die so genannten „Berge der 300 Gipfel" – ein rund 130 km² großer Marine National Park an der Küste zwischen Hua Hin und Prachuap Khiri Khan. Die bizarren Kalksteinformationen ragen steil bis zu 605 m aus einer weiten, grünen Ebene. In den Wäldern hausen dreiste Affenherden, die sich gern auch mal über die Essensvorräte der Besucher hermachen. Die Küste des Nationalparks zieren mehrere schöne, weiße Strände. Etwa 30–40 Delphine sol-

Kuiburi National Park

Beim KM 290,5 zweigt Richtung Berge die Straße H3217 ab. Sie führt zum neuen Nationalpark, in dem über 100 **wilde Elefanten** leben. Ungefähr 30 kommen oft in der Trockenzeit abends zu einem Fluss, ca. 20 km vom Headquarter entfernt, wo sie leicht beobachtet werden können. Wer dieses Glück hat, wird die 400 Baht Eintritt plus 500 Baht für die 3-stündige Geländewagen-Tour nicht bereuen. Ab Kuiburi (30 km) kostet ein Motorrad-Taxi 200 Baht. Zelt, Matten und Schlafsäcke können für 270 Baht/Tag ausgeliehen werden. Kaum jemand spricht Englisch. Informationen unter 💻 www.dnp.go.th/parkreserve/asp/style2/default.asp?npid=117&lg=2.

len in den Küstengewässern zuhause sein, darunter vielleicht noch 5 oder 6 fast weiße *Indo Pacific Humpback Dolphins*. Zu sehen sind sie evtl. ab Dezember, wenn das Meer ruhig ist.

Ohne sich darum zu scheren, dass dieser Park von der World Conservation Union (IUCN) als Ort von globaler Bedeutung ausgewiesen war, hat sich die ökonomisch orientierte Regionalverwaltung gegen Naturschutz und Tourismus durchgesetzt. Alte Weiderechte wurden ausgegraben, um Thung Sam Roi Yot, das größte Süßwassersumpfland Thailands, mit 165 Shrimp-Farmen zu überziehen. Nun bleiben viele Vögel weg. Dazu lesen sich die Informationen der Nationalparkbehörde unter 💻 www.dnp.go.th/park reserve/asp/style1/default.asp?npid=8&lg=2 wie ein Märchen und kollidieren mit der traurigen Realität.

Regenzeit ist zwischen August und Oktober, günstigste Zeit zum Besuch des Parks von November bis Juni. Allerdings ist es ab März so heiß, dass man sich tagsüber kaum noch am Strand aufhalten mag und Klettertouren anstrengend werden. Die beste Zeit zum Beobachten der Vögel sind die Monate November bis Januar. Im Park gibt es sehr viele Moskitos, die aber keine Malariaüberträger sein sollen.

Höhlenenthusiasten, denen die 400 Baht Eintritt nicht zu viel sind, können drei Höhlen aufsuchen: die relativ kleine, z. T. recht enge Tropfsteinhöhle **Kaeo Cave**, die große Felsenhöhle **Phraya Nakhon Cave** und die **Sai Cave** mit bis zu 15 m hohen Stalagmiten und Stalaktiten. Auch der weite **Laem Sala Beach** mit Schatten spendenden Kasuarinen und der **Sam Phraya Beach** reißen für diesen Eintrittspreis niemanden vom Hocker.

Übernachtung

Im Fischerdorf Bang Pu

Ban Pu La Khorn, ✆ 081-5483950, 💻 www.banphulakhorn.com; auf dem Kap am Nordende des Bang Pu Beach, kleines Boutique-Resort im Bali-Stil mit Privatstrand, Pool, Restaurant, Liegewiese. ❻–❼

Bang Pu Bay Resort, ✆ 032-622165, modernes, zweistöckiges Haus, 21 Zi, unterhalb des Felsens am Dorfrand. ❸–❹

Am Phu Noi Beach (38 km von Hua Hin)

Dolphin Bay Resort, kurz vor dem NP-Eingang links abbiegen, ✉ info@dolphinbayresort.com, 💻 www.dolphinbayresort.com; 24 Bungalows sowie Zimmer und Wohnungen im Hauptgebäude, Open-Air-Restaurant, 2 große Pools, Fitnessraum, Massage-Center, Kajaks, Fahrräder, Motorräder (200 Baht/Tag), Bootstrip um Monkey Island (300 Baht). Amerikanisch-Schweizer Leitung. ❺

Transport

Mit dem Mofa benötigt man von Hua Hin bis zum Park 1 1/2 Std. für die 60 km.

Busse fahren für 20 Baht von HUA HIN bis PRANBURI, Taxi von Pranburi 250 Baht, von Hua Hin 500 Baht.

Die Pickups von Bang Pu zurück nach Pranburi fahren nur bis Mittag.

Prachuap Khiri Khan
ประจวบคีรีขันธ์

Am südlichen Ende einer weiten Bucht liegt die kleine, gemütliche Provinzhauptstadt mit 27 000 Einwohnern. In ihrem natürlichen Hafen, der durch die vorgelagerten Felseninseln kreisrund wirkt und gut geschützt ist, ankern viele Fischerboote. Ein malerisches Bild, doch zum Baden lädt der Strand nicht gerade ein. Die Uferstraße wurde auf 2 km Länge zu einer gepflegten Promenade mit einer Kette von Laternen ausgebaut, wo abends Essenstände mit bestem Seafood aufgebaut werden.

In der Nähe des Strandes erhebt sich der „Spiegelberg", **Khao Chong Krachok**, der ein Loch hat, das aus einiger Entfernung gut zu sehen ist und dem Berg zu seinem Namen verhalf. Seine Hänge sind von zahlreichen dreisten Affen bevölkert, die sich oft nur mit einem Stock auf Distanz halten lassen. Wer über die 415 Stufen den kleinen Tempel auf dem Gipfel erklommen hat, wird mit einer sehr schönen Aussicht belohnt. Man kann nicht nur die Bucht mit den vorgelagerten Inseln und die Stadt überblicken, sondern im Westen bis zu einer Bergkette sehen, die bereits zu Burma gehört. Thailand ist an dieser Stelle nur wenige Kilometer breit. Ananas-Plantagen ziehen sich über die weiten Hügel des Hinterlandes.

In Prachuap leben außergewöhnlich freundliche Menschen, die nicht an die wenigen Touristen gewöhnt sind und kaum ein Wort Englisch sprechen. Ansonsten besitzt das nette Städtchen nicht genügend Attraktionen für einen längeren Aufenthalt.

Herrlich ist allerdings der 3 km lange Strand in der malerischen Bucht **Ao Manao**, 3 km südöstlich der Stadt auf Militärgelände.

Übernachtung

Yuttichai ⑥, 35 Kong Kiat Rd., ✆ 032-611055, beliebtes älteres, einfaches Holzhaus, sehr sauber und billig, einige Zi mit Gemeinschafts-Du/WC. Sehr freundliche Familie. Erste Wahl für Billigreisende. ❷–❸

Had Thong Hotel ⑧, 7 Susuk Rd., ✆ 032-601051-7, 6-stöckiges Gebäude, schöne Sicht über die Bucht, moderne Zi mit AC und Balkon, Zimmer im Keller ohne Fenster gibt es zum halben Preis; Swimming Pool. Gut zum Frühstücken. Ein Laden nebenan vermietet Sea Kayaks. ❹

Sun Beach Guesthouse ⑪, 160 Chaitale Rd., ✆ 032-604770, 💻 www.sunbeach-guesthouse.

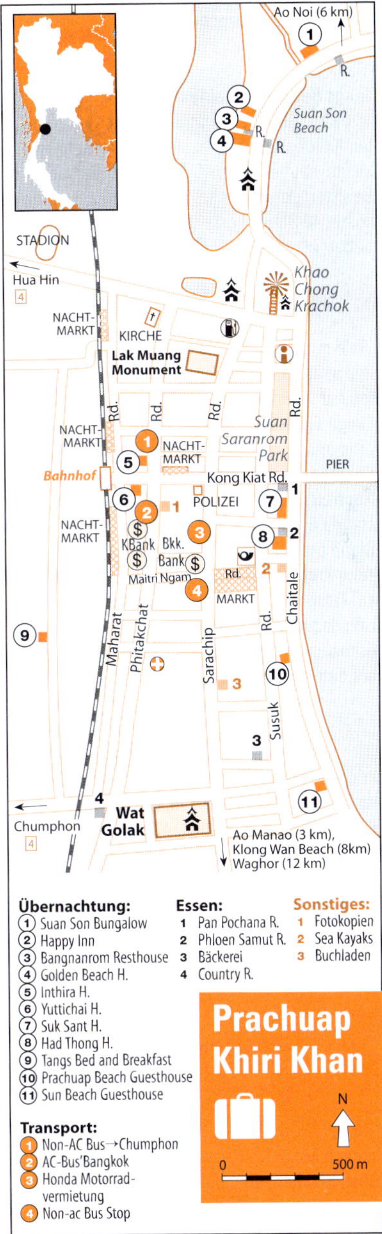

Die Golfküste

com, kleines Boutique-Hotel in orientalischem Stil, saubere AC-Zi, Pool, Meersicht, deutscher Manager. ❹

Tangs Bed and Breakfast ⑨, 133/7 Maharat Rd., ✆ 032-611377, ✉ boonmal@dailynews.co.th, gemütliches Kleinhotel jenseits der Bahnlinie, kleine, saubere Fan/AC-Zi, z. T. mit Balkon, nette Besitzer, „kostenloser" Transfer zum Bahnhof kostet 40 Baht, „kostenloses" Frühstück bedeutet nur Kaffee. ❸

Essen

Viele gute Restaurants, v. a. an der Uferstraße und in der Sarachip Rd., bieten frisches **Seafood** an, für das Prachuap berühmt ist.

Einige **Essenstände** bereiten an der Strandpromenade in der Nähe vom Pier abends Seafood zu.

Auch zu empfehlen sind die abendlichen Essenstände beim Bahnhof. Besonders gut ist ein Stand am nördlichen Ende, der leckeres „Moo Yang Korea", eine Art Mongolentopf, für 69 Baht am Tisch kredenzt, weitere Zutaten können einzeln dazubestellt werden.

Gutes Essen zum Mitnehmen gibt es außerdem auf dem **Nachtmarkt**, s. u.

Sonstiges

Informationen

Im kleinen städtischen **Tourist Information Service Center**, ✆ 032-611491, geben nette Angestellte kompetente Auskünfte (nicht immer auf Englisch); ⏱ tgl. 8.30–16.30 Uhr. Hier kann ein guter Guide vermittelt werden: Mr. Pinit Ounope, der gut Englisch spricht und sich hervorragend auskennt.

Motorräder

Bei **Honda** für 200 Baht pro Tag, zuzüglich Benzin.

Nachtmarkt

Nördlich des Bahnhofs werden Mi und So, südlich Mo und Do, Essen zum Mitnehmen, Obst, Kleidung etc angeboten.

Transport

Busse

Überlandbusse halten am H4 westlich der Stadt.

Nach BANGKOK (292 km) AC-Busse jede Std. bis 18 Uhr für 174 / 223 Baht in 5 Std.

Nach HUA HIN AC-Bus für 65 Baht.

Nach CHUMPHON non-AC-Bus 426 vor dem Inthira Hotel jede Std. von 7.20–13.20 Uhr für 85 Baht (2.Kl. AC-Bus ab Highway 95 Baht, AC 120 Baht).

Nach SURAT THANI für 124 Baht (ac-Bus ab Highway 261 Baht) in 6 1/2 Std.

Nach BANG SAPHAN (33 Baht) muss man am H4 aussteigen und mit Motorradtaxi in den Ort oder an den Strand fahren.

Eisenbahn

Fahrplan „Southern Line" s. S. 886f.

Der *Sprinter* 43 fährt um 8.05 Uhr ab BANGKOK, Ank. 12.05 Uhr. Er fährt weiter nach SURAT THANI (Ank. 16.30 Uhr). Ansonsten von BANGKOK mit dem *Rapid* 171 oder dem *Special Express* 37 um 13 bzw. 15.10 Uhr (ab 323 / 247 Baht in der 2./3. Kl. im *Rapid)*, Ankunft 18.25 bzw. 20.31 Uhr; die anderen Züge kommen erst in der Nacht an.

Von BANGKOK NOI mit dem Bummelzug um 7.25 und 13.05 Uhr in 6 Std. für 58 Baht (nur 3. Kl.), zurück um 9.46 Uhr.

Die Schnellzüge aus dem Süden passieren Prachuap in der Nacht. Nur der *Sprinter* 40 (Abf. in Surat Thani um 10.40 Uhr) hält um 15.04 Uhr, 265 Baht nach Bangkok.

Nach CHUMPHON fährt der Bummelzug 255 um 13.31 Uhr für 34 Baht in gut 3 Std.

Selbstfahrer

Von **Norden** kommend macht man einen Zwischenstopp an der PTT-Tankstelle am KM 292,7. Bei den schön angelegten, günstigen Essenständen staunt man über die sauberen Toiletten im Stil der „New Generation Hotels" sowie über das geschmackvoll eingerichtete, klimatisierte Kleincafé mit Springbrunnen. Am KM 310,7 biegt man nach links auf den H1047 ab und nach 900 m wieder nach rechts. Das Sträßchen führt in 9 km zur Abzweigung zum Ao Noi Beach. Nach weiteren 5 km liegen rechts die ersten Bungalowanlagen von Prachuap gegenüber vom Strand. Auf der Uferpromenade geht es durch Prachuap hindurch, dann durchs Militärgelände zum schönen Strand Ao Manao (3 km) und zum Südtor hinaus auf schlechter Strandstraße durchs lang gestreckte Fischerdorf Klong Wan (8 km). Den Waghor Marine Science Park lässt man links liegen und erreicht nach 33,5 km Fahrt auf Landstraßen wieder den H4 am KM 335,3. Die nächsten 37,6 km gibt es keine Alternative zum breiten H4. Am KM 372,9 beginnen die schönen Nebenstraßen (s. S. 584) nach Chumphon.

Von Prachuap nach Bang Saphan

Richtung Süden zeigt sich die Landschaft zunehmend tropischer. Die Berge sind nun von dichtem Dschungel bedeckt. Allerdings wird der Wald, trotz Verbot, laufend dezimiert. In den küstennahen Regionen wachsen Kokospalmen und auf den großen Plantagen im Hinterland Ölpalmen und Kautschukbäume.

Kee Ree Wong Beach und Ban Krut Beach

Wer am KM 372,9 auf die Straße H1029 zur Küste abzweigt, kann bis Chumphon (160 km) auf Nebenstraßen in Strandnähe nach Süden fahren. Zunächst passiert man den schönen **Haad Kaeo Beach**, dann kommt man zum langen, sehr schönen und herrlich ruhigen **Kee Ree Wong Beach** (gesprochen: Kie Rie Wong), an dem kleine Pinienwäldchen Schatten spenden. Davor liegt die Insel **Ko Lam Ra** (Boot 15 Min.), wo es einen Strand und Korallen zum Schnorcheln geben soll. Nach Süden schließt den Strand der Berg **Khao Thong Chai** ab. Von oben blickt eine große Buddha-Statue über den herrlich weißen **Ban Krut Beach** und die Kokoshaine im Hinterland bis zu den schroffen Bergen in Myanmar. Auf dem Gipfel erhebt sich kreuzförmig der neue **Tempel Maha Chedi**, zu dem Treppen und eine schmale Straße hinaufführen – herrliche Sicht nach Norden.

Am Fuße des Berges liegt das Fischerdorf **Ban Krut** mit bunt bemalten Booten, dahinter zwischen Palmen das **Wat Don Samran**, bei dem man am besten gleich zum Meer abbiegt. Einige nette Strandrestaurants, sogar mit englischer Speisekarte, und aufgelockerte, preiswerte Bungalowanlagen zwischen den Wohnhäusern laden zum Verweilen ein. Geradeaus geht es weiter auf ein Betonsträßchen, das malerisch direkt am schönen Strand entlangführt. Es folgen fünf teure Resorts auf der Landseite und nach 8 km am Ende einer pittoresken **Lagune** hinter stinkendem Brackwasser das Siam Garden Beach Resort, das schon bessere Tage gesehen hat. An der nächsten Asphaltstraße hält man sich nochmals links. Nach insgesamt 36 km ist Bang Saphan erreicht.

Jugendherberge am Strand

Ban Krud Beach Resort & Youth Hostel, ✆ 032-619103, ✉ bann-kruit@tyha.org, 🖳 www.thailandbeach.com, schöne, große Anlage direkt am Sandstrand, schmuckes 3-stöckiges Stadthaus mit Schlafsaal, AC- und Fan-Zi sowie sehr eng stehende Fan- und AC-Minihütten, der neuere Teil der Anlage wirkt großzügiger und gepflegt; Restaurant, winziger Pool mit Liegen; Touren zum Fischen, Schnorcheln und Mountainbiken werden angeboten. Verleih von Fahrrädern und Motorrädern; freundliche Herbergseltern; Abholung vom Bahnhof (3 km) oder der Bus Station möglich. ❸, AC ❹–❺

Übernachtung

Kee Ree Wong Beach

Bayview Beach Resort, ✆ 032-695566, 🖳 www.bayviewbeachresort.com, gepflegte Anlage direkt am sauberen Strand, gut ausgestattete Doppelbungalows mit AC, Du/WC, TV und Kühlschrank, AC-Zimmer im Haupthaus oben. Luftiges Restaurant, Pool, Schnorcheltouren, Fahrradverleih, kostenlose Abholung vom Bahnhof, gut Englisch sprechende Managerin. ❹–❺

Kasaemsuk Resort, ✆ 032-695030, schöne, kleine Anlage direkt am ruhigen Strand, AC-Bungalows und geräumige, palmholzverkleidete Häuser mit AC, Kühlschrank, Du/WC. Der hintere Bungalow links lässt sich als einziger richtig lüften. Sehr schöner Strand, bei jedem Wasserstand gut zum Baden. ❸–❻

Ban Krut Beach

12 km langer, schöner Sandstrand mit mehreren Restaurants und einer Uferpromenade. Alle Bungalowanlagen im Dorf und die guten Resorts am Strand liegen auf der Landseite der Strandstraße. Pauschaltouristen haben Einzug in die teureren Resorts gehalten, die ansonsten unter der Woche fast leer sind.

Ban Kaew Resort, ✆ 032-695112, aufwändig gebaute, gepflegte Bungalows und Reihenbungalows mit AC, Kühlschrank; Strandrestaurant an der Straße unter Bäumen; die Managerin spricht gut Englisch. ❹

Ban Rim Haad Resort, ✆ 032-695205, 💻 www.banrimhaad.com, in einem schönen Garten stehen über 20 hübsche AC-Häuschen mit Kühlschrank, z.T für 4 Pers., sowie neue, preiswerte Fan-Bungalows; Pool, fahrbereite Räder, Restaurant. ❹

Coconut Garden, ✆ 081-9161722, kleine Hütten mit Fan oder AC und größere Bungalows im Palmenhain, ruhig gelegen, 300 m von der Straße. ❸–❹

Siripong Gh., ✆ 032-695464, einfache, ordentliche Zi mit Fan oder AC im 3-stöckigen Gebäude, Dachterrasse mit Meersicht, Motorrad zu vermieten (250 Baht/Tag), engagierter Besitzer. ❷–❸

Suan Ban Krut Beach Resort, ✆ 032-695217, 💻 www.suanbankrut.com, 1 km südlich des Dorfes, 28 gute, große Bungalows in einem Palmengarten jenseits der Straße; Restaurant, Pool, Fitnesscenter. ❺

Palm Hut Beach, 💻 www.palmhutbeach.com, ✆ 081-6453363, jenseits der Straße, kleine Bungalows und Zi in gestylten Häusern mit Palmstamm-Imitation. ❹–❺

Transport

Busse

Zum KEE REE WONG BEACH kann man jeden Bus nach Süden nehmen (i.b. die Bang Saphan- und Chumphon-Busse) und am H4 beim Dorf Ban Sida Ngam (KM 375,8) oder Si Yaek Ban Krut (KM 382) aussteigen. Weiter mit Motorradtaxi für 60 Baht p. P. (nachts 80 Baht). Entsprechendes gilt für BAN KRUT (Motorradtaxi 70–80 Baht, nachts 100 Baht, ca. 10–14 km).

Vom BANGKOK Southern Bus Terminal fährt nur ein VIP 40-Bus um 12.30 Uhr für 245 Baht direkt nach Ban Krut (Ank. 18 Uhr).

Eisenbahn

Fahrplan „Southern Line" s. S. 886f.

Von BANGKOK am besten mit dem Bummelzug 255 ab BANGKOK NOI um 7.25 Uhr, Ankunft an der Haltestelle Ban Krut um 14.50 Uhr, 65 Baht. Von Bangkok Hauptbahnhof mit dem *Sprinter* 43 um 8.05 Uhr für 400 Baht (Ank. 12.47 Uhr). Vier weitere Züge kommen in der Nacht an.

Von CHUMPHON fährt der Zug 254 um 6.42 Uhr (Ankunft 8.45 Uhr) sowie der Sprinter 40 um 12.46 Uhr (Ankunft 14.24 Uhr). Vom Bahnhof Ban Krut mit dem Motorradtaxi für 50 Baht p. P. (nachts 60 Baht) ca. 5–10 km zu den Resorts.

Bang Saphan บางสะพาน

76 km südlich von Prachuap zweigt am KM 399 der H3169 ab, der nach 10 km die Kleinstadt Bang Saphan (auch: Bang Saphan Yai) erreicht. Der Ort wird von einem Tempel auf einem Hügel überragt. Er hat nichts Aufregendes zu bieten, aber in der Umgebung liegen einige nette Naturschönheiten. 3 km hinter Bang Saphan kommt man auf dem H3169 zur Maerumphung Bay, die einen tiefen Dreiviertelkreis bildet, der durch die Insel **Ko Thalu** optisch zu einem Vollkreis ergänzt wird. In diese malerische Bucht mit einigen Fischerdörfern und vielen Fischerbooten verirrt sich nur selten ein westlicher Tourist, denn der graue, schmutzige Strand ist zum Baden nicht geeignet. Doch für den Thai-Tourismus an langen Wochenenden und in den Ferien stehen viele Bungalows zur Verfügung.

Bo Thong Lang-Bucht

Zu den schönen Stränden nördlich der Bungalows führen asphaltierte Straßen am **Hafen** vorbei. Für ein Stahlwalzwerk wurden große Gebiete eingezäunt und überbaut. In nur drei Jahren wurden ein großer Hafen und die Industrieanlage fertig gestellt. Dennoch lohnt sich ein Ausflug

Goldfunde

Ein Halbtagsausflug führt zum **Gold Field Bang Saphan**, wo in kleinen Mengen 99 % reines, und deshalb teures, Gold gefunden wird, das zu Blattgold für religiöse Zwecke verarbeitet wird. Zu erreichen vom H4 am KM 397 in Richtung Berge, dann noch ca. 4 km.

(7 km) zur hübschen, kleinen Bucht **Bo Thong Lang** (auf Englisch: *Pretty Bay*). Laubbäume spenden Schatten, das Wasser lädt zum Schwimmen ein, der Hügel zum Besteigen, an Ausflugstagen servieren Imbiss-Buden Leckereien. Ein klein wenig trübt das Ende der Hafenmole das idyllische Bild.

Nördlich erstreckt sich eine weitere kreisrunde, fast abgeschlossene Bucht, die sich auch gut zum Baden eignet. 600 m weiter ragt ein großer Holzpier für Fischerboote ins Meer hinaus, 400 m dahinter liegt die Fischfabrik mit mehreren Piers.

Biegt man nach weiteren 1,8 km von der Uferstraße nach links ins Inland ab und hält sich nach 800 m wieder links, erreicht man nach weiteren 3,5 km die Hauptstraße H3169 am KM 11,8.

Wer sich jedoch nach den 800 m Richtung Inland rechts hält, gelangt auf einer schönen Straße am Sandstrand entlang nach Ban Krut (18 km) und 4 km weiter zum Kee Ree Wong Beach (s. S. 579).

Weitere Naturschönheiten

In den Bungalows kann man sich zeigen lassen, wo es zu schönen Stränden oder den roten Klippen weiter südlich geht sowie zu zwei kleinen Seen und einer heißen Quelle. Reizvoll sind zudem hinter dem **Wat Tham Ma Rong** die Höhlenkomplexe **Nam Thip** (hinter dem großen Buddha runter) und **Phlerng Chit** (kurz vorher rechts die steile und schlüpfrige Treppe hoch); 20 Baht Spende für die farbige Beleuchtung.

Übernachtung

Maerumphung Bay

An der Maerumphung Road liegen auf der Landseite 7 Hotels, u. a.:

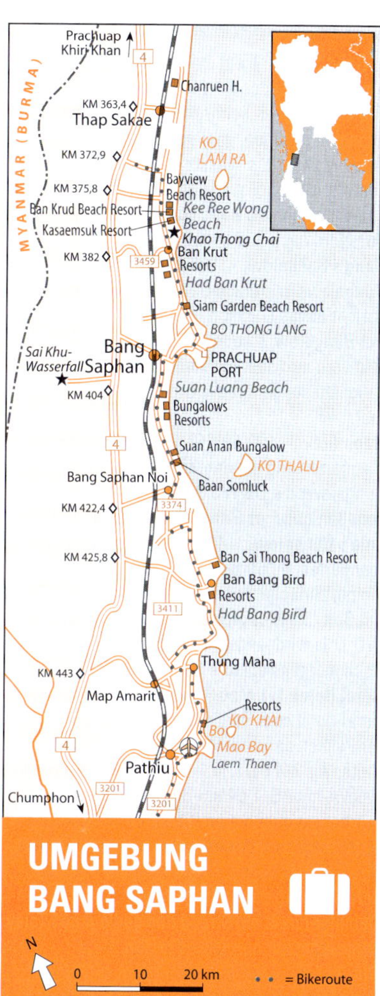

Haad Somboon Seaview, Nr. 33/2, ✆ 032-548345, links an der Abzweigung der Uferstraße, 5-stöckiges Stuckhotel, große, preiswerte Zi, die besten mit TV; sehr günstiges Frühstück; Restaurant jenseits der Straße am Strand, Bungalows, ❸, gegenüber. ❷, AC ❸

Sailom Resort, ✆ 032-691003, neue Steinbungalows im weiten Garten, gepflegter Rasen, gutes Restaurant, freundliches Personal. ❺

Suan Luang Beach

In Bang Saphan biegt die Straße H3374 an der Ampel nach Süden ab. Die Resorts liegen 5 km südlich am KM 5, sehr ruhig in Kokosplantagen an einem schönen, gepflegten Strand. Bei Wellengang wirkt das Wasser grau. Motorrad-Taxen vom Bahnhof zur Suan Luang Area für 50 Baht, nachts 80 Baht, vom H4 100 Baht.
Von Nord nach Süd liegen direkt am Strand:
Deng's Bungalow, ✆ 089-2078917, 4 einfache Bungalows in grünem Garten, Restaurant. Deng spricht etwas Englisch. ❸
Poi Bungalow, 4 neuere Steinbungalows direkt vorn am Meer in einer Kokosplantage, der linke, älteste gehört der Großmutter und kostet mehr. ❸
Boon Glov, ✆ 032-691656, 200 m südlich, Palmengarten und gepflegter Rasen, 2 kleine Steinbungalows mit Du/WC. Montri gibt der Coco Bar sein persönliches Flair, **der** Treffpunkt. ❸
Lola's Bungalow, ✆ 032-691963, großer Palmengarten am Strand, viele Laubbäume, 10 sehr kleine, einfache, hübsch bemalte Hütten, z. T. mit Bett und Moskitonetz, z. T. mit eigener Du/WC; Lola wird langsam müde und kann sich nur noch morgens um ihre Gäste kümmern. ❷
Coral Hotel, 171 Moo 99, ✆ 032-691667, 💻 www.coral-hotel.com; schöner, tropischer Garten unter Palmen nahe am Strand, komfortable Zi und Suiten für 2–4 Pers. in 1- und 2-stöckigen Bungalows mit AC, TV, Mini-Bar und Telefon; Restaurant mit gehobenen Preisen, Pool (50 Baht für Nichtgäste); Windsurfing, Tauchen und Ausflüge, Abholservice. Professionelles französisches Management. ❺–❻
Dahinter direkt am Strand das gediegene I Talay Restaurant mit normalen Preisen.
Durchs Inland erreicht man 300 m südlich **Suan Luang Beach**, 5 gut eingerichtete Bungalows mit AC, TV, Warmwasser; gutes, preiswertes Restaurant mit scharfem Essen; beliebt bei Thais am Wochenende und feiertags. ❹
Suan Luang Resort, ✆ 032-691663, 💻 www.suanluangresort.com; 700 m vom Strand entfernt, 10 Holz- und Steinbungalows (z. T. AC), 3 Familienbungalows; etwas teures, aber gutes Restaurant, Video, Billard; Moped. ❸

Insel-Trip

Wer es richtig einsam haben will, kann Vorräte besorgen und sich zu der kleinen Koralleninsel Ko Thalu vor der Küste bringen lassen; Unterkunft in Fischerhütten oder im sehr teuren Ban Maphraw – Koh Talu Resort, ✆ 081-8577314, 💻 www.kohtalu.com.

Bang Saphan Noi

Suan Anan Resort, ✆ 032-699118, am KM 13 des H3374, 10 hübsche AC-Bungalows mit TV und Kühlschrank, nahe am sauberen Sandstrand. ❸
Baan Somluck, ✆ 032-699344, 💻 www.somluck.de.vu; am KM 13,2 des H3374 (bei der Schule), nahe am Sandstrand in zwei üppigen, ummauerten Gärten, saubere Steinbungalows sowie Zi mit und ohne Du/WC, winziger Pool, Tischtennis, Restaurant mit leckerem Essen, Mopeds, Internet-Zugang, Touren; kostenlose Abholung, freundliche Thai-deutsche Leitung. Zwei Rottweiler und weitere Hunde. Plus 3 Bungalows am Strand. ❷–❹

Essen

Tae Restaurant, nettes Gartenrestaurant, sehr gute, preiswerte Thai-Küche, 100 m südlich vom Bahnhof; Moped zu vermieten (200 Baht). 🕓 ab 17 Uhr.
Lek's Pizza, 300 m südlich der Ampel, gute Pizza und Spaghetti mit selbst gemachtem Ketchup in rustikalem Restaurant; Lek spricht auch Englisch.

Sonstiges

Guides

Wer die oben genannten Ausflüge mit einem exzellenten Führer machen will, sucht den Motorradtaxi-Fahrer Mr. Pia, Nr. 26, auf. Dieser angenehme Zeitgenosse spricht freundliches Englisch und fährt ab 300 Baht/Tag; bei mehreren Personen benützt er ein Dreirad mit Dach. Auch Mr. Sofa, im Markt, ✆ 032-691535, macht Touren aller Art.

Motorräder

Mrs. Jang im **Yamaha-Shop** (gegenüber vom Markt) vermietet Mopeds für 300 Baht pro Tag, zudem bekommt man gute Infos und einen Plan von der Umgebung. Im Tae Restaurant gibt es eine Honda Wave schon für 200 Baht.

Transport

Busse

Nach BANGKOK (367 km) fahren AC-Busse 10x tgl. von 6.30–19 Uhr für 214 bzw. 290 Baht in 5 1/2 Std. Hält der Bus aus dem Norden oder Süden nur am H4, geht es 10 km weiter mit Motorradtaxi für 60 Baht (zur Suan Luang Area für 100 Baht, nachts 200 Baht).

Eisenbahn

Fahrplan „Southern Line" s. S. 886f.
Ab BANGKOK am besten mit dem Sprinter 43 um 8.05 Uhr, Ankunft 13 Uhr, für 422 Baht. Die beiden *Rapid*-Züge um 13 und 15.35 Uhr sowie die Special Express 35 und 37 um 14.45 und 15.10 Uhr kommen erst in der Dunkelheit zwischen 19.25 Uhr und 22.47 Uhr an, alle anderen Züge noch später.
Zurück am besten im AC-Schlafwagen des *Express* 86 um 22.29 Uhr, der um 6.05 Uhr ankommt, ab 585 / 1007 Baht (2. bzw. 1. Kl.). Tagsüber eignet sich der Sprinter 40 um 14.11 Uhr (Ank. 19.45 Uhr).
Ab BANGKOK NOI mit dem Bummelzug um 7.25 Uhr für 68 Baht (ab HUA HIN um 11.50 Uhr), Ankunft 15.08 Uhr.
Von CHUMPHON mit dem Bummelzug 254 um 6.42 Uhr für 20 Baht, Ankunft um 8.27 Uhr.

Selbstfahrer

Nach **Süden** geht es 119 km auf Nebenstraßen bis Chumphon (Beschreibung s. S. 584).

Von Bang Saphan nach Chumphon

Auf dem H4 Richtung Süden fällt der Wechsel von Kokospalmen zu Plantagen mit Tapioka, Bananen, Kautschuk und Ölpalmen ins Auge. Vom H4 biegt am KM 422,4 eine 9 km lange Straße Richtung Küste nach **Bang Saphan Noi** ab. Am KM 425,8 zweigt nach links die Straße zum Dorf und Bahnhof Huai Sak ab und erreicht nach 17 km Ban Bang Bird am Nordende eines optisch schönen Strands.

Had Bang Bird

Der 10 km lange, von Pinien gesäumte Sandstrand wird im Süden von hohen Dünen begrenzt und von steilen Bergen eingerahmt. Die Bewohner des kleinen Dorfes Ban Bang Bird haben noch nicht gelernt, ihren Müll umweltschonend zu entsorgen. Das Resort hat es nicht leicht, den Strand sauber zu halten. Der größere Teil der Strandgrundstücke gehört der Königsfamilie und darf nicht bebaut werden.

Pathiu

Die kleine Stadt Pathiu wird von einer großen Buddha-Statue und dem weißen Chedi auf einem Felsenhügel überragt. Hier wurde der Flugplatz von Chumphon gebaut, auf dem aber keine Linienflugzeuge landen. An der **Bo Mao-Bucht** liegen einige nette Bungalowanlagen und Restaurants unter Kasuarinen und Palmen am schönen Sandstrand.

Ein selten besuchtes Ausflugsziel ist die kleine, vorgelagerte Insel **Ko Khai** mit Höhlen (z. B. Tham Yai Ai) und Schwalbennestern. Am feinen Sandstrand Virgin Beach können Schnorchler schöne Korallen bewundern (mit dem Boot hin und zurück für 1500 Baht). Zu Fuß kann man das **Kap Laem Thaen** erkunden.

Übernachtung

In Had Bang Bird gibt es mehrere Resorts, die hauptsächlich von Thais aufgesucht werden.
Ban Sai Thong Beach Resort, ✆ 081-8583350, 💻 www.bansaithong.com, in Schiffsform gebautes Hotel am weiten Strand, große, saubere AC-Zimmer, unter der Woche leer, Rabatt möglich. ❹–❺
Boonchu Bangburd Resort (BBR), ✆ 032-619112, 💻 www.bangburd.com; direkt am Strand, große, helle, saubere Zi in Reihenhäusern und Bungalows mit Meerblick, gutes Restaurant, freundlicher, motivierter, gut Englisch sprechender Besitzer. ❹

Alternative Fahrt auf Nebenstraßen

Recht abenteuerlich gestaltet sich die Fahrt von Bang Saphan (Yai) nach Süden bis zum Strand von Pathiu (86 km), da kaum einmal Hinweisschilder Richtung Süden weisen. Auf der wenig befahrenen Straße H3374 geht es zunächst in Strandnähe 27 km nach Süden. An der Straßenkreuzung am KM 27,1 nicht geradeaus auf dem langweiligen H3411 über Map Amarit (25 km) fahren, sondern nach links, um in Meernähe die herrliche Landschaft zu genießen. Nach 4,1 km scharf nach rechts auf die Querstraße H1015 abbiegen. Nach 4 km zweigt links ein Fahrweg (800 m) zum Ban Sai Thong Beach mit einem Thai-Resort ab. Ein weiterer Fahrweg geht 100 m danach hinunter zu schwarzem Vulkangestein am Meer, wo ein weiteres Resort mit blauen Dächern steht. Geradeaus kommt man nach 2,4 km zur Querstraße, die nach Osten zum Fischerdorf Ban Bang Bird (500 m) führt und im Westen nach 16,5 km den H4 am KM 425,8 erreicht. Nach einem Abstecher zum Strand fährt man 700 m nach Westen und biegt dann nach links Richtung Pathiu ab. Die 9 km lange Straße H4015 quert eine Sanddüne. Nach einem Fischerpier geht es durch landwirtschaftlich genutztes Land. Nach 1 km weist ein Schild nach links zum Ko Teap Beach (5 km). Von der Straße eröffnen sich schöne Ausblicke auf steile Felsen und herrliche Buchten. Nach 4 km bietet ein Aussichtspunkt beim Chinesischen Tempel mit einer Statue der Goddess of Mercy einen herrlichen Blick auf eine lang gestreckte Halbinsel aus Schwemmsand, bewachsen mit Kasuarinen.

Nach weiteren 9 km biegt man auf dem H4015 nach links ab in Richtung des Fischerhafens **Thung Maha**. Nach 5 km knickt die Straße als H3253 nach rechts ab (Schild *„Pathiu 25 km"*), kurz davor liegt eine kleine Hotelanlage. Durch Palmöl- und Gummiplantagen geht es weiter. Nach 11 km nicht mit dem H3253 nach rechts Richtung Pathiu abzweigen, sondern geradeaus Richtung Airport und Chumphon auf dem H4004 weiterfahren, bis nach 10 km der Strand von Pathiu auftaucht, wo man in kleinen Bungalowanlagen übernachten kann (86 km von Bang Saphan). Die restlichen 33 km bis Chumphon geht es im Wesentlichen geradeaus (nach 7 km aber nach links abbiegen!) auf den guten Straßen H3201 und H3180, wenn man keinen Umweg über den Thung Wua Laen Beach (s. u.) vorhat.

Thung Wua Laen Beach

Vom H4 führt am KM 476,6 die 18 km lange Straße H3180 zum herrlichen, ruhigen Thung Wua Laen Beach (auch Tung Wualan Beach). Der 2 km lange, weiße Strand liegt 16 km nördlich von Chumphon und bietet viele preisgünstige, gemütliche Restaurants, die von Dezember bis April **erstklassiges Seafood** zubereiten, z. B. Prasit Sregrat. Die Atmosphäre unter lauter Einheimischen ist sehr angenehm.

Der südliche Strandabschnitt vor den Cabanas, bepflanzt mit Kasuarinen und jungen Palmen, wird von einem mit Büschen bedeckten Hügel begrenzt. Bei Ebbe wird der feine Sandstrand von einer schmalen Lagune geteilt, bei Flut ist er recht breit. Das Wasser scheint ständig klar zu sein. Selbst in der Regenzeit kann man hier bei leichtem Wellengang fast immer baden, dann muss man sich allerdings vor Sandfliegen in Acht nehmen, auch Quallen wurden mehrfach gesichtet.

Eine Straße führt 1 km am Meer entlang zum schönen nördlichen Strandabschnitt, der auch **Chuanphun Beach** (gesprochen *Tschuan-fahn*) genannt wird. Am mit Palmen bestandenen Sandstrand tummeln sich am Wochenende viele Thai-Familien und belegen alle Zimmer, ansonsten ist es sehr ruhig. Nach Norden erstreckt sich hinter dem Fluss das Fischerdorf Sapli.

Übernachtung

Thung Wua Laen Beach (North)

K-Had Resort, ✆ 032-560208, Bungalows in 2 Reihen mit türkisblauen Dächern mit Veranda und AC. ❹

Chuan Phun Lodge, 54/3-6 Chuanphun Beach, ✆ 032-560230, modernes Hotel, gute AC-Zi, relativ preiswertes Seafood-Restaurant, durch die Straße von der Strand-Terrasse unter Palmen getrennt, Englisch sprechender Manager; Windsurfen ab 100 Baht. ❸

Clean Wave Resort, ✆ 032-560151-2, Reihenhaus hinter der Straße, 10 saubere Zi mit kleinem Bad; preiswertes Restaurant mit Tischgruppen unter Palmen am Meer. ❷–❹

View Resort, ✆ 032-560214, 20 m vom Strand stehen einige hübsche Bungalows, kleines Schlafzimmer mit Doppelbett, Vorraum, Du/WC (EZ reicht für 2 Pers.), hinter der Straße liegen mehrere große, saubere, achteckige Bungalows mit Kühlschrank, AC und Bad; wochentags Rabatt; hervorragendes View Seafood Restaurant. Mopeds 200 Baht/ Tag. ❸–❹

Thung Wua Laen Beach (South), auch Cabana Beach

Thungwualaen Resort, ✆ 081-9701387, neue Bungalows in 2 Reihen senkrecht zum Strand (ohne Meersicht) und Zi im Reihenhaus. Nebenan einige Restaurants mit Bar. ❹

Seaside Garden Gh., ✆ 077-560178, saubere AC-Zi in einem neuen Stadthaus. 300 m vom Strand. ❸

Ein umweltfreundliches Resort

Chumphon Cabana Resort, ✆ 077-560245–7, 🖳 www.cabana.co.th (deutsch und englisch); hervorragendes, viel gelobtes Mittelklasse-Resort an der schönsten Stelle des Strandes, üppig grüner tropischer Garten; 6 gemütliche Cottages mit Fan und begrüntem Bad unter freiem Himmel, 25 hübsche Bungalows mit AC; ein 3-stöckiges, eindrucksvolles Hotel wurde in umweltfreundlicher Technologie errichtet, 108 schöne Zi mit Balkon, die komfortabel eingerichtet sind mit Klimaanlage, Satelliten-TV, Kühlschrank, Minibar und Warmwasser-Du/WC; nettes, nicht billiges Strandrestaurant, leckere Gerichte mit organisch erzeugtem Gemüse, fantastisches Frühstücksbuffet (Thai und international); Beach Bar. Kiosk, Thai-Massage, Internet, lizenzierter Geldwechsler, deutschsprachige Tauchschule, großer Pool, Sea Kayak, Mountainbike, interessante Ausflüge. Ein Shuttle-Bus fährt 4x am Tag nach Chumphon für 50 Baht p. P. Er hält am Bahnhof, Bus-Bahnhof und an der Shopping Mall. Beliebt bei Thais am Wochenende und in den Ferien. Mit Loose-Handbuch auf AC-Zi meist 10 % Rabatt. ❹–❺

Aktivitäten

Die Tauchbasis **Chumphon Diving Center**, ✆ 032-560245-7, ist bemüht, das schöne Tauchrevier zu bewahren. Bootstouren bei gutem Wetter kosten 650 Baht, für Taucher 1800 Baht p. P inkl. 2 Tauchgänge, Ausrüstung und Lunch. Lohnende Tauchgründe bieten 8 außenliegende Inseln in 6–23 m Tiefe bei 3–20 m Sicht; besonders beindruckt die enorme Artenvielfalt und Dichte der Meerestiere. Es stehen 20 Sets mit 100 Flaschen zur Verfügung; 4-tägiger PADI-Tauchkurs kostet 9500 Baht. Ein Live-aboard-Wochenende um Ko Tao für 3 Tage/2 Nächte wird von Mai bis Okt angeboten.

Ein Haus für Langzeitmieter

Miao House, ✆ 081-6912266, 085-7840119, 500 m vom Strand, gegenüber vom Mini-Market, Gästehaus in ländlicher Umgebung für Traveller, die längere Zeit bleiben wollen, 8 große Zi mit Fan und Du/WC, Kühlschrank, TV, z. T. in Bungalows aus Naturmaterialien, Monatsmiete ab 5000 Baht, Fahrräder gratis. Geleitet von einer liebenswerten, alten Dame. ❷

Transport

Der Thung Wua Laen Beach ist von CHUMPHON alle 40 Min. mit dem Pickup für 30 Baht zu erreichen.

Fantasiepreise verlangen Motorradtaxis (150 Baht) und Taxifahrer in der Stadt.

Chumphon ชุมพร

Die lebhafte Provinzhauptstadt Chumphon (auch: Chumporn, gesprochen: Tschum-pohn) mit 56 000 Einwohnern liegt 506 km südlich von Bangkok, 7 km vom Meer entfernt. Der Name stammt von *chumnumphon*, was etwa „freundschaftlicher Treffpunkt" bedeutet. Thais kennen Chumphon als „Tor zum Süden". Die Provinz unterliegt dem Südwest-Monsun, wird aber auch vom Nordost-Monsun beeinflusst, was dem Tenasserim-Gebirge die zweithöchsten Regenfälle von Thailand beschert. Obwohl es im Flachland weitaus weniger regnet, wurde die Stadt in der Regenzeit (i. b. im August/September) schon mehrmals von den Fluten aus dem Grenzgebirge mannshoch überschwemmt. Im Hinterland wurden in den letzten Jahren viele Plantagen angelegt: Kaffee, Früchte und Palmöl.

In der weiteren Umgebung von Chumphon, die für ausländische Touristen kaum erschlossen ist und keinen Massentourismus kennt, laden den Naturliebhaber schöne Strände, Korallen- und Felseninseln, unberührter Dschungel, spektakuläre Höhlen und Wasserfälle zu Ausflügen ein. Um die herrliche Natur von Chumphon zu erkunden, mietet man am besten ein Motorrad. Gute Gästehäuser helfen dabei, den Weg zu sehenswerten Landschaften und Tropfsteinhöhlen zu finden. Auch auf einer Tour, wenn es nicht gerade die 08/15-Minibusversion für Thai-Touristen ist, kann man viel entdecken. Dabei lohnt für Tempelfreunde durchaus auch **Wat Tham Khwan Muang** (der Marmortempel), **Wat Tham Nam Lot** oder **Big Buddha** einen Besuch.

Die Stadt selbst bietet neben dem fantastischen abendlichen **Essenmarkt** in der Krom Luang Rd. als touristische Sehenswürdigkeit noch das **National Museum** links der Straße zum Thung Wua Laen Beach. Die lokale Kultur wird in Szenen dargestellt, u. a. mit einem Film über Schattentheater. Es gibt dort örtliche Andenken und schönes Kunsthandwerk zu kaufen (Tuchwaren, Figuren u. Ä.). ⏲ Mi–So 9–16 Uhr, Eintritt 30 Baht.

Rab Ro-Höhle

21 km nordwestlich der Stadt liegt die Höhle Tham Rab Ro. Hinter dem Tempel Thep Charoen erhebt sich ein durchlöchertes, von vielen Pflanzen überwuchertes Kliff. Treppen führen zu den vier unterschiedlichen, nicht besonders spektakulären Höhlen hinauf, die miteinander verbunden sind. Einige der Höhlen enthalten Tropfsteine, andere Buddha-Statuen. Eine gute Taschenlampe ist erforderlich. Im halboffenen Tempelgebäude ist ein mumifizierter Mönch in einem Glassarg aufgebahrt. Über 100 Jahre alte Riesenschildkröten leben hinter einer Mauer am Fuße der Felsen. Man erreicht die Anlage vom KM 490,0 des H4 (4 km nach Westen).

Übernachtung

Die **Strandhotels** werden bei den Stränden beschrieben: Thung Wua Laen Beach (s. S. 584) sowie Paradonpap, Sai Ri und Thung Kam Noi Beach (s. S. 590).

Gästehäuser

Chumphon Gh. (Kae House) ①, 27 Krom Luang Rd. Soi 1, ✆ 077-502900, 083-1810082, ✉ kakaekookik@hotmail.com, 600 m östlich vom Bahnhof links in einer ruhigen Gasse, recht einfaches, 2-stöckiges Holzhaus mit spartanisch eingerichteten, hellhörigen Zimmern, 3 Gemeinschafts-Du/WC im EG, kleines Reihenhaus mit Du/WC. Frühstücksrestaurant im Hof. Internet, Mopeds zu vermieten. Die neue Besitzerin Kae (Käi) schafft eine angenehme Atmosphäre. ❷

Sooksamer Gh. ④, 118/4 Sooksamer Rd., ✆ 077-502430, 900 m östlich vom Bahnhof rechts in einer Seitengasse; kleine Zi, Schlafsaal, 3 kleine Gemeinschafts-Du/WC; Restaurant und Bar, guter Service. ❷

Siam Dreams Gh. ⑤, 116/31 Soi Sooksamer, ✆ 077-571790, 087-2693668, 4 einfache, saubere Zi mit Fan, familiär geführt von Ying und dem Bayern Sepp. Restaurant mit europäischen und thailändischen Gerichten. Auf Anruf Abholung von Bus oder Bahn. ❷

Fame Tour Gh. ⑥, ✉ akeychumphon@hotmail.com, 💻 www.chumpon-kohtao.com, ✆ 077-571077, sehr saubere, schlichte Zi mit und ohne Du/WC und Fan, unten nettes Bar-Restaurant mit nettem, jungem Personal, rühriger Besitzer (Mr. Pipat Rattanakorn). ❷

Suda Gh. ⑫, 8 Tha Taphao Rd., ✆ 077-504366, schöne, luxuriöse und einfache Zi mit Fenster

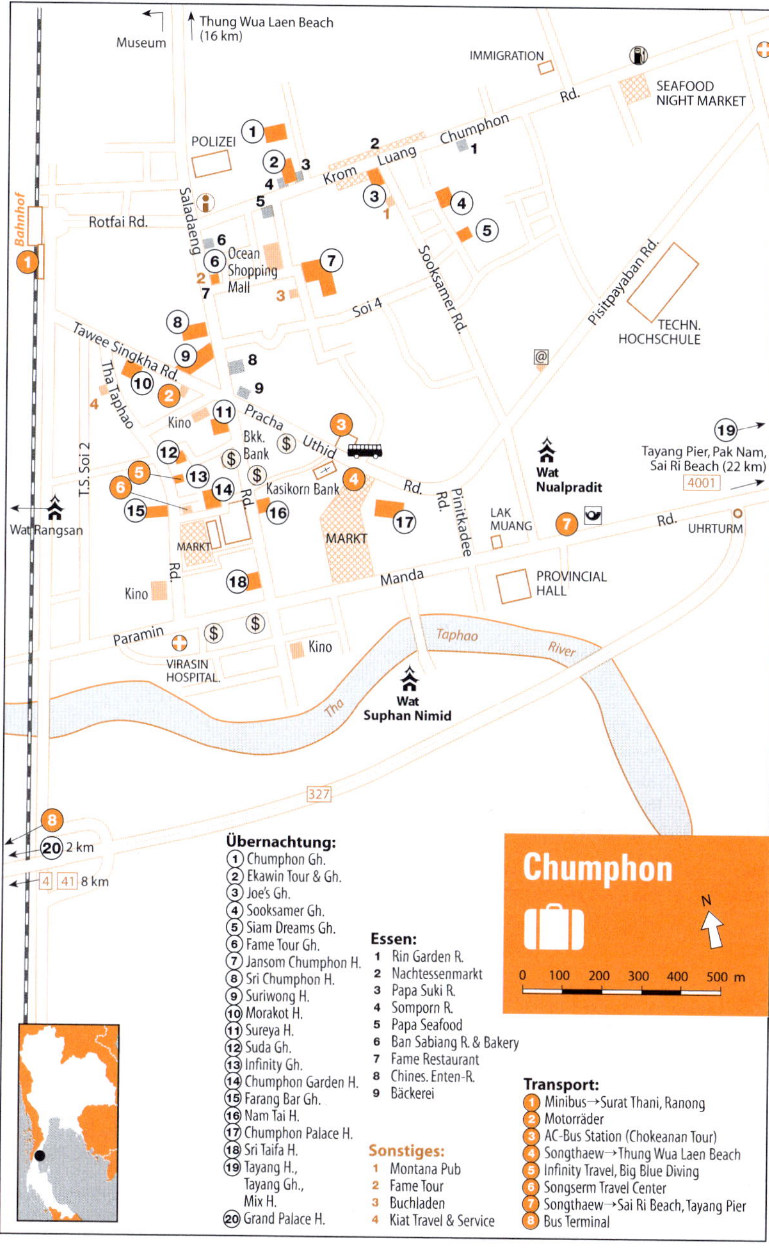

Chumphon
Museum
Thung Wua Laen Beach (16 km)
IMMIGRATION
SEAFOOD NIGHT MARKET
POLIZEI
Chumphon Rd.
Krom Luang
Bahnhof
Rotfai Rd.
Saladaeng
Ocean Shopping Mall
Sooksamer Rd.
Pisitpayaban Rd.
TECHN. HOCHSCHULE
Soi 4
Tawee Singkha Rd.
Tha Taphao
Kino
Pracha Uthid Rd.
Bkk. Bank
Kasikorn Bank
T.S. Soi 2
Wat Rangsan
MARKT
Pinitkadee Rd.
LAK MUANG
Wat Nualpradit
Tayang Pier, Pak Nam, Sai Ri Beach (22 km)
4001
UHRTURM
PROVINCIAL HALL
Manda Rd.
Paramin Rd.
VIRASIN HOSPITAL
Taphao River
Tha
Wat Suphan Nimid
327
2 km
4 41 8 km
Übernachtung:
1 Chumphon Gh.
2 Ekawin Tour & Gh.
3 Joe's Gh.
4 Sooksamer Gh.
5 Siam Dreams Gh.
6 Fame Tour Gh.
7 Jansom Chumphon H.
8 Sri Chumphon H.
9 Suriwong H.
10 Morakot H.
11 Sureya H.
12 Suda Gh.
13 Infinity Gh.
14 Chumphon Garden H.
15 Farang Bar Gh.
16 Nam Tai H.
17 Chumphon Palace H.
18 Sri Taifa H.
19 Tayang H., Tayang Gh., Mix H.
20 Grand Palace H.
Essen:
1 Rin Garden R.
2 Nachtessenmarkt
3 Papa Suki R.
4 Somporn R.
5 Papa Seafood
6 Ban Sabiang R. & Bakery
7 Fame Restaurant
8 Chines. Enten-R.
9 Bäckerei
Sonstiges:
1 Montana Pub
2 Fame Tour
3 Buchladen
4 Kiat Travel & Service
Transport:
1 Minibus→Surat Thani, Ranong
2 Motorräder
3 AC-Bus Station (Chokeanan Tour)
4 Songthaew→Thung Wua Laen Beach
5 Infinity Travel, Big Blue Diving
6 Songserm Travel Center
7 Songthaew→Sai Ri Beach, Tayang Pier
8 Bus Terminal
N
0 100 200 300 400 500 m

zum Flur, Warmwasser, Fan oder AC; Fahrrad und Moped zu vermieten; freundliche, hilfsbereite, gut Englisch sprechende Besitzerin. ❷, AC ❸

Farang Bar Gh. ⑮, Tha Taphao Rd., ✆ 077-503001, ✉ farangbar@yahoo.com, grüner Garten, 9 spartanische Zi in einem niedrigen Reihenhaus, Du/WC außen im Hinterhof; ⏲ 6–24 Uhr (nachts klopfen); Auto (Suzuki) 1200–1500 Baht, Motorrad 150 Baht, Fahrrad 50 Baht. ❷

Hotels

In der lauten Hauptgeschäftsstraße, der **Saladaeng Rd.**, gibt es acht Unterkünfte vom Stundenhotel bis zur Nobelherberge, u. a.:

Sri Chumphon ⑧, Nr. 127/22-24, ✆ 077-511280, große, recht komfortable, preisgünstige AC-Zi; viele Geschäftsleute, sicherer Parkplatz. ❷–❸

Jansom Chumphon ⑦, Nr. 118/65, ✆ 077-502502, beliebtes Komforthotel, voll klimatisiert, bietet alle Annehmlichkeiten. Disco. ❹

Morakot Hotel ⑩, 102-112 Tawee Singkha Rd., ✆ 077-503628-32, ✉ boaee2000@yahoo.com, 400 m vom Bahnhof, Seiteneingang neben dem Yamaha-Shop; 5-stöckiges Hotel mit Aufzug, sehr gute, saubere Fan- und AC-Zi; häufig ausgebucht. ❸

Chumphon Palace ⑰, 328/15 Pracha Uthid Rd., ✆ 077-571715-22, neben dem Markt, modernes Hotel, komfortable AC-Zi mit TV, Kühlschrank, Warmwasser; Restaurant. ❸–❹

Grand Palace Hotel ⑳, Wangpai Rd., ✆ 077-574 800-9, 21-stöckiges Hochhaus 2 km westlich der Stadt, 300 große AC-Zi, riesiger Coffeeshop. Witzigerweise ist nur das Frühstück für eine Person im Zi-Preis enthalten. ❸

Am Pier

Tayang Hotel ⑲, 212 Moo 10, Tayang, ✆ 077-521953, 8 km außerhalb, bei den Piers für die Boote nach Ko Tao, 24 saubere, überteuerte Zi mit Fan oder AC. ❸–❹

Essen

Sehr verlockend sind die mobilen Essenstände auf den Märkten und der **Nachtessenmarkt** in der Krom Luang Rd., ein Schlaraffenland für Fischesser; gelegentlich machen sich hier Langfinger zu schaffen.

Im **Rin Garden Restaurant**, 118 Krom Luang Rd., gibt es bestes Seafood, Thai und chinesische Gerichte in gediegener Atmosphäre.

Im **Fame Italian Restaurant** werden u. a. riesige, leckere Sandwiches aus selbst gebackenem Olivenölbrot serviert.

Im 3. Stock der **Ocean Shopping Mall** gibt es ein AC-Food Center mit Coupons.

Somporn Restaurant, kleines, preiswertes Lokal mit einheimischer Küche.

Papa Seafood, großes Restaurant unter freiem Himmel, nur abends offen, Live-Musik.

Papa Suki Restaurant, riesiges Sukiyaki-Restaurant, ⏲ 11–22 Uhr.

Sonstiges

Informationen

Gute Infos gibt es in den Gästehäusern, einigen Reisebüros und auf neuen Homepages, z. B. 💻 www.ChumphonTour.com, 💻 www.webtravelchumphon.net.

Internet

Viele Internet-Shops: 1 Baht/Min.

Medizinische Hilfe

Sehr gut und gar nicht teuer ist das **Virajsilp Hospital**. Gegen die gelegentlich in Massen an den Stränden auftauchenden Sandfliegen (v. a. bei bedecktem Himmel) half einigen Travellern Kokosöl, anderen *Skin-So-Soft* von Avon. *Autan* war wirkungslos.

Motorräder

Gibt es in den Gästehäusern und in der Stadt für 200 Baht, z. B. in einem Laden in der Tawee Sinkha Rd., gegenüber vom Suriwong Hotel.

Reisebüros

Die Angebote und Serviceleistungen der Reisebüros unterscheiden sich kaum, sie verkaufen wie die Gästehäuser Tickets für die Boote nach Ko Tao und besorgen ein Fahrzeug zum Pier, 60 Baht p. P.

Infinity Travel Service, 68/2 Tha Taphao Rd., ✆ 077-501937, Transport zum Pier, individuelle

Touren in der Umgebung, unzuverlässige Informationen, Mopeds für 200 Baht gegen Ausweis. Günstiges Frühstück im Hof. Eigenes Gästehaus, freier Transport hin.
Kiat Travel & Service, 115 Tha Taphao Rd., 📞 077-502127, 💻 www.chumphonguide.com; veranstaltet Tagestouren und einen komfortablen Visa-Run von 12.20–19 Uhr, macht Buchungen, vermietet Minibus und Mopeds.
Songserm Travel Center, 66/1 Tha Taphao Rd., 📞 077-502764, hier übernachten auch Fahrgäste, die per Zug oder Minibus mitten in der Nacht ankommen, 🕓 24 Std.
Fame Tour & Service, 📞 077-571076-7, 💻 www.chumphon-kohtao.com, 🕓 bis 24 Uhr, Restaurant mit sehr guten Snacks und ohne Verzehrzwang, Internet, Büchertausch, Touren, Transport sowie Buchung von Bus und Minibus, Visa-Run von 5.30–12 Uhr. Sehr rühriger Besitzer.

Trekking

Trekkingtouren durch den Dschungel zu Wasserfällen und Höhlen organisiert Ooh von Miaos House , 📞 085-7840119, für 1000 Baht p. P. und Tag (ab 3 Pers.), Übernachtung in einer Bambushütte, 1 km vom Wasserfall entfernt. Rafting ist nur bei ausreichend Wasser möglich.
Auf einer anstrengenden 3-tägigen **Elefantenpirsch** (ca. 6 Std. zu Fuß) mit Ooh und 2 bewaffneten Guides kann man mit etwas Glück wilde Elefanten im Dschungel erleben und evtl. sogar sehen.

Visa

Reisebüros bieten den *Visa-Run* nach Myanmar über Ranong als Tagesausflug an (500–1500 Baht p. P. je nach Personenzahl), inklusive Essen.

Nahverkehr

Songthaews zum Thung Wua Laen Beach (30 Baht, 30 Min.) fahren hinter dem großen Markt in der Pracha Uthid Rd. von 6–16 Uhr alle 40 Min. ab, zum Sai Ri Beach (20 Baht, 45 Min.) bei der Post.
Songthaew für 30 Baht fahren bis 18 Uhr zum Nachtboot-Pier von Chumphon; später per Taxi für 50 Baht p. P.
Motorradtaxis kosten für Ausländer innerhalb der Stadt generell 15 Baht, nachts 20 Baht, nachts zum Pier 50 Baht (gefährliche Fahrt).

Transport

Busse

Auf dem 4-spurigen H4 ist das Busfahren nach Bangkok jetzt sicher und angenehm. Die meisten Busse fahren vom Bus Terminal ab, einige AC-Busse nach Bangkok vom AC-Bus Terminal in der Pracha Uthid Rd., viele weitere von der Kreuzung Pathomphon Junction am H4.
Nach BANGKOK (468 km) AC-Busse um 5.30, 6, 7 und 14 Uhr sowie 4x von 21–22 Uhr für 270/281 bzw. 373 Baht in 7 Std., um 9.30, 14 und 21.30 Uhr mit Chokeanan Tour vom Markt in der Pracha Uthid Rd. (2 Fahrer wechseln sich ab). Neue VIP-Busse fahren gegen 21.30 Uhr: VIP-32 für 404 Baht, VIP-24 sowie der Super-VIP-Bus von Sri Suthep Tour für 540 Baht (Essen-Stopp in Hua Hin um 1 Uhr) in 6 1/2 Std.
Nach HUA HIN und BANGKOK direkt vom Pier mit einem VIP-Bus um 13 Uhr (nach Ankunft der Boote) in 4 bzw. 7 ? Std. für 850 Baht (Preis ab Ko Tao), zurück ab Bangkok um 21.30 Uhr (Ank. 5 Uhr).
Nach Hua Hin AC-Bus für 152 Baht in 4 1/2 Std.
Nach PRACHUAP mit 2.Kl. AC-Bus jede Std. von 6–14 und um 20 Uhr für 95 Baht (AC 120 Baht) über BANG SAPHAN (hält nur am H4) für 55 Baht.
Nach SURAT THANI AC-Bus ca. jede Std. für 200 Baht in 4 Std.
Nach HAT YAI am Vormittag non-AC- und AC-Busse für 227 / 392 Baht in 9 Std.
Nach RANONG ca. alle 90 Min. von 7–17.30 Uhr für 120 Baht in gut 2 Std. auf der landschaftlich reizvollen Strecke zur Westküste.
Nach PHUKET (über Ranong) mit dem 2.Kl. AC-Bus um 14 und 16 Uhr für 260 Baht, AC-Bus um 8 und 13 Uhr für 330 Baht.

Minibusse

Nach BANGKOK direkt vom Pier mit dem AC-Minibus um 13.30 bzw. 17 Uhr (nach Ankunft der Boote) für 400 Baht in 7 Std.
Mit AC-Minivan nach RANONG alle 30 Min. bis 18 Uhr für 100 Baht, nach SURAT THANI ebenso für 130 Baht in 2 1/2 Std., zum Flugplatz von Surat Thani für 160 Baht in 2 Std.

Eisenbahn

Fahrplan „Southern Line" s. S. 886f.

Der *Sprinter* 43 fährt um 8.05 Uhr ab BANGKOK, Ank. 14.19 Uhr. Er fährt weiter nach SURAT THANI (Ank. 16.30 Uhr). Ansonsten von BANGKOK 10x tgl. von 13–22.50 Uhr ab 380 / 272 Baht in der 2. / 3. Klasse; das Nachtboot nach Ko Tao erreicht man sicher mit dem *Rapid* 171 um 13 Uhr (Ank. 21.01 Uhr), mit dem *Special Express* 35 um 14.45 Uhr nur, wenn er tatsächlich um 21.47 Uhr ankommt. Etwas Schlaf kann man im *Express* 85 um 19.30 Uhr finden (2.Kl. Sleeper oben 440 Baht), der um 3.44 Uhr eintrifft.

Von BANGKOK NOI fährt der Bummelzug 255 um 7.25 Uhr in 9 Std.

Nach BANGKOK fahren die *Rapid*- und *Express*-Züge zwischen 19.24 und 23.53 Uhr ab. Der *Sprinter* 40 um 12.46 Uhr ist der einzige schnelle Tageszug, der es erlaubt, etwas vom Land zu sehen. Mit dem Speed-Katamaran von Ko Tao erreicht man ihn normalerweise, aber nicht immer, daher das Ticket erst am Bahnhof kaufen.

Nach Norden fährt ein Bummelzug um 6.42 Uhr (Ank. in BANGKOK NOI um 15.45 Uhr); er erreicht Hua Hin um 11.28 Uhr, 49 Baht.

Von SURAT THANI fahren *Rapid*-Züge um 16.46 und 17.42 Uhr in 3 Std. Der lokale Zug 446 fährt um 13.16 Uhr für 34 Baht (Ank. 16.25 Uhr).

Die Fernzüge in den Süden fahren nachts zwischen 21.01 und 0.35 Uhr ab.

Nach SURAT THANI fährt zudem der lokale Zug 445 um 6.35 Uhr (Ank. 9.45 Uhr).

Boote

Drei Boote nach KO TAO fahren tgl. beim Tayang-Pier des Hafens Pak Nam Chumphon an 2 verschiedenen Stellen ab (von Nov–Jan abhängig vom Wetter), der Katamaran fährt ab Thung Kam Noi. Den Transfer (13 km) übernehmen die Gästehäuser oder die Reisebüros rechtzeitig vor der Abfahrt, falls man ihn nicht selbst organisiert. Minibus- und Pickup-Zubringer für 50 Baht p. P., Motorradtaxi 80 Baht p. P., Tuk Tuk 50–150 Baht.

Nach Ko Tao und zurück

Seatran Speedboot, hin: 7–9.30 Uhr, zurück: 16–19.30 Uhr, Preis p. P.: 550/450 Baht, ✆ 077-521052

Songserm Expressboot, hin: 7–10 Uhr, zurück: 14.30–17.30 Uhr, Preis p. P.: 400 Baht, ✆ 077-506205

Lom Lakh Speedboot, hin: 7–8.30 Uhr, zurück: 10–11.30 Uhr, Preis p. P.: 550/450 Baht, ✆ 077-558212-3

Lomprayah Katamaran, hin: 7–8.45 Uhr, zurück: 10–11.45 Uhr, Preis p. P.: 550 Baht, ✆ 077-558212

Lomprayah Katamaran, hin: 13–14.45 Uhr, zurück: 14.30–16.15 Uhr, Preis p. P.: 550/450 Baht, 💻 www.lomprayah.com

Lom Lakh Speedboot, hin: 13–14.30 Uhr, zurück: 14.30–16.30 Uhr, Preis p. P.: 550/450 Baht, ✆ 077-456176

Autofähre (Mo–Sa), hin: 23–5 Uhr, zurück: 23–5 Uhr, Preis p. P.: auf Anfrage, ✆ 077-580030

Night Boat, hin: 24–6 Uhr, zurück: 22–3 Uhr, Preis p. P.: 200/250 Baht, ✆ 077-553052-4

Am bequemsten ist der Lomprayah Katamaran, der nach Ko Pha Ngan (800 Baht) und Ko Samui (1100 Baht, mit Gratis-Transfer) weiterfährt, bei Buchung im Internet zahlt man nur 750 bzw. 850 Baht. Auch das Songserm Expressboot fährt weiter nach Ko Pha Ngan (650 Baht) und Ko Samui (750 Baht).

Das mit Bastmatten ausgelegte Nachtboot (das Transportboot für Ko Tao) dreht bei „unvorhersehbar" hohem Wellengang nur eine Ehrenrunde auf dem Fluss, dann müssen die Passagiere notgedrungen wieder eine Unterkunft suchen. Bei der Ankunft der Boote warten Pickups, Busse und/oder ein AC-Minibus auf Passagiere nach Bangkok.

Die Strände südlich von Chumphon

Paradonpap Beach und Sai Ri Beach

Am 3 km langen **Paradonpap Beach** 17 km südlich von Chumphon, in der Nähe der Flussmündung, gibt es nette, teure Fischlokale und ein Fischerdorf. Zum Baden ist er nicht geeignet.

Sai Ri Beach, der beliebte Ausflugs- und Picknickplatz für Thais liegt 5 km weiter (Pickup 20 Baht). Am Wochenende haben alle Strandrestaurants offen und vermieten massenhaft Liegestühle, Sonnenschirme und aufgepumpte Autoreifen. Das Seafood-Restaurant Karakhed am Strand ist besonders gut, wirklich lecker schmecken die frischen Shrimps mit Soße und die *Prawn Cakes*. Am Anfang der Bucht liegt das ausgediente Torpedoboot *HTMS Chumphon* am Strand. Darüber steht der **Prince of Chumphon Shrine** in exponierter Lage. Hier wird der Begründer der Thai Navy wie ein Heiliger verehrt. Ein Festival zu seinen Ehren findet vom 19. bis 25. 12. statt.

Vom **Chao Muang Hill** am Ende der Straße hat man eine schöne Sicht über die Küste und die vorgelagerten Inseln.

Ao Makham

Die traumhafte Bucht liegt noch weiter südlich, 26 km von Chumphon (Pickup 30 Baht). Am schönen, friedlichen Strand **Thung Kam Noi** liegt ein Gästehaus, das auch gern von Thais aufgesucht wird. Häufig stören Massen von Sandfliegen (ein Repellent mitbringen). Der Küste ist die Schnorchelinsel **Ko Klaep** vorgelagert. Ein Boot steht zur Verfügung (ab 1200 Baht pro Tag).

Übernachtung

Paradonpap Beach

Baan Ing Thalae, ✆ 077-521663, sauberes Reihenhaus am Meer, schöne Sicht. ❹

Sai Ri Beach

Sai Ree Lodge, ✆ 077-502023, 20 AC-Bungalows, etwas heruntergekommen, Tauchausrüstung verfügbar. ❹

Nongmai Resort, ✆ 077-558022, Bungalows und spartanische Zi im Reihenhaus. ❸

Thung Kam Noi

M.T. Resort, 💻 www.mt-chumphon.com, ✆ 081-5366808, direkt am Strand neben dem langen Pier der Lomprayah Ferry, 9 schön im Garten verteilte, mit Bambus dekorierte Bungalows mit Du/WC und AC, Kaffee gratis, gutes, gepflegtes Strandrestaurant, von der freundlichen Chai geleitet. Kajak und Fahrräder gratis. ❹

Die Inseln vor Chumphon

13 km südöstlich der Stadt an der Mündung des Klong Tha Taphao liegt der betriebsame Fischerhafen **Paknam Chumphon**. Auf mehreren Werften werden neue Fischerboote gebaut. Man kann ein Boot mieten, um die ca. 33 vorgelagerten Inseln zu erkunden, die im 317 km^2 großen **Mu Ko Chumphon National Park** liegen (Eintritt 400 Baht). Einigermaßen erschwinglich ist ein Boot nur zu mehreren und mit entsprechendem Verhandlungsgeschick. Viele Traveller kommen begeistert von den Touren zurück, die von den

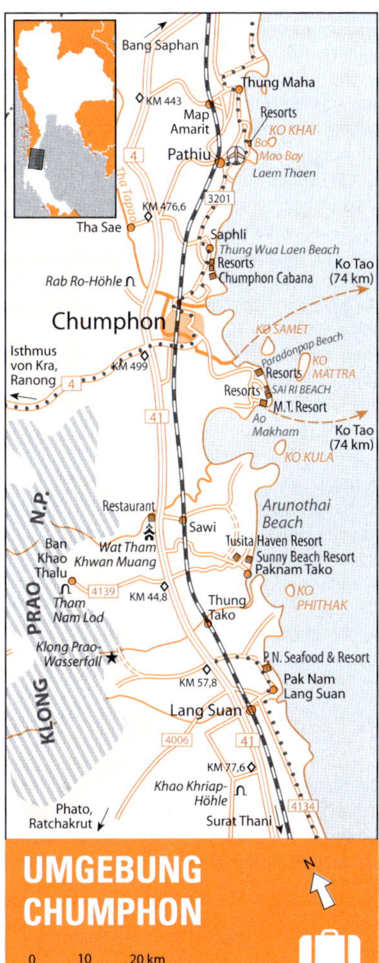

Reisebüros oder von den Gästehäusern veranstaltet werden.

Die meisten Inseln bestehen nur aus Felsen und sind für Robinsonaden nicht geeignet. An zwei Inseln kann man sehr schön schnorcheln. Interessant ist **Ko Lang Ka Chiu** (auch: Langaching) südlich vom Hafen. In ihren Höhlen und Kliffs wohnen Tausende von Schwalben (Salangane) und bauen ihre Nester, die dreimal jährlich von schwindelfreien Burschen geerntet werden, die dort leben (zurzeit kostet ein Kilo um 100 000 Baht). Ganz in der Nähe liegt die lange und schmale **Ko Thong Lang**. Sie hat an einem Ende schöne Strände; bei einem Wassertank nebst Toilette und Sala kann man picknicken. Die schlammige Thungka-Bucht beherbergt zahlreiche Möwen. Die 30-minütige Fahrt mit einem Fischerboot sollte 500 Baht (hin und zurück) kosten.

Nahe an der Flussmündung liegt **Ko Mattra**, von den Einheimischen *Tang Kuay* genannt. Sie eignet sich zum Fischen und Zelten (Genehmigung des Nationalparks erforderlich) und ist meist von vielen Fischern belegt. Um die Insel herum gedeihen Korallenriffe, allerdings ist das Wasser manchmal nicht klar genug zum Schnorcheln.

Von Chumphon nach Chaiya

Bei Chumphon wendet sich der H4 an der *Pathomphon Junction* am KM 499 nach Westen und durchschneidet den schmalen Isthmus von Kra, um nach 60 km den Kra Buri-Fjord zu erreichen. Nach Süden setzt der H41 die direkte Nord-Süd-Verbindung fort. Auf 320 km Länge berührt der zur Autobahn ausgebaute Highway keine einzige Stadt. Stichstraßen erschließen die von Kokosplantagen gesäumte Küste im Osten und das fruchtbare Flachland im Westen, das von vielen schönen Bergketten durchzogen wird. Links und rechts der Straße erstrecken sich ausgedehnte Reisfelder, in die Ende Juli / Anfang August die Setzlinge gesteckt werden. Am Fuße des Berglands wurden in den letzten Jahren große Dschungelgebiete gerodet, um Obst- und Kaffee-Plantagen anzulegen.

Am KM 34,1 lädt rechts ein schwimmendes Restaurant auf dem von schöner Ufervegetation gesäumten Khlong Sawi zu einer Pause ein. Etwas weiter zweigt links eine Straße ab zum Ort **Sawi** und rechts (KM 35) zum eindrucksvollen Marmortempel **Wat Tham Khwan Muang** (500 m). Am H41 locken Obststände, die Früchte der Saison zu probieren.

Arunothai Beach

Am KM 44,8 biegt nach links der H4096 nach Ban Paknam Tako ab. Nach 12 km kommt der 5 km lange, einsame Arunothai Beach. Am naturbelassenen Strand gibt es feinen Sand.

Khao Thalu

Ebenfalls am KM 44,8 biegt nach rechts der H4139 nach **Ban Khao Thalu** (23 km) ab, zum „Berg mit dem Loch". Dieses Loch hat einen Durchmesser von etwa 90 m und ist in der gewaltigen Felsenkette schon vom H41 klar zu erkennen. Für Höhlenforscher interessant ist vielleicht die **Tham Nam Lod Noi**, 5 km nordwestlich vom Dorf beim Wat Khao Nam Thip Wa La Lam. In der engen Kalksteinhöhle hat ein Bach Granitfelsen glatt geschliffen. Ohne Führer hat man kaum eine Chance, die im Wasser versteckten Passagen zu finden. Vom steilen Kalksteinberg belohnt eine schöne Aussicht den anstrengenden Aufstieg. Leicht verirren kann man sich in der schönen **Tham Nam Lod Yai**.

Lang Suan Beach

Am KM 57,8 biegt der H4097 am Hinweisschild *Phitak Island 28* nach Osten ab. Nach 11 km ist ein nicht ganz sauberer Fischerstrand mit einem Seafood-Restaurant erreicht. 700 m weiter liegt das P.N. Seafood & Resort am Strand mit grauem Sand.

1,5 km weiter südlich beginnt der Vergnügungsstrand von Lang Suan mit vielen kleinen Strand-Restaurants. Mittendrin liegt am KM 0 ein großes Kloster, in dem ein mumifizierter Mönch mit einer ausgestopften Kobra in einem Glasschrein südlich vom Bot aufbewahrt wird. Über einen Lotusteich gelangt man zum **Schrein des Prinzen von Chumphon** am Meer.

Schließlich erreicht man das Dorf **Pak Nam Lang Suan** (Hafen von Lang Suan), wo Ende Oktober/Anfang November Bootsrennen stattfinden. Die gepflegt wirkende Kleinstadt **Lang Suan** (Pickup 10 Baht) liegt 8 km landeinwärts. Die Zufahrtsstraße wird von blühenden Bäumen gesäumt, der Mittelstreifen ist bepflanzt. Im Zentrum stehen noch viele schöne, alte Holzhäuser.

Vom H41 zweigt die Straße nach Pak Nam Lang Suan (12 km) am KM 63,5 ab. An derselben Kreuzung beginnt auch die wenig befahrene Straße H4006 nach Ratchakrut (72 km), die sich besonders gut für Biker eignet, die zur Westküste hinüber wollen.

Am KM 66 zweigt die Straße zur Stadt Lang Suan (2 km) nach links ab. Das **Wat Tham Khao Ngoen** an der Kreuzung nach rechts ist einen Abstecher wert.

Alternative Fahrt auf der Landstraße

Von Lang Suan kann man auf einer schönen, wenig befahrenen Nebenstraße nach Chaiya (73 km) und weiter nach Surat Thani (53 km) fahren. Die ersten 21 km auf dem H4134 bis Lamae sind teilweise, die folgenden 29 km auf dem H4112 vollständig asphaltiert. Die Straße säumen Reisfelder, Kautschukplantagen, Palmenhaine und Brachland.

7 km südlich von Lamae soll es die drei sauber gefassten, **heißen Quellen** Bo Nam Ron Tham Khao Phlu geben. Wir konnten keine entsprechenden Schilder entdecken, genauso wenig wie die vier **Tropfsteinhöhlen** Khun Krathing in der Nähe.

Beim Ort **Tha Chana**, nach 50,5 km, 4 km vom H41 entfernt, ist ein kurzer Abstecher zum Strand möglich, wo es nette, einfache Restaurants mit gutem Seafood gibt. Die restlichen 23 km auf dem H4112 bis Chaiya sind asphaltiert und verlaufen weit von der Küste entfernt. Nach einigen Kilometern zweigt am KM 45,3 eine Straße nach links zum Strand und zum neuen Pier ab. Über die große Brücke führt sie ebenfalls nach Chaiya.

Khao Khriap-Höhle

Am KM 77,6 biegt vom H41 eine Straße ab zur Khao Khriap Cave (6 km). Man hält sich nach 2 km links, fährt 3 km immer geradeaus und biegt dann links in eine Einfahrt ein. Vom kleinen Tempel führen fast 400 Stufen auf den imposanten **Kalkfelsen** hinauf. Nicht weit unter dem Gipfel liegt der Eingang zur Höhle, die wie die Kuppel eines Domes wirkt. Sie wird durch einige Löcher etwas erhellt, aber um ihre Dimensionen zu erfassen, braucht man eine starke Taschenlampe. Außerdem beeindrucken Sinterterrassen, Tropfsteine und mit Tüchern umwundene Säulen.

Übernachtung

Arunothai Beach

Tusita Haven Resort & Spa, ✆ 077-579073, 💻 www.tusitaresort.com, Boutique-Hotel, 300 m vom Strand, 17 wunderschöne, sehr geräumige Villen mit allem Komfort und erlesener Dekoration, herrlich eingefügt in den Wassergarten, erstklassiges Restaurant, Pool, Spa, WLAN; freundliches Personal. ❽

Chumphon Sunny Beach Resort, ✆ 077-579148, 💻 www.sunnybeachresort.com, große, schöne, saubere Bungalows mit Fan oder AC unter Palmen und Kasuarinen, Mo–Do Rabatt; Restaurant; niemand spricht Englisch. ❸–❹

Rung Aroon Villa Beach Resort, ✆ 077-579161, auf der Landseite, 42 neue, geräumige Bungalows mit Fan oder AC im frisch angelegten Garten, Pool, Restaurant am Meer. ❹

Lang Suan Beach

P.N. Seafood & Resort, ✆ 077-551138, hübsche, sehr saubere Bungalows und Familienhäuser aus Stein, schön angelegter Garten mit einem Bachlauf, nette Terracotta-Figuren, Restaurant am Meer. ❸–❺

Chaiya ไชยา

Der kleine Ort unweit der Straße nach Surat Thani besteht vorwiegend aus Holzhäusern, die zwei kurze Straßen und deren Seitengassen flankieren. Chaiya war bis vor etwa 1000 Jahren ein Zentrum des Sri Vijaya-Reiches, das weite Teile des Landes beherrschte. Es reichte von Java bis zum Isthmus von Kra, wo das Reich der Khmer begann. Doch wer erwartet, großartige Zeugen der großen Vergangenheit bewundern zu können, wird enttäuscht sein. Man muss sich mit wenigen Überresten begnügen und das Bewusstsein genießen, auf dem historischen Boden eines längst verflossenen Reiches zu stehen.

Im **Wat Phra Boromathat**, einem sehr verehrten Tempel 1 km westlich der Stadt, sind Ähnlichkeiten mit den Tempelanlagen und Chandis in Zentral-Java unverkennbar. Die aufwendig restaurierte, über 1200 Jahre alte Pagode beherbergt Reliquien von Buddha.

In der Umgebung gibt es weitere Tempel im Sri Vijaya-Stil, **Wat Wieng, Wat Long** und **Wat Kaeo**, das einst einen mächtigen Stupa besaß.

Ein kleines, gut geführtes **National Museum** etwa 1 km westlich der Stadt zeigt Repliken von Statuen, die jetzt im Nationalmuseum von Bangkok stehen, sowie viele weitere Funde aus der Gegend um Chaiya. ◷ Mi–So 9–16 Uhr, außer feiertags, Eintritt 30 Baht.

Fährt man durch Chaiya hindurch 3 km weiter, so weist das Schild *Beach 2 km* nach rechts zum Restaurant Plub Pla Seafood. Es ist auf Stelzen zwischen Mangroven errichtet; Pickup ab Chaiya 10 Baht. Eine Straßenbrücke führt über den Fluss zum Laem Pho mit einigen Seafood-Restaurants.

Übernachtung und Essen

Im Ort liegt 300 m nordöstlich vom Bahnübergang an einer schmalen, lauten Straße das äußerst einfache **Hotel Udomlap**, ✆ 077-431123, ganz aus Holz gebaut; gute, ruhigere AC-Zi im Steinanbau. ❷–❸
Ein Frühstücksrestaurant liegt in der ersten Querstraße vom Bahnhof kommend.

Transport

Eisenbahn

Fahrplan „Southern Line" s. S. 886f.
Chaiya ist mit der Bahn von SURAT THANI zu erreichen. 8 Züge halten von 17.18–21.41 Uhr an. Praktisch ist der *Rapid* 174 um 16.46 Uhr, Ankunft 17.18 Uhr, sowie der lokale Zug 446 um 13.16 Uhr (8 Baht), Ankunft 13.56 Uhr. Die Schnellzüge von Norden kommen alle nachts an.

Pickup

Von SURAT THANI mit dem orangen Pickup für 50 Baht in 45 Min., mit Sammeltaxi für 60 Baht.
Zurück fahren Sammeltaxis am Bahnhof ab, der blaue Pickup fährt zum Bahnhof Phunpin.
Pickup zum WAT PHRA BOROMATHAT 10 Baht, zum WAT SUAN MOKE 25 Baht.

Wat Suan Moke

6 km westlich von Chaiya an der Straße nach Surat Thani steht in einem schönen dschungeligen Park das moderne Wat Suan Moke. Früher kamen Pilger aus dem In- und Ausland hierher, um einen der berühmtesten Mönche des Landes kennen zu lernen, **Achaan Buddhadasa**, der 1993 verstorben ist.

Die Architektur und Ausschmückung der Klostergebäude ist sehenswert. Der Bot z. B. ist in Schiffsform gebaut, was das Hinübergleiten ins Nirwana symbolisiert. Das Zentralgebäude wird außen von Flachreliefs geschmückt, die die Geschichte Buddhas erzählen und nach indischen Originalen gearbeitet worden sind. Das Innere wirkt wie eine großartige Gemäldesammlung, nur dass die verschiedenen Künstler ihre Bilder nicht auf Leinwand, sondern direkt auf die Mauern gemalt haben. Alle Künstler setzten sich auf die verschiedenste Art mit dem Weg zur Vervollkommnung auseinander. Der wandernde, surrealistisch angehauchte Zen-Buddhist Emanuel Schermann verlieh dem Gebäude mit seinen Sinnsprüchen und Illustrationen das besondere Image. Im 2. Stockwerk gibt es noch freie Wandstellen für künstlerisch Begabte. Östlich der Straße liegen 1200 m entfernt sehr angenehme heiße Quellen.

Übernachtung und Essen

Es gibt einen Frauen- und einen Männerschlafsaal (gegen Spende) und während der kursfreien Zeit (11.–30. eines jeden Monats) vegetarisches Gemeinschaftsessen (50 Baht täglich). Außerhalb der Klosteranlage haben sich viele kleine Essenstände angesiedelt, die vor allem die Spezialität dieser Gegend, in Salz eingelegte, gekochte Enteneier, anbieten.

Meditationskurse

Jeden Monat werden vom 1. bis 11. Kurse in **Dhamma-Meditation** abgehalten. In einem Kokospalmenhain bekommen die Teilnehmer eine Zelle zugewiesen. Nach der Methode *Anapanasati* (Achtsamkeit durch Atmen) herrscht strenges Rede-, Schreib-, Lese-, Rauch- und

Alkoholverbot. Durch den Kurs lernt man, auf den Grundlagen der buddhistischen Lehre Ruhe und Stärke in sich selbst zu finden. Gute Englischkenntnisse sind hilfreich. Anmeldung persönlich ein bis zwei Tage vor Beginn. Kosten: 1200 Baht. Weitere Infos: ✆ 077-431596, 💻 www.suanmokkh.org.
Achtung: Die Regenzeit ist wegen der vielen Moskitos weniger gut geeignet. Sarong zum Duschen und Baden in heißen Quellen mitbringen!
Die 12-seitige Schrift *Ten Day Buddhist Meditation Course at Suan Mokkh – Basic Information* kann Entscheidungshilfe dazu geben, ob man den Kurs wirklich mit allen Konsequenzen absolvieren will.
Während der kursfreien Zeit werden weitere Meditationsmöglichkeiten angeboten.

Transport

Vom Bahnhof fahren Songthaews für 25 Baht zum Wat Suan Moke. Busse nach SURAT THANI kosten ca. 40 Baht.

Surat Thani สุราษฎร์ธานี

Die Provinz Surat Thani ist die größte im Süden und zählt 127 000 Einwohner. Die Provinzhauptstadt hieß früher Ban Don und wird von vielen Einheimischen auch heute noch so genannt. Surat, wie sie kurz genannt wird, ist an sich eine wenig interessante Stadt, meist nur Durchgangsstation auf dem Weg nach Ko Samui. Es gibt für die meisten Touristen keinen Grund, länger hier zu bleiben, außer auf den Anschluss zu warten.

Während langer Wartezeiten kann man auf der Insel Lamphu in einem Park ausspannen und etwas Thai-Freizeit-Flair genießen oder sich einer Tour durch die Kanäle der Stadt anschließen und dabei schwimmende Dörfer und winzige Kokosnuss-Inseln im Tapi-Fluss besuchen; Informationen dazu in den Reisebüros (außer in den Reisebüros spricht hier kaum jemand Englisch!). Schräg gegenüber von Samui Tour liegt ein großes, interessantes Wat mit freundlichen Mönchen.

Ein Hotel der neuen Generation

100 Islands Resort ⑫, ✆ 077-201150, 💻 www.roikoh.com; an der großen Kreuzung der Bypass Rd., gegenüber von Tesco Lotus, komfortables Hotel der neuen Generation mit gut eingerichteten Zi, toll angelegter Pool, Spa, Frühstücksbuffet 50 Baht; freundliche Atmosphäre. Hervorragendes Preis-Leistungs-Verhältnis. ❸–❺

Übernachtung

Gästehäuser

Web Gh. ⑭, Talat Mai Rd., ✆ 089-6459128, über dem Internet-Café, sehr einfache Zi nur mit Bett, die Fenster zur lauten Straße schließen nicht, saubere Du/WC auf dem Flur, Schlafsaal. Nettes Thai-dänisches Management. ❷

Hotels

Surat Hotel ⑦, 496 Na Muang Rd., ✆ 077-272287, billiges Hotel, große, saubere, sehr einfache Zi mit Du/WC und Fan; freundliches Personal. ❷
Grand City Hotel ⑥, 428/7-10 Chon Kasem Rd., ✆ 077-272960, etwas enge, aber saubere, günstige Zi mit Du/WC und Fan oder AC; relativ netter Empfang; trotz der gewerbetreibenden Damen im 3. Stock ist es ruhig. Mehrere Empfehlungen. ❷, AC ❸
Tapee Hotel ⑩, 100 Chon Kasem Rd., ✆ 077-272575, ordentlich, saubere, einfache Zi mit TV, Warmwasser-Du/WC und Fan oder AC. Das zugehörige Ploypailin Restaurant bietet gute Thai-Küche. ❸
T.H. Mansion ⑧, 70/1-4 Mitr Kasem Rd., ✆ 077-212701, 5-stöckiges Apartmenthaus mit Aufzug, 50 saubere AC-Zi mit Du/WC, TV und Telefon, auch monatlich zu mieten; freundliche Besitzer. ❸
Thai Rung Ruang ⑪, 191-199 Mitr Kasem Rd. (Soi 12), ✆ 077-273249, nahe der Busstation, großes Hotel, saubere, große Zi mit Du/WC und Fan oder AC; im Hinterhof ruhig; chinesischer Besitzer, arrogantes Personal. ❷–❸
Intown Hotel ⑤, 276/1 Na Muang Rd., ✆ 077-210145, recht neues Gebäude, saubere Zi. ❸

Southern Star ⑱, 253 Chon Kasem Rd., ✆ 077-216414, 120 AC-Zi mit Teppichboden, TV, Minibar und Warmwasser. Riesige Disco. ❹

Essen

Im Viertel am Hafen verpflegen sich wartende Passagiere in Restaurants mit thailändischen und westlichen Gerichten und abends auf dem hervorragenden Essenmarkt.

Die **Straßenmärkte** sind fantastisch. Gute, lebhafte Essen-Märkte von 18–23 Uhr in der Tee Lek Rd. und von 23 Uhr bis kurz vor Sonnenaufgang am Fluss entlang.

Im klimatisierten **Future@Internet** gibt es gutes Thai-Essen und frischen Kaffee.

Das **Milano**, 128 Bandon Rd., ist ein echtes italienisches Lokal mit Backstube, sehr gute, dünne Pizza und leckere Nudelgerichte gibt es von 11–22 Uhr.

Das **Ploypailin**, 100 Chon Kasem Rd., im EG des Tapee Hotels bietet gute Thai-Küche, amerikanisches Frühstück und ein anständiges Club-Sandwich zu günstigen Preisen. Auch die Getränke in der gemütlichen Bar sind preiswert. ⌚ 7.30–23 Uhr.

Beim **Bahnhof Phunpin** geht es 200 m nach links zu **Oum's Restaurant** und zum **Pann Restaurant**.

Sonstiges

Immigration

Office in der Surat Thani City Hall, Don Nok Rd., ✆ 077-273217; ⌚ Mo–Fr 8.30–12 und 13–16 Uhr.

Informationen

Tourist Office, Na Muang Rd., ✆ 077-288817-9, ✉ tatsurat@samart.co.th; im Westen der Stadt, ⌚ tgl. 8.30–16 Uhr.

Eine Zweigstelle der TAT hat in Phunpin, 300 m links (nördlich) vom Bahnhof, aufgemacht.

Internet

Internet-Café im **Web Gh.**, Talat Mai Rd., 2 Baht/Min. (Minimum 15 Min.). Zwei weitere Internet-Cafés liegen am Pier der Nachtboote.

Markt

Neben dem Bahnhof in Phunpin liegt eine interessante Markthalle.

Medizinische Hilfe

Das **Surat Hospital**, 2 km westlich (nach der Brücke rechts), ist gut ausgestattet und billig.

Reisebüros

Ein halbes Dutzend in der Nähe vom Pier.

Zug-Tickets gibt es in einem Shop zwischen den Bus Terminals Kaset 1 und 2 (siehe Karte).

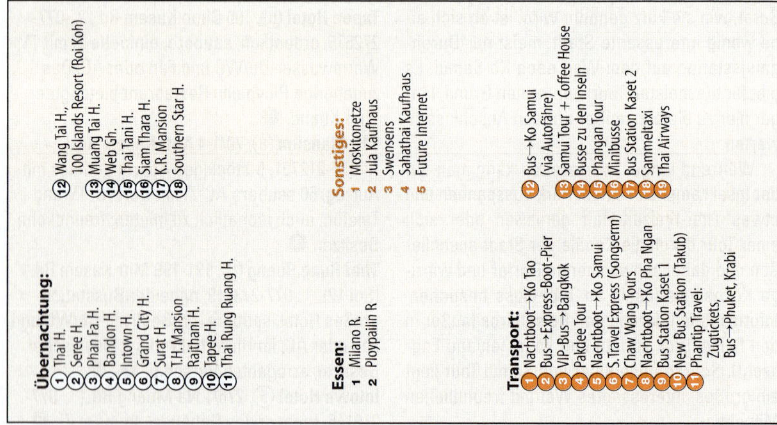

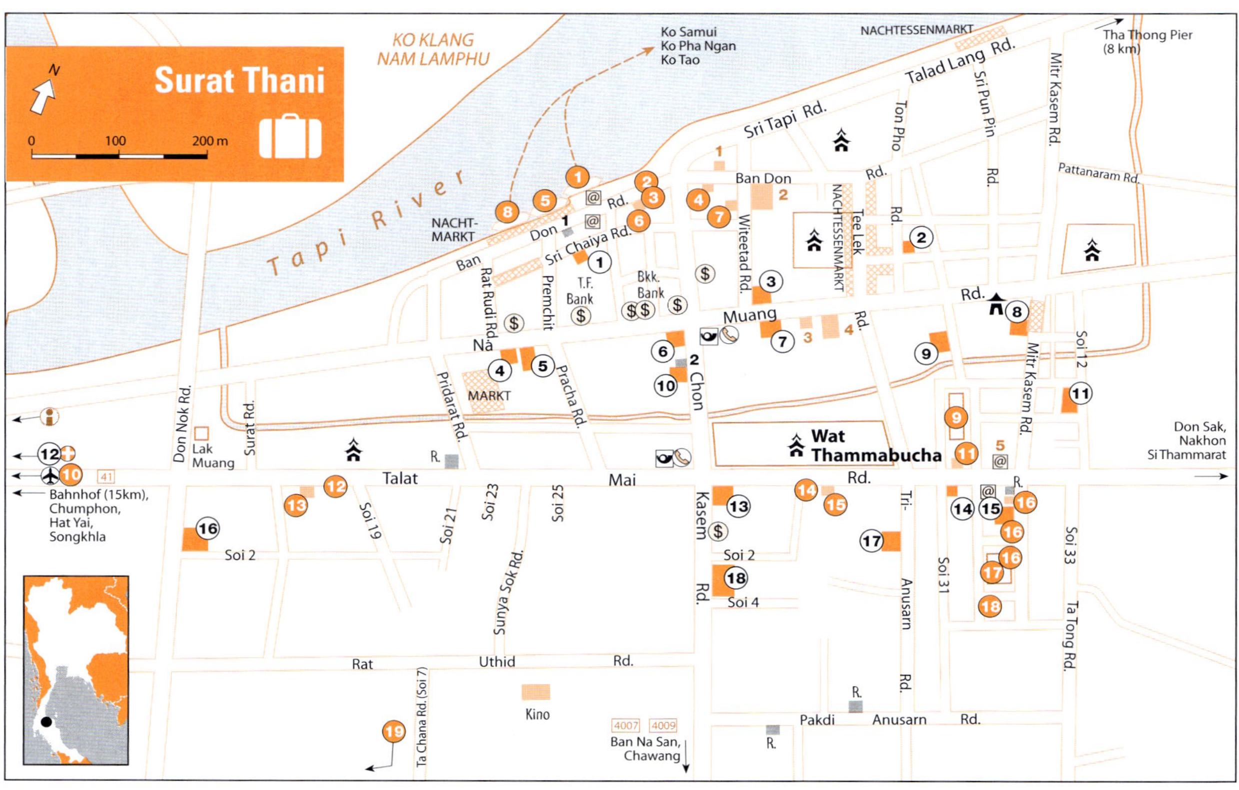
Surat Thani
0
100
200 m
N
KO KLANG NAM LAMPHU
Tapi River
NACHTESSENMARKT
NACHT-MARKT
MARKT
Kino
Wat Thammabucha
Lak Muang
Tha Thong Pier (8 km)
Ko Samui
Ko Pha Ngan
Ko Tao
Don Sak, Nakhon Si Thammarat
Bahnhof (15km), Chumphon, Hat Yai, Songkhla
Ban Na San, Chawang
4007
4009
41
Mitr Kasem Rd.
Pattanaram Rd.
Talad Lang Rd.
Sri Pun Pin Rd.
Ton Pho Rd.
Sri Tapi Rd.
Tee Lek Rd.
Ban Don
Witeetad Rd.
Muang Rd.
Chon Kasem Rd.
Na Muang
Sri Chaiya Rd.
Ban Don Rd.
Don Nok Rd.
Premchit
Pracha Rd.
Rat Rudi Rd.
Pridarat Rd.
Surat Rd.
Talat Mai Rd.
Soi 12
Soi 33
Ta Tong Rd.
Soi 31
Tri-Anusarn Rd.
Pakdi Anusarn Rd.
Soi 2
Soi 4
Soi 25
Soi 23
Soi 21
Soi 19
Sunya Sok Rd.
Rat Uthid Rd.
Ta Chana Rd. (Soi 7)
Bkk. Bank
T.F. Bank
R.

Die Klagen reißen nicht ab

In ganz Thailand werden Reisende beim Kauf von Tickets nicht so abgezockt wie in Surat Thani (in Kooperation mit vielen Reisebüros auf Ko Samui). Es werden miserable Busse und Boote eingesetzt, auf der Fähre aus dem „abgeschlossenen" Bus Gepäckstücke entwendet, absichtlich lange Wartepausen eingelegt (natürlich an einem Vertragsrestaurant), ein Restaurant einige Kilometer vor Surat Thani zur Endstation erklärt, am Abend überteuerte Übernachtungen für Krabi gegen Vorkasse gebucht (unter Vorspiegelung „voller" Unterkünfte), Kombitickets „versehentlich" vorzeitig entwertet, Tickets für einen VIP-Bus verkauft und kurz vor Abfahrt gegen ein Ticket für einen normalen Bus umgetauscht (ohne Ausgleich der Preisdifferenz) und reguläre Fahrscheine ganz einfach für ungültig erklärt, natürlich ohne Rückerstattung des Fahrpreises.

Alle paar Wochen hören wir von einem neuen Trick. Die meisten Beschwerden kommen über Andaman Wave Master (= Songserm), den größten Transporteur der Region, Chaw Wang Tours und kleine Reisebüros an den Busbahnhöfen. Bei einigen Bussen privater Firmen von Bangkok nach Chumphon und weiter nach Surat Thani versteckt sich ein Bursche im Gepäckfach und sucht nach Geld und Reiseschecks. Viele Traveller sprechen von einer Transport-Mafia.

Deshalb: Am besten die von uns genannten Busse benutzen und nicht wegen ein paar Baht unnötige Risiken eingehen.

Bus-Service zur Fähre inkl. Fährtickets bei **Phantip Travel**, Talat Mai Rd., vor dem Bus Terminal Kaset 1, und bei **Samui Tour**, 326/12 Talat Mai Rd., ✆ 077-282352, ⏲ 6–19 Uhr, auch Verleih von Motorrädern.

In **Phunpin**, 200 m links vom Bahnhof, verkauft **Surat Gateway Travel** alle Tickets für nur 30 Baht Provision, daneben **Wut Travel**, ✆ 077-311532, ✆ 081-9783928, hat einen Minibus für die Fahrt nach Khao Lak.

Die negativen Berichte über **Chaw Wang Tours** gehen weiter (s. Kasten). Wenn möglich, die Polizei einschalten, sie hilft den geleimten Touristen.

Tourist Police

Am Bahnhof Phunpin links bei den Taxiständen, ist behilflich, den richtigen Bus Stop zu finden und aufdringliche Schlepper los zu werden.

Nahverkehr

Blaue Minibusse in der Stadt 10 Baht.
Tuk Tuks vom Busbahnhof zum Tha Thong Pier für Expressboote 15 Baht.
Kleinbusse verkehren alle 5 Min. von 5–17.15 Uhr zwischen Bahnhof und Bus Terminal 1, Zwischenstopp am neuen Bus Terminal (regulär 10–15 Baht).
Motorradtaxis ab 20 Baht, zum Bahnhof Phunpin 100 Baht.

Transport

Busse

Terminals

Die Bangkok-Busse kommen am New Bus Terminal an, private AC-Busse beim Pier, alle anderen Busse halten in der Stadt am Terminal 1 oder 2. Viele Busse warten an den verschiedenen Piers auf ankommende Boote bzw. am Bahnhof auf die ankommenden Nachtzüge. Die AC-Busse von Phantip nach Phuket und Krabi fahren am Büro in der Talat Mai Rd. ab.

Nach Ko Samui

Die Busse zur Autofähre in Don Sak starten u. a. bei Samui Tour um 6.50, 8.30, 12.30, 14.30, 15.30 und 16.30 Uhr für 170 Baht (inkl. Fähre), an Bord muss man den Bus verlassen, das Gepäck wird währenddessen häufig gefilzt und Wertsachen entwendet.

Bei den Terminals warten aufdringliche Schlepper, um die ankommenden Touristen in Reisebüros mit *special price* zu führen – besonders teuer.

Bei der Ankunft des Expressbootes um 10.30 Uhr warten am Tha Thong-Pier Busse nach Penang, Hat Yai und Phuket sowie ein Bus zum Airport und zum Bahnhof. Es ist ratsam, sich rasch um seinen Sitz im Anschlussbus zu kümmern.

Nach Ko Pha Ngan
Die Busse zur Autofähre in Don Sak starten bei Phangan Tour jeweils 90 Min. vor Abfahrt der Raja Ferry für 290 Baht (inkl. Fähre).

Vom Bahnhof Phunpin
Hier warten bei Ankunft der Nachtzüge bereits private Busse, die nach Ko Samui um 7.30 Uhr (170 Baht), Ko Pha Ngan um 8 Uhr (290 Baht), Phuket (220 Baht) oder Krabi (180 Baht) fahren. Lokale Busse fahren, von Surat Thani startend, 30 Min. später am Bahnhof vorbei, z. B. Bus 474 nach Chumphon, Bus 469 nach Ranong, Bus 490 nach Hat Yai, Bus 708 nach Phang Nga sowie der Bus 465 11x tgl. von 6.20–15.30 Uhr nach Khao Sok (75–120 Baht), Khao Lak (120–160 Baht) und Phuket (140–200 Baht). Tickets gibt es rechts (südlich) vom Bahnhof an einem Tisch vor dem Sintawee Coffee Shop.

Richtung Norden
Der New Bus Terminal (BoKoSo Takub), ✆ 200032-3, liegt 7 km westlich an einer Seitenstraße der Umgehungsstraße. Die staatlichen Bangkok-Busse halten hier, die meisten anderen machen einen Stopp. Von der Stadt zu erreichen mit Songthaew für 8–12 Baht (von Touristen wird häufig 50–200 Baht verlangt), Motorradtaxi 50 Baht.
Nach BANGKOK (668 km) 2.Kl. AC-Bus 5x tgl. von 12 bis 19.30 Uhr für 379/407 Baht, AC- und VIP-34-Bus um 7.30, 8.45, 9.15 und 11 Uhr, sowie 14x von 19 bis 19.50 Uhr für 452–700 Baht, VIP-24 um 19.20, 19.50 und 21 Uhr für 755 bzw. 810 Baht in 10 Std. Vom Fähranleger Don Sak VIP-24-Bus um 17 Uhr für 810 Baht in 11 Std.
Vom Nachtboot-Pier (in der Stadt) fahren AC-Busse um 18.30 und 19 Uhr für 488 Baht in 10 1/2 Std., VIP-32-Busse um 20 Uhr für 524 Baht in 10 Std. Von der Khaosan Road fahren diese Busse um 17 und 19.30 Uhr in 12 1/2 bzw. 10 1/2 Std.
Nach CHUMPHON vom Terminal 2 mit AC-Bus 474 9x tgl. von 5.30–14 Uhr für 200 Baht in 4 Std.

Richtung Süden
Vom Terminal 2 (Kaset 2)
Nach KRABI Bus 462 alle 45 Min. von 5.30–16.30 Uhr für 120 Baht (AC 156 Baht) in 3 Std.; AC-Busse von Phantip sind in Ordnung und fahren 8x tgl. von 6.30–17.10 Uhr für 130 Baht in 2 1/2 Std. Die AC-Busse von Songserm um 7.15, 11 und 18 Uhr benötigen oft 4–7 Std. (aus unklaren Gründen).
Nach PHANG NGA non-AC-Bus 708 10x tgl. bis 15 Uhr für 80 Baht, AC-Bus für 140 Baht in 4 Std.
Nach PHUKET Bus 465 von 5.30–15 Uhr 11x tgl. für 140–200 Baht in 6 Std. (über Khao Sok 75–120 Baht, Khao Lak 120–160 Baht). Die AC-Busse von Phantip um 7, 10.30, 13.30 und 15.30 Uhr für 160 Baht benötigen 4 1/2 Std.; sie fahren nicht über Khao Lak.
Nach HAT YAI Bus 490 von 5.30–15 Uhr 10 x tgl. für 250 Baht in 5 1/2–6 1/2 Std.
Nach TRANG Busse um 6.20 und 8.40 Uhr für 150 Baht (AC 170 Baht) in 4 Std.
Vom Terminal 1 (Kaset 1):
Nach RANONG Bus 469 stdl. von 6–13.30 Uhr für 170 Baht in 4–5 Std.
Nach NAKHON SI THAMMARAT AC-Bus alle 30 Min. bis 16.10 Uhr für 80 Baht in 2 1/2 Std.

Minibusse
Gute AC-Minibusse (keine Beschwerden!) fahren stdl. neben und hinter dem Thai Tani Hotel ab: zum Ferry Pier bei DON SAK alle 40 Min. bis 18 Uhr für 60 Baht, nach KRABI von 7.30–16.30 Uhr für 200 Baht, TRANG 7–17.30 Uhr für 180 Baht in 3 Std., PHUKET von 8–18 Uhr für 250 Baht in 4 Std., CHUMPHON von 7.30–17.30 Uhr für 130 Baht in 2 1/2 Std., RANONG von 8–16.30 Uhr für 180 Baht, NAKHON SI THAMMARAT von 6.30–17.30 Uhr für 130 Baht sowie HAT YAI 270 Baht.

Taxis
Ein Stand mit großer Preistafel nördlich vom Bahnhof Phunpin, z. B. in die Stadt 120 Baht, nach WAT SUAN MOKE 600 Baht, DON SAK 1000 Baht, KHAO SOK 1200 Baht, KHAO LAK 2000 Baht, KRABI 2000 Baht. Die Preise gelten natürlich pro Taxi, nicht pro Person.
Vom Bus Terminal Kaset 1 fahren Sammeltaxis z. B. zum Ferry Pier bei DON SAK für 100 Baht p. P.

Eisenbahn
Fahrplan „Southern Line“ s. S. 886f.
Der Bahnhof Phunpin liegt 15 km westlich von Surat Thani, mit dem orange-roten Bus Nr.1831 vom Bus Terminal 1 (*Kaset 1*) laufend bis gegen 20 Uhr für 20 Baht zu erreichen, mit dem Taxi für

100 Baht. Die Gepäckaufbewahrung hat 24 Std. Dienst. Zugtickets erhält man auch in Surat Thani im Reisebüro beim Bus Terminal 1.
Wer mit dem Kombi-Ticket ankommt, wird auf diesem Travellerumschlagplatz gleich in den Bus zum Pier verfrachtet. Aufdringliche Schlepper versuchen, müden Reisenden eine Bungalowanlage aufzuschwatzen.
Ab BANGKOK fährt tagsüber der *Sprinter* 43 um 8.05 Uhr (Ank. 16.20 Uhr).
Zur Nachtfahrt fahren von BANGKOK 8 Fernzüge zwischen 13 und 19.30 Uhr ab (Ank. 0.09–6.11 Uhr), Preise ab 438 / 297 Baht (2./3. Kl. Sitzplatz im *Rapid*), ab 498 / 548 Baht (oberes/unteres Bett ohne AC im 2.Kl. *Sleeper* in allen *Rapid*-Zügen) und ab 758 / 848 Baht (oberes/unteres Bett mit AC im 2.Kl. *Sleeper* in den *Rapid*-Zügen 169 und 171) sowie 1279 Baht im 1.Kl. *Sleeper* (nur die *Express*-Züge 83 und 85).
Außerdem fahren die beiden *Sprinter* 39 und 41 ohne Schlafwagen, aber mit bequemen Sitzen, um 22.50 Uhr in gut 9 Std. für 578 Baht.
Nach BANGKOK fahren 8 Fernzüge zwischen 16.43 und 23 Uhr ab, zudem 2 *Sprinter*, Nr. 44 um 20.25 Uhr, Nr. 40 um 10.40 Uhr (der einzige Tageszug, der es erlaubt, etwas vom Land zu sehen; 578 Baht). Diese 10 Züge unbedingt vorher reservieren.
Nach CHUMPHON mit lokalem Zug um 13.16 Uhr für 34 Baht in 3 1/2 Std.

Boote

Express- und Nachtboote sowie Auto-/ Personenfähren fahren laufend von den Piers in Surat Thani, Tha Thong (8 km) und Don Sak (68 km) nach Ko Samui, Ko Pha Ngan und Ko Tao.

Von Surat Thani nach Ko Samui
Songserm Expressboot (ab Tha Thong Pier), hin: 8–10 Uhr, zurück: 8–10.30 Uhr, Preis p. P.: 200 Baht, ✆ 077-205418-9
Nachtboot (ab Ban Don Pier), hin: 23–5 Uhr, zurück: 21–4 Uhr, Preis p. P.: 150 Baht
Seatran Ferry (Autofähre, Don Sak– Nathon), hin: stdl. 6–19 Uhr (1 1/2 Std.), zurück: stdl. 5–18 Uhr (1 1/2 Std.), Preis p. P.: 180 Baht, ✆ 077-426000-2
Raja Ferry (Autofähre Don Sak–Lipa Noi), hin: stdl. 5–19 Uhr (1 1/2 Std.), zurück: stdl. 5–19 Uhr (1 1/2 Std.), Preis p. P.: 180 Baht, ✆ 077-415230-3

Von Surat Thani nach Ko Pha Ngan
Songserm Expressboot (ab Tha Thong Pier), hin: 8–11.45 Uhr, Preis p. P.: 350 Baht, ✆ 077-205418-9
Raja Ferry (ab Don Sak, 2 1/2 Std.), hin: 7, 10, 12, 14, 16, 18 Uhr, 6, 7, 10, 13, 15, 17 Uhr, Preis p. P.: 200 Baht, ✆ 077-377425
Nachtboot (ab Ban Don Pier), hin: 23–5 Uhr, 22–4 Uhr, Preis p. P.: 250 Baht, ✆ 077-284928

Von Surat Thani nach Ko Tao
Songserm Expressboot (ab Tha Thong Pier), hin: 8–13.30 Uhr, Preis p. P.: 550 Baht, ✆ 077-205418-9
Nachtboot (ab Ban Don Pier), hin: 20.30–5.30 Uhr, 23–8 Uhr, Preis p. P.: 400 Baht

Songthaews fahren zum Tha Thong Pier für 25 Baht, Busse nach Don Sak ab *Kaset 1* für 30 Baht. Pickups fahren zum Tha Thong Pier für 25 Baht, Busse nach Don Sak ab *Kaset 1* für 30 Baht.

Flüge

Der Flugplatz liegt 29 km westlich von Surat Thani (ac-Bus 70 Baht). Für die lange und lästige Anreise nach Ko Samui per Bus und Fähre (350 Baht, ca. 3–5 Std., Abfahrt nach jeder Landung) taugt er nur bedingt. Das Restaurant ist gut und billig.
Thai Airways fliegt vormittags und abends von / nach BANGKOK (DMK) in 75 Min. für 3140 Baht.
Thai Airways Office, 3/27-28 Karun Rat Rd., ✆ 077-272610.
Air Asia fliegt 1x tgl. um die Mittagszeit von/ nach BANGKOK für 399–999 Baht plus Gebühren von ca. 700 Baht.
Orient Thai, ✆ 077-441270-4, fliegt 1–2x tgl. um die Mittagszeit nach BANGKOK (DMK) für 1750 Baht.
Taxistand mit Festpreis, z. B. zum Thung Wua Laen Beach 2500 Baht (2 Std.).

Die Umgebung von Surat Thani

Monkey Training School

Wie wäre es mit einem Besuch in der Monkey Training School? Hier werden Affen dazu ausgebildet, reife Kokosnüsse von den Palmen zu ernten. 7 km östlich der Stadt vom H401 nach Süden abbiegen (7 km), die Schule ist ausgeschildert.

Vorführungen werden schon für 300 Baht für 1 Pers., 150 Baht p. P. bei 2 Pers. durchgeführt, bei größeren Gruppen billiger. Sehr nette Leute. Vorbuchen unter ✆ 077-227351.

Rajjaprabha-Damm

83 km westlich von Surat Thani liegt der Rajjaprabha-Damm mit dem riesigen Stausee **Chiew Lan Reservoir**, der zum Khao Sok National Park gehört (s. S. 718).

Mit dem staatlichen Bus oder einem eigenen Fahrzeug fährt man auf dem H401 nach Westen bis zum KM 58,2 in der Marktstadt Ta Khun und biegt zum See ab bzw. sucht ein Songthaew zum See.

12 HIGHLIGHT

Ko Samui

Ko Samui ist die Hauptinsel eines Archipels von ca. 80 Inseln im Südwesten des Golfs von Thailand. Mit 247 km^2 ist sie die drittgrößte Insel Thailands, 14 km breit und 20 km lang. Auf dem 5 bis 12 m tiefen Meeresboden liegt sie 20 km vor der Küste. Ein Viertel der Insel besteht aus Flachland, das hauptsächlich mit Kokospalmen bepflanzt ist. Das Innere der Insel, von dichtem Wald bedecktes Hochland, wird nur wenig landwirtschaftlich genutzt. An den äußeren Hängen wachsen in den Gärten, die ein ungeübtes Auge nicht vom Dschungel unterscheiden kann, Baumfrüchte wie Durian, Rambutan, Langsat und Mangosteen. Auch einige Kautschukplantagen sind in Betrieb.

Die Zeiten, in denen Ko Samui als Geheimtipp gehandelt wurde, in denen die Traveller mit Fischerbooten die Insel erreichten und zu Fuß die Strände eroberten, sind längst vorbei. Heute bedienen Flugzeuge, Autofähren und Schnellboote die Insel. Die 50 km lange Ringstraße wird von Einkaufszentren, Möbelhäusern und Baumärkten flankiert.

Ko Samui hat sich zu einem bekannten internationalen Ferienzentrum mit guter Infrastruktur entwickelt, das von fast allen Reiseveranstaltern weltweit angeboten wird.

Sicher sollte man hier kein authentisches Thaileben mehr erwarten. Der Massentourismus ist eingezogen, die Preise sind gestiegen, und dennoch hat sich die Insel, von den Hauptstränden Chaweng und Lamai einmal abgesehen, noch erstaunlich viel von ihrem ursprünglichen Charme bewahren können. Der moderne Urlauber weiß den Komfort der oft recht schönen Hotels und die abwechslungsreichen Freizeitangebote, gepaart mit herrlichen Stränden und malerischen Landstrichen, zu schätzen.

Viele der ca. 40 000 Einheimischen gehen übrigens trotz Tourismus nach wie vor ihren traditionellen Berufen als Fischer und Bauern nach. Immer noch werden jeden Monat über eine Million Kokosnüsse nach Bangkok verschifft.

Strände

Insgesamt besitzt Ko Samui 26 km Sandstrand. Die bekanntesten Strände, Chaweng und Lamai, liegen an der Ostküste. Sie glänzen mit weißem Sand, sauberem Wasser und Palmen im Hintergrund und sind entsprechend beliebt. Mitte 2007 gab es auf Ko Samui 388 registrierte Bungalow- und Hotelanlagen mit ca. 14 000 Zimmern. In Chaweng überwiegen die Pauschaltouristen, die abwechslungsreiches Nachtleben und gutes Essen schätzen, während sich am Lamai Beach eher noch ein individuelles Publikum bewegt.

Die Strände im Norden sind ruhiger, da sie weiter von der Hauptstraße entfernt liegen. Entlang der Ringstraße sind unzählige Ladenzeilen entstanden. Im Westen oder Süden gibt es immer noch richtige Einsamkeit. Hier werden nicht Hotels, sondern vorwiegend Privathäuser für Ausländer gebaut.

Klima und Reisezeit

Ko Samui besitzt ein eigenes Mikroklima. Fast immer ist **gute Reisezeit**, wenn man die richtige Gegend aussucht. Selbst wenn im übrigen Thailand der Südwestmonsun herrscht und von Juli bis Oktober viel Regen bringt, regnet es auf Ko Samui höchstens am Mittag oder Nachmittag für eine halbe oder ganze Stunde, was die Badefreude aber kaum schmälert. Im Gegenteil, durch die aufgelockerte Bewölkung wird es nicht so stechend heiß. Der kleinere Nordostmonsun bringt dagegen von Mitte November bis Mitte

Februar viel Regen auf der ganzen Insel. Bessere Bademöglichkeiten bestehen zu dieser Zeit im Norden, Westen oder Süden, in den übrigen neun Monaten an den Superstränden der Ostküste. Von April bis Juni schwächt der Wind ab und es wird z. T. unerträglich heiß. Von Mai bis Juli ist mit abendlichen Wärmegewittern zu rechnen, die jedoch kaum Abkühlung bringen.

Die Monate August bis Oktober sind eigentlich eine **ideale Reisezeit**, werden aber von einigen Reiseveranstaltern und in touristischen Werbeschriften fälschlich als Regenzeit bezeichnet und von vielen Reisenden gemieden. Neben der **Hauptsaison**, die – trotz der Regenzeit – normalerweise von Mitte Dezember bis Ende März dauert, wird Ko Samui auch von April bis Mai gut besucht. Wer tagsüber direkt vom Strand weg ins Meer hüpfen will, sollte sich an den flachen Stränden am besten zur Neumondzeit einquartieren. Dann findet die hohe Flut nämlich um die Mittagszeit statt. Um **Vollmond** (s. S. 48) kann sich das Meer dagegen tagsüber sehr weit zurückziehen, sodass man an einigen Stränden gar nicht baden kann. Da immer mehr Reisende das Internet zur Hotelbuchung nutzen, ist in der Hauptreisezeit in allen Anlagen eine Reservierung ratsam.

Über Weihnachten und Neujahr verlangen die meisten Anlagen vom 20.12.–10.1. einen Peak Season-Aufschlag von ca. 25 %. Hinzu kommt ein überteuertes Weihnachts- oder Silvestermenü.

Unsere Preiseinteilung gilt für die **Hochsaison**, Mitte Juni–Aug und Dez–März, außer Weihnachten/Neujahr. In der **Nebensaison** sind die Unterkünfte billiger, in der **Peak Season** teurer.

Nathon หน้าทอน

Der Hauptort der Insel, mittlerweile eine kleine Stadt, ist von geschäftiger Aktivität erfüllt und voll auf die Bedürfnisse von Touristen und Hoteliers eingestellt. Die Preise haben ein gehobenes Niveau erreicht. Hier legen einige Fähren, die Express- und Nachtboote sowie die meisten Speedboote an. In der Nebensaison versuchen Schlepper, Neuankömmlingen bei der Ankunft einen Bungalow aufzuschwatzen, andere Aufdringlichkeiten sind aber in der Regel nicht zu erwarten. Die Einkaufsmöglichkeiten sind, mit Ausnahme von Obst und Gemüse, kaum besser als an den Stränden. Allerdings kann man gemütlicher von Laden zu Laden schlendern, da die Fußwege breit sind. Die Strandpromenade wurde ausgebaut.

Übernachtung

Uferstraße Chonvithi Rd.

Seaside Palace Hotel ④, ✆ 077-421079, gute, saubere, geräumige Zi mit Fan oder AC, z. T. mit Terrassen. ❸, AC ❹

Jinta Hotel / Residence ⑦, ✆ 077-420630-1, ✉ jinta@samart.co.th, südlich vom Win Hotel, gepflegte Cottages mit Fan oder AC und Du/WC, z. T. mit Satelliten TV, in einer schönen Gartenanlage mit Blick zum Meer. ❸–❹

Hauptstraße Tawirat Pakdi Rd.:

Damrong Town Hotel ②, ✆ 077-420359, 32 Zi mit Fan oder AC, Du/WC und rotem Teppichboden, der schon bessere Tage gesehen hat, aber durchaus akzeptabel; Restaurant. ❸

Nathon Residence ④, ✆ 077-236058, AC-Zi mit TV, preiswertes Restaurant, an der Hauptstraße neben Siam City Bank, leicht zu übersehen; gutes Preis-Leistungs-Verhältnis. ❸

Essen

An der Uferstraße Chonvithi Rd. und an der Amphoe Rd. gibt es eine Menge Restaurants, hauptsächlich mit europäischem Essen.

R. T. Bakery (auch Hot Bread Shop), hier gibt es mehr als nur Brot und Kuchen.

Mumthong Restaurant bietet eine umfangreiche und preiswerte Küche.

Tang's Restaurant & Bakery, Pizza und andere italienische Gerichte, Kuchen und hausgemachte Nudeln.

Mai Tai Restaurant, ✆ 077-235488, ◷ bis 21 Uhr; Treffpunkt der auf der Insel lebenden Deutsch sprechenden „Diaspora". Wer im Urlaub irgendwann Appetit auf deutsche Gerichte und Wurstwaren bekommt, die original auf der Insel hergestellt werden, sollte mal einkehren.

Coffee Island Restaurant, mit Bäckerei, modernes, westliches Ambiente.

Sunset Seafood Restaurant, in einem netten Garten am Meer, leckere Gerichte.

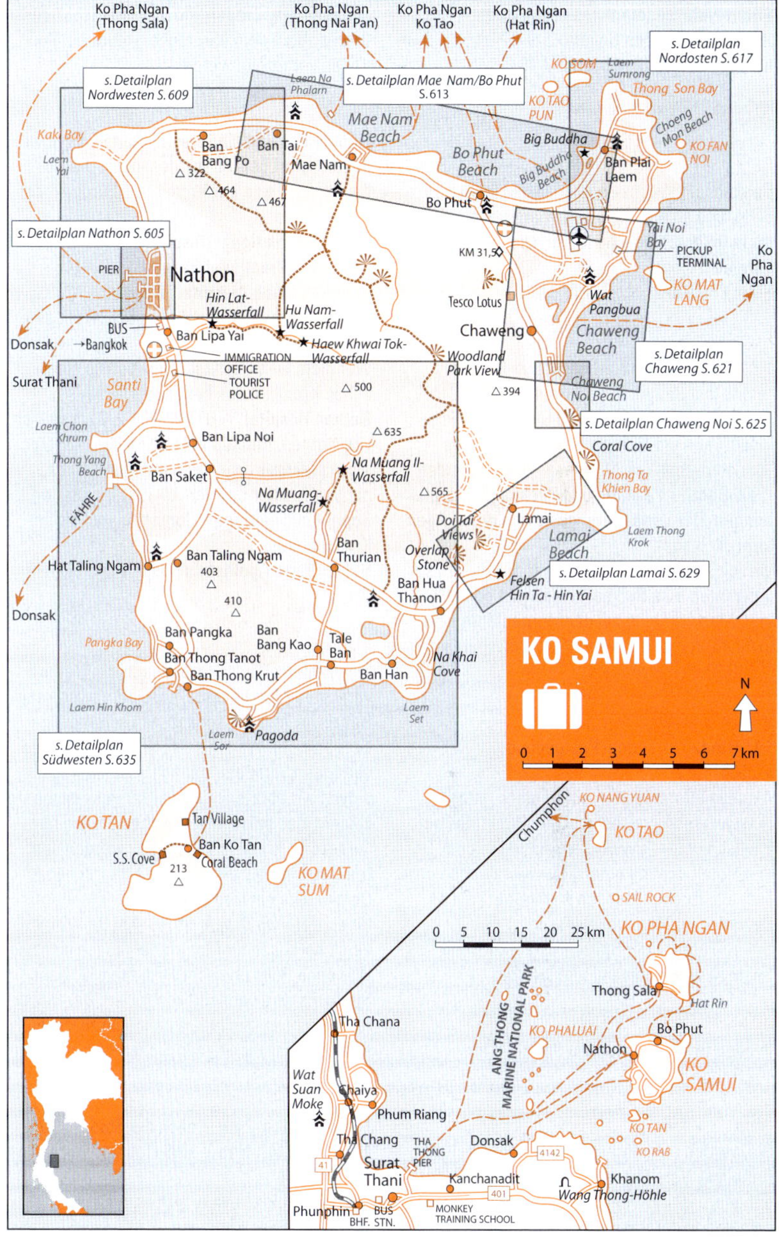

Die Golfküste

Silent Flute, vegetarisches Little Buddha Restaurant mit der Zen Gallery, ⌚ 9–17 Uhr, ca. 2 km nördlich von Nathon beim KM 48.

Sonstiges

Geld

Banken und Wechselstuben in der Tawirat Pakdi Rd. und an der Uferstraße haben zum Teil recht unterschiedliche Kurse, sodass sich ein Vergleich lohnt.
Siam City Bank, ⌚ tgl. 8.30–15.30 Uhr.

Immigration

1,7 km südlich von Nathon, an der Kreuzung rechts (mit Songthaew 10 Baht), ✆ 077-421069, ⌚ Mo–Fr 8.30–12 und 13–16 Uhr. Das 30-Tage-Visum kann um 15 Tage, das zweimonatige Touristenvisum um 30 Tage verlängert werden (1900 Baht); 1 Passfoto und Rückflugticket mitbringen. Der Verlängerungsservice durch Agenturen ist illegal.
Verschiedene Reisebüros organisieren den so genannten **Visa Run** nach Malaysia oder Myanmar. Man trifft sich bei der Morgenfähre um 5 Uhr, fährt mit dem Minibus und ist spätestens um 18.30 Uhr wieder in Nathon.

Informationen

TAT-Office hinter dem Postgebäude, ✆ 077-420504.
Aktuelle Informationen auf Deutsch unter 💻 www.webtravelkosamui.net. Gute Infos auf Englisch unter 💻 www.kohsamui-info.com; Online-Hotelbuchung unter 💻 www.sawadee.com. Fast alle Buchungsseiten im Internet sind an Sawadee (=r24) angeschlossen.
Online-Führer über Spitzenrestaurants und Spas: 💻 www.siamdiningguide.com

Internet

In allen Orten und an allen Stränden für 1–2 Baht/Min.

Jeeps

Sie werden an mehreren Stellen ab 800–1000 Baht (inkl. Versicherung) vermietet. Bei Billiganbietern ist der Versicherungsschutz oft mangelhaft und der Pass wird als Sicherheit einbehalten. Das Tragen von Sicherheitsgurten ist Pflicht. Auch der Führerschein muss bei Kontrollen vorgezeigt werden.

Medizinische Hilfe

Empfehlenswert sind die privaten Kliniken, in denen sofort bezahlt werden muss. Die Behandlungen sind im Vergleich zu Europa nicht teuer.
Samui International Hospital (s. S. 624).
Bandon International Hospital (s. S. 614).
Bangkok Samui Hospital (s. S. 624).
Thai International Hospital (s. S. 624) mit einer Dialyse-Station.
Wer nicht versichert ist, kann sich im staatlichen Krankenhaus behandeln lassen:
Nathon Hospital, ✆ 077-421230-2, 2 km südlich von Nathon, Aufnahme Mo–Fr 8.30–16.30 Uhr.
Ärzte praktizieren in ihren privaten *Clinics* nur von 7–8 Uhr und von 17–19 Uhr außer an Sonn- und Feiertagen. Sonst arbeiten sie im Krankenhaus.
Gut sortierte **Apotheken** finden sich in jedem Ort.

Mopeds

Sie werden an allen Stränden und in Nathon vermietet. Man beachte, dass durchweg kaum Benzin im Tank ist, sodass man sofort einige Liter braucht. Wegen schlechter Erfahrungen verlangen Vermieter häufig Passhinterlegung, wovon wir abraten müssen. Der Pass ist ein Dokument, das bei nichtstaatlichen Stellen nur vorgezeigt, **niemals** abgegeben werden darf. Die Botschaften wissen über entsprechende Dummköpfe ein Lied zu singen. Der Mietpreis für eine *Honda Dream* ist 150–200 Baht/24 Std. Versicherungen für Motorräder taugen nicht viel. Wer ohne Helm erwischt wird, zahlt 500 Baht Strafe. Es wird vermehrt kontrolliert. Der Beifahrer ist nicht verpflichtet, einen Helm zu tragen, sollte es aber zur eigenen Sicherheit tun.

Polizei

Tourist Police, 2 km südlich der Stadt, ✆ 077-421281, 421441, Notruf 1699 (Tourist Police) bzw. 191 (Polizei).
Reguläre Polizeireviere gibt es in Nathon, ✆ 077-421095-8, Chaweng, ✆ 077-422067, Lamai,

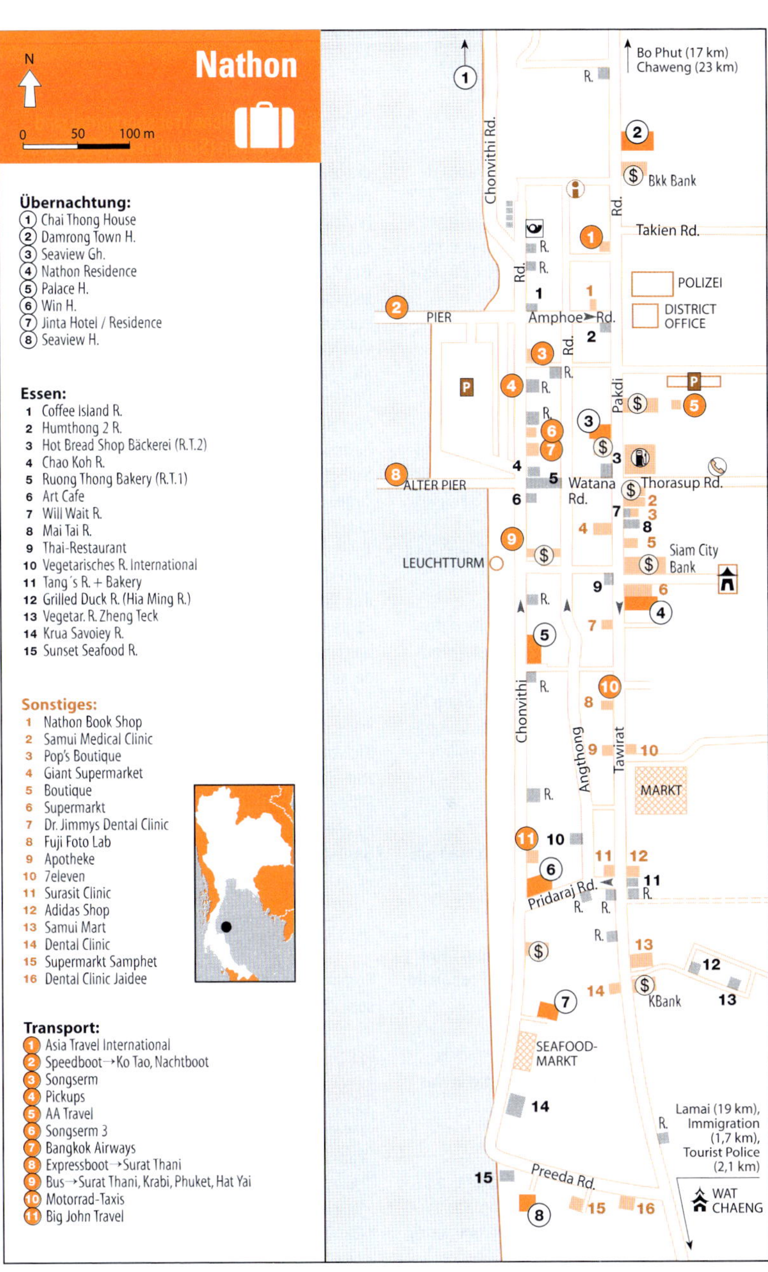

Nathon
N
0
50
100 m
Übernachtung:
1 Chai Thong House
2 Damrong Town H.
3 Seaview Gh.
4 Nathon Residence
5 Palace H.
6 Win H.
7 Jinta Hotel / Residence
8 Seaview H.
Essen:
1 Coffee Island R.
2 Humthong 2 R.
3 Hot Bread Shop Bäckerei (R.T.2)
4 Chao Koh R.
5 Ruong Thong Bakery (R.T.1)
6 Art Cafe
7 Will Wait R.
8 Mai Tai R.
9 Thai-Restaurant
10 Vegetarisches R. International
11 Tang´s R. + Bakery
12 Grilled Duck R. (Hia Ming R.)
13 Vegetar. R. Zheng Teck
14 Krua Savoiey R.
15 Sunset Seafood R.
Sonstiges:
1 Nathon Book Shop
2 Samui Medical Clinic
3 Pop's Boutique
4 Giant Supermarket
5 Boutique
6 Supermarkt
7 Dr. Jimmys Dental Clinic
8 Fuji Foto Lab
9 Apotheke
10 7eleven
11 Surasit Clinic
12 Adidas Shop
13 Samui Mart
14 Dental Clinic
15 Supermarkt Samphet
16 Dental Clinic Jaidee
Transport:
1 Asia Travel International
2 Speedboot→Ko Tao, Nachtboot
3 Songserm
4 Pickups
5 AA Travel
6 Songserm 3
7 Bangkok Airways
8 Expressboot→Surat Thani
9 Bus→Surat Thani, Krabi, Phuket, Hat Yai
10 Motorrad-Taxis
11 Big John Travel
Bo Phut (17 km)
Chaweng (23 km)
Chonvithi Rd.
Bkk Bank
Takien Rd.
POLIZEI
DISTRICT OFFICE
PIER
Amphoe Rd.
Pakdi Rd.
ALTER PIER
Watana Rd.
Thorasup Rd.
LEUCHTTURM
Siam City Bank
Chonvithi Rd.
Angthong Rd.
Tawirat Rd.
MARKT
Pridaraj Rd.
KBank
SEAFOOD-MARKT
Lamai (19 km), Immigration (1,7 km), Tourist Police (2,1 km)
Preeda Rd.
WAT CHAENG

📞 077-424068, Mae Nam, 📞 077-425070, Big Buddha, 📞 077-425071, Hua Thanon, 📞 077-424069, und Taling Ngam, 📞 077-423009.

Post

Am nördlichen Ende der Uferstraße, Internet-Service im 1. Stock. Auslandstelefon 🕓 tgl. 7–20 Uhr und *Poste Restante Service,* hilfsbereites Personal. Sea-Mail-Pakete benötigen vier Monate bis nach Deutschland. 🕓 Mo–Fr 8.30–15.30, Sa 9–12 Uhr.

Reisebüros

Rings um die Piers und an den Stränden gibt es viele große und kleine Reisebüros, in denen Bus-, Zug-, Schiffs- und Flugtickets verkauft, Flüge gegen Gebühr rückbestätigt oder Ausflüge gebucht werden können. Internationale Flüge kosten etwa 1000 Baht mehr als in Bangkok.

Einkaufen

Bücher

Tausch in den Secondhand-Buchläden an der Amphoe Rd. im Verhältnis 1 zu 2. In vielen Touristenanlagen liegen gebrauchte Bücher zur freien Verfügung aus. Im **Nathon Book Shop** findet man selbst deutsche Klassiker. Gebrauchte Bücher werden relativ teuer (fast zum vollen Preis) verkauft.

Markt

Obst, Gemüse und frischen Fisch kauft man am besten vormittags auf dem Markt.

Supermärkte

Die größten Supermärkte sind der **Samui Mart** und der **Samphet Supermarket** in der Preeda Rd.

Textilien

Kleidung gibt es mehr als genug. Wer nichts Vorfabriziertes findet, kann sich günstig etwas schneidern lassen.

Zeitungen

2 Tage alte Zeitungen aus Europa gibt es u. a. gegenüber vom Pier, die lokale Zeitung *Samui Community* kostenlos, 💻 www.samuicommunity.com.

Nahverkehr

Pickups

Das übliche öffentliche Transportmittel sind Pickups mit Bänken (Songthaews). Sie haben die jeweiligen Strände angeschrieben und fahren ihre Ziele von 6–18 Uhr (z. T. auch später) laufend an. Wer unsicher ist, ob er das richtige erwischt hat, sollte vorher den Fahrer fragen. Bei Ankunft eines Bootes sind sie am Pier versammelt, ihre Ziele werden ausgerufen. Ansonsten kreisen sie hupend durch die Straßen von Nathon und stoppen auf ein Zeichen überall. Man kann um die ganze Insel fahren.
Von den Anlegestellen zu allen Stränden werden 50–100 Baht verlangt. Geld passend bereithalten. Oft wird von Touristen mehr verlangt. Selbst Forderungen nach 500 Baht sind an der Tagesordnung.

Taxis

Die Fahrer haben sich noch nicht angewöhnt, das Taxameter einzuschalten und verlangen Fantasiepreise. Um eine Änderung dieses Verhaltens zu bewirken, sollte man auf Taxameter bestehen.

Motorradtaxis

Sie warten nördlich vom Markt auf Fahrgäste zum Busbahnhof (20 Baht), zum Immigration Office (20 Baht) und zum Krankenhaus (30 Baht); zu einigen Stränden sind die Preise von 50–150 Baht vorgeschrieben.

Transport

Kommt man abends auf Ko Samui an, ist es ratsam, für die erste Nacht die Dienste der Schlep-

Pickup-Fahrten: unser Tipp

Nach der Ankunft das Preisniveau der Pickup-Fahrten checken, wie die Einheimischen selbstbewusst hinten einsteigen und nach dem Aussteigen das abgezählte Geld dem Fahrer geben. Nach 18 Uhr verdoppelt sich der Preis.

Achtung

Wir raten davon ab, bei Reisebüros in Ko Samui Tickets für einen Bus oder Minibus zu kaufen, der erst in Surat Thani losfährt. Zu oft fuhr er nicht und das Geld war weg. Auf der Fähre verschwanden mehrfach Wertsachen aus dem Gepäck, das im „abgeschlossenen" Fahrgastraum des Samui Tour-Busses zurückgelassen worden war. Touristen, die dies beobachteten, wurden anschließend aus dem Bus geworfen.

per anzunehmen oder in Nathon im Nathon Residence oder Jinta Hotel/Residence zu bleiben.

Busse

Von BANGKOK (Southern Bus Terminal) mit 2.Kl. AC-Bus um 7, 19.30 und 20.30 Uhr für 430 Baht, AC-Bus um 8.30, 19.30 und 20 Uhr für 551 Baht in 13 Std., VIP-24-Bus um 7.30, 19, 19.30 und 20.20 Uhr für 849 Baht (Ank. 17.30 und 9 Uhr).

Von BANGKOK aus gibt es kombinierte Bus/Fähre-Tickets von mehreren Unternehmen. Meistens wird man in Surat Thani „umgeladen".

AC-Busse ab der **Khaosan Road** kosten 400–700 Baht. Ticket nur bei guten Reisebüros kaufen und vor dem Einsteigen fotokopieren. Wer ein Ticket für spottbillige 250–300 Baht kauft, benutzt möglicherweise einen Bus, in dem Rucksack, Geld oder Reiseschecks abhanden kommen. Bitte vorher lesen: www.talesofasia.com/thailand-getaround.htm.

Bequem und sicher ist die Reise über Chumphon mit der Firma **Lomprayah**, www.lomprayah.com, für 850 Baht (Internet-Preis) bzw. 1250 Baht: Um 6 Uhr mit dem Bus nach Chumphon, um 13 Uhr weiter mit dem Lomprayah-Katamaran über Ko Tao, Ko Pha Ngan nach Ko Samui (an 16.40 Uhr). Oder ab Bangkok um 21 Uhr, an in Ko Samui um 11.20 Uhr.

Von PHUKET AC-Bus um 8, 9, 10 und 12 Uhr für 375 Baht in 7–8 Std.

Von KRABI mit AC-Bus und Fähre um 9 und 11 Uhr direkt für 600 Baht in 8 Std. sowie um 16 Uhr (mit Nachtboot) in 13 1/2 Std. für 470 Baht.

Von HAT YAI AC-Bus 729 um 8 und 10.40 Uhr für 355 Baht in 7 Std.

Die staatlichen AC-Busse nach BANGKOK fahren an der Bus Station, 077-421125, 1,5 km südlich von Nathon, ab: der 2.Kl. AC-Bus um 7.30, 13.30 und 16.30 Uhr für 486 Baht, AC-Bus um 15.30 und 16.30 Uhr für 598 Baht, VIP-24 Bus um 7.30, 15.30 und 16.30 Uhr für 875 Baht in 12 Std. Mit **Sophon Tour**, 077-420275, und **Srisuthep Tour**, 081-0859241, zu denselben Zeiten für 486 / 612 / 696 Baht. Witzigerweise steigt man am Pier gleich wieder aus, um das Fährticket separat zu kaufen.

Nach SURAT THANI non-AC-Bus laufend von 7.30–16.30 Uhr für 300 Baht (inkl. Fähre), AC-Bus für 350 Baht (inkl. Fähre). In Surat hat man bis 15.30 Uhr Anschluss an den öffentlichen Bus 465, der alle 60–75 Min. nach KHAO SOK (75–120 Baht) und KHAO LAK (100–160 Baht) fährt. Das Kombiticket lohnt sich nicht.

Busse von **Phantip**, 077-421221, fahren um 7.30 und 11.30 Uhr für 400–500 Baht (inkl. Boot) in ca. 7–9 Std. nach Krabi, Hat Yai, und Phuket (nach Khao Lak in Khok Kloi umsteigen).

Eisenbahn

Nach BANGKOK fahren ab Surat Thani tgl. 10 Züge. Jedes Reisebüro bucht per Telefon mit ca. 60 Baht Aufschlag. Direkt am Bahnhof gibt es häufig noch einzelne Schlafwagenplätze.

Nach Süden fahren alle Schnellzüge mitten in der Nacht ab, nur 2 lokale Züge tagsüber.

In Bangkok ein „Zug-Bus-Boot-Kombiticket" für 250 Baht zu kaufen, lohnt nicht.

Boote

Von SURAT THANI fahren jeden Tag unterschiedliche Boote von 3 Piers ab: Ban Don (direkt in Surat), Tha Thong (8 km östlich) und Don Sak (68 km östlich).

Von Surat Thani nach Ko Samui

Songserm Expressboot (Tha Thong Pier), hin: 8–10 Uhr, zurück: 8–10.30 Uhr, Preis p. P.: 200 Baht, 077-205418-9

Nachtboot (Ban Don Pier), hin: 23–5 Uhr, zurück: 21–4 Uhr, Preis p. P.: 150 Baht

Seatran Ferry (Bus+Fähre, via Don Sak), hin: stdl. 5.30–17.30 Uhr (3 Std.), zurück: stdl. 5–18 Uhr (2 1/2 Std.), Preis p. P.: 180 Baht, 077-426000-2

Seatran Ferry (Autofähre, Don Sak– Nathon), hin: stdl. 6–19 Uhr (1 1/2 Std.), zurück: stdl. 5–18 Uhr (1 1/2 Std.), Preis p. P.: 180 Baht, ✆ 077-426000-2
Raja Ferry (Autofähre Don Sak–Lipa Noi), hin: stdl. 5–19 Uhr (1 1/2 Std.), zurück: stdl. 5–19 Uhr (1 1/2 Std.), Preis p. P.: 180 Baht, ✆ 077-415230-3

Von **Samui Tour** in Surat, ✆ 077-421221, fährt jeweils 1 1/2 Std. vorher ein Bus ab (170 Baht). Auch **Seatran Ferry** setzt von 5.30–17.30 Uhr einen Zubringerbus ein (180 Baht).
Die Seatran Ferry ist weitaus beliebter als die Raja Ferry. Auf den Fähren liegen die Preise für ein Motorrad bei 150 Baht, für einen PKW bei 300 Baht (inkl. Fahrer). An Wochenenden in den thailändischen Ferien können Wartezeiten bis zu 5 Std. entstehen.
Expressboot und Fähre können bei hohem Wellengang nicht anlegen!
Das Nachtboot wird von sparsamen Travellern benutzt (eine „Schwimmende Jugendherberge", in der man ausschlafen kann).

Von Ko Samui nach Ko Pha Ngan (+ Ko Tao)
Lomprayah Katamaran (ab Mae Nam), hin: 8–8.20 (9.45) Uhr, zurück: 7–7.20 Uhr, Preis p. P.: 250 (580) Baht, ✆ 077-238411-2
Seatran Speedboot (ab Bangrak Pier), hin: 8–8.30 (10) Uhr, zurück: (9.30) 11–11.30 Uhr, Preis p. P.: 250 (550) Baht, ✆ 077-246086-88
Frachtboote (nicht jeden Tag), hin: 9.30–11.30 (14.30) Uhr, zurück: (9.30) 12.30–14.30 Uhr, Preis p. P.: ab 120 Baht, Info am Pier
Had Rin Queen (ab Big Buddha), hin: 10–11.15 Uhr, zurück: 9.30–10.15 Uhr, Preis p. P.: 120 Baht, ✆ 077-427650
Songserm Expressboot (ab Nathon), hin: 11–12 (14) Uhr, zurück: (10) 12–13 Uhr, Preis p. P.: 150 (350) Baht, ✆ 077-377046
Lomprayah Katamaran (ab Mae Nam), hin: 12–12.30 (14) Uhr, zurück: 11–11.20 Uhr, Preis p. P.: 250 (580) Baht, ✆ 077-238981-2
Had Rin Queen (ab Big Buddha), hin: 13–13.45 Uhr, zurück: 11.40–12.25 Uhr, Preis p. P.: 120 Baht, ✆ 077-375113
Seatran Speedboot (ab Bangrak Pier), hin: 13.30–14 (15.30) Uhr, zurück: (15) 16.30–17 Uhr, Preis p. P.: 250 (550) Baht, ✆ 077-246086-88

Verkehrsunfälle auf Ko Samui

Die Unfallstatistik der Krankenhäuser von Ko Samui zeigt, dass die Verkehrsunfälle auf der Insel drastisch zugenommen haben. Viel zu viele Verkehrsteilnehmer, vor allem Motorradfahrer, wurden zum Teil schwer verletzt! In der kommunalen Zeitschrift *Community* werden diese Zahlen monatlich veröffentlicht.
Als Grund wird an erster Stelle genannt: Trunkenheit am Steuer. Danach kommt schon der schlechte Zustand des Fahrzeugs, gefolgt von Unkenntnis und Nichtbefolgung der Verkehrsregeln, vor allem durch Touristen. Zu schnelles Fahren trifft auf Thai wie auf Farang zu. Die Überschätzung der eigenen Fahrkünste auf der unbekannten Betonstraße führte vor allem bei Touristen zu Unfällen, und zwar wegen der vielen scharfen Kurven, den plötzlichen Straßenverengungen, dem Rollsplitt und Sand auf der Straße sowie wegen geringer Sicht durch weit in die Straße hängende Äste.

Folgende Empfehlungen sollten dringend eingehalten werden:
- nicht unter Alkoholeinfluss fahren
- vor dem Fahren das Fahrzeug checken (Bremsen, Beleuchtung etc.)
- nicht schneller als 60 km/h, in Ortschaften max. 30 km/h fahren
- einen Sturzhelm tragen, auch der Beifahrer, bei Nacht helle Kleidung
- Verkehrsregeln und Verkehrszeichen beachten

Große Schilder warnen: *Please remember to drive on the LEFT.*
Fußgänger sind vor allem bei Dunkelheit auf der Ringstraße gefährdet. Sie sollten helle Kleidungsstücke tragen und beim Herannahen von Fahrzeugen, die häufig mit nur einem Scheinwerfer fahren, die Taschenlampe anschalten.

Had Rin Queen (ab Big Buddha), hin: 16–16.45 Uhr, zurück: 14.30–15.15 Uhr, Preis p. P.: 120 Baht, ✆ 077-375122
Lomprayah Katamaran (ab Mae Nam), hin: 17–17.20 Uhr, zurück: 16–16.40 Uhr, Preis p. P.: 250 Baht, ✆ 077-427765-6

Songserm Expressboot (ab Nathon), hin: 17–17.45 Uhr, zurück: 11–11.45 Uhr, Preis p. P.: 200 Baht, ✆ 077-420157
Had Rin Queen (ab Big Buddha), hin: 18.30–19.15 Uhr, zurück: 17.30–18.15 Uhr, Preis p. P.: 120 Baht, ✆ 077-375122

Von Ko Samui nach Ko Tao direkt
Phangan Cruise (ab Nathon), hin: 12–14 Uhr, 9.30–11.30 Uhr, Preis p. P.: 550 Baht, ✆ 077-377274

Flüge

Der privat betriebene Flugplatz gleicht einer tropischen Parkanlage und ist eine Attraktion. Viele Info-Broschüren liegen aus. Tickets für den teuren Minibus-Shuttle und die Airport-limousinen zu den Stränden kauft man im Flughafen. Wer sparen will, geht ca. 300 m bis zur Hauptstraße, um dort ein Taxi anzuhalten.
Bangkok Airways, Internet-Buchung über 💻 www.bangkokair.com oder Reservierung in Bangkok, ✆ 02-2293456–63, fliegt von Bangkok, Phuket und U-Tapao (Pattaya).
Bangkok Airways in Ko Samui: ✆ 077-420133, am Flughafen ✆ 077-522513.
Nach BANGKOK ca. 20x tgl. in 80 Min. für 4100 Baht (inkl. Gebühren), Sonderangebote möglich.
Nach PHUKET 2x tgl. in 50 Min. für 3170 Baht (inkl. Gebühren).
Nach PATTAYA 1x tgl. in 65 Min. für 3605 Baht (inkl. Gebühren).
Nach SINGAPORE 1x tgl. in knapp 2 Std. für 6145 Baht (inkl. Gebühren).
Nach Hongkong 5x wöchentlich in 3 Std. für 13660 Baht (inkl. Gebühren), Sonderangebote möglich.
Thai Airways, **Air Asia** und **Orient Thai** fliegen 1–2 x tgl. von BANGKOK (BKK) bzw. BANGKOK (DMK) zum Flugplatz 29 km westlich von Surat Thani (s. S. 600), Zubringerbusse fahren für ca. 450 Baht hin und zurück.

Der Nordwesten von Ko Samui

Umfährt man die Insel im Uhrzeigersinn, kommt man zunächst an der äußerst flachen Küste der **Bang Makham-Bucht** vorbei, die zum Baden

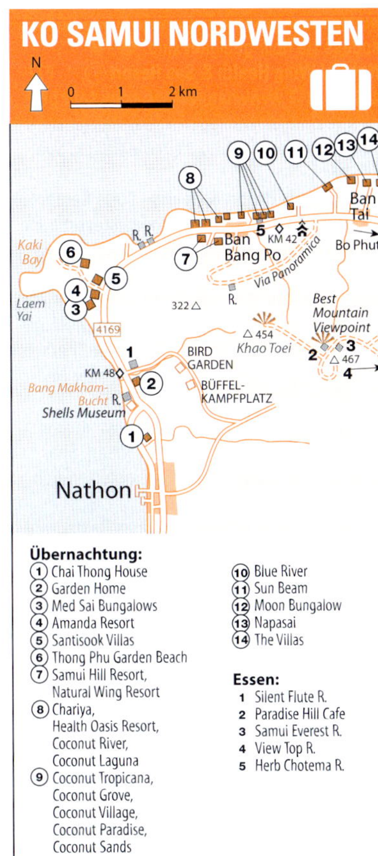

nicht geeignet ist. Dennoch gibt es hier nach 2 km Bungalowanlagen. Auch der erste Strand im Norden, **Bang Po Beach**, ist nicht zum Baden geeignet. Wer einen leichten Schlaf hat, wird durch die Fischerboote gestört, die die ganze Nacht rein und raus fahren.

Übernachtung und Essen

Amanda Resort ④, ✆ 077-421721, 💻 www.samuiamandaresort.com, 4 km von Nathon, neues Resort, 73 verschiedene Bungalows mit Palmblattdächern, großer Pool, großes Restaurant. Die Bungalows sind mit Fußwegen verbunden und haben z. T. nur eine kleine Stufe, sodass sie Rolli-geeignet sind. ❻–❼

Natural Wing Health & Spa Resort ⑦, ✆ 077-420871-2, 💻 www.naturalwing.com; sehr gepflegte Bungalowanlage im Thai-Stil, jenseits der lauten Hauptstraße, kein Meerblick, Spa. ❻–❼

Health Oasis Resort & Healing Child Center ⑧, ✆ 077-420124, 💻 www.healthoasisresort.com; eine alternative, gesundheitsorientierte New Age-Kuranlage.Dicht stehende Bungalows und Schlafsaal, innen und außen in rosa oder orange gehalten, viele Häuser an der lauten Hauptstraße. Fast alle Kunden belegen hier Therapien oder Kurse, z. B. Reiki, Healing Tao oder Heilfasten. ❹, AC ❺

Napasai ⑬, ✆ 077-429200, 💻 www.napasai.com, Luxusanlage mit Cottages, Villen, Spa, gutem Restaurant, alles vom Feinsten – auch die Preise. ❽

Herb Chotema, exzellentes kleines Restaurant mit ausgefallenen Gerichten wie *Banana flower salad* und hervorragende Fischgerichte, reichliche Portionen, günstige Preise.

Mae Nam Beach

Die leicht geschwungene, 4 km lange Bucht ist von tausenden von Kokospalmen gesäumt. Die Bungalow-Siedlungen liegen in lockerer Folge am sauberen Strand und sind von der weit entfernten Straße nicht einsehbar. Obwohl auch hier einige luxuriöse Hotels gebaut wurden, herrscht noch längst kein Massentourismus.

Die ruhige, erholsame Atmosphäre bleibt bewahrt. Kaum Liegestühle, die das Strandbild verschandeln könnten. Das leidige Video gibt es jedoch fast überall. Das Preisniveau in den Bungalowanlagen ist das niedrigste von Ko Samui. Der schmale Strand mit gelbem Sand fällt ziemlich steil ab, sodass schnell Schwimmtiefe erreicht ist. Vor allem im östlichen Bereich ist der Sand relativ grobkörnig, im zentralen Abschnitt beim Dorf eher fein. Bei Ebbe schauen an einigen Stellen Felsen heraus. Das ruhige Wasser eignet sich fast ganzjährig zum Baden, aber nicht zum Schnorcheln. Neben den wenigen Sonnenanbetern liegen auch einige Fischerboote am Strand.

Übernachtung

Etwa 35 Bungalow-Siedlungen liegen 300–800 m von der Straße entfernt. Hier kann man noch günstige Bungalows für 300–500 Baht finden. Doch vieleAnlagen haben höherpreisige und besser ausgestattete Bungalows dazu gebaut. Neue Luxushotels und Villen verändern den Charakter des Strandes.

Home Bay ①, ✆ 077-247214-5, am westlichen Ende der Bucht unter Palmen, nette Anlage, 40 unterschiedliche Bungalows, vor allem die Beachfront Bungalows werden gelobt, gutes Restaurant im Zentrum, etwas unpersönliches Personal, viele Deutsche. Ruhestörung durch benachbarte Bar. ❸–❹, AC ❺

Pinnacle ②, 💻 www.pinnaclehotels.com, ✆ 077-247308, eng aufeinander stehende AC-Bambusmattenbungalows und 3-stöckiges Hotelgebäude, Pool, pauschal oder übers Internet buchbar. ❺

Coco Palm Samui ②, ✆ 077-247288, 💻 www.cocopalmsamui.com, vornehm hergerichtete Anlage in einem hübschen Garten, AC-Bungalows in 5 verschiedenen Preiskategorien mit steigendem Komfort; feines Restaurant, desinteressiertes Personal, Swimming Pool. ❹–❻

O.K. Village ④, vor dem Eingang zur Tempelanlage, saubere Steinbungalows mit Du/Thai-WC, gutes Restaurant, junges, freundliches Personal, Mopedverleih. Zum Strand geht es 100 m durch das Tempelgelände. ❷

Harry's Bungalows ④, ✆ 077-425447, 💻 www.harrys-samui.com, landeinwärts hinter einer imposanten Empfangshalle im Thaistil, 20 solide gebaute Bungalows, z. T. mit AC und Kochni-

Beliebt bei Familien

Mae Nam Resort ⑧, ✆ 077-247286, 💻 www.maenamresort.com, saubere Anlage mit schönem Garten, von einer Thai-Familie betreut; eng stehende Bungalows mit großen Zi und Terrasse, schön mit Rattan möbliert, auch Extra-Betten und Familienbungalows, sehr ruhig, Restaurant am Strand, Internet, Mopedverleih, viele Stammgäste. ❺, AC ❺

sche, z. T. extra Kinderzimmer; Swimming Pool, nicht mehr in Schuss gehalten. ❹

Anong Villa ⑥, ☎ 247256, 32 z. T. noch einfache Bungalows, Restaurant; Frau Anong und Sohn kümmern sich selbst um die Anlage, das Personal ist etwas lethargisch. Mofas, Massagen. ❸, AC ❹

New Sunrise Village ⑥, ☎ 077-247219, 🖥 www.new-sunrise.com, verschiedenartige, dicht stehende Bungalows, die vorderen neuer und mit Meersicht, die hinteren älter und düster; gutes Essen, aber kleine Portionen. Mopedverleih. ❷–❸

Palm Point Village ⑥, ☎ 077-247372, saubere Steinbungalows, die AC-Bungalows stehen hinten, freundliches Personal, familiäre Atmosphäre, gutes Essen. ❸, AC ❹

Thiptara Resort ⑦, ☎ 077-425311, von einer Mauer umgebene, sehr geschmackvolle und gepflegte Anlage hinter Shady, 14 neue AC-Steinbungalows, um einen kleinen Pool und einen japanischen Teich herum, nach außen offenes Bad mit Du/WC. ❺

Lolita ⑩, ☎ 077-425134, ✉ lolitakohsamui@yahoo.com, am feinsandigen Dorfstrand, verschiedenartige, saubere Bungalows mit Bad/WC und Terrasse, die billigsten sowie die AC-Bungalows stehen direkt am Strand; hoch liegendes Restaurant mit tollem Blick auf das Meer. ❸–❹, AC ❺

Östlich vom Dorf

Die nächsten 6 Anlagen haben einen schönen, aber steilen Strand mit mittelfeinem Sand.

Mae Nam Village Bungalows ⑬, ☎ 077-425151, Reihenhäuser mit Fan in einer Reihe zum Strand hin, gut eingerichtet, im Hinterland große Bungalows mit AC, Kühlschrank, Spülbecken; freundliches Personal, hilfsbereiter Besitzer. Restaurant Chok Dee am Strand. ❷–❸, AC ❹

Östlich des Friedhofs wird der Sand grober, das Meer ist wegen abgestorbener Korallen nicht zum Baden geeignet. Der recht miese Strandabschnitt ist mit z. T. meterhohen, unansehnlichen Stützmauern befestigt. Aus der Lagune kommt trübes Wasser. Hier drängen sich direkt am Strand auf 700 m:

Sea Shore 1 ⑯, ☎ 077-425280, Steinstrand, saubere, gepflegte Anlage, Holzbungalows und kühle Steinhäuser, gutes Essen, freundliche Leute. ❷–❹

Sea Shore 2 ⑯, ☎ ☎ 077-425280, ganz einfache Hütten und schöne Bungalows mit Meersicht; Tour-Info und Internet vorn am Strand, gutes Restaurant, kleine Bar. ❷, AC ❸–❹

New Lapaz Villa ⑰, ☎ 425296, 📠 425402, 🖥 www.newlapaz.com, Sandstrand, komfortable, eng zusammenstehende, saubere Doppelbungalows am Strand; kleiner Pool, Restaurant direkt über der hohen Mauer; älteres Publikum. ❸, AC ❹

Östliches Strandende

Dieser Abschnitt wirkt wieder attraktiver:

Morning Glory Village ⑲, ☎ 081-8918934, eng stehende Palmholzhütten mit und ohne Du/WC, denen man ihr Alter ansieht; Restaurant mit schöner Veranda und Bühne, wo immer wieder Musiker auftreten, guter Espresso; seit Jahren unter österreichischer Leitung. ❷

Magic View Bungalow ⑲, ☎ 087-8955008, 7 einfache Bambusmattenhütten am Strand entlang in 2 Reihen unter Palmen, alle mit Meersicht. ❷

Mae Nam Villa ⑳, ☎ 077-425501, ruhige, schöne, saubere Anlage, recht eng stehende pastellfarbene Bungalows sowie einige bessere mit AC; wenig Schatten, freundliche, hilfsbereite Leute; gute Küche; Mopedverleih. ❸, AC ❹

Maenam Cheer ㉑, ☎ 089-5913200, relativ neue Anlage mit netten Bungalows dicht am Strand – dichter geht's nicht. ❹

Für jede Altersgruppe

Moon Hut ⑭, ☎ 077-425247, 🖥 www.moonhutsamui.com, schöne, hufeisenförmig zum Strand ausgerichtete Bungalowanlage unter thailändisch-britischer Führung. Die auf Stelzen stehenden, gemauerten Bungalows, einige noch mit Fan, haben alle eine Loggia mit Blick auf Garten und Meer. Restaurant mit europäischer und sehr guter Thai-Küche. Mopeds mit Helmen, internationales, ruhiges Publikum, freundliche Atmosphäre. ❸, AC ❹–❺

Essen

Pane e Vino, italienisches Essen in netter Atmosphäre, wenn auch an der Straße bei der PTT-Tankstelle.
Sunshine Gourmet, 20 m neben dem Ticket Office des Ferry Speed Boats. Moo ist nicht nur eine hervorragende Köchin, die für jeden Gast individuell kocht, sie kann auch Brot und Kuchen backen und Small Talk führen.
Multi Kulti, ✆ 084-7444365, in der Gasse zum Mae Nam Resort, deutsche Bäckerei und Restaurant mit bestem deutschem Frühstück; der Besitzer Carsten steht ständig unter Dampf und hat immer wieder etwas Neues auf Lager. ⏲ 7.30–14 und 17–22 Uhr.
Bei **Eddy's,** schräg gegenüber, gibt es außergewöhnlich leckere europäische und Cajun-Küche, auch die Burger sind erstaunlich gut. Gelobt werden Frühstück, Brunch und Cocktails sowie die überaus freundliche Atmosphäre im wunderschönen Garten.
Auch **Mummy's Restaurant**, beim Maenam Resort, wurde uns als besonders gut empfohlen.
Angelas Bakery, direkt am H4169, bietet neben selbst gebackenem Brot auch leckeren Kuchen, Torten und Kaffee zu deutschen Preisen im heißen, lauten Straßencafé. ⏲ 8.30–18 Uhr.
John's Garden, beim Napralan-Tempel, gutes Essen zu normalen Preisen, locker aufgestellte Tische in einem wunderbaren Garten.

Boote

Von Mae Nam nach Ko Pha Ngan (+ Ko Tao)
Lomprayah Katamaran, hin: 8–8.20 (9.45) Uhr, zurück: 7–7.20 Uhr, Preis p. P.: 250 (580) Baht, ✆ 077-238411-2
Speedboot, hin: 8.30–9 (10) Uhr, zurück: (15) 16–16.30 Uhr, Preis p. P.: 250 (550) Baht, ✆ 077-247146
Slow Boat, hin: 9.30–11.30 (14.30) Uhr, zurück: (9.30) 12.30–14.30 Uhr, Preis p. P.: 120 (280) Baht, ✆ 077-377231

Boot nach Thong Nai Pan, hin: 12–13.30 Uhr, zurück: 8–9.30 Uhr, Preis p. P.: 250 Baht, Info am Pier

Lomprayah Katamaran, hin: 12.30–12.50 (14.15) Uhr, zurück: 11–11.20 Uhr, Preis p. P.: 250 (580) Baht, ✆ 077-238981-2
Lomprayah Katamaran, hin: 17–17.20 Uhr, zurück: 16–16.40 Uhr, Preis p. P.: 250 Baht, ✆ 077-427765-6

Das Thong Nai Pan-Boot fährt nur von Jan–Sep bei ruhiger See. Es legt Stopps an den Stränden Hat Rin, Hat Tien und Sadet Beach ein.
Mit dem Speedboot kann ein Schnorcheltrip um Ko Tao arrangiert werden (ab 1600 Baht inkl.).
Der Lomprayah Katamaran fährt ab dem Schwimmpier im Westen, Tickets gibt es auch beim Einsteigen. Bei der Ankunft wartet ein Dutzend Minibusse, um die Fahrgäste kostenlos zu allen Stränden und zum Ko Samui Airport zu fahren. In der Nebensaison fährt nur ein Boot pro Tag.

Bo Phut Beach

Die 2,5 km lange, weit geschwungene Bucht erstreckt sich im Norden der Insel und beginnt 15 km hinter Nathon. Sie weist einen relativ steil abfallenden Strand mit recht grobem, gelbem Sand auf und ist ganzjährig gut zum Schwimmen und Windsurfen geeignet. Kurz vor dem nordwestlichen Ende der Bucht ist der Strand am schönsten, in der Mitte geht er in das Dorf Ban Bo Phut über, im Osten wird er äußerst flach. Bei Flut bleibt nur ein schmaler Strandstreifen übrig.

Noch gibt es einige billige kleine Familienbetriebe, allerdings an den weniger attraktiven Stellen. Es überwiegen Mittelklasseanlagen. In Bo Phut quartieren sich viele Urlauber ein, die zwar weg vom Rummel sein wollen, aber dennoch nicht allzu weit von den Unterhaltungsmöglichkeiten von Chaweng.

Im **Fisherman's Village**, am östlichen Ende der Bucht, sieht man zwar keine Fischer, aber mit seiner attraktiven hölzernen Ladenfront und den romantischen, hochpreisigen Restaurants, Boutiquen, Cafés und Bars wirkt es auf Expats und Touristen wie ein Magnet. Die hier angesiedelten Gästehäuser und Kleinhotels sind alle relativ neu.

Ban Bo Phut ist ein kleines Thai-Dorf mit typisch ländlicher Atmosphäre. In Dorfnähe fühlen

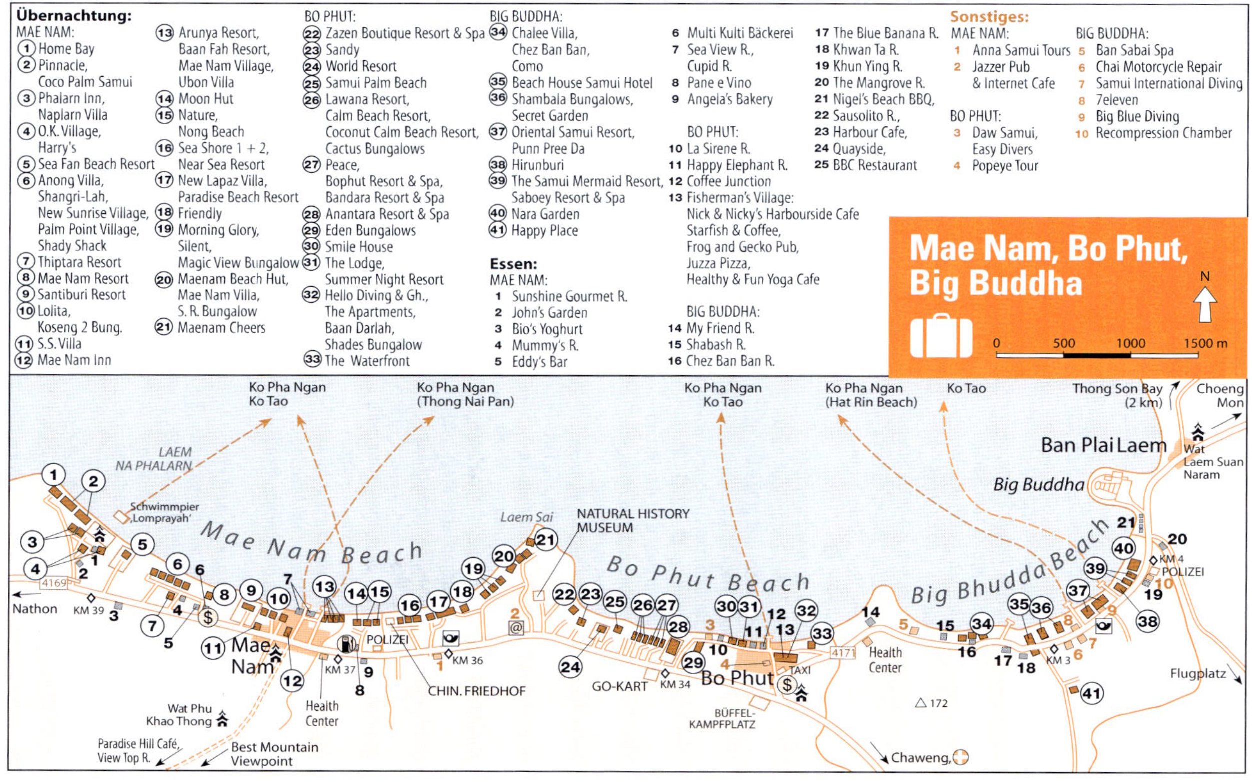
Mae Nam, Bo Phut, Big Buddha
Übernachtung:
MAE NAM:
1 Home Bay
2 Pinnacle, Coco Palm Samui
3 Phalarn Inn, Naplarn Villa
4 O.K. Village, Harry's
5 Sea Fan Beach Resort
6 Anong Villa, Shangri-Lah, New Sunrise Village, Palm Point Village, Shady Shack
7 Thiptara Resort
8 Mae Nam Resort
9 Santiburi Resort
10 Lolita, Koseng 2 Bung.
11 S.S. Villa
12 Mae Nam Inn
13 Arunya Resort, Baan Fah Resort, Mae Nam Village, Ubon Villa
14 Moon Hut
15 Nature, Nong Beach
16 Sea Shore 1 + 2, Near Sea Resort
17 New Lapaz Villa, Paradise Beach Resort
18 Friendly
19 Morning Glory, Silent, Magic View Bungalow
20 Maenam Beach Hut, Mae Nam Villa, S. R. Bungalow
21 Maenam Cheers
BO PHUT:
22 Zazen Boutique Resort & Spa
23 Sandy
24 World Resort
25 Samui Palm Beach
26 Lawana Resort, Calm Beach Resort, Coconut Calm Beach Resort, Cactus Bungalows
27 Peace, Bophut Resort & Spa, Bandara Resort & Spa
28 Anantara Resort & Spa
29 Eden Bungalows
30 Smile House
31 The Lodge, Summer Night Resort
32 Hello Diving & Gh., The Apartments, Baan Darlah, Shades Bungalow
33 The Waterfront
BIG BUDDHA:
34 Chalee Villa, Chez Ban Ban, Como
35 Beach House Samui Hotel
36 Shambala Bungalows, Secret Garden
37 Oriental Samui Resort, Punn Pree Da
38 Hirunburi
39 The Samui Mermaid Resort, Saboey Resort & Spa
40 Nara Garden
41 Happy Place
Essen:
MAE NAM:
1 Sunshine Gourmet R.
2 John's Garden
3 Bio's Yoghurt
4 Mummy's R.
5 Eddy's Bar
6 Multi Kulti Bäckerei
7 Sea View R., Cupid R.
8 Pane e Vino
9 Angela's Bakery
BO PHUT:
10 La Sirene R.
11 Happy Elephant R.
12 Coffee Junction
13 Fisherman's Village: Nick & Nicky's Harbourside Cafe Starfish & Coffee, Frog and Gecko Pub, Juzza Pizza, Healthy & Fun Yoga Cafe
BIG BUDDHA:
14 My Friend R.
15 Shabash R.
16 Chez Ban Ban R.
17 The Blue Banana R.
18 Khwan Ta R.
19 Khun Ying R.
20 The Mangrove R.
21 Nigel's Beach BBQ,
22 Sausolito R.,
23 Harbour Cafe,
24 Quayside,
25 BBC Restaurant
Sonstiges:
MAE NAM:
1 Anna Samui Tours
2 Jazzer Pub & Internet Cafe
BO PHUT:
3 Daw Samui, Easy Divers
4 Popeye Tour
BIG BUDDHA:
5 Ban Sabai Spa
6 Chai Motorcycle Repair
7 Samui International Diving
8 7eleven
9 Big Blue Diving
10 Recompression Chamber
N
0 500 1000 1500 m
Ko Pha Ngan Ko Tao
Ko Pha Ngan (Thong Nai Pan)
Ko Pha Ngan Ko Tao
Ko Pha Ngan (Hat Rin Beach)
Ko Tao
Thong Son Bay (2 km)
Choeng Mon
Ban Plai Laem
Wat Laem Suan Naram
Big Buddha
LAEM NA PHALARN
Schwimmpier 'Lomprayah'
Mae Nam Beach
Laem Sai
NATURAL HISTORY MUSEUM
Bo Phut Beach
Big Bhudda Beach
POLIZEI
KM 4
4169
Nathon
KM 39
Mae Nam
KM 37
KM 36
CHIN. FRIEDHOF
Health Center
Wat Phu Khao Thong
Paradise Hill Café, View Top R.
Best Mountain Viewpoint
GO-KART
KM 34
Bo Phut
TAXI
BÜFFEL-KAMPFPLATZ
4171
Health Center
172
KM 3
Flugplatz
Chaweng

sich vor allem Franzosen wohl. So entstanden u. a. einige französische und belgische Restaurants. Es gibt Boote zu mieten, kleine Geschäfte und einen Buchladen. Touristenlokale und Unterkünfte sind ins Dorf integriert – einzigartig auf Ko Samui.

Übernachtung

Im westlichen Bereich ist der Strand vor Zazen und Sandy schlecht: Geröll, Abfall, Steine, öldurchtränkter Sand – also nichts zum Baden. Dort stört Empfindliche auch der Straßenlärm.

Zazen Boutique Resort ㉒, ✆ 077-425085, 💻 www.samuizazen.com, schöne gelbe Strand- und Gartenbungalows mit AC, Thai-mediterraner Stil, feines Ambiente, Pool, Shop, Internet, ansprechendes Restaurant. ❽

Sandy ㉓, ✆ 077-425353, 💻 www.sawadee.com/samui/sandy; AC-Zi in in 2-stöckigen, renovierungsbedürftigen Häusern und große Bungalows, nur um den Pool herum schön, sonst sehr dicht aufeinander; 2 Restaurants; Jeep und Mopeds zu mieten; Tauchschule. ❹, AC ❹–❺

Vom World Resort bis zum Peace ist der Strand gut, der Sand etwas grobkörnig, das Meer sauber, aber der Meeresboden schlammig.

Lawana Resort ㉖, ✆ 077-425631-3, 💻 www.lawanaresort.com, Villas im Thai-Stil, die farbliche Gestaltung trifft nicht jedermanns Geschmack. Restaurant, Pool mit Jacuzzi. ❻–❽

Coconut Calm Beach Resort ㉖, ✆ 077-245965, ✉ Thanrug@hotmail.com, gepflegte Stein- und Holzbungalows, Restaurant, Bar und Sonnendeck am Strand. ❹, AC ❹

Cactus Bungalows ㉖, ✉ cactusbung@hotmail.com, 💻 www.sawadee.com/ samui/cactus, ✆ 077-245565, Bungalows mit Fan und AC im Kaktusgarten, nettes französisches Management, Restaurant und Bar am schönen Sandstrand, Internet. ❹, AC ❺

Peace Resort ㉗, 💻 www.peaceresort.com, ✆ 077-425357; große Anlage mit unterschiedlichen Bungalows an einem schönen Teil des Strandes, alle Bungalows stehen relativ weit auseinander, besonders familien-, senioren- und behindertenfreundlich; Restaurant am Strand, großer Swimming Pool mit Spa und Kinderbecken, Kinderspielplatz, Beach-Volleyball-Feld, Jeep, Mopeds, Internet. ❽

Bophut Resort & Spa ㉗, ✆ 077-245777, gehört zur Santiburi-Gruppe, 61 Zi und Villen zwischen 50 und 180 km^2, Golfplatzbenutzung der Santiburi-Resort-Einrichtungen möglich. ❽

The Lodge ㉚, 💻 www.apartmentssamui.com, ✆ 077-425337, schönes, älteres Haus am Strand, im Zentrum des quirligen Ortes, alle 10 Zi mit AC, Bad und schöner Meersicht, Satelliten-TV in allen Räumen; familiär geführt, netter Service; Tauchschule. ❺

Hello Diving & Gh. ㉜, ✆ 077-427608, 💻 www.hello-diving.com, im Fisherman's Village, schönes, altes, renoviertes Holzhaus, Schlafsaal mit Stockbetten, AC und Fan, Snacks, Dive Center. ❷

Shades Bungalows ㉜, ✆ 077-430475, ✉ info@transun.co.th, renovierte Teakholz-Bungalows mit AC hinter der Straße beim Fisherman's Village. ❺

Essen

An der Strandstraße zwischen dem Bophut Resort und dem Ort liegen mehrere gute Restaurants für jeden Geschmack, zumeist von Europäern geführt. Einige Restaurants bieten eine luftige Veranda über dem Strand.

Happy Elephant Restaurant, ✆ 077-245347, am Meer, hübsch eingerichtet mit thailändischen Statuen und nordthailändischen Kissen.

Coffee Junction, ✆ 089-8661085, am Pier, bester Platz, um aufs Boot zu warten und Leute zu beobachten.

Fisherman's Village, mit vielen netten, nicht ganz billigen Restaurants, z. B. Nick & Nicky's Harbourside Cafè, Starfish & Coffee, Villa Bianca (nicht gerade toll), Steve's Inn, Alla Baia, Juzza Pizza, Tropicana und Billabong Surf Club.

Frog and Gecko Pub, gemütlicher Pub mit Sport-TV und internationalen Gerichten, jeden Mittwoch Trivia Night.

Healthy & Fun Yoga Cafe, bietet außer Yoga sehr gute Salate. Wöchentlich wird ein besonderer Film gezeigt und passend zu dem Land, aus dem er kommt, gekocht.

Sonstiges

Auf halbem Weg von Bo Phut nach Chaweng liegt am KM 31,6 links das private **Bandon**

International Hospital, 123/1 Moo 1, Bo Phut, ✆ 077-245236-9, 💻 www.bandonhospital.com, westlicher Standard, 24-Std.-Notdienst, Hausbesuche. Viele deutsche Reiseversicherungen können direkt abrechnen. Eine Liste ist verfügbar. Wer keine Versicherung oder kein großes Scheckbuch hat, wird von dem kommerziellen Verhalten abgestoßen.

Transport

Diverse Speedboote fahren morgens ab Bo Phut nach THONG SALA (Ko Pha Ngan, 15 Min.) und weiter nach MAE HAT (Ko Tao, 90 Min.). Rückfahrt am Nachmittag. Auf Wunsch kann ein Schnorcheltrip um Ko Tao arrangiert werden. Dann kostet die Fahrt inkl. Hotel-Transfer, Frühstück, Mittagessen, Englisch sprechendem Führer und Versicherung ab 2000 Baht.
Zu den Booten von BIG BUDDHA nach HAT RIN BEACH (Ko Pha Ngan) fahren 30 Min. vor Abfahrt Zubringer-Taxis, 30 Baht.

Big Buddha Beach

19 km hinter Nathon beginnt die relativ kleine Bucht (auch: Bang Rak Beach und Phra Yai Beach) mit gut 2 km Küste, davon 1,3 km Strand. Sie wird überragt von der kolossalen Buddha-Statue auf der kleinen Insel **Ko Fan**. Manchmal dröhnt bis spät in die Nacht laute Musik übers Wasser. In Ban Plai Laem wird ein großer, neuer Tempel gebaut. Wenn der Wind im europäischen Sommer von Westen weht, erstreckt sich hier ein schöner, gräulicher Sandstrand mit leicht abfallendem Ufer. Bei starkem Wind wird die See jedoch aufgepeitscht. Bei Ostwind im europäischen Winter zieht sich das Meer zurück, und der breite Strand sieht mit dem dunklen Matsch und den glitschigen Steinen bei Ebbe wenig einladend aus. Zum Baden ist er in dieser Jahreszeit nur bei Flut geeignet, dann wird der Sandstrand jedoch schmal. An diesem Strand soll es keine gefährlichen Strömungen geben, sodass er bestens für Kinder geeignet ist.

Das östliche Ende der Bucht liegt direkt unter der Einflugschneise des Samui Airports. Dort kann Fluglärm zum Problem werden.

Übernachtung

Trotz der dicht vorbeiführenden Straße ist dieser Strand recht beliebt. Die meisten Bungalow-Siedlungen haben ein gehobenes Niveau, sind z. B. aus Backsteinen gebaut, mit Ventilator und gekacheltem Badezimmer ausgestattet, immer häufiger sogar mit AC. Die meisten Anlagen sind zum Strand hin abgeschottet. Das höhere Preisniveau lässt in der Nebensaison Spielraum fürs Handeln. Im Hinterland wurden viele Villen gebaut, die zu kaufen oder zu mieten sind.
Es stehen etwa ein Dutzend Anlagen mit unterschiedlichem Preisniveau zur Verfügung.

Der westliche Strand

Die ersten 4 Anlagen wirken auf den 20 m zwischen Straße und Strand eingequetscht. Die Bungalows stehen dicht aufeinander, die Grundstücke sind mit Stützmauern oder Betonrohren zum Strand gesichert. Schwimmen kann man nur bei hohem Wasserstand.
Chalee Villa ㉞, ✆ 081-8954780, einfache Holz- und Steinhütten, die noch an die gute, alte Zeit erinnern, leider an einem Strandabschnitt, der nicht sehr einladend wirkt. ❸, AC ❹
Chez Ban Ban ㉞, ✆ 077-245135, einfache, saubere Bungalows unter französischer Leitung, bekanntes Restaurant. ❸, AC ❹
Como Resort, ㉞, ✆ 077-425210, 💻 www.como.yucom.be, kinderfreundliches Resort mit 11 sauberen, netten Bungalows mit Fan und AC, Kühlschrank, einige direkt am flachen Strand, ein Familienbungalow mit 2 Zi und 2 Bädern, Kinderpool, schattige Terrasse, gutes Essen, brackiges Wasser, belgisches Management. ❺

Der zentrale Strand

Hier sind die Grundstücke etwa 30–40 m lang. Auch an diesem Abschnitt kann man meist nur bei hohem Wasserstand schwimmen.
Beach House Samui Hotel ㉟, ✆ 077-245124, neueres, dreistöckiges Hotel mit 33 gut ausgestatteten Zi auf der anderen Straßenseite und Bungalows auf der Strandseite, z. T. mit Meersicht. Pool, Dachterrasse. ❺
Shambala Bungalows ㊱, ✆ 077-425330, 💻 www.samui-shambala.com, Bungalows im großen Halbkreis um das Restaurant am Strand,

Das Resort für Musikfreunde

Secret Garden ㊱, ✆ 077-245255, 💻 www.secretgarden.co.th (wunderschöne Webseite), 8 unterschiedliche, gut ausgestattete AC-Bungalows im Garten und am Strand, ein Ferienhaus für Langzeitaufenthalt. Erstklassiges Restaurant mit europäischer und Thai-Küche sowie bestes Seafood (v. a. die Riesengarnelen in Zitronengras-Sauce), häufig Grillabend. Kostenloses WLAN für Laptops. Im Beach Pub So ab 17 Uhr Live-Blues und -Rock, manchmal mit internationalen Musikern. Immer freundliche Atmosphäre. Selten ist ein Bungalow frei, daher frühzeitig buchen. ❺

verwilderter Garten, tieferes Wasser. Die Anlage schneidet bei Travellern ganz unterschiedlich ab, englisches Management. ❹

Der nördliche Strand

Am KM 3,2 beginnt der schönere Teil des Strandes, zumeist gutes Schwimmen.

The Samui Mermaid Resort ㊴, ✆ 077-427547, 💻 www.samuimermaid.com, große, saubere Zi in Bungalows und Reihenhäusern, die billigeren jenseits der Straße, relativ schattiger Pool. Verkehrslärm. ❹–❺.

Nara Garden Beach Resort ㊵, ✆ 077-425364, 💻 www.naragarden.com, gepflegtes Hotel im Reihenhaus-Stil, 43 AC-Zi mit Meersicht, Pool. ❺–❻

Happy-Place ㊶, 💻 www.happy-place.de, ✆ 077-245530, Ferienanlage in einer ruhigen Palmenplantage unter deutscher Leitung, 8 Ferienhäuser mit 1 bzw. 2 Schlafzimmern ab 35 €/Tag, Restaurant mit Chef Achim und Frau, Bar, Kinderspielplatz, Pool, 10 Min. vom Strand. Vermietung von Moped und Jeep, Fahrten mit der Dschunke *Ayoli*. ❺

Essen

My Friend Restaurant, äußerlich wenig ansprechend, bietet aber Seafood, das von Kennern als das beste der Insel bezeichnet wird.

Shabash, ✆ 077-245035, links vom Como, asiatische Küche aus Singapore sowie Gerichte aus dem Mittleren Osten, auch vegetarisch.

Chez Ban Ban, europäisches Essen mit französischem Einschlag, beliebt bei Expats.

The Mangrove, an der Flughafenstraße, feine Menüs, belgisches Chef-Paar.

Sonstiges

Kochkurse

Im **Blue Banana Restaurant**, ✆ 077-245080, bei Khun Toy Panya Suwan, traditionelles Kochen 2x tgl. 3 Std. lang mit max. 4 Pers. für 450–600 Baht, je nach Gericht. Der Chef mischt die richtigen Gewürze und seltenen Zutaten meisterhaft ab. Eine zweite Person kann zum Essen mitgebracht werden.

Live-Musik

Jeden So von 17–22 Uhr wird im **Beach Pub** vom Secret Garden Live-Blues und -Rock mit thailändischen Gruppen geboten („Big Buddha Mini Festival"); manchmal treten bekannte internationale Musiker auf. Jeder Taxifahrer kennt das Ziel.

Boote

Vom neuen, langen Bang Rak-Pier fährt das **Seatran Speedboot**, ✆ 077-246086-88, um 8 und 13.30 Uhr für 250 Baht in 30 Min. nach Thong Sala und in 90 Min. weiter nach Ko Tao für 550 Baht, zurück ab Ko Tao um 9.30 und 15 Uhr sowie ab Thong Sala um 11 und 16.30 Uhr.

Die **Had Rin Queen**, ✆ 077-375122, fährt um 10.30, 13, 16 und 18.30 Uhr in 45 Min. nach Hat Rin West für 120 Baht, zurück um 9.30, 11.40, 14.30 und 17.30 Uhr.

Thong Son Bay

Ganz im Norden (2,5 km von Big Buddha, 24 km von Nathon) liegen zwei kleine Buchten mit schöner Sicht in Richtung Ko Pha Ngan, die Samrong Bay und die Thong Son Bay. Auf dem Hügel dazwischen wurden Privathäuser gebaut. Auf dem westlichen Hügel entstanden zwei Super-Luxusresorts, ein weiteres in der Thong Son

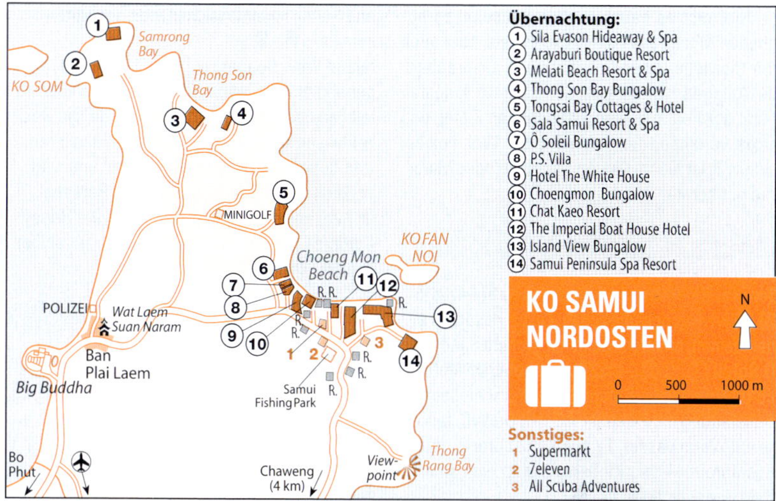

Bay. Baden kann man nur bei hohem Wasserstand oder an wenigen Stellen, die nicht von Korallenstöcken bedeckt sind. Dagegen können sich Schnorchler bei ruhigem Wasser der Unterwasserwelt auf Armeslänge nähern. Von September bis November treibt der heftige Wind hohe Wellen über den Sandstrand.

Übernachtung

Sila Evason-Hideaway-Samui (1), ✆ 077-245678, 💻 www.sixsenses.com/hideaway-samui, wunderschöne Anlage, 66 Villen aus edlen Naturmaterialien, von 130 bis 300 km², ab 17 000 Baht pro Nacht! ❽

Melati Beach Resort & Spa (2), 💻 www.melatiresort.com, neues Luxusresort in völlig neu gestalteter Landschaft, Eröffnung im August 2007, Bungalows ab 13 000 Baht. ❽

Thong Son Bay Bungalow (4), ✆ 081-8914640, am östlichen Hang der Bucht, 18 verschiedenartige Bungalows ohne AC, auch Familienbungalows, der teuerste in super Lage, über Stege erreichbar, mit toller Sicht übers Meer; Restaurant am Strand unter Palmen mit Blick auf Ko Pha Ngan. ❸–❹

Choeng Mon Beach

Die wunderschöne, kleine Bucht am Nordzipfel von Ko Samui (auch: Cherng Mon) liegt 23 km von Nathon entfernt. Kokospalmen und Kasuarinen säumen den weißen Strand mit feinem Sand. Am linken Rand liegen Fischerboote und Speedboote im Wasser. Neben den alten Bungalowanlagen sind einige Hotels für Pauschalurlauber entstanden.

Die Bucht bietet in ihrem mittleren Teil zu jeder Saison optimalen Strand und gute Bademöglichkeiten, sie ist auch für Kinder bestens geeignet. Das im Westen vorgelagerte Inselchen **Ko Fan Noi** reizt zu einer Erkundungstour, was bei der Unwegsamkeit des Geländes gar nicht ohne ist. Man erreicht es bei Ebbe trockenen Fußes, bei Flut schwimmend. Teile des Strandes sind mit Liegestühlen und Sonnenschirmen bis ins Wasser hinein zugepflastert. Auch die Tische und Stühle der Restaurants sind auf dem Strand aufgebaut. Die Haupt- und Zufahrtsstraße säumen Minimarts, Souvenirläden, Schneider, Restaurants und andere Dienstleister. In der Bucht tummeln sich Jetskis, Wasserskis und etliche Jachten.

Hier gibt es hauptsächlich pauschal zu buchende Mittelklasse- und Luxushotels, aber auch der Individualreisende findet noch ansprechende Anlagen. Öffentliche Songthaews kommen nicht allzu oft in diesen abgelegenen Zipfel, und Taxis verlangen horrende Preise. Wer flexibel sein will, ist hier mit einem Mietauto oder Motorrad gut beraten.

Übernachtung

Tongsai Bay Cottages & Hotel ⑤, ✆ 077-425015-28, 💻 www.tongsaibay.co.th, Luxus-Resort an einer kleinen, privaten Bucht mit grobem Sand. ❽
O Soleil ⑦, ✆ 077-425232, ✉ osoleil@loxinfo.co.th, ordentliche Bungalows unterschiedlicher Ausstattung mit Fan oder AC und Du/WC, teurere mit Warmwasser, TV und Kühlschrank, gutes Restaurant, kleiner Kinderspielplatz, von einem Belgier geleitet. ❸, AC ❹
P.S. Villa ⑧, ✆ 077-425160-1, ✉ samsuwan@hotmail.com, verschiedenartige Bungalows in gepflegtem, großem Garten, z. T. mit AC, Warmwasser und Kühlschrank, neues zweistöckiges Gebäude am Strand, nettes Restaurant mit Beachbar. ❸, AC ❹
The White House ⑨, ✆ 077-245315, 💻 www.hotelthewhitehouse.com; ein Boutique Hotel, sehr gepflegte, schmale Anlage mit vielen Antiquitäten, 12 Komfort-Bungalows mit 40 AC-Zi, schönes Restaurant im Thaihaus-Stil, Swimming Pool. Die Schweizer Besitzer kümmern sich um alles. Der Strand davor ist mit Liegen und Sonnenschirmen vollgestellt. ❼–❽
Choengmon Bungalow ⑩, ✆ 077-425372, einfache und bessere AC-Bungalows, an der schönsten Stelle des Strandes, der Garten könnte besser gestaltet werden, nette Besitzer. Das Restaurant am Strand veranstaltet hervorragende Seafood-Barbecues. ❸–❺
Chat Kaeo Resort ⑪, ✉ chatkaeo@hotmail.com, ✆ 077-425109, üppig grüne Anlage, 6 Holzbungalows, 6 weiße, komfortable Bungalows im mediterranen Stil mit Dachterrasse. ❹–❺
Imperial Boat House Hotel ⑫, ✆ 077-425041, 💻 www.imperialhotels.com/boathouse/, originelle Suiten in 34 komfortabel hergerichteten, klimatisierten Reisbarken und 176 Zi und Suiten im einfallslosen, riesigen Hotelkomplex. ❼–❽
Island View Bungalow ⑬, ✆ 077-245031, angenehmer Familienbetrieb, schöne Bungalows mit Fan oder AC auf großem Gelände, die Besitzer lassen sich durch Touristen nicht in ihren traditionellen Gewohnheiten stören und sind wirklich sehr freundlich, auch das Personal ist nett, mehrere gute Restaurants. Die Honey Cottages und Island View 2 gehören zur selben Familie. ❸, AC ❹–❼

Transport

Im **Island View** gibt es Tickets für Speedboote nach Ko Pha Ngan, Ko Tao und zum Ang Thong Marine National Park (8.30–17 Uhr).
Die Tour nach KO TAO kostet ab 2000 Baht (alles inkl.), die reine Fahrt hin 600 Baht, Fahrtzeit 80 Min.

Chaweng

Die 6 km lange, sanft geschwungene Chaweng-Bucht, 23 km von Nathon, öffnet sich nach Osten. Bungalow-Anlagen und Resorts reihen sich unter vielen Kokospalmen fast lückenlos aneinander. Alle Anlagen liegen zwischen der beleuchteten Betonstraße und dem breiten, schönen Sandstrand, den viele Weltreisende als einsame Spitze bezeichnen. Das Preisniveau ist höher, die Ausstattung vornehmer, das Drumherum touristischer als an den anderen Stränden. In der Saison ist der Strand oft wochenlang ausgebucht.

Chaweng gliedert sich in mehrere Teile, die Yai Noi Bay, Chaweng Yai Beach, Chaweng Beach Zentrum und Chaweng Noi Beach.

Yai Noi Bay

An dieser kleinen Bucht am nördlichen Ende der Chaweng Bay (25 km von Nathon) geht es sehr ruhig zu. Es gibt zwar keinen langen Sandstrand, aber zwischen den Steinen verlocken immer wieder Sandflecken zum Sonnenbaden.

Chaweng Yai Beach

Am nördlichen Ende der beliebten Bucht fühlen sich Sandstrand-Liebhaber so richtig wohl. Hier ist das Meer so flach, dass der Strand bei Ebbe weit über hundert Meter breit werden kann – hervorragend geeignet fürs Frisbee-Spielen und einen Spaziergang zur Insel **Ko Mat Lang**. Im Spätsommer bilden sich mitten in der Lagune flache, klare Pools zwischen den Sandbänken, dann reicht das Wasser gerade noch zum Plantschen. Leider sieht die nördliche Hälfte dann auch ziemlich verschmutzt aus, dagegen lassen die Besitzer der südlichen Anlagen den Strand jeden Morgen reinigen. Zwischen der kleinen Insel und den südwestlich vorgelagerten Felsen kann man im hüfttiefen Wasser schön schnorcheln.

Von November bis April ist dieser fast 2 km lange Strandabschnitt optisch recht schön, das Wasser steht hoch, manchmal gibt es Wellen, trotzdem kann man sicher baden. Ab Mai / Juni fällt der Wasserspiegel extrem und steigt bis Oktober nicht wieder an. Hier haben sich mehrere Luxushotels angesiedelt.

Chaweng Beach, Zentrum

Der Anblick dieses Strandes, der sich vom Chaweng Garden im Norden bis zum Kap am First Bungalow über 2 1/2 km erstreckt, wirkt wie eine Seite aus einem Südsee-Bilderbuch: Feiner, weißer Sand, überhängende Palmen und klares, blaues Meer, bei Ebbe und Flut ideal zum Schwimmen. Im Winter drückt allerdings der Wind das Wasser gegen die Küste, und der Strand wird relativ schmal. Wer empfindlich ist, sollte sich zu manchen Zeiten wegen der Sandfliegen nicht unbedingt in den Sand legen.

Dieser Strandabschnitt hat sich touristisch enorm entwickelt. Einige der Hotelanlagen gehören zu den teuersten auf Ko Samui. Immer mehr Bungalowanlagen müssen Schicki-Micki-Hotels weichen. Nur wenige Anlagen sind in einheimischer Hand. Internationale Ketten und Konzerne aus Bangkok vertrauen das Management ausländischen Experten an. Viele Hotels haben nichts Ko Samui-Spezifisches mehr an sich. Sie könnten genau so woanders auf der Welt stehen. Trotzdem, oder gerade deshalb, werden viele Touristen von diesem Strand angezogen. Um weiterhin Gäste anzulocken, die nicht so viel Geld ausgeben wollen, sind diverse Pensionen im Hinterland oder an der Hauptstraße entstanden. Hier verhilft nur Ohropax zu einer guten Nachtruhe.

Auf betriebsame Urlauber warten zahlreiche Strandrestaurants mit Video, Musikbeschallung aus mehreren Lautsprechern gleichzeitig, Strandverkäufer, die mehr oder weniger aufdringlich ihre Waren oder Dienste anbieten. Langweilig wird hier keinem. Auch entlang der Straße wird etwas geboten: viele einfache und originelle Lokale, Thai-Dinner mit klassischen Tänzen, mehrere Discos sowie unzählige Bars und Pubs. Man trifft sich im Tropical Murphy's, bei Green Mango, im Reggae Pub oder im Santa Fé – alle sorgen für gute Stimmung und lohnen einen Besuch. Selbst auf McDonald's muss man nicht verzichten. Supermärkte, Bäckereien, Reisebüros, Fotoshops, Telefon-Service, Galerien mit kopierten Originalen, Apotheken, Goldläden und ein Posten der Touristenpolizei runden das Angebot entlang der Hauptstraße ab.

Morgens herrscht noch absolute Ruhe auf dieser Straße, mittags und vor allem abends kämpfen sich Autos und Touristen durch das Gewühl, nachts übernehmen Transvestiten die Szene. Wer für komfortable Unterkünfte, Sportangebote und abendliche Unterhaltung gerne etwas mehr bezahlt, ist am richtigen Platz.

Leider vermieten einige Unternehmer massenhaft Wasser-Scooter. Viele Touristen fühlen sich dadurch sehr gestört und gefährdet. Doch Abhilfe ist, trotz mehrerer tödlicher Unfälle, nicht in Sicht.

Chaweng Noi Beach

Durch ein kleines Kap ist der 1 km lange Chaweng Noi Beach vom Chaweng Beach getrennt. Der schöne, stellenweise breite, saubere Sandstrand mit den abgeschliffenen Felsen im Meer wirkt recht malerisch. Am südlichen Ende liegen viele Korallenblöcke im flachen Wasser. Von dort ziehen sich große, abgeschliffene Steine im Wasser bis zum Impiana Resort hin.

Während man im Sommer jederzeit gut schwimmen kann, ist Baden im Winter aufgrund der starken Brandung zu gefährlich. Pauschaltouristen sind hier bei weitem in der Mehrheit.

Übernachtung

In Chaweng stehen hauptsächlich Hotels für Pauschaltouristen im mittleren und gehobenen

Vorwahl ist immer 077, wenn nichts anderes angegeben ist.

Chaweng – Yai Noi Bay

Nr.	Name	Preis	Telefon
①	Nora Beach R. & Spa	❼–❽	✆ 429400
②	Coral Bay R.	❻–❽	✆ 422223-4
③	Chaweng Bay View	❻–❽	✆ 414069

Chaweng – Chaweng Yai Beach

Nr.	Name	Preis	Telefon
④	Papillon R.	❺–❻	✆ 231169
⑤	Samui Island R.	❻–❼	✆ 422355
⑤	Matlang R.	❸–❹	✆ 422172
⑥	Moonlight H.	❸–❺	✆ 413794
⑥	Blue Lotus	❹–❺	✆ 231122
⑦	Baan Haad Ngam	❽	✆ 231500
⑦	Chaba Cabana R.	❼–❽	✆ 230350
⑧	Kanda Buri R. & Spa	❽	✆ 414425
⑧	Briza Beach R. & Spa	❽	✆ 231997
⑧	Marine Bungalows	❸–❹	✆ 422416
⑨	Family Bungalow	❺	✆ 422470
⑨	Le Chablis	❺	✆ 422601
⑨	Corto Maltese	❺–❽	✆ 230041
⑩	Your Place	❸–❹	✆ 230039
⑪	Muang Kulaypan H.	❼–❽	✆ 422305
⑪	Amari Palm Reef R.	❽	✆ 422015-8
⑫	Chaweng Blue Lagoon	❽	✆ 422037-40
⑬	Palm Island R.	❺–❻	✆ 422298
⑬	Samui Natien H.	❻–❼	✆ 231340-9
⑭	Iyara Beach H. & Plaza	❽	✆ 231629
⑭	O.P. Bungalow	❸–❹	✆ 422424-5
⑮	Muang Samui Spa R.	❽	✆ 413221
⑯	Samui Country R.	❸–❹	✆ 422186
⑰	The Island	❺–❻	✆ 230751
⑰	Chaweng Regent	❽	✆ 422008-10
⑱	Chaweng Villa	❺–❻	✆ 231123-4
⑱	Montien House	❺–❻	✆ 422169
⑲	Lucky Mother	❸	✆ 230931
⑳	Al's Hut	❺	✆ 230761
⑳	Suneast Bungalow	❺–❻	✆ 422145
⑳	Ark Bar Gar. Beach R.	❺	✆ 422042
㉑	Samui Coral R.	❹–❺	✆ 231005
㉑	P&P Samui R.	❹	✆ 422540

Chaweng Beach Zentrum

Nr.	Name	Preis	Telefon
㉒	The Chaw. Gar. Beach	❹–❺	✆ 422265
㉒	Baan Chaw. Beach R.	❻–❽	✆ 422403
㉒	Evergreen R.	❸–❹	✆ 230051
㉓	Anchor House R.	❹–❺	✆ 230586
㉓	Best Beach Bungalow	❸–❹	✆ 422410
㉓	Al's R.	❺	✆ 422154
㉔	Malibu Beach R.	❺–❻	✆ 231546-9
㉕	Chaweng Buri R.	❼–❽	✆ 422465-6
㉕	Longbeach Lodge	❺	✆ 422372
㉖	Baan Samui R.	❻–❽	✆ 422415
㉗	King´s Bungalow	❺	✆ 230430
㉘	Chaba Samui R.	❻–❼	✆ 230407
㉙	Beachcomber H.	❽	✆ 422041-3
㉚	Buri Rasa Village	❽	✆ 414328-9
㉚	Banana Fan Sea R.	❼–❽	✆ 413483-6
㉛	Central Bay R.	❸–❹	✆ 422118-9
㉜	Green H.	❹–❺	✆ 413858
㉜	Tradewinds R.	❻	✆ 230602-4
㉝	The Central Samui R.	❽	✆ 230500
㉞	Chaweng R.	❺–❼	✆ 422230
㉟	Green Life H.	❺	✆ 413789
㉟	Chaweng PR Gh.	❹	✆ 422703
㉟	Bay Breeze Gh.	❹–❻	✆ 422198
㊱	Chaweng Cabana	❻	✆ 231350
㊱	Chaw. Cove Resotel	❺–❻	✆ 230642
㊲	Poppies Samui R.	❽	✆ 422419
㊲	Seascape R.	❺–❻	✆ 422681-4
㊲	Samui Lagoon Bay	❺	✆ 413740
㊳	Baan Talay R.	❻–❼	✆ 413555
㊳	Samui Resotel	❻–❼	✆ 422374
㊳	Sans Souci Samui	❺–❻	✆ 422044
㊴	Samui Paradise Chaw.	❺–❻	✆ 230294
㊴	Sea Side Bungalows	❹–❺	✆ 422364-5
㊵	First Bungal. Beach R.	❻–❽	✆ 422327
㊶	Nova Samui R. (Merc.)	❺	✆ 422472
㊷	Baan Suan Sook	❺	✆ 230817
㊸	City H.	❸	✆ 422345
㊹	Big Blue Bungalows	❸–❹	✆ 231389
㊺	Lucky Home R.	❹	✆ 081-7285582

Preissegment. Sie sind über Kataloge der Reiseveranstalter oder übers Internet buchbar. Wir beschreiben sie nicht im Einzelnen, nennen sie aber in unserer Hotelliste.

Seriös beschrieben werden alle unter www.sawadee.com.

Im Folgenden geben wir Kurzbeschreibungen zu Unterkünften, die ein Nischendasein führen

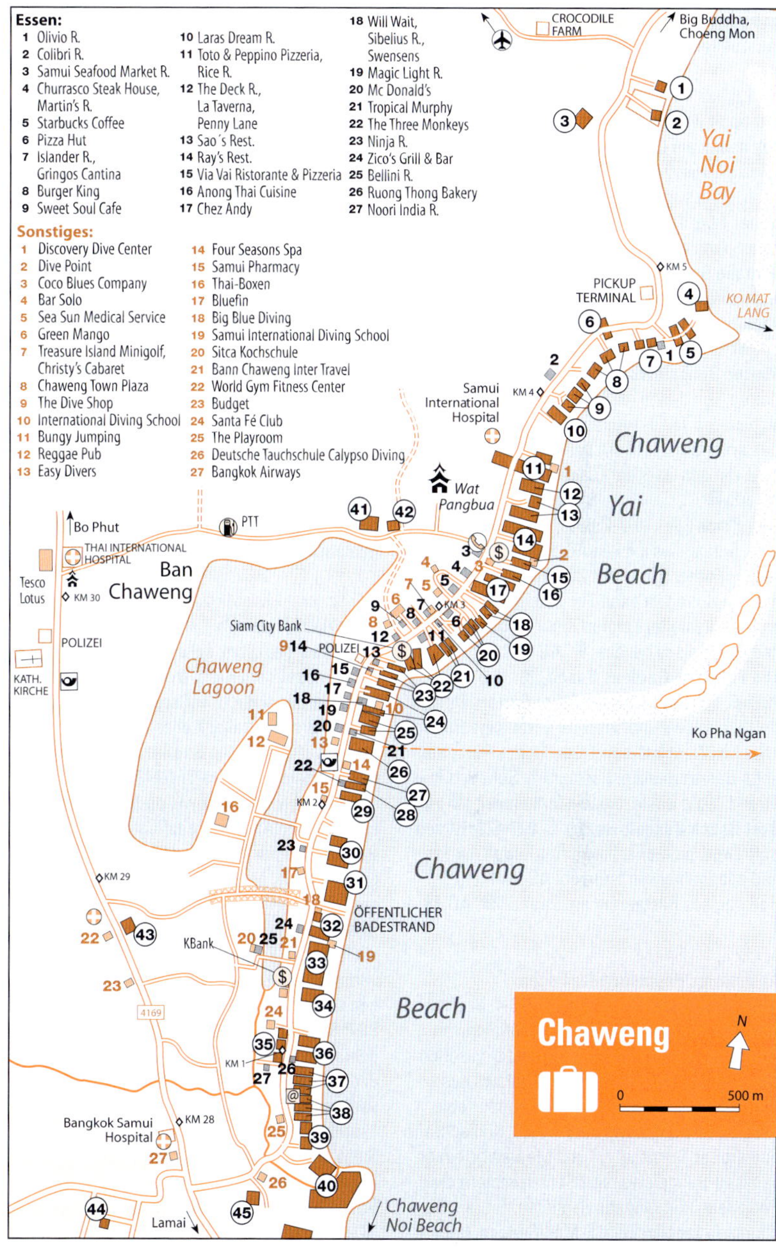
Essen:
1 Olivio R.
2 Colibri R.
3 Samui Seafood Market R.
4 Churrasco Steak House, Martin's R.
5 Starbucks Coffee
6 Pizza Hut
7 Islander R., Gringos Cantina
8 Burger King
9 Sweet Soul Cafe
10 Laras Dream R.
11 Toto & Peppino Pizzeria, Rice R.
12 The Deck R., La Taverna, Penny Lane
13 Sao´s Rest.
14 Ray's Rest.
15 Via Vai Ristorante & Pizzeria
16 Anong Thai Cuisine
17 Chez Andy
18 Will Wait, Sibelius R., Swensens
19 Magic Light R.
20 Mc Donald's
21 Tropical Murphy
22 The Three Monkeys
23 Ninja R.
24 Zico's Grill & Bar
25 Bellini R.
26 Ruong Thong Bakery
27 Noori India R.
Sonstiges:
1 Discovery Dive Center
2 Dive Point
3 Coco Blues Company
4 Bar Solo
5 Sea Sun Medical Service
6 Green Mango
7 Treasure Island Minigolf, Christy's Cabaret
8 Chaweng Town Plaza
9 The Dive Shop
10 International Diving School
11 Bungy Jumping
12 Reggae Pub
13 Easy Divers
14 Four Seasons Spa
15 Samui Pharmacy
16 Thai-Boxen
17 Bluefin
18 Big Blue Diving
19 Samui International Diving School
20 Sitca Kochschule
21 Bann Chaweng Inter Travel
22 World Gym Fitness Center
23 Budget
24 Santa Fé Club
25 The Playroom
26 Deutsche Tauchschule Calypso Diving
27 Bangkok Airways
CROCODILE FARM
Big Buddha, Choeng Mon
Yai Noi Bay
KM 5
PICKUP TERMINAL
KO MAT LANG
Samui International Hospital
KM 4
Chaweng Yai Beach
Wat Pangbua
PTT
Bo Phut
THAI INTERNATIONAL HOSPITAL
Ban Chaweng
Tesco Lotus
KM 30
KM 3
Siam City Bank
POLIZEI
KATH. KIRCHE
Chaweng Lagoon
Ko Pha Ngan
KM 2
Chaweng
KM 29
ÖFFENTLICHER BADESTRAND
KBank
4169
Beach
KM 1
Bangkok Samui Hospital
KM 28
Lamai
Chaweng Noi Beach
Chaweng
N
0
500 m

und aus der Flut der Angebote nicht leicht herauszufiltern sind.

Für Budget-Globetrotter

Nur noch wenige Hütten aus der guten, alten Zeit haben am Chaweng Beach überlebt. Man muss sie wie eine Stecknadel im Heuhaufen suchen, kann sie nicht vorbuchen und kann nicht sicher sein, dass sie im nächsten Monat überhaupt noch existieren.

Matlang Resort ⑤, ✆ 077-230468, ✉ matlang@loxinfo.co.th, noch einige einfache Bungalows, aber auch AC-Bungalows im schönen Garten. ❸–❺

Marine Bungalows ⑧, ✆ 077-422416, billige Hütten, von denen man nicht viel erwarten darf, im hinteren Teil der Anlage gute AC-Bungalows. Das unter Backpackern beliebte Restaurant wird von den Bars der Umgebung mitbeschallt. ❸, AC ❹

Your Place ⑩, ✆ 077-230039, voll gestopfte Anlage, Bungalows mit Fan/AC, nette Bar. ❸–❹

Lucky Mother ⑲, ✆ 077-230931, einige dunkle, muffige Hütten im alten Stil , nachts kann es laut werden, keinerlei Komfort, aber wegen der Lage und des Preises beliebt. ❸, AC ❹

The Chaweng Gardens Beach, ㉒, ✆ 077-422265, schöner, ursprünglicher Garten, ältliche Holzbungalows und bessere, geräumige Bungalows aus Ziegelsteinen, freundliches Personal, nette Besitzerfamilie; Restaurant. Sehr schöner Strand. Viele Gäste, die wiederkommen. ❹–❺

Best Beach Bungalows, ㉓, ✆ 077-422410, zentrale Lage, einfache, billige Holzhütten mit Fan und unangemessen teure mit AC, einfaches Bad. Kleines Restaurant am Strand. ❸, AC ❹

Für Ruhesuchende

Abseits des Hauptstrandes liegen:

Coral Bay Resort ②, ✆ 077-422223-4, 🖳 www.coralbay.net; in der Yai Noi Bay, nördlich von Chaweng, weiter Palmengarten mit tropischen Pflanzen und nostalgischen Bungalows aus Naturmaterialien, 52 geräumige, komfortable First-Class-Bungalows mit Fan, AC, Kühlschrank und großer Terrasse, z. T. mit Meersicht, einige Familien-Bungalows mit 2 Schlafzimmern; Bar, Pool; Jeep und Mopeds zu mieten, Touren, Buchungen, Tauchschule; E-Mail-Service. Rabatt in der Nebensaison. Umweltbewusstes Management. Geeignet zur Erholung, aber nicht für einen Badeurlaub. ❻–❽

Samui Bayview Villa & Resort ㊲, ✆ 077-230358, ✉ samuibayview@loxinfo.co.th, angeschlossen an Best Western, Villen und Hotelräume mit herrlicher Aussicht über Chaweng; Restaurant, Pool. ❻

Von Lesern empfohlene Anlagen am Strand

Baan Haad Ngam ⑦, ✆ 077-231500, 🖳 www.baanhaadngam.com, sehr angenehmes Resort, 40 luxuriöse Zi am Hang, tropischer Garten mit plätscherndem Bach, außergewöhnlich freundliches Personal, italienisches Restaurant am Strand vor der kleinen Straße. ❽

O.P. Bungalow ⑭, ✆ 077-422424, ✉ pan@op-bungalow.com, 🖳 www.op-bungalow.com, sehr beliebte Anlage in gepflegtem, tropischem Garten auf einer kleinen Landspitze, schlicht eingerichtete, geräumige Bungalows. Es gibt Zi nur mit Fan und Zi mit Fan und AC. Chinesische Besitzerfamilie, gutes chinesisches Restaurant mit mittleren Preisen (🕓 8–22 Uhr); Mopeds zu vermieten. Sitzplätze am Strand unter schattigen Laubbäumen. ❹–❺

P&P Samui Resort ㉑, ✆ 077-422540, 📠 422324, gehört denselben Besitzern wie O.P. Bungalow und wird genauso fürsorglich geleitet; sehr saubere, nette AC-Zi mit TV und Kühlschrank in 1- und 2-stöckigen Gebäuden, oben mit schöner Sicht, super Strandbungalows, Pool am Strand. Fröhliches, hilfsbereites Personal. ❹–❺

Baan Chaweng Beach Resort ㉖, ✆ 077-422403, 🖳 www.baanchawengbeachresort.com, 39 an-

Fast perfekt

The Jungle Club ㊿, ✆ 081-8942327, Zufahrt gegenüber Imperial Samui Hotel, Chaweng Noi Beach, perfekte Bungalows mit einfacher Einrichtung, zum Teil mit umwerfender Sicht oben am Hang. Pool in fantastischer Lage, angenehmes Restaurant. Die Zufahrt ist schwierig und nichts für Motorradneulinge. Liebenswerte Besitzer und herzliches Personal sorgen für gute Atmosphäre. ❸, AC ❹

sprechende Hotelräume mit Kaffeemaschine und Wasserkocher und 21 geräumige, geschmackvoll eingerichtete Villen in einem schmalen, schön angelegten Garten und am Strand, Openair-Restaurant, großer Beachfront-Pool, ausladende Schattenbäume am Strand. Erster Strandabschnitt von Norden kommend, an dem man schwimmen kann, deshalb recht belebt. ❻–❽

First Bungalow Beach Resort ㊵, ✆ 077-422327, 💻 www.firstbungalowsamui.com; am Bach auf beiden Seiten der Landzunge, eine der ältesten Anlagen auf Ko Samui, immer noch im Familienbesitz. 67 renovierte Bungalows mit AC; schöner Pool, um den sich große, hervorragend ausgestattete Bungalows und mehrere Häuser im Thai-Stil gruppieren, dahinter Hotel-Gebäude mit 80 Zi; herrlicher Strand. ❻–❽

The Imperial Samui ㊿, ✆ 077-422020-36, 💻 www.imperialhotels.com; am Chaweng Noi-Strand, ansprechend gegliederte Gebäude, 155 AC-Zi mit Blick aufs Meer; Restaurant am Hang auf verschiedenen Ebenen; Süßwasser- und Meerwasser-Pool mit integrierten Naturfelsen, wirkt faszinierend. Tennis, Wassersport. ❽

Essen

Chaweng hat sich zu einem Mekka für Schlemmer entwickelt, auch wenn kaum eine Speisekarte ohne Schnitzel auskommt. Erstklassige Restaurants entlang der Strandstraße konkurrieren mit stimmungsvollen Strandrestaurants. Kaum ein Restaurant bietet authentische Thai-Küche. Die Gerichte sind dem internationalen Geschmack angepasst.

Poppies, ✆ 077-422419, hält konstant seinen guten Standard, romantisches Ambiente, Kerzenlicht, dezente Live-Musik.

Empfehlung für Partylöwen

Ark Bar Garden Beach Resort ⑳, ✆ 077-422047, 💻 www.ark-bar.com, einfache, saubere Reihenhäuser zum Strand und zur Bar hin, kleiner Pool; super Treffpunkt für junge Leute, die laute Musik mögen, jeden Mittwoch Beachparty. Bei Mario ist immer was los! ❹, AC ❺

Magic Light Restaurant, vom Schweizer Koch Hans Peter Frutiger, bietet ein tolles Bauernfrühstück sowie gute Thai- und internationale Küche. Er kann auch Touristen mit Diabetes beraten.

Drop In, ✆ 077-413221, in einem großen, offenen Thai-Haus mit immensem Andrang, sehr umfangreiche Speisekarte und Weinliste.

Chez Andy, ✆ 081-8916148, Schweizer Küche, Steakhouse, unten Taverne, hinten Biergarten mit besten Preisen für deutsches Bier.

Sibelius, am Malibu Plaza, internationale Küche, europäischer Chef, ✆ 087-8830527.

Will Wait Bakery hat in mehreren Filialen leckere Backwaren, flinken Service und Video in bester Bild- und Tonqualität.

The Deck, das offene zweistöckige Restaurant ist etwas Besonderes.

Vor allem bei Kindern beliebt sind **McDonalds** und **Burger King** an der Strandstraße.

Via Vai ✆ 077-4 13 431, hier servieren 2 Brüder aus Neapel Pizzas, die als beste der Insel gelten. Auch die Pasta-Gerichte sind nicht zu verachten.

Ninja Crepes Restaurant, bekannt gute Küche zu günstigen Preisen, 24 Std. geöffnet. Am Abend muss man etwas Zeit einplanen und kurz anstehen, bis man einen Platz bekommt.

Unterhaltung

Die Unterhaltungsszene ändert sich noch schneller als das Angebot an Restaurants.

Sweet Soul Café, zieht jüngere Leute ab 23 Uhr an; kein Techno-Schuppen, hier hört man Funk, Soul, Hip Hop etc.

Green Mango, wird ab 24 Uhr interessant. Die große, ohrenbetäubend laute Disco ist bis 2 Uhr geöffnet.

Reggae Pub, ✆ 077-422331-2, schon eine Institution auf Ko Samui; die Live-Band spielt zwar nicht allzu viel Reggae, aber die Klangqualität ist toll; romantische Sitzgruppen mit Blick auf den See oder den künstlichen Wasserfall, 5 Bars, Biergarten, Freilichtkino unter Palmen, Eintritt frei, unter Insidern nicht mehr in, bei Touristen immer noch sehr beliebt.

Santa Fé, ✆ 077-230570, eindrucksvolle Anlage mit riesigem Palisadentor, auf Thai-Publikum

ausgerichtet, bis 2 Uhr dröhnen die Techno-Bässe an den Strand.
Full Circle, ✆ 077-413061, auf Techno getrimmte, innen total versilberte Anlage, gegenüber Central Samui, DJs aus UK.
Christy's Cabaret, Transvestiten-Shows um 23 Uhr, anschließend werden einem Getränke aufgedrängt, und es geht recht ordinär zu.

Sonstiges

Apotheken

Es gibt sehr viele moderne Apotheken, empfehlenswert ist: **Samui Pharmacy** mit Deutsch sprechender Apothekerin, die gut beraten kann.

Autovermietungen

Gute Angebote bei **CH Tours**, ✆ 077-230431, Autos werden zum Hotel gebracht. Auch mit **Queen PK Car Rental**, ✆ 077-422619, werden gute Erfahrungen gemeldet. **Budget**, ✆ 077-413384, erlaubt ab einer Mietdauer von 5 Tagen die Rückgabe in ganz Thailand.

Einkaufen

Viele Super- und Minimärkte entlang der Strandstraße. Besonders preisgünstig für den Großeinkauf ist das Einkaufszentrum **Tesco Lotus** an der Hauptstraße H4169.

Medizinische Hilfe

Samui International Hospital, ✆ 077-230781-2, 422272, 💻 www.sih.co.th; 🕒 24 Std., mit Labor, Zahnarzt und Krankenwagen.
Im **Sea Sun Medical Service**, Nr.166/7 in einer Ladenzeile, hat ein fähiger Arzt auch tagsüber Bereitschaft.
Thai International Hospital, gegenüber von Tesco, ✆ 077-414400, 💻 www.thaiinterhospital.com; einzige Dialyse-Station auf Samui, deutsche Koordinatorin.
Bangkok Samui Hospital, am südl. Ortsanfang von Chaweng, ✆ 077-429500, 📠 429505, 💻 www.samuihospital.com.

Motorräder

Sie werden überall für 150–200 Baht/Tag angeboten, in unterschiedlichem Zustand.

Achtung: Motorradfahren auf Ko Samui ist auch bei vorsichtiger Fahrweise nicht ungefährlich.

Pickups

Der Terminal liegt am **Samui International Hospital**. Alle Chaweng-Pickups fahren rund um die Insel. Für kurze Strecken zahlt man 20 Baht, für längere 30–50 Baht. Am Abend nehmen die Forderungen manchmal unverschämte Ausmaße an.

Reisebüros

Etwa 100 Reisebüros bieten in Chaweng ihre Dienste an. Alle sind mit aktuellen Daten auf 💻 www.samuiinformation.com/touroperators.html.
Im **Bann Chaweng Inter Travel**, ✆ 077-422153, 089-7293405, gegenüber Central Samui, bekommt man nicht nur deutschsprachige Beratung, sondern auch Hotel-Vouchers mit hohen Rabatten, Gruppen- oder Individualausflüge mit Deutsch sprechendem Führer, Flugrückbestätigung und günstige Flüge nach Europa.

Aktivitäten

Adrenalin-Pusher

Bungy Jumping & Entertainment mit großem Pool, Bar und Grill. Ein Sprung kostet 1400 Baht, Hoteltransfers und ein Getränk inkl., ✆ 081-8913314.
Canopy Adventures, ✆ 077-414150, für 1750 Baht wird man viermal an eine 300 m lange Kabelbahn gehängt und schwebt durch den Dschungel, Transfers inkl.

Elefantenreiten

Mehrere Elefantencamps ermöglichen das besondere Reitvergnügen, z. B. **Island Safari**, ✆ 077-230567, bietet Elefanten-Trekking, Elefanten- und Affen-Shows oder eine Fahrt mit Mini-Jeeps, je 2 Std. für 800 Baht p. P., 600 Baht pro Kind.

Full Moon Party

Zur **Full Moon Party** auf Ko Pha Ngan fahren die Speedboote für 500 Baht von 18–24 Uhr jede Std. ab, Rückkehr am Morgen von 6–8 Uhr; Reservierung bis 16 Uhr. Man kann bereits im

Hotel buchen, da man dann abgeholt und zurückgebracht wird.
T.W.C. Travel, 077-2300747, fährt ebenfalls mit Speedbooten für 400 Baht um 20.30, 21.30 und 22.30 Uhr, zurück um 6 und 7 Uhr; buchen bis 17 Uhr. Preis für einfache Fahrt: 200 Baht p. P.

Jungle Safaris
Mr. Ung's Magical Safari Tours, 077-230114, www.ungsafari.com, bietet Attraktionen wie Elefantenritte, Krokodilshows und eine abenteuerliche Jeep-Fahrt zum höchsten Punkt der Insel. Tagestour 1700 Baht, Kinder bis 10 Jahren 1100 Baht inkl. Essen.

Kanutouren
Blue Stars, 077-413231, www.bluestars.info, paddelt von Weihnachten bis August mit Seekajaks im **Angthong Marine National Park** für 2000 Baht p. P. (1 Tag), 4750 Baht p. P., Kinder 3250 Baht (2 Tage), bei Direktbuchung 10 % Rabatt, Anfahrt mit Speedboot. Bei den nördlichen Inseln Ko Wao und Ko Tungku kann man mit den Kanus in Höhlen fahren.

Kochkurse
Sitca (Samui Institute of Thai Culinary Art), Soi Colibri, 077-413172, www.sitca.net; erfahrene Köche unterrichten Mo–Sa ab jeweils 11 Uhr und 16 Uhr (jeweils vier Gerichte, 1850 Baht), max. 10 Schüler bereiten in der klimatisierten Kochschule an eigenen Kochern Thai-Gerichte zu und verspeisen das Menü anschließend gemeinsam (Partner gratis); inkl. Kochbuch (englisch). In einem Kurs von 3 Tagen zu je 3 Std. kann man von einem Meisterschnitzer die Thai-Kunst erlernen, Früchte und Gemüse dekorativ zu schnitzen und zu garnieren; 4950 Baht p. P. Im 2. Stock des Gebäudes ist ein Restaurant.

Mountainbikes
Sie werden beim **World Gym Fitness Center**, 077-231174, am H4169, und im **Discovery Dive Center**, 413196, North Chaweng, vermietet. Auch mehrere Hotels bieten sie an, z. B. Impiana oder Blue Lagoon.
Samui Mountain Bikes, 081-9823715, führen Tagestouren durch: Die Gäste werden von 9–9.30 Uhr vom Hotel abgeholt und von 17.30–18 Uhr zurück gebracht.

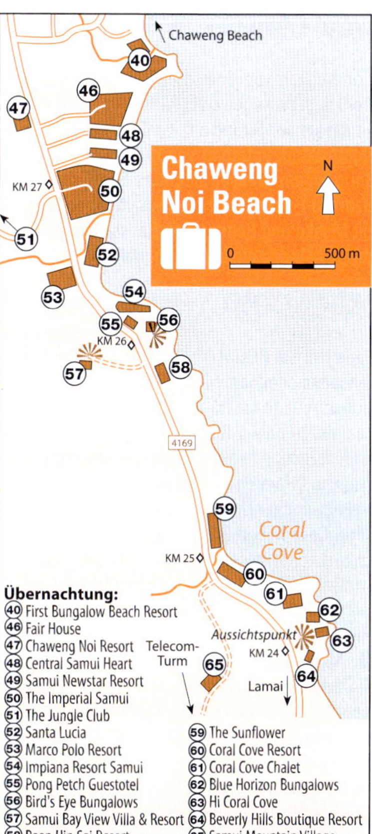

Tauchen / Wassersport
Mehrere Tauchschulen haben in Chaweng ihre Basis, z. B.:
Calypso Diving, deutsche Tauchschule, 077-422437, www.calypso-diving.com; an der südlichen Zufahrtsstraße.
Big Blue Diving, 077-422617, www.bigbluedivingsamui.com, beim Central Bay Resort.
Wassersportbegeisterte finden außerdem Surfboard- und Wasserski-Anbieter am Strand und entlang der Straße.

Coral Cove

2 km südlich von Chaweng Noi (25 km von Nathon) liegt zwischen zwei Pässen der Küstenstraße ein kleiner Strand mit weißem, sehr grobkörnigem Sand, umrahmt von runden Felsblöcken. Bei ruhigem Wasser macht es Spaß, durch die bizarren Felskanäle zu schwimmen, am besten mit Maske und Schnorchel. Bei starkem Wellengang ist Baden nicht ganz ungefährlich.

Übernachtung

Baan Hin Sai Resort ㊿58, ✆ 422624-7, 💻 www.kohsamui.com/baanhinsai. Sehr gepflegte, weitläufige Anlage am Hang mit 78 Räumen und Chalets. 2 Pools, 2 Restaurants, Spa und Englisch sprechende Mitarbeiter. Bekam einen Preis für „Harmonie von Architektur, Landschaft und natürlicher Umgebung". ❻–❼

Coral Cove Resort (60), ✆ 077-422126, ✉ coral@samart.co.th, im schmalen Streifen zwischen Straße und Meer. 30 neuere Bungalows, größtenteils mit AC, direkt am Strand oder am Hügel unter Palmen; freundliche Leute, gutes Essen. ❹, AC ❺–❻

Hi Coral Cove (63), 💻 www.sawadee.com/samui/hicoral/, ✆ 077-422495, gepflegter Palmengarten, 10 AC-Bungalows mit schöner Aussicht; Restaurant an der Straße; vermietet Schnorchelausrüstung und Mopeds. ❺

Beverly Hills Boutique Resort (64), ✆ 077-422232, 💻 www.samuibeverlyhills.com, auf dem Pass neben dem Viewpoint, 16 neuere AC-Bungalows mit offener Du/WC und Balkon mit herrlicher Aussicht. Swimming Pool über steile Treppen erreichbar. Restaurant in 3 Etagen in herrlicher Lage, freundliches, bemühtes Personal und gute Küche. Die felsige Küste davor eignet sich kaum zum Baden. Nebensaison 50 % Discount. ❽

Thong Ta Khien Bay

Gut 1 km weiter (23 km von Nathon) liegt unterhalb der Straße die schöne Thong Ta Khien Bay. Bei Ebbe ist Baden nur eingeschränkt möglich, Schnorcheln recht gut. Der weiße Sand ist fein wie Mehl und knirscht unter den Füßen.

Übernachtung

Crystal Bay Resort (1), ✆ 077-422677, 💻 www.sawadee.com/samui/crystalbay, Bungalows direkt am Meer und komfortable Zi in einem kleinen Hotelgebäude, Verkehrslärm. ❹–❻

Silver Beach Resort (2), ✆/📠 077-422478, 💻 www.go2silverbeach.com, terrassenartige Anlage, 35 Bungalows mit Fan oder AC, Restaurant am Strand. ❸–❻

Thong Ta Khian Villa (3), ✆ 077-230978, ✉ thongtakianvilla@hotmail.com, 14 günstige, saubere Bungalows, einige mit TV/Kühlschrank, etwas versetzt, mit mehr Privatsphäre, netter Besitzer. ❸, AC ❹

Samui Yacht Club (4), ✆ 077-422225-6, 💻 www.samuiyachtclub.com; weitläufige Anlage unter Palmen und Schatten spendenden Bäumen in einem dschungelartig überwucherten Garten, 43 gut ausgestattete, renovierte AC-Bungalows; etwas dunkles Restaurant mit Unterhaltungsprogramm, Swimming Pool, Fitnesscenter, Kinderspielzimmer. ❺–❻

Lamai Bay

Die sichelförmige, 4 km lange Bucht wird von vielen, zum Teil überhängenden Kokospalmen gesäumt. Individualreisende und Pauschalurlauber aus allen Ländern kommen in etwa 90 Hotels und Bungalowsiedlungen mit mehr als 2700 Zimmern unter. Jede Anlage verfügt über ein eigenes Restaurant. Die insgesamt guten Strände wirken nicht überfüllt. Überall gibt es noch Unterkünfte zu passablen Preisen. Die Strandhändler sind zurückhaltend und freundlich.

Die **östliche Bucht** beginnt 22 km entfernt von Nathon. Die malerische Bucht mit vorgelagertem Korallenriff ist flach, bei Ebbe ist das Wasser weniger als hüfttief. Der weiße Sandstrand ist mit glatten Felsen durchsetzt. Die schweren Brecher im Winter werden vom vorgelagerten Kap größtenteils abgehalten, sodass auch dann gebadet werden kann. Diese Bucht reicht bis zum Jungle Park Resort. Im Juli / August fällt die Bucht bei Ebbe fast ganz trocken. Die wenigen, sehr gepflegten Bungalowanlagen liegen am Hang in Kokosplantagen, in denen man auch schön spazieren gehen kann. Diese Gegend ist relativ weit von der Straße entfernt und wird von Urlaubern geschätzt, die Ruhe in der Nähe vom Trubel suchen.

Dem 1 km langen **nördlichen Strand**, nahe an der Straße, ist bis zur Höhe des Dorfes **Ban Lamai** ein Riff vorgelagert. Bei Ebbe schauen hier die Felsen heraus. An der Lagune werden während der Saison Bootsfahrten zur Insel **Ko Tan** angeboten. Hier gibt es noch viele kleine Anlagen im mittleren und unteren Preissegment, manche sogar noch aus der guten, alten Globetrotterzeit.

Der gut 2 km lange, schöne **zentrale Strandabschnitt** ist am südlichen Ende mit malerischen Felsen durchsetzt und bei Ebbe und Flut gut zum Baden geeignet. Der Sand ist an vielen Stellen recht grob. Im Winter herrscht starke Brandung, und der hohe Wasserstand reduziert den Strand beträchtlich. Am südlichen Ende findet man selbst im Sommer noch Stellen, wo man in den Wellen schwimmen kann.

Das Leben spielt sich an der Parallelstraße im Hinterland ab. Lamai wird von Familien, Paaren und befreundeten Cliquen besucht. Sie schlendern abends durch die Straßen und haben einfach Spaß an Musik, Essen, Trinken und Shopping. Die Bars mit jungen Damen werden immer weniger frequentiert, viele mussten schon schließen.

Etwa 60 Bungalowsiedlungen, Reihenhäuser und Hotels liegen am Strand und an der Parallelstraße, wo noch Zimmer ab 300 Baht zu bekommen sind. Im Gegensatz zu Chaweng sind in Lamai noch viele Unterkünfte in einheimischer Hand, jedes Jahr um ein, zwei bessere Bungalows erweitert, uneinheitlich im Stil und noch liebenswürdig unprofessionell geführt. Einige haben allerdings hochpreisigeren Resorts Platz gemacht. Von den Werbungsbooten, die über Lautsprecher Thai-Box-Veranstaltungen ankündigen, fühlen sich viele Touristen belästigt.

Der Wonderful Rock schließt die Lamai-Bucht nach Süden ab. Die noch südlicheren Bungalows (17 km von Nathon) liegen eigentlich schon in der **Bang Nam Chuet Bay**, zehren aber von dem bekannten Namen Lamai. Der Strand ist meistens zu flach zum Schwimmen. Bei starkem Ostwind ist es allerdings gerade hier besonders angenehm.

Übernachtung

In Lamai gibt es viele Hotels für Pauschaltouristen, vor allem im mittleren Preissegment. Sie sind über Kataloge der Reiseveranstalter oder übers Internet buchbar. Wir beschreiben deshalb nicht alle detailliert. Seriös dargestellt werden alle unter 💻 www.sawadee.com.
Im Folgenden nennen wir Unterkünfte, die ein Nischendasein führen und aus der Flut der Angebote nicht leicht herauszufiltern sind.

Für Budget-Globetrotter

Einige Anlagen aus der guten, alten Globetrotterzeit haben an diesem Strand überlebt. Oft wurden bessere Bungalows hinzugebaut. Sie sind nicht über Buchungsdienste buchbar.

Rose Garden ⑪, ✆ 077-424115, am nördlichen Strand, ältere Anlage mit vielen Pflanzen, 13 Bungalows mit Fan oder AC aus Holz und Ziegelsteinen, preiswertes Restaurant, Familienbetrieb. Nur in der Hochsaison geöffnet. ❸, AC ❹

No Name ⑭, ✆ 086-2686216, am nördlichen Strand, recht kleine, eng stehende Bungalows, alle mit Fan und Du/WC. Hier trifft man europäische, koreanische und Thai-Traveller. Personal ist schwer zu finden. Der Strand davor ist ordentlich. ❸–❹

Surat Palm ⑯, ✆ 077-418608, 💻 www.sawadee.com/suratpalm, Holzbungalows in einer netten Gartenanlage, die teureren in Strandnähe sind besser in Schuss. Restaurant an der Straße. Häufig Geruchsbelästigung durch die Lagune. ❸–❺

New Hut ⑰, ✆ 089-7298489, primitive A-frame-Hütten, z. T. mit Gemeinschaftsdusche, zwischen schönem Strand und einem stehenden Gewässer; ein Hang-out für junge Freaks, die mit dem Rucksack auf Weltreise hier mehrere Monate den Sinn des Lebens suchen. Beliebtes Restaurant mit großen Portionen. ❷–❸

Beer's House ⑱, ✆ 077-230467, eng stehende, aber sehr nette Hütten mit sauberen Toiletten und Platz für Hängematten, eine Reihe direkt vorn am schattigen Strand. Freundliches Personal. ❸

Wish ⑱, ✆ 077-230299, kleine, eng stehende Hütten mit Du/WC, die vorderen direkt am Strand, einfaches Restaurant am Strand, freundliche Familie. ❸

Vorwahl ist immer 077, wenn nichts anderes angegeben ist.

Thong Ta Khien Bay:

Nr.	Name	Preis	Telefon
①	Crystal Bay R.	❹	422677
②	Silver Beach R.	❸–❻	422478
③	Thong Ta Khian Villa	❸–❹	230978
④	Samui Yacht Club	❺–❻	422225-6

Lamai, östliche Bucht:

Nr.	Name	Preis	Telefon
⑤	Renais. Koh Samui	❽	429300
⑥	Bay View R.	❹–❻	418429
⑦	Jungle Park R.	❺–❼	418034-7
⑧	Flower Paradise	❹	09-2888362
⑨	Starbay Beach R.	❺	424546
⑨	Long Island R.	❹–❼	424202

Lamai, nördlicher Strand:

Nr.	Name	Preis	Telefon
⑩	Tamarind Hill	❽	424221
⑪	Rose Garden	❸–❹	424115
⑫	Weekender Villa	❹–❻	424116
⑬	The Spa	❸–❺	230855
⑭	Sukasem Bungalow	❸–❹	424119
⑭	No Name	❸–❹	458116
⑮	My Friend Bungalow	❷–❸	424120
⑯	Tapee	❷–❹	424096.
⑯	Aree Bungalows	❹–❺	232297
⑯	Surat Palm R.	❸–❺	424297
⑰	New Hut	❷–❸	230473
⑱	Beer's House	❸	230467
⑱	Wish	❸	230299
⑲	Lamai R.	❸–❹	424124
⑳	Sand Sea R.	❺–❼	424026

Lamai, Zentrum:

Nr.	Name	Preis	Telefon
㉑	Samui Laguna R.	❺–❻	424215
㉒	Pavilion Boutique R.	❽	424420
㉓	Mui Bungalows	❸–❹	424224
㉓	Utopia	❹–❺	233113
㉔	Samui Jasmine R.	❻–❽	232446
㉔	Thai House Beach R.	❻–❼	418005
㉔	Lamai Coconut R.	❹–❺	232169
㉕	Saman's GH	❷–❸	
㉖	Lily House	❸	424231
㉗	Magic R.	❸	424229
㉘	Weekender R.	❺–❻	424429
㉙	Coconut Beach R.	❸–❹	424209
㉙	Bonny H.	❹	232079
㉚	Lamai Inn 99	❹–❺	424427
㉚	Rich R.	❹–❺	424208
㉛	Best R.	❸–❹	233341
㉜	Lamai Wanta	❺–❻	424550
㉜	Marina Villa	❺	424426
㉝	Galaxy R.	❺–❼	424441
㉞	Miramare	❸–❹	424262
㉞	Sea Breeze	❸–❺	424258
㉟	Golden Sand Beach R.	❺–❼	424031
㉟	Som Thong R.	❸	424156
㉟	Aloha R.	❻–❽	424014
㊱	Orchid Suites	❹–❺	233088
㊱	Koeng	❷–❸	424285
㊲	Amadeus	❷–❹	424568
㊳	Varinda R.	❺–❻	424284
㊴	Lamai Pearl	❷–❹	424294
㊴	Bill R.	❹–❼	424403
㊵	Paradise Bungalow	❸–❺	424290
㊶	Green Villa	❸–❺	424296
㊷	Amity	❷–❹	424084
㊷	White Sand	❷–❹	424298
㊸	Samui Beach R.	❹–❻	424033
㊸	Baan Rim Had	❹–❺	424432
㊹	Thai-Ayodhya Villas	❻–❽	424702
㊺	Sunrise Bungalow	❸–❺	424433
㊺	Grand Rock R.	❸–❹	233194

Lamai, südliche Küste:

Nr.	Name	Preis	Telefon
㊻	Samui Park R.	❺–❻	424008
㊼	Noi Bungalow	❸–❹	424562
㊽	Floral House	❺	424319
㊾	Mango Village	❺–❼	418958
㊿	Rocky's Boutique R.	❽	233020

Lamai Resort ⑲, 077-424124, lamai_re@samart.co.th, 30 Bungalows, hinten noch alt, billig und einfach, vorne, direkt am Strand, neu, aus Stein und mit AC. Nette Thai-Familie, beliebt bei deutschen Globetrottern. ❸, AC ❹

Coconut Beach Resort ㉙, 077-424209, am zentralen Strand, 34 kleine, eng aufeinander stehende Bambushütten, die vorderen recht winzig, überteuert, aber am Strand gelegen, die hintersten größer, gut ausgestattet und mit AC. ❸, AC ❹

White Sand ㊷, 077-424298, berühmte Anlage der alten Sorte am südlichen Strand, ganz einfache Hütten mit Gemeinschaftsdusche direkt

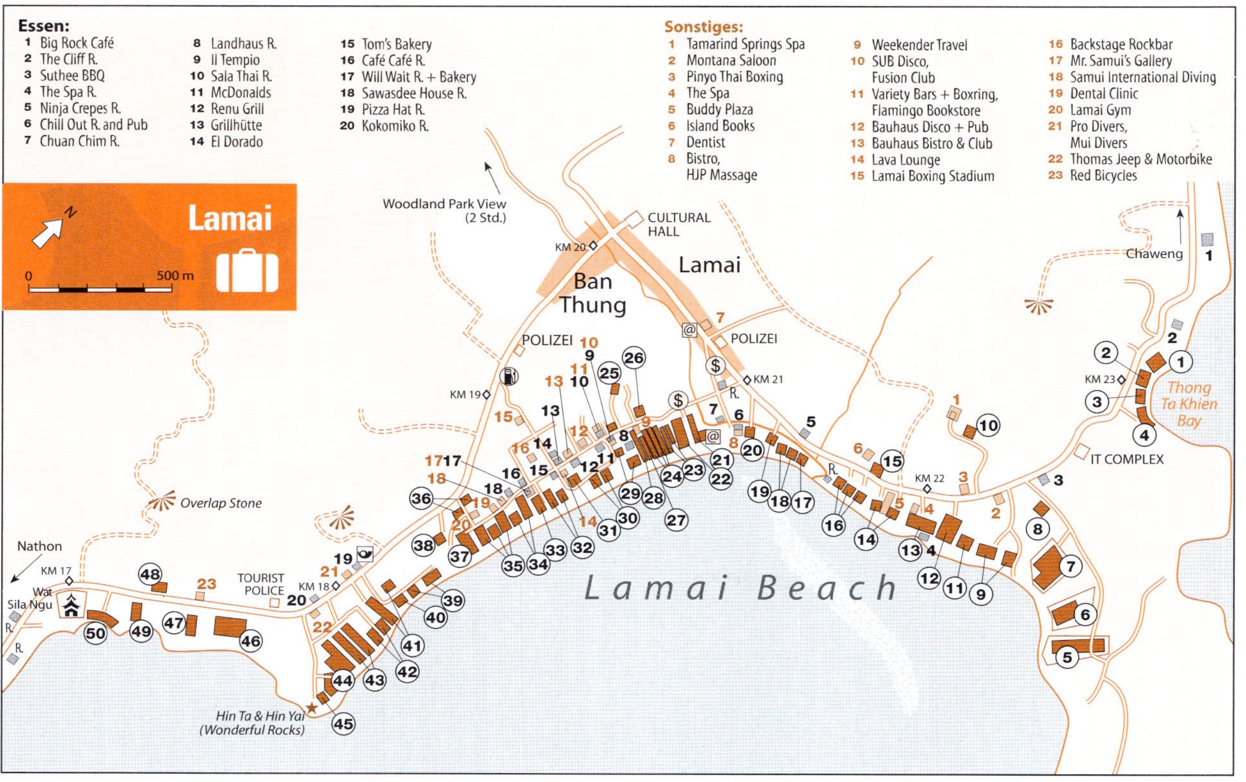

Essen:
1 Big Rock Café
2 The Cliff R.
3 Suthee BBQ
4 The Spa R.
5 Ninja Crepes R.
6 Chill Out R. and Pub
7 Chuan Chim R.
8 Landhaus R.
9 Il Tempio
10 Sala Thai R.
11 McDonalds
12 Renu Grill
13 Grillhütte
14 El Dorado
15 Tom's Bakery
16 Café Café R.
17 Will Wait R. + Bakery
18 Sawasdee House R.
19 Pizza Hat R.
20 Kokomiko R.
Sonstiges:
1 Tamarind Springs Spa
2 Montana Saloon
3 Pinyo Thai Boxing
4 The Spa
5 Buddy Plaza
6 Island Books
7 Dentist
8 Bistro, HJP Massage
9 Weekender Travel
10 SUB Disco, Fusion Club
11 Variety Bars + Boxring, Flamingo Bookstore
12 Bauhaus Disco + Pub
13 Bauhaus Bistro & Club
14 Lava Lounge
15 Lamai Boxing Stadium
16 Backstage Rockbar
17 Mr. Samui's Gallery
18 Samui International Diving
19 Dental Clinic
20 Lamai Gym
21 Pro Divers, Mui Divers
22 Thomas Jeep & Motorbike
23 Red Bicycles
Lamai
N
0
500 m
Woodland Park View (2 Std.)
CULTURAL HALL
Ban Thung
Lamai
POLIZEI
POLIZEI
KM 17
KM 18
KM 19
KM 20
KM 21
KM 22
KM 23
Chaweng
Thong Ta Khien Bay
IT COMPLEX
Overlap Stone
Nathon
Wat Sila Ngu
TOURIST POLICE
Lamai Beach
Hin Ta & Hin Yai (Wonderful Rocks)

Abseits des Massentourismus

Bay View Resort ⑥, ✆ 418429, ✉ wolfgang @samuinet.com, 💻 www.bayviewsamui.com, in der östlichen Lamai-Bucht, gute Holzbungalows, angemessen ausgestattet, sowie exzellente Komfortbungalows mit AC, Kühlschrank und toller Aussichtsterrasse, locker im zum Meer abfallenden Palmenhain verteilt, nettes Restaurant mit Meerblick; einsamer Sandstrand, Pool, Massage-Sala, Internet; unter Leitung des engagierten Deutschen Wolfgang und der liebenswerten Pu. Vermietet auch ein voll ausgestattetes Haus, Grand View Villa, mit 2 AC-Schlafzimmern, Wohnzimmer etc. in exzellenter Lage. Abseits des Massentourismus und doch nur 20 Min. Fußweg ins Zentrum von Lamai. ❹–❺, AC ❺–❻

am Strand, allerdings fast immer belegt; bessere Hütten, manche mit AC, weiter hinten. Etwas für Nostalgiker und treue Gäste, die übersehen können, dass die Anlage sehr heruntergekommen ist und als Truckstop genutzt wird. Sehr freundliche Besitzerin. ❷–❸, AC ❹

Für Ruhesuchende, abseits des Hauptstrandes

Sunrise Bungalow ㊺, ✆ 077-424433, 💻 www.sunrisebungalow.com; am südlichen Strand an der Zufahrt zu Hin Ta–Hin Yai, schön angelegter Garten mit kleinem Wasserfall, z. T. zwischen den Felsen, ansprechende Bungalows verschiedenen Stils, einige mit AC, TV und Kühlschrank, z. T. gute Aussicht, 2 neuere Familien-Suiten, Restaurant mit umfangreicher Leihbücherei, Liegen am Strand, gutes Schwimmen bei hohem, ruhigem Wasser zwischen den Felsen oder am kleinen, steil abfallenden Sandstrand, sonst 100 m weiter; kleines Spa, Auto und Moped zu mieten, sehr beliebt. ❸–❺

Rocky's Boutique Resort ㊿, ✆ 077-233020, 💻 www.rockyresort.com, völlig neu gestaltete Anlage ganz am südlichen Ende der Bucht, gut abgeschirmt vom Straßenlärm, eindrucksvolle, geschmackvoll eingerichtete Bungalows und Villen, z. T. mit guter Sicht, privater Sandstrand, von runden Felsen eingerahmt. Das 100 m entfernte Riff bricht die Brandung, daher ist es hier im Winter angenehm, im Sommer jedoch zu flach zum Schwimmen, zeitweise englische Animation. Restaurant und 2 Pools über dem Strand. ❼–❽

Von Lesern empfohlene Ferienanlagen am Strand

Weekender Villa ⑫, ✆ 077-424116, 💻 www.weekender-villa.com, großzügige, neu gestaltete Anlage, 10 saubere, gepflegte Bungalows mit leiser AC, Warmwasser, Safe und allem Komfort. In den Bungalows nahe dem Strand hört man den Straßenlärm kaum. Großes Restaurant mit ansprechenden Rattanmöbeln, Billardtisch und Leseecke, kleiner Pool mit komfortablen Liegen. Deutsches Management. Malerische Fischerboote am Sandstrand. ❹–❻

Aree Beach Resort ⑯, ✆ 077-424676, 💻 www.aree-beachresort.com, 27 Räume, auch Doppel- und Familienräume in Reihenhäusern und Bungalows am Strand, eifriger deutscher Manager. ❹–❺

Lamai Wanta ㉜, 💻 www.lamaiwanta.com, ✆ 077-424550, am zentralen Strand, 2-stöckige Reihenhäuser und Einzel- oder Doppelbungalows mit AC, schöner Pool. Die freundlichen, gut Englisch sprechenden Besitzer sind Mediziner. Gutes Preis-Leistungs-Verhältnis. Wird von Okt–Dez 2007 renoviert. ❺–❻

Utopia ㉓, ✆ 077-233113, 💻 www.utopia-samui.com; am zentralen Strand, 33 gute Bungalows, Suiten mit Du/WC und Fan, z. T. AC, etwas eng stehend; täglicher Zimmerservice, in einem bunten, tropischen Garten; Restaurant am hier schönen Strand, freundliches Personal; Bar (🕓 19–24

Empfehlung für Partylöwen

Mui Bungalow ㉓, ✆ 077-424224, Reihen- und kleine Einzelbungalows in einer Seitengasse, trinkfeste Stammgäste, deutsches Management. ❸–❹.

Saman's Gh. ㉕, einfache, saubere Zi mit Kühlschrank und TV, tagsüber laut, nachts ruhig, neben Eisfabrik. Gutes Preis-Leistungs-Verhältnis. ❷, AC ❸

Uhr). C@fe Network neben der Rezeption. Gutes Preis-Leistungs-Verhältnis. ❹, AC ❺

Thai House Beach Resort ㉔, ✆077-418005, 💻 www.thaihousebeach-resort.com, etwas ganz Besonderes am Lamai Beach: 60 original Thai-Häusern nachempfundene Bungalows, 14 direkt am Strand, mit allen modernen Annehmlichkeiten ausgestattet, halboffenes Badezimmer mit eigenem Gärtchen; Pool, Restaurant (🕓 6.30–24 Uhr), *Theme Nights* mit Shows und Live-Bands. ❻–❼

Samui Park Resort ㊻, ✆ 077-424008, 💻 www.samuiparkresort.com; im Süden hinter dem Felsvorsprung beim Wonderful Rock, nahe an der Straße, 60 mittelgroße, nicht mehr neue AC-Zi in 5-stöckigen Hotelgebäuden und etwas größere Bungalows. Gut für Familien mit kleinen Kindern geeignet, mit Spielplatz, Spielzeug, Planschbecken und sogar einem Kindermenü. ❺–❻

Essen

Es gibt jede Menge Restaurants und Straßenküchen, die durchweg gelobt werden.

Landhaus, Michael aus Kärnten serviert seit mehr als 14 Jahren deftiges europäisches Essen in großen Portionen; viele Stammgäste.

Sala Thai, Thai- und europäische Gerichte, beliebt bei Thais und Touristen, vor allem für Fisch und Seafood. Normale Preise.

El Dorado, leckere europäische und Thai-Küche, wird von einem Schweden sehr ansprechend serviert, Mi Grillabend. Für Gäste steht ein großer Billardtisch zur Verfügung.

Suthee BBQ and Restaurant, täglich preisgünstiges Barbecue („Eat as much as you can"), Nord-Lamai, Samui Ring Road, 100 m südlich des IT Complex.

Il Tempio, alteingesessenes italienisches Restaurant mit guter Pizza und fabelhafter Pasta.

Mr. Samui's Gallery and Art Café, ein Genuss nicht nur für die Sinne, lokale Küche und künstlerische Objekte.

Ninja Crepes Restaurant, sehr gutes Traveller-Frühstück und exzellente hausgemachte Nachspeisen.

The Spa, ✆ 077-230855, Strandrestaurant mit vielen leckeren vegetarischen Gerichten und Vollkornküche.

Will Wait Bakery, gutes Frühstück.

Kokomiko Restaurant, kleines gemütliches Restaurant mit Thai- und deutschen Gerichten, an der Ring Road nahe beim Wonderful Rock.

McDonald's lässt auch in Lamai Kinderherzen höher schlagen.

Unterhaltung

Eine Unmenge Shops, Restaurants, Bierbars und Discos ziehen dem Touristen das Geld aus der Tasche, doch meist in recht freundlicher, kaum aufdringlicher Weise.

Go-Go-Bars konnten sich bisher nicht durchsetzen. Für alle Pubs gilt jetzt die Polizeistunde um 2 Uhr.

Bekannte Einrichtungen sind:

Bauhaus, ✆ 077-233147, Disco mit gemütlicher Architektur, zieht auch Gäste von anderen Stränden an, wird ab 24 Uhr richtig voll. Die Schaum- und Cocktailpartys werden von Lautsprecherwagen angekündigt.

Backstage Rockbar, der Schwede Kris bietet Rockmusik vom Feinsten und schafft es jeden Abend, dass sich seine Gäste wohlfühlen.

SUB, große Disco hinter Il Tempio, für Techno-Fans.

Lava Lounge, der Ire Frank hat eine nette Bar in der Straße zum Strand aufgezogen.

Variety Bars veranstaltet samstags Lady Boxing.

Sonstiges

Airport Transfer

Verschiedene Reisebüros bieten Abholservice vom Hotel, als besonders zuverlässig gilt **Weekender Travel**.

Bücher

Flamingo Bookstore, riesige Auswahl auch an deutschen Taschenbüchern zum Tauschen oder Ausleihen; Telefon- und Faxservice, Flug- und Transportbuchungen.

Island Books, Paul aus Liverpool kauft, verkauft und verleiht immer wieder neue Bücher in vielen Sprachen. Auf einen Kaffee oder ein Bier kann man sich in einem netten Rattanstuhl niederlassen.

Wellness-Tipp

Tamarind Springs, ✆ 077-424436, 💻 www.tamarindsprings.com; sehr gepflegte, saubere, schön in die Natur integrierte Spa-Anlage am Lamai Beach mit verschiedensten Gesundheitsanwendungen, gut ausgebildetes Personal, gehobenes Preisniveau; über dem Tamarind Hill Resort. ⏲ 11–20 Uhr.

Geld

Viele ATMs und Banken, ⏲ 10–20 Uhr.

Motorräder / Mountainbikes

Motorräder werden entlang der Straßen und bei den meisten Resorts angeboten.

Besonders gut gewartet sind die Maschinen von **Thomas**, ✆ 081-8914953.

Mountainbikes verleiht **Red Bicycles**, ✆ 077-232136, gegenüber von Noi Bungalows. Sie veranstalten auch geführte Touren, wo man zu Plätzen kommt, die sonst kaum zu erreichen sind.

Reisebüros

In Lamai bieten ca. 60 Reisebüros ihren Service von recht unterschiedlicher Qualität an. Das deutschsprachige Reisebüro **Weekender Travel**, ✆/📠 077-424225, ✉ joergg@samart.co.th; 💻 www.weekender-travel.com, hat sich seit Jahren als sehr zuverlässig und kompetent erwiesen: Schnelle Online-Buchung von Bangkok Airways, von Thai Airways und internationalen Fluglinien mit Sofortausstellung von Tickets, Flugrückbestätigung, Individualtouren auf der Insel, Speedbootfahrten etc.; bucht auch günstige Flüge vieler Airlines von Deutschland nach Thailand unter 💻 www.thaifluege.de.

Wellness

The Spa, ✆ 077-230855, 💻 www.spasamui.com; Gesundheitsprogramme wie Reflexologie, Reiki, Dampfsauna, Yoga und Fasten ohne die vornehme, moderne Spa-Atmosphäre.

Südküste

Hier findet man keine kilometerlangen Südseestrände, sondern kleine, versteckte Buchten mit nur wenigen Bungalowanlagen. Allerdings ist das Wasser oft sehr flach oder bei Ebbe das Meer so weit entfernt, dass Baden und Schwimmen nicht immer möglich sind. Wem Ruhe und Natur mehr bedeuten als makellose, doch kommerzialisierte Sandstrände, ist hier besser aufgehoben.

Allerdings haben mehrere Besitzer von unrentablen Bungalowanlagen die Hütten abgerissen und mit mehr oder weniger geschmackvollen Häuschen für Langzeiturlauber bebaut. An der Küste entlang führt keine Straße. Die Buchten sind nur über Stichstraßen vom H4170 erreichbar.

Hua Thanon

Das traditionelle moslemische Fischerdorf mit seinem tollen Markt lohnt einen intensiveren Blick, denn die Hauptstraße säumen noch viele traditionelle Holzhäuser. Hinter den vollflächigen Fassadenöffnungen der 2–3-geschossigen, luftig gebauten Häuser verbergen sich Läden und kleine Werkstätten, während die Obergeschosse als Wohnraum genutzt werden. Auch hier setzt sich der Neubau im Garagenstil langsam durch.

Na Khai Cove

Biegt man hinter dem Dorf auf den H4170 ab, so weisen nach etwa 400 m einige Schilder nach links. Durch Palmenplantagen kommt man zu einem sehr flachen, ruhigen Strand (16 km von Nathon), der bei Ebbe weit hinaus trocken liegt.

Bang Kao Bay

Jenseits des 135 m hohen Hügels Khao Tale liegt die sehr flache Bang Kao Bay (17 km von Nathon). Ein Riff zieht sich mehrere hundert Meter weit draußen entlang. Im **Baanthale Riverside** kann man Fischerboote anschauen und mieten.

An der südlichsten Spitze von Ko Samui (1,2 km vom H4170) steht der gelb gestrichene **Chedi Laem Sor**, auch **Pagoda** genannt. Er gehört zum gegenüberliegenden Wat mit freundlichen Mönchen und Nonnen. Direkt davor schaut ein breites Riff aus dem Wasser heraus. Bei geeignetem Wasserstand kann man hier gut schnorcheln und sieht viele bunte Korallenstöcke, allerdings kaum Fische. Beim Ein- und Ausstieg kann man sich sehr leicht an den scharfen Korallen verletzen. Richtung Osten vergrößert sich der Abstand zwischen Riff und Strand, sodass dazwischen eine Lagune entsteht, in der man bei Ebbe in noch knietiefem Wasser baden kann.

Thong Krut

Wo der H4170 dem Meer am nächsten kommt, liegt das Dorf Thong Krut an einer flachen Sandbucht.

Pangka Bay

In der Pangka Bay (15 km von Nathon) liegen unter Palmen und schattigen Laubbäumen verstreut viele Fischerhäuser und eine Bungalow-Siedlung. Private Villen entstanden und ein Jachthafen ist geplant. Bei Ebbe kann man 1 km übers steinige Watt zum Wasser wandern, immer mit Blick auf die fünf skurrilen Felsen im Meer. Auch bei Flut erreicht das Wasser höchstens Brusttiefe. Kajakfahren ist möglich.

Übernachtung

Na Khai Cove

Samui Marina Cottage ①, ✆ 077-233394-6, 🖳 www.samuimarina.com, 40 eng nebeneinander stehende, schön eingerichtete AC-Bungalows mit TV, Minibar und Safe, alle mit freiem Blick auf den großen Garten, großer Pool, in dem auch Tauchanfänger unterrichtet werden. Sehr guter Service, ideal für Familien, die nicht viel auf der Insel unterwegs sein wollen. Ansonsten ist ein Fahrzeug unerlässlich. ❹

Samui Orchid Resort ②, ✆ 077-424017-8, 🖳 www.sawadee/samui/orchid/, ausgedehntes Resort, das ungepflegt wirkt. 1-, 2- und 3-stöckige Gebäude, Zi im Hotelgebäude. Palmengarten mit Restaurant, 2 Swimming Pools und Poolbar. Durch den angeschlossenen Samui Tiger Zoo ist hier immer viel los. Bei Ebbe schauen aus dem groben Sand Felsen und Korallenbrocken heraus, auch bei Flut kann man nur selten schwimmen. AC ❹

Central Samui Village ③, ✆ 077-424020, 🖳 www.centralhotelsresorts.com, am Hang zwischen vielen Bäumen, schöne Villas, teures Restaurant, 2 Pools, Spa, Liegestühle am Strand, der sich nur zum Sonnenbaden eignet; daneben die Samui Butterfly Farm. Autotransport nach Chaweng. ❼–❽

Laem Set ④, ✆ 077-424393, 🖳 www.laemset.com; familienfreundliche Anlage mit verschiedensten Häusern: aus alten Teakhäusern konstruierte Suiten mit eigenem Pool, Zi mit internationalem Standard im Hotelgebäude und einfache Strandhütten für Nostalgiker. Schwimmkanal zur Bucht, großer Pool, Spa, Restaurant. Unter neuer thailändischer Leitung. ❺–❽

Banburee Resort und Spa ⑦, ✆ 077-429600, 🖳 www.banbureeresort.com; Räume in einem Hotelbau und Villas z. T. für Familien. Großzügige Poolanlage mit Blick aufs Meer, das bei Ebbe dem Wattenmeer gleicht. ❽

Thong Krut

Hier kommt der H4170 dem Meer am nächsten.

Thong Krut Bungalow (=TK Bungalow) ⑧, ✆ 077-423117, einfache Hütten und große, gepflegte Bungalows mit Minibar an einer flachen Sandbucht, gutes Restaurant, freundlicher Besitzer. ❸, AC ❹

Thong Tanot

Hier wurde ein Pier weit ins Meer hinaus gebaut.

Coconut Villa ⑨, ✆ 423151, 🖳 www.sawadee.com/samui/coconutvilla; etwas eng bebaute, gepflegte Anlage am sehr flachen Strand, 20 einfache, saubere Holzbungalows mit unterschiedlichen Außenanstrichen wie lila und blau, mit Fan oder AC, 23 Steinhäuser mit AC, davon 9 sehr große für 3–4 Pers. Restaurant, Strandbar, Billardtisch, schöner Swimming Pool am Strand, nette Sicht auf Ko Tan; Jeep und Motorräder zu mieten. Sehr ruhig. ❹, AC ❺

Pangka Bay

Emerald Cove Resort ⑩, ✆ 334100, ✆ 081-9708794, ✉ wesinac@hotmail.com, einfache und bessere Bungalows in schöner Lage und in familiären Händen. Wer zu den Nostalgikern gehört, sollte ein paar Tage bei Wesina Urlaub machen. ❷–❸

Essen

Baan Lamom Restaurant, Na Khai Cove, ✆ 077-233146, am H4170, großes, offenes Restaurant, leckere Thai-Gerichte, Spezialität: *tom yam gung*; nette Leute. In der Nähe liegt ein kleiner Supermarkt mit Bänken, gut für ein Bier unter freundlichen Menschen.

Das Hafen-Restaurant **Ban Bangkao Seafood** in Bang Kao Bay verlangt normale Touristenpreise, schmutzige Umgebung.

In Thong Krut gibt es viele Restaurants am Ufer, z. B.: **Kung Kaew Restaurant**, gutes Seafood direkt vom Fischer, sehr nette, hilfsbereite Leute. Bootstouren (s. u.) und **Yara Restaurant**, modernes Ambiente.

Westküste

Die flachen Strände der Westküste sind nicht so berauschend wie die der Ostküste und nicht überlaufen. Liebhaber von Sonnenuntergängen kommen hier voll auf ihre Kosten. Wenn im Winter am Chaweng und Lamai Beach das Baden unmöglich wird, bleibt das Meer auf der Westseite im Windschatten der Insel ruhig.

Zum Dorf **Taling Ngam** (10 km von Nathon) zweigt am KM 3 des H4170 durch das Elefantentor eine Schotterstraße (1 km) ab zum Strand. Hier stehen noch viele Fischerhäuser.

Der ruhige, schmale **Santi Beach** (6 km von Nathon) ist ganzjährig bei hohem Wasserstand zum Schwimmen und für kilometerlange Wanderungen geeignet. Kein Rummel. Pickups kommen nur voll beladen vorbei.

Übernachtung

Hat Taling Ngam

Baan Taling Ngam Resort & Spa ⑩, ✆ 077-429100, 💻 www.baan-taling-ngam.com; exklusive Luxusanlage weithin sichtbar an einem Hügel, 72 separate, großzügige Bungalows, einige am Strand, 76 AC-Zi mit Balkon (ab US$300); da der Strand kaum mittelmäßig ist, führt ein Badesteg zum tieferen Wasser, zudem bringen Boote die Gäste zum Baden an andere Strände. Tauchschule. ❽

Santi Beach

Big John Beach Resorts 1 & 2 ⑮, ✆ 077-415537 💻 www.bigjohnsamui.com, neuere AC-Bungalows mit integrierten Kokospalmen, Pool, Restaurant mit Live-Musik aus den 60er- bis 80er-Jahren und polynesischen Tanzvorführungen, gute Atmosphäre; nette Chefin, arrangiert Thai-Hochzeit auf Voranmeldung; vermietet Jeeps und Mopeds. Big John Travel & Tour Company veranstaltet Touren mit dem eigenen Speedboot. ❺–❻

Rajapruek ⑯, 💻 www.rajaprueksamuiresort.com/en/, ✆ 077-423115, 9 schöne Beach-Bungalows und 1 Familien-Bungalow sowie 57 Zi im neuen, 2-stöckigen Hotelgebäude, Pool. ❻–❼

Lipa Lodge Beach Resort ⑰, ✆ 077-423028, 💻 www.lipalodge-beach-resort.th66.com, an einem ruhigen Strand, schöne, weitläufige Anlage im tropischen Garten mit 15 renovierten Bungalows. Gutes Restaurant direkt am Wasser, Pool. Nette Thai-Besitzer. ❻

The Siam Residence ⑱, ✆ 077-420008, 💻 www.siamresidence.com, Luxusanlage mit exklusivem Ambiente; 20 Villas von 80 m²; Restaurant am Strand, Pool, Fitnessraum, Tennis mit Flutlicht, österreichische Besitzer. ❽

Sawai Home Bungalows ⑳, ✆ 077-234031, zu erreichen über die Straße zum Hospital oder durchs Wat; einsame, sehr saubere Anlage mit kleinen und großen Bungalows. Hier bieten Greg und Hillary Hitt im Samui Dharma Healing Center, ✆ 077-234170, 💻 www.dharmahealingintl.com, verschiedene therapeutische Techniken und geleitete Meditation an. Motorrad- und Jeepvermietung. ❹

Wasana Gh. ⑲, gegenüber, 5 AC-Bungalows, freundliche Besitzerin. ❸–❹

Ausflugsziele

Die **Big Buddha-Statue** (Phra Yai) steht im dazugehörigen Wat auf der kleinen Insel Ko Fan, die durch zwei Dämme mit dem Festland verbunden ist. Die vergoldete Statue ist weder alt noch besonders schön, aber gegen den blauen Himmel und das tropische Meer verfehlt sie mit den beiden Wächterfiguren ihre Wirkung nicht. Die Läden mit großer Auswahl an Andenken, Kunst-

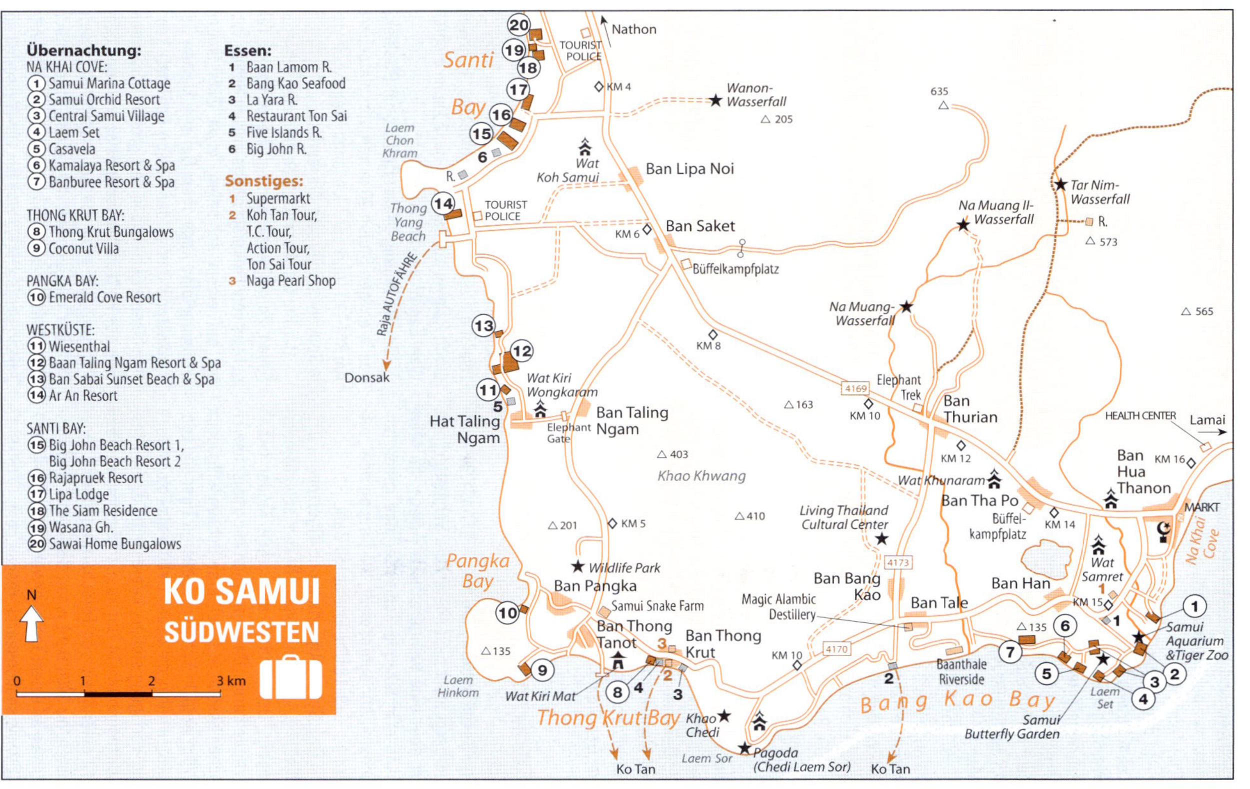
KO SAMUI
SÜDWESTEN
N
0 1 2 3 km
Übernachtung:
NA KHAI COVE:
1 Samui Marina Cottage
2 Samui Orchid Resort
3 Central Samui Village
4 Laem Set
5 Casavela
6 Kamalaya Resort & Spa
7 Banburee Resort & Spa
THONG KRUT BAY:
8 Thong Krut Bungalows
9 Coconut Villa
PANGKA BAY:
10 Emerald Cove Resort
WESTKÜSTE:
11 Wiesenthal
12 Baan Taling Ngam Resort & Spa
13 Ban Sabai Sunset Beach & Spa
14 Ar An Resort
SANTI BAY:
15 Big John Beach Resort 1, Big John Beach Resort 2
16 Rajapruek Resort
17 Lipa Lodge
18 The Siam Residence
19 Wasana Gh.
20 Sawai Home Bungalows
Essen:
1 Baan Lamom R.
2 Bang Kao Seafood
3 La Yara R.
4 Restaurant Ton Sai
5 Five Islands R.
6 Big John R.
Sonstiges:
1 Supermarkt
2 Koh Tan Tour, T.C. Tour, Action Tour, Ton Sai Tour
3 Naga Pearl Shop
Santi Bay
Nathon
TOURIST POLICE
KM 4
Wanon-Wasserfall
△ 205
635
Laem Chon Khram
Wat Koh Samui
Ban Lipa Noi
Tar Nim-Wasserfall
R.
△ 573
Thong Yang Beach
TOURIST POLICE
Ban Saket
KM 6
Na Muang II-Wasserfall
Büffelkampfplatz
Raja AUTOFÄHRE
Donsak
Na Muang-Wasserfall
△ 565
KM 8
Wat Kiri Wongkaram
Elephant Trek
4169
KM 10
△ 163
Ban Thurian
Hat Taling Ngam
Elephant Gate
Ban Taling Ngam
HEALTH CENTER
Lamai
△ 403
Khao Khwang
KM 12
Wat Khunaram
Ban Tha Po
Ban Hua Thanon
KM 16
MARKT
Büffel-kampfplatz
KM 14
△ 201
KM 5
△ 410
Living Thailand Cultural Center
Na Khai Cove
Wat Samret
Pangka Bay
Wildlife Park
Ban Pangka
4173
Ban Bang Kao
Ban Han
Ban Tale
Samui Snake Farm
Magic Alambic Destillery
KM 15
Samui Aquarium &Tiger Zoo
Ban Thong Tanot
Ban Thong Krut
△ 135
△ 135
KM 10
4170
Baanthale Riverside
Laem Hinkom
Wat Kiri Mat
Thong Krut Bay
Khao Chedi
Bang Kao Bay
Laem Set
Samui Butterfly Garden
Laem Sor
Pagoda (Chedi Laem Sor)
Ko Tan
Ko Tan

handwerk und Thai-Essen kennzeichnen diesen Platz als beliebtes Ausflugsziel, vor allem für Thai-Touristen.

In dem neuen, wunderschönen Tempel **Wat Laem Suwan Naram** ist auf Wandgemälden der Werdegang Buddhas dargestellt. In einem künstlich angelegten See kann man die Fische füttern. Über einen Steg erreicht man eine riesige und sehr beeindruckende 18-armige Göttinnenstatue. An der Straße zwischen Big Buddha und Choeng Mon.

In der **Cultural Hall** in Ban Lamai werden hauptsächlich Gegenstände ausgestellt, die chinesische Händler im 19. Jh. auf die Insel brachten, wie Waffen, Teegeschirr, Instrumente und Uhren, aber auch alte, landwirtschaftliche Geräte.

Die **Pagoda** (Chedi Laem Sor) an der Südspitze der Insel hebt sich eindrucksvoll gegen das Meer ab (gut ausgeschildert).

Der Tempel **Wat Kiri Wongkaram** beim Dorf Hat Taling Ngam im Westen der Insel beherbergt einen mumifizierten Mönch in einem Glaskasten.

Der schöne chinesische Tempel **Wat Kiri Mat** mit eleganter Architektur und farbenfrohen Verzierungen liegt einsam und versteckt am Meer bei Ban Thong Tanot im Südwesten.

Attraktionen

Der **Samui Butterfly Garden**, ✆ 077-424020-2, beherbergt nicht besonders viele Schmetterlinge, ist aber eine wunderschöne Anlage. Im März kann man lebende Schmetterlinge sehen (ansonsten nur aufgespießt, als Raupen oder verpuppt). ⌚ 9–18 Uhr, Eintritt 150 Baht.

Das **Samui Aquarium** und **Tigerzoo**, ✆ 077-424017-8, im Samui Orchid Resort ist nicht jedermanns Geschmack, aber viele Kinder haben Freude daran. Das Aquarium mit tropischen Fischen besteht aus mehreren Becken (insgesamt 120 m lang). In Käfigen vegetieren Tiger und Leoparden dahin, die gegen Gebühr als Fotostaffage zur Verfügung stehen. Interessant soll die Dressur täglich um 14 Uhr sein. In Zusammenarbeit mit einer Seelöwen-Forschergruppe wird angeboten, für 3400 Baht einen Seelöwen-Trainingsschein an einem Tag zu erwerben. ✆ 077-418987, 💻 www.sealionsearch-rescue.com. ⌚ tgl. 9–17 Uhr, Eintritt 350 Baht, Kinder bis 12 Jahre 200 Baht.

Magic Alambic Rum Distillery

Hier wird so genannter Rum Acricole aus Zuckerrohr hergestellt. Dieses Verfahren wird sonst nur noch auf zwei Karibischen Inseln durchgeführt. Der Besuch und die Verkostung sind kostenlos. Die Destille befindet sich im Dorf Ban Tale im Süden der Insel (gut ausgeschildert).

Die **Samui Snake Farm**, ✆ 077-334120, führt um 11 und 14 Uhr Schlangen, Skorpione und Hahnenkämpfe auf liebenswürdig unprofessionelle Art vor. Eintritt 300 Baht, Kinder 200 Baht.

Crocodile Farm, hinter der Brücke am Flughafen nach rechts, 1 km. Eintritt 200 Baht, geleitet von Hans und Dim; soll zur Arterhaltung der Krokodile dienen, Shows 14 und 16 Uhr, nicht jedermanns Geschmack.

Wasserfälle

Der **Tar Nim-Wasserfall** besteht aus mehreren Stufen von insgesamt ca. 60 m Höhe und bildet einige kleine Pools zum Erfrischen. Am KM 12,9 zweigt ein sehr steiler und schlechter Fahrweg durch Palmen ab, der nach ca. 2 km im dichten Wald den Wasserfall erreicht.

Der **Na Muang-Wasserfall** ist ein Bächlein, das in einigen Stufen 20 m herunter plätschert. Am KM 11,1 führt der 1 km lange Weg durch viele Souvenirstände zum Wasserfall.

Der **Hin Lat-Wasserfall** besteht aus mehreren Fällen. Zum eigentlichen Fall **Haew Khwai Tok** geht es vom Parkplatz rechts an den Hütten vorbei auf einem schmalen, etwa 2 km langen Dschungelpfad nach oben. Bei dem kleinen Getränkestand (nur in der Saison geöffnet) kann man hinabsteigen und in dem großen Pool unterhalb des **Hu Nam-Wasserfalls** schwimmen oder sich vom fallenden Wasser massieren lassen. Kletterer können hinter der kleinen Brücke noch 500 m höher steigen. Am KM 2 zweigt die belebte Zufahrtsstraße H4172 zum Hin Lat-Wasserfall ab.

Ang Thong Marine National Park หมู่เกาะอ่าง ทอง

Während einer Tagestour (8.30–17 Uhr) werden zwei Inseln des 40 Inseln umfassenden Archipels nordwestlich von Ko Samui angefahren. Auf der Insel **Ko Mae** kann man den grün schimmernden **Thale Noi** bewundern, auch *Blue Lagoon* genannt, einen kristallklaren Salzwassersee. Schnorcheln an den Riffen endet wegen des meist trüben Wassers oft enttäuschend.

Auf **Wua Talap**, einer Insel mit Süßwasser, lohnt es sich unbedingt, auf den **Utthayan Hill** zu klettern, auch wenn das 30 Min. schweißtreibende Anstrengung bedeutet. Die Aussicht auf die vielen dschungelbewachsenen Inselchen und das in allen Blautönen schimmernde Meer ist einfach betörend. Festes Schuhwerk ist ratsam.

Während einige Traveller von der Tour schwärmen, empfinden andere sie als üblen Nepp. Wer auf Wua Talap übernachtet, gewinnt sicher schöne Eindrücke. Der Nationalpark ist vom 1. November bis 23. Dezember geschlossen. Weitere Infos unter 💻 www.dnp.go.th/parkreserve/asp/style1/default.asp?npid=192&lg=2.

Transport

Die Touren werden von verschiedenen Veranstaltern angeboten und kosten inkl. Hoteltransfer, Parkeintritt (400 Baht), Schnorchelausrüstung, Soft Drinks, Snacks und einfachem Lunch zwischen 1400 und 2000 Baht. Insgesamt ist

Tauchen von Ko Samui aus

Von Mitte Februar bis Ende Oktober ist Tauchsaison auf Ko Samui. Im November werden die Boote gewartet. Direkt um die Insel herum gibt es mehrere nette Riffe, doch es lässt sich nie voraussagen, wo und wann das Wasser klar ist. Tauchtrips und Tauchkurse können bei mehreren Reisebüros, an den Stränden und in den Stadtbüros der Tauchbasen gebucht werden. Es gibt Dutzende von Tauchschulen, von denen viele nur ein paar Jahre existieren. Gute Erfahrungen machten wir und unsere Leser wiederholt mit:

Calypso Diving, deutsche Tauchschule, ✆/℻ 077-422437, ✉ info@calypso-diving.com, 💻 www.calypso-diving.com; am Südende vom Chaweng Beach an der südlichen Zufahrtsstraße, engagiertes deutschsprachiges Team; PADI 5 Sterne IDC Center, diverse preiswerte Kurse auf Ko Samui und Tagesfahrten auf der schwimmenden Tauchbasis *MV Calypso* (3400 Baht/Tauchtag).

Big Blue Diving, ✆/℻ 077-422617, ✉ samui@bigbluediving.com, 💻 www.bigbluedivingsamui.com; bietet Kurse, exklusive Tauchfahrten (z. B. „Photo/Video Dive") mit der Tauch-Jacht „Chonticha" (bis 18 Taucher, 4500 Baht p. P.) zum Sail Rock, Hin Samran und nach Ko Tao sowie professionelles Tauchen (z. B. Erkundung neu entdeckter Wracks aus dem 2. Weltkrieg).

Samui International Diving School, ✉ info@planet-tec.net, 💻 www.planet-tec.net, ✆ 077-233223; 8 Büros, u. a. in Chaweng (Malibu Resort) und in Lamai (gegenüber vom Galaxy Resort). PADI 5 Sterne IDC Center, alle Kurse vom Anfänger bis zum Instructor sowie Nitrox, u. a. auf Deutsch. Tauchboote, Live-aboard, mit Speedboot tgl. nach Ko Tao.

Dive Point, ✆/℻ 077-230478, 💻 www.divepoint-thailand.com; am Chaweng Beach, PADI-Kurse u. a. auf Deutsch, bietet 25-m-Boot bei Ko Tao für Live-aboard.

Easy Divers, 💻 www.easydivers-thailand.com, ✆ 077-413372-3; PADI 5 Sterne IDC Center, 5 Büros in Ko Samui. Ein PADI Go ECO Operator.

Die aktuellen Preise der Tauchschulen bitte deren Website entnehmen.

Die häufigsten **Touren** von Ko Samui (inkl. 2 Tauchgänge) gehen nach:

Sail Rock – Felswand-Tauchen, Großfische, interessante Kamin-Höhle; von superschnellen 30 Min. bis zu 2 1/2 Std. Anfahrt.

Marine National Park – bunte Korallenriffe und Rifffische an kleinen Inseln.

Südliche Inseln – recht gute Riffe, aber selten gute Sicht.

Ko Tao – große Auswahl an Tauchplätzen.

Im Ang Thong Marine National Park

Auf der Insel Wua Talap steht das Park Headquarter. Hier kann man in den **Park Bungalows** ❸ (eigenes Moskitonetz ist ratsam) oder in Zelten ❶ (gegen Aufpreis mit Matratzen und Bettwäsche) übernachten. Ein Restaurant ist vorhanden, Essen auf Vorbestellung.
Wer einen Aufenthalt plant, sollte gleich beim Ticket-Kauf den Termin für die Rückfahrt angeben. Eventuell muss eine Genehmigung erteilt werden. Um den Archipel zu erkunden, kann man sich beim Headquarter Sea Canoes ausleihen oder mit etwas Glück mit Fischern gegen Bezahlung Bootsausflüge machen.

man von 7–19.30 Uhr unterwegs, davon ca. 7 Std. im Nationalpark.
Mit **Blue Stars Sea Kayaking**, Chaweng Zentrum, können begleitete Touren mit **Seekajaks** durch die nördlichen Inseln unternommen werden.

Südliche Inseln

Südlich von Ko Samui bilden sieben Inseln den **Katen-Archipel**.

Die größte, **Ko Tan**, ist eine nette, kleine Insel zum Entspannen, aber nichts Besonderes – absolut tote Hose. Der Ort **Ban Ko Tan** liegt am 1 km langen Sandstrand im Osten der Insel.

Ko Mat Sum besitzt einen Kiesstrand (gut zum Schwimmen) und mehrere kleine, von Korallen- und Muschelstücken durchsetzte Sandstrände (Strandschuhe mitbringen!). Die Korallenriffe vor dieser Insel sind für Anfänger gut zum Schnorcheln geeignet (falls die Sicht mal gut ist).

Die Inseln **Ko Mod Dang**, **Ko Rab** und **Ko Mat Kong** sind für ihre schneeweißen Strände berühmt. Informationen über Transport und Unterkunft gibt es in Ban Thong Krut u. a. bei T.K. Tours, ✆ 334052-3, sowie in der Na Khai Cove beim Baan Lamom Restaurant.

Ko Pha Ngan

20 km nördlich von Ko Samui liegt **Ko Pha Ngan** (häufig auch *Koh Phangan*). Mit 19 km Länge, 12 km Breite und 168 km^2 Fläche ist die Insel etwa 2/3 so groß, hat aber einen völlig anderen Charakter. Während Ko Samui weich und einschmeichelnd wirkt, zeigt sich ihr kleineres Gegenüber eher von der rauen, ungezähmten Seite. Ein Drittel der Insel besteht aus von Dschungel bewachsenen Bergen, die sich bis zu 630 m hoch erheben. Die gut 12 000 Einheimischen sprechen Ko Pha Ngan ungefähr „Ko Pa-hahn" aus.

Die Strände von Ko Pha Ngan

Auf der Insel sind mittlerweile 26 Strände erschlossen. Die leicht erreichbare Westküste mit ihren hellen, palmengesäumten Sandstränden bietet bei hohem Wasserstand einen Anblick, der den Träumen aus dem Südseebilderbuch nahekommt. Bei niedrigem Wasserstand wird eine Wattebene freigelegt, die bis zum weit vorgelagerten Riff mit Muschel- und Korallenschrott durchsetzt ist. Bedeutend schöner wirken die kleinen Buchten im Nordwesten, die sich wenigstens bei Flut sehr gut zum Schwimmen und Schnorcheln eignen. Der beliebte, einst traumhafte Hat Rin Beach an der Südspitze ist total überlaufen, von der Drogenszene heimgesucht und für Ästheten und Ruhesuchende nicht zu empfehlen. Die schönen Sandbuchten an der felsigen Ostküste sind recht abgelegen und lassen sich fast nur per Boot erreichen.

Eine Ringstraße ist seit langer Zeit im Bau, aber es wird noch Jahre dauern, bis sie vollendet ist. Einige Teile sind schon wieder abgerutscht. Eine betonierte Straße führt von Thong Sala quer durch die Insel nach Chalok Lam, eine weitere an der Westküste entlang. Um diese kleine Runde abzufahren, benötigt man mit dem Moped etwa eine Stunde. Einige Strände der nördlichen Westküste sind nur auf steilen, schlecht ausgebauten Stichstraßen zu erreichen.

Bungalows

Unter den ca. 400 Bungalowanlagen von Ko Pha Ngan kann man immer noch einige mit günstigen

Hütten in ursprünglichen, unkommerzialisierten Familienbetrieben finden. Doch es werden laufend komfortable Resorts mit Klimaanlage, Satellitenfernsehen und sogar Swimming Pool gebaut, die pauschal oder übers Internet gebucht werden. Trotzdem konnte sich der Charakter von Ko Pha Ngan bewahren. Die ganz einfachen Bambusmattenhütten mit dünner Matratze und Außentoilette unter 150 Baht gibt es kaum noch. Die etwas besseren Bungalows mit Fan, eigener Dusche, WC und Moskitonetz ab 150 Baht sind noch an vielen Stränden vertreten. Auch größere Bungalows für Familien, Ferienhäuser und -wohnungen (wochen- und monatsweise zu mieten) gibt es schon vielerorts, teils mit Resortanschluss, teils abgelegen. Viele Anlagen warten mit einem ganzen Sammelsurium unterschiedlicher Bungalows auf, das von der Billighütte bis zum teuren Komfortbungalow reicht und ein Preisspektrum von 150 bis 2500 Baht abdeckt. In AC-Bungalows gibt es immer eine Warmwasserdusche.

Jede Bungalowanlage hat ihr eigenes Restaurant, z. T. mit wechselhafter Qualität. Viele Anlagen auf der Insel leiden in der Trockenzeit unter Wasserproblemen. An vielen Stränden muss man am Abend mit amerikanischer Video-Berieselung rechnen. Wer auf dieses „Bildungsangebot" verzichten möchte, muss wirklich suchen.

Klima und Reisezeit

Hauptsaison ist von Dezember bis Februar und – weit weniger – im Juli und August. Dauerregen gibt es in manchen Jahren vor allem im November, seltener auch im September oder Oktober. Von Juli bis Oktober ist zumeist schönes Wetter mit leichter Bewölkung, häufig ziehen aber nachmittags Regenwolken auf, die sich nur manchmal für 1–2 Stunden abregnen; allerdings können Monsunstürme tagelang gefährlich hohe Wellen verursachen. Von Januar bis Mai regnet es nur selten. Die Temperatur schwankt nur zwischen 23 und 35 °C.

Während im Juli und August das Wasser an den breiten Stränden der West- und Südküste kaum Hüfttiefe erreicht, überspült sie das Meer zumeist im Oktober bis Februar – nun ist die ideale Zeit zum Schwimmen.

Zur Fullmoon Party am Hat Rin Beach kommen Tausende Jugendlicher aus aller Herren Länder an den Strand gedüst, und die Bootsbesitzer fahren Sonderschichten.

Thong Sala

Der Hauptort der Insel, früher ein kleines Fischerdorf, hat sich zu einem Traveller-Ort mit allen entsprechenden Möglichkeiten entwickelt: Telefon- und Postamt, Hospital, Supermärkte, Bäckereien und einige Buchläden sowie Reisebüros. Selbstverständlich haben sich auch Banken mit Wechselschalter und Geldautomat, Internet-Cafés, Kleiderläden und Restaurants mit Traveller-Food niedergelassen. Auf dem Markt kann man sich mit frischem Obst, Gemüse und Seafood eindecken. Es macht richtig Spaß, hier einzukaufen.

Übernachtung

Sea Mew Gh. ⑦, 081-4777076, einfache Zi im Stadthaus beim neuen Pier, davor das Restaurant Sea Mew Hut, Vermietung von Mopeds 150–200 Baht/Tag, Auto und Jeep 800–1500 Baht/Tag. ❸, AC ❹

Bua Kao Inn ③, 077-377226, www.samui.50megs.com/buakao.html; verschiedene gute Zi mit Fan oder AC. Restaurant mit frischem Filterkaffee; die Bar ist bei Ausländern beliebt, gutes Preis-Leistungs-Verhältnis, Thai-amerikanische Leitung. ❸, AC ❹

Hotel Plaza, ⑤, 077-377232, im 2. Stock der kleinen Centerpoint Shopping Mall, ruhig gelegen. Neue, helle, große Zimmer mit TV, warme Dusche. AC ❹

Suan Inn ①, 077-238248, einige kleine und große, weit auseinander stehende Bungalows mit Fan und Heißwasser, nette Anlage mit vielen Pflanzen, freundliches, Englisch sprechendes Personal; 500 m nördlich von Thong Sala. ❸, AC ❹

Essen

Preiswert ist das **Vantana Restaurant**, 077-377024, mit Früchtemüsli, tollen Currys und vielen Cocktails. MTV in dezenter Lautstärke, britischer Besitzer.

Übernachtung:

HAT YUAN:
1 Good Hope
2 Ocean Stone Bungalows
3 Haad Yuan Bungalows
4 Barcelona Resort
5 Pariya
6 Big Blue
7 Pirat Corner
8 Bamboo Huts
9 Eden Garden
10 Horizon

HAT TIEN:
11 The Sanctuary
12 Haad Tien Resort
13 World Nature Resort
14 Family Shop & Bungalow
15 Love & Lips
16 Beam Bungalows

HAT WAI NAM:
17 Why Nam Huts

HAT YAO (Ost):
18 Ploy Beach

HAT NAMTOK:
19 Than Prapat Resort
20 Kung Bungalows

HAT SADET:
21 Than Sadet Resort
22 Mai Pen Rai
23 J.S. Hut
24 Silver Cliff
25 Plaa's Thansadet Resort
26 Seaview Thansadet
27 Grookoo

BOTTLE BEACH:
28 Bottle Beach 2
29 Bottle Beach 3
30 Bottle Beach 1
31 Smile Bungalows

KHOM BEACH:
32 Coconut Beach
33 Had Khom
34 Ocean View
35 Coral Bay

CHALOK LAM:
36 Try Thong Resort
37 Fanta
38 Belvedere
39 North Beach
40 Sarisa
41 Rose Villa
42 Seaside Resort
43 Malibu Bungalow
44 Chaloklam Bay Resort
45 Wattana Resort
46 Hin Ngam View Bungalows

SRI THANU BEACH:
47 Lake Side Resort
48 Laem Son 2
49 Laem Son
50 Sea View Rainbow
51 The Beach Resort
52 Nice Sea Resort
53 Ladda
54 Loy Fa
55 Chai Country
56 Chills
57 Moon Beach
58 Fullmoon Resort
59 Banana Beach
60 Nantakarn

HIN KONG BEACH:
61 Lipstick Cabana
62 Ananda Yoga Resort
63 Pha-Ngan Twilight

WOK TUM BEACH:
64 Sukho
65 O.K.
66 Golden Hill

PLAAYLAEM BEACH:
67 Darin
68 Sabai Beach
69 Sea Scene
70 Road Side
71 Blue Sea
72 Sunset Beach
73 Porn Sawan
74 Pimada Hut
75 Cookie
76 Beach 99

NAI WOK BAY:
77 Grand Sea Resort
78 Tranquil
79 Siripun
80 Joon
81 Phangan Bungalow

Essen:
1 Peper's Corner R.
2 Chill Out
3 Menu R.

Sonstiges:
1 Lotus Diving
2 Chalok Lum Diving School
3 Elephant Trekking
4 Ananda Yoga
5 Amsterdam Bar
6 Monte Vista Retreat

Im **Green Restaurant**, ein paar Häuser weiter, wird gutes Essen und preiswertes, leckeres Frühstück serviert.
In der **Bottle Beach Bakery** kann man leckeres Gebäck kaufen.
Yellow Café, unter englischer Leitung, bietet angenehmes Ambiente, gute Betreuung, echten Käse, Bohnenkaffee und vieles mehr.
Das **Jardin Secret** (Swiss Bakery) hat leckeres Gebäck.
Im **Ton Sai Restaurant**, ✆ 077-238371, an der Straße nach Ban Tai kochen zwei Schwestern ganz ausgezeichnete Thai-Gerichte, unter einem riesigen Ton Sai Baum am Fluss haben sie ein schönes Ambiente geschaffen.
Nachtmarkt beim 7eleven, 18–24 Uhr, bietet alle möglichen Thai-Gerichte und gutes Seafood.

Sonstiges

Autovermietungen

Jeeps und Autos sind vielerorts zu mieten, meist kleine Allrad-Suzuki-Jeeps für 800 Baht/24 Std. oder teurere 4WD bis 1200 Baht. Vorsicht, es ist nie eine Versicherung dabei!

Einkaufen

Der **Deli Shop 31** hat Käse und Salami am Stück sowie europäische Lebensmittel.
Big A ist der neueste Supermarkt, er hat auch europäische, vakuumverpackte und gefrorene Fleisch- und Wurstprodukte.

Geld

Banken: ◷ Mo–Fr 8.30–15.30 Uhr. Geldautomaten bei allen Banken.

Informationen

Im Internet 💻 www.kohphangan.com (informativ), 💻 www.phangan.info (gute Karten), 💻 www.phangan.net. Laufend aktualisiert wird 💻 www.webtravelkophangan.net.
Häuser zur Miete: 💻 www.phanganisland.de.

Medizinische Hilfe

Hospital, ✆ 077-377034, 3 km nördlich von Thong Sala. Gegen das häufig grassierende Denguefieber (auch *Dandy-Fieber)* gibt es

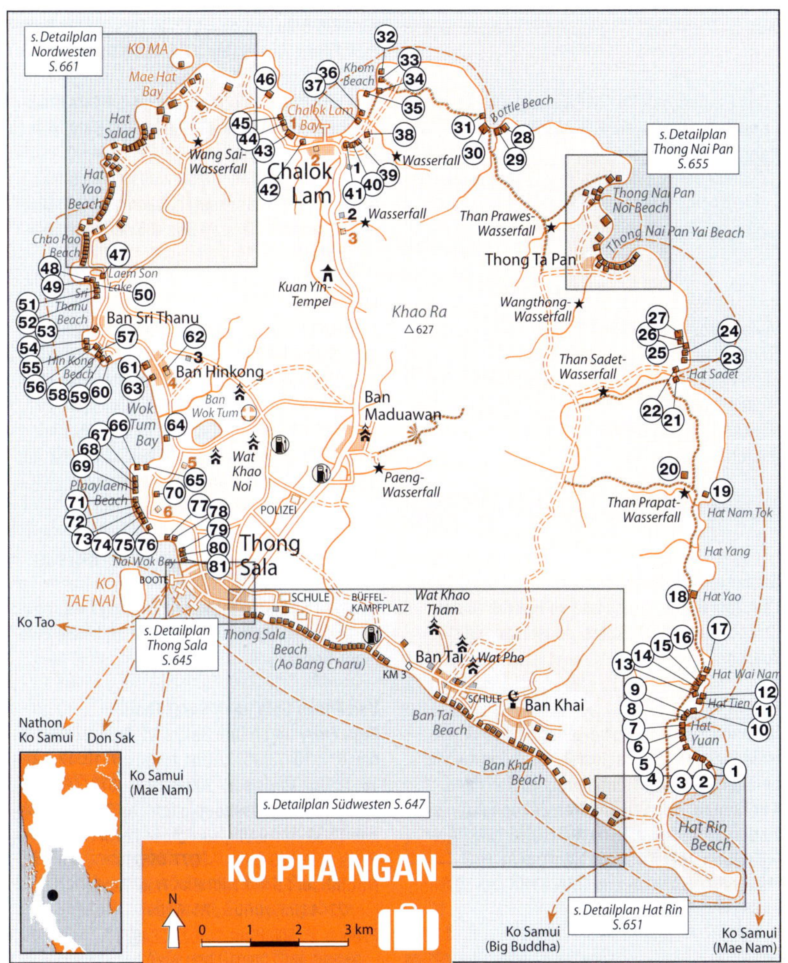

keinen chemischen Schutz (s. S. 867). Sandfliegen sind je nach Jahreszeit an einigen Stränden eine Plage. Die Entzündungen können in jeder Apotheke behandelt werden. Im Notfall helfen angeblich Kokosöl oder *Skin-So-Soft* von Avon.

Motorräder

Ein akzeptables Motorrad wird für 150–350 Baht pro Tag vermietet. Eine 125er Enduro kann man für 250 Baht pro Tag mieten. Außerhalb der Fullmoon-Zeit lässt sich bei Langzeitmiete gut handeln. Aber Vorsicht: Einige Straßen der Insel sind noch holprige Naturwege und übelste Bergpfade, auf die sich nur geübte Fahrer wagen sollten! Viele Bikes sind nicht funktionstüchtig. Es gibt keine Straßenbeleuchtung. Motorradfahren auf dem Strand kostet 2000 Baht Strafe!

Drogen

Das Gerücht, auf Ko Pha Ngan sei der Kauf und Konsum von Drogen (z. B. Marihuana) legal, ist gefährlicher Unsinn.
Zivilfahnder verschaffen Uneinsichtigen häufig eine Nacht im Knast und einen weltweit entlarvenden Stempel im Pass.

Reisebüros

Viele Büros in der Nähe der Piers verkaufen Boot-, Eisenbahn- und Flugtickets aller Art, machen Rückbestätigung von Tickets, bieten Auslandsgespräche, Fax-Service, Geldwechsel, Gepäckaufbewahrung, Motorrad- und Jeep-Vermietung.

Nahverkehr

Longtail-Boote

Sie fahren regulär oder per Charter von Chalok Lam zum Bottle Beach und ab Hat Rin zu den Stränden an der Ostküste, sonst machen sie Touren.

Pickups

In Thong Sala warten bei jeder Bootsankunft viele Pickups, die erst losfahren, wenn sie voll beladen sind. Der Normalpreis gilt bei mind. 4 Personen. Auch zu anderen Zeiten fahren sie zu den Stränden, z. B. nach THONG NAI PAN (100 Baht), HAT YAO (100 Baht), MAE HAT (100 Baht), BAN TAI und BAN KHAI (30–50 Baht) sowie HAT RIN (50 Baht).

Transport

Busse

Von der Khaosan Rd. in BANGKOK fahren AC-Busse um 18 Uhr in 12–14 Std. für 500–800 Baht inkl. Fähre, zurück um 12.30 Uhr ab 450 Baht. Viel niedrigere Preise sind nicht reell, höchste Vorsicht ist geboten. ✆ 02-2808073 in Bangkok, ✆ 077-377096 in Ko Pha Ngan.
Die Bus-Tickets von Seatran und Lomprayah beinhalten die Bootsfahrt (s. u.).
Nach BANGKOK mit dem VIP-24-Bus um 17 Uhr für 1035 Baht, mit dem VIP-40-Bus für 738 Baht inkl. Fähre, Ank. 6 Uhr. Ab BANGKOK Southern Bus Terminal um 19.50 Uhr.
Von KRABI um 11 und 18 Uhr (inkl. Fähre oder Nachtboot) in 8 bzw. 12 Std. für 400 Baht, zurück um 7 und 12.30 Uhr.
Zum Khao Sok Nationalpark das Kombiticket nur bis Surat Thani kaufen, dann bis 15.30 Uhr selbst den öffentlichen Bus 465 nehmen (60–100 Baht).

Eisenbahn

Aus BANGKOK kommt man über Chumphon (s. S. 590) oder Surat Thani (Bahnhof Phunpin, s. S. 599) nach Ko Pha Ngan. Reisebüros schlagen ca. 40 Baht auf die Ticketpreise auf.
Zurück nach BANGKOK geht es tagsüber mit dem *Sprinter* oder mit einem Nachtzug, der am frühen Morgen in Bangkok ankommt.

Boote

Fast alle Boote legen an den beiden Piers in Thong Sala an.
Von den Stränden fahren rechtzeitig Pickups zu den Booten. In der Nebensaison verkehren weniger Boote.

Von Thong Sala nach Surat Thani
Raja Ferry (nach Don Sak, 2 1/2 Std.), hin: 6, 7, 10, 13, 15, 17 Uhr, zurück: 7, 10, 12, 14, 16, 18 Uhr, Preis p. P.: 200 Baht, ✆ 077-377425
Songserm Expressboot (nach Tha Thong), hin: 12.30–16.10 Uhr, zurück: 8–12 Uhr, Preis p. P.: 300 Baht, ✆ 077-456274
Nachtboot (direkt zum Ban Don Pier), hin: 22–4 Uhr, zurück: 23–5 Uhr, Preis p. P.: 300 Baht, ✆ 077-284928

Auf der Raja Ferry kostet ein Moped 320 Baht, Auto (inkl. Fahrer) 550 Baht. Der Zubringerbus von **Phangan Tour** ab Surat Thani um 5.30, 8.30, 10.30, 12.30, 14.30 und 16 Uhr kostet inkl. Fähre 290 Baht, ab Bahnhof Phunpin um 8 Uhr für 350 Baht, ab Flughafen 450 Baht.
Mit Zubringerbus kostet das Songserm Expressboot ab Bahnhof Phunpin 350 Baht, ab Airport 450 Baht.
Auf dem Nachtboot kann man nach der Ankunft ausschlafen.

Thong Sala nach Ko Samui (+ Surat)
Lomprayah Katamaran (nach Mae Nam) hin: 7–7.30 Uhr, zurück: 8–8.30 Uhr, Preis p. P.: 250 Baht, ✆ 077-238411
Songserm Expressboot (nach Nathon), hin: 7–8 Uhr, zurück: (8) 11–12.00 Uhr, Preis p. P.: 200 Baht, ✆ 077-377046
Lomprayah Katamaran (nach Mae Nam), hin: 11–11.30 Uhr, zurück: 12–12.30 Uhr, Preis p. P.: 250 Baht, ✆ 077-238981
Seatran Speedboot (nach Big Buddha), hin: 11–11.30 Uhr, zurück: 13.30–14 Uhr, Preis p. P.: 250 Baht, ✆ 077-246086
Frachtboote (nicht tgl.), hin: 12.30–14.30 Uhr, zurück: 9.30–11.30 Uhr, Preis p. P.: ca.200 Baht, Info am Pier
Songserm Expressboot (nach Nathon), hin: 12.30–13 (16.10) Uhr, zurück: 17–17.45 Uhr, Preis p. P.: 200 (300) Baht, ✆ 077-456274
Lomprayah Katamaran (nach Mae Nam), hin: 16–16.30 Uhr, zurück: 13.30–14 Uhr, Preis p. P.: 250 Baht, ✆ 077-427765
Seatran Speedboot (nach Big Buddha), hin: 16.30–17 Uhr, zurück: 8–8.30 Uhr, Preis p. P.: 250 Baht, ✆ 077-246086

Der Lomprayah **Katamaran** macht eine Vollmondextrafahrt von Ko Samui um 21.30 Uhr, von Koh Tao um 17.30 Uhr. Außerdem verkehrt die *Had Rin Queen* 4x tgl. zwischen Had Rin West und Big Buddha sowie 1x tgl. ein Personenboot zwischen den Stränden an der Ostküste, Hat Rin East und Mae Nam. Das Chaos am Tag nach der Fullmoon Party kann grauenhaft sein, wenn jeder um einen Platz auf den Booten kämpft und total überfüllte Boote die Insel verlassen.

Von Ko Pha Ngan nach Ko Tao (+Chumphon)
Lomprayah Katamaran, hin: 8.30–9.45 (11.45) Uhr, zurück: (7) 9.30–10.45 Uhr, Preis p. P.: 350 (+450) Baht, ✆ 077-427765-6
Seatran Speedboot, hin: 8.30–10.00 Uhr, zurück: 15–16.30 Uhr, Preis p. P.: 350 Baht, ✆ 077-238129
Frachtboote (nicht tgl.), hin: 11.30– 14.30 Uhr, zurück: 9.30–12.30 Uhr, Preis p. P.: ca. 200 Baht, Info am Pier
Songserm Expressboot, hin: 12–14 (17.30) Uhr, zurück: (7) 10–11.30 Uhr, Preis p. P.: 200 (+450) Baht, ✆ 077-456274
Lomprayah Katamaran, hin: 12.30–14 (16.15) Uhr, zurück: (13) 15–16 Uhr, Preis p. P.: 350 (+450) Baht, ✆ 077-427765-6
Seatran Speedboot, hin: 14–15.30 (17.30) Uhr, zurück: (7) 9.30–11.00 Uhr, Preis p. P.: 350 (+450) Baht, ✆ 077-238129

Vom Lomprayah **Katamaran** hat man am Pier in Chumphon Anschluss nach HUA HIN (Ank. 17 bzw. 21.30 Uhr) und BANGKOK (Ank. 20.30 bzw. 0.30 Uhr) für 900 Baht. Ab BANGKOK fährt der Lomprayah-Bus, ✆ 02-6292569, um 6 bzw. 21 Uhr, ab HUA HIN um 8.30 bzw. 24 Uhr für 850–1200 Baht an den Pier in Chumphon und weiter per Katamaran nach Ko Pha Ngan. Auch Seatran und Songserm bieten Bus-Transfer nach/von Hua Hin und Bangkok.

Flüge

Mit **Bangkok Airways** nach Ko Samui, mit dem Pickup-Taxi zum Big Buddha Pier für 50 Baht, dann bis 18.30 Uhr mit der *Haad Rin Queen* nach Hat Rin West für 150 Baht und mit dem Pickup nach Thong Sala (50 Baht) oder zu den Stränden (bis 150 Baht).
Zum Airport in Surat Thani gibt es mit der Raja Ferry um 7 und 13 Uhr Zubringerbusse, die um 11.30 und 17.30 Uhr ankommen, zurück gegen 11 und 14 Uhr bei Ankunft der Flüge.
Billigflüge von Bangkok nach Surat Thani s. S. 595.

Thong Sala Beach (Ao Bang Charu)

Ein flacher Wattstrand bildet den ersten Küstenabschnitt. Im Sommer kann man bei Ebbe im seichten Wasser bis zum Riff waten und in Vertiefungen ein Wannenbad genießen, abends bietet der Strand eine herrliche Kulisse für den Sonnenuntergang. Von Dezember bis April soll baden möglich sein. Die „Stadt" ist über den Strand leicht zu Fuß erreichbar.

Übernachtung

Pha Ngan Villa ③, ✆ 077-377408, phanganvilla @hotmail.com, gepflegte Anlage am Strand,

18 verschiedenartige, nette Holzbungalows mit Du/WC und Fan, einige direkt vorne am Strand, freundliche Leute. Restaurant, Internet 30 Baht/Std. ❶–❷

Sea Gate Resort ⑥, ✆ 077-377341, geräumige Holzbungalows in 2 Reihen senkrecht zum Strand, ein großes Familienhaus mit 5 Betten direkt am Strand, Sandgarten mit jungen Palmen und Laubbäumen; gutes, gemütliches Restaurant, vielfältige Musik; freundliche Familie. ❸

Coco Garden ⑧, ✆ 077-377721, 💻 http://coco-garden-bungalows.th66.com, hübsche Bungalows mit eindrucksvollen Balkongeländern, vorne mit Fan, hinten AC; Sandgarten mit Palmen, Restaurant mit Bodensitzpolstern, Bar, freundliche Leute. ❸, AC ❹

Golden Light ⑩, ✆ 077-377468, Bungalows verschiedensten Alters und Stils, auch Doppelbungalows, in großem Gelände zwischen Strand und Straße, manche hinter der Lagune, die Gartenanlage zeigt guten Willen, familienfreundlich, Volleyballnetz am Strand. ❸, AC ❹–❺

Charm Beach ⑪, ✆ 077-377165, 💻 www.charmbeachresort.com; verschiedenartigste Einzel- und Doppelbungalows; sehr schöne Thai-Stil-Häuschen stehen zwischen Billighütten und alten Steinhäuschen im Sandgarten mit großen Laubbäumen. Sauberes Restaurant weiter hinten, gute Küche, freundliche, hilfsbereite Leute, viele Hunde, Kinderspielplatz, angenehme Atmosphäre; Boot und Schnorchelausrüstung kostenlos. ❸, AC ❹–❺

Essen

Keda Kew Restaurant, an der Abzweigung zum Sea Gate Resort; der offene Gastraum ist um die Küche angeordnet, sodass man beim Kochen zuschauen kann.

Ban Tai Beach

Dieser schöne, ruhige Strandabschnitt in der Mitte der Sunset-Küste besteht aus etwas grobem, aber sauberem Sand. Das flache Riff vor dem fast ebenen Wattstrand zieht sich weit draußen entlang. Im Sommer ist Baden nur bei hohem Wasserstand an wenigen Stellen möglich. Im Ort Ban Tai (4 km von Thong Sala) gibt es eine Tankstelle, eine Sanitätsstation, mehrere Restaurants, Internet-Cafés und einen kleinen Shop mit Mopedverleih. Im kleinen Fischerhafen kann man Boottrips arrangieren. Songthaews von Thong Sala kosten 50 Baht.

Auf dem Hügel liegt das **Wat Khao Tham** mit schöner Aussicht und 10-tägigen Meditationskursen (s. u.), etwas weiter landeinwärts das **Wat Nai**.

Übernachtung

First Villa ⑬, ✆ 077-377225, ✉ firstvilla@kohphangan.com, 💻 www.firstvilla.com; solide Einzel- und Doppelbungalows mit AC und z. T. Jacuzzi, natursteinverkleidet, in gepflegtem Garten; dicht am Strand 2-stöckiges Hotelgebäude mit gut ausgestatteten AC-Zimmern; großer Pool direkt am Strand. Satelliten-TV; Jeeps, Mopeds. ❹–❼

Power Beach Resort ⑭, ✆ 077-238937, neue Anlage mit Matten- und Betonbungalows eng um Pool und Restaurant. ❹–❺, AC ❺–❻

Rung Arun Resort ⑮, ✆ 077-238624, 💻 www.rungarunresort.com; fein eingerichtete AC-Bungalows am Strand mit Badewanne, TV und z. T. Kühlschrank sowie ein Doppel-Holzhaus weiter hinten. ❺

Phangan Beach Resort ⑯ ✆ 077-238809, nette Stangenholzbungalows am Strand und dahinter, Pool, TV-Raum, Billard. Unter Thai-englischer Leitung. ❸, AC ❹

Garden Lodge ⑰, ✆ 077-377446, 💻 www.gardenlodge.info, große, fein eingerichtete Zi mit Kühlschrank, TV, DVD, gratis WLAN , Gartenanlage mit Pool, Villas mit eigenem Pool. Für Familien geeignet. AC ❺

Two Rocks Hut ⑳, ✆ 077-377544, Holz- und Betonbungalows in sauberer Anlage, Fullmoon-BBQ-Buffet, beliebte Strandbar; Thai-Schweizer Leitung. ❸, AC ❹

Dew Shore ㉓, ✆ 077-238128, 💻 www.phangan.info/dewshore, saubere Bungalows, AC-Bungalows mit zwei Doppelbetten, liebevoll angelegter Garten; Hängematten und Schnorchelausrüstung gratis, freundlicher Familienbetrieb; Swimming Pool; Abholservice von Thong Sala. ❸–❹, AC ❺–❻

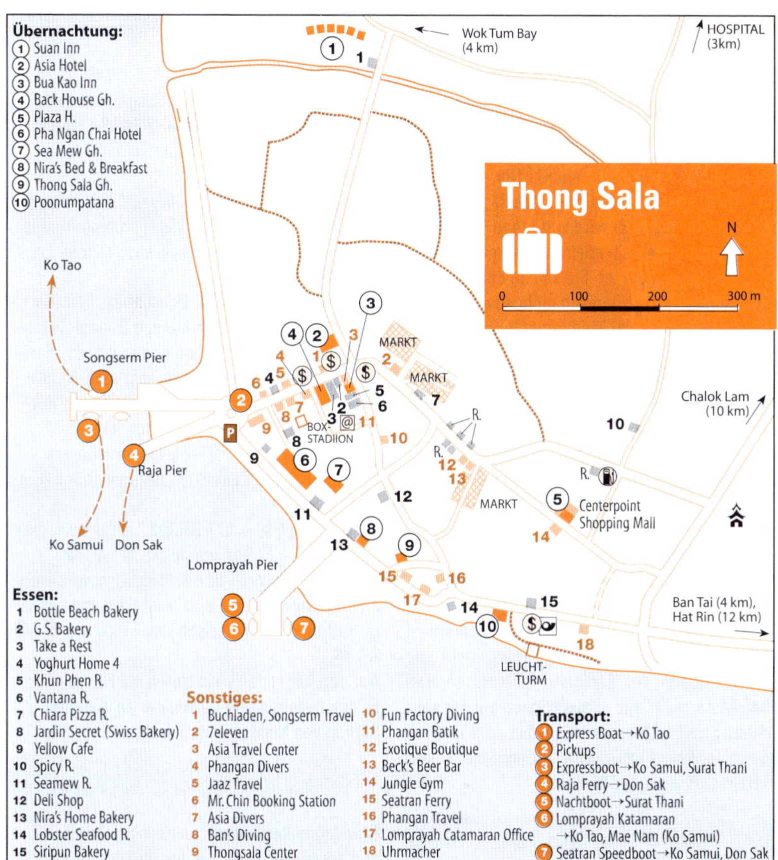

Life Style ㉔, 6 einzigartige Holzhütten, gutes Essen, gemütliche Strandbar, nette junge Leute, sprechen gut Englisch. ❷

Hansa Resort ㉗, ✆ 077-377494, 🖳 www.hansaresort.com, gut ausgestattete, große AC-Bungalows und Restaurant direkt am Dorfstrand. ❹–❺

S.P. Resort ㉘, ✆ 077-238442, schlichte Hütten z. T. ohne Du/WC und Bungalows, am Dorfstrand; ausgezeichnetes, billiges Essen, nette Familie. ❶–❸

Mac's Bay Resort ㉝, ✆ 077-238443, 🖳 www.macbayresort.com, gemauerte Bungalows mit Terrasse direkt am Strand, passables Restaurant. Hier fühlen sich die Freaks von dazumal noch wohl. Viele Langzeitgäste, jeden Monat Blackmoon Party. ❷–❸, AC ❹

Essen und Sonstiges

Essen

Somtum-Inter, günstiges nordost-thailändisches Essen: Sticky Rice, mehrere Arten leckerer Papaya-Salat etc.

Boat Ahoi, stilvolles Thai-Restaurant mit gehobenem Niveau, alle möglichen Gerichte.

Meditationen

10-tägige Kurse in Vipassana- (Einsichts-)Meditation finden einmal pro Monat von Dez bis März und Juni bis Aug im **Wat Khao Tham** bei Ban Tai statt. Der Kurs ist ähnlich aufgebaut wie derjenige im Wat Suan Moke (s. S. 594), Weckzeit um 4 Uhr, Mittagessen um 11 Uhr, Freizeit bis 13 Uhr; absolutes Rauch-, Sprech-, Lese- und Schreibverbot. Er wird von Steve und Rosemary Weisman, einem australisch-amerikanischen Ehepaar, geleitet. Sie sind in der Lage, auch Leuten, deren Englisch nicht so gut ist, viel über Buddhismus und Meditation beizubringen. Es liegen auch deutsche Übersetzungen des Kurses vor. Für Essen und Unterkunft sind 4000 Baht zu zahlen. Informationen und Anmeldung (am besten mehrere Tage zuvor) im Wat auf dem Hügel, 🖳 www.watkowtahm.org.

Ban Khai Beach

Dieser Wattstrand beginnt 1 km hinter Ban Tai und erstreckt sich über mehr als 2 km. Kurze Sandstrände wechseln mit flachen Felsbänken ab. Kokospalmen säumen die flache Küste. Die Straße entlang der Südküste führt durch **Ban Khai**. Motorräder und Jeeps können auf der sehr steilen Straße über die Hügel bis zum Hat Rin Beach fahren. Pickup von Thong Sala kostet 50 Baht p. P., abends 100 Baht.

Übernachtung

My Phangan Resort ㉞, 077-377302, schön eingerichtete Stein- und Holzbungalows. ❸–❹, AC ❹–❺

Morning Star ㉟, 🖳 www.morning-star-resort.th66.com, ✆ 077-377756, sehr schöne Holz- und Steinbungalows um einen gepflegten Garten mit Pool, Restaurant und Internet. ❹, AC ❺

Ban Haad, ㊱, ✆ 077-238332, einfache Hütten, relaxte Atmosphäre. ❷–❸

Lee Garden ㊲, ✆ 077-238150, große Anlage, Mattenhütten in 3 Reihen unter Palmen, billig und familiär, bei Deutschen sehr beliebt, gutes Essen. ❸

Moonflower Bungalows ㊷, ✆ 085-7879480, Anlage mit verschiedenen, renovierten Holzhütten. Thai-holländische Leitung, Live-Rockkonzerte. ❷–❸

Jungle House Resort ㊸, ✆ 077-238485, geräumige, schön gestaltete Holzbungalows im schattigen Wald, oberhalb der Straße, gutes Restaurant, bei Vollmond laut. 3 Min. vom Strand entfernt. ❷–❸

Pha Ngan Rainbow ㊺, ✆ 077-238236, 🖳 www.rainbowbungalows.com, kleine, ruhige Anlage mit ordentlichen Bungalows, australische Leitung. ❶–❸, AC ❺

Blue Lotus Resort ㊻, ✆ 077-238489, 🖳 www.bluelotusresort.com; geräumige Bungalows unter Palmen, am Strand und weiter hinten; mexikanisches Restaurant; unter Thai-amerikanischer Leitung von Pong, Shana und ihren Hunden. Monoskiverleih, Speedboot. ❸

Green Peace ㊼, ✆ 077-238436, Anlage aus den guten, alten Zeiten, am Hafen, schöne Aussicht. ❸

Thong Yang (53), ✆ 077-238192, Bungalows, malerisch hinter Felsen versteckt. ❸, AC ❹

Silvery Moon (56), ✆ 077-238563, 🖳 www.silvery-moon-bungalow.th66.com, einfache und bessere Hütten, recht malerisch unter Palmen. ❷–❸, AC ❹

Auf den folgenden 2 km treten die Berge und Felsen bis ans Meer heran, nur an wenigen Stellen von Sandstränden unterbrochen.

Essen

Blue Lotus Restaurant serviert mexikanische und amerikanische Gerichte, gut und preiswert, 🕓 9.30–21.30 Uhr.

Tom Yam Kung, schön gestaltetes Aussichtsrestaurant.

Hat Rin Nai Beach (West)

Der **Sunset Beach** wird durch einen kleinen Hügel in zwei Teile geteilt. Der nördliche Teil kann am besten über die Hauptstraße am Fuße der Berge erreicht werden, der südliche vom Pier über den Strand.

Weiter im Süden Richtung Kap liegt der abgeschiedene, reizvolle **Sarikantang Beach**. Einige Unterkünfte wurden im Hinterland gebaut, aber

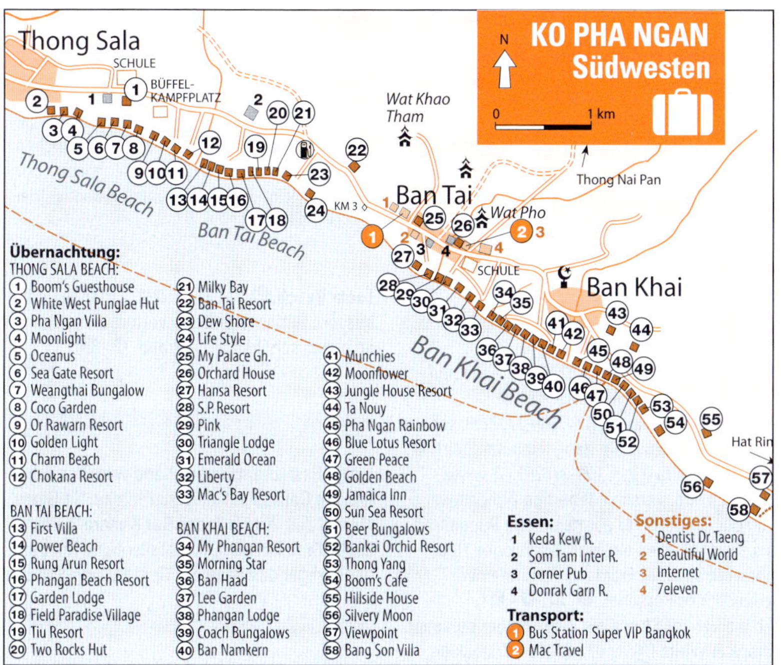

die meisten liegen am Strand. Im Sommer wird viel Müll und Kokosabfall am Sunset Strand angeschwemmt, der von den Anliegern nicht entfernt wird. Während der Regenzeit (Okt / Nov) sind die Strände zumeist völlig überschwemmt. Das Riff verläuft etwa 100 m vor dem Strand, dazwischen wachsen viele Korallen. Wer zur Abwechslung einen langen, feinen Sandstrand sucht, geht zu Fuß die 800 m rüber nach Hat Rin East.

Übernachtung

Nördlicher Strand

Vimarn Samut Resort ③, 077-375027, www.phanganhotel.com/vimarnsamut, zweistöckiges Hotelgebäude auf hohen Betonpfählen, sauber, gute Sicht, Restaurant am Strand, freundlicher Manager. ❺–❽

Star Light ③, 077-445026, etwas gepflegtere Anlage. ❸, AC ❹

Sun Beach ④, 077-375192, blaugrün gestrichene Holzbungalows in gepflegtem Garten in drei Reihen senkrecht zum Strand. ❸, AC ❹

Sandy ④, 077-375138, grau gestrichene Mattenbungalows, sauber, kleiner Garten. ❷–❸, AC ❹

Rainbow ⑤, 077-375293, hellblau gestrichene Steinbungalows, freundliche Familie. ❸

Coral Bungalows ⑤, 077-375023, www.coralbungalow.net, renovierte Anlage mit Steinbungalows, Pool, Bar, TV-Raum, Liegen am Strand. ❸, AC ❹

Phangan Buri Resort & Health Spa ⑥, 077-375481, www.phanganburiresort.net, neue, luxuriöse Bungalows in einer tropischen Gartenanlage, exzellentes Restaurant, schöner Pool vorn am Strand. ❺–❻

Im Hinterland

Abseits und ruhig liegen

Pooltrap Village ⑧, 077-375104, mit und ohne

Du/WC, liebenswürdige Besitzer, Lehrer der Dorfschule. Ruhig gelegen. ❷–❸

Tanyaporn GH ⑧, ✆ 077-375174, möblierte, saubere Zi, große Gemeinschaftsterrasse, 2 große Thai-Bungalows. AC ❹

Drop In Club Resort & Spa ⑩, ✆ 077-375444, 💻 www.dropinclubresortandspa.com, luxuriös anmutende, aufgelockerte Hotelanlage im Thaistil um einen Pool herum; große, gut eingerichtete Zi und Suiten ohne Meersicht, Penthouse, Restaurant, Spa, Sauna, Coffee Shop, Internet, guter Service. AC ❻–❽

Südlich der Anhöhe

Palm Beach ⑪, ✆ 077-375240, ganz alte und sehr schöne Holzbungalows. ❶–❷

Haad Rin Thai Resort ⑪, ✆ 089-7702290, schöne Bambusbungalows am Hang mit guter Sicht. ❸

Neptune's Villa ⑬, ✆ 077-375251, 💻 www.phangan.info, verschiedenartige Bungalows, von der Bretterhütte über einfache Bungalows bis zu schmucken ein- und 2-stöckigen Häuschen mit schöner Front aus Natursteinen, freundliches Personal. ❸, AC ❹–❻

Ab hier ist der Strand mit einer Mauer befestigt.

Black & White ⑭, ✆ 077-375187, 2-stöckige Gebäude mit je 4 Zimmern, sowie Bungalows, nette Familie. ❷–❸, AC ❹

Friendly ⑮, ✆ 077-375167, vorne am Strand gute Steinbungalows, große Wiese, im Zentrum Restaurant, Familienbetrieb. ❸, AC ❹–❺

Family House ⑯, ✆ 077-375173, schöne Steinhäuser mit Bad, einige AC-Bungalows; nette Familie. ❸, AC ❹

Rin Beach Resort ㉑, ✆ 077-375112, ausgedehnte Anlage direkt neben dem Fähranleger, viele Bungalows mit Fan und einige Luxusbungalows mit AC; großes AC-Restaurant. ❸, AC ❺

Sarikantang Beach (Leela Beach)

Am abgeschiedenen Sandstrand liegen 3 Anlagen:

Coco Hut Village ㉔, ✆ 077-375368, 💻 www.cocohut.com, ❹–❺, AC ❻–❽

Sarikantang Resort ㉕, ✆ 077-375056, 💻 www.sarikantang.com; Einzelbungalows aus Holz und Stein sowie ein Reihenhaus in einem weitläufigen Palmengarten, offenes Restaurant am Strand, Pool. ❸–❹, AC ❺–❼

Auf dem Kap unterhalb des Leuchtturms

Light House ㉗, ✆ 077-375075, 💻 www.lighthousebungalows.com; auf einem 250 m langen Plankensteg über dem Wasser zu erreichen, die 20 Hütten und Bungalows schmiegen sich an den Hang; baden kann man zwischen den Felsen. ❷–❹

Leela Beach ㉖, ✆ 077-375094, einfache und bessere Hütten, weitläufig verteilt unter Palmen an einem schönen Sandstrand. ❷–❹

Essen

Einige Restaurants in der Nähe vom Pier, z. B. das **Om Ganesh** mit indischer Küche, für Gäste mit viel Zeit. **Nico's Tapas Bar & more,** beliebt. **Lucky Crab Restaurant,** einfallsreiche Küche, hervorragendes Seafood, Tipp: *Sizzling Seafood.*

Sonstiges

Fitness

Jungle Gym, ✆ 077-375115, ✉ junglegym25@hotmail.com; 50 m vom Pier rechts; geleitet von Marissa aus Neuseeland, qualifiziertes Personal bietet u. a. Aerobic, Thai-Kickboxen (inkl. Diät-Beratung), Yoga; der Fitness-Raum ist nach internationalen Standards ausgestattet, Dampfbad, *Health and Juice Bar.*

Medizinische Hilfe

Bandon International Clinic, ✆ 077-375471-2, am Pier, Arzt und Personal sprechen Englisch, Zahlung mit Kreditkarte möglich, 24 Std. Notdienst und Speedboat Service; Erfahrung vor allem bei Wundversorgung und Motorradunfällen. Krankheiten, die warten können, besser in Ko Samui oder Bangkok behandeln lassen.

Phangan Rescue Service, ✆ 081-6989493, 07-7377500, 077-077194, kostenlose Überführung ins Krankenhaus in Thong Sala oder aufs Speedboot nach Ko Samui, Fahrer und Krankenschwester sind in Erster Hilfe ausgebildet.

Tauchen

Phangan Divers, info@phangandivers.com, 077-375117, www.phangandivers.com; beim Pier, PADI 5-Sterne-Tauchschule, geleitet vom Deutschen Torsten Ewers, Kurse vom *Beginner* bis zum *Instructor*, z. B. *Open Water Diver* u. a. auf Deutsch 12 500 Baht; fröhliche Atmosphäre, eigenes Boot mit Sonar, tägliche Tauchausfahrten u. a. zum Sail Rock für 2500 Baht, zum Marine Park und nach Ko Tao für 2800 Baht inkl. Ausrüstung.

Transport

Ab THONG SALA mit dem Sammeltaxi für 50 Baht auf einer sehr steilen Straße.
Nach BIG BUDDHA auf Ko Samui mit der *Haad Rin Queen* 4x tgl. um 9.30, 11.40, 14.30 und 17.30 Uhr für 150 Baht in 45 Min. Sie legt am Pier neben dem Family House ab. Zurück um 10.30, 13, 16 und 18.30 Uhr.
Von BAN KHAI dauert es zu Fuß am Strand entlang eine gute Stunde.

Hat Rin Beach

(Auch: Hat Rin East, Rin Nok Beach, Sunrise Beach) Vor einigen Jahren war bei vielen Travellern Ko Pha Ngan identisch mit diesem herrlichen, durch steile, grüne Hügel begrenzten Strand im Südosten der Insel. Berühmt wurde er in ganz Thailand durch die Fullmoon Partys, über die in der Thai-Presse jeden Monat ausschweifend berichtet wird – mit Details, die häufig der Fantasie der Reporter entspringen, aber das Blut rechtschaffener Thais in Wallung bringen. Orgien werden jedoch fast nur von Sandfliegen gefeiert, die im feinen, weißen Sand hausen.

Das ehemalige Fischerdorf Hat Rin hat sich zu einer touristischen Stadt entwickelt. Die Preise sind doppelt so hoch wie in Nathon auf Ko Samui, die Verkäufer sind nicht gerade freundlich und lassen nicht mit sich handeln. Auf der Landbrücke entstand ein richtiges Zentrum. Die beiden Hauptstraßen säumen lückenlos mehrere Diskotheken, viele Restaurants und Bars, Tattoo-Shops, Supermärkte, Internet-Cafés und Reisebüros, eine Bäckerei mit großer Auswahl, Wechselstuben, Geldautomaten, Mopedvermieter und massenhaft Müll. Restaurants ohne Video-Berieselung sind kaum noch zu finden. Abends sitzen junge Damen in den Bars herum und warten auf Kunden.

Die Hat Rin-Bucht wird rechts und links von Korallen begrenzt. Man kann hier den größten Teil des Jahres gut schwimmen, von Oktober bis Februar kann es jedoch wegen der sehr hohen Wellen gefährlich sein. Die an diesem Strand arbeitenden Thais dulden zwar aus Geschäftsgründen „oben ohne" und den Mini-Tanga, dennoch gefällt ihnen beides nicht. So manche säuerliche Miene lässt sich damit besser verstehen. Auch

Full Moon Partys

Seit 15 Jahren verwandelt sich der Hat Rin Beach jeden Monat in eine gewaltige Party-Zone. Schwarzlicht, geniale Deko in fluoreszierenden Farben, der tolle Strand und das Meer bilden die Kulisse. Tausende von Menschen tanzen im Sand und feiern auf Bastmatten unter dem Vollmond. Gespielt wird alles, von Popsongs bis Rap, von Psy-Trance bis Techno, von R'n'B bis Drum and Bass. Überall auf den Straßen sind Stände aufgebaut, bei denen man 1-l-Eimer *(buckets)* mit verschiedenen Getränken kaufen kann: Smirnoff Vodka, Shark, Redbull, Rum, Cola usw.
Junge Traveller kommen aus ganz Südostasien nach Ko Pha Ngan angereist, um in Hat Rin eine der populärsten Strandpartys der Welt mitzuerleben. An den Tagen vor Vollmond werden die Unterkünfte voll und die Preise höher. Auf der Zufahrtsstraße muss man mit Polizeikontrollen rechnen. Richtig los geht es erst am späten Abend.
Vorsicht: Es werden immer mal wieder K.O.-Tropfen in offene oder unbeaufsichtigte Getränke getan. Gewarnt werden muss auch vor jungen Burschen, die sich als Polizisten ausgeben und versuchen, Travellern Drogen unterzuschieben, vor allem nach der Fullmoon Party. Das ganze Jahr über finden zahlreiche Verhaftungen statt, vor allem durch junge Polizisten in Zivil, die zu diesem Zweck aus Bangkok kommen.

wer Hippie-mäßig auftritt, kann nicht mehr mit Sympathien rechnen.

Wer Ruhe sucht, ist fehl am Platz. Die ehemaligen Freaks kennen ihr geliebtes Hat Rin kaum mehr und suchen sich andere Strände.

Übernachtung

Viele Anlagen liegen z. T. sehr eng am Strand, weitere im Hinterland. Die Bungalows sind durchweg teurer als an den anderen Stränden. Vor Vollmond (s. S. 48) gibt es keine freien Zimmer, aber 2 Tage danach mehr als genug. Strand und Anlagen sind für Rollis ungeeignet. Zwischen den Bungalows drängen sich viele, z. T. 2-stöckige Bars am Strand.

Top Hill Resort ㉘, ✆ 077-375327, wunderschön auf dem Hügel im Süden gelegen, saubere, geräumige Bungalows mit Fan und Bad, herrlicher Meerblick, preisgünstiges Essen, nette Familie, Fahrservice zum Strand. ❸–❹

Same-Same ㉚, ✆ 077-375200, 💻 www.same-same.com, geräumige Zimmer in sauberem GH, Küche und Leitung dänisch. ❸–❹

Paradise ㉛, ✆ 077-375244, am südlichen Ende, einige schön gelegene, nette Hütten auf den Felsen, keine Strandbedröhnung. ❸, AC ❹

Bis hierher ist eine schmale Korallenbank vorgelagert, in deren Lagune viele Boote ankern.

Phangan Orchid ㊲, im Zentrum des Strandes, große, saubere AC-Bungalows mit 3 Betten. AC ❺

Tommys Resort ㊶, ✆ 077-375215, 💻 www.phangantommyresort.com, neu gebaute Bungalows mit TV, Minibar, Heißwasser. AC ❹–❻

Sea View ㊸, ✆ 077-375160, etwas teure Bungalows am Strand; hier sind schon wieder Steine im Wasser. ❸–❹, AC ❹

Essen

An der Zufahrtsstraße lädt die internationale Küche ein: Spanisch, Italienisch, Indisch, Japanisch, Nepalesisch, Thai ... und auch Vegetarisch.

Empfehlenswert sind das italienische Restaurant **The Shell** hinter dem Teich und **Mama's Schnitzel** gegenüber vom Chicken Corner.

Nira's Bakery in der Mitte der Durchgangsstraße bietet leckere Backwaren und vieles mehr.

Sonstiges

Bootstouren

Sie werden überall angeboten, z. B. von Cactus Trip oder Reggaeboat; nach Than Sadet, Thong Nai Pan, Bottle Beach und Ko Ma für 500 Baht p. P. ab 4 Pers. inkl. Maske, Schnorchel, Soft Drinks, Früchte und Dinner.

Einkaufen

Am Hat Rin Beach haben sich viele Berufstraveller niedergelassen, die Kleidung und Schmuck aus Nepal, Indien, Indonesien etc. verkaufen, z. T. wirklich schöne Sachen. Aber natürlich muss auch mit ihnen gefeilscht werden. Klamotten und Taschen sind im großen **Oasis Supermarket** an der Hauptstraße recht billig, ebenso Dinge des täglichen Bedarfs. Zwei **7eleven** haben rund um die Uhr geöffnet und verkaufen das übliche Sortiment zu den üblichen Preisen.

Geld

An den Hauptstränden gibt es viele Geldautomaten.

Medizinische Hilfe

Mehrere kleine Arztpraxen und die **Bandon International Clinic**, am Pier von Hat Rin West (s. S. 648).

Motorräder

Ein akzeptables Motorrad wird bei vielen Vermietern für 250–450 Baht pro Tag vermietet. Am günstigsten ist ein Roller. Man bekommt ihn ab 150 Baht pro Tag. Eine 125er Enduro kann man für 250 Baht pro Tag mieten. Außerhalb der Fullmoon-Zeit lässt sich bei Langzeitmiete gut handeln. Die Maschinen sind oft in keinem guten Zustand. Ungeübte Fahrer sollten sich nicht auf die Pisten wagen.

Transport

Ab THONG SALA mit dem Pickup nach Ankunft der Boote und Fähren für 50 Baht ab 4 Personen.

Von Jan–Sep fährt von MAE NAM auf Ko Samui jeden Tag um 12 Uhr bei ruhiger See ein Boot nach Hat Rin (150 Baht, Ankunft 12.40 Uhr) und weiter nach Hat Tien (ab Hat Rin 80 Baht), Sadet Beach und Thong Nai Pan (ab Hat Rin 100 Baht). Zurück geht es um 8 Uhr. Bei Wellengang fährt ein Speedboot für 100 Baht mehr. Achtung: Direkt am Wasser auf Höhe der Cactus Bar warten! Am Stand rechts werden Taxi-Boote angeboten, die jenseits von Hat Tien sehr teuer werden.

Hat Yuan, Hat Tien, Hat Wai Nam

Hat Yuan, der schöne Strand nördlich von Hat Rin, lockt mit seinem feinen, hellen Sand und dem flach abfallenden Ufer viele Tagestouristen und junge Traveller an. Erst in den letzten Jahren entstanden hier einige Bungalowanlagen, immer mehr kommen hinzu. Hier sind keine Partys erlaubt. Einige teurere Resorts haben 24 Std. Strom mit entsprechendem Generatorenlärm. Schwimmen soll ganzjährig möglich sein.

Hat Tien, nur einen halben Kilometer von Hat Yuan entfernt, hat einen vollkommen anderen Charakter. Der Strand ist mit Korallenbrocken durchsetzt, das Wasser erreicht man am besten am südlichsten Ende, aber selbst hier ist Vorsicht geboten. Gesundheitsbewusste und spirituell Orientierte bestimmen die Szene. Jeden Freitag steigt eine Party in der schönen Guy's Bar.

Hat Wai Nam, ein kleiner, unattraktiver Strand mit grauem, grobem Sand, nur durch einen Hügel vom Hat Tien getrennt, wird hauptsächlich für Yoga und Meditation genutzt.

Alle drei Strände sind autofrei und durch Fußpfade verbunden, die zwar steil, aber stark frequentiert sind.

Übernachtung

Hat Yuan

Ocean Stone Bungalows ②, neue und renovierte Bambushütten, umwerfende Sicht. ❷

Pariya ⑤, 081-8951337, www.pariyahaadyuan.com, AC- Rundbaubungalows am Hang mit großem Balkon. Geschmackvolle Anlage mit Internet, WLAN, Spa, Pool, Frühstücksbuffet. ❻–❽

Big Blue ⑥, ✆ 086-4702625, gut ausgestattete Holz- und Familienbungalows ums Restaurant am Hang, Minimarkt, Kajak, Bar, Video ab 19 Uhr. ❸–❹

Bamboo Huts ⑧, ✆ 087-8888592, Holz- und Bambusmattenbungalows oben auf den Felsen um einen gepflegten Garten. Restaurant mit super Aussicht und preiswertem, gutem Essen. Unter Leitung des freundlichen Mr. Tee. ❸

Horizon ⑩, ✆ 089-5881241, Anlage an der höchsten Stelle zwischen den beiden Stränden. Einfache Bungalows, tolle Sicht vom renovierten Restaurant. Ausgerichtet auf junge Leute, Boxtraining. ❸

Hat Tien

The Sanctuary ⑪, www.thesanctuary-kpg.com; am Hang zwischen Felsen, Bungalows und Schlafsaal (80 Baht), luxuriöse Familienhäuser; vorzügliches vegetarisches Restaurant am Strand mit riesiger Speisekarte, Spa und Wellness Center, Kurse für alternative Techniken werden angeboten, u. a. Massage, Meditation, Reiki, Tai Chi, Fasten. Meditationshalle auf einem Hügel mit herrlicher Sicht; umfangreiche Osho-Bücherei. Die häufigen Wasserprobleme und die stinkende Kloake und Moskitobrutstätte neben dem Wellness Center schrecken viele Besucher nicht ab. ❸–❹, Häuser ❺–❽

Haad Tien Resort ⑫, weitläufige Anlage der Yoghurt Home-Familie, verschiedenartige, ältere und neuere Bungalows am Strand, im Hinterland und auf dem Hügel; ungemütliches Restaurant mit Essenszwang, kleiner Minimart. ❶–❸

World Nature Resort ⑬, ✆ 089-5308827, nette Anlage in der Ebene, kleine Hütten; unter Leitung einer Thai-Familie. ❶–❷

Family Shop+Bungalow ⑭, ✆ 084-827238, 10 Holzhütten mit Bad im Tal, Minimarkt. ❷–❸

Beam Bungalows ⑯, ✆ 086-9473205, große, saubere Bungalows, weit verstreut am bewaldeten Hügel im Norden, Restaurant mit viel gepriesenem Essen, unter Leitung einer engagierten Engländerin und ihres einheimischen Mannes; 3 Min. zum Strand. ❸

Schöne Aussicht, leckeres Essen

Haad Yuan Bungalows ③, 8 renovierte Bambushütten mit fantastischem Ausblick, viele Langzeittraveller. Saras Kitchen ist berühmt für leckeres Essen zu günstigen Preisen, unter Thai-österreichischer Leitung. ❷

Transport

Von Jan–Sep fährt von MAE NAM auf Ko Samui jeden Tag um 12 Uhr bei ruhiger See ein Boot über Hat Rin nach Hat Tien (200 Baht, ab Hat Rin 80 Baht) und weiter nach Sadet Beach und Thong Nai Pan. Zurück geht es ca. um 8.40 Uhr. Bei Wellengang fährt vielleicht ein Speedboot. Bei hohem Wellengang kann das Boot in Hat Tien nicht anlanden.

Zum HAT YUAN und HAT TIEN fahren außer bei hohem Wellengang viele Taxi-Boote ab HAT RIN direkt am Strand vor der Cactus Bar für 150 Baht.

Zu Fuß erreicht man Hat Yuan auf einem 5 km langen Bergpfad in etwa 2 Std. ab Hat Rin. Zwischen den Stränden führen Pfade über die Kaps.

Hat Yao (East), Hat Yang, Hat Thong Reng, Hat Sadet

Zwischen felsige Kaps schmiegt sich der palmenbestandene Sandstrand **Hat Yao**, an dem erst wenige Bungalows stehen.

In der Mitte der Ostküste liegt der kleine, palmenbestandene **Yang Beach,** auch **Hat Namtok** genannt. Er dient als Ausgangspunkt zum Than Prapat-Wasserfall, der sich nur von November bis Januar eindrucksvoll präsentiert.

Hat Thong Reng bildet mit seiner größeren Schwester Hat Sadet eine malerische Doppelbucht. Hier geht es noch ruhig zu, Schwimmen ist möglich.

Hat Sadet liegt an der Mündung des Flusses Than Sadet. Der kleine, weiße Sandstrand wird von grünen Hügeln flankiert. Der relativ steil abfallende Strand erlaubt ganzjährig herrliches Schwimmen, in der Regenzeit kann es jedoch hohe Wellen geben. Zum Schnorcheln bieten sich die felsigen Seiten an. Viele Bungalows liegen zwischen malerischen Felsen und Fischerhütten am kleinen Sandstrand und auf dem Felsenhang. Abends sorgt ein Generator für Strom. Die meisten Anlagen sind im November geschlossen. Von hier aus kommt man zu Fuß zum Than Sadet-Wasserfall, der seit über 100 Jahren ein beliebtes Ausflugsziel der Könige von Thailand ist, was mehrere Steininschriften bezeugen.

Übernachtung

Hat Yao (Ost)

Ploy Beach ⑱, am Südende des Strandes, Bungalows zwischen Palmen. Der Strand darunter ist steinig, aber zum Sandstrand ist es nah. ❷

Hat Yang

Than Prapat Resort ⑲, ✆ 081-3268917, in der Mitte der Bucht, große, gemauerte Bungalows auf dem Kamm mit fantastischer Sicht, 20 Min. von Kung Bungalows, Pickup 50 Baht. ❸, AC ❹

Hat Sadet

Mai Pen Rai ㉒, ✆ 077-445158, 💻 www.thansadet.com; an der Flussmündung, schöne, renovierte Bungalows mit originellem Bad und teils 2-stöckigem Balkon am Strand, am Fluss und auf den Felsen. Tolle Sicht, uriges Restaurant mit leckerem Essen, bekannt als *Reggae Bar*. Schnorcheltrips mit dem *Reggae Boat* bis nach Ko Ma. ❹

J.S. Hut ㉓, wenige geräumige, saubere Fan-Bungalows am nördlichen Hang mit sehr schöner Sicht. Die liebenswerten Besitzer Song und Jit kümmern sich um ihre Gäste; gutes Essen, Generatorstrom ab 18 Uhr, Motorradverleih (nur für geübte Fahrer). ❷

Plaa's Thansadet Resort ㉕, ✆ 077-445192, 💻 www.plaa-thansadetresort.com; renovierte Bambus- und neue Holzbungalows am steilen Hang zwischen Felsen, Aussichtsrestaurant mit gutem und reichlichem Essen; freundliche, familiäre Atmosphäre; 5 Min. zum Strand hinunter. ❸

Bungalows in den Bergen

Kung Bungalows ⑳, ✆ 081-8915592, wenige Bungalows auf ehemaligem Farmland in den Bergen, wunderbare Ausblicke in Dschungellandschaft; Kung bekocht die Gäste mit Gemüse aus eigenem Anbau. Freundliche Atmosphäre; auf Piste erreichbar, 2 km südlich von Hat Sadet, ca. 20 Min. zu Fuß zum Strand. Kostenlose Mitfahrgelegenheit nach Thong Sala und Abholservice, auch von den Stränden. ❶–❷

Transport

Von Jan–Sep fährt von MAE NAM auf Ko Samui jeden Tag um 12 Uhr bei ruhiger See ein Boot über Hat Rin zum Sadet Beach (ca. 200 Baht, ab Hat Rin ca. 100 Baht) und nach Thong Nai Pan. Zurück geht es ab Than Sadet um ca. 8.30 Uhr. Ansonsten fährt ein Speedboot für 300 Baht. Ab THONG SALA um 13 Uhr für 100 Baht mit Teep Thansadet Travel, zurück um 10 Uhr.

Thong Nai Pan Yai Beach

Die große Bucht Thong Nai Pan (auch Thong Ta Pan) besteht aus zwei sichelförmigen, hellgelben Sandstränden, die durch einen steilen Hügel getrennt sind. Beide Strände liegen so geschützt, dass man auch im Monsun immer irgendwo baden kann. Je nach Windrichtung schwimmen manchmal ekelhafte, aber kaum gefährliche Quallen in der südlichen Bucht. Leser berichten von vielen Sandfliegen und Moskitos. Der schöne, 1 km lange Thong Nai Pan Yai hat sich zu einem Party-Strand entwickelt, an dem fast jeden Abend irgendwo etwas los ist. Besonders beliebt sind Feuerwerke an Geburtstagen der Gäste, also fast täglich. Sportliche finden hier viele Volleyball-Felder. Wer Ruhe sucht, ist in den südlichen Anlagen am besten aufgehoben.

Der Ort **Ban Thong Nai Pan** liegt verstreut unter Palmen im Hinterland der weit geschwungenen südlichen Bucht. Eine Schule, ein Health Center, ein Tempel und mehrere Läden bilden die öffentlichen Einrichtungen. Der Verbindungsweg nach Ban Tai an der Westküste ist 13 km lang, extrem steil und stellenweise schon betoniert. Zum nördlichen Strand läuft man entweder ca. 2 km auf der Verbindungsstraße, klettert über den steilen Hügel des Panviman, chartert ein Boot – oder schwimmt durch die Bucht. Viele Unterkünfte und Restaurants sind nur in der Saison ab Mitte Dezember geöffnet.

Übernachtung

White Winds ⑨, kleine Häuser mit und ohne Du/WC kleben am Hang des Hügels, fantastische Aussicht, freundliche Leute; gutes, preiswertes Essen. ❷

Candle Hut ⑩, 077-445118, www.candlehutbungalow.com, 30 wunderschöne Holzbungalows mit Glasfront und großer Terrasse mit Meersicht, erstklassiges Essen. Betrieben von sehr nettem, jungem Ehepaar. ❸, AC ❹

Dreamland ⑪, www.thongnaipan.com, 077-238549, am schönsten und besonders lauten Teil des Strandes, über 50 verschiedenartige Bungalows aus Holz (ganz vorn), Stein und Beton, Reisebüro Dreamland Travel, Bootservice nach Mae Nam (Ko Samui) um 8 Uhr. ❸, AC ❹

Pingjun ⑫, 077-445062, große Holzbungalows mit richtigen Fenstern und Fan. Komplettabriss und Neubau geplant für 2008. ❸

Bamboo Bungalows ㉑, 077-238540, www.thongnaipan.com, eng beieinander stehende Bambus- und Holzhütten mit Fan und Bad, in zweiter Reihe, laute Musik im Gartenrestaurant, betrieben vom freundlichen Thai-Rasta Bob. ❸

Pen ⑬, 077-238592, www.thongnaipan.com, Stein- und Holzbungalows mit großer Terrasse und sauberer Du/WC direkt am Strand und beim Restaurant; sehr nettes Personal, familiäre Atmosphäre. ❸, AC ❹–❺

Starlight Resort ⑮, 077-238542, www.starlight-thongnaipan.com; 20 Steinbungalows und Supermarkt, Internet, Telefon, Geldwechsel, geleitet von Frau und Herrn Dow, gehören zur Familie von Nice Beach. ❸, AC ❹

Ab hier ist der Sand bei Ebbe schlickig.

Dolphin ⑱, bessere Bungalows, Bar und gutes Restaurant mit Sitznischen im schattigen Strandgarten, Thai-neuseeländische Leitung, Feuerwerk unerwünscht. ❸

White Sand ⑲, www.thongnaipan.com, 077-445123, Holz- und Steinbungalows, auch große Thai-Stil-Bungalows unter Palmen, am ruhigen, natürlichen Ende des Sandstrands. Davor eine Korallenbank, in der Lagune der Bootshafen; gutes Restaurant, dezente Musik, nettes Ehepaar. ❸–❹

Thong Nai Pan Noi Beach

Der 700 m lange Strand (auch Thong Ta Pan Beach genannt) besteht aus herrlich feinem, weißem Sand. Leider kommen im Meer zeitweise Quallen vor. So warnen sogar einige Resorts ihre Gäste: „Please beware of jelly fish while swimming." In der Regenzeit können die Wellen hier recht hoch werden. Vom nördlichen Ende können Unternehmungslustige in 1 1/2 Std. über Ban Fai Mai auf einem gut ausgetretenen, aber anstrengenden Pfad zum Bottle Beach wandern.

Übernachtung

Panviman Resort ⑧, / 077-445100, www.panviman.com; große Anlage unter Kokospalmen am Hang, 40 weiße AC-Komfort-Steinvillen sowie ein 2-stöckiges Hotel mit Fan-Zimmern; 3 Restaurants, eines oben mit herrlichem Panoramablick, eines unten am Strand und am 5-stufigen Pool. Abholservice gegen Gebühr. ❼–❽

Baan Panburi ⑥, www.baanpanburivillage.com, 077-238599; 63 ältere und neuere Bungalows aus Naturmaterialien in 3 Reihen unter Palmen, sehr sauber, nettes Personal; großes Restaurant, zuverlässiges Reisebüro, Buchverkauf und Internet. ❸–❹, AC ❹–❼

Die Golfküste

Tongtapan Resort ③, ✆ 077-445067, 💻 www.thongtapan.com, gepflegte Steinbungalows unter Bäumen, auch größere für Familien. Internet-Zugang, Telefon, Travel Service, Kajak, Bodyboard. ❸–❹, AC ❺

Tong Ta Pong ②, ✆ 077-445079, ältere Holzbungalows wunderschön auf runden Felsen am Ende des Strandes, stimmungsvolles Restaurant mit guter Küche. ❶–❷

Essen

Am Weg hinterm Star Hut liegen rechts und links fast ein Dutzend Restaurants und kleine Bars.

Das **Thai Restaurant** gegenüber Tipi Jewelery wurde uns besonders empfohlen.

Sea View Restaurant, am Hang mit herrlichem Ausblick, französische Küche mit thailändischem Touch, stilvoll und mit Liebe zum Detail eingerichtet, geleitet von der freundlichen Französin Manu.

Tann's Coffeeshop in einem wunderschönen Thai-Holzhaus an der Hauptstraße bietet Bohnenkaffee, Cappuccino und Espresso.

Sue's Cafe & Bakery, außer leckerem Kaffee gibt's Pizza, selbst gemachten Kuchen, Joghurt und mehr.

Sonstiges

Bootstouren
Der **Travel Service** im Tongtapan Resort macht Ausflüge nach Bottle Beach, Than Sadet, Hat Tien, Hat Rin und Ko Ma für 100–350 Baht p. P. ab 4 Pers.

Motorräder
Vermieten fast alle Anlagen für 250 Baht/Tag. Aber Achtung: Wer hier einen Unfall baut, ist übel dran; die Polizei kommt leider nie zum Schlichten her.

Tauchen
Dreamland Divers, 077-238735, beim Dreamland, mit eigenem Boot, geleitet vom Deutschen Torsten.
Tropical Dive Club, beim Baan Panburi, per Speedboot zum Sail Rock für 2800 Baht, inkl. Soft Drinks, Obst, Tauchausrüstung, 2 Tauchgänge.

Transport

Beide Strände erreicht man am einfachsten, wenn man sich bei der Ankunft den Schleppern anvertraut. Für 100 Baht fahren sie um 12.30 Uhr mit Allrad-Pickup auf der Piste durch den Dschungel (17 km in 45 Min.). Zurück ab den Resorts bis 3x tgl. Ein Charter-Taxi kostet 600 Baht pro Trip.
Von Jan–Sep fährt von MAE NAM auf Ko Samui um 12 Uhr bei ruhiger See ein Boot über Hat Rin, Hat Tien und Sadet Beach nach Thong Nai Pan, zurück um 8 Uhr vor dem Dreamland, 250 Baht. Manchmal fährt ein Speedboot für 100 Baht mehr.

Bottle Beach (Hat Khuat)

In einer kleinen, tiefen Bucht im Nordosten liegt dieser schöne, 400 m lange Sandstrand, der schon seit Jahren als Eldorado für Langzeittraveller gilt. Er bietet wenig Schatten und ist relativ sauber. Die Bucht ist ideal zum Schwimmen. Vor allem an den Felsen auf der linken Buchtseite kann man schön schnorcheln. Es gibt viele Fische, aber im Sommer beträgt die Sicht wegen Plankton nur 2–5 m.

Von Oktober bis Dezember können wegen der hohen Wellen keine Boote in die Bucht fahren, deshalb bleiben die Anlagen in dieser Zeit geschlossen. Die Tümpel hinter dem Strand wurden stümperhaft zugeschüttet. Im September und Oktober scheint es am Strand besonders viele Sandfliegen zu geben.

Ein Generator liefert ab 18 Uhr Strom, bei Bedarf früher.

Übernachtung und Essen

Smile Bungalows ㉛, ✆ 077-445155, komfortable Bambusmatten- und Holzbungalows, z. T. für 4 Personen, schön gestalteter Garten zwischen den Felsen. Hilfsbereite junge Leute, leckeres Essen direkt am Strand. ❸
Bottle Beach 1 ㉚, ✆ 077-445126, einige ältere und schöne neue Stein- und Holzbungalows direkt am Strand und dahinter im Garten, neues 2-stöckiges Gebäude mit Zi direkt am Strand, großes Restaurant. ❸–❹
Bottle Beach 3 ㉙, ✆ 077-445153, schöne Holzbungalows beim Restaurant am Strand und Steinbungalows am Bach; Travelservice. ❷–❸

Transport

Mit dem Taxi von THONG SALA für 100 Baht nach Chalok Lam. Von CHALOK LAM fährt nur bei ruhiger See tgl. um 13 und 16 Uhr ein Boot für 100 Baht, zurück um 9.30 und 15 Uhr, bei Bedarf auch häufiger.
Der Fußweg ist von Chalok Lam (4–5 km) recht beschwerlich und dauert mindestens 2 Std., von THONG NAI PAN (5 km) braucht man auf schlechtem Fahrweg etwa 1 1/2 Std.

Chalok Lam Bay

An dieser tiefen Bucht ganz im Norden der Insel liegt das Dorf **Chalok Lam**. Was die einen als unattraktiven, stinkenden Fischerort bezeichnen, wirkt auf andere als ursprüngliches, malerisches Thai-Dorf. Wenn auch nicht direkt auf Touristen ausgerichtet, findet man hier Läden, Restaurants,

Geldwechsel, Mopedverleih, Internet-Zugang, einen Geldautomaten bei 7eleven und einige Bungalowanlagen. Viele Fischerboote ankern in der Bucht. Es werden Tintenfische gefangen und am Strand getrocknet. Der Strand liegt geschützt und eignet sich gut zum Sonnenbaden. Schwimmen kann man fast das ganze Jahr, von April bis Oktober nur bei Flut.

Am kleinen, weißsandigen **Khom Beach** im Nordosten, vor dem sich Ko Pha Ngans schönstes Korallenriff hinzieht, gibt es erst vier Bungalowanlagen. Hier kann man immer schnorcheln und von März bis Oktober gut schwimmen. Über den Hügel ist der Ort in 40 Min. zu Fuß erreichbar, ein Fußweg führt zu einem Wasserfall. Strom liefert ein Generator ab ca. 18 Uhr.

Übernachtung

Khom Beach

Coconut Beach ㉜, ☎ 077-374298, gemauerte Doppelhäuser am Strand und Holzbungalows hinterm originellen Restaurant. Sehr freundlicher Familienbetrieb. ❸
Hier beginnt der Pfad zum Bottle Beach (1 Std.).
Had Khom ㉝, ☎ 077-374246, weit auseinander liegen die Bungalows vorn am Hang, sogar ein Doppelbungalow am Strand für Familien. Restaurant mit schöner Sicht. ❸
Ocean View ㉞, ☎ 077-377231, ✉ ocean_view99@hotmail.com, nette Bungalows aus Holz und Stein sowie Reihenhaus unter vielen Bäumen am Strand; abends Strom; Restaurant am Strand. Freundliche Besitzerin und nettes Personal. ❸

Chalok Lam

Try Thong Resort ㊱, ☎ 077-374115, verschiedenartige Bungalows an der Bachmündung, am Strand oder auf dem Hügel, zum Teil mit schöner Aussicht; gute Küche; davor kleiner, steiniger Strand; sehr freundlicher Familienbetrieb; über eigenen Zufahrtsweg oder durch den Bach erreichbar. ❸, AC ❹
Fanta (gesprochen *Fänta)* ㊲, ☎ 077-374132, dicht gedrängte Anlage zwischen dem flachen Meer und der Lagune, pflegebedürftige Hütten am Strand, dahinter Holzbungalows, neue Steinbungalows; Restaurant mit uninteressiertem Personal. Bei Flut schöner Strand, Volleyball. ❸
Belvedere ㊳, ☎ 077-374214, hübsche Bungalows am Berg mit guter Sicht, großzügig angelegte, relaxte Anlage, Restaurant mit großer Auswahl. ❸
Chaloklam Bay Resort ㊹, ☎ 077-374147, 💻 www.chaloklumbay.com, verschiedenartige Bungalows mit 1, 2 oder 3 Betten, teils mit TV und Kühlschrank, in sandigem Palmengarten, familiengerecht; protziges Restaurant mit mäßigem Essen, darunter 4 Zi, Swimmingpool. ❸–❹, AC ❹–❼
Wattana Resort ㊺, ☎ 077-374022, Holzhütten in weitläufiger, ungepflegter Anlage am westlichen Ende der Bucht, bei Ebbe reicht die weite Sandfläche fast bis zum frei stehenden Riff, enger Zugang zum Meer, neue Steinhäuser mit TV und Kühlschrank, großes Restaurant am Strand, langsamer Service, keine Atmosphäre. ❸– ❹, AC ❹

Essen

Sea Side Restaurant am Ende der Beach Road im Ort, besonders gut die Gerichte, die nicht auf der Karte stehen.
Nongnook Restaurant, 50 m von Chaloklum Diving, auf derselben Straßenseite. Günstige Preise, super Essen, freundliche Leute.
Niau's Restaurant neben der Tauchschule, typisches Thai-Essen zu günstigen Preisen.

Tauchen

Chalok Lum Diving School, ☎/📠 077-374025, 💻 www.chaloklum-diving.com; zuverlässige Tauchschule auf Ko Pha Ngan. Michael und Nick bieten Tauchausbildung nach PADI auf Deutsch und Englisch (max. 4 Teilnehmer pro Kurs.), Ein- und Zweitagestrips mit großem Boot sowie Beach- und Nachttauchgänge.
Lotus Diving, ☎ 077-374097, Thai-Leitung, u. a. deutsche Tauchlehrer. Großzügig geschnittene, moderne Tauchbasis, Trainings-Pool mit Sonnenliegen, Tauchboot mit herrlichem Oberdeck und super Service.

Transport

Pickups fahren ab THONG SALA für 100 Baht.

Boote fahren nur bei ruhigem Seegang 2x tgl. von und nach BOTTLE BEACH für 100 Baht.

Mae Hat Bay

Die 500 m weite Bucht von Mae Hat liegt im Nordwesten von Ko Pha Ngan. Sie wird beherrscht von der steilen, waldigen **Ko Ma**. Der flache, breite Strand besteht aus feinem, weißem Sand und ist zeitweise stark verschmutzt. Die Bucht wurde zum Marine National Park erklärt, kommerzielles Fischen und Harpunieren ist nicht erlaubt. Je nach Wind und Wasserstand muss man zum Schwimmen weit hinauslaufen. Aber Vorsicht: viel Korallenschrott! Schnorcheln kann man schon nach 50 m, aber richtig gut ist es im Westen von Ko Ma, zu der man bei Niedrigwasser auf einer Sandbank hinüber laufen kann.

Obwohl es in Mae Hat jetzt Supermarkt, Bank, Geldautomaten, Internet, Mopedverleih und 24 Stunden Strom gibt, kann man hier noch das „alte" Ko Pha Ngan finden.

Zum **Wang Sai-Wasserfall**, der in der Trockenzeit kaum zu erkennen ist, kann man in etwa 40 Min. spazieren.

Übernachtung

Royal Orchid Resort ②, ✆ 077-374182, schöne, Holzbungalows, preislich gestaffelt nach Abstand zum Strand, netter Chef, Restaurant kaum mittelmäßig. ❸, AC ❹
Mae Haad Bay Resort ③, ✆ 077-374171, schöne, geräumige Holzbungalows in 2 weit auseinander liegenden Reihen senkrecht zum Strand. Gutes Restaurant mit Blick auf Ko Ma, netter Familienbetrieb. ❸, AC ❹
Wang Sai Resort ⑥, ✆ 077-374238, hübsche, einfache Mattenbungalows im Tal, am Hang und hinter der Lagune sowie gut ausgestattete Thai-Häuschen. Über einen Steg gelangt man zum Strand. Restaurant an der Lagune. Der Besitzer, Mr. Prathan, ist sehr um seine Gäste bemüht. Tauchschule. ❷–❹, AC ❺
Pim's Bungalow ⑦, ✆ 081-0816768, wenige Holzbungalows hinter gemütlichem Restaurant, gutes, preiswertes Essen, große Portionen, riesiger Obstsalat. ❷

Sauber, schattig und schön

Island View Cabana ⑤, ✆ 077-374172, saubere, gestrichene Holzbungalows in mehreren Reihen parallel zum Ufer, an dem große, schattige Bäume wachsen, davor breiter Sandstrand. Schönes Restaurant mit Blick in beide Buchten. Sehr gutes und preiswertes Essen, große Portionen, nettes Personal. ❸

Mae Had View Resort ⑧, ✆ 077-374122, Holzbungalows hinter der Lagune am Hügel mit ausgezeichnetem Blick auf Ko Ma, etwas vor Mae Hat, auf dem Weg zum Wang Sai-Wasserfall; flinkes, aufmerksames Personal, bemüht freundlicher Chef. Nachts häufig Technomusik von der Bar Same Same. Tauchschule Haad Yao Divers. ❷
Mae Haad Cove ⑨, ✆ 077-374254, wenige geschmackvolle, saubere Holzbungalows am Strand, kleiner Garten. Nette, korrekte Besitzer; Nob bereitet die Mahlzeiten je nach Vorräten und Wunsch, auch selbst gefangenen Fisch; Kajak zu vermieten. Die Bar Same Same nebenan macht häufig Technomusik bis 3 Uhr morgens. ❸

Transport

Ab THONG SALA per Pickup für 100 Baht in 30 Min. Zurück geht es um 10 und 13 Uhr.

Hat Salad

Abseits und ruhig liegt die schöne, 400 m lange Hat Salad-Bucht (= Piratenbucht, auch *Had Salat*, gesprochen Sa-latt). Das winzige Fischerdorf und die in der Bucht dümpelnden Boote verleihen der Bucht Lokalkolorit. Nur bei hohem Wasserstand in den Wintermonaten kann man zwischen dem feinen Sandstrand und dem südlich vorgelagerten Riff gut schwimmen und vor den nördlichen Felsen schnorcheln. Die Sicht ist allerdings nicht umwerfend. Im Sommer eignet sich der flache Strand mit vielen Korallen und Sandbänken eher zum Spazierengehen und für ein entspannendes „Wannenbad" in einem der natürlichen Pools.

Es gibt einen Supermarkt und ein Reisebüro mit Internet. Trips zum Schnorcheln und Fischen können fast überall gebucht, Motorroller an mehreren Stellen für 150 Baht pro Tag gemietet werden.

Ein Pickup von Thong Sala nach Hat Salad kostet 100 Baht.

Übernachtung

Alle billigen Anlagen verbreiten eine ausgesprochen angenehme, freundliche Atmosphäre. Die meisten sind durch eine Mauer zum Strand begrenzt.

Haad Lad Resort ⑪, ✆ 077-374220, 💻 www.haadladresort.com; renovierte Holz- und Steinbungalows, Pool. AC ❹–❻

Green Papaya Resort ⑭, ✆ 077-349280, 💻 www.greenpapayaresort.com, gepflegte Anlage mit AC-Bungalows, Bootsrestaurant, Pool; französische Besitzerin. ❺–❽

Salad Beach Resort ⑮, ✆ 077-349149, luxuriöse AC-Stein-Bungalows und Zi mit TV und Kühlschrank, gepflegter Garten mit Pool, Dampfbad, Massageplattform im Teich. ❺–❽

My Way ⑯, ✆ 077-349267, neue Stein- und Bambusbungalows auf hohen Stelzen, gemütliches Restaurant, Bodensitzpolster, Möglichkeit, eigene Musik zu spielen, kein TV, Büchertausch (viele deutsche). ❷–❸, AC ❹–❻

Smile Beach Resort, ⑲, ✆ 089-8758656, kleine neue Anlage mit Holzbungalows, Restaurant, sehr freundlich, für Familien geeignet. ❸–❹, AC ❹

Coral Beach ⑳, ✆ 087-2809815, gemütliche Anlage, 7 nette, geschwungen angeordnete Bungalows, schön dekoriertes Restaurant mit vielen Pflanzen, Ruheplätze mit Matten und Kissen, überhängende Palmen am Strand. ❸

Salad Hut ㉑, ✆ 077-349246, Holzbungalows und -häuser, z. T. mit Kühlschrank, für bis zu 4 Personen, alle mit Strandsicht; Restaurant am Strand unter Palmen, preiswerte Gerichte, kleine Strandbar, separates TV-Zimmer, ein Kajak. ❹–❺, AC ❺

Dubble Duke ㉒, ✆ 086-2793185, am Südende des Strandes, nette Bungalows unter Leitung vom freundlichen Mr. Pong und seiner Frau; Restaurant direkt am Strand mit z. T. gutem, billigem Essen. TV-Berieselung wird auf Wunsch ausgemacht. ❸, AC ❹

Hat Kruat, Hat Thian (West), Hat Yao (West) und Hat Son

Einsamkeitsfanatiker fühlen sich am winzigen Strand **Hat Kruat** trotz grobem Sand und Korallenschutt wohl. Der ebenfalls kleine **Hat Thian (West)** glänzt dagegen mit feinem Sand.

Der 500 m lange, flache Sandstrand **Hat Yao** wirkt insgesamt sehr schön, der Sand ist so fein wie Mehl. Er wird gesäumt von hohen Kasuarinen, dahinter wachsen Palmen und im hinteren Bereich liegt der Müll. Das etwa 40 m vorgelagerte Riff bildet eine Lagune mit vorwiegend glattem Sandboden und ist bei Flut gut zum Schnorcheln geeignet. Während der Wintermonate kommt das Meer, vor allem bei Vollmond, bis zu den Palmen, bei Sturm sogar noch weiter. Der feine Sand enthält anscheinend nur selten Sandfliegen. Supermärkte, Reisebüros und E-Mail-Cafés bieten ihre Dienste an, die Zufahrtsstraße ist ausgebaut. Fast jede Nacht sind Partys angesagt. Einige Bars dröhnen um die Wette, v. a. **Eagle Pub** und **The 9 Bar**, sodass viele Bungalows fluchtartig verlassen werden.

Wenige Minuten südlich von Hat Yao liegt der kleine Strand **Hat Son**. Viel Korallenschutt sieht bei Ebbe unschön aus und erlaubt Baden auch bei Flut erst 50 m vom Ufer entfernt.

Übernachtung

Hat Kruat

Lucky Resort ㉓, ✆ 077-349007, neue Bambushütten am Hang und schöne Holzbungalows in der Bucht, z. T. für Familien geeignet. ❷–❸, AC ❹

High Life 1 ㉔, ✆ 077-349125, gepflegte Holzbungalows, die sich zwischen die runden Felsen am Nordhang des Hügels schmiegen, 15 Min. zu Fuß von Hat Yao. ❷

Haad Gruad Resort ㉕, kohtaotour@hotmail.com, ✆ 081-0857251, neue Bambusmatten- und Steinbungalows mit Naturdach am Kleinstrand der Bucht. Ruhiger Familienbetrieb. ❷–❸, AC ❹

Hat Thian (West)

Am kleinen Strand liegt **Hat Tian Beach Resort** ㉖, ✆ 077-349009, gepflegte, Anlage mit Holz- und neuen Steinbungalows, teils mit TV und

Die Golfküste

Kühlschrank, Internet, Pool, Volleyball, Kajak. ❸–❹, AC ❹

Hat Yao

Dream Hill ㉗, 077-349138, saubere Hütten mit Du/WC aus Stein und Holz, einige Familienbungalows, teils mit Kühlschrank und TV, 100 m vom Strand entfernt, Pool, Restaurant mit bester Sicht durch Palmen auf Hat Yao; freundliche Familie. ❸, AC ❹–❺
Blue Coral ㉙, 077-349131, 9 Bungalows in nettem Garten am Fuß des Hügels, Restaurant mit Sitzpolstern. ❸
Bayview ㉛, 077-349235, Bungalows aller Art am Strand und kühn auf Felsen gebaut; Restaurant mit schöner Aussicht. ❷–❸, AC ❹
Long Bay ㉜, 077-349057, www.long-bay.com, viele geschmackvolle Bungalows in gestylter Anlage mit Swimming Pool, Supermarkt, Tour Counter; 6-eckiges Restaurant mit teuren Möbeln, kostenlose Kajaks, Liegen am Strand. AC ❹–❺
Long Beach Resort ㉞, 077-377147, viele bessere Bungalows aus Holz oder Bambusmatten, einige Räume mit 3 Betten, für Familien geeignet; unfreundliche Leute, Geldwechsel, Flugbestätigung, Auslandstelefon, Internet. ❷–❸, AC ❸
Haad Yao Bungalows ㉟, 077-349152, verschiedene Bungalows am schönsten Teil des Strandes, großes Restaurant mit Bar, Dachrestaurant, Laden, Reisebüro mit Information, Speedboot zu vermieten. ❸, AC ❹–❺
Ibiza Bungalow ㊱, 077-349121, alte Bambusmattenhütten und neue, große, saubere Bungalows in gepflegtem Palmengarten, angenehme Anlage mit preiswertem Restaurant im Zentrum, freundlicher Service, Geldautomat. ❷–❸, AC ❹–❺
Sandy Bay ㊳, 077-349119, viele unterschiedliche Bungalows von der einfachen Hütte bis zum guten AC-Steinbungalow an schönem, gepflegtem Strand, am Hang und im Hinterland; gutes Essen, langsamer Service. ❸–❹, AC ❹–❺

Oberhalb der Straße

OT`s High Life ㊵, 077-349114, auf dem Felsen der Landzunge, Thaistil-Bungalows, teils mit Kühlschrank. ❸, AC ❺–❻
Tantawan ㊼, www.tantawanbungalow.com, 077-349108, 10 renovierte Einzel- und Doppelbungalows sowie 2 Familienzimmer am steilen Hang, für kleine Kinder nicht geeignet, schöner Swimming Pool, Aussichtsrestaurant. ❸–❹
Bounty Resort ㊹, 077-349105, www.phanganbounty.com, Holz- und Steinbungalows am Hang, kleiner Pool. ❸–❹, AC ❺

Hat Son

Am eigenen schönen Strand liegt **Haad Son Bungalow** ㊴, 077-349103, www.haadson.net, gut ausgestattete Bungalows am Wasser, oben an den Felsen und beim Restaurant, Restaurant erhöht am Felsen mit schönem Ausblick aufs Meer, schmackhaftes, teilweise überteuertes Essen, Pool, Tauchschule. AC ❹–❻

Tauchen

Haad Yao Divers, 086-2793085, www.haadyaodivers.com; geleitet von Daniel und Heike Frutig, ruhige und entspannte Atmosphäre, Hauptbüro bei Sandy Bay, Tauchshops am Strand in Hat Chao Pao und Mae Hat. Tauchkurse, Tauchen vom Strand und Tagestrips, auch für Schnorchler.

Transport

Von THONG SALA mit dem Pickup nach HAT KRUAT, HAT THIAN und HAT YAO für 100 Baht, mittags. Ab HAT YAO um 9.30 Uhr, Charter ca. 500 Baht.

Chao Pao Beach

Dieser Strand mit seinem feinen, sauberen Sand wird nur durch einen Hügel vom Sri Thanu Beach geteilt. Das Meer fällt ganz flach ab. Ab März gibt es so wenig Wasser, dass man vor den vorgelagerten Korallenbänken nicht mehr schwimmen, sondern nur im warmen Wasser plantschen kann. Sich auf dem nicht gerade sauberen Kies- und Sandstrand über die Korallen hinauszuarbeiten, ist etwas mühsam. Beim Schnorcheln kann man zwar bunte Fische sehen, die meisten Korallen sind jedoch zerstört. Attraktiv scheint ein Tankerwrack zu sein. Einige Anlagen sind noch vom al-

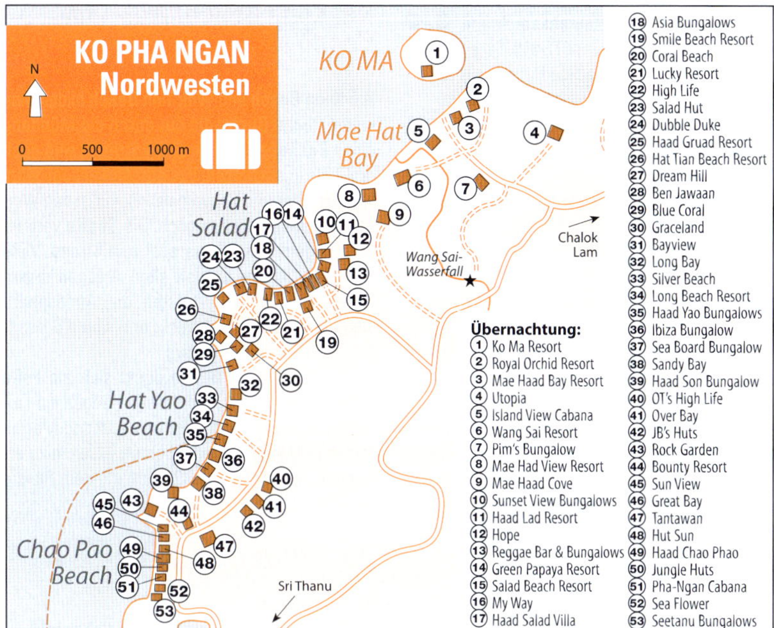

ten Schlag – man nimmt noch am Leben der Fischer teil.

Übernachtung

Rock Garden ㊸, ✆ 077-349225 Bungalows, AC-Apartments mit TV und Häuser mit Küche, am steilen Felsenhügel über einem kleinen Strand, schön zum Schnorcheln. Thai-deutsche Leitung. ❷–❸, AC ❺

Sun View ㊺, ✆ 077-349099, Holz- und Bambusmattenbungalows am steilen Hang mit tollem Sonnenuntergangsblick, unten Steinstrand mit der Freedom Bar. ❷–❸, AC ❹

Hut Sun ㊽, ✆ 077-349097, kleine und große Holz-Bambus-Bungalows mit großer Veranda, neue Steinbungalows, auf schmalem Grundstück, Restaurant hinten. ❷–❸, AC ❹

Haad Chao Phao ㊾, ✆ 077-349273, Bungalows auf schmalem Grundstück, vorne Restaurant, Familienbetrieb; Jeep und Bike zu mieten. ❷

Seetanu Bungalows 53, ✆ 077-349113, ältere Bungalows eng ums restaurierte Restaurant gebaut, vorn am Strand große, gemauerte Thai-stil-Häuser; viele Stammgäste. ❸, AC ❹–❻

Sri Thanu Beach

Der lange Sandstrand in der weit geschwungenen, mit Palmen und Mangroven bestandenen Bucht fällt ganz flach ab. Schwimmen soll immer möglich sein, wenn man den richtigen Kanal kennt, am tiefsten ist es an der felsigen Halbinsel Laem Niad. Im Hinterland liegt der idyllische Laem Son-Baggersee, in dem man schwimmen kann.

Übernachtung

Lake Side Resort ㊼, ✆ 077-349031, große Steinhäuser mit Terrasse zum See. ❸, AC ❹

Laem Son 2 ㊽, ✆ 077-349123, einfache Hütten, alle mit direkter Strandsicht. ❷

Laem Son ㊾, ✆ 077-349032, Hütten in einer ausgedehnten Anlage, Restaurant am Strand. ❷–❸

Sea View Rainbow ⑤⓪, ✆ 077-349084, einfache Hütten und gut ausgestattete Bungalows auf beiden Seiten des Baches; beliebte Anlage, freundliche Leute; Boot zum Schnorcheln und Fischen. ❷–❸

The Beach Resort ⑤①, ✆ 077-349085, nett gemachte Bungalows am Strand, wirken innen recht heimelig. ❷–❸

Nice Sea Resort ⑤②, ✆ 077-349177, neue Holzbungalows. ❸, AC ❺

Auf dem Kap

Loy Fa ⑤④, ✆ 077-377319, viele verschiedenartige Bungalows in großem Gelände, die einfacheren Bungalows am Hang, die besseren Steinbungalows direkt am kleinen Privatstrand, alle mit guter Aussicht; nachlässiger Service, Internet. ❸, AC ❺

Chai Country ⑤⑤, ✆ 081-2716967, kleine Bungalows auf dem Kap mit guter Sicht, Chai und seine Familie verbreiten eine herzliche Atmosphäre; Aussichtsrestaurant. ❷

Chills ⑤⑥, ✆ 087-2674016, 💻 www.chillsbay.com, neue, schöne Bungalows, Salzwasserpool, deutsches Essen und Management. ❹, AC ❺

Banana Beach ⑤⑨, ✆ 077-349070, saubere Bungalows in einer süßen, kleinen Anlage am südlichen Ende des Kaps; Thai-deutsche Leitung; neben Thai-Gerichten werden auch ausgezeichnete europäische serviert. ❷

Essen und Unterhaltung

Pirate Bar, in Bootsform gebaut, zwischen Sri Thanu und Chao Pao.

Peppercorn Steaks & Salads, ✆ 087-8964363, westliche Gerichte à la Friddi, einem ausgebildeten deutschen Koch. Leckere Spätzle, Gulasch, Steak und mehr in gemütlicher Atmosphäre mit Bar. 🕓 tgl. außer Di ab 14 Uhr.

Transport

Die Sri Thanu-Strände erreicht man von Thong Sala mit dem Pickup für 100 Baht.

Hin Kong Beach, Wok Tum Beach und Plaaylaem Beach

Hin Kong Beach und **Wok Tum Beach** bilden eine weite, flache Bucht, die nur durch die Mündung eines Baches geteilt wird. Die Strände sind noch großteils unentwickelt, das Korallenriff liegt 300 m vor dem Ufer und Schwimmen ist nur in den Wintermonaten bei Flut möglich. Die Straße verläuft in geringem Abstand parallel zum Strand. Viele Traveller zieht es zu den alten Anlagen dieser Bucht, weil in den meisten die Atmosphäre stimmt, das Essen schmeckt und sich die Besitzer um ihre Gäste kümmern.

Der **Plaaylaem Beach** duckt sich am Fuße des Hin Nok-Hügels, von dessen Hängen man eine fantastische Sicht über den Anthong Marine Park hat. Dieser Küstenabschnitt ist leicht zu erreichen, ab Thong Sala (2,5 km) mit dem Pickup für 80 Baht.

Übernachtung

Hin Kong Beach

In der Strandmitte liegen **Lipstick Cabana** ⑥①, ✆ 077-349252, kleine Anlage mit gut ausgestatteten, sauberen Bungalows. Oi kocht hervorragend. ❷–❸

Ananda Yoga Resort ⑥②, ✆ 077-377788, 💻 www.anandaresort.com, neues Yoga-Resort mit Pool, Sauna (50 Baht), am Hang unweit vom Strand. Verschiedene Kurse und Workshops, z. B. Detox. Schöne Zimmer und Bungalows mit Warmwasser, griechische Leitung. ❸, AC ❹

Wok Tum Beach

Am flachen Strand liegen

O.K. ⑥⑤, ✆ 077-377141, Bungalows mit großer Terrasse, preiswertes, schmackhaftes Essen, liebevolle Familie. ❷–❸, AC ❸–❹

Golden Hill ⑥⑥, ✆ 077-238608, Steinbungalows mit Fan und AC am Hang an der Straße, Pool. ❸, AC ❹–❺

Plaaylaem Beach

Darin ⑥⑦, ✆ 077-377705, suttiwan_c@yahoo.com, saubere Hütten, versteckt zwischen den Felsen an kleinen Stränden, gutes Essen; Mama umsorgt ihre Gäste, herrliches Schnorcheln. ❷–❸

Sea Scene (69), ✆ 077-377516, 💻 www.seascene.com, idyllische Anlage, gemauerte, geräumige Bungalows mit Hängematte; langsamer Service, gutes Essen; nette Leute. Oversea & Domestic Call, Internet, Motorrad zu vermieten. Ein spezieller Bungalow für Behinderte mit Rolli. ❸, AC ❹

Porn Sawan (73), ✆ 077-377599, einfache, billige Hütten am Strand mit Fan, sauber, freundlich, gutes Essen; Mopeds zu mieten, Taxi-Service, Internet. ❷

Cookie (75), ✆ 077-377499, nette einfache Hütten und einige bessere Bungalows am Strand und am Hang, Restaurant, gute Atmosphäre. ❷–❹

Beach 99 (76), ✆ 077-377518, schöne Lage, netter Garten, preiswerte Hütten, gutes Essen; Windsurfer zu mieten. ❷–❸

Nai Wok Bay

Dieser 1000 m lange, unattraktive Strand schließt an den Fluss nördlich von Thong Sala an, man kann ihn nur auf der Straße erreichen. Das Meer ist äußerst flach, das Korallenriff liegt weit vor der Küste. Wer die Bequemlichkeit des nahen Thong Sala schätzt, findet hier angenehme Bungalows. Viele Leser schwärmen von den Sonnenuntergängen und dem guten Essen.

Übernachtung

Grand Sea Resort (77), ✆ 077-377776, 💻 www.grandsearesort.com, traditionelle Thai-Häuser im Lanna-Stil und Gästehaus mit AC, Kabel-TV, Minibar, Pool, Internet; freundliches Personal. ❹–❻

Siripun (79), ✆ 077-377140, ausgedehnte Anlage, bessere Fan- und komfortable AC-Bungalows, mit Steinen gebaut, bekannt für die großen Portionen im Restaurant. Viele Langzeittouristen, vor allem Franzosen. Freundliche Besitzerin Yupa. ❸, AC ❹–❺

Phangan Bungalow (81), ✆ 077-377191, Holzbungalows mit Du/WC in 2 Reihen auf großer Wiese mit Palmen; Restaurant. ❷–❸, AC ❺

Ausflüge auf Ko Pha Ngan

Die auf den Landkarten eingezeichneten Fußwege im Inneren der Insel sind in der Realität kaum vorhanden. Ohne Führer kann man sich leicht verirren! Die meisten Wasserfälle haben nur von November bis Januar viel Wasser. Dennoch können diese Ausflüge auch sonst die Mühe lohnen.

Zum **Paeng Waterfall Forest Park** fährt man ca. 4 km auf betonierter Straße von Thong Sala. Zum meist kaum erkennbaren **Paeng-Wasserfall** sind es noch 200 m zu Fuß, zum schönen, lohnenswerten Aussichtspunkt 500 m den Berg hinauf. Essen und Getränke dürfen nicht mit hoch genommen werden, doch am Parkplatz sorgt in der Saison ein Shop für Snacks und Erfrischungen. Zum **Wang Sai-Wasserfall** im Nordwesten spaziert man zu Fuß in 15 Min. von der Mae Hat Bay. Den schwierigen Pfad zum **Than Sadet-Wasserfall** im gleichnamigen Nationalpark können nur erfahrene Off-Road-Fahrer mit dem Motorrad bewältigen, besser mit einem Jeep.

Vom **Khao Ra**, mit 627 m der höchste Punkt der Insel, hat man eine herrliche Aussicht, (Aufstieg ca. 2 Std.), aber der Pfad ist nicht leicht zu finden Ab und zu gibt's Schilder, sicherer ist es, sich am Fuße des Berges einen Führer zu nehmen.

Auf der Spitze eines Hügels, 10 Min. vom Dorf Ban Tai entfernt, liegt der Meditationstempel **Wat Khao Tham**. In seinem Mondop wird ein Fußabdruck Buddhas verehrt. Von der Pagode hat man einen schönen Blick auf den Strand und das

Einblicke in den Insel-Alltag

Engagierte Leute in der Provinzverwaltung hatten die Idee, den Touristen etwas mehr Einsicht in das Leben der Inselbewohner zu ermöglichen. So riefen sie „Points of Interest" ins Leben, zu denen Wegweiser führen und die gut beschildert sind: Die Bee Processing Group in Maduwa zeigt, wie Honig gewonnen wird, das Ko Pha Ngan Culture Work Center in Thong Sala führt traditionelles Handwerk vor, und bei der Sea Processing Group in Chalok Lam kann man Fischern beim Putzen und Auslegen von Tintenfischen zusehen.

Meer. Die **Wat Nai Pagoda** am Fuße des Berges stammt aus der Ayutthaya-Periode und ist über 200 Jahre alt. Die 12 m hohe Pagode im **Wat Khao Noi** (gegenüber dem Hospital) bietet einen tollen Ausblick. Für Abenteuerlustige ist eine Inselumrundung in mehreren Tagen möglich, zu Fuß, versteht sich. Wegen des schwierigen Geländes entlang der Ostküste dauern die vorgesehenen Etappen dort weitaus länger, als die meisten Wanderer vorausplanen.

Zum **Ang Thong Marine National Park** (s. S. 637f.) bieten mehrere Veranstalter lohnenswerte Tagesausflüge per Schiff an. Mo, Mi, Fr um 9 Uhr, zurück um 16 Uhr für 1800 Baht inkl. Essen, Getränke, Parkeintritt, Kajak- und Schnorchelausrüstung.

Nach **Ko Tao** und **Ko Nang Yuang** geht es um 9 Uhr, zurück um 16 Uhr für 1300 Baht inkl. Essen, Getränke, Eintritt und Schnorchelausrüstung.

13 HIGHLIGHT

Ko Tao เกาะเต่า

Die kleine, felsige Insel Ko Tao (Schildkröteninsel) liegt 38 km nördlich von Ko Pha Ngan und 74 km von Chumphon entfernt. Sie ist knapp 8 km lang und 3 km breit und hat eine Fläche von ca. 21 km². Bewaldete Berge reichen bis auf 379 m Höhe. Auf Ko Tao leben etwa 550 Einheimische, die früher aus dem Anbau von Kokosnüssen ein mageres Einkommen erzielten. Fischfang wurde vorwiegend für den Eigenbedarf betrieben. Heute beziehen die meisten einen Teil ihres Einkommens aus dem Tourismus. Kaum ein Bewohner der Insel sehnt sich nach dem mühsamen Leben in den alten Zeiten zurück. Touristen kommen heute vorwiegend in Kontakt mit Einheimischen, die nicht von Ko Tao stammen, sowie mit jungen burmesischen Gastarbeitern, die als besonders freundlich gelten.

Der natürliche Charakter der Insel geht langsam, aber sicher verloren: Hanggrundstücke werden gerodet, in die Lichtungen werden weithin sichtbar knallweiße Gebäude gesetzt. Unbefestigte Fahrwege, rücksichtslos durch den Hang gefräst, verursachen katastrophale Erosion, die manchem umweltbewussten Touristen das Blut gefrieren lässt.

Ko Tao ist eine Taucherinsel, die in der Tauchausbildung weltweit führend ist. Doch kommen immer mehr Touristen, die weder tauchen lernen noch schnorcheln wollen, denn die Insel hat viel mehr zu bieten.

Strände

An den zwei langen Sandstränden im Westen reiht sich unter Kokospalmen eine Bungalowanlage an die andere. Die tiefen, von runden Felsen eingerahmten Buchten im Süden wirken bei Flut romantisch, bei Ebbe sehen die mit Korallenschrott bedeckten Strände jedoch weniger einladend aus. Der Osten und Nordosten sind rau und schwer zugänglich, nur kleine Sandstrände tauchen bei Ebbe zwischen den Felsen auf.

Bungalows

Schon über 100 Bungalowanlagen wurden auf der Insel gebaut, sowohl an den bekannten Stränden als auch an den kleinen Buchten und im Hinterland. Am Mae Hat und Sai Ri Beach überwiegen saubere, gepflegte Anlagen mit hübschen, bereits recht teuren Bungalows mit Du/WC und Fan ab 400 Baht. Auch auf Klimaanlage muss man nicht mehr verzichten, was ab 1000 Baht möglich ist. Immer mehr Resorts bauen komfortable Bungalows mit Aircondition dazu, die etwa das Doppelte kosten, aber es entstehen auch neue Luxusanlagen mit Zimmern für mehrere Tausend Baht. Mit einem Tauchpaket kosten Zimmer nur die Hälfte.

An allen anderen Stränden werden selbst in der Saison noch einfache Hütten aus Bambusmatten, Holz oder Sperrholz für weniger als 200 Baht angeboten. Das übrige Preisniveau ist wegen der extrem hohen Stromkosten höher als auf den Nachbarinseln. In der Trockenzeit leiden viele Anlagen unter Wassermangel, und das kostbare Nass muss für viel Geld vom Festland gekauft werden. Fast alle Anlagen verfügen über ein eigenes Restaurant. Einige Restaurants servieren bereits erstklassiges Essen.

Ein Müllwagen und drei Müllverbrennungsanlagen sollen umweltschonend entsorgen. Aber schon beim oberflächlichen Hinschauen fällt auf, dass die Insel das Müllproblem noch lange nicht im Griff hat. Obwohl die Einweg-Plastikflaschen inzwischen auf dem Festland recycled werden, landen noch allzu viele in der Landschaft. Auf der Insel wird auch Trinkwasser in Glasflaschen verkauft, das qualitativ sicherer sein soll als das lokal produzierte Trinkwasser. An allen Stränden gibt es Strom.

Es empfiehlt sich, v. a. in der Hauptsaison, die Unterkunft im Voraus zu buchen; viele Unterkünfte werden nur an Tauchschüler vergeben.

Tauchen und Schnorcheln

Ko Tao besitzt unter Tauchanfängern einen hervorragenden Ruf, daher der Spitzname *Ko Taoch*. Kaum sonst wo kann man so preisgünstig direkt neben der Strandhütte das Tauchen lernen, wenn man die niedrigen Kosten für die Unterkunft und das Essen mitrechnet. Näheres zum Tauchen s. rechts.

Auch fürs Schnorcheln ist Ko Tao hervorragend geeignet. Vor allem an der Ostküste existieren intakte Biotope mit vielerlei Korallen und farbenfrohen Fischen, z. B. vor Ao Tanote.

Vor der ruhigen, einsamen Hin Wong sind tolle Muscheln zu sehen.

An der Südküste müssen sich Schnorchler erst über flache Korallenriffe oder durch Felsbarrieren quälen, ehe sie eine geeignete Wassertiefe erreichen.

Wer zu den vorgelagerten Taucherfelsen **Shark Island** schwimmen will, sollte laut Gezeitentabelle ruhiges Wasser abwarten, da die Strömungen um die Insel gefährlich werden können.

Wandern

Auf einigen Berg- und Talpfaden kann man herrlich wandern, während einem Schmetterlinge um die Nase flattern. Genügend Wasser mitnehmen! Bei starkem Wind sollte man nicht durch Kokosplantagen laufen, denn Kokosnüsse und Palmwedel haben schon Menschen erschlagen. Zu empfehlen sind die durchaus anstrengenden Wanderungen auf den Fahrwegen zu den Buchten an der Ostküste. Von der Tanote Bay führt ein Pfad auf den zweithöchsten Gipfel (313 m) der Insel mit Teehaus und Meditationszentrum oder quer über die Insel, am Moonlight und Mountain View vorbei, zur Westküste.

Ko Tao – ein Paradies für Tauchschüler

In der unmittelbaren Umgebung von *Ko Taoch* liegen viele schöne Korallenriffe und Felsformationen, in denen **über 100 Korallenarten** verbreitet sind. Die **fischreichen Gewässer** sind als Schutzzone ausgewiesen, die auch tatsächlich überwacht wird. So können neben vielen Riff-Bewohnern auch Schildkröten, Delphine, Wale und sogar **Walhaie** beobachtet werden. Im klaren Wasser macht schon der erste Tauchgang Spaß. Es ist also kein Wunder, dass hier über 40 Tauchschulen mit einigen hundert Tauchlehrern operieren. Sie fahren mit eigenen oder gemieteten Booten (bis zu 50 Taucher pro Boot) zu 25 Tauchplätzen, die für **Tauchanfänger** überaus vielfältige und eindrucksvolle Erlebnisse bereit halten. So mancher **Tauchexperte** fühlt sich unter den Massen von Tauchschülern nicht besonders wohl und wird nur mit viel Glück großartige, neue Erfahrungen sammeln können.

Zum Schutz der Riffe wurden 50 Bojen installiert, an denen die Tauchboote anlegen. Die Sicht beträgt von Januar bis Mai 25–35 m, in den übrigen Monaten 15–20 m. **Tauchsaison** ist das ganze Jahr außer während der Regenzeit von Okt–Mitte Dez. Trocken und heiß ist es vor allem im April und Mai. Von Mai–Juli veranstalten die Tauchschulen Tauchausflüge zu Walhaien, den größten Fischen der Erde. Die schönsten **Tauchplätze**, ihre Tauchtiefe und Hauptattraktionen sind:

- **South West Pinnacle**, 5–33 m, Seeanemonen, weiße und purpur Weichkorallen, **Walhaie**
- **Chumphon Pinnacles**,, 14–36 m, große Grouper und andere Fische, **Walhaie**
- **Red Rock/Shark Island**, 2–24 m, größte Korallenvielfalt, starke Strömung
- **Green Rock**, 2–18 m, viele Drückerfische, gut für Nachttauchen
- **Hin Wong Pinnacle**, 2–18 m, große Fächerkorallen, verschiedene Weichkorallen
- **Sail Rock**, bis 40 m, Kamin von 18–8 m, Walhaie, viel besucht ab Ko Samui

Der erste Tauchgang kostet 1000 Baht (mit eigenem Gerät ca. 15 % Rabatt), 800 Baht ab 6 Tauchgänge, 700 Baht ab 10 und 600 Baht ab 20 Tauchgänge (verhandelbar).

Andere Aktivitäten

An verschiedenen Stellen werden **Fishing Trips** angeboten. Etwas Besonderes ist eine Nachttour. In Hat Sai Ri oder Chalok Ban Kao kann man sie für ca. 1000 Baht buchen. Sie startet um 18 Uhr und kommt um Mitternacht zurück.

Wer mit einem **Meeres-Kajak** (Sea Kayak) die Küste entlang paddelt, kann die felsigen Ufer mit ihren tollen Steinformationen in aller Ruhe vom Meer aus betrachten. Kajaks werden für 100 Baht/Std. oder 500 Baht/Tag vermietet.

Auch andere Wassersportarten wie **Segeln, Bananaboot** oder **Wasserski** werden angeboten. An Land kann man Kurse in **Thai-Boxen, Yoga, Meditation** oder **Klettern** belegen. **Motorräder** oder **Mountainbikes** gibt es an vielen Stellen zu mieten. Und was niemand verpassen sollte, ist eine echte **Thai-Massage**.

Klima und Reisezeit

Die beste Reisezeit ist von Ende Dezember bis April und im August und September. In der Hauptsaison von Dezember bis Ende März wird die Insel total voll. Jeden Tag kommen 400 neue Gäste an, die z. T. an den Stränden oder in den Büros auf dem Boden nächtigen.

Mitte April (Songkran) überfluten Thais für einige Tage die Insel – manche Bungalowpreise steigen etwas an. Im November und Anfang Dezember wird die Insel von so schweren Stürmen heimgesucht, dass schon Gäste nach einer Woche Sturm von der Marine evakuiert werden mussten. In der Nebensaison werden die meisten Bungalows eine Preisklasse tiefer angeboten.

Ban Mae Hat บ้านแม่หาด

In eine malerische Bucht eingebettet, begrenzt von faszinierenden Granitfelsen, liegt im Südwesten das Hauptdorf der Insel, Ban Mae Hat. An den neuen Piers können auch größere Boote anlegen. Außer mehreren Restaurants, Bars, kleinen Supermärkten und einem Wat haben sich in diesem staubigen Ort auch Tauchschulen, Geldautomaten, Internet-Cafés, Reisebüros, die Post und ein Oversea-Telefonservice niedergelassen. Mit den vielen aufdringlichen Kundenfängern, den An- und Abreisenden und der wild wachsenden Architektur wirkt der Ort nicht gerade gemütlich.

Übernachtung

Crystal Dive Resort ①, ✆ 077-456107, gute Steinbungalows mit Balkon, einige mit AC. Tauchschule. ❹

Essen

Die Auswahl ist groß und meist sehr gut. Die besten Insidertipps können die Tauchlehrer geben.
Bei **Farango**, das von dem Franzosen Stephane Taulaigo geleitet wird, bekommt man nicht nur Pizza, sondern auch Steaks und mediterrane Spezialitäten.
Das **Baan Yaay** serviert milde Thai-Gerichte und sehr große Portionen in netter Umgebung.
Lucky, gleich daneben. Auf netter Terrasse am Meer kann man hier einfach, gut und billig essen. Etwas langsamer Service, direkt neben dem Fährhafen.
Teuer ist das **Mae Haad Restaurant**, wo schon eine Reissuppe 40 Baht kostet.
Yang Restaurant, wenig Ambiente, aber viele Gerichte um 40 Baht.
Vegetarische Gerichte gibt es bei **Mr. J.** am Weg zum Sai Ri Beach.
Im **Zest Coffee House**, einem beliebten Straßencafé, kann man gut frühstücken, Kuchen oder Eis essen.
Chopsticks am Mae Haad Boulevard serviert Peking-Ente und Dim Sum.
Sehr beliebt ist **Dirty Nelly's Irish Pub** mit seinen riesigen Bildschirmen, mehrmals pro Woche gibt es Live-Musik.

Sonstiges

Geld

Die Banken tauschen Reiseschecks und Bargeld, solange der Vorrat an Thai-Baht reicht (oft nur bis 10 Uhr!). Es gibt mehrere Geldautomaten: in Mae Hat (7), Sai Ri Village (3), Sai Ri Beach (2), Chalok Ban Ko (1). An den Buchten der Ostküste gibt es keine Geldautomaten oder Banken.

Informationen
Vorab kann man sich im Internet über Ko Tao informieren oder ein Resort buchen: 🖳 www.kohtao.com, 🖳 www.kohtaoonline.com, 🖳 www.koh-tao.ws; Unterkünfte, die auch Nichttaucher gern aufnehmen, stehen unter 🖳 www.on-koh-tao.com (mit Buchung). Laufend aktualisiert wird 🖳 www.webtravelkotao.net. Aktuelle Informationen und brauchbare Karten bietet das kostenlose Werbeheft *Koh Tao Info.*

Internet
Viele Internet-Cafés, ca. 2 Baht/Min.

Medizinische Hilfe
Mehrere Arztpraxen und Health Centers mit Krankenschwestern gibt es in Mae Hat, Chalok Ban Kao und Sairee Village. Am besten ausgerüstet ist das **Koh Tao Health Center** in Mae Hat, ✆ 077-456007. Bei Tauchunfällen wendet man sich an die **SSS Koh Tao Emergency Station**, ✆ 01-0830533, 077-456577, mit 24 Std. Erste-Hilfe-Service, Sauerstofftherapie und Transporthilfe. Auch eine Mono-Dekokammer ist installiert.

Motorräder
Ab 150 Baht für 24 Std. Schäden am Bike vor der Rückgabe reparieren lassen, sonst kann es übermäßig teuer werden. Gute Vermieter schreiben die Reparaturkosten detailliert in den Vertrag.

Polizei
Polizeistation in Mae Hat, ✆ 077-456631.

Reisebüros
Alle 30 Reisebüros gelten als hilfsbereit, korrekt und zuverlässig, u. a.

Ko Tao Booking Center, ✆ 077-456187, am Pier.

Nang Yuan Travel, ✆ 077-456009, macht Fotokopien.

Schnorcheln
Die besten Schnorchelreviere liegen im Südosten an den Bai Sai Daeng-Felsen, bei Shark Islands und in der Tanote Bay. Ausrüstung, meist in schlechtem Zustand, wird von einigen Anlagen kostenlos verliehen, sonst jeweils 50–100 Baht für Maske, Schnorchel und Flossen. Bei der Inselumrundung ab Sai Ri um ca. 9 Uhr wird etwa 5-mal zum Schnorcheln gestoppt, Rückkehr ca. 16 Uhr, Preis 300 Baht p. P. (bei rauer See keine Tour).

Vorsicht

Beim Befahren der Strände und Buchten an der Ostküste stürzen auch geübte Fahrer häufig trotz vorsichtigen Fahrverhaltens auf dem letzten Abschnitt der teilweise schmalen, steilen und rutschigen Sandwege.

Nahverkehr

Auf Ko Tao geht man vorwiegend zu Fuß oder fährt Motorroller. Aber auch hier bieten sich **Motorradtaxis** (ab 40 Baht) und **Pickups** (ab 50 Baht p. P.) an. Der Allrad-Pickup von Mae Hat nach Tanote Bay fährt um 10.30, 15.30 und 17.30 Uhr für mindestens 100 Baht p. P. (mindestens 200 Baht pro Auto), zurück um 11, 16 und 18 Uhr. In der Dunkelheit können sich die Preise drastisch erhöhen.
Ein breiter „Highway" wurde von Süden nach Norden gebaut.
Nach KO NANG YUAN fährt um 10 und 16.30 Uhr ein **Taxiboot** für 30–50 Baht, hin u. zurück 60–100 Baht.

Transport

Bei Ankunft der Boote warten viele Schlepper und einige Bungalowbesitzer mit ihren Pickups am Pier. Kostenlos oder für 20–30 Baht bringen sie ihre Gäste an die Strände.
Jedes Jahr werden neue Bootslinien in Dienst gestellt.
Bei hohem Seegang fahren auch die großen Boote nicht von/nach Ko Tao, was jederzeit einmal passieren kann.

Busse
Ein AC-**Bus** ab der Khaosan Rd. fährt um 21 Uhr über Chumphon für 600 Baht (Ankunft gegen 2 Uhr, ungemütliche Notunterkunft im Reisebüro bis zum Transfer zum Songserm Expressboot um 7 Uhr). Auch die Busse zu den Booten von Sea-

Übernachtung:

KO NANG YUAN:
1 Nang Yuan

SAI RI BEACH (SAIREE BEACH):
2 Here and Now Resort
3 Thipwimarn Resort
4 Sairee View Resort, Eden Resort
5 Sun Sea
6 Sun Lord
7 Silver Cliff, Golden Cape,
8 Ko Tao Cabana, Bow Thong Beach
9 Ko Tao Coral Grand Resort, Pranee
10 Mama O-Chai Bungalow, Crystal Dive Resort Sairee, Blue Wind
11 Sai Ree Hut Dive Resort, Sunset Buri Resort
12 Simple Life Villa, Big Blue Diving Resort
13 Silver Sand Resort, Lotus Resort, Sea Shell Resort
14 Sairee Cottage
15 Sabai Sabai Resort
16 S.B. Cabana, Marina Resort, S.B. Cabana 2
17 Koh Tao Island Resort, Ban's Diving Resort
18 AC Resort, AC Two, In Touch Resort, Ocean View
19 Moonlight
20 Mountain View
21 OK View
22 Clear View Bungalows

MAE HAT BEACH:
23 View Cliff, D. D. Hut, View Cliff 2
24 Tommy's Dive Resort, Queen Resort
25 Beach Club Dive Resort
26 Baan Tao Bungalows, Mr. J.'s Bungalows
27 Chamaiporn Gh.
28 Tao Siam Gh., Save Bungalow, Blue Diamond Resort, Koh Tao Royal Resort
29 Sensi Paradise Resort,
30 Jansom Bay Bungalows, Charm Churee Villa

SAI NUAN BEACH:
31 Sai Thong
32 Siam Cookie
33 Char Resort
34 Tao Thong Villa

CHUN CHUA-BUCHT:
35 Moon Dance
36 Sunset
37 Orchid Cliff Resort

CHALOK BAN KAO BAY:
38 Viewpoint Resort, Big Bubble Dive Resort
39 Laem Klong Resort
40 Sunshine Resort 2, Sunshine Resort 1
41 Buddha View Dive Resort, Carabao Dive Resort
42 Ko Tao Tropicana, J.P. Resort
43 Bhora Bhora Resort, Big Fish Dive Resort
44 Ko Tao Dive Resort
45 Ko Tao Cottage, Aud Bungalow
46 Taa Toh Lagoon Dive Resort, Freedom Beach

ROCKY BEACH (AO THIAN):
47 New Heaven, OK 2 Bungalow
48 Rocky Resort, Jamahkiri Resort
49 Eagle View, Happy House

SAI DAENG BEACH:
50 Coral View Resort
51 New Heaven Resort

AO LEUK:
52 Nice Moon
53 Aow Leuk 2 Resort
54 Aow Leuk Resort
55 Bay View Bungalows

AO LANG KHAAY:
56 Omsara Resort
57 Island Hill Resort
58 Pahnun View
59 Nok's Garden Restaurant
60 Lang Khaay Bay Bungalows

AO TANOTE:
61 Mountain Reef Resort
62 Poseidon Bungalows
63 Diamond Resort
64 Black Tip Dive Resort
65 Bamboo Hut
66 Family Tanote Bay Resort
67 Belle Vue Camping, Tanote View Resort
68 Two View

LAEM THIAN BEACH:
69 Laem Thian Bungalows

HIN WONG:
70 Hin Wong Resort
71 Green Tree Resort
72 View Rock Resort

MANGO BAY:
73 Ao Muang Resort
74 Mango Bay Grand Resort

Essen:
1 Rim Lae R.
2 Happy Snapper R.
3 Marava R.
4 Coffee Corner, New Heaven Deli, Papa"s Tapas R.
5 Portobello Bistro
6 Pon Bakery
7 Koppee Bakery

Sonstiges:
1 Here & Now
2 Wal-Skelett
3 Sun Smile Travel
4 Physician Clinic
5 Planet Scuba, Sairee Minimart
6 Scuba Junction
7 Car Bar
8 Ban's Diving & Travel
9 AC Party Pub
10 In Touch Beach Bar
11 Calypso Diving
12 Black Tip Diving
13 Chintana Clinic
14 Whitening Bar
15 Zen Rock Climbing
16 Jamahkiri Spa
17 Tiger Bar

tran und Lomprayah fahren um 21 Uhr ab für 850 Baht (inkl. Boot).
Für die Rückfahrt warten am Pier bereits die Busse nach Hua Hin (ca. 5 Std.) und zur Khaosan Road in Bangkok (ca. 9 Std.). Ein VIP-Bus ist dem unbequemen AC-Minibus vorzuziehen.

Achtung

Wer in der Khaosan Road ein Kombi-Ticket Bangkok – Chumphon – Ko Tao für sagenhafte 150 Baht kauft, muss damit rechnen, professionell bestohlen zu werden; im Gepäck dürfen absolut keine Wertsachen sein, Rucksäcke müssen abgeschlossen werden.

Reelle Tickets für AC- und VIP-32-Busse kosten 600–850 Baht (inkl. Boot).

Eisenbahn

Aus BANGKOK kommt man am besten über Chumphon (s. S. 586) nach Ko Tao. Reisebüros schlagen ca. 40 Baht auf die Ticketpreise auf. Bei einem Kombi-Ticket ist meist eine ungemütliche Notunterkunft, Transfer zum Hafen und das Songserm-Expressboot nach Ko Tao inkl. Billiger kommt weg, wer ein anderes Zugticket nach Chumphon kauft und mit einem anderen Boot nach Ko Tao fährt. In Chumphon verbringt man den Rest der Nacht besser in einem Gästehaus und überlässt diesem den Transfer zum Hafen. Zurück nach BANGKOK geht es tagsüber mit dem *Sprinter* um 12.46 Uhr oder mit einem

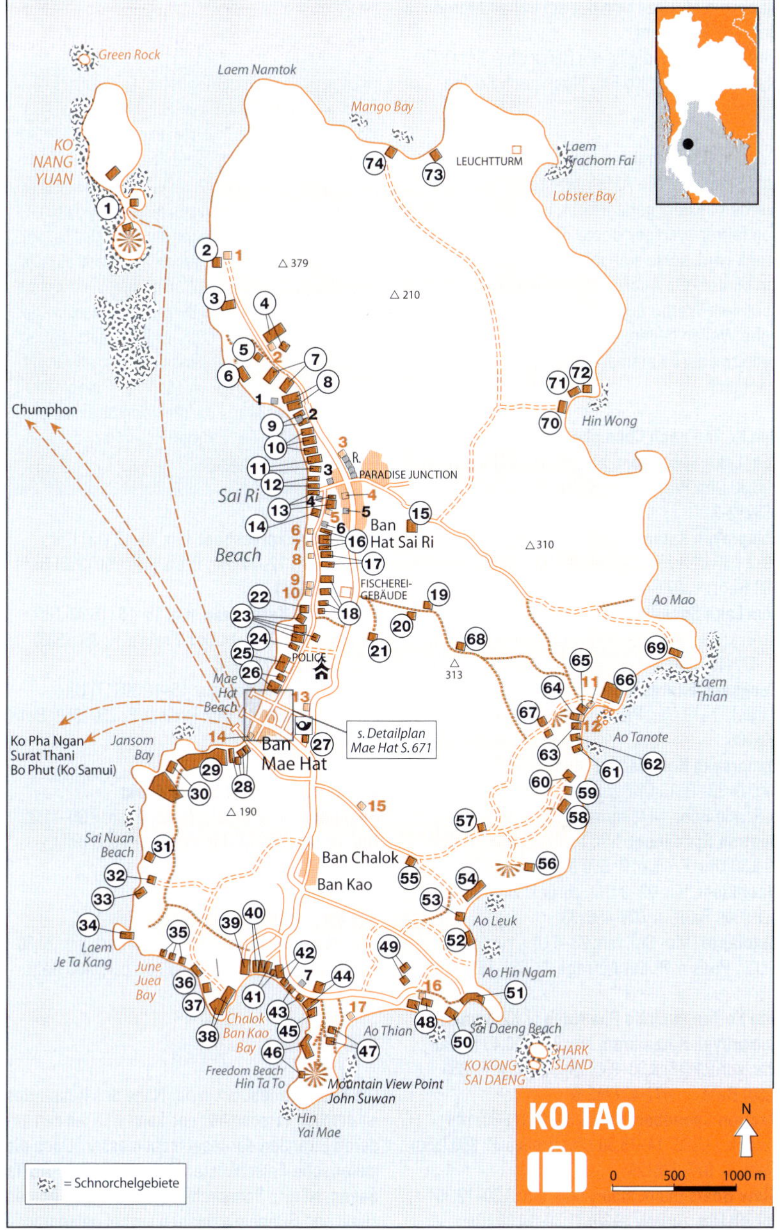

Die Golfküste

Nachtzug ab 19.24 Uhr, der am frühen Morgen in Bangkok ankommt.
Sehr zeitaufwändig ist die Reise über Surat Thani, Ko Samui und Ko Pha Ngan nach Ko Tao.

Boote

Zu allen Booten fahren von den Stränden rechtzeitig Pickups. Die Abfahrtszeiten und Preise werden flexibel gehandhabt. In der Nebensaison fahren weniger Boote. Tipp: Wer leicht seekrank wird, sollte sich mit entsprechenden Pillen eindecken. Auch wenn es an Land nach schönem Wetter aussieht, können sich auf See hohe Wellen bilden. Besonders der stabile und kentersichere Katamaran schaukelt dann beträchtlich.

Von Ko Tao nach Chumphon (Tayang Pier)
Lom Lakh Speedboot, hin: 10–11.30 Uhr, zurück: 7–8.30 Uhr, Preis p. P.: 550/450 Baht, ✆ 077-558212-3
Lomprayah Katamaran (Thung Kam Noi), hin: 10–11.45 Uhr, zurück: 7–8.45 Uhr, Preis p. P.: 550 Baht, ✆ 077-456176
Lom Lakh Speedboot, hin: 14.30–16.30 Uhr, zurück: 13–14.30 Uhr, Preis p. P.: 550/450 Baht, ✆ 077-456176
Songserm Expressboot, hin: 14.30–17.30 Uhr, zurück: 7–10 Uhr, Preis p. P.: 450 Baht, ✆ 077-506205
Lomprayah Katamaran (Thung Kam Noi), hin: 14.30–16.15 Uhr, zurück: 13–14.45 Uhr, Preis p. P.: 450 Baht, 💻 lomprayah.com
Seatran Speedboot, hin: 16–19.30 Uhr, zurück: 7–9.30 Uhr, Preis p. P.: 550 Baht, ✆ 077-521052
Nachtboot, hin: 22–3 Uhr, zurück: 24–6 Uhr, Preis p. P.: 300 Baht, ✆ 077-456133
Autofähre (Mo–Sa), hin: 23–5 Uhr, zurück: 23–5 Uhr, Preis p. P.: auf Anfrage, ✆ 081-7970276

Von Ko Tao nach Ko Pha Ngan (+ Ko Samui)
Lomprayah Katamaran, hin: 9.30–10.45 (11.30) Uhr, zurück: (8) 8.30–9.45 Uhr, Preis p. P.: 350 (580) Baht, ✆ 077-427765-6
Seatran Speedboot, hin: 9.30–11 (11.30) Uhr, zurück: (13.30) 14–15.30 Uhr, Preis p. P.: 350 (550) Baht, ✆ 077-238129
Slow Boats (nicht jeden Tag), hin: 9.30–12.30 (14.30) Uhr, zurück: (9.30) 11.30–14.30 Uhr

Warnung

Aufgrund eines eindringlichen Leserbriefs weisen wir darauf hin, dass sich in akute Lebensgefahr begibt, wer mit dem Expressboot bei 2 m hohem Wellengang fährt. Nicht nur die Fahrgäste, sondern auch das Personal steht bei jedem Brecher Höllenängste aus. Passagiere und Gepäck werden völlig durchnässt. Der Dieselgestank im geschlossenen Fahrgastraum ist nicht auszuhalten. Notausgänge lassen sich nicht öffnen. Auf dem Oberdeck gibt es weder Sitze noch eine Reling, um sich festzuhalten. Einheimische meinen, dass alle bisherigen Unfälle verschwiegen wurden. Sie empfehlen, während des Monsuns die Vormittagsboote zu nehmen, da die Stürme normalerweise am Nachmittag zunehmen.

Songserm Expressboot, hin: 10–12 (13) Uhr, zurück: (11) 12–14 Uhr, Preis p. P.: 250 (350) Baht, ✆ 077-456274
Lomprayah Katamaran, hin: 15–16 (16.30) Uhr, zurück: (12) 12.30–14 Uhr, Preis p. P.: 350 (580) Baht, ✆ 077-427765-6
Seatran Speedboot, hin: 15–16.30 (17) Uhr, zurück: (8) 8.30–10 Uhr, Preis p. P.: 250 (550) Baht, ✆ 077-238129

Von Ko Tao nach Ko Samui direkt
Phangan Cruise (nach Nathon), hin: 9.30–11.30 Uhr, zurück: 12–14 Uhr, Preis p. P.: 550 Baht, ✆ 077-377274

Von Ko Tao nach Surat Thani
Nachtboot (direkt zum Ban Don Pier), hin: 20.30–5.30 Uhr, zurück: 23–8 Uhr, Preis p. P.: 400 Baht

Mae Hat Beach

Die kleine Badebucht in der Nähe des Hauptortes ist ziemlich verschmutzt und kann sich mit den anderen Stränden der Insel nicht messen. Doch die malerische Felsenküste Richtung Süden, **Ao Ta Saeng**, ist fürs Schnorcheln gut geeignet. An den südlichen Bungalowanlagen vorbei gelangt man

auf einem Pfad in 20 Min. über den Hügel zur **Jansom Bay**, einer hübschen, privaten Badebucht mit Sandstrand, Palmen und Felsen.

Übernachtung

Mr J.'s Bungalow ㉖, ✆ 077-456067, Terrassenhäuser am Hang, Zi mit und ohne Du/WC, vegetarisches Restaurant, Bücher, Minimart, Western Union, Uhrmacher; Fahrräder und vieles mehr. Viele witzige Slogans hängen herum. ❷, AC ❺

Baan Tao Bungalows ㉖, ✉ hammykohtao@hotmail.com, ✆ 077-456201, nette, saubere, eng stehende Bungalows am Hang mit Du/WC und Veranda, teilweise Blick aufs Meer. Sehr ruhig und trotzdem nur 5 Min. vom Zentrum von Mae Hat. ❸, AC ❹

Auf dem Kap aus großen, Granitfelsen

Von Süd nach Nord:

Queen Resort ㉔, ✆ 077-456002, viele Hütten ohne Du/WC und Steinbungalows am Felsenhang; Restaurant mit schöner Sicht übers Meer, freundlicherBesitzer, Video. Tauchschule. ❷–❸

Tommy's Dive Resort ㉔, ✆ 077-456039, ✉ tommy_resorts@hotmail.com; z. T. große Bungalows sowie Zi im 2-stöckigen Hauptgebäude; Restaurant mit Abwassergestank. Tauchschule LV Diving. ❸, AC ❹

View Cliff 2 ㉓, ✆ 077-456353, große, saubere AC-Bungalows, z. T. mit schöner Sicht, Fan-Zi im OG des Apartmenthauses. ❸–❹, AC ❺

View Cliff ㉓, ✆ 077-456353, ✉ viewcliff@hotmail.com, komfortable Matten- und Steinbungalows zwischen runden Felsen, saubere Zi im Reihenhaus; Restaurant mit Video, freundliche Leute. ❷–❹

Südlich von Ban Mae Hat

Koh Tao Royal Resort ㉘, ✆ 077- 456156, 🖳 www.koh-tao-royal-resort.com, verschiedenartige Bungalows in tropischem Garten am Strand. ❸–❹, AC ❺

Sensi Paradise Resort ㉙, ✆ 077-456244, 🖳 www.kohtaoparadise.com; weitläufige Anlage am Hang mit verschiedensten, relativ teuren Bungalows und Häusern, Bäder ohne Warmwasser; Swimming Pool. Das gepflegte Restaurant liegt schön über den Felsen am Strand und ist relativ günstig; hier gibt es Early-Morning-Tea und Afternoon-Coffee. Unterhalb eine nette Steinbucht mit grobem Korallensand, nichts zum Baden, aber gutes Schnorcheln zwischen Korallen und einem Wrack, Meerwasserentsalzungsanlage; recht laut durch permanenten Bootsverkehr. ❺, AC ❻–❽

Sai Ri Beach (Sairee Beach)

Der 2 km lange, leicht geschwungene Sandstrand im Westen der Insel erlaubt nur bei hohem Wasserstand problemloses Schwimmen, ansonsten müssen Korallenstöcke und Steine umwatet werden, um tieferes Wasser zu erreichen. Die meiste Zeit des Jahres kann man hier gut schnorcheln, das Wasser ist recht klar und die Bucht liegt geschützt. Nur 100 m vom Ufer entfernt beginnt das Riff. Am schönen, breiten Strand hausen manchmal blutrünstige Sandfliegen. Zwischen Strand und Betonweg liegen viele nette, kleine Restaurants und Bars, die Bungalowanlagen vorwiegend auf der anderen Seite. Es ist bedeutend angenehmer, am Strand entlang zu wandern, als auf dem Betonweg dauernd den Mopeds auszuweichen. Trotzdem schätzen Kinderwagenschieber und Rollifahrer diesen Betonweg sehr.

Im Hinterland liegt das kleine, vom Bauboom heimgesuchte Dorf **Sairee Village**. Der Sai Ri Beach, der längste und beliebteste Strand der Insel, hat sich in seinem südlichen und mittleren Teil zu einem Party-Strand entwickelt. Vor allem die Umgebung vom AC Resort ist nichts für Ruhesuchende.

Im nördlichen Teil mit seinen kleinen Buchten und steilen Hängen geht es ruhig zu. Hier fühlen sich Naturgenießer noch wohl.

Übernachtung

Alle Anlagen liegen unter hohen Palmen, am Strand stehen vielfach schattige Laubbäume. Nicht alle Resorts halten ihren Strandabschnitt sauber. An langen Wochenenden und Feiertagen strömen Erholung suchende Thais an diesen Strand. Fast alle Unterkünfte gehören zu einer Tauchschule, viele gute Zimmer sind mit Tauchkurs spottbillig (z. B. 100 Baht anstatt 400 Baht).

In Touch Resort ⑱, ✆ 077-456514, romantischer, tropischer Garten, ältere Bungalows, durch viele Pflanzen vom Weg abgeschirmt; Beach Bar und Restaurant. ❷–❸

AC Two ⑱, ✆ 077-456195, schöne Holz- und Mattenbungalows mit Du/WC, im Halbkreis um eine Palmenwiese, eingehüllt von vielen Büschen, gut ausgerüstete Terrasse; nettes Restaurant am Strand. Hier sind Nicht-Taucher willkommen. ❸, AC ❺

Koh Tao Island Resort ⑰, ✆ 077-456295, saubere Steinbungalows, z. T. am Strand, nette, gepflegte Gartenanlage; Restaurant. Trotz zentraler Lage recht ruhig. ❺, AC ❻

S.B. Cabana 1 ⑯, ✆ 077-456005, weitläufige Anlage, Bungalows im Halbkreis und in mehreren Reihen in Palmenplantagen, große Bungalows mit AC und Warmwasser; Restaurant am Strand. ❸–❹, AC ❺

Sairee Cottage ⑭, ✆ 077-456126, ✉ nitsairee@hotmail.com, gepflegter Palmengarten, nette, einfachere und bessere Bungalows im Halbkreis; gutes Strand-Restaurant mit flinkem Service, von einem netten, jungen Team gemanagt.

Ideal für Taucher

Big Blue Diving Resort ⑫, ✆ 077-456415, 🖳 www.bigbluediving.com (mit WebCam), 2-stöckiges Reihenhaus und 5 Bungalows mit Du/WC und Fan oder AC; erstklassiges Restaurant am Strand mit super Pizza, nette Beach Bar „East" zum Entspannen. Tauchschule Big Blue, 4 große AC-Schulungsräume, Kurse finden auf Wunsch auf der Terrasse unter dem großen Baum am Strand statt. Gratis Wireless Internet. Vermieten auch Sea Canoes. ❸–❹, AC ❺

Landeinwärts unter Palmen

Sabai Sabai Resort ⑮, ✆ 077-456473, wunderschöne Anlage der Tauchschule Scuba Junction, abgelegen in einem ruhigen Tal mit schattigen Bäumen und vielen Blumen, großzügig verteilte, große Bungalows aus Naturmaterialien, mit Balkon, Hängematten und Warmwasser-Du/WC. Preis nach der Anzahl der Tauchgänge, zumeist gratis. ❷–❹

Gute Atmosphäre. Häufig voll, keine Reservierung möglich. ❹, AC ❺
Simple Life Villa ⑫, ✆ 077-456142, schmale Anlage mit einem sauberen Reihenhaus aus Stein, beliebt bei Backpackern, freundliches Personal; Bambusrestaurant am Strand. ❸
Sunset Buri Resort ⑪, ✆ 077-456266, überteuerte Steinbungalows in gepflegtem, schattigem Garten mit Rasen, Büschen und kleinen Palmen, schmuddelige Badezimmer, unmotiviertes Personal; Restaurant, Mini-Pool, Minimart mit Internet am Strand; sehr laut, Strand schmutzig. ❹, AC ❺
Sai Ree Hut Dive Resort ⑪, ✆ 077-456000, ✉ saireehutresort@hotmail.com, ältere und sehr hübsche neuere Bungalows dicht auf dicht; tolle, niedrige Kokospalmen. ❸–❹, AC ❹
Blue Wind ⑩, ✆ 077-456116, ✉ bluewind_wa@yahoo.com, viele einfache Hütten in schattigem, ungepflegtem Garten; 2-stöckiges Restaurant am Strand mit bemerkenswertem Essen; Bäckerei. ❸–❹, AC ❹
Mama O'Chai Bungalows ⑩, ✆ 077-456352, saubere Bungalows aus Zementplatten am Strand. ❸
Bow Thong Beach ⑧, ✆ 077-456 351, alte, heruntergekommene und neuere, überteuerte Bungalows in schöner Anlage, brackiges Wasser; Restaurant am Strand, malerische Felsen; die nicht sehr freundliche Besitzerin ist ab 21 Uhr nicht mehr erreichbar. ❸–❹, AC ❺
Ko Tao Cabana ⑧, ✆ 077-456250, 💻 www.kohtaocabana.com, Komfort-AC-Bungalows weiter im Inland, wirken von außen recht ansprechend, die Inneneinrichtung ist betoniert und geweißelt, offenes Bad, professionelles Personal. ❻

An den nördlichen Hängen

gibt es einige Anlagen, die mit dem Motorradtaxi für 30 Baht zu erreichen sind.
Vorsicht: Der steile Betonweg ist nichts für Anfänger auf dem Moped! Auf der gefährlichen Auffahrt, die unter Franzosen als Mutprobenstrecke gilt, ereignen sich jeden Tag Unfälle.
Silver Cliff ⑦, ✆ 09-2907546, unterschiedliche Stein- und Holzbungalows am steilen Hang zwischen tollen Felsen, schöne Meersicht; einfaches Restaurant oben auf dem Kamm, freundliches Personal. ❸
Thipwimarn Resort ③, ✆ 077-456409, 💻 www.thipwimarnresort.com, kleine, gestylte Anlage am Hang, Ried-gedeckte Stein-Holzbungalows mit Fan oder AC, herrliche Sicht, tolle Landschaftsarchitektur, kleiner Strand, teures Restaurant mit klasse Ambiente. ❺, AC ❻–❼
Here and Now Resort ②, ✆ 077-456730, 💻 www.hereandnow.be, Center for Taichichuan, 13 schattige Hütten im alten Stil mit und ohne Du/WC, am Ende des öffentlichen Weges herrlich zwischen Felsen gelegen, tolle Aussicht auf Ko Nang Yuan, Strom von 8–22.30 Uhr, kein Strand. ❶–❹

Essen und Unterhaltung

Die Auswahl an netten Restaurants am Strand ist riesig. Einige sind zwar sehr touristisch und einige haben gesalzene Preise, aber jeder findet etwas Passendes.
Allerbeste Qualität bietet das fast schon luxuriöse **Papa's Tapas**, die Köche aus Schweden haben einige Preise gewonnen, z. B. mit ihren Beeren-Cocktails.
Das sehr beliebte **Portobello Bistro** serviert erstklassige italienische Kost.
Im **New Heaven Deli** bekommt man Kuchen, Brötchen und guten Kaffee (Caffe Latte für 50 Baht).
Sehr schön eingerichtet ist die **Coffee Corner**, neben 7eleven.
Im **AC Party Pub** vor dem AC Resort geht das laute Leben erst nach Mitternacht los.

Sonstiges

Geld

Es gibt mehrere Geldautomaten.

Medizinische Hilfe

Sairee Clinic, ✆ 077-456412, neben 7eleven, untersucht gründlich, erfahren in Wundbehandlung, ⌚ 8–22 Uhr.

Physician Clinic, ✆ 077-456037, in Sairee Village, Arzt für Allgemeinmedizin, Erste Hilfe, Krankentransport.

Transport

Boote nach KO NANG YUAN fahren auf der Höhe vom Sea Shell Resort ab.

Die Golfküste

Sai Nuan Beach und June Juea Beach

Auf einem recht schwierigen Pfad Richtung Süden, gespickt mit scharfkantigen Felsen, hartem Gebüsch und trügerischen Wurzeln, erreicht man nach gut 2 km vom Pier den kleinen Sandstrand **Sai Nuan**.

Nur durch ein Kap getrennt liegt der abgeschiedene **June Juea Beach,** der zu Fuß von der Chalok Ban Kao Bucht zu erreichen ist. Leider verlieren die Strände in dieser Gegend jährlich immer mehr Sand.

300 m weiter schiebt sich das Kap **Laem Je Ta Kang** ins Meer hinaus. Normalerweise passt ein Longtail-Boot neue Gäste am Pier ab.

Übernachtung

Sai Thong ㉛, ✆ 077-456476, 💻 www.sai-thong.com, viele schöne Bungalows mit Du/WC; eigener Pier, Spa mit Salzwasserpool. ❸–❺

Moon Dance ㉟, ✆ 077-456762, einfache, gut unterhaltene, etwas kleine Bambus- und Holzhütten, gefliestes Bad, Restaurant direkt am weißen Sand. Ruhe pur. Eigener, kleiner Sandstrand, von dem aus man schnorcheln kann. ❷

Kleines, gemütliches Familienresort

Tao Thong Villa ㉞, ✆ 077-456078, malerisch auf einer Felsnase, zwei kleine Buchten mit ein wenig Strand, einfache, saubere Bungalows, z. T. tolle Sicht; kleines, günstiges Restaurant auf dem Kap; schönes Schnorcheln, Touren werden angeboten; Safes stehen zur Verfügung, in der Nebensaison geöffnet. ❶–❸

Zwei weitere Anlagen in einer kleinen Bucht rechts und links, durch große, runde Steine getrennt.

Orchid Cliff Resort, ✆ 085-7824838, wenige, dem Wind ausgesetzte, saubere Bungalows auf einem Cliff mit spektakulärem Blick. ❸–❹

Chalok Ban Kao Bay

Die tiefe Bucht im Süden wird malerisch von Palmen und Felsen begrenzt. Sie weist bei hohem Wasserstand einen sehr schönen Sandstrand auf. Bei Ebbe ragen viele Korallenfelsen aus dem Wasser. Wer schwimmen will, muss 100–300 m durchs Wasser waten oder 15 Min. zum kleinen, hübschen **Freedom Beach** wandern, der allerdings privatisiert und um eine Bungalowanlage bereichert wurde. An den schmalen Stränden mit feinem Sand hausen manchmal Sandfliegen.

Ein Ausflug zum östlichen Kap mit den vorgelagerten, bizarren *Spirit Rocks* **Hin Ta To** und **Hin Yai Mae** lohnt sich.

Auch der **Mountain View Point John Suwan** ist reizvoll, festes Schuhwerk ist sehr empfehlenswert. Diese beliebte Bucht ist etwa 2 km auf dem „Highway" von Ban Mae Hat entfernt. Entlang der Straße haben sich Restaurants, Bars, Tauchbasen, Reisebüros und Läden angesiedelt. Es gibt sogar schon einen 7eleven mit Geldautomat. Auch vom Meer her ist es nicht gerade ruhig. Viele Tauch- und Touristenboote starten und landen in der Bucht. Alle 7–14 Tage findet eine laute Beach-Party statt. Immer mehr Palmen müssen modernen Bungalows weichen, das Bild der Bucht wandelt sich.

Übernachtung

Viewpoint Resort ㊳, ✆ 077-456666, 🖳 www.kohtaoviewpoint.com, einfache, baufällige Hütten und AC-Luxusbungalows in balinesischem Stil mit umwerfender Sunset-Sicht, akzeptables Essen; verwaltet von Big Bubble. ❷, AC ❺
Laem Klong Resort ㊴, ✆ 077-456333, weißer, 2-stöckiger Betonbau ohne Atmosphäre; gelobt werden das Essen und das freundliche Personal. Tauchschule. ❸
J.P. Resort ㊷, ✆ 077-456099, 🖳 www.on-kohtao.com/jp-resort.htm; große Anlage diesseits und jenseits der Straße, saubere Fan-Zimmer im 2-stöckigen Reihenhaus am Hang und saubere AC-Bungalows hoch oben mit toller Aussicht, Restaurant am Meer mit amerikanischen Videos, Pool, Tauchschule. ❸, AC ❹
Bhora Bhora Resort ㊸, ✆ 077-456045, 🖳 www.bhorabhora.com, gepflegte Steinbungalows am steilen Hang jenseits der Straße, traumhafter Blick auf die Bucht. Neue Leitung. ❹
Ko Tao Cottage ㊹, ✆ 456134, 🖳 www.kotaoresort.com, unter Palmen am Strand und am Hang, geräumige, saubere, gemauerte AC-Bungalows mit Bad und Terrasse sowie Reihenhäuser. Gepflegte, überteuerte Anlage mit höflichem Personal; Restaurant, Pool, E-Mail. Kajaks, Tauchschule, hoher Rabatt für Tauchschüler, nehmen aber auch Nichttaucher auf. ❹, AC ❻
Aud Bungalow ㊺, ✆ 456453, einfache, nette Hütten am linken, windigen Rand des schmutzigen Sandstrands, große Bungalows für Kleingruppen auf dem Palmenhügel dahinter; Reggae-Bar ⏲ bis 2 Uhr. ❷
Taa Toh Lagoon Dive Resort ㊻, ✆ 077-456192, ✉ info@taatohdivers.com, 600 m nach Süden über den Hügel Richtung Kap, schön gelegene, solide Holz- und Steinbungalows in gepflegtem, weitläufigem Gelände am steilen Hang und auf den Klippen; eigene kleine Bucht mit trübem Wasser und kleinem Sandstrand. Wird vorzugsweise mit Rabatt an Tauchschüler vermietet. Tauchschule mit deutschen Lehrern, gepflegtes Gerät. ❷–❹, AC ❺
Freedom Beach ㊻, ✆ 077-456593, wenige große, einfache Bungalows ohne Du/WC, am Hang mit schöner Sicht, ruhig und idyllisch; Restaurant auf halber Höhe. ❸

Essen und Unterhaltung

New Heaven auf dem westlichen Hügel von Ao Thian mit super Aussicht, gutes, teures Essen, langsamer, freundlicher Service, man sitzt auf dem Boden oder auf einer offenen Veranda mit Tischen und Stühlen.
Last Paradise, Panorama-Bar auf einem Hügel mit umwerfender Aussicht, einmal im Monat findet hier eine Blackmoon Party statt.
Taraporn Restaurant im Westen von Chalok Ban Kao Bay, direkt überm Wasser gebaut, über einen Betonsteg erreichbar, tolle Aussicht, abends immer voll, etwas unaufmerksamer Service. Es bietet Schnorcheltrips rund um Ko Tao.
Miramar Restaurant, auf dem Gipfel eines steilen Hügels, ist bekannt für seine spektakuläre Sicht und seine guten Tapas.

Rocky Beach (Ao Thian Ok) und Sai Daeng

Der Privatstrand **Rocky Beach** wird durch eine Schranke abgesperrt, nur Fußgänger und registrierte Fahrzeuge dürfen durch. In einem gepflegten Garten am westlichen Ende ergehen sich Truthähne und Perlhühner. Liegestühle und Sonnenschirme werden von der Beach Bar verwaltet. Der etwa 200 m lange, feine Sandstrand ist stark mit Korallenbrocken durchsetzt. Bei Ebbe bedecken abgestorbene Korallen und viel Müll die ganze Bucht. Schwimmen kann man nur bei hoher Flut sowie links und rechts an den bizarren, runden Felsen.

Vor dem Korallenriff kann man schnorcheln (Verleih an der Strandbar), aber die Sicht ist nicht gut. Oft kann man Schwarzspitzenhaie sehen.

Die **Sai Daeng-Bucht** erreicht man auf einem Fußpfad (1 km) vom Rocky Beach etwas landeinwärts über den Hügel oder per Motorrad auf einer 1,5 km langen Piste (Vorsicht, nicht ungefährlich). Mit etwas Glück bekommt man auch ein Taxiboot.

Am vorgelagerten Kap und am Rande der Bucht, bekannt als **Shark Bay**, kann man bei Flut schön schnorcheln.

Übernachtung

New Heaven (47), ✆ 077-456462, 🖳 www.newheavenresort.com, toll gelegene, beliebte Aussichtsbungalows für Paare und Kleingruppen am steilen Hang, auf der westlichen Seite der Bucht. Restaurant mit frischem Kuchen und fantastischer Sicht; schräg gegenüber der Auffahrt zum Taa Toh Lagoon. Zugang zum Meer über einen steilen Pfad. ❹–❺, AC ❻

OK 2 Bungalow (47), ✆ 077-456506, große Holzbungalows am Hang zwischen schattigen Laubbäumen, einige renovierungsbedürftig, viele Stammgäste, gute Aussicht. ❸

Rocky Resort (48), ✆ 077-456035, große Anlage am Ostende der Bucht mit Bungalows aller Generationen, auf, zwischen und unter den Felsen, am Hang und über dem Wasser. Direkter Zugang zum Meer über Treppen; nettes Personal, zufriedenstellendes Essen, Schnorchelverleih. Sehr unterschiedliche Lesermeinungen. ❸–❹

Coral View Resort (50), ✆ 077-456058, Sai Daeng Beach, schöne Holzhütten mit Du/WC und Steinbungalows am Hang, kein Zimmerservice; gutes Restaurant mit herrlicher Aussicht auf die Bucht und Shark Island; Schnorcheltouren. ❷–❹

New Heaven Huts (51), ✆ 077-456462, 🖳 www.newheavenresort.com, Sai Daeng Beach, schöne Bungalows, z. T. direkt auf den Felsen mit schönem Meeresblick, abseits der Massen, Yoga, Detox, Meditation, eigene Bäckerei, Tauchshop. ❷

Die luxuriöseste Anlage auf der Insel

Jamahkiri Resort & Spa, ✆ 077-456400, 🖳 www.jamahkiri.com; traumhafte Anlage an einem felsigen Abhang, 12 große, einzeln stehende Bungalows mit gekonnt in die Felsen integrierten Zimmern, beste Ausstattung, unschlagbare Aussicht, viele Treppen, Pool im Felsen. Hoteleigener Strand, bei Flut wunderbar zum Schnorcheln. Erreichbar mit Jeep über eine abenteuerliche Piste mit vielen Schlaglöchern in ca. 15 Minuten von Mae Hat, stündlicher kostenloser Transfer. ❽

Die Ostküste

Ao Leuk

Ao Leuk oder Ao Luk (gesprochen wie Glück ohne G) ist ein kleiner Strand im Südosten, ungefähr 200 m lang, mit einigen Palmen. Dem schmalen, weißen Sandstreifen ist ein steiniger Ufersaum vorgelagert. Es geht relativ steil ins klare Wasser, sodass man sehr gut schwimmen kann. Auch Schnorcheln ist schön. Im Sommer drängen sich viele junge Touristen auf dem kleinen Strand, der von den starken Boxen der Beach Bar beschallt wird. Die großen Fischerboote vor und der Müll am Rand der Bucht sorgen für Lokalkalorit. Zu Fuß, mit dem Motorrad oder Jeep gelangt man ab Ban Mae Hat nach 3 km durchs Innere der Insel zu dieser Bucht. Auch die Tanote Bay Taxis machen auf Verlangen einen Umweg hierher. Ein steiler Fußweg von 1,5 km führt zum Rocky Beach.

Ao Lang Khaay

Die kleine, ruhige, abgelegene Steinbucht mit den großen runden Felsen und dem fantastischen Blick auf den Shark Point eignet sich gut zum Schnorcheln. Um die Bungalows und das Meer zu erreichen, sollte man geländegängig sein.

Ao Tanote

Die malerische Bucht an der Ostküste ist auf einer extrem abschüssigen, abenteuerlichen Piste zu erreichen (4,5 km von Ban Mae Hat, 80 Baht). Unter Palmen und auf den Felsen stehen die Bungalows verschiedener Anlagen. Der etwa 200 m lange Strand ist von schönen Felsen durchsetzt. Um die großen Felsen in der Bucht tummeln sich viele Fische zwischen den unterschiedlichen, intakten Korallen. Wer zum Laem Thian hinüber schnorchelt, kann große Fische beobachten, z. B. Barrakudas und bis zu 2 m lange, nicht aggressive Riffhaie, die sich vorwiegend am Fuße des Riffs bewegen. Hier kann man direkt vom Ufer aus schnorcheln und tauchen. Im August ist das Wasser ideal ruhig, im Winter rau. Im August sind oft alle Bungalows in der Bucht belegt.

Laem Thian

Dieser winzige Strand liegt in der Mitte der Ostküste. Er besteht aus feinem Sand und ist von

Felsformationen eingerahmt. Bei einer Wassertiefe von 2–12 m kann man gut schnorcheln, obwohl das Wasser relativ unruhig und wellig sein kann. Häufig beobachteten Schnorchler schon 3–7 bis zu 2 m lange Schwarzspitzenhaie! In Thailand ist bisher kein Hai-Angriff auf Schnorchler bekannt, dennoch sollte man sich vorsichtig verhalten.

Laem Thian liegt auf einer Jeep-Piste etwa 6 km von Ban Mae Hat entfernt. Der zum Teil recht steile, aber gut ausgebaute Pfad erfordert etwa 2 Std. Fußmarsch. Der Fußweg von Laem Thian nach Tanote Bay ist zur Zeit kaum begehbar.

Hin Wong

Am Ende eines engen Tales im Nordosten (4,5 km von Mae Hat) liegt diese idyllische Palmenbucht. Es gibt so gut wie keinen Strand, aber insbesondere an den Felsen links kann man sehr schön schnorcheln, deshalb legen auch viele Schorchelboote hier an. Zu erreichen über eine schlechte Piste von der Paradise Junction am Ende des Sai Ri Beach (ca. 40 Min. zu Fuß).

Mango Bay

An der breiten Bucht (auch: Mamuang Bay) im Norden mit ganz wenig Sandstrand kann man bei ruhigem Wasser schön schnorcheln. Zu erreichen per Boot oder über eine Straße von Sairee Village.

Übernachtung

Ao Leuk

Nice Moon ⑤②, ✆ 077-456737, ✉ nicemoon43@hotmail.com, am Hang über der Bucht, ältere Hütten in steilem Gelände, Du/WC z. T. unter dem Schlafraum, Balkone mit toller Sicht; mit dem Restaurant haben die freundlichen Besitzer ihren Traum von Schönheit verwirklicht. 4 Min. zum Strand. ❷

Aow Leuk Resort ⑤④, ✆ 077-456692, einfache alte und bessere neue Bungalows in einer Kokosplantage, Restaurant am Strand, in dem Gäste häufig essen sollten, um nicht verabschiedet zu werden. Die mangelnde Verständnisfähigkeit der Familie darf nicht als Böswilligkeit ausgelegt werden. Der Sohn an der Beach Bar sorgt dafür, dass Ruhesuchende schnell flüchten. ❷–❸

Ao Lang Khaay

Pahnun View ⑤⑧, ✆ 077-456484, 081-0905910, einsam gelegene Holzbungalows mit blauen Dächern und großer Terrasse, gute Sicht auf die Bucht, etwas ungepflegt; gutes, aber relativ teures Essen. Weg zum Wasser sehr beschwerlich über hohe Felsbrocken, gutes Schnorcheln, kaum eine Liegemöglichkeit. ❷

Nok's Garden Resort ⑤⑨, ✆ 077-456350, gepflegte, familiär geführte Anlage mit kleinen, frei stehenden Bungalows. Restaurant mit guter Sicht. Der Besitzer ist sehr um seine Gäste bemüht. Felsiger Strand. Die Anlage ist etwas schwer zu erreichen, aber mit Geländefahrzeug oder Motorroller ohne Probleme zugänglich. ❷

Ao Tanote

Mountain Reef Resort ⑥①, ✆ 077-456699, am südlichen, nachmittags schattigen Ende, einfache, saubere Bungalows am steilen Hang sowie große Bungalows z. T. direkt am Meer; Restaurant mit schöner Aussicht auf die Bucht; freundliche, hilfsbereite Familie, gutes Schnorcheln rechts an den Felsen; Schnorcheltrips rund um die Insel werden angeboten. ❸–❹

Poseidon Bungalows ⑥②, ✆ 077-456735, verschiedenartige, Holzbungalows und größere Steinbungalows mit Balkon und schöner Sicht am flachen Hang unter Palmen; Restaurant vorn am Felsenstrand, manchmal laute Boxen; Abholung vom Pier per Jeep. Fan ❸–❺

Diamond Resort ⑥③, ✆ 077-456591, ✉ diamondtanote@hotmail.com, saubere Bungalows am Strand und am Hang; gutes Restaurant am Strand, Relax-Area unter Schatten spendenden Bäumen; davor breiter Strand mit grobem Sand. Schnorchelausrüstung 100 Baht/Tag. ❸ AC ❹

Black Tip Dive Resort ⑥④, ✆ 077-456488, 💻 www.blacktipdiving.com, Designer-Holzbungalows am Hang, einige Doppelbungalows mit gemeinsamem Bad. Tauchschüler, ehemalige Tauchschüler bezahlen die Hälfte. Die futuristische Tauchbasis dominiert die Bucht und sprengt den natürlichen Rahmen. ❸–❹, AC ❹–❺

Bamboo Hut ⑥⑤, ✆ 077-456531, am Hang unter Palmen mit schöner Aussicht auf die Bucht, 15 saubere Bungalows am Hang sowie nette, geräumige Holzbungalows am Strand; Restau-

Tauchen lernen auf Ko Tao

Auf Ko Tao gab es Mitte 2007 über 40 Tauchschulen und Tauchresorts. Auf keiner anderen Insel der Welt werden so viele junge Menschen ins Tauchen eingeführt wie auf Ko Tao („Ko Taoch"). Der Standard aller von Ausländern geleiteten **Tauchschulen** ist generell sehr hoch, das Gerät wird laufend erneuert und in der Regel gut gewartet, Tauch-Unfälle hat es bei ihnen fast noch nie gegeben. Unfallopfer waren vor allem nicht ausreichend ausgebildete Instruktoren *(Dive Master)*, die in Tauchschulen unter Thai-Leitung arbeiten – anscheinend zu viel und zu lange.

Achtung: In den Tropen ist es äußerst wichtig, zwischen den Tauchgängen viel zu trinken, da sonst Dehydrierung und Erschöpfung drohen. Es gab deswegen nach dem Tauchen schwerwiegende Unglücksfälle.

Sollte trotz aller Vorsicht ein Tauchunfall passieren, steht die **SSS Koh Tao Emergency Station**, ✆ 010-830533, 077-456577, mit 24 Std. Service zur Ersthilfe, Sauerstofftherapie und Transporthilfe zur Verfügung.

In Ko Samui gibt es eine **Dekompressionskammer** und Tauchärzte: **SSS Koh Samui Recompression Chamber**, ✆ 010-848485, 077-427427, 💻 www.sssnetwork. com. Auf Ko Tao steht eine Mono-Dekokammer bei Badalveda zur Verfügung, die Nutzung ist teuer, eine Versicherung vor Ort ratsam. Gute Tauchversicherungen gibt es unter 💻 https:// www.daneurope.org. Verantwortungsvolle Tauchschulen beraten kostenlos. Die Tauchkurse kosten ab 9000 Baht für den Open Water Diver plus 800 Baht für das Manual. Unterschiedlich ist die Zahl der Tauchschüler pro Kurs, die Dauer des Kurses, der Spaßanteil und der Preisnachlass bei der Unterkunft. Bei manchen Tauchschulen kann man zum halben Preis wohnen.

Beständig hören wir Gutes über:

Big Blue Diving Center, ✆ 077-456415, ✉ info @bigbluediving.com, 💻 www.bigbluediving. com; in Mae Hat am Pier und am Sai Ri Beach; PADI 5-Sterne-IDC-Center, TUSA-Agentur, Instructor-Kurse alle 2 Monate. 140 Scubapro- bzw. US Divers-Sets (200 bar), Tauchcomputer zu mieten, sowie 142 Alu-Flaschen mit DIN- und INT-Anschluss, Befüllung auf 180 bar. 3 eigene Tauchboote für 15 bzw. 30 Taucher sind mit Satellitennavigation und 3D-Sonar ausgerüstet und erlauben eine große Vielfalt an Tauchtrips. Es werden Ganztags-, Frühstücks-, Sunset, Nacht- und Übernacht-Trips durchgeführt, um den Massen zu entgehen. 4 ständige und 15 temporäre In-

rant zurückversetzt, gute Küche, unmögliches Personal. ❷–❸

Family Tanote Bay Resort ⑥⑥, ✆ 077-456757, ✉ tanotebay@hotmail.com, 💻 www.thaisouth. com/tanote; schöne, saubere Anlage am steilen Felsenhang mit vielen blühenden Büschen und Bäumen, kleiner Sandstrand zwischen runden Felsen, vorwiegend große Bungalows; Restaurant mit unbequemen Sitzmöbeln. Daneben die **Tauchschule Calypso** unter straffer Leitung von Eugen Müllerschön. ❸–❹, AC ❺

Laem Thian Beach

Laem Thian Bungalows ⑥⑨, ✆ 077-456477, ✉ pingpong-laemthian@hotmail.com, an einem steilen Hang, zum Teil mit Felsen, inmitten schöner Blumen. Unterschiedliche, renovierte Bungalows, mit Bad/WC; das große, von Weitem ins Auge fallende 2-stöckige Bauwerk direkt am Strand trübt die einstige Idylle. Es beherbergt unten ein Restaurant, oben Zimmer und auf dem Dach den Wäschetrockenplatz. ❶, AC ❹

Hin Wong

Hin Wong Resort ⑦⓪, ✆ 077-456006, schöne, gepflegte Anlage, einfache, geräumige Holzhütten mit Du/WC und Balkon, gutes Essen, Schnorchelausrüstung zu mieten; geleitet vom netten Sahat und seiner freundlichen Familie. Tauchschule Hin Wong Divers, 💻 www.hinwongdivers.com. ❷

Green Tree Resort ⑦①, ✆ 077-456742, 💻 www. shopart.com/thailand/greentree.html; Haupt-

struktoren aus Europa geben in 4 Schulungsräumen laufend PADI- und SSI-Kurse u. a. in Deutsch, 6 Tauchgänge sind normal: 2 sehr wichtige in Flachwasser, 2 mal bis 12 m Tiefe, 2 mal bis 18 m Tiefe. Eigenes Big Blue Dive Resort mit erstklassigem Restaurant. Engagierte schwedische Leitung.

Calypso Diving, ✆ 077-456745, ✉ eugentao@yahoo.de, 🖳 www.calypso-diving-kohtao.de, kleines Tauchunternehmen (PADI und CMAS Thailand) in der Tanote Bay, unter Leitung von Eugen Müllerschön; hier werden Kurse von engagierten Tauchlehrern in sehr kleinen Gruppen abgehalten, in denen man wirklich etwas lernt. Geübte Taucher können paarweise ohne Guide direkt vom Ufer aus in einem herrlichen Revier bis ca. 15 m Tiefe tauchen oder sich von Eugen in seinem kleinen, leisen Schnellboot in andere Buchten fahren lassen.

Black Tip Diving, 🖳 www.blacktipdiving.com, ✆ 077-456488, PADI 5-Sterne-IDC-Tauchschule, an der Tanote Bay, geleitet vom Thai Dam, der sehr gut deutsch spricht. Große Boote, beliebt.

Scuba Junction, 🖳 www.scuba-junction.com, ✆ 077-456164; in Mae Hat und am Sai Ri Beach, kleine PADI 5-Sterne-Tauchschule (SSI Platinum), verantwortungsvoll geleitet vom vierspra-chigen Koen. Eigenes Resort Sabai Sabai in einem ruhigen Tal, mit Tauchkurs halber Preis.

Big Fish Dive Resort, ✆ 077-456290, 🖳 www.bigfishresort.com; Chalok Ban Kao Bay. PADI 5-Sterne-Tauchschule, Kurse u. a. auf Deutsch, nette, persönliche Atmosphäre, amerikanische Leitung, Bezahlung mit Kreditkarte möglich. Mehrere gute Kritiken unserer Leser.

Weitere Tauchschulen siehe im Stefan Loose-Travel Handbuch Thailand – Der Süden.

4- bis 4 1/2-tägige PADI-Kurse zum Open Water Diver werden für 8500–9800 Baht angeboten, es gibt unterschiedliche Rabatte. Die **Tauchkurse** sollten 6 Tauchgänge, davon mind. 2 im tieferen Wasser, enthalten und mind. 4 volle Tage dauern (viele Tauchschulen bieten nur noch 3- bis 3 1/2-tägige Kurse mit 4 Tauchgängen an, was absolut zu wenig ist; auch am schriftlichen Begleitmaterial wird gespart). Das Zertifikat soll international anerkannt sein, PADI, CMAS oder SSI. Ein Tauchlehrer sollte max. 4–6 Schüler betreuen. Schriftliches Begleitmaterial ist absolut notwendig und viel Tauch-Theorie lebenswichtig. Jeder Tauchschüler kann sich an umweltfreundlichen Putzaktionen seiner Tauchschule beteiligen.

haus und 3 Bungalows, z. T. mit Gemeinschafts-Du/WC, weitere sollen gebaut werden, steile Pfade, auch zum Bad; Noi und Joe pflegen eine familiäre Atmosphäre. ❶–❷

View Rock Resort ⑫, ✆ 077-456548, schöne Bungalows am steilen Hang mit traumhafter Aussicht, kleines Restaurant, Abholservice. ❷

Mango Bay

Ao Muang Resort ⑬, ✆ 077-456665, schöne, neue Bungalows am Hang. AC ❺

Mango Bay Grand Resort ⑭, ✆ 01-5978395, ✉ mangobaytao@yahoo.com, 14 verschiedene schöne, romantische Bungalows am steilen Hang zwischen knorrigen Bäumen und großen Steinen, Restaurant, unter italienischer Leitung, verschiedenster Wassersport. ❹, AC ❺–❻

Ko Nang Yuan เกาะนางยวน

Reizvolle Korallenriffe gibt es an der nordwestlich vorgelagerten Insel Ko Nang Yuan, die von den Bewohnern *Hang Tao* (Schwanz der Schildkröte) genannt wird. Eigentlich besteht sie aus drei kleinen Inseln. Die mittlere und kleinste Insel ist bei Ebbe durch zwei Sandbrücken mit den anderen beiden verbunden und erzeugt so einen 3-zackigen Stern. Die Flut löscht das hübsche Bild zweimal am Tag wieder aus. Zurück bleibt die von herrlich runden Felsen umlagerte, zentrale Insel, die ein wenig an die Seychellen erinnert. Berge voll Korallenschutt hat der Taifun Gay 1988 an den Felsen aufgetürmt.

Einige hundert Taucher und Schnorchler bevölkern an manchen Tagen die 3–12 m tiefe Bucht **Japanese Gardens** und zerstören auch noch die letzten Korallen. Besonders faszinieren die Anemonenfische an den **Twins**, ansonsten gibt es für Schnorchler nicht mehr viele Fische zu sehen.

Auch an der Westküste der beiden größeren Inseln kann man schnorcheln. Mit etwas Glück sieht man sogar eine Muräne oder den Kugelfisch. Am nördlich vorgelagerten **Green Rock** locken Schildkröten und Höhlenlandschaften in 2–18 m Tiefe. Schwer zu ertragen sind die Abgase der Tauchboote und der großen Ausflugsschiffe.

Tagsüber sind die Inseln völlig touristisch, eine ruhige Stimmung kommt erst nach 16 Uhr auf.

Übernachtung

Nang Yuan Dive Resort ①, 077-456088-93, www.nangyuan.com, auf den drei Inseln liegen 50 gute, teure Bungalows mit Fan oder AC, z. T. Kühlschrank und Balkon sowie 30 einfache Hütten (Service alle 2 Wochen). Die schattenlosen Bungalows können im April unerträglich heiß werden. Tauchschule. ❺, AC ❻

Transport

Man erreicht die Insel ab BAN MAE HAT bei ruhiger See mit dem Taxiboot um 10 und 16.30 Uhr für 30–50 Baht (hin und zurück 60–100 Baht); zurück um 8.30 und 16 Uhr, Eintritt 100 Baht. Auch vom SAI RI BEACH fahren Boote hinüber (50 Baht), individuelle Abholung vor 16 Uhr ist möglich (Preis ist Verhandlungssache).
Im Restaurant rechts vom Anlegesteg kann man die Tickets buchen.
Plastikflaschen und Getränkedosen dürfen nicht auf die Insel mitgenommen werden, da zu viele uneinsichtige Traveller ihren Abfall nicht mit zurücknehmen.

Die südliche Golfküste

Khanom – Sichon ขนอม/สิชล

Die beiden Fischer- und Marktorte liegen 30 km auseinander am H4014 und H401 am Golf von Thailand, ca. 85 km östlich von Surat Thani. In Khanom ist mittwochs Wochenmarkt mit sehr guten, günstigen Garküchen. In den nächsten Jahren soll im Meer vor Khanom der riesige Hafen Southern Sea Port East gebaut werden. Mit zwei Stichstraßen an der Küste entlang wurden schöne Sandstrände erschlossen. Die Strände von Khanom im Norden und von Sichon sind recht abwechslungsreich: Hier scheinbar endlos lang, dazwischen sichelförmig geschwungen und von felsigen Kaps begrenzt, im Süden bei Sichon wieder endlos lang.

Der H4232 führt durch Kokosplantagen am 7 km langen Sandstrand **Nadan Beach** entlang. 7 km südlich von Khanom beginnt hinter einem Felsenhügel die schöne **Nai Plao-Bucht** mit feinem Sandstrand, im Hinterland versteckt sich ein Fischerdorf.

Übernachtung

Die 14 Anlagen sind nur am Wochenende und in den Ferien durch Thai-Touristen ausgelastet. In der übrigen Zeit kann man an den Palmenstränden echte Einsamkeit erleben (meist Rabatte von 20–40 %). Gute Infos unter www.guidetothailand.com/thailand-beaches/beach-nst.php.

Hübsche Bungalows im Thai-Stil

Khanom Hill Resort, 081-9563101, www.khanom.de, eine Treppe führt durch einen liebevoll gestalteten Garten hinab zu einigen besonders hübschen Bungalows mit großer Terrasse, die etwas erhöht über der Bucht liegen. Sympathische deutsche Besitzer, sehr nette, hilfsbereite, gut Englisch sprechende Managerin. Das Restaurant von Dhum ist gut und wirkt sehr familiär. Die Strände sind zu Fuß erreichbar. Fahrräder 80 Baht, Mopeds 200 Baht. ❺–❻

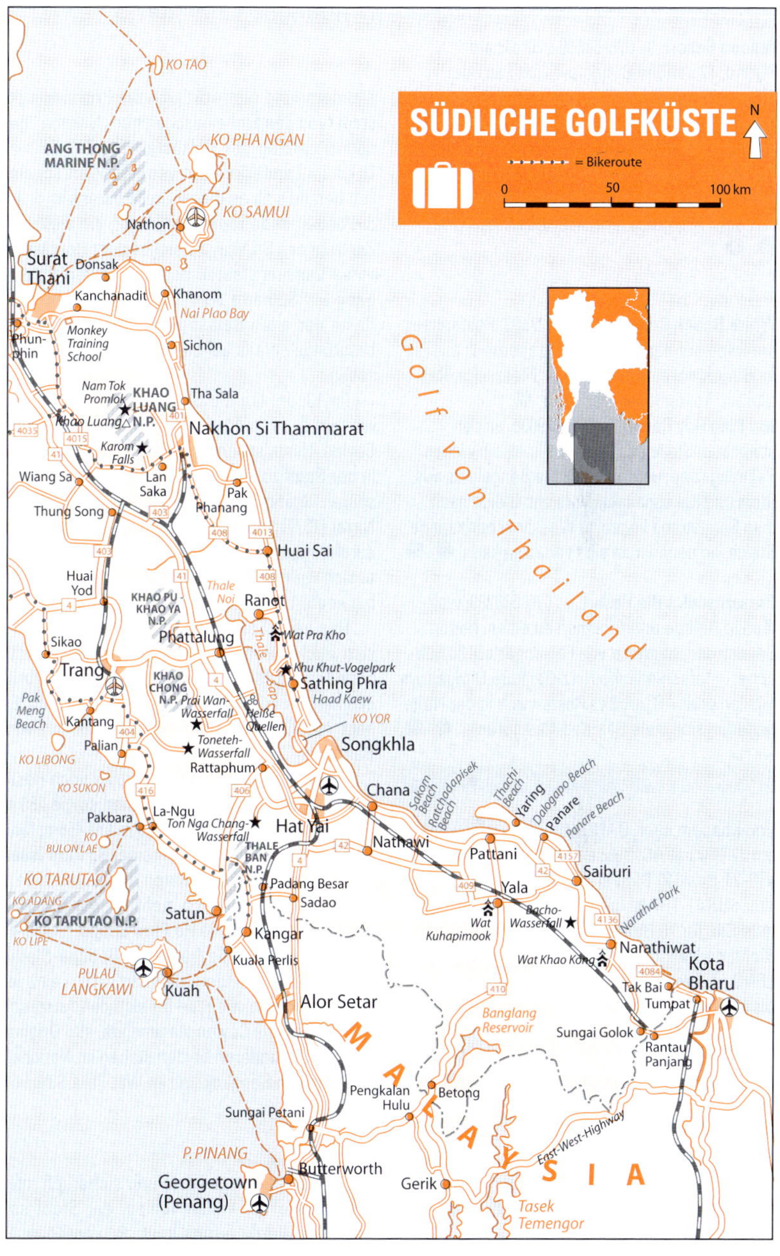
SÜDLICHE GOLFKÜSTE
N
= Bikeroute
0
50
100 km
Golf von Thailand
KO TAO
ANG THONG MARINE N.P.
KO PHA NGAN
KO SAMUI
Nathon
Surat Thani
Donsak
Kanchanadit
Khanom
Nai Plao Bay
Phun-phin
Monkey Training School
Sichon
Nam Tok Promlok
KHAO LUANG N.P.
Khao Luang
Tha Sala
Nakhon Si Thammarat
Karom Falls
Lan Saka
Wiang Sa
Pak Phanang
Thung Song
Huai Sai
Huai Yod
KHAO PU - KHAO YA N.P.
Thale Noi
Ranot
Wat Pra Kho
Sikao
Phattalung
Thale Sap
Khu Khut-Vogelpark
Trang
KHAO CHONG N.P.
Sathing Phra
Haad Kaew
Pak Meng Beach
Prai Wan-Wasserfall
Heiße Quellen
KO YOR
Kantang
Songkhla
Palian
Toneteh-Wasserfall
KO LIBONG
Rattaphum
KO SUKON
Chana
Sakom Beach
Ratchadapisek Beach
Thachi Beach
Yaring
Dalogapo Beach
Panare
Panare Beach
La-Ngu
Pakbara
Ton Nga Chang-Wasserfall
Hat Yai
KO BULON LAE
THALE BAN N.P.
Nathawi
Pattani
KO TARUTAO
Saiburi
Padang Besar
Yala
KO ADANG
Sadao
KO TARUTAO N.P.
Satun
Wat Kuhapimook
Bacho-Wasserfall
Narathat Park
KO LIPE
Kangar
Narathiwat
Kuala Perlis
Wat Khao Kong
Kota Bharu
PULAU LANGKAWI
Kuah
Tak Bai
Tumpat
Alor Setar
Banglang Reservoir
Sungai Golok
Rantau Panjang
MALAYSIA
Pengkalan Hulu
Betong
Sungai Petani
East-West-Highway
P. PINANG
Butterworth
Georgetown (Penang)
Gerik
Tasek Temengor

Nadan Beach

Tancoo Resort, ✆ 075-528362, direkt am Strand, 12 schöne Bungalows mit Fan oder AC aus Naturmaterialien, gutes Thai-Essen, freundliches Personal, die Besitzer sprechen Englisch. ❸

Tip Montri Resort, ✆ 075-528147, an der Abzweigung, 8 komfortable Steinbungalows mit Fan oder AC, gutes, preiswertes Restaurant. ❸–❹

Nai Plao Bay

White Beach Resort, ✆ 075-527503, Reihenhaus am Hang auf der Landseite, 2 saubere Zi mit Fan im Bungalow am Hang auf der Meerseite, Restaurant, kostenloser Transport. ❸

Nai Plao Bay Resort, ✆ 075-529039, an der schönsten Stelle des Strandes in einem weiten Palmengarten; unterschiedliche Bungalows aus Stein und Kokospalmen. Vorsicht: Gleich nach dem Sandstrand liegen im Wasser scharfkantige Steine, an denen man sich verletzen kann. ❸–❺

Sichon

Prasarnsook Villa Resort, ✆ 075-536299, weitläufige Anlage unter Palmen an einem netten Sandstrand, begrenzt von Felsengärten, 30 hübsche, unterschiedliche Holz-Bambus-Bungalows mit Fan oder AC, großes Restaurant; in der Nähe befinden sich viele Seafood-Restaurants. ❷–❹

Transport

Von Khanom nach BANGKOK (744 km) jeweils um 17 Uhr mit AC-Bussen für 420 bzw. 540 Baht, VIP-24-Bus 840 Baht in 11 Std.

Von SURAT THANI mit AC-Minibus von 7–18 Uhr jede Std. für 70 Baht in 1 Std. oder mit AC-Bus Richtung Nakhon Si Thammarat bis KLONG LENG und von dort per Songthaew für 20 Baht bis Khanom (8 km).

Von NAKHON SI THAMMARAT von 7–18 Uhr jede Std. für 60 Baht nach Khanom, mit AC-Minivan für 85 Baht in 90 Min., nach SICHON für 60 Baht.

Von DON SAK nach Khanom (20 km) mit dem Small Bus für 50 Baht.

Zum NAI PLAO BEACH von 6–18 Uhr mit dem Tuk Tuk-Shuttlebus oder Pickup weiter für 30 Baht sowie mit Motorradtaxis.

Nakhon Si Thammarat
นครศรีธรรมราช

Kilometerlang erstreckt sich die Provinzhauptstadt (von den Einheimischen nur „Nakhon" genannt) entlang der Ostküsten-Straße, die hier 10 km im Landesinneren verläuft. Wahrscheinlich befand sich an dieser Stelle bereits im 8. Jh. die bedeutende Hafenstadt Ligor, die vielleicht Zentrum des Sri Vijaya-Reiches oder Hauptstadt eines Vasallenstaates des Königs von Palembang auf Sumatra war. Noch immer kann man Reste der alten Befestigung entdecken, deren Ursprünge bereits auf das Jahr 655 zurückgehen sollen.

Im 13. Jh. lag die Stadt noch am Meer und war ein Zentrum für Händler aus Südindien und Ceylon. Hinduistische Einflüsse sind noch immer in der Stadt zu sehen und im täglichen Leben zu spüren. Später, unter König Ramesuan (1407) und Narai (1677), wurden die Erdwälle erneuert und durch Mauern aus Ziegeln ersetzt. Nakhon dehnte sich weit über die alten Stadtgrenzen aus und hat heute 120 000 Einwohner.

Das neue Stadt- und Geschäftszentrum, wo sich auch die meisten Hotels und Restaurants befinden, ist leicht an den vier Fußgängerbrücken an der zentralen Kreuzung zu erkennen. Es liegt nördlich der alten Siedlung, östlich vom Bahnhof.

Heute sind südlich des Zentrums noch Reste der Befestigungsanlagen zu sehen sowie 250 m der **Stadtmauer**, die einst 2238 m auf 456 m lang war. Zwei hinduistische Schreine, **Ho Phra Isuan** und **Ho Phra Narai**, flankieren die Hauptstraße.

500 m weiter südlich steht vor der City Hall das moderne Gebäude **Ho Phra Sihing**, ⌚ Mo–Fr 9–16 Uhr, in dem die berühmte Buddha-Statue Phra Buddha Sihing aufbewahrt wird – eine jener drei Figuren, die jede für sich den Anspruch erhebt, das aus Ceylon stammende, alte Original zu sein. Die anderen beiden stehen im Nationalmuseum von Bangkok und im Wat Phra Sing von Chiang Mai.

Wat Mahathat

Der älteste, bedeutendste und sicherlich interessanteste der vielen Tempel der Stadt soll nach der Überlieferung im 8. Jh. von König Si

Die Legende vom Smaragd-Buddha

Vor etwa 1700 Jahren erlitt die indische Prinzessin Hemshela, so die Legende, an dieser Küste Schiffbruch. Aus Dankbarkeit für die Rettung gründete sie die Stadt Nakhon Si Thammarat und stiftete den Smaragd-Buddha, den sie an Bord hatte. Falls die Legende stimmt, wäre dieser Smaragd-Buddha, der heute im Wat Phra Keo in Bangkok hochverehrt wird, eine der frühesten Buddha-Statuen überhaupt.

Thanna Sokarat errichtet worden sein, nach archäologischen Funden zu schließen, stammt er aus dem 7.–12. Jh. Der mit 77 m Höhe zweitgrößte Stupa Thailands, **Phra Borommathat**, wurde während der Sri Vijaya-Herrschaft im ceylonesischen Stil errichtet, als die Ideen des Buddhismus im Land Verbreitung fanden. Seine Spitze ist vergoldet. Angeblich wird hier eine Zahnreliquie Buddhas aufbewahrt. Die Anlage wurde kürzlich restauriert.

Ein Wandelgang mit über 100 Buddhastatuen begrenzt den inneren Tempelbezirk. Weitere Buddhastatuen stehen im quadratischen Unterbau des zentralen **Stupa**, der von zahlreichen kleineren Chedis umgeben ist. Im Gebäude nördlich des Wandelgangs wird eine große, stehende Buddha-Statue von verschiedenen mystischen Wesen bewacht.

Im **Tempelmuseum** ist der Klosterschatz in unglaublicher Unordnung ausgestellt. ⏲ tgl. 8.30–12 und 13–16.30 Uhr, Eintritt 20 Baht. Auch das Wat-Gelände wird bereits um 16.30 Uhr geschlossen.

Nationalmuseum

Noch weiter im Süden liegt das große **Nationalmuseum**. Im EG sind prähistorische Funde, buddhistische und hinduistische Kunstwerke der malaiischen Halbinsel sowie alte Stein-Inschriften ausgestellt. Das OG enthält Ausstellungsstücke verschiedener Regionen: Sawankhalok-Keramik, chinesisches Porzellan, hinduistische Bronzefiguren und Schattenspielfiguren.

⏲ Mi–So 9–16 Uhr, außer feiertags, Eintritt 30 Baht.

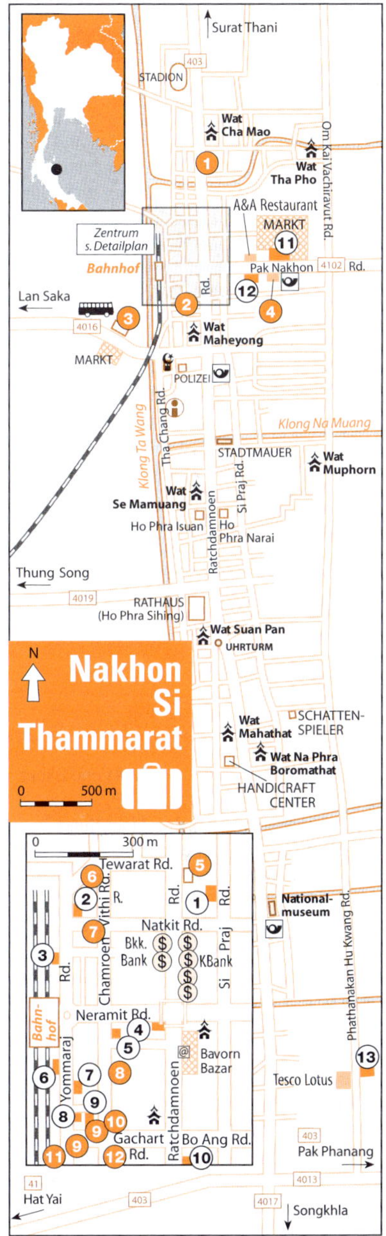

Übernachtung

Viele Hotels liegen in der Nähe des Bahnhofs.
Thai Lee ⑩, 1130 Ratchdamnoen Rd., ✆ 075-356948, sauberes, relativ ruhiges Hotel an der Hauptstraße, riesige Zi mit Fan und Du/WC. Die Besitzer sind sehr freundlich und schaffen es, dem anonymen Kasten ein uriges Flair zu verleihen, daher ist das Hotel bei Travellern recht beliebt. ❶–❷
Thai Hotel ④, 1375 Ratchdamnoen Rd., ✆ 075-341509, 📠 344858, 235 große, saubere Zi mit Fan oder AC, guter Service, laut. Cafe, Bar. Freundliches Personal. Für das Gebotene sehr preiswert. ❷–❸
Thaksin ①, 1584/23 Si Praj Rd., ✆ 075-342790, 💻 www.thaksinhotel.com, komplett renoviert, 115 sehr saubere Komfort-Zi. Restaurant, Karaoke, Internet. Gutes Preis-Leistungs-Verhältnis. ❸–❹
The Twin Lotus ⑬, 97/8 Phathanakan Rd., ✆ 075-323777, ✉ admtwl@twinlotushotel.com, sehr gutes, sauberes Luxushotel im Süden der Stadt, 120 AC-Zi; Restaurant, Swimming Pool. ❹–❺

Essen und Unterhaltung

Hervorragendes Seafood findet sich überall zu sehr günstigen Preisen.
Im Zentrum gibt es zahlreiche Cafés und Bäckereien.
In der besonders freundlichen **Ligor Home Bakery** im Bavorn Bazar bekommt man ab 7.30 Uhr bestes Frühstück und Gebäck sowie Reis- und Nudelgerichte.
Im Open-Air Restaurant **Khrua Nakhon** im Bavorn Bazar werden bis 15 Uhr neben erstklassigem Seafood leckere lokale Gerichte serviert.
Gute Thai-Gerichte bekommt man nebenan im **Ban Lakhon** im OG.
Gegenüber vom Wat Mahathat wird abends ein **Nachtmarkt** mit grandiosem Obst-Angebot aufgebaut.
Im **Bavorn Bazar** gibt es auch eine westliche Grill-Bar mit Live-Musik, Videoclips und westlichem Essen, Treff der lokalen Expats. 🕒 bis 23 Uhr.

Sonstiges

Informationen

Tourist Office, Tha Chong Rd., ✆ 075-346515-6, 📠 346517, ✉ tatnakon@nrt.cscoms.com; freundliche, gut Englisch sprechende Angestellte.

Internet

Ein Internet-Café im Bavorn Bazar.

Nahverkehr

Entlang der Hauptstraßen der lang gestreckten Stadt fahren **Minibusse** (Songthaew) für 10 Baht.
Außerdem gibt es **Motorradtaxis** (20–70 Baht je nach Entfernung) und **Fahrrad-Rikschas** (3-stündige Sightseeing-Tour ab 100 Baht).

Transport

Busse

Die Bus Station liegt etwa 1 km südwestlich vom Bahnhof.
Nach BANGKOK (805 km) 2.Kl. AC-Bus (hier *Ordinary* genannt) von 7.30–18.30 Uhr für 420 Baht, VIP-24-Bus um 18 Uhr für 905 Baht in 11 Std., AC-Bus von 12–14 Uhr mit Krungsiam Tour, ✆ 075-341665, sowie um 9 Uhr und laufend von 17–18.30 Uhr für 583–680 Baht mit 4 Busgesellschaften (z. B. Sopon Tour, ✆ 075-341221).
Nach SURAT THANI non-AC-Bus ca. alle 30 Min. bis 11.30 Uhr für 55 Baht, 2.Kl. AC-Bus ca. alle 90 Min. bis 16.10 Uhr für 60 Baht.
Nach SICHON laufend für 34 Baht.
Nach KRABI AC-Bus bis 16 Uhr für 150 Baht in 3 Std.
Nach PHUKET AC-Busse stdl. bis 10 Uhr für 240 bzw. 295 Baht in 8 Std.
Nach PHATTALUNG non-AC-Bus alle 30 Min. bis 16.30 Uhr für 60 Baht.
Nach HAT YAI AC-Bus stdl. bis 16 Uhr für 130 Baht.
SONGKHLA non-AC-Bus alle 30 Min. bis 15 Uhr für 98 Baht, AC-Bus um 11.35 und 13.15 Uhr für 136 Baht.

Minivans

Die AC-Minivans fahren von verschiedenen

Stellen in der Stadt zu jeder vollen Std. ab (siehe Stadtplan).
Nach PHUKET gegenüber vom Rathaus bis 16 Uhr für 300 Baht in 5 Std., nach KRABI von derselben Stelle bis 16.30 Uhr für 160 Baht in 3 Std.
Nach HAT YAI von der Gachart Rd. jede Std. bis 18 Uhr für 130 Baht in 3 Std.
Nach TRANG von der Bo Ang Rd. bis 17 Uhr für 112 Baht in 2 Std.
Nach SURAT THANI nördlich vom Bahnhof bis 17.30 Uhr für 130 Baht in 2 Std., von derselben Stelle nach SICHON 60 Baht, KHANOM 85 Baht.
Nach KO SAMUI mit AC-Minivan von Sichon Pattanakit, ✆ 075-342400, nördlich hinter der Brücke rechts, um 7.30, 11.30 und 13.30 Uhr für 120 Baht in 5 Std. (inkl. Fähre 220 Baht).

Eisenbahn

Fahrplan „Southern Line" s. S. 886f.
Ein Zweig der südlichen Bahnlinie endet hier.
Von BANGKOK *Rapid* 173 um 17.35 Uhr (Sitzplatz ab 498 / 323 Baht in der 2. / 3.Kl.) oder *Express* 85 um 19.30 Uhr mit AC-Schlafwagen der 1. und 2. Kl. (ab 1408 / 818 Baht in der 1./2.Kl.), Ank. 9.05 bzw. 9.55 Uhr.
Um 13 und 15 Uhr fahren der *Rapid* 174 und der *Express* 86 nach BANGKOK.
Nach Süden lokaler Zug 451 um 6 Uhr nach HAT YAI (37 Baht).

Flüge

Der Flugplatz liegt 20 km nördlich der Stadt.
Air Asia fliegt 1x tgl. von/nach BANGKOK für 399–599 Baht plus Gebühren von ca. 700 Baht.
Orient Thai, ✆ 074-240169, fliegt 1–3x tgl. nach BANGKOK (DMK) für 1750 Baht.
Nok Air fliegt 3x tgl. von/nach BANGKOK (DMK) für 948–1322 Baht plus Gebühren von ca. 700 Baht.

Phattalung พัทลุง

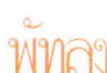

Die Provinzhauptstadt mit 42 000 Einwohnern an der Bahnlinie Richtung Hat Yai liegt inmitten von Reisfeldern. Der Highway verläuft etwa 3 km außerhalb des Stadtzentrums. In den zwei großen Kalkfelsen, die sich aus der Ebene erheben, befinden sich buddhistische **Höhlentempel**, z. B. Wat Kuha Sawan im Westen der Stadt. Wahr-

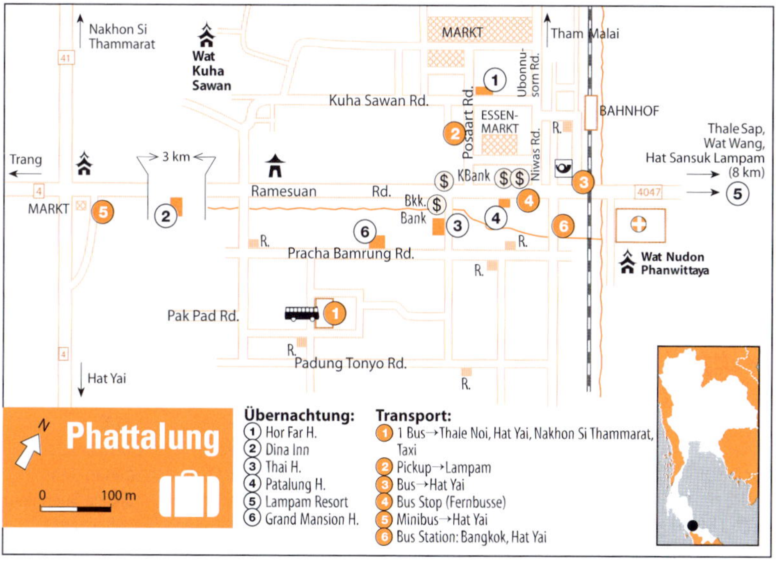

Nakhon Si Thammarat
41
Wat Kuha Sawan
MARKT
Tham Malai
Ubonnusorn Rd.
Kuha Sawan Rd.
Posaart Rd.
ESSEN-MARKT
BAHNHOF
Niwas Rd.
R.
Thale Sap, Wat Wang, Hat Sansuk Lampam (8 km)
Trang
3 km
KBank
Ramesuan Rd.
4
MARKT
4047
Bkk. Bank
R.
Pracha Bamrung Rd.
Wat Nudon Phanwittaya
Pak Pad Rd.
Padung Tonyo Rd.
Hat Yai
N
Phattalung
0
100 m
Übernachtung:
1 Hor Far H.
2 Dina Inn
3 Thai H.
4 Patalung H.
5 Lampam Resort
6 Grand Mansion H.
Transport:
1 1 Bus→Thale Noi, Hat Yai, Nakhon Si Thammarat, Taxi
2 Pickup→Lampam
3 Bus→Hat Yai
4 Bus Stop (Fernbusse)
5 Minibus→Hat Yai
6 Bus Station: Bangkok, Hat Yai

scheinlich dienten diese Höhlen bereits während der Sri Vijaya-Periode (8.–13. Jh.) als Meditationsklöster, denn es wurden dort zahlreiche Votivtafeln aus jener Zeit gefunden. In einer Tropfsteinhöhle stehen etwa 40 Buddha-Statuen, darunter ein großer ruhender Buddha.

In Phattalung werden die traditionellen Künste gepflegt. So findet im April ein Schattenspiel-Wettbewerb statt, im Juni ein Tanzwettbewerb im dramatischen Tanz *Manohra* und im Oktober ein Trommel-Wettbewerb.

Übernachtung und Essen

Hor Far Hotel ① (auch Ho Fah), 28-30 Kuha Sawan Rd., ✆ 074-611920, saubere Zi mit Fan oder AC, freundliches Personal. ❷–❸
Thai Hotel ③, 14 Dissara-Sukharin Rd., ✆ 074-611636, große, einigermaßen saubere und ruhige Zi mit Telefon, Radio, Du/WC und Fan oder AC, hat schon bessere Tage gesehen, wird auch stundenweise vermietet. Das Personal versteht ein wenig Englisch. ❷–❸
Lampam Resort ⑤, ✆ 074-611486, am Hat Sansuk Lampam, 8 km östlich. 20 hübsche Bambus-Bungalows mit Bad und Fan; durchschnittliches Essen zu gehobenen Preisen, als Farang ist man eine Sensation. ❷–❸
Sehr gutes, billiges Essen gibt es auf dem Nachtmarkt. Die Restaurants am Bahnhof (teuer) und in der Pracha Bamrung Rd. sind mehr als eine Notlösung.

Transport

Busse

Nach BANGKOK (855 km) AC-Busse von 16.15–17.30 Uhr für 482, 505 bzw. 619 Baht in 13 Std.
Nach HAT YAI non-AC-Bus von der Bus Station alle 30 Min. bis 16 Uhr für 60 Baht in 90 Min. AC-Busse fahren gegenüber der Kasikorn Bank ab, jede Std. bis 15 Uhr für 90 Baht, Minibusse für 130 Baht in 80 Min.
Nach NAKHON jede Std. bis 16 Uhr für 60 Baht in 2 Std.
Nach SURAT THANI mit AC-Bussen 8x tgl. bis 15 Uhr für 130/167 Baht.
Nach TRANG jede Std. für 35 Baht in 90 Min.
Nach PHUKET für 135 Baht, AC-Bus 283 Baht in 7 Std. Vom Süden Richtung Bangkok fahrende Busse halten 3 km außerhalb am H4/41.
Lokaler Transport geht am besten mit Songthaews für 10–20 Baht.

Eisenbahn

Fahrplan „Southern Line" s. S. 886f.
Direkt von BANGKOK eignet sich nur der *Rapid* 169 mit 2.Kl. AC-Schlafwagen um 15.35 Uhr (Ank. 7.05 Uhr).
Nach BANGKOK eignen sich am besten die beiden *Special Express* um 18.52 und 19.34 Uhr (Sitzplatz ab 508 Baht, AC-Schlafwagen ab 828 Baht in der 2. Kl.), Ank. 8.30 bzw. 9.40 Uhr.
Mit dem lokalen Zug (3. Klasse) nach HAT YAI 5x tgl. für 18 Baht, NAKHON SI THAMMARAT 3x tgl. für 22 Baht und SURAT THANI um 8.29 und 13.06 Uhr für 42 Baht in 5 Std.

Thale Noi

Am besten schon vor 7 Uhr morgens mit dem Boot hinausfahren (1 1/2 Std., 300 Baht). 30 Übernachtungsplätze im Headquarter, nachfragen! Private Unterkünfte (ab ca. 200 Baht) können über das Restaurant Rim Nam organisiert werden.

Busse nach Thale Noi fahren ab der Posaart Road für 25 Baht (zurück bis 17 Uhr).

Vogelkundlern sei die 16-seitige, informative Broschüre *Nature Guidebook Thale Noi* empfohlen, die im Tourist Office von Nakhon Si Thammarat kostenlos zu bekommen ist.

Ein Fest für Vogelbeobachter

Der flache Süßwassersee Thale Noi, etwa 36 km nordöstlich von Phattalung, ist ein großes Vogelreservat. Von Januar bis März – nachdem die Monsunwinde abgeebbt sind – machen hier viele Zugvögel Station: Weißer Ibis, Storch, Kormorane, Graureiher und fast 200 weitere Arten, vor allem Wasservögel. Besonders schön ist eine Bootsfahrt in den frühen Morgenstunden. Und wenn im Januar die lila Seerosen blühen, ist der Anblick kaum zu übertreffen.

Songkhla สงขลา

Die beschauliche Küstenstadt am Golf von Siam und Provinzhauptstadt hat 87 000 Einwohner. Vorwiegend einheimische Besucher und Gäste aus dem Nachbarland verbringen hier ihren Urlaub. Auch Traveller, die sich entspannen wollen, sind hier besser aufgehoben als im unruhigen Hat Yai.

Nördlich der Stadt können die Schiffe durch einen schmalen Kanal den Binnensee Thale Sap erreichen, der durch eine über 80 km lange Landzunge vom Meer abgetrennt ist.

Die einstmals bedeutsame Hafenstadt hat noch etwas von der damaligen Atmosphäre bewahrt. Für die großen Schiffe ist allerdings die schmale Einfahrt nicht tief genug, sodass nur kleinere Fischerboote und die Schiffe der Marine hier ankern. Heute hat Songkhla zugunsten des nahe gelegenen Hat Yai seine Bedeutung als Handelsstadt eingebüßt. Dafür besitzt es wesentlich mehr touristische Reize und eine angenehme kleinstädtische Atmosphäre.

Zentrum

Das zentrale **Wat Matchimawat** (Wat Klang), Saiburi Road, der 400 Jahre alte, bedeutendste Tempel der Stadt, ist mit schönen Skulpturen, Wandmalereien, Steinmetz- und Stuck-Arbeiten geschmückt, die zum Teil chinesische Einflüsse aufweisen.

Im nördlichen Tempelkomplex sind in einem kleinen Museum Funde aus Süd-Thailand und Votivgaben der Bevölkerung untergebracht. 🕓 Mi–So 9–12 und 13–16 Uhr, außer feiertags.

Das **National Museum** ist in einem 1878 erbauten Palast im chinesischen Stil untergebracht. Das Wohnhaus der einflussreichen Familie Phraya Sunthranuraksa diente später als Rathaus und zuletzt als Armenhaus. Die Ausstellungsstücke aus verschiedenen historischen Epochen stammen schwerpunktmäßig aus Süd-Thailand. 🕓 Mi–So 9–16 Uhr, außer feiertags, Eintritt 30 Baht.

Auf dem **Khao Dang Kuan**, einem Hügel nördlich des Zentrums, wurden 1888 ein Stupa im ceylonesischen Stil und ein kleiner Pavillon für König Rama IV. erbaut. Wer die 200 Stufen erklimmt, wird meist mit einer schönen Aussicht belohnt. Im klimatisierten Lift dauert die Fahrt drei Minuten und kostet 30 Baht, Eingang an der Sukhum Rd. Auf dem kleineren Hügel **Khao Noi** Richtung Strand wurde ein etwas verwilderter Picknick-Park mit Pavillons angelegt. Er ist zwar leichter zu besteigen, bietet aber kaum Aussicht.

Das beste Folklore-Museum Süd-Thailands

Auf dem Hügel im Norden der Insel Ko Yor liegt das Institute for Southern Thai Studies der Sinakharinwirot-Universität. In 22 Häusern mit den drei südthailändischen Dachformen ist das **Taksin Folklore Museum** untergebracht. Es enthält Ausstellungen von Kunst und Kunstgewerbe aus Süd-Thailand: Töpferwaren, gewebte Stoffe, frühgeschichtliche Steinäxte und Perlenfunde, Bootsmodelle, Instrumente und alte Haushaltsgegenstände sowie eine gute Multimedia-Abteilung. Wer sich für Süd-Thailand, seine Geschichte, Besiedlung, Einflüsse anderer Kulturen, die Künste und Religionen interessiert, findet kaum etwas Besseres. 🕓 Mo–Fr 8.30–16.30 Uhr, Eintritt 50 Baht.

Der **Fischerhafen** liegt innerhalb der Stadt am westlichen Ufer. Auf den schmalen Stegen hinter den alten Häusern werden Körbe voller Shrimps, Fische und anderer Meerestiere entladen. Wenn der Wind ungünstig weht, verbreitet sich der Fischgeruch aus den verarbeitenden Betrieben über die ganze Stadt. Von hier aus fahren Boote nach **Ko Yor**, gesprochen Ko Ja (3 Baht, erst beim Aussteigen zahlen!). Die dreieckige Insel kann allerdings auch über die **Tinsulanonda-Brücke**, die mit einem 900 m und 800 m langen Abschnitt über die Insel Ko Yor führt, erreicht werden. Im Dorf werden die karierten Baumwollstoffe *Pa Ko Yor* gewebt, die auch an Ständen nahe der Straßenbrücke verkauft werden. Auf der *Ko Yor Cultural Route* kann man zwei alte Tempel, ein altes Gebäude und Obstplantagen besuchen, den Webern bei der Arbeit zusehen und den Aussichtspunkt auf einem Hügel erklimmen.

Der Strand

Der etwa 5 km lange, breite Samila-Strand ist zum größten Teil mit Kasuarinen bepflanzt. Für echte Südsee-Atmosphäre fehlen allerdings die Palmen. Zudem ist die Stadt recht nah und das

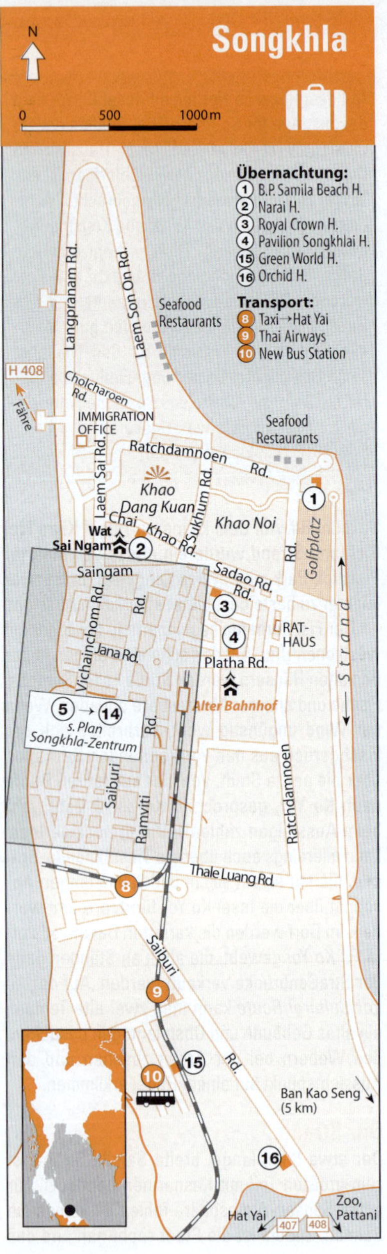

Wasser etwas verschmutzt. Der saubere Strand ist außerhalb der Regenzeit (Okt–Dez) ab etwa 16 Uhr und am Wochenende gut besucht. Thai-Familien picknicken unter den Kasuarinen oder lassen sich in den offenen Restaurants den frischen Fisch und andere Meerestiere schmecken. Malaysische Wochenendausflügler sorgen für einen gewissen Touristenrummel. Wochentags wirkt die Szenerie aber sehr erholsam. Die beiden Inseln **Ko Meo** und **Ko Nu**, Katz und Maus, sehen vom Strand mit etwas Fantasie sogar wie diese Tiere aus.

Im Nordosten steht neben dem B.P. Samila Beach Hotel ein dem Vorbild in Kopenhagen nachempfundenes **Denkmal der Seejungfrau** – das Wahrzeichen der Stadt. Dahinter beginnt eine schmale, sandige Landzunge mit Seafood-Restaurants, den Ankerplätzen der Marine und einer Fähre. Entlang der Straße sind außerdem Unterhaltungsmöglichkeiten für die lokale Bevölkerung entstanden.

Die bemalten Kor-Lae-Boote beim moslemischen Fischerdorf **Kao Seng** im Süden des Strandes zieren viele Postkarten und Prospekte.

Übernachtung

Gästehäuser

Amsterdam Guest House ⑧, 15/3 Rong Muang Rd., ✆ 074-314890, gegenüber vom Museum in einer kleinen Straße mit wenig Verkehr; 7 ordentliche Zi mit Fan, Gemeinschafts-Du/WC; angenehmer Hof mit Sitzgruppen und Pflanzen, multikulturelle Travellerszene, gutes Frühstück; geleitet von der tierlieben, netten Holländerin Paula. ❷

Hotels

Smile Inn (auch: Chokdee Inn) ⑤, 14/19 Vichainchom Rd., ✆ 074-312275, saubere Zi mit Du/WC und Fan oder AC; Restaurant. ❷–❸

Sooksomboon 2 ⑨, 18 Saiburi Rd., ✆ 074-311149, sehr saubere Zi mit Fan, gute AC-Zi im Neubau. ❷–❸

Queen ⑩, 20 Saiburi Rd., ✆ 074-311138, große, komfortable AC-Zi, etwas laut. ❸

Green World Palace Hotel ⑮, 99 Samakkisuk Rd., ✆ 074-437900, im Süden Richtung Hat Yai; 6-stöckiges, modernes Gebäude, AC-Zi mit Bad/WC, Karaoke, Pool, Restaurant. ❸–❺

Pavilion Songkhla Hotel ④, 17/1 Platha Rd., ☏ 074-311355, 📠 323716, Luxushotel, 9 Etagen, 179 Zi mit AC, Satelliten-TV und Kühlschrank, Pool. Im Restaurant sind nur die Preise überdurchschnittlich. ❹–❽

B.P. Samila Beach Hotel ①, 8 Ratchdamnoen Rd., ☏ 074-440222, 📠 440442, Strandhotel mit 208 guten Zimmern, Pool, hilfsbereites Personal. ❺–❽

Essen

Billiges Essen bis spät in die Nacht wird auf dem **Nachtmarkt** in der Vichainchom Rd. bei der Post und beim alten Bahnhof angeboten.

In der Nang Ngam Rd. gibt es mehrere Chinesenlokale, z. B. das **Tae Heag Eaw**, das bei Einheimischen beliebt ist.

An der Laem Son On Rd., auf der östlichen Seite der Landzunge, genießt man in Liegestühlen preisgünstig ausgezeichnetes Seafood bei bestem Service. Am Strand beim Samila Hotel gibt es ein paar teure Seafood-Restaurants und einen guten Coffeeshop.

Roy Him, ein großes, offenes Restaurant südlich vom Krankenhaus in der Ramviti Rd. Fantastisches Seafood, das man sich von den Auslagen an der Straße zusammenstellt.

Sonstiges

Einkaufen

In vielen Geschäften der Stadt kann man, ebenso wie in Hat Yai, aber mit mehr Ruhe, Textilien, Kassetten, Cashewnüsse, *Pa Ko Yor*-Baumwollstoffe und andere Souvenirs einkaufen.

Geld

In der Vichainchom Rd. nahe dem Markt können Touristen bei der **Bangkok Bank** und der **Kasikorn Bank** wechseln.

Transport

Busse

Die AC-Busse fahren an geraden und ungeraden Tagen von wechselnden Bus Stations ab. Zur südlichen Bus Station mit Tuk Tuk für 10 Baht. Nach BANGKOK (1004 km) mit AC-Bussen um

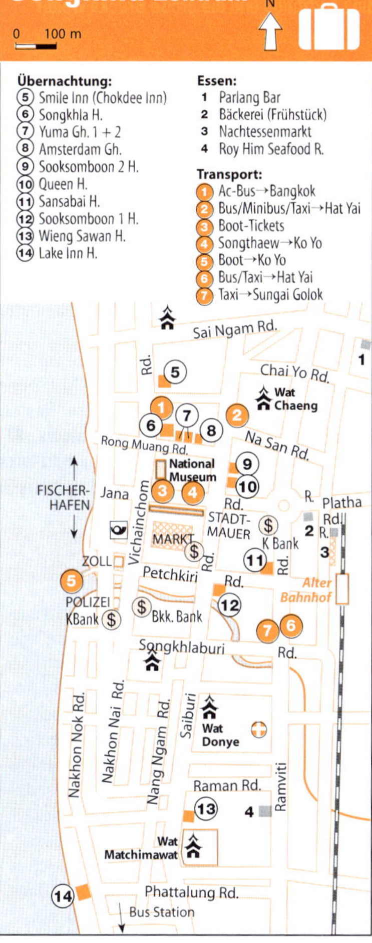

7.30, 11.30, 14, 16.45, 17 und 18.20 Uhr für 563 bzw. 758 Baht (inkl. Dinner), VIP-24-Bus 992 um 16.45 Uhr für 1125 Baht in 13 Std.

Zwischen HAT YAI und SONGKHLA Busse alle 7 Min. bis 19.15 Uhr für 20 Baht, u. a. ab Rong Muang Rd. Zudem ein Minibus für 30 Baht, der manchmal Passagiere bis zum Hotel fährt.

Nach NAKHON SI THAMMARAT für 98 Baht (AC 136 Baht) fahren Busse wie die Taxis (130 Baht)

am südlichen Ende der Ramviti Rd. ab und über die Landzunge und die große Brücke weiter.

Flüge

Ab Hat Yai. **Thai Airways Office**, 2 Soi 4 Saiburi Rd., Songkhla, ✆ 074-311012.

Die Umgebung von Songkhla

Die 140 km lange Küste Richtung Norden bis **Pak Phanang** war einst ein endloser Sandstrand. Tausende von Shrimp-Farmen haben die nördliche Hälfte dieses Gebiets in eine grauenhafte Mondlandschaft verwandelt.

Über die Brücke oder mit der Fähre verlässt man Songkhla Richtung Norden. Am KM 129 des H408 liegt rechts das Sathing Phra Resort, ✆ 081-2303956, mit sauberen Bungalows, ❸. Beim KM 125,5 (33 km von Songkhla) führt links eine Abzweigung (Schild: Wildbird Sanctuary 3)

Reisewarnung

Das Deutsche Auswärtige Amt teilt auf seiner Webseite 💻 www.auswaertiges-amt.de mit: „Seit Anfang 2004 verzeichnet der Süden Thailands eine Welle von Anschlägen radikaler Angehöriger der moslemischen Bevölkerungsminderheit gegen staatliche Einrichtungen, worauf die thailändischen Sicherheitskräfte mit Härte reagierten. Nach einer Anschlagsserie in der Stadt Yala am 14. Juli 2005 erklärte die thailändische Regierung am 20. Juli 2005 den 'besonderen Notstand' für die drei südthailändischen Provinzen Narathiwat, Yala und Pattani." Ohne näher zu differenzieren, wird von „Reisen in und durch die unter Notstandsrecht stehenden Provinzen Narathiwat, Yala und Pattani sowie die in der Nachbarschaft liegende Provinz Songhkla an der Grenze zu Malaysia, die südlichsten Provinzen Thailands, aufgrund der anhaltenden Unruhen dringend abgeraten." Bisher waren unseres Wissens Touristen kein Ziel der Rebellen. Trotzdem raten wir, sich einen Urlaub an den Stränden südlich von Songhkla für einen friedlicheren Zeitpunkt aufzusparen.

zum **Khu Khut-Vogelpark**. Zehntausende Vögel bevölkern die Inseln und den flachen See. Am Ende der Straße gibt es einen Beobachtungsturm und Boote für 200–250 Baht pro Stunde zu mieten. Am besten sind die Vögel während der kühleren Stunden am Morgen und Abend zu beobachten (beste Zeit ist von November bis Februar).

Beim KM 110 liegt **Wat Pra Kho**, das von einem der am meisten verehrten Mönche Thailands geleitet wurde. Um ihn ranken sich viele Legenden. Im Tempel wird ein Fußabdruck von ihm verehrt, außerdem schöne Wandmalereien, ein ruhender Buddha und ein Chedi im Sri Vijaya-Stil.

Wegen der Shrimp-Farmen ist es kein reines Vergnügen, den H408 nach Norden weiterzufahren.

Hat Yai หาดใหญ่

Die moderne, gesichtslose Stadt (auch Hatyai, Had Yai oder Haad Yai) mit 191 000 Einwohnern, das Verkehrs- und Wirtschaftszentrum von Süd-Thailand, liegt 933 km südlich von Bangkok.

Viele Malaysier kommen hierher, um das einzukaufen, was billiger als im eigenen Land angeboten wird, und um zu später Stunde das zu finden, was ihnen im moslemisch-puritanischen Malaysia nicht geboten wird. Im Gegensatz zu Pattaya, Phuket und Bangkok spielt sich das Nachtleben von Hat Yai weitgehend in Hotels ab. Neben den umfangreichen Angeboten des horizontalen Gewerbes gibt es zahlreiche Discos mit Live-Musik und Laser-Shows.

6 km Richtung Songkhla liegt der schöne **Stadtpark**, in dem man an Wochentagen gemütlich herumspazieren kann. Als Attraktion wurde eine 9,90 m hohe **Statue** der Kuan Yin aufgestellt, die in China aus 8 Stücken weißer Jade gefertigt wurde.

Übernachtung

In den letzten Jahren sind neben den 130 Hotels mit über 10 000 Zimmern einige Gästehäuser entstanden, die eigentlich Kleinhotels sind. In manchen verkehren auch Prostituierte.

Gästehäuser

Cathay Gh. ㉖, 93/1 Niphat Uthit 2 Rd., ✆ 074-243815, sehr zentral, im 1. OG, renovierungsbedürftige, sehr einfache, große Zi mit Du/WC, Fan und viel Ungeziefer (Nagetiere) sowie Schlafsaal (90 Baht). Viele Infos, Snacks, gutes Frühstück, freundliches Personal. Eigentlich sein Geld nicht wert, aber ein beliebter Travellertreff. Im Erdgeschoss ein Reisebüro. ❷

Ladda Gh. ㉔, 13-15 Thamnoon Vithi Rd., ✆ 074-220233, enge, aber gemütliche, zumeist fensterlose Zi, z. T. AC, in neuerem Gebäude beim Bahnhof, nette Leute. ❷–❸

Louise Gh. ㉕, 21-23 Thamnoon Vithi Rd., ✆ 074-220966, beliebtes Kleinhotel, spartanisch möblierte, saubere Zi mit Du/ WC, z. T. AC, falls nötig nach frischer Bettwäsche fragen, freundlicher Manager; wochentags 30 % Rabatt. Bildergalerie von der Flut. ❸

Hotels

Die Hotels sind selten ausgelastet und man kann besonders günstige Preise erzielen, wodurch man z. T. billiger als in Gästehäusern übernachtet. Die großen Mittelklassehotels unterscheiden sich kaum voneinander.

In der Niphat Uthit 2 Rd.

Kosit ㊵, Nr. 199, ✆ 074-234366, ✉ kosithotel@anet.net.th, modernes Hotel, mit Nachtclubs der gepflegteren Kategorie. ❹–❺

In der Parallelstraße Niphat Uthit 3 Rd.

Hat Yai Central Hotel ㉟, Nr. 180-181, ✆ 074-230000, in die Jahre gekommen, dennoch preiswerte AC-Zi, schöne Sicht von den oberen Stockwerken. ❹

Sakura Grand View ㊱, Nr. 186, ✆ 074-355700-15, 18-stöckiges Hotel mit toller Aussicht, 230 sehr saubere, geräumige Zi, hilfsbereites Personal. WLAN gratis. ❹

Laemthong ⑳, 46 Thamnoon Vithi Rd., ✆ 074-352301-7, 📠 237574, ✉ laemthonghotel@yahoo.com, 200 m vom Bahnhof, groß, sauber und seinen Preis wert, v. a. die AC-Zi. Beliebter Traveller-Treff. ❷, AC ❸

Dusit Hotel ⑱, 25/3 Pracharom Rd., ✆ 074-232141, 📠 236479, östlich am Fluss, ruhig, sauber, große Zi, separate Betten. Preiswert. ❷

Sakol Hotel ㉘, 47-48 Sanehanusorn Rd., ✆ 074-355501, renoviertes Hotel mit imposantem Foyer, sehr saubere Zi, freundliches Personal. Sein Geld wert. ❹

Lee Gardens Plaza Hotel ⑬, 29 Prachathipat Rd., ✆ 074-261111-26, 💻 www.leeplaza.com, 33-stöckiges Gebäude, Foyer des Luxushotels im 10. Stock, 405 erstklassige Zi mit fantastischer Sicht, Pool und Fitnesscenter im 12. Stock. Sehr gutes Preis-Leistungs-Verhältnis. ❹

Essen

Überall in der Stadt gibt es recht gute Seafood-Restaurants und Essenstände.
Am Abend finden mehrere kleine **Nachtmärkte** statt, z. B. nahe Hok Chin Hin und Savoy Hotel. Ein sehr großer, empfehlenswerter abendlicher **Essenmarkt** wird auf der Montri 2 Rd. beim Plaza Shopping Center aufgebaut.
Muslim-O-Cha, gegenüber vom King's Hotel, ist ein gutes Moslem-Restaurant. Weitere konzentrieren sich um die Kreuzung Niyomrat Rd. und Niphat Uthit 1 Rd.
Im klimatisierten **Robinson's Food Court** befinden sich die internationalen Fastfood-Restaurants KFC, Burger King, Dunkin Donut, Daidomon (Buffet-Lunch und -Dinner) sowie Essenstände mit Coupon-System.
Indra Food Center, 94 Thamnoon Vithi Rd., 🕓 24 Std. und entsprechend teuer. Am Abend werden die Schlemmer bei Haifischflossen- und Schwalbennestersuppe mit Live-Musik unterhalten.
McDonald's, **Pizza Hut**, **Swensen's** und **Sizzler** im Lee Gardens Plaza in der Prachathipat Rd.

Einkaufen

Da Hat Yai für viele Malaysier das Einkaufsparadies ist, verfügen die Straßenstände und Einkaufszentren über ein reichhaltiges Warenangebot, vor allem in den drei Niphat Uthit-Straßen. Nördlich der Thamnoon Vithi Rd. wird am Abend ein quirliger **Night Bazaar** aufgebaut.
Günstig kauft man Textilien, Kassetten, Lederwaren und Kunstgewerbe. Besonders gut sind Obst und Nüsse, v. a. Cashewnüsse.

Nr.	Hotel	Preis	Telefon
①	President H.	❸–❹	✆ 349500-5
②	J.B. Hatyai	❺–❻	✆ 234300-18
③	Sorasilp Gh.	❷–❸	✆ 232635
④	S.C. Heritage H.	❸	✆ 233088
⑤	Had Yai Inter H.	❸–❺	✆ 351500-3
⑥	V.L. Hatyai H.	❹–❺	✆ 352201-9
⑦	Asian Hotel Hat Yai	❹	✆ 353400-14
⑧	The Regency H.	❹–❻	✆ 234400-9
⑨	Racha H.	❸	✆ 230952-5
⑩	Diamond Plaza H.	❹–❻	✆ 230130-41
⑪	Siam City H.	❹–❻	✆ 353111-29
⑫	The Novotel Central Sukhontha H.	❻–❽	✆ 352222-36
⑬	Lee Gardens Plaza	❹–❽	✆ 261111-26
⑭	Hok Chin Hin H.	❷	✆ 243258
⑮	Yong Dee H.	❸	✆ 234350-7
⑯	Grand Plaza H.	❹ ❺	✆ 234340-7
⑰	Pink H.	❸–❹	✆ 230961-4
⑱	Dusit H.	❷	✆ 232141
⑲	River Inn	❸	✆ 231101-3
⑳	Laemthong H.	❷–❸	✆ 352301-7
㉑	Amaraporn Gh.	❷ ❸	✆ 231487
㉒	Indra H.	❸–❹	✆ 245886
㉓	Prince H.	❷–❸	✆ 237577
㉔	Ladda Gh.	❷–❸	✆ 220233
㉕	Louise Gh.	❸	✆ 220966
㉖	Cathay Gh.	❷	✆ 243815
㉗	Kings H.	❸	✆ 261700-7
㉘	Sakol H.	❹	✆ 355501-3
㉙	Rado H.	❸	✆ 239202
㉚	B.P. Grand Tower H.	❹–❽	✆ 355655-62
㉛	Pacific H.	❷–❸	✆ 244062
㉜	New World H.	❸–❺	✆ 230100-4
㉝	Hat Yai Palace H.	❸–❹	✆ 357576-83
㉞	Merlin Hat Yai H.	❸–❹	✆ 230030-8
㉟	Hat Yai Central H.	❹	✆ 230000-11
㊱	Sakura Grand View	❹	✆ 355700-15
㊲	Sakura H.	❸–❹	✆ 235111-3
㊳	Hat Yai Garden Home	❸–❺	✆ 234444
㊴	Dai-ichi H.	❸–❺	✆ 230724
㊵	Kosit H.	❹–❺	✆ 234364-9
㊶	Ambassador H.	❸	✆ 234411-7
㊷	Emperor H.	❸–❹	✆ 220215-8
㊸	Lee Garden H.	❹–❻	✆ 234420-9
㊹	Mae Nam H.	❸	✆ 234800-3
㊺	Hat Yai Rama H.	❸	✆ 262500
㊻	The Florida H.	❹–❺	✆ 234555
㊼	New City Gh.	❷	✆ 244738

Der tolle **Asean Trade Weekend Market** am Stadtrand im Diana Department Store soll der größte seiner Art sein, ⊙ Do–Sa 15–21 Uhr.

D.K. Bookshop in der Thamnoon Vithi Rd. beim Bahnhof hat auch Reiseführer und Detailkarten von Thailand, ⊙ 9–20 Uhr.

Sonstiges

Autovermietungen

Avis, im Flughafen, ②, ✆ 074-250321, ⊙ 8–20 Uhr.

Geld

Kasikorn Bank, 188 Petchkasem Rd., ⊙ tgl. 8.30–16.30 Uhr, mit Geldautomat. Weitere Banken in der Niphat Uthit 2 und 3 Rd. mit Wechselschalter (⊙ 9–19 Uhr, auch am Wochenende).

Immigration

Petchkasem Rd., ✆ 074-243019, hinter der Eisenbahnbrücke links.

Informationen

Tourist Office in der 1/1 Soi 2 Niphat Uthit 3 Rd., etwas versteckt in einer Seitengasse, ✆ 074-243747, ✉ tathatyai @hatyai.inet.co.th, 🖳 www.songkhlatourism.org; ⊙ tgl. 8.30–16.30 Uhr.

Das Tourist Information Center in der Innenstadt kann bei der Suche nach Hotels behilflich sein: ein Kiosk in der Niphat Uthit 3 Rd., nahe der Prachathipat Rd., ⊙ 13–17 und 18–21 Uhr. Gute Infos (auf Englisch) im Web unter 🖳 http://phil.uk.net/hatyai/sitemap.html (Stand: 2005).

Medizinische Hilfe

Das zur Universität von Songkhla gehörende **Songkhla Nakharin Hospital** am H4 (Kanchanavanit Rd.), ✆ 074-245 677, modern eingerichtet und hat auch sonntags einen guten Notdienst.

Reisebüros

Viele entlang der Thamnoon Vithi Rd. und an den drei Niphat Uthit-Straßen.

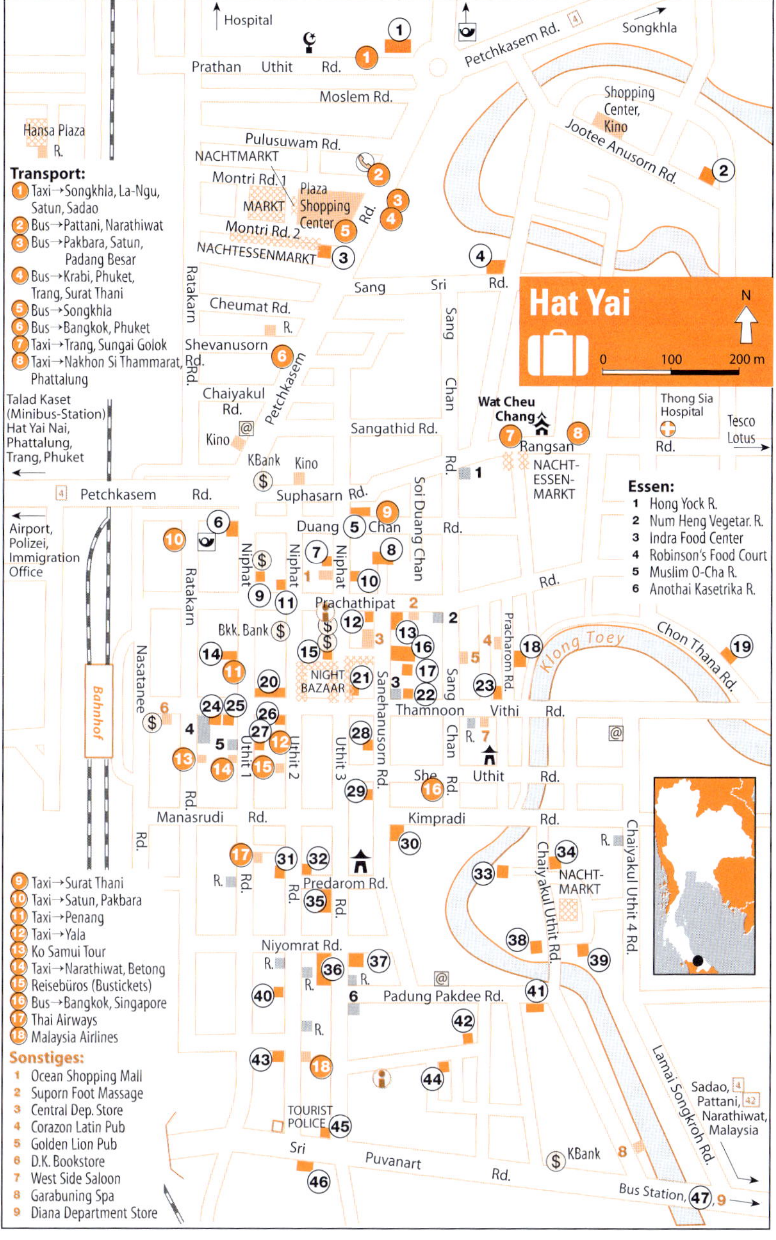
Hat Yai
0 100 200 m
Transport:
1 Taxi→Songkhla, La-Ngu, Satun, Sadao
2 Bus→Pattani, Narathiwat
3 Bus→Pakbara, Satun, Padang Besar
4 Bus→Krabi, Phuket, Trang, Surat Thani
5 Bus→Songkhla
6 Bus→Bangkok, Phuket
7 Taxi→Trang, Sungai Golok
8 Taxi→Nakhon Si Thammarat, Phattalung
9 Taxi→Surat Thani
10 Taxi→Satun, Pakbara
11 Taxi→Penang
12 Taxi→Yala
13 Ko Samui Tour
14 Taxi→Narathiwat, Betong
15 Reisebüros (Bustickets)
16 Bus→Bangkok, Singapore
17 Thai Airways
18 Malaysia Airlines
Sonstiges:
1 Ocean Shopping Mall
2 Suporn Foot Massage
3 Central Dep. Store
4 Corazon Latin Pub
5 Golden Lion Pub
6 D.K. Bookstore
7 West Side Saloon
8 Garabuning Spa
9 Diana Department Store
Essen:
1 Hong Yock R.
2 Num Heng Vegetar. R.
3 Indra Food Center
4 Robinson's Food Court
5 Muslim O-Cha R.
6 Anothai Kasetrika R.
Hospital
Prathan Uthit Rd.
Moslem Rd.
Petchkasem Rd.
Songkhla
Shopping Center, Kino
Jootee Anusorn Rd.
Hansa Plaza R.
Pulusuwam Rd.
NACHTMARKT
Montri Rd. 1
MARKT
Plaza Shopping Center
Montri Rd. 2
NACHTESSENMARKT
Sang Sri Rd.
Ratakarn Rd.
Cheumat Rd.
Shevanusorn Rd.
Chaiyakul Rd.
Petchkasem Rd.
Kino
KBank
Kino
Sangathid Rd.
Sang Chan Rd.
Wat Cheu Chang
Rangsan Rd.
NACHT-ESSEN-MARKT
Thong Sia Hospital
Tesco Lotus
Talad Kaset (Minibus-Station) Hat Yai Nai, Phattalung, Trang, Phuket
Petchkasem Rd.
Suphasarn Rd.
Airport, Polizei, Immigration Office
Duang Chan Rd.
Soi Duang Chan
Niphat
Prachathipat Rd.
Bkk. Bank
NIGHT BAZAAR
Pracharom Rd.
Klong Toey
Chon Thana Rd.
Bahnhof
Nasatanee Rd.
Sanehanusorn Rd.
Thamnoon Vithi Rd.
Uthit 1
Uthit 2
Uthit 3
She Chan Rd.
Uthit Rd.
Manasrudi Rd.
Kimpradi Rd.
Chaiyakul Uthit Rd.
Chaiyakul Uthit 4 Rd.
NACHT-MARKT
Predarom Rd.
Niyomrat Rd.
Padung Pakdee Rd.
TOURIST POLICE
Sri Puvanart Rd.
KBank
Lamai Songkroh Rd.
Sadao, Pattani, Narathiwat, Malaysia
Bus Station

Die Golfküste

Gute Preise haben u. a. **Pakdee Tour** im Cathay Gh., **Gold Travel** und **D.J. Tour** gegenüber vom Kings Hotel. Üble Erfahrungen haben Traveller wiederholt mit Chaw Wang Tours gemacht. Wessen gekauftes Ticket nach Malaysia für ungültig erklärt oder wessen gebuchter Bus für voll besetzt deklariert wird, sollte auf die Polizei hinweisen.

Tourist Police

1/1 Soi 2 Niphat Uthit 3 Rd., beim Tourist Office, ✆ 074-246733 und 1699, Notruf 1155.

Nahverkehr

Die **Tuk Tuks** im Stadtgebiet kosten 15–20 Baht, zum großen Bus Terminal 30 Baht. **Taxis** sind teuer, kräftig handeln!
Bei einer Fahrt mit der **Fahrrad-Rikscha** zu Hotels und Reisebüros wird vielfach die Provision des Fahrers aufgeschlagen.

Transport

Busse

Non-AC-Busse fahren am Municipal Market (Plaza Shopping Center) ab. Der Busbahnhof für alle Fernbusse liegt südöstlich der Stadt an der Straße Richtung Grenze, mit dem Songthaew für 12 Baht zu erreichen. Fast alle Busse (Ausnahme: die nach Bangkok und Chumphon) halten 15 Min. später an der Petchkasem Road, gegenüber vom Plaza Shopping Center, wo man zusteigen kann.
Viele AC-Busse fahren von den Reisebüros ab, bei denen das Ticket gekauft wird. Bei Buchung im Gästehaus wird man häufig dort abgeholt, eine längere Stadtrundfahrt ist inklusive. Alle Tickets für Minibusse und nach Bangkok bucht man am besten in den Reisebüros im Zentrum.

Bangkok

Nach BANGKOK (954 km) AC-Busse um 6.30 und 8 Uhr sowie alle 30 Min. von 15–20 Uhr für 535/568/731/828 Baht, VIP-24-Bus um 16, 17 und 18 Uhr für 1065 Baht in 12 Std.
Der AC-Bus ab der Khaosan Road in BANGKOK kann bis zu 22 (!!) Std. unterwegs sein.

In die Nachbarorte

Nach SONGKHLA non-AC-Bus alle 7 Min. bis 19.15 Uhr für 20 Baht in 1 Std. (z. B. ab Uhrturm).
Nach SATUN alle 15 Min. bis 17.40 Uhr für 60 Baht (AC-Bus für 85 Baht in 2 Std.).
Nach PAKBARA (Ko Bulon Lae und Ko Lipe) alle 2 Std. von 6.15 bis 17 Uhr für 65 Baht (AC 90 Baht) in 2 1/2 Std. (ab Plaza Shopping Center 15 Min. später).
Nach PADANG BESAR alle 10 Min. bis 19.20 Uhr für 35 Baht (AC 50 Baht) in 100 Min.
Nach PHATTALUNG alle 15–45 Min. bis 17.15 Uhr für 60 Baht in 90 Min., AC-Bus stdl. für 90 Baht.
Zu anderen Orten im Süden: Nach PHUKET mit AC-Bussen ca. jede Std. von 8–13 Uhr für 288 bzw. 371 Baht in 6 Std., über KRABI für 180 / 234 Baht.
Nach SURAT THANI mit AC-Bussen 10x tgl. von 6.10–15 Uhr für 176/227 Baht in 5 1/2 Std.
Nach KO SAMUI AC-Bus 729 um 8 und 10.40 Uhr für 355 Baht in 7 Std.
Nach NAKHON SI THAMMARAT mit AC-Bus stdl. bis 16.15 Uhr für 130 Baht in 3 Std.
Nach TRANG alle 15–45 Min. bis 16.55 Uhr für 84 bzw. 118 Baht in 3 Std.
Nach CHUMPHON um 7.15, 8.15, 9.30, 10.30 und 12 Uhr für 227 bzw. 392 Baht in 9 Std.
Nach RANONG AC-Bus um 7, 11 und 21 Uhr für 410 Baht in 8 Std.

Richtung Malaysia / Singapore

Nach BUTTERWORTH (Penang) AC-Bus um 9, 9.30, 12, 14 und 16.30 Uhr für 250 Baht.
Die Alternative ist der Langkawi Express um 15.50 Uhr.
Billiger mit dem VIP Coach von Ming Travel, 131 Niphat Uthit 2 Rd., ✆ 074-237325.

Minibusse

Minibusse (auch Minivans genannt) sind klimatisiert und fahren tgl. zu festen Zeiten (zumeist jede Stunde) zwischen 7 und 17 Uhr von 2 Stellen ab. Alle Minivans Richtung Norden und Westen fahren vom Talad Kaset ab (4 km westl., zu erreichen per Tuk Tuk für 10 Baht p. P.), alle Vans Richtung Osten und Süden vom Bus Terminal am H4.
Nach SONGKHLA laufend für 30 Baht von der Petchkasem Rd., Ecke Montri Rd.; bringt den

Fahrgast evtl. direkt zur gewünschten Unterkunft.
Nach PAKBARA jede volle Std. bis 18 Uhr für 120 Baht in 2 Std.
Nach PADANG BESAR alle 30 Min. für 30 Baht in 60 Min.
Nach PHUKET um 9.30 Uhr für 450 / 500 Baht in 7 1/2 Std.
Nach KRABI um 9.30, 13 und 17 Uhr für 280 Baht.
Nach SURAT THANI 5x tgl. von 8.30–17 Uhr für 270 Baht in 4 1/2 Std.
Nach NAKHON SI THAMMARAT jede Std. von 7–17 Uhr für 130 Baht in 3 Std.
Nach TRANG ca. alle 30 Min. von 7.40–17.40 Uhr für 100 Baht.
Nach PENANG (Georgetown) mit Malinja Holiday Tour um 9.30, 12.30 und 15 Uhr für ca. 350 Baht in 5 Std. Zurück um 4.30 Uhr.

Eisenbahn

Fahrplan „Southern Line" s. S. 886f.
Der Bahnhof liegt im Zentrum der Stadt. Am besten gleich nach der Ankunft das Ticket für die Weiterfahrt besorgen. Direkt nach Songkhla kann man am Bahnhof ein Songthaew chartern (ca. 100 Baht)

Richtung Norden

Von BANGKOK tgl. 4 Züge mit Schlafwagen 2. Kl. mit AC und Fan zwischen 13 und 15.35 Uhr (Ank. 5.36–8.50 Uhr), nur der *Special Express* 35 ist voll klimatisiert. Zurück *Rapid*-Züge um 14.18 und 15.26 Uhr (ab 535 / 339 Baht in der 2. / 3.Kl.), Ank. 7.40 und 8.10 Uhr.
Special Express-Züge um 17.34 und 18.05 Uhr (1494 / 855 Baht für AC-Schlafwagen in der 1. / 2. Kl.), Ank. 8.30 bzw. 9.40 Uhr.

Richtung Süden

Tgl. um 5.54 Uhr fährt der *International Express* von Hat Yai über den Grenzbahnhof Padang Besar nach BUTTERWORTH in 4 1/2 Std., einschließlich 1 Std. Aufenthalt und Zugwechsel an der Grenze, und kommt um 11.55 Uhr (Malaysia-Zeit = Thai-Zeit + 1 Std.) an.
Zurück ab Butterworth (Penang) tgl. um 13.10 Uhr (Ank. 17.34 Uhr).

Grenzübergänge nach Malaysia

Für ausländische Touristen sind folgende Grenzübergänge geöffnet und zurzeit empfehlenswert:

Von (Thailand)	mit	nach (Malaysia)	
Ko Lipe	Boot (Nov–Apr)	Langkawi	(s. S. 849)
Satun	Boot	Langkawi	(s. S. 854)
Satun	Boot	Kuala Perlis	(s. S. 854)
Wangprachan	Taxi	Kangar	(s. S. 856)
Padang Besar	Eisenbahn / Straße	Kangar	
Sadao	Autobahn	Alor Setar	

Das Stefan Loose Travel Handbuch Malaysia – Singapore – Brunei sollte man sich schon vor der Reise besorgt haben.

Flüge

Zum Airport, 12 km westlich der Stadt, Sammeltaxi von Thai Airways ab 7.45 Uhr alle 2 Std., 50 Baht; Songthaew, 36 Baht; oder Taxi, 180–240 Baht.
Thai Airways, 190/6 Niphat Uthit 2 Rd., ✆ 074-234238, fliegt 2x tgl. von/nach BANGKOK (DMK) für 3390 Baht.
Orient Thai, ✆ 074-240169, fliegt 2x tgl. nach BANGKOK (DMK) für 1750 Baht, am Mi, Fr, So nach PHUKET für 1750 Baht.
Air Asia fliegt 6x tgl. von/nach BANGKOK für 699–1700 Baht plus Gebühren von ca. 700 Baht. Mit dem ersten Flug gelingt es noch, Ko Lipe am selben Tag zu erreichen.
Nok Air fliegt 4x tgl. von/nach BANGKOK (DMK) für 995–1200 Baht plus Gebühren von ca. 700 Baht.
Malaysia Airlines, Lee Gardens Hotel, 1 Lee Pattana Rd., ✆ 074-245443.
Tiger Airways, 💻 www.tigerairways.com, fliegt tgl. nach SINGAPORE für ca. 3065 Baht.

Padang Besar ปาดังเบซา

Dies ist der Grenzübergang für den Internationalen Expresszug. Die Pässe werden in Thailand eingesammelt und mit dem Ausreisestempel versehen. Am Bahnhof müssen Reisende nur die wichtigsten Daten in das Einreiseformular eintragen, dann bekommen sie den Pass zurück.

Wer nur einen neuen Einreisestempel braucht und gleich wieder nach Thailand zurückfahren möchte, benützt besser den Grenzübergang an der Straße. Von Hat Yai reist man per Bus oder Taxi an und wird direkt an der Grenze abgesetzt. Man holt sich den Ausreisestempel und geht die etwa 10 Minuten durch ein Stück Niemandsland mit Duty-Free-Geschäften die Straße entlang bis zum Kontrollpunkt der Malaysier zu Fuß oder nutzt den Motorrad- oder Minibustransfer (20 Baht). Auch Fußgänger bekommen, wenn sie einen höheren Geldbetrag (in beliebiger Währung) vorweisen können, normalerweise immer den Stempel für Malaysia.

Wer gleich wieder nach Thailand zurückkommt, erhält problemlos einen weiteren Stempel für 4 Wochen (max. 2-mal).

Übernachtung

Wer hier hängen bleibt, kann im **Siam Orchid Hotel**, 208-217 Moo 1 Padang Besar Rd., ✆ 074-521478, direkt an der Grenze übernachten. ❸

Sonstiges

Geld

Die **Maybank**, 1371-2 Jl. Pekan, hat einen Geldautomaten. Die Money Changer im Bahnhofsgebäude und im Coffeeshop an der Bus Station haben keine guten Wechselkurse.

Grenzöffnungszeiten

Die Grenze ist ab 21 Uhr Thai-Zeit bzw. 22 Uhr Malaysia-Zeit geschlossen.

Transport

Busse

Busse fahren nach KANGAR für 3 RM und um 14 Uhr nach BUTTERWORTH (Penang) für 12,20 RM.

Nach HAT YAI ab Thai-Seite der Grenze alle 10 Min. mit non-AC-Bus für 35 Baht, AC-Bus 50 Baht, in 100 Min.

Nach BANGKOK (1020 km) mit AC-Bus um 15 Uhr für 734 Baht in 15 Std.

Sammeltaxis

Sie fahren vom Bahnhof nach KUALA PERLIS 36 RM, KANGAR 24 RM, ALOR SETAR 52 RM.

Nach HAT YAI ab Thai-Seite der Grenze 60 Baht.

Eisenbahn

Fahrplan „Southern Line" s. S. 886f.

Richtung KUALA LUMPUR mit dem *Express Langkawi* um 17.50 Uhr, Ank. 6.45 Uhr.

Der *International Express* fährt Richtung BANGKOK um 16.30 Uhr (Malaysia-Zeit) und Richtung BUTTERWORTH (Penang) um 8 Uhr (Malaysia-Zeit). Zuvor werden am Bahnhof, ✆ 074-9490231, die Grenzformalitäten erledigt.

Sadao สะเดา

70 km südlich von Hat Yai liegt der meistgenutzte Grenzübergang, den auch alle Busse und Taxis von Hat Yai nach Penang nehmen. Normalerweise fährt man hier nach kurzem Grenzaufenthalt nur durch.

Wer per Sammeltaxi von Malaysia kommt, steigt am Duty-Free-Shop in Bukit Kayu Hitam in ein Thai-Taxi um und fährt damit durch die Grenzübergänge. Wer hier übernachten muss, bekommt im Sadao Plaza, 14/3 Ruamsuk Rd., ✆ 074-412373, ein AC-Zi. ❷–❸

Die Andamanenküste

Stefan Loose Traveltipps

14 **Bucht von Phang Nga** Aus dem spiegelglatten Meer erheben sich pittoreske Karstfelsen mit Wasserhöhlen und Lagunen. S. 700

15 **Similan Islands** In Unterwasserlandschaften von Weltklasse abtauchen und Walhaien begegnen. S. 703

16 **Khao Lak** Beim Sonnenuntergang in einem Sala am Strand an einem Sundowner nippen. S. 705

Khao Sok In Baumhäusern oder schwimmenden Bambushütten den nächtlichen Dschungelgeräuschen lauschen. S. 718

Ranong In den Mineralquellen ein paar heiße Stunden genießen. S. 728

Ko Chang Sich in der Abgeschiedenheit von Mama's Restaurant feine Gerichte aus aller Welt schmecken lassen. S.732

Phuket Die einzigartige Bühnenshow von Phuket FantaSea erleben. S. 772

Ao Tha Len Mit einem Kanu durch die Mangroven des Canyon paddeln. S. 813

17 **Umgebung Krabi** Faszinierende Felstürme überragen Strände, die oft nur mit dem Boot zu erreichen sind. S. 814

18 **Tarutao** Mit jungen Seezigeunern eine Schnorchelfahrt im Marine National Park unternehmen. S. 848

Die Andamanenküste gehört mit ihren Inseln und dem Hinterland zu den spektakulärsten Landschaften Asiens. Die von Höhlen durchsetzten Kegelkarstfelsen sind nicht nur in der weltberühmten Phang Nga Bay zu sehen, sondern auch im Hinterland von Krabi und im Khao Sok National Park. Neben den schon lange bekannten Stränden der Insel Phuket mit ihrem Remmidemmi und den internationalen Hotelanlagen haben es auch die Strände von Krabi, Ko Lanta und Khao Lak in die Kataloge der Reiseunternehmen geschafft. Hier herrschen an palmengesäumten Sandstränden am azurblauen Wasser immer noch naturnahe Bungalowanlagen und familiäre Hotels vor.

Weder Industrie noch Großstädte verpesten Luft und Wasser an der Andamanenküste. Wer quirliges Leben und exotische Märkte sucht, findet sie in den Kleinstädten Ranong, Phuket Town, Krabi und Trang.

Der überwiegende Teil der Andamanenküste wird von Mangroven gesäumt, den Laichplätzen der Meeresfische. Einige hundert Inseln vor der Küste, die von üppigem Pflanzenwuchs bedeckt und von unzerstörten Korallenriffen umgeben sind, werden vorwiegend in Meeresnationalparks geschützt. Ein gutes Dutzend Inseln mit besonders schönen Sandstränden wurden für den Tourismus erschlossen und sind mehr oder weniger leicht erreichbar. Ob Traveller, Individualtourist oder Pauschalreisender, wer tauchen, schnorcheln, segeln oder einfach nur Sonne und Meer genießen will – jeder kann hier seine Trauminsel finden.

Die nördliche Andamanenküste

Phang Nga พังงา

Die saubere Provinzhauptstadt Phang Nga (gesprochen ungefähr Pang-ga) liegt 38 km östlich vom Verkehrsknotenpunkt Khok Kloi, 84 km von Krabi und 92 km von Phuket entfernt. Berühmt ist sie für die wunderschöne Bucht mit den steil aus dem Wasser aufragenden Kalkfelsen, ansonsten wirkt sie eher verschlafen. Auch im Stadtgebiet erheben sich viele Kalkfelsen, einige von Höhlen durchzogen. Die erst kürzlich entdeckte **Tham Pung Chang** gehört zu den eindrucksvollsten Höhlen Thailands. Am südwestlichen Ortsanfang von Phang Nga (KM 36,2 des H4) ragen einige markante Kalkfelsen auf. Sie sind unten völlig durchlöchert und enthalten **Tham Russi**, die Höhle des Eremiten. Mit viel Beton wurden Pfade hindurchgebaut und der **Srinakarin Park** ringsherum angelegt.

Eine kleine Rundfahrt

Wer nichts für Tempel und Höhlen übrig hat, hält Phang Nga Stadt vielleicht für ein langweiliges, unattraktives Nest, in dem es nichts zu tun gibt. Wer sich jedoch ein **Motorrad** mietet, kann in der völlig untouristischen Umgebung auf wenig befahrenen Straßen malerische Landschaften, urige Höhlen, hübsche Wasserfälle, eindrucksvolle Tempel, idyllische Bauerndörfer und ein wenig Dschungel entdecken – mehr als genug für einen Tag.

Appetit auf mehr könnte diese kleine **Rundfahrt von 80 km** machen: Sie führt nach Norden und Osten über die Berge bis Thap Put und im Flachland zurück nach Phang Nga. Auf dem H4 geht es zunächst 9 km durch fast ebene Talauen (zwei nette Abstecher) bis zur Abzweigung des H4090 am KM 48 (= KM 187,7). Bald beginnt auf dem kaum befahrenen H4 der steile Aufstieg zum **Pass** (KM 185) durch dichte Vegetation. In herrlichen Kurven geht es bergab bis zum KM 179, wo man einen Abstecher nach rechts zu einem **Felsenkloster** mit mehreren schönen Höhlen machen kann. Nun verläuft der H4 vorwiegend eben weiter bis Thap Put (KM 169). Dort sollte man den Abstecher vom KM 168 auf dem H4118 nach Osten zum **Wat Bang Riang** nicht versäumen, ein Höhepunkt im wahrsten Sinne des Wortes. Auf dem H415 geht es – mit diversen Abstechern – durch intensiv landwirtschaftlich genutzte Ebenen nach Westen zurück nach Phang Nga, wo man am KM 35,8 an einigen markanten Kalkfelsen wieder den H4 erreicht. Einige Abstecher haben wir am Ende der **Rundtour** „Zwischen Krabi und Phang Nga" beschrieben (s. S. 816).

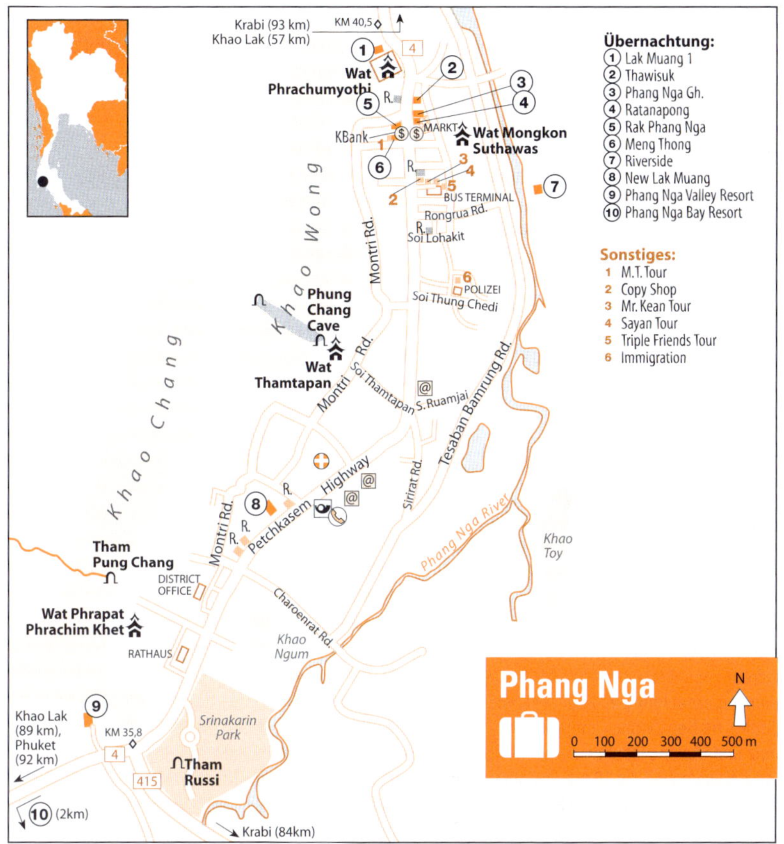

Übernachtung

Alle Unterkünfte liegen an der lauten Hauptstraße, der **Petchkasem Rd.**:

Phang-nga Gh. ③, Nr. 99/1, ✆ 076-411358, saubere, kleine Zi mit und ohne Du/WC, in zwei Stockwerken eines schmalen, langen Hauses, die hinteren Zi sind ruhiger. ❷, AC ❸–❹

Rattanapong ④, Nr. 111, ✆ 076-411247, 30 große und kleine, relativ saubere Zi mit Fan oder AC, laut, nach hinten besser. Freundliche Managerin, viele lobende Briefe. ❷–❸

Muang Thong ⑥, Nr. 128, ✆ 076-412132, 14 große Zi mit Fan oder AC, laut. Touren veranstaltet der freundliche Mr. Hassim von M.T. Tour, ✆ 089-2892566. ❷–❸

New Lak Muang (auch: Lukmuang 2) ⑧, Nr. 540, ✆ 076-411500, 1,6 km südlich, 24 Zi mit AC (nur mit Fan 60 Baht billiger) und Bad mit Badewanne, gut, komfortabel und nach hinten ruhig; freundliches Personal. ❸–❹

Phang Nga Valley Resort ⑨, Nr. 5/5, ✆ 076-412201, 3 km südlich am KM 35,4 in einer ruhigen Nebenstraße. Thai-Hotel mit sauberen AC-Bungalows und Gästehaus, Restaurant, Thai Dance Show, Fischteich; Eintritt. ❸–❹

Essen

Zum Moslem-Restaurant **Bismilla** erreichen uns unterschiedliche Stimmen: sauber und gemütlich, aber auch mieses Essen und unfreundlich. Passabel sind die Straßenrestaurants in der Umgebung des New Lak Muang Hotels.

Sonstiges

Bootstouren zur Phang Nga Bay

Am Bus Terminal bieten mehrere Unternehmer zu identischen Preisen ihre Touren in die einzigartige Phang Nga Bay an: **Sayan Tour**, ✆ 076-430348, 💻 www.sayantour. com, **Mr. Kean Tour**, ✆ 076-430619, **Triple Friends Tours**, ✆ 076-430195, zudem **M.T. Tour** im Muang Thong Hotel (s. o.).
Eine typische Halbtagestour geht von 8–12 und von 14–18 Uhr (in der Saison) für 200–300 Baht p. P. (plus 2x 25 Baht für den Minibus) und reicht eigentlich aus. Der Ganztagstrip von 8–16 Uhr für 500–600 Baht p. P. enthält zusätzlich Mittagessen, Obst und Trinkwasser sowie eine Liegematte für die Mittagspause. Die Übernacht-Tour von 14–9.30 Uhr für 450–550 bzw. 750–850 Baht p. P. mit einer einfachen Mahlzeit auf der wenig erfreulichen Restaurant-Insel Ko Panyi und einer Übernachtung in einem schmuddeligen, lauten, heißen Zimmer am Pier ohne Moskitonetz und Dusche ist eher etwas für Hartgesottene. Besser sind die 10 neuen Zimmer von Mr. Kean Tour am ruhigen Ende des Dorfes.
Die Longtail-Boote sind extrem nass, von unten und oben, und besonders laut (vielleicht helfen Badelatschen, eine Windjacke und Ohrstöpsel). Es gibt auch Traveller, die mit der 8-Uhr-Tour zufrieden sind. Bei der Kanutour (halber Tag 600–750 Baht, ganzer Tag 900–950 Baht) müssen auch Anfänger evtl. selbst paddeln. Alle Preise zzgl. Eintritt in den Nationalpark.
Sehr gelobt wird die Phang Nga Bay Tour der Khao Lak Guide Co. ab Khao Lak (s. S. 708).

Höhlenerkundung

Nur mit den Führern von **Pung Chang Cave Exploring**, ✆ 076-264320, kann man die ganz fantastische Flusshöhle erkunden (500 Baht p. P., 9–15 Uhr). Bei der 2-stündigen, anspruchsvollen Tour durch z. T. enge Schluchten werden auch Kanus und Bambusflöße eingesetzt.

Motorräder

Bei **Sayan Tour** und **Mr. Kean Tour** für 200 Baht/Tag.

Transport

Busse

Bustickets gibt es am Schalter der Transport Co. und im Bus.
Nach BANGKOK (815 km) mit 2. Kl. AC-Bus 61 um 14 und 16.30 Uhr für 442 Baht in 12 Std., AC-Bus 61 um 17 Uhr für 569 Baht, AC-Bus 99 um 17 Uhr für 607 Baht über Takua Pa in 11 Std., VIP-24-Bus um 17.30 Uhr für 880 Baht.
Von und nach PHUKET stdl. mit dem AC-Bus für 85 Baht in 2 1/2 Std., Minibus für 250 / 350 Baht in 2 Std.
Von und nach KRABI stdl. mit dem 2. Kl. AC-Bus für 74 Baht.
Nach SURAT THANI non-AC-Bus um 11 und 14 Uhr für 80 Baht, AC-Bus um 9.30, 11.30, 13.30 und 17 Uhr für 140 Baht.
Nach KO SAMUI AC-Bus und Fähre um 11.30 Uhr für 330 Baht, KO PHA NGAN für 480 Baht.
Nach TAKUA PA jede Stunde für 50 Baht, stdl. weiter mit dem Surat Thani-Bus nach KHAO SOK für 40 Baht.
Nach RANONG direkt per H4090 über Takua Pa um 8.30, 10.30, 11.30 und 13.30 Uhr für 160 Baht in 4 1/2 Std.
Nach KHAO LAK erst mit dem Phuket-Bus zur Bus Station nach KHOK KLOI (30 Baht), dort umsteigen Richtung Takua Pa (45 Baht).
Zum Hafen mit Songthaew für 25 Baht.

14 HIGHLIGHT

Bootsfahrt durch die Bucht von Phang Nga

Die weltberühmte Bucht mit ihren bizarren Kegelkarstfelsen wurde 1981 zum Nationalpark erklärt.

Dieser umfasst mit seinen 400 km² einen großen Teil der flachen Bucht, die steilen Inseln und die angrenzenden Felsen. Das Wasser ist fast immer ruhig, sodass eine Bootsfahrt nahezu ganzjährig möglich ist. Tausende von Touristen drängen sich am Ziel der Bootsfahrt, dem Nadelfelsen Ko Tapu – für die einen ein Horrortrip, für die anderen ein einmaliges Naturerlebnis. Es kommt wohl auf die Einstellung an. Am eindrucksvollsten ist die Fahrt von Dezember bis April, wenn der Himmel blau und das Licht klar ist. Nicht vergessen, einen Sonnenhut, Sonnencreme, Ohrenstöpsel und etwas zu trinken mitzunehmen.

Zuerst geht es mit dem lauten Longtail-Boot auf dem breiten **Klong Khao Thalu-Fluss** immer geradeaus, vorbei an Mangrovensümpfen und markant geformten, mit tropischen Bäumen bewachsenen Felsen, z.B. dem „Kleinen Hund" **Khao Ma Chu**. Dann erreicht man die Bucht von Phang Nga: steile Kalkfelsen im Meer, die scheinbar nur durch die Wurzeln der wild wuchernden tropischen Vegetation zusammengehalten werden, dunkle Höhlen und Grotten mit herabhängenden Stalaktiten. Aufregend wird es, wenn das Boot auf eine Felswand zufährt, in der sich dann aber noch rechtzeitig ein Höhleneingang auftut, in dem das Boot verschwindet. Die Felsmalereien am **Khao Khian** sind 3000 Jahre alt.

Das auf Stelzen gebaute Moslemdorf, das sich an die Insel **Ko Panyi** anschmiegt, hat sich zu einem fast ausschließlichen, teuren Restaurant- und Souvenirdorf gewandelt. Alle Tourgruppen werden hier mittags mit Meeresfrüchten abgefüttert (je nach Anbieter üppig bis miserabel). Wer selbst zahlt, sollte nur Gerichte bestellen, die auf der Karte mit Preisen ausgezeichnet sind, da bei Fisch nach Gewicht schon mancher eine böse Überraschung erlebte. Zuletzt geht die Fahrt durch eine intakte Mangroven-Landschaft, und man durchfährt eine Höhle, die **Tham Lot** (gezeitenabhängig kann dieser Abstecher auch zu Beginn der Fahrt erfolgen). Wer sich mehr für Mangroven interessiert, kann den schönen, kostenlosen **Mangrovenlehrpfad** beim Phang Nga Bay Resort begehen.

Übernachtung

Phang Nga Bay Resort ⑪, ✆ 076-412067; ein großer Kasten am Klong Khao Thalu, etwas verwohnte AC-Zi; Restaurant; großer, sauberer Pool, tolle Aussicht. Wechsel von Reiseschecks. In der Empfangshalle des Hotels verschafft eine große Reliefkarte einen guten Überblick über die Bucht und die Ziele der Bootsfahrt. ❹

Ko Tapu – Der „James-Bond-Felsen"

James Bond machte die bizarren Felsformationen durch den Film „Der Mann mit dem goldenen Colt" berühmt.
Gegenüber vom malerischen Nadelfelsen wird auf einer kleinen Insel an Betonpiers angelegt. Wer nicht frühzeitig dran ist, muss das berühmte Fotomotiv gleichzeitig mit hundert anderen Touristen ablichten. Viele Erfrischungs- und völlig überteuerte Souvenirstände werden belagert. Der gelegentliche, penetrante Geruch soll von den Mangroven stammen.
Anfang 1998 wurden Risse am Fuß des Felsen entdeckt. Die Nationalparkbehörden befürchten, dass er zusammenbrechen könnte, und legten eine Sicherheitszone um den Felsen fest.

Transport

Die 3 km lange Zufahrtsstraße zur Bucht geht am KM 33,7 ab. Von Phang Nga fährt ein Songthaew für 25 Baht zum Hafen.
An der Anlegestelle gleich neben dem Hotel kostet ein langsames, überdachtes Boot für max. 10 Pers. (3–4 Std.) 500–700 Baht (handeln!).
Touren ab PHANG NGA kosten 200–600 Baht, z.T. mit Übernachtung, ab PHUKET 850–1500 Baht, ab KRABI 750–900 Baht, ab KHAO LAK 2000–2300 Baht (bei 2–8 Pers.).
Bei Touren am Nachmittag sind weniger Boote unterwegs.

Khok Kloi

Die Kleinstadt Khok Kloi hat Touristen nichts zu bieten. Erst in den letzten Jahren wurden zwei Strände für den Tourismus erschlossen. Eine kurvige Straße führt nach Südwesten in 6 km zum **Pilai Beach**, an dem einige Hotels für Pauschal-

touristen entstanden, nach Nordwesten in 9 km zum **Natai Beach**.

Transport

Der kleine Bus Terminal **Khok Kloi** liegt 600 m südlich der Kreuzung in einer Nebenstraße hinter der PTT-Tankstelle. Er eignet sich sehr gut zum Umsteigen.

Nach BANGKOK mit AC-Bus 63 und AC-Bus 949 um 9.25, 13.35, 15.15 sowie von 17.20 bis 20.30 Uhr für 472 bzw. 607 Baht, VIP-24-Bus 999 um 18 und 19 Uhr für 944 Baht in 12 Std.

Nach TAKUA PA mit non-AC-Bus 436, 430 oder 465 jede volle Std. bis 19 Uhr für 51 Baht in ca. 2 Std., bis KHAO LAK (50 km) und BANG NIANG für 45 Baht in ca. 70 Min.

Nach RANONG über Khao Lak mit AC-Bus 430 um 9, 13, 15 und 17 Uhr für 200 Baht in 4 1/2 Std.

Nach SURAT THANI über Phang Nga mit AC-Bus 727 für 170 Baht, über Khao Lak und Khao Sok mit non-AC-Bus 465 8x tgl. von 6.15–15.10 Uhr für 108 Baht in 5 Std., AC-Bus 465 um 8.30 und 10 Uhr für 180 Baht in 4 Std.

Nach PHANG NGA Bus 437 5x tgl. von 11.40–18 Uhr für 30 Baht.

Nach KRABI AC-Bus 438 jede halbe Std. bis 19.30 Uhr für 106 Baht.

Nach TRANG AC-Bus 411 16x tgl. bis 19.30 Uhr für 203 Baht.

Nach HAT YAI AC-Bus 12x tgl. für 308 Baht.

Nach SATUN mit AC-Bus um 9.15, 11.15, 13.15 und 20 Uhr für 317 Baht.

Von Khok Kloi bis Khao Lak

An der zentralen Kreuzung wendet sich der Petchkasem Highway H4 nach Norden und führt durch Reisfelder, Gummi- und Ananas-Plantagen nach Khao Lak (50 km). Bananen, Mango-, Jackfrucht- und Durian-Bäume verstärken neben den vielen blühenden Büschen das Bild einer üppigen Tropenlandschaft. Beim KM 24 zieht sich die chinesisch wirkende Stadt **Thai Muang** (auch Thai Mueang) an der Straße entlang. Es gibt viele Läden, gute, einfache Restaurants, einen Obstmarkt und auffallend viele nette Menschen.

Geradeaus Richtung Meer passiert man den Golfplatz mit 18 Löchern. Nach 1000 m zeigt sich der lange, aber steile Strand, an dem unter Kasuarinen Picknicktische und Restaurants auf einheimische Gäste warten. Hier liegen landseitig mehrere kleine Bungalowanlagen, ❷–❸. Wer badet, sollte nahe am Ufer bleiben und auf gefährliche Unterströmungen achten.

Khao Lam Pi National Park

Nach 4 km beginnt der 72 km² große **Khao Lam Pi–Hat Thai Muang National Park** (Eintritt 400 Baht) mit dem 13 km langen Sandstrand **Hat Chai Thale Thai**. Von November bis März legen vier Arten von Meeresschildkröten hier ihre Eier ab: Riddley's, Suppen-, Leder- und Karettschildkröte. Diese werden von Rangern eingesammelt und die Jungen nach dem Schlüpfen ins Meer entlassen. In Thai Muang findet Ende Februar das *Turtle Conservation Festival* statt.

Anfang 2006 wurde knapp vor der Küste ein 270 Hektar großes, relativ gesundes Riff in 6–8 m Tiefe entdeckt, das 30 Arten Korallen und mind. 112 Arten Fische aus 56 Familien aufweisen soll. Lokale Fischer wollen hier Schnorchelausfahrten anbieten.

Im Park gibt es 6 einsame Bungalows, Informationen unter 💻 www.dnp.go.th/parkreserve/asp/style1/default.asp?npid=43&lg=2. Zelten ist erlaubt, Toiletten sind vorhanden.

Wer unter der Woche im Süßwasser schwimmen möchte, fährt am KM 32,7 des H4 nach rechts 2 km zum **Lam Pi-Wasserfall** (auch *Lumpee*), Eintritt 400 Baht. Im weiten Wasserbecken unter dem dreistufigen Fall nehmen Thai-Familien gern ihr Bad, v. a. am Wochenende.

Nach einer Fahrt durch Plantagen und Obstgärten zweigt am KM 51,4 links die Straße H4147 zum Hafen **Thap Lamu** (5 km) ab. Hier liegt ein Büro des Similan National Parks, von dem Boote zu den unter Tauchern weltbekannten **Similan Islands** fahren.

15 HIGHLIGHT

Similan Islands หมู่เกาะสิมิลัน

Rings um diese Inselgruppe von neun unbewohnten Inseln ca. 75 km vor der Küste wurde ein 128 km² großes Gebiet 1982 zum **Mu Ko Similan Marine National Park** erklärt. Unter Tauchern gilt die Inselgruppe aufgrund ihrer Vielfalt als eines der zehn schönsten Tauchgebiete der Erde. Erfahrene Gerätetaucher genießen bei ca. 25 m Sicht die herrlichen Unterwasserlandschaften in 12–40 m Tiefe, wo eine riesige Artenvielfalt gedeiht. Schnorchler erfreuen sich an Korallengärten und -riffen, die bei 2 m Tiefe beginnen, jedoch vorwiegend etwa 9 m tief liegen. Für einen Badeurlaub sind die Inseln ungeeignet, da es auf keiner Insel Trinkwasser und nur wenige einfache Unterkünfte gibt. Während der Regenzeit bleiben die Bungalows und Zelte auf den Inseln vom 15.5.–15.11. geschlossen.

Fürs Gerätetauchen sind die Inseln Nr. 1, 4, 7, 8 und 9 am besten geeignet. Die besten Monate zum Tauchen sind November bis April. Die auf vielen Postkarten abgebildete **Insel Nr. 8** (auch Similan Island) besitzt eine wunderschöne Bucht mit herrlichem Sandstrand und schönen Korallenstöcken in 8–10 m Tiefe sowie ein optimales Schnorchelgebiet. Der Strand wird begrenzt von fantastisch geformten Felsen, wie man sie von den Seychellen kennt – allerdings ohne Kokospalmen. Bestes Tauchen bieten Riffe in 12–40 m Tiefe. Eine Bucht auf der anderen Seite der Insel ist sehr schön zum Schnorcheln.

Auf der **Insel Nr. 4** (Miang Island) gibt es Nationalpark-Unterkünfte (s. u.). Der Norden und Osten eignen sich besonders gut zum Schnorcheln im etwa 28 Grad warmen Wasser, weshalb die vorwiegend einheimischen und japanischen Tagesausflügler hier zu Wasser gelassen werden. Gerätetaucher, die auf Großfische scharf sind, kommen voll auf ihre Kosten. Wir haben z. B. im Februar auf 5 von 10 Tauchgängen Haie gesehen, und zwar Weißspitzen-, Leoparden- und Ammenhaie sowie riesige Rochen, vorwiegend in 25–30 m Tiefe. Andere Taucher sahen allerdings auf 11 Tauchgängen nur einen Hai.

Außerdem kann man auf allen Tauchgängen Zackenbarsche, fast alle im Indischen Ozean vorkommenden Korallenfische, Schnecken, Muscheln, Riesengorgonien, Federsterne, Röhrenwürmer und eine große Vielfalt an Korallen sehen, gelegentlich auch Mantas und Walhaie.

Bei mehrtägigen Tauchfahrten auf Tauchbooten (*Live-aboards*) werden regelmäßig auch die Inseln **Ko Tachai** und **Ko Bon** sowie der Unterwasserfelsen **Richelieu Rock**, mit guten Chancen auf Sichtung eines Walhais, angesteuert, gelegentlich auch die kaum kartografierten unterseeischen Fleckenriffe der **Burma Banks**.

Übernachtung

Auf der Insel Nr. 4 (Miang Island) gibt es Zelte (z. T. mit schmalen Feldbetten), ❸, und 25 Bungalows, ❹, sowie 15 neue Häuser ❺, Generator bis 23 Uhr. Das teure Restaurant ist vor allem auf Reisegruppen eingestellt. Reservierungen im Internet unter 💻 http://www.dnp.go.th/park reserve/asp/style1/default.asp?npid=212&lg=2. In Khao Lak bucht **Happy Lagoon Travel Tour**, ✆ 076-485694, zuverlässig Bungalows auf der Insel Nr. 4 und den nötigen Transfer.

Sonstiges

Eintritt

Die **Nationalparkbehörde**, ✆ 076-421365 (Insel Nr. 4), 422136 (Insel Nr. 8), 595045 (Thap Lamu), kassiert 400 Baht Eintritt sowie von Tauchern eine Nutzungsgebühr von 200 Baht pro Tag.

Touren

Alle Tauchbasen in Khao Lak bieten Tagesfahrten oder Live-aboard-Touren zu den Similan Islands an (s. S. 703). Auch viele Tauchbasen in Phuket haben die Similans im Programm, oft in Verbindung mit anderen Tauchgebieten (Surin, Burma Banks).

Transport

Von THAP LAMU fahren in der Saison tgl. gegen 9 Uhr mehrere Boote zur Insel Nr. 4 für 950 Baht einfach.
Metsine Tours, 💻 www.similanthailand.com, ✆ 076-443276, fährt in der Saison tgl. zwischen 8.30 und 9 Uhr ab (über 2 Std. Fahrzeit), Rückkehr gegen 17–18 Uhr (1700 Baht reiner Bootstransfer). Die Ganztagstour kostet 2500 Baht, inkl. Transfer ab Khao Lak, Lunch, Getränke, Schnorcheln an 4 Stellen, die 2-tägige Tour inkl. Übernachtung im Zelt auf Insel Nr. 4 kostet 4300 Baht p. P., die 3-tägige Tour 5300 Baht. Tauchpakete werden ab 4900 Baht für 1 Tag bis 22 900 Baht für 5 Tage angeboten.
Jack Similan Travel, ✆ 076-232460, 💻 www. jacksimilan.com, Transfer mit Speedboot in 75 Min. für 1800 Baht sowie Ein- und Mehrtagesfahrten zu ähnlichen Preisen.
Thaplamu Andaman Tours, ✆ 076-443411, hat ähnliche Programme und Preise.
Von der Insel Nr. 4 fahren langsame Longtail-Boote in 1 Std. weiter zur Insel Nr. 8 (250 Baht).

Khaolak Beach (South)

Am KM 53,5 geht es vom H4 1,5 km nach links ab zu einem bei der lokalen Bevölkerung sehr beliebten Sandstrand mit schönen, glatten Felsen.

Am KM 54,1 geht rechts ein Schotterweg ab zum kleinen **Ton-Pling-Wasserfall** (800 m, kein Eintritt). Unterwegs liegt das sehenswerte **Elephant Village** von Asia Safari.

Am KM 54,5 zweigt eine kurze Straße zum **Khaolak Beach (South)** ab, dessen Nordende gut gegen den Monsun geschützt ist, sodass Baden fast ganzjährig möglich ist. Der herrliche Strand ist ideal für Urlauber, die Ruhe und Abgeschiedenheit suchen. Außer dem Merlin Resort wurden alle Resorts durch den Tsunami zerstört. Nach der Brücke kurvt der H4 zwischen herrlichen Tropenbäumen einen Berg hoch zum **Khao Lak–Lamru National Park**. An den neuen Parkplätzen führt ein 500 m langer Pfad durch herrliche Vegetation zum wunderschönen, kleinen Sandstrand Hat Lek.

Übernachtung

Poseidon ⑫, 💻 www.similantour.nu, ✆ 076-443258, am KM 53,5 ausgeschildert (1,3 km), 15 schöne, saubere Bungalows aus Holz oder Stein mit Du/WC, Fan und Moskitonetz, z. T. malerisch am Fluss, mit Meerblick, außerdem 2 Zi im Haupthaus. Vom Restaurant bietet sich ein herrlicher Blick über die Flussmündung aufs Meer. Olof, der schwedische Besitzer, veranstaltet Schnorcheltouren zu den Similan-Inseln. ❹
Merlin Resort ⑩, ✆ 076-428300, ✉ khaolak merlin@merlinphuket.com, 💻 www. merlin phuket.com; herrlich in die Natur integrierte Hotelgebäude am Hang, 200 große Zi, sehr freundliches Personal, mehrere Pools, Restaurant, Liegewiese, sehr schöner, 190 m langer Strand. Umweltbewusster Manager Krisda. ❼–❽

Khao Lak เขาหลัก

Khao Lak wurde ganz bewusst zu einem Refugium für Naturfreunde und Ruhe suchende Touristen entwickelt. Vom Khao Lak View Restaurant (KM 57,2) bietet sich eine fantastische Aussicht auf das goldbeige Band des Sandes, die malerischen Felsrippen und das blaue Wasser der Andamanensee, gesäumt von üppig grünen Palmenhainen. Im 600–2000 m breiten Flachland erstrecken sich Kautschuk- und Kokosplantagen, Felder und kaum erkennbare kleine Dörfer. Dahinter ragen die bewaldeten Berge des Khao Lak–Lamru National Parks auf. 2 km weiter entsteht entlang des H4 langsam eine kleine Stadt mit vielen Ladenzeilen.

Nach Khao Lak kommen vor allem Paare jeden Alters und immer mehr Familien aus deutschsprachigen und skandinavischen Ländern.

Einzelreisende finden – nach der obligatorischen Tauchfahrt – Khao Lak eher langweilig und ziehen zu Stränden weiter, wo mehr geboten wird.

Übernachtung

Fast alle **Resorts** wurden zunächst von Geschäftsleuten aus Takua Pa gebaut, für die Tourismus ein völlig neues Betätigungsfeld darstellte. Billige Bungalowanlagen wurden bewusst nicht gebaut, da die Dorfältesten alles vermeiden wollten, was die Drogenszene nach Khao Lak locken könnte – bis jetzt mit Erfolg.

Die meisten Resortbesitzer wollen ihr Personal nun ganzjährig halten und müssen es auch in der Nebensaison bezahlen – so bleiben viele Resorts in der Regenzeit geöffnet. Dann gibt es Zimmer zum halben Preis.

Essen und Unterhaltung

Die **Restaurants** der Resorts liegen ausnahmslos schön und sind gut eingerichtet, aber relativ teuer. Billigere Strandrestaurants servieren Thai-Gerichte direkt am Wasser. Entlang des H4 haben sich viele, meist einfach ausgestattete, preisgünstige Restaurants angesiedelt. Sie bereiten dem westlichen Gaumen angepasstes Thai- und Seafood. Aber auch mehrere Restaurants mit westlichen Gerichten haben eröffnet.

Es gibt einige kleine Bars am Strand und ein gutes Dutzend am H4, z. B. **Happy Snapper** (abends Live-Musik), **Funky Gekko** (beliebt bei Tauchern), **Tarzan Bar** (Pub-Atmosphäre), **Discovery Cafe** (dezente Musik, nette Terrasse im OG).

In der **P&Y Bar** an der Bang Niang-Strandzufahrt herrscht um den Billardtisch herum immer gute Laune, 🕓 11–1 Uhr.

Alle Bars werden unter 💻 www.mykhaolak.de/bars/khao-lak-bars.html beschrieben.

Einkaufen

Der klimatisierte **Nang Thong Supermarket** am H4 hat das größte Angebot an westlichen Waren, wie Joghurt, Kekse, Wein und Kaffee, aber auch deutsche und englischsprachige Zeitungen und Zeitschriften. Beim **7eleven** kaufen vorwiegend Thais.

In **Bang Niang** gibt es ebenfalls einen klimatisierten **7eleven** an der Abzweigung und mehrere weniger gut sortierte Minimärkte am H4.

Eine echte Attraktion ist der **Nachmittagsmarkt** am Mo, Mi und Sa in Bang Niang. Unter Sonnenschirmen, Plastikplanen oder Palmblattdächern werden alle Produkte des täglichen Bedarfs angeboten: Obst, Gemüse, Blumen, Kleidung, Haushaltsartikel …

Aktivitäten

Elefantenreiten

Ausritte im Wald vermitteln Tourunternehmer und die Resorts. Elefantencamps liegen z. B. am KM 54,5 am H4, **Asia Safari & Elephant Village** und **Eco Elephant Trekking** (ab 700 Baht für 1/2 Std.), und in Bang Sak (relativ eben und daher auch für kleine Kinder geeignet, 700 Baht).

Fischen

Ausfahrten zum Fischen arrangieren viele Restaurants für ca. 4 Std., anschließend wird der Fang in der Küche zubereitet.

Schnorcheln

Vom Ufer aus ist Schnorcheln nur bedingt möglich, evtl. an den Felsen südlich vom Sunset

Unterkunft	Nr.	Tel.	Preis
Khuk Khak Beach:			
Kempinski B. R.	1	Fertigst. 2008	❽
Khao Lak City Hotel	2	076-423192	❺
Khaolak Orchid B. R.	3	076-486141	❻–❼
Ban Bang Niang:			
Mohintara Hotel	4	076-485830	❺
Khaolak Your House 1	5	076-486518	❷, AC ❸
Motive Cottage R.	6	076-486820	❺
Tony Lodge	7	076-443500	❹
Sinee Guesthouse	8	076-486772	❹
Joe and Tanya's G. H.	9	089-0142104	❸–❹
P&Y Guesthouse	10	087-1642431	❸
Emerald Guesthouse	10	076-486513	❸
Baan Bang Niang	10	076-420411	❹
Taveesub Apartment	11	076-486770	❹
Chanita Mansion	12	076-485561	❸
Khaolak Residence	13	076-485171	❺
Palm Garden R.	14	076-485072	❻
Highway Inn	15	076-485485	❸
Bang Niang Beach:			
Thupthong Gh.	16	084-8444402	❹
Ayara Villas	17	076-486478	❻–❼
Amanusa R.	18	081-6351225	❺
Sanuk Bungalows	19	076-486800	❹
Cousin R.	20	076-486681	❺
Sudala B. R.	21	076-000000	❻–❽
Ladda R.	22	076-486294	❹
Amsterdam R.	23	076-486634	❸–❹
Jasmin R.	24	076-486695	❺
Chong Fah B. R.	25	076-486858	❻–❽
New Sita Garden	26	kein Tel.	❻
Mukdara B. R.	27	076-429999	❽
La Flora	28	076-428000	❽
The Sandy House	29	076-486224	❸–❹
Ramada R.	30	076-427777	❽
Nang Thong Beach (Khao Lak Center):			
Andaburi R.	31	076-485255	❻
Sri Guest House	32	089-8670807	❸
Fasai House	33	076-485867	❸
Sunflower Bungalow	34	087-9065944	❺
Khao Lak Family H.	35	076-485318	❸
Jai Bungalow	36	076-485390	❸
Kh. L. Andaman R.	37	076-485135	❺
Krathom Khao Lak	38	076-485149	❹, AC ❺
Gerd & Noi Kh. L. Bu.	39	076-485145	❺–❻
Kh. L. Bhand. R. & Spa	40	076-485751	❼
Khao Lak Green B. R.	41	076-485845-6	❺
Holiday Inn	42	076-485045	❹
Father & Son	43	076-485277	❸
Happy Lagoon	44	076-485141	❹
Nang Thong Bay R.	45	076-485088-9	❺–❻
Countryside R.	46	076-485475-6	❺
Kh. L. Seav. R. & Spa	47	076-429800	❽
Jerung G. H.	48	076-485815	❹
Khaolak Inn	49	076-423056	❹
Khaolak Palm Hill R.	50	076-485138	❺
Suwan Palm R.	51	076-485830	❺–❻
Khaolak Grand City	52	076-485569	❹
Nang Thong 2	53	076-485088	❻
Baan Khao Lak R.	54	076-485199	❻–❽
Khao Lak Laguna	55	Öffn. Okt 2007	❼–❽
Phu Khao Lak	56	076-485141	❸–❹
Kh. L. Viewpoint R.	57	076-443433	❺
Sunset Beach:			
Khao Lak R.	58	076-428111	❻–❽
Khaolak Wanab. R.	59	076-485333	❽
Khaolak Paradise R.	60	076-429100-28	❼–❽
Khao Lak Bayfront R.	61	076-485641-4	❻–❽
Khao Lak Palm B. R.	62	076-429200	❽
Khao Lak Sunset R.	63	076-485075-7	❻
Baan Krating R.	64	076-485188	❼
National Park Bu.	65	076-485243	❹
Khao Lak South:			
Coconut Waterfall R.	66	089-5882842	❸–❹
Numtana R.	67	076-595182	❸
Max Gh.	68	081-0826560	❹
Kh. L. Emerald B. R.	69	kein Tel.	❼–❽
Merlin R.	70	076-428300	❼–❽
Pramote Bungalows	71	089-5929660	❸
Poseidon	72	076-443258	❹

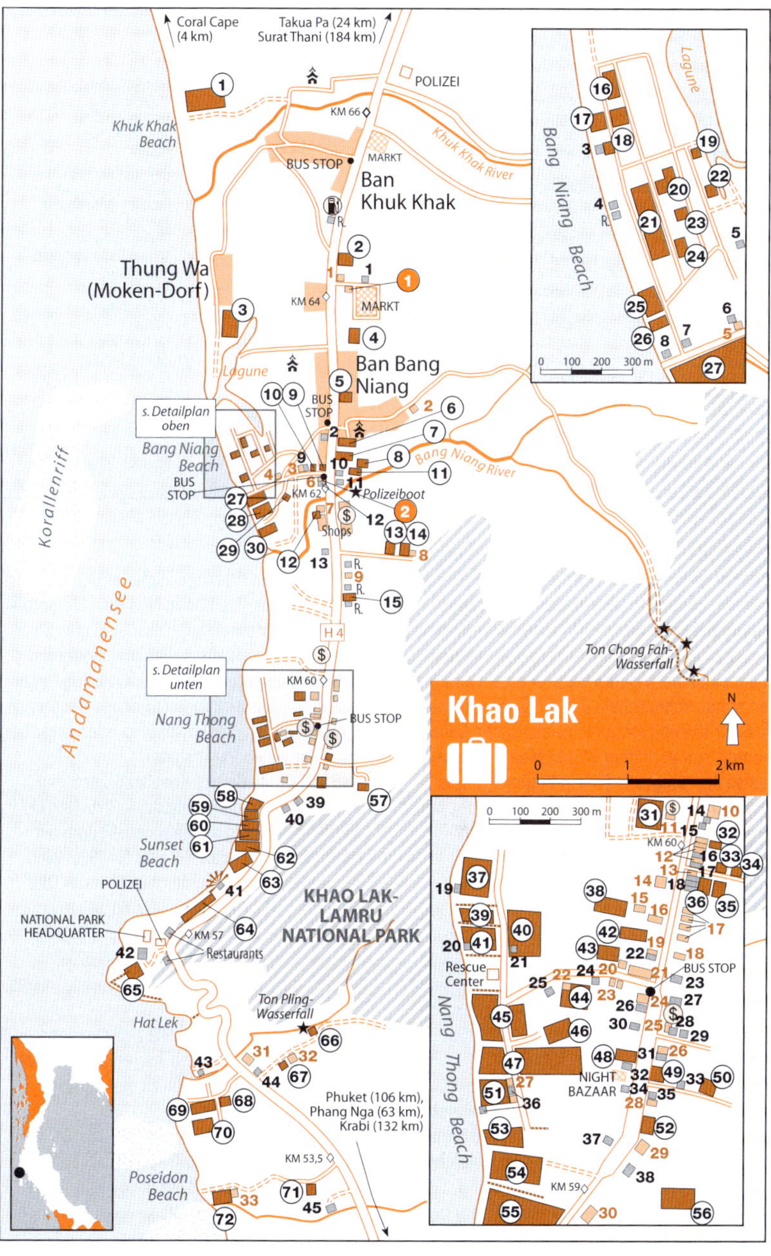

Die Andamanenküste

Essen:
1 Night Food Stalls
2 Mae Ban R.
3 Amanusa R. & Bar
4 Coconut Grove R.
5 Joe Steakhouse
6 Talay Thai R.
7 Take a Seat Coffee Shop
8 Chong Fah R.
9 Bread & More (German Bakery)
10 Sweet Peas Restaurant
11 Takiang R.
12 Mama's R., Isarn R.
13 Anchor R.
14 Tiffy's R.
15 Freestyle R.
16 Pizzeria-Spaghetteria
17 Jui's Kaffee und Kuchen
18 Veerapat R., Khao Lak Seafood R., Jai's Restaurant
19 Khao Lak Andaman R.
20 Green Beach R.
21 Big Tree R.
22 Nom's Family R.
23 Sala Thai R.
24 Mamma Mia Pizza
25 Happy Lagoon R.
26 Cafe Stempfer
27 Kinnaree R.
28 Ga Restaurant
29 Dragon R. & Bar
30 Khao Lak Restaurant
31 Kung Seafood R.
32 Lamuan Seafood
33 Khaolak Thai Food R.
34 Ruen Mai R.
35 Viking Steak House
36 Khaolak Friends R.
37 Mr. Indian Food
38 Phu Khao Lak Restaurant
39 Sunshine R.
40 Sun Star R.
41 Khao Lak View R.
42 Forest R.
43 Jo Seafood R.
44 Poo R.
45 Baan Khao Lak Seafood R.

Transport:
1 Bus Station BoKoSo
2 Taxi Point

Sonstiges:
1 7eleven
2 Orchid Garden
3 Bang Niang Travel, Tsunami Craft Center, P&Y Bar
4 A-Team-Khao-Lak (Dt. Tauchschule)
5 Piranha Bar
6 7eleven, Markt
7 1. Europ. Kino
8 Sea Bees Diving
9 Handy-Laden
10 Sea Dragon Dive Center
11 Loma Diving
12 Mex' Biker Bar, Sub Aqua Dive Center, Khao Lak Guide Co.
13 Happy Snapper
14 Khao Lak Minimart, Kinderarzt Dr. Chusak
15 Clinic Dr. Seree
16 Khao Lak Fun Divers, Funky Gekko Bar, Khaolak Internet
17 O'Connor's Irish Pub, Pia's Bar, Fisherman's Bar, Wetzone Diving
18 Khao Lak Pharmacy
19 Noi's Travel Centre, e-dive, Nuang Massage
20 Father & Son Massage
21 Nang Thong Supermarkt
22 Running Deer Bar
23 Similan Diving Safaris, Khaolak Scuba Adventures, Liquid Diving
24 Happy Lagoon Tour, D. time travel
25 7eleven
26 Big Blue Diving
27 O'Farrell Irish Pub
28 KL Souvenirs and Collection
29 Quality Corner
30 Eco Khao Lak Adventure
31 Eco Elephant Trekking
32 Asian Safaris & Elephant Village
33 Poseidon Similan Island Tours

Beach oder an den Felsen vom Nang Thong Beach. 1,5 km vor dem Bang Niang Beach ragt das z. T. abgestorbene Korallenriff **Karang Haeng** bei Ebbe aus dem Wasser. Während des Gezeitenwechsels kann man im 2–5 m tiefen, nicht besonders klaren Wasser an einigen Stellen schön schnorcheln (i.b. am südwestlichen Außenriff) und erstaunlich viele Fische beobachten. Am Vormittag ist das Meer normalerweise am ruhigsten. Eine 2–3-stündige Tour zum Riff muss man mit einem Fischerboot selbst organisieren, bei 5–6 Pers. sollte sie max. 400 Baht p. P. kosten.

Von den Ausflügen zur Insel **Ko Na Yak** (ab 700 Baht p. P.) sind Schnorchler meistens enttäuscht.

Poseidon Similan Island Tours, ✆ 076-443258, 💻 www.similantour.nu; macht empfehlenswerte 3-tägige Live-aboard-Schnorcheltouren zu den Similan Islands für 6900 Baht (alles inkl., aber nicht üppig).

Tagestrips zu den Similan Islands werden von den Reisebüros ab ca. 2200–2500 Baht angeboten. Durchgeführt werden sie meist von **Metsine**, Thap Lamu (s. S. 704). Unsere Leser empfehlen die Tagestouren von **D. time travel** (s. u.).

Auf den mehrtägigen Tauchtrips der Tauchbasen erhalten Schnorchler ca. 35 % Rabatt.

Touren

Verschiedenste Ausflüge in die Umgebung werden angeboten, wie Phang Nga Bay, Elefantentrekking, Kanufahren auf Fluss, See oder Meer, Tempeltouren zu historischen und modernen Klöstern, Höhlentouren oder ein Ausflug nach Phuket. Die Touren können über alle Resorts gebucht werden, bei Reisebüros oder direkt bei einem der vielen Veranstalter.

Khao Lak Guide Co., ✉ KhaoLakGuide@gmx.net, 💻 www.khaolakguide.de, ✆ 076-485177; viel gelobte, häufig ausgebuchte Touren mit kleinen Gruppen (max. 8 Pers.) für 1900–2300 Baht, geleitet vom freundlichen Berliner Olaf Schomber; Büro am H4 am KM 60 neben dem Fotoladen.

Khaolak Tour Information, ✆ 076-485255, ✉ Khaolaktour_@hotmail.com. Touren, Tickets, Taxi-Service.

D. time travel, ✆ 081-8942499, ✉ d_timetravel@hotmail.com. Die üblichen Touren und vielfach gelobte Schnorchelfahrten zu den Similan Islands (ab 2400 Baht).

Happy Lagoon Travel Tour, ✆ 076-485694, 30 m neben dem Nang Thong-Supermarkt, bietet die üblichen Touren an und bucht zuverlässig die Similan-Nationalpark-Bungalows auf der Insel Nr. 4 sowie den nötigen Transfer.

Sonstiges

Autovermietungen
Vermieter, Reisebüros und Resorts bieten ein kleines Kontingent an Mietwagen an, z. B. **Noi's Travel Centre**, Jeeps ab 1000 Baht pro Tag inkl. minimaler Versicherung.

Geld
Mehrere Wechselstuben und Banken am H4, 🕓 in der Saison 10.30–20 Uhr.
Viele Geldautomaten für Maestro-/ Cirrus-, Mastercard und Visa-Karten.

Informationen
Unter 💻 www.khaolak.de stehen im Web gute, laufend aktualisierte Informationen zum Strand und seinen Unterkünften (mit Sonderpreisen bei Buchung vieler Bungalowanlagen).
Unter 💻 www.khaolakmap.com findet man detaillierte Luftaufnahmen und recht gute Karten, die auf Satellitenaufnahmen basieren und vor Ort nachrecherchiert wurden.
Unter 💻 www.mykhaolak.de informiert Heinrich Grosskopf (Radarheinrich) über Khao Lak und bucht die großen Hotels.
Gute Infos auch unter 💻 www.khaolak-infonet.de und 💻 www.khaolak-today.com.

Internet
Mehrere Internet-Shops entlang des H4, 2–3 Baht pro Minute. Immer mehr Resorts bieten WLAN mit DSL an.

Karten
Sie werden gratis von Resorts und Läden verteilt, die Qualität schwankt sehr.

Kino
Im **1. Europäischen Kino**, ✆ 087-8283976, zeigt Sven Filme nach Wunsch.

Kochkurse
Im **Baan Khao Lak Resort** gibt es einen Thai-Cooking-Crashkurs (1500 Bath / 2 Personen), wobei man selbst 3 Thai-Gerichte aussuchen kann, diese zubereitet und natürlich auch verspeisen darf. Die erfahrene Thai-Köchin leitet an, begleitet von der Simultan-Übersetzung einer englischsprachigen Kollegin.
Auch bei einigen Köchinnen der familiären Restaurants kann man, ganz unprofessionell, die wichtigsten Gerichte kochen lernen.

Massagen
Entlang der Strände gibt es einfache oder komfortablere Massagehütten, ab 250 Baht/Std. Alle Masseusen und Masseure, auch in den Studios entlang der Straße, gelten als seriös. Am besten erkundigt man sich bei anderen Kunden nach der Qualität.
Eine Legende ist **Nuang**, der uralte Mann mit den Muskeln eines 20-Jährigen. Ohne Voranmeldung hat man keine Chance (Adresse siehe Plan).
Besonders gelobt wird auch die Thai-Massage mit Öl von Manote bei **Father & Son** für 300 Baht/Std.

Medizinische Hilfe
Mehrere Arztpraxen haben sich entlang des H4 in Central Khao Lak niedergelassen, darunter der Kinderarzt **Dr. Chusak**.
Der Arzt **Dr. Seree**, ✆ 076-485149, praktiziert von 16.30–21.30 Uhr in seiner Praxis beim Krathom Resort. Er ist sehr erfahren, spricht gut Englisch und recht gut Deutsch. Tagsüber arbeitet er in seiner Klinik in Talad Takua Pa, wohnt aber in Khao Lak. Falls nötig, macht er auch Hotelbesuche.
Gelegentlich kommen Quallen bis an den Badestrand. Zur Behandlung der Bläschen s. S. 870.

Mopeds
Überall für 200 Baht/24 Std. inkl. Benzin, mit Automatik 300 Baht. Auf Helm bestehen.

Post
In Khuk Khak neben der Polizei.

Reisezeit
In Reisekatalogen ist **Saison** vom 1.11.–30.4. In der **Hochsaison** vom 20. Dez bis Mitte März sind Vorausbuchungen sehr zu empfehlen.
Regnen sollte es in der **Monsunzeit** von Mai–Okt. In den letzten Jahren wurde jedoch über Regenfälle in allen Monaten berichtet, zumeist Schauer oder Gewitter am Nachmittag oder

Tauchen

Alle Tauchschulen in Khao Lak bieten Bootstouren vom nahen Hafen Thap Lamu auf speziell ausgerüsteten Tauchbooten an. Ob im bequemen, aber langsamen Fischkutter oder im schnellen, aber engen Speedboot – freie Plätze sind immer knapp. Einige Tauchbasen buchen auch bei den Kollegen ein oder zur Not auf Transportbooten. Tagesfahrten zu den **Similan-Inseln** (etwa 70 km westlich von Khao Lak, s. S. 703) kosten ab 3800 Baht (2 Tauchgänge). Weitere Tagesfahrten mit jeweils 2 Tauchgängen gehen zum Richelieu Rock (ab 4200 Baht) und zum nahen, schön besiedelten Boonsung-Wrack in einer Tiefe von 12–20 m (ab 1700 Baht, Nachttauchen ab 2300 Baht). Mehrtagesfahrten mit Übernachtung in Bungalows auf der Insel Nr. 4 oder auf dem Tauchboot gibt es ab 8300 Baht (2 Tage, 6 Tauchgänge) und als Live-aboard-Cruises für Anspruchslose ab 10 800 Baht (3 Tage, 9 Tauchgänge) bis zu 29 000 Baht (4 Tage, 12 Tauchgänge) für Komforttaucher.

Zu diesen Preisen kommt der Eintritt in den Similan-Nationalpark von 400 Baht und eine Benutzungsgebühr von 200 Baht pro Tag.

Die Tauchfahrten zur Insel Ko Na Yak vor Thap Lamu taugen bestenfalls zum Eingewöhnen (ca. 1600 Baht für 2 Tauchgänge).

Einige erfahrene Taucher sind irritiert, dass in Khao Lak kein Tauchveranstalter ein Logbuch sehen will.

Alle 20 Tauchschulen bieten auch 4-tägige PADI-Kurse zum *Open Water Diver* ab 7700–11 000 Baht in kleinen Gruppen an, fast alle haben Deutsch sprechende Tauchlehrer. Im lockeren Stil unterscheiden sie sich kaum.

In der Nebensaison von Mai–Okt auf den Similan Islands zu tauchen, ist nach den Erfahrungen unserer Leser ein Glücksspiel mit der Chance auf einen Hauptgewinn.

Bewährt haben sich u. a. folgende Tauchbasen:

Big Blue, ✆ 076-423544, 💻 www.bigbluediving.com/en/khaolak; PADI Gold Palm, deutsche Instruktoren, Tagesausflüge zu den Similan Islands für Taucher 3800 Baht, Schnorchler 2500 Baht; 2 Tage/1 Nacht 9000 Baht für 6 Tauchgänge.

Khao Lak Fun Divers, ✆ 076-485685, 💻 www.khao-lak-fun-divers.com; Tagesausflüge mit je 2 Tauchgängen zum Wrack für 2000 Baht und zu den Similan Islands für 4000 Baht, auch mit Übernachtung möglich. Freundliche deutsche Leitung.

Loma Diving, ✆ 076-485612, 💻 www.loma-diving.com, Tauchfahrten zu den Similans und Richelieu Rock. Thai-deutsche Leitung.

Sea Bees, ✆ 076-485174, 💻 www.sea-bees.com; Ableger der vielfach ausgezeichneten Tauchschule aus Phuket, Tagestouren mit dem schnellen Katamaran *Stingray* ab 105 Euro und Tauchpakete bis zu 635 € für 12 Tauchgänge.

Sea Dragon, 💻 www.seadragondivecenter. com, ✆ 076-485420; unter langjähriger englisch-deutscher Leitung. Eigene Boote für 3- bis 4-tägige Live-aboard-Trips bis Ko Surin für 10 800–19 800 Baht für Taucher alles inkl., guter spartanischer Service, ideal für Taucher mit geringem Budget.

Wetzone, 💻 www.wetzonedivers.com, ✆ 076-485806; kleine Tauchbasis; neben Touren nach Similan ab 4000 Baht wird als Spezialität Tauchen im See des Khao Sok-Parks angeboten: 6100 Baht (2 Tage, 2 Tauchgänge). Freundlich-familiäre deutsche Leitung.

Abend. Die meisten Restaurants und Läden sowie einige Bungalowanlagen schließen in der Monsunzeit.

Nahverkehr

Songthaews mit Aufbauten aus Holz fahren in der Saison ab 20 Baht regelmäßig die Strände an. Am leichtesten bekommt man sie vor dem Nang Thong Supermarket und beim Taxi Point am KM 62,1. Taxis (mit Edelstahlaufbau) kosten 100 Baht, bis zum Strand 150 Baht.

Motorradtaxis ab 20 Baht warten an mehreren Stellen am H4 und bei der Abzweigung in Bang Niang.

Transport

Bus-, Zug- und Flugtickets sowie Taxis werden von allen Reisebüros vermittelt. Alle gelten als korrekt und zuverlässig.

Busse

Vom Southern Bus Terminal in BANGKOK mit AC-Bus um 18.50 Uhr für 580 Baht nach Takua Pa in 11 Std. Weiter nach Khao Lak mit dem lokalen Bus (30 Baht). Die AC- und VIP-Busse von Bangkok nach Phuket (z. B. Phuket Central Tour) halten auf Anfrage in Khao Lak.

Nach BANGKOK mit VIP-Bus 4x von 19–20.10 Uhr für 895 Baht, AC-Busse ca. 8.30, 10.20, 12.30, 14.20, 16, 18, 19, 20 und 21 Uhr für 539–626 Baht.

Richtung KHOK KLOI (40 Baht, 70 Min.) und PHUKET (55 Baht, 2 1/2 Std.) passieren die Busse 436 und 465 Khao Lak ca. alle 40 Min. von etwa 7–18.20 Uhr.

Richtung TAKUA PA (40 Baht, 50 Min.) passieren die Busse 430, 436 und 465 Khao Lak ca. alle 40 Min. von etwa 7–19.30 Uhr.

Der Bus 430 kurz vor 10, 14, 16 und 18 Uhr fährt weiter nach RANONG (160 Baht, 4 Std.), Bus 465 weiter nach SURAT THANI (120 Baht, AC 160 Baht, 4 Std.) über den Bahnhof Phunpin.

Nach CHUMPHON (319 km) mit AC-Bus um 9.30, 13.30, 15.30 und 17.30 Uhr für 280 Baht in 5 1/2 Std.

Von SURAT THANI fährt der Phuket-Bus 465 von 5.30–15 Uhr 14x tgl. ca. jede Std. über den Bahnhof Phunpin (30–40 Min. später) und Khao Sok nach Khao Lak für 120 Baht, AC 140 bzw. 160 Baht, in 4 Std.

Wer zum Bang Niang Beach will, steigt am KM 62,1 aus und fragt am Taxi Point nach einem Songthaew.

Gut geeignet fürs Umsteigen Richtung Krabi und zum Süden ist die Bus Station in Khok Kloi, wo viele Überlandbusse halten.

Tsunami Craft Center

Im Tsunami Craft Center an der Bang Niang Strand-Zufahrt bieten vom Tsunami betroffene einheimische Frauen selbst gemachtes Kunsthandwerk an – hübsche Geschenke.

Minibusse

Gegen 8 und 11 Uhr AC-Minibus über KRABI und Hat Yai nach MALAYSIA (770–1500 Baht) und SINGAPORE (1700 Baht).

Taxis

Mehrere Taxiunternehmen am H4. Auch das Nang Thong Bay Resort betreibt einen Taxi-Service (Preise für 2 Pers.): THAP LAMU 200 Baht, TAKUA PA 500 Baht, zum AIRPORT in Phuket 1200–1600 Baht bzw. 300 Baht p. P. (1 Std.), PHUKET 1200 Baht, PHANG NGA 1000 Baht, KRABI 2500 Baht und SURAT THANI 2000 Baht.

Flüge

Ab Phuket (s. S. 750). Vom Flughafen gibt es keine öffentlichen Busse nach Khao Lak. Ein Airport-Taxi kostet 1500 Baht (1 Std.). Die billigere Alternative bis 16 Uhr: Mit dem Airport Bus für ca. 40 Baht in Richtung Phuket bis Thalang fahren und den Busfahrer bitten, an irgendeiner Bushaltestelle Richtung Khao Lak anzuhalten. Dann auf der gegenüberliegenden Seite einen vorbeifahrenden Bus Richtung Ranong (Nr. 430), Surat Thani (Nr. 465) oder Takua Pa (Nr. 436) heranwinken (50 Baht, 2–2 1/2 Std.).

Sunset Beach

Der 500 m lange, schöne Sandstrand wird von zwei grünen Hügeln begrenzt, auf dem südlichen liegt das Büro des Nationalparks. Der relativ schmale Strand ist mit einzelnen Felsen, z. B. dem **Elephant Rock**, bestückt und für Kinder geeignet. Unterhalb der Straße schmiegen sich die sechs Resorts für Pauschalurlauber an den Hang. Die Vegetation des Nationalparks steigt wie in einem Amphitheater hinter der Straße an. Im Monsun ist dieser Strandabschnitt sehr feucht und zum Baden kaum geeignet.

Übernachtung

Alle 7 Resorts an diesem Strandabschnitt gehören der gehobenen Preiskategorie an und sind, wenn pauschal gebucht, durchaus ihren Preis wert, z. B.:

Baan Krating Resort (64), ✆ 076-485188, 💻 www.baankrating.com/khaolak, am Hang unterhalb der Straße, beste Sicht über den Strand von

Khao Lak bis zum Laem Pakarang, 23 große AC-Bungalows aus Naturmaterialien, schönes Restaurant, Pool, sehr kleiner Strand mit großen Bäumen. ❼

Khao Lak Sunset Resort (63), ✆ 076-485075-7, 💻 www.khaolaksunset.com, Zufahrt am KM 57,8, 4-stöckiges Terrassenhotel in Hanglage sowie 3-stöckiger Hotelkomplex mit lautstarker AC, 60 große, saubere Zi, z. T. gemauerte Einzelbetten, Balkon Richtung Strand, teilweise fantastische Sicht, einige Zi mit Verbindungstür; gutes Restaurant am Strand. ❻

Nang Thong Beach (Khao Lak)

Einige Felsenbänder (Hin Nang Thong) unterteilen den 2,5 km langen, feinen Sandstrand und ragen malerisch bis zu 50 m ins Meer hinaus. In der Saison ist er auch bei niedrigem Wasserstand bestens zum Schwimmen geeignet, dann bilden sich bei den Felsen kleine und große „Badewannen", an denen z. T. scharfkantige Muscheln wachsen. Der Bang Niang Fluss schließt diesen Strandabschnitt nach Norden ab. Bei Ebbe ist er kaum als Hindernis zu erkennen, doch bei hohem Wasserstand muss er brusttief durchwatet werden, falls kein Fährmann hinüberhilft (20 Baht). Am H4, der 200–600 m vom Strand verläuft, liegen viele neue Geschäfte und mehrere Ladenpassagen, in denen sich Restaurants, Tauchshops, Schneider, Tourunternehmer, Taxidienste, Reisebüros, Souvenirläden, Minimärkte, Wechselstuben etc. angesiedelt haben. Der Ort heißt eigentlich Bang La On, wird aber Central Khao Lak oder Khao Lak genannt.

Während des Monsuns von Mai bis Oktober rollen große Wellen an diesen Strandabschnitt, und die salzige Gischt stäubt weit ins Land hinein. Baden ist dann nur sehr eingeschränkt möglich.

Übernachtung

Fast alle Resorts, z. T. mit 3-stöckigen Hotelbauten, liegen direkt am Strand, einige kleinere Bungalowanlagen und Gästehäuser weiter im Hinterland. Neben dem Nang Thong Supermarket geht eine 600 m lange Straße ab, die in die Strandstraße mündet.

Baan Khao Lak Resort (54), ✆ 076-485199, 💻 www.baankhaolak.com; sehr beliebte Anlage mit geschmackvoll eingerichteten Einzel-, Doppel- oder Vierer-Bungalows sowie Hotelgebäude, alle mit AC. Pool und Liegen am Strand, ruhige, familiär geführte Anlage; Restaurant. Sehr beliebt, Buchung ratsam. ❻–❽

Nang Thong 2 (53), ✉ info07@nangthongbayresort.de, ✆ 076-485088; 25 neue Einzelbungalows am Meer und im Garten, Pool, Restaurant. ❻

Suwan Palm Resort (51), ✆ 076-485830, 💻 www.suwanpalm.com; direkt am herrlichen Strand, 3-stöckiges Resort, alle Zi mit Meersicht; zudem sehr günstige Familienzimmer im separaten, hinteren Bereich beim Pool; Frühstücks-Restaurant im Hotel, Pub, Bar, Spa; vorn am Strand das Khaolak Friends-Restaurant; WLAN. Geleitet vom sozial engagierten Mr. Sam. ❺–❻

Khao Lak Seaview Resort & Spa (47), ✆ 076-429800, 💻 www.khaolakseaview.de; das luxuriöse Strandhotel mit 197 Zi besteht aus einem Lagoon Wing hinter der Beach Rd. und einem Beach Wing am Strand, dessen Zi im 3. OG 2 Doppelbetten für Familien und eine tolle Meersicht haben. Buchung dieser Zi ratsam. ❽

Nang Thong Bay Resort (45), ✆ 076-485088-9; 💻 www.nangthongbayresort.de, parkähnliche, von einem Bach durchflossene, äußerst beliebte Anlage; 25 Einzelbungalows mit Meersicht, geräumige Komfort- und Familienzimmer in Apartmenthäusern vor und hinter der Strandstraße. Mit stabiler Mauer befestigter Strand, Liegestühle oberhalb im Resort und am schönen Pool, Strandrestaurant. Qualifiziertes, Englisch sprechendes Management. ❺–❻

Happy Lagoon (44), ✆ 076-485141, Steinreihenhäuser 250 m vom Strand, 28 saubere Zi mit Fan oder AC und Minibar, neue Bungalows entlang der Straße. Nettes, luftiges Restaurant mit guter Thai-Küche, leckere Trinkkokosnüsse. Sehr gutes Preis-Leistungs-Verhältnis. ❹

Khao Lak Bhandari Resort & Spa (40), ✆ 076-485751, 💻 www.khaolakbhandari.com; sehr schöne Anlage im originalen Thai-Stil, viele Wasserläufe mit Lotosblumen, 29 geräumige Teak-Bungalows, 48 Zi in doppelstöckigen Chalets, gutes Open-Air-Restaurant unter dem „Big Tree", gediegenes Spa, sehr freundliches Personal. ❼

Khao Lak Green Beach Resort (41), ✆ 076-485845-6, 💻 www.greenbeach.de; schön in die

Hilfe für Tsunami-Waisen

Die Organisation „Khaolakfriends" wurde von engagierten Deutschen und Thais gegründet, um Tsunami-Opfern zu helfen. Sie vermittelt und betreut zum Beispiel Patenschaften für Tsunami-Waisen aus der Region Khao Lak. Vor Ort koordiniert und leitet die Waisenbetreuung Herr Chaiwat Toomchangreed, genannt Khun Sam. Er ist kein Geringerer als der General Manager des Suwan Palm Resorts. Mit Unterstützung der Rektoren der Bang Niang-Schule und der Pak Weep-Schule sorgt Khun Sam dafür, dass alle Zahlungen und Zuweisungen der Paten an die Waisen korrekt übermittelt werden. Außergewöhnlich ist, dass er einmal pro Monat in seinem Hotel ein Kinderfest organisiert, bei dem die Kinder nicht nur verköstigt werden, sondern auch Tänze vorführen und Lieder singen. Dabei können auch Hotelgäste mitmachen. In der Nebensaison bietet er den Waisen sogar die Möglichkeit, die Annehmlichkeiten des Resorts, wie Pool und Spielgeräte, ausgiebig zu nutzen. Touristen, die gut erhaltenes Spielzeug für die Waisenkinder spenden wollen, können es bei Khun Sam im Suwan Palm Resort abgeben. Mehr Infos unter www.khaolakfriends.com.

Natur integrierte Anlage mit Teich und großen Bäumen am Strand, 40 hübsche, nett eingerichtete Einzelbungalows und Doppelbungalows, z. T. mit Verbindungstür, aus Stein und Bambusmatten, mit viel Platz dazwischen. Im hinteren Bereich ist der Garten noch nicht fertig. Billiges Strandrestaurant mit kleinen Portionen. Preiswerteste Anlage am Strand, sehr beliebt, Vorausbuchung ratsam. ❺

Khao Lak Andaman Resort ㊲, ✆ 076-485135, ✉ fonandaman@hotmail.com, vereinigt mit Garden Beach Resort, 36 geräumige, saubere Steinbungalows mit ac, großer Du/WC, Meerblick von allen Terrassen. Sehr preisgünstiges Restaurant am Strand, 🕓 bis 21 Uhr. ❺

Beim H4

Phu Khao Lak ㊹, ✆ 076-485141, ✉ phukhaolak @hotmail.com, der herrlich gepflegte Palmenhain ist eine Augenweide, ebenerdige Steinhäuser mit 20 sauberen Fan-Zimmern sowie 10 Einzelbungalows, 10 Min. zum Strand. Die Anlage liegt zurückversetzt auf der Landseite des H4. Gutes Restaurant mit schöner Sicht aufs Meer, geleitet von der freundlichen Familie Ko Chin. ❸–❹

Khaolak Palm Hill Resort ㊿, ✆ 076-485138, 💻 www.khaolakpalmhill.com, in einer ruhigen Seitenstraße, sauberes, zweistöckiges Resort um einen großen Pool hufeisenförmig angelegt, 35 große Zi mit AC, 7 Min. zum Strand. WLAN. Restaurant, kleines Spa. Engagierte Chefin. ❺

Khao Lak Viewpoint Resort (57), ✆ 076-443433, ✉ info@khaolak-viewpoint.com, auf einem steilen Hügel am Wald, 34 hübsche AC-Bungalows mit toller Sicht, 12 Min. zum Strand, aber beschwerlich zurück. ❺

Father & Son ㊸, ✆ 076-485277, ✉ mycatsleep @hotmail.com, 10 unterschiedliche, sehr saubere Bungalows aus Stein, Bambus und Holz hinter Nom's Family Restaurant in einem weitläufigen, ruhigen Garten. ❸

Krathom Khao Lak ㊳, ✉ krathom_khaolak@ hotmail.com, ✆ 076-485149, 20 einfache Holzbungalows mit Fan und nette Steinbungalows mit AC in einem Palmengarten, Zufahrt vom H4; Restaurant; sehr nette Familie, der Vater ist Arzt und hat eine Abend-Praxis auf dem Gelände. ❹, AC ❺

Fasai House ㉝, ✆ 076-485867, 2-stöckige Gästehäuser in einer ruhigen Seitengasse hinter Happy Snapper, 20 schön eingerichtete Zi mit bequemen Betten, Fan oder AC, großes Bad, sehr guter Service, freundliche Besitzer. ❸

Andaburi Resort ㉛, ✆ 076-485255, 💻 www. theandaburiresort.com, ruhiges, angenehmes Hotel in 2. Reihe, 68 Zi in 2-stöckigen Häusern und 18 Bungalows, um den Pool ist ein üppig grüner Garten angelegt, Restaurant. ❻

Essen

Das **Phu Khao Lak Restaurant**, in neuer Lage, hat eine angenehme Atmosphäre und gute Thai-Gerichte, dazu professionellen Service.

Im familiären **Lamuan Seafood** ist das Thai-Essen beständig gut, dazu trinkt man super leckere, frische Kokosnuss.

Immer wieder gelobt wird das einfache **Thai Seafood Restaurant** links vor dem Palm Hill Resort: Der eigene Fang wird exzellent und preiswert zubereitet.
Nom's Family bietet hervorragende, preiswerte Fischgerichte am Abend sowie eine große Auswahl an vegetarischem Essen.
Im **Khao Lak Seafood** gibt es erstklassigen Fisch, absolute Spitze ist das gedünstete Barrakuda-Filet im Bananenblatt für 100 Baht.
Im **Happy Lagoon** ist das Essen preiswert und gut. Das **Khao Lak Andaman Restaurant** und das **Green Beach** haben die günstigsten Preise am Strand.
Auch einige europäische Restaurants finden guten Anklang, i.b. das **Khao Lak Restaurant** mit heimatlichen Gerichten und Bier vom Fass, das immer voll besetzte **Viking Steakhouse** mit – für Khao Lak – exorbitanten Preisen und die **Pizzeria-Spaghetteria** von Marco.
Jui bietet jeden Tag exzellenten Kaffee und frischen Kuchen nach original europäischen Rezepten.
Cafe Stempfer hat bestes Frühstück und leckere Thai-Gerichte, zum Nachmittags-Kaffee bietet der deutsche Konditor Eddi eine große Torten-Auswahl, Käse- und Sahnekuchen, nach deutschen Rezepten mit adaptierten Thai-Zutaten.
Einige Restaurants am H4 bieten kostenlosen Abholservice von den Resorts. Von Mai–Okt sind mehrere Restaurants geschlossen.

Bang Niang Beach

Der schöne, 2 km lange Sandstrand liegt 2,5 km nördlich vom Nang Thong Beach (Abzweigung am KM 62,1). Der goldbeige, feine Sand ist auch unter Wasser frei von Steinen, Felsen oder Korallenblöcken. Das Meer eignet sich bei Ebbe und Flut zum Baden und Schwimmen. Schon bei leichtem Wellengang wirkt das Wasser nicht völlig klar, da feine Sedimente aufgewirbelt werden, die beim jahrzehntelangen Zinnschürfen und -sieben entstanden. Am Strand gibt es einfache Restaurants und kleine Cocktailbars, in denen man zur Happy Hour den Sonnenuntergang genießen kann. Selbst in der Hochsaison wirkt der Strand meist recht leer.

Wer morgens den Strand entlang nach Norden zum Coral Cape (8 km) oder sogar zum Bang Sak Beach (14 km) wandert, kann stundenlange Einsamkeit erleben. Wer sich dagegen nach etwas mehr Umtrieb sehnt, kann in 40 Min. am Strand entlang nach Süden den Nang Thong Beach erreichen.

Im Hinterland entwickelt sich am H4 und an der Zufahrtsstraße zum Strand eine touristische Infrastruktur mit Minimärkten, Reisebüros, Restaurants, Schneider etc. Die 60 Häuser des Dorfes **Ban Bang Niang** verteilen sich entlang des H4, um den Tempel und in den Gärten entlang der Straße zum Chong Fah-Wasserfall, wo am Ortsende rechts der schöne **Orchid Garden Khao-lak**, ✆ 085-2111488, liegt.

Das **Polizeiboot** gegenüber vom Bang Niang-Markt wurde vom Tsunami 1,3 km weit ins Land gespült, obwohl es mit voller Kraft dagegen an fuhr. Es ist frei zugänglich und ein beliebtes Fotomotiv.

Selbst während des Monsuns von Mai bis Oktober kann man am Bang Niang Beach manchmal baden, da das Korallenriff die Wellen bricht.

Nach dem Tsunami wurde innerhalb von zwei Jahren mit unglaublicher Energie ein gutes Dutzend Strandresorts aller Preisklassen wieder aufgebaut. Links von der Zufahrtsstraße liegen am Strand die großen Hotelanlagen für Pauschalreisende, rechts die bei Individualreisenden beliebten Bungalowanlagen und Restaurants.

Übernachtung

Mukdara Beach Resort ㉗, ✆ 076-429999, 💻 www.mukdarabeach.com, ausgedehnte Anlage mit vielen Wasserflächen, 56 große Bungalows, mehrere Hotelgebäude mit 92 Zi, imposantes Empfangsgebäude, Restaurants, Spa. Pauschal weitaus billiger buchbar. ❽
Chong Fah Beach Resort ㉕, ✆ 076-486858, ✉ chongfah@usa.net; neues Resort direkt am Strand, 14 eindrucksvolle Zi in 7 Doppelbungalows, 16 Zi in 4 doppelstöckigen Häuschen. Restaurant, Pool aus schwarzem Granit. ❻–❽
Jasmin Resort ㉔, ✆ 076-486695, 💻 www.jasminresort.com, üppig grüner Garten mit 5 Doppelbungalows in 3. Reihe; Restaurant; Thai-schweizerische Leitung. ❺
Amsterdam Resort ㉓, ✉ keeshuahinth@hotmail.com, ✆ 076-486634, kleine Anlage in

3. Reihe; Restaurant im OG mit Meersicht, kleine Bar; engagierte holländische Leitung. Gutes Preis-Leistungs-Verhältnis. ❸–❹

Ladda Resort ㉒, ✆ 076-486294, 💻 www.ladda.net, 13 Zi im kleinen Apartmenthaus und in 5 Bungalows, in 4. Reihe; Pool, Restaurant. Hilfsbereite Thai-dänische Familie. ❹

Cousin Resort ⑳, ✆ 076-486681, 081-4532733, 💻 www.cousinresort.com; 150 m vom Strand, 20 saubere Zi in modernen Einzel- und Doppelbungalows mit Fan oder AC; üppig grüner Garten, Restaurant, sauberer Pool; engagierte, freundliche Leitung von Saeng und San. ❺

Sanuk Bungalows ⑲, ✆ 076-486800, 💻 sanukresort.com, in 4. Reihe, 5 kleine Fan-Bungalows aus Stein mit Teeküche. Deutsche Leitung. ❹

Amanusa Resort ⑱, ✆ 081-6351225, ✉ minniphool@hotmail.com, 2 zweistöckige, mit Bambus verkleidete Häuser mit 8 netten AC-Zi im Bali-Stil, mit Minibar, Wasserkocher, oben tolle Sicht aufs Meer. Gutes Restaurant und kleine Bar am Strand. Liebenswerte Leute. ❺

Ayara Villas ⑰, ✆ 076-486478, 💻 www.ayara-villas.com; große Palmenwiese direkt am Strand, beidseits der wenig befahrenen Strandstraße AC-Zi in Einzel- und Doppelbungalows im Thai-Stil, nett eingerichtet, Kitchenette, große, z. T. nach oben offene Bäder, Meersicht von jeder Terrasse. Restaurant am Strand, Pool an der Straße. ❻–❼

Thupthong Guesthouse ⑯, ✆ 084-8444402, ✉ thupthong@gmail.com, 3-stöckiges Gästehaus mit bester Meersicht, gemütliches Bambusrestaurant, freundliche Thai-dänische Familie. ❹

Beim H4 und an der Zufahrt zum Strand

Hier gibt es ein Dutzend kleine Hotels und Gästehauser mit sauberen Zimmern für 250 bis 1500 Baht, z. B.:

P&Y Guesthouse ⑩, ✆ 087-1642431, in 2-stöckiger Ladenzeile über der P&Y Bar an der Soi Bang Niang, schöne Zi mit Fan oder AC. ❸

Taveesub Apartment ⑪, ✆ 076-486770, 11 geräumige Zi mit Kühlschrank, TV, AC und großem Bad; für Langzeitmiete geeignet. ❹

Tony Lodge ⑮, ✆ 076-443500, 💻 www.tonylodge.com, kleines, 3-stöckiges, schmuckes Hotel mit nostalgischem Flair. ❹

Khaolak Your House ⑤, ✆ 076-486518, Gästehaus am H4 in einer Ladenzeile, im OG. 13 kleine, saubere Zi mit AC oder Fan, Minibar, TV, Warmwasser-Du/WC; freundliche Leute. Sehr gutes Preis-Leistungs-Verhältnis. ❷, AC ❸

Essen

Auf dem **Mittwochs- und Samstagsmarkt** sowie dem kleineren Montagsmarkt gibt es u. a. preiswerte marinierte und gegrillte Hähnchenstücke, dazu Klebereis und *Som Tam* – ein super Essen. Große Obstauswahl.

In **Mama's Restaurant** vor dem Markt kocht Geo hervorragend und scheint immer gut drauf zu sein. Ihr selbst erfundenes Rezept für *Spring Rolls* muss man einfach probieren.

Im **Mae Ban Restaurant** an der Hauptstraße stellt man mittags sein Essen aus den Pfannen hinter Glas zusammen – sehr lecker und sehr billig.

Im **Bread and More**, der deutschen Bäckerei an der Strandzufahrt, gibt es frische Brötchen und gutes Brot sowie herzhafte Wurst. Die Beilagen des *German Breakfast* reichen manchem für den ganzen Tag.

Das **Talay Thai Seafood Restaurant** am Eingang zum Mukdara ist jeden Abend voll besetzt, denn es gibt bestes Thai-Essen, leckeres Seafood in allen Variationen und eine gut verständliche, deutschsprachige Speisekarte. Wer anschließend einen Platz in der **Piranha Bar** findet, lässt sich vom immer strahlenden Alleinunterhalter Mr. Pak einen Drink mixen.

Im **Joe Steakhouse** bereitet Ludwig abends exzellente Steaks und Schnitzel aus lokalem

Strandrestaurants

Am Bang Niang-Strand ist das rustikale **Coconut Grove** besonders beliebt. Daeng sorgt für gute Stimmung, vor allem, wenn er einen frisch gefangenen Marlin oder Schwertfisch präsentieren kann. Daeng wohnt jetzt mit seiner Familie am Strand und hat ganzjährig geöffnet. Weniger geschäftig geht es im **Amanusa Restaurant** am Strand zu. Die nette Besitzerin Minni schafft es, jeden Gast persönlich zu betreuen.

Frischfleisch zu; sehr preiswert, daher ab 18 Uhr immer voll; Mo Ruhetag.

Die Umgebung von Khao Lak

Khao Lak-Lamru National Park

Der H4 durchquert am Pass beim KM 56,8 einen Zipfel des Khao Lak-Lamru National Parks, der 1991 eingerichtet wurde. Er umfasst 125 km² und besteht aus mehreren, von immergrünem Monsunregenwald bedeckten Bergketten, die nach Osten auf über 500 m Höhe ansteigen.

Neben einem Schrein, an dem die Busfahrer hupen, liegen beim Pass ein Polizeiposten, das Headquarter des Nationalparks mit mehreren Bungalows und 3 einfache Restaurants. Ein Fußweg führt vom **Laem Hin Chang** zu zwei schönen Stränden hinunter. Nur wer zum Restaurant will, muss nicht die 400 Baht Eintritt bezahlen.

Im östlichen Flügel des Parks, jenseits des H4090, liegt 10 km südlich der ruhigen Kleinstadt Kapong der bei Einheimischen beliebte **Lamru-Wasserfall** in einer schönen Landschaft (kein Eintritt). Der Wald ist reich an Epiphyten (z. B. Orchideen), Farnen, Lianen und Kletterpflanzen (z. B. Rattan). Für seine geringe Fläche leben ungewöhnlich viele Säugetiere im Park, vor allem Languren, Makaken, Wildschweine, Barking Deer und mehrere Arten von Eichhörnchen.

Ton Chong Fah-Wasserfall

Am KM 62,5 des H4 biegt eine Straße nach Osten ab zum Ton Chong Fah-Wasserfall. Nach 100 m hält man sich links und fährt 5,5 km durchs Dorf, dann durch Kautschukplantagen und Gärten bis zum Eingang des Nationalparks (400 Baht Eintritt). Auf einem Erdweg durch schönen Wald erreicht man nach 1 km den 10 m über eine Felswand herabrauschenden Wasserfall. In einem natürlichen Becken kann man in kaltem Wasser baden, umgeben von hohen Bäumen, umschwirrt von zahlreichen Schmetterlingen und Libellen. Am Ende der Trockenzeit versiegt das Wasser bereits weiter oben, dann ist die Schranke nur selten besetzt.

Bang Sak

Vom H4 zweigt am KM 71,5 ein Weg ab zu aufgegebenen Zinnminen und zum **Pakweep Beach**. Den feinen, weißen Sandstrand der weit geschwungenen Bucht begrenzen Kasuarinen, aus dem Wasser schauen einige Felsbänder heraus. Am Strand entlang kann man 4 km weit zum **Bang Sak Beach** wandern. Nach rechts führt am KM 71,5 eine landschaftlich schöne Straße nach **Talad Takua Pa**, der alten Stadt (17 km). Der **Sai Rung-Wasserfall** (Rainbow Waterfall, 2,5 km) lohnt evtl. für ein Picknick.

Ko Kho Khao

Bei der Police Box am KM 82,5 führt die Asphaltstraße zum Fischerhafen **Ban Nam Khem**, der durch den Tsunami fast vollständig zerstört, aber mit ungeheurem Einsatz schnell wieder aufgebaut wurde. Vom Pier verkehren laufend drei Fährboote zur nördlich vorgelagerten Insel **Ko Kho Khao** (10 Baht p. P., Auto 500 Baht hin und zurück). Die hügelige Insel ist z. T. mit Gras und Avicennia-Wald bedeckt. Am Nordende der Straße beginnt ein Naturschutzgebiet.

Wer Ban Nam Khem ganz durchquert, gelangt zum **Tsunami Memorial**, das von Thyssen-Krupp sehr sinnhaltig gebaut wurde. Ein kleiner Parcours, der symbolhaft das Leben zurückbringt, und ein Denkmal runden den guten Gesamteindruck ab.

Übernachtung und Essen

Von den 5 Resorts auf der Insel gefiel uns am besten:

Amandara Island Resort, ✆ 076-417068, 💻 www.amandararesort.com; sehr schöne, gepflegte Bungalowanlage in sehr ruhiger Lage am einsamen Badestrand, die Deluxe-Bungalows vorn am Strand sind relativ preiswert, v. a. bei Buchung übers Internet. Die Anlage ist viel schöner als die alten Fotos von der Webseite vermuten lassen. ❻

Koh Kho Khao Resort (KKK Resort), ✆ 076-417168, 💻 www.kohkhokhao-resort.com; 3-Sterne-Resort, 300 m südlich, große Hotelanlage mit einigen Bungalows, 94 ordentliche Zi, Restaurant, Pool. ❺–❼

400 m vom Pier entfernt liegt das nette Restaurant **Taco Time**, ✆ 081-8913248, es bietet von

10 bis 22 Uhr mexikanisches und europäisches Essen sowie gutes Eis und frischen Kaffee.

Takua Pa ตะกั่วป่า

Die Zinnstadt Takua Pa, 134 km nördlich von Phuket, hat eine bewegte Vergangenheit hinter sich. Schon im 3. Jh. v. Chr. kamen zahlreiche Siedler aus Indien an, die sich vor den Kriegszügen von König Ashoka in Sicherheit brachten. In der Umgebung der Stadt wurden Schmuckstücke, Statuetten und Keramik aus jener Zeit entdeckt.

Der größte Schatz der Stadt sind die drei großen indischen Statuen **Pra Narai** (der stehende Hindugott Brahma mit vier Armen, der Schöpfer, der alles Böse in der Stadt zerstört), **Pra Luk** (Laksamana, der Bruder Ramas aus dem Ramayana-Epos, der Helfer aus der Not) und **Nang Srida** (Sita, die Frau Ramas und Helferin aus der Not). Sie sind in einem kleinen Park neben der südlichen Ampelkreuzung aufgestellt.

Am Ortseingang nach rechts geht es auf dem H4032 zur 7 km entfernten „Alten Stadt" **Talad Takua Pa** (Talad Kao), einem Städtchen mit einem schönen, aber zunehmend verfallenden, chinesischen Ortskern. Mit ein wenig Fantasie kann man sich durchaus vorstellen, dass dies einst ein wohlhabendes Geschäftszentrum war. Vom Ort aus kann man auf wenig befahrenen Straßen schön durch Obstgärten wandern.

Takua Pa, die Stadt des Zinns

Im 3.–8. Jh. war die Stadt unter dem Namen **Takola** ein bedeutendes Handelszentrum unter der Oberhoheit von Nakhon Si Thammarat. Neben Indern kamen auch Griechen, Araber, Perser und Chinesen auf ihren Handelsreisen durch die Stadt.

Wegen der reichen **Zinnvorkommen** wurde die freie Stadt später Takua Pa genannt (*takua* heißt auf Thai „Zinn"). Anfang des 19. Jhs. kamen chinesische Einwanderer und kurbelten den Zinnabbau im gesamten Distrikt an. Als Anfang des 20. Jhs. die Geschäfte blühten, wurde Takua Pa zur Provinz erhoben.

Alte Männer erinnern sich noch an einen Zinnminenbesitzer aus Holland, bei dem jeder gern arbeitete, da er seine Arbeiter sehr menschlich behandelte und sie jeden Sonntag ruhen ließ. Als die Gewinne zurückgingen, wurde Takua Pa zur Distrikthauptstadt degradiert und der Provinz Phang Nga einverleibt. Geblieben sind die kosmopolitische Gesinnung seiner Bewohner und ihre Ausländerfreundlichkeit.

Essen

Gut und billig isst man im **Food Market** an der Bus Station. Ab 22 Uhr sind alle Restaurants geschlossen.

Bestes **Dim Sum** bereitet morgens das Restaurant links neben der PTT-Tankstelle.

Das **Palm Suan Nam**, ✆ 076-422304, ist ein nettes Gartenrestaurant östlich der Bus Station.

Ein Erlebnis ist der **Nachtessenmarkt** bei der südlichen Ampelkreuzung, ⏲ tgl. 17–21.30 Uhr.

Sonstiges

Geld

Die sehr tief gekühlte **Kasikorn Bank** und die **Bangkok Bank** wechseln Geld und geben Bargeld auf Kreditkarte. Beide Banken haben einen Geldautomaten.

Medizinische Hilfe

Dr. Seree Pathanapichai in der privaten **Seree Clinic** in Talad Takua Pa (Talad Kao) spricht recht gut Deutsch. Nach 16.30 Uhr praktiziert er zu Hause in Khao Lak.

Transport

Busse

Die Bus Station Yan Yao von Takua Pa liegt 1 km östlich vom Zentrum am H4 (KM 168,3), ein angenehm luftiger Platz zum Umsteigen. Die aktuellen Abfahrtszeiten und Preise sind auf eine Wand gepinselt. Tuk Tuk-Fahrer verlangen ab 18 Uhr hohe Preise.

Nach BANGKOK (757 km) 2.Kl. AC-Bus 63 tgl. 10x von 10.40–20.30 Uhr für 428 Baht, direkter AC-Bus um 17.30 und 18 Uhr für 551 Baht in 11 Std., VIP-24-Bus (von Phuket kommend) um

18 Uhr (Reservierungen unter ✆ 076-421686) für 857 Baht.
Nach PHUKET (134 km) non-AC-Bus 436 und 465 zwischen 5 und 17.15 Uhr ca. jede Std. in 3 Std. für 70 Baht (bis KHAO LAK 30 Baht in ca. 50 Min.), AC-Bus 465 um 10 und 13 Uhr in 2 1/2 Std. für 100 Baht (bis KHAO LAK 50 Baht).
Nach KRABI (162 km) non-AC-Bus 435 um 9.40, 10.30, 13 und 15 Uhr für 65 Baht.
Nach PHANG NGA mit kleinen Bussen stdl. ab 6.30 Uhr für 30 Baht.
Nach SURAT THANI (157 km) non-AC-Bus 465 von 6.45–17 Uhr ca. alle 60–75 Min. für 100 Baht, AC-Bus 465 um 10 und 11.45 Uhr für 140 Baht (zum KHAO SOK für 35 Baht, AC 50 Baht).
Nach RANONG (168 km) non-AC-Bus 430 um 9.45, 12, 13.30 und 15 Uhr für 65 Baht in 3 Std., über KHURA BURI (25 Baht, 45 Min.), 2. Kl. AC-Bus um 16 Uhr für 120 Baht, AC-Bus um 12.30 und 14.30 Uhr für 140 Baht.
Nach CHUMPHON (289 km) mit AC-Bus um 10, 14, 16 und 18 Uhr für 260 Baht in 5 Std.

Khao Sok National Park

วนอุทยานเขาสก

4 km hinter Takua Pa zweigt der H401 (KM 145,5) nach rechts ab Richtung Surat Thani (152 km). Die Straße führt zunächst am Rande des weiten Takua Pa-Tals entlang und schwingt sich anschließend in eleganten Kurven ins Hügelland. Am KM 119,4 geht es ab zum *Elephant Trekking* und zu einem Wasserfall im Regenwald. Jenseits des Passes am KM 113 lädt ein Aussichtspunkt ein, die herrliche Landschaft von überwucherten Kalkfelsen zu bewundern. Geologisch entspricht sie der „trockenen Halong Bay" bei Ninh Binh im Norden Vietnams. Die einzeln stehenden, dicht bewachsenen Kalksteinhöhenzüge und Felsen mit ihren kahlen Steilwänden sind ehemaliger, punktuell gehobener Meeresboden – eine wahre Augenweide.

Beim KM 109,1 führt nach links eine Straße (2 km) zum 646 km² großen Regenwald-Nationalpark (Eintritt 400 Baht, Studenten mit Ausweis 200 Baht, zurzeit 7 Tage gültig). Viele Traveller machen diesen Stopp zwischen den Küsten, denn nur beim Khao Sok können sie so preiswert in angenehmen, romantischen Gästehäusern übernachten, den immergrünen Monsunwald direkt vor der Tür. Der Park liegt zwischen 300 und 600 m Höhe, die höchste Erhebung ist 960 m. Der Park ist keineswegs überlaufen – insgesamt besuchen ihn nur wenige tausend Touristen pro Jahr.

Den Naturliebhaber erwarten dichter Dschungel, kleine, eher mittelmäßige Wasserfälle, schöne Wanderwege an Bächen entlang und ein Naturlehrpfad. In den Wäldern des Parks leben auch viele seltene Säugetiere, darunter Elefanten, einige Tiger, Leopard, Asiatischer Schwarzbär, Gaur und Serow, die nur bei mehrtägigen Dschungeltreks angepirscht werden können. Leichter zu sehen sind mit etwas Glück Warane, Gibbons, Wildschweine, Flughörnchen, Eichhörnchen, Otter und Nashornvögel.

Ein 6 km langer Wanderweg führt zu sechs Wasserfällen und zur **Tang Nam-Schlucht**, in der man herrlich schwimmen kann. Er verläuft am Sok River entlang die ersten 3 km auf einem Sand-/Erdweg (danach gibt es Toiletten und einen Getränkeverkauf) und wird erst jenseits von Bang Hua Raed interessant, daher rechtzeitig losgehen. Am schönsten ist der **Badeplatz** am **Bang Liap Nam-Wasserfall**. Der Heimweg zieht sich sehr.

Anspruchsvoll ist der 4 km lange Aufstieg vom Headquarter nach Norden am Bang Laen River entlang zum elfstufigen **Sip-et-Chan-Wasserfall**, in dessen Pool man von Mai bis Dezember ebenfalls schwimmen kann. Vom Wasserfall lädt ein neuer Pfad zu einem 2-stündigen Rundweg zurück zum Headquarter ein (i.b. für ältere Naturfreunde empfehlenswert).

Wer gern in einem aufgepumpten Autoschlauch den Fluss hinabtreiben möchte, hat dazu nach der Regenzeit die beste Möglichkeit. Den Dschungel in diesem Park kann man entlang der Hauptwege leicht auf eigene Faust erkunden. Wer es sich nicht allein zutraut, kann einen kundigen Führer aus einem der Gästehäuser anheuern.

Während der feuchten Zeit von Mai bis Dezember lohnt sich der Park nur für Leute, denen die vielen Blutegel (auf Thai *Tahk*) nichts ausmachen oder denen eines der Hausmittelchen hilft, wie z. B. Tabaksaft oder Tiger Balsam. Gegen Ze-

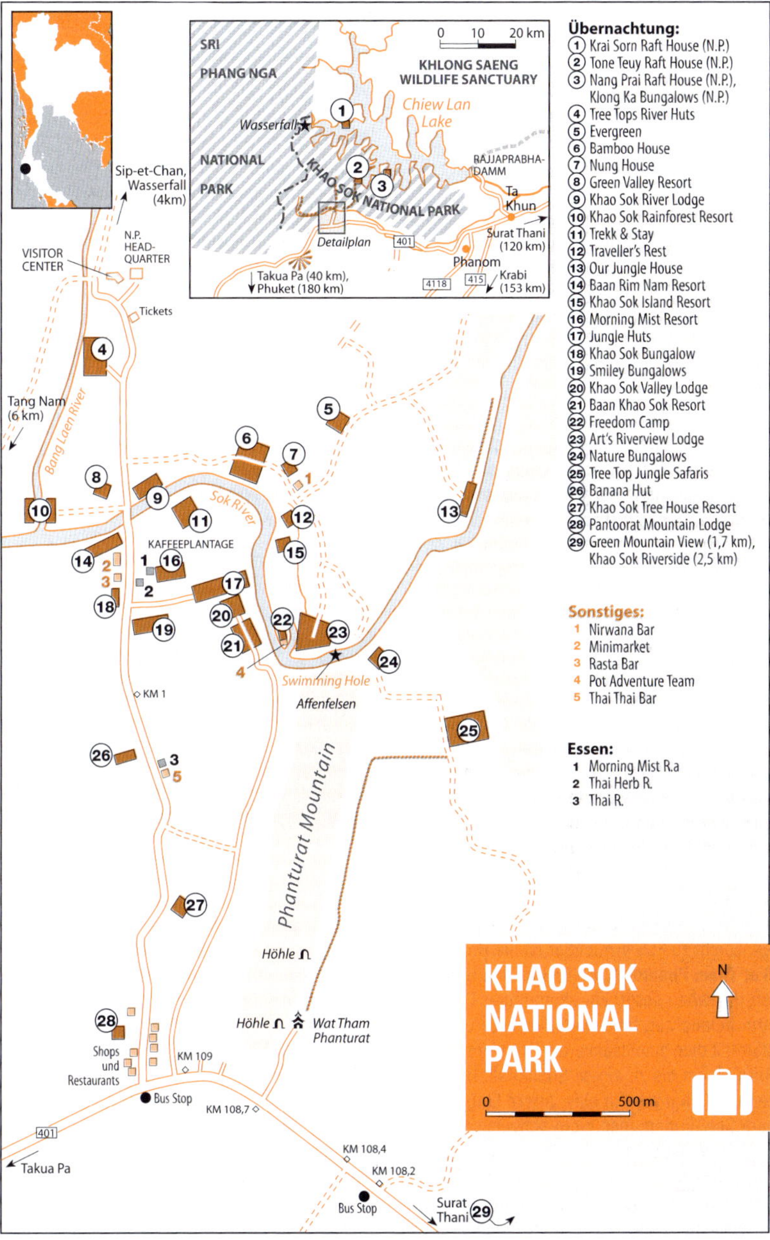

Übernachtung:
1 Krai Sorn Raft House (N.P.)
2 Tone Teuy Raft House (N.P.)
3 Nang Prai Raft House (N.P.), Klong Ka Bungalows (N.P.)
4 Tree Tops River Huts
5 Evergreen
6 Bamboo House
7 Nung House
8 Green Valley Resort
9 Khao Sok River Lodge
10 Khao Sok Rainforest Resort
11 Trekk & Stay
12 Traveller's Rest
13 Our Jungle House
14 Baan Rim Nam Resort
15 Khao Sok Island Resort
16 Morning Mist Resort
17 Jungle Huts
18 Khao Sok Bungalow
19 Smiley Bungalows
20 Khao Sok Valley Lodge
21 Baan Khao Sok Resort
22 Freedom Camp
23 Art's Riverview Lodge
24 Nature Bungalows
25 Tree Top Jungle Safaris
26 Banana Hut
27 Khao Sok Tree House Resort
28 Pantoorat Mountain Lodge
29 Green Mountain View (1,7 km), Khao Sok Riverside (2,5 km)
Sonstiges:
1 Nirwana Bar
2 Minimarket
3 Rasta Bar
4 Pot Adventure Team
5 Thai Thai Bar
Essen:
1 Morning Mist R.a
2 Thai Herb R.
3 Thai R.
KHAO SOK NATIONAL PARK
N
0 500 m
0 10 20 km
SRI PHANG NGA NATIONAL PARK
KHLONG SAENG WILDLIFE SANCTUARY
Chiew Lan Lake
Wasserfall
KHAO SOK NATIONAL PARK
RAJJAPRABHA-DAMM
Ta Khun
Surat Thani (120 km)
Detailplan
401
Phanom
Takua Pa (40 km), Phuket (180 km)
4118
415
Krabi (153 km)
Sip-et-Chan, Wasserfall (4km)
VISITOR CENTER
N.P. HEAD-QUARTER
Tickets
Tang Nam (6 km)
Bang Laen River
Sok River
KAFFEEPLANTAGE
Swimming Hole
Affenfelsen
KM 1
Phanturat Mountain
Höhle
Höhle
Wat Tham Phanturat
Shops und Restaurants
KM 109
Bus Stop
KM 108,7
401
Takua Pa
KM 108,4
KM 108,2
Bus Stop
Surat Thani

Die Andamanenküste

cken (auf Thai *Hep*), die von Januar bis April Warmblütler befallen, hilft es schon, die Hosenbeine in die Socken zu stecken und ein Mücken abweisendes Mittel zu verwenden. In den Nächten kann es empfindlich kalt werden. Von Juni bis August reifen in der Umgebung die stinkenden, aber leckeren Durian.

Rajjaprabha-Damm

Zum östlichen Teil des Nationalparks, der per Boot über den Rajjaprabha-Stausee (auch Chiew Lan Reservoir) zu erreichen ist, gelangt man vom Dorf Ta Khun am KM 58,2 des auf 12 Spuren verbreiterten H401 (83 km westlich von Surat Thani). An der Abzweigung liegt ein Hotel, ✆ 077-261192, ❷–❸. Wer Glück hat, kann eines der unregelmäßigen Songthaews für 20 Baht p. P. nehmen (da oben keine Songthaews warten, gleich die Rückfahrt ausmachen, ab 70 Baht/2 Pers.), ansonsten ist es ein zeitaufwändiges Abenteuer. Selbstfahrer biegen links ab, erreichen nach 9 km die Schranke und nach 12 km die Dammkrone, die von einem beliebten Park mit dichtem Rasen bedeckt ist und eine tolle Aussicht auf den See und die pittoreske Bergszenerie ermöglicht.

Der Stausee ist vollkommen von steilen Kalksteinfelsen und dichtem Monsunwald eingefasst. Nur an wenigen Stellen reicht flacheres, begehbares Gelände an den See heran. Am bequemsten lässt sich der Stausee mit den Gästehäusern oder den Tour-Veranstaltern erkunden. Romantisch übernachten kann man in vier schwimmenden Bungalowanlagen (s.u.).

Höhlen

Im Umkreis von Khao Sok gibt es mehrere Höhlen. Leicht zu Fuß erreichbar ist die Höhle beim **Wat Tham Phanturat**, wo häufig eine Horde Affen für Leben sorgt. Ein ebenerdiger Gang, ca. 60 m beleuchtet, führt hinter dem Zeremonienplatz mit dem einbalsamierten Gründerabt in den Berg hinein bis zu einem Steilabfall. Über eine Leiter gelangt man in eine untere Etage mit einem See, in dem man nicht schwimmen sollte, da das Wasser als heilig gilt. Eine obere Etage kann über 126 Stufen erreicht werden. Von dem Höhlensystem sind 1000 m mit einer guten Taschenlampe relativ leicht zu erkunden. Das Wat ist zu erreichen vom H401 beim KM 108,7 oder auf dem Dschungelweg hinterm Nature Resort.

Nicht weit von den Tone Teuy-Floßhäusern kann man nur mit Führer 3 km durch Primärdschungel zur Tropfsteinhöhle **Tham Nam Thalu** wandern und sie durchqueren. Bei der Durchquerung der Höhle muss man durch brusttiefes Wasser waten oder bei hohem Wasserstand 6 m weit schwimmen. Nur für abenteuerliche, angstfreie Naturen! Feste Schuhe, die Wasser vertragen, sind absolut notwendig. Bei aufkommendem Gewitter mit starken Regenfällen kann die Tour wegen der schnell zunehmenden Strömung gefährlich werden. Wer dann mit einem unqualifizierten Guide (z. B. vom Jungle Hut) in der Höh-

Die Rafflesia

Vor einigen Jahren wurden innerhalb und außerhalb des Parks die ersten Exemplare der **Rafflesia** (Rafflesia kerrii meijer, auf Thai *Buah Poot*) gefunden, einer parasitären Pflanze, die auf den Wurzeln einer Lianenart wächst. Die topfförmige, ziegelrote Blüte hat innen einen gelbroten Blütenstand. Sie gehört mit 60–80 cm Durchmesser zu den größten Einzelblüten auf der Erde. Die Rafflesia kann das ganze Jahr über blühen, benötigt aber 9 Monate, bis die kleine Knolle heranwächst und sich entfaltet. An einigen Stellen ist sie durch zu regen Besuch bereits vernichtet. Wer Interesse an dieser Pflanze hat, kann in den Gästehäusern nach einer Tour fragen (Festpreis 600 Baht). Lokale Botaniker bezeichnen diese Pflanze als **Wasser-Lotus** (Sapria Himalayana, auf Thai *Buah Toom).*

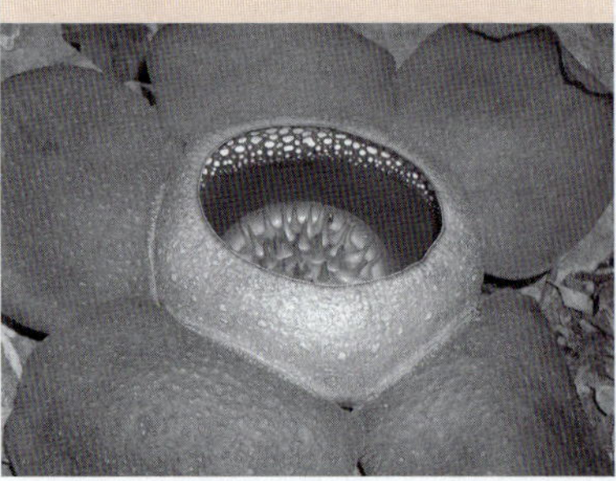

Die Andamanenküste

le steckt, ist in Lebensgefahr. Mit lizenzierten Guides soll noch kein Unfall vorgekommen sein, sie verlangen ordentliche Ausrüstung und haben gelernt, das Wetter und die Kondition der Touristen einzuschätzen.

Übernachtung

In einer vorwiegend ebenen, parkartigen Gartenlandschaft liegen die Bungalowanlagen verstreut in der Nähe des Sok River, direkt außerhalb des Nationalparks. Die naturnahen Bungalows stehen teilweise auf sehr hohen Pfählen; um vor Überschwemmungen sicher zu sein. Im Dschungel nagt der Zahn der Zeit schneller als anderswo, deshalb sehen manche nach einigen Jahren schon etwas schäbig aus, und die Besitzer bauen neue dazu. Dass man in Bungalows aus Naturmaterialien und dazu noch in Flussnähe mit Ungeziefer rechnen muss, dürfte jedem klar sein. Ein eigenes Moskitonetz ist empfehlenswert, da die vorhandenen oft löchrig sind. Fast alle Anlagen (Ausnahmen werden extra erwähnt), sind an öffentlichen Strom angeschlossen, aber häufig herrscht Stromausfall, deshalb Taschenlampe nicht vergessen. Nachts ist es im Dschungel stickig-feucht, aber wesentlich kühler als an der Küste. Immerhin liegen die Anlagen auf ca. 400 m Höhe. Alle haben ein einfaches, offenes Restaurant mit Speisekarte, bieten mehr oder weniger aufdringlich Ausflüge im Park und zum Stausee an und geben detaillierte Informationen für eigene Aktivitäten. Neue Gäste werden am Bus Stop abgepasst, sodass der Transfer auch zu den entlegeneren Bungalows keine Probleme bereitet.

Je beliebter die Gegend um den Khao Sok NP bei Travellern wird, desto mehr entwickelt sich die touristische Infrastruktur. So gibt es immer mehr Minimarkets, Internet-Shops, sogar eine Benzin-Zapfsäule und ein funktionierendes öffentliches Kartentelefon vor der Brücke. Noch gibt es keine Geldautomaten, allerdings werden an einigen Stellen Bargeld und Reiseschecks getauscht.

An der Hauptstraße zum Park

Pantoorat Mountain Lodge ㉘, ✆ 086-2687399, 100 m vom H401, 4 Steinbungalows, einfach eingerichtet, Betonboden, Balkon; unter Leitung von Toy und seiner englischen Frau Sue. ❸

Tree House Resort ㉗, ✆ 089-5906147, 💻 www.khaosok-treehouse.com; 18 geschmackvoll eingerichtete, geräumige Baumhäuser mit Himmelbett, gutes Bad, 4–12 m hoch über dem Boden. Mopeds für 200–300 Baht, ein Suzuki Jeep für 800 Baht. Der Manager, Mr. Vipa Somwong, setzt sich engagiert für den Schutz der Natur in der Khao Sok-Region ein. ❸

Smiley Bungalows ⑲, ✆ 077-395003, 💻 www.smileybungalow.com; sehr einfache, saubere, gemütliche Holzbungalows. Restaurant. Wer mit dem Kombi-Ticket-Minibus nachts ankommt, landet hier oder nebenan. ❷–❸

Jungle Huts ⑰, ✆ 077-395017, Bungalows und Hütten, Restaurant. Neuer Besitzer Rambo. ❶–❸

Baan Rim Nam Resort ⑭, ✆ 077-395140, 💻 krabidir.com/baanrimnamresort, links vor der Brücke, 12 schöne Bungalows direkt am Fluss, mit Fan und Moskitogittern vor den Fenstern, z. T. mit Warmwasser, die billigeren stehen im Garten dahinter; Restaurant mit leckerem, originalem Thai-Essen; Minimart, Mopeds, Touren. ❸–❹

Khao Sok Rainforest Resort ⑩, ✆ 077-395135, 💻 krabidir.com/ khaosokrainforest, Bungalows verschiedener Bauart und Ausstattung, manche älter, idyllisch gelegen im Primärdschungel am Hang über dem Fluss; beste Sicht vom Honey Bear; schönes Restaurant mit offener Terrasse. Der freundliche Manager Mr. You gibt gute Informationen über den Regenwald. Preise je nach Auslastung. ❸–❹

Rundum versorgt

Morning Mist Resort ⑯, 💻 www. morningmistresort.com, ✆ 089-9718794; saubere AC-Steinbungalows und nette Stelzenhütten aus schönen Bambusmatten, z. T. mit super Ausblick. Nid und Pon sprechen Englisch, sind sehr freundlich bemüht und bieten Kochkurse, Massagen und Touren an. Restaurant mit guter Stimmung, eigener Anbau von Obst, Gemüse und Kräutern. Minimarket an der Straße. Wird vielfach gelobt. ❸

Green Valley Resort ⑧, ✆ 077-395145, 💻 www.khaosokgreenvalley.com, schöne, neue Anlage mit sauberen, nett eingerichteten, moskitosicheren Steinbungalows mit Fan und Du/WC, kleine Terrasse, schöner Garten nach hinten hinaus. Freundlicher Besitzer. ❸

Tree Tops River Huts ④, ✆ 077-395129, 💻 www.treetopsriverhuts.com, verschiedenartige Bungalows aus Stein und Bambus, hoch in den Bäumen oder auf der Wiese, zwischen einfach, baufällig und komfortabel; freundliche Leute. ❷–❹

Flussabwärts am linken Flussufer

Bamboo House ⑥, ✆ 081-7877484, 💻 krabidir.com/bamboohouse, Obstwiese mit schönen Bäumen und Büschen, 17 verschiedene ältere und neue Bungalows; nette Hütten im Garten, neuere Steinbungalows für Familien, abenteuerliche Baumhäuser am gestauten Fluss; davor ist Schwimmen im Fluss möglich; geleitet vom freundlichen Sao, der die längste Erfahrung im Touristenbusiness von Khao Sok hat. Tour-Info-Kiosk, Ticket-Verkauf, hervorragende Touren, zwar minimal teurer, aber zuverlässig. Sao ist Vorsitzender der Tourguide-Vereinigung. ❷–❹

Nung House ⑦, ✆ 077-395024, 💻 www.nunghouse.com; einfache Bambushütten, Steinbungalows und Baumhäuser auf gepflegtem Gartengrundstück, nettes Personal; schönes Restaurant mit super Frühstück. ❷–❸

Traveller's Rest ⑫, ✆ 081-968243, 4 saubere Bungalows auf hohen Pfählen, Restaurant, Thai-englische Leitung. ❷

Khao Sok Island Resort ⑮, ✆ 086-2828560, 💻 www.khaosokisland.com, saubere Bungalows und ein Familienbungalow in gepflegtem Blumengarten auf der Flussinsel, geleitet von der liebenswürdigen Rattana, die gut Englisch spricht und sehr gut kocht. ❸

Freedom Camp ㉒, ✆ 081-8954297, auf einer Insel im Sok River, über eine tolle Hängebrücke erreichbar, uriger Zeltplatz (100 Baht pro Zelt), 2 Baumhäuser für Tour-Teilnehmer, im einfachen Restaurant wird auf Wunsch *Jungle Food* in Bambusgeschirr gekocht. Ein in Thailand einzigartiges Erlebnis für anspruchslose, abenteuerlustige, junge Leute, die etwas für Pfadfinderromantik übrig haben. In der Regenzeit hochwassergefährdet. ❶

Art's Riverview Jungle Lodge ㉓, 💻 www.krabidir.com/artsriverviewlodge, ✆ 086-2822677, hochpreisige Einzelbungalows auf Stelzen und zweigeschossige Doppelbungalows, Restaurant am Fluss mit Blick auf den Affenfelsen und das Swimming Hole. ❸–❹

Nature Resort ㉔, ✆ 086-1200588, ✉ nature@tashihandmade.com, Bungalows und Baumhäuser, davon ein Familienhaus, etwas abenteuerlich über einen Bambussteg zu erreichen, ein echtes Naturerlebnis. Tee und Aer bemühen sich um ihre Gäste und kochen auf Wunsch Reis in Bambus. ❸–❹

Our Jungle House ⑬, ✆ 089-9096814, 💻 www.losthorizonsasia.com, weit weg von allem, einzelne Bungalows und 3 Baumhäuser mit Moskitonetz liegen verstreut im Dschungel, am Fluss oder auf der Flusswiese; kleine Badepools im Fluss. Gehört zu Lost Horizons, das fast jedes Jahr die Leitung auswechselt, wodurch sich der Service und die Atmosphäre ändern. ❸–❹

Am Pantoorat Mountain

Baan Khao Sok Resort ㉑, ✆ 081-9580185, ✉ baankhaosok@yahoo.com, 8 Bungalows entlang des Weges, Moskitonetz, Bambusdusche; Restaurant nah am Fluss; unter freundlicher Leitung von Nui. ❸

Khao Sok Valley Lodge ⑳, ✆ 081-3972007, ✉ valleylodgekhaosok@hotmail.com, 5 Bungalows aus Bambus und Stein im Garten, 1200 m vom H401, nette Besitzer, zuverlässige Informationen. ❷

Weiter nach Osten

Khao Sok Green Mountain View ㉙, am KM 106,8 nach Norden abbiegen, geräumige, saubere Bungalows mit Fan und abgeschlossenem, dachfreiem Bad nach hinten raus, schön angelegter Garten; der Park Guide Tawee ist sehr engagiert und organisiert Touren, seine nette Frau kocht ausgezeichnet. ❷

Khao Sok Riverside Cottages ㉙, ✆ 077-395027, 💻 www.khaosok.net; am KM 106,8 nach Norden abbiegen (2,5 km). 30 große, gut eingerichtete, unterschiedliche Holzbungalows mit Glasfenstern und Moskitonetz im gezähmten Dschungelgarten, wunderschönes Restaurant direkt am Khao Sok River, Zelten gegen geringe Gebühr auf der Flusswiese, bemühter, perfekt Englisch sprechender Manager. ❹

The Cliff & River Jungle Resort, ✆ 077-201150, 💻 www.roikoh.com; am KM 97,4 nach Süden abbiegen (300 m). In herrlicher Landschaft in ein weites Tal eingebettet, 30 große, sehr gut eingerichtete Holzbungalows mit Bambusdekoration, großen Glasfenstern und Moskitonetz, Restaurant mit toller Sicht über das Tal. Völlig ruhig. ❺

Nationalpark-Bungalows auf dem Stausee

Alle Floßhäuser liegen in einer grandiosen, traumhaft ruhigen Landschaft inmitten üppiger Natur. Die Preise sind in allen identisch: Vollpension 500 bzw. 750 Baht p. P.

Krai Sorn Raft House ①, am offenen See; 8 luftige Bambushüttchen und eine Gruppenunterkunft, Toiletten am Land, wacklige Stege; gutes Restaurant; Nationalpark-Büro und Unterkünfte der Angestellten an Land; links hinten in einem Seitenarm lohnt ein Wasserfall. ❸

Tone Teuy Raft House ②, in einem flachen Seitenarm mit warmem Wasser; 7 extrem einfache, luftige, schwankende Bambushüttchen, Toiletten am Ufer, über wacklige Stege erreichbar; sehr gutes Restaurant. Am Spätnachmittag kommen häufig Affen an die Uferhänge zum Fressen. ❸

Nang Prai Raft House ③, schwimmende Bungalows für über 50 Pers. in einem 300 m tiefen Seitenarm mit kühlem Wasser; große Holzhäuser auf stabilen Flößen, jeweils mit 3 ordentlichen Zimmern und einem WC, sowie primitive Bambushüttchen; Restaurant mit exzellenten Fischgerichten am Abend; kipplige Paddelboote zu mieten (250 Baht/Tag). ❹

Klong Ka Bungalows ③, nahebei am Ende des Seitenarms, 4 schwimmende Bungalows, 10 schöne Bungalows, jeweils für 8 Pers., am steilen Hang mit toller Sicht von den Terrassen, 2x Du/WC im Haus, Restaurant. ❹

Essen und Unterhaltung

Einige Restaurants liegen an der Hauptstraße, z. B.:

Thai Herb Restaurant, ✆ 089-2890018, abends hervorragende Gerichte, frischer Kaffee, nettes Ambiente.

Rasta Bar, gegenüber im OG. Auf einer gemütlichen Terrasse mit Matten, Ruhekissen und Tischen rund um eine Feuerstelle herum lässt es sich herrlich entspannen.

Morning Mist Restaurant, kurz vor der Brücke rechts, wurde uns vielfach empfohlen. Leckeres Essen, auch mit Dschungelgemüse zubereitet. Sehr zu empfehlen sind die Currys, probieren sollte man den Lemongrass-Shake. Die Portionen sind reichlich, die Preise niedrig.

Aktivitäten

Dschungeltrekking

Geführte **Wanderungen** im und außerhalb des Nationalparks, 1 Tag bei 2 Pers. ca. 700 Baht p. P. inkl. Lunch.

Empfohlen werden die Touren von **Bamboo House 1** (mit den erfahrenen Guides Gang und Kiam, Anfahrt mit Minibus oder Pickup).

Night Safaris begleitet der ehemalige Jäger Keau, der zwar kaum Englisch spricht, aber mehr zeigen kann als jeder andere, 2 Std. für 600 Baht, 4 Std. 800 Baht.

Andere Tourunternehmer bieten Ähnliches zu z. T. niedrigeren Preisen an. In der Qualität gibt es aber himmelweite Unterschiede, so geht z. B. mancher Führer mit bis zu 16 Touristen los!

Elefantenreiten

Drei Elefantencamps haben sich in der Nähe von Khao Sok niedergelassen. Alle Gästehäuser und Tourunternehmen vermitteln einen Elefantenritt außerhalb des Parks, z. B. zum Wasserfall in 2 Std. für 800 Baht p. P. (2 Pers.).

Höhlentouren

Mit Guide und Transport außerhalb des Parks für 500 Baht p. P. inkl. Lunch.

Kanufahren

In großen, aufblasbaren Kanus können sich 2–3 Personen den Sok River hinunterpaddeln lassen. Bei hohem Wasserstand wird bei der Brücke an der Hauptstraße eingesetzt, bei niedrigem einige Kilometer weiter unterhalb am H401. Unterwegs sieht man schöne Flusslandschaft, wenn man Glück hat Schlangen, Affen, seltene Blüten oder Früchte. Abholung und

Rücktransport mit Auto, 2-stünd. Tour 600 Baht p. P., zu buchen bei allen Gästehäusern und Tourunternehmern.

Schwimmen

Schwimmen kann man sehr schön im *Swimming Hole,* einem natürlichen Becken im Sok River, in dem allerdings einige glatte Felsen bis knapp unter die Wasseroberfläche hochragen. An den Felsen dahinter turnt manchmal nach der Mittagszeit eine Horde **Affen** in der Vegetation herum, für eine Banane stürzen sich einige sogar mit Kopfsprung ins Wasser. Die vielen kleinen Fische kann man mit etwas Toastbrot füttern.

Stausee-Touren

In fast allen Gästehäusern wird die *Lake Tour* angeboten, 1 Tag inkl. Lunch für 1500 Baht p. P., 2 Tage 2500 Baht, 3 Tage 3900 Baht (Preise jeweils bei 4 Pers.; sollte die Tour wesentlich billiger angeboten werden, den Preis schriftlich bestätigen lassen). Man wird mit Pickup oder Minibus zum Rajjaprabha-Damm gefahren (90 Min.), mit dem Longtail-Boot geht's zu den schwimmenden Bungalows zum Mittagessen (90 Min.), anschließend folgt eine Wanderung durch Primärdschungel (1 Std.) mit Durchquerung der Höhle Tham Nam Thalu (1 Std.), Rückfahrt mit Boot und Auto. Bei mehrtägigen Touren wird das Programm erweitert: Man kann durch Sekundärdschungel in 3–4 Std. zum See wandern, macht abendliche und morgendliche Pirschtouren am Ufer, um Affen und Hornbills zu sehen, fährt Kanu, badet im See oder besteigt einen Aussichtsberg (90 Min.). Übernachtet wird in den schwimmenden Bungalows.

Tubing

Es ist eine Gaudi, sich bei gutem Wasserstand 2 Std. in aufgepumpten Autoschläuchen den Fluss hinab treiben zu lassen, 300 Baht. Dabei kann man mit ziemlicher Sicherheit Schlangen sehen. Wegen der Stromschnellen ist es ratsam, bei der ersten Fahrt einen Guide zu nehmen.

Wandern

Nachdem man an der Schranke seinen Eintritt bezahlt hat, erhält man im Visitor Center das informative Faltblatt *Trails in Khao Sok National Park*, in dem die gut markierten, aber nicht korrekt kilometrierten Wanderwege beschrieben sind. Man kann sie auch ohne Faltblatt leicht selbständig gehen. Für glitschige Flussdurchquerungen sind Wasserschuhe ratsam. Getränke und Verpflegung mitnehmen.

Sonstiges

Einkaufen

Mindestens 3 Minimärkte entlang der Hauptstraße.

Guides

Nur 15 Tourguides arbeiten mit Lizenz, einige Veranstalter setzen billigere Guides ohne Lizenz ein. Fast alle Touristen sind mit den lizenzierten Guides zufrieden.

Informationen

Im **Visitor Center** informieren in Thai und Englisch beschriftete Grafiken und Fotos kostenlos über den Park, ⌚ 8–16.30 Uhr. Sehr informativ ist die Broschüre von Thom Henley, *Waterfalls & Gibbon Calls – Exploring Khao Sok National Park* (520 Baht, erhältlich in den Minimärkten).

Internet

Mindestens 4 Shops (2 Baht/Min.).

Massagen

Nach anstrengenden Aktivitäten entspannt eine Massage für 200 Baht, die überall angeboten wird.

Mopeds

Zu mieten z. B. von den Minimärkten **Backpack Minimart** und **Jungle Huts** für 200 Baht/Tag, mit Automatik 300 Baht/Tag.

Touren

Einige Reiseunternehmen aus Krabi, Phuket und Ko Samui bieten relativ teure, mehrtägige Touren zum See im Khao Sok-Park an. Übernachtet wird auf dem See. Eine typische Tagestour offeriert im Schnelldurchgang Elefantenreiten, heiße Quellen, eine Tropfsteinhöhle, einen Wasserfall und einen Tempel.

Transport

Die Pickups der meisten Gästehäuser warten an der Straße auf die Busse und werben neue Gäste an. Sie bringen ihre Gäste auch rechtzeitig zu den Bussen in beide Richtungen zurück.
Von SURAT THANI non-AC-Busse ca. stdl. und einige AC-Busse von 6.20–15.30 Uhr für 75 bzw. 120 Baht in 3 Std. über PHUNPIN (60 bzw. 100 Baht in gut 2 Std.), zurück von 8–18 Uhr.
Nach TAKUA PA non-AC-Bus von 8.30–17.20 Uhr ca. stdl. für 25 Baht in 1 Std., AC-Bus um 9 und 12.30 Uhr für 50 Baht, weiter nach KHAO LAK für 35 Baht (AC 50 Baht) und PHANG NGA für 40 Baht.
Die privaten Busse von Songserm und Phantip zwischen Surat Thani und Phuket fahren nicht auf dieser Route.
Von SURAT THANI kostet Taxi- oder Tuk Tuk-Charter 700–800 Baht (oft sogar 1500 Baht), von TAKUA PA ein gechartertes Pickup 300 Baht.
Von KRABI mit dem Ranong-Bus bis Takua Pa, von dort mit dem Surat Thani-Bus 40 km zum Park, 30 Baht.
Ein **Minibus** fährt um 8.30 Uhr nach HAT YAI (570 Baht), KRABI (220 Baht), TRANG 570 Baht; bis 18 Uhr jede Std. nach SURAT THANI (150 Baht) mit Anschluss nach KO SAMUI (430 Baht), KO PHA NGAN (550 Baht) und KO TAO (770 Baht), um 13.30 Uhr mit Anschluss zum Flug (18 Uhr), Zug (18.30 Uhr, 898 Baht) und Bus (19 Uhr, 500 Baht) nach Bangkok.
Wer den Minibus von Surat Thani nach Khao Sok nimmt, landet automatisch im Jungle Huts oder Smileys, von Krabi bei Tree Tops River Huts.

Von Takua Pa nach Khura Buri

An der Straßengabelung am KM 165,3 beginnt die Kilometrierung Richtung Ranong mit KM 776,8 (die alte Entfernung von Bangkok). Am KM 756 zweigt eine Straße nach rechts ab zum 246 km^2 großen **Sri Phang Nga National Park**. Nach 4,7 km kommt die Schranke, 1 km weiter ein Parkplatz mitten im Dschungel: überdachte Picknicktische, Salas, ein Toilettenhaus unter riesigen Bäumen und ein Flussbecken mit tausenden von heiligen Fischen. Ein guter Pfad führt in 500 m zum **Tam Nang-Wasserfall**, der aus einer Rinne mit mehreren Stufen in einen schönen Pool mit klarem Wasser 20 m herabstürzt – hervorragend zum Schwimmen geeignet. In der Regenzeit rauschen jedoch gewaltige Wassermassen herunter. Die 400 Baht Eintritt ist dieser Nationalpark kaum wert.

Entlang des H4 tauchen Dutzende von Krabben-Farmen auf. Daneben beherrschen Gummi- und Mangoplantagen, Wassermelonenfelder, Palmöl- und Betelnusspalmen die Landschaft. Einige wenige Kokosnusspalmen, Maniokpflanzungen, Bananenstauden und ein paar Papaya für den Hausgebrauch runden das Bild ab. In fast jeder Ortschaft weist ein Schild *Masjid* auf eine kleine Moschee hin.

Am KM 747 zweigt eine Straße (17 km) ab zum Hafen für den Transfer zu den vorgelagerten Inseln Surin, Similan, Pow Morgan, Ko Ta Chai, Sud Kob Fah, Ko Phra Thong, Ko Ra und Ko Nok. Auf der Insel **Ko Phra Thong** legen drei Arten von Meeresschildkröten (Suppenschildkröte, Bastardschildkröte und die seltene Lederschildkröte) vor allem zwischen Dezember und März ihre Eier ab.

In der Distrikthauptstadt **Khura Buri** (auch Khuraburi oder Kuraburi) werden im Zentrum (KM 727) in der Bus Station Bustickets nach Bangkok, Richtung Ranong und Phuket verkauft. Gegenüber bei Tom and Am Tour bekommt man Informationen und Bootstickets zu den Surin-Inseln.

Beim Dorf Hin Lad (KM 720,8) biegt man nach Westen 2 km zum Hafen mit dem wichtigen Fischmarkt ab (Motorradtaxi von der Stadt 40 Baht, von der Abzweigung 10–20 Baht). Am Pier steht ein Büro des Mu Ko Surin National Parks. Kuraburi Greenview Travel fährt von hier zu den Surin Islands und anderen Inseln.

Übernachtung

Greenview Resort, ✆ 076-401400, am KM 739 in einer Kurve, 25 komfortable AC-Bungalows aus Holz am Hang über einem Stausee. Gepflegtes Restaurant, Pool. ❺
Boon Piya Resort, ✆ 076-491464, 081-7525457, in Khura Buri zwischen Bus Station und Brücke. 20 neue, kleine, saubere AC-Bungalows mit warmer Du/WC. Wer sein Bootsticket nach Ko

Surin für 1200 Baht beim Besitzer, Mr. Panich, kauft, bekommt freien Transport zum 8 km entfernten Hafen. ❸–❹

Tararin River Hut, ✆ 076-491789, vor der Brücke rechts, 10 liebevoll dekorierte, altersschwache Hütten mit Palmblattdach, drei davon mit Balkon über dem Fluss, unter Leitung von Mama Aporn, Restaurant. ❷–❸

Country Hut Riverside, ✆ 076-491385, nach der Brücke rechts am Fluss, 5 einfache Bambushütten mit Fan und ein Haus mit 3 Zi mit AC. ❷–❸

Surin Islands หมู่เกาะสุรินทร์

Die Inselgruppe, ca. 60 km vor Khura Buri, besteht vor allem aus zwei großen Inseln, der nördlichen **Ko Surin Nua** und der südlichen **Ko Surin Tai**, die von ca. 240 Seenomaden (Moken) polynesischen Ursprungs bewohnt ist. Die mit hohem, dichtem Wald überzogenen Inseln besitzen wunderschöne Sandstrände. Deutsche Sandsammler fanden hier „den weißesten Sand der Erde". Sandfliegen sind noch nicht gesichtet worden. Die Inselgruppe wurde 1981 zum Marine National Park erklärt. Auf einem schönen Pfad von 2 km kann man auf der Nordinsel von der Chong Kad Bay (Hauptverwaltung) zur Mai Ngam Bay durch herrlichen Dschungel und entlang einsamer Buchten wandern.

Fantastische, vielfältige Korallenriffe laden zum Schnorcheln und Tauchen ein. Die Sicht erreicht nur selten über 20 m. Die Anzahl der Fische ist nicht überwältigend, doch Schwarzspitzenhaie, Schildkröten und Seeschlangen sieht man häufig. An normalen Werktagen ist es auf der Insel angenehm ruhig, lediglich an Wochenenden und Thai-Feiertagen wird die Insel von hunderten einheimischen Touristen regelrecht überschwemmt.

Übernachtung

Schon wenn man sein Bootsticket kauft, muss man sich entscheiden, wo man unterkommen will, denn jedes Boot fährt zu einem anderen Camp. Auf der Nordinsel Ko Surin Nua gibt es zwei Möglichkeiten (auf der Südinsel kann man nicht übernachten):

Ao Chong Kad mit Bungalows, Campingplatz und Restaurant ist Sitz der Parkverwaltung. Die **16 Bungalows** für 2 Personen sind ausgestattet mit 2 Betten, Fan, Moskitonetz und Du/WC und kosten 2000 Baht pro Nacht, Extrabett 100 Baht. Unter der Woche kann man an der Rezeption nach freien Bungalows fragen. Buchungen per Internet unter 💻 www.dnp.go.th/parkreserve/asp/style1/default.asp?npid=202&lg=2.

Ao Mai Ngam verfügt über Campingplatz und Restaurant.

Auf beiden Campingplätzen kann man Zelte mieten. Ein großes Zelt (3–4 Pers.) kostet 450 Baht, ein kleines Zelt (2–3 Pers.) 300 Baht, wer sein eigenes Zelt mitbringt, zahlt 80 Baht.

An der Rezeption kann man für 60 Baht pro Tag Isomatte, Schlafsack und Kopfkissen ausleihen. Die Gemeinschaftsduschen und WCs sind ordentlich und sauber.

Vorsicht: Täglich streifen hungrige und neugierige Affen (Makaken) durch das Camp. Bitte keine Früchte oder Kekse offen herum liegen lassen!

Warnung an Ruhesuchende: Thais stehen gewöhnlich lautstark um 5 Uhr auf!

Essen und Einkaufen

Beide Restaurants sind von 7.30–20.30 Uhr geöffnet. Als **„Set Menu"** kostet das Frühstück 80 Baht, das Mittagessen 140 Baht und das Abendessen 180 Baht, wird aber nur für mind. 2 Pers. ausgegeben. Wer sein Essen selbst aussuchen möchte, findet auf der 4-seitigen Speisekarte alle gängigen Thai-Gerichte.

Ein **Kiosk** verkauft den ganzen Tag warme und kalte Getränke, Kekse, Batterien, T-Shirts etc., manchmal auch Obst.

Heißes Wasser (für Tee oder Kaffee) gibt es von 7.30–10 Uhr kostenlos.

Im Dorf der Seenomaden auf Ko Surin Tai gibt es schöne **Flechtarbeiten** zu kaufen.

Sonstiges

Feste

Um Vollmond im März halten die Moken (Seenomaden) wichtige Zeremonien zur Ahnenverehrung ab. Während dieser Zeit ist Ko Surin

Tai zumeist nicht zugänglich. Auch Songkran wird von den Moken ausgiebig gefeiert.

Parkgebühr

Bevor man die Insel wieder verlässt, wird eine Parkgebühr von 400 Baht erhoben. Sie gilt normalerweise für eine Woche Aufenthalt.

Reisezeit

Beste Zeit ist Dezember bis Ende April. Im März und April wird es jedoch heiß: im Durchschnitt bis 34 °C. Wer Trubel scheut, sollte die Thai-Ferien im März und April meiden. Von Mai bis Mitte Nov peitscht der Südwestmonsun das Wasser auf, der Park ist deshalb vom 16. Mai bis 14. Nov geschlossen.

Schnorcheln

Nach einem dramatischen Unfall hat die Parkverwaltung das Schwimmen im Kanal zwischen den Inseln offiziell verboten – Gezeitenströmung! Geübte Schwimmer und Schnorchler lassen sich davon aber nicht abhalten. Sehr empfehlenswert sind die um 9 und 14 Uhr angebotenen Schnorchelausflüge mit jeweils 2–3 Stopps für jeweils 70 Baht.
Ansonsten kann man zu mehreren ein Boot mieten (1500 Baht pro Tag). Schnorchelausrüstung und Schwimmwesten gibt es für 80 Baht zu mieten.

Tauchen

Mehrere Tauchbasen auf Phuket und in Khao Lak (s. S. 710) bieten im Rahmen ihrer 4- bis 7-tägigen Similan-Törns auch einen Tauchausflug nach Ko Surin an.
Das beste Tauchrevier liegt 15 km südöstlich von Surin beim Richelieu Rock, der mehrere lohnende Tauchgänge und hervorragende Sichtverhältnisse in einer Tauchtiefe von 6–30 m bietet. Auch Walhaie werden hier gelegentlich gesichtet.

Transport

Beim Hafen von Khura Buri (s. o.) steht ein Büro des Mu Ko Surin National Parks, ✆ 076-491378. Die freundlichen Angestellten sprechen kaum Englisch. Informationen hängen aus.

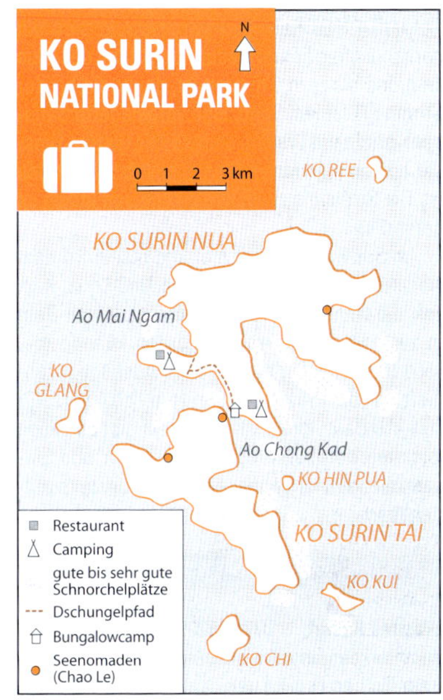

Tgl. um 9 Uhr fährt ein Boot für 1200 Baht hin und um 13 Uhr zurück. Fahrtdauer 2 1/2–3 Std. In Khura Buri bekommt man Tickets im Boon Piya Resort (s. S. 725) oder bei **Tom and Am Tour**, ✆ 086-2720588, ✉ tammarat@yahoo.co.th, für 1100 Baht p. P., mit Speedboot 1700 Baht, oder man bucht den kompletten Ausflug für z. B. 3300 Baht p. P. (4 Tage/3 Nächte), am Hafen auch direkt gegenüber dem Nationalparkbüro bei **Sabina Tours**.
Vom Camp zum Seenomadendorf auf Ko Surin Tai mit dem Moken-Boot (20 Baht).

Laem Son National Park

วนอุทยานแหลมสน

Beim KM 657,4 des H4 biegt man beim Dorf Sam Nak nach Westen zum **Bang Baen Beach** ab. Wer mit dem Bus kommt, steigt hier aus und wartet auf ein Pickup. Die 10 km lange Straße führt über mehrere Brücken durch Mangrovensümpfe zum Laem Son National Park. Hinter der

Schranke (400 Baht Eintritt) erstreckt sich ein parkähnlicher, lichter Kasuarinen-Hain, der 2 km lang und bis zu 100 m breit ist, davor ein breiter Strand mit feinem Sand. Eine vorgelagerte Sandbank bricht die Wellen, sodass das warme Wasser an den markierten Stellen sicher zum Baden ist. Die Strömung zwischen Strand und Inseln ist gefährlich.

Im Südwesten sieht man die Inseln Ko Kam Noi, Ko Kam Yai, Ko Khao Khwai und Ko Lu Kam Tok, die vom neuen Pier mit einem Longtail-Boot in zwei Stunden erreicht werden können (ca. 1500 Baht plus Eintritt). Weitere Ausflüge arrangiert Bo vom Wasana Resort (s. u.) ab 4 Pers. für 300–450 Baht. Rings um die Inseln gibt es einige mickrige Korallenriffe. Wer Natur pur und Einsamkeit liebt, ist an diesem Strand bestens aufgehoben.

Übernachtung

Wasana Resort, ✆ 077-828209; 500 m links vor dem Parkeingang. Ein beliebtes, von einer freundlichen Familie geleitetes Resort. 4 kleine, 4 große und 2 Familien-Bungalows, alles neu; Restaurant; Taxi-Service, Bootstouren. Thai-holländische Leitung. ❸–❹

Weiter nach Ranong

Das **Mangrove Forest Reserve Center** erreicht man vom KM 626,1 durch das lange Dorf Ngao hindurch, nach 3 km am 24-Std.-Resort scharf rechts und nach 4,7 km in die Einfahrt nach links hinein (nur Thai-Beschriftung, Eintritt frei). Im Besucherzentrum verteilen die freundlichen Angestellten informative Broschüren über das Mangrovenprojekt, das vor allem der Wiederaufforstung dient. Ein 800 m langer Lehrpfad führt durch einen intakten Mangrovenwald, in dem eine große Horde der Langschwanzmakaken zu Hause ist, die den maroden Plankensteg anscheinend nicht gern mit Menschen teilt.

Rechts voraus stürzt in der Regenzeit recht dramatisch der **Ngao-Wasserfall** in vielen Kaskaden einen glatten Felshang hinunter.

Der **Grass Hill Bald Mountain**, mit saftigem Gras bedeckte Hügel am KM 624, stellt eine *scenic area* für Thai-Touristen dar. Vom Wat am Fuße der Hügel führt ein Pfad zu einem Aussichtspunkt hinauf.

Am KM 620,1 zweigt eine Straße (2 km) zu den **Pornrang Hot Springs** mit einer gepflegten Bungalowanlage (s. S. 730) ab.

Nach 258 km ab Phuket ist am KM 614 die Abzweigung zur Innenstadt von Ranong erreicht.

Ranong ระนอง

Die Kleinstadt Ranong (24 000 Einwohner) am Petchkasem Highway ist eine überaus geschäftige Provinzhauptstadt mit stark chinesischem Einschlag. Die Stadt wurde vor etwa 250 Jahren von eingewanderten Hokkien-Chinesen gegründet, die sich wegen der nahen Zinnminen hier niederließen. Viele Burmesen aus Kaw Thaung (Victoria Point) kommen zum Einkaufen oder als Gastarbeiter nach Ranong, und die Stadt profitiert offensichtlich davon. Victoria Point bildet den südlichsten Punkt Myanmars. Ein Besuch ist möglich (s. S. 740).

Ranong besteht im Wesentlichen aus einer langen „Einkaufsmeile" über einen Hügel, der **Ruang Rat Road**. Schön ist der weitläufige (Nacht-)Markt im Zentrum. Rucksackreisende kommen vorwiegend nach Rayong, um ein Songthaew zum Hafen **Sapan Pla** zu nehmen, wo die Boote zu den Traveller-Inseln Ko Chang und Ko Phayam sowie nach Kaw Thaung in Myanmar abfahren. Es lohnt, morgens früh aufzustehen und an den Piers die heimkehrenden Fischer zu beobachten. Dass es in weiten Teilen der Stadt nach Fisch riecht, gehört zum Lokalkolorit.

Regenreiches Ranong

Ranong ist eine der regenreichsten und waldreichsten Provinzen in Thailand, was auch gleich an der üppigen Vegetation auffällt. Wegen seiner unzugänglichen, steilen Berge sind noch immer 70 % der Region mit Dschungel bedeckt. Von Mitte April bis Anfang Dezember ist Regenzeit, von Juni bis August gießt es in Strömen.

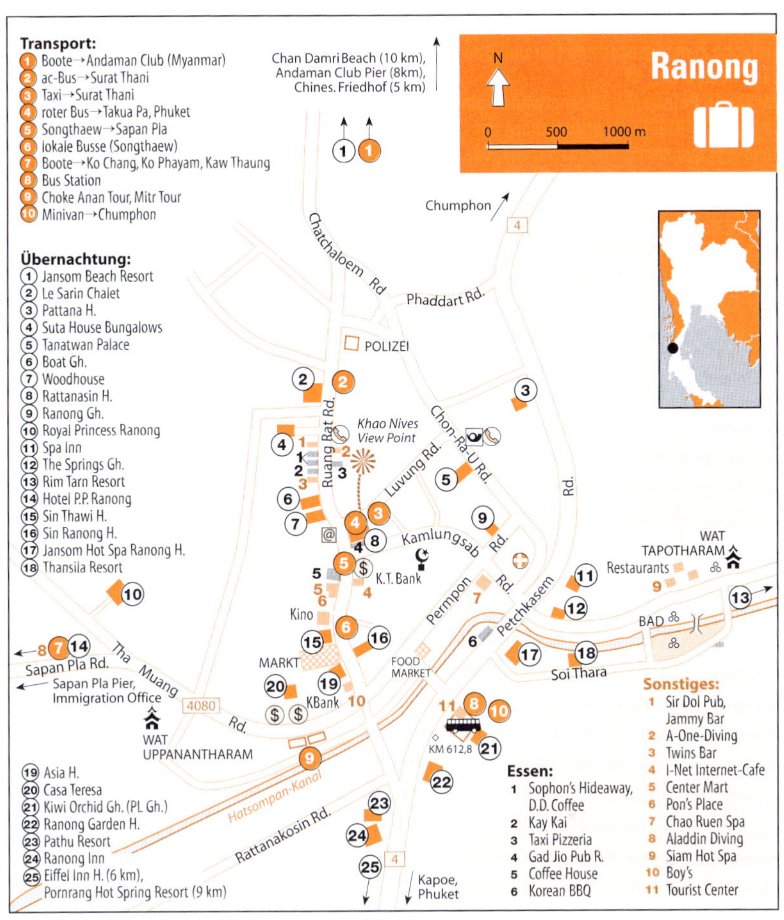

Die große Attraktion der Stadt ist die **Thermalquelle**, eine 65 °C heiße, schwefelfreie Mineralquelle, die am Fuße eines bewaldeten Berges im **Wat Tapotharam** entspringt. Man erreicht sie am Fluss entlang etwa 2 km nordöstlich der Stadt. Bäume im gepflegten Raksawarin-Park überschatten das Areal mit den drei Quellen, kleinen Bächen und Pools mit unterschiedlichen Wärmegraden. Hier kann man in aller Öffentlichkeit kostenlos die Füße baden und die warme Abdeckung des Pumpwerks für den Fango-Effekt nutzen.

Gegenüber dem Park bietet das neue, klinisch saubere Mineralbad **Siam Hot Spa** gepflegtes Badevergnügen mit Sprudelbecken, Sauna, Dampfbad und diversen Massagen (s. u.), alles nach Geschlechtern getrennt.

Übernachtung

Gästehäuser

Kiwi Orchid Gh. (PL Guesthouse) ㉑, 077-832812, www.kiwiorchid.com; das große, gelbe Haus direkt hinter dem Busterminal, einfache Zi mit Fenster zum Flur und Bad außerhalb, Restaurant. ❷

Tanatwan Palace ⑤, tanatwan@hotmail.com, 077-812212, Apartmenthaus mit schönem Swimming Pool, Zi mit ein oder zwei Betten, Fan oder AC, Du/WC. ❷–❸

Casa Theresa ⑳, 077-811135, 119/30 Tha Muang Rd., hinter der Siam Commercial Bank; saubere kleine Zi mit Fan, sehr ruhig, Gartenambiente, das an Bali-Resorts erinnert, gutes Restaurant. ❷

Bungalows, Resorts

Die folgenden Unterkünfte bieten ein Preis-Leistungs-Verhältnis, das für den touristischen Süden unschlagbar ist.

Suta House Bungalows ④, 077-832707, hübsche, kleine, saubere Bungalows in einer ruhigen Sackgasse, Restaurant. Motorradverleih 200 Baht/Tag. Der Manager, Mr. Ood, ist sehr um seine Gäste bemüht. Sehr beliebt, daher voriger Anruf ratsam. ❷, AC ❸

Le Sarin Chalet ②, 306 Ruang Rat Rd., 077-825725, www.lesarinchalet.com, 300 m weiter, sehr ansprechende Hotelanlage, auch für gehobene Ansprüche, gediegene AC-Zi, sehr empfehlenswert. ❸

Thansila Resort ⑱, 077-823405, www.geocities.com/thansilaresort, direkt am Fluss, ruhig gelegenes Stadthaus, saubere Zi mit Du/WC und Fan oder AC, Flusszimmer mit schöner Sicht in die Natur. Sehr zu empfehlen. ❷–❹

Pornrang Hot Spring Resort ㉕, 077-825946, 8 km südlich der Stadt, beim KM 620,1 in die Seitenstraße hineinfahren und noch 2 km geradeaus, 10 schöne, gepflegte Bungalows mit Terrasse direkt über dem Steilufer des Flusses, Du/WC mit Mineralwasser, wenige Meter zu gefassten heißen Quellen (200 Baht/Pers.), absolut ruhige Lage. AC ❹

Hotels

Die 4 Stadthotels an der lauten Hauptstraße, der Ruang Rat Rd., haben ihre beste Zeit hinter sich. Die besten großen Hotels liegen am H4 oder weiter außerhalb:

Eiffel Inn Hotel ㉕, 160/1 Petchkasem Rd., 077-823271, eiffelinn@yahoo.com, südlich der Stadt am H4 am KM 619,4. Auf vornehm gestyltes AC-Hotel mit 37 hervorragend eingerichteten Zi und 10 Bungalows. Hoher Rabatt möglich. ❹–❺

Jansom Hot Spa Ranong Hotel ⑰, 2/10 Petchkasem Rd., www.JansomHotSpaRanong.com, 077-822516-9, am H4; hat seine besten Tage hinter sich, 220 ältliche Zi und Bungalows mit AC, TV, Bad. Restaurant mit Live-Musik, Café, Nachtclub, Pool (6–9 Uhr und ab 16 Uhr, 300 Baht für Nicht-Gäste). 2 heiße Sprudelbäder, nach Geschlechtern getrennte Jacuzzis. ❹–❻

Royal Princess Ranong ⑩, 41/144 Tha Muang Rd., 077-835240, www.royalprincess.com, 4-Sterne-Hotel, 139 AC-Zi, Restaurant und Pool. ❺

Schöne Zimmer in exotischem Garten

Pathu Resort ㉓, 077-823749, www.pathuresortranong.com, am KM 614 neben dem Ranong Inn, zurückversetzt in einem ruhigen Garten, 12 schöne, saubere AC-Zi in einem 2-stöckigen Reihenhaus, in einem separaten Häuschen 4 wunderschöne Suiten mit hübschen, halboffenen Bädern mit Moskitonetz, viele Sitzgelegenheiten, separates Frühstücksrestaurant, neuer Pool, Internet gratis, Visa Run für 500 Baht, Spa Discount für das Siam Hot Spa, sicheres Parken im Innenhof. Der freundliche Mr. Pusit spricht sehr gutes Englisch. Absolut empfehlenswert. Zimmer ❸, Suiten ❹

Essen

Wer aus den Touristenorten nach Ranong kommt, stellt überrascht fest, dass es in allen Restaurants nur die Hälfte der gewohnten Preise zu kosten scheint, und das bei hervorragender Qualität.

Am nördlichen Ende der Ruang Rat Rd. hat sich eine abendliche Flaniermeile mit preiswerten, guten Restaurants, netten Bars und Pubs etabliert. Am Sonntagabend von 17 bis 22 Uhr wandelt sie sich zur *Walking Street Ranong*.

Sophon's Hideaway, www.sophonshideaway.com, nebenan, ist ein nettes Gartenrestaurant

Heiße Quellen

Baden kann man in öffentlichen Pools im Park an den Quellen kostenlos; im Badehaus an den Quellen, in Gemeinschaftsbecken, nach Geschlechtern getrennt, oder in Einzelkabinen. Alles penibel sauber, mit Orchideen geschmückt. 100 Baht inkl. Handtuch und Dampfbad.
Gepflegtes, preiswertes Badevergnügen bietet das neue, klinisch saubere Mineralbad **Siam Hot Spa**, ☏ 077-813551, gegenüber dem Park mit Sprudelbecken, Sauna, Dampfbad (300 Baht), Thai Massage (300 Baht), Aroma Body Oil Massage (500 Baht) und Foot Reflexology (200 Baht), alles nach Geschlechtern getrennt.
In der Stadt liegt das neue **Chao Ruen Spa**, ☏ 077-812524, Eintritt für 120 Min. 450 Baht, wo auch therapeutische Anwendungen angeboten werden: z. B. 90 Min. Thai Massage (300 Baht), 90 Min. Aroma Body Oil Massage (350 Baht), 60 Min. Reflexology (150 Baht), 45 Min. therapeutische Massage (150 Baht), 30 Min. Hydrotherapie (300 Baht), ebenfalls nach Geschlechtern getrennt.

mit Bar und angenehmer Rattan Lounge, viele exzellente europäische Gerichte.
Kay Kai Internet and Cafe, 293/6 Ruang Rat Rd., bietet preiswertes Essen und tolle Shakes. Vermietet Mopeds für 200 Baht/Tag.
Im **Gad Jio Pub & Restaurant** , 204 Ruang Rat Rd., gibt es beim Franzosen Jeff und seiner Frau Mattana gute westliche Gerichte.
Das **Coffee House** (Ban Gafae), 173 Ruang Rat Rd., ☏ 077-822447, zwischen dem Sintavee Hotel und 7eleven, ist ein schöner Platz zum Frühstücken.
Gegenüber vom Jansom Hot Spa gibt es ein **Korean-BBQ** mit *„all you can eat"* für 80 Baht – gegrillt und gekocht wird auf einem in den Tisch eingelassenen, kohlebefüllten Topf.

Sonstiges

Geld

Geldautomaten gibt es am Anfang der Ruang Rat Road, die am Markt vorbeiführt.

Informationen

Im Internet unter 💻 www.kiwiorchid.com (englisch).
Gute Hintergrundinformationen bietet 💻 www.ranong.go.th/english/index.htm (aber veraltete Preise). Kompetent beraten die netten Leute im **Tourist Center** am Bus Terminal, ☏ 077-812788. ⏲ Mo–Fr 8.30–20, Sa 8.30–16.30 Uhr.

Immigration

800 m vor dem Hafen Sapan Pla rechts, schließt pünktlich um 18 Uhr. Ein weiteres Büro am Pier für den Andaman Club schließt um 17 Uhr.

Mopeds

Pon's Place, ☏ 077-823344, 129 Ruang Rat Rd., **Boy's Motorcycle**, ☏ 077-811116, Ruang Rat Rd., und der Coffee Shop **Kay Kai** vermieten Mopeds für 200 Baht/Tag.

Reisebüros

Pon's Place, 💻 www.ponplace-ranong.com, ☏ 077-823344, organisiert Mietwagen, Flugtickets, Inseltransfer, Visa-Run, bucht Gästehäuser auf Ko Phayam, serviert originales Thai-Essen und hat Internet. ⏲ 7.30–21 Uhr.
Boy's, ☏ 081-3269466, ✉ boy_ranong@hotmail.com, neben dem Markt, dieselben Leistungen.

Tauchen

A-One-Diving, 256 Ruang Rat Rd., ☏ 077-832984, 💻 www.a-one-diving.com; von Okt bis April Live-aboard-Tauchtouren mit 3 Booten nach Ko Surin, Richelieu Rock, Ko Bon, Similan Islands ab 3 Tage/2 Nächte für 11 900 Baht bis 5 Tage für 18 900 Baht sowie Tauchfahrten zum Mergui-Archipel in Myanmar ab 16 900 Baht für 3 Tage/2 Nächte, 9 Tauchgänge. PADI-Kurse finden auf dem Boot statt.
Aladdin Dive Cruise, ☏ 077-813698, 💻 www.aladdindivecruise.de, am Ko Phayam Pier, bietet Tauchsafaris zu den Similan- und Surin-Inseln ab 15 400 Baht für 4 Tage/3 Nächte sowie eine Tauch-Safari nach Myanmar ab 27 900 Baht für 5 Tage/6 Nächte, vermietet Tauchausrüstung und veranstaltet PADI-Tauchkurse ab 8900 Baht.
AIDC Dive, am Bus Terminal, ☏ 077-834824, 💻 www.aidcdive.com, bietet Live-aboards von 1 bis 8 Tagen in Thailand und Myanmar.

Visa-Run

Big Boat Visa-Run, Sapan Pla Rd., 💻 www.visa-tour.com, 200 m hinter dem Immigration Office, Abfahrt um 8.30, 10, 11.30 und 13 Uhr, 300 Baht p. P. (mind. 4 Pers.), 500 Baht inkl. Abholung vom Hotel, Charter 1500 Baht.

Nahverkehr

In Ranong verkehren von 6–18 Uhr mehrere **Minibuslinien** (Songthaews) für 11 Baht pro Strecke: Nr. 1 zwischen Markt und Bank, Nr. 2 (rot) vom Markt zu den Thermalquellen, Nr. 3 (rot) vom Markt zum Hafen, Nr. 3, 4 und 6 zum Sapan Pla (für Ko Chang, Ko Phayam, Kaw Thaung) für 15 Baht.

Motorradtaxis finden sich überall in der Stadt für 30 Baht.

Transport

Busse

Die Bus Station liegt draußen am H4. Mit dem grünen Songthaew (11 Baht) von der Stadt zu erreichen. In der Innenstadt an der Tha Muang Rd. liegen die Büros der Busgesellschaften **Choke Anan Tour**, ✆ 077-812128, und **Mitr Tour**, ✆ 077-811140, bei denen ein VIP-Bus nach Bangkok startet.

Nach BANGKOK (583 km) mit 2. Kl. AC-Bus 10x tgl. von 5–20.30 Uhr für 333/357 Baht, AC-Bus um 20 Uhr für 428 Baht, VIP-24-Bus um 20 Uhr für 665 Baht in 8 Std.

Nach CHUMPHON mit **Rungkit Tour** um 13, 17, 19 und 20.50 Uhr für 120 Baht, mit Van von 7–12 Uhr jede volle Std. sowie um 13.30, 14.30 und 15.30 Uhr für 120 Baht (Infos beim Kiwi Orchid Gh., wo der Van auch hält).

Nach PHANG NGA und KRABI mit 2. Kl. AC-Bus 435 um 6, 7, 10 und 12 Uhr für 150 bzw. 210 Baht in 6 Std. über TAKUA PA (120 Baht).

Nach PHUKET mit **Rungkit Tour** um 8, 10.30, 12.30 und 14.30 Uhr für 230 Baht über TAKUA PA (140 Baht) und KHAO LAK (160 Baht, 3 Std.).

Nach PHUKET 2. Kl. AC-Bus 430 um 5, 6, 14.30, 16.30 und 18.30 Uhr für 240 Baht.

Nach TAKUA PA mit 2. Kl. AC-Bus um 14 Uhr für 120 Baht (Tickets im Bus).

Nach SURAT THANI AC-Bus um 8.30 und 14 Uhr für 170 Baht in 4 Std.; AC-Minibus (Van) von 6–11 Uhr jede volle Std. sowie um 13.30, 14.30 und 15.30 Uhr für 180 Baht.

Nach HAT YAI AC-Bus um 6, 10 und 20 Uhr für 410 Baht in 8 Std.

Vom lokalen Songthaew-Stopp an der Ruang Rat Rd. fahren Minibusse u. a. zum Hafen von Khura Buri.

Flüge

Der Flugplatz liegt 20 km südlich direkt am H4 (KM 634). Zurzeit gibt es keine Flüge nach Ranong.

Ko Chang เกาะช้าง

Das „andere" Ko Chang liegt 18 km südlich von Ranong in der Andamanensee. Nur 80 Familien, deren Vorfahren vor zwei Generationen von Ko Samui und Ko Pha Ngan kamen, etwa 300 Thais sowie 30 in den Bungalowanlagen tätige burmesische Gastarbeiter, leben auf der hügeligen Insel. Sie ist im Tiefland von Gummiplantagen und an den Berghängen von Dschungel bedeckt. An der seichten Ostküste wachsen Mangroven, während die felsige Westküste eine große, flache Bucht und sieben kleine Buchten bildet, an denen Cashew- und Kokosplantagen gedeihen. Dort liegen auch die Sandstrände, die seit einigen Jahren immer mehr Reisende anziehen. Sie suchen friedliches, uriges Leben und verzichten gern auf die Annehmlichkeiten der Zivilisation, denn auf der abgelegenen Insel gibt es weder Straßen noch elektrische Leitungen. Strom wird stundenweise mittels Generatoren oder kleinen Solaranlagen erzeugt – eine Spende der Regierung.

Von Dezember bis April können genügsame Traveller in einfachen Bungalowsiedlungen für 200 bis 400 Baht billig unterkommen. Während des Monsuns sind nicht alle Anlagen geöffnet, da die kleinen Boote bei Wellengang nicht fahren können.

Übernachtung

Es gibt 30 einfache Bungalowanlagen mit ähnlichen Preisen: Ein Bungalow mit Terrasse, Moskitonetz und einfacher Du/WC kostet

Das „andere" Ko Chang ist anders

Auf Ko Chang kultivieren die meisten Gäste ihre Auszeit von der Zivilisation. Sie sind keine Traveller, sondern *Regulars*, die monatelang hier leben. Sie haben die naturbelassene Einfachheit zum Kult erhoben. Der Bungalow wird auf die Basis reduziert: kein Handtuch, kein Klopapier, zumeist kein Licht, aber Kerzen. In allen Bungalowanlagen, betrieben von lokalen Familien, wird der Gast als Mensch wahrgenommen. Reisende, deren erste Frage dem Internet gilt, die gleich ein Moped mieten wollen und sich über das fehlende elektrische Licht mokieren, sind hier nicht willkommen. Die Einheimischen möchten den einfachen, naturnahen Charakter der Insel im Einklang mit ihren Gästen bewusst bewahren. Für weitere Bungalows gibt es keine Arbeitskräfte und für mehr als 300 Bewohner keinen Platz auf Ko Chang. Weitere Zuwanderer und anspruchsvolle Touristen benötigen auch mehr Wasser, das schon heute nur gerade so ausreicht.

200–300 Baht, in der Nebensaison bei längerem Aufenthalt 20 % Rabatt. Die Preise in den Restaurants sind nicht hoch, das Essen ist gut bis hervorragend, die Portionen machen satt. Keine Musikbox, kein Fernseher und kein Video stören die angenehme Atmosphäre. Dies ist weder eine Insel für Drogenkonsumenten noch für anspruchsvolle Gäste.

Nordwestliche Strände

Hier gibt es einige kleine, abgelegene Strände mit herrlich weißem Sand.

Sea Eagle Resort ①, ✆ 081-8945665, ✉ amnat8@hotmail.com; nahe an der Nordspitze, einige einfache Hütten mit Du/WC unter riesigen, schattigen Bäumen, kleiner Strand, Vorsicht beim Schwimmen. ❷

Hornbill Bungalows ②, ✆ 077-820134, gute Anlage mit wenigen Hütten, z. T. am Hang, kleiner Strand, viele vorgelagerte Felsen. ❷

Contex Resort ③, ✆ 077-820118, 5 kleine A-frame-Hütten, die teils nur kletternd erreichbar sind. Nur zu erreichen per Boot

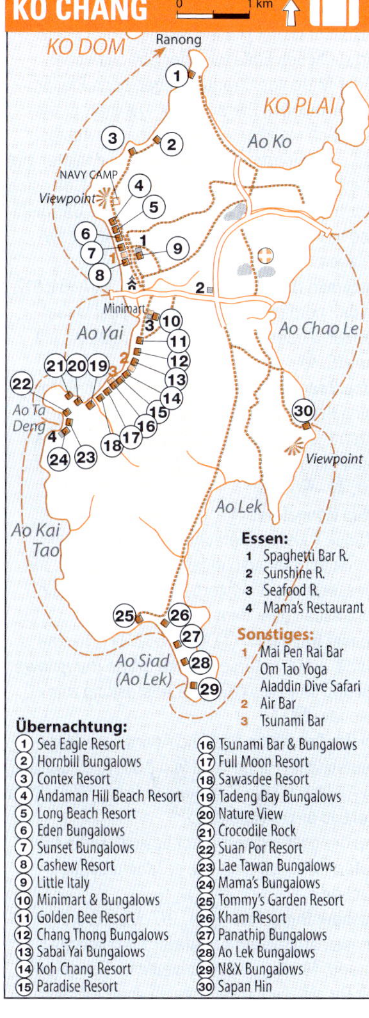

oder auf einem Fußweg von 20 Min. über einen Berg durch Dschungel und Plantagen zum Ao Yai. ❷

Ao Yai

Die meisten Anlagen liegen an dieser 3 km langen Bucht, deren nördlicher Teil aus einem

1,5 km langen, recht festen, gelblichen Sand besteht. Der daran angrenzende felsige Abschnitt ist mit kleinen Stränden durchsetzt. Am südlichen Ende wird der Strand flacher. In der Mitte des Strandes ragen noch Pfeiler des verfallenen Piers heraus. Dahinter erstrecken sich ein alter, aus Holz erbauter Tempel und ein steinerner Neubau. Schräg dahinter gibt es einen Minimarkt und ein Restaurant, das sich zum Traveller-Treff entwickelt hat. Die Getränke sind hier etwas billiger als in den Bungalowanlagen.

Andaman Hill Beach Resort ④, ✆ 087-9345912; an den nördlichen bewaldeten Hügel hinauf gebaut, 8 neue, schöne Stein-Bungalows mit Du/WC. ❸

Long Beach Resort ⑤, ✆ 087-2830108; 9 Holz-Bungalows mit Du/WC; Essplatz direkt am Strand, laotische Küche, Kaffeebar mit Selbstbedienung. Familienbetrieb. Ganzjährig geöffnet. ❷–❸

Eden Bungalows ⑥, ✆ 077-835375 (Ranong Office); 8 kleine, einfache, eng beieinander stehende Bambusbungalows, Hocktoilette mit Wassertonne. 6 billigere Zimmer mit Gemeinschaftsbad über dem Restaurant. ❷

Sunset Bungalow ⑦, ✆ 077-820171, 16 einfache, nette, unterschiedlich große Bungalows mit und ohne Du/WC; gute Ausrüstung zum Fischen. ❷

Im **Om Tao** bieten Ralf und Andrea aus Norddeutschland Hatha Yoga von 8.30–10.30 Uhr und 16–18 Uhr, Tai Chi (Taiji) und Qi Gong. Wir hörten viel Lob über die beiden.

Bei der gemütlichen Tauchbasis **Aladdin Dive Safari** (s. u.) kann man u. a. Tauchausflüge buchen.

Cashew Bungalow ⑧, ✆ 077-820116, die älteste, größte, gut organisierte Anlage am Strand, 40 billige, unterschiedliche Bungalows mit Du/ WC liegen verstreut in einer Cashew-Plantage. ❷

Little Italy ⑨, ✆ 077-820116, ✉ daniel060863@yahoo.it; 200 m weit vom Strand. Spaghetti Bar und 2 große Steinbungalows. Daniel spricht gut Englisch, Italienisch und Deutsch. Sehr ruhige Lage. ❸

Minimarket & Bungalows ⑩, ✆ 077-820083, hinter dem Tempel, mit Seafood-Restaurant. ❷

Golden Bee Bungalow ⑪, ✆ 087-8899613, liebevoll gestaltete Anlage mit 20 hübschen, z. T. baufälligen Hütten mit und ohne Du/WC unter Leitung der netten Mrs. Doi. ❷

Chang Tong Bungalows ⑫, ✆ 077-820178, einfache Holzhütten und sehr schöne Holzbungalows unter alten, großen Kasuarinen. ❶–❷

Danach beginnt die 200 m lange Felsnase ohne Strand.

Sabai Yai ⑬, ✆ 086-2784112, verschiedenartige, nette Bungalows auf Pfählen, z. T. am Hang, mit Du/WC und Licht. ❷

Die ruhige **Air Bar** steht auf einem Felsen über dem Strand.

Koh Chang Resort ⑭, ✉ sound_of_sea9@yahoo.com, ✆ 081-8961839, 15 gute Hütten auf einem Felsen, nur über weitere Felsen zu erreichen, mit Strom und Du/WC, große Terrassen. ❷

Paradise Resort ⑮, ✆ 081-0783143, 11 Hütten am steilen Hang, mit Neonlicht oder Kerzen, mit und ohne Du/WC, Restaurant am Strand, kleiner, von Felsen durchsetzter Sandstrand. ❶–❷

Chai betreibt die nette **Tsunami Bar**, ⑯, in die großen Bäume am Strand baut er einige Baumhäuser, Du/WC unten neben der Bar. ❷

Full Moon ⑰, ✆ 077-820130, sehr einfache Holzbungalows mit Moskitonetz, Kerzen, sehr einfachem Bad. ❶–❷

Tadeng Bay Bungalows ⑲, einfache Hütten jenseits des Bachs, über den eine Holzbrücke führt, am Hang mit wunderschönem Blick über die Bucht. ❶ ❷

Nature View ⑳, wenige saubere, geräumige Holzbungalows auf den Felsen am Ende des Strandes mit gutem Meerblick. ❷

Crocodile Rock ㉑, ✆ 084-8375089, einfache Hütten am Hang mit schöner Sicht. ❷

Ao Ta Daeng

Über einen kleinen Hügel gelangt man durch lichten Wald nach 10 Min. zur kleinen Ao Ta Daeng-Bucht. Der etwa 200 m lange, flache Strand mit gelbgrauem Sand wird von Felsen eingerahmt. In der Regenzeit ist er ungeschützt gegen Wind und Wellen und sehr einsam. Regelmäßiger Bootsverkehr in der Saison, Abholung um 7.30 und 13.30 Uhr. Transfer nach Ao Siad (Ao Lek) für 150 Baht.

Suan Por Resort ㉒, 10 einfache, hübsche Bambusbungalows auf Pfählen mit Du/WC, alle mit Meersicht, kein Strom. ❷

Lae Tawan Bungalows ㉓, ✆ 086-9539453, ✉ dawane2002@hotmail.com, etwa 15 ebenerdige, ältliche Stein-Holz-Bungalows mit Du/WC am Strand und versteckt in den Bäumen am Hang. ❷

Mama's Bungalows ㉔, ✉ mamasbungalows@yahoo.com, ✆ 077-820180, in toller Natur am Ende der Bucht, 12 liebevoll gestaltete Holz-Bambus-Stein-Bungalows am Hang mit europäischer Toilette, ausgestattet mit Moskitonetz, Kerzen und Lampe. ❷

Ao Siad

Eine kleine, halbrunde, mit Felsen durchsetzte Bucht im Süden der Insel (von den Einheimischen auch Ao Lek genannt). An der südlichsten Spitze herrschen lebensgefährliche Strömungen. Am besten zu erreichen mit dem Ko Phayam-Boot, von dem man auf Anruf per Longtailboot abgeholt wird.

Tommy's Garden Resort ㉕, ✆ 086-2698752, an einem eigenen kleinen Strand, wenige Bungalows mit Du/WC. ❶–❷

Panathip Bungalows ㉗, ✆ 086-2781288, 100 m weiter, einsame, sehr ruhige Anlage, 6 Bambusmattenbungalows direkt am Strand, großes Bett mit guter Matratze, dichtes Moskitonetz sowie Bad mit Dusche, Thai-Bad und westlicher Toilette, Terrasse mit Hängematte. Bei Anruf Abholung vom Pier in Ranong. ❷

Ao Lek Bungalows ㉗, ✆ 089-2915831, einfache Bungalows. ❶–❷

N&X Bungalows ㉙, ✆ 077-825752, einfache, sehr ruhige Hütten, ziemlich hohe Preise für Essen und Getränke, herzliche Familie. Speedboot-Service. ❷

Sonstiges

Dorfladen

Hier gibt es außer Zigaretten und Seife auch leckeres Essen und ein Telefon.

Fahrräder

Um die Ruhe der Insel zu erhalten, gibt es keine Motorräder zu mieten, wohl aber Fahrräder.

Mama's Drei-Sterne-Restaurant

Wer Mama's Speisekarte zum ersten Mal aufschlägt, meint zu träumen: Da stehen fein säuberlich fantastische Gerichte aus aller Welt zu typischen Thai-Preisen. Gäste kommen von der ganzen Insel, Thais wie Touristen, um Mrs. Sois Kochkunst zu frönen. Beigebracht hat ihr die feine Küche ein waschechter Bayer, Franz, genannt Lung Chang, wegen seiner kräftigen Gestalt. Ob Shrimps-Tempura, Cordon Bleu vom Kartoffelpuffer, Steak mit grünem Pfeffer und Zwiebeln auf französische Art oder ein Fondue Bourguignonne, jedes Gericht für nur 100 Baht ist eine kulinarische Offenbarung. Dazu trinkt man ein Lassi für 50 Baht oder gleich ein Caipirinha im Maßkrug für 120 Baht, während man die Sonne hinter den burmesischen Inseln untergehen lässt. Übrigens: 100 Baht sind gerade mal 2,20 €.

Gesundheit

Ko Chang gilt seit 2005 als malariafrei.

Die Schlangen, die sich manchmal auch in Hütten verstecken, sollte man besser nicht melden. Die Einheimischen erschlagen sie sonst. Sie können zwar giftig sein, sind aber nicht angriffslustig. Am besten vorsichtig vertreiben und nicht in die Enge drängen!

Tauchen

Aladdin Dive Safari, ✆ 077-820472, 💻 www.aladdindivesafari.com, am Ao Yai, bietet 3- bis 9-tägige Tauchtouren nach Ko Surin und Similan, bei denen auch Schnorchler mitgenommen werden. Das flache Boot soll besonders langsam und wellenempfindlich sein.

Telefon

In fast allen Anlagen wird Telefon-Service angeboten.

Transport

In der Saison fahren mehrere **Longtail-Boote** für 100 Baht p. P. von 9–14 Uhr (manchmal bis 16 Uhr) am Hafen SAPAN PLA ab. Die zumeist sehr nasse, aber schöne Fahrt (1 Std.) geht zu allen Bungalowanlagen an der Westküste bis Ao Ta Deng, zurück von den Bungalowanlagen ab 7–8 Uhr. Man steigt ins Wasser aus und wird schon mal bis zur Hose nass.

Während der Saison fährt das **Taxiboot** von **Rungamarin**, ✆ 089-2599251, vom und zum Ko Chang New Pier, ab RANONG um 13 Uhr, ab Ko Chang um 8.30 Uhr, 100 Baht p. P.

Wer am Nachmittag zu spät am Hafen ankommt, kann ein Boot chartern für 1200 Baht.

Das große **N&X-Boot** fährt zur Ostküste und zum AO SIAD (auf Wunsch Stopp am Sapan Hin), dann weiter nach KO PHAYAM. Wer zur Westküste will, zahlt weitere 100 Baht für den Transport.

Das **Ko Phayam-Boot** (s. u.) hält auf Anfrage vor der Ao Lek-Bucht, wo man in ein herbeigerufenes Longtailboot umsteigt.

Zum Hafen SAPAN PLA fährt man mit dem Songthaew Nummer 3, 4 oder 6 ab Ranong (4 km), steigt vor dem Tor am Gebührenhäuschen *(Toll Booth)* aus, geht nach links 300 m die Straße durch Wohngebiet bis zum Pier am Fluss runter, wo die Boote liegen.

Ausflüge von Ko Chang nach KO PHAYAM und zu kleineren Inseln werden ab 200 Baht p. P. angeboten.

Golden Bee, ✆ 089-8733442, bietet Transport nach Ko Phayam für 1200 Baht pro Boot.

Ko Phayam เกาะพะยาม

Die Insel Ko Phayam (gesprochen: Ko Pa-**yahm**) ist landschaftlich sehr schön und beliebt bei Reisenden, die nicht ständig Ablenkung brauchen, sondern sich auch selbst beschäftigen können. Die Insel hat an den drei bergigen Landenden noch sehr gut erhaltenen, dichten tropischen Urwald, das Mittelland ist bedeckt von langsam wachsendem, knorrigem Baumbestand, relativ niedrigen Palmen und vielen Cashewbäumen. Die Fischer der Insel fangen in den umliegenden Gewässern vor allem Garnelen, v. a. die besonders leckeren Black Tiger Prawns.

Die langen Sandstrände sind recht sauber und laden zum Baden und Schnorcheln sowie zu Kajakfahrten ein. Ko Phayam erweckt den Eindruck wie Ko Samui in den 80er- oder Phuket in den 70er-Jahren, aber im Kleinformat – so wird sie auch im Internet beworben.

Das nette Dorf im Osten ist das soziale Zentrum der Insel. Hier gibt es eine Post, das Bürgermeisteramt, eine Tempelanlage und den Pier, an dem alle Boote anlanden. In Internet-Cafés kann man Kontakt zur Außenwelt halten, man kann Obst und Gemüse einkaufen (relativ teuer, da alles vom Festland hertransportiert werden muss) und andere Reisende bei einem Bier in Oscar's Bar treffen. Auch Restaurants mit Thai-Essen, einige Mopedvermieter, ein Reisebüro mit Internet und eine Tauchschule fehlen nicht. Vom Pier führt eine autobreite Betonstraße fast bis in den Norden der Buffalo Bay, an der zentralen Kreuzung beim J.P. Minimart biegt sie nach links zum südlichen Buffalo Beach ab. Alle anderen Betonstraßen sind kaum 1 m breit. Einziges Transportmittel sind Motorradtaxis, die Traveller mit Rucksäcken meisterhaft und sicher zu allen Stränden bringen. Kofferträger haben es schwer, zu ihrem Bungalow zu gelangen.

Bungalows

Auf Ko Phayam gibt es insgesamt 30 Bungalowanlagen, die sich locker auf alle Strände verteilen. Fast alle Bungalows sind aus Naturmaterialien, Stein oder Erdziegeln gebaut. Alle verfügen über einen Balkon oder eine Terrasse und ein Bad mit Dusche und Sitzklo. Sie kosten 200 bis 800 Baht pro Nacht, die teuren besitzen Solarstrom. Sie liegen ruhig im Schatten von Palmen oder Laubbäumen, zumeist mit Meersicht. Alle Anlagen haben ein Restaurant mit gutem, nicht ganz billigem Essen, häufig kommen frisch gefangener Fisch oder frische Garnelen auf den Tisch. Die Preise auf den Speisekarten beginnen zumeist bei 90 bis 100 Baht für ein Gericht.

Reisezeit

Die Insel kann das ganze Jahr über besucht werden, doch im Monsun fährt von Mai bis Mitte Oktober nur das Nachmittagsboot. In der Hauptsaison von November bis April kann es durchaus vorkommen, dass alle Bungalows belegt sind, eine telefonische Voranmeldung ist v. a. über Weihnachten/Neujahr und zu Ostern angeraten.

Übernachtung

Ao Khao Kwai (Nord)

Die tiefe Bucht im Norden der Westküste (unter Travellern *Buffalo Bay* genannt) wird durch zwei Felsenhügel mit malerischen Felsdurchbrüchen in zwei unterschiedliche Hälften geteilt. Nur bei tiefer Ebbe kann man über die Felsen von einer Bucht zur anderen klettern. Die nördliche Hälfte bietet einen breiten, idealen Badestrand mit weißem, feinem Sand, wo Baden fast immer möglich ist. Sonnenbaden ist hingegen weniger angesagt, da der Sand auch bei Ebbe meist feucht bleibt. Die Bungalows liegen durchweg am Hang über dem Strand. Viele bieten einen tollen Blick auf die Inseln von Myanmar, hinter denen die Sonne oft herrlich untergeht.

Archanpan Bungalow ①, ✆ 086-4703321, ✉ archanpan@yahoo.com, sehr schöne Anlage unter urigen, alten Bäumen am nördlichen Hang, unterschiedliche Bungalows, kleine Solaranlage. ❷–❸

Sunset Bungalow ③, ✆ 077-823278, schmale Anlage am Hang, einfache Bungalows aus Bambus und Schwemmholz; schöner Strand. ❸

Gold Key Bungalow ④, ✆ 086-4705572, nette, ruhige Anlage am Hang, 12 gute Holz- und Bambusbungalows mit weitem Abstand, Hängematten, Fan, harte Matratzen. ❸

Cashewnut Garden ⑤, ✉ jansombeach@yahoo.com, ✆ 077-835317; breite Anlage unter mediterran wirkenden Bäumen, 20 Holzbungalows mit Naturdächern in 2 Reihen am Hang. ❸

Sai Thong Bungalow ⑦, ✆ 077-820466, ✉ saithong_ranongth@yahoo.com, direkt daneben, 5 einfache Bungalows, oben Bambusmatten, unten Stein, die vorderen haben tollen Meerblick. ❷

Contact Bungalow ⑧, 5 neue Hütten aus Holz und Bambus auf dem südlichen Hügel, schöner Ausblick vom Restaurant. ❷

Ao Khao Kwai (Süd)

Die südliche Hälfte der tiefen Bucht fällt bei tiefster Ebbe an Vollmond bis zu 700 m weit hinaus trocken, das lädt zu Wattwanderungen ein. Auch das Land, auf dem die Bungalows stehen, ist ganz flach. Der weiße, feine Sandstrand ist 1 km lang. Zu Fuß sind es 40 Min. ins

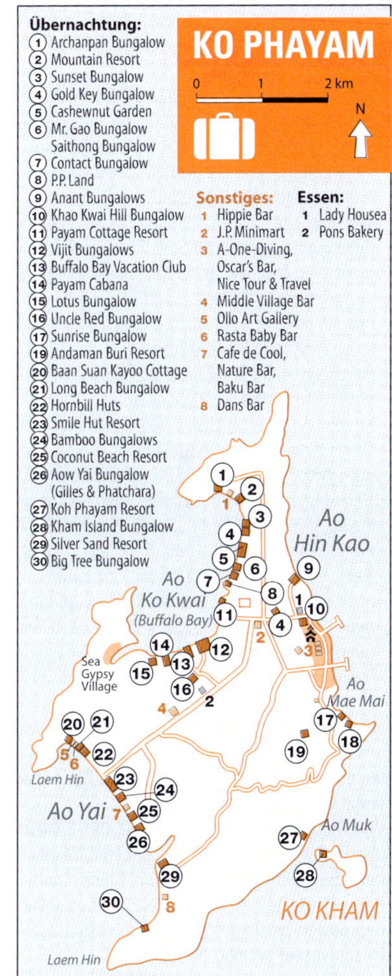

Dorf; während der Regenzeit ist der Weg oft überflutet.

Khao Kwai Hill Bungalow ⑪, einige betagte Hütten auf dem Hügel im Schatten großer Laubbäume, sehr ruhig. ❷

Payam Cottage Resort ⑫, ✆ 077-870200, 💻 www.payamcottage.com, entsetzliche Anlage auf einem großen, kahl geschlagenen Grund-

Zu Gast bei Mr. Gao

Mr. Gao Bungalow ⑥, ✆ 077-823995, 💻 www.mr-gao-phayam.com, 12 Jahre alte, nette Anlage auf großem Grundstück, 5 kleine Bambushütten am Hang und 3 größere Bungalows unter üppig exotischer Vegetation, weit auseinander stehend, viele Ablagen. Angenehmes Restaurant direkt am schönen Strand, mit Stützmauer, Sitzgruppen; beste Küche unter Leitung der erfahrenen Weena, fangfrischer Fisch, leckere Salate, schmackhafte Sandwiches, köstliche Shakes, tolle Trinkkokosnuss. Angenehmer Service mit Early Morning-Tee auf der eigenen Terrasse, Spezialität ist grüner Tee, gute Kuchenauswahl, bestens der Spicy Yoghurt Cake. Satelliten-Internet. Mountainbikes, Kajaks (500 Baht pro Std.). Der freundliche Mr. Gao offeriert Schnorcheltouren nach Ko Chang (6 Std., 1800 Baht) und Ko Kam (8 Std., 3000 Baht ohne Essen), *Fishing and Snorkelling* (1800 Baht, Leihausrüstung), Charterboot nach Ranong (2500 Baht). Tickets aus Ranong werden gegen 50 Baht Gebühr auch für Nicht-Gäste organisiert. ❷–❸

stück, wo die 31 identischen Bungalows in zwei exakt ausgerichteten Reihen in der Sonne braten und auf Gäste warten, die 24 Std. Generatorstrom brauchen. ❹–❺

Vijit Bungalows ⑬, ✆ 077-834082, 081-2704801 (Mr. Pot), 💻 www.kohpayam-vijit.com, 24 saubere Bambusbungalows mit Fan, Moskitonetz, Hängematte, teils auch aus Holz und aus selbst gepressten Erdziegeln; ab Februar wird das Duschwasser brackig. ❷–❸

Lotus Bungalow ⑯, ✆ 087-1183504, 💻 www.waterlilyresort.com, hinter Vijit 200 m vom Strand auf einem Hügel, 18 nette Bungalows aus Bambusmatten und Holz mit schöner Aussicht über die Bucht, gut ausgestattet mit Fan und Moskitonetz. ❷

Payam Cabana ⑮, ✆ 086-0231304, 💻 www.payamcabana.com, ruhige Anlage am Ende der Bucht, 15 Bungalows aus groben Bambusmatten und Stein, mit Moskitonetz. Strom vom Generator, der nicht stört. ❷

Ao Yai

2,5 km lange, flache Bucht an der Westküste mit einem breiten, schönen, weißen Sandstrand mit niedrigem Wald dahinter. An den felsigen Enden der Bucht und bei der kleinen Insel kann man gut schnorcheln. Bei hoher Flut ist das Wasser recht trüb, sonst etwa 6–10 m Sicht. Häufig gibt es an diesem Strand größere Wellen, auf denen man mit Body-Surf-Brettern, die viele Anlagen zur Verfügung stellen, gut reiten kann. Auf dem festen Sand nahe am Wasser fahren gelegentlich Motorradtaxis vorbei, was sensible Naturen nerven kann.

Baan Suan Kayoo Cottage ⑳, ✆ 081-7612561, 💻 www.gopayam.com, am nördlichen Ende der Bucht, sehr ruhig gelegen, 14 Hütten aus Bambusstangen mit Palmblattdach und 6 bessere Bungalows aus Holz, Balkon mit Hängematte, weit verteilt im urwüchsigen Baumgarten. Reservierung in Ranong unter ✆ 077-820133. ❷–❸

Daneben liegen die **Ollo Art Gallery** und die **Rasta Baby Bar**, die Dauer-Reggae-Musikberieselung bietet, aber einen Besuch wert ist.

Long Beach Bungalow ㉑, ebenerdige, minimalistisch ausgestattete Bambushütten, eng nebeneinander in 2 Reihen direkt am Strand, Hock-Toilette, kein Schatten, Essplatz; Ruhestörung durch die Rasta Bar. ❷

Hornbill Hut ㉒, ✆ 077-825543, ✉ hornbill_hut@hotmail.com, 💻 www.hornbillhut.com, viele hübsche, individuelle Bambusbungalows, Hütten und Steinhäuser mit Meerblick, alter, Schatten spendender Baumbestand. ❷–❹

Smile Hut Resort ㉓, ✆ 077-820335, ✆ 081-3425896 (Michael), ✉ smilehut1@yahoo.co.uk, lang gestreckte Anlage unter hohen Bäumen,

Mit der Kraft der Sonne

P. P. Land ⑨, ✆ 081-6784310, 💻 http://ppland.cabanova.de, neue, sehr ruhige Bungalowanlage am nördlichen Strand Hin Kao, Paul aus Belgien und Pearl haben sie mit kompletter Solartechnik ausgerüstet, die schön möblierten Holz-Stein-Bungalows mit offener Du/WC und großer Terrasse sind riedgedeckt und gut in die Natur integriert. ❸

Die Pioniere

Aow Yai Bungalow (Gilles & Phatchara) ㉖, ✆ 077-821753, ✉ gilles_phatchara@hotmail.com, erholsames, gemütliches Resort einer Thai-französischen Familie. Unterschiedlich ausgestattete Holz- und Steinbungalows liegen unter niedrigen Palmen und Kasuarinen weit auseinander. Es gibt auch Familienhäuser mit 2 Zimmern und einem Bad mit westlicher Toilette. Es wird besonderer Wert auf Sauberkeit gelegt; die Ventilatoren laufen auch tagsüber, da von Solaranlage gespeist. Im angenehmen Restaurant mit Meersicht wird gutes Essen, i. b. Seafood, angeboten. High Speed Internet 1 Baht/ Min. Gilles kennt die besten Stellen zum Schnorcheln. Verleih von Boards zum Wellenreiten und Schnorchelausrüstung. ❷–❸

viele hübsche, ebenerdige Bambushütten direkt am Strand, sehr nah beieinander, mit abschreckender Du/WC. ❷–❸

Bamboo Bungalows ㉔, ✆ 077-820012, 💻 www.bamboo-bungalows.com, sehr schöne, geschäftige Anlage in einem lichten Wald mit vielen hohen Bäumen, 30 Bungalows, vorwiegend aus Bambus, eng stehend und hellhörig, zumeist mit Betten für 3–4 Leute. Besonders beliebt bei jungen Leuten. ❷–❹

Coconut Beach Resort (auch: Coconut Bungalows) ㉕, ✆ 089-9208145, in Ranong: 077-820011, ✉ phayam_island@hotmail.com, große, ruhige Holzbungalows mit 2 großen Betten, einige große Steinbungalows mit Solarstrom, nette Leute. ❷–❹

Silver Sand Resort ㉙, ✉ hornbill_hut@hotmail.com, ✆ 077-825543, am südlichsten Ende der Bucht. Saubere Bungalows aus Stein zwischen jungen Kasuarinen und 2 zweistöckige Baumhäuser, deren Balkon in die Bäume integriert ist, Bad unten. ❸–❹

Dans Bar am Strand, hat erst am Abend geöffnet. Betrieben von sehr netten Sea Gypsy-Burschen.

Big Tree Bungalow ㉚, am südlichen Hang direkt am Dschungel, 14 nicht besonders saubere Bungalows auf den Klippen. ❷

Ostküste

Im Osten liegt das Fischerdorf mit dem Dorf-Pier und dem Tempel, ebenfalls mit Pier. Hier werden Lebensmittel und Obst verkauft, zudem gibt es einige Läden, Minimärkte und Essenstände.
Die Bungalowanlagen nahe am Dorf sind laut und geschäftig.

Sunrise Bungalow ⑱, 4 Hütten mit Bad, ca. 10 Min. südlich vom Dorf. ❷

Andaman Buri Resort ⑲, noble klimatisierte Anlage mit Pool, nicht am Strand. Kaum Gäste. ❹–❻

Koh Phayam Resort ㉗, ✆ 077-812297, an einem einsamen Sandstrand an der südlichen Ostküste in einer Cashew-Plantage, einfache und bessere schöne Holzbungalows (für bis zu 4 Pers.) mit Du/WC und Fan, auch zweistöckige, gut ausgestattete Häuschen mit 3 Zimmern und Küche. ❷–❹

Essen und Unterhaltung

Beliebt ist **Oscars Bar** im Dorf. Der nette Barkeeper Richard weiß alles über die Insel. Etwas ganz Besonderes ist die **Middle Village Bar** mitten im Nichts an der Zufahrtstraße zum Ao Yai Beach. Hier gibt es Karaoke für Thai-Familien.
Im **Lady House** gegenüber von Anant Bungalows verkauft Sukhon selbst gemachtes Brot, leckere Kuchen, Cookies und Joghurt.
In **Pons Bakery** in der Nähe der Middle Village Bar gibt es auch Baguettes.
J.P. Minimart an der zentralen Kreuzung bei der Schule.

Sonstiges

Internet

Bei Nice Tour & Travel und in einigen Bungalowanlagen.

Medizinische Hilfe

Im neuen Hospital am Pier. Malaria kam seit einigen Jahren nicht mehr vor.

Mopeds und Fahrräder

Im Dorf, beim **J.P. Minimart** und in einigen Bungalowanlagen für 200 Baht pro Tag zu mieten, Fahrräder für 100 Baht pro Tag.

Polizei

Ein Polizeiposten am Pier.

Reisebüros

Nice Tour & Travel, im Dorf nahe bei Oscar's Bar, ✆ 077-828093, ✉ nicetour@web.de, geleitet von Walter und Noi, organisiert Tickets aller Art, allerdings mit bis zu 5 Tagen Vorlauf, Auslandsgespräche, Moped-Vermietung, Tauchausflüge, Geldwechsel und Einlösung von Reiseschecks, Internet für 1 Baht/Min.

Tauchen

A-One-Diving hat einen Ableger nahe am Pier (s. Ranong).

Transport

Große, überdachte Boote fahren von RANONG um 9 und 14 Uhr für 150 Baht in 2 Std. zum Dorf mit Pier an der Ostküste. Sie sind manchmal heillos überladen und fahren auch mal 30 Min. früher ab. Zur Westküste geht es per Motorradtaxi auf Betonwegen und einigen Moto-Cross-Pisten für 70–100 Baht direkt zu den Anlagen, ein Abenteuer für sich!
Zurück fahren die Boote um 8.30 und 14 Uhr.
Die Ablegestelle in Ranong erreicht man genauso wie die für Ko Chang (s. o.). Vertreter der Resorts fahren die Gäste kostenlos vom Busbahnhof zum Pier.
Ein Speedboot fährt um 14.30 Uhr für 350 Baht in 50 Min. von Ranong nach Ko Phayam, zurück um 9 Uhr; ✆ 077-828087.
Selbst ein Boot zu mieten kostet etwa 1200 Baht, was sich lohnen kann, wenn man zu spät dran ist und mehrere Personen zusammen kommen.
Wer von Ko Phayam nach KO CHANG wechseln will, findet oft kein Boot, oder es ist sehr teuer (bis 2000 Baht). Am besten ruft man in Ko Chang bei **Golden Bee** an, ✆ 089-8733442, und lässt sich abholen (ab 200 Baht).

Kaw Thaung (Myanmar)

Es ist möglich, einen Tagesausflug (oder den *Visa Run* für einen neuen Einreisestempel nach Thailand) per Boot nach **Victoria Point** zu machen. Die Anlegestelle in **Kaw Thaung** (gesprochen Ko Sohng) liegt nahe am Stadtzentrum mit dem großen, schönen Markt.

Bei gebuchten Ganztagsausflügen kann zusätzlich die schöne Insel **Pulu Basin Island** besucht werden.

Wer den *Visa Run* macht, also nur wegen eines neuen Thai-Visums nach Myanmar fährt, kann dies sehr bequem mit einem Ausflug zum schönen Luxus-Hotel Andaman Club auf der burmesischen Insel **Thahtay Kyun** verbinden.

Übernachtung

Im **Honey Bear Hotel** in **Kaw Thaung** kostet ein AC-Zi ungefähr 700 Baht.
Andaman Club, ✆ 077-835223, in **Thahtay Kyun** (Myanmar), 205 AC-Zi und alle Einrichtungen eines Luxushotels sowie ein schöner botanischer Garten mit Spazierwegen und ein hervorragender Golfplatz. Die Sicht aus dem hochgelegenen Restaurant auf 8 burmesische Inseln ist fantastisch, das Essen lecker und erschwinglich. Man merkt kaum, dass zum Hotel ein großes Casino gehört. ❺

Sonstiges

Geld

Im Grenzgebiet werden Thai-Baht akzeptiert, es ist allerdings günstiger, in Kyat zu bezahlen.

Grenzformalitäten

Auf der Thai-Seite wird das **Thai-Visum** vom Immigration Office (1 km vor dem Hafen rechts, gegenüber Kasikorn Bank, 🕓 tgl. 8–18 Uhr) regulär aus dem Pass gestempelt.
Bei der Rückkehr wird im selben Immigration Office wieder ein **Einreisevisum** erteilt, mit dem man sich erneut 30 Tage (bzw. 60 oder 90 Tage mit Multiple-Entry-Visum) in Thailand aufhalten kann.
Der 3 Tage gültige, räumlich begrenzte **Border Pass** für Myanmar, den man auf der burmesischen Seite der Grenze bekommt, kostet für Touristen mit Thai-Visum US$10 oder 600 Baht, für Touristen ohne Thai-Visum (d. h. nur mit 30-Tage-Stempel) US$15 oder 750 Baht. Zudem werden 4-wöchige **Burma-Visa** ausgestellt, in

denen auf Wunsch Kaw Thaung als Einreiseort eingetragen wird. Damit kann man bei Kaw Thaung regulär nach Myanmar einreisen und sogar mit dem täglichen Flugzeug nach Yangon weiterfliegen (ca. US$120).

Transport

Das Boot von RANONG nach Kaw Thaung benötigt 30–40 Min. (50 Baht pro Strecke) und wartet, bis ausreichend Passagiere eingetroffen sind. Charter für 2 Personen (hin und zurück) 300–650 Baht (Vorsicht: burmesische Boote fahren manchmal nur den Hinweg und lassen die Touristen stehen!). Der Zeitunterschied beträgt 30 Min.
Wer einen Visa-Service wie **Visa Quick**, ✆ 089-7758787, für 300 Baht nutzt, bekommt alle Formalitäten geregelt und hat freien Transfer vom/zum Hotel.
Die Überfahrt vom Andaman Club Pier im Nordwesten von Ranong mit einem großen, klimatisierten Boot zum Andaman Club ist zu jeder vollen Stunde möglich, dauert 20 Min. und kostet 850 Baht inkl. Ausreisestempel und Border Pass, die von den Angestellten des Hotels besorgt werden. Mit dem nächsten Boot kann man zum Pier zurückfahren und sich an der dortigen Immigration (🕓 tgl. 8.30–17 Uhr) den neuen Einreisestempel nach Thailand holen.

Phuket ภูเก็ต

Die mit 543 km² größte Insel Thailands (gesprochen: Pu-kett), deren Wohlstand früher auf Gummiplantagen, Kopra, Perlenzucht, Fischerei und umfangreichen Zinnerzvorkommen basierte, hat sich seit den 1980er-Jahren überwiegend auf den Tourismus konzentriert. Der Tsunami unterbrach diese Entwicklung nur für kurze Zeit, denn schon bald nachdem die Schäden behoben waren, kehrten die Urlauber in Scharen zurück. 4,7 Mio. Besucher sollen 2006 nach Phuket gekommen sein und die fast 80 000 Betten belegt haben.

Kleine und größere Buchten mit weißen Sandstränden, schöne Tauchgründe, Luxus-Hotels und Seafood-Restaurants machen Phuket zu einem Fernwehziel par excellence. Wer teures Remmidemmi und Vergnügen sucht, findet hier genauso seinen Platz wie der Urlauber, der einen ruhigen Strand oder kleinere Inseln vorzieht. An fast jedem Strand stehen komfortable Resorts und große Hotels internationalen Standards. Der malaiische Einfluss ist auf Phuket (abgeleitet von *bukit* – malaiisch „Hügel") deutlich spürbar – von etwa 300 000 offiziell registrierten Einwohnern sind ein Drittel Moslems. Buddhistische Thai und Chinesen dominieren dennoch das Bild.

Das Wetter – sofern noch vorhersehbar – ist von Dezember bis März am besten. Im April und Mai kann es an windstillen Tagen heiß werden, nachts kühlt es jedoch immer ab. Im Mai / Juni setzen die zeitweise stürmischen Südwestwinde ein, die feuchte Luft und viele, zumeist kurze Regenschauer bringen. Drei bis vier Tage mit Dauerregen kommen vor allem im September und Oktober vor. Generell ist von November bis April mit etwa doppelt so hohen Preisen zu rechnen wie in der Nachsaison, wobei zwischen Weihnachten und Neujahr noch einmal kräftig aufgeschlagen wird.

Sicherheit bei einem weiteren Tsunami

Nach dem Tsunami hat man die Konsequenzen gezogen und an gefährdeten Küstenabschnitten ein Warnsystem installiert. Die betroffenen Regionen sind durch blaue Hinweisschilder gekennzeichnet, die über die optimalen Evakuierungsrouten informieren, die nach einem Erdbeben und spätestens beim Ertönen der aufgestellten Sirenen einzuschlagen sind.

Phuket Town

Die architektonisch interessante Stadt mit etwa 60 000 Einwohnern bietet gute Einkaufs- und Essensmöglichkeiten sowie die besten Verkehrsanbindungen. Viele Besucher kommen tagsüber mit den Inselbussen in die Stadt.

Lohnend ist ein Bummel durch die zentrale **Markthalle** und über den gegenüber liegenden **Obst- und Gemüsemarkt**. Die repräsentativen

Fassaden der hübschen **Häuser** chinesischer Geschäftsleute mit bunten Kacheln und Holzschnitzereien an den Eingangstoren säumen die Talang, Deebuk, Phang Nga und Krabi Road. Nach der Komplettsanierung verbreiten kleine Cafés und Läden im chinesischen Stil in der **Soi Rommani** historisches Flair. Auch die **Thai Hua School**, eine ehemalige chinesische Schule in der Krabi Road, wird zu einem Museum umgestaltet.

Der große taoistische **Bang Niaw-Tempel** in der unteren Phuket Road ist dem Gott der Vegetarier gewidmet. Im wesentlich kleineren **Hok Huan Kong** nahe dem Uhrturm bewachen Drachen und andere mythologische Figuren die Eingänge des fotogenen Tempels. Der **Sanjao Sam San** in der Krabi Road wurde 1853 für den Schutzgott der Seeleute erbaut.

Reisegruppen werden zur **Methee Cashew Factory**, 9 Tilok Uthit 2 Rd., ✆ 076-219622-3, und 26/3 Surin Rd., gekarrt, wo sie zwischen 7 und 19.30 Uhr beobachten können, wie Cashewnüsse mühsam geknackt, sortiert, geröstet, geschält und verpackt werden.

Das hundert Jahre alte imposante Gebäude der Provinzverwaltung, **Provincial Hall** *(Sala Klang)* im Nordosten der Stadt stellte im Film „Killing Fields" die französische Botschaft in Phnom Penh dar.

Übernachtung

Nur während des Vegetarier-Festes im Oktober und des chinesischen Neujahrsfestes sind die meisten Hotels ausgebucht.

Gästehäuser

Old Town Gh. ⑦, 42 Krabi Rd., ✆ 076-258272, 081-5692 518, in einem Geschäftshaus ohne Aufenthaltsräume einfache Zi mit Fan oder AC und Fenster zum Flur, Gemeinschafts-Du/WC mit Warmwasser. ❷–❸

Talang Gh. ⑧, 37 Talang Rd., ✆ 076-214225, 💻 www.talangguesthouse.com, umgebautes chinesisches Geschäftshaus, saubere Zi mit Du/WC, billige ohne Fenster, etwas teurere mit Terrasse. AC 100 Baht extra. Kaffee, Tee und Toast inkl. ❸

Phuket Backpacker Hostel ⑩, 167 Ranong Rd., 💻 www.phuketbackpacker.com, ✆ 076-256680, ✆ 256682, neben dem Markt. Ein Juwel unter den Gästehäusern: professionell gemanagt, freundlich und sehr sauber. Schlafsäle mit 32 Betten mit Fan, die durch Trennwände unterteilt sind, für 250 Baht p.P., ein weiterer mit 10 Betten und AC für 350 Baht p.P., Gemeinschafts-Du/WC mit Warmwasser. 7 Zi mit Fan und Warmwasser-Du/WC, 5 weitere mit AC. Angenehme Aufenthaltsräume mit großem Satelliten-TV, kostenlosem Internet, Küche mit Selbstbedienung, Waschmaschine und Trockner. Kleiner Garten im Hinterhof, Gepäckauf-

Übernachtung:

MAI KHAO BEACH
① JW Marriott, Marriott's Phuket Beach Club
② Phuket Camp Ground

NAI THON BEACH:
③ Naithon Beach Villa, Naithon Beach Resort & R., Naithon Beach House, Phuket Naithon Resort, Naithon Seaview Hotel, Naithonburi Beach Resort

LAYAN BEACH:
④ Trisara, Andaman White Beach Resort
⑤ Layan Beach Resort, Bundarika Villa

LAGUNA BEACH:
⑥ Phuket Banyan Tree
⑦ Allamanda Laguna
⑧ Hotel Sheraton Grande
⑨ Dusit Laguna Resort
⑩ Laguna Beach Resort

BANG TAO BAY:
⑪ Bangtao Beach Resort & Spa, Bangtao Beach Chalet , Bangtao Lagoon Bungalows, Bangtao Village Resort , Sunwing Resort & Spa, Amora Resort

SURIN BEACH/PANSEA BEACH:
⑫ The Chedi, Amanpuri Resort
⑬ Surin Beach, Capri Beach Resort, Surin Bay Inn, Benyada Lodge, Manathai, Twin Palms, Surin Beach Resort, Surin Sweet Hotel, Tiw & Too Gh., Sun Set View Inn, Pen Villa

AO CHALONG UND UMGEBUNG:
⑭ The Evason Phuket Resort
⑮ Vighit Resort
⑯ The Mangosteen Resort & Spa
⑰ Friendship Beach Waterfront Resort
⑱ The Father Bungalow
⑲ Youth Hostel Phuket, Shanti Lodge

PANWA-HALBINSEL:
⑳ Novotel Beach Resort
㉑ Cape Panwa Hotel, The Bay Hotel, Sri Panwa

KO LONE:
㉒ Baan Mai Cottage, Cruiser Island Resort

KO HAY:
㉓ Coral Island Resort

Sonstiges:

1 Cable Jungle Adventure
2 Phuket Water Ski Cableways
3 Deutsches Konsulat
4 Tourist Police
5 Mission Hospital Phuket
6 Jungle Bungy Jump
7 Tesco-Lotus Supercenter
8 Bangkok Hospital Phuket
9 Vachira Phuket Hospital
10 Phuket International Hospital
11 Central Festival
12 Phuket Zoo
13 Green Man Pub

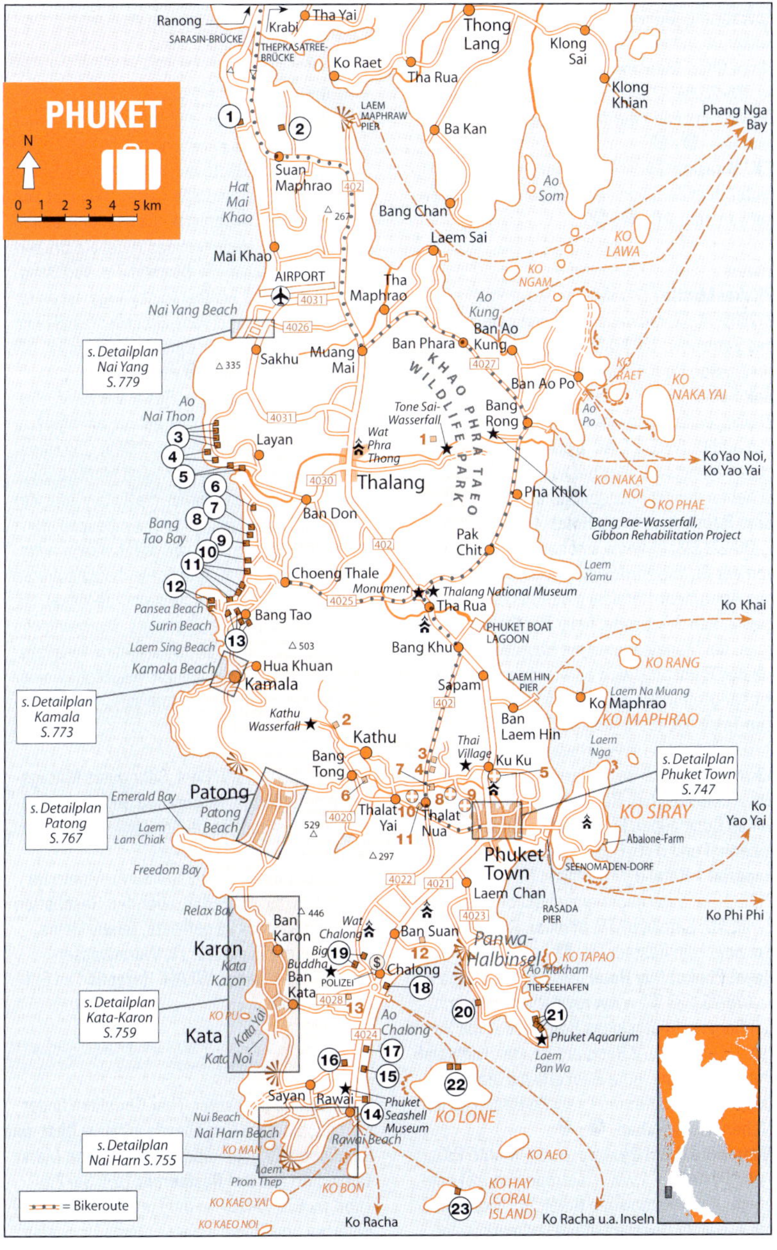

Die Andamanenküste

bewahrung. Buchungen übers Internet empfehlenswert und günstiger. ❹

Nana Chart Mansion ㉑, 41/34 Montri Rd., ✆ 076-230041-2, sauberes Kleinhotel, Zi mit Du/WC und Fan oder AC, einige mit Fenstern zum Flur. ❷–❸

P.K. Mansion ㉓, 58 Montri Rd., ✆ 076-224800, hinter dem Zeitungsladen. 15 sehr saubere Zi mit Fan oder AC. ❷–❸

Hotels

Phuket Merlin ①, 158/1 Yaowarat Rd., ✆ 076-212866-70, 🖳 www.merlinphuket.com, nördlich des Zentrums, 180 Komfortzimmer, Restaurant, Disco, Bar, Pool, Sauna und Massage. ❹–❻

Suk Sabai ③, 82/9 Thepkrasattri Rd., ✆ 076-216089, einfache, geräumige und ruhige Zi mit Fan und Du/WC, z.T. AC, trotz der ruhigen Lage etwas abseits ist alles gut zu Fuß zu erreichen. Zi neben dem stinkenden Kanal meiden. ❷

Sino House Apartment Hotel ④, 1 Montree Rd., ✆ 76-221398, 🖳 www.sinohousephuket.com, von der Straße zurückversetztes, wunderschönes Apartment-Hotel im modernen sino-portugiesischen Stil. Große, helle Zi, teils mit Küchenzeile, bei Monatsmieten mit Microwelle. Ein kleines Frühstück wird aufs Zi gebracht. Ideal für Langzeiturlauber. Mit Café und Spa. ❺

The Taste ⑫, 16-18 Rasada Rd., beim Kreisel, ✆ 076-222812, 🖳 www.thetastephuket.com. 12 komfortable Zi im modernen Design in zwei alten chinesischen Reihenhäusern über der stilvollen Cocktailbar. Einige mit Veranda zum Innenhof und DVD-Player. Dachterrasse. ❺

Imperial 1 Hotel ⑰, 51 Phuket Rd., ✆ 076-212311, 🖳 www.imperialphuket.com, akzeptable Zi mit AC, Satelliten-TV, Minibar. Freundlicher Service, kein Restaurant. ❹

Royal Phuket City Hotel ⑲, 154 Phang Nga Rd., ✆ 076-233333, 🖳 www.royalphuketcity.com, gepflegtes, 19-stöckiges Hotel. 250 Zi mit Satelliten-TV und Safe. 2 Restaurants, Bar, Nightclub, Pool und Sauna, gute Bäckerei mit leckeren Brownies. Shuttle zum Laem Ka Beach. In der Nebensaison Rabatt. ❻–❼

Metropole Hotel ㉔, 1 Soi Surin, Montri Rd., ✆ 076-215050, 🖳 www.metropolephuket.com, elegantes, 18-stöckiges Hotel, 248 luxuriöse Zi mit AC, viele Geschäftsleute, aufmerksamer Service; Restaurant, Pool. Sehr gutes Mittagsbuffet. Shuttle zum Airport und Strand, Massage, Frühstücksbuffet bei Sonderangeboten inkl. ❺–❼

Crystal Inn Hotel ㉗, 2/9 Soi Surin, Montri Rd., ✆ 076-256789, 📠 256666, über den Geschäften im 4. und 5. Stock 36 geflieste, relativ kleine, aber saubere Zi mit AC, TV, Warmwasser-Du/WC und Minibar, WLAN. Rezeption im Erdgeschoss. ❹

Hotels mit Geschichte

On On Hotel ⑬, 19 Phang Nga Rd., ✆ 076-211154, das älteste, 1929 erbaute Hotel der Stadt vermietet 49 einfache Zi, z.T. mit AC und Du/WC. Einige Gäste fanden sie sauber, andere schmuddelig und von Ratten bewohnt vor. Im Hotelsafe deponierte Wertsachen genau kontrollieren. Nachdem das Hotel als Drehort von *The Beach* in die Khaosan Rd. von Bangkok verlegt und weltberühmt wurde, ist es für Leonardo di Caprio-Fans ein beliebtes Ziel. Im Eingangsbereich ein Café, Reisebüro, WLAN und Wäscheservice. ❷–❸

Thavorn Hotel ⑮, 74 Rasada Rd., ✆ 076-211154. Das große Hotel gehört ebenfalls zu den ältesten im Süden Thailands. Die abgewohnten Zi mit AC und TV sind nicht zu empfehlen. Hingegen lohnen die Lobby und der Sportpub im Erdgeschoss einen Besuch, denn dort kommt man sich vor wie in einem angestaubten Museum. Alte Fotos dokumentieren die Geschichte des Hotels und der Insel, zudem findet sich hier eine bunte Sammlung von Blechspielzeug, Musikinstrumenten, Filmplakaten und Rechenmaschinen, das Modell einer Zinnmine und der erste Hotelsafe. ❷–❸

Essen

Essenstände mit echten Thai-Gerichten findet man nachmittags und abends auf dem **Obst- und Gemüsemarkt** gegenüber dem zentralen Markt.

Tamachart Natural Restaurant, 62/5 Soi Phu Thon, ✆ 076-224287, in dem urigen, mit vielen Pflanzen und Trödel eingerichteten Haus sind besonders die Thai-Salate zu empfehlen. Auch andere Gerichte der bebilderten Speisekarte sind lecker. Hauptgerichte um 100 Baht, ⌚ tgl. 10.30–23.30 Uhr.

Ka Jok See, 26 Takua Pa Rd., ☏ 076-217903, in diesem edel-rustikal eingerichteten kleinen Lokal mit gehobenen Preisen und übersichtlichen Portionen zeigt man sich gern im besten Kleidungsstück des Urlaubskoffers. ⌚ Di–So ab 18 Uhr, Reservierung empfohlen.

Salvatore's, Rasada Rd., 076-225958, interessantes Angebot an original italienischen Speisen und guten Weinen. Nudelgerichte unter 300 Baht, Hauptgerichte bis 500 Baht.

China Inn Café, 20 Thalang Rd., ☏ 076-356239, ⌚ tgl. außer Mo 9–23 Uhr. Das schönste chinesische Geschäftshaus ist originalgetreu restauriert worden. Zwar ist die Speisekarte nicht sehr umfangreich, aber alle Gerichte werden frisch zubereitet. Tische im Innenhof. Gehobenes Preisniveau.

Raya Thai Cuisine, 48/1 Debuk Rd., östlich vom Klong, gute thailändische Gerichte zu akzeptablen Preisen werden von Madame Rose in einer alten, gelb-grün gestrichenen Villa hinter dem japanischen Restaurant serviert. ⌚ tgl. 10–23 Uhr.

Siam Indigo, 8 Phang Nga Rd., ☏ 076-256697, 💻 www.siamindigo.com, hier wurde ein altes chinesisches Haus geschmackvoll renoviert. In dem von einer Französin geführten kleinen Restaurant gibt es gutes Essen sowie Cocktails. ⌚ Mi–Mo 11.30–14 und 18.30–23 Uhr.

Boonma Restaurant, Montri Rd., serviert ein einfaches Frühstück und Thai-Gerichte zwischen 50 und 100 Baht, ⌚ 6–22 Uhr. Nebenan wird abends guter Fisch gegrillt.

Metropole Hotel, 1 Soi Surin Montri Rd., das europäisch-asiatische Mittagsbuffet von 11–14.30 Uhr im 1. Stock der großzügigen Lobby mit über 150 Gerichten und Spezialitäten aus China, Thailand und Europa für ca. 200 Baht ist seinen Preis wert.

Siam Bakery, 13 Yaowarat Rd., ☏ 076-355947, die französische Bäckerei verkauft sehr leckere Kuchen und Desserts von hoher Qualität. Zusammen mit einem guten Kaffee kann man sie hier auch essen. ⌚ Mo–Sa 7.30–19 Uhr.

Tea House, 55 Yaowarat Rd., ☏ 089-6549654, eine Alternative zum Kaffee-Boom bietet der kleine, gemütliche Teeladen im chinesischen Stil.

Vom **The Circle Café** am zentralen Kreisverkehr nahe dem Markt kann man das Treiben beobachten. Essen sollte man jedoch besser woanders.

Einkaufen

Die Straßen von Phuket, besonders die Yaowarat und Phang Nga Rd., säumen viele kleine Läden. Zunehmend öffnen Boutiquen, Kunstgalerien und Antiquitätenläden, Juwelier- und Goldshops. Die Auswahl an Souvenirs ist an den Stränden, insbesondere in Patong, größer, die Preise sind aber in Phuket Town niedriger, und das Einkaufen ist entspannter.

South Wind Books, 9 Phang Nga Rd., ☏ 076-258302, hat die größte Auswahl an Secondhand-Büchern, auch viele in Deutsch. Rücknahme ausgelesener Bücher.

In der **Ocean Shopping Mall** und der Nachbarschaft auch ein Big One Supermarkt und ein Food Center, das Black Canyon Coffee und C.E. Paradise Multiplex Cinema.

Central Festival, ☏ 076-29111, 💻 www.central.co.th), **Tesco Lotus Supercenter, Index Living Mall** sowie **Big C** (💻 www.bigc.co.th) sind gigantische Einkaufszentren nordwestlich der Stadt am H402, Vichit Songkhram Rd., nahe Chalerm Prakiet Rd., ⌚ tgl. 9–24 Uhr, (Tuk Tuk 50 Baht, Stadtbus Nr. 1). Im Central Festival auf 3 Stockwerken neben 150 Läden, einem Kaufhaus und einem Supermarkt auch 7 Kinosäle, ein Spa, der Buchladen The Books, mehrere Banken und andere Serviceeinrichtungen.

Sonstiges

Autovermietungen

Mietwagen werden ab 1200 Baht pro Tag ohne Benzin, inkl. Versicherung vermietet. Internationale Firmen verlangen 1500–2000 Baht. Rabatte bei längerer Mietzeit. Alte Jeeps gibt es an der Rasada Rd. für unter 1000 Baht. Leser haben schlechte Erfahrung mit Nine Car Rent gemacht. Bei der CDW-Versicherung auf die Höhe der Eigenbeteiligung achten!

Pure Car Rent, 75 Rasada Rd., ☏ 076-211002, 💻 www.purecarrent.com, ⌚ tgl. 8–19 Uhr, die

Nr.	Unterkunft	Preis	Telefon
①	Phuket Merlin	4–6	076-212866
②	Thara H.	2	076-216208
③	Suk Sabai	2	076-216089
④	Sino House Apartm. H.	5	076-221398
⑤	Imperial 2 H.	5	076-216683
⑥	Summer H.	4	076-211353
⑦	Old Town Gh.	2–3	076-258272
⑧	Talang Gh.	3	076-214225
⑨	Montree Resotel	3	076-211941
⑩	Phuket Backp.H.	4	076-256680
⑪	Wasana Gh.	2	076-211754
⑫	The Taste	5	076-222812
⑬	On On Hotel	2–3	076-211154
⑭	Sinthavee H.	4	076-211186
⑮	Thavorn H.	2–3	076-211154
⑯	Boonma Restaurant	2	076-233449
⑰	Imperial 1 H.	4	076-212311
⑱	Pearl H.	4–5	076-211044
⑲	Royal Phuket City	6–7	076-233333
⑳	Thanaporn Gh.	3	076-216504
㉑	Nana Chart Mansion	2–3	076-230041
㉒	Crystal Gh.	3	076-222774
㉓	P.K. Mansion	3	076-224800
㉔	Metropole H.	5–7	076-215050
㉕	Phuket Garden H.	4–5	076-216900
㉖	Pure Mansion	4	076-211709
㉗	Crystal Inn Hotel	4	076-230071
㉘	Thavorn Grand Plaza	4	076-222240

Essen:
1 Thung-Ka Café, Phuket View R.
2 Raya Thai Cuisine
3 China Inn Cafe
4 Tea House
5 Siam Bakery
6 Siam Indigo
7 Food Center
8 Salvatore's
9 The Circle Café
10 Michael's Bar
11 Ka Jok See R.
12 Boonma R.
13 Tamachart Natural R.
14 Nudelstände
15 Laem Thong Seafood
16 The Pizza Company, Swensen's
17 Coca R.
18 McDonald's

Transport:
1 Bangkok Airways
2 Thai Airways
3 Bus→Kata, Karon, Panwa, Chalong, Patong, Central, Marko und Big C
4 Tuk Tuk
5 Motorradtaxis
6 Bus – Rawai, Nai Harn, Kamala, Thalang
7 Pure Car Rent
8 Bus Terminal

Sonstiges:
1 Timber & Rock
2 O'Malley's Irish Pub
3 Seng Ho Bookstore
4 Ban Boran Textiles
5 South Wind Books
6 Rasada Center
7 The Books
8 Kor Tor Mor
9 X Zone
10 Österreichisches Konsulat

alteingesessene Firma vermietet Autos und Motorräder.

Avis, ✆ 076-351243, 💻 www.avisthailand.com, **Budget**, ✆ 076-205396-7, 💻 www.budget.co.th, jeweils am Airport, offerieren einen *one way service* in andere Touristenorte, wo sie Filialen besitzen.

Feste

Das **Vegetarian Festival** (Vegetarier-Fest) im Oktober wird seit 1825 auf Phuket begangen. Während der 9-tägigen Feierlichkeiten sind die Teilnehmer in Weiß gekleidet und nehmen nur vegetarische Speisen zu sich. An den letzten Tagen lassen sich junge Männer in Trance zur zeremoniellen Reinigung Speere durch die Wangen stecken oder Haken an Wangen, Armen und am Rücken befestigen, ohne dass Blut fließt. Das Fest endet am neunten Tag mit der Vertreibung des Übels, indem Männer in Trance über glühende Kohlen gehen. Den Abschluss bildet eine lärmende Mitternachtsprozession nach Saphan Hin ans Meer. Die Termine sind über das Tourist Office zu erfragen.

Für Reisen in die Fischerdörfer ist es wichtig, die moslemischen Feiertage und vor allem den **Ramadan** im Auge zu behalten.

Immigration

Office in der 482 Phuket Rd. kurz vor der Halbinsel, ✆ 076-212108, 221905, ⏲ Mo–Fr 8.30–12 und 13–16.30 Uhr.

Informationen

Tourist Authority of Thailand (TAT), 191 Talang Rd., 💻 www.tourismthailand.org, ✆ 076-212213,

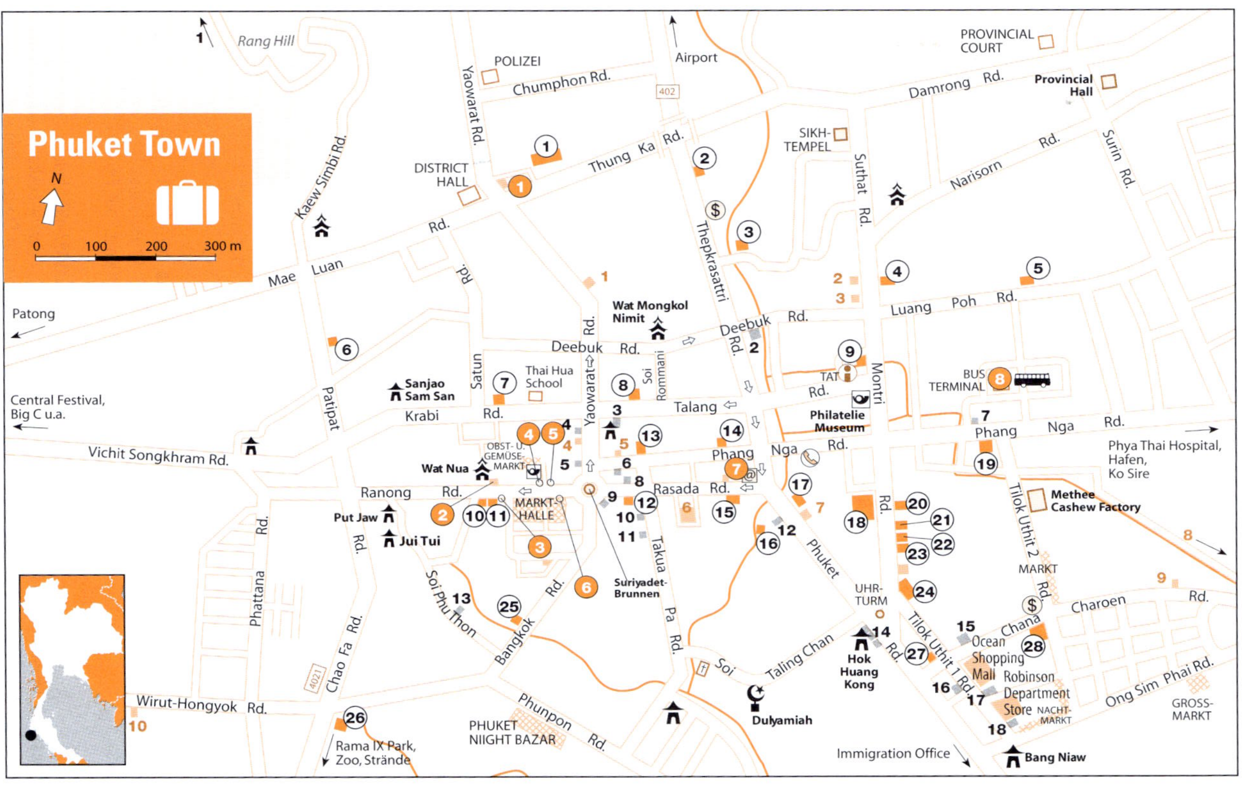

Phuket Town
N
0
100
200
300 m
Rang Hill
Airport
Patong
Central Festival, Big C u.a.
Phya Thai Hospital, Hafen, Ko Sire
Immigration Office
Rama IX Park, Zoo, Strände
PROVINCIAL COURT
Provincial Hall
POLIZEI
DISTRICT HALL
SIKH-TEMPEL
BUS TERMINAL
TAT
Philatelie Museum
Methee Cashew Factory
MARKT
UHR-TURM
Hok Huang Kong
Dulyamiah
Ocean Shopping Mall
Robinson Department Store
NACHT-MARKT
GROSS-MARKT
Bang Niaw
Wat Mongkol Nimit
Thai Hua School
OBST- U. GEMÜSE-MARKT
MARKT-HALLE
Suriyadet-Brunnen
Wat Nua
Sanjao Sam San
Put Jaw
Jui Tui
PHUKET NIIGHT BAZAR
Surin Rd.
Damrong Rd.
Narisorn Rd.
Suthat Rd.
Luang Poh Rd.
Montri Rd.
Phang Nga Rd.
Tilok Uthit 2 Rd.
Tilok Uthit 1 Rd.
Charoen Rd.
Ong Sim Phai Rd.
Chana Rd.
Phuket Rd.
Thepkrasattri Rd.
Deebuk Rd.
Talang Rd.
Rasada Rd.
Takua Pa Rd.
Soi Taling Chan
Thung Ka Rd.
Chumphon Rd.
Yaowarat Rd.
Soi Rommani
Satun Rd.
Krabi Rd.
Ranong Rd.
Soi Phu Thon
Bangkok Rd.
Phunpon Rd.
Chao Fa Rd.
Phattana Rd.
Wirut-Hongyok Rd.
Vichit Songkhram Rd.
Patipat Rd.
Mae Luan Rd.
Kaew Simbi Rd.
402
4021

211036, ⌚ tgl. 8.30–16.30 Uhr. In dem großzügigen Gebäude gibt es Karten, Prospekte, Werbezeitschriften und weitere Informationen. Zahlreiche Websites informieren über Phuket, u. a.: 💻 www.phukettourism.org/phuket (Phuket Phangnga Krabi Tourism Club), 💻 www.phuketgazette.com (Artikel aus dem gleichnamigen Magazin), 💻 phuket-hotels.com (Hotel-Buchungen), 💻 www.suedthailand.de und 💻 www.phuket-travel.com (Reisebüros), 💻 www.phuket.com (aktuelles Internetportal mit Buchungsservice), 💻 www.travel-phuket. com (mit Artikeln des Benjarong-Magazins).

Internet

An fast jeder Ecke ab 20 Baht pro Std. Teurer ist das Angebot an den Stränden, v. a. in den Hotels und auf den Inseln, mit 2 Baht/Min. und mehr.

Konsulate

Deutsches Konsulat, Dirk Naumann, 100/425 Moo 3, Chalermprakiat Rd, ☎ 076-354119, 089-6683635, 📠 354602, ⌚ Mo–Fr 9–13 Uhr.
Österreichisches Konsulat, c/o Anuphas Manorom Co. Ltd., 2 Moo 4, Wirut-Hongyok Rd., ☎ 076-248334-6, 📠 248337, ⌚ Di, Do, Fr 10–12 Uhr.

Medizinische Hilfe

Notruf 191. Auf der Ferieninsel sind modern ausgestattete Privatkrankenhäuser auf Patienten aus aller Welt ausgerichtet.

Motorräder

Motorräder sind in Phuket ein beliebtes, aber extrem gefährliches Transportmittel. Wer keinen Helm trägt, muss 400 Baht Strafe zahlen. Auch der Führerschein wird kontrolliert. Zweiräder werden in Phuket bei Pure Car Rent, Rasada Rd., und an den Stränden in vielen Bungalows für 150–500 Baht vermietet. Eine Haftpflichtversicherung für Motorräder gibt es nicht, sodass man für eventuelle Schäden selbst aufkommen muss.

Post

Hauptpost, Montri, Ecke Talang Rd., ☎ 076-211010, ⌚ Mo–Fr 8.30–16.30, Sa, So und feiertags 9–12 Uhr. In dem **Philatelie-Museum** vor der Post im kleinen, ehemaligen Postamt gibt es Sonderbriefmarken und -stempel.

Schön und gesund aus dem Urlaub zurück

Immer mehr Ausländer kommen nach Phuket, um sich nachbehandeln oder verschönern zu lassen. Schließlich sind die besten Resultate der Plastischen Chirurgie und Zahnmedizin bereits seit Jahrzehnten in Travestieshows zu bestaunen. Zudem stimmt das Preis-Leistungs-Verhältnis.
Mission Hospital Phuket, 4/1 Thepkrasattri Rd., ☎ 076-237220-6, Notruf 076-211173, Ext. 130, 📠 211907, 💻 www.missionhospitalphuket.com. Seit 1940 bietet dieses Krankenhaus der Adventisten eine medizinische Rundum-Betreuung, auch Zahn- und Augenärzte.
Bangkok Hospital Phuket, 2/1 Hongyok Uthit Rd., ☎ 076-254425, Notruf: 1719, 💻 www.phukethospital.com. Auf internationale Patienten zugeschnitten, dementsprechend ist das Personal englisch- und teils auch deutschsprachig, 150 Betten für stationäre Patienten und ein Zentrum für Tauchmedizin.
Phuket International Hospital, 44 Chalerm Phra Kiat Rd., ☎ 076-249400, Notruf 076-210935, 💻 www.phuket-international-hospital.com; an der Umgehungsstraße; auf Ausländer ausgerichtetes Krankenhaus, auch eine große zahnmedizinische Abteilung sowie Spezialisten für traditionelle asiatische Heilmethoden.

Spas

Im Gegensatz zu den allgegenwärtigen Massage-Angeboten werden in Spas von qualifizierten Kräften zudem traditionelle Anwendungen angeboten. Auch die Räumlichkeiten sind ein besonderes Erlebnis.
The Royal Spa, 367/63-64 Yaowarat Rd., ☎ 076-236663, 💻 www.theroyalspa.com, Filiale einer Spa-Kette mit Pool, Fitnesscenter und Sauna.
Sukko Spa, 100/497-499 Chalerm Prakiet Rd., ☎ 076-261111, 💻 www.sukkospa.com, großes Spa im Westen der Stadt, zudem Kochkurse.

Tourist Police

Falls etwas passiert, wendet man sich zuerst an die **Tourist Police**, Chalerm Kiat Rd., westlich der Stadt, ✆ 076-355015, 254693, im Notfall ✆ 1155.

Nahverkehr

Tuk Tuks

Innerhalb der Stadt kosten Tuk Tuks 20 Baht, in die Außenbezirke mehr. Nach Sonnenuntergang muss mit einem Aufschlag von 20–30 % gerechnet werden. Offizielle Charterpreise, für die viele Fahrer allerdings nicht bereit sind zu fahren:

AIRPORT	32 km, 340 Baht
BANG TAO	34 km, 220 Baht
CHALONG	11 km, 160 Baht
KAMALA	26 km, 360 Baht
KARON	20 km, 270 Baht
KATA	17 km, 240 Baht
NAI HARN	18 km, 240 Baht
NAI YANG	30 km, 320 Baht
PATONG	15 km, 210 Baht
RAWAI	17 km, 230 Baht
SURIN	24 km, 340 Baht

Motorradtaxis

Kosten in der Stadt 20–30 Baht pro Person; Preis vor der Abfahrt aushandeln.

Microbusse

Innerhalb von Phuket Town verkehren Linienbusse für 10 Baht. Nr. 1 fährt vom Südosten über die Phuket Rd., am Kreisverkehr am Uhrturm vorbei, durch die Phang Nga Rd. und Bangkok Rd. hinaus zum Lotus und Big C. Bus Nr. 2 fährt vom Norden über die Thepkrasatri Rd., die Phang Nga Rd., den Markt und weiter Richtung Süden auf der Chao Fa und Sakdidej Rd.

Inselbusse (Songthaew)

Sie fahren etwa alle 30 Min. und kosten ab der Haltestelle in der Nähe vom Markt / ab dem Bus Terminal:

BANG TAO	25 / 35 Baht, 7–17 Uhr
CHALONG	20 / 30 Baht, 8–17.30 Uhr
KAMALA	30 / 40 Baht, 7–17 Uhr
KARON	25 / 40 Baht, 7.30–18 Uhr
KATA	25 / 40 Baht, 7.30–18 Uhr
MAKHAM BAY	20 / 30 Baht, 7–15.30 Uhr
NAI HARN	30 / 45 Baht, 7–17 Uhr
NAI YANG	30 / 40 Baht, 7–17 Uhr
PATONG	20 / 30 Baht, 8–18 Uhr
RAWAI	25 / 40 Baht, 7–17 Uhr
SURIN	25 / 35 Baht, 7–17 Uhr

Manchmal fährt der letzte Bus an wartenden Touristen vorbei oder nimmt sie mit Gepäck nicht mit, sodass sie überteuerte Tuk Tuks chartern müssen.

Taxis

Zum Flughafen etwa 400 Baht, zu den Stränden liegen die Preise etwas höher als die der Tuk Tuks. Taxifahrer verlangen nach Sonnenuntergang einen Aufschlag und versuchen, Neuankömmlinge zu Hotels zu bringen, von denen sie eine Provision kassieren.

Transport

Busse

Bus Terminal, ✆ 076-211977, im Osten der Stadt, hier halten fast alle Busse. Bei der Ankunft der

Tuk Tuk Mafia

Die sogenannte „Tuk Tuk Mafia" hat viele Ansätze verhindert, ein funktionierendes öffentliches Nahverkehrssystem an und zwischen den Stränden einzurichten. Schließlich müssen Fahrer die teuren Lizenzen abbezahlen. Einigermaßen zuverlässig sind die Inselbusse zwischen Phuket Town und den Stränden sowie die Airport-Busse. An den Stränden wird man jedoch mit stark überhöhten Forderungen der Tuk Tuk-Fahrer konfrontiert, die für kurze Strecken in Patong statt der üblichen 20 in der Saison 100 Baht und mehr verlangen. Zudem versuchen sie potenzielle Kunden zu Einkaufs- und Sightseeing-Touren zu überreden. Wer sich damit nicht abfinden will, mietet ein Fahrzeug. Leider sind viele Touristen unerfahrene Mopedfahrer, und es kommt häufig zu teils schweren Unfällen.

Überlandbusse stehen Tuk Tuks bereit, die Fahrgäste zu den Stränden bringen.

Bangkok
Es fahren folgende Gesellschaften: **Transport Co.**, ✆ 076-211480, **Phuket Central Tour**, ✆ 076-213615, **Thai Transport**, ✆ 076-221736, **Phuket Travel Service**, ✆ 076-222107. Die meisten Busse fahren über Surat Thani in
12 Std., 7 2.Kl. AC-Busse auch über Ranong in 14 Std. Nach BANGKOK, 891 km, 1.Kl. AC-Bus um 7 und von 15–18 Uhr für 626–731 Baht, 2.Kl.-AC-Bus häufig von 8.20–19.30 Uhr für 487–539 Baht, VIP-24-Bus um 7.30 und von 16–18.30 Uhr für 970 / 1045 Baht.

In die Nachbarorte
Nach PHANG NGA 1.Kl. AC-Bus 5x tgl. von 10.10–16.30 Uhr für 85 Baht in 2 1/2 Std.
TAKUA PA via KHAO LAK non-AC-Bus alle 1–2 Std. bis 18 Uhr für 70 Baht in 3 Std., bis Khao Lak 55 Baht in 2 1/2 Std.
Weitere Möglichkeiten mit 2.Kl. AC-Bussen Richtung Bangkok, die via Ranong fahren, und Bussen Richtung CHUMPHON via RANONG 1.Kl. AC-Bus um 8.10, 11.50 und 14 Uhr für 330 Baht in 6 1/2 Std., bis Ranong 240 Baht, 5 Std.
KRABI 2.Kl. AC-Bus um 10.50, 12.50 und 14.30 Uhr für 113 Baht, 1.Kl. AC-Bus um 11.25 und 15.50 Uhr für 155 Baht in knapp 4 Std.

Zu den übrigen Orten im Süden
SURAT THANI 1.Kl. AC-Bus um 12, 14 und 15.30 Uhr für 203 Baht, 2.Kl. AC-Bus 6x tgl. für 195 Baht. Non-AC-Bus 6x tgl. für 113 Baht. Einige Busse fahren über Khao Lak und Khao Sok.
KO PHA NGAN 1.Kl. AC-Bus um 10 Uhr für 520 Baht in 8 Std.
KO SAMUI 1.Kl. AC-Bus um 8, 9, 10 und 12 Uhr für 375 Baht in 7–8 Std.
Weitere Busse nach NAKHON SI THAMMARAT 1.Kl. AC-Bus um 6, 7.15, 13 und 16.30 Uhr für 295 Baht, 2.Kl. AC-Bus um 8.20, 9.20 und 10.50 Uhr für 240 Baht in 7–8 Std.
SUNGAI GOLOK 1.Kl. AC-Bus um 6, 8 und 20 Uhr für 598 Baht in 11 Std.
SATUN 1. Kl. AC-Bus um 8.15, 10.15, 12.15 und 20.15 Uhr für 374 Baht in 7 Std., ansonsten in Trang umsteigen oder über Hat Yai.
HAT YAI 1.Kl.-AC-Bus 6x am Vormittag, um 19.30, 21 und 21.30 Uhr für 371 Baht, 2.Kl. AC -Bus überwiegend vormittags und um 17.30 und 20.30 Uhr für 288 Baht; VIP-24-Bus um 21.45 Uhr für 575 Baht in 6–7 Std.
TRANG 1.Kl. AC-Bus 11x tgl. von 5.15–18.30 Uhr für 257 Baht in 5 Std.

Backpacker-Busse
AC-Minibusse, die gern von Travellern genutzt werden, sind nicht immer zuverlässig und bequem. Daneben verkehren auch große Privatbusse auf den wichtigsten Routen. Passagiere werden an Sammelpunkten oder von der Unterkunft in Patong, Kata – Karon und Phuket Town abgeholt.
Nach BANGKOK in die Khaosan Rd. über Surat Thani, dort mit teils längeren Wartezeiten umsteigen in einen VIP-Bus, um 5 Uhr für 600 Baht.
Um 8 und 13 Uhr AC-Minibus über KHAO LAK (280 Baht) nach SURAT THANI für 300 Baht mit Anschluss an den Zug. Er kostet inkl. Fähre nach KO SAMUI 450 / 550 Baht und nach KO PHA NGAN 550 / 650 Baht, KO TAO 800 Baht.
Minibus gegen 8 Uhr über PHANG NGA, 2 Std., 250 / 350 Baht, KRABI, 3 Std., 300 Baht, KO LANTA, 7 Std., 500 Baht inkl. Fähre, TRANG, 6 Std., 450 / 500 Baht, SATUN, 9 Std., 600 Baht, und SUNGAI GOLOK, 10 Std., 750 / 800 Baht.
Direkt nach HAT YAI um 8 und 20.30 Uhr für 450 / 500 Baht in 7 1/2 Std.

Nach Malaysia und Singapore
Gegen 8 und 20.30 Uhr AC-Minibus über Hat Yai nach PENANG 770–950 Baht in 17 Std., KUALA LUMPUR 1100–1500 Baht in 23 Std., SINGAPORE 1300–1700 Baht in 28 Std.

Flüge
Der **Phuket International Airport** liegt 31 km nördlich von Phuket Town, ✆ 076-327230-5.
In der Ankunftshalle Geldautomaten, Vertreter großer Hotels mit aktuellen Broschüren, eine Gepäckaufbewahrung, eine kommerzielle Hotelvermittlung und die Tourist Police.
Minibusse nach Phuket Town 100 Baht, Patong 150 Baht, Kata oder Karon 180 Baht.
Airportbus, 💻 www.airportbusphuket.com, um 6.30 (außer So), 8.30, 10, 11.30, 12.30, 13.30,

14.30, 16, 17, 18, 19 und 20.30 Uhr in 1 Std. über Nai Yang und Talang nach Phuket Town bis zum Bus Terminal, je nach Entfernung für 10–85 Baht. An einem Schalter in der Ankunftshalle werden Coupons für Fahrten mit Taxis oder Minibus verkauft, wobei Minibusse das Doppelte eines Taxis kosten: BANG TAO 400 Baht, CHALONG 500 Baht, KAMALA 500 Baht, KARON 650 Baht, KATA 650 Baht, KHAO LAK 1300 Baht, KRABI 2500 Baht, NAI HARN 650 Baht, PATONG 550 Baht, PHANG NGA 900 Baht, PHUKET TOWN 400 Baht, PHUKET PIER 450 Baht, RAWAI 650 Baht, SURIN 450 Baht.
Für Flüge, die früh abgehen ein Taxi vorbestellen. Gegenüber dem Flughafengebäude mehrere Autovermietungen. **Budget** vermietet PKW und Jeeps. **Airport Car Rent**, ✆ 076-327484, 💻 www.airportcarrent.com, günstige Jeeps.

Inlandflüge

Mit Thai Airways nach BANGKOK 11–13x tgl. für 3025 Baht.
Mit Bangkok Airways nach KO SAMUI 1–2x tgl. in 50 Min. für 2610 Baht und BANGKOK 3x tgl. für 3270 Baht und Pattaya 4x wöchentl. für 4440 Baht. Air Asia, Nok Air und Orient Thai Airline (One Two Go) fliegen ebenfalls nach Bangkok.

Internationale Flüge

mehrmals tgl. nach KUALA LUMPUR mit Air Asia, Thai und MAS, SINGAPORE mit Thai, Jet + Tiger Airways und PENANG 1x tgl. mit Fireflyz.
Airport Tax bei internationalen Flügen 700 Baht, bei nationalen ist die Airport Tax von 30 Baht meist im Ticketpreis enthalten.

Airlines

Air Asia, www.airasia.com.
Bangkok Airways, 158/2-3 Yaowarat Rd., ✆ 076-225033-4, 📠 356029, 💻 www.bangkokair.com.
Fireflyz, ✆ 09-603-78454543, 💻 www.fireflyz.com.my.
Jet, ✆ 02-2675125 💻 www.jetstar.com.
Malaysia Airlines, am Airport, ✆ 076-216675.
Nok Air, ✆ 1318, 💻 www.nokair.co.th.
Orient Thai Airline (one two go), ✆ 076-351238, 💻 www.orient-thai.com, www.fly12go.com.
Singapore Airlines und ihre Tochter **Silk Air**, Bypass Square, Bypass Rd., gegenüber Tesco Lotus, ✆ 076-351236, 📠 341333, 💻 www.silkair.com.
Thai Airways, 78 Ranong Rd., ✆ 076-211195, 💻 www.thaiairways.com.
Tiger Airways, 💻 www.tigerairways.com.

Boote

Boote starten am **Rasada Pier** östlich von Phuket Town. Bei Buchungen von Tickets und Touren über Reisebüros ist der Hoteltransfer im Preis inbegriffen. Ansonsten kosten Tuk Tuks ab Phuket Town 120 Baht, ein Minibus 80 Baht p.P. Minibusse fahren zudem für 150–200 Baht p.P. zu den Stränden, Taxis verlangen 500–700 Baht.
Nach KO PHI PHI, 48 km, starten tgl. mehrere große Passagierboote zur Tonsai Bay (1 1/2–2 Std.) für 400–600 Baht einfach, eine Tour inkl. Hoteltransfer, Mittagessen, Schnorchelausrüstung und Besuch der Maya Bay kostet je nach Komfort 900–1500 Baht.
Andaman Wave Master, ✆ 076-232095, um 8.30 und 13.30 Uhr. Zurück um 9 und 14.30 Uhr.
Chao Koh, ✆ 076-246512, um 8.30, 10.30 und 14.30 Uhr. Zurück um 9.30, 13.30 und 14.30 Uhr. Das erste Boot fährt weiter nach Krabi.
Phi Phi Cruiser, ✆ 076-211253, **Phi Phi Family**, ✆ 076-225831, **Phi Phi Marine**, ✆ 076-214941, **Patcharat One**, ✆ 076-296855, und **Sea Angle Cruise**, ✆ 076-220832, um 8.30 Uhr, zurück um 14.30 Uhr.
Nach KRABI und zum Ao Nang Beach über Ko Phi Phi um 8.30 Uhr mit Chao Koh und Phi Phi Family (s. o.) für 900–1000 Baht, zurück um 10 und 15 Uhr.
Nach KO LANTA um 12.30 Uhr mit **Ao Nang Travel**, ✆ 075-637152, für 750 Baht.

Panwa-Halbinsel

Die hügelige Halbinsel erstreckt sich südlich von Phuket Town und begrenzt im Norden die seichte Chalong Bay. In der Nachbarschaft moslemischer Dörfer sind Luxusresorts entstanden, deren größtes Plus die wunderschöne Aussicht über eine der landschaftlich schönsten Küsten der Insel ist.

Am **Phuket Aquarium** und **Marine Biological Research Center** endet nach insgesamt 10 km die Straße. Vorbei an einem Touch Pool gelangt man in das sehenswerte, neu gestaltete Gebäude. In 22 Becken tummeln sich Süßwasserfische aus aller Welt. Die einheimische Unterwasserwelt der Andamanensee kann von einem Tunnel aus betrachtet werden. Eintritt 100 Baht, ⌚ tgl. 8.30–16 Uhr, ✆ 076-391041. Inselbusse fahren ab dem Markt in Phuket Town für 20 Baht, Tuk Tuks für 140 Baht, zum Aquarium.

Chalong und Umgebung

Die seichte **Chalong Bay** wird von der vorgelagerten Insel **Ko Lone** geschützt und grenzt im Süden an die kleine Felsformation **Laem Ka** (16 km). Den 750 m langen Pier umgeben gesichtslose Neubaublocks mit Geschäften, Büros und Apartments. Die Strände sind zu schmutzig und seicht zum Schwimmen.

Phuket Sea Shell Museum, gegenüber der Einfahrt zum The Evason Phuket Resort, ist eine Privatsammlung in einem unübersehbaren, modernen Gebäude. ⌚ tgl. 8–18 Uhr, ✆ 076-381266. 200 Baht Eintritt.

Übernachtung

Chalong

The Father Bungalow, 46/16 Chaofa Rd., 💻 www.geocities.com/fatherbungalows, ✆ 076-281282, ruhig gelegen, einstöckige Reihenhäuser mit 4 sehr sauberen Zi mit Fan und 12 Zi mit AC, Du/WC und TV. ❹

Nahe Wat Chalong

Die Busse von Phuket Town Richtung Kata / Karon fahren hier vorbei.

Youth Hostel Phuket, 73/ Chaofa Rd., 1 km vor dem Wat Chalong, 💻 www.phukethostel.com, ✆ 076-281325. In einem frei stehenden Haus saubere Zi mit Balkon, Fan oder AC und Gemeinschafts-Du/WC, Schlafsaalbetten für 180 Baht, Frühstück inkl. Leider ziemlich weit abseits der Strände und jeglicher touristischer Infrastruktur gelegen. Mopeds für 200 Baht pro Tag. ❸

Shanti Lodge, 1/2 Soi Ban Rae, Chaofa Nok Rd., ✆ 076-280233, 💻 www.shantilodge.com, vom Kreisverkehr 1,5 km Richtung Wat Chalong auf der linken Seite. Hübsch gestaltete, etwas hellhörige Zi mit Fan oder AC, teilweise mit Du/WC, Tolle Anlage mit freundlichem, gut Englisch sprechendem Management, das für eine angenehme, ruhige und lockere Atmosphäre sorgt. Gutes Restaurant, das gesund und ohne Glutamat kocht. Zudem kostenloser Hotspot, viele Pflanzen, kleiner Pool, hervorragende Massagen und Mopedverleih. ❸–❹

Sai Yuan

Friendship Beach Waterfront Resort, 27/1 Soi Mittrapap, 💻 www.friendshipbeach.com, ✆ 076-288996. Unter Kokospalmen 23 renovierte Häuser mit 1–2 Schlafzimmern sowie 12 Zi mit AC, TV, Tel. und Warmwasser-Du/WC. 4 Tage Mindestaufenthalt. Großer Pool mit Blick aufs Meer, der auch von Gästen des angrenzenden offenen Restaurants genutzt werden kann. Der amerikanische Küchenchef serviert internationale und Thai-Gerichte ohne Glutamat zu moderaten Preisen. Fr und Sa ab 16 Uhr Live-Jazz am Pool. Gute Atmosphäre. ❺

Vighit Resort, 16/1 Vichit Rd., ✆ 076-381342-4, 💻 www.vighitresort.com, hinter einer Gummiplantage. Am Hang und rings um das Restaurant und den Pool an der kleinen Bucht stehen 43 Steinhäuser mit AC, TV, Kühlschrank, Du/WC und Balkon. Die teuren sind direkt am Meer. ❺–❻

Wat Chalong

8 km südwestlich von Phuket Town liegt am H4022 der bekannteste Thai-Tempel der Insel, dessen Viharn die verehrten Statuen der beiden Mönche Luang Pho Chaem und Luang Pho Chuaing enthält, die sich unter Rama V. große Verdienste erwarben: Während des Aufstandes der chinesischen Zinnminenarbeiter retteten sie durch heilende magische Kräfte (sagen die einen) bzw. natürliche Heilmethoden und geschickte Diplomatie (sagen die anderen) Verletzte auf beiden Seiten und trugen zur Beendigung des Aufstandes bei. Pilger entzünden hier Kracher, lassen sich wahrsagen oder erfragen Glückszahlen für die Lotterie. In einem neuen Viharn stehen Buddhastatuen in unterschiedlichen Haltungen.

The Mangosteen Resort & Spa, 99/4 Moo 7, Soi Mangosteen, 💻 www.mangosteen-phuket.com, ☏ 076-289399, 300 m abseits der Hauptstraße auf einem Hügel mit Rundumsicht über das Kap und die Inseln bis Phuket Town. Exklusives Resort mit viel Privatsphäre. 40 in einer weitläufigen Gartenanlage locker verteilte Villas im modernen Thai-Stil. Mit vielen Naturmaterialien gestaltete Bäder, z. T. mit Jacuzzi. Ein hübscher Salzwasser-Pool mit kleinen Wasserfällen umgibt das hervorragende, teure Restaurant, zudem Bar und Spa. ❼–❽

Essen

Kan Eang, direkt am Meer südlich vom Pier, ☏ 076-381323, 💻 www.phuket-seafood.com, ein großes Seafood-Restaurant, das durch seine Luxusrenovierung etwas von seiner ursprünglichen Atmosphäre eingebüßt hat. Man sitzt an weiß gedeckten Tischen, teils unter Kasuarinen, am Meer. Die Spezialität ist für viele Einheimische *nahm prik kung siab*, gegrillte Shrimps in Chilipaste. 🕓 tgl. 10–22 Uhr.

Mani's German Bakery 2, an der Zufahrtstraße zum Pier, wartet mit wunderbar frischen Brötchen und einem unschlagbaren deutschen Frühstück mit Wurst und Käse auf. 🕓 tgl. 7–14.30 Uhr, So bis 13 Uhr.

Jimmy's Lighthouse, Bar & Grill, 45/33 Moo 9, ☏ 076-381709, der Seglertreff unter dem Leuchtturm wurde in den 1980er-Jahren erbaut. Unter vergilbten Fotos von Booten treffen sich Yachties und genießen den Ausblick aufs Meer. Die Küche ist amerikanisch angehaucht. Auch Zimmervermietung. ❺

Sonstiges

Boote

Tagestouren nach Ko Racha zum Schnorcheln oder Tauchen für 1000–1500 Baht p. P. Longtail-Boot zur CORAL ISLAND 1200 Baht, Speedboot für 6–8 Pers. 2500 Baht hin und zurück. Nach KO LONE Speedboot ca. 2000 Baht, Longtail etwa die Hälfte.

Geld

Geldautomat nördlich vom Kreisverkehr.

Elefantensafaris

Eine große Attraktion sind Safaris auf Elefantenrücken durch Gummiplantagen. Halbstündige Touren kosten etwa 700 Baht (1 Std. ca. 900 Baht). Mittlerweile leben etwa 200 Elefanten auf der Insel vom Tourismus, die meisten in den Camps. Ein verantwortungsvoller Veranstalter ist **Siam Safari Nature Tours**, 45 Chao Fa Rd., Chalong, ☏ 076-280116, 📠 280107, 💻 www.siamsafari.com.

Tauchen

Ocean Rover & **Fantasea Divers**, 43/20 Moo 5, Vichit Rd, ☏ 076-281388, 📠 281389. 💻 www.ocean-rover.com, www.fantasea-divers.com. Für professionelle Taucher hervorragend ausgerüstetes Tauchboot, Live-aboard Cruises.

Sea Bees, 1/3 Moo 9, Vichit Rd., ☏ 076-381765, 💻 www.sea-bees.com, unter deutscher Leitung, günstig über LTU zu buchen, Kurse und Live-aboard Cruises.

Nahverkehr

Die Inselbusse ab dem Markt in PHUKET TOWN kosten bis CHALONG 20 Baht, weiter nach RAWAI 20 Baht und KATA ebenfalls 20 Baht. Tuk Tuks können nach PHUKET TOWN für 160 Baht gechartert werden. Rückkehrer von den Inseln zahlen 200 Baht. Nach KARON 150 Baht, PATONG 300 Baht.

Rawai

Der Strand im Süden der Insel, 17 km von Phuket Town, ist die Seafood-Schlemmermeile der Einheimischen. Unter den Kasuarinen am Meer wird frisch zubereitetes Seafood serviert, das teils aus Restaurantküchen oder direkt vom Grill der Garküchen über die Straße getragen wird. Allerdings ist der schmale Sandstrand häufig verschmutzt, das Meer fällt flach ab und ist auch wegen der vielen Boote nicht zum Schwimmen geeignet. Durch die Coral Island ist die Bucht gut geschützt, sodass selbst während der Monsunzeit das Meer ruhig ist. Dort, wo die Straße nach Westen abzweigt, geht es geradeaus zum **Seenomaden-Dorf**, einer ärmlichen Siedlung, deren Bewohner sich nicht gern von Touristen bestaunen lassen.

Übernachtung

Siam Phuket Resort ⑪, 24/24 Vichit Rd., ✆ 076-381346, 💻 www.siamphuketresort.com, beliebte, gepflegte Anlage mit einstöckigen, soliden Häusern; neben 40 AC-Zi mit TV und Kühlschrank 10 Standard-Zi und 4 Deluxe-Zi um einen kleinen Garten mit Pool und Liegen. Satelliten-TV in der Lobby, Internet. Bar und relativ günstiges Restaurant, Frühstück inkl. ❹–❺

Pornmae Bungalow ⑫, 58/1 Vichit Rd., ✆ 076-381300, einfache, zweckmäßig eingerichtete Bungalows in einem Garten hinter dem Seafood-Restaurant mit Fan und Du/WC, familiäre Atmosphäre. ❷–❸

Porn Sri Bungalows ⑬, 52/8 Vichit Rd., ✆ 084-8521450, ✆ 288043, einstöckige Bungalows in ruhiger Lage abseits der Straße. ❹–❺

Essen

An Essenständen an der Strandstraße werden die scharfen nordostthailändischen Salate *som tam* und andere Snacks zubereitet.

Baan Had Rawai Seafood, 57/5 Rawai Beach Rd., am südlichen Ende der Bucht, ✆ 076-383838, 288171. Sehr gutes, großes, schlichtes Seafood-Restaurant, teils überdacht und teils unter Bäumen am Meer. Große Portionen Thai-Gerichte zu günstigen Preisen. Aus Wasserbecken kann man lebende Fische aussuchen, die kurz darauf gegrillt serviert werden. Entspannte Atmosphäre, kleiner Kinderspielplatz am Strand.

Salaloi Seafood, eines der größten Restaurants. Gutes, preiswertes Seafood und andere Thai-Gerichte, freundlicher Service, beliebt bei Einheimischen, am Wochenende voll.

Nikita Café, unter Bäumen am Meer. Wegen seiner ruhigen, entspannten Atmosphäre ist es bei Ausländern beliebt. Westliches Frühstück mit gutem Kaffee, Thai-Gerichte und eine große Auswahl alkoholischer Getränke. Mittleres Preisniveau, 🕒 tgl. ab 9 Uhr.

Norbu's Steakhouse, 148 Soi Wat Rawai, Moo 6, nahe dem Tempel von Rawai, ✆ 081-3675416, hat ein aus der Schweiz stammender Tibeter ein Restaurant mit hervorragender Küche eröffnet. 🕒 tgl. 18–23 Uhr.

Don's Foods, 48/5 Moo 7, 💻 www.phuket-dons.com, ✆ 076-289314, großes Restaurant, das ordentliche Portionen amerikanischer Hausmannskost serviert, leckere Ribs für 200 Baht, manchmal abends Buffet, ein gut sortierter Weinkeller und Supermarkt. 🕒 tgl. 8.30–22.30 Uhr.

Sonstiges

Bootstouren

Longtail-Boote, nur bei ruhiger See zu empfehlen, kosten nach KO BON oder KO KAEO YAI 700 Baht, CORAL ISLAND in 20–25 Min. 1000 Baht, nach Ko Mai Thon, Ko Khai oder Racha Yai sollte man wegen der Entfernung nur mit dem Speedboot fahren.

Geld

Geldautomat neben dem Minimarkt, um die Ecke am 7-Eleven und bei Don's Food.

Nahverkehr

Inselbusse zum Markt in PHUKET TOWN 25 Baht, bis CHALONG 20 Baht. Tuk Tuks zu chartern kostet nach PHUKET TOWN 230 Baht, KARON 150 Baht, PATONG 300 Baht, abends mehr. Taxi zum AIRPORT 650 Baht.

Nai Harn und Umgebung

Der herrliche Nai Harn Beach liegt in einer tiefen Bucht an der südlichen Westküste, 21 km von Phuket Town. Der feine, weiße Sand ist umrahmt von felsigen, teilweise mit Kokos- und Palmyrapalmen bewachsenen Hügeln und einer befestigten, von Kasuarinen gesäumten Lagune; schöne Sonnenuntergänge. Während der Regenzeit von Mai bis Nov kommt es zu starken Unterströmungen.

Zum kleinen **Nui Beach** geht es auf der schmalen, kurvenreichen Straße 4233 Richtung Kata und hinter Sayan auf einer ausgeschilder-

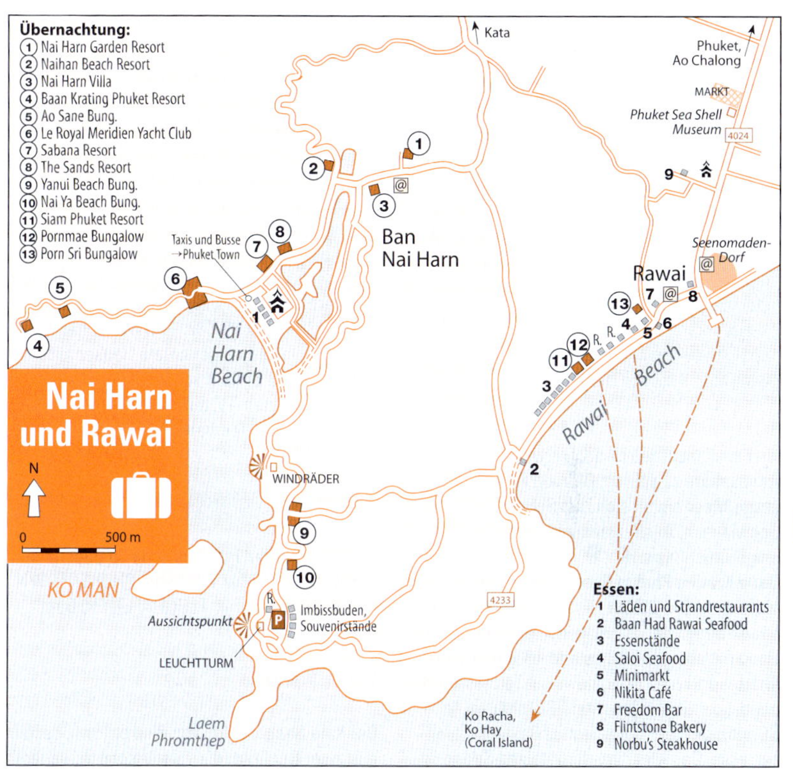

ten, steilen Lehmstraße 2 km hinab. Einen knappen Kilometer weiter Richtung Kata eröffnet sich vom **Khao San Had View Point** ein schöner Ausblick auf die Buchten von Kata und Karon.

Auf der schmalen, kurvenreichen Straße östlich der Lagune zu den **Windmühlen** hinauf bietet sich eine schöne Sicht. Nach 3 km geht es hinab zum kleinen **Yanui Beach**, einem sauberen, von Felsen und abgestorbenen Korallen durchsetzten Sandstrand. Ein gutes Restaurant, Sonnenschirme und Liegen (150 Baht) tragen mit zur Beliebtheit dieses kleinen Strandes bei.

Übernachtung

Am Strand

In Strandnähe ist nur Hochpreisiges zu finden.

Le Royal Meridien Yacht Club ⑥, ✆ 076-380200, 💻 www.lemeridien.com, diese gepflegte Luxus- Anlage, die sich in Stufen den Hang hinaufzieht, scheint hinter den bepflanzten Terrassen fast völlig zu verschwinden. 110 Zi, teure Restaurants, vom Spa Blick über die Bucht. ❽

Hinter dem Yachtclub

Ao Sane Bungalows ⑤, 11/2 Nai Harn Beach, ✆ 081-1244687, 📠 076-288306, an einem kleinen, groben Sandstrand, nach 1 km auf der Straße über den Hügel zu erreichen. Neuere Bungalows am Ende des Strandes mit Fan und Warmwasser-Du/WC sowie alte, renovierungsbedürftige Bungalows mit Du/WC, Moskitonetz und winziger Veranda direkt am Meer. Im traditionel-

Big Buddha

Vom Gipfel des **Naga Kerd Hill** blickt eine gewaltige Buddhastatue über den Süden der Insel. Mit dem 30 Mill. Baht teuren Bau der 25 m breiten und 45 m hohen Statue mit Namen **Phra Buddha Ming Mongkhol Ake Naga Khiri** wurde 2002 begonnen. In dem sie umgebenden Park finden regelmäßig Veranstaltungen statt, über die man sich im Internet unter 💻 www.mingmongkolphuket.com informieren kann. Vom Kreisverkehr in Chalong geht es Richtung Wat Chalong und nach ca. 2 km auf einer Abzweigung links 6 km den Berg hinauf.

len Familienbetrieb ist noch etwas Traveller-Atmosphäre zu spüren. Das von Felsen durchsetzte Meer eignet sich zum Schnorcheln und Schwimmen. Ausflugsrestaurant, deutschsprachige Tauchbasis. ❸–❺

Baan Krating Phuket Resort ④, 11/3 Moo 1 Vichit Rd., ☎ 076-288341, ☎/📠 388108, 💻 www.baankrating.com, 200 m weiter, an einem steilen Hang mit altem Baumbestand. 65 komfortable, überteuerte Holz-Bungalows mit Terrasse und neue, luxuriös eingerichtete Steinhäuser, in Strandnähe sehr teuer. Nettes Restaurant mit Terrasse. Das Meer vor dem kleinen Strand ist zum Schnorcheln, aber nicht zum Schwimmen geeignet, kleiner Pool. Shuttle zum Nai Harn Beach. Frühstück inkl. ❼–❽

1 km Luftlinie südlich von Nai Harn Beach,
aber 3 km auf der Straße in einer kleinen Bucht:

Yanui Beach Bungalows ⑩, 13 Thepkasatree Rd., ☎ 076-288278, Bungalows mit Fan und Du/WC an der Straßengabelung nahe dem kleinen Strand. Restaurant am Strand. ❸

Nai Ya Beach Bungalow ⑪, 99 Moo 6, Vichit Rd., oberhalb vom Yanui Beach, ☎ 076-288817, 20 ältere und neuere, größere Bambusmatten-Bungalows mit Fan, Du/WC und Veranda in einer weitläufigen Anlage am Hang unter Bäumen. Vom Frühstücks-Restaurant schöne Aussicht auf den Nai Harn Beach. Geöffnet von Nov–April. ❹

Hinter der Lagune
ca. 10 Min. zu Fuß zum Strand liegen

Nai Harn Garden Resort & Spa ①, 15/12 Moo 1, Vichit Rd., 💻 www.naiharngardenresort.com, ☎ 076-288319, 200 m abseits der Straße, in einer, gepflegten Parklandschaft Bungalows und Häuser mit 1–3 Schlafzimmern sowie Einzelbungalows mit AC, Satelliten-TV, Kühlschrank, Wasserkocher, Safe und Balkon. Zudem Pool, Bar und Restaurant, Motorradvermietung, deutschsprachiges Management. ❹–❻

Nai Harn Villa ③, 14/29 Moo 1, Vichit Rd., ☎ 076-388080, 📠 388082, 💻 www.naiharnvilla.com, 19 komplett eingerichtete Häuser mit 3–4 Zi und 2–3 Bädern sowie Wohnungen mit AC und Satelliten-TV, teils mit Küche, ideal für einen Langzeitaufenthalt, Pool mit Kinderbecken. ❺–❻

Nahverkehr

Bis 18 Uhr fahren Inselbusse für 30 Baht nach PHUKET TOWN. Tuk Tuks nach PHUKET TOWN für 240 Baht, Taxi zum FLUGHAFEN 650 Baht.

Kata Beach

Der Kata Beach, 17 km von Phuket Town, besteht aus zwei Buchten, die relativ schöne, saubere **Kata Noi** und die vom Club Med dominierte **Kata Yai.** Das Korallenriff am nördlichen Ende der weit

Der beste Platz zum Sonnenuntergang

Die wunderschönen Sonnenuntergänge auf dieser felsigen, regenarmen und mit Palmyrapalmen (Zuckerpalmen) bewachsenen Südspitze der Insel locken Abend für Abend hunderte Schaulustiger an. Eine Serpentinenstraße schlängelt sich vom Rawai Beach zum Parkplatz unter dem Leuchtturm, der von Essen- und Souvenirständen gesäumt ist. Neben dem Leuchtturm an einem Denkmal verehren Einheimische den Hindugott Brahma, dessen Namen das Kap trägt, und bringen ihm Elefantenstatuen als Opfergaben dar.

ausladenden Kata Yai-Bucht, rings um die Felsen und die kleine Insel **Ko Pu**, eignet sich gut zum Schnorcheln. Allerdings ist die Sicht oft schlecht. Während der Regenzeit entstehen am Kata Noi gefährliche Unterströmungen. Dagegen ist es am Kata Yai sicher und es gibt schöne Wellen. Ein abgegrenzter Badebereich schützt Schwimmer vor Scootern und Booten.

Eine beliebte Attraktion in Kata-Karon ist der **Dino Park**, ✆ 076-330625, 🖳 www.dinopark.com, ◷ tgl. 10–22, in der Saison bis 24 Uhr, eine mit steinernen Dinosauriern bestückte Minigolf-Anlage. Das nette Restaurant mit einer höhlenartigen Burger Bar und steinernen Sitzplätzen in einem künstlichen Tropengarten mit Wasserfall ist vor allem bei Familien beliebt. Eine Runde spielen kostet 240 Baht, Kinder 200 Baht, nur Besichtigung 190 Baht.

Wen am Kata Beach der Lärm der Boote und Scooter stört, der fühlt sich am **Kata Noi** wohl, der ebenfalls mit vielen Liegestühlen und Schirmen bestückt ist. Am nördlichen Ende der Bucht führt eine lange Treppe auf die Landzunge hinauf, die Kata Noi vom Hauptstrand trennt.

Übernachtung

Kata Noi

Es gibt nur wenige günstige Restaurants und Einkaufsmöglichkeiten.

Seashore Beach Cottage ⑭, 18 Kata Noi Rd., 🖳 www.seashorebeachcottage.com, ✆ 076-330433, 📠 330435, 24 ruhig gelegene, teure Doppel-Steinbungalows mit AC und Du/WC am Hang unter Bäumen, schön eingerichtet, fantastische Sicht aufs Meer, gutes Essen im etwas teuren Restaurant, Frühstück inkl., Mittagsbuffet zum Festpreis. ❼

Kata Noi Club Hotel ⑬, 73 Kata Noi Rd., ✆ 076-284025, 📠 330194, ✉ katanoi_club@yahoo.com, in 2-stöckigen Reihenhäusern kleine und größere Zi mit AC und Warmwasser-Du/WC am Ende der Bucht in Strandnähe. Hinten einfache Zi und Häuser mit Fan. ❺

Katanoi Bay Inn ⑫, 69/1 Kata Noi Rd., ✆ 076-333308-9, 📠 333545, 🖳 www.katanoibayinn.com, 28 saubere Zi mit AC und Warmwasser-Du/WC in einem neueren Haus. Seafood-Restaurant. ❹

Kata Noi Pavilion ⑪, 3/71 Kata Noi Rd., ✆ 076-284346, 📠 285202, ✉ kpavilion@yahoo.com, im Zentrum der Bucht, saubere größere und kleinere Zi mit AC, TV und Minibar über der Bar. ❺

Katathani Hotel ⑩, 14 Kata Noi Rd., ✆ 076-330124, 🖳 www.katathani.com. Riesige Hotelanlage mit 479 Zi und Suiten, deren Strandseite jedoch gut der Landschaft angepasst wurde. 3 Pools teils im Riesenpalmengarten am Strand, Spa. 6 Restaurants, Kochkurse, Tennisplätze und mehr. ❽

Kata Yai

Viele Unterkünfte konzentrieren sich am felsigen südlichen Ende des Strandes.

Orchidacea Resort ⑱, 210 Khoktanod Rd., ✆ 076-284083, 🖳 www.orchidacearesort.com. Terrassenförmig angelegtes Resort an einem steilen Hang oberhalb der Straße. Großzügige, saubere Zi mit Balkon und Blick über die Bucht, schöne Poolanlage, Restaurant. Ruhebedürftige sollten die Zi nahe der Straße und am Pool meiden. Frühstück inkl. ❻–❽

An der Straße zum H4028 u. a.

K Gh. ⑯, 106/5 Koktanode Rd., ✆ 076-333067, 089-5902941, etwas von der Straße zurückversetztes, ruhiges, einfaches Haus, 12 saubere Zi mit Fan oder AC und Du/WC, einige mit Balkon. ❸–❹

Kata Hill Residence ⑩, 5/42 Koktanode Rd., 🖳 www.familyinnphuket.com, ✆ 076-333042, 📠 330446. Freundliches, ruhig gelegenes Kleinhotel am Hang mit toller Aussicht. 15 einfach, aber nett eingerichtete, geräumige Zi mit AC, TV, Kühlschrank und Balkon, großes, modernes Bad. Die 3 größeren Zi im Erdgeschoss haben sogar eine Küche. Kleiner Pool mit Liegen, Frühstücks-Restaurant. ❺

Kata Delight Villas ⑱, ✆ 076-330636, 🖳 www.katadelight.com, an der steilen Felsküste südlich der Bucht mit toller Sicht, 12 luxuriöse Bungalows teils mit Balkon über dem Meer und 4 komfortable Zi mit AC, TV, Minibar, Restaurant, kleiner Felsenpool. ❻–❼

Mom Tri's Boathouse & Villa Royale ⑰, 2/2 Patak Rd., ✆ 076-330015, 🖳 www.boathouse.net, Luxuszimmer am belebten Stand und 6 exklusive Suiten im Thai-Stil in einem tropi-

①	Karon Hill Bungalows	❹	076-341343
②	Le Meridien Phuket	❽	076-370100
③	Central Karon Village	❼	076-286300
③	Ocean Terrace Hotel	❻	076-286100
③	On the Hill	❹	076-286469
④	Ramada Resort	❼–❽	076-396666
⑤	In on the Beach	❻	076-398220
⑥	Lume & Yai Bungalows	❹	076-396382
⑦	Phuket Ocean Resort	❻	076-396599
⑧	Phuket Heritage	❺	076-396690
⑨	Golden Sand Inn	❺	076-396493
⑩	C.S. Resort	❺	076-398041
⑪	Karon Whale Resort	❻	076-398139
⑫	Beshert Hostel u.a Gh.	❸	076-396751
⑬	The Islandia Park Res.	❻–❼	076-396200
⑭	Little Mermaid at Crys. B.	❸	076-396580
⑮	Karon Sea Sand	❽	076-286464
⑮	South Sea Resort	❽	076-370888
⑯	Mövenpick Resort & Spa	❽	076-396139
⑰	Woraburi	❽	076-396638
⑱	Baan Karonburi	❽	076-286481
⑱	Karon Princess Hotel	❺–❻	076-286484
⑲	The Old Phuket	❻–❼	076-396353
⑳	Hilton Phuket Arcadia H.	❽	076-396038
㉑	Thavorn Palm B. H.	❻–❼	076-396090
㉒	Phuket Orchid Resort	❽	076-396519
㉓	Karon Place	❺	076-396863
㉔	Bazoom Hostel	❸	076-396913
㉕	Casa Brazil	❺	076-396317
㉕	Karon Silver Resort	❹–❺	076-396185
㉖	Kasemsuk Gh.	❹	076-396480
㉗	Phuket Island View	❺–❻	076-396452
㉘	Karon View Resort	❺	076-396272
㉘	Divers Inn	❹	076-398296
㉙	Sangsawang Gh.	❹	081-787652
㉙	Karon Center Inn	❹	076-398296
㉚	Baan Porn Tawan	❸–❹	081-398299
㉛	Andaman Seaview H.	❼	076-398111
㉜	Prayoon Bungalows	❹	076-396196
㉝	Ruam Thep Inn	❺	076-330281
㉞	Kata Villa	❺	076-333030
㉟	Karona Resort	❻–❽	076-286406
㊱	Merit Hill Bung.	❹	076-333300
㊱	Horizon Karon Beach	❽	076-284555
㊲	Karon Beach Resort	❽	076-330006
㊳	Marina Cottage	❽	076-330625
㊴	S.P. Inn	❺	076-330722
㊵	Kata On Sea Bung.	❹–❺	076-330549
㊶	Kata Garden Resort	❺	076-330627
㊷	Diamond Cottage	❻	076-286447
㊷	Fantasy Hill Bungalow	❸–❺	076-330106
㊸	Peach Hill Hotel	❺–❼	076-330520
㊹	Family Smile Inn	❺	076-330926
㊺	Kata Center Inn	❸–❹	076-330873
㊻	Rose Inn	❹	076-330591
㊼	The Little Mermaid Gh.	❸–❺	076-330730
㊽	3rd Street Café	❺	076-284510
㊾	Bougainvillea Terr. Hs.	❺–❻	076-330087
㊿	Laem Sai Bungalow	❹	076-285255
㊿	Karon Sea Hill Spa & R.	❼–❽	076-284485
㊿	Aspasia	❽	076-333033
(51)	Central Kata Resort	❽	076-370300
(52)	Club Med	❽	076-330456
(53)	Sawasdee Gh.	❹	076-330979
(53)	Sawasdee Village	❽	076-330979
(53)	The Kata Orient House	❹	076-285176
(54)	Sumitra Thai House	❹	076-330515
(54)	Kata Seabreeze Resort	❻	076-284300
(54)	Kata Palm Resort	❼–❽	076-284334
(55)	Capriccio Inn	❹	076-333176
(55)	Kata Poolside Resort	❻	076-333177
(55)	Maleena Bungalows	❹	076-330296
(55)	Phuket Kata Resort	❻–❽	076-330581
(56)	Kata Beach Resort	❽	076-330530
(57)	Mom Tri's Boathouse	❽	076-330015
(58)	Kata Delight Villas	❻–❼	076-330636
(58)	Kata Sun Beach Inn	❺	076-284265
(59)	Cool Breeze	❹	076-330484
(59)	Flamingo	❹–❺	076-330776
(59)	Kata Rock Inn Seav.	❹–❺	076-330677
(59)	Tropical Garden Resort	❺	076-285211
(60)	Kata Hill Residence	❹–❺	076-333042
(61)	Friendship	❹	076-330499
(62)	Serene (Seawind) Res.	❺	076-330148
(63)	Kata Minta	❻–❼	076-333283
(64)	Kata House	❹	076-284140
(65)	Kata View Gh.	❹	076-330815
(66)	K Gh.	❸–❹	076-333067
(67)	P&T Kata House	❷–❹	076-284203
(68)	Orchidacea Resort	❻–❽	076-284083
(69)	Andaman Cannacia	❼–❽	076-284211
(70)	Katathani Hotel	❽	076-330124
(71)	Kata Noi Pavilion	❺	076-284346
(72)	Katanoi Bay Inn	❹	076-333308
(73)	Kata Noi Club Hotel	❺	076-284025
(74)	Seashore Beach Cottage	❼	076-330433

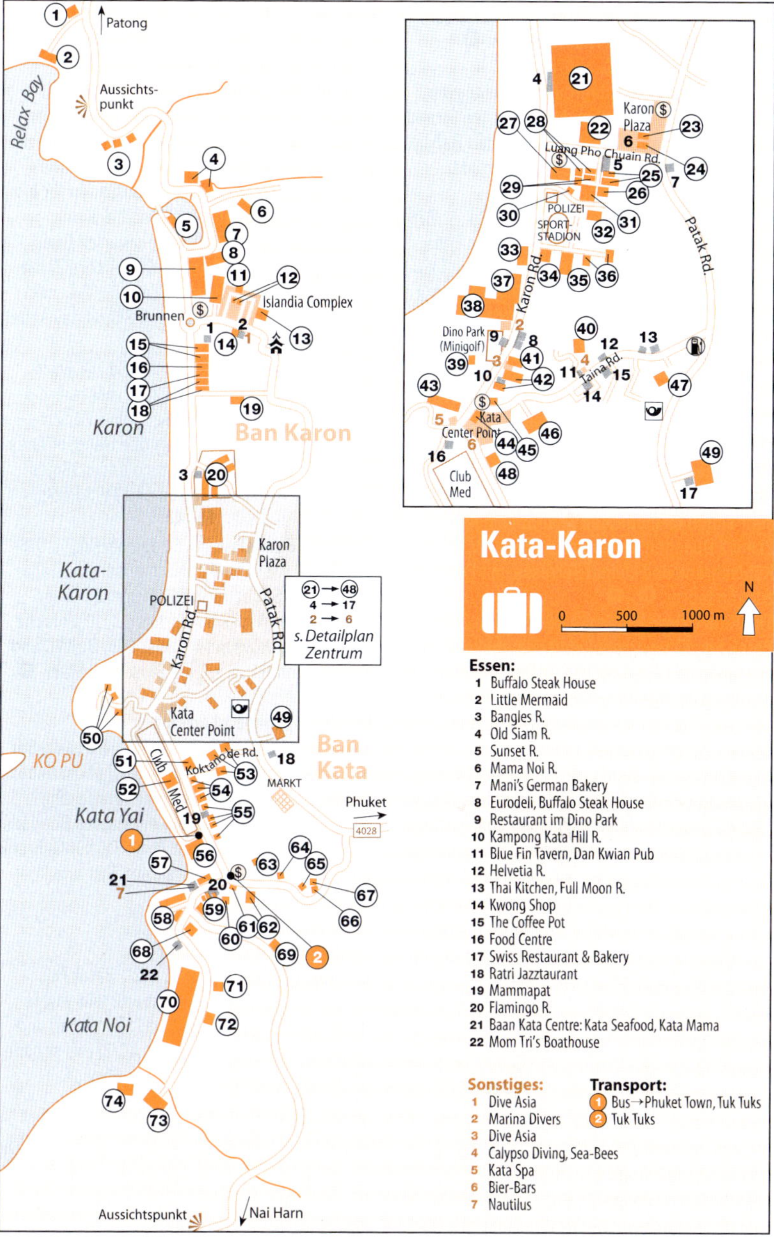

Kata-Karon
0
500
1000 m
N
Essen:
1 Buffalo Steak House
2 Little Mermaid
3 Bangles R.
4 Old Siam R.
5 Sunset R.
6 Mama Noi R.
7 Mani's German Bakery
8 Eurodeli, Buffalo Steak House
9 Restaurant im Dino Park
10 Kampong Kata Hill R.
11 Blue Fin Tavern, Dan Kwian Pub
12 Helvetia R.
13 Thai Kitchen, Full Moon R.
14 Kwong Shop
15 The Coffee Pot
16 Food Centre
17 Swiss Restaurant & Bakery
18 Ratri Jazztaurant
19 Mammapat
20 Flamingo R.
21 Baan Kata Centre: Kata Seafood, Kata Mama
22 Mom Tri's Boathouse
Sonstiges:
1 Dive Asia
2 Marina Divers
3 Dive Asia
4 Calypso Diving, Sea-Bees
5 Kata Spa
6 Bier-Bars
7 Nautilus
Transport:
1 Bus→Phuket Town, Tuk Tuks
2 Tuk Tuks
Patong
Relax Bay
Aussichts-
punkt
Islandia Complex
Brunnen
Karon
Ban Karon
Kata-
Karon
Karon Plaza
POLIZEI
Karon Rd.
Patak Rd.
21 → 48
4 → 17
2 → 6
s. Detailplan
Zentrum
Kata
Center Point
KO PU
Club Med
Koktanode Rd.
Ban
Kata
MARKT
Phuket
4028
Kata Yai
Kata Noi
Aussichtspunkt
Nai Harn
Luang Pho Chuain Rd.
SPORT-
STADION
Dino Park
(Minigolf)
Taina Rd.

Die Andamanenküste

schen Garten, gepflegte Atmosphäre. Hervorragendes Restaurant. Thai-Kochkurs. ❽

Kata Beach Resort (56), ☎ 076-330530-4, 📠 330128, 💻 www.katagroup.com, eines der wenigen Hotels direkt am gut besuchten Strand, 262 Deluxe-Zi im modernen Thai-Stil mit Balkon, die teureren mit Meersicht, 3 Restaurants. Großer Pool, wenige Liegen. ❽

Kata Poolside Resort (55), 36, 38 Kata Rd., ☎ 076-333177, 💻 www.katapoolsinde.com, am Ende der Bar-Gasse Soi Sanuk, 3-stöckiger Neubaublock mit 72 im modernen Thai-Stil eingerichteten Zi mit AC, Du/WC, Safe, Minibar, kleinem Balkon, im EG z. T. Blick auf eine Mauer, z. T. mit Zugang zur Pool-Landschaft. Frühstück inkl. ❻

Phuket Kata Resort (55), 30/9 Kata Rd., ☎ 076-330581, 💻 www.phuketkataresort.net, Eingang durch ein Tor, das einem Khmer-Tempel nachempfunden ist. In einstöckigen Reihenhäusern rings um den großen, schattenlosen Pool 39 sehr schön im modernen Thai-Stil eingerichtete Zi mit 2 Duschen (innen und außen), TV, Kühlschrank und kleiner Terrasse, mit Poolzugang teurer. ❻–❽

The Kata Orient House (53), 68/102 Moo 2, Patak Rd., 💻 www.phuketdir.com/thekata orienthouse, ☎ 076-285176, 📠 285177, 10 Min. abseits vom Strand, große, saubere Zi mit Fan oder AC in soliden, steinernen Doppelbungalows in einem Garten, Frühstück inkl., thai-belgischer Leitung. ❹

Sawasdee Village (53), 38 Katekwan Rd., ☎ 076-330979, 💻 www.phuketsawasdee.com, romantische, kleine Bungalowanlage im Thai-Stil. Rings um den Pool gruppieren sich die mit Holz und traditionellen Textilien eingerichteten Bungalows. Nebenan das große, fantasievoll gestaltete Baray Spa und das romantische Restaurant Sawasdee, gehobenes Preisniveau. ❽

Sawasdee Gh., gegenüber, ist billiger. ❹

Kata Center

3rd Street Café (48), 100/3-4 Kata Rd., im Barviertel über dem Restaurant und der Bar, ☎/📠 076-284510, 💻 www.3rdstreetcafe.com. Ansprechendes Boutique-Guesthouse, in der Saison 3 Tage Mindestaufenthalt. AC-Zi und Suiten mit Flachbildschirm, Kühlschrank und Warmwasser-Du/WC, Poolbenutzung und Frühstück inkl. ❺

Zwischen Läden, Banken, Bars und Restaurants entlang der Taina Rd.
(auch Moo 4, Patak Rd. genannt).

The Little Mermaid (47), 94/23-25 Taina Rd., ☎ 076-330730, 💻 www.littlemermaidphuket.net, Bungalows rings um den Pool mit teils riesigen Betten oder gar separatem Schlafbereich. Im neuen Haus AC-Zi und Suiten für bis zu 4 Pers. mit Kabel-TV, Kühlschrank und Warmwasser-Du/WC. Im preiswerten Guesthouse für Backpacker kleine, saubere Zi mit AC oder Fan und extrem kleiner Du/WC, mit Kühlschrank + 100 Baht; Pool. Skandinavisches Restaurant. ❸–❺

Peach Hill Hotel (43), 2 Laemsai Rd., 💻 www.peach-hill.com, ☎ 076-330520-1, mehrere 2–4-stöckige Hotelblocks und Bungalows erstrecken sich vom Zentrum über den Hang, offenes Restaurant, schlechter Service und mäßiges Essen. 211 AC-Zi mit Balkon und TV, 3 Pools, Spa, Frühstück inkl. ❺–❼

Laem Sai Bungalow (50), 8 Laemsai Rd., ☎ 076-285255, 💻 www.phuketdir.com/laemsaibungalow, an der Stichstraße 500 m vom Zentrum, oberhalb der Aspasia Apartments, 10 einfache, große Bungalows mit AC oder Fan, Du/WC und Terrasse am Hang, z.T. mit Blick aufs Meer. ❹

Durch die Anlage zu erreichen

Karon Sea Hill Spa & Resort (50), 10/3 Laem Sai Rd., ☎ 076-284485-6, 📠 284486, 💻 phuketindex.com/karonseahill. Hinter einer garagenähnlichen Zufahrt verbirgt sich ein kleines Boutique Resort mit 7 komfortablen Zi mit TV, Kühlschrank und tollem Ausblick, Restaurant, Spa und Pool. ❼–❽

Am Hügel über Kata Center u. a.

Fantasy Hill Bungalow (42), 112/1 Patak Rd., ☎ 076-330106, 28 große, saubere, teils etwas hellhörige Bungalows im Thai-Stil mit Fan und Du/WC, 2-stöckiges Haus mit AC-Zi und schöne Familien-Zi mit AC, freundlicher Service. Mopedvermietung. ❸–❺

Kata Garden Resort (41), 32 Karon Rd., ☎ 076-330627-8, 📠 330466, 💻 www.katagardenphuket.com, Bungalows im Thai-Stil unter großen Bäumen. 50 AC-Bungalows, neuere teure Deluxe-Bungalows und 13 ältere mit Fan und

Warmwasser-Du/WC , Pool, Seafood-Restaurant, Frühstück inkl. ❺

Kata On Sea Bungalow ㊵, 96/6 Patak Rd., ✆ 076-330594, 081-3976537, zwischen Palmen und Büschen stehen 25 einfach eingerichtete Steinbungalows mit Terrasse, teurere mit AC und Warmwasser-Du/WC, z. T. mit Sicht über Kata. ❹–❺

S.P. Inn ㊴, 122 Moo 4, Karon, ✆/℻ 076-330722, neben dem Dino Park, 2 etwas abseits gelegene Blocks. Große Zi mit AC, Du/WC und TV, die teils von Langzeiturlaubern bewohnt werden. ❺

Diamond Cottage Resort & Spa ㊷, 6 Karon Rd., ✆ 076-286447, 💻 www.diamondcottage.com, neue Anlage im modernen Thai-Design mit 57 angenehm gestalteten Zi mit Balkon und 10 Villen, relativ großer Pool, Restaurant. ❻

Kata-Karon

Prayoon Bungalows ㉜, ✆ 076-396196, große, allein stehende, saubere Bungalows mit Fan, weitläufiges Grundstück, freundliche Leute. ❹

Ruam Thep Inn ㉝, 53 Moo 4, Karon Rd., ✆ 076-330281, 17 Zi mit Du/WC und Fan oder AC in einigen Bungalows und dem zweistöckigen direkt am Strand, belebtes chinesisches Seafood-Restaurant. ❺

Karon Beach Resort ㊲, 51 Karon Rd., ✆ 076-330006-7, 💻 www.katagroup.com, Hotel direkt am Strand. 80 Zi mit Balkon und Meerblick; Restaurant mit gutem Frühstücksbuffet; 2 Swimming Pools. ❽

Marina Cottage ㊳, 47 Karon Rd., ✆ 076-330625, ℻ 330516, 💻 www.marinaphuket.com, eine Anlage mit viel Charme und entsprechenden Preisen. Große AC-Bungalows in traditioneller Thai-Architektur in tropischer Gartenanlage. Das Essen im On the Rock Restaurant über den Felsen am Meer ist eines der besten der Insel! Im Sala Thai Restaurant am Pool kann man abends zu traditionellen Tänzen dinieren. Sehr umweltbewusst und auf guten Service bedachtes Management. ❽

Essen

Kata Yai

Tagsüber offerieren die Strandrestaurants nördlich vom Club Med und am Südende von Kata Yai die beste Auswahl und eine angenehme Atmosphäre.

In dem neuen **Food Center** nördlich vom Club Med ist die Atmosphäre sehr freundlich und das Essen für die Insel überraschend preiswert und gut.

Von den Strandrestaurants in Kata Yai ist **Kata Mama** zu Recht sehr beliebt.

Bei **Pen Thai Food** nebenan ist das Essen ist nicht so gut wie bei Mama.

An der Straße im **Flamingo** hervorragende Holzofenpizza, Pasta und guter Kaffee.

Mammapat, 44 Moo 2, Patak Rd., hinter dem Kata Beach Resort. Das einfache, offene Restaurant serviert preiswerte, leckere Thai- und europäische Gerichte, auf Vorbestellung auch frischen Fisch.

In der Einkaufsstraße vor dem Kata Poolside haben sich Cafés und Restaurants angesiedelt.

Im **Mom Tri's Boathouse Wine & Grill**, 💻 www.boathouse.net, werden zu qualitativ hochwertigen internationalen Gerichten, die von einem Spitzenkoch zubereitet werden, gute Weine serviert. 🕓 tgl. 7–22.30 Uhr.

Kata Center

Der **Kwong Shop,** 114/53 Taina Rd., ✆ 076-285201, lockt mit frischen Meeresfrüchten und anderen leckeren Thai-Gerichten mit chinesischem Einschlag. Relativ einfache Ausstattung, aber gutes Essen. Der Besitzer sorgt für eine originelle Atmosphäre.

Im **Blue Fin Tavern** und benachbarten **Dan Kwian Pub** lassen bei guter Musik die Taucher aus der Nachbarschaft den Abend ausklingen. Man kann drinnen und draußen sitzen, gute Atmosphäre, freundlicher Service, akzeptables Essen.

Thai Kitchen in der hinteren Taina Rd. hat gutes, sehr preiswertes Thai-Essen, das auf einheimischen Geschmack abgestimmt und sehr scharf ist sowie wesentlich teurere Gerichte auf der Touristen-Speisekarte. Sa geschlossen.

Im **Full Moon Restaurant** wird die preiswerteste Pizza des Ortes gebacken. 🕓 tgl. 11–23 Uhr.

Helvetia Restaurant, Taina Rd., gute Frühstückskarte, gehobenere Preise.

The Coffee Pot, 110/3 Taina Rd., Fisch und Steaks, Burger, hausgemachte Apple und Blueberry Pies und andere australische Gerichte, abends grillt der Chef. Frühstück mit gutem Kaffee und Shakes.

Locanda, im Bougainvillea Terrace House, 117/1 Patak Rd., ✆ 076-330087, 💻 www.villea.com, etwas außerhalb an der Hauptstraße, hier werden stilvoll leckere europäische und einheimische Gerichte frisch vom Grill serviert. Gepflegter Weinkeller. 🕒 tgl. 8–24 Uhr.

Ratri Jazztaurant, Kata Hill, ✆ 076-333538-9, 💻 www.ratrijazztaurant.com. Großes, modernes Restaurant am Hang mit Ausblick auf die Bucht. Austernbar, Cocktaillounge mit Live-Jazz. Abholservice. 🕒 tgl. 14–1 Uhr.

Im **Dino Park**, ✆ 076-330625, 💻 www.dinopark.com, 🕒 tgl. 10–24 Uhr, lohnt das hervorragende Restaurant mit tollem Ambiente die Geldausgabe (s. S. 757). Gemischtes Seafood-BBQ 380 Baht.

Sonstiges

Kochkurse

Im **Mom Tri's Boathouse**, ✆ 076-330015, 💻 www.boathousephuket.com/cooking_class, wird Sa und So nach telefonischer Voranmeldung von 10–14 Uhr ein Thai-Kochkurs abgehalten, maximal 10 Teilnehmer, 2 Tage 3750 Baht p. P., ein Tag 2350 Baht (am besten den interessanteren Sonntags-Kurs nehmen).

Tauchen und Schnorcheln

Calypso Divers, 84 Taina Rd., Kata Beach, ✆ 076-330869, 💻 www.calypsophuket.com. Deutsche Tauchschule, Live-aboard Cruises mit 9 Booten.

Nahebei eine Filiale von **Sea Bees**, 96 Taina Rd., ✆ 076-284044, 💻 www.sea-bees.com, siehe Chalong.

Dive Asia, 24 Karon Rd., ✆ 076-330598, 📠 284033, 💻 www.diveasia.com. Deutsche professionelle PADI 5-Sterne-Tauchschule und CDC Center.

Nautilus Divers, 5/33 Kata Noi Rd., Kata Beach, ✆/📠 076-284183, 💻 www.nautilus-phuket.com. Tauchschule unter Leitung des Schweizers Mike, Anfängerkurse im Hausriff vor der Tür.

Nahverkehr

Samlors und Tuk Tuks verlangen für kurze Strecken an den Stränden unter 1 km mindestens 100 Baht.

Tuk Tuks nach PATONG 150 Baht und PHUKET TOWN 240 Baht (ab Kata Noi 300 Baht) und Taxis vom und zum FLUGHAFEN 650 Baht.

Inselbusse fahren bis 16.30 Uhr für 25 Baht nach PHUKET TOWN, zurück bis 18 Uhr. Sie starten etwa alle 30–60 Min. vom Club Med und halten überall an der Strandstraße an.

Karon Beach

An dem 3 km langen, breiten Sandstrand mit Dünen ist viel Platz zum Sonnenbaden, sodass die Liegen nicht ganz so dicht wie in Kata oder Patong stehen. Im Norden wird er von Felsen und einer vorgelagerten hübschen Lagune begrenzt. Beim Schwimmen ist vor allem während der Regenzeit Vorsicht angebracht, da ein starker Rücksog herrscht. Am nördlichen Rand der Bucht wurden der Islandia Complex mit Einkaufspassagen, preiswerten Unterkünften, Restaurants, Bars und Reisebüros aus dem Boden gestampft. Am zentralen Strand erstrecken sich eine Hand voll Luxushotels, im südlichen Bereich haben sich mehrere preiswerte Anlagen etabliert.

Die wunderschöne, kleine **Relax Bay** (auch Karon Noi genannt) mit weißem Sandstrand liegt zwischen Karon und Patong Beach. Der Strand wird vom Hotel Le Meridien Phuket beansprucht und ist nicht frei zugänglich.

Übernachtung

Viele preiswerte Zi werden in der Luang Pho Chuain Rd. (auch Moo 3, Patak Rd.) und im Karon Plaza vermietet, wo sich viele Bars und Restaurants befinden. Einige sind schmuddelig oder laut.

Phuket Orchid Resort ㉒, 128/4 Luang Pho Chuain Rd., ✆ 076-396519-22, 💻 www.katagroup.com, die große Mittelklasse-Hotelanlage dominiert die Straße. 525 Bungalows und komfortablere Zi mit Balkon in 3-stöckigen Reihenhäusern, z. T. zur lauten Straße hin. 3 Pools. ❽

Bazoom Hostel ㉔, Karon Plaza, 64/76-77 Patak Rd., 076-396914, www.bazoomhostel.com. In dem bunt angemalten 2-stöckigen sauberen Hostel werden Zi mit AC oder Fan und Doppelstockbetten im Schlafsaal für 150 Baht vermietet, bei längerem Aufenthalt Rabatt. ❸

Entlang der Soi 1

In der Sackgasse liegen mehrere relativ preiswerte Unterkünfte:

Karon Silver Resort ㉕, 127/9 Soi 1 Luang Pho Chuain Rd., 076-396185, 396187, karonsilver@hotmail.com, ruhiges familiäres Resort, 33 Zi in 2-stöckigen Häusern mit Fan oder AC, mit oder ohne Warmwasser. ❹–❺

Casa Brazil ㉕, 9 Soi 1 Luang Pho Chuain Rd., www.phukethomestay.com, 076-396317, 081-3337745. Kleines, farbenfroh gestaltetes, freundliches Bed & Breakfast. Kleine Zi mit AC oder Fan, TV, teils mit Balkon. Internet. ❺

Kasemsuk Gh. ㉖, 28 Moo 3, Luang Pho Chuain Rd., 076-396480, preiswerte Zi, freundlich. ❹

Divers Inn ㉘, 127/34 Moo 3, Soi Bangla, 076-398296, www.diversinn.com. Von Tauchern ausgebautes Haus mit 12 großen Zi mit AC, Du/WC, TV, Balkon, Nutzung des Pools in der Kata Villa, Internet und Frühstück inkl. ❹

Baan Porn Tawan ㉚, 26 Moo 3, Soi Bangla, 076-398299, in 3-stöckigem Gebäude 7 Zi und 3 2-Zi-Apartments mit Fan oder AC, Warmwasser-Du/WC und Kühlschrank. Familiäre Atmosphäre. ❸–❹

Im Zentrum

South Sea Resort ⑮, 36/12 Moo 1, Patak Rd., 076-396611-5, www.phuket-southsea.com, etwa 100 Luxus-Zi konzentrieren sich rings um den Pool. ❽

Thavorn Palm Beach Resort ㉑, 128/10 Patak Rd., 076-396090-3, www.thavornpalmbeach.com, riesiger, 2–4-stöckiger Hotelkomplex, 210 AC-Zi, 4 Restaurants; 5 Pools und Tennisplätze in großzügiger Gartenanlage, Kindergarten mit Pool. Ableger von einem der ältesten Hotels der Insel in Phuket Town. ❻–❼

In den 3-stöckigen Geschäfts- und Wohnhäusern des **Islandia Complexes** befinden sich im Obergeschoss Unterkünfte ab 400 Baht, deren Namen häufig wechseln.

Auf dem Weg zum Strand

Hinter der Lagune liegen:

Golden Sand Inn ⑨, 8/6 Moo 1, Patak Rd., 076-396493, 396117, www.phuket-goldensand.com, Bungalows mit AC, teure Zi mit AC, Warmwasser und Minibar, gutes, nicht überteuertes Restaurant, schöner Pool, nah am Strand. ❺–❻

Phuket Heritage ⑨, 558/6 Moo 1, Patak Rd., 076-396690-1, www.phuketheritage.com. In 2 großen Häuserblocks entlang der Straße moderne AC-Zi mit Anklängen an die Zeit der chinesischen Zinnminenarbeiter. Restaurant und Pool und Jacuzzi im 4. Stock, Spa. ❺

Lume & Yai Bungalows ⑥, 076-396382, 396096, in einer ruhigen Nebenstraße hinter den Neubauten am Hang, Steinhäuser mit 22 Doppelzimmern, z.T. mit Küche, saubere Du/WC, Terrasse, viele deutsche Gäste. ❹

On the Hill ③, 9/23 Moo 1, Karon, am Hang über der Bucht, 076-286469, www.phuketdir.com/onthehill, Joe, der freundliche Manager, vermietet 9 saubere AC-Zi mit TV, VCD, WLAN, Safe und Terrasse und fantastischer Aussicht, Frühstück im Restaurant möglich. ❹

Essen und Unterhaltung

Im großen **Sunset Restaurant** serviert die nette Bedienung westliche und Thai-Küche.

Mamma Noi, Karon Plaza. Das Restaurant mit Neonlicht, Plastikstühlen, einem Tresen und dem Kühlschrank, aus dem sich die Gäste selbst versorgen, ist nicht gerade gemütlich, aber wegen der Chefin und der relativ günstigen italienischen Gerichte beliebt. Auch Thai-Essen und Frühstück.

Mani's German Bakery, 278 Patak Rd., 076-396882, hat keine beeindruckenden Räumlichkeiten, aber absolut frische Brötchen, hervorragendes deutsches Frühstück mit Wurst und Käse sowie Kuchen, Würstchen und Leberkäs. tgl. 7–14 Uhr, So bis 12.30 Uhr.

Bangles, 333 Patak Rd., 076-396433, www.phuketarcadia.hilton.com. Sehr gutes indisches Restaurant im Hilton Hotel an der Strandstraße. Moderne Innenausstattung, gehobenes Preisniveau, Di–So 18–22 Uhr.

Baluchi, im Horizon Karon Beach, hinter dem Stadion am Ende der Stichstraße, 076-284555, ein weiteres nordindisch-moslemisches Restaurant. Tandooris, zudem mexikanische und westliche Gerichte für 200–500 Baht. ⏲ tgl. 12–23.30 Uhr.

Im **Buffalo Steak House**, 35/19-22 Moo 1, Patak Rd., südlich vom Karon-Kreisverkehr, ✆ 076-333013, serviert der schwedische Chef ausgezeichnete neuseeländische oder australische Steaks und leckeren schwedischen Apfelkuchen. Man kann draußen sitzen. Trotz der hohen Preise beliebt, freundlicher Service. Filiale gegenüber dem Dino Park.

Im **Little Mermaid**, gegenüber dem Islandia Complex, wird unter dänischer Leitung europäisch gekocht, ⏲ rund um die Uhr, die Küche schließt zwischen 3 und 6 Uhr.

Sonstiges

Einkaufen

Südlich vom Phuket Ocean Resort wird abends ein Nachtmarkt aufgebaut. Ein guter Schneider ist **La Moda**, 114/11-12 Kata Center, ✆ 076-330934.

Tauchen

Dive Asia, 121 Moo 4, gegenüber dem Islandia Complex, Patak Rd., Kata Beach, ✆ 076-330598, ℻ 284033, 💻 www.diveasia.com. Filiale in Kata.

Nahverkehr

Tuk Tuks nach PHUKET TOWN für 270 Baht, PATONG 100 Baht, CHALONG 150 Baht, NAIHARN 210 Baht, SURIN 240 Baht. Taxi zum FLUGHAFEN 650 Baht.

Inselbusse bis 16.30 Uhr für 25 Baht nach PHUKET TOWN.

Patong Beach

Über 3 km säumen mehrere Reihen von Sonnenschirmen und Liegen den feinen, hellen Sandstrand, dahinter eine Stadt für Touristen mit allem, was dazugehört: Shopping, Essen und – nicht zu vergessen – die nächtlichen Vergnügungen, die Patong weltberühmt gemacht haben. Hunderte von großen Hotels, schicken Resorts und einfachen Unterkünften erstrecken sich bis weit hinein ins Hinterland. Das Angebot der Verkaufsstände und des gewaltigen neuen Einkaufszentrums ist auf Urlauber aus aller Welt ausgerichtet, ebenso wie das der Restaurants, Bars und Pubs.

Auch Ehepaare, Familien und Senioren buchen einen Patong-Urlaub. Tagsüber vergnügt man sich beim Baden, Windsurfen oder Fallschirmsegeln, fährt mit dem Jeep oder Motorrad durchs Hinterland oder zum Tauchen und Schnorcheln auf die Inseln. Am Abend drängen sich die Touristen auf den Gehsteigen. Der Strand wird ständig gepflegt, das Meer wirkt zu bestimmten Jahreszeiten trüb, zu anderen kann es strahlend blau sein.

Nördlich von Patong, hinter dem ersten Felsen, der eine schöne Sicht auf den Badeort bietet, erstreckt sich entlang der Küstenstraße die **Kalim Bay**. Der flache, von muschelbewachsenen, scharfkantigen Felsen durchsetzte Strand eignet sich nicht zum Schwimmen. Aussichtspunkte weiter oben an der Küstenstraße bieten zum Sonnenuntergang eine weniger überlaufene Alternative zum Laem Prom Thep.

Wer den großen Nervenkitzel sucht, kann bei **Jungle Bungy Jump**, ✆ 076-321351, 💻 www.phuketbungy.com, an der Zufahrtsstraße zum Patong Beach in der Saison tgl. von 9–18 Uhr aus 54 m Höhe, mit einem Gummiseil gesichert, in die Tiefe auf einen gefluteten Baggersee zu springen. Der erste Sprung kostet 1600 Baht, jeder weitere wird billiger.

Übernachtung

Ein Großteil der Gäste sind Skandinavier, zudem wird im Norden häufig Deutsch gesprochen, in der Soi San Sabai konzentrieren sich Angebote für britische Besucher und im Süden sonnen sind viele Osteuropäer. Auch Chinesen, Koreaner und Inder kommen zunehmend als Urlauber hierher. Lanzeiturlauber bevorzugen die günstigeren Apartment-Anlagen und Hotels in der hinteren Straße, der Na Nai Rd.

Gästehäuser und Kleinhotels

Sie konzentrieren sich in der Rat Uthit Rd., die etwa 400 m im Land parallel zum Strand verläuft.

In ihren Seitengassen werden in Stadthäusern über den Shops, Restaurants und Bars relativ günstig Zimmer vermietet, z. B.

- in den relativ ruhigen Geschäftshäusern östlich des Andaman Beach Suites-Hochhauses nördlich der Thawiwong Rd.,
- rings um den Paradise Complex (viele Schwulenbars),
- in der Barstraße Soi San Sabai und
- in der Soi Kebsup. Am besten schaut man sich hier um.

Außerdem von Norden nach Süden

Odin's Gh. ㉑, 51 Rat Uthit Rd., ✆ 076-340732, ✆ 340766, ✉ odintravel@hotmail.com, hinter dem Geschäftshaus relativ ruhige und saubere, wenn auch nicht mehr ganz frische Zi mit Fan oder AC und Warmwasser-Du/WC, z. T. mit Kühlschrank. Frühstücksrestaurant und Pool-Billard im Garten. ❸–❹

Amanta House Patong ㉓, 5/17 Hat Patong Rd., ✆ 076-290401, 290402, ✆ 290400, 💻 www.amantahouse.com. Ein Juwel unter den Gästehäusern, aber auch weit teurer als die anderen. Alle AC-Zi und die mit Küchenzeilen ausgestatteten Apartments sind im chinesischen Stil eingerichtet. Einige mit Balkon. WLAN kostenlos. Kleiner Garten im Hinterhof sowie Restaurant. Reservierung empfehlenswert. ❺

Chanathip Gh. ㊴, 53/7 Rat Uthit Rd., ✆ 076-294087, ✆ 294088, kleine Pension, saubere Zi mit Du/WC, Fan oder AC, Warmwasser und Kühlschrank, Satelliten-TV; nette Besitzer, günstige Vermietung von Jeeps und Motorrädern. ❹

Nine Ten Mansions (66), 237 Rat Uthit Rd., ✆ 076-345545, 💻 phuketdir.com/ninetenmansion, Zi mit AC und Warmwasser-Du/WC, TV und Kühlschrank, Sauna, WLAN. ❹–❺

The Beach House (78), 4-8 Thawiwong Rd., ✆ 076-345639, ✆ 345640, 💻 www.thebeachhousephuket.com. Guesthouse der gehobenen Klasse mit kleinem Restaurant in einem Neubau. Teurere, größere Zi mit Balkon und Meerblick, auch Familienzimmer, kleiner Pool. ❹–❻

Untere Mittelklasse

Die Preise schwanken stark und halbieren sich etwa in der Nebensaison von Mai bis Oktober.

P.S. 2 Bungalow ⑭, 21 Rat Uthit Rd., ✆ 076-342207-8, ✆ 290034, 💻 www.ps2bungalow.com, einfache, saubere Doppelbungalows mit Fan oder AC, Du/WC und Kühlschrank sowie 1- und 2-stöckige Häuser. Die hinteren liegen recht ruhig um einen Garten mit Pool. Nahe der Straße ein Restaurant. ❹

Swiss Palm Beach ⑰, 2 Chalermprakiat Rd., hinter dem moslemischen Friedhof, ✆ 076-342099, 💻 www.swisspalmbeach.com, Hotelanlage, um einen Garten mit Pool angelegt, 33 Apartments von 90 m² mit Terrasse, 2 AC-Schlafzimmer und Wohnraum mit TV und Video, 6 Suiten; Restaurant, 150 m vom Strand. Bei deutschsprachigen Gästen beliebtes Haus unter Schweizer Leitung. ❻

Andatel ⑳, 41/9 Rat Uthit Rd., ✆ 076-290480, 💻 www.andatelhotel.com. In 3-stöckigen Reihenhäusern mit Thai-Dächern 53 AC-Zi mit Warmwasser-Du/WC, Kühlschrank und kleinem Balkon, Restaurant und Pool. Frühstück inkl. Günstig über Veranstalter zu buchen. ❺

Deevana Patong Resort ㉑, 89/58 Rat Uthit Rd., ✆ 076-290387-90, 💻 www.deevanaphuket.com, an der Zufahrtsstraße zum Grand Condotel. Nette, weitläufige Anlage, 53 Zi in einstöckigen Reihenhäusern rings um einen Pool, Spa, Restaurant. Online-Sonderangebote. ❺

Patong Pearl Resortel ㉙, 13 Sawasdirak Rd., ✆ 076-340121, ✆ 341757, 💻 www.patongpearl.com, helle, freundliche AC-Zi und Bungalows, gutes Essen, bis 21 Uhr Sonderangebote, freundliches Personal, Pool. ❻

Soi Bangla

Ebenso wie ein Besuch der Travestieshow gehört ein Rundgang durch die Bierbars in der Soi Bangla zum Standardprogramm nahezu aller Urlauber. Die Getränkepreise halten sich in Grenzen, ebenso die unzüchtigen Handlungen, die in der Öffentlichkeit selbst in diesen Kreisen verpönt sind. Auffällige Ausnahmen sind in der unteren Bangla nahe dem Strand ausgerechnet die am hübschesten herausgeputzten „Mädchen", die ihre weiblichen Formen allerdings ausschließlich den Schönheitschirurgen verdanken.

① Nerntong R. ❹–❺ ✆ 076-340571
② Malibu Island Club H. ❺ ✆ 076-342321
③ Orchid Hotel & Spa ❽ ✆ 076-340496
④ Sunset Beach R. ❺–❻ ✆ 076-342482
⑤ The Blue Marine R. ❻–❽ ✆ 076- 370400
⑥ Patong Lodge ❺ ✆ 076-341020
⑦ Diamond Cliff R. & Spa ❽ ✆ 076-340501
⑧ Novotel Coralia Phuket ❻ ✆ 076-342777
⑧ Patong Paragon Hotel ❽ ✆ 076-290555
⑨ First R. ❺ ✆ 076-340980
⑨ The Mermaid R. ❺ ✆ 081-8926415
⑩ Phuket Graceland ❽ ✆ 076-370555
⑪ Eden Bungalow R. ❻ ✆ 076-340944
⑫ Sunset Mansion ❺ ✆ 076-340734
⑬ Austrian Garden ❺ ✆ 076-340350
⑭ P.S. 2 Bungalow ❹ ✆ 076-342207
⑮ Shamrock Park Inn ❸ ✆ 076-340991
⑯ Than Thip Villa ❺–❻ ✆ 076-340359
⑰ Swiss Palm B. ❻ ✆ 076-342099
⑱ Beau Rivage u. a. Gh. ❹–❺ ✆ 076-340725
⑲ Patong Palace (P) Hotel ❻ ✆ 076-342369
⑳ Andatel Patong Phuket ❺ ✆ 076-290480
㉑ Deevana Patong R. ❺ ✆ 076-290387
㉑ Odin's Gh. ❸–❹ ✆ 076-340732
㉒ Patong Bayshore ❺ ✆ 076-341414
㉓ Amanta House Patong ❺ ✆ 076-290401
㉓ Boomerang Inn u. a. Gh. ❹ ✆ 076-342182
㉔ The Andam. B. Suites ❻–❼ ✆ 076-341879
㉕ Pat. Grand Condotel ❺ ✆ 076-341043
㉖ Club Andaman B. R. ❼–❽ ✆ 076-340361
㉗ Patong Bayshore ❻ ✆ 076-340602
㉘ Royal Phawadee V. ❺–❼ ✆ 076-344622
㉘ White Sand Resotel ❻ ✆ 076-296013
㉙ Patong Pearl Resotel ❻ ✆ 076-340121
㉚ Patong City Hotel ❺ ✆ 076-342150
㉛ Jaranya Gh. ❹ ✆ 076-341131
㉜ Family 2 Mansion ❹ ✆ 076-344139
㉜ Patong Sub Inn ❹ ✆ 076-344701
㉝ Nippa Villa ❹ ✆ 076-340099
㉞ Vises Patong H. ❺ ✆ 076-341015
㉟ Impiana Phuket Cabana ❽ ✆ 076-340138
㊱ Thara Patong B. R. ❺–❽ ✆ 076-340135
㊲ Salathai R. ❻ ✆ 076-296631
㊳ Azzurro Village ❺ ✆ 076-341811
㊴ Tiger Inn ❹–❺ ✆ 076-340959
㊴ Chanathip Gh. ❹ ✆ 076-294087
㊴ KN Guesthouse ❺ ✆ 076-342719
㊴ Baan Tip Top Gh. ❺ ✆ 076-344152
㊴ Poppa Palace ❺ ✆ 076-345522
㊵ Patong B. Bungalow ❼ ✆ 076-340117
㊵ The Beach R. ❻ ✆ 076-340544
㊶ Patong Bay Gar. R. ❻–❽ ✆ 076-340297
㊶ Tawan Beach House ❺ ✆ 076-341562
㊶ Sandy House ❺ ✆ 076-344360
㊷ Patong Villa ❺–❻ ✆ 076-340132
㊸ K–Hotel ❺ ✆ 076-340832
㊹ Capricorn's Village ❹ ✆ 076-340390
㊹ Neptuna Hotel ❺ ✆ 076-340824
㊺ Safari Beach Hotel ❻–❼ ✆ 076-341171
㊻ Royal Paradise H. ❻–❼ ✆ 076-340666
㊼ Aloha Village ❺ ✆ 076-345733
㊼ C&N Hotel ❹ ✆ 076-340475
㊽ Touch Villa ❸–❹ ✆ 076-344011
㊽ P.S. 1 Hotel ❺ ✆ 076-340184
㊽ Villa Swiss Garden u. a. ❹ ✆ 076-341120
㊾ Sand Inn ❺ ✆ 076-340275
㊿ Hotel Summer Breeze ❺ ✆ 076-340464
(51) Andaman Resotel ❺ ✆ 076-341516
(52) Baan Sukhothai ❻–❼ ✆ 076-341394
(53) Tropica Bungalow H. ❻ ✆ 076-340204
(54) Patong Inn H. ❹–❺ ✆ 076-340587
(55) Patong Beach H. ❽ ✆ 076-340301
(56) Patong R. ❻–❼ ✆ 076-340551
(57) Banthai Beach R. ❽ ✆ 076-340850
(58) ADD Mansion ❹ ✆ 076-294430
(59) Montana Grand Phuket ❺ ✆ 076-294181-3
(60) Royal Palm Resotel ❺ ✆ 076-292510
(61) Baan Laimai ❻–❼ ✆ 076-340460
(62) Blue Ocean R. ❹–❻ ✆ 076-345191-3
(62) Tatum Mansion ❹ ✆ 076-344332
(63) Horizon Beach R. ❼–❽ ✆ 076-292526
(64) B&B Beach House ❹ ✆ 076-292147
(65) Sandy Beach u. a. Gh. ❹ ✆ 076-344914
(66) Nine Ten Mansion ❹–❺ ✆ 076-345545
(67) Holiday Inn R. ❻–❽ ✆ 076-340608
(68) Phuket Grand Tropicana ❺ ✆ 076-340210-2
(69) The Merlin Phuket ❽ ✆ 076-340037
(70) Baumanburi ❻–❽ ✆ 076-345951
(71) Tina House u. a. Gh. ❹ ✆ 076-292103
(72) Hyton Leelavadee ❻–❼ ✆ 076-292091
(73) Ramaburin ❹–❺ ✆ 076-345333
(74) Absolute Sea Pearl B. R. ❼–❽ ✆ 076-341901
(75) Seagull Home ❻ ✆ 076-292098
(76) Hotel Villa del Mar ❹–❼ ✆ 076-345698
(77) Baan Boa R. ❻ ✆ 076-292869
(78) The Beach House ❹–❻ ✆ 076-345639
(79) Avantika Boutique H. ❽ ✆ 076-292801
(80) Seaview Hotel ❽ ✆ 076-341300
(81) Amari Coral Beach R. ❽ ✆ 076-340106
(82) Duangjit R. & Spa ❻–❽ ✆ 076-340303
(83) Coconut Village R. ❺–❻ ✆ 076-340146

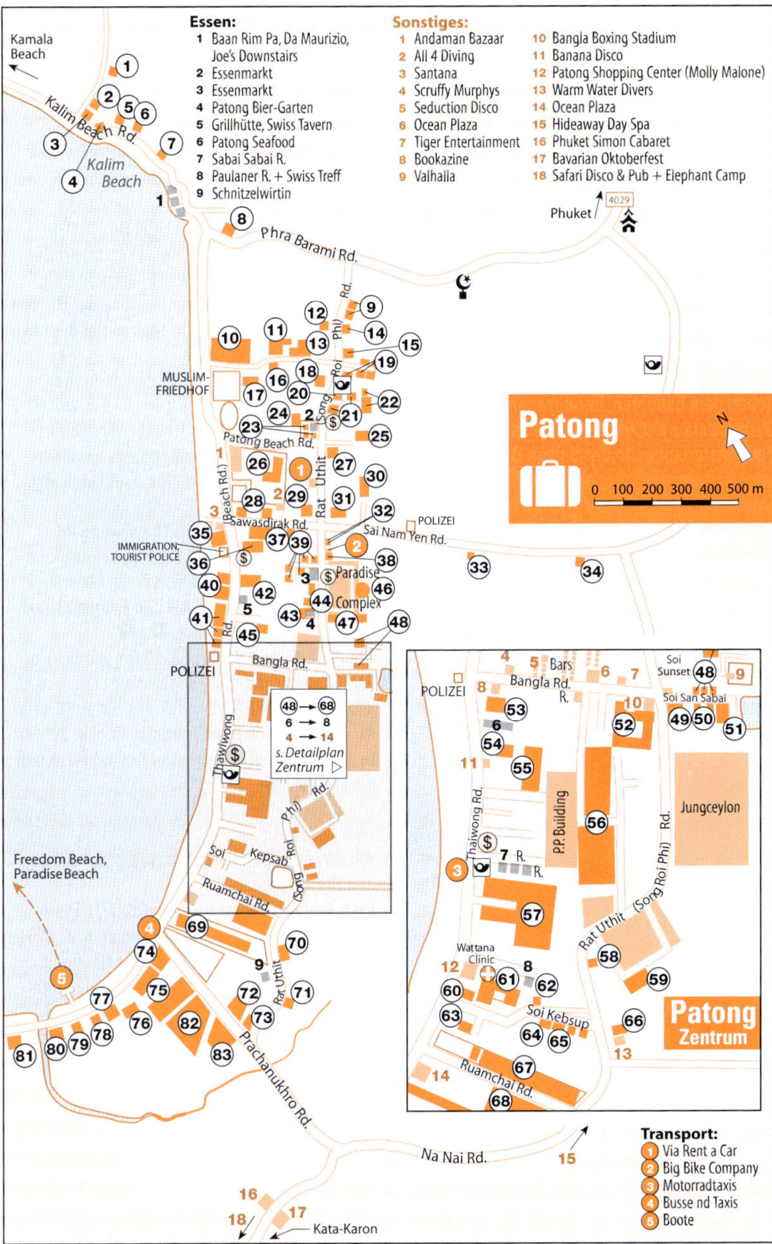

Essen:
1 Baan Rim Pa, Da Maurizio, Joe's Downstairs
2 Essenmarkt
3 Essenmarkt
4 Patong Bier-Garten
5 Grillhütte, Swiss Tavern
6 Patong Seafood
7 Sabai Sabai R.
8 Paulaner R. + Swiss Treff
9 Schnitzelwirtin
Sonstiges:
1 Andaman Bazaar
2 All 4 Diving
3 Santana
4 Scruffy Murphys
5 Seduction Disco
6 Ocean Plaza
7 Tiger Entertainment
8 Bookazine
9 Valhalla
10 Bangla Boxing Stadium
11 Banana Disco
12 Patong Shopping Center (Molly Malone)
13 Warm Water Divers
14 Ocean Plaza
15 Hideaway Day Spa
16 Phuket Simon Cabaret
17 Bavarian Oktoberfest
18 Safari Disco & Pub + Elephant Camp
Kamala Beach
Kalim Beach Rd.
Kalim Beach
Phuket
4029
Phra Barami Rd.
Patong
0 100 200 300 400 500 m
N
MUSLIM-FRIEDHOF
Patong Beach Rd.
Rat Uthit
Sawasdirak Rd.
Sai Nam Yen Rd.
POLIZEI
IMMIGRATION, TOURIST POLICE
Paradise Complex
Bangla Rd.
Thawiwong
48 → 68
6 → 8
4 → 14
s. Detailplan Zentrum ▷
Soi Kepsab
Ruamchai Rd.
Freedom Beach, Paradise Beach
Prachanukhro Rd.
Na Nai Rd.
Kata-Karon
Bars
Soi Sunset
Soi San Sabai
P.P. Building
Jungceylon
Thaiwong Rd.
Rat Uthit (Song Roi Phi) Rd.
Wattana Clinic
Soi Kebsup
Patong Zentrum
Transport:
1 Via Rent a Car
2 Big Bike Company
3 Motorradtaxis
4 Busse nd Taxis
5 Boote

Die Andamanenküste

Poppa Palace ㊴, 14, 16 Rat Uthit Rd., ✆ 076-345522, 💻 www.poppapalace.com. In einem 4-stöckigen Neubau in ruhiger Lage und dennoch zentral. 64 AC-Zi im Thai-Stil mit Du/WC, TV, WLAN, Kühlschrank und Balkon. Frühstück inkl. ❺

Patong Villa ㊷, 152 Thawiwong Rd., ✆ 076-340132, 💻 www.patongvilla.com, mitten im Barbezirk, aber relativ ruhig stehen etwas zurückversetzt von der Straße 1-stöckige Reihenbungalows und ein 2-stöckiges Terrassenhaus am Pool, mit Spa. Zugang durch Verkaufsstände mit aufdringlichen Verkäufern. ❺–❻

K-Hotel ㊸, 180 Rat Uthit Rd., ✆ 076-340832, 💻 www.K-hotel.com, Bungalows hinter und neben dem beliebten, hervorragenden Wiener Gartenrestaurant, viele deutschsprachige Pauschalurlauber. In der Saison Buchungen nur über Reiseveranstalter möglich. ❺

Tropica Bungalow Hotel (53), 132 Thawiwong Rd., ✆ 076-340204-5, 💻 www.tropica-bungalow.com. Hinter dem dazugehörigen großen Restaurant stehen 2-stöckige Häuser und Bungalows, die nach dem Tsunami neu gebaut wurden, in einem Garten mit Pool. An der Rezeption hängt ein Foto von den ersten Hütten unter Palmen aus dem Jahr 1986 – welch ein Unterschied! Frühstück inkl. Über Veranstalter günstiger. ❻

Obere Mittelklasse

In dieser Kategorie finden sich vor allem die typischen Pauschalurlauberhotels, die z. T. günstig über Reisebüros gebucht werden können, u. a.

Royal Phawadee Village ㉘, 3 Sawasdirak Rd., ✆ 076-344622, 💻 royal-phawadee-village.com, 34 komfortable Zi und Bungalows im traditionellen Thai-Stil. Pool, Fleischerei und Restaurant. ❺–❼

Salathai Resort ㊲, 10/4 Sawasdirak Rd., ✆ 076-296631-4, 💻 www.phuketsalathai.com, in einem 3-stöckigen neuen Haus an einem Pool komfortable Zi und Suiten mit thailändischem Touch, alle mit Balkon oder Terrasse. Frühstück inkl. ❻

Safari Beach Hotel ㊺, 136 Thawiwong Rd., ✆ 076-341171-4, 💻 www.safaribeachhotel.com, hinter dem beliebten, offenen Savoey Seafood Restaurant stehen etwas versteckt in einem kleinen Tropengarten 3-stöckige Häuser an einem Pool. 45 modern gestaltete AC-Zi mit Du/WC, Terrasse oder Balkon. ❻–❼

Baan Sukhothai (52), 70 Bangla Rd., ✆ 076-341394-7, 💻 www.phuket-baansukhothai.com; mitten im Zentrum auf einem großen Grundstück schöne, luxuriöse Thai-Stil-Bungalows. Restaurants, diverse Aktivitäten, Pool und Spa. ❻–❼

Patong Resort (56), 208 Rat Uthit Rd., ✆ 076-340551-4, 💻 www.patongresort.co.th, großes Hotel im Zentrum mit stilvoll eingerichteten, komfortablen Zi mit Balkon, 2-stöckiger Garden Wing rings um den Pool. Daneben der 8-stöckige Pavilion Wing. ❻–❼

Hyton Leelavadee (72), 3 Prachanukhro Rd., 💻 www.hytonleelavadee.com, ✆ 076-292091-2, 📠 345272, zweistöckige Häuser mit komfortablen Zi in einer Gartenanlage rings um einen großen Pool. Restaurant, Spa, Frühstück inkl. ❻–❼

Hotel Villa del Mar (76), 30 Thawiwong Rd., ✆ 076-345698, kleines 4-stöckiges Hotel, komfortable AC-Zi mit TV, Safe. 8 Zi mit Meerblick und Balkon, 1 Suite, WLAN und Frühstück inkl. Open Air Thai-Restaurant. ❹–❼

Coconut Village Resort (83), 20 Prachanukhro Rd., 💻 www.coconutvillageresort.com, ✆ 076-340146-9, 📠 340144, 2-stöckiges Hotel, 80 nette AC-Zi mit Balkon oder Terrasse; Pool in der Mitte, Sauna und Straßenrestaurant mit Pizza und Steaks. ❺–❻

First Class-Hotels

Am Strand liegen vor allem Hotels der gehobenen Preisklasse, u. a.

Club Andaman Beach Resort ㉖, 77/1 Thawiwong Rd., 💻 www.clubandaman.com, ✆ 076-340361-2, in einem gepflegten, weitläufigen, tropischen Garten, 7-stöckige 4-Sterne-Hotelanlage und 50 rustikale Bungalows im Thai-Stil, 251 AC-Zi mit Balkon oder Terrasse; 2 Restaurants, großzügig gestaltete Pool-Landschaft, Kinderbecken, Anda Spa. ❼–❽

Impiana Phuket Cabana ㉟, 41 Thawiwong Rd., ✆ 076-340138, 💻 www.impiana.com, stilvolles, hochpreisiges Boutique-Hotel im modernen Thai-Design am Strand. 70 mit dunklem Holz eingerichtete Zi mit jeglichem Komfort und Balkon. Gutes Restaurant mit Fusion Cuisine. ❽

Patong Beach Bungalow ㊵, 39 Thawiwong Rd., www.patongbeachbungalow.com, 076-340117, 340213, neue Bungalows und Luxus-Zi verschiedener Größe, die teureren mit Blick aufs Meer. Restaurant, Bar, Pool mit Sauna und Spa. ❻–❽
Patong Bay Garden Resort ㊶, 33/1 Thawiwong Rd., 076-340297, 340560, www.patongbaygarden.com, nach dem Tsunami neu aufgebautes Resort mit großem Garten am Strand, 70 komfortable Zi im Thai-Stil, teils mit Balkon, und für Familien geeignete Suiten, teurere Zi am Strand. Italienisches Restaurant, Pool, Spa. ❻–❽
Duangjit Resort & Spa ㊷, 18 Prachanukhro Rd., etwas abseits vom Strand, 076-340303, www.duangjit.com. In einem schön gestalteten Garten 2 u-förmig um große Pools gebaute 2-stöckige Häuser, 324 komfortable AC-Zi mit Balkon oder Terrasse und 57 kleinere AC-Bungalows mit Du/WC; gutes Restaurant, Spa. ❻–❽
Banthai Beach Resort ㊼, 94 Thawiwong Rd., 076-340850-4, www.banthaiphuket.com, große Anlage mit Bungalows und Zi im modernen Thai-Stil, einige mit Poolzugang, umgeben von einer Plaza mit vielen Läden. ❽

Essen

Gästehäuser und einfache Hotels servieren das übliche Ei-und-Toast-Frühstück, während teurere Resorts ein mehr oder weniger üppiges Buffet auftragen.
Patong Bier-Garten, 180 Rat Uthit Rd., im K-Hotel, www.K-hotel.com. Gehobene Wiener Küche, gute Fischkarte, leckere Desserts und Bier vom Fass. Aufmerksamer Service, Hauptgerichte um 400 Baht, Tagesmenü für 200 Baht. Im ruhigen Garten kann man angenehm sitzen. tgl. 11–23 Uhr.
Paulaner, 66/30 Soi Kebsup, 076-340253, gediegenes AC-Restaurant mit deutschen Spezialitäten, heimischen Bieren und Schnäpsen, Frühstück, Zimmervermietung.
Swiss Treff, 66/32 Soi Kebsup, 076-344848, www.phuket-swisstreff.com, Bratwurst und andere Schweizer Spezialitäten, auch Zimmervermietung.
Grillhütte, 142/1 Thawiwong Rd., 076-341456, www.grillhuette.com. Seit 1983 gibt es dieses deutsch-österreichische Restaurant. Bier vom Fass. Nebenan die **Swiss Taverne**.
Österreichisch-deutsche Küche auch bei der **Schnitzelwirtin**, Rat Uthit Rd., im Süden.
Sabai Sabai, 89/7 Thawiwong Rd., 076-340222, preiswerte Thai-Gerichte und Steaks. Schneller Service. Auch wenn die Werbung etwas anderes verspricht, sind Touristen hier unter sich.
Auf dem großen **Essensmarkt** in der Rat Uthit Rd. sitzen Touristen zwischen den Garküchen, in denen gebraten und gegrillt wird. Die Atmosphäre stimmt – allerdings wird beim Seafood kräftig abgezockt. Günstiger und überschaubarer ist der abendliche **Essensmarkt** etwas weiter nördlich hinter der Einmündung der Patong Beach Rd. Großes Angebot an frischem Seafood, und auch der Service stimmt.
Wer einen Grund zum Feiern hat, oder bereit ist, etwas mehr auszugeben, findet in Patong einige hervorragende Restaurants:
Sala Bua, im Phuket Cabana, 41 Thawiwong Rd., 076-340138, www.impiana.com, der mehrfach prämierte Koch zaubert ausgezeichnete einheimische und internationale Gerichte. 6.30–24 Uhr.
Im **Royal Kitchen**, 135/32 Rat Uthit Rd., 076-340666, www.royalparadise.com, unter dem Dach des Royal Paradise Hotel, wird chinesisch gekocht, gute kantonesische Küche und Peking-Ente, fantastische Aussicht.
Baluchi, 64/39 Soi Kebsup, 076-292526, im Horizon Beach Resort, hervorragendes nordindisch-moslemisches Restaurant. Hervorragende Tandooris, zudem westliche Gerichte für 200–500 Baht. tgl. 12–23.30 Uhr, in der Nachsaison ab 15 Uhr.
Drei Restaurants liegen auf den Felsen am Kalim Beach und bieten neben einem kulinarischen Erlebnis eine herrliche Sicht.
Baan Rim Pa, 076-340789, geschmackvoll dekoriertes Restaurant, das seit Jahrzehnten für seine stilvolle Thai-Küche, gute Weinauswahl und schöne Aussicht bekannt ist. Frühzeitige Reservierung vor allem in der Saison zu empfehlen. Gehobenes Preisniveau. Tgl. außer Mo Live-Jazz. tgl. 12–23 Uhr.
Joe's Downstairs, nebenan, 076-344254, ist eine edle Tapas-Bar mit amerikanischem Flair, Gerichte 250–500 Baht, und im

Da Maurizio, ✆ 076-344079, dem dritten Restaurant direkt am Meer, wird italienisch gekocht. ⌚ tgl. 12–23 Uhr.

Unterhaltung

Discos

Banana Disco, 94 Thawiwong Rd., ✆ 076-340306, die älteste Disco im Zentrum von Patong, in der es erst gegen Mitternacht richtig voll wird. Allerdings ist es recht finster und kalt. Am frühen Abend Live-Musik geboten, danach legt der DJ House auf. Eintritt 200 Baht, 1 Drink inkl. ⌚ 21–2 Uhr.

Seduction Disco, Soi Happy, Bangla Rd., 💻 www.seductiondiscotheque.com, die neueste und größte 2-stöckige Disco auf der Vergnügungsmeile. 250 Baht Eintritt. ⌚ 21–4 Uhr.

Im Tiger Entertainment-Komplex

Club 730, eine weitere beliebte Disco in der Soi Bangla, 💻 www.phuket-dir.com/tigerdisco. Aufgelegt wird ein breites Spektrum von House, Hip-Hop und die üblichen Reggae-Urlaubshits.

The Beach Discotheque, im Royal Paradise Hotel, 135/32 Rat Uthit Rd., ✆ 076-340666, 💻 www.royalparadise.com, die größte Disco der Insel mit tollen Laser- und Lichteffekten.

Safari Disco & Fun Pub, 28 Sirirat Rd., auf einem Hügel an der Straße nach Karon: der Traum eines Romantikers wurde wahr! Alles ist aus Naturmaterialien erbaut und originell dekoriert. Live-Bands von 22–2 Uhr. ⌚ tgl. 20–3 Uhr.

Pubs und Clubs

Saxophone, Andaman Bazaar, 188/2 Thawiwong Rd., ✆ 076-346167. Ab 21 Uhr Auftritte von Jazz-, Blues-, Soul- und Funk-Bands. Moderate Getränkepreise, wer Lust hat, kann tanzen.

Rock City, im selben Block, macht ihm Konkurrenz.

Thru the Sea, nebenan, ✆ 076-340530, 💻 www.thruthesea.com, eine Kombination aus Open-air-Restaurant und Club mit Live-Musik (Rock, Pop, Latin) und Disco.

Molly Malone's Irish Pub, Patong Shopping Center, 94/1 Thawiwong Rd., ✆ 076-292771, 💻 www.mollymalonesphuket.com. Irisches Pub ohne Anmache, ⌚ tgl. 10–2 Uhr.

Scruffy Murphy's Irish Pub, 5 Bangla Rd., ✆ 076-292590, 💻 www.scruffymurphysphuket.com. Im Zentrum des Barviertels wird „Mann" hier in Ruhe gelassen. ⌚ tgl. 10–2 Uhr.

Bierzelt

Bavarian Okotoberfest, 204/53 Rat Uthit Rd., ✆ 076-293107, 💻 www.bavarian-entertainment.com, am Ortsrand Richtung Kata steht das größte Bierzelt Asiens, in dem thailändische Mädels im Dirndl Maßbier, riesige kalte Platten und Schweinshaxen auftragen. Aktuelles Programm im Internet, ⌚ tgl. 18–1 Uhr.

Shows

Phuket Simon Cabaret, , 8 Sirirat Rd., Reservierung unter ✆ 076-342011-5, 💻 www.phuket-simoncabaret.com. Professionell gestaltete Travestieshow, fantastische Licht- und Sound-Effekte. Vorstellungen um 19.30 und 21.30 Uhr. Tickets 600 Baht, in der Nebensaison günstiger.

Bangla Boxing Stadium, Soi Bangla, Ecke Rat Uthit Rd., ✆ 089-4745374, hier treten auf einer Bühne nationale und internationale Profiboxer gegeneinander an. Tickets 1300 / 1500 Baht.

Sonstiges

Autovermietungen

Am Strand und bei den Gästehäusern werden Jeeps unter 1000 Baht vermietet, die allerdings nicht ausreichend versichert und oft in schlechtem Zustand sind. **Via Rent a Car**, 120/18 Rat Uthit Rd., ✆ 076-341660, ein zuverlässiger Anbieter.

Einkaufen

Das Mega Shopping Center **Jungceylon**, Rat Uthit Rd., www.jungceylon.com, ist eine Sehenswürdigkeit für sich. Hauptmagnet ist der Carrefour Hypermarkt mit einer guten Auswahl westlicher und asiatischer Lebensmittel und Getränke, zudem der Robinson Department Store, 5 Kinos, Bowlingbahnen und Karaoke. Abends locken diverse Veranstaltungen auch viele Einheimische ins Center.

Auch die anderen **Einkaufszentren** sind gut bestückt mit Waren, die Urlauber brauchen. Eine gute Auswahl von Lebensmitteln im **Big One Supermarket** im Ocean Plaza, 31 Ban-

gla Rd., ⏲ tgl. 12–24 Uhr, sowie in der Filiale weiter im Süden an der Thawiwong Rd.
Die Auswahl an Büchern ist sehr begrenzt. Vielleicht wird man im **Bookazine**, 18 Bangla Rd., oder im Jungceylon fündig.
Je nach Saison und Nachfrage schwanken die Preise an den **Souvenirständen**, die sich in der Bangla Rd., der Thawiwong Rd. und vielen Nebenstraßen ausgebreitet haben. Es werden überhöhte Preise (bis zum 3–4-fachen) gefordert, sodass es lohnt, zu vergleichen und zu handeln.

Elefantenreiten

Oberhalb der Kalim Bay, an der Straße nach Kata oder bei **Adventure Safaris**, 70/85 Rat Uthit Rd., ✆ 076-341988 und 341746, 💻 www.phuket.com/tours/safaris.htm. Der kurze Ausritt führt durch ehemalige Gummiplantagen. Für eine einstündige Tour sind etwa 1000 Baht zu zahlen. Viele Unternehmen sind nicht registriert und operieren illegal.

Immigration

Thawiwong Rd. nördlich der Einmündung der Bangla Rd., ⏲ Mo–Fr außer feiertags 10–12 und 13–15 Uhr.

Medizinische Hilfe

Das **Patong Hospital**, ✆ 076-344225, an der Sai Nam Yen Road hat eine gute ambulante Station und ist erfahren in der Behandlung von Verletzungen durch Motorradunfälle. Bessere stationäre Behandlung in den Krankenhäusern, s. S. 748.
Wattana Clinic, 78/8 Thawiwong Rd., ✆ 076-340690, ⏲ tgl. 9–19 Uhr. Auch Deutsch sprechende Ärzte.

Motorräder

In einem Jahr hat es auf der Insel über 1000 registrierte Motorradunfälle mit fast 200 Toten gegeben, also bitte vorsichtig nur mit Helm fahren und den Führerschein mitnehmen.
Über 100 Motorräder, darunter 250cc- und 1000cc-Maschinen, vermietet **Big Bike Company** an der Thawiwong Rd., ✆ 076-345100. 100cc-Maschinen kosten ca. 200 Baht pro Tag, 125cc 300 Baht.

Parken

An geraden / ungeraden Tagen wechselt das Parkverbot von einer zur anderen Straßenseite, manchmal sogar mittags.

Post

Postamt in der Rat Uthit Rd., ⏲ 8.30–12 und 13–16.30 Uhr, feiertags 9–12 Uhr.

Straßennamen

Die Thawiwong Rd. wird häufig auch Beach Rd. genannt. Die Parallelstraße Rat Uthit Rd. erhielt den Zusatz Song Roi Pee Rd., was 200-Jahr-Straße bedeutet. Nur selten wird sie so genannt. Man bevorzugt die Abkürzung oder gar die englische Version 200 Year Rd.

Tauchen

Santana, 49 Thawiwong Rd., ✆ 076-294220, 💻 www.santanaphuket.com (englisch und deutsch). Die älteste Tauchbasis auf Phuket unter deutscher Leitung, PADI 5-Sterne IDC Center, mit 2 Tauchbooten 3- bis 7-tägige Liveaboard Cruises nach Similan, Surin und zu den südlichen Inseln, Nitrox-Tauchen.
Warm Water Divers, 225 Rat Uthit Rd., ✆ 076-294150, Filiale im Amari Coral Beach Resort, ✆ 076-293023, 💻 www.warmwaterdivers.com. PADI 5-Sterne, zahlreiche Filialen, aber keine eigenen Schiffe.
All 4 Diving, 5/4 Sawasdirak Rd., ✆ 076-344611, große Auswahl an Tauchausrüstung im größten Shop der Insel, angeboten werden Kurse diverser Veranstalter. Der Manager spricht Deutsch.
Eine privat betriebene **Dekompressionskammer** neben der Zentrale von Warm Water Divers, 231/233 Rat Uthit Rd., 💻 www.sssnetwork.com. Eine große Kammer besitzt das Vachira Phuket Hospital in Phuket Town.

Tourist Police

Thawiwong Rd. nördlich der Einmündung der Bangla Rd. Notruf ✆ 1155.

Nahverkehr

Pickups und Tuk Tuks im Ort verlangen in der Saison 100 Baht und mehr. Motorradtaxis ab 40 Baht.

Kaum ein Tuk Tuk-Fahrer fährt noch zu den offiziell festgelegten Preisen. Verlangt wird oft das Doppelte und mehr. Offiziell kostet PHUKET TOWN 210 Baht, KARON 100 Baht, KATA 150 Baht, CHALONG 300 Baht und SURIN 150 Baht. Busse nach PHUKET TOWN für 20 Baht starten am Bus Stop vor dem Patong Merlin, nehmen aber auch während ihrer Fahrt durch die Thawiwong Rd. und Phra Barami Rd. Fahrgäste auf. Taxi zum AIRPORT 550 Baht.

Kamala

Bevor am 26.12.04 die volle Wucht einer 10 m hohen Riesenwelle bis weit ins Hinterland hinein heftige Zerstörungen anrichtete, hatte bereits der Tourismus mit Läden, Restaurants und Liegestühlen am Dorfstrand Einzug gehalten. Nach dem Wiederaufbau bestimmen Kleinhotels, Souvenirläden und Touristen-Restaurants das Bild. Ein von der Phuket Japanese Organization gespendetes **Tsunami-Denkmal** am Strandpark nahe dem Kamala Beach Resort fordert zum Gedenken auf. Entlang der Strandpromenade bieten Garküchen, Schneider und Masseure ihre Dienste an.

Am nördlichen Ende der Bucht erstreckt sich abseits des Dorfes ein schöner Picknickplatz mit hohen Bäumen am Strand, wo man gefahrlos schwimmen kann. Die Straße verläuft an der Küste entlang weiter Richtung Norden nach Surin. Von einem Parkplatz am Kap (Parkgebühr von 8.30–18.30 Uhr fürs Moped 20 Baht, fürs Auto 40 Baht) geht es zu Fuß hinab zum hübschen, aber übervölkerten **Laem Sing Beach**. In der Saison stehen am malerischen Strand Liegestühle mit Sonnenschirmen, Essen- und Getränkeständе. Das türkisblaue Wasser ist ruhig und gut zum Baden geeignet.

Phuket FantaSea – Show der Superlative

Der 35 ha große Themenpark, der 80 Mill. € verschlungen haben soll, erstreckt sich an der Umgehungsstraße von Kamala. Dort wird eine gewaltige Show geboten, die selbst Las Vegas in den Schatten stellt. Vor der Show geht es zum Einkaufsbummel durch das **Festival Village**, ein teurer Shopping Complex in bunten, thematisch gestalteten Disneyland-Läden. Auf den Plätzen treten Artisten und Bands auf. Am Ende des „Dorfes" werden links in einem dem Königspalast nachempfundenen Gebäude, dem **Golden Kinnaree Restaurant** mit 4000 Sitzplätzen, von 18–20.30 Uhr leckere europäisch-asiatische Buffets aufgebaut. Nach dem Essen strömen die Besucher hinüber zum **Palace of the Elephants**, einem gewaltigen Gebäude im Khmer-Stil, dessen Fassade in wechselnden Farben angestrahlt wird. Sie zieren 999 steinern aussehende Elefanten, die zum Teil beweglich sind. Hinter den Eingangstoren geht es in den modernen Theatersaal mit 3000 Sitzplätzen – der Kontrast könnte kaum größer sein. Um 21 Uhr beginnt das gewaltige Spektakel „Fantasy of a Kingdom". Moderne artistische Darbietungen (Bungee-Ballett) und Zauberkünstler wechseln mit traditionellem Schattenspiel (mit Lasertechnik modern verfremdet), Tänzen und Nachstellungen gigantischer Schlachten.

Die Texte in Thai und Englisch sind wie die Musik dem internationalen Publikum angepasst. Etwa 100 Personen stehen am Ende der eineinhalbstündigen Show auf der Bühne, und weit mehr sind zudem im Hintergrund daran beteiligt. ⏲ tgl. 17.30–23.30 Uhr, ☎ 076-385111-5, 💻 www.phuket-fantasea.com, Eintritt zur lohnenden Show 1100 Baht, für Dinner und Show 1600 Baht.

Übernachtung

Ban Kamala

In **Ban Kamala** sind viele Resorts, private Zimmer- und Bungalowvermietungen nach dem Tsunami wieder neu aufgebaut worden.

Kamala Beach Inn ⑱, 73/115 Naga Rd., ☎ 076-385280-3, ✉ kamalabeachinn@hotmail.com. An der Straße ins Dorf nahe dem Tempel stehen 2 lange, zweistöckige Reihenhäuser, die Atmosphäre missen lassen. Alle Zi mit AC, Du/WC und Kühlschrank. ❺

Benjamin Resort ⑮, 83 Moo 3, Kamala Beach, ☎ 076-385739, 081-8950337, 💻 www.phuketdir.com/benjaminresort, 3-stöckiges Haus. Zi mit

AC, Warmwasser-Du/WC, Kühlschrank und Balkon, von den teuren schöner Blick aufs Meer, preiswerte Zi im Erdgeschoss, die günstigsten mit Gemeinschafts-Du/WC, Dachgarten und Restaurant. ❹–❺

Baan Natacha ⑯, 96/23 Moo 3, Kamala Beach, ✆/📠 076-385471. AC-Zi in einem überschaubaren Neubau am Meer, Frühstück inkl. ❺

Papa Crab's Gh. ⑰, 93/5 Moo 3, Kamala Beach, ✆ 076-385671, 💻 www.papacrab.net. In dem kleinen, individuell und geschmackvoll gestalteten Haus werden AC-Zi mit TV, Warmwasser-Du/WC und Kühlschrank vermietet. ❸–❹

Thai Kamala Village ⑬, 93 Moo 3, Kamala Beach, ✆ 076-279795, 💻 www.hotel-thaikamala.com. Yao und ihr Mann Pascal haben ein Haus direkt am Strand zu einem hübschen Kleinhotel im Thai-Stil umgebaut. Alle 17 AC-Zi mit Warmwasser-Du/WC, TV, Balkon und Meerblick, Beach Bar und Restaurant mit einheimischen und mediterranen Gerichten. ❺

Kamala Dreams ⑫, 74/1 Moo 3, Kamala Beach, ✆ 076-279131, 💻 www.kamaladreams.net. In einem zweistöckigen Haus direkt am Strand 12 Apartments mit Küchenzeile, Kühlschrank und TV rings um einen kleinen Pool. Seafood-Restaurant, Frühstück inkl. ❻

Malinee House ⑭, 75/4 Moo 3, Kamala Beach, ✆ 076-324094, 💻 www.malineehouse.com, eines der ersten Gästehäuser vermietet über dem Laden in einem Wohnhaus 5 Zi mit Fan oder AC und 3 neuere im EG, WLAN. ❹

Print Kamala Resort ⑪, 74/8 Moo 3, Kamala Beach, 💻 www.printkamalaresort.net, ✆ 076-385396-8. Die 51 komfortablen, modern eingerichteten AC-Zi mit Balkon und 29 Bungalows gruppieren sich rings um einen Pool. Ansprechende Architektur, lockere Bebauung und ein hübsch angelegter Garten. Reservierung erforderlich. Restaurant mit lokalen und japanischen Spezialitäten. ❻–❼

An der nördlichen Verbindungsstraße zwischen Strand und Umgehungsstraße

Chez Sabina Gh. ⑧, ✆ 076-279544, 📠 279544, 6 Zi in einem Wohnhaus. ❸

Ice Bungalow ⑨, 84/1 Moo 3, Kamala Beach, ✆/📠 076-385437, über den Läden werden einige Zi mit Fan oder AC vermietet. ❸–❹

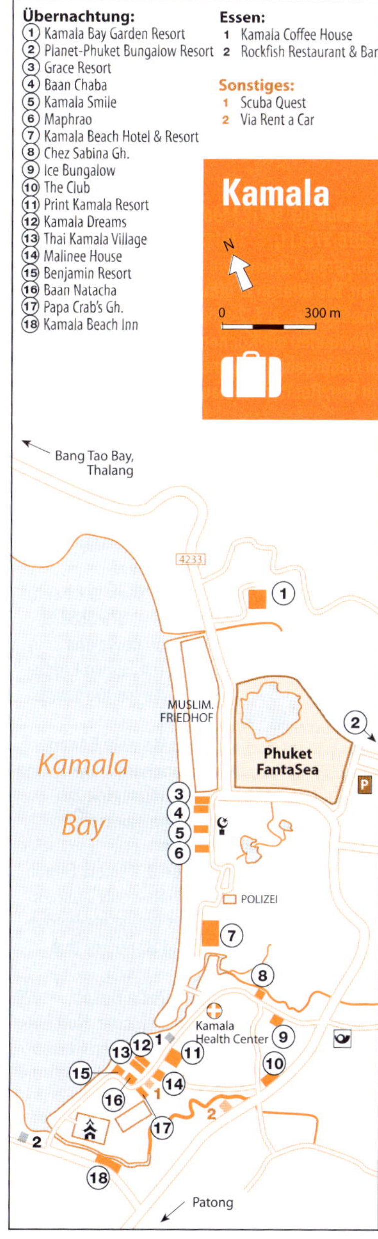

Kamala Beach Hotel & Resort ⑦, 96/42-43 Moo 3, Kamala Beach, 💻 www.kamalabeach.com, ✆ 076-279580-85, großes Hotel. 4-stöckige, u-förmige Blocks um 2 Pools mit Strandzugang. 240 Zi mit AC und Balkon, mit Meerblick etwas teurer, zudem Bungalows. ❻–❼

An der Umgehungsstraße

The Club ⑩, 94/12 Moo 3, Kamala Beach, ✆ 076-279111, 📠 279113, 💻 www.phuketrental.com, unter Leitung von Mel Newton und seiner Frau. Die älteren Zi öffnen sich zu einem Pool im Innenhof hin, z. T. 2-stöckige Maisonette-Wohnungen mit Kochecke. 3-stöckiger Anbau. Im Hauptgebäude gemütlicher Aufenthaltsraum mit Bar, Rooftop-Restaurant. ❺

Nördlich von Ban Kamala am Badestrand

unter Kasuarinen stehen 2-stöckige Häuser mit AC-Zi und Bungalows von ähnlichem Standard, die überwiegend nach dem Tsunami erbaut worden sind. Von den kleinen familiären Anlagen sind folgende empfehlenswert

Grace Resort ③, 85/21 Moo 3, Kamala Beach, ✉ grace_resort@yahoo.com, ✆ 076-385839, 089-7241335, 📠 385476, 3 Bungalows und Zi in einem 2-stöckigen Gebäude mit Fan im Erdgeschoss und AC im 1. Stock, alle mit Warmwasser-Du/WC. ❹–❺

Baan Chaba ⑮, 95/3 Moo 3, Kamala Beach, ✆ 076-279158, 💻 www.baanchaba.com. Bungalows im Thai-Stil und Ferienhäuser mit 2 Zi etwas abseits vom Strand, thailändisch-belgisches Management. ❺

Kamala Smile ⑭, 98/18 Moo 3, Kamala Beach, ✆ 076-385514, 💻 www.kamala-smile-sunrise.com, Anlage mit Bungalows unterschiedlicher Ausstattung, Restaurant und Bar unter thai-deutscher Leitung. ❺

Maphrao ⑬, 95/6 Moo 3, Kamala Beach, ✆ 076-279284, 💻 www.maphraobeach.com. Nett eingerichtete AC-Zi in einem 2-stöckigen Reihenhaus mit Warmwasser-Du/WC, TV, Kühlschrank, WLAN, Bar und Restaurant. ❺

Im Hinterland

Planet-Phuket Bungalow Resort ⑰, 99/23 Moo 3, Kamala Beach, 💻 www.planet-phuket.com, Rainer Volz vermietet große, komfortabel eingerichtete Bungalows mit Wohnzimmer und Terrasse in einem Garten mit Pool und Restaurant. ❺–❻

Essen

Im Ortszentrum und an der Strandpromenade haben sich eine Reihe kleiner Restaurants auf den Geschmack der Urlauber eingestellt. Noch hält sich das Nachtleben in Grenzen und ist beschränkt auf wenige Bars.

Kamala Coffee House, direkt am Strand, bietet Frühstück mit gutem Kaffee. Man kann drinnen oder oben auf der offenen Terrasse sitzen.

Rockfish Restaurant & Bar, 33/6 Kamala Beach Rd., ✆ 076-279732, 💻 www.rockfishrestaurant.com, am Hang an der südlichen Bucht mit schöner Aussicht. ⏲ tgl. ab 8 Uhr.

Sonstiges

Autovermietungen

Via Rent a Car, an der Umgehungsstraße, ✆ 076-385718, 💻 www.via-phuket.com, vermietet versicherte PKW ab 900 Baht pro Tag.

Geld

Der nächste Geldautomat vor den Kassen von **Phuket FantaSea** und an der Umgehungsstraße.

Tauchen

Scuba Quest, 93/13 Moo 3, Kamala Beach, ✆/📠 076-279016, 💻 www.scuba-quest-phuket.com. Deutsche Tauchschule, PADI- und CMAS-Kurse und Tagestouren, Nitox-Tauchen.

Nahverkehr

Tuk Tuks nach PHUKET TOWN 360 Baht, PATONG 120 Baht. Inselbusse nach PHUKET TOWN über Bang Tao bis 16 Uhr für 30 Baht. Taxi zum AIRPORT 500 Baht, Phuket Town 500 Baht, Patong 300 Baht.

Surin und Pansea Beach

Der Hauptstrand wird tagsüber gern von Thai-Touristen frequentiert. Die Strandpromenade wird zum großen Teil von alten Bäumen überschattet und von einfachen Restaurants und Läden gesäumt. Der Strand ist sauber, eignet sich wegen der hohen Wellen und starken Unterströmungen während des Monsuns von Mai–Oktober allerdings nicht zum Baden. Durch die einförmige Bebauung des Hügels im Hinterland mit Villen der **Treetops Arasia**-Anlage hat die Bucht an Reiz eingebüßt.

Weiter nördlich führt eine Nebenstraße nach links in Küstennähe aufs Kap, wo am schönen, völlig abgeschlossenen, 250 m langen **Pansea Beach** zwei Luxus-Hotelanlagen liegen. Weiter landeinwärts geht es weiter Richtung Norden, wo schmale Wege zu Ferienanlagen an der südlichen Bang Tao Bay verlaufen.

Übernachtung

In den Hotels wohnen viele skandinavische Familien.

Capri Beach Resort, 106/17-18 Moo 3, Choeng Talay, phuketdir.com/capribeachresort, 076-270597-8, jeweils 6 Standard-, Superior- und Deluxe-Zi in einem 3-stöckigen Gebäude mit AC, TV, Kühlschrank und Telefon, die einfachen ohne Fenster oder Blick nach hinten, die besseren mit Balkon zum Meer hin. Restaurant. ❺–❻

Surin Bay Inn, 106/11 Moo 3, Choeng Talay, 076-271601, www.surinbayinn.com, 12 hübsche, geschmackvoll eingerichtete AC-Zi, einige mit großem Balkon und Blick aufs Meer, teurere große Zi mit riesigem Bett, Sitzecke und Badewanne. Restaurant und Bar. ❺–❻

Benyada Lodge, 106/52 Moo 3, Choeng Thalay, www.benyadalodge-phuket.com, 076-271261-4. Vierstöckiges, im modernen Thai-Design gestaltetes Boutique-Hotel. Deluxe-Zi mit kleinem Balkon und Suiten. Pool auf dem Dach mit Bar. Frühstück inkl. ❻–❽

Manathai, 121 Moo 3, Choeng Talay, 076-270900. www.manathai.com. Warme Farben und viel Holz sorgen in diesem Designer-Resort für eine entspannte Atmosphäre. 55 Zi auf 3 Stockwerken mit allem Komfort, Pool, Bar und elegantes Restaurant mit lokalen und westlichen Gerichten. ❽

Twin Palms, 106/46 Moo 3, Choeng Talay, 076-316500, www.twinpalms-phuket.com. Minimalistisch-modern gestaltetes Luxushotel. 72 große Zi mit offenen Bädern, Stereoanlagen, hohen Fenstern und teils Pool-Zugang. Spa, Bibliothek, WLAN, Bar und das Restaurant Oriental Spoon. ❽

Surin Beach Resort, 106/27 Moo 3, Surin Beach Rd., 076-325000, www.surinbeachresort.com, große, familienfreundliche Anlage. Großer Pool mit Wasserrutsche, 256 Zi mit AC, Du/WC, TV, Balkon und Kochecke, viele Aktivitäten. ❼–❽

Surin Sweet Hotel, 107/8 Moo 3, Choeng Talay, 076-270863-4, 270865, , surinhotel@hotmail.com, 32 große Zi mit AC, Du/WC, großer Terrasse. Zu dem italienischen Familienbetrieb gehört das hervorragende italienische Restaurant, Frühstücksbuffet inkl., abends Essen im Freien, Sa BBQ. Pool. ❺

Ca. 500 m weiter nördlich der Abzweigung an der Hauptstraße

Tiw & Too Gh., 13/11 Srisoontarn Rd., 076-270240-1, 270241, in einem neueren Haus. 10 saubere Zi mit AC, TV und Kühlschrank. Den Gästen werden am Strand hauseigene Liegen bereitgestellt. ❹

Sun Set View Inn, 13/18 Srisoontarn Rd., 076-324264, in Bonbonfarben gestrichener 4-stöckiger Neubau oberhalb der Straße, eine Kopie von Tiw & Too, 15 großzügige Zi mit Du/WC, TV und Balkon. ❹

Pen Villa, 9/1 Moo 3, Srisoontarn Rd., Choeng Talay, 15 Min. vom Strand, 076-271100, 324221, geräumige Zi mit AC, Du/WC und Kühlschrank am Pool, Frühstück inkl., freundlicher Service. ❺

The Chedi, 118 Moo 3, Choeng Talay, 076-324017-20, www.phuket.com/chedi, Bungalowanlage der Luxusklasse an einer kleinen Privatbucht. 110 geräumige, mit Holzstegen und Treppen verbundene AC-Bungalows im balinesischen Stil. Restaurants, Pool. Die Gemeinschaftsanlagen sind architektonisch gekonnt platziert. ❽

Amanpuri Resort, www.amanresorts.com, 076-324333, ein abgeschottetes, ruhiges Refugium für den internationalen Jet-Set, 40 große, luxuriöse Pavillons und 30 Villas mit bis zu 6 Schlafzimmern (ohne TV!) im nordthailändischen Stil in einer Kokosplantage am Hang ab US$700 pro Nacht. Das geschmackvolle Restaurant, die Bar und der Pool liegen 70 Stufen über dem privaten Strand. In der Nebensaison sind auch Gäste von außerhalb im Restaurant willkommen. ❽

Essen

Die kleinen Restaurants am Strand, die sich nahe der Treppe zum oberen Parkplatz konzentrieren, halten ein breit gefächertes Angebot bereit. **Mam's Beach Restaurant** kocht Thai-Gerichte, die **Twin Brothers** bereiten Pizza, Pasta und andere westliche Gerichte zu und ein **Seafood-Restaurant** am südlichen Strandabschnitt frischen Fisch aus den Tanks. Die Preise sind der Umgebung entsprechend höher als an vielen anderen Stränden. Man sitzt unter schattigen Bäumen oder Sonnenschirmen unter dem Hang am befestigten Strand. Die meisten Lokale schließen nach Sonnenuntergang.
Noon, vor dem Surin Beach Resort, ✆ 089-730 1863, japanische Küche, modernes Ambiente, gehobene Preise.
Silk Restaurant, im The Plaza Shopping Centre, ✆ 076-271241, 💻 www.silkphuket.com, modernes Thai-Restaurant.
Das beste italienische Essen gibt es im **Surin Sweet Hotel** und das qualitativ hochwertigste und teuerste im **Twin Palms** (s. o.).
Mom Tri's Boathouse Restaurant, eine Filiale des edlen Restaurants in Kata (s. S. 761) befindet sich in der Anlage Treetops Arasia.

Nahverkehr

Tuk Tuks nach PHUKET TOWN 340 Baht, Busse 20 Baht, PATONG 150 Baht, KARON 240 Baht. Taxi zum AIRPORT 450 Baht.

Bang Tao Bay

Bang Tao, 24 km von Phuket Town, ist eine der größten Siedlungen an der Westküste mit einer beachtlichen sunnitischen Gemeinde. Im Ortszentrum erhebt sich die größte **Moschee** von Phuket mit ihrer weißen Fassade im maurischen Stil.

Ein 5 km langer **Strand** erstreckt sich an der Küste, in deren Hinterland früher Zinn gefördert wurde. Auf dem rekultivieren Areal entstand Laguna Phuket, eine Parklandschaft mit den fünf ersten Luxusresorts der Insel, einem 18-Loch-Golfplatz und vielen anderen touristischen Einrichtungen. Gäste eines Hotels können die Dienstleistungen der anderen Hotels in Anspruch nehmen. Über eine kostenlose Bus- und Bootslinie sind das Laguna Beach Resort, Dusit Laguna, das Sheraton und Allamanda Laguna Phuket miteinander verbunden. Während des Monsuns gibt es starke Strömungen.

Übernachtung

Bangtao Bay, Ban Ketray Rd.

Das Preisniveau ist bis auf wenige Ausnahmen gehoben, abends gibt es nicht viel Unterhaltung.
Bangtao Beach Resort & Spa, 124/29 Moo 3, Choeng Thale, ✆ 076-270680-5, 💻 www.bangtaobeach.com, zur Best Western-Kette gehörende Anlage, 199 große Zi und Villen. 2 große Pools in einer Gartenanlage mit direktem Strandzugang, 2 Restaurants, WLAN, Spa. ❽
Bangtao Beach Chalet, 73/3 Soi Awo Bangtao 2, ✆ 076-3258378, 💻 www.bangtaochalet.com, ruhiges Boutique-Resort an der Zufahrtstraße. Hinter dem Restaurant in einem schmalen, gepflegten Garten mit kleinem Pool 10 hübsche Bungalows im balinesischen Stil. Sie stehen etwas dicht nebeneinander in 2 gegenüber liegenden Reihen. Am Ende ein Spa. Freundliches moslemisches Management, *halal*-Küche. WLAN und Frühstück inkl. ❼–❽
Bangtao Lagoon Bungalows, 73/3 Moo 3, Choeng Thale, 💻 www.phuket-bangtaolagoon.com, ✆ 076-324260, große, auch in der Hochsaison preiswerte Anlage. Neben den älteren Bungalows mit Fan oder AC am Strand unter Kasuarinen neue, komfortable Thai-Häuser für Familien mit AC, TV, Warmwasser-Du/WC und Kühlschrank. Restaurant, Pool. ❹–❻

Die Straße zum Laguna Phuket

Viele Resorts sind am günstigsten über Veranstalter buchbar, u. a.
Laguna Beach Resort, ✆ 076-324352, 💻 www.lagunabeach-resort.com, First-Class-Anlage mit

großzügigen, stilvoll eingerichteten Zi ab US$250 zwischen Lagune und Strand. Besonders für Familien mit Kindern geeignet. ❽

Dusit Laguna Resort Hotel, ✆ 076-324320-32, 💻 www.dusitlaguna.com, sehr schöner 3-stöckiger 5-Sterne-Luxus-Hotelkomplex mit vornehmem Interieur und friedlicher Atmosphäre; 225 große Zi mit Balkon, 3 Restaurants, Cocktail Lounge und Bar; viele Strandverkäufer. Spa, Tennis, Wassersport, Golf, Thai-Kochkurse u. v. m. ❽

Sheraton Grande Laguna Beach, ✆ 076-324101-7, 💻 www.lagunaphuket.com/hotels/sheraton, Super-Luxus-Anlage auf einer von Salzwasserlagunen umgebenen Insel, riesiger, mit Brücken verbundener Gebäudekomplex, 340 AC-Zi und luxuriöse Suiten, Restaurants, Disco, Live-Musik; mehrere Pools, Langstreckenschwimmbahn, Fitnesscenter; Tauchschule. ❽

Banyan Tree, 33 Moo 4, ✆ 076-324374, 💻 www.lagunaphuket.com/hotels/banyan, 108 luxuriöse, geschmackvoll eingerichtete Villen im Thai-Stil mit privatem Garten, z. T. mit Pool und Jacuzzi. Spa, Tennisplätze, großer Pool und Wassersportangebot. ❽

Nahverkehr

Tuk Tuks nach PHUKET TOWN 230 Baht, Taxi um 400 Baht, Inselbusse bis 16 Uhr für 25 Baht. Taxi zum AIRPORT 450 Baht.

Nai Thon Beach

An dem schönen Badestrand sind die Wellen außerhalb des Monsuns nicht allzu hoch, sodass er sich gut zum Schwimmen eignet. Schnorchelmöglichkeiten bestehen am südlichen Ende des Strandes. Die Felseninseln **Ko Waeo**, 15 Min. mit dem Boot ab Nai Thon, sind ein beliebtes Ziel von Tauchern und Schnorchlern.

Übernachtung

Von Süd nach Nord

Naithon Beach Villa, 28/5 Naithon Beach Rd., ✆ 076-205407, 089-4742140, 💻 www.naithon.com, Helmut und Apasra Meyer vermieten 6 gepflegte, große Apartments in einem 2-stöckigen Haus mit Küche, 1–2 Schlafzimmern, Terrasse oder Balkon mit Meerblick sowie Zi in einem Neubau. ❺–❻

Naithon Beach Resort & Restaurant, ✆ 076-205379-80, 📠 205381, ✉ naithon-beach-resort@yahoo.com, 14 kleine, eng aufeinander stehende Holzbungalows mit AC, Du/WC und kleiner Terrasse, auch Familienzimmer; das Maipai Restaurant serviert einen hervorragenden Cappuccino. ⏲ tgl. 7–22 Uhr. ❹–❺

Naithon Beach House, ✆ 076-205245, 081-9949421, über einem kleinen Deli mit Internet vermietet Rachael Chea, die gutes Englisch spricht, 5 AC-Zi. ❹–❺

Phuket Naithon Resort, ✆ 076-205233, 💻 www.phuketnaithonresort.com, 45 Zi und Apartments in Häusern entlang der Strandstraße mit Fan oder AC, zudem größere Zi und Mehrzimmerapartments, Restaurant mit Tischen am Strand, Thai-Gerichte 100–150 Baht, kleine Bar. Autos und Mopeds werden vermietet, günstiges Spa. ❹–❻

Naithon Seaview Hotel, 30 Moo 4, ✆ 076-205330-1. AC-Zi mit kleiner Du/WC und Balkon sowie etwas zusammengewürfeltem Mobiliar. ❺–❻

Naithonburi Beach Resort, 9 Moo 4, ✆ 076-318700, 💻 www.naithonburi.com. Gepflegte, im modernen Thai-Stil gestaltete Anlage mit 119 eleganten Zi und Suiten mit Balkon. Restaurant mit einheimischer und westlicher Küche, nette Bar, großer Pool, Frühstücksbuffet inkl. ❼

Sonstiges

Tauchen

Aqua Divers neben dem Naithon Beach Resort, 💻 www.aquadivers.de, ✆ 076-316300, 316399, unter deutscher Leitung. Ganzjährig geöffnet, von Okt bis April Tauchen im Hausriff.

Wäschereien

Wäscheservice im Dorf am nördlichen Ende des Strandes.

Nahverkehr

Öffentliche Verkehrsmittel fahren erst ab Nai Yang (Airportbus) bzw. Bang Tao (Inselbus).

Taxis nach PHUKET TOWN ab 600 Baht, zum Airport ab 250 Baht, Kata / Karon 900 Baht.

Nai Yang Beach

Der schöne Badestrand im Nordwesten, 32 km von Phuket Town, nur 2 km vom Flughafen ist trotzdem relativ ruhig. Liegestühle unter riesigen Kasuarinen zieren den sauberen Strand. Da das Meer nicht tief ist und keine tückischen Strömungen aufweist, eignet sich das etwa 30 °C warme Wasser gut zum Baden. Nach Regenfällen spült der Bach am nördlichen Ende des Strandes eisenoxydhaltiges Wasser aus den Sümpfen im Hinterland in die Bucht, sodass das Wasser eine rötliche Farbe annimmt.

Ein Teil der Bucht ist in den 90 km² großen **Had Sirinath Marine National Park** mit einbezogen worden, der einen schmalen Küstenstreifen und das Meer entlang der Nordwestküste umfasst. Das Headquarter hält keinerlei Informationen bereit, Eintritt bis 15 Uhr 200 Baht.

Eine Abwechslung zum Strandleben bietet der **Nachtmarkt** an jedem Do von 18–20 Uhr neben dem Tempel, auf dem Thai-Snacks und Speisen angeboten werden.

Übernachtung

Nai Yang House, 6/1 Moo 1, Sakhu, ✆ 076-327488, ℻ 205061, ✉ naiyanghouse@hotmail.com. Saubere, ordentliche Zi mit Bad/WC und Fan im Reihenhaus, 3 AC-Bungalows, geleitet von einer pensionierten Lehrerin und ihrem Mann. 20 Min. zu Fuß vom Strand entfernt, Internet. ❸–❹

Garden Cottage, 53/1 Moo 1, Sakhu, 15 Min. vom Strand, ✆ 076-327293, 💻 www.garden-cottage.org, Reservierung empfohlen. 18 Bungalows an der Straße etwas weiter südlich unter einem hohen Baum. Saubere Häuser mit Fan oder AC und Warmwasser in einem Garten. Auto- und Motorradvermietung. Tan und ihr Schweizer Mann Chris sorgen für eine freundliche Atmosphäre, hervorragende einheimische und europäische Küche. ❹–❺

Airport Resort, 80/15 Moo 1, T. Sakhu, ✆ 04-327697, 💻 www.phuketairportresort.com. Kleinhotel an der Zufahrtstraße zum Strand, 16 AC-Zi mit Warmwasser-Du/WC, Kühlschrank, TV, Safe und großer Fensterfront zur Terrasse hin, kleiner Pool, Autovermietung, Frühstück inkl. ❻

Naiyang Cottage, Moo 1, Sakhu, ✆ 081-6779619, 086-7393882, ✉ naiyangcottage@yahoo.com, 9 Zi mit Fan oder AC, Warmwasser/Du-WC, TV und Kühlschrank. Der Besitzer, Nipon Jang-Jam, spricht gut Englisch. ❹

Wonglee House, 65/15 Moo 5, T. Sakhu, ✆ 086-2761908, 086-7456662, die preiswerte Alternative. Im 1. Stock teils kleine Zi mit Fan oder AC und Warmwasser-Du/WC. 5 neuere Bungalows mit AC und TV sowie ein kleiner Pool. Adul Wonglee, der gutes Englisch spricht, und seine Familie wohnen im EG. ❹–❺

Nai Yang Beach Resort, 65/23-24 Moo 5, ✆ 076-328300/400, 💻 www.naiyangbeachresort.com, in einem weitläufigen Garten. Am günstigsten sind die Doppel-Bungalows mit Fan, kleiner Terrasse und Warmwasser-Du/WC im hinteren Bereich, weitere mit AC, Du/WC, Kühlschrank, Safe und Frühstück, die teuren im Thai-Stil und am kleinen Pool. ❹–❻

The Golddigger's Resort, 74/12 Surin Rd., Sakhu, ✆ 076-328424, 💻 www.golddigger-phuket.com, 2 saubere, gepflegte Reihenhäuser beiderseits eines Pools. Zi. mit Fan oder AC, Warmwasser-Du/WC und TV, auch Apartments, im Restaurant gute Steaks; Fahrrad- und Motorradvermietung, unter Schweizer und australischer Leitung. ❹–❺

Eco Gh. & Minimarkt, 66 Moo 5, Sakhu, ✆ 076-205094, 081-9090501, 💻 www.naiyang.com, 3 große, gepflegte AC-Zi mit Warmwasser-Du/WC, Kühlschrank und TV. Frühstück inkl. ❹

Sea Pines B&B, Villa Liberg, 111 Moo 5, ✆ 076-328585, 081-8144883, 💻 www.villaliberg phuket. com, 12 hübsche, individuell gestaltete Zi im traditionellen Thai-Stil. 4 Zi im Reihenhaus am Pool mit Terrasse. Thai-Haus für Familien. Die kleine Anlage mit Holzstegen am Wasser entlang wirkt sehr einladend. Die Managerin spricht gut Englisch. ❺–❻

Indigo Pearl, ✆ 076-327006, 💻 www.indigo-pearl.com. Diese Hotelanlage mit 226 komfortablen AC-Zi, Cottages und Suiten zeichnet sich durch ein eigenwilliges postmodernes

Design aus, das an die Zeit der Zinnminen erinnern soll. 5 Restaurants, 3 Pools, Spa, Tennis und andere Sportmöglichkeiten, Tauchschule. ❽

Essen und Unterhaltung

Die an der Strandstraße liegen Garküchen, Seafood-Restaurants, Souvenirstände, Bars, ein Batikshop, Minimarkt und eine Tauchbasis. Aufgrund der überwiegend älteren Gäste und Familien geht es hier geruhsam zu.

Octopus Restaurant, in diesem alteingesessenen offenen Restaurant gibt es frisches Seafood zu reellen Preisen. Zudem ist der Service überaus aufmerksam und freundlich.

Die einheimischen und europäischen Gerichte im **Garden Cottage** sind ein Gedicht. Tischreservierung in der Saison empfehlenswert, ✆ 076-327293, ⏲ tgl. 18.30–21 Uhr.

Mr. Köbi Bar verdient schon allein wegen der fantasievollen Dekoration eine Erwähnung.

Nahverkehr

Taxis nach PHUKET TOWN 700 Baht, PATONG 900 Baht, KATA 500 Baht, AIRPORT 100 Baht. Der Airport Bus fährt von der Bushaltestelle an der Hauptstraße (Abzweigung Golddigger's Resort) 5 Min. nach der Abfahrt am Airport in 1 Std. für 85 Baht nach Phuket Town.

Khao Phra Taeo Wildlife Park und Gibbon Rehabilitation Project

In diesem letzten Rest tropischen Regenwaldes, 21 km nördlich von Phuket, leben auf 2228 ha zahlreiche Affen, Vögel, Makaken, Wildschweine und sogar noch einige Malaienbären. An den Hängen der Berge, von denen der **Khao Phara** mit 450 m am höchsten ist, entspringen mehrere Bäche, die sich in der Regenzeit zu zwei Wasserfällen formen, dem Tone Sai-Wasserfall im Westen und dem Bang Pae-Wasserfall im Osten.

Eine einfache Tour führt vom **westlichen Parkzugang** ein Stück am **Tone Sai-Wasserfall** entlang. Ein Pool lädt zu einem abkühlenden Bad ein. Längere Touren sollten nur mit Guide unternommen werden, z. B. mit Siam Safari Nature

Flying Fox

Im Wald nördlich vom Thone Sai-Wasserfall kann man abgesichert wie Kletterer an Stahlseilen über 8 Stationen auf 400 m Länge von Baum zu Baum gleiten und aus bis zu 15 m Höhe den Wald aus einer neuen Perspektive betrachten. Touren von 9–13 und 14–18 Uhr, 1600 Baht, **Cable Jungle Adventure**, ✆ 076-527054, 081-9774904, 💻 www.phuket-canopy.com.

Wassersport

Kanu fahren

Mehrere Seekanu-Veranstalter mit insgesamt über 200 Kanus operieren in der Bucht von Phang Nga, sodass es zu bestimmten Zeiten fast wie auf den schwimmenden Märkten zugeht. Gepaddelt wird um malerische Inseln herum und durch Höhlen hindurch. Höhepunkte sind Fahrten in Hongs, natürliche Lagunen, die von hohen, üppig bewachsenen Felswänden umschlossen sind. Tagestrip ab 3000 Baht.

John Gray's Sea Canoe, 124 Soi 1, Yaowarat Rd., Phuket Town, 🖳 www.johngray-seacanoe.com, ✆ 076-254505-7, der Pionier, sehr erfahren, aber etwas teurer.
Sea Canoe Thailand, 367/4 Yaowarat Rd., Phuket Town, ✆ 076-212252, 🖳 www.seacanoe.net, auch mehrtägige und nachmittägliche Touren mit Dinner.
Sea Cave Canoe, 2/2 Chumphon Rd., Phuket Town, ✆ 076-234419, 🖳 www.seacavecanoe.com, Di und Do Touren mit deutschsprachigen Guides.
Andaman Sea Kayak, ✆ 076-235098, 🖳 www.andamanseakayak.com.
Phuket Siam Seacanoe, Chalong, ✆ 076-280678, 🖳 www.seacanoe.net.

Schnorcheln

Das mit 1,5 km Länge größte Korallenriff liegt vor dem **Nai Yang Beach**, ca. 1 km vor der Küste in 10–20 m Tiefe. Weitere Riffe zum Schnorcheln: an der **Freedom und Emerald Bay**, vor den Felsen von **Laem Prom Thep**, vor **Laem Son** nördlich von Surin Beach, am nördlichen **Kata Beach** (vor Club Med) und westlich des **Nai Harn Beach** vor Ao Sane.
Besser sind die Inseln, zu denen Schnorchelausflüge angeboten werden: **Ko Kaeo** (3 km von Rawai vor der Südspitze von Phuket), **Coral Island** (vor Rawai), **Ko Mai Thon** (12 km im Südosten), **Ko Khai Nai** und **Ko Khai Nok** (im Osten vor Ko Siray, zwei Felseninseln mit schattenlosem Strand, Restaurant) und **Ko Racha** (s. o.). Maske, Schnorchel und Flossen werden für ca. 250 Baht pro Tag vermietet. Tauchschiffe nehmen häufig Schnorchler zum reduzierten Preis mit.

Tauchen

Tauchen vom Land aus ist in Phuket nur zum Eingewöhnen zu empfehlen. In kurzen Bootstouren erreichbare Plätze wie **Shark Point** (Felsen mit Korallen bis in 22 m Tiefe) und das angrenzende **Anemonenriff** (mit Seeanemonen und Weichkorallen) auf halbem Weg nach Ko Phi Phi sowie **Ko Doc Mai** (steiler Felsen mit Weichkorallen) haben eine große Vielfalt an Korallenfischen zu bieten. Das Nonplusultra sind Live-aboard Cruises zu den **Similan Islands** (s. S. 703), Zielen in **Myanmar** (Burma), zum **Richelieu Rock** (manchmal Walhaie) und nach **Ko Tachai**. Sie kosten 5000–10 000 Baht pro Tag.
Allein auf Phuket gibt es über hundert Tauchbasen, von denen die 5-Sterne-Tauchzentren die Besten sind. Fast alle bieten 3-tägige PADI-Kurse zum Open Water Diver für 8000–12 500 Baht an. Tagestörns zu Tauchrevieren wie dem Shark Point und Ko Racha mit zwei Tauchgängen werden für 2500–3200 Baht (inkl. Softdrinks und Mittagessen) angeboten. Schnupperkurse (Introductory Dive Courses) kosten pro Tauchgang etwa 2000 Baht. Die Ausrüstung kann als Set für ca. 600–800 Baht gemietet werden.
Tauchsaison ist von Dezember bis Mitte. Mai, Tauchtouren finden von Mitte Oktober bis Ende Mai statt. Tauchbasen gibt es in Patong, Kata, Karon, Chalong, Bangtao, Nai Thon und Nai Yang.

Tours, 70/1 Chao Fa Rd., Chalong, ✆ 076-280116, 🖳 www.siamsafari.com.

Auf dem **Lehrpfad** erhält Informationen über verschiedene Aspekte des Regenwaldes. Außerdem gibt es nahe am See ein kleines Restaurant und eine sehenswerte **Ausstellung** über das Ökosystem Regenwald.

Am **östlichen Parkzugang** beim Bang Pae-Wasserfall liegt am Fuß der bewaldeten Berge eine Rehabilitationsstation für Gibbons. Die

1,5 km lange Abzweigung am Elefantencamp führt zuerst durch eine Kautschukplantage und dann in das Schutzgebiet. Das **Gibbon Rehabilitation Project** wurde 1992 gegründet, um die in den Bars lebenden verhaltensgestörten Gibbons, die mit Drogen ruhig gestellt und an Alkohol und Nikotin gewöhnt wurden, zu rehabilitieren. Junge Leute erklären am Eingang Besuchern die Hintergründe und Ziele des Projekts. Daneben können einige der Tiere in Käfigen betrachtet werden. ⌚ tgl. 9–16 Uhr, ✆ 076-260492, 💻 www.gibbonproject.org. Für die Gibbon-Station wird eine Spende erwartet.

Der zehnminütige Weg weiter hinauf zum nicht gerade spektakulären **Bang Pae-Wasserfall** ermöglicht einen schönen Einstieg in die Vegetation des Regenwaldes.

Transport

Inselbusse fahren von 8.30–16 Uhr von Phuket Town für 30 Baht nach Bang Rong, aber nicht zu den Parks, sodass man die letzten 1,5 km zum Gibbon Project laufen oder trampen muss.
An beiden Parkeingängen wird von 9–15 Uhr der Nationalpark-Eintritt von 200 Baht verlangt. Auf einem Ticket bestehen, vor allem, wenn man am selben Tag auch den anderen Zugang zum Park nutzten möchte.

Inseln vor Phuket

Ko Racha Yai und Ko Racha Noi

Die hügelige und felsige Insel **Ko Racha Yai** liegt 21 km südlich von Phuket. Feiner, weißer Sand bildet die zwei größten Strände Batok und Siam Bay im Nordwesten der Insel, wo die Ausflugsboote ankern und die meisten Tagesausflügler in bereitgestellten Liegestühlen unter Sonnenschirmen (150 Baht) den Tag verbringen. Das Wasser ist fast immer klar und an der **Batok Bay** zum Schwimmen geeignet, Schnorcheln kann man am Rand der Bucht. In der **Siam Bay** erschweren vor allem bei Ebbe abgestorbene Korallen das Badevergnügen. Ansonsten ist der feine weiße Sandstrand mit noch wenigen Liegestühlen bestückt und ein gutes Rückzugsgebiet für Ruhesuchende. Viele Ausflugsboote und Tauchschulen fahren täglich zur Insel. Während des Monsuns von Mai–Okt wird die Insel kaum besucht.

Übernachtung und Essen

The Racha, ✆ 076-355455, 💻 www.theracha.com, große Anlage im modern-minimalistischen, zen-inspirierten Stil im Zentrum der Batok Bay, 70 Villen, teils mit eigenem Pool, für die in der Saison 10 500–53 000 Baht pro Nacht verlangt werden, Frühstücksbuffet inkl. Restaurant mit *dress code* auch für Gäste von außerhalb, 2 Pools, großes Spa, Tauchbasis, Wassersportangebote und Minimarkt, Snackbar mit leckeren Pancakes und Burgern. ❽

Bungalow Raya Resort, ✆ 081-6765995, Buchungen unter ✆ 076-288271. Die Hütten stehen auf den Felsen am linken Ende der Batok-Bucht. 16 relativ komfortable Holzbungalows mit Fan, gefliestem Bad und großem Bett, Moskitonetz auf Anfrage. Im Restaurant über der Bucht essen auch viele Gruppen. Verleih von Schnorchelausrüstung. Frühstück 500 Baht extra. ❹

Bamboo Restaurant, am Nordrand der Batok-Bucht, hat frischen Fisch zu einem vernünftigen Preis und leckeres Frühstück.

Raya Paradise Bar & Restaurant, am anderen Ende, ist v. a. bei Tauchern beliebt. Thai-Gerichte um 100 Baht, auch Frühstück.

Raya Sea View Bungalows, ✆ 081-3975141, am westlichen Ende der Siam-Bucht am Hang, 8 kleine Holzhütten mit Fan und Du/WC. Kleines, 2-stöckiges Restaurant am Strand, Gerichte um 150 Baht, abends BBQ, Beach Bar. Familiäre Atmosphäre. ❹

Raya Paradise Bar & Restaurant, ein luftiges, kleines Restaurant mit freundlichem Service auf den Felsen am ruhigen Ende der Siam Bay. Thai-Gerichte um 100 Baht, auch Frühstück.

Raya Father Resort, im Landesinneren, ✆ 081-8934430, 📠 076-283110, kleine und größere Bungalows mit Fan, 24 Std. Elektrizität. Großes Restaurant. ❹

Raya Garden, nebenan, Buchungen über Racha Island Phuket, ✆ 076-383136, 📠 280958 oder das Raya Seafood Restaurant nebenan. Hübsche Einzel- und Doppel-Bungalows in einem gepflegten, schattigen Garten. ❹

Die Andamanenküste

Auf der anderen Seite der Insel

in der kleinen Konkare-Bucht, 20 Min. zu Fuß durch einen Palmenhain, liegt

Ban Raya, 🖳 www.banraya.com, ✆ 076-224439, 221930, unter Kokospalmen in Reihenhäusern Zi mit Fan oder AC und Kaltwasser-Du/WC, die teils schlecht funktionieren, sowie kleinen Terrassen, nur nachts Elektrizität. Zudem teure Häuser mit 4 Zi und AC, TV und Warmwasser-Du/WC, 24 Std. Elektrizität; offenes, relativ teures Restaurant. Internet, Pool und Spa, Raya Divers, 🖳 www.rayadivers.com. Abholservice ab Anlegestelle in der Batok Bay. ❺–❻

Transport

Von Oktober bis Mai fahren zahlreiche Boote ab Chalong gegen 9 Uhr in 1 Std., Rückfahrt zwischen 15 und 16 Uhr. Buchungen u. a. über Raya Princess, ✆ 076-256394, 081-5359883, oder Island Safari, 🖳 www.islandsafaritour.com. Im Pauschalpreis von ca. 1500 Baht sind der Transfer vom Hotel, Getränke, Lunch und Schnorchelausrüstung enthalten. Nur Bootstransfer ca. 800–1000 Baht. Gäste des The Racha werden mit dem eigenen Boot abgeholt.

Ko Yao Yai und Ko Yao Noi

Die große Ko Yao Yai und die kleinere Schwesterinsel Ko Yao Noi in der Phang Nga Bay sind von zahlreichen kleineren Inselchen umgeben. Auf der südlichen, größeren Ko Yao Yai gegenüber von Krabi werden in der weiten Bucht im Westen Perlen gezüchtet. Eine Straße verbindet **Ban Chong Lat**, eine kleine Siedlung mit einem großen Pier an der Ostküste, mit den an der Westküste im Süden gelegenen Dörfern. Der von Kokospalmen gesäumte, hübsche **Lo Pa Rat Beach** in der tiefen Bucht im Westen der Insel lädt zum Baden ein.

Das nördliche **Ko Yao Noi** ist die besser erschlossene Insel. In mehreren Dörfern leben etwa 6000 Moslems. Es gibt Elektrizität, aber weder Bierbars noch Sonnenschirme und Liegestühle. Neben Motorrädern können Tuk Tuks für Rundfahrten gemietet werden. Im Dorf **Ban Yai** im Südwesten (auch: Ban Ta Khai) befinden sich ein Pier, die Schule, Polizei und Post, ein Krankenhaus, der große Markt, ein paar kleine Restaurants und Läden, Gästehäuser, Restaurants, eine Moschee und Internet-Cafés. Die schönsten Badestrände liegen an der Ostküste.

Übernachtung und Essen

Ko Yao Yai

Tiew Son Resort, 58/4 Moo 4, im Nordosten, südlich von Chong Lat, ✆ 081-9567582, mit einem guten Restaurant und einem wunderschönen Ausblick auf die Inselwelt. ❸

Yao Yai Island Resort, Lo Pa Rat Beach, 80/3 Moo 7, ✆ 081-5356871, mit 19 Bungalows mit Fan oder AC, die derzeit größte Anlage an einem schönen Strandabschnitt. Nach Voranmeldung werden Gäste vom Pier abgeholt. ❹–❺

Zwei weitere Unterkünfte gibt es ebenfalls am Loh Jak Pier, das **Garden View Resort** und die **Ko Yao Beach Bungalows.** ❸

Ko Yao Noi

Pasai Beach

Lom'Lae Beach Resort, Moo 5, 4,5 km vom Markt, ✆/℻ 076-597486, ✆ 081-9580566, 089-8688642, 🖳 www. lomlae.com, von der Kanadierin Jade und ihrem Mann Radt sehr engagiert geleitet. In einem Kokospalmenhain am Rand eines Mangrovengebiets stehen 10 liebevoll dekorierte Bungalows auf Stelzen, ebenerdig eine Bambusdusche und Thai-WC. Weitere 3 Häuser mit Küche, Du/WC und Kühlschrank. Besonders schön sitzt man in den Gartenpavillons des Restaurants, das leckeres Thai-Essen, aber auch westliche Gerichte serviert. Der Strand ist zum Schwimmen nur bei Flut geeignet. Buchausleihe, Touren-Angebote und Tauchbasis. ❹–❼

Ko Yao Bay Pavilions, ✆ 076-597441, 🖳 www. koyaobay.com. Die 3 zum Garten hin offenen, mit viel Liebe zum Detail gestalteten Luxusvillen im Thai-Stil tragen die Handschrift von George Cortez, der weitere Villen im Inselinneren baut. Netter Pool. Restaurant mit lokaler und mediterraner Küche. ❽

Ko Yao Beach Bungalows, 17 Moo 5, nahe der Flussmündung, ✆ 089-5922390. 7 saubere, kleinere und größere Bungalows mit Du/WC,

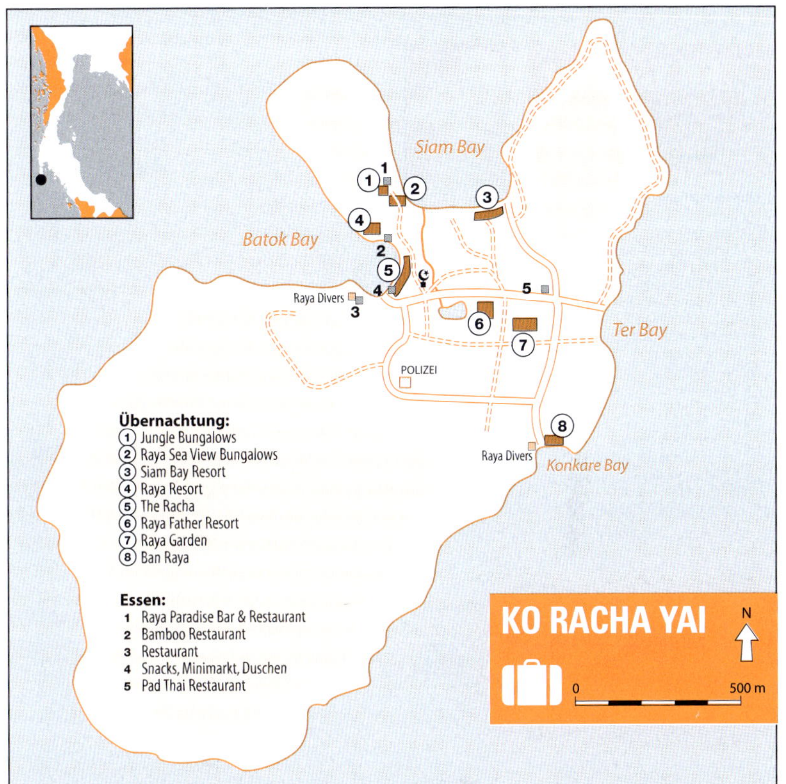

Fan und Netz. Restaurant mit einfachen Thai-Gerichten. ❸–❹

Pasai Cottage, 80 m weiter, ✆ 076-248099, 081-9561879, 10 Bungalows mit Terrasse, Fan, Du/WC und Moskitonetz hinter dem Restaurant. Backpacker-Food, Bierausschank. Kajak (500 Baht), Fahrräder (200 Baht), Motorräder und Schnorchelausrüstung. Longtail-Boote zu reellen Preisen, Kochkurse. ❹

Coconut Corner, 500 m weiter, ✆ 076-597134, 6 Bambusbungalows mit kleiner Veranda und Du/WC. Kleines Restaurant, nebenan Läden. ❸

Long Beach

Sabai Corner, in der folgenden Bucht am Hang, ✆ 081-8921827, 076-597497-8, 💻 www.sabaicornerbungalows.com, kleine palmwedelgedeckte Hütten und Holzbungalows mit Terrassen. Gemeinschafts-Du/WC, Moskitonetz. Neue Bungalows mit Du/WC. Im gemütlichen Restaurant gibt es Pasta, guten Kaffee und nach Voranmeldung Thai-Dinner für 400 Baht oder BBQ für 250 Baht. ❸–❹

Holiday Resort, 600 m weiter, ✆ 076-597539-43, 💻 www.holidayresort.co.th. 28 größere Bungalows mit Du/WC und 1 oder 2 Betten auf einem weitgehend baumlosen Grundstück. Restaurant, Motorräder und Seekanus werden verliehen. ❸–❺

Koyao Island Resort, 800 m weiter, 24/2 Moo 5, ✆ 076-597474-6 Reservierungen, 📠 597477, 💻 www.koyao.com, in einer von Felsen um-

rahmten Bucht mit feinem Sandstrand abseits der Straße. Unter Kokospalmen stehen in weiten Abständen zueinander 15 sehr schöne Villen, deren Architektur sich gut in die Natur einfügt. Alle mit Blick aufs Meer, westlichem Komfort, Fan, Warmwasser-Du/WC, 1 oder 2 großen Doppelbetten mit Baumwollnetz, offenem Wohnzimmer mit TV, Video und Kühlschrank. Restaurant, verschiedene Aktivitäten (Kanu, Fahrräder, Katamaran, Windsurfing). Spa mit Thai-Sauna und Massagen. Am Strand Hängematten und Pool, entspannte, freundliche Atmosphäre. ❼–❽

The Evason Hideaway at Yao Noi, 💻 www.sixsenses.com/hideaway-yaonoi, neue Superluxusanlage nordöstlich vom Strand. 56 Villas ab 20 000 Baht. ❽

Tha Khao Bay

Island Nature Lodge, 📞 076-597189, 084-8485112 (Mr. Bay), 089-8688639 (Mr. Tony). 4 Bungalows für Naturfreunde am Ende der Bucht in einem Mangrovengebiet. Tony und Bay organisieren Touren für Vogelfreunde. ❸–❹

Tha Khao Bungalows, in einer kleinen, seichten Bucht mit hübschem Sandstrand in einem gepflegten Garten am Wasser stehen die stabilen Bungalows mit großer Terrasse und Du/WC. Restaurant, Fahrrad-, Motorrad- und Kajakverleih. Preise inkl. Frühstück. ❹

Tha Khao Bay View Bungalows & Restaurant, schräg gegenüber, 📞 076-597559, 086-9420812, verschieden große Bungalows am steilen Hang, tolle Aussicht. Restaurant mit sehr gutem Thai-Food. ❸–❹

Suntisook Resort, fast am Tha Khao Pier, 📞 076-597589, 9 Bungalows aus Bambusmatten mit Du/WC, Fan und großer Terrasse im Garten. Freundliche Besitzerin. ❸–❹

The Paradise Ko Yao, 24 Moo 4, 📞 081-8924878-9, 💻 www.theparadise.biz, ein Luxusresort im Nordosten an einem langen, geschützten Strand. Villas und Studios mit offenen Bädern, teils mit eigenem Pool. Restaurant, Bar, Spa und Pool. ❽

Weitere Unterkünfte im Hauptort Ban Yai und an der Straße zur Ostküste.

Lam Sai Village Gh., 34/8 Moo 5, kurz vor der Abzweigung zum Lom'Lae Beach Resort, 📞 081-9784257, 089-6482234, 💻 www.koh-yao-noi-guesthouse.com. In dörflicher Umgebung 8 sehr saubere Zi in 2-stöckigem Reihenhaus mit gefliesten Böden, Terrasse und Du/WC. Kleiner Garten. ❹–❺

Amina Bungalow, in Ban Yai, nahe dem Markt und 7-Eleven, 📞 076-597278, 597446. Bungalows mit Du/WC stehen dicht aufeinander L-förmig um einen kleinen Garten. Neue Doppelbungalows mit Glasfront. Motorräder für 250 Baht pro Tag. ❷–❸

Je t'aime Restaurant, daneben, gute Thai-Gerichte, kein Alkoholausschank. Der Besitzer hat lange in Wiesbaden gelebt, spricht gut Deutsch.

Transport

Ko Yao Yai

Vom Rasada-Pier in PHUKET TOWN fährt täglich um 10.30 und 14 Uhr ein Boot für 80 Baht in 1 Std. Zurück gegen 8 und 15 Uhr. Je nach Gezeitenstand stoppen die Fähren nach Ko Yao Noi um 10 und 16 Uhr auch am Chong Lat-Pier, 100 Baht. Motorradtaxis warten auf ankommende Passagiere.

Ko Yao Noi

In der Saison Passagierboote um 9.30, 11, 12.30, 14.30, 16 und 17 Uhr in 45 Min. für 100 Baht zur Insel, zurück um 7, 10, 15 und 16 Uhr. Je nach Gezeiten und Bedarf legt das reguläre Boot auf Ko Yao Noi in THA MANOH oder BAN YAI an.

Um 10 und 16 Uhr fährt zudem ein großes Passagierschiff je nach Gezeiten ab Bang Rong oder Ao Po ebenfalls für 100 Baht.

Vom MANOH PIER nach KO YAO YAI 1x tgl. in 15 Min. für 20 Baht. Vom KHAO PIER im Nordosten nach THA LEN 1x tgl. um 7.30 Uhr in 45–60 Min. für 100 Baht, von dort mit dem Minibus weiter nach KRABI für 30 Baht, zurück um 12 Uhr.

Tuk Tuks fahren von allen Piers für 50–100 Baht pro Person bzw. 250 Baht pro Stunde zu den Stränden.

Zum Pier östlich von BANG RONG auf Phuket fahren Busse ab PHUKET TOWN von 7–16 Uhr für 30 Baht.

Ko Phi Phi เกาะพีพี

Eine Insel, deren Bilder Südseeträume wecken. Man stelle sich zwei Kalksteinmassive vor, wild zerklüftet, mit Dschungel und Kokospalmen bewachsen. Diese werden durch eine flache Landbrücke verbunden, die auf beiden Seiten eine halbrunde, schneeweiße Sandbucht formt. Im glasklaren Wasser, das in allen Blauschattierungen schimmert, sieht man die Korallen schon vom Ufer aus.

Kein Wunder, dass Ko Phi Phi (ausgesprochen: Pi Pi) total vermarktet wurde. Nach dem

Kinoerfolg von *The Beach* kamen jährlich bis zu 400 000 Touristen auf die Partyinsel. Schon lange vor dem Tsunami, der auf der Insel 691 Todesopfer und fast ebenso viele Vermisste forderte, war Ko Phi Phi kein Traumziel mehr. Dennoch besitzt die Insel eine Magie, die junge Party-Freaks, Beach Boys und ehemalige Hippies ebenso anzieht wie Aussteiger und Pauschaltouristen, die mit Rucksäcken und Rollkoffern von den Booten strömen.

Ko Phi Phi Don

Etwa 50 Unterkünfte gibt es allein auf der Landbrücke, und es wird dichter und höher gebaut als je zuvor. Die Inselwege, von denen jeglicher motorisierte Verkehr verbannt ist, säumen Verkaufsstände, Boutiquen, Restaurants und Reisebüros, Tauchbasen und andere touristische Einrichtungen. Eine Armada neuer Longtail- und Motorboote, finanziert von Spendern aus aller Welt, wartet am Strand auf Ausflügler. Nach dem Sunset Cocktail geht es an den Bars hoch her. In den frühen Morgenstunden genießen Frühaufsteher die Ruhe, bis am Horizont die Flotte mit Tagesausflüglern erscheint. Über 2000 Passagiere finden auf ihnen Platz, viele haben ein Tagesausflugsprogramm gebucht und werden mittags in riesigen Restaurants verpflegt, bevor sie sich auf Liegestühlen niederlassen.

Die **Ton Sai Bay** ist wegen der zahlreichen Korallensteine im Westen und der Boote im Zentrum nicht zum Baden geeignet. Der **Hin Khom Beach** weiter im Südosten besteht aus rauen Felsen, vor denen sich bei Flut nur wenig Sandstrand zeigt. Am Ende des Strandes über die Felsen am Ufer und später am Hang entlang gelangt man in 30 Min. zu Fuß zum Long Beach.

Die seichte **Lo Dalam Bay** (auch Back Bay) auf der anderen Seite der Landbrücke wurde von der Gewalt der Riesenwelle am stärksten getroffen. Ein kleiner **Tsunami Memorial Park** am östlichen Ende der Bucht bietet eine gute Möglichkeit, sich zurückzuziehen. In dem schmalen Tal wurde die ehemalige Kläranlage in ein **Sumpfland-Biotop** umgewandelt. Da sich dahinter die Müllverbrennungsanlage befindet, ist dies nicht der beste Platz zum Wohnen.

Von **Viewpoint** bekommt man einen guten Überblick über die einmalige Form dieser wunderschönen Insel. Für Fotografen empfiehlt sich die Besteigung (20 Min.) am Vormittag. Der mit Betonstufen versehene Weg beginnt hinter dem Dorf. Ein schmaler Fahrweg führt zu einem zweiten, kleineren Viewpoint oberhalb des Dorfes.

Der weiße, lange Sandstrand **Long Beach**, auch Hat Yao, ist mit Steinen und Korallen durchsetzt. Vom relativ steil abfallenden Strand kann man zu den Schnorchelfelsen und zum Riff schwimmen, schnorcheln oder gar tauchen. Unangenehm ist es nur zur Mittagszeit, wenn die Boote mit Tagesausflüglern anlegen. Man erreicht den Long Beach zu Fuß in einer guten halben Stunde (abends Taschenlampe mitnehmen) oder mit einem der ständig verkehrenden Langboote.

Viele kleinere, teils unbewohnte Buchten, wie die **Lo Mu Di**, sind über Fußwege oder nur mit dem Boot zu erreichen. Die kleine, ruhige **Ran Ti Bay** erreicht man von Ban Laem Trong über den Viewpoint (30 Min., 330 Stufen) und anschließend auf einem Trampelpfad, der bei Regen schwer begehbar ist, durch Dschungel (weitere 30 Min.).

Die **Lo Ba Kao Bay** mit ihrem 450 m langen, schönen, flach abfallenden feinen Sandstrand wird von Kokospalmen gesäumt. Am südlichen Ende der Bucht kann man gut zwischen Felsen und Korallen schnorcheln.

Übernachtung

Generell empfiehlt es sich, vor dem Einchecken den Wasserdruck zu testen, nachzuschauen, wo evtl. ein Generator steht und die Abwässer versickern. Auch Unterkünfte an Müllplätzen, Bars, Restaurants und Durchgangswegen meiden.

Ton Sai Bay

Phi Phi Banyan Villa ㉒, ✆ 075-611233, 081-8940624, 💻 www.phiphi-hotel.com, in einer kleinen, üppigen Gartenanlage 2-stöckige Reihenhäuser, AC-Zi mit Du/WC, Balkon oder Terrasse; Pool, Restaurant und Bar. ❻

Chao Koh Phi Phi Lodge ㉓, ✆ 075-620800, 20 Zi mit Fan oder AC, Warmwasser-Du/WC, TV und Minibar, Restaurant, Pool, Internet, Wäscheservice und Touren. Frühstück inkl. ❹–❻

Pee Pee Don Chukit Resort ㉕, ✆ 075-618126, die 40 überteuerten Bungalows mit Fan/AC stehen eng, Frühstück inkl. Auf Sauberkeit und Schimmel checken. Restaurant am Wasser. ❺–❻

Phi Phi Rim Lay Resort ㉖, ✆ 075-601104-5, 081-7286887, von der Bar in einer belebten Ecke ist es nicht weit zu einer Reihe dicht aneinander stehender AC-Bungalows für Nachtschwärmer. ❺

Lo Dalam Bay

Pee Pee Viewpoint Resort ⑯, ✆/℻ 075-622351, ✉ ppviewpoint@hotmail. com, 45 Bungalows, von teuren Häusern im Thai-Stil mit AC, Warmwasser-Du/WC, Balkon oder Zugang zum Garten bis zu einfachen Zi mit Fan. Restaurant mit großer Terrasse, schöner Blick über die Bucht. Kleiner Pool, Tauchschule, Minimarkt, Internet, Wäscheservice, Touren und Tickets. ❺–❼

Phitharom PP Resort ⑰, ✆ 075-601122, 💻 www. phiphiresortphitharom.com. Häusern am Hang. Auf 2 Stockwerken bis zu 3 große, komfortable Zi mit Holzböden und geschmackvoller, hochwertiger Einrichtung. ❻

Im Village

In vielen Häusern werden Zimmer vermietet, z. B.:

P. P. October ⑮, ✉ october_PhiPhi@hotmail. com, ✆ 075-601193, kleines Gh., mit nett eingerichteten Zi mit Fan oder AC über einem Restaurant. ❹–❺

Chunut ⑳, ✆ 081-8941026, in einem Garten oberhalb des Weges Bungalows im balinesischen Stil für Naturliebhaber. ❹

Hin Khom Beach

In einigen Bungalows östlich vom Dorf kann es wegen der Bars nachts recht laut werden. Fast jeder mögliche Platz ist bebaut.

Phi Phi Andaman Legacy ㉗, ✆ 075-601106-8, 081-1245547, 💻 www.phiphiandamanlegacy. com, 22 u-förmig angeordnete Bungalows um

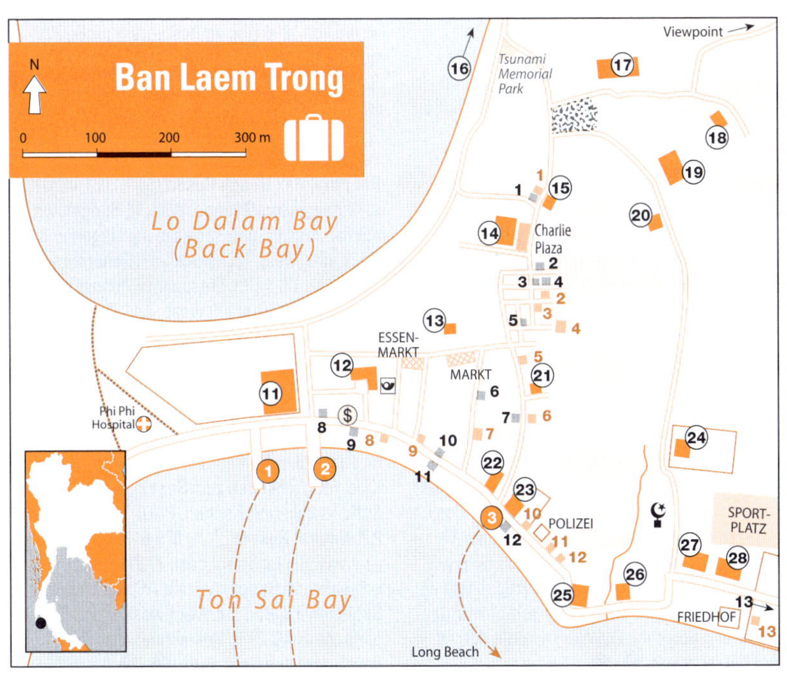

einen Pool. Zi mit AC, TV und Minibar sowie 18 Zi im Reihenhaus mit Fan. ❹–❺

Andaman Resort ㉘, ✆ 075-601111, 🖳 www.ppandamanresort.com. 40 kleine AC-Zi mit Warmwasser-Du/WC und Terrasse, teurere mit TV und Kühlschrank und 5 Familienzimmer. ❺

Phi Phi Villa Resort ㉙, ✆ 075-601100-2, neuere AC-Bungalows mit Warmwasser-Du/WC, Minibar, TV und Terrasse sowie einige ältere Fan-Hütten. Restaurant. Bäume am Sandstrand. Teure Zi inkl. Frühstück. ❺–❻

Andaman Beach Resort ㉚, neben der Schule, ✆ 075-601078, 🖳 www.andamanbeachresort.com, 82 u-förmig dicht aneinander gebaute, saubere AC-Betonbungalows mit kleiner Veranda rings um einen Pool, dahinter Zi in Reihenhäusern mit Du/WC und Fan, auch Familienzimmer. Am Strand weder Bäume noch Liegen. Restaurant zu akzeptablen Preisen, Internet. ❹–❻

Bay View Resort ㉛, ✆ 075-621223, 🖳 www.phiphibayview.com, 25 grüne, saubere Komfort-Bungalows am Hang. Frühstücksbuffet inkl. Pool, Tauchschule, Tickets. ❺–❼

Long Beach

Wer dem Nachtleben nicht viel abgewinnen kann, ist hier richtig. Die Restaurants schließen bereits um 22 Uhr.

Paradise Pearl Bungalow ㉟, ✆ 075-618050, 622100, ✉ info@phiphiislands.com. Vorn AC-Bungalows, weiter hinten die mit Fan sowie einfache Bambusmatten-Hütten. ❹–❺

Paradise Resort ㊱, ✆ 081-9683982, 081-9683989, 🖳 www.paradiseresort.co.th. Einzelbungalows für 2–4 Pers. Hübsche AC-Zi mit Kühlschrank und Warmwasser-Du/WC, geschmackvoll eingerichtete Familienzimmer im Thai-Stil und einfachere Fan-Zi im hinteren Bereich. Im netten, kleinen Restaurant mit Holzmöbeln und Terrasse am Strand gibt es einfache westliche und Thai-Gerichte um 100 Baht. ❺

The Beach Resort ㊳, ✆ 075-618267-8. 20 Luxusbungalows mit AC und großer Terrasse rings um einen kleinen Pool, die teuren am Strand. ❻

Phi Phi Hill Resort ㊴, ✆ 075-618203, 🖳 www.phiphihill.com, eine lange, steile Treppe und ein Lastenaufzug führen hinauf. 50 geräumige, saubere Bungalows mit Du/WC, Fan oder AC, TV und Kühlschrank. ❸–❺

10 Min. Fußweg von The Beach Resort

Ao Poh Bungalows ⑩, ✆ 081-0891235, 8 einfache Bambusbungalows mit Fan und Du/WC, Generatorstrom von 18–6 Uhr, Zelte 400 Baht. Restaurant und Kajakverleih. ❹

Ran Ti Bay

Mit dem Boot oder in 30 Min. zu Fuß vom Viewpoint zu erreichen.

Ranty Garden Bungalow ⑥, ✆ 083-3889415, 4 solide rote Steinhäuser mit grünen Dächern mit Du/WC und Fan, Generatorstrom in der Nacht. ❹

Ran Tee Beach Resort ⑦, ✆ 086-7463297, 086-7463961, 10 einfache Bambusbungalows am Hang mit Moskitonetz, nachts, wenn der Generator läuft, Fan, Du/WC, Hängematten, tagsüber einfache Gerichte im Restaurant, Buchausleihe, Bootstouren, Verleih von Schnorchelausrüstung. ❹

Toh Kor Beach Resort ⑨, ✆ 081-7319470, 085-8847257, 081-5370528. Einfache Hütten und neuere komfortable Bungalows, Generatorstrom von 18–6 Uhr, im Restaurant große Portionen Thai-Gerichte um 100 Baht, Kajaks und Schnorchelausrüstung zu leihen, Touren und Bootstransfer zum Pier. ❹

Andere Strände

Phi Phi Relax Beach Resort ⑤, ✆ 081-0830194, ✉ suteejansom@yahoo. com, 16 Bungalows mit Fan, Du/WC und Terrasse mit Liegen und Blick aufs Meer, Frühstück inkl. Generatorstrom von 18–4 Uhr. Entspannte Atmosphäre, großes Restaurant mit westl. und Thai-Gerichten um 150–200 Baht, Touren. Reservierung erforderlich. ❺

Pee Pee Island Village ④, ✆ 076-815014, 📠 076-214918, 🖳 www.ppisland.com. Luxuriöses 4-Sterne-Resort, 84 ruhige Holzbungalows im Thai-Stil auf Pfählen. 3 Bars, ein Spa und Kino. Möglichkeiten zum Segeln, Windsurfen, Schnorcheln und Fischen. PADI-Tauchkurse. ❽

P.P. Natural Resort ①, ✆ 075-613010-11, 🖳 www.phiphinatural.com, 77 Zi in unterschiedlichen Bungalows mit AC, Kühlschrank, Satelliten-TV, Bad mit Warmwasser und Balkon, einfachere AC-Zi im Reihenhaus am Hang, Restaurant und Pool, Bars. ❻–❽

KO PHI PHI DON
N
0
500
1000 m
Übernachtung:
1 P.P. Natural Resort
2 Zeavola
3 P. P. Erawan Palms Resort
4 Pee Pee Island Village
5 Phi Phi Relax Beach Resort
6 Ranty Garden Bungalow
7 Ran Tee Beach Resort
8 Runtee Hut
9 Toh Kor Beach Resort
10 Ao Poh Bungalows
11 Phi Phi Cabana Hotel
12 Phi Phi Hotel
13 JJ Gh.
14 Charlie Beach Resort
15 P.P. October
16 Pee Pee Viewpoint Resort
17 Phitharom PP Resort
18 Garden Home
19 Valentine
20 Chunut
21 K House
22 Phi Phi Banyan Villa
23 Chao Koh Phi Phi Lodge
24 Gipsy Village
25 Pee Pee Don Chukit Resort
26 Phi Phi Rim Lay Resort
27 Phi Phi Andaman Legacy
28 Andaman Resort
29 Phi Phi Villa Resort
30 Andaman Beach Resort
31 Bay View Resort
32 Arayaburi
33 Viking Resort
34 P.P. Lotus Resort
35 Paradise Pearl Bungalow
36 Paradise Resort
37 Long Beach Bungalows
38 The Beach Resort
39 Phi Phi Hill Resort
Essen:
1 Garlic 1992 Restaurant
2 Hibachi II
3 Madam Resto
4 Cosmic
5 Hibachi I
6 PUM Thai Restaurant
7 H.C.Andersen
8 Le Grand Bleu
9 Amico Resto
10 Patcharee French Bakery & Boulangerie
11 Pee Pee Bakery
12 Chao Koh Restaurant
13 Carpe Diem Seafood
Sonstiges:
1 Spider Monkey
2 K.E. Hang Out
3 Reggae Bar
4 Rolling Stoned Bar
5 Viking Divers
6 007 Bar & Restaurant
7 Cat's Rock Climbing
8 Moskito Diving
9 Barakuda Dive Center
10 Carlito's
11 Apache
12 Phi Phi Climbers
13 Hippies Bar & Restaurant
Transport:
1 Longtail-Boote
2 Großer Pier
3 Longtail-Boote
= Schnorchelgebiet
Laem Trong
Laem Thong Beach
Bamboo Island (4 km)
La Nah Bay
Nui Bay
Lo Ba Kao Bay
KO NAI
Pak Nam Bay (Relax Beach)
136
186
Ran Ti Bay
Yong Kasem Bay
Lo Dalam Bay (Back Bay)
Ban Laem Trong
Viewpoint
kleiner Viewpoint
11 → 28
s. Detailplan Ban Laem Trong
SPORTPL.
SCHULE
Ton Sai Bay
Hin Khom Beach
Lo Mu Di
Long Beach
Ao Poh
Shark Point
KO NOK
Wang Lang Bay
Ko Phi Phi Le (3 km)
Krabi, Ko Lanta
KO YUNG (MOSQUITO ISLAND)
KO MAI PHAI (BAMBOO ISLAND)
KO PHI PHI DON
Ban Laem Trong
KO PHI PHI LE
KO BIDA NAI
KO BIDA NOK
0
5 km

Die Andamanenküste

Zeavola ②, ✆ 075-621334, 620798, 081-6767317-8, 🖳 www.zeavola.com, Boutique Resort. 48 Bungalows unter Palmen, die kaum Wünsche offen lassen. Süßwasser-Pool, Spa, Thai- und italienisches Restaurant. ❽

P. P. Erawan Palms Resort ③, Moo 8, Leam Trong Beach, ✆ 076-236411, 📠 076-236355, 🖳 www.pperawanpalms.com, 21 Luxusbungalows mit AC, Du/WC, Satelliten-TV, WLAN und Terrasse, Restaurant, Bar, Pool, Tauchbasis. ❼–❽

Essen und Unterhaltung

Neben Thai-Gerichten werden Pizza, Nudeln, Steaks und andere westliche Favoriten zubereitet. Mäßig sind die Mittagsbuffets für Tagesausflügler.

Beliebt und preiswert sind die gefüllten Pancakes, Sandwiches und Shakes von Straßenständen. Relativ teuer ist das Essen auf dem moslemischen **Essenmarkt**.

In der **Pee Pee Bakery,** einem beliebten Frühstückslokal, gibt es neben Thai-Gerichten auch Espresso, Baguette und leckere Kuchen.

Patcharee French Bakery & Boulangerie, gegenüber, hat ein ähnliches, aber teureres Angebot.

Garlic 1992 Restaurant, kleines, preiswertes Restaurant mit freundlichem Service und leckeren westlichen sowie Thai-Gerichten. 🕓 tgl. 6.30–22.30 Uhr.

Amico Resto, nahe dem Pier, offeriert Pizza, Penne und Steaks für 150–300 Baht.

PUM Thai Restaurant, 🖳 www.pumthaifoodchain.com, in dem überschaubaren, in Orange gehaltenen Thai-Restaurant mit einer offenen Küche und begrenzten Karte werden auch Kochkurse von unterschiedlicher Dauer veranstaltet.

Hibachi I und II, japanisch ausgerichtete Bäckerei mit Restaurant. Beliebt ist das abendliche *all-you-can-eat buffet* mit Seafood und Sushi, auch BBQ.

Im **H.C.Andersen** genießen vor allem skandinavische Urlauber ihre heimische Küche und Steaks.

Das **Chao Koh Restaurant** mit Bar und BBQ ist vor allem wegen seiner Lage direkt am Meer und dem frischen Seafood beliebt, aber teuer.

Carpe Diem Seafood, zweistöckiges, relativ hochpreisiges Chill-out-Restaurant am Meer mit frischem Seafood und einer Bar.

Die große **Reggae Bar** am Hang lockt ab 22 Uhr mit Thai-Kickboxen.

In der **Rolling Stoned Bar** wird manchmal Live-Musik geboten.

In der **007 Bar & Restaurant** laufen DVDs, ein Hit ist natürlich *The Beach*.

Hippies Bar & Restaurant unter alten Bäumen am Strand, großes Restaurant und Matten auf dem Sand. Am Abend Tanz am Strand, zudem Veranstaltungen wie Half Moon Parties und Feuertänze.

Aktivitäten

Klettern

In der Saison halbtägige Anfängerkurse (650–1000 Baht), Tageskurse (1300–1500 Baht) und 3-tägige Fortgeschrittenenkurse (4500–5000 Baht) an den Felsen beim Ton Sai Village. Darauf achten, dass eine Versicherung inbegriffen ist.

Phi Phi Climbers, an der Strandstaße, 🖳 www.phiphiclimbers.com.

K.E. Hang Out, ✆ 081-9581820, 🖳 www.kehangout.com.

Cat's Rock Climbing, im Village, ✆ 081-7875101, 🖳 www.catsclimbingshop.com,

und **Spider Monkey** jenseits von Charlie Plaza.

Tauchen

Barakuda Dive Center, ✆/📠 075-601006, 🖳 www.phiphibarakuda.com, PADI 5-Sterne-Center. Eine Sicherheitslücke hat vor dem Tsunami zu Unfällen geführt.

Viking Divers, ✆ 081-7193375, 🖳 www.vikingdiversthailand.com.

Moskito Diving, ✆ 075-601154, 🖳 www.moskitodiving.com, die erste 5-Sterne-Tauchschule auf Phi Phi.

Sonstiges

Mittlerweile ist wieder alles auf der Insel zu finden, zahlreiche Geldautomaten, Internet ebenso wie eine Post und ein Supermarkt. Zudem Apotheken und drei Buchläden sowie

Einkaufsarkaden mit einem breiten Angebot an Textilien und Souvenirs.

Longtail-Boote

Vom Village zum LONG BEACH verkehren Boote für 80 Baht p.P., nach Sonnenuntergang 100 Baht oder Charter. Die Bootsleute verlangen bis zu 800 Baht für die 10-minütige Tour.
Zur RAN TI BAY 200 Baht p.P., NUI BAY 800 Baht und zur LA NAH BAY 1000 Baht pro Boot.
Für eine Rundfahrt kosten Longtail-Boote für 2–3 Std. 1000 Baht und 1800 Baht / Tag, Speedboote etwa das Doppelte.
Schnorcheltouren und Inselrundfahrten werden ab 2000 Baht pro Boot oder 500–700 Baht p. P. offeriert.
Boote zur Bamboo Island 2000 Baht, Phi Phi Le 1200 Baht. Billige Schnorcheltouren stoppen nicht an den Stränden.

Medizinische Versorgung

Kleines **Krankenhaus**, ✆ 086-7450557, an der östlichen Tongsai Bay.

Transport

An- und Weiterreise

Von Krabi Town
Tgl. um 10 und 15 Uhr per Expressboot für 350 Baht einfach in 1 1/2 Std., zurück um 9 und 14 Uhr.

Vom Ao Nang Beach
Tgl. um 9 Uhr über Rai Leh für 390 Baht in 2 Std. Rückfahrt um 15.30 Uhr.

Von Ko Lanta
Von Okt. bis April tgl. um 8.30 und 13 Uhr ein Boot für 350 Baht p.P. in 1 1/2 Std., zurück um 11.30 und 14 Uhr.

Von Phuket
Ab Rasada Pier, gegen 8.30 Uhr mit den großen Ausflugsbooten (s. S. 750) zur Tonsai Bay 350–600 Baht. Weitere Boote um 10.30, 13.30 und 14.30 Uhr. Zurück gegen 14.30 Uhr, weitere Boote um 9, 9.30 und 13.30 Uhr.
Reisebüros in Phuket bieten Tagestouren nach Ko Phi Phi an.

Rings um Ko Phi Phi Don

Die **Bamboo Islands** sind gut zum Schnorcheln und haben einen schönen, feinen, weißen Strand mit Kasuarinen. Man kann sie leicht umwandern. Bootsfahrten zur schroffen, südlichen Schwesterinsel **Ko Phi Phi Le** mit interessanten Kliff-Formationen werden regelmäßig angeboten. Große Tourboote legen an der **Viking Cave** an. Hier werden pro Jahr etwa 200 kg Schwalbennester geerntet, 3 Monate Ernte – 3 Monate Pause.

Die **Pi Le-Bay** wirkt wie ein tief eingeschnittener Fjord, der Blick zurück ziert viele Postkarten. Vor dem Felsen in der südlichen **Lo Sanah-Bucht** kann man gut Gerätetauchen. An den im Süden sichtbaren **Bi-Dah Islands** gehen die Einwohner von Ko Phi Phi auf Fischfang. Die **Maya Bay** wurde durch den Traveller-Roman *The Beach* weltweit bekannt. Wer einen Strand wie im Film erwartet, wird enttäuscht sein. Nach heftigen Monsunstürmen sammelt sich Unrat an. Wer früh morgens anreist, kann die Bucht bis gegen 10 Uhr noch sehr idyllisch erleben. Für den Eintritt in den Nationalpark werden an der Zufahrt zur Bucht 200 Baht verlangt.

Schnorcheln und Tauchen

Ko Phi Phi besitzt Schnorchelgebiete mit vielen Fischen, aber weitgehend zerstörten Korallen. Die Felsengruppe **Shark Point** (Thai: Hin Phae) vor dem Long Beach kann mit Flossen in 2 Std. bequem umrundet werden. Schön kann man auch vor **Laem Poh** schnorcheln. Die Schnorchelreviere vor der Ostküste besucht man am besten bei Flut. Ein flaches Riff erstreckt sich vor **Lo Mu Di** und in der **Ran Ti Bay**, wo es viele Fische gibt. Auch südlich von den Bamboo Islands lohnt es sich zu schnorcheln. Die schönsten Tauchgebiete liegen vor **Ko Bida Nok** und **Ko Phi Phi Don**. Nur sehr erfahrene Höhlentaucher könnten sich bei ruhigem Wasser an den bizarr geformten **Unterwasserhöhlen** an den steil abfallenden Kalkfelsen von Ko Phi Phi Le versuchen. 20 km Richtung Phuket liegt in 18–30 m Tiefe in einem Gebiet mit starker Strömung das riesige, 80 m lange **Wrack** der Fähre King Cruiser I.

Krabi und Umgebung

Krabi กระบี่

Die Provinzhauptstadt Krabi hat selbst weiter nichts zu bieten, aber ihre Bilderbuchstrände und die vorgelagerten Inseln begeistern immer mehr Urlaubshungrige aus Deutschland und vor allem Nordeuropa. Fast jeder Thailandreisende möchte zumindest für ein paar Tage die herrliche Landschaft erleben, ehe er zu weniger touristischen Zielen wie Ko Lanta weiterzieht.

Die geschäftige Kleinstadt Krabi hat 23 000 Einwohner, die sich Touristen gegenüber äußerst zuvorkommend verhalten, was vor allem im Straßenverkehr auffällt. Unter emsige Städter und Dorfbewohner, die ihre Einkäufe tätigen, mischen sich entlang den vier Hauptstraßen im Zentrum Touristen und Traveller auf der Durchreise. Immer mehr ziehen nun eine billige Stadtunterkunft den teuren Resorts an den Stränden vor und fahren täglich an einen anderen Strand oder unternehmen Touren in der Umgebung. Mit dem Geldsegen aus dem Tourismus haben die Stadtväter u. a. einige Verschönerungen durchgeführt. Sie ließen zwei feste Piers und eine lange **Uferpromenade** bauen und ganze Straßenzüge in einheitlichem Stil „sanieren". So wirkt das Stadtzentrum zwar etwas charakterlos und einförmig, aber weitaus ansprechender als zuvor. Die Einheimischen halten Krabi für die teuerste Stadt Thailands, i. b. was die Preise auf dem Markt betrifft.

Wer an der Frühgeschichte der Provinz interessiert ist, kann auf dem H4 nach Klong Thom (41 km) fahren und das **Wat Klong Thom Museum** besuchen.

Übernachtung

Gästehäuser

Jedes Reisebüro vermittelt billige Zimmer in Gästehäusern (in der Saison für 100–250 Baht, Nebensaison 80–150 Baht).

Entlang der Hauptstraße, Uttarakit Rd.
Siboya Gh. ⑰, Nr.69, ✆ 075-623561, 5 einfache, billige Zi. im OG, z. T. mit Fenster zur lauten Straße, Gemeinschafts-Du/WC unten, Restaurant, Reisebüro. Gleicher Besitzer wie **Siboya Bungalows**, ❷–❹, auf Ko Siboya, Transfer zur Insel. ❶
Chan-Cha-Lay ⑲, Nr.55, ✆ 075-620952, 💻 www.geocities.com/chan_cha_lay, große, saubere Zi mit und ohne Du/WC, alle mit Fenster, im Haupthaus überm guten Restaurant, im sehr ruhigen und schön gestalteten Innenhof oder im neuen Hinterhaus mit liebevoll eingerichteten Zi; gemütliche Sitzecken im Flur, hilfreiche Mitarbeiter, die gut Englisch sprechen, gute Infos. Wird viel gelobt, empfehlenswert. ❷–❸, AC ❸
Cha Gh. ㉓, Nr.45, ✆ 075-611141, ✉ chaguesthouse@hotmail.com; langes Haus mit Garten und Bäumen, ältliche, z. T. winzige Zi mit und ohne Du/WC, einige muffeln, Restaurant, Mopedverleih, Internet, extrem hilfsbereite Leute. ❷–❸
P.A.N. Gh. ㉗, ruhige Lage im Grünen, 12 einfache, recht alte Bambusbungalows, mit und ohne Du/WC, Restaurant. ❷
Generation Gh. ㉘, Nr.53/1, ✆ 075-630272, neues, kleines Gästehaus mit 4 schön dekorierten Zi mit Fan und Gemeinschafts-Du/WC, großes Familienzimmer. Hilfsbereite Leute. ❷

Am Fluss entlang an der Kongka Rd.
Riverview Gh. ㉒, Nr.74, hinter Jaso Holiday Tour, 6 einfache Holzbungalows in einem netten Garten. ❷
Thara Gh. ㉞, 79/3, ✆ 075-630499, 3 Familienzimmer im alten Gebäudeteil, 14 kleinere, saubere AC-Zi im neuen Kleinhotel, z. T. Flussblick, preiswertes Café, Mopedverleih. Verständnisvolles Personal, nette, hilfsbereite Besitzerin. Empfehlenswert. ❸, AC ❹

Mitten in der Stadt
Lipstic Gh. ⑪, 20-22 Soi 2, ✆ 075-612392, ✉ lipstickb@hotmail.com, in der Umgebung von mehreren Discos, 4-stöckiges Stadthaus, saubere, gut möblierte Zi mit Fan, mit und ohne Bad, mit und ohne Fenster; unten Lobby mit Restaurant. ❷
Hollywood ⑭, 26 Isara Rd., ✆ 075-620508, ✉ hollywoodtour@yahoo.com, 3-stöckiges Stadthaus, 10 kleine und große, saubere Zi mit Fan oder AC, Gemeinschafts-Du/WC, Restaurant/Bar. ❷, AC ❸
Dragon Gh. ⑬, 11-13 Maharat Rd., ✆ 075-630 258, Stadthaus, saubere Zi mit Fan oder AC. ❸

Café Europa ㉕, 1/9 Soi Ruam Chit, ✆ 075-620407, 💻 www.krabidir.com/cafeeuropa; 6 nett eingerichtete, sehr saubere Zi im Obergeschoss, heiße Du/WC außerhalb, unten gutes Restaurant und Bar (🕓 8–22 Uhr), Fax/Telefon-Service, Satelliten-TV; heimelige Atmosphäre beim freundlichen Dänen Finn, bei Henrik und Tip. Sehr laute Pubs in der Nachbarschaft. ❸

Chao Fah Road

A. Mansion ⑮, Nr. 12/6, ✆ 075-630511, 40 komfortable, saubere Top-Zi im modernen Kleinhotel, zur Rückseite besonders ruhig, Schließfächer, freundlicher Service, hilfsbereite Rezeption. Beste Kritiken. ❸, AC ❹

K. Gh. ⑱, Nr. 71/1, ✉ kguesthouse@yahoo.com, ✆ 075-623166, einfache, günstige Zi in schönem, zweistöckigem Holzhaus, mit und ohne Du/WC, zur Straße ohrenbetäubend laut. Internet, Restaurant. ❷–❸

Baan Chao Fah Gh. ㉚, Nr. 22, ✆ 075-630317, ✉ chaofahguesthouse@hotmail.com, in einer schmalen Gasse, einfach möblierte, saubere Zi mit Du/WC, freundlicher Manager, sehr preiswert. ❷

Ban To Gh. ㉙, Nr. 22/6, ✆ 075-612950, neues, sauberes, orange gestrichenes Gebäude, am Ende der Gasse, ruhig gelegen, 20 gut möblierte Zi mit Fan oder AC, Du/WC, Balkon, unten Sitzgruppen, freundliche Leute. Eigentlich alles super, aber es gab mehrere Diebstähle, also Vorsicht! ❸

P. Gh. ㉟, Nr. 34-36, ✆ 075-630382, 20 ruhige, ordentliche Zi mit Fan oder AC, Warmwasser-Du/WC, preiswertes Restaurant, sehr nette Leute, vor allem Mr. Pet. Sehr zu empfehlen. ❸

Chao Fa Valley Bungalows ㊱, Nr. 50, ✆ 075-612499, 11 Holzbungalows im Grünen in einem kleinen Tal, sehr ruhige, ordentliche Zi mit Fan und drittem Bett, Restaurant mit großer Auswahl, freundliche Leute. Sehr preiswert. ❸

Hotels

Am Fluss

Krabi River Hotel ㉛, 73/1 Kongka Rd., ✆ 075-612321, ✉ krabiriver@hotmail.com, 20 schöne, gut ausgestattete AC-Zi, Balkon mit Flussblick, schöner Garten am Fluss; freundlicher Besitzer, gut Englisch sprechendes Personal. ❹

Krabi City Seaview Hotel ㉝, 77 Kongka Rd., ✆ 075-622885-8, 💻 www.krabicityseaviewhotel.com; beliebtes Kleinhotel am Fluss, 30 ältliche, kleine AC-Zi und größere mit Aussicht. Im EG für Rolli geeignet. Etwas überteuert. ❸–❹

In der Stadt

New City Hotel ⑤, 15/2-3 Soi 10, ✆ 075-621280-2, 💻 www.citykrabi.com; Stadthotel, Aufzug, saubere, etwas verwohnte Zi mit Fan und AC, sehr gut im neuen Anbau. Für Rolli geeignet. ❹–❺

Theparat Lodge ②, 151 Maharat Rd., ✆ 075-622048, 💻 www.thepparatlodge.com; Hotel im 4-stöckigen Stadthaus, kleine, saubere Zi mit AC oder Fan, TV und Du/WC; Restaurant, das ohne Glutamat kocht, Bar, Coffee Corner, Touren. ❺

Etwas außerhalb

The Greenery Hotel ㊱, 167/2 Maharat Rd., ✆ 075-623648, ✉ krabi_greenery@hotmail.com, 400 m außerhalb an der Ausfallstraße, neues Hotel, 30 saubere Zi mit Minibar, TV, Fan oder AC, z. T. Verbindungstür, kleiner Balkon, Coffeeshop. ❸, AC ❹

Grand Mansion Hotel ㉝, 289/1 Uttarakit Rd., ✆ 075-611371, 📠 611372, 700 m außerhalb an der Uferstraße, sehr saubere, gute Zi, die besten mit Kühlschrank und TV, einige Familienzimmer mit 3 Betten; preiswertes Essen, freundliches, hilfsbereites Personal. ❸

Maritime Park & Spa ㉜, 1 Tungfah Rd., ✆ 075-620028-46, 💻 www.maritimeparkandspa.com; Luxushotel, 2,5 km außerhalb Richtung Krabi Junction, in einer ruhigen Sackgasse, aufgelockerte Gebäudetrakte in riesigem Gelände, tolle Aussicht über einen kleinen See mit vielen Pflanzen, Fitnesscenter. ❻

Boon Siam Hotel ㊳, 27 Chao Khun Rd., ✆ 075-632511-5, 💻 www.boonsiamhotel.com; großes Thai-Hotel mit 70 Zi, die 20 Suiten sind bestens für Familien geeignet und nicht zu teuer; Disco, Massagesalon und Karaokebar. Mr. Thomas, der General Manager, unterhält sich gern auf Deutsch. AC ❹–❺

In Ban Talad Kao (Krabi Junction)

Kittisuk Hotel ㉚, ✆ 075-611087, 30 m neben der Kreuzung, geeignet für Passagiere, die erst spät am Busbahnhof ankommen. ❶–❷

Übernachtung:	Essen:	Transport:
1 Ano Gh.	1 Kao Man Kai R.	1 Taxistand
2 Theparat Lodge	2 Muslim-R.	2 Pee Pee Marine Travel
3 Railay Mansion	3 Hong Ming R.	3 Minivan→Nakhon Si Thammarat
4 Green House Hotel	4 Schwimmendes R.	4 Minivan→Surat Thani
5 New City H.	5 Azzurra Pizzeria	5 Krabi U & I Travel
6 Vieng Thong H.	6 Lisa Bakery	6 Thaimit Tours
7 B & B Gh.	7 Pizzeria Viva	7 Andaman Wave Master Office, Bus→Bangkok, Surat Thani
8 New H.	8 Nudel-Restaurant	8 Minivan→Phuket
9 Green Tea Gh.	9 R. Ruamchai	9 Songthaew→Talad Kao, Tiger Cave
10 K.L. Gh.	10 Pizzeria Firenze	10 Longtail-Boot→Ko Siboya
11 Lipstic Gh.	11 May and Mark R.	11 Longtail-Boot→Rai Leh
12 Thai H.	12 Mee Lap R.	12 Chan Phen Tour
13 Dragon Gh.	13 Relax Coffee & R.	13 Jungle Book Tour
14 Hollywood Gh.	14 Koh Thung R.	14 Songthaew→Ao Nang, Susan Hoi
15 A.Mansion	15 Baan Khun Mor Cafe	15 Songthaew→Talad Kao, Tiger Cave Minivan→Khao Lak, Pakbara
16 Grand Tower Gh.	16 Cafe/Restaurant Eighty-Nine	16 Bus→Ao Luk
17 Siboya Gh.	17 Café Europa	17 Longtail-Boot→Rai Leh
18 K. Gh.	18 Juke Box Pub R.	18 Bangkok Airways
19 Chan-Cha-Lay Gh.		19 Minivan→Ko Lanta
20 Judy Gh.	**Sonstiges:**	20 Krabi Happy Tour, Siam Smile Travel
21 Star Gh.	1 Dr. Supot	21 Railay Group: Longtail-Boot→Phra Nang Beach
22 Riverview Gh.	2 The Books	22 Longtail-Boot→Rai Leh Beach
23 Cha Gh.	3 Vogue Dept. Store	23 Friendly Tour
24 Area 51 Gh.	4 Pakarang	24 Green Travel, P.P. Family
25 Café Europa	5 7eleven	25 Hat Yai World Tour, Krabi Bluebay Travel, Pine Tour, Siboya Office
26 Krabi Loma Hotel	6 Dr. Taweelarp	26 Boote→Ko Phi Phi, Ko Lanta, Ko Jum
27 P.A.N. Gh.	7 Krabi Resort Office	27 Chao Koh Travel
28 Generation Gh.	8 Zeitungsladen	
29 Ban To Gh.	9 Kaufhaus	
30 Baan Chao Fah Gh.	10 Fai Book & Internet	
31 Bai Fern	11 Sea Kayak Krabi, King Kayak	
32 Krabi River Hotel	12 Pub	
33 Krabi City Seaview H.	13 Smoody Bar	
34 Thara Gh.		
35 P. Gh.		
36 Chao Fa Valley Bungalow		
37 K.R. Mansion Hotel		

Essen und Unterhaltung

In Krabi gibt es viele kleine Restaurants und Garküchen.

Märkte und Food Center

Viel Lob erfährt der **Nachtmarkt** am alten Pier, billige Essenstände ab 17 bis ca. 23 Uhr.
Auf dem **City-Nachtmarkt** in der Stadt bieten appetitliche Stände eine große Auswahl an leckerem Essen; eine Schau ist der Getränkemixer im Zentrum des Marktes, der Shakes in doppelter Geschwindigkeit produziert. ⏲ bis ca. 21 Uhr.
Auch auf dem **Nachtmarkt** am Vogue-Einkaufszentrum gibt es günstiges, hervorragendes Essen, mehrere Gerichte werden auf einem Teller angerichtet.
Der **Morgenmarkt** in der Soi 9, Maharat Rd., ⏲ 6–11 Uhr, bietet ebenfalls bestes Essen.
Im klimatisierten **Food Center** im 3. Stock des Vogue-Kaufhauses befindet sich eine Essecke mit billigen, einfachen Gerichten; ⏲ 9.30–19 Uhr.

Einheimische Restaurants

Das **Koh Thung** ist ein beliebtes Thai-Restaurant an der Uferstraße Kongka Rd.
Leckere chinesische Nudeln gibt es unten im **Green Tea Guesthouse.**
Empfohlen wurde uns **Born's Restaurant** in der Uttarakit Rd., es wird von zwei freundlichen Schwestern geführt. Das Essen soll sehr gut und der Laundry-Service einwandfrei sein.

Farang-Food

Im Café **Baan Khun Mor** munden die lecker belegten Ciabatta-Brötchen und auch andere Snacks.

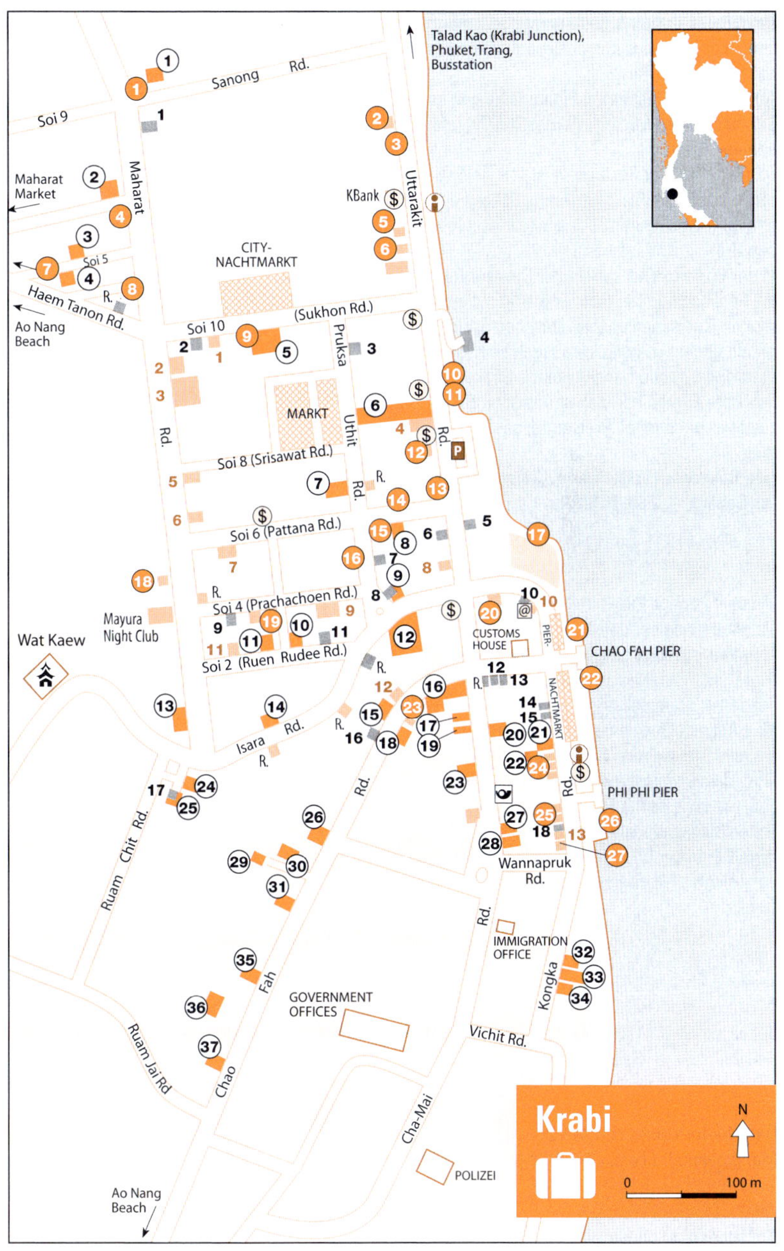
Talad Kao (Krabi Junction), Phuket, Trang, Busstation
Sanong Rd.
Soi 9
Maharat Market
Maharat
Soi 5
Haem Tanon Rd.
Ao Nang Beach
CITY-NACHTMARKT
KBank
Uttarakit
Soi 10
(Sukhon Rd.)
Pruksa
MARKT
Uthit
Rd.
Soi 8 (Srisawat Rd.)
Soi 6 (Pattana Rd.)
Soi 4 (Prachachoen Rd.)
Soi 2 (Ruen Rudee Rd.)
Mayura Night Club
Wat Kaew
CUSTOMS HOUSE
PIER-
CHAO FAH PIER
NACHTMARKT
PHI PHI PIER
Isara Rd.
Ruam Chit Rd.
Wannapruk Rd.
IMMIGRATION OFFICE
Kongka Rd.
GOVERNMENT OFFICES
Vichit Rd.
Chao Fah Rd.
Ruam Jai Rd
Cha-Mai
POLIZEI
Ao Nang Beach
Krabi
N
0
100 m

Beim **Relax Coffee & Restaurant** findet man sehr netten Service und dazu noch gutes Essen einschließlich Frühstück.
Auch im Café/Restaurant **Eighty-Nine** gibt es Schmackhaftes, zudem Internet-Zugang und abends Video.
Das **May & Mark Restaurant** ist seit vielen Jahren besonders beliebt fürs Frühstück mit echtem Kaffee und guten Tees sowie verschiedenen Brot- und Käsesorten.
In der **Pizzeria Viva** spricht der Besitzer Renato gut Englisch und Deutsch. Er wartet mit leckeren thailändischen und italienischen Gerichten, reichhaltigem Frühstück, hausgemachtem Ciabatta-Brot, Joghurt und Vollmilch-Shakes auf.
Das **Cafe Europa** bereitet europäische Gerichte zu etwas gehobenen Preisen zu; dänische Leitung.
Lisa Bakery hat Vollkornbrot, Croissants, leckeres Gebäck, 🕓 7.30–20.30 Uhr.

Unterhaltung

Mit dem **Popeye Pub**, 110 Soi Ruam Chit, hat Mr. Paul Irving ein kleines, gemütliches Pub geschaffen, mit Musik in angenehmer Lautstärke (Rock und Pop). Man verbringt den Abend meist mit netten Stammgästen, dem Besitzer und seinem Angestellten, in freundlicher, offener Travelleratmosphäre. Für Fussballinteressierte läuft abends manchmal die deutsche Bundesliga, allerdings ohne Ton, was sehr zur gemütlichen Stimmung beiträgt.
Big's Bar in der Chao Fah Rd. ist geschmackvoll eingerichtet. Mr. Big aus Bangkok mixt leckere Drinks.

Sonstiges

Autovermietungen

Jeeps gibt es für 1200 Baht bei verschiedenen Reisebüros, z. B. **Friendly Tour**.

Boote

Das Chartern eines Longtail-Bootes für eine Mangrovenfahrt kostet 350 Baht pro Std.

Bücher

Bei **Fai Books** können viele deutsche Bücher ausgeliehen, gekauft oder getauscht werden. Auch der Buchladen **Saeng Ho** ist einen Besuch wert.

Geld

Mehrere Banken in der Uttarakit Rd., Wechselschalter 🕓 Mo–Fr 8.30–19 Uhr, Sa, So 8–15 Uhr in der Saison.

Immigration

Uttarakit Rd., ✆ 075-611097; Visa-Verlängerung bei freundlichem Auftreten problemlos. 🕓 Mo–Fr 8.30–12 und 13–16.30 Uhr.

Informationen

TAT Tourist Office, gegenüber der Kasikorn Bank am Fluss, brauchbare Krabi-Infos.
Die Online-Informationen unter 💻 www.krabi-tourism. com sind Jahre alt.
Laufend aktualisiert wird
💻 www.webtravelkrabi.net,
Hotelbuchung: 💻 www.krabi.sawadee.com.
Beim **Tourist Office** am Pier liegt das monatlich erscheinende *FLYER magazine* mit Infos zu Sehenswürdigkeiten, Aktivitäten, Restaurants und Transport in Krabi sowie einigen Landkarten aus, im Internet unter 💻 www.yourkrabi.com/flyer. „Tourist Information" nennen sich die unzähligen Reisebüros. Sie halten Informationen zu den Gästehäusern in der Umgebung bereit, außerdem Stadtpläne, Informationsblätter, Hinweise für Ausflüge und Tickets.

Internet

Viele Shops, zumeist 1 Baht/Min.–40 Baht/Std.

Kajaks

Sea Kayak Krabi, ✆ 075-630270, 💻 www.krabidir.com/seakayakrabi; veranstaltet eindrucksvolle Halbtags- und Ganztagstouren zu Höhlen, Korallen, durch Mangroven und zum Canyon für 700–2100 Baht. Auch Zeit zum Schwimmen bleibt noch, Mittagessen inklusive.

Karten

Für eigene Ausflüge sind die gute **Guide Map of Krabi** oder die **Tourist Map Krabi** empfehlenswert. Brauchbar ist die kostenlose Karte vom TAT Tourist Office.

Kaufhäuser

Tesco Lotus liegt an der Straße Richtung Airport, **Big C** baut an der Straße Richtung Phuket.

Kochkurse

Krabi Thai Cookery School, ✆ 075-695133, 💻 www.thaicookeryschool.net, geleitet von der diplomierten Ernährungswissenschaftlerin und langjährigen Chefköchin Ya; 4-stündige Halbtageskurse kosten 1000 Baht, Abholung vom Hotel in Krabi oder Ao Nang.

Medizinische Hilfe

Gute Ärzte und einen **Zahnarzt** gibt es im staatlichen **Krabi Hospital**, 325 Uttarakit Rd., ✆ 075-611203, mit Songthaew 5 Baht ab Stadt.
In den letzten Jahren kamen im Gebiet von Krabi keine Fälle von Malaria vor.
Als gute **Privatärzte** wurden uns genannt: **Dr. Supot**, Maharat Rd Soi 10, Allgemeinarzt, und **Dr. Taweelarp**, Maharat Rd, Frauenarzt; beide praktizieren von 7–8.30, 12–13 und 17–18 Uhr, Sa und So ganztägig.
Die meisten **Apotheken** haben von 8–21 oder 22 Uhr geöffnet.

Motorräder

Bei mehreren Gästehäusern und Reisebüros für 150–200 Baht/Tag. Zuerst den Zustand kontrollieren.

Reisebüros

Fast alle Reisebüros werden von Lesern als freundlich und kompetent gelobt. Die meisten vertreten eigene Gästehäuser und Bungalows, die sie ihren Kunden ans Herz legen. Alle vermitteln Touren, Boote zu den Inseln und, gegen 20–60 Baht Aufschlag, Bus- und Zugtickets.
Chao Koh Travel, Kongka Rd., ✆ 075-630290, besonders freundlich.
P. P.Family, Kongka Rd., ✆ 075-630165, betreiben Busse nach Surat Thani, Ko Samui, Ko Pha Ngan, Phuket und Bangkok sowie Boote nach Ko Phi Phi und Ko Lanta. Viele Leser machten hier ärgerliche Erfahrungen.
Siam Smile Travel, 4 Kongka Rd., ✆ 075-623158, ✉ siamsmile69@hotmail.com; kompetente Beratung und wertvolle Tipps auf Deutsch und Englisch durch Patrick und Thip.
Songserm, neuer Name Andaman Wave Master, ✆ 075-632423, Haem Tanon Rd., ✆ 075-630470-2, betreiben Busse nach Surat Thani, Ko Samui und Ko Pha Ngan, über die wir auch nach der Namensänderung laufend Klagen bekommen, z. B. wird häufig abends kurz vor Krabi eine Rast eingelegt, um mit windigen Argumenten überteuerte Zi zu vermitteln. Auskünfte über staatliche Busse sind fast immer falsch.
Thaimit Tours, 179 Uttarakit Rd., ✆ 075-622998, 💻 www.krabiholiday.com; Tickets und Reservierungen aller Art; Mr. Nui ist sehr zuverlässig und kann viele Fragen beantworten.
Owart & Friends, Nähe Pier, ✆ 075-611693, Buchungsbüro für Bubu Island.

Touren

Alle Travel Offices vermitteln die gleichen Touren, die Preise variieren geringfügig, z. B.: Ko Boda Tour (4 Islands, herrlich bei gutem Wetter) für 350–400 Baht (mit Speedboot 1000 Baht), 5-Island-Tour ab ca. 480 Baht (mit Speedboot 1200 Baht), gechartertes Longtail-Boot 1500 Baht, Phang Nga Bay mit Bus und Longtail-Boot 750 Baht inkl. Tempel- und Naturparkbesuch, Phi Phi Tour 990 Baht (mit Speedboot 1600–2000 Baht). Immer sind Pickup-Service, Lunch, Früchte, Getränke und ggf. Maske, Schnorchel und Schwimmweste enthalten. Einige schwarze Schafe verlangen weitaus höhere Preise.

Nahverkehr

Pickups

Zwischen der Stadt und TALAD KAO (= Krabi Junction) mit dem Bus Terminal verkehren von 6–21 Uhr alle 3 Min. Pickups für 10 Baht.
Zum Strand AO NANG (30 Baht) fahren von 7–18 Uhr alle 15–30 Min. Pickups von der Stadt ab (von 18–22.30 Uhr 50 Baht). Dieselben Pickups fahren bis 18 Uhr zum Nopparat Thara Beach.
Achtung: Die gelben Songthaews fahren als Taxis (ca. 300 Baht). Um Passagiere zu ködern, ruft manch ein Fahrer auch **Rai Leh** aus, obwohl man dort nur per Boot hingelangt.
Zum Gastropod Museum SUSAN HOI (S. 814) geht es nur von Okt bis April von 7–18 Uhr für 40 Baht.

Die Andamanenküste

Zum WAT THAM SUA (Tiger Cave) für 20 Baht plus Motorradtaxi ca. 20–50 Baht.

Tuk Tuk

Zum Bus Terminal 100 Baht, Tiger Cave 150 Baht, Airport 300 Baht.

Boote

Linienboote starten vom neuen, überdimensionierten Passenger Port. Er liegt 10 Min. außerhalb der Stadt im Seehafen.
Mit einem Minibus kann man für heftige 50 Baht nach Krabi oder zum Bus Terminal fahren.
Es gibt dort auch einige Reisebüros, in denen man die Weiterreise, Unterkünfte etc. buchen kann.

Longtail-Boote

Sie fahren zur PHRA NANG BAY (Okt–März sowie bei ruhiger See) und zum RAI LEH BEACH (Ost und West) für 100 Baht in 25 Min. (ab 6 Pers.).
Die **Railay Group** fährt um 9, 11, 13.30, 16 und 18 Uhr für 70 Baht, zurück um 7.45, 9.30, 12, 14.30 und 16 Uhr.

Transport

Busse

Alle öffentlichen Busse fahren vom Bus Terminal **Talad Kao**, ✆ 075-611804, an der Kreuzung 4 km nördlich von Krabi (= Krabi Junction) ab, rote und weiße Pickups fahren laufend hin (s. o.). Ankommende Busse werden außerhalb der Hochsaison von Schleppern bestürmt, die den müden Neuankömmlingen ihre Bungalows aufdrängen wollen. Geschäftstüchtige Tuk Tuk-Fahrer wollen Passagiere für 300 Baht direkt zum Ao Nang-Strand fahren. **Unser Rat:** Abblitzen lassen und erst mal mit dem roten Pickup für 10 Baht nach Krabi reinfahren, dort fahren laufend öffentliche Songthaews für 20 Baht zum Strand.

Bangkok

Nach BANGKOK (817 km) mit 2. Kl. AC-Bus, AC-Bus und VIP-40 um 7.30 Uhr sowie mehrmals von 16 bis 17.30 Uhr für 461, 487, 592 und 614 Baht in 12 1/2 Std., VIP-24 Bus um 17.30 Uhr für 920 Baht in 12 Std., VIP-24 Bus von Lignite Tours um 17.50 Uhr für 850 Baht in 10 Std., Vorbuchung empfehlenswert.
Der Khaosan-Bus, von dem dringend abzuraten ist, fährt für 280–550 Baht, benötigt wegen unsinniger Stadtrundfahrt mit langwierigem Umsteigen in Surat Thani bis zu 20 (!) Std. und hält abwechselnd bei verschiedenen Reisebüros. Zurück fährt dieser in jeder Hinsicht gefährliche Bus ab dem Pier um 16 Uhr für 350 Baht (als VIP-32-Bus 650 Baht) und benötigt mindestens 15 Std. bis zur Khaosan Road, mit Zwischenstopps in Surat Thani.
Achtung: Immer noch wird aus den **privaten Khaosan-Bussen** Gepäck gestohlen. Höchst genial entwendet das „überzählige" Begleitpersonal Geld und Reiseschecks aus dem Bauchgurt und aus Handtaschen. Wer dem zum Opfer fällt, der sollte die Polizei einschalten! Ohne eine Kopie des Tickets und den Namen des Busunternehmens ist die Polizei machtlos. Wie wäre es, von den potenziellen Dieben vorher ein „Erinnerungsfoto" zu schießen?

In die Umgebung

Nach PHUKET fahren AC-Busse um 5.30 und von 6.20–17.30 Uhr alle 30 Min. für 113–155 Baht in 3–4 Std., zudem ein privater Bus um 9 Uhr für 200 bzw. 250 Baht. Nach Phuket Town, Patong, Kata und Karon fahren private Busse (z. T. auch Vans) um 7, 9 (nur in der Saison), 11.30 (Minibus) und 17.30 Uhr für 350 Baht in 3–3 1/2 Std., zum Phuket Airport um 13 Uhr für 300 Baht in 3 Std.; zurück nur um 8 Uhr für 300 Baht.
Nach PHANG NGA im Phuket-Bus 438 2.Kl. AC 74 Baht in 2 Std. (bis KHOK KLOI 58 Baht).
Nach TRANG non-AC-Bus 441 alle 30–60 Min. von 6.20–16 Uhr für 70 Baht, 2.Kl. AC-Bus 98 Baht, AC-Bus bis 21.30 Uhr für 129 Baht in 2 Std.
Nach AO LUK fahren LKW-Songthaews von 6–17 Uhr gegenüber von Thongfah ab, für 42 Baht in 90 Min., zur AO LUK JUNCTION mit Phuket- oder Surat Thani-Bussen für 30 Baht.

Zu anderen Orten im Süden

Nach SURAT THANI AC-Bus alle 45 Min. von 5.30–15 Uhr für 156 Baht in 2–3 Std. AC-Bus von Phantip tgl. von 5.30–16 Uhr ca. alle 2 Std. für 130 Baht (erholsam, da ohne Video). AC-Bus von P. P.Family um 11 und 16 Uhr in 3 Std. für 180 Baht.

Über den AC-Bus von Songserm, umfirmiert in Andaman Wave Master, wird vehement geklagt.
Nach KO SAMUI mit AC-Bus und Fähre um 9 und 11 Uhr direkt für 600 Baht in 8 Std. sowie um 16 Uhr (mit Nachtboot) in 13 1/2 Std. für 470 Baht.
Nach KO PHA NGAN mit AC-Bus um 11 Uhr (mit Fähre) und um 18 Uhr (mit Nachtboot) in 8 bzw. 12 Std. für 470 bzw. 600 Baht.
Nach NAKHON SI THAMMARAT von 9–14.30 Uhr mit AC-Bus für 150 Baht in 3 Std.
Nach RANONG 2.Kl. AC-Bus um 8.30, 10, 11 und 12.30 Uhr für 210 Baht; in Takua Pa (120 Baht) umsteigen nach KHAO LAK (35 Baht).
Nach HAT YAI AC-Busse stdl. von 8.30–15.20 und um 22 Uhr für 180 bzw. 234 Baht in 4–5 Std.
Nach SATUN AC-Bus um 11 und 13 Uhr für 239 Baht in 5 Std. (der Anschluss an das Boot nach Langkawi am selben Tag ist nicht sicher, besser den ersten Minibus nehmen, s.u.).

Minivans

Sie werden auch *Air Con Van* genannt, sind klimatisiert und fahren tgl. zu festen Zeiten von verschiedenen Reisebüros oder am Straßenrand ab (in der Karte markiert), in allen Reisebüros buchbar mit Abholung vom Hotel. Sie sind zwar eng, geben aber sonst keinen Anlass zu Beschwerden.
Nach PHUKET fahren verschiedene Gesellschaften über Phang Nga (200 Baht) und Phuket Airport um 9, 11, 12, 14 und 16 Uhr für 300 Baht in 3 Std.
Nach KHAO LAK in der Saison um 11 bzw. 11.30 Uhr für 300–350 Baht, nach KHAO SOK um 11 Uhr für 400 Baht (ab Hotrock).
Nach SURAT THANI stdl. von 7.30–16.30 Uhr für 200 Baht.
Nach KO SAMUI und KO PHA NGAN um 11 und 16 Uhr, Ank. 18.30 / 6.30 Uhr bzw. 20.30 / 8.30 Uhr.
Um 7 und 11 Uhr nach TRANG für 250 Baht in 2 Std., HAT YAI für 280 Baht in 4 Std., SATUN und PAKBARA für 450 Baht in 3 bzw. 3 1/2 Std. (ab Hotrock).
Nach KO LANTA Minivan von N.C. Gh. um 11, 13 und 16 Uhr über Ban Hua Hin (inkl. 2 Fähren) zum Klong Dao Beach und zum Klong Nin Beach. Tickets für 200 Baht gibt es bei Reisebüros, wo man auch abgeholt wird. Alternative: Mit Songthaews bzw. Minibussen zum Pier BAN HUA HIN ab Soi 6 etwa alle 30 Min. von 10–14 Uhr für 70 Baht in 45 Min.

Achtung

Private Busse, i. b. solche aus Surat Thani, entladen ihre Passagiere an täglich wechselnden Gästehäusern in der Stadt oder halten 5 km außerhalb an einer Tankstelle, wo die Passagiere genötigt werden, eine überteuerte Unterkunft zu buchen, ehe sie mit einem Songthaew in die Stadt gebracht werden.
Die meisten Reisebüros verkaufen bevorzugt Fahrscheine für teure, miserable Busse privater Unternehmen, da sie dafür hohe Provisionen erhalten. Daher Fahrkarten für die guten **öffentlichen Fernbusse** von einem kooperativen Reisebüro für einen fairen Aufschlag von 20–60 Baht besorgen lassen oder gleich selbst für 20 Baht zum Bus Terminal fahren.

Taxi

Nach KO LANTA für ca. 2000 Baht.
Die **Taxifahrer** vom Flughafen tricksen gern unwissende Touristen aus, die nach **Ko Lanta** wollen, indem sie nicht wie gewünscht den neuen Fährhafen anfahren, sondern sie zu einem windigen Reisebüro bringen, wo versucht wird, ihnen nicht nur teuer einen Minibus zu vermieten, sondern auch ein Resort auf Ko Lanta zu überhöhten Preisen anzudrehen.

Eisenbahn

Fahrplan s. S. 886f. Von BANGKOK kommt man bequem mit der Bahn nach SURAT THANI (s. S. 595) und am Morgen mit dem wartenden Bus nach Krabi. Zu den Zügen von Surat Thani nach Bangkok fahren Zubringerbusse um 11 und 16 Uhr in Krabi ab.

Nach Malaysia und Singapore

Zu allen Zielen muss man in Hat Yai umsteigen. Nach LANGKAWI mit dem AC-Minibus + Boot über Satun um 7 Uhr für 720 Baht in 11 Std.

Falsche Tickets

Kombinierte Bus-Boot-Tickets über Krabi nach Ko Phi Phi bzw. Ko Lanta, die in Bangkok von windigen Reisebüros mit verfälschtem „TAT"-Abzeichen verkauft werden, sind erstens teuer und zweitens Betrug, da das Bootsticket in Krabi von niemandem anerkannt wird.

Alternativ von Bangkok mit dem *Express* 83 um 17.05 Uhr oder dem *Rapid* 167 um 18.20 Uhr bis TRANG (Ank. 7.15 bzw. 10.35 Uhr) und mit einem Sammeltaxi für 100 Baht nach Krabi. Auch zurück mit Zügen ab Trang, besonders in der Hochsaison einen Versuch wert. Zugfahrten mindestens 2–3 Tage vorher im Reisebüro reservieren lassen (in Ferienzeiten 10 Tage vorher).

Boote

Nach KO PHI PHI tgl. um 10 und 15 Uhr per Expressboot für 350–450 Baht einfach in 1 1/2–2 Std., zurück u. a. um 9, 13 und 14 Uhr. Den Bus nach Bangkok erreicht man über Krabi noch am selben Tag.
Nach KO LANTA von Nov bis April tgl. per Expressboot um 10.30 und 13.30 Uhr für 350 Baht in 2 Std. (das Boot hält auch vor Ko Jum). Zurück um 8 und 13 Uhr. Verbilligte kombinierte Bootstickets für Ko Phi Phi und Ko Lanta sind nur in der Saison sinnvoll.
Zum Rasada-Pier (= Ratchada Pier) in PHUKET mit dem AC-Boot *Ao Nang Princess* tgl. um 15.30 Uhr in 2 Std. für 550 Baht; zurück um 8.30 Uhr ebenfalls für 550 Baht.
Nach KO SIBOYA organisiert das Siboya Gh. den Transport, Abfahrt um 11 und 15 Uhr mit dem Songthaew nach LAEM HIN (1 Std.), 50 Baht, weiter per Longtail-Boot für 20 Baht und mit dem vorausbestellten Laster zu den Bungalows (30 Baht).

Flüge

Der Flugplatz liegt 13 km nordöstlich von Krabi. Hier gibt es das Thai Airways Office, Geldwechsel, Bankautomaten, mehrere Autovermietungen, u. a. Avis. Minibus in die Stadt 300 Baht. Taxi-Service mit festen Preisen, z. B. zur Stadt 300 Baht, nach Ao Nang 500 Baht, nach Khao Lak 2300 Baht, Ko Lanta 1800 Baht.
Ab BANGKOK (DMK und BKK) fliegt **Thai Airways**, ✆ 075-622440, je 2x tgl. in 1 1/2 Std. für 3360 bzw. 3865 Baht.
Air Asia, ✆ 075-623554, fliegt 3x tgl. von/nach BANGKOK für 499–1750 Baht plus Gebühren von ca. 700 Baht.
Orient Thai, ✆ 075-692432, fliegt 2x tgl. nach BANGKOK (DMK) für 1750 Baht.
Nok Air fliegt 2x tgl. von/nach BANGKOK (DMK) für 574–1369 Baht plus Gebühren von ca. 700 Baht.
Ab CHIANG MAI fliegt Thai Airways direkt am Mo, Di, Do, Sa in 2 Std. für 4535 Baht, zurück nur über Bangkok.
Tiger Air, ✆ 075-691940, fliegt tgl. am Nachmittag nach SINGAPORE ab 535 Baht plus Gebühren von ca. 1125 Baht (nur bei Online-Buchung).

Rai Leh Beach

Die von fantastischen Kalksteinformationen abgeschlossene Halbinsel (auch unter Phra Nang Bay und Rai Lay Beach bekannt) ist nur mit dem Boot zu erreichen. An den beiden schönsten Stränden wurden 1986 in den Palmenhainen die ersten Bungalows gebaut – ein ehemaliger Geheimtipp unter Travellern! Durch Mund-Propaganda erhielten die wunderschönen Badestrände einen derartigen Zulauf, dass fast täglich neue Hütten aufgestellt wurden. Schließlich musste das ganze Fischerdorf einer Bungalowanlage weichen. Die alten Bambushütten werden mehr und mehr durch (teurere) Steinbungalows ersetzt. Große Dieselgeneratoren blasen Tag und Nacht ihre Abgase durch die Palmen.

Am landschaftlich einzigartigen **Phra Nang Beach** mit seinen steil aufragenden Wächterfelsen tummeln sich hunderte von Tagesausflüglern. In der tropischen Vegetation dahinter wurden private Luxushäuser gebaut. Der Verbindungsweg zwischen dem Phra Nang Beach und Rai Leh East führt dicht an den Felsen vorbei, auf halbem Weg beginnt der Aufstieg zur Phra Nang Lagoon und zum Super-Aussichtspunkt.

Neben der seichten, mit Mangroven bewachsenen Bucht **Rai Leh (East)**, die nach Süden geöffnet und gegen den Monsun geschützt ist, gibt es drei herrliche Strände mit feinem, weißem Sand: der wunderschöne **Phra Nang Beach** mit den vorgelagerten Felstürmen nach Osten, der flache, fast ideale Badestrand **Rai Leh (West)** nach Nordwesten und die friedliche, zum Baden nicht geeignete nördliche Bucht **Ao Ton Sai**. An den vorgelagerten Inseln **Chicken Island** und **Ko Boda** locken schöne Korallenriffe und fantastische Strände, die massenhaft von Tagesausflüglern bevölkert werden.

Höhlen

Die **Phra Nang Cave** (Grotte der Prinzessin) schließt den Phra Nang Beach nach Süden ab, direkt am Meer mit den eindrucksvoll herabhängenden Stalaktiten ziert sie mittlerweile viele Touristenprospekte. In der **Diamond Cave** (*Tham Phra Nang Nai*) am Rai Leh East wurde ein massiver Steg bis in den letzten Winkel gebaut sowie eine Beleuchtungsanlage installiert, Eintritt 20 Baht. Eine gute Taschenlampe tut's aber auch. Man entdeckt Kalksinterterrassen, Stalaktitenvorhänge, -orgeln und -fälle und bis zu 25 m lange, schlanke Einzelstalaktiten.

Reizvoll ist auch eine Wanderung mit Kletterpartie (z. T. mit morschen Seilen gesichert) durch eine ca. 120 m lange **Höhle** am nordwestlichen Ende des Phra Nang Strandes. Das riesige Höhlenportal ist leicht zu finden.

Phra Nang Lagoon

Die Phra Nang Lagoon (Sa Phra Nang) liegt inmitten eines 80–100 m tiefen Felsenkessels. Schwindelfreie können sie über einen mit Seilhilfen versehenen Kletterpfad erreichen, der auf halber Strecke vom Verbindungsweg beim Wegweiser abgeht. Bei Flut ist die durch eine Unterwasserhöhle mit dem Meer verbundene Lagune unwirklich schön, und man kann herrlich darin schwimmen, bei Ebbe allerdings ist sie voller Schlick. Für die Begehung der Höhle am anderen Ende braucht man eine Taschenlampe. Die Tour ist vor allem mit Sandalen und bei feuchtem Wetter für Ungeübte durchaus gefährlich. Der **Phra Nang View Point**, bei der Abzweigung auf dem Pass nach links, bietet einen überwältigenden Ausblick. Hier werden auch Kletterkurse veranstaltet.

Übernachtung

Die Preise der Bungalowanlagen variieren je nach Auslastung stark, werden durchweg als überteuert empfunden, zumal es nur am Abend Strom gibt. In der Hauptsaison verlangen die Bungalowbesitzer heftige Mondpreise, in der Nebensaison sind dagegen ohne weiteres über 50 % Rabatt zu erzielen (schöne Bungalows für 400–500 Baht). Es werden immer mehr teure AC-Bungalows ab 1500 Baht gebaut. Nachts sind die Stromgeneratoren weit zu hören.

Phra Nang Beach

Am einst wunderschönen Strand tummeln sich neben hunderten von Badegästen auch Souvenir-, Getränke- und Imbissverkäufer. Die vielen Longtail-Boote machen das Baden gefährlich. Kein Wunder, dass der Strand immer enger wird und zusehends verdreckt. Das Restaurant und die Strand-Bar sind ebenso wie das hintere Ende des Strandes *for members only.* Zu Fuß gelangt man auf dem schmalen Verbindungsweg an der Mauer entlang zum Rai Leh East Beach. Die öffentliche Toilette liegt nach 30 m an dieser Mauer. Hinter einem Zaun und undurchdringlichen Büschen stehen die 10 Luxushäuser der **Rayavadee Premier Villas** ⑱, ✆ 075-620740-3, 💻 www.rayavadee.com. ❽

Rai Leh East Beach (auch Nam Mao Beach, Sunrise Beach oder Back Beach)

Hier liegen 6 Bungalowanlagen am ungepflegten Strand, der sich nicht zum Baden eignet, weitere 3 im Hügelland dahinter, einige mit Swimming Pool. Sie bieten einen besseren Gegenwert als die Anlagen am Rai Leh West.

Ya-Ya ⑲, ✆ 075-622593, uralte, 2–4-stöckige Reihenhäuser aus Stein und Holz sowie originelle Bambus-Hochhäuser, 56 z. T. dunkle, ungepflegte Zi mit Du/WC, im 3. und 4. Stock liegen die besten Zi mit Balkon und schöner Sicht, viel Ungeziefer, üppiger Tropengarten, teures, manchmal sehr gutes Essen, vor allem von der Fischtheke; lockere Atmosphäre. Wechselhafte Preise. Stark verschmutzter Strandbereich. ❸, AC ❹

Anyavee Railay Resort ⑲, ✆ 075-695051, 💻 www.anyavee.com, ein Best Western Resort,

62 neue, schöne AC-Bungalows mit großem Bad mit nach oben transparentem Dach; Pool. ❺–❻

Coco House ⑳, unzumutbare Bambushütten. Das Restaurant bekommt wieder gute Kritiken, nettes Personal. ❸

Diamond Cave ⑳, ✆ 075-621728, 💻 www.diamondcave-railay.com; ruhige Anlage mit großen Steinbungalows in vielen Reihen und einem 2-stöckigen Reihenhaus; Pool, Restaurant am Strand, leckeres Barbecue, aufmerksames, flinkes Personal. ❺–❻

Diamond Private Resort ㉑, ✆ 075-621729, 💻 www.diamondprivate-railay.com; letzte Anlage am Strand, erhöht mit Blick über die Bucht, große Steinbungalows und 2-stöckige Häuser im weiten, üppig grünen Garten; Poolterrasse mit Superaussicht, Restaurant. ❺–❻

Rapala Rock Wood Resort ㉒, ✆ 075-622586, hoch oben am Ende der Treppen, viele einfache Bambusmatten-Bungalows ziehen sich den Hang hinauf, Matratzen auf dem Boden, Hängematten auf der Terrasse, großes Restaurant, selbst gebackenes Brot. Junges, freundliches Personal. ❸

Railey Highland ㉓, ✆ 081-2716459, 10 Min. Anstieg Richtung Railay Cabana und Ton Sai. 30 einfache, sehr schöne, große Bungalows mit Moskitonetz und bequemen Matratzen auf dem Boden, eigenes Bad, netter Garten; kleines Restaurant; gegenüber Kletterwand und Rockbar. ❸–❹

Railay Cabana ㉔, ✆ 075-621730-2, Richtung Felsentempel und Grotte, dann noch 15 Min. zu Fuß den Hang hinauf (ausgeschildert). Friedliche Anlage unter hohen Felsen mit Dschungel-Feeling, etwas schmuddelige, kleine und große Bambusmatten-Bungalows mit Du/WC, Fan und großer Terrasse. Nur selten voll. ❸–❹

Rai Leh West Beach (Sunset Beach)

Sehr flacher, aber zum Schwimmen gut geeigneter Strand, optisch sehr schön. In der Saison gleicht er jedoch mehr einem Hafen als einem Traumstand, durch unzählige Longtail-Boote und Tagesausflügler ist er so voll und laut wie der Playa de Palma. Der Strand zieht zusehends Familien und Pauschalurlauber an, Individualreisende weichen auf den Ton Sai Beach aus, wo ein erstklassiger Bungalow schon für den halben Preis von Rai Leh zu bekommen ist.

Rayavadee Premier Resort ⑱, ✆ 075-620740-3, 📠 620630, 💻 www.rayavadee.com. Über 100 doppelstöckige Super-Bungalows der Luxusklasse stehen weit verstreut unter Palmen. ❽

Railay Bay Resort & Spa ⑰, ✆ 075-622571, 💻 www.krabi-railaybay.com, gepflegter Palmengarten bis hinüber zum Oststrand, neue 1- und 2-stöckige AC-Steinbungalows und Suiten; Pool, Spa. ❻–❽

Sand Sea ⑰, 💻 www.krabisandsea.com, ✆ 075-622609; gepflegter Garten unter Palmen, Bungalows in 3 Reihen, aus Bambusmatten mit Fan sowie schöne Deluxe-Bungalows mit AC. ❺, AC ❼

Rai Lay Village ⑰, ✉ railayvillage@hotmail.com, ✆ 075-622578, großer Garten, 48 eng aneinander stehende, z. T. luxuriöse AC-Bungalows unter Palmen. ❻–❽

Ao Ton Sai

In der nördlichen Bucht unterhalb der Kletterfelsen hat sich eine touristische Infrastruktur für vorwiegend junge Leute mit fast 20 Bungalowanlagen für 200 bis 1500 Baht entwickelt. Die einfachen Restaurants und Bars entlang des Strands wurden im April 2007 abgerissen, um einem riesigen Bauprojekt Platz zu machen. Zu erreichen per Boot (40 Baht), zu Fuß auf einstündigem, schwierigem Pfad über den Berg durch dichten Wald zur Diamond Cave oder bei Ebbe etwas mühsam am Ufer entlang zum Rai Leh West, ansonsten über einen schmalen Weg entlang der Felswand in knapp 15 Min. zum Rai Leh West, kleine Kletterpassagen unter herrlichen Tropfsteinen eingeschlossen.

Mambo Bungalows ⑫, ✆ 089-6521862, 30 einfache Bambusmatten-Bungalows mit Fan (24 Std. Generatorstrom). ❸

Mountain View Resort ⑬, ✆ 075-622610, 💻 www.citykrabi.com; 5 Min. vom Strand, ruhige, gestylte Gartenanlage, 46 ordentliche, saubere Steinbungalows mit Fan oder AC (24 Std. Generatorstrom), Restaurant, Internet-Café. Gehört zum City Hotel in Krabi. ❺

Tonsai Bay Resort ⑮, ✆ 075-622584, 80 bis 200 m vom Strand entfernt, erstklassig ausge-

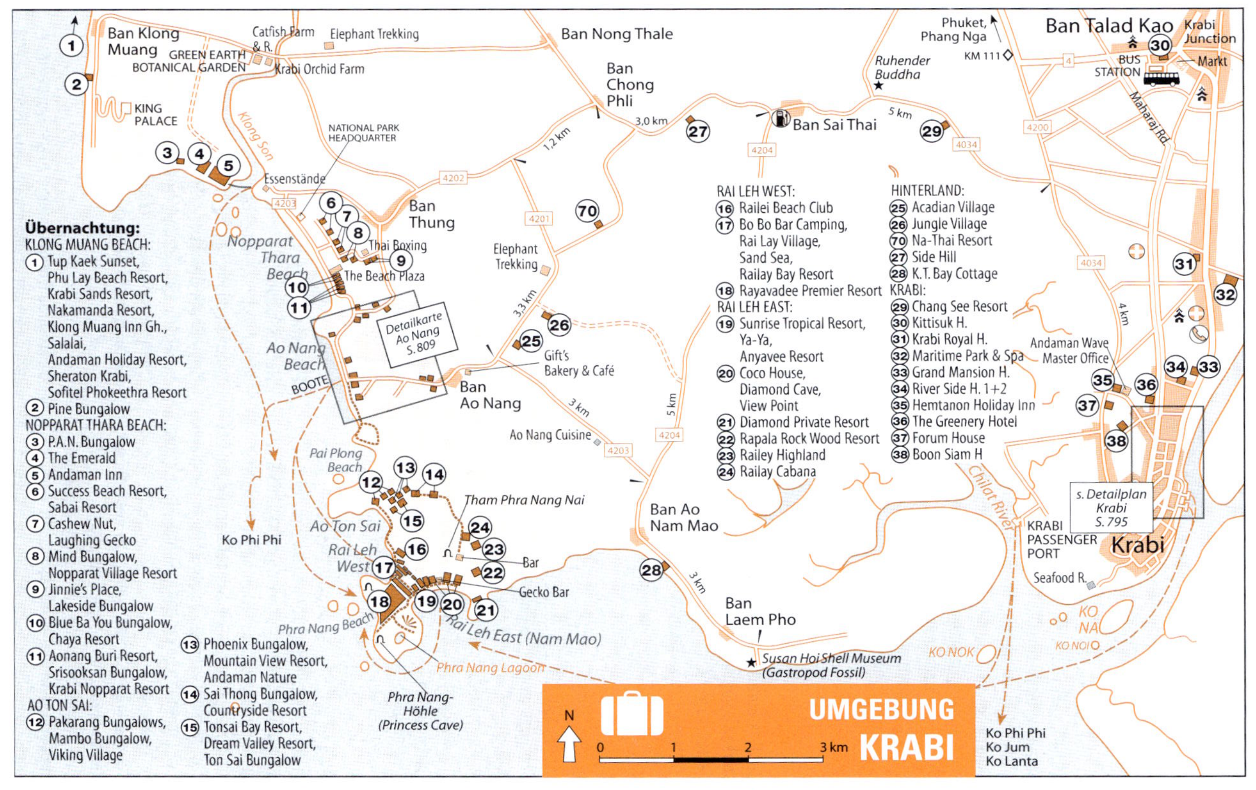
UMGEBUNG
KRABI
Übernachtung:
KLONG MUANG BEACH:
1 Tup Kaek Sunset, Phu Lay Beach Resort, Krabi Sands Resort, Nakamanda Resort, Klong Muang Inn Gh., Salalai, Andaman Holiday Resort, Sheraton Krabi, Sofitel Phokeethra Resort
2 Pine Bungalow
NOPPARAT THARA BEACH:
3 P.A.N. Bungalow
4 The Emerald
5 Andaman Inn
6 Success Beach Resort, Sabai Resort
7 Cashew Nut, Laughing Gecko
8 Mind Bungalow, Nopparat Village Resort
9 Jinnie's Place, Lakeside Bungalow
10 Blue Ba You Bungalow, Chaya Resort
11 Aonang Buri Resort, Srisooksan Bungalow, Krabi Nopparat Resort
AO TON SAI:
12 Pakarang Bungalows, Mambo Bungalow, Viking Village
13 Phoenix Bungalow, Mountain View Resort, Andaman Nature
14 Sai Thong Bungalow, Countryside Resort
15 Tonsai Bay Resort, Dream Valley Resort, Ton Sai Bungalow
RAI LEH WEST:
16 Railei Beach Club
17 Bo Bo Bar Camping, Rai Lay Village, Sand Sea, Railay Bay Resort
18 Rayavadee Premier Resort
RAI LEH EAST:
19 Sunrise Tropical Resort, Ya-Ya, Anyavee Resort
20 Coco House, Diamond Cave, View Point
21 Diamond Private Resort
22 Rapala Rock Wood Resort
23 Railey Highland
24 Railay Cabana
HINTERLAND:
25 Acadian Village
26 Jungle Village
70 Na-Thai Resort
27 Side Hill
28 K.T. Bay Cottage
KRABI:
29 Chang See Resort
30 Kittisuk H.
31 Krabi Royal H.
32 Maritime Park & Spa
33 Grand Mansion H.
34 River Side H. 1+2
35 Hemtanon Holiday Inn
36 The Greenery Hotel
37 Forum House
38 Boon Siam H
Ban Klong Muang
GREEN EARTH BOTANICAL GARDEN
KING PALACE
Catfish Farm & R.
Elephant Trekking
Krabi Orchid Farm
Klong Son
NATIONAL PARK HEADQUARTER
Essenstände
Nopparat Thara Beach
Thai Boxing
The Beach Plaza
Ban Thung
Ban Nong Thale
Ban Chong Phli
Elephant Trekking
Detailkarte Ao Nang S. 809
Ao Nang Beach
BOOTE
Gift's Bakery & Café
Ban Ao Nang
Ao Nang Cuisine
Pai Plong Beach
Ao Ton Sai
Rai Leh West
Tham Phra Nang Nai
Bar
Gecko Bar
Phra Nang Beach
Rai Leh East (Nam Mao)
Phra Nang Lagoon
Phra Nang-Höhle (Princess Cave)
Ko Phi Phi
Ban Ao Nam Mao
Ban Laem Pho
Susan Hoi Shell Museum (Gastropod Fossil)
Ban Sai Thai
Ruhender Buddha
Phuket, Phang Nga
KM 111
Ban Talad Kao
Krabi Junction
BUS STATION
Markt
Maharaj Rd.
Andaman Wave Master Office
Chilat River
KRABI PASSENGER PORT
s. Detailplan Krabi S. 795
Krabi
Seafood R.
KO NA
KO NOI
KO NOK
Ko Phi Phi
Ko Jum
Ko Lanta
1,2 km
3,0 km
3,3 km
3 km
5 km
4 km
4202
4203
4201
4204
4034
4200
4
N
0 1 2 3 km

stattete AC-Steinbungalows (24 Std. Generatorstrom), Swimming Pool, Strandrestaurant, Thai-Massage, Minimart, Internet. ❻

Dream Valley Resort ⑮, ✆ 075-622583, 73 einfache, kleine, saubere Bungalows mit Fan oder AC in einer etwas hügeligen Kokos- und Kautschukplantage, nicht direkt am Strand, sehr ruhig. ❸, AC ❹

Countryside Resort ⑭, 12 geräumige Holzbungalows auf hohen Pfählen am Hang, Fan (24 Std. Strom), Du/WC, schöne Aussicht von der Terrasse, Restaurant, 5 Min. vom Strand. Lauter Generator nebenan. ❹

Sai Thong Bungalow ⑭, nach 15 Min. Fußmarsch am Beginn des Aufstiegs, einfache Bungalows mit Du/WC in dichtem Wald. ❷

Essen und Unterhaltung

Die Restaurants am West Beach sind immer stärker belegt als jene am East Beach, aber keineswegs besser! Das Personal ist oft desinteressiert bis arrogant, der Service dauert lange. Die Besitzer sind meistens Moslems und servieren keinen Alkohol.

Besser isst man am East Beach: weniger Betrieb, schneller Service, Essen gut bis sehr gut, ab 150–200 Baht für 2 Pers. (plus Getränke). Beliebt ist der **Ya Ya Coffee Shop** von 7.30–12.30 Uhr (guter Kaffee). Sehr wechselhaft ist das Restaurant im **Coco House** (s. o.).

In Ton Sai ist das Essen nicht mehr als Durchschnitt.

Hervorzuheben ist **Mom's Kitchen** mit tollem Essen in nettem Ambiente, auch das Nachbarrestaurant **Lucky** ist zu empfehlen.

Einige Pizza-Bäcker backen passable Pizzen.

In der Hauptsaison dröhnen an einigen Beach Bars die Lautsprecher so, dass in den anliegenden Bungalows nicht an Ruhe zu denken ist. Am beliebtesten ist die **Sunset Bar** von Rai Lay Bay, deren Boxen bis gegen 2 Uhr in der Nacht die Umgebung beschallen. Sehr beliebt ist die **Ya Ya Bar**.

Super chillige Kneipen gibt es in Rai Leh East, **Gecko, Rockbar** und die **Skunkbar**.

Zum Sonnenuntergang trifft man sich in der **Sunset Bar** am Rai Leh West.

Sonstiges

Am Ost- und Weststrand sowie an deren Verbindungsweg gibt es mittlerweile 3 teure Shops (Lebensmittel, Hausrat, Kleidung, Souvenirs), 2 Buchläden, einen Friseur, 3 Tauchschulen, 4 Kletterschulen, eine Batikschule, mehrere Bars und eine Wäscherei.

In Ton Sai gibt es neben vielen Coffee Huts bereits kleine Minimärkte, Tauchschulen, eine Kajak-Vermietung, Internet-Cafés und einen Geldautomaten.

Informationen

Im Web: 💻 www.railay.com.

Kajaks

Sie werden am Rai Leh West für 250 Baht pro halber Tag vermietet.

Reisezeit

Die Regenzeit von Mai–Okt fällt hier meist sehr schwach aus, da die Wolken oft nur am Morgen oder Nachmittag ein paar Stunden abregnen, ansonsten ins Hinterland weiterziehen. Daher ist i. b. fürs Klettern das ganze Jahr Saison.

Tauchen

3 Tauchschulen bieten lohnenswerte Ausflüge mit 2 Tauchgängen, auch Wracktauchen.

In den nahe gelegenen Tauchgebieten ist eine Sicht von 7–10 m normal, 16–18 m ist schon maximal. Manche Tauchschulen gehen mit Longtail-Booten auf Tauchtrip, was wesentlich unangenehmer ist als ein großes Boot. Nachfragen! Die Saison dauert von Nov–April.

Phra Nang Divers, ✆ 081-2284544, Shop beim Rai Lay Village, 4-tägiger PADI-Kurs zum Open Water Diver; Tauch-Safaris zu den Similan Islands und Hin Daeng / Hin Muang.

Baby Shark Divers, ✆ 075-621230, am Weg zwischen Rai Leh Ost und West, lockere 7-tägige Open Water Diver-Kurse mit 1–4 Schülern.

Krabi Divers (PADI) im View Point Resort.

Touren

Ganztägige Bootsausflüge zu den vorgelagerten Inseln mit Schnorchelstopps (Boot für 600–

Klettern

Rai Leh hat sich zu einem Paradies für Kletterer entwickelt. 650 Routen sind beschrieben, ständig werden neue gebohrt und gesichert. Das *Phra Nang Rock Climbers Route Guide Book* kostet 500 Baht. Bis auf einige verrostete Haken (nicht in Modetouren) kommt man ohne zusätzliche Klemmkeile, Frieds usw. gut aus. Aber es ist ratsam, ein langes Seil (60–70 m Einfachseil) mitzunehmen. Derzeit werden die Routen mit sehr teurem Titanium versehen.
Die Kletterkurse sind bei allen Schulen sehr populär.
Achtung: Es muss wegen mehrerer schwerer Unfälle darauf hingewiesen werden, dass Klettern nicht ungefährlich ist. Eine gute körperliche Verfassung und ein klarer Kopf sind Grundvoraussetzungen.
King Climbers, ✆ 075-662581, 💻 www.railay.com; hinter dem Ya Ya Restaurant, die erfahrenste Kletterschule in Rai Leh, mit der alles begann. Kurse inkl. Ausrüstung (1/2 Tag für 800 Baht, 1 Tag für 1500 Baht, 3 Tage für 5000 Baht). Büro in Ao Nang, ✆ 075-637125. Bei Buchung übers Internet (der genaue Termin bleibt dabei flexibel und kann telefonisch vor Ort vereinbart werden) wird's billiger (4000 Baht).

800 Baht / Tag) sowie zur Phang Nga Bay werden überall angeboten.

Transport

Boot ab KRABI in 50 Min. für 70 Baht p. P. (ab 6 Pers.) oder in der Saison ab AO NANG in 20 Min. für 60 Baht (ab 4 Pers.). Letzte Rückfahrt um 17.30 Uhr. Danach werden die Preise happig. Von Okt bis März landen die Boote je nach Wind und Wellen an allen Stränden. Am Rai Leh East Beach landen die Boote von April bis Sep und bei starkem Wind, dann ist nach dem Aussteigen eine Wattwanderung inklusive.
Nach KO PHI PHI mit der *Ao Nang Princess* tgl. um 9.15 Uhr für 450 Baht einfach (ab Rai Leh West), als Pauschaltour für ca. 900 Baht. Zurück um 15.30 Uhr.
Nach PHUKET mit der *Ao Nang Princess* tgl. um 15.20 Uhr für 550 Baht. Zurück um 8.30 Uhr.
Am Ton Sai Beach ist bei Ankunft mit dem Boot eine Wanderung mit dem Gepäck durch Schlick und über schlüpfrige Steine zu absolvieren – wirklich kein Spaß.

Pai Plong Beach

Rechts Felsen, links Felsen, hinten Felsen und darin eingebettet eine niedliche Bucht mit blauem, klarem Meer, weißem Sandstrand, Palmengürtel und Dschungel – das war der wunderschöne Pai Plong Beach. In dieser traumhaften Bucht wird nun das Central Krabi Bay Resort gebaut.

Ao Nang Beach

18 km westlich von Krabi liegt der Ao Nang Beach, der über eine gute touristische Infrastruktur verfügt. Die Stadt Ao Nang erstreckt sich von der Häuserzeile entlang der Strandstraße mit ihren Resorts, Läden, Restaurants und Bars bis weit ins Hinterland. Ao Nang ist heute ein internationales Pauschalreiseziel, das den Hauptstränden auf der Insel Phuket nur noch wenig nachsteht – hier herrscht so richtig Massentourismus-Trubel.

An beiden Seiten und im Hinterland wird der 1300 m lange Strand von üppig bewachsenen Felsen begrenzt, die zum Nationalpark gehören. Feiner, heller Sand bildet den relativ festen Strand, der zunehmend verdreckt. Bei Ebbe sieht er nicht gerade einladend aus, zum Schwimmen muss man weit hinauswaten. Sowohl Touristen als auch Gruppen von Thais nutzen ihn zum Joggen, Sonnenbaden und Spazierengehen – den MP3-Player oder Ohropax in den Ohren. Das nördliche Ende des Strandes ist mit Felsplatten durchsetzt. Am weniger entwickelten südlichen Ende kann man viele Muscheln finden. Während des Monsuns muss mit starken Strömungen gerechnet werden – durchaus nicht ungefährlich

Viel zu viele Longtail-Boote veranstalten einen Heidenlärm am Strand. Auch der Verkehr auf der viel befahrenen Straße trägt zum hohen Lärmpegel bei, der in dieser Touristenstadt niemals abzuebben scheint und Neuankömmlinge schockiert.

Das Schönste am Ao Nang Beach ist der herrliche Ausblick auf die pittoresken Felsen der Ko Boda-Inselgruppe. Er macht Lust auf Ausflüge zu den Inseln und in die Karstkegellandschaft von Krabi.

Übernachtung

Bungalowanlagen für preisbewusste, ruhesuchende Individualreisende gibt es nur noch in einiger Entfernung vom Strand. In Apartments in Strandnähe werden AC-Zimmer ab 800 Baht vermietet.
In der **Hochsaison** sind alle Anlagen schnell belegt. Dann werden die Zimmerpreise der Nachfrage angepasst. Reservierungen werden oft nicht angenommen und Anfragen nicht beantwortet.

In der 5-Sterne-Straße

Baan Bandalay Lodge ④, ✆ 075-695032, 💻 www.baanbandalay.com, AC-Zimmer, Poolbenutzung im Krabi Thai Village gegenüber (100 Baht), Restaurant Cafe del Mar. ❺
Krabi Thai Village Resort ⑪, ✆ 075-637710, 💻 www.krabithaivillage.com, 4-Sterne-Luxushotel mit mehreren 2- und 3-stöckigen Gebäuden, Dächer im Thai-Stil, 120 sehr große, herausragende Zi, übers Internet billiger, schöne Gartenlandschaft, Swimming Pool-Komplex, Fitnesscenter. ❽
Pakasai Resort ⑭, ✆ 075-637637, 💻 www.pakasai.com; schön den Hang hoch gebaute 3- und 4-stöckige Gebäude der Luxusklasse, z.T mit guter Sicht, palmblattgedeckte Dächer, herrliche Gartengestaltung; Pool über dem Restaurant mit fantastischer Sicht aufs Meer. ❼–❽

Entlang der Strandstraße

Krabi Resort ⑮, ✆ 075-637030-3, 💻 www.krabiresort.net; ältestes Resort an diesem Strand, aber renoviert. 45 Bungalows mit AC (z. T. mit 4 Betten) und ein großes, 2-stöckiges Hotel, tropischer Garten, großer Pool mit Kinderbecken, geschmackvoll eingerichtetes Restaurant in bester Lage, Tennisplatz. Bei Ebbe kann man am kleinen Privatstrand zwischen den Felsen baden. Transfer zum Resort auf Ko Boda (s. S. 818). Tauchschule. ❼–❽
Andaman Sunset Resort (Wanna's Place) ⑳, ✆ 075-637484, 💻 www.wannasplace.com; Bungalows sowie Kleinhotel mit sauberen, sehr gut ausgestatteten AC-Zi, hinter Restaurant- und Ladenkette. Gutes westliches Essen, kleiner Pool im tropischen Garten. Guter Service. Unter Leitung von Stephan und Wanna Scheidegger. AC ❹–❺
Ao Nang Sea Front Thai Resort ㉓, ✆ 075-637591, 💻 www.aonang-thairesort.com; gepflegte First-Class-Anlage mit Thai-Touch, üppig grüner Garten hinter Läden und Restaurants, 22 gediegene Zi, Pool; freundlicher Service. ❼ Gästehaus mit 10 Zi nebenan. ❺
Ao Nang Villa ㉖, ✆ 075-637271, 💻 www.aonangvilla.com; saubere, weiße Hotelanlage aus acht 3-stöckigen Gebäuden; Pool in schöner Gartenanlage. Gutes Restaurant mit *Seafood Barbecue*. ❼–❽

Kleinhotels und Gästehäuser in unattraktiven Wohnblocks in einer Sackgasse, z. B.:
Jinda Gh. ㉙, ✉ jinda_guesthouse@yahoo.com, ✆ 075-637524, 9 Zi auf 4 Etagen, z. T. mit AC, Warmwasser, Kühlschrank, Familienzimmer; freundliches Personal; dahinter
Jinda Gh. 2 mit besseren, sauberen Zi. Kajak-Touren. ❸, AC ❹
P.K. Mansion ㉙, ✆ 075-637431, ✉ pkmansion@hotmail.com, verschiedene Preise in 12 sehr unterschiedlichen Zimmern. Die freundliche Mama lässt mit sich handeln. ❸–❹

An der Straße Richtung Osten

Tipa Resort ㉚, ✆ 075-637527, 💻 www.krabi-tiparesort.com; sauberes Hotel für Pauschalurlauber, sehr ruhig gelegen. Zweistöckige Gebäude mit Balkon, die oberen mit Meerblick, Pool; Holzbungalows im Wald. ❻–❼
Peace Laguna Resort ㊳, ✆ 075-637345-6, 💻 www.peacelagunaresort.com; weitab von der Straße, ruhige Anlage an einem künstlichen See, Bungalows und dreistöckiges Hotelgebäude, auch Familienzimmer. ❺–❻
Somkiet Buri ㊶, ✆ 075-637990, 💻 www.somkietburi.com, Anlage mit einem üppig-tropi-

schen, fast dschungelartigen Garten mit Bächen und Teichen, 2-stöckige Häuser, große, gediegene Zi. Von Malaien geführt, daher kein Alkoholausschank. ❻–❼

Lai Thai Resort (51), ✆ 075-637281, 💻 www.laithai-resort.com; ca. 1,5 km vom Strand, 20 eng aufeinanderstehende First Class-Bungalows, geschmackvoll ausgestattet, um großen Swimming Pool gruppiert, unter Leitung des engagierten Besitzers Robert Reynolds und seiner freundlichen Frau. ❺–❻

Garden Home Resort (62), ✆ 075-637586, nette Bungalows mit Fan oder AC, Felsenblick, im Halbkreis inmitten von viel Grün angelegt. Große, geschmackvoll eingerichtetete Zi, 15 Min. vom Strand entfernt. Gutes Preis-Leistungs-Verhältnis. ❸, AC ❸–❹

Ao Nang Mountain Paradise (61), ✆ 075-637659, 16 schöne, komfortable Steinbungalows am Fuße der Felsen, Pool und Ruhehütten. ❹

The Cliff Ao Nang Resort (63), ✆ 075-638117, 💻 www.k-bi.com, sehr gekonnt auf Nostalgie getrimmtes Boutique-Resort. ❼

Tropical Herbal Spa & Resort (60), ✆ 075-637940, luxuriöse Villas am Hang, Spa-Anwendungen gegen Gebühr. (K6), Suiten ❽

Friendly Bungalows (66), ✆ 086-7402106, ruhige Anlage im Palmengarten unter dem Phu Khao-Felsen, 11 solide, saubere, schön möblierte Bungalows. Sehr freundliche Leute. ❹

Chaba Garden Bungalows (65), ✆ 086-7468673, schöne Anlage unter dem Felsen, 9 große Fan-Bungalows mit Terrasse, Restaurant. Freundliche Leute. ❸

Im Hinterland

Na-Thai Resort (70), ✆ 075-637752, 💻 www.na-thai.com; familiäre Bungalowanlage, komfortable AC-Bungalows und 1 Familienbungalow; Restaurant mit Bar, Internet, Pool; Mopedverleih. Engagierte Thai-deutsche Leitung. ❺

Essen und Unterhaltung

Fast alle Hotel- und Bungalowanlagen verfügen über ein eigenes Restaurant. Entlang den Straßen gibt es eine Unmenge an Restaurants. In der Nebensaison sind viele Restaurants geschlossen.

Straßenstände mit leckeren Gerichten ab 30 Baht machen ab 16.30 Uhr auf. Einfache Snacks bereiten die Essenstände in der Nähe des Bus Stops. Früchte kosten am Strand 20–30 Baht.

Auf dem Weg zum Krabi Resort bieten **Seafood Restaurants** von ihren Terrassen den schönsten Blick auf Meer, Felsen und Fischerboote. Das Essen gehört allerdings kaum zum Besten. Ausnahme: **Krua Ao Nang Cuisine**, neuer Besitzer, aber weiterhin supergute Küche zu fairen Preisen.

Wanna's Place bietet Käseplatte mit Import-Käse, gute Thai- und internationale Küche, beste Shakes und Bier vom Fass.

Spa Restaurant serviert exzellentes, gesundes Essen und exotische Kräutertees in gediegenem Ambiente bei Meditationsmusik.

Ao Nang Cuisine, schon seit vielen Jahren an der Strandstraße, überzeugt mit einer ausufernden Speisekarte und guten Preisen, das Personal wirkt jedoch gelangweilt.

Diver's Inn, schräg gegenüber von McDonald's, gutes, seit Jahren etabliertes deutsch-thailändisches Restaurant, serviert ausdrücklich frisches Seafood auf Vorbestellung, aber kein Haifleisch. Geleitet von Jürgen Weber.

Aree Baba, nebenan, bereitet gutes, billiges Essen zu.

Im **Boat Noodle Restaurant** werden Deep fried small Fish, Phat Thai und Currys auf typische Thai-Art zubereitet.

The Last Fisherman, hinter der Schranke, romantische Strandbar in einer offenen Bambushütte.

The Last Café, ✆ 075-637053, am südlichen Ende des Strandes, hier sitzt man tagsüber schön und ruhig unter Bäumen; besonders beliebt fürs Frühstück. Teng serviert auch Whole Wheat Bread und eigene Kuchen. 🕓 8–20 Uhr.

Gift's Bakery & Café, ✆ 075-637193, am östlichen Ortsrand von Ban Ao Nang, 3 km vom Strand. Im zeitweise klimatisierten Café bietet Mrs. Gift selbstgebackene Kuchen, Vollkornbrot, knusprige Croissants, leckere Sandwiches sowie Kräutertees und Kaffee an; Zeitungen und Zeitschriften liegen aus.

In der 5-Sterne-Straße:

Name	Nr.	Telefon	Preis
Blue Village	1	075-637887	❺
Krabi Emerald Gar.	2	075-637692	❻–❼
Pavil. Queen's B. H.	3	075-637611	❽
Baan Bandalay L.	4	075-695032	❺
Ao Nang Terrace	5	075-638091	❸–❹
Good View Hotel	6	075-637310	❹
Samet Garden Bungalows	7	075-695032	❸–❹
Krabi La Playa R.	8	075-637015-20	❽
Baan Pimphaka Bung.	9	075-637310	❹
Best West. Ao Nang Bay R. & Spa	10	075-695051	❻–❼
Krabi Thai Village R.	11	075-637710	❽
Ao Nang Thara L.	12	075-637088	❹
Alis Hotel & Spa	13	075-638000	❼
Pakasai Resort	14	075-637637	❼–❽

Entlang der Strandstraße:

Name	Nr.	Telefon	Preis
Krabi Resort	15	075-637030-3	❼–❽
Beach Terrace	16	075-637180	❻–❽
Ban Lay Bungalow	17	075-637108	❹
Ao Nang Sunset R.	18	075-637441	❺
Best West. Ban Ao Nang	19	075-637072	❺–❻
Andaman Sunset R.	20	075-637484	❹–❺
Ao Nang Beach R.	21	075-637766	❹–❻
Southland House	22	075-637316	❹–❺
Ao Nang Sea Front Thai Resort	23	075-637591	❺
Aonang Prince V. R.	24	075-637971	❻–❼
Phra Nang Inn	25	075-637130-3	❻–❽
Ao Nang Villa	26	075-637271	❼–❽
Golden Beach R.	27	075-637870	❼–❽

Kleinhotels und Gästehäuser:

Name	Nr.	Telefon	Preis
Phuphranang R.	28	075-695370	❸, AC ❹
P.K. Mansion	29	075-637431	❸–❹
Seaworld	29	075-637388	❸–❺
Ao Nang Inn	29	075-637607	❸
Jinda Gh.	29	075-637524	❸, AC ❹
Bream Gh.	29	075-637555	❸

An der Zufahrtsstraße:

Name	Nr.	Telefon	Preis
Tipa Resort	30	075-637527	❻–❼
Ao Nang Palace	31	075-637542	❹–❺
J. Hotel	32	075-637878	❹
B.B. Bungalow	33	075-637542	❸–❺
Ao Nang Tropical R.	34	075-638208	neu
Amon Mansion	35	075-637695	❷–❹
Green Park Bung.	36	075-637300	❸
Ao Nang Orchid	37	075-637116	neu
Peace Laguna R.	38	075-637345-6	❺–❻
Krabi Heritage Hotel	39	075-695261	❺–❻
The Verandah	40	075-637744	❹–❺
Somkiet Buri	41	075-637990	❻–❼
Mountain View	41	075-622610	❸–❹
Nong Eed	43	075-637327	❸–❺
Dream Garden H.	44	075-637338	❹
Ao Nang Grand Inn	45	075-637444	❸–❺
Ao Nang Village	46	075-637544	❹, AC ❺
Cowboy Inn	47	075-637126	❹
Ao Nang Paradise R.	48	075-637650	❺
Dream Valley Bung.	49	075-622583	❸–❹
Seagull Hut	50	075-637456	❷–❹
Lai Thai Resort	51	075-637281	❺–❻
Vogue Pranang Bay R. & Spa	52	075-637635	❻–❼
Ao Nang Presid. H.	53	075-695563	❺
Sabai Mansion	54	075-637643	❹–❺
K.L. House	55	075-695537	❺
Hillside Village	56	075-637604	❸–❹
Phranang Pl. B & B	57	075-695537	❺
Aonang Ban Geo	58	075-638121	❹, AC ❺
Palm Hill Resort	59	075-637207	❺
Trop. Herb. Spa & R.	60	075-637867	❻
Ao Nang Mountain Paradise	61	075-637659	❹
Garden Home R.	62	075-637586	❸–❹
The Cliff Ao Nang R.	63	075-638117	❼
Villa Tropicale	64	075-637737	❺
Chaba Garden Bung.	65	086-7468673	❸
Friendly Bungalows	66	086-7402106	❹
Green View Village	67	075-637481	❸–❺
Green Valley	68	075-637021	❷
Leela Valley	69	075-637673	❸

Im Hinterland:

Name	Nr.	Telefon	Preis
Na-Thai Resort	70	075-637752	❺

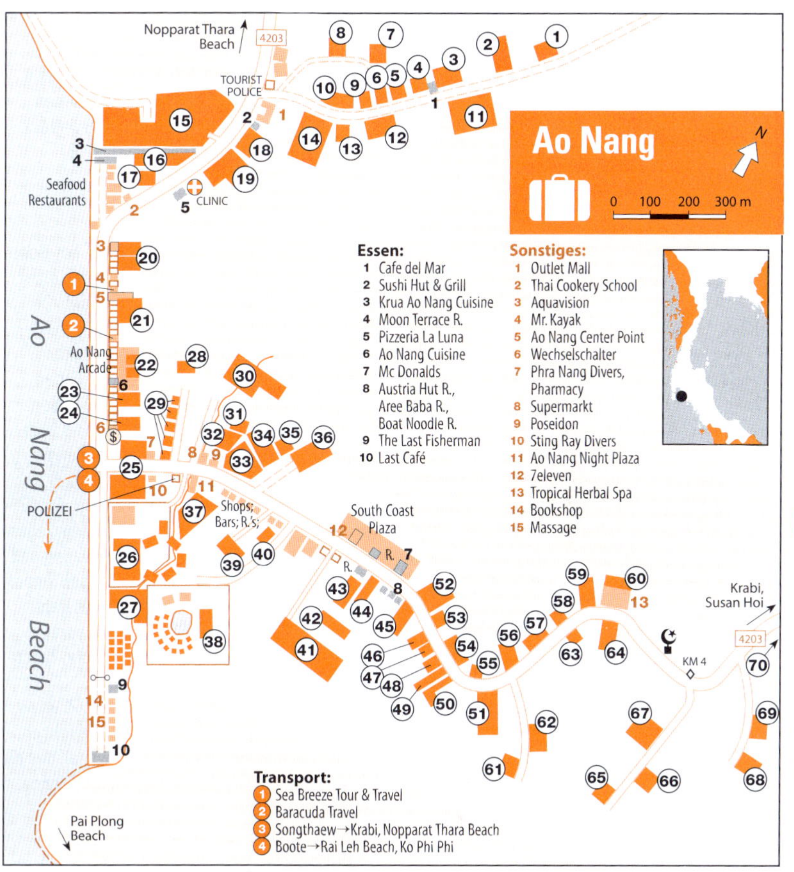

Aktivitäten

Boote

Fast 200 Longtail-Boote warten am Strand auf Kundschaft, ein Charterboot nach Ko Hong kostet 1500 Baht, eine Halbtagstour 900 Baht; wenig Verhandlungsspielraum.

Kanus

Die guten Kanuveranstalter bemühen sich, auch etwas für den Erhalt der Flora und Fauna in den Mangroven zu tun. Bei Billiganbietern mit zu niedrigen Preisen verkommt die Erlebnistour zu einer einfachen Paddeltour. An trockene Kleidung für die Rückfahrt denken.

Mr. Kayak Thailand, ✆ 075-637165, bietet Ausfahrten für Seekanus an, z. B. 1 Tag Hong Island Trip mit Schnorcheln ab 1500 Baht p. P., 1/2 Tag Canyon-Tour bei Ao Tha Len ab 1200 Baht p. P.

Kochkurse

Mr. Gift und seine Frau Jam bieten im wunderschönen **Green Earth Botanical Garden,** 7 km nördlich von Ao Nang, Kochkurse ab 2 Pers. ab

Bootstouren

Ao Nang gilt als hervorragender Ausgangspunkt für Touren und Bootstrips. Alle Reisebüros und Resorts vermitteln die gleichen Touren, die Preise variieren jedoch stark. Deshalb vergleichen und nach einem Rabatt fragen. Bei den Tagestouren ist ein einfaches Mittagessen, viel zu wenig Trinkwasser, bei den Inseltouren auch Schnorchel und Maske (besser eine eigene mitbringen) enthalten, beim Schnorcheln auf Raser achten. Mit dem Schnellboot kosten die Touren weit über 1000 Baht.

4-Island-Tour, ab 450 Baht, mit dem Longtail-Boot zum Schnorcheln nach Chicken Island (viele Fische, kaum Korallen, manchmal zu viel Plankton, Liegestühle und Sonnenschirme), Ko Boda (schöne, jedoch überlaufene Strände) und zum Phra Nang Beach.

5-Island-Tour, ab 550 Baht (Speedboot 1400–1600 Baht), Richtung Norden nach Ko Daeng (schönstes Schnorcheln, viele Anemonen und Anemonenfische), Ko Hong (herrliche Durchfahrt zur Lagune) und Ko Bileh (auch Pelay, toller Strand, aber viel Müll).

Phang Nga Bay (s. S. 700), 750–900 Baht.

1300 Baht an. Einkaufen im Markt und Besichtigung des Kräutergartens gehören zum Programm. Anmeldung in Gift's Bakery & Kitchen, ✆ 075-637193.

Radtouren

Mountainbikes können bei **Barracudas Tour**, ✆ 075-637092, geliehen werden. **Fahrräder** vermieten einige Gästehäuser, z. T. kostenlos.

Green Earth Mountain Bike Tours bietet 3 Tagestouren. Hier geht es nicht nur um Sport und Naturerlebnis, man soll auch etwas lernen über Ökologie, Farmtechniken, Flora und Fauna, Mangroven und Dschungel. Information und Anmeldung in Gift's Bakery & Café, ✆ 075-637193.

Segeltouren

Die 1996 nach internationalen Sicherheitsstandards gebaute, 25 m lange Dschunke *Dauw Talae 2* von Raimund Fehrmann und Duang unternimmt von Nov bis April ab Ao Nang 6-tägige Kreuzfahrten von und nach Phuket. Sie bietet reichlich Platz für 16 Gäste (2 *Honeymoon Suites*), besitzt einen offenen Achtersalon und Liegen auf dem Sonnendeck. Weitere Infos bei **Lazy Tours** unter ✆ 081-4761656, 💻 www.lazytours.com.

Tauchen

Etwa 15 Tauchziele sind in 20–60 Min. per Boot zu erreichen. Erfahrene Taucher können eine 50 m lange Höhle in 20 m Tiefe erkunden. Die Sicht in den Tauchgebieten wechselt je nach Wasserstand und Strömung täglich, selten übertrifft sie 12 m. Die Tauchschulen haben ganzjährig geöffnet und bieten von Mai–Sep Tagesausflüge mit dem Longtail-Boot ab 1400 Baht an. Die Adressen der Tauchschulen ändern sich häufig. Anbieter sind derzeit z. B.:

Aqua Vision, 💻 www.aqua-vision.net, ✆/📠 075-637415; unter deutsch-Schweizer Leitung, Tagestouren per Speedboot, u. a. nach Hin Daeng und Hin Muang für 5300 Baht (2 Tauchgänge), Kindertauchen für Kinder von 8–9 Jahren 1900 Baht.

Coral Diving, ✆ 075-637662, 💻 www.coral-diving.com, PADI 5 Sterne-Tauchschule, Tauch- und Schnorcheltouren, SSS-Mitglied.

Poseidon Dive Center, ✆ 075-637263, 💻 www.poseidon-diving.com/11.html, PADI-Tauchschule mit gutem, mehrsprachigem Personal, das die Gegend seit Jahren kennt, sehr guter Service, deutsche Leitung.

Stingray Divers, 💻 www.stingray-divers.de, ✆ 075-637493, Ausbildung in klimatisiertem Klassenzimmer, Tagesfahrten zum Shark Point, Anemonenriff und nach Phi Phi; deutsche Leitung.

Sonstiges

Einkaufen

Klamottenläden, Schneider, Souvenir Shops, Supermärkte (Preisunterschiede von 50 %!) und Fotoläden gibt es zuhauf, sogar einen Silber- und Edelsteinladen.

Geld

Viele Automaten und Wechselschalter, Kurse wie in Krabi, 🕓 in der Saison tgl. 10–20 Uhr.

Informationen

Aktuelle Infos über Ao Nang unter 💻 www.webtravelaonang.net.
Ein gutes Forum auf Deutsch mit kompetenter Betreuung ist 💻 www.aonang.de/forum.

Medizinische Hilfe

Ao-Nang Clinic (Ruampat Hospital), ✆ 075-637840, im Notfall ✆ 611223, kleine Arztpraxis an der Straße vor dem Ban Ao Nang Hotel, Ärztin ist nachmittags in der Saison anwesend, eine Krankenschwester ist von 9–18 Uhr anwesend und ruft die Ärztin bei Notfällen.

Motorräder

Motorräder werden an vielen Stellen angeboten, 250 Baht für eine neue 100er Honda, 180–200 Baht für eine alte. Hier werden auch **Autos** für 1200 Baht vermittelt.

Tourist Police

Am nördlichen Ende an der Abzweigung der Five-Star Street.

Wellness

Neben der Moschee liegt das **Tropical Herbal Spa**, ✆ 075-637867, 💻 www.spakrabi.com, in einen wunderschön angelegten tropischen Garten eingebettet, mit Kräuterdampfbad, Pool, Jacuzzi und Massagepavillons. Bei meditativer Musik und melodischem Froschgesang kann man wunderbar entspannen. Wer sich etwas Besonderes gönnen will, sollte vor dem Preis nicht zurückschrecken. Gutes Restaurant.
Massagehütten am südlichen Ende des Strandes, Thai-Massage ab 200 Baht, Maniküre, Pediküre, Fußmassage, Zöpfchenflechten etc. Auch alle anderen Masseusen, die in Häusern oder am Strand ihre Dienste anbieten, gelten als seriös.

Transport

Pickups

Pickups fahren ab KRABI von 7.30–18 Uhr alle 15–30 Min. für 30 Baht in ca. 30 Min., zurück 6.30–18 Uhr (über Nopparat Thara Beach, daher 50 Min.), bis zur Bus Station 40 Baht.
Gelbe Songthaews sind Taxis (Charter) und kosten mindestens 300 Baht.

Minibusse

Nach KHAO LAK (mit umsteigen) um 10.30 Uhr für 300–350 Baht (ab P.K. Mansion).
Zum KRABI AIRPORT (30 Min.) Transfer per Minibus 350–500 Baht.

Taxis

Nach KRABI 400 Baht, KO LANTA 2500 Baht, PHUKET AIRPORT 2000 Baht, KHAO LAK 2000 Baht, KHAO SOK 2000 Baht, SATUN 3500 Baht.
Zum PHUKET AIRPORT wird Transfer per PKW ab 1200 Baht angeboten (z. B. bei A.P. Travel), Tickets für den direkten Bus ab Krabi verkauft Barracudas Tour.

Boote

Zum PHRA NANG BEACH und zum RAI LEH WEST verkehren in der Saison laufend an die 100 Longtail-Boote für 60 Baht (zurück bis spätestens 17.30 Uhr). Die 20-minütige, herrliche Fahrt an den dramatischen Felsen entlang ist laut, aber absolut zu empfehlen. Nach 19 Uhr 100 Baht, mind. 4Pers.
Nach KO BODA für 200 Baht, nach CHICKEN ISLAND 250 Baht, Rückkehr gegen 16.30 Uhr.
Ab dem **Nopparat Thara Pier** (Preise im Reisebüro mit Transfer ab Hotel zum Boot):
Nach KO PHI PHI fährt in der Saison tgl. um 9 Uhr ein Boot über Rai Leh für 450 Baht in 2 Std.; Rückfahrt um 15.30 Uhr.
Nach KO LANTA fährt in der Saison tgl. um 10.30 Uhr ein Boot über Rai Leh für 500 Baht in 2 1/4 Std.; Rückfahrt um 13.30 Uhr.
Zum Rasada-Pier in PHUKET mit dem AC-Boot *Ao Nang Princess* tgl. um 15 Uhr in 2 Std. für 550 Baht. Buchung bei Ao Nang Travel & Tour, ✆ 075-637152, 💻 www.aonangtravel.com. Von Phuket um 8.30 Uhr.

Flüge

Mit 4-sitzigen Wasserflugzeugen fliegt **Destination Air Shuttle**, 💻 www.destinationair.com, 3x tgl. vom Airport Phuket nach Ao Nang, 1999 Baht p. P.

Nopparat Thara Beach

Der 4 km lange, zweigeteilte und extrem flache Strand erstreckt sich 1 km nördlich von Ao Nang. Der H4202 führt zunächst dicht am baumlosen Wattstrand entlang, 200–300 m im Landesinneren liegen einige preiswerte Bungalowanlagen. Am Ende der ersten, schlickigen Strandhälfte stehen einzelne Kasuarinen, die sich zu einem Hain verdichten. Einheimische Ausflügler picknicken unter den schattigen, hohen Nadelbäumen. Andere schlemmen in den Open-Air-Restaurants und an Essenständen, die vorwiegend Isan-Food servieren – Essen aus Nordost-Thailand. Bei Ebbe kann man trockenen Fußes zu den vorgelagerten Inseln laufen. Zahllose Seesterne, Schnecken und Einsiedlerkrebse liegen in den Prielen. Das Headquarter des Mu Ko Phi Phi National Parks ist keinen Besuch wert.

Jenseits des Klong Son Flusses liegen einige Bungalowanlagen sehr ruhig am 2 km langen, breiten Strand. Im hellen, pulvrigen Sand hausen vor allem im Oktober / November viele Sandfliegen, im Dezember / Januar weniger. Der Strand ist sehr flach und gut geeignet für Kinder, bei Ebbe ist schwimmen nur eingeschränkt möglich. Bis gegen Mittag spenden hohe Kasuarinen angenehmen Schatten, danach wird der Sand heiß, das Meer badewannenwarm. Die Sicht auf die vorgelagerten Inseln und Felsen ist traumhaft.

Übernachtung und Essen

Karte S. 803

Vor dem Klong Son-Fluss

Chaya Resort ⑩, www.chayaresort.com, 075-638154, Motel-ähnliche Anlage mit 10 gut ausgestatteten AC-Zi mit Blick auf den Hof. Sehr freundliches Personal. ❻

Cashew Nut ⑦, 075-637560, 20 preiswerte, nette Steinbungalows, einige Doppelbungalows mit Verbindungstür, Restaurant, bei einer moslemischen Familie. ❸, AC ❹

Sabai Resort ⑥, www.sabairesort.com, 075-637791, weiße Bungalows mit blauen Dächern auf grünem Rasen, sauber, gut eingerichtet, Familienzimmer, Spielzimmer, Pool; hier hat Mauricio aus Italien seinen Traum verwirklicht. ❺, AC ❺–❻

Bungalows vom alten Schlag

Laughing Gecko ⑦, 075-695115, 081-2705028, www.laughinggeckothailand.com; hier schlägt das Traveller-Herz höher: Eine Bungalowanlage vom alten Schlag, preiswert und gut. Die Kanadierin Patricia und Nui, der gut Deutsch spricht, mit ihren 2 kleinen Kindern verbreiten eine Atmosphäre, in der man sich einfach wohl fühlt. Alle Ausflugsmöglichkeiten Ao Nangs liegen vor der Haustür, und trotzdem ist man weg vom Trubel. Da bleibt man gern länger als geplant. Gemeinsames Abendessen (100–150 Baht). Schlafsaal, schöner, preiswerter Familienbungalow mit 2 Zi. (700 Baht). 200 m vom Meer. ❸

Nopparat Village Resort ⑧, 075-695601, 25 renovierte, gut eingerichtete Einzelbungalows aus Stein mit Fan oder AC und Terrasse, netter Garten. Restaurant. ❹

Jinnie's Place ⑨, www.geocities.com/jinnies aonangplace, 075-695398, gegenüber vom Box-Stadion, in einem exotischen Garten mit Cashew-Bäumen und vielen Vögeln, Bungalows aus Naturmaterialien, kleine Zi in authentischem Thai-Stil dekoriert, Jacuzzi im nach oben offenen Bad, Pool mitten im Garten, freundliches Personal. Riesenbaustelle nebenan. ❹–❺

Restaurant Rakhangthong Cuisine am südlichen Ende des Strandes wird gelobt für das aromatische Essen und den guten Service.

The Egg Chaser, eine britisch-thailändische Sportbar im Daeng Plaza, wird vor allem wegen ihrer lustigen Besitzerin geschätzt.

Last Tsunami, bei den Essenständen vor dem Fluss, schöne Auslage, Bassins mit lebenden Garnelen; alles wird super zubereitet, selbst rohe Austern auf Eis hat ein Leser ohne Probleme überlebt.

Jenseits des Klong Son-Flusses

Die 3 Bungalowanlagen liegen absolut ruhig unter Palmen und Kasuarinen. Sie sind nur in der Saison (Ende Okt bis April) geöffnet und am bequemsten in Krabi bei den Reisebüros zu buchen (z. T. mit freiem Transport).

Andaman Inn ⑤, ✉ andaman_inn@hotmail.com, ✆ 081-8932964, sehr große, parkartige Bungalowanlage, 37 ziemlich heruntergekommene Bungalows, z. T. ohne eigene Du/WC, im weiten Halbkreis um das Restaurant angeordnet. Essenszwang bei nicht gerade billiger Kost, Videoberieselung. Strom von 18–6 Uhr. Auf Fotos sieht die Anlage traumhaft aus und wird als besonders preiswert gern von weit entfernten Reisebüros gebucht. Auch gewiefte Schlepper bringen Touristen von überall her. Viele reisen enttäuscht nach der ersten Nacht ab. ❷–❸

The Emerald ④, ✆ 075-623328, ✉ kumthont@yahoo.com, weitläufige, veraltete Anlage; Restaurant mit gehobenen Preisen, Bar. ❹, AC ❺

P.A.N. Bungalow ③, ✆ 075-612555, letzte Anlage am Strand, große Holzbungalows mit fließend Wasser und Strom von 17–24 Uhr, sehr nette Managerin. ❷

Transport

Boote fahren vom Pier am Fluss nach Ko Lanta, Ko Phi Phi und Phuket (s. S. 811, Transport Ao Nang).

Klong Muang Beach

Dieser Strand liegt ganz im Westen, ist aber nicht an der Küste entlang, sondern nur über Ban Nong Thale im Landesinnern zu erreichen. Bei Ebbe ist der Strand sehr flach und mit Felsen und Korallengestein durchsetzt, bei Flut sieht er dagegen wunderschön aus. In der Trockenzeit wird das Meer badewannenwarm. Am südlichen Ende des Strandes liegt der Königspalast, deshalb ist die Straße gesperrt.

Vor der Abzweigung nach rechts verläuft die Straße am schönen Klong Muang Beach entlang bis zu einem Verlade-Pier, der evtl. schon aufgegeben ist. Die vorgelagerte Insel Kaw Kwang kann bei Ebbe zu Fuß erreicht werden. Gegenüber vom Andaman Holiday Resort hat sich ein blühendes Touristengewerbe mit Restaurants, Läden, Schneidern und Bars entwickelt. Durch das Sheraton wurde das Image des Strandes aufpoliert.

Übernachtung und Essen

Andaman Holiday Resort ①, ✆ 075-644321-4, 💻 www.andamanholiday.com; herrlich angelegter, tropischer Garten am Hang, 59 sehr geräumige, z. T. 2-stöckige, luxuriöse AC-Bungalows mit 3 Betten, Kühlschrank, großer Dusche/Badewanne/WC und z. T. mit Dachterrasse, Hotelflügel für Pauschalurlauber. ❼–❽

Klong Muang Inn Gh. ①, 💻 www. klong-muang-inn.de, ✆ 075-495314; mit Neubau gegenüber, geräumige AC-Zi; Restaurant mit deutscher Küche, Ausflüge; deutschsprachige Leitung. ❺

Sofitel Phokeethra Resort ①, 💻 www.sofitel.com, ✆ 075-627800, auf der Landseite der Straße. Das Restaurant wird sehr gelobt. ❽

Ao Tha Len

35 km nordwestlich von Krabi liegt der flache Strand mit herrlicher Aussicht auf die vorgelagerten Felseninseln von Ko Hong und Ko Bileh. Er ist berühmt für die fantastischen Sonnenuntergänge. Der Strand selbst ist bei Ebbe unschön, bei Flut ist das Wasser tief genug zum Schwimmen. Einen herrlichen Ausflug durch die Inseln vor der Küste kann man mit dem täglichen Boot nach Ban Yai auf Ko Yao Noi (s. S. 782) machen. Das Boot fährt täglich um 10, 12 und 15 Uhr südlich vom Coconut Bungalow ab (50 Baht, 60 Min.). Nebenan beginnen die Kanufahrten durch die Mangroven und den Canyon.

Zu erreichen mit dem Bus vom Krabi Morning Market oder über die Bungalows.

Übernachtung

Coconut Bungalow, ✆ 089-8672769, weitläufige, ruhige, idyllische Anlage, trotz etwas heruntergekommener Bungalows bei Kennern immer noch beliebt; gutes Essen. Vor der Anreise auf eigene Faust sollte man sich bei Sea Kayak Krabi, 40 Ruen Rudee Rd., ✆ 075-630270, erkundigen, ob es noch offen ist. Dort kann auch ein Transfer organisiert werden. Infos über Trekking am Honak Mountain. ❷–❸

300 m hinter dem Coconut entstehen 2 neue Resorts.

Ausflugsziele rund um Krabi

Zu einigen Attraktionen fährt man am leichtesten mit dem Motorrad, andere sind nur mit dem Boot erreichbar. Pauschalangebote gibt es in den Reisebüros.

Khanab Nam Mount

Zum charakteristischen, überhängenden „Hausberg" auf der anderen Seite des Krabi River fährt ein Boot vom Chao Fah-Pier (100 Baht pro Std.) in Krabi. Im Berg soll eine sehr schöne Tropfsteinhöhle begehbar sein.

Wat Tham Sua (Tiger Cave)

In diesem Kloster leben 134 Mönche und 133 Nonnen. In einer ausgebauten Grotte mit Buddha-Figuren, Verkaufsständen und Meditationsbildern wird vor allem der Große Meister Phra Acharn Jumnean Seelasettho verehrt. Er lehrt eine eigenwillige, aber durchaus mit dem Buddhismus in Einklang stehende **Meditation**: die Besinnung auf das Körperinnere. Der Meister selbst spricht kein Englisch, dafür einige der Mönche. Mit Spendengeldern wird die Anlage gigantisch ausgebaut, u. a. mit einem riesigen Chedi und einem chinesischen Tempel.

Die große, goldgewandete Statue der **Goddess of Mercy** (die chinesische Gottheit Kuan Yin) wurde von einem Chinesen aus Kuala Lumpur gestiftet.

Die Treppe daneben führt nach links zu einem Pass hoch und auf der anderen Seite hinunter in ein rundes Tal ohne Ausgang. Hier wohnen Mönche in kleinen Hütten und in Grotten unter Felsüberhängen.

Ein gut begehbarer Rundweg lädt zu einem schönen, absolut empfehlenswerten Spaziergang durch einen kleinen **Wald** mit perfektem Regenwaldklima ein. Viele Langschwanz-Makaken und riesige Brettwurzelbäume sind zu sehen – die zwei größten heißen die „Tausendjährigen Bäume".

Wat Tham Sua erreicht man, wenn man 2 km östlich von der Krabi Junction (Ban Talad Kao) beim KM 106,8 vom H4 abbiegt und 2 km weiterfährt. Pickups fahren ab Krabi für 20 Baht hin.

Etwas weiter im Hinterland hat das **Phanom Mountain Bencha Resort** aufgemacht, ✆ 075-660501, 💻 www.phanombenchamountainresort.com. Die schöne, weitläufige, naturnahe Anlage hat einen herrlichen Pool, in den Felsen eingearbeitet sind. Abholung für 200 Baht p. P. ❹

Susan Hoi (Gastropod Fossil)

Eine flache Felsbank am Ufer entlang, gebildet aus kleinen, versteinerten Schnecken, die 20–40 Mio. Jahre alt sind. Ein typisches Ausflugsziel für Thais, die nach 11 Uhr in Scharen kommen. Für die meisten Ausländer nicht besonders beeindruckend, obwohl es nur zwei weitere solche Plätze in Amerika und Japan geben soll.

Zu erreichen über den H4204. Pickups fahren von Oktober bis April ab Krabi für 40 Baht, ab Ao Nang 10 Baht. Eintritt 400 Baht.

Phra Nang Cave

Die Höhle beim Phra Nang Beach ist entlang der herrlichen Küste mit dem Longtail-Boot sowohl von Krabi (70 Baht einfach) als auch vom Ao Nang Beach (50 Baht) leicht zu erreichen. Die hohe, ausgespülte Grotte reißt niemanden vom Hocker. Aber der Blick über den herrlichen Strand zu den Kalktürmen im Wasser bleibt unvergesslich.

In der Saison muss man diesen fantastischen Strand allerdings mit hunderten von anderen Touristen und vielen Booten teilen, im Monsun ist er fast völlig überschwemmt.

17 HIGHLIGHT

Zwischen Krabi und Phang Nga

Eine wunderschöne Strecke führt von Krabi nach Phang Nga (93 bzw. 84 km) durch eine herrliche Felsenlandschaft. Diese Art von tropischem Turm- und Kegelkarst ist sonst nur noch in Vietnam (Halong Bay) und in China (bei Guilin) so eindrucksvoll zu sehen. Von tropischen Gewächsen überwucherte Felsen, durchlöchert und überhängend, laden immer wieder zum Anhalten und Staunen ein. Diese Landschaft belohnt jeden, der sich Zeit lässt, die herrliche Natur zu genießen und vielleicht auch mehrere Tage zu verweilen.

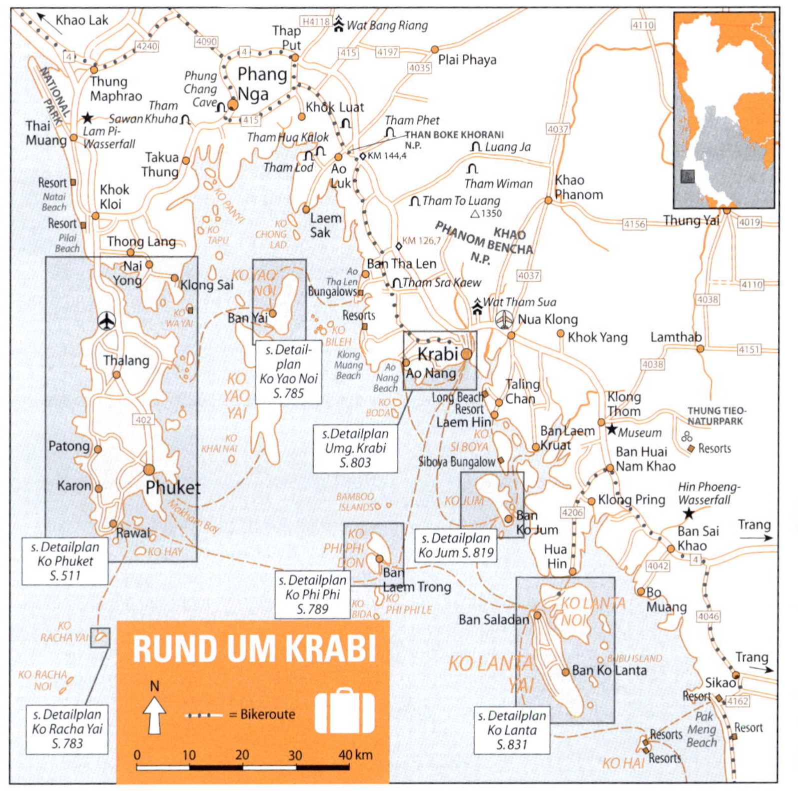

Von Krabi nach Norden

Von Krabi führt die westliche Straße H4034 zu den Stränden. Hinter dem ruhenden Buddha (KM 7,1) bleibt man auf dem H4034, der sich nun langsam nach Norden wendet. Einige Dörfer, tolle Felsen und Kautschukplantagen säumen die Straße. Beim KM 21,7 weist ein Schild nach rechts Richtung Phang Nga auf den H4033 (am KM 116,8), hier fährt man aber besser weiter auf dem H4034 nach links Richtung **Ban Nai Sa** und nach 1,3 km wieder nach rechts. Nach 2,8 km zweigt nach links eine Straße (9,4 km) zum Ao Tha Len ab. Nach weiteren 5,1 km quert eine Straße: Nach rechts geht es nach 1,6 km im Dorf Ban Thung am KM 126,7 (unbeschildert) auf den H4, der fast gerade Richtung Norden verläuft. Entdeckernaturen sollten jedoch die Straße nach links nehmen. Nach 1,5 km geht es in einer Rechtskurve nach links ab zu einem klaren Bach in einem tollen Wald. Nach weiteren 1,5 km passiert man interessante **Holzkohlenmeiler** aus Lehmziegeln und ein unglaubliches Sägewerk. 700 m hinter der Holzbrücke hält man sich links. Auch die nächsten 6,8 km sind inzwischen asphaltiert. Im Dorf biegt man rechts ab, und trifft nach weiteren 1,6 km auf die Querstraße H4205.

Die linke Abzweigung führt in eine Sackgasse zum urigen Hafen **Ban Ba Kan** (3,4 km) an einem Gezeitenfluss mit Flößen zur Muschelzucht. Wir biegen nach rechts ab und erreichen auf dem H4205 nach weiteren 6,4 km den H4 am KM 144,4.

Rundtour über Nebenstraßen

Wir haben eine Rundtour (110 km hin, 86 km zurück) über gute Nebenstraßen so zusammengebastelt, dass nur 2 km doppelt zu fahren sind. Die exakte *Guide Map of Krabi* hilft, sich zurechtzufinden, auch die *Tourist Map Krabi* erfüllt diesen Zweck. Wer ohne funktionierenden Kilometerzähler und ohne Karte losfährt, braucht einigen Spürsinn und etwas mehr Zeit. Zum Trost: Auch wir verfahren uns alle 2 Jahre aufs Neue, weil es jedes Mal neue Straßen gibt, die zum Abbiegen verführen. Das macht aber auch den Reiz dieser Strecke aus. Nur in der Regenzeit von Juni bis Oktober sind einige der beschriebenen Abstecher nicht ratsam. In Regenpausen kann die Landschaft jedoch noch intensiver wirken.

Zur Phet-Höhle

Beim KM 146,9 bietet sich ein Abstecher nach rechts zur Höhle Tham Phet (Petch Cave) an: 5 km Fahrweg bis zum Eingang. Wie Diamanten funkeln die Tropfsteine in dieser schönen, langen und verzweigten Höhle, die schon etwas unter den Massentouristen gelitten hat. Gute Taschenlampe erforderlich, ein Führer ist sehr empfehlenswert.

Ao Luk und Umgebung

Am KM 146,2 zweigt eine wenig befahrene Straße nach links ab. Sie ist interessant als Alternative für den Rückweg und für Fahrradfahrer. Nach 21,3 km trifft sie beim KM 16,1 auf den H415 (s. u.). Dort sind es noch 21 km bis Phang Nga, 72 km zurück bis Krabi.

Der H4 durchbricht beim KM 147 eine schöne Kette von Felsen und erreicht nach 2 km die **Ao Luk Junction** mit vielen Läden, einem Gemüsemarkt und unattraktiven Restaurants. Nach rechts zweigt der H4035 Richtung Surat Thani ab (ca. 180 km), die ersten 35 km führen durch eine schöne Landschaft mit bewachsenen Felsen, der Rest durch langweilige Ebenen. Geradeaus sind es 47 km bis Phang Nga. Von der Kreuzung fahren Motorradtaxis zum Than Boke (30 Baht) und zur Höhle Tham Phet (6 km, 50 Baht).

Than Boke Khorani National Park

Nach links auf dem H4039 kommt man nach 1,3 km zum Eingang des kleinen Than Boke Khorani National Parks (es existieren noch andere Schreibweisen), für den der Eintritt von 400 Baht nicht gerechtfertigt ist.

In einem Felsenkessel kommt aus einer Grotte ein Bach zum Vorschein, der sich vielfach verzweigt und mit schönen Kaskaden durch hohe Bäume schlängelt. Über kleine Brücken und Pfade erreicht man zwei natürliche Wasserbecken vor der Grotte. Das Schwimmen in der Grotte wurde mittlerweile verboten. Der Reiz ist weg.

Am Wochenende ist der Park Ziel vieler Thais, die hier ein Bad nehmen. Verkaufsstände und kleine Restaurants bieten täglich Snacks und Getränke an.

Übernachtung

Am Auslauf des Baches liegt zwischen tollen Felsen das **Hotel Waterfall Inn**, ✆ 075-681133, schöne, etwas stickige Bungalows mit Bad, Fan und einem Fenster, einfache, muffige Reihenhäuser mit AC; Restaurant. ❷–❸
300 m vor der Zufahrt zum Park liegen links direkt an der Straße die nachts sehr betriebsamen **Ao Luk Bungalows**, ❷

Tham Khao Phra und Tham Khao Raang

Wer vom Nationalpark nach links und auf dem H4039 weiter fährt, kann nach 500 m am KM 1,9 rechts abbiegen (Thai-Schild: „2 km") und nach 1,8 km rechts die Höhle Tham Khao Phra mit einer hochverehrten, schwarzen Buddhastatue besichtigen. Der ganze Felsen ist durchlöchert wie ein gigantischer Schweizer Käse und leicht ebenerdig begehbar. Trotz elektrischer Beleuchtung (auf Anfrage) ist eine Taschenlampe empfehlenswert.

Nach weiteren 1,2 km liegt rechts nach 300 m Fußweg das Höhlensystem Tham Khao Raang (auch: Khow Rang). Durch ebenerdige Wandelgänge sind viele Grotten miteinander verbunden. Den Abschluss bildet, so weit wir entdecken konnten, eine spektakuläre Säulenhalle.

Schlammspringer

Die Schlammspringer, die hier in Massen zu sehen sind, gehören zur Ordnung der Knochenfische, verlassen aber häufig das Wasser. Einige Arten sind in der Lage, auf Mangroven zu klettern und dort bis zur Ebbe auszuharren; diese haben von der Kiemenatmung auf Hautatmung umgestellt.

Tham Hua Kalok und Tham Lod

Der H4039 durchquert den kleinen Ort Ao Luk. Beim KM 5,5 führt rechts eine Straße Richtung „Tham Pee Hua To". Zweigt man nach 1,2 km nach links ab, kommt man nach weiteren 600 m zum kleinen Hafen Bo Tho. Dort kann man ein Boot chartern (300–400 Baht) und in 15 Min. zur Höhle Tham Hua Kalok fahren. Die Felszeichnungen in ocker und schwarzen Farben stellen Personen und Tiere dar, sie sollen 2000–3000 Jahre alt sein. 15 m über dem jetzigen Meeresspiegel lassen sich fossile, tertiäre Muscheln und Schneckengehäuse entdecken.

Anschließend geht es zur Tham Lod, einem Gewölbe mit schönen Stalaktiten. Günstig ist es, nicht bei Ebbe aufzubrechen, sonst kommt man kaum unter die bizarren Tropfsteine. 300 m hinter der Tham Hua Kalok liegt die 200 m lange **Dark Cave**. Halbzerfallene Stege führen nach 100 m zu einer Schlucht. Viele Stalaktiten hängen herab, einige Gardinen glitzern im Lampenlicht. Es lohnt sich auch, die Fahrt auszudehnen und zwischen den malerischen Felsen im üppigen Grün der Mangroven hindurchzuschippern.

Fährt man die 600 m zurück und nach links, geht es geradeaus durch verschiedenartige Plantagen. Biegt man nach 4 km (am Thai-Schild: *500m*) nach rechts ab, kommt man zur Klosterhöhle **Tham Soeur Noi** (auch: Tham Sua Noi). Sie liegt in einem stark durchlöcherten Felsen mit vielen grauen Tropfsteinen, Durchgängen, Mönchswohnungen und Meditationsnischen.

Am KM 9,2 des H4039 versteckt sich hinter einem natürlichen Pflanzenvorhang die kühle **Tham Khao Kluai**.

Am Ende des H4039 liegt das Fischerdorf **Laem Sak**, 17 km von der Ao Luk Junction entfernt. Für ca. 500 Baht werden hier Boote vermietet, die zur Insel **Ko Mak Noi** oder zur schönen Insel **Ko Chong Lad** hinüberfahren, die zum Than Boke National Park gehört.

Zu schönen, einsamen Stränden bei **Ko Ka Rot** findet man nur mit einem einheimischen Bootsmann, der sicher kein Englisch spricht; dabei geht es zunächst durch intakte Mangrovenwälder.

Von Ao Luk Junction nach Phang Nga

Von der Ao Luk Junction geht die Hinfahrt auf dem H4 weiter nach Norden, aber schon nach 600 m können Höhlenenthusiasten nach links abbiegen. Wo der Himmel durch das Loch im Felsen leuchtet, gibt es die **Tham Thalu Fa** zu besichtigen: außen einige Stalagmiten, innen sehr schöne Tropfsteine. Links davor hat ein nettes Hotel mit Pool aufgemacht ❸.

Nach 14 km hören die markanten Kalkfelsen auf. An der Kreuzung am KM 164,9 geht es nach rechts auf der landschaftlich uninteressanten Straße H415 Richtung Surat Thani (123 km). Am KM 169,8 zweigt nach rechts der H4118 zum schönsten Bergtempel von Südthailand ab (10,3 km, siehe Kasten).

Der Bergtempel Wat Bang Riang

Zum erst vor kurzem fertig gestellten **Wat Bang Riang** führt ein Tor nach rechts zu einem Tempel im Tal und dann auf guter Straße sehr steil den Berg hoch. Vom Parkplatz aus steigt man zwischen zwei Nagageländern zur **Phutthabanlu-Pagode** hinauf (20 Baht). Vom Dach des Chedi belohnt eine herrliche Aussicht auf ein fruchtbares Tal, dichte Wälder und grün bewachsene Karstfelsen. Eine riesige Statue der Chinesischen Göttin Kuan Yin spiegelt sich in einem Teich, etwas weiter oben thront eine nicht weniger gewaltige Buddha-Statue auf einer Nagaschlange. Im prunkvollen, achteckigen Chedi sind im äußeren Wandelgang 60 Buddhastatuen aufgereiht. Im inneren Wandelgang beeindrucken die Wandmalereien, die das Leben Buddhas in die thailändische Landschaft integrieren und mit köstlichen Szenen aus dem dörflichen Leben ausschmücken.

In **Thap Put**, am KM 170, zweigt links die Straße H415 ab, die sich für die Rückfahrt eignet (von Phang Nga kommend am KM 16,1 in einer Kurve nach rechts auf den H1002 abbiegen und 21,3 km bis zum H4 fahren). Der H415 verläuft 21,5 km in der Ebene, verkürzt die Strecke nach Phuket um 9 km und bietet einige schöne Abstecher nach rechts in üppige Reisfelder zwischen Kalkfelsen. Dies ist der südliche Zweig der „Kleinen Rundfahrt" ab Phang Nga.

Ab Thap Put (neuer KM 67) geradeaus auf dem wenig befahrenen H4 (der nördliche Zweig der „Kleinen Rundfahrt" ab Phang Nga) liegt nach 9 km rechts die Einsiedelei **Wat Kiriwong**, in dem fotogene Affen hausen. Gleich danach schwingt sich die Straße in engen Kurven durch die Berge zum Pass (KM 54) hinauf, ein Leckerbissen für Motorradfahrer. In steilen Kehren geht es ins Tal hinab. Dabei eröffnen sich nur wenige Ausblicke durch die überwucherten Berge in die Ebene von Phang Nga.

Am KM 50 biegt rechts die gut ausgebaute, 47 km lange Straße H4090 ab, die durch eine wilde, gering besiedelte Berglandschaft verläuft. Nach 14,5 km zweigt am KM 35,5 des H4090 nach links die landschaftlich schöne Straße H4240 ab, die nach 15 km in Thung Maphrao am KM 39 wieder auf den H4 trifft und die Strecke nach Khao Lak um 52 km verkürzt. Geradeaus durchschneidet der H4090 den Khao Lak-Lamru National Park (s. S. 716) und trifft 14 km südöstlich von Takua Pa am KM 135 auf den H401.

Geradeaus führt der H4 in die fantastische Kalkfelsenlandschaft von Phang Nga. Nach 6 km zweigt am KM 43,9 nach Osten ein Fahrweg durch Gummiplantagen (4,6 km) zum wenig besuchten **Sar Nang Manora Forest Park** ab. Nichts Spektakuläres, aber friedliche Picknickplätze, hübsche Wasserfälle (auf einem Plan gut dargestellt) und einige Badepools in einem kleinen Stück urigen Dschungel. Hinter dem Phang Nga-Fluss zweigt am KM 42,6 ein Sträßchen nach rechts ab. Dort kann man nach 4 km einen gemütlichen Spaziergang von etwa 2 Stunden durch Reisfelder zu den Kaskaden des **Nam Tok Ton Phang Nga** machen.

Beim KM 40,5 erreicht man nach 110 km Fahrt (ohne Abstecher) die 5 km lange Provinzhauptstadt Phang Nga (s. S. 698).

Die Inseln vor Krabi

Die Provinz Krabi weist bei einer Küstenlänge von 120 km 130 Inseln auf, von Ko Hai im Süden bis Ko Chong Lad im Norden. Viele haben schöne, oft auch sehr flache Strände.

Ko Boda

Die 1 km^2 große Insel (auch Ko Poda oder Ko Puda), ca. 8 km vom Ao Nang Beach entfernt, besticht durch einen wunderschönen Strand auf der Ostseite und eignet sich im Norden und Westen zum Schnorcheln – für Anfänger ein Traum. Von Ao Nang und Nopparat Thara werden Tagesausflüge *(4-Island-Tour)* angeboten, meist in Verbindung mit Ko Hua Khwaan (Chicken Island), vor deren Ostseite sich ein ziemlich lädiertes Korallenriff erstreckt, in dem man mit tausenden von Fischen schwimmen kann.

Übernachtung

Vom Krabi Resort wurden 18 komfortable Bungalows und ein nicht sonderlich gutes, aber teures Restaurant errichtet. Zapfenstreich um 23 Uhr. Zelten kostet 100 Baht pro Tag (inkl. Badbenutzung). Idyllisch ist es immer noch auf der Rückseite der Insel, wo die Ausflugsboote nicht hinkommen. Von Mai–Okt geschlossen. ❹

Transport

Ab Ao Nang um 10 Uhr für 100 Baht, zurück gegen 16.30 Uhr.

Ko Siboya

Diese kleine Insel wird von freundlichen Moslems bewohnt, die vom Fischen und vom Anbau von Gummibäumen leben. Die Westküste wird von einem flachen Sandstrand gesäumt. Das nicht immer klare, seichte Wasser eignet sich nicht zum Schwimmen und Schnorcheln. Bei Ebbe jedoch lädt das Watt zu herrlichen Wanderungen ein, bei denen man viel Tierleben beobachten kann.

Auf dieser ruhigen Insel kann man aber schöne Spaziergänge unternehmen. Ein Dorf mit Läden liegt hinter den Hügeln, zwei Fischerdörfer Richtung Norden.

Übernachtung

Siboya Bungalows, ✆ 075-230425, 🖳 www.siboyabungalows.com; am schmalen, seichten Strand an der Westküste, 24 einfache, saubere Bambusbungalows mit Du/WC und 12 große Privathäuser im gepflegten Garten; Restaurant, freundliche Atmosphäre. Keine Badestrände. ❷–❹

Racha Resort, ✆ 081-0839318, 10 einfache, saubere Bambusbungalows mit Du/WC in einem Palmenhain; Restaurant. ❸

Transport

Vom Siboya Gh. in Krabi wird Transport organisiert, Abfahrt um 11 und 15 Uhr mit dem Songthaew nach LAEM HIN (1 Std.), 50 Baht, weiter per Longtail-Boot für 20 Baht und mit dem vorausbestellten Laster zu den Bungalows (30 Baht).

Ko Jum (Ko Pu)

Die Insel Ko Jum (gesprochen Ko Dscham) wird in ihrem nördlichen Teil Ko Pu genannt. Sie liegt etwa 25 km südlich von Krabi. Im Norden ragen bewaldete Berge bis auf 422 m auf, während der Süden eher flach ist. Ko Jum wird hauptsächlich von moslemischen Fischerfamilien bewohnt, die vorwiegend in fünf Dörfern leben. Sie produzieren zudem Kautschuk und weben einen Stoff, den bekannten *Pato Ko Pu*. Überall sieht man lächelnde Gesichter. An den langen, weißen, nicht besonders schönen Strand im Süden treibt viel Müll an. Man kann dort nur bei Flut baden. Am gesamten Strand ist es ratsam, mit Badeschuhen ins Wasser zu gehen, da man scharfe Steine und Seeigel überwinden muss, bevor man Schwimmtiefe erreicht. Man kann kilometerweit wandern oder einfach ausspannen und das Meer betrachten. Naturliebhaber halten nach Affenhorden in hohen Bäumen Ausschau, aktive Naturen spielen Volleyball oder Boccia. Die Generatoren laufen meist nur von 18–22 Uhr. Von den südlichen Anlagen erreicht man in etwa 20 Min. locker zu Fuß das Fischerdorf, wo es einige Restaurants gibt. Südwestlich vorgelagert liegt malerisch eine kleine Insel. Bei den mittleren Anlagen eignet sich der Strand besser zum Schwimmen. Die Bucht Lubo Bay im Norden hat einen schönen,

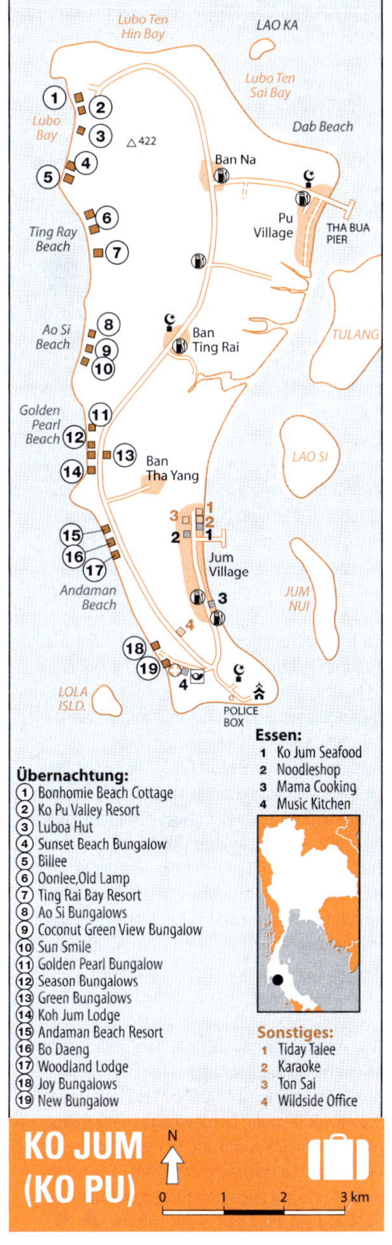

recht flachen Sandstrand. Die Bungalowanlagen liegen unter schattigen Bäumen, zumeist am Hang.

Übernachtung

Auf der ausgezeichneten Homepage 💻 www.kohjumonline.com werden alle Bungalowanlagen feinfühlig präsentiert.

Andaman Beach

Joy Bungalows ⑱, ✆ 081-4646153, unter Kokospalmen an einem herrlichen Strand, der bei jedem Wasserstand zum Baden einlädt. Gute, entspannte Robinson-Atmosphäre, die jedoch für diesen einfachen Standard einen überzogenen Preis hat. Nicht gerade billiges Freiluftrestaurant. Nette, freundliche Leute. Reservierungen klappen. Viele Moskitos. ❸–❹

Woodland Lodge ⑰, ✆ 081-8935330, 💻 www.woodland-koh-jum.tk; schöne, geräumige Bungalows am Strand, Restaurant mit Bar, Kochkurse, sehr beliebte Anlage, ganzjährig gut besucht, Reservierung ratsam; unter Thai-englischer Leitung. ❹

Bo Daeng Bungalows ⑯, kein Tel., 15 einfache, schöne Bambusmattenhütten ohne Du/WC unter Palmen, z. T. hoch über dem Boden in die Bäume integriert, kleines Restaurant; sehr freundliche, offene Menschen. ❷

Andaman Beach Resort ⑮, ✆ 081-6931346, ✉ andaman_kohjum@yahoo.com, 17 bessere, doppelstöckige, pastellfarbige Steinbungalows im Chalet-Stil mit einigem Komfort, sauberes Bad, z. T. mit großer Terrasse, gepflegte, nette Anlage. Großes, offenes, gutes Restaurant mit günstigen Preisen und super Fischgerichten, freundliches Personal. Hoher Erholungswert. ❸–❹

Golden Pearl Beach

Alle Anlagen liegen auf ebenem Gelände in offenen Palmenplantagen.

Koh Jum Lodge ⑭, ✆ 089-9211621, 💻 www.kohjumlodge.com; Luxusanlage unter Palmen in einem tropischen Garten, 16 neue, hervorragend eingerichtete Holzbungalows mit Meersicht, Restaurant am steinigen Strand, kleiner Pool. Petong-Feld. Familiäre Atmosphäre. ❼–❽

Ao Si Beach

Sun Smile Bungalow ⑪, ✆ 081-5618233, 11 dicht stehende Bungalows mit Du/WC am schattenlosen Hang, gutes Restaurant nahe am Strand, freundliches Personal. ❷

Coconut Green View Bungalow ⑨, ✆ 081-9568790, 22 Bambusmattenhütten mit Du/WC im Palmenhain und am Hang, ein Familienbungalow, mittelmäßiges Restaurant, sehr freundlich. Volleyball-Platz. ❷

Ao Si Bungalows ⑧, ✆ 086-0671090, ✉ ao-si@hotmail.com, Bungalows mit Du/WC hoch oben am bewaldeten Hang, Rundum-Balkon mit tollen Ausblicken auf die Küste, Restaurant unten am Meer in die Felsen integriert. Auch bei Ebbe eignet sich das Meer gut zum Schwimmen. ❸

Ting Ray Bay

Ting Ray Bay Resort ⑦, ✆ 087-2777379, 💻 www.tingraybayresort.com; sehr schöne Anlage am steilen Hang, 13 Bungalows mit Du/WC und bester Meersicht, tolles Restaurant mit fantastischem Essen, nette Beach Bar, sehr freundliches, fröhliches Personal. Herrlicher, absolut ruhiger Strand. ❸–❹

Old Lamp Bungalows ⑥, ✆ 089-8768572, ✉ oldlampbungalows@yahoo.com, am Hang im dschungeligen Wald, 12 große und größere, gut ausgestattete Bungalows mit Fan, Du/WC und Terrasse, der Umgebung angepasst; atmosphärisches Restaurant am Strand, sehr gutes Essen, bestes selbstgebackenes Brot; der Besitzer, Mr. Chai, ist sehr umweltbewusst. ❸–❹

Lubo Bay (North Beach)

Ganz im Norden von Ko Pu liegen 6 z. T. sehr kleine Anlagen:

Luboa Hut ③, 💻 www.toensberg.com/luboahut, ✆ 081-3889241, 6 komfortable Bungalows mit Du/WC am Hang, einer am Strand, günstiges Restaurant, nette Betreiber Ann und Nut, gute Atmosphäre, sehr beliebt. ❷–❸

Ko Pu Valley Resort ②, ✆ 081-7667785, 3 kleine und 5 große Bungalows am Hang im schattigen Wald, Restaurant nahe am Strand. ❸

Bonhomie Beach Cottage ①, ✆ 081-8449069, 💻 www.bonhomiebeach.com; am Hang im

Wald, 10 Holzbungalows mit Du/WC, schön in die Natur eingefügt, ohne Bäume zu fällen, neues Restaurant am Strand. Arrangiert traditionelle Thai-Hochzeit. ❸–❹

Essen

In fast allen Bungalowanlagen gilt das Essen als sehr gut.

Im **Ko Jum Seafood** sitzt man wunderschön auf der Terrasse am Wasser und kann frische Langusten und Krebse essen (Preis nach Gewicht).

In **Mama's Restaurant** versteht die gemütliche Mama jeden und kocht immer das Richtige lecker und preisgünstig.

Empfohlen wurde das **Rim Tang Restaurant**, das sich gleich am Eingang zum Dorf Jum Village befindet. Die Besitzerin ist sehr freundlich, ihre frisch zubereiteten Frühlingsrollen schmecken besonders lecker.

Transport

Am leichtesten erreicht man Ko Jum in der Saison mit dem Ko Lanta-Boot von KRABI für 300 Baht (oder von KO LANTA für ebenfalls 300 Baht), das jeweils im Norden und im Süden stoppt. Zubringer mit dem Longtail-Boot direkt von der Bungalowanlage. Zurück um 8.30 und 13.30 Uhr, besser 30 Min. vorher da sein.

Mühsam, zeitaufwändig, aber spürbar billiger ist es über BAN LAEM KRUAT (s.o.), von wo um 13 Uhr ein Boot zum nördlichen Dorf BAN PU (20 Baht) fährt. Von dort geht es mit einem Motorradtaxi (ca. 40 Baht) weiter. Zurück fährt das Boot um 7 Uhr. In Ban Laem Kruat ein Boot zu chartern, kostet mindestens 200–300 Baht.

Wildside, ✆ 089-5904864, vermietet Fahrräder, Mopeds und Kajaks und organisiert Touren.

Ko Hai (Ko Ngai)

Auf der südlichsten Insel der Provinz Krabi gibt es mehrere Bungalow-Anlagen mit gehobenem Preisniveau. Ko Hai ist vom Pier des Pak Meng Beach in der Provinz Trang leicht zu erreichen (s. S. 840), ab Ko Lanta ist die Fahrt sehr wacklig und nass. Das neue Speedboot von Ko Lanta nach Ko Lipe macht einen Zwischenstopp.

Ko Lanta

Die große, hügelige Insel Ko Lanta Yai, meist nur Ko Lanta genannt, ist noch zu 67 % mit geschütztem Wald bedeckt. Der Name Lanta stammt von den Vorfahren der Seenomaden, die heute noch auf der Insel leben. In vielen Dörfern wohnen außerdem moslemische Fischer und etwa 10 % chinesische Kaufleute, insgesamt etwa 20 000 Menschen. Mit Dschungelbohnen, die auf dem Markt 1/2 Baht pro Schote, in Bangkok aber 4 Baht einbringen, verdienen sich viele Inselbewohner ihren kärglichen Lebensunterhalt. Die Südspitze von Ko Lanta wurde 1990 samt den umliegenden Gewässern und 15 Inseln in einen Nationalpark umgewandelt. Von Ban Saladan im Norden führt eine Straße entlang der Ostseite der Insel bis zum Dorf **Ban Ko Lanta** (auch Lanta Town). Die Ostküste ist sehr flach und fürs Baden nicht geeignet, aber durchaus sehenswert. Hier liegt das Verwaltungszentrum der Insel, **Ban Ko Lanta**, auch **Lanta Town** genannt, mit dem Postamt. Für Touristen ist der kleine Ort unattraktiv.

Eine befestigte Straße zieht sich entlang der schönen, 25 km langen Westküste, an der die Bungalowanlagen liegen, bis zu den Stränden im Südwesten. Die letzten Kilometer bis an die Südspitze bleiben weiterhin Erdpiste. Der Monsun schwemmt viel Treibgut an die Strände. Vor der Saison wird jedoch alles eingesammelt und verbrannt. Im Inneren ragen bewaldete Berge bis zu 488 m auf, durchschnitten von zwei Querstraßen. Mit Motorrädern lässt sich die Insel (mit Ausnahme der Südspitze) umrunden – für vorsichtige Fahrer sehr zu empfehlen.

Ko Lanta wurde Ende der 80er-Jahre von Travellern „entdeckt". Die verschiedenartigen Strände der Insel wurden im Laufe der Jahre von Norden nach Süden für den Tourismus erschlossen – von langen, flachen Sandstränden über raue Felsenküsten bis zu kleinen, idyllischen Buchten. Noch kommt man nur mit dem Boot oder einer kleinen Autofähre auf die Insel. Pläne für eine Brücke liegen vorerst auf Eis. Alle guten Grundstücke entlang der Küste wurden von Investoren aufgekauft und werden zunehmend mit immer teureren, klimatisierten Bungalows bestückt. In Hotelanlagen für Pauschaltouristen fehlt auch der Pool nicht.

In der **Hochsaison** von Dezember bis Februar sind normalerweise alle Zimmer belegt, und die Preise schnellen in die Höhe. Im November, März und April sind die Preise erträglich.

In der **Nebensaison** von Mai bis Oktober schließen alle Tauchschulen, die nördlichen Strände werden nicht gereinigt und sind nur bedingt zum Baden geeignet. Hier werden nur wenige Bungalows und Restaurants offen gehalten. Die Strände an den südlichen Buchten liegen windgeschützt und sind auch im Monsun fast immer zum Baden geeignet. Viele Anlagen bleiben hier ganzjährig geöffnet und bieten extrem günstige Preise. Auch wenn bis Juli / August der Himmel manchmal grau ist und häufig Regenschauer herab schickt, ist doch oft auch gutes Wetter.

Die **Zimmerpreise** auf Ko Lanta schwanken gemäß Angebot und Nachfrage extrem. Wir nennen deshalb nur Durchschnittswerte der im Januar und Februar geforderten Preise, die durchaus auf das Doppelte nach oben oder die Hälfte nach unten abweichen können.

Die Andamanenküste

Ban Saladan

Alle Touristenboote kommen an den Piers im nördlichen Hafen Ban Saladan an. Dann herrscht ein fürchterliches Gedränge, bis jeder seinen Pickup gefunden hat. An der betonierten Uferstraße des kleinen Fischerdorfes liegen zwei Dutzend feste Holzhäuser, darunter Restaurants, mehrere Läden mit Lebensmitteln, Obst und Gemüse, sechs Tauchschulen, eine Bank und viele Reisebüros mit *Tourist Information*. Hier warten auch die Motorradtaxis und die Pickups der Bungalowanlagen.

Am Sonntag und am Montagvormittag findet auf dem Marktplatz neben der Schule ein **Wochenmarkt** statt.

Übernachtung

Salatan Resort ①, ✆ 075-684111, 10 Min. von Ban Saladan am Wattstrand, 22 AC-Zi in verschiedenen Kategorien, Terrasse, Restaurant, freundlicher Manager. ❺

Sonstiges

Elefantenreiten

Es gibt zwei Camps, am Long Beach und am Klong Khong: 400 Baht/30 Min., 700 Baht/1 Std.

Geld

Siam City Bank tauscht Bargeld, Reiseschecks und gibt Baht gegen Kreditkarte und Vorlage des Reisepasses, 🕓 8.30–16 Uhr. Ansonsten wird zu ca. 3–10 % schlechterem Kurs gewechselt als auf dem Festland.

Informationen

Immer aktuell unter 💻 www.lanta.de und 💻 www.webtravelkolanta.net. Infos und Buchungen einiger Resorts (auf Englisch) unter 💻 www.kolanta.net, www.kohlanta.com. Interessant der aktuelle persönliche Bericht unter 💻 www.kolanta.de.

Internet

Internet-Cafés in Ban Saladan an jeder Ecke und an allen Stränden.

Jeeps

Sie werden für 1200–1500 Baht vermietet.

Karten

Mehrere recht ordentliche Karten werden gratis verteilt.

Medizinische Hilfe

In Ban Saladan hat die **Lanta Doctor Clinic** aufgemacht. In Ban Ko Lanta gibt es das **Lanta Hospital**, ✆ 075-697017. Bei einem Unfall die **Polizei** anrufen: ✆ 075-697085.

Zeitweilig sind an manchen Stränden Sandfliegen eine Plage.

Motorräder

Bei Shops für 250–300 Baht/Tag, 40 Baht/Std. Auch in den meisten Anlagen werden Motorräder vermietet. Viele sind in bedauernswertem Zustand, werden aber lustig immer wieder eingesetzt.

Will ein Paar über den Wasserfall zum Nationalpark fahren, sollte es zwei Mofas mieten, sonst muss der Sozius über die Hügel zu Fuß gehen.

Tauchen ab Ko Lanta

Alle Tauchschulen arbeiten friedlich zusammen und bieten ähnliche Touren zu ähnlichen Preisen. Unterschiedlich sind aber die Boote. Je nach Geschmack kann man wählen zwischen Speedbooten, klimatisierten Booten oder den guten alten Tuckerbooten. Manche Tauchbasen operieren auch in der Monsunzeit.

Typische **Tagesfahrten** gehen zu den herrlichen Schnorchelinseln Ko Ha, Ko Bida und Hin Bida.
Weltklasse sind die **Tauchplätze** bei den Felsen Hin Daeng und Hin Muang im Süden, wo erfahrene Taucher häufig Walhaie, Mantas und riesige Muränen sehen. Die übrige Meeresfauna gehört ebenfalls zum Feinsten in Thailand. Für Grotten- und Nachttauchen ist Ko Ha ideal, für Wracktauchen die gesunkene *King Cruiser*.

Koh Lanta Diving Center (Ko Lanta Tauchschule), 💻 www.kolantadivingcenter.com, ✆ 075-684065; PADI-Tauchschule, 1-tägige Tour mit 2 Tauchgängen für 2800 Baht (nach Hin Daeng/ Hin Muang zzgl. 600 Baht), 2-tägige Tour mit 4 Tauchgängen 8600 Baht, schnelles 20-m-Tauchboot, vorbildlicher Service. Seit 1993 unter erfahrener Leitung von Christian Mietz.
Lanta Diver, ✆ 075-684208, 💻 www.lantadiver.com. Schwedisches 5 Star IDC Center. Fun Dive mit 2 Tauchgängen 2600 Baht, mit Hin Daeng/ Hin Muang 3100 Baht, 2 Tage Live-aboard mit 6 Tauchgängen 10 000 Baht.
Blue Planet Divers, ✆ 075-684165, 💻 www.blueplanetdivers.net, nette Leute, professionelle Betreuung, traditionelles Tuckerboot, das viel Schatten bietet.
Lanta-Diving-Safaris, ✆ 075-684904, 💻 www.lanta-diving-safaris.com, Peter Gatterbauer betreibt ein Live-aboard-Schiff mit 8 AC-Kabinen, das rund um Ko Lanta für 2-und 4-tägige Safaris (8500 bzw. 15 900 Baht) unterwegs ist.

Reisebüros
In den Reisebüros in Ban Saladan werden Bootsfahrscheine verkauft und alle Arten von Buchungen gemacht. Eisenbahnfahrscheine verkauft das Reisebüro neben dem Krabi-Pier. Alle Gästehäuser vermitteln ebenfalls Bootstickets und Touren.

Touren
Sie werden von den Bungalow-Managern und Reisebüros angeboten. Die *3 Islands Tour* geht um 8.30 Uhr nach Ko Phi Phi Don, Bamboo Island und Ko Phi Phi Leh, im Preis von 1600 Baht sind Wasser, Lunch und 2 Schnorchelstopps enthalten.
Die *4 Island Tour* beinhaltet Ko Hai, Ko Chuak, Ko Muk und Ko Kradan und kostet 1600 Baht. Beim Schwimmen in der Höhle bekommen manche Leute Panik. Diese Tour bekommt sehr harsche Kritiken, da für diesen Preis zu wenig geboten wird.
Die lohnenswerte Tagestour zum Schnorcheln nach Ko Rok mit dem Speedboot kostet 1600 Baht, Abholung am Hotel.
💻 www.lantaislandtours.com.

Nahverkehr

Transport auf Ko Lanta erfolgt mit **Pickups** und privaten **Motorradtaxis**. Von Ban Saladan bringen sie Passagiere zu allen Bungalow-Anlagen: zum KAW KWANG BEACH für 20 Baht, zum KLONG DAO BEACH 20 Baht, zum Lanta Paradise 40 Baht und zum Hat Kantiang 80 Baht. Man verstaubt schnell. Einige Fahrer verlangen weit höhere Preise.
Von unterwegs ist es schwierig, einen Lift zu finden. Taxi-Service ist nicht unter 90 Baht zu bekommen.

Transport

Busse
Das Kombi-Ticket ab der Khaosan Road in BANGKOK mit Umsteigen in Surat Thani lohnt sich nicht, da häufig das letzte Boot in Krabi weg ist.

Minibusse
Das ganze Jahr über fährt von KRABI um 11, 13 und 16 Uhr ein direkter Minivan (inkl. 2 Fähren) bis zum Klong Dao Beach und Klong Nin Beach,

Tickets für 200 Baht beim N.C. Gh. und bei Reisebüros in Krabi, wo man auch abgeholt wird. Zurück um 8 und 12 Uhr ab Ban Saladan bzw. kurz vorher bei der Bungalowanlage.

Von TRANG fährt bei K.K. Travel & Tour in der Saison um 10.30, 11.30, 12.30, 13.30 und 15.30 Uhr ein Minivan für 250 Baht über Ban Hua Hin (inkl. 2 Fähren) in 2 1/2 Std. nach Ban Saladan, in der Nebensaison nur 1x tgl. um 12 Uhr. Zurück um 7, 8 und 12 Uhr.

Nach PHUKET fährt in der Saison ein Van um 9 und 14 Uhr für 500 Baht in 4 Std. 10.30, 11.30, 12.30, 13.30 and 15.30.

Taxis

Von AO NANG für 2500 Baht.

Bei **Emmy Travel & Tour** , ✆ 089-4691819 (Epp), 075-684390, auf Ko Lanta kann man günstig (ab 250 Baht p. P.) einen Minibus buchen, der Flugpassagiere direkt am Flughafen Krabi abholt oder von Ko Lanta zum Airport bringt. Einen Tag vorher Namen, Flugnummer und Ankunftszeit übermitteln, dann steht der Minibusfahrer in Krabi mit einem Namensschild am Flughafen.

Eisenbahn

Fahrplan s. S. 886f. Von BANGKOK fährt man am besten mit dem *Rapid* 167 um 18.20 Uhr bis TRANG (Ank. 10.35 Uhr). Zur Insel nimmt man den Minivan (s. o.). Wer den *Express* 83 um 17.05 Uhr bis Trang nimmt (Ank. 7.15 Uhr), kann sich noch die Stadt anschauen.

Auch nach BANGKOK kann man per Minivan von K.K. nach Trang fahren (s. o.) und den *Rapid* 168 um 13.25 Uhr oder den *Express* 84 um 17.20 Uhr nehmen (das Gepäck während der Wartezeit im Reisebüro am Bahnhof deponieren). Fahrscheine ab Trang (oder alternativ ab Surat Thani) kauft man am besten auch bei K.K. Tours.

Boote

Bei der Ankunft der Boote von Krabi und Ko Phi Phi warten Dutzende Fahrer der Pickups der meisten Bungalowanlagen bereits. Schlepper mit Fotoalben fahren auch schon auf dem Boot mit. Die Hinfahrt zur Bungalowanlage ist gratis, manchmal auch die Rückfahrt. Falls das Pickup der gewünschten Anlage nicht da ist, am besten in eine benachbarte Anlage mitfahren.

In den Bungalow-Siedlungen und Travel Offices wird man gut über die Weiterreise informiert.

Von Krabi von Nov bis April (bei ruhiger See auch noch im Mai) **Expressboot** tgl. um 10.30 und 13.30 Uhr für 350 Baht in 2 Std. nach BAN SALADAN. Zurück um 8 und 13 Uhr. Das Boot legt einen Stopp vor Ko Jum ein (Transfer mit Longtail-Booten).

Von Krabi über Ban Hua Hin: Billiger, aber mühsamer als mit dem Minivan, fährt man von der Soi 6 mit großen Songthaews von 10–14 Uhr jede Stunde für 70 Baht nach BAN HUA HIN in 2 Std.

Weiter mit der **Autofähre** zur Insel Ko Lanta Noi. Dann mit dem Motorradtaxi (50 Baht) oder Pickup (30 Baht) 8 km zur anderen Seite der Insel und nochmals per **Autofähre** bzw. **Longtail-Boot** (15 Baht) nach Ko Lanta. Die Longtail-Boote und die Autofähre verkehren laufend zwischen 7 und 20 Uhr.

Von Ko Phi Phi fährt von Okt bis April tgl. ein **Expressboot** nach Ban Saladan um 11 und 15.30 Uhr für 450 Baht in 1 1/2 Std. Zurück um 8 und 13 Uhr.

Von Phuket fährt von Okt bis April tgl. ein **Expressboot** nach Ban Saladan um 8.30 Uhr für 750 Baht in gut 4 Std. Zurück um 13.30 Uhr.

Nach Ko Lipe mit der neuen Speedbootlinie über Ko Hai, Ko Muk und Ko Bulon tgl. um 13 Uhr in 2 3/4 Std. für 1700 Baht, zurück ab Ko Lipe um 9 Uhr. Bei ruhigem Wasser ist dies eine tolle Sightseeing-Fahrt. Buchung unter ✆ 074-783643-5, 086-9651732, 081-9592094.

Kaw Kwang

In der Nordwestecke der Insel, 2 km westlich von Ban Saladan, liegt die Halbinsel Kaw Kwang (= Deer Neck).

Die nördliche Bucht besteht aus einem topfebenen Mangrovenstrand, der bei Ebbe trocken fällt. Der südliche, flache, aber schöne Badestrand geht in den langen Klong Dao Beach über. Dazwischen liegt eine 20–400 m breite Landzunge, die im Westen von einem Felsenhügel abgeschlossen wird. Vom Kaw Kwang Beach führt ein Treppenaufgang zu einem Aussichtspunkt, schöner Blick über die doppelte Bucht. Am kleinen

Strand hinter dem Hügel kann man bei Flut eventuell schwimmen und gut schnorcheln.

Übernachtung

Deer Neck Cabana ④, ✆ 081-2303635, schöne Anlage am Mangrovenstrand, zwei Dutzend saubere, preiswerte Komfort-Bungalows; gutes Restaurant auf dem Hügel, Bar in den Mangroven; Fußweg zum Klong Dao Strand ausgeschildert. Zum Wohlfühlen. ❷–❸
Kaw Kwang Beach ⑤, ✆ 075-621373, am südlichen Beginn des Klong Dao-Strandes, fast auf dem Kap, unter Kokospalmen. Bungalows mit Fan oder AC parallel zum Strand in mehreren Reihen, für Familien 2 Zi nebeneinander, schlechter Zimmerservice; riesiges Restaurant, Bar am Strand, sehr flacher Strand, ideal für Kinder. Mehrfach wurde mit Zweitschlüsseln eingebrochen. Ganzjährig geöffnet. ❹–❻ und teurer.

Klong Dao Beach

Südlich von Ban Saladan erstreckt sich der flache, relativ feste Sandstrand Klong Dao über etwa 2 km. Von Touristen wird er häufig Lanta Beach genannt, was die Einheimischen aber nicht gern hören.

Der hellgraue Sand ist z. T. übersät mit kleinen Muscheln. Das stellenweise mit Mauern befestigte Ufer flankieren mächtige Kasuarinen. So wirkt der Strand nicht gerade tropisch, weshalb ihn manche Traveller nicht als schön empfinden. Er eignet sich bei jedem Wasserstand gut zum Schwimmen, denn schon nach 30 m erreicht man schwimmtiefes Wasser. Auch Kinder können gefahrlos baden. Bei starkem Wind ist das Wasser allerdings überhaupt nicht zum Baden geeignet. Im Süden wird der Strand von scharfkantigen Felsen und einem Kap abgeschlossen, über das man bei Ebbe mit festen Schuhen zum nächsten Strand klettern kann. Entlang der Hauptstraße ist es dicht besiedelt. Zwischen den Häusern der Einheimischen hat sich das touristische Nebengewerbe breit gemacht. Ab 5 Uhr morgens wird von der Moschee hinter der Straße im südlichen Bereich des Strandes zum Gebet gerufen.

Übernachtung

An diesem etwa 2 km langen Strand liegen zurzeit 33 Anlagen mit Bungalows von 200–2000 Baht (Preisschwankung je nach Saison), wobei die teureren meistens Klimaanlage haben. Auch Komfortbungalows, die man über internationale Reiseveranstalter buchen kann, sind hier zu finden. Die billigsten Zi liegen meistens weiter weg vom Strand und sind in der Hauptsaison fast immer ausgebucht. Viele Gäste sprechen Deutsch. Alle Anlagen sind über Stichstraßen von der neu gebauten Hauptstraße aus zu erreichen. Sie besitzen ein Restaurant mit Meersicht und mindestens eine Strandbar. Fast alle Anlagen vermieten Mopeds ab 250 Baht.
Noble House Beach Resort ⑧, ✆ 075-684096, ✉ lantanoblehouse@hotmail.com, Reihenhaus, sehr gut ausgestattete, saubere Zi mit Fan oder AC, verbunden für Familien; Restaurant mit europäischer Küche, Backwaren; unter schweizer Leitung, schöner Sandstrand. ❹–❺
Laguna Beach Club ⑧, ✆ 075-637345, gut ausgestattete, kleine Bungalows, eine entsprechend teurere *Honeymoon Suite* mit Meerblick, gepflegter Garten, freundlicher Service, unter thai-deutscher Leitung. 10% Rabatt für Wiederkommer. ❺–❽
Sun Fun & Sea Bungalows ⑩, ✆ 075-684025, 🖳 www.thailandbungalow.com; unterschiedliche Bungalows mit Fan oder AC; Barbecue-Restaurant am Strand, Sanuk Bar mit Shows, unter Thai-Schweizer Leitung. ❸–❹
Hans Bungalows ⑩, ✆ 075-684152, am KM 1,5, einfache Fan-Bungalows aus Stein oder Naturmaterialien, einige Strohhütten, Strandrestaurant. ❷–❸
Lanta Scenic Bungalow ⑫, ✆ 075-684231, 100 m vom Strand hinter Golden Bay, 23 saubere Bungalows in 2 Reihen, dazwischen der schmale Garten, Restaurant. ❸
Royal Lanta Resort ⑬, ✆ 075-684361, 🖳 www.royallanta.com; Bungalows im Thai-Stil, kleines Bad. Pool, offenes Restaurant am Strand. Fitnessraum. ❻
Golden Bay Cottage ⑬, ✆ 075-684161, 🖳 www.krabidir.com/goldenbaycottage; am KM 1,6 Zufahrtsweg von 500 m; am besonders flachen Strandabschnitt, 31 komplett eingerichtete

Die Andamanenküste

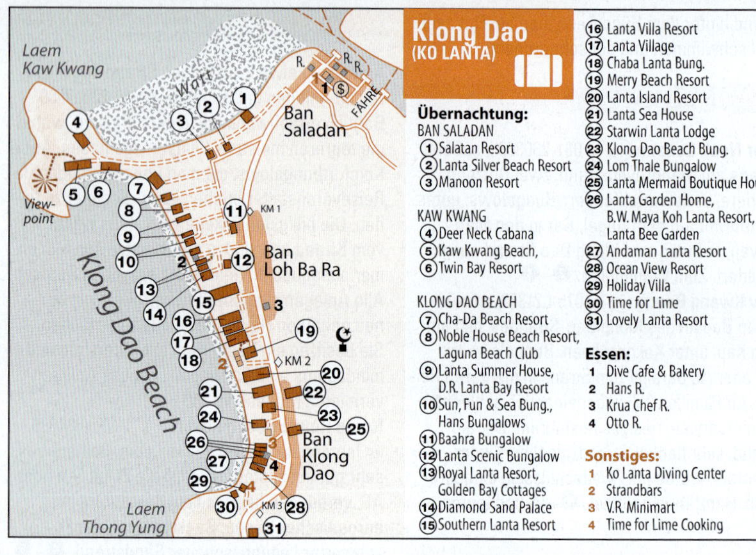

Steinbungalows mit Kühlschrank in großem Garten, gut für Familien. Gutes Essen, riesige Auswahl, Bar. Motorrad- und Mountainbikevermietung. Günstig über Reiseveranstalter zu buchen. Das ganze Jahr geöffnet. AC ❹–❻

Diamond Sand Palace ⑭, ✆ 075-621135, am KM 1,7, relativ dicht aufeinanderstehende Reihenbungalows, alle mit Doppel- und Einzelbett, gut für kleine Familien geeignet; ordentliches Restaurant. ❺

Southern Lanta Resort ⑮, ✆ 075-684175, 💻 www.southernlanta.com; 90 große, komfortable, dicht stehende Einzel- oder Doppelbungalows mit AC; familienfreundlich, Restaurant mit angemessenen Preisen, großer Swimming Pool, kleines Spa. Deutsche Pauschaltouristen. Die billigeren Bungalows sind überteuert. ❺–❼

Lanta Villa ⑯, 💻 www.lantavillaresort.com, ✆ 075-684129; am KM 1,8; dicht gebaute Bungalows, z. T. mit AC und Verbindungstür für Familien, manche mit Meersicht, dazwischen ein riesiges Restaurant. Swimming Pool. Akzeptiert Visa- und Mastercard, Geldwechsel mit 10 % Aufschlag. Viele Moskitos. Das ganze Jahr geöffnet. ❺

Lanta Island Resort ⑳, ✆ 075-684124, am KM 2; 99 verschiedenartige, renovierte Bungalows auf engem Raum, Du/WC; schön begrünt, Restaurant mit gut Englisch sprechendem Personal, Pool. Unter engagierter Leitung eines Deutschen und einer Russin, einer guten Seele. ❹

Lanta Sea House ㉑, ✆ 075-684073, 💻 www.lantaseahouseresort.com; gepflegter Garten, große Komfort-Bungalows aus Holz oder Stein, z. T. mit 3 Betten; großes, gutes Restaurant unter Kasuarinen, thailändische und europäische Küche, freundliches, manchmal überfordertes Personal. Besonders beliebt und vielfach gelobt. Das ganze Jahr geöffnet. ❺–❽

Ocean View Resort ㉘, ✆ 075-684089, 💻 www. oceanviewlanta.com; 30 Zi im Hotelgebäude entlang der Straße und in geräumigen Reihen-Bungalows näher am Strand, unterschiedlich eingerichtet, mit AC oder Fan. In Familienbesitz. ❻

Time for Lime, ㉚ 💻 www.timeforlime.net, ✆ 075-684590, 8 gemütliche Bungalows im friedlichen Garten, kostenloses WLAN, hervorragendes Restaurant, unter norwegischer Leitung. ❸

Essen und Unterhaltung

In der Hochsaison steigen die Essenpreise auf deutsches Niveau.
Im preiswerten, guten Restaurant des **V.R. Minimart** wird leckerer Fisch zubereitet.
Das Unterhaltungsangebot beschränkt sich auf die Strandbars, die recht früh schließen. Außerhalb der Hauptsaison sind nur wenige populär.
Billard im Laguna Beach Club hat Bier vom Fass.
Krua Chef, an der Hauptstraße gegenüber Lanta Villa Resort, reichhaltige Speisekarte, sehr gut verdauliches, leckeres Essen.

Sonstiges

Der Supermarkt **V.R. Minimart** am südlichen Ende des Strandes ist klein, aber gut sortiert, Preise wie auf dem Festland. Motorradvermietung. ⌚ in der Saison tgl. 8–20 Uhr.
Die Kochschule **Time for Lime**, ✆ 075- 684590, 💻 www.timeforlime.net, hat eine offene Küche mit Blick auf das Meer, Tages- und Abendkurse, sehr beliebt.

Long Beach

Der Long Beach (auch Phra-Ae Beach) beginnt am KM 3,5 und ist knapp 3 km lang. Er ist durch ein kleines Kap vom Klong Dao Beach getrennt. Nur der nördliche Teil bietet schönen, feinen Sand und ist gut zum Schwimmen geeignet. Vom mittleren zum südlichen Teil kommt man nur bei niedrigem Wasserstand über den recht vermüllten Fluss. Hier ragen Felsen aus dem Wasser, Baden ist eingeschränkt möglich. Am südlichen Ende wachsen 200 m draußen im Meer ein paar kleine Korallenstöcke, in denen sich kleine Fische tummeln.

Der Long Beach ist sehr schön und ruhig. Die Bungalowanlagen stehen noch nicht ganz so dicht aufeinander, viele Unterkünfte sind einfach, aber immer mehr werden zu besseren Häuschen ausgebaut. Die Besiedelung entlang der Straße ist geringer. Mehrere einheimische Restaurants und Supermärkte haben auch in der Monsunzeit geöffnet.

Übernachtung

Sayang Beach Resort ①, ✆ 075-684165, 💻 www.sayangbeach.com; 35 mit Bambusmatten ausgekleidete Holzbungalows mit Fan oder AC direkt am Strand, uriges Bad. Restaurant am Strand mit Thai und indischer Küche, auch vegetarisch, aber überteuert; nette Leute, sehr beliebt. ❸
Lanta Sand Resort & Spa ①, ✆ 075-684354, 💻 www.lantasand.com; viel gelobte Komfortanlage im herrlichen, tropischen Garten, große Doppelbungalows mit Meersicht, 77 erstklassige, hellhörige Zi, Strandrestaurant, Pool mit vielen Liegen. Besonders bei Familien mit kleineren Kindern sehr beliebt. Ruhestörende Bar nebenan. ❽
Das familiäre Thai-Restaurant **Second Home** daneben serviert exzellenten Fisch und Seafood. Auch **Suza Hut** (rechts daneben) und **Mr. Wee** bereiten bestes Essen zu.
Lanta Pearl Village Resort ②, ✆ 075-684204, ✉ pearlvillagelanta@hotmail.com; in zweiter Reihe im weitläufigen, schattigen Palmenhain. 15 gute, saubere Holz- und Bambusbungalows mit Dusche unter freiem Himmel, gutes, günstiges Essen, Dauer-TV, Internet 1 Baht/Min. Sehr freundliche Familie. ❷–❸
Lanta Dusit Resort ⑤, ✆ 075-684769, 💻 www. lanta-dusit-resort.com, familiengeführtes Resort mit AC- und Fan-Bungalows, 50 m vom Strand. ❹
Lantawadee Resort ⑥, ✆ 075-684720, neues Resort mit Hängematte auf der Terrasse, offenes Bad, TV mit Deutscher Welle, freundliches Personal. ❺
Lanta Nakara ⑥, ✆ 075-422275, Holzbungalows mit Kühlschrank, in gerader Linie vom Strand zurückversetzt. ❹–❺
Lanta Long Beach Bungalows ⑥, ✆ 075-684198, 💻 www.lantalongbeach.com, überteuerte, eng aneinander gebaute, saubere Bungalows mit Du/WC, Moskitonetz und Terrasse; vom Strand zurückversetzt, Restaurant mit schöner Sicht, teures Essen, Mopedverleih. ❹, AC ❺
Layana Resort & Spa ⑥, ✆ 075-607100, 💻 www.layanaresort.com, sehr beliebte, kleinere, exklusive Anlage mit persönlicher Betreuung, 50 erstklassige, geräumige Bungalows, Restaurant,

Pool, große Liegewiese, herzliches, fröhliches Personal. Viel gelobter, deutscher Manager. Für kleine Kinder nicht geeignet. Bestes Resort der Insel. ❸

Lanta Casuarina Resort ⑨, ✆ 075-684685, 💻 www.lantacasuarina.com, abseits zwischen vermüllten Grundstücken gelegenes, ruhiges Resort am Strand, 51 Zi im 2-stöckigen Hotel, z. T. Meersicht, Bungalows beim Pool, einfallsloses Frühstück, freundliches Personal. Vorwiegend schwedische und finnische Gäste. Für längeren Urlaub weniger geeignet. ❻–❼

Good Days Lanta Chalet & Resort ⑫, ✆ 075-684186, ✉ info@gooddayslanta.com, gutes Hotel, Steinbungalows mit Fan und AC an einer Lagune und am Strand. Gute Lage, nettes Personal. Restaurant nicht besonders. ❹–❻

Andaman Sunflower Resort ⑭, ✆ 081-6099503, einfache, saubere Bambusbungalows in einem schönen Garten, 100 m zum Strand, leckeres, billiges Essen; nette Besitzer, aber die Verständigung auf Englisch ist nicht leicht. In der Nähe das Reggae House. ❷–❸

Freedom Estate ⑩, ✆✉ freedomestate1@hotmail.com, 075-684251; 6 EZ-Apartments mit toller Aussicht hoch am Hang jenseits der Straße, 10 Min. zu Fuß zum Strand, unter Thai-Schweizer Leitung. ❺

Lanta Garden Hill ⑪, ✆ 075-684210-1, 💻 www.lantagardenhill.com; ca. 50 sehr saubere, nette, komfortable AC-Bungalows aus Stein, in 2 Reihen am Hang jenseits der Straße, Terrasse mit toller Sicht zum Meer. Privatparkplatz; nette Besitzer, Restaurant, Swimming Pool. Super-Rabatt in der Nebensaison. ❺

Lanta Marina Resort ⑮, ✆ 081-6774522, am KM 6,2. Schöne, ruhige Anlage unter Palmen, gutes, originales, superscharfes Thai-Essen. Geleitet von Frau Nita. Der Strand ist mit Felsen durchsetzt, zum Schwimmen muss man 200 m weiter gehen. ❷–❸

Chaw-Ka-Cher Tropicana ⑱, ✆ 075-637970, 💻 www.lantatropicanaresort.com, jenseits der Straße beim KM 7 abseits gelegen, ruhiges Boutique Resort im Thai-Stil mit wenig Schatten, 23 Villas, kleiner Pool, eintönige Küche, Bar, Internet, 15 Min. zum Strand. ❺–❻

Reggae am Meer

Im **Reggae House** am südlichen Ende des Strandes wurde ein Paradies aus Treibgut errichtet. In lustigen Pavillons kann man seine Drinks zu Reggae-Musik direkt am Meer genießen und der untergehenden Sonne zublinzeln.

Essen und Unterhaltung

Faim de Loup – Café Francais, Frühstücks-Alternativen in Form von Croissants und Baguette. Man sitzt in Bambus-Pavillons oder auf der Caféterrasse.

Café Flip Flop, gute Thai- und internationale Küche, Internetnutzung mit Laptops im Café, abends werden neue Filme auf Englisch gezeigt, netter dänischer Betreiber.

Thai Cuisine Restaurant & Bar, östlich der Straße. Der Chefkoch gibt persönlich Tipps. Essen sehr gut.

Bistro Lanta, gegenüber der Disco Opium, feine, preiswerte Thai-Gerichte (i.b. Curries), die Besitzer Meo und Tum verbreiten eine familiäre Atmosphäre und veranstalten individuelle Kochkurse.

Hippie Bar, neben dem Mountain Corner, jeden Abend Live-Musik.

Klong Khong Beach

Der Klong Khong Beach (auch Klong Khoang) ist ein langer, von Pandanus gesäumter, schmaler Sandstrand. Bei Ebbe schauen die Steine heraus, nur bei Flut kann man schwimmen und schön schnorcheln. Die Bungalowanlagen stehen dicht aufeinander und bieten meist nur wenig Komfort. Hier trifft man hauptsächlich Rucksackreisende. Zwischen der dörflichen Ansiedlung entlang der Straße liegen nur wenige Restaurants, am Strand entlang laden ausgefallene Bars zum Chillen ein.

Übernachtung

Ban Phu Klom Beach

Blue Andaman Lanta Resort ⑲, ✆ 075-684565, 💻 www.blueandaman.com, unterschiedliche kleine und größere Bambus- und Steinbunga-

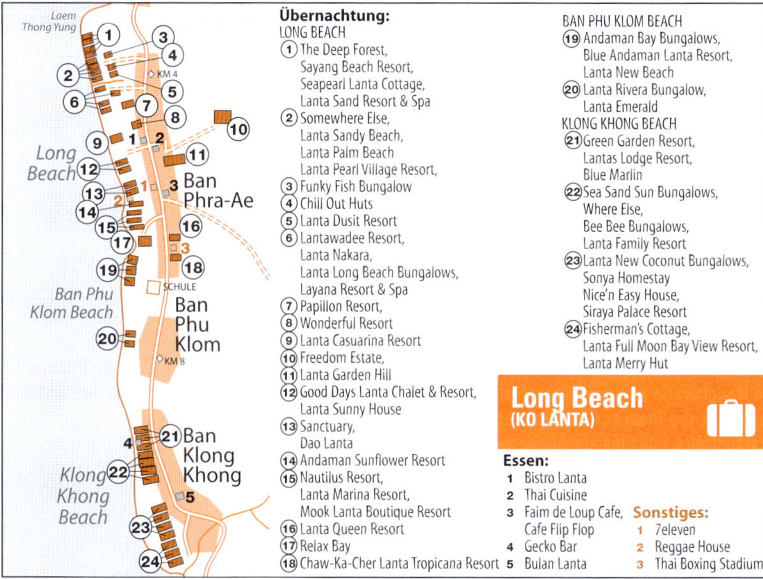

lows mit Fan oder AC, Warmwasser und Balkon, Restaurant am Pool mit tollem Seafood-Barbecue. Sound Shack Bar am Strand mit ruhiger Musik. Mauer am Strand. ❸, AC ❹–❺

Lanta New Beach (19), ✆ 075-684317, am KM 8,5; Steinbungalows im Palmengarten mit Balkon und Du/WC in 2 Reihen; gut für Familien, ruhig, keine Nachbarn. Internet, Restaurant mit Bar am Strand. ❸–❹

Lanta Rivera (20), ✆ 075-684300, 24 sehr kleine, saubere, spartanische Steinbungalows mit Du/WC und unakzeptable Holzbungalows in einem schönen Palmenhain; offenes Restaurant. Nette Bang Beach Bar, manchmal sehr laut bis 3 Uhr morgens; Strand-Volleyball. Viele Beschwerden übers Personal. ❸–❹

Klong Khong Beach

Where Else (22), ✉ whereelse_lanta@yahoo.com, ✆ 081-4535599, grasbewachsener Palmenhain, 15 liebevoll gestaltete, einfache Bambus- und Holzhütten auf Pfählen mit guten Matratzen, Moskitonetz und Du/WC unter freiem Himmel; gutes, gemütliches Strandrestaurant (u. a. leckere indische Gerichte). Schöner Strand, im Meer felsig. Der freundliche Besitzer Wit spricht gut Englisch, schafft eine familiäre Atmosphäre und bemüht sich, den Aufenthalt so entspannend wie möglich zu gestalten. Sicherer Safe, Bücher, Spiele, Mopedverleih (200 Baht/ Tag). ◷ Okt–Mai (Juni–Sep Unterkunft möglich). ❸–❺

Bee Bee Bungalows (22), ✆ 081-5379932, schöne Anlage mit Bambushütten in einer Kokosplantage, Hippie-Ambiente, romantisches Abendessen direkt am Strand, sehr feines, günstiges Essen, leckeres Phat Thai, nette Bedienung, viele Bücher. ❷

Fisherman's Cottage (24), , ✆ 081-4761529, 💻 www.fishermanscottage.biz, sehr schöner Palmengarten am Sandstrand, 11 gepflegt wirkende, unterschiedliche Bungalows, offe-nes Restaurant mit gutem, preiswertem Essen. In der Bar/Lounge (mit DJ, der diese Bezeichnung auch verdient) kümmert sich das freundliche und interessierte Personal um einen. ❺

Essen und Unterhaltung

Bulan Lanta, hervorragendes und recht preiswertes Essen, Internet und TV. An der Hauptstraße auf der Höhe des New Coconut, östlich der Straße.
Gecko Bar, gleich neben dem Lantas Lodge Resort, geniale Bar mit bequemen Liegestühlen aus Bambus, Großleinwand für Fußballspiele. Leckere Pizza und Thai Currys, von einem Franzosen geführt.

Klong Nin Beach

Die Hauptstraße biegt in diesem Strandabschnitt quer über die Insel zur Ostküste ab. Die Westküstenstraße führt bis zur Südspitze und ist bis zum Kantiang Beach asphaltiert. Der 2,5 km lange, schöne Sandstrand ist von ein paar Felsvorsprüngen unterbrochen. Die Flut überspült den Strand fast völlig. Hier liegen recht gute Unterkünfte mitten im Dorf am Strand. Die Infrastruktur ist noch nicht sehr entwickelt. Auch in der Nebensaison sind die Anlagen offen. Nach Ban Saladan benötigt man mit dem Auto vom Klong Nin Beach ca. 35 Minuten.

Vor einigen Jahren wurde die sehenswerte Höhle **Tham Khao Mai Kaeo** (Diamond Cave) bei Ban Klong Nin entdeckt (ca. 3 km vom Klong Nin Beach). Ca. 1,5 km hinter Ban Klong Nin geht es rechts ab (beschildert), dann sind es noch 20 Min. zu einer kleinen Siedlung am Fuße der Höhlen. Von dort führt ein Weg durch intakte Natur mit teilweise bis zu 50 m hohen Bäumen, z. T. auf steilen Treppen und Leitern aus Bambus, hoch zum Höhlensystem. Es sollte nur mit einem Führer aus der Siedlung aufgesucht werden, der 150 Baht p. P. für 2 Stunden bekommt und dafür auch Taschenlampen bereithält. Er hilft bei der anstrengenden, wirklich abenteuerlichen Kletterei in den drei Höhlen, die ineinander übergehen. In einem Becken kann man baden. Abwärts geht es 200 m auf wackligen Bambusleitern. Lange Hosen und feste Schuhe sind notwendig, eine zusätzliche gute Taschenlampe ist hilfreich. Der Ausflug wird an den Stränden auch als Tagestour (9–16 Uhr) für 250 Baht angeboten.

Übernachtung

Rawi Warin Resort & Spa ②, ✆ 075-607400, 💻 www.rawiwarin.com, riesige Luxusanlage am Hang und beim Strand. Mehrere Pools, Meerwasserpool draußen im Meer. ❻
Lanta Palace ③, 💻 www.lantapalace.com, ✆ 075-697123, 35 Komfortbungalows mit AC, Kühlschrank, Warmwasser und TV; offenes Strandrestaurant. ❺
Lanta River Sand Resort ④, ✆ 075-697296, großzügige Bungalows, z. T. völlig aus Naturmaterialien, und kleine Hütten in traumhafter Lage auf einer Halbinsel am Nordende des Strandes; sehr hilfsbereite, gebildete Besitzerin, die gut und gern auf Englisch diskutiert; hervorragendes Seafood. ❸–❹
Lanta Nice Beach Resort ⑥, ✆ 075-662662, 💻 www.krabidir.com/lantanicebeach; kleine, günstige Stein-Bungalows mit Fan, neue AC-Bungalows, am Strand und auf der anderen Straßenseite, etwas abseits am Beginn des Dorfes. ❸–❺
Lanta Nature Beach Resort ⑨, ✆ 075-697266, ✉ naturebeachresort@yahoo.com, am Hang gelegene, nette Anlage, Hütten jenseits der Straße und eng stehende Steinbungalows Richtung Strand mit Fan oder AC. ❸–❹, AC ❹–❺
Lanta Miami Bungalow ⑨, ✆ 075-697081, 💻 www.lantamiami.com; zwischen Strand und Straße, zwar sehr sauber und gepflegt, aber zu viele Steinbungalows (mit und ohne AC); Restaurant. ❸, AC ❹
Sri Lanta ⑩, ✆ 075-697288, 💻 www.srilanta.com; Boutique-Hotel auf beiden Seiten der Staubstraße, große Holzhütten am Hang. Bei Indianern und Hindus entliehene philosophische Elemente, die es erlauben, für einfache Dinge einen extrem hohen Preis zu verlangen, z. B. Frühstück im pyramidenförmigen Strandrestaurant auf Bodenmatten serviert, 275 Baht. Pool, Yoga, Meditationen, Sternebeobachtung. Das Management warnt wegen scharfkantiger Felsen vor Baden im Meer. Überfordertes Personal. ❻–❼
Lanta Coral Beach Resort ⑫, ✆ 075-618073, saubere Steinbungalows unter Palmen, hoch über dem Meer, tolle Sicht, sehr ruhig. Zugang

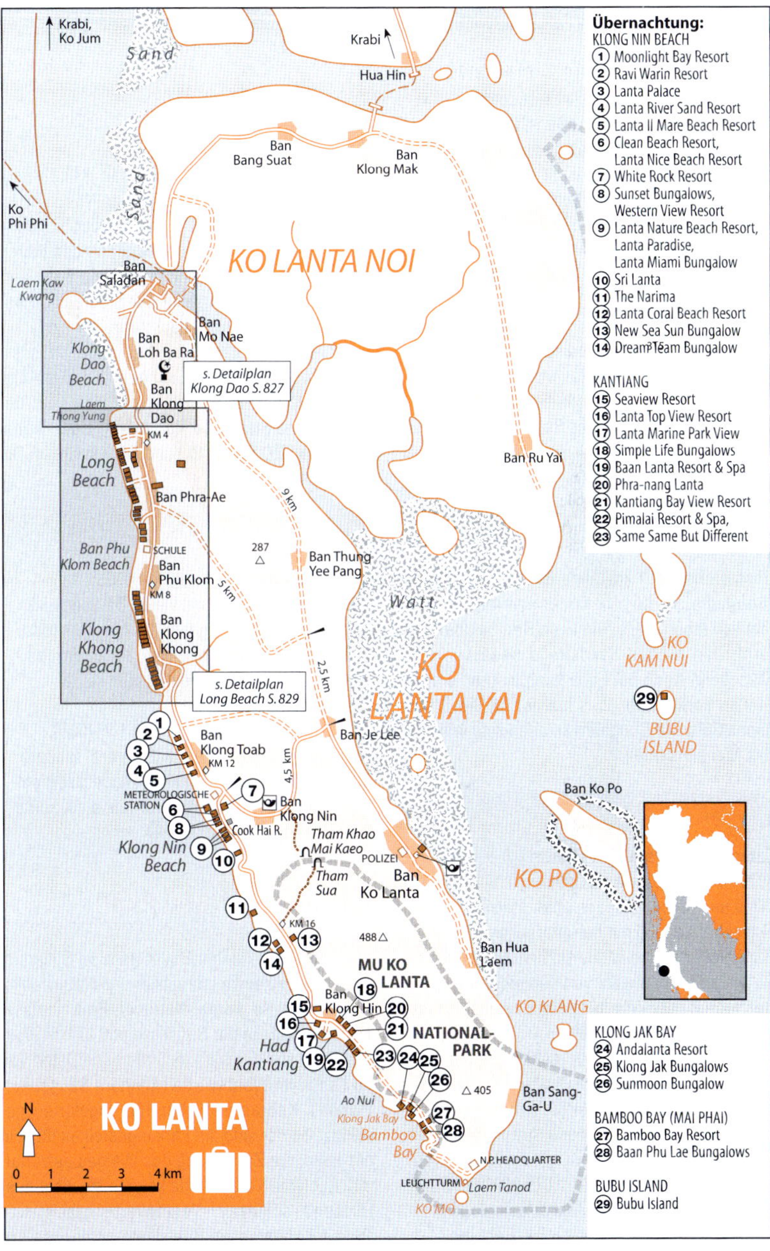
KO LANTA
Übernachtung:
KLONG NIN BEACH
1 Moonlight Bay Resort
2 Ravi Warin Resort
3 Lanta Palace
4 Lanta River Sand Resort
5 Lanta Il Mare Beach Resort
6 Clean Beach Resort, Lanta Nice Beach Resort
7 White Rock Resort
8 Sunset Bungalows, Western View Resort
9 Lanta Nature Beach Resort, Lanta Paradise, Lanta Miami Bungalow
10 Sri Lanta
11 The Narima
12 Lanta Coral Beach Resort
13 New Sea Sun Bungalow
14 Dream Team Bungalow
KANTIANG
15 Seaview Resort
16 Lanta Top View Resort
17 Lanta Marine Park View
18 Simple Life Bungalows
19 Baan Lanta Resort & Spa
20 Phra-nang Lanta
21 Kantiang Bay View Resort
22 Pimalai Resort & Spa,
23 Same Same But Different
KLONG JAK BAY
24 Andalanta Resort
25 Klong Jak Bungalows
26 Sunmoon Bungalow
BAMBOO BAY (MAI PHAI)
27 Bamboo Bay Resort
28 Baan Phu Lae Bungalows
BUBU ISLAND
29 Bubu Island
KO LANTA NOI
KO LANTA YAI
Krabi, Ko Jum
Krabi
Hua Hin
Sand
Ko Phi Phi
Ban Bang Suat
Ban Klong Mak
Ban Saladan
Laem Kaw Kwang
Ban Mo Nae
Ban Loh Ba Ra
Klong Dao Beach
Ban Klong Dao
Laem Thong Yung
s. Detailplan Klong Dao S. 827
KM 4
Long Beach
Ban Phra-Ae
9 km
287
Ban Thung Yee Pang
Ban Ru Yai
Ban Phu Klom Beach
SCHULE
Ban Phu Klom
KM 8
5 km
Watt
Klong Khong Beach
Ban Klong Khong
2,5 km
s. Detailplan Long Beach S. 829
KO KAM NUI
BUBU ISLAND
Ban Je Lee
Ban Klong Toab
KM 12
4,5 km
METEOROLOGISCHE STATION
Ban Klong Nin
Cook Hai R.
Klong Nin Beach
Tham Khao Mai Kaeo
Tham Sua
POLIZEI
Ban Ko Lanta
Ban Ko Po
KO PO
KM 16
488
MU KO LANTA NATIONAL-PARK
Ban Hua Laem
Ban Klong Hin
KO KLANG
Had Kantiang
Ao Nui
Klong Jak Bay
Bamboo Bay
405
Ban Sang-Ga-U
N.P. HEADQUARTER
LEUCHTTURM
Laem Tanod
KO MO
N
0 1 2 3 4 km

zum Wasser durch spitze Felsen verwehrt, 200 m weiter ok. ❸

Dream Team Bungalow ⑭, ✆ 075-618171, 💻 www.dreamteambeachresort.com; Ao Nui Beach, am KM 16,5. 70 große, saubere Bungalows mit Fan oder AC in idyllischem, gepflegtem Garten; teures Restaurant mit schöner Sicht; Pool mit vielen Liegen, freundliches Personal; Sandstrand mit Felsen, Fußweg zu besserem Badestrand (10 Min.). ❺–❼

Essen

Richeys Bar, gute thailändische Küche.
Bakery, im Rawi Warin Resort, guter Kaffee, leckere Teilchen und Kuchen.
Cook Hai, hervorragendes Restaurant, auch mit nordthailändischen Köstlichkeiten.

Kantiang

Die malerische, 1 km lange Bucht Had Kantiang (Betonung auf dem I), in der mehrere Fischerfamilien leben, liegt 20 km von Ban Saladan entfernt. Den breiten Sandstrand bedecken viele Muscheln. Auch bei Ebbe kann man an einigen Stellen schwimmen. Bis hierher ist die Straße asphaltiert. Die Bungalowanlagen sind während des Monsuns offen.

Übernachtung und Essen

Lanta Marine Park View Resort ⑰, ✆ 081-3970793, hoch an einem Osthang in lichtem Wald ungepflegte Anlage unter malaiisch-moslemischer Leitung mit heruntergekommenen Bungalows, einige mit herrlichem Blick über die Bucht, andere umweht von Küchengerüchen. Restaurant mit guter Aussicht; Bar, nachts laute Musik vom Strand. ❷–❹.

Kantiang Bay View ㉑, ✉ reekantiang@hotmail.com, ✆ 081-2736008, Bungalows und Restaurant am Hang mit toller Sicht, beschwerlicher Weg zu Unterkunft und Strand. ❷–❸, AC ❹–❺

Pimalai Resort & Spa ㉒, ✆ 075-607999, 💻 www.pimalai.com; riesige Luxusanlage mit zweistöckigen Chalets ab 11 500 Baht pro Nacht. Wird als überteuert kritisiert, keine 5 Sterne. ❽

Klong Jak Bay

Der schöne Badestrand **Klong Jak** (KM 22) liegt traumhaft ruhig inmitten üppiger Natur. Er ist auch mit dem Pickup über einen steilen, kurvigen Weg zu erreichen. Schöne Wanderungen führen zum hübschen Wasserfall (immer am Bach entlang, 1 Std.) und über steile Hügel durch den National Park (3 km) zum Leuchtturm.

Schwimmen kann man bei jedem Wasserstand, sogar im Monsun, daher sind einige Anlagen ganzjährig offen. 800 m nördlich liegt der sehr schöne Strand **Ao Nui.** Alle Anlagen bieten Massage (250 Baht/Std.) und Schnorcheltouren (550 Baht) an.

Übernachtung

Anda Lanta Resort ㉔, ✆ 075-607555, am Anfang des Strandes mit vielen Bäumen und Palmen, sehr ruhige, gepflegte Anlage, große Bungalows im modernen Thai-Stil am Strand und kleinere, schlichtere dahinter, keine Moskitonetze. ❺–❻

Klong Jak Bungalows ㉕, ✆ 081-7370980, schlichte Bambushütten und neuere, saubere Steinbungalows in rustikaler Anlage direkt am herrlichen Strand; ruhig, naturnah; entspannte familiäre Atmosphäre. ❷–❸

Bamboo Bay (Mai Phai)

Diese hübsche, kleine Bucht ganz im Süden ist etwas für Einsamkeitsfanatiker und Naturfreaks.

Der **Mu Ko Lanta National Park** umfasst 134 km² Wald auf der Südspitze und 27 km² Wasserfläche mit 15 Inseln im Süden und Osten von Ko Lanta. Im Wald werden kleinere Säugetiere, Pythons, Kobras und über 100 Vogelarten geschützt. Leider sind die Parkangestellten nicht in der Lage, die Zerstörung des Waldes aufzuhalten. Auch die Korallenriffe können sie nicht ausreichend schützen. Verantwortungsbewusste Traveller könnten die Bootsleute bitten, ihre Anker nicht zwischen den Korallenstöcken, sondern gezielt im Sand abzuwerfen. Übernachten im Park ist zwar nicht verboten, wird aber wegen der fragilen Ökologie nicht gern gesehen. Der Nationalpark ist nur durch die Naturstraße bis zum Leuchtturm beim Headquarter erschlossen. Der 2 km lange Dschungelspaziergang ist lohnenswert. Am Sandstrand der Tanod Bay kann man baden. Tagestouren für 700 Baht, Flossen nicht vergessen.

Übernachtung

Bamboo Bay Resort ㉗, ✆ 075-697069, 💻 www.bamboobay.net; gepflegte Anlage, 18 Bungalows am steilen Hang oberhalb der Straße, ausgezeichnetes Restaurant am Meer, fantastische Sicht über die Bucht, gut geschultes, Englisch sprechendes Personal, familiäre Atmosphäre; unter hervorragender Thai-dänischer Leitung. ❷–❹, AC ❺

Baan Phu Lae Bungalows ㉘, ✆ 081-2011740, 💻 www.lanta.de/baanphulae; 9 sehr schöne Bungalows mit Du/WC, am Strand und unter Bäumen am Hang dahinter, Hängematte, Moskitonetz; nette Besitzer. Besonders empfehlen unsere Leser das leckere Essen. ❷

Die Inseln vor Ko Lanta

Vor der Ostküste Ko Lantas liegen einige kleine Inseln. Nur auf der bewaldeten **Bubu Island** kann man übernachten. Wer Ruhe und Einsamkeit nicht scheut, ist hier richtig.

Übernachtungsmöglichkeit im **Bubu Island** ㉙, ✆ 075-618066, in 15 Bungalows mit WC (Brackwasser) und einem Schlafsaal (80 Baht). Relativ teures Restaurant. Sehr netter Besitzer. Von Dez bis April geöffnet. Der Matsch-Strand lädt allerdings kaum zum Schwimmen ein. ❸

Zu erreichen am besten mit dem Minibus und Boot von **Owart & Friends** in Krabi, Nähe Chaofa Pier, ✆ 075-611693. Ansonsten am Hafen von Bo Muang beim Pa Saree Restaurant, ✆ 075-699044, nachfragen.

Ab Trang mit **K.K. Tour**, am Bahnhof, ✆ 075-211198.

Die südliche Andamanenküste

Trang

In der angenehmen, chinesisch geprägten Provinzhauptstadt mit 75 000 Einwohnern fallen viele moderne, gut bestückte Läden ins Auge. Fast 2000 Jahre lang lag Trang am Meer und war eine bedeutende Handelsstadt. Im 19. Jh. wurde sie wegen ständiger Überflutungen weiter ins Landesinnere verlegt. Heute dient sie hauptsächlich als wichtiger Umschlagplatz für den Kautschuk, der in der Umgebung in Familienbetrieben gewonnen wird. Die Stadt macht einen wohlhabenden Eindruck.

Einige chinesische **Tempel** sind mit interessanten Höllendarstellungen geschmückt. Von der **Buddha-Statue** hinter dem Bahnhof auf dem Hügel hat man einen herrlichen Blick über die Stadt. Ziemlich laute Dreirad-Scooter verkehren in der Stadt.

Erst in den letzten Jahren wurden die einsamen Strände der Provinz entlang der 119 km langen Küste und eine Handvoll der 47 wunderschönen Inseln touristisch erschlossen. Jede Resortinsel ist von Trang aus problemlos mit einem Kombiticket für Minibus und Boot zu erreichen. Das neue Speedboot von Ko Lanta fährt über Ko Hai, Ko Muk und Ko Bulon in nur drei Stunden nach Ko Lipe. Die Entfernungen zu den herrlichen Stränden der Provinz schrumpfen. Die beste Zeit für Fahrten entlang der Westküste und zu den Inseln ist von Dezember bis April. Die Wasserfälle wirken während der Regenzeit (Juni–Nov) am eindrucksvollsten.

Übernachtung

Gästehäuser

PJ Guest House ⑮, 25/12 Sathani Rd., ✆ 075-217500, beim Bahnhof, Stadthaus mit 8 kleinen, einfachen Zi, Gemeinschafts-Du/WC, Dachgarten. Tickets, Mietwagen, Touren, professionelle Beratung durch Mr. Pong. ❷

My Friend Guest House ⑯, 25/17 Sathani Rd., ✆ 075-225447, 💻 www.myfriend-trang.com, 30 m weiter, Stadthaus mit großen, sauberen

AC-Zi, TV, Warmwasser-Du/WC; Restaurant mit schönen Sitzgruppen davor, Internet. ❸

Hotels

Koh Teng (Backpackers) ⑩, 77-9 Praram 6 Rd., ✆ 075-218622, sauber, im ruhigen hinteren Gebäudeteil sehr große Zi mit Fan, einige AC-Zi, beliebte Restauranthalle; freundlicher Besitzer, für Anspruchsvolle weniger geeignet. ❷, AC ❸

Trang Hotel ⑪, 134/2-5 Wisetkun Rd., ✆ 075-218157, modernes Gebäude am Uhrturm, große, saubere AC-Zi mit Fan und TV, nach hinten ruhiger; guter Coffeeshop, freundliches Personal mit geringen Englischkenntnissen, Discount möglich. ❸

Thumrin Thana Hotel ⑥, 69/8 Trang Thana Rd., ✆ 075-211211, gutes Hotel mit Aufzug, 289 große, hervorragend ausgestattete AC-Zi mit großem Bad; Restaurants, Coffeeshop, Pool, Fitnesscenter, Autovermietung. ❺

M. P. Hotel ⑤, 184 Phattalung Rd., ✆ 075-214230, am Stadtrand, ist wie ein Schiff geformt; 191, gering belegte, luxuriöse Zi; Restaurants, Pool, Pool-Bar, Fitnesscenter, Tennis. Auch wenn es einige Verschleißerscheinungen zeigt, ist es für den Preis noch sehr günstig. ❹

Essen

Der **Nachtmarkt** Center Point in der Ruenrom Rd. ist nach Sonnenuntergang gut und unterhaltsam.

Essenstände machen nach 18 Uhr überall an der Praram 6 Rd. auf.

Gute, billige Restaurants liegen an der Straße hinter der Markthalle und neben dem Queens Hotel.

Einige hervorragende Restaurants in der Praram 6 Rd. servieren u. a. erstklassiges Seafood zu moderaten Preisen, z. B. gegenüber vom 7eleven das exzellente **Khao Tom Pui** ohne englisches Schild, aber mit englischer Speisekarte, ◷ 16–4 Uhr.

In der **Wunderbar** gegenüber vom Bahnhof wird gutes europäisch-thailändisches Essen zu akzeptablen Preisen serviert, Fassbier, Wein, importierter Käse, sehr gute Pizza. Gute Musik, netter Service, unter Leitung des Deutschen Matthias. Günstige Touren (s. S. 836). ◷ ab 9 Uhr.

Frühstückstreff der Traveller ist ab 7.30 Uhr die Restauranthalle des **Koh Teng Hotels**. Der freundliche Besitzer kümmert sich aufmerksam um seine Gäste. Alles geht sehr fix.

In den chinesischen Coffeeshops wird vorzüglicher Kaffee *(kopi)* serviert, im Gegensatz zum üblichen *kafae*; man kann ihn z. B. in der modernen **Sin Ocha Bakery** nahe beim Bahnhof testen.

Das **Sea Breeze Cafe** nördlich vom Bahnhof ist ein nettes, offenes Ecklokal, von Thais und Touristen besucht.

In netten, offenen Cafés kann man zu einer Tasse Kaffee den guten Kuchen testen, für den Trang bekannt ist.

Eine weitere Spezialität von Trang ist Spanferkel, serviert mit vielen kleinen chinesischen Happen.

Sonstiges

Autovermietungen

Bei **Trang Travel**, ✆ 075-219598, 📠 211290, Autos und Minibusse mit Fahrer für 1500 Baht/Tag, bei **Andrew Tour** für 1300 Baht/Tag sowie bei **Wunderbar Tours** und **Sukorn Beach Travel** beim Bahnhof.

Bücher

Ani's Shop, ✆ 081-3974574, ✉ happy_hans1@hotmail. com, hat gute Secondhand-Bücher, darunter viele deutsche und schönen Schmuck. Vermittelt ein sehr ruhiges Gästehaus im Stadtzentrum.

Informationen

Gibt es am besten bei den vielen *Travel Offices* beim Bahnhof. Im Internet aktuell unter 💻 www.webtraveltrang.net.

Medizinische Hilfe

Ein Krankenhaus für Tropenkrankheiten liegt Richtung Flugplatz links. Bei Malariaverdacht wird eine Blutanalyse gemacht (80 Baht, 2 Std.).

Motorräder

Suzukis (250 Baht/Tag) werden gegenüber vom Koh Teng Hotel sowie von **Wunderbar Tours** und

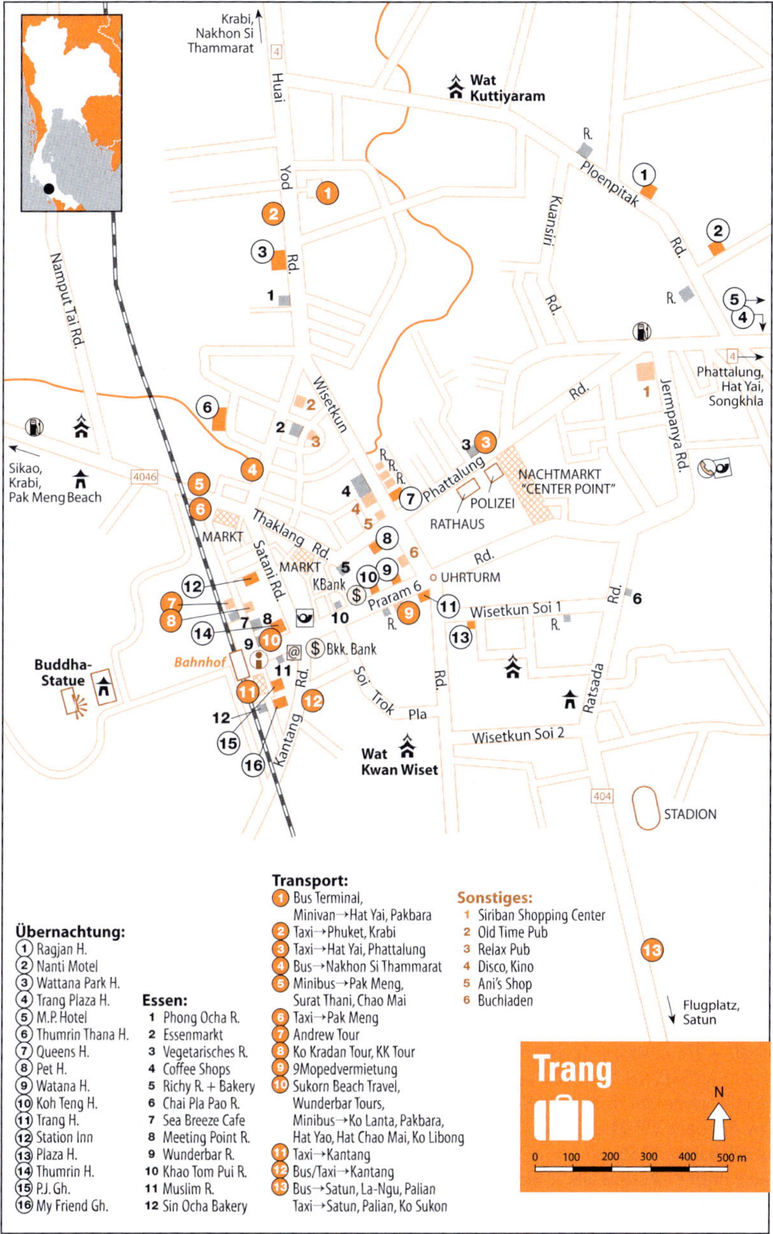

Krabi, Nakhon Si Thammarat
Wat Kuttiyaram
Huai Yod Rd.
Ploenpitak Rd.
Kuansiri Rd.
Nampu Tai Rd.
Wisetkun
Phattalung Rd.
Phattalung, Hat Yai, Songkhla
Jermpanya Rd.
Sikao, Krabi, Pak Meng Beach
NACHTMARKT "CENTER POINT"
POLIZEI
RATHAUS
MARKT
Thaklang Rd.
Satani Rd.
KBank
Praram 6 Rd.
UHRTURM
Wisetkun Soi 1
Bkk. Bank
Bahnhof
Buddha-Statue
Soi Trok Pla
Kantang Rd.
Ratsada Rd.
Wisetkun Soi 2
Wat Kwan Wiset
STADION
Flugplatz, Satun
Übernachtung:
1 Ragjan H.
2 Nanti Motel
3 Wattana Park H.
4 Trang Plaza H.
5 M.P. Hotel
6 Thumrin Thana H.
7 Queens H.
8 Pet H.
9 Watana H.
10 Koh Teng H.
11 Trang H.
12 Station Inn
13 Plaza H.
14 Thumrin H.
15 P.J. Gh.
16 My Friend Gh.
Essen:
1 Phong Ocha R.
2 Essenmarkt
3 Vegetarisches R.
4 Coffee Shops
5 Richy R. + Bakery
6 Chai Pla Pao R.
7 Sea Breeze Cafe
8 Meeting Point R.
9 Wunderbar R.
10 Khao Tom Pui R.
11 Muslim R.
12 Sin Ocha Bakery
Transport:
1 Bus Terminal, Minivan→Hat Yai, Pakbara
2 Taxi→Phuket, Krabi
3 Taxi→Hat Yai, Phattalung
4 Bus→Nakhon Si Thammarat
5 Minibus→Pak Meng, Surat Thani, Chao Mai
6 Taxi→Pak Meng
7 Andrew Tour
8 Ko Kradan Tour, KK Tour
9 9Mopedvermietung
10 Sukorn Beach Travel, Wunderbar Tours, Minibus→Ko Lanta, Pakbara, Hat Yao, Hat Chao Mai, Ko Libong
11 Taxi→Kantang
12 Bus/Taxi→Kantang
13 Bus→Satun, La-Ngu, Palian
Taxi→Satun, Palian, Ko Sukon
Sonstiges:
1 Siriban Shopping Center
2 Old Time Pub
3 Relax Pub
4 Disco, Kino
5 Ani's Shop
6 Buchladen
Trang
N
0 100 200 300 400 500 m

Andrew Tour (mit Automatik 350 Baht) verliehen.

Reisebüros

Es gibt mehrere beim Bahnhof, z. B. **Play Far Tour (Andrew Tour)**, u. a. Minibus nach Pakbara (Ko Lipe).
K.K. Travel & Tour, ✆ 075-211198, u. a. Minibus nach Ko Lanta.
P.J. Tours, ✆ 075-217500, im Gästehaus, Tickets und Touren in der Umgebung.
Sukorn Beach Travel, ✆/✆ 075-211457, Buchungsbüro und Transfer um 11.30 Uhr für Sukorn Beach Bungalows, holländische Leitung. Ähnliches Angebot wie Wunderbar Tours.
Wunderbar Tours, ✆/✆ 075-214563, ✉ wunderbar@asia.com, 💻 www.wunderbar-trang.com, organisiert günstige Touren für max. 4 Pers. in den Dschungel, zu nahe gelegenen Inseln und Wasserfällen, speziell auch für Taucher und Angler. Tickets, Motorräder, Autos, Limousinen-Service. Gute Landkarten. Bucht Unterkünfte in der gesamten Region per E-Mail (auch auf Deutsch). Thai-deutsche Leitung.

Tauchen

Alle Reisebüros bieten 2- bis 4-tägige Tauchtrips auf die vorgelagerten Inseln an, vor allem nach Ko Ha Yai, Ko Muk, Ko Rok, sowie zu den weltbekannten Unterwasserfelsen Hin Muang (Purple Rock) und Hin Daeng (Red Rock).

Nahverkehr

Motorradtaxis kosten in der Stadt 20 Baht, Dreiradtaxis 30 Baht.

Transport

Busse

Alle Busse starten und kommen beim Bus Terminal, ✆ 075-210455, in der Huai Yod Rd. an.
Nach BANGKOK (862 km) AC-Busse um 8 und 9.30 Uhr sowie von 16.30 bis 17.30 Uhr für 484 bzw. 623 Baht, VIP-24-Bus um 17 und 17.30 Uhr für 965 Baht in 12 Std.
Nach PHUKET AC-Bus alle 30 Min. für 257 bzw. 265 Baht in 5 Std., fährt über KRABI für 129 bzw. 160 Baht in 2 1/2 Std.
Nach KHAO LAK mit dem Phuket-Bus bis Khok Kloi in 4–5 Std., umsteigen Richtung Takua Pa (50 Baht, 1 Std.).
Nach PHATTALUNG non-AC-Bus für 35 Baht in 90 Min.
Nach NAKHON SI THAMMARAT non-AC-Bus für 78 Baht, AC-Bus 112 Baht, ab dem Thumrin Thana Hotel.
Nach HAT YAI non-AC-Bus alle 30 Min. von 5.30–16.30 Uhr für 84–118 Baht.
Nach LA-NGU (für Pakbara) non-AC-Bus für 56 Baht, AC-Bus stdl. für 98 Baht in 2 Std., weiter nach SATUN non-AC-Bus für 74 Baht, AC-Bus 140 Baht. Per Motorradtaxi für 20 Baht zum Bus Stop.
Nach SURAT THANI Busse für 150 Baht (AC 170 Baht) in 4 Std.

Minibusse

Zum Strand von PAK MENG alle 30 Min. für 90 Baht (100 Baht zum Hafen und zum Resort), Taxi schräg gegenüber.
Zum Strand von HAT YAO und nach CHAO MAI jede Std. für 90 Baht.
Nach KO LANTA fährt bei K.K. Travel & Tour in der Saison um 10.30, 11.30, 12.30, 13.30 und 15.30 Uhr ein Minivan für 250 Baht über Ban Hua Hin (inkl. 2 Fähren) in 2 1/2 Std. nach Ban Saladan, in der Nebensaison nur 1x tgl. um 12 Uhr. Zurück um 7, 8 und 12 Uhr. Minibus-Charter kostet 1000 Baht.
Nach PAKBARA mit Andrew Tour vom Bahnhof (bei Chitlada Tour) um 11 Uhr für 200 Baht.
Mit Minibus und Boot nach KO BULON für 550 Baht, nach KO TARUTAO 500 Baht, nach KO LIPE 800 Baht, mit Speedboot 900 Baht, nach LANGKAWI über den Tammalang Pier von Satun 750 Baht.
Tickets bei allen Reisebüros.
Nach HAT YAI vom Bus Terminal ca. alle 30 Min. bis 17.30 Uhr für 100 Baht, weiter nach BUTTERWORTH (Malaysia) per VIP-Bus für insgesamt 450 Baht.
Nach NAKHON SI THAMMARAT für 112 Baht.
Nach SURAT THANI für 180 Baht in 3 Std.
Nach PHUKET für 450 / 500 Baht in 6 Std.

Sammeltaxis

Die Sammeltaxi-Stände sind im Stadtplan eingetragen.

Straßennamen

Die fantasievolle Umsetzung der Thai-Schreibweise ins Englische führt vor allem bei Straßen zu einer Vielfalt scheinbar neuer Namen: So heißt die Wisetkun Rd. auch Wisetkoon, Visedkun, Visedkul oder Wisekun.

Nach KRABI für 100 Baht (1 1/2 Std.), PHATTALUNG 60 Baht, NAKHON SI THAMMARAT 90 Baht, HAT YAI 90 Baht, SURAT THANI 130 Baht (AC 200 Baht), SATUN 100 Baht, LA-NGU 90 Baht.
Taxi von Trang nach PAKBARA 850 Baht.

Eisenbahn

Fahrplan s. S. 886f.
Von BANGKOK *Express* 83 um 17.05 Uhr mit AC-Schlafwagen in der 1. und 2. Klasse (ab 1419 / 823 Baht), Ankunft 7.15 Uhr, oder *Rapid* 167 um 18.20 Uhr mit Schlafwagen ohne AC, Ankunft 9.51 Uhr.
Nach BANGKOK *Rapid* 168 um 13.25 Uhr, Ankunft 5.05 Uhr, oder *Express* 84 um 17.20 Uhr, Ankunft 8 Uhr (ab 503 / 325 Baht in der 2./3. Kl.).

Flüge

Der Flugplatz liegt 5 km südlich der Stadt.
Nok Air fliegt 1x tgl. von/nach BANGKOK (DMK) für 1182–1462 Baht plus Gebühren von ca. 700 Baht.
Demnächst fliegt auch **Orient Thai**.

Boote

In PAK MENG, 39 km westlich von Trang, ist der Bootsverkehr gut organisiert. Longtail-Boote zu den Inseln KO HAI kosten 500 Baht, nach KO KRADAN 600 Baht.

Wasserfälle bei Trang

Wer etwas für Wasserfälle übrig und ein eigenes Fahrzeug zur Verfügung hat, kann vom H4 Richtung Phattalung am KM 53 nach Süden auf die **Straße der Wasserfälle** H4264 abbiegen. Von dieser Asphaltstraße aus sind mehrere Wasserfälle zu erreichen, die von der Banthat-Bergkette im Osten herabstürzen. Zum Fotografieren eignet sich der frühe Nachmittag bis 15 Uhr am besten. Mit Tuk Tuk kostet die Fahrt ca. 300 Baht, mit Taxi ca. 500 Baht, organisiert 1000 Baht.

Am KM 1 zweigt rechts ein Sträßchen zum **Lam Chan Bird Park** ab. Hier kann man nur selten Vögel beobachten, ganzjährig aber Waschbären und Affen in elenden Gehegen bedauern.

Am KM 11,7 führt eine Straße beim Thai-Schild *3 km* zum **Sairung-Wasserfall**. In einem schönen Monsunwald mit Baumfarnen bildet er einige kleine, bei der Dorfbevölkerung sehr beliebte Badeplätze. Nichts fürs Wochenende.

Am KM 15,5 geht es 3 km auf einem Schotterweg zum **Phraisawan-Wasserfall**, der in 7 Stufen herabstürzt. Am Fuße der 2. Stufe kann man in einem großen Pool schön schwimmen. Besonders die im dichten Wald schwer erreichbaren Stufen 3 und 7 sollen sehr schön sein.

Der **Lamplog-Wasserfall** am KM 20,5 liefert die Energie für ein kleines E-Werk (2 km). Danach geht es teilweise im Flussbett weiter bis zu einem natürlichen Schwimmbecken am Fall. Vorsicht, Felsen im Wasser!

Zu zwei weiteren Wasserfällen zweigt im Dorf Sam Yaek Palian am KM 26,4 eine Straße nach links ab (Schild 10 km). Schon unterwegs ist das breite, glitzernde Band des herabstürzenden Wassers zu sehen. Nach 9,8 km kommt der Parkplatz des **Toneteh-Wasserfalls** (auch Tontae) mit vielen Erfrischungsständen. Regierungs-Bungalows stehen zum Übernachten bereit. Den Fuß des Wasserfalls erreicht man auf einem leichten Pfad in 10 Minuten. Mehrere breite Wasserbänder stürzen ca. 100 m über eine schräge Felswand. In einem Strömungs-Pool kann man im Anblick von Wasserfall, Dschungelgewächsen und Baumfarnen schön schwimmen.

Am Ende des Dorfes Ban Laem Som zweigt vom KM 17,7 des H4125 (Thai-Schild: 3,2 km, 9,0 km) ein 9 km langer, schlechter Erdweg nach links zum **Chaopha-Wasserfall** ab. Der Fall besteht aus 25 Sinterterrassen von 5–10 m Höhe.

Die letzten drei Wasserfälle sind auch vom H404 zu erreichen, wenn man am KM 22 in Yan Ta Khao auf den H4125 nach Osten abbiegt, der nach 13 km auf den H4264 trifft.

Strände bei Trang

Pak Meng Beach

Der Strand von Pak Meng ist in den **Chao Mai National Park** integriert. Eintritt ist nicht zu zahlen. Der 5 km lange, von hohen Kasuarinen gesäumte Sandstrand wird fast ausschließlich von Thais besucht, vor allem an Wochenenden und in den Ferien. Leider verstreuen sie unglaublich viel Müll. Ein lokales Nachtleben mit Bars hat sich entwickelt. Zum Schwimmen ist der Strand viel zu flach, er eignet sich aber gut für Wattwanderungen, Strandspaziergänge und zum Muscheln sammeln. In den einfachen Restaurants gibt es ab und an hervorragenden Fisch oder Seafood. Wer Glück hat, erlebt bei Sonnenuntergang, wie sich die grandiosen Felsen im Meer gegen den glutroten Himmel abheben. Am nördlichen Ende liegt vor der Lagune der Pier für Fischer- und Ausflugsboote und für Boote nach Ko Hai. Das südliche Ende wurde mit einer betonierten Promenade gegen das in der Regenzeit anbrandende Meer geschützt. Auf halber Strecke zwischen Pak Meng und Trang liegt rechts der **Ang Thong-Wasserfall** mit einem netten Picknickplatz. Hier kann man auch auf Elefanten reiten.

Übernachtung

Pak Meng Resort, 60/1 Moo 4, ✆ 075-274111, ✉ pakmengresort@hotmail.com, 💻 www.pakmengresort.com; 2,4 km südlich der Abzweigung bei der Promenade landseitig am Strand. 24 nette Bungalows mit Fan oder AC und Du/WC im großen Garten, 2 schöne Häuser mit je 4 geschmackvoll eingerichteten AC-Zimmern am Klong; gutes Restaurant; freundliche Besitzerin. Tagesausflüge zu vorgelagerten Inseln, Motorrad 250 Baht/Tag, ein Kanu für 400 Baht/Tag. ❹

Lay Trang Resort, ✆ 075-274028, 100 m hinter dem Pier, ruhiger, kühler Garten mit Teich und Sitzgruppen unter großen Bäumen, AC-Bungalows, gepflegtes Restaurant mit gutem Essen. ❹

Transport

Von TRANG fährt jede halbe Std. ein Minibus über Pak Meng nach SIKAO für 60 Baht (bis zum Hafen oder Resort für 100 Baht).

Chang Lang Beach

Von Pak Meng geht es über die Klong Hla-Brücke zum **Chang Lang-Strand**. 300 m hinter der Brücke erhebt sich das riesige Amari-Resort mit 3-stöckigen Gebäuden. Nach 4,5 km ist am KM 6,5 das Visitor Center des Chao Mai National Parks (400 Baht Eintritt) erreicht. Der kilometerlange Sandstrand ist von Muscheln übersät, sehr flach und zum Schwimmen nicht geeignet, Zelten ist möglich. Die vielen hübschen, schattigen Picknickplätze sind bei jungen Thais sehr beliebt. Am südlichen Strandende gibt es einen Erfrischungskiosk, Wasser zum Abduschen und Toiletten. In der Nähe des Headquarters stehen Toiletten- und Duschhäuschen sowie 2 Bungalows, ❷–❹.

Übernachtung

Chang Lang Resort, ✆ 075-291008, 100 m links der Straße, 200 m vom Strand, hübsch angelegter, ummauerter Garten. Jeder Bungalow hat 4 kleine, saubere Zi mit Fan, die aber etwas steril wirken. Die größeren sind mit guten Möbeln ausgestattet und besitzen einen Decken-Fan. Gutes Restaurant. ❸–❹

Chang Lang Seasand Bungalow, ✆ 075-242259, direkt an der Straße, 50 m vom Strand, 10 nicht gerade einladende Zi in 5 Doppelbungalows mit Vorraum und Du/WC. ❸

Amari Trang Beach Resort, 💻 www.amari.com/trangbeach, ✆ 075-205888, am Strand, Luxushotel mit 138 Zi mit allen Annehmlichkeiten. ❽

Yong Ling Beach

Am KM 13 führt eine Schotterstraße nach rechts nach **Kuan Tung Ku** (1,6 km), wo Boote zur Insel Ko Muk ablegen. An der nächsten Abzweigung nach 3 km geht es nach links zum Fähranleger **Tha Sam** für die Fähre nach Kantang. Rechts beginnt die Kilometrierung der Asphaltstraße wieder bei 0. Sie führt zu zwei sehr schönen Stränden und endet nach 12,5 km beim Fischerdorf Ban Chao Mai / Mata Noi.

Am KM 5 zweigt eine 2 km lange Straße nach rechts ab zu den kilometerlangen, schattenlosen Stränden San Beach und Yong Ling Beach. Besonders bei Ebbe ist der letztere sehr reizvoll, da es dann Löcher unter den Felsen erlauben, zu

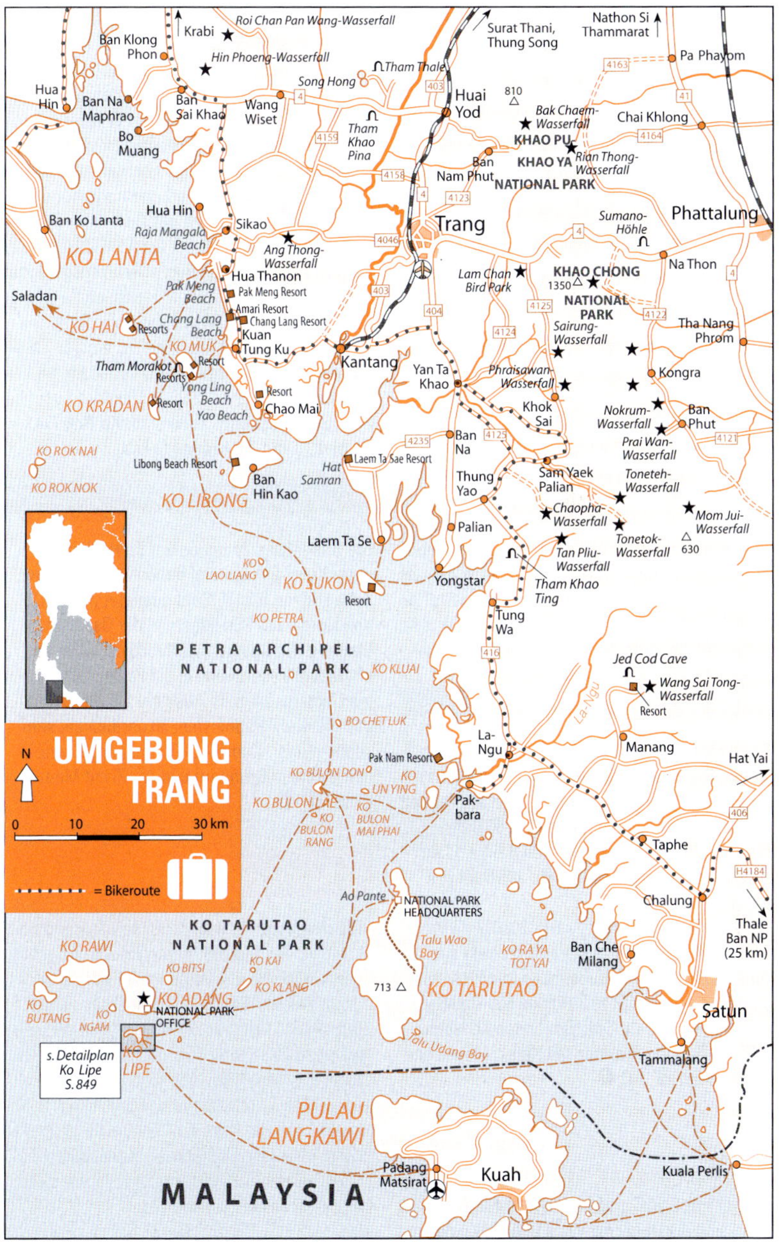

Die Andamanenküste

kleinen Stränden zu schlüpfen. Große Kasuarinen laden zu einem Picknick ein.

Hat Yao Beach

Am KM 8, 24 km südlich von Pak Meng, beginnt rechts der Hat Yao, ein sehr schöner, 4 km langer Sandstrand, der von Kasuarinen gesäumt wird. Am schönsten ist er am südlichen Ende, wo ein Felsen weit ins Meer ragt. Dort kann man auch sehr gut schwimmen, häufig sogar während des Monsuns (ca. Juni–Oktober). Leider gibt es auch Sandfliegen und sehr viel Müll. Ein Kiosk verkauft Getränke und sehr einfache Gerichte. Wasser zum Duschen kann man aus einem Brunnen heraufziehen.

500 m weiter werden im moslemischen Fischerdorf **Ban Chao Mai / Mata Noi** zeitweise Krebse und Krabben verkauft. Ein einfaches Seafood-Restaurant mit englischer Speisekarte und gehobenen Preisen steht auf Pfählen über dem Wasser. Das Dorf ist der Endhaltepunkt der Songthaews von Kantang (36 km) und eines Minibus von Trang (60 Baht, 2 Std.). Von hier aus geht es mit dem Boot für 200 Baht zur lohnenswerten **Chao Mai-Höhle**, die sich links flussaufwärts im Felsen befindet (die Tour dauert etwa 2 1/2 Std.).

Übernachtung

Sinchai's Chaomai Resort, 400 m vom Hat Yao rechts hinter dem Felsen, 10 einfache, etwas verwohnte Bungalows unter Palmen am flachen Strand, einfaches Restaurant, Zelt 50 Baht; Fahrrad 120 Baht, Touren für 100 Baht p. P. zur Chao Mai Cave – zu 3 Inseln für 400 Baht p. P. ❶–❸

Haadyao Nature Resort, ✆ 075-203012, 💻 www.thailandtrang.com; im Fischerdorf direkt am Pier, Holzhütten und Reihenhaus (mit YHA-Ausweis billiger); Touren zu 3 Höhlen 300–700 Baht p. P., Kajaks 50 Baht/Std., Boot nach Ko Libong 20 Baht. Dugong-Trekking mit Kajak, Maske und Schnorchel. ❷, AC ❸

Ko Hai เกาะไหง

Auf der nur 5 km² großen Insel Ko Hai (auch Ko Ngai) sind die Hügel mit Wald und die Küsten mit Kokosplantagen bedeckt. Ein 2 km langer, schöner Sandstrand an der Ostküste ist zum Teil mit Korallengestein durchsetzt. Bei Ebbe kann man nicht baden, es schauen an vielen Stellen die Korallenstöcke aus dem klaren Wasser heraus. Auch bei Flut muss man beim Schwimmen vorsichtig sein. Im Januar und Februar steht starker Ostwind auf den Stränden und treibt hohe Wellen heran. Als gute Zeit gilt Dezember bis Juli, Hochsaison ist von Januar bis April. Zu jeder Zeit ist die Insel zum absoluten Relaxen geeignet, denn außer einer kleinen Tauchschule gibt es nur Strand, Palmen, Wald und totale Ruhe.

Es werden Bootsausflüge zu einigen Inseln und ans Festland organisiert. Vor allem am Wochenende kann man sich Ausflüglern anschließen. Gern besuchte Ziele sind: **Ko Rok** (24 km), **Ko Muk** (8 km), **Ko Kradan** (8 km).

Übernachtung

Die Bungalowsiedlungen auf Ko Hai liegen unter Kokospalmen und haben ein Restaurant. Zelte können für 150 Baht gemietet werden. Von Nord nach Süd liegen an der Ostküste:

Chateau Hill Resort, ✆ 075-580420, 💻 www.chateauhillresort.com, in die Felsen integriertes Luxusresort, tolle Aussicht auf die Bucht und die drei Felseninseln. 36 geräumige, sehr schön eingerichtete AC-Doppelbungalows (mit eigenem Brunnen) und AC-Zi mit Meeresblick. ❼–❽

Faltbootfahren auf dem Meer

Die Inseln vor der flachen Küste von Trang sind kaum für den Tourismus erschlossen und geben echten Abenteurernaturen noch viel zu entdecken. Wer gar Erfahrung mit Meeres-Faltbootfahrten hat, kann zur Zeit des ruhigen Wassers während des Nordostmonsuns, also von Oktober bis Januar, eine herrliche Route befahren. Etwa 10 Tage (oder mehr) benötigt man z. B. für die Strecke Hat Yao – Ko Libong – Ko Muk – Ko Lanta – Ko Jum – Ko Siboya – Krabi. Unterwegs laden immer noch einsame Strände zum Zelten ein, auch an der Festlandküste.

Blick auf die Nordspitze von Ko Hai

Co Co Cottage Resort, ✆ 02-6730966, direkt am Sandstrand unter Palmen, schöne, angenehme Anlage, 28 Zi in Bungalows und einem Reihenhaus aus Naturmaterialien am Strand und mit Meersicht, mit Bad und Veranda. ❺–❻
Fantasy Resort, ✆ 075-206923, 🖳 www.kohhai.com, gepflegte Anlage am Nachbarstrand, 38 AC-Komfortbungalows geschmackvoll eingerichtet, die vorderen mit herrlicher Strandterrasse; hervorragendes, aber teures Essen, Pool mit Bar, Internet; Tauchbasis Rainbow Divers, schöner Schnorchelplatz vor dem Resort; manchmal sind Nashornvögel auf dem Gelände zu sehen. ❻
Koh Hai Resort, 🖳 www.kohngairesort.com, ✆ 075-206924-6, im Südosten vor Felsen an einer 200 m langen Sandbucht, großer, tropischer Garten, 52 sehr schöne Designer-Bungalows in erstklassiger Lage und 20 einfache Zi im 2-stöckigen Reihenhaus, Restaurant mit toller Sicht, Beach Bar, langer Pier. Bei Ebbe kann man trockenen Fußes zur Ostküste wandern. ❺–❽
Koh Hai Paradise, ✆ 075-203024, auf der Südwestseite der Insel an braunem, 400 m langem Sandstrand mit Felsen an beiden Enden, gut zum Baden und Schnorcheln. Weit verstreut unter Palmen liegen 16 einfache, saubere Holzbungalows mit Bad und Terrasse mit Meersicht; preiswertes Restaurant am Strand. Sehr gutes Schnorcheln an einem etwas weit vorgelagerten Riff. Infos und Abfahrt am Meeting Point Restaurant in Trang um 12 Uhr, 250 Baht. ❹

Tauchen

Die von den Deutschen Brigitte und Lothar geleitete Tauchschule **Rainbow Divers**, ✆ 075-206962, 🖳 www.Rainbow-Diver.com, hat ihre Basis im Koh Hai Fantasy Resort. Die schönen, fast exklusiven Tauchplätze liegen im Umkreis von 20 Min. Bootsfahrt und sind oft auch gut zum Schnorcheln geeignet. Tagesausflüge führen je nach Bedarf in die Umgebung, u. a. zu den Super-Tauchplätzen bei Hin Daeng und Hin Muang. PADI-Kurse.

Transport

Vom Pier in PAK MENG fährt in der Saison um 10.30 Uhr ein Boot zu allen Resorts für 300 Baht p. P. (40 Min.). Zurück geht es um ca. 13 Uhr. Ein Speedboot fährt um 12.30 Uhr in 20 Min. für 450 Baht.

Ansonsten Charter für 1200 Baht/Longtail-Boot. 2x tgl. passiert die Doppeldeckerfähre von BAN SALADAN nach KO KRADAN auch Ko Hai (400 Baht).

Ko Muk เกาะมุก

Diese Insel, auch Ko Mook genannt, liegt nur wenige Kilometer vom Festland entfernt. Die Nord-, West- und Südküste fallen steil zum Meer ab. Einige kleine Buchten sind in die Felsküste eingebettet. Auf der Ostseite schiebt sich eine flache Landzunge, die Coconut Beach, ins seichte Meer. Hier liegt ein Moslem-Fischerdorf. Die Bungalowanlagen am schönen **Farang Beach** (auch Yao Beach) sind nach einer längeren Wanderung, mit Motorradtaxi oder per Boot zu erreichen. Einige können bereits in Trang gebucht werden.

Die flacheren Teile der Insel sind mit Gummi- und Kokosplantagen, die Hügel zur Hälfte mit dichtem Wald bedeckt, in dem seltene Vögel und Fliegende Hunde leben. Im Meer werden manchmal Seekühe gesichtet, die auch Dugong genannt werden (auf Thai: *Pla Payun* oder *Pla Duyong*). Hier gibt es auch besonders viele Delphine (auf Thai: *Pla Loma)*.

An der Westseite von Ko Muk liegt ein kleines Naturwunder, **Tham Morakot** (Emerald Cave). Es ist nur mit dem Boot erreichbar, orange Bojen markieren den Eingang. In die 50 m lange Meereshöhle kann man bei ruhigem Wasser und dem richtigen Wasserstand, der normalerweise bei Flut erreicht ist, hineinschwimmen. Eine wasserdichte Taschenlampe ist erforderlich und eine Schwimmweste empfehlenswert. Am anderen Ende mündet der Tunnel in eine Lagune mit schönem Strand. Weitere Tagesausflüge sind nach Ko Kradan und zu anderen Inseln möglich. Boote kann man im Dorf chartern, die Preise sind auszuhandeln.

Übernachtung

Ostküste

Koh Mook Resort, ✆ 075-219199, ca. 1,5 km nördlich vom Dorf; einfache Bambushütten mit und ohne Du/WC zwischen Palmen und Gummibäumen; Restaurant. Der Strand hat feinen Sand, der zum Meer steinig wird. Das Meer ist so flach, dass man bei Ebbe nicht

Koh Mook Sivalai Resort, ✆ 089-7233355, 💻 www.kohmooksivalai.com, an der Spitze der Insel neben dem Fischerdorf, 21 nette, gut ausgestattete Villas mit toller Architektur. Bei Ebbe ist das Meer viele hundert Meter entfernt, die Abfälle der Fischereiflotte riechen dann unangenehm. ❽

Farang Beach

Der Strand kann von der Ostküste in einem 3 km langen Fußmarsch erreicht werden. Hier hat sich das touristische Zentrum der Insel etabliert, hier landen Taxiboote, es gibt Internet und eine kleine Tauchschule (bis März). Auf den 4-, 5- oder gar 6-Insel-Touren sieht man fast nichts.

Charlie, 60 Steinbungalows mit Bad, 2 Reihen einfache Bambusbungalows mit happigen Preisen, aber inkl. Frühstück; Restaurant mit verwestlichtem Essen, Strandbar; Schnorchel-, Flossen- und Kanuverleih. ❸–❹, AC ❺

Rubber Tree Bungalows, ✆ 081-2704148, hinter Charlie am Hügel, meist mit einer schönen Brise, Bungalows mit Bad. Sehr gutes Restaurant, super das Masaman Curry. Nette Besitzer. ❸

Mookies, hinter dem Had Farang Resort, bietet Zelte unter Palmdächern mit Fan und Federkernmatratze für 250 Baht an. Strom 24 Std. Geleitet vom netten Australier Brian und seiner Thaifrau Sombun, die jeden Abend australisches BBQ mit Seafood veranstalten. Treffpunkt durstiger Partynaturen. ❷

Sawasdee Resort, ✆ 075-207964, 12 nette, schattige Holzbungalows direkt am Strand, abends grillt der fröhliche Chef persönlich. Sehr beliebt, daher Reservierung ratsam. Kanus zu mieten. Wahrscheinlich nur noch bis April 2008 offen. ❸–❹

Zentrum

Emerald Creek, ✆ 087-2718793, einige saubere, gemauerte Bungalows, schön gelegen, ca. 10 Min. vom Dorf, 20 Min. zu Fuß vom Charlie Beach. Tid, der Besitzer, kümmert sich engagiert um seine Gäste, seine Schwester kocht gut und günstig. ❷

Transport

Am einfachsten von Trang mit dem Kombiticket (Minibus und Boot) bis zum Farang Beach für 350 Baht, bei jedem Reisebüro.
Alternative: Vom PAK MENG BEACH zwischen 11 und 13 Uhr mit dem tgl. Longtail-Boot für 200 Baht p. P.
Das neue Speedboot von Ko Lanta (s. S. 833) nach Ko Lipe hält auch am Farang Beach.

Ko Kradan เกาะกระดาน

Die Hälfte der flachen Insel ist mit Gummi- und Kokosplantagen bedeckt. Der dichte Wald des Restes gehört zum **Had Chao Mai National Park**. Das klare Wasser erlaubt wunderschönes Schnorcheln an intakten Korallenriffen. Der schöne Sandstrand auf der Ostseite ist besonders bei einheimischen Ausflüglern beliebt. Bei Flut wird er allerdings sehr schmal, zum Teil völlig überspült, bei Ebbe kann sich das Wasser weit zurückziehen. Beim Schnorcheln sollte man sich vor Seeigeln in Acht nehmen. An der Westseite liegt der **Sunset Beach**, ein langer, mit Felsen durchsetzter, schmaler, gelbweißer Sandstrand. Am besten ist er mit einem Guide zu finden. Hier soll sich die Amari-Gruppe eingekauft haben.

Übernachtung

Ko Kradan Paradise Beach, am Pier, völlig verschmutzte Zi in Langhäusern. Die Tourist Business Organisation of Trang bezeichnet dieses Resort als „Schande für Trang". ❹
Paradise Lost, 💻 www.kokradan.com, ✆ 089-5872409; in der Mitte der Insel zwischen vielen Obstbäumen, 20 unterschiedliche Bungalows aus Naturmaterialien, z. T. mit Gemeinschafts-Du/WC, guter Service, vielfältiges, leckeres Essen, aber langsam. Geleitet vom Amerikaner Wally und seiner Frau Tong. 24 Std. Generatorstrom. 15 Min. zum Strand. ❹

Transport

Reisebüros in Trang organisieren den Transfer für 250 Baht p. P. Mit einem Boot ab PAK MENG oder KUAN TUNG KU für 600 Baht hin und zurück; vorbuchen in Trang.
Das einzige Fahrzeug auf der Insel ist ein Motorrad mit Beiwagen.

Ko Rok เกาะผดำ

Die beiden mit Dschungel bedeckten Inseln **Ko Rok Nok** und **Ko Rok Nai** etwa 40 km vor der Küste gehören zum **Ko Lanta National Park**. Auf Ko Rok Nai ist ein Außenposten des Nationalparks stationiert. Sehr interessant sind dort die großen Bindenwarane. An extra für sie angelegten Futterplätzen kann man sie besonders leicht beobachten. Die Inseln, bekannt für ihre schönen Strände und Korallengärten, werden bei sicherem Wetter von Booten angefahren, in der Saison normalerweise täglich mit den Speedbooten von Ban Saladan (Ko Rok Tour) für ca. 250 Baht pro Person. In sehr guten Zelten für 2–8 Pers. kann man für 50 Baht p. P. übernachten. Restaurant neben der Ranger Station mit einfachen Thai-Gerichten. Das offene Meer vor diesen Inseln hat schon viele Fischer und ihre Boote begraben. Ein Leser hat beide Inseln in jeweils 4 Std. umrundet, zur Hälfte schnorchelnd, sonst am Strand gehend.

23 km weiter westlich liegt der massive Kalksteinturm **Hin Daeng** im offenen Meer. Er ragt nur wenige Meter aus dem Wasser auf und fällt auf einer Seite senkrecht 50 m ab – ein herrliches Tauchrevier mit Sichtweiten von 15–25 m. Nach Meinung von Experten stellt der Hin Daeng einen Tauchplatz der Weltklasse dar. Nur wenige hundert Meter entfernt liegt der Unterwasserfelsen **Hin Muang**, der völlig von Weich-, Leder- und Steinkorallen überzogen ist und eine große Artenvielfalt an Fischen beherbergt. Auch Haie, Walhaie und riesige Rochen suchen die Felsen auf. Tauchausflüge zu den Inseln und Felsen werden von den Tauchschulen auf Ko Phi Phi (s. S. 785), in Ban Saladan auf Ko Lanta (s. S. 822), auf Ko Hai (s. S. 840) und auf Phuket veranstaltet.

Ko Libong

Auf der größten Insel der Provinz Trang liegen drei Dörfer mit insgesamt 5000 Einwohnern, vorwiegend Fischer und Kautschukfarmer. Hier spricht niemand Englisch. Es gibt keine Autos, nur ein paar Mopeds quälen sich über unbefestigte Pfade durch den Regenwald. Am **Juhoi Cape**, der Ostspitze, brüten ungewöhnlich viele Vögel. Im Zentrum der Insel liegt die schöne Tropfsteinhöhle **Tham Hin Pang**. Im Meer leben die seltenen Seekühe *(Pla Payun)*, auch Dugong genannt, die sich von Seegras ernähren. Sie sind geschützt und sollen wissenschaftlich untersucht werden. Die östlichen Strände sind extrem flach.

Übernachten kann man im viel gelobten Resort an der Westküste mit herrlicher Sicht auf die vorgelagerten Inseln. Der schöne, lange Sandstrand mit einigen Felsen eignet sich bei Flut gut zum Baden. Bei Ebbe schauen veralgte Korallenbänke heraus. Schwierige Pfade führen durch urigen Regenwald. Bei **Ban Lang Khao** gibt es im einzigen Laden außer Keksen und Zigaretten nichts Interessantes. Wer auf eigene Faust die Insel besucht, sollte darauf gefasst sein, wie ein Marsmensch bestaunt zu werden. Interessant sind auch Ausflüge zu kleineren Inseln.

Übernachtung

Libong Beach Resort, ✆ 075-210013, 081-4778609, 500 m von Ban Hin Khao entfernt, sehr ruhige, gut geführte Anlage, einfache, saubere Nur-Dach-Hütten aus Naturmaterialien mit Terrasse hinter dem Bach, etwas charakterlose Doppelbungalows davor und einige bessere Chalets aus Bambusmatten (z. T. AC) unter Palmen vorn am Strand; sehr freundliche, familiäre Atmosphäre; gutes Restaurant. ❸–❹

Song Pi Nong Bungalow, ✆ 087-2762003, an einem kleinen, steinigen Strand neben einem Fischerdorf, 7 einfache Holzbungalows am Wasser. Beim Schwimmen sind Badeschuhe ratsam. Interessantes Dorfleben. ❸

Transport

Mit einem Boot von BAN CHAO MAI direkt zum Resort für 100 Baht p. P. (400 Baht pro Boot) in 30 Min.

Ko Sukon เกาะสุกร

Vor der Küste von Palian liegt die schöne Insel Sukon (auch Ko Sukurn), auf der 2500 Fischer, Bauern und Kautschukpflanzer leben. Neben 5 Pickups fahren vor allem Mopeds auf den wenigen Kilometern befestigter Straße. Von einem der beiden 150 m hohen, mit Busch-Dschungel bewachsenen Hügel kann man nach anstrengendem Aufstieg (30 Min.) über die Insel und bis Krabi und Satun blicken. Der Strand beim Fischerdorf ist sehr flach. Im Dorf gibt es mehrere Läden, ein gutes Restaurant und zwei Gästehäuser. Hier sind die Moslems sehr freundlich. Die Resorts liegen 3 km entfernt nebeneinander an der ruhigen Westküste der Insel an einem 500 m langen, sauberen, grau-braunen Sandstrand mit vielen Muscheln und einigen Steinen.

Übernachtung

Im Dorf

Nach dem **Pawadee Guesthouse** oder **Jan and Cream Bungalow**, ❸, fragen.

Westküste

Lo Yai Beach

Sukorn Beach Bungalows, ✆ 075-207707, 💻 www.sukorn-island-trang.com; saubere Anlage unter Palmen am nicht besonders tollen, 600 m langen Strand; 12 Zi in 3 Häusern und 10 stabile Bungalows aus Holz und Bambusmatten, alle mit Fan, Du/WC und Terrasse; Strom bis 23 Uhr. Freundliche, hilfsbereite Besitzer (Holländer und Thai), die gut Englisch sprechen. Auch am Wochenende ruhig. Auslandsgespräche, Kanu-, Mountainbike- und Mopedverleih. ❹, AC ❺

Eine neue **Luxusanlage** mit wenigen AC-Bungalows und Pool ist im Bau.

Koh Sukon Resort (Sukorn Island Resort), großer, schattiger Garten mit alten Bäumen am Hang, 49 schöne, renovierte Bungalows mit Fan, Du/WC, sehr sauber; Restaurant. Ruhiger Strand, auch für Familien geeignet. Freundliche Besitzer und Leiterin. Schöner Aussichtspunkt über der Anlage. ❸–❹

Nördlich vom Lo Yai Beach

Sukorn Cabana Resort, ✆ 089-7242326, 💻 www.sukorncabana.com, unkomplizierte Anlage in einer kleinen, sehr schönen Bucht, die bei Ebbe zu Fuß erreichbar ist, 12 Holzbungalows mit Fan, alle mit Meersicht; nettes, sympathisches Personal. ❹–❺

Nordspitze (Lodalam Bay)

Trang Island Resort, ✆ 081-8080144, 💻 www.trangresort.com/en, neue Anlage unter Palmen mit komfortablen Holzbungalows. Nur als Paket zu buchen. ❺

Touren

Sukorn Beach Bungalows and Tours vor Ort oder **Sukorn Beach Travel** in Trang, ✆/📠 075-211457, organisieren Schnorchel- und Ausflugstouren zu benachbarten Inseln, z. B. zum Ko Petra-Nationalpark, nach Ko Takiang und Ko Laoliang. Ko Laoliang besteht aus zwei Inseln, eine mit Fischerdorf und die zweite mit einem Zeltresort für Taucher und Kletterer. Die Zelte sind mit Fan ausgestattet und liegen an einem kleinen, weißen Sandstrand vor riesigen Kalkfelsen, 💻 www.xsitediving.com.

Transport

Von Trang mit dem lokalen Bus für 25 Baht nach YAN TA KHAO und weiter mit dem offenen, blauen Bus für 35 Baht zum Pier LAEM TA SAE. Longtail-Boote zur Insel in 15 Min. für 250 Baht pro Boot. Mit dem Taxi ab Trang und Boot ab 350 Baht p. P.

In beiden Fällen weiter mit Motorradtaxi für 50 Baht p. P.

Die Sukorn Beach Bungalows organisieren von ihrem Office in Trang tgl. um 11.30 Uhr einen Transfer für 90 Baht.

Pakbara ปากบารา

Pakbara (Betonung auf der letzten Silbe), 58 km nordwestlich von Satun, ist Ausgangsbasis für die Überfahrt zu den Inseln Tarutao, Lipe und Bulon Lae. Wenn der schmutzige Strand auch nicht zum Schwimmen einlädt, so sind es vielleicht die fantastischen Ausblicke, die guten Seafood-Restaurants oder die wenigen westlichen Touristen, die so manchen ein paar Tage verweilen lassen. Ein El Dorado für Fotografen sind die tollen Sandformationen beim Abebben. Dass dieser Ort den Fischern auch als Rotlichtviertel dient, ist kaum zu sehen.

In diesem moslemisch geprägten Dorf sollten Shorts und Badekleidung gar nicht erst ausgepackt werden. Am betriebsamen Fischerhafen befindet sich ein Büro des Tarutao National Parks. Vom Pier fahren Longtail-Boote für 10 Baht in 15 Minuten durch schöne Kalkfelsenlandschaft zum Resort auf der vorgelagerten Insel **Ko Kebang**.

Übernachtung

Die Unterkünfte in **Pakbara** liegen am Strand und an der Straße, fast alle ohne Restaurant. Die meisten Zi haben Du/WC und Fan, aber kein Moskitonetz, obwohl es von Stechfliegen wimmelt.

Die angegebenen Entfernungen sind vom Hafen aus gemessen:

Andrew House, 50 m links, ✆ 081-8978482, einfache Zi im OG von Andrew Tour, geleitet von der Lehrerin Orawan. ❷

Best House, 300 m links, ✆ 074-783058, etwas zurückversetzt, 20 Zi mit Fan, AC, TV, Warmwasser-Du/WC in Bungalows, Doppel- und Twinbetten, Besitzer sprechen Englisch und geben sich Mühe, gutes Restaurant. Sehr sicher. ❸

Diamond Beach Bungalow, 500 m, ✆ 074-783138, 200 m von der Straße zurückversetzt, 13 nette Bungalows im Sandgarten, schöne Sicht vom Restaurant vorn am Flussstrand. ❷–❸

Krachom Sai Bungalow, 550 m, ✆ 074-783371, an der Flussmündung auf einem großen Gelände mit Kasuarinen; einfache, sehr saubere A-frame Hütten mit Eternitdach, Mini-WC integriert. Das Personal spricht kein Englisch, ist aber sehr freundlich. ❷

Grand Villa, 600 m, ✆ 074-783499, 2-stöckige Gebäude an der Straße, beste Zi im OG, sauber und gepflegt, Personal freundlich, keine Englischkenntnisse. Seafood-Restaurant. ❸

Marina Bungalow, 800 m, verschiedenartige, hübsche Holzbungalows auf großem Gelände, direkt am Meer, an einem ruhigeren Weg parallel zur Straße. ❷

Ko Kebang

An einem schönen, mit Muscheln durchsetzten, aber zum Baden wenig geeigneten Sandstrand liegt das nette **Pak Nam Resort** (auch Bag Nam Resort), ✆ 074-781109, 20 A-frame-Hütten aus Kokosmatten unter Palmen, gute Du/WC; Restaurant. Für Naturliebhaber, Kanus zu vermieten; Gratis-Shuttledienst von Pakbara, Anruf genügt. ❷

Essen

Die nicht gerade billigen Seafood-Restaurants liegen direkt an der Straße und am Strand etwa 1–3 km vom Hafen entfernt.
Am Hafen und vor dem Kino an der Hauptstraße gibt es mehrere einfache und bessere Restaurants.

Sonstiges

Informationen

In den Reisebüros, v. a. bei **Pakbara Travel** beim Pier und bei Orawan, der agilen Leiterin von **Andrew Tour**, ✆ 081-8978482. Im Internet unter 💻 www.webtravelpakbara.net.

Internet

Einige Shops entlang der Straße.

Nationalpark

Am Hafen (Eintritt 10 Baht) liegt das **Ko Tarutao National Park Office**, ✆ 074-729002-3, von dessen Pier in der Saison alle offiziellen Boote nach Ko Tarutao, Ko Adang und Ko Lipe fahren.

Reisebüros

Andrew Tour, ✆ 081-8978482, verkauft alle Tickets, betreibt einen Minibus-Service und veranstaltet Touren zu den Inseln.
Pakbara Travel, 💻 www.pakbaratravel.com, ✆ 074-783637, beim Pier, veranstaltet mehrtägige Touren auf die Inseln ab 2800 Baht.

Transport

Busse

Von TRANG mit Bus (56 Baht, AC 98 Baht, 2 Std.) nach LA-NGU (dort eine Bank), weiter mit dem Pickup nach PAKBARA (15 Baht), oder mit dem Minibus vom Busbahnhof um 15 Uhr für 200 Baht in 90 Min.
Mit Minibussen von den Reisebüros tgl. um 11 Uhr direkt nach PAKBARA für 250 Baht, auch diverse Kombitickets für Minibus und Boot nach Ko Bulon und Ko Lipe.
Von SATUN mit dem Bus (30 Baht) oder Sammeltaxi (50 Baht) nach LA-NGU.
Von HAT YAI mit dem direkten Bus 732 alle 2 Std. von 6.15–16.15 Uhr für 65 Baht (AC 90 Baht) in 2 1/2 Std.; außerdem fährt ein weißer Minibus jede volle Std. für 120 Baht in 2 Std. vom Talad Kaset (4 km westl. des Bahnhofs, zu erreichen per Tuk Tuk für 10 Baht p. P.) bis Pakbara.
Von KRABI mit dem Minivan um 7 und 11 Uhr für 450 Baht in 3 Std.
Von PHUKET Minibus für 650 Baht über PHANG NGA (550 Baht).
Der Minibus von Andrew Tour, ✆ 081-8978482, vom Pakbara Pier nach TRANG um 13.30 Uhr in 90 Min. für 200 Baht (bis LA-NGU 20 Baht) wartet auf das Fährboot von Ko Lipe. Weitere Minibusse um 9, 11 und 15 Uhr. Alle fahren weiter nach KO LANTA und KRABI für jeweils 450 Baht.

Taxis

Zum Grenzübergang Wangprachan für 800 Baht, zum Tammalang Pier bei Satun für 600 Baht.

Boote

Die Abfahrtszeiten verzögern sich je nach Wetter, Wellengang und sonstigen Unwägbarkeiten um bis zu 30 Min., manche Boote fallen ganz aus. Boote fahren nur in der Saison von Nov bis Ende April tgl., sonst nur am Freitag.
Nach TARUTAO um 9 und 16.30 Uhr für 250 Baht, zurück um 9 und 12 Uhr.
Alle Boote nach Ko Lipe halten auch am Pier von Ko Tarutao oder bei Ko Bulon.
Nach KO BULON mit einem kaum noch seetüchtigen Boot um 11.30 und 14.30 Uhr für 300 Baht in 90 Min., zurück um 9 und 14.30 Uhr.

Von Pakbara nach Ko Lipe
Adang Sea Tour (Fährboot), hin: 10.30–14, zurück: 10–13.30, 500 Baht, hin und zurück: 900 Baht
Forra Travel (Speedboot), hin: 11–13, zurück: 9–11, 650 Baht, hin und zurück: 1200 Baht
Tigerline (Fährboot), hin: 13–15.30, zurück: 9–11.30, 650 Baht, hin und zurück: 1100 Baht
Lipeh Ferry (Speedboot), hin: 13–14.30, zurück: 10–11.30, 650 Baht, hin und zurück: 1200 Baht
Ferryline (Fährboot), hin: 13.30–17, zurück: 9–12.30, 500 Baht, hin und zurück: 900 Baht

Achtung: Der Rückfahrschein gilt nicht für alle anderen Boote! Beim Umsteigen auf das Longtailboot kommen 50 Baht hinzu.

Ko Bulon Lae เกาะบูลอนเล

Diese schöne, hügelige, kleine Insel liegt 22 km vom Festland entfernt. Sie ist Teil des 1984 zum Nationalpark erklärten **Petra-Archipels** – ein Kleinod in schöner Natur mit friedlicher Atmosphäre. Bulon Lae (gesprochen: Bulon Läh) wird auch Bulon-Leh, Mulon Lae und sogar Molone genannt. Saubere, von Muschel- und Korallenschrott durchsetzte, von Kasuarinen gesäumte Sandstrände eignen sich bestens zum Baden und Schnorcheln. Ruhesuchende jeden Alters kommen für ein paar Tage her. In Strandnähe tummeln sich viele Familien mit kleinen Kindern. Saison ist von November bis Mai. An den Sandstränden im Osten stehen Bambusmattenhütten, die an langen Wochenenden und in den Ferien von Thais frequentiert werden. Die strandfernen Anlagen sind billiger, aber weniger beliebt. Im Nordwesten leben etwa 500 Chao Leh, Seenomaden, in einem kleinen Dorf. Anmarsch vom Strand im Osten in ca. 20 Min. durch schönen Wald.

Zu den Inseln **Ko Bulon Don** (von Seenomaden bewohnt, unberührte Strände, Zelten möglich), **Ko Bulon Mai Phai** (Bambus-Insel, unbewohnt, zum Zelten geeignet) und **Ko Bulon Rang** werden ein- und mehrtägige Bootstouren angeboten.

Übernachtung

Pansand Resort, 💻 www.pansand-resort.com, ✆ 081-3970802; großzügige Anlage am Hang, 50 m zum Strand; 27 verschiedenartige, saubere Bungalows für gehobenes Publikum; vorbuchen ratsam; großes, relativ teures Restaurant; Maske und Schnorchel zu mieten. Internet. Strom ab 18.30 Uhr. ❺
Bulone Resort, 💻 www.bulone-resort.com, ✆ 081-8979084; im Nordosten direkt am Strand, saubere Anlage, einfache Hütten mit Gemeinschafts-Du/WC und neue Familienbungalows, Licht bis Mitternacht, recht gutes Restaurant, Internet, Englisch sprechendes Personal, sehr angenehm. Maske, Schnorchel und Flossen zu mieten. ❷–❹
School Bungalows, ✆ 089-6564183; links von der Bootsanlegestelle, 200 m zum Strand, einfache Anlage, 8 Bambusmattenhütten mit Du/WC, kein Restaurant. ❸
Bulon Hill Resort, ✆ 089-6584853, ✉ bulonhill @yahoo.com, hinter dem Bulon Resort am Hang, 6 unattraktive, überteuerte Bungalows mit Du/WC; gutes Restaurant mit schnellem Service; der hilfsbereite Chaeng spricht gut Englisch. Internet. ❸
Bulon Viewpoint Resort, ✆ 074-728005, ✉ bulon_view_satun@hotmail.com, schöne, weitläufige Anlage mit verschiedenartigen, renovierungsbedürftigen Bungalows an einem Hügel an der Nordküste (Panka Noi Bay), die billigeren mit Gemeinschaftsdusche; teilweise schöne Aussicht, am besten ist der Bungalow 8A; gutes, etwas teures Restaurant, nette Leute. 300 m weiter liegt ein schöner Strand, an dem man auch schnorcheln kann. ❸
Chaolae Food and Homestay, ✆ 086-2902519, 8 nette Bungalows am Hang im Wald, mit Du/WC, gutes Restaurant Chaolae Food. ❸
Jungle Hut, vom Dorf zur Mango Bay auf einer Gummi-Farm, 10 nette, sehr preiswerte Bungalows mit Bad, Restaurant. ❷

Essen

Abends trifft man sich bei dem Einheimischen Bang Daeng oder im Laden von Djiab, einer aufgeschlossenen, schlagfertigen Chinesin.

Pin & Mooda Restaurant, Nähe Viewpoint Resort, Mr. Chui mixt beste Cocktails und spricht gut Englisch.

Orchid Shop & Restaurant, dahinter.

Eang Restaurant, in der Mango Bay, hat auch 3 Holzbungalows, ❷.

Aktivitäten

Ausflugsziele sind die Nose Cave im Nordwesten, die Bat Cave im Südwesten und die Mango Bay im Süden.

Eine Nachtwanderung bei Vollmond führt zur Moonsighting Platform im Osten.

Bei Landausflügen feste Schuhe tragen, um sich vor einem Vipernbiss zu schützen.

Bootstouren

Chaeng vom Bulon Hill Resort veranstaltet einen abenteuerlichen Ko Lipe-Trip (4 Tage / 3 Nächte) für 4000 Baht, Übernachtung in Zelten.

Auch Bang Daeng und Mr. Nann (im Dorf fragen) machen Trips.

Schnorcheln

Schnorcheln können auch Anfänger an zwei Korallenriffen, auf denen u. a. viele farbenprächtige Weichkorallen gedeihen.

Am besten ist das Riff südöstlich des Pansand Resort, u. a. sieht man Feuerfische (nicht berühren!), Muränen und kleine Riffhaie. Manchmal ist die Sicht allerdings mäßig.

Transport

Vom Pier in PAKBARA fahren Boote um 11.30 und 14.30 Uhr für 300 Baht in 90 Min. Hinzu kommen 30 Baht für das Longtail-Boot.

Rückfahrt von Bulon Lae um 9 und 14.30 Uhr, je nach Wetterlage von wechselnden Stellen.

Nach KO LIPE zwischen 13.30 und 14.30 Uhr für 250 bzw. 300 Baht, hin und zurück 500 Baht.

18 HIGHLIGHT

Tarutao National Park

วนอุทยานเกาะตะรุเตา

Zum Tarutao National Park im Südwestzipfel von Thailand gehören über 1400 km² der glasklaren Andamanen-See und 51 Inseln, fast alle unbewohnt. Früher dienten die Inseln den Seeräubern und Schmugglern als beliebtes Versteck, heute unterhält der Nationalpark an den gefährdeten Stellen Kontrollpunkte. Tarutao bedeutet auf Malaiisch: „alt, geheimnisvoll und primitiv".

Auf echte Naturliebhaber, die gern 400 Baht Eintritt bezahlen, warten verschiedenartige Inseln mit langen, unberührten Sandstränden, von tropischem Regenwald bedeckte Berge, Mangrovensümpfe und Tropfsteinhöhlen. In dieser Inselwelt ist wirklich nichts los, und nur auf der von Chao Leh bewohnten Insel Ko Lipe ist ein bedeutendes Travellerzentrum für Jung und Alt entstanden.

Hauptsaison ist November bis Februar; von Mai bis Oktober sind die Unterkünfte wegen Monsun geschlossen, und der Bootsverkehr ist eingestellt. Außerhalb von Wochenenden und Ferien sind die Inseln sehr einsam.

Auf Ko Tarutao und Ko Adang gibt es einfache Hütten des Nationalparks und Zelte zu mieten. Im gesamten Nationalpark darf man gegen 10 Baht Gebühr sein Zelt aufschlagen, sollte sich aber auf viele Plagegeister einstellen. Auf den beiden Hauptinseln bekommt man genügend zu essen, aber nicht so billig und keineswegs in der Vielfalt oder Qualität wie auf dem Festland oder auf Ko Lipe. Es ist also ratsam, eine Notverpflegung mitzunehmen.

Mittlerweile gibt es Money Changer, einen Postservice und abends Elektrizität. Trotzdem sollten sich Reisende rechtzeitig mit genügend Bargeld, Taschenlampen und Batterien eindecken.

Informationen und Buchung von Nationalpark-Bungalows im Internet unter www.dnp.go.th/parkreserve/asp/style2/default.asp?npid=7&lg=2.

Ko Tarutao

Die größte der Inseln liegt 22 km vom Festland und nur 8 km von der Langkawi-Inselgruppe in

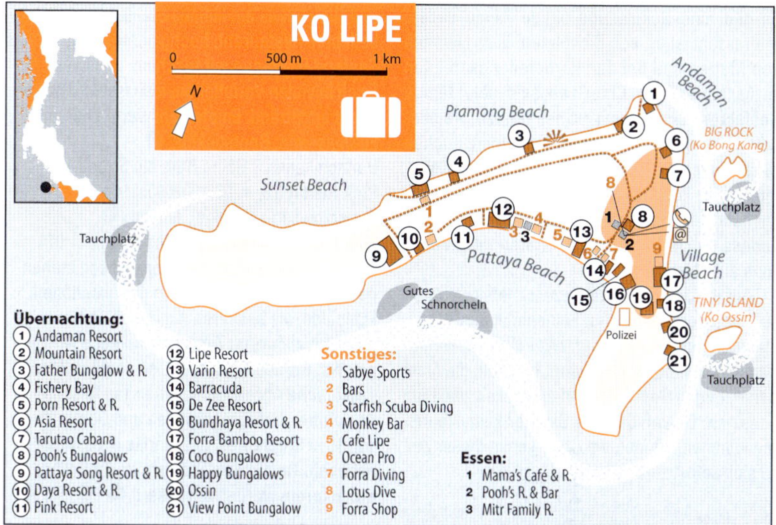

Malaysia entfernt. Der höchste Berg im Süden der Insel steigt auf 713 m an. Das National Park Headquarter ist im Nordwesten an der **Punta Bay** angesiedelt. Die Boote nach Ko Lipe halten am Pier an, aber kaum ein Ausländer steigt hier aus, weil der hohe Eintritt gar zu sehr abschreckt.

Ko Adang

Die üppig grüne Insel liegt 40 km westlich von Ko Tarutao. Steile, bis zu 700 m hohe Berge machen es schwer, das Innere zu erkunden. Steile Fußwege führen zu den Wasserfällen, an deren Pool man schön baden, aber nicht schwimmen kann. Auch für diese Insel gibt kaum jemand 400 Baht pro Tag aus. Von Ko Lipe ist sie leicht per Longtailboot zu erreichen.

Ko Lipe

Die kleine, zumeist flache Insel liegt gegenüber von Ko Adang. Wie ein schwungvoll gezeichnetes Dreieck sieht sie aus und misst an ihrer längsten Stelle ca. 3 km, an der schmälsten ca. 400 m. Am West- und Südzipfel hat sie ihre höchsten Erhebungen. Wegen ihrer weißen, feinkörnigen Sandstrände und dem glasklaren Wasser, das sich bestens zum Schnorcheln eignet, wurde sie bei Individualreisenden beliebt. Vor allem Deutsche, Italiener, Franzosen und Russen jeden Alters kommen zum Relaxen her. Seit Kurzem sieht man viele Familien mit Kleinkindern, was den kinderlieben Thais sehr gefällt. Mittlerweile gibt es auf der Insel 21 Unterkünfte mit 500 Bungalows. In der Saison 2006/2007 mussten Neuankömmlinge häufig erst eine Nacht am Strand kampieren, weil alle Bungalows voll waren.

Drei Strände haben sich touristisch entwickelt: auf der südlichen Seite der Insel der **Pattaya Beach**, im Osten der **Andaman Beach** (auch Sunrise Beach oder Village Beach) und im Norden der **Porn Beach** (auch Sunset Beach). Fußwege führen quer über die Insel und verbinden die Strände. Das Wegdreieck ist in einer guten Stunde abgelaufen. Wer die raue, nicht erschlossene Steinküste im Westen auslässt, kann die Insel zu Fuß leicht in 2–4 Stunden umrunden. An allen Stränden gibt es nur Generatorstrom von ca. 18–24 Uhr.

Ko Lipe wurde schon vor vielen Jahren den Chao Leh (Seenomaden) von der thailändischen Regierung geschenkt, daher gehört sie nicht zum Nationalpark (kein Eintritt). Das 500-Seelen-Dorf zieht sich am gesamten östlichen Strand entlang.

Es gibt eine Schule und einige kleine Läden. Interessant ist es, den Bewohnern beim Flechten von Matten und bei den Vorbereitungsarbeiten zuzuschauen. Die Chao Leh sind sehr fähige Seefahrer, vor allem mit kleinen Booten. Traditionell leben sie von Fischfang und vom Tauchen nach Muscheln, Korallen und Schwarzen Korallen. Leider konnten auch die Chao Leh der Versuchung des Dynamitfischens nicht widerstehen, sodass einige Korallenriffe Spuren der Zerstörung aufweisen.

Auf Ko Lipe bestreiten inzwischen viele ihren Lebensunterhalt aus den Einnahmen des Tourismusnebengewerbes. Nur zwei Bungalowanlagen gehören noch allein den Chao Leh, die nicht den richtigen Geschäftssinn entwickelt zu haben scheinen. Da von Juni bis Oktober keine Touristen kommen, können die Chao Leh in dieser Zeit zu sich selbst zurückfinden.

Übernachtung

Pattaya Beach

In einer tief geschwungenen, auf beiden Seiten von großen, runden Steinen begrenzten Bucht präsentiert sich ein schneeweißer, schattenloser, langer Sandstrand. Im klaren Wasser tummeln sich zwischen den Korallen bunte Fische, das Riff liegt etwa 500 m vor dem Strand. Bei Ebbe muss man durch scharfkantigen Korallenschrott zum Schwimmen hinauswaten. Die 8 Anlagen sind schön der Landschaft angepasst, viele Bungalows liegen im Schatten großer Laubbäume.

Pattaya Song ⑨, ✆ 086-9600418, am westlichen Ende des Strands, viele einfache Hütten mit Gemeinschaftsdusche und Bungalows mit Du/WC auf dem Hügel, z. T. auf Pfählen über den Felsen; die Fußwege zu den Bungalows sind schlecht ausgebaut; schöne Sicht über die Bucht; sauberes Restaurant Pattaya Seafood mit Großbildschirm und entsprechender Lautstärke, freundliches, aber überfordertes Personal, das Spaghetti besser hinbekommt als Reis; unter Leitung des Italieners Stephano und einer Chao Leh-Familie; ganztägige Bootstrips und Kajaks werden angeboten. ❸–❹, AC ❺

Daya Resort ⑩, ✆ 074-728030, 52 liebevoll eingerichtete, feste Bungalows in kräftigem Rot und Blau sowie ein kleines Steinhaus mit 3 Zi; beliebtes Restaurant, hochgelobtes abendliches Seafood Barbecue mit frischem, preiswertem Fisch in vielen Variationen, man isst an Tischen direkt am Strand. Empfehlenswerte Thai- und Fußmassage. Bootstickets. ❹

Danach liegen 3 kleine Bars am Strand.

Pink Resort ⑪, ✆ 086-9620905, 14 nette Bungalows in schattiger Anlage. ❸

Lipe Resort (auch Leepae Resort) ⑫, ✆ 074-724336, 🖳 www.liperesort.com, 75 eng stehende Bungalows, z. T mit Fan in der unschönen Flutmulde, die besseren mit Du/WC, ein großes Haus mit mehreren Zimmern und neue AC-Bungalows. Großes Restaurant, schlechter Service, willkürliche Abrechnung, jeden Tag falsche Auskünfte über Zimmerpreise und Boote, Strom von 18–6 Uhr; teures, unzuverlässiges Internet nebenan. Tauchbasis Starfish Scuba Diving, Kreditkarten werden akzeptiert. ❸–❹, AC ❹

Direkt am Strand liegen einige Bars und Restaurants.

Varin Resort ⑬, ✆ 074-728080, 081-5430505, 🖳 www.varinbeachresort.com, im Zentrum des Strandes, 4 Reihen mit 72 unterschiedlichen, sehr sauberen Bungalows mit Fan oder AC, z. T. mit 2 Betten, sowie ein Langhaus, nicht gerade freundliches Personal, großes Fisch-Restaurant am Strand. Tauchschule Ocean Pro nebenan. Fan ❸–❹, AC ❹–❺

Im Wasser ist eine sichere Schwimmzone abgesperrt.

Barracuda Bungalow ⑭, ✆ 089-6544720 (Lai), 085-0800618 (Su), 12 kleine und große Bambusmattenhütten mit Fan. ❸

De Zee Resort ⑮, ✆ 086-9620905, 10 nette Hütten mit Fan in schattiger Anlage. ❸

Bundhaya Resort ⑯, ✆ 074-750248-9, 089-7863212, 🖳 www.bundhayaresort.com, am östlichen Ende des Strandes im frisch angelegten Garten, neue, große Komfortanlage, 88 gepflegte Bungalows in 4 Reihen, AC oder Fan, Familienzimmer für 4 Pers., angenehme Restaurantterrasse mit Bar am Strand, sehr gute Küche, Internet, unter professioneller Leitung. Schnorcheltrips 250 Baht, mit ABC-Ausrüstung 450 Baht. Ein freundlicher Einwanderungsbeamter versieht hier seinen Dienst. ❹–❻

Andaman Beach (Sunrise Beach)

An diesem langen Sandstrand im Osten der Insel liegt das Dorf der Chao Leh. Die Müllentsorgung erfolgt im Meer, und die Strömung treibt zeitweise den Müll wieder zurück.
Auch der zeitweilige Lärm der Longtail-Boote schreckt Ruhesuchende ab.
Bei Ebbe kann man im hüfthohen Wasser zum Riff waten und zwischen Tiny Island und Big Rock wunderbar schnorcheln.
Von Nord nach Süd liegen 8 Bungalowanlagen am Strand.
Andaman Resort ①, ✆ 074-728017, weitläufige, gepflegte Anlage unter Palmen und Kasuarinen mit 72 neuen und älteren Bungalows, recht einfach, aber mit Fan, Bad und Terrasse; recht schöner Strand mit guter Sicht auf die Inseln im Osten und nach Norden Richtung Ko Adang; das Essen hat sich enorm verbessert, der Service hinkt noch hinterher, Internet; Zelte für 100 Baht, zelten mit eigenem Zelt 20 Baht. Affen sind manchmal ein Problem. Insgesamt sehr empfehlenswert. ❸–❹
Asia Resort ⑥, ✆ 074-728117, 44 schöne Bungalows mit Fan oder AC am Dorfstrand. ❸, AC ❹
Tarutao Cabana ⑦, ✆ 074-728111, ins Dorf eingebettet, 50 verschiedene gute Bungalows mit Fan. Restaurant mit schleppendem Service, gutes Essen. ❸–❹
Forra Bamboo Resort & Dive ⑰, ✆ 089-6731121, 💻 www.forradiving.com, 5 gute, schattenlose Bambusbungalows am Strand, 13 Familienbungalows. Hoher Rabatt für Taucher. Forra Dive Centre. ❸
Coco Bungalows ⑱, 10 einfache Bambusmattenhütten im sandigen Palmengarten. ❷
Happy Bungalows ⑲, ✆ 086-590833, 7 einfache Hangbungalows aus Bambusmatten mit Fan, kein Lärm durch vorbeifahrende Mofas; nettes Restaurant. ❷
Ossin Resort (=Usaen Resort) ⑳, ✆ 086-590833, 15 einfache Bambusmattenbungalows am Hang. ❷
View Point Bungalow ㉑, ✆ 089-7320724, 17 Bungalows am steilen Hang hinter den Felsen, gute Aussicht, familiäre Atmosphäre, gutes Restaurant mit frischem Fisch. Der Schwiegersohn Tom, noch ein echter Chao Leh, bietet gute Schnorchel- und Inseltrips an und spricht Englisch. ❸

Porn Beach (Sunset Beach, Pramong Beach)

Ein feinsandiger Strand und direkt davor das glasklare Wasser mit Korallen und bunten Fischen zieht vor allem Ruhesuchende und Taucher an. Von hier aus hat man Blick auf die übrigen Inseln und den Sonnenuntergang.
Porn Resort ⑤, ✆ 074-728088, 089-4645765, etwas gammelig, aber sehr beliebt und immer voll, 32 saubere, luftige Matten- und Holzhütten mit Moskitonetz, Du/WC, Fan, schön schattig unter Laubbäumen an einem kleinen, schnuckeligen Strand; Restaurant im Sand, eine halbe Std. Wartezeit aufs Essen ist normal, jeden Abend BBQ mit sehr gutem Fisch; nettes, humorvolles Personal, Geldtausch zu horrendem Kurs; Strom ab 18 Uhr, Schnorchelausrüstung. Der nette Besitzer bietet auch Schnorcheltrips (400 Baht) mit eigenen Longtail-Booten nach Ko Rawi. Tauchbasis Sabye Sports Diving mit schlecht gewartetem Gerät. 10 Min. zum Pattaya Beach (nachts die Taschenlampe einstecken), 20 Min. ins Dorf. ❸, Zelte ❷
Fishery Bay ④, ✆ 074-728088, gleich nebenan, am Hang unter Bäumen stehen 10 Bambusbungalows auf Pfählen mit Du/WC, Moskitonetz und Fan. Freundliche, hilfsbereite Besitzer, die kaum Englisch sprechen. Günstiges Restaurant am Strand; Bootstouren werden organisiert. ❷–❸
Father Bungalow ③, einfache Bungalows ohne Du/WC am Hang. Der weiße Sandstrand ist über eine Leiter erreichbar; gutes Restaurant mit schöner Aussicht. ❶
Mountain Resort ②, ✆ 074-728131, 081-5404163, neue, wunderschöne Anlage oberhalb der Steilküste mit fantastischer Sicht von allen Bungalows, 50 sehr saubere Mattenbungalows, z. T. angenehm beschattet, mit Fan oder AC. Tolles Restaurant mit super Aussicht auf Ko Adang und Ko Rawi, fröhliches Küchenpersonal; Ausflüge, Geldwechsel, Bargeld für Kreditkarten (nur 5 % Gebühr). Aussichtssalas an den Klippen. Unten am Strand die Karma Bar zum Relaxen, mehrere Treppen mit 55 Stufen. Sehr zu empfehlen. ❸, AC ❹

Im Inselinnern (Pooh's Highway)

Pooh's Bungalows ⑧, ✆ 074-728018, ✉ pooh@poohlipe.com, 8 Zi mit Fan in einem Reihenhaus, unter Leitung des rührigen Mr. Pooh. ❸

Essen und Unterhaltung

Alle Restaurants und Bars sind nur von November bis Ende April geöffnet.

Mama's Café & Restaurant, sehr gute, günstige, originale Chao Leh-Kost, empfehlenswert. Daneben die **Pancake Station**, die Pfannkuchen mit vielen Füllungen und leckere Fruchtshakes macht.

Pooh's Restaurant & Bar, 💻 www.poohlipe.com, die TOP Bar mit sehr guten Cocktails zu vernünftigen Preisen, sehr gutes Essen, abends romantische Atmosphäre und gute Musik, Geldwechsel (Cash), Internet-, Telefon- und Ticketservice, auch ein einfaches Reihenhaus.

Monkey Bar, kleine Bar im Zentrum von Pattaya Beach, Tische etc. aus Schwemmholz, unterschiedliche Musik, der Affe heißt Jessie.

Time to Chill, coole Bar am westlichen Ende des Pattaya Beach, gemütliche Liegeflächen mit Kissen auf Stelzen, super entspannte Stimmung und tolle Musik, alles mit Kerzen und Fackeln beleuchtet.

Jack's Jungle Bar, 100 m hinterm Porn Resort, gute Musik, freundlicher Besitzer. Billard.

Aktivitäten

Angeboten werden Longtail-Boote für 800–1000 Baht oder organisierte Bootstouren für 250 Baht p. P. inkl. Essen (mind. 4 Pers.).

Campingtouren werden z. B. für 2 Tage/1 Nacht für 1000 Baht p. P. angeboten. Am meisten als Führer gelobt werden Cheng vom Daya Resort und Mr. Meat im Zentrum von Pattaya Beach, der auch Boottrips zum Fischfang durchführt (der Fang wird im Restaurant hinter seinem „Büro" schmackhaft zubereitet).

Am Pattaya Beach kann man ein Kajak mieten und damit die Insel umrunden.

Tauchen

Es gibt 6 Tauchbasen auf der Insel, die alle sehr ähnlich sind, z. B.:

Tauchgebiete um Ko Lipe

In der Umgebung von Ko Lipe wurden 23 Tauchplätze in 30–90 Min. Entfernung erkundet. Die Tauchbasen fahren mit Longtail-Booten zu nahe gelegenen Spots, die Tauchtiefe liegt zwischen 8 und 12 m. Die Riffe bestehen größtenteils aus karg bewachsenen Felsformationen. Spuren des früheren Dynamitfischens sind nicht zu übersehen. Heutzutage findet man häufig Fischfallen der Seezigeuner.

Ein berühmtes Tauchgebiet ist der Sail Rock, 2 km westlich von Ko Lipe. Hier kann nur in der Zeit des Halbmonds getaucht werden, wenn sich die Kräfte der Gezeiten die Waage halten. Dann hat man die Chance, den riesigen, Plankton fressenden Walhai zu sehen. Viele Taucher klagen über viel Sediment und schlechte Sicht.

Lotus Dive, 💻 www.lotusdive.com, bei Pooh's Restaurant, neue Ausrüstung, bietet Kurse und Tagestrips an, 2400 Baht/2 Tauchgänge.

Sabye Sports, 💻 www.sabye-sports.com (veraltet), ✆ 074-734104, beim Porn Resort, kanadische Leitung, 2000 Baht/2 Tauchgänge.

Starfish Scuba Diving, ✆ 074-728089, 💻 www.starfishscuba.com, beim Lipe Resort. Der Open-Water-Kurs (4 Tage, 8 Tauchgänge) kostet 12 000 Baht.

Alle Tauchbasen gehören PADI an.

Sonstiges

Einkaufen

Im Dorf gibt es 7 Geschäfte (eines mit Restaurant), in denen man u. a. Früchte, Gemüse, Dosen, Zigaretten, Batterien, Alkohol, Eis und Kekse kaufen kann. Auch für Tauchausrüstung gibt es einen Laden.

Geld

Es gibt keine Bank. Tauschmöglichkeit in Pooh's Restaurant oder Porn Resort. Pooh nimmt auch Traveller Cheques oder gibt Geld auf Kreditkarte, gegen Gebühr.

Immigration
Im Bundhaya Resort nach Ankunft und vor Abfahrt des Speedboots nach Malaysia.

Informationen
Im Internet: 💻 www.poohlipe.com, 💻 www.kohlipethailand.com, 💻 www.webtravelkolipe.net

Internet
In Pooh's Restaurant (3 Baht/Min.), beim Lipe Resort (mit WLAN 90 Baht/20 Min.) und Andaman Resort (mit WLAN 120 Baht/30 Min.).

Medizinische Hilfe
Erste-Hilfe-Station mit ausgebildeter Krankenschwester im Dorf, Notfälle werden in 60–90 Min. aufs Festland gebracht.

Motorräder
Gibt es an mehreren Stellen zu mieten. Auch Motorradtaxis werden vereinzelt angeboten.

Saison
Hauptsaison ist von Nov bis Ende April, danach schließen die Bungalows, denn von Mai bis Okt wird der Bootsverkehr eingestellt.

Taxis
Boottaxis kosten 30 Baht, Motorradtaxis ca. 50 Baht. Es gibt keine Autos.

Telefon
In Pooh's Restaurant.

Transport

Von Ko Lipe nach Pakbara
Forra Travel (Speedboot), hin: 9–11, zurück: 11–13 Uhr, 650 Baht, hin und zurück: 1200 Baht
Tigerline (Fährboot), hin: 9–12.30, zurück: 13–16.30, 650 Baht, hin und zurück: 1100 Baht

Achtung

Alle Boote fahren nur in der Saison von Anfang November bis Ende April bzw. Mitte Mai.

Ferryline (Fährboot), hin: 9–12.30, zurück: 13.30–17.00, 500 Baht, hin und zurück: 900 Baht
Lipeh Ferry (Speedboot), hin: 10–11.30, zurück: 13–14.30, 650 Baht, hin und zurück: 1200 Baht
Adang Sea Tour (Fährboot), hin: 10–13.30, zurück: 10.30–14, 500 Baht, hin und zurück: 900 Baht

Achtung: Die Boote halten vor dem Porn Resort. Von dort werden die Passagiere auf Longtail-Boote (50 Baht) verladen, die Sunset Beach, Sunrise Beach oder Pattaya Beach anlaufen. Wer beim Umsteigen noch nicht weiß, wohin er will, wird beim Porn Resort abgeladen. Dort gibt es zwar auch einen Weitertransport mit Longtail-Booten, aber nur gegen eine Extra-Gebühr.
Der Rückfahrschein gilt nicht für alle anderen Boote!
Für die Rückfahrt sammeln Longtailboote um 8.30 und 9.30 Uhr an allen Stränden die Passagiere ein. Dabei unbedingt das Ticket checken lassen.

Nach SATUN zum Tammalang Pier um 9 Uhr für 550 Baht in 3 Std.
Nach KO ADANG fahren unregelmäßig Longtail-Boote von Ko Lipe (50 Baht pro Strecke).
Nach KO LANTA mit der neuen Speedbootlinie tgl. um 9 Uhr in 3 Std. für 1700 Baht, über KO BULON (30 Min., 500 Baht), KO MUK (70 Min., 1200 Baht) und KO HAI (2 Std., 1400 Baht), zurück ab Ko Lanta um 13 Uhr. Bei ruhigem Wasser ist dies eine tolle Sightseeing-Fahrt. Buchung unter ✆ 074-783643-5, 086-9651732, 081-9592094, 📠 074-783644. Bei starken Wellen wird ersatzweise von Pakbara per Minibus über Trang gefahren.
Nach LANGKAWI / MALAYSIA fährt an jedem Mo, Mi, Fr vom Bundhaya Resort am Pattaya Beach ein Speedboot um 16 Uhr in 90 Min., zurück am nächsten Tag vom Telaga Harbour um 8.30 Uhr Malaysia-Zeit. Für die Passformalitäten sollte man sich ab 14 Uhr auf der Terrasse des Resorts einfinden. Bei steigendem Bedarf wird der Fährdienst jeden Tag stattfinden, der Preis wird neu festgelegt (bisher 1100 Baht). Informationen unter 💻 www.telegaharbour. com.

Die übrigen Inseln

Hin Ngam ist eine kleine Insel, deren Granitfelsen vom Meer so glatt geschliffen sind, dass sie als große, schwarze Kiesel in der Sonne glänzen. Vor diesem Kieselstrand kann man wunderschön schnorcheln. Knapp unter der Wasseroberfläche leben Unmengen von Röhrenwürmern, die ihren farbenprächtigen Fächer bei unvorsichtiger Annäherung blitzartig in die Röhre zurückziehen. Nicht weit von Ko Hin Ngam liegt im Meer der schöne Schnorchelplatz **Seven Colors** (2–8 m tief), wo Korallen in sieben Farben gedeihen.

Auf **Ko Rawi** legen manchmal Meeresschildkröten im heißen Sand ihre Eier ab, sehr gut zum Schnorcheln eignet sich die Seite zu Ko Adang.

Bei **Ko Butong** ist Schnorcheln am schönsten an der vorderen Seite zu Ko Rawi. Bei **Ko Yang** ist Schnorcheln sehr lohnenswert. **Ko Kai** liegt wie ihre Schwesterinsel **Ko Klang** auf halbem Weg zwischen Ko Adang und Ko Tarutao. Von November bis Dezember vergraben auch hier riesige Meeresschildkröten ihre Eier im Sand am Strand.

Satun สตูล

In der Hauptstadt der südlichsten Provinz an der Westküste Thailands, 995 km von Bangkok entfernt, leben 28 000 Einwohner, hauptsächlich Moslems und einige Chinesen. Diese Hafenstadt abseits der üblichen Route hat Touristen fast nichts zu bieten. So mancher benutzt sie, um mit dem Boot entlang des schönen Ufers nach Kuala Perlis oder direkt auf die Insel Langkawi in Malaysia zu schippern.

Übernachtung

Rian Thong (auch Rain Tong oder Lian Thong) ⑥, 4-6 Samanta Pradit Rd., ✆ 074-711036, Chinesenhotel gegenüber der Bootsanlegestelle in der Stadt; große, saubere Zi, am besten im 2. Stock. ❷
Udom Suk ⑤, 201 Hattagam Suksa Rd., ✆ 074-711006, in einer relativ ruhigen Nebenstraße, saubere Zi, Garten, freundliche Leute. ❷
Sinkiat Thani ④, 50 Burivanit Rd., ✆ 074-721055-8, in die Jahre gekommenes Hotel, 50 große, saubere, komfortable Zi mit Du/WC und Badewanne, AC individuell regelbar, schöne Fernsicht aus dem 7. Stock; Coffeeshop, Restaurant; freundliche Besitzer. ❹
My House ①, 111 Yontrakarnkumthorn Rd., ✆ 074-721700, Reihenhäuser im Motel-Stil, z. T. mit AC; 2,2 km nördlich des Pinnacle Hotels, 50 m von der Hauptstraße entfernt. ❸
Amm Guesthouse ⑦, 676 M.3 Sulakanukoon Rd, ✆ 081-738521, Richtung Tammalang Pier, einfache Bambushütten. Amm hat 10 Jahre in Wien gelebt und ist sehr hilfsbereit. ❷

Essen

Stilvoll isst man zu leicht gehobenen Preisen im schön dekorierten, klimatisierten **Time Restaurant** vor dem Pinnacle Tarutao Hotel an der Hauptstraße.
Bemerkenswert ist der **Nachtessenmarkt**.

Sonstiges

Immigration

Office in der Stadt, Passabfertigung am Tammalang-Pier.

Reisebüros

Satun Travel & Ferry Service, 45/16 Satun Thane Rd., ✆ 074-711453, 📠 721959, gegenüber vom Pinnacle Hotel, verkauft Tickets für die Fähre nach Langkawi und Ko Lipe. Von hier aus mit dem Taxi für 20 Baht weiter zum Hafen.

Transport

Busse

Nach BANGKOK (995 km) 2.Kl. AC-Bus um 15 und 15.30 Uhr für 557 Baht, AC-Bus um 7, 14.30 und 15 Uhr für 725 bzw. 716 Baht, VIP-24-Bus um 16 Uhr für 1110 Baht in 13 Std.
Von KRABI direkt mit AC-Bus um 11 und 13.30 Uhr für 175 Baht in 5 Std.
Von PHUKET direkt mit AC-Bus um 8.15 und 10.15 Uhr für 274 Baht in 7 Std. Zurück zur gleichen Zeit.
Von TRANG non-AC-Bus tagsüber alle 30–60 Min. für 74 Baht (AC 140 Baht). Zurück etwa stdl. zwischen 5.30 und 14.30 Uhr mit Anschluss-

möglichkeit nach Krabi und Phuket. Von 14.30–16.30 Uhr nur bis LA-NGU (30 Baht).
Von PAKBARA mit dem Pickup bis LA-NGU und von dort weiter mit dem non-AC-Bus (30 Baht).
Von HAT YAI (96 km) am Plaza non-AC-Bus alle 15 Min. für 60 Baht, AC-Bus um 7.10, 9.40, 11.55 und 15.10 Uhr für 85 Baht.

Minibusse

Nach HAT YAI um 9 Uhr für 100 Baht (Abfahrt vor dem Wat).
Nach PHUKET für 600 Baht in 9 Std.
Nach TRANG und KRABI um 11 und 16.30 Uhr in 2 1/2 bzw. 4 1/2 Std. mit **Satun Travel** für 250 bzw. 450 Baht.
Von KRABI um 7 und 11 Uhr nach Pakbara fahren (2 Std., 450 Baht) und umsteigen.

Sammeltaxis

Zur Grenzstation WANGPRACHAN (40 km, s. S. 856) und zum THALE BAN NATIONAL PARK für 50 Baht.
Ein Charter-Taxi fährt nach PAKBARA für 250 Baht, nach WANGPRACHAN für 500–600 Baht.

Boote

Der Tammalang-Pier liegt 9 km südlich der Stadt. Am Hafen befinden sich nur das *Customs* und *Immigration Office* für die Zoll- und Passabfertigung, sonst nichts. Zu erreichen in 15 Min. mit dem Pickup für 20 Baht, dem Tuk Tuk oder Motorradtaxi für max. 50 Baht, ab Kasikorn Bank oder besser schon ab Markt. Ca. 1 Std. vor Abfahrt der Langkawi-Fähre startet ein Taxi für 30 Baht bei Satun Travel.
Nach KO LIPE fährt ein Boot tgl. um 12.30 Uhr für 550 Baht in 3 Std., zurück um 9 Uhr.
Von Satun nach LANGKAWI fahren komfortable Personenfähren von Southern Ferry Services, ✆ 074-730513, ganzjährig 3–4x tgl. zwischen 9 und 17 Uhr für 270–300 Baht in 75 Min.
Von Langkawi nach SATUN starten sie zwischen 8.30 und 16.30 Uhr Malaysia-Zeit für 27–30 RM, ✆ 604-9661125.
Von / nach KUALA PERLIS fahren in der Saison ab und an große Longtail-Boote in 1 Std. für 15 RM / 150 Baht. Die Fahrt ist unangenehm heiß und schweißtreibend.

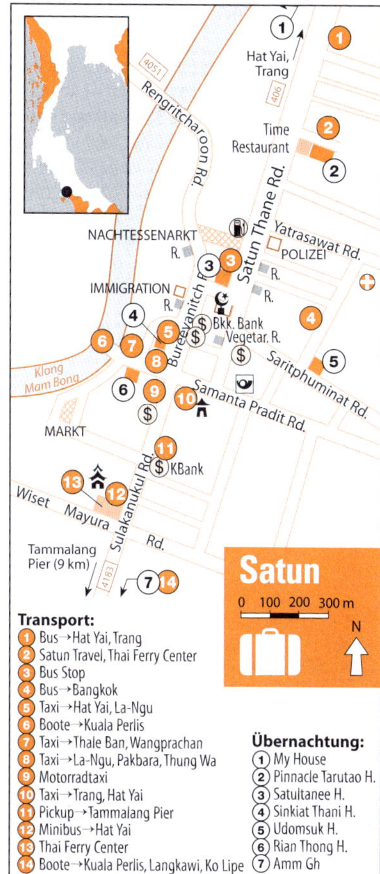

Bei hohem Wasserstand fahren die Longtail-Boote direkt von der Anlegestelle in der Stadt, neben dem Rian Thong Hotel, ab.
Die Grenzformalitäten werden auch in diesem Fall am Tammalang-Pier erledigt. Bei ruhiger See ist die Fahrt landschaftlich sehr reizvoll.

Achtung: Die Fährdienste nach Malaysia wechseln fast jedes Jahr.

Wangprachan วังประจัน

Der westlichste Grenzübergang zu Land zwischen Thailand und Malaysia liegt 41 km nordöstlich von Satun im **Thale Ban National Park**.

Die Abfertigungsgebäude der beiden Länder liegen direkt nebeneinander, sodass man mit einem Double-Entry-Visum die Prozedur „raus–rein–raus–rein" in einer halben Stunde schafft. Und so lange wartet das Taxi auf Anfrage. ⏲ 7–18 Uhr Thai-Zeit (= 8–19 Uhr Malaysia-Zeit).

Die Andamanenküste

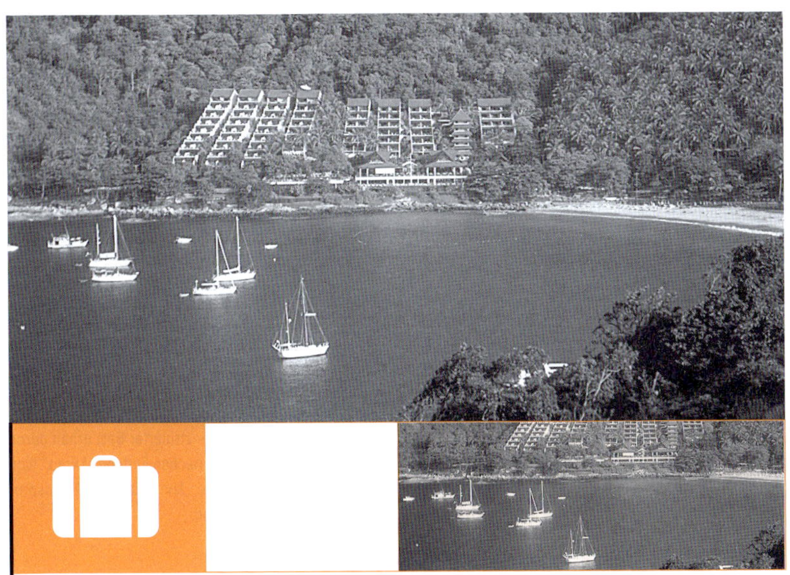

Anhang

Kleines Wörterbuch

Wenigstens ein paar Worte auf Thai sprechen zu können und das Bemühen zu zeigen, noch mehr lernen zu wollen – dies weckt spontane Sympathie und Neugier in den meisten Thais. Eine Mini-Konversation von 4 oder 5 Sätzen mit dem Abschluss, nur ganz wenig Thai zu sprechen (put thai dai nitnoi *khrap / kha), wird immer wieder die sprichwörtliche Freundlichkeit der Thais hervorzaubern.

Selbst mit einem Wörterbuch hat man große Schwierigkeiten, die Worte richtig auszusprechen. Neben den Tonhöhen, die Anfänger nie richtig treffen, muss man sich mit 44 unterschiedlichen Konsonanten und 32 Vokalen herumschlagen, die es zum großen Teil in unserer Sprache nicht gibt. Der folgende Grundwortschatz kann hierbei nur eine kleine Hilfestellung sein. Wer die Zahlen bis 1000 in Thai beherrscht, wird einen guten Eindruck machen – vor allem bei Taxifahrern und beim Handeln. Am besten lässt man sich die Wörter von einem Thai vorsprechen und versucht, sie nachzusingen. Ein Trost für alle, die es dennoch wagen – die Grammatik ist recht einfach zu lernen, da es nur wenige Regeln und keine Ausnahmen von diesen Regeln gibt. Tonhöhen haben wir nicht angegeben. Die Aussprache-Umschrift der ausgewählten Worte basiert weitgehend auf dem Deutschen.

*Sogar ein nicht korrekt konstruierter Satz erhält durch das Anhängen der obligatorischen Endung „khrap" (von Männern gesprochen) bzw. „kha" (von Frauen gesprochen) einen höflichen Klang.

Das Allerwichtigste

Willkommen! (Begrüßung)	sawadie khrap / kha	สวัสดีครับ / ค่ะ
Wie geht es?	sabai die mai?	สบายดีไหม
Mir geht es gut	sabai die	สบายดี
tschüs	laa gon	ลาก่อน
Auf Wiedersehen	pop gan mai	แล้วพบกันใหม่
Woher kommst du?	töh mah dschak tienai?	เธอมาจากไหน
Darf ich fotografieren?	tai ruhpdai mai?	ถ่ายรูปได้ไหม
Sprichst du Thai?	phuht thai daai mai?	เธอพูดไทยได้ไหม
Ich spreche ein wenig Thai	phuht thai nitnoi	ฉันพูดไทยได้นิดหน่อย
Verstehen Sie?	kao dschai mai?	คุณเข้าใจไหม
Ich verstehe (nicht)	pom (mai) kaodschai	ฉั้นไม่เข้าใจ
Bitte sprechen Sie langsam!	prott put cha cha	โปรดพูดช้าๆ
Das macht nichts!	mai pen rai	ไม่เป็นไร
danke (Männer/Frauen)	kop khun khrap	ขอบคุณครับฝค่ะ
bitte (fordernd)	prott	โปรด
bitte (einladend)	tschuhn	เชิญ
Achtung!	rawang	ระวั
Es tut mir Leid	pom sia chai	ฉันเสียใจ
Entschuldigung	kao tott	ขอ โทษ
Wie heißt du?	dschüarai	เธอชื่ออะไร
Ich heiße...	dschüa	ฉันชื่อ.....
Wie alt bist du?	ahju tao-rai	เธออายุเท่าไหร

Wo wohnst du?	ju tienai	เธออยู่ที่ไหน
Was machst du?	tham arai	ทำอะไร
Viel Glück!	dschok die	โชคดี
verrückt	bababobo	บ้าๆบอๆ
gut, clever	gäng	เก่ง
Junge	dek phudschai	เด็กผู้ชาย
Mädchen	dek phujing	เด็กผู้หญิง
Kind	dek	เด็ก
müssen	tong	ต้อง
können	dai	ได้
brauchen	dongka	ต้อง การ
haben	mih…	มี
Freund	püan	เพื่อน
westl. Ausländer	farang	ฝรั่ง
Fragen		
wann	möerai	เมื่อไหร่
warum	tammai	ทำไม
was	arai	อะไร
wer, wen, wem	krei	ใคร
wie	jangrai	อย่าง ไร
wie viel(e)	tao-rai	เท่าไหร่
wo, wohin, woher	tienai	ที่ไหน
Antworten		
ja	dschai	ใช่
nein	mai, plao	ไม่/ปล่าว
nicht	mai	ไม่
gut	die	ดี
sehr gut	die mak	ดีมาก
nicht gut	mai die	ไม่ดี
sehr	mahk mahk	มากๆ
vielleicht	bangti	บาง ที
ein bisschen	nitnoi	นิดหน่อย
Personen		
ich (weiblich)	ditchan / tchan	ดิฉัน/ฉัน
ich (männlich)	pom / kra pom	ผม/กระผม
du, sie, ihr	töh / khun / puak töh	เธอ/คุณ/พวกเธอ
er, sie, es	khao	เขา
wir	rao	เรา
du, Sie bzw. Herr…	khun	คุณ

Orientierung und Transport

geradeaus	trong pai	ตรง ไป
(nach) links	(liao) sai	(เลี้ยว) ซ้าย
(nach) rechts	(liao) khwa	(เลี้ยว) ขวา
Stopp!	jut	หยุด
Welche Straße ist das?	thanon nih arai?	ถนนนี้ชื่ออะไร
Welche Stadt ist das?	müang nih arai?	เมือง นี้ชื่ออะไร
Wohin gehst du?	pai nai?	เธอจะไปไหน
Ich gehe nach…	pai…	ฉันจะไป......
Nein, ich will nicht gehen	pom mai pai	ฉันไม่ไป
Ich gehe schwimmen	pai wainahm	ฉันไปว่ายน้ำ
Bus	rot meh	รถเมล์
Busbahnhof	sathani rot meh	สถานีรถเมล์/บขส.
Eisenbahn	rot fai	รถไฟ
Bahnhof	sathani rot fai	สถานีรถไฟ
Flugzeug	krüang bin	เครื่อง บิน
Flugplatz	sahnam bin	สนามบิน
Boot	rüha	เรือ
Hafen	tah rüha	ท่าเรือ
Taxi	teksi	แท็กซี่
Auto	rot jon	รถยนต์
Motorrad	mohtöhsai	มอร์เตอร์ไซด์
Fahrrad	dschakrajahn	รถจักรยาน
mieten	tschau	เช่า
Benzin	bensin	เบนซิน
Normalbenzin	tammadah	ธรรมดา
Super	supähr	ซุปเปอร์

Anhang

Umwelt

Stadt	müang	เมือง
Großstadt	nakhon / müang yai	นคร/เมือง ใหญ่
Dorf	bahn	หมู่บ้าน
Berg	doi	ภูเขา/เขา
Fluss	mä nahm	แม่น้ำ
Insel	ko	เกาะ
Strand	haht	ชายหาด/หาด
Bucht	ao	อ่าว
Wasserfall	nahm tok	น้ำตก
Höhle	tam	ถ้ำ
Straße	thanom	ถนน
Gasse	soi	ซอย

Übernachten

Hotel	rong rähm	โรง แรม
Wo ist das Hotel?	rong rähm ju tienai?	โรง แรมอยู่ที่ไหน
Zimmer	hong	ห้อง
Bett	tiang	เตียง
Schlüssel	gun tschä	กุญแจ
Moskito	jung	ยุง
Moskitonetz	mung	มุ้ง
Badezimmer	hong nahm	ห้อง น้ำ
Toilette	hong suam	ห้อง น้ำส้วม
Wo ist die Toilette?	hong nahm ju tienai	ห้อง น้ำอยู่ที่ไหน
müde	nguang noh	ง่วง นอน
allein	kon dijo	คนเดียว

Essen und Trinken s. S. 45

Einkaufen

kaufen	süh	ซื้อ
verkaufen	khai	ขาย
Wie viel möchten Sie?	khun tong kahn tao-rai?	คุณต้อง การเท่าไร
Wie viel kostet es?	raka tao-rai?	ราคาเท่าไร
Wie viel Baht?	kih baht?	กี่บาท
Ich nehme nichts	mai aau	ไม่เอา
teuer	päng	แพง
zu teuer	päng pai	แพง ไป
billig	mai päng	ไม่แพง
Es gibt…	mie…	มี
Es gibt nicht	mai mie	ไม่มี
Tasche	gapao	กระเป๋า
Toilettenpapier	gadad schamla	กระดาษชำระ
Seife	sabu	สะบู่
Shampoo	ja sa pom	ยาสระผม
Handtuch	pa set dua	ผ้าเช็ดตัว
Moskito-Coils	ja gan jung	ยากันยุง
Streichhölzer	mai kit fai	ไม้ขีดไฟ
Kerze	tian kai	เทียนไข
Batterie	tahn fai sai	ถ่านไฟฉาย
Briefmarke	satäm	แสตมป์
Schreibpapier	gadad kien djod mai	กระดาษเขียนจดหมาย

Gesundheit

krank	mai sabai	ไม่สบาย
gesund	sabai	สบาย
Medizin	jah	ยา
Fieber	kai	ไข้
Durchfall	tong döhn	ท้อง เดิน/ท้อง ร่วง
Erbrechen	adschian	อาเจียร
Krankenhaus	rong payabahn	โรง พยาบาล
wehtun	dschep	เจ็บ

Zeit

Wie spät?	kih mong	กี่โมง
Morgen	tschao	เช้า
Mittag	tiang	เที่ยง
Abend	jen	เย็น
Nacht	klang khühn	กลาง คืน
heute	wan-nie	วันนี้
morgen	prung-nie	พรุ่ง นี้
gestern	müa wan-nie	เมื่อวานนี้
Minute	natie	นาที
Stunde	tschua mohng	ชั่วโมง
Tag	wan	วัน
Woche	sapda / noeng athit	อาทิตย์
Monat	düan	เดือน
Jahr	bi	ปี
jetzt	däo-nie	เดี๋ยวนี้
später	tie-lang	ทีหลัง
noch nicht	yang	ยัง
schon / fertig	läou	แล้ว

Zahlen

1	nöng	๑	20	jie sip	๒๐
2	sohng	๒	21	jie sip et	๒๑
3	sahm	๓	25	jie sip hah	๒๕
4	sie	๔	30	sahm sip	๓๐
5	hah	๕	40	sie sip	๔๐
6	hock	๖	100	nöng roy	๑๐๐
7	dschät	๗	200	sohng roy	๒๐๐
8	bet	๘	1000	nöng pan	๑๐๐๐
9	gao	๙	10 000	nöng müün	๑๐๐๐๐
10	sip	๑๐	100 000	nöng sähn	๑๐๐๐๐๐
11	sip et	๑๑	1 000 000	nöng laan	๑๐๐๐๐๐๐
12	sip sohng	๑๒			

Wichtige Reiseziele in Thai-Schrift

Ang Sila	อ่าง ศิลา
Ang Thong Marine National Park	หมู่เกาะอ่าง ทอง
Aranyaprathet	อรัญประเทศ
Ayutthaya	อยุธยา
Ban Chiang	บ้านเชียง
Ban Mae Hat	บ้านแม่หาด
Bang Pa In – Der Sommerpalast	พระราชวัง บาง ปะอิน
Ban Phe	บ้านเพ
Bang Saen	บาง แสน
Bang Sai	บาง ไทร
Bang Sak	บาง สัก
Bang Saphan	บาง สะพาน
Bangkok	กรุง เทพฯ
Betong	เบตง
Bhumipol-Staudamm	เขื่อนภูมิพล
Bung Kan	บึง กาฬ
Cha-am	ชะอำ
Chaiya	ไชยา
Chaiyaphum	ชัยภูมิ
Chantaburi	จันทบุรี
Chiang Khan	เชียง คาน
Chiang Khong	เชียง ของ
Chiang Mai	เชียง ใหม่
Chiang Rai	เชียง ราย
Chiang Saen	เชียง แสน
Chonburi	ชลบุรี
Chum Phae	ชุมแพ
Chumphon	ชุมพร
Damnoen Saduak	ดำเนินสะดวก
Doi Inthanon	ดอยอินทนนท์
Doi Khuntan National Park	วนอุทยานดอยขุนตาน
Doi Tung	ดอยตุง
Fang	ฝาง
Goldenes Dreieck	สามเหลี่ยมทอง คำ
Hat Yai	หาดใหญ่
Hua Hin	หัวหิน
Jae Sorn National Park	วนอุทยานแจ้ซ้อน

Anhang

Kaeng Krachan National Park	วนอุทยานแก่ง กระจาน
Kamphaeng Phet	กำแพง เพชร
Kanchanaburi	กาญจนบุรี
Khanom – Sichon	ขนอม/สิชล
Khao Lak	เขาหลัก
Khao Sam Roi Yot National Park	วนอุทยานเขาสามร้อยยอด
Khao Sok National Park	วนอุทยานเขาสก
Khao Yai National Park	วนอุทยานเขาใหญ่
Khon Kaen	ขอนแก่น
Khong Chiam	โขง เจียม
Khung Wiman und Laem Sadet	คุ้ง วิมานแหลมเสด็จ
Klong Lan National Park	วนอุทยานคลอง ลาน
Ko Bulon Lae	เกาะบูลอนเล
Ko Chang	เกาะช้าง
Ko Hai	เกาะไหง
Ko Kradan	เกาะกระดาน
Ko Lanta	เกาะลันตา
Ko Libong	เกาะลิบง
Ko Mak	เกาะหมาก
Ko Muk	เกาะมุก
Ko Nang Yuan	เกาะนาง ยวน
Ko Pha Ngan	เกาะพง น
Ko Phayam	เกาะพะยาม
Ko Phi Phi	เกาะพีพี
Ko Rok	เกาะรอก
Ko Samet	เกาะเสม็ด
Ko Samui	เกาะสมุย
Ko Sukon	เกาะสุทร
Ko Tao	เกาะเต่า
Ko Wai	เกาะห
Korat (Nakhon Ratchasima)	โคราช
Krabi	กระบี่
Laem Ngop	แหลมง อบ
Laem Son National Park	วนอุทยานแหลมสน
Lampang	ลำปาง
Lansang National Park	วนอุทยานลานสาง
Loei	เลย
Lopburi	ลพบุรี
Mae Hong Son	แม่ฮ่อง สอน

Mae Sa Valley	แม่สาวัลเล่ย์
Mae Sai	แม่สาย
Mae Salong	แม่สลอง
Mae Sariang	แม่สะเรียง
Mae Sot	แม่สอด
Mukdahan	มุกดาหาร
Nakhon Pathom	นครปฐม
Nakhon Phanom	นครพนม
Nakhon Sawan	นครสวรรค์
Nakhon Si Thammarat	นครศรีธรรมราช
Nan	น่าน
Narathiwat	นราธิวาส
Nathon	หน้าทอน
Nong Khai	หนอง คาย
Padang Besar	ปาดัง เบซา
Pai	ปาย
Pak Chong	ปากช่อง
Pakbara	ปากบารา
Pattani	ปัตตานี
Pattaya	พัทยา
Pha Taem	ผาแต้ม
Phang Nga	พังงา
Phattalung	พัทลุง
Phayao	พะเยา
Phetchaburi	เพชรบุรี
Phichit	พิจิตร
Phimai	พิมาย
Phitsanulok	พิษณุโลก
Phrae	แพร่
Phu Kradung National Park	ภูกระดึง
Phuket	ภูเก็ต
Prachuap Khiri Khan	ประจวบคีรีขันธ์
Prasat Khao Phra Viharn	ปราสาทเขาพระวิหาร
Prasat Phanom Rung	ปราสาทพนมรุ้ง
Ramkhamhaeng National Park	วนอุทยานรามคำแหง
Ranong	ระนอง
Ratchaburi	ราชบุรี
Rayong	ระยอง
Sadao	สะเดา

Sakon Nakhon ..... สกลนคร
Samphran ..... สามพราน
Samut Prakan ..... สมุทรปราการ
Satun ..... สตูล
Sawankhalok ..... สวรรคโลก
Si Racha ..... ศรีราชา
Si Satchanalai ..... ศรีสัชนาลัย
Similan Islands ..... หมู่เกาะสิมิลัน
Songkhla ..... สง ขลา
Soppong ..... สบป่อง
Sukhothai ..... สุโขทัย
Sungai Golok ..... สุไหง โกลก
Surat Thani ..... สุราษฎร์ธานี
Surin ..... สุรินทร์
Surin Islands ..... หมู่เกาะสุรินทร์
Tak ..... ตาก
Tak Bai ..... ตากใบ
Taksin Maharat National Park ..... วนอุทยานตากสินมหาราช
Takua Pa ..... ตะกั่วป่า
Tarutao National Park ..... วนอุทยานเกาะตะรุเตา
Tha Li ..... ท่าลี
That Phanom ..... ธาตุพนม
Thaton ..... ท่าตอน
Thong Sala ..... ท้อง ศาลา
Trang ..... ตรัง
Trat ..... ตราด
Ubon Ratchathani ..... อุบลราชธานี
Udon Thani ..... อุดรธานี
Umphang ..... อุ้มผาง
Uttaradit ..... อุตรดิตถ์
Wangprachan ..... วัง ปราจัน
Wat Khao Sukim ..... วัดเขาสุกิม
Wat Phailom ..... วัดไผ่ล้อม
Wat Suan Moke ..... วัดสวนโมกข์
Yala ..... ยะลา
Yasothon ..... ยโสธร

Reisemedizin zum Nachschlagen

Aids

Noch immer gibt es Männer, die während ihres Urlaubs vom Freiheitsdrang beseelt beim Verkehr mit Prostituierten auf das Kondom verzichten, ja sogar darauf bestehen, es „ohne" machen zu wollen! Mittlerweile sind über 750 000 Menschen oder 1,2 % der Gesamtbevölkerung Thailands mit dem HIV-Virus infiziert. Jährlich sterben über 60 000 Menschen an Aids. Stichproben in verschiedenen Städten Thailands ergaben, dass bis zu 90 % aller Prostituierten HIV positiv waren.

Die überwiegende Mehrheit der thailändischen Männer macht ihre ersten sexuellen Erfahrungen mit Prostituierten. Deshalb wurde von der Regierung ein National Aids Comittee eingesetzt und die *100 %-Condom Campaign* propagiert, die Prostituierte verpflichtet, Kondome zu benutzen. Es bleibt fraglich, wie weit sie das ihren alkoholisierten Kunden klarmachen können. Unvorsichtigkeit ist schon schlimm genug, aber wer auch noch an „Sauberkeitsbescheinigungen" oder -beteuerungen glaubt, ist naiv.

Allergien

Wer stark allergisch reagiert, sollte sich auch in Thailand vor einigen potenziellen Allergenen besonders in Acht nehmen: Meerestiere, Fischsoße (in jedem Essen enthalten), Geschmacksverstärker Glutamat (MSG), Quallen, verunreinigtes Meerwasser, Chlor im Swimming Pool oder Duschwasser, Massageöle, Räucherspiralen gegen Mücken, Duftstoffe der Aromatherapie, Luftverschmutzung …

Denguefieber

Diese Viruskrankheit kann überall epidemieartig auftreten, am ehesten während der Regenzeit. In den letzten Jahren wurden jährlich über 20 000 Fälle gemeldet, von denen 0,1 % tödlich verliefen. Dengue wird durch die Aedes aegypti-Mücke übertragen, die an ihren schwarz-weiß gebänderten Beinen zu erkennen ist. Sie sticht während des ganzen Tages. Nach der Inkubationszeit von bis zu einer Woche kommt es zu plötzlichen Fieberanfällen, Kopf- und Muskelschmerzen. Nach 3–5 Tagen kann sich ein Hautausschlag über den ganzen Körper verbreiten. Bei Stufe 1 klingen nach 1–2 Wochen die Krankheitssymptome ab.

Ein zweiter Anfall (Stufe 2) kann zu Komplikationen (inneren und äußeren Blutungen) führen. Wie bei der Malaria ist ein Moskitonetz und der Schutz vor Mückenstichen der beste Weg der Vorsorge. Es gibt keine Impfung oder spezielle Behandlung. Schmerztabletten, Fieber senkende Mittel und kalte Wadenwickel lindern die Symptome. Keinesfalls sollten ASS, Aspirin oder ein anderes acetylsalicylsäurehaltiges Medikament genommen werden, da diese einen lebensgefährlichen hämorrhagischen Verlauf herausfordern.

Ein einfacher Test kann Denguefieber verifizieren: 5 Minuten den Oberarm abbinden, öffnen und in der Armbeuge nachsehen – falls rote Flecken erscheinen, ist es zu 90 % Denguefieber.

Diabetes

Wer zuckerkrank ist, kann durchaus nach Thailand reisen. Insbesondere Bangkok, Pattaya, Phuket und Ko Samui sind darauf eingestellt, und die ärztliche Versorgung ist gut. Erfahrungen haben gezeigt, dass der Zuckerspiegel nach dem Urlaub sogar niedriger sein kann.

In Phuket können sich Zuckerkranke z. B. im Phuket International Hospital als Insulinspritzer anmelden und im Notfall dort Insulin bekommen. Kühleis ist auch in abgelegenen Gebieten erhältlich.

Durchfallerkrankungen

Auch Asien-Reisende plagen manchmal Durchfälle (Diarrhöe), die durch Infektionen hervorgerufen werden. Verdorbene Lebensmittel, nicht kontinuierlich gekühlte Meeresfrüchte, zu kurz gegartes Rindfleisch, ungeschältes oder schon länger aufgeschnittenes Obst, Salate, kalte Getränke oder schlecht gekühlte Eiscreme sind häufig die Verursacher. Da auch Mikroorganismen im Wasser durchschlagende Wirkung zeigen können, sollte man nur abgefülltes Wasser trinken (auf den versiegelten Verschluss achten). Wer ganz sicher gehen will, verzichtet zudem auf zerstoßenes Stangeneis. Die zylinderförmigen Eiswürfel gelten dagegen als unbedenklich.

Eine Elektrolyt-Lösung (Elotrans bzw. für Kinder Oralpädon), die verlorene Flüssigkeit und Salze ergänzt, reicht bei den meist harmlosen Durchfällen aus. Man kann sich selbst eine Lösung herstellen aus 4 gehäuften Teelöffeln Zucker oder Honig, 1/2 Teelöffel Salz und 1 l Orangensaft oder abgekochtem Wasser. Zur Not, z.B. vor langen Fahrten, kann auf Imodium, das die Darmtätigkeit ruhig legt, zurückgegriffen werden (aber nur in geringen Dosen, da die Ausscheidung von Krankheitserregern verzögert wird!). Wer Durchfälle mit Kräutertees lindern möchte, sollte sich einen Vorrat mitnehmen. Zudem hilft eine Bananen- oder Reis-und-Tee-Diät und Cola in Maßen, denn es enthält Zucker, Spurenelemente, Elektrolyte und ersetzt das verloren gegangene Wasser. Generell sollte man viel trinken und die Zufuhr von Salz nicht vergessen. Bei länger anhaltenden Erkrankungen empfiehlt es sich, einen Arzt aufzusuchen – es könnte auch eine bakterielle oder eine **Amöben-Ruhr** (Dysenterie) sein.

Gelbsucht

Die schwere Lebererkrankung **Hepatitis B** wird vor allem durch sexuellen Körperkontakt und durch Blut (ungenügend sterilisierte Nadeln bei Bluttransfusionen, Tätowierung, Piercen, Akupunktur) übertragen. Eine rechtzeitige vorbeugende Impfung, z.B. mit Gen H-B-Vax, ist sehr zu empfehlen.

Die **Hepatitis A** wird durch infiziertes Wasser und Lebensmittel oral übertragen. Vor einer Ansteckung schützt der Impfstoff Havrix (auch als Kombi-Impfung Twinrix für Hepatitis A und B erhältlich). Während in Thailand die meisten Menschen nach einer harmlosen Hepatitis A-Infektion im Kindesalter gegen diese Krankheit immun sind, trifft dieses nur auf ein Drittel aller Europäer zu. Ob die Impfung notwendig ist, zeigt ein Antikörpertest.

Hepatitis C und **D** werden auf demselben Weg übertragen wie Hepatitis B und können ebenfalls zu gefährlichen Langzeitschäden führen.

Geschlechtskrankheiten (Veneral Diseases)

Gonorrhöe und die gefährlichere **Syphilis** sind in Asien weit verbreitete Infektionskrankheiten, vor allem bei Prostituierten. Bei den ersten Anzeichen einer Erkrankung (Ausfluss / Geschwüre) unbedingt ein Krankenhaus zum Anlegen einer Kultur und zur Blutentnahme aufsuchen.

Hauterkrankungen

Bereits vom Schwitzen kann man sich unangenehm juckende Hautpilze holen. Gegen zu starkes Schwitzen hilft Körperpuder, Ice Powder, das angenehm kühlt und in Apotheken oder Supermärkten in Thailand erhältlich ist.

Für andere Erkrankungen sind häufig Kopf-, Kleider-, Filzläuse, Flöhe, Milben oder Wanzen verantwortlich.

Beim Elefantentrekking ist davon abzuraten, direkt auf den Tieren zu sitzen. Weniger gut gepflegte Tiere sind von einer Milbenart befallen, die ihre Eier in nackten Beinen ablegt, was zu eitrigen Entzündungen führen kann.

Hitzepickel kann man mit Prickly Heat Powder behandeln. Gegen Kopfläuse hilft Organoderm, oder, falls man wieder in Deutschland ist, Goldgeist forte.

Siehe auch Sonnenbrand.

Japanische Encephalitis (Hirnhautentzündung)

Sie wird sehr selten durch Moskitos in Agrarregionen übertragen. Eine Vorbeugung empfiehlt sich nur bei einem langen Aufenthalt in Reisanbaugebieten mit Schweinezucht. In Thailand ist ein Impfstoff erhältlich.

Kinderlähmung

Selbst in Europa treten immer noch Epidemien auf. Wer während der letzten zehn Jahre die Impfungen versäumt hat, sollte sich vom Hausarzt den Impfstoff verschreiben lassen.

Malaria

Thailand gilt laut WHO zwar als C-Land, dennoch besteht für Touristen, die sich auf eingefahrenen Routen bewegen, ein sehr geringes Risiko. Bangkok und der Süden werden als weitgehend malariafrei bezeichnet. In Grenzgebieten zu Kambodscha und Myanmar in den Provinzen Trat und Tak kommt die *Malaria tropica* vor, die unbehandelt zum Tode führen kann. Von den Touristenorten gelten Ko Chang (Trat) und Ko Chang (Ranong) als malariagefährdet.

Die Mücke *Anopheles*, die den Malariaerreger *Plasmodium falciparum* übertragen kann, sticht nachts zwischen Beginn der Dämmerung und Sonnenaufgang. Die beste Vorbeugung gegen Malaria besteht darin, möglichst nicht gestochen zu werden: Am Abend schützen helle Kleidung wie lange Hosen, langärmlige Hemden, engmaschige Socken (einige Reisende schwören dagegen nach Sonnenuntergang auf dunkle Kleidung) und ein Mücken abweisendes Mittel, das auf die Haut aufgetragen wird und die Geschmacksnerven stechender Insekten lähmt (auf Thai: jah tah gan juung). Einige Apotheken bieten sanfte Mittel an, die auf Zitronella- und Nelkenöl basieren, z. B. Zedan. Auch Autan Family ist besser als die auf DEET basierenden Mittel. In Thailand wird das teure, wenig effektive Jaico sowie das preiswerte, ziemlich giftige Sketolene verkauft.

Einige Tropenerfahrene schwören auf die Einnahme von Vitamin B in hohen Dosen, bei anderen ist es wirkungslos. Bewährt hat sich der Wirkstoff Permethrin, mit dem Kleidung und Moskitonetz eingesprüht werden. Er geht eine Verbindung mit dem Gewebe ein, ohne zu ölen, und bleibt wochenlang wirksam. In Deutschland ist er z. B. in den Handelsmarken Nobite, 💻 www.nobite.com, und TYRA-X, 💻 www.tyrax.de, enthalten.

Ist der Schlafraum nicht mückensicher (lückenlose Mückengitter an Fenstern und Türen), sollte man unter einem Moskitonetz schlafen. Am sichersten ist ein eigenes, mit Permethrin behandeltes Netz. Löcher verschließt man am besten mit Klebeband. Bei niedrigen Temperaturen in klimatisierten Räumen sind die Mücken zwar weniger aktiv, aber keineswegs ungefährlich. Notfalls verringern das Risiko auch *coils*, grüne Räucherspiralen, die wie Räucherstäbchen abbrennen und für ca. 8 Stunden die Luft verpesten. Oft werden sie abends in offenen Restaurants unter die Tische gestellt, um die herumschwirrenden Moskitos zu vertreiben. Mückenschwärme im Badezimmer wird man am besten mit einem Insektenspray los.

Tropeninstitute raten zumeist von chemischer Prophylaxe bei Thailand-Reisen ab, sofern man sich nicht lange in hohen Risikogebieten aufhält, und empfehlen mechanischen Schutz. Auch die Einnahme von Resochin in Verbindung mit Paludrine wird nicht mehr angeraten, denn immer mehr Erreger der *Malaria tropica* sind gegen diese Präparate resistent. Resochin allein gilt jedoch weiterhin als wirksam gegen die Erreger anderer, nicht tödlicher Formen von Malaria.

Bei Reisen in Gebiete mit hohem Malariarisiko ohne ärztliche Versorgung wird zumeist Malarone (Wirkstoff Atovaquon/Proguanil) oder Riamet (Artmether/Lamefantrin) als Standby-Therapie empfohlen. Malerone sollte als Prophylaxe maximal vier Wochen eingenommen werden, ist wirksam und gut verträglich. Da es die Parasiten bereits in der Leber angreift, ist die Einnahmedauer relativ kurz: täglich eine Tablette ein bis zwei Tage vor, während und sieben Tage nach dem Aufenthalt im Malariagebiet. Lariam ist wegen seiner z. T. schwerwiegenden Nebenwirkungen (im Beipackzettel stehen Hinweise auf Depressionen und Suizid) umstritten.

In Deutschland gibt es den Malaria-Schnelltest MalaQuick, mit dem Reisende im Notfall anhand eines Blutstropfens in acht Minuten selbst feststellen können, ob ihre Symptome durch den Malariaerreger *Plasmodium falciparum* ausgelöst wurden (in Apotheken erhältlich).

Wer nach der Rückkehr an einer nicht geklärten fieberhaften Erkrankung leidet, auch wenn es sich nur um leichtes Fieber und Kopfschmerzen handelt und erst Monate später auftritt, sollte dem Arzt unbedingt über den Tropenaufenthalt berichten und auf einem Bluttest bestehen. Die ersten Symptome einer Malaria können denen eines banalen grippalen Infektes ähneln und werden daher häufig verkannt, was schon nach wenigen Tagen das Leben bedrohen kann.

Schlangen- und Skorpionbisse, giftige Meerestiere

Die weit verbreitete Angst steht in keinem Verhältnis zur realen Gefahr, denn Giftschlangen greifen nur dann an, wenn sie attackiert werden (🖳 www.siam-info.de/german/schlangen_giftig.html). Gefährlich ist evtl. die Zeit nach Sonnenuntergang, vor allem bei Regen. Einige Schlangen töten durch ein Blutgift, in diesem Fall benötigt man sofort ein Serum, andere töten durch ein Nervengift, dann ist außerdem eine künstliche Beatmung wichtig. Das Provinzkrankenhaus, in das der Betroffene schnellstens gelangen sollte, muss zudem sofort informiert werden, damit ein Arzt und das Serum beim Eintreffen bereit stehen.

Skorpionbisse sind nicht tödlich. Kräutertabletten und Ruhigstellen des Körperteils lindern den Schmerz, Wasserkontakt meiden. Normalerweise lassen die anfangs starken Schmerzen nach 1–2 Tagen nach.

Durchaus real ist die Gefahr, mit nesselnden und giftigen Meerestieren in Kontakt zu kommen. Zwei Arten von Fischen können gefährlich werden, die man schwer vom Meeresboden unterscheiden kann: **Stachelrochen**, deren Gift fürchterliche Schmerzen verursacht, und **Steinfische**, die sehr giftige Rückenstacheln besitzen.

Beim Schnorcheln führt die Berührung von **Feuerkorallen** zu stark brennenden Hautreizungen, während giftige Muränen, Rotfeuerfische und Seeschlangen kaum gefährlich werden.

Seeigel sind zwar nicht giftig, ein eingetretener Stachel ist aber sehr schmerzhaft und verursacht lang eiternde Wunden.

Wie überall auf der Welt breiten sich vermehrt **Quallen** aus, sodass Badende immer häufiger an ihren giftigen Tentakeln streifen. Gehen die schmerzhaften Bläschen nach der Behandlung mit hochprozentigem Essig, Cortisonspray oder säurehaltigem Pflanzenbrei nicht innerhalb einer Stunde zurück, muss ein Arzt aufgesucht werden. Menschen, die unter einer Allergie leiden, sind besonders gefährdet. Informationen unter 🖳 www.siam-info.de/german/meerestiere.html.

Sonnenbrand und Hitzschlag

Wer anfällig ist, bekommt in den Tropen selbst im Schatten und bei bedecktem Himmel in den ersten Tagen ganz schnell einen Sonnenbrand. Viele Reisende treffen nur am Strand Vorkehrungen gegen Sonnenbrand und Hitzschlag, doch dies ist auch bei Touren durchs Hinterland notwendig. Besonders für hellhäutige Kinder empfiehlt es sich, regelmäßig Sonnenschutzmittel mit höchstem Lichtschutzfaktor auf die Haut aufzutragen, Hut und Sonnenbrille zu tragen und tagsüber viel zu trinken.

Erschöpfungszustände bei Hitze äußern sich durch Kopfschmerzen, Übelkeit, Benommenheit und erhöhte Temperatur. Um die Symptome zu lindern, sollte man unbedingt schattige Bereiche aufsuchen und genügend Wasser zu sich nehmen. Erbrechen und Orientierungslosigkeit können auf einen Hitzschlag hinweisen, der potenziell lebensbedrohlich ist – deshalb muss man sich sofort in medizinische Behandlung begeben.

Thrombose

Bei längeren Flugreisen verringert sich durch den Bewegungsmangel der Blutfluss vor allem in den Beinen, wodurch es zur Bildung von Blutgerinnseln kommen kann, die, wenn sich sich von der Gefäßwand lösen und durch den Körper wandern, eine akute Gefahr darstellen (z. B. Lungenembolie). Gefährdet sind vor allem Personen mit Venenerkrankungen oder Übergewicht, aber auch Schwangere, Raucher oder Frauen, die die Pille nehmen. Das Risiko verhindern Bewegung, viel trinken (aber keinen Alkohol) und notfalls Stütz- oder Kompressionsstrümpfe.

Tollwut

Thailand hat eine sehr hohe Todesrate an Tollwut. Wo streunende oder auch verendete Hunde zu sehen sind, ist Vorsicht geboten. Wer von einem Hund, einer Katze oder einem Affen gekratzt oder gebissen wird, muss sich sofort impfen lassen, da eine Infektion sonst tödlich endet.

In Krankenhäusern in Bangkok und Phuket gibt es den teuren *HDC*-Impfstoff *(Human Diploid Cell)*. Eine vorbeugende Impfung ist sehr teuer und nur bei längerem Aufenthalt sinnvoll.

Typhus / Paratyphus

Typische Symptome: über 7 Tage hohes Fieber einhergehend mit einem eher langsamen Puls und Benommenheit. Empfehlenswert ist die gut verträgliche Schluckimpfung mit Typhoral L für alle Reisende. Drei Jahre lang schützt eine Injektion des neuen Typhus-Impfstoffs Typhim VI, ehe er wieder aufgefrischt werden muss.

Unfälle

Die meisten Unfälle passieren Touristen beim Motorradfahren (s. S. 608). Um nicht von lautlos herabfallenden Kokosnüssen und Palmwedeln getroffen zu werden, sollte man sich vor allem nach Regenfällen von hohen Palmen in ungepflegten Palmenhainen fern halten.

Das **Bangkok Hospital**, Notruf ✆ 02310-3456, mit Network Hospitals in allen Provinzen, verfügt über einen Flugrettungs-Notdienst. Es stehen Hubschrauber und Flugzeuge mit ausgebildetem Rettungspersonal zur Verfügung. In Bangkok gibt es Motorlance – ein Motorrad, das einen Notarzt schnell zum Unfallort bringt.

Vogelgrippe

Seit 2004 haben sich in Zentral-Thailand mehrfach Menschen mit dem gefährlichen Vogelgrippevirus H5N1 infiziert und es kam vereinzelt zu Todesfällen. Die Infektionsherde waren lokal begrenzt und wurden schnell isoliert, sodass die Gefahr für Reisende bislang äußerst gering war. Da das Virus bei Erhitzen auf 70 °C abgetötet wird, können gekochte und gebratene Geflügelgerichte und Eier bedenkenlos gegessen werden. Zu meiden sind dagegen rohes Fleisch oder Ei sowie der Kontakt zu lebenden wie toten Tieren und Geflügelprodukten.

Wurmerkrankungen

Winzige oder größere Exemplare, die überall lauern können, setzen sich an den verschiedensten Körperstellen bzw. -organen fest und sind oft erst Wochen nach der Rückkehr festzustellen. Die meisten sind harmlos und durch eine einmalige Wurmkur zu vernichten, andere sind gefähr-

Tropeninstitute in Deutschland

Berlin	Spandauer Damm 130, Haus 10, 14050, ✆ 030-301166, 💻 www.charite.de/tropenmedizin
Dresden	Friedrichstr. 39, 01067, ✆ 0351-4803800
Düsseldorf	Moorenstr. 5, 40225, ✆ 0211-8117031
Hamburg	Bernhard-Nocht-Str. 74, 20359, ✆ 040-428180, 💻 www.bni.uni-hamburg.de, 💻 www.gesundes-reisen.de
Heidelberg	Im Neuenheimer Feld 324, 69120, ✆ 06221-562905, 💻 www.tropenmedizin-heidelberg.de
Leipzig	Delitzscher Str. 141, Haus 12, 04129, ✆ 0341-9092619
München	Leopoldstr. 5, 80802, ✆ 089-218013500, 💻 www.fit-for-travel.de
Rostock	Ernst-Heydemann-Str. 6, 18057, ✆ 0381-4947511, 💻 tropen.med.uni-rostock.de
Tübingen	Keplerstr. 15, 72074, ✆ 07071-2982365, 💻 www.medizin.uni-tuebingen. de/tropenmedizin

lich, z. B. Hakenwürmer. Sie bahnen sich den Weg durch die Fußsohlen, deshalb sollte man auf feuchten Böden unbedingt Sandalen tragen. Wenn man über längere Zeiträume auch nur leichte Durchfälle hat, ist es empfehlenswert, den Stuhl auf Würmer untersuchen zu lassen.

Wundinfektionen

Unter unhygienischen Bedingungen können sich schon aufgekratzte Moskitostiche zu Infektionen auswachsen, wenn sie unbehandelt bleiben. Wichtig ist es, dass jede noch so kleine Wunde sauber gehalten, desinfiziert und evtl. mit Pflaster geschützt wird. Antibiotika-Salben unterstützen den Heilprozess. Als hilfreich hat sich die entzündungshemmende Tinktur Calmine-D erwiesen, die in jedem Dorfladen erhältlich ist.

Wundstarrkrampf

Wundstarrkrampf-Erreger findet man überall auf der Erde. Verletzungen kann man nie ausschließen. Wer noch keine Tetanusimpfung hatte, sollte sich zwei Impfungen im 4-Wochen-Abstand geben lassen, die nach einem Jahr aufgefrischt werden müssen. Danach genügt eine Impfung alle 10 Jahre. Am besten ist der Tetanus-Diphterie-(Td)-Impfstoff für Personen über 5 Jahre, um gleichzeitig einen Schutz vor Diphtherie zu erhalten.

Reiseapotheke

Von allen regelmäßig benötigten Medikamenten sollte man einen ausreichenden Vorrat mitnehmen. Nicht zu empfehlen sind Zäpfchen oder andere hitzeempfindliche Medikamente. In den Apotheken Thailands oder bei Boots gibt es die mit (+) gekennzeichneten Präparate billiger und ohne Rezept. Es sind jedoch schon gefälschte Medikamente in Thailand aufgetaucht.

Wer in einem Krankenhaus oder einer Privatklinik behandelt wird, erhält die Medikamente dort passend abgezählt. Preisgünstiger als in Europa sind zudem Impfungen (auf Einwegspritze bestehen).

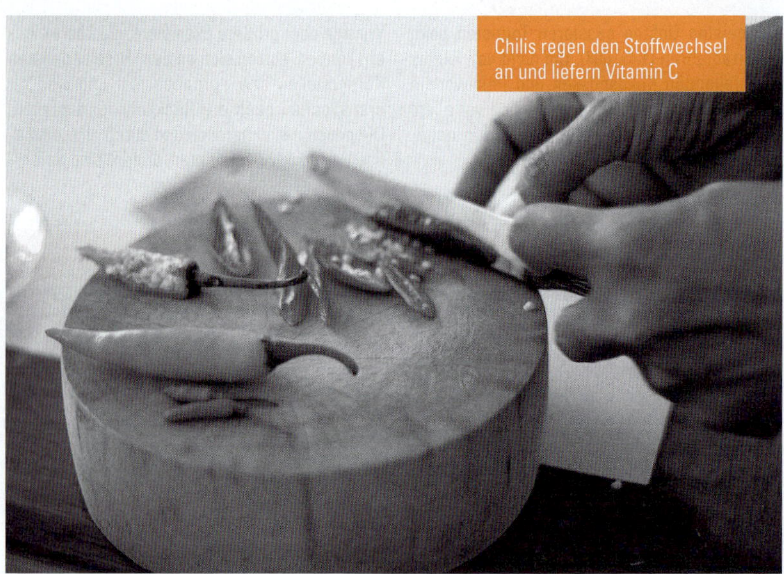
Chilis regen den Stoffwechsel an und liefern Vitamin C

Vorschlag für eine Reiseapotheke

Basisausstattung
- ☐ Verbandzeug+ (Heftpflaster, Leukoplast, Blasenpflaster *Compeed*, Mullbinden, elastische Binde, sterile Kompressen, Verbandpäckchen, Dreiecktuch, Schere, Pinzette)
- ☐ sterile Einmalspritzen und -kanülen in verschiedenen Größen
- ☐ Fieberthermometer
- ☐ Kondome +
- ☐ Lärmstopp +
- ☐ Beipackzettel

Malaria-Prophylaxe (s. S. 869)
- ☐ evtl. Standby-Therapie
- ☐ Mückenschutz

Schmerzen und Fieber
- ☐ keine acetylsalicylsäurehaltigen Mittel (Benuron, Dolormin)
- ☐ gegen krampfartige Schmerzen (Buscopan)
- ☐ gegen bakterielle Infektionen (Antibiotika* in Absprache mit dem Arzt)

Magen- und Darmerkrankungen
- ☐ gegen Durchfall, v. a. vor längeren Fahrten (Imodium akut, in Thailand: Lomotil+)
- ☐ zur Rückführung von Mineralien (Elotrans / Elektrolyt-Drinks+)
- ☐ gegen Verstopfung (Dulcolax Dragees, Laxoberal Tropfen)
- ☐ gegen Sodbrennen (Talcid, Riopan)

Erkrankungen der Haut
- ☐ Desinfektionsmittel+ (Betaisodona Lösung, Hansamed Spray, Kodan Tinktur)
- ☐ bei infektionsgefährdeten Wunden (Tyrosur Gel, Nebacetin Salbe RP)
- ☐ bei juckenden Insektenstichen oder Allergien (Soventol Gel, Azaron Stift, Fenistil Tropfen, Teldane Tabletten)
- ☐ bei starkem Juckreiz oder stärkerer Entzündung (Soventol Hydrocortison Creme, Ebenol Creme)
- ☐ gegen Hitzebläschen und Schwitzen (Prickly Heat Powder+)
- ☐ gegen Bläschenbildung nach Quallenkontakt (Cortison- und antibiotikahaltige Salbe)
- ☐ Wund- & Heilsalbe (Bepanthen)
- ☐ bei Pilzinfektionen (Fungizid ratio, Canesten)
- ☐ bei Bindehautentzündungen (Augentropfen: Berberil, Yxin)

Erkältungskrankheiten
- ☐ Nasenspray (Olynth, Nasivin)
- ☐ bei Halsschmerzen+ (Dorithricin, Dolo Dobendan)
- ☐ Hustenstiller+ (Silomat)
- ☐ zum Schleim lösen (Acc akut, Mucosolvan, Gelomyrtol)

Kreislauf
- ☐ Kreislauf anregend+ (Korodin, Effortil)

Reisekrankheit
- ☐ Superpep Kaugummis, Vomex

Sonnenschutz mit UVA- und UVB-Filter
- ☐ Ladival Milch bzw. Gel, Ilrido ultra Milch
- ☐ Sonnenschutzstift für die Lippen+
- ☐ Bei Sonnenallergie: Calamine+

Bitte bei den Medikamenten Gegenanzeigen und Wechselwirkungen beachten und sich vom Arzt oder Apotheker beraten lassen.

*(*rezeptpflichtig in Deutschland,*
+günstig in Thailand erhältlich)

Bücher

Nur wenige deutschsprachige Autoren beschäftigen sich mit Thailand. Der größte Teil der hier angegebenen Literatur ist in Englisch geschrieben. In Thailand werden viele dieser Bücher in den größeren Buchhandlungen verkauft. In Deutschland sind viele der englischsprachigen Titel über das Internet verfügbar. Vergriffene Titel können bei 💻 www.amazon.de oder www.zvab.com (aus dem Ausland hohe Versandkosten) gebraucht bestellt werden. Wer historische Reprints über Thailand sucht, wird zumeist bei White Lotus Press in Bangkok, 💻 www.thailine.com/lotus/, fündig. Der VVB Laufersweiler Verlag, 💻 vvb-laufersweiler.de, hat viele in Thailand (auch auf Thai) erschienene Titel im Programm. Die **Schriftreihe der Deutsch-Thailändischen Gesellschaft**, 💻 www.dtg-bonn.de, publiziert auch zu Themen, die über die Tagesereignisse hinaus von fachspezifischem Interesse sind. Eine weitere Quelle, die zudem nichts kostet, ist die Bibliothek des Goethe-Instituts in Bangkok (s. S. 181).

Anhang

Länderkunde

Thailand ohne Tempel. Lebensfragen eines Tropenlandes (Donner, Wolf; Frankfurt 1993). Die schwerwiegenden ökologischen und sozialen Probleme Thailands werden fundiert dargestellt und mit vielen Fakten begründet – dennoch gut lesbar. Empfehlenswertes Buch für alle, die bereit sind, einen Blick hinter die Sonnenseiten des Landes zu werfen.

Thailand (Donner, Wolf; München 1996). Kompetent geschriebene, informative Abhandlung über den Naturraum, die Geschichte, Kultur, Wirtschaft und Gesellschaft des Landes. Erschienen in der Serie Beck'sche Reihe – Länder.

Im Land des weißen Elefanten. Die Beziehungen zwischen Deutschland und Thailand von den Anfängen bis 1962 (Stoffers, Andreas; Bonn 1995). Ein Überblick über das wechselvolle Verhältnis beider Länder, politische Ränkespiele und wirtschaftliche Beziehungen, leider etwas langatmig.

Sympathie Magazine des Studienkreises für Tourismus (W) www.sympathiemagazin.de, gibt es u. a. zu Thailand und auch zum Buddhismus.

Geschichte, Politik, Religion und Soziales

Thailand – a Short History (Wyatt, David; New Haven 2003). Ausgezeichnete Einführung in die Geschichte von der Vorzeit bis heute.

A History of Thailand (Baker, Chris, Phongpaichit, Pasuk; Cambridge 2005). Die erste neue Geschichte Thailands seit vielen Jahren.

Thai Culture in Transition (Klausner, William J.; Bangkok 2002) Ausgezeichnete kritische Einführung in die sich wandelnden sozialen Strukturen des modernen Thailands und der Mentalität.

Thaksin: The Business of Politics in Thailand (Phongpaichit, Pasuk, Baker, Chris; Bangkok 2005). Die erste kritische Auseinandersetzung mit dem reichsten Mann Thailands, seiner Biografie und seinem politischen Einfluss auf das Land.

Wandlung durch Meditation (Jane Hamilton-Merritt; Berlin 1990). Für alle, die sich ausführlich mit Buddhismus und dem Leben in einem thailändischen Kloster beschäftigen wollen.

Die Nacht der Krokodile. Kinderprostitution in Bangkok (Botte, Marie-France; Mari, Jean-Paul; München 1996). In dem aufschlussreichen Sachbuch fasst die engagierte Autorin, eine belgische Sozialarbeiterin, ein heißes Eisen an. Sie weiß, wovon sie schreibt, denn ihrem Engagement ist es vor allem zu verdanken, dass die missbrauchten Kinder nicht länger totgeschwiegen werden.

Das siamesische Lächeln. Literatur und Revolte in Thailand (Kothmann, Hella; Karlsruhe 1994). Gedichte und Informationen über Politik und Zeitgeschichte.

Reis aus Silberschalen (Ekert-Rotholz, Alice; Hoffmann und Campe, Hamburg 1985). Ein unterhaltsamer Einstieg in die Denk- und Handelsweise von Südostasiaten. (Vergriffen)

Frauen in Thailand (Kothmann, Hella, Hrsg.; München 1991). Eine Sammlung von Erzählungen thailändischer Autorinnen. (Vergriffen)

Kunst und Kultur

Thai Village Life – Culture and Transition in the Northeast (Phongphit, Seri; Bangkok 1990). Eine halbwissenschaftliche Studie über Kultur, Rituale, Zeremonien, Fähigkeiten und Fertigkeiten im Nordosten.
Thai Culture, New Series (Hrsg.: The Fine Arts Department, Bangkok). Diese Reihe zu verschiedenen kulturellen Themen umfasst 25 farbige Broschüren, die leider nur selten in Museen verkauft werden.
Thai-Ramayana (Übersetzung der Fassung von König Rama I. durch M.L. Manich Jumsai, deutsch, englisch). Es gibt verschiedene Fassungen dieses Epos', das im gesamten süd- und südostasiatischen Raum bekannt ist. In die Thai-Version sind zahlreiche Märchen und Sagen Thailands eingearbeitet worden. Eine umfangreiche deutsche Übersetzung der indischen Ramayana-Version ist bei Diederichs, Köln 2004, erschienen. Eine besonders schöne englische Nacherzählung mit Bezug auf die Artus-Legende und Abbildungen von den Wandmalereien im Wat Phra Keo hat J. C. Shaw 1988 bei D.K. in Bangkok veröffentlicht.
Die Kunst traditioneller Thai Massage (Asokananda – Harald Brust; Gießen 2002). Die Techniken der Ganzkörpermassage, mit Fotos und Zeichnungen.

Bergvölker und Minderheiten

Völker im Goldenen Dreieck (Lewis, Paul & Elaine; Stuttgart 1984 – vergriffen, in Thailand auf Englisch erhältlich). Umfangreiche, illustrierte Darstellung der Lebensbedingungen verschiedener Bergvölker, recht teuer und schwer.
Hilltribes of Thailand (Freeman, Michael; Bangkok 1989, nur in Thailand erhältlich). Ein dünnes, großformatiges Buch mit hervorragenden Farbfotos. Die kurzen englischen Textpassagen gehen einfühlsam auf das Leben der Bergvölker ein.
Panorama. Thailands Bergvölker und Seenomaden. Unterwegs zu den Minderheiten Thailands (Thaewchatturat, Aroon und Vater, Tom, Bielefeld 2006) Eine bebilderte Beschreibung der ethnischen Minderheiten in Thailand. Auch in der Reihe KulturSchock als Taschenbuch erhältlich.
Die Unsichtbaren (van Loon, Karel G.; Köln 2004). Ein erschütternder, einfühlsamer Roman über das Schicksal der Flüchtlinge aus Myanmar basierend auf Interviews, die der holländische Bestsellerautor in den Lagern im thailändischen Grenzgebiet geführt hat.

Natur

Vögel in Thailand. Birds of Thailand (Robson, Craig; Gießen 2003). Ein Vogelbestimmungsbuch mit 128 Bildtafeln und 950 Verbreitungskarten (englisch).
Orchideen in Thailand. A Field Guide to the Wild Orchids of Thailand (Vaddhanaphuti, Nantiya; Gießen 1999). Beschreibung von 90 Orchideen mit Fotos (englisch).
A Field Guide to the Flowering Plants of Thailand (McMakin, Patrick D.; Bangkok 1988). Beschreibung von 502 Blütenpflanzen mit Fotos.
Marine Animals of Thailand (Majchacheep, Surin; Bangkok 1989). Wissenschaftliche Beschreibung und Nachschlagewerk über 371 Meerestiere, jeweils mit Foto.
Fischführer Indischer Ozean. Rotes Meer bis Thailand (Debelius, Helmut; Berlin-Velten 2001). Ein deutschsprachiges Fischbestimmungsbuch für Taucher und andere Interessierte.
Der unersetzbare Dschungel (Reichholf, Josef H.; BLV München, 1991). Verständlich geschrieben, auch für Neulinge in der Regenwald-Problematik geeignet.

Historische Beschreibungen

Viele historische Titel sind als Reprints bei White Lotus Press in Bangkok erschienen, 💻 www.thailine.com/lotus/.
The Kingdom and the People of Siam (Bowring, Sir John; New York 1969). Zweibändiges, umfangreiches Werk, 1855 von einem englischen Diplomaten verfasst, der das Land bereiste. Reprint.
Siam on the Meinam from the Gulf to Ayuthia (Sommerville, Maxwell; London 1897; Reprint

Bangkok 1985). Reiseaufzeichnungen eines US-amerikanischen Professors, der Bangkok und den Menam Chao Phraya über Ayutthaya bis Zentral-Thailand bereiste.

A Narrative of a Residence in Siam (Neale, Frederick Arthur; London 1852; Reprint Bangkok 1986). Bericht eines Briten von seiner Reise nach Siam und seine Beobachtungen über die Kultur, Traditionen und das Rechtssystem des Königreichs.

1688 Revolution in Siam (Hutchinson, E.W.; Bangkok 1990). Memoiren von Pater de Bèze, einem Jesuitenpriester. Er beschreibt die ersten europäischen Versuche, das Königreich zu durchdringen.

Letters from Thailand (Botan; Seattle 2002). Die Geschichte eines Einwanderers aus China in den späten 40er Jahren des vergangenen Jahrhunderts. Empfehlenswert.

Matahari. Stimmungsbilder aus dem Malayisch-Siamesischen Dschungel (Morgenthaler, Hans; Zürich 1987). Ein Schweizer Abenteurer sucht 1917–1920 in Siam nach Bodenschätzen.

Reisebeschreibungen und Erfahrungsberichte

Tsunami. Geschichte eines Weltbebens (Schnibben, Cordt, München 2005) Das spannende Sachbuch berichtet berührend vom Schicksal der Betroffenen und informiert sachlich über die Ursachen des Tsunami.

Phi Phi Island. Ein Bericht (Haslinger, Josef; Frankfurt 2007). Der Autor, Schriftsteller und Professor für literarische Ästhetik, überlebte mit seiner Familie den Tsunami auf Ko Phi Phi.

Tsunami, meine Schicksalswelle (Arnold, Toni; Frankfurt 2006). Erinnerungen eines Betroffenen an den Tsunami am Strand von Patong auf Phuket.

... und wissend lächelte der Buddha. Pop gan mai, auf Wiedersehen Thailand (Colberg, Heinz; Iffezheim 2006, Benefiz-Ausgabe unter www.colberg-thailand.de) Fast vierzig Jahre war das Ehepaar Colberg in Asien als Backpacker unterwegs, vor allem bei ethnischen Minderheiten. Nach Ullas frühem Tod findet der Anhänger des Theravada-Buddhismus sein neues Glück in Thailand und verliert es durch den Tsunami.

Siamesische + thailändische Geschichten, **Entwicklungshelfer 136841** und **Geschichten aus Siam** (Kordon, Ingo; Verlag zur heilen Welt, Windeck 1999). Ein deutscher ehemaliger Entwicklungshelfer beschreibt in unterhaltsamen Episoden das Leben in einem nordthailändischen Dorf, in dem er seit vielen Jahren lebt.

Geschichten aus Thailand (Ruffert, Günther; Taufkirchen 2002). Amüsante Erfahrungsberichte und Anekdoten aus dem thailändischen Alltag. Vom gleichen Autor erschien **Farang in Thailand**. Weitere Anekdoten aus dem thailändischen Alltag.

In Thailand leben. Geschichten und Artikel über das Leben in Thailand (Labudda, Gad; 2006). Erheiternde und aufmunternde, nachdenklich und mitunter ein bisschen traurig stimmende Geschichten über Einwanderer.

Sightseeing (Lapcharoensap, Rattawut; Köln 2006) Sieben facettenreiche Erzählungen über ein Thailand jenseits der Sandstrände, von dem 28-jährigen Autor humorvoll und präzise, tiefgründig und mit thailändischer Leichtigkeit beschrieben.

Frei ist nur der Blick zum Himmel. Sieben Jahre Haft in Thailand (Gregory, Sandra u. a., Bergisch-Gladbach 2004). Eigentlich wollte sich Sandra mit dem Heroin nur den Rückflug nach London finanzieren, doch sie wird am Flugplatz geschnappt – ein fesselnder Tatsachenbericht.

Rough Boys. Drei Jahre Ewigkeit im Drogen-Knast von Bangkok (Vyskocil, Helmuth L.; München 1984). Ein Erlebnisbericht aus thailändischen Gefängnissen. (Vergriffen)

People of Esarn (Sudham, Pira, Bangkok 1994, englisch). Erzählungen über das Leben in Nordost-Thailand. Vom gleichen Autor erschien 1989 **Monsoon Country**. (Vergriffen)

Im Goldenen Dreieck – Eine Reise in Thailand und Burma (Nicholl, Charles; Hamburg 1993). Roman über die Reise eines sensiblen Farang durch den Norden Thailands, Begegnungen mit Opiumhändlern, Waffenschiebern und sympathischen Charakteren in exzentrischen Situationen. (Vergriffen)

Der Preis der Leichtigkeit. Eine Reise durch Thailand, Kambodscha und Vietnam (Altmann, Andreas; München 2006) Der junge Schweizer macht sich auf den Weg nach Südostasien, um dem Geheimnis der Leichtigkeit auf die Spur zu kommen. Er versteht berührend und scharfsichtig zu erzählen: von den Menschen, denen er auf seiner Reise begegnet, von den Schicksalen, in die er Einblick erhält, von den Abgründen in ihm selbst.

Romane und Erzählungen

The Beach (Der Strand) (Garland, Alex; Goldmann München 2001). Der britische Autor beschreibt in seinem viel beachteten Erstlingswerk die Traveller-Szene in der Khaosan Road und auf Ko Samui, ihr Leben und ihre Träume. Verfilmt auf Ko Phi Phi Le und im Khao Yai-Nationalpark mit Leonardo di Caprio in der Hauptrolle.

Der Jadereiter (Englisch: *Bangkok 8*) und **Bangkok Tattoo** (Burdett, John; München 2003, 2007). Deftige, mit viel Insider-Wissen gespickte, spannende Krimis, in denen der buddhistische Polizist Sonchai im Drogen- und Rotlichtmilieu von Bangkok ermittelt.

Haus der Geister (Moore, Christopher G., Zürich 2000). Ein Thriller von dem in Thailand lebenden und dort bereits viel beachteten englischsprachigen Schriftsteller um einen Privatdedektiv, Drogen und das große Geld. Auch der im Bangkoker Nachtclub-Milieu spielende Roman **Nana Plaza** wurde 2001 übersetzt. Wer Gefallen an dem teils recht deftigen Stil gefunden hat, kann weitere Titel des Autors in Englisch lesen, die in Thailand erhältlich sind. Einen Eindruck vom Autor vermittelt 💻 www.cgmoore. com.

Anna und der König. Der Roman zum Film (Hand, Elizabeth; München 2000). Neuauflage des Schinkens rechtzeitig zum Erscheinen des Films mit Jodie Foster, der in Thailand wegen Majestätsbeleidigung verboten ist und in Malaysia gedreht werden musste. Die fantasievolle Geschichte der englischen Gouvernante am Hof von König Mongkut.

Das Erbe der Schwestern (Eastgate James, Caron; Knaur, München 2005). Die junge neuseeländische Autorin beleuchtet in ihrem unterhaltsamen Familienroman das Schicksal einer englisch-siamesischen Familie in Thailand über drei Generationen, das eng mit der Geschichte des Landes verwoben ist – eine nette Urlaubslektüre.

Muschelprinz und Duftende Blüte (Manesse Verlag, Stuttgart 1997). Volkstümliche Liebesgeschichten aus Thailand, die ihren Ursprung in der Region Chiang Mai haben.

Siamesische Hunde (Blettenberg, Detlef; Bielefeld 2003). Als Landeskenner hat der deutsche Entwicklungshelfer diesen spannenden Thriller mit vielen Fakten über das Leben in Thailand gespickt. Der Handlung liegen die geheimdienstlichen Aktivitäten von Jim Thompson zugrunde. Vom selben Autor ist außerdem der Roman **Farang** (2004) erschienen, der mit dem Deutschen Krimi-Preis ausgezeichnet wurde.

Das Goldriff / Teufelskreis Bangkok (Saul, John R.; München 2002). Sammelband. Interessant ist der im korrupten Milieu von Bangkok spielende Roman. (Vergriffen)

Die Brücke am Kwai (Boulle, Pierre; rororo Taschenbuch, 1958). Der verfilmte Klassiker über das Leben im Kriegsgefangenenlager und den Bau der Brücke über den River Kwai während des 2. Weltkriegs. (Vergriffen)

Joys Geheimnis (Anschel, Louis, Berlin 2000). Nach einem Mord im Berliner Rotlichtmilieu führen die Ermittlungen Kriminalhauptkommissar Ludger Bruske auch nach Thailand, wo er einem Mädchenhändler auf die Schliche kommt. (Vergriffen)

Kingdom of Make-Believe (Barrett, Dave; Village East Books, 1999). Nach dem Ende des Vietnamkriegs ereilt den amerikanischen Journalisten in der Midlife-Krise ein Hilferuf aus Bangkok, wo er schon bald in eine Liebesgeschichte mit einer einheimischen Mutter und ihrer Tochter sowie einen ungeklärten Todesfall verstrickt wird. (vergriffen)

The Pirates of Tarutao (Adirex, Paul; Bangkok 1994). Historischer Roman über das Schicksal der Gefangenen auf der südthailändischen Insel Tarutao im 2. Weltkrieg. Interessant geschrieben, gut zu lesen. (Vergriffen)

Bildbände

Thailand sehen & erleben (Modrow, Jörg; Müssig, Jochen; München 2005). Ein kompakter Bildband, in dem es auch Spaß macht zu schmökern.

The Arts of Thailand (Van Beek, Steve & Invernizzi, Luca; Hong Kong 1999). Der großformatige Bildband mit fantastischen Bildern ist nur noch antiquarisch erhältlich.
Very Thai. Everyday Popular Culture (Cornwel-Smith, Philip, Bangkok 2004). Bildband über die farbenfrohe Alltagskultur der Thai von einem Landeskenner zusammengetragen.
The Thai House. History and Evolution (Chaichongrak, Ruenthai u. a., Bangkok 2003). Einer von mehreren Bildbänden, die die einmalige Architektur der aus Holz und Bambus erbauten traditionellen Wohnhäuser ästhetisch ansprechend präsentiert.
Thai Style (Invernizzi, Luca Tettoni u. a., Bangkok 2001) Dieser hervorragend fotografierte Bildband stellt herausragende Beispiele der Thai-Architektur, von der traditionellen Formgebung bis zum westlich beeinflussten Tropenhaus dar.
Classic Thai. Design. Interiors. Architecture. (Invernizzi, Luca Tettoni u. a., North Clarendon 2007) Der hervorragende Fotograf beeindruckt auch in diesem Band mit seinen Bildern zu Themen wie dem klassischen Thai-Haus, religiöser Architektur und Thai-Kunsthandwerk und Design.

Kulturführer

Kulturschock Thailand (Krack, Rainer; Bielefeld 2004). Informationen über Kultur und Gesellschaft der Thais.
Land & Leute Thailand (Bolik, Rainer; Jantawat-Bolik, Siriporn; München 1995). In alphabetischer Reihenfolge wird in dem gut lesbaren Band der Polyglott-Reihe Hintergrundwissen über das Alltagsleben und die Kultur Thailands vermittelt.
Reisegast in Thailand (Aarau, Alice; Cooper, Robert & Nanthapa; Dormagen 2001). Amüsant und locker geschrieben ist dieses Buch eine Hilfestellung, um die Verhaltensweisen der Thais zu verstehen und sich als Ausländer entsprechend zu verhalten. Titel der englischen Originalversion: **Culture Shock! Thailand**.
Thai Ways und **More Thai Ways** (Segaller, Denis; Washington 2006). Der seit Jahrzehnten in Thailand lebende Dokumentarfilmer schreibt humorvoll und doch respektvoll über Sitten und Lebensweisen der Thai.
Mäi pen räi. Tausend Tage Thailand (Fuhrer, Thomas, Hamburg 2006). Bericht eines Reiseleiters über seine Erfahrungen und Begegnungen mit Einheimischen.

Sprachführer und Wörterbücher

In Bangkoks Buchläden und in der Khaosan Road wird ein breites, preiswertes Sortiment an Sprach- und Wörterbüchern verkauft. Auch vor der Reise sind viele über 💻 vvb-laufersweiler.de zu beziehen. Außerdem gibt es:
Thai Phrasebook (Evans, Bruce; Melbourne 2004) und **Hill Tribes Phrasebook of Southeast Asia** (Bradley, David, Melbourne 1999). Sehr gute englische Sprachführer mit gewöhnungsbedürftiger Lautschrift und Thai-Schrift. Sie ermöglichen auch in ländlichen Gebieten eine (Lese- und Zeige-)Konversation und fordern die Gesprächspartner dazu heraus, Sprachlehrer zu spielen. Erschienen bei Lonely Planet.
Thai, Rough Guides Phrasebook, (Lexus, London 2006) inklusive eines kleinen Audio-Files zum Runterladen auf den iPod.
Thai, Wort für Wort. Kauderwelsch (Lutterjohann, Martin; Bielefeld 2007). Das Buch gibt es auch auf CD-ROM mit Aussprachetrainer.
Phuut Thai. (Möller, Hans, Suriyanja, Wasana; Düsseldorf 2007) Deutsch-Thailändisches Wörterbuch mit deutscher Sprachausgabe, Textverarbeitung und Vokabeltrainer sowie Erläuterungen zur thailändischen Sprache. CD-ROM mit 13 000 Begriffen, einem elektronischen Wörterbuch und thailändischer Tastaturunterstützung für den PC, mehr Infos: 💻 www.phuutthai.com.

Kochbücher

Die Poesie der thailändischen Küche (Heymann-Sukphan, Wanphen; Aarau 1999). Großformatiges bebildertes Kochbuch, das Appetit macht.
Lust auf Thai-Snacks (München 2001). Taschenbuch, in dem Kleinigkeiten aus der Thai-Küche präsentiert werden.
Thai Food (Thompson, David, München 2002). Eine Liebeserklärung an die Küche Siams vom

australischen Koch David Thompson, einem glühenden Verehrer der thailändischen Kochkunst.
Thailand. Kochen und genießen mit Originalrezepten (München 2004). Die Kochbuchautorin Margit Proebst hat zusammen mit Dara Spirgatis 90 Originalrezepte zusammengetragen.
Thai Street Food. Thailändische Garküche und ihre besten Rezepte (Bhumichitr, Vatcharin, Weil der Stadt 2003). Eine kulinarische Reise durch die Garküchen Thailands. Gerichte für den Anfänger sowie Anregungen für jeden, der sich bereits in der asiatischen Küche auskennt, mit Zutaten, die auch in einer deutschen Kleinstadt zu bekommen sind.

Reiseführer

Eine große Zahl von Reiseführern beschäftigt sich mit Thailand. Aus dem Angebot haben wir einige ausgewählt, die dieses Buch ergänzen können.
Richtig Reisen Thailand (Loose, Renate; Ostfildern 2007). Hintergrundinformationen über das buddhistische Land. Außerdem zahlreiche Fotos und Routentipps über die wichtigsten Reiseziele in Thailand.
Polyglott APA Guide Thailand (Rutherford, Scott u. a.; München 2003). Ein Reiseführer mit schönen Bildern und ausführlichen Routenbeschreibungen in Deutsch und Englisch. Wenig praktische Tipps!
Thailand (Nelles Guides; München 2004). Ein handlicher, bunter Reiseführer, der Wert auf gute Karten legt, wobei der Text etwas zu kurz kommt.
Thailand. Kunst- und Reiseführer mit Landkarte (Clarac, A.; Stuttgart, 1979). Der umfangreichste Kunst- und Reiseführer selbst für Touren in abgelegene Regionen, allerdings nur für Selbstfahrer; praktische Preisangaben und Hinweise auf öffentliche Verkehrsmittel fehlen, es gibt keine Neuauflage.
Thailand per Rad (Thomes, Matthias; Kettler Verlag 1991). Veralteter Radführer mit 90 Teilstrecken, Kartenskizzen und Hintergrundwissen, nur noch antiquarisch erhältlich.
National Parks and other Wild Places of Thailand (Elliott, Stephen; Cubitt, Gerald; Australien 2002). Ausführliche Beschreibung aller Nationalparks, fantastische Fotos, viele praktische Tipps. Aufgrund des Formats als praktischer Wanderführer wenig geeignet.
Bangkok Inside Out (Ziv, Daniel, Sharett, Guy, 💻 www.asiascapes.com, 2004) Die überaus ironische Betrachtungsweise der Hauptstadt ist in Thailand nicht richtig verstanden worden, weshalb das Buch verboten wurde. Die amüsante Lektüre ist dennoch auf dem Chatuchak-Wochenendmarkt und im Internet zu bekommen.
Exploring Chiang Mai (Hargreave, Oliver; Chiang Mai, 2003). In vielen Bildern ist Chiang Mai gut beschrieben, zahlreiche korrekte Karten und Routenbeschreibungen regen zu Ausflügen im Umkreis von 100 km an.
Around Lan-Na (Goodden, Christian; Halesworth, 1999). Ein akribisch recherchierter Führer zu den neuen Straßen entlang der Grenzen von Chiang Mai, Chiang Rai und Nan mit Burma und Laos. Eingewebt sind fesselnde Schilderungen über Begegnungen mit den Dorfbewohnern und kulturhistorische Abhandlungen über die Grenzregion. Unverzichtbar für Selbstentdecker.
Lanna. Thailand's Northern Kingdom (Freeman, Michael; Bangkok 2001). Ansprechend bebilderter Reiseführer zu den schönsten Tempeln im Norden Thailands.
Tauchreiseführer Thailand (Mietz, Christian; Augsburg 1995). Allgemeine Informationen über Thailand, Streifzug durch die Natur und das Leben im Meer, allgemein gehaltener Führer zu 13 Tauchregionen mit Karten, konkrete Tipps zu Anreise, Unterkunft und Tauchschulen, exzellente Fotos.
Tauchreiseführer Thailand. Von den Similans bis Krabi (Schneider, Frank; Stuttgart 2007) Aktueller Tauchführer aus der Kosmos-Reihe.
A Motorcycle Guide to the Golden Triangle (Unkovich, David; Chiang Mai, 1998). Exakte Beschreibungen von Motorradtouren im Norden östlich von Chiang Mai. Sehr zu empfehlen. Neueste Infos und Karten 💻 www.gt-rider.com.
Kosmos NaturReiseführer Thailand (Kath, Andrea; Braun-Lüllemann, Jörg; Braun-Lüllemann, Annette; Stuttgart 2001). Auf 286 Seiten wird der Naturraum Thailands ausführlich dargestellt und mit farbigen Fotos und Karten illustriert.

Landkarten und Pläne

… über Thailand

Thailand Highway Map 1 : 1 100 000 (Roads Association of Thailand, Hrsg.; PN Map Center, Bangkok). Der zurzeit umfangreichste Straßenatlas Thailands in Thai und Englisch, brauchbar für Haupt- und Nebenrouten. Viele Stadtpläne. Leider ist der Ortsindex nur in Thai. Erscheint jährlich neu.

Berndtson Map Thailand 1 : 1 500 000 (Borch Publications; Fürstenfeldbruck). Brauchbare Straßenkarte mit Sehenswürdigkeiten, 9 Stadtpläne und Detailkarten, Orts- und Straßenindex. Eine gute Ergänzung zum Handbuch.

Nelles Map Thailand 1 : 1 500 000 (Nelles Verlag, München). Sehenswürdigkeiten sind markiert, Grundlage ist eine topographische Karte mit angenehmem Maßstab. 9 Stadtpläne und Detailkarten.

thinknet Bilingual Map Of … (ThinkNet Co.; Bangkok). Hervorragend recherchierte Serie von Atlanten und Karten (auch digital) über Thailand und einzelne Regionen. Zweisprachig (Englisch / Thai) sind u. a. Karten zum Norden, Nordosten, Zentrum, Süden, zur Ostküste, eine Walk Map of Bangkok und Walk Map of Ayutthaya sowie diverse Mini Maps und digitale Karten erschienen. 💻 www.thinknet.co.th.

… über Bangkok

Latest Tour's Guide to Bangkok & Thailand. Brauchbarer Bangkok-Stadtplan mit eingezeichneten Busrouten, den es in vielen Gästehäusern und Buchläden in Bangkok zu kaufen gibt.

Bangkok & Vicinity A to Z Atlas (PN Map Center, Bangkok). 120-seitiger Stadtatlas, sehr detailliert und präzise, aber nur mit Thai-Straßenindex.

Berndtson City Streets 1 : 14 000, Innenstadtplan sowie Karte des Großraums bis zum Airport im Maßstab 1:85 000, mit Hotel-, öffentlichem Gebäude- und Straßenindex.

Nelles Map Bangkok 1 : 15 000 (Nelles Verlag, München). Mit einem Plan des Großraumes im Maßstab 1:75 000, mit Sehenswürdigkeiten, Hotels u. a.

Map of Bangkok (Chandler, Nancy). Grafisch hübsch gestaltete, handgezeichnete Karten von den interessantesten Märkten und Einkaufsvierteln mit eingezeichneten Geschäften, Restaurants, Sehenswürdigkeiten.

… über den Norden

Berndtson City Streets Chiang Mai, 1 : 13 000 (Borch Publications; Fürstenfeldbruck). Innenstadtplan und Karte des Großraums, mit Straßenindex.

Berndtson Thailand North Road Map 1 : 750 000 mit Stadtplänen von Chiang Mai, Chiang Rai und Mae Hong Son sowie Umgebungskarten von Chiang Mai und dem Goldenen Dreieck. Leider seit 2000 nicht wieder neu aufgelegt.

Map of Chiang Mai (Chandler, Nancy). Grafisch hübsch gestaltete, handgezeichnete Karten von den interessantesten Märkten und Einkaufsvierteln mit eingezeichneten Geschäften, Restaurants, Sehenswürdigkeiten.

The Mae Hong Son Loop 1 : 375 000 (The Golden Triangle Rider Ltd. Part.; 2000). Exakt recherchierte Karte des Nordwestens mit sechs Straßenkategorien, Entfernungsangaben, ländlichen Gästehäusern und touristischen Attraktionen. Weitere Infos unter 💻 www.gt-rider.com/.

… über den Süden

Berndtson Phuket Road Map 1 : 80 000, umfasst das Gebiet bis Krabi, mit Detailplänen von den Stränden, Phuket Town, Krabi und Ko Phi Phi. Exakt recherchierte Karte.

Bahnfahrplan Richtung Norden

Zug + Nr.	RAP	SP EXP	ORD	SP EXP	RAP	SP EXP	SP EXP	SP EXP	RAP	RAP	EXP
	111	DRC 9	201	DRC 3	109	DRC 1	11	13	105	107	51
Klasse	**2–3**	**2**	**3**	**2**	**2–3**	**1–2**	**2**	**1–2**	**2-3**	**2–3**	**2–3**
Bangkok	07.00	08.30	9.25	10.50	14.30	18.00	19.20	19.35	19.50	20.10	22.00
Don Muang	07.52	09.14	10.31	11.40	15.19	18.46	20.07	20.23	20.33	21.01	22.49
Bang Pa-in	08.23		11.11						21.00		
Ayutthaya	08.37	09.43	11.26	12.15	16.00	19.21	20.37	21.01	21.14	21.42	23.30
Lopburi	09.44	10.29	12.37	13.00	17.00	20.14	21.23	21.55	22.07	22.36	00.28
N. Sawan	11.27	11.38	15.03	14.07	18.36	21.33	22.31	23.24	23.36	00.03	02.07
Phitsanulok	14.14	13.19	17.50	16.06	20.44		00.23	01.34	02.05	02.49	04.20
Sawankhalok			18.00								
Uttaradit	16.00	14.45			22.38		01.41	02.56	03.54	04.53	05.51
Lampang		18.11			03.01	04.21	05.29	07.00			10.10
Khun Tan					04.05	05.35		08.11			11.23
Lamphun		20.05			04.57	06.32	07.15	09.12			12.15
Chiang Mai		20.30			05.30	07.15	07.40	09.45			12.45

Zug + Nr.	SP EXP	RAP	EXP	SP EXP	SP EXP	SP EXP	ORD	RAP	RAP	SP EXP	RAP
	DRC 4	108	52	14	2	DRC 10	202	106	112	DRC 12	102
Klasse	**2**	**2–3**	**2–3**	**1–2**	**1–2**	**2**	**3**	**2–3**	**2–3**	**2**	**2–3**
Chiang Mai		15.40	16.30	17.50	21.00	21.50			08.45	06.45	
Lamphun			16.03	16.54	18.13	21.18				09.13	07.14
Khun Tan		17.07	17.54	19.18		23.07				08.09	
Lampang			18.16	19.00	20.10	23.01				10.54	09.15
Uttaradit		20.17	21.56	22.33		02.23		07.35	08.40	13.53	12.39
Sawankhalok	19.40										
Phitsanulok	21.40	21.58	23.27	00.05		03.51	06.05	08.59	10.18	15.08	14.15
N. Sawan	00.04	00.33	01.38	02.01	02.34	05.23	08.39	10.52	12.52	16.52	16.11
Lopburi	01.27	02.16	03.05	03.32	04.04	06.30	11.04	12.27	14.48	18.05	17.40
Ayutthaya	02.13	03.14	04.12	04.40	05.13	07.21	12.18	13.28	16.03	18.53	19.14
Bang Pa-in							13.40	16.17			
Don Muang	02.45	04.12	05.14	05.36	06.04	08.04	13.14	14.13	16.51	19.27	20.09
Bangkok	03.30	05.10	06.15	06.40	07.00	09.10	14.05	15.05	17.50	20.25	21.10

Langsame Personenzüge (Ord.), die auch in kleineren Orten halten, sind auf englischsprachigen Fahrplänen nicht aufgelistet. Informationen über die Abkürzungen, Ausstattung, Zuschläge und Art der Züge s. S. 71ff.

Die Züge Richtung Nordosten fahren auf 2 verschiedenen Linien: Die Ubon-Linie führt über Pak Chong, Korat und Surin, die Nong Khai-Linie über Khon Kaen und Udon. Nur die Sprinter Richtung Nong Khai fahren über Korat. Beide Linien halten in Ayutthaya und Saraburi.

Von Thung Song führt eine Stichlinie über Trang nach Kantang, südwestlich von Trang. Eine weitere Stichlinie zweigt in Hat Yai ab und führt über Yala zur malaysischen Grenze (Sungai Golok). Die Hauptlinie verläuft von Hat Yai über Padang Besar (Grenzort) nach Butterworth.

Bahnfahrplan Richtung Nordosten

Zug + Nr.	SP EXP DRC 21	RAP 135	EXP DRC 75	EXP DRC 71	ORD 233	RAP 145	EXP DRC 77	RAP 133	RAP 139	EXP 67	EXP 69	EXP DRC 73	RAP 141	RAP 143
Klasse	**2**	**2–3**	**2**	**2**	**3**	**2–3**	**2**	**2–3**	**2–3**	**1–2–3**	**1–2–3**	**2**	**2–3**	**2–3**
Bangkok	05.45	06.40	08.20	10.05	11.40	15.20	18.30	18.40	18.55	20.30	20.45	21.50	22.25	23.40
Ayutthaya	06.58	08.25	09.39	11.24	13.06	16.56	19.47	20.12	20.25	21.50	22.08	23.08	23.50	01.12
Saraburi	07.33	09.09	10.17	12.03	13.52	18.00	20.23	20.58	21.09	22.31	22.51	23.44	00.31	01.57
Pak Chong	08.55	10.52		13.25	15.22	19.44	21.37		22.46	00.18		01.01	02.19	04.04
Korat	10.02	12.12		14.27	16.50	21.15	22.48		00.07	01.33		02.00	03.34	05.25
Buri Ram	11.34	14.19		16.14	19.16	23.38			02.22	03.40		04.12	06.02	07.27
Surin	12.14	15.07		17.08	20.00	00.30			03.15	04.30		05.04	06.58	08.27
Ubon	14.20	18.20				03.35			06.15	07.25			10.20	11.50
Khon Kaen			16.20				02.10	04.15			05.42			
Udon Thani			18.10				04.11	06.34			07.53			
Nong Khai							05.05	07.35			09.10			

Zug + Nr.	RAP 144	RAP 142	SP EXP DRC 74	EXP 68	RAP 140	ORD 234	EXP DRC 72	RAP 136	RAP 146	SP EXP DRC 22	EXP DRC 78	EXP 70	RAP 134	EXP DRC 76
Klasse	**2–3**	**2–3**	**2–3**	**1–2–3**	**2–3**	**3**	**2**	**2–3**	**2–3**	**2**	**2–3**	**1–2–3**	**2–3**	**2–3**
Nong Khai												18.20	19.15	06.00
Udon Thani											18.40	19.20	20.10	06.47
Khon Kaen											20.11	21.05	22.16	08.37

Ubon	15.05	16.50		18.30	19.30			07.00	08.45	14.50				
Surin	17.59	19.31	20.25	20.59	22.02	05.10	07.55	09.39	11.30	16.41				
Buri Ram	18.48	20.28	21.10	21.43	22.50	06.06	08.35	10.27	12.26	17.15				
Korat	20.46	22.32	22.54	23.37	00.51	08.22	10.18	12.33	14.50	18.47	23.06			
Pak Chong	22.29	00.03	00.26	01.27	02.24	10.09	11.27	14.00	16.35		00.43			
Saraburi	00.19	01.48	02.10	03.04	04.13	11.51	12.41	15.45	18.05	21.06	02.35	03.22	04.51	14.54
Ayutthaya	01.14	02.37	02.54	03.55	05.25	12.40	13.17	16.37	19.05	21.46	03.15	04.23	05.50	15.30
Bangkok	03.15	04.25	04.35	05.50	07.30	14.50	18.40	21.00	23.15	05.00	06.25	08.00	17.10	

Die wichtigsten Züge Richtung Osten

Zug + Nr.	ORD	ORD	ORD	DRC	DRC
	275	283*	281	279	277
Bangkok	05.55	06.55	08.00	13.05	15.25
Prachinburi	08.58		10.22	15.19	17.41
Kabinburi	09.48		11.10	16.12	18.20
Aranyaprat.	11.35			17.35	
Chonburi		09.49			
Pattaya		10.35			

Alle Züge 3. Klasse, * verkehrt Mo–Fr

Zug + Nr.	DRC	DRC	DRC	ORD	ORD
	280	368	286	284*	276
Pattaya				14.21	
Chonburi				15.21	
Aranyaprat.	06.40			13.55	
Kabinburi	07.00	08.23	12.25		15.39
Prachinburi	07.46	09.21	13.13		16.33
Chachoeng.	10.22	12.35	16.20	16.20	18.00
Bangkok	12.05	14.10	18.25	18.25	19.55

Bahnfahrplan Richtung Süden

Zug + Nr.	EXP SP DRC 43	DRC 261	RAP 171	EXP SP 35	EXP SP 37	RAP 169	EXP 83	RAP 173	RAP 167	EXP 85	EXP SP DRC39+41	ORD 257	ORD 259
Klasse	**2**	**3**	**2–3**	**1–2**	**1–2–3**	**2–3**	**1–2–3**	**2–3**	**2–3**	**1–2–3**	**2**	**3**	**3**
Bangkok	08.05	09.20	13.00	14.45	15.10	15.35	17.05	17.35	18.20	19.30	22.50		
Thonburi												07.45	13.35
N. Pathom	09.17	10.37	14.42	16.04	16.39	17.17	18.29	19.09	19.51	20.54	00.03	08.53	14.36
Kanchanaburi												10.24	16.19
Nam Tok												12.20	18.30
Ratchaburi	09.55	11.29	15.25	16.43	17.28	18.18	19.13	20.03	20.36	21.40	00.42		
Phetchaburi	10.28	12.06	16.07		18.14	19.12		20.45	21.13	22.24	01.14		
Hua Hin	11.11	13.00	17.10	18.11	19.08	20.11	20.43	21.37	22.02	23.19	02.04		
Prachuap K.K.	12.08		18.25		20.27	21.37		22.56	23.17	01.01	03.29		
Ban Krut	12.47					22.27		23.56	00.32		04.10		
Chumphon	14.19		21.01	21.47	23.22	00.35	01.20	02.19	02.56	03.44	05.42		
Lang Suan	15.08		22.12			01.38		03.28	03.59	04.52	06.48		
Surat Thani	16.30		00.09	00.46	01.53	03.02	04.02	05.09	05.38	06.27	08.11		
Thung Song			02.15	02.37	03.44	05.11	06.13	08.06	08.31	09.11	09.46		
Trang							07.55		10.20				
Nakhon Si Thammarat								09.35		10.35			
Hat Yai			05.36	06.18	07.18	09.07					12.27		
Yala			08.42		09.25	11.20					14.25		
Sungai Golok			10.45		11.25								
Padang Besar				07.55									
Butterworth				11.55									

Zug + Nr.	RAP 174	EXP 168	EXP SP DRC 42+44	RAP 86	RAP 170	EXP 84	RAP 172	EXP SP 36	EXP SP 38	DRC 262	EXP SP DRC 40	ORD 260	ORD 258
Klasse	**2–3**	**1–2–3**	**2**	**2–3**	**2–3**	**1–2–3**	**2–3**	**1–2–3**	**1–2**	**3**	**2**	**3**	**3**
Butterworth								13.10					
Padang Besar							16.30						
Sungai Golok							11.30		14.20				
Yala			14.40		12.10		13.18		16.06				
Hat Yai			16.16		14.18		15.26	17.34	18.05				
Nakhon Si T.	13.00			15.00									
Trang		13.25				17.20							
Thung Song	14.20	15.10	18.49	16.16	17.49	19.02	19.16	20.27	21.19				
Surat Thani	16.46	17.42	20.25	18.22	19.45	20.47	21.07	22.04	23.00		10.40		
Lang Suan	18.18	19.21	21.33	19.44	21.13		22.39				11.52		
Chumphon	19.24	20.32	22.31	20.44	22.20	23.24	23.53	00.37	01.36		12.46		
Ban Krut	21.21										14.24		
Prachuap K.K.	22.30	23.27	00.41	00.04	01.34		02.49		04.17		15.04		
Hua Hin	00.13	00.49	01.39	01.19	02.58	03.38	04.07	4.35	05.34	14.10	16.01		
Phetchaburi	01.17	01.52	02.30	02.13	03.58		05.04			15.02	16.44		
Rachaburi	02.09	02.38	03.06	02.57	04.47	05.22	05.48	06.05	07.13	15.47	17.32		
Nam Tok												05.20	12.50
Kanchanaburi												07.19	14.44
N. Pathom	03.04	03.30	03.48	03.59	05.43	06.15	06.34	06.48	08.05	16.59	18.15	08.50	16.23
Thonburi												10.00	17.35
Bangkok	04.45	05.05	05.15	05.35	07.40	08.00	08.10	08.30	09.40	18.45	19.35		

Danksagung der Autoren

Ursula Spraul-Doring und Richard Doring danken allen Freunden in Thailand, die sie mit Informationen versorgt und unterwegs geholfen haben, vor allem Michael Spjuth von Ko Tao, Jörg Gundlach und Gerlinde Bankemper von Lamai, Thomas Krey aus Phetchaburi, Max Arcangeloni in Chumphon, Annette Kunigagon in Chiang Mai, Thomas Kasper in Pai, Matthias Kunz in Trang, Mr. Pooh auf Ko Lipe, Horst Müller auf Ko Chang, Yodying Sudhidhanakul auf Ko Mak. Für exzellente Zusatzrecherche danken wir ganz besonders Klaus Schad aus Chiang Mai, Monika Schneebeli aus Ko Pha Ngan, Monika Koppold aus München, Gerald Hoffstedt und Gary aus Bremen. Für tolle Fotos bedanken wir uns bei Heinz Albers in Essen, Sandra Wischnewski aus Berlin, Manfred Clintjens aus Eschweiler.

Renate und Stefan Loose danken Yodying Sudhidhanakul aus Ko Mak, Peep Fagrajang mit ihren Töchtern Plu, Pla und Paeng aus Bang Yai, Chris und Tan aus Phuket, Apple und Noi aus Kanchanaburi, Armin Herrman aus Sanghklaburi, Captain Daeng aus Umphang, Uwe Löwel aus Mae Sai sowie den Mitarbeitern von TAT in Phitsanulok, Kanchanaburi, Lopburi und Phuket. Unser besonderer Dank für die Recherche von Pattaya an Volker Klinkmüller aus Chonburi.

Zudem bedanken wir uns ganz herzlich bei folgenden Leserbriefschreibern:
Heinz Albers, Steffen Amling, Peter Bargmann, Katja Barth, Helmut Bäumler, Klaus Bieg, Margit Bielka, Matthias Blättler, Gerd Brohasga, Dietlind u. Michael Bruns, Marco Buchwald, Detlef Burghammer, N. Burzig, Eva-Maria Dapper, Sylvia Deuse, Winfried Draeger, Mathias Erbek, Saman Ghorbani, Brigitte und Frank Giebner, Claudia Glogger, Marcel und Yvonne Glück, Pia Guggumos, Erich Hamberger, Lamduan Hauber, Stephan Hausl, Franziska Heck, Johannes Hepner, Karin Herbst, Roland Holl, Thomas Huwyler, Sara Jenzer, Lisa u. Wolfram Kempf, Sarah Kleefufl, Sören Klotz, Nicole Konrad, Sonja Kristof, Markus Lederer, Friederike Lenssen, Simone Lorbacher, Sylvia und Matthias Mayer, Christian Möschel, M. Müller, Dirk Nilles, Gaby Oligmüller, Heinz Peter, Anette Pfeiffer, Florian Plavec, Sandra Prandi, Otto Reichartinger, Jens Reimer, Simone Rosenkranz-Miess, Birgit Nagel, Dietrich Scheiter, Helmut Schneider, Jonas Schnyder, Sylvia Schönberg, Peter Schulte, Peter Schwendter, Peter Speck, Michael Straussberger, Tanja Stief, Martin Süß, Gabriele Troeger, Michael Völker, Martin Vogler, Sylvia Wawrowski, T. Wendlinger, Werner Wibbeke, Patricia Wollny, Dani u. Gabriela Zurbrügg sowie Sabine O. & Jochen H., Jasmin & Raphael, Nid & Theddy, Tina L. & Uwe P.

Index

C

D

E

Anhang

Anhang

L

M

Anhang

N

O

P

Q, R

S

Anhang

Bildnachweis

Umschlag: Titel und Klappenfotos: Renate Loose

Peter Bialobrezeski / laif: S. 13
Manfred Clintjens: S. 17 (unten)
Richard Doring: S. 17 (oben), 19 (2), 20 (oben), 31, 342, 343, 469, 697, 720, 857
Frank Guiziou / hemis.fr: S. 15 (oben)
Frank Heuer / laif: S. 20 (unten)
Renate Loose: S. 8, 9 (2), 10 (2), 11, 12 (2), 14 (2), 15 (unten), 16, 18, 21, 33, 36, 37, 59, 87, 101, 123, 205, 271, 287, 327, 517, 525, 563, 872
Rainbow Blub Club Divers: 841

Impressum

Thailand
Stefan Loose Travel Handbücher
12., vollständig überarbeitete Auflage **2008**

Die in diesem Buch enthaltenen Angaben wurden von den Autoren nach bestem Wissen erstellt und vom Lektorat im Verlag mit großer Sorgfalt auf ihre Richtigkeit überprüft. Trotzdem sind, wie der Verlag nach dem Produkthaftungsrecht betonen muss, inhaltliche und sachliche Fehler nicht vollständig auszuschließen. Deshalb erfolgen alle Angaben ohne Garantie des Verlags oder der Autoren. Der Verlag und die Autoren übernehmen keinerlei Verantwortung und Haftung für inhaltliche und sachliche Fehler. Alle Landkarten und Stadtpläne in diesem Buch sind von den Autoren erstellt worden und werden ständig überarbeitet.

Gesamtredaktion und -herstellung
Bintang Buchservice GmbH
Zossener Str. 55/2, 10961Berlin
www.bintang-berlin.de

Karten: Anja Krapat, Klaus Schindler
Redaktion: Renate Loose, Jessika Zollickhofer
Grafisches Konzept: Groschwitz, Hamburg
Layout und Herstellung: Britta Dieterle

Printed in China

Kartenverzeichnis

Legende

1 : 1.800.000

1 cm = 18 km

0 10 20 30 40 50 km

101	Autobahn mit Straßennummer
	Schnellstraße
	Fernverkehrsstraße
	Hauptstraße
	Nebenstraße
	Hauptstraße, unbefestigt
	Nebenstraße, unbefestigt
	Fahrweg, Piste
	Fußweg, Pfad
	Eisenbahn
	Bebaute Fläche
	Nationalpark, Naturpark
	Marine Nationalpark
	Gewässer
Doi Tung ▲ *1420 m*	Berggipfel
1462 m •	Höhenpunkt

	Flughafen, international
	Flughafen, regional
	Grenzübergang
★	Sehenswürdigkeit
	Tempel
	Archäologische Stätte
	Museum
	Wasserfall
	Höhle
	Aussichtspunkt
	Bergbau
	Empfehlenswerter Badestrand
	Sporttauchen
	Gute Schnorchelmöglichkeit
	Hochseefischen
S. 912	Seitenverweis

S. 904

1 cm = 18 km
1 : 1.800.000
0 10 20 30 40 50 km
D
E
F
Tachilek
Mae Sai
Muang Hi
Sob Ruak
(Goldenes Dreieck)
Nam Nhon
Nam Ngam
Donchai
1680 m
Na Lae
907 m
Tham Luang
Doi Tung
1420 m
1290
San Thanon
Tai
Huai Yen
Pung
Namthoung
1470 m
Mae Fah
Luang
Mae
Ngoen
1129
Chiang
Khong
Ban Houei Sai
(Huay Xai)
Thoed Thai
Mae
Salong
Sam
Yaek
Huai
Khrai
Wat
Phra That
Pa Ngao
Chiang
Saen
Thung Ngiu
Dan
Muang Houn
1534 m
Chantai
Navang
Muang
Ngam
1234
1089
1016
Phadua
Mae Chan
Mae
Bong
Sri Don Chai
Wiang
Kaen
Pak Tha
Pha Udom
Santisuk
Lorcha
Hot Springs
Bong Noi
1098
1174
Kaen
Nua
1155
Pang Hat
LAOS
Nam Beng
Menam Kok
Pha Tai
Huai Mae
Sai
Rong Wai
1173
1681 m
Mokphang
Namko
1935 m
110
1020
Patang
Pa Muang
CHIANG RAI
Wiang Chai
Chom Phu
1676 m
Pakbeng
Khun Kon
Phra Kaeo
1152
Pa Tan
Phu Chee Fah
Menam Khong
(Mekong)
Huai Khrai
Phaya
Mengrai
Ta Luang
1400 m
Menam Khong (Mekong)
1451 m
1400 m
Thaxoang
Mae Lao
Khop
Doi Yao
1543 m
118
Pa Sak
1020
1093
Huamuang
1
Thoeng
Ban Huak
Ban
Kiuk
1338 m
Nam Ngum
Kay
Hong Sa
Napong
Cham Bon
Mae Suai
Muang
Nga
Chiang Khian
1021
Phu Sang
Xianghon
Ngeun
Muang
Han
Phalan
Huai Som
Phan
1126
Pa Ngae
Phu Sang
National Park
Suan
Siphom
Huai Kon
Pop Ho
Tha Ko
Pa Daet
Phuang
Phayom
Chiang Kham
1080
Ngom
Pao
Phu Sam Sao
Ban Ngob
1969 m
1126
Huai Ngiu
1739 m
Doi Luang
National Park
Ban Hae
1081
Wang
Kaew
Mae Chai
Chun
Lao Ri
1148
Song
Khwae
Thung Chang
Ban Dan
Phou Khe
Khun Nan
National Park
Nam Kout
2079 m
Rong Khu
Pa Fang
Ban Mai
1097
Chiang Klang
1021
1091
Nanthaburi
National Park
Bo Yuak
Mae Khachan
Wat Analayo
1022
Baeng
Nam
Mong
Pua
1256
Wang Nua
Phayao
Dok Kham Tai
Mun
Nam Puk
Doi Phu Kha
National Park
Bo Luang
Hot Springs
120
Pong
Pha Tang
1082
Tha Wang Pha
Pa Tong
Ban Hia
Silaphet
Pong Wang
Doi Phu Nang
National Park
1169
1257
Mae Tho
Huai Khian
Tha Fa Tai
Pha Kwang
Nam Yao
Mae
Sanan
1035
Menam Wang
Kiu
Muang
Doi Long
1
Menam Nan
Santisuk
Pi Nua
Song
Khwae
1080
1700 m
1360 m
1169
Sorn
National Park
Chiang Muan
1091
Muang Chang Nua
Nam Pouy
Ban Luang
Doi Luang
1162 m
1168
Ban Khwaeng
Nam Phun
Chang Pan
Ngao
Wat Khao
Noi
Nan
1210 m
Menam Yom
1120
Mae Charim
1414 m
Chae Hom
1152 m
Nam Pun
Pha Thai
1154
Pa Lao Klang
Doi Khun Lan
Pang Kho
Saliam
Nam Pua
Wiang Sa
1243
1652 m
NBCA
Kiu Lom
Reservoir
103
Huai Son
Nam Gnan
Nam Phun
Na Rai Dieo
101
1162
Nam Phang
Noi
Huai Peng
Cham Pui
Song
Huai Rong
Pang Mon
Nakhanyang
Sop Fuang
Ban Bunnak
Nam Muap
Menam Nan
Ko Keo
Pha
Nang Koi
Huai Rong
1026
1243
Doi Wa
1294 m
Suvannaphum
Ngan Tao
1
Rong Kwang
Na Noi
S. 906
Lampang
Bo Bia
Ban Paen
1083
Mae Mo
Nong
Muang Khai
1217
1728 m
1083
Pak Lai
Tha Noe
101
Na Mo
1071 m
Nam Rin
1023
Mae
Phrae
Na Mun
Pang Hai
Mae Tha
Long
Nua Son
1241 m
Huai Noi Ka
Buamlao
Menam Khong (Mekong)
Doi Ang
1140 m
11
Pha Klong
National Park
Mae
Rang
Sung Men
Doi Khun Loet
Pak Nai
1047
Muang Chet Ton
1030 m
1124
Den Chai
Fak Tha
Ban Khok
Buamthon
Mae Nam Yom
Doi Phaya Fo
1247 m
Sirikit
Reservoir
1032 m
Vang Pa
1465 m
1268
Huaylot
Wang Chin
Dong Ya Thao
Nongpachit
1125
101
Hat Rua
Na Pla Klang
Huai Ha
Tha Pla
1139
Namphuk
Nakok
495 m
Nam Man
Phu Suai Dao
Kenthao
Nam Heung
11
1045
Nam Pat
2102 m
Phu
1177
Lap Lae
UTTARADIT
S. 905
Sak Yai
National Park
1239
Huai Dua
Muangmo
Bosan

A B C

S. 902

Mae Tia
Kyaukhnyat
Mae Top
1027 m
Menam Salawin
Lee
1430 m
Tha Rua
Hot
Ban Hong
Elephant
Kwian
Pong Lo
San Kamphaeng
Ko Kha
Mae Sariang
108
Kong Loi
Kiu Lom
Ob Luang National Park
Wang Luang
106
1184
Phra That Lampang Luang
Na Fon Nua
Wang Lung
1103
Thung Hua Chang
Mae
Soem Ngam
1210 m
Pha Pha
1099
Mae Tan
1274
Huai Pho
1194
1487 m
Mae Sam Laep
Sop Moei
Mae Ngao
Menam Yuam
Mae Tom Nua
Mae Tub Reservoir
Doi Tao
1219
Ban Dong
Sop
Nation
Pa S
Huai Haen
Doi Khun Mae Ap
1274
1061 m
Li
Park
1124
Doi Thoe Yi Chao
1764 m
Om Koi
Yang Piang Tai
Den Mao
Yunzalin
Thanlwin (Salween)
auk
105
Mae Lan Noi
1820 m
Menam Tun
Pha Tai
106
Ko Nong
Ko Thung
Pak Kong
Thoen
Doi Cho
1285
Kadaingti
Ban Tha Song Yang
Nai Thong
Mae Ramoeng
Mae Ping National Park
1264
1102
Kum Noe
Kwindala
Thaungyin River
Mae Salit
Khao Khun Mae Tun
Huai Pu Ling
Menam Ping
Mae Phrik Bon
Si Satchanalai National Park
Mae Phrik
69
Kamamaung
Mae Moei National Park
1081 m
Pang A
105
1240 m
Mae Chiang Rai Bon
1048
Pandawmi
Mae Tun Noi
Hin Lat
1
Doi Ta Chi
Tha Song Yang
Bhumipol Reservoir
1027 m
D
2080 m
Sam Ngao
Shwegun
Mae La
1450 m
Hlaingbwe
Menam Moei
Pak Thang Thuean
Mae Ok Hu
Khun Mae Tho
Windaye
Paingkyon
1175
Wang Mo
Bayin Nyi
Hlaingbwe Chaung
Taungbaw
Pata Taung
1918 m
Mae Ramat
Thung Makham Pom
Thong Fa
Ban Tak
Pong Daeng
Wang Takhr
Htilon
Doi Luang
1111
Chidoing
85
Kyettuywe
Pak Huai
Khao Nam Dip
12
344 m
1182 m
Hpa-an
Mae Kasa
1107
Taksin Maharat National Park
Naunglon
Pu Pae
TAK
Mae Lamao
Doi Mu-soe Pass
Huai Bong
1132
K a r e n
105
Huai Phlu
1108
104
Lan Thong
Naungsauk
Lansang National Park
1
Tha At
Mae Sot
Musoe Chakhae
Menam Ping
8
Mutkyi
Kawpalut
Sawhe
Myawaddy
1090
Thebyugon
Kyondo
Lakhon
Wang Chao
Gyaing
Kawkareik
Zatabyin
Mottama
Kawben
1109
Chedi Kho
1101 m
Hlaing-wa
So O
Klong Wang Chao
Kamphae
Ph
Kalwi
MAWLAMYINE (MOULMEIN)
Kya-in
Lao Yang
Laungkaing
1116
1206
Lo Kho
Bilgyun I.
Kyaikmaraw
Samphala
Tha Khun Ram
Phop Phra
Kyauktalon
Ataran
Pong Nam Ron
Wa Le
Chaungzon
Winka
1090
1898 m
1117
Hintha I.
Mudon
Mulayit Taung
Khao Kha Khaeng
Abit
2152 m
Klong Lan National Park
Kadonbaw
Kada
Taunggale
2080 m
Klong L
Reserv
Kyaikkami (Amherst)
Mattharaw
Wa Khu Kho
Klong Lan
Kwingale
Tagundaing
R
Khun Nam Yen
Delor-Ki
Nipado
Kyain-Seikgyi
Winlon
Klo Tho
Mae Klong Mai
1117
Pan
Thanbyuzayat
Natchaung
Khao Mamuang
1732 m
Umphang
Mae Wong National Park
Setse
Zami
Kasat
Nu Pho
Tha Sai
Menam Wong
Ti Lo Su
Khao Mokochu
1960 m
Haungtharaw
Taling Sung
Sakangyi
Danon
Palatha
Kui Lor Thor
1085 m
Mae Wong Reservoir
MYANMAR
Zepala
Pueng Kueng
Zepala
Mae Won
Winkana
E-Karaja
Menam Klong
Klong Pho Reservoir
(BURMA)
Kha Ngae Ki
Peinnedaw
n
Ti Lo Le
Kalagauk I.
Taminseik
g
Yu Nai
Thap Salao Reservoir
Ma
Kanin-kamaw
Ahta Taung
1158 m
1156 m
Kawdwaut
814 m
Mae Chan Tha
Lamaing
Mezali
827 m

S. 908

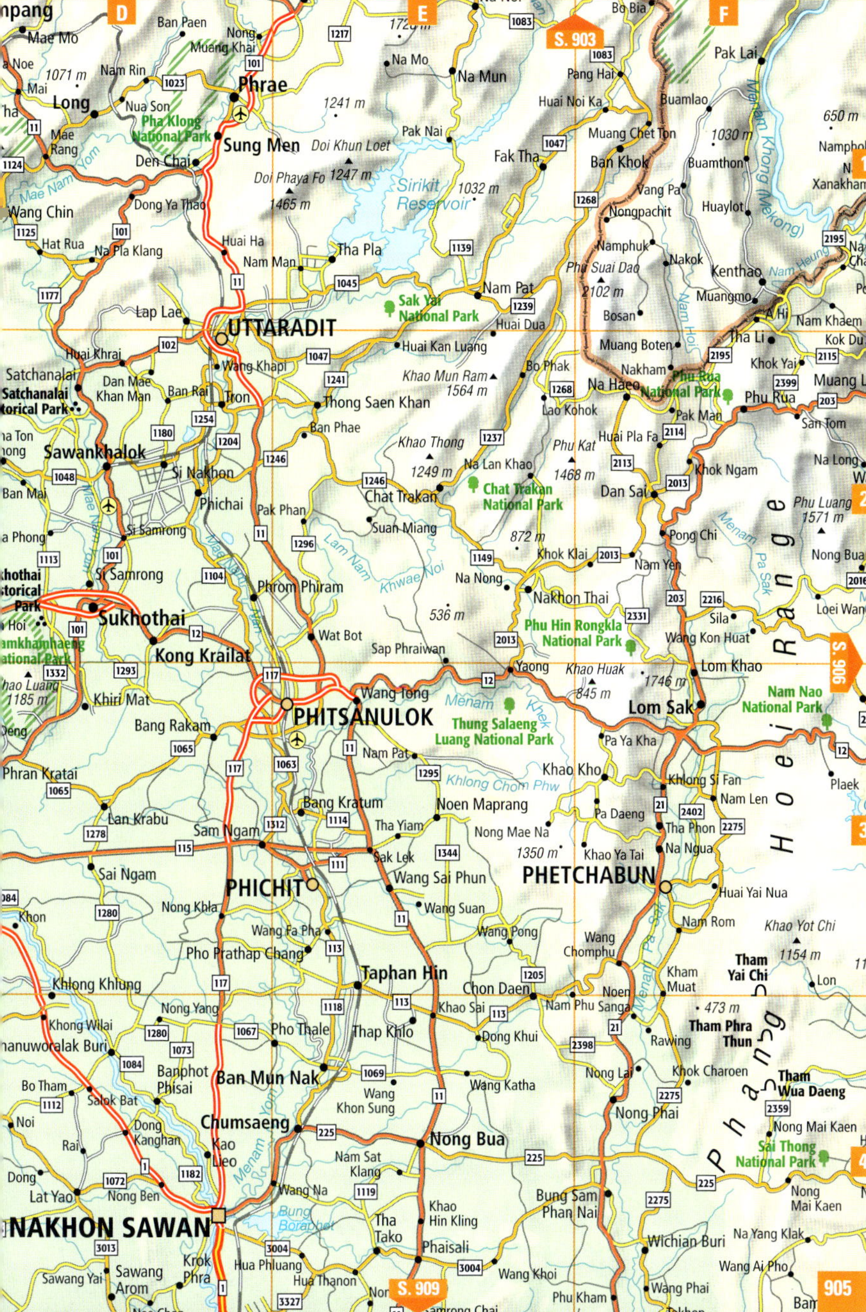
D
E
F
S. 903
S. 906
S. 909
1
2
3
4
Mae Mo
Ban Paen
Nong Muang Khai
Phrae
Nam Rin
1071 m
Mai
Long
Nua Son
Pha Klong National Park
Mae Rang
Sung Men
Den Chai
Mae Nam Yom
Wang Chin
Dong Ya Thao
Hat Rua
Na Pla Klang
Huai Ha
Nam Man
1241 m
Doi Khun Loet
1247 m
Doi Phaya Fo
1465 m
Na Mo
Na Mun
Pak Nai
Sirikit Reservoir
1032 m
Tha Pla
Fak Tha
Pang Hai
Huai Noi Ka
Muang Chet Ton
Ban Khok
Bo Bia
Pak Lai
Buamlao
1030 m
Buamthon
Mae Nam Khong (Mekong)
650 m
Xanakham
Vang Pa
Nongpachit
Huaylot
Namphuk
Nakok
Kenthao
Nam Heung
Phu Suai Dao
2102 m
Muangmo
Bosan
Nam Hoi
A Hi
Nam Khaem
Tha Li
Kok Du
Muang Boten
Khok Yai
Nakham
Phu Rua National Park
Muang L
Na Haeo
Phu Rua
Pak Man
San Tom
Lao Kohok
Nam Pat
Sak Yai National Park
Huai Dua
Huai Kan Luang
Khao Mun Ram
1564 m
Bo Phak
Lap Lae
UTTARADIT
Huai Khrai
Satchanalai
Satchanalai Historical Park
Dan Mae Khan Man
Wang Khapi
Ban Rai
Tron
Thong Saen Khan
Ban Phae
Sawankhalok
Si Nakhon
Ban Mai
Phichai
Pak Phan
Khao Thong
1249 m
Na Lan Khao
Phu Kat
1468 m
Huai Pla Fa
Khok Ngam
Na Long
Dan Sai
Chat Trakan
Chat Trakan National Park
Suan Miang
Phu Luang
1571 m
Pong Chi
Menam Pa Sak
Nong Bua
872 m
Khok Klai
Nam Yen
Si Samrong
Lam Nam Khwae Noi
Na Nong
Nakhon Thai
Phrom Phiram
Sila
Loei Wang
Phu Hin Rongkla National Park
Wang Kon Huat
536 m
Sukhothai
Sukhothai Historical Park
Ramkhamhaeng National Park
Kong Krailat
Wat Bot
Sap Phraiwan
Yaong
Khao Huak
845 m
1746 m
Lom Khao
Lom Sak
Nam Nao National Park
Khao Luang
1185 m
Khiri Mat
Wang Tong
PHITSANULOK
Menam Khek
Thung Salaeng Luang National Park
Bang Rakam
Pa Ya Kha
Phran Kratai
Nam Pat
Khlong Chom Phu
Khao Kho
Khlong Si Fan
Nam Len
Plaek
Lan Krabu
Bang Kratum
Noen Maprang
Pa Daeng
Tha Phon
Sam Ngam
Tha Yiam
Nong Mae Na
1350 m
Khao Ya Tai
Na Ngua
Sai Ngam
Sak Lek
Wang Sai Phun
PHETCHABUN
Phetchabun Range
PHICHIT
Huai Yai Nua
Khon
Nong Khla
Wang Suan
Nam Rom
Khao Yot Chi
1154 m
Wang Fa Pha
Wang Pong
Wang Chomphu
Pho Prathap Chang
Tham Yai Chi
Taphan Hin
Kham Muat
Khlong Khlung
Chon Daen
Noen
Lon
Nong Yang
Khao Sai
Nam Phu Sanga
473 m
Khong Wilai
Pho Thale
Thap Khlo
Dong Khui
Rawing
Tham Phra Thun
Banphot Phisai
Nanuworalak Buri
Nong Lai
Khok Charoen
Bo Tham
Ban Mun Nak
Wang Katha
Tham Wua Daeng
Salok Bat
Wang Khon Sung
Nong Phai
Noi
Dong Kanghan
Chumsaeng
Nong Mai Kaen
Rai
Kao Lieo
Nong Bua
Sai Thong National Park
Nam Sat Klang
Dong
Nong Ben
Lat Yao
Wang Na
Bung Sam Phan
Nai
Nong Mai Kaen
NAKHON SAWAN
Bung Boraphet
Khao Hin Kling
Tha Tako
Wichian Buri
Na Yang Klak
Phaisali
Krok Phra
Sawang Yai
Sawang Arom
Hua Phluang
Hua Thanon
Wang Khoi
Wang Ai Pho
Wang Phai
Phu Kham
Samrong Chai
Noe Chan
Takhop

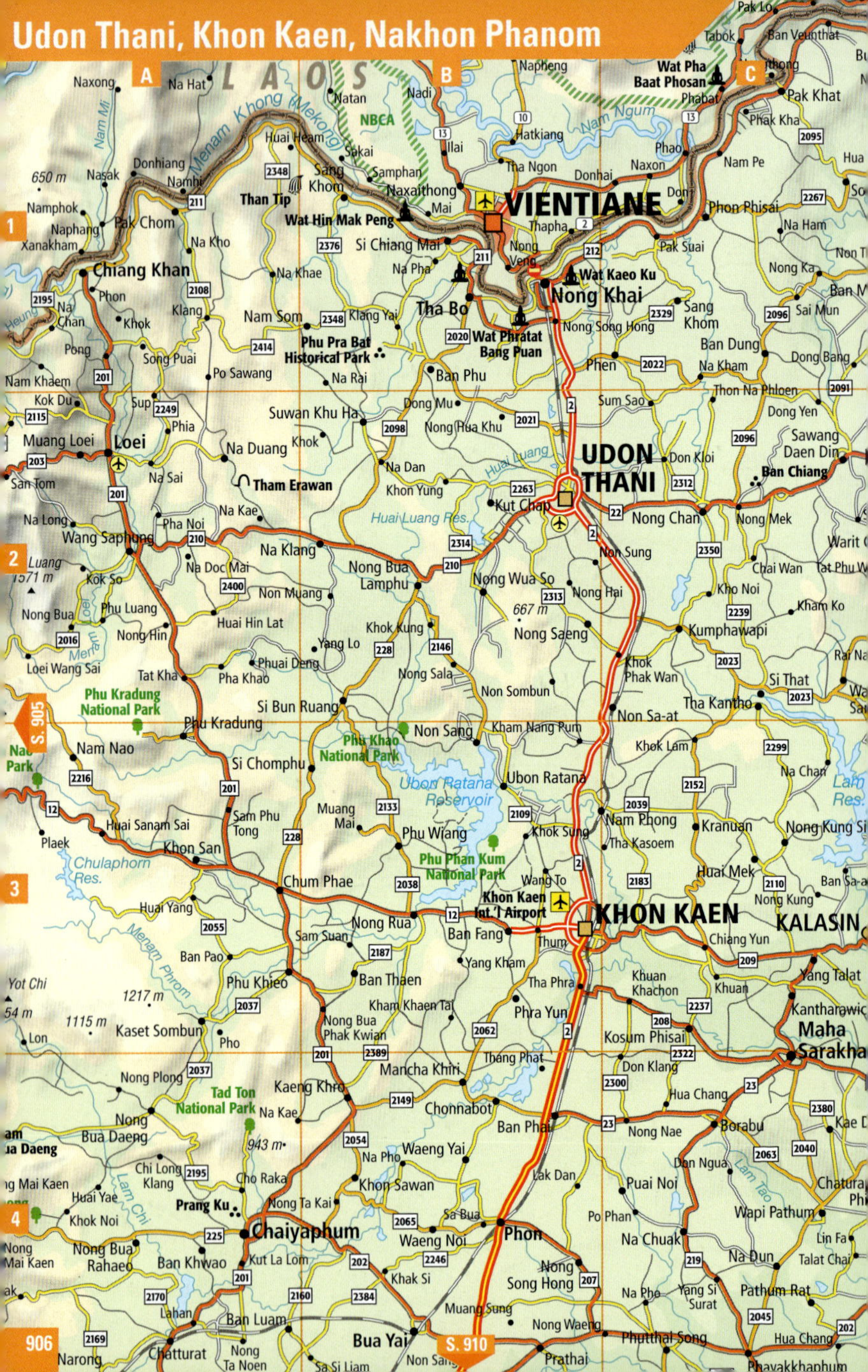

LAOS
VIENTIANE
Nong Khai
UDON THANI
KHON KAEN
KALASIN
Maha Sarakham
Chaiyaphum
Loei
Chiang Khan
Pak Chom
Wat Hin Mak Peng
Than Tip
Tha Bo
Wat Phratat Bang Puan
Wat Kaeo Ku
Wat Pha Baat Phosan
Phu Pra Bat Historical Park
Tham Erawan
Nong Bua Lamphu
Phu Kradung National Park
Phu Kradung
Phu Khao National Park
Ubon Ratana Reservoir
Ubon Ratana
Phu Phan Kum National Park
Phu Wiang
Chulaphorn Res.
Khon San
Chum Phae
Khon Kaen Int.'l Airport
Ban Phai
Tad Ton National Park
Prang Ku
Phon
Bua Yai
Kumphawapi
Si That
Nam Phong
Huai Luang Res.
NBCA
Menam Khong (Mekong)
S. 905
S. 910
A
B
C
1
2
3
4

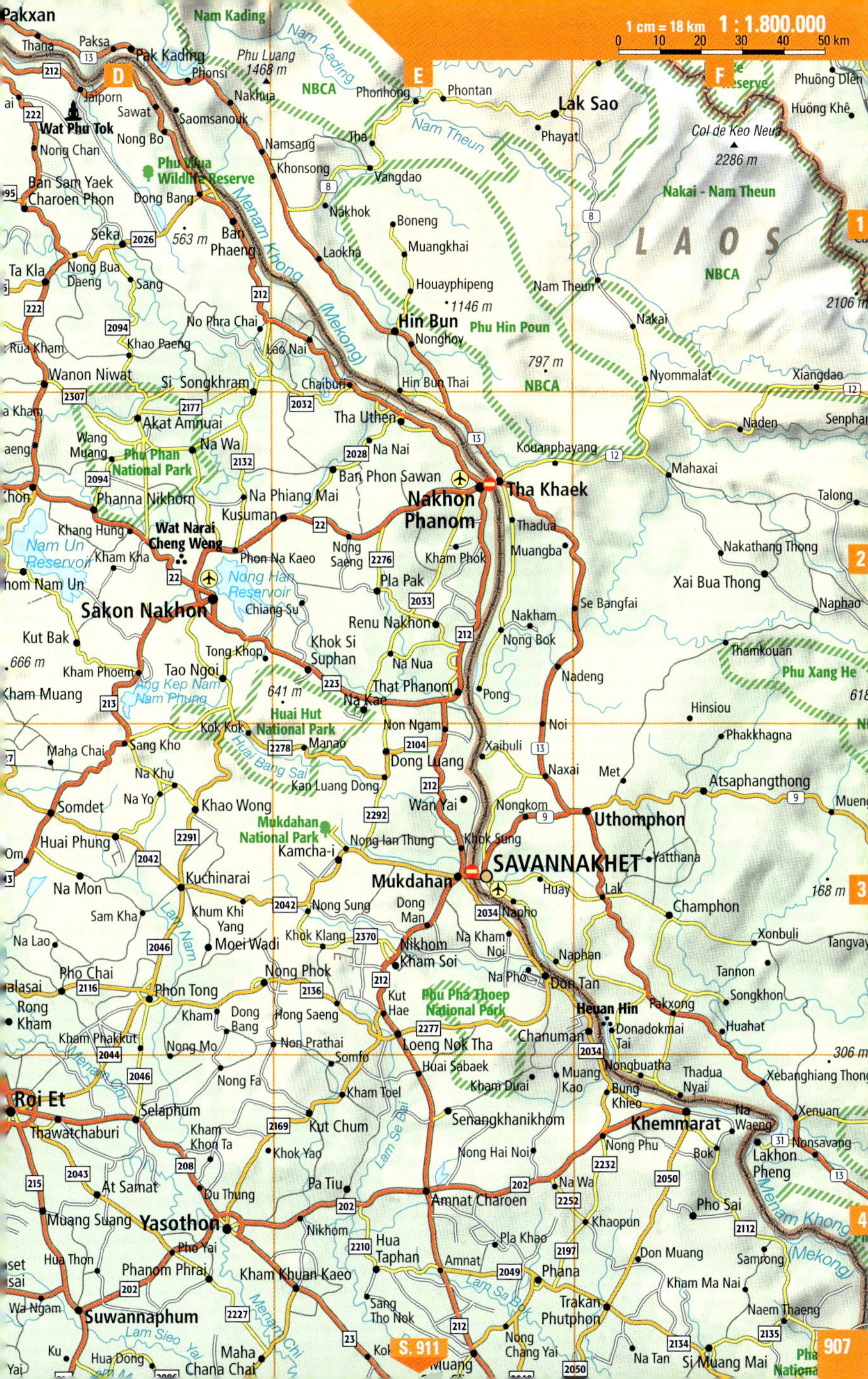

1 cm = 18 km
1 : 1.800.000
0
10
20
30
40
50 km
D
E
F
1
2
3
4
Pakxan
Thana
Paksa
Pak Kading
Nam Kading
Phu Luang
1468 m
Nam Kading
Phonsi
Jaiporn
Wat Phu Tok
Sawat
Saomsanouk
Nakhua
NBCA
Phonhong
Phontan
Lak Sao
Phayat
Col de Keo Neua
2286 m
Phuong Dien
Huong Khê
Nam Theun
Nong Chan
Nong Bo
Namsang
Tha
Khonsong
Vangdao
Phu Wua
Wildlife Reserve
Ban Sam Yaek
Charoen Phon
Dong Bang
Nakhok
Nakai - Nam Theun
LAOS
NBCA
Boneng
Seka
563 m
Ban Phaeng
Menam Khong
(Mekong)
Laokha
Muangkhai
Ta Kla
Nong Bua Daeng
Sang
Houayphipeng
Nam Theun
1146 m
2106 m
No Phra Chai
Hin Bun
Phu Hin Poun
Nakai
Rua Kham
Khao Paeng
Lao Nai
Nonghoy
797 m
Wanon Niwat
Si Songkhram
Chaiburi
Hin Bun Thai
NBCA
Nyommalat
Xiangdao
Akat Amnuai
Tha Uthen
Naden
Senphan
Wang Muang
Na Wa
Phu Phan
National Park
Na Nai
Kouanphayang
Ban Phon Sawan
Mahaxai
Nakhon Phanom
Tha Khaek
Talong
Phanna Nikhom
Na Phiang Mai
Kusuman
Thadua
Khang Hung
Wat Narai
Cheng Weng
Nam Un
Reservoir
Kham Kha
Phon Na Kaeo
Nong Saeng
Kham Phok
Muangba
Nakathang Thong
Nong Han
Reservoir
Pla Pak
Xai Bua Thong
Nom Nam Un
Sakon Nakhon
Chiang Su
Se Bangfai
Naphao
Renu Nakhon
Nakham
Kut Bak
Khok Si Suphan
Nong Bok
Thamkouan
666 m
Tong Khop
Na Nua
Kham Phoem
Tao Ngoi
Nadeng
Phu Xang He
Kham Muang
Ang Kep Nam
Nam Phung
641 m
That Phanom
Pong
Hinsiou
Na Kae
Huai Hut
National Park
Non Ngam
Noi
Kok Kok
Phakkhagna
Maha Chai
Sang Kho
Manao
Dong Luang
Xaibuli
Huai Bang Sai
Naxai
Met
Na Khu
Kan Luang Dong
Atsaphangthong
Na Yo
Wan Yai
Nongkom
Somdet
Khao Wong
Uthomphon
Mukdahan
National Park
Khok Sung
Huai Phung
Nong lan Thung
Yatthana
Kamcha-i
SAVANNAKHET
Kuchinarai
Mukdahan
Na Mon
Huay
Lak
168 m
Khum Khi Yang
Nong Sung
Dong Man
Napho
Champhon
Sam Kha
Na Lao
Moei Wadi
Khok Klang
Nikhom
Na Kham Noi
Xonbuli
Tangvay
Kham Soi
Naphan
Pho Chai
Nong Phok
Tannon
Phon Tong
Na Pho
Don Tan
Songkhon
Rong Kham
Kham
Dong Bang
Hong Saeng
Kut Hae
Phu Pha Thoep
National Park
Heuan Hin
Pakxong
Kham Phakkut
Nong Mo
Non Prathai
Loeng Nok Tha
Chanuman
Donadokmai
Tai
Huahat
Somfo
Huai Sabaek
306 m
Nongbuatha
Thadua Nyai
Xebanghiang Thong
Nong Fa
Kham Duai
Muang Kao
Bung Khleo
Roi Et
Kham Toel
Selaphum
Senangkhanikhom
Khemmarat
Na Waeng
Xenuan
Thawatchaburi
Kham Khon Ta
Kut Chum
Lam Se Bai
Nong Phu
Nonsavang
Khok Yao
Nong Hai Noi
Bok
Lakhon Pheng
At Samat
Pa Tiu
Du Thung
Na Wa
Amnat Charoen
Pho Sai
Muang Suang
Yasothon
Khaopun
Menam Khong
(Mekong)
Nikhom
Pla Khao
Hua Thon
Pho Yai
Hua Taphan
Don Muang
Samrong
Phanom Phrai
Amnat
Kham Khuan Kaeo
Phana
Kham Ma Nai
Wa Ngam
Sang Tho Nok
Lam Sa Bok
Trakan Phutphon
Naem Thaeng
Suwannaphum
Lam Sieo Yai
Menam Chi
Nong Chang Yai
Ku
Hua Dong
Maha Chana Chai
Na Tan
Si Muang Mai
Yai

S. 911

S. 904

A B C

1 2 3 4

MYANMAR (BURMA)

Thanbyuzayat
Setse
Sakangyi
Natchaung
Danon
Kasat
Khao Muang 1732 m
Nu Pho
Klong Mai
Umphang
Mae Wong National Park
Tha Sai
Ti Lo Su
Kui Lo Thor 1085 m
Palatha
Zepala
Zepala
Khao Mokochu 1960 m
Menam Wong
Taling Sung
Mae Wong Reservoir
Mae Wong
Pueng Kueng
E-Karaja
Winkana
Haungtharaw
Peinnedaw
Taminseik
Kalagauk I.
Kanin-kamaw
Kawdwaut
Lamaing
Taungbyin
Nyigarok
Sonmarha
Ahta Taung 814 m
1052 m
Ti Lo Le
Yu Nai
1158 m
Menam Klong
Kha Ngae Ki
1156 m
Klong Pho Reservoir
Thap Salao Reservoir
Mae
Mezali
Phadaw
1298 m
827 m
Mae Chan Tha
Megathat Chaung
Kyondaw
Payathonzu
Three Pagodas Pass
Ban Chedi
1811 m
Khao Yai 1554 m
1253 m
Esa
Hin Lat
1530 m
Sai Poe
Huai Kha Khaeng
3282
YE (YAI)
Yethanok
Wa Kyun
992 m
Kumai
Taungnyo Taung
Ananbon Chaung
Sangkhlaburi
Wang Kha
1755 m
Menam Kwae Yai
Sukho
Yindein
Kyung Gyi I.
Tayoktauk
Meiktulagale
Debyu
1290 m
Khao Tukala Pokana 1010 m
Khao Laem
323
Khao Laem Reservoir
Ban
Huai Taphoen
National
1072 m
Srinagarind
Thi Kai
Natkyizin
Paungsan Taung
522 m
Daichong Thong
National Park
Khao Laem Dam
Tha Yai
Ban Klang
Thun
Taungzun
Yapu
Khao Dang 1209 m
Thong Pha Phum
Taling Daeng
Hot Springs
National
Huay Khamin
Srinagarind Reservoir
3480
Migyaunglaung
Eindayaza
Pilok
3272
Khao Krabung 1024 m
Khao Huat 1177 m
Than Lot
Kaleinaung
Kanbauk
Kyauksat
Prang Kasi
Lin Tin
Si Sawat
Khao Kamphaeng 1257 m
Pachaung
Zadi
1209 m
Daowadung
Sai Yok National Park
Park
Tham Than Lot National Park
Middle Moscos Islands
Tokkyachaung
Heinze I.
Paungchon Taung 1174 m
Bilauktaung Range
1104 m
Sai Yok
Hellfire Pass
323
Phra That
3199
Tha Kradan
1013 m
Erawan National Park
Tha Thung Na Reservoir
Bo Phloi
Dauklauk
Kalonta
Nabule
Yebyu
Hermyingi
Maungmagan I.
Maungmagan
358 m
1125 m
Menam Kwae Noi
Lawa
Khao Phang
3457
Nam Tok
813 m
Nong Krathum
3199
3086
Taungthonlon
Myitta
Myat Taung 1033 m
Thabawseik
Pagaye
Bong Ti
Sai Yok
Bong Ti Pass
Wang Po-Viadukt
323
3445
River Kwai Bridge
Lat Ya
DAWEI (TAVOY)
Launglon
Nyaungzin
1564 m
Kanchanaburi
Muang Sing
Ban Kao
3228
Thayetchaung
Taungzin
Chorakhe Phuak
Peinnedaw
Tanintharyi (Tenasserim)
Pawut
Dan Makham Tia
3445
3209
Laung Lon Islands
Thagyat Daw
Pyinbyugyi
Chaungwabyin
849 m
Zalut
Muang Takua Pit Thong
Menam Phachi
Yange
1128 m
Chima
Kadwe
Munsali Taung 1158 m
Muang Ton Mamuang
Myinmoletkat Taung
Dawei (Tavoy) Point
2074 m
Suan Phung
3087
3313
Andamanensee
Pe
Min-ngaw
Kunzon Taung
Kha
928 m
Aw
Aungthawara
Khao Yai 1050 m
Zinchaung
Palauk
1143 m

S. 914

1 cm = 18 km 1 : 1.800.000
0 10 20 30 40 50 km

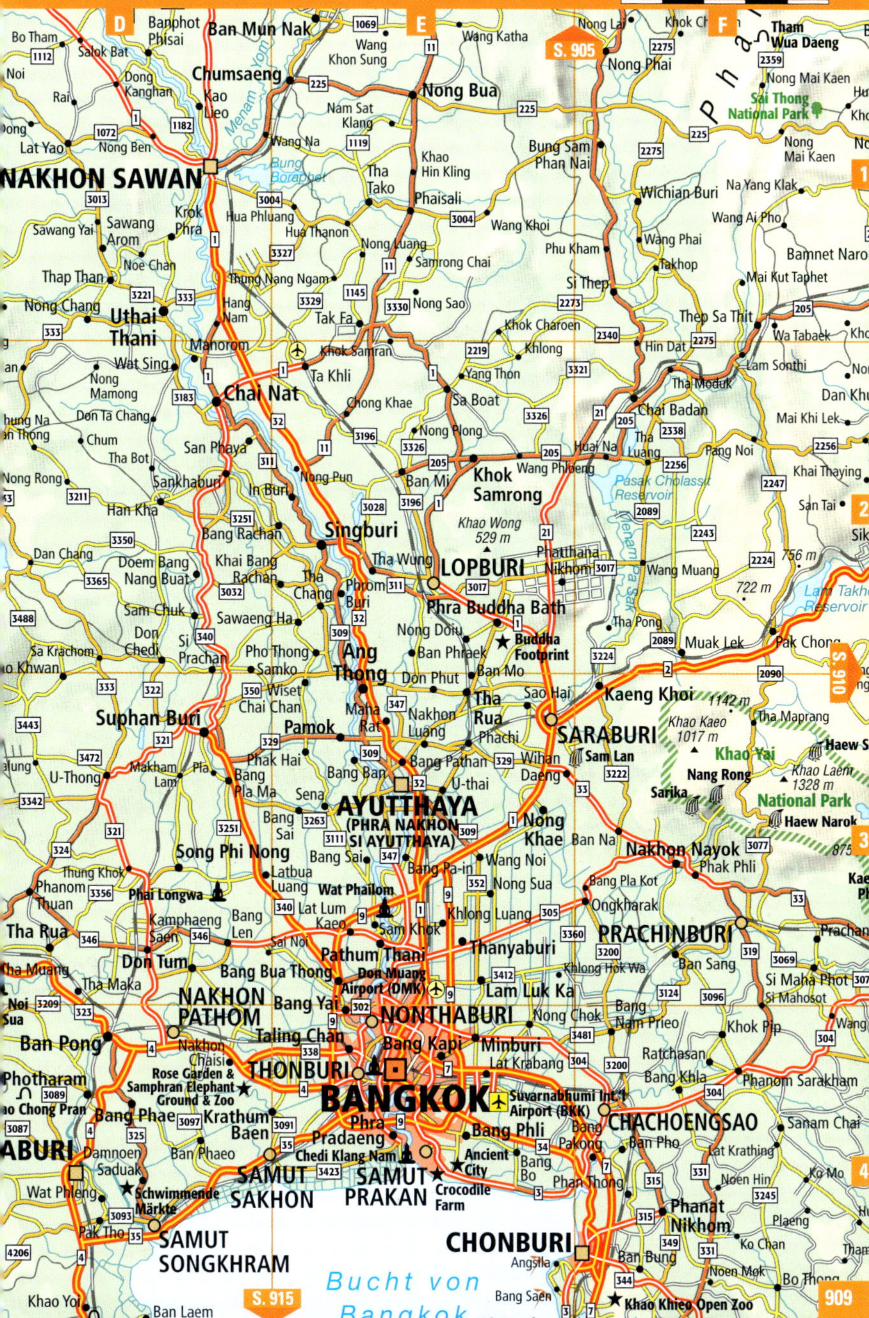

S. 906
Chaiyaphum
Chi Long Klang
Cho Raka
Prang Ku
Nong Ta Kai
Khon Sawan
Waeng Yai
Na Pho
Ban Phai
Phon
Waeng Noi
Sa Bua
Lak Dan
Po Phan
Puai Noi
Don Ngua
Nong Nae
Chaturaphak Phiman
Wapi Pathum
Na Chuak
Na Dun
Lin Fa
Talat Chai
Pathum Rat
Yang Si Surat
Na Pho
Nong Song Hong
Khak Si
Muang Sung
Nong Waeng
Phutthai Song
Hua Chang
Phayakkhaphum Phisai
Chumphon Buri
Bamnet Narong
Chatturat
Lahan
Kut La Lom
Ban Khwao
Nong Bua Rahaeo
Huai Yae
Khok Noi
Ban Luam
Nong Ta Noen
Sa Si Liam
Bua Yai
Non Sang
Prathai
Khong
Taphet
Don Mo Kaeng
Taluk Hin
Nong Bua Khok
Kham Sakae Saeng
Takhro
Bung Bao
Mae Nam Mun
Non Khaen
Nong Khaman
Satuk
Tabaek
Khok Hin Tang
Tako Thung
Prasat Hin Phimai
Khok Tong
Chum Phuang
Khaen Dong
Tha Klang
Nong Pho
Pa Kham
Ban Prasat
Tabong
Non Hat
Khu Muang
Dan Khun Thot
Non Thai
Non Sung
Phimai
Prasat Phanom Wan
Krut
Mai Don
Ta Mong
Ta Chong
Phak Khatya
Samet
Khok Sing
Hin Dat
Nong Suang
Cho Ho
Dan Thong Lang
Chakkarat
Huai Thalaeng
Lam Plai Mat
Dan
Muang Pho
Khai Thaying
Kham Thale So
NAKHON RATCHASIMA (KORAT)
Buri Ram
Krasang
Sung Noen
Sikhiu
Nong Phet Sena
Nong Daeng
Sawai Chik
SURIN
Pak Thang
Dan Kwian
Phra Narai
Chamni
Sawai
Lam Takhong Reservoir
Pak Thong Chai
Nong Hua Raet
Kraduang
Bu Ta Song
Chok Chai
Nong Bun Nak
Kan Luang
Nong Kham
Sadao
Nong Ki
Nang Rong
Prakhon Chai
Prasat
Bu Cha-om
Don Phlai
Ta Ko
Bak Dok
S. 909
Nong Song Hong
Thung Changhan
Chaloem Phra Kiat
Prasat Phanom Rung
Lam Phra Phoeng Res.
Khon Buri
Prasat Muang Tam
Kho Klang
Haew Suwat
Khao Laem 1328 m
Pakham
Wang Nam Khieo
Soeng Sang
Lahan Sai
Ban Kruat
Phanom Dong Rak
Thap Lan National Park
Bara Nae
Haew Narok
Phu Sam Ngam 949 m
776 m
Lam Nang Rong Res.
Banteay Chhmar Protected Landscape
Ampil
Kouk Khpun
Kaen Hin Phoeng
Khao Yai 849 m
Kouk Mon
Huai Nam Yen
Pang Sida National Park
Sa-ngae
Bantéay Chhmar
Prachantakham
Kabin Buri
Khlong Phak Khom
Huai Chan
Ta Phraya
Maha Phot
Khlong Sai
Na Ngam
Thma Puok
Phasuk
Wang Thalu
Phon
Khao Duan
Nong Hin
Sa Kaeo
Treas
Non Sung
Svay Chêk
Nong Talat
Watthana Nakhon
Aranyaprathet
Soengh
Sarongk
Srah Chik
Sarakham
Sai Yoi
Poipet
Chob Veari
Tean Kam
Sanam Chai
Khao Chakan
Nimit
Chângha
Preah Netr Preah
Hin Rae
Khlong Nam Sai
Sisophon
Sai Dieo
Samraong
Ou Ambel
Koy Maeng
Mongkol Borei
Mai Sai Thong
Roneam Doun Sam Wildlife Sanctuary
Ta Kong Krau
Ou Prasat
Kamprean
Huai Khrop
Wang Nam Yen
Wang Mai
Khlong Hat
Lang Phnum Touch
Boeng Pring
Thammarat Nai
Khlong Kai Thuan
Phnum Ampil 321 m
Lôvéa
Chrouy Sdau
612 m
Wang Sombun
Ta Pung
Khao Yai 777 m
Khao Daeng
Khao Ta Ngok
S. 912
Bavel
Rung Chrey
Preaek Norint
Wat Aek

1 cm = 18 km 1 : 1.800.000
0 10 20 30 40 50 km

D E F
S. 907
1 2 3 4

Roi Et
Thawatchaburi
Kham Khuan Ta
Kut Chum
Khok Yao
Senangkhanikhom
Nong Hai Noi
Nong Phu
Khemmarat
Waeng
Lakhon Pheng
Nonsavang
Bok
At Samat
Du Thung
Pa Tiu
Amnat Charoen
Na Wa
Khaopun
Pho Sai
Muang Suang
Yasothon
Nikhom
Hua Taphan
Pla Khao
Don Muang
Samrong
Menam Khong (Mekong)
Phu Yai
Hua Thon
Phanom Phrai
Kham Khuan Kaeo
Amnat
Phana
Kham Ma Nai
Wa Ngam
Suwannaphum
Sang Tho Nok
Lam Sa Bok
Trakan Phutphon
Naem Thaeng
Lam Sieo Yai
Menam Chi
Nong Chang Yai
Na Tan
Si Muang Mai
Pha Taem National Park
Ku
Hua Dong
Maha Chana Chai
Kok
Muang Sam Sip
Lao Suea Kok
Huai Mak Yai
Menam Mun
Khuang Nai
Nong Tae
Nong Hin
Na Khae
Phung
Rasi Salai
Kho Wang
Tha Wari
UBON RATCHATHANI
Ubon Ratchathani Int.'l Airport
Tana Rapids National Park
Khong Chiam
Rattanaburi
Bung Bun
Phra Kao Kaeo
Phibun Mangsahan
Nong Yang
Phu Noi
Kaeng
Yang Chum Noi
Kaeng Dom
Sirinthon
Sanom
Som Poi
Lathai
Tha Lat
WARIN CHAMRAP
Chong Mek
Uthumphon Phisai
Si Saket
Chom Phra
Huai Thap Than
Kanthararom
Ang Sila
Sirinthon Reservoir
Prasat Sikhoraphum
Thung Chai Yai
Samrong
Na Yia
Sikhoraphum
Samrong Thap
Huai Samran
Phayu
Nam Kliang
Na Phiman
Sao Lao
Non Sawang
Det Udom
Phu Xong Nang
Thung Bua
Prang Ku
Wang Hin
Non Khun
Bok
654 m
Kachai
Kradu
Nong Ngu Luam
Chong Charoen
Non Saeng
Nong
Kan Chan
Benchalak
Nong Om
Bunthărik
Si Rattana
Prahut
Kukhan
Phrai Bueng
Sam Yaek
Thung Si Udom
Khok Thiam
Kham Bon
Nong Mek
Amduan
Sangkha
Kantharalak
404 m
Phu Sing
Khun Han
Nam Khun
Bua Chet
Khok Tan
Na Chaluai
Samrong Kiat
Nam Yuen
Ap Choeng
315 m
Don Ao
555 m
Houayxai
Chong Chom
Phum Charon
Khao Phra Viharn
Phu Chong Na Yoi National Park
671 m
Paksong
Khao Phanom Dongrak
570 m
402 m
462 m
Phra Phlai Pass
Phnum Bach 581 m
Houay Phak
Phâang
Trâpeang Tau
Kouk
Khiam
Vin-Tai
Phum Chang Krang
753 m
Tônlé Repow
Anlong Veaeng
Bak Anlung
Choam Khsant
Thahin
Samraong
Kantuot Samraong
Romuln
Rumcheck
Kulen Prum Tep
Choam Sre
Pên
Char
Stoeng Sreng
Anhcheang
104 m
Wildlife Sanctuary
Khnat
Ong Kal
Trapeang Pring
KAMBODSCHA
Tbaeng Mean Chey
Mlu Prey
Svay Sa
Prasat
Sre Noy
Prasat Kaoh Ker
Kulen
Sangke
Kralaot
Chhok
Char Chhuk
Kouk Doung
Moreal
Trapeang Saang
Phnum Kulen National Park
Kdak
Phum Boeng
Thmea
Banteay Srei
Ta Siem
Khvav
Phnum Kulen
Svay Leu
309 m
Kbel Spean
Prasat Trapeang Noem
Trayang
Tuol
Svay Chek
Sdau
Leang Dal
Tbaeng
Boeng Mealea
Spu
Puok
Angkor Wat
Trach
Pring
Damrei Koun
Prasat Bakan
Ta Seng
SIEM REAP
Popel
Boeng Peae
Rolous
Prey Chhkar
Phnum Kraom
Wat Bakong
Dam Daek
S. 913
Wildlife Sanctuary
Kampong Phluk
Kampong Kdei
O Sakram

A B C
1 2 3 4

S. 909
AYUTTHAYA (PHRA NAKHON SI AYUTTHAYA)
Sarika
National Park
Haew Narok
Thap Lan
National
Nong Khae
Ban Na
Nakhon Nayok
Phak Phli
875 m
Phu Sam Ngam
949 m
Bang Sai
Bang Pa-in
Wang Noi
Bang Pla Kot
Kaen Hin Phoeng
Khao Yai 849 m
Wat Phailom
Nong Sua
Ongkharak
Huai Nam Yen
Khlong Luang
Sam Khok
Pang Sida National Park
Pathum Thani
Thanyaburi
PRACHINBURI
Prachantakham
Don Muang Airport (DMK)
Khlong Hok Wa
Ban Sang
Kabin Buri
Lam Luk Ka
Si Maha Phot
Khlong Phak Khom
NONTHABURI
Nong Chok
Bang Nam Prieo
Si Mahosot
Khok Pip
Wang Thalu
Phon
Nong Hin
Sa Kaeo
Bang Kapi
Minburi
Ratchasan
Khao Duan
Lat Krabang
Bang Khla
Phanom Sarakham
Nong Talat
Watthana Nakhon
BANGKOK
Suvarnabhumi Int'l Airport (BKK)
CHACHOENGSAO
Sai Yoi
Phra Pradaeng
Bang Phli
Bang Pakong
Ban Pho
Sanam Chai
Hin Rae
Khao Chakan
Sai Dieo
Phra Samut Chedi Klang Nam
Ancient City
Bang Bo
Lat Krathing
Ko Mo
Mai Sai Thong
SAMUT PRAKAN
Crocodile Farm
Phan Thong
Noen Hin
Phanat Nikhom
Plaeng
Huai Khrop
Wang Nam Yen
Wang Mai
Khlong Kai Thuen
CHONBURI
Ko Chan
Thammarat Nai
Wang Sombun
Angsila
Ban Bung
Noen Mok
Bo Thong
612 m
Bucht von Bangkok
Bang Saen
Khao Khieo Open Zoo
Khao Yai 777 m
Khao Daeng
Khao Ta Ngok
Si Racha
Khong Dara
Lum Bo Rae
Khao Soi Dao National Park
Ko Sichang
Nong Yai
Soi Dao
Ao Udom
Tha Cham
632 m
Bo Win
Map Lang
Bung Sam Ngam
Khao Chamao National Park
Khao Sai Dao Nua 1556 m
Ta Mun
Bang Lamung
Naklua
Khlong Kha
Khao Chamao 1024 m
Nam Khun
Khao Kitchakut National Park
Ko Phai
Pattaya
Pluak Daeng
Wang Chang
Khao Chamao
Tham Lakhon
Pong Nam Ron
S. 915
Ko Lan
Ko Rin
Jomtien
Chak Ngaeo
Khao Loi
Nooch Nong Village
Ao Bang Sare
Klaeng
Taphong
Khao Sukim
Ban Chang
Ban Khai
Sai Rang
Ko Khram
Tao Than
Klong Thurian
Pak Nam
Wang Saem
RAYONG
Map Ta Put
Makham
Sattahip
U-Tapao
Nam Tok
Chak Manao
Tha Mai
Khao Sabap National Park
Phrak Khlong
Ban Phe
Ko Thalu
Khung Wiman
CHANTABURI
Chak Yai
Kon Ao
Na Dan
Phliu
Ko Samaesan
Ko Samet
Khlung
Ko Chuang
Laem Sing
Khao Laem Ya - - Ko Samet Marine National Park
Ko Proet
Tha Chot
Bang Kradan
Laem Ngop
Klong Son
Ko Chang
Hat Sai Kao
Klong Prao
Ko Chang Marine National Park
Bang Bao
Ko Khlum
Golf von Thailand
Ko Rang

D E F
1 2 3 4

S. 910
S. 863

KAMBODSCHA
Thai
SIEM REAP
BATTAMBANG
Pousat
Sisophon
Aranyaprathet
Poipet
Anlong Veaeng
Phum Samraong
Thma Puok
Banteay Chhmar
Bantéay Chhmar
Protected Landscape
Lam Nang Rong Res.
Bara Nae
Ampil
Kouk Khpuos
Kthom
Phâang
Trâpeang Tau
Kouk
Bak Anlung
Kouk Mon
Ta Pên
Rumcheck
Kulen Prum Tep Wildlife Sanctuary
Char
Chong Kal
Thnong Khang Cheung
Stoeng Sreng
Ta Phraya
Sa-ngae
Chan
Na Ngam
Phasuk
Non Sung
Treas
Svay Chêk
Sarongk
Soengh
Srah Chik
Moung
Svay Sa
Prasat
Sre Noy
Char Chhuk
Kouk Doung
Phnum Kulen National Park
Phnum Kulen 309 m
Kbel Spean
Ta Siem
Svay Leu
Prasat Trapeang Noem
Boeng Mealea
Tbaeng
Banteay Srei
Leang Dal
Svay Chek
Chob Veari
Tean Kam
Preah Netr Preah
Kralanh
Nimit
Chângha
Samraong
Ou Ambel
Koy Maeng
Mongkol Borei
Ta Kong Krau
Sasar Sdam
Kampream
Puok
Angkor Wat
Trach
Damrei Koun
Rolous
Popel
Prey Chhkar
Dam Daek
Sangvaeuy
Wat Bakong
Phnum Kraom
Pou Treay
Ou Prasat
Lang Phnum Touch
Boeng Pring
Chrouy Sdau
Ta Pung
Phnum Ampil 321 m
Lôvéa
Bavel
Rung Chrey
Wildlife Sanctuary
Ta Haen
Wat Aek
Preaek Norint
Kampong Phluk
Kouk Thlok Kraom
Chi Kraeng
Kampong Kdei
Ta Ong
Kampong Khleang
Boeng Tonle Sab
Kâmpâng Lei
Kamping Puoy
Ou Dambang Pir
Samroang Kaong
Tbal Thnal
Reang Kesei
Prey Touch
Snoeng
Kantueu Pir
Doun Tri
Thipadei
Moung Ruessei
Pailin
Trêng
Pang Rôloèm
Phnum Chrâng 1164 m
Bœng Khtum
Koas
Srah Mkak
Chambak Meas
Srae Sdok
Kanhchor
Kampong Luong
Krakor
Svay Doung Kaev
Trapeang Chong
Svay Luong
Srê Andong
Ta Sanh
Pa
Dan Chumphon
Pong
Phnum Kran 1563 m
Prasat
Ta Lou
Thkoul Touch
Thmei
Pech Changvar
Sre Peang
Veal Angkrong
Phnum Kravanh
Svay So
Chheu Tom
Chor
Kraeng Skear
Kdol
Phum Ta Sam
Mul
Peam Prus
Phnum Samkoh Wildlife Sanctuary
Phnum Krachau 1618 m
Phnum Samkoh 1717 m
Chuor Phnum Kravanh
Stoeng Menam
Noen Sung
Laem Muang
Laem Klat
Chamrung
Saphan Hin
Laem Sok
Klong Phang
Saingam Beach
997 m
Stoeng Russei Chrum
Anlung Tnaot
Aoral Wildlife Sanctuary
Chieb
Kbal Tuek
Ko Mai Si Yai
Mai Rut
Ban Chuen Beach
Ko Kradat
Ko Mak
Ao Salat
Klong Chao
Ao Yai
Khlong Yai
Hat Lek
Neang Kok
Koh Kong
Peam Krasoap Wildlife Sanctuary
Peam Krasoap
Puoh
Samraong
Triet
Phum Roleak Kang Cheung
Phum Choam
Sangkea Satob
Trapeang Trapok
Snuol
Kraviek
Ta Sal
Ko Kut
402 m
462 m
549 m
104 m
Hira Pinai Pass 581

S. 908

Andamanen-see

Mergui-Archipel

Dawei (Tavoy) Point

Mali Kyun (Tavoy I.)

Paine I.

Kabosa I.

Investigator Passage

Thamihla I.

Tanintharí (Tenasserim) Kyun

Kadan Kyun

Maingyi Kyun

Blundell I.

Elphinstone I.

St. Charles Metcalfe I.

Grants I.

Tatagyi I.

Daung Kyun (Ross I.)

Mergui I.

Bailey I.

Prinser (Sargent) I.

366 m

Lloyds I.

Saganthit Kyun (Sellor I.)

Auckland Bay

Parker I.

Courts I.

Kunthi Kyun (Hayes I.)

Nerchus Passage

Great Western Torres I.

Sabi I.

326 m

Julian I.

Money I.

Tucker I.

Pyinzabu Kyun (Bentinck I.)

Kanmaw Kyun (Ketthayin I.)

538 m

357 m

Letsok-aw Kyun

Whale Bay

Pawe-gyi Kyun

Nyiahma Ngarbaw I.

Maria I.

Pearl I.

472 m

Owen I.

Ale-Man Kyun

Lanbi Kyun (Sullivan I.)

High I.

Forest

Clara I.

534 m

Kau-ye Kyun

Sir Robert Campbell I.

465 m

Kala Taung

MYANMAR (BURMA)

MYEIK (MERGUI)

Pe

Aw

Zinchaung

Palauk

Kanti

Palaw

Tapo

Kawsaing

Kangyi

Tamok

Lutlut

Kyataw

Mayanchaung

Kala Kyun

Kapa

Ma-aing Kyun

Tonbyawggi

Myinmoletkat Taung

2074 m

Min-ngaw

Aungthawara

1289 m

1173 m

Migyaungthaik

Kyaukpya

Tanintharí (Tenasserim)

Ti-ywa

Sarawa Chaung

Tatmu

Kyauk-pyu

Pawut

Taubye

705 m

Kywegu

Kawmapyin

Dewata Taung

720 m

Tagu

Banpyi

569 m

Tanintharyi (Tenasserim)

810

Kyaukmigyaung

Yndo

736 m

Theinkun

Tongpru

Theinkun Chaung

Medaw

Manoron

Awebindat

Lenya

Manoron

875 m

Taungkup

Ngawun Chaung

832 m

Lenya

Namkyo

Pisandaung-Saung

Khao Htongdon

668 m

Nanka Hprao

Bokpyin

Khao Thwe

892 m

816 m

483 m

Hangapru

Ke Taung

758 m

745 m

Sam Yeak Huai Sak

Karathuri

Kapoh National Park

3253

Mai Sombun

692 m

Ta Hong

Mun

Mamuang

Suan Phung

Kunzon Taung

928 m

Khao 1050

1143 m

Kaeng

Bawlu Taung

997 m

Krachan

Panoen

1513 m

National

Khao Sam

Thagye

Nam T

Ko Y Chi

S. 916

S. 909
S. 912
S. 917

A
B
C
1
2
3
4
S. 914
S. 918
Kyun Pila (Great Swindon I.)
Pulo
da I. 850 m
755 m
MYANMAR
(BURMA)
Hat Tun
Tha Sae
Tham Rab Ro
Na Noi
Khlo
Pathi
Khuan
Thung
Chumphon
Sai R
Hat Sai R
Lord Loughborough I.
439 m
Sungai Bati
Nalingchan
Marang
Nong Phak Bang
Kraburi
Thung Kha Tok
Cavern I.
Investigator Channel
Pine Tree I.
Sungai-I-nu
Lam Liang
484 m
Tham Nam Lod Noi
Sai Ra
Bo Kha
St. Andrews Group
Maliwun
Pakchan River
Thap Chak
Khao Thalu
Sawi
Burma Banks
Parsons I.
Champang
Khao Faci
Macleod I.
Zadetkale Kyun (St. Lucas I.)
Kampong Talok
Hastings I.
La-un
Thung Tako
Pak Nam Tako
Isthmus
Arunothai Bea
Kraburi National Park
Klong Prao National Park
Kaw Thaung
Victoria Pt.
Punyaban
Zadetkyi Kyun (St. Matthew's I.)
Ranong
Hot Springs
von Kra
Hat Yai
Lang Suan
Pak Nam Lang Suan
Na Bun
Than Kyun (Davis I.)
Tha Mai
Ngao
Ngao National Park
Phato
Ko Chang
K. Lang Suan
Khao Chok
Lamae
Dunkin I.
Raichakrut
Khao Plai
Khlong Klang
706 m
Aladdin Islands
Bruer I.
Ko Phayam
Idon Phet
Khao Te
Khan Thuli
Khlong Khong
Khao Yai
Mon
805 m
Don Thup
Tha Krachai
Christie I.
Auriol I.
Laem Son National Park
Bang Baen Beach
Kapoe
Huai Pho
Tha Chana
Kaeng Krung National Park
Pak Kiu
Ko Surin Marine National Park
Ko Surin Nua
Mu Ko Kam Yai
Na Kha
Thung Na Kha National Park
Te
Pak Mak
Chaiya
Phum Ria
Ko Glang
Ko Surin Tai
Bang Kluai Nok
1395 m
Khao Lang Kha Tuk
718 m
Mo Thai
Richelieu Rock
Wat Suan Moke
Andamanen-
Ngan Yong
Sri Phang Nga National Park
Ao
Tha Chang
Ko Ra
Hin Lad
Klong Saeng Wildlife Sanctuary
Klong Yan
Vibhavadi
SURAT THANI
Ko Ra
Khura Buri
Tha Se
Hua Han
Chiew Lan Reservoir
838 m
Na Dong
Hin Kong
Bang Daeng
Ko Tachai
Ko Phra Thong
Thung Ong
Khiri
Phunphin
Tam Nang
Rat Tanikhom
see
Tam Nang
Khao Sok National Park
Na Pong
Ko Kho Khao
Khlong Chang
Bang Thong
Takua Pa
Na Rai
Ko Bon
Song Phi Nong
Ta Khun
Talad Takua Pa
Ko Ba-Ngu
244 m
Ko Similan Marine National Park
Phanom
Khian Sa
Bang Sak
Pak Klong Plai Wa
Menam Ta Pi
Tepha
Palm Beach
Bang Niang
Kapong
Bencha
245 m
Ko Similan
Ko Payu
Ko Miang
Ko Payang
Khao Lak
Khao Lak Beach
Khao Lak-Lamru National Park
Bang Hoi
Ko Noi
Thap Lamu
Thap Put
Ta Saeng
Na
Phrasaeng
Thung Maphrao
Bang Ba
Plai Phraya
Chai Buri
Nam Dam
Bang Phai
Khao Lak
Yuan
Kok Luat
Tham Phet
Lam Pi-Had
Thai Muang Nat. Park
Lam Pi
Tham Pung Chang
Phang Nga
Than Boke Khorani National Park
Thai Muang
Takua Thung
Ao Luk
Thon Nua
Wang Hin
Nong Lum Pho
Khok Kloi
Ao Phang Nga Marine National Park
Khao Phanom Bencha National Park
Thung Yai
Tha Yu
Tha
Chat Chai
Tham Lod
Tha Thong Len
Thung
Khao Phanom
Khok
Sirinath Marine Nat. Park
Ao Tu Khun
Ko Yao Noi
Tham Sua
Ban Yai
Chong Phli
Talad Kao
Krabi Int.'l Airport
Lam Thap
Phuket Int.'l Airport
Khao Phra Taeo Nat. Park
Ko Tai
Nua Klong
Ko Phuket
Bang Rong
Phe La Tai
Thalang
Ko Yao Yai
Khlong Bon
Ao Nang
Krabi
Bon Khuan
Thung Noi
650 m
Hat Nopparat Thara Marine National Park
Laem Kruat
Klong Thom
Patong
Kathu
Ao Bo Le
Ko Siboya
Huai Sai Khao
Karon
PHUKET
Thale Phuket
Ko Jum (Ko Pu)
Ko Hang
Klong Pring
Klong Phon
Kata
Laem Phan Wa
Ko Phi Phi National Park
Sai Khao
Rawai

S. 915

Golf von Thailand
Ko Nang Yuan
Ko Tao
Mae Hat
Sai Ri Beach
Ko Pha Ngan
Chalok Lam
627 m
Thong Sala
Tai
Hat Rin Beach
Ko Wae Yai
Big Buddha Beach
Choeng Mon Beach
Ko Sam Sao
Bo Phut
Ko Samui
Ko Samui Int.'l Airport
Nathon
635 m
Taling Ngam
Chaweng Beach
Hua Thanon
Lamai Beach
342 m
Chong Samui
Ko Tan
Donsak
Khao Noi
Bang Khu
Khanom
Nai Plao Beach
Thong Yi
Khao Phra
Sichon
Khao Yai
Tepha
Ton Liang
Nam Cha
Khlong Hin
Huai Haeng
Khlong Lung
Na Reng
Tha Sala
Khao Luang
Saphan Rang
Na Thap
1835 m
Phrom Khiri
Phrom Lok National Park
Ao Nakhon
NAKHON SI THAMMARAT
Karom
Chawang
Chang Klang
Lan Saka
Sala Mi Chai
Pak Phanang
Thung Wat
Na Bon
Ko Thang
Nong Pu Kan
Ron Phibun
Chian Yai
Ban Pak Phraek
Don Tro
Khot Thammarat
Song
Chang
Bo Lo
Thung Lan
Hua Khai
Bang Khoei
Hua Sai
Kapang
Phru Prap
Menam Pak Phanang
Cha-uat
Laem
Pak Khlong
Mai Siap
Talat Nang Long
Khao Pu
Nong Pru
Thale Noi
Hua Sai
Sala Luang
Pa Phayom
Khuan Khanun
Thale Noi Bird Sanctuary
Khao Ya
Yot
4142
4014
401
4232
4215
4105
4186
4140
4016
4012
4194
4103
4015
4238
4013
403
408
4094
4110
41
4151
4116
4150

S. 919

S. 916

A
B
C
1
2
3
4

Lam Pi-Had
Thai Muang
Nat. Park
Thai Muang
Lam Pi
Takua
Thung
Chang
Yuan
Kok Luat
Phang Nga
Ao Luk
Phraya
Tham Phet
Nong Lum Pho
Ao Phang Nga
Marine
National Park
Tha Thong Len
National Park
Khao Phanom Bencha
National Park
Thon Nua
Wang Hin
Thung Yai
Phai
Khok
Sato
Nam
Rop
Chawang
Chang
Klang
Thung Wat
Na Bon
Nong
Pu Kan
Karom
Lan Saka
Ron
Phibun
Don
Khok Kloi
Tha Yu
Tham
Lod
Tha
Chat Chai
Sirinath Marine
Nat. Park
Phuket Int.'l Airport
Ao Yu Khun
Ko Yao
Noi
Ban Yai
Ko Tai
Khao Phra
Taeo Nat. Park
Chong
Phli
Talad Kao
Thung
Khao
Phanom
Tham Sua
Krabi Int.'l Airport
Nua Klong
Lam Thap
Khok Han
Thung Song
Chang
Phe La Tai
Phru Prap
Thung
Lan
Ko
Phuket
Bang Rong
Thalang
Ko Yao
Yai
Khlong
Bon
Ao Nang
Krabi
Bon Khuan
Thung Noi
Saiyat
Kapang
Cha-uat
Patong
Kathu
Karon
Kata
PHUKET
Laem
Phan Wa
Rawai
Laem Prom
Thep
Ao Bo Le
Hat Nopparat
Thara Marine
National Park
Thale Phuket
Ko Siboya
Ko Jum
(Ko Pu)
Laem
Kruat
Ko
Hang
Klong Pring
Klong Thom
Huai Sai Khao
Klong Phon
650 m
Huai Nang
Huai Yot
Nong Pru
Khao Pu
Khao Ya
Mai Siap
Pa Phayom
Ko Phi Phi
National Park
Ko Phi Phi
Ko Phi Phi Le
Sai Khao
Sai Yao
Tham
Khao Pina
Siban
Phot
Nam Phut
National Park
Chai
Klong
Suan Not
Ko Racha Yai
Ko Racha Noi
Hua Hin
Bang Suat
Ban Saladan
Na
Bo
Muang
Wang
Wiset
Lang
Khao
Khlong
Teng
Ao Phra-ae Beach
Ko Lanta Noi
Ban Ko Lanta
Sikao
Ton Chot
Phru Chut
Hua
Thanon
TRANG
Khok
Sai
Khao Chong
National Park
Na Thon
Ko Lanta
Ko Lanta Yai
Ko Lanta
Marine National Park
Ko Ngai
(Ko Hai)
Pak Meng
Beach
Chang Lang
Ko Muk
Kantang
Yan Ta
Khao
Sairung
Kongra
Prai Wan
Ta Na
Phro
Had Chao Mai
National Park
Ko Kradan
Hat Yao Beach
Chao Mai
Na
Nong Khan
Toneteh
Andamanen-
Ko Rok Nai
Ko Rok Nok
Ko Libong
Hat Samran
Hat Samran
Beach
Sam Yaek
Palian
Yong Sala
Tung Yao
950 m
Ko Liang
Ko Sukon
Thung Wa
see
Thung Sa Bo
Nong Hoi
Khong
Ko Petra
Thung Samet
Ko Petra
Marine National Park
La-Ngu
Ko Bulon Lae
Ko Bulon
Pakbara
Khuan
Tho
Tha Phae
Ao Pante
Ko Tarutao
713 m
Che Bilang
Satun
Tarutao
Marine
National Park
Ko Rawi
Ko Ta-Nga
Ko Adang
Ko
Butang
Ko Lipe
Tammalan
Langkawi Sound
Pulau
Langkawi
Padang
Masirat
Kuah
P. Tuba
Underwater World
Pulau
Singa Besar
Pulau Dayang
Bunting
Straße von Malacca

D
E
F
S. 917
1
2
3
4
SI THAMMARAT
Pak Phanang
Ko Thang
Ban Pak Phraek
Khot Thammarat
Bang Khoei
Hua Sai
Pak Khlong
Sala Luang
Hua Sai
Thale Noi Bird Sanctuary
Ranot
Wat Pra Kho
Hua Yang
Thale
Luang
Kra Sae Sin
Phang Mai Phai
Khu Khut
Waterbird Sanctuary
Chaison
Hot Springs
Sathing Phra
Mai
Pak Phayun
Mamuang Ngam
Bo So
Pa Bak
Khok Sak
Thale Sap
Songkhla
Samila Beach
SONGKHLA
Khuan
Niang
Tha
Bang
Klam
Hua Thanon
Hu Rae
HAT YAI
Tha Saba
Chana
Hat Yai
Int.'l Airport
Mo Chai
Kao Rang
Khlong
Ngae
Nam
Khao
Nathawi
To Non
Tha Khoi
Padang
Besar
Sadao
Dan Nok
Sathon
Khao Nam Khang
National Park
788 m
Prakop
Bukit Kayu
Hitam
Kangar
Kodiang
Changlun
Padang
Sanai
Kuala
Nerang
Pandang
Sira
Jitra
Anak
Bukit
Hitam
Pokok Sena
Kuala Tekai
Durian Burong
Naka
LOR SETAR
MALAYSIA
Kuala
Kedah
Tanah Merah
Nami
Gula
Tokai
Pendang
Kubang Chenok
Kedah
Kota Sarang Semut
Sungai Limau
Guar
Chempedak
Gurun
S. Mudah
Chong
Tanjang
Pari
G. Lang
1145 m
Sik
Yan
G. Jerai
1217 m
Bedong
S. Lalang
Jeniang
Singkit Darat
Bagan Ulu
Bukit
Selambau
Asam
Jawa
Pulai
Pengkalan
Hulu
Baling
Betong
Ratchadapisek
Beach
Khlong
Pradu
PATTANI
Nong
Chik
Thepha
Lam
Pao Tai
Khok
Pho
Chiang
Hai
Saba Yoi
Rai
Khao Plai Than
642 m
Kabang
Yaha
Niang
Kuhapimook
Wat
YALA
Kota Baru
Bala
Pa Tae
Bannang Sata
Than To
1110 m
Bang Lang
Reservoir
Komo
Sip Paet
G. Ulu Titi Basah
1533 m
S. Perak
Thachi Beach
Yaring
Dalgapo Beach
Pa Na Re
Nam Bo
Yarang
Mayo
Mo Ma Wi
Sai Buri
Thung
Yang Daeng
Mai Kaen
Kapho
Bacho
Narathiwat
National Park
NARATHIWAT
Taksin
Rachaniwet
Palace
Raman
Ruso
Yin-Go
Ba Ngo
Bu Lo
Menam Sai Buri
Manang Ka Yi
Rangae
Sai Khao
Tak Bai
Cho Ai Rong
Bo Kho
Si Sakhon
Chanae
Sungai
Padi
Sungai Golok
Rantau
Panjang
Sukhirin
Waeng
Batu
Karang
Bu Ke Ta
To Mo
Kampung
Nibong
Batu Melintang
Kampung Lawar
Jeli
Golf von
Thailand
4013
408
4150
4049
4181
406
43
4
414
407
408
43
4
4145
42
408
42
4054
4113
4099
4085
43
42
410
4061
4071
4092
4071
409
4085
4077
410
4067
4060
4136
42
4157
4107
4084
4055
4056
4057
4115
4207
410
1
7

902 / 903
Goldenes Dreieck
Mae Sai
Chiang Rai
Mae Hong Son
Chiang Mai
Lampang
LAOS
VIETNAM
904 / 905
Vientiane
906 / 907
Uttaradit
Udon Thani
Sukhothai
Phitsanulok
MYANMAR (BURMA)
Mae Sot
Khon Kaen
Umphang
Roi Et
908 / 909
910 / 911
Nakhon Sawan
Ubon Ratchathani
Lopburi
Nakhon Ratchasima (Korat)
Ayutthaya
Nam Tok
Kanchanaburi
Bangkok
914 / 915
Ratchaburi
Chonburi
912 / 913
Phetchaburi
Cha-am
Pattaya
Chantaburi
Hua Hin
Ko Samet
KAMBODSCHA
Trat
Ko Chang
Prachuap Khiri Khan
Ko Kut
Golf von
916 / 917
Chumphon
Ko Tao
Ranong
Thailand
Ko Pha Ngan
Ko Samui
VIETNAM
Surat Thani
Takua Pa
Khao Lak
Phang-Nga
Nakhon Si Thammarat
Krabi
Phuket
Ko Lanta
Songhkla
Andamanen-see
Hat Yai
Pattani
Ko Tarutao
Satun
Narathiwat
MALAYSIA
918 / 919